MODERN
BUILDING

现代建筑电气工程师手册

主　编　陈众励　程大章
副主编　臧　胜　肖　辉

ELECTRICAL
ENGINEER
HANDBOOK

中国电力出版社
CHINA ELECTRIC POWER PRESS

内 容 提 要

本手册是由全国建筑设计院和高等院校的建筑电气领域专家、教授倾力打造的一本实用专业工具书，其内容涉及范围广泛，按照新标准和规范的要求编写，新颖、实用、便查，是广大从事建筑电气专业人员必备的工具书。

本手册分为基础篇、电气工程篇和信息与智能篇3篇共21章，包括电气基础理论、建筑电气工程常用数据资料、工程设计基础、绿色建筑、供配电系统、电动机与电力拖动、电气设备控制、电气照明、电磁兼容与电能质量、清洁能源技术、建筑防雷保护、电气安全、电梯与自动扶梯、智能建筑与信息管理、通信与网络、综合布线系统、建筑设备监控、安全防范系统、火灾自动报警与消防联动控制系统、视音频系统和智慧城市等。

本手册可供从事建筑电气设计、施工、运行、管理和维护等人员使用，也可供其他相关的电气工作者和高等院校的师生参考。本手册以进入相关工作岗位的中青年读者为主，同时兼顾参加注册电气工程师执业资格考试的考生。

图书在版编目（CIP）数据

现代建筑电气工程师手册 / 陈众励，程大章主编. —北京：中国电力出版社，2020.1

ISBN 978-7-5198-2786-1

Ⅰ. ①现…　Ⅱ. ①陈…　②程…　Ⅲ. ①房屋建筑设备–电气设备–建筑安装–技术手册　Ⅳ. ①TU85-64

中国版本图书馆CIP数据核字（2018）第287909号

出版发行：中国电力出版社
地　　址：北京市东城区北京站西街19号（邮政编码100005）
网　　址：http://www.cepp.sgcc.com.cn
责任编辑：周　娟　杨淑玲（010-63412602）
责任校对：黄　蓓　常燕昆　太兴华　郝军燕　李　楠
装帧设计：王红柳
责任印制：杨晓东

印　　刷：北京盛通印刷股份有限公司
版　　次：2020年1月第一版
印　　次：2020年1月北京第一次印刷
开　　本：787毫米×1092毫米　16开本
印　　张：75.75
字　　数：2643千字　4插页
定　　价：298.00元

序　言

20 世纪 60 年代中期，世界建筑业启动了新一轮的发展，建筑物单体的高度与体量急骤增加，二三百米的超高层建筑，单体建筑面积超过 10 万 m^2 的大型建筑都已经十分普通。建筑规模的增大与工程建设的技术难度不仅体现在高度与面积上，还体现在建筑物的多功能使用（同一幢建筑物内可分层区，具有办公、酒店、商场、公寓、娱乐等使用功能）上。各类使用者对建筑物的服务要求多样化与服务性能日趋提高，人们越来越重视生活条件与环境的舒适性、与社会和人际沟通的便捷性、生存空间的安全性、设施服务的完善性、管理组织的严密性等，这些都给建筑电气工程带来了许多难题。

一、建筑电气工程是人类社会进步的产物

建筑物的电气设备曾经十分简单，其技术有过“一只开关两根线”的戏谑说法。但是随着经济与社会的发展，建筑电气工程发生了巨大的变化。

为了满足建筑物使用功能与众多的服务要求，在建筑物中设置空调、冷热源、通风、给水、排水、污水处理、变配电、应急供电、照明、电梯、电动扶梯、安全防范、信息通信等建筑设备，这些建筑设备的数量庞大（一幢楼中可有数千台甚至数万台各类设备），分布区域广泛，不仅需要提供安全可靠的电源，更需要对成千上万个参数进行实时监视与控制。

由此可见，随着人类社会文明的进步，建筑物中电气设备的应用内容越来越多，关联的学科领域门类众多，逐步衍生成一门与应用对象（建筑物）紧密结合、具有学科交叉特征的技术——建筑电气技术。

早在 1982 年，中国建筑工程设计界就意识到建筑电气已不再是一个依附于土建工程的简单配套工程，而是应有其特殊地位的独立工种，于是向当时的国家建设局申请成立建筑电气专业组织——全国建筑电气情报网，并得到核准。1992 年，建设部颁布了《民用建筑电气设计规范》（JGJ/T 16—1992），2002 年国家技术质量监督局颁布了《建筑电气工程施工质量验收规范》（GB 50303—2002）。国际工程界也开始关注建筑电气技术，国际电工组织 IEC 从 1992 年起陆续发布了《建筑物电气装置》（IEC 60364）第 1-7 部分的标准。

1985 年上海同济大学分校在全国率先筹办“建筑电气工程”专业，1987 年起国内建工类院校陆续开办“建筑电气”专业，1997 年同济大学开始招收“智能建筑电气技术”研究生。

2003 年中国注册电气工程师开考，鉴于全国的建筑电气行业仅设计从业人员就有近 7 万人，于是专门分类设置了建筑电气工程执业范围的内容，考试内容由中国建筑学会建筑电气专业委员会负责。

至此，建筑电气工程不仅在技术进步上完成了它的成长历程，而且得到了行业、教育界及政府的认可。

二、建筑电气工程的特征

建筑电气技术是随着建筑业的发展而形成的，具有现代电气工程的鲜明特征与内涵。在沿着电气工程应用道路上，现代建筑电气设备已经无法简单地将其划为电工类、电子类、控制类或信息类设备。

首要的特征是安全。在建筑物中，电力系统采用多功能测控一体化的综合保护装置，以提高供电的可靠性；设置火灾自动报警与消防联动系统和电气火灾监控系统，以防止火灾事故；设置安全防范系统控制人为的突发安全事件……建筑物中的电话、电视及计算机网络系统等数字化设备往往受到雷电、电火花、电网瞬变、高次谐波等各种电磁脉冲的干扰，因此需要以电磁兼容技术来处理防雷、接地、电涌电压吸收、静电泄放、屏蔽、滤波等问题，以保证信息类系统的工作正常。为保证建筑物里生命、事务和财物的安全，建筑电气工程的内容日臻完善。

其次的特征是强弱电融合。以建筑物的供电为例，变电站高低压开关柜中的智能断路器里设有微处理器，以测控供电回路状态；同时整个供电系统中的断路器及测控电路又构成了一个计算机网路，形成能源控制系统对整个供电系统的运行状态进行实时监视、负荷调控以及综合管理。电气元件里嵌入各类专用的处理芯片 xPU，电气开关柜内安装了 PLC 和 DDC；将供电网、可再生能源、储能装置和电力用户合为一体的智能微网等都显示着建筑电气工程已不是单纯的强电设备，而是融合了电工、电子、控制与信息技术的应用系统工程。

第三大特征是管控优化。建筑物中有 70%的电力负荷是以电动机拖动的动力设备，已不再局限于简单的供电与开关了。其中风机、水泵、电梯与冷冻机组等设备需要调节转速以取得最佳的工作状态与实现节能，因此在动力控制中采用的变频器约占电动机负荷的 25%～35%。由于大多数建筑设备是由多台设备构成一个系统，如冷冻水系统由多台水泵、多台冷冻机组及多台调节阀等组成，其中每台设备的运行状态影响着系统的工作，而每台设备的运行状态又受到系统中其他设备工作参数的干扰。所以，这些设备采用的变频器不仅要能实现反馈控制，而且需要有通信接口提供变频器全部的运行数据，受到上级管理系统的监控与协调。建筑设备系统的管控优化要求，只能由建筑电气技术给予支持。

总之，这三大特征均体现了电工技术、电子技术、控制技术与信息技术在建筑物中的综合应用。

三、智能建筑提升建筑物的功能

智能建筑把计算机、控制及电子设备运用于建筑物，是高新技术在电气工程中的综合应用。智能建筑经过长期的建设、应用与管理，已经凸现其理论结构。图 1 所示为智能建筑的理论结构。

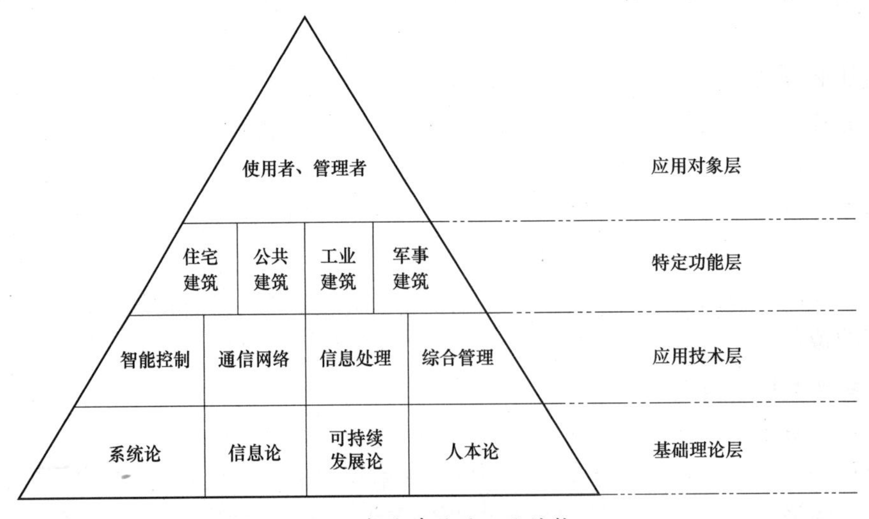

图 1　智能建筑的理论结构

智能建筑为人类活动提供信息化、自动化的工作和生活场所，其应用对象是建筑物的使用者、管理者与服务提供者。只要是按现代化、信息化运作的机构，其建筑物都有智能建筑的需求，因此智能建筑并非办公建筑的专利，公共建筑、住宅建筑、工业建筑、军事建筑都属于智能建筑特定功能层。近30年来，中国与全球都建成了大量智能型的办公楼、酒店、体育场馆、会展中心、医院、学校、法院、图书馆、剧院、博物馆、机场、车站、住宅、电子厂、食品厂、化工厂、发电厂、军营、应急指挥中心等建筑物，这些建筑物在世界的经济与社会中起着极为重要的作用。在此层面上，智能化系统功能需求与设备配置受建筑物的个性、建设目标、管理模式和投资力度的影响，可有较大的差别。

智能建筑的技术基础是由通信网络技术、智能控制技术、信息处理技术和综合管理技术等组成的。在这些技术领域中，最新的技术成果及其形成的装备会以最快的速度应用于建筑业。20年前，当软件工程界刚开始讨论中间件技术时，市场上立即推出采用中间件技术的智能建筑系统集成软件IBMS；当工业以太网技术出现突破，随即出现了基于工业以太网的楼宇自动化系统；如今的人工智能又进入了智能建筑，进而被广泛讨论着智慧建筑的发展。

智能建筑嵌入了许多令人目眩的技术，但它并不仅仅是新技术的综合与新装备的组合，而在其深层次中是有基础理论的支撑。自从1945年奥地利人贝塔朗菲创建系统论形成了“系统哲学”（把世界看作一个巨大组织的机体主义世界观），它包括了系统本体论、系统认识论、系统价值论和系统方法论。系统理论的概念（等级秩序、渐进分化、反馈、开放等）与方法（图论、集论、控制论、对策论、排队论等），也是在智能建筑总体设计与工作流程规划中的重要工具。美国人香农在1948年奠定了信息论的理论基础，使人类传统的科学从以材料与能量为中心的体系，转变为以材料、能量与信息为中心。当建筑物的智能水平日益提高后，人们已不满足仅在通信信道容量、噪声抑制、数据加密上应用信息论，而更进一步通过统计及随机过程的分析来讨论语义分析、信息熵的应用。

“以人为本”在这里并不是时尚的语句，如果智能建筑的功能设计与运行管理缺乏针对使用者与管理者的工作和生活便利考虑，缺乏以人机工效学对人机界面、机器与人共享空间的设计，缺乏在智能化、数字化环境下对不同职能与层次人的行为处理分析和应对，那么任何再先进的智能化系统也是失败的。

智能建筑还必须考量可持续发展，从设备与材料的环保、系统运行方式的综合能效设计、建筑物节能模式的选择到建筑物管理的组织结构设计，都需要从有利于协调“自然、社会、经济”关系，提高“人口、资源、环境”可持续发展的水平来考虑。这些工作有助于7个工作目标：选择资源节约型的经济体系、推进社会公平化的社会体系、重视提高国家综合实力的科技体系、保持自然生产能力的生态体系、促进环境质量提高的环境体系、提高国民整体素质的人口体系和规范合理行为的政策法规体系。“可持续发展”是我国的基本国策之一，已深入整个社会。智能建筑自然应在“可持续发展”政策的覆盖之下。

在智能建筑所有的相关领域，以上的理论都在工作过程中起着宏观导向与微观指导的作用。此外，智能建筑还具有以下三个特点：

（1）多目标的优化。智能建筑不是机械的技术与设备集合，而是一个大系统，需要多视角地考虑技术、管理、经济、人文、环境等因素的大系统运行目标，并且调动各种手段使之达到最优的综合目标，系统的优化目标函数 $S=f$（技术、效率、价格、发展、环境、人气等）。

（2）多学科的综合。智能建筑的规划、设计、运行和管理，涉及了技术、经济、管理以及法律问题，都需综合应用各学科的知识来解决。

（3）多因素的相关性。智能建筑与社会信息化、社会及经济发展、管理模式、装备技术发展、政府导向等具有十分密切的关系，尽管就表面来看智能建筑仅是一种建设行为与经营管理方法，但是从建筑物的生命期成本（Life Cycle Cost，LCC）来看，当采用某种设备与技术后，可改变其中相关的成本分项。如采用完善的 BA 系统进行照明系统的节能控制（按照度、时间、夜间最低照度、分区等），可以有效降低电耗与照明设备的运行时间，照明设备因此而延长寿命，减少了照明设备的维护更新费用，使建筑物 LCC 中的能耗费与设备更新费用减少。但是要实现这一目标需要设置完善的 BA 系统，又增加了建设的一次投资。同时，降低能耗的效益并不仅仅体现在成本中，对于广义的环境保护价值更是巨大的。

四、建筑电气的产业链

建筑业是中国经济发展的重要抓手。中国近代经济发展的历史与现实也印证了国民经济状态上升时建筑业兴旺，建筑业能够持续推动国家的经济增长。

随着中国城市化的进程，基本建设规模不断增大，北京市 2008 年的奥运会与上海市 2010 年的世博会，大大刺激了建筑业的发展，智能建筑与智能住宅小区更成为建筑业的精品。工业建筑、民用建筑、军事建筑与市政建筑中的电气设备投资已从 20 世纪 80 年代总投资的 5%～6%，增长到总投资的 10%～18%。与此同时，市场中的各类建筑电气设备：供配电、照明、控制、火灾自动报警、通信、广播、电视、楼宇自动控制、安全防范、防雷等，不仅引进了大量国外先进技术与产品，也涌现了大批具有自主知识产权的产品。建筑电气设备制造业的民族企业稳定成长，据不完全统计，与建筑电气设备相关的国内企业约有近万家。

目前在建筑电气行业，已基本形成了一条稳定的产业链，建筑电气行业的产业链可以用图 2 来描述。

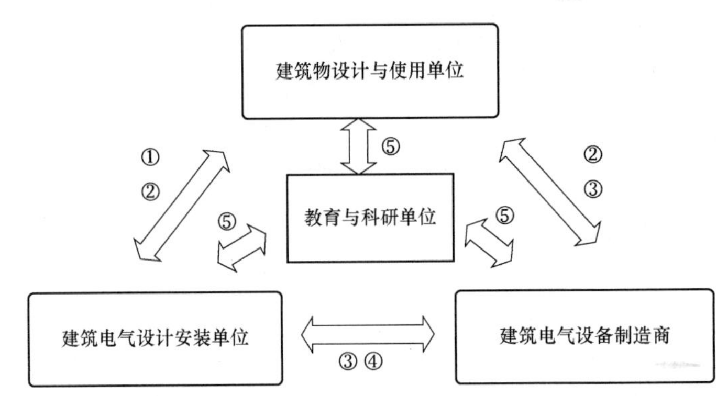

图 2　建筑电气行业的产业链

图中的箭头表示各方的相互关系：① 提供建筑电气设备工程与技术服务；② 提供设备功能信息、设备使用改进意见；③ 提供产品与设备技术信息；④ 提供设备需求信息与设备功能信息；⑤ 人才与技术的需求与供应

建筑物的建设和使用及管理单位、建筑电气设计安装单位、教育与科研单位和建筑设备制造商构成的产业链是稳固的，并在持续发展。

五、未来愿景

随着文明的进步，人们对工作与生活的环境要求不断地提高，建筑物的功能与相应的标准也逐步提升。建筑电气技术作为现代建设技术的核心之一，面临着新的挑战。建筑发展趋势如何？未来建筑具有哪些特征？建筑的理念和建筑电气技术将发生什么变化？这些都是我们需要面对并努力去探索的问题。

未来的建筑除了传统的需求外，还要提供条件让人亲近自然；舒适已不是主要目标，取而代之的是以人的健康为重心；建筑的室内空间不仅要满足保护隐私和安静，还要能信息交互畅通，方便社交和生活便利，提升个人的创造力与工作效率。居住建筑和公共建筑实现服务个性化，不再是千篇一律的标准式服务，在建造和运营过程中，则更重视保护环境、节约资源和降低污染。

近年来，社会发展与技术进步对建筑发生了很大的影响。就人们的生活而言，衣食住行的基本需求、追求的内容、获得的方式、体验和感受都在短时期内形成了跳跃，作为人类生存的主要场所——建筑物也正在被改变。

中国政府推进的智慧城市、智慧社区和智慧家庭，对信息技术应用于住宅提出了要求；老龄社会居家养老的住宅与传统住宅有明显的差异，智能化、物联网等技术将深入千家万户的日常生活。在城市建设中，以节约土地资源的高密度城市、以节约资源保护环境为核心的绿色建筑、以人的生存环境为核心的健康建筑、以社会安全为核心的平安城市，以及使既有城市适应现代社会的城市更新等发展要求，更对居住建筑和公共建筑的建设与运营提出了革命性的目标。

现代建筑的社会生态正在发生着巨大的变化，促使建筑物的功能、形态、性能、运营及与城市交互渗透等方面形成新的理念和技术方案。BD（Big Data）、AI（Artificial Intelligence）、CC（Cloud Computing）、IoT（Internet of Things）、BT（Blockchain Technology）、VR（Virtual Reality）等一个个令人眩晕的新技术应用冲击着社会的各个领域，建筑物的数字化生态则为新的理念和技术方案提供了智慧技术手段，并在 ICT 推进社会变革的同时，为建筑物与人创建了智慧管理、智慧服务和智慧运营的空间。于是，智能建筑行业内外频频提出了以智慧建筑颠覆智能建筑的说法。

综上所述，未来建筑必然是智慧、绿色和健康的，要为各类居住使用人的生活融入智慧社会和绿色社会创造条件，实现健康中国的目标。

智慧建筑实现的技术期望有三个方向：

首先是做好基础的建筑智能化系统工程，应用 BIM 技术，广泛采集建筑物及其相关信息，建立建筑物运行的数据平台，提升历史数据与实时信息的价值。这在部分建筑智能化系统比较完善的工程中，应用 IBMS 平台进行运营数据的统计分析和关联应用，已经可以实现。如果基础的建筑智能化系统工程（消防、安防、通信、设备监控、网络、布线等）未能完善实施的话，就不可能较全面地获得建筑物运行的数据，后续所谓的智慧应用是落空的。

其次是综合利用建筑物运行数据的平台，应用人工智能技术，构建虚拟管家和虚拟物业运营总监，实现高品质的个性化服务与高效率的管理。综合利用建筑物运行数据不仅是用简单的报表和统计的饼图、线图等形式给出可视化的结果，而是需要通过多维视角的数据库，寻求业务关联的数据，发掘数据的价值。

住宅的虚拟管家针对家庭生活的基本需要、管理事务与社区的联系，为住家建立的 AI 型旁站管家系统，帮助家庭成员获得良好的生活环境、安全方便的生活管理和与社会的密切联系。大型公共建筑的运营事务繁多复杂，人工管理往往顾此失彼，应用信息化与人工智能技术来构建虚拟物业运营总监，可以应对绝大部分的日常工作。建筑物故障预测与健康管理（Building Prognostic and Health Management，B-PHM）系统，对大型公共建筑的全生命期进行故障预测、健康状态评估和健康管理。大型公共建筑的运行数据库，汇聚建筑物的历史与实时、静态与动态信息，包括建筑结构、空间、设施、环境、交通、卫生、服务质量、经营状况、能源消耗及成本等数据。这些数据经 B-PHM 系统针对每一类业务进行分析、故障预测和健康状态评估（健康、亚健康、病态、严重病态），提出诊断报告，提供决策建议，必要时给相关系统发出控制策略指令。B-PHM 系统的诊断情况还可通过建筑物的运营中心，将按照智慧城市运营中心的要求上传。

最后是 xPU、AI 的深度应用、生物特征获取、使唤机器人和 5G 商用等将改变传统建筑智能化系统的功能和形态。目前 BAT 等的多家大型企业正在研制建筑物运行的传感器，把温度、湿度、空气质量、噪声、照度、人体活动等多参数检测合为一个装置，在多功能与低成本方面已有了足够的进展。当这类传感器遍布整个建筑物时，建筑运行信息将为 AI 系统的功能实现提供充分的基础数据。

智能硬件和智能软件在不断地突破我们的认知极限，综合高新技术的机器人能力越来越强大，5G 商用实现可以为信息通信和物联网应用提供无限的传输通道，未来智慧、绿色和健康建筑所提出的需求将都可以在技术上得到支持。

习近平总书记在十九大提出“加快建设创新型国家”“为建设科技强国、质量强国、航天强国、网络强国、交通强国、数字中国、智慧社会提供有力支撑”。数字中国体现着信息化融入国家的所有领域，智慧社会的达成则意味着政务、商务、事务、生活、文化等都在数字中国的基础上，形成智慧的应用服务和管理。

近 30 年来，我们一直在推进智能家居、智慧建筑、智慧社区、智慧城市、智慧社会等的建设（图 3），但结果总是并不如意，冲动地做了很多孤立的、先进的、不可持续的项目。回顾之后，发现除了技术问题外，主要还是对于这类智慧项目的生态，没有纵横上下的全面考量。智慧社会的理念突破了传统视野的局限，智慧家居、智慧建筑、智慧社区、智慧园区、智慧城市等融入智慧社会后，才能有效地建设和运营。

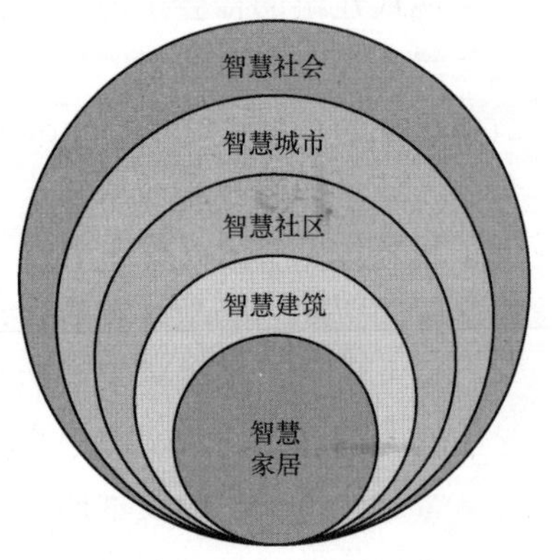

图 3　智慧社会包孕智慧 *X*

智慧社会是以宽带通信、移动互联网、物联网、量子计算、大数据、人工智能、地址定位、虚拟现实等技术为支撑的全新社会形态。在人工智能与其他科技的融合创新与聚变发展下，社会形态正在全面系统性地演进，使人类社会逐步地逼近变革的临界点。智慧社会成为继农业社会、工业社会、信息社会之后的一种社会形态。

智慧社会是科技与社会互动发展的产物。科技对各类政治、经济、社会活动产生影响作用的同时，政治、经济、社会活动也对科技应用提出需求和制约，这反映了科学技术对社会发展的客观赋能。智慧社会的发展，受制于人类社会的法律、道德、伦理等规范，同时，社会规范也需要在科技创新和运用的环境下，持续发展。

中国大规模建设的高潮终将过去，我们更应关注提高各类建筑物的运营质量和既有建筑的改造，把绿色发展的理念落地到支持运营的建筑电气工程的规划、建设和运行中去。

建筑电气工程师应在可持续发展的国策指导下，充分注重节能与环保的新标准，在电气系统设计、电气设备材料选择和电气系统运行模式等设计中承担起自己的社会责任。建筑电气工程的复杂性促使我们不仅要满足建筑物对信息流与能源流的分配与控制，而且要采用智能化与信息化的技术实现各种节能控制与优化管理，进而为建筑、城区及城市的高效与精细化管理提供技术基础，坚持创新、协调、绿色、开放、共享的发展理念，从智慧社会的高度去汇聚智慧，充分共享建筑物和社会的信息，使智慧、绿色和健康建筑成为提升人民的生活质量，实现智慧生活的基础。

总之，智能化、数字化与绿色化将是现代建筑电气技术发展的趋势，建筑电气工程师任重道远。

同济大学 程大章

2019 年 10 月 1 日

前　言

《现代建筑电气工程师手册》是一部实用专业工具书，它汇聚了我国长期从事建筑电气行业的专家与学者的学识和经验，体现了当前建筑领域的电气技术水平和工程实践成果。各篇和各章内容的设置是以帮助建筑电气工程师迅速查找并获得工作中所需要了解的技术原理、工程规范和应用指导为目标，期望在电气科学技术高速发展的今天能不断地拓展从业人员的知识结构。

本手册的定位以建筑电气工程应用为主，反映建筑电气领域近年来的新技术、新规范和新产品，包括基础篇、电气工程篇和信息与智能篇 3 篇 21 章内容：电气基础理论、建筑电气工程常用数据资料、工程设计基础、绿色建筑、供配电系统、电动机与电力拖动、电气设备控制、电气照明、电磁兼容与电能质量、清洁能源技术、建筑防雷保护、电气安全、电梯与自动扶梯、智能建筑与信息管理、通信与网络、综合布线系统、建筑设备监控、安全防范系统、火灾自动报警与消防联动控制系统、视音频系统和智慧城市。

参与本手册编写的有 20 个单位，近 30 位作者。各章主要负责人如下：第 1 章王佳；第 2 章汪云峰；第 3、19 章臧胜；第 4、7、21 章程大章；第 5、10 章李英姿；第 6 章马鸿雁；第 8 章肖辉；第 9、11 章陈谦；第 12 章刘叶语；第 13 章朱德文；第 14 章沈晔；第 15、16 章张宜；第 17 章姜平；第 18 章马恩元；第 20 章郭伟东。陈众励、程大章和臧胜对全手册进行了统稿。

本手册的读者定位为从事建筑电气设计、施工、运行、管理和维护人员，相关电气工作者，高等院校师生，手册以进入相关工作岗位的中青年读者为主，同时兼顾参加注册电气工程师执业资格考试的考生。

中国电力出版社的编辑周娟和杨淑玲为本书的策划、组稿、编辑和出版都付出了大量的心血。

希望本书问世后能得到业内专家们的关注，提供批评建议，帮助我们不断修改完善，使现代建筑电气技术持续发展。

编　者

2019 年 10 月 1 日

各章主要编写人员

第 1 章　电气基础理论	王　佳　陈　谦
第 2 章　建筑电气工程常用数据资料	汪云峰
第 3 章　工程设计基础	臧　胜　段大坤　马witz溪
第 4 章　绿色建筑	程大章
第 5 章　供配电系统	李英姿
第 6 章　电动机与电力拖动	马鸿雁　李惠昇
第 7 章　电气设备控制	程大章　李英姿　沈　晔
第 8 章　电气照明	肖　辉　方　景
第 9 章　电磁兼容与电能质量	陈众励　陈杰甫　马立果
第 10 章　清洁能源技术	李英姿　陈众励　陈杰甫
第 11 章　建筑防雷保护	陈　谦
第 12 章　电气安全	刘叶语
第 13 章　电梯与自动扶梯	程大章　朱德文　叶安丽
第 14 章　智能建筑与信息管理	沈　晔　徐德辉
第 15 章　通信与网络	张　宜
第 16 章　综合布线系统	张　宜
第 17 章　建筑设备监控	姜　平　孙　靖
第 18 章　安全防范系统	马恩元　朱逸康
第 19 章　火灾自动报警与消防联动控制系统	臧　胜　章敏婕
第 20 章　视音频系统	郭伟东
第 21 章　智慧城市	程大章

目　录

基础篇

第 1 章　电 气 基 础 理 论

1.1　电路的基本理论

1.1.1　电路的基本概念

1. 电路的组成

电路也称为网络，它是电流的通路，是由一些电路元器件和设备组成的，能够实现能量的传输和转换，或者实现信号的传递和处理功能的总体。电路构成的目的多种多样，有的形式很简单，有的很复杂。为了用电路的方法进行分析，从能量转换的角度，可以将电路的组成分为电源、负载和中间环节三部分。

（1）电源。电源是将机械能、化学能等其他形式的能转化为电能的设备或元件，如手电筒中的干电池，常用的电源还有发电机等。

（2）负载。即用电设备，是将电能转化成其他形式的能的设备或元件，如手电筒中的电珠，以及电灯、电动机和电炉等设备。

（3）中间环节。中间环节是指连接导线以及控制、保护和测量的电气设备和元器件，它将电能安全地输送和分配到负载，如手电筒中的开关和筒体。

2. 基本物理量

电路中的基本物理量包括电流、电位、电压及电动势。

（1）电流。电流是电荷（带电粒子）有规则地定向运动而形成的，一般习惯上规定正电荷运动的方向或负电荷运动的相反方向为电流的实际方向。若电流是时间的函数，随时间而变化，则电流表示为

$$i=\frac{\mathrm{d}q}{\mathrm{d}t} \tag{1-1}$$

若电流是恒定的，即直流，则电流表示为

$$I=\frac{Q}{t} \tag{1-2}$$

通常表示恒定的量用大写字母表示，而随时间变化的量用小写字母表示。

我国的法定计量单位是以国际单位制（SI）为基础，在国际单位制中，电流的单位是安培（A），表示符号为 I 或 i；计量微小的电流时，以毫安（mA）或微安（μA）为单位。

（2）电位。电位即电动势高低，单位与电压相同，是伏［特］（V），表示符号为 Φ 或 V。

（3）电压。电压即两点之间的电位差，符号为 U（或 u），单位是伏特（V），计量微小的电压时，以毫伏（mV）或微伏（μV）为单位，计量高电压时，则以千伏（kV）为单位。

一般电压的方向规定为由高电位（“+”极）端指向低电位（“-”极）端，即电位降低的方向。

（4）电动势。电动势是指电源内部借助外力推动电荷运动的能力，符号为 E，单位与电压和电位相同。电动势的实际方向与电压相反，数值与电压相同。

3. 电路的基本状态

电路在实际工作中，可能处于有载工作、空载和短路三种状态。

（1）有载工作状态。如图 1-1 的电路，如果将开关闭合，电源接通负载，就是电路的有载工作状态，此时电流 I 是负载电流 I。

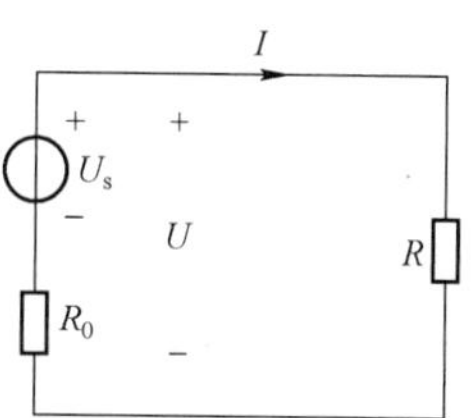

图 1-1　有载工作状态

（2）空载状态。如图 1-2 所示，开关 S 断开的状态称为空载状态，也叫开路状态。此时，因为电源开路，外电阻对电源相当于无穷大，所以电路中的电流为零。当电源空载时，因为电路中没有电流，所以也无能量的传输和转换。这是电源开路的特征。

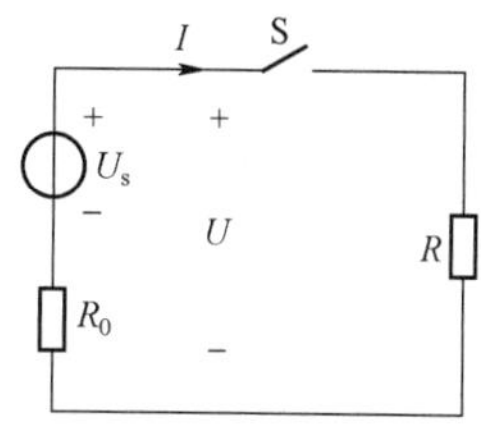

图 1-2　空载状态

（3）短路状态。如图 1-3 所示，由于某种原因使电源的两端连在一起，从而发生了电源短路，此时，外电阻被短路，电流将不流过负载，而是通过短路处形成回路。由于外电路的电阻为零，回路中只有很小的电源内阻，所以此时电流（一般称之为短路电流 I_s）将很大，电源的端电压也为零，电源的能量全部消耗

在电源内阻 R_0 上。

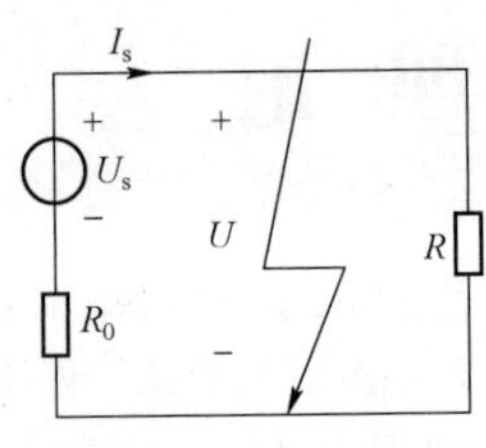

图 1-3 短路状态

1.1.2 电路的基本定律

1. 欧姆定律

（1）无源支路的欧姆定律。“源”是指电源，如图 1-4 所示，在不含电源的电阻支路中，流过电阻的电流与电阻两端的电压成正比，这是欧姆定律最简单的形式，也是大家最熟悉的，但应注意，用欧姆定律列方程时，一定要在图中标明电压和电流的正方向。

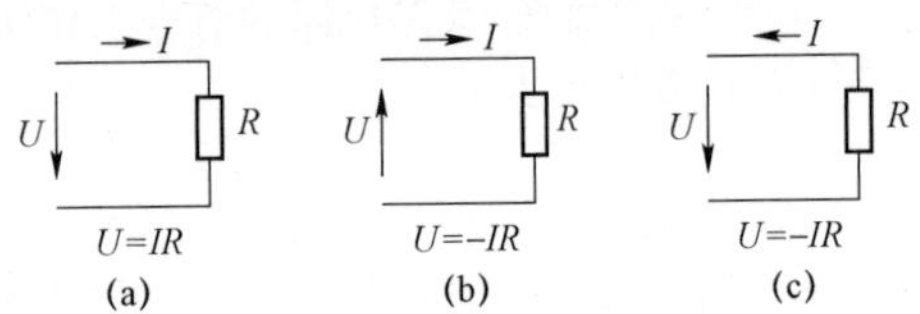

图 1-4 无源支路的欧姆定律

（a）符号为正；（b）、（c）符号为负

根据电路图中所选电压和电流的正方向不同，欧姆定律表达式中的正负号不同。当二者的正方向一致时，表达式中的符号为正值，如图 1-4a 所示；当二者的正方向相反时，表达式中的符号为负值，如图 1-4b、c 所示。但是请注意，不论所选的电压电流的正方向是否一致，最终的结果是唯一的，即所得到的电压或电流是相同的。这就是正方向的概念。

（2）全电路的欧姆定律。图 1-5 是前面介绍过的手电筒的电路模型，电源和负载通过中间环节组成了一个全电路，则

$$I = \frac{U_s}{R_0 + R} \tag{1-3}$$

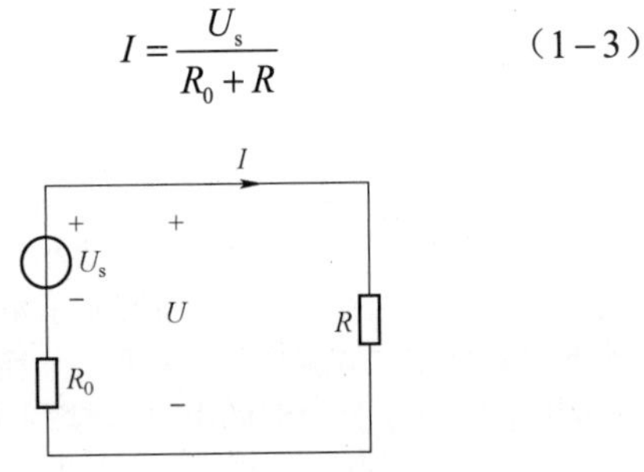

图 1-5 全电路的欧姆定律

2. 含源支路的欧姆定律

图 1-6 所示是一个含有电源的支路，也可以根据欧姆定律列出方程，首先应在图中标明电压和电流的正方向，则

$$\begin{aligned} U_{ab} &= IR + U_s \\ I &= \frac{U_{ab} - U_s}{R} \end{aligned} \tag{1-4}$$

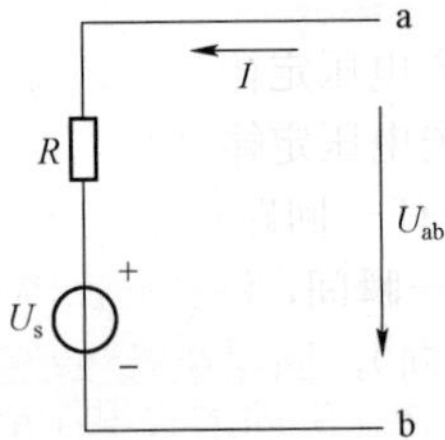

图 1-6 含源支路的欧姆定律

3. 基尔霍夫定律

它是分析与计算电路的基本定律，在电路分析中具有非常重要的地位，很多电路的分析方法都是根据它设计的。

（1）基尔霍夫电流定律（Kirchhoff’s Current Law，KCL）。基尔霍夫电流定律又称为节点电流定律，它主要说明电路中任一节点上电流关系的基本规律。由于电流具有连续性，流入任一节点的电流之和必定等于流出该节点的电流之和，即

$$\sum I = 0 \tag{1-5}$$

式（1-5）说明，在任一瞬间，任一节点上的电流的代数和恒等于零。电流就像生活中源源不断的水流一样，不会停留在任一点上，也就是说电路中的任何一点上都不会堆积电荷，这一点很容易理解。这一规律不仅适用于直流电流，同样也适用于交流电流，即在任一瞬间汇交于某一节点的交流电流的代数和恒等于零。用公式表示，则

$$\sum i = 0 \tag{1-6}$$

为了便于分析，一般规定流入节点的电流为正，流出节点的电流为负。

基尔霍夫电流定律是分析电路的得力武器，它不仅适用于电路中的任一节点，还可以推广应用于广义节点。所谓广义节点就是电路中的任意假设闭合面。

例如在图 1-7 所示的晶体管中，点画线包围的假设闭合面就是一个广义节点，三个电极的电流之和等于零，即

$$I_C + I_B - I_E = 0$$

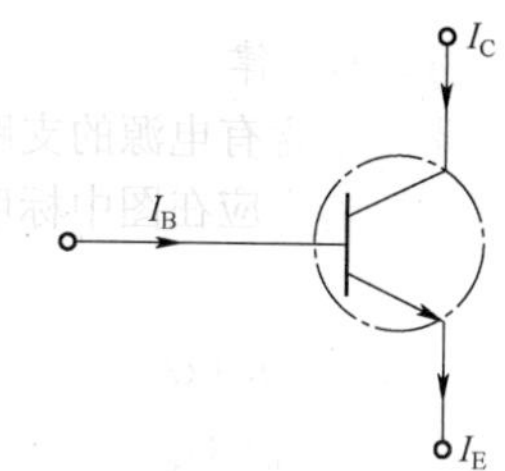

图 1－7　广义节点

（2）基尔霍夫电压定律（Kirchhoff's Voltage Law，KVL）。基尔霍夫电压定律又称为回路电压定律，它主要说明电路中任一回路中各段电压之间关系的基本规律。即在任一瞬间，沿任一回路的循行方向（顺时针或逆时针方向），回路中各段电压的代数和恒等于零，即

$$\sum U = 0 \tag{1-7}$$

通常将与回路循行方向一致的电压前面取正号，与回路循行方向相反的电压前面取负号。这一结论适用于任何电路的任一回路，包括直流电路、交流电路。对于交流电路的任一回路，在同一瞬间，电路中某一回路的各段瞬间电压的代数和为零，即

$$\sum u = 0 \tag{1-8}$$

基尔霍夫电压定律不仅适用于电路中的任一闭合回路，而且还可以推广到开口电路。只要在任一开口电路中，找到一个闭合的电压回路，即可应用基尔霍夫电压定律列出回路电压方程。

图 1－8 是一个开口电路，但是按照所选的回路方向，可以找到一个闭合的电压回路，因此可以根据 KVL 列出回路电压方程式

$$U_{ab} + IR - U_s = 0$$

或

$$U_{ab} = U_s - IR$$

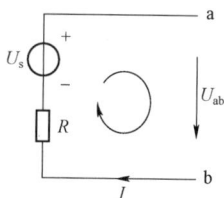

图 1－8　KVL 推广到开口电路

大家可以发现，此式与用欧姆定律所列的公式一致。

1.1.3　电路的分析方法

1. 支路电流法

它是求解复杂电路的最根本的方法，它的求解对象是支路电流，通过列方程组求解，若有 n 条支路，必定有 n 个支路电流，要想求这 n 个未知数，就应有 n 个线性无关的线性方程，这就是支路电流法的基本思路，列写线性方程组的就是基尔霍夫电流和电压定律。

2. 节点电位法

在分析和计算电路时，特别是在电子技术中，要用到电位的概念。通常将电路中的某一点选作参考点，并规定其电位为零，于是电路中其他任何一点与参考点之间的电压，便是该点的电位。节点电位法的解题步骤是，先选择参考电位点，再列写除参考点之外节点的电位方程，最后根据节点电位求各支路上的电压或电流。节点电位法适用于支路多、节点少的电路。因为节点少，列写的方程数就少，所以求解方便。

3. 等效电源定理

凡是只有一个输入或输出端口的电路都称为一端口网络。内部不含电源的称为无源一端口网络，含有电源的称为有源一端口网络。例如，图 1－9a 所示电路，若将 R_2 所在支路提出来，剩下点画线方框内的部分就是一个有源一端口网络。对 R_2 而言，有源一端口网络相当于它的电源。任何实际的电源，例如，电池，如图 1－9b 所示，也是一个有源一端口网络。

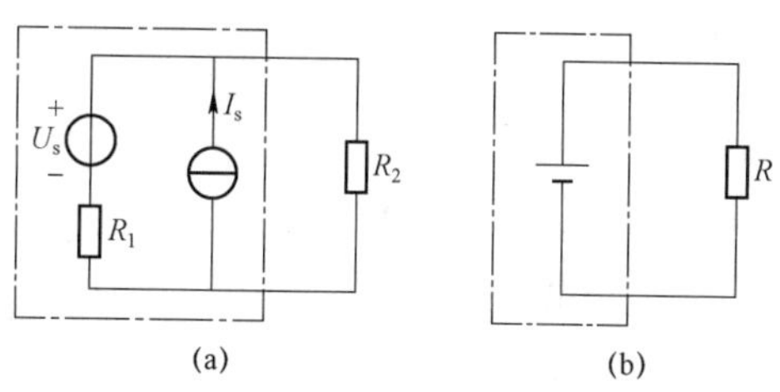

图 1－9　有源一端口网络

（a）网络 1；（b）网络 2

这些有源一端口网络不仅产生电能，本身还消耗电能。在保持它们的输出电压和电流不变的条件下，它们产生电能的作用可以用一个理想电源模型来表示，消耗电能的作用可以用一个理想电阻元件来表示，这就是等效电源定理所要叙述的内容。由于理想电源模型有理想电压源和理想电流源两种，因此，等效电源定理又分为戴维南定理和诺顿定理。

（1）戴维南定理。对外部电路而言，任何一个线性有源一端口网络，都可以用一个理想电压源与电阻串联的电路模型来代替。这个电路模型称为电压源模型，简称电压源。电压源中理想电压源的电压等于原有源一端口网络的开路电压；电压源的内阻 R_0 等于原有源一端口网络内部除源（即将所有理想电压源短路，所有理想电流源开路）后，在端口处得到的等效电阻。这就是戴维南定理。

现以图1－10所示有源一端口网络为例来说明这一定理的内容，代替前后的电路如图1－11所示。由于代替的条件是对外等效，因此在同一工作状态下，它们输出的电压和电流应该相同。

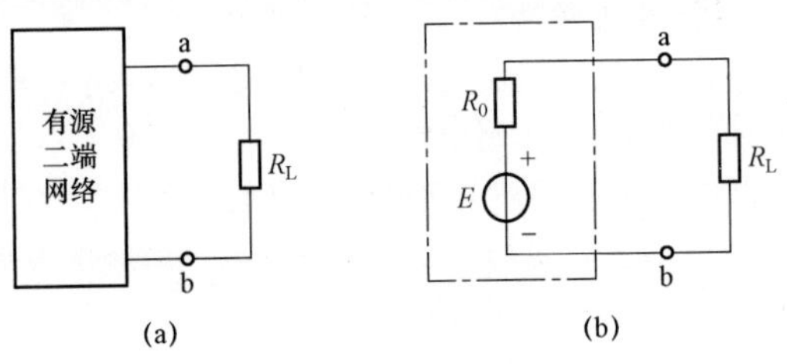

图1－10 戴维南定理

（a）有源二端网络；（b）等效电路

输出端开路时，两者的开路电压U_{OC}应该相等，由图1－11b可知，$E=U_{OC}$，即等效电压源中的理想电压源的电动势E等于原有源一端口网络的开路电压U_{OC}。对于图1－11a来讲，可得

$$U_{OC}=R_1I_s+U_s$$

电压源的内阻R_0等于原有源一端口网络内部除源（即将所有理想电压源短路，所有理想电流源开路）后，在端口处得到的等效电阻R_1。

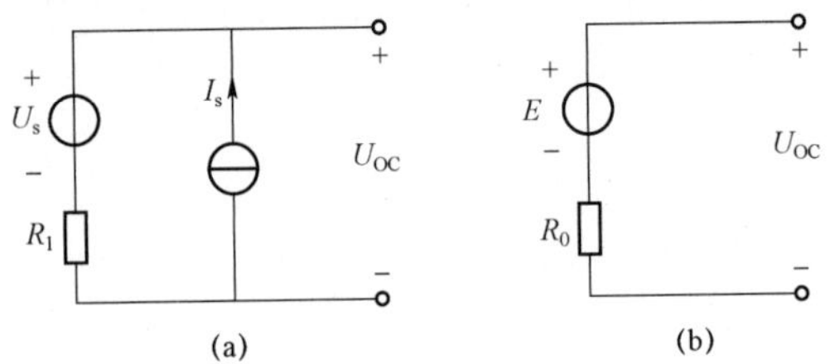

图1－11 戴维南定理说明电路

（a）有源二端网络；（b）电压源

利用戴维南定理可以将一个复杂电路简化成一个简单电路，尤其是只需要计算复杂电路中某一支路的电流或电压时，应用这一定理比较方便，而待求支路为无源支路或有源支路均可以。

（2）诺顿定理。对外部电路而言，任何一个线性有源一端口网络，都可以用一个理想电流源与电阻并联的电路模型来代替。这个电路模型称为电流源模型，简称电流源。电流源中理想电流源的电流等于原有源一端口网络的短路电流，电流源的内阻的求法则与等效电压源的内电阻求法相同。

若将图1－12a所示有源一端口网络用等效电流源来代替，则代替后的电路如图1－12b所示。

电压源和电流源既然都可以用来等效代替同一个有源一端口网络，因而在对外等效的条件下，相互之间可以等效变换。由上述两定理可知，等效变换的公式为

$$I_s=\frac{E}{R_0} \tag{1-9}$$

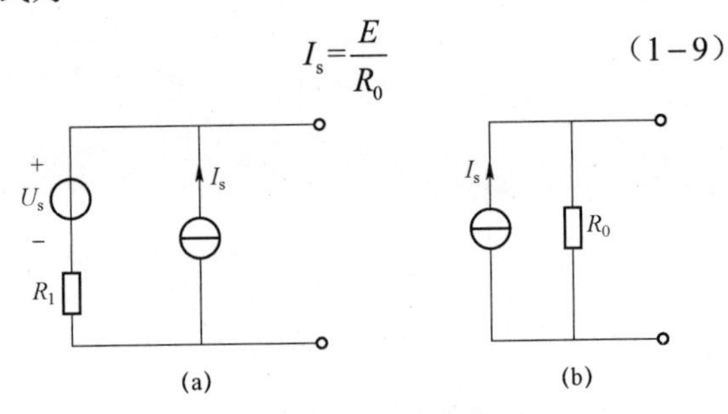

图1－12 诺顿定理

（a）有源二端网络；（b）电流源

变换时内电阻不变，I_s的流出方向应为电压源的正极。

4. 叠加原理

叠加原理是分析与计算线性问题的普遍原理，是复杂电路最基本的分析方法之一。

在图1－13a所示的电路图中有两个电源，各支路中的电流或电压都是由这两个电源共同作用产生的。在含有多个电源的线性电路中，任一支路的电流和电压等于电路中各个电源分别作用时，在该电路中产生的电流和电压的代数和。这就是叠加原理。

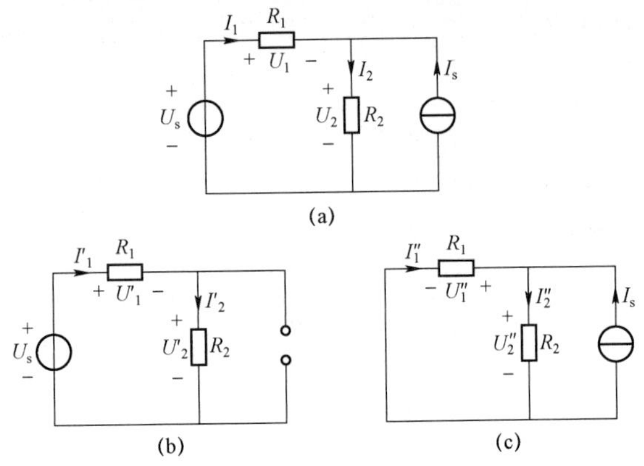

图1－13 叠加原理

（a）完整电路；（b）电压源单独作用的电路；（c）电流源单独作用的电路

1.2 正弦交流电路

正弦交流电路是指电路中的电动势、电流和电压都是按正弦规律变化的电路。正弦交流电是由交流发电机或正弦信号发生器产生的。在生产和生活中所用的交流电。

1.2.1 正弦交流电的基本概念

在正弦交流电路中，电压u或电流i都可以用时

间 t 的正弦函数来表示

$$\left.\begin{aligned} u &= U_m \sin(\omega t+\varphi_u)\ \text{V} \\ i &= I_m \sin(\omega t+\varphi_i)\ \text{A} \end{aligned}\right\} \qquad (1-10)$$

在式（1－10）中，u、i 表示在某一瞬时正弦交流电量的值，称为瞬时值，式（1－10）称为瞬时表达式；U_m 和 I_m 表示变化过程中出现的最大瞬时值，称为最大值或幅值；ω 为正弦交流电的角频率；φ_u、φ_i 为正弦交流电的初相位。知道了最大值、角频率和初相位，则可写出正弦交流电的瞬时表达式，因此，最大值、角频率和初相位称为正弦交流电的三要素。

正弦交流电还可以用波形图表示，如图 1－14 所示。

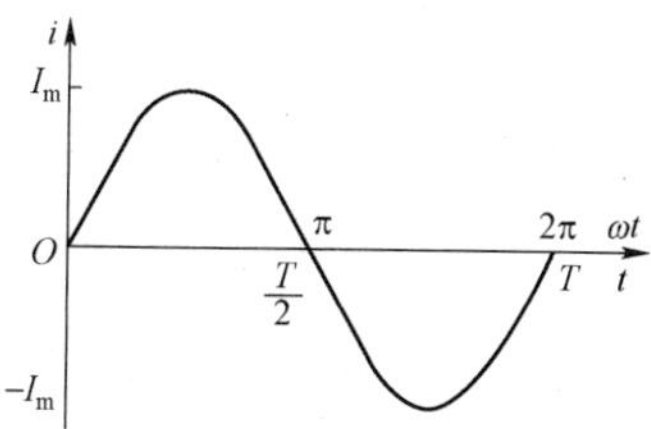

图 1－14　正弦交流电的波形图

（1）正弦交流电的周期、频率和角频率。正弦交流电是时间的周期函数。时间每增加 T，正弦交流电的瞬时值重复出现一次。T 即称为正弦交流电的周期，如图 1－14 所示，它是正弦交流电量重复变化一次所需的时间，单位是秒（s），或者是毫秒（ms）和微秒（μs）。$1\text{ms}=10^{-3}\text{s}$，$1\mu\text{s}=10^{-6}\text{s}$。

正弦交流电在每秒钟内变化的周期数称为频率，用 f 表示，单位是赫［兹］（Hz），1Hz 表示每秒变化一个周期，周期和频率的关系是

$$f=\frac{1}{T} \qquad (1-11)$$

交流电变化快慢除用周期和频率表示外，还可以用角频率表示，就是每秒钟内正弦交流电变化的电角度，用 ω 表示，单位是弧度每秒（rad/s）。因为交流电一个周期内变化的电角度相当于 2π 电弧度（见图 1－14），所以 ω 与 T 和 f 的关系为

$$\omega=\frac{2\pi}{T}=2\pi f \qquad (1-12)$$

在正弦交流电的周期正弦交流电的波形图中，可以用时间 t 作为横坐标，也可用电角度 ωt 作为横坐标。

（2）正弦交流电的相位与相位差。在正弦交流电的表示式 $i=I_m\sin(\omega t+\varphi_i)$ 中，$(\omega t+\varphi_i)$ 就称为正弦交流电的相位，它是正弦交流电随时间变化的电角度。相位的单位是弧度（rad），也可以用度表示。对于每一个给定的时间，都对应一个一定的相位。对应于 $t=0$ 时（即开始计时瞬间）的相位就称为初相位 φ。计时起点不同，同一正弦量的初相位不同，例如在图 1－15 中，图 a～图 d 的初相位不同。

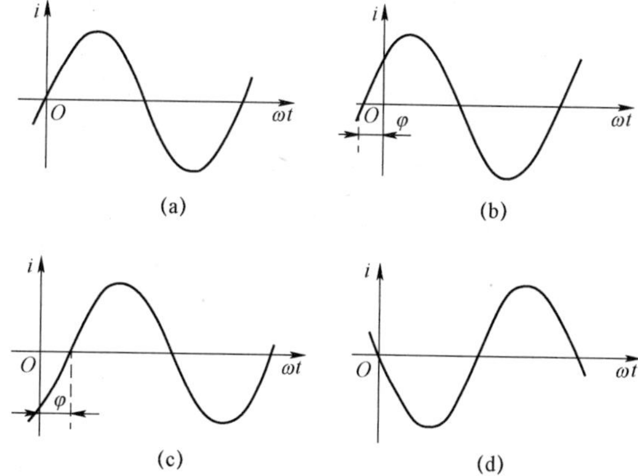

图 1－15　不同初相的正弦交流电

（a）$\varphi=0$；（b）$0°<\varphi<180°$；（c）$0°>\varphi>-180°$；（d）$\varphi=180°$

任何两个同频率正弦量之间的相位之差简称为相位差，用字母 φ 表示。相位差是表达两个同频率正弦量相互之间的相位关系的重要物理量，任何两个同频率正弦量的相位差在任何时刻都是不变的。初相位不同，即相位不同，说明它们随时间变化的步调不一致。例如，当 $0<\varphi=\varphi_u-\varphi_i<180°$，波形如图 1－16b 所示，$u$ 总要比 i 先经过相应的最大值和零值，这时就称在相位上 u 是超前于 i 一个 φ 的，或者称 i 是滞后于 u 一个 φ 的。当 $-180°<\varphi<0°$ 时，波形如图 1－16c 所示，u 与 i 的相位关系正好倒过来。当 $\varphi=0°$ 时，波形如图 1－16a 所示，这时就称 u 与 i 相位相同，或者说 u 与 i 同相。当 $\varphi=180°$ 时，波形如图 1－16d

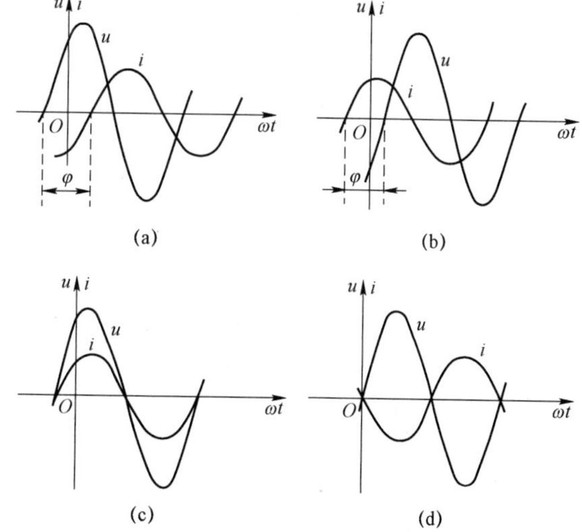

图 1－16　同频率正弦量的相位关系

(a) $0°<\varphi<180°$；(b) $-180°<\varphi<0°$；(c) $\varphi=0°$；(d) $\varphi=180°$

所示，这时，就称 u 与 i 相位相反，或者说 u 与 i 反相。

（3）正弦交流电的瞬时值、最大值和有效值。交流电的瞬时值用小写字母表示，如 i、u 和 e 等，它是随时间在变化的。最大值又称幅值，用带有下标 m 的大写字母来表示，如 I_m、U_m 和 E_m 等。

正弦量的幅值和瞬时值，虽然能表明一个正弦量在某一特定时刻的量值，但是不能用它来衡量整个正弦量的实际作用效果。常引出另一个物理量"有效值"，来衡量整个正弦量的实际作用效果。有效值是用电流的热效应来规定的，即如果一个交流电流 i 通过某一电阻 R 在一个周期内产生的热量，与一个恒定的直流电流 I 通过同一电阻在相同的时间内产生的热量相等，就用这个直流电的量值 I 作为交流电的量值，称为交流电的有效值。正弦交流电的有效值等于它的最大值的 0.707 倍。

1.2.2 正弦交流电的相量表示

正弦交流电的三角函数式表示和波形图表示虽然有简明直观的优点，但若进行数学运算却十分不便。用相量法可以很方便地利用解析的方法来计算正弦交流电路。

1. 正弦交流电的旋转矢量表示法

从直角坐标的原点画一矢量，其长度等于正弦交流电最大值 I_m（或 U_m），它与横轴的正方向所夹的角等于正弦交流电的初相位 φ_i（或 φ_u），以坐标横轴逆时针方向旋转为正，顺时针方向旋转为负，这个矢量绕原点按逆时针方向旋转的角速度等于正弦交流电的角频率 ω。显然，这个矢量任何时刻在纵轴的投影就等于这个正弦交流电同一时刻的瞬时值，正弦量的旋转矢量表示如图 1－17 所示。

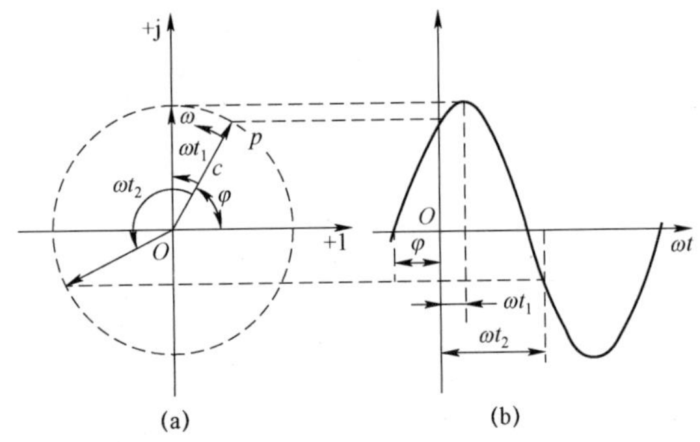

图 1－17 正弦量的旋转矢量表示

（a）旋转矢量；（b）波形

这样，若求几个正弦量的和与差，则只要按初相位画出它们的矢量（坐标轴可以不画），求它们的矢量和或差即可，这种表示几个同频率正弦量的矢量的整体称为矢量图。矢量图也可以用有效值来画，这样只不过使所有矢量的长度都缩小了 $1/\sqrt{2}$，并不影响它们的相对关系。

2. 正弦交流电的相量表示法

设一个复数的实部为 a，虚部为 b，则该复数可以写成

$$A = a + \mathrm{j}b \tag{1-13}$$

式中，算符 $\mathrm{j}=\sqrt{-1}$ 就是数学中的虚数单位 i，为区别于电流 i 而改用 j。式（1－13）称为复数的代数形式。

复数可以用复数平面内一个几何有向线段 A（即矢量）来表示，如图 1－18 所示。显然，矢量 A 的模（即矢量 $\boldsymbol{A}$ 的长度）$|A|$ 为

$$|A| = \sqrt{a^2 + b^2} \tag{1-14}$$

式中：a 为 A 在实轴上的投影；b 为 A 在虚轴上的投影，显然有

$$\begin{cases} a = A\cos\varphi \\ b = A\sin\varphi \end{cases} \tag{1-15}$$

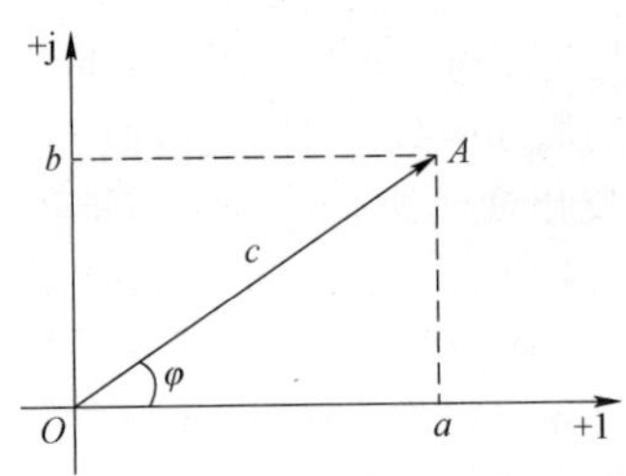

图 1－18 复数图示

由此式（1－13）可写成

$$A = |A|\cos\varphi + \mathrm{j}|A|\sin\varphi = |A|(\cos\varphi + \mathrm{j}\sin\varphi) \tag{1-16}$$

这是复数的三角形表示式。φ 为复数 A 的幅角，根据欧拉公式有

$$\cos\varphi + \mathrm{j}\sin\varphi = \mathrm{e}^{\mathrm{j}\varphi} \tag{1-17}$$

故式（1－16）可写成

$$A = |A|\mathrm{e}^{\mathrm{j}\varphi} \tag{1-18}$$

这是复数的指数型表示式。在电工技术中习惯上将 $\angle\varphi$ 代替 $\mathrm{e}^{\mathrm{j}\varphi}$，这样式（1－18）可写成

$$A = |A|\angle\varphi \tag{1-19}$$

式（1－19）是复数的极坐标型表示式。该式的特点是采用复数的模和幅角这两个要素来表示一个复数。

要表示一个正弦量，通常需要表述其三要素，即幅值（或有效值）、初相位和角频率。但是，在同一个正弦交流电路中，电源频率确定后，电路中各处的电流电压都是同一频率，因此频率可视为已知。这样，只要能表示出幅值（或有效值）和相位，一个正弦量的特征就可表示出来了。因为复数不但可以表示正弦量的这两个要素，而且还能将矢量和正弦量的代数式联系起来，所以可以用复数表示正弦交流电。复数的模即为正弦量的幅值（或有效值），复数的幅角是正弦交流电的初相位。例如，将正弦电流

$$i = I_{\mathrm{m}}\sin(\omega t+\varphi)$$

写成复数形式为　　$\dot{I}_{\mathrm{m}} = I_{\mathrm{m}}\mathrm{e}^{\mathrm{j}\varphi} = I_{\mathrm{m}}\angle\varphi$

或　　$\dot{I} = I\mathrm{e}^{\mathrm{j}\varphi} = I\angle\varphi$

表示正弦交流电量的复数称为相量，在复平面内的矢量表示称为相量图，只有同频的周期正弦量才能画在同一复平面内。几个同频率正弦量相加减，可以表示成相量后用相量（复数）的加减规则进行加减，也可以表示成相量图，按矢量的加减规则进行加减。

1.2.3　单一参数交流电路

单一参数交流电路是指由理想电路元件纯电阻、纯电感和纯电容各自组成的交流电路（线性电路）。

1. 纯电阻电路

如果电路中电阻作用突出，其他参数的影响可忽略不计，则此电路称为纯电阻电路。

在纯电阻电路中，电压与电流的幅值或有效值符合欧姆定律关系，在相位上电压与电流同相，用相量式表示为

$$\begin{cases}\dot{U} = R\dot{I}\\ \dot{U}_{\mathrm{m}} = R\dot{I}_{\mathrm{m}}\end{cases} \quad 或 \quad \begin{cases}\dot{I} = \dfrac{\dot{U}}{R}\\ \dot{I}_{\mathrm{m}} = \dfrac{\dot{U}_{\mathrm{m}}}{R}\end{cases}$$

波形图和相量图如图 1－19b 和图 1－19c 所示。

电路在某一瞬时消耗或产生的功率称为瞬时功率。电阻电路的瞬时功率 p 等于该瞬时电流与电压的瞬时值乘积，即

$$p = ui = U_{\mathrm{m}}I_{\mathrm{m}}\sin^2\omega t = 2UI\sin^2\omega t \quad (1-20)$$

式（1－20）表明电阻上消耗的功率是变化的，且在一个周期两次出现最大值，在整个周期内任何瞬间 p 均为正值，即电阻是一个耗能元件。

电阻上瞬时功率和平均功率的波形如图 1－19d 所示。

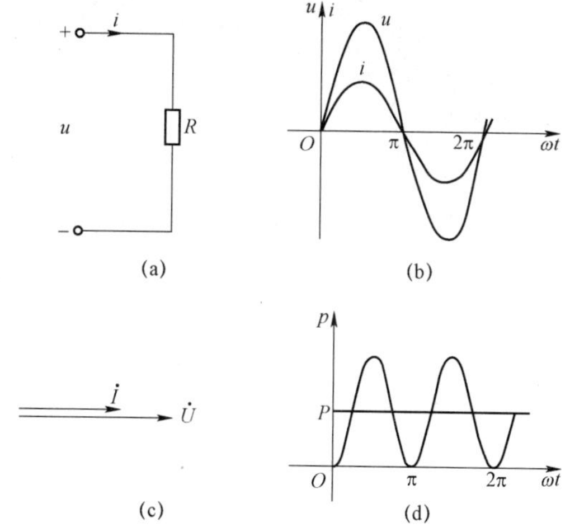

图 1－19　纯电阻电路

（a）电路图；（b）电压和电流的波形；（c）相量图；（d）功率的波形

电路中通常所说的功率是指瞬时功率在一个周期内的平均值，称为平均功率，简称功率，又称有功功率，单位为瓦［特］（W）。

纯电阻电路的平均功率为

$$P = \frac{1}{T}\int_0^T p\mathrm{d}t = \frac{1}{T}\int_0^T UI(1-\cos 2\omega t)\mathrm{d}t = UI = RI^2 \quad (1-21)$$

式（1－21）表明，交流电路中电阻上消耗功率与电流电压有效值的关系同直流电路中的完全一样。

2. 纯电感电路

如果电路中除电感参数外，其他参数可以忽略不计，则称为纯电感电路。例如一个线圈的电阻和电容相对于电感可忽略不计时，即可视为一个纯电感电路。纯电感电路中的电流 i、端电压 u 都是同频率的正弦量，但是它们的相位不同，u 超前 i 90°。电感线圈的电流 i 及电压 u 的波形图及相量图如图 1－20b 和 c 所示。

用相量表示电压和电流的关系为

$$\dot{U}_{\mathrm{L}} = X_{\mathrm{L}}\dot{I}\angle 90^{\circ} = \mathrm{j}X_{\mathrm{L}}\dot{I} \quad 或 \quad \dot{I} = \frac{\dot{U}}{\mathrm{j}X_{\mathrm{L}}} = -\mathrm{j}\frac{\dot{U}}{X_{\mathrm{L}}} \quad (1-22)$$

纯电感的瞬时功率为

$$p = ui = U_{\mathrm{m}}\sin\left(\omega t+\frac{\pi}{2}\right)I_{\mathrm{m}}\sin\omega t = UI\sin 2\omega t \quad (1-23)$$

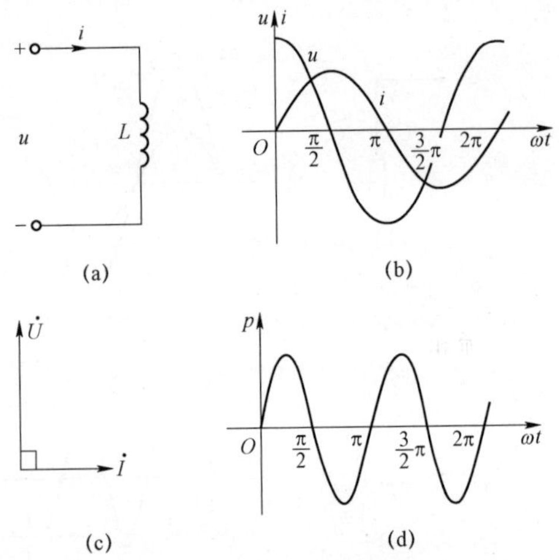

图 1-20 纯电感电路

（a）电路图；（b）电压和电流的波形；（c）相量图；（d）功率的波形

式（1-23）说明，纯电感电路中的功率以两倍于电流的频率变化着，如图 1-20d 所示。从图 1-20d 中可以看到，在第一及第三个 1/4 周期中，$p>0$，即电感从电源吸取能量；在第二个和第四个 1/4 周期中，$p<0$，即电感将电能送回电源。其平均功率为

$$P=\frac{1}{T}\int_0^T p\mathrm{d}t=\frac{1}{T}\int_0^T X_\mathrm{L}I^2\sin 2\omega t\mathrm{d}t=0$$

可见，在交流电路中，纯电感不消耗电能，它只是不断地和电源“交换”着电能，所以电感被称为储能元件。即在第一个和第三个 1/4 周期中将从电源吸收的电能转换成磁场能；而在第二个和第四个 1/4 周期中将磁场能变为电能送回给电源。因此，电感与电源之间有能量的往返互换，其能量互换的规模就用电路中瞬时功率的最大值表示，把它定义为无功功率

$$Q=UI=X_\mathrm{L}I^2=\frac{U^2}{X_\mathrm{L}} \tag{1-24}$$

无功功率的基本单位用乏（var）表示，较大单位为千乏（kvar）。

3. 纯电容电路

如果电路中除电容参数外其他参数可忽略不计，即可称为纯电容电路。例如，一个电感值及介质损耗均可忽略不计的电容器接于交流电路中，就可视为纯电容电路。

纯电容电路施加正弦电压时，其电流是同频率的正弦波，且它的相位超前电压 π/2 弧度。因为电流正比于电压的变化率，电容上的电压与电流，也具有欧姆定律的形式。用相量式表示为

$$\dot{I}=\frac{\dot{U}}{-\mathrm{j}X_\mathrm{C}}=\mathrm{j}\frac{\dot{U}}{X_\mathrm{C}} \quad 或\ \dot{U}=-\mathrm{j}X_\mathrm{C}\dot{I} \tag{1-25}$$

纯电容电路中瞬时功率为

$$p=ui=U_\mathrm{m}\sin\omega tI_\mathrm{m}\sin(\omega t+90°)=UI\sin 2\omega t \tag{1-26}$$

与电感电路中的功率相似，也以两倍于电源的频率交变着，其平均功率为

$$P=\frac{1}{T}\int_0^T p\mathrm{d}t=\frac{1}{T}\int_0^T I\sin 2\omega t\mathrm{d}t=0$$

由图 1-21d 可知，在第一个和第三个 1/4 周期中电容器被充电，$P>0$；在第二个和第四个 1/4 周期中，电容器放电，$P<0$。瞬时功率的最大值

$$Q=UI=X_\mathrm{C}I^2=\frac{U^2}{X_\mathrm{C}} \tag{1-27}$$

式中，Q 称为电容的无功功率，表示电容器电场能与电源电能相互转换的最大规模，单位也是乏（var）。

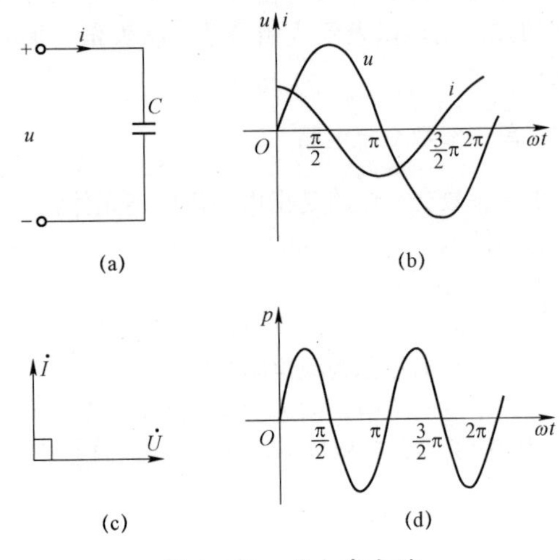

图 1-21 纯电容电路

（a）电路图；（b）电压和电流的波形；

（c）相量图；（d）功率的波形

1.2.4 交流电路的分析方法

一般而言，正弦交流电路是由电阻、电感和电容元件组成的，通常可分为串联、并联和复杂交流电路。在这种多参数的正弦交流电路中，各个电阻、电感和电容两端的电压和通过它们的电流之间的关系是由各个元件本身的性质决定的，并不受电路结构的影响。

交流电路的分析方法其实与直流电路的相同，在直流电路中用于分析电路的方法在交流电路的分析中也同样适用。但应注意，在交流电路中的各物理量

与直流不同，它们既有大小的变化，又有相位的变化，因此直流中的实数运算，在交流电路中就得是复数的运算。

1. RLC 串联交流电路

（1）电压和电流的关系。RLC 串联交流电路如图1-22所示。当电路两端施加电压为正弦电压 u 时，电路中有正弦电流 i 流过，同时在各元件上分别产生电压 u_R、u_L 和 u_C。它们的参考方向如图1-22所示。根据 KVL，有

$$u=u_R+u_L+u_C$$

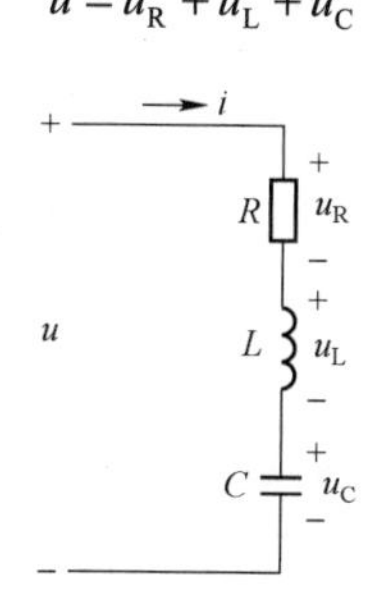

图1-22 串联交流电路

用相量表示，则

$$\dot{U}=\dot{U}_R+\dot{U}_L+\dot{U}_C \tag{1-28}$$

根据单一参数交流电路的性质，可以写出各元件上的电压相量，它们分别为

$$\left.\begin{aligned}\dot{U}_R&=\dot{I}R\\ \dot{U}_L&=jX_L\dot{I}\\ \dot{U}_C&=-jX_C\dot{I}\end{aligned}\right\} \tag{1-29}$$

将式（1-29）代入式（1-28）中，则

$$\begin{aligned}\dot{U}&=\dot{U}_R+\dot{U}_L+\dot{U}_C\\&=\dot{I}R+jX_L\dot{I}-jX_C\dot{I}\\&=\dot{I}[R+j(X_L-X_C)]\\&=\dot{I}(R+jX)=\dot{I}Z\end{aligned} \tag{1-30}$$

式中：$X=X_L-X_C$ 称为串联交流电路的电抗；$Z=R+jX$ 称为串联交流电路的复阻抗，它只是一般的复数计算量，不是相量。因此，注意它的写法仅是大写字母，顶部不加小圆点。与其他复数一样，复阻抗 Z 也可以写成如下的形式

$$Z=R+jX=|Z|(\cos\varphi+j\sin\varphi)=|Z|\cos\varphi+j|Z|\sin\varphi$$

式（1-30）非常完整地表明了这个交流电路中电压和电流之间的关系，即在大小和相位上的关系，此式称为相量形式的欧姆定律。

在交流电路的分析中，相量图是非常重要的分析工具，它可以使抽象的问题变得直观，并能使复杂的问题变得简单，因此一定要养成利用相量图分析交流电路的习惯。上述电压与电流的关系也可以通过相量图来分析。在画图之前，应先选定一个参考相量，如果没有明确要求，一般在串联电路中习惯于选支路电流为参考相量（设电流的初相位为零），而在交流电路中显然就应选并联支路的电压为参考相量。

根据单一参数正弦电路的性质可知，电阻电压 $\dot{U}_R$ 与电流 $\dot{I}$ 同相；电感电压 $\dot{U}_L$ 超前电流 $\dot{I}$ 90°；电容电压 $\dot{U}_C$ 滞后于电流 $\dot{I}$ 90°。假设 $U_L>U_C$，则总电压 $\dot{U}$ 与各部分电压之间的关系如图1-23a所示。

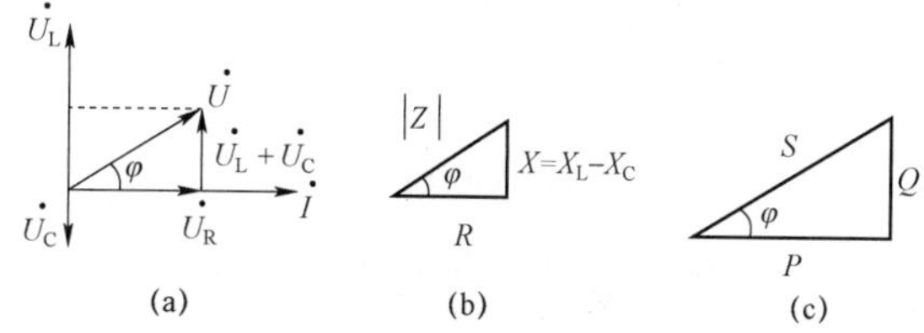

图1-23 RLC 串联电路

（a）相量图及电压三角形；（b）阻抗三角形；（c）功率三角形

（2）电路参数复阻抗 Z 的讨论。

由式（1-30）可得

$$Z=\frac{\dot{U}}{\dot{I}}=\frac{U\angle\varphi_u}{I\angle\varphi_i}=|Z|\angle\varphi=\frac{U}{I}\angle\varphi_u-\varphi_i$$

Z 的模 $|Z|$ 为电路总电压和总电流有效值之比，简称阻抗，而 Z 的幅角 φ 则为总电压和总电流的相位差，又称为阻抗角，如图1-23b所示为一个阻抗三角形，可见

$$\varphi=\varphi_u-\varphi_i=\arctan\frac{X_L-X_C}{R}$$

$$|Z|=\sqrt{R^2+(X_L-X_C)^2}$$

由式 $Z=|Z|\angle\varphi=R+j(X_L-X_C)$ 可知，当 ω 一定时，电路的性质由电路的参数 Z 决定，当 $X_L>X_C$，此时 $\varphi>0$，电压超前电流 φ，即电感作用大于电容作用，整个电路为电感性负载，称为电感性电路；当 $X_L<X_C$，即 $\varphi<0$ 电流超前于电压 φ，即电容作用大于电感作用，整个电路为电容性负载，称为电容性电路；若 $X_L=X_C$，$\varphi=0$，电压与电流相位相同，表现为纯电阻性负载，称为纯电阻性电路。

（3）功率计算。通过单一参数交流电路的分析已经知道，电阻是消耗能量的，而电感和电容是不消耗能量的，电源和电感、电容之间进行能量的交换。

1）瞬时功率。在任一瞬间，电路中都有

$$p=u\cdot i=p_R+p_L+p_C$$

2）有功功率。瞬时功率在一个周期内的平均值即为平均功率，又称为有功功率，单位是瓦[特]（W）

$$\begin{aligned}P&=\frac{1}{T}\int_0^T p\mathrm{d}t\\&=\frac{1}{T}\int_0^T(p_R+p_L+p_C)\mathrm{d}t\\&=P_R=U_RI=I^2R\end{aligned}\tag{1-31}$$

3）无功功率。在 R、L、C 串联的电路中，储能元件 L、C 虽然不消耗能量，但它们与电源之间存在能量吞吐，吞吐的规模用无功功率来表示，其大小为

$$\begin{aligned}Q&=Q_L+Q_C\\&=U_LI+(-U_CI)\\&=(U_L-U_C)I\\&=IU\sin\varphi\end{aligned}\tag{1-32}$$

无功功率的单位是乏（var）。

4）视在功率。视在功率是电路中总电压与总电流有效值的乘积，它可以用来衡量发电机或变压器可能提供的最大功率，是电源输出的重要指标。视在功率用 S 来表示，单位是伏安（VA）或千伏安（kVA）。

$$S=UI\tag{1-33}$$

有功功率、无功功率和视在功率之间的关系构成了一个功率三角形，如图 1-24c 所示，阻抗三角形、电压三角形和功率三角形都是直角三角形，且都有一个角是 φ，因此三个三角形相似，如图 1-24 所示，这一点对于正弦交流电路的分析极为有用。

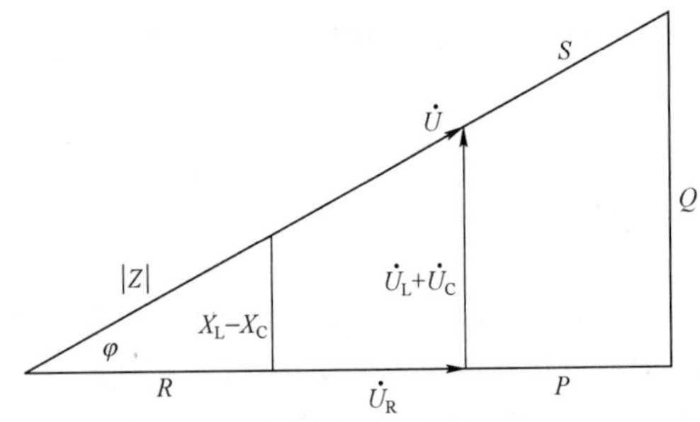

图 1-24 阻抗三角形、电压三角形和功率三角形的相似关系

2. 简单的阻抗串并联电路

如图 1-25 所示，这是一个简单的阻抗串联电路，为便于计算，将电路中的电压、电流用相量表示，根据分压公式，Z_2 上的电压 $\dot{U}_2$ 为

$$\dot{U}_2=\frac{Z_2}{Z_1+Z_2}\dot{U}=U_2\angle\varphi$$

最后可根据电压的相量形式写出其瞬时值表达式。

$$u_2=U_{2m}\sin(\omega t+\varphi)$$

如图 1-26 所示，这是一个简单的阻抗并联电路，为便于计算，将电路中的电压、电流用相量表示，根据电压电流的关系为

$$\dot{I}=\dot{I}_1+\dot{I}_2=\frac{\dot{U}}{Z_1}+\frac{\dot{U}}{Z_2}=\dot{U}\left(\frac{1}{Z_1}+\frac{1}{Z_2}\right)$$

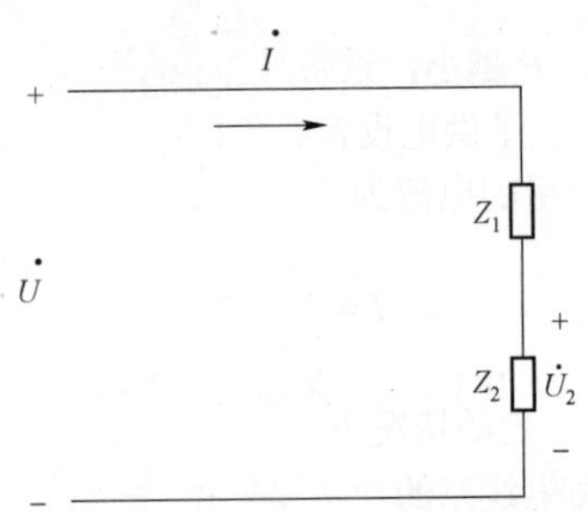

图 1-25 简单的串联电路

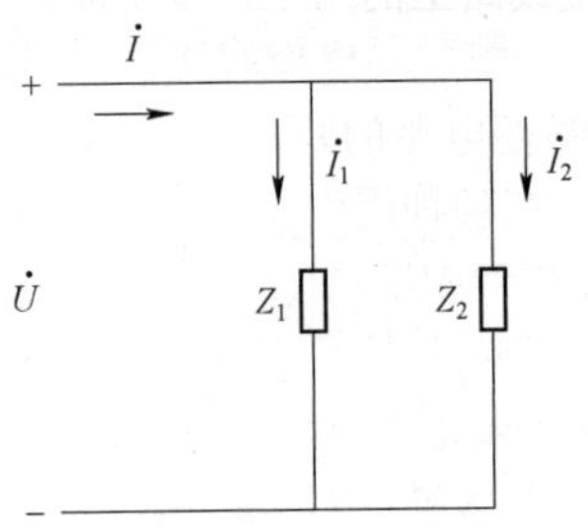

图 1-26 简单的阻抗并联电路

3. 一般正弦交流电路的解题步骤

（1）据原电路图画出相量模型图（电路结构不变）。

$$R\to R\quad L\to \mathrm{j}X_L\quad C\to -\mathrm{j}X_C$$
$$u\to\dot{U}\quad i\to\dot{I}\qquad e\to\dot{E}$$

（2）根据相量模型列出相量方程式或画相量图。

（3）用相量法或相量图求解。

（4）将结果变换成要求的形式。

1.2.5 电路的功率因数

在交流电路中，有功功率与视在功率的比值用 λ 表示，称为电路的功率因数，即

$$\lambda = \frac{P}{S} = \cos\varphi$$

电压与电流的相位差 φ 称为功率因数角，它是由电路的参数决定的。在纯电容和纯电感电路中，$P=0$，$Q=S$，$\lambda=0$，功率因数最低；在纯电阻电路中，$Q=0$，$P=S$，$\lambda=1$，功率因数最高。

功率因数是一项重要的电能经济指标。当电网的电压一定时，功率因数太低，会引起下述三方面的问题：

（1）降低了供电设备的利用率。容量 S 一定的供电设备能够输出的有功功率为

$$P = S\cos\varphi$$

$\cos\varphi$ 越低，P 越小，设备越得不到充分利用。

（2）增加了供电设备和输电线路的功率损耗。负载从电源取用的电流为

$$I = \frac{P}{U\cos\varphi}$$

在 P 和 U 一定的情况下，$\cos\varphi$ 越低，I 就越大，供电设备和输电线路的功率损耗也就越多。

（3）输电线路上的线路压降大，因此负载端的电压低，从而使线路上的用电设备不能正常工作，甚至损坏。

提高电感性电路的功率因数会带来显著的经济效益。目前，在各种用电设备中，属电感性的居多。例如，工农业生产中广泛应用的异步电动机和日常生活中大量使用的荧光灯等都属于电感性负载，而且它们的功率因数往往比较低，有时甚至到 0.2～0.3。供电部门对工业企业单位的功率因数要求是在 0.85 以上，如果用户的负载功率因数低，则需采取措施提高功率因数。提高功率因数的原则是必须保证原负载的工作状态不变，即加至负载上的电压和负载的有功功率不变。

电路的功率因数低，是因为无功功率多，使得有功功率与视在功率的比值小。由于电感性无功功率可以由电容性无功功率来补偿，所以提高电感性电路的功率因数除尽量提高负载本身的功率因数外，还可以采取与电感性负载并联适当电容的办法。这时电路的工作情况可以通过图 1－27 所示电路图和相量图来说明。并联电容前，电路的总电流就是负载的电流 $\dot{I}_L$，电路的功率因数就是负载的功率因数 $\cos\varphi_L$。并联电容后，电路总电流为 $\dot{I}$，电路的功率因数变为 $\cos\varphi$，$\cos\varphi > \cos\varphi_L$。只要 C 值选得恰当，便可将电路的功率因数提高到希望的数值。并联电容后，负载的工作未受影响，它本身的功率因数并没有提高，提高的是整个电路的功率因数。

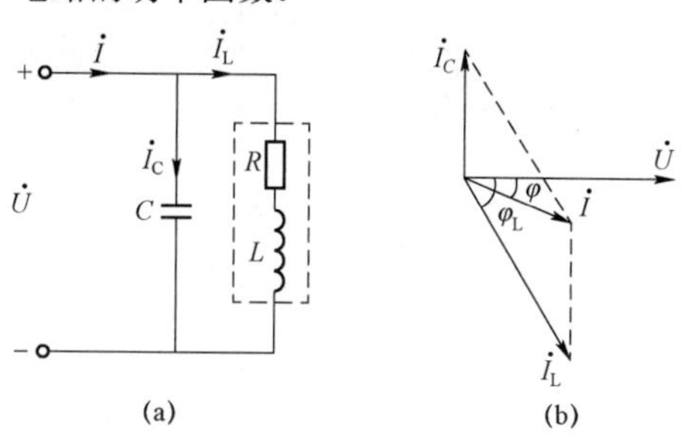

图 1－27　功率因数的提高

（a）电路图；（b）相量图

由图 1－27b 的相量图，可得到电流的有效值关系为

$$I_C = I_L \sin\varphi_L - I\sin\varphi$$

因为

$$P = UI_L\cos\varphi_L = UI\cos\varphi$$

$$I_C = \frac{U}{X_C} = U\omega C$$

所以

$$U\omega C = \frac{P}{U\cos\varphi_L}\sin\varphi_L - \frac{P}{U\cos\varphi}\sin\varphi$$

故所需补偿的电容为

$$C = \frac{P}{\omega U^2}(\tan\varphi_L - \tan\varphi) \qquad (1-34)$$

式（1－34）可以作为公式直接使用。

1.2.6　电路的谐振现象

在含有电感和电容的电路中，如果出现了总电流与总电压同相位现象，就称电路发生了谐振。谐振发生在串联电路中称为串联谐振，谐振发生在并联电路中称为并联谐振。谐振现象是电路的一种客观存在的现象，研究它的目的是充分认识它之后，在生产实践中尽可能多地利用它，并预防它所产生的危害。

1. 串联谐振

（1）串联谐振的条件及谐振频率。串联谐振的电路如图 1－28a 所示，相量图如图 1－28b 所示。当 $X_L=X_C$ 时，电路将呈现纯电阻性质，即电路发生了谐振，因此谐振的条件就是

$$X_L = X_C \quad 或 \quad 2\pi fL = \frac{1}{2\pi fC}$$

发生谐振时的频率 f_0，就称为谐振频率。

$$f_0 = \frac{1}{2\pi\sqrt{LC}}$$

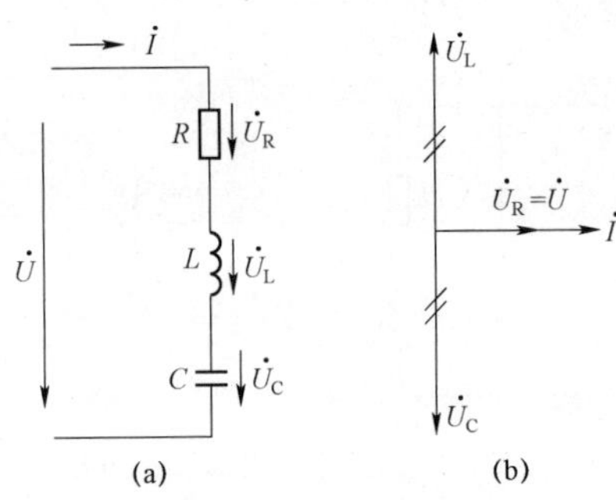

图 1－28　串联谐振

（a）电路图；（b）相量图

当频率 f 和电路参数 L 及 C 满足上式时，电路就会发生谐振。或者说，调节 f、L 或 C 都可以使电路发生谐振。

（2）串联谐振的特征：

1）由于 $X_L=X_C$，阻抗 $Z=R+j(X_L-X_C)=R$ 具有最小值，因此谐振的电流

$\dot{I}=\dfrac{\dot{U}}{Z}=\dfrac{\dot{U}}{R}=\dot{I}_0$ 最大，$\dot{I}_0$ 称为串联谐振电流。

2）由于 $\dot{U}_L=jX_L\dot{I}_0$，$\dot{U}_C=-jX_C\dot{I}_0$，而 $X_L=X_C$，所以 $\dot{U}_L+\dot{U}_C=0$，即 $\dot{U}_L=-\dot{U}_C$，电感上的电压与电容上的电压大小相等相位相反；电路端电压 $\dot{U}=Z\dot{I}_0=R\dot{I}_0=\dot{U}_R$，即 $\dot{U}$ 与 $\dot{I}$ 同相，总电压全部降在电阻上。

3）串联谐振时，如果电路的电阻较小，则有 $X_L=X_C\gg R$，$U_L=U_C\gg U_R=U$，即电感或电容上的电压可以大大地超过电路的端电压。这种过分升高的电压会破坏这些元件的绝缘。所以在电力电路中选择电路元件时，应特别注意避免发生谐振，造成元件绝缘损坏。但是在无线电通信技术中，却常常用串联谐振来选择所需信号。

由于串联谐振会引起高电压，所以串联谐振又称电压谐振。

串联谐振时的电感电压或电容电压的有效值对电路端电压的有效值之比称为谐振电路的品质因数，用 Q 表示。

$$Q=\frac{U_L}{U}=\frac{U_C}{U}=\frac{\omega_0 L}{R}=\frac{1}{R\omega_0 C}$$

4）由于谐振电路呈纯电阻性，所以电路的总无功功率 $Q=Q_L-Q_C=0$。即电感 L 的瞬时功率和电容 C 的瞬时功率在任何瞬间数值相等而符号相反。也就是说，电感 L 和电容 C 与电源之间无能量交换，只是在它们之间互相吞吐能量。电源只需供给 R 所需的热能。

串联谐振是串联电路的一种特殊工作状态。

2. 并联谐振

并联谐振是并联电路的一种特殊工作状态。当含有电感和电容的并联电路出现了总电流与总电压同相位的情况，就说电路发生了谐振。以图 1－29a 所示电路为例来分析并联谐振的条件及特征。

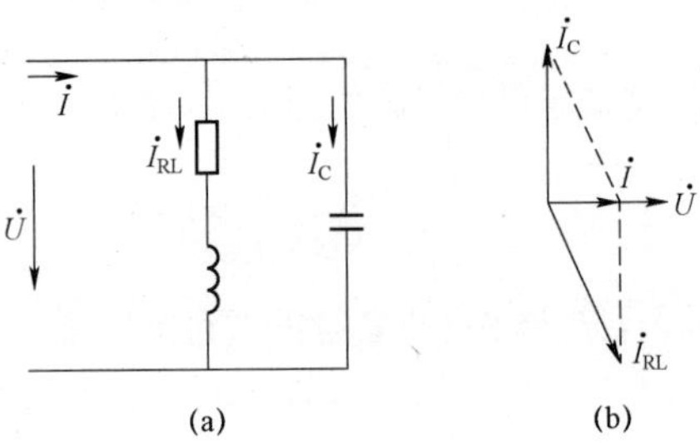

图 1－29　并联谐振

（a）电路图；（b）相量图

（1）谐振条件及谐振频率。图 1－19 所示电路的等效阻抗为

$$Z=\frac{\frac{1}{j\omega C}(R+j\omega L)}{\frac{1}{j\omega C}+(R+j\omega L)}=\frac{R+j\omega L}{1+j\omega RC-\omega^2 LC}$$

通常要求线圈的电阻很小，在谐振时一般 $\omega L\gg R$，所以上式可写成

$$Z\approx\frac{j\omega L}{1+j\omega RC-\omega^2 LC}=\frac{1}{\frac{RC}{L}+j\left(\omega C-\frac{1}{\omega L}\right)} \tag{1-35}$$

谐振时阻抗的虚部应为零，即

$$\omega C-\frac{1}{\omega L}=0$$

得谐振条件

$$\omega_0 C=\frac{1}{\omega_0 L}$$

由此得谐振频率

$$\omega_0=\frac{1}{\sqrt{LC}} \text{ 或 } f_0=\frac{1}{2\pi\sqrt{LC}}$$

（2）并联谐振的特征：

1）由式（1－35）可知，谐振时电路的阻抗为

$$|Z_0|=\frac{1}{\frac{RC}{L}}=\frac{L}{RC}$$

其值将达到最大。在电源电压 U 一定的情况下，电路中的电流在谐振时则是最小。

$$I_0=\frac{U}{\frac{L}{RC}}=\frac{U}{|Z_0|}$$

2）由于谐振时电流与电压同相，因此电路对电源呈现纯电阻性质，$|Z_0|$相当于一个电阻。

3）谐振时并联支路的电流为

$$I_C=\frac{U}{\frac{1}{2\pi f_0 C}}\qquad I_{RL}=\frac{U}{\sqrt{R^2+(2\pi f_0 L)^2}}\approx\frac{U}{2\pi f_0 L}$$

$$|Z_0|=\frac{L}{RC}=\frac{2\pi f_0 L}{R(2\pi f_0 C)}=\frac{(2\pi f_0 L)^2}{R}$$

总电流可写成

$$I_0=\frac{U}{|Z_0|}=\frac{U}{\frac{(2\pi f_0 L)^2}{R}}$$

当 $2\pi f L\gg R$ 时，有

$$2\pi f_0 L=\frac{1}{2\pi f_0 C}\ll\frac{(2\pi f_0 L)^2}{R}$$

于是可得　$I_{RL}\approx I_C\gg I_0$

即在并联谐振时并联支路的电流近似相等而且比总量电流大很多倍。I_C 或 I_{RL} 与总电流 I 的比值称为电路的品质因数，用 Q 表示

$$Q=\frac{I_{RL}}{I_0}=\frac{2\pi f_0 L}{R}=\frac{\omega_0 L}{R}=\frac{1}{\omega_0 CR}$$

即支路电流是总电流的 Q 倍，并联谐振又称电流谐振。

并联谐振在无线电通信和工业电子技术中都有广泛的应用。例如，利用并联谐振高阻抗的特点来选择信号和消除干扰。

并联谐振时的相量图如图 1－29b 所示。

1.3　三相电路

1.3.1　三相电源

三相制是由三个频率相同、幅值相同而相位不同的电压源作为电源供电的体系，是目前电力系统所采用的主要的供电方式。

对称三相电源是由三个等幅值、同频率、初相位依次相差 120° 的正弦电压源按照不同的联结方式而组成的电源，如图 1－30 所示。

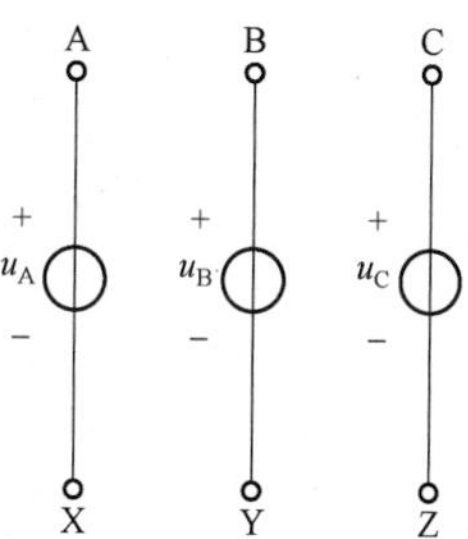

图 1－30　三相电源

这三个电源依次称为 A 相、B 相和 C 相，A、B、C 分别为这三个电源的首端，X、Y、Z 分别为这三个电源的尾端，它们的电压分别为

$$u_A=U_m\sin\omega t$$
$$u_B=U_m\sin(\omega t-120°)$$
$$u_C=U_m\sin(\omega t-240°)=U_m\sin(\omega t+120°)$$

式中，以 A 相电压 u_A 作为参考正弦量。它们对应的相量形式为

$$\dot U_A=U\angle 0°$$
$$\dot U_B=U\angle -120°=a^2\dot U_A$$
$$\dot U_C=U\angle 120°=a\dot U_A$$

式中，$a=1\angle 120°$，它是工程上为了方便而引入的单位相量算子。

对称三相电源的波形图和相量图分别如图 1－31a、b 所示。

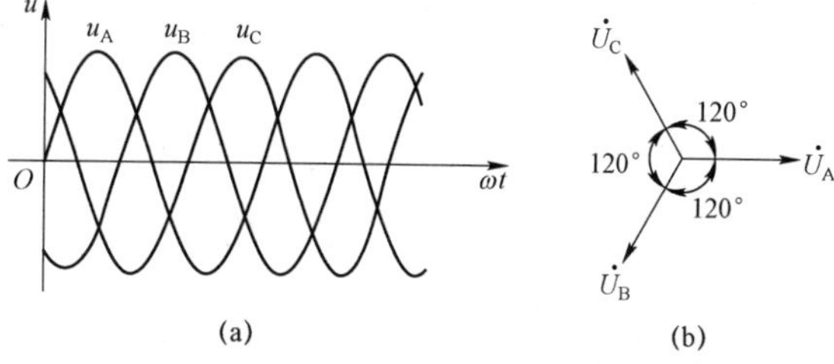

图 1－31　对称三相电源的波形图和相量图
（a）对称三相电源的波形图；（b）对称三相电源的相量图

对称三相电源中，我们把各相电源电压达到正幅值的顺序称为相序。图 1－31a 中各相电压达到正幅值的顺序依次为 A 相、B 相、C 相，即相序为 A→B→C，则 $\dot U_A$、$\dot U_B$、$\dot U_C$ 在相量图中的次序是顺时针的，如图 1－31b 所示，此时称该相序为顺序或

正序。如果u_A、u_B、u_C达到正幅值的顺序依次为A相、C相、B相，即相序为A→C→B，则$\dot{U}_A$、$\dot{U}_B$、$\dot{U}_C$在相量图中的次序是逆时针的，此时称该相序为逆序或负序。无特殊说明时，三相电源的相序均是正序。

将对称三相电源按照不同的联结方式连接起来，可以为负载供电。三相电源的联结方式有两种：星形联结和三角形联结。如果把三相电源的尾端X、Y、Z连接在一起，首端A、B、C引出三根导线以连接负载或电力网，则这种联结方式称为三相电源的星形联结，如图1－32所示。三相电源的尾端连接在一起的点（N点）称为中性点（或中点），从中性点N引出的导线称为中性线（或零线），从首端A、B、C引出的三根导线称为相线（或端线），俗称火线。相线与相线之间的电压（u_{AB}、u_{BC}、u_{CA}）称为线电压，其有效值一般用U_l表示。相线与中性线之间的电压（u_A、u_B、u_C）称为相电压，其有效值一般用U_p表示。

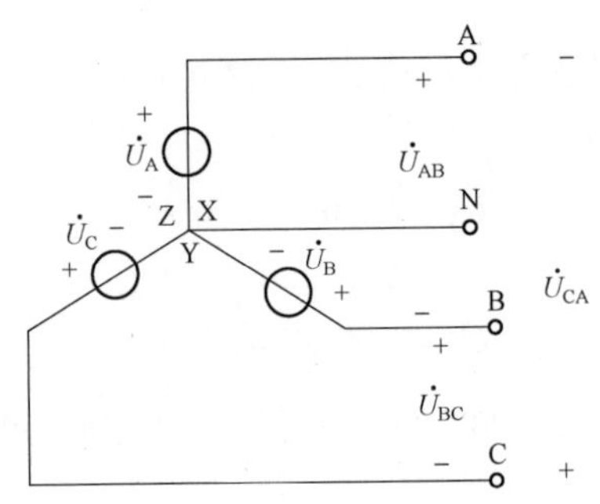

图1－32　三相电源的星形联结

由图1－33可以看出，对称三相电源做星形联结时，线电压与相电压之间有下列关系：

$$\left.\begin{aligned}\dot{U}_{AB}&=\dot{U}_A-\dot{U}_B=U\angle 0°-U\angle -120°=\sqrt{3}\dot{U}_A\angle 30°\\ \dot{U}_{BC}&=\dot{U}_B-\dot{U}_C=U\angle -120°-U\angle 120°=\sqrt{3}\dot{U}_B\angle 30°\\ \dot{U}_{CA}&=\dot{U}_C-\dot{U}_A=U\angle 120°-U\angle 0°=\sqrt{3}\dot{U}_C\angle 30°\end{aligned}\right\}$$

由上式可以看出，线电压与相电压的大小与相位关系。当三相相电压对称时，三相线电压也对称。线电压有效值是相电压有效值的$\sqrt{3}$倍，线电压在相位上超前对应的相电压30°。可以画出对称三相电源作为星形联结时线电压与相电压的相量图，如图1－33所示。

如果把对称三相电源的首、尾端依次相接形成闭合的三角形，即X接B，Y接C，Z接A，再从三个连接点引出端线以连接负载或电力网，则这种联结方式称为对称三相电源的三角形联结，如图1－34所示。

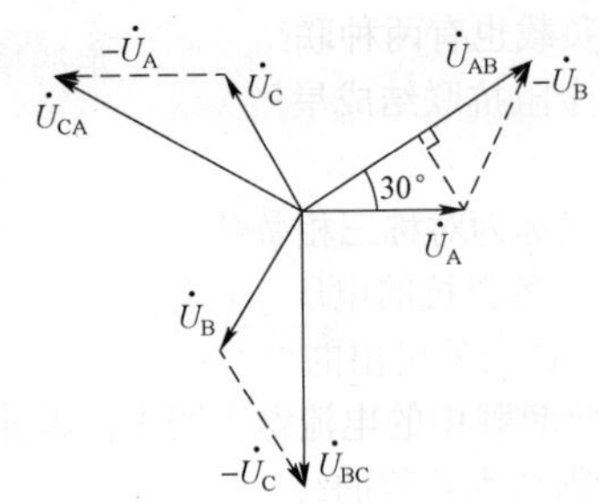

图1－33　对称三相电源作星形联结时线电压与相电压的相量图

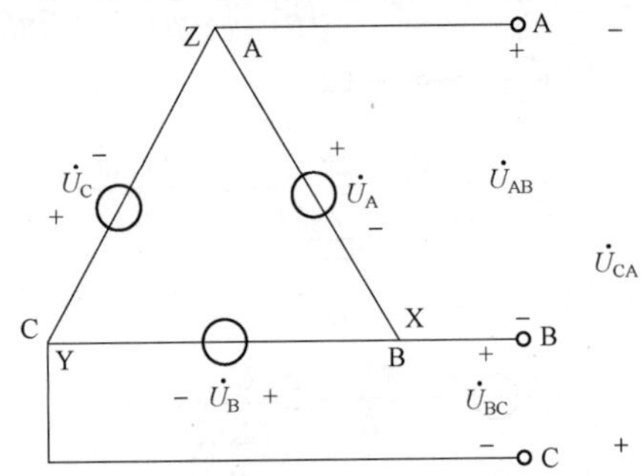

图1－34　对称三相电源的三角形联结

从图1－34可以看出，当对称三相电源作为三角形联结时，线电压就等于相电压，即

$$\left.\begin{aligned}\dot{U}_{AB}&=\dot{U}_A\\ \dot{U}_{BC}&=\dot{U}_B\\ \dot{U}_{CA}&=\dot{U}_C\end{aligned}\right\}$$

其电压相量图如图1－35所示。值得注意的是，三角形联结的对称三相电源只能提供一种电压，而星形联结的对称三相电源却能同时提供两种不同的电压，即线电压与相电压。另外，当对称三相电源作三角形联结时，如果任何一相电源接反，三个相电压之和将不为零，会在三角形联结的闭合回路中产生很大的环形电流，造成严重后果。

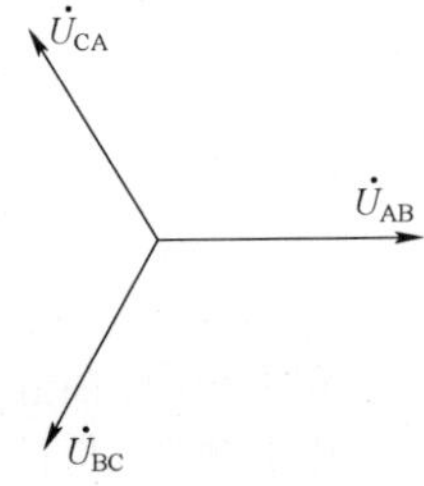

图1－35　对称三相电源做三角形联结时的电压相量图

1.3.2　三相负载

三相电源有两种联结方式：星形联结和三角形联结。同样，负载也有两种联结方式：星形联结和三角形联结。三个阻抗联结成星形（或三角形）就构成星形（或三角形）负载，如图 1－36 所示。当这三个阻抗相等时，就称为对称三相负载。三相负载的相电压和相电流是指各阻抗的电压和电流。三相负载的三个端子 A′、B′、C′向外引出的导线中的电流称为负载的线电流，每相负载中的电流称为相电流，任两个端子之间的电压则称为负载的线电压。

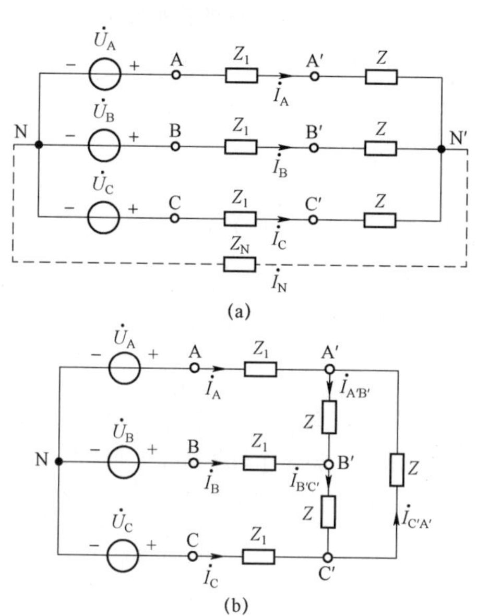

图 1－36　三相电路

（a）负载星形联结的三相电路；

（b）负载三角形联结的三相电路

1. 星形联结负载

在三相电路中，将三个单相负载的末端连接在一起，并将其始端分别接到三相电源的三根相线上，就构成负载的星形联结。若三相电源和三相负载都连接成星形，就形成三相电路的 Y－Y 联结方式。在 Y－Y 联结中，若把三相电源中点和负载中点用一根中性线连接起来，这种方式称为三相四线制供电方式，否则为三相三线制供电方式。

三相电路也是正弦交流电路，因此，正弦交流电路的分析方法同样适用于三相电路。当电源为对称三相电源，负载为对称三相负载时，就形成对称三相电路。在 Y－Y 联结的三相四线制电路中，由节点电压法可求出中性点电压

$$\dot{U}_{\mathrm{N'N}}=\frac{\dfrac{\dot{U}_{\mathrm{A}}}{Z_{\mathrm{A}}}+\dfrac{\dot{U}_{\mathrm{B}}}{Z_{\mathrm{B}}}+\dfrac{\dot{U}_{\mathrm{C}}}{Z_{\mathrm{C}}}}{\dfrac{1}{Z_{\mathrm{A}}}+\dfrac{1}{Z_{\mathrm{B}}}+\dfrac{1}{Z_{\mathrm{C}}}+\dfrac{1}{Z_{\mathrm{N}}}}$$

式中，Z_{N} 为中性线阻抗，相线阻抗忽略不计。

在电源对称，负载不对称的 Y－Y 不对称三相电路（图 1－37）中，由于负载不对称，计算时应该一相一相进行计算。

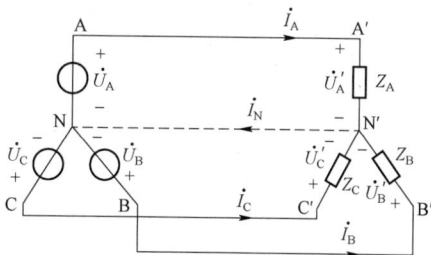

图 1－37　负载不对称的 Y－Y 不对称三相电路

设电源电压 $\dot{U}_{\mathrm{A}}$ 为参考相量，则

$$\dot{U}_{\mathrm{A}}=U\angle 0^{\circ}$$

$$\dot{U}_{\mathrm{B}}=U\angle -120^{\circ}$$

$$\dot{U}_{\mathrm{C}}=U\angle 120^{\circ}$$

若忽略相线阻抗与中性线阻抗，则电源的相电压即为负载的相电压。由于电源的相电压对称，因此负载的相电压也对称，故负载的相电流可求得为

$$\dot{I}_{\mathrm{A}}=\frac{\dot{U}_{\mathrm{A}}}{Z_{\mathrm{A}}}=\frac{U\angle 0^{\circ}}{|Z_{\mathrm{A}}|\angle\varphi_{\mathrm{A}}}=I_{\mathrm{A}}\angle-\varphi_{\mathrm{A}}$$

$$\dot{I}_{\mathrm{B}}=\frac{\dot{U}_{\mathrm{B}}}{Z_{\mathrm{B}}}=\frac{U\angle -120^{\circ}}{|Z_{\mathrm{B}}|\angle\varphi_{\mathrm{B}}}=I_{\mathrm{B}}\angle-120^{\circ}-\varphi_{\mathrm{B}}$$

$$\dot{I}_{\mathrm{C}}=\frac{\dot{U}_{\mathrm{C}}}{Z_{\mathrm{C}}}=\frac{U\angle 120^{\circ}}{|Z_{\mathrm{C}}|\angle\varphi_{\mathrm{C}}}=I_{\mathrm{C}}\angle 120^{\circ}-\varphi_{\mathrm{C}}$$

其中

$$\left.\begin{aligned}Z_{\mathrm{A}}&=R_{\mathrm{A}}+\mathrm{j}X_{\mathrm{A}}=|Z_{\mathrm{A}}|\angle\varphi_{\mathrm{A}}\\Z_{\mathrm{B}}&=R_{\mathrm{B}}+\mathrm{j}X_{\mathrm{B}}=|Z_{\mathrm{B}}|\angle\varphi_{\mathrm{B}}\\Z_{\mathrm{C}}&=R_{\mathrm{C}}+\mathrm{j}X_{\mathrm{C}}=|Z_{\mathrm{C}}|\angle\varphi_{\mathrm{C}}\end{aligned}\right\}$$

负载的相电流有效值分别为

$$I_{\mathrm{A}}=\frac{U}{|Z_{\mathrm{A}}|},\ I_{\mathrm{B}}=\frac{U}{|Z_{\mathrm{B}}|},\ I_{\mathrm{C}}=\frac{U}{|Z_{\mathrm{C}}|}$$

各相负载的电压与电流的相位差分别为

$$\varphi_A = \arctan\frac{X_A}{R_A}, \varphi_B = \arctan\frac{X_B}{R_B}, \varphi_C = \arctan\frac{X_C}{R_C}$$

中性线电流为

$$\dot{I}_N = \dot{I}_A + \dot{I}_B + \dot{I}_C$$

电压与电流的相量图如图 1-38 所示。在做相量图时，先画出以 $\dot{U}_A$ 为参考相量的电源相电压 $\dot{U}_A$、$\dot{U}_B$、$\dot{U}_C$ 的相量，而后逐相画出各相电流 $\dot{I}_A$、$\dot{I}_B$、$\dot{I}_C$ 的相量，最后画出中性线电流 $\dot{I}_N$ 的相量。

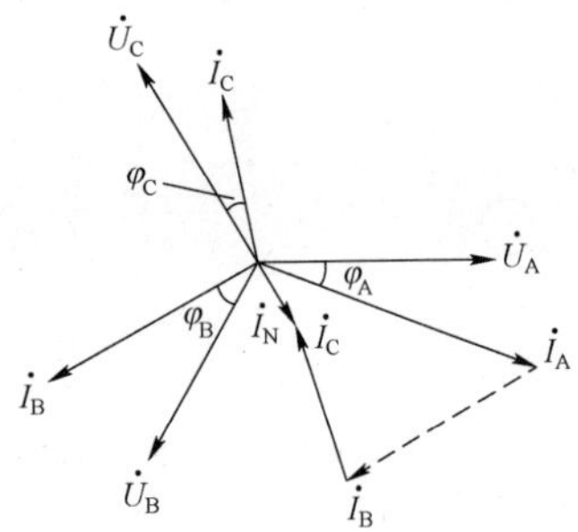

图 1-38　电压与电流的相量图

在 Y-Y 不对称三相四线制电路中，计算时必须逐相加以计算。然而，在 Y-Y 对称三相四线制电路（见图 1-39）中，计算则可大大简化。在 Y-Y 对称三相四线制电路中，三相电源对称，三相负载（设为感性负载）也对称，即

$$\dot{U}_A = U\angle 0°$$
$$\dot{U}_B = U\angle -120°$$
$$\dot{U}_C = U\angle 120°$$

$$\left.\begin{aligned} &Z_A = Z_B = Z_C = Z = R + jX \\ &|Z_A| = |Z_B| = |Z_C| = |Z| \\ &\varphi_A = \varphi_B = \varphi_C = \varphi = \arctan\frac{X}{R} \end{aligned}\right\}$$

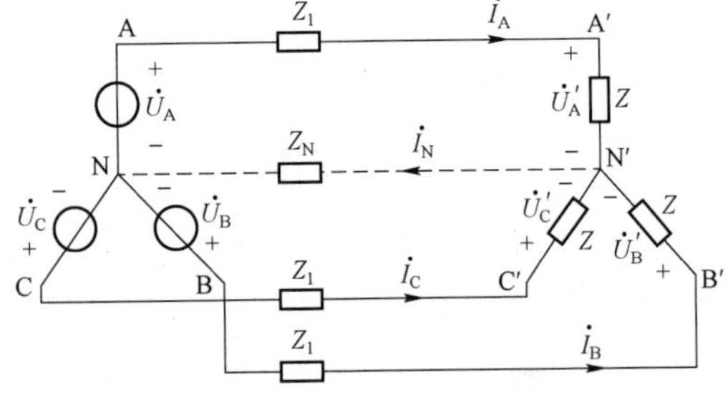

图 1-39　Y-Y 对称三相四线制电路

由于电源电压对称、负载对称，所以负载的相电流也是对称的，即

$$I_A = I_B = I_C = I_p = \frac{U}{|Z|}$$

$$\varphi_A = \varphi_B = \varphi_C = \varphi = \arctan\frac{X}{R}$$

因此，这时中性线电流等于零，即

$$\dot{I}_N = \dot{I}_A + \dot{I}_B + \dot{I}_C = 0$$

电压与电流的相量图如图 1-40 所示。

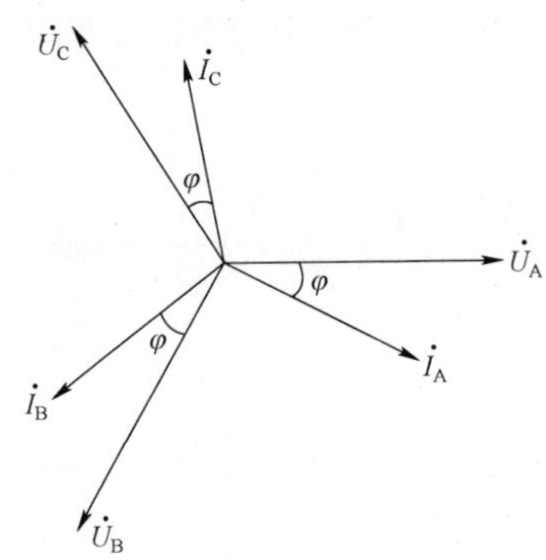

图 1-40　电压与电流的相量图

由于中性线电流为零，因此在 Y-Y 对称三相电路中，中性线就不需要了，去掉中性线的电路即变为三相三线制电路，如图 1-41 所示。三相三线制电路在生产上应用极为广泛，因为生产上的三相负载一般都是对称的。

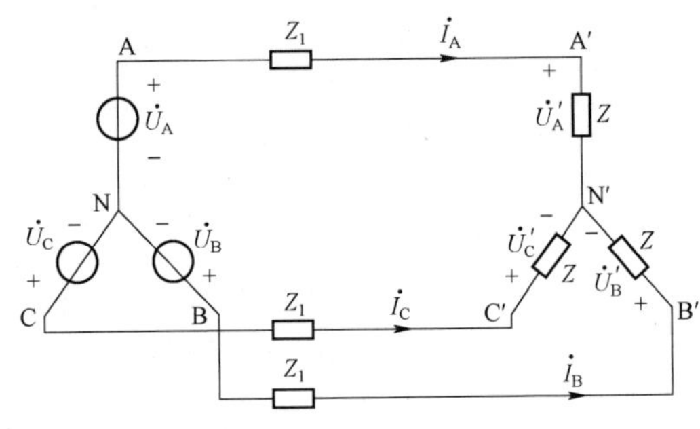

图 1-41　三相三线制电路

在 Y-Y 对称三相电路中，由于负载的相电压、相电流均对称，因此可把三相电路的计算化简为单相来计算。只要求出其中一相负载的相电压与相电流，其他两相的电压与电流可根据对称性依次写出。这样就大大减轻了三相电路计算的工作量。

2. 三角形联结负载

三角形联结负载的三相电路可用图 1-42 和图 1-43 所示电路来表示。

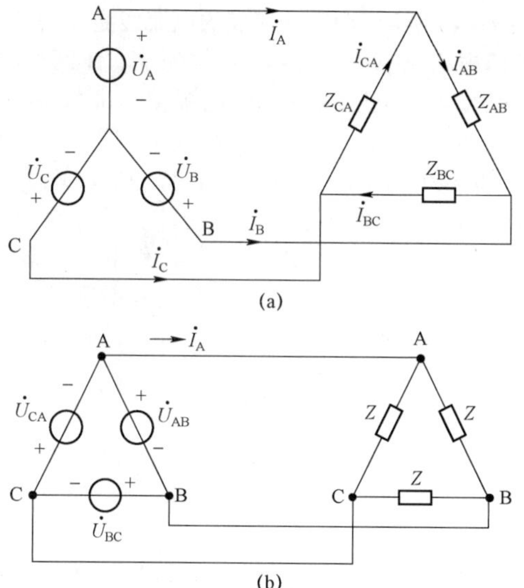

图 1－42　Y－△、△－△两种联结方式的三相电路

（a）Y－△联结的三相电路；（b）△－△联结的三相电路

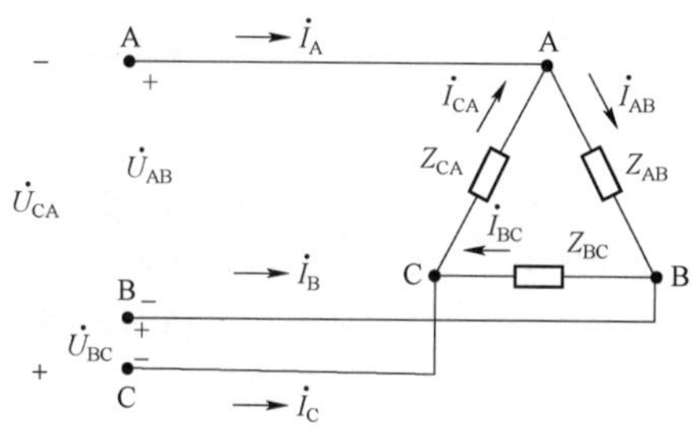

图 1－43　负载三角形联结的三相电路

由于各相负载都直接接在电源的线电压上，而电源的线电压是对称的，因此不论负载对称与否，负载的相电压总是对称的，即

$$U_{AB}=U_{BC}=U_{CA}=U_1=U_p$$

当负载不对称时，假设负载为感性负载，令

$$\begin{cases}Z_{AB}=R_{AB}+\mathrm{j}X_{AB}\\Z_{BC}=R_{BC}+\mathrm{j}X_{BC}\\Z_{CA}=R_{CA}+\mathrm{j}X_{CA}\end{cases}$$

各相负载中电流的有效值为

$$\begin{cases}I_{AB}=\dfrac{U_{AB}}{|Z_{AB}|}=\dfrac{U_1}{|Z_{AB}|}\\I_{BC}=\dfrac{U_{BC}}{|Z_{BC}|}=\dfrac{U_1}{|Z_{BC}|}\\I_{CA}=\dfrac{U_{CA}}{|Z_{CA}|}=\dfrac{U_1}{|Z_{CA}|}\end{cases}$$

各相负载的电压与电流之间的相位差分别为

$$\varphi_{AB}=\arctan\frac{X_{AB}}{R_{AB}},\ \varphi_{BC}=\arctan\frac{X_{BC}}{R_{BC}},$$

$$\varphi_{CA}=\arctan\frac{X_{CA}}{R_{CA}}$$

由于负载不对称，因此负载的相电流也不对称，由图 1－43 电路可知，线电流和相电流是不一样的，由基尔霍夫电流定律可求出如图 1－43 所示参考方向下线电流和相电流的关系

$$\left.\begin{aligned}\dot{I}_A=\dot{I}_{AB}-\dot{I}_{CA}\\\dot{I}_B=\dot{I}_{BC}-\dot{I}_{AB}\\\dot{I}_C=\dot{I}_{CA}-\dot{I}_{BC}\end{aligned}\right\}$$

因此，当负载不对称时，负载的相电流不对称，电路的线电流也不对称。

如果负载对称，即 $Z_{AB}=Z_{BC}=Z_{CA}=Z=R+\mathrm{j}X$，为

$$|Z_{AB}|=|Z_{BC}|=|Z_{CA}|=|Z|$$

$$\varphi_{AB}=\varphi_{BC}=\varphi_{CA}=\varphi$$

则负载的相电流的有效值为

$$I_{AB}=I_{BC}=I_{CA}=I_p=\frac{U_1}{|Z|}$$

各相负载的电压与电流的相位差为

$$\varphi_{AB}=\varphi_{BC}=\varphi_{CA}=\varphi=\arctan\frac{X}{R}$$

因此，当负载对称时，负载的相电流是对称的，即

$$\dot{I}_{AB}=\frac{\dot{U}_{AB}}{Z_{AB}}=\frac{\dot{U}_{AB}}{Z}$$

$$\dot{I}_{BC}=\frac{\dot{U}_{BC}}{Z}=\dot{I}_{AB}\angle-120^\circ$$

$$\dot{I}_{CA}=\frac{\dot{U}_{CA}}{Z}=\dot{I}_{AB}\angle120^\circ$$

电路的线电流为

$$\dot{I}_A=\dot{I}_{AB}-\dot{I}_{CA}=\dot{I}_{AB}-\dot{I}_{AB}\angle120^\circ=\sqrt{3}\dot{I}_{AB}\angle-30^\circ$$

$$\dot{I}_B=\dot{I}_{BC}-\dot{I}_{AB}=\dot{I}_{BC}-\dot{I}_{BC}\angle120^\circ=\sqrt{3}\dot{I}_{BC}\angle-30^\circ$$

$$\dot{I}_C=\dot{I}_{CA}-\dot{I}_{BC}=\dot{I}_{CA}-\dot{I}_{CA}\angle120^\circ=\sqrt{3}\dot{I}_{CA}\angle-30^\circ$$

这就是对称负载三角形联结的一般关系式。可见相电流对称时，线电流也对称。在幅值上，线电流是相电流的 $\sqrt{3}$ 倍，即 $I_1=\sqrt{3}I_p$；在相位上，线电流滞后于相应的相电流 30°。由线电流与相电流的关系可画出对称负载三角形联结的三相电路的线电流与相电流的相量图，如图 1－44 所示。

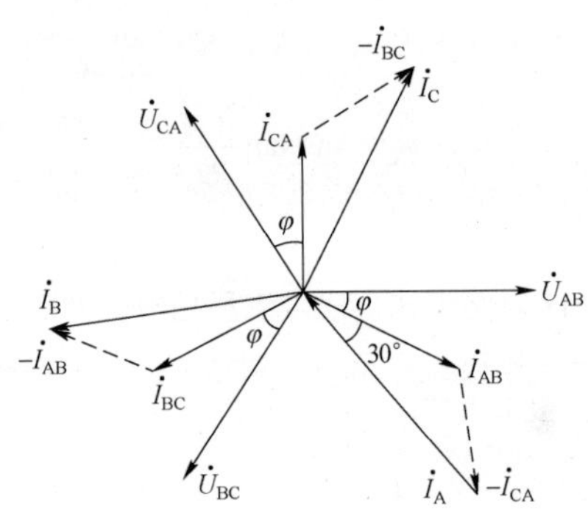

图 1－44 对称负载三角形联结的三相电路的线电流与相电流的相量图

对称负载三角形联结的三相电路的计算可归结为一相的计算。只要分析计算三相负载中的任一相负载电流及对应的线电流，其他两相负载的电流及对应的线电流就可按对称顺序依次写出。

1.3.3 三相电路的功率

1. 三相功率的计算

在三相电路中，不论负载是星形联结还是三角形联结，不论负载是对称负载还是不对称负载，总的有功功率必定等于各相有功功率之和，总的无功功率必定等于各相无功功率之和。当负载不对称时，三相负载总的有功功率为

$$P = P_A + P_B + P_C = U_A I_A \cos\varphi_A + U_B I_B \cos\varphi_B + U_C I_C \cos\varphi_C$$

三相负载总的无功功率为

$$Q = U_A I_A \sin\varphi_A + U_B I_B \sin\varphi_B + U_C I_C \sin\varphi_C$$

总的视在功率为

$$S = \sqrt{P^2 + Q^2}$$

在对称三相电路中，有 $P_A = P_B = P_C, Q_A = Q_B = Q_C$，因此，三相负载总的有功功率为

$$P = P_A + P_B + P_C = 3P_A = 3U_p I_p \cos\varphi$$

式中：U_p、I_p 分别为负载的相电压与相电流；φ 是负载的相电压与相电流之间的相位差。

三相负载总的无功功率与视在功率为

$$Q = 3U_p I_p \sin\varphi = \sqrt{3} U_l I_l \sin\varphi$$

$$S = 3U_p I_p = \sqrt{3} U_l I_l$$

2. 三相功率的测量

在三相三线制电路中，不论负载接成星形还是三角形，也不论负载对称与否，都可以使用两个功率表来测量三相功率。两个功率表的一种联结方式如图 1－45 所示。两个功率表的电流线圈分别串接在任意两根相线中（图 1－45 所示为 A、B 两相线），两个功率表的电压线圈的非电源端（非*端）连接到非电流线圈所在的第 3 条相线上（图 1－45 所示为 C 相线），两个电压线圈的另一端（*端）分别与电流线圈的*端相连接。在这种测量方法中，功率表的接线只触及相线而与负载和电源的联结方式无关。此时，两个功率表读数的代数和等于三相负载的平均功率之和。我们将这种方法称为二瓦计法（或两表法）。

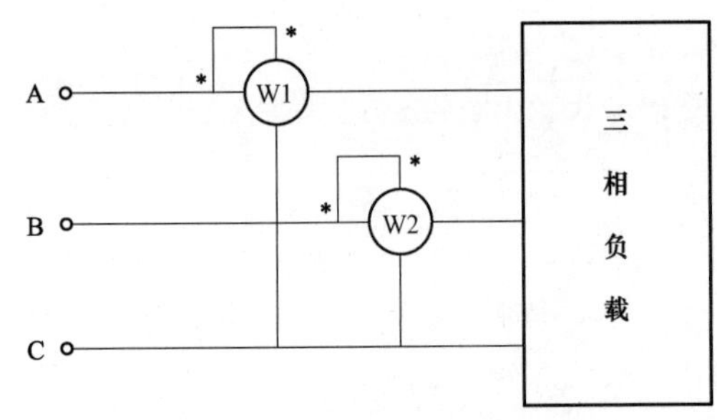

图 1－45 二瓦计法测量线路图

可以证明图 1－45 中两个功率表读数的代数和为三相三线制中右侧电路吸收的平均功率。

设两个功率表的读数分别为 P_1 和 P_2，则

$$P_1 = \frac{1}{T}\int_0^T u_{AC} i_A \mathrm{d}t$$

$$P_2 = \frac{1}{T}\int_0^T u_{BC} i_B \mathrm{d}t$$

式中，T 为周期。

由于

$$u_{AC} = u_A - u_C, u_{BC} = u_B - u_C, i_A + i_B = -i_C$$

故

$$\begin{aligned} P_1 + P_2 &= \frac{1}{T}\int_0^T (u_{AC} i_A + u_{BC} i_B)\mathrm{d}t \\ &= \frac{1}{T}\int_0^T [(u_A - u_C) i_A + (u_B - u_C) i_B]\mathrm{d}t \\ &= \frac{1}{T}\int_0^T [u_A i_A + u_B i_B - u_C (i_A + i_B)]\mathrm{d}t \\ &= \frac{1}{T}\int_0^T (u_A i_A + u_B i_B + u_C i_C)\mathrm{d}t \\ &= \frac{1}{T}\int_0^T (p_A + p_B + p_C)\mathrm{d}t \\ &= P \end{aligned}$$

可见，两个功率表读数的代数和就等于三相电路的三相平均功率之和。

可以证明，在对称三相三线制电路中，两个功率表的读数分别为

$$P_1 = U_{AC} I_A \cos(\varphi - 30°)$$
$$P_2 = U_{BC} I_B \cos(\varphi + 30°)$$

式中，φ 为负载的阻抗角。应当注意，在一定的条件下（例如 $\varphi > 60°$），两个功率表之一的读数可能为负，求代数和时该读数应取负值。一般来讲，单独一个功率表的读数是没有意义的。

二瓦计法一般只适于测量三相三线制电路的有功功率。对于三相四线制电路的有功功率的测量则不能采取二瓦计法，这是因为在一般情况下，$i_A + i_B + i_C \neq 0$。当负载不对称时，可使用一只功率表分别测量 A 相、B 相和 C 相电路的有功功率，取其总和就是三相四线制电路的有功功率；当负载对称时，只需测量单相功率，三相功率为单相功率的 3 倍。

1.4　磁路

在很多电气设备中，如电机、变压器、电工测量仪表及其他各种铁磁元件，不仅有电路的问题，同时还有磁路的问题。只有同时掌握电路与磁路的基本理论，才能对各种电气设备进行全面的分析。

1.4.1　磁场的基本物理量

1. *磁感应强度*

磁感应强度 B 是表示磁场内某点的磁场强弱和方向的物理量。它是一个矢量。它与电流之间的方向关系可用右螺旋定则来确定，磁场内某一点的磁感应强度可用该点磁场作用于 1m 长，通入 1A 电流的导体上的力 F 来衡量。如果磁场内各点的磁感应强度的大小相等，方向相同，则称这样的磁场为均匀磁场。

2. *磁通*

磁感应强度 B 与垂直于磁场方向的面积 S 的乘积，称为通过该面积的磁通 Φ，即 $\Phi = BS$。磁感应强度在数值上可以看成为与磁场方向相垂直的单位面积所通过的磁通，故又称为磁通密度。

在国际单位制中，磁通的单位是 V•s，通常称为 Wb（韦伯）。磁感应强度的单位是 T（特斯拉），$1T = 1Wb/m^2$。

3. *磁场强度*

磁场强度 H 是计算磁场时所引用的一个物理量，是一个矢量，可以通过它来确定磁场与电流之间的关系。

4. *磁导率*

磁导率 μ 是一个用来表示磁场媒质磁性的物理量，即是用来衡量物质导磁能力的物理量。它与磁场强度的乘积就等于磁感应强度，即 $B = \mu H$。在国际单位制中，磁导率 μ 的单位是 H/m（亨/米）。

任意一种物质的磁导率 μ 与真空的磁导率 μ_0（真空的磁导率 $\mu_0 = 4\pi \times 10^{-7}$H/m）的比值，称为该物质的相对磁导率 μ_r，即

$$\mu_r = \frac{\mu}{u_0}$$

按照磁导率的大小，可将自然界的物质大体上分为磁性材料和非磁性材料两大类。非磁性材料的磁导率 μ 近似等于真空的磁导率 μ_0，相对磁导率 μ_r 近似等于 1，几乎不具有磁化的特性。

1.4.2　磁性材料和磁性能

磁性材料主要是指铁、镍、钴及其合金而言。它们具有以下磁性能：

1. *高导磁性*

磁性材料的磁导率很高，$\mu_r \geqslant 1$，这就使它们具有被强烈磁化的特性。磁性材料的这种磁性能被广泛应用于电气设备中，例如电机、变压器及各种铁磁元件的线圈中都放有铁心。在这种具有铁心的线圈中通入不大的励磁电流，便可产生足够大的磁通和磁感应强度，这就解决了既要磁通大，又要励磁电流小的矛盾。利用优质的磁性材料可使同一容量的电机的重量和体积大大减轻和减小。

2. *磁饱和性*

磁性物质由于磁化所产生的磁化磁场不会随着外磁场的增强而无限地增强。当外磁场（或励磁电流）增大到一定值时，磁化磁场的磁感应强度就达到饱和值。

3. *磁滞性*

磁感应强度滞后于磁场强度变化的性质称为磁性材料的磁滞性。当铁心线圈中通入交流电流时，铁心就受到交变的磁化。当线圈中电流减到零值（即 $H = 0$）时，铁心在磁化时所获得的磁性还未完全消失，这时铁心中所保留的磁感应强度称为剩磁感应强度（剩磁）。永久磁铁的磁性就是由剩磁产生的。如果要使铁心的剩磁消失，通常改变线圈中励磁电流的方向，即改变磁场强度的方向来进行反向磁化。

1.4.3　磁路

为了使较小的励磁电流产生足够大的磁通，在电机、变压器及各种铁磁元件中常用磁性材料做成一定形状的铁心。铁心的磁导率比周围空气或其他物质的

磁导率高得多，因此磁通的绝大部分经过铁心而形成一个闭合通路。这种人为造成的磁通的路径，称为磁路。

1. 磁路的欧姆定律

对磁路进行分析和计算要用到一些基本定律，其中最基本的是磁路的欧姆定律

$$\phi=\frac{F}{R_m}=\frac{IN}{\frac{l}{\mu S}}$$

式中：$F=IN$ 为磁动势，由此可产生磁通；R_m 称为磁阻，是表示磁路对磁通具有阻碍作用的物理量，$R_m=\frac{l}{\mu S}$；l 为磁路的平均长度；S 为磁路的截面积。

2. 磁路的计算

对于均匀磁路来说，计算磁路的基本公式为

$$IN=Hl$$

如果磁路是由不同的材料或不同长度和截面积的几段组成的，即磁路由磁阻不同的几段串联组成，则计算磁路的基本公式为

$$IN=H_1l_1+H_2l_1+\cdots=\Sigma Hl$$

1.5 直流稳压电路

1.5.1 整流电路

1. 单相半波整流电路

如图 1-46a 所示。当变压器二次电压 u_2 为正半周时，二极管 VD 因施加了正向电压而导通，此时负载有电流流过，并且与二极管上的电流相等，即 $i_o=i_d$。若忽略二极管的管压降，则负载两端的输出电压等于变压器二次电压，即 $u_o=u_2$，输出电压 u_o 的波形与 u_2 相同。当 u_2 为负半周时，二极管 VD 承受反向电压而截止，此时负载上无电流流过，输出电压 $u_o=0$，变压器二次电压 u_2 全部加在二极管 VD 上。

单相半波整流电路的波形如图 1-46b 所示。

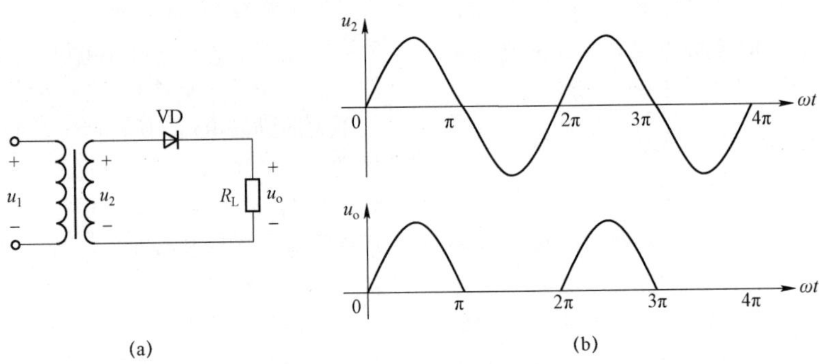

图 1-46 单相半波整流电路

（a）电路；（b）波形

单相半波整流电路输出电压的平均值为

$$U_o=\frac{1}{2\pi}\int_0^{\pi}\sqrt{2}U_2\sin\omega t\mathrm{d}(\omega t)=\frac{\sqrt{2}}{\pi}U_2=0.45U_2$$

流过负载电阻 R_L 的电流平均值为

$$I_o=\frac{U_o}{R_L}=0.45\frac{U_2}{R_L}$$

流过二极管 VD 的电流平均值与负载电流平均值相等，即

$$I_{VD}=I_o=0.45\frac{U_2}{R_L}$$

二极管截止时承受的最高反向电压为 u_2 的最大值，即

$$U_{RM}=U_{2M}=\sqrt{2}U_2$$

2. 单相全波整流电路

单相全波整流电路如图 1-47a 所示。当变压器二次电压 u_2 为正半周时，二极管 VD1 承受正向电压导通，二极管 VD2 承受反向电压截止，此时负载有电流流过，并且与流过二极管 VD1 的电流相等，即 $i_o=i_{VD1}$。若忽略二极管的管压降，则有 $u_o=u_2$，输出电压 u_o 的波形与 u_2 相同。当 u_2 为负半周时，二极管 VD1 承受反向电压截止、二极管 VD2 承受正向电压导通，此时负载有电流流过，并且与流过二极管 VD2 的电流相等，即 $i_o=i_{VD2}$。若忽略二极管的管压降，则有 $u_o=-u_2$，输出电压 u_o 的波形与 u_2 相反。可见，变压器二次侧电压处于正负半周时，负载上得到的电压方向一致，为直流电。

单相全波整流电路的波形如图 1-47b 所示。

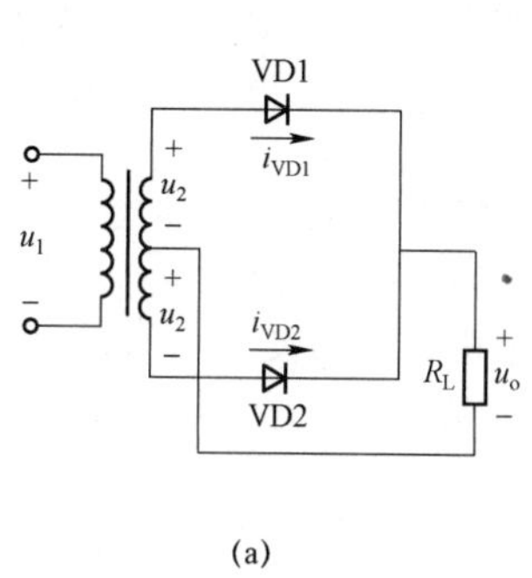

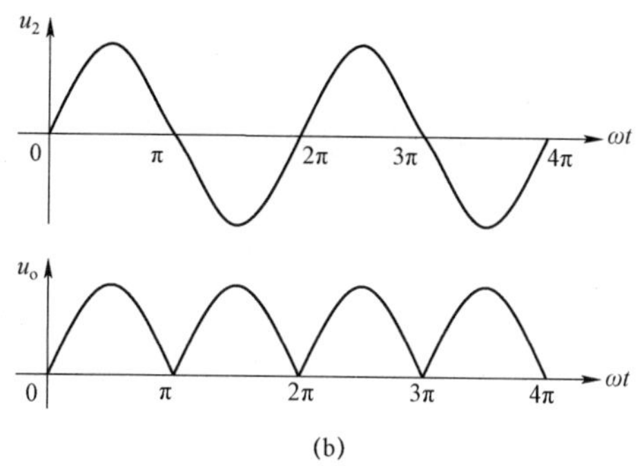

(a)　　　　(b)

图 1-47　单相全波整流电路

（a）电路；（b）波形

单相全波整流电路输出电压的平均值为

$$U_o = \frac{1}{\pi}\int_0^{\pi}\sqrt{2}U_2\sin\omega t\mathrm{d}(\omega t) = \frac{2\sqrt{2}}{\pi}U_2 = 0.9U_2$$

流过负载电阻 R_L 的电流平均值为

$$I_o = \frac{U_o}{R_L} = 0.9\frac{U_2}{R_L}$$

流过二极管 VD1、VD2 的电流平均值是负载电流平均值的一半，即

$$I_{VD1} = I_{VD2} = \frac{1}{2}I_o = 0.45\frac{U_2}{R_L}$$

二极管截止时承受的最高反向电压为 u_2 的最大值的两倍，即

$$U_{RM} = 2U_{2M} = 2\sqrt{2}U_2$$

3. 单相桥式整流电路

单相桥式整流电路如图 1-48a 所示，桥式电路由四个二极所管构成，图 1-48b 为桥式电路的简化画法。

当整流电路的二次电压 u_2 为正半周时，a 点电位高于 b 点电位，二极管 VD1、VD3 承受正向电压而导通，VD2、VD4 承受反向电压而截止。此时电流的路径为：a→VD1→R_L→VD3→b，如图 7-3a 中的实线箭头所示。

当 u_2 为负半周时，b 点电位高于 a 点电位，二极管 VD2、VD4 承受正向电压而导通，VD1、VD3 承受反向电压而截止。此时电流的路径为：b→VD2→R_L→VD4→a，如图 1-48a 中虚线箭头所示。

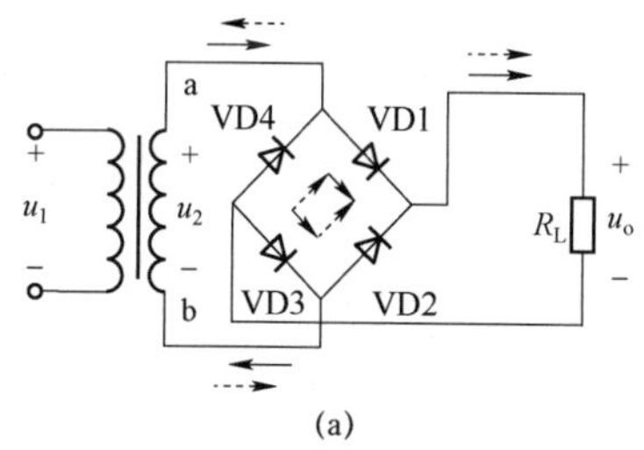

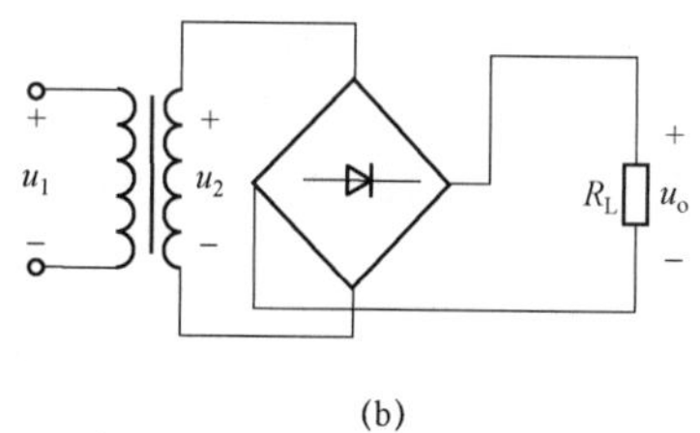

(a)　　　　(b)

图 1-48　单相桥式整流电路

（a）原理电路；（b）简化画法

单相桥式整流电路的输入、输出波形如图 1-49 所示。流过二极管 VD3、VD4 的电流分别与流过二极管 VD1、VD2 的电流 i_{VD1}、i_{VD2} 相等，图中省略。

单相桥式整流电路输出电压的平均值为

$$U_o = \frac{1}{\pi}\int_0^{\pi}\sqrt{2}U_2\sin\omega t\mathrm{d}(\omega t) = 2\frac{\sqrt{2}}{\pi}U_2 = 0.9U_2$$

流过负载电阻 R_L 的电流平均值为

$$I_o = \frac{U_o}{R_L} = 0.9\frac{U_2}{R_L}$$

流经每个二极管的电流平均值为负载电流的一半，即

$$I_{VD}=\frac{1}{2}I_o=0.45\frac{U_2}{R_L}$$

每个二极管在截止时承受的最高反向电压为 u_2 的最大值，即

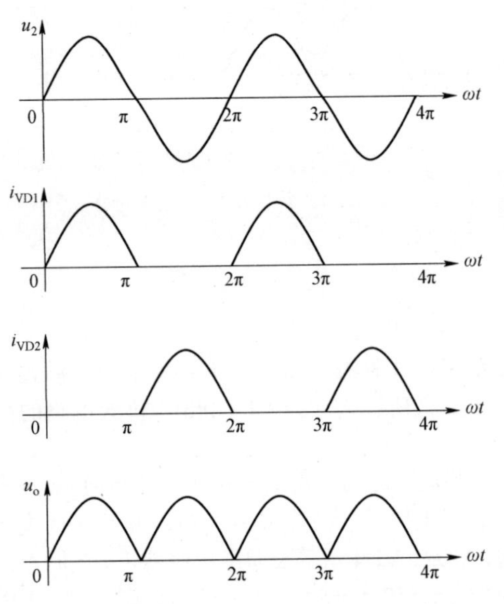

图 1－49 单相桥式整流电路输入、输出波形

$$U_{RM}=U_{2M}=\sqrt{2}U_2$$

1.5.2 滤波电路

整流电路可以将交流电转换为直流电，但脉动较大，在某些应用中可直接使用脉动直流电源，如电镀、蓄电池充电等。但许多电子设备需要平稳的直流电源。这种电源中的整流电路后面还需加滤波电路将交流成分滤除，以得到比较平滑的输出电压。滤波通常是利用电容或电感的能量存储功能来实现的。

1. 电容滤波电路

电容滤波电路如图 1－50a 所示。设电路接通时二次侧电压 u_2 由负到正换向过零，这时二极管 VD 正向偏置导通，电源 u_2 在向负载 R_L 供电的同时也对电容 C 充电。如果忽略二极管正向压降，电容电压 u_C 紧随输入电压 u_2 按正弦规律上升至 u_2 的最大值。然后 u_2 继续按正弦规律下降，且 $u_2 < u_C$，使二极管 VD 截止，而电容 C 则对负载电阻 R_L 按指数规律放电。当 u_C 降至小于 u_2 时，二极管又导通，电容 C 再次充电……这样循环下去，u_2 发生周期性变化，电容 C 周而复始地进行充电和放电，使输出电压脉动减小，其波形如图 1－50b 所示。电容 C 放电的快慢取决于时间常数（$\tau=R_LC$）的大小，时间常数越大，电容 C 放电越慢，输出电压 u_o 就越平坦，平均值也越高。

单相桥式整流、电容滤波电路的输出特性曲线如图 1－51 所示。从图 1－51 可见，电容滤波电路的输出电压在负载变化时波动较大，说明它的带负载能力较差，只适用于负载较轻且变化不大的场合。

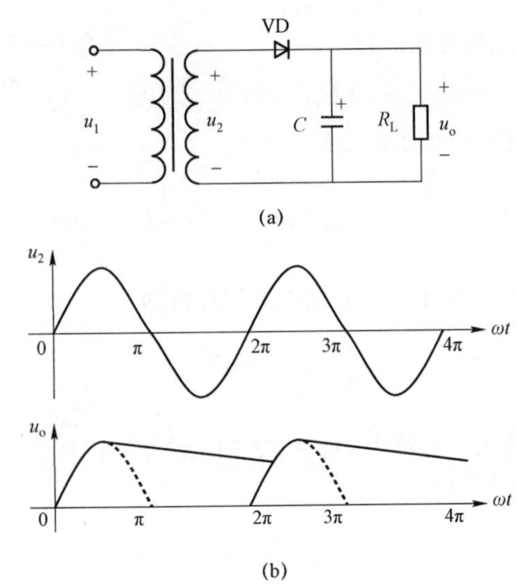

图 1－50 电容滤波电路图

（a）电路；（b）波形

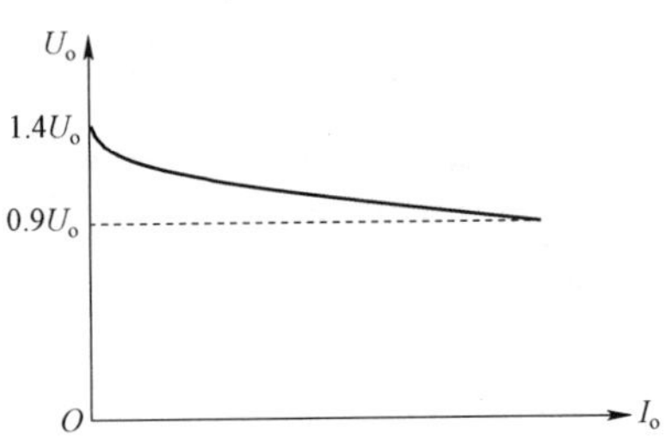

图 1－51 滤波电路的输出特性曲线

常用如下经验公式估算电容滤波时的输出电压平均值：

单相半波整流电路 $U_o=U_2$；

单相全波/桥式整流电路 $U_o=1.2U_2$；

为了获得较平滑的输出电压，一般要求 $R_L \geqslant (10\sim15)\frac{1}{\omega C}$，即

$$\tau = R_L C \geqslant (3 \sim 5)\frac{T}{2}$$

式中，T 为交流电压的周期。滤波电容 C 一般选择体积小，容量大的电解电容器。应注意，普通电解电容器有正、负极性，使用时正极必须接高电位端。如果接反，会造成电解电容器的损坏。

加入滤波电容以后，二极管导通时间缩短，且在短时间内承受较大的冲击电流（$i_C + i_o$），为了保证二极管的安全，选管时应放宽裕量。

单相半波整流、电容滤波电路中，二极管承受的反向电压为 $u_{DR} = u_C + u_2$，当负载开路时，承受的反向电压为最高，为

$$U_{RM} = 2\sqrt{2}U_2$$

2. 电感滤波电路

电感滤波适用于负载电流较大的场合。它的缺点是制作复杂、体积大、笨重且存在电磁干扰。电感滤波电路如图 1－52 所示。

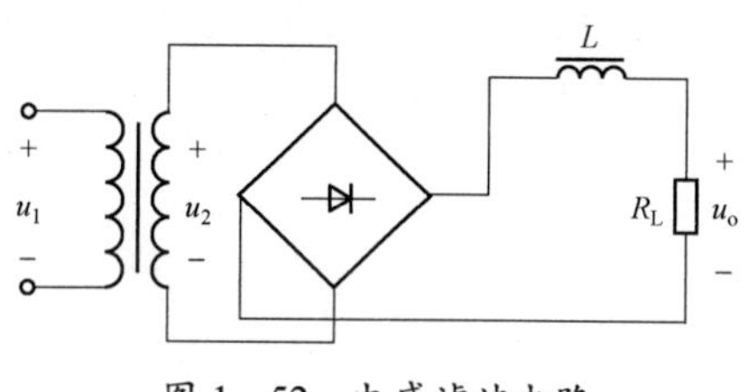

图 1－52　电感滤波电路

3. 复合滤波电路

复合式滤波电路，如 LC、CLC 和 π 形 CRC 滤波电路如图 1－53 所示，它们适用于负载电流较大，要求输出电压脉动较小的场合。在负载较小时，经常采用电阻替代笨重的电感，构成 π 形 CRC 滤波电路，同样可以获得脉动很小的输出电压。但电阻对交、直流电路均有压降和功率损耗，故只适用于负载电流较小的场合。

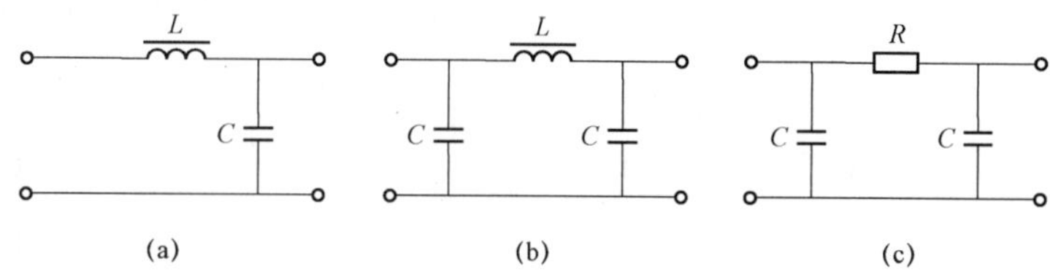

图 1－53　复合式滤波电路

（a）LC 滤波电路；（b）CLC 滤波电路；（c）CRC 滤波电路

1.5.3　稳压电路

将不稳定的直流电压变换成稳定且可调的直流电压的电路称为直流稳压电路。直流稳压电路按调整器件的工作状态可分为线性稳压电路和开关稳压电路两大类。前者使用起来简单易行，但转换效率低，体积大；后者体积小，转换效率高，但控制电路较复杂。随着自关断电力电子器件和电力集成电路的迅速发展，开关稳压电路已得到越来越广泛的应用。

1. 并联型稳压电路

并联型稳压电路如图 1－54 所示，由稳压二极管和电阻构成。其工作原理如下：当输入电压 U_i 波动时，引起输出电压 U_o 波动。如果 U_i 升高，将引起 U_o 随之升高，导致稳压二极管的电流 I_Z 急剧增加，使得电阻 R 上的电流 I 和电压 U_R 迅速增大，从而使 U_o 基本上保持不变。反之，当 U_i 减小时，U_R 相应减小，仍可保持 U_o 基本不变。

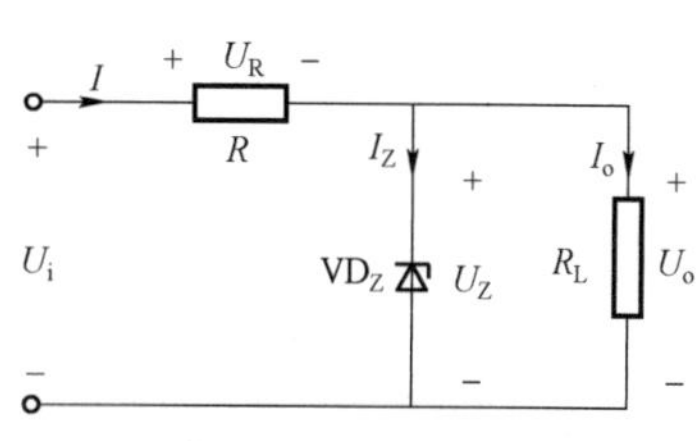

图 1－54　并联型稳压电路

当负载电流 I_o 发生变化引起输出电压 U_o 发生变化时，同样会引起 I_Z 相应变化，使得 U_o 保持基本稳定。当 I_o 增大时，I 和 U_R 均会随之增大而使得 U_o 下降，这将导致 I_Z 急剧减小，使 I 仍维持原有数值保持 U_R 不变，从而使得 U_o 得到稳定。

2. 串联型稳压电路

其电路的构成如图 1－55 所示。

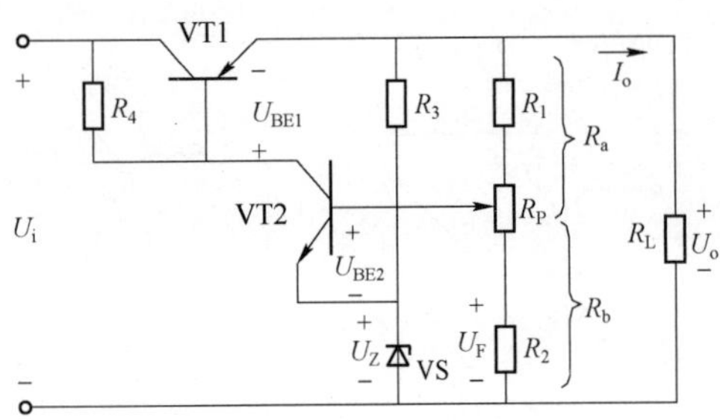

图 1－55 串联型稳压电路

当输入电压 U_i 或输出电流 I_o 变化引起输出电压 U_o 增加时，取样电压 U_F 相应增大，使 VT2 管的基极电流 I_{B2} 和集电极电流 I_{C2} 随之增加，VT2 的集电极电位 U_{C2} 下降，因此 VT1 管的基极电流 I_{B1} 下降，使得 I_{C1} 下降，U_{CE1} 增加，U_o 下降，使 U_o 保持基本稳定。

$U_o\uparrow\rightarrow U_F\uparrow\rightarrow I_{B2}\uparrow\rightarrow I_{C2}\uparrow\rightarrow U_{C2}\downarrow\rightarrow I_{B1}\downarrow\rightarrow U_{CE1}\uparrow\rightarrow U_o\downarrow$

同理，当 U_i 或 I_o 变化使 U_o 降低时，调整过程相反，U_{CE1} 将减小使 U_o 保持基本不变。从上述调整过程可以看出，该电路是依靠电压负反馈来稳定输出电压的。

3. 采用集成运算放大器的串联型稳压电路

其电路如图 1－56 所示，电路的组成部分、工作

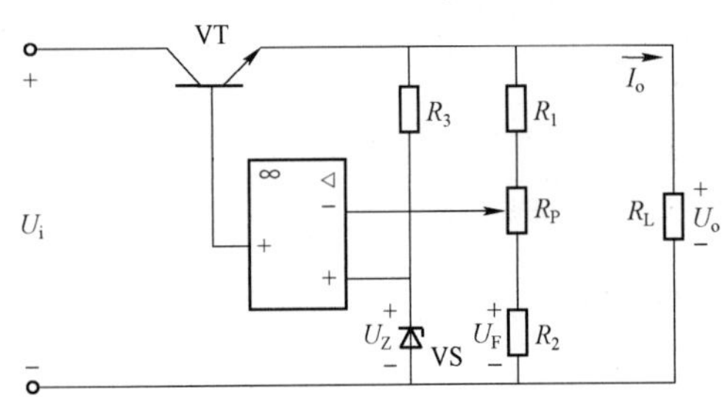

图 1－56 采用运放的串联型稳压电路

原理及输出电压的计算与上所述电路完全相同，唯一差别之处是放大环节采用集成运算放大器而不是晶体管。

4. 集成稳压器

集成稳压器是将稳压电路的主要元器件甚至全部元件制作在一块硅基片上的集成电路，因而具有体积小、使用方便、工作可靠等特点。

集成稳压器的种类很多，作为小功率的直流稳压电源，应用最为普遍的是 3 端式串联型集成稳压器。3 端式是指稳压器仅有输入端、输出端和公共端 3 个接线端子。例如，W78××和 W79××系列稳压器，W78××系列输出正电压，可选输出电压有 5V、6V、8V、9V、10V、12V、15V、18V、24V 等多种，若要获得负输出电压选 W79××系列即可。例如，W7805 输出＋5V 电压，W7905 则输出－5V 电压。这类三端稳压器在加装散热器的情况下，输出电流可达 1.5～2.2A，最高输入电压为 35V，最小输入、输出电压差为 2～3V，输出电压变化率为 0.1%～0.2%。集成稳压电路管脚图如图 1－57 所示。

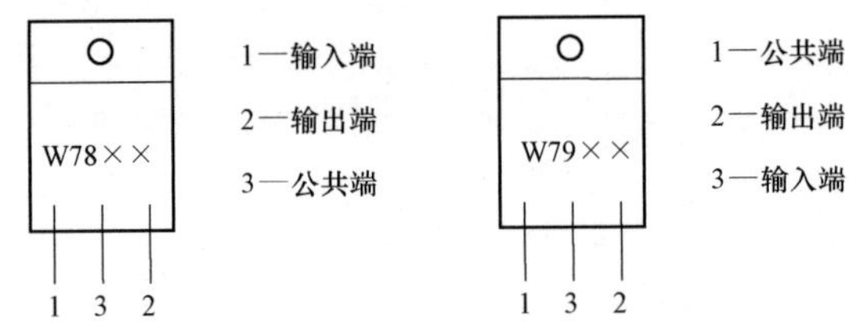

图 1－57 集成稳压电路管脚图

在集成稳压电源的输入和输出端分别加输入和输出滤波电容器。集成稳压器的应用，如图 1－58 所示。

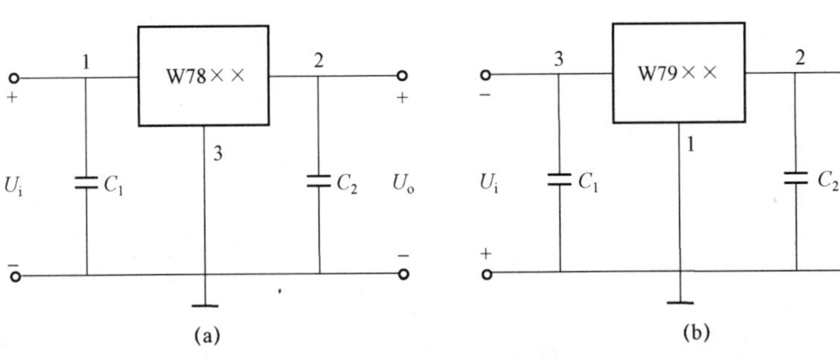

图 1－58 集成稳压电路应用

（a）正电压稳压电路；（b）负电压稳压电路

1.6　数字电子技术

1.6.1　数字信号与数字电路

自然界中的物理量就其变化规律的特点可以分为两大类：一类物理量在时间上是不连续的，总是发生在一系列离散的瞬间，我们把这一类物理量称为数字量，把表示数字量的信号称为数字信号，并把工作在数字信号下的电子电路称为数字电路，如图 1－59 所示。另外一类物理量的变化在时间上或在数值上则是连续的，我们把这一类物理量称为模拟量，把表示模拟量的信号称为模拟信号，如图 1－60 所示，并把工作在模拟信号下的电子电路称为模拟电路。

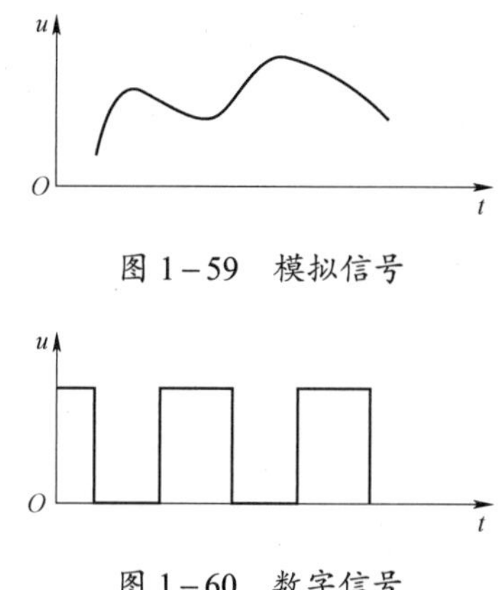

图 1－59　模拟信号

图 1－60　数字信号

数字电路需要处理的是各种数字信号，具有以下特点：

（1）工作信号是二进制的数字信号，在时间上和数值上是离散的（不连续），反映在电路上就是低电平和高电平两种状态（即 0 和 1 两个逻辑值）。

（2）在数字电路中，研究的主要问题是电路的逻辑功能，即输入信号的状态和输出信号的状态之间的逻辑关系。

（3）对组成数字电路的元器件的精度要求不高，只要在工作时能够可靠地区分 0 和 1 两种状态即可。

1.6.2　数制与码制

1. 数制

数字信号通常都是用数码形式给出的。不同的数码可以用来表示数量的不同大小。用数码表示数量大小时，仅用一位数码往往不够用，因此经常需要用进位计数制的方法组成多位数码使用。我们把多位数码中每一位的构成方法以及从低位到高位的进位规则称为数制。在数字电路中经常使用的计数进制除了我们最熟悉的十进制以外，更多的是使用二进制和十六进制，有时也用到八进制。

计数体制是一种计数的规则，它包含如下内容：

进位制：表示一个数时，仅用一位数码往往不够用，必须用进位计数的方法组成多位数码。多位数码每一位的构成以及从低位到高位的进位规则称为进位计数制，简称进位制。

基数：进位制的基数，就是在该进位制中可能用到的数码个数。

位权（位的权数）：在某一进位制的数中，每一位的大小都对应着该位上的数码乘上一个固定的数，这个固定的数就是这一位的权数。

（1）十进制。十进制是日常生活和工作中最常使用的进位计数制。在十进制数中，每一位有 0～9 十个数码，所以计数的基数是 10。超过 9 的数必须用多位数表示，其中低位和相邻高位之间的关系是“逢十进一”，故称为十进制。例如：

$$
\begin{array}{l}
5\times10^3=5000\\
5\times10^2=\ \ 500\\
5\times10^1=\ \ \ \ 50\\
5\times10^0=\ \ \ \ \ \ 5\\
+\\
\hline
=5555
\end{array}
$$

10^3、10^2、10^1、10^0 称为十进制的权，各数位的权是 10 的幂。任意一个十进制数都可以表示为各个数位上的数码与其对应的权的乘积之和，称为权展开式。同样的数码在不同的数位上代表的数值不同。例如：

$$(5555)_{10}=5\times10^3+5\times10^2+5\times10^1+5\times10^0$$

$$(209.04)_{10}=2\times10^2+0\times10^1+9\times10^0+0\times10^{-1}+4\times10^{-2}$$

（2）二进制。目前在数字电路中应用最广泛的是二进制。与十进制数类比，在二进制数中，每一位仅有 0 和 1 两个可能的数码，所以计数基数为 2。低位和相邻高位间的进位关系是“逢二进一”，故称为二进制。二进制数的权展开式为

$$(101.01)_2=1\times2^2+0\times2^1+1\times2^0+0\times2^{-1}+1\times2^{-2}=(5.25)_{10}$$

各数位的权是 2 的幂。由于二进制数只有 0 和 1 两个数码，它的每一位都可以用电子元件来实现，且运算规则简单，相应的运算电路也容易实现。运算规则如下：

加法规则：$0+0=0$，$0+1=1$，$1+0=1$，$1+1=10$

乘法规则：$0\times0=0$，$0\times1=0$，$1\times0=0$，$1\times1=1$

（3）八进制。在某些场合有时也使用八进制。数码为 0、1、2、3、4、5、6、7，基数是 8，进位规律为逢八进一，例如 $7+1=10$。

八进制数的权展开式为

$$(207.04)_8 = 2\times8^2+0\times8^1+7\times8^0+0\times8^{-1}+4\times8^{-2} = (135.0625)_{10}$$

各数位的权是 8 的幂。

（4）十六进制。十六进制数的每一位有十六个不同的数码，分别用 0～9，A（10），B（11），C（12），D（13），E（14）和 F（15）表示。因此，任意一个十六进制数均可展开为数码为 0～9、A～F；基数是 16。进位规律：逢十六进一。例如 F+1=10。

十六进制数的权展开式为

$$(D8.A)_{16} = 13\times16^1+8\times16^0+10\times16^{-1} = (216.625)_{10}$$

各数位的权是 16 的幂。

结论：

一般地，N 进制需要用到 N 个数码，基数是 N；运算规律为逢 N 进一。

如果一个 N 进制数 M 包含 n 位整数和 m 位小数，即

$$(a^{n-1}\,a^{n-2}\cdots a^1\,a^0\ \cdot\ a^{-1}\,a^{-2}\cdots a^{-m})_N$$

则该数的权展开式为

$$(M)_N = a^{n-1}\times N^{n-1}+a^{n-2}\times N^{n-2}+\cdots+a^1\times N^1+a^0\times N^0+a^{-1}\times N^{-1}+a^{-2}\times N^{-2}+\cdots+a^{-m}\times N^{-m}$$

由权展开式很容易将一个 N 进制数转换为十进制数。

2. *数制的转换*

（1）将二进制数转换为等值的十进制数称为二－十转换。转换时将 N 进制数按权展开，即可以转换为十进制数。

（2）所谓十－二转换，就是将十进制数转换为等值的二进制数。十进制数转换为二进制数时整数部分采用基数连除法，小数部分采用基数连乘法，将整数部分和小数部分分别进行转换，转换后再合并。整数部分采用基数连除法，先得到的余数为低位，后得到的余数为高位。小数部分采用基数连乘法，先得到的整数为高位，后得到的整数为低位。例如，将 44.375 转化为二进制时，需进行如下计算：

1）整数部分：

2 |44　　余数　　低位

2 |22 ……… $0=K_0$

2 |11 ……… $0=K_1$

2 |5 ……… $1=K_2$

2 |2 ……… $1=K_3$

2 |1 ……… $0=K_4$

0 ……… $1=K_5$　高位

2）小数部分：

0.375

×2　　整数　　高位

0.750 ……… $0=K_{-1}$

0.750

×2

1.500 ……… $1=K_{-2}$

0.500

×2

1.000 ……… $1=K_{-3}$　低位

所以：（44.375）10＝（101100.011）2。

类似地，采用基数连除、连乘法，可将十进制数转换为任意的 N 进制数。

（3）将二进制数转换为等值的十六进制数称为二－十六转换。由于 4 位二进制数恰好有 16 个状态，而把这 4 位二进制数看作一个整体时，它的进位输出又正好是逢十六进一，所以只要从低位到高位将整数部分每 4 位二进制数分为一组并代之以等值的十六进制数，同时从高位到低位将小数部二进制数与十六进制数的相互转换。二进制数与十六进制数的相互转换，按照每 4 位二进制数对应于一位十六进制数进行转换。

例如：1 1 1 01 1 0 1 0 0.0 1 1 $=(1D4.6)_{16}$

$(AF4.76)_{16}$ = 1010 1111 0100.0111 0110

几种进制数之间的对应关系见表 1－1。

表 1－1　　几种进制数之间的对应关系

十进制数	二进制数	八进制数	十六进制数
0	0000	0	0
1	0001	1	1
2	0010	2	2
3	0011	3	3
4	0100	4	4
5	0101	5	5
6	0110	6	6
7	0111	7	7
8	1000	10	8
9	1001	11	9
10	1010	12	A
11	1011	13	B
12	1100	14	C
13	1101	15	D
14	1110	16	E
15	1111	17	F

3. *编码*

为了便于记忆和查找，在编制代码时总要遵循一定的规则，这些规则就称为码制。每个人都可以根据自己的需要选定编码规则，编制出一组代码。考虑到信息交换的需要，还必须制定一些大家共同使用的通用代码。

（1）十进制编码。用一定位数的二进制数来表示十进制数码、字母、符号等信息称为十进制编码。用以表示十进制数码、字母、符号等信息的一定位数的二进制数称为代码。

几种常用的十进制编码对应表见表 1－2。

表 1－2　几种常用的十进制编码对应表

十进制数	8421 码	余 3 码	格雷码	2421 码	5421 码
0	0000	0011	0000	0000	0000
1	0001	0100	0001	0001	0001
2	0010	0101	0011	0010	0010
3	0011	0110	0010	0011	0011
4	0100	0111	0110	0100	0100
5	0101	1000	0111	1011	1000
6	0110	1001	0101	1100	1001
7	0111	1010	0100	1101	1010
8	1000	1011	1100	1110	1011
9	1001	1100	1101	1111	1100
权	8421			2421	5421

1）用 4 位自然二进制码中的前 10 个码字来表示十进制数码，是十进制代码中最常用的一种，因各位的权值依次为 8，4，2，1，故称为 8421 码，又称为 BCD（Binary Coded Decimal）码。8421 码中每一位的权是固定不变的，它属于恒权代码。

2）余 3 码的编码规则与 8421 码不同，如果把每一个余 3 码看作 4 位二进制数，则它的数值要比它所表示的十进制数码多 3，故而将这种代码称为余 3 码。如果将两个余 3 码相加，所得的和将比十进制数和所对应的二进制数多 6。因此，在用余 3 码做十进制加法运算时，若两数之和为 10，正好等于二进制数的 16，于是便从高位自动产生进位信号。

3）与普通的二进制代码相比，格雷码的最大优点就在于当它按照表中的编码顺序依次变化时，相邻两个代码之间只有一位发生变化。这样在代码转换的过程中就不会产生过渡“噪声”。而在普通二进制代码的转换过程中，则有时会产生过渡噪声。例如，第四行的二进制代码 0011 转换为第五行的 0100 过程中，如果最右边一位的变化比其他两位的变化慢，就会在一个极短的瞬间出现 0101 状态，这个状态将成为转换过程中出现的噪声。而在第四行的格雷码 0010 向第五行的 0110 转换过程中则不会出现过渡噪声。

（2）ASCII 码。美国信息交换标准代码（American Standard Code for Information Interchange，ASCII 码）是由美国国家标准化协会（ANSI）制定的一种信息代码，广泛地用于计算机和通信领域中。ASCII 码已由国际标准化组织（ISO）认定为国际通用的标准代码。ASCII 码是一组 7 位二进制代码（$b_7b_6b_5b_4b_3b_2b_1$），共 128 个，其中包括表示 0～9 的 10 个代码，表示大、小写英文字母的 52 个代码，32 个表示各种符号的代码以及 34 个控制码。表 1－3 是部分 ASCII 可显示字符的编码表。

表 1－3　部分 ASCII 可显示字符

二进制	十进制	十六进制	图形	二进制	十进制	十六进制	图形	二进制	十进制	十六进制	图形
0010 0000	32	20	（空格）（s,）	0100 0000	64	40	@	0110 0000	96	60	`
0010 0001	33	21	!	0100 0001	65	41	A	0110 0001	97	61	a
0010 0010	34	22	"	0100 0010	66	42	B	0110 0010	98	62	b
0010 0011	35	23	#	0100 0011	67	43	C	0110 0011	99	63	c
0010 0100	36	24	$	0100 0100	68	44	D	0110 0100	100	64	d
0010 0101	37	25	%	0100 0101	69	45	E	0110 0101	101	65	e
0010 0110	38	26	&	0100 0110	70	46	F	0110 0110	102	66	f
0010 0111	39	27	'	0100 0111	71	47	G	0110 0111	103	67	g
0010 1000	40	28	(	0100 1000	72	48	H	0110 1000	104	68	h
0010 1001	41	29	)	0100 1001	73	49	I	0110 1001	105	69	i
0010 1010	42	2A	*	0100 1010	74	4A	J	0110 1010	106	6A	j
0010 1011	43	2B	+	0100 1011	75	4B	K	0110 1011	107	6B	k
0010 1100	44	2C	'	0100 1100	76	4C	L	0110 1100	108	6C	l
0010 1101	45	2D	-	0100 1101	77	4D	M	0110 1101	109	6D	m
0010 1110	46	2E	.	0100 1110	78	4E	N	0110 1110	110	6E	n
0010 1111	47	2F	/	0100 1111	79	4F	O	0110 1111	111	6F	o
0011 0000	48	30	0	0101 0000	80	50	P	0111 0000	112	70	p
0011 0001	49	31	1	0101 0001	81	51	Q	0111 0001	113	71	q
0011 0010	50	32	2	0101 0010	82	52	R	0111 0010	114	72	r

1.6.3 基本逻辑门电路

逻辑门电路是指用以实现基本和常用逻辑运算的电子电路，简称门电路，是数字电路的基本逻辑单元。常用的门电路有与门、或门、非门（反相器）、与非门、或非门、与或非门和异或门等。表 1-4 是常用的逻辑门电路图形符号。

表 1-4 常用逻辑门电路图形符号

名称	GB/T 4728.12—1996		国外流行图形符号	曾用图形符号
	限定符号	图标图形符号		
与门	&	&		
或门	≥1	≥1		+
非门	逻辑非入和出	1 1		
与非门		&		
异或门	=1	=1		⊕
同或门	=	= =1		⊙ ⊕

1.6.4 组合逻辑电路

根据逻辑功能的不同特点，可以将数字电路分成两大类：一类称为组合逻辑电路（简称组合电路）；另一类称为时序逻辑电路（简称时序电路）。在组合逻辑电路中，任意时刻的输出仅仅取决于该时该的输入，与电路原来的状态无关。这就是组合逻辑电路在逻辑功能上的共同特点。

分析一个给定的组合逻辑电路，就是要通过分析找出电路的逻辑功能来。通常采用的分析方法是从电路的输入到输出逐级写出逻辑函数式，最后得到表示输出与输入之间关系的逻辑函数式。然后用公式法化简或其他化简方法将得到的函数式化简或变换，以使输出量与各输入量之间的逻辑关系更加简单明了。为了使电路的逻辑功能更加直观，有时还可以将逻辑函数式转换为真值表的形式。

实践中遇到的逻辑问题层出不穷，因而为解决这些逻辑问题而设计的逻辑电路也不胜枚举，其中有些逻辑电路经常地出现在各种数字系统当中。这些电路包括编码器、译码器、数据选择器、加法器等。为了使用方便，人们已经将这些逻辑电路制成了中、小规模集成的标准化集成电路产品。在设计大规模集成电路时，也经常调用这些模块电路已有的、经过使用验证的设计结果，作为所设计电路的组成部分。

1. 编码器

为了区分一系列不同的事物，将其中的每个事物用一个二值代码表示，这就是编码。在二值逻辑电路中，信号都是以高、低电平的形式给出的。因此，编码器的逻辑功能就是将输入的每一个高、低电平信号编成一个对应的二进制代码。

（1）普通编码器。在普通编码器中，任何时刻只允许输入一个编码信号，否则输出将发生混乱。用 n

位二进制代码对 $2n$ 个信号进行编码的电路，称为二进制编码器。

现以 3 位二进制普通编码器为例，分析一下普通编码器的工作原理。表 1－5 是 3 位二进制编码器真值表。

表 1－5　　编码器真值表

I_0	I_1	I_2	I_3	I_4	I_5	I_6	I_7	Y_2	Y_1	Y_0
1	0	0	0	0	0	0	0	0	0	0
0	1	0	0	0	0	0	0	0	0	1
0	0	1	0	0	0	0	0	0	1	0
0	0	0	1	0	0	0	0	0	1	1
0	0	0	0	1	0	0	0	1	0	0
0	0	0	0	0	1	0	0	1	0	1

续表

I_0	I_1	I_2	I_3	I_4	I_5	I_6	I_7	Y_2	Y_1	Y_0
0	0	0	0	0	0	1	0	1	1	0
0	0	0	0	0	0	0	1	1	1	1

输入 8 个互斥的信号，输出 3 位二进制代码。逻辑表达式为

$$Y_2=I_4+I_5+I_6+I_7=\overline{\bar{I}_4\bar{I}_5\bar{I}_6\bar{I}_7}$$

$$Y_1=I_2+I_3+I_6+I_7=\overline{\bar{I}_2\bar{I}_3\bar{I}_6\bar{I}_7}$$

$$Y_0=I_1+I_3+I_5+I_7=\overline{\bar{I}_1\bar{I}_3\bar{I}_5\bar{I}_7}$$

编辑器电路如图 1－61 所示。

（2）8421 码编码器。8421 码编码器真值表见表 1－6。

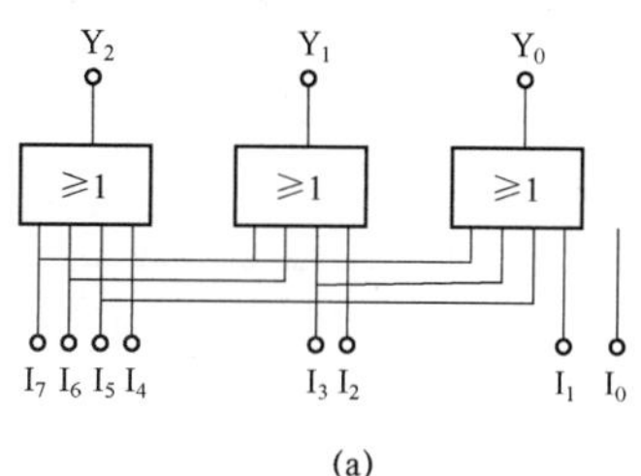

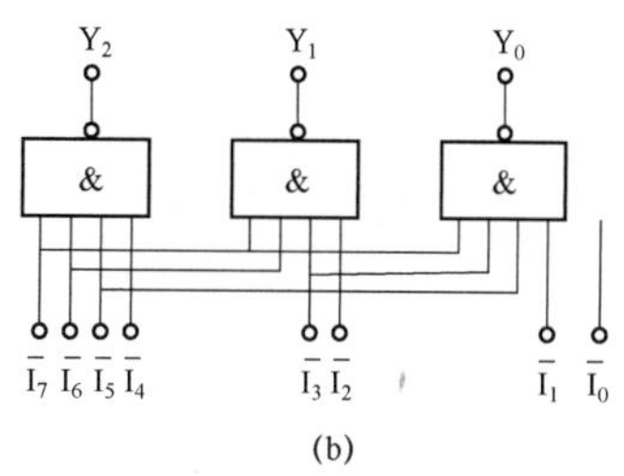

图 1－61　编码器电路

（a）由或门构成的编码器；（b）与非门构成的编码器

表 1－6　　8421 码编码器真值表

输入										输出			
I_0	I_1	I_2	I_3	I_4	I_5	I_6	I_7	I_8	I_9	Y_3	Y_2	Y_1	Y_0
1	0	0	0	0	0	0	0	0	0	0	0	0	0
0	1	0	0	0	0	0	0	0	0	0	0	0	1
0	0	1	0	0	0	0	0	0	0	0	0	1	0
0	0	0	1	0	0	0	0	0	0	0	0	1	1
0	0	0	0	1	0	0	0	0	0	0	1	0	0
0	0	0	0	0	1	0	0	0	0	0	1	0	1
0	0	0	0	0	0	1	0	0	0	0	1	1	0
0	0	0	0	0	0	0	1	0	0	0	1	1	1
0	0	0	0	0	0	0	0	1	0	1	0	0	0
0	0	0	0	0	0	0	0	0	1	1	0	0	1

输入 10 个互斥的数码，输出 4 位二进制代码。逻辑表达式为

$$Y_3=I_8+I_9$$
$$=\overline{\bar{I}_8\bar{I}_9}$$
$$Y_2=I_4+I_5+I_6+I_7$$
$$=\overline{\bar{I}_4\bar{I}_5\bar{I}_6\bar{I}_7}$$
$$Y_1=I_2+I_3+I_6+I_7$$
$$=\overline{\bar{I}_2\bar{I}_3\bar{I}_6\bar{I}_7}$$
$$Y_0=I_1+I_3+I_5+I_7+I_9$$
$$=\overline{\bar{I}_1\bar{I}_3\bar{I}_5\bar{I}_7\bar{I}_9}$$

8421 编码器电路如图 1－62 所示。

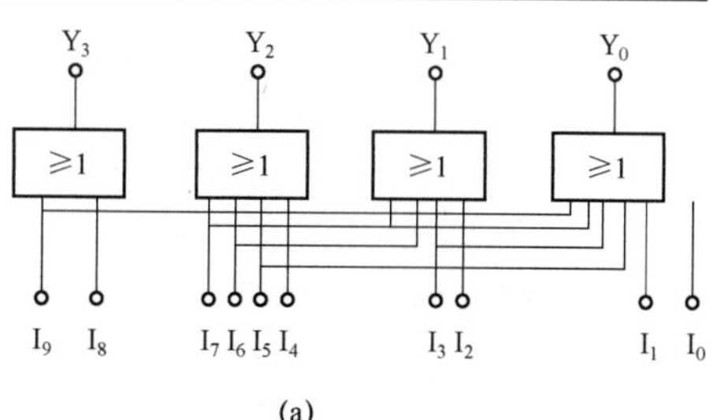

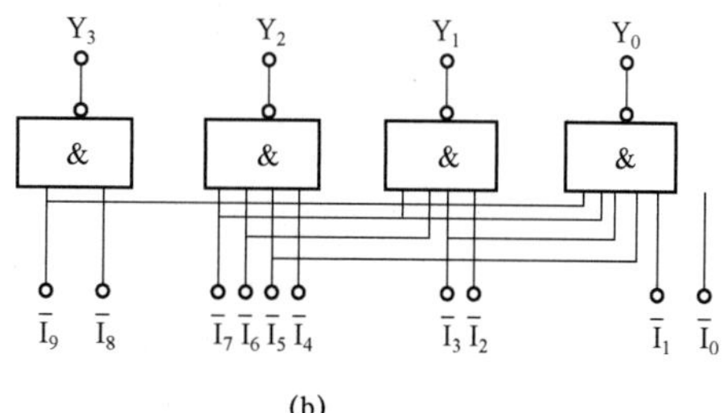

图 1－62　8421 编码器电路

（a）由或门构成的 8421 编码器；（b）由与非门构成的 8421 编码器

（3）3 位二进制优先编码器。在优先编码器中，允许同时输入两个以上的有效编码请求信号。当几个输入信号同时出现时，只对其中优先权最高的一个进行编码。优先级别的高低由设计者根据输入信号的轻重缓急情况而定。即在优先编码器中优先级别高的信号排斥级别低的。设 I_7 的优先级别最高，I_6 次之，依此类推，I_0 最低。3 位二进制优先编码器真值表见表 1－7。

表 1－7　3 位二进制优先编码器真值表

输入								输出		
I_7	I_6	I_5	I_4	I_3	I_2	I_1	I_0	Y_2	Y_1	Y_0
1	×	×	×	×	×	×	×	1	1	1
0	1	×	×	×	×	×	×	1	1	0
0	0	1	×	×	×	×	×	1	0	1
0	0	0	1	×	×	×	×	1	0	0
0	0	0	0	1	×	×	×	0	1	1
0	0	0	0	0	1	×	×	0	1	0
0	0	0	0	0	0	1	×	0	0	1
0	0	0	0	0	0	0	1	0	0	0

逻辑表达式为

$$Y_2=I_7+\overline{I_7}I_6+\overline{I_7}\,\overline{I_6}I_5+\overline{I_7}\,\overline{I_6}\,\overline{I_5}I_4$$
$$=I_7+I_6+I_5+I_4$$
$$Y_1=I_7+\overline{I_7}I_6+\overline{I_7}\,\overline{I_6}\,\overline{I_5}\,\overline{I_4}I_3+\overline{I_7}\,\overline{I_6}\,\overline{I_5}\,\overline{I_4}\,\overline{I_3}I_2$$
$$=I_7+I_6+\overline{I_5}\,\overline{I_4}I_3+\overline{I_5}\,\overline{I_4}I_2$$
$$Y_0=I_7+\overline{I_7}\,\overline{I_6}I_5+\overline{I_7}\,\overline{I_6}\,\overline{I_5}\,\overline{I_4}I_3+\overline{I_7}\,\overline{I_6}\,\overline{I_5}\,\overline{I_4}\,\overline{I_3}\,\overline{I_2}I_1$$
$$=I_7+\overline{I_6}I_5+\overline{I_6}\,\overline{I_4}I_3+\overline{I_6}\,\overline{I_4}\,\overline{I_2}I_1$$

逻辑图如图 1－63 所示。

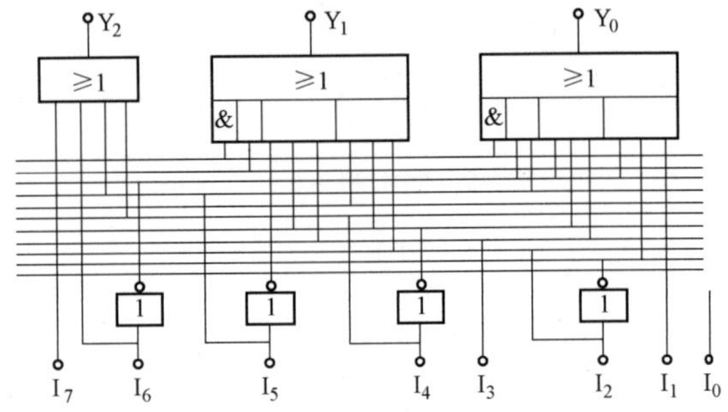

图 1－63　3 位二进制优先编码器

如果要求输出、输入均为反变量，则只要在图中的每一个输出端和输入端都加上反相器就可以了。

2. 译码器

把代码状态的特定含义翻译出来的过程称为译码，实现译码操作的电路称为译码器。译码器就是把一种代码转换为另一种代码的电路。

（1）二进制译码器。设二进制译码器的输入端为 n 个，则输出端为 $2n$ 个，且对应于输入代码的每一种状态，$2n$ 个输出中只有一个为 1（或为 0），其余全为 0（或为 1）。二进制译码器可以译出输入变量的全部状态，故又称为变量译码器。

3 位二进制译码器电路如图 1－64 所示。

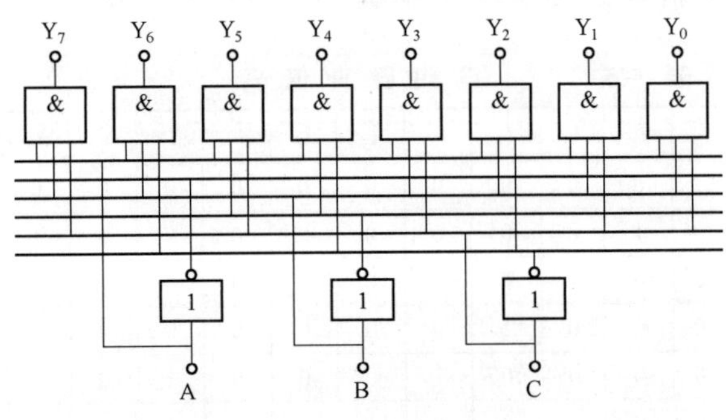

图 1－64　二进制译码器

二进制译码器真值表见表 1－8。

表 1－8　二进制译码器真值表

A_2(C)	A_1(B)	A_0(A)	Y_0	Y_1	Y_2	Y_3	Y_4	Y_5	Y_6	Y_7
0	0	0	1	0	0	0	0	0	0	0
0	0	1	0	1	0	0	0	0	0	0
0	1	0	0	0	1	0	0	0	0	0
0	1	1	0	0	0	1	0	0	0	0
1	0	0	0	0	0	0	1	0	0	0
1	0	1	0	0	0	0	0	1	0	0
1	1	0	0	0	0	0	0	0	1	0
1	1	1	0	0	0	0	0	0	0	1

输入：3 位二进制代码；输出：8 个互斥的信号。

$$Y_0=\overline{A}_2\overline{A}_1\overline{A}_0$$
$$Y_1=\overline{A}_2\overline{A}_1A_0$$
$$Y_2=\overline{A}_2A_1\overline{A}_0$$
$$Y_3=\overline{A}_2A_1A_0$$
$$Y_4=A_2\overline{A}_1\overline{A}_0$$
$$Y_5=A_2\overline{A}_1A_0$$
$$Y_6=A_2A_1\overline{A}_0$$
$$Y_7=A_2A_1A$$

3 位二进制译码器也称为 3－8 译码器。

（2）8421 码译码器。把二－十进制代码翻译成 10 个十进制数字信号的电路，称为二－十进制译码器。二－十进制译码器的输入是十进制数的 4 位二进制编码（BCD 码），分别用 A_3、A_2、A_1、A_0 表示；输出的是与 10 个十进制数字相对应的 10 个信号，用 Y_9～Y_0 表示。由于二－十进制译码器有 4 根输入线，10 根输出线，所以又称为 4 线－10 线译码器。

8421 译码器真值表见表 1－9。

表 1-9　　8421 译码器真值表

A_3 A_2 A_1 A_0	Y_9 Y_8 Y_7 Y_6 Y_5 Y_4 Y_3 Y_2 Y_1 Y_0
0 0 0 0	0 0 0 0 0 0 0 0 0 1
0 0 0 1	0 0 0 0 0 0 0 0 1 0
0 0 1 0	0 0 0 0 0 0 0 1 0 0
0 0 1 1	0 0 0 0 0 0 1 0 0 0
0 1 0 0	0 0 0 0 0 1 0 0 0 0
0 1 0 1	0 0 0 0 1 0 0 0 0 0
0 1 1 0	0 0 0 1 0 0 0 0 0 0
0 1 1 1	0 0 1 0 0 0 0 0 0 0
1 0 0 0	0 1 0 0 0 0 0 0 0 0
1 0 0 1	1 0 0 0 0 0 0 0 0 0

逻辑表达式为

$Y_0=\bar{A}_3\bar{A}_2\bar{A}_1\bar{A}_0$　$Y_1=\bar{A}_3\bar{A}_2\bar{A}_1A_0$　$Y_2=\bar{A}_3\bar{A}_2A_1\bar{A}_0$　$Y_3=\bar{A}_3\bar{A}_2A_1A_0$

$Y_4=\bar{A}_3A_2\bar{A}_1\bar{A}_0$　$Y_5=\bar{A}_3A_2\bar{A}_1A_0$　$Y_6=\bar{A}_3A_2A_1\bar{A}_0$　$Y_7=\bar{A}_3A_2A_1A_0$

$Y_8=A_3\bar{A}_2\bar{A}_1\bar{A}_0$　$Y_9=A_3\bar{A}_2\bar{A}_1A_0$

8421 译码器逻辑图如图 1-65 所示。

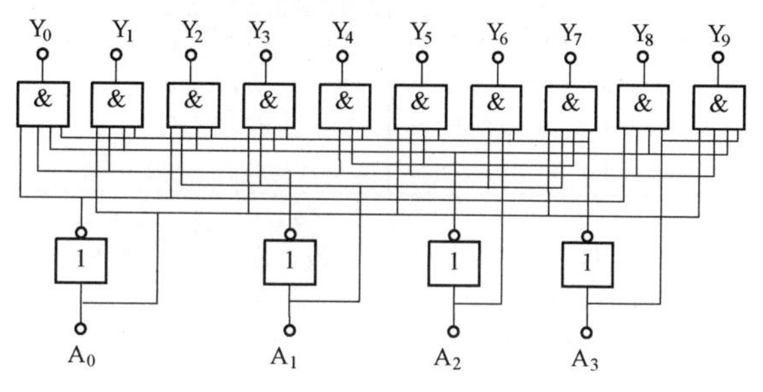

图 1-65　8421 译码器

（3）显示译码器。用来驱动各种显示器件，从而将用二进制代码表示的数字、文字、符号翻译成人们习惯的形式直观地显示出来的电路，称为显示译码器。图 1-66 所示是数码显示器。

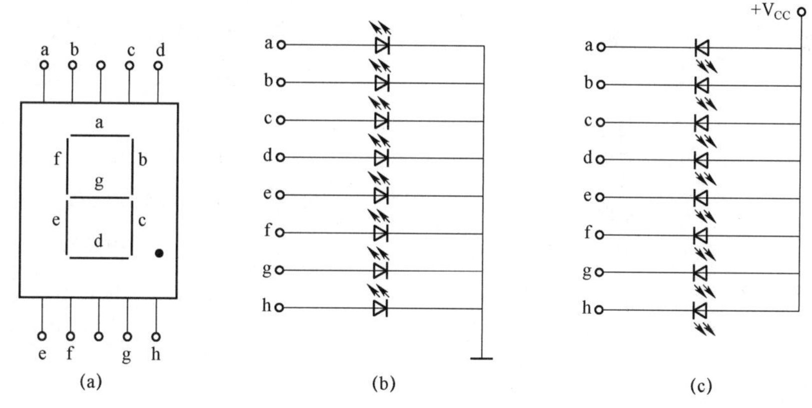

图 1-66　数码显示器

（a）数码管脚图；（b）共阴极；（c）共阳极

显示译码器真值表（真值表为共阴极 LED）见表 1-10。

表 1-10　　显示译码器真值表

输　入	输　出	显示字形
A_3 A_2 A_1 A_0	a b c d e f g	
0 0 0 0	1 1 1 1 1 1 0	0
0 0 0 1	0 1 1 0 0 0 0	1
0 0 1 0	1 1 0 1 1 0 1	2
0 0 1 1	1 1 1 1 0 0 1	3
0 1 0 0	0 1 1 0 0 1 1	4
0 1 0 1	1 0 1 1 0 1 1	5

续表

输　入	输　出	显示字形
A_3 A_2 A_1 A_0	a b c d e f g	
0 1 1 0	0 0 1 1 1 1 1	6
0 1 1 1	1 1 1 0 0 0 0	7
1 0 0 0	1 1 1 1 1 1 1	8
1 0 0 1	1 1 1 0 0 1 1	9

3. 加法器

（1）半加器。对加数和被加数进行加法运算称为半加运算。两个 1 位二进制数进行相加而求得和及进位的逻辑电路称为半加器。半加器真值表见表 1-11。

表 1-11 半加器真值表

A_i	B_i	S_i	C_i
0	0	0	0
0	1	1	0
1	0	1	0
1	1	0	1

表 1-11 中的 A_i、B_i 为加数，S_i 为本位的和，C_i 为向高位的进位。

逻辑关系为

$$S_i = A_i \oplus B_i$$

$$C_i = A_iB_i$$

半加器电路如图 1-67 所示。

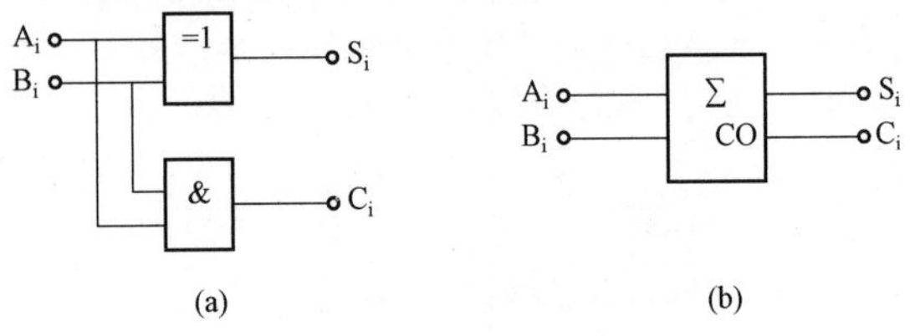

图 1-67 半加器电路

（a）逻辑电路；（b）半加器电逻辑符号

（2）全加器。能对两个 1 位二进制数进行相加并考虑低位来的进位，即相当于 3 个 1 位二进制数相加，求得和及进位的逻辑电路称为全加器。全加器真值表见表 1-12。

表 1-12 全加器真值表

A_i	B_i	C_{i-1}	S_i	C_i
0	0	0	0	0
0	0	1	1	0
0	1	0	1	0
0	1	1	0	1
1	0	0	1	0
1	0	1	0	1
1	1	0	0	1
1	1	1	1	1

表 1-12 中，A_i、B_i 为加数，C_i-1 为低位来的进位，S_i 为本位的和，C_i 为向高位的进位。

$$\begin{aligned} S_i &= \bar{A}_i\bar{B}_iC_{i-1} + \bar{A}_iB_i\bar{C}_{i-1} + A_i\bar{B}_i\bar{C}_{i-1} + A_iB_iC_{i-1} \\ &= \bar{A}_i(\bar{B}_iC_{i-1} + B_i\bar{C}_{i-1}) + A_i(\bar{B}_i\bar{C}_{i-1} + B_iC_{i-1}) \\ &= \bar{A}_i(B_i \oplus C_{i-1}) + A_i\overline{(B_i \oplus C_{i-1})} \\ &= A_i \oplus B_i \oplus C_{i-1} \end{aligned}$$

$$\begin{aligned} C_i &= \bar{A}_iB_iC_{i-1} + A_i\bar{B}_iC_{i-1} + A_iB_i \\ &= (\bar{A}_iB_i + A_i\bar{B}_i)C_{i-1} + A_iB \\ &= (A_i \oplus B_i)C_{i-1} + A_iB_i \end{aligned}$$

全加器的逻辑关系简写为

$$S_i = A_i \oplus B_i \oplus C_{i-1}$$

$$C_i = (A_i \oplus B_i)C_{i-1} + A_iB_i$$

全加器逻辑电路和逻辑符号如图 1-68 所示。

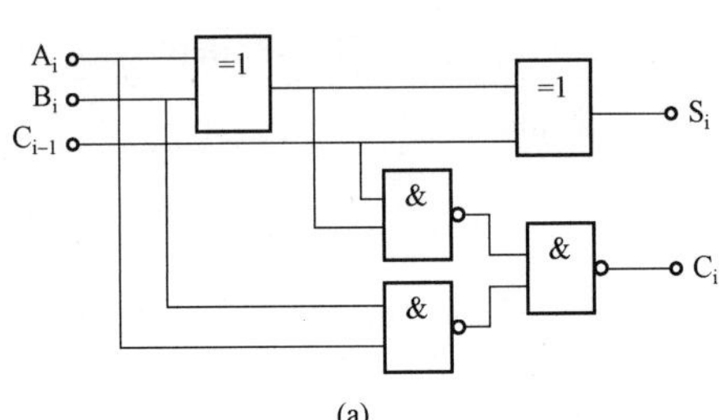

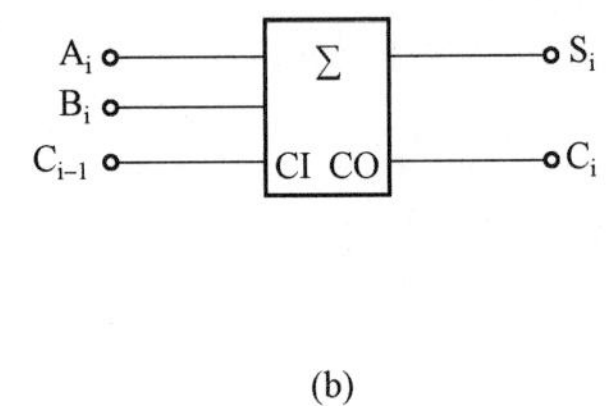

图 1-68 全加器逻辑电路

（a）逻辑电路图；（b）逻辑符号

实现多位二进制数相加的电路称为加法器。串行进位加法器把 *n* 位全加器串联起来，低位全加器的进位输出连接到相邻的高位全加器的进位输入。串行进位加法器电路如图 1-69 所示。

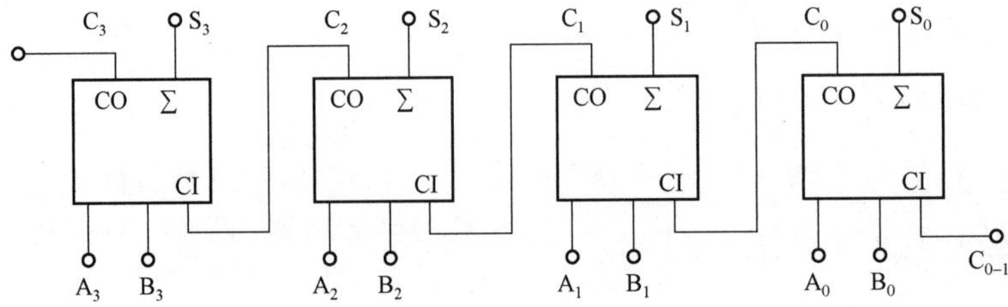

图 1-69 串行进位加法器电路

串行进位加法器进位信号是由低位向高位逐级传递的，运算速度不高。为了提高运算速度，在逻辑设计上采用超前进位的方法，即每一位的进位根据各位的输入同时预先形成，而不需要等到低位的进位送来后才形成，这种结构的多位数加法器称为超前进位加法器。

4选1数据选择器真值表见表1－13。

表1－13　4选1数据选择器真值表

输入			输出
D	A_1	A_0	Y
D_0	0	0	D_0
D_1	0	1	D_1
D_2	1	0	D_2
D_3	1	1	D_3

输入数据D，地址变量A_1、A_0。由地址码决定从4路输入中选择哪1路输出。

逻辑表达式为

$$Y=D_0\bar{A}_1\bar{A}_0+D_1\bar{A}_1A_0+D_2A_1\bar{A}_0+D_3A_1A_0$$

4选1数据选择器逻辑图如图1－70所示。

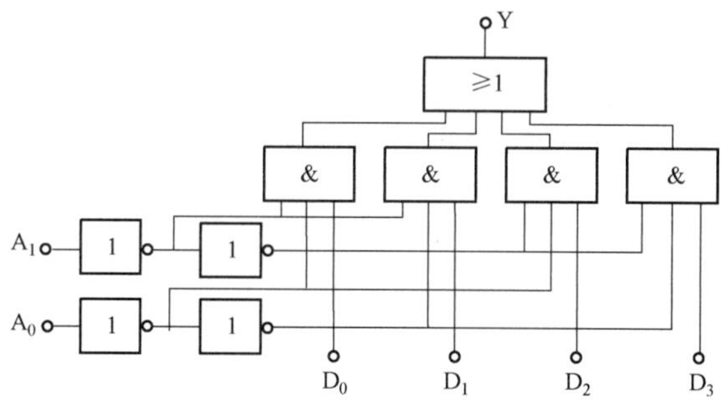

图1－70　4选1数据选择器逻辑图

1.7　电磁场基本理论

1.7.1　电荷和库仑定律

1. 电荷

$$电荷\begin{cases}种类\begin{cases}正电荷\\负电荷\end{cases}\\作用\begin{cases}同性相斥\\异性相吸\end{cases}\end{cases}$$

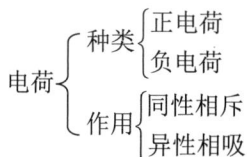

一般地说：使物体带电就是使它获得多余的电子或从它取出一些电子。

2. 电荷守恒定律

电荷从物体的一部分转移到另一部分，这称为电荷守恒定律。它是物理学的基本定律之一。

3. 电荷量子化

在自然界中所观察到的电荷均为基本电荷e的整数倍。这也是自然界中的一条基本规律，表明电荷是量子化的。直到现在还没有足够的实验来否定这个规律。

4. 库仑定律

（1）点电荷。带电体本身线度比它到其他带电体间的距离小得多时，带电体的大小和形状可忽略不计，这个带电体称为点电荷。

（2）库仑定律。真空中两点电荷之间的相互作用力大小与它们电量乘积成正比，与它们之间距离成反比，方向在它们连线上，同性相斥、异性相吸，这称为库仑定律。它构成全部静电学的基础。

（3）数学表达式。q_2受q_1的作用力（图1－71）为

$$F_{12}=k\frac{q_1q_2}{r_{12}^2}\begin{cases}>0 & 斥力（同号）\\<0 & 吸引（异号）\end{cases}$$

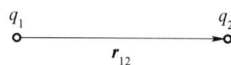

q_1 —— $\boldsymbol{r}_{12}$ → q_2

图1－71　两个电荷距离

采用国际单位制，其中的比例常数$k=9\times10^9\mathrm{N\cdot m^2/C^2}$。

写成矢量形式为

$$\boldsymbol{F}_{12}=k\frac{q_1q_2}{r_{12}^2}\left(\frac{\boldsymbol{r}_{12}}{r_{12}}\right)=k\frac{q_1q_2}{r_{12}^3}\boldsymbol{r}_{12}$$

$$令k=\frac{1}{4\pi\varepsilon_0}，\quad \varepsilon_0=8.85\times10^{-12}\mathrm{C^2/(N\cdot m^2)}$$

$$\Rightarrow\quad \boldsymbol{F}_{12}=\frac{1}{4\pi\varepsilon_0}\frac{q_1q_2}{r_{12}^3}\boldsymbol{r}_{12} \tag{1-36}$$

说明：1）$\boldsymbol{F}_{12}$是q_1对q_2为作用力，$\boldsymbol{r}_{12}$是由q_1指到q_2的矢量。

2）q_2对q_1的作用力为

$$\boldsymbol{F}_{21}=\frac{1}{4\pi\varepsilon_0}\frac{q_1q_2}{r_{21}^3}\boldsymbol{r}_{21}=\frac{q_1q_2}{4\pi\varepsilon_0\boldsymbol{r}_{12}}(-\boldsymbol{r}_{12})=-\boldsymbol{F}_{12}$$

3）库仑定律的形式与万有引力定律的形式相似，但前者包含吸力和斥力，后者只是引力，这是两个定律的区别。

1.7.2　电场和电场强度

1. 电场

（1）电荷间作用。电荷间作用原有不同看法，在

很长的时间内，人们认为带电体之间是超距作用，即二者直接作用，发生作用也不用时间传递。两种看法：①超距作用：电荷 $\underset{\text{不看传递时间}}{\overset{\text{直接作用}}{\longleftrightarrow}}$ 电荷。到了20世纪，法拉第提出新的观点，认为在带电体周围存在着电场，其他带电体受到的电力是电场给予的，即②场观点：电荷 ⇄ 场 ⇄ 电荷，近代物理学证明后者是正确的。

（2）静电场的主要表现。电场力：放到电场中的电荷要受到电场力。电场力做功：电荷在电场中移动时，电场力要做功。

2. 电场强度

从静电场的力的表现出发，利用试验电荷来引出电场强度概念来描述电场的性质（图1-72）。试验电荷 q_0（点电荷且 $|q_0|$ 很小），放入A点，它受的电场力为 $\boldsymbol{F}$，试验发现，将 q_0 加倍，则受的电场力也增加为相同的倍数，即

实验电荷：q_0　$2q_0$　$3q_0$　⋯　nq_0

受力：$\boldsymbol{F}$　$2\boldsymbol{F}$　$3\boldsymbol{F}$　⋯　$n\boldsymbol{F}$

$$\frac{\text{力}}{\text{实验电荷}}=\frac{\boldsymbol{F}}{q_0}=\frac{2\boldsymbol{F}}{2q_0}=\frac{3\boldsymbol{F}}{3q_0}=\cdots=\frac{n\boldsymbol{F}}{nq_0}$$

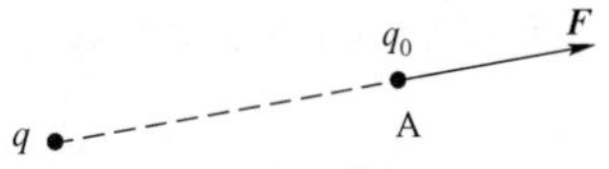

q与q_0同号情形

图1-72

可见，这些比值都为 $\boldsymbol{F}/q_0$，该比值与试验电荷无关，仅与A点电场性质有关，因此，可以用 $\boldsymbol{F}/q_0$ 来描述电场的性质，其定义为

$$\boldsymbol{E}=\frac{\boldsymbol{F}}{q_0} \tag{1-37}$$

为电荷 q 的电场在A点处的电场强度（以下也简称场强）。

$$\boldsymbol{E}=\text{单位正电荷受的作用力}\boldsymbol{F}_0$$

3. 电场强度叠加原理

试验电荷放在点电荷系 q_1，q_2，q_3，⋯，q_n 所产生电场中的A点（图1-73），实验表明 q_0 在A处受的电场力 $\boldsymbol{F}$ 是各个点电荷各自对 q_0 作用力 $\boldsymbol{F}_1$，$\boldsymbol{F}_2$，$\boldsymbol{F}_3$，⋯，$\boldsymbol{F}_n$ 的矢量和，即

$$\boldsymbol{F}=\boldsymbol{F}_1+\boldsymbol{F}_2+\boldsymbol{F}_3+\cdots+\boldsymbol{F}_n$$

按场强定义：

$$\boldsymbol{E}=\frac{\boldsymbol{F}}{q_0}=\frac{\boldsymbol{F}_1}{q_0}+\frac{\boldsymbol{F}_2}{q_0}+\frac{\boldsymbol{F}_3}{q_0}+\cdots+\frac{\boldsymbol{F}_n}{q_0}=\boldsymbol{E}_1+\boldsymbol{E}_2+\boldsymbol{E}_3+\cdots+\boldsymbol{E}_n$$

$$\Rightarrow \quad \boldsymbol{E}=\sum_{i=1}^{n}\boldsymbol{E}_i \tag{1-38}$$

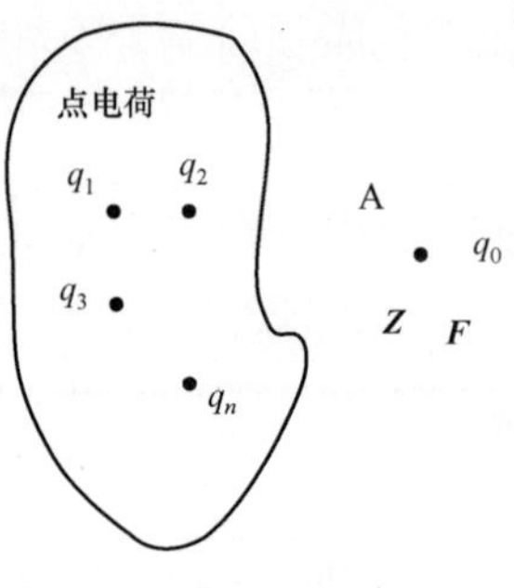

图1-73

上式表明，点电荷系电场中任一点处的总场强等于各个点电荷单独存在时在该点产生的场强矢量和，这称为场强叠加原理。

4. 电场强度计算

（1）点电荷电场的电场强度（图1-74）。q 在A处产生的场强为：假设A处有试验电荷，q 受力为 $\boldsymbol{F}$，有

$$\boldsymbol{E}=\frac{\boldsymbol{F}}{q_0}=\frac{1}{q_0}\cdot\frac{qq_0}{4\pi\varepsilon_0 r^3}\boldsymbol{r}$$

即

$$\boldsymbol{E}=\frac{q}{4\pi\varepsilon_0 r^3}\boldsymbol{r} \tag{1-39}$$

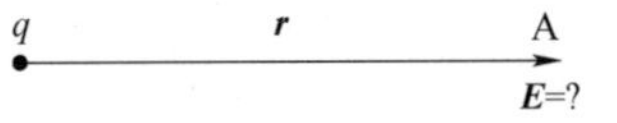

图1-74

$\boldsymbol{r}$ 由 q 指向A，$q>0$　$\boldsymbol{E}$ 与 $\boldsymbol{r}$ 同向（由 $q\to$ A），$q<0$　$\boldsymbol{E}$ 与 $\boldsymbol{r}$ 反向（由 A $\to q$）。

*点电荷电场球对称如图1-75所示。

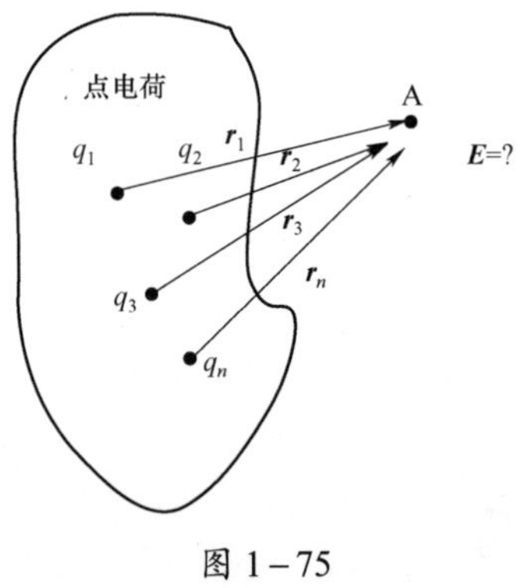

图1-75

（2）点电荷系电场的电场强度。

$$\Rightarrow \boldsymbol{E}=\frac{q_1}{4\pi\varepsilon_0 r_1^3}\boldsymbol{r}_1+\frac{q_2}{4\pi\varepsilon_0 r_2^3}\boldsymbol{r}_2+\cdots+\frac{q_n}{4\pi\varepsilon_0 r_n^3}\boldsymbol{r}_n$$

$$=\sum_{i=1}^{n}\frac{q_i}{4\pi\varepsilon_0 r_i^3}\boldsymbol{r}_i$$

即

$$\boldsymbol{E}=\sum_{i=1}^{n}\boldsymbol{E}_i \qquad (1-40)$$

（3）连续带电体电场的电场强度（图 1－76）。把连续带电体分成无限多个电荷元，看成点电荷，可有 dq 产生：

电场强度为　$\mathrm{d}\boldsymbol{E}=\dfrac{\mathrm{d}q}{4\pi r^3\varepsilon_0}\boldsymbol{r}$

总电场强度　$\boldsymbol{E}=\int \mathrm{d}\boldsymbol{E}=\int_q \dfrac{\mathrm{d}q}{4\pi\varepsilon_0 r^3}\boldsymbol{r}$

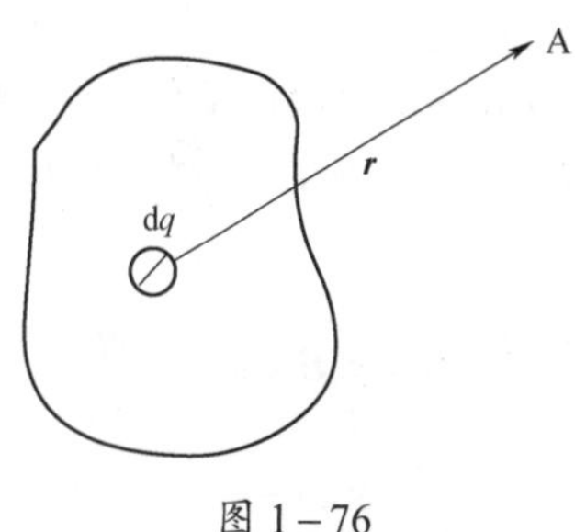

图 1－76

（4）电偶极子。等量异号点电荷相距为 l，如图 1－77 所示，这样一对点电荷称为电偶极子。由 $-q\rightarrow+q$ 的矢量 $\boldsymbol{l}$ 叫做电偶极子的轴，$\boldsymbol{p}=q\boldsymbol{l}$ 叫做电偶极子的电矩。

注：在一正常分子中有相等的正负电荷，当正、负电荷的中心不重合时，这个分子构成了一个电偶极子。

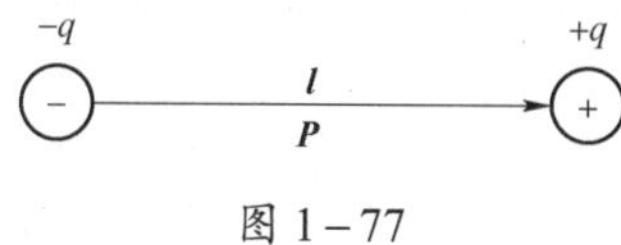

图 1－77

1.7.3　高斯定理

高斯定理是关于通过电场中任一闭合曲面电通量的定理，下面从一个简单例子讲起。

如图 1－78 所示，q 为正点电荷，S 为以 q 为中心任意 r 为半径的球面，S 上任一点 $\boldsymbol{p}$ 处 $\boldsymbol{E}$ 为

$$\boldsymbol{E}=\frac{q}{4\pi\varepsilon_0 r^3}\boldsymbol{r}$$

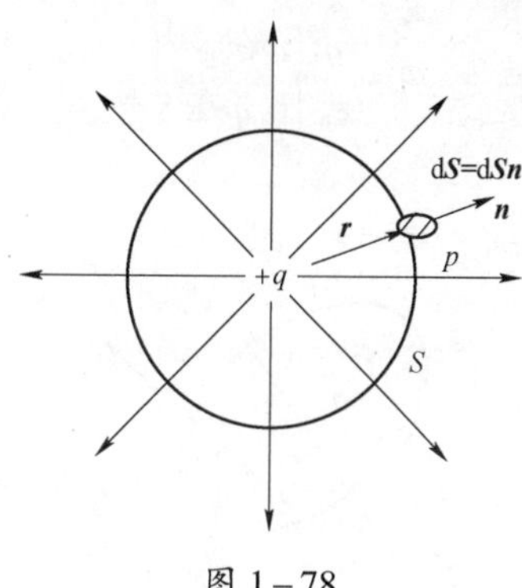

图 1－78

通过闭合曲面 S 的电场强度通量为

$$\Phi_\mathrm{e}=\oint_S \boldsymbol{E}\cdot\mathrm{d}\boldsymbol{S}=\oint_S\frac{q\boldsymbol{r}}{4\pi\varepsilon_0 r^3}\cdot\mathrm{d}S\boldsymbol{n}=\oint_S\frac{q}{4\pi\varepsilon_0 r^3}r\mathrm{d}S$$

（$\boldsymbol{r}$、d$\boldsymbol{S}$ 同向）

$$=\oint_S\frac{q}{4\pi\varepsilon_0 r^2}\mathrm{d}S=\frac{q}{4\pi\varepsilon_0 r^2}\oint_S\mathrm{d}S=\frac{q}{\varepsilon_0}$$

结论：Φ_e 与 r 无关，仅与 q 有关 $(\varepsilon_0=\mathrm{const})$

点电荷电场中任意闭合曲面 S 的电场强度通量。

（1）$+q$ 在 S 内情形。如图 1－79 所示，在 S 内做一个以 $+q$ 为中心，任意半径 r 的闭合球面 S_1，通过 S_1 的电场强度通量为 $\dfrac{q}{\varepsilon_0}$。因为通过 S_1 的电力线必通过 S，即此时 $\Phi_{\mathrm{e}S_1}=\Phi_{\mathrm{e}S}$，所以通过 S 的电场强度通量为 $\Phi_\mathrm{e}=\oint_S\boldsymbol{E}\cdot\mathrm{d}\boldsymbol{S}=\dfrac{q_0}{\varepsilon_0}$。

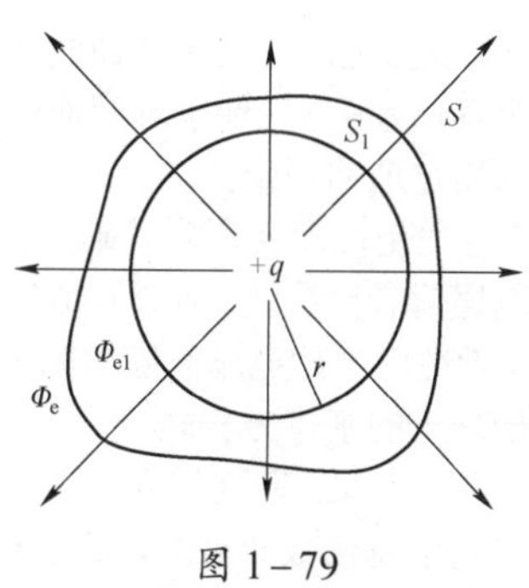

图 1－79

（2）$+q$ 在 S 外情形。此时，进入 S 面内的电力线必然会穿出 S 面，如图 1－80 所示，即穿入与穿出 S 面的电力线数相等，即

$$\Phi_\mathrm{e}=\oint_S\boldsymbol{E}\cdot\mathrm{d}\boldsymbol{S}=0$$

结论：S 外电荷对 Φ_e 无贡献

$$\Phi_e = \frac{q}{\varepsilon_0}\begin{cases} q\text{在}S\text{内} \\ 0\ \ q\text{在}S\text{外} \end{cases}$$

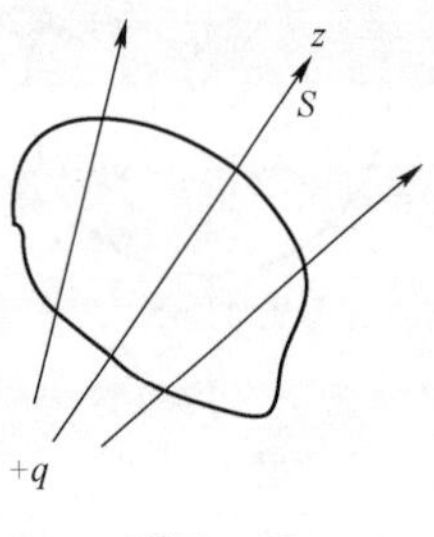

图 1－80

在点电荷 q_1，q_2，q_3，…，q_n 电场中，任一点电场强度为

$$\boldsymbol{E} = \boldsymbol{E}_1 + \boldsymbol{E}_2 + \boldsymbol{E}_3 + \cdots + \boldsymbol{E}_n$$

通过某一闭合曲面电场强度通量为

$$\Phi_e = \oint_S \boldsymbol{E} \cdot \mathrm{d}\boldsymbol{S} = \oint_S (\boldsymbol{E}_1 + \boldsymbol{E}_2 + \boldsymbol{E}_3 + \cdots + \boldsymbol{E}_n) \cdot \mathrm{d}\boldsymbol{S}$$

$$= \oint_S \boldsymbol{E}_1 \cdot \mathrm{d}\boldsymbol{S} + \oint_S \boldsymbol{E}_2 \cdot \mathrm{d}\boldsymbol{S} + \oint_S \boldsymbol{E}_3 \cdot \mathrm{d}\boldsymbol{S} + \cdots + \oint_S \boldsymbol{E}_n \cdot \mathrm{d}\boldsymbol{S}$$

$$= \frac{1}{\varepsilon_0}\sum_{S_{\text{内}}} q$$

即 $$\Phi_e = \oint_S \boldsymbol{E} \cdot \mathrm{d}\boldsymbol{S} = \frac{1}{\varepsilon_0}\sum_{S_{\text{内}}} q \qquad (1-41)$$

上式表示：在真空中通过任意闭合曲面的电通量等于该曲面所包围的一切电荷的代数和除以 ε_0，这就是真空中的高斯定理。为高斯定理数学表达式，高斯定理中闭合曲面称为高斯面。

说明：(1) 以上是通过用闭合曲面的电通量概念来说明高斯定理，仅是为了便于理解而用的一种形象解释，不是高斯定理的证明。

(2) 高斯定理是在库仑定律基础上得到的，但是前者适用范围比后者更广泛。后者只适用于真空中的静电场，而前者适用于静电场和随时间变化的场，高斯定理是电磁理论的基本方程之一。

(3) 高斯定理表明，通过闭合曲面的电通量只与闭合面内的自由电荷代数和有关，而与闭合曲面外的电荷无关。

当 $\Phi_e = \oint_S \boldsymbol{E} \cdot \mathrm{d}\boldsymbol{S}$

$$= \frac{1}{\varepsilon_0}\sum_{S_{\text{内}}} q \begin{cases} >0\text{时，不能说}S\text{内只有正电荷} \\ <0\text{时，不能说}S\text{内只有负电荷} \\ =0\text{时，不能说}S\text{内无电荷} \end{cases}$$

注意：这些都是 S 内电荷代数和的结果和表现。

(4) 高斯定理说明 $\Phi_e = \oint_S \boldsymbol{E} \cdot \mathrm{d}\boldsymbol{S} = \frac{1}{\varepsilon_0}\sum_{S_{\text{内}}} q$ 与 S 内电荷有关而与 S 外电荷无关，这并不是说 $\boldsymbol{E}$ 只与 S 内电荷有关而与 S 外电荷无关。实际上，$\boldsymbol{E}$ 是由 S 内、外所有电荷产生的结果。

(5) 高斯面可由我们任选。

1.7.4 电势

力学中引进了保守力和非保守力的概念。保守力的特征是其功只与始末二位置有关，而与路径无关。前面学过的保守力有重力、弹性力、万有引力等。在保守力场中可以引进势能的概念，并且保守力的功

$$W = \text{势能增量的负值}\,(-\Delta E_p) \qquad (1-42)$$

在此，我们研究一下静电力是否为保守力。

1. 点电荷情况

点电荷 $+q$ 置于 O 点（图 1－81），实验电荷 q_0 由 a 点运动到 b 点。在 c 处，q_0 在位移 $\mathrm{d}\boldsymbol{r}$ 内，静电力 $\boldsymbol{F}$ 对 q_0 的功为

$$\mathrm{d}W = \boldsymbol{F} \cdot \mathrm{d}\boldsymbol{r} = q_0 \boldsymbol{E} \cdot \mathrm{d}\boldsymbol{r} = \frac{qq_0}{4\pi\varepsilon_0 r^3}\boldsymbol{r} \cdot \mathrm{d}\boldsymbol{r}$$

$$\boldsymbol{r} \cdot \boldsymbol{r} = r^2$$

$$\mathrm{d}\boldsymbol{r} \cdot \boldsymbol{r} + \boldsymbol{r} \cdot \mathrm{d}\boldsymbol{r} = 2r\mathrm{d}r$$

$$\Rightarrow 2\boldsymbol{r} \cdot \mathrm{d}\boldsymbol{r} = 2r\mathrm{d}r$$

$$\mathrm{d}W = \frac{qq_0}{4\pi\varepsilon_0 r^3}\boldsymbol{r} \cdot \mathrm{d}\boldsymbol{r} = \frac{qq_0}{4\pi\varepsilon_0 r^2}\mathrm{d}r$$

$$\mathrm{a} \to \mathrm{b}:\ W = \int \mathrm{d}W = \frac{qq_0}{4\pi\varepsilon_0}\int_{r_a}^{r_b} \frac{1}{r^2}\mathrm{d}r = \frac{qq_0}{4\pi\varepsilon_0}\left(\frac{1}{r_a} - \frac{1}{r_b}\right) \qquad (1-43)$$

可见，W 仅与 q_0 的始末二位置有关，而与过程无关。

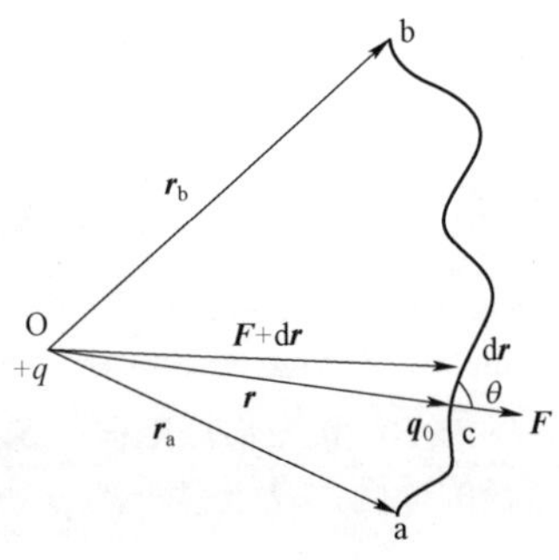

图 1－81

2. 点电荷系情况

设 q_0 在 q_1，q_2，…，q_n 的电场中，由场强叠加原理有

$$\boldsymbol{E}=\boldsymbol{E}_1+\boldsymbol{E}_2+\cdots+\boldsymbol{E}_n$$

q_0 从 $\mathrm{a}\to\mathrm{b}$ 中，静电场力的功为

$$W=\int_{\overline{ab}}\boldsymbol{F}\cdot\mathrm{d}\boldsymbol{r}=\int_{\overline{ab}}q_0\boldsymbol{E}\cdot\mathrm{d}\boldsymbol{r}$$
$$=\int_{\overline{ab}}q_0\boldsymbol{E}_1\cdot\mathrm{d}\boldsymbol{r}+\int_{\overline{ab}}q_0\boldsymbol{E}_2\cdot\mathrm{d}\boldsymbol{r}+\cdots+\int_{\overline{ab}}q_0\boldsymbol{E}_n\cdot\mathrm{d}\boldsymbol{r}$$

因为上式左边每一项都只与 q_0 始末二位置有关，而与过程无关，所以点电荷系静电力对 q_0 做的功只与 q_0 始末二位置有关，而与过程无关。

3. 连续带电体情况

对于连续带电体，可看成是很多个点电荷组成的点电荷系，所以 2 中结论仍成立。

综上所述，静电场力为保守力（静电场为保守力场）。q_0 在静电场中运动一周，静电力对它做功为

$$\oint_l q_0\boldsymbol{E}\cdot\mathrm{d}\boldsymbol{l}=0 \text{（}\mathrm{d}\boldsymbol{l}\text{ 代替 }\mathrm{d}\boldsymbol{r}\text{）}$$

$$\Rightarrow\oint_l \boldsymbol{E}\cdot\mathrm{d}\boldsymbol{l}=0 \qquad q_0\neq 0 \qquad (1-44)$$

此式表明，静电场中的环流=0（任何矢量沿闭合路径的线积分称为该矢量的环流），这一结论叫做场强环流定律。

静电场的环流定律是静电场的重要特征之一，静电学中的一切结论都可以从高斯定理及电场强度的环流定律得出。它们是静电场的基本定律。

4. 电势能

因为静电场为保守力场，所以可以引进相应势能的概念，此势能叫做电势能。设 E_{pa}、E_{pb} 为 q_0 在 a、b 二点的电势能，可有

$$-\left[E_{\mathrm{pb}}-E_{\mathrm{pa}}\right]=W_{\mathrm{ab}}=q_0\int_a^b\boldsymbol{E}\cdot\mathrm{d}\boldsymbol{r} \qquad (1-45)$$

电势能的零点与其他势能零点一样，也是任意选的，所以对于有限带电体，一般选无限远处 $E_{\mathrm{p}\infty}=0$（电势能只有相对意义，而无绝对意义），选 $E_{\mathrm{pb}}=0$，令 b 点在无穷远，有

$$E_{\mathrm{pa}}=q_0\int_a^b\boldsymbol{E}\cdot\mathrm{d}\boldsymbol{r}$$

结论：q_0 在电场中某点的电势能等于 q_0 从该点移到电势能为零处电场力所做的功，在此，电势能零点取在无限远处。

5. 电势

由 E_{pa} 表达式可知，它与位置 a 有关，还有 q_0 有关。但是 $\dfrac{E_{\mathrm{pa}}}{q_0}$ 且仅与位置 a 有关，而与 q_0 无关。它如同 $\boldsymbol{E}=\dfrac{\boldsymbol{F}}{q_0}$ 一样，反映的是电场本身的性质，因而该物理量被称为电势，记做 U_{a}。

定义：$U_{\mathrm{a}}=\dfrac{E_{\mathrm{pa}}}{q_0}$ 为 a 点电势，选 $E_{\mathrm{pb}}=0$ 时，有

$$U_{\mathrm{a}}=\int_a^b\boldsymbol{E}\cdot\mathrm{d}\boldsymbol{r} \qquad (1-46)$$

选 $b\to\infty$，有

$$U_{\mathrm{a}}=\int_a^\infty\boldsymbol{E}\cdot\mathrm{d}\boldsymbol{r} \qquad (1-47)$$

结论：电场中某一点 a 的电势等于单位正电荷从该点移到电势为零处（即电势能为零处）静电力对它做的功。A 点电势等于把单位正电荷从该点移到电势为零点电场力做的功。

说明：1）U_{a} 为标量，可正、负或 0，单位为 V。

2）电势的零点（电势能零点）任选。在理论上对有限带电体通常取无穷远处电势为 0，在实用上通常取地球为电势零点。一方面因为地球是一个很大的导体，它本身的电势比较稳定，适宜于作为电势零点；另一方面任何其他地方都可以方便地将带电体与地球比较，以确定电势。

3）电势与电势能是两个不同概念，电势是电场具有的性质，而电势能是电场中电荷与电场组成的系统所共有的，若电场中不引进电荷也就无电势能，但是各点电势还是存在的。

4）场强的方向即为电势的降落方向。

6. 电势差

电场中任意两点的电势差，称为它们的电势差。

$$u_{\mathrm{a}}-u_{\mathrm{b}}=\int_a^\infty\boldsymbol{E}\cdot\mathrm{d}\boldsymbol{r}-\int_b^\infty\boldsymbol{E}\cdot\mathrm{d}\boldsymbol{r}=\int_a^b\boldsymbol{E}\cdot\mathrm{d}\boldsymbol{r}$$

$$u_{\mathrm{a}}-u_{\mathrm{b}}=\int_a^b\boldsymbol{E}\cdot\mathrm{d}\boldsymbol{r} \qquad (1-48)$$

结论：a、b 两点电势差等于单位正电荷从 $\mathrm{a}\to\mathrm{b}$ 静电力做的功。

1.7.5　场强与电势的关系

1. 等势面

电势相等的点连接起来构成的曲面称为等势面。例如，在距点电荷距离相等的点处电势是相等的，这些点构成的曲面是以点电荷为球心的球面。可见点电荷电场中的等势面是一系列同心的球面，如图 1-82 所示。

2. 场中等势面性质

（1）等势面上移动电荷时电场力不做功。

（2）任何静电场中电力线与等势面正交，在相邻

等势面电势差为常数时，等势面密集地方场强较强，如图 1－83 所示。

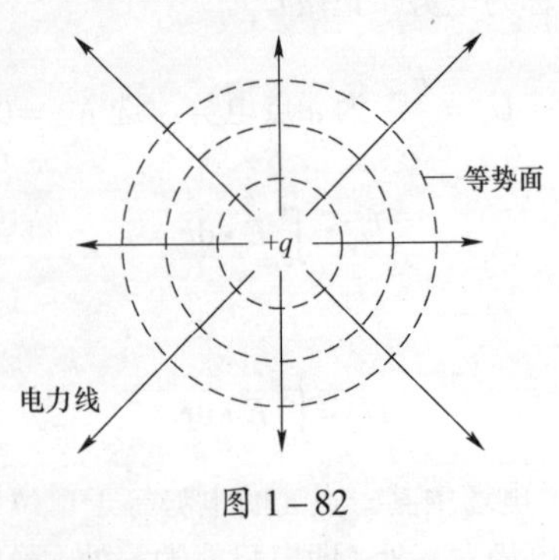

图 1－82

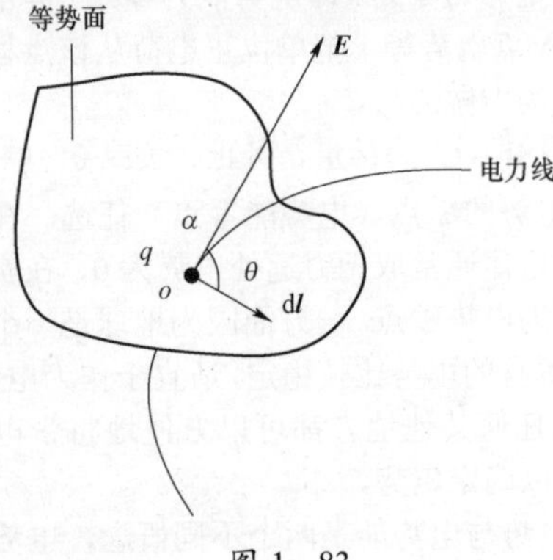

图 1－83

3. 场强与电势关系

电场中任一点场强等于电势梯度在该点的负值。

1.8 接地理论

1.8.1 接地系统的历史

接地系统的发展史是人类安全用电、保障生命和财产安全的历史。

19 世纪末，最初的电源系统中性点和用电设备均不接地。当时电气设备电压为交流 100/110V，很少发生电击事故；然而，当线路的绝缘条件较差时，故障引发的火灾呈上升势头。在保险公司的促进下，接地系统应运而生。

1923 年，法国电气装置标准提出电气设备的金属外壳应接地；1924 年，英国标准（BS7671 第 8 版）正式提出，家用电器的金属外壳应接地。

为了避免在两次故障时熔丝熔断引发供电中断，首次在某些重要的工业项目中设置灯光显示的绝缘监测器，于是出现了 IT 系统。随着用电的普及，变压器为大量用户供电，一旦两个用户的线路同时发生接地故障，熔丝即会切断 IT 供电回路。

1927 年，法国出台一项法令，电压不低于 150V 的交流公共配电系统的变压器中性点应接地。提高了接地故障保护，并且能简化故障定位，1962 年法国标准 C15－100 正式规定了中性点不接地和中性点接地两类系统。20 世纪 60 年代的 IT 系统如图 1－84 所示。

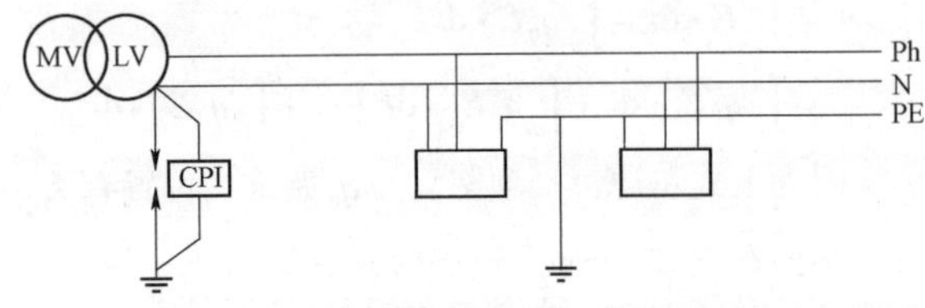

图 1－84　1960 的 IT 系统

1977 年，IEC 60364-3 第 1 版发布，列出了 TN 系统（包括 TN-C、TN-C-S 和 TN-S 系统）、TT 和 IT 系统，完善了接地系统的类型。每一类接地系统具有其特点和适用的场所，都受到相应用户的欢迎。我国是 IEC 的成员国，把 IEC 标准中接地系统形式引入我国 GB 50054《低压配电设计规范》和 JGJ/T 16《民用建筑电气设计规范》，为我国的安全用电提供了可靠的保证。

1.8.2 系统接地和保护接地

电气装置的接地分为功能接地和保护接地。按照 GB/T 2900.73—2008《电工术语　接地与电击防护》中的定义，功能接地是出于电气安全之外的目的，将系统、装置或设备的一点或多点接地。保护接地是为了电气安全，将系统、装置或设备的一点或多点接地。每一个配电系统都要考虑系统接地和保护接地两个接地方式，如图 1－85 所示。

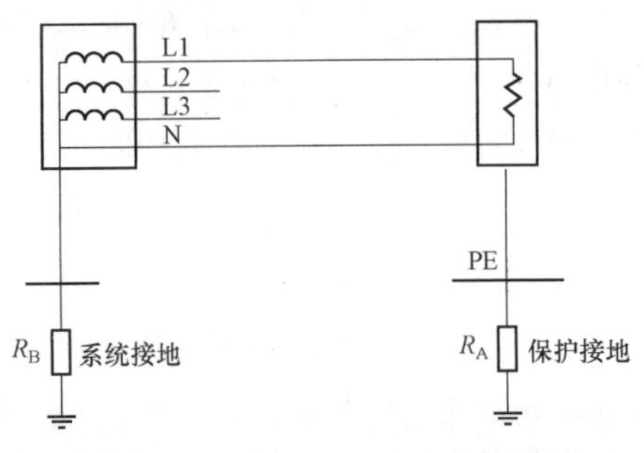

图 1－85　系统接地和保护接地

系统接地的作用是给配电系统提供参考电位，并使配电系统正常和安全地运行。系统接地既具有功能性的作用，也具有保护性的作用，其首要作用是保护性。功能接地分为交流系统的电源中性点接地、直流系统的工作接地。保护接地的作用是降低电气装置外露可导电部分在故障时的对地电压或接触电压。

根据 GB 16895.21—2011/IEC 60364－4－41：2005《低压电气装置　第 4－41 部分：安全防护　电击防护》第 411.3.1.1 条，保护接地的通则为：

（1）外露可导电部分应按各种系统接地形式的具体条件，与 PE 导体连接。

（2）可同时触及的外露可导电部分应单独地、成组地或共同地连接到同一个接地系统。

电气装置或设备的外露可导电部分接地可迅速切断接地故障回路，保障人身安全；或者在故障存续期内降低工频过电压，保障电气装置和设备的安全。

1.8.3　多种接地系统的应用

每一种接地系统都有其适用的场所，对于不同的国家，尚有相关的规定。例如，美国通常采用 TN 系统，禁止采用 TT 系统；英国和德国可同时采用 TN 和 TT 系统；法国、西班牙、比利时、意大利、日本等国通常采用 TT 系统；挪威只采用 IT 系统。

通常，在系统的可靠性上，IT 系统最好，当发生第一次接地故障时，系统仍然可以继续运行；但是查找故障点相对困难，需要设置绝缘监测装置，初期投资较大，一般应用于较小的系统或者消防等安全系统。TN 系统接地故障电流最大，故障查找最快，可维护性较好，适用于新建的大型建筑物，但是维护成本最高。

TT 系统的接地故障电流介于以上两者之间，安全性最好，适合受电流干扰影响大的通信、自动化等敏感系统，另外，火灾危险场所尤其应采用 TT 系统。TT 系统设计最简单，但需要安装大量 RCD，安装成本最高。三种接地系统组合示意图如图 1－86 所示。

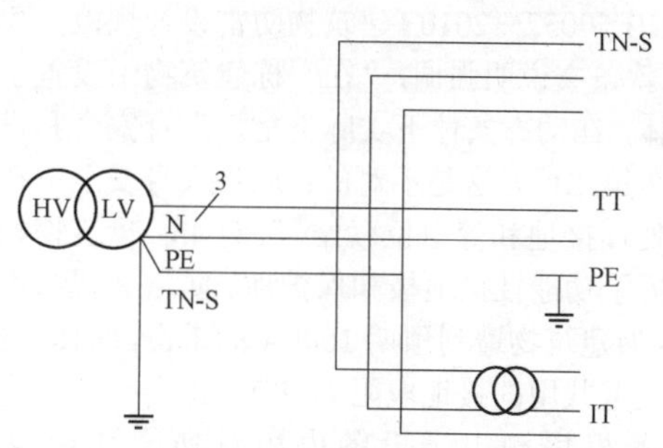

图 1－86　同一个低压系统内的多种接地系统

1.8.4　各种接地系统应共用接地极

1. “干净的地”是不存在的

接地系统里有一个争论已久的问题，共用接地还是单独接地？尤其是某些电子设备厂商提出需要“干净的地”，否则将对设备运行中出现的任何问题不承担责任。

实际上，“干净的地”是不存在的，单独的接地极处也可能遭受附近雷击产生危险电位，而且接地连接线在高频情况下会出现高阻抗，导致无法提供稳定的工作电位。IEEE STD 1100—2005《IEEE Recommended Practice for Powering and Grounding Electronic Equipment》明确要求，应避免采用“干净的地”这种概念不清、模棱两可的用语。

2. 共用接地极是安全的前提

GB/T 21714.3—2015/IEC 62305－3：2010《雷电防护　第 3 部分：建筑物的物理损坏和生命危险》第 5.4.1 条认为，从雷电防护观点来看，接地装置最好为单一、整体的结构，可适用于任意场合（例如，雷电防护、电力系统和通信系统）。GB/T 16895.10—2010《低压电气装置　第 4－44 部分：安全防护　电压骚扰和电磁骚扰防护》第 444.5.1 条明确要求与建筑物有关的所有接地极，即保护、功能和雷电防护的接地极应相互连接，如图 1－87 所示。

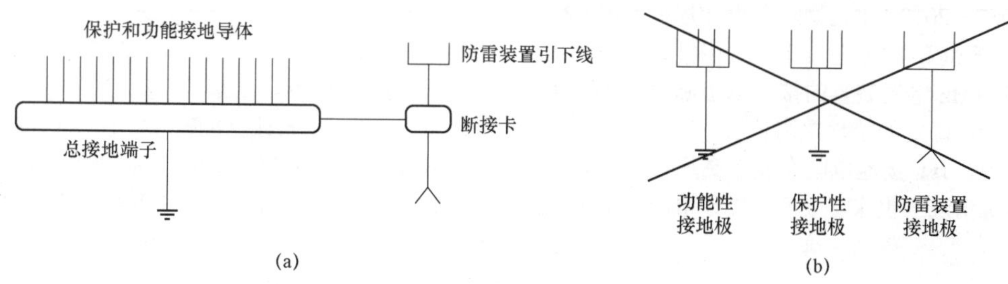

图 1－87　互连的接地极

（a）互连的接地极；（b）独立的接地极

GB 50057—2010《建筑物防雷设计规范》第 4.2.4 条 6 款条文说明强调，“在一栋建筑物中设置了独立接地体，在动态条件下实际上是把人身安全和设备安全放在第二位，这是不对的；应将人身安全放在第一位来处理接地和等电位联结。”例如，建筑物如果分别设置了功能性接地极和保护性、防雷装置共用的接地极，当建筑物遭到预期 100kA 的雷击，即使保护性、防雷装置共用的接地电阻为 1Ω，也会在建筑物、电子设备机房和电子设备内相对功能性接地产生 100kA × 1Ω = 100kV 的瞬态过电压，很容易造成设备机房内的电子设备灾难性的损失，甚至导致人员生命危险。

总之，接地应首先满足安全要求，对于某些坚持单独接地的设备厂家，可以让厂方签订一份书面的承诺书，按照其要求做单独接地所带来的事故危害由厂家承担。

3. *共用接地和等电位联结共同实现系统功能性*

电子设备的接地是在电子设备和大地之间提供一条有效的低阻抗通路。等电位联结网络可以最大限度地降低电位差，使各设备之间的电位差最小，并能减少信号回路和接地回路之间的磁场，给电子设备提供稳定的、不受干扰的工作电平。在电子设备机房内设置 S 型或 M 型等电位联结，分别满足 300Hz 以下的模拟线路和兆赫兹级的数字线路，也可将 S 型和 M 型等电位联结结合起来，在更大频率范围内提供低阻抗的参考电位。该措施很容易将参考平面和接地体之间的接地线耦合的干扰信号“短路”掉，保障电子系统正常工作。这是国际和我国国家标准一致推荐的正确做法。

1.8.5 共用接地的接地电阻值

GB 50343—2012《建筑物电子信息系统防雷技术规范》第 5.2.5 条，防雷接地与交流工作接地、直流工作接地、安全保护接地应共用一组接地装置，接地装置的接地电阻值必须按接入设备中要求的最小值确定。

GB 50057—2010《建筑物防雷设计规范》第 4.2.4 条，第 4.3.6 条和第 4.4.6 条要求，共用接地装置的接地电阻应按 50Hz 电气装置的接地电阻确定，不应大于按人身安全所确定的接地电阻值。

严格来说，1Ω 接地电阻在发生高压接地故障和雷电流冲击等情况下也未必安全。接地电阻值的大小与电能流入大地的分布情况，以及大地自身的性质有关。接地电阻的低阻值需要在造价和系统要求上做出妥协，当不能经济地满足系统要求时，尚可配合等电位联结等其他措施。历史证明，希望通过把接地电阻值降低到绝对的低值以避免危险电位，满足功能要求都是不现实的。（据称正在编制的全文强制性标准，将会取消接地电阻不大于 1Ω 的要求，对接地电阻的要求趋于理性化，使功能性和经济性协调统一。但标准尚未发布，暂不可作为设计依据。）

工程中，建筑物的接地装置推荐采用自然基础接地极，电阻值稳定、不容易腐蚀。其中，环形或网状基础接地极便于实现对跨步电压的电位控制，并且适合电子系统的应用。自然基础接地极的电阻值通常容易控制在不大于 10Ω，能够满足绝大多数的实际应用。

参考文献

[1] Bernard Lacroix. Roland System. Earthing Systems Worldwide and Evolutions [M]. France，1995.

[2] International Electrotechnical Commission. IEC 60364-3：1977 Electrical installations of buildings Part 3：Assessment of general characteristics[S]. Geneva，1977.

[3] 机械科学研究院中机生产力促进中心. GB/T 2900.73—2008 电工术语 接地与电击防护 [S]. 北京：中国标准出版社，2008.

[4] 中机中电设计研究院. GB 16895.21—2011/IEC 60364-4-41：2005 低压电气装置 第 4-41 部分：安全防护 电击防护 [S]. 北京：中国标准出版社，2011.

[5] The Institute of Electrical and Electronics Engineers，Inc. IEEE. STD 1100—2005 EEE. Recommended Practice for Powering and Grounding Electronic Equipment [M]. the United States of America，2005.

[6] 工业和信息化部通信计量中心 GB/T 21714.3—2015/IEC 62305-3：2010 雷电防护 第 3 部分：建筑物的物理损坏和生命危险 [S]. 北京：中国标准出版社，2015.

[7] 中国中元国际工程公司. GB 50057—2010 建筑物防雷设计规范 [S]. 北京：中国计划出版社，2011.

[8] 中国建筑标准设计研究院 四川中光防雷科技股份有限公司. GB 50343—2012 建筑物电子信息系统防雷技术规范 [S]. 北京：中国建筑工业出版社，2012.

第 2 章 建筑电气工程常用数据资料

2.1 常用标准

2.1.1 国内标准的种类、分级和代号

1. 国内标准的种类和分级

（1）按标准化的对象分类：技术标准和管理标准；按执行的严格程度分类：强制性标准和推荐性标准。

（2）根据《中华人民共和国标准化法》和《中华人民共和国标准化法实施条例》国内标准分为四级：国家标准、行业标准、地方标准和企业标准。按其重要性和适用范围，后面的标准不得与前面的标准相抵触。

（3）国家鼓励采用国际标准和国外先进标准，积极参与制定国际标准。根据国家标准与国际标准的一致性程度分为：

1）等同（IDT）：国家标准与国际标准的技术内容和文本结构相同，可包含一定程度的编辑性修改。

2）修改（MOD）：存在技术性差异，且差异及其产生的原因被清楚地说明；存在文本结构变化，但同时有清楚的比较。

3）非等效（NEQ）：国家标准与国际标准的技术内容和文本结构不同，同时这种差异在国家标准中没有被清楚的说明。

2. 国内标准的代号

我国的标准号由字母代号、顺序号和批准发布年号三段组成。

（1）强制性国家标准的代号为 GB；推荐性国家标准的代号为 GB/T；国家标准化指导性技术文件的代号为 GB/Z。工程建设方面的国家标准代号原用 GBJ，现已统一改为 GB 5××××。

（2）行业标准的代号一般为两个汉语拼音字母缩写，见表 2-1。

表 2-1 行业标准代号

代号	行业	代号	行业	代号	行业	代号	行业
AQ	安全	CH	测绘	DB	地震	FZ	纺织
BB	包装	CJ	城建	DL	电力	GA	公共安全
CB	船舶	CY	新闻	DZ	地质矿产	GH	供销
CECS	建标协会	DA	档案	EJ	核工业	GY	广播电影电视

续表

代号	行业	代号	行业	代号	行业	代号	行业
HB	航空	LB	旅游	QX	气象	WB	物资
HG	化工	LD	劳保	SB	商业	WH	文化
HJ	环境保护	LY	林业	SC	水产	WJ	兵工民品
HS	海关	LS	粮食	SD	水电	WM	外贸
HY	海洋	MH	民航	SH	石化	WS	卫生
JB	机械	MT	煤炭	SJ	电子	XT	稀土
JC	建材	MZ	民政	SL	水利	YB	黑色冶金
JG（JGJ）	建工	NB	能源	SN	商检	YC	烟草
JJG/JJF	计量检定	NY	农业	SY	石油	YD	通信
JR	金融	QB	轻工	TB	铁道	YS	有色金属
JT	交通	QC	汽车	TD	土地	YY	医药
JY	教育	QJ	航天	TY	体育	YZ	邮政

（3）企业标准代号一律以 Q 为分子，其分母按企业的隶属关系分别由国务院或地方主管部门规定。

2.1.2 常用电气设计规范和标准

规范和标准通常分为术语、条文、条文说明三部分。

1. 术语

对规范中出现的重要名词或特殊名词的解释，在看条文的过程中有助于正确理解。

2. 条文

规范的主要部分，是设计、施工及验收的重要依据。执行的严格程度由高到低用词采用“必须”（或严禁）、“应”（不应或不得）、“宜”（或不宜）、“可”，其中强制性条文一般为黑体字，必须遵守不得违反。

3. 条文说明

它是本规范编制人员对条文的文字性说明、做法解释、统计资料或数据分析等，不同于条文本身具有

的严谨性，条文说明自身不具有法律效力，但是可辅助理解条文。

本索引条目以通用电工标准、住房和城乡建设部（简称住建部）归口的工程建设系列标准、质监局归口的IEC转化标准为主，兼顾常用的行业、协会及其他标准，限于篇幅，无法尽收，则常用的编为索引，见表2-2～表2-13，供读者查找。随着时间的推移，规范或标准的版本不断更新，新的规范会不断推出。

表2-2　通用电工标准

标准编号	标 准 名 称
GB 3100—1993	国际单位制及其应用
GB 3101—1993	有关量、单位和符号的一般规则
GB 3102.1～12—1993	量和单位
GB/T 156—2017	标准电压
GB/T 762—2002	标准电流
GB/T 1980—2005	标准频率
GB/T 3926—2007	中频设备额定电压
GB/T 12325—2008	电能质量　供电电压允许偏差
GB/T 12326—2008	电能质量　电压允许波动和闪变
GB/T 14549—1993	电能质量　公用电网谐波
GB/T 15543—2008	电能质量　三相电压不平衡
GB/T 15945—2008	电能质量　电力系统频率偏差
GB/T 18481—2001	电能质量　暂时过电压和瞬态过电压
GB/T 24337—2009	电能质量　公用电网间谐波
GB/T 30137—2013	电能质量　电压暂降与短时中断
GB/T 2900 系列	电工术语
GB/T 14733 系列	电信术语
GB/T 4208—2017	外壳防护等级（IP代码）
GB/T 4365—2003	电工术语　电磁兼容
GB/T 4776—2017	电气安全术语
GB/T 4728 系列	电气简图用图形符号
GB/T 5465 系列	电气设备用图形符号
GB/T 6988 系列	电气技术用文件的编制
GB/T 4025—2010	人机界面标志标识的基本和安全规则　指示器和操作器件的编码规则
GB/T 4026—2010	人机界面标志标识的基本和安全规则　设备端子和导体终端的标识
GB/T 23371.1—2013	电气设备用图形符号基本规则　第1部分：注册用图形符号的生成
GB 311.1—2012	绝缘配合　第1部分：定义原则和规则
GB/T 311.2—2013	绝缘配合　第2部分：使用导则
GB/T 50001—2017	房屋建筑制图统一标准
GB/T 50103—2010	总图制图标准
GB 50352—2019	民用建筑设计统一标准
GB/T 50504—2009	民用建筑设计术语标准
GB/T 50786—2012	建筑电气制图标准
GB/T 50978—2014	电子工业工程建设项目设计文件编制标准
GB/T 51212—2016	建筑信息模型应用统一标准
GB/T 51269—2017	建筑信息模型分类和编码标准

表2-3　主要电气设计规范和标准

标准编号	标 准 名 称
GB 50052—2009	供配电系统设计规范
GB 50053—2013	20kV及以下变电所设计规范
GB 50054—2011	低压配电设计规范
GB 50055—2011	通用用电设备配电设计规范
GB 50056—1993	电热设备电力装置设计规范
GB 50057—2010	建筑物防雷设计规范
GB 50058—2014	爆炸危险环境电力装置设计规范
GB 50059—2011	35～110kV变电站设计规范
GB 50060—2008	3～110kV高压配电装置设计规范
GB 50061—2010	66kV及以下架空电力线路设计规范
GB/T 50062—2008	电力装置的继电保护和自动装置设计规范
GB/T 50063—2017	电力装置的电测量仪表装置设计规范
GB/T 50064—2014	交流电气装置的过电压保护和绝缘配合设计规范
GB/T 50065—2011	交流电气装置的接地设计标准
GB 50217—2018	电力工程电缆设计规范
GB 50227—2017	并联电容器装置设计规范
GB 50260—2013	电力设施抗震设计规范
GB/T 50293—2014	城市电力规划规范
GB/T 50479—2011	电力系统继电保护及自动化设备柜（屏）工程技术规范
GB 50613—2010	城市配电网规划设计规范
GB/T 50703—2011	电力系统安全自动装置设计规范

续表

标准编号	标 准 名 称
GB/T 50719—2011	电磁屏蔽室工程技术规范
GB 50826—2012	电磁波暗室工程技术规范
GB/T 50865—2013	光伏发电接入配电网设计规范
GB/T 50866—2013	光伏发电站接入电力系统设计规范
GB 50981—2014	建筑机电工程抗震设计规范
GB/T 51061—2014	电网工程标识系统编码规范
GB/T 51077—2015	电动汽车电池更换站设计规范
JGJ 16—2008	民用建筑电气设计规范

表 2-4　　照明设计规范和标准

标准编号	标 准 名 称
GB 50034—2013	建筑照明设计标准
GB 50582—2010	室外作业场地照明设计标准
GB/T 51268—2017	绿色照明检测及评价标准
CJJ 45—2015	城市道路照明设计标准
CJJ/T 227—2014	城市照明自动控制系统技术规范
JGJ 153—2016	体育场馆照明设计及检测标准
JGJ/T 119—2008	建筑照明术语标准
JGJ/T 163—2008	城市夜景照明设计规范
JGJ/T 374—2015	导光管采光系统技术规程

表 2-5　　弱电系统设计规范和标准

标准编号	标 准 名 称
GB/T 21654.9—2008	自动交换光网络(ASON)技术要求　第5部分：外部网络－网络
GB/T 34982—2017	云计算数据中心基本要求
GB 50115—2009	工业电视系统工程设计规范
GB 50174—2017	数据中心设计规范
GB 50198—2011	民用闭路监视电视系统工程技术规范
GB/T 50200—2018	有线电视网络工程设计标准
GB 50311—2016	综合布线系统工程设计规范
GB 50314—2015	智能建筑设计标准
GB 50343—2012	建筑物电子信息系统防雷技术规范
GB 50348—2018	安全防范工程技术标准
GB 50371—2006	厅堂扩声系统设计规范
GB 50373—2006	通信管道与通道工程设计规范
GB 50394—2007	入侵报警系统工程设计规范
GB 50395—2007	视频安防监控系统工程设计规范

续表

标准编号	标 准 名 称
GB 50396—2007	出入口控制系统工程设计规范
GB 50464—2008	视频显示系统工程技术规范
GB 50524—2010	红外线同声传译系统工程技术规范
GB/T 50525—2010	视频显示系统工程测量规范
GB 50526—2010	公共广播系统工程技术规范
GB 50611—2010	电子工程防静电设计规范
GB/T 50622—2010	用户电话交换系统工程设计规范
GB 50635—2010	会议电视会场系统工程设计规范
GB 50636—2010	城市轨道交通综合监控系统工程设计规范
GB 50689—2011	通信局（站）防雷与接地工程设计规范
GB/T 50760—2012	数字集群通信工程技术规范
GB/T 50780—2013	电子工程建设术语标准
GB 50799—2012	电子会议系统工程设计规范
GB/T 50853—2013	城市通信工程规划规范
GB 50922—2013	天线工程技术规范
GB 51158—2015	通信线路工程设计规范
GB 51194—2016	通信电源设备安装工程技术规范
GB 51195—2016	互联网数据中心工程技术规范
GB/T 51252—2017	网络电视工程技术规范
GB/T 51292—2018	无线通信室内覆盖系统工程技术标准
CJJ/T 151—2010	城市遥感信息应用技术规范
CJJ/T 187—2012	建设电子档案元数据标准
CJJ/T 269—2017	城市综合地下管线信息系统技术规范
DL/T 5157—2012	电力系统调度通信交换网设计技术规程
JGJ/T 285—2014	公共建筑能耗远程监测系统技术规程
JGJ/T 334—2014	建筑设备监控系统工程技术规范
JGJ/T 417—2017	建筑智能化系统运行维护技术规范

表 2-6　　消防设计及验收规范和标准

标准编号	标 准 名 称
GB 25506—2010	消防控制室通用技术要求
GB 50016—2014	建筑设计防火规范（2018 年版）
GB 50067—2014	汽车库、修车库、停车场设计防火规范
GB 50084—2017	自动喷水灭火系统设计规范
GB 50098—2009	人民防空工程设计防火规范
GB 50116—2013	火灾自动报警系统设计规范
GB 50183—2015	石油天然气工程设计防火规范
GB 50193—2010	二氧化碳灭火系统设计规范
GB 50219—2014	水喷雾灭火系统设计规范
GB 50222—2017	建筑内部装修设计防火规范

续表

标准编号	标 准 名 称
GB 50229—2016	火力发电厂与变电所设计防火规范
GB 50284—2008	飞机库设计防火规范
GB 50313—2013	消防通信指挥系统设计规范
GB 50440—2007	城市消防远程监控系统技术规范
GB 50974—2014	消防给水及消火栓系统技术规范
GB 51080—2015	城市消防规划规范
GB 51236—2017	民用机场航站楼设计防火规范
GB 51251—2017	建筑防烟排烟系统技术标准
GB 51298—2018	地铁设计防火标准
GB 51309—2018	消防应急照明和疏散指示系统技术标准
CJJ/T 146—2011	城镇燃气报警控制系统技术规程

表 2-7 绿色建筑和节能建筑规范和标准

标准编号	标 准 名 称
GB 50189—2015	公共建筑节能设计标准
GB 50194—2014	建筑工程施工现场供用电安全规范
GB/T 50378—2019	绿色建筑评价标准
GB/T 50668—2011	节能建筑评价标准
GB 50710—2011	电子工程节能设计规范
GB/T 50908—2013	绿色办公建筑评价标准
GB/T 51100—2015	绿色商店建筑评价标准
GB/T 51140—2015	建筑节能基本术语标准
GB/T 51141—2015	既有建筑绿色改造评价标准
GB/T 51148—2016	绿色博览建筑评价标准
GB/T 51153—2015	绿色医院建筑评价标准
GB/T 51165—2016	绿色饭店建筑评价标准
GB 51245—2017	工业建筑节能设计统一标准
GB/T 51255—2017	绿色生态城区评价标准
JGJ 176—2009	公共建筑节能改造技术规范
JGJ/T 229—2010	民用建筑绿色设计规范
JGJ/T 307—2013	城市照明节能评价标准

表 2-8 公共建筑设计规范和标准

标准编号	标 准 名 称
GB 50038—2005	人民防空地下室设计规范
GB 50099—2011	中小学校设计规范
GB 50225—2005	人民防空工程设计规范
GB 50226—2016	铁路旅客车站建筑设计规范
GB 50333—2013	医院洁净手术部建筑技术规范

续表

标准编号	标 准 名 称
GB 50420—2007	城市绿地设计规范（2016 年版）
GB 50763—2012	无障碍设计规范
GB 50838—2015	城市综合管廊工程技术规范
GB 50849—2014	传染病医院建筑设计规范
GB 50881—2013	疾病预防控制中心建筑技术规范
GB/T 50939—2013	急救中心建筑设计规范
GB 50966—2014	电动汽车充电站设计规范
GB 51017—2014	古建筑防雷工程技术规范
GB 51039—2014	综合医院建筑设计规范
GB 51058—2014	精神专科医院建筑设计规范
GB/T 51091—2015	试听室工程技术规范
GB/T 51129—2017	装配式建筑评价标准
GB/T 51116—2016	医药工程安全风险评估技术标准
GB/T 51125—2015	通信局站共建共享技术规范
GB 51143—2015	防灾避难场所设计规范
GB 51157—2016	物流建筑设计规范
GB 51192—2016	公园设计规范
GB/T 51223—2017	公共建筑标识系统技术规范
GB/T 51263—2017	轻轨交通设计标准
CJJ 267—2017	动物园设计规范
JGJ 25—2010	档案馆建筑设计规范
JGJ 31—2003	体育建筑设计规范
JGJ 36—2016	宿舍建筑设计规范
JGJ 38—2015	图书馆建筑设计规范
JGJ 39—2016	托儿所、幼儿园建筑设计规范
JGJ/T 41—2014	文化馆建筑设计规范
JGJ 48—2014	商店建筑设计规范
JGJ 57—2016	剧场建筑设计规范
JGJ 58—2008	电影院建筑设计规范
JGJ/T 60—2012	交通客运站建筑设计规范
JGJ 62—2014	旅馆建筑设计规范
JGJ 64—2017	饮食建筑设计规范
JGJ 66—2015	博物馆建筑设计规范
JGJ 67—2016	办公建筑设计规范
JGJ 100—2015	车库建筑设计规范
JGJ 218—2010	展览建筑设计规范
JGJ 243—2011	交通建筑电气设计规范
JGJ 284—2012	金融建筑电气设计规范
JGJ 310—2013	教育建筑电气设计规范
JGJ 312—2013	医疗建筑电气设计规范

续表

标准编号	标　准　名　称
JGJ 333—2014	会展建筑电气设计规范
JGJ 354—2014	体育建筑电气设计规范
JGJ 392—2016	商店建筑电气设计规范
JGJ/T 131—2012	体育场馆声学设计及测量规程
JGJ/T 179—2009	体育建筑智能化系统工程技术规范
JGJ/T 326—2014	机械式停车库工程技术规范
JGJ/T 397—2016	公墓和骨灰寄存建筑设计规范
JGJ 450—2018	老年人照料设施建筑设计标准

表 2-9　居住建筑设计规范和标准

标准编号	标　准　名　称
GB 50096—2011	住宅设计规范
GB 50180—2018	城市居住区规划设计标准
GB 50340—2016	老年人居住建筑设计规范
GB 50368—2005	住宅建筑规范
GB/T 50605—2010	住宅区和住宅建筑内通信设施工程设计规范
GB 50846—2012	住宅区和住宅建筑内光纤到户通信设施工程设计规范
GB 50952—2013	农村民居雷电防护工程技术规范
JGJ 242—2011	住宅建筑电气设计规范
JGJ 367—2015	住宅室内装饰装修设计规范
JGJ/T 390—2016	既有住宅建筑功能改造技术规范
JGJ/T 398—2017	装配式住宅建筑设计标准

表 2-10　生产建筑设计及验收规范

标准编号	标　准　名　称
GB 50041—2008	锅炉房设计规范
GB 50049—2011	小型火力发电厂设计规范
GB 50070—2009	矿山电力设计规范
GB 50072—2010	冷库设计规范
GB 50073—2013	洁净厂房设计规范
GB 50156—2012	汽车加油加气站设计与施工规范（2014年版）
GB 50157—2013	地铁设计规范
GB 50265—2010	泵站设计规范
GB 50609—2010	石油化工工厂信息系统设计规范
GB 50650—2011	石油化工装置防雷设计规范
GB 50697—2011	1000kV 变电站设计规范

续表

标准编号	标　准　名　称
GB 50994—2014	工业企业电气设备抗震鉴定标准
GB 51052—2014	毛纺织工厂设计规范
GB 51069—2014	中药药品生产厂工程技术规范
GB 51073—2014	医药工业仓储工程设计规范
GB 51096—2015	风力发电场设计规范
DL/T 5484—2013	电力电缆隧道设计规程

表 2-11　电气施工及验收规范

标准编号	标　准　名　称
GB 50093—2013	自动化仪表工程施工及质量验收规范
GB 50134—2004	人民防空工程施工及验收规范
GB 50149—2010	电气装置安装工程　母线装置施工及验收规范
GB 50150—2016	电气装置安装工程　电气设备交接试验标准
GB 50168—2006	电气装置安装工程　电缆线路施工及验收规范
GB 50169—2016	电气装置安装工程　接地装置施工及验收规范
GB 50170—2006	电气装置安装工程　旋转电机施工及验收规范
GB 50171—2012	电气装置安装工程　盘、柜及二次回路接线施工及验收规范
GB 50172—2012	电气装置安装工程　蓄电池施工及验收规范
GB 50173—2014	电气装置安装工程　66kV 及以下架空电力线路施工及验收规范
GB 50254—2014	电气装置安装工程　低压电器施工及验收规范
GB 50255—2014	电气装置安装工程　电力变流设备施工及验收规范
GB 50256—2014	电气装置安装工程　起重机电气装置施工及验收规范
GB 50257—2014	电气装置安装工程　爆炸和火灾危险环境电气装置施工及验收规范
GB 50300—2013	建筑工程施工质量验收统一标准
GB 50303—2015	建筑电气工程施工质量验收规范
GB 50310—2002	电梯工程施工质量验收规范
GB/T 50328—2014	建设工程文件归档规范
GB 50575—2010	1kV 及以下配线工程施工及验收规范
GB 50586—2010	铝母线焊接工程施工及验收标准
GB 50601—2010	建筑物防雷工程施工及质量验收规范

续表

标准编号	标 准 名 称
GB 50617—2010	建筑电气照明装置施工及验收规范
GB 50686—2011	传染病医院建筑施工及验收规范
GB/T 50976—2014	继电保护及二次回路安装及验收规范
GB/T 51103—2015	电磁屏蔽室工程施工及质量验收规范
GB/T 51235—2017	建筑信息模型施工应用标准
GB/T 51250—2017	微电网接入配电网系统调试与验收规范

表 2-12　　弱电施工及验收规范

标准编号	标 准 名 称
GB 50166—2007	火灾自动报警系统施工及验收规范
GB 50263—2007	气体灭火系统施工及验收规范
GB/T 50312—2016	综合布线系统工程验收规范
GB 50339—2013	智能建筑工程质量验收规范
GB 50401—2007	消防通信指挥系统施工及验收规范
GB 50462—2015	数据中心基础设施施工及验收规范
GB 50606—2010	智能建筑工程施工规范
GB/T 50623—2010	用户电话交换系统工程验收规范
GB/T 50624—2010	住宅区和住宅建筑内通信设施工程验收规范
GB 50793—2012	会议电视会场系统工程施工及验收规范
GB 50847—2012	住宅区和住宅建筑内光纤到户通信设施工程施工及验收规范
GB 50949—2013	扩声系统工程施工规范
GB 51043—2014	电子会议系统工程施工与质量验收规范
GB 51199—2016	通信电源设备安装工程验收规范

表 2-13　　其他电气规范和标准

标准编号	标 准 名 称
GB/T 2099.8—2017	家用和类似用途插头插座　第 2-4 部分：安全特低电压（SELV）插头插座的特殊要求
GB/T 3805—2008	特低电压（ELV）限值
GB/T 6829—2017	剩余电流动作保护电器（RCD）的一般要求
GB/T 7251.3—2017	低压成套开关设备和控制设备　第 3 部分：由一般人员操作的配电板（DBO）
GB/T 7251.4—2017	低压成套开关设备和控制设备　第 4 部分：对建筑工地用成套设备（ACS）的特殊要求
GB/T 7251.5—2017	低压成套开关设备和控制设备　第 5 部分：公用电网电力配电成套设备
GB 7588—2003	电梯制造与安装安全规程

续表

标准编号	标 准 名 称
GB 8702—2014	电磁环境控制限制
GB 12158—2006	防止静电事故通用导则
GB/T 13539.3—2017	低压熔断器　第 3 部分：非熟练人员使用的熔断器的补充要求（主要用于家用和类似用途的熔断器）标准化熔断器系统示例 A 至 F
GB/T 13870.1—2008	电流对人体和家畜的效应　第 1 部分：通用部分
GB/T 13870.2—2016	电流通过人体的效应　第 2 部分：特殊情况
GB/T 13870.3—2003	电流对人体和家畜的效应　第 3 部分：电流通过家畜躯体的效应
GB/T 13870.4—2017	电流对人体和家畜的效应　第 4 部分：雷击效应
GB 13955—2005	剩余电流动作保护装置安装和运行
GB/T 16895.1—2008	低压电气装置　第 1 部分：基本原则、一般特性评估和定义
GB 16895.2—2005	建筑物电气装置　第 4-42 部分：安全防护　热效应保护
GB/T 16895.3—2017	低压电气装置　第 5-54 部分：电气设备的选择和安装　接地配置和保护导体
GB 16895.4—1997	建筑物电气装置　第 5 部分：电气设备的选择和安装　第 53 章：开关设备和控制设备
GB 16895.5—2012	低压电气装置　第 4-43 部分：安全防护　过电流保护
GB/T 16895.6—2014	低压电气装置　第 5-52 部分：电气设备的选择和安装　布线系统
GB 16895.7—2009	低压电气装置　第 7-704 部分：特殊装置或场所的要求　施工和拆除场所的电气装置
GB 16895.8—2010	低压电气装置　第 7-706 部分：特殊装置或场所的要求　狭窄的可导电场所
GB/T 16895.9—2000	建筑物电气装置　第 7-707 部分：特殊装置或场所的要求　数据处理设备用电气装置的接地要求
GB/T 16895.10—2010	低压电气装置　第 4-44 部分：安全防护　电压骚扰和电磁骚扰防护
GB 16895.13—2012	低压电气装置　第 7-701 部分：特殊装置或场所的要求　装有浴盆或淋浴的场所
GB 16895.14—2010	建筑物电气装置　第 7-703 部分：特殊装置或场所的要求　装有桑拿浴加热器的场所
GB/T 16895.17—2002	建筑物电气装置　第 5 部分：电气设备的选择和安装　第 548 节：信息技术装置的接地配置和等电位联结

续表

标准编号	标　准　名　称
GB/T 16895.18—2010	建筑物电气装置　第 5－51 部分：电气设备的选择和安装　通用规则
GB/T 16895.19—2017	低压电气装置　第 7－702 部分：特殊装置或场所的要求　游泳池和喷泉
GB 16895.20—2003	建筑物电气装置　第 5 部分：电气设备的选择和安装　第 55 章：其他设备　第 551 节：低压发电机组
GB/T 16895.21—2011	建筑物电气装置　第 4－41 部分：安全防护　电击防护
GB 16895.22—2004	建筑物电气装置　第 5－53 部分：电气设备的选择和安装　隔离、开关和控制设备　过电压保护电器
GB/T 16895.23—2012	低压电气装置　第 6 部分：检验
GB 16895.24—2005	建筑物电气装置　第 7－710 部分：特殊装置或场所的要求　医疗场所
GB 16895.25—2005	建筑物电气装置　第 7－711 部分：特殊装置或场所的要求　展览馆、陈列室和展位
GB 16895.26—2005	建筑物电气装置　第 7－740 部分：特殊装置或场所的要求　游乐场和马戏场中的构筑物、娱乐设施和棚屋
GB 16895.27—2012	低压电气装置　第 7－705 部分：特殊装置或场所的要求　农业和园艺设施
GB/T 16895.28—2017	低压电气装置　第 7－714 部分：特殊装置或场所的要求　户外照明装置
GB 16895.29—2008	建筑物电气装置　第 7－713 部分：特殊装置或场所的要求　家具
GB 16895.30—2008	建筑物电气装置　第 7－715 部分：特殊装置或场所的要求　特低电压照明装置
GB 16895.31—2008	建筑物电气装置　第 7－717 部分：特殊装置或场所的要求　移动的或可搬运的单元
GB/T 16895.32—2008	建筑物电气装置　第 7－712 部分：特殊装置或场所的要求　太阳能光伏（PV）电源供电系统
GB/T 16895.33—2017	低压电气装置　第 5－56 部分：电气设备的安装和选择　安全设施
GB/T 16935.1—2008	低压系统内设备的绝缘配合　第 1 部分：原理、要求和试验
GB 17045—2008	电击防护　装置和设备的通用部分
GB/T 17624.1—1998	电磁兼容　综述　电磁兼容基本术语和定义的应用与解释
GB/Z 17625.14—2017	电磁兼容限值　骚扰装置接入电力系统的谐波、间谐波、电压波动和不平衡的发射限值评估

续表

标准编号	标　准　名　称
GB/Z 17625.15—2017	电磁兼容限值　低压电网中分布式发电系统低频电磁抗扰度和发射要求的评估
GB/T 17799.1—2017	电磁兼容通用标准　居住、商业和轻工业环境中的抗扰度
GB/T 17949.1—2000	接地系统的土壤电阻率、接地阻抗和地面电位测量导则　第 1 部分：常规测量
GB/T 18379—2001	建筑物电气装置的电压区段
GB/T 21714.1—2015	雷电防护　第 1 部分：总则
GB/T 21714.2—2015	雷电防护　第 2 部分：风险管理
GB/T 21714.3—2015	雷电防护　第 3 部分：建筑物的物理损坏和生命危险
GB/T 21714.4—2015	雷电防护　第 4 部分：建筑物内电气和电子系统
GB/Z 29328—2012	重要电力用户供电电源及自备应急电源配置技术规范
GB/T 34134—2017	家用和类似用途安全特低电压（SELV）交流和直流插头插座 16A 6V、12V、24V、48V 形式、基本参数和尺寸
GB/T 34869—2017	串联补偿装置电容器组保护用金属氧化物限压器
CJJ 145—2010	燃气冷热电三联供工程技术规程
CJJ 149—2010	城市户外广告设施技术规范
CJJ/T 162—2011	城市轨道交通自动售检票系统检测技术规程
CJJ/T 198—2013	城市轨道交通接触轨供电系统技术规范
CJJ/T 222—2015	喷泉水景工程技术规范
CJJ/T 241—2016	城镇供热监测与调控系统技术规程
CJJ/T 259—2016	城镇燃气自动化系统技术规范
DL/T 5103—2012	35～220kV 无人值班变电站设计技术规程
DL/T 5157—2012	电力系统调度通信交换网设计技术规程
DL/T 5446—2012	电力系统调度自动化工程可行性研究报告内容深度规定
DL 5449—2012	20kV 配电设计技术规定
DL/T 5450—2012	20kV 配电设备选型技术规定
DL/T 5452—2012	变电工程初步设计内容深度规定
DL/T 5484—2013	电力电缆隧道设计规程
JGJ 203—2010	民用建筑太阳能光伏系统应用技术规范
JGJ 232—2011	矿物绝缘电缆敷设技术规程
JGJ/T 365—2015	太阳能光伏玻璃幕墙电气设计规范

2.1.3 国家建筑标准设计图集

标准设计图集为设计人员和施工人员提供了便利条件，在简化标准设计、统一施工做法、保证工程质量等方面起到了积极作用，各部委、各地区、各省市、甚至企业组织编制了大量图集，部分图集存在区域限制、未能及时更新，已不适用设计国际化发展，在此，选择常用的“国家建筑标准设计图集”编为索引，见表 2－14～表 2－22，供设计和施工参考。

表 2－14　电气专业综合图集

图集号	图集名称
05SDX005	民用建筑工程设计互提资料深度及图样——电气专业
05SDX006	民用建筑工程设计常见问题分析及图示——电气专业
06DX008－1	电气照明节能设计
06DX008－2	电气设备节能设计
09DX001	建筑电气工程设计常用图形和文字符号
09CDX008－3	建筑设备节能控制与管理
11CD008－4	固定资产投资项目节能评估文件编制要点及示例（电气）
11CDX008－5	电能计量管理系统设计与安装
12DX011	《建筑电气制图标准》图示
16DX012－1	BIM 建筑电气常用构件参数
18D802	建筑电气工程施工安装
18DX101－1	建筑电气常用数据
DX003～004	民用建筑工程电气设计深度图样（2009 年合订本）

表 2－15　电力线路敷设及安装图集

图集号	图集名称
03D103	10kV 及以下架空线路安装
06D105	电缆防火阻燃设计与施工
07SD101－8	电力电缆井设计与安装
09D101－6	矿物绝缘电缆敷设
10CD106	铝合金电缆敷设与安装
12D101－5	110kV 及以下电缆敷设
12SDX101－2	民用建筑电气设计计算及示例
13D101－1～4	110kV 及以下电力电缆终端和接头
13D101－7	预制分支和铝合金电力电缆
13CD701－4	铜铝复合母线
16CD107	铜包铝电缆敷设与安装
17GL601	综合管廊线缆敷设与安装
D101－1～7	电缆敷设（2013 年合订本）
D701－1～3	封闭式母线及桥架安装（2004 年合订本）

表 2－16　供配电设备安装及二次接线图集

图集号	图集名称
99D201－2	干式变压器安装
03D201－4	10/0.4kV 变压器室布置及变配电所常用设备构件安装
03D602－1	变配电系统智能化设计（10kV 以下）
04D201－3	室外变压器安装
11CD403	低压配电系统谐波抑制及治理
14D202－1	蓄电池选用与安装
15D202－2	柴油发电机组设计与安装
15D202－3	UPS 与 EPS 电源装置的设计与安装
15D202－4	建筑一体化光伏系统电气设计与施工
D202－1～2	备用电源（2002 年合订本）
D203－1～2	变配电站二次接线（2002 年合订本）

表 2－17　常用电气设备控制图集

图集号	图集名称
16D303－2	常用风机控制电路图
16D303－3	常用水泵控制电路图
D302－1～3	双电源切换及母线分段控制接线图（2002 年合订本）
D703－1～2	液位测量与控制（2011 年合订本）

表 2－18　电气设计与施工图集

图集号	图集名称
03D702－3	特殊灯具安装
03D704－1	小演播室及多功能厅灯光设计
03D705－1	电热采暖、伴热设备安装
05D702－4	用户终端箱
06D704－2	中小剧场舞台灯光设计
06D401－4	洁净环境电气设备安装
06D401－1	起重机供电线路安装

续表

图集号	图　集　名　称
06SD702－5	电气设备在压型钢板、夹芯板上安装
07D706－1	体育建筑电气设计安装
08SD706－2	医疗场所电气设计与设备安装
09DX009	电子信息系统机房工程设计及安装
12D401－3	爆炸危险环境电气线路和电气设备安装
12DX603	住宅小区建筑电气设计与施工
14D801	超高层建筑电气设计与安装
14DX010	地铁电气工程设计与施工
16D401－5	水下及潮湿环境电气设备设计与安装
16D702－6 16MR606	城市照明设计与施工
16D707－1	建筑电气设施抗震安装
17GL602	综合管廊供配电及照明系统设计与施工
18D705－2	电动汽车充电桩基础设施设计与安装
18DX009	数据中心工程设计与安装
D301－1～3	室内管线安装（2004 年合订本）
D702－1～3	常用低压配电设备及灯具安装（2004 年合订本）
D800－1～3	民用建筑电气设计与施工　上册（2008 年合订本）
D800－4～5	民用建筑电气设计与施工　中册（2008 年合订本）
D800－6～8	民用建筑电气设计与施工　下册（2008 年合订本）

表 2－19　　弱电设计与施工图集

图集号	图　集　名　称
03X102	移动通信室内信号覆盖系统
03X301－1	广播与扩声
03X401－2	有线电视系统
03X602	智能家居控制系统设计施工图集
03X801－1	建筑智能化系统集成设计图集
05X101－2	地下通信线缆敷设
06SX503	安全防范系统设计与安装
06X701	体育建筑专用弱电系统设计安装
08X101－3	综合布线系统工程设计与施工
09X700（上）	智能建筑弱电工程设计与施工（上册）

续表

图集号	图　集　名　称
09X700（下）	智能建筑弱电工程设计与施工（下册）
17GL603	综合管廊监控及报警系统设计与施工
19X201	建筑设备监控系统设计与安装

表 2－20　　消防设计与施工图集

图集号	图　集　名　称
03X502	空气采样早期烟雾探测系统
04X501	火灾报警与消防控制
10CX504	消防设备电源监控系统
14X505－1	《火灾自动报警系统设计规范》图示

表 2－21　　人防设计与施工图集

图集号	图　集　名　称
05SFD10	《人民防空地下室设计规范》图示——电气专业
07FJ05	防空地下室移动柴油电站
08FJ04	防空地下室固定柴油电站
08FJ06	防空地下室施工图设计深度要求及图样
11SFJ07	城市轨道交通人防工程口部防护设计
FD01～02	防空地下室电气设计（2007 年合订本）

表 2－22　　防雷与接地图集

图集号	图　集　名　称
D500～D502	《防雷与接地》　上册（2016 年合订本）
D503～D505	《防雷与接地》　下册（2016 年合订本）

2.1.4　国际标准和国外标准

随着建筑设计市场的对外开放，国内外的技术交流活动日益增多，许多国际组织和发达国家凭借雄厚的技术经济实力，组织研发、积累经验、更新推广、资源共享等多种方式，制订出的标准可供读者借鉴，限于篇幅，只做简介。

1. 国际标准

国际标准是由国际标准化组织（ISO）和国际电工委员会（IEC）制定的标准，以及为上述组织认可并收入索引的其他国际组织制定的标准，常见国际标准或标准化机构代码见表 2－23。

表 2-23　　常见国际标准或标准化机构代码

类别	代号	含　义	类别	代号	含　义
国际标准	IEC	国际电工委员会	其他国际组织	CAC	食品法典委员会
	ISO	国家标准化组织		CCIR	国际无线电咨询委员会
国际标准化组织认可作为国际标准的国际行业组织制定的标准	ATA	国际航空运输协会		CCITT	国际电报电话咨询委员会
	BIPM	国际计量局		CEE	国际电气设备合格认证委员会
	CCC	关税合作理事会		CIGRE	国际大电网会议
	CIE	国际照明委员会		CIS	国际劳动安全与卫生情报中心
	CISPR	国际无线电干扰特别委员会		ICS	国家海运委员会
	IAEA	国际原子能机构		IIW	国际焊接学会
	ICAO	国际民航组织		SEMI	国际半导体设备和材料组织
	ICRP	国际辐射防护委员会	区域性组织标准	EN	欧洲标准化委员会标准
	ICRU	国际辐射单位和测量委员会		CE	欧洲共同体标准
	IFLA	国际图书馆协会和学会联合会		CENEL	欧洲电气标准协调委员会
	IIR	国际制冷学会		NATO	北大西洋公约组织标准化机构标准
	ILO	国际劳工组织		CTC Э B	原经互会标准
	IMO	国际海事组织		COPANT	泛美技术标准委员会
	ITU	国际电讯联盟		ASAC	亚洲标准咨询委员会
	OIML	国际法制计量组织		ASMO	阿拉伯标准化与计量组织
	UIC	国际铁路联盟		ARSO	非洲地区标准组织
	UNESCO	联合国教科文组织			
	WHO	世界卫生组织			
	WIPO	世界知识产权组织			

2. 国外标准

国外标准主要是指ISO和IEC之外的其他国际组织的标准、国际上有权威的区域性标准、主要经济发达国家的国家标准和通行的团体标准，常见国外标准代号见表 2-24。

表 2-24　　常见国外标准代码

代号	含　义	代号	含　义
ANSI	美国国家标准	UTE	法国电气技术联合会标准
MIL	美国军用标准	UNI	意大利国家标准
NFPA	美国防火协会标准	CET	意大利电工委员会
IEEE	美国电气电子工程师学会标准	NP	葡萄牙国家标准
NEMA	美国全国电气制造商协会标准	SIS	瑞典国家标准
UL	美国保险商实验室标准	SEN	瑞典电工标准
AEIC	爱迪生照明公司协会标准	SNV	瑞士国家标准
ASTM	美国试验与材料协会标准	SEV	瑞士电气技术协会标准
ATIS	美国信息技术协会标准	NBN	比利时标准化研究所

续表

代号	含　义	代号	含　义
EIA	美国电子工业协会标准	NEN	荷兰国家标准
CAN	加拿大国家标准	JIS	日本工业标准
CSA	加拿大标准协会	JEC	日本电气学会标准
ΓOCT	俄罗斯国家标准	JEM	日本电机工业会标准
BS	英国标准	JEUS	日本电气事业联合会标准
BEB	英国保险商实验室认证标志	KS	韩国国家标准
DEF	英国国防标准	KPS	朝鲜国家标准
IEE	英国电气工程师学会	BIS	印度国家标准
DIN	德国国家标准	SASO	沙特阿拉伯标准协会
DKE	德国电工委员会标准	SII	以色列标准研究所
VDE	德国电气工程师协会标准	AS	澳大利亚国家标准
VDI	德国工程师协会标准	NZS	新西兰国家标准
NF	法国国家标准	SABS	南非标准局标准

3. 国际电工委员会（IEC）

成立于 1906 年，会址设在日内瓦，是世界上最早、最大的国际性电工标准化机构，是联合国经社理事会的甲级咨询组织。IEC 与 ISO 在法律上互相独立，在工作上密切协作。IEC 负责电气工程和电子工程领域的国际标准化工作，其他领域由 ISO 负责。IEC 主要机构有理事会（全体大会）、理事局、执行委员会、中央办公室（常设办事机构）、标准化管理局、合格评定局和各技术委员会，如图 2－1 所示。

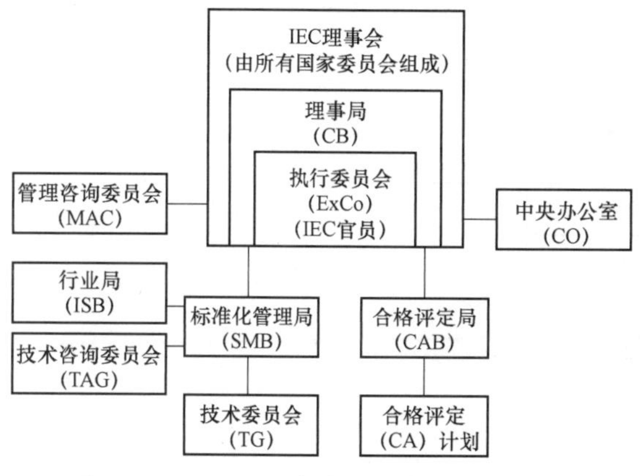

图 2－1　国际电工委员会（IEC）组织机构

4. 采用国际标准的作用

（1）有利于消除国际贸易的技术壁垒，促进贸易自由化。

（2）有利于促进技术进步，提高产品质量和效益。

（3）有利于促进国际经济技术交流与合作。

2.2　常用数据

2.2.1　单位指标法

方案设计阶段：为便于确定供电方案和选择变压器的容量和台数，可采用单位指标法。根据目前的用电水平和装备标准，见表 2－25。

表 2－25　各类建筑物的用电指标及变压器装置指标

建筑类别	用电指标/（W/m^2）	变压器装置指标/（VA/m^2）
住宅	15～40	20～50
公寓	30～50	40～70
旅馆、饭店	40～70	60～100
办公	30～70	50～100
一般商业	40～80	60～120
大中型商业	60～120	90～180
体育场馆	40～70	60～100
剧场	60～90	90～140
医院	50～80	80～120
高等院校	30～60	40～80
中小学校	20～40	30～60
幼儿园	20～30	30～50
展览馆	50～80	80～120

续表

建筑类别	用电指标/（W/m^2）	变压器装置指标/（VA/m^2）
博物馆	50～80	80～120
演播室	250～500	500～800
汽车库	10～15	15～25
机械停车库	20～30	30～40

注：当空调系统采用直燃机制冷时，用电指标比采用电动压缩机制冷时低（25～35）VA/m^2，表列用电指标上限值，为采用电动压缩机制冷的数值。

单位指标法的计算公式

$$S=K \cdot A/1000 \tag{2-1}$$

式中：S 为计算视在功率，kVA；K 为单位指标，VA/m^2；A 为建筑面积，m^2。

2.2.2 需要系数法

初步设计和施工图设计阶段：为便于统计和计算有功功率，宜采用需要系数法，根据工程经验和实测数据，见表 2-26 和表 2-27。

表 2-26 一般建筑照明负荷需要系数表

建筑类别	需要系数	建筑类别	需要系数
生产厂房（有天然采光）	0.7～0.8	厨房	0.35～0.45
生产厂房（无天然采光）	0.8～0.9	食堂、餐厅	0.8～0.9
办公楼	0.7～0.8	高级餐厅	0.7～0.8
教学楼	0.8～0.9	一般旅馆、招待所	0.7～0.8
科研楼	0.8～0.9	旅游宾馆	0.35～0.45
图书馆	0.6～0.7	电影院、文化馆	0.7～0.8
幼儿园	0.8～0.9	剧场	0.6～0.7
小型商业、服务用房	0.85～0.9	礼堂	0.5～0.7
综合商业、服务楼	0.75～0.85	体育馆	0.65～0.75
展览厅	0.5～0.7	体育练习馆	0.7～0.8
博展馆	0.8～0.9	门诊楼	0.6～0.7
集体宿舍	0.6～0.7	病房楼	0.5～0.6

表 2-27 用电设备组的需要系数及功率因数表

负荷名称	规模（或台数）	需要系数 K_x	功率因数 $\cos\varphi$	备注
照明	面积＜$500m^2$	1～0.9	0.9～1	含插座容量；荧光灯就地补偿或采用电子镇流器
	500～$3000m^2$	0.9～0.7	0.9	
	＞3000～15 000m^2	0.75～0.55		
	面积＞15 000m^2	0.7～0.4		
	商场照明	0.9～0.7	—	
制冷机房 锅炉房	1～3 台	0.9～0.7	0.8	
	3 台以上	0.7～0.6		
热力站、水泵房、通风机房	1～5 台	0.95～0.8	0.8	
	5 台以上	0.8～0.6		
电梯	2 台	0.91	0.5（交流梯） 0.7（变频梯） 0.8（直流梯）	使用频繁
	3 台	0.85		
	4 台	0.8		
	5 台	0.76		
	6 台	0.72		
	7 台	0.69		
	8 台	0.67		
洗衣机房 厨房	≤100kW	0.5～0.4	0.8～0.9	
	＞100kW	0.4～0.3		

续表

负荷名称	规模（或台数）	需要系数 K_x	功率因数 $\cos\varphi$	备注
柜式空调 分体空调	4～10 台	0.8～0.6	0.8	
	11～50 台	0.6～0.4		
	50 台以上	0.4～0.3		
舞台照明	≤200kW	1～0.6	0.9～1	
	＞200kW	0.6～0.4		

注：1. 一般动力设备为 3 台及以下时，需要系数 K_x=1。
2. 照明负荷需要系数与灯的控制方式和开启率有关。大面积集中控制的灯比相同建筑面积的多个小房间分散控制的灯的需要系数大。插座容量的比例大时，需要系数的选择可以偏小些。

需要系数法的计算公式

$$P_c=K_d \cdot P_e \tag{2-2}$$

式中：P_c 为计算有功功率，kW；K_d 为需要系数；P_e 为用电设备组的设备容量，kW。

2.2.3　电压偏差

电压偏差是供配电系统在正常运行方式下(即系统中所有元件都按预定工况运行)，运行电压（U）对系统标称电压（U_n）的偏差相对值（ΔU），以百分数表示

$$\Delta U=\frac{U-U_n}{U_n}\times 100\% \tag{2-3}$$

1. 供电电压偏差限值（表 2－28）

表 2－28　　供电电压偏差限值

系统标称电压/kV	供电电压偏差限值（%）
≥35 三相（线电压）	正、负偏差绝对值之和≤10
≤20 三相（线电压）	±7
0.22 单相（相电压）	+7，－10

注：1. 适用于交流 50Hz 电力系统在正常运行条件下，供电部门配电系统与用户电气系统的联结点的供电电压与对系统标称电压的偏差。
2. 对供电点短路容量较小、供电距离较长以及对供电电压偏差有特殊要求的用户，供电电压偏差允许值由供用电协议确定。
3. 如供电电压偏差均为正偏差或均为负偏差时，按较大的偏差绝对值作为衡量依据。

2. 用电设备电压偏差允许值（表 2－29）

表 2－29　　用电设备电压偏差允许值

用电设备名称	电压偏差限值（%）	
电动机	正常情况下	±5
	特殊情况下	+5
		－10

续表

用电设备名称	电压偏差限值（%）	
电动机	频繁起动时	±5
	不频繁起动时	－10
	电梯电动机	±7
	配电母线上未接照明等对电压波动较敏感的负荷，且不频繁起动	－20
照明	一般工作场所	±5
	视觉要求较高室内照明	+5
		－2.5
	远离变电所的小面积一般场所	+5
		－10
	应急照明、景观照明、道路照明、警卫照明	+5
		－10
其他无特殊要求用电设备	—	±5

3. 对计算机电源要求（表 2－30）

表 2－30　　计算机供电电源质量分级

项目 \ 级别	A 级	B 级	C 级
稳态电压偏移范围（%）	±2	±5	+7～－13
稳态频率偏移范围/Hz	±0.2	±0.5	±1
电压波形畸变率（%）	3～5	5～8	8～10
允许断电持续时间/ms	0～4	4～200	200～1500

2.2.4　谐波源

用户向公用电网注入谐波电流的电气设备或在公用电网中产生谐波电压的电气设备，统称谐波源。常见的谐波源主要有：

1. 换流设备

换流器利用整流元件的导通、截止特性来强行接通和切断电流，产生谐波电流。一般来说多相换流设备是电力系统中数量最大的谐波源，其主回路通常不带中性导体。主要包括整流器（交流→直流）、逆变器（交流→直流→交流）和变频器（交流→直流→交流、交流→交流）。

2. 电弧炉

一般是三相式，通过专用的电炉变压器供电。电弧炉的冶炼过程分为熔化期和精炼期两个阶段。在熔化期，电弧炉因电弧的负阻抗特性（电弧的阻抗随电流的增大而急剧减小）和三相电极反复不规则地短路和断弧而产生谐波和间谐波，由于三相负荷不对称，存在较多的3次谐波。在精炼期，电弧炉的电流稳定，且不超过额定值，谐波含量不大。

3. 铁心设备

主要为各种变压器及铁心电抗器。电力变压器的铁心具有非线性的磁化特性，造成变压器的励磁电流（即空载电流）为非正弦波形，其中含有大量的谐波电流（奇次谐波）。相控型电抗器（TCR）和自饱和电抗器能产生明显的谐波电流。

4. 照明设备

气体放电灯利用具有一定压力的汞、钠、镝、铟或金属卤化物的蒸汽，电弧放电时因具有负阻抗特性而产生谐波电流，电子镇流器的整流电路与高频逆变电路也产生大量谐波电流，电感镇流器产生的谐波电流较少，但是高功率因数电感镇流器内装有提高功率因数的并联电容器，它对谐波具有明显的放大作用。气体放电灯主要产生3次谐波，LED灯的驱动电源也存在不同程度的谐波。

5. 生活日用电器

对设备工作电压进行通断控制、电压调整的生活日用电器在工作过程中将产生谐波和间谐波，如电视机、计算机、电烤箱、电磁炉等。日用电器中，空调机所占的比重较大，其中变频空调机的谐波电流含量远大于一般空调机。

2.2.5 谐波限值（表2-31和表2-32）

表2-31 公共电网谐波电压限值

电网标称电压/kV	电压总谐波畸变（%）	各次谐波电压含有率（%）	
		奇次	偶次
0.38	5.0	4.0	2.0
6，10，20	4.0	3.2	1.6
35，66	3.0	2.4	1.2
110	2.5	1.6	0.8

表2-32 注入公共连接点的谐波电流允许值

标准电压/kV	基准短路容量/MVA	谐波次数及谐波电流允许值/A											
		n=2	3	4	5	6	7	8	9	10	11	12	13
0.38	10	78	62	39	62	26	44	19	21	16	28	13	24
6	100	43	34	21	34	14	24	11	11	8.5	16	7.1	13
10（20）	100	26	20	13	20	8.5	15	6.4	6.8	5.1	9.3	4.3	7.9
35	250	15	12	7.7	12	5.1	8.8	3.8	4.1	3.1	5.6	2.6	4.7
66	500	16	13	8.1	13	5.4	9.3	4.1	4.3	3.3	5.9	2.7	5.0
标准电压/kV	基准短路容量/MVA	谐波次数及谐波电流允许值/A											
		14	15	16	17	18	19	20	21	22	23	24	25
0.38	10	11	12	9.7	18	8.6	16	7.8	8.9	7.1	14	6.5	12
6	100	6.1	6.8	5.3	10	4.7	9.0	4.3	4.9	3.9	7.4	3.6	6.8
10（20）	100	3.7	4.1	3.2	6.0	2.8	5.4	2.6	2.9	2.3	4.5	2.1	4.1
35	250	2.2	2.5	1.9	3.6	1.7	3.2	1.5	1.8	1.4	2.7	1.3	2.5
66	500	2.3	2.6	2.0	3.8	1.8	3.4	1.6	1.9	1.5	2.8	1.4	2.6

当电网公共连接点的最小短路容量与上表基准短路容量不同时，应修正谐波电流允许值

$$I_n=(S_{k1}/S_{k2})\,I_{np} \tag{2-4}$$

式中：I_n为短路容量为S_{k1}时的第n次谐波电流允许值，A；I_{np}为表中第n次谐波电流允许值，A；S_{k1}为公共连接点的最小短路容量，MVA；S_{k2}为基准短路

容量，MVA。

2.2.6　抑制谐波影响的措施

应对谐波源本身或在其附近采取适当的技术措施（表2–33），实际措施的选择要根据谐波达标的水平、效果、经济性和技术成熟度等综合比较后确定。

表2–33　减小谐波影响的技术措施

序号	名　称	内　容	评　价
1	增加换流装置的脉动数	改造换流装置或利用相互间有一定移相角的换流变压器	（1）可有效减少谐波含量 （2）换流装置容量应相等 （3）使装置复杂化
2	加装交流滤波装置	在谐波源附近安装若干单调谐或高通滤波支路，以吸收谐波电流	（1）可有效减少谐波含量 （2）应同时考虑无功补偿和电压调整效应 （3）运行维护简单，但需专门设计
3	改变谐波源的配置或工作方式	具有谐波互补性的设备应集中布置，否则应分散或交错使用，适当限制谐波量大的工作方式	（1）可以减小谐波的影响 （2）对装置的配置或工作方式有一定的要求
4	加装串联电抗器	在用户进线处加串联电抗器，以增大和系统的电气距离，减小谐波对地区电网的影响	（1）可减小和系统的谐波相互影响 （2）应同时考虑功率因数补偿和电压调整效应 （3）装置运行维护简单，但需专门设计
5	改善三相不平衡度	从电源电压、线路阻抗、负荷特性等找出三相不平衡的原因，加以消除	（1）可有效减少3次谐波的产生 （2）有利于设备的正常用电，减少损耗 （3）有时需要用平衡装置
6	加装静止无功补偿装置（或称动态无功补偿装置）	采用TCR、TCT或SR型静补装置时，其容性部分设计成滤波器	（1）可有效减少波动谐波源的谐波含量 （2）有抑制电压波动、闪变、三相不对称和无功补偿的功能 （3）一次性投资较大，但需专门设计
7	增加系统承受谐波能力	将谐波源改由较大容量的供电点或由高一级电压的电网供电	（1）可以减小谐波源的影响 （2）在规划和设计阶段考虑
8	避免电力电容器组对谐波的放大	改变电容器组串联电抗器的参数，或将电容器组的某些支路改为滤波器，或限制电容器组的投入容量	（1）可有效减小电容器组对谐波的放大并保证电容器组安全运行 （2）需专门设计
9	提高设备或装置抗谐波干扰能力，改善抗谐波保护的性能	改进设备或装置性能，对谐波敏感设备或装置采用灵敏的保护装置	（1）使用于对谐波（特别暂态过程中的谐波）较敏感的设备或装置 （2）需专门研究
10	采用有源滤波器、无源滤波器等新型抑制谐波的措施	研制、逐步推广应用	目前还只用于较小容量谐波源的补偿，造价较高

2.2.7　变配电站对相关专业的要求

变配电站设计应满足GB 50053《20kV及以下变电所设计规范》和GB 50016《建筑设计防火规范》的要求。

1. 变配电站对建筑的要求（表2–34）
2. 变配电站对结构的要求（表2–35）
3. 变配电站对暖通、给排水的要求（表2–36）

表2–34　变配电站对建筑的要求

房间名称	高压配电室	高压电容器室	变压器室	低压配电室	控制室/值班室
建筑耐火等级	二级	二级	一级（非燃或难燃介质时为二级）	二级	二级
电缆沟电缆室	水泥抹光并采取防水，排水措施；宜采用花纹钢盖板	—	—	水泥抹光并采取防、排水措施；宜采用花纹钢盖板	—

续表

房间名称	高压配电室	高压电容器室	变压器室	低压配电室	控制室/值班室
采光和采光窗	宜设固定的自然采光窗，窗外应加铁丝网或采用夹丝玻璃，防止雨、雪和小动物进入，其窗台距室外地坪宜≥1.8m。在寒冷、污秽尘埃或风沙大的地区，宜设双层玻璃窗，临街侧不宜开窗	可设采光窗，其要求与高压配电室相同	不设采光窗	可设能开启的自然采光窗，并应设置纱窗，临街侧不宜开窗	能开启的窗应设置纱窗，在寒冷或风沙大的地区采用双层玻璃窗
通风窗（应采用非燃烧材料制作）	采用百叶窗内加铁丝网，防止雨、雪和小动物进入	采用百叶窗内加铁丝网，防止雨、雪和小动物进入	油变：采用非燃烧材料制作，应有防止雨、雪和小动物进入的措施；进出风窗都采用百叶窗，进风百叶窗内设网孔≤10mm×10mm 的铁丝网，当进风有效面积不能满足要求时，可只装设网孔≤10mm×10mm 的铁丝网 干变：进风窗采用百叶窗，内设网孔≤10mm×10mm 的铁丝网	—	—
门	向外开的防火门，应装弹簧锁，严禁用门闩	与高压配电室相同	采用铁门或木门内侧包铁皮，单扇门宽≥1.5m 时，应在大门上加开小门，小门上应装弹簧锁，锁的高度应考虑室外开启方便，门向外开启的角度≥120°同时要尽量降低小门的门槛高度，使在室内外地坪标高不同时，出入方便	允许用木制包铁皮门	允许用木制，在炎热地区经常开启的通向屋外的门内还宜设置纱门
	门应向外开，相邻配电室有门时，该门应能双向开启或向低压方向开启				
地坪	高标号水泥抹面压光或采用耐压、耐磨、防滑、易清洁的材料铺装	高标号水泥抹面压光，抬高地坪方案通风效果较好	油变：敞开式及封闭低式布置采用卵石或碎石铺设，厚度为250mm，变压器四周沿墙 600mm 用混凝土抹平，高式布置采用水泥地坪，应向中间通风及排油孔作 2%坡度 干变：水泥压光或采用耐压、耐磨、防滑、易清洁的材料铺装	高标号水泥抹面压光或采用耐压、耐磨、防滑、易清洁的材料铺装	采用耐压、耐磨、防滑、易清洁的材料铺装
内墙面	邻近带电部分的内墙面刷白 其他部分抹灰刷白		油变：勾缝并刷白，墙基应防止油侵蚀，与有爆炸危险场所相邻的墙壁内侧应抹灰并刷白 干变：抹灰、勾缝刷白	抹灰并刷白	抹灰并刷白
屋面	有保温、隔热层及良好的防水和排水措施，平屋顶应有必要的坡度，一般不设女儿墙				
顶棚	刷白				
屋檐	防止屋面雨水沿墙面流下				

注：1. 高低压配电室、变压器室、电容器室、控制室内，不应有与其无关的管道和线路通过。
2. 设在地下室的变配电站，宜抬高地面 100～300mm，以防地面水流入变配电站内。
3. 设在地下室的变配电站，宜设有不少于两个出口，至少有一个是向室外、公共走廊或楼梯间的出口。
4. 变配电站尽量利用自然采光和自然通风，变压器室和电容器室宜避免西晒，控制室宜设向阳采光窗。
5. 变配电站经常开启的门窗，不应直通相邻的酸、碱、蒸汽、粉尘和噪声严重的建筑。
6. 变压器及配电装置室的门宽及高，应按最大运输件加外部尺寸 0.3m。
7. 长度大于 7m 的配电室应设两个出口，并宜布置在配电室的两端。长度大于 60m 时，宜增加一个出口。
8. 当变配电站设在楼上或地下室时，应设有设备运输吊装孔，其尺寸应能满足最大设备运输的需要。

表 2－35　　变配电站楼（地）板计算荷重

序号	项　目	活荷载标准值/(kN/m²)	备　注
1	主控制室、继电器室及通信室的楼面	4	如果电缆层的电缆吊在主控制室或继电器室的楼板上，则应按实际发生的最大荷载考虑
2	主控制楼电缆层的楼面	3	—
3	电容器室楼面	4～9	活荷载标准值=$\frac{每只电容器重量\times 9.8}{每只电容器底面积}$
4	3～20kV 配电室楼面	4～7	限用于每组开关荷重≤8kN，否则应按实际值
5	35kV 配电室楼面	4～8	限用于每组开关荷重≤12kN，否则应按实际值
6	110kV 配电室楼面	＜15	—
7	室内沟盖板	4	—

注：1. 表中各项楼面计算荷重适用于与楼面连通的走道、楼梯以及运输设备必须经过的平台。
2. 序号 4、5 的计算荷重未包括操作荷载。
3. 序号 4、5 均适用于采用成套柜或采用真空断路器的情况，对于 3～35kV 配电装置的开关不布置在楼面的情况，该楼面的计算荷重均可采用 4kN/m²。

表 2－36　　变配电站对暖通、给排水的要求

<table>
<tr><th>房间名称</th><th>高压配电室
（有充油电气设备）</th><th>电容器室</th><th>油浸式变压器室</th><th>低压配电室</th><th>控制室
值班室</th></tr>
<tr><td rowspan="3">通风</td><td rowspan="2">宜采用自然通风，当安装有较多油断路器时，应装设事故排烟装置，其控制开关宜安装在便于开启处。装有六氟化硫配电装置的房间，应在房间低位区设置报警及事故排风系统</td><td>应有良好的自然通风，按夏季排风温度≤40℃计算；应有反映室内温度的指示装置</td><td>宜采用自然通风，按夏季排风温度≤45℃计算，进风和排风的温差≤15℃</td><td rowspan="2">一般采用自然通风，当自然通风不满足要求时，应设机械通风，其通风管道应采用非燃烧材料制作</td><td rowspan="2"></td></tr>
<tr><td colspan="2">自然通风不满足要求时，应设机械通风，最高排风温度宜≤45℃；机械通风管道应采用非燃烧材料制作；如周围环境污秽时，宜加空气过滤器</td></tr>
<tr><td colspan="5">变配电站设置在地下室时，宜装设除湿、通风换气设备</td></tr>
<tr><td rowspan="2">采暖</td><td>不采暖，但严寒地区室内温度影响电气设备和仪表正常运行时，应有采暖措施、空调器或在设备处就地装设局部电加热器</td><td>不采暖，当温度低于制造厂规定值以下时，应采暖</td><td>—</td><td>一般不采暖，当兼作控制室或值班室时，在采暖地区应采暖</td><td>在采暖地区应采暖，宜设置空调系统</td></tr>
<tr><td colspan="5">控制室和配电室内的采暖装置，宜采用钢管焊接，且不应有法兰、螺纹接头和阀门等</td></tr>
<tr><td>给排水</td><td colspan="5">有人值班的独立变（配）电站宜设厕所和给排水设施</td></tr>
</table>

2.2.8　电气安全净距（表 2－37）

表 2－37　　室内、外配电装置的最小电气安全净距　　（单位：mm）

符号	监 控 项 目	场所	额定电压/kV					
			≤1	3	6	10	15	20
—	无遮栏裸带电部分至地（楼）面之间	室内	2500	2500	2500	2500	2500	2500
		室外	2500	2700	2700	2700	2800	2800
A	裸带电部分至接地部分和不同的裸带电部分之间	室内	20	75	100	125	150	180
		室外	75	200	200	200	300	300

续表

符号	监 控 项 目	场所	额定电压/kV					
			≤1	3	6	10	15	20
B	距地面2500mm以下的遮栏防护等级为IP2X时，裸带电部分与遮护物间的水平净距	室内	100	175	200	225	250	280
		室外	175	300	300	300	400	400
—	不同时停电检修的无遮栏裸导体之间的水平距离	室内	1875	1875	1900	1925	1950	1980
		室外	2000	2200	2200	2200	2300	2300
—	裸带电部分至无孔固定遮栏	室内	50	105	130	155	—	—
C	裸带电部分至钥匙或工具才能打开或拆卸的栅栏	室内	800	825	850	875	900	930
		室外	825	950	950	950	1050	1050
—	高低压引出线的套管至户外通道地面	室外	3650	4000	4000	4000	4000	4000

注：1. 海拔超过1000m时，表中符号A后的数值应按每升高100m增大1%进行修正。符号B、C后的数值应加上符号A的修正值。
2. 裸带电部分的遮栏高度不小于2.2m。

2.2.9 高低压开关柜通道最小宽度（表2-38和表2-39）

表2-38 **高压配电室内各种通道最小宽度** （单位：mm）

开关柜布置方式	柜后维护通道	柜前操作通道	
		固定式开关柜	移开式开关柜
单排布置	800	1500	单手车长度+1200
双排面对面布置	800	2000	双手车长度+900
双排背对背布置	1000	1500	单手车长度+1200

注：1. 固定式开关柜为靠墙布置时，柜后与墙净距应大于50mm，侧面与墙净距宜大于200mm。
2. 通道宽度在建筑物的墙面遇有柱类局部凸出时，凸出部位的通道宽度可减少200mm。
3. 当开关柜侧面需设置通道时，通道宽度不应小于800mm。
4. 对全绝缘密封式成套配电装置，可根据厂家安装使用说明书减少通道宽度。

表2-39 **低压配电屏通道最小宽度** （单位：m）

配电屏种类		单排布置			双排面对面布置			双排背对背布置			多排同向布置			屏侧通道
		屏前	屏后		屏前	屏后		屏前	屏后		屏间	前后排屏距墙		
			维护	操作		维护	操作		维护	操作		前排屏前	后排屏后	
固定式	不受限制	1.5	1.0	1.2	2.0	1.0	1.2	1.5	1.5	2.0	2.0	1.5	1.0	1.0
	受限制	1.3	0.8	1.2	1.8	0.8	1.2	1.3	1.3	2.0	1.8	1.3	0.8	0.8
抽屉式	不受限制	1.8	1.0	1.2	2.3	1.0	1.2	1.8	1.0	2.0	2.3	1.8	1.0	1.0
	受限制	1.6	0.8	1.2	2.1	0.8	1.2	1.6	0.8	2.0	2.1	1.6	0.8	0.8

注：1. 受限制时是指受到建筑平面的限制、通道内有柱等局部突出物的限制。
2. 屏后操作通道是指需在屏后操作运行中的开关设备的通道。
3. 背靠背布置时屏前通道宽度可按本表中双排背靠背布置的屏前尺寸确定。
4. 控制屏、控制柜、落地式动力配电箱前后的通道最小宽度可按本表确定。
5. 挂墙式配电箱的箱前操作通道宽度，不宜小于1m。

2.2.10　防护等级

国际防护等级标准表示为 IP××，后两位为数字，第一位数字表示装置的防尘能力，第二位数字表示装置的防水能力，见表 2－40。如只需单独标志一种防护形式的等级时，则被略去数字的位置以“×”补充，例如：IP×3 或 IP5×。

表 2－40　　外壳防护等级

数值	防护类型	
	第一位特征数字	第二位特征数字
	防止人接触或靠近带电部件以及接触外壳内的活动部件，并防止外界固体异物进入设备	防止外壳内的设备受浸入的水的危害
	防护程度简要说明	防护程度简要说明
0	无防护	无防护
1	防止直径大于 50mm 的固体物进入，如手背	防垂直滴水
2	防止直径大于 12mm 的固体物进入，如手指	倾斜 15° 时，防滴水
3	防止直径大于 2.5mm 的固体物进入，如直径或厚度大于 2.5mm 的导线、工具等	防淋水
4	防止直径大于 1.0mm 的固体物进入，如直径超过 1.0mm 的导线等	防溅水
5	防尘	防喷水
6	密封防尘	防猛烈喷水
7	—	防短时间浸水
8	—	防连续浸水

2.3　速查图表

2.3.1　无功功率补偿

（1）设计原则：按全面规划、合理布局、分层分区补充、就地平衡的原则确定最优补偿容量和分布方式。

（2）补偿目的：无功补偿就地平衡能降低计算负荷的视在功率，从而减小电网各元件的规格（如变压器容量、线路截面等）；能减少系统中的无功电流，从而降低电网各元件的电压降、功率损耗和电能损耗。

（3）补偿方式：无功补偿装置包括串联补偿装置、同步调相机、并联电抗补偿装置、并联电容补偿装置和静补装置。在 110kV 及以下用户中，人工补偿主要是装设并联电容补偿装置。

（4）按无功负荷曲线或下式确定计算补偿容量

$$Q_C=P_C(\tan\varphi_1-\tan\varphi_2) \qquad (2-5)$$

$$Q_C=P_C\cdot K \qquad (2-6)$$

式中：Q_C 为补偿容量，kvar；P_C 为计算有功功率，kW；$\tan\varphi_1$ 为补偿前功率因数角的正切值；$\tan\varphi_2$ 为补偿后功率因数角的正切值；K 为无功功率补偿率（kvar/kW），见表 2－41。

表 2－41　　无功功率补偿率 K

$\cos\varphi_1$ \ $\cos\varphi_2$	0.80	0.85	0.90	0.91	0.92	0.93	0.94	0.95	0.96	0.97	0.98	0.99	1.00
0.50	0.982	1.112	1.248	1.276	1.306	1.337	1.369	1.403	1.440	1.481	1.529	1.590	1.732
0.51	0.937	1.067	1.202	1.231	1.261	1.291	1.324	1.358	1.395	1.436	1.484	1.544	1.687
0.52	0.893	1.023	1.158	1.187	1.217	1.247	1.280	1.314	1.351	1.392	1.440	1.500	1.643
0.53	0.850	0.980	1.116	1.144	1.174	1.205	1.237	1.271	1.308	1.349	1.397	1.458	1.300
0.54	0.809	0.939	1.074	1.103	1.133	1.163	1.196	1.230	1.267	1.308	1.356	1.416	1.559
0.55	0.768	0.899	1.034	1.063	1.092	1.123	1.156	1.190	1.227	1.268	1.315	1.376	1.518
0.56	0.729	0.860	0.995	1.024	1.053	1.084	1.116	1.151	1.188	1.229	1.276	1.337	1.479
0.57	0.691	0.822	0.957	0.986	1.015	1.046	1.079	1.113	1.150	1.191	1.238	1.299	1.441
0.58	0.655	0.785	0.920	0.949	0.979	1.009	1.042	1.076	1.113	1.154	1.201	1.262	1.405
0.59	0.618	0.749	0.884	0.913	0.942	0.973	1.006	1.040	1.077	1.118	1.165	1.226	1.368
0.60	0.583	0.714	0.849	0.878	0.907	0.938	0.970	1.005	1.042	1.083	1.130	1.191	1.333
0.61	0.549	0.679	0.815	0.843	0.873	0.904	0.936	0.970	1.007	1.048	1.096	1.157	1.299
0.62	0.515	0.646	0.781	0.810	0.839	0.870	0.903	0.937	0.974	1.015	1.062	1.123	1.265
0.63	0.483	0.613	0.748	0.777	0.807	0.837	0.870	0.904	0.941	0.982	1.030	1.090	1.233

续表

$\cos\varphi_2$ / $\cos\varphi_1$	0.80	0.85	0.90	0.91	0.92	0.93	0.94	0.95	0.96	0.97	0.98	0.99	1.00
0.64	0.451	0.581	0.716	0.745	0.775	0.805	0.838	0.872	0.909	0.950	0.998	1.058	1.201
0.65	0.419	0.549	0.685	0.714	0.743	0.774	0.806	0.840	0.877	0.919	0.966	1.027	1.169
0.66	0.388	0.519	0.654	0.683	0.712	0.743	0.775	0.810	0.847	0.888	0.935	0.996	1.138
0.67	0.358	0.488	0.624	0.652	0.682	0.713	0.745	0.779	0.816	0.857	0.905	0.966	1.108
0.68	0.328	0.459	0.594	0.623	0.652	0.683	0.715	0.750	0.787	0.828	0.875	0.936	1.078
0.69	0.299	0.429	0.565	0.593	0.623	0.654	0.686	0.720	0.757	0.798	0.846	0.907	1.049
0.70	0.270	0.400	0.536	0.565	0.593	0.625	0.657	0.692	0.729	0.770	0.817	0.878	1.020
0.71	0.242	0.372	0.508	0.536	0.565	0.597	0.629	0.663	0.700	0.741	0.789	0.849	0.992
0.72	0.214	0.344	0.480	0.508	0.536	0.569	0.601	0.635	0.672	0.713	0.761	0.821	0.964
0.73	0.186	0.316	0.452	0.481	0.051	0.541	0.573	0.608	0.645	0.686	0.733	0.794	0.936
0.74	0.159	0.289	0.425	0.453	0.483	0.514	0.546	0.580	0.617	0.658	0.706	0.766	0.909
0.75	0.132	0.262	0.398	0.426	0.456	0.487	0.519	0.553	0.590	0.631	0.679	0.739	0.882
0.76	0.105	0.235	0.371	0.400	0.429	0.460	0.492	0.526	0.563	0.305	0.652	0.713	0.855
0.77	0.079	0.209	0.344	0.373	0.430	0.433	0.466	0.500	0.537	0.578	0.626	0.686	0.829
0.78	0.052	0.183	0.318	0.347	0.376	0.407	0.439	0.474	0.511	0.552	0.599	0.660	0.802
0.79	0.026	0.156	0.292	0.320	0.350	0.381	0.413	0.447	0.484	0.525	0.573	0.634	0.776
0.80	—	0.130	0.266	0.294	0.324	0.355	0.387	0.421	0.458	0.499	0.547	0.608	0.750
0.81	—	0.104	0.240	0.268	0.298	0.329	0.361	0.395	0.432	0.473	0.521	0.581	0.724
0.82	—	0.078	0.214	0.242	0.272	0.303	0.335	0.369	0.406	0.447	0.495	0.556	0.698
0.83	—	0.052	0.188	0.216	0.246	0.277	0.309	0.343	0.380	0.421	0.469	0.530	0.672
0.84	—	0.026	0.162	0.190	0.220	0.251	0.283	0.317	0.354	0.395	0.443	0.503	0.646
0.85	—	—	0.135	0.164	0.194	0.225	0.257	0.291	0.328	0.369	0.417	0.477	0.620
0.86	—	—	0.109	0.138	0.167	0.198	0.230	0.265	0.302	0.343	0.390	0.451	0.593
0.87	—	—	0.082	0.111	0.141	0.172	0.204	0.238	0.275	0.316	0.364	0.424	0.567
0.88	—	—	0.055	0.084	0.114	0.145	0.177	0.211	0.248	0.289	0.337	0.397	0.540
0.89	—	—	0.028	0.057	0.086	0.117	0.149	0.184	0.221	0.262	0.309	0.370	0.512

2.3.2 电压损失

导体的阻抗计算和电压损失计算参见第 8 章，常用导体的电压损失数据见表 2-42～表 2-48。

表 2-42　单相 220V 及直流聚氯乙烯绝缘铜芯电线的电压损失（θ=60℃）　[单位：% /（A·km）]

截面积/mm²	电阻/（Ω/km）	电线明敷（距离 150mm）							电线穿管						
		感抗/（Ω/km）	$\cos\theta$						感抗/（Ω/km）	$\cos\theta$					
			0.5	0.6	0.7	0.8	0.9	1.0 直流		0.5	0.6	0.7	0.8	0.9	1.0 直流
1.5	13.933	0.368	6.622	7.867	9.104	10.33	11.54	12.67	0.138	6.441	7.699	8.955	10.21	11.45	12.67
2.5	8.360	0.353	4.077	4.816	5.549	6.272	6.979	7.599	0.127	3.978	4.652	5.402	6.149	6.890	7.599

续表

截面积/mm²	电阻/(Ω/km)	电线明敷（距离150mm）							电线穿管						
		感抗/(Ω/km)	cosθ						感抗/(Ω/km)	cosθ					
			0.5	0.6	0.7	0.8	0.9	1.0直流		0.5	0.6	0.7	0.8	0.9	1.0直流
4	5.172	0.338	2.617	3.067	3.510	3.944	4.365	4.701	0.119	2.444	2.907	3.368	3.826	4.278	4.701
6	3.467	0.325	1.832	2.127	2.417	2.698	2.965	3.152	0.112	1.664	1.972	2.279	2.582	2.881	3.152
10	2.040	0.306	1.168	1.335	1.497	1.650	1.790	1.854	0.108	1.012	1.191	1.368	1.542	1.712	1.854
16	1.248	0.290	0.796	0.892	0.982	1.066	1.136	1.134	0.102	0.648	0.755	0.860	0.963	1.061	1.134
25	0.805	0.277	0.584	0.640	0.692	0.736	0.768	0.732	0.099	0.444	0.511	0.576	0.639	0.698	0.732
35	0.579	0.266	0.473	0.509	0.541	0.566	0.579	0.526	0.095	0.338	0.385	0.430	0.473	0.511	0.526
50	0.398	0.251	0.378	0.400	0.416	0.426	0.426	0.362	0.091	0.253	0.283	0.312	0.339	0.362	0.362
70	0.291	0.242	0.323	0.335	0.342	0.344	0.334	0.265	0.088	0.202	0.235	0.242	0.260	0.273	0.265
95	0.217	0.231	0.280	0.287	0.288	0.284	0.269	0.197	0.089	0.169	0.183	0.196	0.206	0.213	0.197
120	0.171	0.223	0.253	0.255	0.254	0.246	0.228	0.155	0.083	0.143	0.154	0.163	0.170	0.173	0.155
150	0.137	0.216	0.232	0.232	0.227	0.217	0.198	0.125	0.082	0.127	0.134	0.140	0.144	0.145	0.125
185	0.112	0.209	0.215	0.213	0.207	0.195	0.174	0.102	0.082	0.115	0.121	0.124	0.126	0.124	0.102

注：单相线路的感抗值与三相线路的感抗值不同，但在工程中可忽略其误差，上表电线截面积≤50mm² 时的误差约为1%，>50mm² 时的最大误差约为5%。

表2-43　三相380V聚氯乙烯绝缘铜芯电线的电压损失（θ=60℃）　[单位：%/（A·km）]

截面积/mm²	电阻/(Ω/km)	电线明敷（相间距离150mm）							电线穿管						
		感抗/(Ω/km)	cosθ						感抗/(Ω/km)	cosθ					
			0.5	0.6	0.7	0.8	0.9	1.0		0.5	0.6	0.7	0.8	0.9	1.0
1.5	13.933	0.368	3.321	3.945	4.565	5.181	5.789	6.351	0.138	3.230	3.861	4.490	5.118	5.743	6.351
2.5	8.360	0.353	2.045	2.415	2.782	3.145	3.500	3.810	0.127	1.995	2.333	2.709	3.083	3.455	3.810
4	5.172	0.338	1.312	1.538	1.760	1.978	2.189	2.357	0.119	1.226	1.458	1.689	1.918	2.145	2.357
6	3.467	0.325	0.918	1.067	1.212	1.353	1.487	1.580	0.112	0.834	0.989	1.143	1.295	1.444	1.580
10	2.040	0.306	0.586	0.670	0.751	0.828	0.898	0.930	0.108	0.508	0.597	0.686	0.773	0.858	0.930
16	1.248	0.290	0.399	0.447	0.493	0.535	0.570	0.569	0.102	0.325	0.379	0.431	0.483	0.532	0.569
25	0.805	0.277	0.293	0.321	0.347	0.369	0.385	0.367	0.099	0.223	0.256	0.289	0.321	0.350	0.367
35	0.579	0.266	0.237	0.255	0.271	0.284	0.290	0.264	0.095	0.169	0.193	0.216	0.237	0.256	0.264
50	0.398	0.251	0.190	0.200	0.209	0.214	0.213	0.181	0.091	0.127	0.142	0.157	0.170	0.181	0.181
70	0.291	0.242	0.162	0.168	0.172	0.172	0.168	0.133	0.088	0.101	0.118	0.122	0.130	0.137	0.133
95	0.217	0.231	0.141	0.144	0.145	0.142	0.135	0.099	0.089	0.085	0.092	0.098	0.104	0.107	0.099
120	0.171	0.223	0.127	0.128	0.127	0.123	0.115	0.078	0.083	0.071	0.077	0.082	0.085	0.087	0.078
150	0.137	0.216	0.117	0.116	0.114	0.109	0.099	0.063	0.082	0.064	0.068	0.071	0.073	0.073	0.063
185	0.112	0.209	0.108	0.107	0.104	0.098	0.087	0.051	0.082	0.058	0.060	0.062	0.063	0.062	0.051
240	0.086	0.200	0.099	0.096	0.092	0.086	0.075	0.039	0.080	0.051	0.053	0.053	0.053	0.051	0.039

表 2-44　　三相 **380V** 聚氯乙烯绝缘电缆的电压损失（$\theta=60$℃）　　［单位：%/（A·km）］

线芯材质	截面积/mm²	感抗/（Ω/km）	电阻/（Ω/km）	cosθ						线芯材质	电阻/（Ω/km）	cosθ					
				0.5	0.6	0.7	0.8	0.9	1.0			0.5	0.6	0.7	0.8	0.9	1.0
	2.5	0.100	7.981	1.858	2.219	2.579	2.938	3.294	3.638		13.085	3.022	3.615	4.208	4.799	5.388	5.964
	4	0093	4.988	1.174	1.398	1.622	1.844	2.065	2.274		8.178	1.901	2.270	2.640	3.008	3.373	3.728
	6	0.093	3.325	0.795	0.843	1.091	1.238	1.383	1.516		5.452	1.279	1.525	1.770	2.014	2.255	2.485
	10	0.087	2.035	0.498	0.588	0.678	0.766	0.852	0.928		3.313	0.789	0.938	1.085	1.232	1.376	1.510
	16	0.082	1.272	0.322	0.378	0.433	0.486	0..538	0.580		2.085	0.508	0.600	0.692	0.783	0.872	0.950
	25	0.075	0.814	0.215	0.250	0.284	0.317	0.349	0.371		1.334	0.334	0.392	0.450	0.507	0.562	0.608
	35	0.072	0.581	0.161	0.185	0.209	0.232	0.253	0.265		0.954	0.246	0.287	0.328	0.368	0.406	0.435
铜	50	0.072	0.407	0.121	0.138	0.153	0.168	0.181	0.186	铝	0.668	0.181	0.209	0.237	0.263	0.288	0.305
	70	0.069	0.291	0.094	0.105	0.115	0.125	0.133	0.133		0.476	0.136	0.155	0.175	0.192	0.209	0.217
	95	0.069	0.214	0.076	0.084	0.091	0.097	0.102	0.098		0.351	0.107	0.121	0.135	0.147	0.158	0.160
	120	0.069	0.169	0.066	0.071	0.076	0.081	0.083	0.077		0.278	0.091	0.101	0.111	0.120	0.128	0.127
	150	0.070	0.136	0.059	0.063	0.066	0.069	0.070	0.062		0.223	0.078	0.087	0.094	0.101	0.105	0.102
	185	0.070	0.110	0.053	0.056	0.058	0.059	0..059	0.050		0.180	0.069	0.075	0.080	0.085	0.088	0.082
	240	0.070	0.085	0.047	0.049	0.050	0.050	0.049	0.039		0.139	0.059	0.064	0.067	0.070	0.071	0.063

表 2-45　　三相 **380V** 交联聚乙烯绝缘电缆的电压损失（$\theta=80$℃）　　［单位：%/（A·km）］

线芯材质	截面积/mm²	感抗/（Ω/km）	电阻/（Ω/km）	cosθ						线芯材质	电阻/（Ω/km）	cosθ					
				0.5	0.6	0.7	0.8	0.9	1.0			0.5	0.6	0.7	0.8	0.9	1.0
	4	0.097	5.332	1.253	1.494	1.733	1.971	2.207	2.430		8.742	2.031	2.426	2.821	3.214	3.605	3.985
	6	0.092	3.554	0.846	1.006	1.164	1.321	1.476	1.620		5.828	1.365	1.672	1.889	2.150	2.409	2.656
	10	0.085	2.175	0.529	0.626	0.722	0.816	0.909	0.991		3.541	0.841	0.999	1.157	1.314	1.469	1.614
	16	0.082	1.359	0.342	0.402	0.460	0.518	0.547	0.619		2.230	0.541	0.640	0.738	0.836	0.951	1.016
	25	0.082	0.870	0.231	0.268	0.304	0.340	0.373	0.397		1.426	0.357	0.420	0.482	0.542	0.601	0.650
	35	0.080	0.622	0.173	0.199	0.224	0.249	0.271	0.284		1.019	0.264	0.308	0.351	0.393	0.434	0.464
铜	50	0.079	0.435	0.130	0.148	0.165	0.180	0.194	0.198	铝	0.713	0.194	0.224	0.253	0.282	0.308	0.325
	70	0.078	0.310	0.101	0.113	0.124	0.134	0.143	0.141		0.510	0.147	0.168	0.188	0.207	0.225	0.232
	95	0.077	0.229	0.083	0.091	0.098	0.105	0.109	0.104		0.376	0.116	0.131	0.145	0.158	0.170	0.171
	120	0.077	0.181	0.072	0.078	0.083	0.087	0.090	0.083		0.297	0.098	0.109	0.120	0.129	0.137	0.135
	150	0.077	0.145	0.063	0.068	0.071	0.074	0.075	0.060		0.238	0.085	0.093	0.101	0.108	0.113	0.108
	185	0.078	0.118	0.058	0.061	0.063	0.064	0.064	0.054		0.188	0.075	0.081	0.087	0.091	0.094	0.080
	240	0.077	0.091	0.051	0.053	0.054	0.054	0.053	0.041		0.148	0.064	0.069	0.072	0.075	0.076	0.067

表 2－46　三相 380V 铜母线槽母线的电压损失（θ=65℃）　[单位：%/（A•km）]

型号或规格/A		电阻 /（Ω/km）	感抗 /（Ω/km）	cosθ					
				0.5	0.6	0.7	0.8	0.9	1.0
空气式	100	0.744	0.708	0.456	0.470	0.478	0.476	0.458	0.353
	160	0.382	0.366	0.232	0.238	0.241	0.239	0.230	0.174
	200	0.317	0.307	0.194	0.198	0.201	0.200	0.191	0.145
	315	0.174	0.180	0.111	0.113	0.114	0.113	0.107	0.079
	400	0.131	0.138	0.084	0.086	0.087	0.086	0.081	0.060
	500	0.104	0.112	0.068	0.069	0.070	0.069	0.065	0.047
	630	0.089	0.159	0.083	0.082	0.080	0.076	0.068	0.041
密集式	100	0.556	0.163	0.191	0.212	0.231	0.247	0.261	0.254
	250	0.139	0.041	0.048	0.053	0.058	0.062	0.065	0.063
	400	0.113	0.031	0.038	0.042	0.046	0.050	0.053	0.052
	630	0.094	0.025	0.031	0.035	0.038	0.041	0.043	0.043
	800	0.082	0.021	0.027	0.030	0.033	0.036	0.038	0.037
	1000	0.065	0.017	0.022	0.024	0.026	0.028	0.030	0.029
	1250	0.057	0.014	0.019	0.021	0.023	0.025	0.026	0.026
	1600	0.045	0.013	0.015	0.017	0.019	0.020	0.021	0.020
	2500	0.025	0.007	0.008	0.009	0.010	0.011	0.012	0.011

表 2－47　不同电压损失下 36V 及直流线路负荷矩　（单位：W•m）

Δu%	截面积/mm^2										
	铜										
	1.5	2.5	4	6	10	16	25	35	50	70	95
1	487	812	1299	1949	3248	5197	8120	11 368	16 240	22 736	30 856
2	974	1624	2598	3898	6496	10 394	16 240	22 736	32 480	45 472	61 712
3	1462	2436	3898	5846	9744	15 590	24 360	34 104	48 720	58 208	92 568
4	1949	3248	5197	7795	12 992	20 787	32 480	45 472	64 960	90 944	123 424
5	2436	4060	6496	9744	16 240	25 984	40 600	56 840	81 200	113 680	154 280
6	2923	4872	7795	11 693	19 488	31 181	48 720	58 208	97 440	136 416	185 136
7	3410	5684	9094	13 642	22 736	36 378	56 840	79 576	113 680	159 152	215 992
8	3998	6496	10 394	15 590	25 984	41 574	64 960	90 944	129 920	181 888	246 848
9	4385	7308	11 693	17 539	29 232	46 771	73 080	102 312	146 160	204 624	277 704
10	4872	8120	12 992	19 488	32 480	51 968	81 200	113 680	162 400	227 360	308 560

注：单相 cosθ=1 及直流电线工作温度为 60℃。

表 2－48　不同电压损失下 24V 及直流线路负荷矩　（单位：W•m）

Δu%	截面积/mm^2										
	铜										
	1.5	2.5	4	6	10	16	25	35	50	70	95
1	217	361	578	866	1444	2310	3610	5054	7220	10 108	13 718
2	433	722	1155	1733	2888	4621	7220	10 108	14 440	20 216	27 436
3	650	1083	1733	2599	4332	6931	10 830	15 162	21 660	30 324	41 154
4	866	1444	2310	3466	5776	9242	14 440	20 216	28 880	40 432	54 872

续表

Δu%	截面积/mm²										
	铜										
	1.5	2.5	4	6	10	16	25	35	50	70	95
5	1083	1805	2888	4332	7220	11 552	18 050	25 270	36 100	50 540	68 590
6	1300	2166	3466	5198	8664	13 862	21 660	30 324	43 320	60 648	82 308
7	1516	2527	4043	6065	10 108	16 173	25 270	35 378	50 540	70 756	96 026
8	1733	2888	4621	6931	11 552	18 483	28 880	40 432	57 760	80 864	109 744
9	1949	3249	5198	7798	12 996	20 794	32 490	45 486	64 980	90 972	123 462
10	2166	3610	5776	8664	14 440	23 104	36 100	50 540	72 200	101 080	137 180

注：单相 $\cos\theta=1$ 及直流电线工作温度为 60℃。

2.3.3 短路电流计算

最大短路电流→选择电气设备的容量或额定值→校验电气设备的动稳定、热稳定及分断能力，整定继电保护装置。

最小短路电流→选择熔断器、设定保护定值→校验继电保护装置灵敏度和校验感应电动机起动的依据。

步骤：短路电流的电参数（电气元件阻抗、电路电压、电源容量等）→网络变换→求得电源至短路点间的总阻抗→按照公式或运算曲线→求出短路电流。

方法：短路电流计算方法有两种，一是等效电源法（IEC 法），可不考虑非旋转负载的运行数据、变压器分接头位置和发电机励磁方式，无需进行短路前各种可能的潮流分布的计算。除零序网络外，线路电容和非旋转负载的并联导纳都可忽略。适用于工频低压、高压三相交流系统中的短路电流计算，在国际上广泛应用。二是实用计算法，根据国产同步发电机参数和容量配置的基础上，用概率统计方法，制定了短路电流周期分量运行曲线，计算过程较为简便。在国内电力行业广泛应用。具体计算方法参见第 5 章，为方便读者快速掌握并查找短路相关内容，在此提供一些常用数据供设计人员参考。

实用计算法中的电参数可以用有名单位制或标幺制表示，有名单位制一般用于 1000V 及以下低压网络的短路电流计算；标幺制则广泛用于高压网络。

（1）标幺制是一种相对单位制，电参数的标幺值为其有名值与基值之比：

容量标幺值 $$S^*=\frac{S}{S_b} \quad (2-7)$$

电压标幺值 $$U^*=\frac{U}{U_b} \quad (2-8)$$

电流标幺值 $$I^*=\frac{I}{I_b} \quad (2-9)$$

电抗标幺值 $$X^*=\frac{X}{X_b} \quad (2-10)$$

通常先选定基准容量 S_b 和基准电压 U_b，在三相电力系统中可导出：

基准电流 $$I_b=\frac{S_b}{\sqrt{3}U_b} \quad (2-11)$$

基准电抗 $$X_b=\frac{U_b}{\sqrt{3}I_b}=\frac{U_b^2}{S_b} \quad (2-12)$$

电路元件的标幺值

$$X^*=\frac{X}{X_b}=\frac{\sqrt{3}I_bX}{U_b}=\frac{S_bX}{U_b^2} \quad (2-13)$$

常用基准值见表 2-49。

表 2-49 常用基准值（S_b=100MVA $U_b=1.05U_n$）

系统标称电压 U_n/kV	0.38	0.66	3	6	10	20	35	66	110
基准电压 U_b/kV	0.4	0.69	3.15	6.3	10.5	21	37	69.3	115
基准电流 I_b/kA	144.3	83.68	18.3	9.16	5.5	2.75	1.56	0.83	0.5

注：$U_{av}=U_b\approx1.05U_n$，对于 0.38kV，则 $U_b=1.05U_n=1.05\times0.38$kV=0.4kV。

（2）有名单位制（欧姆制）是把各电压等级所在元件阻抗的相对值和欧姆值都归算到短路点所在级电压下的欧姆值，换算公式见表 2-50。

表 2-50　　电气设备阻抗标幺值和有名值的换算公式

序号	元件名称	标幺值	有名值/Ω	符号说明
1	同步电机（同步发电机或电动机）	$X_d^* = \frac{x_d''\%}{100}\frac{S_b}{S_{NG}} = x_d''\frac{S_b}{S_{NG}}$	$x_d'' = \frac{x_d''\%}{100}\bullet\frac{U_{av}^2}{S_{NG}} = x_d''\frac{U_{av}^2}{S_{NG}}$	S_{NG} —同步电机的额定容量，MVA S_{NT} —变压器的额定容量，MVA x_d'' —同步电动机的超瞬态电抗相对值 $x_d''\%$ —同步电动机的超瞬态电抗百分比 $u_{kN}\%$ —变压器额定阻抗电压百分比 $u_{kR}\%$ —电抗器额定阻抗电压百分比 U_{NT} —变压器额定电压（指线电压），kV U_{NR} —电抗器额定电压（指线电压），kV I_{NT} —变压器额定电流，kA I_{NR} —电抗器额定电流，kA X、R —线路每相电抗值、电阻值，Ω S_S'' —系统短路容量，MVA S_b —基准容量，MVA P_{krT} —变压器负载损耗，kW U_b —基准电压，kV，对于发电机实际是设备电压
2	双绕组变压器	$R_T^* = P_{krT}\frac{S_b}{S_{NT}^2}\times10^{-3}$ $X_T^* = \sqrt{Z_T^{*2} - R_T^{*2}}$ $Z_T^* = \frac{u_{kN}\%}{100}\frac{S_b}{S_{NT}}$ 当电阻允许忽略不计时 $X_T^* = \frac{u_{kN}\%}{100}\frac{S_b}{S_{NT}}$	$R_T = \frac{P_{krT}}{3I_{NT}^2}\times10^{-3} = \frac{P_{krT}U_b^2}{S_{NT}^2}\times10^{-3}$ $X_T = \sqrt{Z_T^2 - R_T^2}$ $Z_T = \frac{u_{kN}\%}{100}\frac{U_b^2}{S_{NT}}$ 当电阻值允许忽略不计时 $X_T = \frac{u_{kN}\%}{100}\frac{U_b^2}{S_{NT}}$	
3	电抗器	$Z_R^* \approx X_R^* = \frac{u_{kR}\%}{100}\frac{U_{NR}}{\sqrt{3}I_{NR}}\bullet\frac{S_b}{U_b^2} = \frac{u_{kR}\%}{100}\frac{U_{NR}}{I_{NR}}\frac{I_b}{U_b}$	$Z_R \approx X_R = \frac{u_{kR}\%}{100}\frac{U_{NR}}{\sqrt{3}I_{NR}}$ $R_b \ll X_b$	
4	线路	$X^* = X\frac{S_b}{U_b^2}$，$R^* = R\frac{S_b}{U_b^2}$		
5	电力系统（已知短路容量 S_S''）	$X_S^* = \frac{S_b}{S_S''}$	$X_S = \frac{U_b^2}{S_S''}$	
6	基准电压相同，从某一基准容量 S_{b1} 下的标幺值 X_1^* 换算到另一基准容量 S_b 下的标幺值 X^*	$X^* = X_1^*\bullet\frac{S_b}{S_{b1}}$		
7	将电压 U_{R1} 下的电抗值 X_1 换算到另一电压 U_{R2} 下的电抗值 X_2		$X_2 = X_1\frac{U_{R2}^2}{U_{R1}^2}$	

（3）网络变换的目的是简化短路电路，以求得电源至短路点间的等效总阻抗。标幺制和有名单位制的常用电抗网络变换公式完全相同，见表 2-51。

表 2-51　　常用电抗网络变换公式（忽略电阻值）

原网络	变换后的网络	变换公式
1 X_1 $X_2,\cdots,X_n$ 2	1 X 2	$X = X_1 + X_2 + \cdots + X_n$
X_1 X_2 ⋮ X_n（1、2 之间并联）	1 X 2	$X = \frac{1}{\frac{1}{X_1}+\frac{1}{X_2}+\cdots+\frac{1}{X_n}}$ 当只有两个支路时 $X = \frac{X_1X_2}{X_1+X_2}$

续表

原网络	变换后的网络	变换公式
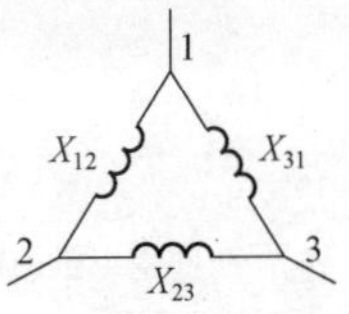 1, 2, 3; X_{12}, X_{31}, X_{23}	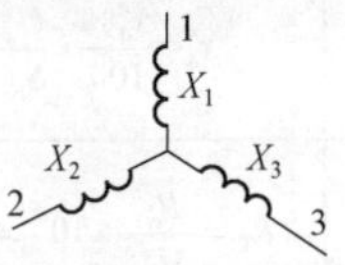 1, 2, 3; X_1, X_2, X_3	$X_1=\frac{X_{12}X_{31}}{X_{12}+X_{23}+X_{31}}$ $X_2=\frac{X_{12}X_{23}}{X_{12}+X_{23}+X_{31}}$ $X_3=\frac{X_{23}X_{31}}{X_{12}+X_{23}+X_{31}}$
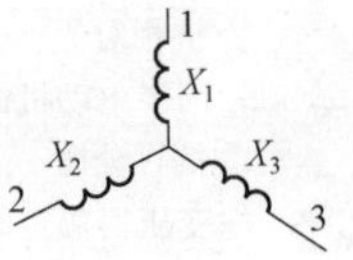 1, 2, 3; X_1, X_2, X_3	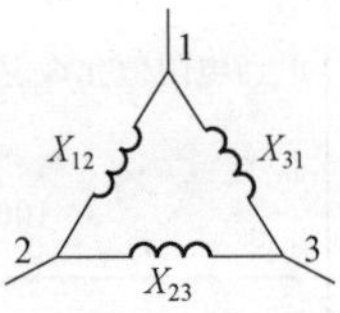 1, 2, 3; X_{12}, X_{31}, X_{23}	$X_{12}=X_1+X_2+\frac{X_1X_2}{X_3}$ $X_{23}=X_2+X_3+\frac{X_2X_3}{X_1}$ $X_{31}=X_3+X_1+\frac{X_3X_1}{X_2}$
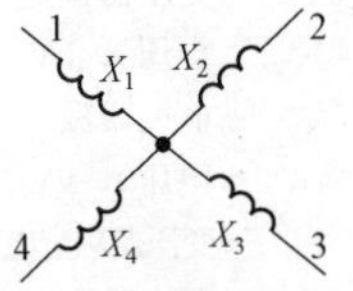 1, 2, 3, 4; X_1, X_2, X_3, X_4	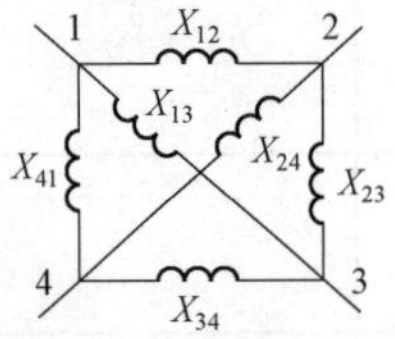 1, 2, 3, 4; X_{12}, X_{13}, X_{24}, X_{41}, X_{23}, X_{34}	$X_{12}=X_1X_2\Sigma Y$ $X_{23}=X_2X_3\Sigma Y$ $X_{24}=X_2X_4\Sigma Y$ 式中 $\Sigma Y=\frac{1}{X_1}+\frac{1}{X_2}+\frac{1}{X_3}+\frac{1}{X_4}$
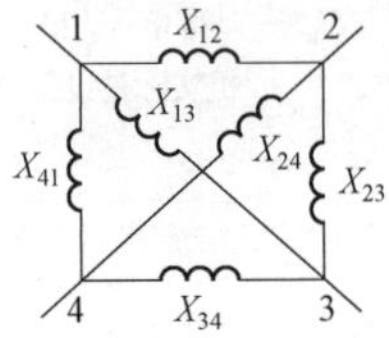 1, 2, 3, 4; X_{12}, X_{13}, X_{24}, X_{41}, X_{23}, X_{34}	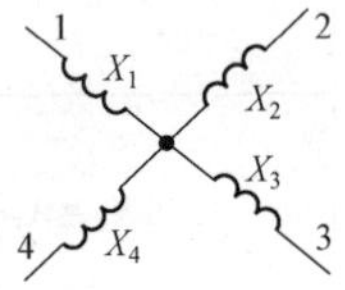 1, 2, 3, 4; X_1, X_2, X_3, X_4	$X_1=\frac{1}{\frac{1}{X_{12}}+\frac{1}{X_{13}}+\frac{1}{X_{41}}+\frac{X_{24}}{X_{12}X_{41}}}$ $X_2=\frac{1}{\frac{1}{X_{12}}+\frac{1}{X_{23}}+\frac{1}{X_{24}}+\frac{X_{13}}{X_{12}X_{23}}}$ $X_3=\frac{1}{1+\frac{X_{12}}{X_{23}}+\frac{X_{12}}{X_{24}}+\frac{X_{13}}{X_{23}}}$ $X_4=\frac{1}{1+\frac{X_{12}}{X_{13}}+\frac{X_{12}}{X_{41}}+\frac{X_{24}}{X_{41}}}$

（4）10kV/6kV 电力电缆短路电流，见表 2－52 和表 2－53。

1）对称稳态三相短路电流有效值

$$I_k=\frac{U_p}{\sqrt{3}\sqrt{(X_S+X_L)^2+R_L^2}} \quad (kA) \quad (2-14)$$

式中：X_S 为系统电抗有名值，Ω；X_L、R_L 为输电线路电抗、电阻有名值，Ω；U_p 为线路平均电压（kV），$U_p=1.05U_n=10.5kV/6.3kV$。

2）对称短路电流的峰值 i_p（kA）出现在短路发生后的前半周内（0.01s）

$$i_p=2.55I''\ (R_k<0.3X_k) \quad (2-15)$$

或

$$i_p=1.84I''\ (R_k>0.3X_k) \quad (2-16)$$

式中，I''为三相短路电流初始值，kA。

3）二相短路电流的计算

$$I_{k2}=0.866I_{k3} \quad (2-17)$$

$$i_{p2}=0.866i_{p3} \quad (2-18)$$

式中：I_{k2}、I_{k3} 为二、三相短路电流初始有效值；i_{p2}、i_{p3} 为二、三相短路电流峰值。

表 2－52　**10kV 交联聚乙烯铜芯电缆短路电流速查表**　（单位：kA）

短路容量/MVA		500						200					
线路长度/km	电流代号	YJV、YJV_{22}、YJV_{32}、−10kV 电缆截面积/mm^2						YJV、YJV_{22}、YJV_{32}、−10kV 电缆截面积/mm^2					
		95	120	150	185	240	300	95	120	150	185	240	300
0.5	I_k	20.68	21.36	21.86	22.27	22.61	22.93	9.93	10.01	10.07	10.12	10.16	10.21
	I_{k2}	17.90	18.50	18.93	19.28	19.58	19.86	8.60	8.67	8.72	8.76	8.80	8.84
	i_p	47.55	54.48	55.75	56.78	57.66	58.47	25.32	25.52	25.67	25.80	25.92	25.04
1	I_k	15.36	16.53	17.45	18.20	18.86	19.44	8.80	9.01	9.17	9.29	9.40	9.50
	I_{k2}	13.30	14.32	15.11	15.76	16.33	16.84	7.62	7.81	7.94	8.05	8.14	8.23
	i_p	31.79	38.03	40.13	46.40	48.09	49.57	22.44	22.98	23.38	23.70	23.97	24.22
1.5	I_k	11.93	13.22	14.28	15.19	16.03	16.77	7.77	8.10	8.35	8.54	8.71	8.86
	I_{k2}	10.34	11.45	12.37	13.16	13.88	14.53	6.73	7.02	7.23	7.40	7.54	7.67
	i_p	21.96	27.36	29.57	34.94	36.87	42.77	17.88	18.64	21.28	21.78	22.21	22.60
2	I_k	9.67	10.92	12.00	12.96	13.88	14.70	6.89	7.30	7.62	7.87	8.09	8.29
	I_{k2}	8.38	9.46	10.39	11.22	12.02	12.73	5.96	6.32	6.60	6.82	7.01	7.18
	i_p	17.80	20.09	22.08	26.82	28.72	33.81	14.26	15.12	17.52	20.07	20.64	21.14
2.5	I_k	8.10	9.27	10.31	11.26	12.20	13.06	6.14	6.61	6.98	7.28	7.54	7.78
	I_{k2}	7.02	8.02	8.93	9.75	10.56	11.31	5.32	5.73	6.04	6.30	5.53	6.73
	i_p	14.91	17.05	18.97	20.72	22.45	27.03	11.30	12.17	14.45	16.74	19.24	19.83
3	I_k	6.96	8.03	9.02	9.94	10.87	11.73	5.52	6.02	6.42	6.75	7.05	7.32
	I_{k2}	6.02	6.95	7.81	8.61	9.41	10.16	4.78	5.21	5.56	5.85	6.11	6.34
	i_p	12.80	14.78	16.60	18.28	20.00	21.59	10.16	11.08	11.81	13.98	17.98	18.65

表 2－53　**6kV 交联聚乙烯铜芯电缆短路电流速查表**　（单位：kA）

短路容量/MVA		200						500					
线路长度/km	电流代号	YJV、YJV_{22}、YJV_{32}、−6kV 电缆截面积/mm^2						YJV、YJV_{22}、YJV_{32}、−6kV 电缆截面积/mm^2					
		95	120	150	185	240	300	95	120	150	185	240	300
0.5	I_k	13.47	14.02	14.41	14.73	14.97	15.15	21.26	23.56	25.42	27.00	28.35	29.40
	I_{k2}	11.66	12.14	12.48	12.75	12.96	13.12	18.41	20.40	22.01	23.38	14.55	25.46
	i_p	27.88	32.25	36.76	37.56	38.16	38.62	39.12	43.34	46.77	55.88	65.21	74.96
1	I_k	9.78	10.56	11.34	11.91	12.38	12.73	12.55	14.53	16.34	18.03	19.66	21.02
	I_{k2}	8.47	9.23	9.82	10.31	10.72	11.03	10.86	12.58	14.15	15.62	17.02	18.20
	i_p	17.99	22.06	26.09	27.39	31.56	32.47	23.08	26.74	30.07	33.18	40.69	53.59
1.5	I_k	7.49	8.41	9.18	9.85	10.44	10.91	8.80	10.38	11.90	13.38	14.89	16.23
	I_{k2}	6.49	7.29	7.95	8.53	9.04	9.45	7.62	8.99	10.30	11.59	12.90	14.05
	i_p	13.79	15.48	19.01	20.40	24.02	27.82	16.20	19.10	21.89	24.62	27.40	37.33

续表

短路容量/MVA		200						500					
线路长度/km	电流代号	YJV、YJV_{22}、YJV_{32}、−6kV 电缆截面积/mm^2						YJV、YJV_{22}、YJV_{32}、−6kV 电缆截面积/mm^2					
		95	120	150	185	240	300	95	120	150	185	240	300
2	I_k	6.02	6.89	7.65	8.35	8.99	9.51	6.76	8.05	9.32	10.60	11.95	13.18
	I_{k2}	5.22	5.97	6.63	7.23	7.78	8.23	5.86	6.97	8.07	9.18	10.35	11.41
	i_p	11.08	12.68	14.09	15.36	18.60	21.87	12.45	14.81	17.15	19.50	21.99	27.28
2.5	I_k	5.02	5.81	6.54	7.21	7.86	8.41	5.49	6.57	7.65	8.76	9.96	11.08
	I_{k2}	4.35	5.03	5.66	6.25	6.81	7.28	4.75	5.69	6.63	7.59	8.63	9.60
	i_p	9.23	10.69	12.03	13.27	14.47	17.40	10.10	12.08	14.08	16.12	18.33	20.39
3	I_k	4.29	5.02	5.69	6.34	6.98	7.52	4.61	5.54	6.49	7.46	8.54	9.56
	I_{k2}	3.72	4.34	4.93	5.49	6.04	6.52	4.00	4.80	5.62	6.46	7.39	8.28
	i_p	7.90	9.23	10.48	11.66	12.84	13.84	8.49	10.20	11.94	13.73	15.71	17.58

（5）变压器低压出口处短路电流（假设系统容量为无穷大，U_p=0.4kV），见表 2−54。

1）对称稳态三相短路电流有效值

$$I_k \approx 144.34 \times S_T/u_k\% \text{（kA）} \tag{2−19}$$

式中：S_T 为变压器的额定容量，MVA；u_k%为变压器阻抗电压百分数。

表 2−54　变压器低压出口处短路电流（单位：kA）

变压器容量/kVA	代号	变压器阻抗电压百分比 u_k%				
		4	4.5	6	7	8
250	I_k	9.00	8.00	—	—	—
	i_p	22.95	20.40	—	—	—
315	I_k	11.34	10.08	—	—	—
	i_p	28.92	25.70	—	—	—
400	I_k	14.40	12.80	—	—	—
	i_p	36.72	32.64	—	—	—
500	I_k	18.00	16.00	—	—	—
	i_p	45.90	40.80	—	—	—
630	I_k	22.68	20.16	15.12	—	—
	i_p	57.83	51.41	38.56	—	—
800	I_k	—	—	19.20	16.48	14.40
	i_p	—	—	48.96	42.02	36.72
1000	I_k	—	—	24.00	20.60	18.00
	i_p	—	—	61.20	52.53	45.90

续表

变压器容量/kVA	代号	变压器阻抗电压百分比 u_k%				
		4	4.5	6	7	8
1250	I_k	—	—	30.00	25.75	22.50
	i_p	—	—	76.50	65.66	57.38
1600	I_k	—	—	38.40	32.96	28.80
	i_p	—	—	97.92	84.05	73.44
2000	I_k	—	—	48.00	41.20	36.00
	i_p	—	—	122.40	105.06	91.80
2500	I_k	—	—	60.00	51.50	45.00
	i_p	—	—	153.00	131.33	114.75

注：本表以上级系统容量无穷大为计算条件。

2）该处的短路电流峰值 i_p（kA）按式（2−15）和式（2−16）计算。

（6）低压电缆出线处短路电流（假设系统容量为无穷大，U_p=0.4kV），见表 2−55～表 2−60。

1）对称稳态三相短路电流有效值

$$I_k = \frac{400}{\sqrt{3}\sqrt{(R_L + R_T + R_M)^2 + (X_L + X_T + X_M)^2}} \text{（kA）} \tag{2−20}$$

式中：R_L、X_L 为线路阻抗，mΩ；R_T、X_T 为变压器阻抗，mΩ；R_M、X_M 为母线阻抗，mΩ。

2）该处的短路电流峰值 i_p（kA）按式（2−15）、式（2−16）计算。

表 2－55　　低压交联聚乙烯铜芯电缆短路电流速查表（一）　　（单位：kA）

线路长度/m	变压器	500kVA $u_k\%=4$											630kVA $u_k\%=4$										
	电流代号	YJV 电缆截面积/mm²											YJV 电缆截面积/mm²										
		10	16	25	35	50	70	95	120	150	185	240	10	16	25	35	50	70	95	120	150	185	240
12	I_k	6.92	9.29	11.41	12.61	13.44	14.15	14.57	14.79	14.93	15.05	15.16	7.33	10.20	13.02	14.74	15.98	17.07	17.71	18.05	18.27	18.45	18.61
	I_d	2.86	4.38	6.19	6.66	8.32	9.57	10.47	11.17	11.30	11.72	11.98	2.92	4.56	6.61	7.17	9.23	10.89	12.14	13.15	13.33	13.95	14.33
14	I_k	6.16	8.48	10.69	12.02	12.96	13.79	14.28	14.53	14.70	14.84	14.97	6.47	9.19	12.05	13.89	15.28	16.53	17.27	17.67	19.93	18.14	18.33
	I_d	2.48	3.85	5.54	5.99	7.65	8.97	9.95	10.74	10.88	11.37	11.67	2.53	3.99	5.86	6.39	8.39	10.09	11.43	12.54	12.75	13.45	13.88
16	I_k	5.55	7.78	10.04	11.46	12.50	13.43	13.99	14.29	14.48	16.64	14.48	5.79	8.35	11.18	13.10	14.60	15.99	16.84	17.30	17.60	17.84	18.06
	I_d	2.19	3.44	5.01	5.44	7.07	8.60	9.47	10.33	10.49	11.03	11.35	2.23	3.54	5.26	5.75	7.68	9.38	10.77	11.97	12.19	12.97	13.45
18	I_k	5.04	7.17	9.44	10.92	12.05	12.77	13.71	14.04	14.26	14.44	14.60	5.23	7.64	10.42	12.38	13.97	15.48	16.43	16.93	17.27	17.54	17.79
	I_d	1.96	3.10	4.56	4.98	6.56	7.68	9.02	9.94	10.11	10.71	11.08	1.99	3.18	4.76	5.23	7.07	8.75	10.18	11.44	11.68	12.52	13.05
20	I_k	4.61	6.65	8.90	10.43	11.63	12.14	13.43	13.80	14.05	14.25	14.43	4.76	7.03	9.73	11.71	13.37	14.98	16.02	16.58	16.95	17.25	17.52
	I_d	1.78	2.82	4.19	4.58	6.12	6.92	8.60	9.57	9.75	10.40	10.80	1.80	2.88	4.35	4.78	6.54	8.19	9.63	10.94	11.19	12.09	12.66
25	I_k	3.80	5.60	7.75	9.32	10.64	11.56	12.77	13.22	13.53	13.77	14.00	3.89	5.85	8.33	10.28	12.02	13.83	15.05	15.73	16.19	16.56	16.89
	I_d	1.44	2.30	3.47	3.81	5.21	6.28	7.68	8.74	8.94	9.68	10.15	1.45	2.34	3.57	3.94	5.50	7.03	8.46	9.83	10.11	11.11	11.76
30	I_k	3.23	4.83	6.83	8.39	9.77	11.01	12.14	12.67	13.03	13.32	13.59	3.29	5.00	7.26	9.12	10.88	12.80	14.16	14.93	15.47	15.90	16.30
	I_d	1.21	1.94	2.95	3.26	4.52	5.74	6.92	8.01	8.23	9.03	9.56	1.22	1.97	3.03	3.35	4.73	6.14	7.52	8.91	9.19	10.25	10.97
35	I_k	2.80	4.24	6.10	7.61	9.00	10.51	11.56	12.15	12.56	12.90	13.20	2.85	4.36	6.42	8.18	9.90	11.88	13.35	14.20	14.79	15.29	15.74
	I_d	1.04	1.68	2.57	2.84	3.99	5.28	6.28	7.39	7.61	8.46	9.03	1.05	1.70	2.63	2.91	4.15	5.45	6.76	8.12	8.41	9.50	10.26
40	I_k	2.47	3.77	5.49	6.95	8.33	10.04	11.01	11.66	12.12	12.49	12.83	2.51	3.87	5.74	7.40	9.07	11.07	12.60	13.51	14.17	14.71	15.21
	I_d	0.91	1.48	2.28	2.52	3.57	4.88	5.74	6.84	7.07	7.94	8.54	0.92	1.49	2.32	2.57	3.69	4.89	6.13	7.45	7.74	8.85	9.63
45	I_k	2.21	3.39	5.00	6.38	7.74	9.19	10.51	12.20	11.69	12.10	12.48	2.24	3.47	5.19	6.75	8.36	10.34	11.92	12.88	13.58	14.17	14.71
	I_d	0.81	1.32	2.04	2.26	3.22	4.24	5.28	6.36	6.59	7.48	8.10	0.82	1.33	2.07	2.30	3.32	4.43	5.60	6.88	7.16	8.27	9.07
50	I_k	2.00	3.08	4.58	5.90	7.22	8.81	10.04	10.77	11.29	11.74	12.14	2.02	3.14	4.74	6.20	7.74	9.69	11.30	12.29	13.03	13.66	14.24
	I_d	0.73	1.19	1.85	2.05	2.94	3.89	4.88	5.94	6.17	7.06	7.70	0.74	1.20	1.87	2.08	3.02	4.05	5.15	5.38	6.66	7.75	8.56
60	I_k	1.68	2.61	3.92	5.11	6.36	7.92	9.19	9.98	10.56	11.05	11.51	1.70	2.65	4.03	5.32	6.74	8.60	10.21	11.25	12.04	12.73	13.38
	I_d	0.61	1.00	1.56	1.71	2.50	3.34	4.24	5.24	5.46	6.35	7.00	0.61	1.00	1.57	1.75	2.55	3.45	4.43	5.57	5.83	6.89	7.69
70	I_k	1.45	2.26	3.42	4.50	5.66	7.17	8.46	9.28	9.90	10.44	10.94	1.46	2.29	3.50	4.66	5.95	7.71	9.29	10.35	11.17	11.90	12.60
	I_d	0.53	0.86	1.34	1.49	2.17	2.92	3.74	4.68	4.89	5.75	6.40	0.53	0.86	1.36	1.51	2.21	3.00	3.89	4.93	5.18	6.18	6.97

表 2-56　　低压交联聚乙烯铜芯电缆短路电流速查表（二）　　（单位：kA）

线路长度/m	变压器	630kVA u_k%=6											800kVA u_k%=6										
	电流代号	YJV 电缆截面积/mm²											YJV 电缆截面积/mm²										
		10	16	25	35	50	70	95	120	150	185	240	10	16	25	35	50	70	95	120	150	185	240
12	I_k	6.83	8.97	10.72	11.63	12.22	12.69	12.95	13.08	13.17	13.24	13.30	7.29	9.97	12.41	13.78	14.70	15.46	15.88	16.09	16.23	16.33	16.43
	I_d	2.88	4.40	6.15	6.59	8.10	9.15	9.86	10.39	10.47	10.77	10.94	2.94	4.58	6.58	7.12	9.04	10.49	11.52	12.31	12.44	12.90	13.16
14	I_k	6.12	8.26	10.14	11.18	11.87	12.43	12.75	12.91	13.01	13.09	13.16	6.46	9.05	11.59	13.10	14.15	15.06	15.56	15.82	15.98	16.11	16.22
	I_d	2.50	3.87	5.53	5.96	7.50	8.64	9.44	10.05	10.15	10.50	10.70	2.54	4.00	5.85	6.37	8.26	9.78	10.92	11.81	11.97	12.50	12.81
16	I_k	5.52	7.62	9.60	10.74	11.52	12.18	12.54	12.73	12.85	12.94	13.03	5.79	8.26	10.83	12.46	13.64	14.66	15.25	15.55	15.74	15.89	16.02
	I_d	2.21	3.46	5.01	5.43	6.96	8.16	9.04	9.72	9.83	10.23	10.47	2.24	3.55	5.26	5.75	7.59	9.15	10.36	11.34	11.52	12.11	12.46
18	I_k	5.03	7.06	9.09	10.31	11.18	11.92	12.34	12.56	12.69	12.80	12.90	5.23	7.58	10.15	11.84	13.13	14.27	14.94	15.28	15.50	15.67	15.82
	I_d	1.98	3.12	4.57	4.98	6.49	7.72	8.65	9.40	9.53	9.97	10.24	2.00	3.19	4.77	5.23	7.01	8.57	9.83	10.89	11.09	11.74	12.13
20	I_k	4.61	6.57	8.61	9.90	10.84	11.67	12.14	12.38	15.54	12.66	12.77	4.77	7.00	9.53	11.27	12.64	13.89	14.63	15.01	15.26	15.45	15.62
	I_d	1.79	2.84	4.20	4.59	6.07	7.31	8.29	9.09	9.24	9.72	10.02	1.81	2.90	4.36	4.79	6.50	8.05	9.35	10.46	10.67	11.38	11.82
25	I_k	3.81	5.57	7.58	8.96	10.05	11.05	11.64	11.95	12.15	12.31	12.45	3.91	5.85	8.22	10.00	11.51	12.97	13.89	14.37	14.68	14.93	15.14
	I_d	1.45	2.31	3.49	3.83	5.19	6.43	7.48	8.38	8.55	9.13	9.49	1.46	2.35	3.59	3.96	5.49	6.96	8.28	9.49	9.73	10.55	11.07
30	I_k	3.23	4.82	6.73	8.14	9.32	10.46	11.17	11.54	11.78	11.97	12.14	3.30	5.01	7.20	8.95	10.51	12.12	13.18	13.75	14.13	14.43	14.69
	I_d	1.21	1.95	2.97	3.27	4.52	5.72	6.78	7.75	7.93	8.59	9.00	1.22	1.97	3.04	3.36	4.73	6.11	7.41	8.66	8.91	9.81	10.40
35	I_k	2.81	4.24	6.03	7.44	8.66	9.90	10.71	11.14	11.43	11.65	11.85	2.86	4.37	6.39	8.07	9.64	11.34	12.52	13.17	13.60	13.92	14.25
	I_d	1.04	1.69	2.59	2.86	40.0	5.13	6.19	7.18	7.38	8.09	8.55	1.05	1.70	2.64	2.92	4.15	5.43	6.68	7.94	8.20	9.15	9.78
40	I_k	2.48	3.77	5.46	6.82	8.07	9.39	10.27	10.76	11.08	11.34	11.56	2.52	3.88	5.73	7.33	8.88	10.63	11.90	12.61	13.10	13.50	13.84
	I_d	0.92	1.48	2.29	2.53	3.58	4.85	5.67	6.69	8.69	7.64	8.13	0.92	1.50	2.33	2.58	3.70	4.88	6.07	7.32	7.58	8.56	9.23
45	I_k	2.22	3.40	4.98	6.29	7.54	8.91	9.86	10.39	10.75	11.04	11.29	2.25	3.48	5.19	6.70	8.22	9.99	11.32	12.09	12.63	13.06	13.44
	I_d	0.82	1.32	2.05	2.27	3.24	4.24	5.24	6.24	6.45	7.23	7.75	0.82	1.33	2.08	2.31	3.33	4.43	5.56	6.77	7.04	8.03	8.72
50	I_k	2.01	3.09	4.57	5.83	7.06	8.46	9.47	10.04	10.43	10.75	11.03	2.03	3.15	4.74	6.17	7.64	9.41	10.79	11.60	12.18	12.65	13.07
	I_d	0.73	1.20	1.86	2.06	2.95	3.90	4.85	5.85	6.06	6.85	7.39	0.74	1.20	1.88	2.09	3.03	4.05	5.13	6.30	6.56	7.56	8.27
60	I_k	1.69	2.62	3.91	5.08	6.26	7.67	8.75	9.39	9.83	10.20	10.53	1.70	2.66	4.03	5.31	6.67	8.41	9.83	10.71	11.35	11.88	12.36
	I_d	0.61	1.00	1.56	1.74	2.51	3.35	4.23	5.18	5.39	6.19	6.76	0.62	1.01	1.58	1.76	2.56	3.45	4.42	5.52	5.77	6.75	7.47
70	I_k	1.45	2.26	3.42	4.48	5.60	6.99	8.11	8.80	9.29	9.70	10.07	1.46	2.29	3.51	4.65	5.91	7.58	9.01	9.92	10.60	11.19	11.72
	I_d	0.53	0.86	1.35	1.50	2.18	2.93	3.74	4.64	4.85	5.64	6.22	0.53	0.87	1.36	1.51	2.21	3.01	3.88	4.90	5.14	6.09	6.81

表 2-57 低压交联聚乙烯铜芯电缆短路电流速查表（三） （单位：kA）

线路长度/m	变压器	1000 kVA $u_k\%=6$											1250 kVA $u_k\%=6$										
	电流代号	YJV 电缆截面积/mm²											YJV 电缆截面积/mm²										
		10	16	25	35	50	70	95	120	150	185	240	16	25	35	50	70	95	120	150	185	240	300
12	I_k	7.63	10.78	13.95	15.87	17.24	18.39	19.04	19.37	19.58	19.74	19.88	11.49	15.43	18.04	20.01	21.75	22.76	23.27	23.59	23.84	24.06	24.19
	I_d	2.98	4.71	6.93	7.54	9.86	11.75	13.17	14.30	14.50	15.17	15.56	4.81	7.20	7.89	10.57	12.91	14.78	16.33	16.61	17.56	18.12	18.50
16	I_k	5.97	8.74	11.88	14.03	15.70	17.22	18.11	18.57	18.86	19.08	19.28	9.15	12.83	15.57	17.85	20.03	21.38	22.08	22.53	22.88	23.18	23.36
	I_d	2.26	3.62	5.46	5.99	8.11	10.02	11.61	12.96	13.21	14.06	14.57	3.67	5.60	6.18	8.54	10.79	12.77	14.54	14.88	16.05	16.78	17.27
20	I_k	4.89	7.31	10.27	12.47	14.31	16.10	17.21	17.79	18.16	15.45	18.70	7.56	10.91	13.58	15.98	18.46	20.07	20.94	21.51	21.96	22.34	22.57
	I_d	1.82	2.94	4.49	4.95	6.85	8.68	10.30	11.78	12.06	13.06	13.68	2.97	4.58	5.07	7.13	9.21	11.16	13.02	13.39	14.72	15.57	16.15
25	I_k	3.98	6.04	8.72	10.87	12.81	14.81	16.14	16.86	17.33	17.70	18.02	6.20	9.14	11.64	14.04	16.70	18.58	19.62	20.32	20.87	21.36	21.64
	I_d	1.47	2.38	3.66	4.05	5.71	7.39	8.98	10.52	10.83	11.95	12.66	2.39	3.72	4.13	5.89	7.75	9.59	11.46	11.85	13.29	14.24	14.92
30	I_k	3.35	5.14	7.55	9.59	11.53	13.66	15.15	15.98	16.54	16.98	17.37	5.24	7.84	10.14	12.46	15.19	17.22	18.40	19.21	19.87	20.44	20.78
	I_d	1.22	1.99	3.09	3.43	4.89	6.42	7.94	9.48	9.80	10.98	11.77	2.01	3.13	3.48	5.04	6.67	8.38	10.20	10.59	12.07	13.09	13.83
35	I_k	2.89	4.47	6.65	8.55	10.45	12.64	14.25	15.17	15.80	16.31	16.76	4.54	5.85	8.97	11.17	13.88	16.01	17.29	18.19	18.93	19.58	19.87
	I_d	1.05	1.72	2.67	2.97	4.27	5.66	7.09	8.60	8.92	10.13	10.97	1.72	2.70	3.00	4.36	5.85	7.43	9.17	9.55	11.04	12.09	12.80
40	I_k	2.54	3.95	5.93	7.71	9.53	11.73	13.42	14.41	15.11	15.68	16.18	4.00	6.08	8.02	10.10	12.75	14.93	16.27	17.25	18.06	18.78	19.22
	I_d	0.92	1.51	2.35	2.62	3.78	5.06	6.40	7.85	8.17	9.40	10.26	1.51	2.37	2.64	3.85	5.20	6.66	8.31	8.68	10.15	11.22	12.03
50	I_k	2.05	3.20	4.86	6.41	8.08	10.21	11.97	13.06	13.85	14.52	15.12	3.23	4.96	6.61	8.45	10.93	13.11	14.52	15.59	16.50	17.34	17.85
	I_d	0.74	1.21	1.90	2.11	3.08	4.16	5.34	6.68	6.98	8.18	9.07	1.21	1.91	2.13	3.12	4.25	5.51	6.99	7.33	8.72	9.79	10.62
60	I_k	1.71	2.69	4.11	5.48	6.99	9.01	10.77	11.90	12.76	13.50	14.17	2.71	4.18	5.61	7.25	9.53	11.64	13.06	14.18	15.16	16.08	16.65
	I_d	0.62	1.01	1.59	1.77	2.59	3.53	4.57	5.79	6.08	7.22	8.10	1.01	1.60	1.78	2.62	3.59	4.69	6.02	6.33	7.63	8.66	9.48
70	I_k	1.47	2.31	3.56	4.78	6.15	8.04	9.76	10.91	11.80	12.59	13.32	2.33	3.61	4.87	5.34	8.43	10.45	11.85	12.98	14.00	14.98	15.59
	I_d	0.53	0.87	1.37	1.53	2.24	3.06	4.00	5.11	5.37	6.46	7.31	0.87	1.37	1.53	2.26	3.11	4.08	5.28	5.56	6.77	7.75	8.56
80	I_k	1.29	2.03	3.14	4.25	5.48	7.25	8.91	10.05	10.97	11.78	12.55	2.04	3.18	4.30	5.63	7.56	9.46	10.82	11.95	12.99	14.01	14.65
	I_d	0.46	0.76	1.20	1.34	1.97	2.71	3.55	4.57	4.81	5.83	6.66	0.76	1.20	1.34	1.99	2.74	3.61	4.70	4.96	6.08	7.01	7.79
90	I_k	1.15	1.81	2.81	3.80	4.94	6.59	8.19	9.31	10.23	11.06	11.87	1.82	2.84	3.85	5.06	6.84	8.64	9.95	11.06	12.11	13.15	13.81
	I_d	0.41	0.68	1.07	1.19	1.76	2.42	3.19	4.13	4.35	5.32	6.11	0.68	1.07	1.20	1.77	2.45	3.24	4.23	4.47	5.52	6.40	7.15
100	I_k	1.03	1.63	2.54	3.44	4.50	6.04	7.57	8.57	9.58	10.42	11.25	1.64	2.56	3.49	4.59	6.24	7.94	9.21	10.29	11.33	12.38	13.05
	I_d	0.37	0.61	0.96	1.08	1.59	2.19	2.89	3.76	3.97	4.88	5.64	0.61	0.97	1.08	1.60	2.21	2.93	3.84	4.07	5.05	5.88	6.60

表 2-58　　低压交联聚乙烯铜芯电缆短路电流速查表（四）　　（单位：kA）

线路长度/m	变压器	1600 kVA　u_k%=6											2000 kVA　u_k%=6										
	电流代号	YJV 电缆截面积/mm²											YJV 电缆截面积/mm²										
		16	25	35	50	70	95	120	150	185	240	300	16	25	35	50	70	95	120	150	185	240	300
12	I_k	12.08	16.77	20.14	22.86	25.40	26.91	27.68	28.18	28.55	28.87	29.07	12.50	17.85	22.00	25.60	29.17	31.41	32.60	33.35	33.94	34.44	34.73
	I_d	4.89	7.43	8.18	11.22	14.01	16.39	18.44	18.82	20.12	20.90	21.42	4.94	7.57	8.37	11.66	14.86	17.73	20.35	20.85	22.60	23.68	24.40
16	I_k	9.47	13.65	16.98	19.94	22.96	24.92	25.96	26.63	27.16	27.60	27.87	9.69	14.27	18.14	21.81	25.83	28.60	30.13	31.14	31.93	32.91	33.02
	I_d	3.72	5.73	6.34	8.92	11.49	13.87	16.12	16.56	18.12	19.10	19.77	3.74	5.81	5.44	9.17	11.99	14.74	17.46	18.02	20.03	21.34	22.24
20	I_k	7.76	11.44	14.56	17.54	20.82	23.09	24.35	25.19	25.85	26.41	26.75	7.90	11.83	15.33	18.86	23.01	26.11	27.88	29.11	30.09	30.93	31.43
	I_d	3.00	4.66	5.17	7.37	9.68	11.95	14.23	14.69	16.41	17.53	18.30	3.01	4.70	5.23	7.53	10.00	12.54	15.21	15.77	17.90	19.34	20.37
25	I_k	6.32	9.48	12.29	15.15	18.52	21.05	22.51	23.52	24.33	25.03	25.45	6.40	9.72	12.79	16.04	20.13	23.42	25.40	26.82	27.99	29.02	26.63
	I_d	2.41	3.77	4.19	6.05	8.06	10.14	12.34	12.82	14.61	15.83	16.71	2.42	3.79	4.22	6.14	8.26	10.53	13.03	13.58	15.72	17.25	18.38
30	I_k	5.32	8.07	10.60	13.27	16.61	19.27	20.87	22.01	22.94	23.76	24.25	5.38	8.23	10.94	13.91	17.81	21.15	23.25	24.81	26.12	27.29	28.00
	I_d	2. 02	3.16	3.52	5.12	6.89	8.78	10.87	11.33	13.12	14.40	15.35	2.02	3.18	3.54	5.18	7.02	9.05	11.36	11.89	13.98	15.53	16.71
35	I_k	4.60	7.02	9.30	11.78	15.01	17.71	19.40	20.64	21.67	22.60	23.15	4.63	7.13	9.54	12.25	15.94	19.23	21.38	23.03	24.44	25.74	26.52
	I_d	1.73	2.72	3.03	4.43	6.00	7.72	9.68	10.13	11.89	13.18	14.16	1.74	2.74	3.05	4.48	6.10	7.92	10.05	10.55	12.57	14.10	15.29
40	I_k	4.04	6.21	8.28	10.58	13.66	16.36	18.10	19.40	20.52	21.52	22.13	4.07	6.29	8.46	10.93	14.39	17.60	19.76	21.45	22.94	24.33	25.18
	I_d	1.52	2.39	2.67	3.91	5.32	6.89	8.72	9.14	10.85	12.14	13.14	1.52	2.40	2.68	3.94	5.39	7.04	9.01	9.48	11.40	12.90	14.09
50	I_k	3.26	5.03	6.77	8.76	11.55	14.14	15.89	17.27	18.49	19.63	20.32	3.27	5.08	6.88	8.98	12.03	15.00	17.10	18.82	20.38	21.89	22.83
	I_d	1.22	1.92	2.14	3.16	4.33	5.66	7.26	7.64	9.22	10.46	11.45	1.22	1.93	2.15	3.18	4.37	5.75	7.45	7.86	9.59	10.99	12.14
60	I_k	2.72	4.23	5.72	7.46	9.97	12.41	14.13	15.52	16.79	18.01	18.77	2.74	4.26	5.80	7.61	10.31	13.04	15.03	16.72	18.30	19.86	20.86
	I_d	1.02	1.61	1.79	2.55	3.64	4.80	6.21	6.55	7.99	9.17	10.13	1.02	1.61	1.80	2.66	3.67	4.86	6.34	6.70	8.26	9.56	10.65
70	I_k	2.34	3.65	4.95	6.49	8.76	11.04	12.69	14.07	15.36	16.62	17.42	2.35	3.67	5.00	6.60	9.01	11.51	13.39	15.02	16.58	18.16	19.19
	I_d	0.87	1.38	1.54	2.28	3.15	4.16	5.42	5.73	7.05	8.15	9.07	0.87	1.38	1.54	2.29	3.17	4.20	5.52	5.84	7.25	8.45	9.48
80	I_k	2.05	3.20	4.36	5.74	7.81	9.93	11.50	12.85	14.13	15.41	16.24	2.06	3.22	4.40	5.82	7.99	10.30	12.06	13.61	15.14	16.71	17.75
	I_d	0.76	1.21	1.35	2.00	2.77	3.67	4.81	5.09	6.30	7.33	8.21	0.76	1.21	1.35	2.01	2.78	3.70	4.88	5.17	6.46	7.57	8.54
90	I_k	1.83	2.86	3.90	5.15	7.04	9.02	10.51	11.81	13.08	14.36	15.20	1.83	2.87	3.93	5.21	7.18	9.31	10.96	12.44	13.92	15.47	16.51
	I_d	0.68	1.08	1.20	1.78	2.47	3.28	4.32	4.57	5.69	6.65	7.49	0.68	1.08	1.20	1.79	2.48	3.31	4.37	4.64	5.82	6.85	7.76
100	I_k	1.65	2.58	3.52	4.66	6.40	8.25	9.67	10.93	12.16	13.44	14.29	1.65	2.59	3.54	4.71	6.52	8.49	10.04	11.45	12.88	14.40	15.43
	I_d	0.61	0.97	1.08	1.61	2.23	2.97	3.92	4.15	5.19	6.10	6.89	0.61	0.97	1.08	1.61	2.24	2.99	3.96	4.21	5.29	6.26	7.11

表 2－59　　低压交联聚乙烯铜芯电缆短路电流速查表（五）　　（单位：kA）

线路长度/m	变压器	2500 kVA　u_k%=6											2500 kVA　u_k%=8										
	电流代号	YJV 电缆截面积/mm²											YJV 电缆截面积/mm²										
		16	25	35	50	70	95	120	150	185	240	300	16	25	35	50	70	95	120	150	185	240	300
12	I_k	12.82	18.71	23.56	28.01	32.71	35.84	37.52	38.62	39.47	40.19	40.62	12.50	17.77	21.78	25.17	28.44	30.44	31.47	32.11	32.60	33.01	33.25
	I_d	4.98	7.70	8.52	12.04	15.58	18.19	22.09	22.71	24.94	26.34	27.28	4.95	7.59	8.39	11.67	14.81	17.59	20.07	20.54	22.15	23.12	23.76
16	I_k	9.86	14.75	19.00	23.38	28.40	32.08	34.17	35.60	36.73	37.70	38.27	9.71	14.25	18.04	21.57	25.34	27.87	29.23	30.11	30.80	31.37	31.70
	I_d	3.76	5.87	6.52	9.37	12.41	15.48	18.65	19.31	21.77	23.41	24.57	3.75	5.82	6.46	9.18	11.98	14.68	17.31	17.83	19.72	20.92	21.74
20	I_k	8.00	12.13	15.93	19.93	24.91	28.86	31.22	32.89	34.25	35.44	36.14	7.91	11.83	15.28	18.72	22.68	25.55	27.17	28.26	29.11	29.84	30.27
	I_d	3.03	4.74	5.28	7.68	10.27	13.04	16.05	16.71	19.23	20.99	22.27	3.02	4.71	5.24	7.54	10.04	12.51	15.11	15.66	17.68	19.03	19.98
25	I_k	6.46	9.90	13.16	16.75	21.47	25.50	28.05	29.92	31.50	32.91	33.75	6.41	9.72	12.77	15.97	19.92	23.02	24.86	26.15	27.19	28.09	28.62
	I_d	2.43	3.82	4.25	6.22	8.43	10.85	13.61	14.23	16.70	18.52	19.98	2.42	3.80	4.23	6.15	8.27	10.52	12.98	13.52	15.58	17.03	18.08
30	I_k	5.42	8.35	11.15	14.40	18.80	22.76	25.37	27.37	29.10	30.68	31.63	5.36	8.24	10.94	13.87	17.68	20.86	22.83	24.27	25.45	26.50	27.11
	I_d	2.03	3.19	3.56	5.23	7.14	9.27	11.78	12.36	14.72	16.52	17.92	2.03	3.18	3.55	5.19	7.03	9.05	11.34	11.85	13.89	15.37	16.48
35	I_k	4.65	7.22	9.73	12.61	16.68	20.50	23.11	25.17	26.99	28.69	29.74	4.64	7.14	9.55	12.23	15.85	19.02	21.06	22.59	23.88	25.05	25.74
	I_d	1.74	2.75	3.06	4.51	6.19	8.09	10.37	10.91	13.14	14.89	16.29	1.74	2.74	3.06	4.48	6.11	7.93	10.05	10.53	12.50	13.98	15.12
40	I_k	4.09	6.35	8.59	11.21	14.98	18.62	21.18	23.26	25.14	26.93	28.04	4.08	6.30	8.46	10.92	14.33	17.44	19.50	21.09	22.47	23.73	24.49
	I_d	1.52	2.41	2.69	3.97	5.46	7.17	9.26	9.76	11.86	13.54	14.91	1.52	2.40	2.68	3.95	5.40	7.05	9.01	9.46	11.35	12.80	13.95
50	I_k	3.29	5.12	5.96	9.15	12.40	15.70	18.11	20.14	22.05	23.93	25.13	3.28	5.09	6.89	8.98	12.00	14.91	16.93	18.57	20.04	21.43	22.28
	I_d	1.22	1.93	2.16	3.19	4.41	5.83	7.61	8.04	9.90	11.44	12.73	1.22	1.93	2.15	3.18	4.38	5.76	7.45	7.85	9.56	10.93	12.05
60	I_k	2.74	4.29	5.85	7.73	10.57	13.53	15.77	17.72	19.60	21.50	22.74	2.74	4.27	4.80	7.41	10.29	12.98	14.92	16.54	18.04	19.50	20.42
	I_d	1.02	1.61	1.80	2.67	3.70	4.91	6.45	6.83	8.48	9.89	11.10	1.02	1.61	1.80	2.66	3.68	4.86	6.34	6.70	8.24	9.52	10.59
70	I_k	2.36	3.69	5.04	6.68	9.20	11.88	13.95	15.79	17.61	19.50	20.75	2.35	3.67	5.01	6.60	9.00	11.47	13.31	14.88	16.38	17.87	18.83
	I_d	0.87	1.38	1.55	2.30	3.19	4.24	5.60	5.93	7.41	8.70	9.83	0.87	1.38	1.54	2.29	3.17	4.21	5.52	5.84	7.24	8.43	9.44
80	I_k	2.06	3.24	4.43	5.88	8.14	10.58	12.50	14.24	15.98	17.83	19.07	2.06	3.23	4.41	5.83	7.99	10.27	12.00	13.51	14.98	16.48	17.45
	I_d	0.77	1.21	1.35	2.01	2.80	3.73	4.94	5.24	6.58	7.77	8.81	0.76	1.21	1.35	2.01	2.79	3.71	4.88	5.17	6.45	7.55	8.50
90	I_k	1.84	2.88	3.95	5.26	7.29	9.53	11.31	12.95	14.62	16.41	17.64	1.83	2.87	3.93	5.21	7.18	9.29	10.91	12.36	13.79	15.28	16.26
	I_d	0.68	1.08	1.21	1.79	2.49	3.33	4.42	4.69	5.92	7.01	7.98	0.68	1.08	1.20	1.79	2.48	3.31	4.38	4.64	5.81	6.84	7.73
100	I_k	1.65	2.50	3.56	4.75	6.61	8.67	10.33	11.87	13.46	15.20	16.40	1.65	2.59	3.55	4.71	6.52	8.47	10.01	11.39	12.77	14.23	15.21
	I_d	0.61	0.97	1.09	1.62	2.25	3.01	4.00	4.25	5.37	6.39	7.30	0.61	0.97	1.08	1.61	2.24	2.99	3.96	4.21	5.29	6.25	7.09

表 2-60　　低压交联聚乙烯铜芯电缆短路电流速查表（六）　　（单位：kA）

线路长度/m	变压器	1600kVA $u_k\%=8$											2000kVA $u_k\%=8$										
	电流代号	YJV 电缆截面积/mm²											YJV 电缆截面积/mm²										
		16	25	35	50	70	95	120	150	185	240	300	16	25	35	50	70	95	120	150	185	240	300
12	I_k	11.50	15.35	17.83	19.65	21.21	22.08	22.52	22.79	22.99	23.16	23.26	12.08	16.69	19.95	22.51	24.85	26.21	26.89	27.32	22.64	27.91	28.07
	I_d	4.83	7.24	7.93	10.61	12.91	14.70	16.14	16.40	17.25	17.74	18.06	4.90	7.44	8.19	11.20	13.94	16.23	18.17	18.53	19.73	20.45	20.91
16	I_k	9.17	12.82	15.47	17.63	19.64	20.84	21.45	21.83	22.12	22.37	22.51	9.48	13.63	16.88	19.73	22.58	24.37	25.31	25.91	26.36	26.75	26.97
	I_d	3.69	5.64	6.22	8.59	10.82	12.75	14.44	14.75	15.84	16.49	16.92	3.72	5.74	6.35	8.92	11.46	13.79	15.95	16.37	17.84	18.75	19.36
20	I_k	7.59	10.92	13.54	15.85	18.17	19.64	20.41	20.91	21.29	21.61	21.79	7.77	11.44	14.52	17.41	20.54	22.66	23.81	24.57	25.15	25.65	25.94
	I_d	2.98	4.60	5.09	7.17	9.25	11.17	12.97	13.33	14.57	15.35	15.87	3.00	4.66	5.17	7.38	9.67	11.90	14.12	14.57	16.20	17.25	17.97
25	I_k	6.22	9.16	11.64	13.97	16.51	18.25	19.19	19.81	20.30	20.71	20.94	6.33	9.48	12.28	15.08	18.34	20.73	22.09	23.01	23.74	24.37	24.75
	I_d	2.40	3.74	4.15	5.93	7.78	9.62	11.45	11.83	13.20	14.09	14.70	2.41	3.77	4.19	6.05	8.06	10.11	12.28	12.74	14.46	15.63	16.46
30	I_k	5.26	7.86	10.15	12.43	15.06	16.97	18.06	18.79	19.37	19.86	20.15	5.33	8.08	10.60	13.24	16.49	19.03	20.53	21.59	22.44	23.18	23.61
	I_d	2.01	3.14	3.49	5.04	6.70	8.41	10.21	10.59	12.02	12.98	13.67	2.02	3.17	3.52	5.12	6.89	8.76	10.82	11.27	13.02	14.25	15.14
35	I_k	4.55	6.87	8.98	11.16	13.80	15.82	17.01	17.83	18.49	19.07	19.40	4.60	7.03	9.31	11.77	14.93	17.53	19.13	20.29	21.24	22.08	22.58
	I_d	1.73	2.71	3.02	4.38	5.87	7.46	9.18	9.56	11.00	12.02	12.75	1.73	2.73	3.04	4.44	6.01	7.72	9.66	10.09	11.81	13.06	14.00
40	I_k	4.01	6.10	8.04	10.10	12.70	14.79	16.05	16.95	17.68	18.32	18.70	4.05	6.21	8.28	10.57	13.61	16.22	17.88	19.11	20.15	21.07	21.62
	I_d	1.52	2.38	2.65	3.87	5.22	6.69	8.33	8.70	10.13	11.17	11.93	1.52	2.39	2.67	3.91	5.32	6.89	8.70	9.12	10.79	12.05	13.00
50	I_k	3.24	4.97	6.63	8.46	10.91	13.02	14.37	15.37	16.21	16.97	17.42	3.26	5.04	6.78	8.76	11.52	14.06	15.75	17.07	18.21	19.27	19.91
	I_d	1.22	1.92	2.14	3.13	4.27	5.53	7.01	7.35	8.72	9.76	10.56	1.22	1.92	2.15	3.16	4.33	5.65	7.25	7.63	9.18	10.40	11.36
60	I_k	2.71	4.19	5.63	7.26	9.53	11.59	12.96	14.02	14.94	15.78	16.29	2.73	4.24	5.73	7.47	9.96	12.36	14.03	15.37	16.58	17.72	18.42
	I_d	1.02	1.60	1.79	2.63	3.61	4.71	6.04	6.35	7.64	8.64	9.44	1.02	1.61	1.79	2.65	3.65	4.80	6.21	6.54	7.97	9.12	10.06
70	I_k	2.33	3.62	4.89	6.35	8.44	10.41	11.78	12.86	13.83	14.73	15.29	2.34	3.65	4.96	6.50	8.76	11.01	12.62	13.96	15.19	16.38	17.13
	I_d	0.87	1.38	1.54	2.27	3.12	4.10	5.29	5.58	6.78	7.75	8.53	0.87	1.38	1.54	2.28	3.15	4.16	5.42	5.72	7.03	8.12	9.02
80	I_k	2.05	3.18	4.32	5.64	7.56	9.44	10.77	11.86	12.85	13.80	14.39	2.06	3.21	4.37	5.75	7.81	9.91	11.45	12.76	14.00	15.22	16.00
	I_d	0.76	1.21	1.35	1.99	2.75	3.62	4.71	4.97	6.09	7.01	7.77	0.76	1.21	1.35	2.00	2.77	3.67	4.81	5.08	6.29	7.31	8.17
90	I_k	1.82	2.84	3.86	5.07	6.84	8.63	9.92	10.99	11.99	12.97	13.59	1.83	2.86	3.90	5.15	7.04	9.00	10.47	11.75	12.97	14.20	15.00
	I_d	0.68	1.07	1.20	1.78	2.45	3.25	4.24	4.48	5.53	6.40	7.13	0.68	1.08	1.20	1.78	2.47	3.28	4.32	4.57	5.69	6.64	7.46
100	I_k	1.64	2.57	3.49	4.60	6.25	7.94	9.18	10.24	11.24	42.23	12.85	1.65	2.58	3.53	4.66	6.40	8.24	9.64	10.87	12.07	13.30	14.11
	I_d	0.61	0.97	1.08	1.60	2.22	2.94	3.86	4.08	5.06	5.89	6.59	0.61	0.97	1.08	1.61	2.23	2.97	3.92	4.15	5.19	6.08	6.87

（7）低压封闭母线处短路电流（假设系统容量为无穷大，U_P=0.4kV），见表 2-61～表 2-64。

表 2-61　　封闭铜母线短路电流速查表（一）　　（单位：kA）

线路长度/m	变压器	500kVA u_k%=4					630kVA u_k%=4					630kVA u_k%=6				
	电流代号	母线额定电流/A					母线额定电流/A					母线额定电流/A				
		250	400	630	800	1000	400	630	800	1000	1250	400	630	800	1000	1250
12	I_k	15.37	15.49	15.57	15.68	15.83	19.11	19.24	19.41	19.63	19.83	13.55	13.62	13.69	13.79	13.87
	I_d	13.54	13.80	13.96	14.19	14.49	16.76	16.99	17.33	17.80	18.21	12.24	12.37	12.53	12.74	12.93
14	I_k	15.21	15.35	15.44	15.57	15.74	18.90	19.05	19.24	19.50	19.73	13.45	13.53	13.61	13.73	13.83
	I_d	13.21	13.52	13.69	13.95	14.31	16.34	16.59	16.99	17.52	17.99	12.03	12.18	12.36	12.61	12.83
16	I_k	15.05	15.21	15.31	15.46	15.65	18.69	18.85	19.07	19.37	19.62	13.35	13.44	13.54	13.67	13.78
	I_d	12.90	13.24	13.43	13.73	14.13	15.94	16.20	18.65	17.25	17.78	11.83	11.99	12.20	12.48	12.73
18	I_k	14.89	15.07	15.19	15.35	15.56	18.48	18.66	18.91	19.23	19.52	13.25	13.35	13.46	13.61	13.74
	I_d	12.59	12.98	13.18	13.50	13.95	15.55	15.83	16.31	16.98	17.57	11.63	11.81	12.04	12.36	12.63
20	I_k	14.73	14.93	15.06	15.24	15.48	18.27	18.47	18.74	19.10	19.42	13.16	13.26	13.39	13.55	13.69
	I_d	12.29	12.72	12.93	13.29	13.77	15.17	15.47	15.99	16.71	17.36	11.44	11.62	11.88	12.23	15.54
25	I_k	14.35	14.60	14.75	14.97	15.26	17.77	17.99	18.33	18.78	19.17	12.92	13.04	13.20	13.40	13.58
	I_d	11.60	12.11	12.34	12.76	13.34	14.29	14.61	15.22	16.07	16.85	10.97	11.18	11.49	11.92	12.29
30	I_k	13.97	14.27	14.44	14.70	15.05	17.29	17.54	17.93	18.46	18.92	12.68	12.83	13.01	13.25	13.46
	I_d	10.95	11.54	11.78	12.26	12.93	13.49	13.82	14.50	15.47	16.35	10.53	10.75	11.12	11.61	12.05
35	I_k	13.61	13.96	14.14	14.44	14.84	16.82	17.09	17.54	18.14	18.68	12.45	12.61	12.82	13.11	13.35
	I_d	10.37	11.01	11.26	11.79	12.53	12.77	13.09	13.83	14.89	15.88	10.12	10.35	10.76	11.32	11.82
40	I_k	13.26	13.65	13.85	14.19	14.64	16.38	16.66	17.16	17.83	18.43	12.22	12.40	12.64	12.96	13.24
	I_d	9.83	10.52	10.78	11.34	12.15	12.10	12.42	13.21	14.35	15.43	9.72	9.96	10.41	11.03	11.59
45	I_k	12.92	13.36	13.57	13.94	14.44	15.95	16.25	16.79	17.53	18.19	12.00	12.19	12.46	12.81	13.13
	I_d	9.33	10.07	10.32	10.92	11.79	11.50	11.81	12.63	13.83	14.99	9.35	9.60	10.08	10.75	11.36
50	I_k	12.59	13.07	13.29	13.70	14.24	15.53	15.84	16.43	17.24	17.96	11.79	11.99	12.28	12.67	13.02
	I_d	8.88	9.65	9.90	10.53	11.44	10.94	11.25	12.09	13.34	14.57	9.01	9.25	9.76	10.48	11.14
60	I_k	11.97	12.52	12.76	13.22	13.85	14.75	15.08	15.74	16.66	17.50	11.37	11.59	11.93	12.39	12.80
	I_d	8.09	8.90	9.14	9.18	10.79	9.97	10.25	11.13	12.46	13.79	8.37	8.61	9.17	9.96	10.72
70	I_k	11.40	12.01	12.26	12.77	13.48	14.04	14.37	15.10	16.11	17.06	10.97	11.20	11.59	12.11	12.58
	I_d	7.41	8.24	8.47	9.16	10.20	9.14	9.41	10.29	11.66	13.07	7.81	8.04	8.63	9.49	10.32

表 2－62　　封闭铜母线短路电流速查表（二）　　（单位：kA）

线路长度/m	变压器	800kVA u_k%=6					1000kVA u_k%=6					1250kVA u_k%=6				
	电流代号	母线额定电流/A					母线额定电流/A					母线额定电流/A				
		400	630	800	1000	1250	630	800	1000	1250	1600	800	1000	1250	1600	2000
12	I_k	16.81	16.91	17.03	17.18	17.32	20.60	20.78	21.00	21.20	21.35	25.38	25.72	26.02	26.25	26.42
	I_d	14.98	15.17	15.42	15.75	16.04	18.21	18.57	19.06	19.49	19.82	22.34	23.07	23.71	24.20	24.56
16	I_k	16.51	16.64	16.79	17.00	17.17	20.19	20.42	20.73	20.99	21.19	24.85	25.31	25.71	26.00	26.23
	I_d	14.36	14.60	14.92	15.35	15.73	17.37	17.84	18.48	19.04	19.46	21.26	22.20	23.03	23.67	24.15
20	I_k	16.21	16.37	16.56	16.81	17.03	19.79	20.07	20.45	20.78	21.03	24.33	24.89	25.39	25.76	26.04
	I_d	13.78	14.04	14.43	14.96	15.43	16.56	17.13	17.90	18.59	19.12	20.23	21.35	22.37	23.15	23.74
25	I_k	15.84	16.03	16.27	16.58	16.86	19.29	19.64	20.11	20.52	20.82	23.69	24.38	25.00	25.46	25.80
	I_d	13.09	13.38	13.85	14.49	15.06	15.62	16.29	17.21	18.05	18.69	19.03	20.35	21.57	22.51	23.24
30	I_k	15.49	15.70	15.98	16.35	16.68	18.80	19.22	19.77	20.26	20.62	23.05	23.88	24.61	25.15	25.57
	I_d	12.45	12.75	13.29	14.03	14.69	14.75	15.50	16.33	17.52	18.26	17.93	19.41	20.79	21.88	22.74
35	I_k	15.14	15.37	15.70	16.13	16.51	18.32	18.80	19.44	20.00	20.42	22.44	23.38	24.22	24.85	25.33
	I_d	11.86	12.17	12.76	13.59	14.34	13.95	14.79	15.92	17.00	17.85	16.92	18.52	20.05	21.28	22.25
40	I_k	14.80	15.05	15.42	15.91	16.34	17.85	18.39	19.11	19.74	20.22	21.84	22.90	23.84	24.56	25.10
	I_d	11.31	11.62	12.26	13.16	13.99	13.21	14.07	15.32	16.51	17.45	15.99	17.69	19.35	20.69	21.77
50	I_k	14.15	14.43	14.87	15.47	15.99	18.96	17.60	18.46	19.24	19.83	20.70	21.95	23.07	23.97	24.64
	I_d	10.33	10.63	11.34	12.36	13.33	11.91	12.84	14.22	15.57	16.67	14.37	16.20	18.03	19.58	20.85
60	I_k	13.54	13.84	14.35	15.04	15.66	16.12	16.85	17.84	18.75	19.44	19.64	21.06	22.37	23.39	24.18
	I_d	9.48	9.77	10.52	11.63	12.71	10.82	11.78	13.24	14.71	15.94	13.02	14.89	16.85	18.55	19.97
70	I_k	12.96	13.27	13.84	14.62	15.33	15.34	16.14	17.25	18.27	19.05	18.65	20.21	21.67	22.83	23.73
	I_d	8.75	9.03	9.80	10.97	12.13	9.89	10.85	12.36	13.91	15.25	11.87	13.76	15.79	17.59	19.14
80	I_k	12.43	12.74	13.36	14.22	15.01	14.61	15.47	16.67	17.80	18.68	17.73	19.40	21.00	22.28	23.29
	I_d	8.12	8.37	9.15	10.36	11.59	9.09	10.05	11.57	13.18	14.60	10.90	12.77	14.83	16.71	18.36
90	I_k	11.92	12.24	12.91	13.83	14.69	13.93	14.84	16.13	17.35	18.32	16.88	18.64	20.35	21.75	22.85
	I_d	7.56	7.80	8.58	9.81	11.08	8.41	9.35	10.87	12.51	13.99	10.07	11.90	13.97	15.89	17.62
100	I_k	11.45	11.77	12.47	13.46	14.39	13.31	14.25	15.61	16.91	17.96	16.10	17.93	19.73	21.23	22.43
	I_d	7.07	7.30	8.07	9.30	10.61	7.82	8.73	10.24	11.90	13.42	9.34	11.14	13.19	15.14	16.93

表 2-63　　封闭铜母线短路电流速查表（三）　　（单位：kA）

线路长度/m	变压器	1600kVA u_k%=6					2000kVA u_k%=6						2500kVA u_k%=6					
	电流	母线额定电流/A					母线额定电流/A						母线额定电流/A					
	代号	800	1250	1600	2000	2500	800	1250	1600	2000	2500	3000	800	1250	1600	2000	2500	3000
12	I_k	30.80	31.75	32.09	32.34	32.49	37.23	38.66	39.16	39.54	39.77	39.93	44.07	46.12	46.84	47.37	47.71	47.94
	I_d	26.62	28.63	29.34	29.89	30.23	31.42	34.38	35.44	36.25	36.76	37.10	36.27	40.41	41.91	43.06	43.79	44.29
16	I_k	30.02	31.28	31.72	32.06	32.26	36.07	37.96	38.62	39.12	39.42	39.64	42.41	45.11	45.05	46.77	47.21	47.52
	I_d	25.06	27.63	28.56	29.28	29.73	29.19	32.91	34.28	35.34	36.01	36.47	33.24	38.34	40.27	41.76	42.72	43.37
20	I_k	29.25	30.81	31.36	31.78	32.03	34.93	37.25	38.08	38.70	39.08	39.35	40.81	44.10	45.28	46.17	46.72	47.10
	I_d	23.60	26.67	27.80	28.67	29.23	27.16	31.50	33.15	34.44	35.26	35.83	30.58	36.40	38.68	40.49	41.68	42.47
25	I_k	28.31	30.23	30.91	31.43	31.75	33.54	36.39	37.40	38.17	38.65	38.98	38.88	42.87	44.32	45.41	46.10	46.58
	I_d	21.94	25.51	26.87	27.93	28.61	24.90	29.84	31.79	33.34	34.35	35.05	27.65	34.13	39.79	38.95	40.36	41.35
30	I_k	27.39	29.66	30.47	31.08	31.46	32.22	35.54	38.74	37.65	38.22	38.62	37.66	41.67	43.37	44.67	45.49	46.06
	I_d	20.44	24.40	25.96	27.20	28.01	22.93	28.29	30.49	32.28	33.45	34.27	25.19	32.07	35.02	37.47	39.10	40.26
35	I_k	26.51	29.09	30.02	30.73	31.18	30.96	34.70	36.08	37.13	37.80	38.26	35.35	40.50	42.44	43.93	44.88	45.54
	I_d	19.10	23.36	25.10	26.49	27.41	21.21	26.85	29.26	31.25	32.58	33.51	23.07	30.18	33.36	36.05	37.88	39.19
40	I_k	25.65	28.54	29.59	30.39	30.89	29.76	33.89	25.43	36.62	37.37	37.90	33.74	39.37	41.52	43.20	44.27	45.02
	I_d	17.90	22.38	24.27	25.80	26.82	19.69	25.62	28.10	30.26	31.73	32.77	21.26	28.46	31.81	34.70	36.70	38.15
50	I_k	24.05	27.45	28.73	29.71	30.33	27.54	32.32	34.16	35.61	36.53	37.18	30.84	37.21	39.75	41.77	43.08	44.00
	I_d	15.85	20.60	22.71	24.48	25.69	17.18	23.15	25.96	28.40	30.10	31.33	18.32	25.48	29.03	32.20	34.48	36.16
60	I_k	22.58	26.41	27.89	29.04	29.77	25.57	30.84	32.95	34.62	35.70	36.47	28.32	35.20	38.07	40.38	41.91	42.99
	I_d	14.18	19.03	21.29	23.35	24.61	15.20	21.13	24.07	26.69	28.57	29.97	16.05	23.00	26.62	29.97	32.44	34.30
70	I_k	21.25	25.42	27.07	28.38	29.22	23.81	29.44	31.78	33.66	34.89	35.77	26.13	33.35	36.47	39.04	40.77	42.00
	I_d	12.81	17.65	20.01	22.10	23.59	13.61	19.40	22.39	25.14	27.16	28.68	14.27	20.93	24.53	27.97	30.57	32.57
80	I_k	20.03	24.47	26.29	27.73	28.68	22.25	28.14	30.86	32.72	34.10	35.08	24.21	31.64	34.97	37.76	39.66	41.03
	I_d	11.67	16.43	18.84	21.03	22.62	12.31	17.91	20.90	23.72	25.84	27.46	12.83	19.17	22.72	26.18	28.86	30.97
90	I_k	18.93	23.58	25.53	27.10	28.15	20.85	26.92	29.60	31.82	33.32	34.40	22.54	30.06	33.55	36.53	38.58	40.08
	I_d	10.70	15.36	17.79	20.04	21.71	11.23	16.51	19.57	22.43	24.62	26.32	11.65	17.57	21.13	24.58	27.31	29.48
100	I_k	17.92	22.73	24.80	26.49	27.62	19.60	25.78	28.58	30.95	32.56	33.74	21.06	28.61	32.22	35.35	37.54	39.16
	I_d	9.88	14.40	16.83	19.13	20.86	10.32	15.48	18.39	21.25	23.49	25.25	10.57	16.37	19.74	23.15	25.89	28.11

表 2-64　　封闭铜母线短路电流速查表（四）　　（单位：kA）

线路长度/m	变压器	1600kVA $u_k\%=8$					2000kVA $u_k\%=8$						2500kVA $u_k\%=8$					
	电流代号	母线额定电流/A					母线额定电流/A						母线额定电流/A					
		800	1250	1600	2000	2500	800	1250	1600	2000	2500	3000	800	1250	1600	2000	2500	3000
12	I_k	24.37	24.93	25.13	25.27	25.36	29.70	30.55	30.84	31.06	31.20	31.30	35.55	36.79	37.23	37.55	37.75	37.89
	I_d	21.59	22.81	23.24	23.56	23.76	23.83	27.65	28.29	28.78	29.09	29.29	30.28	32.91	33.84	34.56	35.00	35.30
16	I_k	23.91	24.65	24.91	25.11	25.23	29.00	30.12	30.52	30.82	31.00	31.12	34.53	36.18	36.75	37.19	37.45	37.64
	I_d	20.62	22.21	22.77	23.20	23.46	24.39	26.75	27.59	28.24	28.64	28.91	28.26	31.61	32.82	33.76	34.35	34.75
20	I_k	23.44	24.37	24.70	24.94	25.09	28.30	29.70	30.20	30.57	30.79	30.95	33.52	35.56	36.28	36.82	37.16	37.39
	I_d	19.68	21.61	22.31	22.84	23.17	23.04	25.87	26.90	27.69	28.19	28.53	26.40	30.35	31.82	32.97	33.69	34.19
25	I_k	22.87	24.03	24.43	24.74	24.93	27.44	29.18	29.78	30.25	30.54	30.74	32.28	34.80	35.69	36.37	36.78	37.07
	I_d	18.58	20.89	21.74	22.39	22.80	21.49	24.80	26.05	27.02	27.64	28.06	24.31	28.84	30.61	31.99	32.89	33.50
30	I_k	22.31	23.68	24.17	24.53	24.76	26.60	28.66	29.39	29.94	30.29	30.52	31.09	34.05	35.11	35.91	36.41	36.76
	I_d	17.55	20.19	21.18	21.95	22.44	20.08	23.78	25.22	26.36	27.09	27.59	22.46	27.43	29.44	31.04	32.09	32.82
35	I_k	21.75	25.34	23.90	24.33	24.59	25.79	28.15	28.99	29.63	30.03	30.31	29.95	33.31	34.53	35.46	36.04	36.44
	I_d	16.61	19.51	20.63	21.51	22.07	18.80	22.82	24.42	25.71	26.55	27.13	20.83	26.11	28.32	30.12	31.31	32.15
40	I_k	21.21	23.00	23.64	24.12	24.42	25.00	27.64	28.60	29.32	29.78	30.09	28.85	32.58	33.95	35.01	35.67	36.13
	I_d	15.73	18.86	20.10	21.08	21.71	17.65	21.90	23.65	25.08	26.01	26.67	19.39	24.88	27.25	29.23	30.55	31.49
50	I_k	20.17	22.33	23.12	23.71	24.09	23.51	26.65	27.81	28.71	29.27	29.66	26.82	31.17	32.83	34.11	34.93	35.50
	I_d	14.19	17.65	19.08	20.24	21.01	15.68	20.22	22.20	23.86	24.97	25.76	16.98	22.66	25.28	27.53	29.08	30.20
60	I_k	19.18	21.68	22.60	23.31	23.73	22.13	25.70	27.05	28.10	28.77	29.23	24.98	29.83	31.74	33.24	34.20	34.88
	I_d	12.88	16.54	18.12	19.44	20.33	14.06	18.73	20.87	22.71	23.98	24.89	15.06	20.75	23.52	25.96	27.70	28.96
70	I_k	18.26	21.04	22.09	22.91	23.42	20.87	24.78	26.30	27.50	28.27	28.81	23.33	28.56	30.68	32.38	33.48	34.26
	I_d	11.78	15.53	17.23	18.67	19.66	12.72	17.40	19.66	21.63	23.03	24.05	13.51	19.10	21.94	24.52	26.39	27.79
80	I_k	17.40	20.43	21.60	22.51	23.09	19.71	23.90	25.58	26.91	27.78	28.39	21.85	27.36	29.67	31.54	32.77	33.55
	I_d	10.83	14.62	16.40	17.95	19.03	11.60	16.23	18.55	20.63	22.13	23.23	12.23	17.66	20.53	23.19	25.17	26.67
90	I_k	16.60	19.84	21.11	22.12	22.77	18.66	23.06	24.88	26.33	27.29	27.97	20.52	26.23	28.70	30.72	32.08	33.04
	I_d	10.01	13.79	15.63	17.26	18.42	10.65	15.19	17.54	19.69	21.27	22.46	11.17	16.41	19.26	21.98	24.04	25.62
100	I_k	15.86	19.27	20.64	21.73	22.44	17.69	22.26	24.20	25.77	26.81	27.55	19.33	25.17	27.77	29.93	31.40	32.45
	I_d	9.30	13.04	14.92	16.61	17.83	9.84	14.27	16.62	18.82	20.46	21.72	10.27	15.31	18.13	20.87	22.98	24.63

（8）电缆热稳定电流 I_R 应不小于合理的短路电流周期分量有效值 I_k，见表 2-65。

$$I_R \geqslant I_k \tag{2-21}$$

表 2-65　　铜芯电缆热稳定短路电流速查表　　（单位：kA）

电缆绝缘	持续时间/s	电缆截面积/mm²										
		10	16	25	35	50	70	95	120	150	185	240
聚氯乙烯	0.1	3.64	5.82	9.09	12.73	18.18	25.46	34.50	43.64	54.55	67.28	87.28
	0.15	2.97	4.75	7.42	10.39	14.85	20.79	28.21	35.63	44.54	54.93	71.26
	0.2	2.57	4.11	6.43	9.00	12.86	18.00	24.23	30.86	38.57	47.57	61.27
普通橡胶	0.1	4.14	6.63	10.36	14.50	20.70	29.00	39.35	49.71	62.14	76.64	99.42
	0.15	3.38	5.41	8.46	11.84	16.91	23.68	32.13	40.59	50.74	62.59	51.18
	0.2	2.93	4.69	7.32	10.25	14.65	20.51	27.83	35.15	43.94	54.19	70.30
乙丙橡胶 交联聚乙烯	0.1	4.49	7.19	11.22	15.72	22.40	31.44	42.66	53.89	67.36	83.08	107.78
	0.15	3.67	5.87	9.17	12.83	18.33	25.66	34.83	44.00	55.00	67.83	87.99
	0.2	3.18	5.08	7.94	11.11	15.98	22.23	30.16	38.10	47.63	58.74	76.21

注：电缆热稳定电流 I_R 应不小于合理的短路电流周期分量有效值 I_k，即：$I_R \geqslant I_k$。

2.4　导体选择

2.4.1　导体的材料

（1）导体材料应根据负荷性质、环境条件、配电线路条件、安装部位、市场价格等实际情况确定，一般有银、铜、钢、铝（包括铝合金、铝锰、铝镁）等，应用较多的是铜和铝，其性能比较见表 2-66。

表 2-66　　铜和铝的性能及用途

导电材料	20℃电阻率 ρ/（Ω•cm）	相同载流量 线芯截面	优点	用　途
铜	1.72×10⁻⁶	S	损耗低、机械性能和延展性好、抗疲劳强度约为铝材 1.7 倍，不存在蠕变性	（1）供给照明、插座和小型用电设备的分支回路 （2）重要电源、操作回路及二次回路、电机的励磁回路等需要确保长期运行中连接可靠的回路 （3）移动设备的线路及振动场所的线路 （4）对铝有腐蚀的环境 （5）高温环境、潮湿环境、爆炸及火灾危险环境 （6）应急系统及消防设施的线路 （7）市政工程、户外工程的布电线 （8）公共建筑与居住建筑 （9）导体截面面积为 10mm² 及以下的电缆
铝	2.82×10⁻⁶	1.5S	密度小比重小，相同电阻值铝导体的质量为铜的一半，明显较轻，安装方便	（1）对铜有腐蚀而对铝腐蚀相对较轻的环境 （2）加工或储存氨气（液）、硫化氢、二氧化硫等的场所 （3）架空输电线路 （4）较大截面的中频线路

（2）电线电缆产品型号简介见表 2-67。

表 2-67　　电线电缆产品型号简介

类别、用途	导体	绝缘	内护层	特征	外护层	派生
1	2	3	4	5	6	7
裸电线 L－铝线 T－铜线 G－钢线				J－绞制 R－软 Y－硬		

续表

类别、用途	导体	绝缘	内护层	特征	外护层	派生
1	2	3	4	5	6	7
电力电缆 V－塑料电缆 X－橡皮电缆 YJ－交联聚乙烯电缆 BTT－矿物电缆 ZR（Z）－阻燃型 NH（N）－耐火型	铜芯省略 L－铝芯	V－聚氯乙烯 X－橡皮 Y－聚乙烯	H－橡套 Q－铅包 V－塑料护套	P－屏蔽 D－不滴流	1－一级防腐 2－二级防腐 9－内铠装	110－110kV
通信电缆 H－通信电缆 HJ－局用电缆 HP－配线电缆 HU－矿用电缆	G－铁线芯	Z－纸 V－聚氯乙烯 Y－聚乙烯 YF－泡沫聚乙烯 X－橡皮	Q－铅 F－复合物 V－塑料 VV－双层塑料 H－橡胶	C－自承式 J－交换机用 P－屏蔽 R－软结构 T－填石油膏	0－相应的裸外护层 1－纤维外被 2－聚氯乙烯 3－聚乙烯	T—热带型
电气装备用电线电缆 B－绝缘线 DJ－电子计算机 K－控制电缆 R－软线 Y－移动电缆 ZR－阻燃		V－聚氯乙烯 X－橡皮 XF－聚丁橡皮 XG－硅橡皮 Y－聚乙烯	H－橡套 P－屏蔽 V－聚氯乙烯	C－重型 G－高压 H－电焊机用 Q－轻型 R－柔软 T－耐热 Y－防白蚁 Z－中型	0－相应的裸外护层 32－镀锡铜丝编织 2－铜带绕包 3－铝箔/聚酯薄膜复合带绕包	1－第一种(户外用) 2－第二种 0.3－拉断力0.3t 105－耐热105℃

注：1. 1～5项以汉语拼音字母表示；6～7项一般以阿拉伯数字表示。

2. 一般电线电缆用铜导体线芯不列入“T”电力电缆，不列“力”的工代号，一般低压的不加入“低”的代号。

2.4.2 导体的特点及应用

（1）正确地选择电缆的额定电压值是确保长期安全运行的关键之一，电缆绝缘水平的选择见表2－68。

表2－68 电缆绝缘水平选择 （单位：kV）

系统标称电压 U_n		0.22/0.38	3		6		10		35	
电缆的额定电压 U_0/U	U_0第Ⅰ类	0.6/1 （0.45/0.75）	1.8/3		3/6		6/10		21/35	
	U_0第Ⅱ类			3/3		6/6		8.7/10		26/35
缆芯之间的工频最高电压 U_{max}			3.6		7.2		12		42	
缆芯对地的雷电冲击耐受电压的峰值 U_{P1}					60	75	75	95	200	250

注：1. 括号内数值只能用于建筑物的电气线路，不包括建筑物电源进线。

2. 缆芯对地（与绝缘屏蔽层或金属护套之间）的额定电压 U_0 应满足：中性点非有效接地（包括中性点不接地和经消弧线圈接地）系统中的单相接地故障持续时间在1min～2h之间，必须选用第Ⅱ类 U_0；在任何情况下单相接地故障持续时间不超过1min时，可选第Ⅰ类的 U_0。一般情况下，220/380V系统只选用第Ⅰ类的 U_0，3～35kV系统应选用第Ⅱ类 U_0。

3. 电缆缆芯之间的额定电压 $U \geq$ 系统标称电压 U_n。

4. 缆芯之间的工频最高电压 $U_{max} \geq$ 系统的最高工作电压。

（2）常用电线电缆最高允许温度见表 2－69。

表 2－69　　常用电线电缆最高允许温度

电线电缆种类	电压/kV	线芯持续工作允许温度/℃	短路热稳定允许温度/℃
橡皮绝缘电线	0.5	65	
塑料绝缘电线	0.45/0.75	70	
耐热氯乙烯导线	0.45/0.75	105	
粘性浸渍纸绝缘电缆	1～3	80	250
	6	65	
	10	60	
	35	50	175
不滴流纸绝缘电缆	1～6	80	250
	10	65	
	35	65	175
交联聚乙烯绝缘电缆	≤10	90	250
	＞10	80	
聚氯乙烯绝缘电缆	1	70	160
刚性矿物绝缘电缆	0.75	裸电缆　250 PVC－70℃护套电缆　70 PVC－105℃护套电缆　105	耐火 90min，3A 熔丝不熔断 A 类　900～1000 B 类　750～800
柔性矿物绝缘电缆	1	125	A 类　950～1000

注：1. 对发电厂、变电所及大型联合企业等重要回路铝芯电缆，短路最高允许温度为 200℃。
2. 含有锡焊中间接头的电缆，短路最高允许温度为 160℃。

（3）电缆外护层及铠装的选择见表 2－70。

表 2－70　　电缆外护层及铠装的适用敷设场合

护套或外护层	铠装	代号	敷设方式								环境条件						备注
			室内	电缆沟	电缆托盘	隧道	管道	竖井	埋地	水下	火灾危险	移动	多砾石	一般腐蚀	严重腐蚀	潮湿	
一般橡套	无		√	√	√	√	√	√				√	√	√		√	
不延燃橡套	无	F	√	√	√	√	√	√			√	√	√	√	√		耐油
聚氯乙烯护套	无	V	√	√	√	√	√		√		√	√	√	√	√	√	
聚乙烯护套	无	Y	√	√	√	√	√	√	√	√		√	√	√	√	√	
铜护套	无		√	√	√	√	√	√			√			√	√		刚性矿物绝缘电缆
矿物化合物	无		√		√	√		√			√			√	√		柔性矿物绝缘电缆
聚氯乙烯护套	钢带	22	√	√	√	√			√					√	√	√	
聚乙烯护套	钢带	23	√	√	√	√	√		√					√	√	√	
聚氯乙烯护套	细钢丝	32				√	√	√	√	√	√	√		√	√	√	

续表

护套或外护层	铠装	代号	敷设方式								环境条件						备注
			室内	电缆沟	电缆托盘	隧道	管道	竖井	埋地	水下	火灾危险	移动	多砾石	一般腐蚀	严重腐蚀	潮湿	
聚乙烯护套	细钢丝	33				√	√	√	√	√	√	√		√	√	√	
聚氯乙烯护套	粗钢丝	42				√	√	√	√	√	√	√		√	√	√	
聚乙烯护套	粗钢丝	43				√	√	√	√	√	√	√	√	√	√	√	
聚乙烯护套	铝合金带	62	√	√	√	√	√	√	√				√				

注：1. “√”表示适用；无标记则不推荐采用。
2. 具有防水层的聚氯乙烯护套电缆可在水下敷设。
3. 用于湿热带地区的防霉特种护层可在型号规格后加代号“TH”。
4. 单芯钢带铠装电缆不适用于交流线路。

（4）母线导电材料有铜、铝、铝合金或复合导体，如铜包铝或钢铝复合材料等。用于传输大电流的场合，母线分类及特点、额定电流等级和母线槽的相关参数见表2－71～表2－74。

表2－71　　母线分类及特点

导体	分类标准		分类名称	特点及用途
母线	裸母线	按截面形状	矩形	常用于低电压、大电流的场合
			圆形	
			管形	配电柜内部
	母线槽	按绝缘方式	密集绝缘	相间紧贴无气隙，有较好的热传导和动稳定性，但加工较复杂，成本较高
			空气绝缘	靠空气介质绝缘，制作较简便，但散热不如密集绝缘型，且阻抗较大
			空气附加绝缘	为混合绝缘型，类同于但优于空气绝缘母线槽
		按功能分类	馈电式	由不带分接装置（无插接孔）的母线干线单元组成，常用于发电机或变压器与配电屏、配电屏之间的连接线路
			插接式	由带分接装置的母线干线单元和插接式分线箱组成，用来传输电能并可引出电源支路的母线槽
			滑接式	用滚轮或滑触型分接单元的母线干线单元，常用于移动设备的供电，如行车、电动葫芦和生产线上
		按外壳形式及防护等级	表面喷涂钢板式	加工容易，成本较低，主要用于室内干燥环境，最高防护等级IP54～IP66
			塑料外壳	采用注塑成形，耐腐蚀性好，可用于相对湿度98%的环境，防护等级可达到IP56；采用树脂浇注，可达到IP68
			铝合金外壳	外壳上设计了散热板增大了散热面积，结构紧凑、尺寸小、质量轻，装配精度高。可在室内外应用，防护等级可达IP66，外壳可作为PE线
		按防火要求	普通型	
			耐火型	分为外涂敷型（壳体外涂敷一层防火材料）和内衬垫型（用耐火材料制作绝缘垫块），有些工程采用大截面矿物绝缘电缆代替耐火母线槽较经济
		按额定电压	低压母线槽	用于低压380V
				用于低压660V
			高压母线槽	用于高压3.6～35kV、110kV

表 2－72　各类母线槽额定电流等级（方均根值）

形式	母线槽额定电流等级/A
密集绝缘	25，40，63，100，160，200，250，400，630，800，1000，1250，1600，2000，2500，3150，4000，5000
空气绝缘	63，100，125，160，200，250，315，400，500，630，800，1000，1250，1600，2000，2500，3150，4000，5000
空气附加绝缘	250，400，630，800，1000，1250，1600，2000，2500，3150
滑接式	16，50，60，80，100，110，125，140，150，160，170，200，210，250，315，400，630，800，1000，1250，1600，2000

表 2－73　铜、铝母线槽电气指标

类　型	空气绝缘	密集绝缘	耐火
额定电压/kV	0.38/0.66		0.38/0.66/1/1.14
导　体	L1+L2+L3　L1+L2+L3+N　L1+L2+L3+N+PE		
额定频率/Hz	50/60		
外壳防护等级	≥IP30	≥IP40	≥IP44

表 2－74　母线槽常用的外壳防护等级

代号	含　义	应　用　场　所
IP30	能防止厚度或直径大于 2.5mm 的物体进入母线槽壳体内	适用于室内专用工作场所，可提高空气型母线槽的散热效果
IP40	能防止厚度或直径大于 1mm 的物体进入母线槽壳体内	适用于室内普通场所
IP41	能防止厚度或直径大于 1mm 的物体进入母线槽壳体内；垂直滴水无有害影响	适用于室内可能出现滴水的场所
IP54	不能防止尘埃进入；能防溅水，任何方向的溅水无有害影响	适用于室内潮湿场所，室外有顶棚的场所
IP65	无尘埃进入；能防喷水	适用于室外无遮盖的场所
IP66	无尘埃进入；能防海浪，进入外壳的水量不置达到有害程度	适用于码头等场所
IP68	无尘埃进入；在规定压力下长时间潜水时，水不应进入壳体内	适用于防有害气体进入壳体内的室外无遮盖的场所

2.4.3　电线、电缆截面的选择

（1）按温升选择截面：通过负载电流时，线芯温度不超过电线、电缆绝缘所允许的长期工作温度。

（2）按经济电流选择截面：经济寿命期内的总费用最少，即初始投资和经济寿命期内线路损耗费用之和最少。

（3）按短路电流校验截面：通过短路电流时，不超过所允许的短路强度，需校验动、热稳定性。

（4）按电压损失校验截面：电压损失在允许范围内，使各种用电设备端电压符合电压偏差允许值。

（5）按机械强度校验截面。

（6）低压电线、电缆应符合过负载保护的要求，还要保证在接地故障时保护电器能断开电路。

综合以上 6 个条件，其中最大截面作为最终选择结果。中性线 N、保护接地线 PE、保护接地中性线 PEN 的截面选择见表 2－75～表 2－77。

表 2－75　中性线截面选择

系统制式	相线截面/mm²	中性线截面/mm²	备注
单相二线制	S_L	$S_N=S_L$	
三相四线制	$S_L \leqslant 16$（铜） $S_L \leqslant 25$（铝）	$S_N=S_L$	N 线的允许载流量不应小于线路中最大不平衡负荷电流及谐波电流之和
	$S_L > 16$（铜） $S_L > 25$（铝）	$S_N \geqslant 50\% \cdot S_L$ 且 $S_N \geqslant 16$（铜） $S_N \geqslant 25$（铝）	

表 2-76 含有谐波电流时的计算电流校正系数

相电流中三次谐波分量（%）	校正系数 K	
	按相线电流选择截面	按中性线电流选择截面
0～15	1.0	
15～33	0.86	
33～45		0.86
>45		1.0

注：适用于中性线与相线等截面的4芯或5芯电缆及穿管导线，并以3芯电缆或三线穿管的载流量为基础，即把整个回路的导体视为一综合发热体来考虑。

例：三相平衡系统负载电流为 I_e

20%三次谐波（查表2-76）按相线实际电流

$$I_L=\frac{I_e}{0.86}$$

40%三次谐波（查表2-76）按中性线实际电流

$$I_N=\frac{I_e\times 40\%\times 3}{0.86}$$

表 2-77 PE、PEN 线截面选择

相线截面 S/mm²	PE线截面 S_N/mm²	相线截面/mm²		PEN线允许的最小截面/mm²			
$S\leqslant16$	S①			护套电线穿管线	裸导线	单芯导线作干线	电缆
$16<S\leqslant35$	16	铜	≤16	>1.5且与相线等截面	≥4且与相线等截面	≥10且与相线等截面	电缆全部芯线截面和≥10，当相线≤16时应与相线等截面
$35<S\leqslant400$	$S_N\geqslant S/2$		>16	≥16	≥16	≥16	
$400<S\leqslant800$	$S_N\geqslant200$	铝	≤25	>2.5且与相线等截面	≥4且与相线等截面	≥16且与相线等截面	电缆全部芯线截面和≥16，当相线≤25时应与相线等截面
$S>800$	$S_N\geqslant S/4$		>25	≥25	≥25	≥25	

① 按机械强度选择，若是供电电缆线芯或外护层的组成部分时，截面不受限制。若采用导线，有机械保护（如穿管、线槽等）时≥2.5mm²；无机械保护（如绝缘子明敷）时≥4mm²。

2.4.4 环境因素和校正系数

在正确选择电缆时，必须考虑环境因素和不同敷设方式的校正系数，这一点常常被忽视，造成实际应用中的电缆发热甚至影响正常使用，应引起重视，环境影响及相关校正系数见表2-78～表2-88。

表 2-78 电缆持续允许载流量的环境温度确定

电缆敷设场所	机械通风	选取的环境温度
土中直埋		埋深处的最热月平均地温
水下		最热月的日最高水温平均值
户外空气中、电缆沟		最热月的日最高温度平均值
有热源设备的厂房	有	通风设计温度
	无	最热月的日最高温度平均值另加5℃
一般性厂房、室内	有	通风设计温度
	无	最热月的日最高温度平均值
户内电缆沟	无	最热月的日最高温度平均值另加5℃ 当电缆数量较多时（特别是交联电缆）应计入电缆发热对环境温升的影响
隧道、电气竖井		
隧道、电气竖井	有	通风设计温度

表 2-79 不同环境温度载流量校正系数（在空气中敷设）

环境温度/℃	PVC聚氯乙烯绝缘	XLPE交联聚乙烯绝缘或EPR乙丙橡胶绝缘	矿物绝缘	
			PVC外护层和易于接触的裸护套（70℃）	不允许接触的裸护套（105℃）
10	1.22	1.15	1.26	1.14
15	1.17	1.12	1.20	1.11
20	1.12	1.08	1.14	1.07

续表

环境温度/℃	PVC 聚氯乙烯绝缘	XLPE 交联聚乙烯绝缘或 EPR 乙丙橡胶绝缘	矿物绝缘	
			PVC 外护层和易于接触的裸护套（70℃）	不允许接触的裸护套（105℃）
25	1.06	1.04	1.07	1.04
30	1.00	1.00	1.00	1.00
35	0.94	0.96	0.93	0.96
40	0.87	0.91	0.85	0.92
45	0.79	0.87	0.77	0.88
50	0.71	0.82	0.67	0.84
55	0.61	0.76	0.57	0.80
60	0.50	0.71	0.45	0.75
65		0.65		0.70
70		0.58		0.65
75		0.50		0.60
80		0.41		0.54
85				0.47
90				0.40
95				0.32

表 2-80　不同环境温度载流量校正系数（埋地敷设）

埋地环境温度/℃	PVC 聚氯乙烯绝缘及护套电缆	XLPE 交联聚乙烯绝缘电缆或 EPR 乙丙橡胶绝缘电缆
10	1.10	1.07
15	1.05	1.04
20	1.00	1.00
25	0.95	0.96
30	0.89	0.93
35	0.84	0.89
40	0.77	0.85
45	0.71	0.80
50	0.63	0.76
55	0.55	0.71
60	0.45	0.65
65		0.60
70		0.53
75		0.46
80		0.38

表 2-81　不同类型土壤热阻系数 ρ

情况	不同土壤热阻系数 ρ/［（K·m）/W］				
	0.8	1.2	1.6	2.0	3.0
土壤情况	潮湿土壤，沿海、湖、河畔地带，雨量多的地区，如华东、华南地区等	普通土壤，如东北平原夹杂质的黑土或黄土，华北平原黄土、黄黏土、沙土等	较干燥土壤，如高原地区、雨量较少的山区、丘陵、干燥地带	干燥土壤，如高原地区、雨量少的山区、丘陵、干燥地带	非常干燥或多石层地区
	湿度大于 9%的沙土或湿度大于 14%的沙泥土	湿度为 7%～9%的沙土或湿度为 12%～14%的沙泥土	湿度为 8%～12%的沙泥土	湿度为 4%～7%的沙土或湿度为 4%～8%的沙泥土	湿度小于 4%的沙或湿度小于 1%的黏土

表 2-82　不同土壤热阻系数的载流量校正系数

土壤热阻系数/［（K·m）/W］		1.00	1.20	1.50	2.00	2.50	3.00
载流量校正系数	电缆穿管埋地	1.18	1.15	1.10	1.05	1.00	0.96
	电缆直接埋地	1.50	1.40	1.28	1.12	1.00	0.90

表 2-83　多回路管线或多根多芯电缆成束敷设时载流量校正系数

排列（电缆相互接触）	回路数或多芯电缆数											
	1	2	3	4	5	6	7	8	9	12	16	20
嵌入式或封闭式成束敷设在空气中的一个表面上	1.00	0.80	0.70	0.65	0.60	0.57	0.54	0.52	0.50	0.45	0.41	0.38
单层敷设在墙、地板或无孔托盘上	1.00	0.85	0.79	0.75	0.73	0.72	0.72	0.71	0.70	多于 9 个回路或 9 根多芯电缆不再减小校正系数		

续表

排列（电缆相互接触）	回路数或多芯电缆数											
	1	2	3	4	5	6	7	8	9	12	16	20
单层直接固定在木质天花板下	0.95	0.81	0.72	0.68	0.66	0.64	0.63	0.62	0.61	多于9个回路或9根多芯电缆不再减小校正系数		
单层敷设在水平或垂直的有孔托盘上	1.00	0.88	0.82	0.77	0.75	0.73	0.73	0.72	0.72			
单层敷设在梯架或夹板上	1.00	0.87	0.82	0.80	0.80	0.79	0.79	0.78	0.78			

注：1. 相邻电缆水平间距超过了2倍电缆外径则不需要降低。

2. 下列情况使用同一系数：① 由二根或三根单芯电缆组成的电缆束；② 多芯电缆。

3. 假如系统中同时有2芯和3芯电缆，以电缆总数作为回路数，2芯电缆作为2根带负荷导体，3芯电缆作为3根带负荷导体查取表中相应系数。

4. 假如电缆束中含 n 根单芯电缆，可考虑为 $n/2$ 回两根负荷导体回路，或 $n/3$ 回三根负荷导体回路。

表2-84　　多回路直埋电缆的载流量校正系数

回路数	电缆间的间距				
	无间距（电缆相互接触）	一根电缆外径	0.125m	0.25m	0.5m
2	0.75	0.80	0.85	0.90	0.90
3	0.65	0.70	0.75	0.80	0.85
4	0.60	0.60	0.70	0.75	0.80
5	0.55	0.55	0.65	0.70	0.80
6	0.50	0.55	0.60	0.70	0.80
7	0.45	0.51	0.59	0.67	0.76
8	0.43	0.48	0.57	0.65	0.75
9	0.41	0.46	0.55	0.63	0.74
12	0.36	0.42	0.51	0.59	0.71
16	0.32	0.38	0.47	0.56	0.68
20	0.29	0.35	0.44	0.53	0.66

注：1. 表中所给值适用于埋深0.7m，土壤热阻系数为2.5（K·m）/W时的情况。在土壤热阻系数小于2.5（K·m）/W时，校正系数一般会增加，可采用IEC 60287-2-1给出的方法进行计算。

2. 假如回路中每相包含 m 根并联导体，确定降低系数时，该回路应认为是 m 个回路。

表2-85　　敷设在埋地管道内多回路电缆的载流量校正系数

单路管道内的多芯电缆					单路管道内的单芯电缆				
电缆根数	管道之间距离				由二根或三根单芯电缆组成的回路数	管道之间距离			
	无间隙（相互接触）	0.25m	0.5m	1.0m		无间隙（相互接触）	0.25m	0.5m	1.0m
2	0.85	0.90	0.95	0.95	2	0.80	0.90	0.90	0.95
3	0.75	0.85	0.90	0.95	3	0.70	0.80	0.85	0.90
4	0.70	0.80	0.85	0.90	4	0.65	0.75	0.80	0.90
5	0.65	0.80	0.85	0.90	5	0.60	0.70	0.80	0.90
6	0.60	0.80	0.85	0.90	6	0.60	0.70	0.80	0.90

注：适用于埋深0.7m，土壤热阻系数为2.5K·m/W。

表 2－86 敷设在自由空气中多芯电缆的载流量校正系数

敷设方法		托盘数	电缆数					
			1	2	3	4	6	9
有孔托盘水平安装（注 2）	接触	1	1.00	0.88	0.82	0.79	0.76	0.73
		2	1.00	0.87	0.80	0.77	0.73	0.68
		3	1.00	0.86	0.79	0.76	0.71	0.66
	间距为电缆外径	1	1.00	1.00	0.98	0.95	0.91	—
		2	1.00	0.99	0.96	0.92	0.87	—
		3	1.00	0.98	0.95	0.91	0.85	—
有孔托盘垂直安装（注 3）	接触	1	1.00	0.88	0.82	0.78	0.73	0.72
		2	1.00	0.88	0.81	0.76	0.71	0.70
	间距为电缆外径	1	1.00	0.91	0.89	0.88	0.87	—
		2	1.00	0.91	0.88	0.87	0.85	—
梯架水平安装（注 2）	接触	1	1.00	0.87	0.82	0.80	0.79	0.78
		2	1.00	0.86	0.80	0.78	0.76	0.73
		3	1.00	0.85	0.79	0.76	0.73	0.70
	间距为电缆外径	1	1.00	1.00	1.00	1.00	1.00	—
		2	1.00	0.99	0.98	0.97	0.96	—
		3	1.00	0.98	0.97	0.96	0.93	—

注：1. 只适用于单层成束敷设电缆，不适用于多层相互接触的成束电缆。
2. 所给值用于两个托盘间垂直距离为 300mm 而托盘与墙之间间距不少于 20mm 的情况，小于这一距离时校正系数应当减小。
3. 所给值为托盘背靠背安装，水平距离为 225mm，小于这一距离时校正系数应当减小。

表 2－87 1～10kV 电缆户外敷设无遮阳时载流量校正系数

电缆截面积/mm²		35	50	70	95	120	150	185	240
电压	≤1kV 三芯				0.99	0.98	0.97	0.96	0.94
	6～10kV 三芯	0.96	0.95	0.94	0.93	0.92	0.91	0.90	0.88
	6～10kV 单芯				0.99	0.99	0.99	0.99	0.98

注：先按室外无遮阳环境温度确定载流量，再乘以表中系数。

表 2－88 35kV 及以下电缆在不同环境温度时载流量校正系数

缆芯最高工作温度/℃	空气中温度/℃									土壤中温度/℃					
	10	15	20	25	30	35	40	45	50	10	15	20	25	30	35
50	1.70	1.62	1.52	1.42	1.32	1.22	1	0.75	—	1.26	1.18	1.10	1	0.89	0.77
60	1.58	1.50	1.41	1.32	1.22	1.11	1	0.86	0.73	1.20	1.13	1.07	1	0.93	0.85
65	1.48	1.41	1.34	1.26	1.18	1.09	1	0.89	0.77	1.17	1.12	1.06	1	0.94	0.87
70	1.41	1.35	1.29	1.22	1.15	1.08	1	0.91	0.81	1.15	1.11	1.05	1	0.94	0.88
80	1.32	1.27	1.22	1.17	1.11	1.06	1	0.93	0.86	1.13	1.09	1.04	1	0.95	0.90
90	1.26	1.22	1.18	1.14	1.09	1.04	1	0.94	0.89	1.11	1.07	1.04	1	0.96	0.92

2.4.5 导体载流量（表 2－89～表 2－100）

表 2－89　　BV 绝缘电线敷设在明敷导管内的持续载流量　　（单位：A）

型号	BV															
额定电压/kV	0.45/0.75															
导体工作温度/℃	70															
环境温度/℃	25				30				35				40			
标称截面积/mm²	电线根数															
	2	3	4	5、6	2	3	4	5、6	2	3	4	5、6	2	3	4	5、6
1.5	18	15	13	11	17	15	13	11	15	14	12	10	14	13	11	9
2.5	25	22	20	16	24	21	19	16	22	19	17	15	20	18	16	13
4	33	29	26	23	32	28	25	22	30	26	23	20	27	24	21	19
6	43	38	33	29	41	36	32	28	38	33	30	26	35	31	27	24
10	60	53	47	41	57	50	45	39	53	47	42	36	49	43	39	33
16	80	72	63	56	76	68	60	53	71	63	56	49	66	59	52	46
25	107	94	84	74	101	89	80	70	94	83	75	65	87	77	69	60
35	132	116	106	92	125	110	100	87	117	103	94	81	108	95	87	75
50	160	142	127	111	151	134	120	105	141	125	112	98	131	116	104	91
70	203	181	162	142	192	171	153	134	180	160	143	125	167	148	133	116
95	245	219	196	171	232	207	185	162	218	194	173	152	201	180	160	140
120	285	253	227	199	269	239	215	188	252	224	202	176	234	207	187	163

注：导线根数系指带负荷导线根数。

表 2－90　　BV 绝缘电线敷设在隔热墙中导管内的持续载流量　　（单位：A）

型号	BV															
额定电压/kV	0.45/0.75															
导体工作温度/℃	70															
环境温度/℃	25				30				35				40			
标称截面积/mm²	电线根数															
	2	3	4	5、6	2	3	4	5、6	2	3	4	5、6	2	3	4	5、6
1.5	14	13	11	9	14	13	11	9	13	12	10	8	12	11	9	8
2.5	20	19	15	13	19	18	15	13	17	16	14	12	16	15	13	11
4	27	25	21	19	26	24	20	18	24	22	18	16	22	20	17	15
6	36	32	28	24	34	31	27	23	31	29	25	21	29	26	23	20
10	48	44	38	33	46	42	36	32	43	39	33	30	40	36	31	27
16	64	59	50	44	61	56	48	42	57	52	45	39	53	48	41	36
25	84	77	67	59	80	73	64	56	75	68	60	52	69	63	55	48
35	104	94	83	73	99	89	79	69	93	83	74	64	86	77	68	60
50	126	114	100	87	119	108	95	83	111	101	89	78	103	93	82	72
70	160	144	127	111	151	136	120	105	141	127	112	98	131	118	104	91
95	192	173	153	134	182	164	145	127	171	154	136	119	158	142	126	110

续表

型号	BV															
额定电压/kV	0.45/0.75															
导体工作温度/℃	70															
环境温度/℃	25				30				35				40			
标称截面积/mm²	电线根数															
	2	3	4	5.6	2	3	4	5.6	2	3	4	5.6	2	3	4	5.6
120	222	199	178	155	210	188	168	147	197	176	157	138	182	163	146	127
150	254	228	203	178	240	216	192	168	225	203	180	157	208	187	167	146
185	289	259	231	202	273	245	221	191	256	230	204	179	237	213	189	166
240	340	303	271	237	321	286	256	224	301	268	240	210	279	248	222	194
300	389	347	310	271	367	328	293	256	344	308	275	240	319	285	254	222

注：1. 导线根数系指带负荷导线根数。
2. 墙内壁的表面散热系数不小于 10W/（m²·K）。

表 2-91　BV-105 绝缘电线敷设在明敷导管内的持续载流量　（单位：A）

型号	BV-105											
额定电压/kV	0.45/0.75											
导体工作温度/℃	105											
环境温度/℃	50			55			60			65		
标称截面积/mm²	电线根数											
	2	3	4	2	3	4	2	3	4	2	3	4
1.5	19	17	16	18	16	15	17	15	14	16	14	13
2.5	27	25	23	25	23	21	24	22	20	23	21	19
4	39	34	31	37	32	29	35	30	28	33	28	26
6	51	44	40	48	41	38	46	39	36	43	37	34
10	76	67	59	72	63	56	68	60	53	64	57	50
16	95	85	75	90	81	71	85	76	67	81	72	63
25	127	113	101	121	107	96	114	102	91	108	96	86
35	160	138	126	152	131	120	144	124	113	136	117	107
50	202	179	159	192	170	151	182	161	143	172	152	135
70	240	213	193	228	203	184	217	192	174	204	181	164
95	292	262	233	278	249	222	264	236	210	249	223	198
120	347	311	275	331	296	261	314	281	248	296	265	234
150	399	362	320	380	345	305	360	327	289	340	308	272

注：BV-105 的绝缘中加了耐热增塑剂，线芯允许工作温度可达 105℃，适用于高温场所，但要求电线接头用焊接或铰接后表面锡焊处理，电线实际允许工作温度还取决于电线与电线及电线与电器接头的允许温度，当接头允许温度为 95℃时，表中数据应乘以 0.92；85℃时应乘以 0.84。

表 2-92　　RV 等绝缘电线明敷设的持续载流量　　（单位：A）

型号	RV、RVV、RVB、RVS、RFB、RFS、BVV、BVNVB							
额定电压/kV	0.3/0.3、0.3/0.5、0.45/0.75							
导体工作温度/℃	70							
环境温度/℃	25	30	35	40	25	30	35	40
标称截面积/mm²	电线芯数							
	2				3			
0.12	4.2	4	3.8	3.5	3.2	3	2.8	2.6
0.2	5.8	5.5	5.2	4.8	4.2	4	3.8	3.5
0.3	7.4	7	6.6	6	5.3	5	4.7	4.4
0.4	9	8.5	8	7.4	6.4	6	5.6	5.2
0.5	10	9.5	9	8	7.4	7	6.6	6
0.75	13	12.5	12	11	9.5	9	8.5	7.8
1.0	16	15	14	13	12	11	10	9.6
1.5	20	19	18	17	18	17	16	15
2.0	23	22	20	19	20	19	18	17
2.5	29	27	25	24	25	24	23	21
4	38	36	34	31	34	32	30	28
6	50	47	44	41	44	41	39	36
10	69	65	61	57	60	57	54	50

表 2-93　　YQ、YZ 等通用橡套软电缆持续载流量　　（单位：A）

型号		YQ、YQW、YHQ		YZ、YZW、YHZ							
额定电压/kV		0.3/0.3		0.3/0.5							
导体工作温度/℃		65									
环境温度/℃		25	25	25	30	35	40	25	30	35	40
标称截面积/mm²		二芯	三芯	二芯				三芯、四芯			
主线芯	中性线										
0.5	0.5	11	9	12	11	10	9	9	8	7	7
0.75	0.75	14	12	14	13	12	11	11	10	9	8
1.0	1.0	—	—	17	15	14	13	13	12	11	10
1.5	1.5	—	—	21	19	18	16	18	16	15	14
2.0	2.0	—	—	26	24	22	20	22	20	19	17
2.5	2.5	—	—	30	28	25	23	25	23	21	19
4	4	—	—	41	38	35	32	36	32	30	27
6	6	—	—	53	49	45	41	45	42	38	35

注：3 芯电缆中 1 根线芯不载流时，其载流量按两芯电缆数据。

表 2－94　　YC 等通用橡套软电缆持续载流量　　（单位：A）

型号		YC、YCW、YHC							
额定电压/kV		0.45/0.75							
导体工作温度/℃		65							
环境温度/℃		25	30	35	40	25	30	35	40
标称截面积/mm²		两芯				3 芯、4 芯			
主线芯	中性线								
2.5	2.5	30	29	25	23	26	24	22	20
4	4	39	36	33	30	34	31	29	26
6	6	51	47	44	40	43	40	37	34
10	10	74	69	64	58	63	58	54	49
16	16	98	91	84	77	84	78	72	66
25	16	135	126	116	106	115	107	99	90
35	16	167	156	144	132	142	132	122	112
50	16	208	194	179	164	176	164	152	139
70	25	259	242	224	204	224	209	193	177
95	35	318	297	275	251	273	255	236	215
120	35	371	346	320	293	316	295	273	249

注：3 芯电缆中 1 根线芯不载流时，其载流量按两芯电缆数据。

表 2－95　　YJV、YJLV 三芯电力电缆持续载流量　　（单位：A）

型号	YJV、YJLV																							
额定电压/kV	0.6/1																							
导体工作温度/℃	90																							
敷设方式	敷设在隔热墙中的导管内								敷设在明敷的导管内								敷设在埋地的管道内							
土壤热阻系数/[(K·m)/W]																	1		1.5		2		2.5	
环境温度/℃	25		30		35		40		25		30		35		40		20							
标称截面积/mm²	铜芯	铝芯	铜芯	铝芯	铜芯	铝芯	铜芯	铝芯	铜芯	铝芯	铜芯	铝芯	铜芯	铝芯	铜芯	铝芯	铜芯	铝芯	铜芯	铝芯	铜芯	铝芯	铜芯	铝芯
1.5	16	—	16	—	15	—	14	—	19	—	19	—	18	—	17	—	25	—	24	—	23	—	22	—
2.5	22	18	22	18	21	17	20	16	27	21	26	21	24	20	23	19	34	25	31	24	30	23	29	22
4	31	24	30	24	28	23	27	21	38	29	35	28	33	28	31	25	43	34	40	31	38	30	37	29
6	39	32	38	31	36	29	34	28	45	36	44	35	42	33	40	31	54	42	50	39	48	37	46	36
10	53	42	51	41	48	39	46	37	62	49	60	48	57	46	54	43	71	55	67	52	64	49	61	47
16	70	57	68	55	65	52	61	50	83	66	80	64	76	61	72	58	93	71	86	67	82	64	79	61
25	92	73	89	71	85	68	80	64	109	87	105	84	100	80	95	76	119	92	111	85	106	81	101	78

续表

型号	YJV、YJLV																							
额定电压/kV	0.6/1																							
导体工作温度/℃	90																							
敷设方式	敷设在隔热墙中的导管内								敷设在明敷的导管内								敷设在埋地的管道内							
土壤热阻系数/[(K·m)/W]																	1		1.5		2		2.5	
环境温度/℃	25		30		35		40		25		30		35		40		20							
标称截面积/mm²	铜芯	铝芯	铜芯	铝芯	铜芯	铝芯	铜芯	铝芯	铜芯	铝芯	铜芯	铝芯	铜芯	铝芯	铜芯	铝芯	铜芯	铝芯	铜芯	铝芯	铜芯	铝芯	铜芯	铝芯
35	113	90	109	87	104	83	99	79	133	107	128	103	122	98	116	93	143	110	134	103	128	98	122	94
50	135	108	130	104	124	99	118	94	160	128	154	124	147	119	140	112	169	132	158	123	151	117	144	112
70	170	136	164	131	157	125	149	119	201	162	194	156	186	149	176	141	210	162	195	151	186	144	178	138
95	204	163	197	157	189	150	179	142	242	195	233	188	223	180	212	171	248	193	232	180	221	172	211	164
120	236	187	227	180	217	172	206	163	278	224	268	216	257	207	243	196	283	219	264	204	252	195	240	186
150	269	214	259	206	248	197	235	187	—	—	—	—	—	—	—	—	319	247	298	231	284	220	271	210
185	306	242	295	233	283	223	268	212	—	—	—	—	—	—	—	—	358	278	334	490	319	247	304	236
240	359	283	346	273	332	262	314	248	—	—	—	—	—	—	—	—	414	320	386	299	368	285	351	272
300	411	325	396	313	380	300	360	284	—	—	—	—	—	—	—	—	467	363	435	338	415	323	396	308

型号	YJV、YJVL																YJV_{22}、$YJVL_{22}$							
额定电压/kV	0.6/1					8.7/10																		
导体工作温度/℃	90																							
敷设方式	敷设在空气中																敷设在土壤中							
土壤热阻系数/[(K·m)/W]																	1		1.5		2		2.5	
环境温度/℃	25		30		35		40		25		30		35		40		20							
标称截面积/mm²	铜芯	铝芯	铜芯	铝芯	铜芯	铝芯	铜芯	铝芯	铜芯	铝芯	铜芯	铝芯	铜芯	铝芯	铜芯	铝芯	铜芯	铝芯	铜芯	铝芯	铜芯	铝芯	铜芯	铝芯
1.5	23	—	23	—	22	—	20	—	—	—	—	—	—	—	—	—	—	—	—	—	—	—	—	—
2.5	33	24	32	24	30	23	29	21	—	—	—	—	—	—	—	—	—	—	—	—	—	—	—	—
4	43	33	42	32	40	30	38	29	—	—	—	—	—	—	—	—	—	—	—	—	—	—	—	—
6	56	43	54	42	51	40	49	38	—	—	—	—	—	—	—	—	—	—	—	—	—	—	—	—
10	78	60	75	58	72	55	68	52	—	—	—	—	—	—	—	—	—	—	—	—	—	—	—	—

续表

型号	YJV、YJVL																YJV$_{22}$、YJVL$_{22}$							
额定电压/kV	0.6/1								8.7/10															
导体工作温度/℃	90																							
敷设方式	敷设在空气中																敷设在土壤中							
土壤热阻系数/[(K·m)/W]																	1		1.5		2		2.5	
环境温度/℃	25		30		35		40		25		30		35		40		20							
标称截面积/mm^2	铜芯	铝芯	铜芯	铝芯	铜芯	铝芯	铜芯	铝芯	铜芯	铝芯	铜芯	铝芯	铜芯	铝芯	铜芯	铝芯	铜芯	铝芯	铜芯	铝芯	铜芯	铝芯	铜芯	铝芯
16	104	80	100	77	96	73	91	70	—	—	—	—	—	—	—	—	—	—	—	—	—	—	—	—
25	132	100	127	97	121	93	115	88	—	—	—	—	—	—	—	—	—	—	—	—	—	—	—	—
35	164	124	158	120	151	115	143	109	173	131	(166)	126	(159)	121	151	114	167	130	149	116	136	106	129	100
50	199	151	192	146	184	140	174	132	210	159	202	153	194	147	183	139	198	156	177	139	162	127	153	120
70	255	194	246	187	236	179	223	170	265	204	255	196	245	188	232	178	247	192	220	171	201	156	190	148
95	309	236	298	227	286	217	271	206	322	248	310	238	298	228	282	216	291	230	259	205	237	187	224	177
120	359	273	346	263	332	252	314	239	369	287	355	276	341	265	323	251	331	262	295	234	270	214	255	202
150	414	316	399	304	383	291	363	276	422	322	406	310	390	298	369	282	375	295	335	263	306	240	289	227
185	474	360	456	347	437	333	414	315	480	370	462	356	444	342	420	323	419	331	374	295	342	270	323	255
240	559	425	538	409	516	392	489	372	567	436	545	419	523	402	495	381	487	382	435	341	397	311	375	294
300	645	489	621	471	596	452	565	428	660	499	635	480	610	461	577	436	552	430	493	383	450	350	425	331
400	—	—	—	—	—	—	—	—	742	558	713	537	684	516	648	488	601	460	537	410	490	375	463	354

注：墙内壁的表面散热系数不小于 10W/（m^2·K）。

表 2-96　VV、VLV 三芯电力电缆持续载流量　（单位：A）

型号	VV、VLV															
额定电压/kV	0.6/1															
导体工作温度/℃	70															
敷设方式	敷设在隔热墙中的导管内								敷设在明敷的导管内							
环境温度/℃	25		30		35		40		25		30		35		40	
标称截面积/mm^2	铜芯	铝芯	铜芯	铝芯	铜芯	铝芯	铜芯	铝芯	铜芯	铝芯	铜芯	铝芯	铜芯	铝芯	铜芯	铝芯
1.5	13	—	13	—	12	—	11	—	15	—	15	—	14	—	13	—
2.5	18	13	17	13	15	12	14	11	21	15	20	15	18	14	17	13
4	24	18	23	17	21	15	20	14	28	22	27	21	25	19	23	18
6	30	24	29	23	27	21	25	20	36	28	34	27	31	25	29	23
10	41	32	39	31	36	29	33	26	48	38	46	36	43	33	40	40
16	55	43	52	41	48	38	45	35	65	50	62	48	58	45	53	41
25	72	56	68	53	63	49	59	46	84	65	80	62	75	58	69	53

续表

型号	VV、VLV															
额定电压/kV	0.6/1															
导体工作温度/℃	70															
敷设方式	敷设在隔热墙中的导管内								敷设在明敷的导管内							
环境温度/℃	25		30		35		40		25		30		35		40	
标称截面积/mm²	铜芯	铝芯	铜芯	铝芯	铜芯	铝芯	铜芯	铝芯	铜芯	铝芯	铜芯	铝芯	铜芯	铝芯	铜芯	铝芯
35	87	68	83	65	78	61	72	56	104	81	99	77	93	72	86	66
50	104	82	99	78	93	73	86	67	125	97	118	92	110	86	102	80
70	132	103	125	98	117	92	108	85	157	122	149	116	140	109	129	100
95	159	125	150	118	141	110	130	102	189	147	179	139	168	130	155	120
120	182	143	172	135	161	126	149	117	218	169	206	160	193	150	179	139
150	207	164	196	155	184	145	170	134	—	—	—	—	—	—	—	—
185	236	186	223	176	209	165	194	153	—	—	—	—	—	—	—	—
240	276	219	261	207	245	194	227	180	—	—	—	—	—	—	—	—
300	315	251	298	237	280	222	259	206	—	—	—	—	—	—	—	—

型号	VV、VLV															
额定电压/kV	0.6/1															
导体工作温度/℃	70															
敷设方式	敷设在空气中								敷设在埋地的管道内							
土壤热阻系数/（K·m/W）									1		1.5		2		2.5	
环境温度/℃	25		30		35		40		20							
标称截面积/mm²	铜芯	铝芯	铜芯	铝芯	铜芯	铝芯	铜芯	铝芯	铜芯	铝芯	铜芯	铝芯	铜芯	铝芯	铜芯	铝芯
1.5	19	—	18	—	16	—	15	—	21	—	19	—	18	—	18	—
2.5	26	20	25	19	23	17	21	16	28	21	26	19	25	18	24	18
4	36	27	34	26	31	24	29	22	36	28	34	26	32	25	31	24
6	45	34	43	33	40	31	37	28	46	35	42	33	40	31	39	30
10	63	48	60	46	56	43	52	40	61	47	57	44	54	42	52	40
16	84	64	80	61	75	57	69	53	79	61	73	57	70	54	67	52
25	107	82	101	78	94	73	87	67	101	77	94	72	90	69	86	66
35	133	101	126	96	118	90	109	83	121	94	113	88	108	84	103	80
50	162	124	153	117	143	109	133	101	143	110	134	103	128	98	122	94
70	207	159	196	150	184	141	170	130	178	138	166	128	158	122	151	117
95	252	193	238	183	223	172	207	159	211	162	196	151	187	144	179	138
120	292	224	276	212	259	199	240	184	239	185	223	172	213	164	203	157
150	338	259	319	245	299	230	277	213	271	210	253	195	241	186	230	178
185	385	296	364	280	342	263	316	243	304	236	283	220	270	210	258	200
240	455	349	430	330	404	310	374	287	350	271	326	253	311	241	297	230
300	526	403	497	381	467	358	432	331	396	306	369	286	352	273	336	260

注：墙内壁的表面散热系数不小于 10W/（m²·K）。

表 2－97　　**YFD－YJV、YFD－VV 预分支电缆持续载流量**　　（单位：A）

型号	YFD－YJV								YFD－VV							
额定电压/kV	0.6/1															
导体工作温度/℃	90								70							
敷设方式	敷设在空气中															
环境温度/℃	25		30		35		40		25		30		35		40	
标称截面积/mm²	D_e		D_e		D_e		D_e		D_e		D_e		D_e		D_e	
10	96	85	93	82	89	78	85	75	86	74	81	70	76	65	71	61
16	128	114	124	110	118	105	113	100	114	98	108	93	101	87	94	81
25	171	150	165	145	157	138	150	132	148	128	140	120	131	113	122	105
35	206	186	199	180	190	172	181	164	184	158	173	149	163	140	151	130
50	302	223	291	215	278	205	265	196	223	192	210	181	197	170	183	158
70	330	290	319	280	304	267	290	255	281	242	265	228	249	214	231	199
95	395	353	381	341	364	325	347	310	346	298	326	281	306	264	284	245
120	467	410	451	396	430	378	410	360	398	344	376	324	353	304	327	282
150	535	477	517	460	493	439	470	419	448	386	423	364	397	342	368	317
165	604	546	583	526	556	502	530	479	533	459	502	433	471	407	437	377
240	729	644	704	621	672	593	640	565	636	549	600	517	563	486	522	450
300	826	733	797	707	761	675	725	643	739	636	696	600	654	563	606	522
400	963	878	929	848	887	809	845	771	893	769	841	725	790	681	732	631

注：1. D_e 指电缆外径。

2. 根据《额定电压 0.6/1kV 铜芯塑料绝缘顶制分支电力电缆》（JG/T 147—2002）。

主干电缆截面积为 10mm²，支线电缆截面积为 6mm²；

主干电缆截面积为 16mm²，支线电缆截面积为 10～16mm²；

主干电缆截面积为 25mm²，支线电缆截面积为 10～25mm²；

主干电缆截面积为 35mm²，支线电缆截面积为 10～35mm²；

主干电缆截面积为 50～95mm²，支线电缆截面积为 10～50mm²；

主干电缆截面积为 120mm²，支线电缆截面积为 10～70mm²；

主干电缆截面积为 150～185mm²，支线电缆截面积为 10～95mm²；

主干电缆截面积为 240～300mm²，支线电缆截面积为 10～120mm²；

主干电缆截面积为 400mm²，支线电缆截面积为 10～150mm²。

表 2-98　　不允许接触裸护套矿物绝缘电缆持续载流量　　（单位：A）

型号		BTTQ（轻载）、BTTZ（重载）															
金属护套温度/℃		105															
环境温度/℃		25								30							
导线根数		两根	三根	三根	两根	三根	三根	三根	三根	两根	三根	三根	两根	三根	三根	三根	三根
标称截面积/mm²		两芯或单芯	多芯或单芯三角形排列	单芯扁平排列	两芯或单芯	多芯或单芯三角形排列	单芯扁平排列	单芯垂直有间距排列	单芯水平有间距排列	两芯或单芯	多芯或单芯三角形排列	单芯扁平排列	两芯或单芯	多芯或单芯三角形排列	单芯扁平排列	单芯垂直有间距排列	单芯水平有间距排列
		或	或	或	>D_e 或 ≥0.3D_e	>D_e 或 ≥0.3D_e	或 ≥D_e	D_e ≥D_e	D_e ≥D_e	或	或	或	>D_e 或 ≥0.3D_e	>D_e 或 ≥0.3D_e	或 ≥D_e	D_e ≥D_e	D_e ≥D_e
500V轻载	1.5	29	24	28	32	27	30	34	38	28	24	27	31	26	29	33	37
	2.5	39	34	37	42	36	40	44	50	38	33	36	41	35	39	43	49
	4	53	45	48	56	47	53	58	66	51	44	47	54	46	51	56	64
750V重载	1.5	32	27	31	34	29	33	36	41	31	26	30	33	28	32	35	40
	2.5	43	36	42	46	39	44	48	56	42	35	41	45	38	43	47	54
	4	57	48	55	62	52	58	63	72	55	47	53	60	50	56	61	70
	6	72	61	69	79	66	73	81	92	70	59	67	76	64	71	78	89
	10	99	84	94	108	90	99	109	124	96	81	91	104	87	96	105	120
	16	132	111	123	142	119	132	142	163	127	107	119	137	115	127	137	157
	25	172	145	160	186	156	170	185	212	166	140	154	179	150	164	178	204
	35	211	177	194	228	191	208	224	257	203	171	187	220	184	200	216	248
	50	261	220	239	282	237	256	276	316	251	212	230	272	228	247	266	304
	70	319	270	291	346	290	312	335	384	307	260	280	333	279	300	323	370
	95	383	324	347	416	348	373	400	458	369	312	334	400	335	359	385	441
	120	440	373	398	478	400	427	427	525	424	359	383	450	385	411	411	505
	150	504	426	452	547	458	487	517	587	485	410	435	526	441	469	498	565
	185	572	483	511	619	520	551	579	654	550	465	492	596	500	530	557	629
	240	668	565	594	724	607	641	648	732	643	544	572	697	584	617	624	704

续表

型号		BTTQ（轻载）、BTTZ（重载）															
金属护套温度/℃		105															
环境温度/℃		35								40							
导线根数		两根	三根	三根	两根	三根	三根	三根	三根	两根	三根	三根	两根	三根	三根	三根	三根
标称截面积/mm²		两芯或单芯	多芯或单芯三角形排列	单芯扁平排列	两芯或单芯	多芯或单芯三角形排列	单芯扁平排列	单芯垂直有间距排列	单芯水平有间距排列	两芯或单芯	多芯或单芯三角形排列	单芯扁平排列	两芯或单芯	多芯或单芯三角形排列	单芯扁平排列	单芯垂直有间距排列	单芯水平有间距排列
		或	或	或	$>D_e$ 或 $\geqslant 0.3D_e$	$>D_e$ 或 $\geqslant 0.3D_e$	或 $\geqslant D_e$	D_e $\geqslant D_e$	D_e $\geqslant D_e$	或	或	或	$>D_e$ 或 $\geqslant 0.3D_e$	$>D_e$ 或 $\geqslant 0.3D_e$	或 $\geqslant D_e$	D_e $\geqslant D_e$	D_e $\geqslant D_e$
500V 轻载	1.5	26	23	25	29	24	27	31	35	25	22	24	28	23	26	30	34
	2.5	36	31	34	39	33	37	41	47	34	30	33	37	32	35	39	45
	4	48	42	45	51	44	48	53	61	46	40	43	49	42	48	51	58
750V 重载	1.5	29	24	28	31	26	30	33	38	28	23	27	30	25	29	32	36
	2.5	40	33	39	43	36	41	45	51	38	32	37	41	34	39	43	49
	4	52	45	50	57	48	53	58	67	50	43	48	55	46	51	56	64
	6	67	56	64	72	61	68	74	85	64	54	61	69	58	65	71	81
	10	92	77	87	99	83	92	100	115	88	74	83	95	80	88	96	110
	16	121	102	114	131	110	121	131	150	116	98	109	126	105	116	126	144
	25	159	134	147	171	144	157	170	195	152	128	141	164	138	150	163	187
	35	194	164	179	211	176	192	207	238	186	157	172	202	169	184	198	228
	50	240	203	220	261	218	237	255	291	230	195	211	250	209	227	244	279
	70	294	249	268	319	267	288	310	355	282	239	257	306	256	276	297	340
	95	354	299	320	384	321	344	369	423	339	287	307	368	308	330	354	405
	120	407	344	367	441	369	394	394	484	390	330	352	423	354	378	378	464
	150	465	393	417	504	423	450	478	542	446	377	400	483	405	431	458	519
	185	528	446	472	572	480	508	534	603	506	427	452	548	460	487	512	578
	240	617	522	549	669	560	592	599	675	591	500	526	641	537	567	574	647

注：D_e 指电缆外径。

表 2－99　　**PVC 外护层或允许接触裸护套矿物绝缘电缆持续载流量**　　（单位：A）

型号		BTTVQ（轻载）、BTTVZ（重载）															
金属护套温度/℃		70															
环境温度/℃		25								30							
导线根数		两根	三根	三根	两根	三根	三根	三根	三根	两根	三根	三根	两根	三根	三根	三根	三根
标称截面积/mm²		两芯或单芯	多芯或单芯三角形排列	单芯相互接触排列	两芯或单芯	多芯或单芯三角形排列	单芯相互接触排列	单芯垂直有间距排列	单芯水平有间距排列	两芯或单芯	多芯或单芯三角形排列	单芯相互接触排列	两芯或单芯	多芯或单芯三角形排列	单芯相互接触排列	单芯垂直有间距排列	单芯水平有间距排列
		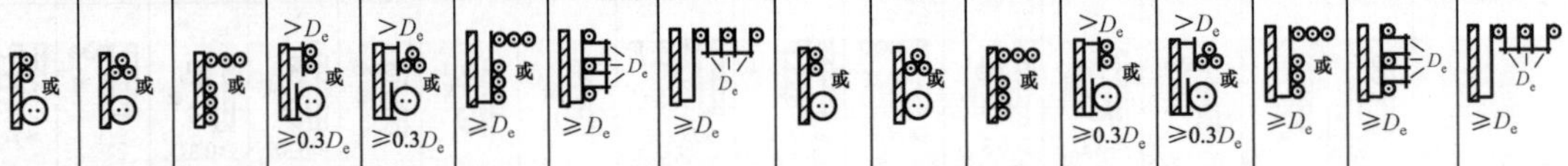 或	或	或	$>D_e$ 或 $\geqslant 0.3D_e$	$>D_e$ 或 $\geqslant 0.3D_e$	或 $\geqslant D_e$	D_e $\geqslant D_e$	D_e $\geqslant D_e$	或	或	或	$>D_e$ 或 $\geqslant 0.3D_e$	$>D_e$ 或 $\geqslant 0.3D_e$	或 $\geqslant D_e$	D_e $\geqslant D_e$	D_e $\geqslant D_e$
500V 轻载	1.5	24	20	22	26	22	24	27	31	23	19	21	25	21	23	26	29
	2.5	33	27	31	35	29	33	36	41	31	26	29	33	28	31	34	39
	4	42	37	40	47	39	39	48	53	40	35	38	44	37	41	45	51
750V 重载	1.5	26	22	24	27	23	27	29	34	25	21	23	26	22	26	28	32
	2.5	36	29	33	38	32	36	39	46	34	28	31	36	30	34	37	43
	4	48	39	43	50	42	48	52	59	45	37	41	47	40	45	49	56
	6	60	51	55	64	54	60	66	75	57	48	52	60	51	57	62	71
	10	82	69	74	87	73	82	89	101	77	65	70	82	69	77	84	95
	16	109	101	98	116	98	109	117	133	102	86	92	109	92	102	110	125
	25	142	119	128	151	128	141	151	173	133	112	120	142	120	132	142	162
	35	174	146	157	186	157	172	185	210	163	137	147	174	147	161	173	197
	50	216	180	193	230	194	211	227	258	202	169	181	215	182	198	213	242
	70	264	221	236	282	238	257	277	314	247	207	221	264	223	241	259	294
	95	316	266	282	339	285	309	330	375	296	249	264	317	267	289	309	351
	120	363	306	324	389	329	354	377	430	340	286	303	354	308	331	353	402
	150	415	349	370	445	376	403	428	485	388	327	346	416	352	377	400	454
	185	470	396	419	505	426	455	477	542	440	371	392	472	399	426	446	507
	240	549	464	488	590	498	530	531	604	514	434	457	552	466	496	497	565

续表

型号		BTTVQ（轻载）、BTTVZ（重载）															
金属护套温度/℃		70															
环境温度/℃		35								40							
导线根数		两根	三根	三根	两根	三根	三根	三根	三根	两根	三根	三根	两根	三根	三根	三根	三根
标称截面积/mm²		两芯或单芯	多芯或单芯三角形排列	单芯相互接触排列	两芯或单芯	多芯或单芯三角形排列	单芯相互接触排列	单芯垂直有间距排列	单芯水平有间距排列	两芯或单芯	多芯或单芯三角形排列	单芯相互接触排列	两芯或单芯	多芯或单芯三角形排列	单芯相互接触排列	单芯垂直有间距排列	单芯水平有间距排列
		或	或	或	>D_e 或 ≥0.3D_e	>D_e 或 ≥0.3D_e	或 ≥D_e	D_e ≥D_e	D_e ≥D_e	或	或	或	>D_e 或 ≥0.3D_e	>D_e 或 ≥0.3D_e	或 ≥D_e	D_e ≥D_e	D_e ≥D_e
500V轻载	1.5	21	17	19	23	19	21	24	26	19	16	17	21	17	19	22	24
	2.5	28	24	26	30	26	28	31	36	26	22	24	28	23	26	28	33
	4	37	32	35	40	34	38	41	47	34	29	32	37	31	34	38	43
750V重载	1.5	23	19	21	24	20	24	26	29	21	17	19	22	18	22	23	27
	2.5	31	26	28	33	27	31	34	39	28	23	26	30	25	28	31	36
	4	41	34	38	43	37	41	45	52	38	31	34	39	34	38	41	47
	6	53	44	48	55	47	53	57	66	48	40	44	51	43	48	52	60
	10	71	60	65	76	64	71	78	88	65	55	59	69	58	65	71	80
	16	94	79	85	101	85	94	102	116	86	73	78	92	78	86	93	106
	25	123	102	111	132	111	122	132	150	113	95	102	120	102	112	120	137
	35	151	127	136	161	136	149	160	183	138	116	124	147	124	136	147	167
	50	187	157	168	199	169	184	198	225	171	143	153	182	154	168	181	205
	70	229	192	205	245	207	224	240	273	209	175	187	224	189	204	220	249
	95	275	231	245	294	248	268	287	326	251	211	224	269	226	245	262	298
	120	316	265	281	338	286	307	328	373	289	243	257	309	261	281	300	341
	150	360	304	321	386	327	350	372	422	329	277	294	353	299	320	340	385
	185	409	345	364	438	371	396	414	471	374	315	333	401	339	362	379	430
	240	478	403	425	513	433	461	462	525	436	368	388	469	395	421	422	480

注：D_e 指电缆外径。

表 2－100　　涂漆矩形母线持续载流量　　（单位：A）

规格尺寸 宽×厚/ mm×mm	单片铜母线								单片铝母线							
	交流				直流				交流				直流			
	25℃	30℃	35℃	40℃	25℃	30℃	35℃	40℃	25℃	30℃	35℃	40℃	25℃	30℃	35℃	40℃
15×3	210	197	185	170	210	197	185	170	165	155	145	134	165	155	145	134
20×3	275	258	242	223	275	258	242	223	215	202	189	174	215	202	189	174
25×3	340	320	299	276	340	320	299	276	265	249	233	215	265	249	233	215
30×4	475	446	418	385	475	446	418	385	365	343	321	296	370	348	326	300
40×4	625	587	550	506	625	587	550	506	480	451	422	389	480	451	422	389
40×5	700	659	615	567	705	664	620	571	540	507	475	438	545	512	480	446
50×5	860	809	756	697	870	818	765	705	665	625	585	539	670	630	590	543
50×6.3	955	898	840	774	960	902	845	778	740	695	651	600	745	700	655	604
63×6.3	1125	1056	990	912	1145	1079	1010	928	870	818	765	705	880	827	775	713
80×6.3	1480	1390	1300	1200	1510	1420	1330	1225	1150	1080	1010	932	1170	1100	1030	950
100×6.3	1810	1700	1590	1470	1875	1760	1650	1520	1425	1340	1255	1155	1455	1368	1280	1180
63×8	1320	1240	1160	1070	1345	1265	1185	1090	1025	965	902	831	1040	977	915	844
80×8	1690	1590	1490	1370	1755	1650	1545	1420	1320	1240	1160	1070	1355	1274	1192	1100
100×8	2080	1955	1830	1685	2180	2050	1920	1770	1625	1530	1430	1315	1590	1590	1488	1370
125×8	2400	2255	2110	1945	2600	2445	2290	2105	1900	1785	1670	1540	2040	1918	1795	1655
63×10	1475	1388	1300	1195	1525	1432	1340	1235	1155	1085	1016	936	1180	1110	1040	956
80×10	1900	1786	1670	1540	1990	1870	1750	1610	1480	1390	1300	1200	1540	1450	1355	1250
100×10	2310	2170	2030	1870	2470	2320	2175	2000	1820	1710	1600	1475	1910	1795	1680	1550
125×10	2650	2490	2330	2150	2950	2770	2595	2390	2070	1945	1820	1680	2300	2160	2020	1865

规格尺寸 宽×厚/ mm×mm	两片铜母线								两片铝母线							
	交流				直流				交流				直流			
	25℃	30℃	35℃	40℃	25℃	30℃	35℃	40℃	25℃	30℃	35℃	40℃	25℃	30℃	35℃	40℃
63×6.3	1740	1636	1531	1409	1990	1871	1751	1612	1350	1269	1188	1094	1555	1462	1368	1260
80×6.3	2110	1983	1857	1709	2630	2472	2314	2130	1630	1532	1434	1320	2055	1932	1808	1665
100×6.3	2470	2322	2174	2001	3245	3050	2856	2628	1935	1819	1703	1567	2515	2364	2213	2037
63×8	2160	2030	1901	1750	2485	2336	2187	2013	1680	1579	1478	1361	1840	1730	1619	1490
80×8	2620	2463	2306	2122	3095	2910	2724	2508	2040	1918	1795	1652	2400	2256	2112	1944
100×8	3060	2876	2693	2479	3810	3581	3353	3086	2390	2247	2103	1969	2945	2768	2592	2385
125×8	3400	3196	2992	2754	4400	4136	3872	3564	2650	2491	2332	2147	3350	3149	2948	2714
63×10	2560	2406	2253	2074	2725	2562	2398	2207	2010	1889	1769	1628	2110	1983	1857	1709
80×10	3100	2914	2728	2511	3510	3299	3089	2843	2410	2265	2121	1952	2735	2571	2407	2215
100×10	3610	3393	3177	2924	4325	4066	3806	3503	2860	2688	2517	2317	3350	3149	2948	2714
125×10	4100	3854	3608	3321	5000	4700	4400	4050	3200	3008	2816	2592	3900	3666	3432	3159

续表

规格尺寸 宽×厚/ mm×mm	三片铜母线								三片铝母线							
	交流				直流				交流				直流			
	25℃	30℃	35℃	40℃	25℃	30℃	35℃	40℃	25℃	30℃	35℃	40℃	25℃	30℃	35℃	40℃
63×6.3	2240	2106	1971	1814	2495	2345	2196	2021	1720	1617	1514	1393	1940	1824	1707	1571
80×6.3	2720	2557	2394	2203	3220	3027	2834	2608	2100	1974	1848	1701	2460	2312	2165	1993
100×6.3	3170	2980	2790	2568	3940	3703	3467	3191	2500	2350	2200	2025	3040	2858	2675	2462
63×8	2790	2623	2455	2260	3020	2839	2658	2446	2180	2049	1918	1766	2330	2190	2050	1887
80×8	3370	3168	2966	2730	3850	3619	3388	3119	2620	2463	2306	2122	2975	2797	2618	2410
100×8	3930	3694	3458	3183	4690	4409	4127	3799	3050	2867	2684	2471	3620	3403	3186	2932
125×8	4340	4080	3819	3515	5600	5264	4928	4536	3380	3177	2974	2738	4250	3995	3740	3443
63×10	3300	3102	2904	2673	3530	3318	3106	2859	2650	2491	2332	2147	2720	2557	2394	2203
80×10	3990	3751	3511	3232	4450	4183	3916	3605	3100	2914	2728	2511	3440	3234	3027	2786
100×10	4650	4371	4092	3767	5385	5062	4739	4362	3650	3431	3212	2957	4160	3910	3661	3370
125×10	5200	4888	4576	4212	6250	5875	5500	5063	4100	3854	3608	3321	4860	4568	4277	3937

注：1. 本表系母线立放的数据。当母线平放且宽度小于或等于 63mm 时，表中数据应乘以 0.95，大于 63mm 时应乘以 0.92。
2. 母线间距等于厚度。

2.5　线路敷设

本节主要包括四部分：电气线路敷设说明；常用管材、线槽和桥架的规格；强电线路敷设要求和选型；弱电线路敷设要求和选型。

2.5.1　电气线路敷设说明

1. 电线、电缆穿保护管敷设

根据《建筑电气工程施工质量验收规范》（GB 50303—2015）：电线穿保护管时，其总截面积（包括外护层）按不大于保护管内孔面积的 40%计算。

某些地方标准更严格（供参考），见表 2-101。

表 2-101　　电线、电缆穿保护管敷设说明

导体	管内容线面积/mm^2	占管内孔截面积（%）	导体	保护管	保护管内径
电线	≤6	≤33	电缆（长度在 30m 以下）	直通	≥电缆外径 1.5 倍
	10～50	≤27.5		一个弯曲	≥电缆外径 2 倍
	≥70	≤22		二个弯曲	≥电缆外径 2.5 倍

2. 电线、电缆在槽盒内敷设

槽盒内的绝缘导线总截面积（包括外护套）不应超过槽盒内截面积的 40%，且载流导体不宜超过 30 根。

当控制、信号等非电力线路敷设于同一槽盒内时，绝缘导线的总截面积不应超过槽盒内截面积的 50%，电线或电缆根数不限。

地面暗装金属槽盒内电线或电缆的总截面积（包括外护层）不应超过槽盒内截面积的 40%。

3. 电缆在桥架内敷设

在电缆桥架上可以无间距敷设电缆，电缆在桥架内横断面的填充率：电力电缆不应大于 40%；控制电缆不应大于 50%。

4. 综合布线穿管或线槽敷设

综合布线的椭圆形或扁平形缆线和大对数主干电缆穿管保护时，直线段管内径不小于线缆外径的 1.7～2 倍；弯曲时管内径不小于线缆外径的 2～2.5 倍。

综合布线的 4 对对绞电缆和 4 芯及 4 芯以下光缆穿保护管时，按不大于内孔面积的 25%～30%计算。

综合布线缆线的总截面积不应超过线槽内截面积的 30%～50%。

5. 常用保护管简介（表 2-102）

表 2-102　常用保护管简介

保护管（槽）代号	保护管（槽）名称
SC	低压流体输送用焊接钢管
MT	普通碳素钢电线套管
KBG	套接扣压式薄壁钢套管
JDG	套接紧定式钢管

续表

保护管（槽）代号	保护管（槽）名称
PC	聚氯乙烯硬质电线管
FPC	聚氯乙烯半硬质电线管
MR	金属槽盒
PR	塑料线槽
FT	耐火槽盒
CT	电缆桥架

2.5.2 常用管材和槽盒的规格（表 2-103～表 2-116）

表 2-103　SC、MT 管材规格

管材种类（标注代号）	公称口径/mm	外径/mm	壁厚/mm	内径/mm	内孔截面积/mm^2	不同利用率下管内截面积/mm^2			
						40%	33%	27.5%	22%
低压流体输送用焊接钢管（SC）	15	21.3	2.8	15.7	194	78	64	53	43
	20	26.9	2.8	21.3	356	142	117	98	78
	25	33.7	3.2	27.3	585	234	193	161	129
	32	42.4	3.5	35.4	984	394	325	271	216
	40	48.3	3.5	41.3	1340	536	442	369	295
	50	60.3	3.8	52.7	2181	872	720	600	480
	65	76.1	4.0	68.1	3642	1457	1202	1002	801
	80	88.9	4.0	80.9	5140	2056	1696	1414	1131
	100	114.3	4.0	106.3	8875	3550	2929	2441	1953
	125	139.7	4.0	131.7	13 623	5449	4496	3746	2998
	150	168.3	4.50	159.3	19 931	7972	6577	5481	4385
普通碳素钢电线套管（MT）	16	15.88	1.6	12.68	126	50	42	35	28
	19	19.05	1.8	15.45	187	75	62	51	41
	25	25.40	1.8	21.80	373	149	123	103	82
	32	31.75	1.8	28.15	622	249	205	171	137
	38	38.10	1.8	34.50	935	374	309	257	206
	51	50.80	2.0	46.80	1720	688	568	473	378
	64	63.50	2.5	58.50	2688	1075	887	739	591
	76	76.20	3.2	68.80	3826	1530	1263	1052	842

表 2-104　KBG、JDG、PC、FPC 管材规格

规格尺寸（标注代号）	公称口径/mm	外径/mm	壁厚/mm	内径/mm	内孔截面积/mm^2	不同利用率下管内截面积/mm^2			
						40%	33%	27.5%	22%
套接扣压式薄壁钢管（KBG）	16	16	1	14	154	61	50	42	33
	20	20	1	18	254	101	83	69	55
	25	25	1.2	22.6	401	160	132	110	88

续表

规格尺寸（标注代号）	公称口径/mm	外径/mm	壁厚/mm	内径/mm	内孔截面积/mm²	不同利用率下管内截面积/mm²			
						40%	33%	27.5%	22%
套接扣压式薄壁钢管（KBG）	32	32	1.2	29.6	688	275	227	189	151
	40	40	1.2	37.6	1110	444	366	305	244
套接紧定式钢管（JDG）	16	16	1.6	12.8	129	51	43	35	28
	20	20	1.6	16.8	222	88	73	61	49
	25	25	1.6	21.8	373	149	123	103	82
	32	32	1.6	28.8	651	260	215	179	143
	40	40	1.6	36.8	1064	425	351	293	234
聚氯乙烯硬质电线管（PC）	16	16	1.9	12.2	117	47	39	32	26
	20	20	2.1	15.8	196	78	65	54	43
	25	25	2.2	20.6	333	133	110	92	73
	32	32	2.7	26.6	556	222	183	153	122
	40	40	2.8	34.4	929	371	307	256	204
	50	50	3.2	43.6	1493	597	492	410	328
	63	63	3.4	56.2	2481	992	819	682	546
聚氯乙烯半硬质电线管（FPC）	16	16	2	12	113	45	37	31	25
	20	20	2	16	201	80	66	55	44
	25	25	2.5	20	314	125	104	86	69
	32	32	3	26	531	212	175	146	117
	40	40	3	34	908	363	300	250	200
	50	50	3	44	1521	608	502	418	335

表2-105　　轻型聚氯乙烯（PVC-U）管材规格

公称口径/mm	外径/mm	壁厚/mm	内径/mm	内孔总面积/mm²	不同利用率下管内截面积/mm²			
					40%	33%	27.5%	22%
25	25	1.5	22	379	151	125	104	83
32	32	1.5	29	660	264	217	181	145
40	40	2.0	36	1017	428	335	279	223
50	50	2.0	46	1661	664	548	456	365
70	63	2.5	58	2640	1056	871	726	580
80	75	2.5	70	3846	1538	1269	1057	846
90	90	3.0	84	5538	2215	1827	1523	1218
110	110	3.5	104	8490	3396	2801	2334	1867
125	125	4.0	117	10 745	4298	3546	2955	2364
140	140	4.5	139	15 166	6066	5005	4170	3336
160	160	5.0	150	17 662	7064	5828	4857	3885
180	180	5.5	169	44 840	17 936	14 797	12 331	9864

表 2-106　重型聚氯乙烯（PVC-U）管材规格

公称口径/mm	外径/mm	壁厚/mm	内径/mm	内孔总面积/mm²	内单孔%时截面积/mm²			
					40%	33%	27.5%	22%
25	25	2.5	20	314	126	103	86	69
32	32	2.5	27	572	228	189	157	126
40	40	3.0	34	907	362	299	249	199
50	50	3.5	43	1451	580	478	399	391
70	63	4.0	55	2374	949	783	653	522
80	75	4.0	67	3523	1409	1162	969	775
90	90	4.5	81	5150	2060	1699	1416	1133
110	110	5.5	99	7693	3077	2538	2115	1692
125	125	6.0	113	10 023	4009	3307	2756	2205
140	140	7.0	126	12 462	4984	4112	3427	2741
160	160	8.0	144	16 277	6510	5371	4476	3581
180	180	9.0	162	20 601	8240	6798	5665	4532

表 2-107　多孔式塑料管规格

名称	型号/mm × mm	单孔内径/mm	内单孔总面积/mm²	内单孔%时截面积/mm²				等效外径/mm
				40%	33%	27.5%	22%	
管式三孔管	ϕ28 × 3	28 × 3 孔	615	246	203	169	135	76.5
管式四孔管	ϕ25/32 × 2	25.6 × 2 孔	514	205	169	141	113	76.5
		32 × 2 孔	803	321	265	221	176	
管式五孔管	ϕ25 × 5	25.6 × 5 孔	514	205	169	141	113	76.5
埋式五孔管	ϕ28 × 5	28 × 5 孔	615	246	203	169	135	88
埋式六孔管	ϕ32 × 5	32 × 5 孔	803	321	265	221	176	100
埋式七孔管	ϕ32 × 6	32 × 6 孔	803	321	265	221	176	110
埋式八孔管	ϕ32 × 7	32 × 7 孔	803	321	265	221	176	119

表 2-108　硅芯式塑料管规格

规格/mm	外径/mm	壁厚/mm	内径/mm	内孔总面积/mm²	内单孔%时截面积/mm²			
					40%	33%	27.5%	22%
60/52	60	5.0	52	1962	784	647	539	431
50/42	50	4.0	42	1384	553	456	380	304
46/38	46	4.0	38	1133	453	374	311	249
40/33	40	3.5	33	854	341	282	235	188
34/28	34	3.0	28	615	246	203	169	135
32/26	32	3.0	26	530	212	175	145	116

表 2－109　双壁波纹式塑料管规格

标准直径/mm	内径/mm	内孔总面积/mm²	不同利用率下管内截面积/mm²				管长/m
			40%	33%	27.5%	22%	
100/90	88	6079	2431	2006	1671	1337	6
75/65	65	3316	1326	1094	912	729	6
63/54	54	2289	915	755	629	503	6
50/41	41	1319	527	435	362	290	6
32/28	26	530	212	175	145	116	6

表 2－110　栅格式塑料管规格

管材名称	型号	孔数（孔）	内单孔尺寸 d/mm	内壁厚/mm	外壁厚/mm	截面积外形尺寸/mm		内单孔总面积/mm²	不同利用率下管内截面积/mm²				管长/m
						宽度	高度		40%	33%	27.5%	22%	
栅格式塑料管	SVSY28×3	3	28	1.6	2.2	91.5	32.5	784	313	258	215	172	6
	SVSY42×4	4	42	2.2	2.8	91.5	91.5	1764	705	582	485	388	6
	SVSY48×4	4	48	2.6	3.2	105	105	2304	921	760	633	506	6
	SVSY28×6	6	28	1.6	2.2	91.5	62	784	313	258	215	172	6
	SVSY32×6	6	32	1.8	2.2	105	71	1024	409	337	281	225	6
	SVSY28×9	9	28	1.6	2.2	91.5	91.5	784	313	258	215	172	6
	SVSY32×9	9	32	1.8	2.2	105	105	1024	409	337	281	225	6

表 2－111　蜂窝式塑料管规格

管材名称	型号	孔数（孔）	内单孔尺寸 d/mm	内壁厚/mm	外壁厚/mm	截面积外形尺寸/mm		内单孔总面积/mm²	不同利用率下管内截面积/mm²				管长/m
						宽度	高度		40%	33%	27.5%	22%	
蜂窝式塑料管（PVC－U）	SVFY28×3	3	28	1.8	2.4	63	64.5	615	246	203	169	135	6
	SVFY32×3	3	32			71	72.5	803	321	265	221	176	6
	SVFY28×5	5	28			93	64.5	615	246	203	169	135	6
	SVFY32×5	5	32			105	72.5	803	321	265	221	176	6
	SVFY28×7	7	28			93	90.5	615	246	203	169	135	6
	SVFY32×7	4	32			105	102	803	321	265	221	176	6

表 2－112　水泥管块规格

管孔	管块外形尺寸/mm		每节重量/kg	每节长度/mm	单孔内径/mm	内单孔总面积/mm²	不同利用率下管内截面积/mm²			
	宽	高					40%	33%	27.5%	22%
二孔管块	250	140	26	600	90	6358	2543	2098	1748	1398
三孔管块	360	140	37							
四孔管块	250	250	45							
六孔管块	360	250	62							

表 2-113　　铝托盘、梯架常用规格　　（单位：mm）

宽度	高度							
	60	80	100	110	140	150	180	200
100	√							
200	√	√	√	√				
300	√	√	√	√	√	√		
400	√	√	√	√	√	√	√	√
500		√	√	√	√	√	√	√
600		√	√	√	√	√	√	√
800			√	√	√	√	√	√
1000			√	√	√	√	√	√

表 2-114　　钢托盘、梯架常用规格　　（单位：mm）

宽度	高度							
	40	50	60	70	75	100	150	200
100	√	√	√	√				
200	√	√	√	√	√			
300	√	√	√	√	√	√		
400		√	√	√	√	√	√	
500			√	√	√	√	√	√
600				√	√	√	√	√
800					√	√	√	√
1000						√	√	√
1200							√	√

表 2-115　　钢托盘、梯架允许最小板材厚度　　（单位：mm）

托盘、梯架宽度	允许最小厚度
＜400	1.5
400～800	2.0
＞800	2.5

表 2-116　　铝、钢托盘、梯架荷载等级

荷载等级	A	A_1	B	C	D
额定均布荷载/（kN/m）	0.5	1.0	1.5	2.0	2.5

注：荷载等级 A_1 为铝托盘、梯架数据。

2.5.3 强电线路敷设的要求和选型

1. 线缆敷设要求（表 2-117～表 2-128）

表 2-117　　按环境条件选择线路敷设方式

导线类别	敷设方式	常用导线型号	导线使用环境																	
			干燥		潮湿	特别潮湿	高湿	多尘	化学腐蚀	火灾危险区			爆炸危险区				户外	高层建筑	一般民用	近户线
			生活	生产						21	22	23	1	2	10	11				
塑料护套线	直敷配线	BLW、BW 型	√	√	×	×	×	×	×	×	×	×	×	×	×	×	×	+	√	×
绝缘线	钢管明敷	BLV、BV、BLXF、BXF、BBLX、BBX 型	–	+	+	+	√	+	+①	√	√	√	√	√	√	√	+	√	√	√
	钢管埋地		–	√	√	√	√	√	+	√	√	√	√	√	√	√	+①	√	√	√
	电线管明敷		+	√	√	√	+	√	√	+	+	+	×	×	×	×	–	√	√	×
	硬塑料管明敷		+	√	√	√	+	√	√	+	+	+	×	×	×	×	–	–	–	+
	硬塑料管埋地		+	+	+	+	–	+	√	–	–	–	×	×	×	×	+	–	–	+
	线槽配线		√	√	×	×	×	×	×	×	×	×	×	×	×	×	×	√	√	×
裸导体	瓷瓶明敷	IJ、TJ、LMY、TMY 型	×	√	+	–	√	+	–	+⑤	+⑤	+⑤	×	×	×	×	√④	–	–	×
母线槽	支架明敷	各种型号	–	√	+	–	+	+	×	+	+	+	+	+	+	+	+	–	–	+
电缆	地沟内敷设	VLV、W、YJLV、YJV 型	–	√	+	–	√	+	–	+	+	+	+③	+③	–	–	+	√	√	√
	支架明敷	VLV、W、YJLV、YJV 型	–	√	√	√	+	√	√	+	+	+②	+②	+	+	+	+	–	–	+
	直埋地	VLV_{22}、W_{22}、$YJLV_{22}$、YJV_{22} 型	–	–	–	–	–	–	–	–	–	–	–	–	–	–	√	–	–	√
	桥架敷设	各种型号	–	√	+	–	+	√	+	+	+	+	+②	+②	+②	+	+	√	–	+

注：表中 √ 代表推荐使用；+代表可以使用；–代表建议不使用；×代表不允许使用。
① 应采用镀锌钢管并做好防腐处理。
② 应采用铠装电缆。
③ 地沟内应埋砂并设置排水措施。
④ 屋外架空裸导体，沿墙用绝缘线。
⑤ 可用硬裸母线，但应连接可靠，尽量采用焊接；在 21 区和 23 区内母线宜装设防护罩，孔径不大于 12mm，在 22 区内应有防尘罩。

表 2-118　　电缆允许弯曲半径（D_e 电缆外径）

电缆种类	单芯		多芯	
	无铠装	铠装	无铠装	铠装
聚氯乙烯绝缘控制电缆			$6D_e$	$12D_e$
交联聚乙烯绝缘电缆 聚氯乙烯绝缘电缆	$15D_e$	$20D_e$	$12D_e$	$15D_e$
电缆外径/mm	$D_e<7$	$7\leqslant D_e<12$	$12\leqslant D_e<15$	$15\leqslant D_e$
矿物绝缘电缆	$3D_e$	$4D_e$	$5D_e$	$6D_e$

表 2-119　室外电缆沿同一路径的敷设方式及数量

敷设方式	数量
直埋敷设	≤8 根
排管敷设	≤12 根
电缆沟敷设	≤18 根
电缆隧道敷设	>18 根

表 2-120　电缆在电缆沟、隧道内敷设时的最小净距　（单位：mm）

敷设方式		电缆隧道净高	电缆沟	
		≥1900	沟深≤600	沟深>600
通道宽度	两边有支架时，架间水平净距	1000	300	500
	一边有支架时，架与壁间水平净距	900	300	450
支架层间的垂直净距	电力电缆 35kV	250	200	200
	电力电缆≤10kV	200	150	150
	控制电缆	120	100	100
电力电缆间的水平净距（单芯电缆品字形布置时除外）		35 但不小于电缆外径		

表 2-121　电缆桥架与各种管道的最小净距　（单位：m）

管道类别	敷设条件	
	平行	交叉
一般工艺管道	0.4	0.3
具有腐蚀性液体（或气体）管道	0.5	0.5
热力管道（有保温层）	0.5	0.5
热力管道（无保温层）	1.0	1.0

表 2-122　电缆与管道相互间允许距离　（单位：mm）

电缆与管道之间走向		电力电缆	控制和信号电缆
热力管道	平行	1000	500
	交叉	500	250
其他管道	平行	150	100

表 2-123　直埋敷设的电缆之间及与各种设施的最小净距　（单位：m）

项　　目	敷设条件	
	平行时	交叉时
建筑物、构筑物基础	0.50	
电杆	0.60	
乔木	1.50	
灌木丛	0.50	
1kV 以下电力电缆之间，以及与控制电缆和 1kV 以上电力电缆之间	0.10	0.50（0.25）
通信电缆	0.50（0.10）	0.50（0.25）
热力管沟	2.00	（0.50）
水管、压缩空气管	1.00（0.25）	0.50（0.25）
可燃气体及易燃液体管道	1.00	0.50（0.25）

续表

项　　目	敷设条件	
	平行时	交叉时
铁路（平行时与轨道、交叉时与轨底，电气化铁路除外）	3.00	1.00
道路（平行时与路边、交叉时与路面）	1.50	1.00
排水明沟（平行时与沟边、交叉时与沟底）	1.00	0.50

注：1. 表中所列净距，应自各种设施（包括防护外层）的外缘算起。
2. 路灯电缆与道路灌木丛平行距离不限。
3. 表中括号内数字是指局部地段电缆穿管，加隔板保护成加隔热层保护后允许的最小净距。
4. 电缆与水管、压缩空气管平行，电缆与管道标高差不大于 0.50m 时，平行净距可减少至 0.50m。

表 2-124　电缆与电缆或管道、道路、构筑物等相互间容许最小距离　（单位：m）

电缆直埋敷设时的配置情况		平行	交叉
控制电缆之间		—	0.5①
电力电缆之间或与控制电缆之间	10kV 及以下电力电缆	0.1	0.5①
	10kV 以上电力电缆	0.25②	0.5①
不同部门使用的电缆		0.5②	0.5①
电缆与地下管沟	热力管沟	2③	0.5①
	油管或易燃气管道	1	0.5①
	其他管道	0.5	0.5①
电缆与铁路	非直流电气化铁路路轨	3	1.0
	直流电气化铁路路轨	10	1.0
电缆与建筑物基础		0.6③	—
电缆与公路边		1.0③	—
电缆与排水沟		1.0③	—
电缆与树木的主干		0.7	—
电缆与 1kV 以下架空线电杆		1.0③	—
电缆与 1kV 以上架空线杆塔基础		4.0③	—

① 用隔板分隔或电缆穿管时可为 0.25m。
② 用隔板分隔或电缆穿管时可为 0.1m。
③ 特殊情况可酌减且最多减少一半值。

表 2-125　爆炸气体环境电缆配线技术要求

爆炸危险区域	电缆明设或在沟内敷设时的最小截面积			接线盒	移动电缆
	电力	照明	控制		
1 区	铜芯 $2.5mm^2$ 及以上	铜芯 $2.5mm^2$ 及以上	铜芯 $2.5mm^2$ 及以上	隔爆型	重型
2 区	铜芯 $1.5mm^2$ 及以上 或铝芯 $4mm^2$ 及以上	铜芯 $1.5mm^2$ 及以上 或铝芯 $2.5mm^2$ 及以上	铜芯 $1.5mm^2$ 及以上	隔爆、增安型	中型

表 2-126　　　　**爆炸危险环境钢管配线技术要求**

爆炸危险区域	钢管明配线路用绝缘导线的最小截面积			接线盒	管子连接要求
	电力	照明	控制		
1 区	铜芯 2.5mm^2 及以上	铜芯 2.5mm^2 及以上	铜芯 2.5mm^2 及以上	隔爆型	见注 1
2 区	铜芯 1.5mm^2 及以上 或铝芯 4mm^2 及以上	铜芯 1.5mm^2 及以上 或铝芯 2.5mm^2 及以上	铜芯 1.5mm^2 及以上	隔爆、增安型	见注 2

注：1. 对电线管 25mm 及以下的钢管螺纹旋合应不少于 5 扣，对电线管 32mm 及以上的应不少于 6 扣并有锁紧螺母。
2. 对电线管 25mm 及以下的螺纹旋合应不少于 5 扣，对电线管 32mm 及以上的应不少于 6 扣。

表 2-127　　　　**爆炸性粉尘环境电缆配线技术要求**

爆炸危险区域	电缆的最小截面积	移动电缆
10 区	铜芯 2.5mm^2 及以上	重型
11 区	铜芯 1.5mm^2 及以上 或铝芯 2.5mm^2 及以上	中型

注：铝芯绝缘导线或电缆的连接与封端应采用压接。

表 2-128　　　　**爆炸性粉尘环境钢管配线技术要求**

爆炸危险区域	绝缘导线的最小截面积	接线盒、分支盒	管子连接要求
10 区	铜芯 2.5mm^2 及以上	尘密型	螺纹旋合应 不少于 5 扣
11 区	铜芯 1.5mm^2 及以上 或铝芯 2.5mm^2 及以上	尘密型，也可采用 防尘型	

注：尘密型是规定标志为 DT 的粉尘防爆类型；防尘型是规定标志为 DP 的粉尘防爆类型。

2. 电线电缆外径与面积关系（表 2-129～表 2-134）

表 2-129　　　**0.45/0.75kV BV、ZRBV、BV-105、WDZ-BYJ 电线外径与面积关系表**

线芯截面积/mm^2	1	1.5	2.5	4	6	10	16	25	35	50	70	95	120	150	185	240
线芯组成	1×1.13	1×1.38	1×1.78	1×2.25	1×2.76	7×1.35	7×1.70	7×2.14	7×2.52	19×1.78	19×2.14	19×2.52	37×2.03	37×2.25	37×2.52	61×2.25
参考外径/mm	2.8	3.3	3.9	4.4	4.9	7.0	8.0	10.0	11.5	13.0	15.0	17.5	19.0	21.0	23.5	26.5
电线根数	电线总截面积/mm^2															
1	6	9	12	15	19	38	50	79	104	133	177	241	284	346	434	512
2	12	18	24	30	38	76	100	178	208	266	354	482	568	692	868	1024
3	18	27	36	45	57	114	150	237	312	399	531	723	852	1038	1032	1536
4	24	36	48	60	76	152	200	316	416	532	708	964	1136	1384	1736	2048
5	30	45	60	75	95	190	250	395	520	665	885	1205	1420	1730	2170	2560
6	36	54	72	90	114	228	300	474	624	798	1062	1446	1704	2076	2604	3072
7	42	63	84	105	133	266	350	553	728	931	1239	1687	1988	2422	3038	3584
8	48	72	96	120	152	304	400	632	832	1064	1416	1928	2272	2768	3472	4096

表 2-130　　**0.6/1kV YJV、YJLV、VV、VLV、YJV_{22}、$YJLV_{22}$、VV_{22}、VLV_{22} 电缆外径与面积关系表**

电缆型号 0.6/1kV	线芯截面积/mm²	2.5	4	6	10	16	25	35	50	70	95	120	150	185	240
	电缆芯数	5	5	5	5	5	4+1	4+1	4+1	4+1	4+1	4+1	4+1	4+1	4+1
YJV YJLV	参考外径/mm	13.5	14.8	16.1	19.6	22.4	26.2	28.8	33.4	38.8	44.1	49.5	54.1	60.5	68.2
	电缆截面积/mm²	143	172	204	302	394	539	651	876	1182	1527	1924	2299	2875	3653
VV VLV	参考外径/mm	15.2	17.8	19.2	22.8	25.8	30.1	32.7	37.7	41.9	47.6	52.0	56.8	63.0	70.7
	电缆截面积/mm²	181	249	290	408	523	712	840	1116	1379	1780	2124	2534	3117	3926
YJV_{22} $YJLV_{22}$	参考外径/mm	17.0	18.3	19.7	23.2	26.0	30.4	34.1	38.7	44.2	49.8	55.4	60.1	66.9	74.8
	电缆截面积/mm²	227	263	305	423	531	726	913	1176	1534	1948	2411	2837	3515	4394
VV_{22} VLV_{22}	参考外径/mm	—	21.1	22.6	26.2	29.3	34.7	37.5	42.4	46.9	52.4	57.1	61.7	67.9	75.3
	电缆截面积/mm²	—	350	401	539	674	946	1104	1412	1728	2157	2561	2990	3621	4453

表 2-131　　**0.45/0.75kV KYJV 聚乙烯绝缘聚氯乙烯护套控制电缆外径与面积关系表**

电缆芯数	2	3	4	5	7	8	10	12	14	16	19	24	27	30
线芯截面积/mm²	0.75													
参考外径/mm	6.5	6.8	7.3	7.9	8.3	9.1	10.5	11.3	11.9	12.4	13	15	15.3	15.8
电缆截面积/mm²	33	36	42	49	54	65	87	100	111	121	133	177	184	196
线芯截面积/mm²	1.0													
参考外径/mm	6.8	7.1	7.7	8.3	8.8	9.9	11.7	12	12.6	13.2	13.8	15.9	16.3	17.2
电缆截面积/mm²	36	40	47	54	61	77	108	113	125	139	150	199	209	232
线芯截面积/mm²	1.5													
参考外径/mm	7.7	8.1	8.9	9.5	10.3	11.5	13.5	13.9	14.5	15.3	16.1	19	19.4	20.1
电缆截面积/mm²	47	52	62	71	83	104	143	152	165	184	204	284	296	317
线芯截面积/mm²	2.5													
参考外径/mm	8.9	9.5	10.2	11.7	12.7	13.9	15.9	16.4	17.2	18.5	19.5	22.6	23.1	24
电缆截面积/mm²	62	71	82	108	127	152	199	211	232	269	299	401	419	452

表 2-132　　**0.45/0.75kV $KYJV_{22}$ 聚乙烯绝缘聚氯乙烯护套钢带铠装控制电缆外径与面积关系表**

电缆芯数	4	5	7	8	10	12	14	16	19	24	27	30	37	44
线芯截面积/mm²	0.75													
参考外径/mm	—	—	12.1	12.7	14.1	14.3	14.9	15.4	16	18.4	18.7	19.2	20.3	22.3
电缆截面积/mm²	—	—	11.5	127	156	161	174	186	201	266	275	290	324	391
线芯截面积/mm²	1.0													
参考外径/mm	—	—	12.5	13.2	14.7	15	15.6	16.2	17.2	19.3	19.7	20.2	21.5	23.6
电缆截面积/mm²	—	—	123	137	170	177	191	206	232	293	305	320	363	437

续表

电缆芯数	4	5	7	8	10	12	14	16	19	24	27	30	37	44
线芯截面积/mm²	1.5													
参考外径/mm	—	—	13.9	14.7	16.5	16.9	17.9	18.7	19.5	22	22.4	23.1	24.6	27.8
电缆截面积/mm²	—	—	152	170	214	224	252	275	299	380	394	419	475	607
线芯截面积/mm²	2.5													
参考外径/mm	13.8	14.7	15.7	16.6	19.3	19.8	20.6	21.5	22.5	25.5	26.1	27	30.6	34.2
电缆截面积/mm²	150	170	194	216	293	308	333	363	398	511	535	573	735	919

表 2-133　0.45/0.75kV KVV 聚氯乙烯绝缘聚氯乙烯护套控制电缆外径与面积关系表

电缆芯数	2	3	4	5	7	8	10	12	14	16	19	24	27	30
线芯截面积/mm²	0.75													
参考外径/mm	8.0	8.4	9.0	9.6	10.5	11.5	12.5	13.5	14.5	15.0	15.5	18.0	18.0	19.0
电缆截面积/mm²	50	55	64	72	87	104	123	143	165	177	189	254	254	284
线芯截面积/mm²	1.0													
参考外径/mm	8.4	8.8	9.4	10.0	11.0	12.0	14.0	14.5	15.0	15.5	16.5	19.0	19.0	20.5
电缆截面积/mm²	55	61	69	79	95	113	154	165	177	189	214	284	284	330
线芯截面积/mm²	1.5													
参考外径/mm	9.4	9.8	10.5	11.5	12.5	14.5	16.0	16.5	17.0	18.0	19.0	22.0	22.5	23.0
电缆截面积/mm²	69	75	87	104	123	165	201	214	227	254	284	380	398	415
线芯截面积/mm²	2.5													
参考外径/mm	10.5	11.0	12.0	14.0	15.0	16.5	18.5	19.0	19.5	21.0	22.0	25.5	26.0	27.0
电缆截面积/mm²	71	95	113	154	177	214	269	284	299	346	380	511	531	573

表 2-134　0.45/0.75kV KVV_{22} 聚氯乙烯绝缘聚氯乙烯护套钢带铠装控制电缆外径与面积关系表

电缆芯数	4	5	7	8	10	12	14	16	19	24	27	30	37	44
线芯截面积/mm²	0.75													
参考外径/mm	—	—	15.5	16.5	18.0	18.0	18.5	19.5	20.0	22.5	23.0	23.5	25.0	27.0
电缆截面积/mm²	—	—	189	214	254	254	269	299	314	398	415	434	491	573
线芯截面积/mm²	1.0													
参考外径/mm	—	—	16.0	17.0	18.5	19.0	19.5	20.0	21.5	23.5	24.0	24.5	26.0	28.5
电缆截面积/mm²	—	—	201	227	269	284	299	314	363	434	452	471	531	638
线芯截面积/mm²	1.5													
参考外径/mm	—	—	17.5	18.5	20.5	20.5	22.0	22.5	23.5	26.5	27.0	27.5	29.5	33.0
电缆截面积/mm²	—	—	241	269	330	330	380	398	434	552	573	594	683	855
线芯截面积/mm²	2.5													
参考外径/mm	17.0	18.0	19.0	21.0	23.0	23.5	24.5	25.5	26.5	30.0	30.5	31.5	35.0	39.0
电缆截面积/mm²	227	254	284	346	415	434	471	511	552	707	731	779	962	1195

3. 电线穿管最小管径（表 2－135～表 2－138）

表 2－135　　电线穿低压流体输送用焊接钢管最小管径

电线型号 0.45/0.75kV	单芯电线穿管根数	电线穿低压流体输送用焊接钢管 (SC) / mm 电线截面积 / mm²													
		1.0	1.5	2.5	4	6	10	16	25	35	50	70	95	120	150
BV ZRBV BV-105 WDZ-BYJ(F)	2	15	15	15	15	15	20	25	32	32	32	50	65	65	65
	3	15	15	15	15	15	25	25	32	40	50	65	65	80	80
	4	15	15	15	15	20	25	32	40	50	50	65	80	100	100
	5	15	15	15	20	20	32	32	50	50	65	80	100	100	100
	6	15	15	20	20	20	32	40	50	65	65	80	100	100	125
	7	15	15	20	20	25	32	40	50	65	65	100	100	125	125
	8	15	20	20	25	25	40	50	65	65	80	100	100	125	125

表 2－136　　电线穿普通碳素钢电线套管最小管径

电线型号 0.45/0.75kV	单芯电线穿管根数	电线穿普通碳素钢电线套管 (MT) / mm 电线截面积 / mm²													
		1.0	1.5	2.5	4	6	10	16	25	35	50	70	95	120	150
BV ZRBV BV-105 WDZ-BYJ(F)	2	16	16	16	16	19	25	25	38	38	51	51	64	64	76
	3	16	16	16	19	19	32	32	38	51	51	64	76		
	4	16	16	19	19	25	32	38	51	51	64	76			
	5	16	19	19	25	25	38	38	51	64	64				
	6	16	19	25	25	25	38	51	64	64	76				
	7	19	25	25	25	32	51	51	64	64	76				
	8	19	25	25	25	32	51	51	64	76					

表 2－137　　电线穿套接扣压式薄壁钢管或套接紧定式钢管最小管径

电线型号 0.45/0.75kV	单芯电线穿管根数	电线穿套接扣压式薄壁钢管 (KBG) 或套接紧定式钢管 (JDG) / mm 电线截面积 / mm²									
		1.0	1.5	2.5	4	6	10	16	25	35	50
BV ZRBV BV-105 WDZ-BYJ(F)	2	16	16	16	16	20	25	25	32	40	40
	3	16	16	16	20	20	32	32	40		
	4	16	16	20	20	25	32	40			
	5	16	20	20	25	25	40	40			
	6	16	20	20	25	25	40				
	7	16	20	25	25	32	40				
	8	20	20	25	25	32					

表 2－138　　电线穿聚氯乙烯硬质电线管或聚氯乙烯半硬质电线管最小管径

电线型号 0.45/0.75kV	单芯电线穿管根数	电线聚氯乙烯硬质电线管 (PC) 或聚氯乙烯半硬质电线管 (FPC) /mm 电线截面积 / mm²										
		1.0	1.5	2.5	4	6	10	16	25	35	50	70
BV ZRBV BV-105 WDZ-BYJ(F)	2	16	16	16	16	20	25	32	40	40	50	63
	3	16	16	16	20	20	32	40	40	50	50	63
	4	16	16	20	20	25	40	40	50	63	63	
	5	16	20	20	25	25	40	50	50	63	63	
	6	16	20	25	25	32	40	50	63	63		
	7	20	20	25	32	32	50	50	63			
	8	20	25	25	32	32	50	50	63			

4. 线槽内允许容纳电线根数（表 2－139 和表 2－140）

表 2－139　　线槽内允许容纳配电线路电线根数

线槽规格 宽×高/ mm×mm	BV、ZRBV、BV－105、WZD－BYJ(F)单芯绝缘电线截面积/mm²														
	1.5	2.5	4	6	10	16	25	35	50	70	95	120	150	185	240
	各系列金属线槽容纳电线根数														
50×50	49	36	29	23	11	8	5	4	3	2	1	1	1	1	—
100×50	—	75	60	47	23	18	11	8	6	5	3	3	2	2	1
100×70	—	—	—	68	34	25	16	12	9	7	5	4	3	2	2
200×70	—	—	—	—	69	52	33	25	19	14	10	9	7	6	5
200×100	—	—	—	—	—	—	48	36	28	21	15	13	11	8	7

注：电线的总截面积按不超过线槽内截面积的 20%计算，载流导体不宜超过 30 根；线槽壁厚按 1.5mm 考虑。

表 2－140　　线槽内允许容纳控制、信号线路电线根数

线槽规格 宽×高/ mm×mm	BV、ZRBV、BV－105、WZD－BYJ(F)单芯绝缘电线截面积/mm²														
	1.0	1.5	2.5	4	6	10	16	25	35	50	70	95	120	150	185
	各系列金属线槽容纳电线根数														
50×50	184	122	92	73	58	29	22	13	10	8	6	4	3	3	2
100×50	379	253	189	151	119	59	45	28	21	17	12	9	8	6	5
100×70	541	361	270	216	171	85	64	41	31	24	18	13	11	9	7
200×70	—	—	549	439	347	173	131	83	63	49	37	27	23	19	15
200×100	—	—	—	—	502	251	191	120	91	71	53	39	33	27	22

注：控制、信号或其相类似的线路总截面积按不超过线槽内截面积的 50%计算，电线根数不限；线槽壁厚按 1.5mm 考虑。

5. 电缆穿管最小管径（表 2－141～表 2－148）

表 2－141　　电力电缆穿低压流体输送用焊接钢管最小管径

<table>
<tr><td>电缆型号</td><td colspan="2">电缆截面积/mm²</td><td>2.5</td><td>4</td><td>6</td><td>10</td><td>16</td><td>25</td><td>35</td><td>50</td><td>70</td><td>95</td><td>120</td><td>150</td><td>185</td><td>240</td></tr>
<tr><td>0.6/1kV</td><td colspan="2">低压流体输送用焊接钢管(SC)</td><td colspan="14">最小管径/mm</td></tr>
<tr><td rowspan="3">YJV
YJLV</td><td rowspan="12">电缆穿管长度
在30m及以下</td><td>直通</td><td>20</td><td colspan="2">25</td><td colspan="2">32</td><td>40</td><td colspan="2">50</td><td colspan="2">65</td><td>80</td><td colspan="3">100</td></tr>
<tr><td>一个弯曲时</td><td>25</td><td colspan="2">32</td><td>40</td><td colspan="2">50</td><td colspan="2">65</td><td>80</td><td colspan="2">100</td><td colspan="2">125</td><td>150</td></tr>
<tr><td>两个弯曲时</td><td>32</td><td colspan="2">40</td><td>50</td><td colspan="2">65</td><td>80</td><td colspan="2">100</td><td colspan="2">125</td><td colspan="2">150</td><td>—</td></tr>
<tr><td rowspan="3">VV
VLV</td><td>直通</td><td colspan="2">25</td><td colspan="2">32</td><td>40</td><td colspan="2">50</td><td colspan="2">65</td><td colspan="2">80</td><td colspan="3">100</td></tr>
<tr><td>一个弯曲时</td><td>32</td><td colspan="2">40</td><td colspan="2">50</td><td colspan="2">65</td><td>80</td><td colspan="3">100</td><td colspan="2">125</td><td>150</td></tr>
<tr><td>两个弯曲时</td><td>40</td><td colspan="2">50</td><td colspan="2">65</td><td>80</td><td colspan="3">100</td><td colspan="2">125</td><td colspan="2">150</td><td>—</td></tr>
<tr><td rowspan="3">YJV_{22}
$YJLV_{22}$</td><td>直通</td><td>25</td><td colspan="3">32</td><td>40</td><td colspan="2">50</td><td colspan="2">65</td><td>80</td><td colspan="3">100</td><td>125</td></tr>
<tr><td>一个弯曲时</td><td>32</td><td colspan="2">40</td><td colspan="2">50</td><td>65</td><td colspan="2">80</td><td colspan="2">100</td><td colspan="2">125</td><td colspan="2">150</td></tr>
<tr><td>两个弯曲时</td><td colspan="3">50</td><td colspan="2">65</td><td>80</td><td colspan="2">100</td><td colspan="2">125</td><td colspan="2">150</td><td colspan="2">—</td></tr>
<tr><td rowspan="3">VV_{22}
VLV_{22}</td><td>直通</td><td>—</td><td colspan="2">32</td><td>40</td><td colspan="2">50</td><td colspan="2">65</td><td colspan="2">80</td><td colspan="3">100</td><td>125</td></tr>
<tr><td>一个弯曲时</td><td>—</td><td colspan="3">50</td><td>65</td><td colspan="2">80</td><td colspan="3">100</td><td colspan="2">125</td><td colspan="2">150</td></tr>
<tr><td>两个弯曲时</td><td>—</td><td colspan="3">65</td><td>80</td><td colspan="3">100</td><td colspan="2">125</td><td colspan="2">150</td><td colspan="2">—</td></tr>
</table>

表 2－142　　电力电缆穿聚氯乙烯硬质电线管最小管径

电缆型号 0.6/1kV	电缆截面积/mm²		2.5	4	6	10	16	25	35	50
	聚氯乙烯硬质电线管(PC)		最小管径/mm							
YJV YJLV	电缆穿管长度在30m及以下	直通	25	32	32	40	40	50	50	63
		一个弯曲时	40	40	40	50	63	63	—	—
		两个弯曲时	40	50	50	63	63	—	—	—
VV VLV		直通	32	40	40	40	50	63	63	—
		一个弯曲时	40	50	50			—	—	—
		两个弯曲时	50	63	63	—	—	—	—	—

表 2－143　　KYJV 穿低压流体输送用焊接钢管最小管径

电缆型号 0.45/0.75kV	电缆截面积/mm²	控制电缆芯数		2	3	4	5	7	8	10	12	14	16	19	24	27	30
		低压流体输送用焊接钢管(SC)		最小管径/mm													
KYJV	0.75~1.0	电缆穿管长度在30m及以下	直通	15	15	15	15	15	15	20	20	20	20	20	25	25	25
			一个弯曲时	15	15	15	20	20	20	25	25	25	25	32	32	32	32
			两个弯曲时	20	20	20	20	25	25	32	32	32	32	32	40	40	50
	1.5~2.5		直通	15	15	15	20	20	20	25	25	25	32	32	32	32	40
			一个弯曲时	20	20	20	25	25	32	32	32	32	40	40	50	50	50
			两个弯曲时	25	25	25	32	32	32	40	40	50	50	50	65	65	65

表 2－144　　KYJV 穿聚氯乙烯硬质电线管最小管径

电缆型号 0.45/0.75kV	电缆截面积/mm²	控制电缆芯数		2	3	4	5	7	8	10	12	14	16	19	24	27	30
		聚氯乙烯硬质电线管(PC)		最小管径/mm													
KYJV	0.75~1.0	电缆穿管长度在30m及以下	直通	16	16	16	20	20	20	25	25	25	25	32	32	32	32
			一个弯曲时	20	20	20	25	25	25	32	32	32	32	40	40	40	50
			两个弯曲时	25	25	25	32	32	32	40	40	40	40	50	50	50	50
	1.5~2.5		直通	20	20	20	25	25	32	32	32	32	40	40	40	50	50
			一个弯曲时	25	25	25	32	32	40	40	40	50	50	50	63	63	63
			两个弯曲时	32	32	32	40	40	50	50	50	50	63	63	—	—	—

表 2－145　　$KYJV_{22}$ 穿低压流体输送用焊接钢管最小管径

电缆型号 0.45/0.75kV	电缆截面积/mm²	控制电缆芯数		4	5	7	8	10	12	14	16	19	24	27	30	37	44
		低压流体输送用焊接钢管(SC)		最小管径/mm													
$KYJV_{22}$	0.75~1.0	电缆穿管长度在30m及以下	直通	—	—	20	20	25	25	25	25	25	32	32	32	32	40
			一个弯曲时	—	—	25	25	32	32	32	32	32	40	40	40	50	50
			两个弯曲时	—	—	32	32	40	40	40	40	50	50	50	50	65	65
	1.5~2.5		直通	20	25	25	25	32	32	32	32	32	40	40	40	50	50
			一个弯曲时	32	32	32	32	40	40	40	50	50	50	50	65	65	80
			两个弯曲时	32	40	40	50	50	50	50	65	65	65	65	65	80	100

表 2－146　　KVV 穿低压液体输送用焊接钢管最小管径

电缆型号 0.45/0.75kV	电缆截面积/mm²	控制电缆芯数		2	3	4	5	7	8	10	12	14	16	19	24	27	30
		低压流体输送用焊接钢管(SC)		最小管径/mm													
KVV	0.75~1.0	电缆穿管长度在30m及以下	直通	15	15	15	15	20	20	20	25	25	25	25	32	32	32
			一个弯曲时	20	20	20	20	25	25	32	32	32	32	32	40	40	40
			两个弯曲时	20	25	25	25	32	32	32	40	40	40	40	50	50	50
	1.5~2.5		直通	20	20	20	20	25	25	32	32	32	32	32	40	40	40
			一个弯曲时	20	25	25	32	32	32	40	40	40	50	50	50	50	
			两个弯曲时	25	32	32	32	40	40	50	50	50	50	65	65	65	65

表 2-147　　KVV 穿聚氯乙烯硬质电线管最小管径

电缆型号 0.45/0.75kV	电缆截面积/mm²	控制电缆芯数		2	3	4	5	7	8	10	12	14	16	19	24	27	30
		聚氯乙烯硬质电线管(PC)		最小管径/mm													
KVV	0.75~1.0	电缆穿管长度在30m及以下	直通	20				25		32					40		
			一个弯曲时	25				32		40					50		
			两个弯曲时	32				40		50					65		
	1.5~2.5		直通	20	25		32			40					50		
			一个弯曲时	32			40			50				63			
			两个弯曲时		40		50								—		

表 2-148　　KVV_{22} 穿低压液体输送用焊接钢管最小管径

电缆型号 0.45/0.75kV	电缆截面积/mm²	控制电缆芯数		4	5	7	8	10	12	14	16	19	24	27	30	37	44
		低压流体输送用焊接钢管(SC)		最小管径/mm													
KVV_{22}	0.75~1.0	电缆穿管长度在30m及以下	直通	—		25		32						40			50
			一个弯曲时	—		32		40			50						65
			两个弯曲时	—		40	50				65						80
	1.5~2.5		直通	25		32				40			50				65
			一个弯曲时	32	40		50				65				80		
			两个弯曲时										80		100		

2.5.4 弱电线路敷设要求和选型

1. 通信缆线及管道和其他地下管线的最小净距（表 2-149 和表 2-150）

表 2-149　通信管道和其他地下管线及建筑物间的最小净距

其他地下管线及建筑物名称		平行净距/m	交叉净距/m
已有建筑物		2.0	—
规划建筑物红线		1.5	—
给水管	d≤300mm	0.5	0.15
	300mm＜d≤500mm	1.0	
	d＞500mm	1.5	
污水、排水管		1.0 注（1）	0.15 注（2）
热力管		1.0	0.25
燃气管	P≤0.3MPa	1.0	0.3 注（3）
	0.3MPa＜P≤0.8MPa	2.0	
电力电缆	35kV 以下	0.5	0.5 注（4）
	35kV 及以上	2.0	
高压铁塔基础边	＞35kV	2.5	—
通信管道		0.5	0.25
绿化	乔木	1.5	—
	灌木	1.0	
地上杆柱		0.5～1.0	—
马路边石边缘		1.0	—
铁路钢轨（或坡脚）		2.0	—
沟渠（基础底）		—	0.5

续表

其他地下管线及建筑物名称	平行净距/m	交叉净距/m
涵洞（基础底）	—	0.25
电车轨底	—	1.0
铁路轨底	—	1.0

表 2-150　直埋通信电缆、光缆和其他地下管线及建筑物间的最小净距

其他地下管线及建筑物名称		平行净距/m	交叉净距/m
给水管	d≤300mm	0.5	0.5
	300mm＜d≤500mm	1.0	
	d＞500mm	1.5	
排水管		1.0	0.5
热力管		1.0	0.5
燃气管	P≤0.4MPa	1.0	0.5
	0.4MPa＜P≤1.6MPa	2.0	
通信管道		0.75	0.25
市外乔木		2.0	—
市内乔木		0.75	—
建筑红线（或基础）		1.0	—
排水沟		0.8	0.5
电力电缆	35kV 以下	0.5	0.5
	35kV 及以上	2.0	

注：1. 主干排水管后敷设时，其施工沟边与管道间的水平净距不宜小于 1.5m。
2. 当管道在排水管下部穿越时，净距不宜小于 0.4m，通信管道应做包封。
3. 在交越处 2m 范围内，煤气管不应做接合装置和附属设备；如上述情况不能避免时，通信管道应做包封。
4. 如电力电缆加保护管时，净距可减至 0.15m。

2. 弱电缆线外径与面积关系（表 2－151～表 2－157）

表 2－151　　同轴电缆规格

电缆型号	参考外径/mm	电缆截面积/mm²
SYV－75－5	7.2	41
SYV－75－7	10.3	83
SYV－75－9	12.2	117
SYWV－75－5P	7.5	44
SYWV－75－7P	10.6	88
SYWV－75－9P	12.6	125
SYWLY－75－9P	12.6	125
SYWLY－75－12P	15.4	186
SYDLY－75－9	11.9	111
SYDLY－75－12	15	177
SYDLY－75－14	16.7	219

表 2－152　　HYA 型电话电缆规格

电缆型号	参考外径/mm	电缆截面积/mm²
HYA－10×2×0.5	10	79
HYA－15×2×0.5	12	113
HYA－20×2×0.5	13	133
HYA－25×2×0.5	13	133
HYA－30×2×0.5	14	154
HYA－50×2×0.5	17	227
HYA－100×2×0.5	22	380
HYA－150×2×0.5	25	491
HYA－200×2×0.5	30	706.5
HYA－300×2×0.5	36	1017
HYA－400×2×0.5	41	1320

表 2－153　　HYV 型电话电缆规格

电缆型号	参考外径/mm	电缆截面积/mm²
HYV－5×2×0.5	9	63
HYV－10×2×0.5	11	95
HYV－15×2×0.5	12	113
HYV－20×2×0.5	13	133
HYV－25×2×0.5	14	154
HYV－30×2×0.5	15	177
HYV－40×2×0.5	17	227
HYV－50×2×0.5	19	283
HYV－80×2×0.5	23	415
HYV－100×2×0.5	25	491
HYV－150×2×0.5	31	754
HYV－200×2×0.5	35	961
HYV－300×2×0.5	41	1319
HYV－400×2×0.5	47	1734

表 2－154　　光　缆　规　格

规格	参考外径/mm	光缆截面积/mm²
2 芯	4.7	17
4 芯	5.1	20
6 芯	5.6	25
8 芯	6.2	30
12 芯	7.0	38
16 芯	7.0	38
18 芯	8.3	54
24 芯	12.6	125

表 2－155　　4 对对绞电缆规格

规格	参考外径/mm	电缆截面积/mm²
超五类（非屏蔽）	5.3	22
超五类（屏蔽）	6.5	33
六类（非屏蔽）	5.8	27
六类（屏蔽）	7.6	45
七类	8.5	57

表 2－156　　大对数电缆（非屏蔽）规格

规格	参考外径/mm	电缆截面积/mm²
25 对（三类）	10.7	90
50 对（三类）	13.2	137
100 对（三类）	18.3	263
25 对（五类）	13.6	145

表 2－157　　RVS、RV 型电线规格

导线型号	参考外径/mm	导线截面积/mm²
RVS－2×0.5	4.8	18
RVS－2×0.75	5.8	26
RVS－2×1.0	6.2	30
RVS－2×1.5	6.8	36
RVS－2×2.5	9.0	64
RV－0.75	2.7	5.7
RV－10	2.9	6.6
RV－1.5	3.2	8.0
RV－2.5	4.5	16
RV－4.0	5.3	22

3. 弱电缆线穿管最小管径（表 2－158～表 2－167）

表 2－158 综合布线 4 对对绞电缆穿管最小管径

电缆类型	保护管类型	电缆穿保护管根数										
		1	2	3	4	5	6	7	8	9	10	11
		保护管最小管径/mm										
超五类（非屏蔽）	低压流体输送用焊接钢管 (SC)	15	15	20	20	25	25	25	32	32	32	32
超五类（屏蔽）	低压流体输送用焊接钢管 (SC)	15	20	25	25	32	32	32	32	40	40	50
六类（非屏蔽）	低压流体输送用焊接钢管 (SC)	15	20	20	25	25	32	32	32	32	32	40
六类（屏蔽）	低压流体输送用焊接钢管 (SC)	15	20	25	32	32	32	40	40	50	50	50
七类	低压流体输送用焊接钢管 (SC)	20	25	32	32	40	40	50	50	50	50	65
超五类（非屏蔽）	普通碳素钢电线套管 (MT)	16	19	25	25	32	32	32	38	38	38	38
超五类（屏蔽）	普通碳素钢电线套管 (MT)	19	25	25	32	32	38	38	51	51	51	51
六类（非屏蔽）	普通碳素钢电线套管 (MT)	16	25	25	32	32	32	38	38	38	51	51
六类（屏蔽）	普通碳素钢电线套管 (MT)	19	25	32	38	38	51	51	51	51	51	64
七类	普通碳素钢电线套管 (MT)	25	32	32	38	51	51	51	51	64	64	64
超五类（非屏蔽）	聚氯乙烯硬质电线管 (PC) 聚氯乙烯半硬质电线管 (FPC)	16	20	25	25	32	32	40	40	40	40	50
超五类（屏蔽）	聚氯乙烯硬质电线管 (PC) 聚氯乙烯半硬质电线管 (FPC)	20	25	32	32	40	40	40	50	50	50	50
六类（非屏蔽）	聚氯乙烯硬质电线管 (PC) 聚氯乙烯半硬质电线管 (FPC)	16	20	25	32	32	40	40	40	40	50	50
六类（屏蔽）	聚氯乙烯硬质电线管 (PC) 聚氯乙烯半硬质电线管 (FPC)	20	25	32	40	40	50	50	50	63	63	63
七类	聚氯乙烯硬质电线管 (PC) 聚氯乙烯半硬质电线管 (FPC)	25	32	40	40	50	50	50	63	63	63	63
超五类（非屏蔽）	套接紧定式钢管 (JDG) 套接扣压式薄壁钢管 (KBG)	16	20	25	25	32	32	32	32	40	40	40
超五类（屏蔽）	套接紧定式钢管 (JDG) 套接扣压式薄壁钢管 (KBG)	16	25	25	32	32	40	40	40	—	—	—
六类（非屏蔽）	套接紧定式钢管 (JDG) 套接扣压式薄壁钢管 (KBG)	16	20	25	32	32	32	40	40	40	40	—
六类（屏蔽）	套接紧定式钢管 (JDG) 套接扣压式薄壁钢管 (KBG)	20	25	32	40	40	40	—	—	—	—	—
七类	套接紧定式钢管 (JDG) 套接扣压式薄壁钢管 (KBG)	20	32	32	40	40	—	—	—	—	—	—

注：1. 管道的截面积利用率为 27.5%（截面积利用率的范围为 25%～30%）。

2. 综合布线 4 对对绞电缆穿管至 86 系列信息插座时，电缆根数应不超过 4 根。

表 2－159　　　综合布线大对数电缆穿管最小管径

大对数电缆规格	管道走向	保护管最小管径/mm			
		低压流体输送用焊接钢管(SC)	普通碳素钢电线套管(MT)	聚氯乙烯硬质电线管(PC)和聚氯乙烯半硬质电线管(FPC)	套接紧定式钢管(JDG)和套接扣压式薄壁钢管(KBG)
25 对(三类)	直线管道	20	25	32	25
	弯管道	25	32	32	32
50 对(三类)	直线管道	25	32	32	32
	弯管道	32	38	40	40
100 对(三类)	直线管道	40	51	50	40
	弯管道	50	51	65	—
25 对(五类)	直线管道	25	32	40	—
	弯管道	32	38	40	—

注：1. 表中的数据是以电缆的参考外径计算得出的。
2. 布放椭圆形或扁平形缆线和大对数主干电缆时，直线管道的管径利用率为 50%，弯管道为 40%。

表 2－160　　　管道敷设的弯曲半径

线缆类型	弯曲半径	线缆类型	弯曲半径
2 芯或 4 芯水平光缆	>25mm	大对数主干电缆	至少为电缆外径的 10 倍
其他芯数和主干光缆	至少为光缆外径的 10 倍	在工作区信息插座盒内	>25mm
4 对非屏蔽电缆	至少为电缆外径的 4 倍	室外光线、电缆	至少为缆线外径的 10 倍
4 对屏蔽电缆	至少为电缆外径的 8 倍		

表 2－161　　　4 芯及以下光缆穿保护管最小管径

<table>
<tr><th rowspan="3">光缆规格</th><th rowspan="3">保护管种类</th><th colspan="14">光缆穿保护管根数</th></tr>
<tr><th>1</th><th>2</th><th>3</th><th>4</th><th>5</th><th>6</th><th>7</th><th>8</th><th>9</th><th>10</th><th>11</th><th>12</th><th>13</th><th>14</th></tr>
<tr><th colspan="14">保护管最小管径/mm</th></tr>
<tr><td>2芯</td><td rowspan="2">SC</td><td colspan="3">15</td><td colspan="2">20</td><td colspan="4">25</td><td colspan="5">32</td></tr>
<tr><td>4芯</td><td colspan="2">15</td><td colspan="2">20</td><td colspan="3">25</td><td colspan="6">32</td><td>40</td></tr>
<tr><td>2芯</td><td rowspan="2">MT</td><td>16</td><td>19</td><td colspan="3">25</td><td colspan="4">32</td><td colspan="5">38</td></tr>
<tr><td>4芯</td><td>16</td><td>19</td><td colspan="3">25</td><td colspan="3">32</td><td colspan="4">38</td><td colspan="2">51</td></tr>
<tr><td>2芯</td><td rowspan="2">PC
FPC</td><td>15</td><td colspan="2">20</td><td colspan="2">25</td><td colspan="3">32</td><td colspan="6">40</td></tr>
<tr><td>4芯</td><td>15</td><td>20</td><td colspan="3">25</td><td colspan="2">32</td><td colspan="5">40</td><td colspan="2">50</td></tr>
<tr><td>2芯</td><td rowspan="2">JDG
KBG</td><td colspan="2">15</td><td colspan="2">20</td><td colspan="2">25</td><td colspan="4">32</td><td colspan="4">40</td></tr>
<tr><td>4芯</td><td colspan="2">15</td><td>20</td><td colspan="2">25</td><td colspan="4">32</td><td colspan="5">40</td></tr>
</table>

注：4 芯及以下光缆穿保护管最小管径的截面积利用率为 27.5%（截面积利用率的范围为 25%～30%）。

表 2－162　　　4 芯以上光缆穿保护管最小管径

光缆规格	管道走向	保护管最小管径/mm			
		低压流体输送用焊接钢管(SC)	普通碳素钢电线套管(MT)	聚氯乙烯硬质电线管(PC)和聚氯乙烯半硬质电线管(FPC)	套接紧定式钢管(JDG)和套接扣压式薄壁钢管(KBG)
6 芯	直线管道	15	16	15	15
	弯管道	15	19	20	15
8 芯	直线管道	15	16	15	15
	弯管道	15	19	20	20

续表

光缆规格	管道走向	保护管最小管径/mm			
		低压流体输送用焊接钢管(SC)	普通碳素钢电线套管(MT)	聚氯乙烯硬质电线管(PC)和聚氯乙烯半硬质电线管(FPC)	套接紧定式钢管(JDG)和套接扣压式薄壁钢管(KBG)
12 芯	直线管道	15	19	20	15
	弯管道	20	25	25	20
16 芯	直线管道	15	19	20	15
	弯管道	20	25	25	20
18 芯	直线管道	20	25	25	20
	弯管道	20	25	25	25
24 芯	直线管道	25	32	32	32
	弯管道	32	38	40	40

注：4 芯以上主干光缆穿保护管最小管径，直线管道的管径利用率为 50%，弯管道为 40%。

表 2-163　HYA 型电话电缆穿管最小管径

电话电缆规格	穿管长度/m	保护管种类	保护管弯曲数	电话电缆对数 10	15	20	25	30	50	100	150	200	300	400
				最小管径/mm										
2×0.5	30m 及以下	SC	直通	15	20	20	20	20	25	32	40	50	65	65
			一个弯曲时	20	25	25	25	32	32	50	50	65	80	100
			两个弯曲时	25	32	32	32	32	50	65	65	80	100	100
		MT	直通	19	25	25	25	25	32	38	51	51	64	76
			一个弯曲时	25	32	32	32	32	38	51	64	—	—	—
			两个弯曲时	32	38	38	38	51	51	64	76	—	—	—
		PC FPC	直通	20	25	25	25	32	32	40	50	63	63	—
			一个弯曲时	25	32	32	32	40	40	50	63	—	—	—
			两个弯曲时	32	40	40	40	50	50	63	—	—	—	—
		JDG KBG	直通	20	20	25	25	25	32	40	40	—	—	—
			一个弯曲时	25	32	32	32	32	40	—	—	—	—	—
			两个弯曲时	32	40	40	40	40	—	—	—	—	—	—

注：直通管道管内径不小于电缆外径的 1.5 倍，一个弯时管内径不小于电缆外径的 2 倍，两个弯时管内径不小于电缆外径的 2.5 倍。

表 2-164　HYV 型电话电缆穿管最小管径

电话电缆规格	穿管长度/m	保护管种类	保护管弯曲数	电话电缆对数 5	10	15	20	25	30	40	50	80	100	150	200	300	400
				最小管径/mm													
2×0.5	30m 及以下	SC	直通	15	20	20	20	20	25	25	32	32	40	50	50	65	80
			一个弯曲时	20	25	25	25	32	32	32	40	50	50	65	80	100	100
			两个弯曲时	25	25	32	32	32	40	50	50	65	65	80	100	100	125
		MT	直通	19	25	25	25	25	32	32	32	38	51	51	64	76	76
			一个弯曲时	25	25	32	32	32	38	38	51	51	64	76	76	—	—
			两个弯曲时	25	32	38	38	38	51	51	51	64	76	—	—	—	—
		PC FPC	直通	20	20	25	25	25	32	32	40	40	50	63	63	—	—
			一个弯曲时	25	32	32	32	40	40	40	50	63	63	—	—	—	—
			两个弯曲时	32	40	40	40	40	50	50	63	—	—	—	—	—	—
		JDG KBG	直通	16	20	20	25	25	32	32	32	40	40	—	—	—	—
			一个弯曲时	20	25	32	32	32	40	40	40	—	—	—	—	—	—
			两个弯曲时	25	32	40	40	40	40	—	—	—	—	—	—	—	—

注：直通管道管内径不小于电缆外径的 1.5 倍，一个弯时管内径不小于电缆外径的 2 倍，两个弯时管内径不小于电缆外径的 2.5 倍。

表 2－165　　同轴电缆穿管最小管径

电缆型号及规格	保护管种类	同轴电缆穿保护管根数									
		1	2	3	4	5	6	7	8	9	10
		保护管最小管径/mm									
SYV-75-5	SC	15	20	25			32			40	
SYV-75-7	SC	20	25	32	40		50			65	
SYV-75-9	SC		32	40							
SYWV-75-5P	SC	15	20	25			32		40		50
SYWV-75-7P	SC	20	25	32	40						
SYWV-75-9P	SC		32	40		50		65			80
SYWLY-75-9P	SC	25									
SYWLY-75-12P	SC		40	50					80		100
SYDLY-75-9	SC	20	32	40					65		
SYDLY-75-12	SC	25	40	50		65		80			
SYDLY-75-14	SC	32									100
SYV-75-5	MT	16	25			32	38			51	
SYV-75-7	MT	25	32	38	51			64			
SYV-75-9	MT		38							76	
SYWV-75-5P	MT	19	25	32			38			51	
SYWV-75-7P	MT		32	38							
SYWV-75-9P	MT	25	38					64		76	
SYWLY-75-9P	MT										
SYWLY-75-12P	MT	32		51	64	76				—	
SYDLY-75-9	MT	25	38				64			76	
SYDLY-75-12	MT	32					76				
SYDLY-75-14	MT	38			64	76				—	
SYV-75-5	PC FPC	20	25	32			40			50	
SYV-75-7	PC FPC	25	32	40	50		63				
SYV-75-9	PC FPC	32	40						—		
SYWV-75-5P	PC FPC	20	25	32		40			50		
SYWV-75-7P	PC FPC	25	32	40	50			63			
SYWV-75-9P	PC FPC	32	40	50	63						
SYWLY-75-9P	PC FPC										
SYWLY-75-12P	PC FPC	40	50						—		
SYDLY-75-9	PC FPC	32	40	50			63				
SYDLY-75-12	PC FPC		50	63							
SYDLY-75-14	PC FPC	40									
SYV-75-5	JDG KBG	16	20	25	32			40			
SYV-75-7	JDG KBG	20	32	40							
SYV-75-9	JDG KBG	25									
SYWV-75-5P	JDG KBG	16	25		32			40			
SYWV-75-7P	JDG KBG		32	40							
SYWV-75-9P	JDG KBG	25	40								
SYWLY-75-9P	JDG KBG										
SYWLY-75-12P	JDG KBG	32						—			
SYDLY-75-9	JDG KBG	25	32	40							
SYDLY-75-12	JDG KBG	32	40								
SYDLY-75-14	JDG KBG										

表 2-166　　**RVS 型电线穿管最小管径**

导线穿管根数	保护管类型	导线截面积/mm² 0.5	0.75	1.0	1.5	2.5
		保护管最小管径/mm				
1	低压流体输送用焊接钢管 (SC)	15	15	15	15	15
2		15	15	15	20	25
3		15	20	20	20	32
4		20	20	25	25	32
5		20	25	25	25	32
6		20	25	25	32	40
1	普通碳素钢电线套管 (MT)	16	16	16	16	19
2		16	19	19	25	25
3		19	25	25	25	32
4		25	25	25	32	38
5		25	32	32	32	51
6		25	32	32	38	51
1	聚氯乙烯硬质电线管 (PC) 聚氯乙烯半硬质电线管 (FPC)	16	16	16	16	20
2		16	20	20	25	32
3		20	25	25	25	40
4		25	25	32	32	40
5		25	32	32	32	50
6		25	32	32	40	50
1	套接紧定式钢管 (JDG) 套接扣压式薄壁钢管 (KBG)	16	16	16	16	20
2		16	20	20	25	32
3		20	25	25	25	40
4		25	25	40	40	40
5		25	40	40	40	50
6		25	40	40	40	50

表 2-167　　**RV 型电线穿管最小管径**

导线穿管根数	保护管类型	导线截面积/mm² 0.75	1.0	1.5	2.5	4.0
		保护管最小管径/mm				
2	低压流体输送用焊接钢管 (SC)	15	15	15	15	15
4		15	15	15	15	20
6		15	15	15	20	25
8		15	15	20	25	25
10		15	20	20	25	32
12		20	20	20	32	32
2	普通碳素钢电线套管 (MT)	16	16	16	16	19
4		16	16	16	25	25
6		16	16	19	25	32
8		19	19	25	32	32
10		19	25	25	32	38
12		25	25	25	32	38
2	聚氯乙烯硬质电线管 (PC) 聚氯乙烯半硬质电线管 (FPC)	16	16	16	16	20
4		16	16	16	20	25
6		16	20	20	25	32
8		20	20	20	32	32
10		20	25	25	32	40
12		25	25	25	40	40
2	套接紧定式钢管 (JDG) 套接扣压式薄壁钢管 (KBG)	16	16	16	16	16
4		16	16	16	20	25
6		16	16	16	25	25
8		16	20	20	25	32
10		20	20	20	32	32
12		20	20	32	32	40

4. 线槽内允许容纳各类弱电缆线根数（表 2－168～表 2－172）

表 2－168　　线槽内允许容纳综合布线电缆根数

线槽规格宽×高/mm×mm	4 对对绞电缆					大对数电缆（非屏蔽）			
	超五类（非屏蔽）	超五类（屏蔽）	六类（非屏蔽）	六类（屏蔽）	七类	25 对（三类）	50 对（三类）	100 对（三类）	25 对（五类）
	各系列线槽容纳电缆根数								
50×50	50（30）	33（19）	41（24）	24（14）	19（11）	12（7）	8（4）	4（2）	7（4）
100×50	104（62）	68（41）	85（51）	50（30）	40（24）	25（15）	16（9）	8（5）	15（9）
100×70	148（89）	97（58）	121（72）	71（43）	57（34）	36（21）	23（14）	12（7）	22（13）
200×70	301（180）	198（119）	246（147）	145（87）	116（69）	73（44）	48（28）	25（15）	45（27）
200×100	436（261）	288（172）	356（214）	210（126）	168（101）	106（63）	69（41）	36（21）	65（39）
300×100	658（394）	434（260）	538（322）	317（190）	253（152）	160（96）	104（62）	54（32）	99（59）
300×150	997（598）	658（522）	815（489）	481（288）	384（230）	242（145）	159（95）	83（49）	150（90）
400×150	1320（792）	871（702）	1079（647）	637（382）	509（305）	321（192）	210（126）	109（65）	199（119）
400×200	1773（1063）	1170（787）	1449（869）	855（513）	684（410）	431（259）	282（169）	147（88）	267（160）

线槽规格宽×高/mm×mm	2 芯光缆	4 芯光缆	6 芯光缆	8 芯光缆	12 芯光缆	16 芯光缆	18 芯光缆	24 芯光缆
	各系列线槽容纳电缆根数							
50×50	63（38）	54（32）	45（27）	37（22）	28（17）	28（17）	20（12）	8（5）
100×50	131（78）	112（67）	92（55）	76（46）	59（35）	59（35）	42（35）	18（10）
100×70	187（112）	160（96）	132（79）	109（65）	84（50）	84（50）	60（36）	26（15）
200×70	380（228）	325（195）	269（161）	222（133）	171（102）	171（102）	122（73）	52（31）
200×100	550（330）	471（282）	389（233）	321（193）	248（149）	248（149）	176（106）	76（45）
300×100	830（498）	711（426）	587（352）	485（291）	374（224）	374（224）	226（159）	115（69）
300×150	1258（755）	1077（646）	889（533）	735（441）	567（340）	567（340）	403（242）	175（105）
400×150	1667（1000）	1426（856）	1178（707）	973（584）	751（450）	751（450）	534（320）	231（139）
400×200	2237（1342）	1915（1149）	1582（949）	1307（784）	1008（605）	1008（605）	717（430）	311（186）

注：括号外（内）的数字为线槽截面利用率为 50%（30%）时所穿线缆的根数。

表 2－169　　线槽内允许容纳 HYA 型电话电缆根数

线槽规格宽×高/mm×mm	10	15	20	25	30	50	100	150	200	300	400
	各系列线槽容纳电缆根数										
50×50	14（11）	9（7）	8（6）	8（6）	7（5）	4（3）	3（2）	2（1）	1（1）	1（－）	—
100×50	29（23）	20（16）	17（13）	17（13）	14（11）	10（8）	6（4）	4（3）	3（2）	2（1）	2（1）
100×70	41（33）	28（22）	24（19）	24（19）	21（16）	14（11）	8（6）	6（5）	4（3）	3（2）	2（2）
200×70	84（67）	58（46）	49（39）	49（39）	42（34）	29（23）	17（13）	13（10）	9（7）	6（5）	5（4）
200×100	121（97）	84（67）	72（57）	72（57）	62（49）	42（33）	25（20）	19（15）	13（10）	9（7）	7（5）
300×100	183（146）	127（101）	108（86）	108（86）	93（74）	63（50）	37（30）	29（23）	20（16）	14（11）	10（8）

续表

线槽规格 宽×高/mm×mm	10	15	20	25	30	50	100	150	200	300	400
	各系列线槽容纳电缆根数										
300×150	278(222)	193(154)	164(131)	164(131)	141(113)	96(76)	57(45)	44(35)	30(24)	21(17)	16(13)
400×150	368(294)	255(204)	217(174)	217(174)	187(150)	127(101)	76(60)	58(47)	40(32)	28(22)	21(17)
400×200	494(395)	343(274)	292(234)	292(234)	252(201)	171(136)	102(81)	79(63)	54(43)	38(30)	29(23)
600×150	554(443)	384(307)	327(262)	327(262)	282(226)	198(153)	114(91)	88(70)	61(49)	42(34)	32(26)
600×200	774(595)	516(413)	400(352)	400(352)	379(303)	257(205)	153(122)	119(95)	82(66)	57(45)	44(35)

表 2-170　　线槽内允许容纳 **HYV** 型电话电缆根数

线槽规格 宽×高/mm×mm	5	10	15	20	25	30	40	50	80	100	150	200	300	400
	各系列线槽容纳电缆根数													
50×50	17(13)	11(9)	9(7)	8(6)	7(5)	6(5)	4(3)	3(3)	2(2)	2(1)	1(1)	1(-)	—	—
100×50	35(28)	23(19)	20(16)	17(13)	14(11)	12(10)	10(8)	8(6)	5(4)	4(3)	3(2)	2(1)	1(1)	1(1)
100×70	51(40)	34(27)	28(23)	24(19)	21(16)	18(14)	14(11)	11(9)	7(6)	6(5)	4(3)	3(2)	2(2)	1(1)
200×70	103(83)	69(55)	58(46)	49(39)	42(34)	37(29)	29(23)	23(18)	15(12)	13(10)	8(7)	6(5)	5(4)	3(3)
200×100	150(120)	100(80)	84(67)	72(57)	62(49)	54(43)	42(33)	33(26)	23(18)	19(15)	12(10)	9(8)	7(5)	5(4)
300×100	226(161)	151(121)	127(101)	108(86)	93(74)	81(65)	63(50)	60(40)	34(27)	29(23)	19(15)	14(12)	10(8)	8(6)
300×150	343(274)	229(183)	193(154)	164(131)	141(113)	123(98)	96(76)	77(61)	52(42)	44(35)	28(23)	22(18)	16(13)	12(10)
400×150	454(363)	304(243)	255(204)	217(174)	187(150)	163(130)	127(101)	102(81)	69(55)	58(47)	38(30)	30(24)	21(17)	16(13)
400×200	610(488)	408(326)	343(274)	292(234)	252(201)	219(175)	171(136)	136(109)	93(77)	79(63)	51(41)	40(32)	29(23)	22(18)
600×150	684(547)	458(366)	384(308)	327(262)	282(226)	246(197)	191(153)	153(122)	104(83)	88(70)	57(46)	45(36)	32(26)	25(20)
600×200	918(734)	614(491)	516(413)	440(352)	379(303)	330(264)	257(205)	206(164)	140(112)	119(95)	79(61)	60(48)	44(35)	33(27)

注：括号外（内）的数字为线槽截面利用率为 50%（40%）时所穿线缆的根数。

表 2-171　　线槽内允许容纳 **RVS、RV** 型电线根数

线槽规格 宽×高/mm×mm	RVS 型电缆					RV 型电缆				
	导线截面积/mm^2					导线截面积/mm^2				
	0.5	0.75	1.0	1.5	2.5	0.75	1.0	1.5	2.5	4.0
	各系列线槽容纳电缆根数									
50×50	61(48)	41(33)	36(29)	30(24)	17(13)	193(154)	167(133)	137(109)	69(55)	50(40)
100×50	126(100)	86(69)	75(60)	62(50)	35(28)	398(318)	345(276)	283(226)	143(114)	103(82)
100×70	179(143)	123(98)	107(86)	89(71)	51(40)	567(454)	492(393)	404(323)	204(163)	147(117)
200×70	364(291)	249(199)	218(174)	181(145)	103(83)	1153(922)	999(799)	820(656)	415(332)	299(239)
200×100	528(422)	361(289)	316(253)	263(210)	150(120)	1669(1335)	1447(1157)	1188(950)	601(480)	433(346)

续表

线槽规格 宽×高/ mm×mm	RVS 型电缆					RV 型电缆				
	导线截面积/mm²					导线截面积/mm²				
	0.5	0.75	1.0	1.5	2.5	0.75	1.0	1.5	2.5	4.0
	各系列线槽容纳电缆根数									
300×100	796（637）	545（436）	477（381）	396（317）	226（181）	2517（2013）	2181（1745）	1791（1433）	906（724）	653（522）
300×150	1206（965）	826（661）	723（578）	601（481）	343（274）	3814（3051）	3306（2645）	2715（2239）	1373（1098）	989（791）
400×150	1598（1278）	1094（875）	957（766）	796（637）	454（363）	5051（4041）	4378（3503）	3596（2172）	1818（1454）	1310（1048）
400×200	2145（1716）	1469（1175）	1286（1028）	1069（855）	610（488）	6781（5425）	5878（4702）	4827（3862）	2441（1953）	1759（1407）

表 2-172　　线槽内允许容纳同轴电缆根数

线槽规格 宽×高/ mm×mm	SYV-75-5	SYV-75-7	SYV-75-9	SYWV-75-5P	SYWV-75-7P	SYWV-75-9P	SYMLY-75-9P	SYMLY-75-12P	SYDLY-75-9	SYDLY-75-12	SYDLY-75-14
	各系列线槽容纳同轴电缆根数										
50×50	27（21）	13（10）	9（7）	25（20）	12（10）	8（7）	8（7）	5（4）	9（7）	6（5）	5（4）
100×50	56（44）	27（21）	19（15）	51（41）	25（20）	18（14）	18（14）	12（9）	20（16）	12（10）	10（8）
100×70	79（63）	39（31）	27（22）	73（58）	36（29）	25（20）	26（20）	17（13）	20（23）	18（14）	14（11）
200×70	162（129）	79（63）	56（45）	149（119）	74（59）	52（42）	52（42）	35（28）	59（47）	37（29）	30（24）
200×100	234（187）	114（91）	81（65）	216（173）	108（86）	76（61）	76（61）	51（41）	85（68）	54（43）	43（34）
300×100	353（283）	172（138）	123（98）	326（260）	163（130）	115（92）	115（92）	77（61）	129（103）	81（65）	65（52）
300×150	536（429）	262（209）	186（149）	494（395）	247（197）	175（140）	175（140）	117（93）	196（157）	123（98）	99（79）
400×150	710（568）	347（277）	247（197）	654（523）	327（262）	231（185）	231（185）	155（124）	260（208）	163（130）	132（105）
400×200	953（762）	465（372）	332（265）	878（703）	439（351）	331（249）	311（249）	208（166）	349（279）	219（175）	177（141）

注：括号外（内）的数字为线槽截面利用率为 50%（40%）时所穿线缆的根数。

2.6　常用设备

科技进步推动着电气设备的快速发展，产品的种类越来越多，更新换代周期不断缩短。要做到快速准确的选择，产品必须兼顾两方面：一是要了解同类产品在构造、性能、操作、电气参数、使用寿命、适用环境等方面存在的差异；二是结合具体工程从建筑类别、使用性质、市政条件、投资金额等实际情况综合考虑，选择性价比高的产品设备。

因篇幅所限，各类产品不可能全面详细介绍，只能选取具有代表性、应用广泛的设备，掌握快速准确选型的一些实用方法。

2.6.1　高压配电设备

主要由高压交流断路器、高压交流负荷开关、高压交流隔离开关、高压交流熔断器、高压交流真空接触器、限流电抗器、电流互感器、电压互感器、消弧线圈（电磁式）、接地变压器、接地电阻器支柱绝缘子、悬式绝缘子、绝缘套管，以及控制、测量、保护、调节装置，内部连接件、附件、外壳和支持件等组成的成套配电装置，其内的空间以空气或复合绝缘材料作为绝缘和灭弧介质，用作接受和分配电网的电能，或用作对高压用电设备的保护和控制。

1. 高压电器及开关设备的选择条件

（1）按主要额定特性参数包括电压、电流、频率、开断电流等选择。

（2）按承受过电压能力及绝缘水平选择。

（3）按环境条件，如温度、湿度、海拔等选择。

（4）按各类高压电器及开关设备的不同特点进行选择。

（5）按短路条件进行动稳定、热稳定校验。

（6）其接线端子应做机械荷载校验，户外导体、套管和绝缘子应根据气象条件和受力状况进行力学计算和校验。

高压电器、开关设备及导体的选择与校验项目见表2-173。

表2-173　高压电器、开关设备及导体的选择与校验项目

电器设备名称	额定电压	额定电流	额定开断电流	短路电流校验		环境条件	绝缘水平
				动稳定	热稳定		
高压断路器	√	√	√	√	√	√	√
高压负荷开关	√	√	√	√	√	√	√
高压真空接触器	√	√	√	√	√	√	√
高压隔离开关和接地开关	√	√		√	√	√	√
高压熔断器	√	√	√			√	√
限流电抗器	√	√		√	√	√	√
接地变压器	√	√				√	√
接地电阻	√	√			√	√	√
消弧线圈	√	√				√	√
电流互感器	√	√		√	√	√	√
电压互感器	√					√	√
避雷器	√					√	√
高压阻容吸收器	√					√	√
支柱绝缘子	√			√		√	√
绝缘套管	√	√		√	√	√	√
软导体		√			√	√	
硬导体		√		√	√	√	
电缆	√	√			√	√	√
高压开关柜	√	√	√	√	√	√	√
环网负荷开关柜	√	√	√	√	√	√	√

注：1. 表中“√”为选择高压电器及开关设备时应进行校验的项目。
2. 表中为用于频率为50Hz的情况，用于其他频率时对频率也要校验。

2. 高压开关柜技术性能

（1）环境条件（特殊使用环境订货时必须明确）：

海拔：不超过1000m。

环境温度：－5℃～+40℃（24h内平均温度不超过35℃）。

相对湿度：≤90%（15℃）。

抗震能力：地面水平加速度0.4g；垂直加速度0.2g。

安全系数：k>2。

（2）使用技术条件及产品实验参数：

额定工作电压：10kV（20kV）。

最高工作电压：12kV（24kV）。

额定工作频率：50Hz。

额定关合电流≥63kA，额定开断电流≥25kA。

额定动稳定电流：63kA、（80）kA（峰值）。

额定热稳定电流：25kA、（31.5）kA。

对10kV不接地系统（中性点经消弧线圈接地）高压设备的绝缘水平应符合额定电压15/17.5kV等级标准。

瓷绝缘工频耐压：42kV，1min。

非瓷绝缘工频耐压：38kV，1min。

冲击耐压：75kV（峰值）。

温度：开关柜可触及部件30℃，导体表面65℃。

内部故障电弧效应试验：电缆室为20kA/0.1s，断路器室为20kA/0.8s。

局放试验按规定。

3. 高压开关柜按结构分类（表2－174）

表2－174 高压开关柜按结构分类

开关柜类别		结构形式	型号	特点
半封闭式高压开关柜		固定式高压开关柜	GBC GG1A	2.5m高的带电组件允许暴露在柜体外，且无隔室，安全性较差。结构简单，制造方便，价格便宜，且能明确看到引进线隔离开关的分合状态。已较少使用
金属封闭式高压开关柜	金属铠装式高压开关柜	金属铠装移开式高压开关柜	KYN	隔室采用金属隔板，可将故障电弧限制在产生的隔室内，电弧触及金属隔板即被引入地内，安全性好，价格较贵，断路器更换方便，目前中置式使用较多
		金属铠装固定式高压开关柜	KGN	隔室采用金属隔板，可将故障电弧限制在产生的隔室内，电弧触及金属隔板即被引入地内，安全性好，价格较贵，断路器更换不方便，多用于高海拔地区加强绝缘产品
	间隔式高压开关柜	间隔移开式高压开关柜	JYN	室内采用绝缘隔板，电弧有可能烧穿隔板进入其他隔室使事故扩大，安全性不如铠装式，断路器更换方便
	箱式高压开关柜	箱式固定式高压开关柜	XGN	隔室数量少，隔板的防护等级低，或无隔板，安全性稍差，断路器更换不方便
		箱式环网式高压开关柜	HXGN	隔室数量少，隔板的防护等级低，或无隔板，安全性稍差，断路器更换不方便，单台变压器容量1000kVA及以下采用负荷开关加熔断器保护，应考虑转移电流问题，价格便宜
	高压电缆分接箱	—	—	按分支数分为三分支、四分支、五分支、六分支等；按进出线分为单端型、双端型；按主干和分支结构分为带开关型和不带开关型

2.6.2 低压配电设备

主要由母线、元器件（包括隔离开关、断路器、熔断器、接触器和热继电器等）、仪表及柜（箱）体等组成。适用于发电厂、变电站、工矿企业、民用建筑等低压配电系统的动力、配电和电动机控制中心、电容补偿等的电能转换、分配与控制用。选择的基本要求：

（1）按正常工作条件选择，电压、电流、频率、额定工作制均要与工作条件相适配。

（2）按使用类别选择。

（3）按外壳防护等级选择，见表2－40。

（4）按保护选择性选择，低压配电线路上下级保护电器的动作具有选择性。当故障时，靠近故障点的保护电器动作，断开故障电路，使停电范围最小；但对于非重要负荷，允许无选择性切断。

（5）按短路条件选择，通过短路电流的低压电器（如开关、隔离器、隔离开关、启动器、熔断器组合电器及接触器）应满足在短路条件下短时耐受电流的要求；断开短路电流的低压电器（如低压熔断器、低压断路器）应满足在短路条件下分断能力的要求。

（6）按使用环境条件选择，对于正常环境、多尘环境、腐蚀环境、高原地区、严寒地区、热带地区等选择适应不同环境的电器设备。

1. 低压开关柜的分类及特点（表2－175）

表2－175 低压开关柜的分类及特点

分类标准	分类名称	特点
按开关安装方式	固定式	具有结构简单、价格便宜等优点，维修时容易影响其他回路
	抽屉式	具有操作安全、易于检修和维护，容易更换故障开关，可缩短故障开关停电时间
	抽插式	仅开关本身能插拔、其他配件固定
	组合式	工程中经常采用抽屉、插拔组合的形式，小开关用抽屉式，大开关用插拔式

续表

分类标准	分类名称	特　点
按进出线方式	上进上出	电缆进出线都是由配电柜上部进出
	上进下出	电缆进线由配电柜的上部引进，出线由配电柜的下部引出
	下进上出	电缆进线由配电柜的下部引进，出线由配电柜的上部引出
	下进下出	电缆进出线都是由配电柜下部进出

2. 低压开关柜的技术性能

环境温度：－5℃～+40℃，24h 内平均温度不高于 35℃。

海拔不超过 2000m，超过时需根据实际情况降容运行。

相对湿度在最高温度为+40℃时不超过 50%；在较低温度时允许有较大的相对湿度；在会产生凝露的场合，开关柜中应采用通风或加热等措施。

各种型号配电柜的主要技术参数及结构特点见表 2－176。

表 2－176　　各种型号配电柜的主要技术参数及结构特点

型号	额定电压/V	额定电流/A	额定短时耐受电流/kA	额定峰值耐受电流/kA	外壳防护等级	构架	母排位置	操作维护	外形尺寸 宽×深×高/mm×mm×mm	安装尺寸/mm
GGD1	380	1000	15	30	IP30	构架用 8Mf 冷弯型钢材局部焊接拼装而成，构架上分别有按 E=20mm 和 E=100mm 模数排列的安装孔	主母线排列在柜的后部上方	不靠墙安装，正面操作，双面开门检修	600，800，1000×600×2200	柜深方向安装尺寸为 556
GGD2	380	1500（1600）	30	63	IP30					
GGD3	380	3150	50	105	IP30				800，1000，1200×600×2200	
GGL10	380	4000	15，30，50，80	30，63，105，176	IP30	薄壁异形钢管型材组成骨架，外表采用环氧粉末涂料静电喷涂	主母线排列在柜的上部，下部有保护接地线 PE		800/1000/1200×500 固定式/1000 插入式×2200	柜深 500 时安装尺寸为 386；柜深 1000 时安装尺寸为 886
GCS	380 660	4000	50（80）	105（176）	IP30	构架用 8Mf 冷弯型钢材局部焊接拼装而成，构架上有 E= 20mm 模数的安装孔。隔室分为功能单元室、母线室、电缆室，各功能室严格分开，作用相对独立	水平主母线不在柜顶，使电缆室上下均有通道		400，600，800，1000×600，800，1000×2200	安装尺寸 556（柜深 600），656（柜深 800），886（柜深 1000）
GHK	380	6300	30，50，65	63，105，176	IP30	柜架采用 C 型模数化（E=25）镀锌型材组装而成，装配精度高，机械性能稳定。各回路采用功能单元化，组合多样、灵活、方面	主母线排列在柜内上部母线区，垂直母线柜后安装。N 线 PE 线安装在柜底部，N 线也可安装在上部母线区		800，1000，1200×500 固定式，1000 插入式×2200	柜深 500 时安装尺寸为 386；柜深 1000 时安装尺寸为 886
GCK（L）	380 220	3150	50，80	105，176	IP40	柜架采用组合装配式结构，标准异形钢材，三维角板定位，模数化（E=20）镀锌型材组装而成，各回路采用功能单元化，组合多样、灵活、方面	主母线排列在柜内上部母线区，可实现电缆（母线）上进（出）和下进（出）		600，800，1000×1000×2200	柜深 800 时安装尺寸为 686；柜深 1000 时安装尺寸为 886

续表

型号	额定电压/V	额定电流/A	额定短时耐受电流/kA	额定峰值耐受电流/kA	外壳防护等级	构架	母排位置	操作维护	外形尺寸 宽×深×高/mm×mm×mm	安装尺寸/mm
MNS	交流 690 直流 750	6300	水平 100 垂直 86	水平 220 垂直 165	IP00～IP54	为带 25mm 间隔模数孔的 C 形骨架，框架零件均为免维护型，适合前操作式和背靠背式单独或多个组合的开关柜	主母线布置在开关柜的背部（母线小室内）可分为上下层，两层主母线的大小可以不同。可实现电缆（母线）上进（出）和下进（出）		400，600，800，1000，1200×600，800，1000×2200 运输单元最长为 3000	
ID2000	400	5000	66，80	176，220	柜体：IP54、IP32 柜子：IP32、IP30	基础是框架结构，适合前操作式和背靠背式。柜子分为母线区、元器件安装区和电缆连接区	母线区内可安装双母排系统	可靠墙安装，正面操作，也可背靠背安装	600，800，1000，1200×500，650，1000，1300×2150 运输单元最长为 3000	为满足散热要求，靠墙安装距墙 S_1≥80，距天花板 S_2≥500
Okken	690	6300	50，80，100，150	110，176，220，330	IP31/42 IP54	骨架由固定在运输底座上的垂直骨架和水平横梁组成，骨架上可安装多种类型面板进行设备防护。分为 4 个完全隔开的区域。辅助设备及其接线置于后部或侧面的专用隔室内	主母线在柜顶部，无论是何种进出线方式，母线室的大小和位置是固定的。可实现电缆（母线）上进（出）和下进（出）		650，900，1000，1100，1150，1300×600，1000，1200，1400×2200，2350	
GHD8 CUBIC	660	7000	50，80	105，176	IP30，44，54	采用标准系列组件装配而成，可按需要把柜体分隔为母线室、电缆室、开关小室、仪表室。外壳用 2mm 厚冷轧板制成，密封采用有中空气囊的橡胶密封条	水平和垂直母线均采用双母线系统。可实现电缆（母线）上进（出）和下进（出），也可根据需要实现柜侧进出线	可靠墙安装，正面操作	576（3M），768（4M），960（5M）×768（4M），960（5M）×2232 运输单元最长为 3000	柜深 768 时，安装尺寸为 728；柜深 960 时，安装尺寸为 920

3. 配电电器分类（表 2－177）

表 2－177　　配 电 电 器 类 别

分类	断路器	熔断器	组合电器	自动转换开关
名称	（1）万能框架式断路器 （2）塑料外壳式断路器 （3）限流式断路器 （4）剩余电流保护断路器 （5）灭磁断路器 （6）直流快速断路器	（1）有填料熔断器 （2）无填料熔断器 （3）半封闭插入式熔断器 （4）快速熔断器 （5）自复熔断器	（1）开关熔断器组 （2）隔离器熔断器 （3）隔离开关熔断器组 （4）熔断器式开关 （5）熔断器式隔离器 （6）熔断器式隔离开关	（1）PC 级 ATSE （2）CB 级 ATSE
用途	用于线路过载、短路、漏电、欠电压保护，也可用于不频繁接通和分断	用于线路和设备的短路、过载保护	主要用于电路隔离，也能用于通断额定电流	主要用于两种电源或负载转换通断电路

4. 低压断路器的形式

其特性包括断路器的形式（极数、电流种类）、主电路的额定值和极限值、控制电路、辅助电路、脱扣器形式（分励脱扣器、过电流脱扣器、欠电压脱扣器等）、操作过电压等。民用建筑多采用空气断路器（ACB）、塑壳断路器（MCCB）、微型断路器（MCB），此外还有带选择性的断路器（SMCB）、电弧故障保护电器（AFDD）、直流断路器等。按用途分类见表2-178。

表 2-178　　常用低压断路器按用途分类

名称	电流范围/A	保护特性			主要用途
配电用低压断路器	交流 100～6300	选择型 （B类）	二段保护：瞬时、短延时		电源总开关和变压器输出端支路开关
			三段保护：瞬时、短延时、长延时		
			四段保护：瞬时、短延时、长延时、接地故障		
		非选择型 （A类）	限流型	长延时、瞬时	变压器输出端支路开关
			一般型		支路末端开关
	直流 600～6000	快速型	有极性、无极性		保护半导体整流设备
		一般型	长延时、瞬时		保护一般直流设备
电动机保护用低压断路器	交流 16～630	直接起动	过电流脱扣器瞬时整定电流（8～15）I_n		保护笼型异步电动机
			过电流脱扣器瞬时整定电流 12I_n		保护笼型异步电动机，装在变压器输出端
		间接起动	过电流脱扣器瞬时整定电流（3～8）I_n		保护笼型和绕线转子异步电动机
照明用微型断路器	交流 6～125 直流 6～100	过载长延时、短路瞬时			用于照明等线路和信号二次回路
剩余电流保护断路器	交流 6～400	电磁式	额定漏电动作电流为30～500mA；动作时间≤0.1s		防止人身电击事故和避免因漏电造成的灾危险
		电子式			

5. 剩余电流动作保护装置（简称RCD）（表2-179～表2-183）

（1）剩余电流动作保护装置是指电路中带电导体对地故障所产生的剩余电流超过规定值时，能够自动切断电源或报警的保护装置，包括各类带剩余电流保护功能的断路器、移动式剩余电流保护装置和剩余电流动作电气火灾监控系统、剩余电流继电器及其组合电器等。适用于工作电压为交流50Hz或60Hz，额定电压230/400（220/380）V的电源中性点直接接地的供电系统。

（2）动作参数的选择：

额定剩余动作电流 $I_{\Delta n}$：6mA、10mA、30mA、100mA、300mA、500mA；1A、3A、5A、10A、20A、30A。

表 2-179　　剩余电流保护装置动作参数的选择

根据设备及线路选择	剩余动作电流 $I_{\Delta n}$/mA	动作时间
手持式电动工具、移动电器、家用电器等	≤30	一般型（无延时）
单台电气机械设备可根据其容量大小选用	30～100	一般型（无延时）
电气线路或多台电气设备（或住户）的电源端	视具体情况及泄漏电流值确定，应选动作电流可调和延时动作型RCD	
具有选择性的分级保护	上下级RCD动作时间差≥0.2s；上级RCD的极限不驱动时间大于下级RCD的动作时间，且时间差应尽量小	

注：RCD的额定剩余不动作电流应不小于被保护电气线路和设备的正常运行时泄漏电流最大值的2倍。

表 2－180　　三级保护的最大分断时间

分级保护	一级保护	二级保护	三级保护
最大分断时间/s	0.5	0.3	≤0.1

注：延时型剩余电流动作保护装置只适用于间接接触保护 $I_{\Delta n}$＞30mA。
延时型剩余电流动作保护装置延时时间的优选值为 0.2s，0.4s，0.8s，1s，1.5s，2s。

表 2－181　　220/380V 单相及三相线路穿管敷设电线泄漏电流　　（单位：mA/km）

绝缘材质	截面/mm²												
	4	6	10	16	25	35	50	70	95	120	150	185	240
聚氯乙烯	52	52	56	62	70	70	79	89	99	109	112	116	127
橡皮	27	32	39	40	45	49	49	55	55	60	60	60	61
聚乙烯	17	20	25	26	29	33	33	33	33	38	38	38	39

表 2－182　　电动机泄漏电流

电动机额定功率/kW	1.5	2.2	5.5	7.5	11	15	18.5	22	30	37	45	55	75
正常运行泄漏电流/mA	0.15	0.18	0.29	0.38	0.50	0.57	0.65	0.72	0.87	1.00	1.09	1.22	1.48

表 2－183　　荧光灯、计算机及常用电器泄漏电流

设备名称	形　式	泄漏电流/mA
荧光灯	安装在金属构件上	0.1
	安装在木质或混凝土构件上	0.02
家用电器	手握式Ⅰ级设备	≤0.75
	固定式Ⅰ级设备	≤3.5
	Ⅱ级设备	≤0.25
	Ⅰ级电热设备	≤0.75～5
计算机	移动式	1.0
	驻立式	3.5
打印机	—	0.5～1.0
电传复印件	—	0.5～1.0
复印件	—	0.5～1.5
滤波器	—	1.0

6. 低压熔断器

熔断体额定电流的选择应保证在正常工作电流和用电设备起动时的尖峰电流下不误动作，并且在发生故障（如过载、短路和接地故障）时能在一定时间熔断，以切断故障电路。熔断器的分类见表 2－184。

过电流选择比：上、下级熔断体的额定电流比为 1.6:1，具有选择性熔断。

表 2－184　　熔断器的分类

分类方式	代号	主要特点
按分断范围	g	全范围分断：在规定条件下，能分断使熔体熔化的电流至额定分断能力之间的所有电流的限流熔断体

续表

分类方式	代号	主要特点
按分断范围	a	部分范围分断：在规定条件下，能分断示于熔断体“熔断时间－电流特性曲线”上的最小电流至额定分断能力之间的所有电流的熔断体
按使用类别	G	一般用途，保护配电线路用
	M	保护电动机回路
	Tr	保护变压器
	R 或 S	保护半导体设备，相比之下，R 型动作更快，I^2t 值更小；S 型具有较小的耗散功率，可以提高电缆的利用率
	D	延时熔断体
	N	非延时熔断体
	PV	保护太阳能光伏系统
分断范围与使用类别的组合	gG	一般用途全范围分断能力的熔断体
	gM	保护电动机电路全范围分断能力的熔断体
	aM	保护电动机电路部分范围分断能力的熔断体
	gD	全范围分断能力延时熔断体，只在北美有应用
	gN	全范围分断能力非延时熔断体，只在北美有应用
	gR	半导体设备保护全范围分断能力的熔断体
	gPV	用于太阳能光伏系统全范围分断能力的熔断体

7. 接触器和起动器

分类：电器的种类——接触器、直接起动器、星－三角起动器、两级自耦减压起动器、转子变阻式起动器、综合式起动器和保护式起动器；

电流种类——交流和直流；

灭弧介质——空气、油和真空；

操作方式——人力、电磁铁、电动机、气动及电气－气动；

控制方式——自动式（由主令开关操作或程序控制）、非自动式（手操作或按钮操作）及半自动式。

接触器和起动器使用类别及代号见表 2－185。

表 2－185　接触器和起动器使用类别及代号

电流	使用类别代号	典型用途举例
交流	AC－1	无感或微感负载、电阻炉
	AC－2	绕线转子异步电动机的起动、分断
	AC－3	笼型异步电动机的起动，在运转中分断
	AC－4	笼型异步电动机的起动、反接制动或反向运转、点动
	AC－5a	气体放电灯的通断
	AC－5b	白炽灯的通断
	AC－6a	变压器的通断
	AC－6b	电容器组的通断
	AC－7a	家用电器和类似用途的低感负载
	AC－7b	家用电动机负载
	AC－8a	具有过载继电器手动复位的密封制冷压缩机中的电动机控制
	AC－8b	具有过载继电器自动复位的密封制冷压缩机中的电动机控制

续表

电流	使用类别代号	典型用途举例
直流	DC－1	无感或微感负载、电阻炉
	DC－3	并励电动机的起动、反接制动与反向运转、点动、电动机动态分断
	DC－5	串励电动机的起动、反接制动与反向运转、点动、电动机动态分断
	DC－6	白炽灯的通断

8. 转换开关电器

由一个或多个开关电器构成，当一路供电电源故障时，该电器则从一路电源断开负荷电路并连接至另外一路电源上，保持供电的连续性，其分类和对应的负荷性质，见表 2－186 和表 2－187。

表 2－186　　机电转换开关的分类

分类方式	名称代号	主要特点
按短路能力分类	PC 级	能够接通和承载，但不用于分断短路电流的 TSE
	CB 级	配备过电流脱扣器的 TSE，主触头能够接通并用于分断短路电流
	CC 级	能够接通和承载，但不用于分断短路电流的 TSE
按控制转换方式分类	MTSE	人工操作的手动转换开关电器
	RTSE	遥控操作的转换开关电器
	ATSE	自动转换开关电器，包括自复式和非自复式
按结构设计分类	专用的 TSE	主体部分是专用于转换电源而设计的整体型开关电器
	派生的 TSE	主体部分是由其他功能电器组合而成的，如由 2 台断路器或 2 台隔离开关或 2 台接触器组成的 TSE
按特殊功能分类	旁路型	在自身维修时带有旁路功能，维修中能继续对负荷供电
	闭合转换型（瞬间并联）	在特定条件下（如同电压、同频率、同相位角），可将两路电源瞬间并联在一起，使负荷不断电转换的 TSE
	延时转换型	在转换过程中提供一段延时可调时间的 TSE，该时间与连接的负荷性质有关

表 2－187　　TSE 的使用类别及对应的负荷性质

电流性质	使用类别		负荷性质
	频繁操作	不频繁操作	
交流	AC－31A	AC－31B	无感或微感负荷
	AC－32A	AC－32B	通断阻性和感性的混合负荷，包括中度过负荷
	AC－33A	AC－33B	电动机负荷或包含电动机、电阻负荷和 30%以下白炽灯负荷的混合负荷（含笼型异步电动机）
	AC－35A	AC－35B	放电灯负荷
	AC－36A	AC－36B	白炽灯负荷
直流	DC－31A	DC－31B	电阻负荷
	DC－32A	DC－32B	电动机负荷或包含电动机的混合负荷
	DC－33A	DC－33B	白炽灯负荷

注：A 操作，适用于需要操作次数较多的电路，如正常转换和发电机组的试车转换；B 操作，适用于不频繁转换电路。

9. 保护电器级间的选择性

选择性保护——低压配电线路发生短路、过负荷或接地故障时，既要保证可靠的分断故障电路，又要尽量缩小断电范围，即有选择性地分断。这就要求合理设计低压配电系统，准确计算故障电流，恰当选择保护电器，正确整定保护电器的动作电流和动作时间，才能保证有选择性地切断故障回路，见表 2-188。

表 2-188　　保护电器的级间配合

保护电器组合方式	级间配合要求
熔断器与熔断器	用“弧前时间-电流”特性或 I^2t 特性校验。简单方法：额定电流 16A 及以上的串联熔断体的过电流选择比为 1.6:1。熔断体额定电流值选择性可分为 2 组，25、40、63、100、160、250 相邻级间；32、50、80、125、200、315 相邻级间
上级熔断器与下级非选择型断路器	过载：断路器长延时脱扣器的反时限动作特性和熔断器的反时限特性不相交，且熔断体的额定电流值比长延时脱扣器的整定电流值大一定数值 短路：熔断体的时间-电流特性曲线对应于预期短路电流值的熔断时间，比断路器瞬时脱扣器的动作时间大 0.1s 以上
上级非选择型断路器与下级熔断器	过载：熔断器的反时限特性和断路器长延时脱扣器的反时限动作特性不相交，且长延时脱扣器的整定电流值比熔断体的额定电流值大一定数值 短路：与故障电流大小有关，具有部分选择性。仅用于允许无选择性断电的情况，不推荐采用
选择型断路器与熔断器	过载：熔断器的反时限特性和断路器长延时脱扣器的反时限动作特性不相交，且长延时脱扣器的整定电流值比熔断体的额定电流值大一定数值 短路：正确选择上级断路器的短延时脱扣整定电流 I_{set2} 及延时时间，还需整定其瞬时脱扣电流值 I_{set3}。假设熔断器后故障电流 $I_d \geqslant 1.3I_{set2}$ 时，在熔断器时间-电流特性曲线上查出熔断时间 t，整定断路器脱扣器的延时为 $t+$（0.15～0.2）
非选择型断路器与非选择型断路器	只有短路电流值介于上、下级断路器瞬时整定值之间时，才有选择性，其他情况不能保证选择性，不推荐采用
选择型断路器 A 与非选择型断路器 B	已知 I_{set1B}，$I_{set3B} \approx 10I_{set1B}$；通常 I_{set1A} 比 I_{set1B} 大很多，上级开关电流整定原则为 $I_{set2A} \geqslant 1.3I_{set3B}$，1.3 是可靠系数；短延时的时间没有特别要求；$I_{set3A}$ 在满足动作灵敏性前提下，尽量整定大些。此配合具有良好的选择性
上级用带接地故障保护的断路器	三相不平衡电流保护方式：一般 $I_{set0}=20\%I_{set1}$，多为几百安到 1000A，只有下级保护电器的额定电流很小（如几十安），才可能有选择性 剩余电流保护方式：多用于安全防护高的场所，和下级熔断器、断路器之间很难有选择性，只能要求与末端回路剩余电流动作保护器之间具有良好选择性。前者剩余电流整定可小到 300mA 并延时动作，同时末端电路应设剩余电流动作保护器。有专人值班时，前者可只报警而不切断电路
区域选择性联锁	现在的智能断路器具有“区域选择联锁”的功能，利用微电子技术使保护更完善，保证了动作灵敏性和选择性

注：I_{set0}—三相不平衡电流保护整定电流；I_{set1}—断路器长延时脱扣整定电流；I_{set2}—断路器短延时脱扣整定电流；I_{set3}—断路器瞬时脱扣整定电流。

2.6.3 变压器（表 2-189～表 2-204）

表 2-189　　各类变压器性能比较

类　别	油浸式变压器		气体绝缘变压器	干式变压器		
	矿物油变压器	硅油变压器	六氟化硫变压器	非包封绕组干式变压器	环氧树脂浇铸变压器	非晶合金干式变压器
价　格	较低	中	高	较高	较高	高
安装面积	中	中	中	小	小	小
绝缘等级	A	H	E	H 或 C	F 或 H	H 或 C
爆炸性	有可能	可能性小	不爆	不爆	不爆	不爆
燃烧性	可燃	难燃	不燃	难燃	难燃	难燃

续表

类别	油浸式变压器		气体绝缘变压器	干式变压器		
	矿物油变压器	硅油变压器	六氟化硫变压器	非包封绕组干式变压器	环氧树脂浇铸变压器	非晶合金干式变压器
耐潮湿性	良好	良好	良好	良好	良好	良好
耐气候性	良好	良好	良好	良好	中	良好
空载损耗	较小	较小	较小	大	较大	小
负载损耗	大	大	较大	较小	较小	小
噪声	较低	较低	低	高	低	低
重量	较重	较重	中	中	轻	轻

表2-190　各类变压器的适用范围及参考型号

变压器形式	适用范围	参考型号
油浸式	一般正常环境的场所	优先选用S13、S14油浸式变压器，SH13、SH15非晶合金油浸式变压器
干式	（1）用于防火要求较高场所 （2）环氧树脂浇铸变压器用于潮湿、多尘环境的变电站	优先选用SC（B）13等系列环氧树脂浇铸变压器；SG13非包封线圈变压器；SC（B）13-RL立体卷铁心变压器；SC（B）H15非晶合金干式变压器；SC（B）H16-RL非晶合金立体卷铁心变压器
密封式	用于具有化学腐蚀性气体、蒸汽或具有导电及可燃粉尘、纤维会严重影响变压器安全运行的场所	优先选用S14-M变压器；S14-M-RL立体卷铁心变压器；S（B）H16-M、S（B）H16-M-RL非晶合金（或立体卷铁心）变压器
防雷式	用于多雷区及土壤电阻率较高的山区	SZ等系列防雷变压器，具有良好的防雷性能，承受单相负荷能力也较强。变压器绕组联结方法一般为Dzn0及Yzn11
有载调压式	电力潮流变化大和电压偏移大的变电站，调压范围1.25%～2.5%，总的调压范围应大于最大电压偏移值	SZ13、SZ13-RL有载调压变压器
地埋式	将变压器、保护用熔断器等安装在同一油箱内的紧凑型配电设施，高、低压进出线采用全封闭、全绝缘、全屏蔽方式，不占用地表空间，可浸没在水中运行及免维护，适用于人口密集城区和街道、高速公路、桥梁隧道、机场、港口、景点、道路照明等供配电系统	S13-M-RD油浸式卷铁心地埋式变压器

表2-191　三相变压器常用连接组和适用范围

变压器连接组	适用范围
Yyn0	（1）三相负荷基本平衡，其低压中性线电流不超过低压绕组额定电流25%时，如果要考虑电压的对称性（例如为照明供电），则中性点的连续负载应不超过10%额定电流 （2）供电系统中谐波干扰不严重时 （3）用于10kV配电系统 新建工程尽量不采用此接线方式
Dzn0	（1）供电系统中存在较大的“谐波源”，高次谐波电流比较突出时 （2）中性点可承受绕组额定电流 （3）由单相不平衡负荷引起的中性线电流超过变压器低压绕组额定电流25%时
Yd11	用于110/10kV配电系统主变压器
Dyn11	（1）由单相不平衡负荷引起的中性线电流超过变压器低压绕组额定电流25% （2）供电系统中存在着较大的“谐波源”，$3n$次谐波电流比较突出 （3）用于10kV配电系统 （4）用于多雷地区
Yzn11	（1）曲折接线的变压器既具有三角形联结变压器可以承担单相负荷的特点，同时也有星形联结变压器具有中性点的特点 （2）曲折接线方式有利于防止过电压和雷击造成的损害，用于多雷地区

表 2-192　　干式变压器的冷却方式

冷却方式	变压器的负荷能力	备　注
自然空气冷却（AN）	正常使用条件下可在额定容量下长期连续运行	对 AN、AF 冷却方式的变压器均需保证变压器室具有良好的通风能力，当变压器安装在地下室或通风能力较差的场所，需增设散热通风装置
强迫空气冷却（AF）	正常使用条件下可提高变压器输出能力适应有断续负荷或应急过负荷运行的场所	

注：通风量估算 $V=(P_0+P_k)\cdot(2\sim4)$ m^3/min，P_0—空载损耗（kW），P_k—负载损耗（kW）。

表 2-193　　干式变压器温度控制系统功能

温度控制系统功能	备　注
风机自动控制	绝缘水平不同，起停温度不同
超温报警、调闸	根据绝缘等级确定，此值可调
温度显示	显示相绕组温度
可输出 4～20mA 模拟信号计算机接口：RS232C，传输距离可达 1200m	

表 2-194　　10（6）/0.4kV 变电站高、低压电器及母线规格

接线图	编号	名称	电压/kV	变压器额定容量/kVA 315	400	500	630	800	1000	1250	1600	2000	2500
		变压器额定电流/A	10	18.2	23	29	36.4	46.2	57.7	72.2	92.4	115.6	144.5
			6	30.3	38.5	48.1	60.6	77	96.2	120.3	154	192.7	240.8
			0.4	455	577	722	909	1155	1443	1804	2300	2890	3613
		变压器低压侧短路电流（Dyn11 连接）干式/油浸式/kA		11.55/11.54	14.66/14.65	18.31/18.3	23.07/20.59	19.81/26.08	24.75/32.55	30.93/40.7	39.59/52.08	49.47/58.85	61.82/67.15
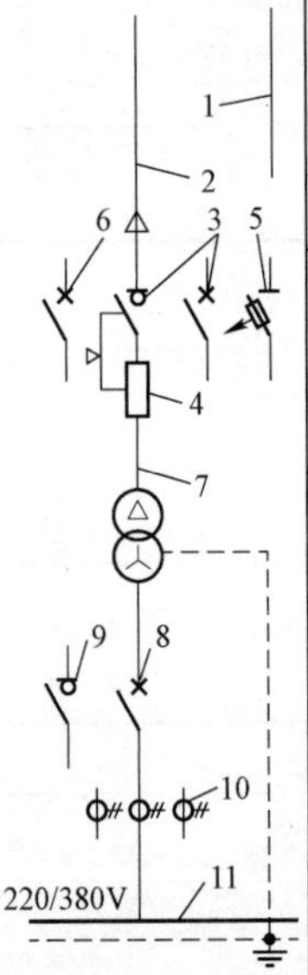	1	架空引入线/mm^2	10	接户线 LJ 型导线的截面≥25							≥35	≥35	≥50
			6	接户线 LJ 型导线的截面≥25						≥35	≥50	≥70	≥95
	2	铜芯电缆引入线/mm^2	10	≥3×25							≥3×50	≥3×70	≥3×95
			6	≥3×25						≥3×50	≥3×70	≥3×95	≥3×150
	3	隔离开关或负荷开关	10	隔离开关、户内高压负荷隔离开关 400A；户内高压真空负荷开关或户内高压六氟化硫负荷开关 630A					户内高压真空负荷开关或高压六氟化硫负荷开关 630A				
			6										
	4	XRNT-12 及 HH 型熔断器熔管电流/熔丝电流/A	10	50/31.5	50/40	100/50	100/63	100/80	100/100	160/125			
			6	100/50	100/63	100/80	100/100	160/125					
	5	HRW4 型跌开式熔管电流/熔丝电流/A	10	50/40	50/50		100/75						
			6	50/50	100/75		100/100						
	6	高压断路器	10	额定电流 630～1250A；额定短路开断电流 25～31.5kA；额定热稳定电流（有效值）25～31.5kA									
			6										
	7	高压母线/mm×mm	10	TMY-50×5									
			6										

续表

接线图	编号	名称	电压/kV	变压器额定容量/kVA									
				315	400	500	630	800	1000	1250	1600	2000	2500
		变压器额定电流/A	10	18.2	23	29	36.4	46.2	57.7	72.2	92.4	115.6	144.5
			6	30.3	38.5	48.1	60.6	77	96.2	120.3	154	192.7	240.8
			0.4	455	577	722	909	1155	1443	1804	2300	2890	3613
		变压器低压侧短路电流（Dyn11 连接）干式/油浸式/kA		11.55/11.54	14.66/14.65	18.31/18.3	23.07/20.59	19.81/26.08	24.75/32.55	30.93/40.7	39.59/52.08	49.47/58.85	61.82/67.15
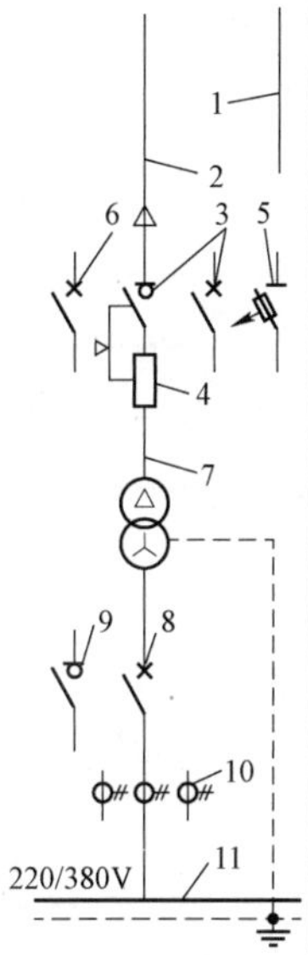	8	低压主进低压断路器额定电流/A	0.4	630	800	1000	1250	1600	2000	2500	2900	3600	4000
		低压主进断路器短路分断能力/kA		50	50	50	50	50	80	80	100	100	100
	9	低压隔离开关/A	0.4	630			2000			3150			
	10	电流互感器/A	0.4	600/5	800/5	1000/5	1500/5	1500/5	2000/5	3000/5	3000/5	4000/5	5000/5
	11	低压相母线/mm × mm TMY	0.4	40 × 4	50 × 5	50 × 6.3	80 × 6.3	80 × 8	100 × 8	125 × 8	2(100 × 8)	2(125 × 8)	2(125 × 10)
		低压相母线/mm × mm LMY		50 × 5	50 × 6.3	80 × 6.3	80 × 8	100 × 8	125 × 10	2（100 × 8）	2(100 × 10)	2(125 × 10)	

表 2－195　　变压器外廓（防护外壳）与变压器室墙壁和门的最小净距

变压器容量/kVA	100～1000	1250 及以上
油浸式变压器外廓与后壁、侧壁净距/m	0.6	0.8
油浸式变压器外廓与门净距/m	0.8	1.0（1.2）
干式变压器带有 IP2X 及以上防护等级金属外壳与后壁、侧壁净距/m	0.6	0.8
干式变压器有金属网状遮拦与后壁、侧壁净距/m	0.6	0.8
干式变压器带有 IP2X 及以上防护等级金属外壳与门净距/m	0.8	1.0
干式变压器有金属网状遮拦与门净距/m	0.8	1.0

注：1. 表中各值不适用于制造厂的成套产品。

2. 括号内数值适用于 35kV 变压器。

表 2－196　　干式变压器与断路器配合表

变压器		额定电流/A		变压器出口处短路电流/kA	变压器低压侧总保护断路器型号举例
容量/kVA	阻抗电压 u_k（%）	10kV 侧	0.4kV 侧		
250	4	14.5	361	9	NS400N,S5N－400,3VL400N,3VT400N,DW15－630
315	4	18.2	455	11.34	NS630N,S5N－630,3VL630N,3VT630N,DW15－800

续表

变压器		额定电流/A		变压器出口处短路电流/kA	变压器低压侧总保护断路器型号举例
容量/kVA	阻抗电压 u_k（%）	10kV 侧	0.4kV 侧		
400	4	23.1	578	14.4	NS630N,S5N－630,S6N－630,3VL630N,3VT630N,DW15－1000
500	4	28.9	723	18	MT08N1,NS1000N,E1B08,S6N－800,3WL800N,3WT800,DW15－1250
630	4	36.4	910	22.68	MT10N1,NS1000N,ELB12,3WL1000N,3WT1000,DW15－1600
630	6	36.2	903	15	MT10N1,NS1000N,ELB12,3WL1000N,3WT1000,DW15－1600
800	6	46.2	1156	19.2	MT12N1,NS1250N,ELB12,3WL1250N,3WT1250,DW15－1600
1000	6	57.8	1445	24	MT16N1,E2B16,3WL1600N,3WT1600,DW15－2000
1250	6	72.3	1806	30	MT20H1,E2B20,3WL2000N,3WT2000,DW15－2500
1250	8	72.3	1806	22.5	MT20H1,E2B20,3WL2000N,3WT2000,DW15－2500
1600	6	92.5	2312	38.4	MT25H1,E3N25,3WL2500N,3WT2500,CW1－3200
1600	8	92.5	2312	28.8	MT25H1,E3N25,3WL2500N,3WT2500,CW1－3200
2000	6	115.6	2890	48	MT32H1,E3S32,3WL3200S,3WT3200,DW15－4000
2000	8	115.6	2890	36	MT32H1,E3S32,3WL3200S,3WT3200,DW15－4000
2500	6	144.5	3613	60	MT40H1,E4H40,3WL4000H,CW1－5000
2500	8	144.5	3613	45	MT40H1,E4H40,3WL4000H,CW1－5000

注：1. 本表按计算电流、分断能力进行配合。

2. 变压器低压侧主进线断路器的选择主要取决于变压器出口处短路电流、变压器低压侧额定电流。

3. 当柜内元件较多时，应计入温度修正系数。

表 2－197　　变压器低压侧出线选择

变压器容量/kVA	变压器低压侧出线选择				变压器低压侧中性点接地线选择				
	低压电线/mm^2		低压铜母线/mm^2	母线槽/A	BV 电线/mm^2	VV 电缆/mm^2	铜母线/mm^2	裸铜绞线/mm^2	镀锌扁钢/mm^2
	VV	YJV							
200	3×240+1×120	3×185+1×95	4(40×4)		1×50	1×50	15×3	1×35	35×4
250	2(3×150+1×70)	3×300+1×150	4(40×4)	630	1×70	1×70	15×3	1×50	40×4
315	2(3×240+1×120)	2(3×150+1×70)	4(50×5)	630	1×70	1×70	20×3	1×50	40×4
400	3×2(1×185)+1(1×185)	2(3×185+1×95)	4(63×6.3)	800	1×95	1×95	20×3	1×70	40×4
500	3×2(1×240)+1(1×240)	3×2(1×240)+1(1×240)	3(80×6.3)+1(63×6.3)	1000	1×120	1×120	25×3	1×70	40×5
630	3×2(1×400)+1(1×400)	3×2(1×300)+1(1×300)	3(80×8)+1(63×6.3)	1250	1×150	1×150	25×3	1×95	50×5
800	3×4(1×185)+2(1×185)	3×4(1×150)+2(1×150)	3(100×8)+1(80×6.3)	1600	1×150	1×150	30×4	1×95	50×5
1000	3×4(1×240)+2(1×240)	3×4(1×240)+2(1×240)	3(125×10)+1(80×8)	2000	1×150	1×150	30×4	1×95	50×5
1250	3×4(1×400)+2(1×400)	3×4(1×300)+2(1×300)	3[2(100×10)]+1(100×10)	2500	1×185	1×185	30×4	1×120	63×5
1600			3[2(125×10)]+1(125×10)	3150		1×240	40×4	1×150	80×5

续表

变压器容量/kVA	变压器低压侧出线选择				变压器低压侧中性点接地线选择				
	低压电线/mm²		低压铜母线/mm²	母线槽/A	BV 电线/mm²	VV 电缆/mm²	铜母线/mm²	裸铜绞线/mm²	镀锌扁钢/mm²
	VV	YJV							
2000			3×[2×(125×10)]+1×(125×10)	4000		1×240	40×4	1×185	100×5
2500			3×[3×(125×10)]+1×(125×10)	5000		1×300	40×5	1×240	80×8

注：1. 变压器低压侧出线按环境温度选择铜芯电缆、铜母线、母线槽，过载系数取 1.25。单芯电缆并列系数取 0.8；多芯电缆并列系数取 0.9；VV 电缆温度系数取 0.94；YJV 电缆温度系数取 0.96；母线温度校正系数取 0.887。

2. 中性点接地按变压器 Dyn11 接法，变压器负序及零序阻抗等于正序阻抗，变压器低压侧出线 5m、短路切除时间 0.6s 计算。

表 2–198　SCB11 系列配电变压器技术参数

技术参数		单位	SCB11–2500/10（6）	SCB11–2000/10（6）	SCB11–1600/10（6）	SCB11–1250/10（6）	SCB11–1000/10（6）	SCB11–800/10（6）	SCB11–630/10（6）
额定容量		kVA	2500	2000	1600	1250	1000	800	630
额定工作电压	高压	kV	10.5, 10, 6.3, 6	10.5, 10, 6.3, 6	10.5, 10, 6.3, 6	10.5, 10, 6.3, 6	10.5, 10, 6.3, 6	10.5, 10, 6.3, 6	10.5, 10, 6.3, 6
	低压	kV	0.4, 0.38	0.4, 0.38	0.4, 0.38	0.4, 0.38	0.4, 0.38	0.4, 0.38	0.4, 0.38
	高压分接范围	%	±2×2.5%	±2×2.5%	±2×2.5%	±2×2.5%	±2×2.5%	±2×2.5%	±2×2.5%
相数		相	3	3	3	3	3	3	3
频率		Hz	50	50	50	50	50	50	50
阻抗电压		%	6	6	6	6	6	6	6
联结组标号			Dyn11 或 Yyn0	Dyn11 或 Yyn0	Dyn11 或 Yyn0	Dyn11 或 Yyn0	Dyn11 或 Yyn0	Dyn11 或 Yyn0	Dyn11 或 Yyn0
调压方式			无励磁调压	无励磁调压	无励磁调压	无励磁调压	无励磁调压	无励磁调压	无励磁调压
绝缘水平	10kV 系列		LI75AC35/AC3	LI75AC35/AC3	LI75AC35/AC3	LI75AC35/AC3	LI75AC35/AC3	LI75AC35/AC3	LI75AC35/AC3
	6kV 系列		LI60AC25/AC3	LI60AC25/AC3	LI60AC25/AC3	LI60AC25/AC3	LI60AC25/AC3	LI60AC25/AC3	LI60AC25/AC3
绝缘耐热等级			F 级	F 级	F 级	F 级	F 级	F 级	F 级
温升限值		K	100	100	100	100	100	100	100
局部放电		pC	5	5	5	5	5	5	5
外绝缘泄漏比距		cm/kV	2.5	2.5	2.5	2.5	2.5	2.5	2.5
空载损耗		W	3240	2745	2196	1872	1584	1368	1161
负载损耗（75℃）		W	14 900	12 620	10 240	8460	7100	6070	5200
空载电流		%	0.4	0.4	0.5	0.5	0.5	0.5	0.6
防护等级	不带外壳		IP00	IP00	IP00	IP00	IP00	IP00	IP00
	带外壳		IP2X	IP2X	IP2X	IP2X	IP2X	IP2X	IP2X
冷却方式			AN/AF	AN/AF	AN/AF	AN/AF	AN/AF	AN/AF	AN/AF
噪声水平		dB	54（声压级）	54（声压级）	53（声压级）	52（声压级）	51（声压级）	50（声压级）	49（声压级）
			78（声功率级）	77（声功率级）	75（声功率级）	74（声功率级）	72（声功率级）	72（声功率级）	71（声功率级）

续表

技术参数		单位	SCB11－2500/10（6）	SCB11－2000/10（6）	SCB11－1600/10（6）	SCB11－1250/10（6）	SCB11－1000/10（6）	SCB11－800/10（6）	SCB11－630/10（6）
本体尺寸（长×宽×高）		mm	2020×1400×2021	1970×1350×1895	1750×1100×1860	1670×1100×1875	1560×1100×1750	1530×1100×1530	1540×1100×1411
带外壳尺寸（下进上出）		mm	2450×1500×2400	2350×1500×2200	2150×1450×2100	2150×1450×2100	2000×1400×1950	2000×1400×1750	2000×1400×1700
带外壳尺寸（下进侧出）		mm	2450×1500×2400	2350×1500×2200	2150×1450×2200	2150×1450×2200	2000×1400×2200	2000×1400×2200	2000×1400×2200
风机	型号		GFD 590－150	GFD 590－150	GFD 470－150	GFD 470－150	GFD 470－150	GFD 470－150	GFD 370－150
	功率		2×100	2×100	2×85	2×85	2×85	2×85	2×75
参考重量		kg	5215（本体）	4300（本体）	3480（本体）	2980（本体）	2550（本体）	1980（本体）	1860（本体）
			5620（外壳）	4665（外壳）	3900（外壳）	3390（外壳）	2940（外壳）	2370（外壳）	2115（外壳）

表 2－199　　**SCB12 系列配电变压器技术参数**

技术参数		单位	SCB12－2500/10（6）	SCB12－2000/10（6）	SCB12－1600/10（6）	SCB12－1250/10（6）	SCB12－1000/10（6）	SCB12－800/10（6）	SCB12－630/10（6）
额定容量		kVA	2500	2000	1600	1250	1000	800	630
额定工作电压	高压	kV	10.5, 10, 6.3, 6	10.5, 10, 6.3, 6	10.5, 10, 6.3, 6	10.5, 10, 6.3, 6	10.5, 10, 6.3, 6	10.5, 10, 6.3, 6	10.5, 10, 6.3, 6
	低压	kV	0.4, 0.38	0.4, 0.38	0.4, 0.38	0.4, 0.38	0.4, 0.38	0.4, 0.38	0.4, 0.38
	高压分接范围	%	±2×2.5%	±2×2.5%	±2×2.5%	±2×2.5%	±2×2.5%	±2×2.5%	±2×2.5%
相数		相	3	3	3	3	3	3	3
频率		Hz	50	50	50	50	50	50	50
阻抗电压		%	6	6	6	6	6	6	6
连接组标号			Dyn11 或 Yyn0	Dyn11 或 Yyn0	Dyn11 或 Yyn0	Dyn11 或 Yyn0	Dyn11 或 Yyn0	Dyn11 或 Yyn0	Dyn11 或 Yyn0
调压方式			无励磁调压	无励磁调压	无励磁调压	无励磁调压	无励磁调压	无励磁调压	无励磁调压
绝缘水平	10kV 系列		LI75AC35/AC3	LI75AC35/AC3	LI75AC35/AC3	LI75AC35/AC3	LI75AC35/AC3	LI75AC35/AC3	LI75AC35/AC3
	6kV 系列		LI60AC25/AC3	LI60AC25/AC3	LI60AC25/AC3	LI60AC25/AC3	LI60AC25/AC3	LI60AC25/AC3	LI60AC25/AC3
绝缘耐热等级			F 级	F 级	F 级	F 级	F 级	F 级	F 级
温升限值		K	100	100	100	100	100	100	100
局部放电		pC	5	5	5	5	5	5	5
外绝缘泄漏比距		cm/kV	2.5	2.5	2.5	2.5	2.5	2.5	2.5
空载损耗		W	2880	2440	1960	1670	1415	1215	1040
负载损耗（75℃）		W	17 170	14 450	11 730	9690	8130	6960	5960
空载电流		%	0.4	0.4	0.5	0.5	0.5	0.5	0.6
防护等级	不带外壳		IP00	IP00	IP00	IP00	IP00	IP00	IP00
	带外壳		IP2X	IP2X	IP2X	IP2X	IP2X	IP2X	IP2X
冷却方式			AN/AF	AN/AF	AN/AF	AN/AF	AN/AF	AN/AF	AN/AF

续表

技术参数		单位	SCB12－2500/10（6）	SCB12－2000/10（6）	SCB12－1600/10（6）	SCB12－1250/10（6）	SCB12－1000/10（6）	SCB12－800/10（6）	SCB12－630/10（6）
噪声水平		dB	54（声压级）	54（声压级）	53（声压级）	52（声压级）	51（声压级）	50（声压级）	49（声压级）
			78（声功率级）	77（声功率级）	75（声功率级）	74（声功率级）	72（声功率级）	72（声功率级）	71（声功率级）
本体尺寸（长×宽×高）		mm	2020×1400×2021	1970×1350×1895	1750×1100×1860	1670×1100×1875	1560×1100×1750	1530×1100×1530	1540×1100×1411
带外壳尺寸（下进上出）		mm	2300×1550×2100	2300×1550×2000	2150×1450×1900	2150×1450×1900	2000×1400×1800	2000×1400×1800	1800×1400×1600
带外壳尺寸（下进侧出）		mm	2300×1550×2400	2300×1550×2200	2150×1450×2200	2150×1450×2200	2000×1400×2200	2000×1400×2200	1800×1400×2200
风机		型号	GFD 590－150	GFD 590－150	GFD 470－150	GFD 470－150	GFD 470－150	GFD 470－150	GFD 370－150
		功率	2×100	2×100	2×85	2×85	2×85	2×85	2×75
参考重量		kg	5600（本体）	4750（本体）	4000（本体）	3250（本体）	2700（本体）	2300（本体）	2050（本体）
			6100（外壳）	5250（外壳）	4450（外壳）	3650（外壳）	3100（外壳）	2700（外壳）	2400（外壳）

表 2－200　　SCB13 系列配电变压器技术参数

技术参数		单位	SCB13－2500/10（6）	SCB13－2000/10（6）	SCB13－1600/10（6）	SCB13－1250/10（6）	SCB13－1000/10（6）	SCB13－800/10（6）	SCB13－630/10（6）
额定容量		kVA	2500	2000	1600	1250	1000	800	630
额定工作电压	高压	kV	10.5, 10, 6.3, 6	10.5, 10, 6.3, 6	10.5, 10, 6.3, 6	10.5, 10, 6.3, 6	10.5, 10, 6.3, 6	10.5, 10, 6.3, 6	10.5, 10, 6.3, 6
	低压	kV	0.4, 0.38	0.4, 0.38	0.4, 0.38	0.4, 0.38	0.4, 0.38	0.4, 0.38	0.4, 0.38
	高压分接范围	%	±2×2.5%	±2×2.5%	±2×2.5%	±2×2.5%	±2×2.5%	±2×2.5%	±2×2.5%
相数		相	3	3	3	3	3	3	3
频率		Hz	50	50	50	50	50	50	50
阻抗电压		%	6	6	6	6	6	6	6
联结组标号			Dyn11 或 Yyn0	Dyn11 或 Yyn0	Dyn11 或 Yyn0	Dyn11 或 Yyn0	Dyn11 或 Yyn0	Dyn11 或 Yyn0	Dyn11 或 Yyn0
调压方式			无励磁调压	无励磁调压	无励磁调压	无励磁调压	无励磁调压	无励磁调压	无励磁调压
绝缘水平		10kV 系列	LI75AC35/AC3	LI75AC35/AC3	LI75AC35/AC3	LI75AC35/AC3	LI75AC35/AC3	LI75AC35/AC3	LI75AC35/AC3
		6kV 系列	LI60AC25/AC3	LI60AC25/AC3	LI60AC25/AC3	LI60AC25/AC3	LI60AC25/AC3	LI60AC25/AC3	LI60AC25/AC3
绝缘耐热等级			F 级	F 级	F 级	F 级	F 级	F 级	F 级
温升限值		K	100	100	100	100	100	100	100
局部放电		pC	5	5	5	5	5	5	5
外绝缘泄漏比距		cm/kV	2.5	2.5	2.5	2.5	2.5	2.5	2.5
空载损耗		W	2590	2195	1765	1505	1275	1095	935
负载损耗（75℃）		W	15 455	13 005	10 555	8720	7315	6265	5365

续表

技术参数		单位	SCB13－2500/10（6）	SCB13－2000/10（6）	SCB13－1600/10（6）	SCB13－1250/10（6）	SCB13－1000/10（6）	SCB13－800/10（6）	SCB13－630/10（6）
空载电流		%	0.4	0.4	0.5	0.5	0.5	0.5	0.6
防护等级	不带外壳		IP00	IP00	IP00	IP00	IP00	IP00	IP00
	带外壳		IP2X	IP2X	IP2X	IP2X	IP2X	IP2X	IP2X
冷却方式			AN/AF	AN/AF	AN/AF	AN/AF	AN/AF	AN/AF	AN/AF
噪声水平		dB	54（声压级）	54（声压级）	53（声压级）	52（声压级）	51（声压级）	50（声压级）	49（声压级）
			78（声功率级）	77（声功率级）	75（声功率级）	74（声功率级）	72（声功率级）	72（声功率级）	71（声功率级）
本体尺寸（长×宽×高）		mm	2150×1350×2180	2050×1350×1980	1880×1100×1830	1760×1100×1750	1680×1100×1710	1560×910×1630	1490×910×1580
带外壳尺寸（下进上出）		mm	2450×1500×2400	2350×1500×2200	2150×1450×2100	2150×1450×2100	2000×1400×1950	2000×1400×1750	2000×1400×1700
带外壳尺寸（下进侧出）		mm	2450×1500×2400	2350×1500×2400	2150×1450×2200	2150×1450×2200	2000×1400×2200	2000×1400×2200	2000×1400×2200
风机	型号		GFD 590－150	GFD 590－150	GFD 470－150	GFD 470－150	GFD 470－150	GFD 470－150	GFD 370－150
	功率		2×100	2×100	2×85	2×85	2×85	2×85	2×75
参考重量		kg	6250（本体）	5200（本体）	4250（本体）	3350（本体）	2850（本体）	2450（本体）	2100（本体）
			6680（外壳）	5620（外壳）	4660（外壳）	3750（外壳）	3200（外壳）	2800（外壳）	2450（外壳）

表 2－201　**SCBH15（非晶合金）系列配电变压器技术参数**

技术参数		单位	SCBH15－2500/10（6）	SCBH15－2000/10（6）	SCBH15－1600/10（6）	SCBH15－1250/10（6）	SCBH15－1000/10（6）	SCBH15－800/10（6）	SCBH15－630/10（6）
额定容量		kVA	2500	2000	1600	1250	1000	800	630
额定工作电压	高压	kV	10.5, 10, 6.3, 6	10.5, 10, 6.3, 6	10.5, 10, 6.3, 6	10.5, 10, 6.3, 6	10.5, 10, 6.3, 6	10.5, 10, 6.3, 6	10.5, 10, 6.3, 6
	低压	kV	0.4, 0.38	0.4, 0.38	0.4, 0.38	0.4, 0.38	0.4, 0.38	0.4, 0.38	0.4, 0.38
	高压分接范围	%	±2×2.5%	±2×2.5%	±2×2.5%	±2×2.5%	±2×2.5%	±2×2.5%	±2×2.5%
相数		相	3	3	3	3	3	3	3
频率		Hz	50	50	50	50	50	50	50
阻抗电压		%	6	6	6	6	6	6	6
联结组标号			Dyn11 或 Yyn0	Dyn11 或 Yyn0	Dyn11 或 Yyn0	Dyn11 或 Yyn0	Dyn11 或 Yyn0	Dyn11 或 Yyn0	Dyn11 或 Yyn0
调压方式			无励磁调压	无励磁调压	无励磁调压	无励磁调压	无励磁调压	无励磁调压	无励磁调压
绝缘水平	10kV系列		LI75AC35/AC3	LI75AC35/AC3	LI75AC35/AC3	LI75AC35/AC3	LI75AC35/AC3	LI75AC35/AC3	LI75AC35/AC3
	6kV系列		LI60AC25/AC3	LI60AC25/AC3	LI60AC25/AC3	LI60AC25/AC3	LI60AC25/AC3	LI60AC25/AC3	LI60AC25/AC3
绝缘耐热等级			F 级	F 级	F 级	F 级	F 级	F 级	F 级
温升限值		K	100	100	100	100	100	100	100
局部放电		pC	5	5	5	5	5	5	5

续表

技术参数		单位	SCBH15－2500/10（6）	SCBH15－2000/10（6）	SCBH15－1600/10（6）	SCBH15－1250/10（6）	SCBH15－1000/10（6）	SCBH15－800/10（6）	SCBH15－630/10（6）
外绝缘泄漏比距		cm/kV	2.5	2.5	2.5	2.5	2.5	2.5	2.5
空载损耗		W	1200	1000	760	650	550	480	410
负载损耗（75℃）		W	14 900	12 620	10 240	8460	7100	6070	5200
空载电流		%	0.5	0.5	0.6	0.6	0.6	0.7	0.7
防护等级	不带外壳		IP00	IP00	IP00	IP00	IP00	IP00	IP00
	带外壳		IP2X	IP2X	IP2X	IP2X	IP2X	IP2X	IP2X
冷却方式			AN/AF	AN/AF	AN/AF	AN/AF	AN/AF	AN/AF	AN/AF
噪声水平		dB	54（声压级）	54（声压级）	53（声压级）	52（声压级）	51（声压级）	50（声压级）	49（声压级）
			78（声功率级）	77（声功率级）	75（声功率级）	74（声功率级）	72（声功率级）	72（声功率级）	71（声功率级）
本体外形尺寸		mm	1900×1500×2060	1820×1500×2015	1670×1450×1800	1700×1350×1715	1580×1350×1635	1570×1350×1590	1460×1200×1510
带外壳尺寸（下进上出）		mm	2200×1650×2300	2200×1650×2200	2000×1600×2100	2000×1500×2000	1900×1500×1900	1900×1500×1900	1800×1400×1800
带外壳尺寸（下进侧出）		mm	2200×1650×2500	2200×1650×2400	2000×1600×2200	2000×1500×2200	1900×1500×2200	1900×1500×2200	1800×1400×2200
风机	型号		GFD 590－150	GFD 590－150	GFD 470－150	GFD 470－150	GFD 470－150	GFD 470－150	GFD 380－110
	功率		6×100	6×100	6×85	6×85	6×85	6×85	6×75
参考重量		kg	7000（本体）	5960（本体）	5380（本体）	4070（本体）	3445（本体）	2835（本体）	2430（本体）
			7410（外壳）	6360（外壳）	5730（外壳）	4420（外壳）	3750（外壳）	3140（外壳）	2750（外壳）

变压器接线端子如图 2－2 所示。变压器的外部尺寸及安装孔位示意图如图 2－3 和图 2－4 所示。

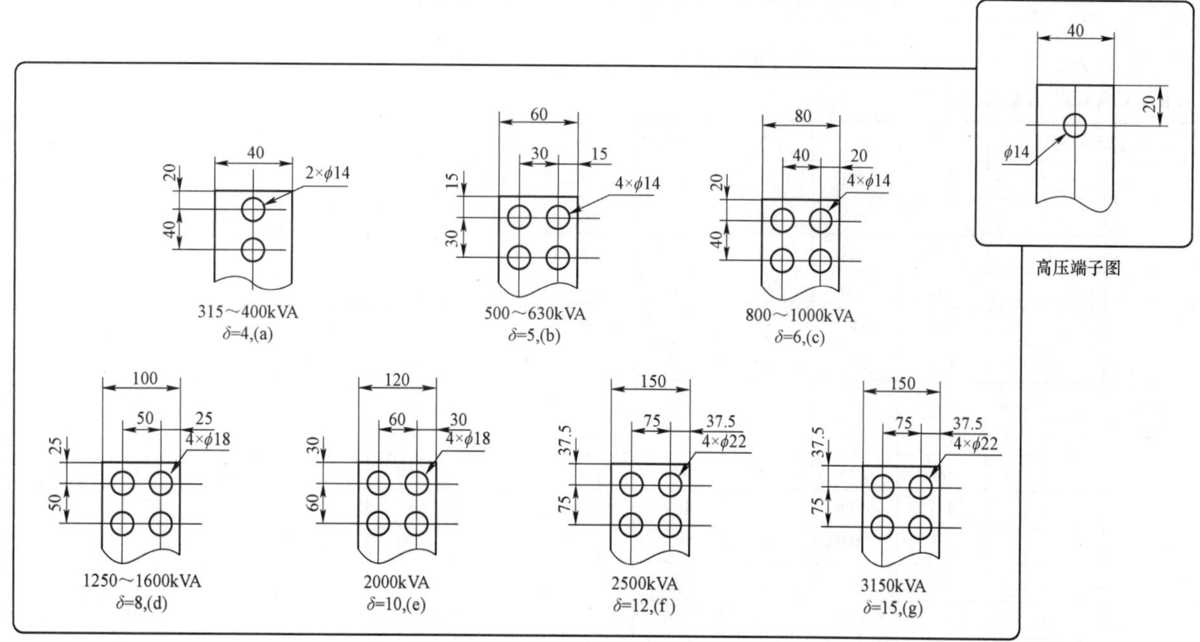

图 2－2　变压器接线端子图

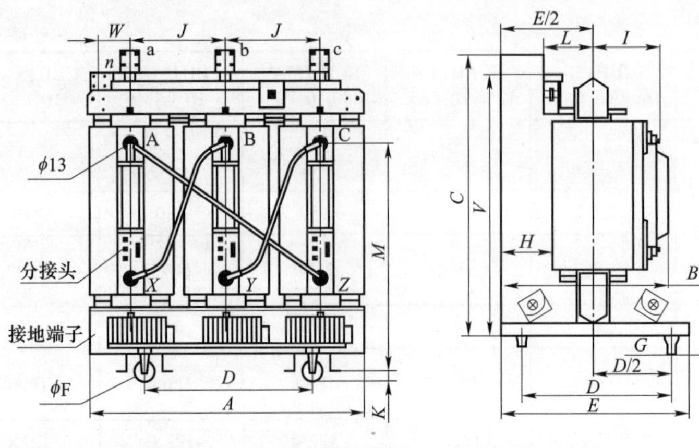

变压器外形尺寸示意图　　安装孔位示意图

图 2－3　变压器的外部尺寸及安装孔位示意图

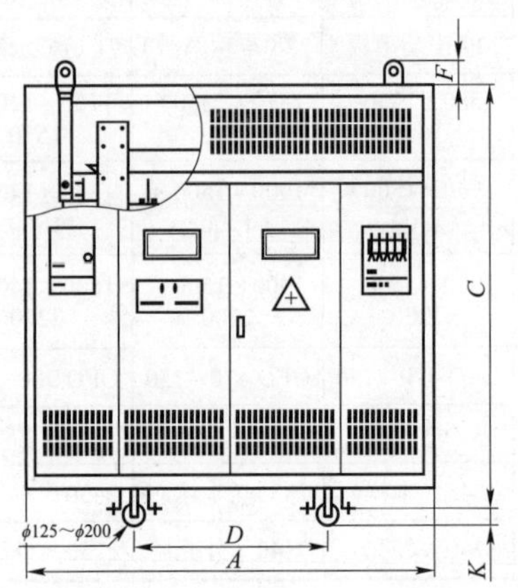

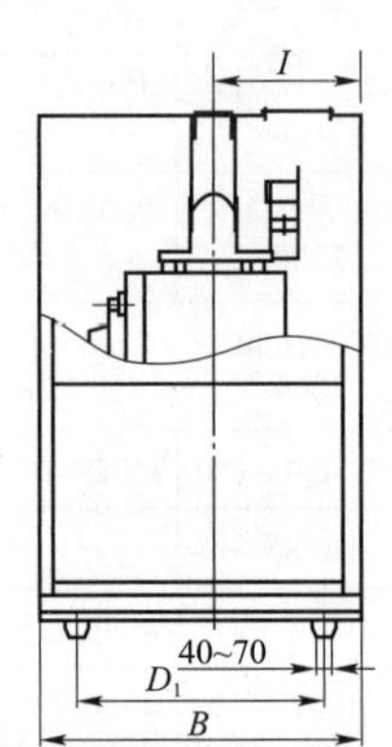

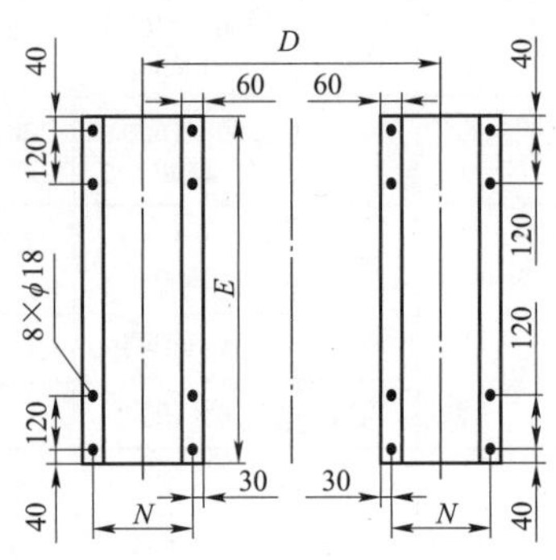

变压器外部尺寸示意图　　安装孔位示意图

图 2－4　变压器（带外壳）的外部尺寸及安装孔位示意图

表 2－202　　10kV 无保护外壳变压器的尺寸参数

SCB11 系列 10kV 级配电变压器

额定容量/kVA		315	400	500	630	800	1000	1250	1600	2000	2500	3150
尺寸/mm	A	1233	1296	1365	1446	1590	1695	1605	1731	1791	2031	2090
	B	795	796	808	821	845	862	1070	1070	1070	1195	1195
	C	1346	1376	1391	1376	1486	1486	1801	1851	1896	2046	2155
	D	660	660	660	660	820	820	820	820	1070	1070	1070
	E	795	795	795	795	795	795	1070	1070	1070	1195	1195
	F	125	125	125	125	125	160	160	160	160	160	160
	G	40	40	40	40	40	50	50	50	50	50	50
	H	209	199	187	174	150	132	285	263	253	276	265
	I	388	398	410	424	448	465	450	472	482	521	530
	J	411	432	455	482	530	565	535	577	597	677	695
	K	58	58	58	58	58	91	95	95	95	95	95
	L	195	205	215	227	247	261	247	262	255	310	300
	M	850	870	880	870	910	910	1200	1230	1230	1290	1410
	N	240	240	240	240	240	240	260	260	260	260	260

续表

额定容量/kVA		315	400	500	630	800	1000	1250	1600	2000	2500	3150
尺寸/mm	*W*	175	186	187	201	215	232	207	228	218	243	255
	V	1246	1276	1311	1296	1386	1386	1681	1681	1756	1896	1975
	低压端子	a	a	b	b	c	c	d	d	e	f	g
重量/kg		1360	1650	1910	1960	2680	3200	3430	4420	4640	6340	7660

表 2-203　　10kV 有保护外壳变压器的尺寸参数

SCB11 系列 10kV 级配电变压器

额定容量/kVA		315	400	500	630	800	1000	1250	1600	2000	2500	3150
尺寸/mm	*A*	1800	1800	1800	1800	2000	2000	2200	2200	2400	2400	2600
	B	1300	1300	1300	1300	1400	1400	1400	1400	1500	1500	1500
	C	1700	1700	1700	1700	1900	1900	2130	2130	2330	2530	2530
	D	660	660	660	660	820	820	820	820	1070	1070	1070
	D_1	1140	1140	1140	1140	1240	1240	1240	1240	1340	1340	1340
	N	240	240	240	240	240	240	260	260	260	260	260
	低压端子	a	a	b	b	c	c	d	d	e	f	g
重量/kg		1650	1950	2200	2260	3050	3590	3860	4850	5150	6900	8300

表 2-204　　组合式变电站主要技术参数

分项	参数名称	单位	参数值
高压部分	额定电压	kV	10
	最高工作电压	kV	11.5
	额定电流	A	630（1250）
	额定频率	Hz	50
低压部分	额定电压	V	400
	主回路额定电流	A	200～2500
	支路电流	A	10～800
	分支支路数	路	1～12
	补偿容量	kvar	0～360
变压器	额定容量	kVA	50～1250
	阻抗电压	%	4、6
	分接范围		±2×2.5%
	联结组别		Dyn11，Yyn0
防护等级			不宜低于 IP4X

2.6.4　发电机组

（1）作为工程建筑中备用电源或应急电源首选设备，柴油发电机组具有热效率高、起动迅速、结构紧凑、燃料存储方便、占地面积小、工程量小、维护操作简单等特点，主要由柴油机、发电机和控制屏三部分组成，其性能等级见表 2-205。

表 2-205　　柴油发电机组性能等级

性能等级	定　义	用　途
G1 级	用于只需规定其基本电压和频率参数的连接负载	一般用途（照明和其他简单的电气负载）
G2 级	用于对其电压特性与公用电力系统有相同要求的负载。当负载变化时，可有暂时的电压和频率的偏差	照明系统、泵、风机和卷扬机等

续表

性能等级	定 义	用 途
G3 级	用于对频率、电压和波形特性有严格要求的连接设备（整流器和晶闸管整流器控制的负载对发电机电压波形影响需要特殊考虑的）	无线电通信和晶闸管整流器控制的负载
G4 级	用于对频率、电压和波形特性有特别严格要求的负载	数据处理设备或计算机系统

（2）柴油发电机组的功率是发电机组端子处为用户负载输出的功率，不包括基本独立辅助设备所吸收的电功率，功率定额种类见表 2-206。

表 2-206　**发电机组的功率定额种类**

功率种类	名称代号	含义和应用
持续功率	COP	按规定的运行条件和维护要求，发电机组每年运行时间不受限制地为恒定负载持续供电的最大功率
基本功率	PRP	按规定的运行条件和维护要求，发电机组能每年运行时间不受限制地为可变负载持续供电的最大功率，在 24h 周期内的允许平均输出功率应不大于基本功率的 70%
限时运行功率	LTP	按规定的运行条件和维护要求，发电机组每年供电达 500h 的最大功率，即限时运行功率每年运行时间不能超过 500h
应急备用功率	ESP	按规定的运行条件和维护要求，当公共电网出线故障或在试验条件下，发电机组每年运行达 200h 的某一可变功率系列中的最大功率

（3）机组容量要满足电动机自起动时母线最低电压不得低于额定电压的 75%，当有电梯负载时不得低于额定电压的 80%。当电压不能满足要求时，可在运行情况允许的条件下将负荷分批起动。

（4）方案和初步设计阶段：按配电变压器总容量的 10%～20%估算；施工图阶段：可根据一级负荷、消防负荷以及某些重要二级负荷的容量，按下述方法确定发电机组的容量（适用于民用建筑）。

1）按稳定负荷计算发电机组的容量。

2）按最大的单台电动机或成组电动机起动的需要，计算发电机容量。

3）按起动电动机时母线允许电压降计算发电机容量。

（5）低压发电机组供电系统，如图 2-5 所示。

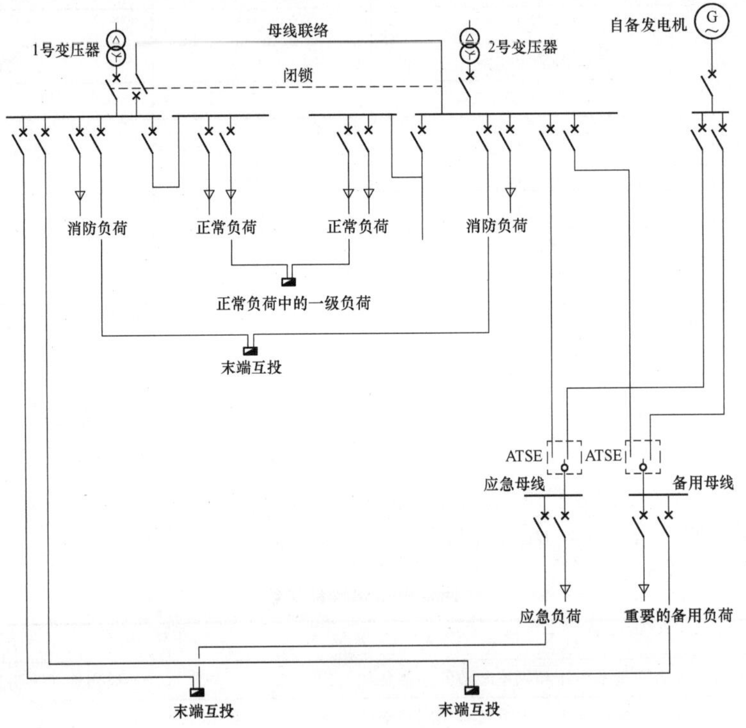

图 2-5　低压发电机组供电系统图

（6）发电机房（机组布置要求见表 2-207）。

表 2-207　发电机组外轮廓距墙的距离　（单位：m）

项目＼容量/kW	64 以下	75～150	200～400	500～1000	1200～2000
机组操作面 *A*	1.60	1.70	1.80	2.20	2.40
机组背面 *B*	1.50	1.60	1.70	2.00	2.20
柴油机端 *C*	1.00	1.00	1.20	1.50	1.50
机组间距 *D*	1.70	2.00	2.30	2.60	2.80
发电机端 *E*	1.60	1.80	2.00	2.40	2.60
机房净高 *H*	3.50	3.50	4.00～4.30	4.30～5.00	4.80～5.50

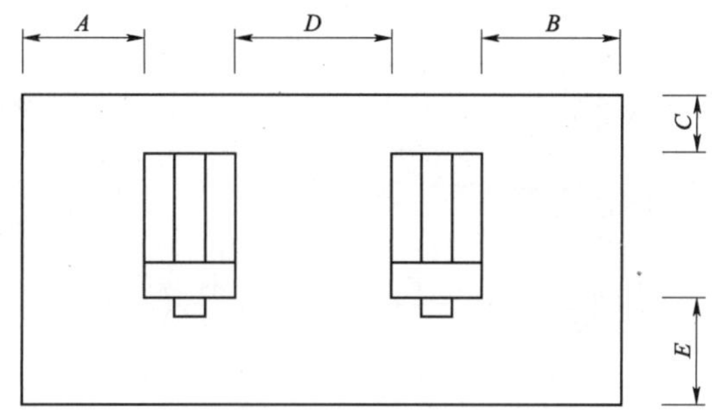

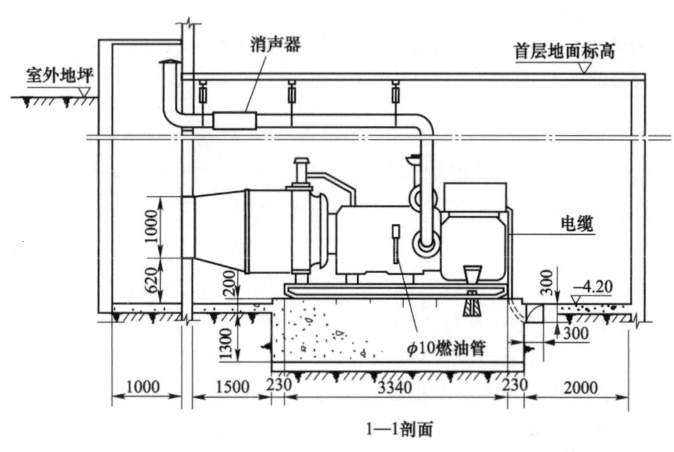

1—1剖面

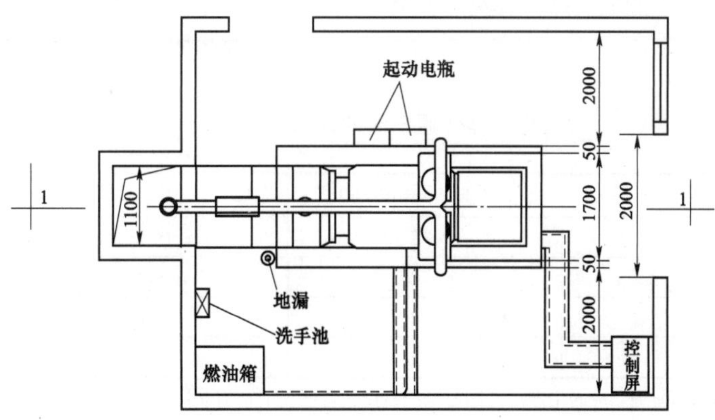

2.6.5 电动机

1. 电动机类型的选择

（1）机械对起动、调速及制动无特殊要求时，应采用笼型异步电动机。

（2）功率较大且连续工作的机械，当在技术经济上合理时，宜采用同步电动机。

（3）重载起动的机械，选用笼型异步电动机不能满足起动要求或加大功率不合理时；调速范围不大的机械，且低速运行时间较短时；符合上述情况之一时，宜采用绕线转子异步电动机。

（4）当采用交流电动机不能满足机械要求时，或交流电源消失后必须工作的应急机组，宜采用直流电动机。

（5）变负载运行的风机和泵类等机械，当技术经济上合理时，应采用调速装置，并选用相应类型的电动机。

2. 低压交流电动机的主回路

由隔离电器、短路保护电器、控制电器、过载保护电器、附加保护电器、导线等组成。三相交流异步电动机的常见接线如图 2－6 所示。

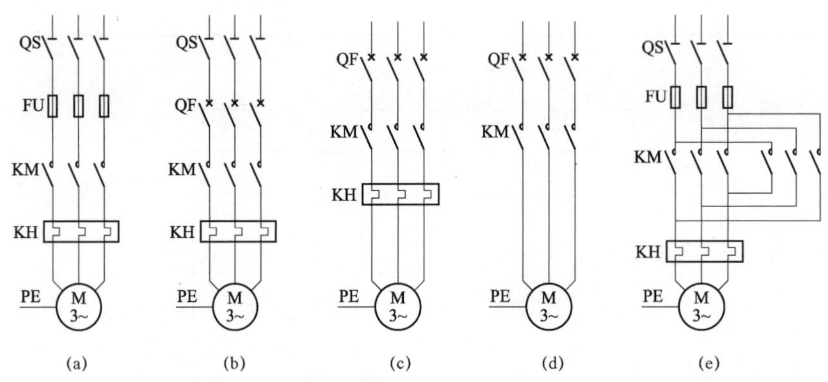

图 2－6　三相交流异步电动机主回路常见接线

QS—隔离器或隔离开关；FU—熔断器；KM—接触器；KH—热继电器；QF—低压断路器

（a）短路和接地故障保护电器为熔断器；（b）短路和接地故障保护电器为断路器；（c）短路和接地故障保护电器为断路器，断路器兼做隔离电器；（d）不装设过载保护或断路器兼做过载保护（多用在小功率电动机回路）；（e）双向（可逆）旋转的接线示例

3. 交流电动机的保护

应装设短路保护和接地故障保护，并应根据具体情况分别装设过载保护、断相保护和低电压保护。同步电动机尚应装设失步保护。

4. 电动机的保护

配合分为 1 类配合和 2 类配合，民用多为 2 类。

1 类配合要求在短路情况下接触器、热继电器可以损坏，但不能危及操作人员的安全和其他器件不能损坏。

2 类配合规定短路时，接触器、起动器触点可允许熔化，但能够继续使用，不能危及操作人员的安全和其他器件不能损坏。

5. 电动机所拖动的机械

按其起动和运行特性可分为三类，保护电器的动作特性应与机械的运行特性相配合。

轻载：起动时间短、起动静阻转矩小。

中载：起动时间较长、起动静阻转矩较大。

重载：起动时间长、起动静阻转矩大。

6. 控制电器

应能接通和分断电动机的堵转电流，其使用类别和操作频率应符合电动机的类型和机械的工作制。

7. 过载保护器件

应根据机械的特点选择合适的类型（表 2－208）。

表 2－208　过载保护器件通电时的动作电流

类别	$1.05I_e$ 时的脱扣时间/h	$1.2I_e$ 时的脱扣时间/h	$1.5I_e$ 时的脱扣时间/min	$7.2I_e$ 时的脱扣时间/s
10A	＞2	＜2	＜2	2～10
10	＞2	＜2	＜4	4～10
20	＞2	＜2	＜8	6～20
30	＞2	＜2	＜12	9～30

注：当电动机起动时间超过 30s 时，应向生产厂订购与电动机过载特性相配合的非标准过载保护器件，或在起动过程的一定时限内短接或切除过载保护电器。

突然断电将导致比过载损失更大的电动机，不宜装设过载保护。如果装设过载保护，可使过载保护作用于报警信号。

8. *软起动器*

民用建筑中，大功率的电动机宜采用软起动装置，电动机起动时，由软起动装置起动电动机；当电动机起动后宜将软起动装置短接，由旁路接触器接通电动机主回路。

9. *电动机控制与保护*

电动机主回路中宜采用多功能控制与保护开关设备（CPS），其应包含过载保护、断相保护、缺相保护、温度保护、三相不平衡保护等功能，见表 2－209。

10. *电动机能效等级*

按照《中小型三相异步电动机能效限定值及能效等级》（GB 18613）中能效指标要求，目前新型电动机 YE3、YE4 分别符合 2 级能效和 1 级能效的标准，同时满足国际标准 IEC 60034－30 中 IE3 和 IE4 的效率标准（表 2－210～表 2－217）。

表 2－209　　笼型异步电动机各种起动方式的特点

起动方式	全压起动	星－三角降压	电阻降压	自耦变压器降压	软起动器
起动电压	U_r	$0.58U_r$	KU_r	KU_r	KU_r
起动电流	I_{st}	$0.33I_{st}$	KI_{st}	K^2I_{st}	KI_{st}
起动转矩	T_{st}	$0.33T_{st}$	K^2T_{st}	K^2T_{st}	K^2T_{st}
优缺点及应用范围	接线简单，电器少，操作维护方便，故障率相对最低，应用广泛	起动电流小，但二次冲击电流较大；起动转矩较小；允许起动次数较高；设备价格较低；适用于定子绕组为三角形接线的 6 个引出端子的中小型电动机（如 Y2 和 Y 系列电动机），采用较广	起动电流较大；起动转矩小；允许起动次数由起动电阻容量决定；起动变阻器的耗电量较大，不节能；多用于降低起动转矩的冲击	起动电流小；起动转矩较大；只允许连续起动 2～3 次；设备价格较高，但性价比较优，采用较广	通常为斜坡电压起动，也可突跳起动；起动电流、起动转矩、上升和下降时间可调，有多种控制方式；可带多种保护；允许起动次数较高；设备价格最高

注：K—起动电压/额定电压，对自耦变压器为变比。

表 2－210　　YE3 系列高效电动机主要技术参数

<table>
<tr><th rowspan="3">产品型号</th><th rowspan="3">额定功率/kW</th><th rowspan="3">额定转速/（r/min）</th><th rowspan="3">额定电流/A</th><th rowspan="3">堵转电流/额定电流</th><th rowspan="3">效率（%）</th><th rowspan="3">功率因数 cosφ</th><th rowspan="3">额定转矩/（N•m）</th><th rowspan="3">堵转转矩/额定转矩</th><th rowspan="3">最大转矩/额定转矩</th><th rowspan="3">转动惯量/（kg•m²）</th><th colspan="2">噪声</th><th rowspan="3">净重/kg</th></tr>
<tr><th colspan="2">声功率级/dB（A）</th></tr>
<tr><th>空载</th><th>负载</th></tr>
<tr><td colspan="14">同步转速 3000r/min（2P）</td></tr>
<tr><td>YE3－80M1－2</td><td>0.75</td><td>2870</td><td>1.72</td><td>7.0</td><td>80.7</td><td>0.82</td><td>2.4</td><td rowspan="6">2.8</td><td rowspan="12">2.8</td><td>0.001 0</td><td rowspan="4">62</td><td rowspan="4">64</td><td>19</td></tr>
<tr><td>YE3－80M2－2</td><td>1.1</td><td>2880</td><td>2.43</td><td>7.3</td><td>82.7</td><td>0.83</td><td>3.5</td><td>0.001 3</td><td>22</td></tr>
<tr><td>YE3－90S－2</td><td>1.5</td><td>2900</td><td>3.22</td><td>7.6</td><td>84.2</td><td>0.84</td><td>4.8</td><td>0.001 8</td><td>28</td></tr>
<tr><td>YE3－90L－2</td><td>2.2</td><td>2900</td><td>4.58</td><td>7.6</td><td>85.9</td><td>0.85</td><td>7.0</td><td>0.002 4</td><td>33</td></tr>
<tr><td>YE3－100L－2</td><td>3</td><td>2900</td><td>6.02</td><td>7.8</td><td>87.1</td><td>0.87</td><td>9.6</td><td>0.003 8</td><td>68</td><td>70</td><td>43</td></tr>
<tr><td>YE3－112M－2</td><td>4</td><td>2910</td><td>7.84</td><td>8.3</td><td>88.1</td><td rowspan="3">0.88</td><td>12.7</td><td>0.006 2</td><td>72</td><td>74</td><td>53</td></tr>
<tr><td>YE3－132S1－2</td><td>5.5</td><td>2915</td><td>10.6</td><td>8.3</td><td>89.2</td><td>17.5</td><td rowspan="2">2.5</td><td>0.011 6</td><td rowspan="2">76</td><td rowspan="2">78</td><td>71</td></tr>
<tr><td>YE3－132S2－2</td><td>7.5</td><td>2915</td><td>14.4</td><td>7.9</td><td>90.1</td><td>23.9</td><td>0.015 0</td><td>79</td></tr>
<tr><td>YE3－160M1－2</td><td>11</td><td>2940</td><td>20.6</td><td>8.1</td><td>91.2</td><td></td><td>35.0</td><td rowspan="4">2.8</td><td>0.042 5</td><td rowspan="3">76</td><td rowspan="3">78</td><td>124</td></tr>
<tr><td>YE3－160M2－2</td><td>15</td><td rowspan="2">2945</td><td>27.9</td><td>8.1</td><td>91.9</td><td rowspan="3">0.89</td><td>47.8</td><td>0.052 7</td><td>135</td></tr>
<tr><td>YE3－160L－2</td><td>18.5</td><td>34.2</td><td>8.2</td><td>92.4</td><td>58.9</td><td>0.061 3</td><td>145</td></tr>
<tr><td>YE3－180M－2</td><td>22</td><td>2950</td><td>40.5</td><td>8.2</td><td>92.7</td><td>70.0</td><td>0.092 9</td><td>81</td><td>83</td><td>202</td></tr>
</table>

续表

产品型号	额定功率/kW	额定转速/(r/min)	额定电流/A	堵转电流/额定电流	效率(%)	功率因数 cosφ	额定转矩/(N·m)	堵转转矩/额定转矩	最大转矩/额定转矩	转动惯量/(kg·m²)	噪声 声功率级/dB(A) 空载	噪声 声功率级/dB(A) 负载	净重/kg
YE3-200L1-2	30	2955	54.9	7.6	93.3	0.89	95.5	2.5	2.5	0.147 8	84	86	242
YE3-200L2-2	37		67.4		93.7		117.8			0.162 1			264
YE3-225M-2	45	2960	80.8	7.7	94.0	0.90	143.3			0.234 7	85	87	308
YE3-250M-2	55	2970	98.5		94.3		175.1			0.351 1			398
YE3-280S-2	75	2975	134	7.1	94.7		238.8			0.619 7			530
YE3-280M-2	90		160		95.0		286.5			0.717 4			590
YE3-315S-2	110		195	7.1	95.2		350.2	2.2	2.2	1.364 6	92	94	910
YE3-315M-2	132		234		95.4		420.2			1.526 5			1015
YE3-315L1-2	160		279	7.2	95.6	0.91	509.3			1.734 6			1080
YE3-315L2-2	200		349		95.8		636.7			1.919 7			1135
YE3-355M-2	250	2980	436				795.8	2.0		2.742 6	100	102	1650
YE3 355L-2	315		549				1003			3.229 8			1830
YE3-3551-2	355		619				1130			3.410 8	104	106	2050
同步转速 1500r/min(4P)													
YE3-80M2-4	0.75	1430	1.84	6.5	82.5	0.75	4.8	2.5	2.5	0.002 2	50	55	24
YE3-90S-4	1.1	1435	2.61	6.6	84.1	0.76	7.0			0.003 1	55	60	32
YE3-90L-4	1.5		3.47	6.9	85.3	0.77	9.6			0.004 0			36
YE3-100L1-4	2.2	1445	4.76	7.5	86.7	0.81	14.0			0.007 8	64	69	43
YE3-100L2-4	3		6.34		87.7	0.82	19.1			0.009 8			49
YE3-112M-4	4	1450	8.37	7.8	88.6		25.5			0.014 8	65	70	63
YE3-132S-4	5.5	1460	11.2	7.5	89.6	0.83	35.0	2.3	2.3	0.028 7	69	74	80
YE3-132M-4	7.5		15.0		90.4	0.84	47.8			0.037 5			100
YE3-160M-4	11	1470	21.5	7.6	91.4	0.85	70.0	2.2		0.085 7	66	71	126
YE3-160L-4	15		28.8		92.1	0.86	95.5			0.115 5			148
YE3-180M-4	18.5	1475	35.3	7.8	92.6		117.8			0.150 6	75	79	190
YE3-180L-4	22		41.8		93.0		140.1			0.179 0			205
YE3-200L-4	30		56.6	7.2	93.6		191.0			0.282 1	72	76	260
YE3-225S-4	37	1480	69.6	7.3	93.9		235.6			0.482 5	73		312
YE3-225M-4	45		84.4	7.4	94.2		286.5			0.546 0			338
YE3-250M-4	55		103		94.6		350.2			0.692 0	74	77	412
YE3-280S-4	75		136	7.2	95.0	0.88	477.5			1.413 4	78	81	574
YE3-280M-4	90		163		95.2		573.0			1.700 1			650
YE3-315S-4	110	1485	197	7.0	95.4	0.89	700.3		2.2	2.915 8	84	87	935
YE3-315M-4	132		236		95.6		840.4			3.352 5			1032
YE3-315L1-4	160		285		95.8		1019			3.614 6			1105
YE3-315L2-4	200		352		96.0		1273			4.313 3			1205
YE3-355M-4	250	1490	440			0.90	1591	2.0		6.604 6			1685
YE3-355L-4	315		554				2005			8.306 2			1780
YE3-3551-4	355		638			0.88	2260			9.298 9			2160

续表

产品型号	额定功率/kW	额定转速/(r/min)	额定电流/A	堵转电流/额定电流	效率(%)	功率因数cosφ	额定转矩/(N•m)	堵转转矩/额定转矩	最大转矩/额定转矩	转动惯量/(kg•m²)	噪声 声功率级/dB(A) 空载	噪声 声功率级/dB(A) 负载	净重/kg
同步转速 1000r/min(6P)													
YE3 90S－6	0.75	925	2.03	5.8	78.9	0.71	7.2	2.1	2.1	0.004 2	57	64	29
YE3 90L－6	1.1		2.83	5.9	81.0	0.73	10.5			0.005 7			36
YE3 100L－6	1.5	945	3.78	6.0	82.5		14.3			0.011 1	61	67	44
YE3 112M－6	2.2	960	5.36		84.3	0.74	21.0			0.018 2	65	72	54
YE3 132S－6	3	965	7.20	6.2	85.6		28.7	2.0		0.030 6	69	76	69
YE3 132M1－6	4	970	9.46	6.8	86.8		38.2			0.040 4			88
YE3 132M2－6	5.5		12.7	7.0	88.0	0.75	52.5			0.052 9			101
YE3 160M－6	7.5	975	16.2	6.7	89.1	0.79	71.6	2.1		0.099 3	67	74	125
YE3 160L－6	11		23.1	6.9	90.3	0.80	105.1			0.130 6			140
YE3 180L－6	15	980	30.9	7.2	91.2	0.81	143.3	2.0		0.219 1	73	79	190
YE3 200L1－6	18.5		37.8	7.0	91.7		176.7	2.1		0.354 5			230
YE3 200L2－6	22		44.8		92.2		210.1			0.417 7			250
YE3 225M－6	30	985	59.1	6.9	92.9	0.83	286.5			0.535 5			292
YE3 250M－6	37		71.7		93.3	0.84	353.4	2.0		0.890 5	76	82	380
YE3 280S－6	45	989	85.8	7.2	93.7	0.85	429.8		2.0	1.531 5	78	84	500
YE3 280M－6	55		103		94.1	0.86	525.3			1.871 5			562
YE3 315S－6	75	990	143	7.0	94.0	0.84	716.3			3.412 1	80	85	872
YE3 315M－6	90		170		94.9	0.85	859.5			3.706 3			963
YE3 315L1－6	110		207		95.1	0.85	1051			4.706 8			1072
YE3 315L2－6	132		244		95.4	0.86	1261			5.648 5			1180
YE3 355M1－6	160		296		95.6	0.86	1528	1.9		7.784 8	84	88	1690
YE3 355M2－6	200		365		95.8	0.87	1910			9.561			1790
YE3 355L－6	250		456				2388			12.365			2045
YE3 3552－6	315		581			0.86	3008			13.674			2350

表 2－211　　YE4 系列超高效电动机主要技术参数

产品型号	额定功率/kW	额定转速/(r/min)	额定电流/A	堵转电流/额定电流	效率(%)	功率因数cosφ	额定转矩/(N•m)	堵转转矩/额定转矩	最大转矩/额定转矩	转动惯量/(kg•m²)	噪声 声功率级/dB(A) 空载	噪声 声功率级/dB(A) 负载	净重/kg
同步转速 3000r/min(2P)													
YE4－80M1－2	0.75	2910	1.64	7.0	84.9	0.82	2.5	2.8	2.8	0.001 0	62	64	20
YE4－80M2－2	1.1	2888	2.32	7.3	86.7	0.83	3.6			0.001 3			23
YE4－90S－2	1.5	2910	3.10	7.6	87.5	0.84	4.9			0.001 8			29
YE4－90L－2	2.2	2910	4.41	7.6	89.1	0.85	7.2			0.002 4			35
YE4－100L－2	3	2905	5.84	7.8	89.7	0.87	9.9			0.003 8	68	70	45

续表

产品型号	额定功率/kW	额定转速/(r/min)	额定电流/A	堵转电流/额定电流	效率（%）	功率因数 cosφ	额定转矩/（N·m）	堵转转矩/额定转矩	最大转矩/额定转矩	转动惯量/（kg·m²）	噪声 声功率级/dB（A） 空载	负载	净重/kg
YE4－112M－2	4	2915	7.65	8.3	90.3	0.88	13.1	2.8	2.8	0.006 5	72	74	55
YE4－132S1－2	5.5	2925	10.4	8.3	91.5		18.0	2.5		0.015 5	76	78	77
YE4－132S2－2	7.5	2925	14.1	7.9	92.1		24.5			0.018 5			85
YE4－160M1－2	11	2945	20.2	8.1	93.0	0.89	35.7	2.8		0.046 5	76	78	130
YE4－160M2－2	15	2945	27.4	8.1	93.4		48.6			0.061 2			140
YE4－160L－2	18.5	2950	33.7	8.2	93.8		59.9			0.072 5			150
YE4－180M－2	22	2955	39.8	8.2	94.4		71.1			0.118 0	81	83	222
YE4－200L1－2	30	2965	54.2	7.6	94.5		96.6	2.5	2.5	0.172 0	84	86	264
YE4－200L2－2	37		66.6		94.8		119			0.185 9			280
YE4－225M－2	45	2970	79.9	7.7	95.1	0.90	145			0.283 4	85	87	335
YE4－250M－2	55	2970	97.3		95.4		177			0.351 1			415
YE4－280S－2	75	2980	132	7.1	95.6		240			0.717 4			575
YE4－280M－2	90		159		95.8		288			0.766 3			615
YE4－315S－2	110		193	7.1	96.0		353	2.2	2.2	1.364 6	92	94	940
YE4－315M－2	132		232		96.0	0.91	423			1.526 5			1015
YE4－315L1－2	160		278	7.2	96.2		513			1.734 6			1080
YE4－315L2－2	200		347		96.3		641			1.919 7			1135
YE4－355M－2	250	2983	433		96.4		800	2.0		2.742 6	100	102	1650
YE4 355L－2	315		545		96.5		1008			3.229 8			1830
YE4－3551－2	355		614		96.6		1137			3.410 8	104	106	2050
同步转速 1500r/min（4P）													
YE4－80M2－4	0.75	1140	1.77	6.5	85.6	0.75	5.0	2.5	2.5	0.002 2	50	55	25
YE4－90S－4	1.1	1450	2.52	6.6	87.4	0.76	7.2			0.003 2	55	60	35
YE4－90L－4	1.5		3.36	6.9	88.1	0.77	9.9			0.004 2			40
YE4－100L1－4	2.2	1455	4.60	7.5	89.7	0.81	14.4			0.007 8	64	69	49
YE4－100L2－4	3		6.16		90.3	0.82	19.7			0.009 8			55
YE4－112M－4	4	1455	8.15	7.8	90.9		26.3			0.017 5	65	70	66
YE4－132S－4	5.5	1465	10.9	7.5	92.1	0.83	35.9	2.3	2.3	0.036 4	69	74	88
YE4－132M－4	7.5		14.7		92.6	0.84	48.9			0.045 2			108
YE4－160M－4	11	1470	21.0	7.6	93.6	0.85	71.5	2.2		0.115 5	66	71	145
YE4－160L－4	15		28.2		94.0	0.86	97.4			0.152 5			166
YE4－180M－4	18.5	1475	34.7	7.8	94.3		120			0.207 0	75	79	220
YE4－180L－4	22		41.0		94.7		142			0.235 0			240
YE4－200L－4	30	1480	55.8	7.2	95.0		194			0.362 0	72	76	260
YE4－225S－4	37	1485	68.6	7.3	95.3		238			0.545 5	73		335

续表

产品型号	额定功率/kW	额定转速/(r/min)	额定电流/A	堵转电流/额定电流	效率（%）	功率因数 cosφ	额定转矩/（N·m）	堵转转矩/额定转矩	最大转矩/额定转矩	转动惯量/（kg·m²）	噪声 声功率级/dB（A） 空载	噪声 声功率级/dB（A） 负载	净重/kg
YE4－225M－4	45	1485	83.2	7.4	95.6	0.86	289	2.2	2.3	0.620 0	73	76	360
YE4－250M－4	55		101		95.8		354			0.854 0	74	77	465
YE4－280S－4	75	1489	135	7.2	96.0	0.88	481			1.700 1	78	81	630
YE4－280M－4	90		162		96.2		577			1.987 0			710
YE4－315S－4	110	1489	195	7.0	96.4	0.89	706		2.2	2.915 8	84	87	985
YE4－315M－4	132		234		96.5		847			3.352 5			1080
YE4－315L1－4	160		283		96.5		1026			3.614 6			1105
YE4－315L2－4	200		350		96.6	0.90	1283			4.313 3			1205
YE4－355M－4	250	1490	463		96.7		1602	2.0		6.604 6			1685
YE4－355L－4	315		549		96.8		2019			8.306 2			1780
YE4－3551－4	355		638		96.8	0.88	2275			9.298 9			2160
同步转速 1000r/min(6P)													
YE4 90S－6	0.75	940	1.93	5.8	83.1	0.71	7.6	2.1	2.1	0.004 5	57	64	33
YE4 90L－6	1.1		2.72	5.9	84.1	0.73	11.2			0.006 0			39
YE4 100L－6	1.5	960	3.62	6.0	86.2		14.9			0.012 1	61	67	49
YE4 112M－6	2.2	965	5.19		87.1	0.74	21.8			0.023 0	65	72	58
YE4 132S－6	3	970	6.94	6.2	88.7		29.5	2.0		0.040 4	69	76	75
YE4 132M1－6	4		9.16	6.8	89.7		39.4			0.052 9			93
YE4 132M2－6	5.5		12.4	7.0	89.5	0.75	54.1			0.064 2			106
YE4 160M－6	7.5	975	16.0	6.7	90.2	0.79	73.5	2.1		0.099 3	67	74	127
YE4 160L－6	11		22.8	6.9	91.5	0.80	108			0.152 4			147
YE4 180L－6	15	985	30.4	7.2	92.5	0.81	145	2.0		0.219 1	73	79	215
YE4 200L1－6	18.5		37.3	7.0	93.1		179	2.1		0.393 4			248
YE4 200L2－6	22		43.9		93.9		213			0.486 5			278
YE4 225M－6	30	988	58.2	6.9	94.3	0.83	290	2.0		0.669 5			325
YE4 250M－6	37		70.7		94.6	0.84	358	2.1		1.170 5	76	82	440
YE4 280S－6	45	990	84.8	7.2	94.9	0.85	434		2.0	1.871 5	78	84	550
YE4 280M－6	55		102		95.2	0.86	531			2.781 5			690
YE4 315S－6	75	992	142	7.0	95.4	0.84	722	2.0		3.412 1	80	85	920
YE4 315M－6	90		168		95.6	0.85	866			3.706 3			1060
YE4 315L1－6	110		206		95.6	0.85	1059			4.706 8			1172
YE4 315L2－6	132		243		95.8	0.86	1271			5.648 5			1180
YE4 355M1－6	160		294		96.0	0.86	1540	1.9		7.784 8	84	84	1690
YE4 355M2－6	200		363		96.1	0.87	1925			9.561			1790
YE4 355L－6	250		454		96.1		2407			12.365			2045
YE4 3552－6	315		572		96.1		3033			13.674			2350

表 2-212　　断路器与接触器、热继电器的 2 类配合（一）

电机 P/kW	电流 I_e/A	开关 I_z/A	接触器	热继电器	导线 WDZ-	穿钢管
0.37	1.1	C65H/3P-D6	LC1-D09		BYJ-4×2.5	SC25
0.55	1.6	C65H/3P-D6	LC1-D09		BYJ-4×2.5	SC25
0.75	2	C65H/3P-D6	LC1-D09	LRD-1.6～2.5	BYJ-4×2.5	SC25
1.1	2.8	C65H/3P-D6	LC1-D09	LRD-2.5～4	BYJ-4×2.5	SC25
1.5	3.7	C65H/3P-D10	LC1-D18	LRD-2.5～4	BYJ-4×2.5	SC25
2.2	5.1	C65H/3P-D10	LC1-D18	LRD-4～6	BYJ-4×2.5	SC25
3	6.7	C65H/3P-D16	LC1-D18	LRD-5.5～8	BYJ-4×2.5	SC25
4	8.8	C65H/3P-D16	LC1-D25	LRD-7～10	BYJ-4×2.5	SC25
5.5	12	C65H/3P-D20	LC1-D25	LRD-9～13	BYJ-4×2.5	SC25
7.5	16	C65H/3P-D25	LC1-D32	LRD-12～18	BYJ-4×6	SC32
11	23	C65H/3P-D32	LC1-D40	LRD-17～25	BYJ-4×10	SC40
15	30	C65H/3P-D40	LC1-D50	LRD-23～32	BYJ-4×10	SC40
18.5	37	NSX100-MA50	LC1-D50	LRD-30～40	BYJ-4×16	SC50
22	43	NSX100-MA63	LC1-D65	LRD-37～50	BYJ-3×25+1×16	SC50

电机 P/kW	电流 I_e/A	开关 I_z/A	接触器	软起动器		电缆 WDZ-YJY	穿钢管/线槽
30	58	NSX100-MA80	LC1-D80	ATS 48D75	起动过程及运行均有：过电流、过载、缺相、过热等保护；带旁路接触器	3×25+1×16	SC65/MR
37	70	NSX100-MA100	LC1-D115	ATS 48D88		3×35+1×16	SC65/MR
45	85	NSX160-MA125	LC1-D115	ATS 48C11		3×50+1×25	SC65/MR
55	103	NSX160-MA160	LC1-D150	ATS 48C14		3×70+1×35	SC80/MR
75	140	NSX250-MA200	LC1-D170	ATS 48C17		3×95+1×50	SC80/MR
90	167	NSX250-MA225	LC1-D205	ATS 48C21		3×120+1×70	SC100/MR
110	203	NSX250-MA250	LC1-D300	ATS 48C25		3×150+1×70	SC100/MR
132	242	NSX400-MIC300	LC1-D300	ATS 48C32		3×185+1×95	SC100/MR
160	290	NSX400-MIC360	LC1-D410	ATS 48C41		3×240+1×120	SC125/MR
200	360	NSX630-MIC440	LC1-D475	ATS 48C48		2×[3×120+1×70]	MR
250	445	NSX630-MA500	LC1-D620	ATS 48C59		2×[3×150+1×70]	MR

注：参考《施耐德电气产品选型手册》编制。

表 2-213　　断路器与接触器、热继电器的 2 类配合（二）

电机 P/kW	电流 I_e/A	开关 I_z/A	接触器	热继电器		导线 WDZ-	穿钢管
0.37	1.1	S203P-K6	A9			BYJ-4×2.5	SC25
0.55	1.6	S203P-K6	A9			BYJ-4×2.5	SC25
0.75	2	S203P-K6	A9	TA25DU2.4	1.7～2.4	BYJ-4×2.5	SC25
1.1	2.8	S203P-K6	A9	TA25DU4	2.8～4	BYJ-4×2.5	SC25
1.5	3.7	S203P-K10	A16	TA25DU5	3.5～5	BYJ-4×2.5	SC25
2.2	5.1	S203P-K10	A26	TA25DU6.5	4.5～6.5	BYJ-4×2.5	SC25
3	6.7	S203P-K16	A26	TA25DU8.5	6～8.5	BYJ-4×2.5	SC25
4	8.8	S203P-K16	A30	TA25DU11	7.5～11	BYJ-4×2.5	SC25
5.5	12	S203P-K16	A30	TA25DU14	10～14	BYJ-4×2.5	SC25
7.5	16	S203P-K25	A30	TA25DU19	13～19	BYJ-4×6	SC32
11	23	S203P-K32	A30	TA42DU25	18～25	YJY-4×10	SC40
15	30	S203P-K40	A50	TA75DU42	29～42	YJY-4×10	SC40
18.5	37	S203P-K50	A50	TA75DU52	36～52	YJY-4×16	SC50
22	43	S203P-K63	A50	TA75DU52	36～52	YJY-3×25+1×16	SC50
电机 P/kW	电流 I_e/A	开关 I_z/A	接触器	软起动器		电缆　WDZ-YJY	穿钢管/线槽
30	58	T2N160 MA80	A75	PSTX72	自带快速熔断器；内置电子式过载继电器、旁路接触器	3×25+1×16	SC65/MR
37	70	T2N160 MA100	A95	PSTX85		3×35+1×16	SC65/MR
45	85	T2N160 MA125	A110	PSTX105		3×50+1×25	SC65/MR
55	103	T2N160 MA160	A145	PSTX142		3×70+1×35	SC80/MR
75	140	T4N250 MA200	A185	PSTX170		3×95+1×50	SC80/MR
90	167	T4N250 PR225	A210	PSTX210		3×120+1×70	SC100/MR
110	203	T4N250 PR250	A260	PSTX250		3×150+1×70	SC100/MR
132	242	T5N400 PR300	A300	PSTX300		3×185+1×95	SC100/MR
160	290	T5N400 PR360	AF400	PSTX370		3×240+1×120	SC125/MR
200	360	T5N630 PR440	AF460	PSTB470		2×[3×120+1×70]	MR
250	445	T5N630 PR535	AF580	PSTB570		2×[3×150+1×70]	MR

注：参考《ABB 电气产品选型手册》编制。

表 2-214　　软起动器直接连接标准应用
起动器-电机组合

标准应用，230/400V 电源，起动器直接连接				
电机		起动器 230/400V-50/60Hz		
电机额定功率		10 级中的最大允许电流	I_{CL} 额定值	起动器型号
230V	400V			
kW	kW	A	A	
4	7.5	17	17	ATS 48D17Q
5.5	11	22	22	ATS 48D22Q
7.5	15	32	32	ATS 48D32Q
9	18.5	38	38	ATS 48D38Q

续表

电机额定功率		10级中的最大允许电流	I_{CL} 额定值	起动器型号
230V	400V			
kW	kW	A	A	
11	22	47	47	ATS 48D47Q
15	30	62	62	ATS 48D62Q
18.5	37	75	75	ATS 48D75Q
22	45	88	88	ATS 48D88Q
30	55	110	110	ATS 48C11Q
37	75	140	140	ATS 48C14Q
45	90	170	170	ATS 48C17Q
55	110	210	210	ATS 48C21Q
75	132	250	250	ATS 48C25Q
90	160	320	320	ATS 48C32Q
110	220	410	410	ATS 48C41Q
132	250	480	480	ATS 48C48Q
160	315	590	590	ATS 48C59Q
（1）	355	660	660	ATS 48C66Q
220	400	790	790	ATS 48C79Q
250	500	1000	1000	ATS 48M10Q
355	630	1200	1200	ATS 48M12Q

注：1. 电机额定电流 I_n 不能超过10级的最大允许电流。

2.（1）没有对应的标准化电机时未给出功率值。

3. 温度降容，表中的值是根据最高环境温度40℃时的运行情况给出的。

ATS 48最高可以在60℃环境温度下使用，用40℃以上每升高1℃，10级最大允许电流降低2%即可。

例如：ATS 48D32Q在50℃下运行，则应降容10×2%=20%，32A变为32×0.8A=25.6A（最大电机额定电流）。

表2-215　软起动器直接连接重载应用

起动器-电机组合

重载应用，230/400V电源，起动器直接连接				
电机		起动器230/400V-50/60Hz		
电机额定功率		20级中的最大允许电流	I_{CL} 额定值	起动器型号
230V	400V			
kW	kW	A	A	
3	5.5	12	17	ATS 48D17Q
4	7.5	17	22	ATS 48D22Q
5.5	11	22	32	ATS 48D32Q
7.5	15	32	38	ATS 48D38Q
9	18.5	38	47	ATS 48D47Q
11	22	47	62	ATS 48D62Q
15	30	62	75	ATS 48D75Q
18.5	37	75	88	ATS 48D88Q
22	45	88	110	ATS 48C11Q

续表

电机		起动器 230V/400V－50/60Hz		
电机额定功率		20 级中的最大允许电流	I_{CL} 额定值	起动器型号
230V	400V			
kW	kW	A	A	
30	55	110	140	ATS 48C14Q
37	75	140	170	ATS 48C17Q
45	90	170	210	ATS 48C21Q
55	110	210	250	ATS 48C25Q
75	132	250	320	ATS 48C32Q
90	160	320	410	ATS 48C41Q
110	220	410	480	ATS 48C48Q
132	250	480	590	ATS 48C59Q
160	315	590	660	ATS 48C66Q
（1）	355	660	790	ATS 48C79Q
220	400	790	1000	ATS 48M10Q
250	500	1000	1200	ATS 48M12Q

注：1. 电机额定电流 I_n 不能超过 20 级的最大允许电流。
2.（1）没有对应的标准化电机时未给出功率值。
3. 温度降容，表中的值是根据最高环境温度 40℃时的运行情况给出的。
ATS 48 最高可以在 60℃环境温度下使用，40℃以上每升高 1℃，20 级最大允许电流降低 2%即可。
例如：ATS 48D32Q 在 50℃下运行，则应降容 10 × 2%=20%，22A 变为 22 × 0.8A=17.6A（最大电机额定电流）。

表 2－216　软起动器三角形联结标准应用

起动器－电机组合

标准应用，230/400V 电源，起动器三角形联结				
电机		起动器 230/400V－50/60Hz		
电机额定功率		10 级中的最大允许电流	I_{CL} 额定值	起动器型号
230V	400V			
kW	kW	A	A	
7.5	15	29	29	ATS 48D17Q
9	18.5	38	38	ATS 48D22Q
15	22	55	55	ATS 48D32Q
18.5	30	66	66	ATS 48D38Q
22	45	81	81	ATS 48D47Q
30	55	107	107	ATS 48D62Q
37	55	130	130	ATS 48D75Q
45	75	152	152	ATS 48D88Q
55	90	191	191	ATS 48C11Q
75	110	242	242	ATS 48C14Q
90	132	294	294	ATS 48C17Q
110	160	364	364	ATS 48C21Q

续表

电机额定功率		10 级中的最大允许电流	I_{CL} 额定值	起动器型号
230V	400V			
kW	kW	A	A	
132	220	433	433	ATS 48C25Q
160	250	554	554	ATS 48C32Q
220	315	710	710	ATS 48C41Q
250	355	831	831	ATS 48C48Q
（1）	400	1022	1022	ATS 48C59Q
315	500	1143	1143	ATS 48C66Q
355	630	1368	1368	ATS 48C79Q
（1）	710	1732	1732	ATS 48M10Q
500	（1）	2078	2078	ATS 48M12Q

注：1. 电机额定电流 I_n 不能超过 10 级的最大允许电流。
2.（1）当没有对应的标准化电机时未给出功率值。
3. 温度降容，表中的值是根据最高环境温度 40℃时的运行情况给出的。
ATS 48 最高可以在 60℃环境温度下使用，40℃以上每升高 1℃，10 级最大允许电流降低 2%即可。
例如：ATS 48D32Q 在 50℃下运行，则应降容 10 × 2%=20%，55A 变为 55 × 0.8A=44A（最大电机额定电流）。

表 2-217　软起动器三角形联结重载应用起动器-电机组合

重载应用，230/400V 电源，起动器三角形联结				
电机		起动器 230/400V-50/60Hz		
电机额定功率		20 级中的最大允许电流	I_{CL} 额定值	起动器型号
230V	400V			
kW	kW	A	A	
5.5	11	22	29	ATS 48D17Q
7.5	15	29	38	ATS 48D22Q
9	18.5	38	55	ATS 48D32Q
15	22	55	66	ATS 48D38Q
18.5	30	66	81	ATS 48D47Q
22	45	81	107	ATS 48D62Q
30	55	107	130	ATS 48D75Q
37	55	130	152	ATS 48D88Q
45	75	152	191	ATS 48C11Q
55	90	191	242	ATS 48C14Q
75	110	242	294	ATS 48C17Q
90	132	294	364	ATS 48C21Q
110	160	364	433	ATS 48C25Q
132	220	433	554	ATS 48C32Q
160	250	554	710	ATS 48C41Q
220	315	710	831	ATS 48C48Q
250	355	831	1022	ATS 48C59Q

续表

电机		起动器 230/400V－50/60Hz		
电机额定功率		20 级中的最大允许电流	I_{CL} 额定值	起动器型号
230V	400V			
kW	kW	A	A	
(1)	400	1022	1143	ATS 48C66Q
315	500	1143	1368	ATS 48C79Q
355	630	1368	1732	ATS 48M10Q
(1)	710	1732	2078	ATS 48M12Q

注：1. 电机额定电流 I_n 不能超过 20 级的最大允许电流。

2.（1）当没有对应的标准化电机时未给出功率值。

3. 温度降容，表中的值是根据最高环境温度 40℃时的运行情况给出的。

ATS 48 最高可以在 60℃环境温度下使用，40℃以上每升高 1℃，20 级最大允许电流降低 2%即可。

例如：ATS 48D32Q 在 50℃下运行，则应降容 10 × 2%=20%，38A 变为 38 × 0.8A=30.4A（最大电机额定电流）。

2.6.6 不间断电源 UPS 和应急电源 EPS

1. UPS（Uninterruptible Power Supply）

一般由整流器、蓄电池、逆变器、静态开关和控制系统组成。通常采用在线式 UPS，它首先将市电输入的交流电源变成稳压直流电源，供给蓄电池和逆变器，再经逆变器重新变成稳定的、纯洁的、高质量的交流电源。它可完全消除在输入电源中可能出现的任何电源问题（电压波动、频率波动、谐波失真和各种干扰）。适用于向用户的关键设备，如互联网数据中心、银行的清算中心和通存通取网控系统、证券交易及期货贸易系统、民航和铁路的售票及调度系统、卫星地面站和航天中心监控系统、冶金及大规模集成电路的生产线管理系统、财税信息系统、气象和地震预报和监控系统等提供高质量电压频率、波形无时间间断的交流电源。在线式 UPS 工作原理如图 2－7 所示。

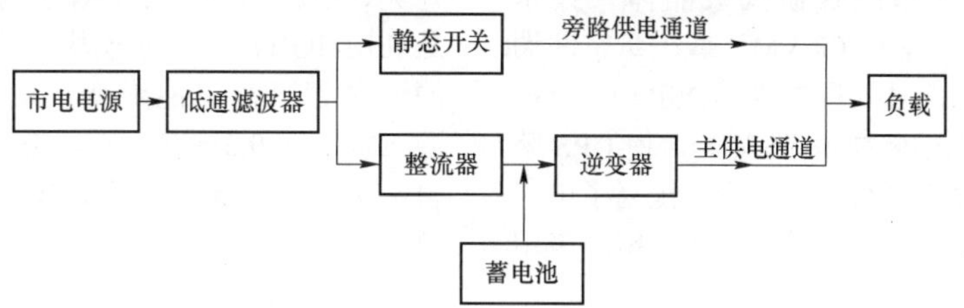

图 2－7 在线式 UPS 工作原理图

（1）不间断电源设备 UPS 的选择见表 2－218。

表 2－218 不间断电源设备 UPS 的选择

参数名称	技 术 要 求
输出功率 P_u	给电子计算机供电时，单台 UPS 的 $P_u>1.5\Sigma P_e$ （ΣP_e 为电子计算机各设备额定功率总和）
	对其他用电设备供电时，$P_u>1.3P_{js}$（P_{js} 为最大计算负荷）
额定电流 I_u	负荷的最大冲击电流 $I_c\leqslant 1.5I_u$
蓄电池额定放电时间 t_u	为保证用电设备按照操作顺序进行停机，t_u 可按停机所需最长时间来确定，t_u=8～15min
	当有备用电源时，为保证用电设备供电连续性，t_u 按等待备用电源投入考虑，t_u=10～30min，设有应急发电机时，UPS 应急供电时间可以短一些
	若有特殊要求，t_u 应根据负荷特性来确定

（2）根据用电设备对供电可靠性、连续性、稳定性和电源诸参数质量的要求，不间断电源 UPS 宜采用以下几种类型，见表 2－219。

表 2－219　　不间断电源 UPS 系统类型

序号	系统方式	系统图	简要说明
1	单一式不间断电源系统	市电电源 → UPS → 负载	因只有一个不间断电源设备，一般用于系统容量较小，可靠性要求不高的场所
2	冗余式不间断电源系统	市电电源 → 冗余式UPS → 负载	因不间断电源设备中增设一个或几个不间断电源装置作为备用，确保了供电的连续性。一般用于系统容量较小的系统中
3	关联式不间断电源系统	市电电源 → UPS / UPS / UPS（并联）→ 负载	可组成大型 UPS 供电系统，供电可靠性高，运行比较灵活，便于检修
4	并联冗余式不间断电源系统	市电电源 → 冗余式UPS / 冗余式UPS / 冗余式UPS（并联）→ 负载	可组成大型 UPS 供电系统，供电可靠性高，运行灵活方便，便于检修，可用于互联网数据中心、银行的清算中心等重要场所

（3）新型 UPS 采用绝缘栅双极晶体管技术（IGBT）；脉冲宽度调制技术（PWM）或矢量空间调制技术（SVM）；数字信号处理技术（DSP）以及控制电子电路板采用表面贴装技术（SMD）。使 UPS 整机的性能得到改善，增强了抗干扰能力，提高了电路的集成度和可靠性，并向高效、节能、多功能、多用途方向发展。

2. EPS（Emergency Power Supply）

由充电器、逆变器、蓄电池、隔离变压器、切换开关、监控器和显示、保护等装置及机箱组成。它是利用 IGBT 大功率模块及相关的逆变技术而开发的一种把直流电能逆变成交流电能的大型应急电源，容量为 0.5～400kW，是一种新型的、静态无公害、免维护、无人值守、安全可靠的集中供电式应急电源装置。

（1）EPS 一般分为不可变频应急电源和可变频应急电源，前者不常用，在此重点说明后者（工作原理见图 2－8）。

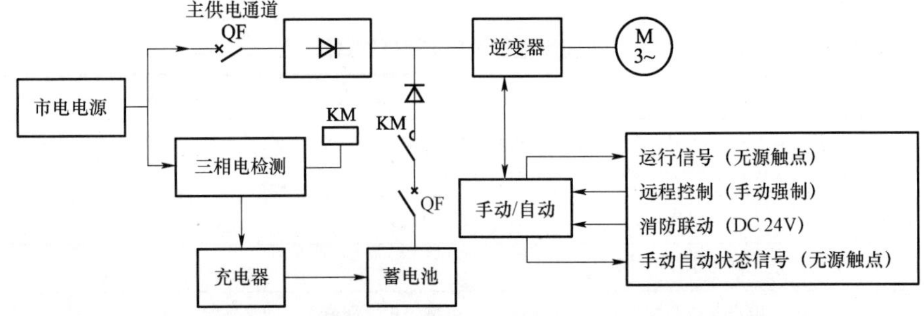

图 2－8　可变频应急电源 EPS 工作原理图

当电网有电时，QF 吸合经整流给逆变器提供直流电，同时充电器对电池组充电；当电网断电或低于 380V 的 15%时，KM 吸合由电池组给逆变器提供直流电。当需要电机负载工作时，给予起动信号（如运行信号、远程控制、消防联动信号），逆变器立即输出，从 0～50Hz，电动机变频起动，其频率到达 50Hz

后保持正常运行。手动/自动选择转换开关，在自动位置可进行远程控制和消防联动（DC 24V）操作，在手动位置可进行本机操作，此时远程控制和消防联动无效，运行信号和手动或者自动位置消防中心可监控。

（2）应急电源 EPS 的选择见表 2–220。

表 2–220　　应急电源 EPS 的选择

参数名称	技　术　要　求
应急供电切换时间	0.1～0.25s
应急供电时间	60min、90min、120min　可根据用户需要选择更长的
容量选择	负载中最大的单台直接起动的电机容量只占 EPS 容量的 1/7 以下
	是所供负载中同时工作容量总和的 1.1 倍以上
	直接起动风机、水泵时，EPS 的容量应为同时工作的风机、水泵容量的 5 倍以上
	若风机、水泵为变频起动，则 EPS 的容量为同时工作的电机总容量的 1.1 倍
	若风机、水泵采用星–三角降压起动，则 EPS 的容量为同时工作的电机总容量的 3 倍以上

2.6.7　电梯和自动扶梯

在实际工程中，电气设计人员只需要根据建筑专业提供的电梯相关资料，来选配合适的电源开关、熔断器和导线，而电梯的电气控制部分均由制造厂成套提供。

当电梯的型号和有关参数不详时，可按下式估算其设备容量：

交流单速电梯　　$S \approx 0.035L \cdot v$（kVA）

交流双速电梯　　$S \approx 0.030L \cdot v$（kVA）

直流有齿轮电梯　　$S \approx 0.021L \cdot v$（kVA）

直流无齿轮电梯　　$S \approx 0.015L \cdot v$（kVA）

式中：L 为电梯的额定负载（载重量），kg；v 为电梯的额定速度，m/s。

常用电梯和自动扶梯的电源开关、熔体和导线的选择，见表 2–221～表 2–224。

表 2–221　　交流电梯保护设备及导线选择表

设备名称	规格	总功率/kW	cosφ	计算电流/A	熔断器式隔离开关	具有隔离功能的断路器	铜导线截面积/mm²
					额定电流/A	脱扣器整定电流/A	环境温度 30℃
交流客货电梯	100kg（0.5m/s）	2.5	0.5	7.6	32/10	40/10	2.5
	200kg（0.5m/s）	2.5	0.5	7.6	32/10	40/10	2.5
	350kg（0.5m/s）	2.5	0.5	7.6	32/10	40/10	2.5
	500kg（0.5m/s）	9	0.5	27.3	63/32	100/32	6
	500kg（1.0m/s）	9	0.5	27.3	63/32	100/32	6
	500kg（1.5m/s）	12	0.55	33.1	63/40	100/40	10
	500kg（1.75m/s）	12	0.55	33.1	63/40	100/40	10
	750kg（0.5m/s）	9	0.5	27.3	63/32	100/32	6
	750kg（1.0m/s）	9	0.5	27.3	63/32	100/32	6
	1000kg（0.5m/s）	9	0.5	27.3	63/32	100/32	6
	1000kg（1.0m/s）	12	0.55	33.1	63/40	100/40	10
	1000kg（1.5m/s）	17	0.55	46.9	63/50	100/50	16
	1000kg（1.75m/s）	24	0.6	60.6	100/100	100/80	25

续表

设备名称	规格	总功率/kW	cosφ	计算电流/A	熔断器式隔离开关	具有隔离功能的断路器	铜导线截面积/mm²
					额定电流/A	脱扣器整定电流/A	环境温度30℃
交流客货电梯	1500kg（0.5m/s）	17	0.55	46.9	63/50	100/50	16
	1500kg（0.75m/s）	17	0.55	46.9	63/50	100/50	16
	1500kg（1.0m/s）	21	0.6	51.3	63/63	100/63	16
	1500kg（1.5m/s）	24	0.6	60.6	100/100	100/80	25
	2000kg（0.25m/s）	12	0.55	33.1	63/40	100/40	10
	2000kg（0.75m/s）	17	0.55	46.9	63/50	100/50	16
	2000kg（1.5m/s）	24	0.6	60.6	100/100	100/80	25
	3000kg（0.5m/s）	12	0.55	33.1	63/50	100/50	10
	3000kg（0.5m/s）	21	0.6	51.3	63/63	100/63	16
	3000kg（0.75m/s）	24	0.6	60.6	100/100	100/80	25
	5000kg（0.25m/s）	21	0.6	51.3	63/63	100/63	16

表 2-222　　直流客梯保护设备及导线选择表

设备名称	规格	总耗电功率/kW	cosφ	计算电流/A	断路器	铜导线截面积/mm²
					脱扣器整定电流/A	BV
						环境温度30℃
直流客梯	750kg（1.5m/s）	22	0.8	41.7	100/50	10
	750kg（1.75m/s）	22	0.8	41.7	100/50	10
	1000kg（1.5m/s）	22	0.8	41.7	100/50	10
	1000kg（1.75m/s）	30	0.8	56.9	100/80	25
	1000kg（2.25m/s）	30	0.8	56.9	100/80	25
	1500kg（1.5m/s）	30	0.8	56.9	100/80	25
	1500kg（1.75m/s）	40	0.8	75.8	100/100	32
	1500kg（2.5m/s）	40	0.8	75.8	100/100	32

表 2-223　　自动扶梯保护设备及导线选择表

型号	输送能力/（人/h）	提升高度/m	驱动级数	额定功率/kW	额定电压/V	计算电流/A	断路器		铜导线截面积/mm²
							额定电流/A	脱扣电流/A	
PT1-600	5000	≤6	1	动力 5.5 照明 2	3/380 1/220	24	100	32	5×10
		6<*H*≤12	2	动力 2×5.5 照明 2×2	3/380 1/220	39	100	50	5×16
		12<*H*≤18	3	动力 3×5.5 照明 3×2	3/380 1/220	54	100	63	4×25+1×16
PT2-600	2×5000	≤6	1	动力 2×5.5 照明 2×2	3/380 1/220	39	100	50	5×16
		6<*H*≤12	2	动力 4×5.5 照明 4×2	3/380 1/220	78	100	100	4×35+1×16
		12<*H*≤18	3	动力 6×5.5 照明 6×2	3/380 1/220	99	125	125	4×50+1×25

表 2－224　不同调速形式电梯主要技术指标

调速形式	定员/人	载重量/kg	运行速度/(m/s)	电功率/kW	建议铜导线截面积/mm^2	熔断器式隔离开关	带隔离功能的断路器
双速调速	11	750	1.0	7.5	10	32/25	32/25
	13	900		11	25	100/40	100/40
	15	1000		11	25	100/40	100/40
	17	1150		15	35	100/63	100/63
	11	750	1.5	7.5	25	100/40	100/40
	13	900		15	35	100/63	100/63
	15	1000		15	35	100/63	100/63
	17	1150		18.5	50	160/100	160/100
	11	750	1.75	7.5	25	100/40	100/40
	13	900		15	35	100/63	100/63
	15	1000		18.5	50	160/100	160/100
晶闸管调速	11	750	1.0	7.5	10	32/25	32/25
	13	900		9.5	25	100/40	100/40
	15	1000		9.5	25	100/40	100/40
	17	1150		11	25	100/40	100/40
	11	750	1.5	9.5	25	100/40	100/40
	13	900		13	35	100/50	100/50
	15	1000		13	35	100/50	100/50
	17	1150		15	35	100/50	100/50
	11	750	1.75	11	25	100/40	100/40
	13	900		15	35	100/50	100/50
	15	1000		15	35	100/50	100/50
	17	1150		18.5	50	160/100	160/100
变频变压调速	13	900	2.0	18	35	63/50	63/50
	15	1000		18	35	63/50	63/50
	17	1150		20	35	63/50	63/50
	20	1350		22	50	100/63	100/63
	24	1600		27	70	100/80	100/80
	13	900	2.5	22	50	100/63	100/63
	15	1000		22	50	100/63	100/63
	17	1150		24	50	100/63	100/63
	20	1350		27	70	100/80	100/80
	17	1150	3.0	24	50	100/63	100/63
	20	1350		27	70	100/80	100/80
	24	1600		33	70	100/80	100/80
	17	1150	3.5	27	50	100/63	100/63
	20	1350		33	70	100/80	100/80
	24	1600		39	70	100/80	160/125
	17	1150	4.0	33	70	100/80	100/80
	20	1350		39	120	160/125	160/125
	24	1600		43	120	200/160	200/160

注：1. 熔断器式隔离开关一栏中，分子、分母分别为熔管的额定电流和熔体额定电流，A。

2. 带隔离功能的断路器一栏中，分子、分母分别为脱扣器的额定电流和脱扣器整定电流，A。

2.6.8 电动窗和自动幕帘

1. 电动窗的配电及控制

电动窗关键部件是电机，按传动原理分为：轴式电机、链式电机、齿式电机；按使用功能分为：平开窗电机、百叶窗电机、特殊用途电机等。电动窗的主要技术参数见表2-225。

表2-225 电动窗主要技术参数

技术参数	轴式电机	链式电机	齿式电机
工作电压/V	DC 24，AC 230	DC 24，AC 230	DC 24，AC 230
额定功率/W	60～240	15～30	15～30
推力/拉力/N	1500～5000	100～600/600	550
闭锁力/N	25 000	3000	10 000
标准行程/mm	200～1200	250～1500	100～1000
环境温度/℃	-5～75	-5～75	-5～75
IP 防护等级	IP54	IP32	IP54
耐火等级	300℃/30min	300℃/30min	300℃/30min
2只以上同步运行	内置同步器	内置同步器	机械轴杆同步

电动窗专用电源控制箱可成组开启或关闭某个区域的电动窗，用于通风的电动窗由一般电源配电；用于排烟的电动窗由消防电源供电，其配电线路和控制回路宜按防火分区划分。排烟电动窗的控制系统设有紧急开关，可就地控制。

电动窗一般由电机、控制元件、传感器、智能窗控系统组成。传感器主要有感烟探测器、感温探测器、风/雨传感器、风向传感器、温度传感器、湿度调节器，通过智能窗控系统，灵活调节电动窗开启的位置和方向，保证通风和排烟的快捷顺畅。

2. 自动幕帘的配电及控制

自动幕帘的种类很多，主要包括自动窗帘、自动百叶窗、自动遮阳篷、自动隔断、自动幕帘式挡烟垂壁、自动幕帘式防火分隔等。使用自动幕帘按季节、分时段控制，可以合理利用自然光并能有效节约冷热能耗；耐火自动幕帘可作为防火分隔、挡烟垂壁。

用于防火的自动幕帘和防烟的电动挡烟垂壁由消防电源供电，其配电线路和控制回路宜按防火分区或防烟分区划分。

自动幕帘一般由单相/三相电机、控制元件（控制模块、手动装置、遥控装置）、传感器、智能控制系统组成。传感器根据不同的使用功能分为人体感应器、亮度传感器、温度传感器、感烟探测器、感温探测器，智能控制系统实时监控运行状态，达到舒适、安全、节能的目的。

2.6.9 电热膜、电热缆和电伴热设备

1. 电热膜

电热膜为通电后能够发热的一种薄膜，是由电绝缘材料与封装其内的发热电阻材料组成的平面型发热元件。按封装的电阻材料的不同可分为金属基电热膜（JM）、无机非金属基电热膜（WM）和高分子电热膜（GM）三类。电热膜的标记：电热膜类型-适用电压-功率密度。

示例：WM-220-100，表示适用电压为220V，功率密度为100W/m^{2}的无机非金属基电热膜。

2. 电热膜的技术要求

电热膜的泄漏电流不应大于0.25mA。

电热膜的防水等级应至少为IPX7。

电热膜在潮湿状态下应能承受频率为50Hz、3750V的交流实验电压历时1min，不应出现击穿和闪络现象。

电热膜的冷态绝缘电阻和热态绝缘电阻均不应小于50MΩ。

电热膜发热元件和内部布线的绝缘应有足够的耐热性和耐燃性。

电热膜的电-热辐射转换效率不应小于55%。

电热膜在正常使用状态下的累计工作时间不应小于30 000h。

3. 电热膜供暖方式

电热膜地面供暖的构造自下而上依次为楼板或与土壤相邻地面（增设防潮层）、绝热层、电热膜、保护层、填充层和饰面层；安装电热膜的地面构造层与四周墙面接触部位应设置绝热层；地面宜设置不小于8mm的伸缩缝；卫生间、洗衣间、浴室和游泳馆等潮湿房间应提高防护等级，地面应设置隔离层。

电热膜棚面供暖的构造自上而下依次为楼板、金属龙骨、绝热层、电热膜和饰面层；房间层高不应大

于4m，棚面表面平均温度值不应高于36℃。

电热膜墙面供暖的构造有两种：有龙骨构造形式为龙骨、绝热层、电热膜和饰面层；无龙骨构造形式为绝热电热膜和饰面层。安装在距地面200～2000mm的墙面部位；墙面平均温度不高于35℃。

4. 电热膜配电设计

用电负荷计算应结合建筑物性质、电能政策、气候条件和用户数量等因素，方案设计阶段采用单位指标法，初步设计和施工图设计阶段采用需要系数法。

电热膜配电线路应采用剩余电流动作保护器，并应自动切断故障电源，剩余动作电流值不应大于30mA。

每个单相终端配电回路的电热膜用电负荷不宜大于3kW，当用电负荷超过12kW时，宜采用220/380V三相供电。

电热膜分支配电线路应设短路保护和过负荷保护，并设置间接接触保护，终端配电箱应设置过压保护。

用于电热膜局部等电位联结的金属网或金属龙骨应与配电系统的保护线可靠连接。

配电线路应穿管敷设，地面安装时线路应沿墙边敷设，管线不得穿越电热膜安装区。

5. 电热膜的监测与控制

电热膜系统的温度控制可采用就地控制方式和远程集中控制方式。

每个房间或独立区域应设温控器，当用电负荷超过单台温控器额定负荷时，可设置多台温控器或采用接触器组合的控制方式。温控器宜具有室温控制与地温控制两种控制功能，并宜具有传感器故障检测与报警功能，其周围应无散热体与遮挡物，并不受阳光直射。

6. 电地暖系统

电地暖系统主要由发热电缆、温度控制器、低温传感器、保温材料等组成。采用自调控技术的发热电缆，其发热芯体材料导电性随温度变化而变化，能够调节局部的输出功率。其工作原理如图2-9所示。

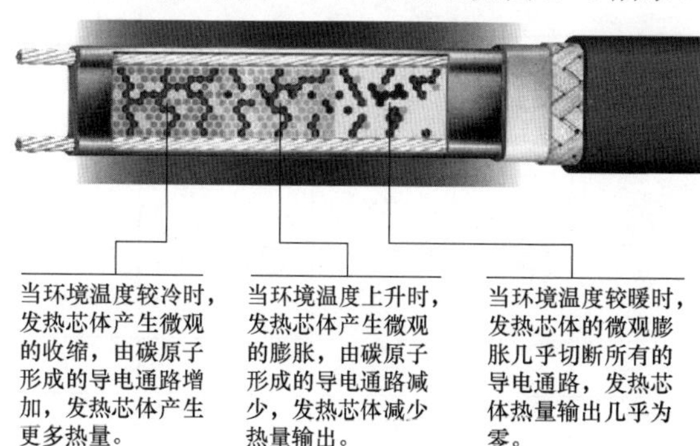

当环境温度较冷时，发热芯体产生微观的收缩，由碳原子形成的导电通路增加，发热芯体产生更多热量。
当环境温度上升时，发热芯体产生微观的膨胀，由碳原子形成的导电通路减少，发热芯体减少热量输出。
当环境温度较暖时，发热芯体的微观膨胀几乎切断所有的导电通路，发热芯体热量输出几乎为零。

图2-9 自调控发热电缆原理图

配电设计确定输出功率建议进行热损失计算，当保温良好时电地暖输出功率为35～60W/m²，保温一般时电地暖输出功率为60～100W/m²，保温不足时电地暖输出功率大于或等于100W/m²。不同类型的表层地面输出功率可参考表2-226。

表2-226 电地暖在不同类型的表层地面输出功率参考表

表层地面类型	近似输出/（W/m²）	发热电缆长度/（m/m²）	电缆间距/mm
瓷砖	45	3.3	300
	70	5	200
	100	10	100
实木、复合、塑料地板、地毯	35	3.3	300
	50	5	200
	70	10	100

7. 电融雪系统

电融雪系统主要由自调控发热电缆、控制器、温度传感器、湿度传感器和电缆连接件等组成。

自调控发热电缆根据环境温度自动调节每一段的热量输出，雪或冰水之中的电缆发热量最高（满负荷输出），而较温暖或干燥区域的电缆发热量会随之降低。

电融雪电缆外护套需抗紫外线，电缆交叉重叠处不应过热。

8. 电伴热系统

电伴热系统主要由自调控电缆、温度控制器、漏电保护开关、电缆连接件、末端装置等组成。应用于管道防冻和维持管道温度（如重油脂排污管道、燃料管道）。电伴热电缆通电周期（占空比）取决于环境温度。

例如：如果最低温度=−15℃，并且维持温度（设定点）=+5℃，电缆通电周期与环境温度的关系见表2-227和图2-10。

表2-227 电缆通电周期与环境温度的关系

环境温度/℃	通电（%）
−15	100
−10	75
−5	50
0	25
5	0

结论：在−5℃的环境温度下，节能50%。

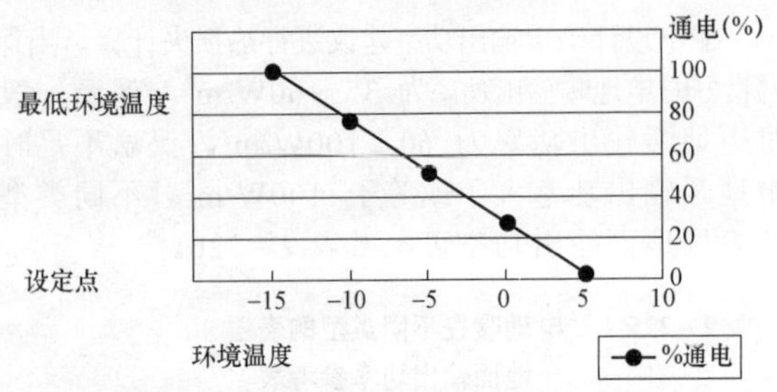

图 2－10 电缆通电周期与环境温度的关系

电伴热系统配电线路应采用剩余电流动作保护器，并应自动切断故障电源，剩余动作电流值不应大于 30mA。

用于消防管道的电伴热系统由消防电源供电，其配电线路和控制回路宜按防火分区划分。

2.6.10 日用电器

（1）适用于公共建筑和住宅内日用电器的配电。日用电器分为空调器具、冷冻器具、厨房器具、清洁器具、取暖器具、整容器具、电气装置件、电声器具和其他器具九大类。

（2）固定式日用电器的电源线应装设隔离电器和短路、过载及接地故障保护电器；移动式日用电器的电源线及插座线路应装设隔离电器和短路、过载及漏电保护电器。

（3）功率为 0.25kW 及以下的电感性负荷或 1kW 及以下的电阻性负荷的日用电器，可采用插头和插座作为隔离电器，并兼做功能性开关。

（4）当日用电器额定电压为 220V 时，其电压允许偏移范围为−10%～+5%。

（5）插座线路应采用铜芯绝缘护套线，导线截面不应小于 $2.5mm^2$。当回路上接有多个插座时，其接用的总负荷电流不应大于线路的允许载流量。

（6）插座的形式和安装高度应根据周围环境和使用条件确定：

1）对于不同电压等级，应采用与其相应电压等级的插座，该电压等级的插座不应被其他电压等级的插头插入。

2）需要连接带接地线的日用电器的插座，必须带接地孔。

3）对于插拔插头时触电危险性大的日用电器，宜采用带开关能切断电源的插座。

4）潮湿场所，应选用密闭型或保护型的插座，安装高度不应低于 1.5m。

5）儿童活动场所，插座距地安装不应低于 1.8m，宜选用安全型插座。

6）居住类建筑，当安装高度为 1.8m 及以上时可选用普通 2、3 孔插座；低于 1.8m 时，应选用安全型 2、3 孔插座；插座回路所接插座不应超过 10 个，灯头和插座混合用（不推荐）的回路插座不应超过 5 个。

（7）常用电器用电负荷、功率因数统计如下，见表 2－228～表 2－231，由于电器在不断更新换代，其参数仅供参考。

表 2－228 常用电器的用电负荷和功率因数表

设备名称	规格	功率/kW	相数	功率因数
收录机		0.01～0.06	1	0.7
电唱机		0.02	1	0.7
洗衣机		0.12～0.4	1	0.6
电视机	黑白	0.03～0.05	1	0.7
	彩色	0.07～0.2	1	0.7
家用电冰箱	50～200L	0.04～0.15	1	0.6
台扇	ϕ200～ϕ400mm	0.03～0.07	1	0.5
落地扇	ϕ400mm	0.07	1	0.6
箱式电扇	ϕ300mm	0.06	1	0.6
吊扇	ϕ900～ϕ1200mm	0.08	1	0.6
排气扇	ϕ140mm	0.01	1	0.5
冷风器		0.07	1	0.6
电容调器		0.75～2	1	0.7～0.8
电熨斗		0.3～1.5	1	1
电烙铁		0.04～0.1	1	1
电热梳		0.02～0.12	1	1
电吹风		0.25～1.2	1	1
电热烫发钳		0.02～0.03	1	1
电卷发器		0.02	1	1
电褥子		0.04～0.08	1	1
热得快		0.3	1	1
电水杯		0.4	1	1
电茶壶（瓷）		0.5	1	1
电茶壶（铝）	2.5～5L	0.7～1.5	1	1
电热锅	1.5L	0.5～0.75	1	1
电炒勺		0.8～0.9	1	1
电饭锅		0.3～1.5	1	1

续表

设备名称	规格	功率/kW	相数	功率因数
电炉	ϕ100～ϕ170mm	0.3～1	1	1
暖式电炉	立式	0.3～1	1	1
电吸尘器		0.25	1	0.6
多用机（绞肉、切菜）		0.5	1	0.6
台式计算机	含显示器	0.3～0.5	1	0.8
电饮水器	冷、热水	0.5	1	1
烘手器		2	1	1
热风器	gm^3/min	3	1	1
		3	3	1
电暖气		1	1	1
		2	1	1
		3	1	1
电热水器	20kg	2	1	1
	30kg	6	3	1
	40kg	8	3	1
	110kg	9	3	1
暖水冲洗器	3kg/min	2（夏）	1	1
		4（冬）	1	1

续表

设备名称	规格	功率/kW	相数	功率因数
储存式水加热器	300L	5	1	1
	46L	3	1	1
	46L	6	1	1
电灶	煮锅 20L × 3	18.1	3	1
	炒锅 10L × 1			
	烘炉			
电炒锅	14L	4	1	1
		4	3	1
电炸锅		6.5	3	1
三明治炉	—	0.3	1	1
		0.5	1	1
		0.75	1	1
远红外面包炉	50kg/h	10	3	1
远红外食品烤箱	50kg/h	7.2	3	1
		11.2	3	1
食品烤箱		14	3	1
远红外立式烘烤炉	50kg/h	3.8	3	1
	50kg/h	13	3	1

表 2－229　空调、除湿设备的用电负荷和功率因数表

设备名称	规格	相数	功率/kW	功率因数
风机盘管	—	1	0.04～0.08	0.6
窗式空调器	冷量 8400J/h	1	1.3	0.8
	冷量 10 500J/h	1	1.6	0.8
	冷量 12 500J/h	1	1.7	0.8
	冷量 25 000J/h	3	3	0.8
窗式空调器（冷暖两用）	冷量 8400J/h	1	1.3＋2.6	0.8
	冷量 10 500J/h	3	1.7＋3.3	0.8
分体式空调器	冷量 16 700J/h	1	1.75（室外 1.3）	0.8
分体式空调器（冷暖两用）	冷量 30 000J/h	1	2.6＋3（室外 2.4）	0.8
	冷量 47 000J/h	3	4.4＋5 （室外 4）	0.8
立柜式冷风机	冷量 25 000J/h	3	2.4	0.8
	冷量 38 000J/h	3	4.4	0.8
	冷量 71 000J/h	3	6	0.8
	冷量 107 000J/h	3	9	0.85
	冷量 117 000J/h	3	13	0.85

续表

设备名称	规格	相数	功率/kW	功率因数
立柜式冷风机	冷量 146 000J/h	3	15.2	0.85
	冷量 234 000J/h	3	26	0.85
立柜式恒温恒湿机	冷量 25 000J/h	3	5.4+7	0.8
	冷量 36 000J/h	3	6.7+8.4	0.8
	冷量 63 000J/h	3	9+12	0.85
	冷量 94 000J/h	3	15+21	0.85
	冷量 125 000J/h	3	19+25	0.85
	冷量 314 000J/h	3	33.5+48	0.85
除湿机	除湿量 3kg/h	3	2.2	0.8
	除湿量 5kg/h	3	4.4	0.8
	除湿量 6kg/h	3	5.3	0.8
	除湿量 10kg/h	3	8.6	0.85
	除湿量 20kg/h	3	15.2	0.85

表 2-230　　冷藏冷冻及冷饮水类电器的用电负荷和功率因数表

设备名称	规格	相数	功率/kW	功率因数
卧式冷藏柜	0.2m^3	3	0.5	0.8
	0.6m^3	3	1.1	0.85
	1.5m^3	3	3	0.85
卧式风冷冷藏柜	0.7m^3	3	1.1	0.85
	2m^3	3	3	0.85
食品冰箱	1.3m^3	3	0.6	0.8
立式风冷生熟分开冷藏柜	0.7m^3	3	1.1	0.85
厨房冰箱	0.6m^3	3	1.1	0.85
	1m^3	3	1.1	0.85
	1.35m^3	3	1.1	0.85
	1.5m^3	3	1.1	0.85
	3m^3	3	3	0.85
低温冰箱	16 800kJ/h	3	2.2	0.85
	0.2m^3	3	4	0.85
立式冷藏柜	0.7m^3	3	1.1	0.85
	1.5m^3	3	1.5	0.85
	3m^3	3	3	0.85
制冰机	120kg/d	3	1.1	0.85
	500kg/d	3	3	0.85
冰混机	2000 支/d	3	1.1	0.85
	8000 支/d	3	3	0.85
	8～9kg/h	3	1.7	0.85

续表

设备名称	规格	相数	功率/kW	功率因数
冰激凌机	20～25kg/h	3	4.5	0.85
冷饮水箱	300～450kg/h	3	3	0.85
紫外线饮水消毒器	1000L/h	1	0.03	0.5
	4000L/h	1	0.09	0.5
	8000L/h	1	0.12	0.5
	60 000L/h	1	3	0.5

表 2-231　家用炊事电器的用电负荷和功率因数表

设备名称	规格	相数	功率/kW	功率因数
绞肉机	500kg/h	3	1.7	0.8
	500kg/h	3	2.4	0.8
切肉机	100kg/h	3	0.55	0.7
	180kg/h	3	0.55	0.7
	200kg/h	3	0.75	0.7
立式多切机	400～600kg/h	3	1.5	0.8
液压切肉机	—	3	4	0.85
熟肉切片机	—	1	0.09	0.7
单相绞肉机	250kg/h	1	1.2	0.8
卧式绞肉机	120kg/h	3	0.6	0.7
台式绞肉机	150kg/h	3	0.75	0.7
立式绞肉机	500kg/h	3	1.5	0.8
打蛋器		1	0.15	0.7
搅拌机	20kg/10min	3	1.5	0.8
制面机	100kg/h	3	2.2	0.8
面条打粉机	50kg/18min	3	1.8	0.8
削面机	100kg/10min	3	1.5	0.8
拌粉机	—	3	2	0.8
立式和面机	35kg/10min	3	2.2	0.8
卧式和面机	10～25kg/8min	3	2.2	0.8
立式和面机	75kg/10min	3	4	0.85
卧式和面机	125kg/10min	3	6.6	0.85
立式轧面机	50～60kg/h	3	2.2	0.8
	135kg/h	3	2.8	0.8
立式挂面机	200kg/h	3	3	0.8
馒头机	33 个/min	3	1.1	0.8
	60 个/min	3	3	0.8
	70 个/min	3	4	0.85
包饺机	7200 个/h	3	3	0.8

续表

设备名称	规格	相数	功率/kW	功率因数
馄饨机	4000 个/h	3	1.5	0.8
台式馅类切割机	150kg/h	1	0.25	0.7
台式切菜脱水机	300～350kg/h	1	0.55	0.7
台式切菜机	150kg/h	3	0.37	0.7
切菜机	150kg/h	3	0.37	0.7
	150kg/h	3	0.5	0.7
	300kg/h	3	1.1	0.8
	150kg/h	1	0.8	0.7
豆浆机	30kg/h	3	0.6	0.7
	40kg/h	3	0.75	0.7

参考文献

[1] 中国航空规划设计研究总院有限公司组．工业与民用供配电设计手册．4 版．北京：中国电力出版社，2016.

[2] 中国电气工程大典编辑委员会．中国电气工程大典第 14 卷，建筑电气工程．北京：中国电力出版社，2009.

[3]《电气工程师手册》第 3 版编辑委员会．电气工程师手册．3 版．北京：机械工业出版社，2006.

[4] 北京照明学会照明设计专业委员会．照明设计手册．3 版．北京：中国电力出版社，2016.

[5] 李炳华，宋镇江．建筑电气节能技术及设计指南．北京：中国建筑工业出版社，2011.

[6] 意大利 ABB S．p．A．ABB SACE Division．低压配电电气设计安装手册．北京：机械工业出版社，2008.

[7] 住房和城乡建设部工程质量安全监管司，中国建筑标准设计研究院编．全国民用建筑工程设计技术措施：电气．2 版．北京：中国计划出版社，2009.

[8] 北京市建筑设计研究院有限公司．建筑电气专业技术措施．2 版．北京：中国建筑工业出版社，2016.

[9] 中国建筑设计研究院机电专业设计研究院，中国建筑标准设计研究院．04DX101－1 建筑电气常用数据．北京：中国建筑标准设计研究院，2005.

[10] 法国施耐德电气有限公司．电气装置应用（设计）指南．北京：中国电力出版社，2006.

附录

附录 A 国外项目

随着建筑设计市场的对外开放，国内设计单位加快了与国际接轨的步伐，承接的国外工程项目越来越多，由于国情和地域不同，在各方面都存在一定的差异，往往在设计、施工过程中暴露出一些问题，对国家和企业造成不良影响。在此，总结了一些做国外工程项目的注意事项，供读者参考。

A.1 设计过程

1. *考察收资阶段*

考察工程项目所在国家自然地理、社会政治、经济贸易、财政金融、工农业生产、交通运输、资源开采、文教卫生、工资物价和施工能力等概况；收集与项目建设有关的经济技术资料，并从功能性、安全性、经济性、适应性和可行性等方面综合分析，提供合理的可实施方案。此阶段是设计过程中最关键的一个环节。

2. *设计审查阶段*

以甲方的委托要求和收集的资料为依据，完成初步设计和施工图设计，并根据需要由项目所在国组织相关人员进行设计审查。

3. *施工指导阶段*

施工开始后，设计单位派遣驻现场设计代表，负责解释图纸技术问题，协助现场监理工程师加强质量控制，配合验收组进行工程验收，完成竣工图的编制，按规定向国内汇报工作，并写出工作总结。

A.2 考察提纲

1. *国情调查*

（1）自然地理：项目所在地的自然特征、经纬度、人口和语言等。

（2）主要政治：政局稳定情况、与我国关系、与周边国家关系、项目隶属关系等。

（3）主要经济：经济制度、经济政策、近期经济状况和物价指数等。

（4）法律制度：当地政府对本项目施工的有关具体规定，如劳动力的雇用（劳动力市场准入、福利、雇工有无强制性社会保险等）、设备和材料的进出口、交通运输、施工机械使用等方面的有关法令规定，税收情况（进口税、流通税、消费税、所得税等）和减免税条件。

（5）市场调查：主要建筑设备材料的生产、供应、价格情况；当地可提供的工种、劳动力技术水平及工效水平，雇用当地劳务的途径和手续；施工机械的采购或租赁可能性、采购或租赁方式和维修能力等。

（6）其他情况：当地主要民族及风俗习惯、主要历史及传统文化、宗教信仰、社会治安、社会假日及有关规定；当地常见病、多发病、医疗卫生条件；与工程建设相关的政府机构、文件审批程序，出入境管理情况、居留期限及需办理的手续、可能发生的各种费用，等等。

2. 建筑专业收资内容

（1）总图资料。

1）场地在城市中的具体位置及周边环境，场地测量引用的城中水准点资料，场址现状测量地形图（1/500～1/1000），等高线间距（0.5m）。

2）所在国规划部门批准拨地红线图及四角标桩的坐标、标高资料，对本项目的规划设计要求（如建筑形式、高度、色彩、红线和交通等要求）。

3）场地周边城市道路状况，四周标高控制点，与城市主要交通的连接情况，绿化及停车场的具体要求和规定，城市现有人口和车辆的比例。

4）场地周边的市政设施情况（如给排水、污水处理、供热、供电、通信等情况的资料），现有市政管线的断面标高和走向，场地的地下水位和水质情况。

（2）个体建筑。

1）当地气象资料：

风力和风速——常年的最大风力和风速，当地的主导风向，日照及角度，有无台风、飓风或风暴；

温度和湿度——常年温、湿度的最高值和最低值以及出现的月份，最热月的平均气温；

雨量——常年降雨量的最高值和最低值以及出现的月份。

2）当地建筑特色、主要建筑用材标准和色彩。

3）当地生活水平、生活习惯、卫生习惯；当地文化传统、风土人情、宗教信仰、民俗文化等对建筑使用有无特殊要求。

4）当地建筑材料来源，当地可供采用的建材种类及生产供应情况，进口材料的进口国及质量和价格情况。

5）当地建筑的隔热、保温、通风、防水做法有何要求及习惯做法。

6）当地有无海雾腐蚀，危害程度及防治措施；有无白蚁或其他虫害，防治措施，对建筑用木材的处理方法。

7）当地同类建筑的一般标准，常用装饰装修手段和材料，常用结构形式和墙体材料。

8）项目所在地建筑设计的有关规范、规定和习惯做法。

3. 结构专业收资内容

（1）当地地震设防烈度（或地震加速度），历史上发生的地震级数，对不同类型的建筑结构设计采用的地震设防烈度有无不同要求。

（2）当地基本风压值、风向分布图；房屋设计在10m高度处的风荷载；当地30年内瞬时最大风速（2～3s）或10m高度处30年一遇的20min平均最大风速。

（3）根据建筑方案向对方提交一份地质勘探钻孔布置图，标明钻孔的平面位置和钻孔深度；请项目所在国提供一份场地工程地质勘探报告，须涵盖以下内容：场地的地形和地貌；地质剖面图；土层分布情况，各层土的土质分析报告及物理力学性质；持力层的地基承载力（标准值）；若采用桩基础，桩径及单桩承载力；地下水类型、最高水位、静止水位、季节变化等，地下水对混凝土有无腐蚀性；对场地地基稳定性的评价，如有无溶洞、膨胀土、流沙层、液化土层等；对基础形式、基础设计的建议及结论。

（4）当地可提供的水泥品种、当地施工单位经常采用的混凝土强度等级，木材档次规格和材料性能；当地建筑温度伸缩长度的资料；当地建筑结构施工水平，如现浇混凝土结构、预制结构构件、预应力结构和桩基的施工能力和水平。

（5）项目所在地结构设计的有关规范、规定和习惯做法。

4. 设备专业收资内容

（1）气象资料（近10年逐月统计数据）：

1）绝对最高温度和绝对最低温度；平均最高温度和平均最低温度。

2）绝对最高相对湿度和绝对最低相对湿度；平均最高相对湿度和平均最低相对湿度。

3）年、月平均降雨量，当地年降雨量计算公式。

4）年、月平均及最大风速，主导风向。

5）年晴天日期。

（2）当地建筑常用的空调系统形式和空调设备情况。

（3）市政给水。

1）当地水资源及供水系统的整体现状。

2）当地自来水厂采用的水源是地表水还是地下水，水厂规模、年和日供水量、供水压力、处理方式和消毒措施，有何储水构筑物（储水池、水塔或高位水箱）。

3）场址附近的市政给水管网布置图或规划设计图，允许接管点的管径、标高、埋深、水压变化等资料；管路的材质、敷设年限、目前状况、出水压力，是否有供临时使用的供水点。

4）市政管网为本项目提供的日用水量、最大小时供水量、最大秒供水量，供水可靠程度。

5）供水部门对设计的要求，分工界限，水表位置和安装要求，连接示意图。

6）水质化验报告，水费标准、计量和收取方式。

（4）市政排水：

1）当地市政排水管网布置图或规划图，场址周边排水管网现状、材质、管径、年限、埋深、坡度、控制点标高、管线平面位置，设计可用排水量；允许本项目接管井号、井底标高、地面标高和管材管径。

2）市政排水方向，对水质、排放和处理的要求，是否有特殊的环保排放要求；过滤消毒灭菌等设施的设置原则及现行做法。

3）雨水、污水是否分流排放；市政雨水和防洪系统的整体现状，常用雨水管材（地上管道或埋地管道），是否有雨水收集装置；检查井的形式；化粪池的采用形式、设计标准和选用要求；如采用渗井排放方式，了解当地做法。

（5）消防用水：

1）现场附近防火情况，消防部门设备现状和到场时间，消防车水龙头接口形式、规格和最高水压。

2）现场市政给水水压是否满足消防要求；是否允许消防泵直抽，是否设消防水池。

3）当地建筑物常规消防方式、系统设计方式和安装要求；室内外消防用具形式和规格；灭火器形式、规格、供应情况。

（6）由当地生产或当地供应，本项目可能涉及的设备和材料的性能、型号、规格、价格、产品说明和供应情况。

（7）项目所在地暖通和给排水设计的有关规范、规定和习惯做法。

5. 电气专业收资内容

（1）供配电：

1）当地电源频率；中、低压的电压等级，配电线路的特点及其敷设方式；电网电压波动情况。

2）为本项目供电的变电站的系统和容量，其开关的遮断容量；中压断路器的规格型号、开断电流、继电保护方式；变配电站操作电源方式，变配电设备的使用情况。

3）电度计量方式（按中压计量还是低压计量；是否按时间段计费；照明/动力是否分别计费），电度计量装置的安装及接线形式。

4）是否能提供两路相互独立的中压电源，且分别由哪个电站引来，中压电源进线方向及敷设方式。

5）中/低压配电系统的接地形式、土壤电阻系数、对接地电阻值的要求、接地的习惯做法。

6）当地雷暴日数及雷电情况，防雷设防情况及习惯做法。

7）当地气候和供电部门对电器有何特殊要求，供电部门与本项目之间的管理和分工。

（2）通信：

1）电话交换机制式（纵横、程控）；交换机型号，生产国家；用户拨号方式（双音频、脉冲）。

2）用户交换机与供给项目的电话局用交换机的接口方式（包括中继方式、信令方式和信号方式）。

3）项目所在地通信传输方式（有线或无线），采用光缆、电缆、微波卫星等，通信线路的敷设方式（架空、直埋、管道）。

4）对数字程控交换机（PABX）的要求。

5）当地网络系统的带宽和网速；网络传输媒介（有线，无线）。

（3）广播电视：

1）电视信号质量、制式（PAL、NTSC、SECAM）和节目频段（UHF、VHF）。

2）本项目与电视中心的接口方式（有线或无线），采用光缆还是电缆；是否要求设转播机房、播音室；与国内其他地方如广播电台、电视台、卫星地面站、微波站或其他场所是否有节目交换、传达要求及节目的交换方式。

3）该国是否有电视转播车、录像车及广播录音车；转播时电台及电视台的讯号传输方式，是否采用微波机和调频机，其天线尺寸以及安装方式；与电台、电视台的方位角及坐标和有无障碍物。

4）本项目是否设电视接收天线、卫星转播天线，当地习惯做法。

5）广播扩声方式（定压、定阻），扩声设备的使用和供应情况。

（4）当地执行何种消防规范，常用消防报警设备生产和使用情况（进口还是当地生产）；环境和气候对消防设计有何要求。

（5）电气设备和材料：

1）当地电器材料型号、规格、性能、价格和供应情况。

2）当地照明标准，光源与灯具的规格、性能、价格和供应情况。

3）电线、电缆的敷设方式，产品的材料、规格、价格和供应情况。

4）开关和插座的型号、规格、价格和供应情况。

5）各弱电系统产品的资料、性能和供应情况；各弱电设备对电能质量（电压、频率、允许断电时间等）的要求。

（6）项目所在地电气设计的有关规范、规定和习惯做法。

6. 经济专业收资内容

（1）当地税法和税收规定，如果为援外项目，受援国政府是否提供免税待遇。

（2）当地建筑业各类工人的来源、工资来源、劳保政策、技术水平和工作效率，当地工人全年节假日和工作日天数。

（3）当地钢材、水泥、沙石、木材等主要建筑材料的产地、质量、价格、运费和供应情况，施工用水、电、燃料的价格和供应情况；生活日用品的价格和供应情况。

（4）当地施工所需各种设备和机械的租赁或销售价格资料。

（5）当地公路、铁路、航空、水运的运输价格，装卸费、保管费及运杂费；项目场地距港口、公路和铁路货站的距离。

（6）当地近三年物价上涨幅度，测算建材价格和当地人工费的上浮指数；当地货币汇率。

（7）回填土土质、来源和价格资料；对建筑废料和垃圾的处理措施。

（8）当地近年来已竣工的各类工程实际造价信息。

7. 鉴于国外工程项目的特殊性和多样性，本提纲仅供参考，除按上述提供的主要设计基础资料进行考察收资外，还需根据各自项目的特点及工艺要求予以补充完善

A.3　项目实施方式

中方承接的国外项目推行“项目管理+工程总承包”的实施方式和企业承包责任制。项目管理企业和工程总承包企业根据不同的项目承包方式分别承担项目的专业考察、工程勘察、各阶段设计、项目管理和工程建设任务，并承担相应法律责任。

（1）成套项目一般采用“采购—施工”（以下简称 P–C 方式）承包方式，即项目管理企业承担成套项目的专业考察、工程勘察、方案设计、深化设计（以下合并简称勘察设计）和全过程项目管理任务；工程总承包企业承担施工详图设计和工程建设总承包任务。

（2）成套项目同时符合以下规定条件的，可以采用“设计—采购—施工”（以下简称 EPC 方式）承包方式，即项目管理企业承担全过程项目管理任务；工程总承包企业承担勘察设计、施工详图设计和工程建设总承包任务：

1）拟建项目技术指标明确，对交付成果和项目实施结果可以进行准确的技术描述。

2）可以依据公布的技术标准或规程组织验收。

3）项目进度计划可控，具有明确的开始和结束时间预测。

4）投资限额明确，可依据经验数据及可行性研究报告直接估算。

5）成本风险可控，实施企业可合理承担项目实施过程中的预期风险。

A.4　电气专业收资调查表

（1）电气专业收资中英文调查表（表 A–1～表 A–3）。

（2）电气专业收资中法文调查表（表 A–4～表 A–6）。

表 A–1　　工 程 名 称

PROJECT NAME

电气参数	electrical parameter	单位 Unit	回复 Reply
电源频率	system power frequency	Hz	
供电电压	provide voltage	kV	
电压波动范围	voltage fluctuation	%	
提供几路电源	the ways of power distribution		
供电电源容量	power supply capacity	MVA	
进线敷设方式	access wiring mode		
功率因数	power factor		
中压系统接地形式	grounding type for medium voltage system		
低压系统接地形式	grounding type for low voltage system		
接地电阻	grounding resistance	Ω	
土壤电阻率	resistance factor for earth	Ω•m	
继电保护方式	relay protection		
电能计量方式	mode of power metering		
电能价格	price of power	$/（kW•h）	
最大供电负荷	power supply maximum load	kVA	
雷暴日数	No. of thunder heard day	days/year	

表 A-2　　工 程 名 称
PROJECT NAME

通信参数	communication parameter	回复 reply
固话用户数量	fixed user amounts	
移动用户数量	mobile user amounts	
互联网用户数量	internet user amounts	
网络系统特征	network system features	
交换设备制式	telephone exchange type	
交换设备电压	telephone exchange working voltage	
中继方式	trunk mode	
拨号方式（双音频或脉冲）	dialling mode（both tone or pulse）	
接口方式	network interface mode	
接地电阻	grounding resistance	
通信线路类型（铜缆或光缆）	communication line type（copper cable or fiber cable）	
进线敷设方式（埋地或架空）	access wiring mode（underground or overhead）	

表 A-3　　工 程 名 称
PROJECT NAME

广播电视参数	broadcast and television parameter	回复 reply
电视制式	mode for TV system	
电视信号类型（模拟或数字）	TV signal type（analog signal or digital signal）	
广播节目频段	frequency bands of broadcast system	
电视节目频段	frequency bands of TV system	
电视台接口方式（有线或无线）	connection mode for TV station（cable or wireless）	
广播电视线路类型（铜缆或光缆）	broadcast and television line type（copper cable or fiber cable）	
电视转播方式	TV relay mode	
转播信号传输方式	relay signal transmission mode	
转播所需设备	relay equipments	

表 A-4　　工 程 名 称
PROJECT NAME

电气参数	paramètre électrique	单位 unité	回复 réponse
电源频率	fréquence de source électrique	Hz	
供电电压	tension d'alimantation électrique	kV	
电压波动范围	domaine de l'ondulation de tension	%	
提供几路电源	On donnera combien de circuits de source		
供电电源容量	capacité de source électrique fournie	MVA	
进线敷设方式	mode de la position d'entrée des lignes		
功率因数	coefficient de puissance		
中压系统接地型式	mode de la mise à terre du système de M.T.		
低压系统接地型式	mode de la mise à terre du système de B.T.		
接地电阻	résistance de la mise à terre du sol	Ω	
土壤电阻率	résistance du sol	Ω·m	
继电保护方式	mode de la protection du relais		
电能计量方式	mode du calcul d'énergie électrique		
电能价格	prix d'énergie électrique	$/（kW·h）	
最大供电负荷	charge électrique maximum fournie	kVA	
雷暴日数	nombre d'orages et de foudres	days/year	

表 A-5　　工 程 名 称
PROJECT NAME

通信参数	paramètre de communication	回复 réponse
固话用户数量	nombre des usagers de théléphone fixée	
移动用户数量	nombre des usagers de théléphone mobile	
互联网用户数量	nombre des usagers de Internet	
网络系统特征	caractéristique du système de Internet	

续表

通信参数	paramètre de communication	回复 réponse
交换设备制式	type du standard	
交换设备电压	tension du standard	
中继方式	mode du relais	
拨号方式（双音频或脉冲）	mode d'appel（double fréquence audible ou impulsion）	
接口方式	mode de raccordemment	
接地电阻	résistance de la mise à terre	
通信线路类型（铜缆或光缆）	type des lignes de communication（câble en cuivre ou câble optique）	
进线敷设方式（埋地或架空）	mode de position d'entrée des lignes（enterrées ou élevées sur pilotis）	

表 A－6　　工　程　名　称
PROJECT NAME

广播电视参数	paramètre de diffusion de Radio et de T.V.	回复 réponse
电视制式	type de T.V.	
电视信号类型（模拟或数字）	type dusignal de T.V.（analogique ou numérique）	
广播节目频段	bande de fréquences du programme de Radio	
电视节目频段	bande de fréquences du programme de T.V.	
电视台接口方式（有线或无线）	mode du raccordement de la Station de T.V.（avec ligne ou sans ligne）	
广播电视线路类型（铜缆或光缆）	type des lignes de la siffusion de Radio et de T.V.（câble en cuivre ou câble optique）	
电视转播方式	mode de la retransmission de T.V.	
转播信号传输方式	mode de transmission du signal de retransmission	
转播所需设备	dispositif à besoin de retransmission	

附录 B　剧场建筑

根据所在地区文化需求、功能定位、服务对象、管理方式等因素，确定其类型、规模和等级，应遵循实用和可持续性发展的原则进行设计。

B.1　剧场建筑的分类及其特点

剧场建筑的分类及特点见表 B－1～表 B－3。

表 B－1　　按使用性质及观演条件分类

剧种	观众厅容量/座	台口/m		主舞台/m		
		宽	高	宽	进深	净高
戏曲	＜800	8～10	5～6	15～18	9～12	13～15
	801～1200	10～12	6～7	18～24	12～18	15～18
话剧	＜800	10～12	6～7	18～21	12～15	15～18
	801～1200	12～14	7～8	21～27	15～21	18～20
歌舞剧	1200～1500	12～16	7～10	24～30	15～21	18～24
	＞1500	16～18	10～12	30～33	21～27	24～30

注：剧场为多用途时，其技术要求应按其主要使用性质确定，其他用途适当兼顾。

表 B－2　　剧场建筑规模划分

规　模	观众座席数量（座）（N）
特大型	$N>1500$
大　型	$1200<N\leqslant1500$
中　型	$800<N\leqslant1200$
小　型	$N\leqslant800$

表 B－3　　剧场建筑等级划分

等级	观众厅座席面积	化妆室总面积	观演级别
特等	≥0.8m²/座	≥200m²	主要为国家级的文娱建筑
甲等	不小于 0.8m²/座	不宜少于 200m²	主要为省级、直辖市级的文娱建筑
乙等	不小于 0.7m²/座	不宜少于 160m²	主要为市级、县级的文娱建筑

B.2　供配电系统

（1）剧场用电负荷分级（表 B－4）。

表 B－4　　剧场用电负荷分级

一级负荷中的特别重要负荷	特等、甲等剧场的调光用计算机系统用电

续表

一级负荷	特等、甲等剧场的舞台照明、贵宾室、演员化妆室、舞台机械设备、电声设备（调音控制系统）、电视转播、消防设备、应急照明及疏散指示标志等
二级负荷	特等、甲等剧场观众厅照明、空调机房电力和照明、锅炉房电力和照明等
三级负荷	不属于一、二级用电设备的负荷

（2）剧场供配电要求（表 B－5）。

表 B－5　　剧场供配电要求

项目	具 体 要 求
供电电源	通常采用两路中压（10kV/20kV）电源，选用两台变压器。条件困难时，应取一回路中压加一回取自市电的低压电源，或两回路取自不同供电系统的低压电源加自备发电机组
变压器	因大多数剧场为单相负荷、三相负荷严重不平衡以及采用晶闸管调光引起电压波形畸变等原因，故应采用接线方式为 Dyn11 的配电变压器
低压配电	宜采用放射式、树干式，或两者相结合的方式
抗干扰	为避免舞台灯光可控硅调光设施对舞台控制计算机、电声设备、电视转播设备的干扰，两者不应共用一台变压器。比较大的剧场宜选用两台变压器，一台供音响设备、电视转播设备，另一台供舞台灯光、舞台机械和其他用电。音响系统供电专线上宜设置隔离变压器和有源滤波器。调光柜室、舞台机械电气柜室就地设置有源滤波装置
电压波动	特等、甲等剧场用电设备端口处的电压偏差允许值：照明为＋5%～－2.5%；电力为±5%；电梯为±7% 舞台演出过程中，可能频繁起动的交流电动机，当其起动冲击电流引起电源电压波动超过照明电压偏差允许值时，宜采用与舞台照明设备、音响系统设备分开的变压器供电
特殊用电	需要电视转播或拍摄电影的剧场，在观众厅两侧宜设置容量不小于 10kW，电压为 220/380V 三相四线制的固定供电点 乐池内谱架灯、化妆室台灯照明、观众厅座位排号灯应采用特低电压供电 甲等剧场应设追光室，预留 3 组以上容量不小于 32A/220V 的追光灯电源；乙等剧场宜设追光室，或在楼座观众厅后部设临时追光位，预留 2 组以上容量不小于 32A/220V 的追光灯电源 主舞台后角电源：甲等≥250A（三相），乙等≥180A（三相）；主舞台前角电源：甲等≥63A（三相），乙等≥50A（三相） 剧场台口两侧预留显示屏电源，其电源配电柜及计算机控制设备设在灯控室内

（3）灯光配线规定。

1）由晶闸管调光装置配出的舞台灯光回路，不宜采用多回路共用中性线方式，宜采用单相配电方式。

2）由晶闸管调光装置配出的舞台灯光线路，应选用金属导管、槽盒敷设，调光线路应远离音响、电视及通信等线路。当两种线路平行敷设时，其间距应大于 1.0m，当垂直交叉时，其间距应大于 0.5m。

3）当晶闸管调光装置电源采用三相配电时，其中性线截面积为相线的两倍。

4）舞台照明设备的接电采用专用接插件连接，且接插件额定容量应有裕度。

B.3　剧场照明

（1）剧场各类房间照度标准值宜符合表 B－6 的规定。

表 B－6　　剧场各类房间的照度标准值

房间名称	参考平面及高度	照度/lx	眩光值 UGR	显色指数 R_a
楼梯走廊	地面	50	—	80
前厅、休息厅	地面	200	—	80
存衣间	地面	200	—	80
卫生间	0.75m 水平面	100	—	80
接待室	0.75m 水平面	300	—	80
行政管理	0.75m 水平面	300	19	80
观众厅	0.75m 水平面	200	22	80
化妆室	0.75m 水平面	150	22	80
	1.10m 垂直面	500	—	80
道具室	0.75m 水平面	200	—	80
候场室	地面	200	—	80
抢妆室	0.75m 水平面	300	22	80
理发室	0.75m 水平面	500	22	80
排练室	地面	300	22	80
布景仓库	地面	50	—	80
服装室	0.75m 水平面	200	—	80
布景道具服装制作间	0.75m 水平面	300	19	80
绘景间	0.75m 水平面	500	19	80

续表

房间名称	参考平面及高度	照度/lx	眩光值 UGR	显色指数 R_a
灯控室、调光柜室	0.75m 水平面	300	22	80
声控室、功放室	0.75m 水平面	300	22	80
电视转播室	0.75m 水平面	300	22	80
舞台机械控制室	0.75m 水平面	300	22	80
栅顶工作照明	地面	150	—	60
同声传译室	0.75m 水平面	300	22	80
主舞台、抢妆台	地面	300	—	80

（2）乐池内谱架灯、化妆室台灯照明、座位排号灯的电源电压≤36V。

（3）舞台灯光。

1）舞台照明见表 B－7 和表 B－8。

表 B－7　舞台照明方式

照明方式	具体内容
一般照明	镜框式舞台的顶光 伸出式舞台作为部分顶光的吊点灯环以及葡萄架上、天桥上的照明
重点照明	镜框式舞台的面光、耳光、柱光、侧光、脚光、流动光 伸出式舞台的低角度面光、内（外）侧光、转台流动光；以及乐池内设置供接用乐谱灯的低压插座
装饰照明	天排光、地排光和舞台上使用的激光效果器，流动音乐喷泉以及各式电脑灯光

舞台灯具一种是依据场内安装的位置，另一种是依据从照明灯具的构造所得到的照明效果性能来分类。

表 B－8　镜框式舞台灯光分类

分类	位置及功能
面　光	装在舞台大幕之外、观众厅顶部位置，光线从上面投射舞台前部表演区
侧面光	在观众厅挑台两翼和楼厢上设置，投向舞台表演区，作为面光的补充
耳　光	装在舞台大幕之外、左右两侧近台口的位置，光线从侧面投向舞台表演区，为照射演员的侧光、追光用
顶　光	大幕后顶部的聚光灯具，装在吊杆上，给整个舞台以均匀照明，主要投射于中后部表演区
内侧光	在舞台台口大幕内两侧，安装于可以升降和左右的活动台口上（假台口）或立式铁架上，为照射表演区中、后部的灯光
侧　光	在舞台两侧天桥上装的灯，光线从高处两侧方向投向舞台，即从侧面照射表演区，用来突出演员面部的辅助灯光和加强布景层次
脚　光	在台前大幕的下部，设在舞台前沿的脚光槽内，加盖与舞台平，这种大幕外台唇部位的条灯为演员的辅助灯光
天排光	在天幕前、舞台上部的吊杆上，专门俯设天幕的灯光
地排光	装在衬井后面、天幕前边的台板上或专设的地沟内，是仰射天幕的灯具，用来表现地（水）平线、高山、日出、日落等
流动光	指在舞台板上带有灯架、能随时移动灯具，置于表演区两侧的地板槽内
追　光	设在楼座观众厅的后部，左右各一个

2）调光回路应根据剧场类型和舞台大小配置，甲等歌舞剧场不应少于 600 回路，甲等话剧院不应少于 500 回路，甲等戏曲剧场不应少于 400 回路。

3）舞台内灯区宜配置不少于 1/3 调光回路的直通电源，台口外灯区应根据需要配置相应直通电源，且每回路容量不小于 32A。

4）应用实例详见图 B－1（插页），表 B－9 和表 B－10。

表 B－9

舞台灯光主要设备材料表

调光及控制系统					舞台灯具					效果设备					备品备件					工程辅料				
序号	设备名称	规格型号	单位	数量	序号	设备名称	规格型号	单位	数量	序号	设备名称	规格型号	单位	数量	序号	设备名称	规格型号	单位	数量	序号	设备名称	规格型号	单位	数量
A1	主控调光台	Ovation 4D	台	1	B1	变焦成像灯 10°～25°	PH1025–2500W	套	42	C1	电脑灯	PR-2900	台	18	D1	聚光灯泡	2kW 石英卤钨灯泡	只	50	E1	阻燃电缆	ZR-RV 3×2.5^2	m	4200
A2	电脑灯调光台	Spark 4D	台	1	B2	变焦成像灯 10°～25°	PH1025–2000W	套	24	C2	电脑灯泡	2000W	只	18	D2	聚光灯泡	2.5kW 石英卤钨灯泡	只	50	E2	阻燃电缆	ZR-RV 3×4^2	m	55 000
A3	LCD 显示器	Philips	台	4	B3	罗纹聚光灯 7°～25°	PH2000L	套	112	C3	烟幕机	TG-F3000	台	2	D3	750W 成像灯泡	HPL750W	只	20	E3	阻燃集成电缆	定制	条	55
A4	调光电源立柜	Dpr120×3kW	台	4	B4	平凸聚光灯 9°～55°	PH2000PC	套	133	C4	雪花机	TG-SN1000	台	2	D4	1.25kW 灯管	1.25kW 石英卤钨灯管	只	50	FA	接线端子箱	400×500×200（mm）	套	23
A5	直放电源立柜	Npr120×3kW	台	1	B5	非球面平凸聚光灯 8°～50°	PH2000	套	4	C5	强力泡泡机	TG-B300	台	2	D5	PAR64 灯泡	GE CP60	只	20	E5	接地电缆	TJ 16^2	m	800
A6	UPS 电源	3h×5kW	套	1	B6	高效成像灯 19°	PH750–19	套	12	C6	2000W 追光灯	USHIO UFS-2000ACE	台	2	D6	脚光灯泡	55W 100V	只	50	E6	综合插座箱	定制	套	89
A7	控制桌	1.5m 定制	套	2	B7	高效成像灯 10°	PH750–10	套	53	C7	2500W 追光灯	COEMAR 2500	台	2	D7	电脑灯泡	MSR 1200 或 OSRAM 1200	只	5	E7	地面插座箱	定制	套	33
A8	转椅		套	3	B8	高效成像灯 5°	PH750–5	套	6	C8	换色器	XCITE 18	只	48	D8	烟油	5L	桶	10	E8	金属线槽	600×200×12（mm）	m	200
A9	DMX 混合器		只	1	B9	天排灯	PD1250N	套	14	C9	换色器	XCITE 25	只	144	D9	泡泡油	5L	桶	10	E9	金属线槽	500×200×12（mm）	m	20
					B10	地排灯	PD1250N	套	14	C10	换色器	XCITE 33	只	92	D10	雪花油	5L	桶	10	E10	金属线槽	400×200×12（mm）	m	50
					B11	PAR64 灯	PD–P64	套	48	C11	换色器	XCITE 38	只	53						E11	金属线槽	300×200×12（mm）	m	80
					B12	8 联脚光灯	55V 100V	套	10	C12	换色器	XCITE 48	只	28						E12	金属线槽	200×200×12（mm）	m	200
					B13	2kW 聚光灯泡	2kW 石英卤钨灯泡	只	320	C13	信号插接头	5 芯	套	180						E13	金属线槽	100×100×12（mm）	m	50
					B14	2.5kW 聚光灯泡	2.5kW 石英卤钨灯箍	只	80	C14	信号插接头	4 芯	套	480						E14	金属线槽	50×50×12（mm）	m	200
					B15	750W 成像灯泡	HPL750W	只	80	C15	换色器控制台	XC1016	台	1						E15	DMX 信号线	$2\times0.5^2+1\times0.5^2$	m	2600
					B16	1.25kW 灯管	1.25kW 石英卤钨灯管	只	60	C16	换色器电源分配器	PDU 8D	台	78						E16	换色器连接线	$2\times1.0^2+2\times0.3^2$	m	2400
					B17	进口 PAR64 灯泡	GE CP60	只	80	C17	换色器信号放大器	IDA6	台	4						E17	8 路电源箱	32A	只	5
					B18	脚光灯泡		只	100											E18	金属穿线配管	SC25	m	120
					B19	灯钩、连接器及保险链		套	455											E19	桌面电源插板	8 路	个	2
																				E20	乐池地面插座盒	定制	套	12
																				E21	其他辅料	吊架、胶布等	批	1
																				E22	塑性阻燃堵料		kg	5

表 B－10　　舞台灯光调光柜及直放柜背视接线表

N1 直放柜								
	z10	左三层挑台光	z7	右二层挑台光	z4	右追光至	z1	左追光室
	z22	三层左耳光	z19	一层左耳光	z16	二道面光	z13	一道面光
	z34	一顶光	z31	左柱光	z28	假台口顶光	z25	三层右耳光
	z46	天排光	z43	四顶光	z40	三顶光	z37	二顶光
L1	z58	左侧光 4	z55	左侧光 2	z52	地排光	z49	地排光
	z70	左流动光 3	z67	左流动光 2	z64	右侧光 4	z61	右侧光 2
	z82	一顶光电脑灯	z79	右流动光 4	z76	右流动光 2	z73	右流动光 1
	z94	四顶光电脑灯	z91	三顶光电脑灯	z88	三顶光电脑灯	z85	一顶光电脑灯
	z106		z103		z100	乐谱灯电源	z97	四顶光电脑灯
	z118		z115		z112		z109	
	z11	右三层挑台光	z8	右二层挑台光	z5	左二层挑台光	z2	左追光室
	z23	一层右耳光	z20	二层左耳光	z17	二道面光	z14	一道面光
	z35	一顶光	z32	右柱光	z29	假台口顶光	z26	三层右耳光
	z47	天排光	z44	四顶光	z41	三顶光	z38	二顶光
L2	z59	右侧光 1	z56	左侧光 3	z53	左侧光 I	z50	地排光
	z71	左流动光 4	z68	左流动光	z65	左流动光 I	z62	右侧光 3
	z83	一顶光电脑灯	z80	右流动光 4	z77	右流动光 3	z74	右流动光 1
	z95	四顶光电脑灯	z92	三顶光电脑灯	z89	三顶光电脑灯	z86	一顶光电脑灯
	z107		z104		z101	脚光	z98	四顶光电脑灯
	z119		z116		z113		z110	
	zl2	右三层挑台光	z9	左三层挑台光	z6	左二层挑台光	z3	右追光室
	z24	二层右耳光	z21	三层左耳光	z18	二道面光	z15	一道面光
	z36	一顶光	z33	右柱光	z30	左柱光	z27	升降乐池顶光
	z48	天排光	z45	四顶光	z42	三顶光	z39	二顶光
L3	z60	右侧光 1	z57	右侧光 3	z54	左侧光 1	z51	地排光
	z72	左流动光 4	z69	左流动光 3	z66	左流动光 1	z63	右侧光 3
	z84	一顶光电脑灯	z81	一顶光电脑灯	z78	右流动光 4	z75	右流动光 2
	z96	四顶光电脑灯	z93	四顶光电脑灯	z90	三顶光电脑灯	z87	三顶光电脑灯
	z108		z108		z102	脚光	z99	栅顶（IDA6）
	z120		z117		z114		z111	

N2 调光柜								
	370	左侧光 3	367	左侧光 2	364	左侧光 2	361	左侧光 2
	382	左侧光 4	379	左侧光 3	376	左侧光 3	373	左侧光 3
	394	右侧光 1	391	左侧光 4	388	左侧光 4	385	左侧光 4
L1	406	右侧光 2	403	右侧光 1	400	右侧光 1	397	右侧光 1
	418	右侧光 3	415	右侧光 2	412	右侧光 2	409	右侧光 2
	430	右侧光 4	427	右侧光 3	424	右侧光 3	421	右侧光 3
	442	左流动光 1	439	右侧光 4	436	右侧光 4	433	右侧光 4

续表

L1	454	右流动光 3	451	右流动光 2	448	左流动光 4	445	左流动光 3
	466	三层左挑台光	463	二层右挑台光	460	右侧指挥光	457	左侧指挥光
	478		475		472	返射罩 4	469	返射罩 1
L2	371	左侧光 3	368	左侧光 2	365	左侧光 2	362	左侧光 2
	383	左侧光 4	380	左侧光 3	377	左侧光 3	374	左侧光 3
	395	右侧光 1	392	左侧光 4	389	左侧光 4	386	左侧光 4
	407	右侧光 2	404	右侧光 1	401	右侧光 1	398	右侧光 1
	419	右侧光 3	416	右侧光 2	413	右侧光 2	410	右侧光 2
	431	右侧光 4	428	右侧光 3	425	右侧光 3	422	右侧光 3
	443	左流动光 2	440	右侧光 4	437	右侧光 4	434	右侧光 4
	455	右流动光 4	452	右流动光 2	449	右流动光 I	446	左流动光 3
	467	三层右挑台光	464	二层右挑台光	461	二层左挑台光	458	左侧指挥光
	479		476		473	返射罩 5	470	返射罩 2
L3	372	左侧光 3	369	左侧光 3	366	左侧光 2	363	左侧光 2
	384	左侧光 4	381	左侧光 4	378	左侧光 3	375	左侧光 3
	396	右侧光 1	393	右侧光 1	390	左侧光 4	387	左侧光 4
	408	右侧光 2	405	右侧光 2	402	右侧光 1	399	右侧光 1
	420	右侧光 3	417	右侧光 3	414	右侧光 2	411	右侧光 2
	432	右侧光 4	429	右侧光 4	426	右侧光 3	423	右侧光 3
	444	左流动光 2	441	左流动光 I	438	右侧光 4	435	右侧光 4
	456	右流动光 4	453	右流动光 3	450	右流动光 I	447	左流动光 4
	468	三层右挑台光	465	三层左挑台光	462	二层左挑台光	459	右侧指挥光
	480		477		474		471	返射罩 3
N3 调光柜								
L1	250	三道顶光	247	三道顶光	244	三道顶光	241	三道顶光
	262	四道顶光	259	四道顶光	256	三道顶光	253	三道顶光
	274	四道顶光	271	四道顶光	268	四道顶光	265	四道顶光
	286	天排光	283	四道顶光	280	四道顶光	277	四道顶光
	298	天排光	295	天排光	292	天排光	289	天排光
	310	天排光	307	天排光	304	天排光	301	天排光
	322	天排光	319	天排光	316	天排光	313	天排光
	334	地排光	331	地排光	328	地排光	325	地排光
	346	左侧光 1	343	左侧光 1	340	左侧光 1	337	地排光
	358		355		352	左侧光 2	349	左侧光 1
L2	251	三道顶光	248	三道顶光	245	三道顶光	242	三道顶光
	263	四道顶光	260	四道顶光	257	三道顶光	254	三道顶光
	275	四道顶光	272	四道顶光	269	四道顶光	266	四道顶光
	287	天排光	284	四道顶光	281	四道顶光	278	四道顶光
	299	天排光	296	天排光	293	天排光	290	天排光

续表

L2	31 1	天排光	308	天排光	305	天排光	302	天排光
	323	天排光	320	天排光	317	天排光	314	天排光
	335	地排光	332	地排光	329	地排光	326	地排光
	347	左侧光 1	344	左侧光 1	341	左侧光 1	338	左侧光 1
	359		356		353	左侧光 2	350	左侧光 2
L3	252	三道顶光	249	三道顶光	246	三道顶光	243	三迫顶光
	264	四道顶光	261	四道顶光	258	三道顶光	255	三迫顶光
	276	四道顶光	273	四道顶光	270	四道顶光	267	四道顶光
	288	天排光	285	四道顶光	282	四道顶光	279	四道顶光
	300	天排光	297	天排光	294	天排光	291	天排光
	312	天排光	309	天排光	306	天排光	303	天排光
	324	地排光	321	天排光	318	天排光	315	天排光
	336	地排光	333	地排光	330	地排光	327	地排光
	348	左侧光 1	345	左侧光 1	342	左侧光 1	339	左侧光 1
	360		357		354		351	左侧光 2
N4 调光柜								
LI	130	左柱光	127	左柱光	124	左柱光	121	左柱光
	142	右柱光	139	右柱光	136	右柱光	133	左柱光
	154	一道顶光	151	一道顶光	148	右柱光	145	右柱光
	166	一道顶光	163	一道顶光	160	一道顶光	157	一道顶光
	178	二道顶光	175	一道顶光	172	一道顶光	169	一道顶光
	190	二道顶光	187	二道顶光	184	二道顶光	181	二道顶光
	202	二道顶光	199	二道顶光	196	二道顶光	193	二道顶光
	214	三道顶光	211	二道顶光	208	二道顶光	205	二道顶光
	226	三道顶光	223	三道顶光	220	三道顶光	217	三道顶光
	238		235		232	三道顶光	229	三道顶光
L2	131	左柱光	128	左柱光	125	左柱光	122	左柱光
	143	右柱光	140	右柱光	137	右柱光	134	右柱光
	155	一道顶光	152	一道顶光	149	右柱光	146	右柱光
	167	一道顶光	164	一道顶光	161	一道顶光	158	一道顶光
	179	二道顶光	176	一道顶光	173	一道顶光	170	一逆顶光
	191	二道顶光	188	二道顶光	185	二道顶光	182	二道顶光
	203	二道顶光	200	二道顶光	197	二道顶光	194	二道顶光
	215	三道顶光	212	二道顶光	209	二道顶光	206	二道顶光
	227	三道顶光	224	三道顶光	221	三道顶光	218	三逆顶光
	239		236		233	三道顶光	230	三道顶光
L3	132	左柱光	129	左柱光	126	左柱光	123	左柱光
	144	右柱光	141	右柱光	138	右柱光	135	右柱光
	156	一道顶光	153	一道顶光	150	一道顶光	147	右柱光
	168	一逆顶光	165	一道顶光	162	一道顶光	159	一道顶光
	180	二道顶光	177	二道顶光	174	一道顶光	171	一道顶光
	192	二道顶光	189	二道顶光	186	二道顶光	183	二道顶光

续表

L3	204	二道顶光	201	二道顶光	198	二道顶光	195	二道顶光
	216	三道顶光	213	三道顶光	210	二道顶光	207	二道顶光
	228	三逆顶光	225	三道顶光	222	三道顶光	219	三道顶光
	240		237		234		231	三道顶光
N5 调光柜								
L1	10	一道面光	7	一道而光	4	一道面光	1	一道面光
	22	一道面光	19	一道面光	16	一道面光	13	一道面光
	34	二道面光	31	二道面光	28	二道面光	25	一道面光
	46	二道面光	43	二道面光	40	二道面光	37	二道面光
	58	三层左耳光	55	二层左耳光	52	一层左耳光	49	一层左耳光
	70	三层右耳光	67	二层右耳光	64	一层右耳光	61	一层右耳光
	82	脚光	79	乐池顶光	76	乐池顶光	73	乐池顶光
	94	假台口顶光	91	假台口顶光	88	假台口顶光	85	脚光
	106	假台口顶光	103	假台口顶光	100	假台口顶光	97	假台口顶光
	118		115		112	左柱光	109	假台口顶光
L2	11	一道面光	8	一道面光	5	一道面光	2	一道面光
	23	一道面光	20	一道面光	17	一道面光	14	一道面光
	35	二道面光	32	二道面光	29	二道面光	26	一道面光
	47	二道面光	44	二道面光	41	二道面光	38	二道面光
	59	三层左耳光	56	二层左耳光	53	二层左耳光	50	一层左耳光
	71	三层右耳光	68	二层右耳光	65	二层右耳光	62	一层右耳光
	83	脚光	80	乐池顶光	77	乐池顶光	74	乐池顶光
	95	假台口顶光	92	假台口顶光	89	假台口顶光	86	脚光
	107	假台口顶光	104	假台口顶光	101	假台口顶光	98	假台口顶光
	119		116		113	左柱光	110	假台口顶光
L3	12	一道面光	9	一道面光	6	一道面光	3	一道面光
	24	一道面光	21	一道面光	18	一道面光	15	一道面光
	36	二道面光	33	二道面光	30	二道面光	27	一道面光
	48	二逆面光	45	二道面光	42	二道面光	39	二道面光
	60	三层左耳光	57	三层左耳光	54	二层左耳光	51	一层左耳光
	72	三层右耳光	69	三层右耳光	66	二层右耳光	63	一层右耳光
	84	脚光	81	乐池顶光	78	乐池顶光	75	乐池顶光
	96	假台口顶光	93	假台口顶光	90	假台口顶光	87	假台口顶光
	108	假台口顶光	105	假台口顶光	102	假台口顶光	99	假台口顶光
	120		117		114		111	左柱光

图例	名称规格	图例	名称规格	图例	名称规格
	10° 变焦成像灯 PH 1025（2500W）		平凸聚光灯 PH 1000PC		摇头电脑灯 PR-2900
	10° 变焦成像灯 PH 1025（2000W）		螺纹聚光灯 PH 1000L		换色器 XCITE 18，25，33，38，48
	5° 成像灯 PH 750-5 750W		八联脚光灯 2×4（55V 100W）		流动灯架
	10° 成像灯 PH 750-10 750W		天排灯 PD 1250N	①	雪花机
	19° 成像灯 PH 750-19 750W		地排灯 PD 1250N	②	烟雾机 TG-F3000
	平凸聚光灯 PH 2000		光束灯 PD P64	③	泡泡机 TG-B300
	平凸聚光灯 PH 2000PC		追光灯 USH 10 UFS-2000ACE		
	螺纹聚光灯 PH 2000L		追光灯 COEMAR TESTA 2500W		

B.4　舞台机械

根据舞台机械的种类、位置、规格、数量等，确定机械布置所需的空间尺度、荷载及分布、预埋件、管线走向、用电负荷及控制台位置，需满足舞台机械安装、检修、运行和操作等要求。

常用的舞台形式为厢形舞台。根据机械化程度，可分为半机械化和大型机械化舞台。厢形舞台由主台、侧台、台唇、舞台上空设备、台仓（舞台下部空间）等部分组成，有些大型剧场设有后舞台，见表 B－11。

表 B－11　　舞台机械分类及其功能

台上机械	吊杆	舞台上空悬吊幕布、景物、演出器材的杆状升降机械设备，有手动、电动、液压等多种传动方式
	吊点	舞台上空悬吊演出器材或景物的升降点状机械设施
	活动声罩	设在舞台的顶部，由高科技材料制作，利用有限的自然声能，可以将演员的声音、乐曲最大程度地反射到观众席上
	电动对开幕	剧场演出换景（场）的重要设备。有大幕、2、3 道幕、护幕、推拉幕、变框、改变电影银幕尺度、假台口改变舞台台口大小、升降台等
台下机械	升降乐池	依靠液压传动，完成乐池的指挥演奏；升至台面与镜框式舞台的框架形成半岛式舞台，扩大使用面积；升至与观众厅等高时，缩短观众与舞台距离，还能增加特座；充分利用升降的特点来安排剧情
	升降台	在舞台上可以升降台面的舞台机械
	转台	主要表演区能旋转的舞台机械
	车台	在主台、侧台、后舞台之间，沿导轨前后左右行走的机械舞台；也有无导轨自由移动的小车台
观众厅内机械	活动座席	单体座席组合式台阶上设可拆卸、可折叠及可转成任意的角度；整体座席采用升降、旋转式和平移式座椅，使座椅连同台阶一起动作。均由液压、气动等电气控制
	活动墙体	隔离幕起到隔音及分隔作用，隔音墙可升级、平移、旋转，将大观演厅隔成小观演厅。均由电动机集中控制

B.5　舞台音响

根据舞台音响系统的设备位置、尺寸、数量等，确定其安装条件、用电负荷及技术用房需求，需满足音响系统安装、检修、运行和操作等要求。

（1）剧场建筑声学设计应参与建筑、装饰设计全过程；扩声设计应与建筑声学设计密切配合；装饰设计应符合声学设计要求；自然声演出的剧场声学设计应以建筑声学为主。

（2）观众厅体形设计，应使早期反射声声场分布均匀、混响声场扩散，避免声聚焦、回声等声学缺陷；电声设计应避免电声源的声聚焦、回声等声学缺陷；声学装饰应防止共振缺陷。

（3）应用实例详见图 B－2（插页），表 B－12。

B.6　舞台通信与监督

（1）舞台监督主控台设置在舞台内侧上场口。

（2）舞台监督通信终端器设置在灯控室、声控室、舞台机械控制台、舞台监视系统控制台、演员化妆休息室、乐队休息室、舞美休息室、候场室、服装室、乐池、追光室、面光桥、前厅、贵宾室等。

（3）演出实况的监视器设置在灯控室、声控室、舞台监督主控室、演员化妆休息室、前厅、贵宾室、观众休息厅等。

（4）剧场应设观众休息厅背景音乐系统，后台应设演出催场广播系统。

B.7　演出技术用房

演出技术用房设置标准见表 B－13。相关设备如图 B－3～图 B－6 所示。

表 B－12　　设备一览表

序号	名称	图例	单位	数量	备注
1	综合插座箱		只	6	对称安装在舞台前后两侧和乐池墙面上，下皮距地 300mm
2	小型全频箱式扬声器（前排补充）		只	7	安装在乐池围栏上
3	观众厅后排补充效果声扬声器		只	21	安装在吊顶上
4	四联舞台口地面返送扬声器插座盒		只	2	安装在舞台前沿地板内
5	四联传声器插座盒		只	3	2 只安装在舞台前沿地板内，1 只安装二层楼座挑台围栏内侧
6	四联传声器插座盒		只	6	5 只安装在舞台；1 只安装在观众厅吊顶内检修马道上
7	舞台返送扬声器功放输出交换板		只	1	安装在综合插座箱 4 旁边墙面上下皮距地 300mm
8	现场调音台插座箱		只	1	暗装在地面下
9	26～37in 彩色液晶电视机		台	37	室内－安装在墙面上，下皮距地 1300mm；乐池－安装在墙面上，下皮距地 1600mm
10	舞台监督控制台		只	1	安装在舞台左侧（可移动）
11	单通道耳机/音箱台站	S	只	16	室内及舞台－安装在墙面上，下皮距地 1300mm；现场调音台位安装在地面内
12	内通插座板	S	只	21	明装于一层天桥内侧；面光桥，追光桥和葡萄架上
13	彩色摄像机		套	6	4 套下皮距观众席地面 5000mm，1 套二层楼座挑台围栏外明装，1 套在乐池墙面距池底 2000mm
14	观众厅效果声扬声器		只	4	安装在观众厅上方的吊顶上
15	侧舞台扬声器		只	2	安装在墙面上，下皮距舞台 4000mm
16	舞台扩声扬声器		只	3	吊装在舞台上方的吊杆上
17	无线接收机接收天线		套	2	安装在声光控制室外墙上，下皮距地 2000mm

注：1in=2.54cm。

表 B－13　　演出技术用房设置标准

房间名称	最小面积/m^2	设置部位和要求
灯光控制室	20	宜设在观众厅后部中央部位，舞台下场口同侧；监视窗口能看到舞台表演区全部
音响控制室	20	宜设在观众厅后部中央部位，舞台上场口同侧；能听到主扩扬声器直达声
调光柜室	舞台工艺设计确定	宜设在主舞台两侧舞台口高度的位置，与灯光控制室同一侧
功放室	20（甲等） 14（乙等）	宜设在主舞台两侧舞台口高度的位置，与音响控制室同一侧
灯光设备机房	6	可设在舞台下场口前侧墙内
舞台音响设备室	6	可设在舞台上场口前侧墙内
舞台机械控制室	舞台工艺设计确定	宜设在舞台上场口内墙上方，或在上场口一层侧天桥中部；控制室的三面墙体均设玻璃窗
台上舞台机械电气柜室	舞台工艺设计确定	宜设在舞台上方两侧，靠近舞台卷扬机的位置
台下舞台机械电气柜室	舞台工艺设计确定	宜设在主舞台台仓下部，靠近台下舞台机械设备的位置

图 B－3　国家大剧院

图 B－4　剧场控制室设备

图 B－5　栅顶上的舞台机械

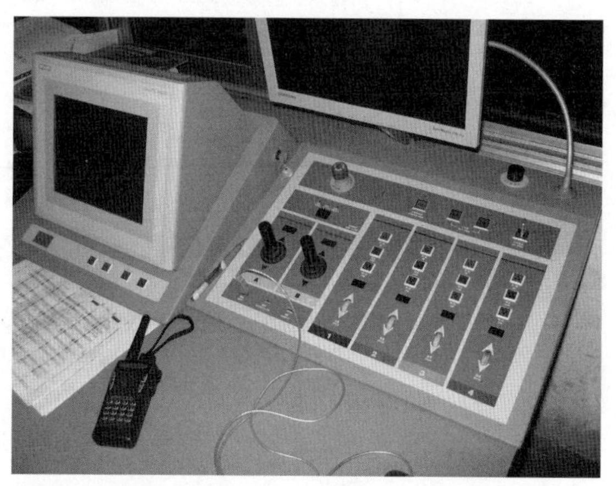

图 B－6　舞台机械控制台

附录C 体育建筑

C.1 体育建筑的等级和规模

根据所在地区、使用性质、服务对象、管理方式等合理确定建筑的等级和规模，见表C－1～表C－3。

表C－1 体育建筑按规模分类

分类	观众容量/座		
	体育场	体育馆	游泳设施
特大型	60000以上	10000以上	6000以上
大型	＞40000～60000	＞6000～10000	＞3000～6000
中型	＞20000～40000	＞3000～6000	＞1500～3000
小型	20000及以下	3000及以下	1500及以下

表C－2 体育建筑的等级及其设计、使用要求

建筑等级	使用年限	耐火等级	使用要求
特级	＞100年	不低于一级	举办亚运会、奥运会及世界级比赛主场
甲级	50～100年	不低于二级	举办全国性和国际单项比赛
乙级	50～100年	不低于二级	举办地方性和全国单项比赛
丙级	25～50年	不低于二级	举办地方性、群众性运动会

表C－3 体育建筑按运动类型分类

运动类型	分类	备注
田径类	体育场、田径房、运动场	体育场设看台 运动场不设看台
球类	体育馆、练习馆、灯光球场、足球场、篮（排）球场、手球场、网球场、棒球场、垒球场、曲棍球场、橄榄球场、高尔夫球场等	
体操类	体操房、健身房	
水上运动类	游泳池、游泳馆、游泳场、水上运动站、帆船运动场	
冰上运动类	冰球场（馆）、速滑场（馆）、旱冰场、花样滑冰馆	
雪上运动类	速降滑雪场、越野滑雪场、跳台滑雪场、花样滑雪场、雪橇场	
自行车类	赛车场（馆）	
机动车类	摩托车场、汽车赛场	
其他	射击场、射箭场、跳伞塔、棋馆等	

C.2 体育建筑设计通则

（1）比赛建筑主要由比赛场地、训练场地、看台、各种辅助用房和设施等组成；训练建筑由运动场地和一些辅助用房及设施组成，可不设看台或仅设少量观摩席位。

（2）按比赛和训练的使用要求来确定建筑功能分区：竞赛区、观众区、运动员区、竞赛管理区、新闻媒体区、贵宾区、场馆运营区等。

（3）结合运动项目的特点解决朝向、光线、风向、风速等对运动员和观众的影响。根据当地气候条件，充分利用自然通风和天然采光。

（4）考虑残疾人参加的运动项目特点和要求，并应满足残疾观众的需求。

（5）考虑维护管理的方便和经济性，使用中发生紧急情况和意外事件时应有安全、可靠的对策。

（6）体育建筑设计应对电磁污染、声污染、光污染等采取综合治理措施，并满足环境保护的要求。

C.3 体育建筑各组成部分的特点和使用要求（表C－4）

表 C－4　　体育建筑各组成部分的特点和使用要求

名称		特点和使用要求
运动场地	比赛场地	规格和设施标准应符合各运动项目规则的有关规定 场地界线外围必须满足缓冲距离、通行宽度及安全防护等要求；裁判和记者工作区域要求、运动场地上空净高尺寸应满足比赛和练习的要求；地面材料满足不同比赛和训练的要求，在多功能使用时，应考虑地面材料变更和铺设的可能性；满足运动项目对场地的背景、画线、颜色等方面的有关要求；满足不同比赛项目的照度要求；考虑场地运动器械的安装、固定、更换和搬运需求；场地的对外出入口应不少于二处，其大小应满足人员出入方便、疏散安全和器材运输的要求；室外场地应采取有效的排水措施，设置必要的洒水设备；比赛场地与观众看台之间应有分隔和防护，保证运动员和观众的安全，避免观众对比赛场地的干扰；室外练习场地外围及场地之间，应设置围网，以方便使用和管理；室外运动场地布置方向（以长轴为准）应为南北向，当不能满足要求时，根据地理纬度和主导风向可略偏南北向
	练习场地	
看台	主席台	主席台规模为观众总规模（10 000 席以下）的 1%～2%或观众总规模（10 000 席以上）的 0.5%～1%；宜设单独出入口；与其休息室联系方便，并能直达比赛场地，与一般观众席宜适当分隔；室外罩棚宜全部覆盖
	包厢	包厢每间面积不宜小于 2m×3m；宜设单独出入口；室外罩棚宜全部覆盖
	记者席	占 2 座 2 排，前排放工作台；室外罩棚宜全部覆盖
	评论员席	占 3 座 2 排，前排放工作台；室外罩棚宜全部覆盖
	运动员席	特级、甲级设有运动员席
	观众席	残疾观众（轮椅）席位数可按观众席位总数的 2‰计算，位置应方便残疾观众入席及疏散
辅助用房	观众用房	由包厢（特级、甲级）、贵宾休息区、观众休息区、厕所（含残疾观众厕所）、公用电话和急救室等组成
	运动员用房	包括运动员休息室（由更衣室、休息室、厕所、盥洗室、淋浴等成套组合布置）、兴奋剂检查室（由工作室、候检室、厕所组成）、医务急救室（门外应有急救车停放处）和检录处等
	竞赛管理	包括组委会、管理人员办公、会议、仲裁录放、编辑打字、复印、数据处理、竞赛指挥、裁判员休息室、颁奖准备室和赛后控制中心等
	新闻媒介	包括新闻官员办公、记者工作用房、电传室、邮电所和无线电通信机房等
	计时记分	包括计时控制、计时与终点摄影转换、屏幕控制室、数据处理室等
	广播电视	包括广播和电视转播系统（播音室、声控室、评论员室）、内场广播（播音室、机房、仓库兼维修）、闭路电视接口设备机房、电视发送室等
	技术设备	包括灯光控制室、消防控制室、器材库、变配电室和其他机房等
	场馆营运	根据场馆实际使用和管理需要确定

C.4　供配电

（1）体育建筑负荷分级（表 C－5）。

表 C－5　　体育建筑负荷分级

体育建筑等级	负荷等级			
	一级负荷中特别重要的负荷	一级负荷	二级负荷	三级负荷
特级	A	B	C	D＋其他
甲级	—	A	B	C＋D＋其他
乙级	—	—	A＋B	C＋D＋其他
丙级	—	—	A＋B	C＋D＋其他
其他	—	—	—	所有负荷

注：A—包括主席台、贵宾室及其接待室、新闻发布厅等照明负荷，应急照明负荷，计时记分、现场影像采集及回放、升旗控制系统及其机房用电负荷，网络机房、固定通信机房、扩声及广播机房等用电负荷，电台和电视转播设备，消防和安防用电设备等。

B—包括临时医疗站、兴奋剂检查室、血样收集室等用电设备，VIP 办公室、奖牌储存室、运动员和裁判员用房、包厢、观众席等照明负荷，建筑设备管理系统、售检票系统等用电负荷，生活水泵、污水泵等设备。

C—包括普通办公用房、广场照明等用电负荷。

D—普通库房、景观等用电负荷。

（2）特级体育建筑比赛厅（场）的 TV 应急照明负荷为一级负荷中特别重要的负荷，其他场地照明负荷为一级负荷；甲级体育建筑场地照明负荷为一级负荷；乙级、丙级体育建筑场地照明负荷为二级负荷。

（3）对于直接影响比赛的空调系统、泳池水处理系统、冰场制冰系统等用电负荷，特级体育建筑的为一级负荷，甲级体育建筑的为二级负荷。

（4）临时用电设备的负荷等级应根据使用要求确定。

（5）比赛场地照明灯具端子处的低压偏差允许值：特级和甲级宜为±2%；乙级及以下等级的为±5%。场地扩声系统中调音台、功率放大器的交流电源，当电压波动超过设备要求时，应加装自动稳压装置，其功率不小于使用功率的1.5倍。

（6）无功补偿后低压进线处的功率因数宜大于0.95，并符合配变电所宜在变压器低压侧设置集中补偿装置；大容量负荷宜设置就地补偿装置；临时性大容量负荷宜设置临时补偿装置；场地照明及其他气体放电灯宜分散就地补偿。电容补偿装置需计入配电系统中谐波的影响，根据负荷的谐波特征配置消谐电抗器。

（7）配变电所不应设置于观众能达到的场所，不应靠近体育建筑的主出入口，宜设在体育建筑的负荷中心，且低压配电半径不宜超过250m。

C.5 照明

（1）体育建筑和设施的照明设计，应满足不同运动项目和观众观看的要求以及多功能照明要求；在有电视转播时，应满足电视转播的照明技术要求；同时应做到减少阴影和眩光、节约能源、技术先进、经济合理、使用安全、维修方便。

（2）体育建筑照度标准值和照明功率密度值应符合现行国家标准《建筑照明设计标准》（GB 50034—2013）和《体育场馆照明设计及检测标准》（JGJ 153—2016）的规定，限于篇幅，不再重复。甲级以上体育建筑还应符合有关国际单项体育组织的规定。体育场馆照明分级，见表C－6。

表C－6　　体育场馆照明分级

无电视直播		有电视直播	
等级	使用功能	等级	使用功能
Ⅰ	健身、业余训练	Ⅳ	TV转播国家比赛、国际比赛
Ⅱ	业余比赛、专业训练	Ⅴ	TV转播重大国家比赛、重大国际比赛
Ⅲ	专业比赛	Ⅵ	HDTV转播重大国家比赛、重大国际比赛

注：表中Ⅳ级、Ⅴ级、Ⅵ级也适用于有特殊要求的其他比赛和活动。

（3）体育场馆照明包括比赛场地照明、观众席照明和应急照明。

（4）照明计算维护系数取值为0.80；多雾和污染严重地区的室外体育场维护系数可取0.7。

（5）观众席和运动场地安全照明的平均水平照度值不应小于20lx；体育场馆出口及其通道的疏散照明最小水平照度值不应小于5lx。应急照明设施应选用可直接启动点亮的光源。

（6）投光灯具应根据布光和眩光控制的需要分别采用宽光束、中光束、窄光束三种配光。室外投光灯组的风阻面积按各投光灯风阻面积之和计算；投光灯机械和电气的连接部分应能承受当地最大风速而无松动。

（7）室外灯具外壳的防护等级不低于IP55，不便于维护或污染严重的场所其防护等级不低于IP65。

（8）灯具安装位置、高度、瞄准角应满足降低眩光和控制干扰光的要求，宜符合表C－7规定。游泳馆、体育馆常见照明灯具的布置方式，见表C－8和表C－9。四塔/六塔布灯示意图如图C－1所示。

表C－7　　灯具安装高度和投射角

运动项目或场馆	布置方式	最低安装高度和投射角	
		比　赛	训　练
足球场、田径场、综合体育场	四塔 多塔	投射角宜为25°	投射角20°
足球场、田径场、综合体育场	光带	投射角宜为25° 与最近场地边线夹角宜≤65°	投射角20°
室外篮、排、网球场	灯杆	投射角宜为25° 灯杆12m以上	投射角20° 灯杆10m以上
室内综合体育馆（训练馆）	侧光	投光灯最大光强宜控制在与水平面成45°范围内	6m以上（球类）
游泳馆	侧光	最大光强与垂直面（池中心）成50°范围内	

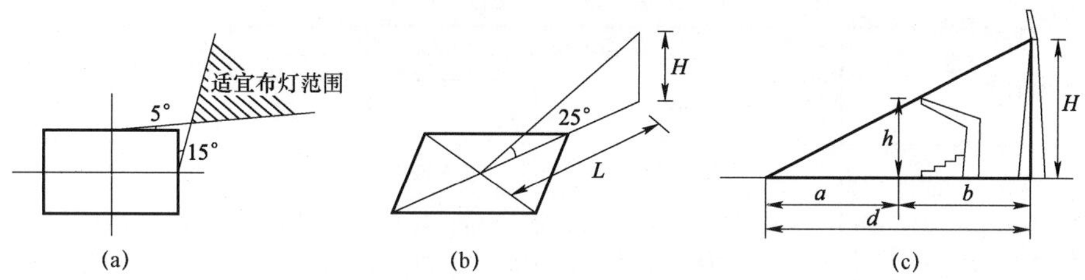

图 C－1　四塔/六塔布灯示意图

（a）四角塔式布灯的适宜范围；（b）灯塔最低一排灯具安装高度；（c）阴影区的确定

表 C－8　　游泳馆常见照明灯具的布置方式

照明方式	照明灯具的配置		照明灯具的配置举例		选择条件
			剖面图	平面图	
直接照明	分散配置	将照明器在天棚上均匀分散布置	灯具；看台；看台；游泳池	游泳池	从天棚上能进行维护作业的场所
直接照明	侧面配置	灯具安装在游泳池上部的侧面墙壁上或天棚上。在墙壁上安装时要避开水面，将灯具成列布置，向斜下方照射	灯具；灯具；看台；看台；游泳池 灯具；灯具；看台；看台；游泳池	游泳池 游泳池	从天棚上无法进行维护作业的场所
间接照明	侧面配置	在游泳池侧面的墙壁上，将照明灯具成列布置，向斜上方照射	灯具；灯具；看台；看台；游泳池		天棚为高扩散反射面的场所

表 C-9　体育馆常见照明灯具的布置方式

照明器的配置		照明器配置举例 断面图	照明器配置举例 平面图	小型、中型体育馆	大型体育馆	有电视转播的体育馆
分散配置方式	反射器灯具或投光灯单台分散均匀布置在整个天棚上	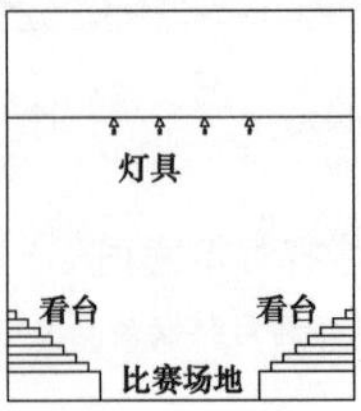 灯具 看台 看台 比赛场地	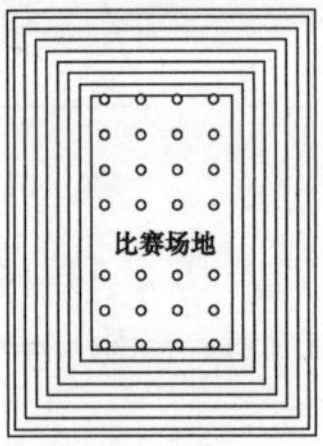 比赛场地	√	×	×
分散配置方式	多个带反射器的灯具或多个投光灯成组分散均布整个天棚上	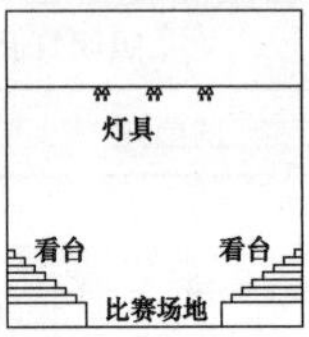 灯具 看台 看台 比赛场地	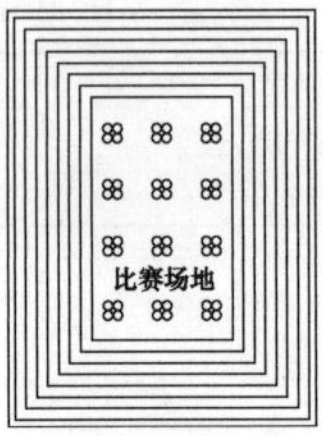 比赛场地	√	√	×
两侧配置方式	在体育馆的两侧布置投光灯，灯具成一列布置	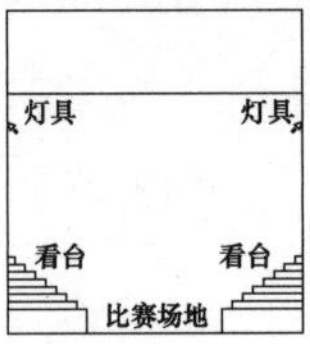 灯具 灯具 看台 看台 比赛场地	 比赛场地	√	√	×
分散与两侧配置方式并用	分散配置与两侧配置并用	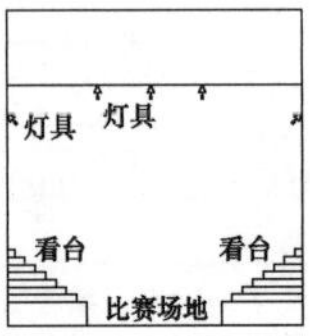 灯具 灯具 看台 看台 比赛场地	 比赛场地	√	√	×

（9）比赛场地的主要摄像方向上照度要求（表 C-10）。

表 C-10　比赛场地的主要摄像方向上照度要求

参数名称	照度比值
场地水平照度最小值与最大值之比	≥0.5
场地垂直照度最小值与最大值之比	≥0.4
平均垂直照度与水平照度之比	≥0.25
观众席的垂直照度与场地垂直照度之比	≥0.25

对于训练场地的水平照度均匀度（最小值与平均值之比）不宜大于 1:2；而手球、速滑、田径场地可为 1:4；冰球、花样滑冰场地不宜大于 1:3（正式比赛为 1:1.5）。

（10）特级和甲级体育建筑应采用智能照明控制系统，乙级宜采用智能照明控制系统。系统采用开放式通信协议，可与建筑设备管理系统、比赛设备管理系统通信。照明控制系统的网络拓扑结构宜为集散式或分布式。集中控制系统设于专用控制室内，在控制室内能直接观察到主席台和比赛场地。场地照明控制模式见表 C-11。

表 C-11　场地照明控制模式

照明控制模式		建筑等级（类型） 特级（特大型）	甲级（大型）	乙级（中型）	丙级（小型）
有电视转播	HDTV 转播重大国际比赛	√	○	×	×
有电视转播	TV 转播重大国际比赛	√	√	○	×

续表

照明控制模式		建筑等级（类型）			
		特级（特大型）	甲级（大型）	乙级（中型）	丙级（小型）
有电视转播	TV 转播国家、国际比赛	√	√	√	○
	TV 应急	√	○	○	×
无电视转播	专业比赛	√	√	√	○
	业余比赛、专业训练	√	√	○	√
	训练和娱乐活动	√	√	√	○
	清扫	√	√	√	√

注：√表示应采用；○表示视具体情况决定；×表示不采用。

（11）场地照明应用实例见图 C－2（插页）。

C.6　体育建筑声学设计

（1）根据体育建筑的类别、等级、规模、用途和使用特点，确定其声学设计指标，并在设计中采用实现预定指标的相应措施。

（2）体育建筑当有多种功能使用时，应按其主要功能确定声学指标，并通过扩声系统兼顾其他功能。

（3）体育建筑的声学处理方案应结合结构形式、观众席和比赛场地的配置、扬声器设置以及防火、耐潮等要求。在处理比赛大厅内吸声、反射声和避免声学缺陷等问题时，应把自然声源、扩声扬声器作为主要声源。

（4）各项声学设计指标，见表 C－12～表 C－14。

表 C－12　　体育场声学设计指标

场内最大声压级/dB	声场不均匀度/dB	扩声系统传声增益/dB	地区有效频率范围/Hz
＞90	＜10	＞10	100～1000

注：根据体育场不同规模，有关指标可适当变动。

表 C－13　　体育馆（游泳馆）比赛大厅 500～1000Hz 满场混响时间

体育馆（游泳馆）等级	体育馆按等级在不同容积下的混响时间/s（混响时间指标允许±0.15s 的变动）				游泳馆按等级在不同每座容积下的混响时间/s	
	＞160 000 m³	80 000～160 000 m³	40 000～80 000 m³	＜40 000 m³	≤25m³/座	＞25m³/座
混响时间/s	1.9～2.1	1.6～1.8	1.4～1.6	1.3～1.4	≤2.0	≤2.5

表 C－14　　各频率混响时间相对于 500～1000Hz 混响时间的比值

频率/Hz	125	250	2000	4000
比值	1.0～1.3	1.0～1.2	0.9～1.0	0.8～1.0

当体育馆比赛大厅、贵宾休息室、扩声控制室、评论员室和扩声播音室无人占用时，在通风、空调、调光等设备正常运转条件下，室内背景噪声限值宜符合表 C－15 的规定。

表 C－15　体育馆比赛大厅等房间的室内背景噪声限值

房间名称	室内背景噪声限值
体育馆比赛大厅	NR－40
贵宾休息室	NR－35
扩声控制室	NR－35
评论员室	NR－30
播音室	NR－30

（5）主扩声系统的扩声特性指标分为三级，观众席扩声系统的扩声特性指标按表 C－16 的规定选用；比赛场地扩声系统的扩声特性指标可与观众席同级或降低一级。

表 C－16　　体育馆主扩声系统扩声特性指标

等级	最大声压级	传输频率特性	传声增益	稳态声场不均匀度	系统噪声
一级	额定通带内，不小于 105dB	以 125～4000Hz 的平均声压级为 0dB，在此频带内允许－4dB～＋4dB 的变化（1/3 倍频程测量）；在 100Hz、5000Hz 频带允许－6dB～＋4dB 的变化；在 80Hz、6300Hz 频带允许－8dB～＋4dB 的变化；在 63Hz、8000Hz 频带允许－10dB～＋4dB 的变化	125～4000Hz，平均不小于－10dB	中心频率为 1000Hz、4000Hz（1/3 倍频程带宽）时，大部分区域不均匀度不大于 8dB	扩声系统不产生明显可察觉的噪声干扰
二级	额定通带内，不小于 100dB	以 125～4000Hz 的平均声压级为 0dB，在此频带内允许－6dB～＋4dB 的变化（1/3 倍频程测量）；在 100Hz、5000Hz 频带允许－8dB～＋4dB 的变化；在 80Hz、6300Hz 频带允许－10dB～＋4dB 的变化；在 63Hz、8000Hz 频带允许－12dB～＋4dB 的变化	125～4000Hz，平均不小于－12dB	中心频率为 1000Hz、4000Hz（1/3 倍频程带宽）时，大部分区域不均匀度不大于 10dB	扩声系统不产生明显可察觉的噪声干扰

续表

等级	最大声压级	传输频率特性	传声增益	稳态声场不均匀度	系统噪声
三级	额定通带内，不小于95dB	以250～4000Hz的平均声压级为0dB，在此频带内允许−8dB～+4dB的变化（1/3倍频程测量）；在200Hz、5000Hz频带允许−10dB～+4dB的变化；在160Hz、6300Hz频带允许−12dB～+4dB的变化；在125Hz、8000Hz频带允许−14dB～+4dB的变化	250～4000Hz，平均不小于−12dB	中心频率为1000Hz（1/3倍频程带宽）时，大部分区域不均匀度不大于10dB	扩声系统不产生明显可察觉的噪声干扰

（6）扩声设备及管道布置示意图，见图C−3（插页）。

C.7 计时记分显示系统

应满足不同运动项目的技术要求，同时应满足国际各单项组织的规定。显示方式应根据室内外光环境、比赛场地规模、视距和视野等因素选择。

（1）进行国际比赛的场（馆）应采用固定式电子计时记分显示装置，计时记分系统应符合下列要求：

1）计时记分系统负荷等级应为该工程最高级。

2）计时记分控制室应能直视比赛场地、裁判席和显示牌面。

3）计时记分控制室应设升降旗的控制台，同时主席台也应设升降旗控制装置。

4）计时记分用房最低标准：

计时控制室为15m^2；

终点摄像机房为12m^2（30m^2）；

显示屏控制室为（18m^2）40m^2；

数据处理室为60～150m^2。

5）计时记分控制室与总裁判席、计时记分显示屏控制机房、计算机房和分散的场地计时记分装置之间，应有相互连通的信号传输管道，并应满足足够的裕度。

6）应根据体育工艺设计，在比赛场地设置分散的计时记分装置，该处或附近应预留电源及信号传输线连接端子设备。

（2）实际应用（图C−4～图C−10）。

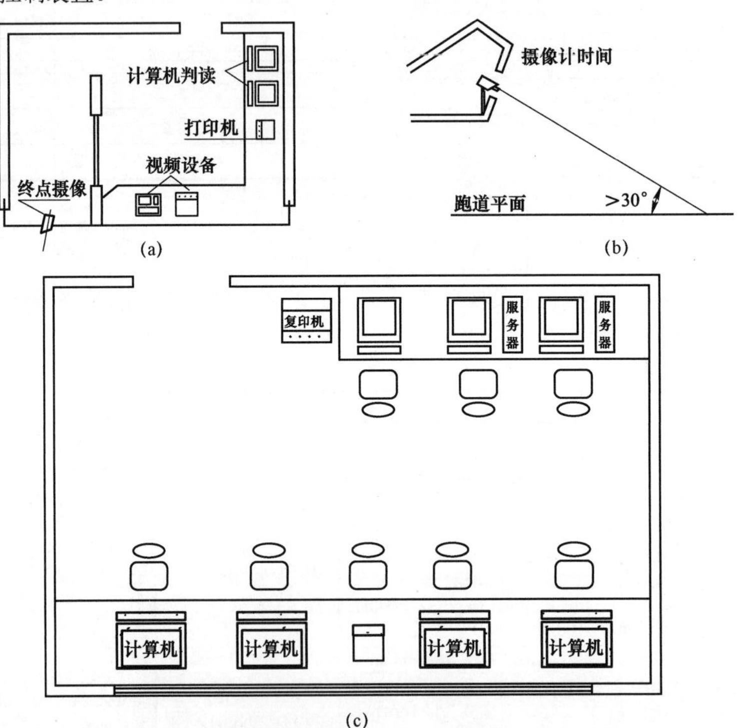

图C−4 计时记分显示系统示意图

（a）终点摄影计时机房布置平面；（b）终点摄像机镜头轴线与赛道平面夹角示意图；（c）计算机主机房布置示意图

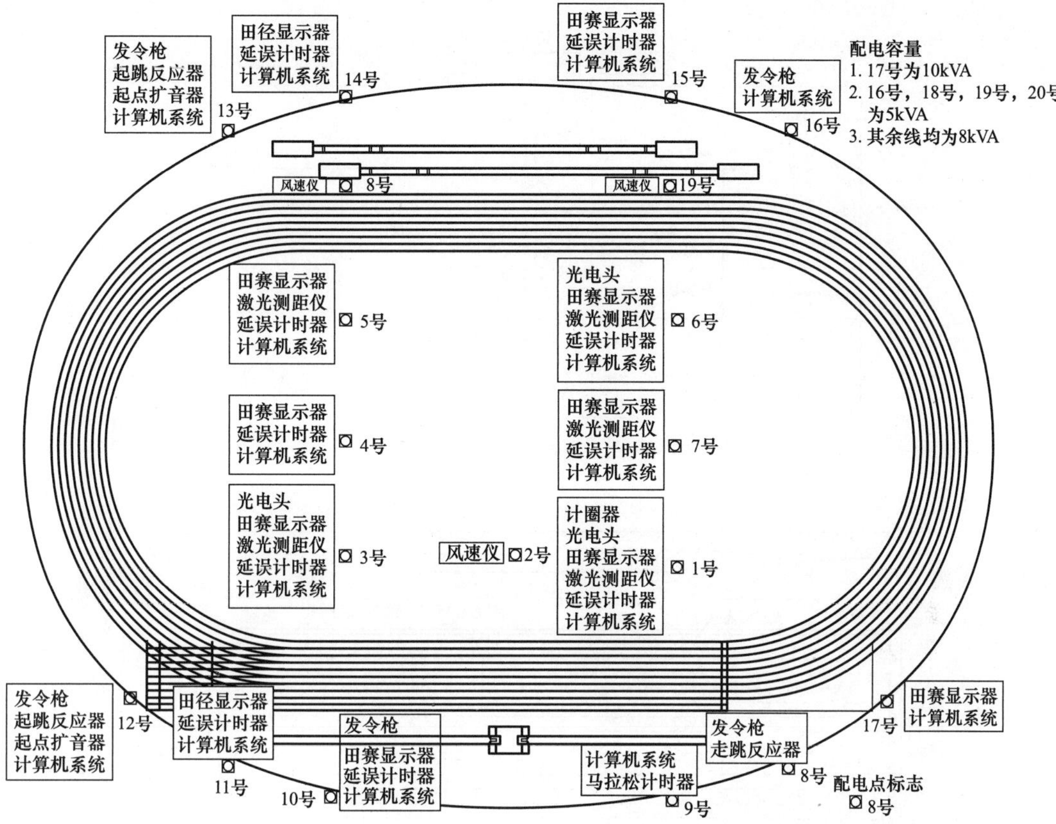

图 C-5　体育场内计时记分系统配电点分布示意图

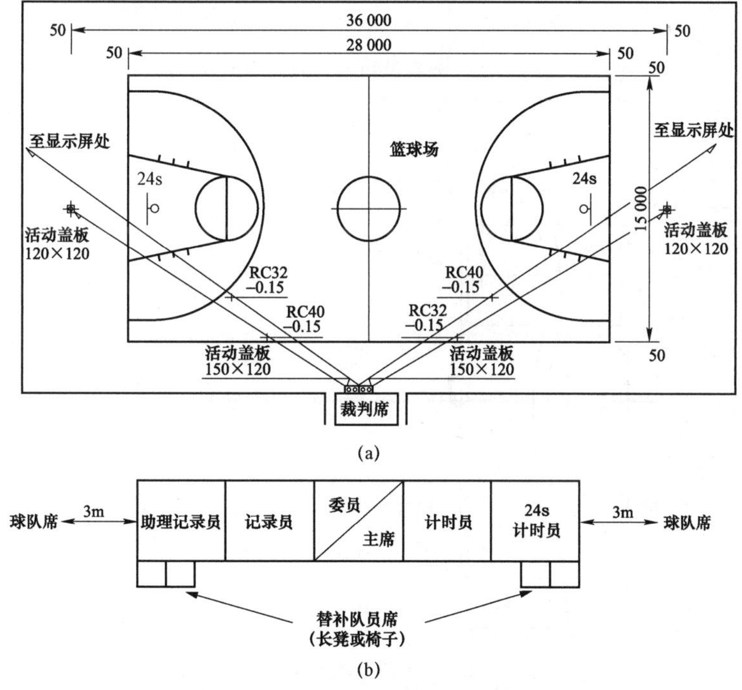

(a)

助理记录员	记录员	委员 主席	计时员	24s 计时员

球队席 ← 3m → 助理记录员 …… 24s计时员 ← 3m → 球队席

替补队员席（长凳或椅子）

(b)

图 C-6　篮球比赛及球场布置图（单位：mm）
（a）预留埋管图；（b）记录台布置图

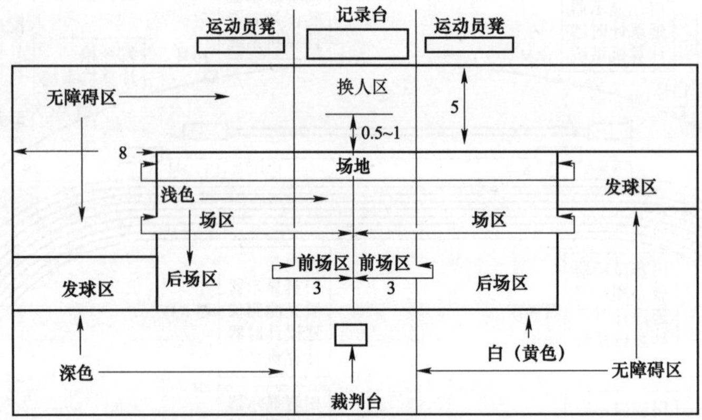

图 C-7 排球比赛场地布置图（单位：m）

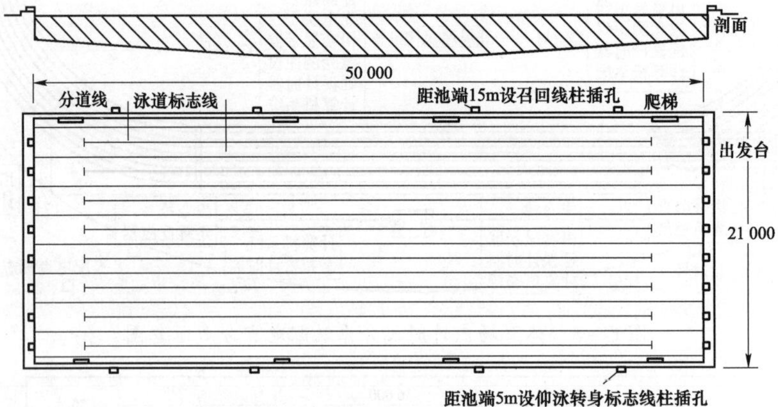

图 C-8 标准 50m 游泳池平剖面图

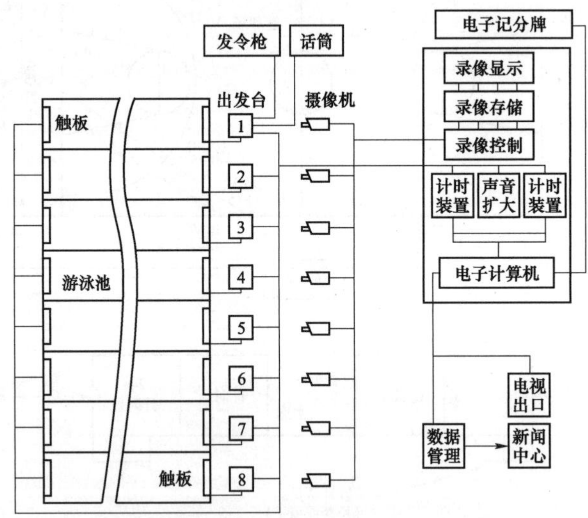

图 C-9 游泳池正式比赛电子计时框图

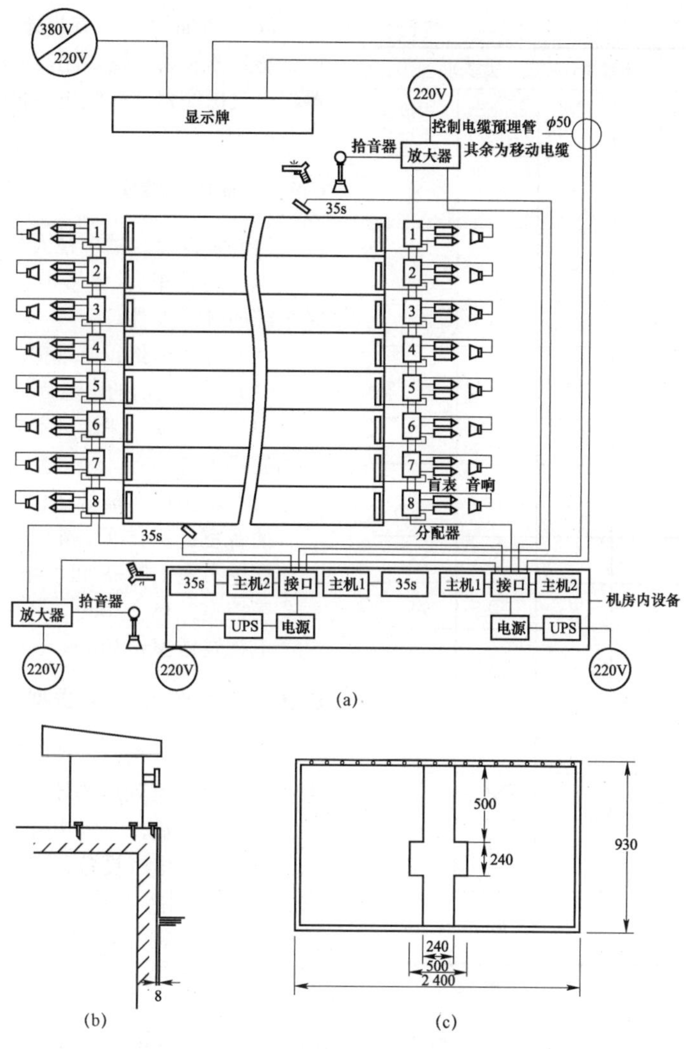

图 C－10　游泳或水球比赛计时系统框图

（a）游泳或水球比赛计时系统；（b）跳台构造；（c）终点触板

C.8　体育建筑智能化系统

根据所在地区、使用性质、体育建筑等级、管理方式等因素综合确定智能化系统的等级和规模，其配置要求见表 C－17。

表 C－17　体育建筑智能化系统配置要求

智能化系统配置		体育建筑等级（类型）			
		特级（特大型）	甲级（大型）	乙级（中型）	丙级（小型）
设备管理系统	建筑设备监控系统	√	√	○	○
	火灾自动报警系统	√	√	√	√
	安全技术防范系统	√	√	√	○
	建筑设备集成管理系统	√	√	○	×
信息设施系统	综合布线系统	√	√	√	○
	语音通信系统	√	√	○	○
	信息网络系统	√	√	○	○
	有线电视系统	√	√	√	○
	公共广播系统	√	√	√	√
	电子会议系统	√	√	○	×
专用设施系统	信息显示及控制系统	√	√	○	×
	场地扩声系统	√	√	√	○

续表

智能化系统配置		体育建筑等级（类型）			
		特级（特大型）	甲级（大型）	乙级（中型）	丙级（小型）
专用设施系统	场地照明及控制系统	√	√	○	×
	计时记分及现场成绩处理系统	√	√	○	×
	竞赛技术统计系统	√	○	○	×
	现场影像采集及回放系统	√	○	○	×
	售检票系统	√	√	○	×
	电视转播和现场评论系统	√	○	×	×
	标准时钟系统	√	√	○	×
	升旗控制系统	√	√	○	×
	比赛设备集成管理系统	√	√	○	×
信息应用系统	信息查询和发布系统	√	√	○	×
	赛事综合管理系统	○	○	×	×
	大型活动（赛事）公共安全信息系统	○	○	×	×
	场馆运营服务管理系统	√	√	○	×

注：√表示应采用；○表示宜采用；×表示不采用。

（1）甲级及以上等级体育建筑应有完整的有线电视系统（如双向传输、视频信号纳入有线电视等）。乙级及以下等级体育建筑可视具体情况而定。

（2）乙级以上体育建筑，1 万人以上的专用足球场应有为安全防范使用的闭路电视监视系统。重要机房应有防盗报警措施。

（3）超过 3000 座的体育馆必须设置火灾自动报警系统。其他体育建筑的火灾自动报警系统的设计，应按现行国家标准执行。

（4）一般体育馆均为大空间结构形式，对此消防报警系统应采用适用于大空间结构的火灾探测器，如红外火灾探测器、线性火灾图像探测器、双波段火灾探测器及空气采样火灾探测器等形式。

（5）甲级及以上的体育建筑中，宜设有体育竞赛综合信息管理系统，设备控制自动化系统等智能化系统。

（6）包厢内的电气设施应包括通信和计算机接口、扬声器和调音器、无反向眩光的照明系统和调光器、火灾探测器、有线电视插口、与服务台的通信联络系统等。

C.9 广播电视转播

（1）宜设置广播电视人员专用通道和出入口（能停放电视转播车），设置电视设备接线室，并提供临时电缆的铺放条件。

（2）应考虑架设电视摄像机和微波天线的位置。

（3）转播用房的电源负荷等级应为该工程最高级。

（4）播音室、评论员室应能直视比赛场地、主席台和显示屏等。

（5）转播用房最低面积标准：

播音室：2～5 间，4m²/间。

评论员室：2～8 间，4m²/间。

声控室：15～30m²。

电视发送室：30m²。

C.10 线路敷设和设备选型

（1）体育建筑的各种电气线路应为暗敷设。在仅专业维修人员可到达的场所可明设，但应有保护体，并采取防火措施。各种电线宜采用铜芯导线。

（2）户外电气设备、应有适应当地气候条件的防水、防尘、防潮、防虫、防烟雾腐蚀、防飓风等保护措施。高空安装的电气设备应牢固，并应创造良好的安装和维护条件。

C.11 体育场馆管理与应用实例（图 C-11～图 C-14）

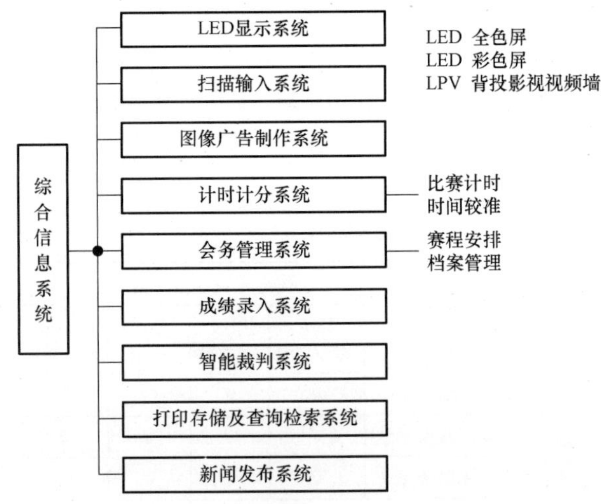

图 C-11 体育场馆系统管理框图

图 C-12　带罩棚的体育场

图 C-13　体育场网架上多角度灯具

图 C-14　专用扩声设备

第3章 工 程 设 计 基 础

3.1 建筑电气设计的基础知识

建筑电气包括强电、弱电（智能化）两部分。强电包括供配电系统、电气控制系统、照明、电气节能与环保、防雷与接地安全措施等；弱电（智能化）包括火灾自动报警系统、信息设施系统、信息化应用系统、建筑设备管理系统、公共安全系统、智能化集成系统、综合管线系统和机房工程等。

建筑电气供配电系统是以电能、电气设备和电气技术为手段来创造、维持与改善建筑空间和环境，主要包括电源、变电所（站）、配电系统、配电线路、电气设备等。

电气控制系统一般称为电气设备二次控制回路，不同的设备有不同的控制回路，而且高压电气设备与低压电气设备的控制方式也不相同。具体地来说，电气控制系统是指由若干电气元件组合，用于实现对某个或某些对象的控制，从而保证被控设备安全、可靠地运行，其主要功能包括自动控制、保护、监视和测量。

建筑照明设计是根据建筑等级、功能要求和使用条件制定建筑物的照明标准，从场所与环境方面，它包括室内照明、室外照明以及特殊场所的照明设计；从功能方面，它包括一般照明、应急照明、备用照明、局部照明、泛光照明、警卫照明和障碍照明等。

电气节能与环保设计包括电能的集成优化应用、电气设备的选用、照明光源的应用及照明方式、控制方法、能耗计量与能效综合管理系统等。

建筑物防雷设计是在认真调查建筑物所在场所的地理、地质、土壤、气象、环境等条件和雷电活动规律，以及被保护建筑物的特点等的基础上，确定防雷装置的形式及其布置。建筑物的防雷设计包括防直接雷击、防雷击电磁脉冲与防雷电流感应对人与设备伤损，接地系统，等电位联结等。

火灾自动报警系统设计包括火灾报警系统、消防联动控系统、应急广播系统、可燃气体探测报警系统、电气火灾监控系统、系统供电与系统布线等。

信息设施系统是为满足建筑物的应用与管理对信息通信的需求，将各类具有接收、交换、传输、处理、存储和显示等功能的信息系统整合，形成建筑物公共通信服务综合基础条件的系统。包括通信接入系统、电话交换系统、信息网络系统、综合布线系统、室内移动通信覆盖系统、卫星通信系统、有线电视及卫星电视接收系统、广播系统、会议系统、信息引导及发布系统、时钟系统及其他相关的系统。

公共安全系统是为维护公共安全，运用现代科学技术，具有以应对危害社会安全的各类突发事件而构建的综合技术防范或安全保障体系综合功能的系统。

建筑设备管理系统是对建筑设备监控系统和公共安全系统等实施综合管理。

信息化应用系统是以信息设施系统和建筑设备管理系统等智能化系统为基础，为满足建筑物的各类专业化业务、规范化运营及管理的需要，由多种类信息设施、操作程序和相关应用设备等组合而成的系统。信息化应用系统包括工作业务应用系统、物业运营管理系统、公共服务管理系统、公众信息服务系统、智能卡应用系统、信息网络安全管理系统及其他业务功能所需要的应用系统。

智能化集成系统是为实现建筑物的运营及管理目标，基于统一的信息平台，以多种类智能化信息集成方式，形成的具有信息汇聚、资源共享、协同运行、优化管理等综合应用功能的系统。

机房工程是为提供机房内各智能化系统设备及装置的安置和运行条件，以确保各智能化系统安全、可靠和高效地运行与便于维护的建筑功能环境而实施的综合工程。

建筑电气设计图纸是用规定的图形符号和文字符号表示系统的组成及连接方式、装置和线路的具体的安装位置和走向的图纸，一般是在建筑图纸的基础上绘制的。其特点是：

（1）建筑电气图大多是采用统一的图形符号并加注文字符号绘制的。

（2）建筑电气工程所包括的设备、器具、元器件之间是通过导线连接起来，构成一个整体，导线可长可短，能比较方便地表达较远的空间距离。

（3）电气设备和线路在平面图中并不是按比例画出它们的形状及外形尺寸，通常用图形符号来表示，线路中的长度是用规定线路的图形符号按比例绘制的。

3.1.1 建筑电气设计

建筑工程一般应分为方案设计、初步设计和施工图设计三个阶段，在不同的阶段对建筑电气设计有不同的要求。

1. 方案设计

建筑工程方案设计阶段主要由建筑专业进行投标方案设计。一般工程在方案设计阶段的设计文件由设计说明书、建筑设计图纸、投资估算、透视图、模型等组成。除总平面和建筑专业应绘制图纸外，其他专业（结构、给排水、电气、采暖通风及空调、动力和投资估算等）以设计说明简述设计内容，但当仅以设计说明难以表达设计意图时，可以用设计简图进行表示。

建筑工程的方案设计文件用于办理工程建设的有关手续。方案设计文件，应满足编制初步设计文件的需要，应满足方案审批或报批的需要。

在方案设计阶段，建筑电气专业一般只提供建筑电气设计说明，说明应能表述该建筑主要强调的项目概况和电气系统基本情况，以及对城市公用事业（包括供电、信息系统）的基本要求，同时应明确该建筑的电气设施，可能对环境造成的影响内容，提供有关部门审查。

2. 初步设计

初步设计是根据批准的可行性研究报告或设计任务书而编制的初步设计文件，用于政府主管部门和/或建设单位对初步设计文件的审批。若无审批需求，初步设计文件也可不出图。因此，对于无审批需求的建筑工程，经有关主管部门同意，并且合同中有不做初步设计的约定，可在方案设计审批后直接进入施工图设计。

初步设计文件包括设计说明书、相关专业的设计图纸、主要设备或材料表、工程概算书以及有关专业计算书（计算书不属于必须交付的设计文件，但应按本规定相关条款的要求编制）。

初步设计文件，应满足编制施工图设计文件的需要，应满足初步设计审批的要求。其深度应能满足：① 应符合已审定的设计方案；② 应符合已确定土地征用范围；③ 能据以准备主要设备及材料；④ 应提供工程设计概算，作为审批确定项目投资的依据；⑤ 能据以进行施工图设计；⑥ 能据以进行施工准备。

在初步设计阶段，建筑电气专业设计文件应包括设计说明书、设计图纸、主要电气设备表、计算书等文件。

3. 施工图设计

施工图设计是根据已批准的初步设计或设计方案而编制的可供进行施工和安装的设计文件。施工图设计文件以图纸为主，应包括封面、图纸目录、设计说明（或首页）、图纸、工程预算等。设计文件要求齐全、完整，内容、深度应符合规定，文字说明、图纸要准确清晰，整个设计文件应经过严格的校审，经各级设计人员签字后，才能提出。

施工图设计文件的深度应满足以下要求：① 能据以编制施工图预算；② 能据以安排材料、设备订货和非标准设备的制作；③ 能据以进行施工和安装；④ 能据以进行工程验收。

在施工图设计阶段，建筑电气专业设计文件图纸部分应包括图纸目录、设计说明、设计图、主要设备表，电气计算部分出计算书。

4. 建筑电气设计图表种类

建筑电气设计图纸是阐述建筑中电气工程的构成和功能，描述电气装置的工作原理，提供安装接线和维护使用的图纸。

建筑电气图纸因建筑规模的不同，其图纸的种类和数量也不同。一项建筑工程的电气设计图纸，通常由以下几部分组成：图纸目录；设计说明；图例符号和主要电气设备表；电气总平面图（仅有单体设计时，可无此项内容）；变、配电站设计图；配电、照明、智能、消防设计图；配电、智能化系统图；建筑设备控制原理图；防雷、接地及安全设计图；电气消防设计；大样图；计算书等。

3.1.2　制图规则

1. 制图的一般规则

建筑电气图样绘制应布局清晰，便于理解。布局应采用功能布局法和位置布局法，或两者相结合的方法。

功能布局法为电气元件在图样上的布局使功能关系易于理解的布局方法，比如系统图、电路图等均采用功能布局法。功能布局法可以采用水平布置（将电气设备和元件按行布置，使其连接线成水平布置）、垂直布置（将电气设备和元件按列布置，使其连接线成垂直布置）或水平垂直相结合的方式绘制。

位置布局法为电气元件在图样上的布置，位置反映其实际相对位置的布局方法，电气平面图通常采用位置布局法。

电气系统图和电路图等，信号流的方向宜采用从左到右、从上到下的方式。电源的连接线，对于交流电路 L1、L2、L3、N、PE 和直流电路的 L+、M、L-，其顺序应采用自上而下或自左向右，如图 3-1 所示。

当图形符号有多重形式时，应根据图样的布局功能和应用类别选用适当的图形符号形式。同一元件在同一项目（工程）中应使用相同的参照代号。端子应该用标志在元件上的端子代号表示。端子代号应采用生产厂家或规范规定的端子代号。同一端子在所有的

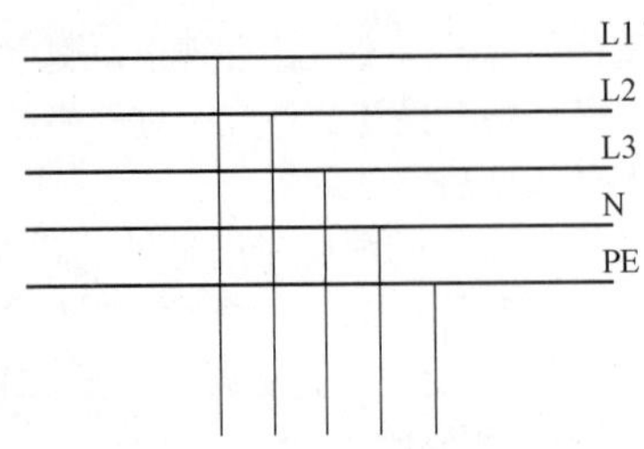

图 3－1 电源电路的表示

相关文件中，应使用相同的端子代号，端子代号应符合：置于水平连接线之上（水平布置）和垂直连接线（垂直布置）的左侧，端子代号的取向应与连接线方向一致。元件或装置的端子代号应位于该元件或装置围框线的外边，单元内部元件的端子代号应标注在该单元围框线里面。

2. 图纸的基本规定

（1）图纸格式。图纸通常由幅面线、图框线、标题栏和会签栏等组成。幅面线为工程图纸的边线，定义了图纸的大小。图框线是指工程图纸上限定绘图区域的线框，必须采用粗实线绘制。标题栏以表格形式表达了图纸的一些信息，如设计单位名称、工程名称、图样名称、图样类别、编号及设计、审核、负责人的签名。会签栏则是参与工程设计的各专业工种负责人的签字区。标题栏一般位于图纸的右侧或下侧，其方向一般为看图的方向。

（2）图幅。由边框线所围成的图面为幅面，幅面的尺寸由大到小可分为五类：A0～A4，基本幅面尺寸见表 3－1。

表 3－1　幅面及图框尺寸　（单位：mm）

尺寸代号	幅面代号				
	A0	A1	A2	A3	A4
宽×长（$b\times l$）	841×1189	594×841	420×594	294×420	210×297
c	10			5	
a	25				

注：表中 b 为幅面短边尺寸，l 为幅面长边尺寸，c 为图框线与幅面线间宽度，a 为图框线与装订边间宽度。

当基本幅面不能满足绘图需求时，可将图样根据需要加长，但图纸的短边尺寸不应加长，A0～A3 幅面长边尺寸可按表 3－2 加长。

表 3－2　图纸长边加长尺寸　（单位：mm）

幅面代号	长边尺寸	长边加长后的尺寸
A0	1189	1486（A0＋1/4l）1635（A0＋3/8l）1783（A0＋1/2l）1932（A0＋5/8l）2080（A0＋3/4l）2230（A0＋7/8l）2378（A0＋l）
A1	841	1051（A1＋1/4l）1261（A1＋1/2l）1471（A1＋3/4l）1680（A1＋l）1892（A1＋5/4l）2102（A1＋3/2l）
A2	594	743（A2＋1/4l）891（A2＋1/2l）1041（A2＋3/4l）1189（A2＋l）1338（A2＋5/4l）1486（A2＋3/2l）1635（A2＋7/4l）1783（A2＋2l）1932（A2＋9/4l）2080（A2＋5/2l）
A3	420	630（A3＋1/2l）1338（A3＋l）1051（A3＋3/2l）1261（A3＋2l）1471（A3＋5/2l）1682（A3＋3l）1892（A3＋7/2l）

注：如有特殊需要的图纸，可采用 $b\times l$ 为 841mm×891mm 与 1189mm×1261mm 的幅面。

图纸以短边作为垂直边为横式，以短边作为水平边为立式。A0～A3 图纸一般横式使用，必要时也可立式使用。一个工程设计中，除目录及表格所采用的 A4 幅面之外，每个专业所使用的图纸幅面不宜多于两种。

（3）图线。建筑电气专业的图线宽度应根据图纸的类型、比例和复杂程度，按现行国家标准《房屋建筑制图统一标准》（GB/T 50001）的规定选用，并宜为 0.5mm、0.7mm、1.0mm。

电气总平面图和电气平面图宜采用三种及以上的线宽绘制，其他图样宜采用两种及以上的线宽绘制。

同一张图纸内，相同比例的各图样，宜选用相同的线宽组。同一图样内，各种不同线宽组中的细线，可统一采用线宽组中较细的细线。

（4）代号。当电气设备的图形符号在图样中不能清晰表达其信息时，在其图形符号附近标注参照代号。例如，电气平面图中的照明开关或电源插座，如果没有特殊要求时，可只绘制图形符号；电气平面图中的照明配电箱，当其数量大于等于2且规格不同时，只绘制图形符号已不能区别，需要在图形符号附近加注参照代号。

参照代号作为检索项目信息的代码，可以表示不同层次的产品，也可以把产品的功能信息或位置信息联系起来。参照代码有三种构成方式：前缀符号加字母代码；前缀符号加字母代码和数字；前缀符号加数字。

前缀符号字符分为：

a. “-”表示项目的产品信息（即系统或项目的构成）；

b. “=”表示项目的功能信息（即系统或项目的作用）；

c. “+”表示项目的位置信息（即系统或项目的位置）。

为了适应设计人员的习惯用法，满足多数工程的应用，《建筑电气制图标准》（GB/T 50786）中的参照代号采用了“前缀符号加字母代码和数字”的构成方式。而且当采用参照代号标注不会引起混淆时，参照代号的前缀符号可省略。

参照代号的主类字母代码按所涉及项目的用途和任务划分，子类字母代码（第二字符）依据《技术产品及技术产品文件结构原则　字母代码　按项目用途和任务划分的主类和子类》（GB/T 20939）划分。由于子类字母代码的划分并没有明确的规则，因此参照代号的字母代码应优先采用单字母。只有当单字母代码不能满足设计要求时，可采用多字母代码，以便较为详细和具体地表达电气设备、装置和元器件。

建筑电气常用参照代号的字母代码可按本书表3-16选择。参照代号可表示项目的数量、安装信息、方案等信息。参照代号的编制规则宜在设计文件中说明。

（5）标注：

1）电气设备的标注应符合下列规定：

① 宜在用电设备的图形符号附近标注其额定功率、参照代号。

② 对于电气箱（柜、屏）应在其图形符号附近标注参照代号，并宜标注上设备安装容量。

③ 对于照明灯具，宜在其图形符号附近标注灯具的数量、光源数量、光源安装容量、安装高度、安装方式。

2）电气线路的标注应符合下列规定：

① 应标注电气线路的回路编号或参照代号、线缆型号及规格、根数、敷设方式、敷设部位等信息。

② 对于弱电线路，宜在线路上标注本系统的线型符号，线型符号可按表3-10标注。

③ 对于封闭母线、电缆桥架、托盘和槽盒宜标注其规格及安装高度。

3）照明灯具安装方式、线缆敷设方式及敷设部位，可按表3-23的文字符号标注。

3. 常用符号

图纸是工程“语言”，这种“语言”是采用规定符号的形式表示出来。建筑电气专业图样中常用符号有图形符号、线型符号、文字符号以及标注等。

（1）图形符号。强电图样宜采用表3-3的常用图形符号。

表3-3　强电图样的常用图形符号

序号	常用图形符号		说明	应用类型
	形式1	形式2		
1		3	导线组（示出导线数，如示出三根导线）Group of connection	电路图、接线图、平面图、总平面图、系统图
2			软连接 Flexible connection	
3			端子 Terminal	
4			端子板 Terminal strip	电路图
5			T型联结 T-connection	电路图、接线图、平面图、总平面图、系统图
6			导线的双T联结 Double junction of conductors	
7			跨接连接（跨越连接）Bridge connection	

续表

序号	常用图形符号		说　明	应用类型
	形式 1	形式 2		
8	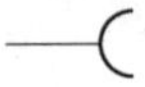		阴接触件（连接器的）、插座 Contact，female（of a socket or plug）	电路图、接线图、系统图
9			阳接触件（连接器的）、插头 Contact，male（of a socket or plug）	电路图、接线图、平面图、系统图
10			定向连接 Directed connection	
11	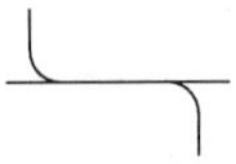		进入线束的点 Point of access to a bundle（本符号不适用于表示电气连接）	电路图、接线图、平面图、总平面图、系统图
12	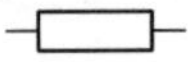		电阻器，一般符号 Resistor，general symbol	
13			电容器，一般符号 Capacitor，general symbol	
14			半导体二极管，一般符号 Semiconductor diode，general symbol	电路图
15			发光二极管（LED），一般符号 Light emitting diode（LED），general symbol	
16			双向三级闸流晶体管 Bidirectional triode thyristor；Triac	
17			PNP 晶体管 PNP	
18			电机，一般符号 Machine，general symbol（见注 2）	电路图、接线图、平面图、系统图
19	 M 3～		三相笼型感应电动机 Three－phase cage induction motor 有绕组分相引出端子	电路图
20	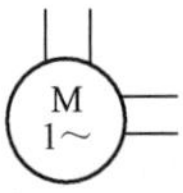 M 1～		单相笼型感应电动机 Single－phase cage induction motor 有绕组分相引出端子	
21	 M 3～		三相绕线转子感应电动机 Induction motor，three－phase，with wound rotor 有绕组分相引出端子	
22	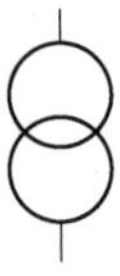	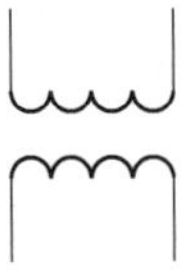	双绕组变压器，一般符号 Transformer with two windings，general symbol（形式 2 可表示瞬时电压的极性）	电路图、接线图、平面图、总平面图、系统图 形式 2 适用于电路图
23	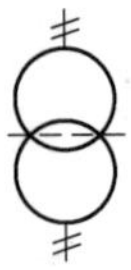	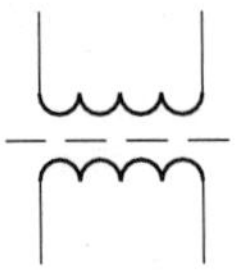	绕组间有屏蔽的双绕组变压器 Transformer with two windings and screen	

续表

序号	常用图形符号		说　明	应用类型
	形式 1	形式 2		
24	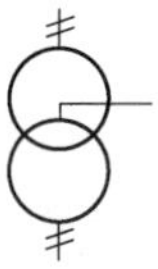	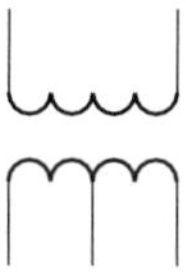	一个绕组上有中间抽头的变压器 Transformer with center tap on one winding	电路图、接线图、平面图、总平面图、系统图 形式 2 适用于电路图
25	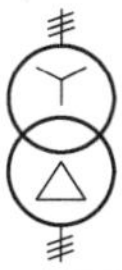	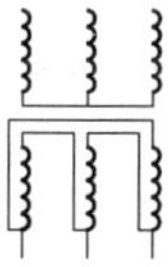	星形－三角形联结的三相变压器 Three－phase transformer, connection star－delta	
26	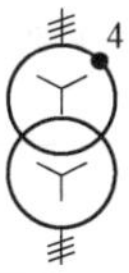	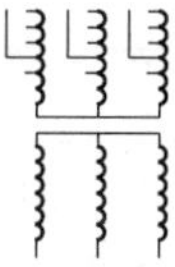	具有 4 个抽头的星形－星形联结的三相变压器 Three－phase transformer with four taps, connection: star－star	
27	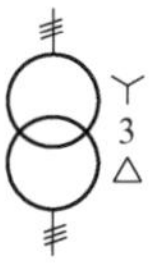	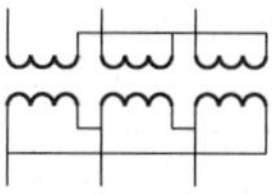	单相变压器组成的三相变压器，星形－三角形联结 Three－phase bank of single－phase transformers, connection star－delta	
28	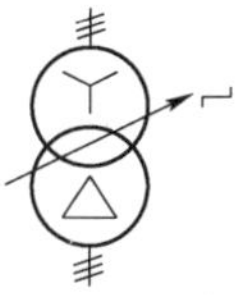	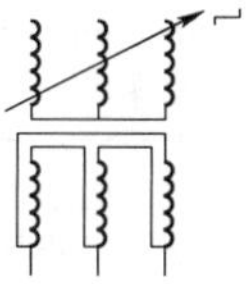	具有分接开关的三相变压器，星形－三角形联结 Three－phase transformer with tap changer	电路图、接线图、平面图、系统图 形式 2 只适用电路图
29	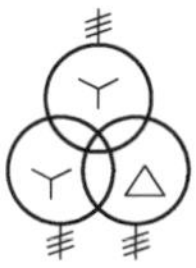	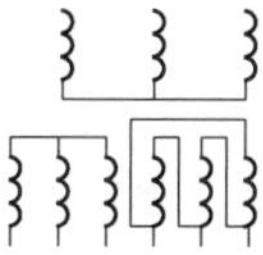	三相变压器，星形－星形－三角形联结 Three－phase transformer, connection star－star－delta	
30		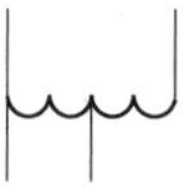	自耦变压器，一般符号 Auto－transformer, general symbol	电路图、接线图、平面图、总平面图、系统图 形式 2 只适用电路图
31		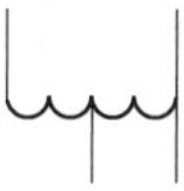	单相自耦变压器 Auto－transformer, single－phase	电路图、接线图、系统图 形式 2 只适用电路图
32		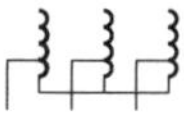	三相自耦变压器，星形联结 Auto－transformer, three－phase, connection star	
33		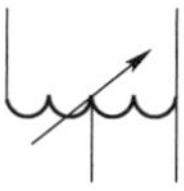	可调压的单相自耦变压器 Auto－transformer, single－phase with voltage regulation	
34	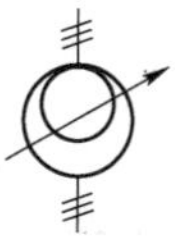	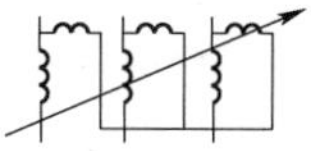	三相感应调压器 Three－phase induction regulator	

续表

序号	常用图形符号		说　明	应用类型
	形式 1	形式 2		
35			电抗器，一般符号 Reactor，general symbol	电路图、接线图、系统图 形式 2 只适用电路图
36	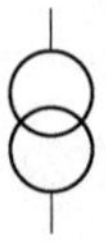	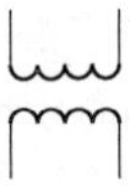	电压互感器 Voltage transformer	
37	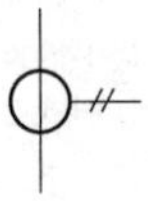	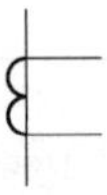	电流互感器，一般符号 Current transformer，general symbol	电路图、接线图、平面图、总平面图、系统图 形式 2 只适用电路图
38	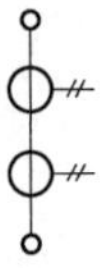	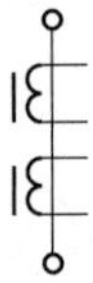	具有两个铁心，每个铁心有一个次级绕组的电流互感器 Current transformer with two cores with one secondary winding on each core，见注 3，其中形式 2 中的铁心符号可以略去	电路图、接线图、系统图 形式 2 只适用电路图
39	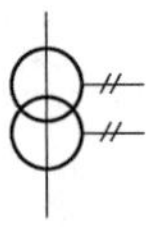	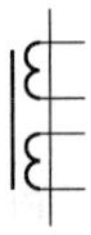	在一个铁心上具有两个二次绕组的电流互感器 Current transformer with two secondary windings on each core，形式 2 中的铁心符号必须画出	
40	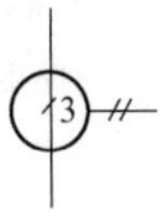	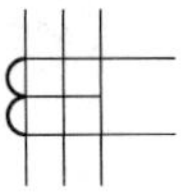	具有三条穿线一次导体的脉冲变压器或电流互感器 Pulse or current transformer with three threaded primary conductors	
41	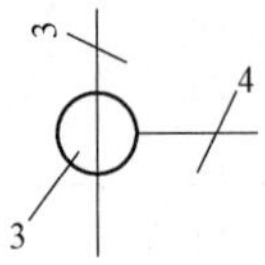	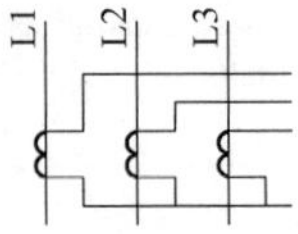	三个电流互感器(四个二次引线引出) Three current transformers	
42	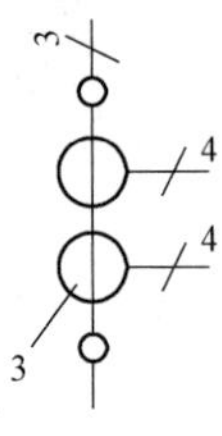	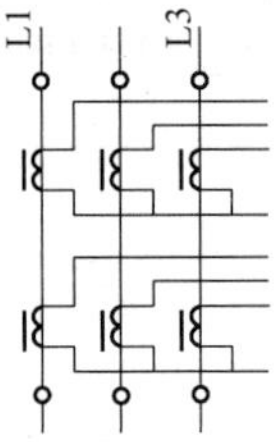	具有两个铁心，每个铁心有一个二次绕组的三个电流互感器 Three current transformers with two cores with one secondary winding on each core（见注 3）	
43	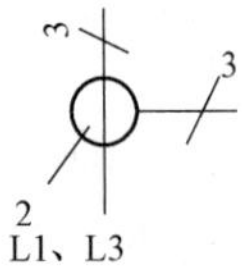	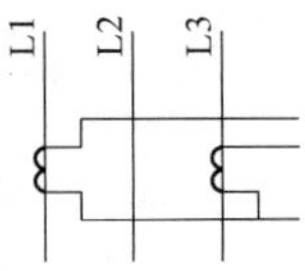	两个电流互感器，导线 L1 和导线 L3；三个二次引线引出 Two current trans-former on L1 and L3，three secondary lines	
44	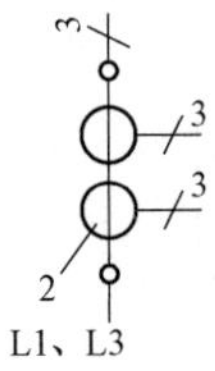	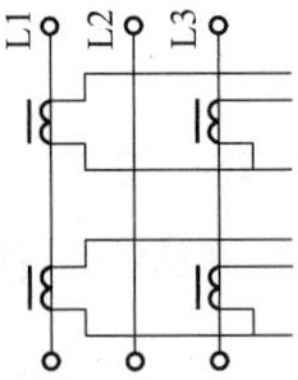	具有两个铁心，每个铁心有一个二次绕组的两个电流互感器 Two current trans-formers with two core with one secondary winding one each core（见注 3）	

续表

序号	常用图形符号		说　明	应用类型
	形式1	形式2		
45			物件、一般符号 Object，general symbol	电路图、接线图、平面图、系统图
46				
47	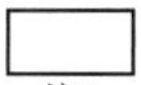 注4			
48	 ~ $\underline{u}$ =		有稳定输出电压的变换器 Converter with stabilized output voltage	电路图、接线图、系统图
49	 f_1 f_2		频率由 f_1 变到 f_2 的变频器 Frequency converter，changing from f_1 to f_2（f_1 和 f_2 可用输入和输出频率的具体数值代替）	电路图、系统图
50			直流/直流变换器 DC/DC converter	电路图、接线图、系统图
51			整流器 Rectifier	
52			逆变器 Inventer	
53			整流器/逆变器 Rectifier/Inventer	
54			原电池 Primary cell 长线代表阳极，短线代表阴极	
55	 G		静止电能发生器，一般符号 Static generator，general symbol	电路图、接线图、平面图、系统图
56	 G		光电发生器 Photovoltaic generator	电路图、接线图、系统图
57	 I_{Δ}		剩余电流监视器 Residual current monitor	
58			动合（常开）触点，一般符号；开关，一般符号 Make contact，general symbol；Switch，general symbol	电路图、接线图
59			动断（常闭）触点 Break contact	
60			先断后合的转换触点 Change－over break before make contact	
61			中间断开的转换触点 Change－over contact with off－position	
62			先合后断的双向转换触点 Change－over make before break contact，both ways	
63			延时闭合的动合触点 Make contact，delayed closing（当带该触点的器件被吸合时，此触点延时闭合）	

续表

序号	常用图形符号		说　　明	应用类型
	形式 1	形式 2		
64			延时断开的动合触点 Make contact, delayed opening（当带该触点的器件被释放时，此触点延时断开）	电路图、接线图
65			延时断开的动断触点 Break contact, delayed opening（当带该触点的器件被吸合时，此触点延时断开）	
66			延时闭合的动断触点 Break contact, delayed closing（当带该触点的器件被释放时，此触点延时闭合）	
67			自动复位的手孔按钮开关 Switch, manually operated, push-button, automatic return	
68			无自动复位的手孔旋转开关 Switch, manually operated, tuning, stay-put	
69	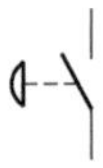		具有动合触点且自动复位的蘑菇头式的应急按钮开关 Push-button switch, type mushroom-head, key by operation	
70			带有放置无意操作的手动控制的具有动合触点的按钮开关 Push-button switch, protected against unintentional operation	
71			热继电器，动断触点 Thermal relay or release, break contact	
72	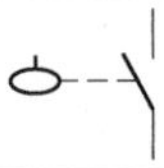		液位控制开关，动合触点 Actuated by liquid level switch, make contact	
73	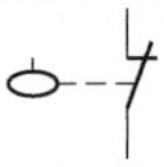		液位控制开关，动断触点 Actuated by liquid level switch, break contact	
74	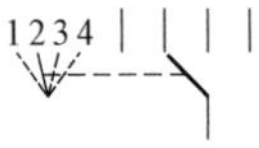 1234		带位置图示的多位开关，最多四位 Multi-position switch, with position diagram	电路图
75			接触器，接触器的主动合触点 Contactor; Main make contact of a contactor（在非操作位置上触点断开）	电路图、接线图
76			接触器，接触器的主动断触点 Contactor; Main break contact of a contactor（在非操作位置上触点闭合）	
77			隔离器 Disconnector; Isolator	
78			隔离开关 Switch-disconnector; on-load isolating switch	
79			带自动释放功能的隔离开关 Switch-disconnector, automatic release; on-load isolating switch, automatic（具有由内装的测量继电器或脱扣器触发的自动释放功能）	

续表

序号	常用图形符号		说　明	应用类型
	形式 1	形式 2		
80			断路器，一般符号 Circuit breaker，general symbol	电路图、接线图
81			带隔离功能断路器 Circuit breaker with disconnector（isolator）function	
82	I_{Δ}		剩余电流动作断路器 Residual current operated circuit－breaker	
83	I_{Δ}		带隔离功能的剩余电流动作断路器 Residual current operated circuit－breaker with disconnector（isolator）function	
84			继电器线圈，一般符号；驱动器件，一般符号 Relay coil，general symbol；operating device，general symbol	
85			缓慢释放继电器线圈 Relay coil of a slow－releasing relay	
86			缓慢吸合继电器线圈 Relay coil of a slow－operating relay	
87			热继电器的驱动器件 Operating device of a thermal relay	
88			熔断器，一般符号 Fuse，general symbol	
89			熔断器式隔离器 Fuse switch－disconnector；Fuse isolator	
90			熔断器式隔离开关 Fuse switch－disconnector；On－load isolating fuse switch	
91			火花间隙 Spark gap	
92			避雷器 Surge diverter；Lightning arrester	
93			多功能电器 Multiple－function switching device 控制与保护开关（CPS）（该多功能开关器件可通过使用相关功能符号表示可逆功能、断路器功能、隔离功能、接触器功能和自动脱扣功能。当使用该符号时，可省略不采用的功能符号要素）	电路图、系统图
94	V		电压表 Voltmeter	电路图、接线图、系统图
95	Wh		电能表（瓦时计）Watt－hour meter	

续表

序号	常用图形符号		说　明	应用类型
	形式 1	形式 2		
96			复费率电能表（示出二费率）Multi-rate watt-hour meter	电路图、接线图、系统图
97			信号灯，一般符号 Lamp，general symbol（见注 5）	电路图、接线图、平面图、系统图
98			音响信号装置，一般符号（电喇叭、电铃、单击电铃、电动汽笛）Acoustic signaling device，general symbol	
99			蜂鸣器 Buzzer	
100			发电站，规划的 Generating station，planned	总平面图
101			发电站，运行的 Generating station，in service or unspecified	
102			热电联产发电站，规划的 Combined electric and heat generated station，planned	
103			热电联产发电站，运行的 Combined electric and heat generated station，in service or unspecified	
104			变电站、配电站，规划的 Substation，planned（可在符号内加上任何有关变电站详细类型的说明）	
105			变电站、配电站，运行的 Substation，in service or unspecified	
106			接闪杆 Air-termination rod	接线图、平面图、总平面图、系统图
107			架空线路 Over-head line	总平面图
108			电力电缆井/人孔 Manhole for underground chamber	
109			手孔 Hand hole for underground chamber	
110			电缆梯架、托盘和槽盒线路 Line of cable ladder，cable tray，cable trunking	平面图、总平面图
111			电缆沟线路 Line of cable trench	
112			中性线 Neutral conductor	电路图、平面图、系统图
113			保护线 Protective conductor	
114			保护线和中性线共用线 Combined protective and neutral conductor	
115			带中性线和保护线的三相线路 Three-phase wiring with neutral conductor and protective conductor	
116			向上配线或布线 Wiring going up-wards	平面图

续表

序号	常用图形符号		说　　明	应用类型
	形式 1	形式 2		
117			向下配线或布线 Wiring going down－wards	平面图
118			垂直通过配线或布线 Wiring passing through vertically	
119			由下引来配线或布线 Wiring from the blow	
120			向上引来配线或布线 Wiring from the above	
121			连接盒，接线盒 Connection box；Junction box	
122		MS	电动机起动器，一般符号 Motor starter，general symbol	电路图、接线图、系统图 形式 2 用于平面图
123		SDS	星－三角起动器 Star－delta starter	
124		SAT	带自耦变压器的起动器 Starter with auto－transformer	
125		ST	带晶闸管整流器的调节－起动器 Stater－regulator with thyristors	
126			电源插座、插孔，一般符号（用于不带保护极的电源插座）Socket outlet（power），general symbol；Receptable outlet（power），general symbol，见注 6	平面图
127	3		多个电源插座（符号表示三个插座）Multiple socket outlet（power）	
128			带保护极的电源插座 Socket outlet（power）with protective contact	
129			单相二、三极电源插座 Single phase two or three poles socket outlet（power）	
130			带保护极和单极开关电源插座 Socket outlet（power）with protection pole and single pole switch	
131			带隔离变压器的电源插座 Socket outlet（power）with isolating transformer（剃须插座）	
132			开关，一般符号 Switch，general symbol（单联单控开关）	
133			双联单控开关 Double single control switch	
134			三联单控开关 Triple single control switch	
135	n		n 联单控开关，$n>3n$ single control switch，$n>3$	
136			带指示灯的开关 Switch with pilot light（带指示灯的单联单控开关）	
137			带指示灯的双联单控开关 Double single control switch with pilot light	

续表

序号	常用图形符号		说　明	应用类型
	形式 1	形式 2		
138			带指示灯的三联单控开关 Triple single control switch with pilot light	平面图
139			带指示灯的 n 联单控开关，$n>3n$ single control switch with pilot light，$n>3$	
140			单极限时开关 Period limiting switch，single pole	
141		SL	单极声光控开关 Sound and light control switch，single pole	
142			双控单极开关 Two－way single pole switch	
143			单极拉线开关 Pull－cord single pole switch	
144			风机盘管三速开关 Three－speed fan foil switch	
145			按钮 Push－button	
146			带指示灯的按钮 Push－button with indicator lamp	
147			防止无意操作的按钮 Push－button protected against unintentional operation（例如借助于打破玻璃罩进行保护）	
148			灯，一般符号 Lamp，general symbol，见注 7	
149	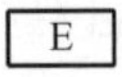	E	应急疏散指示标志 Emergency exit indicating luminaires	
150	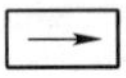		应急疏散指示标志（向右）Emergency exit indicating luminaires（right）	
151			应急疏散指示标志（向左）Emergency exit indicating luminaires（left）	
152	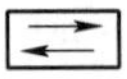		应急疏散指示标志（向左、向右）Emergency exit indicating luminaires（left，right）	
153			专用电路上的应急照明灯 Emergency lighting luminaire on special circuit	
154			自带电源的应急照明灯 Self－contained emergency lighting luminaire	
155			荧光灯，一般符号 Fluorescent lamp，general symbol（单管荧光灯）	
156			双管荧光灯 Luminaire with two fluorescent tubes	
157	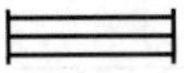		三管荧光灯 Luminaire with three fluorescent tubes	
158	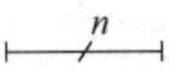	n	多管荧光灯，$n>3$ Luminaire with many fluorescent tubes	

续表

序号	常用图形符号		说　明	应用类型
	形式 1	形式 2		
159			单管格栅灯 Grille lamp with one fluorescent tube	平面图
160			双管格栅灯 Grille lamp with two fluorescent tubes	
161			三管格栅灯 Grille lamp with three fluorescent tubes	
162			投光灯，一般符号 Projector，general symbol	
163			聚光灯 Spot light	
164			风扇；风机 Fan	

注：1. 当电气元器件需要说明类型和敷设方式时，宜在符号旁标注下列字母：EX－防爆；EN 密闭；C－暗装。

2. 当需要区分不同类型时，符号“★”可采用下列字母表示：G－发电机；GP－永磁发电机；GS 同步发电机；M－电动机；MG 能作为发电机或电动机使用的电机；MS－同步电动机；MGS－同步发电机－电动机等。

3. 符号中加上端子符号（○）表明是一个器件，如果使用了端子代号，则电子符号可省略。

4. □可作为电气箱（柜、屏）的图形符号，当需要区分其类型时，宜在□内标注下列字母：LB－照明配电箱；ELB－应急照明配电箱；PB 动力配电箱；EPB－应急动力配电箱；WB－电度表箱；SB－信号箱；TB－电源切换箱；CB－控制箱、操作箱。

5. 当信号灯需要指示颜色，宜在符号旁编著下列字母：YE－黄；RD－红；GN－绿；BU－蓝；WH－白。如果需要指示光源种类，宜在符号旁标注下列字母：Na－钠气；Xe－氙；Ne－氖；IN－白炽灯；Hg－汞；I－碘；EL－电致发光的；ARC－弧光；IR－红外线的；FL 荧光的；UV 紫外线的；LED－发光二极管。

6. 当电源插座需要区分不同类型时，宜在符号旁标注下列字母：1P－单相；3P－三相；1C－单相暗敷；3C－三相暗敷；1EX－单相防爆；3EX－三相防爆；1EN－单相密闭；3EN－三相密闭。

7. 当灯具需要区分不同类型时，宜在符号旁边标注下列字母：ST－备用照明；SA－安全照明；LL－局部照明灯；W－壁灯；C－吸顶灯；R－筒灯；EN－密闭灯；G－圆球灯；EX－防爆灯；E－应急灯；L－花灯；P－吊灯；BM－浴霸。

弱电图样的常用图形符号见表 3－4～表 3－9 中图形符号。

表 3－4　　通信及综合布线系统图样的常用图形符号

序号	常用图形符号		说　明	应用类别
	形式 1	形式 2		
1	MDF		总配线架（柜） Main distribution frame	系统图、平面图
2	ODF		光纤配线架（柜） Fiber distribution frame	
3	IDF		中间配线架（柜） Mid distribution frame	
4	BD	BD	建筑物配线架（柜） Building distributor（有跳线连接）	系统图
5	FD	FD	楼层配线架（柜） Floor distributor（有跳线连接）	
6	CD		建筑群配线架（柜） Campus distributor	平面图、系统图

续表

序号	常用图形符号		说　明	应用类别
	形式 1	形式 2		
7	BD		建筑物配线架（柜）Building distributor	平面图、系统图
8	FD		楼层配线架（柜）Floor distributor	
9	HUB		集线器 Hub	
10	SW		交换机 Switchboard	
11	CP		集合点 Consolidation point	
12	LIU		光纤连接盘 Line interface unit	
13	TP	TP	电话插座 Telephone socket	
14	TD	TD	数据插座 Data socket	
15	TO	TO	信息插座 Information socket	
16	nTO	*n*TO	*n* 孔信息插座 Information socket with many outlets，*n* 为信息孔数量，例如：TO－单孔信息插座；2TO－二孔信息插座	
17	MUTO		多用户信息插座 Information socket for many users	

表 3－5　　火灾自动报警系统图样的常用图形符号

序号	常用图形符号		说　明	应用类别
	形式 1	形式 2		
1	★ 见注1		火灾报警控制器 Fire alarm device	平面图、系统图
2	★ 见注2		控制和指示设备 Control and indicating equipment	
3			感温火灾探测器（点型）Heat detector（point type）	
4	N		感温火灾探测器（点型、非地址码型）Heat detector	
5	EX		感温火灾探测器（点型、防爆型）Heat detector	
6			感温火灾探测器（线型）Heat detector（line type）	
7			感烟火灾探测器（点型）Smoke detector（point type）	
8	N		感烟火灾探测器（点型、非地址码型）Smoke detector（point type）	
9	EX		感烟火灾探测器（点型、防爆型）Smoke detector（point type）	
10			感光火灾探测器（点型）Optical flame detector（point type）	

续表

序号	常用图形符号		说　明	应用类别
	形式 1	形式 2		
11			红外感光火灾探测器(点型)Infra-red optical flame detector（point type）	
12			紫外感光火灾探测器（点型）UV optical flame detector（point type）	
13			可燃气体探测器（点型）Combustible gas detector（point type）	
14			复合式感光感烟火灾探测器（点型）Combination type optical flame and smoke detector（point type）	
15			复合式感光感温火灾探测器（点型）Combination type optical flame and heat detector（point type）	
16	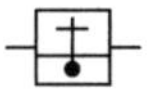		线型差定温火灾探测器 Line-type rate of rise and fixed temperature detector	
17	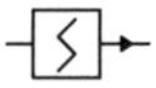		光束感烟火灾探测器（线型，发射部分）Beam smoke detector（line type，the part of launch）	
18	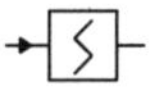		光束感烟火灾探测器（线型，接受部分）Beam smoke detector（line type，the part of reception）	
19			复合式感温感烟火灾探测器（点型）Combination type optical smoke and heat detector（point type）	
20	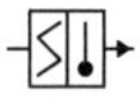		光束感烟感温火灾探测器（线型，发射部分）Beam smoke and heat detector（line type，the part of launch）	平面图、系统图
21	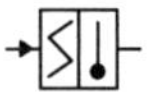		光束感烟感温火灾探测器（线型，接受部分）Beam smoke and heat detector（line type，the part of reception）	
22			手动火灾报警按钮 Manual fire alarm call point	
23			消火栓启泵按钮 Pump starting button in hydrant	
24			火警电话 Alarm telephone	
25			火警电话插孔（对讲电话插孔）Jack for two-way telephone	
26			带火警电话插孔的手动报警按钮 Manual station with Jack for two-way telephone	
27			火警电铃 Fire bell	
28			火灾发声警报器 Audible fire alarm	
29			火灾光警报器 Visual fire alarm	
30			火灾声光警报器 Audible and visual fire alarm	

续表

序号	常用图形符号		说　　明	应用类别
	形式 1	形式 2		
31			火灾应急广播扬声器 Fire emer-gency broadcast loud-speaker	平面图、系统图
32		L	水流指示器（组）Flow switch	
33	P		压力开关 Pressure switch	
34	70℃		70℃动作的常开防火阀 Normally open fire damper，70℃ close	
35	280℃		280℃动作的常开排烟阀 Normally open exhaust valve，280℃ close	
36	280℃		280℃动作的常闭排烟阀 Normally closed exhaust valve，280℃ open	
37			加压送风口 Pressurized air outlet	
38	SE		排烟口 Exhaust port	

注：1. 当火灾报警控制器需要区分不同类型时，符号“★”可采用下列字母表示：C-集中型火灾报警控制器；Z-区域型火灾报警控制器；G-通用火灾报警控制器；S-可燃气体报警控制器。

2. 当控制和指示设备需要区分不同类型时，符号“★”可采用下列字母表示：RS-防火卷帘门控制器；RD-防火门磁释放器；I/O-输入/输出模块；I-输入模块；O-输出模块；P-电源模块；T-电信模块；SI-短路隔离器；M-模块箱；SB-安全栅；D-火灾显示盘；FI-楼层显示盘；CRT-火灾计算机图形显示系统；FPA-火灾广播系统；MT-对讲电话主机；BO-总线广播模块；TP-总线电话模块。

表 3-6　　有线电视及卫星电视接收系统图样的常用图形符号

序号	常用图形符号		说　　明	应用类别
	形式 1	形式 2		
1			天线，一般符号 Antenna，general symbol	电路图、接线图、平面图、总平面图、系统图
2			带馈线的抛物面天线 Antenna，parabolic，with feeder	
3			有本地天线引入的前端（符号表示一条馈线支路） Head end with local antenna	平面图、总平面图
4			无本地天线引入的前端（符号表示一条输入和一条输出通路） Head end without local antenna	
5			放大器、中继器，一般符号 Amplifier，general symbol （三角形指向传输方向）	电路图、接线图、平面图、总平面图、系统图
6			双向分配放大器 Dual way distribution amplifier	
7			均衡器 Equalizer	平面图、总平面图、系统图
8			可变均衡器 Variable equalizer	
9	A		固定衰减器 Attenuator，fixed loss	电路图、接线图、系统图

续表

序号	常用图形符号		说　明	应用类别
	形式 1	形式 2		
10	A		可变衰减器 Attenuator，variable loss	电路图、接线图、系统图
11		DEM	解调器 Demodulator	接线图、系统图 形式 2 用于平面图
12		MO	调制器 Modulator	
13		MOD	调制解调器 Modem	
14			分配器，一般符号 Splitter，general symbol（表示两路分配器）	电路图、接线图、平面图、系统图
15			分配器，一般符号 Splitter，general symbol（表示三路分配器）	
16			分配器，一般符号 Splitter，general symbol（表示四路分配器）	
17			分支器，一般符号 Tap－off，general symbol（表示一个信号分支）	
18			分支器，一般符号 Tap－off，general symbol（表示两个信号分支）	
19			分支器，一般符号 Tap－off，general symbol（表示四个信号分支）	
20			混合器，一般符号 Combiner，general symbol（表示两路混合器，信息流从左到右）	
21	TV	TV	电视插座 Television socket	平面图、系统图

表 3－7　　广播系统图样的常用图形符号

序号	常用图形符号	说　明	应用类别
1		传声器，一般符号 Microphone，general symbol	系统图、平面图
2	注1	扬声器，一般符号 Loudspeaker，general symbol	
3		嵌入式安装扬声器箱 Flush－type loudspeaker box	平面图
4	注1	扬声器箱、音箱、声柱 Loudspeaker box	
5		号筒式扬声器 Horn	系统图、平面图
6		调谐器、无线电接收机 Turner；radio receiver	接线图、平面图、总平面图、系统图
7	注2	放大器，一般符号 Amplifier，general symbol	
8	M	传声器插座 Microphone socket	平面图、总平面图、系统图

注：1. 当扬声器箱、音箱、声柱需要区分不同的安装方式时，宜在符号旁标注下列字母：C－吸顶式安装；R－嵌入式安装；W－壁挂式安装。

2. 当放大器需要区分不同的类型时，宜在符号旁标注下列字母：A－扩大机；PRA－前置放大器；AP－功率放大器。

表 3－8　　安全技术防范系统图样的常用图形符号

序号	常用图形符号		说　明	应用类别
	形式 1	形式 2		
1	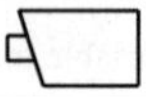		摄像机 Camera	平面图、系统图
2	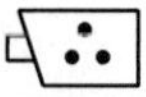		彩色摄像机 Color camera	
3	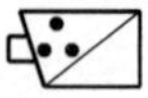		彩色转黑白摄像机 Color to black and white camera	
4			带云台的摄像机 Camera with pan/tilt unit	
5	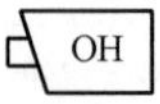 OH		带室外防护罩的摄像机 Camera with outdoor protective cover	
6	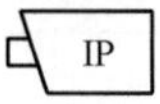 IP		网络（数字）摄像机 Network camera	
7	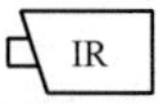 IR		红外摄像机 Infrared camera	
8	 IR		红外带照明灯摄像机 Infrared camera with light	
9	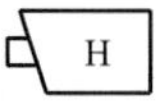 H		半球形摄像机 Hemispherical camera	
10	 R		全球摄像机 Spherical camera	
11	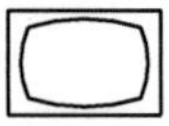		监视器 Monitor	
12	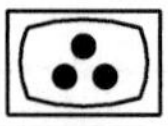		彩色监视器 Color monitor	
13	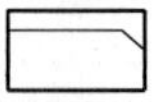		读卡器 Card reader	
14	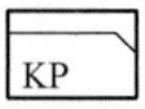 KP		键盘读卡器 Card reader with keypad	
15			保安巡查打卡器 Guard tour station	
16			紧急脚挑开关 Deliberately－operated device（foot）	
17			紧急按钮开关 Deliberately－operated device（manual）	
18	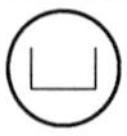		门磁开关 Magnetically operated protective switch	
19	 B		玻璃破碎探测器 Glass－break detector（surface contact）	
20	 A		振动探测器 Vibration detector（structural or inertia）	
21	 IR		被动红外入侵探测器 Passive infrared intrusion detector	
22	 M		微波入侵探测器 Microwave intrusion detector	

续表

序号	常用图形符号		说　明	应用类别
	形式1	形式2		
23	IR/M		被动红外/微波双技术探测器 IR/M dual-technology detector	平面图、系统图
24	Tx IR Rx		主动红外探测器 Active infrared intrusion detector（发射、接受分别为 Tx、Rx）	
25	Tx M Rx		遮挡式微波探测器 Microwave fence detector	
26	L		埋入线电场扰动探测器 Buried line field disturbance detector	
27	C		弯曲或振动电缆探测器 Flex or shock sensive cable detector	
28	LD		激光探测器 Laser detector	
29			对讲系统主机 Main control module for flat intercom electrical control system	
30			对讲电话分机 Interphone handset	
31			可视对讲机 Video entry security intercom	
32			可视对讲户外机 Video intercom outdoor unit	
33			指纹识别器 Finger print verifier	
34	M		磁力锁 Magnetic lock	
35	E		电锁按键 Button for electro-mechanic lock	
36	EL		电控锁 Electro-mechanical lock	
37			投影机 Projector	

表3-9　　建筑设备监控系统图样常用的图形符号

序号	常用图形符号		说　明	应用类别
	形式1	形式2		
1	T		温度传感器 Temperature transmitter	电路图、平面图、系统图
2	P		压力传感器 Pressure transmitter	
3	M	H	湿度传感器 Humidity transmitter	
4	PD	ΔP	压差传感器 Differential pressure transmitter	
5	GE *		流量测量元件（*为位号）Measuring component，flowrate	
6	GT *		流量变送器（*为位号）Transducer，flowrate	

续表

序号	常用图形符号		说　明	应用类别
	形式 1	形式 2		
7	LT *		液位变送器（*为位号）Transducer，level	电路图、平面图、系统图
8	PT *		压力变送器（*为位号）Transducer，pressure	
9	TT *		温度变送器（*为位号）Transducer，temperature	
10	MT *	HT *	湿度变送器（*为位号）Transducer，humidity	
11	GT *		位置变送器（*为位号）Transducer，position	
12	ST *		速率变送器（*为位号）Transducer，speed	
13	PDT *	ΔDT *	压差变送器（*为位号）Transducer，differential pressure	
14	IT *		电流压差变送器（*为位号）Transducer，current	
15	UT *		电压压差变送器（*为位号）Transducer，voltage	
16	ET *		电能压差变送器（*为位号）Transducer，electric energy	
17	A/D		模拟/数字变送器 Converter，A/D	
18	D/A		数字/模拟变送器 Converter，D/A	
19	HM		热能表 Heat meter	
20	GM		燃气表 Gas meter	
21	WM		水表 Water meter	
22	M		电动阀 Electrical valve	
23	M		电磁阀 Solenoid valve	

（2）线型符号。建筑电气图样中电气线路可按表 3－10 的线型符号绘制。

表 3－10　　　　电 气 线 路 线 型 符 号

序号	常用图形符号		说　明
	形式 1	形式 2	
1	S	—— S ——	信号线路
2	C	—— C ——	控制线路

续表

序号	常用图形符号		说明
	形式1	形式2	
3	EL	—— EL ——	应急照明线路
4	PE	—— PE ——	保护接地线路
5	E	—— E ——	接地线
6	LP	—— LP ——	接闪线、接闪带、接闪网
7	TP	—— TP ——	电话线路
8	TD	—— TD ——	数据线路
9	TV	—— TV ——	有线电视线路
10	BC	—— BC ——	广播线路
11	V	—— V ——	视频线路
12	GCS	—— GCS ——	综合布线线路
13	F	—— F ——	消防电话线路
14	D	—— D ——	50V 以下的电源线路
15	DC	—— DC ——	直流电源线路
16	[光缆符号]		光缆，一般符号

（3）文字符号。线缆敷设方式、敷设部位和灯具安装方式的标注宜采用表3－11～表3－13的文字符号。

表3－11　线缆敷设方式标注的文字符号

序号	名称	文字符号	英文名称
1	穿低压流体输送用焊接管钢管（钢导管）敷设	SC	Run in welded steel conduit
2	穿普通碳素钢电线套管敷设	MT	Run in electrical metallic tubing
3	穿可挠金属电线保护套管敷设	CP	Run in flexible metal trough
4	穿硬塑料导管敷设	PC	Run in rigid PVC conduit
5	穿阻燃半硬塑料导管敷设	FPC	Run in flame retardant semiflexible PVC conduit
6	穿塑料波纹电线管敷设	KPC	Run in corrugated PVC conduit
7	电缆托盘敷设	CT	Installed in cable tray
8	电缆梯架敷设	CL	Installed in cable ladder
9	金属槽盒敷设	MR	Installed in metallic trunking
10	塑料槽盒敷设	PR	Installed in PVC trunking
11	钢索敷设	M	Supported by messenger wire
12	直埋敷设	DB	Direct burying
13	电缆沟敷设	TC	Installed in cable trough
14	电缆排管敷设	CE	Installed in concrete encasement

表3－12　线缆敷设部位标志的文字符号

序号	名称	文字符号	英文名称
1	沿或跨梁（屋架）敷设	AB	Along or cross beam
2	沿或跨柱敷设	AC	Along or cross column

续表

序号	名　　称	文字符号	英文名称
3	沿吊顶或顶板面敷设	CE	Along ceiling or slab surface
4	吊顶内敷设	SCE	Recessed in ceiling
5	沿墙面敷设	WS	On wall surface
6	沿屋面敷设	RS	On roof surface
7	暗敷设在顶板内	CC	Concealed in ceiling or slab
8	暗敷设在梁内	BC	Concealed in beam
9	暗敷设在柱内	CLC	Concealed in column
10	暗敷设在墙内	WC	Concealed in wall
11	暗敷设在地板或地面下	FC	In floor or ground

表 3－13　　灯具安装方式标注的文字符号

序号	名　　称	文字符号	英文名称
1	线吊式	SW	Wire suspension type
2	链吊式	CS	Catenary suspension type
3	管吊式	DS	Conduit suspension type
4	壁装式	W	Wall mounted type
5	吸顶式	C	Ceiling mounted type
6	嵌入式	R	Flush type
7	吊顶内安装	CR	Recessed in ceiling
8	墙壁内安装	WR	Recessed in wall
9	支架上安装	S	Mounted on support
10	柱上安装	CL	Mounted on column
11	座装	HM	Holder mounting

供配电系统设计文件的标注宜采用表 3－14 中的文字符号。

表 3－14　　供配电系统设计文件标注的文字符号

序号	文字符号	名　　称	单位	英文名称
1	U_n	系统标称电压，线电压（有效值）	V	Nominal system voltage
2	U_r	设备的额定电压，线电压（有效值）	V	Nominal voltage of equipment
3	I_r	额定电流	A	Rated current
4	F	频率	Hz	Frequency
5	P_r	额定功率	kW	Rated power
6	P_n	设备安装功率	kW	Installed capacity
7	P_e	计算有功功率	kW	Calculate active power
8	Q_e	计算无功功率	kvar	Calculate reactive power
9	S_e	计算视在功率	kVA	Calculate apparent power
10	S_r	额定视在功率	kVA	Rated apparent power

续表

序号	文字符号	名　　称	单位	英文名称
11	I_c	计算电流	A	Calculate current
12	I_{st}	起动电流	A	Starting current
13	I_p	尖峰电流	A	Peak current
14	I_s	整定电流	A	Settling value of a current
15	I_k	稳态短路电流	kA	Steady – state short – circuit current
16	$\cos\varphi$	功率因数	—	Power factor
17	u_{kr}	阻抗电压	%	Impedance voltage
18	i_p	短路电流峰值	kA	Peak short – circuit current
19	S''_{KQ}	短路容量	MVA	Short – circuit power
20	K_d	需要系数	—	Demand factor

设备端子号和导体宜按表 3－15 中的标志和标识。

表 3－15　　设备端子和导体的标志和标识

序号	导　　体		文字符号	
			设备端子标志	导体和导体终端标识
1	交流导体	第 1 线	U	L1
		第 2 线	V	L2
		第 3 线	W	L3
		中性导体	N	N
2	直流导体	正极	＋或 C	L＋
		负极	－或 D	L－
		中间点导体	M	M
3	保护导体		PE	PE
4	PEN 导体		PEN	PEN

电气设备常用参照代号宜采用表 3－16 中的字母代码。

表 3－16　　电气设备常用参照代号的字母代码

项目种类	设备、装置和元件名称	参照代号的字母代码	
		主类代码	含子类代码
两种或两种以上的用途或任务	35kV 开关柜	A	AH
	20kV 开关柜		AJ
	10kV 开关柜		AK
	6kV 开关柜		—
	低压配电柜		AN
	并联电容器箱（柜、屏）		ACC
	直流配电箱		AD

续表

项目种类	设备、装置和元件名称	参照代号的字母代码	
		主类代码	含子类代码
两种或两种以上的用途或任务	保护箱	A	AR
	电能计量箱		AM
	信号箱		AS
	电源自动切换箱		AT
	动力配电箱		AP
	应急动力配电箱		APE
	控制、操作箱		AC
	励磁箱		AE
	照明配电箱		AL
	应急照明配电箱		ALE
	电能表箱		AW
	弱电系统设备箱		—
把某一输入变量（物理性质、条件或事件）转换为供进一步处理的信号	热过载继电器	B	BB
	保护继电器		BB
	电流互感器		BE
	电压互感器		BE
	测量继电器		BE
	测量电阻（分流）		BE
	测量变送器		BE
	气表、水表		BF
	差压传感器		BF
	流量传感器		BF
	接近开关、位置开关		BG
	接近传感器		BG
	时钟、计时器		BK
	湿度计、湿度测量传感器		BM
	压力传感器		BP
	烟雾（感烟）探测器		BR
	感光（火焰）探测器		BR
	光电池		BR
	速度计、转速计		BS
	速度变换器		BS
	温度传感器、温度计		BT
	麦克风		BX
	视频摄像机		BX
	火灾探测器		—
	气体探测器		
	测量变换器		

续表

项目种类	设备、装置和元件名称	参照代号的字母代码	
		主类代码	含子类代码
把某一输入变量（物理性质、条件或事件）转换为供进一步处理的信号	位置测量传感器	B	BG
	液位测量传感器		BL
材料、能量或信号的存储	电容器	C	CA
	线圈		CB
	硬盘		CF
	存储器		CF
	磁带记录仪、磁带机		CF
	录像机		CF
提供辐射能或热能	白炽灯、荧光灯	E	EA
	紫外灯		EA
	电炉、电暖炉		EB
	电热、电热丝		EB
	灯、灯泡		—
	激光器		
	发光设备		
	辐射器		
直接防止（自动）能量流、信息流、人身或设备发生危险的或意外的情况，包括用于防护体系的系统和设备	热过载释放器	F	FD
	熔断器		FA
	安全栅		FC
	电泳保护器		FC
	接闪器		FE
	接闪杆		FE
	保护阳极（阴极）		FR
启动能量流或材料流，产生用作信息载体或参考源的信号。生产一种新能量、材料或产品	发电机	G	GA
	直流发电机		GA
	电动发电机组		GA
	柴油发电机组		GA
	蓄电池、干电池		GB
	燃料电池		GB
	太阳能电池		GC
	信号发生器		GF
	不间断电源		GU
处理（接受、加工和提供）信号或信息（用于防护的物体除外，见 F 类）	继电器	K	KF
	时间继电器		KF
	控制器（电、电子）		KF
	输入、输出模块		KF

续表

项目种类	设备、装置和元件名称	参照代号的字母代码	
		主类代码	含子类代码
处理（接受、加工和提供）信号或信息（用于防护的物体除外，见 F 类）	接收机	K	KF
	发射机		KF
	光耦器		KF
	控制器（光、声学）		KG
	阀门控制器		KH
	瞬时接触继电器		KA
	电流继电器		KC
	电压继电器		KV
	信号继电器		KS
	瓦斯保护继电器		KB
	压力继电器		KPR
提供驱动用机械能（旋转或线性机械运动）	电动机	M	MA
	直线电动机		MA
	电磁驱动		MB
	励磁线圈		MB
	执行器		ML
	弹簧储能装置		ML
提供信息	打印机	P	PF
	录音机		PF
	电压表		PV
	告警灯、信号灯		PG
	监视器、显示器		PG
	LED（发光二极管）		PG
	铃、钟		PB
	计量表		PG
	电流表		PA
	电能表		PJ
	时钟、操作时间表		PT
	无功电能表		PJR
	最大需用量表		PM
	有功功率表		PW
	功率因数表		PPF
	无功电流表		PAR
	（脉冲）计数器		PC
	记录仪器		PS
	频率表		PF

续表

项目种类	设备、装置和元件名称	参照代号的字母代码	
		主类代码	含子类代码
提供信息	相位表	P	PPA
	转速表		PT
	同位指示器		PS
	无色信号灯		PG
	白色信号灯		PGW
	红色信号灯		PGR
	绿色信号灯		PGG
	黄色信号灯		PGY
	显示器		PC
	温度计、液位计		PG
受控切换或改变能量流、信号流或材料流（对于控制电路中的信号，见 K 类和 S 类）	断路器	Q	QA
	接触器		QAC
	晶闸管、电动机起动器		QA
	隔离器、隔离开关		QB
	熔断式隔离器		QB
	熔断式隔离开关		QB
	接地开关		QC
	旁路断路器		QD
	电源切换开关		QCS
	剩余电流保护断路器		QR
	软起动器		QAS
	综合起动器		QCS
	星–三角起动器		QSD
	自耦降压起动器		QTS
	转子变阻式起动器		QRS
限制或稳定能量、信息或材料的运动或流动	电阻器、二极管	R	RA
	电抗线圈		RA
	滤波器、均衡器		RF
	电磁锁		RL
	限流器		RN
	电感器		—
把手动操作转变为进一步处理的特定信号	控制开关	S	SF
	按钮开关		SF
	多位开关（选择开关）		SAC
	起动按钮		SF
	停止按钮		SS

续表

项目种类	设备、装置和元件名称	参照代号的字母代码	
		主类代码	含子类代码
把手动操作转变为进一步处理的特定信号	复位按钮	S	SR
	试验按钮		ST
	电压表切换开关		SV
	电流表切换开关		SA
保持能量性质不变的能量变换，已建立的信号保持信息内容不变的变换，材料形态或形状的变换	变频器、频率转换器	T	TA
	电力变压器		TA
	DC/DC 转换器		TA
	整流器、AC/DC 变换器		TB
	天线、放大器		TF
	调制器、解调器		TF
	隔离变压器		TF
	控制变压器		TC
	整流变压器		TR
	照明变压器		TL
	有载调压变压器		TLC
	自耦变压器		TT
保护物体在一定的位置	支柱绝缘子	U	UB
	强电梯架、托盘和槽盒		UB
	瓷瓶		UB
	弱电梯架、托盘和槽盒		UG
	绝缘子		—
从一地到另一地导引或输送能量、信号、材料或产品	高压母线、母线槽	W	WA
	高压配电线缆		WB
	低压母线、母线槽		WC
	低压配电线缆		WD
	数据总线		WF
	控制电缆、测量电缆		WG
	光缆光纤		WH
	信号线路		WS
	电力（动力）线路		WP
	照明线路		WL
	应急电力（动力）线路		WPE
	应急照明线路		WLE
	滑触线		WT
连接物	高压端子、接线盒	X	XB
	高压电缆头		XB
	低压端子、端子板		XD

续表

项目种类	设备、装置和元件名称	参照代号的字母代码	
		主类代码	含子类代码
连接物	过路接线盒、接线端子箱	X	XD
	低压电缆头		XD
	插座、插座箱		XD
	接地端子、屏蔽接地端子		XE
	信号分配器		XG
	信号插头连接器		XG
	（光学）信号连接器		XH
	连接器		—
	插头		

常用辅助文字符号宜按表 3－17～表 3－19 执行。

表 3－17　　常用辅助文字符号

序号	文字符号	中文名称	英文名称
1	A	电流	Current
2	A	模拟	Analog
3	AC	交流	Alternating current
4	A、AUT	自动	Automatic
5	ACC	加速	Accelerating
6	ADD	附加	Add
7	ADJ	可调	Adjustability
8	AUX	辅助	Auxiliary
9	ASY	异步	Asynchronizing
10	B、BRK	制动	Braking
11	BC	广播	Broadcast
12	BK	墨	Black
13	BU	蓝	Blue
14	BW	向后	Backward
15	C	控制	Control
16	CCW	逆时针	Counter clockwise
17	CD	操作台（独立）	Control desk（independent）
18	CO	切换	Change over
19	CW	顺时针	Clockwise
20	D	延时、延迟	Delay
21	D	差动	Differential
22	D	数字	Digital
23	D	降	Down，Lower
24	DC	直流	Direct current
25	DCD	解调	Demodulation
26	DEC	减	Decrease

续表

序号	文字符号	中文名称	英文名称
27	DP	调度	Dispatch
28	DR	方向	Direct
29	DS	失步	Desynchronize
30	E	接地	Earthing
31	EC	编码	Encode
32	EM	紧急	Emergency
33	EMS	发射	Emission
34	EX	防爆	Explosion proof
35	F	快速	Fast
36	FA	事故	Failure
37	FB	反馈	Feedback
38	FM	调频	Frequency proof
39	FW	正、向前	Forward
40	FX	固定	Fix
41	G	气体	Gas
42	GN	绿	Green
43	H	高	High
44	HH	最高（较高）	Highest（higher）
45	HH	手孔	Handhole
46	HV	高压	High voltage
47	IN	输入	Input
48	INC	增	Increase
49	IND	感应	Induction
50	L	左	Left
51	L	限制	Limiting
52	L	低	Low
53	LL	最低（较低）	Lowest（lower）
54	LA	闭锁	Latching
55	M	主	Main
56	M	中	Medium
57	M、MAN	手动	Manual
58	MAX	最大	Maximum
59	MIN	最小	Minimum
60	MC	微波	Microwave
61	MD	调制	Modulation
62	MH	人孔（人井）	Manhole
63	MN	监听	Monitoring
64	MO	瞬时（间）	Moment
65	MUX	多路复用的限定符号	Multiplex
66	NR	正常	Normal

续表

序号	文字符号	中文名称	英文名称
67	OFF	断开	Open，Off
68	ON	闭合	Close，On
69	OUT	输出	Output
70	O/E	广电转换器	Optics/Electric transducer
71	P	压力	Pressure
72	P	保护	Protection
73	PL	脉冲	Pulse
74	PM	调相	Phase modulation
75	PO	并机	Parallel operation
76	PR	参量	Parameter
77	R	记录	Recording
78	R	右	Right
79	R	反	Reverse
80	RD	红	Red
81	RES	备用	Reservation
82	R、RST	复位	Reset
83	RTD	热电阻	Resistance temperature detector
84	RUN	运转	Run
85	S	信号	Signal
86	ST	起动	Start
87	S、SET	置位、定位	Setting
88	SAT	饱和	Saturate
89	STE	步进	Stepping
90	STP	停止	Stop
91	SYN	同步	Synchronizing
92	SY	整步	Synchronize
93	SP	设定点	Set－point
94	T	温度	Temperature
95	T	时间	Time
96	T	力矩	Torque
97	TM	发送	Transmit
98	U	升	Up
99	UPS	不间断电源	Uninterruptable power supplies
100	V	真空	Vacuum
101	V	速度	Velocity
102	V	电压	Voltage
103	VR	可变	Variable
104	WH	白	White
105	YE	黄	Yellow

表 3-18　　强电设备辅助文字符号

强电	文字符号	中文名称	英文名称
1	DB	配电屏（箱）	Distribution board（box）
2	UPS	不间断电源装置（箱）	Uninterrupted power supply board（box）
3	EPS	应急电源装置	Electric power storage supply board（box）
4	MEB	总等电位端子箱	Main equipotential terminal box
5	LEB	局部等电位端子箱	Local equipotential terminal box
6	SB	信号箱	Signal box
7	TB	电源切换箱	Power supply switchover box
8	PB	动力配电箱	Electric distribution box
9	EPB	应急动力配电箱	Emergency electric power box
10	CB	控制箱、操作箱	Control box
11	LB	照明配电箱	Lighting distribution box
12	ELB	应急照明配电箱	Emergency lighting board（box）
13	WB	电能表箱	Kilowatt-hour meter board（box）
14	IB	仪表箱	Instrument box
15	MS	电动机起动器	Motor starter
16	SDS	星-三角起动器	Star-delta starter
17	SAT	自耦降压起动器	Starter with auto-transformer
18	ST	软起动器	Starter-regulator with thyristors
19	HDR	烘手器	Hand drying

表 3-19　　弱电设备辅助文字符号

弱电	文字符号	中文名称	英文名称
1	DDC	直接数字控制器	Direct digital controller
2	BAS	建筑设备监控系统设备箱	Building automation system equipment box
3	BC	广播系统设备箱	Broadcasting system equipment box
4	CF	会议系统设备箱	Conference system equipment box
5	SC	安防系统设备箱	Security system equipment box
6	NT	网络系统设备箱	Network system equipment box
7	TP	电话系统设备箱	Telephone system equipment box
8	TV	电视系统设备箱	Television system equipment box
9	HD	家居配线箱	House tele-distributor
10	HC	家居控制器	House controller
11	HE	家居配电箱	House electrical distribution
12	DEC	解码器	Decoder
13	VS	视屏服务器	Video frequency server
14	KY	操作键盘	Keyboard
15	STB	机顶盒	Set top box
16	VAD	音量调节器	Volume adjuster
17	DC	门禁控制器	Door control
18	VD	视频分配器	Video amplifier distributor
19	VS	视频顺序切换器	Sequential video switch
20	VA	视频补偿器	Video compensator

续表

弱电	文字符号	中文名称	英文名称
21	TG	时间信号发生器	Time－date generator
22	CPU	计算机	Computer
23	DVR	数字硬盘录像机	Digital video recorder
24	DEM	解调器	Demodulator
25	MO	调制器	Modulator
26	MOD	调制解调器	Modem

信号灯、按钮及导体的颜色标识宜按表 3－20～表 3－22 执行。

表 3－20　　信号灯和按钮的颜色标识

名称	颜色标识	
状态	颜色	备注
危险指示	红色（RD）	—
事故跳闸		
重要的服务系统停机		
起重机停止位置超行程		
辅助系统的压力/温度超出安全极限		
警告指示	黄色（YE）	
高温报警		
过负荷		
异常指示		
安全指示	绿色（GN）	
正常指示		核准继续运行
正常分闸（停机）指示		设备在安全状态
弹簧储能完毕指示		
电动机降压起动过程指示	蓝色（BU）	
开关的合（分）或运行指示	白色（WH）	单灯指示开关运行状态；双灯指示开关合时运行状态

表 3－21　　按钮的颜色标识

名称	颜色标识
紧停按钮	红色（RD）
正常停和紧停合用按钮	
危险状态或紧急指令	
合闸（开机）（起动）按钮	绿色（GN）、白色（WH）
分闸（停机）按钮	红色（RD）、黑色（BK）
电动机降压起动结束按钮	白色（WH）
复位按钮	
弹簧储能按钮	蓝色（BU）
异常、故障状态	黄色（YE）
安全状态	绿色（GN）

表 3－22　　导体的颜色标识

导体名称	颜色标识
交流导体的第 1 线	黄色（YE）
交流导体的第 2 线	绿色（GN）
交流导体的第 3 线	红色（RD）
中性导体 N	淡蓝色（BU）
保护导体 PE	绿/黄双色（GNYE）
PEN 导体	全长绿/黄双色（GNYE），终端另用淡蓝色（BU）标志或全长淡蓝色（BU），终端另用绿/黄双色（GNYE）标志
直流导体的正极	棕色（BN）
直流导体的负极	蓝色（BU）
直流导体的中间点导体	淡蓝色（BU）

（4）标注。电气设备标注方式宜按表 3－23 中表述方式执行。

表 3－23　　电气设备的标注方法

序号	标注方式	说　明
1	$\frac{a}{b}$	用电设备标注 a—参照代号 b—额定容量（kW 或 kVA）
2	$-a+b/c$①	系统图电气箱（柜、屏）标注 a—参照代号 b—位置信息 c—型号
3	$-a$①	平面图电气箱（柜、屏）标注 a—参照代号
4	ab/cd	照明、安全、控制变压标注 a—参照代号 b/c—一次电压/二次电压 d—额定容量
5	$a-b\frac{c\times d\times L}{e}f$②	灯具标注 a—数量 b—型号 c—每盏灯的光源数量 d—光源安装容量 e—安装高度 “－”表示吸顶安装 L—光源种类 f—安装方式

续表

序号	标注方式	说明
6	$\frac{a\times b}{c}$	电缆梯架、托盘和槽盒标注 a—宽度（mm） b—高度 c—安装高度
7	a/b/c	光缆标注 a—型号 b—光纤芯数 c—长度
8	ab-c(d×e+f×g)i-jh	线缆的标注 a—参照代号 b—型号 c—电缆根数 d—相导体根数 e—相导体截面（mm^2） f—N、PE 导体根数 g—N、PE 导体截面（mm^2） i—敷设方式和管径（mm），参见表3-13 j—敷设部位，参见表 3-12 h—安装高度
9	a-b(c×2×d)e-f	电话线缆的标注 a—参照代号 b—型号 c—导体对数 d—导体直径（mm） e—敷设方式和管径（mm） f—敷设部位

① 前缀“-”在不会引起混淆时可省略。

② 当电源线缆 N 和 PE 分开标注时，应先标注 N 后标注 PE（线缆规格中的电压值在不会引起混淆时可省略）。

4. 图样画法

（1）一般规定。同一个工程项目所用的图纸幅面规格宜一致，所用的图形符号、文字符号、参照代号、术语、线型、字体、制图方式等应一致。

图样宜以图的形式表示，当设计依据、施工要求等图样中无法以图表示时，应按下列规定进行文字说明：

1）对于工程项目的共性问题，宜在设计说明里集中说明。

2）对于图样中的局部问题，宜在本图样内说明。

主要设备表宜注明序号、名称、型号、规格、单位和数量，可按表 3-24 样式绘制。图形符号表宜注明序号、名称、图形符号、参照代号和备注等。

表 3-24　　主要设备表

序号	名称	型号及规格	单位	数量	备注

建筑电气专业的主要设备表和图形符号表宜合并，可按表 3-25 样式绘制。

表 3-25　　主要设备表、图形符号表

序号	名称	图形符号	参照代号	型号及规格	单位	数量	备注

电气设备及连接线缆、敷设路由等位置信息应以电气平面图为准，安装高度统一标准不会引起混淆时，安装高度可在系统图、电气平面图、主要设备表或图形符号表的任一处标注。

（2）图号。为了便于图样管理与检索，设计图样应加注图号标识，图号标识应能表示出设计阶段、设计信息、图样编号等信息。设计阶段指规划、方案设计、初步设计、施工图设计、装修设计等。设计信息是指强电设计和弱电（智能化）设计，规模小的工程可不分强、弱电出图；规模较大的工程，强电、弱电宜分别出图。

（3）图样编排。设计图纸应编写图样目录，并宜符合下列规定：

1）初步设计阶段工程设计的图样目录宜以工程项目或工程项目的各子项目为单位进行编写。

2）施工图设计阶段工程设计的图样目录宜以工程项目或工程项目的各子项目为单位进行编写。

3）施工图阶段各子项目共同使用的统一电气详图、电气大样图、通用图、宜单独进行编写。

设计图样的编排宜符合按下列规定：

1）图样目录、主要设备表、图形符号、使用标准图目录、设计说明宜在前，设计图样宜在后。

2）设计图样的编排宜符合下列规定：

① 建筑电气系统图宜编排在前，电路图、接线图（表）、电气平面图、剖面图、电气详图、电气大样图、通用图宜编排在后。

② 建筑电气系统图宜按强电系统、弱电系统、防雷、接地等依次编排。

③ 电气平面图应按地面下各层依次编排在前，地面上各层由低向高依次编排在后。

建筑电气专业的总图宜按图样目录、主要设备表、图形符号、设计说明、系统图、电气总平面图、路由剖面图、电力电缆井和人（手）孔剖面图、电气详图、电气大样图、通用图一次编排。

（4）图样布置。同一张图样内绘制多个电气平面图时，应自下而上按建筑层次由低向高顺序布置。

电气详图和电气大样图宜按索引编号顺序布置。

每个图样均应在下方标注出图名，图名下应绘制一条中粗横线，长度宜与图名长度相等。图样比例宜标注在图名的右侧，字的基准线应与图名取平；比例的字高宜比图名的字高小一号。

图样中的文字说明宜采用“附注”形式书写在标题栏的上方或左侧，当“附注”内容较多时，宜对“附注”内容进行编号。

3.1.3　建筑电气设计文件编制要领

1. 明细表与说明文件

建筑电气工程中常接触到的有“主要设备材料表”及“设计施工说明”，前者应归于“明细表文件”中的“设备、元件表”，后者应归于“说明文件”中“安装说明”及“其他文件”之间。

（1）明细表。用来表示一个组件（或分组件）或系统的项目（零件、部件、软件、设备等）以及参考文件（必要时）构成的含有规定列项的表格文件，也称项目表文件，以表头和表示组成物的表列项共同组成表体。编制要求如下：

1）与特定项目的关系。

① 应与一个项目相联系，并详细说明该项目的组成物，每一组成物用一个表列项表示，如图样目录、主要设备材料表等。

② 可只覆盖一个结构层次，或覆盖一个层次连同一个或多个较低层次。如总图样目录仅列入子项、名称一级，子项图样目录才细列出该子项所绘各图样名称。

2）表列项的内容。

① 每一表列项的基本用途是把组成项目的事件（B 类）或每一群同一组成项目（A 类）与零件相联系，如主要设备材料表中“断路器”列项将此工程或图样的断路器联系起来。

② 事件用参照代号或项目参照代号来标识，而零件用零件号或总标识号来标识。为了使明细表更易于理解和应用，还可以提供有关事件和零件的其他信息。

③ 某些特殊情况下往往还要与该类零件的特定样本关联。表列项中除强制性信息外、同时还应提供包含总的有条件或任意的信息。在设备材料表中多以“备注”栏列出。

（2）说明文件。在建筑电气工程中，在不同的设计阶段说明文件要求与内容各不相同。

1）方案设计阶段，在“图样”“计算书”及“说明文件”这工程设计三大文件组成中，此时“说明文件”占最大比重。方案设计，也称方案论证，往往以出一本“方案论证报告”为设计成果。

该报告中，除必须附极少量图样外，主要是设计方案的说明文件。至于计算书，只是把最主要的计算及结果在说明文件中反映，而计算书原本不递交，仅存档、备查、留底。设计方案的说明文件应包括的内容有：

① 征得主管部门同意的电源设施及外部条件、供电负荷等级、供电设施。

② 列表说明工程装机容量、用电负荷、负荷等级和供电参数。根据使用要求，汇总整理有关资料，提出设备容量及总容量等各项数据。

③ 总变/配电站布局和位置、建所规模、确定负荷的大小。

④ 工程供电系统的选择到配电箱为止的干线敷设方式。对于大型公共建筑，则要与建筑配合布置灯位，并提供灯具形式。

⑤ 防雷等级及措施、环境保护、节能。

⑥ 列表说明主要设备选型及进度。

⑦ 需要时对不同方案提出必要的经济概算指标对比。

2）初步设计阶段，此时“图样”在“图样、计算书及设计说明”三大构成中比重相对虽低，但绝对分量上却很重，一般比“方案设计”中多，又大大少于“施工图设计”的图样，但单独另行以正式图样提供。而设计说明书则以纯文本方式独册提交，此阶段包括以下五项内容：

① 设计依据。摘录设计总说明文件中所列批准文件和依据性资料中与本专业设计有关内容、其他专业的本工程设计的条件等。

② 设计范围。根据设计任务书要求和有关设计资料，说明本专业设计的内容和分工（当有其他单位共同设计时）。如果为扩建或改建工程，则需表明系统与新建系统的相互关系、内容和分工。

③ 设计技术方案。对不同类型工程，有不同设计技术方案，需具体叙述。

④ 待解决的问题。需提请在设计审批时确定的主要问题。

⑤ 主要设备及材料表。按子项列出主要设备、材料的名称、型号、规格、单位和数量。

3）施工图设计阶段。此时“说明文件”在设计文件三大组成中所占相对比例很小，多编在图样前面。它作为指导施工执行的具体文件，在此称为“设计施工说明”的图样前页中，要明确各项具体内容。由于地域及行业的差异，说明文件内容有所不同，现以某省地方标准“省建筑电气行业总说明要求”为例，介绍如下。

① 工程概况及设计依据：

a. 建筑概况。

i 建筑防火类别、面积、层数、性质、人防等级及工程类型、车库类别。

ii 建筑工程、厂房生产、仓库储存物品的火灾危险性分类。

iii 爆炸和火灾危险环境区域的划分。

iv 工厂、仓库、低层公共建筑的室外消防用水量。

b. 有关职能部门对工程设计的批复或建筑方提出的方案要求。

② 设计范围：

a. 电气专业的设计内容。

b. 根据设计深度要求，应同步设计的项目（若有缺项，需阐述原因）。

c. 合作设计的工程应明确分工范围。

③ 负荷级别及电源：

a. 电力负荷的级别，应分别列出一、二级、三级负荷。

b. 外供电源的路数、电压等级、专用线或非专用线、低压供电的是内部变电器还是公用变压器。

c. 若设置自备发电机系统，应明确机房位置、自备发电机容量、起动方式。

④ 变配电所：

a. 变配电所设置的位置与数量，高、低压系统主接线形式及运行方式。

b. 继电保护装置种类及选择原则、操作电源的装置情况。

c. 应急电源与正常电源防止并列运行的措施。

d. 计量方式。高供高计、高供低计、低供低计、集中电能表，无功功率的补偿方式。

⑤ 线路敷设：

a. 配电线路敷设方式，导线及配线管要求，根数与管径的选择。

b. 电线、电缆在金属线槽、电缆在桥架内敷设的要求。

c. 配电线路穿越楼层、穿防火分区隔墙的防火封堵、防火隔断的要求，高层建筑的电缆穿越变形缝时的防火措施。

d. 消防配电线路的防火措施。

e. 爆炸和火灾危险环境线路的敷设要求。

⑥ 设备安装：

a. 变配电所变压器、高低压柜的安装。

b. 照明开关、插座、灯具及配电箱的选型、安装方式、安装高度，特殊场所电气设备的防护等级要求。

c. 大型灯具的安装要求。

⑦ 防雷：

a. 建筑物防雷类别。

b. 建筑物防直击雷、侵入雷及雷击电磁脉冲的措施。

c. 第一类防雷建筑物和《建筑物防雷设计规范》（GB 50057）所规定的第二类防雷建筑防感应雷的措施。

d. 防雷接闪器、引下线、接地装置的材料和敷设要求。

e. 防雷接地电阻值的要求。

⑧ 接地：

a. 低压配电系统的接地形式，接地装置电阻值要求。

b. 电源线的 PE、PEN 线的重复接地要求。

c. 不间断电源输出的中性线，金属电缆桥架，电缆沟内金属支架及灯具距地面高度小于 2.4m 的接地要求。

d. 弱电系统的接地要求。

e. 总等电位、局部等电位的设置要求。

⑨ 人防：

a. 人防电力负荷等级、备用电源来源。

b. 配电线路敷设，穿越防护密闭墙的处理要求。

c. 人防区域电源的重复接地要求。

⑩ 火灾自动报警系统：

a. 系统保护对象的等级，常用电源、消防控制室位置。

b. 消防联动、监控要求。

c. 火灾应急广播的主、备用扩音机容量，与背景音乐广播的关系。

d. 消防专用电话的设置要求。

e. 系统设备的安装位置、设备的安装高度。

f. 消防控制、通信和警报线路的选型、敷设方式及防火措施。

⑪ 有线电视系统：

a. 用户终端配置标准、输出电平值。

b. 线路选型、敷设方式。

c. 设备安装方式、安装高度。

⑫ 电话系统：

a. 用户终端配置标准、电话机房位置。

b. 线路选型、敷设方式。

c. 设备安装方式、安装高度。

⑬ 综合布线系统：

a. 综合布线系统设计标准。

b. 楼层配线间、总配线间位置。

c. 线缆选型、敷设方式。

d. 设备选型、安装方式、安装高度。

⑭ 闭路监视电路系统：

a. 闭路监视电路系统的配置标准。

b. 线路选型、敷设方式。

c. 设备安装方式、安装高度。

⑮ 保安对讲系统：

a. 对讲系统的配置标准。

b. 线路选型、敷设方式。

c. 设备安装方式、安装高度。

⑯ 总图设计说明：

a. 总用电量、电信总量、电视终端容量等。

b. 电气线路的敷设方式。

c. 电气线路、管沟与其他专业管线、管沟并行、交叉时的最小间距要求。

d. 电气线路在车道下敷设的保护措施。

e. 室外水下照明、音乐喷泉、水泵配电等安全保护接地要求。

f. 道路照明、庭院照明、泛光照明等室外照明管线选择、敷设和接地要求。

g. 电力电缆沟内支架的接地要求。

⑰ 其他：

a. 施工时应严格按国家有关施工质量照明规范、施工技术操作规程执行。

b. 其他需要说明的内容。

⑱ 附注：

a. 本说明要求适用于新建、改造、扩建的民用及一般工业建筑的电气设计施工图文件。

b. 本说明要求可根据工程性质选用与工程相符的条款。

c. 本说明要求中防雷、接地及消防内容若已在设计系统图、平面图中表达，说明时可简述。

2. 功能性文件

功能性文件的布局重点在图形符号和电路的布置，要突出过程、信号流以及功能关系。必要时可以补充位置信息，但不应影响布局。为了强调信号流，连接线应尽可能保持直线。为了强调功能关系，相关功能项目的图形符号应集中在一起，彼此靠近。

（1）概略图。

1）作用。

① 表示系统、分系统、成套装置、设备、软件等的概貌，示出各主要功能件间、各主要部件间的主要连接和关系。

② 进一步明确设计工作的依据，以编制更详细的功能图和电路图。

2）布局要领。

① 按功能布局法布局。图中可补充位置信息，如果位置信息对理解概略图的功能很重要时（如网络图），亦可采用位置布局法。不论何种布局，均应排列均匀，图面清晰，便于识图，便于理解。

② 在功能或结构的不同层次上绘制。较高层次描述总系统，而较低层次描述系统中的分系统，如供电系统的主干系统、支干系统、支系统等。

③ 表示项目的图形符号的布置应使信息、控制、能源和材料的流程清楚，可以辨认，可以区别，必要时每个图形符号标注参照代号。一个层次的概略图应包含检索描述较低层次文件的标记。

④ 对于电路或其一部分一般采用单线表示法，需要时（如互感器的连接）也可采用多线表示法。

3）动作可动元件的工作状态。组成部分可动的元件（如触点），应按照如下规定的状态或位置绘制：

① 单一稳定状态的手动或机电元件，如继电器、接触器、制动器和离合器，在非激励或断电状态。在特定情况下，为了有助于图的理解，也可以表示在激励或通电状态，但应在图中说明。

② 有两个或多个稳定位置或状态的其他开关装置，如断路器和隔离开关在断开（OFF）位置，可表示在其中任何一个位置或状态，必要时须在图中说明。

③ 标有断开（OFF）位置的多个稳定位置的手动控制开关在断开（OFF）位置。

④ 未标有断开（OFF）位置的控制开关在图中规定的位置。

⑤ 应急、备用、告警、测试等用途的手控开关表示在设备正常工作时所处的位置或其他规定的位置。

⑥ 由凸轮、变量（如位置、高度、速度、压力、温度等）控制的引导开关在图中规定的位置。

（2）功能图。

1）作用：

① 表示系统、分系统、成套装置、设备、软件等功能特性的细节，但不考虑功能如何实现。可用于系统或分系统的设计，或者用以说明工作原理。

② 用来描述一种系统或分系统，常用于反馈控制系统、继电器逻辑系统、二进制逻辑系统等的描述。

③ 为描述和分析系统详细的物理特性而专门绘制的特殊功能图，常比描述系统总特性或描述实际实现所需内容更详细。但等效电路图不是电路图的一种。

2）内容：

① 应包括必要的功能图形符号及其信号和主要控制通路连接线。

② 还可以包括如波形、公式和算法以及类似的其他信息。

③ 一般并不包括实体信息（如位置、实体项目和端子代号）。

（3）电路图。

1）作用。不考虑组成项目的实体尺寸、形状或位置，仅表示系统、分系统、成套装置、设备等实际电路的细节，为以下用途提供必要信息：

① 电路作用，有时还需要如表图、表格、程序文件、其他简图等补充资料。

② 编制接线文件，有时还需要结构设计资料。

③ 测试和寻找故障，有时可能还需要诸如手册、接线文件等补充文件。

④ 安装和维修。

2）内容。

① 表示电路中元器件或功能件的图形符号。

② 元器件或功能件间的连接线。

③ 参照代号。

④ 端子代号。

⑤ 用于逻辑信号的电平约定。

⑥ 电路寻迹所必需的信号代号、位置检索标记类信息。

⑦ 了解功能件所必需的补充信息。

⑧ 发电厂和工厂控制系统的电路图对主电路的表示，还应便于研究主控系统的功能。

3. 接线文件

接线文件提供设备的装配、安装和维修时，元件、器件、组件和装置等各项目间实际连接的信息。

（1）通用规则。

1）包含的信息。

① 识别每一连接的连接点以及所用线缆的信息。对端子接线图和端子接线表则仅需示出一端。

② 线缆型号、牌号、材料、结构、规格、绝缘颜色、电压额定值、导线板及其他技术数据的种类信息。

③ 线缆号或项目代号。

④ 连接点的标记或表示方法，如参照代号、表示图形。

⑤ 敷设、走向、端头处理、捆扎、绞合、屏蔽等说明或方法。

⑥ 导线或电缆长度。

⑦ 信号代号、信号的技术数据。

⑧ 需补充说明的其他信息。

2）接线图的通用规则。

① 采用位置布局法布局，无需按比例。

② 用简单轮廓（正方形、矩形、圆形）或简化的图形表示元器件，也可用 GB/T 4728 规定的图形符号表示。

③ 清楚表示出端子，除要求给出端子符号外，无需表示出端子符号。

④ 用连续实线（单线或多线）或中断线（中断处示出参照代号）表示端子间的实际导线。

3）接线表的通用规则。

① 接线表的布局分两种格式，在一张图中，导线只能任选一种表示方法：

a 以连接线为主。将连接线号在表中依次列出，并对应列出与连接线相接的所有端子或端子代号。

b 以端子为主。将需要连接的元件及其端子在表中依次列出，并对应列出与端子相接的连接线，包括参照代号、导线电缆和电缆芯线号等。每个要连接的元器件应与其端子一起依次列出，对每个端子应示出与之有关的连接线。

② 用参照代号表示元件。

③ 用标志在元件上的端子代号表示端子。若生产厂未给元件端子代号，则应设定端子代号，并在接线表或相关文件中给予说明。同一端子在所有出现该端子代号的相关文件中应使用相同的端子代号。如端子代号存在图形符号或颜色时，可用标准文字符号代替（如用 PE 代替保护接地导体的图形符号，用 BU 代替蓝色）。

④ 导线的表示可用参照代号、实际连线的标记或颜色、任意设定的标识号及连接的端子组中的一种或多种方法表示。

（2）单元接线图/表。单元接线图和单元接线表提供了一个结构单元或单元组内部连接所需的全部信息。单元间外部连接的信息无需包括在内，但可提供相应互连接线图或互连接线表的检索标记。表示方法要点如下：

① 单位接线图中元件符号的排列，应选最清晰表示出各个元件的端子和连接的视图。当一个视图不能清楚地表示出多面布线时，可采用一个以上的视图。

② 端子无需示出，其排列应与实际元件上的相同。

③ 当元件叠成几层时，为便于识图，在图中可用翻转、旋转或移开法示出这些元件，并加注说明。

（3）互连接线图/表。提供设备或装置不同结构单元间，但不包括单元内部（但可提供适当的检索标记）连接的信息。元件和连接线应绘制在同一平面内，表示方法如下：

① 多线表示法。

② 单线表示法。

③ 以连接线为主表达。

（4）端子接线图/表。提供一个结构单元或一个设备外部连接的所需信息，这些信息应包含与同样的单元之间连接关系的互连接线图或互连接线表的同一形式的相同信息。上述绘制规则同样适用于端子接线图和端子接线表。

（5）电缆图/表。提供设备或装置的结构单元之间铺设电缆所需的全部信息，必要时包含电缆路径的信息。电缆组可以单线表示法表示，并加注电缆的项目代号。

4. 安装与位置文件

用以指导建筑电气工程所用的电气设备成套过程的制造、安装工作进行的技术文件即为建筑电气工程的“安装、位置文件”，规范称为“安装文件”。文件主要通过物体的简化外形、物体的主要尺寸和（或）它们之间的距离、代表物体的符号来说明物体的相对位置或绝对位置和（或）尺寸。如需要，还可包括“位置”外的其他信息。安装位置信息可以与必需的安装电气物体周围环境的信息一并提供。

（1）总平面图。以总平面图为基础的表示现场电气设备配置的安装文件。应包括有关户外部件的信息，如附属于建筑物的户外照明、街道照明、交通管制、网络监视等信息。绘、识图要领为：

1）按比例绘制，并清楚标明所采用的比例。

2）示出地貌或建筑物场地的形态，以及用以规划电气设施和安装电气设备所需要的全部信息。

3）应有地理定向点、指示符、建筑物的位置和外形、交通区、服务网络、出入工具、主要项目和边界。

4）应示出对区域内的设施有重大影响的邻近设施，如电力线或电力桥。

（2）安装简图。示出设备或某装置中项目和元器件的位置，包括设备识别和代号的信息，以表达元件位置及电气部件间连接信息的连接关系的布置、安装图。图中连接线要示出连接的实际路径，或示出哪些元器件和以何种顺序连接。此图在建筑物图的基础上绘制，电气设备的元器件采用图形符号或简化外形来表示。

图形符号应示出元器件的近似位置。必要时可示出实际距离、尺寸及包括有关设备识别的信息和代号。在某些情况下可补充以详图、剖面或说明。绘、识图要领有三点：

1）布局。

① 清晰。以便读取和理解所包含的信息。

② 非电物体的信息只有当对理解文件和安装设施十分重要时，才示出。一旦示出非电物体，则应使之与电气物体有明显的区别。

③ 应选择适当的比例和表示法以避免拥挤，标注信息应置于与其他信息不相冲突的地方。

④ 如有必需的信息包含在其他文件中（如安装说明），应在图中注明。

2）元器件表示。

① 电气元器件通常用表示其主要轮廓的简化形状或图形符号来表示。

② 安装方法、方向应在文件中表明。如果元件中有的项目要求不同的安装方法或方向，则可以在邻近图形符号处用字母特别标明，必要时可定义其他字母。

③ 对于没有标准化的图形符号，如果符号不实用，则可用其简化外形来表示。

④ 如果需要非电气元器件的图形符号，则应从相关的国家标准中选取。

3）连接线表示。

① 按规范采用单线表示导线，当需要表明复杂连接的细节时才采用多线表示法。

② 采用不同的线宽、墨色，或断面剖面、阴影线，使连接线明显地区别于结构、建筑用线。

③ 当平行线过多使图拥挤时，采用线束、中断线及参照代号简化表示。

（3）布置图（装配图）。表示一个组件的零件如何组装在一起的图。按比例绘制，也可按透视、轴侧投影或类似法绘制。为电气设备成套厂的制造、安装工作图。

（4）其他安装、位置图。

1）电缆路由图。大多以总平面、建筑物图示出电缆沟、槽、导管、线槽、固定件等和（或）实际电缆或电缆束的位置。现场电缆路由图应限于只表示电缆路径，必要时可表示为支持电缆敷设和固定所安装的辅助器材。需要时应补充各个项目的编号。若表示尺寸，则应把尺寸连同相关零件编号/电缆线一并补充。为准确说明路径，每根电缆长度的计算和电缆附件均应做明确规定，并给每个基准点以编码。

2）接地平面图（接地图）。在总平面图、现场接地平面图基础上绘制，用来示出接地电极、接地排的位置及示出重要设备（如变压器、电动机、断路器等）的接地元器件和接地点的布置图。应示出导体和电极的尺寸、代号、连接方式、埋入或掘进深度。图中还可示出照明保护体系。

（5）表达要领。为保障安装、位置文件的清晰、明了，应充分利用 CAD 等技术。

1）在不影响正式文件可读性的限度内（如复印或印刷后），对于基本细节可采用浅灰墨迹或不同颜色，改善对比度等 CAD 技巧。

2）用分层技术将不同系统分开保存，每一种系统被置于它自己的分层内。

3）对于复杂设施应用参照代号表达，在图中或简图中的每个图形符号旁标注参照代号。

4）各元器件的技术数据通常列在元器件表中。为识别不同于绝大多数的项目及清晰起见，也可把特征值标注在图中的图形符号和参照代号旁。

3.1.4 计算机辅助设计（CAD）技术

3.1.4.1 CAD 工具栏常用设备（指令）

1. 平面图形绘制

CAD 提供了绘制三维与二维图形的功能，建筑电气工程图仅需绘制二维图形，即平面图形。平面图形绘制基本上包括直线、曲线（含圆）、填充及表格四类。调用绘制平面图形命令可以用“绘图下拉菜单”“绘图工具栏”及命令行中输入“绘图命令来启动”。最常用、最简便的方式是使用“绘图界面”中的“绘图工具栏”（调出方法：在工具栏空白处右键选择ACAD——绘图），它将命令的图标格式集中排列，方便调用。

下面各命令叙述中仅提及“绘图工具栏”一法，各命令后括号中英文为其命令名，“——”后的字母为此命令的简称。

（1）线。

1）直线（LINE——L）。工具栏中第一个选项按钮即此。

① 起点和终点。此两点为基本要素，输入方法为：

绝对坐标，如 0，0；30，50。

相对坐标，如确定起点后，@100，30。

极坐标，如确定起点后，@100<30。

② 首尾相连的折线。可在一次直线命令中完成，上一段直线终点为下一段的起点。

③ 多线段形成封闭图形。可在命令行中输入“C”。如要撤消刚绘直线段，命令行中输入“U”并回车。调用“UNDO”，则依次取消刚才绘制的线段。

④ 绘制水平或垂直线。可单击绘图区下方状态栏的“正交按钮”。在确定起始点后，先要以鼠标光标引导直线（水平或垂直）走向，再输入长度值。

2）多段线（PLINE——PL）。即工具栏中第三个选项按钮，它是由若干直线和圆弧连成的折线或曲线的实体，可统一编辑。平面制图中，主要用于绘“箭头”。

① 启动命令。指定起点后，系统将提示：“指定下一点或圆弧（A）/闭合（C）/半宽（H）/长度（L）/放弃（U）/宽度（W）”命令中各选项功能为：

圆弧（A）。输入“A”，以绘圆弧方式绘多段线，系统将提示：指定圆弧的端点或［角度（A）/圆心（CE）/闭合（CL）/方向（D）/半宽（H）/直线（L）/半径（R）/第二点（S）/放弃（U）（W）］：该提示下可直接确定圆弧终点，拖动“十”字光标，屏幕会出现曲线线条。

长度（L）。指定绘制多段线的长，系统按上段线方向绘制。若上段为圆弧、将绘出与之相切线段。

② 线宽。多段线中多段线可有不同的线宽，建筑电气工程图中一般为粗/细两种线宽（以层来管理）。多段线线宽主要用来绘线宽渐变（如箭头）场合。

③ 分解。可以用“分解”命令，将其分为多个单一实体的直线和圆弧，分解后宽度信息消失。

④ 闭合。输入“C”，才能封闭有宽度的多段线。否则即使起、终点重合，也有缺口。

3）样条曲线（SPLINE——SPL）。工具条中第九项选项即此。它是用户给定三个以上点而自动生成的光滑曲线，用于截交线、断裂线、相贯线、地形标高线及波浪线。

① 指定第一点、第二点后，系统提示：“指定下一点或［闭合（C）/拟合公差（F）］〈起点切向〉”。命令行各选项含义：

闭合（C），生成闭合的样条曲线。选此项系统提示：指定切线矢量，然后调来命令。

拟合公差（F），输入样条曲线与指定点间偏差值。值为零拟合；值越小，曲线离指定点越近；值越大，越远。

起点切向，指定样条曲线起始点处切线方向。

断点切向，指定样条曲线终始点处切线方向。

对象（O），将一多段线拟合生成样条曲线。

② 可通过偏差来控制样条曲线光滑度：偏差越小，曲率越小。

③ 它不是多段线，不能“分解”、不能“编辑”。

4）构造线（XLINE——XL）。工具条中第二选项即此，它是两方无限延伸的直线，常用作绘图辅助参考线。

① 命令执行后，系统提示：“指定点或［水平（H）/垂直（V）/角度（A）/二等分（B）/偏移（O）］”，各项含义如下：

指定点，默认选项，需指定通过的两点。指定两点后，系统仍提示“指定通过的两点”。如再指定点，将闭合通过此点与第一点的构造线。否则，回车结束命令。

水平，创造通过选定点的水平参照线。

垂直，创造通过选定点的垂直参照线。

角度，创造指定角度的参照线。执行该项系统提示：“输入参照线角度（O）或［参照（R）］”。

二等分，选该项按指定等分角的顶点、起点和终点将绘制平分这三点所确定的构造线。

偏移，指定偏移距离，并选择合适基线后，将绘制相距指定距离平行于基线的构造线。

② 可用“修剪”“旋转”等命令编辑，使之成为射线或直线等。

③ 可将此绘图辅助线集中绘于一个图层，输出

图形时，便于关闭。

5）多线（MLINE—ML）。可通过下拉菜单“绘图”/“多线”调用，用于绘制相互平行的线型、颜色一致的多条线。默认为双线，线宽为 1。电气工程图自建条件时绘墙线便用此。线宽、偏移、比例、样式和端头交接方式都可用“MLINE”和“MLSTYLE”命令控制。

① 命令调用后，系统将提示：“指定起始线［对正（J）/比例（S）/样式（ST）］”，各选项含义如下：

对正，选项用于决定多线相对于用户输入端点的偏移，选项后，系统提示“输入对正类型［上（T）/无（Z）/下（B）］〈下〉”，各项含义为：

比例，控制定义画平行多线时的比例，同样式用不同比例，平行多线宽度不一样。负比例将偏移顺序反转。

样式，画多线时使用的式样，即认为 STANDARD。选该项，可在“输入多线样式名或［］”提示原输入已定义的样式名，输入“？”，则显示当前图已定义多线样式。

② 仅绘由直线级组成的平行多线，此多条平行线为一个整体。

③ 先用分解命令将其分解后，才能对多线进行偏移、侧角、侧圆、修剪等操作。

（2）曲线。

1）圆（CIRCLE——C）。工具条中第七项即此，系统提供了六种绘制方法。

① 执行命令后，系统将指示“指定圆的圆心或［三点（3P）/两点（2P）/相切、相切、半径（T）］”，指定圆心后，系统提示“指定圆心把半径或［直径（D）］〈当前值〉”，输入半径或选择“D”的直径方式或绘图。其选项含义如下：

三点（3P），按系统提示分别指定圆上任意三点，系统将通过圆周上三点绘图。

两点（2P），按系统提示分别指定圆直径上的两端点，系统以此直径上的两点绘图。

相切、相切、半径（T），按系统提示分别指定与圆相切的切线上的点与圆半径，将绘制与此两线相切于指定点，指定半径的圆。

② 通过下拉菜单“绘图”|“圆”后，出现子菜单中各项功能。

③ “圆”命令不能用“分解”命令再分解。

④ 圆有时显为多段折线，其光滑度与“VIEWRES”值有关：值越大，圆越光滑，但不影响出图后圆的光滑度。

2）圆弧（ARC——A）。工具条中第六个选项即此，系统共提供了十一种绘制方法，见“绘图”|“圆弧”下拉菜单。这是一种绘制方法均由起点、方向、中点、包角、终点、弧长等参数确定。最常用的是三点法，起点、端点、半径法及起点、端点、角度法。

① 执行命令后，系统将提示“指定圆弧的起点或［圆心（CE）］”。指定起点后，系统提示“指定圆弧的第二点或［圆心（CE）/端点（EN）］”。指定第二点，系统提示“指定圆弧的端点”。指定圆弧端点后，系统将通过此三点画弧。

其中选项含义如下：

中心点（CE），圆弧的中心。

端点（EN），圆弧的终点。

弦长（L），圆弧的弦长。

方向（D），圆弧起始的切线方向。

② 通过下拉菜单“绘图”|“圆弧”，弹出子菜单，共示出十一种方式画圆弧。

③ 圆弧半径为正值，绘小圆弧；为负值，绘大圆弧。

④ 圆弧角度为正，系统逆时针方向画弧；为负，则顺时针方向画弧。

⑤ 圆弧弦长为正，画小弧；为负，画大弧。

⑥ 圆弧有时是多段折线，光滑度与“VIEWRES”值有关：值越大，越光滑，但显示与出图无关。可以用“视图快速指数（VIEWRES）”和“视图重生（REGEN）”命令控制。

3）椭圆或椭圆弧（ELLIPSE——EL）。椭圆由长轴、短轴及椭圆中心三个参数确定。工具条中第 10 及 11 选项即此、二者命令相同。

① 绘椭圆有两种方法：

轴、端点法，指定一个轴的两端点和另一轴的半轴长来绘椭圆为默认选项。当命令启动后，系统指示“指定椭圆的轴端点或［圆弧（A）/中心点（C）］”，指定轴端点后系统提示“指定轴的另一个端点”，指定轴另一端点后，系统继续提示“指定另一条半轴长度或［旋转（R）］”输入另一轴的半轴长度值后，系统则绘出椭圆。

中心点法，指定椭圆中心，一个轴两端点及另一轴半轴长绘椭圆。命令启动后，系统提示“指定椭圆的轴端点［圆弧（A）/中心点（C）］”，此时输入“C”，切换到中心点选项，并按后续提示输入即可。提示中选项的含义如下：

中心点，以指定椭圆圆心及主轴端点及另一轴半轴长画椭圆。

旋转，输入角度，将绕长轴方向旋转成椭圆，若输入 0 则绘出圆。

② 绘椭圆弧。在椭圆上截取一段即为椭圆弧。命令启动后，系统提示“指定椭圆的轴端点［圆弧（A）/

中心点（C）]”，选 A 项绘制椭圆弧。系统接着提示指定椭圆弧的轴端点或［中心点（C）]，则需按提示指定或输入相关参数。

③ “椭圆”命令绘制的椭圆，椭圆弧同圆一样，不能用“EXPLODE”“PEDIT”等命令修改。

（3）点。

1）单独的点（POINT——PO）。工具条例第 14 选项即此，可生成单个或多个总体标记、标注等。默认情况下对象仅小圆点其样式和大小可由“点样式（DDPTYPE）”命令或系统变量“点样式（PDMODE）”和“点大小（PDSIZE）”控制。

① 命令启动后，系统提示“当前点提示：PDMODE＝0PDSIZE＝－30 000 指定点”各选项含义如下：

PDMODE 点样式。控制点样式的系统变量。

PDSIZE 点尺寸。控制点大小的系统变量，正值为点绝对大小（实际大小）；负值为视图的百分比（相对大小）。

R 相对于屏幕尺寸。设置点相对尺寸，用“缩放（ZOOM）”命令放大、缩小图样时，点也被放大缩小。

A 用绝对单位放置点的尺寸。用“缩放”命令缩小或放大图样时，点大小不受影响，但使用“缩放”后，要“重生成”命令执行后，才能看到结果。

② 点是实体，可使用编辑命令进行编辑。

③ 工具栏和命令行执行“点”命令，一次仅绘一点。

④ 连续绘制点。命令“MULTIPLE/POINT”执行过程，按“Esc”键可终止该命令。

⑤ 系统生成相关尺寸操作时也会生成点，这些点放在 Defpoint 的图层上。

⑥ 改变系统变量“点样式”和“点大小”值后，只影响以后绘制的点，已绘好的点不改变。只在以“重生成”命令，重新打开图形才可能变。

2）绘定数等分点（DIVIDE——DIV）。它以等分长度放置点或图块，等分对象为直线、圆、圆弧、多义线的实体。等分时只能要求在等分对象上定出点标记的命令调用可通过下拉菜单“绘图”|“点”|“定数等分”，或在命令行键入 DIVIDE（DIV）。

① 调用命令后，系统提示“输入线段数目或［块（B）]”各选项含义如下：

输入线段数目。输入线段的等分级数，系统将自动将所选实体分成给定段，并在分段处放置点。

块。选择该项以给定段数，将此选实体分段后放置的是给定的块。

② 此命令生成的点，可作为“Node”对象捕捉点，点标记并未把实体断开。

③ 编辑此命令等分的原实体时，未选中点目标，点不变化。

④ 此命令等分插入点时，点的形状应予定义。

3）绘定距等分点（MEASORE——ME）。在给定的对象上以给定的距离，直到不是一间距为止，放置点或图块。可通过下拉菜单“绘图”|“点”|“定距等分”，或命令行键入 MEASURE（ME）调用。

① 命令调用后，系统提示“指定线段长度或［块（B）]”，各选项含义如下：

指定线段长度。指定单元段长度，系统自动测量实体，并以指定单元段长度等距绘辅助点。

块。选此项，以原定单元长等距给定图块。

② 此命令每次仅适用于一个对象，将点的位置放置在离拾取对象最近端点处，从此端点、等距变量点，直到余量不足一间距为止。

③ 仅在相应位置标注辅助对象点，此命令来将实体断开。

④ 编辑此命令原实体时，为未选中点目标，点不发生变化，应光标靠近开始等距点拾取。

⑤ 命令用于定距插点时，点形式应“预定义”。

（4）多边形。

1）矩形。工具条中第五项选项即此，以指定两个对角点的方式画矩形。当两角形成边长相同时，则生成正四边形。

① 原用命令后，系统将提示“指定第一个角或［倒角（C）/标高（E）/圆角（F）/圆角（F）/宽度（W）]”。

② 选对角线可以从左到右，也可以从右到左，无方向限制。

③ 此命令绘出矩形为封闭多义线，可以“多义线编辑”命令编辑或用“分解”命令分解成单一线段，再行编辑。

④ 此命令综合了倒角、圆角的部分三维多义线功能。

2）正多边形。工具条第六项选项即此，用于绘制 3～1024 边的正多边形。

① 启动命令后，系统提示“输入边的数目”，指定多边形的边数，系统默认设置为 4，即正方形。输入 3～1024 间数字后，系统提示“指定多边形中心点或［边（E）]”。

② 再次输入“正多边形”命令时，提示：“默认值为上次所给边数”。

③ 正多边形是封闭多义线，用“多段线编辑”命令编辑，也可用“分解”命令分解成单个对象直线段。

④ 同样半径，内切圆方式比外接圆方式绘的正多边形要大。

⑤ 正多边形是多义线，不能用“中心捕捉方式”捕捉已存在的多边形中心。

（5）填充。

1）填充形的绘制。主要包括与“填充”直接相关的绘图命令，“填充”的开/关状态直接影响“宽线”“圆环”“二维填充”等命令的显示。

① 填充（FILL）。用于控制宽多级线、实体填充和平行多线的显示，直接影响“多段线”“多线”“二维填充”“圆环”“矩形”和“多边形”命令绘制带宽度的对象。

a. 命令调用：

单击下拉菜单：“工具”/“选项”，弹出“选项对话框”，单击“显示”选项卡，出现对话框画面，在“显示性能”框选中“应用实体填充（Y）”复选框。

执行“填充”命令，系统提示“输入模式［开（ON）/关（OFF）］〈ON〉”，选项含义如下：开，填充，默认方式；关，不填充。

b. 执行此命令改变填充方式后，要以“重生成”命令重生图形能重置其填充效果。

c. 系统变量 FILLMODE 也可改变填充方式：默认值为 1，即填充，如设为 0 则不填充。改变填充方式，也要“重生成”命令重生图形。

② 二维填充（SOLID——SO）。用于绘制指定形成的任意多边形填充实体。

a. 命令调用：

下拉菜单的“绘图”/“表面”/“二维填充（2）”。

曲面工具栏“⊽”选项按钮。

命令行 SOL1D（SO）。

b. 命令启动后，系统将提示“指定第一点：”“指定第二点”“指定第三点：”分别指定三点后系统提示“指定第四点或〈退出〉”。如指定第四点，则由此四点组成二维填充区绘制完成，并根据提示“回车”结束命令，或继续指定点绘制填充图形。如选“退出”，则以此三点组成二维填充区绘完并退出填充绘制命令。

c. “退出”选项退出“区域填充”，命令尚未结束，仅在第三、四点间给一直线。每当指定四点绘制二维填充区后，系统将分别以它的第三、四点作为新填充区的第一、二点，系统不断重复提示：“指定第三点”和“指定第四点”直到“退出”。

d. 命令以三角方式填充，即以第一、二、三点为第一区，第二、三、四点为第二区……，当确定的三角区重叠部分不填充。

e. 当系统变量 FILLMODE 为 1 或“填充”命令设为“开”，则填充区域；反之则不填充区域。

③ 圆环（DONUT——DO）。用于绘制指定内外直径的圆环或填充圆。电气工程中绘制暗埋的开关、插座及一些灯具图形符号用此。

a. 命令调用：

下拉菜单，“绘图” | “圆环”。

命令行，DONUT（DO）或 DOUGHOUT。

b. 启用后，系统将提示“指定圆环的内径〈默认值〉”，输入圆环内径。如输“0”，再输入不为 0 的外径，即绘出以此值为直径的实心圆。选项含义：

指定圆环外径〈默认值〉，输入圆环外径。

指定圆环中心点〈退出〉，指定圆环中心或按“ENTER”键结束命令。

中心点，指定圆环圆心。

退出，结束此命令。

c. 命令在绘完一个圆环后，会不断提示“指定圆环中心点〈退出〉”，可继续绘多个相同圆环，直至按“ENTER”键结束。

d. 此命令绘的圆环为多义线，可以“多段线”编辑“命令的”宽度 W 调整其宽度，生成圆环亦可修剪成半圆等。

e. 无论是用系统变量 FILLMODE 或“填充命令”，改变填充方式都需“重生成”命令重生图形，才能显示填充结果。

f. 系统变量 FILLMODE 为 0 时，图形不填充；为 1 时，图形才填充。

④ 宽线（TRACE）。用于生成一定宽度的实体线，建筑电气工程概略图中的母线即用此。

调用命令,命令行键入 TRACE。

此命令在输入第三点或按“ENTER”键后，才能绘出前两点间的宽线。

当“填充”模式为“开”，宽线才被填充为实体，否则仅显轮廓。

命令绘出的宽线不能用“分解”“编辑”“延伸”“多段线编辑”等命令编辑，可分段选取后编辑。

2）图案填充。将选定图案填充到选定的封闭区域，剖面图中多以此表现材质。

① 命令。

BHATCH，以对话框方式操作，图案与边界相关联，即边界变图案随着变。

HATCH，以命令行操作，填充图案与边界无关联，即要选图案，也要确定填充边界。

② 命令调用：

下拉菜单，“绘图”/“图案填充”。

绘图工具栏的第 15 个选项“▨”按钮。

命令行，BHATCH（BH）/HATCH（H）。

③ 命令启动，系统弹出对话框，各选项含义如下：

a. 类型和图案区：

类型，图案种类下拉列表中有如下三选项：

预定义，用系统预先定义在文件 ACAD PAT 中图案。

用户定义，用当前定义图案。

自定义，用定义在其他 PAT（非 ACAD.PAT）文件中图案。

图案，选择具体图案，右侧提供两种选择方式。

下拉列表，列出各图案名称。

按钮，启动填充图案选项板共有“ACSI”“ISO”“其他预定义”及“自定义”四选项，分列为美国国家标准化组织建议、国际标准化组织建议、其他建议，以及用户自定义的组填充图案。

样例。所选图案的预览显示。

定义图案。用户自定义图案的显示。

b. 角度和比例。

角度，输入填充图案与水平方向夹角。

比例，选择或输入控制图形间距的比例。

间距，使用“用户定义”类型时，设置平行线的间距。

ISO 笔宽，使用 ISO 图案时，该下拉框中选择图线间距。

c. 图案填充原点：

使用当前原点，使用当前 UCS 原点（0，0）作图案填充原点。

指定的原点，指定填充图案的原点。

单击以设置新原点，绘图区择点作为原点。

默认边界范围，以填充边界左下、右下、左上、右上的点或圆心为填充图案原点。

存储为默认原点，将指定点存储为默认，填充图案原点。

d. 边界：

拾取点。单击该按钮，临时关对话框，拾取边界内一点，按“Enter”键，系统自动计算包围该点的封闭边界，返回对话框。

选择对象。从待选边界集中拾取要填充图案边界，此方式忽略内部孤岛。

删除边界。临时关闭对话框，删除已选中的边界。

重新创建边界。重新创建填充图案的边界。

查看选择集。亮显图中已选中的边界集。

e. 选项：

关联，与内部图案相关联，即边界变时图案也变。

创建独立图案填充，边界与内部图案不关联。

绘图次序，指定图案填充的绘图次序，即“图案填充”放在“填充边界及其他对象”的前或后。

f. 继承特性。将已填图案的特征复制给要填的图案。

g. 预览。预览填充的图案，不合适时可修改。

h. 孤岛。位于选定填充区内不进行图案填充的区域。孤岛检测——图案填充如遇孤岛时，选择图案的填充方式有普通、外部、忽略三种。

i. 边界保留。保留边界与否，如保留则将封闭边界图线自动转化为多段线或面域。对象类型——在下拉列表中选择“多段线”或“面域”，将选定边界转换为多段线或面域。

j. 边界集。点击“新建”按钮，指定待选边界。

继承选项。使用当前原点或使用源图案填充的原点继承特性。

2. 平面图形编辑

（1）目标对象选择：

1）命令的启动。选择绘图窗口中“工具”/“选项”命令，使用打开选项对话框，进而选中“选择”选项，使用“打开”选项对话框的选项状态。在此可设置选择模式，拾取框大小和夹点功能等。

2）方式。编辑命令执行后，首先应选择编辑的目标对象。此时系统会提示“选择对象”，十字坐标也变为拾取小方框。常用的三种方式为点选、窗选及交义窗选。

3）命令行各选项含义。命令启动后命令行将显示各种选择方式：“需要点和窗口（W）/上一个（L）/窗交（C）/框（BOX）/全部（ALL）/栏选（F）/圈围（WD）/圈交（CP）/编组（C）/添加（A）/删除（R）/多个（M）/前一个（D）/放弃（U）/自动（AU）/单个（SI）”，其中各选项含义如下：

① 窗口。用矩形窗口将此对象的框体窗选中，与窗口相交实体不在选中。按命令指定两对角点后，命令行将选中目标数。

② 上一个。将用户最后绘制图形作对象。

③ 窗交。窗口的边相交图形与窗口内图形一边被选中。

④ 框。所用矩形框第一角点位于第二角点左侧，等效于“窗口（W）”方式；在右侧，则等效于“窗交（C）”方式。

⑤ 全部。当前窗口所有实体。

⑥ 栏选。以任意折线构成的虚线的围线选中目标，尤其适用于不连续的长串目标。

⑦ 圈围。以任意形式多边形区域选中目标。

⑧ 圈交。与多边形相交目标同于区域内目标，均被选中。

⑨ 编组。输入已定义的选择集，系统提示“输入编组名”时，可输入已用“Select”或“Group”命令设定并命名的选择集名称。

⑩ 添加。少数尚未选中目标添加入选择集。

⑪ 删除。从已选中目标中除去一至多个目标。

⑫ 多个。按单点选择方式，逐点进行多项选取。

⑬ 前一个。选择前次操作所选的选择集，适用于同组目标的连续编辑。

⑭ 放弃。取消上次选择目标。

⑮ 自动。相当于单点，窗口及交义窗口的 W/C 方式自动进行。

⑯ 单个。选一实体后，即退出选择状态的单一选择。

4）Windows/Crossing 方式。以鼠标直接实现，由左下角的右上角绘矩框，默认“窗口（W）”方式；由右上角的左下角绘矩框，默认窗交（C）方式。

5）锁定。关闭或冻结，图层上目标将不能被选中。

（2）放弃与取消。选定避免失误操作造成巨大损失的两种方法。

① 放弃。

a. 放弃单个操作。许多命令包含自身的放弃（U）选项，无需退出命令，即可改借。否则最简办法为“标准工具栏”（调出方法：在工具栏空白处右键选择 ACAD——标准）中“放弃”选项。

b. 一次放弃多个操作。使用 UNDO 命令。若用“后退”选项，使放弃在“标记操作”后所有操作。用“开始”/“结束”选项可放弃预定义的一组操作，使用“标准工具栏”的“放弃列表”，可放弃多步操作。

c. 取消“放弃”。使用 U/UNDO 后，即用 REDO 将取消 U/UNDO 命令。使用“标准工具栏”中“重做列表”，也可即重做几步操作。

d. “删除”。使用 UNDO 或 OOPS 命令可恢复错删除的对象。

② 取消。

a. ESC 键。取消未完成的命令。

b. 放弃最近执行的操作步骤、创建和修改对象。单击编辑菜单标准工具栏，命令行键入“U”。

c. 放弃指定数目操作的步骤、创建和修改对象。“标准工具栏”中单击“放弃列表”箭头，将所列最近一次操作开始的所有可放弃的操作“拖到”选择要放弃的操作中，再单击“放弃选中操作”。

d. 重做操作。单击“编辑菜单”的“重做”选项，REDO 命令仅恢复刚执行 UNDO 的操作，不能使用 REDO 重复另一命令。

e. 重做指定数目操作。列出从最近一次执行操作开始到有可重做操作，拖动以选择重做的操作，单击“重做选中操作”。

（3）图形的复制。

1）复制（COPY——CO/CP）。用以复制已有对象，将其放到指定位置，并保留原对象。

① 可通过下拉菜单的“修改”/“复制”“绘图工具栏”的“修改按钮”、命令行键入命令启动。命令行选项含义：

基点，指定对象基准点。

位移，指定第一点与第二点距离。

重复（M），可一次相对基点多个复制对象。

② 基点虽不一定在目标上，但以靠近目标为好，且宜用目标捕捉来准确复制。

③ 有规则、大量复制，可采用“阵列命令”（ARRAY）。无规则、大量复制可用 MOCORO 命令。

④ 将图形复制到 Windows 剪贴板，应用于其他应用软件时用“COPYCLIP”命令。

2）镜像（MIRROR——MI）。用于生成新选图形相对于指定对称轴线的对称实体。此轴线可任意方向，原实体可保留或删去，默认为“保留”。

① 命令调用。下拉菜单“修改”/“镜像”、工具栏的“修改按钮”、命令行键入命令启动。各选项含义如下：

选择对象，选取拟作镜像的目标。

指定镜像成第一点，输入对称轴成始点。

指定镜像成第二点，输入对称轴成终点。

② 某些不对称但基本相似的图形，可先镜像生成后再适当修改。

③ 文本镜像后的可读性取决于“MIRRTEXT”值：为 0 可读；为 1 方向相反，不可读。

3）偏移（OFFSET——O）。建立一个与新选对象相似的平行对象。“等距偏移”时需指出距离和方向，也可指定一个偏移对象通过的点。

① 命令调用。下拉菜单“修改”/“偏移”“绘图工具栏”的“修改按钮”、命令行键入命令。

② 命令启用后，系统提示“指定偏移距离或［通过（T）/删除（E）/图层（L）］〈通过〉”，各选项含义如下：

偏移距离，大于 0。

通过，指定偏移对象通过的点。

删除，是否设置删除源对象。

图层，是否设置在源对象新建图层偏移。

③ 多段线或样条曲线偏移时，将控制偏移新有选定项。

④ 点、图块、属性和文本不能偏移。

⑤ 此命令每次只能直接单击方式一次选一个实体，若多次同距偏移同一对象用“阵列命令”。

4）阵列（ARRAY——AR）。将指定目标进行矩阵或环形列阵，每一对象亦可能处理。电气工程图中多用于灯具、插座布置。

① 命令调用。下拉菜单“修改”“列阵”，“绘图工具栏”的“修改按钮”、命令行键入命令。

② 命令启动。系统将打开“阵列选项卡对话框”，供选择相关参数。

a. 矩形阵列。输入、选择十项：

行（W），输入阵列行数。

列（O），输入阵列列数。

行偏移（F），输入阵列行的间距。

列偏移（M），输入阵列列的间距。

阵列角度（A），输入阵列行相对于 UCS 坐标系 X 轴旋转角度。

按钮在屏幕上选择矩形区，以定阵列的行及列的间距：长度方向为行间距、高度方向为列间距。

行转移（F），屏幕上单击两点的定阵列行间距。

列转移（M），屏幕上单击两点的定阵列列间距。

阵列角度（A），屏幕上单击两点的定阵列相对于 UCS 坐标系 X 轴旋转角度。

选择对象（S），屏幕上进行阵列对象的选择。

b. 环形阵列。输入选择十项：

中心点，输入中心点坐标的文本框。

方法（M），用于从输入阵列的项目总数和填充角度项目总数和项目间角度填充角度与项目间角度三种方式中选择。

项目总数（I），输入阵列复制份数的文本框。

填充角度（F），输入阵列总角度的文本框。

项目间角度（B），输入原始对象相对于中心点旋转或保持原始对象原有方向。

复制时旋转项目（T），输入是否在复制时旋转项目。

中心点，屏幕上单击，以确定阵列中心点。

填充角度（F），屏幕上单击两点，以确定阵列总角度。

项目间角度（B），屏幕上单击两点，以确定阵列对象间角度。

选择对象（S），在屏幕上选择阵列排列对象的用户按钮。矩形阵列的行/列距为负值时，加入的行在原有行下，加入的列在原有列左。环形阵列的输入角为负值时，则顺时针旋转。矩形阵列的行/列数、环形阵列的复制份数均包括原所选对象。

（4）图形的位移。

1）移动（MOVE——M）。将单个或多个对象从当前位置移至新位置，而不改变其尺寸和方位，分基点和相对位移有两种方法。

① 命令调用。下拉菜单“修改|移动”，工具的“修改按钮”、命令行键入此命令。

② 启动命令后，系统提示“指定基点或位移”，其含义具体如下：

基点。位移的基准点，不一定在对象上。

位移。移动的距离和方向，即位移的矢量由基点和第二点指定。

难定实体坐标的移动时，此命令常与“夹点”或“目标捕捉”方式配用。

亦可采用输入坐标来实现指定“基点和第二点”。

拉伸命令。对实体进行完全选择时，也可产生此命令相同的效果。

2）旋转（ROTATE——RO）。将单个或一组对象绕实体基点旋转。

① 命令调用。下拉菜单“修改|旋转”、工具栏的“修改按钮”、命令行键入此命令。

② 命令行各选项含义

ANGDIR。设置相对当前 UCS（用户坐标系），以 0 度为起点的正角度方向的系统变量。

ANGBASE。设置相对当前 UCS（用户坐标系），以 0 度为起点的基准角方向。

基点。以绝对或相对坐标确定的旋转基点。指定后系统指示“指定旋转角度或［参照（R）］”。

旋转角度。对象相对于基点的旋转角度值。为正，逆时针；为负，顺时针。

参照。指定当前参照角度和所需新角度值。可放平一对象，或将其与图形的其他要素对齐，以参照。

③ 基点值在已知对象上，不易混乱。

3）拉伸（STRETCH——ST）。按规定方向和角度拉长或缩短实体，以改变其形状。

① 命令调用。下拉菜单“修改|拉伸”、绘图工具栏“修改按钮”、命令行键入 ST。

② 命令后用后系统提示：“…选择要拉伸的对象…”。

4）拉长（LENGTHEN——LEN）。延伸或缩短直线的长度或圆弧的圆心角。

① 命令调用。下拉菜单“修改|拉长”、绘图工具栏“修改按钮”、命令行键入此命令。

② 启动命令后，系统指示“选择对象或“［增号（DE）/百分数（P）/全部（T）/动态（DY）］”。

③ “百分数”选项。大于 100 为延伸，小于 100 为缩短，不能为负值。

④ 动态方式宜选择圆弧、直线最近端点。

（5）图形的修改。

1）删除（ERASE——E）。擦去绘图区选中的实体，使之消失。

① 命令的调用。下拉菜单“修改|删除”、绘图工具栏的“修改按钮”、命令行键入此命令。

②“UNDO”命令取消“删除”，恢复擦除的实

体；“OOPS”命令来取消删除命令，而是仅恢复擦除实体。

2）打断（BREAK——BQ）。通过指定的点，选择物体后再指定两种方式，将直线、弧、圆、多段线、椭圆、样条线及射线分成两个实体或删除某部分。

① 命令调用。下拉菜单“修改|打断”、绘图工具栏的“修改按钮”、命令行键入此命令。

② 命令提示中各选项的含义如下：

指定第二打断点。若输入@表示第二点虽与第一点同在一处，但已无缝分断。

选择对象。默认为断开第一点，也可通过“F 选项”，重新确定断第一点与第二点。

圆、圆弧应逆时针断开，第二点在第一点逆时针向。

3）延伸（EXTEND——EX）。将直线、弧和多段线等端点延长到指定边界，边界可以是直线、圆弧或多段线。

① 命令调用。下拉菜单“修改|延伸”、绘图工具栏的“修改按钮”、命令行键入此命令。

② 命令提示中各选项的含义：

投影（P），确定命令执行的投影空间，键入“P”，系统继而提示“输入投影选项［无（N）/UCS（U）/视角（V）］〈UCS〉”。

无（N），仅在三维空间此选项才有效，表示三维空间方向延伸。

UCS（U），当前 UCS 坐标系的 XY 平面上做投影延伸，可延伸在三维空间中没有与延伸边相交的对象。

视图（V），当前视图投影方向所在平面上作投影延伸。

边（E），键入 E，执行该选项后，系统将提示：“输入隐含边模式［延伸（E）/不延伸（N）］〈不延伸〉”，以确定延伸边的方式。其中各选项的含义：

延伸（E），实际上边界和延伸对象并没有真正相交，该选项假想将延伸边延长，然后再进行延伸。

不延伸（N），该选项确定边界不延伸，仅边界与延伸对象真正相交后才能完成延伸操作。

放弃（U），取消延伸命令所完成的操作。

③ 此命令一次可选择多个实体作为边界，但每个延伸对象只能相对于一个边界延伸。选择被延伸实体时，应单击近边界的一端，否则可能出错。延伸一相关的线性尺寸标注时，延伸操作完成，尺寸值自动修正。

④ 有宽度的多段线，以其中心作延伸的边界线，以中心线为准延伸到边界。延伸过程，可随时使“UNDO”集合取消上一次的延伸操作。

4）修剪（TRIM——TR）。用于修剪直线、圆、弧、多段线、样条曲线、射线等。先选择切割边或边界，再选择要剪裁的对象。命令将待修剪的目标沿一个或多个实体所限定的切割边处剪掉。

① 命令调用。下拉菜单“修改|修剪”、绘图工具栏的“修改按钮”、命令行键入此命令。

② 命令提示及选项说明各项功能类“延伸”命令。

③ 使用命令第一次选择实体是选择剪切的边界。修剪目标必须用点选，而不能用窗选，一个目标可同时作切边和修剪目标。此命令允许修剪同一边界内外侧的多个实体。

④ 对直线相交圆的修剪与选取点位置有关，该命令可以剪切尺寸标注线。

5）圆角（FILLET）。用来对两个对象进行圆弧连接，它还能对多段线的多个顶点进行一次性倒圆。命令可以选择性地修剪或延伸所选对象，以便更好地圆滑过渡。执行命令应先指定圆弧半径，再进行倒圆。

① 命令调用。下拉菜单“修改|圆角”、绘图工具栏的“修改按钮”、命令行键入此命令。

② 圆角半径大小决定圆角弧度的大小，如圆角半径为 0，可使两个实体相交。若圆角半径特别大，两实体不能容纳这么大的圆弧，无法倒圆。若太短，不可能形成圆角的线及在图形边界外才相交的线不可倒圆。

③ 多段线中，如一条弧线段隔开两条相交的直线段，该弧线段倒圆角时被删除而代替为圆角。多段线倒圆时，“多段线”选项设定的圆弧半径对多段线所有有效顶点倒圆。

④ 两条平行线可以倒圆，无论圆角半径多大，系统自动绘一个直径为两平行线垂直距离的一个半圆。

6）倒角（CHAMFER——CHA）。将两条非平行直线或多段线做出有斜度的倒角。使用时应先设定倒角的距离，再指定倒角线。

① 命令的调用。下拉菜单“修改|倒角”、绘图工具栏的“修改按钮”、命令行键入此命令。

② 用户必须提供从两线段的交点到倒角边端点的距离。若指定的两直线未相交，倒角命令将延长他们使其相交，然后再倒角。

③ 只能对直线、多段线进行倒角，不能对弧、椭圆弧倒角。

7）比例缩放（SCALE——SC）。把整个对象或者对象的一部分沿 X、Y、Z 方向以相同的比例放大或缩小，由于三个方向的缩放率相同，保证了缩放实体的形状不变。

① 命令调用。下拉菜单“修改|比例”、绘图工具栏的“修改按钮”、命令行键入此命令。

② 夹点编辑方式和基点组合编辑 MOCORO 方式中的比例选项，均可对同一实体在一次命令中进行多次缩放，而“比例缩放”命令只能对选定实体进行一次比例缩放。

8）分解（EXPLODE——X）。把多段线、尺寸和块等由多个对象组成的实体分解成单个对象。

① 命令调用下拉菜单“修改|分解”、绘图工具栏的“修改按钮”、命令行键入此命令。

② 命令执行：

选择对象　选择要进行分解操作的对象；

选择对象　回车、结束操作。

（6）夹点编辑。

在没有执行任何命令的时候用鼠标点击绘图区一个或多个实体，被选中的实体变为亮显图线，并在图线上出现蓝色小方块，这些小方块即为夹点。它是某项编辑操作预选的操作对象，可按 ESC 键消除。它是不需点击菜单、不需要键入命令字符、十分快捷的选择实体的方式。熟练的使用夹点操作，能大大提高绘图效率。

1）形式。

2）激活。上述小方块叫“未选中夹点”或“未激活夹点”。用鼠标点击夹点变为红色，被激活成为“选中夹点”或“激活夹点”。

3）设置。通过下拉菜单“工具”“选项”“选择”，即可在对话框中，设置夹点的相关特性：

① 启用夹点（E）。在实体上是否启用夹点，默认为“打开”。

② 在块中启用夹点（B）。在图块中是否使用夹点方式，默认“关闭”，关闭时在插入点显示一个夹点。

③ 未选中夹点颜色（U）。选择未激活夹点的颜色，默认为蓝色。

④ 选种夹点颜色（C）。选择激活夹点的颜色，默认为红色。

⑤ 夹点大小（G）。用滑块改变夹点框的大小。

4）用夹点来编辑对象。

① 方式：

用未激活夹点编辑对象。点选实体蓝色夹点，即可对其进行相应的编辑，如改变颜色、线型、线宽或将其定义为块、复制、移动、镜像，还可打开“特性”对话框对其进行相应操作。

用激活夹点编辑对象。点击未激活夹点将其激活，即可进行拉伸、移动、旋转、缩放、镜像五种操作，有两种方法：

激活夹点后，用空格或回车键循环选择上述五种操作。

激活夹点后，单击右键，在快捷菜单中，选择有关操作。

② 激活夹点。编辑快捷菜单选项含义：

a. 拉伸，系统提示：“指定拉伸点或［基点（B）/复制（C）/放弃（U）/退出（X）］”，如果直接选择一个新点，则将原点（即激活的夹点）拉伸到该点。其他选项含义：

基点（B），重新指定一个基点，新基点可不在夹点上。

复制（C），允许多次拉伸，每次拉伸都生成一个新对象。

放弃（U），取消上次操作。

退出（X），退出编辑模式。

b. 移动，系统提示：“指定移动点或［基点（B）/复制（C）/放弃（U）/退出（X）］”，其选项的含义和拉伸模式下的含义基本相同。

c. 旋转。系统提示：“指定旋转角度或［基点（B）/复制（C）/放弃（U）/参照（R）/退出（X）］”，如果指定一个旋转角度，系统将以选中的夹点为基准来旋转对象。其他选项含义：

基点（B），重新指定一个基点，新基点可不在夹点上。

复制（C），允许多次旋转，每次旋转都生成一新对象。

放弃（U），取消上次操作。

参照（R），使用参照方式确定旋转角度。

退出（X），退出编辑模式。

d. 缩放。系统提示：“指定比例因子或［基点（B）/复制（C）/放弃（U）/参照（R）/退出（X）］”，此提示下直接输入一个数，将以数为比例因子，进行缩放。其他选项同上。

e. 镜像。系统提示：“指定第二点或［基点（B）/复制（C）/放弃（U）/参照（R）/退出（X）］”，此时指定一点，系统将用该点和基点（激活的夹点）确定镜像轴，执行镜像操作。其他选项同上。

（7）线性编辑。

1）多线设置（MLSTYLE）。画一组平行的直线时，每条直线的颜色、线型及各直线的距离、背景的颜色、两端的封闭形状，可以多线设置命令设置。

① 命令调用。下拉菜单“格式”|“多线设置”或在命令行键入此命令。

② 对话框选项含义。调用命令后弹出“多线样式”对话框，各选项含义：

a. 置为当前，在样式文本框中选择当前要使用的多线样式名。

b. 新建，点击此键将弹出“创建新的多线样式”对话框。

c. 修改，对当前“多线样式”的设置进行修改。

d. 加载，从已存的多线样式中，调用指定的样式到当前文件中。单击“加载”后将弹出“加载多线样式”对话框，单击“文件”按钮，选择所需要的样式文件。

e. 保存，将“名称”中的文件存储到多线样式文件中。

f. 重命名，更改当前样式名称，其中新建命名后按“确定”按钮，弹出“新建多线样式”对话框。

g. 元素特性，多线中称每一条线为“元素”，可设置下列各元素属性：

元素，列表框中显示了当前样式中的所有直线的偏移量、颜色、线型。

添加，添加新直线。

删除，删除表中选定的直线。

偏移，设置选定的直线对基准的偏移距离，其值可正可负，列表中各个元素按偏移量自动降序排列。

颜色，为指定的直线设置颜色。

线型，设置多线线型。

h. 多线特性，设置节点及端点的类型、背景填充等。

i. 显示连接，是否显示接点处的连线。

j. 封口，选择设置起点和终点的四种形状：

直线，是否在起点和终点绘制封口的直线。

外弧，是否在起点和终点以最外侧两直线端点画半圆。

内弧，是否在起点和终点以内侧两直线端点画半圆。

角度，设置多线在起点和终点处各直线端点所在的直线与多线所夹的角度。

填充。是否在多线内部填充颜色。

③“多线设置”命令产生的平行多线可用“多线编辑”和其他编辑命令修改，但是不能用“多段线编辑”命令编辑，多线亦可分解操作。

④ 新建的多线样式仅在当前文件中使用，只有将其保存在“ACAD.mln”中，其他文件才能使用。

2）多线编辑（MLEDIT）。编辑两个多线相交处图线形状、接点添加与删除、多线剪切与结合。但不能对多线各元素本身属性（颜色、线型、间距）进行编辑。

① 命令调用。下拉菜单“修改”|“对象”|“多线”或在命令键入命令。

② 命令启动后，出现“多线编辑工具”对话框，图中共有十二个交点形状图标，单击某个图标，在左下角显示图标名称，单击“确定”关闭对话框，即可在图形上作相应的操作。该命令可编辑矩形，还能将普通直线、圆弧转换成多段线段进行编辑。可执行整体编辑和顶点编辑两大类操作。

③ 在多线样式中，不勾选“填充”项的情况下选项含义：

十字闭合，两个相交的多线，先选第一个多线，再选第二个多线，则第一个多线的相交部分将消失。

十字打开，两个相交的多线中，先选第一个多线，再选第二个多线，则第一个多线的相交部分将消失，第二个多线相交部分外侧直线也消失。

十字合并，分别选择两个多线，最外侧两个直线两两相交，重合部分消失。次外侧直线也两两相交，内部图线消失，以此类推。

T 形闭合，相交的两个多线中，单击第一个多线要保留的一侧，再选择第二个多线，则第一个多线的另一侧将消失，形成 T 形。

T 形打开，操作同上，结果第二个多线相交部分外侧直线将消失。

T 形合并，操作后两个多线呈 T 形，最外侧直线相交，重合部分消失，次外侧直线也两两相交，内部图线消失，以此类推。

角点结合，对相交的两多线，分别选要保留的一侧，其余部分消失，形成一个折角图形。

添加顶点，点击多线的任一位置，即在该点形成一个结点，虽然图形未变化，但该点已把多线分成两段，可在该点做拉伸等操作。

删除顶点，点击多线上的某个顶点，该顶点消失，原折线变为直线。

单个剪切，在多线的一条元素上拾取两点，中间部分即被剪切。

全部剪切，多线上任取两点，其间的全部多线即被剪切。

全部接合，单击多线断开的两个断点，即可恢复被剪掉的图线。

④ 执行操作时，选择多线先后顺序不同其结果也不同。此命令不能对多线各元素本身属性（颜色、线型、间距）进行编辑。编辑填充多线时，结果与上述情况有些不同。

3）多段线编辑（PEDIT）。对多段线整体进行编辑（如改变线宽、拟合曲线等），还可以移动删除顶点等。该命令可编辑矩形，还能将普通直线圆弧转换成多段线进行编辑，可执行整体编辑和顶点编辑两类操作。

① 命令调用。下拉菜单“修改”|“对象”|“多

线段”，工具栏“修改Ⅱ”按钮，或命令行键入此命令。

② 启动命令后，系统提示：“选择多段线或［多条（M）］”，用光标选择一条多段线即可编辑，各选项含义：

闭合（C）/打开（O），将多段线端点闭合，如果多段线已经闭合选项为“打开（O）”执行后闭合的多段线被断开。

合并（J），将与该多段线端点相连接的另一多段线、线段或圆弧合并为一条多段线，并继承该多段线的属性（图层、颜色、线型等）。如果其中有已拟合的曲线，则合并后恢复原状。使用此项，两条线必须起点或终点相交，否则无效。

宽度（W），设置多段线的统一宽度。

拟合（F），通过各个顶点将多段线拟合成一条光滑曲线。

样条曲线（S），多段线拟合成B样条曲线。

非曲线化（D），将拟合的曲线恢复原状。

线型生成（L），控制线型生成器开/关。

如已设置某线型的多段线将其样条曲线化，当线型关闭时，其中一段曲线不显示原线型，“线型”打开时才显示原定义线型。

放弃（U），取消上次操作，并不退出编辑状态。

编辑顶点（E），进入该选项后，将在多段线起点处显示一个“X”表示当前顶点，当前点不能用光标拾取，只能用键盘上的方向键移动取点。顶点编辑要在命令行中，选择“执行（G）”才能完成操作。命令行列出有关选项含义如下：

- 下一个（N）/上一个（P），上下移动，改变当前点。
- 打断（B），在当前点A选择该项后，移动顶点到B，选择“执行（G）”则AB两点间所有的线段被删除。如只在一点打断，选择“执行（G）”后，原多段线被分为两段。
- 插入（I），在当前点A选择该项后，拾取一个新点，即在A点和上一点之间插入此新顶点。
- 移动（M），移动当前顶点。
- 重生成（R），重新生成多段线。
- 拉直（S），在当前点A选择该项后，移动顶点到B，选择“执行（G）”，原AB之间图形被拉成直线。
- 切向（T），作曲线拟合时，在当前点设置曲线的切线方向。可拾取一个点与当前点的连线即为切线，也可输入角度值。
- 宽度（W），改变当前点到下一点线段的宽度。
- 退出（X），退出顶点编辑状态。

4）多重多段线编辑（PEDIT）。对多个多段线进行整体编辑，与多段线编辑的方法基本相同，主要区别是编辑数量的多少。

① 命令调用。下拉菜单“修改”|“对象”|“多段线”|“（命令行）多条（M）”、工具条的“修改Ⅱ”|“多段线”|“（命令行）多条（M）”或在命令行键入PEDI|多条（M）。

② 启动命令后，系统提示：“选择‘多条（M）’”，然后在图形上拾取多个多段线，即可进行整体编辑。命令行中各选项含义只有“合并（J）”不同外，均与PEDIT命令相同。

（8）对象特性编辑。

1）对象特性（PROPERTIES）。用于修改各种实体的颜色、线型、线型比例、图层等，还可以对图形输出、视点设置、坐标系的特性进行修改。

① 命令调用。下拉菜单“修改”|“特性”|“对象特性管理器”、绘图工具栏的“标准”或在命令行键入PROPERTIES。

② 启动命令后，弹出“特性”窗口。该对话框根据选择实体的不同，列出的特性内容也不相同。右击“特性”窗口蓝色标题栏，弹出快捷菜单。用来控制窗口的固定与浮动、隐藏等。各选项含义：

a. 顶部框格及选项。

顶部框格显示已选择的实体，单击下拉按钮后可选择其他已定义的选择集，“无选择”时表示没有选择任何想要编辑的对象。

快速选择。用快速选择方式选择要编辑的选择集。

选择对象。用光标方式选择要编辑的实体。

按钮。切换系统变量PICKADD的值，即新选择实体是添加到原选择集，还是替换原选择集。

b. 其他选项：

基本，包括图层、颜色、线型、线型比例、线宽、厚度等的普通特性。

打印样式，图形输出特性。

示图，图形显示特征。

其他，UCS坐标系等特征。

c. 可在打开“特性”窗口前，选择对象，也可在打开“特性”窗口后选择对象。关闭“特性”窗口后，如果不显示编辑后的效果，可使用ESC键取消夹点，即可显示编辑后的效果。

2）特性匹配（MATCHPROP——MA）。“特性匹配（MATCHPROP——MA）”命令用于将源实体的特性（图层、颜色、线型等），复制给目标实体。源目标只能点选，不能窗选。

① 命令调用。下拉菜单“修改”|“特性匹配”

或在命令行键入命令。

② 启动命令后命令行中提示说明如下：

a. 选择源对象，提示用户拾取一个源对象。

b. 当前活动设置颜色，图层……，在该行提示中所列出的特性是可复制给目标对象的特性。这些特性可在下面命令行“设置（S）”中按需要选取。

c. “当前活动设置：…”默认设置为“所有选项均打开”，如果不需某选项，在命令提示中重新设置。

d. 选择目标对象或［设置（S）］，用户选择赋予特性的目标对象。

e. 设置（S），设置要复制的有关选项，选择该项目后，弹出“特性设置”对话框。选项含义：

基本特性，用户可勾选的有七个复选项。

特殊特性，将“标注样式、文字样式、填充图案、多段线、视口、表格样式”复制给相应目标对象。

（9）图块及外部参照。图块是由一组制图时可作为一个整体调用的图形对象组合集合。调用时可不用比例因数和旋转角度指出。建筑电气工程图中常把图形符号，标题栏等定义成块，便于创建图块序、节省存储空间、图形修改、携带属性、可反复调用、大大提高绘图速度。

1）定义块。

① 内部块（BLOCK/BMAKE——B）。仅能在定义它的图形中，而不能在其他的图形中调用的图块。块名不多于包含字符、数字、空格及特殊字符“$、—和__”，不多于 255 个。块名及其定义保存在当前图形中。

a. 命令调用。下拉菜单的“绘图”|“块”|“创建”、工具栏的“创建块”按钮、命令行键入此命令。

b. 启动命令后，系统弹出“块定义对话框”各选项含义：

名称（A），在文本框中输入图块名，在右边三角按钮启动的下拉列表中列出已定义的图块名。

基点，用于指定图块的插入点，其中：

拾取点（K）。指定以鼠标在屏幕上拾取点作为图块的插入点。单击此按钮，“块定义对话框”消失，在屏幕上拾取点为插入点，操作结束后，对话框重新弹出。

X、Y、Z。不以上述方式时，确定图块的插入基点所需输入的坐标。若用上述方式时，此框显示为拾取基点的 X、Y、Z 值。

对象，用于确定组成图块的实块，其中：

选择对象（I），用于选择组成块的实体。单击此按钮，对话框暂消失，在绘图区用目标选择方式选择实体操作结束后自动恢复。

保留（R）。定义图块后，继续保留构成块的原图形实体。

转换为块（C）。将所选对象转作图形的块。

删除（D）。创建块后，原有图形对象删除。

预览图标。确定是否将预览图标保存在块定义中。

设置。设置插入块时的形式：

块单位（U）。指定从设计中心拖放块到当前图形时缩放的单位。

说明（E）。输入对图块进行说明的文字。

超链接（L）。打开“插入超链接对话框”，其中插入超链接文档。

c. 在非 0 层上的对象将保持该层特性，即使块插入到另外层也不变。在 0 层上定义的对象，插入后块对象与所插入后颜色、线型一致。

② 外部块（WBLOCK——W）。将图文件中图形、内部块或某实体写入新的图形文件，其他图形文件均可将其作为块调用。命令调用后弹出“写块对话框”。其选项含义如下：

源，用于定义写入外部块的源实体，包括：

块（B），从名称下拉列表框中选择用于写入外部块文件的内部块名称。

整个图形（E），选择当前图形作为一个图块写入外部块文件。

对象（O），指定保存到文件中的对象写入外部块文件。

基点，指定源实体为对象时，图块插入的基点。

对象，仅当源实体为对象时指定组成外部块的实体，以及生成块后源实体保留，消除或转换成内部块与否。

目标，指定外部块文件的文件名，储存位置以及采用的单位制式，包括：

文件名和路径。单击文件框下拉按钮弹出下拉列表选择；单击右侧浏览按钮…，弹出“浏览文件夹对话框”，输入新建外部块文件名，指定此文件在磁盘上储存位置和路径。

插入单位（U），与“BMAKE 对话框”相同，以指定插入块时系统采用的单位制式。

2）插入块。将已定义的块插入到当前图形文件中。

① 命令调用。下拉菜单的“插入”|“块”，绘图工具栏的按钮，命令行键入 INSERT/DDINSERT。

② 命令启动后，弹出“插入对话框”，各选项含义：

a. 名称（N）。输入或下拉列表框中选择要插入的块文件名。

b. 浏览（B）。打开“选择图形文件对话框”，浏览文件，从中选择要插入的外部块文件名。

c. 路径。显示外部块的路径。

d. 插入点。按下述两种方式之一，选择图块基点在图形中拾取插入位置：

在屏幕上插点（S），由鼠标在当前图形中拾取插入点。

输入 x、y、z，在文本框中输入图形插入点坐标。

e. 缩放比例。插入时，图块可任意改变其大小，此区域确定缩放比例。

在屏幕上指定（E），以鼠标或命令行输入 x、y、z 比例因子方式指定。

x、y、z，预先输入图块在三个方向（可同，亦可不同）的缩放比例，默认值为 1。如果选①法时此为灰色。此例因子为负值时，相当插入后旋转 180°，按此负值绝对值缩放。

统一比例（U）。统一三个轴向的缩放比例。

f. 旋转。确定图块旋转的角度。

在屏幕上指定（C）。命令行键入或由鼠标从图形中选定。

角度（A）。文本框中预先输入，默认为 0。

g. 块单位。图块插入图形时改变的单位。

h. 分解。图块插入图形时分解为所组成对象。

③ 外部块插入当前图形后，其块定义同时储存在当前图形中，生成同名内部块，以后可在该图形中随时调用。

3）编辑块。图块可“复制”“旋转”“比例缩放”“陈列”等直接整体编辑，但不能“修剪”“偏移”“拉伸”“倒图”和“倒角”。

① 图块的分解（EXPLODE/XPLODE）。可以下拉菜单“修改”|“分解”、绘图工具按钮、命令行输入命令各方式调用。命令启动后，系统提示：“选择对象”，以对象选择方式选择将分解对象。按“回车”确定后，即可对该对象分解。分解后将失去整体性，组成块的实体不再具块特性，但块定义仍在当前图形中，可再次插入。可用“UNDO”命令恢复已分解图块。各命令行各选项含义：

单个（I）。选定对象将逐个修改。

全局（G）。选定对象将整个修改。

全部（A）。依次指定分解后实体所有特性。

颜色（C）。以该定第一示图或色号设置分解后实体颜色，“随层”即分解后实体随其所在图层颜色，“随块”即分解后实体随分解的原块颜色。

图层（L）。设置分解后实体放置图层。在提示后输入已定义层或回车确认默认，默认为当前图层，不是分解对象图层。

线型（LT）。从已加载线型中设置分解后实体线型。

从父块继承（I）。分解后对象的颜色、线型、线宽和图层设置为被分解对象（父块）相应属性。

分解（E）。将组合对象分解为单独部件对象。

② 图块的嵌套。利用图块插入功能，形成有多个图块的图形，又定义为图块，即成为嵌套图块。分解时，嵌套在其中一个图块尚未分解，需再次分解才能成各自独立实体。

③ 图块的修改。

重定义（BLOCK/BMAKE）。将块分解后修改、编辑再用此命令输入相同名称，命令结束后系统将自动将原有块覆盖、替换。

块的替换。用单独图形文件替换图形中所有相同的一种块。

“特性窗口”。在未启动命令时选中插入的块，单击“特性按钮”，在“特性对话框”中修改其特性。

4）块的属性。表明图块类型、数目等块中文字对象的非图形信息。当插入块时，属性也插入图中。当操作块时，属性也随之变化，它依附于块存在。

① 属性定义（ATTDEF——ATT）。下拉菜单的“绘图”|“块”|“定义属性”和命令行键入命令将打开“属性定义对话框”，其选项含义：

模式。设置以下四方面：

不可见（I）。图块插入图中不可见的属性。

固定（C）。定义属性时设置，无法编辑，无提示，具有相同的属性值。

验证（V）。两次提示，以便在插入图块前改变的属性值。

预置。插入时具相同属性值，却可被更改和编辑。

属性。

标记（I）。属性分类。

提示（M）。输入插入属性块时提示的内容。

值（L）。设置属性的默认值。

插入点。设定属性插入点，或直接在 x、y、z 坐标栏中输入插入点的坐标。

文字选项。控制属性文字的对齐方式、文字样式、文字高度和旋转角度。除“固定”不能与“验证”及“预置”模式组合外，其他属性模式均可与任何其他两种组合。

② 属性块的定义。执行“创建块命令”，打开“块定义对话框”，可定义属性块。其中选项含义：

“名称”（A），文本框输入要定义的块名“标志”。

“拾取按钮”，单击此按钮，在屏幕指定属性块的插入基点，可选取直线中间位置。

“对象区域按钮”，屏幕上选择相关的选择组成块的实体。

“确定按钮”，结束属性块定义。

③ 属性块的插入。执行“插入命令”，打开“块插入对话框”，接收轴向比例因子默认值及图块旋转角度默认值，屏幕上指定属性块插入点。在提示输入“名称”后，键入新名称“PEA”，则完成属性块的插入。

④ 属性块的重定义（ATTREDFF）。启动命令后，系统提示“输入要重新定义的块的名称”，输入块名称，选择新的对象及属性或修改原对象及属性，指定新图块插入基点，便可重新定义图块中内容。此时原插入的所有块都将自动重新生成。

⑤ 属性的编辑（ATTEDIT）。当属性定义为图块在图中插入后，改变属性的值、位置、方向等进行编辑、修改。

单个编辑，编辑选定图块中所有非固定模式的单个属性，但无法编辑文字高度、位置等其他属性。

总体编辑，编辑当前图形文件中所有属性值及属性特性，有逐一编辑及依次编辑所有属性两种方式。

⑥ 属性的显示（ATTDISP）。用以控制属性在图形中的显示状态。

5）外部参照。将已有图形文件像块一样插入到图形中，但插入的图形文件信息仅为“引用”，并不加入当前图形文件，当前图形的操作不改变外部引用文件内容。

① 引用外部参照（XREF）。便于利用其他图形来补充当前图形，可通过下拉菜单的“插入”|“外部参照”，参照工具栏的，命令行键入命令调用。

② 管理外部参照。一个图形可能与多个外部参照相关联，利用“外部参照管理器”可对含有外部参照的图形有效管理。通过参照工具栏可调出“外部参照管理的对话框”，其中列出外部参照名称、当前状态、文件大小、参照类型、创建日期和保护路径等当前图形中存在的外部参照的相关信息，还可以此进行外部参照的附着、折离、重载、打开、卸载和排定等操作。

3. 平面图形加工

（1）尺寸标注。尺寸标注是建筑电气设计图必不可少的重要组成。主要由尺寸界线、尺寸线、标注文字、箭头、指引线及圆弧的中心标记构成。绘图准确的基础上，可使用系统的自动测量功能大大提高标注速度。

1）基础。

① 步骤。

创建用于标注尺寸的图层。

创建用于标注尺寸的文字样式。

创建并保存尺寸标注样式。

使用标注样式，用尺寸标注命令实行图形尺寸标注。

对以上标注进行编辑、修改。

② 尺寸标注样式。按我国本专业现行制图标准，修改图形模板提供的 GB 样式，设置标注系统变量的格式和外观。

a. 尺寸标注样式设置（DDIM）：

命令调用，下拉菜单的“格式”|“标注样式”“标注”|“样式”“标注工具栏”的“标注按钮”、命令行键入命令。

命令启动后将打开“标注样式管理器对话框”，进入样板图为 GB 时，默认格式为 GB－35 或 GB－5，在“样式”列表中选定样式名称后，单击鼠标右键弹出快捷菜单，以此可设置当前标注样式、重命名或删除标注样式。选项含义：

样式（S），显示当前图形所有标注样式名。

列出（L），下拉列表提供显示标注样式选项。

置为当前（U），从“样式”区选一种样式，单击此按钮，系统把选定标注样式设置为当前标注样式。

新建（N），单击此钮，将打开“创建新标注样式对话框”，以定义新的标注样式。

修改（M），单击此钮，将打开“修改标注样式对话框”，以修改所选标注样式。

替代（O），单击此钮，将打开“替代标注样式”对话框，设置当前使用标注样式的临时替代值。选择“替代”后，将应用到转换其他样式或删除替代为止。

比较（C），用于比较两种标注样式的特性或浏览一种样式的全部特性，可将比较结果输出到 Windows 剪贴板上，然后粘贴到 Windows 其他应用程序。

b. 新建标注样式。单击“标注样式管理器对话框”中“新建按钮”，即打开“创建新样式对话框”。输入新样式名，单击“继续”按钮，打开“新建标注样式对话框”。

“直线选项卡”，各选项含义：

尺寸线，设置尺寸线的颜色、线型、线宽、超出标记——尺寸线超尺寸界线的长、基线间距及隐藏各项。

尺寸界线，设置尺寸界线的颜色、尺寸界线 1/2 的线型、线宽、隐藏、起始尺寸线、起点偏移量、固定长度的尺寸界线及长度各项。

“符号和箭头选项卡”。

箭头区域，提供了 20 多种样式供选用，也可自定义箭头和引线类型和大小。

圆心标记区域，设置直径、半径标注的圆心标注和中心线外观。

弧长符号区域，设置弧长符号显示位置。

“文字选项卡”。

文字外观区，设置标注文字类型、颜色和大小。

文字位置区，设置标注文字放置的位置。

文字对齐区，设置标注文字是水平还是和尺寸线平行。

ISO 标准标注，当标注文字在尺寸界线内时，文字与尺寸线对齐，当标注文字在尺寸线外时，文字将水平排列。

“调整选项卡”：

调整选项，用于调整尺寸界线、尺寸文字与箭头间相互位置。

文字位置，设置特殊尺寸文字的摆放位置。

标注特征比例，设置全局比例或图样空间比例。

优化，设置其他的一些调整选项。

“主单位选项卡”。

线性标注，设置线性标注的格式和精度。

测量单位比例，设置测量线性尺寸所用比例。

消零，控制是否显示尺寸标注中的“前导”和“后续”零。

角度标注，设置角度标注的当前格式。

“换算单位选项卡”。

显示换算单位，将标注文字添加换算倒置单位。

换算单位，设置“单位格式”“精度”“换算单位乘数”“写入精度”“前缀”及“后缀”。

消零，设置是否显示“前导零”“后续零”英尺和英寸显的零。

位置，设置换算单位的放置位置。

“公差选项卡”：放置标注文字中公差的格式及显示。

2）标注的实施：

① 线性标注（DIMLINEAR－DIMILIN）。通过下拉菜单的“标注”|“线性”“标注工具栏”的“线性标注按钮”，命令行中键入命令启动。启动后系统提示：“指定第一条尺寸界线起点或〈选择对象〉”，可用目标捕捉准确指定第一条尺寸界线起点或按键，选“选择对象”选项。各选项含义如下：

a. 指定起点。默认指定第一条尺寸界线起点，并在“指定第二条尺寸界线起点”提示下指定第二条尺寸界线起点。命令行显示提示：“指定尺寸线位置或[多行文字（M）/文字（T）/角度（A）/水平（H）/垂直（V）/旋转（R）]”默认为“指定尺寸线位置后，系统自动测出两尺寸界线起始点间相应距离，标注尺寸”。各选项含义：

多行文字。选此将打开“多行文字编辑对话框”编辑文字。

文字。选此系统提示“输入标注文字〈当前值〉”，以输入新的标注文字。

角度。选此系统提示“指定标注文字角度”，可输入新的角度代替原标注文字角度。

水平。选此系统将尺寸文字水平放置。

垂直。选此系统将尺寸文字垂直放置。

旋转。选此按命令提示输入旋转角度，按旋转尺寸标注。除“水平”“垂直”位置指定即完成尺寸标注外，其余各项指定后，都需按提示“指定尺寸线位置”。

b. 选择对象。命令行提示“指定第一条尺寸界线起点或〈选择对象〉”时，按“回车键”则选择标注尺寸对象。选择对象后，系统将此对象两端点作为两条尺寸界限起点并显示提示：“指定尺寸线位置或[多行文字（M）/文字（T）/角度（A）/水平（H）/垂直（V）/旋转（R）]”时，按前述方法操作。

② 对齐标注（DIMALIGNED）。将标注尺寸线与尺寸界线原点的连线保持平行。一般用于倾斜对象的尺寸标注，系统将自动将尺寸线调到与所标注线段平行。可通过下拉菜单“标注”|“对齐”、标注工具栏的“对齐标注按钮”和命令行键入命令调用。

③ 基线/连续标注（DIMBASELINE/DIMCONTINUE）。“基线”命令用于图形中的第一尺寸界线为基线标注图形的几个尺寸，各尺寸线从同一尺寸界线处引出。使用时不能修改尺寸文字，否则出错。“连续”命令用于在同一尺寸线水平或垂直方向连续标注尺寸，相邻两尺寸线共用同一尺寸界线。使用此两命令前，先用“DIMLINEAR”“DIMALIGNED”或“ANGULAR”命令标注第一段尺寸。可通过下拉菜单“标注”|“基线”/“连续”、标注工具栏的按钮/或命令行键入命令调用。

④ 半径/直径标注（DIMRADIUS－DIMRAD/DIMDIAMETER－DMDIA）。用于标注圆或圆弧的半径/直径尺寸。在“指定尺寸线位置”选项，可直接拖动鼠标确定尺寸线位置、屏幕将显示其变化。可通过下拉菜单“标注”|“半径”/“直径”、标注工具栏的“半径按钮”/“直径按钮”和命令行键入命令调用。

⑤ 快速引线标注（QLEADER）。用于标注需注释的图形对象。可通过下拉菜单“标注”|“引线”、标注工具栏的“引线按钮”和命令行键入命令来调用。启动命令后系统将提示：“指定第一条引线点或［设置（S）]〈设置〉”，默认情况下选取引线的起点位置，系统提示“指定文字宽度〈O〉”，输入文字宽度后，系统提示“输入注释的第一行文字〈多行文字（M）〉”。当输入注释文字后，系统提示“输入［注释］文字的下一行”，这时可继续输入文字或回车结束。为在上述提示后选择“设置”选项，将弹开“引线设置对话

框”，以设置引线及注释格式，各选项含义：

a. “注释”选项卡：

注释类型区，设置引出线注释文本的“多行文字”“复制对象”“出差”“块参照”及“无”五类。

多行文字选项区，设置了“提示输入宽度”“始终左对齐”“文字边框”三项。

重复使用注释区，设置是否重复使用当前注释类型。

b. “引线和箭头”选项卡：

引线区，设置引线样式。

箭头区，在下拉列表框中选箭头型式。

点数，设置引线的点数。

角度约束，设置第一条与第二条引线角度。

c. “附着”选项卡。用于设置引线和多行文字注释的放置位置。

3）标注的编辑：

① 位置编辑（DIMEDIT）。用于改变标注尺寸文本的位置和角度，命令执行中可以鼠标动态移动尺寸线和尺寸文字位置，单击鼠标左键确定。当“DIMSSOC”系统变量打开，标注拖动将动态显示。可通过下拉菜单“标注”“对齐文字”|“标注工具栏”的“编辑标注文字按钮”、命令行键入命令启动。启动命令后，如选“修改对象”，命令行将提示：“指定标准文字的新位置或［左（L）/右（R）/中心（C）/默认（H）/角度（A）］”，其默认为将尺寸标准文字调整到尺寸样式设置方向。

② 尺寸文本编辑（DIMEDIT）。用以更改尺寸标准中心尺寸文字、尺寸界域位置以及修改尺寸文字摆放角度。对尺寸标准修改时，如对象修改内容相同，可选择多对象一次修改。如仅改尺寸标准文本值，在命令弹出的“多行文字编辑的对话框”中修改，输入新值，可输入多种类型的数值和文字。可通过下拉菜单“标注”|“倾斜”“标准工具栏”编辑标准按钮、命令行键入命令启动。启动后系统提示“输入标准编辑类型默认（H）/新建（N）/旋转（R）/倾斜（O）〈默认〉”。

③ 样式更新。将当前标注样式保存供随时调用，也可以新的样式更换可标注样式。可通过下拉菜单“标注”|“更新”，标注工具栏“标准样式更新按钮”、命令行键入命令来启动。执行命令后系统将提示：“输入尺寸样式选项［保存（S）/恢复（R）/状态（ST）/变量（V）/应用（A）/？］〈恢复〉”。

（2）文本标注和表格。

1）文字样式设置（DDSTYLE/STYLE）。用以预先设定文本的字型，包括字体、大小、倾斜度、文本方向等文字样式特性。

① 命令调用。下拉菜单的“格式”|“文字样式”“样式工具栏”的“文字样式按钮”或命令行键入命令。

② 命令启动。各选项含义：

a. “样式名”区域。下拉列表框中列出当前图形文件曾定义过的字体样式，未定义过字体样式仅 Standard。选中样式，设置为当前文字样式，并作为默认样式进行标注。

新建，击此钮启动“新建文字样式”对话框可输入样式名。

重命名（R），击此钮启动“重命名文字样式对话框”，可输入拟新命名的样式名。

删除（D），击此钮可选择是否删除当前字型。

b. “字体”区。此区设置文字最终显示的形式。字体文件有两种：Windows 所提供的字体文件是普通字体文件，为 TrueTyne 类型；AutoCAD 特有文字文件为大字体文件，其原型字体为 SHP，编译型字体为 SHX。选项含义如下：

SHX 字体（X），列出系统自带的 TTP、SHP 与 SHX 型字体。

使用大字体（B），“字体样式”下拉列表为“大字体下拉列表”，从中选择大字体文件。

大字体（B），该复选框可使用如汉语这类亚洲语言的大字体。

高度（I），在此设置字高，以后输入文本高度均为此；默认为“0”，则命令过程中提示“指定高度”时，再输入所需高度。

c. 效果区。设定文件的“颠倒”“方向”“垂直”“宽度比例”“倾斜角度”的具体特性。

d. “预览”区。预览窗口显示所设置字体样式以供决策。字体样式定义完后，点取“应用”按钮，新字型才加入当前图形。

建筑电气工程图根据国家有关标准，使用长仿宋体，系统提供的字库中，中文按国家标准创建的“长仿宋字体”qbcbig.Sbx 两文创建两个字库 qbenoz.shx 和 qbeitc.shx 写出的文本较符合国标。

2）文本标注。

① 单行文本特性。

a. 单行文字命令（TEXT/DTEXT）。用于在图形中动态标注一行或几行文字。可通过下拉菜单的“绘图”|“文字”|“单行文字”“文字工具栏”的“单行文字按钮”或在命令行键入命令调用。执行命令后，系统提示：“指定文字的起点或［对正（J）样式（S）］”，选项含义：

起点，输入一坐标点作标准文本起点，默认为左对齐方式。此后命令行要求指定标准文高度、旋转角度及输入标准文本。

对正，给出对齐（A）、调整（F）、中心（C）、中间（M）、右（R）、左上（TL）、中上（TC）、右上（TR）、左中（ML）、正中（MC）、右中（MR）、左下（BL）、中下（BC）及右下（BR）共十二种方式供选择设置对正方式。

b. 特殊字符控制码。AutoCAD 为输入绘图中高标准的一些特殊字符提供了简捷控制码，均由两个百分号和一个字母组成，输入控制码并回车确认后，控制码变成相应字符。对应如下：

%%nnn——产生由 nnn 的 ASCⅡ码对应的特殊字符；

%%O——打开或关闭文字上画线功能；

%%U——打开或关闭文字下画线功能；

%%D——标注符号“度”（°）；

%%P——标注符号“正负号”（±）；

%%C——标注符号“直径”（Φ）；

%%%——标注符号“百分号”（%）。

② 多行文本标注（MTEXT）。一次标注多行文本，各行文本作为一个段落，一个对象处理，整个对象必须采用相同样式、字体和颜色等。命令通过下拉菜单“绘图”|“文字”|“多行文字”“绘图工具栏”的“多行文字按钮”A 或命令行输入命令调用。启动命令在绘图区指定一个区域后，系统将弹出“文字格式工具栏”和“文字输入窗口”。各项含义如下：

“文字格式工具栏”，有“文字样式、文字高度、字体加粗、字体变斜、字体加下划线、放弃最近一次输入、堆叠、颜色、标尺、确认及选项（十八项选项）”共十二种选项。

制表位和缩进，在文字输入窗口的标尺上单击右键，选择快捷菜单的“缩进和制表位菜单按钮”，在弹出的对应对话框里设置缩进和进表位置类MicrosoftWord。

设置多行文字宽度，直接拖动标尺可动态调整多行文字宽度。在文字输入窗口标尺上单击右键，选择快捷菜单中“设置多行文字宽度”，在弹出的“设置多行文字宽度对话框”中可设多行文字的确定宽度。

3）文本编辑。

① 文字编辑（DDEDIT）。修改、编辑文本或属性定义，可通过下拉菜单的“修改”|“对象”|“文字”|“编辑”“文字工具栏”的“编辑文字按钮”或命令行键入命令调用。执行命令并选择已标注的多行文字后，在弹出的“文字格式工具栏”和“文字输入窗口”修改并编辑文字，也可左键选择已标注文字再单击右键，在弹出的快捷菜单中选“编辑多行文字”命令或可直接双击标准文字，在弹出的“文字格式工具栏”和“文字输入窗口”修改、编辑，另外还可利用 CAD 提供的“特性对话框”来修改包括图层、文字样式、文字高度等在内的文字属性。

② 文本显示控制（QTEXT）。以轮廓线为文本框，代替标准文本显示，从而在标准文字（尤其汉字）多的情况下大大提高图形编辑速度。通过下拉菜单的“工具”|“选项”|“显示”|“显示性能”|“以线框形式显示轮廓”或命令行键入命令调用。这是一个开关式命令（开——快速框显；关——正常的文本框显），只涉及文本显示不涉及内容。

4）表格。

① 表格样式（TABLESTYLE）。使表格的文体、颜色、文本、高度一致可通过下拉菜单的“格式”|“表格样式”、样式工具栏的表格样式按钮或命令行输入命令调用。命令启动后弹出“表格样式对话框”，框中显示当前默认的表格样式为“Standard”，“样式列表”显示当前图所包含表格样式；“预览窗口”显示选中表格的样式；“列出下拉列表”列出供或正使用样式。左侧三个选项按钮含义为：

a. 新建。为安新选样式则击“新建按钮”，弹出“创建新的表样式对话框”，其中：

“新样式名”，输入新表格样名。

“基础样式”，选择创建新表所用基础样式名。

“继续”，打开“新选表格样式对话框”。其中：

数据设置，包括文字样式、高度、表背景填充色、对齐方式的“单元特性”，形式、栅格线宽、颜色等在内的“边框特性”，“表格方向”“单元边距”等内容，默认字高 4.5。

列标题，选中“包含页眉行”时，才可设置“单元特性”和“边框特性”，余同① ，默认字高 4.5。

标题样式，选中“包含标题行”时，才可设置“单元特性”和“边框特性”，余同① ，默认字高为 6。

b. 置为当前。将已存在的表格样式设为当前。

c. 修改。打开“修改表格样式对话框”修改表格样式。

② 创建和编辑表格（TABLE－TB）

a. 创建。通过下拉菜单的“绘图”|“表格”、绘图工具栏的表格按钮、命令行输入命令调用。命令启动后，打开“插入表格对话框”。各选项含义如下：

表格样式设置区：

表格样式名称，选择表格样式。

按钮，打开“表格样式对话框”创建新表。

文字高度，显示当前表中字高。

预览高度，显示表格效果。

插入方式。

指定插入点，在绘图窗口中某点插入固定大小的表格。

指定窗口，在绘图窗口中拖动表边框以创建表格。

列和行设置，通过输入“列”“列宽”“数据行”及“行高”多个文本框数值以改变表格样式。

b. 编辑：

整个表格的编辑，左键选中整个表格，再单击右键弹出快捷菜单，可对表格进行整个编辑，也可用类点选中整个表格，拖动类点来编辑表格。

表格单元的编辑，用表格单元右键快捷菜单编辑表格单元。

（3）图框模块。

以 A3 图幅为样板图形叙述图样图框及图标栏，图签栏的具体作法如下：

1）设置单位和图形边界。

① 打开 AutoCAD 程序，系统自动适应新图形文件。

② 设置单位。“格式下拉菜单”中单击“单位选项”，打开“图形单位对话框”，设置各项如下：

长度，类型——小数、精度——0。

角度，类型——十进制度、精度——0。

拖放比例，无单位。

方向，系统默认逆时针。

③ 设置图形边界。电气工程图以 A0/A1/A2（含加长）/A3/A4（多竖式）为主。以其中 A2/A3 为例，图幅分别为 594mm×420mm 及 420mm×297mm。

命令，LIMITS，回车。

重新设置模型空间界限。

指定左下角点或［开（ON）/关（OFF）］〈0.0000，0.0000〉。

指定右上角点〈12.0000，9.0000〉：594，420，回车（A3 为 420，297）。

2）设置图层。在“格式下拉菜单”中单击“图层选项”，打开“图层特性管理器对话框”，单击框中“新建按钮”，然后按图层章节叙述分别设置层名、层颜色、线型及线宽。

3）设置文本样式。

① 文本。

高度，注释——7mm、零件名称——10mm、图标栏/图签中其他文字——5mm、尺寸文字——5mm。

线型比例——1、图样空间线型比例——1。

单位——十进制、小数点后——0 位、角度小数点后——0 位。

② 在“格式下拉菜单”中单击“文字样式”选项，打开“文字样式对话框”，单击“新建按钮”，打开“新建文字样式对话框”，接受默认的“样式 1”文字样式。确认，退出。用于一般注释标题块中零件名/注释名和尺寸标准的文字样式共有四种。

③ 回到“文字样式对话框”，在“字体名下拉列表框”中选择“仿宋 GB2312 选项”，在“宽度比例文本框”中设宽度比例为 0.7，文字高度为 5。单击“应用”，再单击“关闭”。

4）设置尺寸标注格式。

① 在“格式下拉菜单”中单击“标注样式选项”，打开“标注样式管理器对话框”，在“预览显示框”中显示出标注样式预览图形。

② 按前约定，单击“修改按钮”，打开“修改标注样式对话框”，框中对标注样式选项按高修改：

“直线和箭头选项卡”设“颜色”和“线宽”为 ByLayen，箭头大小为 1。

“文字选项卡”设颜色为 ByLayen，文字高度为 5。

“主单位选项卡”设精度为 0，其他不变。

5）绘制图框线。

① 打开“绘图工具栏”，选“矩形命令图表”，绘制 594mm×420mm（A3 图幅为 420mm×297mm）矩形为图样范围。

② 打开“修改工具栏”，选“分解图表”，把矩形分解。打开“修改工具栏”，选“偏移图标”，把左边线右移 25mm，其他三条往里移 10mm。

③ 选取“绘图工具栏”中“多段线图标”，将偏移线宽设为 0.3mm，选“修改工具栏”“删除图标”删除多余线，使偏移线成为 A3 的图框。

6）添加图标、图签。

① 打开前存的图标栏文件，编辑下拉菜单中选“带基点复制”，选图标栏右下角为基点，复制“图标”，返回图框原圆中，编辑下拉菜单中选“粘贴”，选图框右下角为基点粘贴图标栏。

② 类（1）法任意空白处粘贴上图签。选“绘图工具栏”中“每行文字图标”A，在图签一行一列中标上高为 2.5 的“专业”两字，用“修改工具栏”的“复制图标”，将一列分两行复制“专业”两字。底标双击复制上的两个“专业”字样，在弹出的“文字格式对话框”中将其分行修改为“姓名”“日期”。

③ “修改工具栏”的“旋转图标”，把图形竖放。选“修改工具栏”，“移动图标”把图形的任意放置处移到图的左上角。

7）保存为样板图文件或图块。

① 存为样板文件。选“文件下拉菜单”中“保存”或“另存为”选项，打开保存/另存为对话框。在“存为类型”下拉列表中选 AutoCAD 样板文件（dwt）选项，输入文件名 A3（或 A2），单击“保存按钮”，保存文件。以后打开样板图文件，即可在此基础上绘图。

② 存为图块。

命令行键入“WBLOCK”，打开“写块对话框”，指定基点和对象并设置相关参数后可将此图框保存为图块，或把图块转换成图形文件。

需要图框时可通过“工具栏”|“拨入”|插入块、“工具栏”|“绘图”|“插入块”、下拉菜单“插入”|“块”或命令行键入 INSERT。可将其作为图块插入当前图形。

（4）图形输出。

1）模型空间和图样空间。

① 概念。

a. 模型空间。通过绘图、编辑及加工，设计人员按 1:1 的实际尺寸设计建立的工程实体几何模型，所拥有的无界限的三维空间。

b. 图样空间。模型空间的几何模型，为便于输出打印，按所选幅面设置比例缩放的平面图形，所拥有的有界限的二维空间。

② “模型”和“图样”两空间的切换。从模型空间切换到图样空间，绘图窗口下方选“布局 1”“布局 2”选项卡。从图样空间切换到模型空间，绘图窗口下方选“模型”选项卡、命令行键入 MODEL。

a. 首次从“模型空间”转换到“图样空间”时需页面设置，选“文件下拉菜单”的“页面设置管理器（G）…”，弹出“页面设置对话框”，单击“修改”，弹出“页面设置——布局 1”对话框，供详细设计打印设备和打印布局，且可保存页面设置以应用到当前和其他布局中。页面设置后，单击“确认按钮”即生成布局图，布局图中还包括一个浮动视口。

b. 用“页面设置对话框”进行打印设置，其设置保存并反映到布局图中。后继的“打印对话框”的打印设置仅对打印有效，在框中选“将修改保存到布局”后，才保存到布局图中。“选项对话框”中的“显示选项卡”的“布局元素设置区”可进行绘图窗口下方显示布局和模型选项卡的选择。单击“布局选项卡”弹出“页面设置对话框”，进行布局图显示页边距/图样背景、新布局中创建窗口各种选择。

c. 图样和浮动空间的切换。在布局图状态，系统可以在图样空间也可在浮动模型空间。大多数绘图在模型空间进行，布置、注释、测量及绘制多个视图在图样空间。图样空间到模型空间，可通过双击浮动视口；从模型空间到图样空间，可在浮动视口外双击。单击状态栏中“图样”或“模型”也可进行此切换。

2）创造和管理布局。

① 布局。每个布局代表一张单独图样的打印输出形式。图形打印设置可使用布局选项卡，每个布局选项卡均提供一个图样空间的绘图环境，从中可创造浮动视口。指定布局的页面设置时，可保存并命名其布局的页面设置，然后将其应用到其他布局，也可根据现有布局样板文件（.dwt 或.dwg）创造新布局。布局环境设置一般步骤如下：

创建模型图形。

激活并创建布局，指定布局页面设置打印区域、比例、图形尺寸、方向、配置的打印设备并插入标题、标签栏。

在布局窗口创建浮动视口，并实质视口视图比例。

在布局中按需创造注释和几何图形。

打印布局。

② 创造布局。利用创造布局向导，按其指示一步步地引导操作。

a. 首先确定已拥有或新配置添加打印机。在 Windows“控制打印机”对话框选“添加打印机”可为 Windows 系统配打印机。在“选项对话框”的“打印选项卡”中选“添加或配置打印机”，可添加非系统打印机。

b. 通过下拉菜单“工具”“向导”“创造布局”菜单，系统弹出“创造布局对话框”，向导指定打印设备，确定图样尺寸、图形打印方向、标题栏使用及确定视口设置。按提示，通过按“下一步”按钮，完成相关选项，即完成“创造布局”。布局向导还确定图形单位。如指定 1 单位为 1mm，则图形单位为毫米。如指定 1 单位为 1in，则图形单位为英寸（纸张大小为 150 尺寸）。

c. 布局选项卡保存了图形尺寸、方向、打印比例、偏移等多种打印设置。选定当前布局的打印设备后，会出现列表，将从中选定打印机中可用的图样尺寸。

d. “标题栏列表”中选择标题栏，注意尺寸单位和大小的匹配。AutoCAD 多种标题栏中，中国国家标准 GB 和国标标准化组织 ISO 两类单位为毫米，而美国国家标准 ANSI 则为英寸。

e. 定义当前视口数。可以选择单一视口标准工程系列或视口阵列，后者为三维作图用，缺省值为 2×2。

f. 缩放比例默认为“按图样空间缩放”。如指定比例因子，将根据模型空间图形范围居中显示视图而定，布局打印比例默认值为 1:1。创建后，可通过移动图形视口，向布局中添加几何图形，从“文件菜单”中选“页面设置”来修改布局。

③ 管理布局。在“插入”下拉菜单中选“布局（L）…”选项，弹出“布局管理菜单”，从中选择适当项。其各选项含义：

新建布局，直接在选项卡栏上新增布局。

来自样板的布局，从一个布局样板来创新布局。

创造布局向导，见前述介绍。

3）绘图比例与出图比例。

① 绘图比例。尺寸标注比例是尺寸文本数值与

该尺寸或真实长度的比，而绘图比例是物体真实几何尺寸和工程图样线条几何尺寸的比。设置比例关系图样布局的美观、匀称，其做法是：

a. 按 1:1 绘出图形，即按实物尺寸绘图。

b. 用“修改”“比例”命令，将图形缩小几倍（绘图比例 1:*n*）或放大几倍（绘图比例 *n*:1）。

c. 用“标注”“样式”命令打开“标准样式管理器对话框”，单击“新建按钮”，弹出“创新标注样式对话框”。设置为 1:*n* 尺寸标注，基础样式为 GB－35，用于所有标注。按“继续”按钮，弹出“新建标注样式对话框”，在“主菜单”选项卡中，将“比例因子”的值设置为 *n*（即尺寸标注比例为 *n*），并保存该尺寸标注样式。在该尺寸标注样式下标注形体的全部尺寸，这时标注的尺寸文本数值就是实际物体的几何尺寸。“比例因子”值的变化对角度和尺寸偏差值不起作用，对线性尺寸、半径、直径和坐标的标注都起作用。

② 出图比例。代表显示在视口中的模型的实际尺寸与布局尺寸的比例，图样空间单位除以模型空间单位可得出此比率，可用“特性窗口”修改视口的打印比例，步骤为：

选择要修改比例的视口。

选“工具菜单”中的“对象特性管理器”。

选“特性窗口”中“标准比例”后，从列表中选新的比例，也可用“视口工具栏”做此项修改。电气工程更习惯的做法是在“打印—模型对话框”中将打印比例的“布满图样（I）”单选项勾选，已满足对比例要求不严的出图比例。若一定要标准比例，可参考“布满图样”时比例（S）所显比例来选择。

4）打印输出。

① 布局与页面设置。布局显示图形在纸面上输出的情况，并存储“页面设置”。页面设置包括打印设备/式样/区域/偏移/旋转及图样大小/缩放比例。仅在创造布局，并把页面设置存入图形时，才可为布局指定页面设置。有了页面设置，每次打印需重新指定设置。

② 打印样式。系列颜色、抖动、灰度、笔的指定、深淡、线型、端点形式、连接样式、填充样式的设置决定了打印样式，它直接关系到图形的打印效果。使用“打印样式”步骤为：

a. 在打印样式表中定义打印样式。电气工程图用白底黑线，一般可将除承重墙体、结构柱填充颜色之外的其他颜色全选为 7 号（黑色）、线宽“0.18”，将承重墙体、结构柱填充颜色设置为 7 号（黑色），淡显值改为 50 或其他值。

b. 将打印样式表附着于布局。

c. 为对象或图层指定打印样式，打印样式可通过查看布局选项卡在屏幕上显示附着的效果。

③ 打印机管理器 PC3。Autodesk 打印机管理器负责添加和修改打印机配置文件、创建、存储和管理适用于 Windows 和 Autodesk 设备的 PC3 文件。“打印机管理器”可配置具有非缺省设置的 Windows 系统打印机，如使用系统打印机，则只修改图样大小时，不必使用此管理器。PC3 文件包含打印机及其所有设备，图样及其他输出介质的信息完全独立于图形，与其他 AutoCAD 用户共享。

④ 图形打印输出。

a. 步骤：

用“模型选项卡”在模拟空间设计图形。

切换到“布局选项卡”，安排打印用视口和视图。

用“页面设置对话框”设置打印设备和图样打印方式。

用“打印样式编辑器”创造打印样式且将这些样式指定给对象。

用“打印”或“页面设置对话框”里的“打印样式表”下的“新建”创造新的打印样式表并添加到“打印样式”。

将打印样式表附到各布局里，布局要包含所选的每个要用的打印样式定义。

创建命名“打印样式表”或“颜色相关打印样式表”，并将 AutoCAD 以前的设置设备输入到此版本中。

b. 预览（PREVIEW）。通过下拉菜单的“文件”“打印预览（U）…”、单击“标准工具栏”的“打印预览按钮”、命令行键入命令以及“打印对话框”左下方单击“预览按钮”以预览打印效果。若要退出，可单击鼠标右键，从弹出的快捷菜单中选项。

c. 图形打印（PLOT）。通过下拉菜单的“文件”“打印（P）…”、单击“标准工具栏”中“打印按钮”。命令行键入命令启动。系统将弹出“打印对话框”。

各主要选项含义：

“打印机/绘图仪”选项区域。“名称下拉列表”列出当前已配置的打印设备，供为当前设备选用。一旦确定，系统会显出该设备有关信息，可通过单击“特性按钮”浏览、修改其配置和属性。选择“打印到文件”复选框，可将图形输出到打印文件，否则将图形输出到打印机/绘图仪。

“打印样式表（打印笔指定）”选项区域。设置和新建“打印样式表”，设置打印颜色、线型、线宽、封口、灰度等，以文件形式存在的打印参数来控制打印效果。选“打印样式表”下拉列表框中“新建选项”，使用“添加颜色相关打印样式表”向导，创建新的打印样式表。也可通过单击“编辑按钮”，编辑“打印样式表”，多用 AutoCAD 提供的大部分默认设置为宜。于不同颜色、不同线宽，可得不同线宽的打印图形。线型也可如此。

“图样尺寸”选项区域。指定图样尺寸的纸张单位。

“打印份数”选项区域。指定打印纸张数量。

“打印偏移”选项区域。在 X、Y、Z 文本框输入偏移量，以指定相对于可打印区左下角的偏移，选“居中打印”复选框，可自动计算偏移的居中打印。

“打印比例”选项区域。在下拉列表框中选择标准缩放比例或自定义其值。布局空间的默认比例为 1:1。如要按打印比例缩放线宽，可选“缩放线宽”复选框。电气工程图无严格比例要求，选“布满图样”最为方便。

“图样方向”选项区域。确定所绘图形输出方向，“纵向”单选框为图样按所绘方向的输出，“换向”单选框为旋 90° 输出，“反向打印”确定是否反方向打印。

“打印区域”选项区域。确定打印图形的部分，其中“图形界限选项”将打印位于 L1M1T 命名设置的绘图图版内全部图形。“范围选项”为打印整个图形的所有对象，“显示选项”为打印当前显示的图形对象，“视图选项”为打印命名保存的视图，“窗口选项”为打印位于矩形窗口中图形。

“打印选项”选项区域。“打印对象线宽”复选框控制打印线宽。“按样式打印”复选框可用于布局或视口指定打印样式特性。“打开打印戳记”复选框打开绘图标记显示，确认打印设置正确后单击“打印对话框”中“确定按钮”，AutoCAD 即打印输出图形。

3.1.4.2 CAD 电气设计技术

1. 图线

建筑电气专业图线宽度应根据图纸的类型、比例和复杂程度，按现行国家标准《房屋建筑制图统一标准》（GB/T 50001）的规定选用，常用的线宽组数据见表 3－26。

表 3－26　图线宽度与线宽组对照表

图线宽度	*b*	0.7*b*	0.5*b*	0.25*b*
0.5mm	0.5	0.35	0.25	0.13
0.7mm	0.7	0.5	0.35	0.18
1.0mm	1.0	0.7	0.5	0.25

电气平面图中除了有本专业的项目外（设备轮廓线、图形符号和连接线缆等），还有非本专业项目（设备轮廓线和管道等），为了清楚地表达各项目之间的关系和重要程度，图样宜采用不同的线宽加以区分。建筑电气专业的图样宽度可在表 3－26 中的 1.0mm、0.7mm、0.5mm、0.35mm、0.25mm、0.18mm、0.13mm 任意选中。平面图一般最少使用三种线宽，系统图、电路图、接线图等，宜根据图样的规模、复杂程度等因素，采用两种或两种以上线宽绘制。同一张图纸中如有多个比例相同的图样（如两个比例，如有两个比例相同不同层平面图放在一张图纸中），需采取相同的线宽组。

建筑电气专业常用的制图图线、线型、线宽及一般用途宜符合表 3－27 的规定。

表 3－27　制图图线、线型及线宽

图线名称		线　型	线宽	一　般　用　途
实线	粗		*b*	本专业设备之间电气通路连接线、本专业设备可见轮廓线、图形符号轮廓线
	中粗		0.7*b*	
			0.7*b*	本专业设备可见轮廓线、图形符号轮廓线、方框线、建筑物可见轮廓
	中		0.5*b*	
	细		0.25*b*	非本专业可见轮廓线、建筑物可见轮廓；尺寸、标高、角度等标注线及引出线
虚线	粗		*b*	本专业设备之间电气通路不可见连接线；线路改造中原有线路
	中粗		0.7*b*	
			0.7*b*	本专业设备不可见轮廓线、地下电缆沟、排管区、隧道、屏蔽线、连锁线
	中		0.5*b*	
	细		0.25*b*	非专业设备不可见轮廓线及地下管沟、建筑物不可见轮廓线等
波浪线	粗		*b*	本专业软管、软护套保护的电气通路连接线、蛇形敷设线缆
	中粗		0.7*b*	

续表

图线名称	线型	线宽	一般用途
单点长画线	— — — — — — —	0.25b	定位轴线、中心线、对称线；结构、功能、单元相同围框线
双点长画线	— — — — — — —	0.25b	辅助围框线、假想或工艺设备轮廓线
折段线	——\/——	0.25b	断开界线

2. 符号

建筑电气图形符号分为常用强电图形符号和常用弱电图形符号。按应用类别区分为功能性文件用图形符号和位置文件用图形符号。功能性文件用图形符号一般用于电路图、接线图、概略图、系统图、框图和功能图等。位置文件用图形符号一般用于安装图、平面图、布置图和路由图。电气专业常用图形符号可见3.1.2节“常用符号”部分。

3. 文字

建筑电气专业图样中文字主要用于标注标识，包括电力设备的标注，安装方式的文字符号，设备端子和特定导体的终端标识，电气设备常用项目种类的字母代码，常用辅助文字符号，指示器、操作器的颜色标识，导体的颜色标识，信号名用的字母代码和信号分类。

建筑电气专业图样中汉字标注的字高不宜小于3.5mm，主导专业工艺、功能用房的汉字标注字高不宜小于3.0mm，字母或数字标注的字高不宜小于2.5m。

4. 比例

电气总平面图、电气平面图的制图比例，宜与工程项目设计的主导专业一致，采用的比例宜符合表3－28规定。民用建筑的主导专业为建筑专业，工业建筑的主导专业除建筑专业外，还应以工艺设计为主。

表3－28 电气总平面图、电气平面图的制图比例

序号	图名	常用比例	可用比例
1	电气总平面图、规划图	1:500、1:1000、1:2000	1:300、1:5000
2	电气平面图	1:50、1:100、1:150	1:200
3	电气竖井、设备间、电信间、变配电室等平、剖面图	1:20、1:50、1:100	1:25、1:150
4	电气详图、电气大样图	10:1、5:1、2:1、1:1、1:2、1:5、1:10、1:20	4:1、1:25、1:50

绘制电气总平面图、电气平面图、电气详图时，制图比例一般不包括图形符号。电气大样图中的所有元器件均应按比例绘制。

3.1.4.3 主要建筑电气设计专业软件

1. 理正协同CAD系列软件（电气）

由从事多年电气设计的工程师担当架构师、程序设计人，设计理念”以人为本”，完全符合电气设计工作中的需要。在开发中不仅考虑了软件稳定性、高效性，更考虑到了设计协作交流，从而大大加强了软件的开放性、兼容性，提高了施工图设计与交流的方便性。

该软件具有的功能特点为：

（1）平面图部分。

自动布灯与火灾探测器：在矩形和扇形的房间内布置灯具、火灾探测头等设备及相连的导线。同时可以根据照度估算灯具功率和数量；可以估算所应布置的火灾探测头数量。

房间复制：将一组房间中的设备和导线复制到另一房间。复制时并不需要复制与被复制的房间大小一样，程序可以根据房间的大小，自动调整设备与导线的位置。

设备、导线布置：与设备连线时自动确定设备上的连线位置，在两设备间连线时可以同时连接表示同开关的虚弧线；强、弱电的区分绘制。

图层开关：很方便地将电气层（或非电气层）关闭或锁定，从而替换图中的建筑部分图元。此功能用于电气图绘制好之后，又要改建筑部分的情况是非常有效的。

造统计表：自动搜索、统计平面图中的设备和导线，制成统计表。

统计表的功能特点：

1）造统计表时不仅可以直接生成表格，还可以将数据填入用户自己设计好的表格中。有较强的灵活性。

2）一些用户自己输入的数据，如安装高度、设备型号等，输入后被分类记入数据库，下次统计到同类设备时，可以在下拉列表中直接调用数据库中的内容，减少输入的工作量。

（2）系统、原理图部分。生成一个照明或低压配电系统图。此功能集成了系统图图形生成、负荷数据输入和负荷计算及系统图标注的功能，一次完成全部系统图的绘制。系统图负荷数据和导线、元件的标注可直接标注，也可列表标注。已标注过的内容被分类记入数据库，供下次绘图时调用。

（3）计算部分。

照度计算：

1）既可以用利用系数法计算平均照度，也可以用逐点法计算某点的照度，还可以绘出等不知道照度曲线。

2）可由用户自行输入利用系数和灯具的配光曲线，用于计算，扩大了使用范围。

3）既可根据灯具条件计算室内的照度，也可先选定照度条件计算所需灯具的功率和数量。

图算负荷：利用系统图计算并储存负荷数据。

低压短路：计算低压系统的短路电流。各种变压器、母线的计算所需数据可以直接从数据库中选取。

避雷区域：计算避雷针的保护区域。可以计算多根避雷针的组合保护区域。

2. 天正电气

天正软件－电气系统 T－Elec 以 AutoCAD 为平台，秉承了天正软件界面简洁、绘图便捷的一贯风格，搜集了大量设计单位对电气软件的设计需求，是一款全新智能化的电气设计软件。在专业功能上，该软件体现了功能系统性和操作灵活性的完美结合，最大限度地贴近工程设计。天正软件－电气系统不仅适用于民用建筑电气设计亦适用于工业电气设计。

（1）电气平面设计。提供多种布置平面设备与导线的方法，布置平面设备时，设备输出界面采用了浮动式窗口结合动态预演，所见即所得，相辅灵活的右键菜单编辑功能，可方便地绘制动力、照明、弱电、消防、变配电室布置和防雷接地平面图。所有图元采用参数化布置，一次性信息录入，标注与材料表统计自动完成。

软件设备图块采用国标图例，并且支持楼控类型图例，增加导线导线图层，提供更多导线供用户使用。

（2）电气系统设计。在绘制系统图方面提高了智能化水平。可自动生成照明系统图、动力系统图、低压单线系统图，还可方便绘制各种弱电系统图及二次接线图。其中自动生成的配电箱系统图同时还完成负荷计算功能。此外系统提供数百种常用高、低压开关柜回路方案，80 余种原理图集供用户选择。

（3）电气计算。提供全面的电气计算功能，适用于建筑电气设计。包括：逐点照度、照度计算、多行照度计算、（利用系数法）、负荷计算、无功功率补偿、短路电流计算、低压短路电流计算、电压损失计算、年雷击次数计算、继电保护计算等，所有计算结果均可导入 Word 或 Excel 进行保存。

3. 浩辰 CAD 电气

浩辰 CAD 电气 2011 是首款同时支持浩辰 CAD 和 ACAD 平台的电气软件，是浩辰公司与国内众多建筑设计院、工业设计院的专家联合研制开发的用于大型电气工程的电气专业设计软件，主要应用于大型电气工程设计、工业及民用建筑工程的电气设计。浩辰 CAD 电气具有以下功能特点：

（1）开放定制、广泛兼容。摈弃对建筑接口转换的依赖，能智能识别墙线等建筑部件；开创性的线缆识别功能，能自动识别其他软件或 CAD 平台绘制的线缆；自动生成的图层用户都能自定义，使图纸管理、打印更规范更快捷。

（2）全智能专家辅助式设计。十余种设备布置方式，使设计工作随心所欲；线缆布置方便快捷，让图纸绘制一气呵成；采用模糊捕捉技术，无需准确定位；导线自动追踪设备移动并智能连线，减少改图时的重复劳动；无需赋值直接标注，自动生成设备材料表。

（3）细微之处充分体现人性化设计。标注根数和回路编号一键操作，充分体验高速、顺畅操作带来的快乐；回路编号自动派生，新类型自动记录，提供独特的编辑控件；浮动式图块插入参数对话框，可随时调整设备插入比例和角度；设备布置对话框提供三种模式，可随机应变；布置线缆时可随时设置新的线缆类型；设备标注时可直接预览和调整标注内容，标注后自动赋值。

（4）专家级图库。五星级管理。外部图块智能识别，无需入库，即可进行调整、布置，并统计到设备表中；只需将图块拷入一个目录，即可实现批量入库；自动跟踪当前图形，新图块自动入库；更新图库一键操作，动态拖动，实时显示布置设备，所见即所得；独到的符号派生技术。

（5）功能全面、广泛适用。涵盖一次、二次、变配电、防雷接地、强弱电各种设计功能；提供负荷计算、短路电流计算等众多的电气计算模块，适合多种工程需要；提供了几十本设计手册和设计规范，提供了上千张标准电气图集。

3.1.5 BIM 技术

1. BIM 的基本概念与应用

建筑信息模型（Building Information Modeling，BIM）是在计算机辅助设计（CAD）等技术基础上发展起来的多维模型信息基础技术，是对建筑工程物理特征和功能特性信息的数字化承载和可视化表达。

BIM 技术能够应用于建筑工程项目的规划、勘察、设计、施工、运营维护等各阶段。它可以实现在建筑全生命期内，各参与方在同一建筑多维信息基础上的数据共享。为建筑产业链的贯通、工业化、智能化建造和创作的繁荣提供技术保障；为项目全过程的方案优化和科学决策提供依据；支持对工程环境、能耗、经济、质量、安全等方面的分析、检查和模拟，支持各专业协同工作、项目的虚拟建造和精细化管理，为建筑业的提质增效、节能环保创造条件和基础。

信息化是建筑产业现代化的主要特征之一，BIM应用作为建筑业信息化的重要组成部分，将极大地促进建筑领域生产方式的变革。BIM技术在建筑电气领域可以实现的应用包括BIM设计、碰撞检查及优化、孔洞及套管预留、施工指导、房间照度计算、辅助照明设计、负荷计算及供配电系统自动三相负荷平衡、装配式建筑构件管线定位，以及主要设备材料清单计算、采购、施工及运营维护管理。

BIM技术在建筑设计领域的应用还是起步阶段，该技术的应用在不断的发展进步中。现介绍一些主要应用点：

（1）BIM设计。在BIM软件平台下，将常规CAD设计中的部分或全部图纸交由 BIM 软件完成设计、综合协调、校审、布局、出图等。

BIM设计突破了传统二维制图的局限，其核心就是模型数据为主，二维图形为辅。其模型数据，可以辅助设计师更好的理解、认识和检查模型，解决二维制图模式下产生的通病。对于异型建筑，BIM 设计可以更好地表达设计师的理念和思路，展现各角度效果。

（2）模拟碰撞检查及进行优化。通过BIM设计，可以方便地检查电气设备之间、电气设备与其他机电设备之间、电气设备与土建之间的空间冲突，并根据碰撞检查结果进行优化，以消除冲突。在实际工程中，最常见的问题是电气槽盒与风管、水管、结构梁、剪力墙等之间的空间冲突。另外一个问题是吊顶面上各灯具、风口、探测器、喷头、广播器、摄像头等设备的位置冲突、造成整体布局不协调。在一个项目中，要做到避免不同方面的碰撞，检查和优化，要投入大量的人力和时间成本。这种碰撞，检查和优化，单是电气方面是不能够确定并承担的，它需要各个方面的专业人员根据项目合同及实际需求确定。有的项目，仅仅要求做到涉及电气槽盒、封闭式母线的碰撞检查及优化，有的项目还要求检查到所有管径不低于50mm的电气保护管。当有吊顶综合、装修应用需求时，就是另一番景象了。

（3）孔洞及套管预留功能的优化。在建筑施工过程中，孔洞遗漏、预留不准、二次开洞等问题导致的工期延误、成本上升、管线安装复杂化一直是施工和成本管理头疼的问题。利用 BIM 技术可以在设计和施工阶段尽量避免此类问题。当项目的管线优化完成，电气专业所需孔洞的尺寸、位置也基本确定后，就可以向建筑、结构专业提出预留孔洞要求。一般来讲，孔洞及套管是在土建模型中表示，所以自动开洞程序的开洞条件、参数设定需由电气专业和土建专业一并完成。大部分洞口通过自动开洞命令即可完成；但受土建实际条件限制，会遇到一些不期望的情况，比如某一洞口宽度超出所处梁的承受能力；同一处结构墙上洞口较多，需要做洞口统筹；某一板开洞尺寸较大，需要结构专业采取针对措施，必要时，此处还需重做管线优化。

（4）提供施工指导在施工过程中，BIM设计可以为电气工程师提供了详尽、准确、直观的资料，用于指导其进行施工的组织设计、现场放线、阶段验收等。

例如：① 利用BIM设计生成某一部位的平、立、剖视图，并进行尺寸标注；② 完成电气槽盒的分节分段，统计槽盒各直线段、转角、分支等尺寸，并确定吊架规格、位置，或综合吊架设计；③ 根据 BIM模型，利用现场3D扫描机器人，实现设备的现场定位、放线等；④ 根据需求，随时进行各阶段电气设备的各种清单算量，为分阶段设备采购、进场、补件等提供参考，节约工程师的大量精力。

（5）可以进行房间照度及照明功率密度值计算。由于受软件功能和信息失真、缺失等的限制，在CAD设计中，难以对项目中的所有房间逐一的进行照度和功率密度值的计算。而在一个比较完整的 BIM 模型设计中，各房间功能、空间尺寸、材质等信息均可通过明细表的形式进行提取，从而为逐一计算房间照度和照明功率密度值提供了便利。通过创建空间照度明细表、空间照明分析明细表等，复核照明设备的选型和布置是否合理。

（6）全面的电气计算。除照明计算外，利用BIM平台软件或基于平台API二次开发的专业工具软件，可以实现负荷计算、电流计算、电压损失、无功补偿计算、电力变压器保护整定、3～10kV电动机继电保护、发电机继电保护、3～20kV电力电容器、6～110kV母线及分段断路器保护整定、6～20kV线路的继电保护、桥架计算、防雷击数计算等，计算结果均可导出Word或Excel文本。

（7）完成装配式建筑构件管线定位。在装配式建筑设计时，预制构件内的管线预留做法不同于常规设计。比如，管线在叠合楼板的现浇层和预制层穿越做法；电力管线穿越叠合楼板及预制梁时需预留套管；墙板需预留接线操作空间等。

在此情况下，电气工程师需要依据其他专业提资（以BIM模型文件为主），准确识别预制与现浇构件，确定每一处管线设计与施工方案。在装配式构件设计及生产时，电气专业需配合完成预留洞口、管线、插座、开关面板、灯座，具体内容依工程实际需求而定。

（8）清单算量、采购、施工及运营维护。通过BIM技术，可以大幅提升预算精度、速度，为各条线精细管理提供数据支撑，支持快速招投标，分包工程量确认，从而实现全过程成本管控。可以随时为各项设备添加自定义参数，比如生产厂家、质保起止期、安装单位、供货价、备件备品数量、质保单位、定期维护内容等，为实现从采购至运营维护全周期的设备管理平台提供基础数据。

受周期、费用、空间、软硬件平台等因素限制，在实际工程应用中，很少在某一个项目中实现所有的应用，而只是根据工程需要去不确定若干项应用目标。在设计或建模岗位上的建筑电气工程师，应首先了解并确定项目应用目标，并据此来确定应用软件、建模标准、各专业协调流程、工期等。

2. 基于BIM的电气应用流程

不同于传统二维CAD软件的表现形式和特点，BIM技术的电气应用流程也不相同。BIM技术对各专业、各阶段协同能力需求远远高于二维设计工作模式下的水平，电气工程师在转型BIM应用时，需再造流程。

建筑电气包括电气设备、配电箱、母线槽、槽盒、线管、开关插座、灯具等构件，其系统相对复杂，且受建筑、结构、装修等专业影响较多。BIM设计可有效提高建筑电气专业设计精度。不同单位，不同项目建筑电气初步设计阶段BIM应用操作流程是不同的，本次以若干简单图表为例说明初步设计、施工设计、机电深化设计阶段的流程。

（1）初步设计阶段应用。该阶段应用流程如图3－2所示。

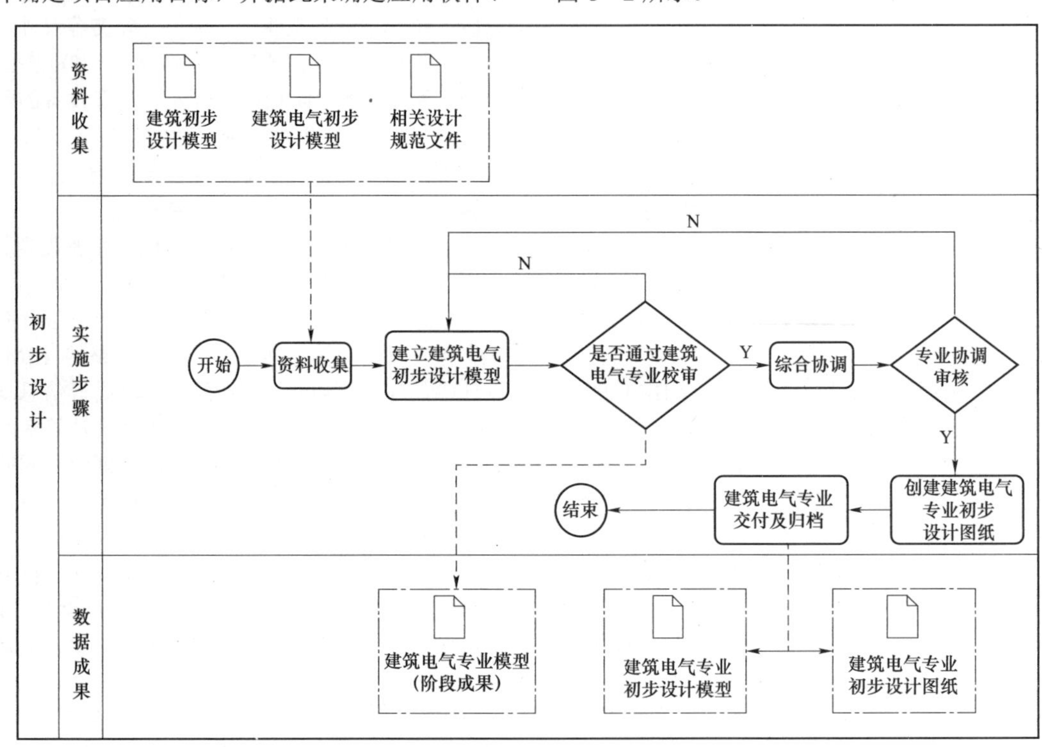

图3－2 初步设计阶段应用流程

第1步资料收集：对建筑、结构数据进行收集、整理，其中包含初步设计阶段建筑、结构，或二维初步设计图纸、相关规范文件。

第2步模型建立：基于电气样板文件，在建筑、结构模型的基础上进行电气设计。样板文件应包含常用的桥架、电气设备、导体、灯具等配置参数。

第3步检查模型，综合调整：项目各专业（建筑、结构、给排水、暖通、电气等）通过碰撞检查、人物漫游、剖切模型视图等方式进行专业检查，发现碰撞、矛盾等问题及时协调。

第4步成果输出：与其他专业进行协调、调整及优化后，生成二维平面图，进行相应的二维尺寸标注、文字标注、CAD图纸导出，并归档相应版本的模型、图纸等技术资料。

可将“创建建筑电气专业初步设计图纸”放到“是否通过建筑电气专业校审”之前，或者在“创建建筑电气专业初步设计图纸”之后进行再安排一次图纸层面的专业校审；前一轮校审为模型层面的专业校审。

（2）施工图设计阶段应用。建筑电气设计从狭义上仅指民用建筑中的电气设计，传统分为强电和弱电，其中供电、照明、防雷等对于强电，电话、电视、消防和智能化等归于弱电。基于 BIM 的电气设计，其电气设备、槽盒、灯具等具有三维可观性，更有利于本专业与其他专业间的协同。其流程可如图 3-3 所示。

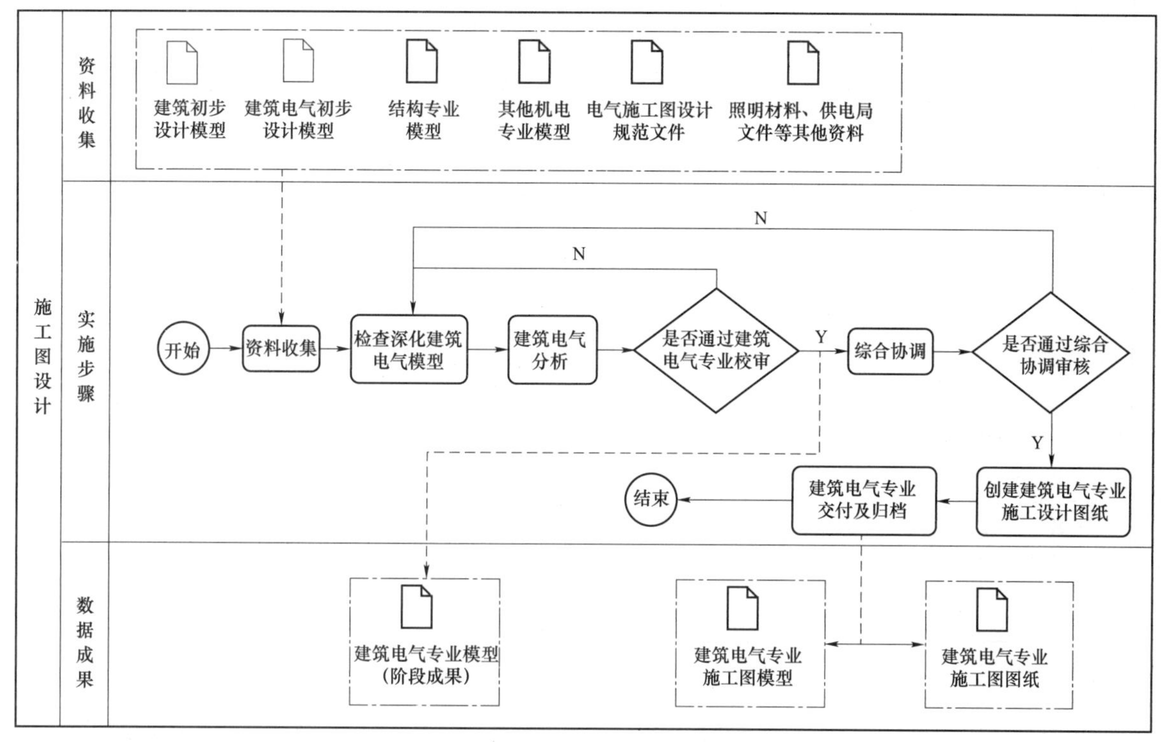

图 3-3　施工图设计阶段应用流程

第 1 步资料收集：收集初步设计阶段电气模型、其他专业模型、电气施工图设计相关规范文件、照明材料、供电局文件等其他资料，并确保资料的准确性。

第 2 步检查并深化模型：在初步设计电气模型的基础上，按照施工图深度和要求深化电气模型，使其达到电气施工图模型深度。通过碰撞检查、人物漫游、剖切模型视图等方式进行专业检查，发现碰撞、矛盾等问题及时协调。

第 3 步传递模型信息：把本专业模型与建筑、结构及其他机电专业模型整合，进行协调、碰撞检查、净高优化等，并根据其他专业互提资料修改模型。

第 4 步在调整后的电气模型上创建剖面图、平面图、立面图等二维施工图，添加二维图纸尺寸标注、标识等，使其达到施工图深度。

第 5 步检查模型和图纸：再次检查确保模型、图纸的准确性及一致性。

第 6 步成果输出及交付：本专业成果包括电气施工图模型、电气施工图设计图纸。同时归档相应版本的模型、图纸等技术资料。

（3）机电深化设计阶段应用。基于 BIM 技术进行机电专业深化设计的目的是对施工图及施工图模型进行补充和完善，使图纸及模型更能满足施工现场的实际情况；同时优化设计方案、降低项目成本。在此阶段，需将施工方案及采购设备的主控技术参数融入施工模型中，对技术指标等进行复核检查，然后进行管线综合、优化管线方案及路由、产生能够指导现场施工的资料（包括施工模型、剖面图、预留洞口图纸、支吊架图纸等）。基于 BIM 技术的机电深化设计应用实施步骤如图 3-4 所示。

第 1 步收集机电深化设计资料：收集的资料包括有效的设计模型（或设计图纸）版本、规范和图集；管线的材质及连接方式等；其他特定要求，如净高、检修空间等。

第 2 步创建机电 BIM 深化设计模型：依据设计阶段模型（或施工图），以及现场条件、净空需求等，确定管线、设备的综合排布方案，创建能够指导现场施工的深化设计模型，模型应包含施工过程的必要数据。

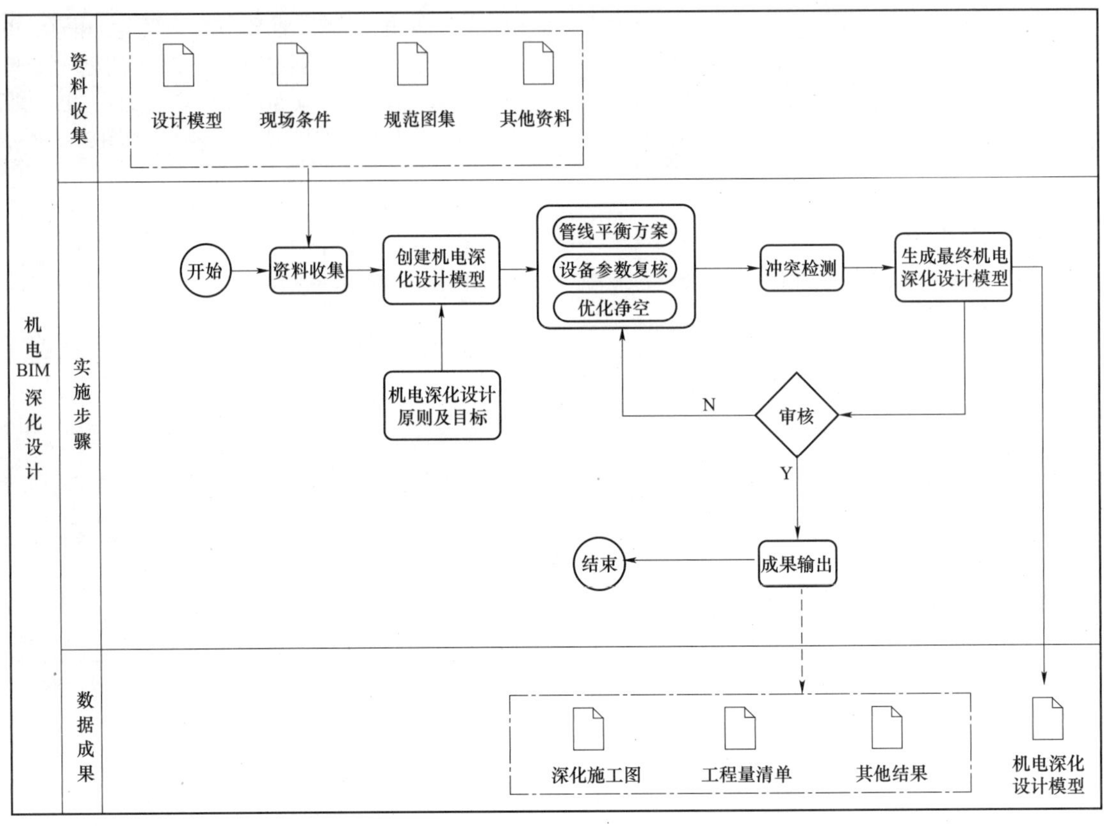

图 3-4 机电深化设计阶段应用流程

第 3 步优化和审核设计模型：审查校核深化设计方案的合理性。依据机电专业管线综合原则，优化管线方案及路由、校核设备参数、优化净空，同时解决土建、幕墙、装饰等专业与设备专业之间的碰撞及衔接问题，确保机电模型可行。

第 4 步机电 BIM 深化设计模型确认：机电深化设计模型通过建设单位、设计单位、总包方、专业工程承包商、相关顾问单位的审核确认，最终生成可指导施工的机电深化设计模型文件；

第 5 步成果输出：深化设计图纸输出，包括管线综合图、剖面图、孔洞预留图、支吊架详图；工程量清单输出；设备运输路径模拟动画；施工方案模拟动画；机电 BIM 深化设计最终模型文件。机电 BIM 深化设计模型应能清晰反映施工阶段所需的安装构件定位尺寸标注及管线标注，同时需满足设计、质量控制、施工验收规范等要求。

此流程为指导性质，工作团队需根据各种因素进行完善。需要考虑的内容包括：BIM 技术的介入点、BIM 应用点、建模广度及深度、质量管控水平等；还要考虑 BIM 团队成员的专业经验、水平、默契程度。

举例如下：当电气专业选用基于主体的灯具构件时，只能等建筑专业完成吊顶或天花板建模之后进行灯具布置；专业内部的校审是在机电管综合之前进行还是在机电管综合之后，或者双轮校审；项目起始制作的电气样板文件完整且准确的，则不同模型文件之间的一致性会比较好；若电气样板文件不完整或不具备普遍性，则不同模型文件之间容易出现差异；暖通、给排水专业设备提资的准确性和不确定性，会影响电气设备选型及定型时机；建模过程中发现的问题需各专业协调解决时，其滞后性会影响各专业的工作进度。受各种客观因素影响，目前还没有形成行业公认的、一致的 BIM 应用流程模式，还需各位行业工作者在日积月累的工作中细心探索。

3. 主要建筑电气设计专业软件

在 BIM 应用过程中，不同专业、不同设计阶段会涉及不同的软件使用。按软件的技术功能，通常可分为 BIM 设计建模类软件、BIM 浏览及计算分析类软件、BIM 插件及工具集和 BIM 项目管理软件。

（1）BIM 设计建模类软件。它是 BIM 设计过程中模型、数据创建的基础平台软件，也是 BIM 设计和应用过程中最常用的软件。在国内比较流行的有 AutodeskRevit 、 Bentley 、 ArchiCAD 、 CATIA 、 DigitalProject，还有偏重于施工的国产软件鲁班、广联达等。

（2）BIM 浏览及计算分析类软件。通常是针对建筑、结构、机电、工艺、绿色建筑等某一专业的专业型分析软件。通常有轻量化浏览软件、建筑性能分析软件、结构计算软件、机电分析计算软件、深化设计计算软件、工艺模拟分析软件、可持续（绿色）分析软件等。

对于电气工程师来讲，专业的计算通常由 BIM 插件及工具集来完成，此类软件更多是用于浏览、模型审核、制作漫游动画、施工模拟。比如 AutodeskNavisworks、Fuzor 均支持导入 Revit 模型文件，更方便地进行模型审查、碰撞检查及报告生成、施工模拟、漫游动画、效果图渲染应用。

（3）BIM 插件及工具集。通常是在 BIM 设计建模和 BIM 计算分析类软件平台的基础上，为提高建模、设计、计算工作效率而定向开发的软件工具。电气工程师可以使用的有橄榄山套件、EaBim、isBIM、博超、理正、天正、族库大师、柏慕、翻模大师、品茗等。由于用户需求的不断更新，近年来这类软件的产品更新换代也很迅速。

（4）BIM 项目管理软件。它是 BIM 设计技术与传统 ERP 技术充分结合的产物，能够实现建筑企业从项目级到企业级的管理。此类软件是建筑企业实现项目精细化管理、企业集约化管理、信息化管理不可或缺的数据支撑与技术支撑。以鲁班 BIM 解决方案为例，该平台软件构建了账号管理、BIM 数据库、定制构件数据库、企业定额数据库、套定额模板库、量价指标库、资源价格数据库、编码规则数据库等数据库，实现成本分析、资金流分析、人力资源分析等功能，供企业管理人员、高管、专业分包单位、施工技术人员、资料管理员、安全员、仓库管理员等按需上传或下载各类数据。此类软件多为企业定制产品，电气工程师可通过企业内部培训途径获取技术支持，本书不再赘述。

综上所述，虽然行业内 BIM 软件种类繁多，但多数是围绕建筑方案、结构分析、造价算量、施工管理等主题开发的，对电气专业的支持还不够，存在明显不足，更遑论满足中国规范及施工做法。于是一些国内工程软件公司基于成熟平台进行了二次开发，如北京博超时代软件有限公司面向变电站开发的“EDP 数字化电气设计平台”、天正公司面向建筑电气开发的“TR－Elec 电气设计”。当电气工程师需要某些电气专业的高级应用时，此类专业软件可以提供一定的帮助。

4. AutodeskRevit2017 基本电气操作

作为当前国内应用最广的 BIM 模型创建工具，Revit 系列是全球领先的数字化与参数化设计软件平台，能够满足各专业（建筑、结构、给排水、暖通、电气）的基本应用需求。

本小节以 AutodeskRevit2017 软件为例，介绍电气工程师需掌握的基本操作。限于篇幅，本次不再介绍 Revit 软件的基本概念和通用操作，仅围绕电气工程师需掌握的部分内容（包括项目样板、槽盒布置、电气设备布置、照明设计、碰撞检查、模型校审、工程量统计）做简要介绍。

（1）项目样板。对于国内设计人员来说，根据 Revit 默认的系统项目样板文件设计出的图纸不符合中国制图标准。同时，系统项目样板文件中的部分设置不能满足电气专业需求。在需开工进行新项目时，工程师需花费时间进行烦琐的设置工作。因此，合理完善地设置项目样板文件，对提高设计效率和出图质量意义重大。

电气专业项目样板应满足以下要求：

1）BIM 模型需满足项目实施标准。

2）所出图纸能满足企业二维制图标准，并使图纸更规范、细致、美观。

3）最大限度地减少电气工程师的重复工作量。

4）项目样板需满足模型的通用性传递及不同专业模型的整合。

其制作原则如下：

1）根据国家制图标准进行设置。

2）根据企业自身制图标准进行基本设置。

3）所有基本设置须是企业统一要求，应用者不宜随意更改。

主要步骤如下：

Step01 启动 Revit2017，默认将打开“最近使用的文件”界面。

Step02 单击左上角的“应用程序菜单”按钮，选择菜单中的“新建”→“项目”选项，弹出“新建项目”对话框。

Step03 在“新建项目”对话框中，单击“浏览”按钮，弹出“选择样板”对话框，选择“Revit 程序文件夹 \RVT2017\Templates\China\Electrical-DefaultCHSCHS.rte”，并回到“新建项目”对话框，选中“项目样板”并确定。

Step04 键盘快捷键“Ctrl+S”，在弹出的“另存为”对话框中选定保存目录，并命名此电气样板文件。

项目单位设置：

Step05 键盘快捷键“UN”，弹出“项目单位”对话框，选择规程为“公共”，可以根据项目标准及企业要求设置“长度”“面积”“体积”“角度”“坡度”“货币”“质量密度”“小数点/数位分组”，如图 3－5 所示。

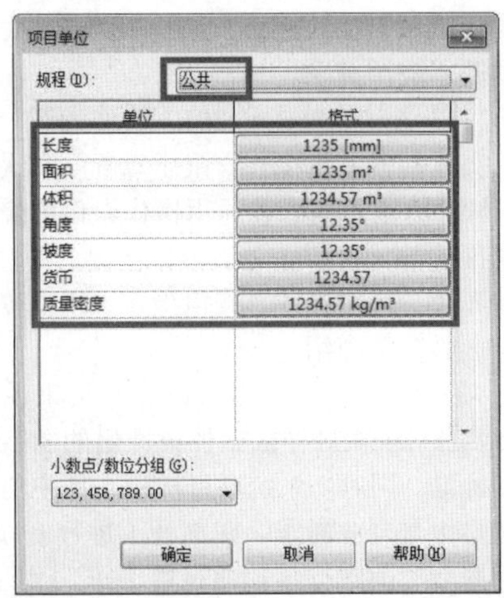

图 3-5 项目单位设置——公共规程

Step06 选择规程为“电气”，可以根据要求设置“电流”“电压”“频率”“照度”“亮度”“光通量”“发光强度”“效力”“瓦特”“色温”“功率”“视在功率”“功率密度”“电阻率”“线径”“温度”“电缆桥架尺寸”“线管尺寸”“需求系数”。

以功率的设置为例：单位设置为“千瓦”，舍入为“三个小数位”，单位符合为“kW”，消除后续零。

以需求系数的设置为例：单位改为“固定”，舍入为“2 个小数位”。

以此类推进行其他单位设置，结果如图 3-6 所示。

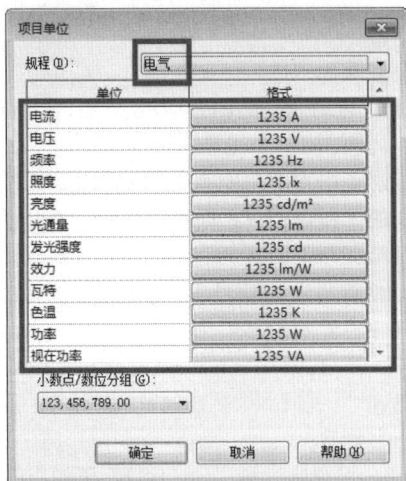

项目单位

规程(D): 电气

单位	格式
电流	1235 A
电压	1235 V
频率	1235 Hz
照度	1235 lx
亮度	1235 cd/m²
光通量	1235 lm
发光强度	1235 cd
效力	1235 lm/W
瓦特	1235 W
色温	1235 K
功率	1235 W
视在功率	1235 VA

小数点/数位分组(G):
123, 456, 789.00

确定 取消 帮助(H)

图 3-6 项目单位设置——电气规程

Step07 线宽设置：单击“管理”选项卡→“其他设置”→“线宽”，打开“线宽”对话框。线宽对话框中包括：模型线宽、透视图线宽、注释线宽。

注：根据《建筑电气制图标准》(GB/T 50786—2012)，电气专业图纸线宽度 b，应根据图纸的类型、比例和复杂程度，按照国家现行标准《房屋建筑制图统一标准》(GB/T 50001) 中的规定，线宽 b 宜为 0.5mm、0.7mm、1.0mm，具体可以不同图纸比例而定。线宽可分为 b、$0.7b$、$0.5b$、$0.25b$ 四种，故可以仅设定 1～4 号线宽的宽度。具体线宽选用可依据现行《建筑电气制图标准》(GB/T 50786)，本书不再引述。

对于模型线宽，当视图比例为不小于 1:100 时，选用 $b=0.7$mm 的线宽组；当视图比例小于 1:100 时，选用 $b=0.5$mm 的线宽组；具体设置如图 3-7 所示。

	1:10	1:20	1:50	1:100	1:200	1:500
1	0.1800 mm	0.1800 mm	0.1800 mm	0.1800 mm	0.1300 mm	0.1300 mm
2	0.3500 mm	0.3500 mm	0.3500 mm	0.3500 mm	0.2500 mm	0.2500 mm
3	0.5000 mm	0.5000 mm	0.5000 mm	0.5000 mm	0.3500 mm	0.3500 mm
4	0.7000 mm	0.7000 mm	0.7000 mm	0.7000 mm	0.5000 mm	0.5000 mm
5	1.0000 mm	0.7000 mm	0.7000 mm	0.5000 mm	0.3500 mm	0.2500 mm
6	1.4000 mm	1.0000 mm	1.0000 mm	0.7000 mm	0.5000 mm	0.3500 mm
7	2.0000 mm	1.4000 mm	1.4000 mm	1.0000 mm	0.7000 mm	0.5000 mm
8	2.8000 mm	2.0000 mm	2.0000 mm	1.4000 mm	1.0000 mm	0.7000 mm
9	4.0000 mm	2.8000 mm	2.8000 mm	2.0000 mm	1.4000 mm	1.0000 mm
10	5.0000 mm	4.0000 mm	4.0000 mm	2.8000 mm	2.0000 mm	1.4000 mm
11	6.0000 mm	5.0000 mm	5.0000 mm	4.0000 mm	2.8000 mm	2.0000 mm
12	7.0000 mm	6.0000 mm	6.0000 mm	5.0000 mm	4.0000 mm	2.8000 mm

图 3-7 线宽设置——模型线宽

透视图线宽及注释线宽与视图比例无关，选用 $b=0.5$mm 的线宽组进行设置；具体设置如图 3-8 和图 3-9 所示。

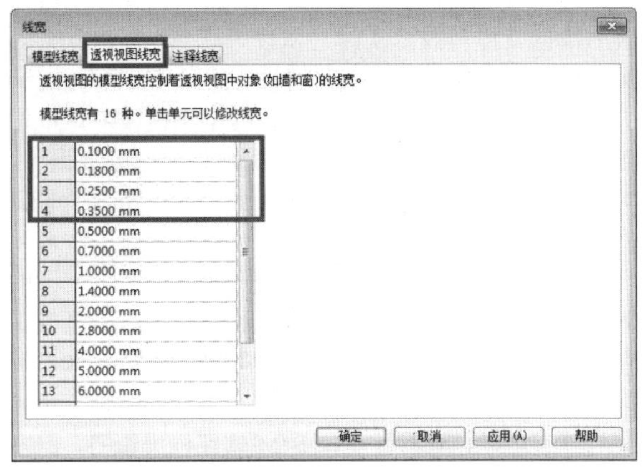

1	0.1000 mm
2	0.1800 mm
3	0.2500 mm
4	0.3500 mm
5	0.5000 mm
6	0.7000 mm
7	1.0000 mm
8	1.4000 mm
9	2.0000 mm
10	2.8000 mm
11	4.0000 mm
12	5.0000 mm
13	6.0000 mm

图 3-8 线宽设置——透视视图线宽

Step08 线样式设置：单击“管理”选项卡→“其他设置”→“线样式”，打开“线样式”对话框。可修改已有的线样式的线宽、线颜色和线型图案，也可以根据需要新建线样式。线样式的设置是保证图线图元外观样式的关键，主要用于绘制详图线和模型线。

Step09 对象样式设置：单击“管理”选项卡→“对象样式”，打开“对象样式”对话框。过滤器列表中，勾选“建筑”“机械”“电气”。列表下的类别进行“线宽”“线颜色”“线型图案”的设置，其中线宽、线型图案、颜色均根据项目需求设定。部分设置如图 3－10 所示。

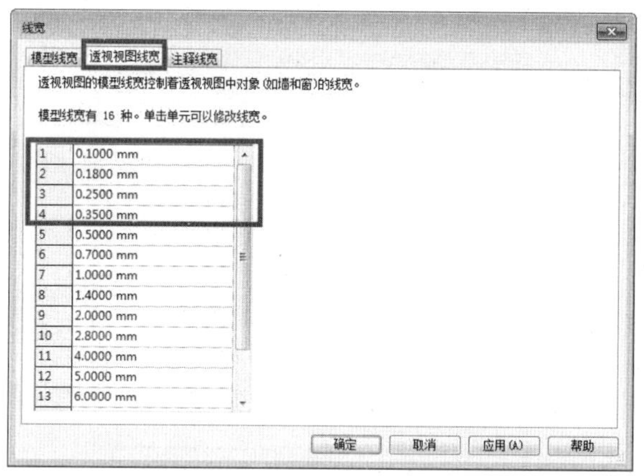

图 3－9　线宽设置——注释线宽

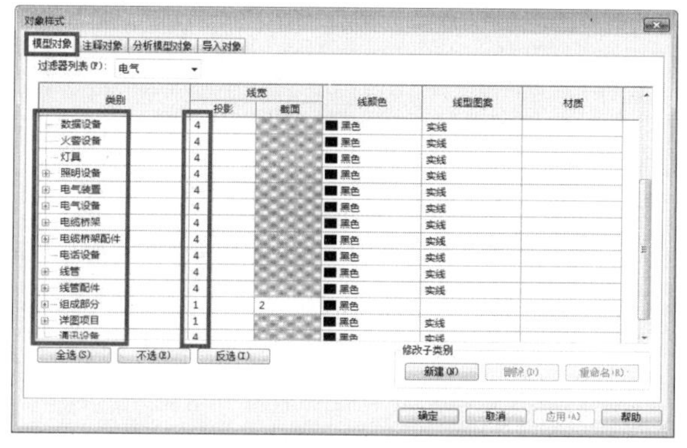

图 3－10　对象样式设置

Step10 材质设置：电气专业材质主要为：布线用电线、电气设备等。电气专业项目样板材质创建方法可见相关文献，在此不再赘述。

Step11 构件类型：在 Revit 中，电缆桥架没有系统之分，这不同于给排水和暖通专业的管道。在使用电气专业电缆桥架等构件时，需对其进行类型编辑以区分系统、便于筛选和识别。下面以“电缆桥架”进行类型设置为例介绍电气构件类型设置。

1）单击“系统”选项卡→“电缆桥架”→属性栏中，单击“编辑类型”，进入“类型属性”对话框，如图 3－11 所示。

2）在“类型属性”对话框中，选中“实体底部电缆桥架”（注：不同样板初始文件名称可能不同，不影响后续设置）。单击“复制”→在“名称”对话框中，删除原有名称→输入新建电缆桥架类型的名称，此处输入“CT－电力托盘桥架”。

3）管件：新建的“CT－电力托盘桥架”类型，已经继承了原有桥架的类型属性，管件默认配置为原

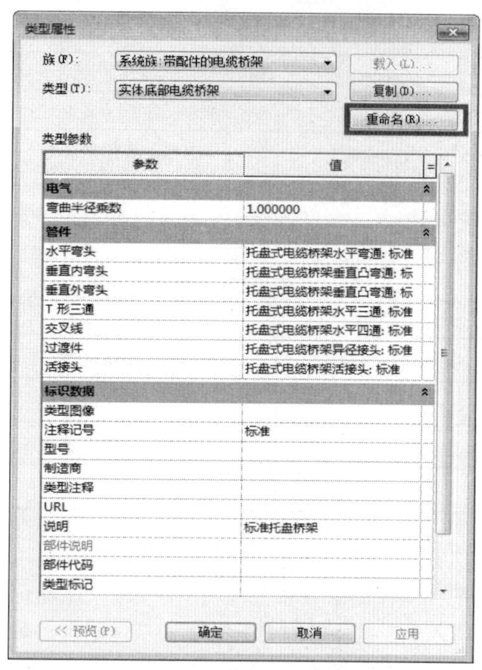

图 3－11　电缆桥架配置

有的标准配件，可单击后面的下拉箭头进行修改。为了在后续视图设置中使不同类型桥架显示不同的颜色，需要进一步对管件名称进行修改。进入“项目浏览器”，展开“电缆桥架配件”，分别复制托盘式电缆桥架七种管件的类型，并重新命名。如“托盘式电缆桥架垂直凸弯通”的类型“标准”复制品更名为“CT－电力”。

4）重复第 1）步，然后在“类型属性”对话框中，选中“槽式桥架”（注：不同样板初始文件名称可能不同，不影响后续设置）单击“复制”→在“名称”对话框中，删除原有名称→输入新建电缆桥架类型的名称，此处输入“MR－照明槽式桥架”。

5）管件：新建的“MR－照明槽式桥架”类型，已经继承了原有桥架的类型属性，管件默认配置为原有的标准配件，可单击后面的下拉箭头进行修改。为了在后续视图设置中使不同类型桥架显示不同的颜色，需要进一步对管件名称进行修改。进入“项目浏览器”，展开“电缆桥架配件”，分别复制槽式电缆桥架七种管件的类型，并重新命名；如“槽电缆桥架垂直凸弯通”的类型“标准”复制品更名为“MR－照明”。（注：Revit 槽式桥架配件中的上弯通和下弯通，是相对于桥架垂直段而言；垂直段顶部的弯头为上弯通/垂直外弯头，垂直段底部的弯头为下弯通/垂直内弯头，俗称“上外下内”。）

6）依以上步骤，根据项目需要，再设置多种桥架类型。完成后举例见表 3－29。

表 3－29　多种桥架“关键字”及“含义”规定

序号	关键字	含　义
强电		
1	CT－电力	强电电力托盘桥架
2	MR－照明	强电照明槽式桥架
3	MR－消防强电	强电消防槽式桥架
弱电		
序号	关键字	含　义
4	MR－消防弱电	弱电消防报警防火槽式桥架
5	MR－弱电主干	弱电主干槽式桥架
6	MR－弱电分支	弱电分支槽式桥架
7	MR－弱电 01	预定义，按需选用

7）为了更好地标注桥架，需要为每一种桥架类型补充“注释记号”和“说明”参数。“注释记号”参数填入表 3－29 中的“关键字”，“说明”参数填入表 3－29 中的“含义”。

至此完成电气桥架的设置，部分如图 3－12 和图 3－13 所示。

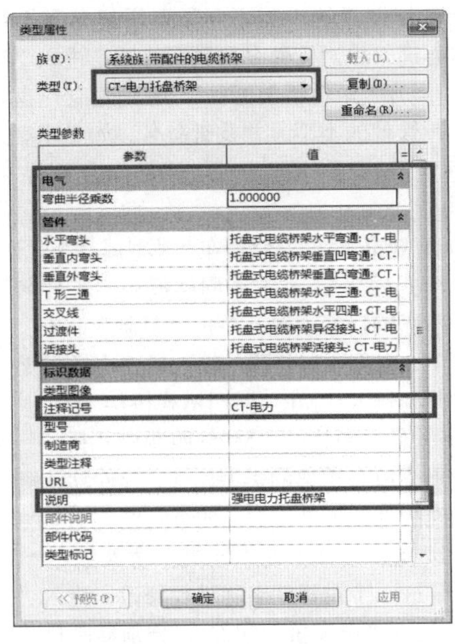

图 3－12　电力托盘桥架配置

Step12 项目浏览器：对设计岗位上的电气工程师来说，浏览器组织尤为重要。合理的浏览器组织能够帮助设计人员更好、更方便地建模、提资、校审、出图等。

项目浏览器的建立应根据项目需要进行，模型搭建初期，对于各平、立、剖视图依赖较大，为方便查看，需要对建模视图单独分类建立浏览器组织子类别；也可根据电气专业需要建立符合需要的项目浏览器组织。通常电气专业划分建模、提资、校审、出图四个板块。

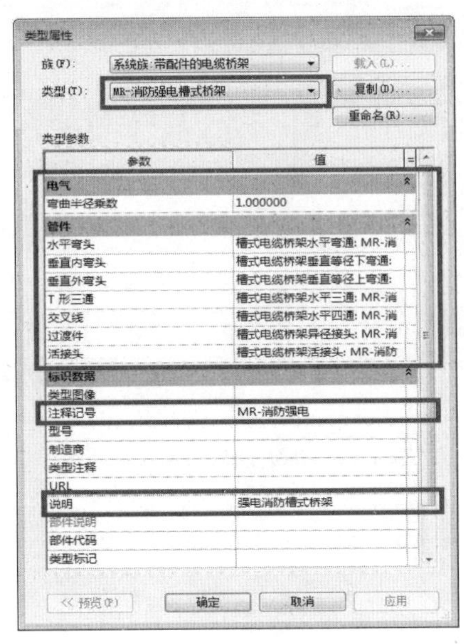

图 3－13　消防强电槽式桥架配置

1）新建需要的项目参数单击“管理”选项卡→“项目参数”→“添加”，在弹出的“参数属性”对话框中，如图 3－14 进行设置。点击确定，完成“视图分类－父”的设置。同样方法完成“视图分类－子”的设置。

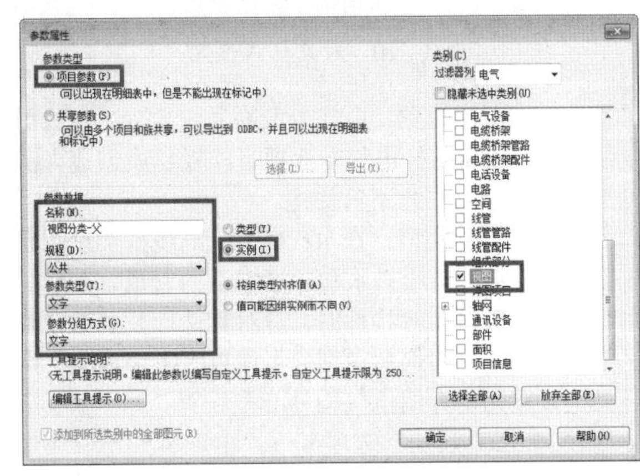

图 3－14　为“视图”添加项目参数设置

2）右击“项目浏览器”→“视图”→选择快捷菜单中的“浏览器组织”，打开“浏览器组织对话框”。通过新建命令，以新建“全部”为例，建立新的视图浏览器组织形式，单击“新建”并命名，此处命名为”××项目电气样板”并确定；对浏览器成组和排序进行定义，参数设置如图 3－15 所示，其效果如图 3－16 所示。实际工程中，可根据需要设置符合实际项目的浏览器组织。

视图分建模、提资、校审、出图、综合五个板块，可以使项目成员之间更好的协同工作。其各自作用如下：

建模：设计人员进行建模、设计等工作时主要使用的视图。设计人员可以根据需要进行各种临时视图设定和切换，不影响其他视图设定。

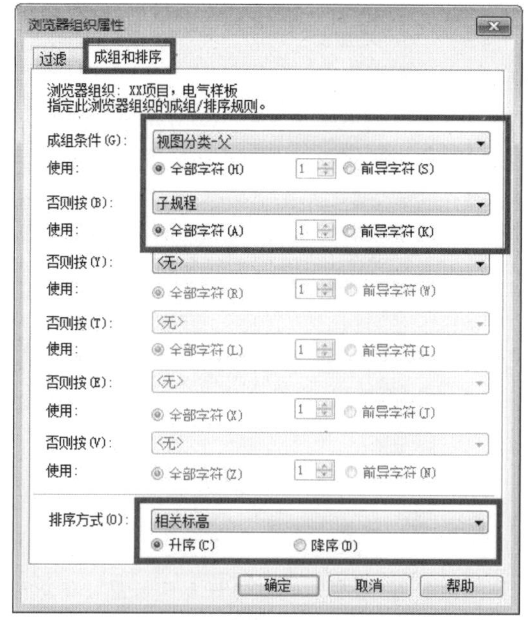

图 3-15　视图浏览器组织属性配置

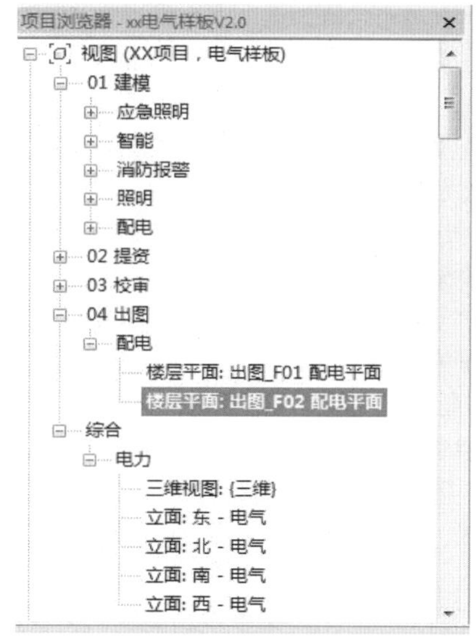

图 3-16　视图浏览器组织效果

提资：是各专业之间相互提资使用的视图。比如当电气专业需要给建筑提资时，就在本板块下专门建立提资视图，可以加各种注释。建筑专业在使用电气专业模型文件时，只需要看本板块下的视图即可，方便直接提取各种提资要求。当电气工程师需要了解给排水专业提资时，只需要看给排水专业模型文件中的提资板块即可。一般情况下，不同专业的提资是板块下不同的视图，通过视图命名可以方便识别，如“给排水提电气条件－2017.10.8”“电气提建筑条件－2017.10.8”。

校审：校审视图一般由各专业校审人员自行创建。校审人员通过“带细节复制”视图的方式复制“出图”板块里的所有视图及其他需要相关视图。校审意见可以直接标注在此板块视图上，此时视图添加的任何文字和符号都不会影响其他视图的完整性。设计人员可以通过此板块下的各个视图获取校审意见，并在建模或出图板块下的视图进行修改。

出图：当项目需要出图时，出图视图上可以进行各种电气标注，并根据制图标准进行“可见性/图形替换”等显示设置，是电气设计成果二维平面展示最关键的一环。

综合：对于不方便划归前述四个板块或者临时视图，可以划归此板块。

Step13 过滤器：Revit 中提供了过滤器的功能，可控制各图元的颜色、线型、填充图案及可见性，是电气工程师必须掌握的工具。限于篇幅，其基本操作不再赘述，仅介绍利用过滤器实现电缆桥架的显示控制。

1）单击“视图”选项卡→“图形”面板中单击“过滤器”，进入“过滤器”对话框。

2）单击“新建”图标，进入“过滤器名称”对话框，如图 3-17 所示。

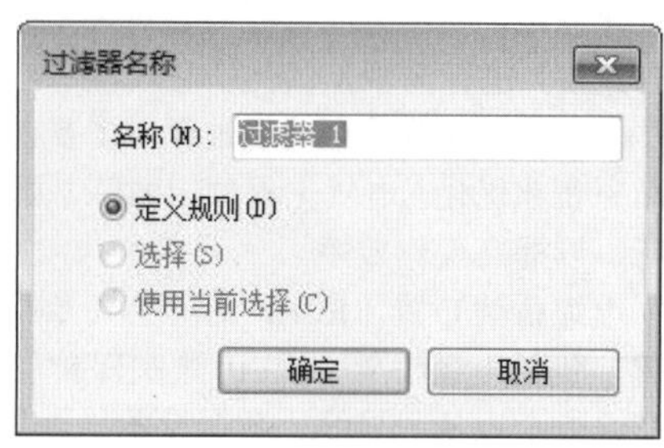

图 3-17　过滤器名称定义

删除“过滤器 1”字样，输入名称“CT－电力托盘桥架”，下方选择“定义规则”，单击“确定”进入“过滤器”条件定义对话框。

3）在“类别”下方多选框中，仅选择“电缆桥架”“电气桥架配件”。

4）“过滤器规则”的过滤条件设定为“类型名称”“包含”“CT－电力”。单击“确定”。

5）重复上述 1）～3），依次完成“MR－照明槽式桥架”“MR－弱电 01”“MR－弱电主干”“MR－弱电分支”“MR－消防弱电”“MR－消防强电槽式桥架”的过滤器定义。

完成后如图 3－18 所示。

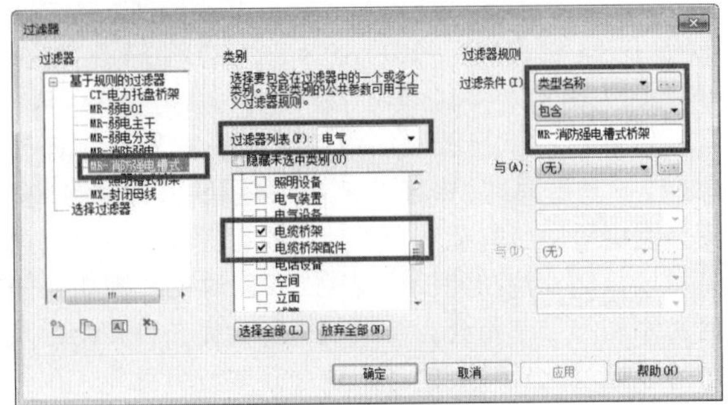

图 3－18 电缆桥架设置过滤器

Step14 视图样板：电气专业的视图分为配电、照明、消防报警、弱电等，其类型主要有平面图、立面图、剖面图、三维视图等，按照不同的视图类型设置相应的视图样板。由于不同的项目，其视图样板的设置和应用范围不尽相同，一般是在实际项目中先设定某个特定的视图，再依此为据生成视图样板，并通过“传递项目标准”的途径导入样板文件。读者可参考相关文献掌握，本文不再赘述。

Step15 样板的整理和管理：样板整理的主要方式是通过对实际工程项目的项目标准（项目单位、线型图案、线宽、线样式等解决方案）进行规范化管理，建立符合各类项目实际需要的标准，通过项目传递工具将标准集成到项目样板中，以便于推广使用，实现项目标准化应用。项目完成之后需要对多余的族（系统族、自建族）进行清理，优化信息模型、减少模型容量。样板文件的设置是个动态过程，需要在项目实践中不断更新和优化，电气工程师应熟练掌握其各种应用技巧，以提高工作效率。

（2）电缆桥架布置。Revit 支持电气专业的各类设备布置，包括电缆桥架、MEP 预制保护层、MEP 预制支架、安全设备、导线、数据设备、火警设备、灯具、线管、通信设备等，其中电缆桥架是最普遍的，本次以电缆桥架为例，介绍如何利用 Revit 进行电气设备布置。其他电气设备的布置可参考相关文献。

Step01 启动 Revit2017，打开程序主菜单，点击“新建”→“项目”，弹出“新建项目”对话框。“样板文件”项选中本文前述创建的样板文件。点击确定。

Step02 通过“项目浏览器”，打开“建模”分类项下的“一层配电平面”，如图 3－19 所示。

Step03 键入快捷键“CT”命令，进入“修改｜放置电缆桥架”模式。

在绘制之前，需确认部分主要参数如下：

“宽度”：需绘制的电缆桥架宽度；本次设置为 300。

“高度”：需绘制的电缆桥架高度；本次设置为 100。

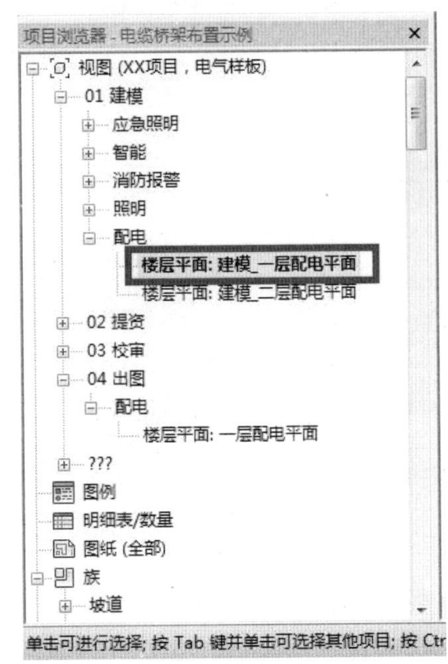

图 3－19 打开“建模_一层配电平面”视图

“偏移量”：桥架距当前设计参照标高（可以简单理解为当前楼层标高）的相对垂直高度。但具体是指桥架的“顶”“中”“底”的哪个部位，以“属性”栏中的“垂直对正”值为准；本次设置为 2500。电气工程师需注意的是，无论桥架布置命令模式下该偏移量如何设置，当该桥架绘制完成后，其值均指桥架垂直中心的高度。

属性栏中的类型：可以在原电气样板文件中预定义的各种桥架类型中选择一个；本次设置为“MR_照明槽式桥架”。

“水平对正”：有“左”“右”“中心”三个选型；本次设置为“中心”。

“垂直对正”：有“顶”“底”“中”三个选项；此值有两层含义，第一层是指新建桥架时“偏移量”的参照点，第二层是指明两段不同高度的桥架相接时的对齐方式。实际工程中，一般为底对齐；本次设置为“底”。

“参照标高”：指桥架各涉及高度的参数设置时的参照。一般为所属楼层标高，或为该桥架安装区域的楼板标高。

“开始偏移”和“垂直偏移”：分别指桥架的始端和终端的偏移量。因此时桥架为水平桥架，故两者相同，且不可更改，此值等同于前述“偏移量”。

“底部高程”和“底部高程”：分别指桥架顶部标高和底部标高。在桥架布置命令模式下，此值不可设置。主要参数设置如图 3－20 所示。

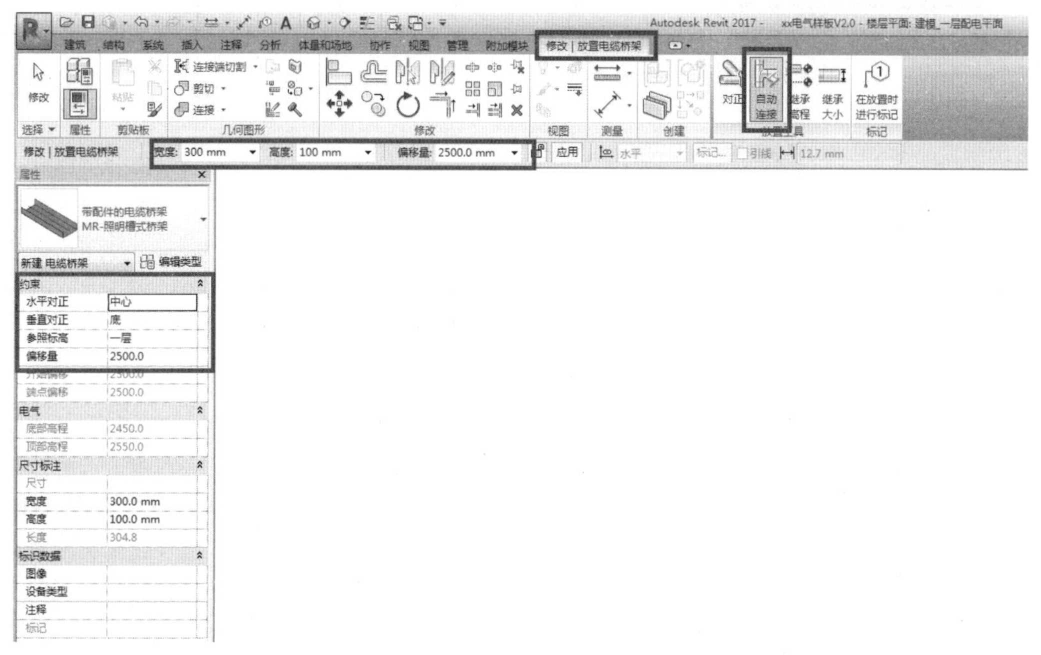

图 3－20　绘制电缆桥架前设置

此时在绘图区域，可通过鼠标点击确定电缆桥架的起点和终点。完成后的示例如图 3－21 和图 3－22 所示。

图 3－21　电力托盘桥架布置平面图示意

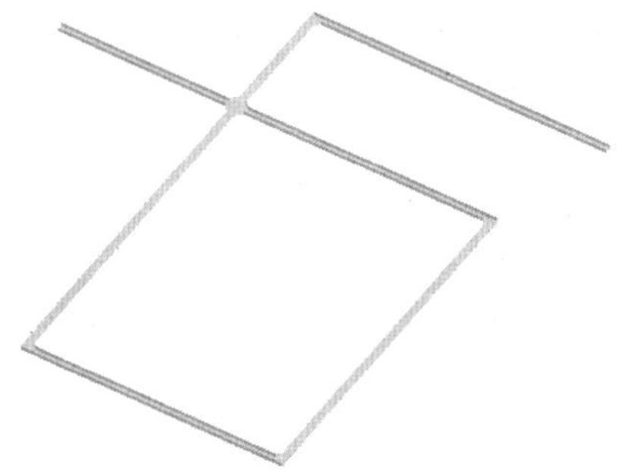

图 3－22　电力托盘桥架布置三维图示意

（3）碰撞检查及优化。除了 Revit 外，Autodesk Naviworks、Fuzor 等轻量化 BIM 浏览软件可以更全面、更细致地碰撞检查，并生成可观性强的报告。Revit 的优势在于可随时进行初步的碰撞检查，及时发现设计建模过程中存在的问题，是电气工程师必须掌握的技巧。

Step01 选择需要进行相互碰撞检查的图元。

Step02 单击“协作”选项卡→“协调”面板→“碰撞检查”下拉列表→运行“碰撞检查”，弹出“碰撞检查”对话框。

Step03 在该对话框中，从位于左侧的第一个“类别来自”下列中选择一个值，比如“当前选择”或“当前项目”。“当前选择”是运行命令前选定的部分图元，如某一层设备或某一类别设备；“当前项目”是指整个项目文件里的所有图元。

Step04 选择需要碰撞检查的左组类别。比如仅选择“电缆桥架”“电缆桥架配件”。

Step05 类似重复 Step03、Step04，设定右边的“类别来自”选项。完成后如图 3－23 所示。

Step06 点击“确定”，程序即进行左侧类别和右侧类别的碰撞检查。

如果没有检查出碰撞，将弹出“未检测到冲突！”如果有检查出碰撞，将弹出“冲突报告”，如图 3－24 所示。

图 3－23 碰撞检查项目选择

通过“显示”“导出…”“刷新”“关闭”四个按钮按钮，结合“显示上一个报告”命令，可以进行碰撞的消除和复核。具体操作细节及技巧不再赘述，读者可在相关文献中查找。

图 3－24 设备冲突报告

（4）利用 Revit 软件，电气专业还可以完成照明平面图、配电平面图、防雷平面图、接地平面图等各类平面制图，完成回路编号、敷设方式、电气文字等各类电气标注，完成配电盘明细表、负荷计算、照度计算、电压损失计算等各类电气计算。电气工程师可通过各专业技术资料学习和掌握，此不再赘述。

3.2 图形绘制

3.2.1 平面图

建筑、电气平面图绘制时应符合下列规定：

（1）电气平面图应表示出建筑物轮廓线、轴线号、房间名称、楼层标高、门、窗、墙体、梁柱、平台和绘图比例等，承重墙体及柱宜涂灰。电气平面图中承重墙体、柱涂灰或涂成其他颜色并涂实，一是为了区别墙体，因为承重墙体上预留一定尺寸的孔洞要与结构专业配合；二是为了识别墙体内的接线盒、电气箱等电气设备和敷设线缆。

（2）电气平面图应绘制出安装在本层的电气设备、敷设在本层和连接本层电气设备的线缆、路由等信息。电气专业电源插座、信息插座安装在低处，其连接线缆一般敷射在本层楼板或垫层内；照明灯具安装在高处，其连接线缆一般敷设在本层吊顶或上一层楼板内，这些线缆均应绘制在本层电气平面图内。进出建筑物的线缆，其保护管应注明与建筑轴线的定位尺寸、穿建筑外墙的标高和防水形式。

（3）电气平面图应标注电气设备、线缆敷设路由的安装位置、参照代号等，并应采用用于平面图的图形符号绘制。

（4）电气平面图、剖面图中局部部位需要另绘制电气详图或电气大样图时，应在局部部位处标注电气详图或电气大样图编号，在电气详图或电气大样图下方标注其编号和比例。

（5）电气设备布置不相同的楼层应分别绘制其电气平面图，电气设备布置相同的楼层可只绘制其中一个楼层的电气平面图。

（6）建筑专业的建筑平面图采用分区绘制时，电气平面图也应分区绘制，分区部位和编号宜与建筑专业一致，并应绘制分区组合示意图。各区电气设备线缆连接处应加标注。

（7）强电和弱电应分别绘制电气平面图。

（8）防雷接地平面图应在建筑物或构筑物建筑专业的顶部平面图上绘制接闪器、引下线、断接卡、连接板、接地装置的安装位置及电气通路。

（9）电气平面图中电气设备线缆敷设路由等图形符号和标注方法应符合《建筑电气制图标准》（GB/T 50786）第 3 章和第 4 章的规定。

电气平面图绘制样式如图 3－25～图 3－28 所示。

电气总平面图绘制时应符合下列规定：

1）电气总平面图应表示出建筑物或构筑物的名

称、外形、编号、坐标、道路形状、比例等，指北针或风玫瑰图宜绘制在电气总平面图图样的右上角。

2）强电和弱电宜分别绘制电气总平面图。

3）电气总平面图中电气设备、路灯、线缆敷设路由、电力电缆井、人（手）孔等图形符号和标注方法应符合《建筑电气制图标准》（GB/T 50786）第 3 章和第 4 章的规定。

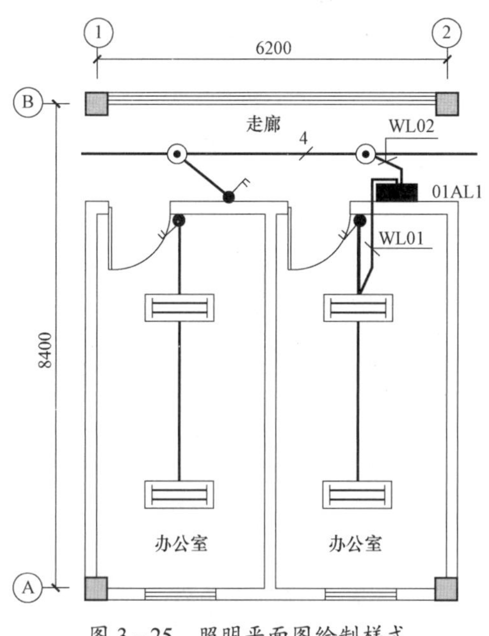

图 3－25　照明平面图绘制样式

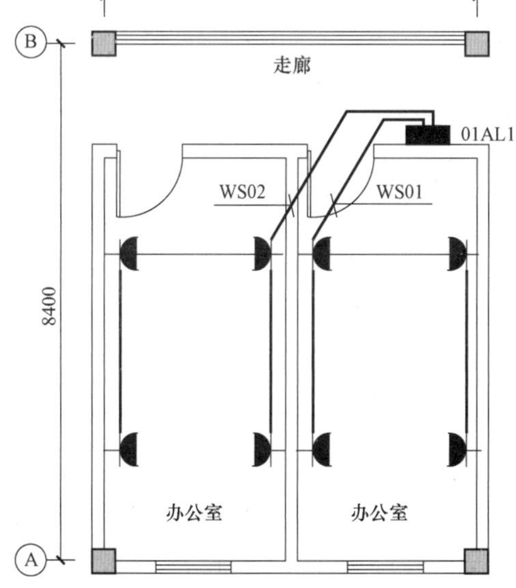

图 3－26　配电平面图绘制样式

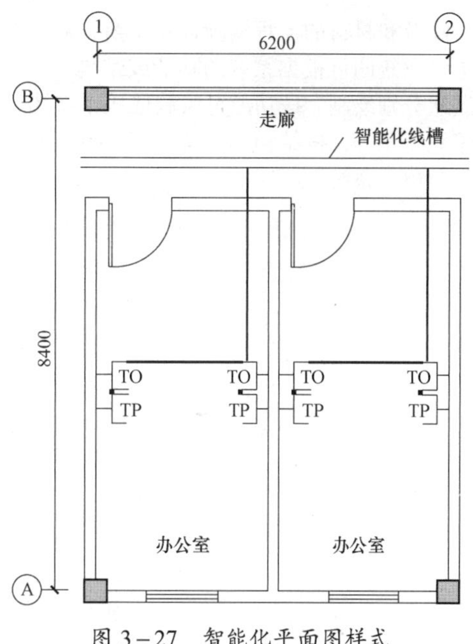

图 3－27　智能化平面图样式

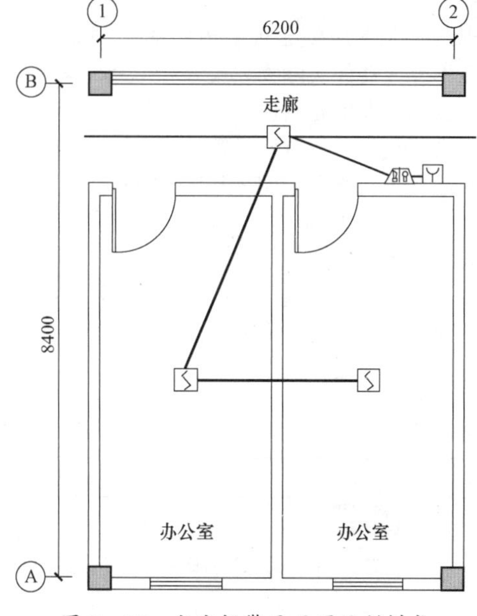

图 3－28　火灾报警平面图绘制样式

3.2.2　系统图

电气系统图表达的是系统、分系统、装置、设备等的主要构成和它们之间的关系，不是全部组成、全部特征。各系统、分系统、装置、设备等的详细信息应在电路图、接线图（表）、电气平面图中表示。

电气系统图应优先按功能布局绘制，图中可补充位置信息。当位置信息对理解其功能很重要时，可采用位置布局绘制。图纸表示的内容，应做到使信息、控制、能源和材料的流程清晰，易于辨识和读图。

电气系统图可根据系统的功能或结构（规模）的不同层次分别绘制。按功能可绘制低压系统图、照明配电箱系统图等，按结构（规模）可绘制配电总系统图、供配电分系统图。

为了便于位置检索和查找，电气系统图宜标注电气设备、路由（回路）等的参照代号、编号等，并应采用用于系统的图形符号绘制，绘制样式如图3－29所示。

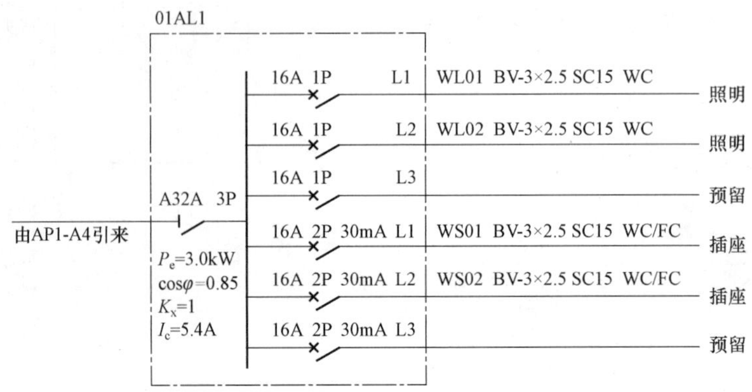

图 3－29 照明配电箱系统图绘制样式

3.2.3 控制图

电气控制图应便于理解电路的控制原理及其功能，可不受元器件实际物理尺寸和形状的限制。

控制图应表示元器件的图形符号、连接线、参照代号、端子代号、位置信息等。

应绘制主回路系统图、电路图的布局应突出控制过程及信号流的方向，并可增加端子接线图（表）、设备表等内容。

图中的元器件可采用单个符号或多个符号组合表示。同一项工程同一张电路图，同一个参照代号不宜表示不同的元器件。

图中的元器件可采用集中表示法、分开表示法、重复表示法表示。

图中的图形符号、文字符号、参照代号宜按《建筑电气制图标准》（GB/T 50786）第4章的执行。

3.2.4 明细表

建筑电气图纸的明细表是把该工程所需要的主要设备、原件、材料和有关的数据列成表格，包括其名称、图例、符号、型号、安装方式、数量等。明细表主要用于说明电气平面图中图形符号所对应的名称、型号、安装方式以及数量等信息。主要设备材料见表3－30。

表3－30 主要设备材料表

序号	图例	名称	规格	单位	数量	备注
1		照明配电箱	见系统图	台	2	嵌墙暗装，下沿距地1.5m
2		双管格栅荧光灯	2×28W，T5荧光灯光源	盏	4	嵌顶安装
3		筒灯	10W，LED光源	盏	2	嵌顶安装
4		双联单控开关	10A，250V	个	3	嵌墙暗装，下沿距地1.3m
5		二三孔插座	250V，10A（带安全门）	个	8	嵌墙暗装，下沿距地0.3m
6	TO	数据信息插座	由建设单位确定	个	4	嵌墙暗装，下沿距地0.3m
7	TP	语音信息插座	由建设单位确定	个	4	嵌墙暗装，下沿距地0.3m
8		感烟探测器	由建设单位确定	个	3	吸顶安装
9		手动报警按钮	由建设单位确定	个	1	挂墙明装，下沿距地1.5m
10		火灾声光警报器	由建设单位确定	个	1	挂墙明装，下沿距地2.5m

3.3　设计文件的编制

3.3.1　方案设计的文件编制

1. 一般规定

民用建筑工程的方案设计文件用于办理工程建设的有关手续。方案设计文件，应满足编制初步设计文件的需要，应满足方案审批或报批的需要。

2. 方案设计说明

方案设计阶段，电气专业一般只提供建筑电气设计说明，说明应能表述该建筑主要强调的项目概况和电气系统基本情况，以及对城市公用事业（包括供电、信息系统）的基本要求，同时应明确该建筑的电气设施，将可能对环境造成的影响内容，提供有关部门审查。具体来说应包含以下内容：

（1）工程概况。

（2）本工程拟设置的建筑电气系统。

（3）变、配、发电系统：

1）负荷级别以及总负荷估算容量。

2）电源，城市电网拟提供电源的电压等级、回路数、容量。

3）拟设置的变、配、发电站数量和位置设置原则。

4）确定备用电源和应急电源的形式、电压等级，容量。

（4）智能化设计：

1）智能化各系统配置内容。

2）智能化各系统对城市公用设施的需求。

（5）电气节能及环保措施。

（6）绿色建筑电气设计。

（7）建筑电气专项设计。

（8）当项目按装配式建筑要求建设时，电气设计说明应有装配式设计专门内容。

3. 专业配合

方案设计阶段各专业一般按一个时段互提资料。电气专业首先接收建筑专业提供的设计依据，简要设计说明和设计图纸，设计人员对建筑概况及设计范围等进行确认并提出调整意见反馈给建筑专业。

方案设计阶段一般不需要接收结构、给排水、暖通专业的资料，如果工程规模较大、较复杂，根据实际工程需要接受所需的资料，如主要用电负荷容量及要求，电气专业强、弱电之间也要互相配合。

设计人员接收其他专业的资料后，进行整理，确定本专业设计方案，向各专业反提资料，若工程规模较大、较复杂或电气专业功能用房对结构专业有特殊要求的，电气专业与结构专业应加强互相间的配合。

电气专业提出的资料以文字为主，接收各专业资料的深度应根据工程的大小、复杂程度由设计人员确定。以达到满足出方案设计阶段的建筑电气设计文件为准。

3.3.2　初步设计的文件编制

1. 一般规定

在初步设计阶段建筑电气专业设计文件应包括设计说明书、设计图纸、主要电气设备表、计算书。

2. 初步设计说明

初步设计说明文件应包含设计依据、设计范围、变配（发）电系统、配电系统、照明系统、电气节能及环保措施、绿色建筑电气设计、防雷、接地及安全措施、电气消防、智能化设计、机房工程、需要在设计审批时解决或确定的主要问题。当项目按装配式建筑要求建设时，电气设计说明还应有装配式设计专门内容。

（1）设计依据。

1）工程概况：应说明建筑的建设地点、自然环境、建筑类别、性质、面积、层数、高度、结构类型等。

2）建设单位提供的有关部门（如供电部门、消防部门、通信部门、公安部门等）认定的工程设计资料，建设单位设计任务书及设计要求。

3）相关专业提供给本专业的工程设计资料。

4）设计所执行的主要法规、规范和所采用的主要标准（包括它们的名称、编号、年号和版本号）。

（2）设计范围。

1）根据设计任务书和有关设计资料说明本专业的设计内容，以及与二次装修电气设计、照明专项设计、智能化专项设计等相关专项设计，以及其他工艺设计的分工与分工界面。

2）拟设置的建筑电气系统。

（3）变、配、发电系统。

1）确定负荷等级和各级别负荷容量。

2）确定供电电源及电压等级，要求电源容量及回路数、专用线或非专用线、线路路由及敷设方式、近远期发展情况。

3）备用电源和应急电源容量确定原则及性能要求，有自备发电机时，说明起动、停机方式及与城市电网关系。

4）高、低压配电系统接线形式及运行方式：正常工作电源与备用电源之间的关系；母线联络开关运行和切换方式；变压器之间低压侧联络方式；重要负荷的供电方式。

5）变、配、发电站的位置、数量及形式，设备技术条件和选型要求。

6）容量：包括设备安装容量、计算有功、无功、视在容量，变压器、发电机的台数、容量、负载率。

7）继电保护装置的设置。

8）操作电源和信号：说明高、低压设备的操作电源，以及运行信号装置配置情况。

9）电能计量装置：采用高压或低压；专用柜或非专用柜（满足供电部门要求和建设单位内部核算要求）；监测仪表的配置情况。

10）功率因数补偿方式：说明功率因数是否达到供用电规则的要求，应补偿容量和采取的补偿方式和补偿后的结果。

11）谐波：说明谐波状况及治理措施。

（4）配电系统。

1）供电方式。

2）供配电线路导体选择及敷设方式：高、低压进出线路的型号及敷设方式；选用导线、电缆、母干线的材质和类别。

3）开关、插座、配电箱、控制箱等配电设备选型及安装方式。

4）电动机起动及控制方式的选择。

（5）照明系统。

1）照明种类及主要场所照度标准、照明功率密度值等指标。

2）光源、灯具及附件的选择、照明灯具的安装及控制方式；若设置应急照明，应说明应急照明的照度值、电源形式、灯具配置、控制方式、持续时间等。

3）室外照明的种类（如路灯、庭园灯、草坪灯、地灯、泛光照明、水下照明等）、电压等级、光源选择及其控制方法等。

4）对有二次装修照明和照明专项设计的场所，应说明照明配电箱设计原则、容量及供电要求。

（6）电气节能及环保措施：

1）拟采用的电气节能和环保措施。

2）表述电气节能、环保产品的选用情况。

（7）绿色建筑电气设计：

1）绿色建筑电气设计概况。

2）建筑电气节能与能源利用设计内容。

3）建筑电气室内环境质量设计内容。

4）建筑电气运营管理设计内容。

（8）装配式建筑电气设计：

1）装配式建筑电气设计概况；

2）建筑电气设备、管线及附件等在预制构件中的敷设方式及处理原则；

3）电气专业在预制构件中预留空洞、沟槽、预埋管线等布置的设计原则；

（9）防雷：

1）确定建筑物防雷类别、建筑物电子信息系统雷电防护等级；

2）防直接雷击、防侧击、防雷击电磁脉冲等的措施；

3）当利用建筑物、构筑物混凝土内钢筋做接闪器、引下线、接地装置时，应说明采取的措施和要求。当采用装配式时应说明引下线的设置方式及确保有效接地所采用的措施。

（10）接地及安全措施：

1）各系统要求接地的种类及接地电阻要求。

2）等电位设置要求。

3）接地装置要求，当接地装置需作特殊处理时应说明采取的措施、方法等。

4）安全接地及特殊接地的措施。

（11）电气消防：

1）电气火灾监控系统。

① 按建筑性质确定保护设置的方式、要求和系统组成；

② 确定监控点设置，设备参数配置要求；

③ 传输、控制线缆选择及敷设要求。

2）消防设备电源监控系统。

① 确定监控点设置、设备参数配置要求；

② 传输、控制线缆选择及敷设要求。

3）防火门监控系统：

① 确定监控点设置，设备参数配置要求；

② 传输、控制线缆选择及敷设要求。

4）火灾自动报警系统：

① 按建筑性质确定系统形式及系统组成。

② 确定消防控制室的位置。

③ 火灾探测器、报警控制器、手动报警按钮、控制台（柜）等设备的设置原则。

④ 火灾报警与消防联动控制要求，控制逻辑关系及控制显示要求。

⑤ 火灾警报装置及消防通信设置要求。

⑥ 消防主电源、备用电源供给方式，接地及接地电阻要求。

⑦ 传输、控制线缆选择及敷设要求。

⑧ 当有智能化系统集成要求时，应说明火灾自动报警系统与其他子系统的接口方式及联动关系。

⑨ 应急照明的联动控制方式等。

5）消防应急广播：

① 消防应急广播系统声学等级及指标要求。

② 确定广播分区原则和扬声器设置原则。

③ 确定系统音源类型、系统结构及传输方式。

④ 确定消防应急广播联动方式。

⑤ 确定系统主电源、备用电源供给方式。

（12）智能化设计：

1）智能化设计概况。

2）智能化各系统的系统形式及其系统组成。

3）智能化各系统的主机房、控制室位置。

4）智能化各系统的布线方案。

5）智能化各系统的点位配置标准。

6）智能化各系统的供电、防雷及接地等要求。

7）智能化各系统与其他专业设计的分工界面、接口条件。

（13）机房工程：

1）确定智能化机房的位置、面积及通信接入要求。

2）当智能化机房有特殊荷载设备时，确定智能化机房的结构荷载要求。

3）确定智能化机房的空调形式及机房环境要求。

4）确定智能化机房的给水、排水及消防要求。

5）确定智能化机房用电容量要求。

6）确定智能化机房装修、电磁屏蔽、防雷接地等要求。

（14）需提请在设计审批时解决或确定的主要问题。

3. *初步设计图纸*

（1）电气总平面图（仅有单体设计时，可无此项内容）。

1）标示建筑物、构筑物名称、容量、高低压线路及其他系统线路走向、回路编号、导线及电缆型号规格及敷设方式、架空线杆位、路灯、庭园灯的杆位（路灯、庭园灯可不绘线路）。

2）变、配、发电站位置、编号、容量。

3）比例、指北针。

（2）变、配电系统。

1）高、低压配电系统图：注明开关柜编号、型号及回路编号、一次回路设备型号、设备容量、计算电流、补偿容量、整定值、导体型号规格、用户名称。

2）平面布置图：应包括高、低压开关柜、变压器、母干线、发电机、控制屏、直流电源及信号屏等设备平面布置和主要尺寸，图纸应有比例。

3）标示房间层高、地沟位置、标高（相对标高）。

（3）配电系统。

1）主要干线平面布置图：应绘制主要干线所在楼层的干线路由平面图。

2）配电干线系统图：以建筑物、构筑物为单位，自电源点开始至终端主配电箱止，按设备所处相应楼层绘制，应包括变、配电站变压器编号、容量、发电机编号、容量、终端主配电箱编号、容量。

（4）防雷系统、接地系统。一般不出图纸，特殊工程只出屋顶防雷平面图，接地平面图。

（5）电气消防。

1）电气火灾监控系统图。

2）消防设备电源监控系统图。

3）防火门监控系统图。

4）火灾自动报警系统：① 火灾自动报警及消防联动控制系统图；② 消防控制室设备布置平面图。

5）消防应急广播。

（6）智能化系统：

1）智能化各系统的系统图。

2）智能化各系统及其子系统主要干线所在楼层的干线路由平面图。

3）智能化各系统及其子系统主机房布置平面示意图。

4. *主要电气设备表*

注明主要电气设备的名称、型号、规格、单位、数量。

5. *初步设计计算书*

（1）用电设备负荷计算。

（2）变压器、柴油发电机选型计算。

（3）典型回路电压损失计算。

（4）系统短路电流计算。

（5）防雷类别的选取或计算。

（6）典型场所照度值和照明功率密度值计算。

（7）各系统计算结果尚应标示在设计说明或相应图纸中。

（8）因条件不具备不能进行计算的内容，应在初步设计中说明，并应在施工图设计时补算。

6. *专业配合*

初步设计阶段各专业一般分两个时段互提资料：第一时段电气专业接收建筑专业提供的资料（方案审批意见、修改补充内容）后，通过各专业间的配合，对提供的资料进行复核和确认，及时提出调整补充意见反馈给建筑专业。反馈形式可采用开协调会或书面意见等。第二时段，电气专业接收建筑、结构、给排水、暖通专业提供的资料后开始分批（次）反提资料，反提资料可采用文字、图表等形式。建筑专业提供的资料有设计依据、简要设计说明书及设计图纸。与给排水、暖通专业配合主要是解决各专业功能用房合理调整、各专业经过调整后所需用电量及要求、各专业竖向、水平通道的划分等问题。电气专业与结构专业配合主要是解决电气设备运输、安装等需在剪力墙、楼板上预留较大空洞及基础、楼板承重等问题，接收结构专业的资料有结构选型、基础平面、楼板结构布置草图等。

设计人员接收各专业的资料后，进行整理、调整、确定本专业的设计方案，向各专业反提资料。如工程规模较大、较复杂，电气专业应加强与其他专业间的互相配合，反提资料可分批次提供。电气专业的提出资料以图加文字为主，接收各专业的资料以图纸位置，用电量也可以采用表格形式，设计人员根据各专业提出的资料，编制符合深度要求的建筑电气设计文件。

3.3.3 施工图设计的文件编制

1. 一般规定

在施工图设计阶段，建筑电气专业设计文件图纸部分应包括图纸目录、设计说明、设计图、主要设备表，电气计算部分出计算书。

图纸目录应分别以系统图、平面图等按图纸序号排列，先列新绘制图纸，后列选用的重复利用图和标准图。

2. 施工图设计说明

（1）工程概况：初步（或方案）设计审批定案的主要指标。

（2）设计依据：内容见第3.3.2节第2条第1款。

（3）设计范围。

（4）设计内容：包括建筑电气各系统的主要指标。

（5）各系统的施工要求和注意事项：包括线路选型、敷设方式及设备安装等。

（6）设备主要技术要求（可附在相应图纸上）。

（7）防雷、接地及安全措施（可附在相应图纸上）。

（8）电气节能及环保措施。

（9）绿色建筑电气设计。

1）绿色建筑设计目标；

2）建筑电气设计采用的绿色建筑技术措施；

3）建筑电气设计所达到的绿色建筑技术指标。

（10）与相关专业的技术接口要求。

（11）智能化设计。

1）智能化系统设计概况；

2）智能化各系统的供电、防雷及接地等要求；

3）智能化各系统与其他专业设计的分工界面、接口条件。

（12）其他专项设计、深化设计。

1）其他专项设计、深化设计概况；

2）建筑电气与其他专项、深化设计的分工界面及接口要求。

（13）图例符号：包括设备选型、规格及安装等信息。

3. 施工图设计图

（1）电气总平面图（仅有单体设计时，可无此项内容）。

1）标注建筑物、构筑物名称或编号、层数，注明各处标高、道路、地形等高线和用户的安装容量。

2）标注变、配电站位置、编号；变压器台数、容量；发电机台数、容量；室外配电箱的编号、型号；室外照明灯具的规格、型号、容量。

3）架空线路应标注：线路规格及走向，回路编号，杆位编号，挡数、档距、杆高、拉线、重复接地、避雷器等（附标准图集选择表）。

4）电缆线路应标注：线路走向、回路编号、敷设方式、人（手）孔型号、位置。

5）比例、指北针。

6）图中未表达清楚的内容可随图作补充说明。

（2）变、配电站设计图。

1）高、低压配电系统图（一次线路图）。图中应标明变压器、发电机的型号、规格；母线的型号、规格；标明开关、断路器、互感器、继电器、电工仪表（包括计量仪表）等的型号、规格、整定值（此部分也可标注在图中表格中）。

图下方表格标注：开关柜编号、开关柜型号、回路编号、设备容量、计算电流、导体型号及规格、敷设方法、用户名称、二次原理图方案号（当选用分隔式开关柜时，可增加小室高度或模数等相应栏目）。

2）平、剖面图。按比例绘制变压器、发电机、开关柜、控制柜、直流及信号柜、补偿柜、支架、地沟、接地装置等平面布置、安装尺寸等，以及变、配电站的典型剖面，当选用标准图时，应标注标准图编号、页次；标注进出线回路编号、敷设安装方法，图纸应有设备明细表、主要轴线、尺寸、标高、比例。

3）继电保护及信号原理图。继电保护及信号二次原理方案号，宜选用标准图、通用图。当需要对所选用标准图或通用图进行修改时，仅需绘制修改部分并说明修改要求。

控制柜、直流电源及信号柜、操作电源均应选用标准产品，图中标示相关产品型号、规格和要求。

4）配电干线系统图。以建筑物、构筑物为单位，自电源点开始至终端配电箱止，按设备所处相应楼层绘制，应包括变、配电站变压器编号、容量、发电机编号、容量、各处终端配电箱编号、容量，自电源点引出回路编号。

5）相应图纸说明。图中表达不清楚的内容，可随图作相应说明。

（3）配电、照明设计图。

1）配电箱（或控制箱）系统图，应标注配电箱编号、型号，进线回路编号；标注各元器件型号、规格、整定值；配出回路编号、导线型号规格、负荷名称等（对于单相负荷应标明相别），对有控制要求的回路应提供控制原理图或控制要求；当数量较少时，上述配电箱（或控制箱）系统内容在平面图上标注完整的，可不单独出配电箱（或控制箱）系统图。

2）配电平面图应包括建筑门窗、墙体、轴线、主要尺寸、房间名称、工艺设备编号及容量；布置配电箱、控制箱，并注明编号；绘制线路始、终位置（包括控制线路），标注回路编号、敷设方式（需强调时）；凡需专项设计场所，其配电和控制设计图随专项设计，但配电平面图上应相应标注预留的配电箱，并标注预留容量；图纸应有比例。

3）照明平面图应包括建筑门窗、墙体、轴线、主要尺寸、标注房间名称、绘制配电箱、灯具、开关、插座、线路等平面布置，标明配电箱编号，干线、分支线回路编号；凡需二次装修部位，其照明平面图及配电箱系统图由二次装修设计，但配电或照明平面图上应相应标注预留的照明配电箱，并标注预留容量；图纸应有比例。

4）图中表达不清楚的，可随图做相应说明。

（4）建筑设备控制原理图。

1）建筑电气设备控制原理图，有标准图集的可直接标注图集方案号或者页次。

① 控制原理图应注明设备明细表。

② 选用标准图集时若有不同处应做说明。

2）建筑设备监控系统及系统集成设计图。

① 监控系统方框图、绘至 DDC 站止。

② 随图说明相关建筑设备监控（测）要求、点数，DDC 站位置。

（5）防雷、接地及安全设计图。

1）绘制建筑物顶层平面，应有主要轴线号、尺寸、标高、标注接闪杆、接闪器、引下线位置。注明材料型号规格、所涉及的标准图编号、页次，图纸应标注比例。

2）绘制接地平面图（可与防雷顶层平面重合），绘制接地线、接地极、测试点、断接卡等的平面位置、标明材料型号、规格、相对尺寸等及涉及的标准图编号、页次，图纸应标注比例。

3）当利用建筑物（或构筑物）钢筋混凝土内的钢筋作为防雷接闪器、引下线、接地装置时，应标注连接方式，接地电阻测试点，预埋件位置及敷设方式，注明所涉及的标准图编号、页次。

4）随图说明可包括：防雷类别和采取的防雷措施（包括防侧击雷、防雷击电磁脉冲、防高电位引入）；接地装置形式、接地极材料要求、敷设要求、接地电阻值要求；当利用桩基、基础内钢筋作接地极时，应采取的措施。

5）除防雷接地外的其他电气系统的工作或安全接地的要求，如果采用共用接地装置，应在接地平面图中叙述清楚，交待不清楚的应绘制相应图纸。

（6）电气消防。

1）电气火灾监控系统。

① 应绘制系统图，以及各监测点名称、位置等。

② 一次部分绘制并标注在配电箱系统图上。

③ 在平面图上应标注或说明监控线路型号、规格及敷设要求。

2）消防设备电源监控系统。

① 应绘制系统图，以及各监测点名称、位置等。

② 电气火灾探测器绘制并标注在配电箱系统图上。

③ 在平面图上应标注或说明监控线路型号、规格及敷设要求。

3）防火门监控系统。

① 防火门监控系统图、施工说明。

② 各层平面图，应包括设备及器件布点、连线，线路型号、规格及敷设要求。

4）火灾自动报警系统。

① 火灾自动报警及消防联动控制系统图、施工说明、报警及联动控制要求。

② 各层平面图，应包括设备及器件布点、连线，线路型号、规格及敷设要求。

5）消防应急广播。

① 消防应急广播系统图、施工说明。

② 各层平面图，应包括设备及器件布点、连线，线路型号、规格及敷设要求。

（7）智能化各系统设计。

1）智能化各系统及其子系统的系统框图。

2）智能化各系统及其子系统的干线桥架走向平面图。

3）智能化各系统及其子系统竖井布置分布图。

（8）当采用装配式建筑技术设计时，应明确装配式建筑设计电气专项内容：

1）明确装配式建筑电气设备的设计原则及依据。

2）对预埋在建筑预制墙及现浇墙内的电气预埋箱、盒、孔洞、沟槽及管线等要有做法标注及详细定位。

3）预埋管、线、盒及预留孔洞、沟槽及电气构件间的连接做法。

4）墙内预留电气设备时的隔声及防火措施；设备管线穿过预制构件部位采取相应的防水、防火、隔声、保温等措施。

5）采用预制结构柱内钢筋作为防雷引下线时，应绘制预制结构柱内防雷引下线间连接大样，标注所采用防雷引下线钢筋、连接件规格以及详细做法。

4. 主要电气设备表

电气设备表应包括图例符号、设备选型、规格、安装方式和数量等信息。

5. 施工图设计计算书

（1）用电设备负荷计算。

（2）变压器、柴油发电机选型计算。

（3）典型回路电压损失计算。

（4）系统短路电流计算。

（5）防雷类别的选取或计算。

（6）典型场所照度值和照明功率密度值计算。

（7）各系统计算结果尚应标示在设计说明或相应图纸中。

6. 专业配合

施工图设计阶段各专业一般分三个时段互提资料，作为各专业在施工图设计过程中的依据。

第一时段电气专业接收建筑专业提供的资料后，通过各专业的配合，对提供的资料进行复核和确认，及时提出调整意见。此时段电气专业首先接收建筑专业提供的初步设计审批意见、修改补充内容，根据提供的资料，提出调整意见反馈给建筑专业。

第二时段电气专业接收建筑、结构、给排水、暖通专业提供的资料后开始分批（次）反提资料，反提资料可采用文字、图表形式。此时段建筑专业提供的资料有设计依据及根据各专业反馈意见修改过的设计图纸。与结构专业配合主要是解决初步设计调整后应互提的资料及对初步设计所提资料的细化，接收结构专业的资料以图为主，有基础平面图、楼层平面图等。与给排水、暖通专业的配合主要是在初步设计审批、修改的基础上调整各专业的功能用房、各专业经过调整后所需用电量及要求、各专业管线竖向、水平通道、设备安装位置的确定等问题。根据工程规模的大小、复杂程度及设计周期，各专业的资料也可以分批（次）提供，先提供所需用电量，确定主要功能用房、竖井、主干管、设备供电位置等，控制要求、控制点位置等资料可稍后提供。电气专业设计人员接收上述资料后，进行整理，确定本专业的设计文件，向各专业反提资料，如果工程规模较大、较复杂，电气专业应加强与各专业间的相互配合，反提资料可分批（次）向各专业提供主要功能用房（变配电室、柴油发电机房、网络中心机房等）、竖井、主要敷设通道位置等，向结构专业提供对结构有影响的荷载、孔洞位置等。需反提的资料，可根据设计进度分批（次）提供。

第三时段电气专业接收建筑专业提供的资料后，与各专业细微修改、调整及配合，按设计进度同期进行。第三时段建筑专业提供的资料主要是室内家具布置大样图、吊顶大样图等，结构专业提供的资料是接到第二时段各专业提供的资料后，经过修改和确认，再分别向各专业提出结构开洞尺寸等。

3.4 实施方法

3.4.1 设计方法

1. 设计的依据

（1）基本依据。

1）项目批复文件：

① 初步设计。依据正式批准的初步设计任务书进行。

② 施工图设计。依据有关部门对初步设计的审查批复意见及建设单位补充要求进行。

③ 正式开展设计。应由批准项目建议书权限的主管部门和相应法人出具“设计委托书”。

2）供电范围及供电要求。

① 供电范围，以工程供电线路接电点确定，不同于土建规划部门的“红线”。

② 多单位协作时，彼此分工交接界限。

3）供电，向供电部门申请后，承诺应允电源的电压等级、回路数、引入方位及方式、计量方式及具体要求。

4）当地公共服务设施提供服务的情况。

① 通信的位置、布局及提供的路数。

② 闭路电视及无线类同上述情况，卫星通信接收的可能性及电磁干扰状况。

③ 数据通道的位置、布局及提供的路数及现场条件。

④ 消防、环保（电磁干扰）等相关地方法规。

5）气象资料。通常向当地气象部门索取，应是近 20 年当地最新资料。

① 年均温，月均温的全年 12 个月的平均值，为全年气候变化中值，用于计算变压器使用寿命及仪表校验用。

② 最热月最高温。每日最高温的月平均值，用于选室外导线及母线。

③ 最热月平均温。日均温（即一天 24h 均值）的月均值，用于选室内绝缘线及母线。

④ 一年中连续三次的最热日昼夜均温。用于选择架于空气中的电缆。

⑤ 土壤 0.7～1.0m 深处一年中最热月均温。用于考虑电缆埋地载流量。

⑥ 气温最高月均水温。影响水循环散热作用。

（前六项设计设备的散热状况及电压降低）

⑦ 年雷电小时及雷电日数。涉及防雷措施。

⑧ 土壤结冰深度。设计线缆埋地敷设。

⑨ 土壤电阻率。关系接地系统地阻大小。

⑩ 50 年一遇最高水位。涉及工程防洪、防水淹

措施，尤其是变配电所地址选择。

地震烈度：关系变、配、输电建筑及设施抗震要求。

最大风速：后两项涉及架空线的强度。

空气温度：离地 2m、无阳光直射空气流通处空气温度，用于考虑设备温升及安装。

空气湿度：每立方米空气含水蒸气质量（g/m^3）或压力（Pa）为绝对湿度，空气中水蒸气与同温饱和水蒸气密度或压力之比为相对湿度。用于考虑设备绝缘强度，绝缘的电阻及材料防腐。

6）地区相关情况：

① 工程所在地段的标准地图，随工程大小及不同阶段图样采用的比例不同。

② 当地及邻近地区大型设备检修、计量、调试的协作可能。

③ 当地电气设备及相关关键元件材料生产、制造情况，价格，样本及配套性。

④ 当地类似工厂电气专业技术经济指标，例如工厂需要系数、照度标准、单产耗电及地区性规定及要求。

（2）合同依据：

1）与当地供电部门签订供电合同。

① 可供电源电压及方式（专线或非专线、架空或电缆）、距离、路线与进厂线路走向。

② 电力系统最大及最小运行方式，供电端的短路参数。

③ 对用户的功率因数，系统谐波的限量要求。

④ 电能计量的方式（高供高量、高供低量、低供低量）、收费办法、电贴标准。

⑤ 区外电源供电线路的设计施工方案、维护责任、用法及费用承担。

⑥ 区内降/配电所继电保护方式及整定要求。

⑦ 提供电能、躲峰用电、防火、防雷等特殊要求。

⑧ 开户手续。

2）与电信、闭路电视部门签订合同，征求消防、环保、交通、规划等相关部门之意见及要求，商议后签订合同。

（3）规范依据：

1）设计规程。由于需求及技术水平的提高，不少规范（包括我们最常用的《民用建筑电气设计规范》）都在更新版本之中，一定要及时以新规范替代旧规范。如前所述规范级别国家、行业、地方，在不一致的情况下遵从前者。电气专业多有集本专业规范为一体的合订本及说明，最方便使用。

2）设计深度要求。目前还仅有行业和地方的此方面规定。国家尚无此规范出台，但仍需严格按相关深度要求执行。

3）施工及验收规范。间接与设计有关，设计时仍需参照相应规范要求，便于设计与施工统一、协调、配合。

（4）标准图：全国通用标准设计图由本专业最具经验的设计单位出图，经国家级审定，在全国范围内等同文字规范的权威性。地区图应注意适用的地区。设计中有标准图可利用时，最好选用标准图，不仅省时，也正确无误。但要注明图号、页次，具体条件不同时要注明，最好附图。

（5）参考资料：

1）设计手册。这是工程设计案头必备的工具书，不同类别的工程应选用相对应的手册。同时还得注意越新的版本越接近当前的工程状况。

2）综合图集。根据自身经验及资料收集而集合出的图集，多针对性强，实用性强。但运用中要注意本工程的具体情况及需求与图集的差别，勿生搬硬套。

3）产品技术资料。生产制造厂商所出的产品技术资料往往是该产品的最明了、最具体、最及时，也是最权威的介绍。使用中注意个别厂商从广告宣传角度的夸大其词部分。也有将产品资料集册出版的，多附有对比分析，是对这类产品选用的最好借鉴。

4）参考书籍。设计中比较少用，在新技术、新方法使用时，提供更深入地探索钻研。书表所列参考书是当前最适时、最实用的此类问题的参考书，使用中需选准专业方向使用。

2. 原则与要求

（1）设计的原则：

1）安全。工程中，由于电具有运用的广泛性，安装、使用的隐蔽性，结构上的逐级联网性以及事故发生的瞬时性，要求做到：

① 人身安全。包括使用、维护、操作人员的安全。使用者可能并不具备电的基本知识，接触电虽是浅层次、短暂性的但是却为数众多；维护与操作人员是专业人员，他们与电要深层次、长时间、多次性接触，仍需谨慎。

② 系统安全。供配电系统的正常运行是工业生产、楼宇运行的基本前提，更是消防、安防的根本保证。

③ 建筑及设备的安全。电气性火灾的发生危及企业单位、建筑及楼内设备及设施，一定要积极防范。一旦发生火灾要力争控制在尽可能小的范围内。电气设备的正常运行是确保建筑营运的基础，供配电系统的安全稳定运行是确保电气设备正常运行的基本

前提。

2）可靠。

① 根据负荷对供电连续性要求分为一、二、三级，分别采取独立的双电源、有应急备用电源的双回路供电及普通单回路供电三种方式供电。

② 根据负荷对电源质量指标、幅值、相位、频率、波形的不同要求，采用相应的供电方式。

3）合理。

① 符合国家相应政策、法规及国家、行业、地方的规程、规范及要求，在国际交往日渐频繁的当代，还要遵守相应国际标准的要求。

② 符合国情，尽可能满足建筑单位的技术需求、经济实力及维护水平、工艺及生活需求。

4）先进。

① 杜绝使用落后、淘汰设备。国家已先后淘汰多批电气产品，因为它们安全达不到要求，节能达不到指标，技术水平已被取代。在经济合理的前提下，尽可能采用通过鉴定、认证成熟的先进新技术。

② 未经认定可靠的技术不能盲目在工程上推广、试用。在投资及先进这对矛盾中，既要防止过分追求降低投资的趋向，又要反对不切实际的攀比先进时尚的苗头。

③ 预计未来增容改造，兼顾目前运行维护。要为五年内发展预留配电路数和容量，留出位置及空间，并充分考虑正常运行维护、管理和操作、使用以及故障时的排障、安装测试时的空间和位置。

5）实用。

① 节能降耗，节能降耗在工程设计各专业中与电专业最为密切。这一工作必须贯穿整个设计从元器设备选型到系统构成的各个阶段。同时还要与降低物耗、保护环境、综合利用、防重复建设一并考虑。在设计过程中不要忽视以下方面：

a. 尽可能采用自身功率因数高的设备，仍达不到要求时，分散式中小功率的负荷采用电力电容器集中无功补偿，大功率负荷采用集中负荷侧旁就地电力电容器无功补偿。

b. 系统高压供电尽可能深入负荷中心，减少低压大电流的输送损耗。

c. 照明灯具及控制方案上尽可能节能。

d. 与相关专业配合节能，如错峰运行、尽量利用自然光照明及尽可能减短输电路径。

② 符合相关规定，应符合消防、安保、环保、规划、闭路电视和通信等相关规定及要求。

（2）设计要求：

1）正确。避免“错、漏、碰、缺”，达到规定要求，开展下列工作：

① 编制施工方案，施工和安装。

② 编制工程预算，实施招、投标及经济管理。

③ 安排具体设备，材料订货、加工。

④ 制造及加工非标设备。

2）完整。必须满足施工各方面及今后维护、运行、管理对全套图完整性及深度的需要。缺项必须阐明原因及处理方案。引用图样必须注明引用出处、页码，非标加工另附详图。

3）统一。

① 统一于规程、规范。先国家、后行业、再地方的原则，处理彼此不统一之处。

② 统一于全套图样。勿前后不一致。

③ 兼顾各相关专业。彼此间协调、配合。

3. 实施步骤

建设工程程序与单一的计划经济时期相比，发生了重大变化。其中关键性的变化，一是在投资决策阶段实行了项目决策咨询评估制；二是实行工程的招投标制；三是实行了建设工程监理制；四是实行了项目法人责任制。按现行规定建设工程分为七阶段：一是项目建议书；二是可行性研究；三是设计阶段；四是施工准备；五是施工安装；六是生产准备；七是竣工验收及项目评估。

下面就建筑电气工程涉及的范围按电气专业特性分步叙述。

（1）任务的承接。设计任务的承接又称为设计立项，是整个设计过程的开始。一方面在市场经济的今天，表明效益的车轮起航运转。另一方面在法制社会的当代，也表明相应的责任和义务也开始承担。所以这是一个既慎重、周密，又关键、严肃的事项。它主要解决“5W1H”。

1）与委托单位洽谈。通常情况下设计委托方就是建设单位。对于建筑电气工程设计，也有工程设计总承包接下来再与电专业合作的，尤以装修工程及建筑弱电工程为多。洽谈中要充分明了设计任务的具体内容、要求、进度和双方责、权、利，相当于解决 5W1H 中的 why（必要性）、what（目的性）、where（界限性）、when（时间性）四方面问题。双方分别作出，是否委托设计及是否承接设计的决定。

2）接受设计委托书。此委托书是由具有批准项目建议书权限的主管部门及相应独立法人作出。承接大的设计项目时，在当前设计市场竞争的条件下，需要清醒意识到：在设计执行及款项交付有争议时委托书具有法律效力。设计内容必须在设计委托书上写清楚。有时建设单位经办人对电气专业不太熟悉时，特别容易表达不确切。有时工程为多子项、多单位合作，易造成漏项，彼此脱节。另一个易忽视的问题是：按规程、规范需设置，但建设方因种种原因而不与其委托设计时必须写明，同时还得写明缘由，并有主管部门批复正式文件。

3）任命设计项目负责人。设计单位普遍实行项目责任制，项目负责人便是这一设计任务执行和实施的独立负责人。此直接决定整个项目的进展和质量、效益，至关重要。

4）组织设计班子及专业负责人。根据任务的内容配齐相应的专业人员。根据任务各子项的轻重，慎选关键的专业负责人。确定各专业负责人、参与此项设计工作各专业人员，就组成了设计班子。3）、4）两项共同解决了 who（责任人）的问题。

5）签订设计合同。项目负责人与以专业负责人为核心的全体专业人员即整个设计班子共同召开会议，用以协商分工、协调配合的时间、内容和开展的步骤，即落实设计的进展，也就是解决 how（实施措施）的问题。

（2）设计前期。

1）收集资料。前述基本依据中的有关资料必须向有关部门索取，如当地的气象资料，规划资料。

2）调研。一方面是细化委托方对工程建设的具体要求及了解过去的条件、当地同类的水准；另一方面是向提供外围配套服务的部门协商，办理相关合同手续。

3）选址。待定的工程需选址，这是一个极为复杂、综合、涉及面多、关系重大的工作。

（3）开展设计。

1）专业间的配合。工程设计是相关专业共同配合的工作。民用建筑工程中以建筑专业为主导。电气专业明确自己的配套地位，服从主导专业的统一构想。但在有些子项，在一些工程的某些方面，比如建筑的现代化、智能化水准，必须以电气专业为主导，电专业又要当仁不让的承担主导作用。专业间的协调配合是在相互理解的基础上，彼此相互支持配合，以互提条件的书面方式实施的。专业间互提条件是相互配合协调完成设计的基础。专业间互提条件包括“本专业与它专业”及“它专业与本专业”两个方面：

① 其他专业对电气专业所提条件要充分、明确，足够开展电气专业的设计工作，必要时要约定提交的时间和内容（包括文字、图样、磁盘），而且签字存档。建筑工程以建筑、结构为主，有时涉及给水、暖通专业，其中建筑的条件图或 CAD 文档可以处理后作为电气设计的框架。

② 电专业对其他专业必须及时、认真、准确地提供条件。首先是向项目负责人提供负荷方面及弱电的总需求，其次是向土建专业明确孔、洞、槽、沟及预埋等需配合的内容，以及对建筑布局、开间、层高、荷重方面的专业要求，还需要向技术经济专业提供大型设备材料主要清单以便订货。智能工程将检测、控制内容与相关专业协调、统一。

上述过程既要保证全面、无遗漏，还得注意及时、不延误。

2）三环节管理。设计管理是由“事先指导”“中间检查”及“成品校审”三阶段组成，又称三环节管理。

① 事先指导。

a. 作用。

充分发挥各级的指导作用，防患于未然，预防为主，主动进行质量控制。

设计各阶段开始构思之际，对控制设计成品最为有力。

贯彻执行国家有关方针、政策、法规，执行国家各部委规程、规范、标准及地方，单位的规定要求。

b. 内容——控制 5W1H

必要性（why）。上级机关审批文件、设计依据、方针、政策和各项规定。

目的性（what）。设计内容及深度、应达到的技术水平，经济、社会及环境效益，主导专业具体要求，攻关、创优、科研、节能等相关课题，建设、施工、安装单位的要求。

界限性（where）。设计界限及分工，联系及配合的要求，会签要求。

时限性（when）。开工工期、设计总工时、中间审查时间、互提资料时间和完工时间。

责任人（who）。确定设计的项目负责人、设计的专业负责人、主要设计人员、校审人员及工地代表。

实施措施（how）。最佳技术方案、专业间统一的技术规定、出图张数、设备、材料、行业方面的情报、常见、多发毛病及有关质量等信息。

c. 做法。会议布置研讨外，一般反映在专业任务书中。

② 中间检查。

a. 作用。

承上启下，检查“事先指导”的落实，规范下一步工作的开展。

对设计过程新出现问题进行补充指导。

根据项目层次的不同，执行具体的检查方案。

电专业中间检查一般安排在向其他专业提供或返回条件时，以专业负责人与相关人员讨论方式进行。

b. 内容。

“事先指导”的情况。

方案的可行性、经济性及先进性。

规程、规范及相关安全、环保、节能等规定的符合情况。

综合配合、布置选型，以及是否存在遗留问题。

c. 做法。不定期、及时组织讨论工程主要方案、关键技术及疑难问题。

③ 成品校审。以校审、会签制度进行的“三环节”中最为重要的终结环节。

a. 做法。分级校审，必须按逐级校审原则进行，小项目二级校审，一般按三级校审进行：

三级校审（大、中型项目）。组——校核、审核；室（项目）——审查；院——审定、批准。

二级校审（小型项目）。组——校核、审核；室——审查、审定。

填写“校审记录卡”。需经设计技术主管部门规格化审查，并由单位负责，以单位名义署名向外发送。

b. 职责。

设计。自校、签名、附上原始资料及调查报告、设计文件、计算书等，提交给校核人。

校核。图形符号、投影尺寸、文字、数据、计量单位、计算方法以及规范校核是否违背国家、有关部门的相关规程、规范；校核设备位置尺寸是否正确，与建筑结构是否一致，安装设备处是否进行了结构处理，轴线位置与设备之间尺寸有否差错；管线布置及管径是否与地面楼面垫层厚度相符，管线距地面保护层厚度是否符合设计规范要求，管线走向和交叉是否影响结构强度及超越垫层厚度；线缆位置和箱柜间距是否合理，配管走向和引上、引下及分支、交接、管径大小标注是否清楚，系统图与平面图间管、线是否一致；负荷计算是否准确，容量统计有否漏项，计算系数是否正确，线缆、设备规格选型是否合理，运行、维护是否方便；设计说明是否详尽，标准图、复用图选用是否合理，电路图、概略图是否正确，技术数据是否完整；横向各专业间有无错、漏、碰、缺。

审核。对“设计原则意见”及“项目设计技术统一规定”符合性、完整性和专业技术相互协调性以及主任工程师未审的范围技术经济合理性负责：校对中问题是否解决；贯彻执行政府有关方针、政策、法规情况；复查全套设计文件及入库存档材料的完整性；检查整个设计是否达到应有深度，是否满足施工需要；推广应用新技术、新设备根据是否充分。以上部分校准工作无法执行的内容，在此一并完成。

审查。是否符合“设计原则意见”及“事先指导意见”，复核“审核意见”及“修改情况”处理校核、审核中出现的分歧意见，重点审查各专业协调统一，组织会签。

审定。终审是否符合“项目建议书”“设计任务书”“初设审批意见”“事先指导意见”“项目中审查意见”，审定人根据各级校审意见和质量评定等级进行最终质量评定。

c. 程序，如图3－30所示。

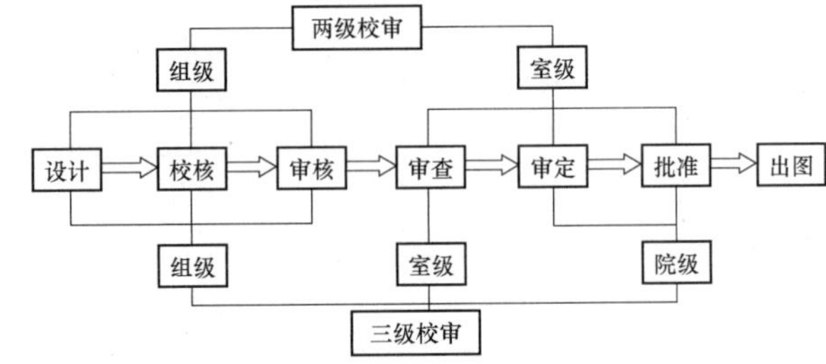

图3－30 设计文件分级校审程序框图

3）会签。会签是保证专业间的协调统一所不可或缺的重要环节。

① 各专业会签电气专业图时主要考虑：

a. 电气专业是否满足本专业工程的各方面需要。

b. 电气专业是否有与本专业相冲突的地方需协调、调整，项目负责人外，工业建筑以设备、工艺及建筑为主，民用工程主要是给排水、暖通及土建。

② 电气专业会签各专业时，则主要考虑以下内容：

a. 是否满足电气专业对该专业的配合需求，是否遗漏。

b. 是否与电气专业有冲突的地方需协调、调整，尤其是设备安装、桥架缆沟及线缆架设位置。

c. 相关的协调配合、联动、联锁是否合理可靠，主要是设备、给排水、暖通及土建专业。

4）施工图审查。

① 工程建设强制性标准。2000年8月建设部81号文《实施工程建设强制性标准监督规定》第一条指出：“为保证建设工程质量，保障人民生命、财产安全，维护社会公共利益而制定。国内一切新建、扩建、改建工程建设活动都在执行之列”。

② 建筑工程施工图设计文件审查制。2000年2月建设部41号文指出：“施工图审查是政府主管部门对建筑工程勘察设计质量监督管理的重要环节，是基本建设必不可少的程序”。文件第七条规定审查内容为：建筑物的稳定性、安全性审查等是否安全、可靠；是否符合消防、节能、环保、抗震、卫生、人防等有关强制性标准、规范；是否达到规定的深度要求；是否损害公众利益。

③ 审查机构。2000年5月建设部勘察设计司发出建设部〔2000〕21号文中指出审查机构分为甲、乙、丙三个级别承担技术审查（行政审查由建设行政主管

部门承担），审查重点是对施工图文件中涉及安全、公众利益和强制性标准、规范的内容进行审查。

5）技术交底。

① 时间。施工图设计完成后，开始施工前，且各相关人员已认真阅读施工图后。

② 对象。施工、制造及安装、加工队伍的行政及技术负责人。往往此时建设方也请消防、环保、规划及上级主管部门共同审计图纸，故有时也把此称为会审。

③ 内容。

a. 介绍设计指导思想，充分说明设计意图。

b. 设备选型、布置、安装的技术要求。

c. 结构标准件选用及说明。

d. 制造材料性能要求及质量要求。

e. 施工、制造、安装的相应关键质量点。

f. 步骤、方法的建议，强调施工中应注意的事项。

g. 局部构造，薄弱环节的细部构造。

h. 新工艺、新材料、新技术的相应要求。

i. 补充修改设计文件中的遗漏和错误，并解答施工单位提出的技术疑问。

j. 做出会审记录并归档。

④ 做法。设计人员就施工及监理单位对施工图的一些问题作出解答，设计需修改、变动的应及时写成“纪要”，由设计人员出具“变更通知”，甚至画出“变更图样”。根据进度及需要可分段多次进行。通常是由建设单位主持，按下列步骤进行：

a. 设计方各专业人员介绍。

b. 各到会单位质疑、提问及讨论。

c. 设计方分专业解答、研讨所提内容。

d. 对未能解决的遗留问题归于“会审纪要”，安排逐项解决，“会审纪要”需归入“技术档案”。

（4）后期工作。

1）工地代表。

① 设计方工地代表是设计单位根据工程项目的施工、安装、试生产及与设计衔接的需要，派驻现场代表设计单位全权处理设计问题的代表。在工程施工、安装、试生产期间进行技术服务工作。工地代表应派专业知识面广、具有设计及现场经验、参加过本工程某专业设计的技术人员担当。

② 工作要点。

a. 施工过程中负责解释设计内容、意图和要求，解答疑难点，参加联合调度会及有关解决施工、安装问题的会议。

b. 择要记录现场各种技术会议内容、技术决定、质量状况、设计修改始末以及重要建、构筑物的隐蔽工程施工情况，以备归档。

c. 因设计方原因修改设计时，需填发“修改通知单”，正式通知建设单位，其文字、附图必须清晰，竣工后其需要归档。

d. 现场发现施工、安装不符原设计或相关规范要求时，应及时提出意见，要求纠正，重要问题书面记录。

e. 建设、施工方的涉及变更原设计要求的决定，如有不同意见，应向对方说明理由，要求更正，如意见不被接受，保留意见时要向项目工程师报告并做好记录。

f. 施工、安装方为条件限制等原因要求修改设计时，如影响质量、费用、其他专业施工进度时，不应接受修改要求，如确有必要修改，则应请示项目工程师按设计程序处理。

g. 参加主要建筑、重要设备和管线安装的质检时，发现问题应通知有关方处理，并做好记录，及时汇报。

h. 注意隐蔽工程的施工情况，参加施工前后的检查及记录工作，如修改、现场作“修改图”归档。

i. 现场实施供应原因需要改变重要结构、设备时，要与有关方协商，必要时请示项目工程师，并由各方代表签署更改通知、归档。

j. 难于处理的重大疑难问题应立即请示项目负责人派员解决。

k. 负有设计质量信息反馈职责，按本单位程序，如实、及时反馈技术管理部。

l. 应定期向技术管理部门、项目工程师汇报现场工作。

2）试运行。

① 大中型项目的试运行由技术管理部门指派项目负责人组织有关专业设计负责人组成试运行小组，小型、零星项目需要时，应临时派员参加。

② 试运行前，协同建设、施工方进行工程质量全面检查，参加制订“试运行”计划，协助拟订操作规程，确定关键的技术参数，确定测试、运行程序，明确“试运行”前必须解决的问题。

③ 协同建设、施工及制造、安装单位解决“试运行”中的问题，记录相应资料。

④ “试运行”连续三个 24h 即 72h，并做“试运行”测试记录及总结报告，存入技术档案。

3）竣工验收。在整个工程施工结束后进行，也可从设计任务开始，逐件即时分批进行。

① 准备工作。验收前施工方及建设方应做下列工作，设计方应予以配合：

a. 整理施工、安装中重大技术问题及隐蔽工程修改资料。

b. 核对工程相对“计划任务”（含补充文件）变更内容，并说明其原因，实事求是地合理解决有争议的问题。

c. 核查建设方试生产指标及产品情况与原设计是否有差异，并阐明原因。

d.“三废”排放是否达标。

e. 工程决算情况。

f. 凡设计有改变且不宜在原图上修改、补充者，应重新绘制改变后的竣工图，设计原因造成，设计方绘制，其他原因造成施工方绘制。

② 隐蔽工程。往往由施工、安装单位召集设计人员、建设单位及有关部门共同进行。主要内容：

a. 检查施工及安装是否达到设计（含设计修改）的全部要求。电气设备、材料选型是否满足设计要求。

b. 查阅各种施工记录及工地现场，判别施工安装是否分别达到各专业国家或相关部门的现行验收标准。

c. 查阅隐蔽工程的施工、安装记录及竣工图样，看隐蔽部分、更改部分是否达到相关规定。

d. 检查电气安全措施、指标是否达到要求。必要时甚至要复测（如绝缘电阻、对地电阻、接地电阻）、送检（个别有重大安全隐患嫌疑之元器件或设备送质检部门）以及挖（掘开土层看隐蔽工程）、剖（剖开设备、拆检关键元器件）。

e. 特殊工程还需检查“调试记录”“试运行（试车）报告”以及有关技术指标，判断各系统运行是否正常。

f. 检查结果逐项写入“验收报告”，提出需完善、改进和修改的意见。在主管部门主持下，工程设计人员应在验收报告上签字表示同意验收（如有重大不符设计及验收规范问题，设计人员可不同意验收，则拒绝签字）。

g. 全面鉴定设计、施工质量，恰如其分地作出工程质量评价。讨论后由建设方主笔，设计方协助编写“竣工验收报告”，其中要对工程末期和设计遗留事项提出解决方法。

4）技术文件归档。

可自设计任务开始即分期进行，也可工程结束后一次进行。工程文档管理是一门新兴、严肃而极为重要的工作。这里仅从设计角度就工程建设方面的技术性文档作介绍。设计文件在设计完成后，经技术管理部门质量工程师检查后，办理入库归档手续方算完成设计，其归档范围为：

① 有关来往的“公文函件”、设计依据性“文件”“任务书”“批文”“合同”“会议纪要”“谈判纪录”“设计委托”“审查意见”等。

② 设计基础资料：方案研究、咨询报价、收资选址“勘测报告”、气象、水文、交通、热电、给排水、规划、环境“评价报告”、新设备、引进产品的产品“样本手册”“说明书”等。

③ 初步设计图样、概算、有关的“设计证书”“方案对比及技术总结”。

④ 施工图、预算及有关“设计计算书”。

⑤ 施工交底、现场代表、质量检查、技术总结等“施工技术资料”。

⑥ 竣工验收、试生产、投产后回访的“报告”。

⑦ 优秀工程、创优评选、获奖“资料”。

⑧ 合作设计时其他合作方的“项目资料”。

5）收尾工作。

① 回访。回访是设计单位从实践中检查设计及服务质量、取得外部质量信息、提高设计水平的重要手段之一。回访时，要深入实际，广泛地向建设方、施工、制造及安装方，尤其是具体人员征询意见，收集整理成“回访报告”归档。

② 信息反馈的整理。凡收集到的设计质量信息需经过鉴别，剔除无价值、重复的内容，整理归档。新项目承接时供查找、使用。

③ 设计总结。设计总结包括以下内容：

a. 工程及设计概况。

b. 各专业设计特点。

c. 投产建成后的实际效果。

d. 设计工作的优缺点和体会。

④ 质量评定。

a. 符合规范和技术规定、技术先进、注意节能。

b. 供配电安全、可靠，动力、照明配电设备布置合理，计算书齐全、正确，满足使用要求。

c. 线路布局经济合理，便于施工、管理和维修。

d. 设备选型合理，选材恰当，各种仪表装置齐备。

e. 图样符号、设计深度、图面清晰，表达正确，校审认真，坚持会签，减少错、漏、碰、缺。

3.4.2 设计管理

1. 质量管理与控制

建筑设计作为工程建设的灵魂，设计质量直接影响到工程质量，并对建设全过程的质量控制产生重大影响。而提高建筑工程设计质量的关键在于在设计工作中推行全面质量管理，通过全面质量管理，项目设计能够最大限度地满足客户要求。

全面质量管理简称 TQM（Total Quality Management）。设计工作的 TQM 就是全体设计人员及相关部门以质量为核心，将专业技术、管理技术、数理统计技术结合起来，建立起设计工作全过程的质量体系，从而有效地利用脑力、物力、财力、信息等资源，提供出符合相关法规及社会要求、满足社会要求、建筑用途和建设目的以及使用者期望要求的设计服务。

全面质量管理在实施过程中主要强调的是系统管理、预防为主为用户服务，是全员的质量管理，全过程的质量管理，全范围的质量管理。全面质量管理的主要特点：

（1）将以事后检验转变为以事前预防，从管结果转变为管过程。

（2）从过去的就事论事、分散管理，转变为全面的综合治理。

（3）围绕质量开展全员的工作。

（4）由单纯符合标准转变为满足顾客需要。

（5）强调不断改进过程质量，从而不断改进产品质量。

全面质量管理可以拓宽管理跨度，增进组织纵向交流；减少劳动分工，促进跨职能团队合作；实行防检结合，以预防为主的方针，强调企业活动的可测度和可审核性，最大限度地向下委派权利和职责，确保对顾客需求的变化做出迅速而持续的反应；优化资源利用，降低各个环节的生产成本；追求质量效益，实施名牌战略，获取长期竞争优势；焦点从技术手段转向组织管理，强调职责的重要性；不断对员工实施培训，营造持续改进的文化，塑造不断学习、改进与提高的文化氛围。

全面质量管理中的 P.D.C.A 管理循环即 Plan（计划）、Do（实施）、Check（查核）、Action（处置），是在全面质量管理过程中所应遵行的基本方法。PDCA 循环的主要步骤：

（1）分析和评价现状，以识别改进的区域。

（2）确定改进的目标。

（3）寻找可能的解决办法，以实现这些目标。

（4）评价这些解决办法并做出选择。

（5）实施选定的解决办法。

（6）测量、验证、分析和评价实施的结果，以确定这些目标已经实现。

（7）正式采纳更改。

（8）必要时，对结果进行评审，以确定进一步改进的机会。

其中，（1）～（4）即 P——计划；（5）即 D——实施；（6）即 C——查核；（7）～（8）即 A——处置。以上所述，即为解决问题所必须遵从的 1 个过程、4 个阶段和 8 个步骤。

在建筑工程设计中实施全面质量管理能够很好地改善建筑设计企业和职工素质，提高设计质量和水平。建筑工程设计企业应该对全面质量管理给予足够的重视，将全面质量管理应用于具体的工程设计项目中。在具体的工程设计项目实施过程中，参与该项目的管理者和设计人员应根据此设计项目的具体工程特点制定出有针对性的全面质量管理方案，为良好的实施效果打下坚实的基础。

2. 专业负责人的职责

在工程设计过程中，专业负责人的主要职责是：

（1）配合设计总负责人组织和协调本专业的设计工作，对本专业的设计项目负主要责任。

（2）任职资格：应具有注册电气工程师资格的专业人员担任。

（3）执行本专业应遵守的标准、规范、规程及本单位技术措施；完成设计项目本专业部分策划报告，编制本专业技术条件。

（4）负责验证顾客和外专业提供的设计资料，并及时给其提供有关设计资料，做好专业之间的配合问题。

（5）依据各设计阶段的进度控制计划制定本专业的作业进计划和人员配备计划，组织本专业各岗位人员完成各阶段设计工作。

（6）承担创优项目时，应负责制定和实施本专业的创优措施。

（7）进行施工交底，负责处理设计变更，解决施工中出现的有关问题，履行洽商手续；参加竣工验收、服务总结专业性工程回访工作。

（8）负责收集整理本专业设计过程中形成的质量记录，随设计文件归档。

3. 设计人员的职责

在工程设计过程中，设计人员的主要职责是：

（1）在专业负责人指导下进行设计工作，对本人的设计进度和质量负责。

（2）任职资格：应由具有初级及以上专业技术职称的专业人员担任。

（3）根据专业负责人分配的任务熟悉设计资料，了解设计要求和设计原则，正确进行设计，并做好专业内部给予其他专业的配合工作。

（4）配合专业进度，制定详细的作业计划，并按照岗位要求完成各阶段设计、自校工作，减少差错。

（5）做到设计正确无误，选用计算公式正确、参数合理、运算可靠，符合标准、规范、规程及本单位技术措施。

（6）正确选用标准图集及重复使用图，保证满足设计条件。

（7）受专业负责人委派进施工现场，处理有关问题，处理结果及时向专业负责人汇报，工程修改及洽商应报专业负责人及审核人审核并签署。

（8）对完成的设计文件应认真自校，保证设计质量，并在图纸设计栏内签字。

4. 校核人员的职责

在工程设计过程中，校核人员的主要职责是：

（1）任职资格：应由具有中、高级技术职称或具有注册电气工程师资格的专业人员担任。

（2）校核人在专业负责人的安排下，对设计进行校对工作，负责对设计文件内容的完整性、正确性的核对。

（3）校核人应充分了解设计意图。对所承担的设计图纸和计算书进行全面校对；使设计符合正确的设计原则、规范、本单位技术措施，数据合理正确，避免图面错、漏、碰、缺。

（4）协调本专业与有关专业的图纸，协助做好专业间的配合工作，把好质量关。

（5）对校对中发现的问题提出修改意见，督促设计人员及时处理存在的问题。

（6）填写《校对审图记录单》，对修改内容进行验证合格后，在图纸校对栏内签字，设计人如无正当理由拒绝修改，校对人有权不在图纸校核栏内签字。

5. 审核人员的职责

在工程设计过程中，审核人员的主要职责为：

（1）任职资格：应具有中、高级技术职称或具有注册电气工程师资格的专业人员担任；其中大型、复杂项目必须由具有高级技术职称或具有注册电气工程师资格的专业人员担任。

（2）审核人按作业计划审核设计文件（包括图纸和计算书等）的完整性及深度是否满足规定要求，设计文件是否符合规划设计条件和设计任务书的要求，以及是否符合审批文件规定。

（3）审核设计文件是否符合方针政策及国家和工程所在地区的标准、规程、规范及本单位技术措施，避免图面错、漏、碰、缺。

（4）审查专业接口是否协调统一，构造做法、设备选型是否正确，图面索引是否标注正确、说明清楚。

（5）填写《校对审图记录单》，对修改内容进行验证合格后，在图纸审核栏内签字，设计人如无正当理由拒绝修改，审核人有权不在图纸审核栏内签字。

6. 会签

在工程设计中，各专业的设计图纸完成后，经本专业校审人员校审后，设计人员加上会签栏，填写应会签的专业名称后连同校审记录单送相关专业进行会签。

会签专业对会签图纸应认真核对是否与本专业所提资料的内容一致，是否与本专业的设计意图相符合，同时也要检查各专业在设计内容上是否衔接协调。

会签中若发现问题，会签专业应将修改意见提供给设计专业进行修改，待修改完成后并复核无误后再在会签栏签署。设计专业应对会签图纸的质量负责，如果其他专业提供的资料没有反映在图纸上或设计不符原提资料的要求，则资料的遗漏或设计不符原提资料之事，应由设计专业负责。设计图纸会签后，若发现仍有不符合原提供资料要求的差错，除接受资料的设计专业应负主要责任外，提供资料的会签专业应负次要的、校对不周的责任。为了使会签工作真正起到验证设计成品的作用，在安排设计进度时应留有必需的会签时间。

凡需要会签的设计图纸，设计专业负责人应负责确认应会签的专业会签齐全后再送审。

通过对施工图实施会签控制，对有关专业之间的配合关系及互提资料、数据是否准确落实无错漏进行最终审查、确认，从而使出图成果（设计产品）满足本项目及相关规范、标准要求，确保工程设计质量。

参考文献

[1] 中华人民共和国住房和城乡建设部. GB/T 50786—2012《建筑电气制图标准》: 北京：中国建筑工业出版社，2012.

[2] 中国建筑标准设计研究院. 国家建筑标准设计图集.《建筑电气制图标准》图示：12DX011. 北京：中国计划出版社，2012.

[3]《建筑电气工程师手册》编委会. 建筑电气工程师手册. 北京：中国电力出版社，2010.

[4] 中国建筑标准设计研究院. 国家建筑标准设计图集.《建筑电气实践教学及见习工程师图册》：05SDX007. 北京：中国计划出版社，2005.

[5] 中国建筑标准设计研究院. 国家建筑标准设计图集.《民用建筑工程设计互提资料深度及图样 电气专业》：05SDX005. 北京：中国计划出版社，2005.

[6] 湖南省住房和城乡建设厅发布《湖南省建筑工程信息模型施工应用指南》. 北京：中国建筑工业出版社，2017.9.

[7] Autodesk Asia Pte Ltd，傅峥嵘. Autodesk Revit MEP 技巧精选. 上海：同济大学出版社，2015.

[8] 马骁，马元玲. BIM 设计项目样板设置指南——基于 Revit 软件. 北京：中国建筑工业出版社，2015.

[9]《建筑工程设计文件编制深度规定》(2016 版).

第 4 章　绿　色　建　筑

4.1　绿色建筑的发展

绿色建筑源自可持续发展的要求，而可持续发展理论的形成有一个漫长的历史过程，是近 30 年来由于人类自身生存危机的压力而出现的跨越性突破。

4.1.1　可持续发展理念

1. 可持续发展理念的形成

自从人类步入工业社会，科学与技术发生了革命性的发展，机械化与电气化大大提高了生产效率，新技术与新发明层出不穷，改变着人们的生活方式。汽车、飞机、轮船等交通工具的发明与演进，使得地球变小，人们的交互更加方便快捷；医药技术的发展不仅使得原本将丧生于各类疾病的人群得以康复，而且延长了人类的寿命；为了改善人类的生活与工作环境，大量的建筑密布在地球上的城市与乡村，等等。虽然人类社会快速发展，但却是以牺牲地球的环境与资源为代价的。为了获得能源（石油、煤、天然气等矿物）与资源（木材、水、金属矿物等），人类大量地砍伐开采对地球进行掠夺，并向天空排放了大量破坏大气环境的 CO_2 等气体，向地球的水体排放了各种污染物，到处丢弃各种难以降解的垃圾，等等，不可再生的能源与资源正在地球上走向枯竭。

同时，由于人类生存条件的改善，世界人口在近 50 年中高速增长，为了维持人类的生活水平，那就需要更多的资源与能源，并且造成了更大规模的对地球环境的破坏。

世界人口增长和矿物能源供应如图 4－1 所示。地球高能耗区域如图 4－2 所示。

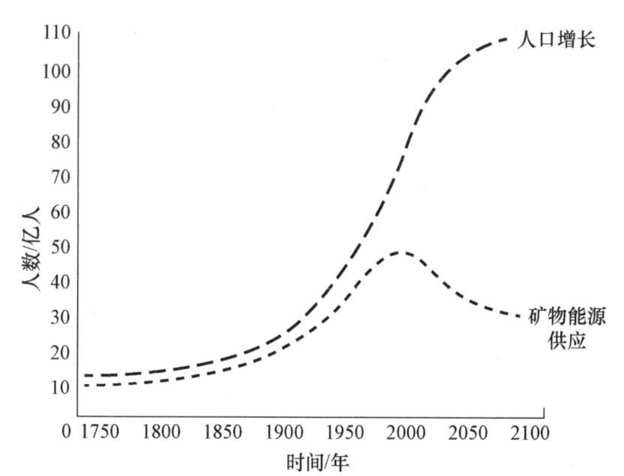

图 4－1　世界人口增长和矿物能源供应

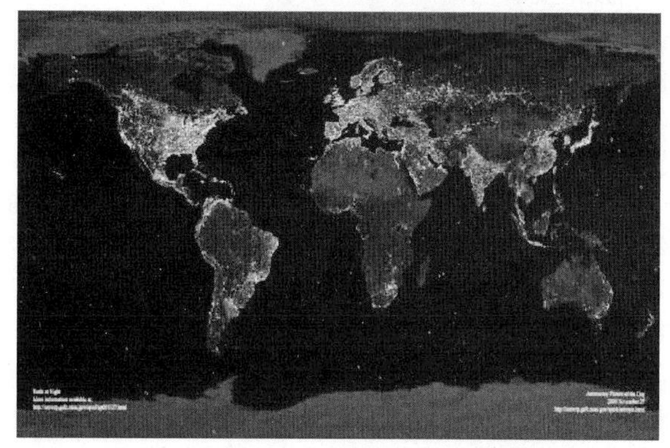

图 4－2　地球高能耗区域（白色区）

由于大量的 CO_2 等温室气体排放，导致地球环境恶化，出现了温室效应、臭氧层空洞及化学物质对自然环境的污染。据统计，过去的 100 年间地球温度上升了 0.5℃，极地等的冰雪融化使海平面上升了 10～15cm。如果不加控制，到 2100 年，地表温度会比现在增加 1～3.5℃，海平面将上升 15～95cm。温室效应对气候与人类社会的影响极大，已被证实的有：全球气候异常，全年降水量减少，各地区降水形态改变，灾害性气候多发；改变植物与农作物的生长速度，造成土壤贫瘠，破坏生态平衡；海平面上升，全球低洼地区海水倒灌，沿海城市及其居住的人口（占全球人口的 30%）受到威胁；由于气候变异使水源、食品的供应量不平衡，引发国际的经济与社会冲突。

使用各种氯氟碳化物等化学物质使大气的臭氧层遭到损坏。原本存在于地面上空 15～50km 的大气臭氧层，能吸收太阳光射向地球紫外线的 95%～99%。目前地球大气中臭氧含量以每年 2%～3%的速度减少，在南极上空甚至出现了臭氧空洞。如果任其发展，地球上的生物将失去臭氧层的保护，其直接的后果是：人类皮肤癌、白内障等发病率增加；动物免疫系统抑制，植物生长减缓，农作物产量下降；气候变异加剧，破坏生态平衡。

化学物质对环境的污染。1962 年，美国生物学家蕾切尔·卡逊夫人的《寂静的春天》一书震惊了世界。她以生动而严肃的文字描写因过度使用化肥和杀虫剂而导致环境污染、生态破坏，最终给人类带来灾难。化学物质对户外环境的污染更是严重，工业排放的含硫烟气与汽车排放的尾气形成 pH 值小于 5.65 的酸雨，日常生活中用的塑料造成全球不易降解的“白气污染”。地球的土壤、水体、大气到处都充斥着人类制造并威胁自己生存的化学物质。

能源资源的萎缩。进入 20 世纪，全球能源价格剧烈波动，冲击着全球的社会与经济。由于人类的生存与发展需要能源，在目前的技术与成本的制约下，据统计世界石油贮量可供开采 40 年，天然气贮量可供开采 60 年，煤炭贮量可供开采 225 年，作为核电站燃料的铀矿尚可开采 75 年，人类主要的能源在 21 世纪中期就可能枯竭。

据美国能源部的《国际能源展望》报告，2020 年前全球能源消费情况则十分惊人。全球能源总消费量将增长 60%；石油消费量将以每年 2.2%增长；天然气消费量将增长 100%；煤炭消费量将从占全球能源总量的 22%降低到 20%；可再生能源包括水力发电将成长 53%，但仅占全球能源消费总量的 8%。

从能源消费量的发展趋势来看，地球现有的矿物能源资源的枯竭已是看得到的未来，而可再生能源的增量又是十分有限的，人口的增加与经济的发展则更加剧了能源的危机。

经过近 20 年的反省，人类逐渐觉悟到自身的发展必须与地球的资源与环境和谐相伴，天人合一才能共同生存持续发展，因此以生态为中心的社会发展理念越来越被科学家、政治家及企业家所接受。随着科技进步和社会生产力的极大提高，人类创造了前所未有的物质财富，加速推进了文明发展的进程。与此同时，人口剧增、资源过度消耗、环境污染、生态破坏和南北差距扩大等日益突出，成为全球性的重大问题，严重地阻碍着经济的发展和人民生活质量的提高，继而威胁着全人类的未来生存和发展。在这种严峻形势下，人类不得不重新审视自己的社会经济行为和走过的历程，认识到通过高消耗追求经济数量增长和“先污染后治理”的传统模式已不再适应当今和未来的要求。1987 年，挪威首相布伦特夫人主持的世界环境与发展委员会，在对世界重大经济、社会、资源和环境进行系统调查和研究的基础上，提供了长篇专题报告——《我们共同的未来》。报告提出了可持续发展的定义，并要求寻求一条人口、经济、社会、环境和资源相互协调的，既能满足当代人的需求，而又不对满足后代人需求的能力构成危害的可持续发展的道路。

2. 可持续发展理论

可持续发展理论主要是在一些重要的国际会议上通过总结与分析可持续发展实践的基础上形成与完善的。可持续发展的原则与中国政府所倡导的科学发展观是一致的，因而在某些场合与范围内，二者的研究往往成为相同的课题。

（1）公平性原则。公平性原则是指机会选择的平等。这里有两方面的含义：一是代际公平性，即世代之间的纵向公平性；二是指同代人之间的横向公平性。可持续发展不仅要实现当代人之间的公平，而且还应实现当代人与未来各代人之间的公平。可持续发展与传统发展模式的根本区别在于传统发展模式中的公平性没有得到足够重视。从伦理上讲，未来各代人应与当代人有同样的权力来使用资源与环境。可持续发展要求当代人在考虑自己的需求与消费的同时，也要对未来各代人的生存需求负起历史的责任，因为当代人在资源开发和利用方面与后代相比处于无竞争的主宰地位。因此，各代人之间的公平性要求任何一代都不能处于支配的地位，即各代人都应有同样选择的机会空间。

（2）可持续性原则。可持续性是指生态系统受到某种干扰时仍能保持其生产率的能力。资源和环境是人类生存与发展的基础和条件，离开了资源和环境就无从谈起人类的生存与发展。资源和生态系统的可持续性是人类社会发展的条件，可持续发展要求人们调整自己的生活方式，在生态可能的范围内确定自己的消耗标准。

地球的资源基础在可以预期的将来，仍然是供养世界人口生存与发展的主要来源。科学发展观也规定了必须保持财富的增长并满足人类的理性需求，它的物质基础主要依赖于地球资源的维持、地球资源的深度发现、地球资源的合理利用乃至于废弃物的资源化。

（3）和谐性原则。《我们共同的未来》指出：“从广义上说，可持续发展的战略就是要促进人类之间及人类与自然之间的和谐。”每个人在安排自己的行动时，要能考虑到这一行动对其他人（包括后代人）及生态环境的影响，并按“和谐性”原则行事，使得人类与自然之间保持一种互惠共生的关系。

为始终保持经济的理性增长需要特别强调“健康状态”下的经济增长。它既不是限制财富积累的“零增长”，也反对过分增长。所谓健康的增长是在相应的发展阶段内，以“财富”扩大和经济规模增长，来满足人们在自控、自律等理性约束下的需求。著名经济学家索罗认为：“可持续发展就是在人口、资源、环境各个参数的约束下，人均财富可以实现非负增长的总目标”。科学发展观反对为了经济增长而牺牲环境的容量和能力，也不赞成单纯为保护环境而不动用自然资源，二者的关系可以通过的调节和控制，达到在经济发展水平不断提高时也能将环境能力保持在较高的水平上。因此，在我们构造“循环经济”“生态补偿制度”“工业生态园”“全过程无害化控制”“绿色化学体系”“绿色建筑”等工程时，必须维系人与自然之间的协调发展。

（4）需求性原则。传统经济学下的发展模式追求的目标是经济的增长，它忽视了资源的有限性，盲从于市场而发展生产。这种模式不仅使全球资源环境承受着持续的压力而不断恶化，而且仍然不能完全满足人类所需要的基本物质。而可持续发展则坚持公平性和长期的可持续性，强调满足所有人的基本需求而不是市场商品。由于人类需求是由社会和文化条件所确定的，是主客观因素相互作用、共同决定的结果，与人的价值观和动机有关。因此人类需求是一种系统（可称之为人类需求系统），是人类的各种需求相互联系、相互作用而形成的统一体。人类需求又是一个动态变化过程，在不同的时期和不同的文化阶段，旧的需求系统将不断地被新的需求系统所代替。

科学发展的核心以围绕人的全面发展而制定，其中人的基本生存需求和生存空间的不断被满足，是一切发展的基石。因此一定要把全球、国家、区域的生存支持系统维持在规定水平的范围之内。通过基本资源的开发提供充分的生存保障程度；通过就业的比例和调配，达到收入、分配、储蓄等在结构上的合理性，进而共同维护全社会成员的身心健康。

（5）高效性原则。可持续发展的公平性原则、可持续性原则、和谐性原则和需求性原则也隐含着高效性原则，构成了可持续发展高效性的基础。与传统经济学不同，这里的高效性并不仅根据其经济生产率来衡量，更重要的是由人们的基本需求得到满足的程度来衡量，是人类整体发展的综合和总体的高效。

提高经济增长的质量意味着新增财富的内在质量应当不断地、连续地加以改善和提高。除了在结构上要不断合理与优化外，新增财富在资源消耗和能源消耗上要越来越低；在对生态环境的干扰强度上要越来越小；在知识的含量上和非物质化方面要越来越高；在总体效益的获取上要越来越好。罗默理论认为：“经济收益递增型模式，是以知识创新和专业化人力资本为核心的经济增长，它不仅可能形成资本收益的内部递增，而且能使传统的生产力要素也随之产生递增效益，从而牵动整个经济的规模效益递增，突破传统意义上的增长极限”。

（6）阶跃性原则。可持续发展是以满足当代人和未来各代人的需求为目标，而随着时间的推移和社会的不断发展，人类的需求内容和层次不断增加和提高，于是可持续发展本身隐含着不断地从较低层次向较高层次的阶跃性过程。

调控人口的数量增长，提高人口的素质。人口数量的年平均增长率首先应稳定地低于 GDP 的年平均增长率，而后逐渐实现人口自然增长率的“零增长”。此前与此后，都要把人口素质的提高纳入首要考虑的政策之中。该战略目标的实质是把人口自身再生产同物质的再生产“同等地”保持在可持续发展的水平上。根据联合国开发计划署（UNDP）在其年度报告《人类发展报告》中的研究，人口资源向人力资源的转变，首先要把人的“体能、技能、智能”三者的合理调配，置于可以接受的状态之下，达到人口与发展之间的理想均衡。

可持续发展战略的实施受到人口、资源、环境的强力约束，打破此约束的动力和潜力来自科学技术的进步。科技进步在可持续发展过程中，迅速地把研究成果积极转化为经济增长的推动力。科学技术的发展，经济社会的发展，管理体制与政策引导的发展，这三者作为一个互为联系的大系统，通过宏观的调适和寻优，达到可持续发展的总体要求。经济学家库兹涅茨在诺贝尔经济奖获奖演说时曾说：“先进技术是经济增长的一个巨大的来源，但是它还只是一个潜在的、必要的条件，本身并不是充分条件。如果技术要得到高效而广泛的应用，它自己的进步要受到这种应用的刺激，必须做出制度的和意识形态的调整，以实现正确利用人类知识中先进部分所产生的创新”。

综上所述，可持续发展原则与科学发展观的目标实际上均包含在一个由发展度、协调度和持续度构成的三维空间模型之中。

发展度——由保持增长、较高的经济增长质量和提供就业、粮食、能源、饮用水和健康的基本生存需求去满足人类对生活质量的要求。

协调度——由调控人口的数量增长，提高人口的素质和调控环境与发展的平衡去达到人与自然之间的协调以及人与人之间的协调。

持续度——由维持、扩大和保护地球的资源基础和关注以科技进步突破发展瓶颈类体现。通过物质基础的储备（对于自然资源的保持）和知识基础的储备（对于人力资源尤其是知识创新能力的保持），为可持续发展的健康延续提供潜在的能力，以此实现可持续发展战略的持续性。

3. 中国的可持续发展国策

联合国针对全球气候变化，大气臭氧层破坏、土地沙漠化、生物多样性减少等引起的一系列全球性经济、社会、资源和环境重大问题，经过两年的筹备和谈判，于 1992 年 6 月在巴西里约热内卢召开环境和发展首脑会议。会议通过《里约环境与发展宣言》《21 世纪议程》《关于森林问题的原则声明》等文件；签署了《气候变化公约》和《生物多样性公约》，要求各国政府根据本国情况制定各自的可持续发展战略、计划和对策。

中国政府做出了履行《21 世纪议程》等文件的承诺，国务院成立了由原国家计委和原国家科委副主任任组长的领导小组，组织和领导《中国 21 世纪议程》文本和相应的优先项目编制工作。由 52 个部门、300 余名专家参加的工作小组成立了“中国 21 世纪议程管理中心”承办日常管理工作。在制定《中国 21 世纪议程》的同时，组织编制《中国 21 世纪议程优先项目计划》将行动方案分解为可操作的项目。1994 年 3 月 25 日，国务院第 10 次常务会议，通过了《中国 21 世纪议程》，即《中国 21 世纪人口、环境与发展》白皮书。

可持续发展不仅仅是技术问题，中国科学院可持续发展战略研究组的《2014 中国可持续发展战略报告》主题是“创建生态文明的制度体系”，报告在分析当前环境与发展的国内外背景、总结生态文明建设相关实践的经验和存在问题的基础上，通过未来情景分析及政策效果预估，对今后的全国和资源环境绩效水平、可持续发展能力的动态变化特点和发展趋势段做出了科学判断。报告提出构建系统完整的生态文明制度体系是一个全方位的系统改革和创新过程，需要明确 6 个实施的优先领域，以保持目标、制度、政策的一致性和持续性。

加强制度体系建设的顶层设计，制定时间表和实施路线图，优先推进节能、减排、治霾的协同效应；将生态文明建设重要制度安排深度融合到《环境保护法》修订方案中，加快修改《大气污染防治法》和《水污染防治法》；建立生态文明建设的目标体系，编制煤炭总量、消除灰霾和碳减排的时间表和路线图；优先试点建立区域和流域环境综合管理体系，稳步推进大部制改革；结合经济体制改革，利用市场机制和创建新型资源产权和排污许可证交易市场，充分发挥市场在生态环境保护领域的作用；健全驱动绿色新兴产业的绿色创新制度。

报告提出要根据人口、资源、环境、能源和发展目标及峰值时间表来制定实施路线图及配套的技术、资金和政策。包括构建以 PM2.5 浓度为核心指标的大气环境质量控制指标体系，在以 2030 年为全国目标年份的基础上，分区域制定大气环境质量达标时间表和将 SO_2、NO_x、VOC_s 等主要污染物减排路线图，以及相应的环境税政策等。同时推动目标指标转型，从效率目标转向总量约束目标，从数量控制转向指标结构优化和环境质量目标的改善。并且着力构建市场导向的绿色技术创新制度，寻求涵盖生产工艺、产品、服务和商业模式的绿色创新一体化解决方案，通过完善激励机制发挥企业的创新主体作用。

报告中的“目标指标转型，从效率目标转向总量约束目标，从数量控制转向指标结构优化和环境质量目标的改善”，这就意味着建筑能耗和碳排放都将实行总量控制，同时“寻求涵盖生产工艺、产品、服务和商业模式的绿色创新一体化解决方案”也为建筑节能服务业创造了良好的发展条件。

4.《巴黎协定》

2015 年 12 月《联合国气候变化框架公约》的近 200 个缔约方在巴黎举办联合国气候变化大会，达成的全球气候协议《巴黎气候协定》是一个公平合理、全面平衡、富有雄心、持久有效、具有法律约束力的协定，传递出了全球将实现绿色低碳、气候适应型和可持续发展的强有力积极信号。

中国国家主席习近平参加大会，提出巴黎协定应：“有利于实现公约目标，引领绿色发展；有利于凝聚全球力量，鼓励广泛参与；有利于加大投入，强化行动保障；有利于照顾各国国情，讲求务实有效”。“巴黎大会应该摈弃‘零和博弈’狭隘思维，推动各国尤其是发达国家多一点共享，多一点担当，实现互惠共赢”，并指出“在国际社会共同努力下，联合国气候变化巴黎大会成功通过了《巴黎协定》，为 2020 年后全球合作应对气候变化问题指明了方向和目标，这是一件造福世界人民的大好事。”

（1）《巴黎协定》内容。各缔约方将加强对气候变化威胁的全球应对，在 21 世纪末把全球平均气温较工业化前水平升高控制在 2℃之内，并为把升温控制在 1.5℃之内而努力。全球将尽快实现温室气体排放达峰，21 世纪下半叶实现温室气体净零排放。

各方将以“自主贡献”的方式参与全球应对气候变化行动。发达国家将继续带头减排，并加强对发展中国家的资金、技术和能力建设支持，帮助后者减缓和适应气候变化。

从 2023 年开始，每 5 年将对全球行动总体进展进行一次盘点，以帮助各国提高力度、加强国际合作，实现全球应对气候变化长期目标。

《联合国气候变化框架公约》196 个缔约方中有 187 个提交了本国 2020 年生效的抗击气候变化的承诺方案，将每五年上调一次。其余国家必须提交承诺方案才能成为协定的缔约方。每个国家都要承诺采取必要措施，并可利用市场机制（如排放量交易）来实现目标。

各缔约国应每五年上调一次承诺，以便随着时间的推移而提高目标，保证将气温升幅控制在 2℃以下的目标得以实现。各国希望排放量能够“尽早”达到峰值，并承认对于发展中国家来说，这项任务会需要更多的时间。建议采取快速减排的措施。此外，各国承诺在 21 世纪下半叶实现“排放气体与可吸收气体之间的平衡”，以达到净零排放。换句话说：排放的气体不能多于通过自然或技术手段回收的气体。

发达国家应出资帮助发展中国家减缓和适应气候变化，鼓励其他有经济条件的国家也做出自主贡献。出资的意图应在资金转交两年前通报，以使发展中国家能够对可能获取的资金有个概念。从 2020 年起，富国每年应动用至少 1000 亿美元来支持发展中国家减缓和适应气候变化，并从 2025 年起增加这一金额。

在排放量占全球 55%的至少 55 个缔约方批准之后，新协定正式生效。

（2）中国的贡献。中国作为世界最大的发展中国家用自己的行动与智慧，向生态文明转型，以绿色发展模式，应对全球气候变化。

“十二五”期间，中国加大力度治理污染保护生态环境，已成为世界节能和利用新能源、可再生能源第一大国。“十三五”规划更将把生态文明建设作为重要内容，落实创新、协调、绿色、开放、共享的发展理念，通过科技创新和体制机制创新，实施优化产业结构，构建低碳能源体系，发展绿色建筑和低碳交通，建立全国碳排放交易市场等一系列政策措施，形成人和自然和谐发展现代化建设新格局。

在巴黎大会召开前，中国提交的国家自主贡献文件提出将于 2030 年左右使二氧化碳排放达到峰值，并争取尽早实现，2030 年单位国内生产总值二氧化碳排放比 2005 年下降 60%～65%，非化石能源占一次能源消费比重达到 20%左右，森林蓄积量比 2005 年增加 45 亿 m^3 左右。

在巴黎大会上中国政府宣布，2016 年将启动在发展中国家开展 10 个低碳示范区、100 个减缓和适应气候变化项目及 1000 个应对气候变化培训名额的合作项目。

中国以自己的实际行动支持发展中国家提高应对气候变化能力，敦促发达国家向发展中国家提供更多的技术和资金支持，进而推动气候变化全球行动的进程。为国际社会深入思考和探索未来全球治理模式、推动人类命运共同体建设贡献了中国智慧。

4.1.2　绿色建筑的形成

可持续发展理念起源于地球环境的保护，逐步发展到社会伦理、经济及科学技术等领域。正如可持续发展理论的广泛性特点，可持续建筑的概念与定义也很难从一个角度准确给出。可持续建筑（Sustainable Buildings）往往在各种不同时期与场合有着近义的称谓，如“生态建筑”（Ecological Buildings）、“绿色建筑”（Green Buildings）、低碳建筑（Low Carbon Building）及健康建筑（Healthy Buildings）等，并且还形成了各种相应的技术与评估方法。

可持续建筑是在可持续发展理论下形成并得以推进的，就可持续发展的内涵而言，首先，是保护自然生态与开发程度的平衡，寻求一种最佳的生态系统，来支持生态的完整性和人类愿望的实现，同时使人类的生存环境得到持续。其次，是如何在确保自然资源与环境质量的前提下，使经济发展得到最大的净利益，即今天的资源使用不应减少未来的实际收入。最后，从技术的角度是建立尽可能减少能源和其他资源的消耗、极少产生废料和污染物的制造工艺或技术系统。正如在 1992 年联合国环境与发展会议上被一致认同的可持续发展定义——“人类有能力使开发持续下去，也能保证满足当前的需要，而且不致危及下一代满足其需要的能力。”

1. 可持续建筑

可持续建筑既非独立的概念，也非孤立的物理形态，可持续建筑是建筑最终结点之一，它承担了四项重要的义务：为后代留下自然资源和社会（文化）资本，以满足他们的发展需要；保护和有效管理所有环境资源（土地、水、空气、生物多样性等）；在公平准入的基础上，全球、区域共同分享资源；环境事务通过公众参与信息公开的途径进行处理。

可持续建筑的本质是以技术方案/形式来体现可持续发展理念，落实可持续发展义务的建筑物。中国的绿色建筑在可持续发展国策的引领下，结合所在城市与地区的环境，在建筑规划、建筑设计、建筑结构、建筑设备、建筑材料、施工、运行、更新等全生命周期内的过程中，落实下列五项重点工作：充分保护建筑物周边生态环境与人文环境，并与之协调；充分节省建筑能耗与生活能耗；充分应用自然能源与未开发的清洁能源；有效使用资源并实现再循环使用；建立健康、舒适与安全的建筑环境。

可持续建筑工程的规划、建设与管理要受到很强的约束，必须在建筑物的全生命周期中考虑对环境、能源与生态的影响，同时又被社会责任、技术与资源所限制，也就是可持续建筑的工程，如图 4－3 所示。

工程总体在 6 大制约条件下需要经权衡得失与协调后，才能确定建设行为的空间其实是非常狭小，如图 4－4 所示。如果在这里再把经济性的条件加入，那么工作将更为困难。由于建筑物本身的功能，在工程中首先必须得到保证的是人的需求，但是我们可以在应用各种技术来落实可持续发展的措施，降低环境、生态与资源的负担。

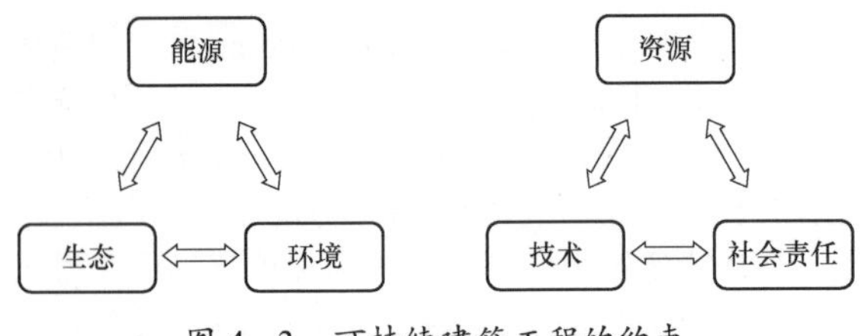

图 4-3　可持续建筑工程的约束

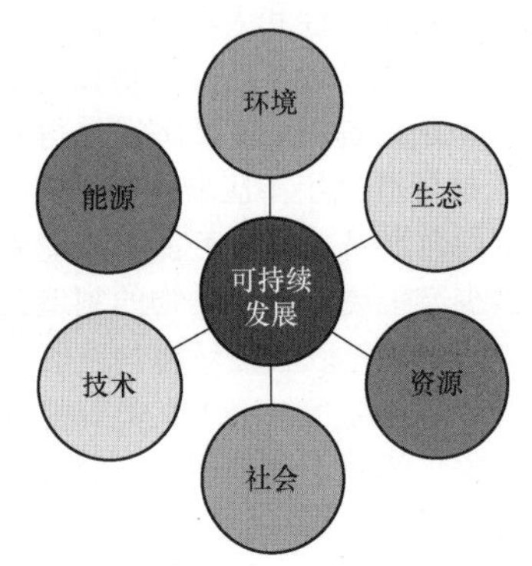

图 4-4　可持续建筑工程的目标

2. 绿色技术措施

（1）建筑设计。外形设计以减小建筑物表面吸收的热量，气密性设计以降低内外能量交换速率，隔热性设计以降低环境调节能耗，日照设计与遮阳以降低能耗，自然通风设计减小机械通风能耗。

（2）设备设计。可再生能源设备应用，给排水中的热量回收、节能型建筑设备与家用电器的应用。

（3）可再生能源。被动式低能耗蓄热、太阳能发电、风力发电、自然采光、建筑围护材料热回收应用、地源热泵、水源热泵、废弃物燃烧减量，回收热量、旧木材与小木料的重复使用。

（4）资源循环利用。采用耐久的结构材料、使用工厂预制件、雨水利用系统、节水型卫生洁具、使用再生建材、废弃物分类与减量、中水资源的应用。

（5）协调周边的环境与生态。利用地形和按基地的微气候进行建筑设计，利用雨水透水贮水建立自然亲水环境，建筑物不能影响生态与生物多样性，人工园林与基地环境融合。

（6）健康合适与安全措施。建筑设计注重采光、通风、换气、防振与隔声，利用阳光房取得自然热量，电磁辐射的预防措施，老龄与残疾人设施，良好的声学环境，全面有效的建筑环境设备系统的控制，采用健康的建筑材料与内饰材料。

3. 绿色建筑

建筑施工和维持建筑物运行是城市能源消耗的大户，低碳城市的重要组成部分是绿色建筑。绿色建筑既能最大限度地节约资源，保护环境和减少污染，又能为人们提供健康、适用、高效的工作和生活空间。绿色建筑的建设包括：建筑节能政策与法规的建立；建筑节能设计与评价技术，供热计量控制技术的应用；可再生能源等新能源和低能耗、超低能耗技术与产品在住宅建筑中的应用等；推广建筑节能，促进政府部门、设计单位、房地产企业、生产企业等就生态社会进行有效沟通。在减少碳排放的进程中，绿色建筑的普及和推广具有重要的意义。

绿色建筑的建设已经在全球展开，各国政府与工程界都推出了一系列的法规与标准，以指导具体运作。对此美国有 LEED（Leadership in Energy & Environmental Design）评估体系，加拿大有 GB-Tools 评估体系，英国有 BREEAM（The Building Research Establishment Environment Assessment Method）评估体系、日本则有 CASBEE（Comprehensive Assessment System for Building Environment Efficiency）评估体系。

4.1.3　绿色建筑在中国

2004 年我国科学与工程界人士开始研究绿色建筑，并在建筑工程中进行实践。2006 年 3 月中华人民共和国建设部发布了《绿色建筑评价标准》（GB/T 50378），2011 年 4 月中华人民共和国住房与城乡建设部发布了《节能建筑评价标准》（GB/T 50668）。2005 年起，建设部、发改委、科技部、财政部和环境总局五部委连续举办《绿色与智能建筑国际研讨会》，每年 3 月都在北京总结交流可持续建筑的理论、技术与工程经验。

2013 年 1 月 1 日，国务院办公厅以国办发〔2013〕1 号转发国家发展改革委员会、住房和城乡建设部制订的《绿色建筑行动方案》。《行动方案》共分充分认识开展绿色建筑行动的重要意义，指导思想、主要目标和基本原则，重点任务，保障措施 4 部分。要求切实抓好新建建筑节能工作，大力推进既有建筑节能改造，开展城镇供热系统改造，推进可再生能源建筑规模化应用，加强公共建筑节能管理，加快绿色建筑相关技术研发推广，大力发展绿色建材，推动建筑工业化，严格建筑拆除管理程序，推进建筑废弃物资源化利用。

2016 年 6 月 1 日，国家主席习近平给第七届清洁能源部长级会议的贺信称：面向未来，中国将贯彻创新、协调、绿色、开放、共享的发展理念，实施一系列政策措施，大力发展清洁能源，优化产业结构，构建低碳能源体系，发展绿色建筑和低碳交通，建立国家碳排放交易市场等，不断推进绿色低碳发展，促进人与自然相和谐。

在城镇化的背景下，我国正在建设几百个新城区。从低城镇化率到高城镇化率，从传统城镇化到新型城镇化，中国经济面临着前所未有的机会，中国社会也面临前所未有的挑战。新城区建设如果沿用老的发展模式，必然面临资源透支、生态退化、环境恶化的不可持续态势。探索走新的发展模式，摆脱传统做法中落后的束缚，建立起国内外创新的又符合我国四化方向的中国模式，提出绿色生态城区发展理念就是一种新的探索形式。《国务院办公厅关于转发发展改革委住房和城乡建设部绿色建筑行动方案的通知》（国办发〔2013〕1号）中提出“积极引导建设绿色生态城区，推进绿色建筑规模化发展”，住房和城乡建设部的《“十二五”绿色建筑和绿色生态城区发展规划》提出在“十二五”末期要实施100个绿色生态城区示范建设。为此，2017年颁布的《绿色生态城区评价标准》（GB/T 51225）对于3km^{2}以上的城区给出了资源消耗的上限，环境质量的底线，生态保护的红线。标准除规定自然生态（生物多样性、绿化、湿地、基地保水）外，还纳入了社会日益重视的大气环境、地表水环境质量、区域环境噪声、垃圾处理、热岛效应、二氧化碳这些环保因素，拓宽了原绿色建筑中室内外环境质量，并上升到区域的环境质量。建筑要素也超越了原单体建筑的绿色内涵，用城市设计的新理念明确了建筑体量、尺度、色彩、形状、整体风貌等要求。该标准还围绕绿色发展的基本理念制定了信息化、碳排放、人文教育、产业经济等条文。

综上所述，绿色建筑的建设在中国已经成为国家可持续发展的一项重要工作。

4.2 绿色建筑的实践

4.2.1 绿色建筑标准

现行《绿色建筑评价标准》（GB/T 50378—2014）针对的建筑类型是公共建筑和住宅建筑。标准体系分为控制项、一般项和优选项，其中的控制项必须全部满足，一般项则逐项打分，优选项为加分项。当绿色建筑总得分分别达到50分、60分、80分时，绿色建筑等级分别为一星级、二星级、三星级。评价内容分为：节地与室外环境、节能与能源利用、节水与水资源利用、节材与材料资源利用、室内环境质量、施工管理、运营管理和提高与创新8类，每类指标的评分项得分不应小于40分。评价按设计阶段和运营阶段分别进行，以取得相应的认证。

各地结合当地实际，相继出台了地方绿色建筑评价标准。由于建筑物功能不同时，对于绿色技术措施和效果的要求不一，各行业按建筑功能分类形成的特定建筑制定绿色评价标准，见表4-1。

表4-1 绿色建筑类标准

序号	标准名称	标准编号
1	绿色建筑评价标准	GB/T 50378
2	建筑工程绿色施工评价标准	GB/T 50905
3	民用建筑绿色设计规范	JGJ/T 229
4	绿色工业建筑评价标准	GB/T 50878
5	绿色办公建筑评价标准	GB/T 50908
6	绿色铁路客站评价标准	TB/T 10429
7	绿色商店建筑评价标准	GB/T 51100
8	绿色医院建筑评价标准	GB/T 51153
9	既有建筑改造绿色评价标准	GB/T 51141
10	绿色饭店建筑评价标准	GB/T 51165
11	绿色博览建筑评价标准	GB/T 51148
12	绿色建筑运行维护技术规范	JGJ/T 391
13	绿色生态城区评价标准	GB/T 51225
14	绿色超高层建筑评价技术细则	住房和城乡建设部
15	绿色校园评价标准	中国绿色建筑委员会

这些标准的制定与发布充分反映绿色建筑的理念得到了社会的认同，绿色建筑的技术已经成为工程建设的基本内容。众多的绿色建筑标准，编制有先后，思路和方法各有千秋，但都是国家《绿色建筑评价标准》的补充。

4.2.2 绿色建筑标识认证

绿色建筑认证是指依据《绿色建筑评价标准》和《绿色建筑评价技术细则》，按照《绿色建筑评价标识管理办法》，确认绿色建筑等级并进行标识的评价活动。住房和城乡建设部科技发展促进中心的绿色建筑评价标识管理办公室（简称中心绿标办）和中国城市科学会绿色建筑中心可以进行三星级以下的绿色建筑认证，各地方的住房和城乡建设管理部门的下属机构可以进行二星级以下的绿色建筑认证。认证分为设计阶段和运营阶段，分别给予绿色建筑设计标识证书（有效期一年）和绿色建筑运营标识证书。

规划设计阶段和运行使用阶段的绿色建筑认证的主要流程如下：申报单位提出申请，在线申报；绿色建筑评价标识管理机构开展形式审查；专业评价人员对通过形式审查的项目开展专业评价；评审专家在专业评价的基础上进行评审；绿色建筑评价标识管理机构在网上公示通过评审的项目；公布获得标识的项目。

绿色生态城区分为两个阶段评价：第一阶段为规

划设计评价；第二阶段为建成后运行的实际情况，分析其实施运营是否按规划设计的状态进行，称为实施运营评价。每个阶段应具备一定的条件，提交规定的报告和文件进行审查。在实施运管阶段要进行现场考察，完成评价报告，确定评价等级。

4.2.3 绿色建筑的推进

新建建筑一律按绿色建筑设计建设，既有建筑逐步改造为绿色建筑，通过地方立法，在建设程序中实施绿色建筑。这已是全国各地对于中央政府提出发展生态文明的普遍响应。

按照中国的《绿色建筑评价标准》进行评价，获得绿色建筑标识认证的工程项目可以获得各级政府的补贴，以资鼓励工程建设方对可持续发展做出的贡献。截至 2016 年底，获得中国绿色建筑标识认证的工程项目已超过 6000 个，建筑面积达 6.3 亿 m^2。

中国近年来在绿色建筑领域所做的工作，反映了政府、工程界和房地产业的建设行为正在从生态意识走向生态尽责，这是中国可持续发展的重大转折点。

世界各国都建立了绿色建筑的评价体系，比较成功的有美国的 LEED，英国的 BREEAM，法国的 HQ，日本的 CASBEE，澳大利亚的 GREEN STAR 等。有些外资企业在华项目有时还会要求获得境外的绿色建筑认证，但不能享受中国的财政补贴。

2014 年 3 月 16 日，中共中央、国务院印发《国家新型城镇化规划（2014—2020 年）》，总结并吸取了国内外城镇化的经验教训，对中国的城镇化进程进行了顶层设计，内容全面丰富，是中国今后一个时期用以指导城镇化发展的宏观、战略和基础的规划文件。

《规划》高度重视生态文明和城镇化质量，关注提高市民生活品质。为确保城市发展模式科学合理，城镇化要体现生态文明、绿色、低碳、节约集约等要求，明确提出将“密度较高、功能混用和公交导向的集约紧凑型开发模式成为主导”，在城镇建设中人均城市建设用地严格控制在 100m^2 以内，建成区人口密度逐步提高；绿色生产、绿色消费成为城市经济生活的主流，节能节水产品、再生利用产品和绿色建筑比例大幅提高；城市地下管网覆盖率明显提高。为使城市生活和谐宜人，在推进义务教育、就业服务、基本养老、基本医疗卫生、保障性住房等城镇基本公共服务覆盖全部常住人口的同时，需要建立良好的环境质量和生态、便捷舒适的交通系统、适合居住的绿色建筑、健康理性的生活方式。节能、低碳的工作要求将贯穿于城市建设和运营的全过程，建筑的节能要求大幅度提升，城镇化的建筑面积增加的同时，把总能耗控制在生态环境能够承受的水平上。

4.3 绿色建筑与建筑电气工程

4.3.1 绿色建筑运营的基础

绿色建筑的理念符合可持续发展的国策，得到了快速的发展。按绿色建筑的理念推进建设，采用绿色技术实施建设，取得绿色建筑的标识认证，已经成为中国建设业的主流。2013 年国务院《绿色建筑行动方案》（国办发 1 号文）提出，“把生态文明融入城乡建设的全过程，紧紧抓住城镇化和新农村建设的重要战略机遇期，树立全寿命期理念，切实转变城乡建设模式，提高资源利用效率，合理改善建筑舒适性，从政策法规、体制机制、规划设计、标准规范、技术推广、建设运营和产业支撑等方面全面推进绿色建筑行动，加快推进建设资源节约型和环境友好型社会。”

1. 运营管理的概念

运营管理是确保能够成功地向用户提供和传递产品与服务的一门科学。有效的运营管理必须准确把握人、流程、技术和资金，将这些要素整合在运营系统中创造价值。绿色建筑的运营管理同样也是一个投入、转换、产出的过程，并实现价值增值。通过运营管理来控制建筑物的服务质量、运行成本和生态目标。

2. 人工设施运营管理的分析

现代工程实践证实，凡是人工系统都需要进行全生命期的成本分析，在项目启动前对其制造/建设成本、运行成本、维护成本及销毁处置成本进行估计，并在实施中保证各阶段所需的费用。全生命期成本分析源自生命周期评价（Life Cycle Assessment，LCA），是资源和环境分析（Registered Environmental Property Assessor，REPA）的一个组成部分。

（1）全生命期。人类创造的事物有其生命期。一种产品从原材料开采开始，经过原料加工、产品制造、产品包装、运输和销售，然后由消费者使用、回收和维修、再利用，最终进行废弃处理和处置，整个过程称为产品的生命期，是一个“从摇篮到坟墓”的全过程。

同样，绿色建筑的绿色系统是由各类部品、设备、设施与智能化软件组成，同样具有全生命期的特征，它们都要经历一个研制开发、调试、测试、运行、维护、升级、再调试、再测试、运行、维护、停机、数据保全、拆除和处置的全过程。

（2）全生命期评价。生命期评价的发展是从 20 世纪 80 年代开始，因区域性与全球性环境问题的日益严重、全球环境与可持续发展思想的兴起，资源和环境分析 REPA 研究重新开始，而公众和社会则日益关注着相关的研究。1989 年荷兰国家居住、规划与环境部针对传统的环境政策，首次提出了制定面向产品的环境政策，涉及产品的生产、消费到最终废弃物处理的所有环节，对产品整个生命期内的所有环境影响进评价，并对生命期评价的基本方法和数据进行标准化。

生命期评价是面向产品系统，对产品或服务进行全过程的评价。生命期评价充分重视环境影响，是一种系统性的、定量化的评价方法，同时也是开放的评价体系，对经济社会运行、持续发展战略、环境管理具有重要的作用。

（3）全生命期的成本分析。始于 20 世纪 90 年代初，把价值工程管理技术引入了产品/项目的成本分析，强调产品/项目的全生命期成本，是以面向成本的设计（Design For Cost，DFC）的形式提出的，在满足用户需求的前提下，尽一切可能降低成本。

公共建筑物及其中的设施设备都有是有寿命的，通常建筑物本体的寿命在 60～70 年左右，而设施设备的寿命在 6～25 年不等。以办公建筑作为典型，分析公共建筑的生命期成本，其他类型的大型公共建筑物可能在比例上稍有差异，但基本的形态是相近的。公共建筑的生命期成本由五部分组成，即建设费、修缮费、能耗费、设备更新费和清洁费，分配比例如图 4-5 所示。其中运行与管理费用约占生命期成本（LCC）总费用的 85%以上，而一次建设费用仅为 15%。这就意味着该类建筑为了维持功能，运营期间的费用远远高于建设费。如果再深入分析一下，建筑的修缮费是用于装修环境老化后必须实施的工程，通常是 8～10 年为周期;清洁费则是日常都需要发生的，其中包括了环境、墙面、管道（水管、风管等）的清扫，都是无法减免的事务。而通过信息化与自动化的方法，提高用能设备的效率，尽量减少设备的故障，是有可能把能耗费和设备更新费降下来。而其中的信息化与自动化的系统则为现代物业设施管理提供了平台与基础。

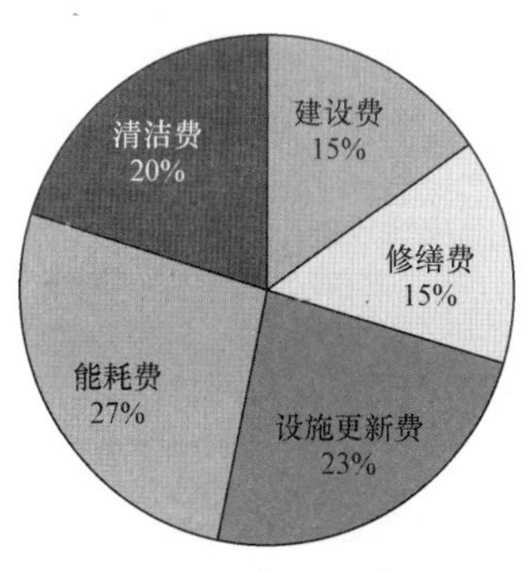

图 4-5　建筑物生命期成本中各项费用的比例

3. 绿色建筑的运营管理分析

中国的绿色建筑经过十多年的工程实践，已积累了大量的经验和教训，各类绿色技术的应用日益成熟，绿色建筑建设的增量成本也从早期的盲目投入，逐步收敛到一个合理的范围。表 4-2 是对 2014～2015 年期间部分申报中国绿色建筑标识认证项目的平均增量成本概算统计。

表 4-2　　绿色建筑建设的平均增量成本概算统计

类　型	★	★★	★★★
住宅建筑	30～50 元/m²	50～80 元/m²	80～120 元/m²
公共建筑	30～60 元/m²	60～120 元/m²	120～280 元/m²

注：随着绿色建筑建设规模的增大，专业设计标准的提高，增量成本逐年大幅度降低。

（1）绿色建筑的运营管理涉及内容。绿色建筑技术分为被动技术和主动技术两大类。所谓被动绿色技术，就是不使用机械电气设备干预建筑物运行的技术，如建筑物围护结构的保温隔热、固定遮阳、隔声降噪、朝向和窗墙比的选择、使用透水地面材料等。而主动绿色技术则使用机械电气设备来改变建筑物的运行状态与条件，如暖通空调、雨污水的处理与回用、智能化系统应用、垃圾处理、绿化无公害养护、可再生能源应用等。被动绿色技术所使用的材料与设施，在建筑物的运行中一般养护的工作量很少，但也存在一些日常的加固与修补工作。而主动绿色技术所使用的材料与设施，则需要在日常运行中使用能源、人力、材料资源等，以维持有效功能，并且在一定的使用期后，必须进行更换或升级。

表 4-3 列出了与《绿色建筑评价标准》（GB 50378）相关的绿色建筑运营管理内容、运行措施、运行成本和收益。

表 4-3　与《绿色建筑评价标准》相关的运营管理内容表

序号	标准涉及的内容	运行措施	运行成本	收益
1	合理设置停车场所	设置停车库/场管理系统	管理人员费、停车库/场管理系统维护费	方便用户，获取停车费
2	合理选择绿化方式，合理配置绿化植物	绿化园地日常养护	绿化园地养护费用	提供优美环境

续表

序号	标准涉及的内容	运行措施	运行成本	收益
3	集中采暖或集中空调的居住建筑，分室（户）温度调节、控制及分户热计量（分户热分摊）	设置分室（户）温度调节、控制装置及分户热计量装置或设施	控制系统维护费	方便用户，节省能耗，降低用能成本
4	冷热源、输配系统和照明等能耗进行独立分项计量	设置能耗分项计量系统	计量仪表/传感器和能耗分项计量系统维护费	为设备诊断和系统性节能提供数据
5	照明系统分区、定时、照度调节等节能控制	设置照明控制装置	检测器和照明控制系统维护费	方便用户，节省能耗，降低用能成本
6	排风能量回收系统设计合理并运行可靠	排风口设置能量回收装置	轮转式能量回收器维护费	节省能耗，降低用能成本
7	合理采用蓄冷蓄热系统	设置蓄冷蓄热控制设备	蓄冷蓄热控制设备维护费	降低用能成本
8	合理采用分布式热电冷联供技术	设置热电冷联供设备及其输配管线	管理人员费、燃料费、设备及管线维护费	提高能效，降低用能成本
9	合理利用可再生能源	设置太阳能光伏发电、太阳能热水、风力发电、地源/水源热泵设备及其输配管线	设备及管线维护费	节省能耗，降低用能成本
10	绿化灌溉采用高效节水灌溉方式	设置喷灌/微灌设备、管道及控制设备	设备及管道维护费	节省水耗，降低用水成本
11	循环冷却水系统设置水处理措施和（或）加药措施	设置水循环和水处理控制设备	设备维护费及运行药剂费	节省水耗，降低用水成本
12	利用水生动、植物进行水体净化	种植和投放水生动、植物	水生动、植物的养护费用	环境保护
13	采取可调节遮阳措施	设置可调节遮阳装置及控制设备	遮阳调节装置和控制系统维护费	节省能耗，降低用能成本
14	设置室内空气质量监控系统	设置室内空气质量检测器及监控设备	室内空气质量检测器和系统维护费	改善室内空气品质
15	地下空间设置与排风设备联动的一氧化碳浓度监测装置	设置一氧化碳检测器及控制设备	一氧化碳检测器和系统维护费	改善地下空间的环境

续表

序号	标准涉及的内容	运行措施	运行成本	收益
16	废弃物进行分类收集	设置废弃物分类收集容器和场所	废弃物分类收集人工费用	资源有效利用
17	节能、节水设施工作正常		同3、4、5、6、7、8、9、10、11、13、18	同3、4、5、6、7、8、9、10、11、13、18
18	设备自动监控系统工作正常	设置设备自动监控系统	设备自动监控系统的检测器、执行器和系统维护费	节省能耗，降低用能成本，提高服务质量和管理效率
19	无不达标废气、污水排放	设置废气、污水处理设施	废气、污水处理设施的检测器、执行器和系统维护费，废气和污水的检测费	环境保护
20	智能化系统的运行效果	设置信息通信、设备监控和安全防范等智能化系统	智能化系统维护费	改善生活质量，节省能耗，提高服务质量和管理效率
21	空调通风系统清洗	日常清洗过滤网等，定期清洗风管	日常清洗人工费用，风管清洗专项费用	提高室内空气品质
22	信息化手段进行物业管理	设置物业管理信息系统	物业管理信息系统维护费	节省能耗，提高服务质量和管理效率
23	无公害病虫害防治	选用无公害农药及生物除虫方法	无公害农药及生物除虫费用	环境保护
24	植物生长状态良好	绿化园地日常养护	同2	同2
25	有害垃圾单独收集	设置有害垃圾单独收集装置与工作流程	有害垃圾单独收集工作费用	环境保护
26	可生物降解垃圾的收集与垃圾处理	设置可生物降解垃圾的收集装置和可生物降解垃圾的处理设施	可生物降解垃圾的收集人员费用和可生物降解垃圾处理设施的运行维护费	环境保护和减少垃圾清运量
27	非传统水源的水质记录	设置非传统水源的水表	非传统水源的水质检测费	保证非传统水源的用水安全

表 4-3 所列的运行措施是众所周知的，但是它们的运行成本与收益，往往因项目的技术与设施特

点、管理的具体情况，而有着各种说法和数据。有些的运行成本尚缺少数据的积累，收益则难以按每一项措施进行微观分列或宏观效果评价。

（2）运行成本分析。

表4-3所列内容的运行成本大致有7类：

1）设施维护费：信息与控制系统一般为造价的2%～4%，机械电气设备一般为造价的2%～3%。

2）设施更新费：信息与控制系统的更新周期一般为6～8年，机械电气设备的更新周期一般为8～10年。

3）设施运行消耗：主要为设施本身的能耗和材耗，如水处理设施运行所需投放的药剂等。

4）养护费：绿化养护（包括人工、肥料、农药等）费用。

5）清洁费：中央空调投运后。其风管需每2年清洗一次。清洗费用为风管展开面积×（20～30元/m^2）。

6）垃圾分类收集与处理费。

7）检测费：建筑物运行中所排放污水和废气的检测，非传统水源水质的检测等。

显然，这些费用是绿色建筑运行所必需的，如果不能持续保证投入的话，必然会有一部分的绿色设施和措施出现问题。

中国的绿色建筑不能不计成本地构建亮点工程，而是在满足用户需求和绿色目标的前提下，应尽可能降低成本。因此，建设者须以面向成本的设计DFC方法来分析绿色建筑的建造过程、运行、维护、报废处置等全生命期中各阶段成本组成情况，通过评价找出影响建筑物运行成本过高的部分，优化设计降低全生命期成本。建设者（项目投资方、设计方）进行的绿色建筑设计，应在完成绿色设施本身设计的同时，还须提供该设施的建设成本和运行成本分析资料，以说明该设计的合理性及可持续性。通过深入的设计和评价，以促使建设者减少盲目行为，提高设计水平。

4.3.2 绿色建筑与建筑电气工程的关系

建筑物可分为工业建筑、农业建筑、市政构筑物、军事建筑、公共建筑和居住建筑。其中量大面广的是公共建筑和居住建筑，居住建筑的运行主要取决于设计建设结果和居住人的生活习惯，而公共建筑的运营情况则极为复杂。

公共建筑按《民用建筑设计通则》的定义是“供人们进行各种公共活动的建筑”，通常包含办公建筑（如出租和机构自用的写字楼、政府部门办公室等），商业建筑（如商场、餐饮、金融服务等），旅游建筑（如宾馆、娱乐场所、景观地服务中心、公共厕所等），科教文卫建筑（包括文博展演、学校、医院、体育场馆、社区文化中心、养老院等），宗教建筑（如寺庙、教堂等），通信建筑（如邮电、通信、广播用房）以及交通运输类建筑（如机场、高铁站、火车站、汽车客运站、轮船客运站、地铁站、交通枢纽等）。显然，公共建筑涵盖的建筑功能十分广泛，据中国节能协会节能服务专委会统计，2014年全国既有建筑面积为430亿m^2，其中公共建筑面积占一半以上。

公共建筑的能耗是指为满足建筑功能所需要的各种设备系统运行能耗。公共建筑涵盖的功能广泛，即使同类建筑的能耗也会因运行的条件（人流量、服务时间、服务标准等）而有很大的差异。通常有用单位面积耗电量［kW·h/（m^2·a）］来表示用能水平或用能强度。

我国地域辽阔，东南西北中分属不同的气候区划，在各类气候区里，人们的生活习惯、建筑的建造和设施运行的方式都各具特点，南北方公共建筑的采暖能耗差别很大，因而各类气候区的建筑用能水平是无法相比较的。但是，在同一气候区内，同类功能的公共建筑的用能水平是可以有基准的。表4-4为上海市公共建筑耗电量统计分析结果。

表4-4 上海市公共建筑耗电量统计分析结果

建筑类型	样本量	单位面积耗电量/［kW·h/（m^2·a）］			
		平均值	极小值	中位数	极大值
商务办公楼	334	121.97	37.32	110.38	356.97
宾馆	69	135.56	53.10	135.02	251.73
商场	167	167.64	35.99	157.96	445.36

由表4-4可见，不同功能的建筑能耗水平有差异，同一功能建筑中能耗水平也因服务标准出现了很大的差异。统计所得的平均值可以作为上海地区公共建筑能耗定额的参考。

《中国建筑节能年度发展研究报告2014》指出：中国公共建筑能耗存在明显的二元分布特征，大多数普通公共建筑的能耗集中分布在较低的能耗水平40～120kW·h/（m^2·a），而少数公共建筑的能耗则集中分布在较高的能耗水平，达到120～240kW·h/（m^2·a）。但是就全国的公共建筑总体而言，在2011年单位面积能耗为75.5W·h/（m^2·a）。

绿色建筑应用智能控制和信息管理系统，以真实的数据不断完善其运营。绿色建筑运营时期的能耗、水耗、材耗、使用人的舒适度等，是反映绿色目标达成的重要数据。通过这些数据的分析，可以全面掌握绿色设施的实时运行状态，发现问题及时反馈控制，调整设备参数；也可以根据数据积累的统计值，比对找出设施的故障和资源消耗的异常，从而改进设施的运行，提升建筑物的能效。这些功能都需要智能控制和信息管理系统来实现。

在建筑物的运行期中，建筑物功能调整、负荷随机波动、设备系统老化、气候变化等是常态，需要不断发现各类情况与问题，进行优化改善，提升建筑物与设备系统的性能和能效。

绿色建筑的运营管理需要实行 PDCA 的模式，确定绿色建筑的综合目标，通过建筑智能化系统对建筑物管理所获得的运营数据，找出绿色建筑在绿色目标上的缺陷，提出调整优化方案和新的能效实现目标，以此完成第一个循环。PDCA 是一个无限的循环，可以使绿色建筑以螺旋式上升地向良性方向发展。

图 4-6 所示的 PDCA 的模式，实际上也包含了能源审计的工作方式和内容。这与《能源体系管理要求》(GB/T 23331—2012)及《能源体系管理要求》(ISO 50001—2011）的工作思路是一致的。

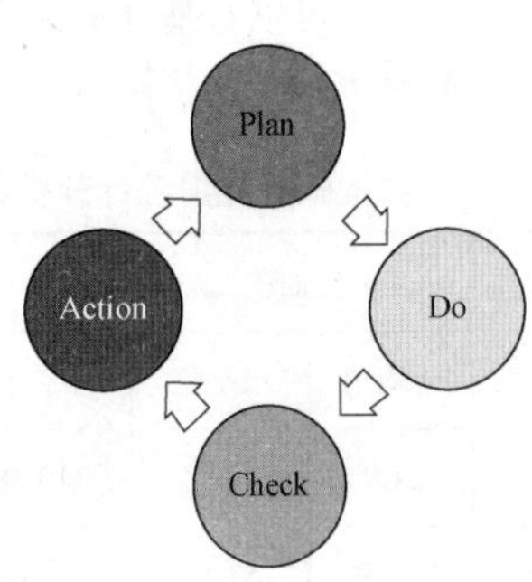

图 4-6　PDCA 的循环模式

绿色建筑的管理工作还要建立运营成本最低的目标函数，实行能源的调度控制策略；建立环境代价最低的目标函数，在成本的约束下，实行综合调度控制策略；需走向城区，实行负荷响应，根据电网的负荷态势和电价调整信息，改变建筑物的用电负荷，以获得节能的社会效益等。

4.3.3　绿色建筑节能环保的电气技术措施

面对绿色建筑的电气工程不仅需要考虑电气节能，更应重视其运营管理的要求。由于智能系统与绿色建筑共生同存，智能系统的功能、性能及运行成本是绿色建筑不可分割的一部分，绿色建筑要实现的大部分目标及实现方案都离不开智能系统。绿色建筑不同于传统建筑，其建设理念跨越了建筑物本体而追求人类生存目标的优化，是一个大系统多目标优化的典型案例。同时，绿色建筑必须采用大量的智能系统来保证建设目标的实现，这一过程需要信息、控制、管理与决策，智能化、信息化是不可缺少的技术手段。

1. 工程特点

（1）大系统，多目标共存。为实现绿色建筑的建设目标，设置了环境、能源、资源、生态、安全、信息等监控管理系统，虽然众多的子系统构成一个有机整体，但是各子系统的目标是不相同的，通常需采用多目标模糊优化控制。

（2）多学科交叉，多技术结合。绿色建筑的监控管理对象分属土木工程、环境工程、生态工程、能源工程、信息工程、化学工程和设备工程，在每个子系统中，往往需要采用多种技术手段来实现目标。如模仿“人体表皮组织–呼吸系统–神经系统”应激性能的气候调节设备（呼吸墙），就要综合运用新型墙体材料、过滤器、气候调节设备、室内外空气参数检测设备、智能控制装置，以室内外空气品质、建筑能耗及居住人的舒适度为综合目标进行自动调节。

2. 与运营紧密结合

在建筑物的设计时应考虑运营管理，现代物业管理要求把以人的经验和能力为中心的维护管理业务信息化，应当量化地去调查分析维护管理与运行管理业务，以提高服务质量，扩大设施管理（Facility Management，FM）的业务。当设备系统提出功能变更和提高要求时，应对现存系统进行调查诊断，以机器、系统的性能测定为中心，在掌握大量运行数据的基础上，提出增加新功能的可能性和制约因素。日常的设备管理需要及时对运行状态和故障做出可靠的诊断。物业管理人员根据竣工图纸文件、管理台账和其他资料进行现场确认，为今后的诊断确定调查对象。但仅凭人工经验是不能及时做出诊断的，因为还需要掌握设备系统故障的程度和范围，设备诊断的实施条件（如实施的时间、周期、预算，保管的资料、数据），以及进行诊断维修的制约条件（维修作业的空间限制、时间限制，设备功能中止的容许范围、时期、周期等）。

BA 系统设计目标大多定位在运行控制与管理，对建筑设备与系统状态检测点的确定仅是运行控制所必需的信息。但是如果不能全面及时地掌握各设备系统的信息，就不能进行综合分析，尤其是对于渐发性的故障不能提出预警。应用 BMS 系统可以进行设备运行信息的综合分析有利于建筑设备故障诊断、设备运行状态优化、设备维护保养、降低设备能耗、提高服务质量等诸多工作项目。

绿色建筑运营时期的能耗、水耗、材耗、使用人的舒适度等是反映能效目标达成的重要数据。BMS 广泛采集环境、生态、建筑物、设备、社会、经营等信息，为控制、管理与决策提供良好的基础，通过数据的分析可以全面掌握设施的实时运行状态，发现问题及时反馈控制，调整设备参数；也可以根据数据积累的统计值，比对找出设施的故障和资源消耗的异常，从而改进设施的运行，提升整体能效；并对绿色能源、蓄冷蓄热设备、照明控制设备、室内环境控制设备、呼吸墙、变频泵类设备等实现能效目标的综合管理。经过几年的运行，所积累的运营数据、成本和收益将能正确反映公共建筑的实际效益。

绿色建筑的能源管理包括了供能设施管理和用能量管理。通过监控电网电源、分布式能源中心、发电机、冰蓄冷、地源热泵、锅炉、太阳能光伏电站、制冷机等供能设施的运行，和对用能量——预测电、冷热水的总量、实测和各分量的管理，进行动态经济分析，决策供能设施的组合投运方式，来实现以最低的能源成本，保证用能。

绿色建筑的能效管理则包括了供能设施管理和用能设施监控管理。由于公共建筑设备系统的负荷是随工作条件、环境、工况、工艺标准和要求而变化的，首先要通过数学模型分析和自动控制，在保证室内环境质量和服务要求的基础上，使每一个设备系统以最小负荷和最高能效运行，即用能量的最小化。根据绿色建筑设备系统的实时负荷量，在经济可承受的范围，以最高能效作为目标函数，来组合建筑的能源系统，实现高能效运行；或以最小碳排放量和最大限度使用可再生能源来组合建筑能源系统，保证设备系统最优的运行状态，以一定的代价实现高能效/低碳运行，以最小的环境代价，满足建筑物生命期内的功能需要，降低运营成本，提高人类生活质量。

绿色建筑能效管理系统（Building Energy Efficiency Management System，BEEMS）的功能如图4-7所示。系统功能主要由能源管理、设备监控、能耗监测和设备管理四部分组成。其中的能耗监测部分是系统运行的基础，只有准确全面的数据才能保证控制和分析决策的正确；能源管理部分是数据分析应用的核心，从能效分析、成本预测到经济核算、优化决策，均出自这一核心；设备监控部分则依据设备运行的监测数据与能源管理指令，精准快速地控制设备系统的运行状态。

建立绿色建筑能效管理系统，通过能耗、水耗、材耗、环境、使用人的舒适度、成本等数据，全面掌握建筑设施的实时运行状态，及时发现问题、调整设备参数；根据数据积累的统计值，比对找出设施的故障和资源消耗的异常，改进运行，提升建筑物的能效。

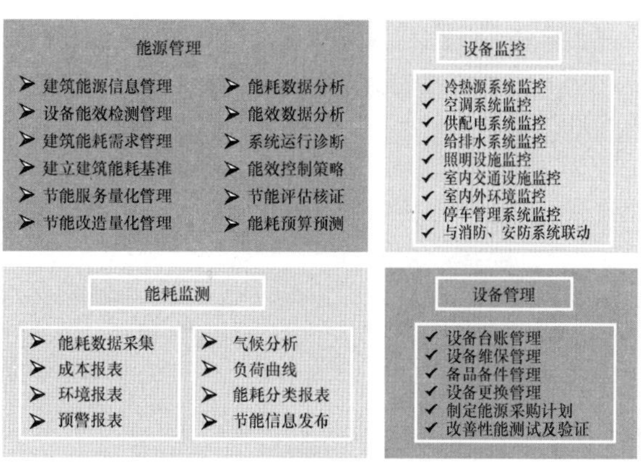

图4-7 公共建筑能效管理系统

3. 绿色建筑应用的智能化技术

绿色建筑的智能控制和信息管理系统依据真实准确的数据，实现绿色目标的综合管理与决策。经过几年的运行所积累的运营数据、成本和收益将能正确反映绿色建筑的实际效益。

（1）信息。信息是绿色建筑智能系统的基础，在绿色建筑工程中，需要广泛采集环境（大气、水体、气象等）、生态（植物、动物等）、建筑物（结构、地基、建材等）、设备（能源、空调、水处理、供电、固体废弃物处理等）、社会（安全、资讯、服务、管理、行政）等领域的信息，为人类社会活动与生活提供准确可靠的信息，为绿色建筑的控制、管理与决策创造良好的环境。

（2）控制。绿色建筑的控制包罗万象，有绿色能源从太阳能、风能、地热应用到区域热电冷三联供系统等的控制；有利用峰谷电价差的冰蓄冷系统的控制；有采用最优控制技术充分利用自然能量来采光、通风，进行照明控制与室内通风空调控制，实现低能耗建筑，若辅以可再生能源则成为零能耗建筑；有随环境温度、湿度、照度而自动调节的智能呼吸墙；有应用变频调速装置对所有泵类设备的最佳能量控制；有自动收集雨水、处理污废水，提供循环使用的水处理设备控制系统；等等。

（3）管理。绿色建筑的管理涉及环境、生态、能源、资源、建筑物、设备、社会、安全、通信网络等。由于各子项之间相互关联，有些子项之间的目标甚至相互矛盾，因此管理不能仅着眼于单一子项，而要信息共享，充分协调相互关系，于是绿色建筑的集成信息管理系统应运而生，在一个统一的平台上，实现绿色目标的综合管理。

（4）决策。绿色建筑的生命周期中，其建设、运行管理与更新改造均有大量的事物需要决策，并付诸执行。

4.《绿色建筑评价标准》与电气工程相关条文简释

（1）"5.1.3　冷热源、输配系统和照明等各部分能耗应进行独立分项计量。"通过在建筑物、建筑群内安装分项计量装置，实时采集能耗数据，并具有在线监测与动态分析功能的软件和硬件系统。分项计量系统一般由数据采集子系统、传输子系统和处理子系统组成。具体分项计量的要求可参考住房和城乡建设部于 2008 年发布的《国家机关办公建筑和大型公共建筑能耗监测系统楼宇分项计量设计安装技术导则》。

（2）"5.1.4　各房间或场所的照明功率密度值不得高于现行国家标准《建筑照明设计标准》（GB 50034）规定的现行值。"和"5.2.10　照明功率密度值达到现行国家标准《建筑照明设计标准》（GB 50034）中的目标值规定。"应合理选择照度，并通过合理地选择效率高、寿命长、安全和性能稳定的照明电器产品，包括电光源、灯具及其附件、配线器材以及调光控制设备和调光器件等，以保证建筑内各主要房间或场所的功率密度值满足《建筑照明设计标准》（GB 50034）的要求。

（3）"5.2.9　走廊、楼梯间、门厅、大堂、大空间、地下停车场等场所的照明系统采取分区、定时、感应等节能控制措施。"根据各场所的功能要求、作息差异性、自然采光可利用性等因数确定一种或多种结合的节能控制措施，或采取照度调节的节能控制装置。

（4）"5.2.11　合理选用电梯和自动扶梯，并采取电梯群控、扶梯自动启停等节能控制措施。"需考虑使用需求和客/货流量，在台数、载客量、速度等方面指标合理；电梯、扶梯产品采取变频调速拖动方式或能量再生回馈技术以及电梯群控、扶梯感应启停、轿厢无人自动关灯技术、驱动器休眠技术、自动扶梯变频感应启动技术、群控电梯智能管理技术等。

（5）"5.2.12　合理选用节能型电气设备：① 三相配电变压器满足《三相配电变压器能效限定值及节能评价值》（GB 20052）的节能评价值要求；② 水泵、风机等设备，以及其他电气装置满足相关现行国家标准的节能评价值要求。"配电变压器的空载损耗和负载损耗允许偏差应在 7.5%以内，总损耗允许偏差范围应在 5%以内。其他电气设备满足《中小型三相异步电动机能效限定值及能效等级》（GB 18613）、《通风机能效限定值及能效等级》（GB 19761）、《清水离心泵能效限定值及节能评价值》（GB 19762）等的节能评价值。

（6）"8.1.3　建筑照明数量和质量应符合现行国家标准《建筑照明设计标准》（GB 50034）的规定。"各类民用建筑中的照度、照度均匀度、眩光值、一般显色指数等照明数量和质量指标应满足现行国家标准《建筑照明设计标准》（GB 50034）第 5 章的有关规定。

（7）"8.2.9　供暖空调系统末端现场可独立调节。"现行《公共建筑节能设计标准》（GB 50189）规定："设计集中采暖系统时，管路宜按南、北向分环供热原则进行布置并分别设置室温调控装置"。

（8）"8.2.12　主要功能房间中人员密度较高且随时间变化大的区域设置室内空气质量监控系统：① 对室内的二氧化碳浓度进行数据采集、分析，并与通风系统联动；② 实现室内污染物浓度超标实时报警，并与通风系统联动。"对于设置集中通风空调系统的公共建筑，人员密度较高、门启闭次数不多、人员来去流量比较集中的室内，实时监测室内二氧化碳浓度并与通风系统联动，既可以保证室内的新风量需求和室内空气质量，又可实现建筑节能。《室内空气中二氧化碳卫生标准》（GB/T 17904）规定，室内空气中二氧化碳日平均最高容许浓度规定为≤0.09%（1800mg/m^3）。二氧化碳浓度传感器监测到二氧化碳浓度超过 1800mg/m^3，进行报警，同时自动启动送排风系统。对甲醛、颗粒物、氨、苯、VOC 等空气污染物，要求可以超标实时报警。超标报警的浓度限值可以依据我国现行的《室内空气质量标准》（GB/T 18883）的规定。

（9）"8.2.13　地下车库设置与排风设备联动的一氧化碳浓度监测装置。"为了保证车库内的良好室内空气质量与节约能源，在地下车库设置一氧化碳浓度监测装置且与排风设备联动，以保证地下车库内的一氧化碳浓度符合规定。

（10）"9.2.4　制定并实施施工节能和用能方案，监测并记录施工能耗：① 制定并实施施工节能和用能方案；② 监测并记录施工区、生活区的能耗；③ 监测并记录主要建筑材料、设备从供货商提供的货源地到施工现场运输的能耗；④ 监测并记录建筑施工废弃物从施工现场到废弃物处理/回收中心运输的能耗。"相关的要求还可参见《建筑工程绿色施工评价标准》（GB/T 50640—2010）。

（11）"10.1.5　供暖、通风、空调、照明等设备的自动监控系统应工作正常，且运行记录完整。"为有效降低建筑的能耗，对空调通风系统的冷热源、风机、水泵等设备必须进行有效监测，对用能数据和运行状态进行实时采集并记录；对上述设备系统按照设计的工艺要求进行自动控制，常用的控制策略有定值控制、最优控制、逻辑控制、时序控制和反馈控制等；对照明系统可采用人体感应、照度或延时等自动控制方式等。工程实践证明，只有设备自动监控系统处于正常工作状态下，建筑物才能实现高效管理和有效节能，而且如果针对各类设备的监控措施比较完善的话，综合节能的效果可达 20%以上。当公共建筑面积小于 2 万 m^2 和住宅区建筑面积小于 10 万 m^2 时，可以不设建筑设备自动监控系统，但应设简易的节能控制措施。

（12）“10.2.8 智能化系统的运行效果满足建筑运行与管理的需要：① 居住建筑的智能化系统满足《居住区智能化系统配置与技术要求》（CJ/T 174）的基本配置要求，公共建筑的智能化系统满足《智能建筑设计标准》（GB/T 50314）的基础配置要求；② 智能化系统工作正常。”由于建筑智能化系统的子系统很多，绿色建筑评价主要针对与生态和节能相关的安全防范系统、设备监控管理系统和信息网络系统。

（13）“10.2.9 应用信息化手段进行物业管理，建筑工程、设施、设备、能耗等档案及记录齐全。”采用信息化手段建立完善的建筑工程及设备、能耗、环境、配件档案及维修记录是完全必要的，因为绿色建筑的效益需要提供数据作为依据。

（14）“11.2.10 应用建筑信息模型（BIM）技术，在建筑的规划设计、施工建造和运行维护阶段中应用。”BIM 是指建设项目兼具物理特性与功能特性的数字化模型，且是从建设项目的最初概念设计开始的整个生命周期里做出任何决策的可靠共享信息资源。BIM 技术支持建筑工程全寿命期的信息管理和利用。

BIM 可以带来缩短项目工期；更加可靠与准确的项目预算；提高生产效率、节约成本；高性能的项目结果；有助于项目的创新性与先进性；方便设备管理与维护的价值优势。根据 GB/T 51212—2016《建筑工程信息模型应用统一标准》，我国将 BIM 的应用划分为策划与规划、勘察与设计、施工与监理、运行与维护、改造或拆除五个阶段。

4.3.4 绿色建筑与可再生能源应用

2016 年 12 月国家发展改革委员会发布的《可再生能源发展“十三五”规划》和 2016 年 12 月国家能源局发布的《太阳能发展“十三五”规划》都体现了中国能源事业可持续发展的方向，是可再生能源应用的指导性文件。

1. 可再生能源定义

国际能源署（International Energy Agency，IEA）对可再生能源的定义为：可再生能源是起源于可持续补给的自然过程的能量。它的各种形式都是直接或者间接地来自太阳或地球内部深处所产生的热能，其中包括了太阳能、风能、生物质能、地热、水能和海洋能，以及由可再生能源衍生出来的生物燃料和氢所产生的能量。

联合国开发计划署（United Nations Development Program，UNDP）把新能源分为以下三大类：① 大中型水电；② 新可再生能源，包括小水电、太阳能、风能、现代生物质能、地热能、海洋能；③ 传统生物质能。

《中华人民共和国可再生能源法》自 2006 年 1 月 1 日起施行，并于 2009 年 12 月 26 日修正。其中第一条表明“本法所称可再生能源是指风能、太阳能、水能、生物质能、地热能、海洋能等非化石能源。”其中第十七条还提出“国家鼓励单位和个人安装和使用太阳能热水系统、太阳能供热采暖和制冷系统、太阳能光伏发电系统等太阳能利用系统。”

2. 可再生能源资源分析

可再生能源是一种自然资源，它与地理、气候、地壳构成、气象等有着密切的关系。

我国是能源消耗的大国，常规能源储备相对不足，因此多元化的能源配置是解决我国能源问题的必由之路，可再生能源在我国蕴藏量丰富，开发利用新能源对我国的新能源战略安全和环境经济可持续发展意义重大。

（1）海洋能。海洋能是潮汐能、波浪能、温差能、盐差能和海流能的统称，海洋通过各种物理过程接收、储存和散发能量，这些能量以潮汐、波浪、温度差、海流等形式存在于海洋之中。

（2）风能。风能是指风所负载的能量，风能的大小决定于风速和空气的密度。在风能较丰富区（4～4.5m/s）以上，风力资源的利用效率才为可行。

（3）生物质能。生物质能是指由生物体内有机物产生的能量，生物质通常存在于动物或植物中，包括秸秆、树木、甘蔗、动物尸体与粪便等。

（4）太阳能。太阳能是指太阳所负载的能量，它的计量一般以阳光照射到地面的辐射总量，包括太阳的直接辐射和天空散射辐射的总和。

根据国家气象局太阳能资源分布图谱，各地区年总辐射量不一，只有在太阳能资源丰富区的开发利用才是有价值的。

光伏发电过程虽然没有碳排放，但是光伏组件生产过程需要消耗电能，所以光伏也是有碳排放的。随着技术进步和能源结构的改变，光伏组件生产的碳排放量在不断下降。2015 年全球平均的光伏组件在全生命期内的碳排放仅为 20g/（kW·h），2015 年光伏组件的能量回收期不到 2 年。总体来看，每当全球光伏装机容量加倍，光伏组件生产能耗就下降大约 12%，碳排放下降 17%～24%。

（5）地热能。地热能一般指地下 3000m 以浅的经济深度下，可供利用的 3 类地热资源和热储层。

1）浅层地热能。位于地下200m以下，可与地源热泵技术相结合，达到节能目的。地源热泵供暖效率通常比普通空调高4倍，比空气源热泵高2倍。此类地热资源的利用，采用地埋管换热方式，不破坏环境，节电、节煤效果显著。雄安新区浅层地热能在地下空间合理调配的基础上比较适合利用。

2)砂岩热储。位于地下200～3000m深度范围内，可以采用抽水加回灌的方式利用，可用于供暖或供热，替代燃煤。不过，此类热储层有一定局限性，主要缺点是有一些地区回灌比较难，平均只有30%回灌率，即每开采100m³热水，只有30m³左右可以顺利回灌到地下。剩下的部分，若排放到地表水体，则会带来污染，达不到清洁能源的要求。因此，此类资源应该慎用，可以实行以灌定产的政策加以调控。

3）碳酸盐岩热储。位于地下1000～3000m深度范围内，其中的中、晚元古界岩溶（喀斯特）特别发育，形成大型岩溶热储，可用于供暖或供热。千米深处的温度在60℃以上，其最大优点是出水量大，尾水可以100%回灌到地下，实现循环利用。

地热能资源可以在产生极小污染的情况下用于供暖和发电，不会在可以预见的将来枯竭。在完成钻探和基础设施等初期投资之后，地热能资源开采的成本很低。与相同规模的化石燃料发电站相比，地热能发电站的二氧化碳排放量低得多，而且无任何氮氧化物的排放。地热能发电站可保证90%～100%的发电时间；燃煤发电站的发电时间一般为75%；核能发电站一般为65%；风力发电站的发电时间根据地点不同，可在38%～80%之间变化；太阳能发电站的发电时间一般低于50%。

3. 可再生能源在各类建筑物中的利用与减碳贡献

（1）建筑物使用阶段碳排放计算边界及范围的划分。建筑物使用阶段碳排放计算边界及范围的划分如图4－8所示。

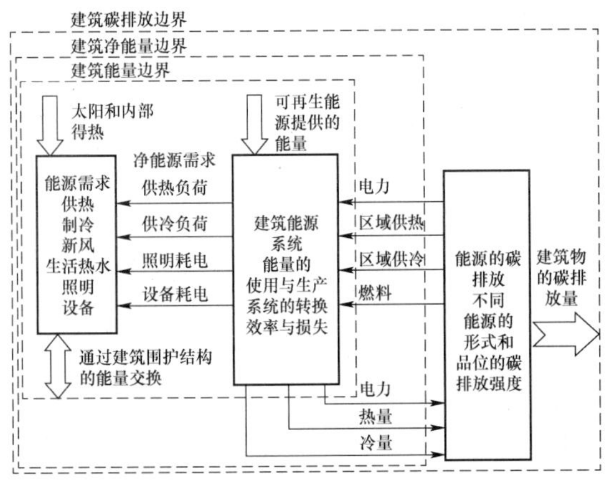

图4－8 建筑物使用阶段碳排放计算边界及范围的划分

（2）太阳能热水系统建筑一体化的地域适宜性。我国的太阳能分布差异较大，获得太阳能资源越多，太阳能热水系统的投资回报率也就越高，文献《全国民用建筑工程设计技术措施/给水排水》（2009版）对于太阳能热水系统利用投资回报期允许值进行了分析，分析结果主要分布于5～15年之间，依据此分布，将太阳能热水系统建筑一体化的地域适宜使用范围见表4－5。

表4－5 太阳能热水系统建筑一体化的地域适宜性表

适宜性分类	划分标准（投资回报期允许值）	主要城市	备注
非常适宜区	5～8	拉萨、西宁、伊宁、二连浩特、大同、格尔木、银川、喀什、哈密、阿勒泰、奇台、吐鲁番、库车、若羌、和田、额济纳旗、敦煌、民勤、伊金霍洛旗、那曲、玉树、昌都、腾冲、景洪、三亚	限于平屋面或坡屋面安装，墙面等垂直安装需要降一挡
一般适宜区	10	北京、哈尔滨、长春、沈阳、天津、西安、济南、郑州、南昌、南京、上海、福州、韶关、南宁、昆明、兰州、乌鲁木齐、黑河、漠河、佳木斯、太原、侯马、烟台、峨眉山、威宁、蒙自、赣州、慈溪、汕头、海口	
谨慎使用区	15	合肥、武汉、宜昌、长沙、杭州、广州、桂林、贵阳、成都、重庆、绵阳、乐山、南充、万县、泸州、遵义	

（3）太阳能光伏发电建筑一体化的地域适宜性。类似太阳能热水系统的地域适宜性，光伏发电建筑一体化的适宜性也主要受到太阳能资源分布的影响，此外，还受到光伏组件的类型和安装方式的影响。依据投资回收期的差异性，将适宜性划分为非常适宜区、较适宜区、一般适宜区、谨慎使用区四类，见表4－6～表4－9。

表4－6 太阳能光伏发电建筑一体化的地域适宜性（屋面＋非幕墙）

城市	晶硅类型	适宜性				最佳倾角辐照量/[MJ/(m²·a)]
		非常适宜区	较适宜区	一般适宜区	谨慎使用区	
北京	单晶		√			5475
	多晶		√			

续表

城市	晶硅类型	适宜性				最佳倾角辐照量/[MJ/(m²·a)]
		非常适宜区	较适宜区	一般适宜区	谨慎使用区	
北京	非晶硅和微晶硅层叠（a－Si/mc－Si）			√		5475
	铜铟镓硒（CIGS）		√			
	碲化镉（CdTe）			√		

表 4－7　太阳能光伏发电建筑一体化的地域适宜性（墙面＋非幕墙）

城市	晶硅类型	适宜性				最佳倾角辐照量/[MJ/(m²·a)]
		非常适宜区	较适宜区	一般适宜区	谨慎使用区	
北京	单晶			√		3892
	多晶			√		
	非晶硅和微晶硅层叠（a–Si/mc–Si）				√	
	铜铟镓硒（CIGS）			√		
	碲化镉（CdTe）				√	

表 4－8　太阳能光伏发电建筑一体化的地域适宜性（屋面＋幕墙）

城市	晶硅类型	适宜性				最佳倾角辐照量/[MJ/(m²·a)]
		非常适宜区	较适宜区	一般适宜区	谨慎使用区	
北京	单晶				√	5475
	多晶				√	
	非晶硅和微晶硅层叠（a–Si/mc–Si）					
	铜铟镓硒（CIGS）				√	
	碲化镉（CdTe）					

表 4－9　太阳能光伏发电建筑一体化的地域适宜性（墙面＋幕墙）

城市	晶硅类型	适宜性				最佳倾角辐照量/[MJ/(m²·a)]
		非常适宜区	较适宜区	一般适宜区	谨慎使用区	
北京	单晶					3892
	多晶					
	非晶硅和微晶硅层叠（a–Si/mc–Si）					
	铜铟镓硒（CIGS）					
	碲化镉（CdTe）					

根据中国资源综合利用协会可再生能源专业委员会与国际环保组织绿色和平发布《中国光伏产业清洁生产研究报告》，光伏发电的能量回收周期仅为 1.3 年，而其使用寿命为 25 年，也就是说在约 24 年里光伏发电都是零碳排放。

（4）地源热泵建筑一体化的地域适宜性。“十二五”期间中国建筑科学研究院就“中国地源热泵应用适宜性”进行了全面的分析，包括土壤源热泵、地下水源热泵、地表水源热泵、海水源热泵等，研究结果表明，地源热泵在建筑所在地域的适宜性要受到很大的制约。

（5）能源互联网。能源互联网的应用与推广可以大规模使用太阳能光伏发电、储能系统与设备，应用实时响应用户调控技术，购买发电厂的低谷电能，提高电力系统的效率和可再生能源的利用比例，使建筑用电的碳排放量进一步降低。

4. 可再生能源规划指标的标准

《绿色生态城区评价标准》（GB/T 51255—2017）的 7.2.2 提出“勘查和评估城区内可再生能源的分布及可利用量，合理利用可再生能源，评价总分值为 10 分。可再生能源利用总量占城区一次能源消耗量的比例达到 2.5%，得 5 分；达到 5.0%，得 8 分；达到 7.5%，得 10 分。”

《绿色建筑评价标准》（GB/T 50378—2014）的 5.2.16 提出“根据当地气候和自然资源条件，合理利用可再生能源，评价总分值为 10 分”，按表 4－10 的规则评分。

表 4-10　可再生能源利用评分规则

可再生能源利用类型和指标		得分
由可再生能源提供的生活热水比例	$20\% \leq R_{hw} < 30\%$	4
	$30\% \leq R_{hw} < 40\%$	5
	$40\% \leq R_{hw} < 50\%$	6
	$50\% \leq R_{hw} < 60\%$	7
	$60\% \leq R_{hw} < 70\%$	8
	$70\% \leq R_{hw} < 80\%$	9
	$\geq 80\%$	10
由可再生能源提供的电量比例	$1\% \leq R_{hw} < 1.5\%$	4
	$1.5\% \leq R_{hw} < 2\%$	5
	$2\% \leq R_{hw} < 2.5\%$	6
	$2.5\% \leq R_{hw} < 3\%$	7
	$3\% \leq R_{hw} < 3.5\%$	8
	$3.5\% \leq R_{hw} < 4\%$	9
	$\geq 4\%$	10

《可再生能源建筑应用工程评价标准》（GB/T 50801—2013）4.1.1 的 1 款提出太阳能热利用系统的太阳能保证率应符合设计文件的规定，当设计无明确规定时，应符合表 4-11 的规定。

表 4-11　不同地区太阳能热利用系统的太阳能保证率 f（%）

太阳能资源区划	太阳能热水系统	太阳能采暖系统	太阳能空调系统
资源较富区	$f \geq 40$	$f \geq 30$	$f \geq 20$

到 2020 年，实现可再生能源在建筑领域消费比例占建筑能耗的 15%以上；到 2015 年重点区域内可再生能源消费量占建筑能耗的比例达到 10%以上。

参考文献

[1] 中国城市科学研究会. 中国绿色建筑 2017. 北京：中国建筑出版社，2017.

[2] 程大章，沈晔. 绿色建筑智能化的价值. 第 8 届国际绿色建筑与建筑节能大会论文集. 北京：中国建筑出版社，2012.

[3] 程大章.《绿色建筑评价标准》——运营管理. 北京：建设科技，2015.

[4] 程大章，许维胜. 绿色生态城区的信息化管理. 北京：建设科技，2017.

电气工程篇

第5章 供配电系统

5.1 电力系统构成

能源主要包括一次能源和二次能源。一次能源是指直接取自自然界，没有经过加工转换的各种能量和资源。二次能源是指由一次能源经过加工转换以后得到的能源。一次能源与二次能源的类型见表5－1。

表5－1 能源类型

一次能源	常规能源	再生性能源	水力、风能、生物质能
		非再生性能源	煤、石油、天然气、核裂变物质
	新能源	再生性能源	太阳能、风能、海洋能、地热能
		非再生性能源	核裂变物质、油页岩、油砂、可燃冰
二次能源	电力、煤炭、煤气、汽油、煤油、柴油、重油、氢能、沼气、酒精、蒸汽、热水等		

合能体能源和过程性能源的类型见表5－2。

表5－2 合能体能源和过程性能源的类型

合能体能源	化石燃料（煤、石油、天然气）、核燃料、地下热水、地热蒸汽、氢能、高水位水库
过程性能源	风、流水、海洋、潮汐、太阳辐射、电能

5.1.1 电力系统

1. 组成

电力系统是由发电、供电（输电、变电、配电）、用电设施以及为保障其正常运行所需的继电保护和安全自动装置、计量装置、调度自动化、电力通信等二次设施构成的统一整体。由输电、变电、配电设备及相应的辅助系统组成的联系发电与用电的统一整体称为电力网。也可描述为电力系统是由电源、电力网以及用户组成的整体。

2. 发电厂

指并入电网运行的火力（燃煤、燃油、燃气及生物质）、水力、核能、风力、太阳能、海洋能等发电厂（场、站）。发电厂是生产电能的场所，将自然界中的一次能源转换为用户可以直接使用的二次能源电能。

3. 电力网

电力网是电力系统的一部分。它包括所有的变、配电站的电气设备以及各种不同电压等级的线路组成的统一整体。电力网的主要作用是变换电压、输送电能，由升压和降压变电站和与之对应的电力线路组成，负责将发电厂生产的电能经过输电线路，送到用户（用电设备）。

（1）变电站。变电站是电力系统中变换电压、接受和分配电能、控制电力的流向和调整电压的电力设施，它通过变压器将各级电压的电网联系起来。变电站除有变换电压作用的变压器，还有开闭电路的开关设备、汇集电流的母线、计量和控制用互感器、仪表、继电保护装置、防雷保护装置和调度通信装置等。有的变电站还有无功补偿设备。

（2）输电网。输电网是电力系统中的主要网络（简称主网），起到电力系统骨架的作用，所以又可称为网架。电力系统之间通过输电线连接，形成互联电力系统。连接两个电力系统的输电线称为联络线。电力系统中既有超高压交流输电，又有超高压直流输电的系统通常称为交、直流混合输电系统。

输电网由输电和变电设备构成。输电设备主要有输电线、杆塔、绝缘子串、架空线路等；变电设备主要集中在变电站内，有变压器、电抗器（用于330kV以上）、电容器、断路器、接地开关、隔离开关、避雷器、电压互感器、电流互感器、母线等一次设备，以及确保安全、可靠输电的继电保护、监视、控制和电力通信系统等二次设备。

（3）直流输电系统。直流输电是在送电端将交流电经整流器变换为直流电输送至受电端，再在受电端用逆变器将直流电变换成交流电送到受电端交流电网的一种输电方式。以直流方式实现电能传输的系统称为直流输电系统。

直流输电系统主要由换流站（整流站和逆变站）、直流线路、交流侧和直流侧的电力滤波器、无功补偿装置、换流变压器、直流电抗器以及保护、控制装置等构成。其中换流站是直流输电系统的核心，它完成交流和直流之间的变换，如图5－1所示。

4. 配电网

配电网是将电能从枢纽变电站直接分配到用户区或用户的电网。它的作用是将电力分配到配电变电站后，再进一步分配和供给工业、农业、商业、居民用工业及特殊需要的用电部门。也有一部分电力不经配电变电站，而是直接分配到大用户，由大用户的配电装置进行配电。

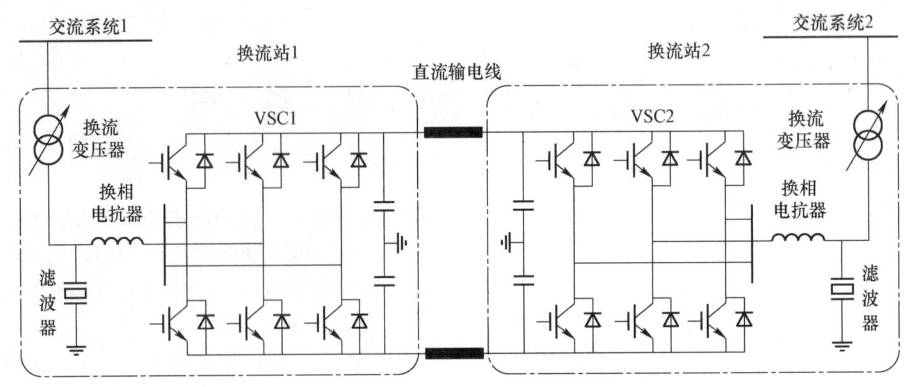

图 5-1　直流输电系统

（1）交流配电网。通常交流配电网分为高压、中压、低压配电网。35～110kV 为高压配电网；10kV 为中压配电网；220/380V 为低压配电网。目前交流配电系统面临着线路损耗大、电压瞬时跌落、电压波动、电网谐波、三相不平衡现象加剧等一系列电能质量问题。

（2）直流配电网。直流配电网包括中压配电网和用户侧低压配电网的公共配电网络，即中压直流配电系统和低压直流配电系统。直流配电网采用直变换技术，利用晶闸管和自关断器件来实现通断控制，将直流电压断续加到负载上，通过通、断的时间变化来改变负载平均电压。

（3）微电网。微电网以分布式发电技术为基础，以靠近分散型资源或者用户的小型电站为主，结合终端用户电能质量管理和能源梯级利用技术形成的小型模块化、分散式功能网络。微电网在配电网侧相当于一个可控单元，在用户侧相当于可定制的电源，正常情况下与并网运行，当电网发生故障进入孤岛模式运行。微电网中包含了六大领域，即发电、储能、配电、用电、调度、通信。微电网作为集电能收集、电能传输、电能存储和电能分配于一体的新型电力交换系统，可以成为大电网的有力补充和支撑，有益于提高现有电网运行的可靠性和经济性。

5. 电力用户

电力用户主要是消耗电能的场所，将电能通过用电设备转换为满足用户需求的其他形式的能量，如电动机将电能转换为机械能，电热设备将电能转换为热能，照明设备将电能转换为光能等。

电力用户根据供电电压分为高压用户（额定电压在 1kV 以上）和低压用户（额定电压一般是 220/380V）。

5.1.2 标称电压

1. 定义

（1）系统标称电压：用以标志或识别系统电压的给定值。

（2）系统最高和最低电压（瞬时或异常工况除外）：在正常运行条件下，在系统的任何时间和任何点上出现的电压最高/低值。不包括瞬变电压，比如，由于系统的开关操作及暂态电压波动所出现的电压值。

（3）供电点：供电部门配电系统与用户电气系统的连接点。

（4）供电电压：供电点处的线电压或相电压。

（5）供电电压范围：供电点处的电压范围。

（6）用电电压：设备受电端上的线电压或相电压。

（7）用电电压范围：设备受电端上的电压范围。

（8）（设备的）额定电压：通常由制造厂家确定，用以规定元件、器件或设备额定工作条件的电压。

（9）设备最高电压：规定设备的最高电压是用以表示：

1）绝缘；

2）在相关设备性能中可以依据最高电压的其他特性。

设备的最高电压就是该设备可以应用的“系统最高电压”的最大值。

注：1. 设备最高电压仅指高于 1000V 的系统标称电压，须知，对某些系统标称电压，不能保证那些对电压具有敏感特性（如电容器的损耗、变压器励磁电流等）的设备在最高电压下正常运行。

在这些情况下，相关的性能必须规定能够保证该设备正常运行的电压限值。

2. 对用于标称电压不超过 1000V 系统的设备，运行和绝缘仅依据系统标称电压作具体规定。

3. 应提请注意的是，在某些设备标准（例如 GB 4706.1《家用和类似用途电器的安全　第 1 部分：通用要求》和 GB 311.1《高压输变电设备的绝缘配合》）中，“电压范围”术语有不同含义。

2. 标准电压

表5-3给出了不同系统和设备的标准电压值。供电电压的允许偏差参见GB/T 12325《电能质量供电电压偏差》。

表5-3 不同系统和设备的标准电压值

标称电压范围/kV	设备最高电压/kV	系统标称电压/kV	说明
0.22～1		0.22/0.38 0.38/0.66 1 （1.14）	（1）表中数据为三相四线或三相三线系统 （2）1.14kV只限于某些行业内部系统使用
1～35	3.6 7.2 12 24 40.5	3（3.3） 6 10 20 35	（1）表中数值为线电压 （2）括号中的数值为用户有要求时使用 （3）表中前两组数值不得用于公共配电系统
35～220	72.5 126（123） 252（245）	66 110 220	（1）表中数值为线电压 （2）括号中的数值为用户有要求时使用
220以上	363 550 800 1100	330 500 750 1000	表中数值为线电压
高压直流输电系统		±500 ±800	

5.1.3 特点和要求

1. 特点

（1）整体性。电力系统是由发电、供电和用电三者紧密连接起来的一个系统。电网中发电机、变压器、高压输电线路、配电线路和用电设备形成一个不可分割的整体，缺少哪一个环节，电力生产都不可能完成。

（2）同时性。电能不能储存，发电、输电、供电和用电是同时完成。发电厂在任何时刻生产的电能恰好等于该时刻用户消耗的电能。即电力系统中的功率每时每刻都是平衡的，是典型的连续生产、连续消费的过程。

（3）暂态过程非常迅速。电能以电磁波的形式传播，传播速度为300km/ms。发电机、变压器、线路、用电设备的投入或退出运行，都在一瞬间完成，故障的发生和发展时间都十分短促。

（4）随机性。负荷变化、设备异常情况、电能质量的变化以及事故的发生，随时都在变化着，而且发展迅速，波及面大。在电力生产过程中，需要适时调度，要求适时安全监控，随时跟踪随机事件的动态，以保证电能质量及电网安全运行。

（5）和国民经济各部门间的关系密切。由于电能具有使用灵活、控制方便等优点，国民经济各部门广泛使用电能作为生产的动力。

2. 要求

（1）保证供电可靠性。首先要求系统元件的运行具有足够的可靠性，元件发生事故，不仅直接造成供电中断，而且可能发展成为全局性的事故。其次，要求提高系统运行的稳定性，增强抗干扰能力，以保证不发生或不轻易发生造成大面积停电的系统瓦解事故。

（2）保证电能质量。电能质量以电压、频率以及正弦交流电的波形来衡量。用电设备是按额定电压设计的，实际供电电压过高或过低都会使用电设备的运行技术指标、经济指标下降，甚至不能正常工作。随着自动化及电子技术应用的发展，接入系统的整流设备增多，引起谐波比重增大，因此检测和控制谐波已经成为维持电能质量的重要一环。

（3）提高电力系统运行的经济性。为了达到经济运行的目的，应采用高效、节能的发电设备，提高发电运行的经济性，降低发电过程中的能源消耗；合理发展电力网，降低电能在输送、分配过程中的损耗；大力开展电力系统中的经济运行工作，合理分配电厂之间的负荷。让经济性能好的发电厂多发电；充分利用水电资源，注意水、火电厂之间的合理调配，力求以少的水耗获得更多的电能。

（4）环境保护问题。电力工业中的火力发电厂是一个污染源。火力发电厂在运行过程中会产生相当数量的固体与气体废料，造成对大气与水源的严重污染。根据世界各国对环境保护提出的要求，今后只应由符合环保要求的电厂供给电力系统的基本负荷。核电站要控制其放射污染。在输变电设备方面，要求考虑输电线对通信及周围环境的影响，如电磁场对人体及周围设备的影响，输电杆塔对绿化地带或自然景观的影响以及变压器噪声对周围环境的影响等。

5.1.4 电力用户

1. 定义

（1）用户：通过电网消费电能的单位或个人。包括居民生活用电（电压等级不满1kV、10kV）、大工业用电（电压等级为10kV、35kV、110kV）。

（2）主网直供用户：直接与省（直辖市、自治区）级以上电网企业签订购售电合同的用户或通过电网直接向发电企业购电的用户。

（3）重要电力用户：指在国家或者一个地区（城市）的社会、政治、经济生活中占有重要地位，对其中断供电将可能造成人身伤亡、较大环境污染、较大政治影响、较大经济损失、社会公共秩序严重混乱的用电单位或对供电可靠性有特殊要求的用电场所。

2. 分类

表5-4是电力用户分类。

表 5-4　　电力用户分类

分类	用户
供用电关系	(1) 直供用户 (2) 趸售用户 (3) 转供电用户
电价类别	(1) 居民生活用电用户 (2) 非居民生活用电用户 (3) 商业用电用户 (4) 非工业、普通工业用电用户 (5) 大工业用电用户 (6) 农业生产用电用户 (7) 趸售用户
供电电源特征	(1) 高压用户 (2) 低压用户 (3) 双电源用户 (4) 自备电源用户 (5) 专线用户（一条及以上）
用电性质	(1) 临时性用户（不超过六个月） (2) 季节性用户（供暖） (3) 重要用户

3. *重要电力用户分级*

根据供电可靠性的要求以及中断供电危害程度，重要电力用户可以分为特级、一级、二级重要电力用户和临时性重要电力用户。表 5-5 是重要电力用户分级。

表 5-5　　重要电力用户分级

分级	重要电力用户（符合下列条件之一）	工商业电力用户（符合下列条件之一）
特级重要电力用户	指在管理国家事务中具有特别重要作用，中断供电将可能危害国家安全的电力用户	重要电力负荷
一级重要电力用户	(1) 直接引发人身伤亡时 (2) 造成严重环境污染时 (3) 发生中毒、爆炸或火灾时 (4) 造成重大政治影响时 (5) 造成重大经济损失时 (6) 造成较大范围社会公共秩序严重混乱时	(1) 中断供电将造成人身伤亡时 (2) 中断供电将在政治、经济上造成重大影响或损失时 (3) 中断供电将影响有重大政治、经济意义的用电单位的正常工作，或造成公共场所秩序严重混乱时
二级重要用户	(1) 造成较大环境污染时 (2) 造成较大政治影响时 (3) 造成较大经济损失时 (4) 造成一定范围社会公共秩序严重混乱时	(1) 中断供电将造成较大政治影响时 (2) 中断供电将造成较大经济损失时 (3) 中断供电将影响重要用电单位的正常工作，或造成公共场所秩序混乱时
临时性重要电力用户	指需要临时特殊供电保障的电力用户	不属于一级负荷和二级负荷的用电负荷应为三级负荷

5.1.5 配电系统

1. *被动配电系统（传统配电系统）*

传统配电系统的基本结构与电力系统是极其相似的，由供电电源、配电网和用电设备组成。

（1）供电电源。配电系统的电源可以取自电力系统的电力网或企业、用户的自备发电机。

（2）配电网。主要作用是接受电能、变换电压、分配电能，由企业或用户的总降压变电站（或高压配电站）、高压输电线路、车间降压变电站（或配电站）、低压配电线路组成。负责将电源得到的电能经过输电线路，直接输送到用电设备。

（3）用电设备。用电设备是指专门消耗电能的电气设备。

配电系统中的用电设备根据额定电压分为高压用电设备和低压用电设备。高压用电设备主要指额定电压在 1kV 以上，低压用电设备的额定电压在 1kV 以下。

传统配电网可称之为被动配电网（Passive Distribution Network，PDN），其运行、控制和管理模式都是被动的。在被动配电系统中，电能由电网流向负荷，因此在线路选型、设备选型、继电保护、潮流控制、计量等方面考虑的也都是能量单方向流动的特点。负荷需求呈自然分布，不能自动调整，无法提前对异常运行状态与故障进行控制，难以全方位保证供电质量，整个配电系统无法实现最优经济运行。

随着分布式电源、储能系统与微网将会在配电系统中大规模存在，大量电动汽车充换电设施将会接入配电系统，能源消费模式将会因用户与配电系统间灵活互动机制的建立而改变，配电系统将会成为电力、能源、信息服务的综合技术平台，信息网络、物联网将在配电系统中广泛应用。

2. *数字化配电系统*

由于电网和用户配电系统的不断发展，对用电负荷状况、系统运行状态、用电设备类型、用电量等实时信息量的需求越来越大，人工操作或传统的管理数据信息方式，已远远不能满足配电系统的安全性、操作合理性、数据的完整性等方面的需要，进而出现了数字配电系统（Digitization Distribution Network，DDN），其特点是以信息系统为依托，与配电调度和配电管理等系统结合，可以实现配电系统的数字化和信息化。

3. *主动配电系统*

主动配电系统（主动配电系统）是在基于信息通信技术（Information and Communication Technology，ICT）系统、智能控制装置、成本效益模式的基础上，充分利用现有资源（网络、DG、储能、主动负荷），对网络解（扩容）和非网络解（主动控制）进行权衡，对分布式能源（DERs）各种系统组合，目的是最大可能地利用现有资产和基础设施，满足负荷的发展和分布式能源接入的需求，使设备比过去在更接近其物理极限条件下工作（以前是限制负载率），所述的主动配电网（ADN）就变为主动配电系统。

主动配电系统的特征是：

（1）有可控的分布式资源。

（2）有较为完善的可观可控能力。

（3）有实现协调优化管理的控制中心。

（4）有可灵活调节的网络拓扑结构。

主动配电系统的可观性体现在主动配电系统控制中心可监测配电系统、用户侧的负荷和分布式电源的运行情况；可控性体现在对分布式电源、储能、负荷等的灵活有效控制；主动性体现在能预判有可能出现的危险并制定应对策略。

4. 主动配电系统与传统配电系统和数字配电系统之间的区别

目前电力用户的配电系统以传统配电系统和数字化配电系统为主。但两者在系统控制方面的思路仍是被动的。具体表现在以下几个方面：

（1）故障时，系统进行保护；无故障时，一般不会进行自动控制的操作。

（2）配电系统的损耗、电压和可靠性等分析计算都是基于最大负荷条件或平均负荷条件。

（3）配电系统设计不考虑接入大量分布式电源。

随着用户配电系统中大量分布式能源的接入，已经影响到配电系统的潮流分布和方向、短路电流大小的方向、设备容量和选型、无功功率和电压分布、功率因数和谐波、保护设置和配合、配电自动化设置和管理、故障清除过程和恢复等。因此，传统配电系统需要向主动配电系统过渡。

图 5-2 给出了传统配电系统与主动配电系统在系统组成上的差别。

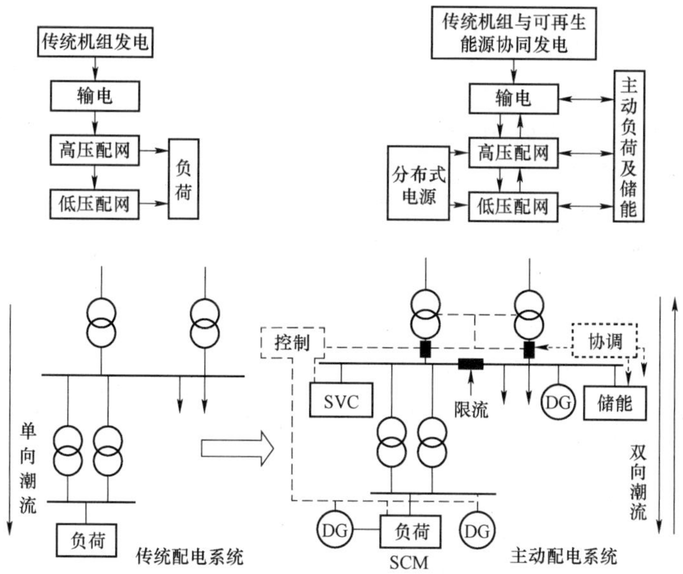

图 5-2 传统配电系统与主动配电系统的组成

表 5-6 给出了主动配电系统与传统配电系统和数字配电系统之间的差别。

表 5-6 传统配电系统、数字配电系统和主动配电系统之间的差别

对象	传统配电系统	数字配电系统	主动配电系统
电能	由电网单向流向用户	由电网单向流向用户	有分布式电源、储能、微网，电能在电网与用户之间双向流动
设备	设备自动化水平低，数据采集少，无对设备健康状态的检测	设备自动化水平高，数据采集普遍，无对设备健康状态的检测	智能化设备有信息处理功能，数据采集全面，可对设备健康状态进行检测
监控	有系统电压、电流、功率等稳态信息采集，人工控制	信息采集全面，实现实时在线分析，人工控制	信息采集全面，快速反应系统运行状态，有决策能力，自动控制

续表

对象	传统配电系统	数字配电系统	主动配电系统
通信	传输速度慢，可靠性差	通信高速可靠，全面数据化采集、传输和交互	多种通信手段，实现智能设备之间、设备与控制系统之间双向、集成化通信
信息	呈现信息孤岛，缺乏统一集成	有统一有效的集成与共享	有统一有效的集成与共享，实现内部与外部信息交互
业务	主要集中在部门内部，缺少跨部门应用	实现跨部门之间的横向和纵向的交互	实现内部与外部业务交互，实现全局优化的决策支持

5.1.6 电气设备

1. 电气设备分类

电气设备包括一次设备和二次设备。一次设备主要是发电、变电、输电、配电、用电等直接产生、传送、消耗电能的设备，如发电机、变压器、架空线、配电柜、开关柜等。二次设备是具有控制、保护及计量等作用的设备。

电气设备主要包括变压器、电抗器、电容器、组合电器、断路器、互感器、避雷器、耦合电容器、输电线路、电力电缆、接地装置、发电机、调相机、电动机、封闭母线和电力电子设备等。

2. 电气设备状态

电力系统中的设备一般处于运行、热备用、冷备用和检修四种状态。

（1）运行状态。设备的隔离开关和断路器都在合闸状态，将电源至受电端间的电路接通。

（2）热备用状态。设备的断路器断开，而隔离开关在合闸状态，开关可以快速分、合。

（3）冷备用状态。设备的断路器及隔离开关都在断开位置。

（4）检修状态。设备的断路器及隔离开关都在断开位置，断路器可以分、合，其合闸、控制等断路器（或快分开关）开关检修时应断开线路并合上两侧接地开关（或装设接地线），并挂好工作标志牌。

3. 交流一次开关设备

（1）主接线。交流系统主接线分为一个半断路器接线、双母线接线、单母线接线 3 类。

（2）断路器。按照安装位置和功能不同，分为分段母线断路器、母联断路器及旁路断路器、主变压器断路器、进出线断路器，电抗器、电容器、滤波器断路器等。

（3）隔离开关。按照安装位置和功能不同，分为母线隔离开关、旁路母联隔离开关、线路出线隔离开关、主变压器隔离开关、断路器两侧隔离开关、电压互感器隔离开关、避雷器隔离开关、线路侧电抗器、串联补偿器隔离开关等。

（4）接地隔离开关。按照安装位置和功能的不同，分为接地隔离开关、线路出线上线路侧的接地隔离开关、母线接地隔离开关、电压互感器等元件接地隔离开关、主变压器中性点接地隔离开关等。

4. 直流一次开关设备

（1）直流电气设备。包括换流变压器、直流换流器、直流滤波器、阻波器、阀桥、平波电抗器、避雷器及电压互感器等。

（2）极。直流极按照安装位置和功能不同，分为正极、负极。

（3）断路器。按照安装位置和功能不同，分为出线断路器、换流器旁路断路器。

（4）隔离开关。按照安装位置和功能不同，分为直流滤波器隔离开关、线路隔离开关、换流器旁路隔离开关、极间联络隔离开关、换流器正负极隔离开关、旁路隔离开关及其他隔离开关。

（5）接地隔离开关。按照安装位置和功能的不同，分为阀桥接地隔离开关、换流变压器直流接地隔离开关、换流器旁路接地隔离开关、线路接地隔离开关及其他隔离开关。

5. 设备选型

相关内容见第 2 章相关内容。

5.2 负荷计算

5.2.1 负荷种类

1. 建筑用电负荷

按照建筑特点对用电负荷的分类见表 5－7。

表 5－7 建筑中用电负荷分类

建筑类型	设施类型	负荷类别	负荷密度/（W/m^2）
工业建筑	三类标准厂房，分别对应于不同负荷密度的工业厂房，有不同的可靠性要求	一类、二类	20～100
居民建筑	包括三类居住形式，一类居住指的是普通住宅，二类居住包括高级住宅和别墅，三类居住包括工业建筑中住宅和工业用地交叉和其他居民用地	二类、三类	20～60
公共和市政设施建筑	学校、图书馆、科研设计单位等教育科研行政办公楼，医院、卫生所等医疗卫生以及各级政府和事业单位等	一类、二类	30～120

续表

建筑类型	设施类型	负荷类别	负荷密度/（W/m^2）
商业建筑	包括银行、写字楼等金融贸易建筑，商场、超市等商业服务业建筑，电影院、体育馆、宾馆等文化娱乐设施以及其他用于商业目的建筑	二类、三类	30～120
交通设施建筑	火车站、汽车站、码头、机场、高速服务区等用于交通运输的服务设施	一类、二类	20～100
其余用电设施	涵盖城市电网中的其他用电负荷，其中也包括一些城市的武警驻地和军用基地等需要较高供电可靠性的负荷	一类、二类、三类	10～100

2. 狭义用电负荷

（1）负荷。

综合用电负荷：电力系统中工业、农业、邮电、交通、市政、商业以及城乡居民等用户所消耗功率的总和。

供电负荷：各发电厂提供给综合用电负荷和网络中损耗的功率之和。

发电负荷：系统中各发电厂的发电机为供电负荷和发电厂厂用电供电所发出的功率之和。

三者之间的区别：发电负荷包括发电厂厂用电、网络中的功率损耗和综合用电负荷；供电负荷包括网络中的功率损耗和综合用电负荷，而不包括厂用电。

（2）用电负荷。在被动配电系统中，电能由电网向负荷单方向流动。电能用户的用电设备在某一时刻向电力系统取用的电功率的总和，称为用电负荷。

被动配电系统中对狭义（传统）用电负荷的分类见表5－8。

表5－8　狭义（传统）用电负荷的分类

分类		内容
产业和生活用电性质	第一产业用电	提供生产资料的产业用电，包括种植业、林业、畜牧业、水产养殖业等直接以自然物为对象的生产部门
	第二产业用电	指加工产业用电，利用基本的生产资料进行加工并出售部门
	第三产业用电	又称服务业，指第一、第二产业以外的其他行业用电，包括交通运输业、通信业、商业、餐饮业、金融保险业、行政、家庭服务等非物质生产部门
	城乡居民生活用电	指城镇居民和乡村居民照明及家用电器用电
电力市场客户	销售场所、渠道	直供、趸售、城市、农村市场
	客户用电量大小	大客户与中、小客户
	电价类别	工业用电、农业用电、商业用电与居民生活用电等客户
	可靠性要求	一、二、三类负荷客户
供电可靠性及中断供电危害	对供电可靠性的要求及中断供电在对人身安全、经济损失上所造成的影响程度	一级负荷、二级负荷、三级负荷和一级负荷中特别重要的负荷

3. 广义用电负荷

（1）构成。广义的用电负荷可定义为用电量在指定区间内变化或在不同时段间转移的负荷，包含具备需求弹性的可调节负荷或可转移负荷，具备双向调节能力的电动汽车、储能、蓄能，以及分布式电源、微网等，如图5－3所示。

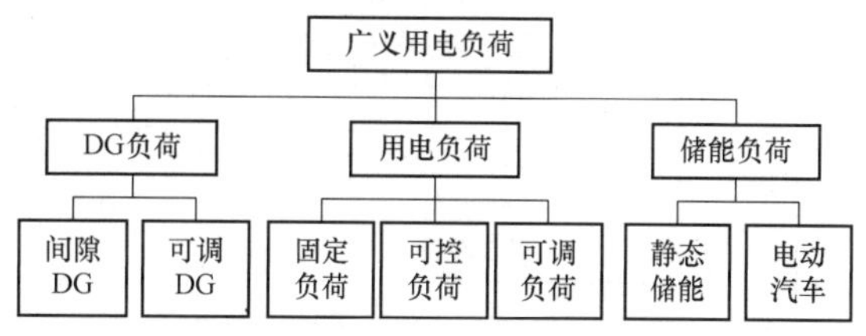

图5－3　广义用电负荷的构成

（2）分类。主动配电系统中，分布式电源的大规模接入后电能在电源、负荷、电网之间会出现双方向流动，具有互动特性。从电能控制角度看，主动配电系统的用电负荷可分为不可控负荷、可控负荷和可调负荷，见表5－9。

表5－9　广义用电负荷分类

负荷类别		特点	
不可控负荷	固定负荷	即传统负荷，多属于与生产生活相关的必需负荷，且仅可在规定时间内执行，用电需求较为固定，是目前配电系统负荷的主要组成部分	
	分布式电源	如风力发电机和光伏发电其输出功率由各时段的风速、光照强度等自然因素决定，不可人为调控	
	随机负荷	用户临时、随机开启的负荷。该类负荷一般变动幅度较小、周期很短，但具有很大的偶然性	
可控负荷	固定负荷	定义	在供电部门要求下，按合同可以限制用电一段时间的特定用户的负荷。在系统峰值时和紧急状态下，可中断和削减负荷
		可中断负荷	属于第三类负荷，如政府办公楼、大型体育场、重要宾馆的空调负荷属于功率可调负荷

续表

负荷类别			特　　点
可控负荷	固定负荷	可调控负荷	集中在工业或商业用电负荷属于时间可控负荷
		可移动负荷	电动汽车充电设施
	分布式电源		如燃气轮机其各个时段输出的有功功率可以控制
	随机负荷		用户临时、随机开启的负荷。该类负荷一般变动幅度较小、周期很短，但具有很大的偶然性
可调负荷	固定负荷	定义	负荷可在一定区间内实现需求增减的柔性变化。在用户指定的需求区间和时间集内，系统运行调度员（可通过联合优化调度来确定源、荷两侧资源最优配置的发电计划和用电计划
		可中断负荷	通过签订合同，根据系统调控需要，直接控制负荷工作状态（正常用电或终止用电），并对用户中断负荷容量进行一定经济补偿，该类负荷大多选取高能耗大工业负荷用户
		可转移负荷	通过经济激励和电价机制等需求响应模式参与系统运行的负荷。通过在电价尖峰时段减少用电，在电价低平时段增加用电可实现系统运行的削峰填谷，并尽可能保持了一定的总用电量。主要为具备准入条件的大、中型工商业用户、电动汽车充电设施
		可调控负荷	具备灵活调控能力，能够满足系统调度有功平衡、调频、调峰等多种需求的负荷，包括入网电动汽车、恒温控制负荷等
	分布式电源		分布式电源可作为可调负荷参与电力调度，如储能装置、电动汽车等
	随机负荷		用户临时、随机开启的负荷。该类负荷一般变动幅度较小、周期很短，但具有很大的偶然性

5.2.2 负荷特性

1. 用电负荷

传统用电负荷的特性见表 5－10。

表 5－10　　传统用电负荷的特性

分类	作用	特　　性
电特性	用电治理的重要内容和确定供电方式的重要依据	感性、容性负荷影响电压偏移和无功负荷潮流 冲击负荷影响电压闪变 不对称负荷影响三相电压不平衡和波形畸变 非线性负荷向电网输送谐波，引起谐波污染
重要程度	电能质量对用电负荷的影响	频率、电压偏移超过标准，对生产工艺将造成不同程度影响；频率、电压严重偏移甚至影响一些用电设备使用寿命或损坏、出现废品等
时间特性	用电负荷治理和安排供电设备计划检验	季节性用电，如农业、夏季防暑降温，冬季保温采暖等用电。用电负荷集中在某一季节内用电，引起年负荷的不均衡性 连续性用电主要指三班制生产的企业、车间、机台的用电，除了设备检验停运外，其余时间都在用电负荷较为平稳 非连续性用电引起日、月、年负荷的不均衡，一般都是可调整塑性负荷。大型社会集会、重要科学试验以及节日用电等负荷是非塑性负荷，不可调整，固然连续时间不长，但其对供电可靠性的要求较高
用电场所和环境	影响公共安全的因素	如车站、机场、医院、计算机中心、矿井、电梯、广播电视、地下铁道、电气化铁路、自来水等用电，涉及社会与人身安全，对电能质量与可靠性有较高的要求
电压特性	静态与动态	电压静态特性是指电压变化后进入稳态时负荷功率与电压的关系 电压动态特性是指电压急剧变化过程中负荷功率与电压的关系
频率特性	静态与动态	频率静态特性，是指频率变化后进入稳态时负荷功率与频率的关系 频率动态特性，是指频率急剧变化过程中负荷功率与频率的关系

2. 分布式电源

分布式电源作为配电系统中的负荷，其特性见表 5－11。

表 5－11　　分布式电源的负荷特性

分类	作用	特　　性
电源特性	内部电源以分布式电源为主	容量小，系统惯性
波动性和间隙性	影响系统运行方式	离散型、动态性、非线性、多目标性和不确定性，高比例采用电力电子装置，可以有并网和离网多种运行模式，是典型的复杂系统
能量双向输送	影响保护控制、运行管理	电压控制、继电保护、短路电流限制、故障定位与隔离、电能电源的调度管理等方面的问题
渗透率	系统安全稳定运行	系统规划优化设计、多电源协调运行控制技术、多元复合储能技术、电能质量控制与治理技术、保护控制技术、经济运行与能源优化管理技术等
	系统管理	建模与仿真、并网技术、规划设计、运行特性测试、调试与验收、运行维护、发电侧管理、负荷需求侧管理、储能管理、保护、信息与通信、监控系统、电源启动、运行评价等

3. 电动汽车

（1）充换电设施。

1）组成：充换电设施为电动汽车提供电能的相关设施的总称，一般包括充电站、电池更换站、电池配送中心、集中或分散布置的交流充电桩等，如图5-4所示。

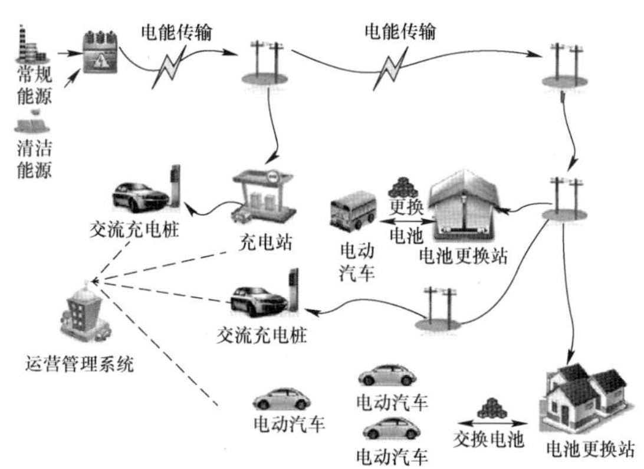

图5-4　电动汽车充换电设施

2）分类。充换电设施分类见表5-12。

表5-12　充换电设施分类

充换电设施		特　　性
安装方式	落地式充电桩	安装在不靠近墙体的停车位
	挂壁式充电桩	安装在靠近墙体的停车位
安装地点	公共充电桩	建设在公共停车场（库）结合停车泊位，为社会车辆提供公共充电服务的充电桩
	专用充电桩	建设单位（企业）自有停车场（库），为单位（企业）内部人员使用的充电桩
	自用充电桩	建设在个人自有车位（库），为私人用户提供充电的充电桩
充电接口数	一桩一充	一个充电桩一个充电接口
	一桩多充	一个充电桩多个充电接口
充电方式	直流充电桩（栓）	采用传导方式为具有车载充电装置的电动汽车提供交流电源的专用供电装置
	交流充电桩（栓）	采用传导方式为非车载电动汽车提供直流电源的专用供电装置
	交直流一体充电桩（栓）	可实现直流快速充电，也可以交流慢速充电

直接与充电设备的对比如图5-5所示。

3）特性。充换电设施为电动汽车提供电能的相关设施的总称，一般包括充电站、电池更换站、电池配送中心、集中或分散布置的交流充电桩等。其特性见表5-13。

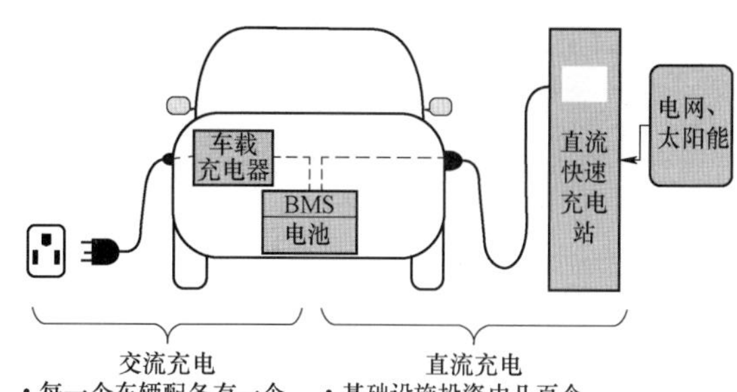

图5-5　直接与充电设备的对比

表5-13　充换电设施特性

充换电设施			特　　性
充换电模式	整车充电	直流充电	直流电源为电动汽车提供电能的方式
		交流充电	交流电源为电动汽车提供电能的方式
	电池更换	侧向换电	电池箱安装在车体两侧时的电池箱更换方式
		底部换电	电池箱安装在车体底部时的电池箱更换方式
		端部换电	电池箱安装在车体前后舱时的电池箱更换方式
充电设备	非车载充电机		安装在电动汽车车体外，将交流电能变换为直流电能，采用传导方式为电动汽车动力蓄电池充电的专用装置
	车载充电机		固定安装在电动汽车上运行，将交流电能变换为直流电能，采用传导方式为电动汽车动力蓄电池充电的专用装置
	交流充电桩（单相220V、三相380V）		采用传导方式为具有车载充电装置的电动汽车提供交流电源的专用供电装置
	直流充电桩		采用传导方式为非车载电动汽车提供直流电源的专用供电装置
	充电连接装置	交流充电枪	包括供电接口、电缆及帽盖等，交流充电电流大于16A时，供电接口和车辆接口应具有锁止功能
		直流充电枪	包括供电接口、电缆及帽盖等，车辆接口应具有锁止功能
充电站/电池更换站	充电站		采用整车充电模式为电动汽车提供电能的场所，主要由三台及以上电动汽车充电设备，至少有一台非车载充电机，以及相关的供电设备、监控设备等组成
	电池更换站（换电站）		采用电池更换模式为电动汽车提供电能的场所
	充换电站		同时可为电动汽车提供整车充电服务和电池更换服务的场所
	电池配送中心		对动力蓄电池集中进行充电，并为电池更换站提供电池配送服务的场所。也可称为电池集中充电站

交直流充电供电接口和车辆接口如图 5-6 所示。

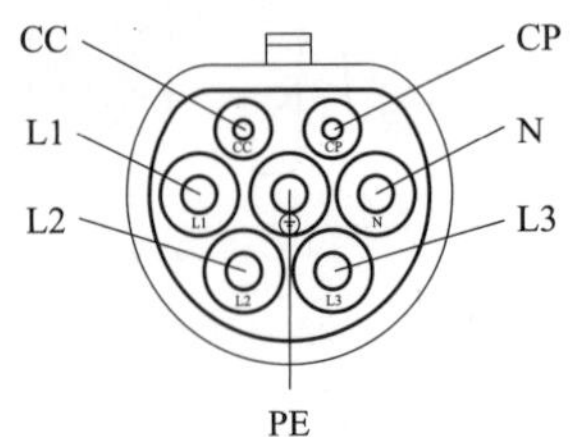

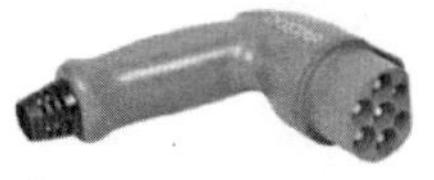

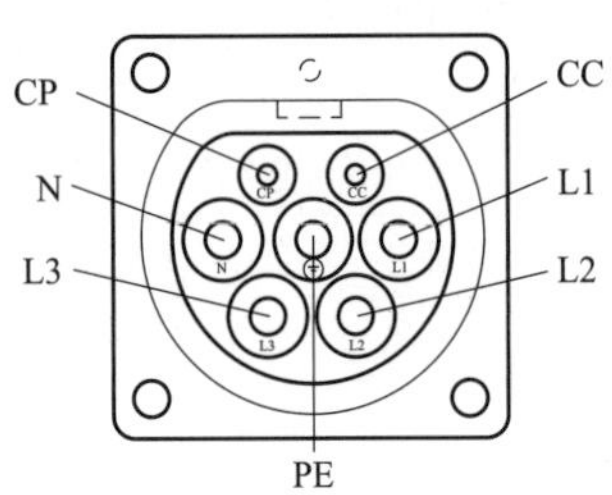

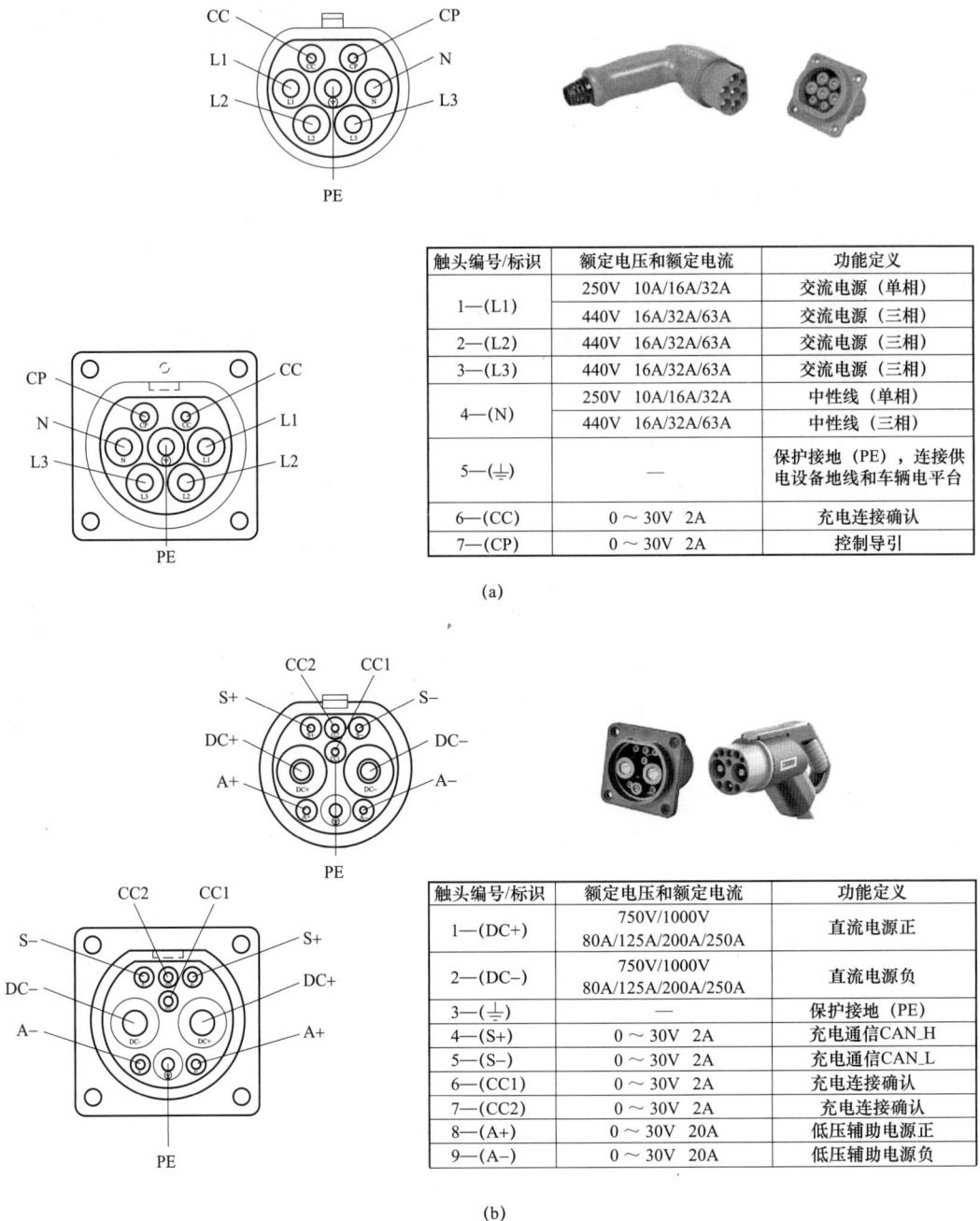

触头编号/标识	额定电压和额定电流	功能定义
1—(L1)	250V 10A/16A/32A	交流电源（单相）
	440V 16A/32A/63A	交流电源（三相）
2—(L2)	440V 16A/32A/63A	交流电源（三相）
3—(L3)	440V 16A/32A/63A	交流电源（三相）
4—(N)	250V 10A/16A/32A	中性线（单相）
	440V 16A/32A/63A	中性线（三相）
5—(⏚)	—	保护接地（PE），连接供电设备地线和车辆电平台
6—(CC)	0～30V 2A	充电连接确认
7—(CP)	0～30V 2A	控制导引

(a)

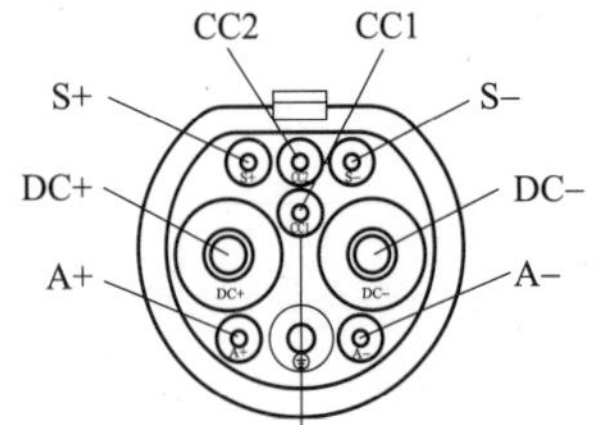

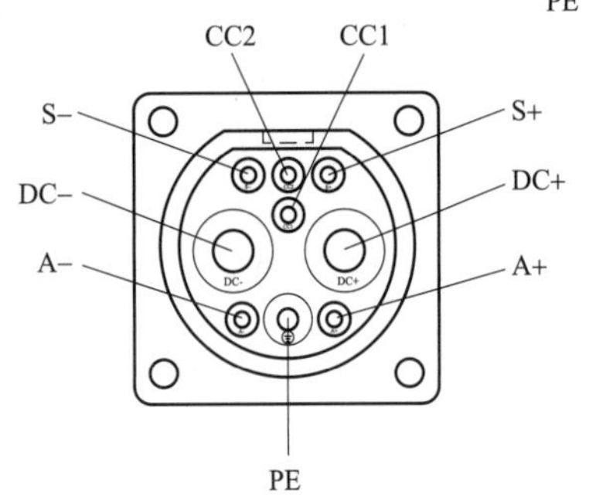

触头编号/标识	额定电压和额定电流	功能定义
1—(DC+)	750V/1000V 80A/125A/200A/250A	直流电源正
2—(DC−)	750V/1000V 80A/125A/200A/250A	直流电源负
3—(⏚)	—	保护接地（PE）
4—(S+)	0～30V 2A	充电通信CAN_H
5—(S−)	0～30V 2A	充电通信CAN_L
6—(CC1)	0～30V 2A	充电连接确认
7—(CC2)	0～30V 2A	充电连接确认
8—(A+)	0～30V 20A	低压辅助电源正
9—(A−)	0～30V 20A	低压辅助电源负

(b)

图 5-6 交直流充电供电接口和车辆接口

（a）交流充电供电接口和车辆接口；（b）直流充电供电接口和车辆接口

（2）充换电系统。为充电站/电池更换站提供电源的电力设备和配电线路组成的系统。根据充电站的规模、容量和重要性，可选择采用不同的供电方式：

1）配电容量大于或等于 500kVA 的充电站，宜采用双路 10kV 电源供电方式。

2）配电容量大于或等于 100kVA、小于 500kVA

的充电站，宜采用双路电源供电方式，根据具体情况可采用10kV或0.4kV。

3）配电容量小于100kVA的充电站，宜采用0.4kV供电方式。

4）用于充电站的配电变压器宜采用Dyn11联结方式。

（3）与电网的交互模式。由于电动汽车具有双重属性，即可控负荷和储能单元，具有双向能量流。电动汽车与电网的交互模式见表5-14。

表5-14 电动汽车与电网的交互模式

模式	示 意 图	充 电
V1G模式（Vehicle to Grid）	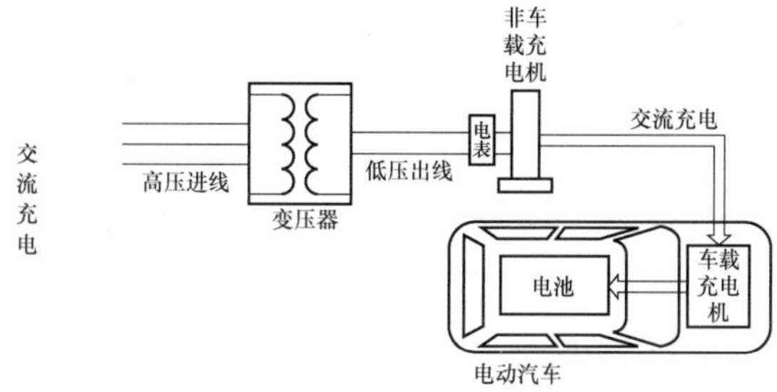	指电动汽车充电受电网控制，电动汽车与电网进行实时通信，可在电网允许时刻进行充电
V2G模式（Vehicle to Grid）	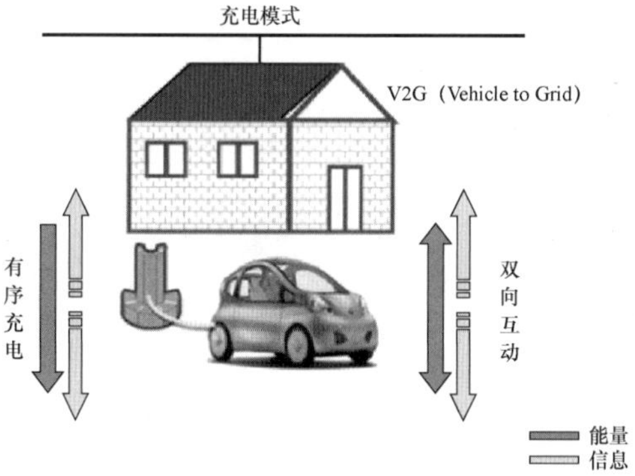	指电动汽车除了在谷负荷时段进行充电，还需在峰负荷时段反向输送电能回电网 将电动汽车作为移动储能单元，可以与配电系统实现能量交互；电动汽车、用户与配电系统之间实现信息交互（汽车能量状态、配电系统负荷状态、计费信息等）
B2G模式（Battery to Home）	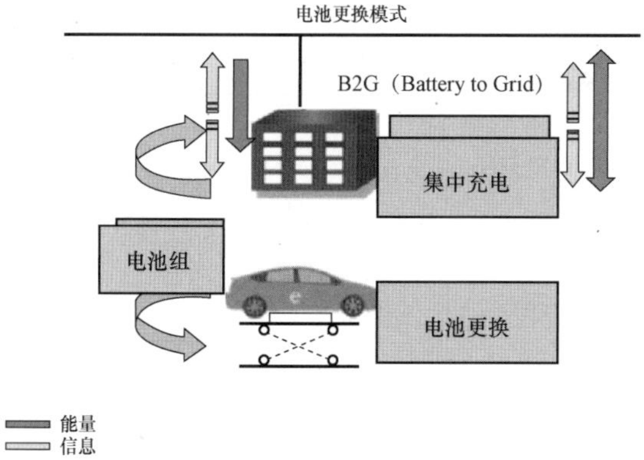	电动汽车通过充放电装置与楼宇电网相连，作为储能单元参与楼宇电网供电的运行方式 将电动汽车作为移动储能单元，只要配备双向变流器，即可实现与建筑物的能量交换

续表

模式	示 意 图	充 电
DG模式（Distributed Generation）	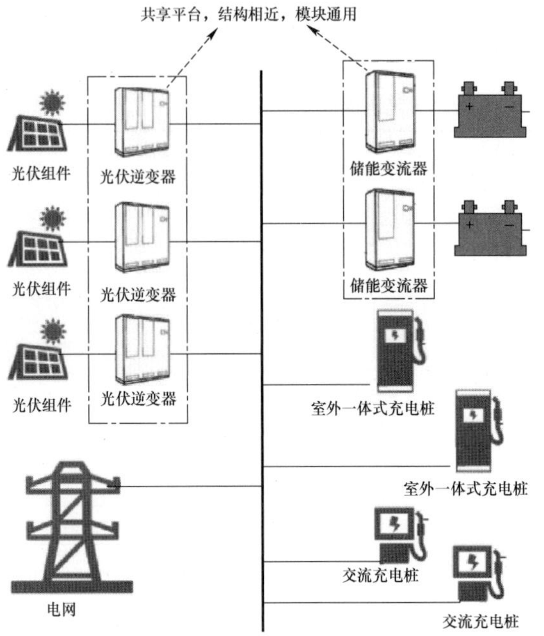	如果配电系统中接入一定量的DG，构建直流系统，可实现间歇性分布式电源与电动汽车直接对接

4. 柔性负荷

广义的柔性负荷可定义为用电量在指定区间内变化或在不同时段间转移的负荷，包含具备需求弹性的可调节负荷或可转移负荷，具备双向调节能力的电动汽车、储能、蓄能，以及分布式电源、微网等。在用户侧柔性负荷通常指通过电力电子设备控制的用电负荷。

电力电子技术在电气领域应用的见表5－15。

表5－15　电力电子技术的应用

应用	技 术
发电	大型发电机的静止励磁控制，水力、风力发电机的变速恒频励磁，发电厂风机水泵的变频调速
输电	直流输电和轻型直流输电技术，柔性交流输电技术
配电（电能质量控制）	静止无功补偿器（SVC），静止无功发生器（SVG），有源电力滤波器（APF），固态断路器（SCB），动态电压调节器（DVR），不间断电源（UPS），统一电能质量调节器（UPQR）
用电（节能）	变频调速装置（VFD），中频感应加热（MFIH），电力电子镇流器（EB），开关设备（SMPS）
新能源与分布式发电	大规模间歇式电源的能量转换技术，聚群功率调节器关键技术研究，规模化大电流充电技术，中压大功率风机变流器技术，抽水蓄能启动变频技术，轨道交通的能馈系统，电动汽车与电网能量双向转换技术

电力电子设备具有非线性和快速开关特性，属于非线性时变负荷，此种用电负荷极易产生谐波等污染电能质量。

5. 用电负荷管理

由于电力是一个实时系统，发、输、配、用需要同时完成，发电和用电必须要平衡。电力电量平衡概念包括或分为两个平衡：第一是电量平衡；第二是电力平衡或负荷平衡。而用电负荷管理是实现电力电量平衡的一个关键。

在主动配电系统中由于存在分布式电源、储能装置等设备，因此用户侧的“用电负荷”具有双向特性。主动配电系统中用电负荷调整措施见表5－16。

表5－16　用电负荷调整措施

措施	示意图	内 容
削峰	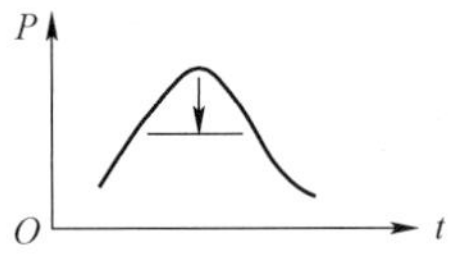	指在电网高峰负荷期减少用户的电力需求
填谷	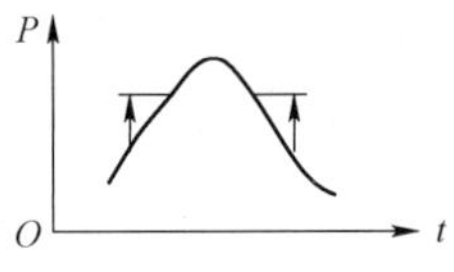	指在电网低谷时段增加用户的电量需求

续表

措施	示意图	内　　容
移峰填谷	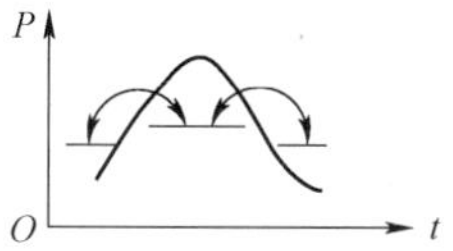	指将高峰负荷的用户需求转移到低谷负荷时段，电网需要的发电设备调峰容量小，从而可以提高发电设备的利用率，对电网的安全运行及经济效益都有益
战略性节电	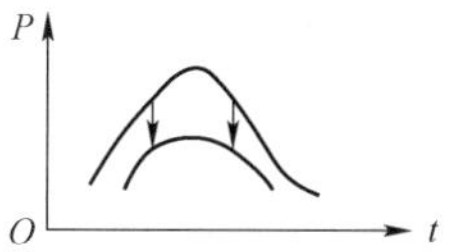	鼓励用户采用各种终端发电新技术和节电新技术，提高用电效率和改变用户消费方式，减少电力电量的总需求
战略性负荷增长	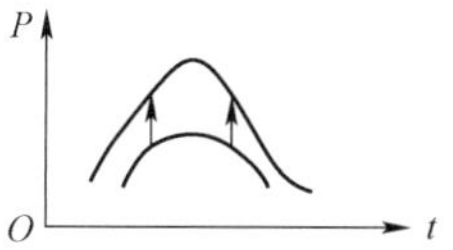	可将电力作为替代能源，利用用电负荷管理降低用户单位用电成本，扩大用电需求
形成灵活负荷（狭义下的柔性负荷）	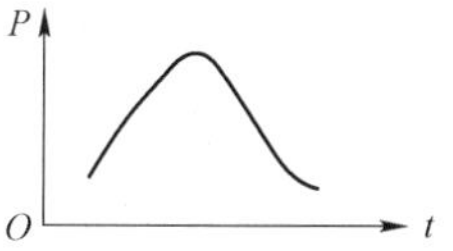	指部分用电负荷通过放弃供电质量和可靠性来换取减少电费支出。该类负荷取决于可中断负荷的可中断程度，通过电力电子类的控制器可有效限制用电负荷

6. 负荷控制

（1）主动配电系统要求有保持瞬间电能平衡能力的控制方法。

（2）在合理用电范围内，考虑负荷分布特征、范围特征、电流特征等来进行负荷控制。

（3）依靠负荷控制以及能量储存设备相结合分析分布式电源负载的变化。

（4）可进一步考虑通过改善负荷的时间特性、频率特性和电压特性等来柔性控制负荷。

（5）利用可移动存储能力装置配合主动配电系统紧急调峰等方式，协助系统快速恢复频率稳定和电压稳定。

7. 指标体系

常用的负荷特性指标体系见表 5－17。

表 5－17　　常用的负荷特性指标体系

类别	指标	内　　容
负荷	日最大负荷	一天内最大负荷
	日平均负荷	日电量除以 24
负荷率	日（最大）负荷率	月最大负荷日的平均负荷与最大负荷的比值
	日最小负荷率	月最小负荷日的平均负荷与最大负荷的比值
	年平均日（最大）负荷率	一年内 12 个月各月最大负荷日的平均负荷之和与各月最大负荷日最大负荷之和的比值
	年平均日最小负荷率	一年内 12 个月各月最小负荷日的平均负荷之和与各月最小负荷日最小负荷之和的比值
	月负荷率	月平均负荷与月最大负荷日平均负荷的比值
	年平均月负荷率	又称月不均衡系数，一年内 12 个月各月平均负荷之和与各月最大负荷日平均负荷之和的比值
	季负荷率	又称季不均衡系数，一年内 12 个月各季最大负荷日的最大负荷之和的平均值与年最大负荷的比值
	年负荷率	为年平均负荷与年最大负荷比值
负荷利用小时数	最大负荷利用小时数	为年用电量与年最大负荷比值
峰谷差	日峰谷差	日最大负荷与最小负荷之差
	年最大峰谷差	一年中日峰谷差的最大值
	年平均峰谷差	一年中日峰谷差平均值
峰谷差率	日峰谷差率	日最大负荷与最小负荷之差与日最大负荷的比值
	年平均峰谷差率	一年中日峰谷差率的平均值
负荷曲线	日负荷曲线	一天中逐小时负荷值构成的曲线
	年负荷曲线	一年中逐月最大负荷值构成的曲线
	年持续负荷曲线	一年中系统负荷的数值大小及其持续小时数顺序绘制的曲线

5.2.3　负荷计算

1. 负荷曲线

负荷曲线是表征电力负荷随时间变动情况的一种图形，可以直观地反映用户用电的特点及规律。绘制在直角坐标上，纵坐标表示负荷功率，横坐标表示对应于负荷变动的时间。

（1）按负荷性质不向，负荷曲线分为有功负荷曲线和无功负荷曲线。

（2）按负荷变动时间不同，分为日负荷曲线和年负荷曲线。

（3）按负荷对象不同，分为工厂负荷曲线、建筑负荷曲线和用电设备的负荷曲线。

（4）按配电对象不同，分为线路负荷曲线、变电站负荷曲线、分布式电源发电量曲线等。

（5）按负荷曲线绘制方式不同，分为折线形负荷曲线和阶梯形负荷曲线。

负荷曲线如图 5－7 所示。

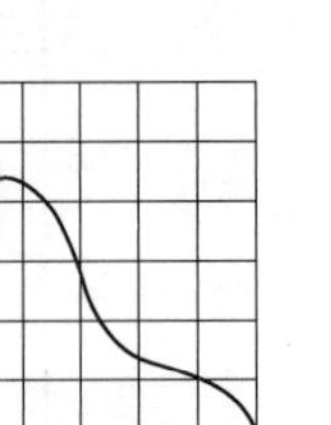

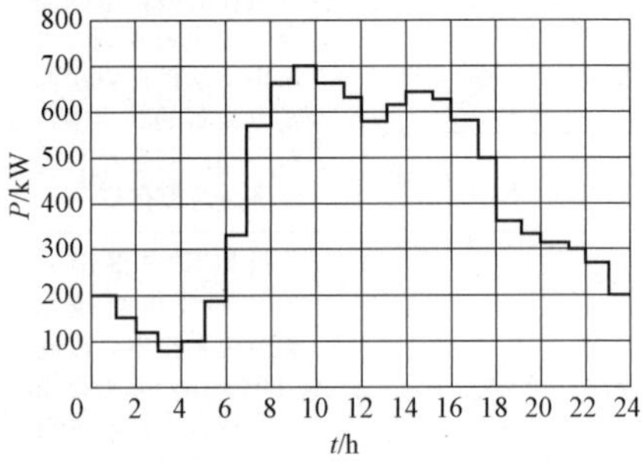

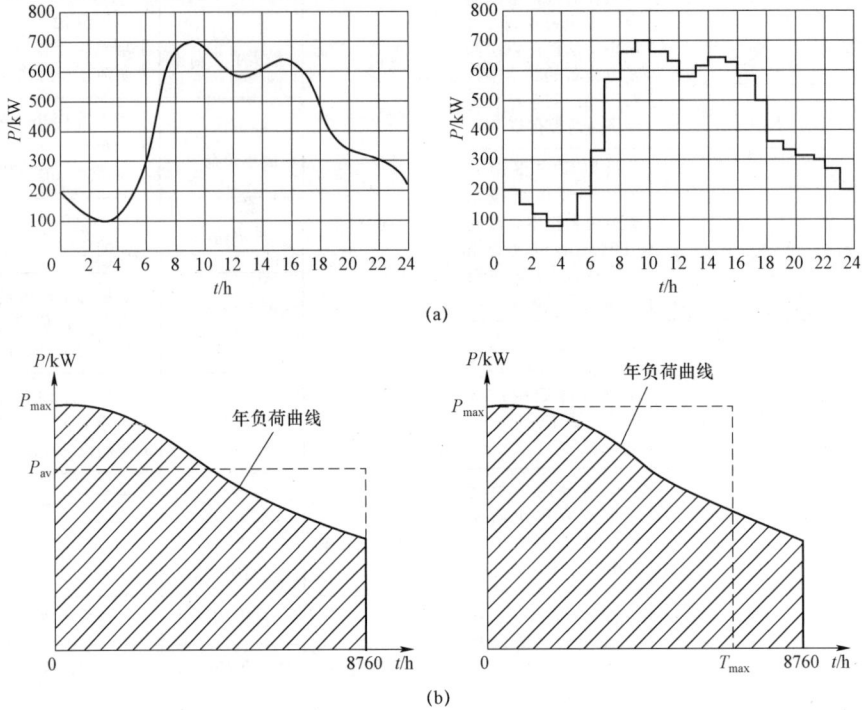

(a)

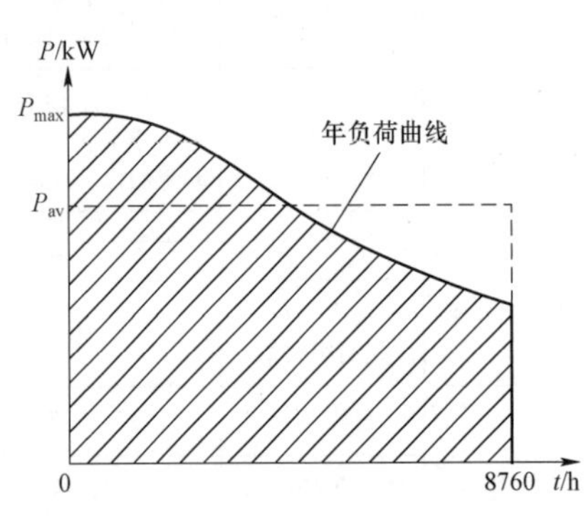

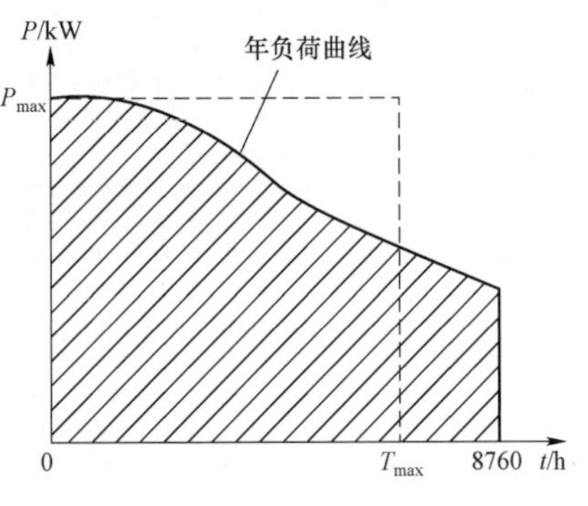

(b)

图 5－7 负荷曲线

(a) 日负荷曲线；(b) 年负荷曲线

2. 需要系数法

用电设备数量不大于 5 台时，不宜采用需要系数，可以采用利用系数方计算。

（1）工作制。

1）连续工作制：指在规定的环境温度下，设备连续运行，设备的任何部分的温升均不超过允许值。

2）短时工作制：指设备的运行时间短而停歇时间长，设备在工作时间内的发热量不足以达到稳定的温升，而在停歇时间内足够冷却到环境温度。

3）周期工作制：指设备按周期规范反复进行工作，工作时间（t_g）与停歇时间（t_r）交替进行，负载持续率表示为 $\varepsilon\%$

$$\varepsilon\% = \frac{\text{工作时间}}{\text{工作周期}} \times 100\% = \frac{t_g}{t_g + t_r} \times 100\%$$

（2）设备功率（P_e）。设备功率（P_e）是将不同工作制的用电设备的额定功率换算为连续工作制的有功功率。

对不同工作制的用电设备，其设备容量应按表 5－18 确定。

表 5－18　用电设备的设备容量（P_e）的确定

设备性质	计 算 公 式	符 号 说 明
连续工作制	等于其铭牌上的额定功率 $P_e = P_N$	P_N 一电动机的铭牌额定功率，kW
周期工作制	统一换算到负载持续率 $\varepsilon\% = 100\%$ 时的额定功率 $P_e = P_N\sqrt{\varepsilon_N}$	$\varepsilon_N\%$ 一电动机额定负载持续率 P_N 一电动机的铭牌额定功率，kW

续表

<table>
<tr><th>设备性质</th><th>计 算 公 式</th><th colspan="3">符 号 说 明</th></tr>
<tr><td rowspan="3">短时工作制</td><td rowspan="3">将短时工作制近似看作周期工作制，再统一换算为连续工作制的有功功率
$P_e = P_N\sqrt{\varepsilon_N}$</td><td colspan="3">0.5h 工作制 0.5h 工作制 $\varepsilon\% = 15\%$</td></tr>
<tr><td colspan="3">1h 工作制 $\varepsilon\% = 25\%$</td></tr>
<tr><td colspan="3">“较轻、频繁、特重”起动和制动的电梯 0.5h 工作制 $\varepsilon\% = 15\%$ 、$\varepsilon\% = 25\%$ 、 $\varepsilon\% = 40\%$</td></tr>
<tr><td>电焊机设备</td><td>统一换算到负载持续率 $\varepsilon\% = 100\%$ 时的额定功率
$P_e = \frac{\sqrt{\varepsilon_N}}{\sqrt{\varepsilon_{100}}}P_N = \sqrt{\varepsilon_N}S_N\cos\varphi_N$</td><td colspan="3">$\varepsilon_N$ %—铭牌负载持续率
P_N —直流电焊机的铭牌额定功率，kW
S_N —交流电焊机的铭牌额定视在功率，kVA
$\cos\varphi_N$ —电焊设备的铭牌额定功率因数</td></tr>
<tr><td>电炉变压器</td><td>统一换算到额定功率因数时的有功功率
$P_e = S_N\cos\varphi_N$</td><td colspan="3">S_N —电炉变压器的铭牌额定视在功率，kVA
$\cos\varphi_N$ —电炉变压器的铭牌额定功率因数</td></tr>
<tr><td>整流器</td><td colspan="4">整流器的设备功率是输入的交流电功率</td></tr>
<tr><td>成组用电设备</td><td colspan="4">成组用电设备的设备功率，不应包括备用设备的设备功率</td></tr>
<tr><td rowspan="8">照明设备</td><td>白炽灯、卤素灯为光源的额定功率
$P_e = P_N$</td><td colspan="3">P_N —光源的额定功率，kW</td></tr>
<tr><td rowspan="7">气体放电灯为光源额定功率加镇流器的功率损耗
$P_e = P_N + \Delta P = (1+\sigma\%)P_N$</td><td colspan="3">$P_N$ —光源的额定功率，kW
$\sigma\%$ —加镇流器的功率损耗，具体值如下</td></tr>
<tr><td>灯　具</td><td>镇流器类型</td><td>功率损耗（%）</td></tr>
<tr><td rowspan="3">荧光灯</td><td>普通型电感</td><td>25</td></tr>
<tr><td>节能型电感</td><td>15～18</td></tr>
<tr><td>电子</td><td>10</td></tr>
<tr><td rowspan="2">金属卤化物灯、高压钠灯、荧光高压汞灯</td><td>普通电感</td><td>14～16</td></tr>
<tr><td>节能型电感</td><td>9～10</td></tr>
</table>

（3）计算负荷（P_j）。计算负荷是假想的持续性负荷，在一定的时间间隔中产生的特定效应与变动的实际负荷相等。

需要系数法求计算负荷（P_j）的步骤见表 5－19。

表 5－19　需要系数求计算负荷

项目	计 算 公 式	符 号 说 明
用电设备组	$P_j = K_d\sum P_e$ $Q_j = P_j\tan\varphi$	K_d —需要系数 P_e —单台电气设备的设备容量，kW $\tan\varphi$ —给出的正切值
配电干线和配电所	$P_j = K_{\Sigma P}\sum P_{ji} = K_{\Sigma P}\sum(K_{di}P_{ei})$ $Q_j = K_{\Sigma Q}\sum Q_{ji} = K_{\Sigma Q}\sum(K_{di}P_{ei}\tan\varphi_i)$	P_{ji} —各用电设备组有功计算负荷，kW Q_{ji} —各用电设备组无功计算负荷，kvar $K_{\Sigma P}$ —有功同时系数，配电所取 0.85～1 $K_{\Sigma Q}$ —无功同时系数，配电所取 0.95～1

续表

<table>
<tr><th>项目</th><th colspan="2">计 算 公 式</th><th>符 号 说 明</th></tr>
<tr><td>总变电所</td><td>低压母线
$P_{j2}=k_P\sum_{i=1}^{n}P_{ji}$
$Q_{j2}=k_Q\sum_{i=1}^{n}Q_{ji}$
$S_{j2}=\sqrt{P_{j2}^2+Q_{j2}^2}$
$I_{j2}=\frac{S_{j2}}{\sqrt{3}U_N}$
$\cos\varphi_2=\frac{P_{j2}}{S_{j2}}$</td><td>高压进线
$P_{j1}=P_{j2}+\Delta P_T+\Delta P_L$
$Q_{j1}=Q_{j2}+\Delta Q_T+\Delta Q_L$
$S_{j1}=\sqrt{P_{j1}^2+Q_{j1}^2}$</td><td>$P_{ji}$—各低压出线有功计算负荷，kW
Q_{ji}—各低压出线无功计算负荷，kvar
P_{j2}—低压母线有功计算负荷，kW
Q_{j2}—低压母线无功计算负荷，kVA
ΔP_T—变压器有功功率损耗，kW
ΔQ_T—变压器无功功率损耗，kvar
ΔP_L—线路有功功率损耗，kW
ΔQ_L—线路无功功率损耗，kvar
U_N—系统的额定电压，kV
k_P—有功同时系数，总变电站 0.8～0.9
k_Q—无功同时系数，总变电站 0.93～0.97</td></tr>
</table>

（4）需要系数（K_d）。需要系数是表示配电系统中所有用电设备同时运转（用电）的程度，或者说表示所有用电设备同时使用的程度。通常其值小于 1，只有在所有用电设备全部同时连续运转且满载时，才能为 1。

$$\text{需要系数}=\frac{\text{有功计算负荷（kW）}}{\text{用电设备组的设备容量总和}\Sigma P\text{（kW）}}$$

表 5－20～表 5－26 是负荷计算常用的需要系数。

表 5－20　用电设备的 K_d、$\cos\varphi$ 及 $\tan\varphi$

<table>
<tr><th colspan="2">用电设备组名称</th><th>K_d</th><th>$\cos\varphi$</th><th>$\tan\varphi$</th></tr>
<tr><td rowspan="4">单独传动的金属加工机床</td><td>小批生产的金属冷加工机床</td><td>0.12～0.16</td><td>0.50</td><td>1.73</td></tr>
<tr><td>大批生产的金属冷加工机床</td><td>0.17～0.20</td><td>0.50</td><td>1.73</td></tr>
<tr><td>小批生产的金属热加工机床</td><td>0.20～0.25</td><td>0.55～0.60</td><td>1.51～1.33</td></tr>
<tr><td>大批生产的金属热加工机床</td><td>0.25～0.28</td><td>0.65</td><td>1.17</td></tr>
<tr><td colspan="2">锻锤、压床、剪床及其他锻工机械</td><td>0.25</td><td>0.60</td><td>1.33</td></tr>
<tr><td colspan="2">木工机械</td><td>0.20～0.30</td><td>0.50～0.60</td><td>1.73～1.33</td></tr>
<tr><td colspan="2">液压机</td><td>0.30</td><td>0.60</td><td>1.33</td></tr>
<tr><td colspan="2">生产用通风机</td><td>0.75～0.85</td><td>0.80～0.85</td><td>0.75～0.62</td></tr>
<tr><td colspan="2">卫生用通风机</td><td>0.65～0.70</td><td>0.80</td><td>0.75</td></tr>
<tr><td colspan="2">泵、活塞型压缩机、电动发电机组</td><td>0.75～0.85</td><td>0.80</td><td>0.75</td></tr>
</table>

续表

<table>
<tr><th colspan="2">用电设备组名称</th><th>K_d</th><th>$\cos\varphi$</th><th>$\tan\varphi$</th></tr>
<tr><td colspan="2">球磨机、破碎机、筛选机、搅拌机等</td><td>0.75～0.85</td><td>0.80～0.85</td><td>0.75～0.62</td></tr>
<tr><td rowspan="2">电阻炉（带调压器或变压器）</td><td>非自动装料</td><td>0.60～0.70</td><td>0.95～0.98</td><td>0.33～0.20</td></tr>
<tr><td>自动装料</td><td>0.70～0.80</td><td>0.95～0.98</td><td>0.33～0.20</td></tr>
<tr><td colspan="2">干燥箱、加热器等</td><td>0.40～0.60</td><td>1.00</td><td>0</td></tr>
<tr><td colspan="2">工频感应电炉（不带无功补偿装置）</td><td>0.80</td><td>0.35</td><td>2.68</td></tr>
<tr><td colspan="2">高频感应电炉（不带无功补偿装置）</td><td>0.80</td><td>0.60</td><td>1.33</td></tr>
<tr><td colspan="2">焊接和加热用高频加热设备</td><td>0.50～0.65</td><td>0.70</td><td>1.02</td></tr>
<tr><td colspan="2">熔炼用高频加热设备</td><td>0.80～0.85</td><td>0.80～0.85</td><td>0.75～0.62</td></tr>
<tr><td rowspan="2">表面淬火电炉（带无功补偿装置）</td><td>电动发电机</td><td>0.65</td><td>0.70</td><td>1.02</td></tr>
<tr><td>真空管振荡器</td><td>0.80</td><td>0.85</td><td>0.62</td></tr>
<tr><td colspan="2">中频电炉（中频机组）</td><td>0.65～0.75</td><td>0.80</td><td>0.75</td></tr>
<tr><td colspan="2">氢气炉（带调压器或变压器）</td><td>0.40～0.50</td><td>0.85～0.90</td><td>0.62～0.48</td></tr>
<tr><td colspan="2">真空炉（带调压器或变压器）</td><td>0.55～0.65</td><td>0.85～0.90</td><td>0.62～0.48</td></tr>
<tr><td colspan="2">电弧炼钢炉变压器</td><td>0.90</td><td>0.85</td><td>0.62</td></tr>
<tr><td colspan="2">电弧炼钢炉的辅助设备</td><td>0.15</td><td>0.50</td><td>1.73</td></tr>
<tr><td colspan="2">点焊机、缝焊机</td><td>0.35，0.20①</td><td>0.60</td><td>1.33</td></tr>
<tr><td colspan="2">对焊机</td><td>0.35</td><td>0.70</td><td>1.02</td></tr>
<tr><td colspan="2">自动弧焊变压器</td><td>0.50</td><td>0.50</td><td>1.73</td></tr>
</table>

续表

用电设备组名称	K_d	$\cos\varphi$	$\tan\varphi$
单头手动弧焊变压器	0.35	0.35	2.68
多头手动弧焊变压器	0.40	0.35	2.68
单头直流弧焊机	0.35	0.60	1.33
多头直流弧焊机	0.70	0.70	1.02
金属、机修、装配车间、锅炉房用起重机	0.10～0.25	0.5	1.73
铸造车间起重机	0.15～0.45	0.5	1.73
联锁的连续运输机械	0.65	0.75	0.88
非联锁的连续运输机械	0.50～0.60	0.75	0.88
一般工业用硅整流装置	0.50	0.70	1.02
电镀用硅整流装置	0.50	0.75	0.88
电解用硅整流装置	0.70	0.80	0.75
红外线干燥设备	0.85～0.90	1.00	0.00
电火花加工装置	0.50	0.60	1.33
超声波装置	0.70	0.70	1.02
X 光设备	0.30	0.55	1.52
电子计算机主机	0.60～0.70	0.80	0.75
电子计算机外部设备	0.40～0.50	0.50	1.73
试验设备（电热为主）	0.20～0.40	0.80	0.75
试验设备（仪表为主）	0.15～0.20	0.70	1.02
磁粉探伤机	0.20	0.40	2.29
铁屑加工机械	0.40	0.75	0.88
排气台	0.50～0.60	0.90	0.48
老炼台	0.60～0.70	0.70	1.02
陶瓷隧道窑	0.80～0.90	0.95	0.33
拉单晶炉	0.70～0.75	0.90	0.48
赋能腐蚀设备	0.60	0.93	0.40
真空浸渍设备	0.70	0.95	0.33

① 点焊机的需要系数 0.2 仅用于电子行业。

表 5－21　高压用电设备的 K_d、$\cos\varphi$ 及 $\tan\varphi$

用电设备组名称	K_d	$\cos\varphi$	$\tan\varphi$
电弧炉变压器	0.92	0.87	0.57
转炉鼓风机	0.70	0.80	0.75
水压机	0.5	0.75	0.88
煤气站排风机	0.7	0.8	0.75
空压站压缩机	0.7	0.8	0.75
氧气压缩机	0.8	0.8	0.75
轧钢设备	0.8	0.8	0.75
试验电动机组	0.5	0.75	0.75
高压给水泵（异步电动机）	0.5	0.8	0.88
高压输水机（同步电动机）	0.8	0.92	0.75
引风机、送风机	0.8～0.9	0.85	0.43
有色金属轧机	0.15～0.2	0.7	0.62

表 5－22　民用建筑用电设备的 K_d、$\cos\varphi$ 及 $\tan\varphi$

用电设备组名称		K_d	$\cos\varphi$	$\tan\varphi$
通风和采暖用电	各种风机、空调器	0.7～0.8	0.8	0.75
	恒温空调箱	0.6～0.7	0.95	0.33
	集中式电热器	1.0	1.0	0
	分散式电热器	0.75～0.95	1.0	0
	小型电热设备	0.3～0.5	0.95	0.33
冷冻机		0.85～0.90	0.80～0.90	0.75～0.48
各种水泵		0.60～0.80	0.8	0.75
锅炉房用电		0.75～0.80	0.8	0.75
电梯（交流）		0.18～0.22	0.5～0.6	1.73～1.33
输送带、自动扶梯		0.60～0.65	0.75	0.88
起重机械		0.10～0.20	0.5	1.73
厨房及卫生用电	食品加工机械	0.5～0.7	0.8	0.75
	电饭锅、电烤箱	0.85	1.0	0
	电炒锅	0.7	1.0	0
	电冰箱	0.6～0.7	0.7	1.02
	热水器（淋浴用）	0.65	1.0	0
	除尘器	0.3	0.85	0.62
机修用电	修理间机械设备	0.15～0.2	0.5	1.73
	电焊机	0.35	0.35	2.68
	移动式电动工具	0.2	0.5	1.73
打包机		0.2	0.6	1.33
洗衣房动力		0.3～0.5	0.7～0.9	1.02～0.48
天窗开闭机		0.1	0.5	1.73
通信及信号设备		0.7～0.9	0.7～0.9	0.75
客房床头电气控制箱		0.15～0.25	0.7～0.85	1.02～0.62

表 5-23　旅游旅馆用电设备的 K_d、$\cos\varphi$ 及 $\tan\varphi$

用电设备组名称		K_d	$\cos\varphi$	$\tan\varphi$
照明	客房	0.35～0.45	0.9	0.48
照明	其他场所	0.50～0.70	0.6～0.9	1.33～0.48
冷水机组、泵		0.65～0.75	0.80	0.75
通风机		0.60～0.70	0.80	0.75
电梯		0.18～0.22	0.50	1.73
洗衣机		0.30～0.35	0.70	1.02
厨房设备		0.35～0.45	0.75	0.88
窗式空调器		0.35～0.45	0.80	0.75

表 5-24　照明用电设备需要系数

建筑类别	K_d	建筑类别	K_d
托儿所、幼儿园	0.80～0.90	体育馆	0.70～0.80
综合商业服务楼	0.75～0.85	集体宿舍	0.60～0.80
生产厂房（有天然采光）	0.80～0.90	医院	0.50
生产厂房（无天然采光）	0.90～1.00	食堂，餐厅	0.80～0.90
办公楼	0.70～0.80	商店	0.90
设计室	0.90～0.95	学校	0.60～0.70
科研楼	0.80～0.90	展览馆	0.70～0.80
仓库	0.50～0.70	旅馆	0.60～0.70
锅炉房	0.90		

表 5-25　照明用电设备的 $\cos\varphi$ 及 $\tan\varphi$

光源类别		$\cos\varphi$	$\tan\varphi$	光源类别		$\cos\varphi$	$\tan\varphi$
卤钨灯		1.00	0.00	金属卤化物灯		0.40～0.55	2.29～1.52
荧光灯	电感镇流器（无补偿）	0.5	1.73	氙灯		0.90	0.48
荧光灯	电感镇流器（有补偿）	0.90	0.48	霓虹灯		0.4～0.5	2.29～1.73
荧光灯	电子镇流器（>25W）	0.95～0.98	0.33～0.20	LED	<5W	0.4	2.29
高压汞灯		0.4～0.55	2.29～1.52	LED	>5W	0.7	1.02
高压钠灯		0.2～0.55	2.29～1.73	LED	高功率因数	0.9	0.48

表 5-26　$\cos\varphi$ 与 $\tan\varphi$ 对应值

$\cos\varphi$	$\tan\varphi$	$\sin\varphi$	$\cos\varphi$	$\tan\varphi$	$\sin\varphi$	$\cos\varphi$	$\tan\varphi$	$\sin\varphi$
1.000	0.000	0.000	0.870	0.567	0.493	0.650	1.169	0.760
0.990	0.142	0.141	0.860	0.593	0.510	0.600	1.333	0.800
0.980	0.203	0.199	0.850	0.620	0.527	0.550	1.518	0.835
0.970	0.251	0.243	0.840	0.646	0.543	0.500	1.732	0.866
0.960	0.292	0.280	0.830	0.672	0.558	0.450	1.985	0.893
0.950	0.329	0.312	0.820	0.698	0.698	0.400	2.291	0.916
0.940	0.363	0.341	0.810	0.724	0.572	0.350	2.676	0.937
0.930	0.395	0.367	0.800	0.750	0.586	0.300	3.180	0.954
0.920	0.426	0.392	0.780	0.802	0.600	0.250	3.873	0.968
0.910	0.456	0.415	0.750	0.882	0.626	0.200	4.899	0.980
0.900	0.484	0.436	0.720	0.964	0.661	0.150	6.591	0.989
0.890	0.512	0.456	0.700	1.020	0.714	0.100	0.950	0.995
0.880	0.540	0.475	0.680	1.078	0.733			

3. 利用系数法

（1）计算。用利用系数法确定计算负荷时，不论计算范围大小，都必须求出该计算范围内用电设备有效台数及最大系数，而后算出结果。最大负荷班指的是在有代表性的一昼夜中，某一用电设备组、车间或整个企业电能消耗最多的一个班。

计算步骤在表 5-27 中给出。

表 5-27　利用系数法计算负荷

计算项目	计算公式	符号说明
最大负荷班的用电设备组平均负荷	最大负荷班的用电设备组平均负荷 $P_{av}=K_uP_e$ $Q_{av}=P_{av}\tan\varphi$	P_e—用电设备组的设备功率，kW K_u—最大负荷班的用电设备组利用系数 $\tan\varphi$—用电设备组的功率因数角的正切值
全计算范围的总利用系数	总利用系数 $K_{ut}=\dfrac{\Sigma P_{av}}{\Sigma P_e}$	ΣP_{av}—各用电设备组平均负荷的有功功率和，kW ΣP_e—各用电设备组的设备功率之和，kW
用电设备的有效台数	用电设备的有效台数 $n_{eq}=\dfrac{(\sum_{i=1}^{n}P_{ei})^2}{\sum_{i=1}^{n}P_{ei}^2}$	用电设备的有效台数是将不同设备功率和工作制的用电设备台数换算为相同设备功率和工作制的有效值 P_{ei}—第 i 台用电设备的设备功率，kW

续表

<table>
<tr><th>计算项目</th><th>计算公式</th><th colspan="2">符号说明</th></tr>
<tr><td rowspan="2">用电设备的有效台数</td><td>（1）当有效台数为 4 台及以上，且最大一台设备功率 $P_{e,max}$ 与最小一台设备功率 $P_{e,min}$ 的比值 $m \leqslant 3$ 时
$n_{eq}=n$</td><td colspan="2">n —用电设备台数
在确定 n_{eq} 值时，可将组内总功率不超过全组总设备功率 5%的一些最小用电设备略去
在确定 m 值时，可将组内总功率不超过全组设备功率 5%的最小一档用电设备略去</td></tr>
<tr><td>（2）当 $m>3$ 和 $K_{ut.av} \geqslant 0.2$ 时
$n_{eq}=\dfrac{\Sigma P_e}{0.5P_{e,max}}$
如按上式求得的 n_{eq} 比实际台数还多，则取
$n_{eq}=n$</td><td colspan="2">$P_{e,max}$ —单个最大用电设备的设备功率，kW
n —用电设备实际台数</td></tr>
<tr><td rowspan="5">最大系数</td><td rowspan="5">任意时长的最大系数
$K_{m(t)} \leqslant 1+\dfrac{K_{m(0.5)}-1}{\sqrt{2t}}$</td><td colspan="2">$K_{m(0.5)}$ —0.5h 最大系数
t —导体达到稳定温度的时长，h，具体时间按下表选取</td></tr>
<tr><td>设备或截面导体</td><td>最大系数对应时间</td></tr>
<tr><td>$S \leqslant 3\times35mm^2$ 绝缘线和电缆</td><td>0.5h</td></tr>
<tr><td>$S \geqslant 3\times50mm^2$ 绝缘线和 $(3\times50\sim3\times120)mm^2$ 电缆</td><td>1h</td></tr>
<tr><td>变压器和 $S \geqslant 3\times150mm^2$ 电缆</td><td>2h</td></tr>
<tr><td>计算负荷及计算电流</td><td>计算负荷
$P_c=K_m\Sigma P_{av}$
$Q_c=K_m\Sigma Q_{av}$
$S_c=\sqrt{P_c^2+Q_c^2}$
$I_c=\dfrac{S_c}{\sqrt{3}U_N}$</td><td colspan="2">$U_N$ —额定电压，kV
K_m —最大系数</td></tr>
</table>

（2）利用系数。利用系数 K_u、$\cos\varphi$ 及 $\tan\varphi$ 见表 5-28。

表 5-28　利用系数 K_u、$\cos\varphi$ 及 $\tan\varphi$

用电设备组名称	K_u	$\cos\varphi$	$\tan\varphi$
一般工作制小批生产用金属切削机床（小型车、刨、插、铣、钻床、砂轮机等）	0.1～0.12	0.50	1.73
一般工作制大批生产用金属切削机床	0.12～0.14	0.50	1.73
重复工作制金属切削机床（冲床、自动车床、六角车床、粗磨、铣齿、大型车床、刨、铣、立车、镗床）	0.16	0.55	1.51
小批生产金属热加工机床（锻锤传动装置、锻造机、拉丝机、清理转磨筒、碾磨机等）	0.17	0.60	1.33
大批生产金属热加工机床	0.20	0.65	1.17
生产用通风机	0.55	0.80	0.75
卫生用通风机	0.50	0.80	0.75
泵、空气压缩机，电动发电机组	0.55	0.80	0.75
移动式电动工具	0.05	0.50	1.73
非联锁的连续运输机械（提升机、传送带运输机、螺旋运输机等）	0.35	0.75	0.88
联锁的连续运输机械	0.50	0.75	0.88
起重机及电动葫芦（$\varepsilon\%=100\%$）	0.15～0.20	0.50	1.73
电阻炉、干燥箱、加热设备	0.55～0.65	0.95	0.33
试验室用小型电热设备	0.35	1.00	0.00
10t 以下电弧炼钢炉	0.65	0.80	0.75
单头直流弧焊机	0.25	0.60	1.33
多头直流弧焊机	0.50	0.70	1.02
单头弧焊变压器	0.25	0.35	2.67
多头弧焊变压器	0.30	0.35	2.67
自动弧焊机	0.30	0.50	1.73
点焊机及缝焊机	0.25	0.60	1.33
对焊机及铆钉加热器	0.25	0.70	1.02
工频感应电炉	0.75	0.35	2.67
高频感应电炉（用电动发电机组）	0.70	0.80	0.75
高频感应电炉（用真空管振荡器）	0.65	0.65	1.17

（3）最大系数。无论是 n_{eq}、$K_{u.av}$ 和 K_m 可采用内插法求得相关数值。0.5h/1h/2h 时的最大系数见表 5-29。

表 5－29　　　　0.5h/1h/2h 最大系数 K_m

n_{eq}	$K_{ut}=0.1$	$K_{ut}=0.15$	$K_{ut}=0.2$	$K_{ut}=0.3$	$K_{ut}=0.4$	$K_{ut}=0.5$	$K_{ut}=0.6$	$K_{ut}=0.7$	$K_{ut}=0.8$
4	3.43	3.11/2.49/2.06	2.64/2.16/1.82	2.14/1.81/1.57	1.87/1.62/1.44	1.65/1.46/1.33	1.46/1.33/1.23	1.29/1.21/1.15	1.14/1.10/1.07
5	3.23	2.87/2.32/1.94	2.42/2.00/1.71	2.00/1.71/1.50	1.76/1.54/1.38	1.57/1.40/1.29	1.41/1.29/1.21	1.26/1.18/1.13	1.12/1.08/1.06
6	3.04	2.64/2.16/1.82	2.24/1.88/1.62	1.86/1.62/1.44	1.66/1.47/1.33	1.51/1.36/1.26	1.37/1.26/1.19	1.23/1.16/1.12	1.10/1.07/1.05
7	2.88	2.48/2.05/1.74	2.10/1.78/1.55	1.80/1.57/1.40	1.58/1.41/1.29	1.45/1.32/1.23	1.33/1.23/1.17	1.21/1.15/1.11	1.09/1.06/1.05
8	2.72	2.31/1.93/1.66	1.99/1.70/1.50	1.72/1.51/1.36	1.52/1.37/1.26	1.40/1.28/1.20	1.30/1.21/1.15	1.20/1.14/1.10	1.08/1.06/1.04
9	2.56	2.20/1.85/1.60	1.90/1.64/1.45	1.65/1.46/1.33	1.47/1.33/1.24	1.37/1.26/1.19	1.28/1.20/1.14	1.18/1.13/1.09	1.08/1.06/1.04
10	2.42	2.10/1.78/1.55	1.84/1.59/1.42	1.60/1.42/1.30	1.43/1.30/1.22	1.34/1.24/1.17	1.26/1.18/1.13	1.07/1.11/1.08	1.07/1.05/1.04
12	2.24	1.96/1.68/1.48	1.75/1.53/1.38	1.52/1.38/1.26	1.36/1.25/1.18	1.28/1.20/1.14	1.23/1.16/1.12	1.15/1.11/1.08	1.07/1.05/1.04
14	2.10	1.85/1.60/1.43	1.67/1.47/1.34	1.45/1.32/1.23	1.32/1.23/1.16	1.25/1.18/1.13	1.20/1.14/1.10	1.13/1.09/1.07	1.07/1.05/1.04
16	1.99	1.77/1.54/1.37	1.61/1.43/1.31	1.41/1.29/1.22	1.28/1.20/1.14	1.23/1.16/1.12	1.18/1.13/1.09	1.12/1.08/1.06	1.07/1.05/1.04
18	1.91	1.70/1.49/1.35	1.55/1.39/1.28	1.37/1.26/1.19	1.26/1.18/1.13	1.21/1.15/1.11	1.16/1.11/1.08	1.11/1.08/1.06	1.06/1.04/1.03
20	1.84	1.65/1.46/1.33	1.50/1.35/1.25	1.34/1.24/1.17	1.24/1.17/1.12	1.201.14/1.10	1.15/1.11/1.08	1.11/1.08/1.06	1.06/1.04/1.03
25	1.71	1.55/1.39/1.28	1.40/1.28/1.20	1.28/1.20/1.14	1.21/1.15/1.11	1.17/1.12/1.09	1.14/1.10/1.07	1.10/1.07/1.05	1.06/1.04/1.03
30	1.62	1.46/1.33/1.23	1.34/1.24/1.17	1.24/1.17/1.12	1.19/1.13/1.10	1.16/1.11/1.08	1.13/1.09/1.06	1.10/1.07/1.05	1.05/1.04/1.03
35	1.56	1.41/1.29/1.21	1.30/1.21/1.15	1.21/1.15//1.11	1.17/1.12/1.09	1.15/1.11/1.08	1.12/1.08/1.06	1.09/1.06/1.05	1.05/1.04/1.03
40	1.50	1.37/1.26/1.19	1.27/1.19/1.14	1.19/1.13/1.10	1.15/1.11/1.08	1.13/1.09/1.06	1.12/1.08/1.06	1.09/1.06/1.05	1.05/1.04/1.03
45	1.45	1.33/1.23/1.17	1.25/1.18/1.13	1.17/1.12/1.09	1.14/1.10/1.07	1.12/1.08/1.06	1.11/1.08/1.06	1.08/1.06/1.04	1.04/1.03/1.02
50	1.40	1.30/1.21/1.15	1.23/1.16/1.12	1.16/1.11/1.08	1.14/1.10/1.07	1.11/1.08/1.06	1.10/1.07/1.05	1.08/1.06/1.04	1.04/1.03/1.02
60	1.32	1.25/1.18/1.13	1.19/1.13/1.10	1.14/1.10/1.07	1.12/1.08/1.06	1.11/1.08/1.06	1.09/1.06/1.05	1.07/1.05/1.04	1.03/1.02/1.02
70	1.27	1.22/1.16/1.11	1.17/1.12/1.09	1.12/1.08/1.06	1.10/1.07/1.05	1.10/1.07/1.05	1.09/1.06/1.05	1.05/1.04/1.03	1.03/1.02/1.02
80	1.25	1.20/1.14/1.09	1.15/1.11/1.08	1.11/1.08/1.06	1.10/1.07/1.05	1.10/1.07/1.05	1.08/1.06/1.04	1.05/1.04/1.03	1.03/1.02/1.02
90	1.23	1.18/1.14/1.09	1.13/1.09/1.07	1.10/1.08/1.05	1.09/1.06/1.05	1.09/1.06/1.05	1.08/1.06/1.04	1.05/1.04/1.03	1.02/1.01/1.01
100	1.21	1.17/1.12/1.09	1.12/1.08/1.06	1.10/1.08/1.05	1.08/1.06/1.04	1.08/1.06/1.04	1.07/1.05/1/04	1.05/1.04/1.03	1.02/1.01/1.01
120	1.19	1.16/1.11/1.08	1.12/1.08/1.06	1.09/1.06/1.05	1.07/1.06/1/04	1.07/1.06/1/04	1.07/1.05/1/04	1.05/1.04/1.03	1.02/1.01/1.01
160	1.16	1.13/1.09/1.07	1.10/1.08/1.05	1.08/1.06/1.04	1.05/1.04/1.03	1.05/1.04/1.03	1.05/1.04/1.03	1.04/1.03/1.02	1.02/1.01/1.01
200	1.15	1.12/1.08/1.06	1.09/1.06/1.05	1.07/1.05/1.04	1.05/1.04/1.03	1.05/1.04/1.03	1.05/1.04/1.03	1.04/1.03/1.02	1.01/1.01/1.01
240	1.14	1.11/1.08/1.06	1.08/1.06/1.04	1.07/1.05/1.04	1.05/1.04/1.03	1.05/1.04/1.03	1.05/1.04/1.03	1.04/1.03/1.02	1.01/1.01/1.01

注：$K_{ut}=0.1$ 为 0.5h 时的最大系数。

（4）5 台及以下用电设备的计算负荷，见表 5－30。

表 5－30　　　　5 台及以下用电设备的计算负荷

<table>
<tr><th>计算项目</th><th>计算公式</th><th>符　号　说　明</th></tr>
<tr><td>用电设备有效台数为 4 及以上时</td><td>$P_c=K_uP_e$
$Q_c=P_c\tan\varphi$</td><td>P_e —用电设备组的设备功率，kW
K_u —最大负荷班的用电设备组利用系数
$\tan\varphi$ —用电设备组的功率因数角的正切值</td></tr>
<tr><td>用电设备有效台数小于 4 时</td><td>$P_c=\sum K_LP_e$
$Q_c=P_c\tan\varphi$</td><td>K_L —各用电设备的负荷系数，取值如下<table><tr><td>无负荷系数</td><td>采用平均负荷系数</td></tr><tr><td>连续工作制设备</td><td>实际台数>3 时取 0.9，实际台数≤3 时取 1</td></tr><tr><td>短时或周期工作制</td><td>实际台数>3 时取 1，实际台数≤3 时取 1.15</td></tr></table></td></tr>
</table>

4. 单位指标法

（1）计算负荷。负荷密度指标法（单位面积功率法）、综合单位指标法、单位产品耗电量确定计算负荷时计算步骤在表 5－31 中给出。

表 5－31　　单位指标法求计算负荷

计算项目	计算公式	符号说明
负荷密度指标法（单位面积功率法）	$P_c=\dfrac{\rho_e A}{1000}$(kW) $S_c=\dfrac{\sigma_e A}{1000}$	ρ_e—负荷密度指标（单位面积功率），W/m^2 A—建筑面积，m^2 σ_e—负荷密度指标，VA/m^2
综合单位指标法	$P_c=\rho_e N$	ρ_e—综合单位用电指标，如 kW/床、kW/户、kW/人 N—综合单位数量，如床位数、户数、人数
单位产品耗电量法	$P_c=\dfrac{\omega_e N}{T_{max}}$	ω_e—单位产品耗电量，如 kW/t、kW/台、kW/套 N—年产量，如 t、台、套 T_{max}—年最大负荷利用小时，h

（2）负荷密度指标。规划单位建设用地负荷指标和规划单位建筑面积负荷指标见表 5－32。

表 5－32　规划单位建设用地负荷指标和规划单位建筑面积负荷指标

类　别		单位建筑面积负荷指标/（W/m^2）
城市建设用地类别	居住用地	10～40
	商业服务业设施用地	40～120
	公共管理与公共服务设施用地	30～80
	工业用地	20～80
	物流仓储用地	2～4
	道路与交通设施用地	1.5～3
	公共设施用地	15～20
	绿地与广场用地	1～3

续表

类　别		单位建筑面积负荷指标/（W/m^2）
建筑类别	居住建筑	30～70（4～16kW/户）
	公共建筑	40～150
	工业建筑	40～120
	物流仓储建筑	15～50
	市政设施建筑	20～50

表 5－33 是公共建筑变压器配置容量指标。

表 5－33　　公共建筑变压器配置指标

建筑类别	装置指标/（VA/m^2）
小型商业（不超过 30 000m^2）等	≥150
大中型商业、饭店、休闲场所等	≥120
办公楼、宾馆、酒店、医院等	≥130
剧场、高校、展览馆等	≥120
旅馆、体育建筑等	≥100
车库	≥34

5. 单相负荷

（1）计算原则：

1）单相用电设备接于线电压或相电压时的负荷，相应的称为线负荷和相负荷。

2）单相用电设备应均衡分配到三相上，使各相的计算负荷尽量接近。

3）单相负荷与三相负荷同时存在时，应将单相负荷换算为等效三相负荷，再与三相负荷相加。

若单相设备的总容量小于三相用电设备总容量的 15%时，可按三相平衡分配负荷考虑；

如单相用电设备不对称容量大于三相用电设备总容量的 15%时，单相负荷应换算为等效三相负荷。

（2）精确计算。具体计算步骤见表 5－34 和表 5－35。

表 5－34　　单相负荷精确计算

计算项目	计算公式	符号说明
接于线电压的单相负荷换算为接于相电压的单相负荷	$P_U=P_{UV}p_{(UV)U}+P_{WU}p_{(WU)U}$ $Q_U=Q_{UV}q_{(UV)U}+Q_{WU}q_{(WU)U}$ $P_V=P_{UV}p_{(UV)V}+P_{VW}p_{(VW)V}$ $Q_V=P_{UV}q_{(UV)V}+Q_{VW}q_{(VW)V}$ $P_W=P_{VW}p_{(VW)W}+P_{WU}p_{(WU)W}$ $Q_W=Q_{VW}q_{(VW)W}+Q_{WU}q_{(WU)W}$	P_{UV}、P_{VW}、P_{WV}—接于 UV、VW、WU 线间电压的单相用电设备有功功率，kW Q_{UV}、Q_{VW}、Q_{WV}—接于 UV、VW、WU 线间电压的单相用电设备无功功率，kvar $p_{(UV)U}$、$p_{(VW)V}$、$p_{(WU)W}$、$p_{(UV)V}$、$p_{(VW)W}$、$p_{(WU)U}$—有功换算系数 $q_{(UV)U}$、$q_{(VW)V}$、$q_{(WU)W}$、$q_{(UV)V}$、$q_{(VW)W}$、$q_{(WU)U}$—无功换算系数

续表

计算项目	计算公式	符号说明
单相负荷	$P_c=\Sigma P_i$ $Q_c=P_c\tan\varphi$	P_i—换算后的单相负荷，kW $\tan\varphi$—P_c相负荷对应的正切值
等效三相负荷	$P_c=3\times P_{\phi\cdot max}$ $Q_c=P_c\tan\varphi_{\phi.max}$	$P_{\phi.max}$—三个单相负荷中最大单相负荷，kW $\tan\varphi_{\phi.max}$—P_c相负荷对应的正切值

表 5-35　有功、无功换算系数

换算系数	负荷功率因数								
	0.35	0.4	0.5	0.6	0.65	0.7	0.8	0.9	1.0
$p_{(UV)U}$、$p_{(VW)V}$、$p_{(WU)W}$	1.27	1.17	1.0	0.89	0.84	0.8	0.72	0.64	0.5
$p_{(UV)V}$、$p_{(VW)W}$、$p_{(WU)U}$	-0.27	-0.17	1.0	0.11	0.16	0.2	0.28	0.36	0.5
$q_{(UV)U}$、$q_{(VW)V}$、$q_{(WU)W}$	1.05	0.86	0.58	0.38	0.3	0.22	0.09	-0.05	-0.29
$q_{(UV)V}$、$q_{(VW)W}$、$q_{(WU)U}$	1.63	1.44	1.16	0.96	0.88	0.8	0.67	0.53	0.29

（3）近似估算。单相负荷的近似估算见表 5-36。

表 5-36　单相负荷的近似估算

计算项目		计算公式	符号说明
相负荷		$P_c=3\times P_{\phi.max}$ $Q_c=P_c\tan\varphi_{\phi.max}$	$P_{\phi.max}$—三个单相负荷中最大单相负荷，kW $\tan\varphi_{\phi.max}$—最大相负荷的正切值
线负荷	单线间线负荷	$P_c=\sqrt{3}P_l$ $Q_c=P_c\tan\varphi_l$	P_l—线间单相负荷，kW $\tan\varphi_l$—线间单相负荷的正切值
	双线间线负荷	$P_c=\sqrt{3}P_1+(3-\sqrt{3})P_2$ $Q_e=\sqrt{3}P_1\tan\varphi_1+(3-\sqrt{3})P_2\tan\varphi_2$	P_1—最大线负荷，kW P_2—次大线负荷，kW $\tan\varphi_1$—最大线负荷的正切值 $\tan\varphi_2$—次大线负荷的正切值
	三线间线负荷		

6. 季节负荷

季节性负荷如冬季采暖和夏季空调，虽然不是同时使用，但一旦进入使用期，则连续运行的时间较长，这种负荷应取较大值计入正常的负荷计算。

季节性负荷分别计算冬季采暖负荷与夏季制冷负荷。

从经济运行条件出发，在变压器的台数和容量选择时需要考虑季节性负荷。

7. 波动负荷

波动电流计算　波动电流是指单台或一组用电设备持续 1～2s 的最大负荷电流，一般取起动电流的周期分量作为波动电流。波动电流用以校验电压波动和选择保护电器，以及电动机自起动的条件。

波动负荷的计算见表 5-37。

表 5-37　波动负荷的计算

计算项目	计算公式	符号说明
单台电动机、电弧炉或电焊变压器的支线	$I_{jf}=KI_N$	I_N—电动机、电弧炉或电焊变压器一次侧额定电流，A K—起动电流倍数，即起动电流与额定电流之比，笼型异步电动机可达 7 倍，绕线转子异步电动机不大于 2 倍，直流电动机为 1.5～2 倍，单台电弧炉为 3 倍，弧焊变压器和弧焊整流器为小于或等于 2.1 倍，电阻焊机为 1 倍，闪光对焊机为 2 倍
接有多台电动机的配电线路，只考虑一台电动机起动时	$I_{jf}=(KI_N)_{max}+I'_{js}$	$(KI_N)_{max}$—起动电流为最大的一台电动机的起动电流，A I'_{js}—除起动电动机以外的配电线路计算电流，A
		两台及以上设备的电动机有可能同时起动时，波动电流根据实际情况确定
对于自起动的电动机组，其波动电流为所有参与自起动的电动机的起动电流之和		

8. 电能计算

根据负荷曲线及负荷计算的结果可以得到不同表达方式下的电能计算，见表 5-38。

表5-38 电能计算

时间	能耗名称	计算
日负荷	日最大、最小有功负荷、平均有功负荷	P_{max}、P_{min}、P_{av}
	日最大、最小无功负荷、平均无功负荷	Q_{max}、Q_{min}、Q_{av}
	日有功功率峰谷差	$\Delta P=P_{max}-P_{min}$
	日无功功率峰谷差	$\Delta Q=Q_{max}-Q_{min}$
	日有功用电量	$W_P=\int_0^{24}P(t)dt$
	日无功用电量	$W_Q=\int_0^{24}Q(t)dt$
	日平均有功负荷	$P_{av}=\frac{W_P}{24}=\frac{1}{24}\int_0^{24}P(t)dt$
	日平均无功负荷	$Q_{av}=\frac{W_Q}{24}=\frac{1}{24}\int_0^{24}Q(t)dt$
	日有功负荷系数	$K_P=\frac{P_{av}}{P_{max}}$
	日无功负荷系数	$K_Q=\frac{Q_{av}}{Q_{max}}$

续表

时间	能耗名称	计算
年负荷	年有功用电量	$W_P=\int_0^{8760}P(t)dt$
	年无功用电量	$W_Q=\int_0^{8760}Q(t)dt$
	年平均有功负荷	$P_{av}=\frac{W_P}{8760}=\frac{1}{8760}\int_0^{8760}P(t)dt$
	年平均无功负荷	$Q_{av}=\frac{W_Q}{8760}=\frac{1}{8760}\int_0^{8760}Q(t)dt$
	年最大有功负荷利用小时数	$T_{P.max}=\frac{W_P}{P_{max}}=\frac{\int_0^{8760}P(t)dt}{P_{max}}$
	年最大无功负荷利用小时数	$T_{Q.max}=\frac{W_Q}{Q_{max}}=\frac{\int_0^{8760}Q(t)dt}{Q_{max}}$
	年有功负荷系数	$\alpha=\frac{P_{av}}{P_{max}}$
	年无功负荷系数	$\beta=\frac{Q_{av}}{Q_{max}}$

9. 电能损耗

（1）线路。线路阻抗中的功率损耗包括有功功率损耗及无功功率损耗，表5-39给出线路损耗的计算方法。

表5-39 线路损耗计算

方法		计算公式	符号说明
电流计算法		$\Delta P_1=3I_c^2R\times10^{-3}$ $\Delta Q_1=3I_c^2X\times10^{-3}$ $R=r_0l$ $X=x_0l$	I_c—线路中的相电流，A R—每相线路电阻，Ω X—每相线路电抗，Ω l—线路计算长度，km r_0、x_0—线路单位长度的交流电阻及电抗，Ω/km
潮流计算法	用末端量表示功率损耗	$\Delta P=3I_c^2R\times10^{-3}=3\left(\frac{S_2}{\sqrt{3}U_2}\right)^2R\times10^{-3}=\frac{P_2^2+Q_2^2}{U_2^2}R\times10^{-3}$ $\Delta Q=3I_c^2X\times10^{-3}=3\left(\frac{S_2}{\sqrt{3}U_2}\right)^2X\times10^{-3}=\frac{P_2^2+Q_2^2}{U_2^2}X\times10^{-3}$	S_2—线路末端的功率，MVA U_2—线路末端的电压，kV I_2—线路末端的电流，kA $I_c=I_2=\frac{S_2}{\sqrt{3}U_2}$
	用首端量表示功率损耗	$\Delta P=\left(\frac{S_1}{U_1}\right)^2R\times10^{-3}=\frac{P_1^2+Q_1^2}{U_1^2}R\times10^{-3}$ $\Delta Q=\left(\frac{S_1}{U_1}\right)^2X\times10^{-3}=\frac{P_1^2+Q_1^2}{U_1^2}X\times10^{-3}$	S_1—线路首端的功率，MVA U_1—线路首端的电压，kV I_1—线路首端的电流，kA $I_c=I_1=\frac{S_1}{\sqrt{3}U_1}$

（2）变压器。变压器的功率损耗，包括有功功率损耗和无功功率损耗。表 5–40 给出变压器损耗的计算方法。

表 5–40　　变压器损耗计算

内容	计算公式	符号说明	
有功损耗	$\Delta P_T = \Delta P_0 + \Delta P_k \left(\frac{S_c}{S_N}\right)^2$	S_c —变压器计算负荷，kVA S_N —变压器额定容量，kVA ΔP_0 —变压器空载有功损耗，kW ΔP_k —变压器短路有功损耗，kW	ΔP_0、ΔP_k、$I_0\%$、$u_k\%$ 均可由变压器产品样本中查得 ΔP_k、ΔQ_k 是通过短路试验测得，ΔP_0、ΔQ_0 是由空载试验测得，由制造厂提供
无功损耗	$\Delta Q_T = \Delta Q_0 + \Delta Q_k \left(\frac{S_c}{S_N}\right)^2$ $\Delta Q_0 = \frac{I_0\% S_N}{100}$ $\Delta Q_k = \frac{u_k\% S_N}{100}$	ΔQ_0 —变压器空载无功损耗，kvar $I_0\%$ —变压器空载电流百分比 ΔQ_k —变压器短路无功损耗，kvar $u_k\%$ —变压器阻抗电压百分比	
估算	$\Delta P_T = 0.01 S_c$ $\Delta Q_T = 0.05 S_c$	当变压器负荷率不大于 85%时	

（3）电容器与电抗器。电容器与电抗器的功率损耗计算见表 5–41。

表 5–41　　电容器与电抗器的功率损耗计算

内容		计算公式	符号说明	
电容器	计算	$\Delta P_C = Q_C \tan\delta$	Q_C —电容器容量，kvar $\tan\delta$ —电容器介质损失角的正切值	ΔP_N、ΔQ_N、$\tan\delta$ 由产品样本提供
	估算	$\Delta P_C = (0.25 \sim 0.5)\% Q_C$	Q_C —电容器容量，kvar	
三相电抗器		$\Delta P_X = 3\Delta P_N \left(\frac{I_c}{I_N}\right)^2$ $\Delta Q_X = 3\Delta Q_N \left(\frac{I_c}{I_N}\right)^2$	ΔP_N —额定电流时电抗器每相的有功损耗，kW ΔQ_N —额定电流时电抗器每相的无功损耗，kvar I_c —通过电抗器的计算电流，A I_N —电抗器的额定电流，A	

（4）配电系统。配电系统的年电能损耗见表 5–42。

表 5–42　　配电系统的年电能损耗

对象	计算公式	符号说明	
三相线路	$\Delta W_L = \Delta P_L \tau$	ΔP_L —三相线路的有功功率损耗，kW τ —年最大负荷损耗小时	cosφ=0.6、cosφ=0.7、cosφ=0.8、cosφ=0.9、cosφ=1.0；纵轴 τ/h（0、2000、4000、6000、8000）；横轴 T_{max}/h（2000、4000、6000、8000） τ 与 T_{max} 之间的关系曲线
双绕组变压器	$\Delta W_T = \Delta P_0 t + \Delta P_k \left(\frac{S_c}{S_N}\right)^2 \tau$	ΔP_0 —变压器空载有功损耗，kW ΔP_k —变压器短路有功损耗，kW S_c —变压器计算负荷，kVA S_N —变压器额定容量，kVA τ —年最大负荷损耗小时 t —变压器全年投入运行小时数，全年连续投入为 8760h	
电容器	$\Delta W_C = \Delta P_C t$	ΔP_C —电容器的有功功率损耗，kW t —电容器全年投入运行小时数，全年连续投入为 8760h	
电抗器	$\Delta W_X = \Delta P_X t$	ΔP_X —电抗器的有功功率损耗，kW t —电抗器全年投入运行小时数，全年连续投入为 8760h	

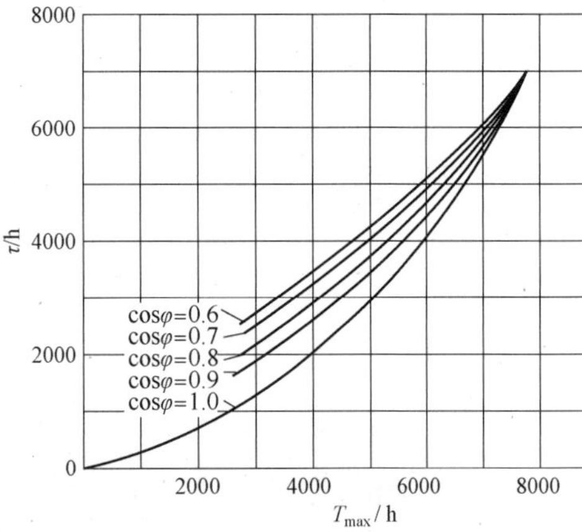

5.2.4　无功功率补偿

1. 功率因数要求

无功功率补偿改善的是整个线路的功率因数。民用及一般工业建筑的功率因数指标应达到下列规定：

（1）高压供电的用电单位，功率因数一般规定为 0.9 以上。

（2）其他电力用户，功率因数为 0.85 以上。

（3）对新建的工业企业用户，功率因数标准均规定按 0.95 设计。

（4）对农业用电单位，要求功率因数在 0.8 以上。

2. 无功补偿要求

（1）供配电设计中应正确选择电动机、变压器的容量，降低线路感抗。当工艺条件适当时，宜采取采用同步电动机或选用带空载切除的间歇工作制设备等，提高用电单位自然功率因数。

（2）当采用提高自然功率因子措施后，仍达不到电网合理运行要求时，应采用并联电力电容器作为无功补偿装置。当经过技术经济比较，确认采用同步电动机作为无功补偿装置合理时，可采用同步电动机。

（3）采用并联电力电容器作为无功补偿装置时，宜就地平衡补偿，并符合下列要求：

1）低压部分的无功功率，应由低压电容器补偿。

2）高压部分的无功功率，宜由高压电容器补偿。

3）容量较大，负荷平稳且经常使用的用电设备的无功功率，宜单独就地补偿。

4）补偿基本无功功率的电容器组，应在配变电所内集中补偿。

5）在环境正常的建筑物内，低压电容器宜分散设置。

3. 补偿方式

补偿原则：全面规划，合理布局，分级补偿，就地平衡。

无功补偿根据补偿方式分主要有集中、分散、随机三种方式。

当采用高、低压自动补偿装置效果相同时，宜采用低压自动补偿装置。

无功功率补偿方式见表 5－43。

表 5－43　　无功功率补偿方式

补偿方式	内　　容
集中补偿与分散补偿相结合，以分散补偿为主	在负荷集中的点进行补偿，既要在变电站进行大容量集中补偿，又要在配电线路、配电变压器和用电设备处进行分散补偿，使无功就地平衡，减少变压器和线路的损耗
高压补偿与低压补偿相结合，以低压补偿为主	高压无功补偿装置应装设在变压器的主要负荷侧，当不具备条件时，可装设在变压器的第三绕组侧，高压侧无负荷时，不得在高压侧装设补偿装置
降损补偿与调压补偿相结合，以降损补偿为主	应用在供电半径较长，分支较多，负荷比较分散，自然功率因数低的线路。这种线路负荷率低，线路的供电变压器多工作在空载或轻载的工况下，线路损失大，若对此线路进行补偿，可明显提高线路的供电能力
三相共补与单相分补相结合，以三相共补为主	三相电压/电流基本平衡时，采用共补或分补的补偿方式 三相电压/电流不平衡时，采用共补、分补相结合的综合补偿方式 三相电压/电流严重不平衡时，采用三相不平衡的补偿方式

4. 补偿设备

无功补偿设备的种类和特点见表 5－44。

表 5－44　　无功补偿设备的种类和特点

分类	设备	特　　点
机械旋转类	同步调相机	是一种不带任何负载的同步电动机，其补偿特点是既能过励磁运行，发出感性无功功率使电压升高，也能欠励磁运行吸收感性无功功率使电压降低
	同步发电机	调节发电机的励磁电流，不仅能改变发电机输出电压的幅值，还能改变输出无功的大小，受制于端电压幅值变化的限制
	同步电动机	与同步调相机相似，同步电动机根据励磁强度的不同，可以工作在感性或容性状态
静态补偿	电力电容器	增加容性无功来补偿负荷侧的感性无功需求，只能实现分级补偿，补偿精度差。受交流接触器操作频率和电容充放电时间及寿命的限制，补偿装置一般设有投切延时功能，其延时时间一般为 30s，对于快速变化的负载起不到补偿作用
	静止无功补偿器	晶闸管投切电容在投入状态下，双向晶闸管之一导通，电容起作用，发出容性无功功率，即向系统补偿无功功率；断开状态下，双向晶闸管均阻断，支路不起作用，无无功功率输出
	静止同步补偿器	是基于全控型电力电子器件所形成的智能型无功补偿控制设备。并联在系统上，不仅能实现滞后无功电流的控制，还能实现超前无功电流的控制
	晶闸管控制的高阻抗变压器	需要固定的电容支路提供容性无功并兼作滤波器。用于高压电网时采用星形－三角形接法；中低压电网采用三角形－开口星形的接法，原边采用三角形接法能消除 3 次谐波，副边中性点分开，使每相负载与另外两相独立，从而可以单独控制正序和负序电流，分相调节，补偿电弧炉等不平衡负载

续表

分类	设备	特　点
动态补偿	调压式	普通的电容器组前面增加一台电压调节器，利用电压调节器来改变电容器端部输出电压，改变电容器端电压来调节无功输出，从而改变无功输出容量来调节系统功率因数采用分级，方式，容易产生过补、欠补
	磁控式（MCR 型）	普通的电容器组上并联一套磁控电抗器。利用附加直流励磁磁化铁心，改变铁心磁导率，利用电抗器的容量和电容器的容量相互抵消，可实现无功功率的柔性补偿，实现快速平滑调节，响应时间为 100～300ms
	相控式	普通的电容器组上并联一套相控电抗器。对可控硅导通时间和控制角 α 的变化，导致相控电抗器电流变化，实现总的输出无功的连续可调，响应≤40ms
	SVG	SVG 并联于电网中，相当于可变的无功电流源。无功电流可以快速地跟随负荷无功电流的变化而变化，自动补偿系统所需的无功功率，其响应时间为 5ms

5. 补偿容量计算

无功补偿容量的计算步骤在表 5－45 中给出。

表 5－45　　无功补偿容量的计算

内容	计 算 公 式	符 号 说 明
平均功率因数	$\cos\varphi_{av}=\dfrac{W_m}{\sqrt{W_m^2+W_{rm}^2}}=\dfrac{1}{\sqrt{1+\dfrac{W_{rm}^2}{W_m^2}}}$	W_m —有功电能表月积累数，kW·h W_{rm} —无功电能表月积累数，kvar·h
平均负荷补偿容量	$Q_{av}=\alpha_{av}P_c(\tan\varphi_1-\tan\varphi_2)=\alpha_{av}P_cq_c$ $q_c=\tan\varphi_1-\tan\varphi_2$ $\tan\varphi_1=\dfrac{\beta_{av}Q_c}{\alpha_{av}P_c}$	P_c —最大有功计算负荷，kW Q_c —最大无功计算负荷，kvar $\tan\varphi_1$ —补偿前最大计算负荷功率因数角的正切值 $\tan\varphi_2$ —补偿后功率因数角的正切值 q_c —无功功率补偿率 α_{av} —年平均有功负荷系数 β_{av} —年平均无功负荷系数
最大功率因数	$\cos\varphi_{max}=\dfrac{P_{c\max}}{S_{c\max}}$	$P_{c\max}$ —最大计算负荷，kW $S_{c\max}$ —最大计算容量，kVA
最大负荷补偿容量	$Q_{max}=P_c(\tan\varphi_1-\tan\varphi_2)=P_cq_c$ $q_c=\tan\varphi_1-\tan\varphi_2$ $\tan\varphi_1=\dfrac{Q_c}{P_c}$	P_c —最大有功计算负荷，kW Q_c —最大无功计算负荷，kvar $\tan\varphi_1$ —补偿前最大计算负荷功率因数角的正切值 $\tan\varphi_2$ —补偿后功率因数角的正切值 q_c —无功功率补偿率
基本无功补偿量	$Q_{min}<P_{min}\tan\varphi_{1min}$	P_{min} —用电设备最小计算时的有功功率，kW $\tan\varphi_{1min}$ —用电设备最小负荷下，补偿前功率因数角的正切值
电容量的计算	$Q_C=\dfrac{U^2}{x_C}$	U —静电电容器端电压，kV x_C —电容器容抗，Ω，$x_C=\dfrac{1}{\omega C}$

6. 电容器选型

（1）额定电压。电容器额定电压的选择见表 5－46。

表 5-46　　电容器额定电压

内容	计算公式	符号说明
母线运行电压升高值	$\Delta U = U_b \dfrac{Q}{S_k}$	U_b —电容器投入前的母线电压，kV Q —母线上运行的所有电容器容量，Mvar S_k —电容器安装处的母线短路容量，MVA
串联电抗器接入引起的运行电压升高	$U_C = \dfrac{U_N}{\sqrt{3}S}\dfrac{1}{1-K}$	U_N —电容器接入点的系统标称电压，kV S —电容器组每相的串联段数 K —串联电抗器的电抗率
单台电容器额定电压（不大于电容器额定电压的 1.05 倍）	$U_{CN} = \dfrac{U_N}{\sqrt{3}S}\dfrac{1.05}{1-K}$	

（2）额定电流。接在电动机控制设备侧电容器的额定电流，不应超过电动机励磁电流的 0.9 倍；过电流保护装置的整定值，应按电动机－电容器组的电流确定。

（3）限流。高压电容器组宜根据预期的涌流采取相应的限流措施。

7. *投切方式*

（1）手动投切。无功补偿装置的投切方式，具有下列情况之一时，宜采用手动投切的无功补偿装置：

1）补偿低压基本无功功率的电容器组。

2）常年稳定的无功功率。

3）经常投入运行的变压器或每天投切次数少于三次的高压电动机及高压电容器组。

（2）自动补偿。无功补偿装置的投切方式，具有下列情况之一时，宜装设无功自动补偿装置：

1）避免过补偿，装设无功自动补偿装置在经济上合理时。

2）避免在轻载时电压过高，造成某些用电设备损坏，而装设无功自动补偿装置在经济上合理时。

3）只有装设无功自动补偿装置才能满足在各种运行负荷的情况下的电压偏差允许值时。

8. *调节方式*

无功自动补偿的调节方式，宜根据下列要求确定：

（1）以节能为主进行补偿时，宜采用无功功率参数调节；当三相负荷平衡时，也可采用功率因数参数调节。

（2）提供维持电网电压水平所必要的无功功率及以减少电压偏差为主进行补偿时，应按电压参数调节，但已采用变压器自动调压者除外。

（3）无功功率随时间稳定变化时，宜按时间参数调节。

低压电容器组宜加大投切容量且采用专用投切器件。在受谐波量较大的用电设备影响的线路上装设电容器组时，宜串联电抗器。

9. *电容器分组*

电容器分组时，应满足下列要求：

（1）分组电容器投切时，不应产生谐振。

（2）应适当减少分组组数和加大分组容量。

（3）应与配套设备的技术参数相适应。

（4）应符合满足电压偏差的允许范围。

5.3　建筑供配电系统

5.3.1　负荷等级及供电要求

民用建筑的用电负荷应根据对供电可靠性的要求及中断供电所造成的损失或影响程度进行分级。用电负荷应分为特级、一级、二级和三级 4 个级别。

1. *特级负荷*

（1）定义。符合下列情况之一时，应视为特级负荷。

1）中断供电将危害人身安全、造成人身重大伤亡。

2）中断供电将在经济上造成特别重大损失。

3）在建筑中具有特别重要作用及重要场所中不允许中断供电的负荷。

（2）供电要求。特级用电负荷应由 3 个电源供电，并应符合下列要求：

1）3 个电源应由满足一级负荷要求的两个正常电源和一个应急电源组成。

2）应急电源的容量应满足全部特级用电负荷的供电要求。

3）应急电源的切换时间，应满足特级用电负荷中允许最短中断供电时间的要求。

4）应急电源的供电时间，应满足特级用电负荷中最长持续运行时间的要求。

特级负荷除由双重电源供电外，尚应增设应急电源供电。应急电源应是与电网在电气上独立的各种电源，例如，蓄电池、UPS、柴油发电机等。

由于重要负荷对允许中断供电的时间是有不同要求的，因此应急电源的切换时间，应满足设备允许中断供电时间的要求；且应急电源的供电时间，应按所需用电设备中最长持续运行时间要求来考虑。

2. *一级负荷*

（1）定义。符合下列情况之一时，应视为一级负荷。

1）中断供电将造成人身伤害。

2）中断供电将在经济上造成重大损失。

3）中断供电将影响重要用电单位的正常工作，或造成人员密集的公共场所秩序严重混乱。

（2）供电要求。一级用电负荷应由两个正常电源供电，并应符合下列要求：

1）当一个正常电源发生故障时，另一个正常电源不应同时受到损坏。

2）每个正常电源的容量应满足全部一级用电负荷的供电要求。

两个正常电源包括市政电网的两个/双重电源、一个市政电网电源和柴油发电机电源。一级负荷应由两个正常电源供电，而且不能同时损坏。因为只有满足这个基本条件，才可能维持其中一个电源继续供电，这是必须满足的要求。两个正常电源宜同时工作，也可一用一备。

3. 二级负荷

（1）定义。符合下列情况之一时，应视为二级负荷。

1）中断供电将在经济上造成较大损失。

2）中断供电将影响较重要用电单位的正常工作或造成公共场所秩序混乱。

（2）供电要求。二级负荷的供电系统宜由两回线路供电。在负荷较小或地区供电条件困难时，二级负荷可由一回 6kV 及以上专用的架空线路供电。

由于二级负荷停电造成的损失较大且二级负荷包括的范围也比一级负荷广，其供电方式的确定，根据供电费用及供配电系统停电概率所带来的停电损失等综合比较来确定。

对二级负荷的供电方式，因其停电影响还是比较大的，故应由两回线路供电。两回线路与双重电源略有不同，二者都要求线路有两个独立部分，而后者还强调电源的相对独立。只有当负荷较小或地区供电条件困难时，才允许由一回 6kV 及以上的专用架空线供电。

考虑电缆发生故障后有时检查故障点和修复需时较长，而一般架空线路修复方便（此点和电缆的故障率无关）。当线路自配电所引出采用电缆线路时，应采用两回线路。

4. 三级负荷

不属于特级、一级和二级的用电负荷应定为三级负荷。单电源供电即可。

5. 民用建筑负荷等级

民用建筑中常用重要用电负荷的分级应符合表 5-47 的规定。

表 5-47　民用建筑重要用电负荷分级

序号	建筑物名称	用电负荷名称	负荷级别
1	高度超过 250m 的建筑物	消防系统用电，安防系统用电，应急照明、航空障碍照明用电	特级
2	高度超过 150m，小于 250m 的建筑物	消防系统用电，安防系统用电，应急照明、航空障碍照明用电	特级
3	高度超过 100m，小于 150m 的建筑物	消防系统用电，安防系统用电，值班照明、警卫照明、航空障碍照明用电，主要通道及楼梯间照明用电，客梯用电，排污泵、生活水泵用电	一级
4	一类高层民用建筑	消防系统用电，安防系统用电，值班照明、警卫照明、航空障碍照明用电，客梯用电，排污泵、生活水泵用电	一级
		主要通道及楼梯间照明用电	二级
5	二类高层民用建筑	消防用电，主要通道及楼梯间照明用电，客梯用电，排污泵、生活水泵用电	二级

6. 消防负荷

消防负荷的分类见表 5-48。

表 5-48　消防负荷的分类

序号	消 防 负 荷	负荷等级
1	建筑高度大于 50m 的乙、丙类厂房和丙类仓库中消防负荷	一级
2	一类高层民用建筑中室消防负荷	一级
3	室外消防用水量大于 30L/s 的工厂（仓库）中消防负荷	二级
4	室外消防用水量大于 35L/s 的可燃材料堆场、可燃气体储罐（区）和甲、乙类液体储罐（区）中消防负荷	二级
5	粮食仓库及粮食筒仓中消防负荷	二级
6	二类高层民用建筑中消防负荷	二级
7	座位数超过 1500 个的电影院、剧院，座位数超过 3000 个的体育馆、任一层建筑面积大于 $3000m^2$ 的商店、展览建筑、省（市）级及以上的广播电视楼、电信楼和财贸金融楼中消防负荷	二级
8	室外消防用水量大于 25L/s 的其他公共建筑中消防负荷	二级

7. 重要电力用户

(1) 供电电源。

1) 配置：重要电力用户的供电电源一般包括主供电源和备用电源。

2) 技术要求：重要电力用户的供电电源应采用多电源、双电源或双回路供电。当任何一路或一路以上电源发生故障时，至少仍有一路电源应能对保安负荷持续供电。

重要电力用户供电电源的供电电源的配置应满足表5-49的技术要求。

表5-49　供电电源的技术条件

技术要求	特级重要电力用户	一级重要电力用户	二级重要电力用户	临时性重要电力用户
电源	宜采用双电源或多路电源供电	宜采用双电源供电	宜采用双回路供电	按照用电负荷的重要性，在条件允许情况下，可以通过临时敷设线路等方式满足双回路或两路以上电源供电条件
切换时间和切换方式	切换时间和切换方式宜满足重要电力用户允许断电时间的要求。切换时间不能满足重要负荷允许断电时间要求的，重要电力用户应自行采取技术手段解决			
电压	双电源或多路电源供电的重要电力用户，宜采用同级电压供电。但根据不同负荷需要及地区供电条件，亦可采用不同电压供电。采用双电源或双回路的同一重要电力用户，不应采用同杆架设供电			
供电系统	重要电力用户供电系统应当简单可靠，简化电压层级，重要电力用户的供电系统设计应按GB 50052《供配电系统设计规范》执行			
电能质量	如果用户对电能质量有特殊需求，应当自行加装电能质量控制装置			

(2) 自备应急电源。

1) 类型：自备应急电源类型见表5-50。

表5-50　自备应急电源类型

类　型	电　源
自备电厂	
发动机驱动发电机组	柴油发动机发电机组
	汽油发动机发电机组
	燃气发动机发电机组
静态储能装置	不间断电源（UPS）
	EPS
	蓄电池
	干电池
动态储能装置	飞轮储能装置
移动发电设备	装有电源装置的专用车辆
	小型新型电源装置
其他新型电源装置	

2) 技术条件。自备应急电源的配置应满足表5-51的技术要求。

表5-51　自备应急电源的技术条件

参数	技　术　要　求
允许断电时间	(1) 重要负荷允许断电时间为毫秒级的，用户应选用满足相应技术条件的静态储能不间断电源或动态储能不间断电源，且采用在线运行的运行方式 (2) 重要负荷允许断电时间为秒级的，用户应选用满足相应技术条件的静态储能电源、快速自动起动发电机组等电源，且自备应急电源应具有自动切换功能 (3) 重要负荷允许断电时间为分钟级的，用户应选用满足相应技术条件的发电机组等电源，可采用手动方式启动自备发电机
需求容量	(1) 自备应急电源需求容量在几百兆瓦以内的，用户可选用满足相应技术条件的独立于电网的自备电厂等自备应急电源 (2) 自备应急电源需求容量在几千千瓦以内的，用户应选用满足相应技术条件的大容量发电机组，动态储能装置、大容量静态储能装置（如EPS）等自备应急电源 (3) 自备应急电源需求容量在几百千瓦以内的，用户可选用满足相应技术条件的中等容量静态储能不间断电源（如UPS）或小型发电机组等自备应急电源 (4) 自备应急电源需求容量在几千瓦以内的，用户可选用满足相应技术条件的小容量静态储能电源（如小型移动式UPS、蓄电池、干电池）等自备应急电源
持续供电时间和供电质量	(1) 对于持续供电时间要求在标准条件下12h以内，对供电质量要求不高的重要负荷，可选用满足相应技术条件的一般发电机组作为自备应急电源 (2) 对于持续供电时间要求在标准条件下12h以内，对供电质量要求较高的重要负荷，可选用满足相应技术条件的供电质量高的发电机组、动态储能不间断供电装置、静态储能装置与发电机组的组合作为自备应急电源 (3) 对于持续供电时间要求在标准条件下2h以内，对供电质量要求较高的重要负荷，可选用满足相应技术条件的大容量静态储能装置作为自备应急电源 (4) 对于持续供电时间要求在标准条件下30min以内，对供电质量要求较高的重要负荷，可选用满足相应技术条件的小容量静态储能装置作为自备应急电源

5.3.2 电源

1. 应急电源

(1) 定义。应急电源（安全设施电源）是用作应急供电系统组成部分的电源。

应急供电系统（安全设施供电系统）是用来维持电气设备和电气装置运行的供电系统，主要是为了人体和家畜的健康和安全和/或为避免对环境或其他设备造成损失以符合国家规范要求。

供电系统包括电源和连接到电气设备端子的电气回路。在某些场合也可以包括设备。

（2）种类。应急电源应由符合下列条件之一的电源组成：

1）独立于正常电源的，由专用馈电线路输送的市政电网电源。

2）独立于正常电源的发电机组。

3）蓄电池组或不间断电源装置（UPS）、应急电源装置（EPS）。

供电网络中有效地独立于正常电源的专用馈电线路，即是指保证两个供电线路不大可能同时中断供电的线路。

正常与电网并联运行的自备电站不宜作为应急电源使用。

（3）允许中断供电的时间。应急电源应根据允许中断供电的时间选择，并应符合下列规定：

1）允许中断供电时间为 15s 以上的供电，可选用快速自起动的发电机组。

2）自投装置的动作时间能满足允许中断供电时间的，可选用带有自动投入装置的独立于正常电源之外的专用馈电线路。

3）允许中断供电时间为毫秒级的供电，可选用蓄电池静止型不间断供电装置或柴油机不间断供电装置。

应急电源的供电时间，应按生产技术上要求的允许停车过程时间确定。

用电设备两个供电电源之间的切换时间，应满足用电设备允许中断供电时间的要求。

应急电源应根据负荷要求按其不同的电源切换时间进行分级，且应满足重要用电设备对电源切换时间的要求。应急电源的分级及切换时间的要求应符合表 5－52 的规定。

表 5－52 应急电源的分级及切换时间的要求

应急电源级别	应急电源对电源切换时间的要求	适用场合
0 级（不间断）	不间断自动连续供电	重要场所的安全监控系统设备、公共安全设备；医院手术室、重症监护室 A、B 级电子信息机房的信息技术设备、数据处理设备；以及其他需要由 UPS 电源供电的设备
0.15 级（极短时间隔）	0.15s 之内自动恢复有效供电	需要在 0.15s 之内自动恢复有效供电的设备
0.5 级（短时间隔）	0.5s 之内自动恢复有效供电	人员密集场所、容易引起人员恐慌场所的应急照明类设施
15 级（中等间隔）	15s 之内自动恢复有效供电	除火灾应急照明外的一般消防类设施、重要客运电梯等（不包括由应急发电机组供电的设施）及需要在 15s 之内自动恢复有效供电的设备

（4）选择：

1）应急电源类型的选择，应根据特别重要负荷的容量、允许中断供电的时间，以及要求的电源为交流或直流等条件来进行。

2）由于蓄电池装置供电稳定、可靠、无切换时间、投资较少，故凡允许停电时间为毫秒级，且容量不大的特别重要负荷，可采用直流电源，应由蓄电池装置作为应急电源。

3）若特别重要负荷要求交流电源供电，允许停电时间为毫秒级，且容量不大，可采用静止型不间断供电装置。

4）若有需要驱动的电动机负荷，且负荷不大，可以采用静止型应急电源。

5）应急电源的供电时间，应按生产技术上要求的允许停车过程时间确定。

6）负荷较大，允许停电时间为 15s 以上的可采用快速起动的发电机组。快速起动的发电机组，一般起动时间在 10s 以内。

（5）接线。大型企业中，往往同时使用几种应急电源，为了使各种应急电源设备密切配合，充分发挥作用，应急电源接线示例如图 5－8（以蓄电池、不间断供电装置、柴油发电机同时使用为例）所示。

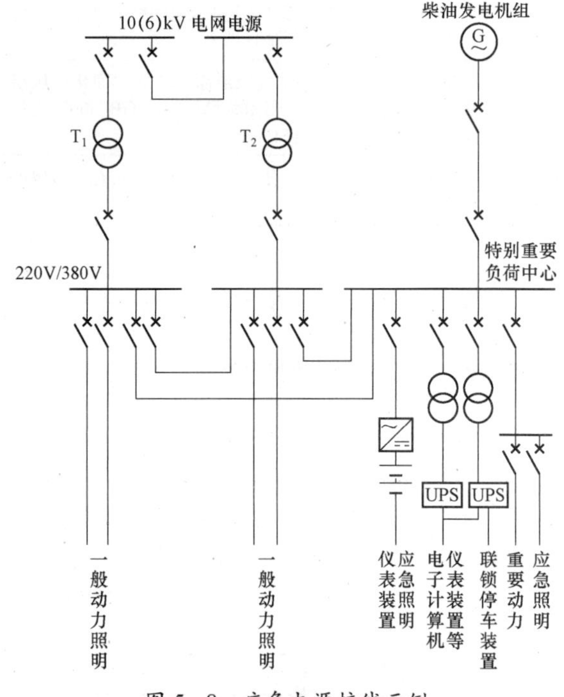

图 5－8 应急电源接线示例

（6）防并列运行措施。应急电源与正常电源之间，应采取防止并列运行的措施。

为了保证应急电源的专用性，防止正常电源系统故障时应急电源向正常电源系统负荷送电而失去作用，应急电源与正常电源之间，应采取防止并列运行的措施。当有特殊要求，应急电源向正常电源转换需短暂并列运行时，应采取安全运行的措施。

当需要并列操作时，应符合下列条件：

1）应取得供电部门的同意。

2）应急电源需设置频率、相位和电压的自动同步系统。

3）正常电源应设置逆功率保护。

4）并列及不并列运行时故障情况的短路保护、电击保护都应得到保证。

（7）应用。消防用电设备应采用专用的供电回路，当建筑内的生产、生活用电被切断时，仍应保证消防设备用电。供消防用电设备的电源，其供电时间和容量应满足该建筑火灾延续时间内各消防用电设备的需要。

当柴油发电机组为民用建筑的消防负荷和非消防负荷同时供电时应符合下列规定：

1）消防负荷应设置专用的母线段；

2）火灾时应能随时切除非消防负荷。

2. 备用电源

（1）要求。备用电源是当正常电源断电时，由于非安全原因用来维持电气装置或其某些部分所需的电源。各级负荷的备用电源设置可根据用电需要确定。

（2）设置。符合下列条件之一时，用户宜设置自备电源：

1）应由应急电源供电的特级负荷。

2）提供的第二电源不能满足一级负荷要求的。

3）从市政电网取得的双重电源切换时间不能满足用电设备允许中断供电时间要求的。

4）建筑高度超过150m的民用建筑中的消防设备。

未包括数据中心自备电源的设置要求，数据中心的自备电源应根据数据中心标准、规范的要求设置。

（3）自备电站。设置自备电源的型式是一项挖掘工厂企业潜力、解决电力供需矛盾的技术措施。但各企业是否建自备电站，需经过全面技术经济比较确定。

利用常年稳定的余热、压差、废弃物进行发电，技术经济指标优越，并能充分利用能源，还可减少温室气体和其他污染物的排放。废弃物是指可以综合利用的废弃资源，如煤矸石、煤泥、煤层气、焦化煤气等。

燃气热电冷联产是利用燃气轮机或燃气内燃机燃烧洁净的天然气发电，对做功后的余热进一步回收，用来制冷、供暖和供生活热水，从而实现对能源的梯级利用，提高能源的综合利用效率。这种系统尤其适用于宾馆、饭店、高档写字楼、高级公寓、学校、机关、医院以及电力品质和安全系数要求较高及电力供应不足的用户。

分布式电源所发电力应以就近消化为主，原则上不允许向电网反送功率，但利用可再生能源发电的分布式电源除外。

3. 备用电源与应急电源的区别

备用电源与应急电源是两个完全不同用途的电源。

（1）备用电源是当正常电源断电时，由于非安全原因用来维持电气装置或其某些部分所需的电源。

（2）应急电源又称安全设施电源，是用作应急供电系统组成部分的电源，是为了人体和家畜的健康和安全，以及避免对环境或其他设备造成损失的电源。

（3）从安全角度考虑，防止其他负荷接入应急供电系统。

（4）备用电源的负荷严禁接入应急供电系统。

4. 柴油发电机组

（1）设置。下列建筑应设自备应急柴油发电机组：

1）特级负荷的总容量超过200kW，且维持供电时间超过60min。

2）特级负荷的电动机设备超过30kW。

3）建筑高度超过150m的民用建筑。

（2）供电时间。用于应急供电的发电机组应处于自起动状态。当市政电网电源中断时，机组应立即起动，低压发电机组应在30s内供电，高压发电机组应在60s内供电。

（3）组成。柴油发电机组由柴油机、发电机和控制系统组成。各个组成部分见表5－53。

表5－53 柴油发电机组

对象			分类
柴油机	冷却系统		风冷、水冷、开式、闭式
	调速方式		机械离心、机械液压、电子调速、电子燃油喷射
	结构		直列式、V形
发电机	构成		定子、转子、励磁系统、自动电压调节
	类型	电刷	有电刷，无电刷
		励磁系统	相复励，可控相复励，三次谐波晶闸管励磁，基波（辅绕组）晶闸管励磁，脉宽调制，永磁机可控硅励磁

续表

对象		分类	
控制系统	结构	一体化控制箱，分体控制屏	
	功能	手动型	手动并联 自动并联 自动并联、自动调频调载
		自动化型	
		并联型	

（4）自动化等级。机组的自动化等级见表5－54。

表5－54　　机组的自动化等级

等级	定义	特征
1	维持准备运行状态等的自动控制、保护和显示	（1）按自动控制指令或遥控指令实现自动起动 （2）按带载指令自动接受负载 （3）按自动控制指令或遥控指令实现自动停机 （4）自动调整频率和电压，保证调频和调压的精度满足产品技术条件的要求 （5）实现蓄电池的自动补充充电和（或）压缩空气瓶自动补充充气 （6）有过载：短路、过速度（或过频率）、冷却介质温度过高、机油压力过低等保护装置。根据需要选设过电压、欠电压、失电压、欠速度（或欠频率）、机油温度过高、起动空气压力过低、燃油箱油面过低、发电机绕组温度过高等方面的保护装置 （7）有表明正常运行或非正常运行的声光信号系统 （8）必要时，应能自动维持应急机组的准备运行状态，即柴油机应急起动和快速加载时的机油压力、机油温度和冷却介质温度均达到产品技术条件的规定值 （9）当一台机组自动起动失败时，程序起动系统自动地将启动指令传递给另一台备用机组
2	1级的特征，燃油、机油、冷却介质的自动补给以及并联运行等的自动控制	（1）1级特征规定的各项内容 （2）燃油、（和有要求时）机油和冷却介质的自动补充 （3）按自动控制指令或遥控指令完成机组与机组或机组与电网之间的自动并联与解列、自动平稳转移负载的有功功率和无功功率
	1级的特征以及远程计算机通信控制功能的自动控制	按遥控指令实现1级特征规定的各项内容，并具有远程计算机通信控制功能
3	2级的特征以及远程计算机通信控制功能的自动控制、集中监控和故障自诊断	（1）按遥控指令实现2级特征规定的各项功能，并具有远程计算机通信控制功能 （2）集中自动控制。即可由统一的控制中心对多台自动化机组的工作状态实现自动控制 （3）具备一定的主控件故障自动诊断能力，即可由一定的自动装置确定调速装置和调压装置的技术状态

（5）性能等级。机组的性能等级见表5－55。

表5－55　　机组的性能等级

等级	定义	特征	应用
1	用于只需规定基本电压和频率参数的连接负载	电网电压的下降值超过额定电压的10%。用户在0s的切换时间应得到其安全装置所需要的功率。不断电电站的设计取决于所要求的电压和频率的偏差	一般用途（照明和其他简单的电气负载）
2	用于对其电压特征与公共电网有相同要求的负载。当负载变化时，可有暂时的但是允许的电压和频率的偏差	电网电压的下降值超过额定电压的10%。用户在0.5s的切换时间内应得到其安全装置所需要的功率。短时间断电电站的设计取决于所要求的电压和频率的偏差	照明系统、泵、风机和卷扬机
3	用于对频率、电压和波形特征有严格要求的连接设备（整流器和晶闸管整流器控制的负载对发电机电压波形影响需要特殊考虑的）	电网电压的下降值超过额定电压的10%，持续时间长于0.5s。在15s的最大切换时间内，用户的安全装置应能按若干个加载步骤得到所需求的100%的功率	无线电通信和晶闸管整流器控制的负载
4	用于对发电机组的频率、电压和波形特征有严格要求的负载	电网电压的下降值超过额定电压的10%，持续时间长于0.5s。在15s的最大切换时间之后，用户的安全装置应能通过两次加载得到所需求功率的80%。在之后5s之内应能得到100%的功率	数据处理设备或计算机系统

（6）选择：

1）机组的容量与台数应根据应急负荷大小和投入顺序以及单台电动机最大的起动容量等因素综合考虑确定。当应急负荷容量较大时，可采用多级多机并联运行，机组总台数宜为2～4台。

2）柴油发电机组的长期允许容量，应能满足机组安全停机最低限度连续运行的负荷的需要。

3）用成组起动或自起动时的最大视在功率校验发电机的短时过载能力。

4）事故保安负荷中的短时不连续运行负荷，在计算柴油发电机组的容量时，不予考虑，仅在校验机组过载能力时计及。

5）机组容量要满足电动机自起动时母线最低电压不得低于额定电压的75%，当有电梯负荷时，不得低于额定电压的 80%。当电压不能满足要求时，可在运行情况允许的条件下将负荷分批起动。

（7）容量计算：

1）在方案或初步设计阶段，按配电变压器总容量的 10%～20%估算。

2）在施工图阶段，可根据一级负荷、消防负荷以及某些重要二级负荷的容量，按表 5－56 确定柴油发电机组的容量。

3）当电动机采用变频调速起动时，可以只考虑用计算负荷来计算发电机的容量，而不用考虑电动机起动的因素。

柴油发电机组的容量计算见表 5－56。

表 5－56　柴油发电机组的容量计算

建筑	内容	计算公式	符号说明
工业建筑	计算长期连续运行所需要容量	$P_N=\Sigma P_M K_1+\Sigma P_m K_2$ $Q_N=\Sigma P_M K_1\tan\varphi_M+\Sigma P_m K_2\tan\varphi_m$	ΣP_M—连续运行的电动机额定功率之和，kW ΣP_m—连续运行的静止负荷之和，kW K_1—运算系数，取 0.9 K_2—运算系数，取 0.32～0.52 $\tan\varphi_M$—电动机正常运行时的功率因数，取 0.86 $\tan\varphi_m$—静止负荷的功率因数，取 0.8
	确定柴油发电机组额定容量	$S_N\geqslant S_c$ $P_N\geqslant P_c$ $Q_N\geqslant Q_c$	S_c、P_c、Q_c—计算视在功率、有功功率、无功功率，单位分别为 kVA、kW、kvar
	校验柴油发电机短时过载能力	$S_N\geqslant\dfrac{S_{max}}{K_{GF}}$	S_{max}—成组起动或自起动时负荷的最大值，kVA K_{GF}—发电机短时过负荷系数，取 1.5
民用建筑	按稳定负荷	$S_N=\alpha\dfrac{P_\Sigma}{\eta_\Sigma\cos\varphi}$ 或 $S_N=\dfrac{\alpha}{\cos\varphi}\sum_{i=1}^{n}\dfrac{P_i}{\eta_i}$	P_Σ—总负荷，kW P_i—每个或每组负荷容量，kW η_i—每个或每组负荷的效率 η_Σ—总负荷的计算效率，一般取 0.82～0.88 α—负荷率 $\cos\varphi$—发电机额定功率因数，可取 0.8
	按最大的单台或成组电动机起动	$S_N=\left(\dfrac{P_\Sigma-P_m}{\eta_\Sigma}+P_m KC\cos\varphi_m\right)\dfrac{1}{\cos\varphi}$	P_m—起动容量最大的电动机或成组电动机的容量，kW $\cos\varphi$—电动机的起动功率因数，一般取 0.4 K—电动机的起动倍数 C—按电动机起动方式确定的系数，全压起动 $C=1.0$ Y—△起动 $C=0.67$；自耦变压器起动：50%抽头 $C=0.25$，65%抽头 $C=0.42$，80%抽头 $C=0.64$
	按起动电动机时母线容许电压降	$S_N=P_c KCX''_d\left(\dfrac{1}{\Delta E}-1\right)$ （适用于柴油发电机与应急负荷中心距离很近的情况）	P_c—电动机总负荷，kW X''_d—电动机的暂态电抗，一般取 0.25 ΔE—应急负荷中心母线允许的瞬时电压降，有电梯时取 0.20，无电梯时取 0.25～0.3

4）柴油机的额定功率是指外界大气压力为100kPa（760mmHg）、环境温度为25℃、空气相对湿度为30%的情况下，能以额定方式连续运行12h的功率（包括超负荷10%运行1h）。如连续运行时间超过12h，则应按90%额定功率使用。如气温、气压、湿度与上述规定不同时，应对柴油机的额定功率进行修正。

5）全压启动最大容量笼型电动机时，发电机母线电压不应低于额定电压80%；当无电动机负荷时，其母线电压不应低于额定电压的75%。

6）电动机全压启动允许容量取决于发电机的容量和励磁方式，宜选用高速柴油发电机组和无刷型励磁交流同步发电机，配自动电压调整装置，选用的机组应装设快速自启动装置和电源自动切换装置。

7）多台机组应选择型号、规格和特性相同的成套设备。

5. 不间断电源（UPS）

（1）定义。不间断电源（UPS）由变流器、开关、储能装置（如蓄电池）和控制系统构成。

不间断电源现已广泛应用于矿山、航天、工业、通信、国防、医院、计算机业务终端、网络服务器、网络设备、数据存储设备等领域。

（2）分类。UPS分类见表5-57。

表5-57　UPS的分类及工作原理和应用

分类		工作原理	应用
工作原理	后备式	平时为蓄电池充电状态，在停电时逆变器紧急切换到工作状态，将电池提供的直流电转变为稳定的交流电输出，因此后备式UPS也被称为离线式UPS。切换时间介于2～10ms	适用于电网波动不大，对供电质量要求不高的场合，广泛应用于微机、外设、POS机等领域
工作原理	在线式	逆变器一直处于工作状态，将外部交流电转变为直流电，再通过高质量的逆变器将直流电转换为高质量的正弦波交流电输出。主要功能是稳压及防止电波干扰；在停电时则使用备用直流电源（蓄电池组）给逆变器供电	不存在切换时间问题，适用于对电源有严格要求的场合。应用在关键设备与网络中心等对电力要求苛刻的环境中，如计算机、交通、银行、证券、通信、医疗、工业控制等行业
工作原理	在线互动式	智能化的UPS，市电正常时，逆变器处于反向工作（即整流工作状态），给电池组充电；在市电异常时逆变器立刻转为逆变工作状态，将电池组电能转换为交流电输出，转换时间小于4ms。其保护功能较强，输出电压波形为正弦波，有强大的软件功能，进行远程控制和智能化管理	集中了后备式UPS效率高和在线式UPS供电质量高的优点，但稳频特性不是十分理想，不适合做长延时UPS电源
结构	直流UPS	由整流器、蓄电池基本单元构成。当市电正常时，电流通过整流器向负载供电，同时整流器给蓄电池充电；当市电故障或整流器故障时，通过控制电路自动切换使蓄电池为负载供电	电流路径：1路市电—整流器—负载；2路市电—整流器—蓄电池 故障时电流路径：蓄电池—负载
结构	交流UPS	由整流器、蓄电池和逆变器基本单元组成。当市电正常时，电流通过整流器、逆变器向负载供电，同时整流器给蓄电池充电。当市电故障或整流器故障时，通过控制电路自动切换使电池为负载供电	电流路径：1路市电—整流器—逆变器—负载；2路市电—整流器—蓄电池 故障时电流路径：蓄电池—逆变器—负载
备用时间	标准型	机内带有电池组，在停电后可以维持较短时间的供电（一般不超过25min）	
备用时间	长效型	机内不带电池，但增加了充电器，可根据需要配接多组电池以延长供电时间，设计时加大充电器容量或加装并联的充电器	

（3）选型：

1）根据负载对输出稳定度、切换时间、输出波形要求来确定是选择在线式、在线互动式、后备式以及正弦波、方波等类型的UPS。

2）在线式UPS的输出稳定度、瞬间响应能力比另外两种强，对非线性负载的适应能力也较强。对一些较精密的设备、较重要的设备要采用在线式UPS。在一些市电波动范围比较大的地区，避免使用互动式和后备式。如果要使用发电机配短延时UPS，可用在线式UPS。

3）不间断电源设备适用于电容性和电阻性负荷，当为电感性负荷时，则应选择负载功率因数自动适应不降容的不间断电源装置。

4）不间断电源设备的本体噪声，在正常运行时不应超过75dB，小型不间断电源设备不应超过65dB。

5）当不间断电源设备容量较大对，宜在电源侧采取高次谐波的治理措施。

（4）运行方式。UPS系统运行方式总体上分为单机、主从热备、双机冗余并联、双单机4种，见表5-58。

表 5－58　　UPS 系统运行方式

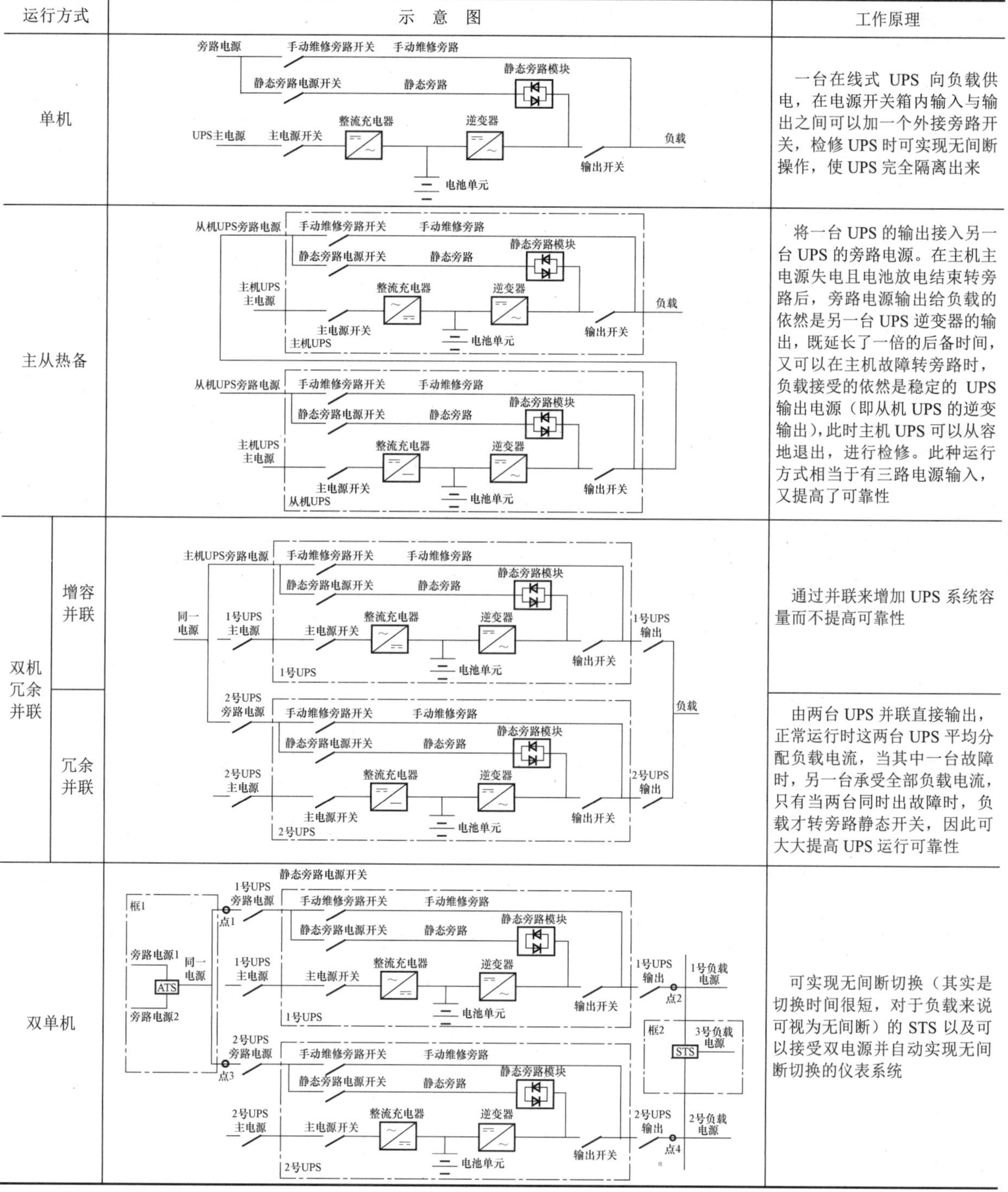

运行方式		示意图	工作原理
单机			一台在线式 UPS 向负载供电，在电源开关箱内输入与输出之间可以加一个外接旁路开关，检修 UPS 时可实现无间断操作，使 UPS 完全隔离出来
主从热备			将一台 UPS 的输出接入另一台 UPS 的旁路电源。在主机主电源失电且电池放电结束转旁路后，旁路电源输出给负载的依然是另一台 UPS 逆变器的输出，既延长了一倍的后备时间，又可以在主机故障转旁路时，负载接受的依然是稳定的 UPS 输出电源（即从机 UPS 的逆变输出），此时主机 UPS 可以从容地退出，进行检修。此种运行方式相当于有三路电源输入，又提高了可靠性
双机冗余并联	增容并联		通过并联来增加 UPS 系统容量而不提高可靠性
	冗余并联		由两台 UPS 并联直接输出，正常运行时这两台 UPS 平均分配负载电流，当其中一台故障时，另一台承受全部负载电流，只有当两台同时出故障时，负载才转旁路静态开关，因此可大大提高 UPS 运行可靠性
双单机			可实现无间断切换（其实是切换时间很短，对于负载来说可视为无间断）的 STS 以及可以接受双电源并自动实现无间断切换的仪表系统

（5）容量选择。不间断电源设备输出功率，应按下列条件选择：

1）不间断电源设备给电子计算机供电时，单台 UPS 额定输出功率应大于电子计算机各设备额定功率总和的 1.2 倍，对其他用电设备供电时，其额定输出功率为最大计算负荷的 1.3 倍。

2）负荷的最大冲击电流不应大于不间断电源设备的额定电流的 150%。

3）UPS 应能在额定条件下，在海拔 1000m 及以下的高度正常运行。当海拔超过 1000m 时，应降额使用，降额系数见表 5－59。

表 5－59 降 额 系 数

海拔/m	降额系数
1000	1.0
1500	0.95
2000	0.91
2500	0.86
3000	0.82
3500	0.78
4000	0.74
4500	0.70
5000	0.67

4）不间断电源设备的输出功率与负载功率因数的关系如图 5－9 所示。

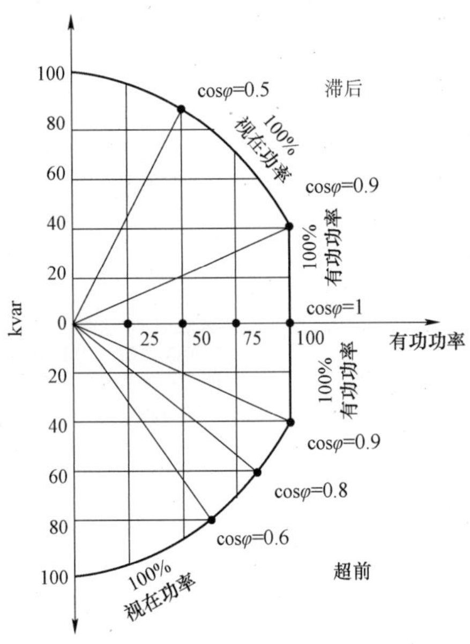

图 5－9 不间断电源设备的输出功率与负载功率因数的关系

（6）供电时间。不间断电源设备应急供电时间，应按下列条件选择：

1）为保证用电设备按照操作顺序进行停机时，其蓄电池的额定放电时间可按停机所需最长时间来确定，一般可取 8～15min。

2）当有备用电源时，为保证用电设备供电连续性，其蓄电池额定放电时间按等待备用电源投入考虑，一般可取 10～30min。设有应急发电机时，UPS 应急供电时间可以短一些。

3）如有特殊要求，其蓄电池额定放电时间可根据负荷特性来确定。

6. 逆变应急电源（EPS）

（1）定义。逆变应急电源采用电力电子技术，将直流电能转化成正弦波交流电能的应急电源，其工作原理类似于后备式 UPS。

EPS 应急电源系统主要包括整流充电器、蓄电池组、逆变器、互投装置和系统控制器等部分，如图 5－10 所示。

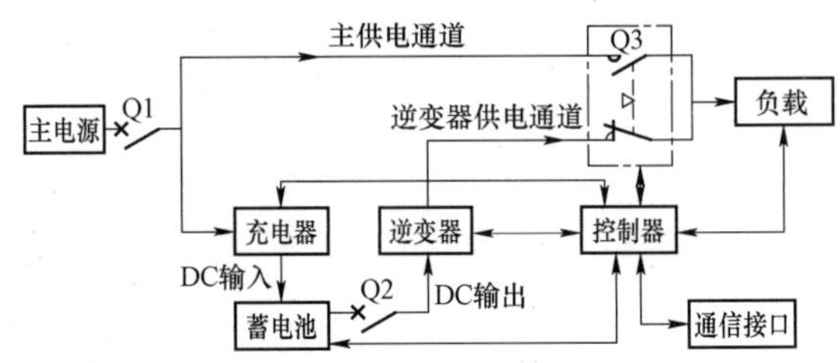

图 5－10 EPS 应急电源工作原理

EPS 应急电源宜用作应急照明系统的应急电源，适用于电感性及混合性的照明负荷，不宜作为消防水泵、消防电梯、消防风机等电动机类负载的应急电源。

（2）分类。EPS 分类见表 5－60。

表 5－60 逆变应急电源（EPS）的分类和应用

分类		应 用
输出方式	单相	220V
	三相	380V
输入方式	相数	单相 220V，三相 380V
	路数	单路、双路及多路
安装方式	可移动设备	如移动应急电源车
	静置设备	
	固定设备	
适用环境	C1 类	适用于 1 类环境，无任何限制，宜满足该类相应的发射限值和耐受抗扰度要求
	C2 类	输出电流不超过 16A，适用于 2 类环境，无任何限制，应满足该类相应的发射限值和耐受抗扰度要求
	C3 类	输出电流超过 16A，适用于 2 类环境，应满足该类相应的发射限值和耐受抗扰度要求
	C4 类	适用于复合环境，其发射限值和耐受抗扰度要求应由购买者与供货者或供应商协商确定，对电流额定值无限制要求
说明	1 类环境：包括住宅区、商业区和轻工业区，无中间变压器，直接连接至公用低压供电系统	
	2 类环境：除直接连接至公用低压供电系统的住宅建筑物外，还包括所有商业区、轻工业区和工业区	

（3）运行方式。EPS 电源的运行方式见表 5－61。

表 5－61　　EPS 电源的运行方式

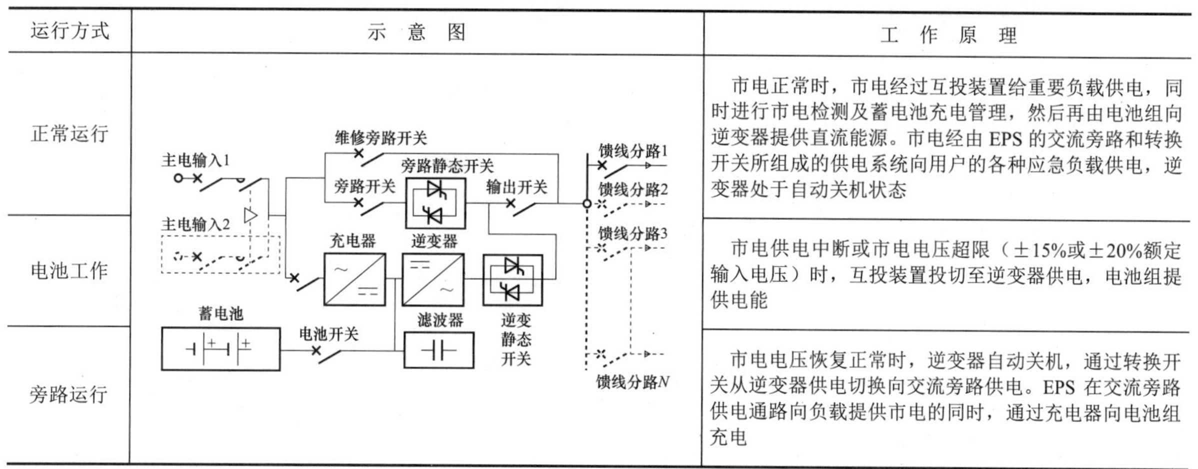

运行方式	示意图	工作原理
正常运行	（见上图）	市电正常时，市电经过互投装置给重要负载供电，同时进行市电检测及蓄电池充电管理，然后再由电池组向逆变器提供直流能源。市电经由 EPS 的交流旁路和转换开关所组成的供电系统向用户的各种应急负载供电，逆变器处于自动关机状态
电池工作		市电供电中断或市电电压超限（±15%或±20%额定输入电压）时，互投装置投切至逆变器供电，电池组提供电能
旁路运行		市电电压恢复正常时，逆变器自动关机，通过转换开关从逆变器供电切换向交流旁路供电。EPS 在交流旁路供电通路向负载提供市电的同时，通过充电器向电池组充电

（4）转换时间。当主电源中断或电压低于规定值时，EPS 从正常运行方式转换到逆变应急运行方式的转按时间应保证使用场所的应急要求，一般为 0.1～0.25s。当 EPS 作为应急照明系统的应急电源时，其转换时间应满足下列要求：

1）用作安全照明电源装置时，不应大于 0.25s。

2）用作疏散照明电源装置时，不应大于 5s。

3）用作备用照明电源装置时，不应大于 5s，金融，商业交易场所不应大于 1.5s。

（5）供电时间。EPS 在额定输出功率下，应急供电时间不应小于标称额定工作时间，应急供电时间一般为 30min、60min、90min、120min、180min 五种规格，还可以根据用户需要选择更长的，但其初装容量应保证应急时间不小于 90min。

（6）容量。选用 EPS 的容量必须同时满足以下条件：

1）负载中最大的单台直接起动的电机容量，只占 EPS 容量的 1/7 以下。

2）EPS 量应是所供负载中同时工作容量总和的 1.1 倍以上。

3）直接启动风机、水泵时，EPS 的容量应为同时工作的风机、水泵容量的 5 倍以上。

4）若风机、水泵为变频起动时，则 EPS 的容量为同时工作的电机总容量的 1.1 倍。

5）若风机、水泵采用星三角降压起动，则 EPS 的容量应为同时工作的电机总容量的 3 倍以上。

6）安装场地的海拔超过 1000m 时，应急电源设备也降额使用，降额系数见表 5－59。

7. 蓄电池

（1）蓄电池参数选择，见表 5－62。

表 5－62　　蓄电池参数选择

要求	计算公式	符号说明
蓄电池个数应满足在浮充电运行时直流母线电压为 1.05 U_n 的要求	$n=1.05\frac{U_n}{U_f}$	n —蓄电池个数 U_n —直流电源系统标称电压，V U_f —单体蓄电池浮充电电压，V
蓄电池需连接负荷进行均衡充电时，蓄电池均衡充电电压应根据蓄电池个数及直流母线电压允许的最高值选择单体蓄电池均衡充电电压值	对于控制负荷，单体蓄电池均衡充电电压值不应大于 1.10 U_n/n 对于动力负荷，单体蓄电池均衡充电电压值不应大于 1.125 U_n/n 对于控制负荷和动力负荷合并供电，单体蓄电池均衡充电电压值不应大于 1.10 U_n/n	
根据蓄电池个数及直流母线电压允许的最低值选择单体蓄电池事故放电末期终止电压	$U_m \geqslant 0.875\frac{U_n}{n}$	U_m —单体蓄电池放电末期终止电压，V

蓄电池参数选择应符合表 5－63～表 5－65 的规定。

表 5－63　　固定型排气式和阀控式铅酸蓄电池组的单体 2V 电池参数选择数值

系统标称电压/V	浮充电压/V	2.15		2.23		2.25	
	均充电压/V	2.30		2.33		2.33	2.35
220	蓄电池个数	104	107[①]	103	104[①]	104	103[①]
	浮充时母线电压/V	223.6	230	229.7	231.9	234	231.8
	均充时母线电压（%）	108.7	111.9	109.1	110.2	110.15	110

续表

系统标称电压/V	浮充电压/V	2.15		2.23		2.25	
	均充电压/V	2.30		2.33		2.33	2.35
220	放电终止电压/V	1.85	1.80	1.87	1.85	1.85	1.87
	母线最低电压（%）	87.5	87.6	87.6	87.5	87.5	87.6
110	蓄电池个数	52	53①	52①	53	52①	52
	浮充时母线电压/V	111.8	114	116	118.2	117	117
	均充时母线电压（%）	108.7	110.8	110.2	112.3	110.2	111.1
	放电终止电压/V	1.85	1.85	1.85	1.85	1.85	1.85
	母线最低电压（%）	87.5	89.1	87.5	89.1	87.5	87.5

①为推荐值。

表 5-64　　阀控式密封铅酸蓄电池组的组合 6V 和 12V 电池参数选择数值

系统标称电压/V	组合电池电压/V	电池个数	浮充电压/V	浮充时母线电压（%）	均充电压/V	均充时母线电压（%）	放电终止电压/V	母线最低电压（%）
220	6	34	6.75	104.3	7.05	109	5.7	88.1
		34+1（2V）		105.3		110	5.61	87.6
	12	17	13.5	104.3	14.10	109	11.4	88.1
		17+1（2V）		105.3		110	11.22	87.6
110	6	17+1（2V）	6.75	106.3	6.99	108	5.55	87.5
		17		104.3	7.05	109	5.7	88.1
	10	10+1（4V）	11.25	104.3	11.75	109	9.25	87.5
	12	8+1（2V）	13.50	104.3	14.10	109	11.10	87.5

表 5-65　　镉镍蓄电池组的电池参数选择数值

系统标称电压/V	浮充电压/V	1.36	1.38	1.39	1.42	1.43	1.45
	均充电压/V	1.47	1.48		1.52	1.53	1.55
220	浮充电池个数	170	167	166	162	161	159
	母线浮充电压/V	231.2	230.5	230.7	230	230	230.6
	均充电池个数	164	163		159	158	156
	母线均充电压（%）	109.1	109.7		109.9	109.9	109.9
	整组电池个数	180					
	放电终止电压/V	1.07					
	母线最低电压（%）	87.6					
110	浮充电池个数	85	83		81	80	79
	母线浮充电压/V	115.6	114.5	115.4	115	114.4	114.6
	均充电池个数	82	81		79		78
	母线均充电压（%）	109.6	109		109.2	110	110
	整组电池个数	90					
	放电终止电压/V	1.07					
	母线最低电压（%）	87.6					

（2）蓄电池容量选择。直流负荷统计应符合表 5－66 和表 5－67 的规定。

表 5－66　　直流负荷统计表（用于简化计算法）

序号	负荷名称	装置容量/kW	负荷系数	计算电流/A	经常负荷电流/A	事故放电时间及放电电流/A					
						初期	持续/min				随机
						1min	1～30	30～60	60～120	120～180	5s
					I_{jc}	I_{cho}	I_1	I_2	I_3	I_4	I_R
1											
2											
3											
4											
5											
6											
7											
8											
合计											

表 5－67　　直流负荷统计表（用于阶梯计算法）

序号	负荷名称	装置容量/kW	负荷系数	计算电流/A	经常负荷电流/A	事故放电时间及放电电流/A					
						初期	持续/min				随机
						1min	1～30	30～60	60～120	120～180	5s
					I_{jc}	I_1	I_2	I_3	I_4	I_5	I_R
1											
2											
3											
4											
5											
6											
7											
8											
合计											

蓄电池容量的计算步骤应符合下列要求：

1）直流负荷统计。

2）绘制负荷曲线。

3）按照直流母线允许最低电压要求，确定单体蓄电池放电终止电压。

4）计算容量时，根据不同蓄电池型式、终止电压和放电时间，可从表 5－69～表 5－77 中查找容量换算系数。

容量换算系数可按表 5－68 计算。

表 5－68　　容量换算系数计算

要求	计算公式	符号说明
容量换算系数	$K_c=\dfrac{I_t}{C_{10}}$	K_c—容量换算系数，1/h I_t—事故放电时间 t 小时的放电电流，A C_{10}—蓄电池 10h 放电率标称容量，A·h

表 5-69　　GF 型 2000A·h 及以下固定型排气式铅酸蓄电池的容量换算系数

放电终止电压/V	不同放电时间的 K_c 值																	
	5s	1min	29min	0.5h	59min	1.0h	89min	1.5h	119min	2.0h	179min	3.0h	4.0h	5.0h	6.0h	7.0h	479min	8.0h
1.75	1.010	0.900	0.590	0.580	0.467	0.460	0.402	0.400	0.332	0.330	0.261	0.260	0.220	0.180	0.162	0.140	0.124	0.124
1.80	0.900	0.780	0.530	0.520	0.416	0.410	0.354	0.350	0.302	0.300	0.241	0.240	0.190	0.170	0.150	0.130	0.115	0.115
1.85	0.740	0.600	0.430	0.420	0.355	0.350	0.323	0.320	0.262	0.260	0.211	0.210	0.175	0.160	0.140	1.122	0.107	0.107
1.90	—	0.400	0.330	0.320	0.284	0.280	0.262	0.260	0.221	0.220	0.180	0.180	0.165	0.140	0.125	0.114	0.102	0.102
1.95	—	0.300	0.228	0.221	0.200	0.192	0.180	0.180	0.160	0.160	0.130	0.130	0.124	0.110	0.108	0.100	0.088	0.088

表 5-70　　GFD 3000A·h 及以下固定型排气式铅酸蓄电池（单体 2V）的容量换算系数

放电终止电压/V	不同放电时间的 K_c 值																	
	5s	1min	29min	0.5h	59min	1.0h	89min	1.5h	119min	2.0h	179min	3.0h	4.0h	5.0h	6.0h	7.0h	479min	8.0h
1.75	1.010	0.890	0.630	0.620	0.477	0.470	0.395	0.392	0.323	0.320	0.272	0.270	0.220	0.190	0.160	0.148	0.130	0.130
1.80	0.900	0.740	0.530	0.520	0.416	0.410	0.356	0.353	0.292	0.290	0.251	0.250	0.205	0.170	0.142	0.130	0.115	0.115
1.85	0.740	0.610	0.420	0.410	0.345	0.340	0.286	0.283	0.271	0.270	0.221	0.220	0.180	0.144	0.130	0.118	0.104	0.104
1.90	—	0.470	0.330	0.320	0.275	0.271	0.252	0.250	0.221	0.220	0.191	0.190	0.155	0.124	0.102	0.094	0.084	0.084
1.95	—	0.280	0.280	0.221	0.185	0.182	0.173	0.171	0.166	0.166	0.150	0.150	0.150	0.104	0.087	0.077	0.068	0.068

表 5-71　　阀控式密封铅酸蓄电池（贫液）（单体 2V）的容量换算系数

放电终止电压/V	不同放电时间的 K_c 值																	
	5s	1min	29min	0.5h	59min	1.0h	89min	1.5h	119min	2.0h	179min	3.0h	4.0h	5.0h	6.0h	7.0h	479min	8.0h
1.75	1.540	1.530	1.000	0.984	0.620	0.615	0.482	0.479	0.390	0.387	0.291	0.289	0.234	0.195	0.169	0.153	0.135	0.135
1.80	1.450	1.430	0.920	0.900	0.600	0.598	0.476	0.472	0.377	0.374	0.282	0.280	0.224	0.190	0.166	0.150	0.132	0.132
1.83	1.380	1.330	0.843	0.823	0.570	0.565	0.458	0.455	0.360	0.357	0.272	0.270	0.217	0.184	0.160	0.145	0.127	0.127
1.85	1.340	1.240	0.800	0.780	0.558	0.540	0.432	0.428	0.347	0.344	0.263	0.262	0.214	0.180	0.157	0.140	0.123	0.123
1.87	1.270	1.180	0.764	0.755	0.548	0.520	0.413	0.408	0.336	0.334	0.259	0.258	0.209	0.177	0.155	0.137	0.120	0.120
1.90	1.190	1.120	0.685	0.676	0.495	0.490	0.383	0.381	0.323	0.321	0.254	0.253	0.200	0.170	0.150	0.131	0.118	0.118

表 5-72　　阀控式密封铅酸蓄电池（贫液）（单体 6V 和 12V）的容量换算系数

放电终止电压/V	不同放电时间的 K_c 值																	
	5s	1min	29min	0.5h	59min	1.0h	89min	1.5h	119min	2.0h	179min	3.0h	4.0h	5.0h	6.0h	7.0h	479min	8.0h
1.75	2.080	1.990	1.010	1.000	0.708	0.700	0.513	0.509	0.437	0.435	0.314	0.312	0.243	0.200	0.172	0.157	0.142	0.142
1.80	2.000	1.880	1.000	0.990	0.691	0.680	0.509	0.504	0.431	0.429	0.307	0.305	0.239	0.198	0.170	0.155	0.140	0.140
1.83	1.930	1.820	0.988	0.979	0.666	0.656	0.498	0.495	0.418	0.416	0.299	0.297	0.234	0.197	0.168	0.153	0.138	0.138
1.85	1.810	1.740	0.976	0.963	0.639	0.629	0.498	0.487	0.410	0.408	0.297	0.295	0.231	0.196	0.167	0.152	0.136	0.136
1.87	1.750	1.670	0.943	0.929	0.610	0.600	0.481	0.479	0.401	0.399	0.291	0.289	0.220	0.194	0.165	0.149	0.133	0.133
1.90	1.670	1.590	0.585	0.841	0.576	0.571	0.464	0.462	0.389	0.387	0.281	0.279	0.211	0.189	0.160	0.143	0.127	0.127

表 5－73　　阀控式密封铅酸蓄电池（胶体）（单体 2V）的容量换算系数

放电终止电压/V	不同放电时间的 K_c 值																	
	5s	1min	29min	0.5h	59min	1.0h	89min	1.5h	119min	2.0h	179min	3.0h	4.0h	5.0h	6.0h	7.0h	479min	8.0h
1.80	1.230	1.170	0.820	0.810	0.530	0.520	0.430	0.420	0.333	0.330	0.251	0.250	0.196	0.166	0.144	0.127	0.116	0.116
1.83	1.120	1.060	0.740	0.730	0.500	0.490	0.390	0.380	0.313	0.310	0.231	0.230	0.190	0.162	0.138	0.120	0.114	0.114
1.87	1.000	0.940	0.670	0.660	0.460	0.450	0.376	0.370	0.292	0.290	0.221	0.220	0.180	0.156	0.134	0.117	0.110	0.110
1.90	0.870	0.860	0.650	0.600	0.430	0.424	0.360	0.350	0.276	0.274	0.211	0.210	0.172	0.150	0.130	0.116	0.102	0.102
1.93	0.820	0.790	0.550	0.540	0.410	0.400	0.320	0.310	0.262	0.260	0.191	0.190	0.165	0.135	0.118	0.105	0.099	0.099

表 5－74　　中倍率 GNZ 型 200A·h 及以上碱性镉镍蓄电池（单体 1.2V）的容量换算系数

放电终止电压/V	不同放电时间的 K_c 值															
	30s	1min	29min	0.5h	59min	1.0h	1.5h	119min	2.0h	2.5h	179min	3.0h	239min	4.0h	299min	5.0h
1.00	2.460	2.200	1.320	1.310	0.845	0.840	0.690	0.603	0.600	0.550	0.521	0.520	0.480	0.480	0.460	0.460
1.05	2.120	1.830	1.040	1.030	0.699	0.690	0.600	0.542	0.540	0.480	0.461	0.460	0.430	0.430	0.400	0.400
1.07	1.900	1.720	0.880	0.870	0.648	0.640	0.560	0.492	0.490	0.440	0.411	0.410	0.380	0.380	0.360	0.360
1.10	1.700	1.480	0.770	0.760	0.567	0.560	0.480	0.422	0.420	0.390	0.371	0.370	0.350	0.350	0.330	0.330
1.15	1.550	1.380	0.710	0.700	0.507	0.500	0.440	0.392	0.390	0.360	0.341	0.340	0.320	0.320	0.290	0.290
1.17	1.400	1.280	0.680	0.670	0.478	0.470	0.410	0.371	0.370	0.340	0.311	0.310	0.280	0.280	0.260	0.260
1.19	1.300	1.200	0.650	0.640	0.456	0.450	0.390	0.351	0.350	0.320	0.291	0.290	0.260	0.260	0.240	0.240

表 5－75　　中倍率 GNZ 型 200A·h 以下碱性镉镍蓄电池（单体 1.2V）的容量换算系数

放电终止电压/V	不同放电时间的 K_c 值									
	30s	1min	5min	10min	15min	20min	29min	0.5h	59min	1.0h
1.00	3.00	2.75	2.20	2.00	1.87	1.70	1.55	1.54	1.04	1.03
1.05	2.50	2.25	1.91	1.75	1.62	1.53	1.39	1.38	0.98	0.97
1.07	2.20	2.01	1.78	1.64	1.55	1.46	1.31	1.30	0.94	0.93
1.10	2.00	1.88	1.63	1.50	1.41	1.33	1.22	1.21	0.91	0.90
1.15	1.91	1.71	1.52	1.40	1.32	1.25	1.14	1.13	0.87	0.86
1.17	1.75	1.60	1.45	1.35	1.28	1.20	1.09	1.08	0.83	0.82
1.19	1.60	1.50	1.41	1.32	1.23	1.16	1.06	1.05	0.80	0.79

表 5－76　　高倍率 GNFG（C）型 20A·h及以下碱性镉镍蓄电池（单体 1.2V）的容量换算系数

放电终止电压/V	不同放电时间的 K_c 值					
	30s	1min	29min	0.5h	59min	1.0h
1.00	10.50	9.60	2.64	2.63	1.78	1.77
1.05	9.60	9.00	2.35	2.34	1.69	1.68
1.07	9.40	8.20	2.25	2.24	1.62	1.61

续表

放电终止电压/V	不同放电时间的 K_c 值					
	30s	1min	29min	0.5h	59min	1.0h
1.10	8.80	7.60	2.11	2.10	1.51	1.50
1.14	7.20	6.50	1.91	1.90	1.40	1.39
1.15	6.50	5.70	1.80	1.79	1.34	1.33
1.17	5.30	4.98	1.54	1.53	1.20	1.19

表 5－77　高倍率 40Ah 及以上碱性镉镍蓄电池（单体 1.2V）的容量换算系数

放电终止电压/V	不同放电时间的 K_c 值					
	30s	1min	29min	0.5h	59min	1.0h
1.00	10.50	9.80	2.65	2.64	1.85	1.84
1.05	9.80	9.00	2.37	2.36	1.71	1.70
1.07	9.20	8.10	2.26	2.25	1.61	1.60
1.10	8.50	7.30	2.06	2.05	1.50	1.49
1.14	7.00	6.40	1.91	1.90	1.38	1.37
1.15	6.20	5.80	1.81	1.80	1.33	1.32
1.17	5.60	5.20	1.69	1.68	1.21	1.20

（3）蓄电池容量简化计算法。应按表 5－78 中的公式计算。

表 5－78　蓄电池容量简化计算法

计算容量		计 算 公 式	符 号 说 明
满足事故放电初期（1min）冲击放电电流容量要求，初期（1min）冲击蓄电池 10h（或 5h）放电率计算容量		$C_{cho}=K_k\dfrac{I_{cho}}{K_{cho}}$	C_{cho}—初期（1min）冲击蓄电池 10h（或 5h）放电率计算容量，A•h K_k—可靠系数，取 1.40 I_{cho}—初期（1min）冲击放电电流，A K_{cho}—初期（1min）冲击负荷的容量换算系数，1/h $C_{c1}\sim C_{cn}$—蓄电池 10h（或 5h）放电率各阶段的计算容量，A•h $I_1\sim I_n$—各阶段的负荷电流，A K_{c1}—各计算阶段中全部放电时间的容量换算系数，1/h K_{c2}—各计算阶段中除第 1 阶梯时间外放电时间的容量换算系数，1/h K_{c3}—各计算阶段中除第 1、2 阶梯时间外放电时间的容量换算系数，1/h K_{cn}—各计算阶段中最后 1 个阶梯放电时间的容量换算系数，1/h
满足事故全停电状态下持续放电容量要求，不包括初期（1min）冲击放电电流计算容量	第一阶段	$C_{c1}=K_k\dfrac{I_1}{K_{c1}}$	
	第二阶段	$C_{c2}\geqslant K_k\left[\dfrac{1}{K_{c1}}I_1+\dfrac{1}{K_{c2}}(I_2-I_1)\right]$	
	第三阶段	$C_{c3}\geqslant K_k\left[\dfrac{1}{K_{c1}}I_1+\dfrac{1}{K_{c2}}(I_2-I_1)+\dfrac{1}{K_{c3}}(I_3-I_2)\right]$	

续表

计算容量		计 算 公 式	符 号 说 明
满足事故全停电状态下持续放电容量要求，不包括初期（1min）冲击放电电流计算容量	第 *n* 阶段	$C_{cn} \geqslant K_k\left[\frac{1}{K_{c1}}I_1+\frac{1}{K_{c2}}(I_2-I_1)+\cdots+\frac{1}{K_{cn}}(I_n-I_{n-1})\right]$	C_r —随机负荷计算容量，A•h I_r —随机负荷电流，A K_{cr} —随机（5s）冲击负荷的容量换算系数，1/h
随机负荷计算容量		$C_r=\frac{I_r}{K_{cr}}$	
将 C_r 叠加在 C_{c1} － C_{cn} 中最大的阶段上，然后与 C_{cho} 比较，取较大值，即为蓄电池的计算容量			

（4）蓄电池容量阶梯计算法，应按表 5－79 计算。

表 5－79　　蓄电池容量阶梯计算法

计算容量	计 算 公 式	符 号 说 明
第一阶段	$C_{c1}=K_k\frac{I_1}{K_c}$	K_k —可靠系数，取 1.40 K_c —初期（1min）冲击负荷的容量换算系数，1/h $C_{c1}\sim C_{cn}$ —蓄电池 10h（或 5h）放电率各阶段的计算容量，A•h $I_1\sim I_n$ —各阶段的负荷电流，A K_{c1} —各计算阶段中全部放电时间的容量换算系数，1/h K_{c2} —各计算阶段中除第 1 阶梯时间外放电时间的容量换算系数，1/h K_{c3} —各计算阶段中除第 1、2 阶梯时间外放电时间的容量换算系数 1/h K_{cn} —各计算阶段中最后 1 个阶梯放电时间的容量换算系数，1/h C_r —随机负荷计算容量，A•h I_r —随机负荷电流，A K_{cr} —随机（5s）冲击负荷的容量换算系数，1/h
第二阶段	$C_{c2}\geqslant K_k\left[\frac{1}{K_{c1}}I_1+\frac{1}{K_{c2}}(I_2-I_1)\right]$	
第三阶段	$C_{c3}\geqslant K_k\left[\frac{1}{K_{c1}}I_1+\frac{1}{K_{c2}}(I_2-I_1)+\frac{1}{K_{c3}}(I_3-I_2)\right]$	
第 *n* 阶段	$C_{cn}\geqslant K_k\left[\frac{1}{K_{c1}}I_1+\frac{1}{K_{c2}}(I_2-I_1)+\cdots+\frac{1}{K_{cn}}(I_n-I_{n-1})\right]$	
随机负荷计算容量	$C_r=\frac{I_r}{K_{cr}}$	
将 C_r 叠加在 C_{c1} － C_{cn} 中最大的阶段上，然后与 C_{cho} 比较，取较大值，即为蓄电池的计算容量		

（5）蓄电池可靠系数。蓄电池可靠系数是由裕度系数、老化系数和温度修正系数构成的，经计算

$$\text{可靠系数}=\text{裕度系数}\times\text{老化系数}\times\text{温度修正系数}=1.15\times1.10\times1.10\approx1.4$$

当阀控式密封铅酸蓄电池组室内温度宜为 15～30℃，固定型排气式铅酸蓄电池组和镉镍碱性蓄电池室内温度宜为 5～35℃。当蓄电池的环境温度低于上述规定时，应考虑调整蓄电池温度修正系数。

8. 自备应急电源配置典型模式

自备应急电源配置典型模式见表 5－80。

表 5-80　　不同类型自备应急电源及自备应急电源组合的技术指标及适用范围

电源种类	容量	工作方式	持续供电时间	切换时间	切换方式	使用寿命	成本	节能与环保	适用范围
UPS	<800kW	在线、热备	10～30min	<10ms	在线或STS	寿命较短，一般5～8年	造价高	电源自身发热（效率 90%），同时也造成了电能的损耗	计算机房，实验室等，适合电阻、电容性等负载
动态 UPS	<1700kW	热备	标准条件12h	0.03～2s	ATS	使用寿命较长	成本及维护费用高	热备用工作方式，噪声大，有振动，有污染	对大容量且电能质量要求高的负荷，如整条生产线
EPS	0.5～800kW	冷备、热备	60min、90min、120min 等	0.1～2s	ATS	使用寿命在 20 年左右	约为 UPS 价格的 60%	离线式工作，耗电 0.1%左右（效率 85%～95%），节能，噪声小，无振动，无公害	消防、建筑场所，适用于电阻性照明负载、电感性电机、电容性负载以及混合负载，带载能力强
HEPS	0.5～800kW	热备	60min、90min、120min	<10ms	STS	使用寿命在 20 年左右	略高于 EPS，低于 UPS	节能，噪声小，无振动，无公害	高强气体发电灯、医疗抢救设备、通信设备等
燃气发电机组	500～2000kW	冷备、热备	标准条件12h	0.6～1.5s	ATS 或手动	使用寿命长	土建复杂，设备成本较高	平时不耗电；工作时，噪声低，振动小，污染小，节能	大型建筑物、大型电信局等
柴油发电机组	2.5～2500kW	冷备、热备	标准条件12h	5～30s	ATS 或手动	寿命较长，一般10 年以上	成本低、辅助设施、运行费用高	平时不耗电，工作时噪声大，有振动，排烟，有污染	大型建筑物内专用发电机组
UPS+发电机	>800kW	在线、冷备、热备	标准条件12h	<10ms	在线或STS	同 UPS	同 UPS	同 UPS	同 UPS
EPS+发电机	2.5～800kW	冷备、热备	标准条件12h	0.1～2s	ATS 或手动	同 EPS	同 EPS	同 EPS	同 EPS
汽轮发电供热机组	>50MW	旋转备用	标准条件12h	30s	ATS 或手动	使用寿命长在 30 年左右	高	节能	大型石化企业电网电力缺额运行，对外联络线故障跳闸

9. 自备应急电源选择

自备应急电源选择见表 5-81。

表 5-81　　自备应急电源选择

允许停电时间	容量/kW	应急电源	说　明
零秒	0～400	UPS	在线运行方式 UPS 能够满足零秒的切换，其他自备应急电源均很难满足
	400～2000	动态 UPS	大容量零秒切换的应急发电机目前最优的是动态 UPS，将 UPS 与发电机组合的方式价格贵且性能低
毫秒	0～10	UPS	毫秒级切换的自备应急电源主要有 UPS、HEPS 和动态 UPS 三种，其中 HEPS 和动态 UPS 容量普遍较大，因此在 10kW 内首选 UPS
	10～300	UPS/HEPS	在 10～300kW 间，自备应急电源可选 UPS 和 HEPS，HEPS 的价格约为 UPS 的 70%～80%，但 UPS 技术相对成熟，可根据需要在二者之间选择
	300～800	HEPS	UPS 随着容量增加价格迅速增加，因此在应急负荷在 300kW 以上，宜选用大容量的 HEPS

续表

允许停电时间	容量/kW	应急电源	说　明
秒级（10s 内）	0～600	EPS	秒级的切换可以不需要高价格的毫秒级切换的自备应急电源，而符合毫秒级切换的自备应急电源主要有 EPS 和燃气发电机，在小容量应急负荷 EPS 明显具有优势，价格约为燃气发电机的 1/4，因此首选 EPS
	600～1300	燃气发电机	EPS 很难做到大容量，否则价格会突增，因此大容量秒级的应急负荷首选燃气发电机
分钟级	0～800	EPS/柴油发电机	EPS 与柴油发电机均符合要求，EPS 比柴油发电机贵大约 40%，但 EPS 比柴油发电机节能、省电，因此可根据需求对二者进行选择
	800～1700	柴油发电机	EPS 很难做到大容量，因此首选柴油发电机，其性价比最高

注：可以将具有毫秒级切换能力的自备应急电源应用于秒级切换需求的应急负荷，或者将具有秒级切换能力的自备应急电源应用于分钟级切换需求的应急负荷等。

10. 建筑物自备应急电源典型配置

建筑物自备应急电源典型配置见表 5－82。

表 5－82　　建筑物自备应急电源典型配置

建筑物		负荷	允许停电时间	应急电源	工作方式	后备时间	切换时间	切换方式
通信		开关电源、传输设备、上网数据设备、上网用交换机设备、语音交换数据设备、计算机系统、机房空调	≤800ms	UPS/UPS+发电机	在线/热备	30～120min	≤800ms	在线/STS
		空调	≤1min	EPS/柴油发电机组	热备/冷备	30～120min	<30s	ATS
		服务器、传输设备、交换机	≤800ms	UPS	在线/热备	30～120min	<200ms	在线
广播		消防用电机	≤1min	EPS/柴油发电机组	热备/冷备	>60min	<30s	ATS
		应急照明	≤1min	蓄电池/UPS/EPS	热备/冷备	>30min	<5s	ATS
		演播室、直播机房、控制系统、总控机房、节目集成平台、节目传输系统	≤800ms	UPS+发电机	在线/热备	30～120min	≤800ms	在线/STS
信息安全	证券数据中心	微波通信、调度中心、卫星通信设施	≤800ms	UPS	在线/热备	30～120min	≤800ms	在线/STS
	银行	服务器、交换机、磁盘阵列、通信终端、一般银行的防盗照明、大型银行营业厅及门厅照明、应急照明、机房的精密空调	≤800ms	UPS/UPS+发电机	在线/热备	30～120min	≤800ms	在线/STS
公用事业	污水处理	应急照明	≤1min	蓄电池/UPS/EPS	热备/冷备	>30min	<5s	ATS
		消防设施	≤1min	EPS/柴油发电机组	热备/冷备	>60min	<30s	ATS
		计算机系统中央监控站、PLC 控制站	≤1min	UPS	在线/热备	30～120min	≤800ms	在线/STS
	供气	SCADA 控制系统，一氧化碳报警器电动阀门	≤1min	UPS/EPS	热备/冷备	30～120min	≤1min	在线/STS
交通运输	民用运输机场	指挥调度、安保监控	≤800ms	UPS	在线/热备	>60min	<200ms	在线
		助航灯光	1s	UPS	在线/热备	>60min	<200ms	在线

续表

建筑物		负荷	允许停电时间	应急电源	工作方式	后备时间	切换时间	切换方式
交通运输	民用运输机场	航站楼、空中交通管制、导航、通信、气象、助航灯光系统设施和台站电源；站坪照明、边防、海关的安全检查设备的电源；航班预报设备的电源；三级以上油库的电源；为飞行及旅客服务的办公用房及旅客活动场所的应急照明	≤1min	UPS/EPS	热备/冷备	>30min	<5s	ATS
		铁路牵引负荷、自用变、通信终端、信号、控制系统、电动岔道	≤800ms	UPS	在线/热备	30～120min	<200ms	在线
	地铁	应急照明	≤1min	蓄电池/UPS/EPS	热备/冷备	>30min	<5s	ATS
		消防设施	≤1min	EPS/柴油发电机组	热备/冷备	>60min	<30s	ATS
		牵引	≤1min	—	—	—	—	—
		信号系统、售票系统	ms	UPS	在线/热备	30～120min	<200ms	在线
医疗卫生		应急照明、疏散照明	≤1min	蓄电池/UPS/EPS	热备/冷备	>30min	<5s	ATS
		消防设施	≤1min	EPS/柴油发电机组	热备/冷备	>60min	<30s	ATS
		手术部的手术室、术前准备、术后复苏、麻醉、急诊抢救、血液病房净化室、产房、早产儿室、重症监护、血液透析、心血管 SDA、上述环境的照明及生命支持系统	≤0.5s	UPS+发电机	在线/热备	持续到恢复供电	<0.5s	ATS
		上述所述环境及急诊诊室、重症观察处置、手术部的护士站、麻醉办、石膏室、冰冻切片、辅料制作消毒辅料、功能检查、内窥镜检查、泌尿科、影像科大型设备、放射治疗设备、核医学设备及试剂储存、分装、计量等、高压氧仓、输血科贮血、病理科取材、制片、镜检、医用气体供应系统	≤15s	发电机	冷备	持续到恢复供电	<15s	ATS
		大型生化仪器	≤0.5s	UPS+发电机	在线/热备	持续到恢复供电	<0.5s	在线
		计算机系统（开药、挂号、处方），机房交换机	≤0.5s	UPS	在线/热备	30～120min	≤800ms	在线/STS
		太平间、焚烧炉、锅炉房、药剂科贵重冷库、中心（消毒）供应、空气净化机组、电梯等动力负荷	≤30s	发电机	冷备	持续到恢复供电	<30s	ATS
人员密集场所		消防设施	≤1min	EPS/柴油发电机组	热备/冷备	>60min	<30s	ATS
		应急照明	≤1min	蓄电池/UPS/EPS	热备、冷备	>30min	<5s	ATS
		红外线探测、电视监视、经营管理用计算机系统电源、高级客房、水泵房、弱电设备、部分电梯、门厅、主要通道及营业厅部分照明	≤1min	蓄电池/UPS/EPS	热备/冷备	30～120min	<5s	ATS

11. 光伏发电电源

(1) 与市政电网并网的光伏发电系统应具有相应的并网保护及隔离功能。

需要与市政电网并网的光伏发电系统应具有相应的并网保护功能，一旦电网或光伏发电系统故障时能够及时受到保护；且并网光伏系统与市政电网之间应设隔离装置，以保证两个电源之间独立运行或维护时能够有效隔离，确保安全。

（2）光伏系统在并网处应设置并网低压开关箱（柜），并应设置专用标识和提示性文字符号。

光伏系统在并网后，一旦市政电网或光伏系统本身出现异常或处于检修状态时，两并网系统间应可靠脱离，通过专用并网装置及时切断两者之间的联系。另外还需通过醒目的专用标识提示光伏系统可能会危害人身安全。

（3）在安装光伏组件的部位应采取安全防护措施。在人员有可能接触或接近光伏发电系统的位置，应设置隔离防护及防触电警示标识。

5.3.3 电压

1. 供电电压

用户的供电电压应根据用电容量、用电设备特性、供电距离、供电线路的回路数、当地公共电网现状及其发展规划等因素，经技术经济比较确定。

（1）用户功率大，供电电压应相应提高。

（2）供电电压和输送距离有关，输送距离长，为降低线路电压损失，宜提高供电电压等级。

（3）供电电压和供电线路的回路数有关。回路多，则每回路的送电容量相应减少，可降低供电电压等级。

（4）用电设备特性，例如波动负荷大，宜由容量大的电网供电，要提高供电电压的等级。

2. 电压选择

供电电压大于或等于 35kV 时，用户的一级配电电压宜采用 10kV。

当 6kV 用电设备的总容量较大，选用 6kV 经济合理时，宜采用 6kV。

低压配电电压宜采用 220/380V，工矿企业亦可采用 660V。

当安全需要时，应采用小于 50V 电压。安全电压通常可采用 42V、36V、24V、12V、6V。

3. 配变电级数

供电电压大于等于 35kV，当能减少配变电级数、简化接线及技术经济合理时，配电电压宜采用 35kV 或相应等级电压。

需要两回电源线路的用户，宜采用同级电压供电。但根据各级负荷的不同需要及地区供电条件，亦可采用不同电压供电。

供配电系统应简单可靠，同一电压等级的配电级数高压不宜多于两级；低压不宜多于三级。

5.3.4 供电电源配置

1. 三电源典型模式

三电源典型供电模式的适用范围及其供电方式见表 5－83。

表 5－83 三电源典型供电模式

序号	供电模式	电源	电源点	接入方式	正常/故障下电源供电方式
1	电源来自三个变电站，全专线进线	1	变电站 1	专线	三路电源专线进线，扩大桥接线方式，两供一备，两路主供电源任一路失电后热备用电源自动投切；任一路电源在峰荷时应带满所有的一、二级负荷
		2	变电站 2	专线	
		3	变电站 3	专线	
2	电源来自两个变电站，两路专线进线，一路环网公网供电进线	1	变电站 1	专线	三路电源两路专线进线，一路环网公网供电，扩大桥接线方式，两供一备，两路主供电源任一路失电后热备用电源自动投切；任一路电源在峰荷时应带满所有的一、二级负荷
		2	变电站 2	专线	
		3	变电站 2	环网公网	
3	电源来自两个变电站，两路专线进线，一路辐射公网供电进线	1	变电站 1	专线	三路电源两路专线进线，一路辐射公网供电，扩大桥接线方式，两供一备，两路主供电源任一路失电后热备用电源自动投切；任一路电源在峰荷时应带满所有的一、二级负荷
		2	变电站 2	专线	
		3	变电站 2	辐射公网	

2. 双电源典型模式

双电源典型供电模式的适用范围及其供电方式见表 5－84。

表 5－84 双电源典型供电模式

序号	供电模式	电源	电源点	接入方式	正常/故障下电源供电方式
1	不同方向变电站，专线供电	1	变电站 1	专线	两路电源互供互备，任一路电源都能带满负荷，而且应尽量配置备用电源自动投切装置
		2	变电站 2	专线	

续表

序号	供电模式	电源	电源点	接入方式	正常/故障下电源供电方式
2	不同方向变电站一路专线、一路环网公网供电	1	变电站1	专线	可采用专线主供、公网热备运行方式，主供电源失电后，公网热备电源自动投切，两路电源应装有可靠的电气、机械闭锁装置
		2	变电站2	环网公网	
3	不同方向变电站一路专线、一路辐射公网供电	1	变电站1	专线	
		2	变电站2	辐射公网	
4	不同方向变电站两路环网/手拉手公网供电进线	1	变电站1	环网公网	可采用双电源各带一台变压器，低压母线分段运行方式，双电源互供互备，要求每台变压器在峰荷时至少能够带满全部的一、二级负荷
		2	变电站2	环网公网	
5	不同方向变电站两路辐射公网供电进线	1	变电站1	辐射公网	双电源可采用母线分段，互供互备运行方式；公网热备电源自动投切，两路电源应装有可靠的电气、机械闭锁装置
		2	变电站2	辐射公网	
6	同一变电站不同母线一路专线、一路辐射公网供电	1	变电站1（不同母线）	专线	由于用户不具备来自两个方向变电站条件，但又具有较高可靠性需求，可采用专线主供、公网热备运行方式，主供电源失电后，公网热备电源自动投切，两路电源应装有可靠的电气、机械闭锁装置
		2	变电站1（不同母线）	辐射公网	
7	同一变电站不同母线两路辐射公网供电	1	变电站1（不同母线）	辐射公网	由于涉及一些地点偏远的高危该类用户，进线电源可采用母线分段，互供互备运行方式；要求公网热备电源自动投切，两路电源应装有可靠的电气、机械闭锁装置
		2	变电站1（不同母线）	辐射公网	

3. 双回路典型模式

双回路典型供电模式的适用范围及其供电方式见表5-85。

表5-85 双回路典型供电模式

序号	供电模式	电源	电源点	接入方式	正常/故障下电源供电方式
1	专线供电	1	变电站1	专线	两路电源互供互备，任一路电源都能带满负荷，而且应尽量配置备用电源自动投切装置
		2	变电站1	专线	
2	一路专线、一路环网公网进线供电	1	变电站1	专线	
		2	变电站1	环网公网	
3	一路专线、一路辐射公网进线供电	1	变电站1	专线	由于部分是工业类重要电力用户，采用专线主供、公网热备运行方式，主供电源失电后，公网热备电源自动投切，两路电源应装有可靠的电气、机械闭锁装置
		2	变电站1	辐射公网	
4	两路辐射公网进线供电	1	变电站1	辐射公网	由于该类用户一般容量不大，可采用两路电源互供互备，任一路电源都能带满负荷，且应尽量配置备用电源自动投切装置
		2	变电站1	辐射公网	

5.3.5 电气一次系统

1. 单母线接线

单母线接线方式和应用见表5-86。

表5－86 单母线接线方式和应用

接线方式	接线图	简要说明
单母不分段	出线1 出线2 出线3 QS6 QS7 QS8 QF3 QF4 QF5 QS3 QS4 QS5 W QS1 QS2 QF1 QF2 电源1 电源2	适用于用户对供电连续性要求不高的二、三级负荷用户 在电力系统中适用于一台发电机或一台主变压器或出线回路不多的小容量发电厂、变电站中
单母分段	一类用户 W1 W2 QS1 QS2 QS3 QF3 QS4 QF1 QF2 电源1 电源2	可分段运行，也可以并列运行 用隔离开关、负荷开关分段的单母线接线，适用于由双回路供电的、允许短时停电的具有二级负荷的用户 用断路器分段的单母线接线，可靠性提高。如果有后备措施，一般可以对一级负荷供电

2. 双母线接线

双母线接线方式和应用见表5－87。

表5－87 双母线接线方式和应用

接线方式	接线图	简要说明
双母线不分段	W2 W1 QF 电源1 电源2	两组母线一组作为工作母线，另一组作为备用母线，在两组母线之间，通过母线联络断路器（简称为母联断路器）进行连接。每回线路都通过一台断路器、两组隔离开关分别连接到两组母线。在常规运行方式下，一组母线工作，另一组母线停电备用，所有回路都闭合于工作母线上。母联断路器及其两侧隔离开关在断开位置

续表

接线方式	接　线　图	简要说明
双母线分段	出线1 出线2 QF3 QF5 QF4 W3 W1 W2 QF1 QF6 QF2 电源1 电源2	采用将母线分段的方式来减少母线故障时造成的损失，缩小了停电范围
“一个半”断路器接线（3/2 接线）		在两组母线间装有三台断路器。可引接两个回路，断路数与回路数之比为 3/2。任一组母线故障或检修时，极端情况下，两组母线同时故障时也不会影响所有回路的工作。仅当中间的联络断路器故障时才会影响该串上回路的工作；正常运行时两组母线、全部断路器均投入，从而形成多环形供电，运行调度灵活；隔离开关仅用作隔离电器，不需进行复杂的倒闸操作。继电保护整定复杂

3. *无母线接线*

无母线接线方式和应用见表 5-88。

表 5-88　　无母线接线方式和应用

接线方式	接　线　图	简要说明
内桥接线	35～110kV 6～20kV 6～20kV 内桥接线　扩大内桥	内桥接线只适用于两台变压器、两条线路的接线；线路较长、变压器不需经常切换的情形；线路的故障不会影响变压器的正常运行，而变压器的投切会造成线路退出工作；穿越功率不大或几乎无穿越功率的变电站

续表

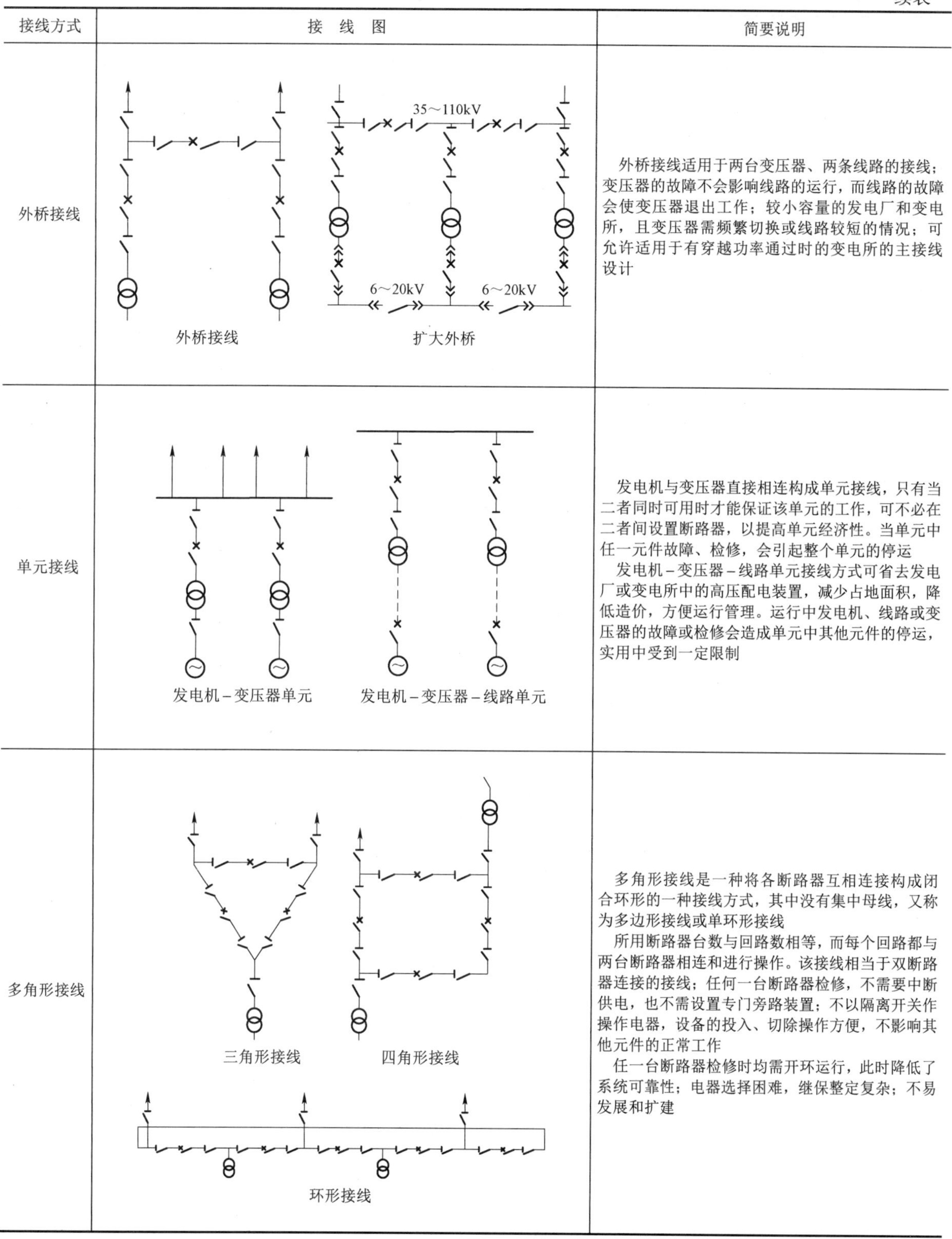

接线方式	接线图	简要说明
外桥接线	35～110kV 6～20kV　6～20kV 外桥接线　扩大外桥	外桥接线适用于两台变压器、两条线路的接线；变压器的故障不会影响线路的运行，而线路的故障会使变压器退出工作；较小容量的发电厂和变电所，且变压器需频繁切换或线路较短的情况；可允许适用于有穿越功率通过时的变电所的主接线设计
单元接线	发电机－变压器单元　发电机－变压器－线路单元	发电机与变压器直接相连构成单元接线，只有当二者同时可用时才能保证该单元的工作，可不必在二者间设置断路器，以提高单元经济性。当单元中任一元件故障、检修，会引起整个单元的停运 发电机－变压器－线路单元接线方式可省去发电厂或变电所中的高压配电装置，减少占地面积，降低造价，方便运行管理。运行中发电机、线路或变压器的故障或检修会造成单元中其他元件的停运，实用中受到一定限制
多角形接线	三角形接线　四角形接线 环形接线	多角形接线是一种将各断路器互相连接构成闭合环形的一种接线方式，其中没有集中母线，又称为多边形接线或单环形接线 所用断路器台数与回路数相等，而每个回路都与两台断路器相连和进行操作。该接线相当于双断路器连接的接线；任何一台断路器检修，不需要中断供电，也不需设置专门旁路装置；不以隔离开关作操作电器，设备的投入、切除操作方便，不影响其他元件的正常工作 任一台断路器检修时均需开环运行，此时降低了系统可靠性；电器选择困难，继保整定复杂；不易发展和扩建

4. 主接线对比

各种主接线的特点比较见表 5－89。

表 5-89　　各种主接线的特点比较

<table>
<tr><td rowspan="2">主接线形式</td><td colspan="4">缺　　点</td></tr>
<tr><td>（1）母线、母线隔离开关故障或检修期间，连接在母线上所有回路都需长时间停止工作</td><td>（2）检修出线回路断路器时，该回路必须停电</td><td rowspan="3">（3）增大投资</td><td rowspan="8">（4）检修任一回路母线隔离开关，使该回路停电</td></tr>
<tr><td colspan="3">单母线接线</td></tr>
<tr><td>简单单母线</td><td>存在</td><td>存在</td></tr>
<tr><td>单母分段</td><td>减少停电回路数目</td><td>存在</td><td>加分段断路器</td></tr>
<tr><td>单母带旁母</td><td>存在</td><td>—</td><td>加旁母、旁路断路器</td></tr>
<tr><td>单母分段带旁母</td><td>减少停电回路数目</td><td>—</td><td>加分段断路器、旁母、旁路断路器（有时两断路器合并为一个）</td></tr>
<tr><td colspan="4">双母线接线</td></tr>
<tr><td>双母线</td><td>短时停电</td><td>存在（可以是短时停电）</td><td>加母联断路器、备用母线</td></tr>
<tr><td>双母单分段</td><td>短时停电（范围减小）</td><td>—</td><td>加母联断路器、备用母线、分段断路器</td><td>存在</td></tr>
<tr><td>双母带旁母</td><td>短时停电</td><td>—</td><td>加母联断路器、备用母线、旁路断路器（有时两断路器合并为一个）</td><td>—</td></tr>
<tr><td>双母双断路器</td><td>—</td><td>—</td><td>加一倍断路器</td><td>—</td></tr>
<tr><td>3/2 接线（一倍半）</td><td>—</td><td>—</td><td>加 1/2 倍断路器</td><td>—</td></tr>
<tr><td colspan="5">无母线接线</td></tr>
<tr><td>桥形接线（内桥、外桥）</td><td colspan="4">适应于两台变压器、两台断路器情况
内桥用于线路较长、变压器不许经常切换情况，外桥则相反</td></tr>
<tr><td>单元接线</td><td colspan="4" rowspan="2">经济可靠，但当单元中任一元件故障、检修，会引起整个单元的停运</td></tr>
<tr><td>扩大单元接线</td></tr>
<tr><td>多角形接线</td><td colspan="4">断路器少，可靠性高，运行灵活，操作方便
设备检修时需开环，电器选择和继保整定困难，不易扩建</td></tr>
</table>

5. 直流系统

（1）结构。直流配电系统的拓扑结构见表 5-90。

表 5-90　　直流配电系统的拓扑结构

<table>
<tr><td>电压</td><td>拓扑结构</td><td>示　意　图</td><td>特　　点</td></tr>
<tr><td rowspan="2">中压</td><td>放射状直流配电</td><td> 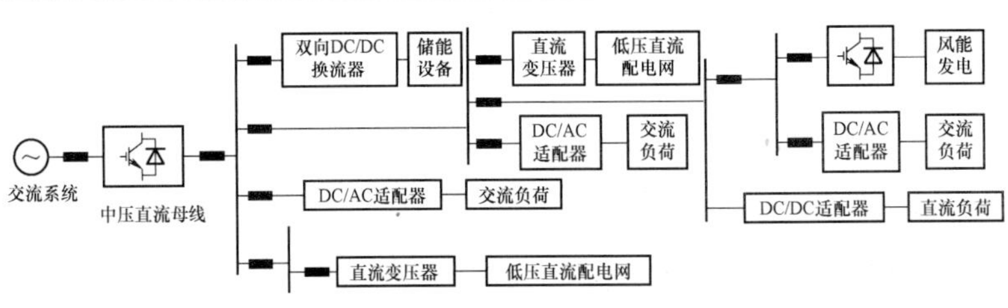交流系统　中压直流母线　双向DC/DC换流器　储能设备　直流变压器　低压直流配电网　DC/AC适配器　交流负荷　DC/AC适配器　交流负荷　直流变压器　低压直流配电网　风能发电　DC/AC适配器　交流负荷　DC/DC适配器　直流负荷</td><td>不同电压等级的直流母线组成骨干网络，分布式电源、交流负荷与直流负荷通过电力电子装置与直流母线相连，其结构简单，对控制保护要求低，但供电可靠性较低。主要用于直流配电</td></tr>
<tr><td>两端直流配电</td><td>交流系统1　中压直流母线　中压直流配电网　中压直流母线　交流系统2　风能发电　双向DC/DC换流器　储能设备　DC/AC适配器　交流负荷　DC/AC适配器　交流负荷　DC/DC适配器　直流负荷　直流变压器　低压直流配电网</td><td>与放射型直流配电相比，当一侧电源故障时，可以通过操作联络开关，由另一侧电源供电，实现负荷转供，提高整体可靠性。主要用于直流配电</td></tr>
</table>

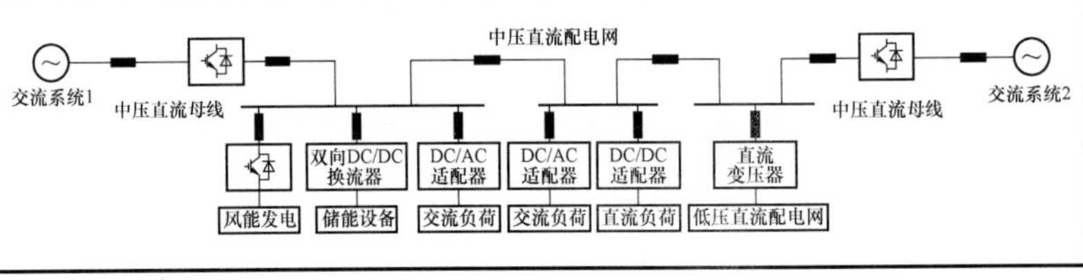

续表

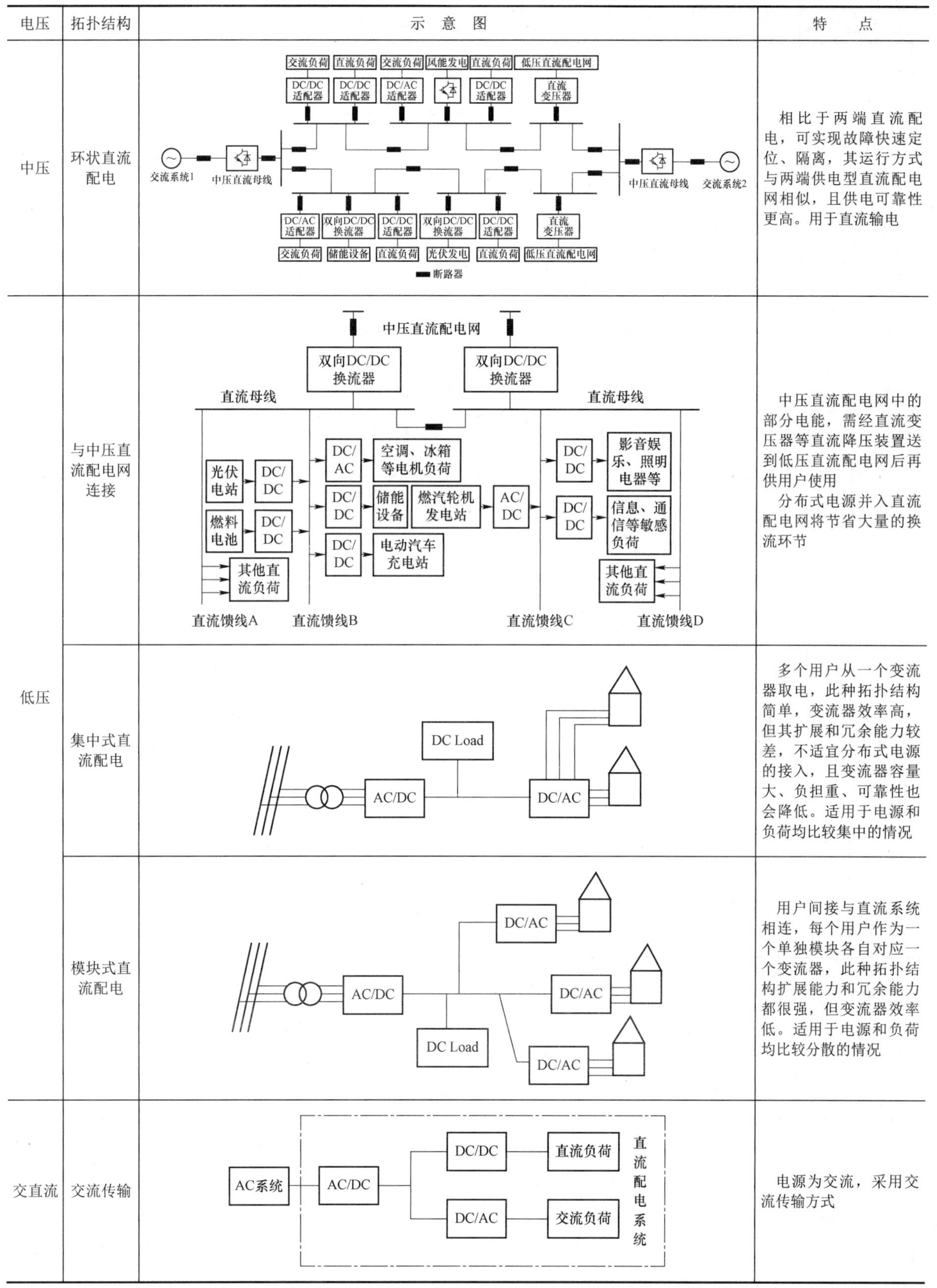

电压	拓扑结构	示意图	特点
中压	环状直流配电		相比于两端直流配电，可实现故障快速定位、隔离，其运行方式与两端供电型直流配电网相似，且供电可靠性更高。用于直流输电
低压	与中压直流配电网连接		中压直流配电网中的部分电能，需经直流变压器等直流降压装置送到低压直流配电网后再供用户使用 分布式电源并入直流配电网将节省大量的换流环节
	集中式直流配电		多个用户从一个变流器取电，此种拓扑结构简单，变流器效率高，但其扩展和冗余能力较差，不适宜分布式电源的接入，且变流器容量大、负担重、可靠性也会降低。适用于电源和负荷均比较集中的情况
	模块式直流配电		用户间接与直流系统相连，每个用户作为一个单独模块各自对应一个变流器，此种拓扑结构扩展能力和冗余能力都很强，但变流器效率低。适用于电源和负荷均比较分散的情况
交直流	交流传输		电源为交流，采用交流传输方式

续表

电压	拓扑结构	示 意 图	特 点
交直流	直流传输	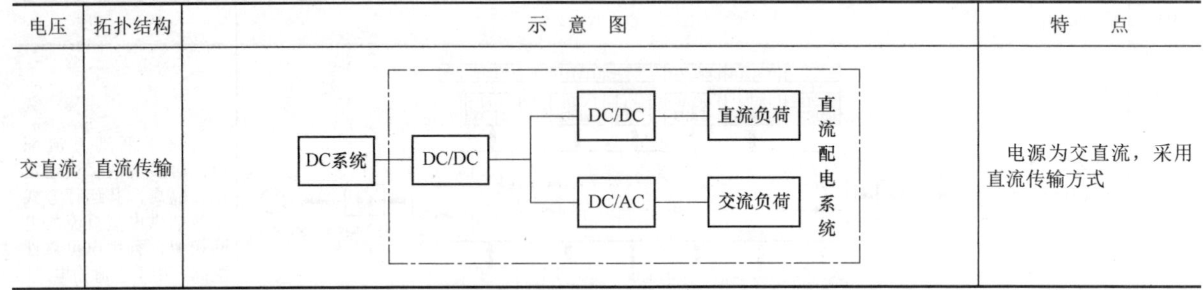	电源为交直流，采用直流传输方式

（2）接地形式。直流系统接地形式见表 5－91。

表 5－91　　直 流 系 统 接 地 形 式

分类	AC/DC	接地	示 意 图	特 点
单极对称系统	两电平、三电平换流器	直流侧中性点的接地方式	VSC换流器　VSC换流器 (a) 对称单极系统	正常运行时接地不会有工作电流流过，不需要设置专门的接地极。当发生故障后，整个系统将不能继续运行
	模块化多电平	交流侧接地方式		
单极不对称系统	传统高压直流输电系统	大地或金属回线构成单极不对称结构	VSC换流器　VSC换流器 (b) 不对称单极系统	单极不对称系统换流阀所耐受的电压水平是单极对称系统的 2 倍，且直流侧的不对称还将造成换流器交流侧电压水平的提升
双极对称系统	换流器单元串并联		(c) 对称双极系统	变压器需要承受由于直流电压不对称造成的变压器直流偏置电压，变压器不需要承受换流站产生的谐波分量

（3）连接方式。对于多端直流系统，系统连接方式一般为并联形式，以保证换流器工作在相同的直流电压水平。

并联型多端柔性直流网络又可分为星形和环形两种基本结构。其他复杂结构都可以看成这两种结构的扩展和组合。表 5－92 分别为 4 种系统连接方式。

表 5－92　　系 统 连 接 方 式

方式	示 意 图	特 点
串联	AC/DC　AC/DC AC/DC　AC/DC	换流站之间以同等级直流电流运行，功率分配通过改变直流电压来实现

续表

方式		示意图	特点
并联	放射	DC/AC DC/AC DC/AC	换流站之间以同等级直流电压运行，功率分配通过改变各换流站的电流来实现 与串联式相比，并联式具有更小的线路损耗、更大的调节范围、更易实现的绝缘配合、更灵活的扩建方式以及突出的经济性，因此目前已运行的多端直流输电工程均采用并联式接线方式
	环网	AC/DC DC/AC AC/DC DC/AC	
混联		AC/DC AC/DC AC/DC AC/DC AC/DC	增加了多端直流接线方式的灵活性

6. 典型接线

建筑物常用的主接线示意图见表5－93。

表5－93　　　　建筑物常用的主接线

主接线	电源	负荷	示意图
单母线分段	供电电源	特别重要负荷	1号主变压器　2号主变压器　3号主变压器 QF　QF　QF　QF　QF　QF Ⅰ段母线　Ⅱ段母线　Ⅲ段母线　Ⅳ段母线 出线　出线　出线　出线
	供电电源+自备应急电源	特别重要负荷	市电电源1　市电电源2 自备应急电源1　自备应急电源2 G　G UPS电源输入配电柜　UPS电源输入配电柜　机房空调配电柜　机房空调配电柜　UPS电源输入配电柜　UPS电源输入配电柜　机房空调配电柜　机房空调配电柜

续表

主接线	电源	负荷	示意图
单母线分段	供电电源+自备应急电源	特别重要负荷	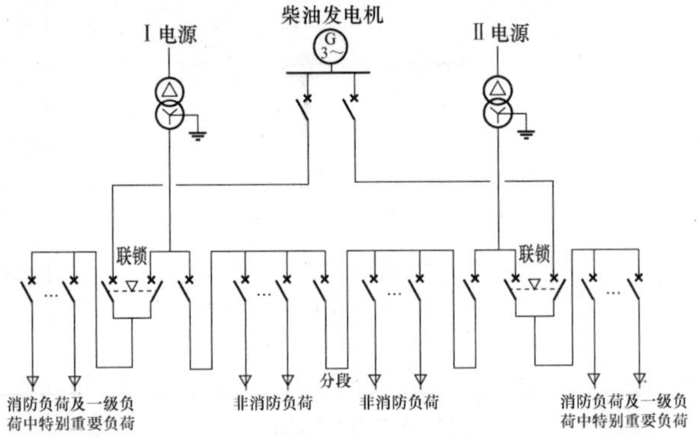 柴油发电机 Ⅰ电源 Ⅱ电源 联锁 联锁 分段 消防负荷及一级负荷中特别重要负荷　非消防负荷　非消防负荷　消防负荷及一级负荷中特别重要负荷 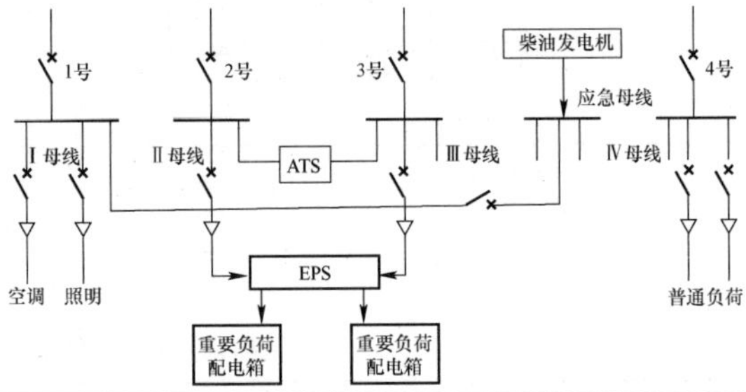 1号 2号 3号 4号 柴油发电机 应急母线 Ⅰ母线 Ⅱ母线 ATS Ⅲ母线 Ⅳ母线 空调 照明 EPS 普通负荷 重要负荷配电箱　重要负荷配电箱
	供电电源	一级负荷	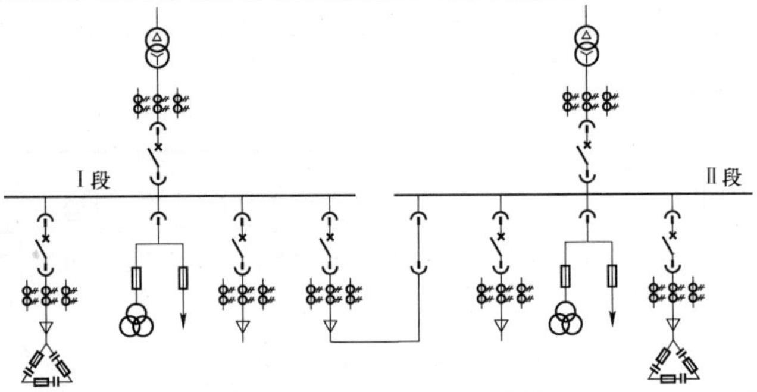 Ⅰ段 Ⅱ段 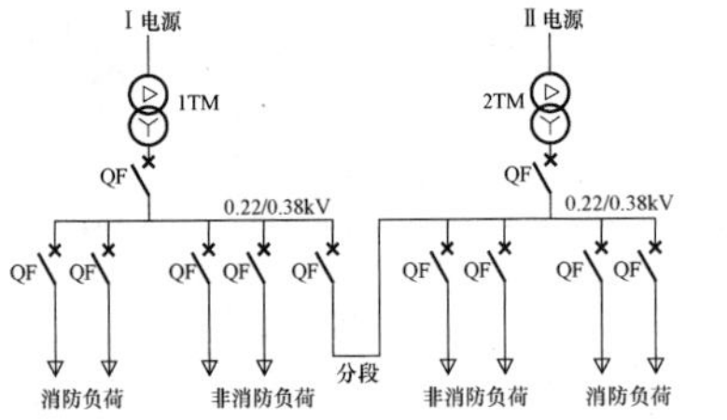 Ⅰ电源 1TM QF 0.22/0.38kV Ⅱ电源 2TM 分段 消防负荷 非消防负荷 非消防负荷 消防负荷 负荷不分组设计方案（一） 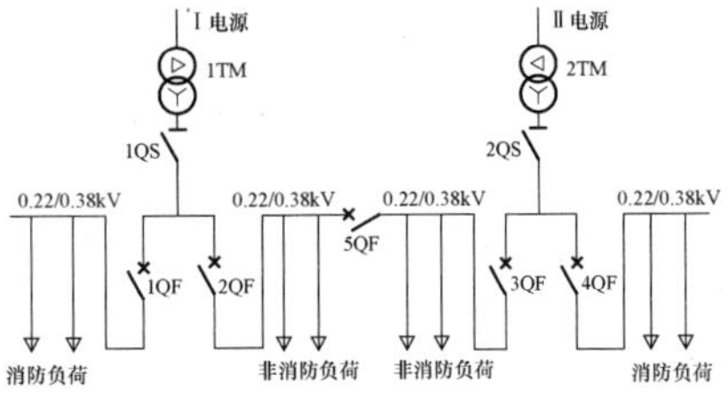 Ⅰ电源 1TM 1QS 0.22/0.38kV 1QF 2QF 5QF Ⅱ电源 2TM 2QS 3QF 4QF 消防负荷 非消防负荷 非消防负荷 消防负荷 负荷分组设计方案（一） 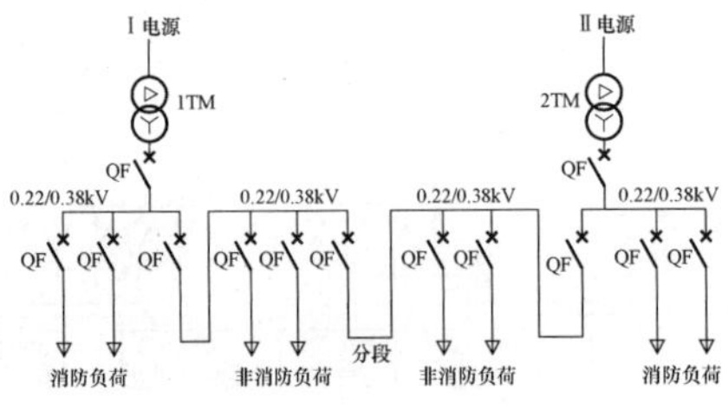 Ⅰ电源 1TM QF 0.22/0.38kV 分段 Ⅱ电源 2TM 消防负荷 非消防负荷 非消防负荷 消防负荷 负荷不分组设计方案（二） 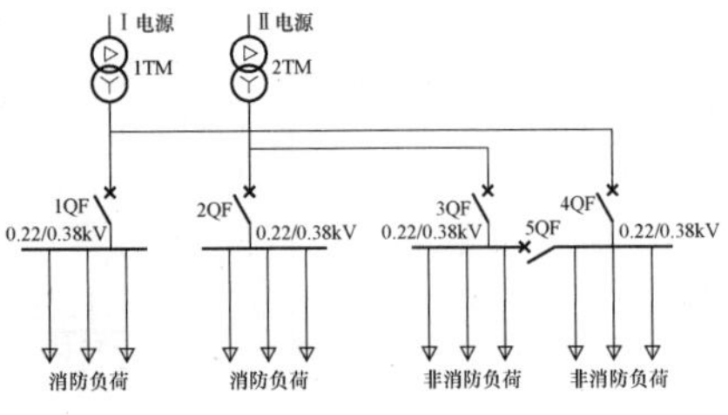 Ⅰ电源 1TM Ⅱ电源 2TM 1QF 2QF 3QF 4QF 5QF 0.22/0.38kV 消防负荷 消防负荷 非消防负荷 非消防负荷 负荷分组设计方案（二）

续表

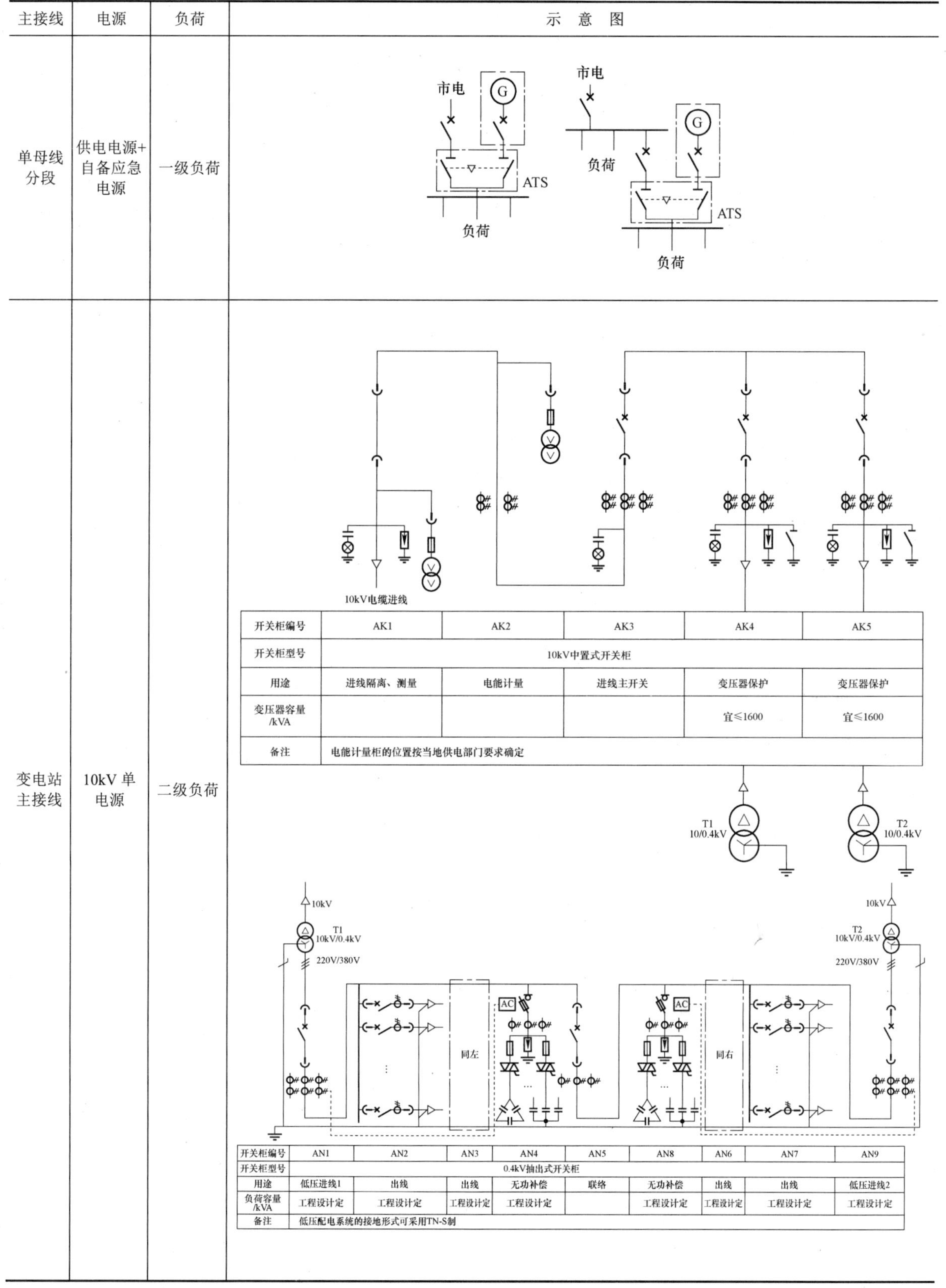

主接线	电源	负荷	示意图
单母线分段	供电电源+自备应急电源	一级负荷	
变电站主接线	10kV 单电源	二级负荷	

开关柜编号	AK1	AK2	AK3	AK4	AK5
开关柜型号	10kV中置式开关柜				
用途	进线隔离、测量	电能计量	进线主开关	变压器保护	变压器保护
变压器容量/kVA				宜≤1600	宜≤1600
备注	电能计量柜的位置按当地供电部门要求确定				

开关柜编号	AN1	AN2	AN3	AN4	AN5	AN8	AN6	AN7	AN9
开关柜型号	0.4kV抽出式开关柜								
用途	低压进线1	出线	出线	无功补偿	联络	无功补偿	出线	出线	低压进线2
负荷容量/kVA	工程设计定	工程设计定	工程设计定	工程设计定		工程设计定	工程设计定	工程设计定	工程设计定
备注	低压配电系统的接地形式可采用TN-S制								

续表

主接线	电源	负荷	示意图
变电站主接线	35kV 双电源	一级负荷	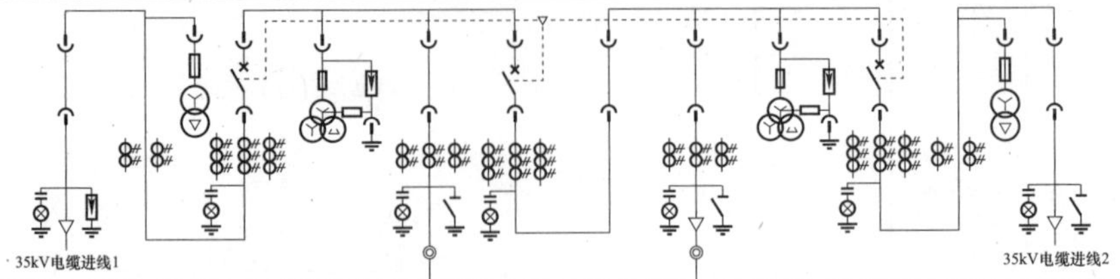 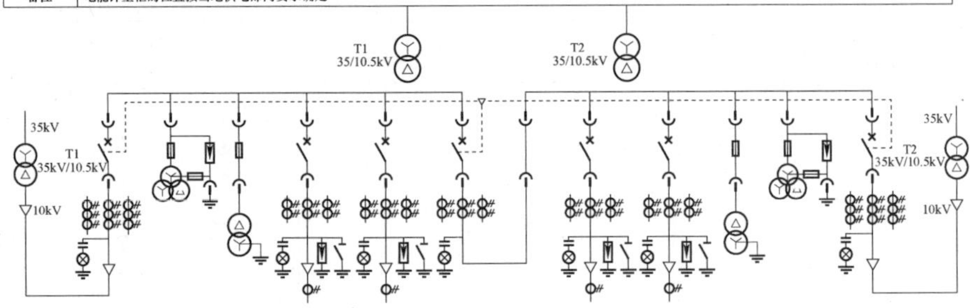

35kV电缆进线1

35kV电缆进线2

开关柜编号	AH01	AH02	AH03	AH04	AH05	AH06	AH07	AH08	AH09	AH10	AH11	AH12
开关柜型号	10kV中置式开关柜											
用途	电源1进线隔离	电能计量	进线开关	电压测量	变压器	桥开关	隔离	变压器	电压测量	进线开关	电能计量	电源2进线隔离
变压器容量/kVA					工程设计定			工程设计定				
备注	电能计量柜的位置按当地供电部门要求确定											

T1 35/10.5kV

T2 35/10.5kV

35kV

T1 35kV/10.5kV

10kV

35kV

T2 35kV/10.5kV

10kV

开关柜编号	AK01	AK02	AK04	AK03	AK05	AK06	AK07	AK08	AK09	AK10	AK11	AK12
开关柜型号	10kV中置式开关柜											
用途	进线开关	电压测量	所用变	出线	出线	联络	隔离	出线	出线	所用变	电压测量	进线开关
负荷容量/kVA	工程设计定		工程设计定		工程设计定			工程设计定		工程设计定		工程设计定
备注	电能计量柜的位置按当地供电部门要求确定											

7. 配电系统接线

（1）无备用形式。无备用接线包括单回放射式、树干式和链式网络，如图 5-11 所示。它的主要优点是线路结构简单、经济和运行方便。缺点是供电可靠性差。因此，这种接线方式不适用于一类负荷占比重较大的用户。若一类负荷设有单独的备用电源时，仍可采用这种接线方式。

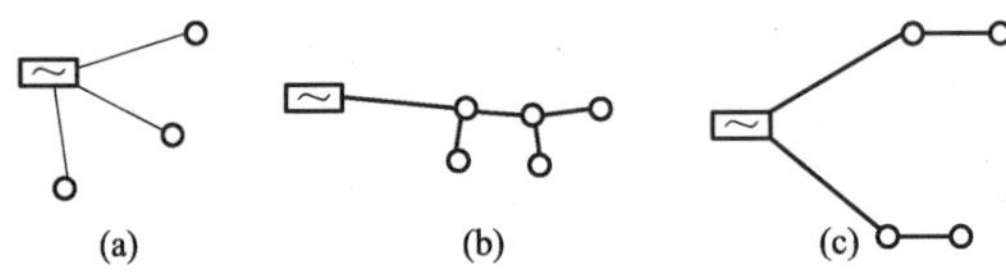

图 5-11　无备用接线方式

（a）单回放射式；（b）树干式；（c）链式网络

（2）有备用形式。有备用接线（闭式电力网）方式包括双回放射式、树干式、链式、环式及两端供电网络，如图 5-12 所示。

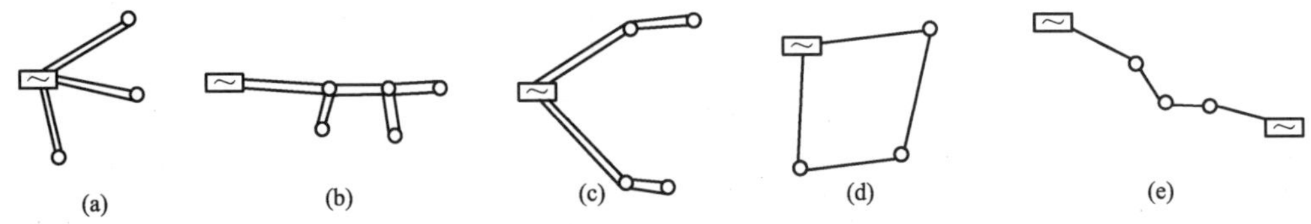

图 5-12　有备用接线方式

（a）双回放射式；（b）树线式；（c）链式；（d）环式；（e）两端供电网络

有备用接线的双回放射式、树干式和链式网络优点是供电可靠，电压质量比较高但所用的开关设备及保护电器等均要成倍地增加。因此，这些接线方式往往只用于一、二类负荷。环式接线，供电经济、可靠，但运行调度复杂，线路发生故障切除后，由于功率重新分配，可能导致线路过载或电压质量降低。两端供电网最为常见，但此种接线方式必须有两个独立的电源。

（3）压配电：

1）带电导体系统的形式，宜采用单相二线制、两相三线制、三相三线制和三相四线制，如图 5－13 所示。

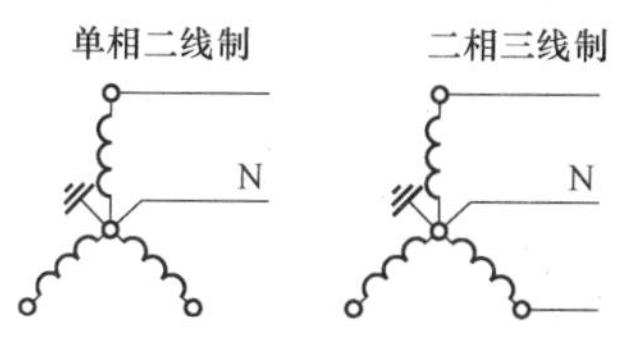

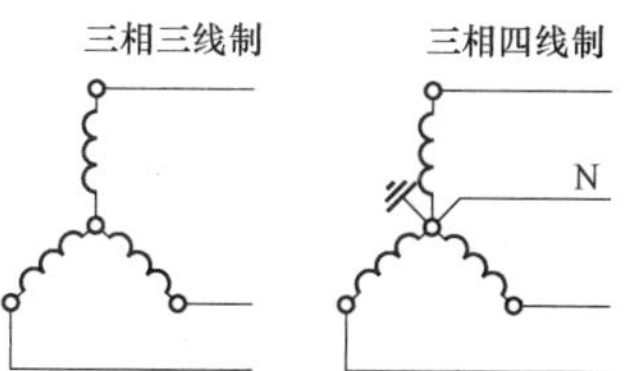

图 5－13　带电导体系统的形式

低压配电系统接地形式，可采用 TN 系统、TT 系统和 IT 系统。

2）在正常环境的建筑物内，当大部分用电设备为中小容量，且无特殊要求时，宜采用树干式配电。特殊要求的建筑物是指有潮湿、腐蚀性环境或有爆炸和火灾危险场所等建筑物。

3）当用电设备为大容量或负荷性质重要，或在有特殊要求的建筑物内，宜采用放射式配电。

4）当部分用电设备距供电点较远，而彼此相距很近、容量很小的次要用电设备，可采用链式配电，但每一回路环链设备不宜超过 5 台，其总容量不宜超过 10kW。容量较小用电设备的插座，采用链式配电时，每一条环链回路的设备数量可适当增加。

5）在多层建筑物内，由总配电箱至楼层配电箱宜采用树干式配电或分区树干式配电。对于容量较大的集中负荷或重要用电设备，应从配电室以放射式配电；楼层配电箱至用户配电箱应采用放射式配电。较大容量的集中负荷和重要用电设备主要是指电梯、消防水泵、加压水泵等负荷。

在高层建筑物内，向楼层各配电点供电时，宜采用分区树干式配电；由楼层配电间或竖井内配电箱至用户配电箱的配电，应采取放射式配电；对部分容量较大的集中负荷或重要用电设备，应从变电站低压配电室以放射式配电。

6）平行的生产流水线或互为备用的生产机组，应根据生产要求，宜由不同的回路配电；同一生产流水线的各用电设备，宜由同一回路配电。

7）在低压电网中，宜选用 Dyn11 接线组别的三相变压器作为配电变压器。

8）在系统接地形式为 TN 及 TT 的低压电网中，当选用 Yyn0 接线组别的三相变压器时，其由单相不平衡负荷引起的中性线电流不得超过低压绕组额定电流的 25%，且其一相的电流在满载时不得超过额定电流值。

9）当采用 220V/380V 的 TN 及 TT 系统接地形式的低压电网时，照明和电力设备宜由同一台变压器供电，必要时亦可单独设置照明变压器供电。

在 TN 及 TT 系统接地形式的 220V/380V 电网中，照明一般都和其他用电设备由同一台变压器供电。但当接有较大功率的冲击性负荷引起电网电压波动和闪变，与照明合用变压器时，将对照明产生不良影响，此时，照明可由单独变压器供电。

10）由建筑物外引入的配电线路，应在室内分界点便于操作维护的地方装设隔离电器。

在室内分界点便于操作维护的地方装设隔离电器，是为了便于检修室内线路或设备时可明显表达电源的切断，有明显表达电源切断状况的断路器也可作为隔离电器。但在具体操作时，应挂警示牌，以示安全。

（4）典型接线。6～35kV 配电系统接线方式见表 5－94。

表 5－94　6～35kV 配电系统接线方式

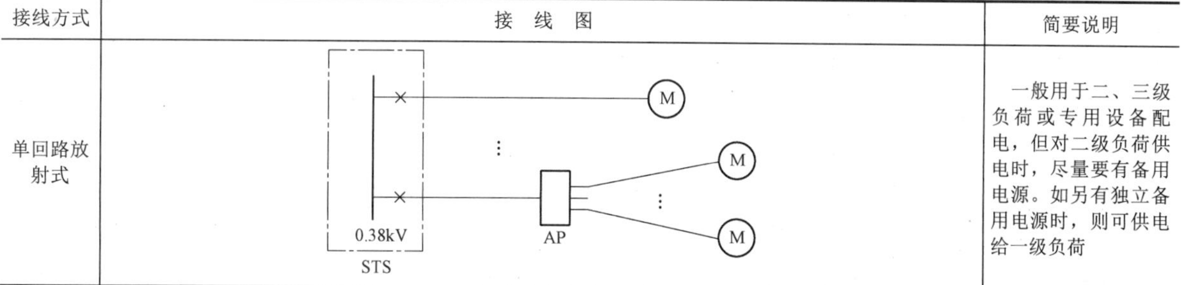

接线方式	接　线　图	简要说明
单回路放射式		一般用于二、三级负荷或专用设备配电，但对二级负荷供电时，尽量要有备用电源。如另有独立备用电源时，则可供电给一级负荷

续表

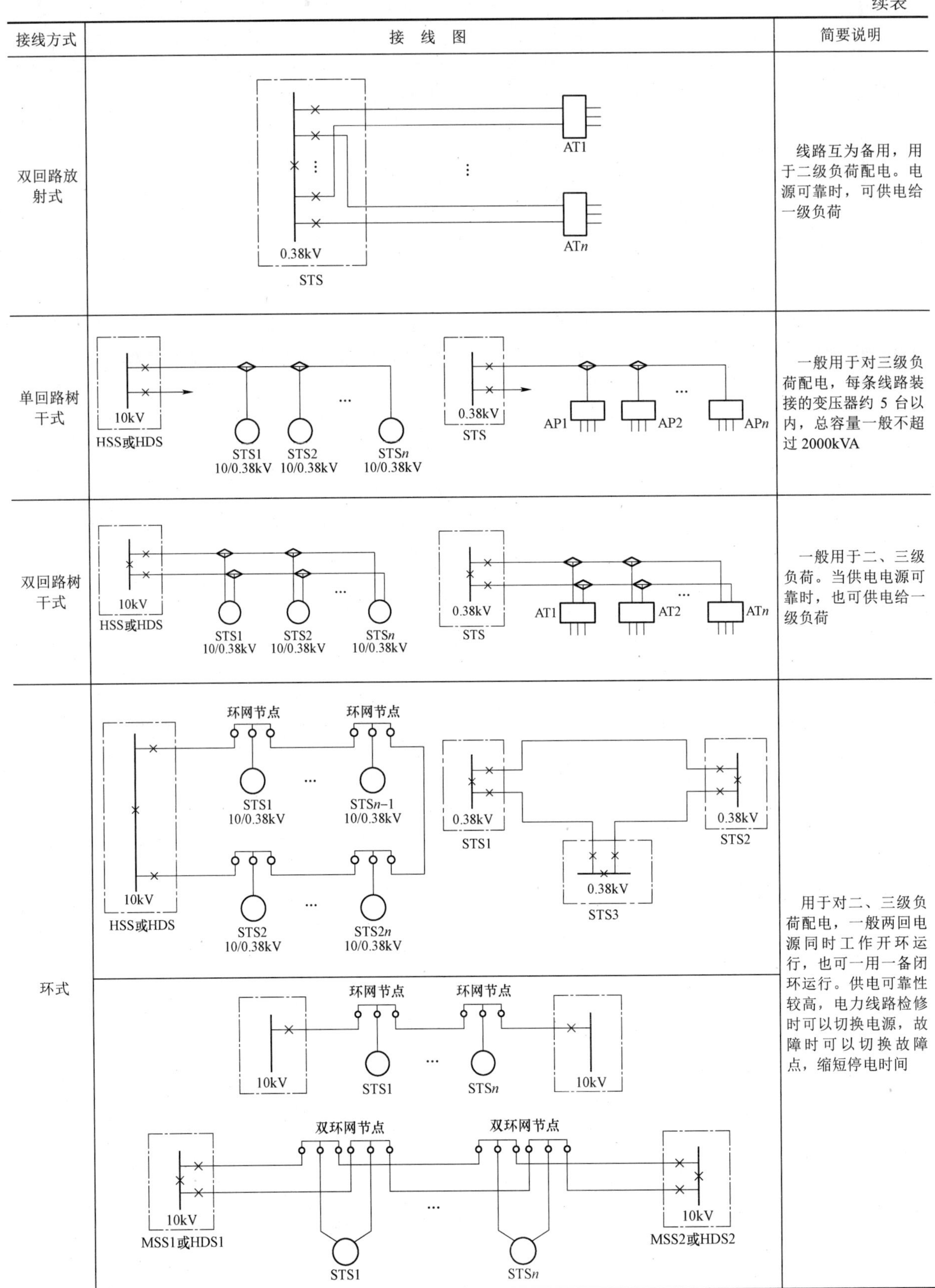

接线方式	接线图	简要说明
双回路放射式		线路互为备用，用于二级负荷配电。电源可靠时，可供电给一级负荷
单回路树干式		一般用于对三级负荷配电，每条线路装接的变压器约 5 台以内，总容量一般不超过 2000kVA
双回路树干式		一般用于二、三级负荷。当供电电源可靠时，也可供电给一级负荷
环式		用于对二、三级负荷配电，一般两回电源同时工作开环运行，也可一用一备闭环运行。供电可靠性较高，电力线路检修时可以切换电源，故障时可以切换故障点，缩短停电时间

5.4　变配电所

5.4.1　分类

1. 定义

变电站是连接发电厂、电网和电力用户的中间环节，主要有汇集和分配电力、控制操作、升降电压等功能。

变电站的构成：变压器、高压配电装置、低压配电装置和相应建筑物，如图5－14所示。

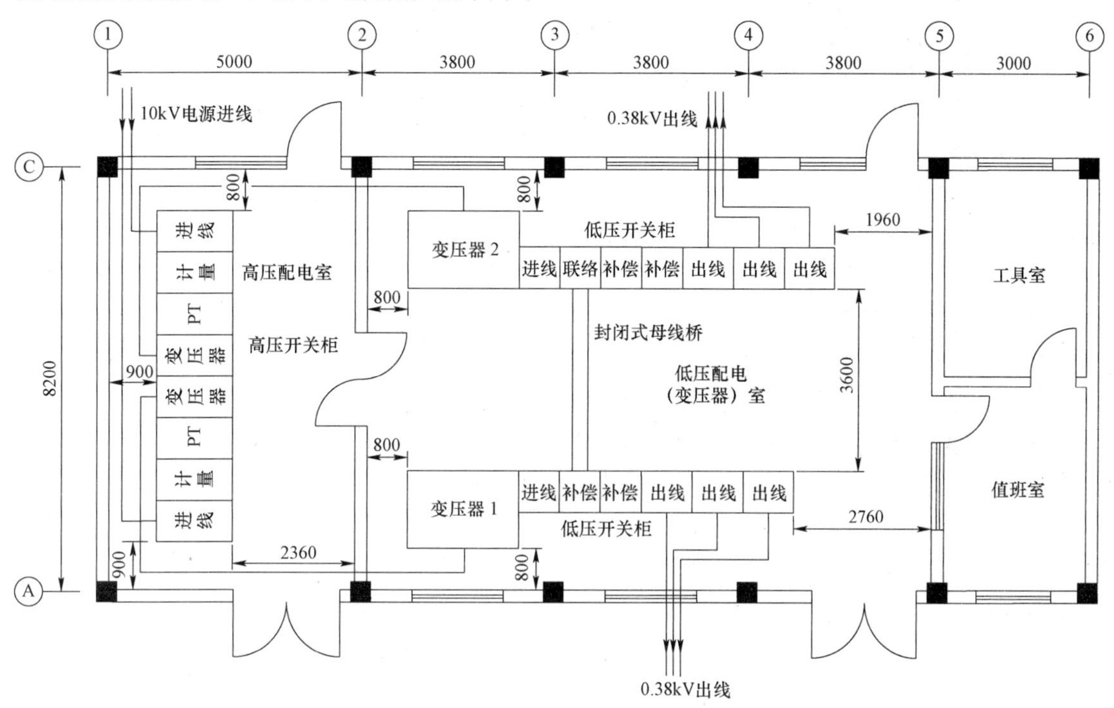

图5－14　变电站的构成

2. 变电站

变电站的分类见表5－95。

表5－95　变电站的分类

分类		作用
作用	升压	建在发电厂和发电厂附近，将发电机电压升高后与电力系统连接，通过高压输电线路将电力送至用户
	降压	建于电力负荷中心，将高压降低到所需各级电压，供用户使用
重要性	枢纽	汇集电力系统多个大电源和联络线路而设立的变电站，其高压侧主要以交换电力系统大功率为主，低压侧供给工矿企业和居民生活用电等
	中间	位于系统的主要环路线路中或系统主要干线的接口处，汇集有2～3个电源
	地区	以对地区用户供电为主，是一个地区或城市的主要变电站
	终端	位于输电线路终端，接近负荷点，承担转送任务，电能经降压后直接向用户供电，不承担功率转送任务
管理	有人值班	所内有常驻值班员，对设备运行情况进行监视、维护、操作、管理等，此类变电站容量较大
	无人值班	不设常驻值班员，而是由其他控制中心通过远动设备或指派专人对变电所设备进行检查、维护，遇有操作随时派人切换运行设备或停、送电
结构	屋外	一次设备布置在屋外
	屋内	电气设备均布置在屋内，市内居民密集地区或污秽严重的地区、电压在110kV以下用此方式

续表

分类			作用
位置	室外	露天	变压器位于露天地面之上的变电站
		半露天	变压器位于露天地面之上的变电站，但变压器上方有顶板或挑檐
	室内	附设	变电站的一面或数面墙与建筑物的墙共用，且变压器室的门和通风窗向建筑物外
		车间内	位于车间内部的变电站，且变压器室的门向车间内开
		独立	为一独立建筑物

3. 箱式变压器

箱式变压器的分类见表5-96。

表5-96　　箱式变压器的分类

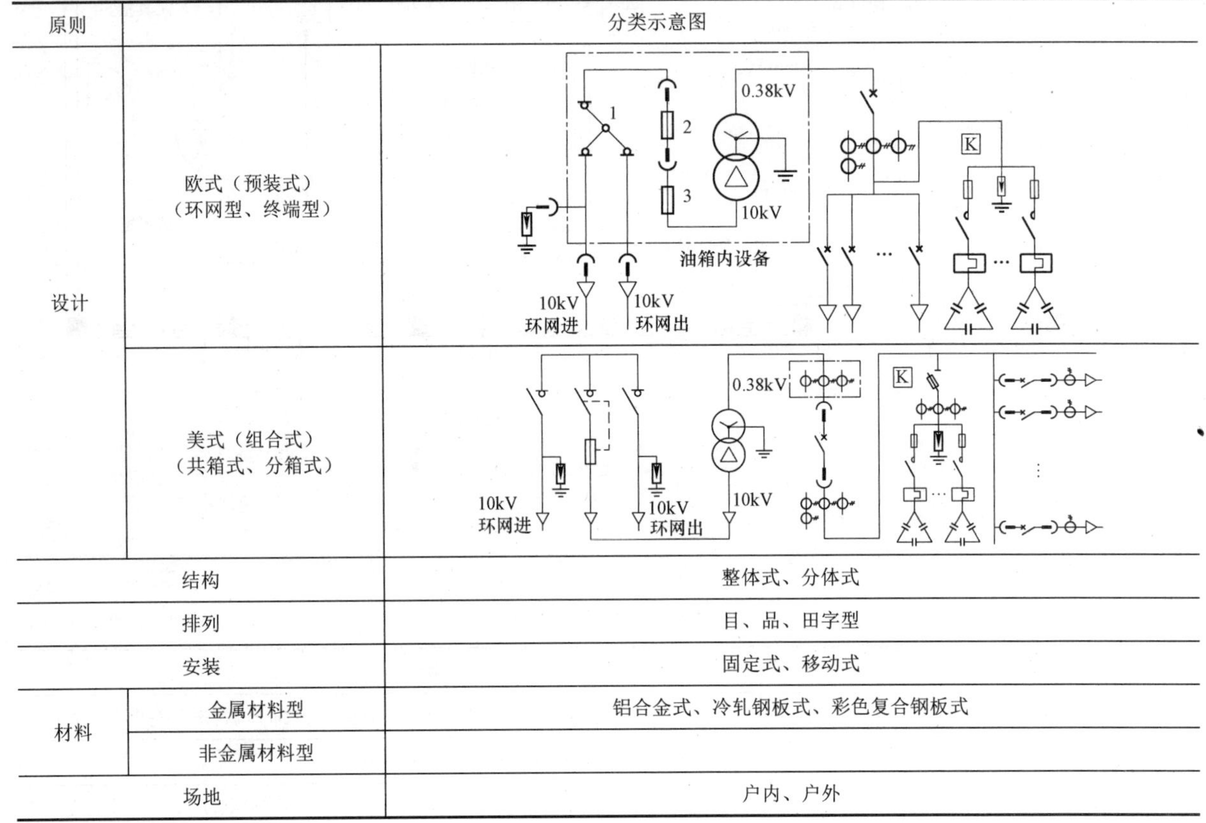

原则		分类示意图
设计	欧式（预装式）（环网型、终端型）	
	美式（组合式）（共箱式、分箱式）	
结构		整体式、分体式
排列		目、品、田字型
安装		固定式、移动式
材料	金属材料型	铝合金式、冷轧钢板式、彩色复合钢板式
	非金属材料型	
场地		户内、户外

5.4.2　所址选择

1. 要求

变电站的站（所）址应根据下列要求，经技术经济等因素综合分析和比较后确定：

（1）宜接近负荷中心。

（2）宜接近电源侧。

（3）应方便进出线。

（4）应方便设备运输。

（5）不应设在有剧烈振动或高温的场所。

（6）不宜设在多尘或有腐蚀性物质的场所，当无法远离时，不应设在污染源盛行风向的下风侧，或应采取有效的防护措施。

（7）不应设在厕所、浴室、厨房或其他经常积水场所的正下方处，也不宜设在与上述场所相贴邻的地方，当贴邻时，相邻的隔墙应做无渗漏、无结露的防水处理。

（8）当与有爆炸或火灾危险的建筑物毗连时，变电站的所址应符合现行国家标准《爆炸和火灾危险环境电力装置设计规范》（GB 50058）的有关规定。

（9）不应设在地势低洼和可能积水的场所。

（10）不宜设在对防电磁干扰有较高要求的设备机房的正上方、正下方或与其贴邻的场所，当需要设在上述场所时，应采取防电磁干扰的措施。

2. 防火

油浸式变压器的车间内变电站，不应设在三、四级耐火等级的建筑物内；当设在二级耐火等级的建筑物内时，建筑物应采取局部防火措施。

独立变电站和室外预装式变电站，当采用可燃性油浸式变压器，变电站与其他建筑物之间的防火间距，应符合现行国家相关标准的规定。

3. 建筑内

在多层建筑物或高层建筑物的裙房中，不宜设置油浸式变压器的变电站，当受条件限制必须设置时，应将油浸式变压器的变电站设置在建筑物首层靠外墙的部位，且不得设置在人员密集场所的正上方、正下方、贴邻处以及疏散出口的两旁。高层主体建筑内不应设置油浸式变压器的变电站。

高层或超高层建筑物根据需要可以在避难层、设备层和屋顶设置配电站、变电站，但应设置设备的垂直搬运及电缆敷设的措施。

4. 地下

在多层或高层建筑物的地下层设置非充油电气设备的配电站、变电站时，应符合下列规定：

（1）当有多层地下层时，不应设置在最底层；当只有地下一层时，应采取抬高地面和防止雨水、消防水等积水的措施。

（2）应设置设备运输通道。

（3）应根据工作环境要求加设机械通风、去温设备或空气调节设备。

5. 室外

露天或半露天的变电站，不应设置在下列场所：

（1）有腐蚀性气体的场所。

（2）挑檐为燃烧体或难燃体和耐火等级为四级的建筑物旁。

（3）附近有棉、粮及其他易燃、易爆物品集中的露天堆场。

（4）容易沉积可燃粉尘、可燃纤维、灰尘或导电尘埃且会严重影响变压器安全运行的场所。

5.4.3 配变电装置的布置

1. 形式与布置

（1）变电站形式的选择应符合下列规定：

1）负荷较大的车间和动力站房，宜设附设变电站、户外预装式变电站或露天、半露天变电站。

2）负荷较大的多跨厂房，负荷中心在厂房的中部且环境许可时，宜设车间内变电所或预装式变电站。

3）高层或大型民用建筑内，宜设户内变电站或预装式变电站。

民用建筑内变电站，不应设置裸露带电导体或装置，不应设置带可燃性油的电气设备和变压器。

4）负荷小而分散的工业企业，民用建筑和城市居民区，宜设独立变电所或户外预装式变电站，当条件许可时，也可设附设变电站。

5）城镇居民区、农村居民区和工业企业的生活区，直设户外预装式变电站，当环境允许且变压器容量小于或等于 400kVA 时，可设杆上式变电站。

（2）非充油的高、低压配电装置和非油浸型的电力变压器，可设置在同一房间内，当二者相互靠近布置时，应符合下列规定：

1）在配电室内相互靠近布置时，二者的外壳均应符合现行国家标准《外壳防护等级 CIP 代码)》（GB 4208）中 IP2X 防护等级的有关规定。

2）在车间内相互靠近布置时，二者的外壳均应符合现行国家标准《外壳防护等级 CIP 代码)》（GB 4208）中 IP3X 防护等级的有关规定。

（3）户内变电所每台油量大于或等于 100kg 的油浸式三相变压器，应设在单独的变压器室内，并应有储油或挡油、排油等防火设施。

（4）有人值班的变电站，应设单独的值班室。值班室应与配电室直通或经过通道相通，值班室应有直接通向室外或通向疏散走道的疏散门。当低压配电主兼作值班室时，低压配电室的面积应适当增大。

（5）变电站宜单层布置。当采用双层布置时，变压器应设在底层，设于二层的配电室应设搬运设备的通道、平台或孔洞。

（6）高、低压配电室内，宜留有适当的配电装置备用位置。低压配电装置内，应留有适当数量的备用回路。

（7）由同一配电站供给一级负荷用电的两回电源线路的配电装置，宜分开布置在不同的配电室；当布置在同一配电室时，配电装置宜分列布置；当配电装置并排布置时，在母线分段处应设置配电装置的防火隔板或有门洞的隔墙。

（8）供给一级负荷用电的两回电源线路的电缆不宜通过同一电缆沟；当无法分开时，应采用阻燃电缆，且应分别敷设在电缆沟或电缆夹层的不同侧的桥（支）架上；当敷设在同一侧的桥（支）架上时，应采用防火隔板隔开。

（9）大、中型和重要的变电站宜设辅助生产用房。

2. 通道与围栏

（1）室内、外配电装置的最小电气安全净距应符合表5－97的规定。

表5－97 室内、外配电装置的最小电气安全净距 （单位：mm）

监控项目	场所	额定电压/kV						符号
		≤1	3	6	10	15	20	
无遮拦裸带电部分至地（楼）面之间	室内	2500	2500	2500	2500	2500	2500	—
	室外	2500	2700	2700	2700	2800	2800	
裸带电部分至接地部分和不同的裸带电部分之间	室内	20	75	100	125	150	180	A
	室外	75	200	200	200	300	300	
距地面2500mm以下的遮拦防护等级为IP2X时，裸带电部分与遮护物间水平净距	室内	100	175	200	225	250	280	B
	室外	175	300	300	300	400	400	
不同时停电检修室内的无遮拦裸导体之间的水平距离	室内	1875	1875	1900	1925	1950	1980	—
	室外	2000	2200	2200	2200	2300	2300	
裸带电部分至无孔固定遮拦	室内	50	105	130	155			—
裸带电部分至用钥匙或工具才能打开或拆卸的栅栏	室内	800	825	850	875	900	930	C
	室外	825	950	950	950	1050	1050	
高低压引出线的套管至室外户外通道地面	室外	3650	4000	4000	4000	4000	4000	—

注：1. 海拔超过1000m时，表中符号A后的数值应按每升高100m增大1%进行修正，符号B、C后的数值应加上符号A的修正值。
2. 裸带电部分的遮拦高度不小于2.2m。

（2）露天或半露天变电所的变压器四周应设高度不低于1.5m的固定围栏或围墙，变压器外廓与围栏或围墙的净距不应小于0.5m，变压器底部距地面不应小于0.3m。油重小于1000kg的相邻油浸式变压器外廓之间的净距不应小于1.5m；油重1000～2500kg的相邻油浸式变压器外廓之间的净距不应小于3.0m；油重大于2500kg的相邻油浸式变压器外廓之间的净距不应小于5m；当不能满足上述要求时，应设置防火墙。

（3）当露天或半露天变压器供给一级负荷用电时，相邻油浸式变压器的净距不应小于5m；当小于5m时，应设置防火墙。

（4）油浸式变压器外廓与变压器室墙壁和门的最小净距，应符合表5－98的规定。

表5－98 变压器外廓（防护外壳）与变压器室墙壁和门的最小净距 （单位：m）

变压器容量/kVA 项目	100～1000	1250～2500	3150（20kV）
油浸式变压器外廓与后壁、侧壁净距	0.6	0.8	1.0
油浸式变压器外廓与门净距	0.8	1.0	1.1
干式变压器带有IP2X及以上防护等级金属外壳与后壁、侧壁净距	0.6	0.8	1.0
干式变压器带有IP2X及以上防护等级金属外壳与门净距	0.8	1.0	1.2

（5）设置在变电站内的非封闭式干式变压器，应装设高度不低于1.8m的固定围栏，围栏网孔不应大于40mm×40mm。变压器的外廓与围栏的净距不宜小于0.6m，变压器之间的净距不应小于1.0m。

（6）配电装置的长度大于6m时，其柜（屏）后通道应设两个出口，当低压配电装置两个出口间的距离超过15m时应增加出口。

（7）高压配电室内成排布置的高压配电装置，其各种通道的最小宽度，应符合表5－99的规定。

表 5－99　高压配电室内各种通道的最小宽度　（单位：m）

开关柜布置方式	柜后维护通道		柜前操作通道	
固定式	20（10）kV	35kV	固定式	手车式
单排布置	0.8	1.0	1.5	单车长度+1.2
双排面对面布置	0.8	1.0	2.0	双车长度+0.9
双排背对背布置	1.0	1.2	1.5	单车长度+1.2

注：1. 采用柜后免维护可靠墙安装的开关柜靠墙布置时，柜后与墙净距应大于 50mm，侧面与墙净距应大于 200mm。

2. 通道宽度在建筑物的墙面遇有柱类局部凸出时，凸出部位的通道宽度可减少 200mm。

（8）低压配电室内成排布置的配电屏的通道最小宽度，应符合现行国家标准《低压配电设计规范》（GB 50054）的有关规定，见表 5－100。当配电屏与干式变压器靠近布置时，干式变压器通道的最小宽度应为 800mm。

表 5－100　成排布置的配电屏通道最小宽度　（单位：m）

配电屏种类		单排布置			双排面对面布置			双排背对背布置			多排同向布置			屏侧通道
		屏前	屏后		屏前	屏后		屏前	屏后		屏间	前、后排屏距墙		
			维护	操作		维护	操作		维护	操作		前排屏前	后排屏后	
固定式	不受限制时	1.5	1.0	1.2	2.0	1.0	1.2	1.5	1.5	2.0	2.0	1.5	1.0	1.0
	受限制时	1.3	0.8	1.2	1.8	0.8	1.2	1.3	1.3	2.0	1.8	1.3	0.8	0.8
抽屉式	不受限制时	1.8	1.0	1.2	2.3	1.0	1.2	1.8	1.0	2.0	2.3	1.8	1.0	1.0
	受限制时	1.6	0.8	1.2	2.1	0.8	1.2	1.6	0.8	2.0	2.1	1.6	0.8	0.8

注：1. 当建筑物墙面遇有柱类局部凸出时，凸出部位的通道宽度可减少 200mm。

2. 各种布置方式，屏端通道不应小于 800mm。

（9）相邻电气装置带电部分的额定电压不同时，应按较高的额定电压确定其安全净距；电气装置间的安全最小净距值应符合现行国家相关标准的规定。

3. 并联电容器装置

（1）高压电容器装置宜设置在单独的房间内，当采用非可燃介质的电容器且电容器组容量较小时，可设置在高压配电室内。低压电容器装置可设置在低压配电室内，当电容器总容量较大时，宜设置在单独的房间内。

（2）装配式电容器组单列布置时，网门与墙的距离不应小于 1.3m；当双列布置时，网门之间的距离不应小于 15m。

（3）成套电容器柜单列布置时，柜前通道宽度不应小于 1.5m；当双列布置时，柜面之间的距离不应小于 2.0m。

（4）室内电容器装置的布置和安装设计，应符合设备通风散热条件并保证运行维修方便。

4. 防火

（1）变压器室、配电室和电容器室的耐火等级不应低于二级。

（2）位于下列场所的油浸变压器室的门应采用甲级防火门：

1）有火灾危险的车间内。

2）容易沉积可燃粉尘、可燃纤维的场所。

3）附近有粮、棉及其他易燃物大量集中的露天堆场。

4）民用建筑物内，门通向其他相邻房间。

5）油浸式变压器室下面有地下室。

（3）民用建筑内变电所防火门的设置应符合下列规定：

1）变电站位于高层主体建筑或裙房内时，通向其他相邻房间的门应为甲级防火门，通向过道的门应为乙级防火门。

2）变电站位于多层建筑物的二层或更高层肘，通向其他相邻房间的门应为甲级防火门，通向过道的门应为乙级防火门。

3）变电站位于单层建筑物内或多层建筑物的一层时，逼向其他相邻房间或过道的门应为乙级防火门。

4）变电站位于地下层或下面有地下层时，通向其他相邻房间或过道的门应为甲级防火门。

5）变电站附近堆有易燃物品或通向汽车库的门应为甲级防火门。

6）变电站直接通向室外的门应为不低于丙级防火门。

7）变电站直接通向疏散走道（安全出口）的疏散门及非变电所区域的出入口门，应为甲级防火门。

（4）变压器室的通风窗应采用非燃烧材料。

（5）当露天或半露天变电所安装油浸式变压器，且变压器外廓与生产建筑物外墙的距离小于5m时，建筑物外墙在下列范围内不得有门、窗或通风孔：

1）油量大于1000kg时，在变压器总高度加3m及外廓两侧各加3m的范围内。

2）油量小于或等于1000kg时，在变压器总高度加3m及外廓两侧各加1.5m的范围内。

（6）高层建筑物的裙房和多层建筑物内的附设变电站及车间内变电所的油浸式变压器室，应设置容量为100%变压器油量的储油池。

（7）当设置容量不低于20%变压器油量的挡油池时，应有能将油排到安全场所的设施。位于下列场所的油浸式变压器室，应设置容量为100%变压器油量的储油池或挡油设施：

1）容易沉积可燃粉尘、可燃纤维的场所。

2）附近有粮、棉及其他易燃物大量集中的露天场所。

3）油浸式变压器室下面有地下室。

（8）独立变电站、附设变电站、露天或半露天变电站中，油量大于或等于1000kg的油浸式变压器，应设置储油池或挡油池，并应符合（7）的有关规定。

（9）在多层建筑物或高层建筑物裙房的首层布置油浸式变压器的变电站时，首层外墙开口部位的上方应设置宽度不小于1.0m的不燃烧体防火挑檐或高度不小于1.2m的窗槛墙。

（10）在露天或半露天的油浸变压器之间设置防火墙时，其高度应高于变压器储油柜，长度应长过变压器的贮油池两侧各0.5m。

5. 建筑

（1）地上变电站宜设自然采光窗。除变电站周围设有1.8m高的围墙或围栏外，高压配电室窗户的底边距室外地面的高度不应小于1.8m；当高度小于1.8m时，窗户应采用不易破碎的透光材料或加装格栅；低压配电室可设能开启的采光窗。

（2）变压器室、配电室、电容器室的门应向外开启。相邻配电室之间有门时，应采用不燃材料制作的双向弹簧门。

（3）变电站各房间经常开启的门、窗，不应直通相邻的酸、碱、蒸汽、粉尘和噪声严重的场所。

（4）变压器室、配电室、电容器室等房间应设置防止雨、雪和蛇、鼠等小动物从采光窗、通风窗、门、电缆沟等处进入室内的设施。

（5）配电室、电容器室和各辅助房间的内墙表面应抹灰刷白。地面宜采用耐压、耐磨、防滑、易清洁的材料铺装。配电室、变压器室、电容器室的顶棚以及变压器室的内墙面应刷白。

（6）变压器室、配电室、电容器室长度大于7m的配电室应设两个安全出口，并宜布置在配电室的两端。当配电室的长度大于60m时，宜增加一个安全出口，相邻安全出口之间的距离不应大于40m。

当变电站采用双层布置时，位于楼上的配电室应至少设一个通向室外的平台或通向变电站外部通道的安全出口。

（7）配电装置室的门和变压器室门的高度和宽度，宜按最大不可拆卸部件尺寸，高度加0.5m，宽度加0.3m确定，其疏散通道门的最小高度宜为2.0m，最小宽度宜为750mm。

（8）当变电站设置在建筑物内或地下室时，应设置设备搬运通道。搬运通道的尺寸及地面的承重能力应满足搬运设备的最大不可拆卸部件的要求。当搬运通道为吊装孔或吊装平台时，吊钩、吊装孔或吊装平台的尺寸和吊装荷重应满足吊装最大不可拆卸部件的要求，吊钩与吊装孔的垂直距离应满足吊装最高设备的要求。

（9）变电站、配电站位于室外地坪以下的电缆夹层、电缆沟和电缆室应采取防水、排水措施；位于室外地坪下的电缆进、出口和电缆保护管也应采取防水措施。

（10）设置在地下的变电站的顶部位于室外地面或绿化土层下方时，应避免顶部滞水，并应采取避免积水、渗漏的措施。

（11）配电装置的布置宜避开建筑物的伸缩缝。

（12）变电站防火等级不应低于2级且不低于建筑物的最高耐火等级。

6. 采暖与通风

（1）变压器室宜采用自然通风，夏季的排风温度不宜高于45℃，且排风与进风的温差不宜大于15℃。当自然通风不能满足要求时，应增设机械通风。

（2）电容器室应有良好的自然通风，通风量应根据电容器允许的温度，按夏季排风温度不超过电容器所允许的最高环境空气温度计算；当自然通风不能满足要求时，可增设机械通风。电容器室、蓄电池室、配套有电子类温度敏感器件的高、低压配电室和控制室，应设置环境空气温度指示装置。

（3）当变压器室、电容器室采用机械通风时，其通风管道应采用非燃烧材料制作。当周围环境污秽时，宜加设空气过滤器。装有六氟化硫气体绝缘的配电装置的房间，在发生事故时房间内易聚集六氟化硫气体的部位，应装设报警信号和排风装置。

（4）配电室宜采用自然通风。设置在地下或地下室的变、配电站，宜装设除湿、通风换气设备；控制室和值班室宜设置空气调节设施。

（5）在采暖地区，控制室和值班室应设置采暖装置。配电室内温度低影响电气设备元件和仪表的正常运行时，也应设置采暖装置或采取局部采暖措施。控制室和配电室内的采暖装置宜采用铜管焊接，且不应有法兰、螺纹接头和阀门等。

（6）采用六氟化硫气体绝缘电气设备的配电室，应采取强制通风装置。

7. 其他

（1）高、低压配电室，变压器室，电容器室，控制室内不应有无关的管道和线路通过。

（2）有人值班的独立变电站内宜设置厕所和给、排水设施。

（3）在变压器、配电装置和裸导体的正上方不应布置灯具。当在变压器室和配电室内裸导体上方布置灯具时，灯具与裸导体的水平净距不应小于1.0m，灯具不得采用吊链和软线吊装。

5.4.4 柴油发电机房

1. 设置

（1）10kV 及以下柴油发电机不应布置在人员密集场所上一层、下一层或贴邻；当设置在地下层时，至少应有一面靠外墙或地面。

柴油为可燃烧的丙类液体，设在民用建筑内应避免与人员密集场所贴邻。另外柴油发电机组通风需求量大，还有排烟、降噪、减振等需处理，机房应至少一侧靠外墙或顶板上部为室外的地面。

（2）柴油发电机房内，机组之间、机组外廊至墙的距离应满足设备运输、就地操作、维护检修及布置辅助设备的需要。

因机组外廊的尺寸与机组的容量有关，不是一个固定值，所以机组之间、机组外廊至墙的距离是要设计人员根据所选机组尺寸给出的。

2. 对相关专业的要求

柴油发电机房对相关专业的要求应符合下列规定：

（1）发电机间、控制室长度大于7m时，应至少设两个出入口。

（2）发电机间的门应为甲级防火门并应向外开启。

（3）发电机间与控制室、配电室之间的门和观察窗应采取防火措施，门应为甲级防火门，并应开向发电机间。

（4）储油间应采用防火墙与发电机间隔开；当必须在防火墙上开门时，应设置能自行关闭的甲级防火门。

（5）机组基础应采取减振措施，当机组设置在主体建筑内或地下层时，应防止与房屋产生共振。

5.5 短路电流计算

5.5.1 中性点运行方式

1. 运行方式

发电机、变压器的星形联结绕组的点称为中性点。电力系统的中性点运行方式见表5-101。

表5-101　　中性点运行方式

中性点运行方式		示意图	使用范围
大接地电流接地	直接接地	A B C；C C C；直接接地	110kV及以上 1kV及以下
	经低电阻接地	A B C；C C C；经电阻接地	接地故障电流≥100A而≤1000A
小电流接地系统	经高电阻接地		接地故障电流<10A

续表

中性点运行方式		示意图	使用范围
小电流接地系统	不接地	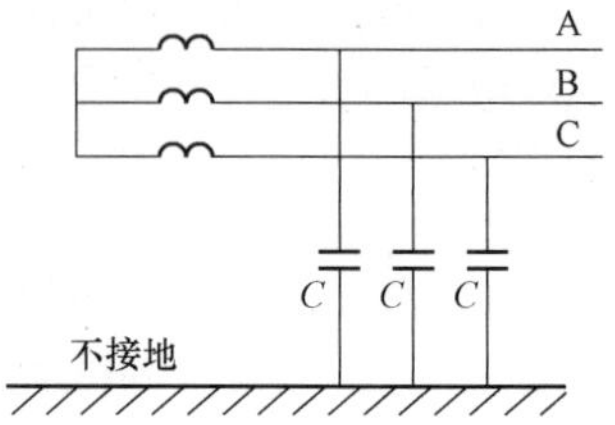 A B C C C C 不接地	20～60kV，单相接地故障电流＜10A 3～10kV，单相接地故障电流＜30A
	经消弧线圈接地	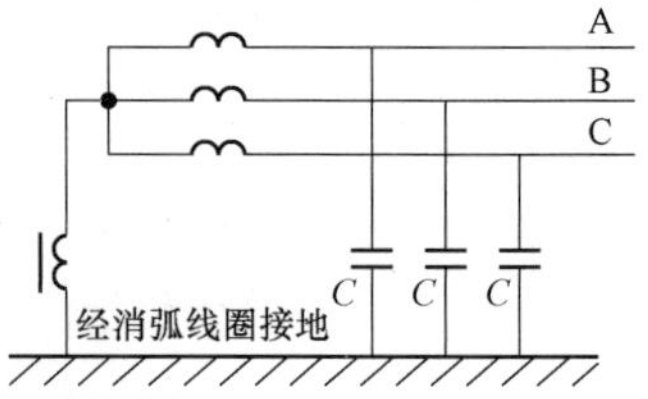 A B C C C C 经消弧线圈接地	20～60kV，单相接地故障电流＞10A 3～10kV，单相接地故障电流＞30A

2. 中性点直接接地

（1）原理。电力系统中性点经一无阻抗（金属性）接地线接地的方式成为中性点直接接地。

中性点直接接地方式是将发电机、变压器中性点与大地直接连接，中性点电压为地电位。正常运行时，中性点无电流通过，单相接地时构成单相短路，接地回路通过单相短路电流，各相之间不对称。

（2）特点：

1）短路电流很大，可能引起系统暂态过电压。应将单相短路电流限制在 25%～100%三相短路电流之间。继电保护在此电流的起动下，迅速将故障线路切除。

2）为提高供电可靠性，在线路上广泛安装三相或单相自动重合闸装置。

3）电气设备的绝缘水平只需按电力网的相电压考虑，可以降低工程造价。

4）单相接地短路对附近的通信线路有电磁干扰。为此，电力线路应远离通信线路，当两线有交叉时，必须有较大的交叉角，以减少干扰的影响。

3. 中性点不接地

（1）原理。电力系统中性点不接地系统是指中性点对地绝缘。实际上可以看作是经容抗接地系统。该容抗是由电网中的架空线路、电缆线路、电动机和变压器绕组等对地耦合电容所组成。当发生单相接地时，流过故障点的故障电流为单相接地电容电流。

（2）特点：

1）正常运行时三相电压对称，三相导线对地电容电流也是对称的，三相电容电流相量之和为零，没有电容电流经过大地。

2）单相金属性接地故障时（A 相），故障相对地电压降为零；非故障相对地电压升高为线电压，且相位相差 60°。

3）三相之间的线电压仍然对称，用户的三相用电设备仍能照常运行，但允许继续运行的时间不能超过 2h。发生接地故障时，报警而不切断故障支路，保证供电的连续性。

4）故障相接地点的对地故障电流为正常运行时对地电容电流的 3 倍。如果接地电流大于 30A 时，将形成稳定电弧，成为持续性电弧接地，这将烧毁电气设备和可能引起多相相间短路。如果接地电流大于 5～10A，而小于 30A，则有可能形成间歇性电弧；间歇性电弧容易引起弧光接地过电压，其幅值可达 (2.5～3)U_{φ}，将危害整个电网的绝缘安全。如果接地电流在 5A 以下，当电流经过零值时，电弧就会自然熄灭。

油浸纸绝缘电力电缆达 20A，聚乙烯绝缘电力电缆达 15A，交联聚乙烯绝缘电力电缆达 10A，接地故障电流引燃电弧则不能自熄，引起间歇电弧，产生过电压易产生相间短路或火灾。

5）接地故障引起系统内部过电压可达 3.5～4 倍相电压，易使设备和线路绝缘被击穿。

4. 中性点经消弧线圈接地

（1）原理。消弧线圈是安装在变压器或发电机中性点与大地之间的具有气隙铁心的电抗器。当发生单相接地故障时，接地故障相与消弧线圈构成了另一个回路，接地故障相接地电流中增加了一个感性电流，它和装设消弧线圈前的容性电流的方向刚好相反，相互补偿，减少了接地故障点的故障电流，使电弧易于自行熄灭，从而避免了由此引起的各种危害，提高了供电可靠性。

（2）补偿方式：

1）全补偿方式（不采用）：按 $\dot{I}_L = \dot{I}_C$ 选择消弧线圈的电感，使接地故障点电流为零。当感抗等于容抗时，电力网将发生谐振，产生危险的高电压或过电流，影响系统安全运行。

2）欠补偿方式（少采用）：按 $\dot{I}_L < \dot{I}_C$ 选择消弧线圈的电感，此时接地故障点有未被补偿的电容电流流过。当电力网运行方式改变而切除部分线路时，整个电力网对地电容将减少，有可能发展成为全补偿方式。另外，欠补偿方式容易引起铁磁谐振过电压等其他问题。

3）过补偿方式（采用）：按 $\dot{I}_L > \dot{I}_C$ 选择消弧线圈的电感，此时接地故障点有剩余的电感电流流过。即使电力网运行方式改变而切除部分线路时，也不会发展成为全补偿方式。

（3）特点：

1）电网运行可靠性高。

2）对瞬时性单相对地闪络能自动熄弧。

3）故障点对地电位小，零序电压保护的灵敏系数大。

4）能将单相接地时的异常过电压抑制在 2.5 倍相电压以下。

（4）消弧线圈：

1）消弧线圈接地系统，在正常运行情况下，中性点的长时间电压位移不应超过系统标称相电压的 15%。

2）消弧线圈接地系统故障点的残余电流不宜超过 10A，必要时可将系统分区运行。消弧线圈宜采用过补偿运行方式。

3）消弧线圈的容量应根据系统 5～10 年的发展规划确定，并应按下式计算

$$W = 1.35 I_C \frac{U_n}{\sqrt{3}}$$

式中：W 为消弧线圈的容量，kVA；I_C 为接地电容电流，A；U_n 为系统标称电压，kV。

4）系统中消弧线圈装设地点应符合下列要求：

应保证系统在任何运行方式下，断开一、二回线路时，大部分不致失去补偿。

不宜将多台消弧线圈集中安装在系统中的一处。

消弧线圈宜接于 Ynd 或 Ynynd 接线的变压器中性点上，也可接在 Znyn 接线的变压器中性点上。

接于 Ynd 接线的双绕组或 Ynynd 接线的三绕组变压器中性点上的消弧线圈容量，不应超过变压器三相总容量的 50%，并不得大于三绕组变压器的任一绕组的容量。

如需将消弧线圈接于 Ynyn 接线的变压器中性点，消弧线圈的容量不应超过变压器三相总容量的 20%，但不应将消弧圈接于零序磁通经铁心闭路的 Ynyn 接线的变压器，如外铁型变压器或三台单相变压器组成的变压器组。

5）如变压器无中性点或中性点未引出，应装设专用接地变压器，其容量应与消弧线圈的容量相配合。

5. 中性点经电阻接地

根据接地故障电流大小，划分低电阻或高电阻接地。

（1）原理。中性点经电阻接地系统，当电网发生单相接地故障时，由于人为地增加了一个与电网接地电容电流数值相等或略大，而相位相差 90° 的有功电流，这就使流过故障点的接地故障电流绝对值比不接地电网增大 $\sqrt{2}$ 倍或略大。

（2）低电阻接地。当接地故障电流大于或等于 100A 而小于或等于 1000A 时，为低电阻接地方式。接低电阻接地方式的接地故障电流一般情况下选择为 300～800A，10kV 系统低电阻接地方式接地电阻不同地区选择为 10（或 16）。

（3）高电阻接地。接地故障电流小于 10A 时，为高电阻接地方式。

发电机内部发生单相接地故障不要求瞬时切机时，宜采用高电阻接地方式。电阻器一般接在发电机中性点或变压器的二次绕组上。

中性点经高电阻接地系统中，要安装绝缘监测装置。发生接地故障时，绝缘监测装置发出信号，运行管理人员找出接地故障回路，及时排除故障。

（4）特点：

1）能抑制单相接地时的异常过电压（谐振过电流）。可将接地时的异常过电压抑制在运行相电压的 2.8 倍以下。

2）继电保护简单。由于单相接地电流较大，可人为地增加接地有功电流，故可以采用简单的零序电流保护，同时能检测出高值过渡电阻接地，保护动作选择性强。

3）系统运行维护简单，并对企业电网发展适应性强。

4）接地故障电流引起的热效应增大。当单相接地故障电流 30A 及以上时，则保护装置应动作于跳闸断开故障线路。

5）节省电缆投资。发生单相接地故障时，继电保护动作，迅速将故障切除，因而对电缆的对地绝缘水平要求降低，从而节省电缆的投资。

6. 应用

（1）配网系统中，全电缆出线变电站的单相接地故障电容电流超过 30A 时采用中性点经电阻

接地。

（2）全架空线路出线变电站的单相接地故障电流超过 10A 时，采用中性点经消弧线圈接地。

（3）对电缆与架空线混合线路的单相接地故障电容电流超过 10A 时，可采用中性点经消弧线圈接地或采用中性点经电阻接地。

5.5.2 短路电流定义

1. 短路种类

两个或多个导电部分之间意外或有意的导电通路，使得这些导电部分间的电位差等于或接近于零。

短路的种类见表 5－102。

表 5－102　　短 路 种 类

短路	定义	分类	示意图
相间短路	两个或多个线路导体之间意外的或有意的导电通路，可伴随或不伴随对地短路	三相短路（对称短路） 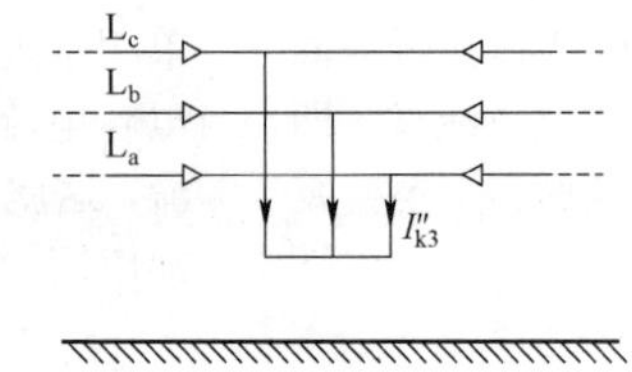 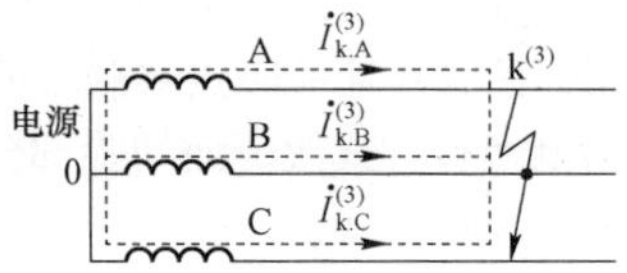	
		两相短路（不对称短路） 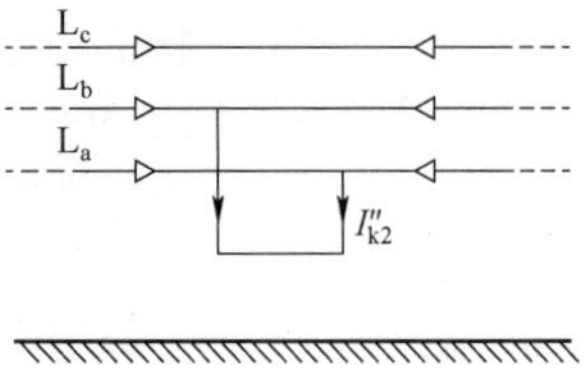 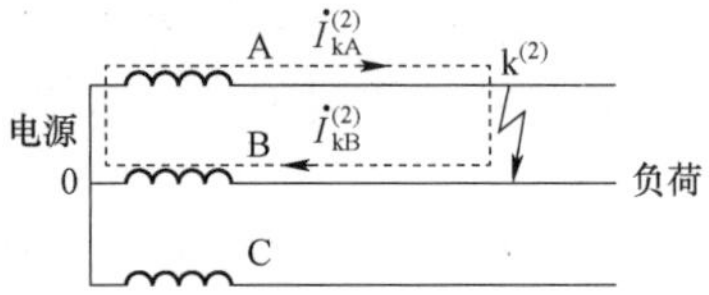	
单相接地短路	在中性点直接接地或者通过阻抗接地的系统中，一个线路导体与大地之间意外或有意的导电通路	单相接地短路 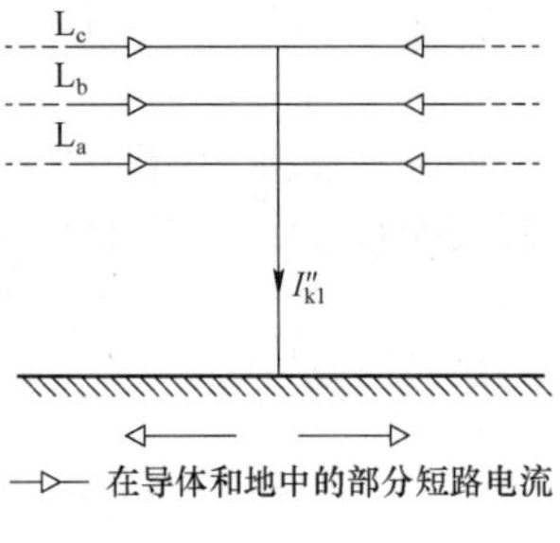 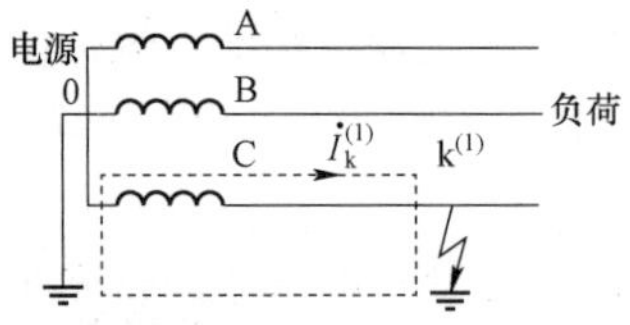	
		单相对中性线短路	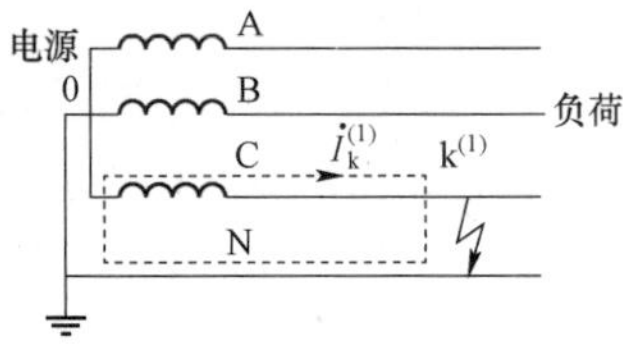 在导体和地中的部分短路电流
两相接地短路	在中性点直接接地或者通过阻抗接地的系统中，两个线路导体与大地之间意外或有意的导电通路	两相接地短路 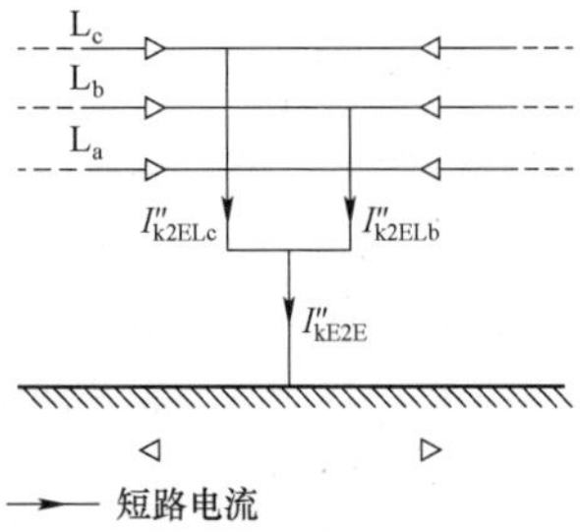 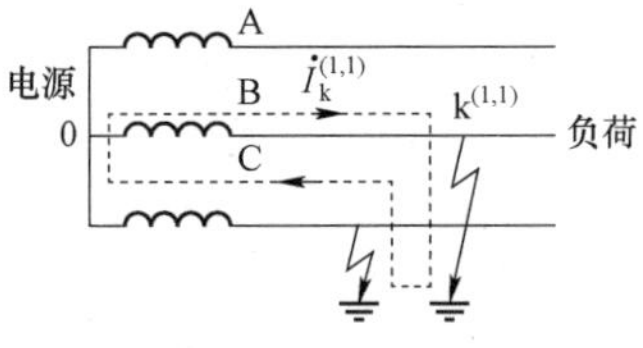	
		两相短路接地	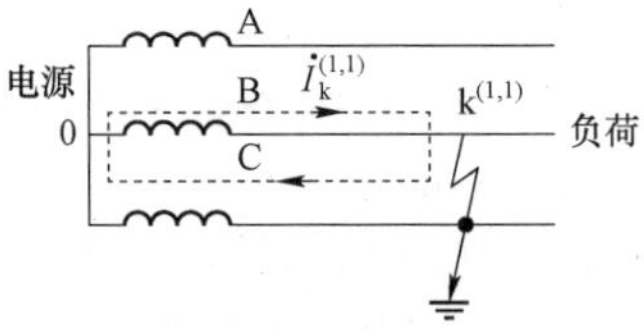 短路电流

2. 短路电流

电流是电路中，由于故障或不正确连接造成短路而产生的过电流。

不同短路电流的定义见表 5－103。

表 5-103　　短路电流的定义

短路电流	符号	定　　义
预期（可达到的）短路电流		电源不变，将短路点用阻抗可忽略的理想连接代替时，流过短路点的电流
对称短路电流		不计非周期分量时的预期（可达到的）短路电流对称交流分量的有效值
对称短路电流初始值	I''_k	系统非故障元件的阻抗保持为短路前瞬间值时的预期（可达到的）短路电流的对称交流分量有效值
短路电流的衰减直流（非周期）分量	$i_{d.c.}$	短路电流上下包络线间的平均值，该值从初始值衰减到零值
短路电流峰值	i_p ①	预期（可达到的）短路电流的最大可能瞬时值
对称开断电流	I_b	在开关设备的第一对触头分断瞬间，短路电流对称交流分量在一个周期内的有效值
稳态短路电流	I_k	瞬态过程结束后的短路电流有效值
对称堵转电流	I_{LR}	在额定电压 U_{rM} 和额定频率下，异步电动机转子堵转时的最大对称电流有效值
对称短路视在功率初始值	S''_k	对称短路电流初始值 I''_k 与系统标称电压 U_n 和系数 $\sqrt{3}$ 三者相乘的积，即 $S''_k=\sqrt{3}I''_kU_n$。对称短路视在功率初始值 S''_k 不用于计算。如果 S''_k 不考虑以上有关短路计算的规定。如用于计算电网馈线在 Q 点的内部阻抗　那么该定义应采用以下形式 $$S''_{kQ}=\sqrt{3}I''_{kQ}U_{nQ} \text{ 或 } Z_Q=\frac{cU_{nQ}^2}{S''_{kQ}}$$
系统标称电压	U_n	用于电力系统标志的电压（线电压），电力系统的某些运行特性与此电压有关
等效电压源	$\frac{cU_n}{\sqrt{3}}$	为计算正序系统短路电流，而加于短路点的理想电压源。在网络中，等效电压源是唯一的有源电压
电压系数	c	等效电压源与被 $\sqrt{3}$ 除的系统标称电压 U_n 之比
同步电机的超瞬态电动势	E''	短路瞬间，在超瞬态电抗 X''_d 后起作用的同步电机对称内电动势的有效值
同步电机的超瞬态电抗	X''_d ②	短路瞬间超瞬态过程中的有效电抗。计算短路电流时，用饱和值
断路器的最小延时	t_{min} ③	从短路开始至开关设备第一对触头分离间的最短时间间隔
热等效短路电流	I_{th}	具有与实际短路电流相同热效应与相同持续时间的电流的有效值。该电流可包含最终衰减为零的直流分量

① 短路电流峰值的大小与短路发生的时刻有关。三相短路电流峰值 i_p 的计算只对会出现最大短路电流的某相和某一瞬间进行，不考虑连续发生的故障，三相短路指三相同时短路。

② 当以欧姆为单位的电抗 X''_d 除以同步机的额定阻抗 $Z_{rG}=\frac{U_n^2}{S_{rG}}$ 时，其标幺结果用小写字母 $x''_d=\frac{X''_d}{Z_{rG}}$ 表示。

③ 时间 t_{min} 指瞬动继电器的可能最快动作时间与断路器的最短分离时间之和，不包括跳闸机构的可调延迟时间。

3. 短路电流波形

短路电流的波形见表 5－104。

表 5－104　　短 路 电 流 波 形

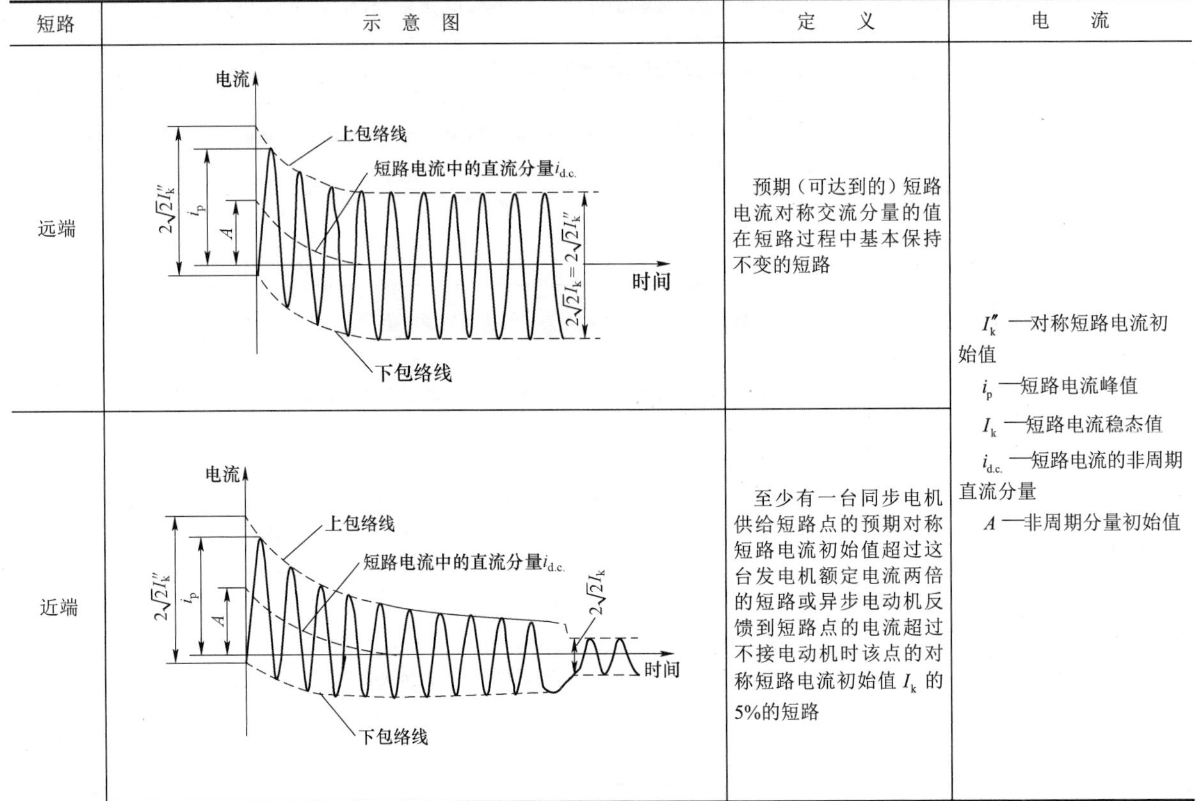

短路	示 意 图	定　义	电　流
远端		预期（可达到的）短路电流对称交流分量的值在短路过程中基本保持不变的短路	I''_k —对称短路电流初始值 i_p —短路电流峰值 I_k —短路电流稳态值 $i_{d.c.}$ —短路电流的非周期直流分量 A —非周期分量初始值
近端		至少有一台同步电机供给短路点的预期对称短路电流初始值超过这台发电机额定电流两倍的短路或异步电动机反馈到短路点的电流超过不接电动机时该点的对称短路电流初始值 I_k 的5%的短路	

5.5.3　短路电流计算方法

1. 计算假设

计算最大与最小短路电流时都应以下条件为基础：

（1）短路类型不会随短路的持续时间而变化，即在短路期间，三相短路始终保持三相短路状态，单相接地短路始终保持单相接地短路。

（2）电网结构不随短路持续时间变化。

（3）变压器的阻抗取自分接开关处于主分接头位置时的阻抗，计算时允许采用这种假设，是因为引入了变压器的阻抗修正系数 K_τ。

（4）不计电弧的电阻。

（5）除了零序系统外，忽略所有线路电容、并联导纳、非旋转型负载。

尽管这些假定对于电力系统来讲不是严格成立，但是可以给出准确度能普遍接受的结果。

2. 短路点等效电压源

对于远端和近端短路都可用一等效电压源计算短路电流。用等效电压源计算短路电流时，短路点用等效电压源 $cU_n/\sqrt{3}$ 代替。该电压源为网络的唯一的电压源，其他电源，如同步发电机、同步电动机、异步电动机和馈电网络的电动势都视为零，并以自身内阻抗代替。

用等效电压源计算短路电流时，可不考虑非旋转负载的运行数据、变压器分接头位置和发电机励磁方式，无需进行关于短路前各种可能的潮流分布的计算。除零序网络外，线路电容和非旋转负载的并联导纳都可忽略。

计算近端短路时，对于发电机及发电机变压器组的发电机和变压器的阻抗应用修正后的值。同步发电机用超瞬态阻抗，异步电动机用堵转电流算出的阻抗。在计算稳态短路电流时，才需考虑同步电机同步电抗和其励磁顶值。

图 5－15 为一单侧电源馈电并用等效电压源计算短路网络的一个算例。等效电压源 $cU_n/\sqrt{3}$ 中的电压系数 c 根据表 5－105 选用。计算最大值用最大电压系数最小值用最小电压系数。

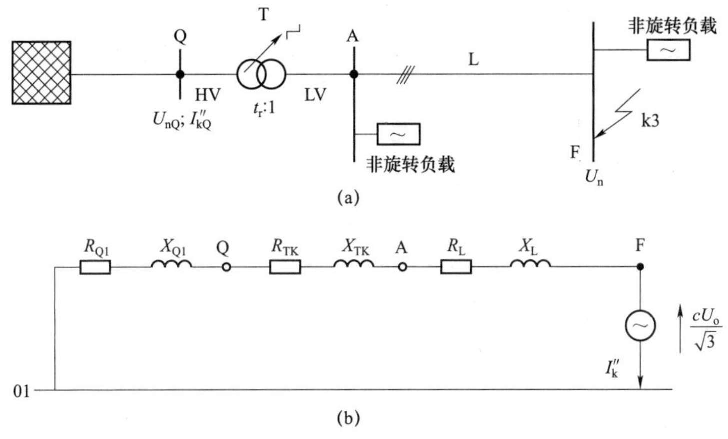

图 5－15　由等效电压源计算对称短路电流初始值

（a）系统图；（b）系统正序等效电路图

注：正序系统的阻抗编号（1）省略，01 标出正序系统的参考中性点。馈电网络与变压器阻抗为相对于 LV 侧的阻抗，并且后者经过系数 K_T 修正。

表 5－105　　电　压　系　数

标称电压 U_n		电压系数	
		c_{max}①	c_{min}
低压	100V≤ U_n ≤1000V	1.05③ 1.10④	0.95
中压	1kV≤ U_n ≤35kV	1.10	1.00
高压	35kV≤ U_n②	1.10	1.00

① $c_{max}U_n$ 不宜超过电力系统设备的最高电压 U_m。

② 如果没有定义标称电压，宜采用 $c_{max}U_n=U_m$、$c_{min}U_n=0.9\times U_m$。

③ 1.05 应用于允许电压偏差为+6%的低压系统，如 380V/400kV。

④ 1.10 应用于允许电压偏差为+10%的低压系统。

3. 对称分量法

用对称分量法时，假定电气设备具备平衡的结构，从而系统阻抗平衡，对于不换位线路，短路电流计算结果也具有可接受的精度。

（1）对称序分量电流。应用对称分量法，将不平衡短路的系统分解为三个独立的对称分量系统，网络中各支路的电流可由 $I_{(1)}$、$I_{(2)}$、$I_{(0)}$ 三个对称序分量电流叠加得到。以线路导体 L_a 相为参考，各相电流 I_{La}、I_{Lb}、I_{Lc} 计算如下：

$$\begin{cases} I_{La}=I_{(1)}+I_{(2)}+I_{(0)} \\ I_{Lb}=\alpha^2 I_{(1)}+\alpha I_{(2)}+I_{(0)} \\ I_{Lc}=\alpha I_{(1)}+\alpha^2 I_{(2)}+I_{(0)} \end{cases}$$

$$\alpha=-\frac{1}{2}+\mathrm{j}\frac{\sqrt{3}}{2}；\quad \alpha^2=-\frac{1}{2}-\mathrm{j}\frac{\sqrt{3}}{2}$$

（2）短路序阻抗。计算短路点 F 的正序或负序阻抗时，在短路点 F 施加正序电压或负序电压，电网内所有同步发电机和异步电动机都用自身的相应序阻抗替代。根据图 5－16a 和图 5－16b 即可确定 F 点的正序或负序短路阻抗 $Z_{(1)}$ 或 $Z_{(2)}$。

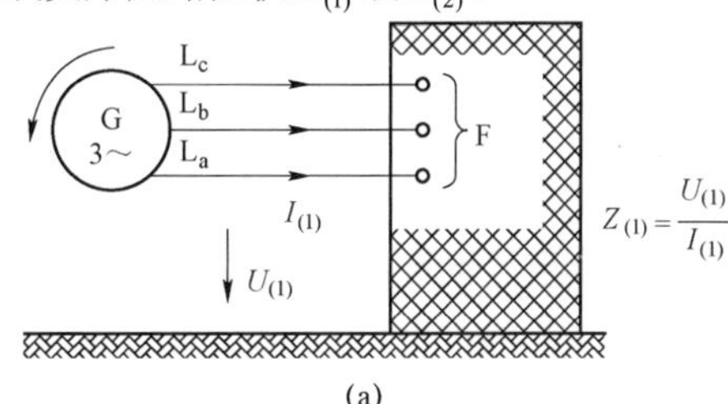

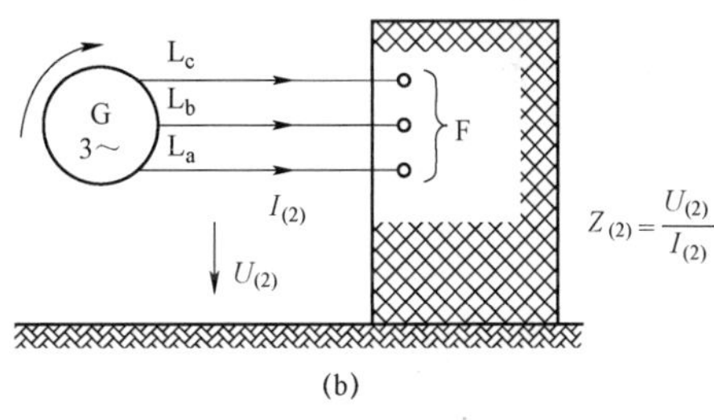

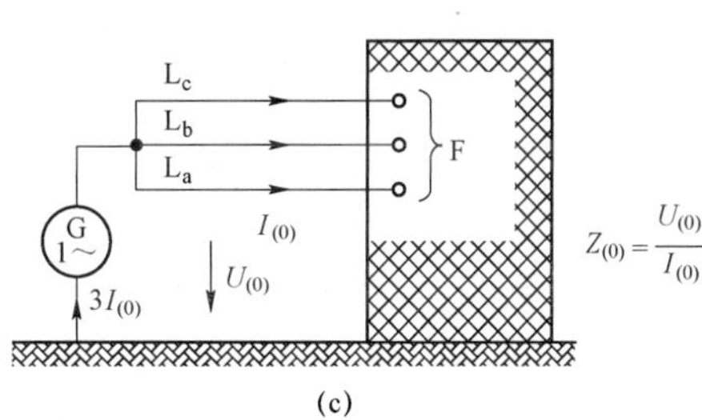

图 5－16　短路点 F 处三相交流系统的短路阻抗

（a）正序短路阻抗 $Z_{(1)}$；（b）负序短路阻抗 $Z_{(2)}$；（c）零序短路阻抗 $Z_{(0)}$

旋转设备的正序和负序阻抗可能不相等，在计算远端短路时，通常令 $Z_{(1)}=Z_{(2)}$。

在短路线和共用回线（如接地系统、中性线、地线、电缆外壳和电缆铠装）之间施加一个交流电压，根据图 5－19c 即可确定 F 点的零序短路阻抗 $Z_{(0)}$。

计算中、高压电力系统中不平衡短路电流时，在如下情况下应该考虑线路零序电容和零序并联导纳：中性点不接地系统、中性点谐振接地系统或接地系数高于 1.4 的中性点接地系统。

在计算低压电网的短路电流时，在正序系统、负序系统和零序系统中可忽略线路(架空线路和电缆)的电容。

在中性点接地的电力系统中，在不计线路零序电容情况下，短路电流计算值要比实际短路电流略大。其差值与电网结构有关。

除了特殊情况外，零序短路阻抗与正序短路阻抗、负序短路阻抗不等。

（3）最大、最小短路电流。表 5－106 是最大、最小短路电流产生的条件。

表 5－106　　最大、最小短路电流

序号	最大短路电流	最小短路电流
1	最大短路电流系数 c_{max}	最小短路电流电压系数 c_{min}
2	选择电网结构（包括恰当的解环方案），考虑电厂与馈电网络可能的最大贡献	选择电网结构，考虑电厂与馈电网络可能的最小贡献
3	低压供电系统中的异步电动机的贡献大于对称短路电流初始值 I''_{kM} 5%时	不计电动机影响
4	用等效阻抗 Z_Q 等效外部网络时，应使用最小值	
5	线路电阻采用 20℃时的数值 R_{L20}	线路电阻 R_L 采用较高温度下的数值，与 R_{L20} 的关系可由下式确定 $R_L=[1+\alpha(\theta_e-20℃)]\cdot R_{L20}$ R_{L20} —导线在 20℃时的阻值 θ_e —短路结束时的导线温度，℃ α —铜、铝和铝合金的温度系数，取 0.004/℃

5.5.4 电气设备短路阻抗

1. 要求

对于馈电网络、变压器、架空线路、电缆线路、电抗器和其他类似电气设备，它们的正序和负序短路阻抗相等，即 $Z_{(1)}=Z_{(2)}$。计算设备零序阻抗时，在零序网络中，假设三相导体和返回的共用线间有一交流电压 $U_{(0)}$，共用线流过三倍零序电流 $3I_{(0)}$。设备零序阻抗满足 $Z_{(0)}=\dfrac{U_{(0)}}{I_{(0)}}$。

计算发电机 G、变压器 T、发电机变压器组 S 的阻抗时，引入校正系数 K_G、K_T 以及 K_S 或者 K_{SO}。

2. 馈电网络阻抗

如图 5－17a 所示，由电网向短路点馈电的网络，仅知节点 Q 的对称短路电流初始值 I''_{kQ}，馈电网络阻抗计算见表 5－107。

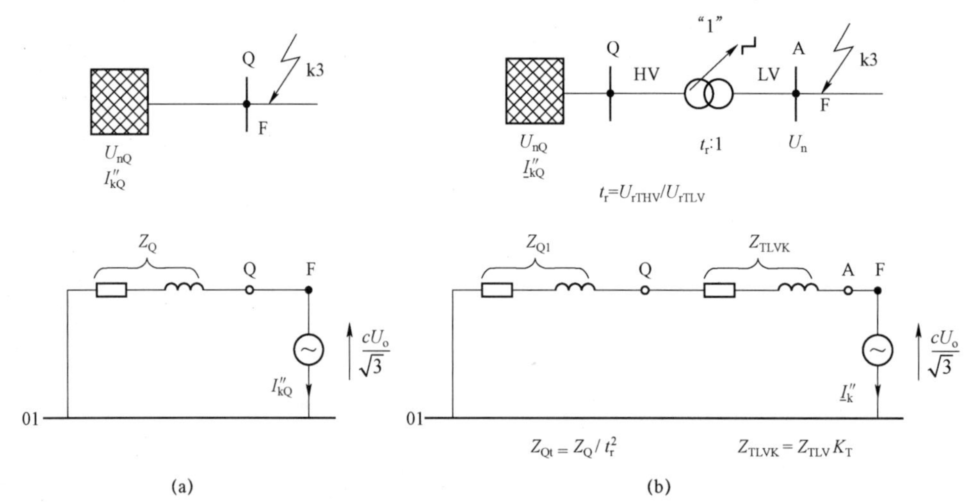

图 5－17　馈电网络及其等效电路示意图
（a）无变压器；（b）有变压器

表 5－107　　馈电网络阻抗计算

阻抗	说明	计算公式	符号
正序短路阻抗	仅知节点 Q 的对称短路电流初始值 I''_{kQ}	$Z_Q=\dfrac{cU_{nQ}}{\sqrt{3}I''_{kQ}}$	U_{nQ}—Q 点的系统标称电压 I''_{kQ}—流过 Q 点的对称短路电流初始值 c—电压系数 t_r—分接开关在主分接位置时变压器额定变比 Z_Q—Q 点的正序短路阻抗 R_Q—Q 点的正序短路电阻 X_Q—Q 点的正序短路电抗
	R_Q/X_Q 已知	$X_Q=\dfrac{Z_Q}{\sqrt{1+\left(\dfrac{R_Q}{X_Q}\right)^2}}$	
有经变压器	经过变压器向短路点馈电，仅知节点 Q 的对称短路电流初始值 I_{kQ}，则 Q 点正序网络阻抗归算到变压器低压侧的值 Z_{Qt}	$Z_{Qt}=\dfrac{cU_{nQ}}{\sqrt{3}I''_{kQ}}\cdot\dfrac{1}{t_r^2}$	
35kV 以上系统	网络阻抗可视为纯电抗（略去电阻）	$Z_Q=0+jX_Q$	
	若计及电阻但具体数值不知道	$R_Q=0.1X_Q$，$X_Q=0.995Z_Q$	

变压器高压侧母线的对称短路电流初始值 $I''_{kQ\max}$ 和 $I''_{kQ\min}$ 应由供电公司提供或根据本标准计算得到。根据变压器的绕组连接方式和中性点接地方式，有时需考虑馈电网络的零序等效阻抗。

3. 双绕组变压器的阻抗

双绕组变压器的正序短路阻抗见表 5－108。

表 5－108　　双绕组变压器的阻抗

阻抗	计算公式	符号	说明
正序短路阻抗	$Z_T=R_T+jX_T$ $Z_T=\dfrac{u_{kr}}{100\%}\cdot\dfrac{U_{rT}^2}{S_{rT}}$ $R_T=\dfrac{u_{Rr}}{100\%}\cdot\dfrac{U_{rT}^2}{S_{rT}}=\dfrac{P_{krT}}{3I_{rT}^2}$ $X_T=\sqrt{Z_T^2-R_T^2}$	U_{rT}—变压器高压侧或低压侧的额定电压 I_{rT}—变压器高压侧或低压侧的额定电流 S_{rT}—变压器的额定容量 P_{krT}—变压器负载损耗 u_{kr}—阻抗电压，% u_{Rr}—电阻电压，%	电阻分量 u_{Rr} 能够根据变压器流过额定电流 I_{rT} 时的绕组总损耗 P_{krT} 计算得到 R_T/X_T 通常随着变压器容量的增大而减小。计算大容量变压器短路阻抗时，可略去绕组中的电阻，只计电抗，只是在计算短路电流峰值或非周期分量时才计及电阻

计算 $Z_T=R_T+jX_T=Z_{(1)}=Z_{(2)}$ 所必需的数据，可从设备铭牌值获得。零序短路阻抗 $Z_{(0)T}=R_{(0)T}+jX_{(0)T}$ 可从铭牌值或设备制造厂得到。

4. 架空线和电缆的阻抗

架空线和电缆的正序短路阻抗 $Z_L=R_L+jX_L$，可按导线有关参数计算，如导体截面积和中心距，见表 5－109。

表 5－109　　架空线和电缆的阻抗

阻抗	说明	计算公式	符号
电阻	导线温度高于 20℃时	$R_L=[1+\alpha(\theta_c-20℃)]\cdot R_{L20}$	R_{L20}—导线在 20℃时的阻值，Ω θ_c—短路结束时的导线温度，℃ α—铜、铝和铝合金的温度系数，取 0.004/℃ R'_L—架空线单位长度有效电阻 ρ—材料电阻率，铜 ρ =（1/54）Ω·mm²/m，铝 ρ =（1/34）Ω·mm²/m，铝合金 ρ =（1/31）Ω·mm²/m q_n—导线标称截面，mm²
	导线平均温度 20℃时	$R'_L=\dfrac{\rho}{q_n}$	

续表

阻抗	说明	计算公式	符　号
电抗	换位架空线	$X'_L=2\pi f\frac{\mu_0}{2\pi}\left(\frac{1}{4n}+\ln\frac{d}{r}\right)$ $=f\mu_0\left(\frac{1}{4n}+\ln\frac{d}{r}\right)$ $d=\sqrt[3]{d_{LaLb}d_{LbLc}d_{LcLa}}$ $\mu_0=4\pi\times10^{-4}$H/km	d—导线间的几何均距或相应的导线的中心距离，m r—单导线时，指导线的半径：分裂导线时，$r=\sqrt[n]{nr_0R^{n-1}}$，其中，R为分裂导线半径，r_0为每根导线半径，m n—分裂导线数，单导线时为1 μ_0—真空绝对磁导率
	系统额定频率为50Hz时	$X'_L=0.0628\left(\frac{1}{4n}+\ln\frac{d}{r}\right)$	

5. 限流电抗器的阻抗

假设限流电抗器为几何对称，阻抗计算见表5-110。

表5-110　　限流电抗器的阻抗

	说　明	计算公式	符　号
阻抗	正序、负序和零序阻抗相等	$Z_R=\frac{u_{kR}}{100\%}\cdot\frac{U_n}{\sqrt{3}I_{rR}}$ 且 $R_R\ll X_R$	u_{kR}—额定阻抗电压，铭牌值给出，% I_{rR}—额定电流，铭牌值给出 U_n—系统标称电压

6. 异步电动机

中压或低压异步电动机贡献初始对称短路电流I''_k、峰值短路电流i_p、对称开断电流I_b，不平衡短路时，也会贡献稳态短路电流I_k，计算见表5-111。

表5-111　　异步电动机的阻抗

阻抗	说　明	计算公式	符　号
影响可以忽略	低压供电系统中的异步电动机的贡献不大于对称短路电流初始值I''_{kM}的5%时	$\sum I_{rM}\leqslant0.01I''_{kM}$	$\sum I_{rM}$—由短路点所在网络直接供电（不经过变压器）的电动机额定电流之和 I''_{kM}—无电动机时的对称短路电流初始值
短路阻抗	正序和负序	$Z_M=R_M+jX_M$ $Z_M=\frac{1}{I_{LR}/I_{rM}}\cdot\frac{U_{rM}}{\sqrt{3}I_{rM}}$ $=\frac{1}{I_{LR}/I_{rM}}\cdot\frac{U_{rM}^2}{S_{rM}}$	U_{rM}—电动机额定电压 I_{rM}—电动机额定电流 S_{rM}—电动机的额定视在功率，$S_{rM}=\frac{P_{rM}}{\eta_{rM}\cdot\cos\varphi_{rM}}$ I_{LR}/I_{rM}—转子堵转电流与电动机额定电流之比
	若R_M/X_M已知	$X_M=\frac{Z_M}{\sqrt{1+(R_M/X_M)^2}}$	R_M/X_M=0.10，适用于每对电极功率$P_{rM}\geqslant$1MW中压电动机 R_M/X_M=0.15，适用于每对电极功率$P_{rM}<$1MW中压电动机 R_M/X_M=0.42，适用于电缆连接的低压电动机群

5.5.5　短路电流计算实例

1. 短路电流初始值I''_k

短路电流初始值I''_k计算见表5-112。

表 5－112　　短路电流初始值 I''_{k}

<table>
<tr><th colspan="2">短路</th><th colspan="2">计算公式</th><th>符　号</th></tr>
<tr><td rowspan="5">三相短路</td><td>计算公式</td><td colspan="2">$I''_{k}=\dfrac{cU_{n}}{\sqrt{3}Z_{k}}=\dfrac{cU_{n}}{\sqrt{3}\sqrt{R_{k}^{2}+X_{k}^{2}}}$</td><td>$cU_{n}/\sqrt{3}$ —施加在短路点的等效电压源</td></tr>
<tr><td>忽略不计</td><td colspan="2">当 $R_{k}<0.3X_{k}$ 不计</td><td rowspan="3">R_{k} —整个短路回路中的正序网络串联电阻之和
X_{k} —整个短路回路中的正序网络串联电抗之和
R_{L} —导线电阻，为计算最大短路电流时的线路电阻，即导体温度为 20℃时的导线电阻</td></tr>
<tr><td rowspan="2">单电源辐射网络</td><td>无变压器</td><td>$Z_{k}=R_{k}+jX_{k}$</td></tr>
<tr><td>有变压器修正电抗</td><td>$Z_{TK}=R_{TK}+jX_{TK}$
$=K_{T}(R_{T}+jX_{T})$
$K_{T}=0.95\dfrac{c_{max}}{1+0.6x_{T}}$
$x_{T}=\dfrac{X_{T}}{U_{rT}^{2}/S_{rT}}$</td></tr>
<tr><td>多个辐射电源</td><td>短路点 F 处短路电流为各支路短路电流的向量之和</td><td>$I_{k}=\sum\limits_{i=1}^{n}I''_{ki}$</td><td> 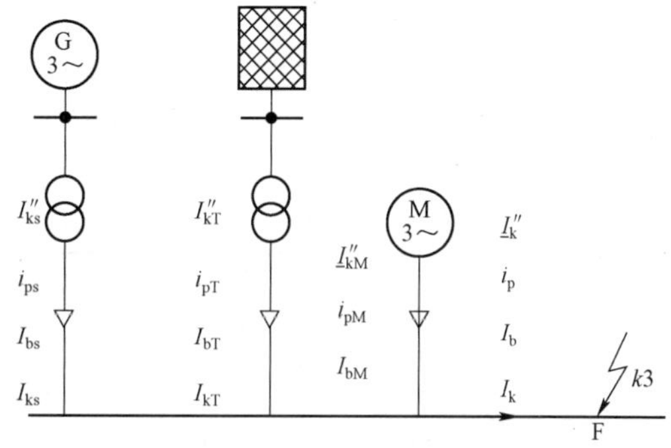G 3～　M 3～
I''_{ks} i_{ps} I_{bs} I_{ks}
I''_{kT} i_{pT} I_{bT} I_{kT}
I''_{kM} i_{pM} I_{bM}
I''_{k} i_{p} I_{b} I_{k}
$k3$　F</td></tr>
<tr><td colspan="2">两相短路</td><td colspan="2">$I''_{k2}=\dfrac{cU_{n}}{\lvert Z_{(1)}+Z_{(2)}\rvert}=\dfrac{cU_{n}}{2\lvert Z_{(1)}\rvert}=\dfrac{\sqrt{3}}{2}I''_{k}$</td><td>在短路初始阶段，无论远端短路还是近端短路，负序阻抗与正序阻抗大致相等 $Z_{(1)}=Z_{(2)}$
近端短路时，在瞬态和稳态过程阶段 $Z_{(1)}$ 与 $Z_{(2)}$ 将不再相等</td></tr>
<tr><td colspan="2" rowspan="2">两相接地短路
（远端短路）</td><td colspan="2">当 $Z_{(2)}$ 与 $Z_{(1)}$ 近似相等
$I''_{k2E1.2}=-jcU_{n}\dfrac{Z_{(0)}-\alpha Z_{(2)}}{Z_{(1)}Z_{(2)}+Z_{(1)}Z_{(0)}+Z_{(2)}Z_{(0)}}$
$I''_{k2EL.3}=jcU_{n}\dfrac{Z_{(0)}-\alpha^{2}Z_{(2)}}{Z_{(1)}Z_{(2)}+Z_{(1)}Z_{(0)}+Z_{(2)}Z_{(0)}}$
$I''_{kE2E}=-\dfrac{\sqrt{3}cU_{n}Z_{(2)}}{Z_{(1)}Z_{(2)}+Z_{(1)}Z_{(0)}+Z_{(2)}Z_{(0)}}$</td><td>若 $Z_{(0)}<Z_{(2)}$，则两相接地短路时的电流 I''_{kE2E} 通常大于其他故障类型的对称短路电流初始值 I''_{k}、I''_{k2}、I''_{k2E} 与 I''_{k1}
式中　I''_{kE2E} —流经地和/或接地线的短路电流</td></tr>
<tr><td colspan="2">当 $Z_{(1)}=Z_{(2)}$
$I''_{k2E1.2}=cU_{n}\dfrac{\lvert Z_{(0)}/Z_{(1)}-\alpha\rvert}{\lvert Z_{(1)}+2Z_{(0)}\rvert}$
$I''_{k2EL.3}=cU_{n}\dfrac{\lvert Z_{(0)}/Z_{(1)}-\alpha^{2}\rvert}{\lvert Z_{(1)}+2Z_{(0)}\rvert}$
$I''_{kE2E}=\dfrac{\sqrt{3}cU_{n}}{\lvert Z_{(1)}+2Z_{(0)}\rvert}$</td><td></td></tr>
<tr><td rowspan="2">单相接地短路</td><td>计算公式</td><td colspan="2">$I''_{k1}=\dfrac{\sqrt{3}cU_{n}}{Z_{(1)}+Z_{(2)}+Z_{(0)}}$</td><td></td></tr>
<tr><td>远端短路</td><td colspan="2">当 $Z_{(1)}=Z_{(2)}$
$I''_{k1}=\dfrac{\sqrt{3}cU_{n}}{\lvert 2Z_{(1)}+Z_{(0)}\rvert}$</td><td>若 $Z_{(0)}<Z_{(2)}=Z_{(1)}$，则单相短路电流 I''_{k1} 大于三相短路电流 I''_{k}，但小于 I''_{kE2E}。然而，满足 $1>Z_{(0)}/Z_{(1)}>0.23$ 条件下，I''_{k1} 为被断路器切断的最大电流</td></tr>
</table>

2. 短路电流峰值 i_p

短路电流峰值 i_p 计算见表 5－113。

表 5－113　　短路电流峰值 i_p 计算

短路		计算公式	符　号
三相短路	单电源辐射网络	假定短路发生于电压过零时刻，并在大约半个周波后，短路电流达到峰值 i_p $i_p = k\sqrt{2}I''_k$ $k = 1.02 + 0.98e^{-3R/X}$	I''_k —三相短路对称短路电流初始值 k —系数，由 R/X 或 X/R 决定，可通过下图查曲线或通过下式计算 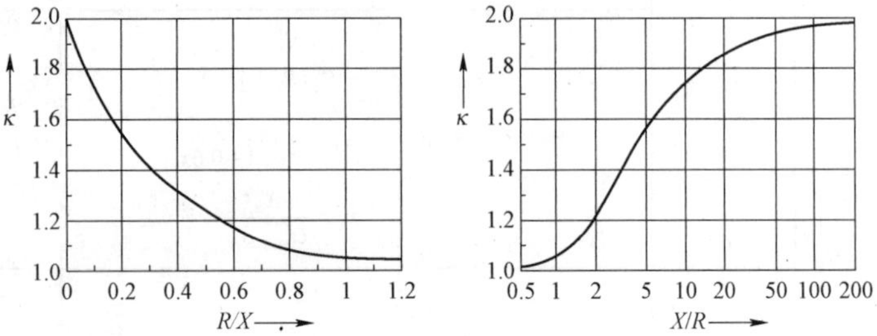
	多个辐射电源	短路点 F 处 $i_p = \sum_{i=1}^{n} i_{pi}$	串联支路中系数 k 与 R/X 或 X/R 的函数关系
	网状电网	单一 R/X 或 X/R	选取网络中最小 R/X 或最大 X/R，由图查得系数 k 考虑短路点标称电压下流过局部短路电流的分支回路以及与短路点相连的变压器分支回路。任一支路可能是由多个支路串联组成
		短路点阻抗的 R/X 或 X/R $i_p = 1.15k_{(b)}\sqrt{2}I''_k$	通过网络化简得到短路点的等值阻抗 $Z_k = R_k + jX_k$，采用 R_k/X_k 比值计算系数 k，并乘以 1.15 倍以弥补其偏差 若所有分支回路的 R/X 均小于 0.3，则不必使用系数 1.15。在低压电网中，乘积 $1.15k_{(b)}$ 的限值为 1.8，在中压、高压电网中为 2.0
		等效频率法 $\begin{cases}\dfrac{R}{X} = \dfrac{R_c}{X_c} \cdot \dfrac{f_c}{f} \\ \dfrac{X}{R} = \dfrac{X_c}{R_c} \cdot \dfrac{f}{f_c}\end{cases}$ $Z_c = R_c + jX_c$	计算等效频率 f_c =20Hz（额定频率 f =50Hz）时短路点的等效阻抗 Z_c R_c —阻抗 Z_c 实部（通常与工频时的电阻 R 不等） X_c —阻抗 Z_c 虚部（通常与工频时的电阻 X 不等） 采用此方法时，各阻抗校正系数与工频时相同
两相短路		$i_{p2} = k\sqrt{2}I''_{k2}$	I''_{k2} —两相短路对称短路电流初始值
		$i_{p2} = \dfrac{\sqrt{3}}{2}i_p$	当 $Z_{(2)} = Z_{(1)}$ 时，短路电流峰值 i_{p2} 小于三相短路时的短路电流峰值 i_p
两相接地短路		$i_{p2E} = k\sqrt{2}I''_{k2E}$	I''_{k2E} —两相接地短路对称短路电流初始值 只有当 $Z_{(0)}$ 远小于 $Z_{(1)}$（小于 $Z_{(1)}$ 的 1/4）时才需计算 i_{p2E}
单相接地短路		$i_{p1} = k\sqrt{2}I''_{k1}$	I''_{k1} —单相接地短路对称短路电流初始值
为简化计算，以上几种短路中 k 的可采用与三相短路相同的 k 值			

3. 短路电流非周期分量 $i_{d.c.}$

短路电流的最大非周期分量 $i_{d.c.}$ 的计算见表 5－114。

表 5－114　　短路电流的最大非周期分量 $i_{d.c.}$ 计算

短路电流	计算公式	符　号
短路电流的最大非周期分量	$i_{d.c.} = \sqrt{2}I''_k e^{-2\pi \cdot ftR/X}$	I''_k —对称短路电流初始值 f —额定频率，Hz t —时间，s R/X —按单一 R/X 或 X/R 求出的比值

等效频率 f_c 应根据额定频率 f 与时间 t 的乘积选取见表5-115。

表5-115 $f \cdot t$ 与 f_c/f 的值

$f \cdot t$	<1	<2.5	<5	<12.5
f_c/f	0.27	0.15	0.092	0.055

4. 对称开断电流 I_b

一般来说，短路点 t_{min} 时刻的开断电流包括对称开断电流 I_b 与非周期分量 $i_{d.c.}$，计算见表5-116。

表5-116 对称开断电流 I_b 计算

短路类型		计算公式	符　号
远端短路	三相短路	$I_b = I''_k$	I''_k —三相短路对称短路电流初始值
	两相短路	$I_{b2} = I''_{k2}$	I''_{k2} —两相短路对称短路电流初始值
	两相接地短路	$I_{b2E} = I''_{k2E}$	I''_{k2E} —两相接地短路对称短路电流初始值
	单相接地短路	$I_{b1} = I''_{k1}$	I''_{k1} —单相接地短路对称短路电流初始值
近端短路	对于部分近端短路 t_{min} 时 $i_{d.c.}$ 的可能大于 I_b 电流的峰值，从而造成短路电流失去过零点，需要详细计算		

5. 稳态短路电流 I_k

（1）不同短路。稳态短路电流 I_k 的计算精度低于对称短路电流初始值 I''_k 的计算精度，计算见表5-117。

表5-117 稳态短路电流 I_k 计算

短路类型		计算公式	说　明
三相短路	单电源馈入	最大稳态短路电流，假定将同步发电机设定至最大励磁状态 $I_{k\max} = \lambda_{\max} I_{rG}$	仅由一台发电机或发电机变压器组馈电的近端三相短路，稳态短路电流 I_k 受发电机励磁系统、电压调节装置与饱和等因素影响。同步发电机、同步电动机或调相机若采用并励静止励磁装置，则在机端短路时同步机不会贡献电流。但若机端与短路点之间通过一个阻抗联接，则同步机会贡献电流。在发电机变压器组的情况下，若短路发生在变压器高压侧，发电机会贡献电流 $\lambda_{\max}$、$\lambda_{\min}$ —稳态短路电流的最大、最小计算系数
		最大稳态短路电流，假定同步机为恒定的空载励磁状态 $I_{k\min} = \lambda_{\min} I_{rG}$	
	辐射状电网	$I_b = \sum_{i=1}^{n} I_{bi}$	短路点的对称开断电流为各支路开断电流之和
	网状电网	$I_{k\max} = I''_{k\max}$ $I_{k\min} = I''_{k\min}$	在含多个馈电源的网状电网中 $I''_{k\max}$ —三相短路最大对称短路电流初始值 $I''_{k\min}$ —三相短路最小对称短路电流初始值
不平衡短路	两相短路	$I_{k2} = I''_{k2}$	I''_{k2} —两相短路对称短路电流初始值
	两相接地短路	$I_{k2E} = I''_{k2E}$ $I_{kE2E} = I''_{kE2E}$	I''_{k2E}、I''_{kE2E} —两相接地短路对称短路电流初始值
	单相接地短路	$I_{k1} = I''_{k1}$	I''_{k1} —单相接地短路对称短路电流初始值

（2）变压器低压侧短路高压侧单相断开。当变压器高压侧采用熔断器作为进线保护时，低压侧发生的短路可能在断路器切除故障之前造成一相熔断器断开。这会导致局部短路电流太小，从而不能使其他保护装置动作，特别是在出现最小短路电流的情况下。电气设备由于短路持续存在而承受过应力，如图5-18所示。

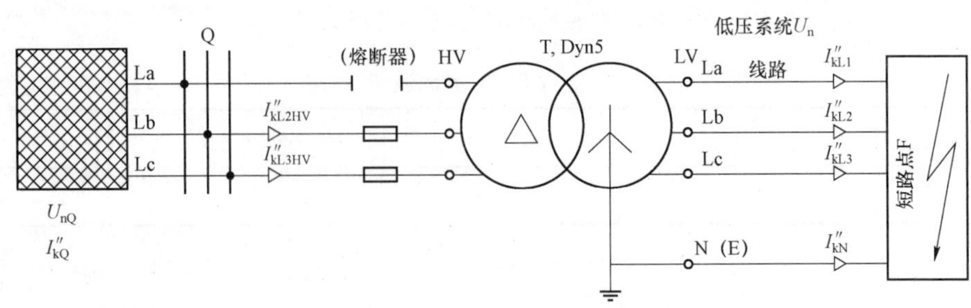

图 5-18 变压器低压侧短路高压侧单相断开

变压器低压侧的短路电流 I''_{kL1}、I''_{kL2}、I''_{kL3}、I''_{kN} 可通过下式计算。变压器高压侧的局部短路电流 $I''_{kL2HV}=I''_{kL3HV}$ 也可由下式在系数 α 取适当值时计算。由于短路属于远端短路，所有情况下 $I''_{kv}=I_{kv}$。

$$I''_{kv}=\alpha\frac{cU_n}{\sqrt{3}\left|Z_{Qt}+K_TZ_T+Z_L+\beta(K_TZ_{(0)T}+Z_{(0)L})\right|}$$

式中：v 为低压侧 La、Lb、Lc、N（E）与高压侧的 LbHV、LcHV；$Z_{Qt}+K_TZ_T+Z_L$ 为折算到低压侧的正序系统阻抗，$Z_T=Z_{TLV}$；$K_TZ_{(0)T}+Z_{(0)L}$ 为折算到低压侧的零序系统阻抗。

α、β 系数由表 5-118 中给出。

表 5-118　　α、β 系数

F 点短路		三相短路	两相接地短路		单相短路
低压侧短路导体		La、Lb、Lc La、Lb、Lc、N（E）	La、Lc、N（E）	La、Lb、N（E） Lb、Lc、N（E）	Lb、N（E）①
系数 β		0	2	0.5	0.5
系数 α（低压侧）计算电流	I''_{kLa}	0.5	1.5	—	—
	I''_{kLb}	1.0	—	1.5	1.0
	I''_{kLc}	0.5	1.5	—	—
	I''_{kN}	—	3.0	1.5	1.5
系数 α（高压侧）计算电流 I''_{kLv}	$I''_{kLbHV}=I''_{kLcHV}$	$\frac{1}{t_r}\cdot\frac{\sqrt{3}}{2}$	$\frac{1}{t_r}\cdot\frac{\sqrt{3}}{2}$	$\frac{1}{t_r}\cdot\frac{\sqrt{3}}{2}$	$\frac{1}{t_r}\cdot\frac{\sqrt{3}}{2}$

① 其他相单相短路时，如 La、N（E）或 Lc、N（E）由变压器开路阻抗决定电流较小，予以忽略。

图 5-21 变压器低压侧或高压侧的短路电流均不大于在高压侧有完整连接时的对称或不对称短路电流，因此 $I''_{kv}=\alpha\frac{cU_n}{\sqrt{3}\left|Z_{Qt}+K_TZ_T+Z_L+\beta(K_TZ_{(0)T}+Z_{(0)L})\right|}$ 仅用于计算最小短路电流。

6. 异步电动机机端短路

异步电动机机端三相短路及两相短路的情况下，电动机贡献的短路电流 I''_{kM}、i_{pM}、I_{bM} 和 I_{kM} 的计算见表 5-119。在接地系统中发生单相短路时，电动机的影响不能忽略，电动机的阻抗取 $Z_{(1)M}=Z_{(2)M}=Z_M$ 与 $Z_{(0)}$。如果电动机中性点未接地，则零序阻抗 $Z_{(0)M}=\infty$。

表 5-119　　异步电动机机端短路时的短路电流

短路	三相短路	两相短路	单相短路
交流对称分量初始值	$I''_{k3M}=\frac{cU_n}{\sqrt{3}Z_M}$	$I''_{k2M}=\frac{\sqrt{3}}{2}I''_{k3M}$	
峰值短路电流	$i_{p3M}=\kappa_M\sqrt{2}I''_{k3M}$	$i_{p2M}=\frac{\sqrt{3}}{2}i_{p3M}$	$i_{p1M}=\kappa_M\sqrt{2}I''_{k1M}$

续表

短路	三相短路	两相短路	单相短路
峰值短路电流	中压电动机 κ_M=1.65（对应 R_M / X_M=0.15），每对极有功功率＜1MW κ_M=1.75（对应 R_M / X_M=0.10），每对极有功功率≥1MW 有电缆连接线的低压电动机 κ_M=1.3（对应 R_M / X_M=0.42）		
对称开断电流	$I_{b3M}=\mu q I''_{k3M}$	$I_{b2M}=\frac{\sqrt{3}}{2}I''_{k3M}$	$I_{b1M}=I''_{k1M}$
	μ、q 由计算或查图获得		
稳态短路电流	$I_{k3M}=0$	$I_{k2M}=\frac{\sqrt{3}}{2}I''_{k3M}$	$I_{k1M}=I''_{k1M}$

7. 短路电流的热效应

短路电流热等效见表 5－120。

表 5－120　短路电流热等效

物理量	公式	符号说明
热等效短路电流	$I_{th}=I''_k\sqrt{m+n}$ $I_{th}=\sqrt{\frac{\int i^2 dt}{T_k}}$	I''_k—每个三相短路的短路电流交流对称分量初始 m—每个短路电流非周期分量的热效应系数 n—每个短路电流交流分量的热效应系数 T_{ki}—每个短路的短路电流持续时间 T_k—短路电流持续时间 i—短路电流瞬时值
短路电流持续时间	$T_k=\sum_{i=1}^{n}T_{ki}$	

5.6 继电保护和自动装置

5.6.1 继电保护概述

1. 继电保护

继电保护包括继电保护技术和继电保护装置，如图 5－19 所示。

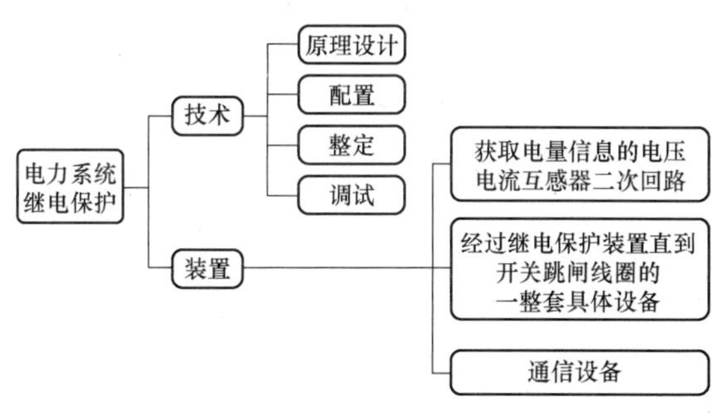

图 5－19　继电保护组成

继电保护技术是一个完整的体系，它主要由电力系统故障分析、继电保护原理及实现、继电保护配置设计、继电保护运行及维护等技术构成。

继电保护装置是完成继电保护功能的核心。继电保护装置就是能反应电力系统中电气元器件发生故障或不正常运行状态，并动作于断路器跳闸或发出信号的一种自动装置。

2. 故障和不正常运行状态

电力系统的故障包括各种短路和断线，其中最常见且最危险的是各种类型的短路。

电力系统的不正常运行状态指的是电力系统中的正常工作遭到破坏，但没有发生故障的运行状态，如过负荷、过电压、频率降低、系统振荡等。

3. 作用

当供电系统发生故障时，必须迅速地切除故障，缩小事故范围，保证系统无故障部分继续运行。

当系统出现不正常工作状态时，要给值班人员发出信号，使值班人员及时进行处理，以免引起设备故障。

4. 构成

一般由测量元件、逻辑元件和执行元件三部分组成，继电保护装置的组成如图 5－20 所示。

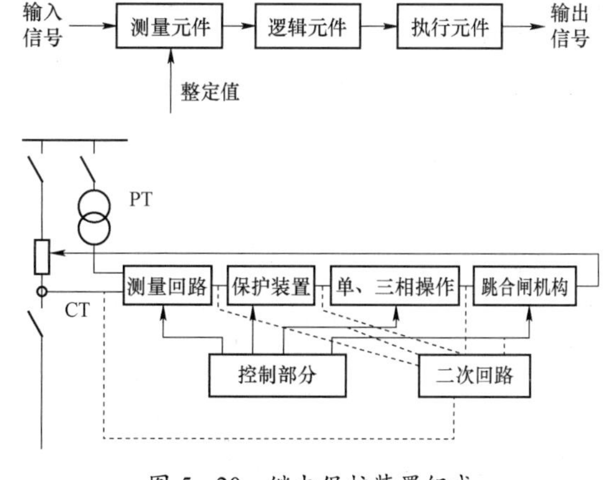

图 5－20　继电保护装置组成

（1）测量元件。测量元件将被保护对象输入的有关物理量（如电流、电压、阻抗、功率方向等）与已给定的整定值进行比较，根据比较结果给出"是""非""大于""不大于"等具有"0"或"1"性质的一组逻辑信号，从而判断保护是否应该启动。

（2）逻辑元件。逻辑元件的作用是根据测量部分输出量的大小、性质、输出的逻辑状态、出现的顺序或它们的组合，使保护装置按一定的布尔逻辑及时序逻辑工作，最后确定是否应跳闸或发信号，并将有关命令传给执行元件。逻辑回路有或、与、非、延时启动、延时返回、记忆等。

（3）执行元件。执行元件根据逻辑元件传送的信号，最后完成保护装置所担负的任务。如果故障时跳闸，不正常运行时发出信号，正常运行时不动作。

5. 保护分类

电力系统中的电力设备和线路，应装设短路故障和异常运行的保护装置。

（1）按被保护的对象分类：输电线路保护、发电机保护、变压器保护、电动机保护、母线保护等。

（2）按保护原理分类：电流保护、电压保护、距离保护、差动保护、方向保护、零序保护等。

（3）按保护所反应故障类型分类：相间短路保护、接地故障保护、匝间短路保护、断线保护、失步保护、失磁保护及过励磁保护等。

（4）按继电保护装置的实现技术分类：机电型保护（如电磁型保护和感应型保护）、整流型保护、晶体管型保护、集成电路型保护及微机型保护等。

（5）按保护所起的作用分类：主保护、后备保护、辅助保护等。

电力设备和线路短路故障的保护应有主保护后备保护，必要时可增设辅助保护。保护配合关系如图5－21所示。

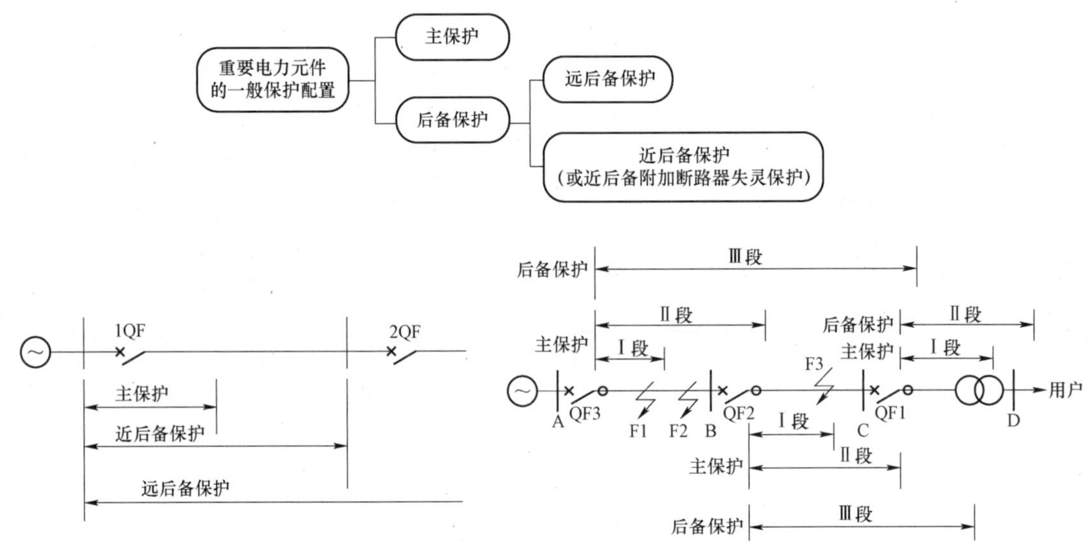

图5－21 保护配合关系

不同保护分类见表5－121。

表5－121 保护分类

分类	定义	
主保护	主保护是满足系统稳定和设备安全要求，是能以快速度有选择地切除被保护设备和线路故障的保护	
后备保护	后备保护是主保护或断路器拒动时，用以切除故障的保护。后备保护可分为远后备和近后备两种方式	
	远后备	当主保护或断路器拒动时，由相邻电力设备或线路的保护实现后备
	近后备	是当主保护拒动时，由该电力设备或线路的另一套保护实现后备的保护；当断路器拒动时，由断路器失灵保护来实现的后备保护
辅助保护	辅助保护是为补充保护和后备保护的性能或当主保护和后备保护退出运行而增设的简单保护	
异常运行保护	异常运行保护是反应被保护电力设备或线路异常运行状态的保护	

6. 性能要求

继电保护装置应满足可靠性、选择性、灵敏性和速动性的要求，见表 5－122。

表 5－122　　保护性能要求

特性	定　义	要　求
可靠性	可靠性是指保护该动作时应动作，不该动作时不动作	为保证可靠性，宜选用性能满足要求、原理尽可能简单的保护方案，应采用由可靠的硬件和软件构成的装置，并应具有必要的自动检测、闭锁、告警等措施，以及便于整定、调试和运行维护
选择性	选择性是指首先由故障设备或线路本身的保护切除故障，当故障设备或线路本身的保护或断路器拒动时，才允许由相邻设备、线路的保护或断路器失灵保护切除故障	为保证选择性，对相邻设备和线路有配合要求的保护和同一保护内有配合要求的两元件（如启动与跳闸元件、闭锁与动作元件），其灵敏系数及动作时间应相互配合 当重合于本线路故障，或在非全相运行期间健全相又发生故障时，相邻元件的保护应保证选择性。在重合闸后加速的时间内以及单相重合闸过程中发生区外故障时，允许被加速的线路保护无选择性 在某些条件下必须加速切除短路时，可使保护无选择动作，但必须采取补救措施、例如采用自动重合闸或备用电源自动投入来补救 发电机、变压器保护与系统保护有配合要求时，也应满足选择性要求
灵敏性	灵敏性是指在设备或线路的被保护范围内发生故障时，保护装置具有的正确动作能力的裕度，一般以灵敏系数来描述	灵敏系数应根据不利正常（含正常检修）运行方式和不利故障类型（仅考虑金属性短路和接地故障）计算
速动性	速动性是指保护装置应能尽快地切除短路故障，其目的是提高系统稳定性，减轻故障设备和线路的损坏程度，缩小故障波及范围，提高自动重合闸和备用电源或备用设备自动投入的效果等	

（1）制定保护配置方案时，对两种故障同时出现的稀有情况可仅保证切除故障。

（2）在各类保护装置接于电流互感器二次绕组时，应考虑到既要消除保护死区，同时又要尽可能减轻电流互感器本身故障时所产生的影响。

（3）当采用远后备方式时，在短路电流水平低且对系统不致造成影响的情况下（如变压器或电抗器后面发生短路，或电流助增作用很大的相邻线路上发生短路等），如果为了满足相邻线路保护区末端短路时的灵敏性要求，将使保护过分复杂或在技术上难以实现时，可以缩小后备保护作用的范围。必要时，可加设近后备保护。

（4）使用于单相重合闸线路的保护装置，应具有在单相跳闸后至重合前的两相运行过程中，健全相再故障时快速动作三相跳闸的保护功能。

（5）保护装置在电压互感器二次回路一相、两相或三相同时断线、失电压时，应发告警信号，并闭锁可能误动作的保护。

保护装置在电流互感器二次回路不正常或断线时，应发告警信号除，除母线保护外，允许跳闸。

（6）数字式保护装置，应满足下列要求：宜将被保护设备或线路的主保护及后备保护综合在一整套装置内，共用直流电源输入回路及交流电压互感器和电流互感器的二次回路。该装置应能反应被保护设备或线路的各种故障及异常状态，并动作于跳闸或给出信号。

对仅配置一套主保护的设备，应采用主保护与后备保护相互独立的装置。

（7）保护装置应尽可能根据输入的电流、电压量，自行判别系统运行状态的变化，减少外接相关的输入信号来执行其应完成的功能。

5.6.2　相关系数

1. 系统运行方式

保护装置的灵敏度受系统的运行方式的影响很大。通常在计算保护整定值时，一般只考虑系统的两种极端的运行方式，即系统最大运行方式和系统最小运行方式。

（1）系统最大运行方式。指供电系统中的发电机、变压器、线路等都投入运行，并且作并联连接，此时供电系统的容量达到最大值，系统电压稳定，系统的等效阻抗最小，而短路电流最大。

（2）系统最小运行方式。指供电系统中的发电机、变压器、线路等投入运行的数量最少，此时供电系统的容量达到最小值，系统电压较不稳定，系统的等值阻抗最大，而短路电流最小。

（3）系统正常运行方式。根据系统正常负荷的需要，投入与之相适应数量的发电机、变压器和线路的运行方式称为正常运行方式。这种运行方式在一年之内的运行时间最长。

2. 接线系数 K_{con}

保护装置的接线方式指的是电流互感器与电流继电器之间的连接方式。保护装置常用的接线方式有三相三继电器、两相两继电器、两相一继电器和两相三继电器。当流入电流继电器的电流 I_j 与电流互感器的二次电流 I_2 相等，保护装置的接线系数

$$K_{con}=\frac{I_j}{I_2}=1$$

3. 灵敏度系数 K_{sen}

在继电保护的保护范围内发生故障，保护装置反应的灵敏程度称为灵敏度。灵敏度用灵敏系数表示。

灵敏系数是指在被保护对象的某一指定点发生故障时，故障量与整定值之比（反应增量保护），或整定值与故障量值之比（反应欠量保护）。

灵敏系数一般分为主保护灵敏系数和后备保护灵敏系数两种。前者是对被保护对象的全部范围而言，后者则是对被保护对象的相邻保护对象的全部而言。

校验灵敏度应注意的问题：

（1）计算灵敏系数，一般规定以金属性短路作为计算条件。仅当特殊需要时，才考虑经过渡电阻短路进行。

（2）选取不利的短路类型。

（3）保护动作时间较长时，应计及短路电流的衰减。

（4）对于两侧有电源的线路保护，应考虑保护相继动作对灵敏系数的影响。

（5）经 Yd11 接线变压器后不对称短路，各相中短路电流分布将发生变化。接于不同相别、不同相数的保护，其灵敏系数也不相同。

（6）在保护动作的全过程中，灵敏系数均需满足规定的要求。

对反应数值上升而动作的过量保护（如电流保护），保护装置的灵敏度为

$$K_{sen}=\frac{\text{保护区内金属性短路时故障参数的最小计算值}}{\text{保护的动作参数}}=\frac{I_{k\,min}}{I_{op}}$$

对反应数值下降而动作的欠量保护（如低电压保护），保护装置的灵敏度为

$$K_{sen}=\frac{\text{保护的动作参数}}{\text{保护区内金属性短路时故障参数的最大计算值}}=\frac{U_{op}}{U_{k.max}}$$

各类保护的灵敏系数要求不宜低于表 5－123 所列数值。

表 5－123　各类短路保护装置的最小灵敏系数

保护分类	保护类型	组成元件	灵敏系数	备　注
主保护	变压器、线路和电动机的电流速断保护	电流元件	1.5	按保护装置安装处短路计算
	带方向或不带方向的电流保护、电压保护	电流、电压元件	1.3～1.5	200km 以上线路，不小于 1.3；50～200km 线路，不小于 1.4；50km 以下线路，不小于 1.5
	3～10kV 电力网中单相接地保护	电流元件	1.5	
后备保护	远后备保护	电流、电压元件	1.2	按相邻电力设备和线路末端短路计算(短路电流应为阻抗元件精确工作电流 1.5 倍以上)，可考虑相继动作
	近后备保护	电流、电压元件	1.3	按线路末端短路计算
辅助保护	电流速断保护		1.2	按正常运行方式下保护安装处短路计算

4. 可靠系数 K_{rel}

由于测量、计算、调试及继电器等各种误差的影响，使保护的整定值偏离预定数值可能引起误动作，为此，整值计算公式中需引入可靠系数。

可靠系数的取值与各种因素有关，除应考虑配合的方式外，还应考虑以下情况：

（1）按短路电流整定的无时限保护，应选较大的系数。

（2）按与相邻保护的整定值配合的保护，应选用较小的系数。

（3）保护动作较快时，应选用较大的系数。

（4）不同原理或不同类型的保护之间整定配合时，应选用较大的系数。

（5）运行中设备参数有变化或计算条件难以准

确计算时，应选用较大的系数。

（6）在短路计算中，当有零序互感时，因难以精确计算，应选用较大的系数。

（7）整定计算中有附加误差因素时，应选用较大的系数，例如用曲线法进行整定配合将增大误差。

5. 返回系数 K_r

按正常运行条件量值整定的保护，如按最大负荷电流整定的过电流保护和最低运行电压整定的低电压保护，在受到故障量的作用启动时，当故障消失后保护不能返回到正常位置将发生误动作，因此整定计算公式中引入返回系数。对于按故障量值和按自启动量值整定的保护，则可不考虑返回系数。

6. 分支系数

多电源的电力系统中，相邻上、下两级保护间的整定配合，还受到中间分支电源的影响，将使上一级保护范围缩短或伸长，整定公式中需引入分支系数。

7. 自起动系数

按负荷电流整定的保护，必须考虑负荷电动机自起动状态的影响。当电力系统发生故障并被切除后，电动机将产生自启动过程，出现很大的自起动电流。

选择自起动系数应注意问题：

（1）动力负荷密度大时，应选用较大的系数。

（2）电气距离较远的动力负荷，应选用较小的系数。

（3）切除故障时间较长或负荷断电时间较长时，应选用较大的系数。

5.6.3　电力变压器保护

1. 保护设置

对升压、降压、联络变压器的下列故障及异常运行状态应装设相应的保护装置：

（1）绕组及其引出线的相间短路和中性点直接接地或经小电阻接地侧的接地短路。

（2）绕组的匝间短路。

（3）外部相间短路引起的过电流。

（4）中性点直接接地或经小电阻接地电力网中外部接地短路引起的过电流及中性点过电压。

（5）过负荷。

（6）过励磁。

（7）中性点非有效接地侧的单相接地故障。

（8）油面降低。

（9）变压器油温、绕组温度过高及油箱压力过高和冷却系统故障。

2. 主保护

（1）设置。对变压器的内部、套管及引出线的短路故障，按其容量及重要性的不同，应装设下列保护作为主保护，并瞬时动作于断开变压器的各侧断路器：

1）电压在 10kV 及以下、容量在 10MVA 及以下的变压器，采用电流速断保护。

2）电压在 10kV 以上、容量在 10MVA 及以上的变压器，采用纵差保护。对于电压为 10kV 的重要变压器，当电流速断保护灵敏度不符合要求时，也可采用纵差保护。

（2）纵联差动保护。应满足下列要求：

1）应能躲过励磁涌流和外部短路产生的不平衡电流。

2）在变压器过励磁时不应误动作。

3）在电流回路断线时应发出断线信号，电流回路断线允许差动保护动作跳闸。

4）在正常情况下，纵联差动保护的保护范围应包括变压器套管和引出线，如果不能包括引出线时，应采取快速切除故障的辅助措施。在设备检修等特殊情况下，允许差动保护短时利用变压器套管电流互感器，此时套管和引线故障由后备保护动作切除；如果电网安全稳定运行有要求时，应将纵联差动保护切至旁路断路器的电流互感器。

3. 后备保护

（1）相间短路后备保护。对降压变压器、升压变压器和系统联络变压器，根据各侧接线、连接的系统和电源情况的不同，应配置不同的相间短路后备保护，该保护宜考虑能反映电流互感器与断路器之间的故障。

1）单侧电源双绕组变压器和三绕组变压器，相间短路后备保护宜装于各侧。非电源侧保护带两段或三段时限，用第一时限断开本侧母联或分段断路器，缩小故障影响范围；用第二时限断开本侧断路器；用第三时限断开变压器各侧断路器。电源侧保护带一段时限，断开变压器各侧断路器。

2）两侧或三侧有电源的双绕组变压器和三绕组变压器，各侧相间短路后备保护可带两段或三段时限。为满足选择性的要求或为降低后备保护的动作时间，相间短路后备保护可带方向，方向宜指向各侧母线，但断开变压器各侧断路器的后备保护不带方向。

3）低压侧有分支，并接至分开运行母线段的降压变压器，除在电源侧装设保护外，还应在每个分支装设相间短路后备保护。

4）如变压器低压侧无专用母线保护，变压器高压侧相间短路后备保护，对低压侧母线相间短路灵敏度不够时，为提高切除低压侧母线故障的可靠性，可在变压器低压侧配置两套相间短路后备保护。该两套后备保护接至不同的电流互感器。

5）发电机变压器组，在变压器低压侧不另设相间短路后备保护，而利用装于发电机中性点侧的相间短路后备保护，作为高压侧外部、变压器和分支线相间短路后备保护。

6）相间后备保护对母线故障灵敏度应符合要求。为简化保护，当保护作为相邻线路的远后备时，可适当降低对保护灵敏度的要求。

（2）接地短路后备保护。与110kV及以上中性点直接接地电网连接的降压变压器、升压变压器和系统联络变压器，对外部单相接地短路引起的过电流，应装设接地短路后备保护，该保护宜考虑能反映电流互感器与断路器之间的接地故障。

在中性点直接接地的电网中，如变压器中性点直接接地运行，对单相接地引起的变压器过电流，应装设零序过电流保护，保护可由两段组成，其动作电流与相关线路零序过电流保护相配合。每段保护可设两个时限，并以较短时限动作于缩小故障影响范围，或动作于本侧断路器，以较长时限动作于断开变压器各侧断路器。

4. 接地保护

一次侧接入10kV及以下非有效接地系统，绕组为星形－星形接线，低压侧中性点直接接地的变压器，对低压侧单相接地短路应装设下列保护之一：

（1）在低压侧中性点回路装设零序过电流保护。

（2）灵敏度满足要求时，利用高压侧的相间过电流保护，此时该保护应采用三相式，保护带时限断开变压器各侧。

0.4MVA及以上数台并列运行的变压器和作为其他负荷备用电源的单台运行变压器，根据实际可能出现过负荷情况，应装设过负荷保护。自耦变压器和多绕组变压器，过负荷保护应能反应公共绕组及各侧过负荷的情况。

过负荷保护可为单相式，具有定时限或反时限的动作特性。对经常有人值班的厂、所过负荷保护动作于信号；在无经常值班人员的变电所，过负荷保护可动作跳闸或切除部分负荷。

5. 非电气量保护

（1）瓦斯保护。0.4MVA及以上车间内油浸式变压器和0.8MVA及以上油浸式变压器，均应装设瓦斯保护。当壳内故障产生轻微瓦斯或油面下降时，应瞬时动作于信号；当壳内故障产生大量瓦斯时，应瞬时动作于断开变压器各侧断路器。

带负荷调压变压器充油调压开关，亦应装设瓦斯保护。瓦斯保护应采取措施，防止因瓦斯继电器的引线故障、振动等引起瓦斯保护误动作。

（2）温度保护。对变压器油温、绕组温度及油箱内压力升高超过允许值和冷却系统故障，应装设动作于跳闸或信号的装置。

变压器非电气量保护不应起动失灵保护。

6. 整定计算

电力变压器的电流保护整定计算见表5－124和表5－125。

表5－124　　电力变压器的电流保护整定计算

保护名称	计算项目和公式	符号说明
过电流保护	保护装置的动作电流（应躲过可能出现的过负荷电流） $I_{op\cdot k}=K_{rel}K_{con}\dfrac{K_{ol}I_{1rT}}{K_r n_{TA}}$ （A） 保护装置的灵敏系数［按电力系统最小运行方式下，低压侧两相短路时流过高压侧（保护安装处）的短路电流校验］ $K_m=\dfrac{I_{2k2min}}{I_{op}}\geqslant 1.3$ 保护装置的动作时限（应与下一级保护动作时限相配合），一般取0.3～0.5s	K_{rel}—可靠系数，用于过电流保护时DL型和GL型继电器分别取1.2和1.3，用于电流速断保护时分别取1.3和1.5；用于低压侧单相接地保护时（在变压器中性线上装设的）取1.2；用于过负荷保护时取1.05～1.1 K_{con}—接线系数，接于相电流时取1，接于相电流差时取$\sqrt{3}$ K_r—继电器返回系数，取0.9 K_{ol}—过负荷系数[①]，包括电动机自起动引起的过电流倍数，一般取2～3，当无自起动电动机时取1.3～1.5 n_{TA}—电流互感器变比 I_{1rT}—变压器高压侧额定电流，A $I_{2k2\cdot min}$—最小运行方式下变压器低压侧两相短路时，流过高压侧（保护安装处）的稳态电流，A Y yn0时，$I_{2k2.min}=\dfrac{I_{22k2.min}}{n_T}$ D yn11　$I_{2k2.min}=\dfrac{I_{22k2.min}}{\sqrt{3}n_T}$ $I_{22k2min}$—最小运行方式下变压器低压侧或母干线末端两相短路稳态电流，A I_{op}—保护装置一次动作电流，A
电流速断保护	保护装置的动作电流（应躲过低压侧短路时，流过保护装置的最大短路电流） $I_{op\cdot k}=K_{rel}K_{con}\dfrac{I''_{2k\cdot max}}{n_{TA}}$ （A） 保护装置的灵敏系数［按电力系统最小运行方式下，低压侧两相短路时流过高压侧（保护安装处）的短路电流[②]校验］ $K_{sen}=\dfrac{I''_{1k2\cdot min}}{I_{op}}\geqslant 1.5$	

续表

保护名称	计算项目和公式	符号说明
低压侧单相接地保护（利用高压侧三相式过电流保护）	保护装置的动作电流和动作时限与过电流保护相同 保护装置的灵敏系数［按最小运行方式下，低压侧母线或母干线末端单相接地时，流过高压侧（保护安装处）的短路电流[②]校验］ $K_{sen}=\frac{I_{2k1\cdot min}}{I_{op}}\geqslant 1.3$	$I_{op}=I_{op\cdot k}\frac{n_{TA}}{K_{con}}$ $I''_{2k\cdot max}$—最大运行方式下变压器低压侧三相短路时，流过高压侧（保护安装处）的电流初始值，A $I''_{1k2\cdot min}$—最小运行方式下保护装置安装处两相短路电流初始值[②]，A $I_{2k1\cdot min}$—最小运行方式下变压器低压侧母线或母干线末端单相接地短路时，流过高压侧（保护安装处）的稳态电流，A Y yn0　$I_{2k1\cdot min}=\frac{2}{3}\frac{I_{22k1\cdot min}}{n_T}$ D yn11　$I_{2k1\cdot min}=\frac{\sqrt{3}}{2}\frac{I_{22k1\cdot min}}{n_T}$ $I_{22k1\cdot min}$—最小运行方式下变压器低压侧母线或母干线末端单相接地稳态短路电流，A n_T—变压器变比 K_{co}—配合系数，取 1.1 $I_{(0)op\cdot tr}$—低压分支线上零序保护的动作电流，A I_{2rT}—变压器低压侧额定电流，A
低压侧单相接地保护[③]（采用在低压侧中性线上装设专用的零序保护）	保护装置的动作电流（应躲过正常运行时，变压器中性线上流过的最大不平衡电流，其值按 DL/T 1102《配电变压器运行规程》规定，对 Yyn0 变压器，其值不超过额定电流的 25%，对 D Yzn11 变压器，其值不超过额定电流的 40%） $I_{op\cdot k}=K_{rel}\frac{0.25I_{2rT}}{n_{TA}}$ （A） 保护装置的动作电流尚应与低压出线上的零序保护相配合 $I_{op\cdot k}=K_{co}\frac{I_{(0)op\cdot tr}}{n_{TA}}$ （A） 保护装置的灵敏系数（按最小运行方式下，低压侧母线或母干线末端单相接地稳态短路电流校验） $K_{sen}=\frac{I_{22k1\cdot min}}{I_{op}}\geqslant 1.3$ 保护装置的动作时限一般取 0.3～0.5s	
过负荷保护	保护装置的动作电流（应躲过变压器额定电流） $I_{op\cdot k}=K_{rel}K_{con}\frac{I_{1rT}}{K_r n_{TA}}$ （A） 保护装置的动作时限（应躲过允许的短时工作过负荷时间，如电动机起动或自起动的时间）一般定时限取 9～15s	
低电压起动的带时限过电流保护	保护装置的动作电流（应躲过变压器额定电流） $I_{dz\cdot j}=K_k K_{jx}\frac{I_{1rT}}{K_{h_1}\cdot n_{TA}}$ （A） 保护装置的动作电压 $U_{dz\cdot j}=\frac{U_{min}}{K_k K_h n_{TV}}$ （V） 保护装置的灵敏系数（电流部分）与过电流保护相同。保护装置的灵敏系数（电压部分） $K_m=\frac{U_{dz\cdot 1}}{U_{sh\cdot max}}=\frac{U_{dz\cdot j}n_y}{U_{sh\cdot max}}$ 保护装置动作时限与过电流保护相同	K_{rel}—可靠系数，取 1.2 K_{jx}—接线系数，接于相电流时取 1，接于相电流差时取 $\sqrt{3}$ K_{h_1}—继电器返回系数，取 1.15 n_{TV}—电压互感器变比 U_{min}—运行中可能出现的最低工作电压（如电力系统电压降低，大容量电动机起动及电动机自起动时引起的电压降低），一般取 0.5～0.7 U_{rT}（变压器高压侧母线额定电压） $U_{sh\cdot max}$—保护安装处的最大剩余电压，V $U_{dz.1}$—保护装置一次动作电压，V

① 带有自起动电动机的变压器，其过负荷系数按电动机的自起动电流确定。当电源侧装设自动重合闸或备用电源自动投入装置时，可近似地用下式计算

$$K_{ol}=\frac{1}{u_k+\frac{S_{rT}}{K_{st}S_{M\Sigma}}\times\left(\frac{380}{400}\right)^2}$$

式中：u_k 为变压器的阻抗电压相对值；S_{rT} 为变压器的额定容量，kVA；$S_{M\Sigma}$ 为需要自起动的全部电动机的总容量，kVA；K_{st} 为电动机的起动电流倍数，一般取 5。

② 两相短路电流初始值 I''_{k2} 等于三相短路电流初始值 I''_{k3} 的 0.866 倍。

③ Yyn0 接线变压器采用在低压侧中性线上装设专用零序互感器的低压侧单相接地保护，而 Dyn11 接线变压器可不装设。

表 5-125　　变压器出口处故障时流入继电器的电流计算及灵敏系数比较

编号	故障类型和地点	流入继电器的电流 I_j		两相短路与三相短路灵敏系数之比
		变压器 Y 侧	变压器 D 侧	
1	变压器 Y 侧三相短路	$\sqrt{3}\frac{I_k}{n_{1D}}$	$\frac{I_k}{n_{1Y}}$	—
2	变压器 D 侧三相短路	$\sqrt{3}\frac{I_k}{n_{1D}}$	$\frac{I_k}{n_{1Y}}$	—
3	变压器 Y 侧两相短路	$2\frac{I_k}{n_{1D}}$	$\frac{2}{\sqrt{3}}\frac{I_k}{n_{1Y}}$	$\frac{K_{sen\cdot k2}}{K_{sen\cdot k3}}=1$
4	变压器 D 侧两相短路	$\sqrt{3}\frac{I_k}{n_{1D}}$	$\frac{I_k}{n_{1Y}}$	$\frac{K_{sen\cdot k2}}{K_{sen\cdot k3}}=\frac{\sqrt{3}}{2}$
5	变压器 Y 侧单相短路	$\frac{I_k}{n_{1D}}$	$\frac{I_k}{\sqrt{3}n_{1Y}}$	—

注：1. 变压器可为 Y，d、D，d、Y，Y 接线，可为三绕组也可为双绕组。
2. 变压器 Y 接线侧电流互感器为 D 接线，变压器 D 接线侧电流互感器为 Y 接线。
3. 按公式计算灵敏系数时，I_k 为流过相应侧的短路电流，且为归算至该侧的有名值，按简化公式计算灵敏系数时，I_k 为归算到基本侧的总短路电流有名值。
4. n_{1D}、n_{1Y} 为相应侧电流互感器的变比，其电流互感器分别为 D 和 Y 接线。
5. 计算两相和三相短路保护装置灵敏系数比值的条件为系统负序阻抗等于正序阻抗。
6. 本表适用于继电器三相式接线，如继电器为两相式接线，则表中编号 3 栏变压器 Y 侧两相短路时的电流和灵敏系数比值应除以 2。

5.6.4　3～10kV 线路保护

3～10kV 中性点非有效接地电力网的线路，对相间短路和单相接地应装设相应的保护。

1. 保护配置

（1）短路故障保护。高压供配电系统短路故障的保护应设主保护和后备保护，并应满足下列要求：

1）主保护应满足系统稳定和设备安全要求，应能可靠、快速且有选择地切除被保护设备和线路的故障。

2）后备保护应在主保护或断路器拒动时，及时切除故障。

（2）相间短路保护。应按下列原则配置：

1）保护装置如由电流继电器构成，应接于两相电流互感器上，并在同一网路的所有线路上，均接于相同两相的电流互感器上。

2）保护应采用远后备方式。

3）如线路短路使重要用户母线电压低于额定电压的 60%以及线路导线截面过小，不允许带时限切除短路时，应快速切除故障。

4）过电流保护的时限不大于 0.5～0.7s，没有配合上要求时，可不装设瞬动的电流速断保护。

（3）单相接地。对单相接地短路应按下列规定装设保护：

1）在变电站母线上，应装设单相接地监视装置。监视装置反应零序电压，动作于信号。

2）有条件安装零序电流互感器的线路，如电缆线路或经电缆引出的架空线路，当单相接地电流能满足保护的选择性和灵敏性要求时，应装设动作于信号的单相接地保护。如果不能安装零序电流互感器，而单相接地保护能够躲过电流回路中的不平衡电流的影响，例如单相接地电流较大，或保护反应接地电流的暂态值等，也可将保护装置接于三相电流互感器构成的零序回路中。

3）在出线回路数不多，或难以装设选择性单相接地保护时，可用依次断开线路的方法，寻找故障线路。

4）根据人身和设备安全的要求，必要时，应装设动作于跳闸的单相接地保护。

（4）高压进户断路器。10～35kV 高压进户断路器应设过电流保护和短路电流延时速断保护功能。

为便于实现选择性保护，高压进户线保护可不设短路电流速断保护功能。为了避免短路电流延时速断可能发生的故障影响范围扩大化问题，母联断路器、分段断路器通常不设短路电流延时速断保护功能。

（5）异常运行保护装置。高压供配电系统应装设短路故障和异常运行保护装置。

异常运行保护是反映被保护电力设备或线路异常运行状态的保护。保护装置可以是继电保护装置，也可以是熔断器等非继电保护装置。

（6）闭锁装置。高压配电设备及装置的隔离开关与相应的断路器和接地刀闸之间应装设闭锁装置。配电设备及装置低式布置时，还应设置防止误入带电间隔的闭锁装置。

2. 相间短路保护

对相间短路，应按下列规定装设保护：

（1）单侧电源线路：

1）可装设两段过电流保护，第一段为不带时限的电流速断保护；第二段为带时限的过电流保护，保护可采用定时限或反时限特性。

2）带电抗器的线路，如其断路器不能切断电抗器前的短路，则不应装设电流速断保护。此时，应由母线保护或其他保护切除电抗器前的故障。

3）保护装置仅装在线路的电源侧。

4）线路不应多级串联，以一级为宜，不应超过二级。

必要时，可配置光纤电流差动保护作为主保护，带时限的过电流保护为后备保护。

（2）双侧电源线路：

1）可装设带方向或不带方向的电流速断保护和过电流保护。

2）短线路、电缆线路、并联连接的电缆线路宜采用光纤电流差动保护作为主保护，带方向或不带方向的电流保护作为后备保护。

3）并列运行的平行线路。

尽可能不并列运行，当必须并列运行时，应配以光纤电流差动保护，带方向或不带方向的电流保护作后备保护。

（3）环形网络的线路：

3～10kV 不宜出现环形网络的运行方式，应开环运行。当必须以环形方式运行时，为简化保护，可采用故障时将环网自动解列而后恢复的方法，对于不宜解列的线路，可参照双侧电源线路的规定。

3. 接地保护

（1）单相接地。对线路单相接地，可利用下列电流，构成有选择性的电流保护或功率方向保护：

1）网络的自然电容电流。

2）消弧线圈补偿后的残余电流，例如残余电流的有功分量或高次谐波分量。

3）人工接地电流，但此电流应尽可能地限制在 10～20A 以内。

4）单相接地故障的暂态电流。

（2）零序电流保护。3～10kV 经低电阻接地单侧电源单回线路，除配置相间故障保护外，还应配置零序电流保护。

1）构成方式。可用三相电流互感器组成零序电流滤过器，也可加装独立的零序电流互感器，视接地电阻阻值、接地电流和整定值大小而定。

2）二段零序电流保护。应装设二段零序电流保护，第一段为零序电流速断保护，时限宜与相间速断保护相同；第二段为零序过电流保护，时限宜与相间过电流保护相同。若零序时限速断保护不能保证选择性需要时，也可以配置两套零序过电流保护。

4. 过负荷保护

可能时常出现过负荷的电缆线路，应装设过负荷保护。保护宜带时限动作于信号，必要时可动作于跳闸。

5. 整定计算

线路的继电保护整定计算见表 5-126。

表 5-126　线路的继电保护整定计算

护名称	计算项目和公式	符号说明
过电流保护	保护装置的动作电流（应躲过线路的过负荷电流） $I_{op\cdot k}=K_{rel}K_{con}\dfrac{I_{ol}}{K_r n_{TA}}$ （A） 保护装置的灵敏系数（按电力系统最小运行方式下，线路末端两相短路电流校验） $K_{sen}=\dfrac{I_{2k2\cdot min}}{I_{op}}\geqslant 1.3$ 保护装置的动作时限应较相邻元件的过电流保护大一时限阶段，一般取 0.3～0.5s	$I_{op\cdot k}$—保护装置的动作电流，A K_{rel}—可靠系数，用于过电流保护时 DL 型和 GL 型继电器分别取 1.2 和 1.3，用于电流速断保护时分别取 1.2 和 1.5，用于单相接地保护时，无时限取 4～5，有时限取 1.5～2 K_{con}—接线系数，接于相电流时取 1，接于相电流差时取 $\sqrt{3}$ K_r—继电器返回系数，取 0.9 I_{ol}[③]—线路负荷电流，包括电动机自起动引起的电流，A n_{TA}—电流互感器变比 $I_{2k2\cdot min}$—最小运行方式下，线路末端两相短路稳态电流，A I_{op}—保护装置一次动作电流，A
无时限电流速断保护	保护装置的动作电流（应躲过线路末端短路时最大三相短路电流[①②]） $I_{op\cdot k}=K_{rel}K_{con}\dfrac{I''_{2k\cdot max}}{n_{TA}}$ （A）	

续表

<table>
<tr><th>护名称</th><th>计算项目和公式</th><th>符号说明</th></tr>
<tr><td>无时限电流速断保护</td><td>保护装置的灵敏系数（按最小运行方式下，线路始端两相短路电流校验）
$$K_{sen}=\frac{I''_{1k2min}}{I_{op}}\geqslant 1.5$$</td><td rowspan="3">$$I_{op}=I_{op\cdot k}\frac{n_{TA}}{K_{con}}$$
I''_{2kmax}—最大运行方式下，线路末端三相短路电流初始值，A
I''_{1k2min}—最小运行方式下，线路始端两相短路电流初始值④，A
K_{co}—配合系数，取 1.1
I_{op3}—相邻元件的电流速断保护的一次动作电流，A
I_{3kmax}—最大运行方式下，相邻元件末端三相短路稳态电流，A
I_{cx}—被保护线路外部发生单相接地故障时，从被保护元件流出的电容电流，A
$I_{c\Sigma}$—电网总单相接地电容电流，A
$I_{l.max}$—被保护线路最大负荷电流，A</td></tr>
<tr><td>带时限电流速断保护</td><td>保护装置的动作电流（应躲过相邻元件末端短路时最大三相短路电流或与相邻元件的电流速断的动作电流相配合，按两个条件中较大者整定）
$$I_{opk}=K_{rel}K_{con}\frac{I_{3kmax}}{n_{TA}}\quad(A)$$
或 $$I_{opk}=K_{co}K_{con}\frac{I_{op.3}}{n_1}\quad(A)$$
保护装置的灵敏系数（按最小运行方式下，线路始端两相短路电流校验）
$$K_{sen}=\frac{I''_{1k2min}}{I_{op}}\geqslant 1.5$$
保护装置的动作时限，应较相邻元件的电流速断保护大一时限阶段，一般取 0.3～0.5s</td></tr>
<tr><td>单相接地保护</td><td>保护装置的一次动作电流（应躲过被保护线路外部单相短路接地故障时，从被保护元件流出的电容电流及按最小灵敏度系数 1.3 整定）
$$I_{op}\geqslant K_{rel}I_{cx}\quad(A)$$
和 $$I_{op}\leqslant\frac{I_{c\Sigma}-I_{cx}}{1.3}\quad(A)$$</td></tr>
<tr><td>过负荷保护</td><td>保护装置动作电流（应按线路最大负荷电流整定）
$$I_{opk}\leqslant K_{rel}K_{con}\frac{I_{lmax}}{K_r n_{TA}}$$</td><td></td></tr>
</table>

① 如为线路变压器组，应按配电变压器整定计算。

② 当保证母线上具有规定的残余电压时，线路的最小允许长度按下式计算

$$K_x=\frac{-\beta K_1+\sqrt{1+\beta^2-K_1^2}}{\sqrt{1+\beta^2}}$$

$$l_{min}=\frac{X_{s.min}}{R_1}\frac{-\beta+\sqrt{\frac{K_{rel}^2\alpha^2}{K_x^2}(1+\beta^2)-1}}{1+\beta^2}$$

式中：K_x 为计算运行方式下电力系统最小综合电抗 $X_{s.min}$ 上的电压与额定电压之比；β 为每千米线路的电抗 X_1 与有效电阻 R_1 之比；K_1 为母线上残余相间电压与额定相间电压之比，其值等于母线上最小允许残余电压与额定电压之比，取 0.6；R_1 为每千米线路的有效电阻，Ω/km；$X_{s.min}$ 为按电力系统在最大运行方式下，在母线上的最小综合电抗，Ω；K_{rel} 为可靠系数，一般取 1.2；α 为电力系统运行方式变化的系数，其值等于电力系统最小运行方式时的综合电抗 $X_{*s.max}$ 与最大运行方式时的综合电抗 $X_{*s.min}$ 之比。

③ 电动机自起动时过负荷电流按下式计算

$$I_{ol}=K_{ol}I_W=\frac{I_W}{u_k+Z_{pu.II}+\frac{S_{rT}}{K_{st}S_{M\Sigma}}}$$

式中：I_W 为线路工作电流，A；K_{ol} 为需要自起动的全部电动机，在起动时所引起的过电流倍数；u_k 为变压器的阻抗电压相对值；$Z_{pu.II}$ 为以变压器额定的线路阻抗容量为基准标幺值；S_{rT} 为变压器的额定容量，kVA；$S_{M\Sigma}$ 为需要自起动的全部电动机的总容量，kVA；K_{st} 为电动机的起动电流倍数。

④ 两相短路电流初始值 I''_{k2} 等于三相短路电流初始值 I''_{k3} 的 0.866 倍。

5.6.5 母线保护

1. 母线保护

对 3～10kV 分段母线宜采用不完全电流差动保护，保护装置仅接入有电源支路的电流。保护装置由两段组成，第一段采用无时限或带时限的电流速断保护，当灵敏系数不符合要求时，可采用电压闭锁电流速断保护；第二段采用过电流保护，当灵敏系数不符合要求时，可将一部分负荷较大的配电线路接入差动回路，以降低保护的启动电流。

2. 分段断路器

在母联或分段断路器上，宜配置相电流或零序电流保护，保护应具备可瞬时和延时跳闸的回路，作为母线充电保护，并兼作新线路投运时（母联或分段断路器与线路断路器串接）的辅助保护。

5.6.6 电力电容器组保护

1. 保护配置

对 3kV 及以上的并联补偿电容器组的下列故障及异常运行方式，应装设相应的保护：

（1）电容器组和断路器之间连接线短路。

（2）电容器内部故障及其引出线短路。

（3）电容器组中，某一故障电容器切除后所引起剩余电容器的过电压。

（4）电容器组的单相接地故障。

（5）电容器组过电压。

（6）所联接的母线失电压。

（7）中性点不接地的电容器组，各组对中性点的单相短路。

2. 电流速断和过电流保护

对电容器组和断路器之间连接线的短路，可装设带有短时限的电流速断和过电流保护，动作于跳闸。速断保护的动作电流，按最小运行方式下，电容器端部引线发生两相短路时有足够灵敏系数整定，保护的动作时限应防止在出现电容器充电涌流时误动作。过电流保护的动作电流，按电容器组长期允许的最大工作电流整定。

3. 保护熔断器

对电容器内部故障及其引出线的短路，宜对每台电容器分别装设专用的保护熔断器，熔体的额定电流可为电容器额定电流的 1.5～2.0 倍。

4. 不平衡保护

当电容器组中的故障电容器被切除到一定数量后，引起剩余电容器端电压超过 110%额定电压时，保护应将整组电容器断开。为此，可采用下列保护之一：

（1）中性点不接地单星形接线电容器组，可装设中性点电压不平衡保护。

（2）中性点接地单星形接线电容器组，可装设中性点电流不平衡保护。

（3）中性点不接地双星形接线电容器组，可装设中性点间电流或电压不平衡保护。

（4）中性点接地双星形接线电容器组，可装设反应中性点回路电流差的不平衡保护。

（5）电压差动保护。

（6）单星形接线的电容器组，可采用开口三角电压保护。

电容器组台数的选择及其保护配置时，应考虑不平衡保护有足够的灵敏度，当切除部分故障电容器后，引起剩余电容器的过电压小于或等于额定电压的 105%时，应发出信号；过电压超过额定电压的 110%时，应动作于跳闸。

不平衡保护动作应带有短延时，防止电容器组合闸、断路器三相合闸不同步、外部故障等情况下误动作，延时可取 0.5s。

5. 接地保护

对电容器组的单相接地故障，可按线路单相接地的规定装设保护，但安装在绝缘支架上的电容器组，可不再装设单相接地保护。

6. 失电压、过电压保护

电容器应设置失电压保护，当母线失电压时，带时限切除所有接在母线上的电容器。

对电容器组，应装设过电压保护，带时限动作于信号或跳闸。

7. 过负荷保护

高压并联电容器宜装设过负荷保护，带时限动作于信号或跳闸。

8. 整定计算

电容器的继电保护整定计算见表 5－127。

表 5－127 电容器的继电保护整定计算

保护名称	计算项目和公式	符号说明
带有短延时的速断保护	保护装置的动作电流（应按电容器组端部引线发生两相短路时，保护的灵敏系数应符合要求规定） $I_{op.k} \leqslant \dfrac{I''_{k2.min}}{1.5n_{TA}} K_{con}$ （A）	$I_{op.k}$ —保护装置的动作电流，A K_{con} —接线系数，接于相电流时取 1，接于相电流差时取 $\sqrt{3}$ n_{TA} —电流互感器变比

续表

保护名称	计算项目和公式	符号说明
带有短延时的速断保护	保护装置的动作时限应大于电容器组合闸涌流时间，为 0.2s 及以上	$I''_{k2.min}$ —最小运行方式下，电容器组端部两相短路时，流过保护安装处的电流初始值，A K_{rel} —可靠系数，用于电流速断保护时取 1.3；用于过电流保护时取 1.2，过负荷保护时取 1.05 K_r —继电器返回系数，取 0.9 K_{ol} —过负荷系数，取 1.3 I_{rC} —电容器的额定电流，A K_{sen} —保护装置的灵敏系数 I_{op} —保护装置一次动作电流，A $$I_{op}=I_{op\cdot k}\frac{n_{TA}}{K_{con}}$$ $U_{op.k}$ —保护装置动作电压，V U_{r2} —电压互感器二次额定电压 V，其值为 100V K_{min} —系统正常运行母线电压可能出现的最低电压系数，一般取 0.5 $I_{c\Sigma}$ —电网总单相接地电容电流，A
过电流保护	保护装置的动作电流（应按大于电容器组允许的长期最大过电流整定） $$I_{opk}=K_{rel}K_{con}\frac{K_{ol}I_{rC}}{K_r n_{TA}}\ (A)$$ 保护装置的灵敏系数（按最小运行方式下，电容器组端部两相短路时，流过保护安装处的短路电流校验） $$K_{sen}=\frac{I''_{k2min}}{I_{op}}\geqslant 1.3$$ 保护装置的动作时限应较电容器组短延时速断保护的时限大一个时限阶段，一般大于 0.3s	
过负荷保护	保护装置的动作电流（应按电容器组负荷电流整定） $$I_{op.k}=K_{rel}K_{con}\frac{I_{rC}}{K_r n_{TA}}$$ 保护装置的动作时限应较过电流保护时限大一个时限阶段，一般大 0.3s	
单相接地保护	保护装置的一次动作电流（应最小灵敏度系数 1.3 整定） $$I_{op}\leqslant\frac{I_{c\Sigma}}{1.3}\ (A)$$	
过电压保护	保护装置的一次动作电流（应按母线电压不超过 110%额定电压整定） $$U_{op.k}=1.1U_{r2}\ (V)$$ 保护装置动作于信号或带 3～5min 时限动作于跳闸	
低电压保护	保护装置的一次动作电流（应按母线电压可能出现的低电压整定） $$U_{op.k}=K_{min}U_{r2}\ (V)$$ 保护装置动作时限，$t=0.3s$	

5.6.7 异步电动机和同步电动机保护

1. 保护设置

电压为 3kV 及以下的异步电动机和同步电动机，对下列故障及异常运行方式，应装设相应的保护：

（1）定子绕组相间短路。

（2）定子绕组单相接地。

（3）定子绕组过负荷。

（4）定子绕组低电压。

（5）同步电动机失步。

（6）同步电动机失磁。

（7）同步电动机出现非同步冲击电流。

（8）相电流不平衡及断相。

2. 定子绕组及引出线机间短路保护

对电动机的定子绕组及其引出线的机间短路故障，应按下列规定装设相应的保护：

（1）2MW 以下的电动机，装设电流速断保护，保护宜采用相式。

（2）2MW 及以上的电动机，或 2MW 以下，但电流速断保护灵敏系数不符合要求时，可装设纵联差动保护。纵联差动保护应防止在电动机自启动过程中误动作。

（3）上述保护应动作于跳闸，对于有自动灭磁装置的同步电动机保护还应动作于灭磁。

（4）对单相接地，当接地电流大于 5A 时，应装设单相接地保护。

单相接地电流为 10A 及以上时，保护动作于跳闸；单相接地电流为 10A 以下时，保护可动作于跳闸，也可动作于信号。

3. 过负荷保护

下列电动机应装设过负荷保护：

（1）运行过程中易发生过负荷的电动机，保护应根据负荷特性，带时限动作于信号或跳闸。

（2）起动或自起动困难，需要防止起动或自起动时间过长的电动机，保护动作于跳闸。

4. 低电压保护

下列电动机应装设低电压保护，保护应动作于跳闸：

（1）当电源电压短时降低或短时中断后又恢复时，为保证重要电动机自起动而需要断开的次要电动机。

（2）当电源电压短时降低或中断后，不允许或不需要自起动的电动机。

（3）需要自起动，但为保证人身和设备安全，在电源电压长时间消失后，须从电力网中自动断开的电动机。

（4）属Ⅰ类负荷并装有自动投入装置的备用机械的电动机。

5. 负序过流保护

2MW 及以上电动机，为反应电动机相电流的不平衡，也作为短路故障的主保护的后备保护，可装设负序过流保护，保护动作于信号或跳闸。

6. 失步保护

对同步电动机失步，应装设失步保护，保护带时限动作；对于重要电动机，动作于再同步控制回路，不能再同步或不需要再同步的电动机，则应动作于跳闸。

7. 失磁保护

对于负荷变动大的同步电动机，当用反应定子过负荷的失步保护时，应增设失磁保护。失磁保护带时限动作于跳闸。

8. 非同步冲击保护

对不允许非同步冲击的同步电动机，应装设防止电源中断再恢复时造成非同步冲击的保护，保护应确保在电源恢复前动作。对于重要电动机的保护，宜动作于再同步控制回路，不能再同步或不需要再同步的电动机，保护应动作于跳闸。

9. 整定计算

电动机的继电保护整定计算见表5-128。

表5-128　　电动机的继电保护整定计算

保护名称	计算项目和公式	符号说明
电流速断保护	保护装置的动作电流： 异步电动机（应躲过电动机的起动电流） $I_{opk}=K_{rel}K_{con}\dfrac{K_{st}I_{rM}}{n_{TA}}$ （A） 同步电动机（应躲过电动机的起动电流或外部短路时电动机的输出电流） $I_{opk}=K_{rel}K_{con}\dfrac{K_{st}I_{rM}}{n_{TA}}$ （A） 和 $I_{opk}=K_{rel}K_{con}\dfrac{I''_{kM}}{n_{TA}}$ （A） 保护装置的灵敏系数（按最小运行方式下，电动机接线端两相短路时，流过保护安装处的短路电流校验） $K_{sen}=\dfrac{I''_{k2min}}{I_{op}}\geqslant 1.5$	I_{opk}—保护装置的动作电流，A K_{rel}—可靠系数，用于电流速断保护时取1.3；用于过电流保护时取1.2，过负荷保护时取1.05；动作于跳闸时取1.2 K_{con}—接线系数，接于相电流时取1，接于相电流差时取$\sqrt{3}$ K_{st}—电动机起动电流倍数 n_{TA}—电流互感器变比 I_{rM}—电动机的额定电流，A I''_{kM}—同步电动机接线端三相短路时，输出的电流初始值，A $I''_{k2.min}$—最小运行方式下，电动机接线端两相短路时，流过保护安装处的电流初始值，A I_{op}—保护装置一次动作电流，A $I_{op}=I_{op\cdot k}\dfrac{n_{TA}}{K_{con}}$ K_r—继电器返回系数，取0.9 t_{st}—电动机实际起动时间，s t_{op}—保护装置动作时间，一般为10～15s，应在实际起动时校验其能否躲过起动时间 I_{cM}—电动机的电容电流（A）；除大型同步电机外，可忽略不计。大型同步电机的电容电流计算见有关参考书 $I_{c\Sigma}$—电网总单相接地电容电流，A
单相接地保护	保护装置的一次动作电流（应按被保护元件发生单相接地故障时最小灵敏度系数1.3整定） $I_{op}\leqslant\dfrac{I_{c\Sigma}-I_{cM}}{1.3}$ （A）	
过负荷保护	保护装置的动作电流（应躲过电动机额定电流） $I_{opk}=K_{rel}K_{con}\dfrac{I_{rM}}{K_r n_{TA}}$ （A） 保护装置的动作时限（应躲过电动机起动及自起动的时间，即$t_{op}\geqslant t_{st}$），对于一般电动机 $t_{op}=(1.1\sim1.2)t_{st}$ （s） 对于传动风机负荷的电动机为 $t_{op}=(1.2\sim1.4)t_{st}$ （s）	

续表

保护名称	计算项目和公式	符号说明
失步保护	过负荷保护兼作失步保护，保护装置的动作电流与动作时限与过负荷保护相同	
低电压保护	保护装置的电压整定值一般为电动机额定电压的60%～70%，时限一般为0.5s	

5.6.8 安全自动装置

安全自动装置是指在电力网中发生故障或出现异常运行时，为确保电网安全与稳定运行，起控制作用的自动装置。如自动重合闸、备用电源或备用设备自动投入等。装设安全自动装置，可以防止系统稳定破坏或事故扩大，造成大面积停电，或对重要用户的供电长时间中断。

1. 性能要求

安全自动装置应满足可靠性、选择性、灵敏性和速动性的要求。

（1）可靠性。指装置该动作时应动作，不该动作时不动作。为保证可靠性，装置应简单可靠，具备必要的检测和监视措施，便于运行维护。

（2）选择性。是指安全自动装置应根据事故的特点，按预期的要求实现其控制作用。

（3）灵敏性。是指安全自动装置的启动和判别元件，在故障和异常运行时能可靠启动和进行正确判断的功能。

（4）速动性。是指维持系统稳定的自动装置要尽快动作，限制事故影响，应在保证选择性前提下尽快动作的性能。

2. 自动重合闸

（1）自动重合闸装置应按下列规定装设：

1）3kV 及以上的架空线路及电缆与架空混合线路，在具有断路器的条件下，如用电设备允许且无备用电源自动投入时，应装设自动重合闸装置。

2）旁路断路器与兼作旁路的母线联络断路器，应装设自动重合闸装置；

3）必要时母线故障可采用母线自动重合闸装置。

（2）自动重合闸装置应符合下列基本要求：

1）自动重合闸装置可由保护启动和/或断路器控制状态与位置不对应启动。

2）用控制开关或通过遥控装置将断路器断开，或将断路器投于故障线路上并随即由保护将其断开时，自动重合闸装置均不应动作。

3）在任何情况下（包括装置本身的元件损坏，以及重合闸输出触点的粘住），自动重合闸装置的动作次数应符合预先的规定（如一次重合闸只应动作一次）。

4）自动重合闸装置动作后，应能经整定的时间后自动复归。

5）自动重合闸装置，应能在重合闸后加速继电保护的动作。必要时，可在重合闸前加速继电保护动作。

6）自动重合闸装置应具有接收外来闭锁信号的功能。

（3）自动重合闸装置的动作时限应符合下列要求。

1）对单侧电源线路上的三相重合闸装置，其时限应大于下列时间：

① 故障点灭弧时间（计及负荷侧电动机反馈对灭弧时间的影响）及周围介质去游离时间。

② 断路器及操作机构准备好再次动作的时间。

2）对双侧电源线路上的三相重合闸装置及单相重合闸装置，其动作时限除应考虑单侧电源线路上的三相重合闸装置要求外，还应考虑：

① 线路两侧继电保护以不同时限切除故障的可能性。

② 故障点潜供电流对灭弧时间的影响。

（4）110kV 及以下单侧电源线路的自动重合闸装置，按下列规定装设：

1）采用三相一次重合闸方式。

2）当断路器断流容量允许时，下列线路可采用两次重合闸方式：

① 无经常值班人员变电所引出的无遥控的单回线；

② 给重要负荷供电，且无备用电源的单回线。

3）由几段串联线路构成的电力网，为了补救速动保护无选择性动作，可采用带前加速的重合闸或顺序重合闸方式。

（5）110kV 及以下双侧电源线路的自动重合闸装置，按下列规定装设：

1）并列运行的发电厂或电力系统之间，具有四条以上联系的线路或三条紧密联系的线路，可采用不检查同步的三相自动重合闸方式。

2）并列运行的发电厂或电力系统之间，具有两条联系的线路或三条联系不紧密的线路，可采用同步检定和无电压检定的三相重合闸方式。

3）双侧电源的单回线路，可采用下列重合闸方式：

① 解列重合闸方式，即将一侧电源解列，另一侧装设线路无电压检定的重合闸方式。

② 当水电厂条件许可时，可采用自同步重合闸方式。

③ 为避免非同步重合及两侧电源均重合于故障线路上，可采用一侧无电压检定，另一侧采用同步检定的重合闸方式。

3. 备用电源自动投入

（1）在下列情况下，应装设备用电源的自动投入装置（以下简称自动投入装置）：

1）具有备用电源的发电厂厂用电源和变电站所用电源。

2）由双电源供电，其中一个电源经常断开作为备用的电源。

3）降压变电所内有备用变压器或有互为备用的电源。

4）有备用机组的某些重要辅机。

备用电源自动投入的应用如图5-22所示。

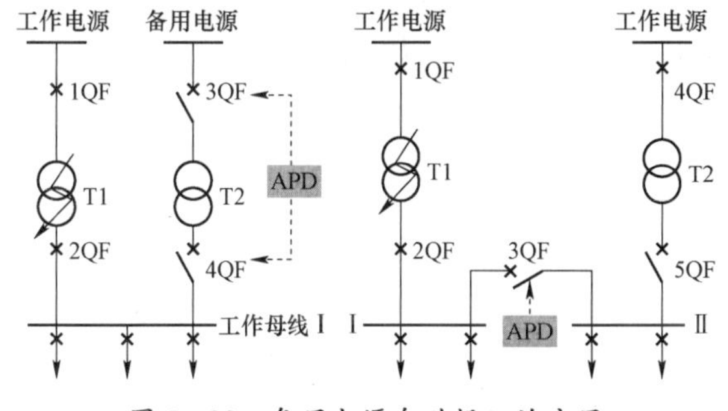

图5-22　备用电源自动投入的应用

（2）自动投入装置的功能设计应符合下列要求：

1）除发电厂备用电源快速切换外，应保证在工作电源或设备断开后，才投入备用电源或设备。

2）工作电源或设备上的电压，不论何种原因消失，除有闭锁信号外，自动投入装置均应动作。

3）自动投入装置应保证只动作一次。

（3）应校核备用电源或备用设备自动投入时过负荷及电动机自启动的情况，如过负荷超过允许限度或不能保证自启动时，应有自动投入装置动作时自动减负荷的措施。

（4）当自动投入装置动作时，如备用电源或设备投于故障，应有保护加速跳闸。

5.6.9　对相关回路及设备的要求

1. 二次回路

（1）电压。二次回路的工作电压不宜超过250V。最高不应超过500V。

（2）负荷。互感器二次回路连接的负荷，不应超过继电保护和安全自动装置工作准确等级所规定的负荷范围。

（3）线路。

1）应采用铜芯的控制电缆和绝缘导线。在绝缘可能受到油浸蚀的地方，应采用耐油绝缘导线。

2）按机械强度要求，控制电缆或绝缘导线的芯线最小截面，强电控制回路，不应小于$1.5mm^2$，屏、柜内导线的芯线截面应不小于$1.0mm^2$；弱电控制回路，不应小于$0.5mm^2$。

3）电缆芯线截面的选择还应符合下列要求：

电流回路：应使电流互感器的工作准确等级符合继电保护和安全自动装置的要求。无可靠依据时，可按断路器的断流容量确定最大短路电流。

电压回路：当全站继电保护和安全自动装置动作时（考虑到电网发展，电压互感器的负荷最大时），电压互感器到继电保护和安全自动装置屏的电缆压降不应超过额定电压的3%。

操作回路：在最大负荷下，电源引出端到断路器分、合闸线圈的电压降，不应超过额定电压的10%。

4）安装在干燥房间里的保护屏、柜、开关柜的二次回路，可采用无护层的绝缘导线，在表面经防腐处理的金属屏上直敷布线。

5）当控制电缆的敷设长度超过制造长度，或由于屏、柜的搬迁而使原有电缆长度不够时，或更换电缆的故障段时，可用焊接法连接电缆（通过大电流的应紧固连接，在连接处应设连接盒），也可经屏上的端子排连接。

6）控制电缆宜采用多芯电缆，应尽可能减少电缆根数。在同一根电缆中不宜有不同安装单位的电缆芯。

7）保护和控制设备的直流电源、交流电流、电压及信号引入回路应采用屏蔽电缆。

（4）端子接线。在安装各种设备、断路器和隔离开关的连锁接点、端子排和接地线时，应能在不断开3kV及以上一次线的情况下，保证在二次回路端子排上安全地工作。

（5）监视装置。变电站中重要设备和线路的继电保护和自动装置，应有经常监视操作电源的装置。各断路器的跳闸回路，重要设备和线路的断路器合闸回路，以及装有自动重合装置的断路器合闸回路，应装设回路完整性的监视装置。

监视装置可发出光信号或声光信号，或通过自动化系统向远方传送信号。

（6）保护措施：

1）在可能出现操作过电压的二次回路中，应采取降低操作过电压的措施，例如对电感大的线圈并联消弧回路。

2）在有振动的地方，应采取防止导线接头松脱和继电器、装置误动作的措施。

3）屏、柜和屏、柜上设备的前面和后面，应有必要的标志，标明其所属安装单位及用途。屏、柜上的设备，在布置上应使各安装单位分开，不应互相交叉。

4）试验部件、连接片、切换片，安装中心线离地面不宜低于 300mm。

5）电流互感器的二次回路不宜进行切换。当需要切换时，应采取防止开路的措施。

6）保护和自动装置均宜采用柜式结构。

2. *互感器*

继电保护通过电压互感器和电流互感器与一次设备取得电的联系，如图 5－23 所示。

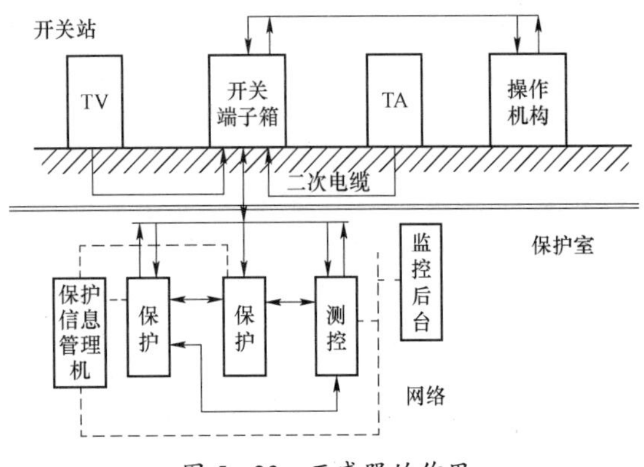

图 5－23　互感器的作用

（1）电流互感器。

1）保护用电流互感器的准确性能应符合 DL/T 866《电流互感器和电压互感器选择及计算规程》有关规定。

2）电流互感器带实际二次负荷在稳态短路电流下的准确限值系数或励磁特性（含饱和拐点）应能满足所接保护装置动作可靠性的要求。

3）电流互感器在短路电流含有非周期分量的暂态过程中和存在剩磁的条件下，可能使其严重饱和而导致很大的暂态误差。在选择保护用电流互感器时，应根据所用保护装置的特性和暂态饱和可能引起的后果等因素，慎重确定互感器暂态影响的对策。必要时应选择能适应暂态要求的 TP 类电流互感器，其特性应符合 GB 16847《保护用电流互感器暂态特性技术要求》的要求。如果保护装置具有减轻互感器暂态饱和影响的功能，可按保护装置的要求选用适当的电流互感器。

110kV 及以下系统保护用电流互感器可采用 P 类电流互感器。

母线保护用电流互感器可按保护装置的要求或按稳态短路条件选用。

4）保护用电流互感器的配置及二次绕组的分配应尽量避免主保护出现死区。按近后备原则配置的两套主保护应分别接入互感器的不同二次绕组。

（2）电压互感器。

1）保护用电压互感器应能在电力系统故障时将一次电压准确传变至二次侧，传变误差及暂态响应应符合 DL/T 866《电流互感器和电压互感器选择及计算规程》的有关规定。电磁式电压互感器应避免出现铁磁谐振。

2）电压互感器的二次输出额定容量及实际负荷应在保证互感器准确等级的范围内。

3）电压互感器的一次侧隔离开关断开后，其二次回路应有防止电压反馈的措施。对电压及功率调节装置的交流电压回路，应采取措施，防止电压互感器一次或二次侧断线时，发生误强励或误调节。

4）在电压互感器二次回路中，除开口三角线圈和另有规定者（例如自动调整励磁装置）外，应装设自动开关或熔断器。接有距离保护时，宜装设自动开关。

（3）安全接地。

1）电流互感器的二次回路必须有且只能有一点接地，一般在端子箱经端子排接地。但对于有几组电流互感器连接在一起的保护装置，则应在保护屏上经端子排接地。

2）电压互感器的二次回路只允许有一点接地，接地点宜设在控制室内。独立的、与其他互感器无电联系的电压互感器也可在开关场实现一点接地。为保证接地可靠，各电压互感器的中性线不得接有可能断开的开关或熔断器等。

3）已在控制室一点接地的电压互感器二次线圈，必要时，可在开关场将二次线圈中性点经放电间隙或氧化锌阀片接地，应经常维护检查防止出现两点接地的情况。

4）来自电压互感器二次的四根开关场引出线中的零线和电压互感器三次的两根开关场引出线中的 N 线必须分开，不得共用。

（4）电子式互感器。

1）数字式保护可采用低电平输出的电子式互感器，如采用磁一光效应、空心线圈或带铁心线圈等低电平输出的电子式电流互感器，采用电一光效应或分压原理等低电平输出的电子式电压互感器。电子式互感器的额定参数、准确等级和有关性能应符合 IEC 60044－7《互感器　第 7 部分：电子式电压互感器》和 IEC 60044－8《互感器　第 8 部分：电子式电流互感器》的要求。

2）电子式互感器一般采用数字量输出。数字量输出的格式及通信协议应符合有关国际标准。

3. 直流电源

（1）继电保护和安全自动装置的直流电源，电压纹波系数应不大于 2%，最低电压不低于额定电压的 85%，最高电压不高于额定电压的 110%。

（2）对装置的直流熔断器或断路器及相关回路配置的基本要求应不出现寄生回路，并增强保护功能的冗余度。

1）装置电源的直流熔断器或自动开关的配置应满足如下要求：

① 采用近后备原则，装置双重化配置时，两套装置应有不同的电源供电，并分别设有专用的直流熔断器或自动开关。

② 由一套装置控制多组断路器（例如母线保护、变压器差动保护、发电机差动保护、各种双断路器接线方式的线路保护等）时，保护装置与每一断路器的操作回路应分别由专用的直流熔断器或自动开关供电。

③ 有两组跳闸线圈的断路器，其每一跳闸回路应分别由专用的直流熔断器或自动开关供电。

④ 单断路器接线的线路保护装置可与断路器操作回路合用直流熔断器或自动开关，也可分别使用独立的直流熔断器或自动开关。

⑤ 采用远后备原则配置保护时，其所有保护装置，以及断路器操作回路等，可仅由一组直流熔断器或自动开关供电。

2）信号回路应由专用的直流熔断器或自动开关供电，不得与其他回路混用。

（3）由不同熔断器或自动开关供电的两套保护装置的直流逻辑回路间不允许有任何电的联系。

（4）每一套独立的保护装置应设有直流电源消失的报警回路。

（5）上、下级直流熔断器或自动开关之间应有选择性。

5.6.10　微机综合保护

1. 硬件组成

微机继电保护是应用微型计算机或微处理机构成的继电保护。具有高可靠性、高选择性和高灵敏度。微机保护装置硬件以微处理器（单片机）为核心，配以输入、输出通道，人机接口和通信接口等，如图 5－24 所示。

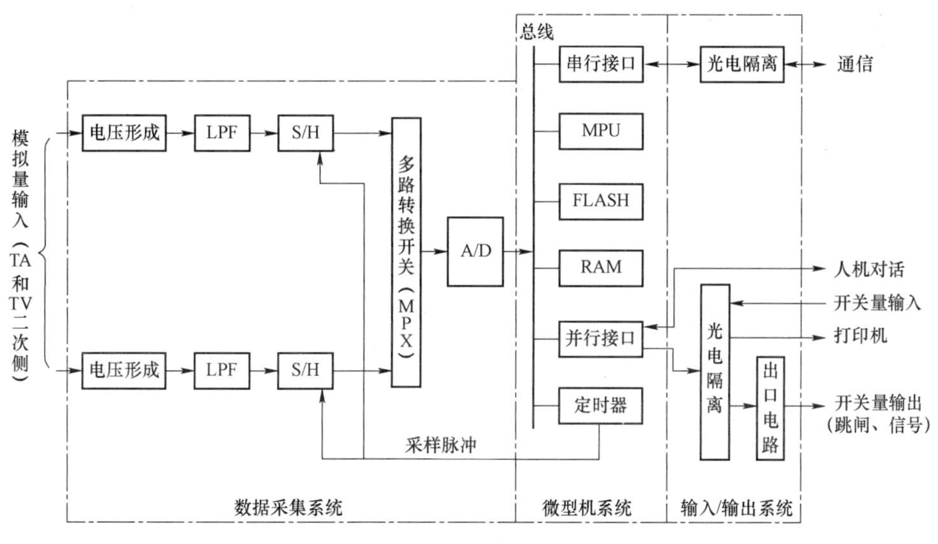

图 5－24　微机保护硬件构成

（1）数据采集部分（模拟量输入系统）：

1）采集由被保护设备的电流电压互感器输入的模拟信号，并将此信号经过适当的预处理，然后转换为所需要的数字量。

2）模拟量输入系统包括电流、电压等模拟量输入变换，低通滤波回路，模数转换等。

3）模拟量输入回路方式（据模数转换原理分）：

① 基于逐次逼近型 A/D 转换的方式：包括电压形成回路、模拟低通滤波器（LPF）、采样保持回路（S/H）、多路转换开关（MPX）及模数转换回路（A/D）等。

② 利用电压/频率变换（VFC）原理进行 A/D 转换的方式：包括电压形成、VFC 回路、计数器等。

（2）数据处理、逻辑判断及保护算法的数字核心部分（包括 CPU、存储器、实时时钟、WATCHDOG 等）。

1）数字处理系统（CPU 主系统）：微机保护装置是以 CPU 为核心，根据数据采集系统采集到的电力系统的实时数据，按照给定的算法来检测系统是否发生故障以及故障性质、范围等，并由此做出是否需要跳闸或报警等判断的一种自动装置。

2）数字处理系统：主要包括微机处理器 CPU；数据总线为 8、16、32 位等的单片机、工控机以及 DSP 系统；存储器；电擦除可编程只读存储器 EEPROM：存放定值；紫外线擦除可编程只读存储 EPROM 和闪速存储器 FLASH：存放程序；非易失性随机存储器 NVRAM：存放故障报文、采样数据；静态存储器 SRAM：存储计算过程中的中间结果、各种报告。

（3）开关量输入/输出通道以及人机接口（键盘、液晶显示器）：开关量输入/输出回路一般采用固态继电器、光电隔离器、PHTOMOS 继电器等器件组成，以完成各种保护的出口跳闸、信号报警及外部接点输入等工作，实现与 5V 系统接口。

柜内开关量一般使用 24V 电源，柜间开关量输入信号采用 220V 或 110V 电源，计算机系统输入回路经光隔离器件转换为 24V/5V 信号，驱动继电器实现操作。

（4）人机接口：主要包括显示器、键盘、各种面板开关、实时时钟、打印电路等。主要功能包括用于人机对话，如调试、定值调整及对机器工作状态的干预。

常用液晶显示器和 6 键操作键，人机交互面板包括：由用户自定义画面的大液晶屏人机界面；由用户自定义的报警信号显示灯 LED；由用户自定义用途的 F 功能键；光隔离的串行接口；就地、远方选择按钮；就地操作键。

（5）通信接口：包括维护口、监控系统接口、录波系统接口等。

一般采用 RS485 总线、PROFIBUS 网、CAN 网、以太网及双网光纤通信模式。

微机保护对其要求快速、支持点对点平等通信、突发方式的信息传输、物理结构采用星形、环形、总线形、支持多主机等。

（6）电源回路：采用开关稳压电源或 DC/DC 电源模块，提供数字系统 5V、24V、±15V、+2V 电源。

+5V 电源用于计算机系统主控电源；

±15V 电源用于数据采集系统、通信系统；

+24V 电源用于开关量输入、输出、继电器逻辑电源。

2. 功能特点

（1）微机综合保护装置不仅具有配网终端设备的保护功能，而且对配网终端的电压、电流、频率、功率、电度量进行采集并进行数字化的处理和计算，并实时显示在大屏幕液晶上，直接替代老式的测量仪表。

（2）装置内部集成断路器防跳回路，合闸及跳闸保持回路。

（3）内部操作回路自适各种断路器跳合闸回路，交直流通用，断路器只需引出跳闸线圈及合闸线圈与对应接口，最大限度地减少二次接线的工作量。

（4）装置提供预告信号与事故信号出口，方便与中央信号回路接口，保证了信号回路的完整性。

（5）外部接线简化，代替开关柜的保护和测量及操作回路，用一台微机装置实现高度集成的所有功能。

（6）可根据设定的运行方式，自动识别备自投的投入或退出运行，当每一条进线各自装一台线路保护（带进线备自投功能），便能实现双向备自投。

（7）可就地和远方控制操作；可灵活选择和设定各种保护功能，查询各种信息，即可通过按键就地整定；也可通过后台计算机远方整定，时间通过后台自动同步校正。

（8）一台装置集成了配网终端的进线、出线、变压器、电容出线、母分及备自投保护的所有功能，提高装置的通用性，减少备品备件的数量。

3. 保护

综合继保装置可以根据需要完成各种保护。下面是 10kV 线路综合继保装置可以完成的保护：

（1）三相三段式电压闭锁电流保护：电流速断保护、限时速断保护、过电流保护。

（2）过负荷保护。

（3）反时限过电流保护。

（4）零序电流保护（接地保护）。

（5）负序电流保护。

（6）零序电压保护。

（7）过电压保护。

（8）低电压保护。

（9）备自投（进线备自投、母联备自投）。

（10）非电量保护。

(11) 重合闸。
(12) 后加速。
(13) CT 断线检测。
(14) PT 断线检测。
(15) 合闸回路断线检测。
(16) 跳闸回路断线检测。
(17) 操作箱：具有跳闸自保持、合闸自保持、防跳功能。
(18) 遥控量：完成 1 台断路器就地或遥控分合闸操作。
(19) 故障记录：具有可掉电保持的故障记录。
(20) 通信功能：通过 485 总线连接上位机。

4. 接线图

图 5-25 是线路保护微机综合保护的接线原理图。

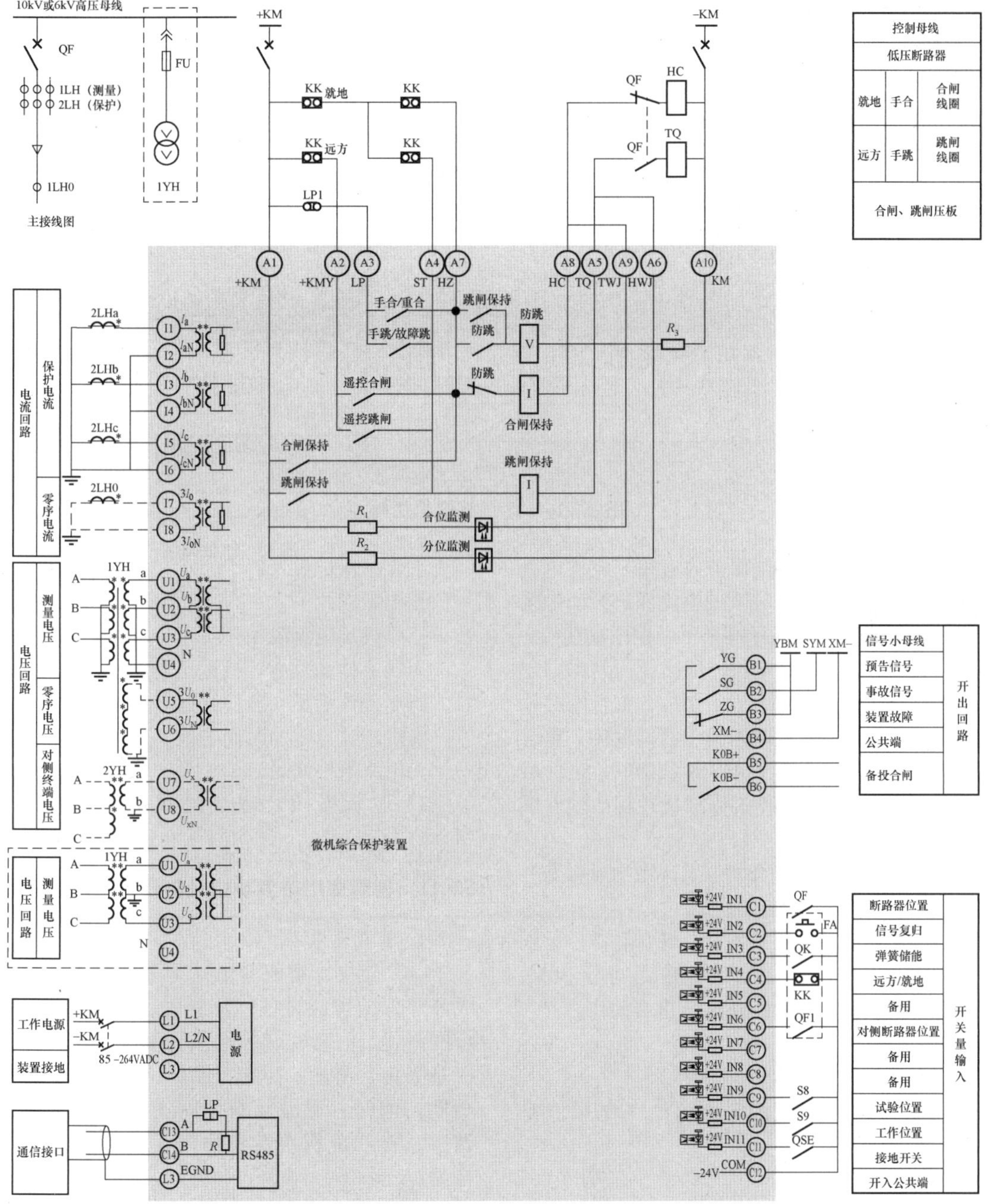

图 5-25　线路保护微机综合保护的接线原理图

5. 逻辑图

（1）备自投保护。备自投动作过程为，当检测到本侧电源失压，各自投保护启动跳本侧开关，确认本侧开关跳开后，合备用电源开关。备自投保护必须在充电完成后才能动作。备自投保护还可选择电机合闸操作，配合断路器或某些直接电机储能直接合闸的机构。

1）备投充电条件。备自投保护投入；本侧断路器在合位；本侧线电压均＞70V；备用侧断路器在分位；备用侧线电压 U_x ＞70V；具备以上条件，经 20s 备自投充电完成。

2）备投动作条件：备自投充电完成；本侧电源失电（无压、无流）；备用线电压（U_x）＞70V。

3）逻辑图：备自投保护逻辑如图 5－26 所示。

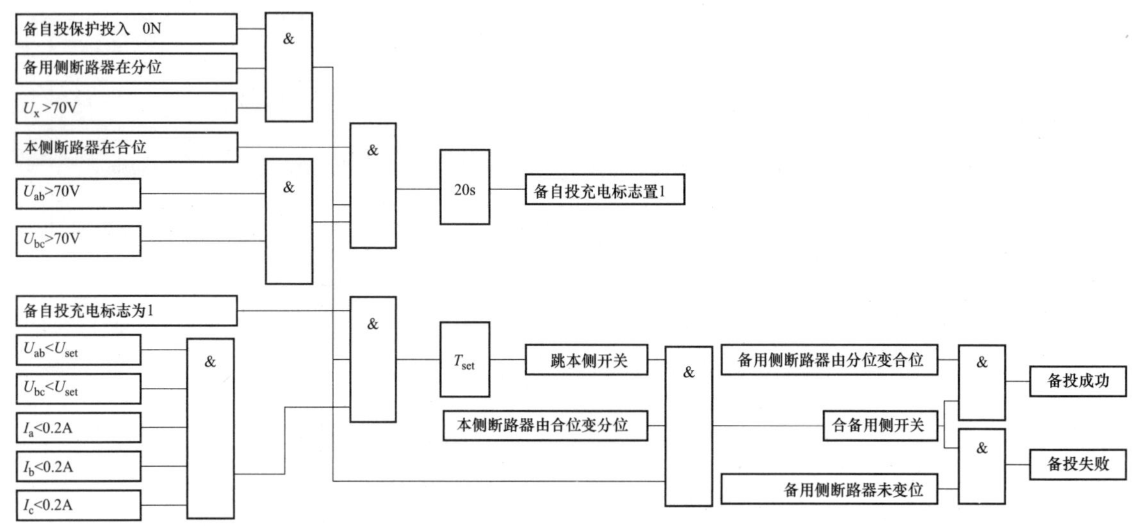

图 5－26 备自投保护逻辑

（2）重合闸保护。重合闸保护只有在三段过电流保护（速断、限时速断和定时限过电流保护）动作跳闸后才启动，可通过投退选择检无压、检同期功能。复用电压（U_x）取 AB 相电压，线路无压判据固定为小于 30V，有压判据固定为大于 70V。重合闸必须在充电完成后才能动作。此时若发生故障跳闸，重合闸自动启动并放电，当重合于永久性故障时，可选后加速跳闸，不再重合。重合闸的充放电过程由软件模拟实现。

充电条件为：断路器在合闸位置，经 20s 后充电完成。

检无压功能：满足无压条件时，重合动作；无压判据为复用电压（U_x）小于 30V 或本侧 U_{ab} 小于 30V。

检同期功能：满足同期条件时，重合动作。

1）同期判据如下：

复用电压（U_x）＞70V；

母线电压（U_{ab}）与复用电压（U_x）的幅值差＜10V；

频率差小于 0.5Hz；

同期角差小于设定值 A。

2）动作条件：

重合闸保护投入；

充电完成；

三段式过电流跳闸；

无压条件满足（若检无压功能投入）；

同期条件满足（若检同期功能投入）；

延时超过设定的时间定值 T_{set}；

无电流条件满足。

3）逻辑框图。重合闸保护逻辑如图 5－27 所示。

5.6.11 智能变电站多功能保护测控一体化装置

1. 智能变电站

（1）定义。智能变电站是采用先进、可靠、集成和环保的智能设备，以全站信息数字化、通信平台网络化、信息共享标准化为基本要求，自动完成信息采集、测量、控制、保护、计量和检测等基本功能，同时，具备支持电网实时自动控制、智能调节、在线分析决策和协同互动等高级功能的变电站。

（2）组成。智能变电站主要包括智能高压设备和变电站统一信息平台两部分，见表 5－129。

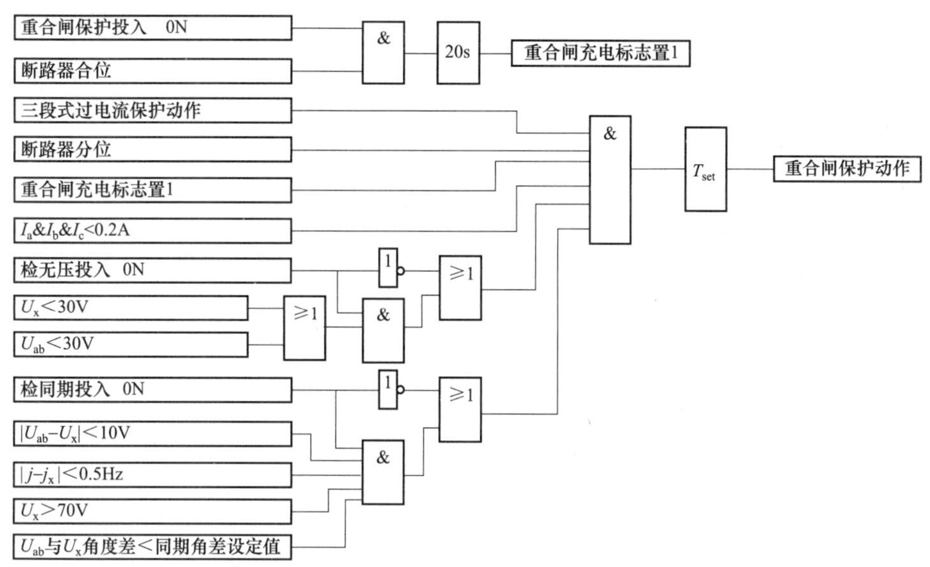

图5-27　重合闸保护逻辑

表5-129　智能变电站组成

设备		特点	
智能高压设备	智能变压器与控制系统	依靠通信光纤相连，可及时掌握变压器状态参数和运行数据	
		运行方式改变	设备根据系统的电压、功率情况，决定是否调节分接头
		设备问题	发出预警并提供状态参数等
	智能高压开关设备	具有较高性能的开关设备和控制设备，配有电子设备、传感器和执行器，具有监测和诊断功能	
	电子式互感器	指纯光纤互感器、磁光玻璃互感器等，可有效克服传统电磁式互感器的缺点	
变电站统一信息平台		系统横向信息共享，主要表现为管理系统中各种上层应用对信息获得的统一化	
		系统纵向信息的标准化，主要表现为各层对其上层应用支撑的透明化	

（3）功能单元。智能变电站的功能单元见表5-130。

表5-130　智能变电站的功能单元

单元	功能
智能组件	对一次设备进行测量、控制、保护、计量、检测等一个或多个二次设备的集合
测量单元	实现对一次设备各类信息采集功能的元件，是智能组件的组成部分
控制单元	接收、执行指令，反馈执行信息，实现对一次设备控制功能的元件，是智能组件的组成部分
保护单元	实现对一次设备保护功能的元件，是智能组件的组成部分
计量单元	实现电能量计量功能的元件，是智能组件的组成部分
状态监测单元	实现对一次设备状态监测功能的元件，是智能组件的组成部分
智能设备	一次设备与其智能组件的有机结合体，两者共同组成一台（套）完整的智能设备
全景数据	反映变电站电力系统运行的稳态、暂态、动态数据以及变电站设备运行状态、图像等的数据的集合
顺序控制	发出整批指令，由系统根据设备状态信息变化情况判断每步操作是否到位，确认到位后自动执行下一指令，直至执行完所有指令
站域控制	通过对变电站内信息的分布协同利用或集中处理判断，实现站内自动控制功能的装置或系统
站域保护	一种基于变电站统一采集的实时信息，以集中分析或分布协同方式判定故障，自动调整动作决策的继电保护

（4）体系结构。智能变电站系统分为3层，即过程层设备、间隔层设备、站控层设备。其结构如图5-28所示，系统见表5-131。

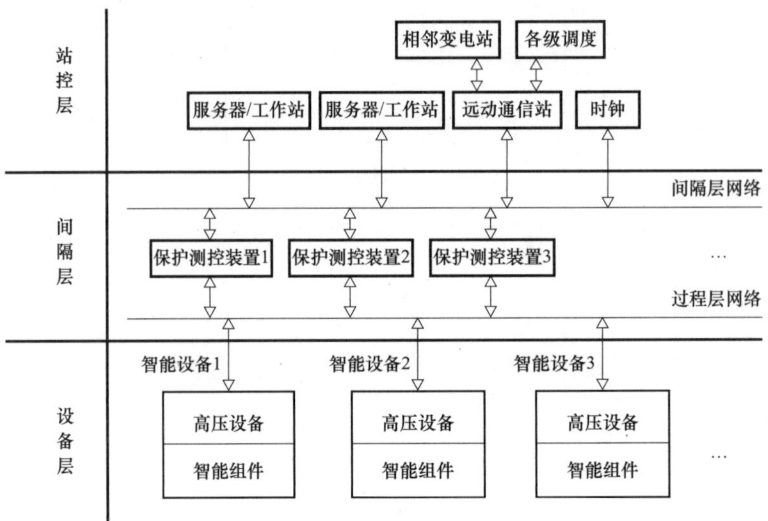

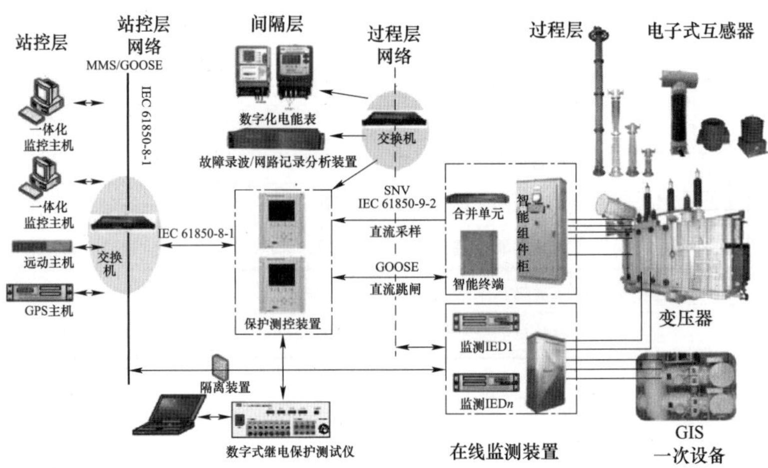

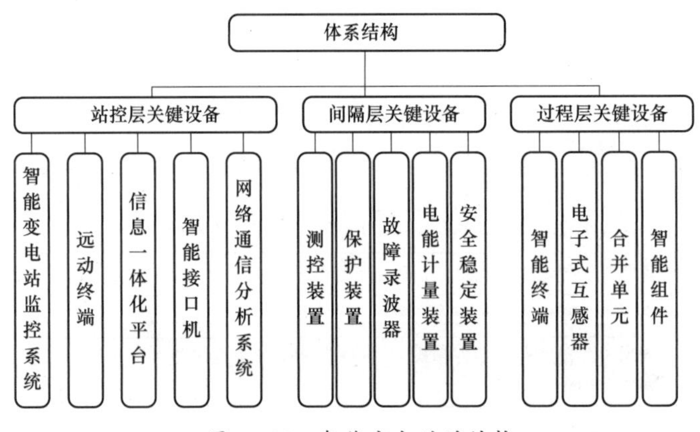

图5-28 智能变电站的结构

表 5-131　智能变电站系统

层次		内　容	保　护
过程层	设备	一次设备和智能组件构成的智能设备、合并单元和智能终端	直接采样
	功能	变电站电能分配、变换、传输及其测量、控制、保护、计量、状态监测等功能	
	智能组件	灵活配置的物理设备，可包含测量单元、控制单元、保护单元、计量单元、状态监测单元中的一个或几个	
间隔层	设备	继电保护装置、测控装置、故障录波等二次设备	单间隔的保护应直接跳闸
	功能	实现使用一个间隔的数据并且作用于该间隔一次设备的功能，即与各种远方输入/输出、智能传感器和控制器通信	多间隔的保护（母线保护）宜直接跳闸
站控层	设备	自动化系统、站域控制系统、通信系统、对时系统等子系统。功能应高度集成，可在一台计算机或嵌入式装置实现，也可分布在多台计算机或嵌入式装置中	
	功能	实现面向全站或一个以上一次设备的测量和控制功能，完成数据采集和监视控制（SCA-DA）、操作闭锁以及同步相量采集、电能量采集、保护信息管理等相关功能	

（5）智能变电站与传统变电站的区别。智能变电站与传统变电站的差异主要体现在三个方面，即一次设备智能化、设备检修状态化以及二次设备网络化，如图 5-29 所示。

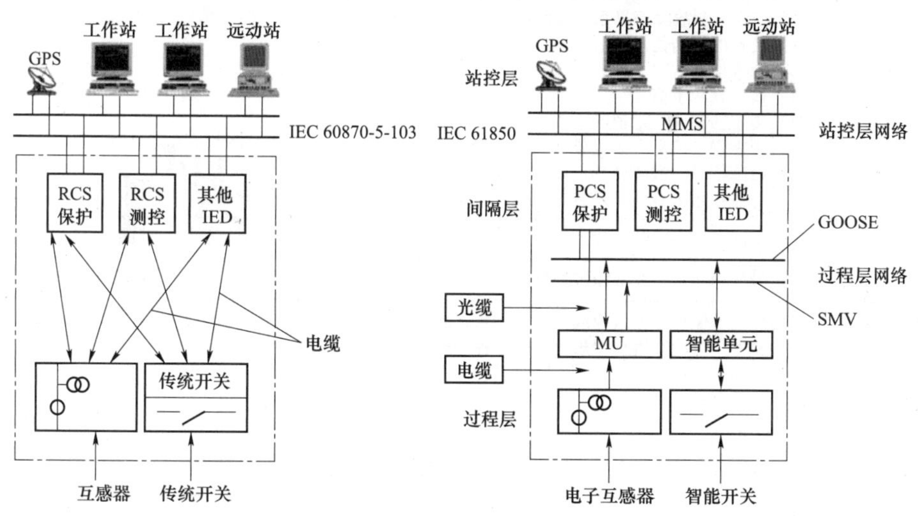

图 5-29　智能变电站与传统变电站的区别

2. 多功能保护测控一体化装置

（1）定义。在智能变电站中，将相关保护、测量、控制功能集成于一体或在此基础上集成合并单元、智能终端功能的装置。装置在给应用对象提供保护、测量、监视和控制功能的同时，也可提供采样值输出和收发 GOOSE 功能。

多功能保护测控一体化装置应用在 35kV 以下智能变电站。

（2）功能。多功能保护测控一体化装置的功能要求见表 5-132。

表 5-132　多功能保护测控一体化装置的功能要求

功能		内　容
基本功能	基本要求	满足 DL/T 478《继电保护和安全自动装置通用技术条件》相关规定的要求
	通信协议	与站控层信息交互采用 DL/T 860 系列标准工程化实施技术规范的通信协议，过程层信息交互应满足 DL/T 860.92《变电站通信网络和系统　第 9-2 部分：特定通信服务映射（SCSM）映射到 ISO/IEC 8802-3 的采样值》、GOOSE 协议中规定的数据格式

续表

功能		内　容
基本功能	硬件	具备合并单元功能，为其他保护、录波等智能电子设备输出采样值
	通信	具备智能终端功能，支持 GOOSE 信号的发送与接收
	保护	满足继电保护“可靠性、选择性、灵敏性、速动性”的要求、测控功能 保护、测控功能应相互独立。保护动作不应影响测控的正常功能。测控操作也不应影响保护功能
	安装	宜独立分散、就地安装，其运行环境应满足环境要求
	数据	当采用数字化采样方式时，装置应处理合并单元上送的数据品质和状态位（如：无效、检修、同步位等），及时准确提供告警信息。在异常状态下，装置能够利用合并单元的信息合理地进行保护功能的退出和保留，瞬时闭锁可能误动的保护，延时告警；数据恢复正常后，装置应延时恢复被闭锁的保护功能；装置应不闭锁与该异常采样数据无关的保护功能
	检修	配置检修硬压板，当该压板投入时，装置应有明显指示（LED 或液晶），反应该压板状态的遥信应不置检修品质，装置上送至站控层的其他报文应带相应的检修品质位。当装置通过 GOOSE 接收其他过程层装置的“检修硬压板”信号并转发至站控层时，装置应将该信号的检修品质位清除后上送
	网络安全	具备抗网络风暴功能，在非订阅报文网络风暴影响下装置不应出现死机、重启、误动、发出错误报文等现象；网络工况恢复正常后，装置性能应恢复正常
	时钟同步	能接收外部时钟的同步信号，同步方式至少基于 IPPS、IRIG－B 或 GB/T 2593《网络测量和控制系统的精确时钟同步协议》PTP 协议中的一种方式
	通信接口	具备通信接口，用以与监控系统和故障信息系统通信，网络和通信的故障不应影响与本网络无关的动作行为
	信息	与监控系统和故障信息系统通信，应至少能传送或接收以下类型的信息 （1）装置的识别信息 （2）开入信息 （3）模拟量测量值 （4）装置的定值、定值的修改、定值区切换、软压板投退 （5）正常操作信息、装置异常信号 （6）故障信息、故障波形、保护装置动作报告 （7）与监控系统有关的远方操作控制信息
	辅助软件	配置调试接口和辅助软件，具备通信及维护、定值整定、故障记录与分析、调试等功能
	告警信号	具备运行异常和装置故障等告警信号：各至少1组不保持触点。装置异常时不应闭锁与该异常无关的功能
保护功能	保护	具备反应被保护对象故障或异常运行状态的能力。具体功能配置根据保护对象的不同，应符合 GB/T 1428《继电保护和安全自动装置技术规程》中对各保护对象的规定 （1）变压器保护 （2）线路保护 （3）电容器保护 （4）电抗器保护 （5）分段保护
	测控	具有状态量采集、交流采样、测量、控制等功能，对相关信息进行采集、转换、处理和传送。其基本功能包括 （1）应具有实时数据采集功能 （2）应具有选择一返校一执行功能，接收、返校并执行遥控命令；接收执行复归命令、遥调命令 （3）应具有事件顺序记录功能 （4）宜具有同期功能 （5）宜具有防误逻辑闭锁功能
	实时数据采集与处理	（1）装置应具备 U_a、U_b、U_c、U_{ab}、U_{bc}、U_{ca}、I_a、I_b、I_c、P、Q、F、$\cos\varphi$ 等遥测量的采集、幅值计算，支持测量量越限上送 （2）装置应具备状态量的采集，状态量变位应优先传送 （3）遥测量输入方式应包括常规模拟量输入或 DL/T 860.92 报文输入，状态量信号输入方式应包括常规无源接点输入、GOOSE 报文输入 （4）数字化采样时，装置应支持对 SV 报文相关品质位的判断，装置宜具备遥测量上送品质的能力
合并单元功能		（1）装置应采用 DL/T 860.92《电力自动化通信网络和系统　第 9－2 部分：特定通信服务映射（SCSM）－基于 ISO/IEC 8802－3 的采样值》规定的数据格式通过光纤以太网向其他保护、录波等智能电子设备输出采样值 （2）装置应能接收外部基准时钟的同步信号并具有守时功能 （3）DL/T 860.92《变电站通信网络和系统第 9－2 部分：特定通信服务映射（SCSM）映射到 ISO/IEC 8802－3 的采样值》的 APDU 结构中的目的地址应在 Ol－OC－CD－04－00－00 到 Ol－OC－CD－04－Ol－FF 之间可以配置 d）当装置对时信号恢复后，装置应具备再同步的恢复功能

续表

功能		内　　容
智能终端功能	通信	具有状态量采集、信息转换和通信功能，支持以 GOOSE 方式传输一次设备的状态信息，同时接收来自其他控制设备的 GOOSE 下行命令，实现对一次设备的实时控制功能
	信息	在上电、重启过程中不应发送与外部开入不一致的信息
	操作	具备操作回路功能

（3）合并单元。合并单元是过程层的关键设备，是对来自二次转换器的电流或电压数据进行时间相关组合的物理单元。合并单元可以是互感器的一个组成件，也可以是一个分立单元。

合并单元的输入由数字信号组成，包括采集器输出的采样值、电源状态信息及变电站同步信号等，通过高速光纤接口接入合并单元。在合并单元内对输入信号进行处理，同时合并单元通过光纤向间隔层智能电子设备（IED）输出采样合并数据，如图 5－30 所示。

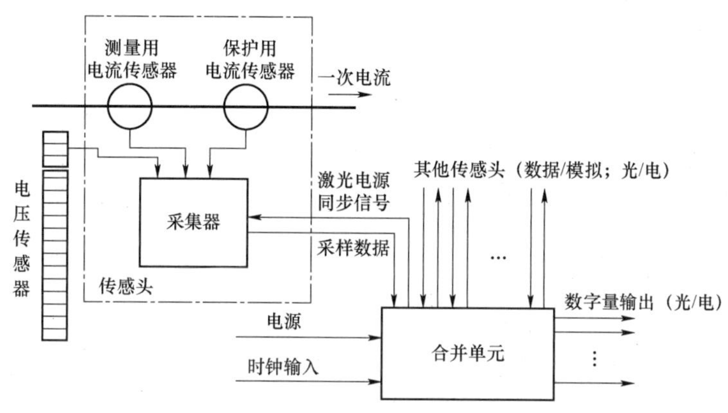

图 5－30　合并单元

合并单元在一定程度上实现了过程层数据的共享和数字化，它作为遵循 IEC 61850 标准的数字化变电站间隔层、站控层设备的数据来源，合并单元接口与协议如图 5－31 所示。

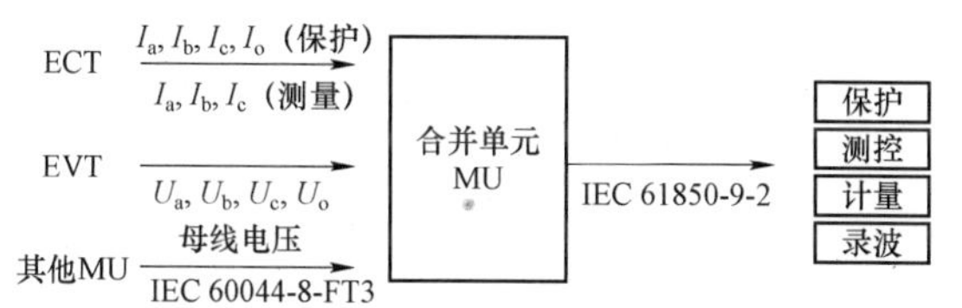

图 5－31　合并单元接口与协议

（4）智能终端。智能终端具有开关量和模拟量采集功能，输入量点数可根据工程需要灵活配置；开关量输入宜采用强电方式采集；模拟量输入应能接收 4～20mA 电流量和 0～5V 电压量。

智能终端具有开关量输出功能，输出量点数可根据工程需要灵活配置，继电器输出接点容量应满足现场实际需要。

智能终端具有断路器控制功能，可根据工程需要选择分相控制或三相控制等不同模式。至少提供两组分相跳闸触点和一组合闸触点，跳、合闸命令需可靠校验。

智能终端应具有接收保护跳合闸命令、测控的手合/手分断路器命令及隔离开关，接地开关等 GOOSE 命令，输入断路器位置、隔离开关及接地开关位置、断路器本体信号（含压力低闭锁重合闸等），具备跳合闸自保持功能，具备控制回路断线监视、跳合闸压力监视与闭锁功能，智能终端如图 5－32 所示。

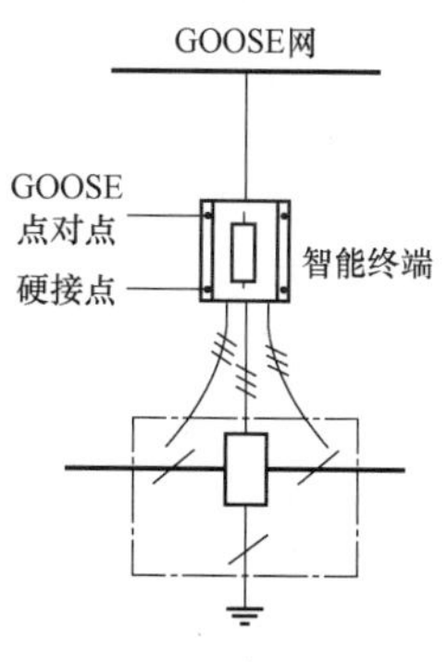

图 5－32　智能终端

智能终端与合并单元的分开应用如图 5－33 所示。

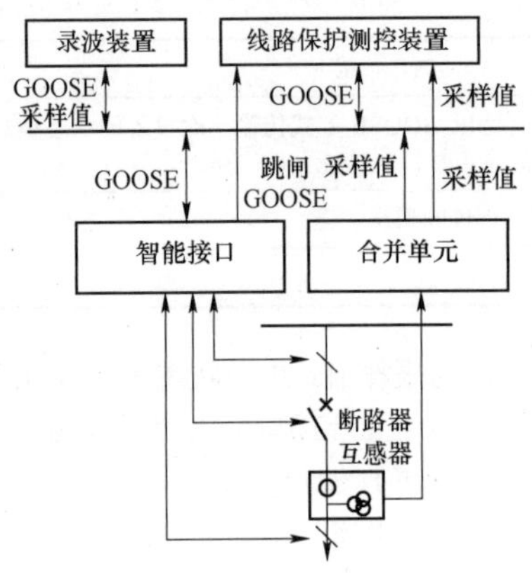

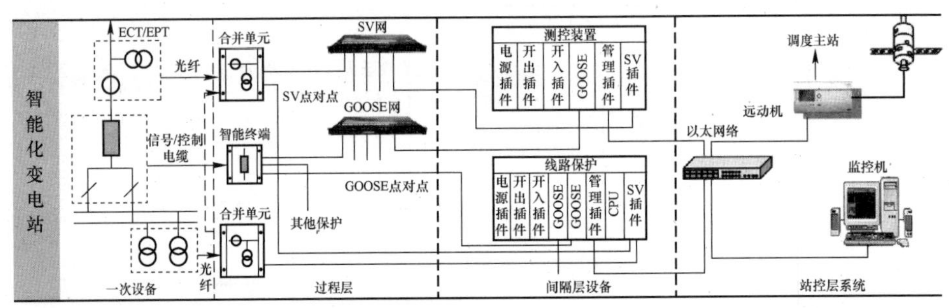

图 5-33 智能终端与合并单元的分开应用

合并单元与智能终端一体化装置合并示意如图 5-34 所示。

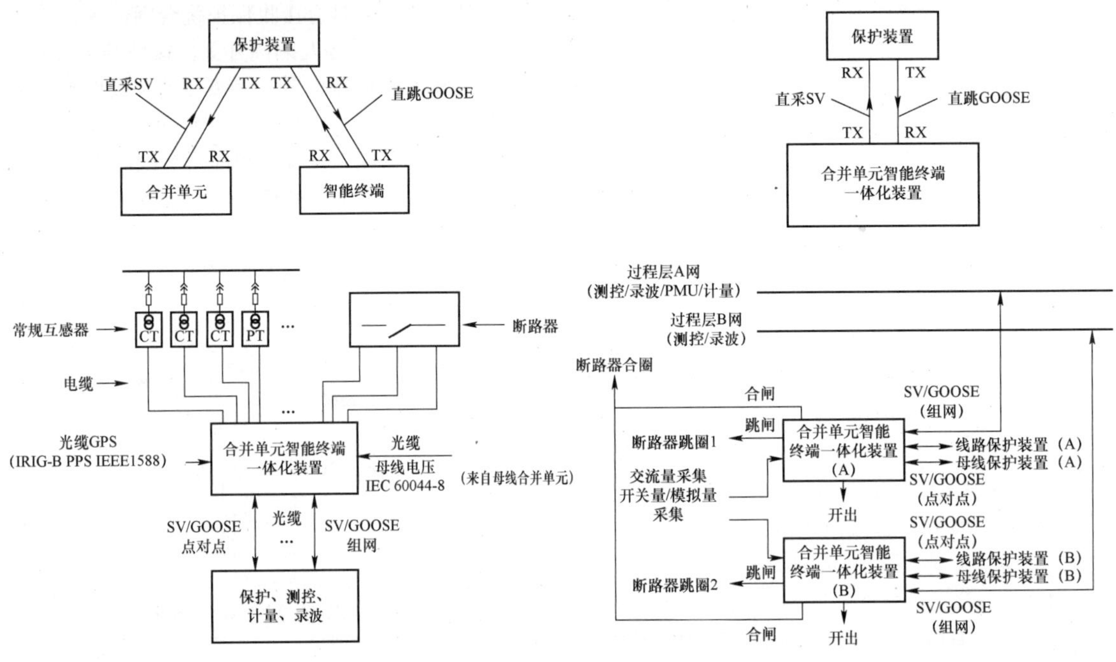

图 5-34 合并单元与一体化装置合并示意

第 6 章　电动机与电力拖动

6.1　电动机的基本特性

电动机作为电力拖动系统的执行元件其特性决定了系统的性能，本节不加推导定性地给出常用电动机的各种计算公式和特性曲线。

6.1.1　电动机的分类

按照电动机的类型不同来划分，目前常用的驱动用电动机分类如图 6–1 所示。

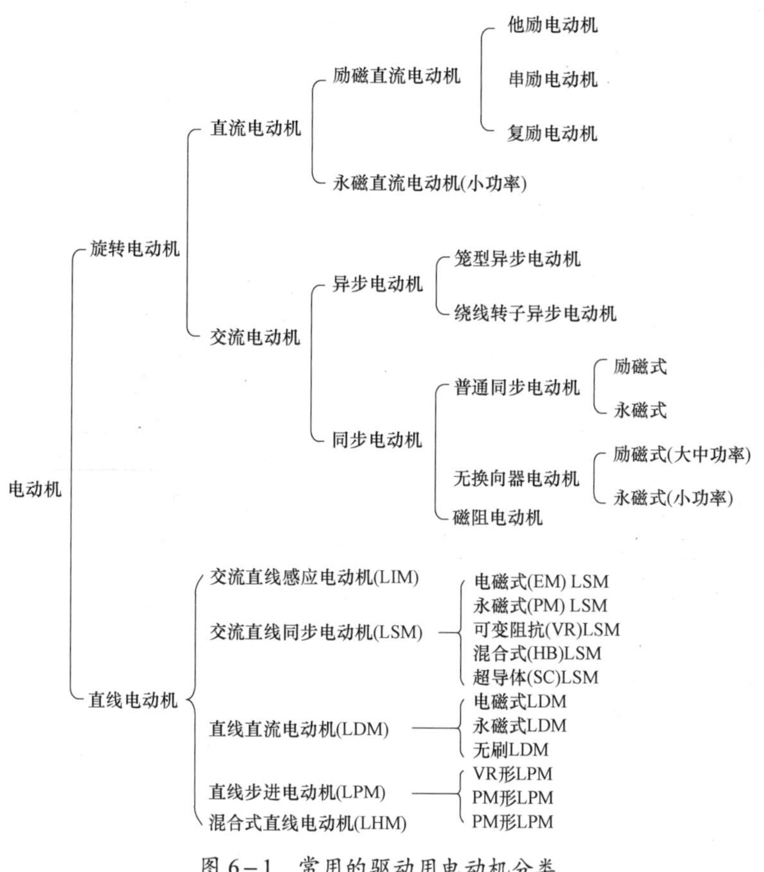

图 6–1　常用的驱动用电动机分类

6.1.2　直流电动机

1. 直流电动机的原理接线图（见图 6–2）

大量的中小型直流电动机没有附加极绕组和补偿绕组，有一个并励绕组和一个串励绕组，称为复励直流电动机，如图 6–3a 所示。当只有并励绕组时，则称为并励直流电动机，如图 6–3b 所示；当只有串励绕组时，则称为串励直流电动机，如图 6–3c 所示；当并励直流电动机的励磁绕组由专门的励磁电源供电时，则称为他励直流电动机，如图 6–3d 所示。

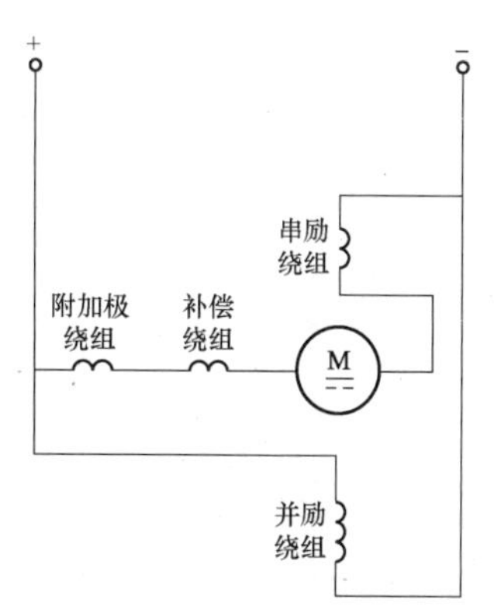

图 6–2　直流电动机原理接线图

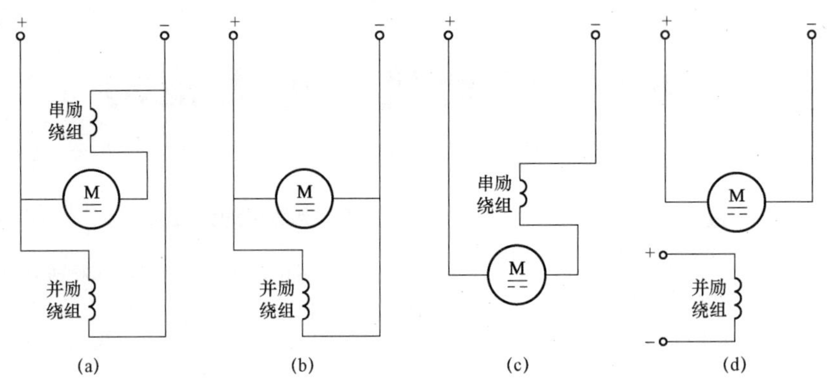

图 6-3 各种不同励磁方式的直流电动机原理图

(a) 复励直流电动机; (b) 并励直流电动机; (c) 串励直流电动机; (d) 他励直流电动机

2. 直流电动机的电枢电动势

直流电动机的电枢电动势可用下式计算

$$E_a = C_e \Phi n \tag{6-1}$$

式中: C_e 为直流电动机的电动势系数, $C_e = \dfrac{pN}{60a}$; p 为电动机的极对数; N 为电动机的全部有效导体数; a 为电动机绕组并联支路对数; Φ 为电动机每极磁通, Wb; n 为电动机转子(电枢)转速, r/min。

3. 直流电动机的电压平衡方程式

按电动机惯例规定他励直流电动机的电压、电动势、电流的正方向如图 6-4 所示,则可列写直流电动机的电压平衡方程式如下

$$U = E_a + I_a(R_a + R_{fj}) + \Delta U_b \tag{6-2}$$

式中: U 为电源电压, V; E_a 为电枢电动势, V; I_a 为电枢回路电流, A; R_a 为电枢绕组电阻, Ω; R_{fj} 为电枢回路串联的附加电阻, Ω; ΔU_b 为正负电刷的接触(电阻)压降, V。

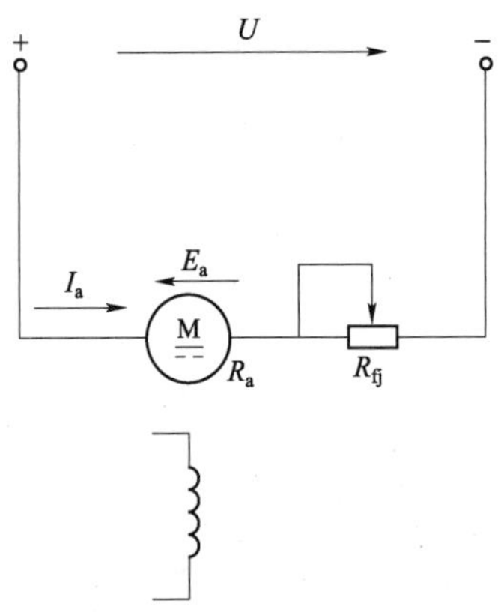

图 6-4 直流电动机的正方向约定

4. 直流电动机的转矩方程式与转矩特性

(1) 直流电动机的转矩方程式。空载直流电动机的转矩平衡可用下式表示

$$T_2 = T - T_0 = C_m \Phi I_a - T_0 \tag{6-3}$$

式中: T_2 为电动机的输出转矩, N·m; T_0 为空载转矩, N·m; (由涡流、磁滞损耗及轴承、通风摩擦阻力引起的阻转矩,其作用方向与电机转向相反); T 为电动机的电磁转矩, N·m。

$$T = C_m \Phi I_a \tag{6-4}$$

式中: C_m 为转矩常数, $C_m = \dfrac{pN}{2\pi a}$; Φ 为电动机每极磁通, Wb; I_a 为电枢回路电流, A; p 为动机的极对数; N 为电动机的全部有效导体数; a 为电动机绕组并联支路对数。

(2) 直流电动机的转矩特性。根据式 (6-3) 可以绘制直流电动机的转矩特性曲线如图 6-5 所示。

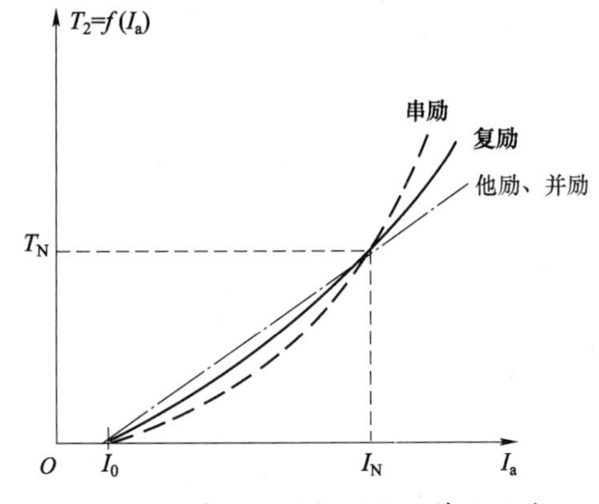

图 6-5 直流电动机的转矩特性曲线

图 6-5 中的 I_N、T_N 分别是电动机的额定电枢电流和额定转矩; I_0 是电动机的空载电流。

可以看出,他励(或并励)直流电动机的转矩与电枢电流呈线性关系,当电枢电流较大时,曲线向水平方向弯曲;串励直流电动机的转矩和电枢电流(也

是励磁电流）近似呈二次方关系；复励直流电动机既有并励又有串励，其转矩特性曲线介于二者之间。

5. 直流电动机的转速方程式与转速特性

（1）直流电动机的转速方程式。直流电动机的转速方程式可以用下式表示

$$n=\frac{E_a}{C_e\Phi}=\frac{U-[I_a(R_a+R_{fj})+\Delta U_b]}{C_e\Phi} \tag{6-5}$$

忽略电刷接触压降后可近似表达为

$$n=\frac{U-I_a(R_a+R_{fj})}{C_e\Phi}$$

当电枢回路不串电阻时则简化为

$$n=\frac{U-I_aR_a}{C_e\Phi}$$

（2）直流电动机的转速特性曲线。根据式（6-5）可以绘制直流电动机的转速特性曲线，如图 6-6 所示。

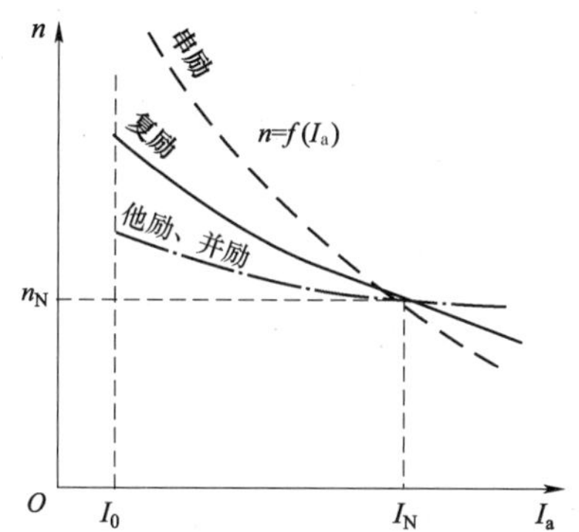

图 6-6　直流电动机的转速特性曲线

6. 直流电动机的机械特性方程式与机械特性曲线

（1）直流电动机的机械特性方程式。

直流电动机的机械特性方程式

$$n=\frac{U-\Delta U_b}{C_e\Phi}-\frac{R_a+R_{fj}}{C_eC_m\Phi^2}T$$

忽略电刷接触压降后可近似表达为

$$n=\frac{U}{C_e\Phi}-\frac{R_a+R_{fj}}{C_eC_m\Phi^2}T=n_0-kT \tag{6-6}$$

（2）直流电动机的机械特性曲线。根据式（6-6）可以绘制直流电动机的机械特性曲线如图 6-7 所示。

图 6-7 中横坐标 T 为电动机的电磁转矩，T_2 则是电动机的输出转矩，二者相差一个空载转矩 T_0 的大小。

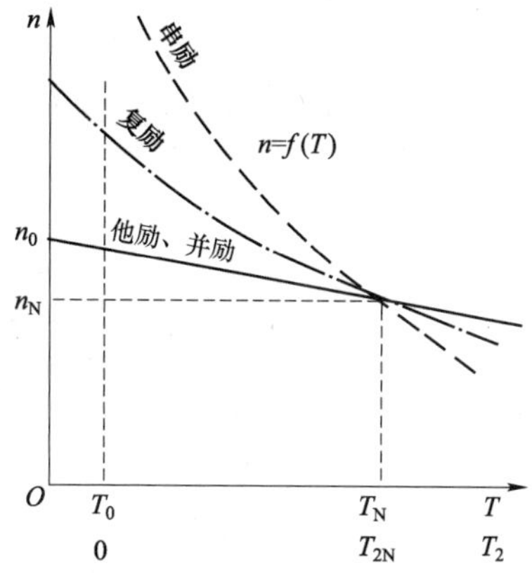

图 6-7　直流电动机的机械特性曲线

（3）他（并）励直流电动机的机械特性曲线随参数变化的规律。由式（6-6）可以看出，改变电源电压 U、串联的附加电阻 R_{fj} 或磁通 Φ 都可能影响电动机的机械特性。图 6-8 是改变电源电压 U 时电动机的机械特性曲线变化的规律；图 6-9 是改变附加电阻 R_{fj} 时电动机的机械特性曲线变化的规律；图 6-10 是改变磁通 Φ 时电动机的机械特性曲线变化的规律。

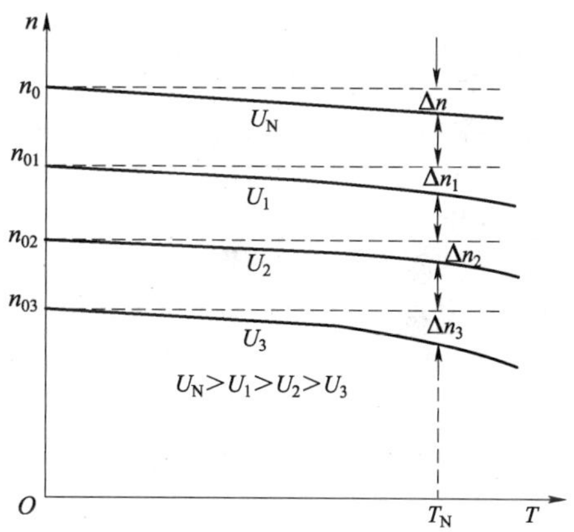

图 6-8　改变电压 U 的机械特性

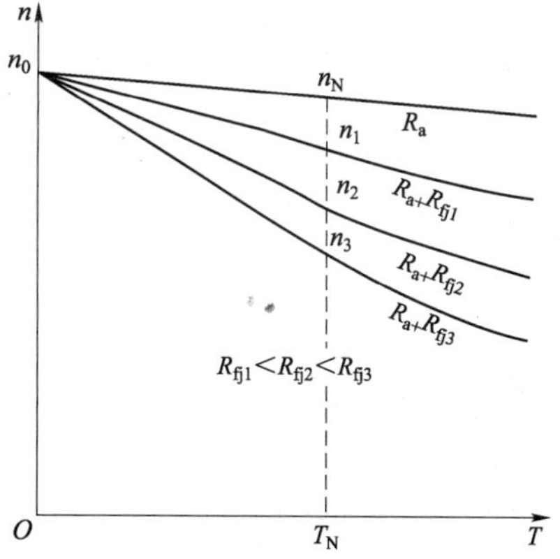

图 6-9　改变电阻 R_{fj} 的机械特性曲线

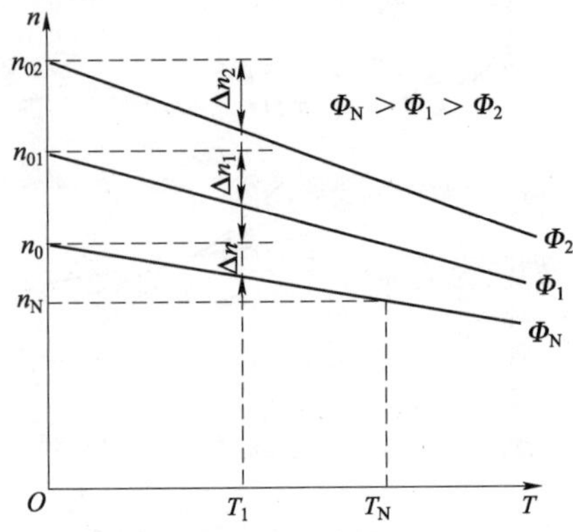

图 6－10　改变磁通 Φ 的机械特性曲线

7. 直流电动机的功率流动及效率特性

（1）直流电动机的功率流动。并励（或他励）直流电动机的功率传递情况如图 6－11 所示。

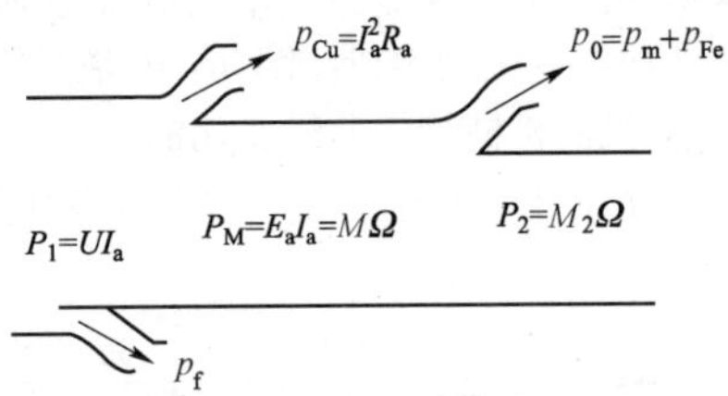

图 6－11　并励（或他励）直流电动机的功率流动

图 6－11 中，P_1 为电动机的输入功率；P_M 为电动机的电磁功率；P_2 为电动机的输出功率；Ω 为电动机转子的旋转角速度；p_{Cu} 为电动机电枢绕组（包括电刷接触电阻）的铜损耗功率；p_0 为电动机的空载损耗功率，$p_0 = T_0\Omega$；p_m 为电动机的机械摩擦损耗功率；p_{Fe} 为电动机的铁损耗功率；p_f 为电动机励磁绕组的铜损耗功率。

（2）直流电动机的效率。根据图 6－11 的功率流动关系可以列出直流电动机的效率表达式

$$\eta = \frac{P_2}{P_1} = 1 - \frac{\sum p}{P_1} = \frac{P_2}{P_2 + \sum p} \qquad (6-7)$$

$$\sum p = p_{Cu} + p_m + p_{Fe} + p_f + p_s$$

式中：$\sum p$ 为电动机总损耗；p_s 为电动机的附加损耗，又称杂散损耗。

（3）直流电动机的效率特性曲线。根据式（6－7）可绘制电动机的效率曲线如图 6－12 所示。

电动机的最大效率通常设计在 75%～90%额定负载时，负载减轻时电动机的效率迅速下降，因此在选用电动机时应尽量避免容量过大。

在额定负载时，小容量电动机的效率在 75%～85%，中大容量电动机的效率在 85%～95%。

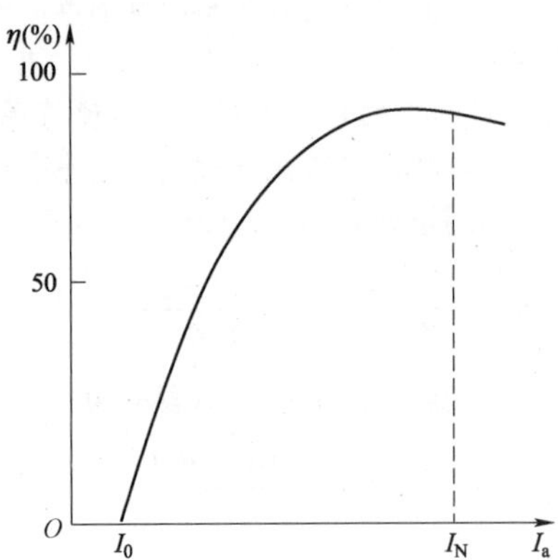

图 6－12　直流电动机的效率曲线

6.1.3　交流异步电动机

1. 交流异步电动机的原理接线图

图 6－13 是交流三相笼型异步电动机接线图，图 6－14 是交流三相绕线转子异步电动机接线图。对于绕线转子异步电动机，其转子三相绕组在内部接成星形，三相引出端通过集电环－电刷接到外部控制电路，可以外接电阻或电动势，通过调节电阻的大小或电动势的频率、大小来改变电动机的性能，以满足生产工艺的需要。图 6－14 表示的是转子串电阻的情况。

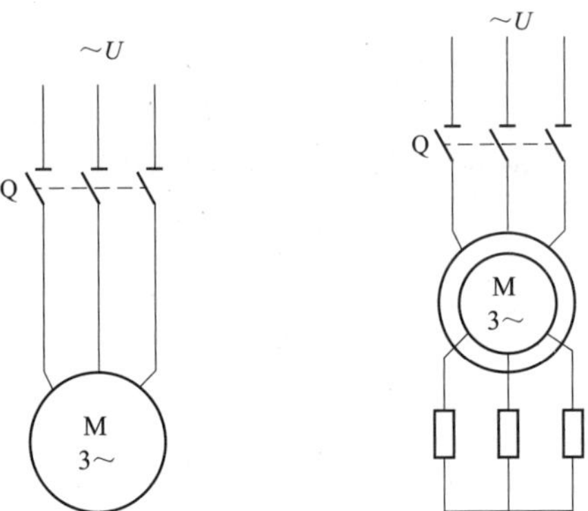

图 6－13　交流三相笼型异步电动机接线图　图 6－14　交流三相绕线转子异步电动机接线图

2. 交流异步电动机的电动势

交流异步电动机的电动势可用下式计算

定子基波相电动势

$$E_{\varphi 1} = 4.44 f_1 W_1 k_{W1} \Phi_m \qquad (6-8)$$

式中：f_1 为定子电源频率，Hz；W_1 为定子一相绕组串联匝数；k_{W1} 为定子绕组的基波绕组系数；Φ_m 为每极磁通量幅值，Wb。

3. 交流异步电动机的基本方程组、等效电路及相量图

异步电动机定、转子电路彼此是没有电的直接联系的，运行时定转子电路中的电压、电流的频率是不相等的，经过绕组匝数、频率的等效变换后，异步电动机可以用一个定转子电路彼此连通的等效电路加以描述，方便了异步电动机的研究。

（1）交流异步电动机的基本方程组。交流异步电动机折算到定子侧的基本方程组如下式

$$\left.\begin{aligned}\dot{U}_1 &= -\dot{E}_1 + \dot{I}_1(r_1 + \mathrm{j}x_1)\\ \dot{E}_1 &= -\dot{I}_0(r_\mathrm{m} + \mathrm{j}x_\mathrm{m})\\ \dot{E}_1 &= \dot{E}_2'\\ \dot{E}_2' &= \dot{I}_2'\left(\frac{r_2'}{s} + \mathrm{j}x_2'\right)\\ \dot{I}_0 &= \dot{I}_1 + \dot{I}_2'\end{aligned}\right\} \tag{6-9}$$

式中：$\dot{U}_1$ 为定子相电压，V；$\dot{E}_1$ 为定子相电动势，V；$\dot{E}_2'$ 为转子相电动势折算值，V；$\dot{I}_1$ 为定子相电流，A；$\dot{I}_0$ 为定子励磁电流，A；$\dot{I}_2'$ 为转子相电流折算值，A；r_1 为定子绕组电阻，Ω；x_1 为定子绕组电抗，Ω；r_m 为定子励磁电阻，Ω；x_m 为定子励磁电抗，Ω；r_2' 为转子绕组电阻折算值，Ω；x_2' 为转子绕组电抗折算值，Ω；s 为异步电机转差率为

$$s = \frac{n_0 - n}{n_0} \tag{6-10}$$

式中：n_0 为异步电动机同步速，r/min；n 为异步电动机转子转速，r/min。

由式（6-10）可以看出，当转速等于同步速时，转差率 $s=0$；当转速等于零时（即转子不转时），$s=1$。可见，在异步电动机中，转差率 s 也是反映电机转速的物理量。转差率 s 与转速 n 的关系也可以用如下坐标轴表示：

s ← —— $-n_0$ (2) —— 0 (1) —— n_0 (0) —— → n

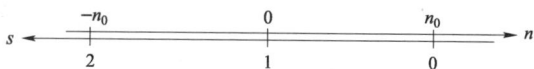

式（6-9）中转子电动势、电流的折算值与实际值的关系可用以下方程组表示

$$\begin{aligned}\dot{E}_2' &= k_\mathrm{e}\dot{E}_2\\ \dot{I}_2' &= \frac{1}{k_\mathrm{i}}\dot{I}_2\end{aligned} \tag{6-11}$$

式中：$\dot{E}_2$ 为转子相电动势实际值，V；$\dot{I}_2$ 为转子相电流实际值，A；k_e 为异步电动机电动势变比；k_i 为异步电动机电流变比。

异步电动机电动势变比和电流变比由下式定义

$$\begin{aligned}k_\mathrm{e} &= \frac{W_1 k_\mathrm{W1}}{W_2 k_\mathrm{W2}}\\ k_\mathrm{i} &= \frac{m_1 W_1 k_\mathrm{W1}}{m_2 W_2 k_\mathrm{W2}}\end{aligned} \tag{6-12}$$

式中：m_1、W_1、k_W1 分别是定子绕组的相数、匝数和绕组系数；m_2、W_2、k_W2 分别是转子绕组的相数、匝数和绕组系数。

式（6-9）中转子电阻、电抗的折算值与实际值的关系可用以下方程组表示

$$\begin{aligned}r_2' &= k_\mathrm{e}k_\mathrm{i}r_2\\ x_2' &= k_\mathrm{e}k_\mathrm{i}x_2\end{aligned} \tag{6-13}$$

式中：r_2 为转子电阻实际值，Ω；x_2 为转子电抗实际值，Ω。

异步电动机转子旋转时转子绕组感应电动势频率与定子绕组电动势频率不同，造成转子各物理量在转子旋转时与转子静止时不同，它们具有如下关系

$$\begin{aligned}f_2 &= sf_{20} = sf_1\\ E_2 &= sE_{20}\\ x_2 &= sx_{20}\end{aligned} \tag{6-14}$$

式中：f_2 为转子绕组感应电动势的频率，Hz；f_{20} 为转子不转时转子绕组感应电动势的频率，Hz；E_{20} 为转子不转时转子绕组感应电动势，V；x_{20} 为转子不转时转子绕组的电抗，Ω。

（2）交流异步电动机的等效电路。根据式（6-9）可以画出异步电动机的等效电路如图 6-15 所示。由于励磁阻抗 $z_\mathrm{m} = \sqrt{r_\mathrm{m}^2 + x_\mathrm{m}^2}$ 较大，励磁电流较小，定子漏阻抗 $z_1 = \sqrt{r_1^2 + x_1^2}$ 很小，其上压降很小，因此可以近似地将励磁支路左移到电源端，如图 6-16 所示。这时异步电动机的等效电路由“T”形化简为“Γ”形，从而使异步电动机的计算变得简单易行。

等效电路图中的电阻 $\frac{1-s}{s}r_2'$ 是模拟机械功率的电阻，其上消耗的电功率就等于电动机轴上产生的机械功率。该电阻随着电机转速的升高（转差率 s 减小）而增大，在电机正常运转时，$s \ll 1$，该电阻远远大于转子绕组电阻，其消耗的功率（即转换出的机械功率）远远大于转子绕组的铜损耗。

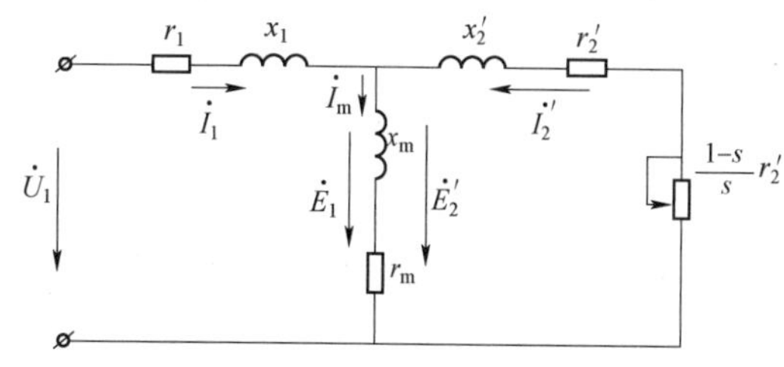

图 6-15　交流异步电动机的等效电路

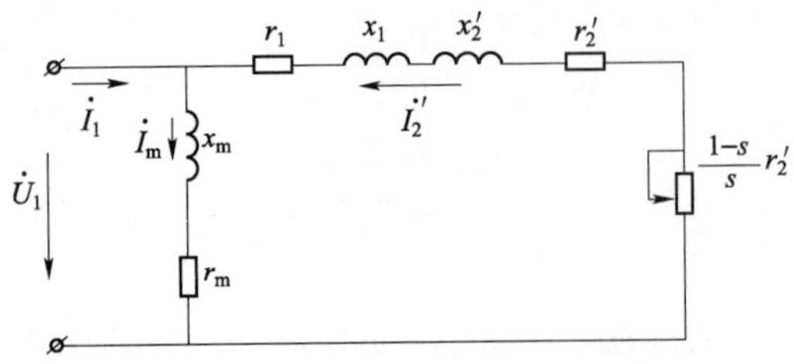

图 6－16　交流异步电动机的简化等效电路

（3）交流异步电动机的相量图。根据式（6－9）或图 6－15 可以绘制交流异步电动机的相量图如图 6－17 所示。根据图 6－16 可以绘制交流异步电动机的简化相量图如图 6－18 所示。

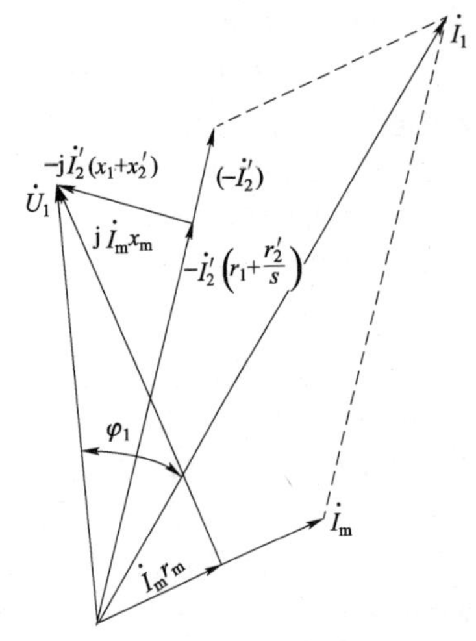

图 6－17　交流异步电动机的相量图

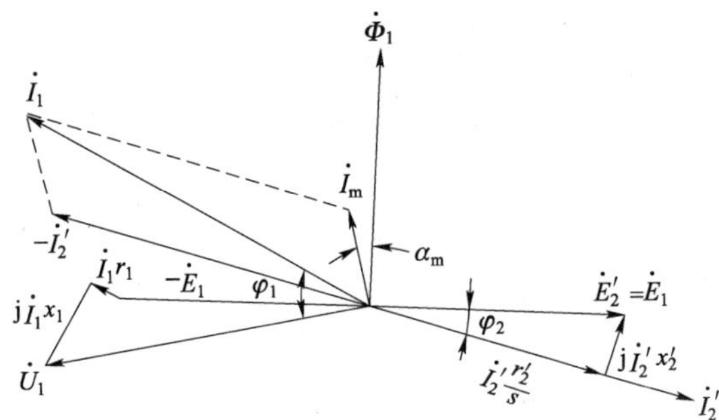

图 6－18　异步机的简化等效电路相量图

4. 交流异步电动机的转矩方程式与转矩特性

（1）交流异步电动机的转矩方程式。

1）交流异步电动机电磁转矩的物理表达式

$$T = C_{Mj}\Phi_m I_2'\cos\varphi_2' \qquad (6-15)$$

式中：C_{Mj} 为异步电动机的转矩系数，$C_{Mj}=\frac{pm_1W_1k_{W1}}{\sqrt{2}}$；$\Phi_m$ 为异步电动机每极磁通；I_2' 为异步电动机转子电流折算值；$\cos\varphi_2'$ 为异步电动机转子电路的功率因数。

2）交流异步电动机电磁转矩的参数表达式

$$T=\frac{m_1}{\Omega_0}\frac{U_1^2\frac{r_2'}{s}}{(r_1+\frac{r_2'}{s})^2+(x_1+x_2)^2} \qquad (6-16)$$

式中：Ω_0 为旋转磁场的旋转角速度；U_1 为异步电动机的相电压。

3）交流异步电动机电磁转矩的实用表达式

$$T=\frac{2T_m}{\frac{s}{s_m}+\frac{s_m}{s}} \qquad (6-17)$$

式中：T_m 为异步电动机的电磁转矩最大值；s_m 为异步电动机产生最大电磁转矩时对应的转差率值。

（2）交流异步电动机的转矩特性曲线和转速特性曲线。

1）根据式（6－15）和式（6－9）的电流平衡方程式可以画出交流异步电动机的转矩特性曲线如图 6－19 所示。

2）根据式（6－16）和式（6－9）的电流平衡方程式可以画出交流异步电动机的转速特性曲线如图 6－20 所示。

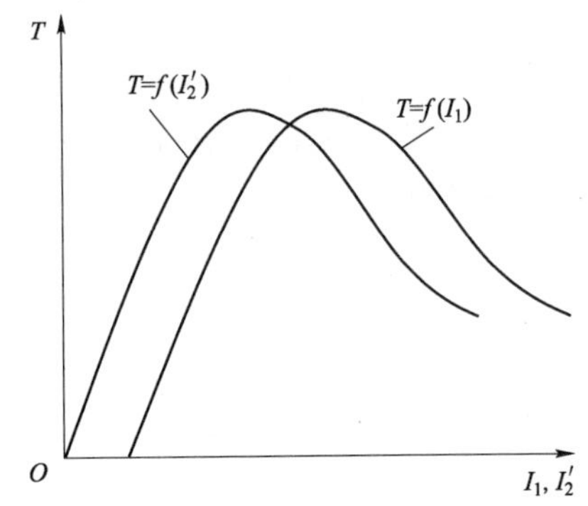

图 6－19　交流异步电动机的转矩特性曲线

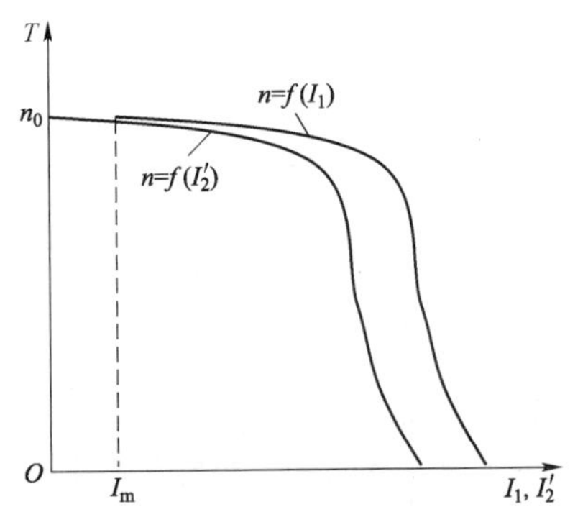

图 6－20　交流异步电动机的转速特性曲线

5. 交流异步电动机的机械特性方程式与机械特性曲线

（1）交流异步电动机的机械特性方程式。式（6－16）、式（6－17）反映了交流异步电动机电磁转矩 T 与转子转速 n（此处为转差率 s）的关系，因此称为交流异步电动机的机械特性表达式。其中式（6－16）表示了电动机端电压和定、转子阻抗对电动机机械特性的影响，常用来分析上述阻抗参数对电机性能的影响。而转矩近似表达式（6－17）则以电机的最大转矩 T_m 和最大转矩所对应的临界转差率 s_m 为参数，这两个参数可以方便地从电机的铭牌数据中查到，常用于工程设计时。

（2）异步电动机的机械特性曲线：

1）交流异步电动机的固有机械特性曲线。根据式（6－16）或式（6－17）可以绘制保持电机本身固有参数不变时交流异步电动机的机械特性曲线如图 6－21 所示。该曲线就是交流异步电动机的固有机械特性曲线。可以看出，异步电动机的机械特性是一个非线性曲线，它有一个最大转矩点（又称临界点）P，其坐标为（T_m，s_m），异步电动机的起动转矩 T_Q 通常小于最大转矩 T_m。

2）交流异步电动机改变参数时的人为机械特性曲线。根据式（6－16）可以绘制当改变电机供电电源电压（通常降压）时的人为机械特性曲线如图 6－22 所示。

由式（6－16）知，异步电动机的电磁转矩与电源电压的二次方成正比，随着电压的降低，电动机的转矩与电源电压的二次方成比例地减小，表现在电动机的机械特性上，其曲线水平向左移动，最大转矩点 P 对应的转差率保持不变。

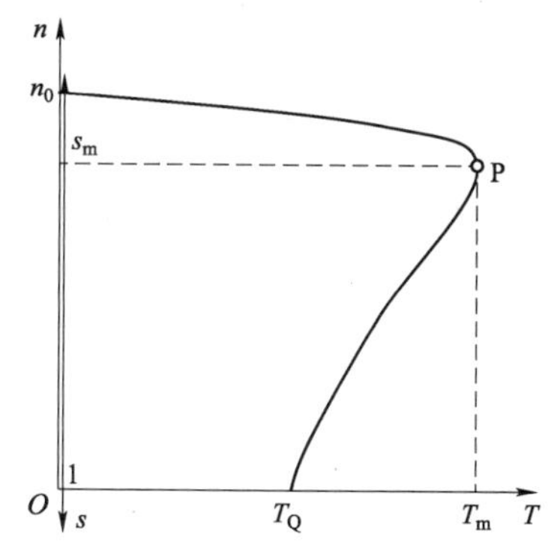

图 6－21　异步电动机的固有机械特性

根据式（6－16）可以绘制当改变电动机转子回路电阻时的人为机械特性曲线如图 6－23 所示。可以看出，随着转子串联电阻的增大，机械特性硬度降低，最大转矩点向下移动，最大转矩值保持不变。

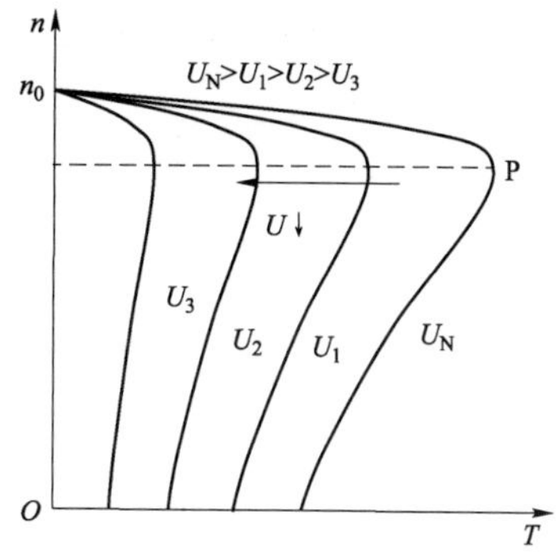

图 6－22　异步电动机改变电压的机械特性

根据式（6－16）可以绘制当改变电机转子回路电抗或改变定子回路阻抗时的人为机械特性曲线如图 6－24 所示，图中 Z 代表所串的转子电抗、定子电阻或定子电抗。

可以看出，当转子回路电抗（或定子回路电阻或电抗）增大时，电机的机械特性向左移动，其最大转矩点向左上方移动。

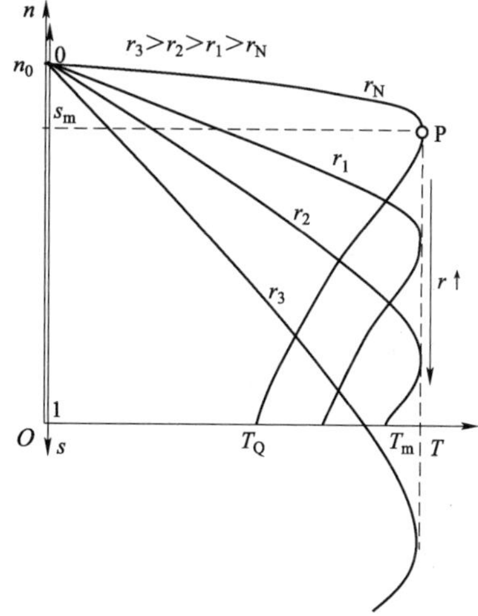

图 6－23　异步电动机改变转子电阻的机械特性

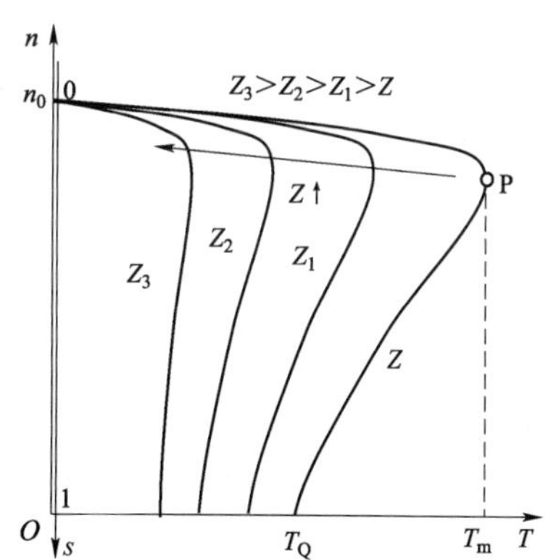

图 6－24　异步电动机转子串电抗（或定子串电阻、电抗）的机械特性

3）交流异步电动机的转速

$$n=(1-s)n_0=(1-s)\frac{60f}{p} \qquad (6-18)$$

改变供电电源频率 f 的人为机械特性曲线，如图 6－25 所示。

类似地，改变电机极对数的人为机械特性曲线，如图 6－26 所示。

图 6－22～图 6－24 均属于改变转差率的人为机械特性。

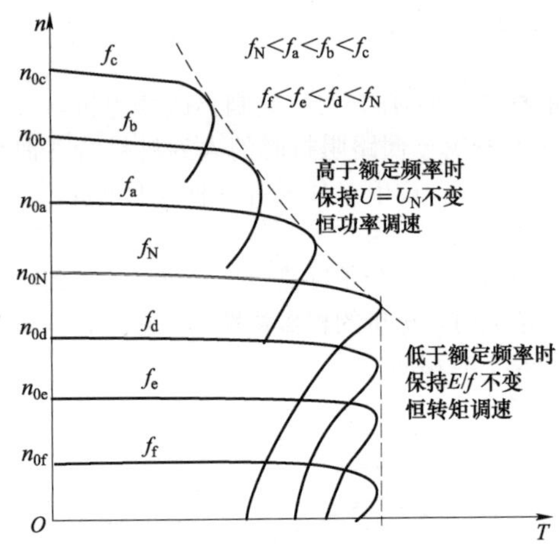

图 6－25　改变供电电源频率 f 的人为机械特性

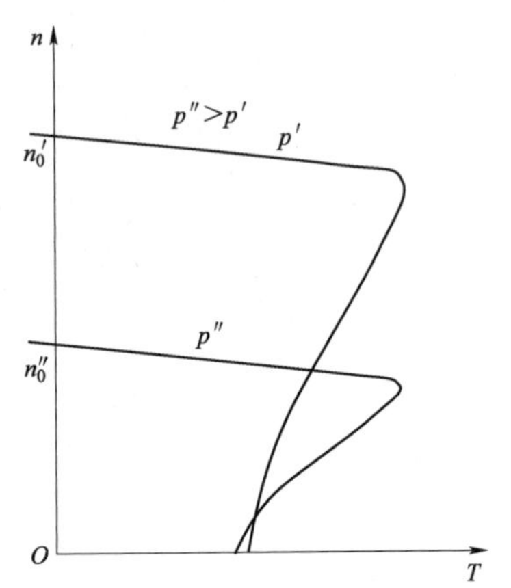

图 6－26　改变电机极对数的人为机械特性

6. 交流异步电动机的功率流动

交流异步电动机的功率流动可以用图 6－27 所示。

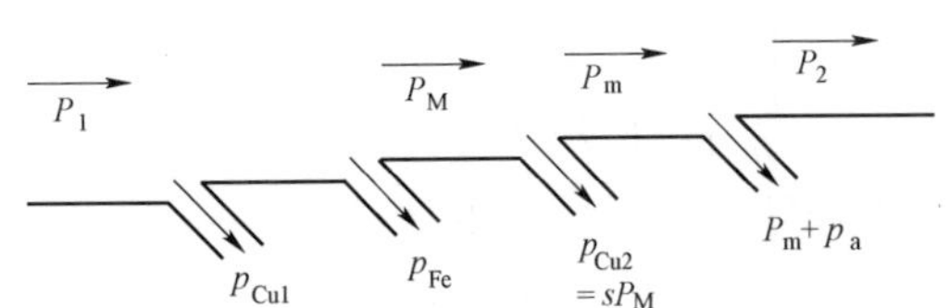

图 6－27　交流异步电动机的功率流动

图 6－27 中，P_1 为由电源输入到电动机的功率

$$P_1=m_1U_1I_1\cos\varphi_1 \qquad (6-19)$$

p_{Cu1} 为电机定子绕组的铜损耗

$$p_{Cu1}=m_1I_1^2r_1 \qquad (6-20)$$

p_{Fe} 为电机的铁损耗

$$p_{Fe}=m_1I_0^2r_m \qquad (6-21)$$

P_M 为由定子旋转磁场通过电磁感应向转子传递的电磁功率

$$\begin{aligned}P_M&=P_1-p_{Cu1}-p_{Fe}\\&=m_1I_2'^2\frac{r_2'}{s}=m_1E_2'I_2'\cos\varphi_2=m_2E_2I_2\cos\varphi_2\end{aligned} \qquad (6-22)$$

p_{Cu2} 为电机转子绕组回路的铜损耗，其大小等于电磁功率的 s 倍，因此又称转差功率，记作 P_S

$$p_{Cu2}=m_1I_2'^2r_2'=sP_M=P_S \qquad (6-23)$$

P_m 为电机转子轴上的机械功率，它等于电磁功率的（1－s）倍。

$$\begin{aligned}P_m&=P_M-p_{Cu2}\\&=m_1I_2'^2\frac{r_2'}{s}-m_1I_2'^2r_2'=m_1I_2'^2\frac{1-s}{s}r_2'=(1-s)P_M\\&=T\Omega\end{aligned} \qquad (6-24)$$

P_2 为异步电动机转子轴的输出功率

$$\begin{aligned}P_2&=P_1-p_{Cu1}-p_{Fe}-p_{Cu2}-p_m-p_a\\&=P_M-p_{Cu2}-p_m-p_a\\&=P_m-p_m-p_a\\&=T\Omega-T_m\Omega-T_a\Omega=T_2\Omega\end{aligned} \qquad (6-25)$$

式中：p_m 为由轴承摩擦、风阻等摩擦阻转矩造成的机械损耗；p_a 为由齿谐波引起的附加损耗，对大型异步电动机大约为额定功率的 0.5%，对某些小型异步电动机附加损耗可达 1%～3%。

由此可以得到异步电动机的转矩平衡方程式

$$T=T_2+T_m+T_a=T_2+T_0 \qquad (6-26)$$

式中：T_2 为异步电动机转子轴的输出转矩；T 为异步电动机的电磁转矩；T_0 为异步电动机空载转矩；T_m 为异步电动机机械摩擦转矩；T_a 为异步电动机附加转矩。

7. 交流异步电动机的工作特性

上述机械特性是异步电动机的重要特性曲线，除此之外还有另外一些常用的特性曲线，主要有在额定电压、额定频率下电动机的输出转矩 T_2、定子电流 I_1、功率因数 $\cos\varphi$、效率 η 以及转差率 s 与输出功率 P_2

之间的关系曲线。通常把它们统称为电动机的工作特性。

异步电动机的工作特性曲线如图 6－28 所示。

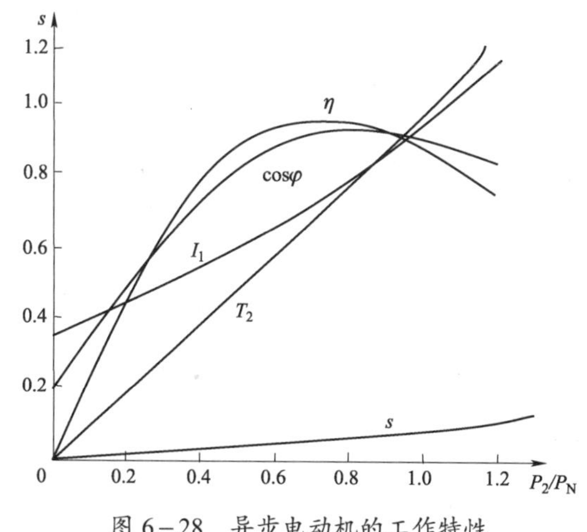

图 6－28　异步电动机的工作特性

图 6－28 中曲线 s 为异步电动机的转差率特性曲线 $s=f(P_2)$，一般异步电动机在额定负载时对应的额定转差率为 0.015~0.05，额定功率大的电动机额定转差率较小。

图 6－28 中曲线 T_2 为异步电动机的输出转矩特性曲线 $T_2=f(P_2)$，由于异步电动机正常运行时其转速变化不大，因此 T_2 与 P_2 近似为线性关系。

图 6－28 中曲线 I_1 为异步电动机的定子电流特性曲线 $I_1=f(P_2)$，曲线与纵坐标的交点为电动机的空载电流 I_0，空载电流主要成分是励磁电流 I_m。随着负载的增加，转速略有下降，转子电流增大，定子电流也随之增大。

图 6－28 中曲线 $\cos\varphi$ 为异步电动机的功率因数特性曲线 $\cos\varphi=f(P_2)$，曲线与纵坐标的交点为电动机的空载功率因数，由于这时电动机的输入电流主要是用于建立旋转磁场，因此功率因数很低，一般不会超过 0.2。随着负载增加，定子电流中的有功分量增加，使功率因数增加，接近额定负载时功率因数达到最大值，为 0.8～0.9，负载进一步增大，功率因数又有所下降。由于异步电动机必须从电源吸收无功功率来建立磁场，因此其功率因数永远小于 1。

图 6－28 中曲线 η 为异步电动机的效率特性曲线 $\eta=f(P_2)$，该曲线从原点出发，随着输出功率的增加而增大，到 $P_2=0.75P_N$ 左右时达到最大，输出功率再增加，效率则逐渐下降。

效率曲线可以依据下式计算

$$\eta=\frac{P_2}{P_1}=1-\frac{\sum p}{P_2+\sum p} \tag{6-27}$$

式中：$\sum p$ 是电动机的总损耗，它包括定、转子的铜损耗、铁损耗、机械损耗和附加损耗。在正常运行范围内，磁通与转速变化很小，所以铁损耗、机械损耗变化也很小，称作不变损耗，而定、转子的铜损耗与电流的二次方成正比，随负载变化而有较大变化，称作可变损耗。可以证明，当电机中的不变损耗等于可变损耗时，效率达到最大值。异步电动机在额定负载下的效率在 74%～94%之间，大型高压异步电动机的效率可高达 96%以上。

6.1.4　交流同步电机

在 20 世纪前，同步电机主要用作发电机，由于其起动、调速的困难而较少用作电动机。随着变频技术的发展，同步电动机的起动、调速很容易实现，其效率高、功率因数可调的优点更为突出，从而在工业领域开始得到大量应用，具有良好的发展前景。

1. 交流同步电机的电枢电动势

同步电机的转子励磁电流 I_f 产生磁动势 F_0，使磁极建立磁通并以同步速旋转，切割定子三相绕组，在定子电枢绕组中感应出三相对称的空载电动势 E_0。当定子绕组电流为 I 时，I 产生的电枢反应磁动势 F_a 与励磁磁动势 k_fF_0（k_f 为磁动势由转子向定子侧折算的折算系数）的合成磁动势 R 为电机的总磁动势，R 引起的磁通切割定子电枢绕组，在绕组中感应出三相对称的气隙电动势 E_δ。

在线性条件下，上述的磁动势、电动势之间的关系可以用图 6－29 的相量图表示。

图 6－29 是隐极同步电机的相量图，其中 x_a 是电枢反应电抗，x_σ 是电枢绕组的漏电抗，$x_s=x_\sigma+x_a$ 称为同步电抗。工程上常可以忽略电枢绕组电阻和漏电抗，这时对于发电机、电动机和隐极、凸极的不同组合情况下的电动势相量图如图 6－30 所示。

图 6－29a 的同步发电机相量图中电压、电动势关系即流同步发电机的电压平衡方程式为

$$\dot{U}=\dot{E}_0-\dot{I}(r+\mathrm{j}x_\sigma+\mathrm{j}x_a)=\dot{E}_0-\dot{I}(r+\mathrm{j}x_s)=\dot{E}_0-\dot{I}z_s \tag{6-28}$$

式中：$\dot{U}$ 为同步发电机相电压；$z_s=r+\mathrm{j}x_s$ 为同步电机相阻抗。

忽略式（6－28）中的 r，可得图 6－30a 的电压平衡方程式

$$\dot{U}=\dot{E}_0-\mathrm{j}\dot{I}x_s \tag{6-29}$$

图 6－29d 的同步电动机相量图中电压、电动势关系即交流同步电动机的电压平衡方程式为

$$\dot{U}=\dot{E}_0+\dot{I}(r+\mathrm{j}x_\sigma+\mathrm{j}x_a)=\dot{E}_0+\dot{I}(r+\mathrm{j}x_s)=\dot{E}_0+\dot{I}z_s \tag{6-30}$$

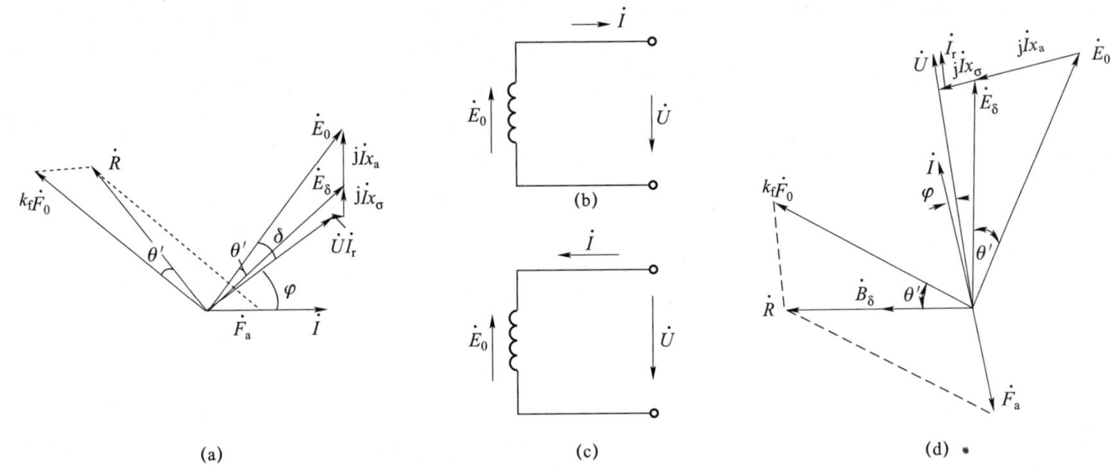

图 6-29　隐极同步电机相量图

（a）同步发电机相量图；（b）同步发电机正方向规定；（c）同步电动机正方向规定；（d）同步电动机相量图

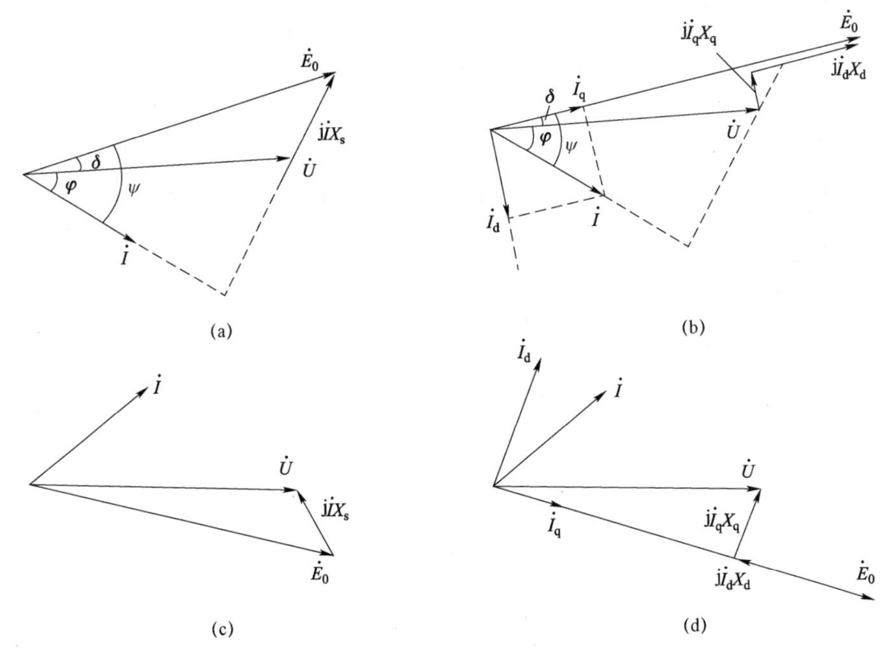

图 6-30　同步电机电动势相量图

（a）隐极同步发电机电动势相量图；（b）凸极同步发电机电动势相量图；
（c）隐极同步电动机电动势相量图；（d）凸极同步电动机电动势相量图

忽略式（6-30）中的 r，可得图 6-30c 的电压平衡方程式

$$\dot{U}=\dot{E}_0+\mathrm{j}\dot{I}x_s \tag{6-31}$$

与图 6-30b 对应的凸极同步发电机电压平衡方程式为

$$\dot{U}=\dot{E}_0-\mathrm{j}\dot{I}_d x_d-\mathrm{j}\dot{I}_q x_q \tag{6-32}$$

与图 6-30d 对应的凸极同步电动机电压平衡方程式为

$$\dot{U}=\dot{E}_0+\mathrm{j}\dot{I}_d x_d+\mathrm{j}\dot{I}_q x_q \tag{6-33}$$

2. 同步电机的功率与转矩

（1）交流同步发电机的功角特性。

隐极同步发电机的电磁功率为

$$P_M=m\frac{UE_0}{x_s}\sin\delta \tag{6-34}$$

凸极同步发电机的电磁功率为

$$P_{\mathrm{M}}=m\frac{UE_0}{x_{\mathrm{d}}}\sin\delta+m\frac{U^2}{2}\left(\frac{1}{x_{\mathrm{q}}}-\frac{1}{x_{\mathrm{d}}}\right)\sin 2\delta=P_{\mathrm{M}}'+P_{\mathrm{M}}'' \tag{6-35}$$

凸极同步发电机的电磁功率比隐极同步发电机多了一项

$$P_{\mathrm{M}}''=m\frac{U^2}{2}\left(\frac{1}{x_{\mathrm{q}}}-\frac{1}{x_{\mathrm{d}}}\right)\sin 2\delta$$

它是由凸极电机 d、q 轴磁阻不同造成的，称为附加功率。

根据式（6－34）和式（6－35）可以画出同步发电机的电磁功率与功角 δ 之间的关系如图 6－31 所示。称图中的曲线为同步发电机的功角特性曲线。

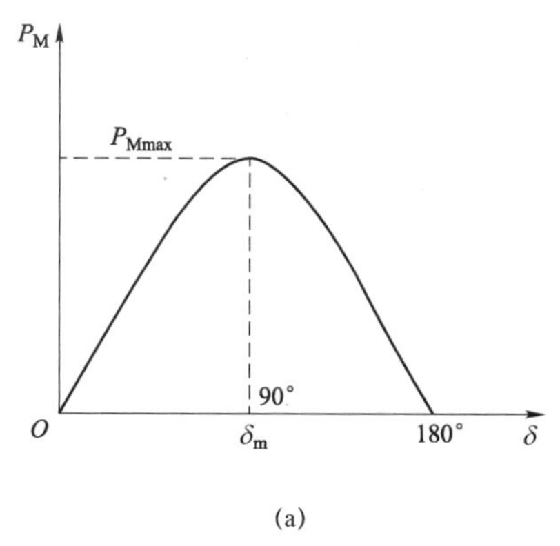

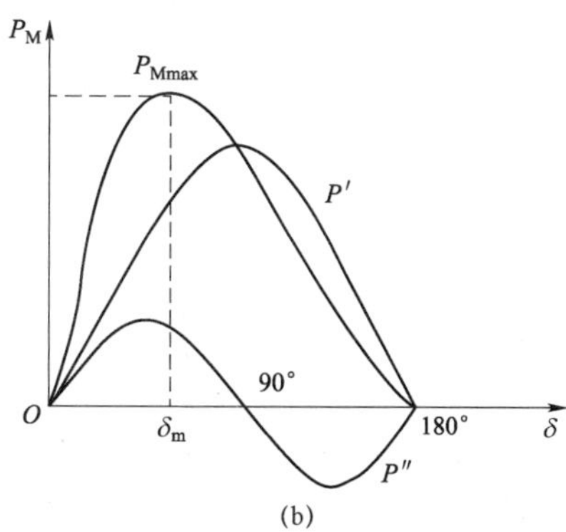

图 6－31　同步发电机的功角特性曲线

（a）隐极同步发电机；（b）凸极同步发电机

从图 6－30 和图 6－31 看出，在发电机中电动势 $\dot{E}_0$ 超前电压 $\dot{U}$ 一个 δ，随着负载增大，δ 也增大，当 δ 增大到 $\delta=\delta_{\mathrm{m}}$ 时，发电机发出最大电磁功率 P_{Mmax}，如果负载继续增加；δ 继续增大使 $\delta>\delta_{\mathrm{m}}$，这时发电机的电磁功率转而减小；当 $\delta>180°$ 时，同步发电机失步。对于隐极同步发电机，$\delta_{\mathrm{m}}=90°$；对于凸极同步发电机，$\delta_{\mathrm{m}}<90°$。

定义同步发电机的最大电磁功率与额定功率的比值为同步发电机的过载能力，如式（6－36）

$$k_{\mathrm{M}}=\frac{P_{\mathrm{Mmax}}}{P_{\mathrm{N}}} \tag{6-36}$$

（2）交流同步电动机的转矩方程式与转矩特性。交流同步电动机运行时电压 $\dot{U}$ 超前电动势 $\dot{E}_0$ 一个 δ，用 $-\delta$ 代替式（6－34）、式（6－35）中的 δ 可得电动状态下的电磁功率，它与发电状态差一个负号，表明功率流动与发电机相反，是由电能转换为机械能。若按电动机惯例规定此时的 δ 即为正，则同步电动机的电磁功率也可用式（6－34）、式（6－35）计算。由于同步电动机的转速恒为 n_0，其电磁转矩可由式（6－34）、式（6－35）中的电磁功率 P_{M} 除以同步角速度 Ω_0 得出

隐极同步电动机

$$T=\frac{m}{\Omega_0}\cdot\frac{UE_0}{x_{\mathrm{s}}}\sin\delta \tag{6-37}$$

凸极同步电动机

$$T=\frac{m}{\Omega_0}\left[\frac{UE_0}{x_{\mathrm{d}}}\sin\delta+\frac{U^2}{2}\left(\frac{1}{x_{\mathrm{q}}}-\frac{1}{x_{\mathrm{d}}}\right)\sin 2\delta\right]=T'+T'' \tag{6-38}$$

式中，$\Omega_0=\dfrac{2\pi n_0}{60}$ 为同步电动机旋转角速度。

根据式（6－37）、式（6－38）可以画出同步电动机转矩与功角的关系曲线，如图 6－32 所示，称为同步电动机的矩角特性。

3. 交流同步电机的无功功率调节

（1）交流同步发电机的无功功率调节。并联在电网上运行的同步发电机，在向电网发出有功功率的同时往往还要向电网发出无功功率。可以通过调节励磁电流 I_{f} 来改变 E_0，从而调节同步发电机发出的无功功率。图 6－33 表示了隐极同步发电机保持发出的有功功率不变，通过调节励磁电流 I_{f} 来改变发出的无功功率时各相量间的关系。

由图 6－33 可知，当 U 和 I 同相，即 $\cos\varphi=1$ 时，发电机输出功率全部为有功功率，此时的励磁电流 I_{f} 称为“正常励磁电流”。若增加励磁电流（称为“过励”）到 I_{f1}，使 $I_{\mathrm{f1}}>I_{\mathrm{f}}$，并保持输出的有功功率不变，空载电动势将增大，其末端沿直线 XX 移到 E_{01}，电流 I 也将增大，其末端沿直线 YY 移到 I_1，此时发电机的输出功率中除了有功功率外，还发出滞后的无功

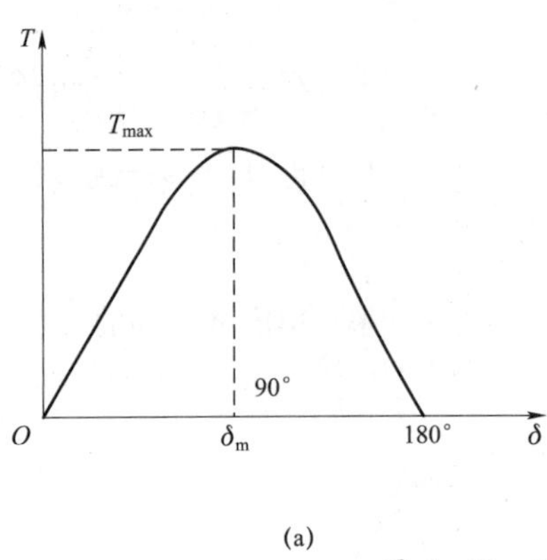

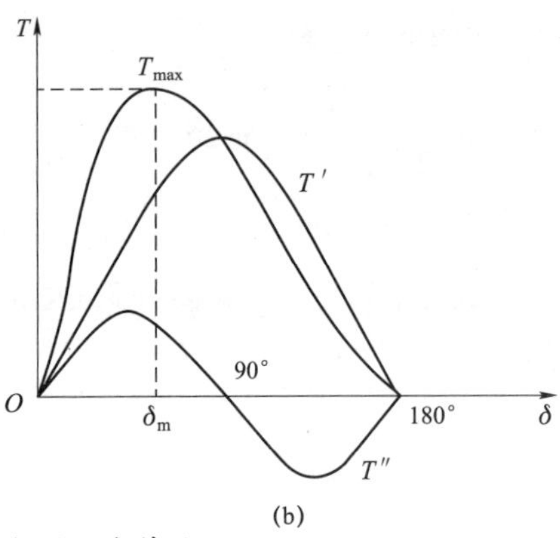

图 6－32 同步电动机的矩角特性

（a）隐极同步电动机；（b）凸极同步电动机

功率，又称发电机的该运行状态为“迟相运行”。若减小励磁电流（称为“欠励”）到 I_{f2}，使 $I_{f2}<I_f$，并保持输出的有功功率不变，空载电动势将减小，其末端沿直线 XX 移到 E_{02}，电流 I 也将增大，其末端沿直线 YY 移到 I_2，此时发电机的输出功率中除了有功功率外，还发出超前的无功功率，又称发电机的该运行状态为“进相运行”。

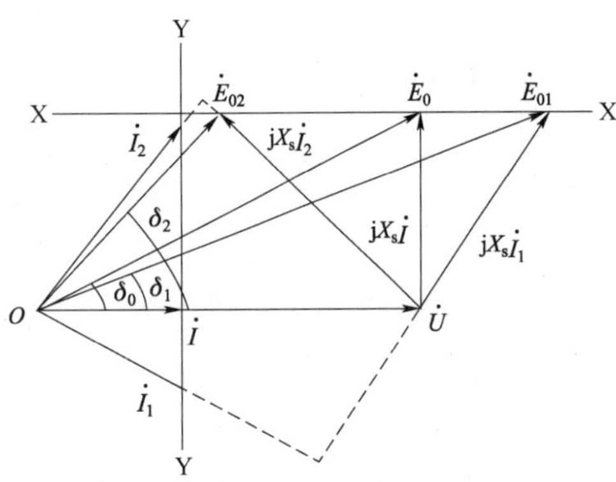

图 6－33 隐极同步发电机的无功功率调节

（2）交流同步电动机的无功功率调节。类似地，可以通过调节励磁电流 I_f 来改变 E_0，从而调节同步电动机吸收的无功功率。图 6－34 表示了隐极同步电动机保持有功功率不变，通过调节励磁电流 I_f 来改变吸收的无功功率时各相量间的关系。

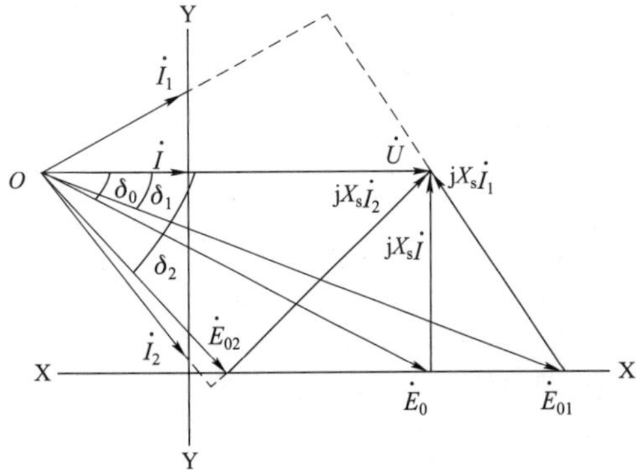

图 6－34 隐极同步电动机的无功功率调节

由图 6－34 可知，当 U 和 I 同相，即 $\cos\varphi=1$ 时，电动机吸收的全部为有功功率，此时的励磁电流 I_f 称为“正常励磁电流”。若增加励磁电流（称为“过励”）到 I_{f1}，使 $I_{f1}>I_f$，并保持吸收的有功功率不变，空载电动势将增大，其末端沿直线 XX 移到 E_{01}，电流 I 也将增大，其末端沿直线 YY 移到 I_1，变得超前于电压 U，此时电动机的从电网吸收的功率中除了有功功率外，还有超前的无功功率，此时电动机呈容性，可以用于补偿邻近负载的感性无功，提高系统的功率因数。若减小励磁电流（称为“欠励”）到 I_{f2}，使 $I_{f2}<I_f$，并保持输出的有功功率不变，空载电动势将减小，其末端沿直线 XX 移到 E_{02}，电流 I 也将增大，其末端沿直线 YY 移到 I_2，此时电动机吸收的功率中除了有功功率外，还有滞后的无功功率，此时电动机呈感性。

在工矿企业通常设置一台同步电动机拖动的生产设备，通过调节该同步电动机的励磁电流来改善本单位的功率因数，从而可以减少甚至不用设置补偿电容器。

也可以设置一台专用的调相机来调节企业用电的功率因数，这种调相机是有功功率为零（或接近于零）的同步电动机，它不带生产机械做功，只用于改善功率因数。

4. 交流同步电机的 V 形曲线

同步发电机在确定的有功功率下电枢电流 I 随励磁电流 I_f 的变化曲线如图 6－35a 所示，该曲线表现为一条 V 形的曲线。V 形曲线是一簇曲线，其中每一条 V 形曲线对应一个确定的有功功率。每一条 V 形曲线有一个最低点，对应着 $\cos\varphi=1$ 的情况。将所有的最低点连起来，将得到 $\cos\varphi=1$ 的曲线，在它的左面为欠励状态，为功率因数超前的区域；右面为过励状态，为功率因数滞后区域。

同步电动机的 V 形曲线如图 6－35b 所示，按照电动机惯例，在 $\cos\varphi=1$ 的曲线左面为欠励状态，为功率因数滞后的区域，在此区域运行时电动机吸收无功功率；右面为过励状态，为功率因数超前区域，在此区域运行时电动机发出无功功率。

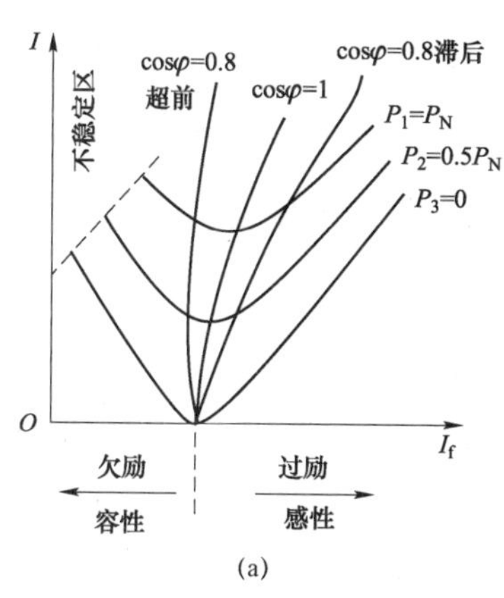

(a)

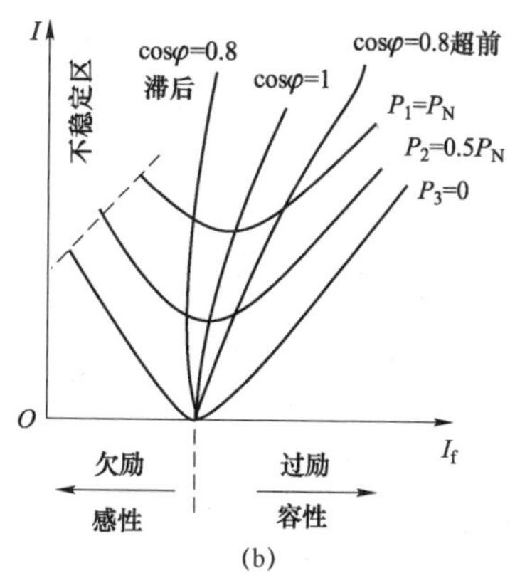

(b)

图 6－35　同步电机的 V 形曲线

（a）同步发电机；（b）同步电动机

5. 交流同步电动机的功率流动

交流同步电动机的功率流动如图 6－36 所示。

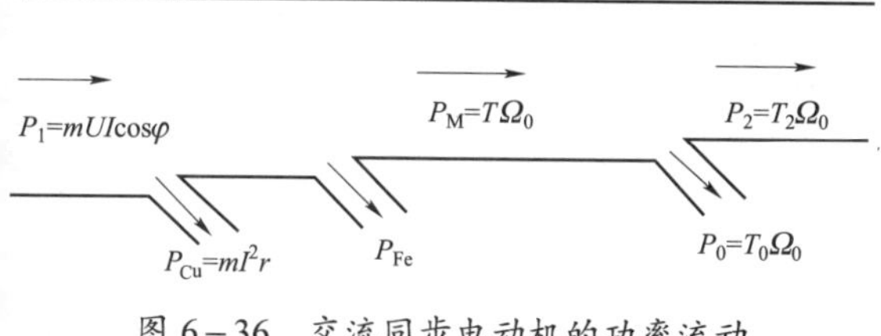

图 6－36　交流同步电动机的功率流动

6.1.5　直线电动机

直线电动机是一种将电能直接转换成直线运动机械能，而不需任何中间转换机构的电磁装置，是一种新型电动机。由于减少了从旋转到直线运动的中间传动机构，具有结构简单、精度高的优点。其结构有扁平型、圆筒型、盘型等，电源可采用交流电源、直流电源和脉冲电源等。应用于物流输送系统如邮政、海关、航空业等的物流分拣，数控加工中心、金属拉伸机等工业设备，信息与自动化领域如打印机、复印机等，交通领域如磁悬浮列车、电梯各种垂直或曲线输送机等，军事领域如电磁潜艇、电磁炮等以及医用心脏起搏器、手术移动器、电动工具等其他行业。

直线电动机分为交流直线感应电动机、交流直线同步电动机、直线直流电动机、直线步进（脉冲）电动机和混合式直线电动机。

1. 基本结构

图 6－37 为一台旋转电动机和扁平型直线电动机。直线电动机可以看成是将旋转电动机沿径向剖开，将电动机的圆周展开成直线，定子演变来的一侧为初级，转子演变来的为次级，如图 6－38 所示。

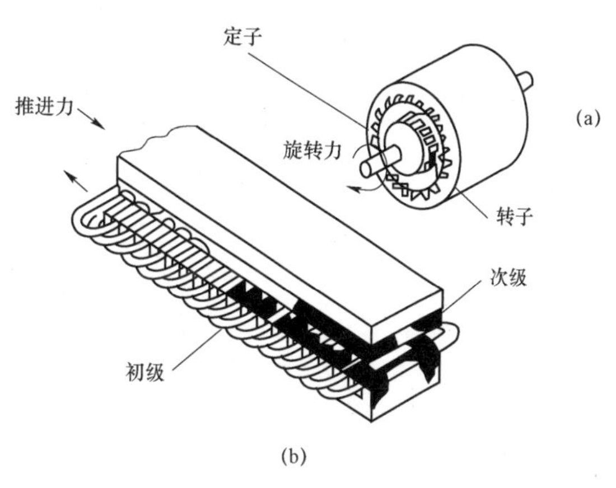

图 6－37　电机示意图

（a）旋转电动机；（b）直线电动机

（1）扁平型直线电机。仅在一侧安放初级的直线电机称为单边型直线电机。为了保证在所需行程范围内，初级和次级之间的耦合能保持不变，实际应用中，将初级和次级制造成不同的长度，如初级短、次级长的短初级结构和初级长、次级短的短次级结构。而短初级制造和运行费用比短次级低得多，除特殊场合外，目前一般采用短初级，如图 6－39 所示。其最大特点是初级与次级之间存在一个很大的法向吸力，大多数场合下，该吸力不希望存在，因此为抵消该法向吸力，在次级两侧均安装初级，这种结构为双边型直线电机，如图 6-40 所示。

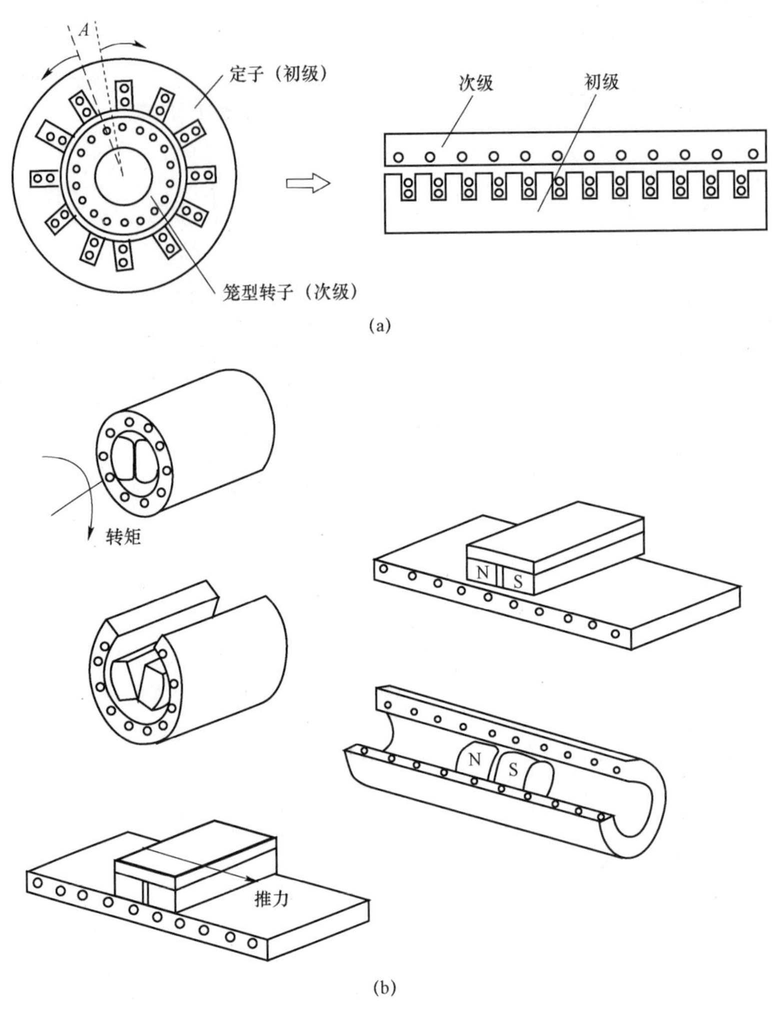

图 6-38　旋转电机演变为直线电机的过程

（a）感应式旋转电动机演变为直线电机；（b）永磁式旋转电机演变为直线电机

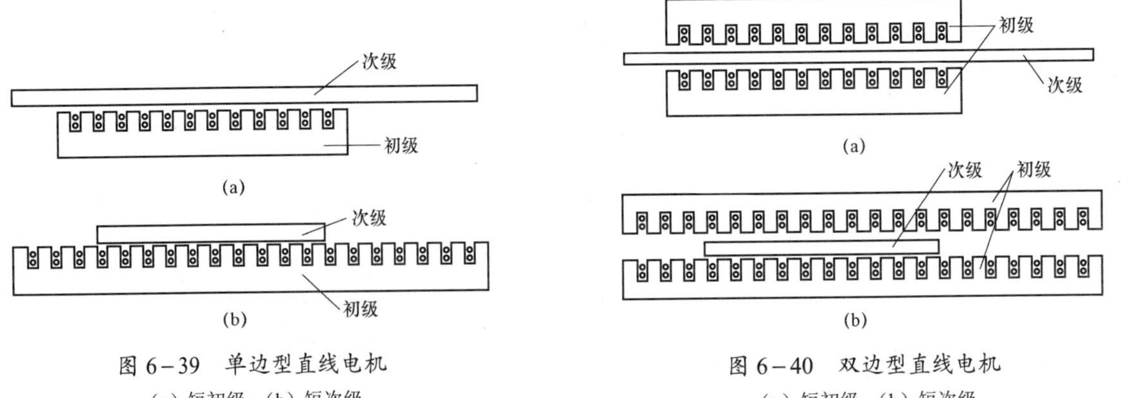

图 6-39　单边型直线电机

（a）短初级；（b）短次级

图 6-40　双边型直线电机

（a）短初级；（b）短次级

（2）圆筒型直线电机。将扁平型直线电机沿着和直线运动相垂直的方向卷成筒形，构成如图 6−41 所示的圆筒型直线电机。

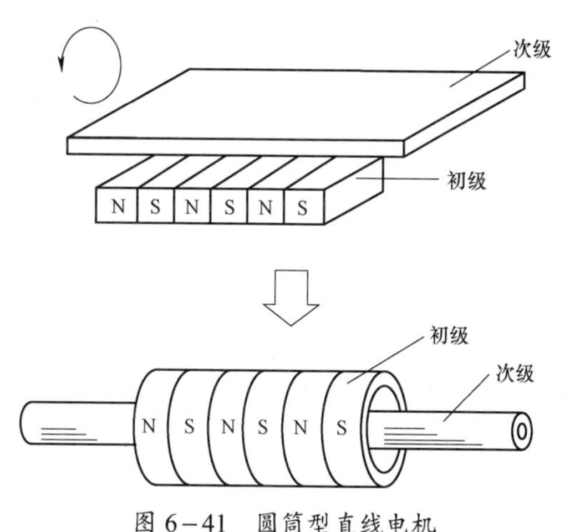

图 6−41　圆筒型直线电机

（3）圆弧型直线电机。将扁平型直线电机的初级沿着运动方向改成弧形，并安放于圆柱形次级的柱面外侧，构成如图 6−42 所示的圆弧型直线电机。运动实际上是圆周运动。

（4）圆盘型直线电机。将次级用钢或铝、铜、铝铁复合等材料做成一个圆盘，将初级放在次级圆盘靠近外缘的平面上，盘型直线电机的初级可以是双面的，也可以是单面的，如图 6−43 所示，运动实际上是圆周运动。

图 6−42　圆弧型直线电机

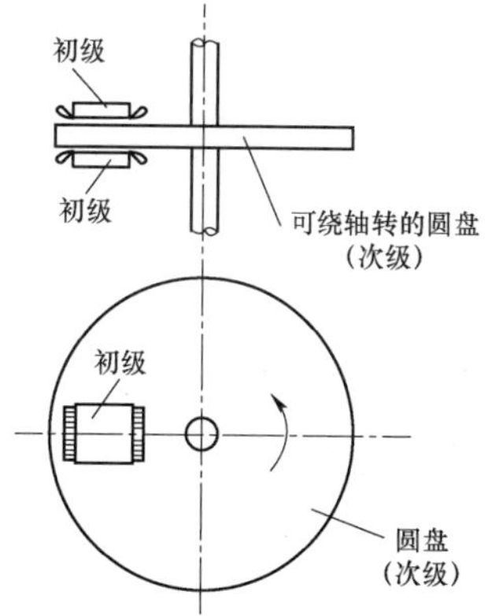

图 6−43　圆盘型直线电机

2. 工作原理

其工作原理与旋转电机相似，以直线感应电动机为例进行介绍。在图 6−44 所示的直线电机的三相绕组中通入三相对称的正弦电流后，产生气隙磁场。不考虑铁心两端开断引起的纵向边端效应时，其气隙磁场为沿展开的直线方向呈正弦分布。当三相电流随时间变化时，气隙磁场将按 A、B、C 相序沿直线运动，该磁场是平移的，称为行波磁场。行波磁场的移动速度称为同步转速，用 v_s 表示（m/s），该速度等于旋转磁场在定子内圆表面上的线速度。

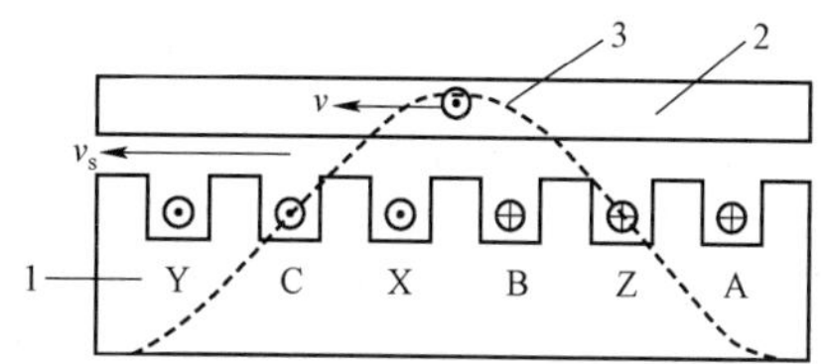

图 6−44　直线电动机的基本工作原理
1—初级；2—次级；3—行波磁场

$$v_s = 2f\tau \tag{6-39}$$

式中：f 为电源频率，Hz；τ 为极距，m。

通过改变极距或电源频率，可以改变直线电机的速度。

次级导条在行波磁场切割下，将感应电动势并产生电流，所有导条的电流和气隙磁场相互作用产生电磁推力

$$F = \frac{m_1}{v_s} E_2 I_2 \cos\varphi_2 \tag{6-40}$$

式中：m_1 为电机初级相数；v_s 为同步速度，m/s；I_2 为次级电流；E_2 为次级电动势；φ_2 为次级电动势与次级电流之间的相角。

初级固定不动，次级在电磁推力作用下顺着行波磁场运动的方向做直线运动。次级的移动速度用 v 表示，移动的差率（简称移差率）用 s 表示，电动机状态时，$s=0\sim1$，则

$$\begin{cases} s = \dfrac{v_s - v}{v_s} \\ v_s - v = s v_s \\ v = (1-s) v_s \end{cases} \tag{6-41}$$

直线电机对换任意两相的电源线后实现反向，可使直线电机做往复直线运动。

直线异步电动机的机械特性、调速特性与交流伺服电机相似，直线异步电动机的起动和调速以及制动方法与旋转电机相同。

6.1.5.1 直线感应电动机

直线感应电动机的参数为初级长度 $2p\tau$ 和初级铁心宽 $2a$。

1. 品质因数

直线感应电动机的品质因数是把一种能量转换为另外一种能量的能力，单位电压产生的电流 I/U 和单位磁化电流产生的磁通量 Φ/I_0 的乘积是衡量电机性能的依据。品质因数的定义为

$$G = k\frac{I}{U}\cdot\frac{\Phi}{I_0} \tag{6-42}$$

式中：k 为比例系数；$I/U = 1/r$ 为电导；$\Phi/I_0 = L$ 为电感。

比例系数 k 取 1 直线感应电动机的品质因数 $G = \omega L/r = \omega T$，忽略初级漏阻抗、次级漏抗的影响时，有

$$G = \frac{x_m}{r_2} = \frac{\omega L_m}{r_2} = \omega T \tag{6-43}$$

式中：x_m 为励磁电抗；r_2 为次级电阻。

2. 功率

电动机视在功率为

$$P' = m_1 E_1 I_1 \text{（VA）} \tag{6-44}$$

式中：E_1 为初级相电动势，V；I_1 为初级相电流，A。

$$E_1 = \alpha_W \times 4.44 f\left(2a\tau\frac{2}{\pi}B_\delta\right)\omega_1 k_{w1} \text{（V）} \tag{6-45}$$

式中：B_δ 为气隙磁通量密度，T；τ 为极距，m；$2a$ 为初级铁心宽，m。

$$I_1 = \frac{(A_S)p\tau}{m_1\omega_1} \text{（A）} \tag{6-46}$$

式中，A_S 为初级电负荷，A/m。

$$2a = \frac{0.25P'}{\alpha_W \times 0.707 B_\delta (AS) fp\tau^2 k_{w1}} \text{（m）} \tag{6-47}$$

$$P' = \frac{F v_S k_E}{\eta_c \cos\varphi} \text{（VA）} \tag{6-48}$$

式中：F 为电动机的电磁推力，N；v_S 为同步速度，m/s，$v_S = 2f\tau$；k_E 为反电动势系数，$k_E = E_1/U_1$；$\cos\varphi$ 为电动机功率因数；η_c 为同步效率。

$$\eta_c = P_\delta / P_1 \tag{6-49}$$

式中：P_δ 为经过气隙传到次级的电磁功率，$P_\delta = F v_S$，W；P_1 为初级输入功率，$P_1 = m_1 U_1 I_1 \cos\varphi$，W；$U_1$ 为初级相电压，V。

3. 特性

（1）推力—速度特性

推力公式为
$$F = (F_{st} - F_u)\left(1 - \frac{v}{v_f}\right) \tag{6-50}$$

式中：F_{st} 为起动推力，N；F_u 为摩擦力，N；v_f 为空载速度，m/s。

图 6-45 所示为直线感应电动机推力—速度特性，s 为移差率。旋转感应电动机推力力矩的最大值发生在移差率 $s=0.2$ 附近，直线感应电动机的最大推力发生在 $s=1$ 附近。直线感应电动机的起动推力大，在高速区域推力小，推力—速度特性近似成一条直线，如图 6-46 所示，具有较好的控制品质。

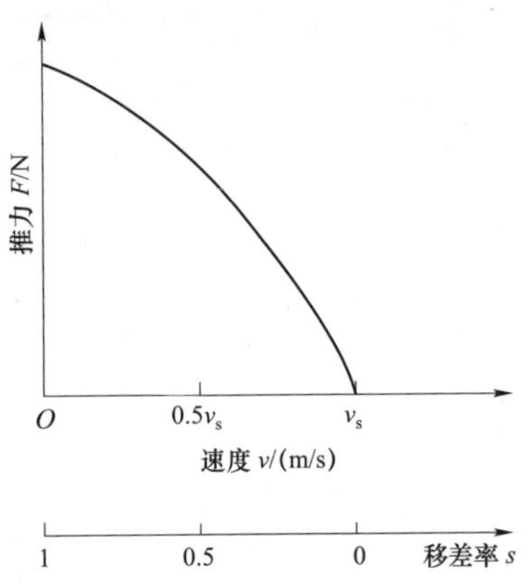

图 6-45 直线感应电动机的推力—速度特性

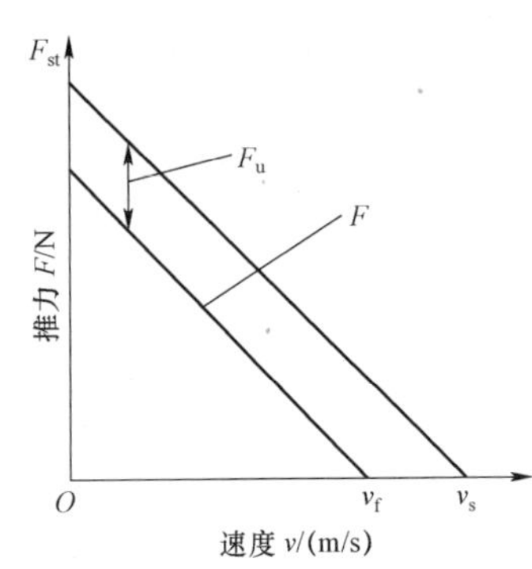

图 6-46 近似成直线的推力—速度特性

（2）推力—负荷占空因数特性。负荷占空因数（Duty Factor，DF）为

$$\text{DF} = \frac{T_1 + T_2}{T} \times 100\% \tag{6-51}$$

式中：T 为周期时间，s；$T_1 + T_2$ 为整个通电时间，s。

负荷占空因数的决定方法如图 6-47 所示。图 6-48 为推力—负荷占空因数特性，也称为推力—持续率特性。

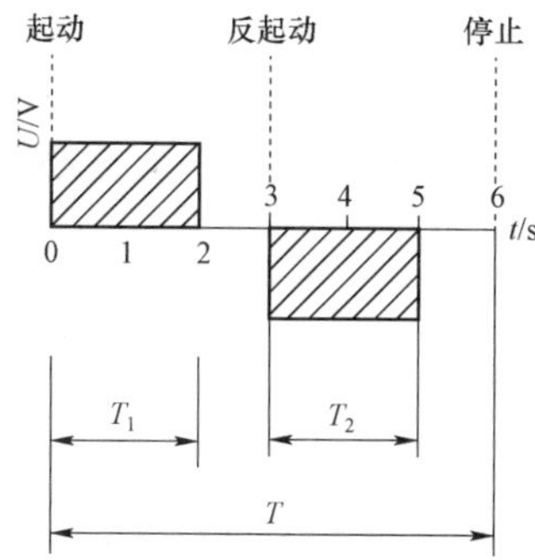

图 6-47　占空因数的决定方法

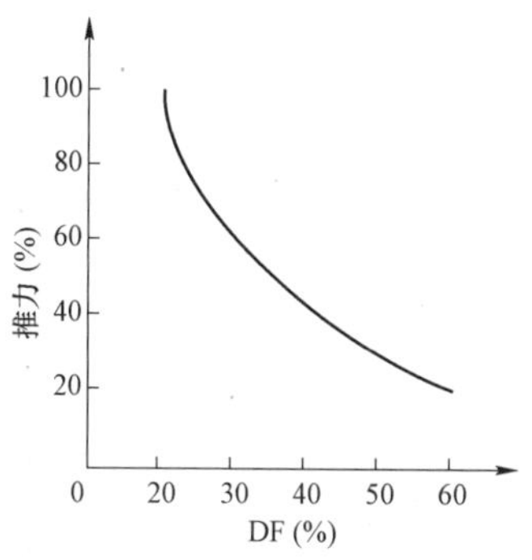

图 6-48　推力—负荷占空因数特性

（3）机械特性

$$F=\frac{2F_m}{\frac{s}{s_m}+\frac{s_m}{s}} \tag{6-52}$$

式中：F 为电磁力；F_m 为最大电磁力；s_m 为对应最大电磁力时的转差率。

图 6-49 中曲线 1、2、3 分别对应不同次级电阻时的机械特性。

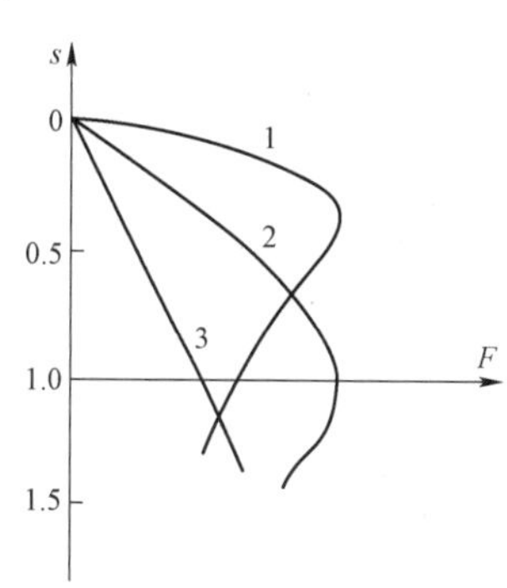

图 6-49　直线感应电动机的机械特性

4. 特点

（1）优点：

1）起动推力大，可实现大范围的加速和减速。

2）动子质量可以做得很小，能高速运转。

3）没有转换机构，总体结构简单、噪声低、重量轻、易维修。

（2）缺点：

1）气隙大，一般直线感应电动机的极距/气隙比约为 20，使其功率因数和效率较低。

2）转差率大。

6.1.5.2　直线同步电动机

1. 基本原理

直线同步电动机的磁极一般可由直流励磁绕组或永磁体励磁，在定子绕组产生的气隙行波磁场和磁极磁场的共同作用力，气隙磁场对磁极动子产生电磁推力。初级固定不动，磁极在电磁推力作用下沿着行波磁场运动方向做直线运动。磁极移动速度 v 与行波磁场的移动速度一致。

直线同步电动机比直线感应电动机的驱动力更大，通过对驱动电源的调节，控制性能、位置精度更好。直线同步电动机在高精度直线驱动中应用广泛，如高速地面运输系统和直线提升装置的驱动系统。

2. 分类

（1）根据动子励磁进行分类，分为动子磁极由直流电流绕组励磁的常规直线同步电动机和动子磁极为永磁体的直线永磁同步电动机。

常规直线同步电动机磁极磁场通过励磁电流励磁产生，励磁磁场由直流电流决定，通过控制励磁电流可以改变电动机的切向牵引力和侧向吸引力。直线永磁同步电动机的励磁磁场由永磁体提供，磁极动子不需外加电源进行励磁，结构简单，整体效率高。

（2）根据结构形式进行分类，分为扁平型单边长定子直线同步电动机、圆筒型直线同步电动机和永磁直线同步电动机。

扁平型单边长定子直线同步电动机动子与定子之间具有切向驱动力和法向的吸引力，电动机励磁通过调节磁极绕组的电流进行改变。运行时，长定子绕组分段切换通电，每段通电定子下只有一部分覆盖有磁极，定子绕组的漏抗较大，电源电压一部分用于克服漏抗压降。

圆筒型直线同步电动机，一般结构为短初级、长次级。这种电动机可以是实现旋转运动与直线运动的旋转直线电动机，旋转直线的运动体可以是初级，也可以次级。

永磁直线同步电动机，兼有永磁电动机和直线电动机的特点，具有力能指标高、体积小、重量轻，具有发电制动功能。在垂直升降输送系统、高速地面运输系统、往复式空气压缩机等方面应用。

3. 永磁直线同步电动机

永磁直线同步电动机垂直运输系统示意图如

图 6－50 所示。原理近似于长初级短次级永磁同步电动机。永磁直线同步电动机按初级分为单边型和双边型，按动子结构分为隐极型和凸极型。单边型凸极永磁直线同步电动机如图 6－51 所示，双边型隐极永磁直线同步电动机如图 6－52 所示。永磁直线同步电动机工作原理类似于旋转同步电动机，电动机的定子和动子同步运动磁场存在非零的空间位移，从而在电动状态时产生一个非零的纵向推力，在发电状态时为阻力。永磁直线同步电动机初级与动子之间存在一个垂直力，单边型电动机，垂直力用来支撑电动机的运动部分；双边型电动机，垂直力可相互抵消。

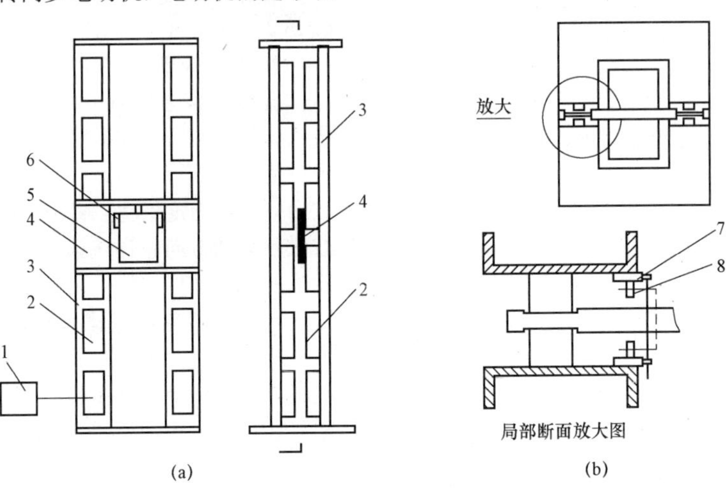

图 6－50 永磁直线同步电动机垂直运输系统示意图

1—供电电源；2—电机初级；3—固定框架；4—电机动子；5—提升容器；6—机械制动装置；7—运行轨道；8—导向装置

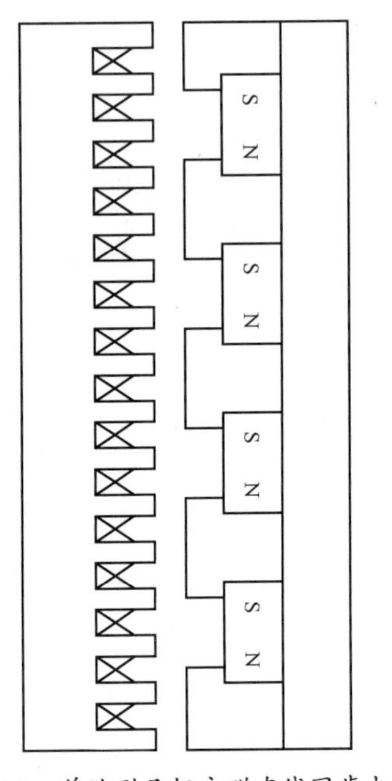

图 6－51 单边型凸极永磁直线同步电动机

（1）性能分析。

1）相量图。永磁直线同步电动机等效电路的电压平衡方程式为

$$U_s = -E_0 + I_s r_s + jI_s X_1 + jI_s X_s \qquad (6-53)$$

式中：U_s 为电枢电压，V；I_s 为电枢电流，A；X_s 为电枢电抗，Ω；X_1 为电枢漏电抗，Ω；E_0 为励磁电动势，V。

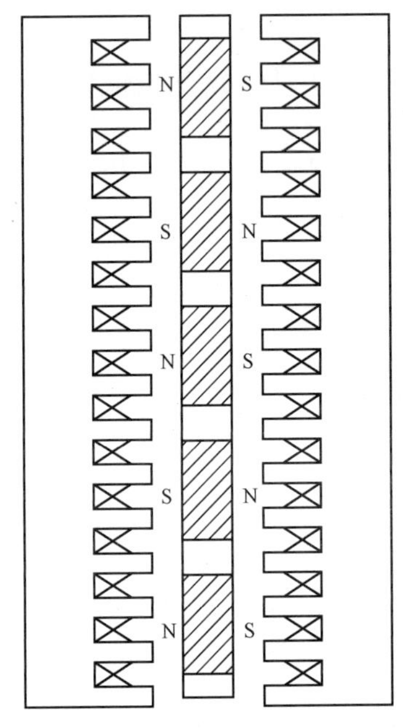

图 6－52 双边型隐极永磁直线同步电动机

根据式（6－53）电压平衡方程得永磁直线同步电动机的相量图如图 6－53 所示。

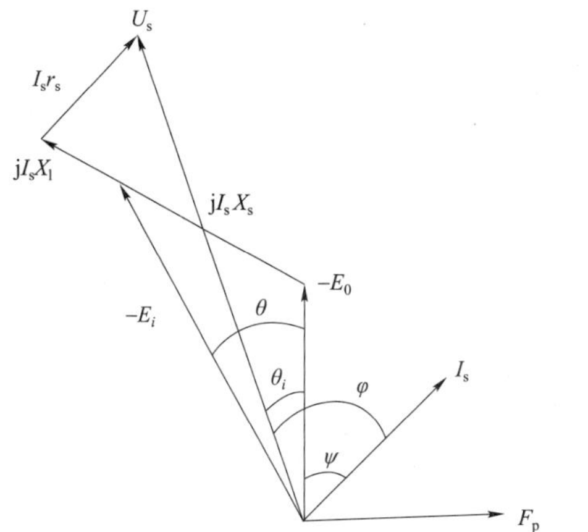

图 6－53　永磁直线同步电动机的相量图（电动机惯例）

2）电磁功率。电磁功率 P_M（气隙功率 P_δ）为

$$P_M = P_\delta = m_1 E_0 I_s \cos\psi = m_1 E_0 I_s \cos(\varphi - \theta) \quad (6-54)$$

根据永磁直线同步电动机的功率平衡关系可得电磁功率为

$$P_M = m_1 U_s I_s \cos\varphi - m_1 I_s^2 r_s \quad (6-55)$$

选励磁电动势 E_0 为参考相量，根据图 6－53 进行分析可得：

电磁功率

$$P_M = m_1 E_0 I_P = \frac{m_1}{Z^2}[(E_0 I_s \cos\theta - E_0^2) r_s + X_T E_0 U_s \sin\theta] \quad (6-56)$$

无功功率

$$Q = m_1 E_0 I_Q = \frac{m_1}{Z^2}[r_s E_0 U_s \sin\theta - (E_0 U_s \cos\theta - E_0^2) X_T] \quad (6-57)$$

当 $r_s \ll X_T$ 时，忽略 r_s 的影响，则

$$P_M = \frac{m_1 E_0 U_s}{X_T}\sin\theta \quad (6-58)$$

$$Q = \frac{m_1 (E_0^2 - E_0 U_s \sin\theta)}{X_T} \quad (6-59)$$

以上各式中：I_P 为电枢电流有功分量，A；I_Q 为电枢电流无功分量，A；Z 为同步电抗，$Z=\sqrt{r_s^2+X_T^2}$，$X_T=X_s+X_1$ 为电枢电抗，Ω；E_0 为励磁电动势，V。

3）电磁推力。

$$F = \frac{\pi P_M}{\tau\omega} = \frac{P_M}{2\tau f} = \frac{P_M}{v_s} \quad (6-60)$$

$$F = \frac{\pi m_1 E_0 U_s}{\tau\omega X_T}\sin\theta = \frac{m_1 E_0 U_s}{v_s X_T}\sin\theta \quad (6-61)$$

最大电磁推力为

$$F_{max} = \frac{m_1 E_0 U_s}{v_s X_T} \quad (6-62)$$

4）效率和功率因数。

效率

$$\eta = \frac{v_s F}{v_s F + m_1 I_s^2 r_s} \quad (6-63)$$

功率因数

$$\cos\varphi = \frac{v_s F + m_1 I_s^2 r_s}{m_1 U_s I_s} \quad (6-64)$$

（2）垂直运动永磁直线同步电动机运行特性分析。

1）力角特性：根据式（6－61）、式（6－62）可得

$$\frac{F}{F_{max}} = \sin\theta \quad (6-65)$$

则其力角特性为一正弦变化的曲线。

2）电源电压和频率变化对最大电磁功率和推力的影响。当电源电压和频率同时变化 K 倍，则最大电磁推力不变，最大电磁功率增大 K 倍；当电源电压不变，电源频率变化 K 倍，则最大电磁功率不变，最大电磁推力变化 $1/K$ 倍。

3）动力制动特性。当电源频率很低时，根据 $\tan\theta = \frac{KX_T}{r_s}$ 可知对应的最大电磁推力的负载角接近零值；当频率为零的直流供电时，负载角为零。最大电磁推力为

$$F_{max\,0} = \frac{m_1 E_0}{v_s}\frac{U_{s0}}{r_s} = \frac{m_1 E_0}{v_s} I_{s0} \quad (6-66)$$

动力制动特性为制动力与产生该制动力的直流电流之间的关系，将式（6－66）中的零频电流 I_{s0} 用直流电流 I_d 表示，可得给定永磁直线同步电动机任意制动电流下的制动力为

$$F_b = \frac{m_1 E_0}{v_s} I_d \quad (6-67)$$

取 I_d 等于电枢每相额定电流 I_N 时产生的制动力为制动力基准值，则

$$F_{be} = \frac{m_1 E_0}{v_s} I_N \quad (6-68)$$

$$\frac{F_b}{F_{be}} = \frac{I_d}{I_N} \quad (6-69)$$

动力制动特性如图 6－54 所示，为一条直线。

4）加速度特性。设垂直运动的物体与动子本体的质量为 M，则永磁直线同步电动机垂直运输系统的加速度为

$$a = \frac{F}{M} - g \quad (6-70)$$

式中：a 为加速度；F 为电磁推力；g 为重力加速度。

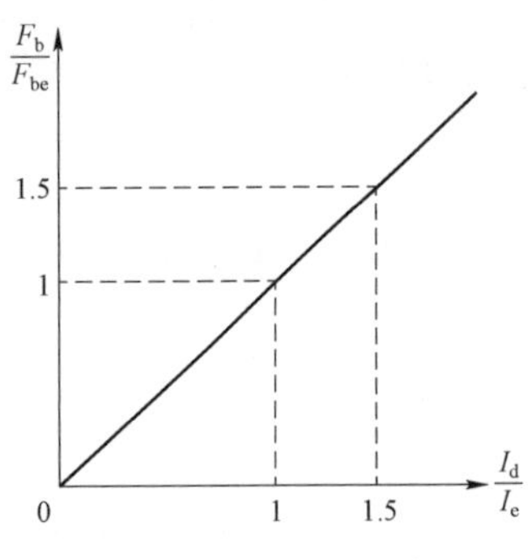

图 6－54　动力制动特性

加速度特性为一条直线，如图 6－55 所示。

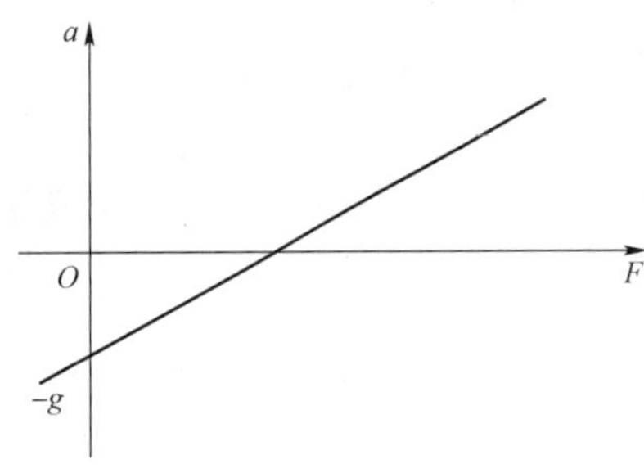

图 6－55　加速度特性

6.1.5.3　直线直流电动机

直线直流电动机是直流旋转电机的另一种形式。运行效率高、控制比较方便灵活，直线直流电动机闭环控制系统，可精密控制位移，速度和加速度控制范围广，调速的平滑性好。可用作电子计算机外围设备、自动化仪器仪表、精密直线位移机械手，在机床进给系统中。

1. 分类

根据磁动势来源的不同，直线直流电动机分为永磁式和电磁式两类。根据移动部件分为动线圈式（动圈型）和动磁铁式（动铁型）。

动圈型永磁直线直流电动机工作原理如图 6－56 所示。动铁型固定的长电枢用铜量大，结构复杂，移动系统重量大、惯性大，消耗功率多，但行程很长，如图 6－57 所示。

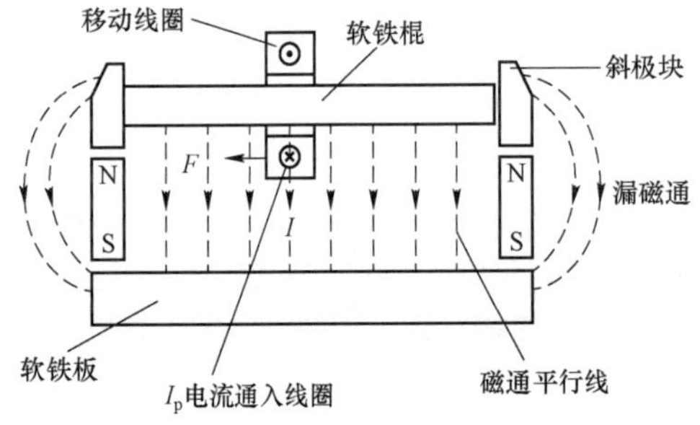

图 6－56　动圈型永磁直线直流电动机工作原理

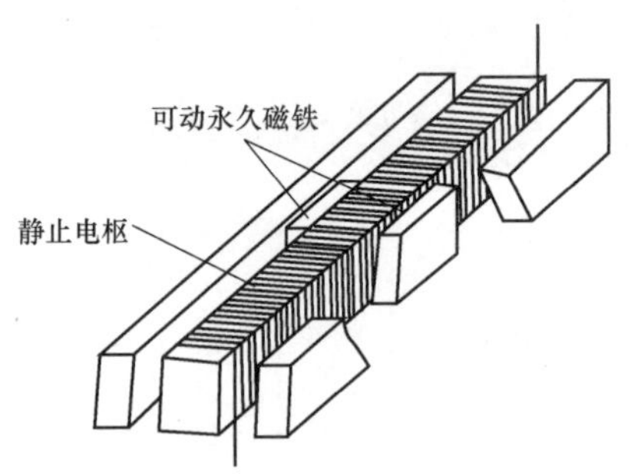

图 6－57　动铁型永磁直线直流电动机

2. 工作原理

动圈型直线直流电动机的线圈可沿着铁棍轴向自由移动，在线圈的行程范围内，永久磁铁提供大致均匀的磁场 B_δ，当线圈中通入直流电流 I_a 时，通电导体在磁场中受到电磁力 F 的作用。改变直流电流 I_a 的方向可改变线圈上电磁力 F（N）的方向。

电磁力
$$F = NB_\delta I_a l \tag{6-71}$$

式中：N 为线圈匝数；l 为线圈导体每匝处在磁场中的平均有效长度，m；B_δ 为线圈所在空间的磁感应强度，T；I_a 为线圈导体中的电流，A。

直线直流电动机工作的基本原理：当电磁力 F 大于线圈支架上存在的静摩擦阻力 F_0，线圈产生直线运动。

（1）力平衡方程：电磁力 F_e 克服了动子的静摩擦阻力 F_0 后才能使动子产生直线运动。其方程为

$$F_e = F_0 + F_2 + F_m = F_\delta + F_m = F_\delta + m\frac{dv}{dt} \tag{6-72}$$

式中：F_2 为电机输出的力，N；F_0 为电机本身的摩擦阻力，N；F_δ 为电机运动时遇到的总阻力，$F_\delta = F_2 + F_0$，N；F_m 为电机加速运行时所需的总阻力，$F_m = m\mathrm{d}v/\mathrm{d}t$；$m$ 为动子部分的总质量；v 为动子运动的线速度，m/s。

（2）电压平衡方程。电机电枢绕组中的反电动势
$$E_\delta = (B_\delta L)v \tag{6-73}$$

式中：v 为电枢（动子）切割磁力线的速度，m/s；$B_\delta L$ 为力常数，感应电动势与速度之比。

电动机的线圈端电压为 U_a（一般为信号电压），电枢回路的电阻为 R_a（动线圈本身的电阻和驱动电路电阻），则电压平衡方程为

$$U_a = E_a + I_a R_a = B_\delta L v + I_a R_a \tag{6-74}$$

稳态时电枢电流为

$$I_a = \frac{U_a - E_a}{R_a} = \frac{U_a - (B_\delta L)\ v}{R_a} \qquad (6-75)$$

动子的稳态速度为

$$v = \frac{U_a - I_a R_a}{B_\delta L} = \frac{U_a}{B_\delta L} - \frac{R_a}{B_\delta^2 L^2} F \qquad (6-76)$$

3. 静态特性

（1）机械特性。当线圈端电压 U_a 不变时，转速与推力之间的关系，即 $v = f(F)$，如图 6－58a 所示。

（2）调节特性。当推力 F 不变时，转速与线圈端电压之间的关系，即 $v = f(U)$，如图 6－58b 所示。

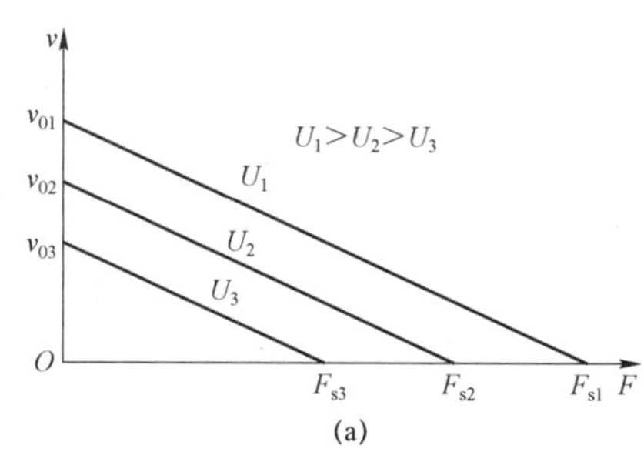

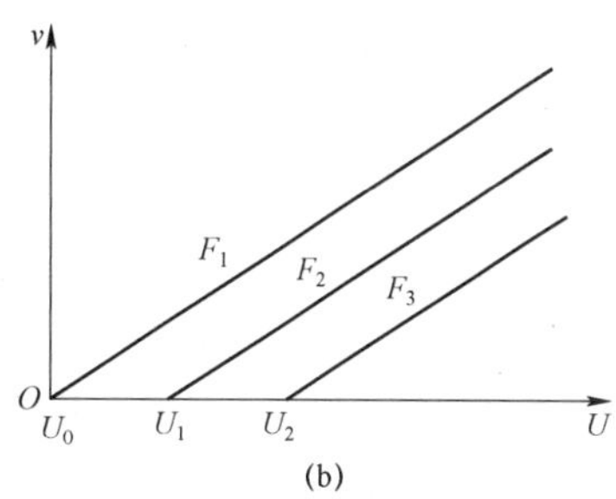

图 6－58　直线直流电动机的静态特性

（a）机械特性；（b）调节特性

6.2　电力拖动系统的组成、分类与选用

6.2.1　电力拖动系统的组成

电力拖动控制系统通常由电动机及设备、电源装置和信息装置、控制装置三部分组成（图 6－59）。

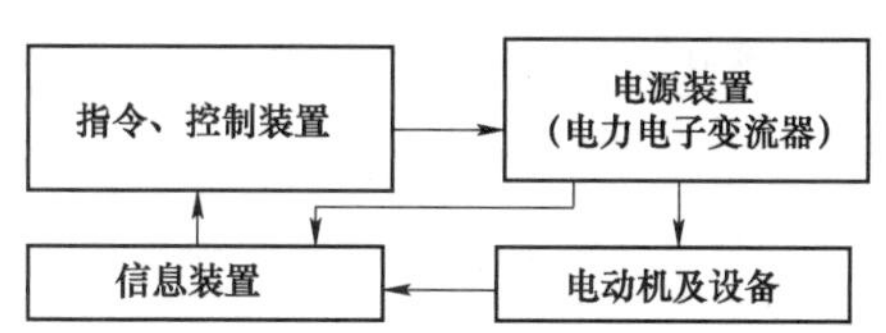

图 6－59　电力拖动控制系统的组成

电力拖动控制系统应能按照规定的指令，控制电动机的起动、制动、运转方向、位置、速度、加速度等，以满足工作机械及生产工艺的要求。因此，电力拖动控制系统的性能（控制精度、响应速度、可靠性、效率、装置的体积、自动化程度及经济性等）直接影响到工作机械的性能，产品的产量、质量、生产成本以及设备的维修，劳动条件等各个方面。

随着电机、传感器、控制器件、变流技术和控制理论的发展，电力拖动控制系统也得到了很大的发展。目前，所用电动机的单机容量从几百瓦到数万千瓦；变流设备（电源装置）从旋转式电动机变流机组发展到大功率晶闸管静止变流装置、中小功率自关断器件静止变频装置；控制单元从模拟量触发器、调节器、给定积分器发展到以微处理器芯片为核心的交、直流通用的数字量控制模板；系统的控制方式从手动操作的开环控制发展到闭环多变量控制；电力拖动已从单纯的调速系统扩展为实现位置、速度、加速度以至加速度控制的全方位的运动控制系统。电力拖动与其他拖动方式相结合，可以组成具有某些特点的拖动系统，如具有快速响应的电－液拖动系统和在某些条件下具有一定优越性的机－电一体化系统。

6.2.2　电力拖动的分类与比较

（1）按是否调速来划分，电力拖动可分为不调速和调速两大类型。不调速电动机直接由电网供电。调速电动机由各种变流器（主要是各种电力电子变流器）供电。随着电力电子技术、计算机技术的发展，将有越来越多的调速拖动取代不调速拖动，以节约电能（对于风机、泵类负载，平均可节电 15%～40%），改善机械性能。

（2）按照电动机的类型不同来划分。目前常用的驱动用电动机其分类大致可用图 6－60 表示。

因此，电力拖动又可分为交流拖动与直流拖动两大类。当然，也可以按图 6－60 的分类细分为各种拖动的小类别，如永磁直流电动机拖动、无换向器电动机拖动等。

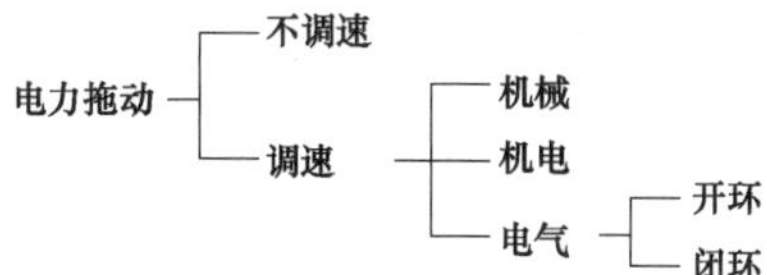

图 6－60　电力拖动按是否调速来分类

（3）交、直流拖动的比较。交流电动机特别是异步电动机，因其结构简单，运行可靠，价格低廉，维修方便，并能节约铜材，故应用面很广，几乎所有不

调速拖动都采用交流电动机。20 世纪 70 年代前，由于改变电网频率比较困难，改变电压实现交流调速的效率又比较低，因而交流调速没有得到推广；高性能的调速指的是直流调速。20 世纪 70 年代起，由于新型电力电子器件的发展，通过改变电源频率实现调频调压（Variable Voltage Variable Frequency，VVVF）及脉宽调制（Pulse Width Modulation，PWM）的交流电动机调速已取得很大的进步。另外，由于矢量控制技术的发展，交流电动机调速性能已完全可与直流电动机相媲美。

交流调速系统目前存在的缺点是：控制系统比较复杂；调速装置在小容量范围内价格稍高；有些系统，如串级调速或调压调速结构虽然简单，但功率因数或效率低；实现四象限运行要比直流拖动时的复杂，从而限制了其推广应用的范围。随着半导体变流器件及大规模集成电路组件成本的下降与性能的提高，配合电力拖动控制系统结构的改进，上述缺点已逐步被克服，而取得很大进展。

直流调速系统是传统的调速方式，目前仍有一些需要调速的生产机械采用直流调速系统。它能得到较高的性能指标，如高精度稳速系统的稳速精度达数十万分之一，宽调速系统的调速范围可达 1:10000 以上，快速响应系统的响应时间达几十毫秒以下。

直流调速系统存在的缺点大都与换向器–电刷机构有关，其中主要有：

1）极限容量问题。直流电动机的容量与转速乘积不能超过（2～4）$\times 10^6$kW·r/min，超过这个极限只能采用交流调速。

2）飞轮力矩 GD^2 大的问题。直流电动机为了改善换向条件，其电枢漏感要求尽可能地小，电动机转子短粗，加之沉重的换向器，因而造成飞轮力矩 GD^2 大。交流电动机则无此限制，转子细长，飞轮力矩 GD^2 小。电动机转速越高，交、直流电动机的 GD^2 之差别越大。当直流电动机的 GD^2 不能满足生产机械要求时，应采用交流调速。

3）通风与冷却问题。由于直流电动机的主回路电流流入转子，其散热困难，需要的通风功率大，冷却水多。与同等容量的交流同步电动机相比，其通风功率与冷却水要增加一倍左右。

4）维修工作量大。直流电动机需要定期维修换向器，更换电刷与修整换向器表面。在工作环境方面，交流电动机能适应的严酷环境条件，直流电动机多难以适应。

6.2.3 常用生产机械的负载类型和工作制

1. 常用生产机械的负载类型

生产机械的负载转矩 T_L 随转速 n 而变化的特性 $T_L = f(n)$ 被称为负载机械特性，简称负载特性。负载特性通常有以下三种类型。

（1）恒转矩负载。负载转矩 T_L 与转速 n 无关，在任何转速下，T_L 总保持恒定或大致恒定，这类负载称为恒转矩负载，它多数呈反抗性的，即 T_L 的极性随转速方向的改变而改变，总是起反阻转矩作用，如图 6–61a 所示。轧钢机、造纸机、运输机、机床等均属此类负载。还有一种位势性转矩负载，T_L 的极性不随转速方向的改变而改变，如图 6–61b 所示，电梯、卷扬机、起重机的提升机构属于此类负载，无轨电车上、下坡时也包含此类负载成分。

（2）恒功率负载。某些机械，如机床的切削，通常在粗加工时，切削量大，阻转矩也大，采用低速运行；而精加工时，切削量小，阻转矩小，采用高速运行。

负载转矩 T_L 与转速 n 成反比，它们的乘积近似不变，属于恒功率负载，如图 6–61d 所示。

（3）风机、水泵负载。在各种风机、水泵、油泵中，随叶轮的转动，空气、水、油等流体物质对叶片的阻力在一定转速范围内大致与转速 n 的二次方成正比。其特性如图 6–61c 所示，图中 T_{L0} 系机器传动部分的摩擦阻转矩；电机起动时，速度低，阻力矩小，易起动。在额定速度附近，较小的 n 的变化将使机械出力有较大变化。

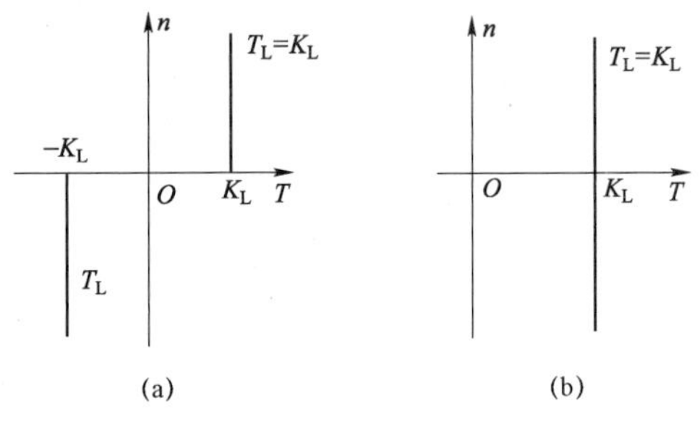

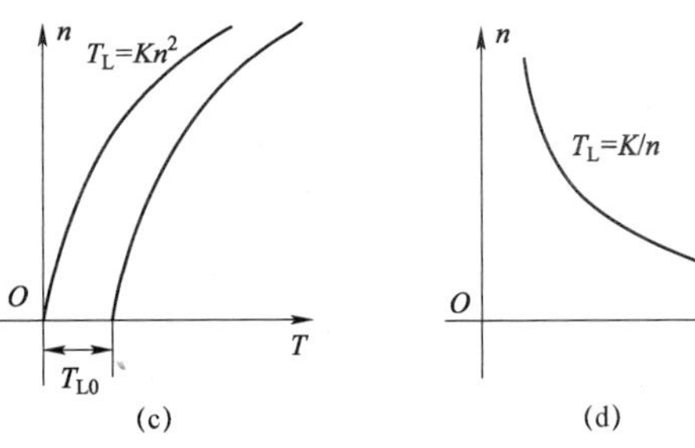

图 6–61 生产机械的负载特性

（a）恒阻转矩负载；（b）恒位势转矩负载；（c）风机、泵类负载；（d）恒功率负载

2. 常用生产机械的工作制

（1）长期工作制。生产机械长期恒速（或变化不大）运行，根据负载施加方式不同，又可分为下列三类：

1）平稳负载。负载转矩长时间不变或变化不大，例如，风机、泵、压缩机、粉磨机等，这类机械对电气传动装置的要求简单，只要有足够的功率和起动转矩就行。

2）波动或重复短时周期负载。负载长期施加，但大小波动或周期性重复施加。例如，某些恒速轧钢机，这类机械除要求电气传动装置有足够的功率和起动转矩外，还要求有足够的过载转矩。

3）短时负载。施加负载时间很短，在负载周期中占比例很小。这类机械通常有较大飞轮矩，未施加负载时，电动机带动飞轮运转，储存动能；施加负载时，系统速度略降低，飞轮释放出能量做功。此处电动机功率可适当减小，对电气传动装置的要求是有足够的起动和过载转矩，电机发热校验一般都不成问题。例如，冲床、剪板机等设备属于此类负载。

（2）短期工作制。生产机械经较长时间间隔起停或加减速一次，完成一个工作循环，例如，起停式剪切机械。和长期工作制的短时负载一样，要求电机的起动和过载转矩大于负载转矩（发热校验一般不成问题）。区别在于短期工作制的生产机械对起制动（或加减速）时间或行程有要求，需有足够的加减速动态转矩。

（3）重复短时周期工作制。生产机械周期性加减负载、起停或加减速，间隔较短，例如，可逆轧机、提升机械等。它除了要求有足够的起制动转矩（满足机械对加减速时间或行程的要求）和过载能力外，还要进行发热校验。不同于长期工作制的重复短时负载的发热校验，此处需要考虑加减速电流所增加的损耗。

3. 电动机的工作制

对应于生产机械的各种工作制，通常将传动电动机的工作类型分为以下 8 类，见表 6-1。

表 6-1　　电动机的工作制类型

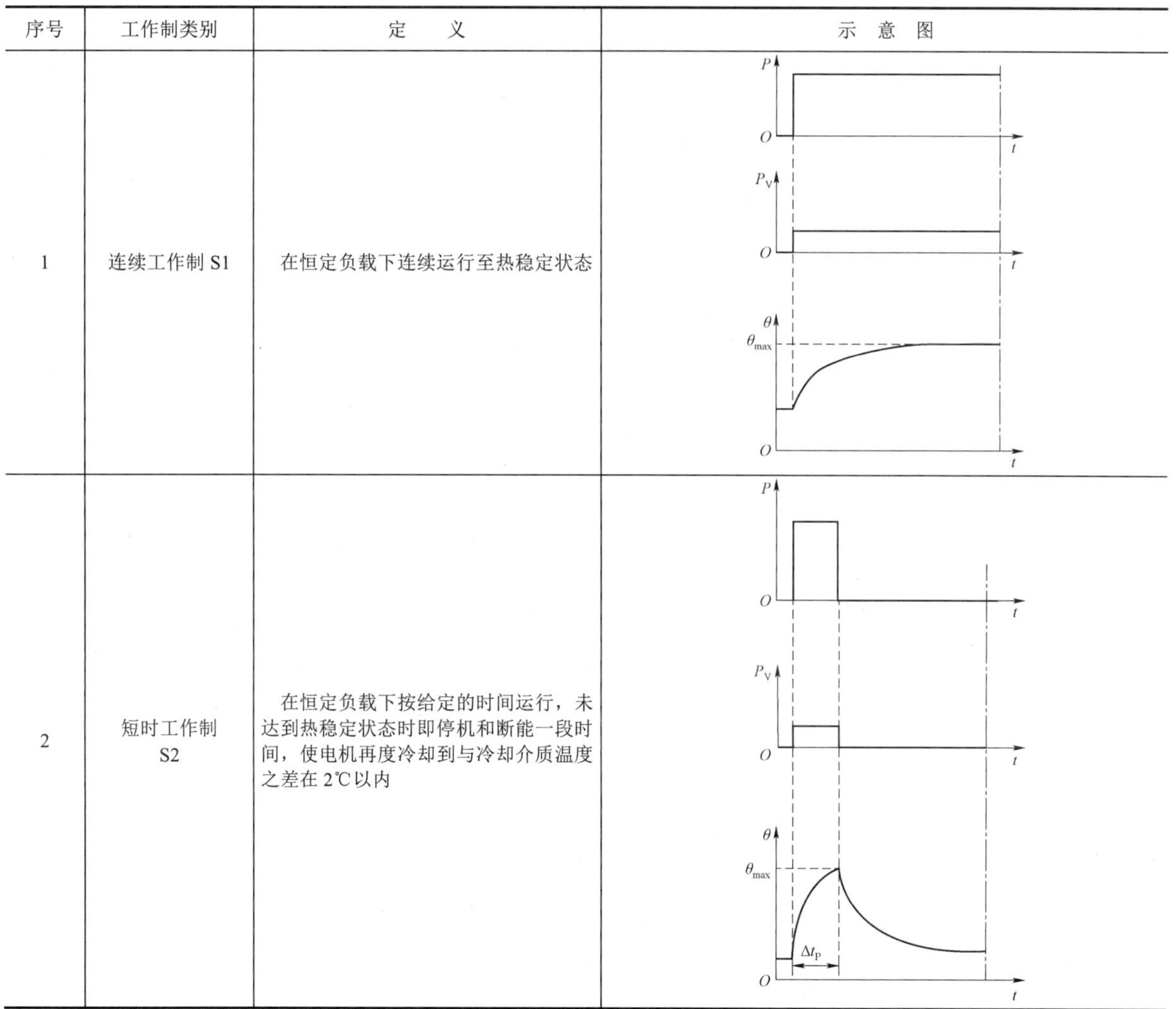

序号	工作制类别	定　　义	示　意　图
1	连续工作制 S1	在恒定负载下连续运行至热稳定状态	
2	短时工作制 S2	在恒定负载下按给定的时间运行，未达到热稳定状态时即停机和断能一段时间，使电机再度冷却到与冷却介质温度之差在 2℃以内	

续表

序号	工作制类别	定　义	示 意 图
3	断续周期工作制 S3	按一系列相同的工作周期运行，每一周期由一段恒定运行时间及一段停机和断能时间所组成，但这些时间较短，均不足以使电机达到热稳定状态，且每一周期的起动电流对温升无明显的影响 负载持续率（暂载率） $FC=\frac{\Delta t_P}{T_C}\times 100\%$	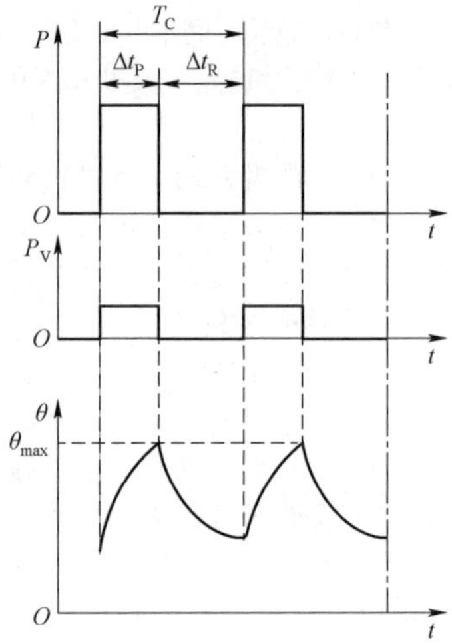
4	包括起动的断续周期工作制 S4	按一系列相同的工作周期运行，每一周期由一段对温升有显著影响的起动时间、一段恒定负载运行时间及一段停机和断能时间所组成，但这些时间较短，均不足以使电机达到热稳定状态 $FC=\frac{\Delta t_D+\Delta t_P}{T_C}\times 100\%$	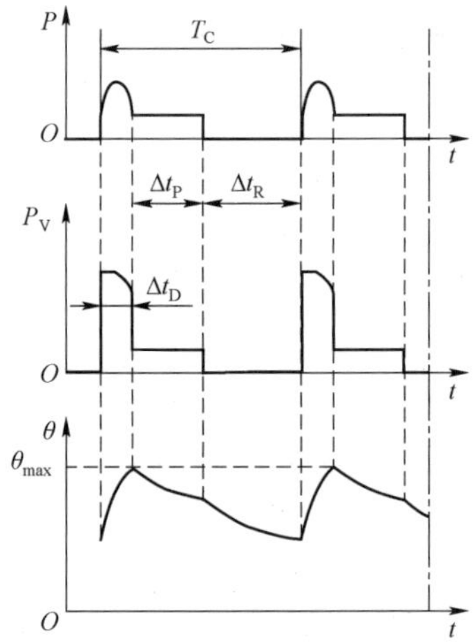
5	包括电制动的断续周期工作制 S5	按一系列相同的工作周期运行，每一周期由一段起动时间、一段恒定负载运行时间、一段电制动时间、一段停机和断能时间所组成，但这些时间较短，均不足以使电动机达到热稳定状态 $FC=\frac{\Delta t_P}{T_C}\times 100\%$	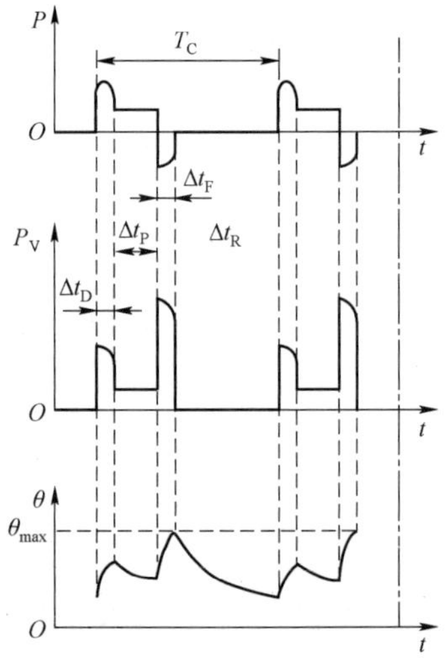

续表

序号	工作制类别	定　义	示　意　图
6	连续周期工作制 S6	按一系列相同的工作周期运行，每一周期由一段恒定负载运行时间和一段空载运行时间所组成，但这些时间较短，均不足以使电动机达到热稳定状态 $FC=\frac{\Delta t_P}{T_C}\times 100\%$	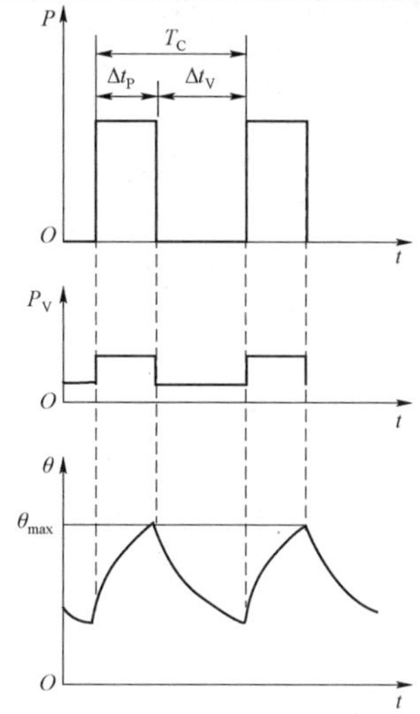 P, T_C, Δt_P, Δt_V, O, t, P_V, θ, θ_{max}
7	包括电制动的连续周期工作制 S7	按一系列相同的工作周期运行，每一周期由一段起动时间、一段恒定负载运行时间和一段电制动时间所组成，但这些时间较短均不足以使电动机达到热稳定状态 FC＝1	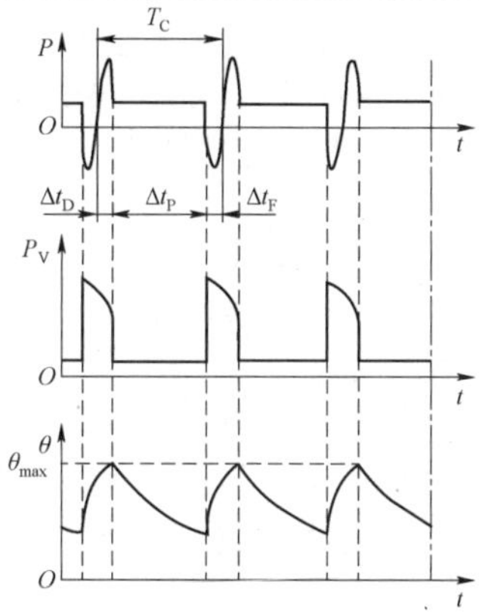 P, T_C, O, t, Δt_D, Δt_P, Δt_F, P_V, θ, θ_{max}
8	包括负载与转速相应变化的连续周期工作制 S8	按一系列相同的工作周期运行，每一周期由一段按预定转速运行的恒定负载运行时间和一段或几段按不同转速运行的其他恒定负载运行时间所组成，但这些时间较短均不足以使电动机达到热稳定状态 $FC=\frac{\Delta t_D+\Delta t_{P1}}{T_C}\times 100\%$ $FC=\frac{\Delta t_{F1}+\Delta t_{P2}}{T_C}\times 100\%$ $FC=\frac{\Delta t_{F2}+\Delta t_{P3}}{T_C}\times 100\%$	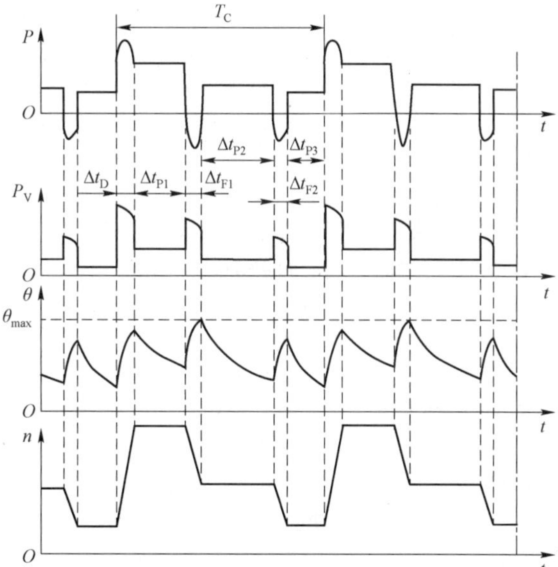 P, T_C, O, t, Δt_{P2}, Δt_{P3}, Δt_D, Δt_{P1}, Δt_{F1}, Δt_{F2}, P_V, θ, θ_{max}, n

注：FC—负载持续率；P—负载；P_V—电气损耗；θ—温度；θ_{max}—达到的最高温度；t—时间；T_C—负载周期；Δt_D—起动、加速时间；Δt_P—恒定负载运行时间（P_1、P_2、P_3）；Δt_F—电制动时间（F_1、F_2）；Δt_R—停机和断能时间；Δt_V—空载运行时间。

在上述 8 种工作制中，工作制 S1 可以按照电动机铭牌给出的连续定额作长期运行。对于工作制 S2，电动机应在实际冷状态下起动，并在规定的时限内运行。短时定额的时限一般规定为 10min、30min、60min 或 90min，视电动机而定。

对于工作制 S3 和 S6，每一工作周期的时间为 10min。

对于 S3、S4、S5、S6 和 S8 5 种工作制，负载持续率为 15%、25%、40%和 60%。

对于 S4、S5、S7 和 S8 4 种工作制，每小时的等效起动次数一般分为 150 次、300 次或 600 次，并应给出电动机的飞轮矩 GD_{M}^{2}（或转动惯量 J_{m}）和折算到电动机轴上的全部外加飞轮矩 GD_{ext}^{2}（或转动惯量 J_{ext}）之值。

6.2.4 电动机的选择

1. 选择电动机的原则

传动电动机的选择主要是确定电动机的类型及规格。在校验电动机的发热、最小起动转矩、允许的最大飞轮矩以及过载转矩等项目时，应从生产机械所需要的各种负载图和工作制中选择其中最繁重的工况来计算。若均能符合要求，且有适当的容量裕度（10%左右），则所选的电动机可以采用。否则，应另选定额重新计算。

选择电动机时通常应考虑以下几项原则：

（1）要从供电电网的质量（电网容量、允许的电压波动范围、功率因数），起制动特性（起动时的负载转矩、GD^2 的大小、起制动时间的限制、是否要求快速正反转、允许对电网的冲击、起制动的频繁程度、制动时是否要回馈能量），调速性能（要求的调速范围及精度、调速平滑程度、低速工作时间的长短），控制特性等几个方面综合考虑，选择适当类型的电动机及其控制方式（见表 6-2）。

（2）额定功率要满足负载需要，但不宜过大。过大会使投资增高，而且会造成轻载运行时损耗大、效率低、功率因数低、起动时冲击大等问题。

（3）根据温升和使用环境条件，选择合适的通风方式、结构形式和防护等级。

（4）按照现场使用状况和被传动机械的要求，选择结构和安装方式（如轴的方向和轴伸，采用底座安装还是凸缘安装，挂在墙上还是吊装），与传动机械的连接方式（直接连接、齿轮箱、带传动和链条传动等），传动机构有无振动和冲击以及安装基础的牢固程度等。

（5）尽量选用可靠性高、互换性好、维护方便，且有标准定额的电动机。

（6）考虑初期投资和运行费用，要从电动机及其控制设备的总投资、效率、功率因数和电费以及全部设备的年维修费用等因素综合加以选择。

表 6-2　　电动机类型的选择

环境条件		要求的防护形式	可选用的电动机类型举例
正常环境条件		一般防护型	各类普通型电动机
湿热带或潮湿场所		湿热带型	（1）湿热带型电动机 （2）普通型电动机加强防潮处理
干热带或高温车间		干热带型	（1）干热带型电动机 （2）采用高温升等级绝缘材料的电动机或外加管道通风
粉尘较多的场所		封闭型或管道通风型	
户外，露天场所		气候防护型，外壳防护等级不低于 IP23，接线盒应为 IP54。封闭型电动机外壳防护等级应为 IP54	
户外，有腐蚀性及爆炸性气体		户外、防腐、防爆型防护等级不低于 IP54	YBDF－WF
有腐蚀性气体或游离物		化工防腐型或采用管道通风	
有爆炸危险的场所	0 级区域（0 区）	隔爆型、防爆通风充气型	YB、IJB、JBJ 等
	1 级区域（1 区）	任意防爆类型	
	2 级区域（2 区）	防护等级不低于 IP43	
	10 级区域（10 区）	任意一级隔爆型、防爆通风充气型	
	11 级区域（1 区）	防护等级不低于 IP44	
有火灾危险的场所	21 区	防护等级至少应为 IP44	
	22 区	防护等级至少应为 IP54	
	23 区	防护等级至少应为 IP21	
水中		潜水型	YLB、YQS2、JQS、JQB、QY、JQSY

2. 选择电动机的步骤

选择电动机的步骤如图 6-62 所示。

3. 电动机类型的选择

（1）根据环境条件选择电动机的类型不同的使用环境条件对电动机的结构、通风及类型均有不同的要求，见表 6-1。

在常见情况下对电动机结构形式的选择可归纳为如下几点：

1）在采暖的干燥厂房中，采用开启式、防护式电动机。

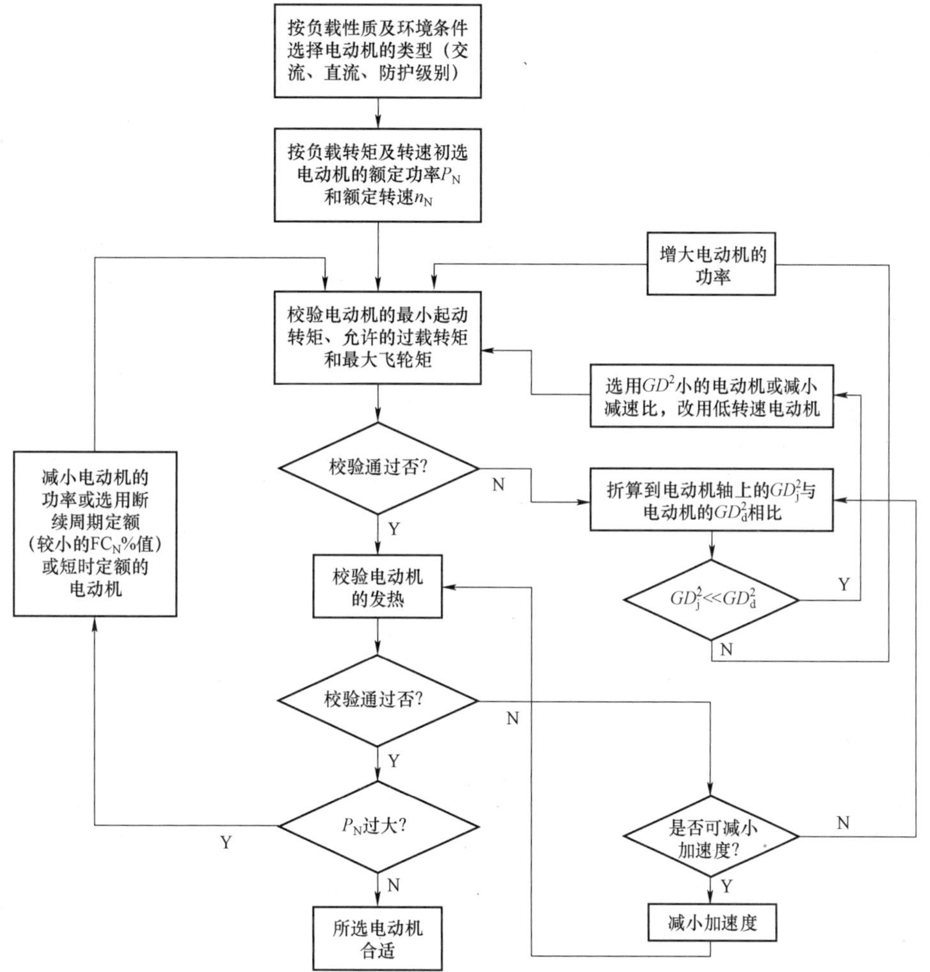

图 6-62　选择电动机的步骤

2）在不采暖的干燥厂房，或潮湿而无潮气凝结的厂房中，采用开启式和防护式电动机。但需要能耐潮的绝缘。

3）在特别潮湿的厂房中，由于空气中的水蒸气经常饱和，并可能凝成水滴，需用防滴式、防溅式或封闭式电动机，并带耐潮的绝缘。

4）在无导电灰尘的厂房中：

① 当灰尘易除掉，且对电机无影响及电机采用滚珠轴承时，可采用开启式或防护式电动机。

② 当灰尘不易除掉对绝缘有害时，采用封闭式电动机。

③ 当落在电动机绕组上的灰尘或纤维妨碍电动机正常冷却时，宜采用封闭式电动机。

5）在有导电灰尘或不导电灰尘，但同时有潮气存在的厂房中，应采用封闭式电动机。

6）当对电机绝缘有害的灰尘或化学成分不多时，如果通风良好，可不用封闭式电动机。

7）在有腐蚀性蒸汽或气体的厂房中，应采用密闭式电动机或耐酸绝缘的封闭风冷式电动机。

8）在 21 区及 22 区有着火危险的厂房中，至少应采用防护式笼型电动机。

在 21 区厂房中，当其湿度很大时，应采用封闭式电动机。

有可燃但难发火的液体的 21 区厂房中，最低应采用防滴、防溅式笼型电动机，在含有发火液体的 21 区厂房中，应采用封闭式电动机。

9）在 0 级、1 级区域厂房中，需采用防爆式电动机。

10）电动机安装在室外时，有直接露天装设和装在棚子下面两种方式。

在这两种情况下，必须保护电动机的绝缘不受大气、潮气的破坏。在露天装设时，为防止潮气变为水滴而直接落入电动机内部，应采用封闭式电动机。装在棚子下时，可采用防护式或封闭式电动机。

关于电动机结构防护形式可参阅 GB 4208—2017《外壳防护分级（IP 代码）》。

IP 代码的组成如下：

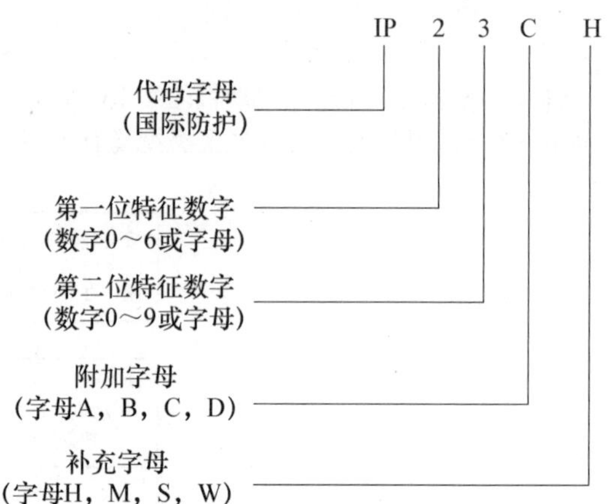

两个特征数字的含义分别见表 6-3 和表 6-4。

表 6-3　　第一位特征数字表示的防护等级

第一位特征数字	对人员接近危险部件的防护		防止固体异物进入设备的防护	
	简要说明	含义	简要说明	含义
0	无防护	—	无防护	—
1	防止手背接近危险部件	直径 50mm 球形试具应与危险部件有足够的间隙	防止直径不小于 50mm 的固体异物	直径 50mm 球形物体试具不得完全进入壳内①
2	防止手指接近危险部件	直径 12mm、长 80mm 的铰接试指应与危险部件有足够的间隙	防止直径不小于 12.5mm 的固体异物	直径 12.5mm 的球形物体试具不得完全进入壳内①
3	防止工具接近危险部件	直径 2.5mm 的试具不得进入壳内	防止直径不小于 2.5mm 的固体异物	直径 2.5mm 的物体试具完全不得进入壳内①
4	防止金属线接近危险部件	直径 1.0mm 的试具不得进入壳内	防止直径不小于 1.0mm 的固体异物	直径 1.0mm 的物体试具完全不得进入壳内①
5	防止金属线接近危险部件	直径 1.0mm 的试具不得进入壳内	防尘	不能完全防止尘埃进入，但进入的灰尘量不得影响设备的正常运行，不得影响安全
6	防止金属线接近危险部件	直径 1.0mm 的试具不得进入壳内	尘密	无灰尘进入

注：对于第一位特征数字为 3、4、5 和 6 的情况，如果试具与壳内危险部件保持足够的间隙，则认为符合要求。足够的间隙由产品标委会根据 12.3 做规定。

① 物体试具的直径部分不得进入外壳的开口。

表 6-4　　第二位特征数字表示的防止水进入的防护等级

第二位特征数字	防护等级	
	简要说明	含　义
0	无防护	—
1	防止垂直方向滴水	垂直方向滴水应无有害影响
2	防止当外壳在 15°倾斜时垂直方向滴水	当外壳的各垂直面在 15°倾斜时，垂直滴水应无有害影响
3	防淋水	当外壳的垂直面在 60°范围内淋水，无有害影响

续表

第二位特征数字	防护等级	
	简要说明	含　义
4	防溅水	向外壳各方向溅水无有害影响
5	防喷水	向外壳各方向喷水无有害影响
6	防强烈喷水	向外壳各个方向强烈喷水无有害影响
7	防短时间浸水影响	浸入规定压力的水中经规定时间后外壳进水量不致达有害程度
8	防持续浸水影响	按生产厂和用户双方同意的条件（应比特征数字为 7 时严酷）持续潜水后外壳进水量不致达有害程度
9	防高温/高压喷水的影响	向外壳各方向喷射高温/高压水无有害影响

（2）根据负载性质选择电动机的类型。表 6－5 列举出各类电动机适用的传动特性。

（3）直流与交流电动机的比较。交流电动机结构简单，价格便宜，维护工作量小，但起制动及调速性能不如直流电动机。因此在交流电动机能满足生产需要的场合都应采用交流电动机，仅在起制动和调速等方面不能满足需要时才考虑直流电动机。近年来，随着电力电子及控制技术的发展，交流调速装置的性能与成本已能和直流调速装置竞争，越来越多的直流调速应用领域被交流调速占领。在选择电动机种类时应从以下几方面考虑选用交流电动机还是直流电动机。

1）不需调速的机械包括长期工作制、短时工作制和重复短时工作制机械，应采用交流电机。

仅在某些操作特别频繁、交流电动机在发热和起制动特性不能满足要求时，才考虑直流电动机，只需几级固定速度的机械可采用多极交流电动机。

2）需要调速的机械：

① 转速与功率之积受换向器换向能力限制，按目前的技术水平，直流机最大的转速与功率之积约为 4×10^6kW•r/min，当接近或超过该值时，宜采用交流电动机，这问题不仅对大功率设备存在，对某些中小功率设备在要求转速特别高时也存在。

② 飞轮力矩：为改善换向器换向条件，要求直流电动机电枢漏感小，电机转子短粗，因而造成飞轮力矩 GD^2 大。交流电动机无此限制，转子细长，GD^2 小，电动机转速越高，交直流电动机 GD^2 之差越大，当直流电动机的 GD^2 不能满足生产机械要求时，宜采用交流电动机。在表 6－6 中列出几台实际电动机的 GD^2 值，供参考。

③ 为解决直流机 CD^2 大和功率受限制的问题，过去许多机械采用双电枢或三电枢直流电动机传动，但电机造价高，占地面积大，易产生轴扭振，随着交流调速技术的发展，上述方案已不可取，应考虑改用单台交流电动机。

④ 在环境恶劣场合，例如高温、多尘、多水气、易燃、易爆等场合，宜采用无换向器、无火花、易密闭的交流电动机。

表 6－5　　各类电动机适用的传动特性

电动机类型		适用的传动特性	传动机械举例
笼型异步电动机	普通型	1. 不需要调整 2. 采用变频、调压、加转差离合器等调速方式，不仅可得到较好的调速性能，而且可获得较好的节能效果	泵、风机、阀门、各种普通机床、运输机、起重机等
	深槽型双笼型	起动时静负载转矩或飞轮力矩大，要求有较高的起动转矩	压缩机、粉碎机、球磨机等
	高转差型	周期性波动负载长期工作制，要求利用飞轮的储能作用	锤击机、剪断机、冲压机、轧机、活塞压缩机、绞车等
	变极	1. 只需要几种转速，而不需要连续调速，节能效果好 2. 配上转差离合器，可实现在大范围内有级变同步转速，而小范围内得到平滑调速	纺织机械、印染机、风机、木工机床、高频发电机组等

续表

电动机类型		适用的传动特性	传动机械举例
绕线转子异步电动机		电网容量小，对起动有要求，负载起动转矩较大，起、制动频繁而用笼型电动机不能满足要求时，要求的调速范围不大，可以利用变转差率调速的场合	输送机、压缩机、风机、泵、起重机、轧机、提升机、带飞轮的机组等
同步电动机		需要稳定的转速①，或者为了要补偿电网功率因数的场合	轧机、风机、泵、压缩机、电动机－发电机组等
直流电动机	他励	要求有宽调速范围②以及对起、制动有较高要求时	轧机、造纸机、重型机床、卷扬机、电梯、机床的进给机构、纺织机械等
	复励	负载变化范围较大而又需要宽调速	提升机、电梯、剪断机等
	串励	起、制动频繁，要求较大的起动转矩，具有恒功率负载的机械	电车、起重机、牵引机车等

① 由于交流调速技术的发展，在某些要求调速的场合，特别是大功率、低转速和特殊环境条件下亦可用同步电动机。

② 对要求调速范围很宽（如 100:1 以上）的机械，最好从机械变速和电气调速两者结合起来考虑，以便获得技术经济指标都高的效果。

表 6－6　　交直流电动机的 GD^2 值

功率/kW	转速/（r/min）	GD^2/（kN·m²）	
		交流	直流
9500	70/140	441	794
9000（交流） 2×4500 （直流双电枢）	250/578	42	188

⑤ 交直流电动机调速性能差不多，目前高性能系统的转矩响应时间都是 10～20ms，速度响应时间都在 100ms 左右，交流电动机 GD^2 小，略快一些，为获得同样的性能，交流调速系统比直流调速系统复杂，要求较高调整维护水平。

⑥ 成本：交流调速用变流装置比直流调速用整流装置贵，因为交流调速用交流装置按电机的电压电流峰值选器件，当三相电流中某一相电流处于峰值时，另两相电流只有一半，器件得不到充分利用，交流电机比直流电机便宜，可以补偿变流装置增加的成本，目前：

一般用途的 GTR、IGB T 中小功率（100kW 以下）PWM 通用变频调速装置由于生产批量大，其成本比直流可逆传动装置成本低（包括电机），高性能的四象限交流调速装置与直流的成本相当。

大中功率（500～1000kW 以上）的交－交变频调速装置的成本与单电枢直流可逆传动装置相当（包括电机），比双电枢或三电枢直流装置便宜。

不可逆及不对称可逆直流调速装置比交流调速装置便宜。

⑦ 对电网的影响。可控整流直流调速装置存在输入功率因数低及输入电流中存在 5、7、11、13 等高次谐波问题。

晶闸管交－直－交变频交流调速装置的输入部分仍是可控整流，对电网的影响和直流调速时相同。

晶闸管交－交变频交流调速也基于移相控制，输入功率因数和直流调速时差不多，输入电流中除 5、7、11、13 等次谐波外，还有旁频，谱线数目增加，但幅值减少。

IGB T、GTR 和 GTO 的 PWM 变频交流调速装置输入功率因数好，挨近“1”，高性能 PWM 变频器可以做到输入功率因数等于“1”，且输入电流为正弦。

⑧ 损耗与冷却通风。采用直流电动机时，主回路功率流入转子，散热困难，需要通风功率大，冷却水多。

采用交流同步电动机时，主回路功率流入定子，散热条件好，通风功率小，比直流电动机节能、节水一半左右。

采用交流异步电动机时，主回路功率虽也流入定子，但功率因数低，效率与直流电动机差不多。

（4）交流电动机的选择：

1）普通励磁同步电机。

① 优点：电机功率因数高；用于变频传动时，电机功率因数等于“1”，使变频装置容量最小，变频器输入功率因数改善；效率比异步电机的高；气隙比异步电机的大，大容量电机制造容易。

② 缺点：需附加励磁装置，近几年永磁同步电动机的出现克服了这个缺点；变频调速控制系统比异步电动机的复杂。

③ 应用场合：大功率不调速传动；600r/min 以下大功率交—交变频传动，例如，轧机、卷扬、船舶驱动、水泥磨机等。

2）永磁同步电动机。与 PWM 变频装置配合使用，电流为正弦波。目前一般容量在几十千瓦以下，但容量正在逐渐扩大。在纺织工业中常配锁频系统，以保证速度精度，在伺服系统中配按转子位置定向矢量控制系统，性能优于其他电动机（直流、异步或永磁无换向器电机）的系统，但成本略高，适用于高性能场合。近些年在电梯曳引系统中得到较普遍应用，同样定额的电梯，电机额定功率较采用异步电动机时可减小 40%，具有良好的节能效果。

3）无换向器电机。

① 特点：输入电流为 120° 方波，带来转矩脉动及低速性能差的缺点，设计电机磁路时需考虑如何减少该影响；电路设计时需计及谐波电流带来的附加损耗；大中功率无换向器电机由晶闸管变频器供电，为实现换相，要求电机工作在功率因数超前区，加大了变频器容量及励磁电流；电机过载能力差（1.5～2），欲降低上述影响，要求电机定子绕组漏感小，致使电机短粗，GD^2 大。无转速和频率上限。

② 应用场合：大中功率用于负载平稳、过载不多场合，例如风机、泵等，一般 600r/min 以上；小功率与 GTR、IGBT 的 PWM 变频器配合，用于性能一般的伺服系统。

4）异步电动机。

① 特点：笼型异步电动机结构简单，制造容易，价格便宜。绕线转子异步电动机可以通过在转子回路中串电阻、频敏电阻或通过双馈改变电机特性，改善起动性能或实现调速，功率因数及效率低。在采用变频调速时加大变频器容量，为减小空载励磁电流，气隙做得小，大功率电机制造困难，调速控制系统比同步电动机的简单。

② 应用场合：2000～3000kW 以下，不调速，操作不频繁场合，宜用笼型异步电动机；2000～3000kW 以下，不调速，但要求起动力矩大或操作较频繁场合，宜用绕线转子异步电动机；环境恶劣场合宜用笼型异步电动机，2000～3000kW 以下的调速系统。

5）磁阻电机。这是一种与小功率笼型电动机竞争的新型调速电机，转子为实心铁心，d、q 轴磁路不对称，定子有多相绕组，利用大功率晶体管轮流接通定子各绕组，靠反应力矩使电机旋转。这种电机调速装置简单，不用逆变器，无逆变失败故障，可靠性高，它的结构比笼型电动机简单，而功率因数和效率两者差不多。目前容量范围在几千瓦以下，个别达几十千瓦，用于小功率调速装置。

（5）直流电动机的选择：

1）需要较大起动转矩和恒功率调速的机械，如电车、牵引机车等，用直流串励电动机。

2）其他使用直流机场合一般均用他励直流电动机。注意要按生产机械的恒转矩和恒功率调速范围，合理地选择电动机的基速及弱磁倍数。

4. 电动机转速的选择

合理地选择电动机的转速，必须从技术及经济指标全面考虑。

（1）对于一般的高（或中）转速机械（如泵、压缩机和鼓风机等），宜选用相应转速的电动机，直接与机械连接。

（2）对于不调速的低转速机械（如球磨机、水泥旋窑、轧机等），宜选用适当转速的电动机通过减速机传动。但对大功率机械，电动机的转速不能太高，要考虑大型减速机（尤其是大减速比）加工困难及维修不便等因素。

（3）对于要调速的机械，电动机允许的最高工作转速应与生产机械要求的最高速度相适应。如果选用直流电动机，则采用变电压调速还是变励磁调速，以及基速的确定都应从充分、合理地利用功率的角度考虑。

（4）对于频繁起、制动的断续周期工作制机械，电动机的转速除应满足机械所需要的最高稳定工作速度之外，还应从保证生产机械具有最大的加、减速度而选择最合适的传动比，以使生产机械获得最高的生产率。

（5）对于某些低速重复短时工作的机械，如果电机制造上可能，宜采用无减速机直接传动。这样从电机的制造方面虽然增加了一定的困难，但是对于提高生产机械的生产率；提高传动系统的动态性能（减小机械传动系统的飞轮矩，缩短正、反转过渡过程时间）；提高效率，节省能量消耗；减少机械制造的困难及维修费用；减少初期投资及运行的噪声等方面考虑是有利的。因此，像某些轧机的主传动和辅助传动、矿山卷扬机的传动、电梯传动等机械多趋向于用无减速机的直接传动。

（6）自扇冷式电动机的散热效能随电动机转速而变，不宜长期在低速下运行。如果由于调速的需要，长期低速运行而又超过电动机允许的条件时，应增设外通风设施，以免损坏电动机。

5. 电动机额定电压的选择

我国工业企业供电电压一般为 10kV、6kV、380V，电动机的额定电压应根据其额定功率和所在系统的配电电压来确定。在有多种选择可能时，应通过技术经济比较后再确定。

电动机额定电压和额定功率范围的关系可参考表 6-7 和表 6-8。

表 6-7　交流电动机额定电压和额定功率范围的关系

额定电压/V	额定功率范围/kW					
	同步电动机		异步电动机			
			笼型		绕线型	
	最小	最大	最小	最大	最小	最大
～380	3	320	0.37	320	0.6	320
～3000	250	2200	90	2500	75	3200
～6000	250	10 000	200	5000	200	5000
～10 000	1000					

注：电动机额定电压容量范围应按近期产品样本，本表仅供参考。

当企业供电电压为 6kV 时，中等容量的电动机应采用 6kV 电动机。

对于额定功率 200～300kW 的电动机，其额定电压采用低压或高压，应经技术经济比较后确定。

上述技术经济比较的内容包括：① 设备费及其建筑费、安装费，设备费包括变压器、电动机、电缆、开关等设备；② 维护费及运行时变压器、电机、电缆中的电能损耗。

当企业供电电压为 10kV 时，大容量电动机应采用 10kV 直接供电；中等容量电动机，如果有 10kV 电压者，应优先采用；当具有 6kV 电压的三绕组主变压器时，应设 6kV 母线，选用 6kV 电机。当只有 10kV 电源时，电动机的额定电压采用 6kV 还是 3kV，在经过技术经济比较后决定。采用 10kV/3kV 比 10kV/6kV 中间变压器供电在技术经济上如果更加合理时，才可以采用 3kV 电动机。

表 6-8　直流电动机额定电压和额定功率范围的关系

额定电压/V	功率范围/kW	额定电压/V	功率范围/kW
-110	0.25～110	-440	1.0～500
-220	0.25～320	-500～-1000	300～4600

6. 电机的发热与耐热

（1）电机的发热。电机运行时其内部产生损耗，引起电机温度上升。温升的变化规律为

$$\tau = \tau_W\left(1 - e^{-\frac{t}{T}}\right) + \tau_Q e^{-\frac{t}{T}} \tag{6-77}$$

式中：τ_Q 为发热过程的起始温升，℃；τ_W 为发热过程的稳态温升，℃，$\tau_W = Q/A$；Q 为热流量（电机单位时间发出的热量），W；A 为电机的散热系数，W/℃；T 为发热过程的时间常数，s，$T = C/A$；C 为电机的热容量，J/℃。

电动机的温升时间常数 T 值，对小型电机一般为 0.5h；对大型电机一般为 3～4h；对冶金型电动机为 40～60min。

若发热过程由环境温度开始，则起始温升 $\tau_Q = 0$，式（6-77）简化为

$$\tau = \tau_W\left(1 - e^{-\frac{t}{T}}\right) \tag{6-78}$$

（2）电机的耐热。根据我国的地理位置、自然气候条件，规定标准环境温度为 40℃，电机各部件的温升就是指电机部件的温度相对于标准环境温度的温度增量。电机各部件的允许温升见表 6-9。

表 6-9　电机各部件的允许温升

电机各部件	允许温升 τ/℃	
	A 级绝缘	B 级绝缘
大型（S_N＞5000kVA）交流电机的线圈	60①	80①
功率较上述电机小的交流电机的线圈、多层	50③	70③
励磁线圈、与整流子连接的电枢线圈	60②	80②
单层励磁线圈、异步电动机转子的棒状线圈	65②	90①
铁心及与绝缘线圈接触的其他部分	60③	80③
集电环	65③	85③
整流子	60③	80③
滑动轴承	40③	40③
滚动轴承	55③	55③

① 用埋入测温器测量。
② 用电阻法测量。
③ 用温度计测量。

电机中耐热最薄弱的环节就是绕组的绝缘，各种绝缘材料的允许工作温度、允许温升见表 6-10。

表 6－10　各种绝缘材料的允许工作温度、允许温升

绝缘等级	允许工作温度/℃	环境温度为 40℃时允许温升/℃（电阻法）
Y	90	
A	105	60
E	120	75
B	130	80
F	155	100
H	180	125
C	＞180	

选用电机时可按如下原则确定电机的绝缘等级：

1）环境温度在 40℃以下且在正常环境工作，可选用 A 级、E 级绝缘等级的电动机；湿热带环境宜选用 E 级绝缘等级的电动机。

2）环境温度在 40℃以上，如冶金车间生产线上的电动机宜选用 F 级或 B 级绝缘等级的电动机。

3）只有在环境温度高，环境条件恶劣，才选用 H 级绝缘等级的电动机。

4）电机的工作地点高于海拔 1000 时，由于空气稀薄，电机的散热条件变差，应按电机的技术资料的规定适当降低电机的额定值来使用。

7. 电动机功率、转矩的选择（电动机的容量校验）

传动电动机的规格（功率、电压、转速）一般是由机械设计部门选定的。这里只着重按照生产机械的不同工作制出发来校验所选择的电动机的容量是否满足机械及工艺的要求。

（1）恒定负载连续工作制下电动机的容量校验。

1）计算电动机的额定功率。选择电动机的额定功率 P_N 略大于折算到电动机轴上的负载功率

$$P_N \geqslant P_L = T_L n_N / 9550\text{(kW)} \qquad (6-79)$$

式中：T_L 为折算到电动机轴上的静负载转矩，N•m；n_N 为电动机的额定转速，r/min。

负载转矩恒定，需从基速向上调速时，其额定功率应按要求的最高工作转速 n_{max} 计算

$$P_N \geqslant T_L n_{max} / 9550\text{(kW)} \qquad (6-80)$$

2）校验起动过程中的最小转矩及允许的最大飞轮矩。对起动条件沉重（静负载转矩大或带有较大的飞轮矩）而采用笼型异步电动机或同步电动机传动时，在选定 P_N 后还要按式（6－81）、式（6－82）分别校验电动机的最小起动转矩 T_{Mmin} 和允许的最大飞轮矩 GD^2_{xm}

$$T_{M\min} \geqslant T_{Lmax} K_s / K_u^2 \qquad (6-81)$$

式中：T_{Lmax} 为起动过程中可能出现的最大负载转矩，N•m；K_s 为保证起动时有足够加速转矩的系数，一般取 $K_s = 1.15 \sim 1.25$；K_u 为电压波动系数，起动时电动机端电压与额定电压之比，全压起动时，取 $K_u = 0.85$。

允许的最大飞轮矩 GD^2_{xm} 为

$$GD^2_{xm} = GD_0^2(1 - T_{L\max} / T_{sav} K_u^2) - GD^2_M \qquad (6-82)$$

$$GD^2_{xm} \geqslant GD^2_{mec}$$

式中：GD^2_{mec} 为折算到电动机轴上传动机械的最大飞轮矩，N•m²；GD_0^2 为包括电动机在内的整个传动系统允许的最大飞轮矩，N•m ²，由电机资料中查取；GD^2_M 为电动机转子的飞轮矩，N•m²；T_{sav} 为电动机的平均起动转矩，N•m，见表 6－11。

表 6－11　交流电动机的平均起动转矩

电动机类型		平均起动转矩	备注
同步电动机	$T_s > T_{pi}$ 时	$T_{sav} = 0.5\ (T_s + T_{pi})$	T_{sav}—平均起动转矩 T_s—最初起动转矩（$s=1$ 时） T_{pi}—牵入转矩 T_{cr}—临界转矩
	$T_s \leqslant T_{pi}$ 时	$T_{sav} = 1.0 \sim 1.1 T_s$	
笼型异步电动机（一般用途）		$T_{sav} = 0.45 \sim 0.5\ (T_s + T_{cr})$	

若上述两项校验通过，则所选电动机按起动条件的校验可以通过。

对于直流电动机和绕线转子异步电动机，因其起动转矩可以在规定范围内任意调节，因此不必做此两种校验。

（2）短时工作制下电动机的容量校验。对短时工作的机械，应尽量选用短时定额电动机。如果工作周期远小于电动机的发热时间常数，且停歇时间长到足以使电动机完全冷却到环境温度，则其额定功率可以按过载能力来选择。对于异步电动机

$$P_N \geqslant P_{L\max} / 0.75\lambda\text{(kW)} \qquad (6-83)$$

式中：P_{Lmax} 为短时负载功率的最大值，kW；λ 为电动机允许的转矩过载倍数，见表 6－12。

表 6－12　交流电动机的转矩过载倍数 λ

电动机类别	工作制		$\lambda=T_{Mmax}/T_N$
笼型异步电动机	一般用途，连续工作制		≥1.6
	高起动转矩，连续工作制		≥2.0
	起重、冶金型	10kW 及以下	≥2.5
		10kW 以上	≥2.8
绕线转子异步电动机	一般用途，连续工作制		≥1.8
	起重、冶金型	10kW 及以下	≥2.5
		10kW 以上	≥2.8
同步电动机	$\cos\varphi=0.8$（超前）		≥1.65
	强励时		3～3.5

（3）变动负载连续周期工作制下电动机的容量校验。

1）发热校验。对于图 6－63 所示的变动负载连续周期工作制下电动机的功率计算，可先按等效（方均根）转矩法或等效电流法，计算出一个周期 T 内的等效转矩 T_{rms} 或等效电流 I_{rms}。选取电动机的额定转矩 $T_N \geqslant T_{rms}$ 或额定电流 $I_N > I_{rms}$ 即可。

$$T_N \geqslant T_{rms} = \sqrt{\frac{T_1^2 t_1 + T_2^2 t_2 + T_3^2 t_3 + L + T_n^2 t_n}{T}} \tag{6-84}$$

或

$$T_N \geqslant T_{rms} = \sqrt{\frac{I_1^2 t_1 + I_2^2 t_2 + I_3^2 t_3 + \cdots + I_n^2 t_n}{T}} \tag{6-85}$$

式中：$T_1 \sim T_n$ 为各分段时间内的转矩值，N•m；$I_1 \sim I_n$ 为各分段时间内的电流值，A；T 为一个周期的总时间，s，$T=t_1+t_2+t_3+\cdots+t_n$。

当负载波形不是矩形，而是如图 6－63b 所示的三角形或梯形时，则应将每一个相应的时间间隔内的转矩或电流值换算成等效平均值后，同样可用上面两式计算 T_{rms} 或 I_{rms}。

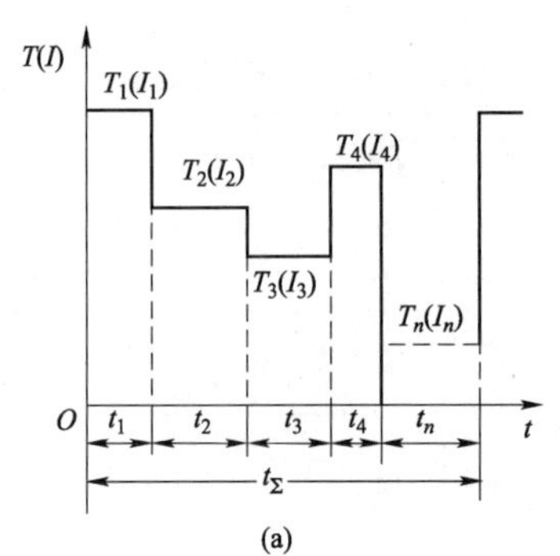

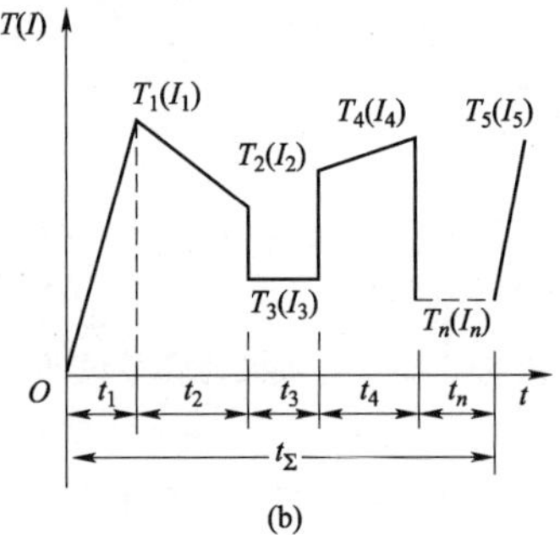

图 6－63　变动负载连续周期工作制下电动机的负载图

（a）矩形负载；（b）梯形或三角形负载

对应时间 t_2 内转矩或电流的等效平均值为

$$T_{av2} = \sqrt{\frac{T_1^2 + T_1 T_2 + T_3^2}{3}}$$

$$I_{av2} = \sqrt{\frac{I_1^2 + I_1 I_2 + I_3^2}{3}} \tag{6-86}$$

对应时间 t_1 内三角形曲线转矩或电流的等效平均值为

$$T_{av1} = \sqrt{T_1^2/3} = 0.578T_1$$

$$I_{av1} = \sqrt{I_1^2/3} = 0.578I_1 \tag{6-87}$$

2）校验最大过载转矩。按 T_{rms} 或 I_{rms} 选取电动机的额定功率以后，还要用最大负载转矩 T_{Lmax} 校验电动机的过载能力。

$$T_N \geqslant T_{Lmax}/(0.9K_u\lambda) \tag{6-88}$$

式中：K_u 为电网电压波动系数，对于同步电动机，$K_u=0.85$；对于异步电动机，$K_u=0.85^2=0.72$；对于直流电动机，$K_u=1.0$；λ 为转矩过载倍数（表 6－12 和表 6－13）；0.9 是考虑计算误差和参数波动而取的安全系数。

表 6－13　直流电动机的过载能力

电动机类型	工作条件	允许的工作过载		切断过载电流倍数
		电流倍数	时间/s	
一般用途中小型电动机（如 Z2 系列）	基速及以下	1.5	120	

续表

电动机类型		工作条件	允许的工作过载		切断过载电流倍数
			电流倍数	时间/s	
起重、冶金用电动机（如ZZ、ZZY系列）	并励	基速及以下	2.5	60	2.8
	复励		2.7		3.0
中型无补偿变速电动机（ZD系列）		基速及以下	1.5	60	

3）校验起动过程中的最小转矩及允许的最大飞轮矩。

（4）断续周期工作制下电动机的容量校验。断续周期工作制下电动机的典型负载变化如图6－64所示。

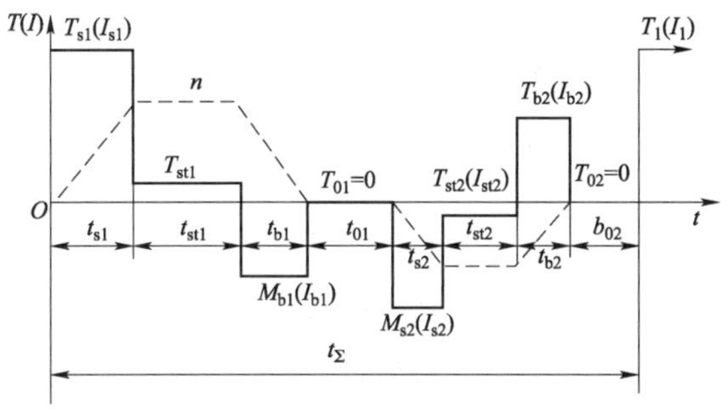

图6－64 断续周期工作制下电动机的典型负载

这类机械通常多选用断续定额电动机（如JZ、JZR等），为合理利用电动机的容量，规定在不同的负载持续率FC_N时有不同的定额（指电动机的额定功率、电流、转速等）。如JZ、JZR系列起重冶金用电动机的标准负载持续率FC_N（%）分为25%、40%、60%三种，并采用10min作为周期计算时间。因此，所选用的FC_N值应尽可能与实际工作的FC值相近。当实际工作的FC值大于60%时，可采取强迫通风或选用连续定额电动机，其功率可按下面四式所示的等效转矩（或等效电流）法或平均损耗法进行校验。

1）按等效转矩（或等效电流）法校验发热。

① 选用断续定额电动机时，对于图6－64所示的负载图，电动机在一个工作周期内的等效（方均根）转矩T_{rms}或等效（方均根）电流I_{rms}为

$$T_{rms}=\sqrt{\frac{\sum T_s^2t_s+\sum T_{st}^2t_{st}+\sum T_b^2t_b}{C_\alpha(\sum t_s+\sum t_b)+\sum t_{st}}}\quad (\mathrm{N\cdot m}) \tag{6-89}$$

$$I_{rms}=\sqrt{\frac{\sum I_s^2t_s+\sum I_{st}^2t_{st}+\sum I_b^2t_b}{C_\alpha(\sum t_s+\sum t_b)+\sum t_{st}}}\quad (\mathrm{A}) \tag{6-90}$$

② 选用连续定额电动机时，有

$$T_{rms}=\sqrt{\frac{\sum T_s^2t_s+\sum T_{st}^2t_{st}+\sum T_b^2t_b}{C_\alpha(\sum t_s+\sum t_b)+\sum t_{st}+C_\beta\sum t_0}} \tag{6-91}$$

$$I_{rms}=\sqrt{\frac{\sum I_s^2t_s+\sum I_{st}^2t_{st}+\sum I_b^2t_b}{C_\alpha(\sum t_s+\sum t_b)+\sum t_{st}+C_\beta\sum t_0}} \tag{6-92}$$

式中：T_s为起动转矩，N•m；T_b为制动转矩，N•m；T_{st}为稳态运转转矩，N•m；I_s为起动电流，A；I_b为制动电流，A；I_{st}为稳态运转电流，A；$\sum t_b$为一个周期中制动时间的总和，s；$\sum t_0$为一个周期中停歇时间的总和，s；$\sum t_s$为一个周期中起动时间的总和，s；$\sum t_{st}$为一个周期中稳态运转时间的总和，s；C_α为起制动过程中电动机散热恶化系数，$C_\alpha=(1+C_\beta)/2$；C_β为停止时电动机散热恶化系数，见表6－14。

表6－14 C_β 值

电动机的冷却方式	C_β值
封闭式电动机（无冷却风扇）	0.95～0.98
封闭式电动机（强迫通风）	0.9～1.0
封闭式电动机（自带内冷风扇）	0.45～0.55
防护式电动机（自带内冷风扇）	0.25～0.35

实际负载持续率为

$$FC=\frac{\sum t_s\sum t_b+\sum t_{st}}{t_\Sigma}\times 100\% \tag{6-93}$$

当实际负载持续率FC值与所选的电动机的额定负载持续率FC_N值不相等（但相差不多）时，应将上面式（6－87）～式（6－90）所计算出的T_{rms}或I_{rms}值折算到对应于电动机的FC_N值相等效的值，即

$$T'_{rms}=\sqrt{\frac{FC}{FC_N}}T_{rms}\quad (\mathrm{N\cdot m})$$
$$I'_{rms}=\sqrt{\frac{FC}{FC_N}}I_{rms}\quad (\mathrm{A}) \tag{6-94}$$

当所选电动机的额定转矩$T_N>T_{rms}$或额定电流$I_N>I_{rms}$时，则表示电动机的发热校验通过。

2）校验最大过载转矩。只有当发热校验和最大过载转矩校验两项都通过以后，电动机的容量校验才算通过。

6.3 电力拖动系统的起动

6.3.1 交流电动机的起动

三相笼型异步电动机的起动方法有直接起动、减压起动和软起动等。

1. 直接起动（全压起动）

（1）交流异步电动机直接起动。直接起动也称为全

压起动，通过直接起动设备将全部电源电压（全压）直接加到电动机的定子绕组上进行起动。起动电流比较大，可达额定电流的4～7倍或更大，这样大的起动电流对供电电路造成较大冲击，引起线路电压降低，可能影响线路上其他用户的正常工作。

笼型异步电动机满足下列条件时，可以采用直接起动。

1）起动时对电网造成的电压降不超过规定的数值。一般需要经常起动时，其电压降不得超过10%，偶尔起动时不超过15%。在保证生产机械所要求的起动转矩而又不致影响其他用电设备的正常工作时，其电压降可允许为20%或更大一些。

2）起动功率不超过供电设备和电网的过载能力。笼型异步电动机允许直接起动的功率和电源容量之间的关系见表6－15。

表6－15　按电源容量允许直接起动的笼型异步电动机功率

电源	允许直接起动的笼型异步电动机功率
小容量发电厂	每1kVA发电机容量为0.1～0.12kW
变电站	经常起动时，不大于变压器容量的20% 不经常起动时，不大于变压器容量的30%
高压线路	不超过电动机连接线路上的短路容量的3%
变压器－电动机组	电动机功率不大于变压器容量的80%

一般规定，功率7.5kW以下的异步电动机允许直接起动。7.5kW以上的异步电动机且电源总容量较大，满足式（6－95）要求的电动机也可直接起动。

$$K_{\mathrm{I}}=\frac{I_{\mathrm{1st}}}{I_{\mathrm{1N}}}\leqslant\frac{1}{4}\left[3+\frac{\text{电源总容量（kVA）}}{\text{起动电动机容量（kVA）}}\right] \tag{6-95}$$

3）起动时的稳定电流和热稳定电流应符合电动机起动设备规定的要求。不能满足上述条件时，应采用减压起动。

（2）同步电动机直接起动。同步电动机采用直接起动时也应满足（1）中所述条件。对于大、中功率高压同步电动机是否允许直接起动，还需考查下述条件：

1）电动机本身的结构条件，它由电机制造厂决定，如果不能取得电机制造厂资料时，通常可按下述条件估算，符合下述条件时，可以直接起动：

对于$U_{\mathrm{N}}=3\mathrm{kV}$的同步电动机

$$\frac{P_{\mathrm{N}}}{\text{极对数}}\leqslant 250\sim 300\mathrm{kW} \tag{6-96}$$

对于$U_{\mathrm{N}}=6\mathrm{kV}$的同步电动机

$$\frac{P_{\mathrm{N}}}{\text{极对数}}\leqslant 200\sim 250\mathrm{kW}$$

2）引起的母线电压降不影响其他设备的正常运行。画出同步电动机直接起动时的等效电路如图6－65所示，忽略有功电流及电阻的影响，并假定起动前电源电压等于额定电压 U_{N} 为恒定值，并已知母线上最小短路容量为 S_{dl}（并以 S_{dl} 作为基准值），则电动机允许直接起动的条件为

$$K_{\mathrm{is}}S_{\mathrm{N}}<a\,(S_{\mathrm{dl}}+Q_{\mathrm{fh}}) \tag{6-97}$$

其中
$$a=\frac{1}{U_{\mathrm{b}}^{*}}-1$$

$U_{\mathrm{b}}^{*}=0.8$时　　$a=\dfrac{1}{0.8}-1=0.25$

$U_{\mathrm{b}}^{*}=0.85$时　　$a=\dfrac{1}{0.85}-1=0.175$

$U_{\mathrm{b}}^{*}=0.9$时　　$a=\dfrac{1}{0.9}-1=0.11$

式中：K_{is}为额定电压时，电动机的起动电流倍数；S_{N}为电动机额定容量，MVA；Q_{fh}为母线上负载的无功功率，Mvar；U_{b}^{*}为母线允许电压标幺值，$U_{\mathrm{b}}^{*}=U_{\mathrm{b}}/U_{\mathrm{N}}$。

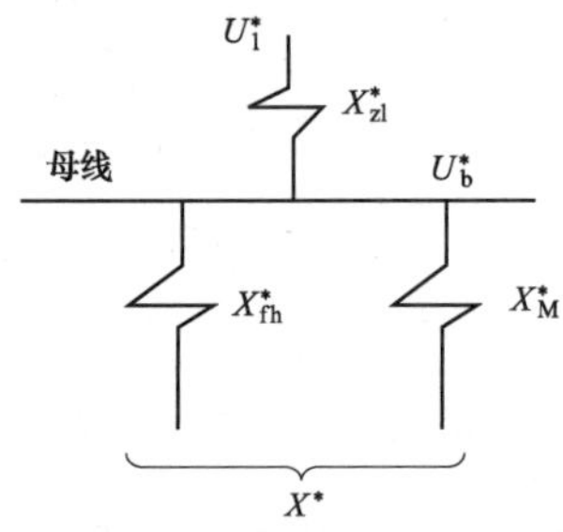

图6－65　同步电动机直接起动时的等效电路

2. 减压起动

减压起动时电动机的起动转矩降低，特别是交流异步电动机，转矩与电压的二次方成正比，电压下降导致起动转矩二次方倍的下降，使本来就不大的起动转矩变得更小，负载稍重，就可能起动不起来。因此要特别关注起动转矩的大小能否满足负载起动转矩的要求。

为保证电动机有足够的起动转矩，减压起动时其端电压应满足

$$U_{\mathrm{M}}^{*}\geqslant\sqrt{1.1T_{\mathrm{L}}^{*}/T_{\mathrm{s}}^{*}} \tag{6-98}$$

式中：U_{M}^{*}为电动机端电压对额定电压的标幺值；T_{L}^{*}为电动机负载转矩对额定转矩的标幺值；T_{s}^{*}为电动机起动转矩对额定转矩的标幺值。

（1）笼型异步电动机减压起动。笼型转子异步电动机转子电路在内部闭合，不能外串起动设备，只能在定子电路中采取措施。其减压起动方法主要有定子串电阻起动、星－三角起动、延边三角形起动和自耦变压器减压起动等。这些起动方法的起动电路图，起动时的电压、电流及转矩特性，适用电动机类型、起动特点等详见表6－16。

表 6-16　笼型异步电动机各种减压起动方式的比较

起动方式	三相电阻减压起动	电抗器减压起动			自耦变压器减压起动			星－三角减压起动	延边三角形减压起动		
		减压百分数			减压百分数				抽头比例 $K=a/b$①		
		50%	45%	37.5%	80%	65%	50%		1:2	1:1	2:1
$\dfrac{起动电压U_s}{额定电压U_N}$	0.8	0.50	0.45	0.375	0.80	0.65	－0.50	0.58	0.78	0.71	0.66
$\dfrac{起动转矩}{全压起动转矩}$	0.64	0.25	0.20	0.14	0.64	0.43	0.25	0.33	0.6	0.5	0.43
$\dfrac{起动电流}{全压起动电流}$	0.8	0.50	0.45	0.375	0.64	0.43	0.25	0.33	0.6	0.5	0.43
起动电路图	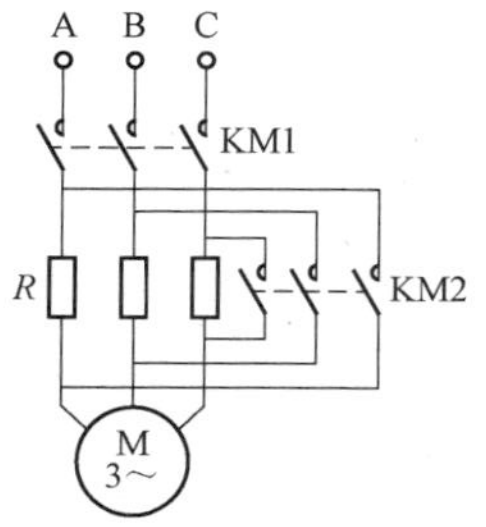 （起动时 KM1 闭合，起动后 KM1 和 KM2 闭合）	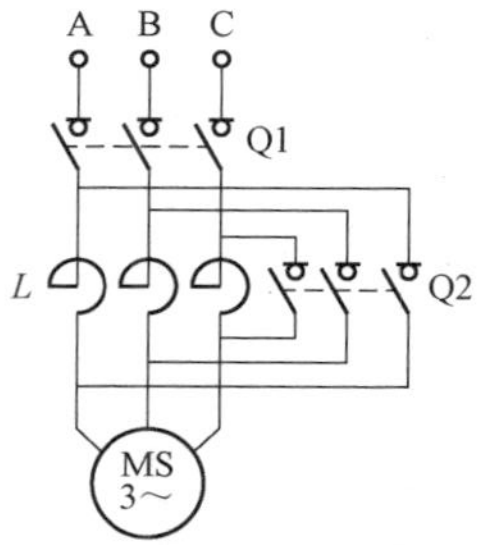 （起动时 Q 闭合，Q2 断开运转时 Q1 和 Q2 闭合）			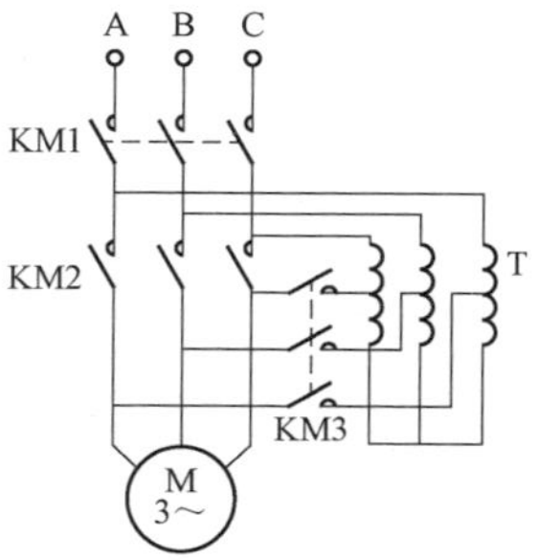 （起动时 KM1 和 KM3 闭合，起动后 KM1 和 KM2 闭合）			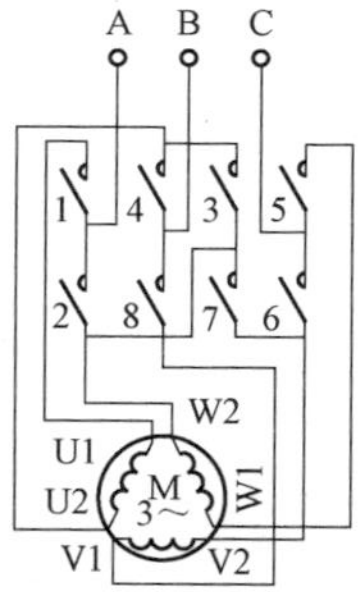 （起动时 Y 接线，触头 1、8、5、3、7 闭合，起动后 Δ 接线，触头 1、2、5、6、4、8 闭合）	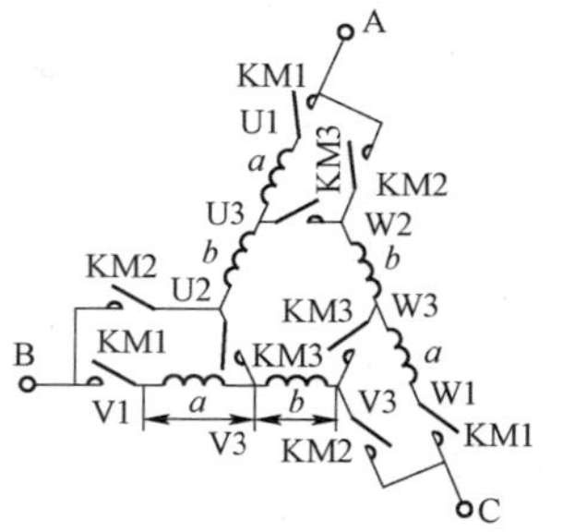 （起动时 KM1 和 KM3 闭合，起动后 KM1 和 KM2 闭合，KM3 断开）		
适用场所	低压电动机	高压电动机			高压、低压电动机			绕组额定电压 380V，具有 6 个出线头的电动机	绕组额定电压 380V，具有 9 个出线头的电动机		
特点	起动电流较大，起动转矩较小。起动过程电阻中电能消耗较大	起动电流较大，起动转矩较小			起动电流较小，起动转矩较大			起动电流小，起动转矩小	起动电流小，起动转矩较大，具有自耦变压器及星－三角两种减压起动方式的优点		

注：U_N—电动机额定电压；α—减压系数，$\alpha=U_s/U_N$；I_s—直接起动时起动电流；T_s—直接起动时起动转矩；I_s—延边三角形抽头起动时起动电流；T_s'—延边三角形抽头起动时起动转矩。

① 延边三角形数据是根据下面公式及抽头比 $K=a/b$ 估算：$U_s/U_N=(1+\sqrt{3}K)/(1+3K)$；$I_s'/I_s=(1+K)/(1+3K)$；$T_s'/T_s=(1+K)/(1+3K)$。

(2) 同步电动机减压起动。对于交流同步电动机，在恒频电源下须采用异步方式起动，起动方法与异步电动机相似，通常采用串电抗器起动或自耦变压器减压起动，见表 6-17。

表 6-17 同步电动机减压起动方法

起动方式	电抗器减压起动	自耦变压器减压起动
电动机起动电压	αU_N	αU_N
电动机起动电流	αI_s	$\alpha^2 I_s$
电动机起动转矩	$\alpha^2 T_s$	$\alpha^2 T_s$
起动电路图	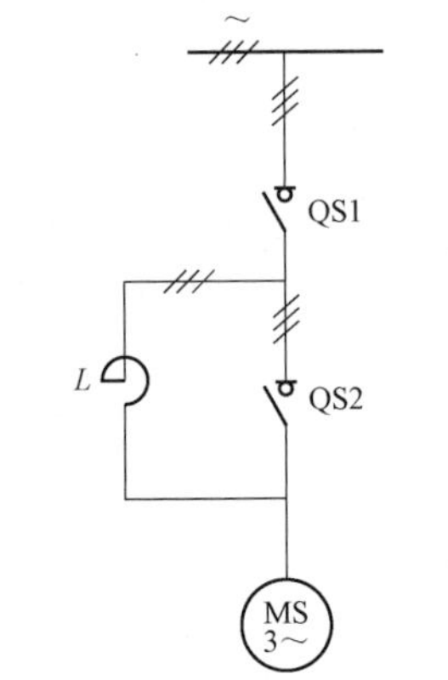 （起动：QS1 闭合，QS2 断开； 运转：QS1、QS2 均闭合）	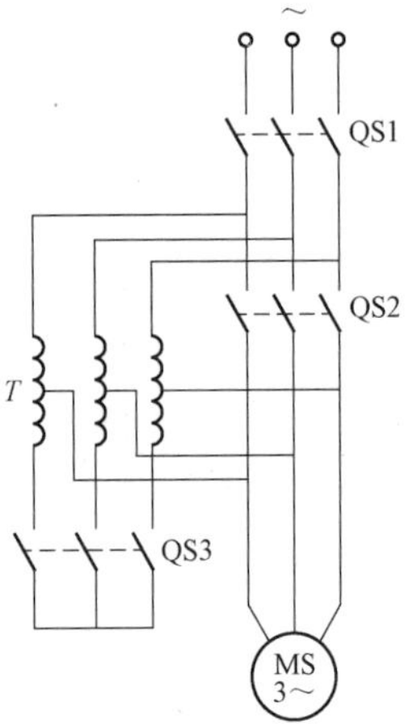 （起动：QS1、QS3 闭合，QS2 断开； 运转：QS3 断开，QS1、QS2 闭合）
适用电动机类型	高压电动机	高压、低压电动机
特点	起动电流较大，起动转矩较小	起动电流较小，起动转矩较大

(3) 绕线转子异步电动机串电阻起动。

1) 转子回路串电阻分级起动。三相绕线转子异步电动机多用在拖动堵转转矩大的生产机械，如起重机械、球磨机、传送带运输机和矿井提升机等。某些大功率传动装置要求重载起动，而某些小功率装置要求频繁起、制动，为减小起动损耗与冲击电流，以及满足某些机械对加、减速度的特定要求，可采用绕线转子异步电动机转子回路串电阻分级起动方法。电阻分级起动的特性及电阻值计算见表 6-18。

表 6-18 转子串电阻分级起动的特性及电阻值计算

电动机类型	接线方式	起动特性	起动级数 q	
			电动机功率/kW	级数
绕线转子异步电动机	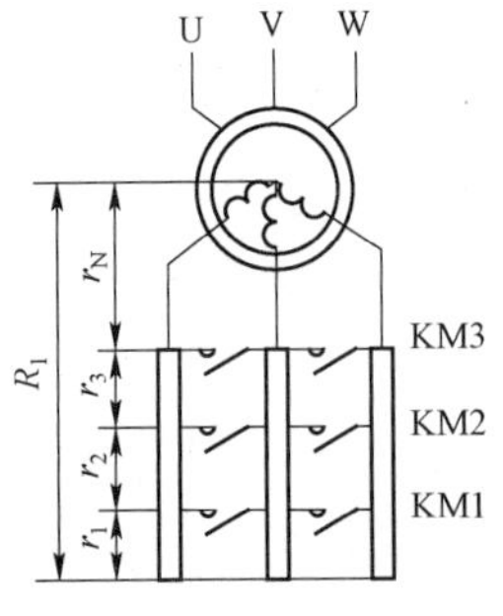	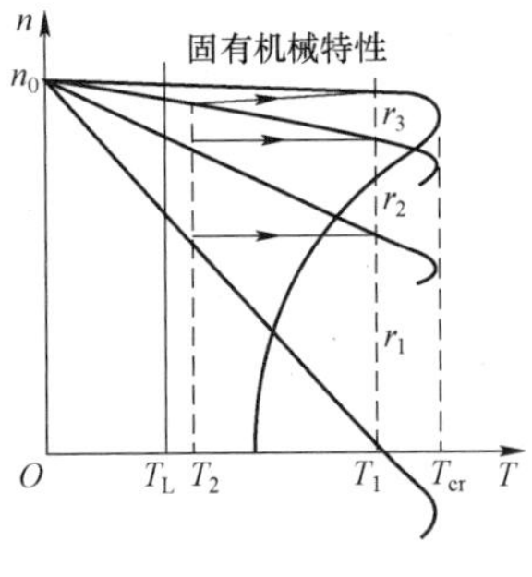	0.75～7.5 10～20 20～35 35～55 60～95 100～200 200～370	1 2 2～3 3 4～5 4～5 6

续表

电动机类型	接线方式	起动特性	起动级数 q	
			电动机功率/kW	级数
T_1、T_2的取值	起动电阻计算	符号		
一般取 $T_1 \leqslant 0.9T_{cr}$ $T_2 = T_1/\lambda$	$\gamma = \frac{T_1}{T_2} = \sqrt[q]{\frac{1}{s_N T_1^*}}$ $r_3 = r_N(\lambda - 1)$ $r_2 = r_3\lambda$ $r_1 = r_2\lambda$ $r_N = s_N R_{2N}$	s_N—电动机的额定转差率 R_{2N}—转子额定电阻，$R_{2N} = \frac{U_{2N}}{\sqrt{3}I_{2N}}$，Ω T_1^*—最大起动转矩对额定转矩的标幺值，$T_1^* = T_1 / T_N$ U_{2N}—电动机转子额定电压，V I_{2N}—电动机转子额定电流，A		

2）绕线转子异步电动机转子串频敏变阻器起动。为了限制起动电流、增大堵转转矩，绕线转子异步电动机可以采用转子串频敏变阻器起动。利用绕线转子异步电动机在起动过程中转子电流频率随转差率的变化而变化的特点，在转子回路中接入频敏变阻器（见图 6-66a，K 断开电动机转子串入频敏变阻器起动，起动结束后 K 闭合，切除频敏变阻器，电动机进入正常运行状态）时，其等效阻抗随转差率的减小（转速增高）而相应地减小，从而起到减小起动电流并得到起动转矩近似恒定的起动特性。它具有不需要改变外接阻抗而可以很容易地实现电动机的反接制动的特点。对要求工作特性软的机械（如轧机的辊道等），亦可将频敏变阻器常接在转子回路中。

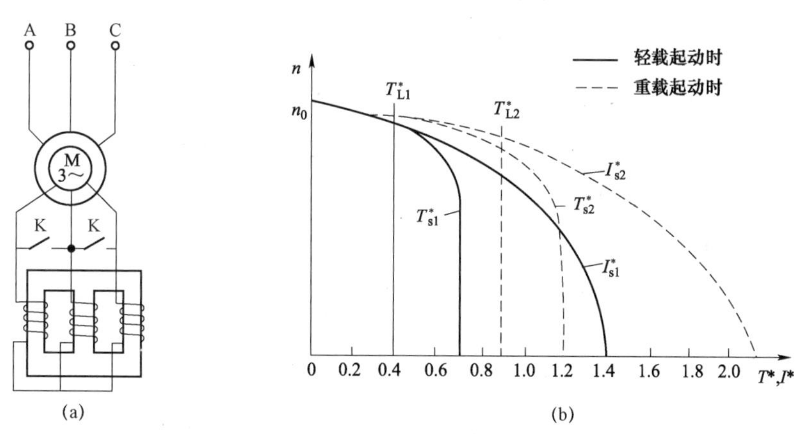

图 6-66 绕线转子异步电动机采用频敏变阻器起动

T_L^*—负载转矩标幺值；T_s^*—起动转矩标幺值；I_s^*—起动电流标幺值

采用频敏变阻器起动，其优点是可省去庞大的起动电阻器，线路简单，维修简便。但因其功率因数低、起动转矩小，对要求在低速下运转和起动转矩大的场合，不宜采用。

3. 软起动

减压起动属于有级起动方法，起动的平滑性不高。为了实现无级平滑起动，应用一些自动控制线路组成的软起动器的起动方法称为软起动方法。目前广泛使用的用于异步电动机软起动的电力电子设备有变频器和软起动器，常用的软起动器是电子软起动器。

（1）电子软起动器。典型的软起动器采用如图 6-67 所示的主电路，把三相反并联晶闸管串接在异步电动机定子三相电路中，通过改变晶闸管的导通角调节定子电压，使其按照设定的规律变化，实现各种软起动方式。

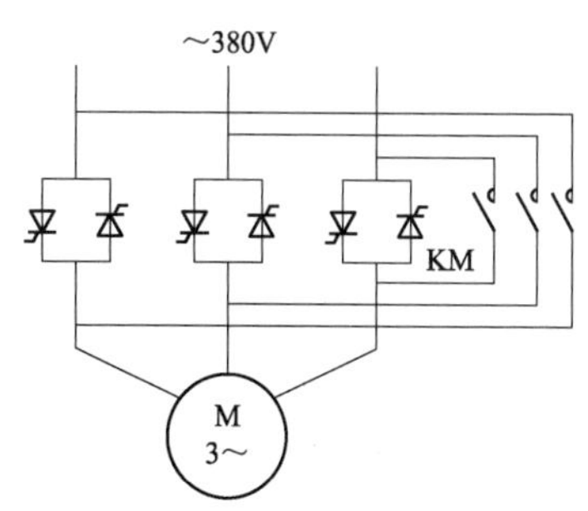

图 6-67 三相异步电动机软起动主电路原理图

常用的电子软起动器的起动方法比较见表 6-19。

表 6-19 电子软起动器的起动方法

起动方法	限流或恒流起动法	斜坡电压起动法	转矩控制起动法	转矩加脉冲突跳控制起动法	电压控制起动法
特点	限制电动机起动电流或保持恒定的起动电流	电动机起动定子电压由小到大斜坡线性上升	电动机起动转矩由小到大斜坡线性上升，起动平滑性好，能降低起动时对电网的冲击	起动瞬间加脉冲突跳转矩克服电动机的负载转矩，转矩平滑上升	控制电压保证起动时起动转矩大
适用起动类型	轻载软起动	重载软起动	较好的重载软起动	重载软起动	较好的轻载软起动

市场上常见的软起动器分为旁路型、无旁路型和节能型三种，其特点见表 6-20。带旁路型软起动器的异步电动机主电路如图 6-68 所示。

表 6-20 常见的软起动器的特点

软起动器类型	旁路型	无旁路型	节能型
特点	电动机转速到达额定转速时，旁路接触器取代软起动器，降低了晶闸管的热损耗	电动机转速到达额定转速时，晶闸管处于全导通状态，适用于频繁起动和停止的电动机	完成起动后，当电动机负荷较轻时，软起动器自动降低电动机定子电压，提高功率因数

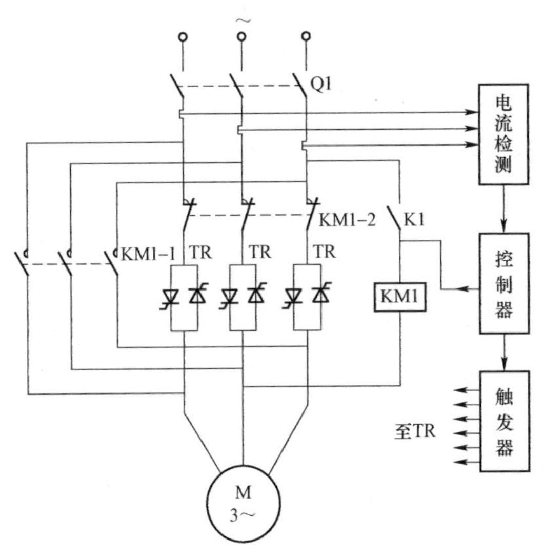

图 6-68 带旁路型软起动器的异步电动机主电路

三相异步电动机起动时 Q1 闭合，双向晶闸管 TR 的触发延迟角设置为大值，电动机定子端电压较低，随着电动机转速逐渐上升，触发延迟角相对应的逐渐下降到零，定子端电压逐渐上升到额定值。这时继电器 K1 吸合，交流接触器 KM1 线圈得电，常开触点闭合，常闭触点断开，软启动过程完成。

（2）变频起动。对于采用变频调速的交流电动机，自然可以采用变频的方法起动，这时电动机具有非常好的起动性能：起动转矩大，起动电流小，可以实现平滑的软起动。

对大功率同步电动机和大型蓄能电站发电-电动机组，可以采用静止变频装置实现平滑起动，其特点是：起动平稳，对电网冲击小；不必考虑对被起动电动机的加强设计；起动装置功率适度，一般只为被起动电动机功率的 5%～25%（视起动时间、飞轮力矩和静阻转矩而异）；几台电动机可公用一套起动装置，先后完成起动，较为经济，便于维护。图 6-69 为采用晶闸管变频装置起动大功率同步电动机的原理框图。采用交-直-交变频器，通过电流控制实现恒加速度起动，当电动机接近同步转速时进行同步协调控制，直至达到同步转速后，通过开关切换使电动机直接投入电网运转。用此方法可起动功率为数千千瓦至数万千瓦的同步电动机或大型蓄能电站发电-电动机组。

6.3.2 直流电动机的起动

1. *直流他（并）励电动机的起动*

当直流他励电动机作为闭环调速系统的拖动电机时，通常采用晶闸管调压装置为电枢供电。对于这样的系统，电动机的起动是不成问题的，无须特殊考虑。

直流并励电动机如果采用电枢串电阻分级起动，其计算方法与绕线转子异步电动机转子串电阻分级起动的分析计算方法完全一样。

2. *直流串励电动机串电阻起动*

对于直流串励电动机，由于其机械特性为非线性，采用分析法计算较困难，通常多采用图解法，其计算步骤如下：

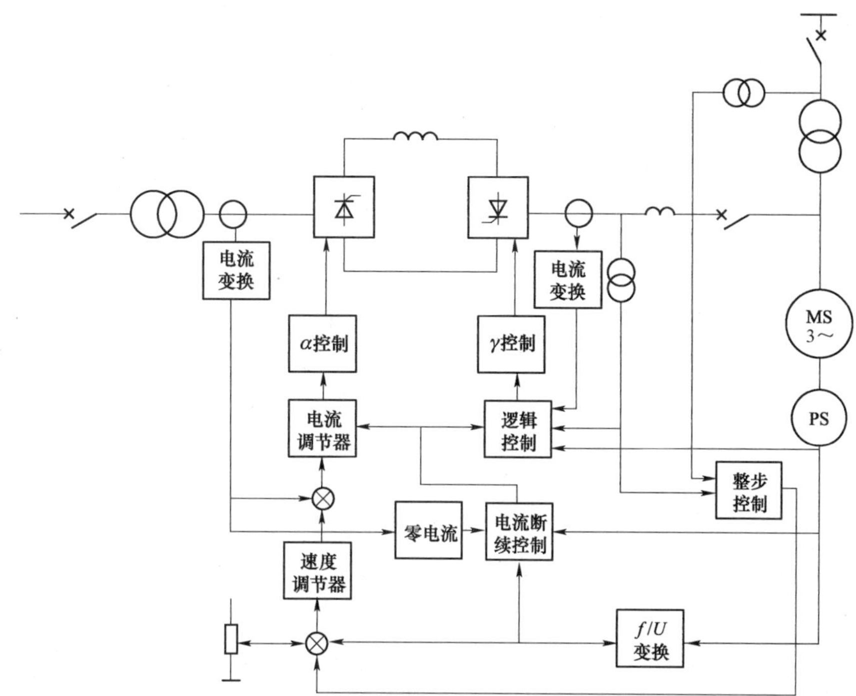

图 6－69 用晶闸管变频装置起动同步电动机原理框图

（1）绘制电动机的固有机械特性曲线。根据电动机的特性数据绘制 $I=f(n)$ 特性曲线。如果得不到电动机数据，可采用图 6－70 的通用特性曲线。

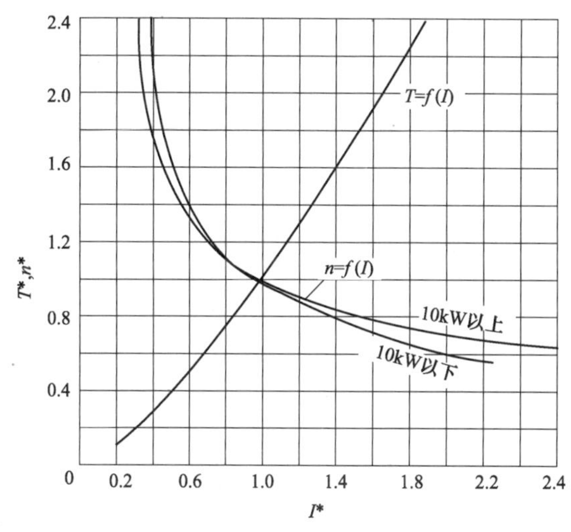

图 6－70 ZZ 系列串励直流电动机的通用特性曲线

（2）根据传动装置允许的最大起动电流 I_1（见图 6－71），确定电动机电枢回路的总起动电阻

$$R_s = \frac{U_N}{I_1} \quad (\Omega) \tag{6-99}$$

（3）根据已定的起动级数及假定的切换电流 I_2，求出电动机接入总起动电阻时的转速 n_2（图 6－71b 中的 b 点）

$$n_2 = n_1 \frac{U_N - I_2 R_s}{U_N - I_2 r_N} \quad (\text{r/min}) \tag{6-100}$$

式中：n_1 为自然机械特性曲线上 h 点的转速，r/min；U_N 为外加直流额定电压，V；r_N 为电动机电枢回路总内阻，$r_N=r_a+r_{cq}$，Ω；r_a 为电动机电枢和补偿极以及电刷电阻之和，Ω；r_{cq} 为电动机串励绕组电阻，Ω，$r_{cq}=r_1+r_2+r_3$。

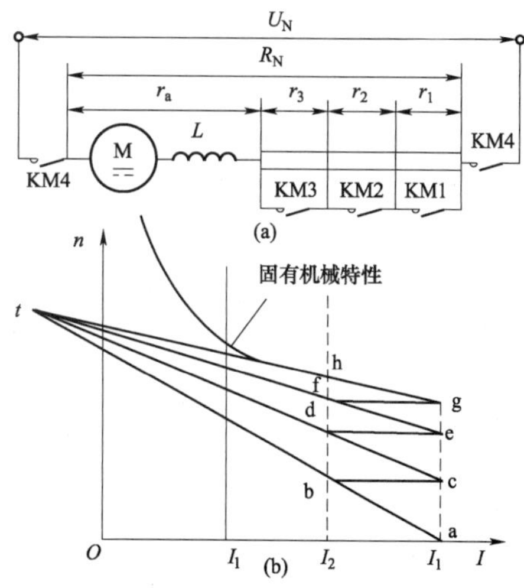

图 6－71 直流串励电动机起动特性

（a）起动电路简图；（b）起动特性

（4）根据已定的 I_1 和 I_2 值，在固有机械特性曲线上找出相应的 g 点和 h 点，并在人工机械特性曲线上找出相应的 a 点与 b 点，通过 g、h 与 a、b 点分别画两条直线交于 t 点。

（5）在 I_1 与 I_2 之间绘制三级起动曲线，如果做出的起动特性与自然机械特性的交点正合适，则表明所取的 I_1、I_2 值合适，否则应改变 I_1 值，重新绘制起动特性，直到合适为止。

（6）求起动时的外接电阻及各级电阻值

$$R_q = R_s - r_N$$

$$\begin{cases} r_1 = \dfrac{ac}{ga} R_q \quad (\Omega) \\ r_2 = \dfrac{ce}{ga} R_q \quad (\Omega) \\ r_3 = \dfrac{eg}{ga} R_q \quad (\Omega) \end{cases} \tag{6-101}$$

式中：R_q 为起动时外接的总电阻，Ω；r_1、r_2、r_3 分别为各级的起动电阻值，Ω。

3. 直流电动机降压起动

功率较大起动频繁的直流电动机，电枢串电阻起动消耗能量较多很不经济，可采用降低电源电压的方法起动，即降压起动。起动时，随着转速的升高逐步升高电源电压，将电枢电流限制在一定范围内从而获得较大的电磁转矩。并励直流电动机采用降压起动时，励磁绕组电压不降低，否则起动转矩减小，对起动不力。

降压起动起动电流小，起动过程平滑，耗能少，但需要专门的直流电源。

6.3.3 起动的校验

电动机起动的校验可以参考 6.2.3 节 7 之 1）、2）项。

6.4 电力拖动系统的电气制动

电动机需要迅速而准确地停机时，尤其是对于某些位能负载（如电梯、提升机、起重机等），为防止需要停止的机械产生滑动（俗称“溜车”），应采用利用摩擦阻力的机械制动方式。常用的机械制动设备主要有电磁制动器、电动－液压制动器、带式制动器和圆盘制动器。

在需要迅速减速、准确停车以及限制重物下放速度的场合，经常使用方便、灵活的电气制动方案。

6.4.1 能耗制动

能耗制动是将运转中的电动机从电源断开，并改接为发电机，使电能在其绕组中消耗（必要时还可消耗在外接电阻中）的一种电制动方式。各种电动机能耗制动的性能见表 6－21。

表 6－21　各种电动机能耗制动的性能

电动机类型	异步电动机	同步电动机	直流电动机
接线方式	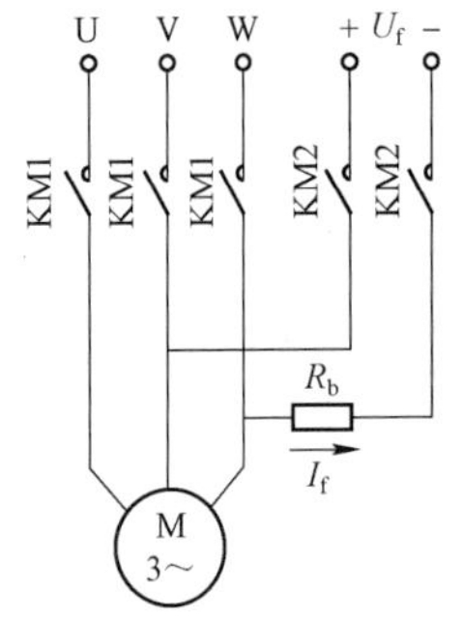 U V W + U_f －；KM1 KM1 KM1 KM2 KM2；R_b；I_f；M 3～	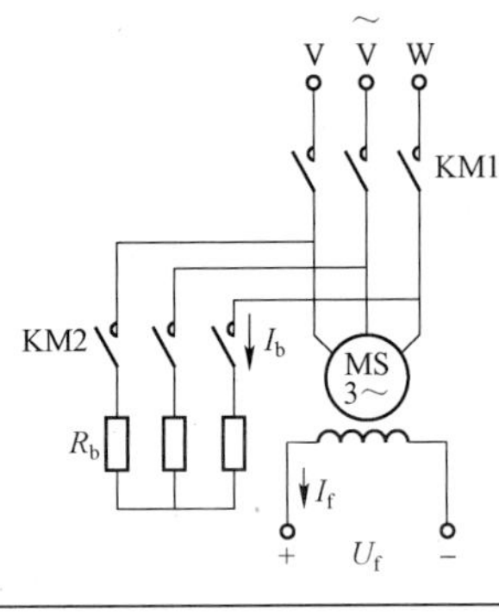 ～ V V W；KM1；KM2；I_b；R_b；MS 3～；I_f；+ U_f －	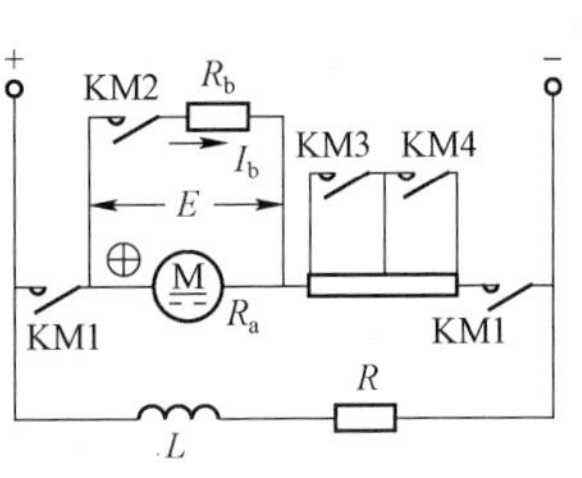 + －；KM2 R_b；I_b；E；KM3 KM4；M；R_a；KM1 KM1；R；L
制动特性	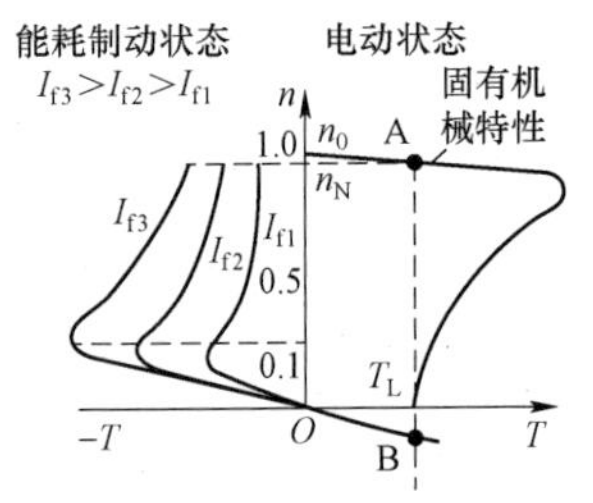 能耗制动状态 $I_{f3}>I_{f2}>I_{f1}$；电动状态；固有机械特性；n；1.0；n_0；n_N；A；I_{f3}；I_{f2}；I_{f1}；0.5；0.1；T_L；−T；O；B；T	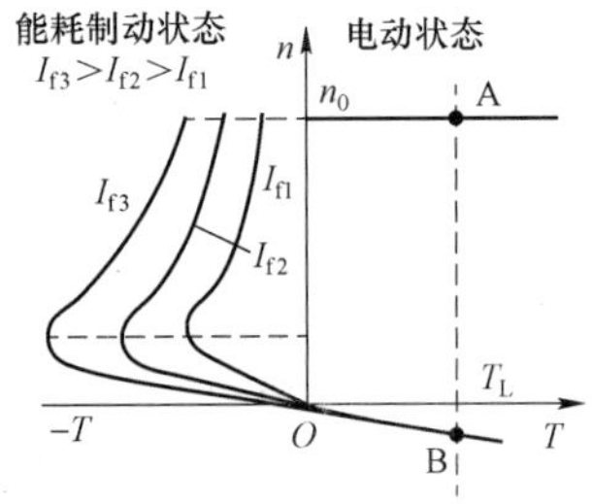 能耗制动状态 $I_{f3}>I_{f2}>I_{f1}$；电动状态；n；n_0；A；I_{f3}；I_{f1}；I_{f2}；T_L；−T；O；B；T	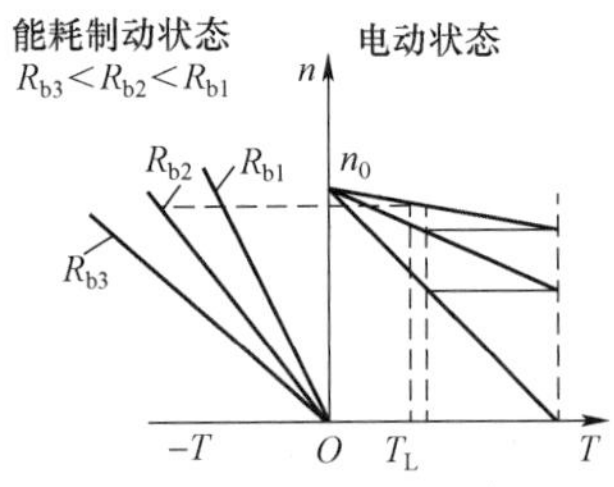 能耗制动状态 $R_{b3}<R_{b2}<R_{b1}$；电动状态；n；R_{b2}；R_{b1}；n_0；R_{b3}；−T；O；T_L；T

续表

电动机类型	异步电动机	同步电动机	直流电动机
参数	一般取 I_f=（1～2）I_{sN}，I_f越大，制动转矩越大	$Z_s=\frac{U_N}{\sqrt{3}I_s}$ $R_b=K_1Z_s-R_d$ $I_s=I_{sN}$ 一般取 $I_f=(1\sim2)I_{fN}$	$R_b=\frac{E}{I_b}-R_s$ 一般取 $I_b\leqslant(1.5\sim2.0)I_N$
特点	（1）制动转矩较平滑，可方便地改变制动转矩 （2）制动转矩随转速的降低而减小 （3）可使生产机械较可靠地停止 （4）能量不能回馈电网，效率较低 （5）直流串励电动机因其励磁电流随制动电流的减小而减小，低速时不能得到需要的制动转矩，不宜采用能耗制动		
适用的场所	（1）适用于经常起动、频繁逆转并要求迅速准确停车的机械，如轧钢车间升降台等 （2）直流并励电动机一般采用能耗制动 （3）同步电动机和大容量笼型异步电动机因反接制动冲击电流太大，功率因数低，亦多采用能耗制动 （4）交流高压绕线转子异步电动机为防止集电环上感应高电压，亦多采用能耗制动 （5）采用单变流器的不可逆晶闸管供电系统，为获得电制动，亦多用能耗制动		

注：I_{sN}—定子额定电流，A；I_f—励磁电流，A；I_{fN}—转子额定励磁电流，A；I_b—初始制动电流，A；K_1—制动时阻抗与额定阻抗的比值；U_N—定子额定电压，V；E—制动时电枢反电动势，V；R_b—制动电阻，Ω；R_a—电枢电阻，Ω；R_d—电动机定子绕组电阻，Ω。

6.4.2 回馈制动

回馈制动是使电动机转速大于理想空载转速，将电能返回电源系统的一种电制动方式。各类电动机采用回馈制动时的接线方式、制动特性以及适用的场所见表 6－22。

表 6－22　回馈制动的性能

电动机类型	直流电动机	异步电动机
接线方式	+ U − E M Rf Lf n G	M 3～ n G
制动特性	n 电动 C n0 A 回馈制动 T′L 0 TL T 回馈制动 −n0 B	n 电动 C n0 A 回馈制动 T′L O TL T 回馈制动 −n0 B
特点	（1）能量可回馈电网，效率高，经济 （2）只能在 $n>n_0$ 时得到制动转矩 （3）低速时不宜采用回馈制动	
适用的场所	适用于位能负载场合，获得稳定制动 如起重机高速下放负载时工作在 B 点，电车高速下坡时工作在 C 点	

6.4.3 反接制动

反接制动是将异步电动机的电源相序反接或将直流电动机的电源极性反接而产生制动转矩的一种电制动方式。各类电动机采用反接制动时的接线方式、制动特性及适用的场所见表 6-23。

表 6-23 反接制动的接线方式和制动特性

电动机类型	异步电动机	直流电动机
接线方式	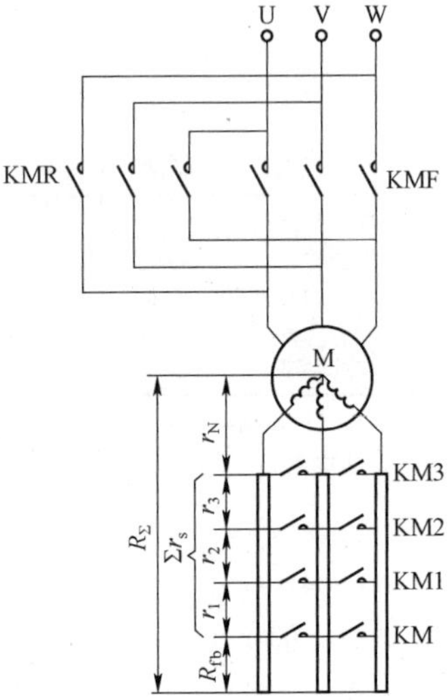 U V W KMR KMF M r_N R_Σ Σr_s r_3 r_2 r_1 R_{fb} KM3 KM2 KM1 KM	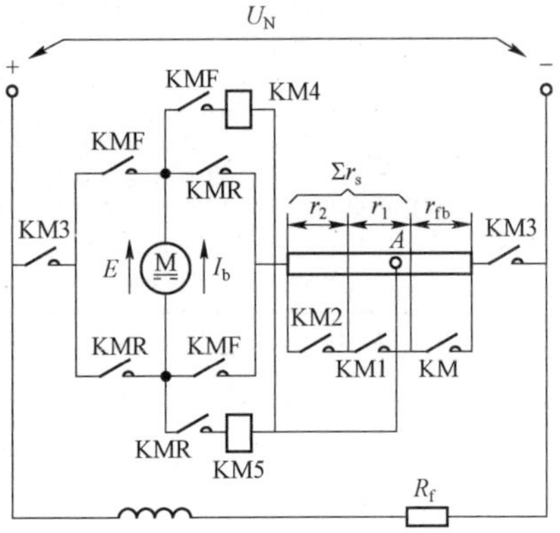 U_N + − KMF KM4 KMF KMR KM3 Σr_s r_2 r_1 r_{fb} A KM3 E M I_b KM2 KM1 KM KMR KMF KMR KM5 R_f
制动特性	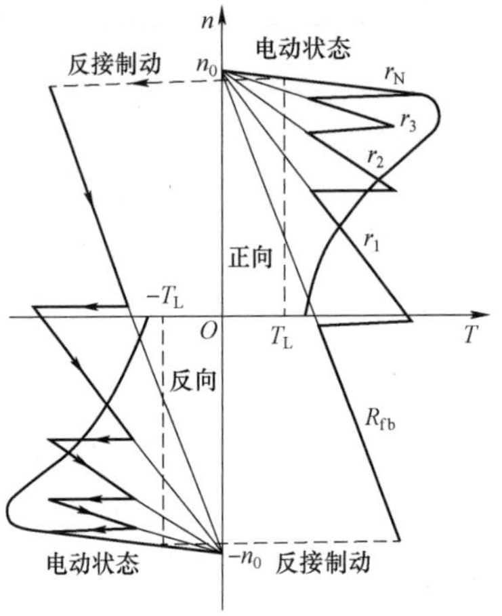 n 反接制动 n_0 电动状态 r_N r_3 r_2 r_1 正向 $-T_L$ O T_L T 反向 R_{fb} 电动状态 $-n_0$ 反接制动	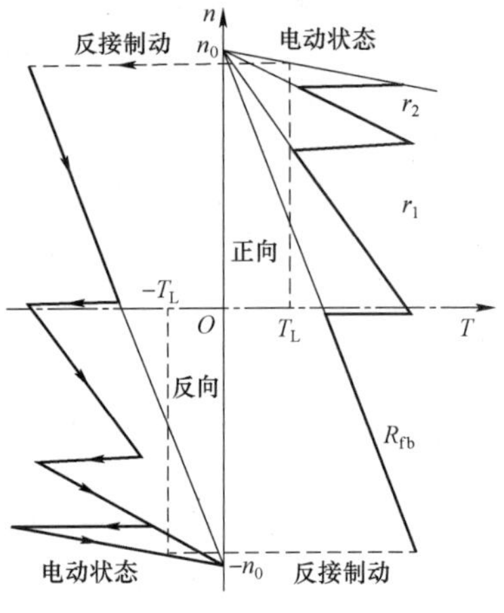 n 反接制动 n_0 电动状态 r_2 r_1 正向 $-T_L$ O T_L T 反向 R_{fb} 电动状态 $-n_0$ 反接制动
制动电阻计算	$R_\Sigma=\frac{s_{fj}}{T_{fj}^*}R_{2N}$ $R_{fb}=R_\Sigma-\sum r_s-r_N$ $R_{2N}=\frac{U_{2N}}{\sqrt{3}I_{2N}}$ $r_N=s_NR_{2N}$ 一般取反接制动转矩 T_{fj}^*=1.5～2.0	$R_{fb}=\frac{U_N+E_{max}}{I_{bmax}}-(R_a+\sum r_s)$ 一般取 I_{bmax} =（1.5～2.5）I_N

续表

电动机类型	异步电动机	直流电动机
特点	(1)有较强的制动效果 (2)制动转矩较大且基本恒定 (3)制动开始时，直流电动机电枢或交流电动机定子上相当于施加两倍额定电压，为防止初始制动电流过大，应串入较大阻值的电阻，能量损耗较大，不经济 (4)绕线转子异步电动机采用频敏变阻器进行反接制动最为理想，因反接开始时，$s_{fj}=2$，频敏变阻器阻抗增大一倍，可以较好地限制制动电流，并得到近似恒定的制动转矩 (5)制动到零时应切断电源，否则有自动反向起动的可能	
适用的场所	(1)适用于经常正、反转的机械，如轧钢车间辊道及其他辅助机械 (2)串励电动机多用反接制动 (3)笼型异步电动机因转子不能接入外接电阻，为防止制动电流过大而烧毁电动机，只有小功率(10kW 以下)电动机才能采用反接制动	

注：R_{Σ}—反接制动时，转子回路总电阻，Ω；T_{fj}^{*}—反接制动转矩的标幺值，$T_{fj}^{*}=T_{fj}/T_{N}$；s_{fj}—反接制动开始时，电动机的转差率，一般取 $s_{fj}=2$；s_{N}—电动机的额定转差率；Σr_{s}—起动电阻之和，Ω；R_{fb}—反接制动电阻，Ω；I_{bmax}—允许最大的反接制动电流，A；E_{max}—电动机最大反电动势，V；R_{a}—电动机电枢电阻，Ω。

6.4.4 变频器传动中的制动状态

1. 动力制动

利用设置在直流回路中的制动电阻吸收电动机的再生电能的方式称为动力制动，如图 6－72 所示。制动单元中包括晶体管 VT_B、二极管 VD_B 和制动电阻 R_B。如果回惯能量较大或要求强制动，还可以选用接于 H、G 两点上外制动电阻 R_{EB}。当电动机制动时，能量经逆变器回馈到直流侧，直流回路电容器的电压将升高，当该值超过设定值时，给 VT_B 施加基极信号使之导通，将 R_B（R_{EB}）与电容器并联起来，存储在电容中的回馈能量经 R_B（R_{EB}）消耗掉。

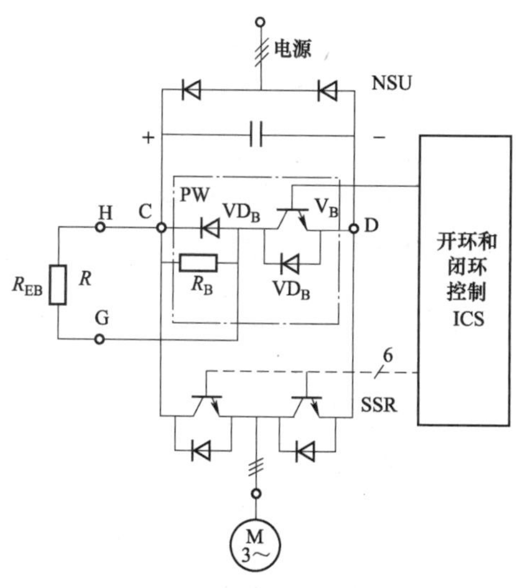

图 6－72 动力制动单元

2. 回馈制动

如图 6－73 所示，接入 SCR 有源逆变器（桥Ⅱ）可以将电动机再生制动时回馈到直流侧的有功能量回馈到交流电网。

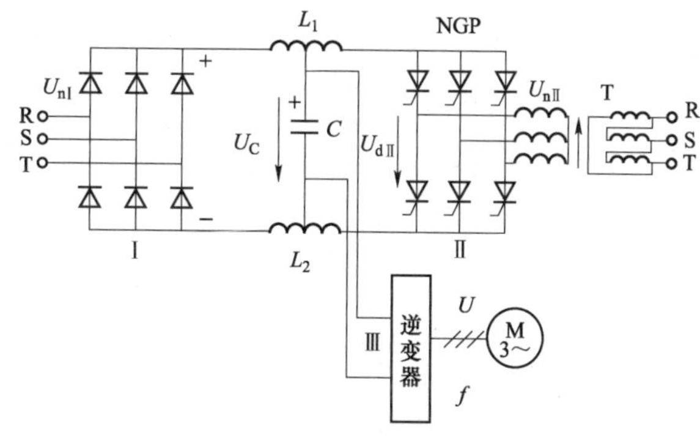

图 6－73 采用 SCR 有源逆变实现再生能量回馈的原理图

图 6－73 中的 SCR 有源逆变器的控制角 $\alpha>90°$（即 $\beta<90°$）时，可使电动机的制动能量回馈到交流电网。电动状态与回馈状态的转换是有条件的，回馈制动的实现，可以通过控制 β 来实现。

负载电动机电动时，图 6－73 中整流桥Ⅰ应导通。由于Ⅰ桥是不可控的二极管桥，为了防止电源经Ⅰ、Ⅱ两个桥短路而出现直流环流，则应将

$$U_{dⅡ}>U_C$$

作为控制条件。这就要求必须设置升压变压器 T。

负载电动机制动时，直流回路电容器上的电压 U_C 升高，当 $U_C>\sqrt{2}U_{n1}$（电容器上直流脉动电压的

最大可能值）时，桥Ⅰ便截止，这时将 SCR 有源逆变器“投入”，可以产生逆变电流，将能量回馈到电网，并且因桥Ⅰ截止，不会出现直流环流而导致有源逆变的失败。

以上所述的情况，需要接入升压变压器和限环流电抗器，装置体积变大，成本提高。

应该注意，只有在不易发生故障的稳定电网电压下（电网压降不大于 10%），才可以采用这种回馈制动方式。在发电制动运行时，电网电压故障时间大于 2ms，则可能发生换相失败，烧坏熔断器，对于接触式供电的电机车，应特别防止接触的间断，如果不能保证这一点，建议采用脉冲电阻制动方式，以保证可靠性。

3. 采用共用直流母线的多逆变器传动

共用母线方式如图 6－74 所示。

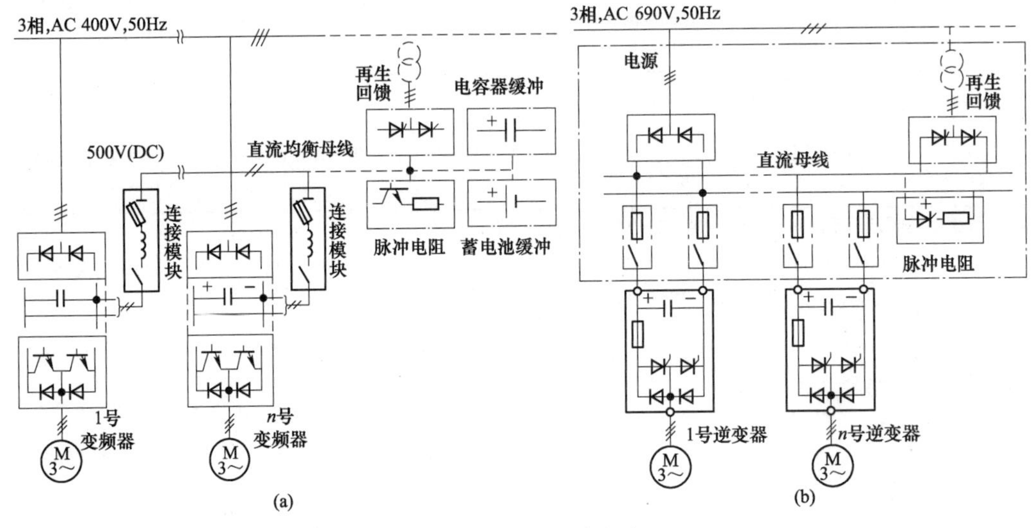

图 6－74 共用母线方式

（a）多台变频器在共用直流均衡母线上控制多台电动机运行；（b）多台变频器用共用直流母线方式控制多台电动机运行

4. 直流制动

电动机处于能耗制动状态时，通用变频器向异步电动机的定子通直流电（这意味着逆变器中某 3 个桥臂短时间内连续导通，不再换相），异步电动机便处于能耗制动状态。这种情况下，变频器的输出频率为零，异步机的定子磁场不再旋转，转动着的转子切割这个静止磁场而产生制动转矩。旋转系统存储的动能转换成电能消耗于异步电动机的转子回路中。

这种变频器输出直流的制动方式，在通用变频器的资料中称为“DC 制动”（即“直流制动”）。

利用 DC 制动方式的用途主要有两种：一是用于准确停车控制；二是用于制止在起动前电动机由外因引起的不规则自由旋转。

利用 DC 制动实现准确停车方案如图 6－75 所示。图 6－75a 表示通用变频器的输出频率和 DC 制动中电动机转速随时间的变化规律，图 6－75b 为与图 6－75a 相对应的异步电动机的静态机械特性。如图 6－75a 所示，在运行信号的作用下，变频器首先开始连续降频，达到 f_{DB} 后使输出频率变为零，则开始直流制动。电动机则经历再生发电制动和能耗制动后最终停止。如果调整得当，生产机械将准确地停止在预定位置上。

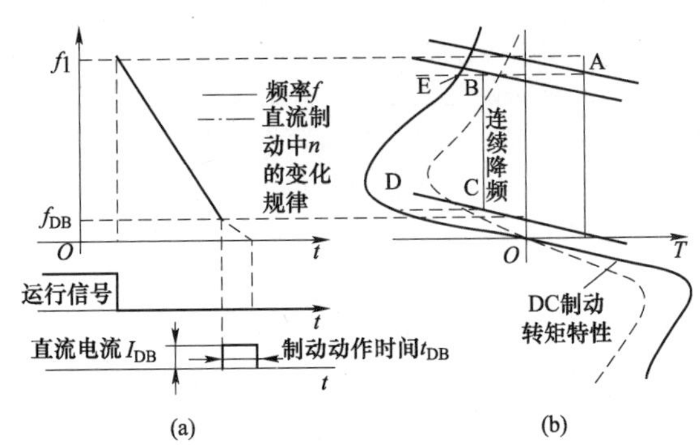

图 6－75 利用 DC 制动实现准确停车

（a）时序关系；（b）静态机械特性

6.5 电力拖动系统的调速

6.5.1 调速的基本概念

1. 调速、开环与闭环

（1）调速。调速是指人为地或自动地改变直流电动机转速以满足工作机械的要求。从机械特性上看就是通过改变电动机的参数或电源参数等方法来改变电机的机械特性从而改变电动机机械特性和负载机械特性的交点使电动机的稳定运转速度发生变化。

调速通常通过给定环节、中间放大、校正环节、反馈环节、保护环节、电力电子装置和执行机构（电机及其拖动的生产机械）等来实现。

（2）开环控制系统。不能自动纠正电动机转速与给定转速的偏差的调速系统称为开环控制系统。在这种调速系统中，电动机的转速要受到负载波动及电网电压波动等外界扰动的影响。

（3）闭环控制系统。能自动纠正电动机转速与给定转速的偏差使其不受负载及电网电压波动等外界扰动的影响，保持电动机的稳定转速与给定转速一致的调速系统称为闭环控制系统。闭环控制系统具有反馈环节。

2. 无级调速和有级调速

（1）无级调速。无级调速又称连续调速，指电动机的转速可以连续、平滑地调节。其特点是转速变化均匀，适应性强，而且容易实现自动调速，因而在工业中被广泛应用。

（2）有级调速。有级调速又称间断调速或分级调速，它的转速只有有限的几级，调速范围有限且不容易实现自动调速。

3. 向上调速和向下调速

（1）基速。电动机未做调速时的固有转速通常就是电动机额定负载时的额定转速，称为基本转速或基速。

（2）向上调速。从基速提高转速的调速称为向上调速。例如直流电动机减弱磁通进行调速，异步电动机在基频以上的变频调速。向上调速的升速极限受电动机的换向条件和机械强度的限制。

（3）向下调速。从基速降低转速的调速称为向下调速。例如，直流电动机改变电枢电压进行调速，异步电动机在基频以下的 VVVF 变频调速。向下调速的极限转速即最低转速受转速稳定性的限制。

4. 恒转矩调速和恒功率调速

（1）恒转矩调速。对于某些工作机械其负载性质属于恒转矩类型即在不同的稳定速度下要求电动机的转矩不变。如果所用的调速方法能使电动机的转矩与电动机的电枢电流之比为一常数则在恒转矩负载下电动机无论在高速或低速下运行其发热情况基本是一样的，这将能充分利用电动机。这种调速办法称为恒转矩调速。

保持电机磁通不变的调速基本上都属于恒转矩调速，例如保持直流电动机磁通不变改变电动机电枢电压或改变电枢回路电阻来调速的方法就属于恒转矩调速，改变异步电动机电源频率使其在基频以下变化的 VVVF 调速方法也属于恒转矩调速。

（2）恒功率调速。对于某些工作机械其负载性质属于恒功率类型，即在不同的稳定速度下，要求电动机的功率不变，也就是要求电动机的转矩与转速成反比。这时如仍采用上述恒转矩调速方法则在不同转速时电动机电流将不同（与转速成反比），在低速时电动机将过载（电流太大）。因此若仍希望在调速过程中电动机电流基本不变，就应使电动机的功率与电动机的电枢电流之比为一常数。这种调速方式称为恒功率调速。例如，保持直流电动机电枢电压不变、改变电动机磁通的调速以及异步电动机保持电源电压不变、频率在基频以上变化的变频调速都属于恒功率调速。用恒功率调速去带动具有恒转矩性质的负载是不合理的，用恒功率调速去带动具有通风机性质的负载就更不合理了，在高速运行时电动机将会过载，如选用更大功率的电机，则投资增大，低速运行时电机轻载，效率很低。

因此对于恒功率负载，应尽量采用恒功率调速方式；对于恒转矩负载，应尽量采用恒转矩调速方式。只有这样电动机才能得到充分利用。

6.5.2　电力拖动调速系统性能指标

1. 静态指标

要考查调速系统在稳定运行时的性能常采用如下静态指标。

（1）调速范围。生产机械要求电动机能提供的最高转速 n_{max} 最低转速 n_{min} 之比叫作调速范围，常用 D 表示，即

$$D = \frac{n_{max}}{n_{min}} \tag{6-102}$$

式中：n_{max} 和 n_{min} 一般都指额定负载时的转速。最高转速 n_{max} 受换向条件及机械强度的限制，而最低转速 n_{min} 受转速稳定性限制。

闭环调速系统的调速范围可达 100:1 或更大。

（2）静差率。电动机在某一转速下运行时，负载由理想空载变到额定负载时所产生的转速降落与额定负载时的转速之比称为静差率（又称转速变化率）s，常用百分数表示，即

$$s = \frac{n_0 - n}{n} \times 100\% \tag{6-103}$$

式中：n_0 为电动机理想空载转速；n 为电动机额定负载时的转速。

闭环调速系统的静差率一般为 10^{-2}～10^{-3}。

（3）稳速精度。稳速精度是指：在规定的电网质量和负载扰动的条件下，在规定的运行时间（如 1h 或 8h）内，在某一指定的转速下，t 时间（通常 t 取 1s）内平均转速最大值 n_{max} 和另一个 t 时间内平均转速最小

值 n_{min} 的相对误差的百分值，来表明稳速系统的性能

$$稳速精度=\frac{n_{max}-n_{min}}{n_{max}+n_{min}}\times 100\% \qquad (6-104)$$

数字稳速系统的稳速精度可达 $10^{-4}\sim 10^{-5}$。

2. 动态指标

直流传动系统的动态指标是指在控制信号或扰动信号的作用下，系统输出在动态响应中的各项指标。

（1）控制信号作用下的动态指标。

1）常用的控制信号。电气传动系统中常用的控制信号通常有以下两种：

单位阶跃信号（图 6－76a）

$$C(t)=\begin{cases}0 & t<0\\ 1 & t\geqslant 0\end{cases} \qquad (6-105)$$

斜坡平顶信号（见图 6－76b）

$$C(t)=\begin{cases}0 & t<0\\ At & 0\leqslant t\leqslant t_0\\ 1 & t\geqslant t_0\end{cases} \qquad (6-106)$$

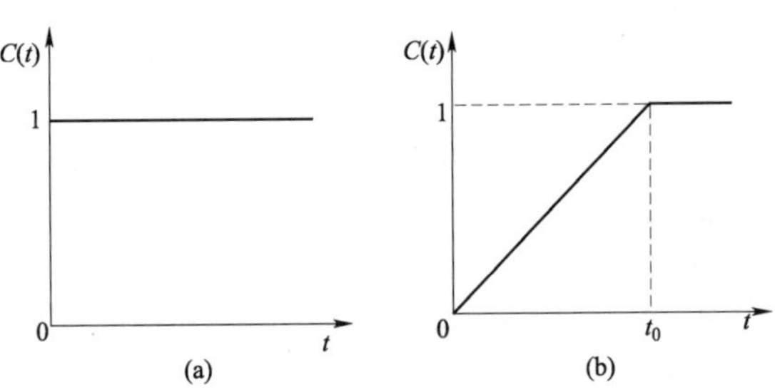

图 6－76 系统控制信号
（a）阶跃信号；（b）斜坡平顶信号

2）单位阶跃信号作用下的动态指标。对于一个闭环拖动控制系统，在阶跃信号 $C(t)$ 的作用下，输出量 $Y(t)$ 的动态响应如图 6－77 所示。

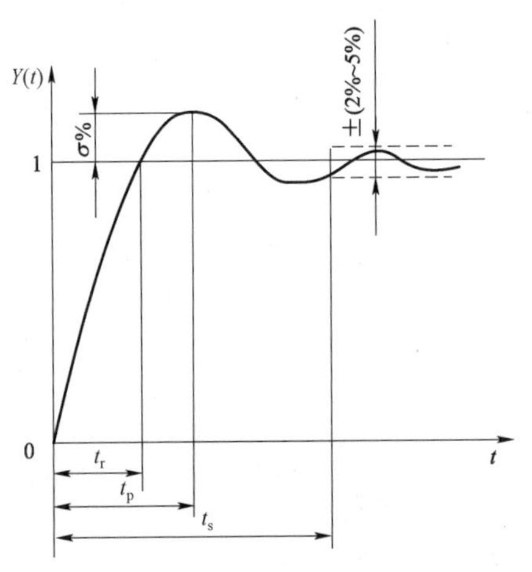

图 6－77 传动系统在阶跃信号作用下的动态响应

通常用下述指标来衡量系统的动态性能：

起调时间 t_r：又称响应时间、上升时间，是指输出量 $Y(t)$ 第一次达到稳态值的时间。

调节时间 t_s：是指 $Y(t)$ 进入稳态值±（2%～5%）区域内，而不再逸出的时间又称为过渡过程时间。

超调量 $\sigma\%$：是指 $Y(t)$ 超过其稳态值的最大数值与稳态值之比，用百分数表示

$$\sigma\%=\frac{Y(t_p)-Y(\infty)}{Y(\infty)}\times 100\% \qquad (6-107)$$

振荡次数 N，是指 $Y(t)$ 在整个调节过程中围绕稳态值摆动的次数。

误差绝对值的时间积分 S_1，是指 $Y(t)$ 与期望值误差 $e(t)$ 的绝对值，在调节时间内的积分值

$$S_1=\int_0^{t_s}e(t)\mathrm{d}t \qquad (6-108)$$

误差二次方的时间积分 S_2，是指 $Y(t)$ 与期望值误差 $e(t)$ 的二次方，在调节时间内的积分值

$$S_2=\int_0^{t_s}e^2(t)\mathrm{d}t \qquad (6-109)$$

时间误差绝对值积分 S_3，是指 $Y(t)$ 与期望值误差 $e(t)$ 的绝对值与时间的乘积，在调节时间内的积分值

$$S_3=\int_0^{t_s}t\left|e(t)\right|\mathrm{d}t \qquad (6-110)$$

3）斜坡平顶信号作用下的动态指标。当控制信号为斜坡平顶信号时，输出量 $Y(t)$ 的动态响应如图 6－78 所示，对这样的响应主要考查系统的斜坡跟随误差，即给定量与输出量之差

$$\varepsilon(t)=C(t)-Y(t) \qquad (6-111)$$

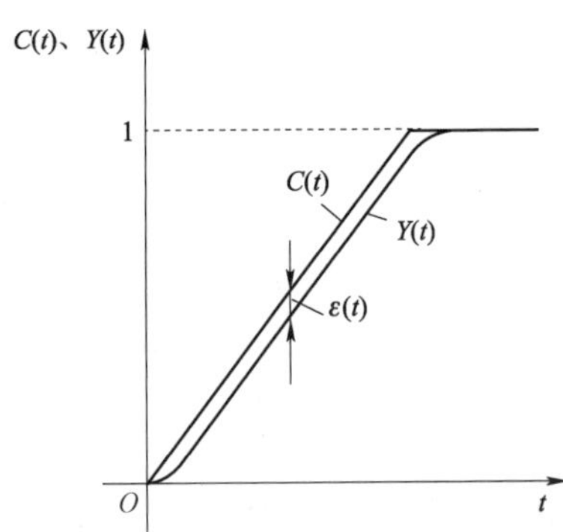

图 6－78 斜坡平顶信号作用下的斜坡跟随误差

（2）扰动信号作用下的动态指标。

1）单位阶跃扰动信号。系统的扰动特性是指在单位扰动信号 $F(t)$ 的作用下，系统输出量 $Y(t)$ 的

动态性能。在调速系统中，常遇到的也是最严重的扰动为单位阶跃扰动（图6－79）。单位阶跃扰动通常表示为

$$F(t)=\begin{cases}0 & t<0\\ -1 & t\geqslant 0\end{cases} \qquad (6-112)$$

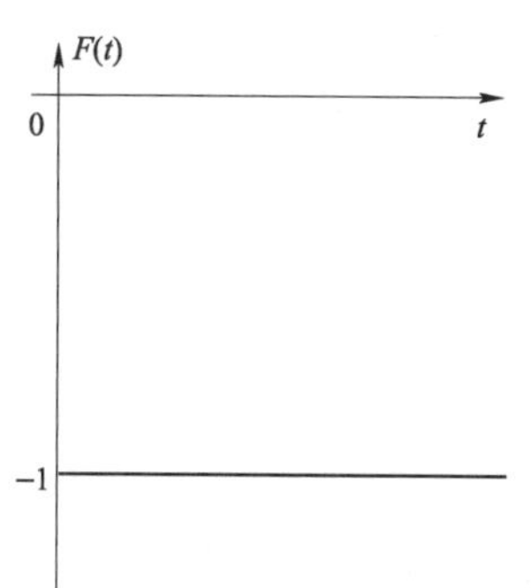

图6－79 单位阶跃扰动信号

2）单位阶跃扰动信号作用下的动态指标。在该扰动信号的作用下，系统输出量 $Y(t)$ 通常具有如图 6－80 所示的动态特性，并用下述指标来衡量。

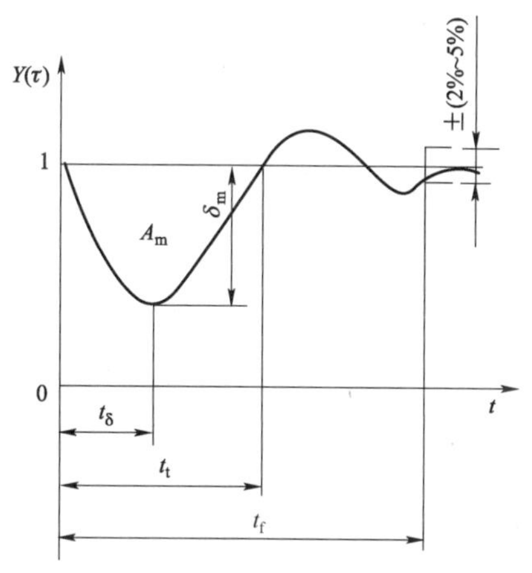

图6－80 系统对阶跃扰动信号的动态响应

动态波动量（动态偏差）δ_m，是指输出量偏离原来稳态值的最大偏差与原来稳态值之比

$$\delta_m=\frac{Y(t_\delta)-Y(0)}{Y(0)} \qquad (6-113)$$

回升时间 t_t，是指输出量第一次回到扰动信号作用前输出值时对应的时间。

恢复时间 t_f，是指输出量进入原稳态值 $Y(0)\pm(2\%\sim5\%)$ 范围内，并不再逸出的时间。

以上三个指标是衡量系统对扰动响应的主要指标。

动态偏差面积 A_m，是指在 $Y(t)$ 过渡过程中，从 $0\sim t_t$ 这段时间内，$Y(0)$ 与 $Y(t)$ 差值的积分，即

$$A_m=\int_0^{t_t}[Y(0)-Y(t)]\mathrm{d}t \qquad (6-114)$$

简化动态偏差面积 A'_m 在很多情况下，用积分计算动态偏差面积 A_m 比较麻烦，且不直观，而用恢复时间 t_f 与动态偏差 δ_m 的乘积，即 $\delta_m t_f$ 来取代 A_m 表示扰动下系统的动态指标。

$$A'_m=\delta_m t_f \qquad (6-115)$$

6.5.3 直流电动机调速技术

1. 直流电动机的调速方案

（1）直流电动机的调速原理。直流电动机的机械特性方程式为

$$n=\frac{U}{C_e\Phi}-\frac{R_0}{C_eC_M\Phi^2}T=n_0-\frac{R_0}{C_eC_M\Phi^2}T \qquad (6-116)$$

式中：n_0 为理想空载转速，$n_0=U/C_e\Phi$；U 为电枢回路电压；Φ 为电动机磁通；R_0 为电动机电枢回路的电阻；C_e 为电动势常数；C_M 为转矩常数；T 为电动机转矩。

由式（6－116）可知，改变 R、U 及 Φ 中的任何一个参数，都可以改变电动机的机械特性，从而对电动机进行调速。

（2）改变电枢回路电阻调速。从式（6－116）可知，当电枢回路串联附加电阻 R 时（图6－81），其特性方程式变为

$$n=n_0-\frac{R_0+R}{C_eC_M\Phi^2}T \qquad (6-117)$$

式中：R_0 为电动机电枢电阻；R 为电枢回路串联附加电阻。

电动机电枢回路中串联附加电阻时特性的斜率增加。在一定负载转矩下，电动机的转速下降增加，因而电动机的实际转速降低了。图6－81 所示为附加电阻值不同时的一组特性曲线。如果负载转矩 T_L 为常数，则

$$n=n_0-\frac{T_L}{C_eC_M\Phi^2}R_0-\frac{T_L}{C_eC_M\Phi^2}R=A-BR \qquad (6-118)$$

式中：$A=n_0-\frac{T_L}{C_eC_M\Phi^2}R_0$；$B=\frac{T_L}{C_eC_M\Phi^2}$。

式（6－118）表明了控制量 R 与被控制量 n 之间的关系，其特性如图6－82 所示。

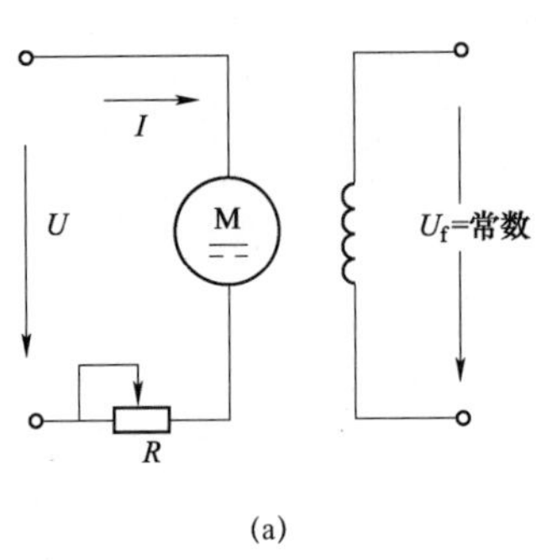

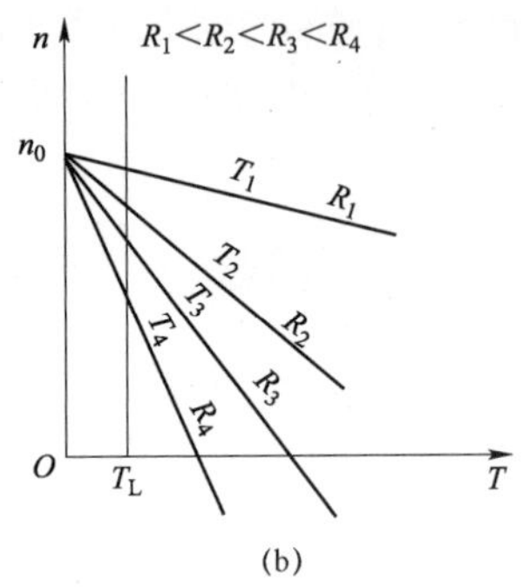

图 6－81　直流电动机电枢回路串联电阻调速

(a) 线路图；(b) 机械特性

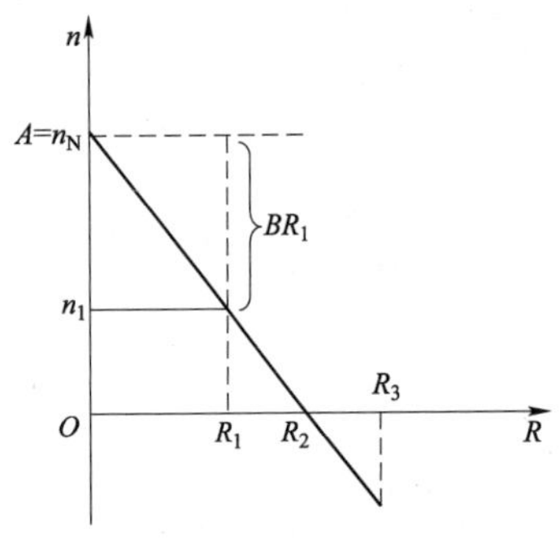

图 6－82　电枢串联电阻时的调速特性

由图 6－82 可知，当外加电压及励磁电流均为额定值、$R=0$ 时，电动机工作在额定转速 n_N；当 $R=R_1$ 时，转速为 n_1，并且 $n_1<n_N$；当 $R=R_2$ 时，电动机堵转（$n=0$），这时

$$R_2=\frac{U}{I_L}-R_0 \tag{6-119}$$

式中：I_L 为产生足以平衡负载转矩 T_L 所需要的电流，$I_L=\frac{T_L}{C_M\Phi}$。

当 $R>R_2$ 时，转速变为负值，即电动机将要反转，这种情况称为负载倒拉反转制动（如为了平稳而缓慢地下放重物）。这时可以加大 R，使电动机产生的转矩小于 T_L，电动机减速，直到停止，在重物的作用下电动机继续减速，即反向转动，重物以低速下放；随着减速过程电动机的转矩逐渐增大，当电动机的电磁转矩与负载转矩相等时，电动机以稳定速度下放重物。但要注意，这时不能断开电动机的电源，否则由于没有电动机的制动转矩，会使重物越降越快，容易发生事故。

用这种方法调速，因其机械特性变软，系统转速受负载的影响较大，轻载时达不到调速的目的，重载时还会产生堵转（反抗性负载时）甚至反转（位能性负载时）；而且在串联电阻中流过的是电枢电流，长期运行损耗也大，所以在使用上有一定的局限性。

电枢回路串电阻的调速方法，属于恒转矩调速，并且只能在需要向下调速时使用。在工业生产中，小容量时，可串联一台手动或电动变阻器来调速；容量较大时，多用继电器－接触器系统来切换电枢串联电阻，故属于有级调速。

由于在电枢回路中串电阻调速，其特性很软，故在实践中还有一种在电枢回路中串并联电阻的调速方法，其线路如图 6－83 所示。

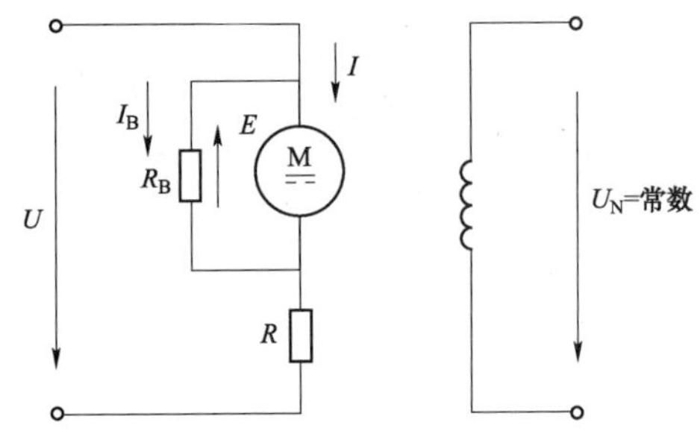

图 6－83　电枢回路串并联电阻的调速线路

这时电动机的机械特性方程式为

$$n=Kn_0-\frac{R+KR}{C_eC_M\Phi^2}T \tag{6-120}$$

式中：K 为系数，$K=\frac{R_B}{R_B+R}$；R_B 为与电枢并联的电阻；R 为与电枢串联的电阻。

由式（6－120）可见，串并联电阻后，理想空载转速 n_0 降低了（$K<1$），机械特性的斜率较小，如图 6－84 所示。

（3）改变电枢电压调速。当改变电枢电压时，理想空载转速 n_0 也将改变，但机械特性的斜率不变，这时机械特性方程为

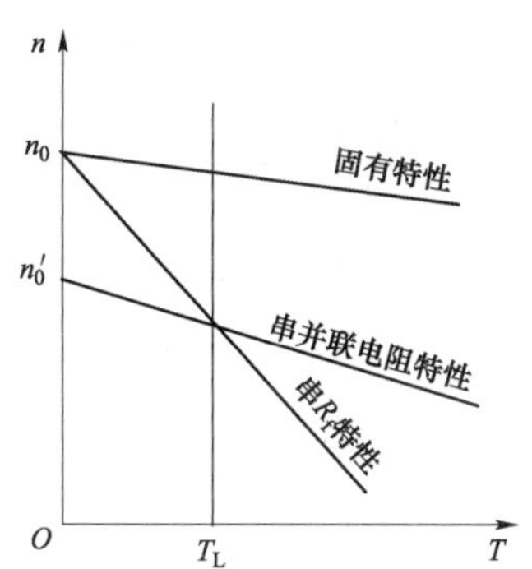

图 6-84　电枢回路串并联电阻后的机械特性

$$n=\frac{U'}{C_e\Phi}-\frac{R}{C_eC_M\Phi^2}T=n_0'-K_mT \tag{6-121}$$

式中：U' 为改变后的电枢电压；n_0' 为改变电压后的理想空载转速；$n_0'=\dfrac{U'}{C_e\Phi}$；K_m 为特性曲线的斜率，$K_m=\dfrac{R}{C_eC_M\Phi^2}$。

其特性曲线是一簇以 U' 为参数的平行直线，如图 6-85 所示。由图 6-85 可见，在整个调速范围内均有较大的硬度，在允许的转速变化率范围内可获得较低的稳定转速。这种调速方式的调速范围较宽，一般可达 10～12，如果采用闭环控制系统，调速范围可达几百至几千。

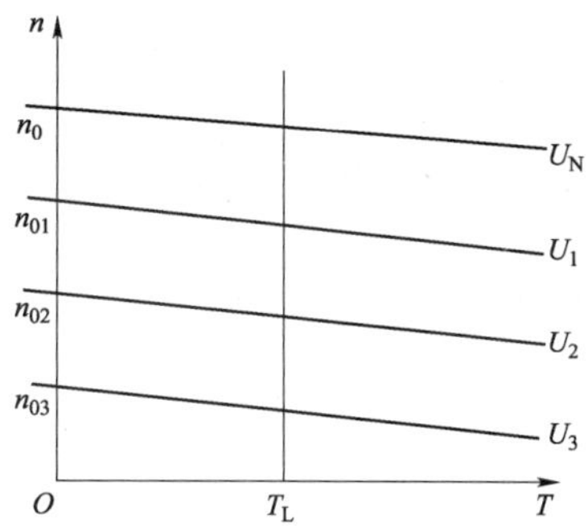

图 6-85　改变电枢电压调速时的机械特性

改变电枢电压调速方式属于恒转矩调速，并在空载或轻载时也能得到稳定转速，通过电压正反向变化，还能使电动机平滑地起动和四个象限工作，实现回馈制动。这种调速方式控制功率较小，效率较高，配上各种调节器可组成性能指标较高的调速系统，因而在工业中得到了广泛的应用。

为了改变电动机的电枢电压，需要有独立的可调压的电源，一般采用的有直流发电机、晶闸管变流器和各种电力电子器件构成的直流电源等，采用不同电源的各种方案比较见表 6-24。

表 6-24　直流电动机改变电压调速的方法

变压方法	原理电路	装置组成	性能及适用场合
电动机－发电机组（旋转变流机组）	～ M 3～ G M	原动机可用同步电动机、绕线转子异步电动机（包括带飞轮和转差调节的机组）、笼型异步电动机、柴油机等。励磁方式有励磁机、电机扩大机、磁放大器和晶闸管励磁装置等。控制方式有继电器—接触器、磁放大器和半导体控制装置等	输出电流无脉动，带飞轮的机组对冲击负载有缓冲作用，采用同步电动机的机组能提供无功功率，改善功率因数。 因为有旋转机组，效率较低，噪声、振动大。继电器—接触器和电机扩大机控制时，控制功率大，构成闭环系统一般动态指标较差，用晶闸管励磁可提高动态指标。此种方法耗能较大，已很少采用
晶闸管变流器	～ M	包括变流变压器、晶闸管变流装置、平波电抗器和半导体控制装置等	效率高，噪声、振动小，控制功率小，构成闭环系统动态指标好。但输出电流有脉动，低速时功率因数低，对电网的冲击和高次谐波影响大
直流斩波器	M	包括晶闸管（或其他电力电子器件）、换相电感电容、输入滤波电感电容及半导体控制装置等	适用于由公共直流电源或蓄电池及恒定电压直流电源供电的场合，如电机车、蓄电池车等电动车辆

续表

变压方法	原理电路	装置组成	性能及适用场合
柴油交流发电机—硅整流器	柴油机 G 3～ M	柴油交流发电机、硅整流装置及相应的控制装置等	改变交流发电机电压，经硅整流装置整流得到可变直流电压，用于电动轮车等独立电源场合
交流调压器、硅整流器	～ M	调压变压器、硅整流装置等	效率高，噪声、振动小，输出电流脉动较小，比晶闸管供电功率因数有改善，但实现自动调速较困难。适用于不经常调速的小功率（<15kW）手动开环控制场合
升压机组	+ − G M	与公共直流电源串联的直流发电机或晶闸管变流装置及相应的控制装置	适用于公共直流电源供电场合，设备较经济，但调速范围不大

（4）改变磁通调速。在直流电动机励磁回路中，改变其串联电阻 R_f 的大小（见图 6－86a）或采用专门的励磁调节器来控制励磁电压（见图 6－86b），都可以改变励磁电流和磁通。这时电动机的电枢电压通常保持为额定值 U_N，因为

$$n=\frac{U_N}{C_e\Phi}-\frac{R_0}{C_eC_M\Phi^2}T=\frac{U_N}{C_e\Phi}-\frac{R}{C_e\Phi}I \tag{6-122}$$

所以，理想空载转速（$U_N/C_e\Phi$）与磁通（Φ）成反比；电动机机械特性的斜率与磁通的二次方成反比。此时，转矩和电流与转速的关系如图 6－87 所示。

在调速过程中，为使电动机容量得到充分利用，应该使电枢电流一直保持在额定电流 I_N 不变，见图 6－87b 中垂直虚线。这时，磁通与转速成双曲线关系，$\Phi\propto 1/n$，即 $T\propto 1/n$，（见图 6－87a 中的虚线）。在虚线左边各点工作时，电动机没有得到充分利用；在虚线右边各点工作时，电动机过载，不能长期工作。因此，改变磁通调速适合于带恒功率负载，即属于恒功率调速。

采用改变励磁进行调速时，在高速下由于电枢电流去磁作用增大，使转速特性变得不稳定，换向性能也会下降。因此，采用这种方法的调速范围很有限。无换向极电动机的调速范围为基速的 1.5 倍左右，有换向极电动机的调速范围为基速的 3～4 倍，有补偿绕组电动机的调速范围为基速的 4～5 倍。

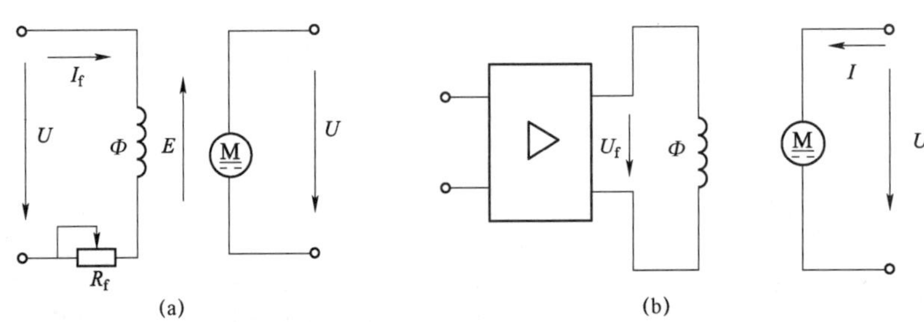

图 6－86　直流电动机改变磁通的调速线路

（a）励磁回路串联电阻调速；（b）用放大器控制励磁电压调速 T

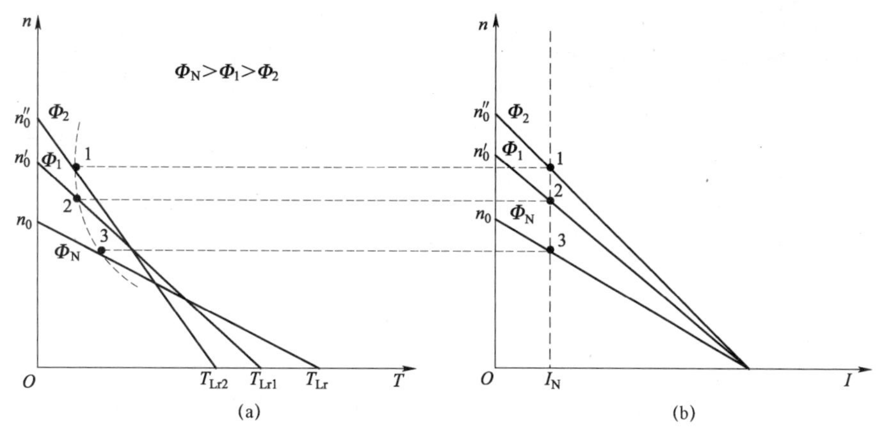

图 6－87　调磁通时 $n=f(T)$ 与 $n=f(I)$ 曲线

（a）$n=f(T)$ 曲线；（b）$n=f(I)$ 曲线

（5）三种调速方法的比较（表 6－25）。

表 6－25　　调速方式的性能比较

调速方式和方法		控制装置	调速范围	转速变化率	平滑性	动态性能	恒转矩或恒功率	效率
改变电枢电阻	串电枢电阻	变阻器或接触器、电阻器	2:1	低速时大	用变阻器较好，用接触器和电阻器较差	无自动调节能力	恒转矩	低
改变电枢电压	电动机—发电机组	发电机组或电机扩大机（磁放大器）	1:10～1:20	小	好	较好	恒转矩	60%～70%
	静止变流器	晶闸管变流器	1:50～1:100	小	好	好	恒转矩	80%～90%
	斩波器（脉冲调制）	晶体管或晶闸管开关电路	1:50～1:100	小	好	好	恒转矩	80%～90%
改变磁通	串联电阻或用可变直流电源	直流电源变阻器	1:3～1:5	较大	较好	差	恒功率	80%～90%
		电机扩大机或磁放大器			好	较好		
		晶闸管变流器				好		

2. 几种常用的直流电动机调速系统

（1）斩波器调速系统。斩波器是一种电力电子开关，它能从恒定的直流电源产生出经过斩波的可变直流电压，从而达到调速的目的。图 6－88 示出了一个简单的斩波器调速系统和斩波后的电压波形。

在图 6－88a 中，UCH 是斩波器，E 是一个恒压的直流电源，VD 是续流二极管，L 是平波电抗器。在 t_{ON} 期间内 UCH 导通，电源 E 和直流电动机 M 接通；在 t_{OFF} 期间内 UCH 关断，电动机电枢电流 I_M 经 VD 流通。加在电动机上的平均电压为

$$U_M = U\frac{t_{ON}}{t_{ON}+t_{OFF}} = U\frac{t_{ON}}{T} = \alpha U \qquad (6-123)$$

式中：t_{ON} 为导通时间；t_{OFF} 为关断时间；U 为恒压电源电压值；T 为斩波周期，$T=t_{ON}+t_{OFF}$；α 为工作率，$\alpha=t_{ON}/T$。

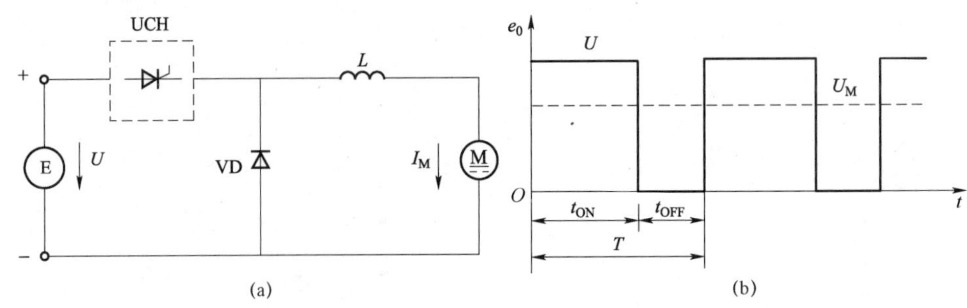

图 6-88 简单的斩波器调速系统

（a）系统结构；（b）斩波后波形

由式（6-123）可知，改变 α 就可以改变 U_M，从而实现对直流电动机的调压调速。α 的改变可以有以下两种方法：

1）恒频系统。T 保持不变（即频率不变），只改变 t_{ON}，即脉宽调制（PWM）方式。

2）变频系统。改变 T（即改变频率），但同时保持 t_{ON} 不变或者保持 t_{OFF} 不变，即频率调制（FM）方式。

变频系统的频率变化范围必须与调压（即调速）范围相适应。因而在调压范围较大时，频率变化范围也必须大，这就给滤波器的设计带来困难，同时对信号传输和通信的干扰可能性也加大。另外，变频系统在输出电压很低时，其频率也低，较长的关断时间容易使电动机电流断续。所以，斩波器调速应优先选用恒频系统。

图 6-88a 所示的调速系统只有一个斩波器，电动机只能在一个象限内运行（电动运行）。若需要制动或可逆运行，必须采用两个或更多的斩波器。图 6-89 所示多象限运行的斩波器调速系统。

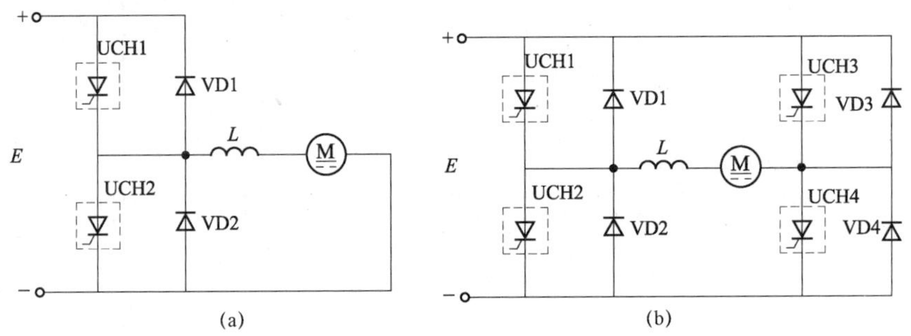

图 6-89 多象限运行的斩波器调速系统

（a）二象限运行；（b）四回象限运行

在图 6-89a 的系统中用了两个斩波器 UCH1 和 UCH2，当 UCH1 和 VD2 参与工作时，电动机为电动运行（工作在第一象限）；当 UCH2 和 VD1 参与工作时，电动机为再生制动运行（工作在第二象限）。

而在图 6-89b 的系统中用了四个斩波器 UCH1～UCH4，当 UCH4 始终导通 UCH3 总是关断的情况下，UCH1 和 UCH2 的工作将使电动机可以在第一和第二象限内工作，即电动机正转而电流可逆；当UCH2始终导通而UCH1总是关断的情况下，UCH3 和 UCH4 的工作将使电动机可以在第三和第四象限工作，即电动机反转而电流可逆。因此，图 6-89b 的系统可以实现四象限运行。

斩波器通常由晶闸管与相应的换相电路组成。由于晶闸管具有必须首先将电流降到零，然后才能被关断的特性，所以其换相电路比较复杂，功率消耗也大，在一定程度上限制了斩波器调速的应用范围。近年来，由于 GTO 晶闸管、IGBT 等新型电力电子器件的出现和应用，使换相电路大为简化，功耗也大大降低，从而扩大了斩波器调速的应用范围。

斩波器调速的缺点是电流中含有谐波分量，会对电网产生不良影响。另外，在电流小时容易产生电流断续现象，电流断续会对电动机的运行带来不良影响。因此，在实际应用中要注意采取适当的谐波抑制和滤波的措施。

（2）晶闸管变流器调压调速系统。晶闸管变流器供电的直流调速系统，已广泛地用于要求控制性能好的调速系统中。它和使用电动机一发电机组供电的系统相比，控制性能好，效率高，而且是静止装置，因而调试和维修方便。图6-90所示是一个典型的晶闸管变流器控制的直流电动机不可逆调速系统。系统中包括两个环，内环是电流控制环，外环是转速控制环。每个环都含有一个调节器（速度调节器 ASR 及电流调节器ACR），它们是比例-积分(PI)环节或比例-积分-微分（PID）环节，用来改善系统的静态和动态特性，以及综合输入和反馈信号。

当电网或电动机负载发生变化或有其他扰动时，通过转速控制环，系统能起自动调节和稳定的作用。

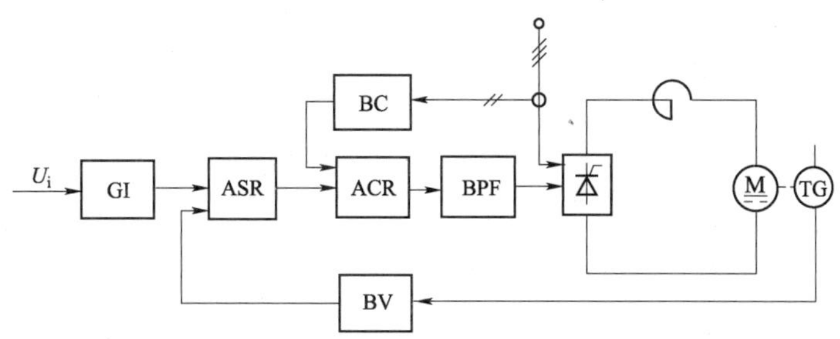

图6-90 不可逆双环调速系统

GI—给定积分器；ASR—速度调节器；ACR—电流调节器；BPF—触发器；BV—速度变换器；BC—电流变换器；TG—测速发电机

电流控制环在系统中是一个从属环。速度调节器的输出作为电流调节器的给定值，速度调节器输出的最大值，通常和系统允许的最大工作电流值相适应。从而在突加给定时，起动电流保持在最大值，并使系统有最大的加速度，起动时间最短。由于电流控制环中不包括电动机机械惯量，因此，其快速性较好。当电网电压突变或机械负载突变时，能迅速实施控制，恢复时间较短；当负载电流超过允许最大电流时，电流调节器使变流器的输出迅速下降，起到了限流保护作用。

图6-90中GI为给定积分器，将阶跃给定信号 U_i 转换为斜坡平顶给定信号，改变积分时间常数可以改变其输出电压的变化速率，用于要求有恒定加减速度的场合。

在不可逆系统中，由于晶闸管整流桥只能在一个方向导电，故在制动时不能提供制动转矩，只能靠摩擦阻力或机械负载转矩制动。如果要加快制动，可以在电动机主回路中加入动力制动环节。

对调速范围要求较低的场合，可用电压负反馈或电动势负反馈代替转速负反馈来构成自动调速系统。

（3）调压调磁控制系统。在很多应用场合，为了进一步扩大调速范围，除采用调压调速外，同时还采用弱磁调速。为此，需要将调压与调磁两者结合起来，并能在两种调速方式的分界线上（基速）实行自动切换。图6-91所示为同时采用两种调速方法时在整个调速范围内的电动机的调速特性。

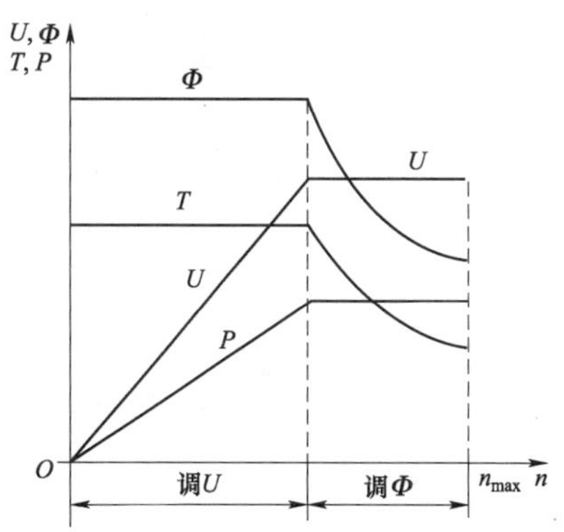

图6-91 调压与调磁时电动机的调速特性

调压调磁非独立控制系统。在非独立控制系统中，电动机的励磁与其电枢电压之间有一定的联系，并受电枢电压的控制。图6-92a是一个非独立控制系统的例子。

在基速以下，电动机的调速是用恒磁（额定磁通）调压来实现的，在基速以上的调速，则是用恒压调磁来实现的。系统的给定信号是统一的，从调压到调磁的转换是通过由两个二极管 VD1、VD2 组成的比较器自动进行切换的。磁通调节器的给定值为一个恒定的电压，而它的反馈则有两路：一路是代表电动机励磁磁通的反馈电压；另一路是代表电动机反电动势的反馈电压。它们之间通过比较器进行比较后，自动取其较大的一个作为励磁调节器的反馈值。起动时，由于电动机的反电动势近似为零，故电动机励磁调节系统在给定信号的作用下，很快建立起励磁电流，经过磁通变换器后，反馈电压也很快上升，使二极管 VD1

导通，励磁调节器自动调节电动机的励磁电流，使之维持在额定值不变。在基速以下，电动势反馈电压始终小于励磁电流反馈电压（$U_{fE}<U_{f\Phi}$），故一直维持VD1 导通、VD2 截止状态。当速度给定增大，要求电动机在基速以上运行时，$U_{fE}>U_{f\Phi}$，VD1 截止，VD2 导通，此时磁通调节器的给定信号和 U_{fE} 进行比较，故磁通调节器实际上已作为一个电动机电动势调节器进行工作，保持电动机反电动势不变，而电动机转速则由速度调节器进行调节。转速反馈电压随给定值的增大而相应增加。因为 $E_M=C_e\Phi n$，故电动机的磁通（即励磁电流）将随电动机转速的升高而下降，以维持反电动势恒定。因此，调磁调速通常都是弱磁升速。一般整定弱磁升速的开始点为 95%额定电动势，到 100%额定电动势时完成弱磁升速过程。

弱磁后由于电动机磁通减小，使电动机的机电时间常数 T_M 发生变化，即转速调节器的调节对象的参数发生变化。为了适应这种变化，在速度调节器的反馈回路中串入乘法器 AM，AM 的输入信号为磁通实际值和电枢电流给定值，这样，速度调节器的动态放大系数随磁通的减小也做相应的变化，以补偿 T_M 变化的影响，使系统在满磁和弱磁时都具有相同的动态性能。

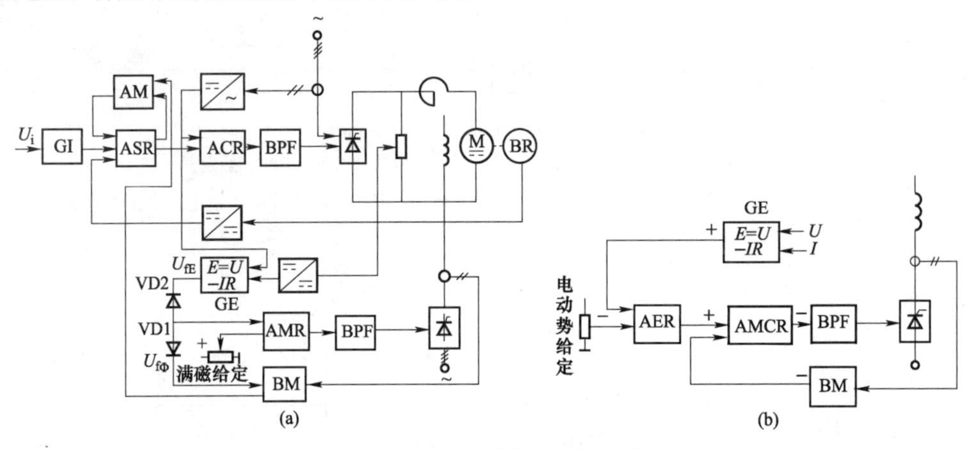

图 6－92　调压调磁非独立控制系统

（a）用比较器的系统；（b）用电动势调节器的系统

GI—给定积分器；ASR—速度调节器；ACR—电流调节器；AM—乘法器；AMR—磁通调节器；BM—磁通变换器；GE—电动势运算器；AER—电动势调节器；AMCR—励磁电流调节器；BPF—触发器

还可以采用图 6－92b 电路实现自动弱磁的控制，在基速以下运行时，电动势给定值大于电动势运算器的输出值，电动势调节器 AER 处于饱和状态，其输出限幅值就是满磁给定值，并加到励磁电流调节器 AMCR 上，从而保证额定励磁电流为额定值不变。当电动机转速升高到基速时，GE 的输出增加到使 AER 退出饱和，从而减小了励磁电流的给定值，实现弱磁调速。在弱磁阶段内，电动势环起调节作用。只要电动机的转速还没有达到给定值，电枢电流中仍存在加速电流分量，电动机反电动势就要上升；再经过 AER 的作用，使励磁电流继续减小，使转速继续上升，同时维持电动势恒定，直到转速与给定值相同为止。这种系统比前者多用了一个调节器，但电动势和励磁电流可以分别控制，容易调整。

（4）晶闸管供电可逆调速系统。很多生产机械要求其传动电动机能在两个方向旋转，并能产生两个方向的转矩。因此，要求电动机的电枢电压（或励磁电流）、电枢电流必须能在两个方向工作。但晶闸管只能单方向流过电流，因此，要满足上述要求，就要正反向各设一套整流器组成双变流器连接，或通过开关切换电动机与整流器的连接来实现。这时电动机就能在 $T—n$ 坐标的四个象限内工作，如图 6－93 所示。

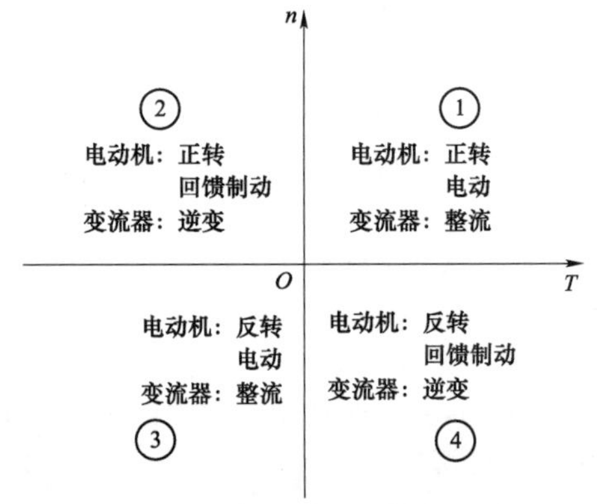

图 6－93　四象限运行状态

如果晶闸管变流器只能整流运行，而不能逆变使电动机制动，则系统就只能在①或③象限运行，称之为一象限运行。一象限运行时，电动机的电流和转速都不能反向。

在图 6－94a 中，起重机提升重物，电动机正转，工作在电动状态，变流器整流运行，系统工作在①象限；在图 6－94b 中起重机下放重物，此时重物拉着电动机反转，电动机工作在发电状态，电动势改变方向，为了限制下放速度，让变流器进入逆变状态运行，将发出的电能送回电网，系统工作在④象限。在上述①和④象限运行时，变流器电流方向不变。这就是两象限运行，在两象限运行时，电动机的转速可逆，但电流不可逆。如果规定起重机下放重物时电动机的转向为正，则上述的起重机工作在②、③象限。

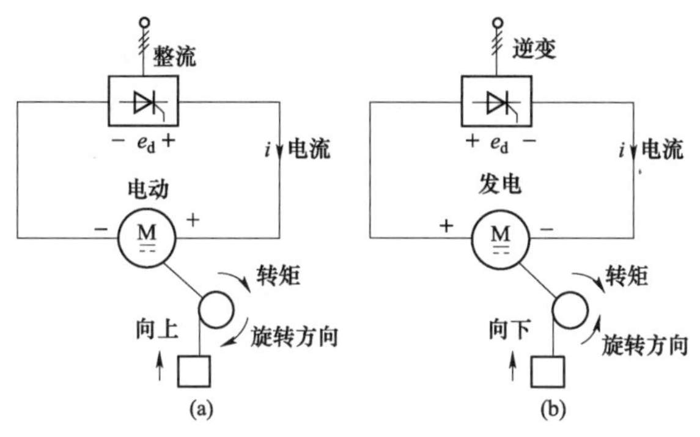

图 6－94　两象限运行工作图

如果电力拖动系统可以在所有四个象限内工作，就称之为四象限运行。四象限运行时电动机的转速与电流都可逆。

图 6－94 表明，用一套变流装置最多只能实现两象限运行，因此要想实现四象限运行，必须增加设备，常用的方法有：

1）电枢用一套晶闸管整流装置供电，用有触点开关进行切换的可逆系统。电枢用一套晶闸管整流器供电、由接触器切换的系统如图 6－95 所示。该系统采用了带电流内环、转速外环的双环调节系统，并设了一个指令单元，它可根据调节回路所需要的电流及转矩方向（ASR 输出电压的正或负）来控制相应的方向接触器（KMF、KMR）。在切换期间，电枢电流应为零。为防止切换后电流冲击，指令单元在发出切换信号的同时，应向电流调节器 ACR 输入一个 β_{min} 信号，该信号通过 ACR 将触发脉冲推到最小 β 处。由于只用一套整流装置，电流方向不能改变，故无论正向或反向工作，加到 ACR 的给定信号的极性都不改变。为此，系统还设有反向器和切换单元，使电流给定信号的极性与速度调节器 ASR 输出信号的极性无关。系统的切换过程如图 6－96 所示。其过程如下：在 t_1 时刻，速度给定信号改变，因而 ASR 输出极性改变，同时给电流调节器 ACR 输入一个 β_{min} 信号，使触发脉冲移至逆变区域。在 t_1～t_2 期间内，电流快速降低，到 t_2 时电流为零。在 t_2 时刻，接触器 KMF 断开。在 t_3 时刻，接触器 KMR 接通。在 t_4～t_5 时间内，先解除推 β 信号，使 ASR 和触发脉冲恢复正常工作（t_4 时刻），然后电动机以最大电流进行制动接着反向起动，直到反向稳定运转（t_5 时刻）。

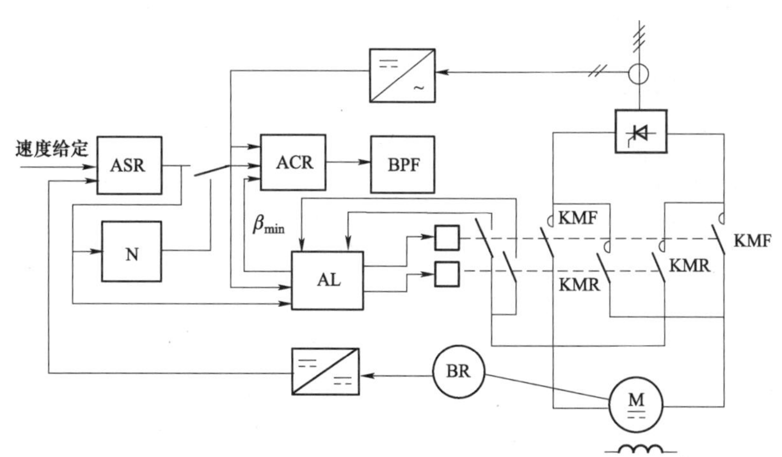

图 6－95　电枢用切换开关反向的可逆系统

N—反向器；AL—逻辑装置；ASR—速度调节器；ACR—电流调节器

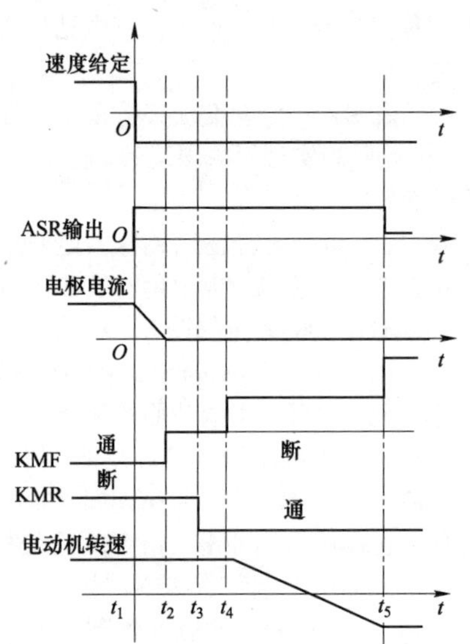

图 6-96 正向到反向的切换过程

t_1—给出反转信号；t_2—电枢电流到零，正向接触器断开；t_3—反向接触器闭合；t_4—解除封锁，电动机开始制动和反向起动；t_5—电动机反向稳定运转

这种系统利用接触器触头进行切换，维护工作量大，寿命较短，切换零电流死区为0.2～0.5s也较大，适用于小功率、不需要频繁切换的场合，目前已很少使用。

2）电枢用一套晶闸管整流器供电的磁场反向可逆系统。图6-97是一种磁场反向的可逆调速系统，电动机电枢回路由带有电流内环的单方向转速系统的晶闸管整流器供电，励磁回路用两套晶闸管整流器组成的可逆系统供电。

磁场可逆系统的特点是，电动机的反转或降速是用改变其励磁电流的方向，使电动机产生制动转矩来实现的。因此，在励磁电流反向期间，制动转矩很小，使系统的响应很慢。特别是在电动机降速（不反转）的场合，电动机的励磁电流先要从正向到反向切换一次，将主回路晶闸管变流器推向逆变，系统向电源回馈能量，电动机转速下降，当转速降到所要求的转速时，电动机的励磁电流又要从反向到正向再切换回来，主回路晶闸管变流器再回到整流状态，使电动机在新的转速下稳定运行。在整个降速过程中磁场要切换两次，响应更慢。

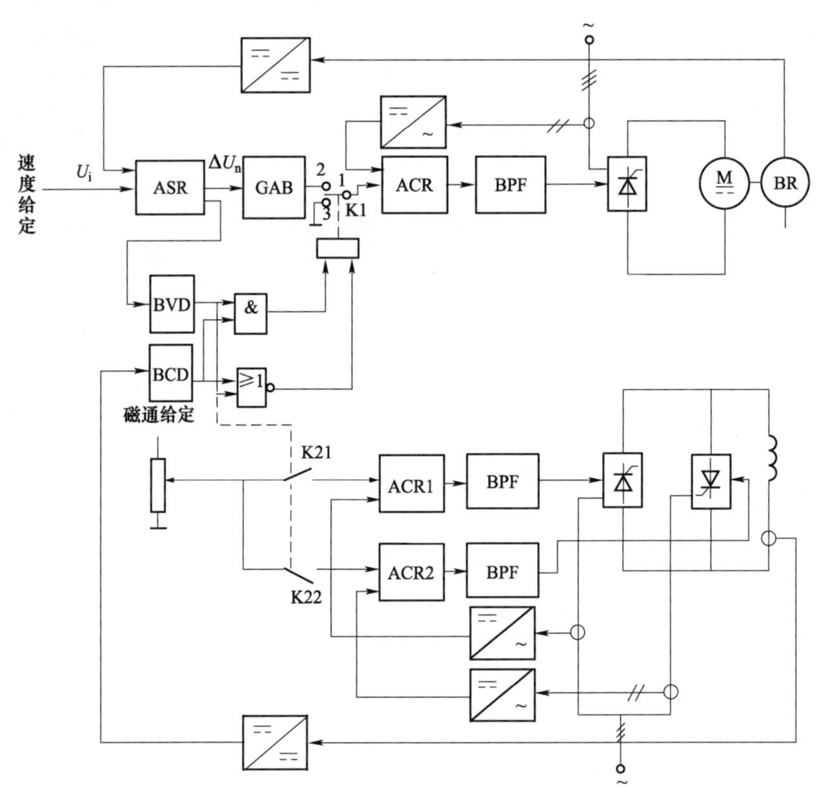

图 6-97 磁场反向的可逆调速系统

ASR—速度调节器；ACR—电流调节器；BVD-速度偏差极性鉴别器；BCD—磁场电流极性鉴别器；ACR1、ACR2—励磁电流调节器；GAB—绝对值发生器

因为励磁绕组时间常数很大，为了缩短转矩反向时间，往往要对励磁绕组加一个 2～5 倍额定励磁电压的强励电压。

在磁场反向可逆调速系统中，电枢回路只有一组整流器，电枢电流不可逆。因此，作为 ACR 给定值的 ASR 输出信号，通过一个绝对值发生器 GAB 后再供给 ACR，不管速度偏差 ΔU_n 的极性如何变化，GAB 的输出极性始终不变。

在 ΔU_n 的极性改变后，直到磁场电流反向以前的这一段时间内，应使电动机电枢电流立即降到零，否则就会在弱磁过程中，因为存在电枢电流，产生转矩，使电动机转速反而上升。因此，在系统中设了一套逻辑电路，包括 BVD、BCD 以及或非门和与门。当速度偏差极性与励磁电流极性一致时，逻辑电路与门的输出为“1”，K1 的 1、2 点闭合，1、3 点断开，允许电枢电流指令加入。如果不一致，与门输出为“0”，K1 的 1、3 点闭合，1、2 点断开，使电流给定为零，电流很快减到零。

磁场反向的反转过程如图 6－98 所示。

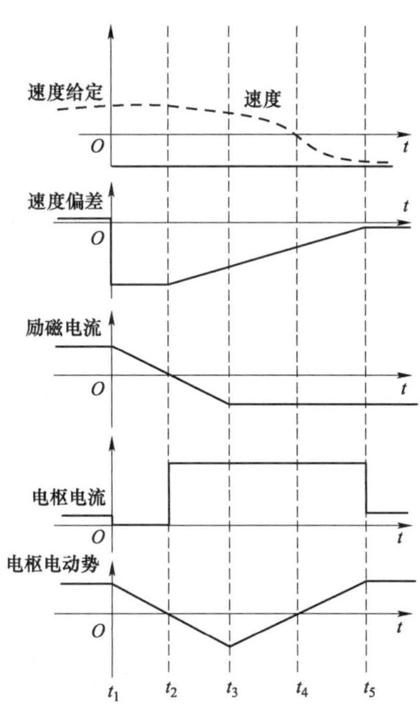

图 6－98　磁场反向的反转过程

① 改变速度给定指令电压 U_i，使之从正到负（t_1 时刻），使速度偏差极性鉴别器 BVD 输出变为负值（“0” 态）。这时励磁电流仍为正值，磁场电流极性鉴别器 BCD 输出仍为正值（“1” 态），K1 的 1、3 点闭合，1、2 点断开，使逻辑电路给出电枢电流为零的指令，电枢电流快速降到零。同时，因为 K21 断开，K22 闭合，励磁电流给定电压的极性也反向，励磁电流开始反向。

② 在 t_1～t_2 时间内，励磁装置产生最大的反向强迫励磁电压，励磁电流快速减小，到 t_2 时刻，励磁电流降低到零。

③ 在 t_2～t_3 时间内，励磁电流过零后向负方向增加，励磁电流变负。这时速度偏差的极性与励磁电流的方向一致，逻辑电路使 K1 的 1、2 点闭合，1、3 点断开，电枢电流由 ASR 的输出决定，为最大值。电动机的制动转矩随励磁电流在反方向增加而增大，直到 t_3 时保持不变。

④ 在 t_3～t_4 时间内，电动机在制动力矩的作用下，转速降低到零。

⑤ 在 t_4～t_5 时间内，电动机反向加速直到给定值，系统进入新的稳定运行状态，整个反向过程结束。

在 t_2～t_4 期间，由于电动机电动势反向，电动机处于发电运行状态，电枢回路晶闸管整流器处于逆变状态，将能量返回电网。

磁场反向可逆系统的主要优点是，可省去一套电枢回路的变流装置，投资较少，但系统快速性差，磁场反向时间需要几百毫秒到 1s。因此，一般只用在正反转调速不频繁或调速精度要求不高的场合，容量范围从几十到几千千瓦。

3）电枢用两套晶闸管整流装置供电的可逆系统。通常两套晶闸管整流装置有反并联联结、交叉联结和直接反并联联结三种方式。

① 反并联联结。反并联联结如图 6－99 所示。它是将两组整流器反向并联，交流侧接在同一个变压器二次绕组上，可以向电动机提供可逆的电枢电流。

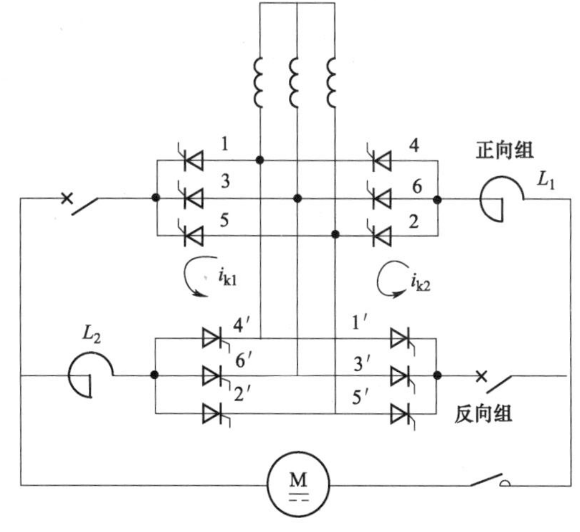

图 6－99　反并联可逆线路

按照是否有环流，可分为有环流和无环流两种方式。

在有环流方式时，若一组整流器处于整流状态时，另一组则处于逆变状态，但两组的输出电压平均值相等。当整流器输出电压比电动机反电动势高时，电动机处于电动状态；若电动机反电动势比整流器输出电压高时，电动机就向处于逆变状态，电动机再生制动，整流器将逆变功率送回电网。尽管整流组和逆变组的电压平均值相等，但它们的瞬时值并不相等，因而在晶闸管 1、3、5 和 2′、4′、6′构成一个环流回路，在晶闸管 2、4、6 和 1′、3′、5′构成另一个环流回路。

在无环流方式时，在任何情况下只允许一组整流器工作，而另一组必须被封锁，或者把另一组的触发脉冲移到不可能出现环流的区域内，因而不出现环流。

这种线路的特点如下：

由于正反两组整流器都用同一台变压器供电，所以变压器的利用率最高。

由于有两个环流回路，至少需要两台电抗器，电抗器除了能限制环流外，还应在正常工作时满足电动机允许的最小电流连续程度和纹波的要求，并且在故障时能限制电流上升率，使直流快速断路器在快速熔断器熔断前先跳闸。

反并联的两组整流器接在同一台变压器的二次绕组上，相互之间有影响。特别是在作为有环流线路运行时影响更大，可靠性较差。

这种方案一般都采用无环流可逆线路中。对于有环流可逆系统，通常采用交叉连接方式。

② 交叉联结。交叉联结是将两组整流器分别由一台变压器的两个二次绕组供电的，如图 6－100 所示。

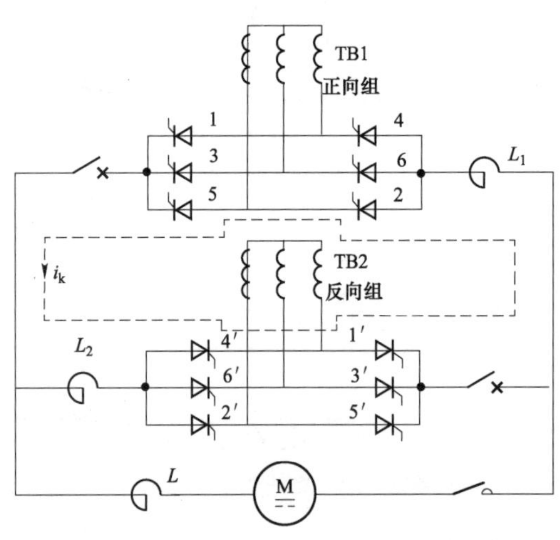

图 6－100　交叉联结可逆线路

交叉联结可逆线路的特点如下：

由于有环流及变压器有两个二次绕组，故变压器的利用率较低，初期投资较大。

由于只有一个环流回路，故可用一台空心电抗器或两台铁心电抗器限制环流。这种线路的环流比反并联线路的小，因而电抗器的体积亦小。

环流要通过四个晶闸管，而且只有一个环流回路，不像反并联线路那样两桥之间相互有影响，因此，可靠性较高。

③ 直接反并联。它是将正反向两个晶闸管压在一套散热器上，组成一个可逆单元后再组成一个直接反并联系统，如图 6－101 所示。这种系统只能采用无环流控制方式。

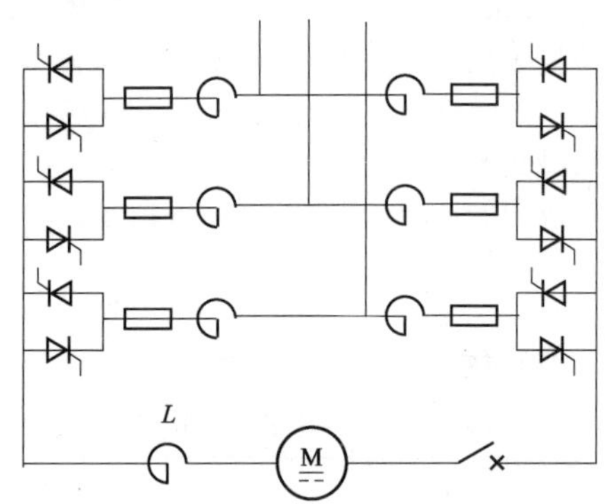

图 6－101　直接反并联可逆线路

直接反并联可逆线路的特点如下：

由于正反向器件不同时导电，因此，散热器的体积增加不多，从而缩小了装置的体积。

正反向组共用一个电抗器和快速熔断器，可节约成本。

由于主回路只用一台直流电抗器和一台直流快速断路器，因而使主回路得到简化。

这种可逆方式是优先采用的方式。

4）逻辑无环流可逆系统。逻辑无环流可逆系统是指在电动机运行过程中，通过一个逻辑单元选择某一组变流器投入工作，另一组被封锁，两组反并联联结的变流器之间完全没有环流的可逆系统。图 6－102 所示是一种带模拟开关的逻辑无环流系统。系统正向工作时 U_i 为负，ASR 输出为正，一路送到 AL 的转矩极性鉴别器，使 AL 切换，模拟开关 K11 和 K12 闭合；另一路经 K11 送到电流调节器 ACR 的输入端，ACR 的输出为负，正向组脉冲使 α 在 30°～90° 变化，电动机正转。

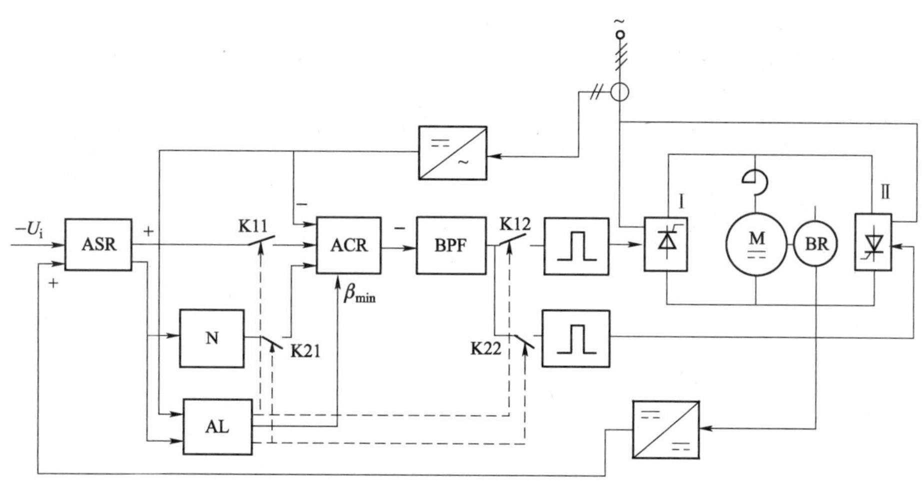

图 6－102　带模拟开关的逻辑无环流系统

变流器的切换是在电动机转速需要反向时进行的，其切换顺序如下：

① 改变给定电压 U_i，使其极性为正，或由于负载转矩变化引起电动机转矩变化，使 ASR 输出变负，并通过 ACR 使工作组处于逆变状态。

② 逻辑单元接受转矩变化的指令。

③ 工作组电流下降到零，逻辑装置的零电流检测器确认电流实际值为零，断开 K11、K12。

④ 正向触发脉冲被封锁。

⑤ 经过一段延时，K21、K22 接通，反向组有触发脉冲，同时 ASR 输出通过 N 送到 ACR，使反向组变流器工作在逆变状态，电动机进行再生制动。

为了保证系统的性能，应尽量缩短切换时间。在切换时间中，电流换向死时占主要成分。一般该死时在 10ms 以下时，不会对系统的性能有影响；当死时在 20～30ms 之内时，对系统的动态性能稍有影响；当死时超过 30ms 很多时，将对系统的性能有较大的影响。

在切换时还应保证不发生换相失败，两组变流器在任何时刻都不能同时工作。因此，在逻辑无环流系统中还要注意以下几点：① 对于电流实际值为零的检测，要有足够的关断等待时间；② 要有触发等待时间；③ 要有对电流调节器“拉 β_{min}”的信号。

直流电动机可逆方式的比较见表 6－26。

表 6－26　　直流电动机可逆方式的比较

比较项目	电枢用一套变流装置由开关切换实现反向	电枢用一套变流装置磁场用两套变流装置实现反向	电枢用两套变流装置实现反向
设备	（1）电枢变流装置一套 （2）电枢回路切换开关 （3）切换逻辑	（1）电枢变流装置一套 （2）励磁变流装置两套 （3）切换逻辑	（1）电枢变流装置两套 （2）无环流切换逻辑或有环流设电抗器
性能	有触点开关快速性差，正反转开关切换死时为 0.2～0.5s，减速时开关要切换两次采用晶闸管开关可将切换死时减少到 0.1s	快速性差，正反转磁通反向时间为几百毫秒到 1s，减速时磁通要切换两次	快速性好，切换死时零到几十毫秒
可靠性	主回路不产生环流，有触点开关，维护工作量大，寿命低	主回路不产生环流，无触点切换，要求有可靠的可逆励磁回路	要求触发器、逻辑切换可靠及抗干扰能力强
投资	系统简单，投资少	系统复杂，但投资较少	系统较简单，但投资大
适用场合	正反转调速不频繁，受开关容量限制，一般在几十千瓦以下，如起重机等	正反转调速不频繁，对调速精度要求不高，容量为几十千瓦到几千千瓦，如卷扬机等	正反转调速频繁，容量从几千瓦到几千千瓦，如轧机主、辅传动，可逆运转机床等

（5）大功率直流电动机的晶闸管供电调速系统。当直流电动机的额定功率大于 1000kW 时，限于单个晶闸管容量的限制，采用一套晶闸管变流器不能提供电动机所需的功率，这就需要把晶闸管串联或并联使用以提高电压或电流，从而提供足够的功率。在实际上常采用将两个晶闸管整流桥串联或并联的做法来

提供更大的功率。

1）双桥串联。两组整流桥彼此串联，整流电压叠加后为电动机供电，输出电压加倍。由于两组整流桥所接变压器二次侧一个是Y联结，一个是△联结，电压相位错开30°电角度，从而使输出电压纹波获得12个波头，相当于12相整流的效果，直流电压更趋平直，输出纹波脉动大大降低。

2）双桥并联。两组整流桥通过平衡电抗器彼此并联，整流电流回合后为电动机供电，输出电流加倍。平衡电抗器起到均衡两组整流桥供电电流的作用。由于两组整流桥所接变压器副边一个是Y联结，一个是△联结，电压相位错开30°电角度，从而使输出电流纹波获得12个波头，相当于12相整流的效果，使直流电流更趋平直，输出纹波脉动大大降低。

6.5.4 交流电动机调速技术

交流电动机构造简单，运行可靠，在单机容量、供电电压和转速极限等方面均优于直流电动机，在国民经济各部门中广泛应用。

目前，应用逆变器的高性能交流调速系统正在取代直流调速系统，成为调速传动系统的主流。

1. 交流调速系统方案

交流电动机转速为

$$n=\frac{60f}{p}(1-s) \tag{6-124}$$

式中：f为供电电源频率；p为极对数；s为转差率（同步电动机时，$s=0$）。

因此，交流电动机有以下三种基本调速方式：① 改变极对数p；② 改变转差率s；③ 改变供电电源频率f。

（1）变极调速。变换异步电动机绕组极对数从而改变同步转速进行的调速称为变极调速。其转速是按阶跃方式变化的，而不是连续变化的。变极调速主要用于笼型异步电动机。

变换绕组极对数的方法有：

1）将一套绕组中部分线圈按一定规律改接，以改变其电流方向或相序来改变极对数，常用于倍极比双速或三速异步电动机。

2）在定子上设置两套不同极对数的独立绕组。

3）在定子上设置不同极对数的独立绕组，且每个独立绕组又有不同的接线组合，适用于三速以上的多速电动机。

然而，单绕组变极对数不仅出线少，用铜量省，而且可以实现双速、三速及倍极比，非倍极比的多种变极调速，应用较广泛。但是，由于仅用一套绕组，因此很难使几个不同极对数的接法都获得最好的效率和功率因数。

单绕组多速电动机变极对数时，由于输出转矩和功率的不同，一般有恒功率、恒转矩和变转矩三种形式。表6－27为单绕组倍极比双速电动机工作特性。表6－28为单绕组非倍极比双速电动机工作特性。

表6－27　　单绕组倍极比双速电动机工作特性

序号	极数（$2p$）Ⅰ连接方法	极数（$2\times2p$）Ⅱ连接方法	转矩比 $T_{Ⅱ}/T_{Ⅰ}$	功率比 $P_{Ⅱ}/P_{Ⅰ}$	特性
1	2Y	Y	1	0.5	恒转矩
2	2Y	2Y	2	1	恒功率
3	2Y	△	1.732	0.866	可变转矩
4	△	2Y	2.3	1.15	可变转矩
5	2△	Y	0.577	0.288	可变转矩

表6－28　　单绕组非倍极比双速电动机工作特性

序号	极数Ⅰ连接方法	极数Ⅱ连接方法	转矩比 $T_{Ⅱ}/T_{Ⅰ}$	功率比 $P_{Ⅱ}/P_{Ⅰ}$	特性
1	2Y	Y		0.5	可变转矩
2	2Y	2Y		1	恒功率
3	2Y	△		0.86	可变转矩
4	△	2Y		1.154	可变转矩
5	2△	Y		0.288	可变转矩

（2）转子串电阻调速。异步电动机机械特性的临界转差率s_m和临界转矩T_m，在忽略定子电阻时为

$$s_m=\pm r_2'/(x_1+x_2') \tag{6-125}$$

$$T_m\approx\pm\frac{m_1U_1^2}{2\omega_0(x_1+x_2')} \tag{6-126}$$

由式（6－125）和式（6－126）可知，在电动机各参数、电源电压和频率不变时，临界转矩与r_2'无关，始终保持不变；而临界转差率与r_2'成正比地变化。在绕线转子异步电动机转子回路串入不同电阻时的机械特性如图6－103所示，随着外接电阻的加大，电动机的特性变软，从而实现了调速。

转子回路串固体电阻，通过接触器切换可以实现有级调速；串接液体电阻，可以实现连续调速。用转子电阻斩波法调节转子等效电阻，也可实现连续调速。转子电阻斩波调速的基本电路如图6－104所示。

转子绕组接不可控整流桥，经滤波电抗器后，接

外部电阻 R_{ex}，R_{ex} 两端并联一个斩波器，改变斩波器的导通和开断比，即可改变整流电路的有效电阻，从而可达到改变转子电阻而调速的目的。

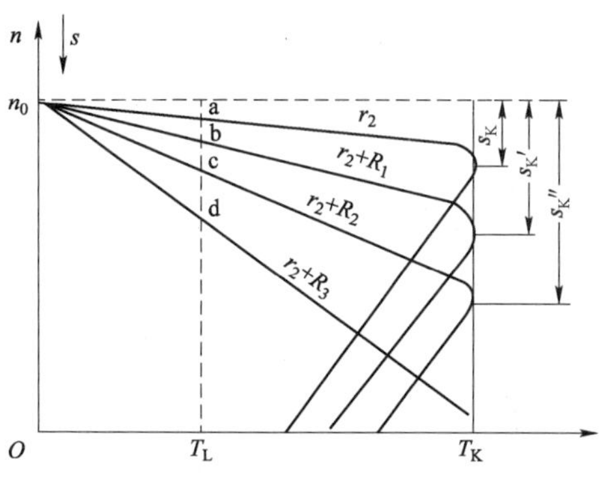

图 6－103　绕线转子异步电动机

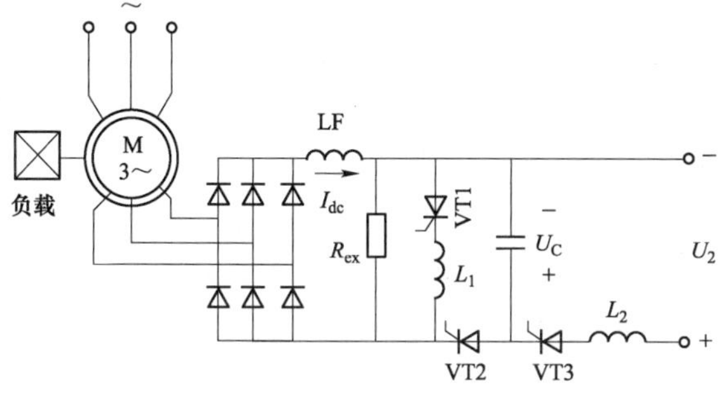

图 6－104　转子电阻斩波调速的基本电路

转子串电阻时的机械特性

其等效电阻为

$$\begin{aligned} R_{ds} &= (1-\alpha)R_{ex} \\ R_{ex} &= 2R_Q \end{aligned} \tag{6-127}$$

式中：α 为斩波器的导通率，$\alpha=t_{on}/T$；t_{on} 为主晶闸管的导通时间；T 为周期；R_Q 为串电阻调速时每相应串入的附加电阻。

图 6－104 为晶闸管斩波电路。主晶闸管 VT1 和辅助晶闸管 VT3 同时导通。VT1 导通使并联电阻 R_{ex} 短路，VT3 导通使辅助电源对电容器 C 充电。当 $U_C=U_2$ 时，VT3 自行关断。经过时间 t_{on} 后，控制电路送出另一个触发脉冲，使 VT2 导通，电容器 C 经 VT2 放电，使 VT1 关断，整流回路电阻为 R_{ex}，直到 VT1、VT3 再次导通，如图 6－105 所示。

在控制过程中，VT2 和 VT3 是不允许同时导通的，因此，t_{on} 的变化范围应为

$$b < t_{on} < (T-d) \tag{6-128}$$

式中：b 应大于电容器 C 的充电时间；d 应大于 C 的放电和反向充电时间。

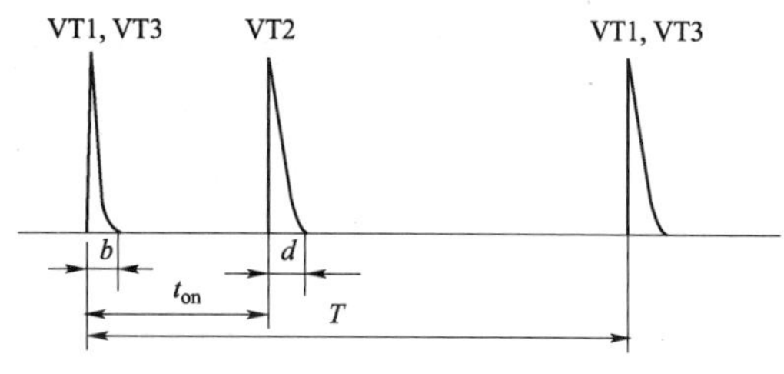

图 6－105　斩波器触发脉冲

斩波器调速有较好的无级调速性能，斩波器如果用门极关断晶闸管，则线路更简单可靠。同转子回路串电阻调速一样，调速时的转差功率消耗于外电路，效率不高。

（3）串级调速。在绕线转子异步电动机转子回路中引入外加电动势，以改变电动机运行转差率而获得不同转速的方法称为串级调速。由于异步电动机转子电动势的频率随转速而变化，要使外加电动势的频率与转子电动势的频率相同是比较困难的，因此先将转子电动势通过三相桥式整流变为直流，再用直流电动势与之串联。用直流电动机作为外加电动势的称为机组串级。在机组串级中，直流电动机与异步电动机同轴，为机械回馈式，如图 6－106 所示。直流电动机驱动一台接电网的交流发电机称为电回馈式，如图 6－107 所示。用晶闸管逆变器作为外加电动势，则为晶闸管串级调速，如图 6－108 所示。图 6－108 线路只能在同步转速以下调速运行，故又称为低同步串级调速。如果在绕线转子回路中，将原来的二极管整流器改为可控的晶闸管整流器，则还可以让逆变器整流、整流器逆变，从而使能量流向异步电动机转子，如图 6－109 所示，这时电动机转子侧能量可以双向流动，电动机可在同步转速上下调速运行，当运行在同步速以上时，称之为超同步串级调速。与低同步串级调速相比，其变流装置小，能产生制动转矩，可作高速运行。

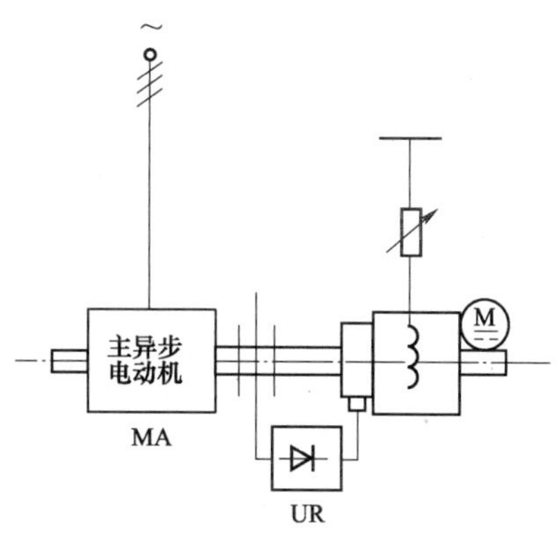

图 6－106　机械回馈式

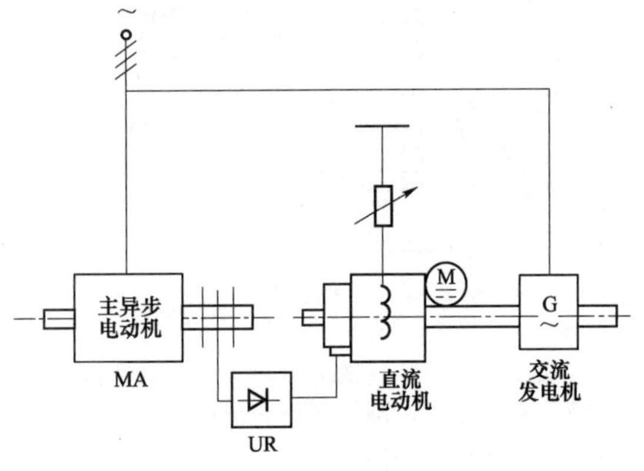

图 6-107 电回馈式

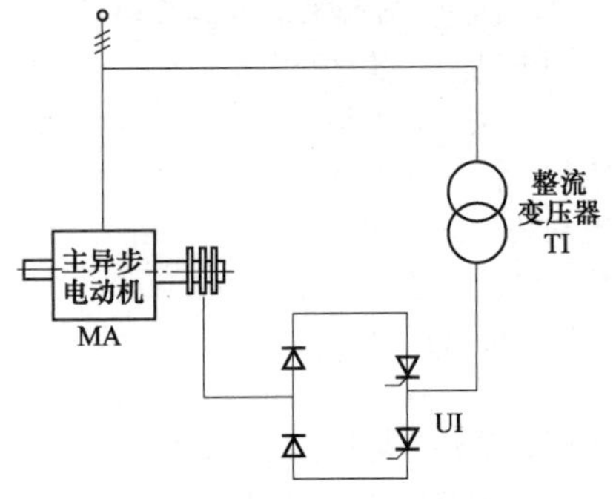

图 6-108 低同步串级调速

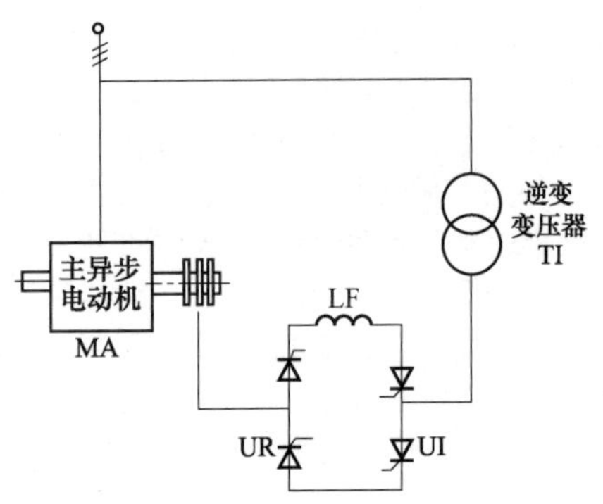

图 6-109 超同步串级调速

（4）调压调速。如图 6-110 所示，在恒定交流电源与电动机之间接入晶闸管作为电压控制器，改变异步电动机输入电压进行调速的，称为调压调速。

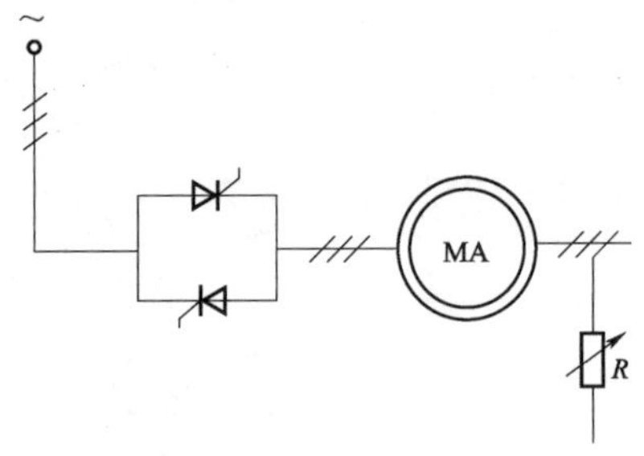

图 6-110 调压调速

调压调速也是一种变转差率调速，如图 6-111 所示。普通笼型异步电动机机械特性工作段的转差率 s 很小，对于恒转矩负载而言，可以在 a、b、c 点稳定运行，调速范围很小；但对风机、泵类等变转矩负载，则有较大的调速范围，在 d、e、f 各点都能稳定工作。

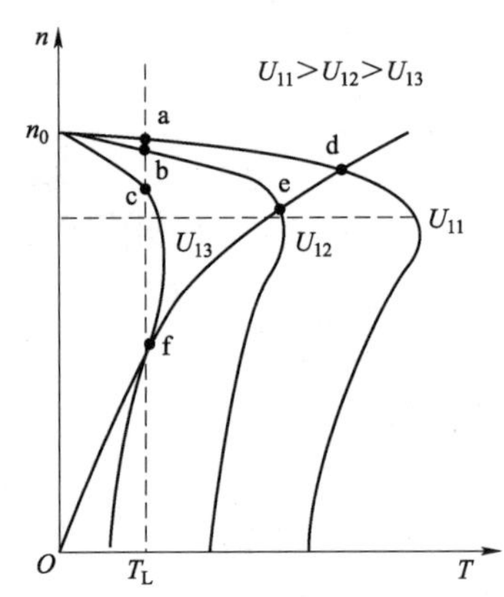

图 6-111 不同 U_1 时的机械特性

为提高调压调速特性硬度，扩大调速范围，常采用闭环控制系统，如图 6-112 所示。它可以克服例

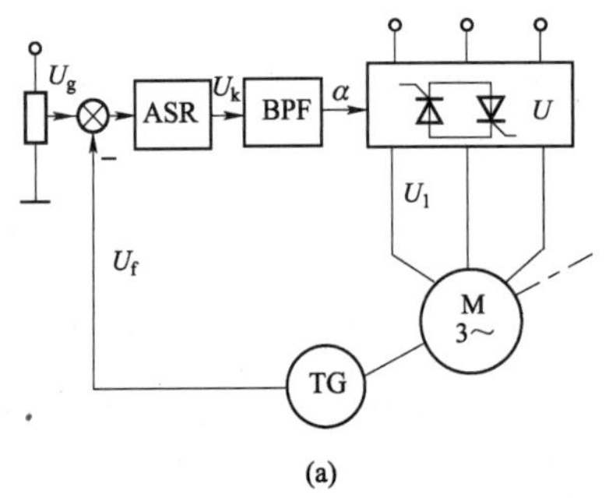

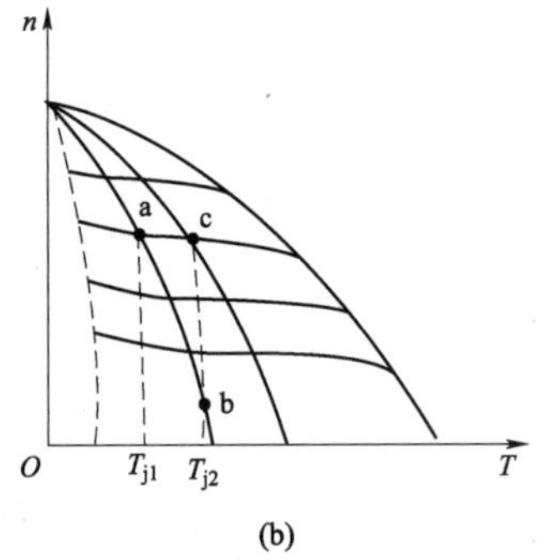

图 6-112 具有转速闭环的调压调速系统

（a）原理图；（b）闭环控制特性

U—晶闸管调压器；ASR—速度调节器；BPF—触发器；G—给定电位器；TG—测速发电机

如负载变化引起的转速大幅度变化。如果负载由 T_{j1} 变到 T_{j2}，系统开环工作时，U_1 不变，工作点沿同一机械特性由 a 到 b；而当系统闭环工作时，过大的转速降使输入误差增大，在闭环系统作用下将提高 U_1，使系统稳定工作于另一特性曲线的 C 点，转速回升到接近 a 点的速度，速度稳定性提高。该系统调速范围可达 1:10。

调压调速系统的效率为

$$\eta = 1 - s \tag{6-129}$$

转差功率为

$$P_s = sP_1 = \frac{s}{1-s}KT_L n \tag{6-130}$$

式中：P_1 为输入功率；T_L 为负载转矩；n 为运行转速。

不同负载特性用下式表示

$$T_L = Cn^{\alpha} \tag{6-131}$$

式中：C 为常数；α=0、1、2 分别表示恒转矩负载、转矩与转速成比例的负载以及转矩与转速二次方成比例的负载。

将式（6－131）代入式（6－130）得

$$\begin{aligned} P_s &= \frac{s}{1-s}KCn^{\alpha}n \\ &= \frac{s}{1-s}KC\left[n_0(1-s)\right]^{\alpha+1} \\ &= KCn_0^{\alpha+1}s(1-s)^{\alpha} \end{aligned} \tag{6-132}$$

电动机输出的机械功率为

$$P_2 = KT_L n = KCn^{\alpha+1} = KCn_0^{\alpha+1}(1-s)^{\alpha+1} \tag{6-133}$$

当 $s=0$ 时得到最大输出功率

$$P_{2\max} = KCn_0^{\alpha+1} \tag{6-134}$$

不同特性负载时转差功率损耗系数为

$$\frac{P_s}{P_{2\max}} = s(1-s)^{\alpha} \tag{6-135}$$

产生最大转差功率损耗系数时转差率为

$$s = \frac{1}{1+\alpha} \tag{6-136}$$

最大转差功率损耗系数为

$$\left(\frac{P_s}{P_{2\max}}\right)_{\max} = \frac{\alpha^{\alpha}}{(1+\alpha)^{\alpha+1}} \tag{6-137}$$

由式（6－137）可以绘制不同负载时（α=0、1、2）转差功率损耗系数曲线如图 6－113 所示。

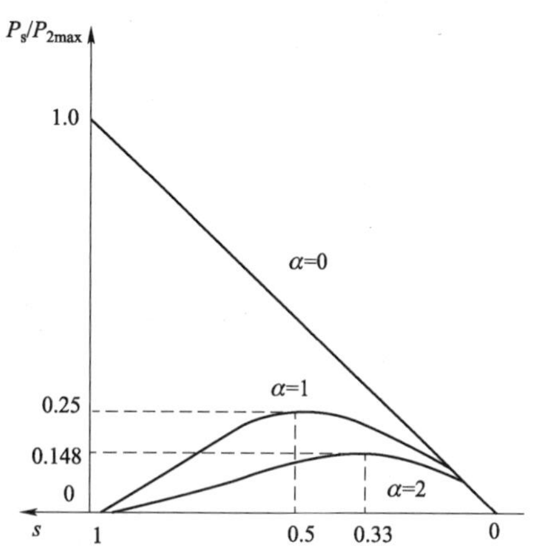

图 6－113　不同负载特性时的转差功率损耗曲线

由图 6－113 可见，当 α=2 时，电动机转差功率损耗系数最小，所以调压调速用于风机、泵类负载是合适的。对于恒转矩负载，则不宜长时间在低速下工作。由于晶闸管调压装置采用相位控制，输出电压、电流均含有丰富的高次谐波，影响电动机的出力，在配用电动机时，要适当增加容量。近些年发展了采用调压装置实现异步电动机降压软起动和节能运行的新技术，利用该技术可以改善异步电动机的起动性能，对某些生产设备可以达到节能的效果。

（5）电磁调速异步电动机。如图 6－114 所示，电磁调速异步电动机由异步电动机、电磁转差离合器和晶闸管励磁电源及其控制部分组成。励磁电源功率较小，常用单相半波或全波电路控制离合器的励磁电流。

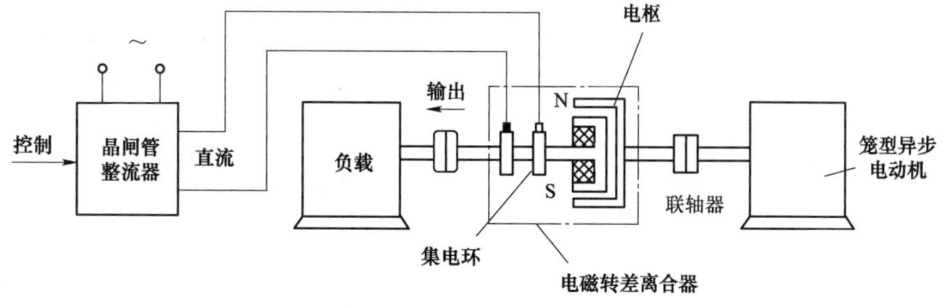

图 6－114　电磁转差调速电动机系统的组成

电磁调速电动机（电磁转差离合器）的机械特性，如图 6－115a 所示。空载转速 n_0 不变时，随负载转矩的增加，转速下降较多，是软特性。励磁电流越小，特性越软，且在 $T<10\%T_N$ 时有一个失控区。

采用转速反馈闭环控制系统可以得到如图 6－115b 所示的机械特性。转速负反馈的作用是使励磁增加来补偿由于负载增加而引起的转速降低，从而使转速保持稳定。在图 6－115a 中，当 $I_f=I_{f4}$、$T=T_{j1}$ 时系统转速为 n_1，若负载增至 T_{j2}，开环控制时，转速由 n_1 降至 n_2；而闭环控制时，则系统自动使励磁电流由 I_{f4} 增大至 I_{f5}，从而使转速又上升至接近 n_1，使转速稳定。

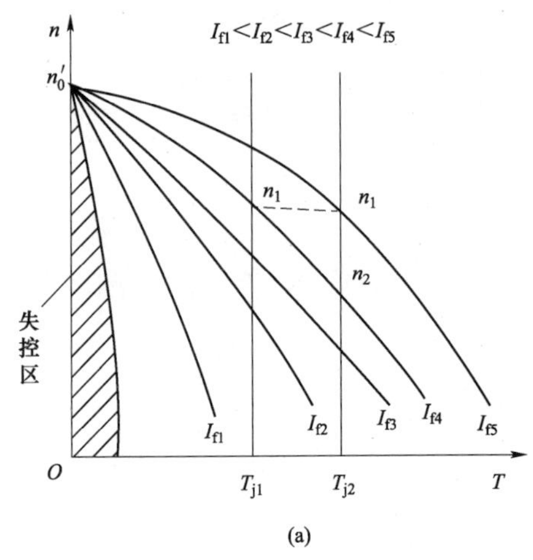

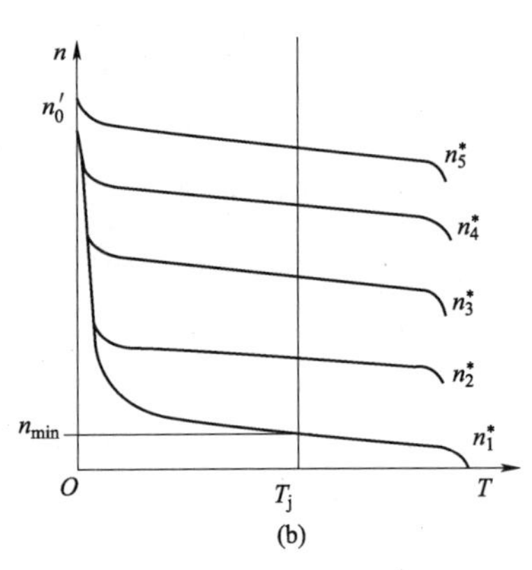

图 6－115 电磁调速电动机开环和闭环调速机械特性

（a）开环；（b）闭环

这种调速电动机的主要优点是控制电路简单、运行可靠、价格低、对电网和电动机均无谐波影响。闭环控制调速范围可达 1:10，转速稳定度为 2%左右。它适用于功率不大，不需要制动转矩，以及要求不高的一般调速系统。

（6）变频调速。它是利用电动机的同步转速随外加电源频率而变化的特性，通过改变电动机供电频率进行调速的方法。用普通晶闸管、GTR、GTO 晶闸管、IGBT 等电力电子器件组成的静止变频装置对异步电动机进行调速已广泛采用。静止变频电源大体上可分为如图 6－116 所示的间接变频方式和直接变频方式两种。

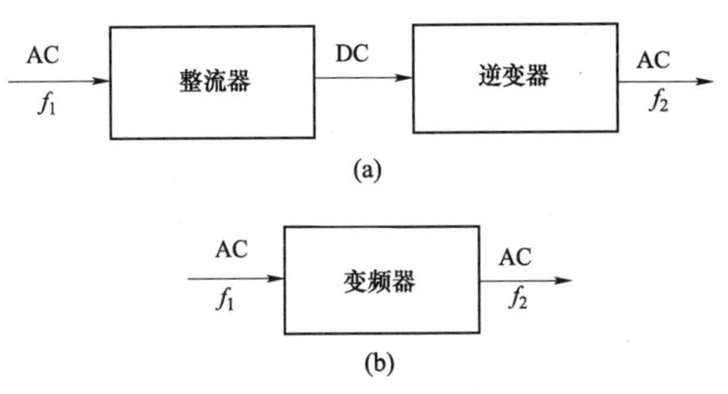

图 6－116 静止变频电源

（a）间接变频方式；（b）直接变频方式

1）间接变频方式（交－直－交变频）。把交流电通过整流器变为直流电，再用逆变器把直流电变为频率、电压可变的交流电供给异步电动机。这种变频方式又可以分为以下三种类型：

① 电压型变频调速如图 6－117 所示，整流输出经电感、电容滤波，具有恒压源特性；逆变器具有反馈二极管，是一种方波电压逆变器。这种方法若不设置与整流器反向并联的再生逆变器，则不能实现回馈制动。电压型逆变器一般适合于主要运行在电动状态、偶尔制动时回送能量较少、不要求快速调节及要求多台电动机协调运转的场合使用。

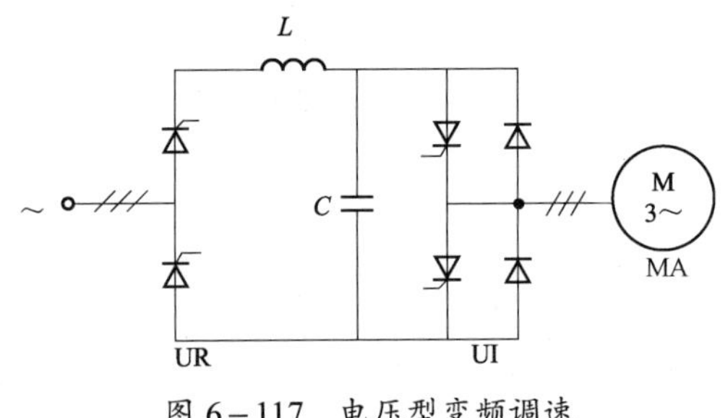

图 6－117 电压型变频调速

② PWM（脉冲宽度调制）变频调速如图 6－118a 所示，其电路结构与电压型变频调速相似，只是用不可控整流器代替了原来的可控整流器。逆变器可以用普通晶闸管，但更多的是用 GTR（大功率晶体管）、GTO（门极关断）晶闸管或 IGBT 等。

如图 6－118b 所示，PWM 变频是将一个周期的逆变电压分割成若干个脉冲，改变脉冲宽度和脉冲数量，使供给电动机的基波电压与频率成比例变化。PWM 变频调速具有电源侧功率因数高、谐波成分少，调速范围宽和响应快等特点，使用非常广泛。

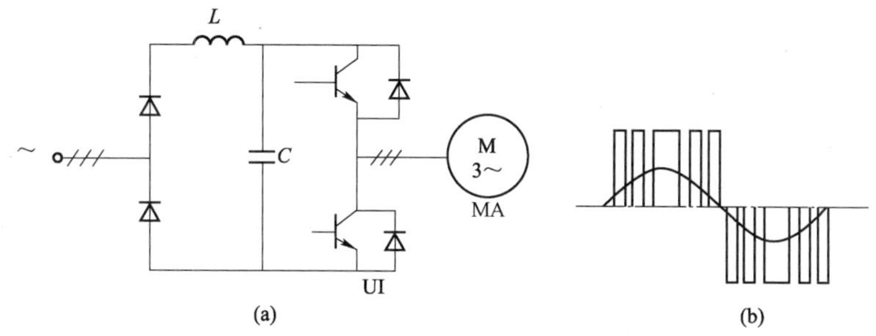

图 6－118　PWM 变频调速

（a）PWM 变频器线路；（b）PWM 波形

③ 电流型变频调速如图 6－119 所示，整流器输出靠电抗器滤波，具有恒流源特性，输出电流为方波。只要改变整流电压极性，就能实现回馈制动，适用于四象限运行和要求快速调节的场合。

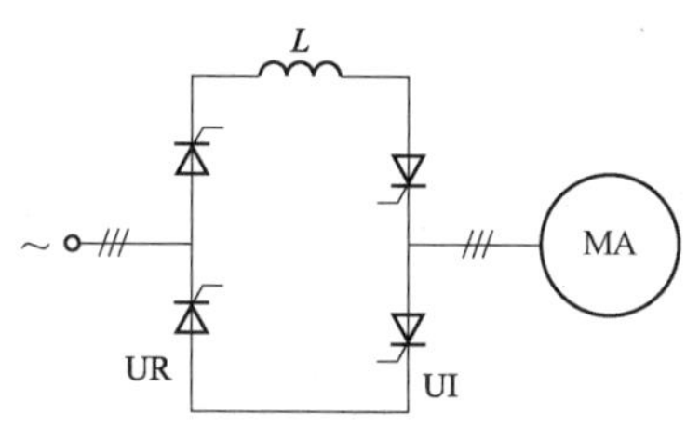

图 6－119　电流型变频调速图

电流型变频调速与电压型变频调速的主要特点见表 6－29。

表 6－29　电流型变频调速与电压型变频调速的主要特点

比较项目	电流型	电压型
直流回路滤波环节	电抗器	电容器
输出电压波形①	决定于负载，当负载为异步电动机时，为近似正弦波	矩形
输出电流波形①	矩形	决定于逆变器电压与电动机的电动势，具有较大的谐波分量
输出动态阻抗	大	小
再生制动（发电制动）	方便，不需附加设备	需要附加电源侧反并联逆变器
过电流及短路保护	容易	困难
动态特性	快	较慢，用 PWM 则较快
对晶闸管要求	耐压高，对关断时间无严格要求	一般耐压可较低，关断时间要求短
线路结构	较简单	较复杂
适用范围	单机，多机	多机，变频或稳频电源

① 指三相桥式逆变器，既不采用脉冲宽度调制，也不进行多重叠加。

2）直接变频方式（交－交变频器）。如图 6－120 所示，它是利用晶闸管的开关作用，直接从固定频率的交流电源变换为频率、电压可调的交流电供给异步电动机实现调速的一种方法。其最高输出频率仅为电源频率的 1/2～1/3。由于直接变换效率高，使输出波形得到改善，直接变频器（交－交变频器）调速，已在中低速领域内，作为驱动大中容量电动机的调速方法而被广泛采用。

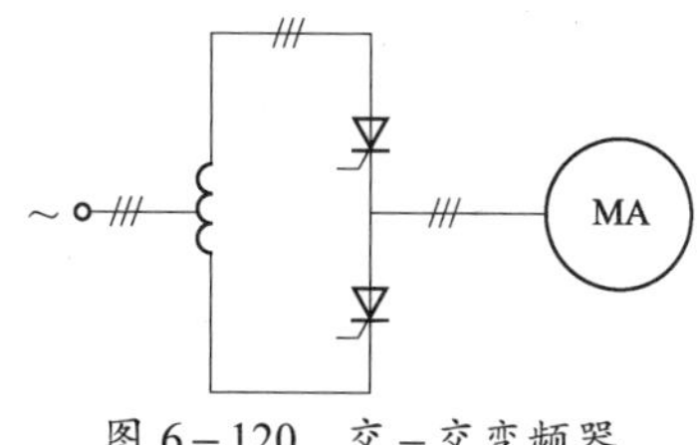

图 6－120　交－交变频器

交－交变频与交－直－交变频的主要特点见表 6－30。

表 6－30　交－交变频与交－直－交变频的主要特点

比较项目	交－交变频	交－直－交变频
换能型式	一次换能，效率较高	两次换能，效率略低
换流方式	电源电压换流	强迫换流或负载换流

续表

比较项目	交－交变频	交－直－交变频
装置器件数量	器件较多，器件利用率较低	器件较少，器件利用率较高
调频范围	最高频率为电源频率的 1/3～1/2	频率调节范围宽，不受电源频率限制
电网功率因数	较低	移相调压、低频低压时功率因数低，用斩波或 PWM 调压，则功率因数高

（7）无换向器电动机调速。它是用与电动机旋转频率同步的交流电源来驱动同步电动机，改变交流电源的频率和电压实现调速的一种方法。如图 6－121 所示，位置检测器 PS 检测同步电动机 MS 的转子位置，并给出可调变频器的触发信号，电动机转速与变频器输出频率始终保持同步，无转差，不失步。因此，无换向器电动机相当于一台直流电动机，将其电刷和换向器组成的机械换向装置换成位置检测器和晶闸管，而控制特性本质上与直流电动机的相同。它兼有直流电动机的控制性能和同步电动机易于维护的优点。无换向器电动机的变频器也可分为直接变频（交－交）和间接变频两种，被广泛用于矿井卷扬机、轧机、水泥管磨机的调速传动和一般风机、泵、压缩机的调速传动及大型同步电动机的软起动。

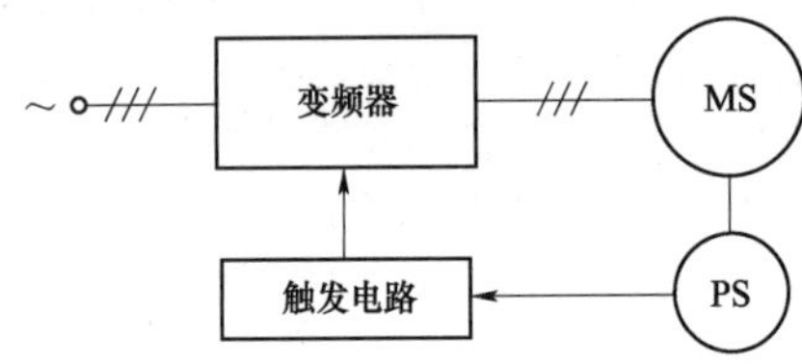

图 6－121　无换向器电动机的基本结构

MS—同步电动机；PS—位置检测器

2. 变频调速的控制方式

（1）基本控制方式。电动机调速时，一个重要的原则是保持每极磁通量为额定值不变。在交流电动机中，磁通是由定子和转子磁动势合成产生的，要保持磁通恒定，控制上较为复杂。

三相异步电动机定子每相电动势的有效值为

$$E_1=4.44f_1W_1K_{W1}\Phi_m \quad (6-138)$$

式中：f_1 为定子频率；W_1 为定子每相绕组串联匝数；K_{W1} 为基波绕组系数；Φ_m 为每极气隙磁通量。

由式（6－138）可知，只要控制 E_1、f_1 就可以控制磁通 Φ_m。

1）当 f_1 由额定频率 f_{1N} 下调时，要保持 Φ_m 不变，必须同时降低 E_1，否则就会造成 Φ_m 的增大，由异步电动机磁化特性曲线（见图 6－122）可知，磁通 Φ_m 在额定值基础上稍有增大就将导致定子励磁电流 I_m 迅速增加，造成电动机过热；而只要保持 E_1/f_1＝常值，Φ_m 就可为常值 Φ_N。这就是恒定（电动势/频率）比的控制方式。

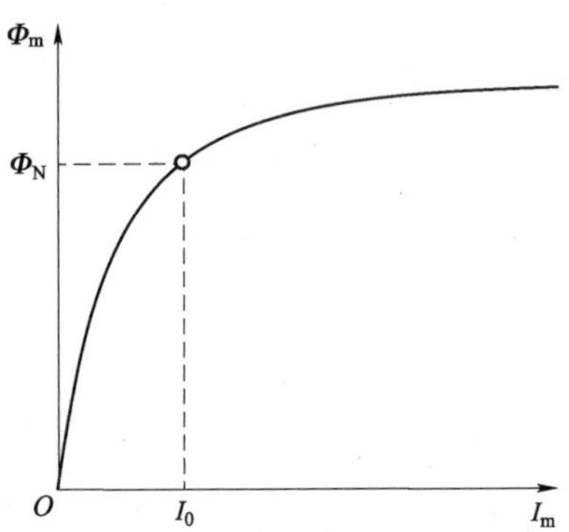

图 6－122　异步电动机磁化特性曲线

然而，感应电动势 E_1 难以控制，当电动势较高时，可认为 $U_1\approx E_1$，则得

$$U_1/f_1=\text{常值} \quad (6-139)$$

这就是恒（压/频）比的控制方式。低频时，U_1、E_1 都较小，定子阻抗压降不能忽略，可以人为地将 U_1 升高，以补偿定子压降，如图 6－123 所示。

在额定频率以下调速时，由于保持磁通为额定值不变，电枢电流只要流到额定电流值就能产生额定转矩，属于恒转矩调速。

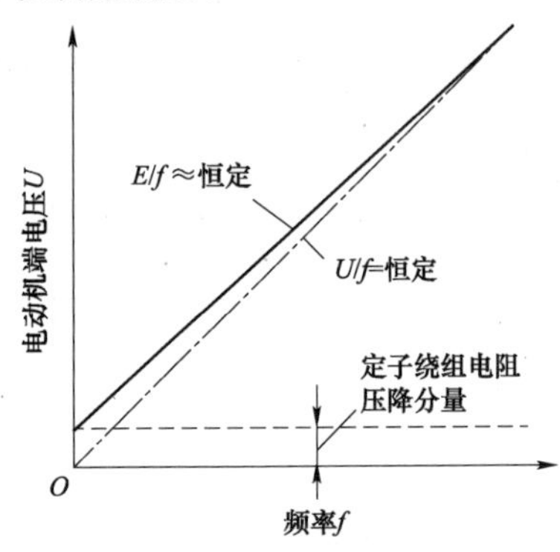

图 6－123　恒压频比控制特性

2）当 f_1 由 f_{1N} 上调时，由于电机绝缘的限制，电压 U_1 不能超过 U_{1N} 而随 f_1 增大，只能保持额定值不变，由式（16－139）可知，这将使 Φ_m 与 f_1 成反比地降低，相当于弱磁升速的情况。

在额定频率以上调速时，由于磁通减弱，电枢电流流到额定电流值所产生的转矩小于额定转矩，转速随频率升高而上升，转矩与转速的乘积近似不变，即功率近似不变，属于恒功率调速。

综合上述两种情况，异步电动机变频调速控制特性如图 6-124 所示。额定频率 f_{1N} 以下为恒转矩调速，f_{1N} 以上基本上属于恒功率调速。

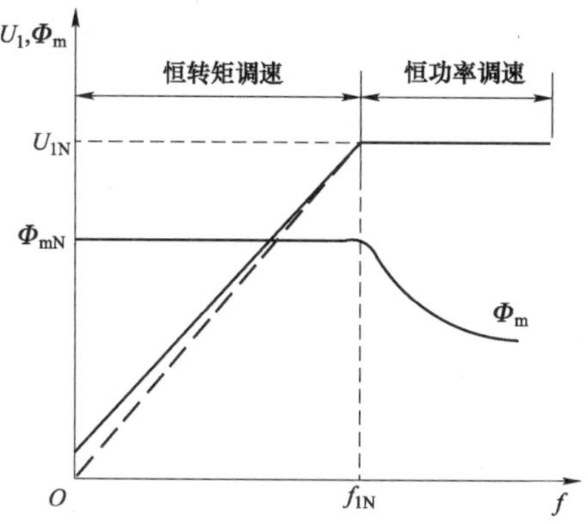

图 6-124　异步电动机变频调速控制特性

（2）异步电动机在电压、频率协调控制下的机械特性。

1）U/f 恒定控制时的稳态机械特性。异步电动机的稳定特性可以由图 6-125 所示的等效电路中求出，定子电流 I_1、转矩 T 和转速 n 分别用下列各式表示

$$\left.\begin{aligned} I_1 &= \frac{U}{\sqrt{(R_1 + Af)^2 + (Bf)^2}} \\ T &= mp / 2\pi A I_1^2 \\ n &= \frac{f - f_s}{p} \\ A &= \frac{(R_2'/f_s)(X_0/f_N)^2}{(R_2'/f_s)^2 + (X_2'/f_N + X_0/f_N)} \\ B &= (X_1/f_N) + \left[\frac{(R_2'/f_s) + (X_2'/f_N)(X_2'/f_N + X_0/f_N)}{(R_2'/f_s)^2 + (X_2'/f_N + X_0/f_N)}\right] \end{aligned}\right\} \tag{6-140}$$

式中：m 为相数；p 为极对数；n 为转速；f 为输入频率；f_N 为额定频率；f_s 为转子频率。

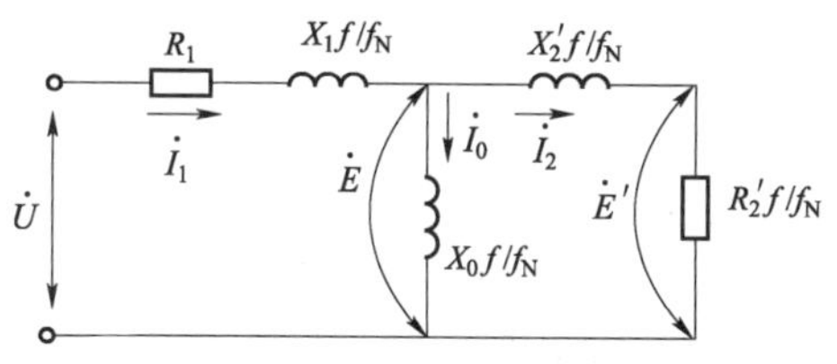

图 6-125　异步电动机的 T 型等效电路

图 6-126 是用上述公式计算得出的 U/f 恒定控制情况下的转矩－转速特性曲线。由图 6-126 可见，在低速范围内，由于 I_1R_1 相对增加，气隙磁通减少，转矩特性下垂使得最大转矩明显下降，以致不能承受负载。它只适用于调速范围不大的风机、泵类负载。

E/f 恒定控制时转矩、定子电流—转速特性如图 6-127 所示。

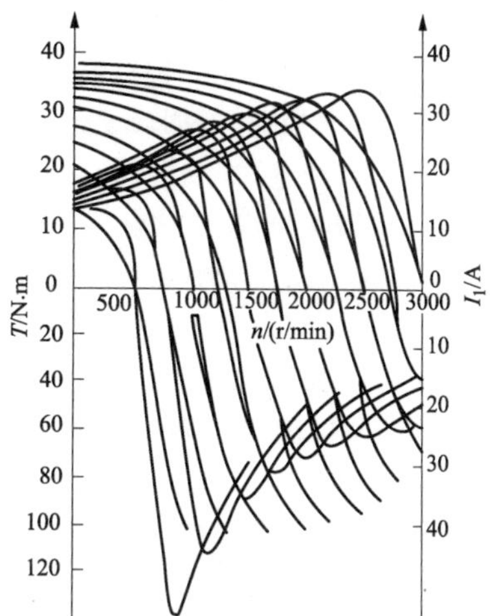

图 6-126　U/f 恒定控制时转矩、定子电流—转速特性示例

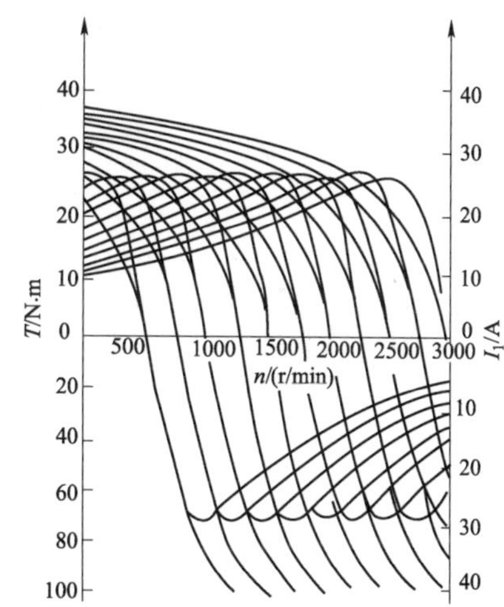

图 6-127　E/f 恒定控制时转矩、电流—转速特性

2）E/f 恒定控制时稳态机械特性

根据上述等效电路，把转矩表达成 E/f 的函数，则有

$$T = \frac{mp}{2\pi}\left[\frac{R_2'/f_s}{(R_2'/f_s)^2 + (X_2'/f_N)^2}\right](E/f)^2 \tag{6-141}$$

最大转矩 T_{max} 和最大转差频率 f_{smax} 分别由下式给出

$$\left.\begin{aligned} T_{max} &= \frac{mp}{2\pi}\frac{1}{2(X_2'/f_N)}(E/f)^2 \\ f_{smax} &= \frac{R_2'}{X_2'/f_N} \end{aligned}\right\} \tag{6-142}$$

因此，在 E/f 恒定控制的情况下，T_{max} 保持恒定，与 f 大小无关。图 6－127 转矩、电流一转速特性，低速范围内无转矩下降情况。

3）E'/f 恒定控制。根据图 6－125 所示的等效电路，如果将电压再提高一些，把转子漏抗上的压降抵消掉，就得到 E'/f 控制。这时转子全磁通 Φ'_m 就对应于 E'。

$$E' = 4.44 f_1 W_1 K_{W1} \Phi'_m$$

按照 E'/f 恒定控制时的稳态性能与直流电动机的一样。

图 6－128 所示为不同的电压—频率协调控制时的机械传性。图 6－129 所示为保持 Φ_m 恒定时 $I_1 = f(f_r)$ 的函数曲线。

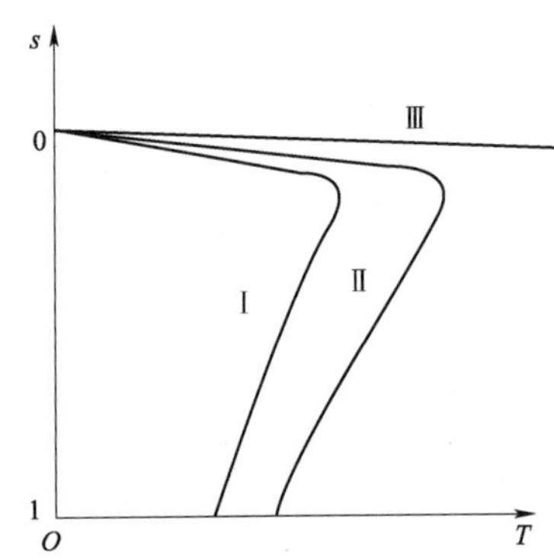

图 6－128 不同的电压—频率协调控制时的机械特性

Ⅰ—恒 U/f 控制；Ⅱ—恒 E/f 控制；Ⅲ—恒 E'/f 控制

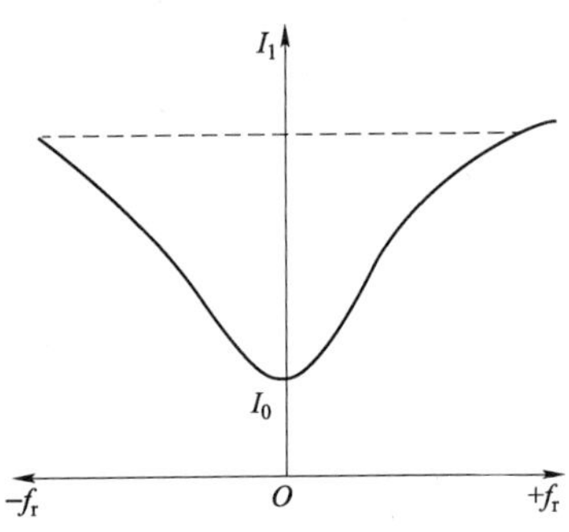

图 6－129 保持 Φ_m 恒定时 $I_1=f(f_r)$ 的函数曲线

总之，异步电动机变频调速时有两个独立的变量 U_1 和 f_1，需要进行协调控制。

U/f、E/f 恒定控制机械特性基本上是平行下移的，稳态性能尚可，能满足一般要求。但因都没考虑动态过程中 Φ_m 的变化，动态性能较差。E'/f 恒定控制是保证全磁通恒定的控制，其动态、静态性能可与直流传动的一样，但线路较复杂。

（3）转差频率控制。以上所述的控制方式简单，能满足一般调速要求，但动、静态性能较差。要提高动、静态性能，无疑要用转速闭环控制。提高动态性能，主要是控制转速的变化率 $d\omega/dt$，由基本运动方程 $T - T_L = \frac{J}{p}\frac{d\omega}{dt}$ 可知，控制转矩 T 就能控制 $d\omega/dt$。因此，系统的动态性能就归结为控制转矩的能力。

在交流电机中，电动机的转矩方程为

$$T = K_m \Phi_m I_2 \cos\varphi_2 \qquad (6-143)$$

可见，气隙磁通、转子电流和转子功率因数都会影响转矩。

根据等效电路，且令 $f_r = sf_0$ 并定义为转差频率；当 f_r 较小时，$\cos\varphi_2 \approx 1$，从而

$$T = K_m \Phi_m I_2 \qquad (6-144)$$

$$I_2 \approx \frac{sE}{R_2} = \frac{f_r}{f_0}\frac{E}{R_2} \qquad (6-145)$$

式中：f_r 为转差频率；f_0 为定子供电频率；E 为电动机反电动势；R_2 为转子电阻。

将式（6－145）和式（6－144）合并整理后有

$$T = K'_m \Phi_m^2 \frac{f_r}{R_2} \varphi_2 \qquad (6-146)$$

这表明，在 s 很小范围内，只要 Φ_m 保持恒定，控制 f_r 就能达到直接控制转矩的目的。控制转差频率，就意味着控制了转矩。

当忽略饱和与铁损耗时，Φ_m 与励磁电流 I_0 成正比，而 I_0 与定、转子电流之间相量关系为

$$\dot{I}_1 = \dot{I}_0 + \dot{I}_2 \qquad (6-147)$$

而定子电流与 I_0 及其他参数之间的关系为

$$I_1 = I_0 \sqrt{\frac{R_2^2 + f_r^2 (L_m + L_2)^2}{R_2^2 + f_r^2 L_2^2}} \qquad (6-148)$$

当 Φ_m 或 I_0 不变时，I_1 与转差频率 f_r 的函数关系应如上式，函数曲线如图 6－129 所示。可以看出：

1）$f_r=0$ 时，$I_1=I_0$，即在理想空载时定子电流等于励磁电流。

2）当 f_r 增大时，由于上式分子中含 f_r 项大于分母中含 f_r 项，所以 I_1 也增大。

3）f_r 为正、负时，I_1 均为正，$I_1=f(f_r)$ 左右对称。

上述表明，只要 I_1 与 f_r 符合上述关系，就能保持 Φ_m 恒定；在 $f_r<f_{rmax}$ 的范围内，T 与 f_r 成正比，控制 f_r 就控制了转矩 T。这就是转差频率控制的基本规律。

转差频率控制加入了速度闭环，与恒压频比控制相比，其动、静态性能要好。然而上述“保持 Φ_m 恒定”仍只在稳态下成立，没有考虑在动态中 Φ_m 如何变化，电流只控制了幅值而没涉及相位，实现

图 6－129 函数曲线的函数发生器存在误差，转速检测信号也有误差或干扰等，这些都会在一定程度上影响系统性能的进一步提高。

（4）脉冲宽度调制（PWM）控制技术。在变频调速控制系统中，通常采用脉宽调制（PWM）技术来改善变频器的输出波形，减少高次谐波。

1）单极性与双极性 PWM 模式：

① 极性 PWM 模式。产生单极性 PWM 模式的基本原理如图 6－130 所示。首先由同极性的三角波调制电压 $u_{\triangle}$ 与参考电压 u_R 比较，产生单极性的 PWM 脉冲（图 6－130b）；然后将单极性的 PWM 脉冲信号与图 6－130c 所示的倒相信号 u_I 相乘，从而得到正负半波对称的 PWM 脉冲信号 u_P，如图 6－130d 所示。

② 双极性 PWM 模式。双极性 PWM 控制模式采用的是正负交变的双极性三角载波 $u_{\triangle}$ 与参考波 u_R，如图 6－131 所示，可通过 $u_{\triangle}$ 与 u_R 的比较直接得到双极性的 PWM 脉冲，而不需要倒相电路。

与单极性模式相比，双极性 PWM 模式控制电路和主电路比较简单，然而对比图 6－130 和图 6－131 可看出，单极性 PWM 模式要比双极性 PWM 模式输出电压中高次谐波分量小，这是单极性模式的一个优点。

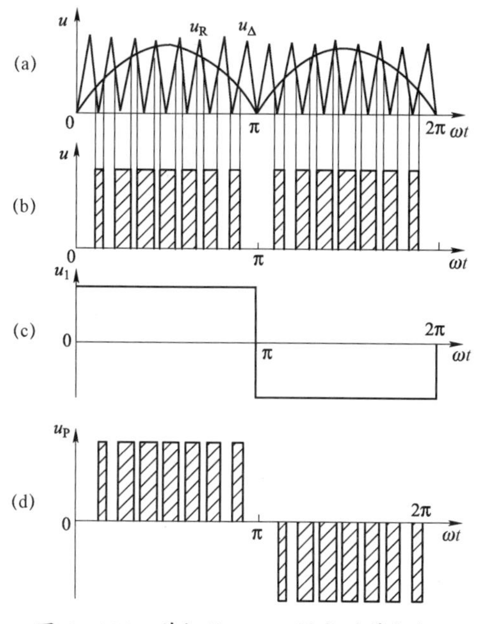

图 6－130　单极性 PWM 模式（单相）

2）同步式、异步式和分段同步式。从三角波电压 $u_{\triangle}$ 与参考电压 u_R（一般为正弦波）的频率来看，PWM 控制方式可分为同步式、异步式和分段同步式，它们各有利弊。

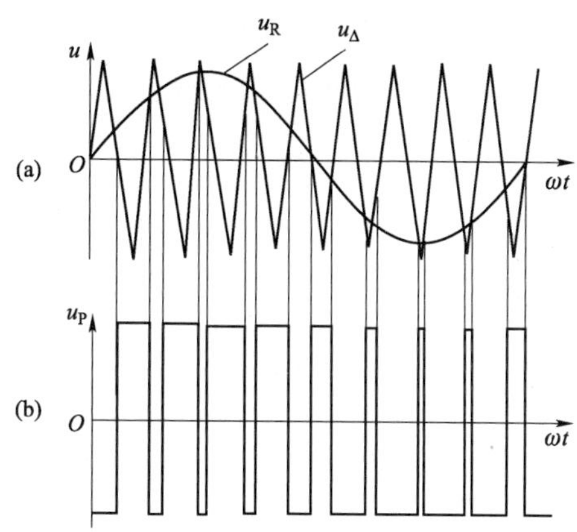

图 6－131　双极性 PWM 模式调制原理

① 同步控制方式。三角波电压的频率 $f_{\triangle}$ 与参考电压的频率 f_R（即逆变器的输出频率）之比 $f_{\triangle}/f_R$＝常数时称为同步控制方式。

同步控制方式在逆变器输出电压每个周期内所采用的三角波数目是固定的，因而所产生的 PWM 脉冲数是一定的。其优点是在逆变器输出频率变化的整个范围内，皆可保持输出波形的正、负半波完全对称，只有奇次谐波存在。而且能严格保证逆变器输出三相波形之间具有 120° 相位移的对称关系。同步控制方式的一个严重缺点是：当逆变器低频输出时，每个周期内的 PWM 脉冲数过少，低次谐波分量较大，使负载电动机产生转矩脉动和噪声。

② 异步控制方式。异步控制方式与同步控制方式不同，采用的是固定不变的三角载波频率。低速运行时，逆变器输出电压每个周期内的 PWM 脉冲数相应增多，因而可减少负载电动机的转矩脉动和噪声，使调速系统具有较好的低频特性。然而，异步控制方式也有其缺点。由于三角波调制频率 $f_{\triangle}$ 为定值，当参考电压频率 f_R 连续变化时，则难以保证 $f_{\triangle}/f_R$ 为一整数，特别是能被 3 整除的数，因而不能保证逆变器输出正负半波以及三相之间的严格对称关系，将会导致负载电动机运行的不够平稳。

③ 分段同步控制方式。实际应用中，多采用分段同步控制方式，集同步和异步控制方式之所长，而克服了两者的不足。在低频运行时，使三角载波与参考波的频率比 $f_{\triangle}/f_R$ 有级地增大，在有级地改变逆变器输出电压半波内 PWM 脉冲数目的同时，仍保持其正负半波以及三相的对称关系，从而改善了系统的低频运行特性，并可消除由于逆变器输出电压波形不对称所产生的不良影响。

采用分段同步控制方式，需要增加调制脉冲切换电路，从而增加了控制电路的复杂性。

（5）矢量控制与坐标变换。前两节论述的变频调速控制方法，基本上解决了异步电动机的平滑调速问题，转差频率控制已起到了直流电动机双闭环调速系统的作用。但是上述方法的主要问题是电压、电流和频率等控制量都是标量，即只能按电动机稳态运行规律进行控制，不能同时控制其大小和相对位置，转矩控制性能较差。

要改善转矩控制性能，使系统完全达到直流传动系统的动、静态指标，必须对定子电压或电流实施矢量控制，既控制大小，又控制方向。由于交流电动机的所有矢量（电压、电流和磁通等）都在空间以同步速度旋转，它们在定子绕组上的物理量都是交流量。因此，控制、计算十分不便，所以必须设法变成直流量。

矢量控制的理论基础就是坐标变换。

1）坐标变换的原则。如果能将交流电动机的模型等效地变换成直流电动机的模型，然后按直流电动机进行控制，即可解决异步电动机的非线性问题。坐标变换的等效原则是使在不同坐标系下的电机模型产生相同的磁动势。

众所周知，交流电动机三相对称静止绕组 U、V、W，通以三相平衡的正弦电流 i_U、i_V、i_W时，就会产生合成旋转磁动势 F。它在空间呈正弦分布，并以同步转速 ω_1，沿 U–V–W 相序旋转，如图 6–132a 所示。

在空间互差 90°的两相静止绕组 α 和 β，通以时间上差 90°的两相平衡交流电流，也会产生旋转磁动势 F，如图 6–132b 所示。当图 6–132a、b 两个旋转磁动势 F 的大小和转速都相等时，即认为图 6–132b 的两相绕组和图 6–132a 的三相绕组等效。

在图 6–132c 中，有两个匝数相等互相垂直的绕组 M 和 T，分别通以直流电流 i_M 和 i_T，产生合成磁动势 F，F 相对于绕组而言位置是固定的。如果使铁心与绕组整体以 ω_1 转速旋转，则 F 自然成为旋转磁动势。如果把这个磁动势的大小和转速也控制得与图 6–132a、b 中的磁动势一样，则旋转的直流绕组同图 6–132a、b 的三相绕组和两相绕组等效。如果站在铁心上和绕组一起旋转来看 M、T 绕组，则两者是通以直流而相互垂直的静止绕组。如果控制磁通 Φ 的位置在 M 轴上，则 M 相当于直流电动机的励磁绕组，T 相当于电枢绕组。

因此，可以说，在三相坐标系下的 i_U、i_V、i_W，在两相坐标系下的 i_α、i_β 和在旋转坐标系下的 i_M、i_T 都是等效的，它们能产生同样的磁动势。

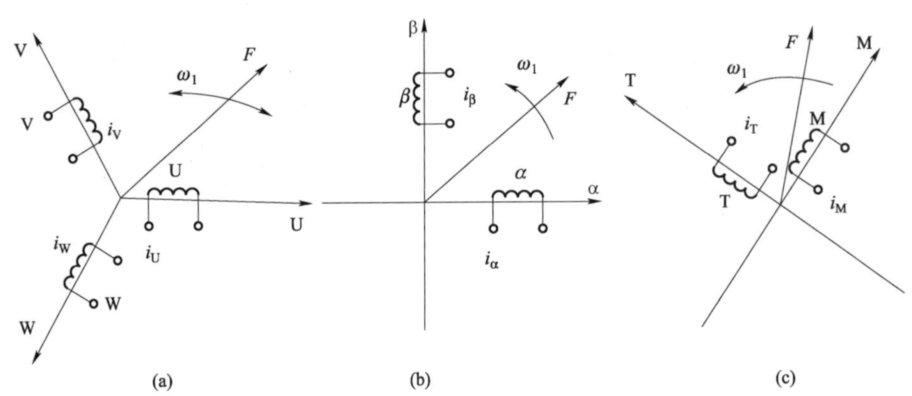

图 6–132　等效的交流电机绕组和直流电机绕组

（a）三相交流绕组；（b）两相交流绕组；（c）旋转直流绕组

2）三相/两相变换（或两相/三相变换）。图 6–133 示出了三相静止坐标系 U、V、W 和两相静止坐标系 α、β 之间的变换。为方便起见，取 α 轴与 U 轴重合。设三相系统每相绕组有效匝数为 N_3，而两相系统为 N_2，各相磁动势均为有效匝数与其瞬时电流的乘积，其空间矢量均位于有关相的坐标轴上。

设磁动势波形是正弦分布的，当三相总磁动势与两相总磁动势相等时，两者的瞬时磁动势在 α、β 轴上的投影都相等，故

$$N_2 i_\alpha = N_3 i_U - N_3 i_V \cos 60^\circ - N_3 i_W \cos 60^\circ = N_3\left(i_U - \frac{1}{2}i_V - \frac{1}{2}i_W\right)$$

$$N_2 i_\beta = N_3 i_U \cos 90^\circ + N_3 i_V \sin 60^\circ - N_3 i_W \sin 60^\circ = N_3 \frac{\sqrt{3}}{2}(i_V - i_W)$$

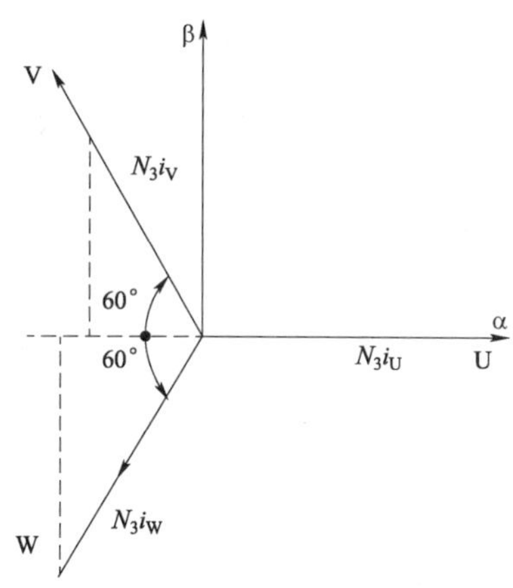

图 6－133　三相、二相坐标系与相应的电流时间变量

图 6－134 示出了两相旋转变换。

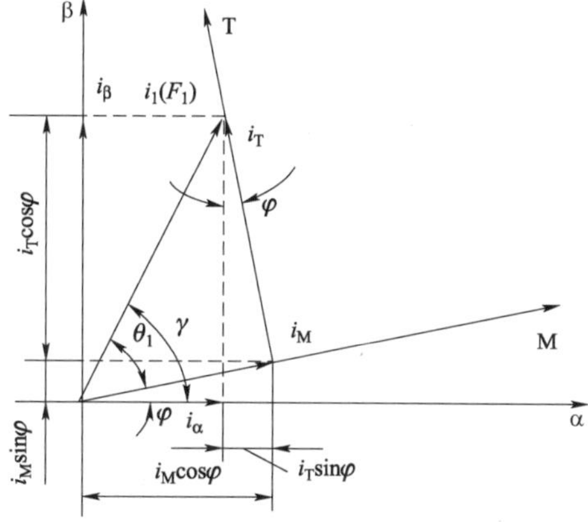

图 6－134　两相旋转变换（α、β 轴与 M、T 轴之间的变换）

将以上两式写成矩阵形式，得

$$\begin{bmatrix} i_\alpha \\ i_\beta \end{bmatrix} = (N_3/N_2)\begin{bmatrix} 1 & -\frac{1}{2} & -\frac{1}{2} \\ 0 & \frac{\sqrt{3}}{2} & -\frac{\sqrt{3}}{2} \end{bmatrix}\begin{bmatrix} i_U \\ i_V \\ i_W \end{bmatrix} \tag{6-149}$$

经变换得　　$N_3/N_2=\sqrt{\frac{2}{3}}$

因此，实际的电流变换式为

$$\begin{bmatrix} i_\alpha \\ i_\beta \end{bmatrix} = \sqrt{\frac{2}{3}}\begin{bmatrix} 1 & -\frac{1}{2} & -\frac{1}{2} \\ 0 & \frac{\sqrt{3}}{2} & -\frac{\sqrt{3}}{2} \end{bmatrix}\begin{bmatrix} i_U \\ i_V \\ i_W \end{bmatrix} \tag{6-150}$$

$$\begin{bmatrix} i_U \\ i_V \\ i_W \end{bmatrix} = \sqrt{\frac{2}{3}}\begin{bmatrix} 1 & 0 \\ -\frac{1}{2} & \frac{\sqrt{3}}{2} \\ -\frac{1}{2} & -\frac{\sqrt{3}}{2} \end{bmatrix}\begin{bmatrix} i_\alpha \\ i_\beta \end{bmatrix} \tag{6-151}$$

电压，磁链的变换式均与电流的变换式相同。

3）两相旋转变换（矢量坐标变换）。在图 6－132b、c 中，两相静止坐标系 α 和 β 与两相旋转坐标系 M、T 之间的变换称为两相旋转变换，如图 6－134 所示。图中 i_1（F_1）为 i_α、i_β 和 i_M、i_T 产生的均以同步转速 ω_1 旋转的合成磁动势。以旋转坐标轴的旋转磁通量 Φ 为基准，把电流 i_1 分解成与 M 轴重合或正交的两个分量 i_M、i_T，称为 i_1 的励磁分量和转矩分量。i_1、i_M、i_T 以同步转速 ω_1 旋转，大小不变。α 轴、β 轴是静止的，α 轴与 M 轴夹角 φ 是变化的，因此，i_1 在 α、β 轴上的分量 i_α、i_β 也是随时间变化的，相当于 α、β 轴绕组交流磁动势的瞬时值。由图 6－134 可知，i_α、i_β 和 i_M、i_T 之间存在下列关系；

$$\begin{aligned} i_\alpha &= i_M\cos\varphi - i_T\sin\varphi \\ i_\beta &= i_M\sin\varphi + i_T\cos\varphi \end{aligned} \tag{6-152}$$

写成矩阵形式为

$$\begin{bmatrix} i_\alpha \\ i_\beta \end{bmatrix} = \begin{bmatrix} \cos\varphi & -\sin\varphi \\ \sin\varphi & \cos\varphi \end{bmatrix}\begin{bmatrix} i_M \\ i_T \end{bmatrix} \tag{6-153}$$

而逆变换为

$$\begin{bmatrix} i_M \\ i_T \end{bmatrix} = \begin{bmatrix} \cos\varphi & \sin\varphi \\ -\sin\varphi & \cos\varphi \end{bmatrix}\begin{bmatrix} i_\alpha \\ i_\beta \end{bmatrix} \tag{6-154}$$

图 6－135 为矢量旋转变换器的原理图。

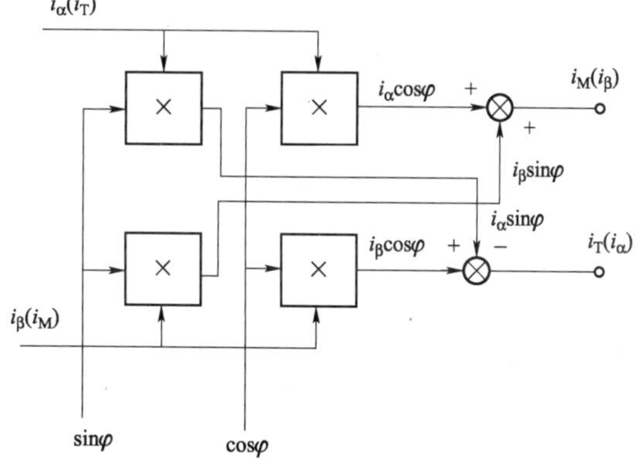

图 6－135　矢量旋转变换器的原理

4）直角坐标/极坐标变换。在图 6－134 中，令矢量 i_1 和 M 轴夹角为 θ_1，求 i_1、θ_1，这是直角坐标/极

坐标变换，其变换式为

$$i_1=\sqrt{i_M^2+i_T^2}$$
$$\theta=\arctan\frac{i_T}{i_M} \tag{6-155}$$

当 θ_1 在 0°～90° 之间变化时，$\tan\theta_1=0\sim\infty$，变化幅度太大，这样求 θ 角很难在实际变换器中实现，因此，常用下式表示 θ_1 值

$$\theta_1=2\arctan\frac{i_T}{i_M+i_1} \tag{6-156}$$

变换器电路如图 6－136 所示。

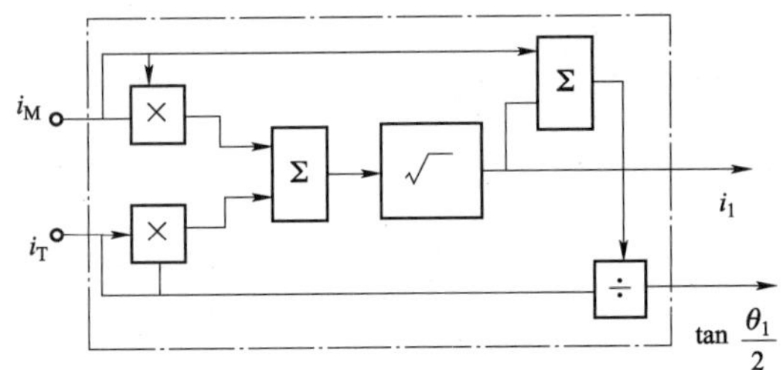

图 6－136 直角坐标－极坐标变换器电路

5）异步电动机的坐标变换结构图和等效直流电动机模型。如前所述，以产生同样的旋转磁动势为原则，三相坐标系下的交流电流 i_U、i_V、i_W，通过三相/两相变换，等效成两相静止坐标系下的交流电流 i_α、i_β；再通过按转子磁场定向的旋转变换，等效成同步旋转坐标系下的直流电流 i_M、i_T。如果观察者站在铁心上与坐标系一起旋转，看到的是一台直流电动机，原交流电动机的总磁通 Φ_2 就是等效直流电动机的磁通，M 绕组相当于直流励磁绕组，i_{M1} 相当于励磁电流；T 绕组相当于电枢绕组，i_{T1} 相当于与转矩成正比的电枢电流。其变换结构如图 6－137 所示。

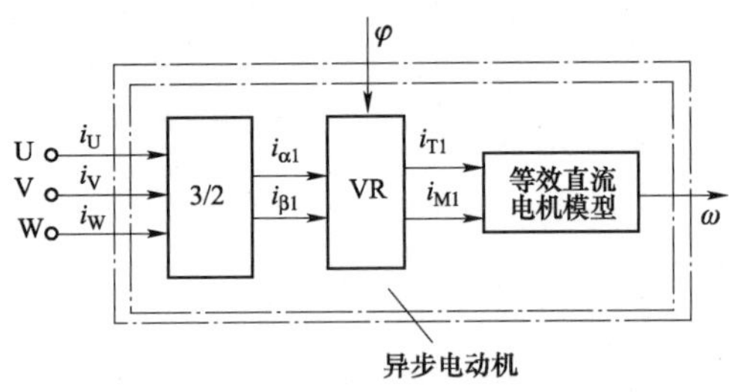

图 6－137 异步电动机的坐标变换结构

异步电动机经过坐标变换后可以等效成直流电动机，模仿直流电动机的控制方法，再经过相应的反变换，就可以控制异步电动机。交流电动机的这种以电流（代表磁动势）的空间矢量为依据，通过坐标变换实现的控制系统，是矢量变换控制系统，或称为矢量控制系统。

实际上，按转子磁场定向的矢量控制系统，转子磁链 Ψ_2 仅由 i_{M1} 产生，两者之间的传递函数是一阶惯性环节，与直流电动机励磁绕组的惯性作用是一致的。Ψ_2 的稳态值由 i_{M1} 唯一决定。当 i_{M1} 不变，即 Ψ_2 不变时，如果 i_{T1} 变化，转矩 T 立即随之成正比地变化，无滞后。矢量控制系统从本质上解决了转差频率控制系统中的许多问题，控制性能更好。

3. 变频调速系统

（1）恒压频比控制的转速开环电压型变频调速系统。图 6－138 所示为恒压频比控制的转速开环交－直－交电压型变频调速系统框图，该系统可以用

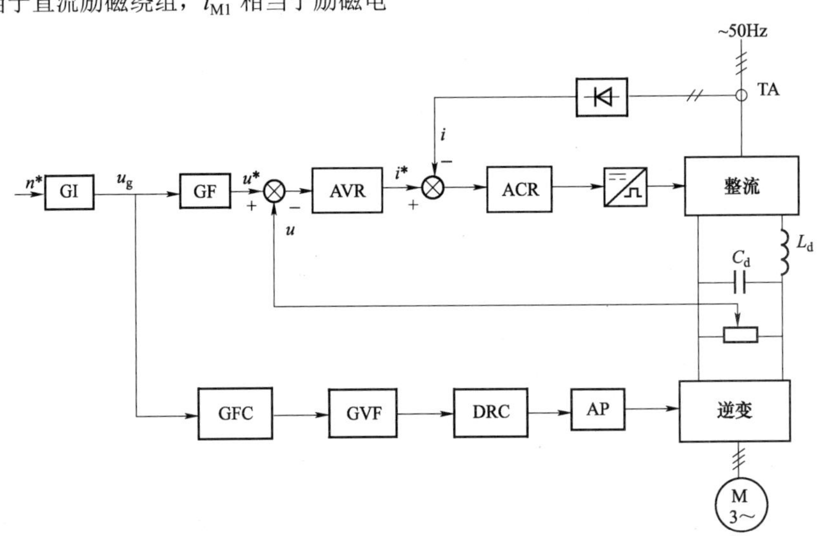

图 6－138 恒压频比控制的转速开环交－直－交电压型变频调速系统

GI—给定积分器；GF—函数发生器；AVR—电压调节器；ACR—电流调节器；GFC—频率给定动态校正器；GVF—电压频率变换器；DRC—环形分配器；AP—脉冲放大器

于对调速性能要求不高的不可逆传动中，如风机、水泵等。

该系统的主电路由可控整流器和电压型逆变器组成，逆变电路采用180°导电型，负载为Y联结三相异步电动机。

在控制方式上，额定频率以下采用恒磁通调速（$\Phi_m = \Phi_{mN}$），保持U_1/f_1恒定，并在低频段补偿定子漏阻抗压降；在额定频率以上则保持$U_1 = U_{1N}$，为近似恒功率调速。其控制特性如图6－124所示。

在控制系统中，为保证电压、频率按比例协调变化，由给定积分器GI的输出信号U_g。分为两路同时控制电压和频率变化。电压控制部分用来调节可控整流器的输出电压，主要由电压外环和电流内环组成。外环设电压调节器AVR，用以调节输出电压，使其始终跟随给定电压变化。内环设电流调节器ACR，用以限制动态电流，同时也能起到抑制故障电流的作用。频率控制部分主要由电压频率变换器GVF、环形分配器DRC和脉冲放大器AP组成，以便送出与电压成正比的频率信号，用来控制逆变器的输出频率。

各环节的功能如下：

1）给定积分器GI。将阶跃变化的转速给定信号n^*转换为斜坡信号U_g，以避免阶跃信号直接加到控制系统上造成相当于直接起动的冲击电流，可保证转速开环状态下的电动机电压和转速能够平稳上升，故又称软起动器。

2）函数发生器GF。用于实现$U-f$协调控制，在低频段提供定子漏阻抗压降补偿，以使低频时仍能近似地保持恒磁通，从而实现恒转矩调速；在额定频率以上则使输出限幅，以保证电机在额定电压下实现近似恒功率调速。

3）电压调节器AVR、电流调节器ACR。将检测到的电压（或电流）作为负反馈信号与给定信号比较，进行比例积分（PI）控制，实现对电压（或电流）的自动控制，使系统性能达到预期效果。

4）电压频率变换器GVF。将输入代表频率的电压信号转换成相应频率（六倍输出频率）的脉冲信号，要求输出频率与输入电压之间有良好的线性关系，以确保恒压频比的条件得到满足。

5）环形分配器DRC。将输入脉冲信号转换为六个一组、依次间隔60°电角度并具有一定宽度的脉冲信号，分配给逆变桥中相应六个晶闸管以控制其通、断。

6）脉冲放大器AP。对环形分配器的输出脉冲进行功率放大并拓宽到需要的宽度，并且加以高频调制，提高触发的可靠性，确保触发信号满足逆变桥的要求。

7）频率给定动态校正器GFC。用来协调动态过程中的频率变化速率，使其减慢一些以便能与具有大惯性环节的电压变化速率保持一致。

上述各环节的作用，以前都采用模拟电子电路及少量数字电路实现，组成模拟控制系统。

将微处理机引入控制系统后，以单片微机为核心，配备必要的硬件：如输入/输出接口电路、A/D与D/A转换电路、完成人机对话的键盘、显示电路等，就可以借助软件实现调速系统中的各种测试、控制功能。对于上述比较简单的系统，只须利用两片8位单片机8031加上必要的外围芯片就可以满足调速要求。给定积分器、函数发生器、PI调节器的功能皆可由软件实现；对于相控整流桥的触发，可由微机生成间隔60°的触发脉冲，并使控制角的变化满足U_1/f_1恒定的要求；180°导电型的逆变桥控制信号及防止上、下桥臂直通的死区时间也是由微机生成的，逆变器输出频率的调节，则可以根据给定频率信号改变定时器初值来实现。采用功能更强的单片微机，可以实现复杂的矢量控制技术，并具有自诊断、自测试功能。目前，调速系统经过由模拟控制向模拟——数字混合控制的发展阶段，已经实现全数字控制。

（2）转差频率控制的变频调速系统。图6－139所示为转差频率控制的转速闭环电流型变频调速系统结构原理图。

该系统主电路由可控整流器和电流型逆变器组成，逆变电路采用120°导电型，负载为Y联结三相异步电动机。

控制系统由转速外环和电流内环组成。转速调节器的输出即为转差频率给定值ω_s^*（即图6－139中的f_r），它也代表了转矩给定值。由ASR单元输出的ω_s^*分为两路，一路输入$I_1 = f(\omega_s)$函数发生器GF，实现图6－139的函数功能，其输出作为电流调节器的给定值I_1^*，通过电流调节能作用到可控整流器上，去控制定子电流I_1，使I_1始终跟随给定值I_1^*，从而保持气隙磁通Φ_m恒定。另一路则与转速正反馈信号ω合成定子频率给定信号$\omega_1 = \omega_s^* + \omega$，经过电压频率变换器、环形分配器、脉冲放大器去控制电流型逆变器的输出频率。这样，一方面使电流、频率控制得以协调；另一方面又通过转差频率ω_s将定子频率给定信号ω_1与电机实际转速ω联系起来，这种包含实际转速在内的定子频率给定信号，和前一节中仅由恒压频比确定而与转速无关的定子频率给定信号相比，性能要优越得多。

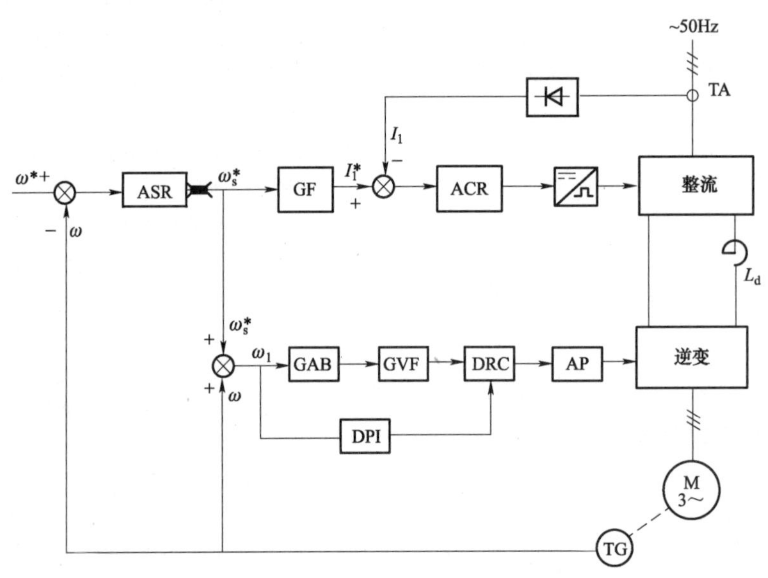

图 6－139　转差频率控制的交－直－交电流型变频调速系统结构原理图

ASR—转速调节器；GF—函数发生器；ACR—电流调节器；GAB—绝对值变换器；
GVF—电压频率变换器；DRC—环形分配器；AP—脉冲放大器；DPI—极性鉴别器

为使该系统实现可逆传动，在频率控制部分增加了绝对值变换器 GAB 和极性鉴别器 DPI 两个环节。这是因为，在可逆传动中，转速给定信号 ω^*可正可负，相应地 ω_1 也是可正可负，而在决定频率大小时，并不需要这种正、负极性，故用绝对值变换器将其变换为绝对值表示的频率给定信号；但是在控制电机转向时，又必须检测出 ω_1 的极性，故用极性鉴别器的输出来决定环形分配器的输出相序，以实现正、反转。

为了确保电磁转矩 T 与转差角频率 ω_s 的正比关系，应使电机运行于 $T=f(\omega_s)$ 曲线（图 6－140）的近似直线段。为此，在转速调节器的输出设置限幅值 $\omega_{sx}<\omega_{sm}$，以保证 T 与 ω_s 的正比关系。

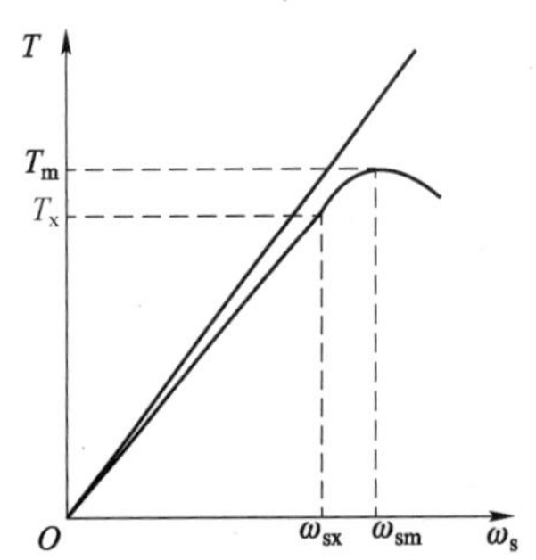

图 6－140　恒磁通时的 $T=f(\omega_s)$ 曲线

（3）电压型逆变器旋转矢量控制系统。图 6－141 给出了电压型逆变器旋转矢量控制系统框图。图中变频器送往电动机的三相交流电流 i_A、i_B、i_C 经 3/2 变换后变成 i_α、i_β，再经回转变换 $e^{-j\theta}$ 后变换为 i_{1M}、i_{1T}。

在 M、T 虚拟空间里把 i_{1M} 与磁链调节器输出的励磁电流给定值 i_{1M}^* 进行比较送励磁电流调节器调节，其输出与解耦电路的输出求和后得到要控制的励磁电压分量 U_{1M}^*；同样地，把 i_{1T} 与转矩调节器输出的转矩电流给定值 i_{1T}^* 进行比较送转矩电流调节器调节，其输出与解耦电路的输出求和后得到要控制的励磁电压分量 U_{1T}^*。U_{1M}^* 和 U_{1T}^* 经反回转变换 $e^{j\theta}$ 后变换为 U_α^* 和 U_β^*，再经 2/3 变换后得到现实空间中的电压给定 U_A^*、U_B^*、U_C^*，按此要求控制逆变器，使电动机得到与此相等的电压，从而使系统得到性能最佳的控制。

在磁链调节器和转矩调节器的外环设有转速调节器，使系统转速随时跟踪给定。

由于这样的控制在 1～2ms 内就要完成一次，因此可以从相位上实现及时地控制，控制精度要比前几种方案好得多。当然，这样的控制要有具有高速运算能力的计算机才能实现。

采用变频装置可以实现异步电动机软起动和节能运行，其效果要比调压型软起动器、节能器要好得多，具有广阔的发展空间。

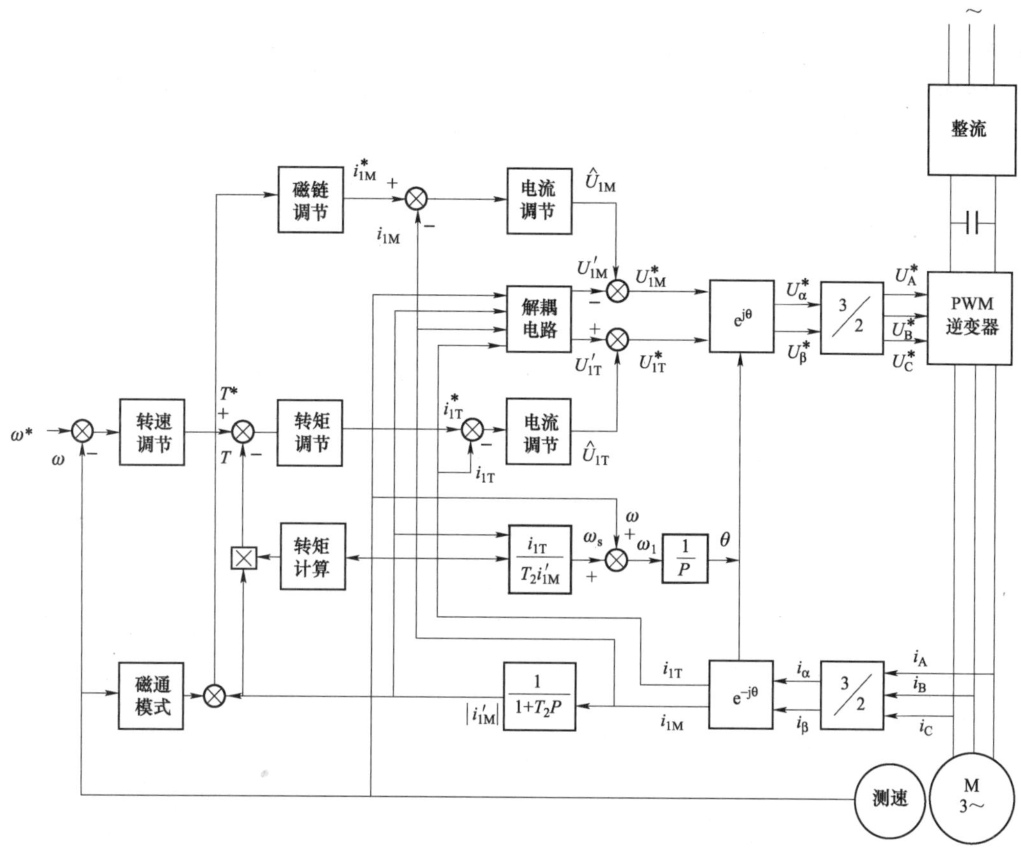

图 6－141　电压型逆变器旋转矢量控制框图

6.5.5　直线电动机控制技术

工业现场应用的直线感应电动机一般要求其出力可调。通过改变电源输出频率 f 或电动机极距 τ，可以改变直线感应电动机的出力。改变极距 τ 的范围非常有限，因此电动机出力的控制常常通过改变供电电源输出的频率来实现

$$F_{st}=\frac{1}{2f\tau^3}\frac{\rho N^2 I_s^2 A}{ts\left(1+\frac{1}{s^2G^2}\right)} \qquad (6-157)$$

式中：F_{st} 为起动力，N；f 为供电电源输出的频率，Hz；τ 为极距，m；ρ 为次级电阻率（Ω•cm）；N 为线圈匝数；I_s 为初级电流，A；A 为电机作用面积，m^2；t 为次级壁厚，cm；G 为品质因数；s 为转差率。

通过改变电源的频率可以控制起动力。图 6－142 所示为变频电源驱动三相直线感应电动机的原理图。

图 6－142 中所示电动机为应用于矿井三相圆筒型直线感应电动机，要求电源输出频率为 25～55Hz，

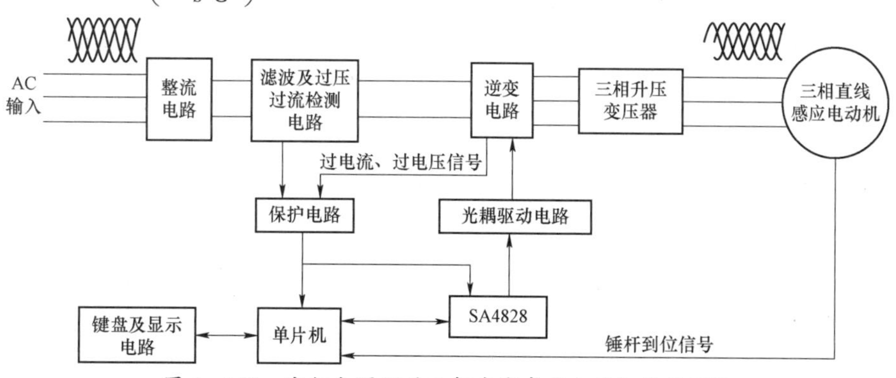

图 6－142　变频电源驱动三相直线感应电动机的原理图

以满足不同井深、不同出力。改变变频电源的相序实现电动机正向运动（提锤）和反向运动（向下锤击）。锤杆锤击时的特定时间内可以通过通电加力提高打击能量。

6.6 建筑设备的变频调速

6.6.1 变频器

变频器是利用电力电子器件的开关作用，将工频电源变换成另一频率电源的装置，一般由整流电路（将交流电变换成直流电）、中间直流电路（对整流电路的输出进行平滑滤波）、逆变电路（将直流电再逆变成交流电）和控制电路（控制主电路）组成，如图 6－143 所示。对于需要大量运算的矢量控制变频器而言，还需进行转矩运算的 CPU 和相应的电路。变频器通过改变电动机电源频率实现速度调节，拓宽了电动机转速调节范围，变频调速是一种高效率、高性能的调速手段。

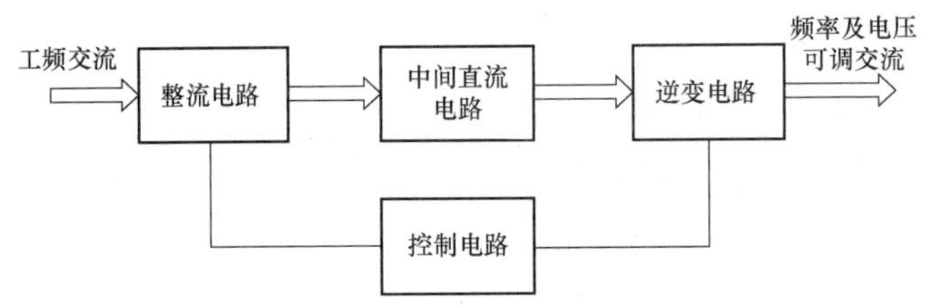

图 6－143 变频器的基本结构

1. 概述

（1）分类：

1）按电压等级分为 380V 低压变频器，1kV 以上高（中）压变频器，我国主要有 6kV、10kV 等级。690V 低压变频器主要用于矿井中带式输送机、刮板运输机、给煤机、风机、油田潜油电泵等。

2）按有无直流环节分为交－交变频器和交－直－交变频器。

交－交变频器中间没有直流环节，最高输出频率为电网频率的 1/3～1/2，适用于大功率低频率场合，效率高，主回路简单，功率因数低，高次谐波多，输出频率低，变化范围窄，使用元器件数量多。近年来出现的新型交－交变频器－矩阵式变频器，由开关矩阵构成，谐波分量小，输入功率因数可控，可实现四象限工作，但存在实现较困难、最大输出电压能力低、开关器件承受电压高等缺点。

交－直－交变频器根据中间直流环节又分为采用电感元件的电流型变频器（具有四象限运行能力）和采用电容元件的电压型变频器（不能进行四象限运行）。

3）根据逆变器控制方式分为恒压频比（*V*/*f*）控制变频器、转差频率控制变频器、矢量控制变频器和直接转矩控制变频器。

4）按钳位方式分为二极管钳位型变频器和电容钳位型变频器（目前应用较少）。

（2）变频器端子：

1）通用变频器主电路对外连接端子见表 6－31。

表 6－31 变频器主电路端子

端子组	端子名称	功能说明
R、S、T	交流电源输入端子	连接三相交流电源
U、V、W	变频器输出端子	连接三相交流电动机
P＋、P	直流电抗器连接端子	连接直流电抗器，不选电抗器时用铜片短接
P、N	制动电路端子	连接制动单元和制动电阻
PE	接地端子	用较粗和尽量短的导线与接地极连接

2）通用变频器的控制端子见表 6－32。

表 6－32 变频器的控制端子

类别	端子标记	端子名称	功能说明
模拟量输入/输出	V＋	直流电源正端	DC＋10V 端，频率设定电位器的电源正端
	VI	电压输入信号	DC 0～10V 可调电压，可用于频率设定
	I1	电流输入信号	0～20mA 可调
	IF	电流反馈输入信号	0～20mA/4～20mA
	VF	电压反馈输入信号	0～10V/1～5V
	FMA	模拟监视输出	输出 0～10V 模拟电压，根据预置，用来监视输出频率、电压、电流、负载率等
	11	模拟信号公共端	模拟输入、输出信号公共端

续表

类别	端子标记	端子名称	功能说明
控制输入	FWD	正转指令	与COM端接通正向运转，断开后减速停止
	REV	反转指令	与COM端接通反向运转，断开后减速停止
	JOG	点动指令	与COM端接通按设定频率运转，断开后停止
	RST	复位按钮端	按一下解除变频器跳闸后的保持状态
	COM	公共端	公共端子
	X1～X9	多功能输入端子	根据参数预置，输入各种命令信号
报警	30A	报警继电器触头	一组报警继电器转换触头，触头容量为250V，0.3A
	30B		
	30C		

2. 变频器容量的选择

（1）变频器主要技术参数。

1）电源输入侧的额定参数：

① 额定电压：低压变频器的额定电压有220V、380V、660V 和 1140V 等，高压变频器额定电压有3kV、6kV 和 10kV 等。

② 额定频率：我国使用的变频器其额定频率为50Hz。

2）变频器输出侧的额定参数：

① 额定电压：变频器运行过程中输出电压随频率变化，低压标准型的最大输出电压为 380V，变频器的输出电压为0～380V。

② 额定输出电流：容许温度和额定电压时，变频器允许持续输出的最大电流。

③ 额定输出容量：有用有功功率 kW 表示的，也有用视在功率 kVA 表示的。

④ 输出频率：最低为 0Hz，最高频率不同，可达 120Hz，甚至更高。

⑤ 配用电动机容量：当变频器容量为视在功率，电动机所需视在功率应小于变频器能提供的视在功率。

⑥ 过电流能力：由容许过电流倍数和过电流时间决定。一般变频器容许过电流倍数最大为 150%，时间限制在 60s 内，称为短时过电流能力，也是变频器的短时过载能力。

（2）变频器容量选择步骤：

1）根据负载性质和变化规律，计算负载电流或绘制负载电流图 $I=f(t)$。

2）预选变频器容量。

3）校验预选变频器，必要时校验过载能力和启动能力。

（3）变频器容量确定。选择变频器容量时，变频器额定电流应为运行过程中可能出现的最大工作电流。

1）电动机连续运转时，变频器容量选择应满足以下两个条件

$$S_{CN} \geqslant \frac{KP_M}{\eta\cos\varphi} \text{（kVA）} \tag{6-158}$$

$$I_{CN} \geqslant KI_M \text{（A）} \tag{6-159}$$

2）频繁加减速运转时变频器额定容量。加速、恒速、减速运行状态时的电流值为

$$I_{1CN}=[(I_1t_1+I_2t_2+\cdots+I_5t_5)/(t_1+t_2+\cdots+t_5)]K_0 \tag{6-160}$$

3）成组传动。一台变频器带动多台并联运行的电动机，即成组传动，一小部分电动机开始起动后，追加投入其他电动机起动，变频器的电压、频率已经上升，追加投入的电动机将产生大的起动电流，变频器容量比同时起动大。

变压器短时过载能力150%，时间限制1min内时，变压器容量计算为：

① 电动机加速时间小于 1min，变压器容量选择应满足

$$P_{CN} \geqslant \frac{2}{3}P_{CN1}\left[1+\frac{n_S}{n_T}(K_S-1)\right] \tag{6-161}$$

$$I_{CN} \geqslant \frac{2}{3}n_TI_M\left[1+\frac{n_S}{n_T}(K_S-1)\right] \tag{6-162}$$

② 电动机加速时间大于 1min，变压器容量选择应满足

$$P_{CN} \geqslant P_{CN1}\left[1+\frac{n_S}{n_T}(K_S-1)\right] \tag{6-163}$$

$$I_{CN} \geqslant n_TI_M\left[1+\frac{n_S}{n_T}(K_S-1)\right] \tag{6-164}$$

$$P_{CN1}=\frac{KP_Mn_T}{\eta\cos\varphi} \tag{6-165}$$

③ 变频器驱动多台电动机，可能有一台电动机随时投入或退出运行时，变频器的额定输出电流为

$$I_{CN1} \geqslant K_A\sum_{i=1}^{j}I_{MN}+0.9I_{MQ} \tag{6-166}$$

4）电动机直接起动时所需变压器容量。功率小于 10kW 的电动机直接起动时，变频器容量选择可根

据下式进行：

$$I_{1CN} \geqslant I_K / K_g \qquad (6-167)$$

5）电动机大惯性负载起动时所需变压器容量。超过通用变频器通常的过载容量起动时，变频器容量需增大，其容量可根据下式计算

$$P_{CN} \geqslant \frac{Kn_M}{9550\eta\cos\varphi}\left(T_L + \frac{GD^2}{375} \times \frac{n_M}{t_A}\right) \qquad (6-168)$$

以上各式中：P_M 为电动机输出功率，kW；GD^2 为换算到电动机轴上的转动惯量，N·m²；η 为电动机效率，可取 0.85；$\cos\varphi$ 为电动机功率因数，可取 0.75；I_M 为电动机额定电流，A；T_L 为负载转矩，N·m；K 为电流波形修正系数，通常取 1.1；K_A 为安全系数，一般取 1.05～1.10；K_0 为安全系数，频繁运行时为 1.2，其他为 1.1；K_S 为电动机起动电流/电动机额定电流；K_g 为变频器的允许过载倍数，1.3～1.5；I_1、I_2、I_3、I_4、I_5 为各运行状态平均电流，A；t_1、t_2、t_3、t_4、t_5 为各运行状态下的时间；t_A 为电动机加速时间，s；n_T 为并联电动机的台数；n_S 为同时起动的电动机台数；j 为余下的电动机台数；I_{MN} 为电动机额定输入电流，A；I_{MQ} 为最大一台电动机的起动电流，A；I_K 为额定电压、额定频率下电动机起动时的堵转电流，A；n_M 为电动机的额定转速，r/min；I_{CN} 为变频器额定电流，A；I_{1CN} 为变频器额定输出电流，A；P_{CN} 为变频器额定容量，kVA；P_{CN1} 为连续容量，kVA；S_{CN} 为变频器额定容量，kVA。

3. 谐波干扰抑制

（1）变频器谐波抑制。谐波对电气设备影响不良，抑制变频器系统的谐波措施如下所述。

1）输入电抗器。输入电抗器用来抑制输入电流的高次谐波分量，减少电源浪涌对变频器的冲击，改善三相电源的不平衡，提高输入电源的功率因数。

① 安装场合：

a. 电源容量与变频器容量之比大于 10:1；电源容量大于或等于 500kVA 且变频器安装在离大容量电源 10m 之内。

b. 三相电源电压不平衡率 K 大于 3%。

$$K = \frac{U_{max} - U_{min}}{U_P} \times 100\% \qquad (6-169)$$

式中：U_{max} 为最大一相电压，V；U_{min} 为最小一相电压，V；U_P 为三相平均电压，V。

c. 其他整流装置与变频器共用同一进线电源或进线电源端接有通过开关切换调整功率因数的电容器装置时，需安装输入电抗器。

② 输入电抗器参数选择：

a. 压降 ΔU_L。一般情况下选取进线电压的 4%（$\Delta U_L = 8.8$V），75kW 以上的较大容量变频器可选用压降 $\Delta U_L = 10$V。

b. 额定电流 I_L。

单相变频器输入电抗的额定电流为：$I_L = I_N$；

三相变频器输入电抗的额定电流为：$I_L = 0.82I_N$。式中，I_N 为变频器的额定电流，A。

c. 电感值 L。输入电抗器的电感值为

$$L = \Delta U_L / 2\pi f I_L$$

2）直流电抗器。变频器三相供电电源不平衡度超过 3%、变频器输入端功率因数要求大于 0.93 或有可能对变频器的输入整流电路造成损害时，安装直流电抗器。从而减少输入电流的高次谐波成分，提高输入电源的功率因数，限制短路电流。

3）输出电抗器。变频器和电动机之间采用长电缆或向多台电动机（10～50 台）供电时，电缆的电容效应如电缆对地电容引起的电流和高频瞬态电压，为了改善变频器的过电压和过电流，需配置输出电抗器。

4）输入/输出滤波器：

① 输入侧电源滤波器。高次谐波干扰源较多或谐波强度大、电磁噪声强烈处，选用输入侧电源滤波器，从而降低输入侧高频谐波电流，减少谐波对变频器的影响。

② 变频器输出侧滤波器。电动机运行噪声使传感器、测量仪表等精密仪器仪表运行异常的场合，选用变频器输出侧滤波器，从而降低变频器输出谐波造成电动机运行噪声，减少噪声影响。

5）多相脉冲整流。采用多相脉冲整流，降低谐波畸变率，从而抑制谐波分量。

6）隔离变压器。将电源侧的传导干扰阻隔在隔离变压器之前。

（2）变频器控制回路干扰抑制。变频器控制回路信号弱、能量小，变频器主回路的非线性产生的谐波分量对这些控制信号造成干扰，导致变频器无法正常工作。因此需要对控制回路进行干扰抑制，常用的措施有：

1）控制电缆与主回路电缆、动力电缆分开至少 40cm 以上的距离避免平行铺设，或控制电缆穿铁管铺设。

2）长距离传输信号进行阻抗匹配以避免信号失真。

3）控制电源输入侧装设线路滤波器；装设隔离变压器并屏蔽接地。

4）控制电缆屏蔽层单点接地，控制电缆单设接地端子。

5）控制回路中接 RC 滤波器。

6）控制电缆中传输电压信号时，可将电压信号转换成电流信号再传输。

7）变频器控制柜及控制电缆线路尽量远离漏磁较大的大容量变压器和电动机等设备。

8）控制电缆远离产生电弧的设备如断路器和接触器。

9）控制电缆采用屏蔽绝缘电缆。

10）控制电缆连接处尽量带屏蔽层。

4. 变频调速举例

某输送设备利用同步传送带进行传动，输送装置配套有 $i=4$ 的机械减速器，要求电机转速范围为 90～360r/min，调速精度为±1%；驱动输送带所需转矩为 $T_z=320\text{N·m}$（存在短时 200%过载）。确定采用变频调速时驱动输送带所需驱动电动机和变频器的主要参数。

（1）电动机的主要参数。

1）额定转速确定。根据已知条件减速比为 4 可知，驱动电动机的实际工作转速为 360～1440r/min。因此可选择极对数为 2，同步转速为 1500r/min，额定转速约为 1450r/min 的电动机作为驱动电动机。

2）功率估算法。变频器的机械减速器装置的减速比为 4，负载转矩经过减速器后折算到电动机侧的转矩为

$$T=\frac{T_z}{i}=\frac{320}{4}\text{N·m}=80\text{N·m}$$

不考虑变频调速影响时，电动机的理论功率为

$$P=\frac{1}{9550}Tn=\frac{80\times1440}{9550}\text{kW}=12\text{kW}$$

考虑变频损耗影响时，估算电动机的额定率为

$$P_N=(1.5\sim2)P=(1.5\sim2)\times12\text{kW}=18\sim24\text{kW}$$

根据以上计算结果，可选取 18.5kW 或 22kW 的标准感应电动机。

3）精确计算。本变频调速系统的调速范围 $D=4$，选择额定频率为 50Hz 的感应电动机，最低工作频率为

$$f_{min}=\frac{f_N}{4}=\frac{50}{4}\text{Hz}=12.5\text{Hz}$$

根据变频器的通用输出特性，频率为 12.5Hz 时变频器的输出转矩约为额定转矩的 75%；本系统中有过载要求，因此在保证正常工作时的负载转矩在电动机额定输出转矩的 91%以下，则电动机的额定输出转矩为

$$T_N\geqslant\frac{T}{75\%\times91\%}=\frac{80}{75\%\times91\%}\text{N·m}=117\text{N·m}$$

则电动机的额定输出功率为

$$P=\frac{1}{9550}Tn=\frac{117\times1440}{9550}\text{kW}=17.6\text{kW}$$

综上，驱动电动机可选择 18.5kW 的感应电动机，参考型号为 Y 180M－4；则电动机的额定参数为 $P_N=18.5\text{kW}$，$n_N=1470\text{r/min}$，$f_N=50\text{Hz}$，$I_N=35.9\text{A}$。

（2）变频器主要参数。本系统变频范围较小，调速精度要求±1%；满足该要求的变频器为采用闭环 U/f 控制或开环磁通控制、矢量控制的变频器。

根据上述驱动电动机的功率可以选择 FR－A740－18K－CHT 矢量控制型变频器。

Y 180M－4 感应电动机的额定输出转矩为

$$T_N=\frac{9550P_N}{n_N}=\frac{9550\times18.5}{1470}\text{N·m}=120\text{N·m}$$

本系统中短时负载最大转矩为负载转矩的 2 倍，输出转矩与电流成正比，电动机过载时的最大输出电流为

$$I_m=\frac{80\times2}{120}\times35.9\text{A}=48\text{A}$$

FR－A740－18K－CHT 可以控制的功率为 18.5kW 的电动机，也可以满足负载的短时过载要求。

6.6.2 变频调速电动机

1. 变频器对电动机的影响

变频调速时，变频器对电动机产生的主要影响如下所述。

（1）电动机温升增加、效率降低。变频器产生的高次谐波会引起电动机定子铜耗、转子铜耗、铁耗以及附加损耗的增加，尤其是会产生很大的转子损耗。这些损耗会引起电动机额外发热，温度升高，效率降低，输出功率减小。

（2）绝缘老化。中小型变频器采用 PWM 控制时，其载波频率约为几千赫兹到十几千赫兹，电动机定子绕组承受的电压上升率很高，电动机匝间承受陡度很大的冲击电压，匝间绝缘强度提高，还会影响电动机对地绝缘。

（3）电磁噪声和振动。变频电源中的各次谐波与电动机电磁部分的固有空间谐波相互干涉，形成各种电磁激振力。当电磁谐波的频率与电动机的固有振动频率一致或接近时，产生共振，噪声加大。

（4）电动机对频繁起动、制动的适应能力。变频调速时，电动机可以在很低的频率和电压下起动，利用变频器提供的各种制动方式进行快速制动，带来了

电动机机械结构和绝缘结构的疲劳和加速老化问题。

（5）低转速时冷却问题。电源频率较低时，电源中各高次谐波引起的损耗较大；电动机低转速运行时，冷却风机的冷却风量随着转速的三次方成比例变化，低速冷却风量大减，温升急剧增高。

2. 变频电动机的特点

针对变频器对电动机的影响，变频电动机设计须加以考虑，主要有以下几个方面：

（1）电磁设计。变频电动机的定转子漏抗比普通电动机大；主磁路设计成不饱和状态；气隙是同等容量普通异步电动机的 2 倍。

（2）绝缘设计。使变频电动机具有良好耐冲击电压性能、耐局部放电性能、耐热、耐老化性能。

（3）轴承绝缘设计。轴电压高于 500mV（峰值）时，为了避免轴承受到电腐蚀，对轴承采用绝缘措施。容量超过 160kW 的变频电动机一般采用轴承绝缘技术。

（4）结构设计。提高固有频率可避免共振现象；采用强迫通风冷却；采用耐高温特殊润滑脂补偿轴承的温度升高；选用较大游隙的轴承承受大的冲击和脉振；大长径结构以减小转动惯量；内装转速检测器实现转速闭环控制以提高控制精度。

3. 变频电动机使用场合

以下情况时，建议选用变频电动机。

（1）工作频率高于 50Hz。

（2）长期处于低频运行（10Hz 以下频率）。

（3）调速范围比较大且频率变化频繁。

（4）高速运行，噪声、振动都较大。

（5）其他制定需要变频电动机的场合。

6.6.3 变频调速的节能原理

1. 恒转矩负载时的节能

（1）与直流电动机变压调速相比。交流异步电动机在额定频率以下变频调速时，需要保持 U/f= 常数，其本质上是保持磁通为额定值不变这时若电动机的电流达到额定值，在额定磁通的作用下将产生额定转矩，属于恒转矩调速。

在直流电动机改变（降低）电枢电压调速时，由于励磁电流保持不变，磁通为额定值，因此也属于恒转矩调速。

这两种情况非常相似，只是直流电动机有电刷–换向器机构，其上流过较大的电枢电流，造成较大的损耗，因此直流电动机调压调速与交流异步电动机变频调速相比，运行效率要低一些，由于直流电动机的电刷–换向器机构本质上是一组机械式电气开关，容易打火烧伤，因此可靠性也差一些。

（2）与交流异步电动机变压调速相比。由不同负载特性时的转差功率损耗曲线可以看出，对于恒转矩负载，其转差功率损耗最大，低速时尤甚，因此不适合带恒转矩负载大范围调速。同时，由于调压调速系通过改变移相触发角来调节交流电压，造成输出电压、电流均含有丰富的高次谐波，影响电动机的出力，使电机发热，效率进一步降低。

（3）与交流异步电动机转子串电阻调速相比。交流异步电动机转子串电阻调速与变压调速一样，同属转差功率损耗型调速，把转差功率全部消耗在转子回路的电阻上，因此传动效率 $\eta<1-s$，而交流异步电动机的变频调速属于转差功率不变型交流调速，在负载转矩不变的情况下，其损耗不随速度变化，仅为电动机本身固有的损耗，因此效率相对较高。

（4）与电磁调速异步电动机（电磁转差离合器–交流异步电动机调速系统）相比。电磁调速异步电动机实际上是一个双电机调速，其本质也属于转差功率损耗型调速，其效率也符合 $\eta<1-s$。

（5）与交流异步电动机串级调速相比。交流异步电动机串级调速常用于低同步电动状态运行，把转子串电阻调速时在串联电阻上损耗的转差功率加以转换并回送到电网，从而减少损耗，提高运行效率。但由于增加了整流桥、逆变桥及逆变变压器，从而增加了这些装置的损耗，因此节能效果不如变频调速；同时由于逆变桥触发角的影响和逆变变压器要吸收无功，因而造成功率因数下降。

串级调速低速时过载能力下降，要求整流桥，逆变桥及逆变变压器等设备容量增大，因此串级调速通常都不把调速范围做得很大，一般 $D<3\sim4$。

2. 水泵、风机类负载时的节能

（1）变频调速节能原理。风机、泵类设备均属平方转矩负载，其转速 n 与流量 Q，压力 H 以及轴功率 P 具有如下关系：$Q\propto n$，$H\propto n^2$，$P\propto n^3$；即，流量与转速成正比，压力与转速的二次方成正比，轴功率与转速的三次方成正比。因此，用变频器改变其转速，可以获得显著的节能效果。而采用常用的出口挡板控制，当开度减小时，阻力增加，不适宜大范围调节流量，在低速区域轴功率减少不多，从节能的角度来看是不适宜的。采用入口挡板控制，虽然比出口挡板控制流量调节范围广，减小开度时轴功率大体与流量成比例下降，但节能效果仍然不及变频调速。

以一台水泵为例，它的出口压头为 H_0（出口压头即泵入口和管路出口的静压力差），额定转速为 n_0，阀门全开时的管阻特性为 r_0，额定工况下与之对应的

压力为 H_1，出口流量为 Q_1。水泵的流量—转速—压力关系曲线如图 6－144 所示。

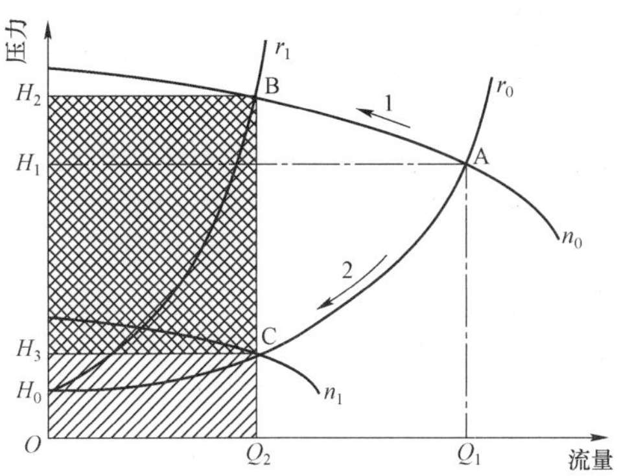

图 6－144　水泵的流量—转速—压力曲线图

水泵定速运行出口阀门控制流量，当流量从 Q_1 减小 50%至 Q_2 时，阀门开度减小使管网阻力特性由 r_0 变为 r_1，系统工作点沿方向 1 由原来的 A 点移至 B 点；受其节流作用压力 H_1 变为 H_2。水泵轴功率实际值(kW) $P \propto QH$，电机节省的功耗为 AQ_1OH_1 和 BQ_2OH_2 的面积差。如果采用调速手段改变水泵的转速 n，在阀门全开，只有管网阻力的情况下，当流量从 Q_1 减小 50%至 Q_2 时，那么管网阻力特性为同一曲线 r_0，系统工作点将沿方向 2 由原来的 A 点移至 C 点，电机节省的功耗为 AQ_1OH_1 和 CQ_2OH_3 的面积差。显然使用水泵转速控制更为有效合理，具有显著的节能效果。

（2）变频节能率分析。泵与风机的轴功率为

$$P = QH\rho/102\eta \tag{6-170}$$

式中：P 为泵与风机使用工况点的轴功率，kW；Q 为使用工况点的流量，m^3/h；H 为使用工况点的扬程（压头），m；ρ 为输出介质的密度，kg/m^3；102 为由 kg・m/s 变换成 kW 的单位转换系数；η 为使用工况点的泵与风机总效率%，$\eta = \eta_c \cdot \eta_b$；$\eta_b$ 为泵与风机本身的效率，%；η_c 为传动机构的效率，%，直接传动时为 100%、传送带传动时为 90%～95%、齿轮传动时为 90%～97%。

如图 6－144 所示，B 工况点的轴功率为：$P_B = Q_2H_2\rho/102\eta$；C 工况点的轴功率为：$P_C = Q_2H_1\rho/102\eta$；两者之差为：$\Delta P = P_B - P_C = Q_2(H_2 - H_1)\rho/102\eta$。

整个系统所具有的节能潜力为：

$$W = \Delta P \cdot t \tag{6-171}$$

式中：t 为泵与风机的年运行时间，h/a。

因此，风机泵类负载采用变频调速的方法来调节流量时，比采用挡板、阀门调节可以大大节约电能，当流量裕量越大时，节能效果就越明显。

实用上，在选择调速节电时，要兼顾流量和压力两个指标，否则可能由于速度过低，使压力达不到生产工艺所要求的数值，造成不良后果。

在某些场合可采用调速（保证必要的压力）与调节流阀相配合的调节方法，即先将转速调至某值，使之满足系统所需压力，然后调节节流阀的开度，改变管网阻力特性，从而改变流量使之满足生产工艺要求。

第7章 电气设备控制

7.1 电气设备控制概述

电气设备控制技术是对各类设备实现电气化操作、自动控制的技术，因大部分设备是以各类电动机为动力，所以电力传动控制是电气设备控制技术的主要内容。本手册是建筑电气工程师手册，故不包含现代化生产过程的自动化系统以及自动生产线等内容。

7.1.1 建筑设备

建筑设备通常是指为建筑物内人们提供生活和工作必需环境的机电设备与设施，大致可分为8类：

（1）电力（高压配电、变电、低压配电、应急发电）。

（2）动力（锅炉、冷冻机、热交换器等）。

（3）环境（空调、通风、给水、排水、卫生设备、污水处理等）。

（4）消防（火灾自动报警、消防泵、灭火、排烟、联动控制、紧急广播等）。

（5）安防（防盗报警、电视监控、门禁等）。

（6）交通（电梯、自动扶梯、停车库等）。

（7）照明（工作照明、应急照明、道路照明、景观照明、高空障碍灯等）。

（8）广播（背景音乐、事故广播）。

其中的动力、环境、消防、交通和照明设施为了满足建筑物的功能需求和节约资源，必须对它们的工作状态进行控制。

7.1.2 建筑设备的电气控制

建筑设备的电气控制方式根据设备的功能与性能的要求，可以有开关型开环控制、开关型闭环控制、程序/逻辑控制和过程自动控制。

（1）开关型开环控制。无特殊要求的通风机、水泵、照明光源、普通电器等大多采用由继电器、接触器和开关组成的电路，实现简单可靠的开关型开环控制。

（2）开关型闭环控制。对控制效果有要求（如水位、压力、流量、温度、位置等）的通风机、水泵、普通电器等，采用由继电器、接触器和开关型检测器等组成的电路，实现开关型闭环控制。

（3）程序/逻辑控制。对多台设备组成的系统，工作状态需按设定的程序或逻辑进行控制，如水泵群、锅炉系统、冷冻机组系统等。在程序/逻辑控制中，对某些设备的启停为开关型自动操作，但其中的某些工作状态量（如压力、流量、温度等）则进行连续自动调节。

（4）过程自动控制。对工作状态需要连续自动调节的设备（如空调机组、电梯、部分照明灯具等），按照设备系统的工艺要求实时控制电动机转速、能量输入等，以获得最优的运行效果。

7.1.3 电机系统控制的要点

电机系统包括电动机、被拖动装置、传动控制系统及管网负荷。电动机系统用电量约占全国用电量60%，其中风机、泵类、压缩机和空调制冷机的用电量分别占全国用电量的10.4%、20.9%、9.4%%和6%。

为提高建筑设备的效率，需要使用高效节能的电动机、风机、泵、压缩机以及高效传动系统等。

为提高电动机系统效率，需要使用变频调速、永磁调速等电动机调速技术，改善风机、泵类电动机系统的调节方式，合理匹配电动机系统。同时还应优化电动机系统的运行和控制，应用软启动装置、无功补偿装置、计算机自动控制系统等，精确配置能量，实现系统的经济运行。

7.1.4 电气设备控制常用的电气图形符号和文字符号

分析研究电路和工程设计需要采用电气原理图，应使用规定的图形符号、文字符号和标准画法。电气原理图中电气元器件的图形符号和文字符号必须符合国家标准规定。国家标准化管理委员会是负责组织国家标准的制定、修订和管理的组织，我国的电气图形符号和文字符号标准是在参照国际电工委员会（IEC）和国际标准化组织（ISO）相关标准的基础上制定，有关的主要国家标准有：

（1）GB/T 4728—2005～2008《电气简图用图形符号》，其中包括有：

GB/T 4728.1—2005 第1部分：一般要求。

GB/T 4728.2—2005 第2部分：符号要素、限定符号和其他常用符号。

GB/T 4728.3—2005 第3部分：导体和连接件。

GB/T 4728.4—2005 第4部分：基本无源元件。

GB/T 4728.5—2005 第5部分：半导体管和电子管。

GB/T 4728.6—2008 第6部分：电能的发生与转换。

GB/T 4728.7—2008 第 7 部分：开关、控制和保护器件。

GB/T 4728.8—2008 第 8 部分：测量仪表、灯和信号器件。

GB/T 4728.9—2008 第 9 部分：电信：交换和外围设备。

GB/T 4728.10—2008 第 10 部分：电信：传输。

GB/T 4728.11—2008 第 11 部分：建筑安装平面布置图。

GB/T 4728.12—2008 第 12 部分：二进制逻辑元件。

GB/T 4728.13—2008 第 13 部分：模拟元件。

（2）GB/T 5465—2008～2009《电气设备用图形符号》，其中包括有：

GB/T 5465.1—2009 第 1 部分：概述与分类。

GB/T 5465.2—2008 第 2 部分：图形符号。

（3）GB/T 20063：《简图用图形符号》，其中包括有：

GB/T 20063.2—2006 第 2 部分：符号的一般应用。

GB/T 20063.4—2006 第 4 部分：调节器及其相关设备。

GB/T 20063.5—2006 第 5 部分：测量与控制装置。

GB/T 20063.6—2006 第 6 部分：测量与控制功能。

GB/T 20063.7—2006 第 7 部分：基本机械构件。

GB/T 20063.8—2006 第 8 部分：阀与阻尼器。

（4）GB/T 5094—2002～2005《工业系统、装置与设备以及工业产品——结构原则与参照代号》。

（5）GB/T 20939—2007《技术产品及技术产品文件结构原则字母代码——按项目用途典型和任务划分的主类和子类》。

（6）GB/T 6988《电气技术用文件的编制》。

电气元器件的文字符号一般由 2 个字母组成。第一个字母应符合 GB/T 5094.2—2003《工业系统、装置与设备以及结构原则与参照代号》中的“项目的分类与分类码”；第二个字母在 GB/T 20939—2007《技术产品及技术产品文件结构原则　字母代码——按项目用途和任务划分的主类和子类》中给出。

由于某些元器件的文字符号存在多个选择，若有些行业在国家标准的基础上制定了某些行业规范时，则在使用表 7-3 中的文字表示符号可能有些改变。近年来的技术发展使得专业领域的界限趋于模糊化，机电结合越来越密切，GB/T 5094.2—2003 和 GB/T 20939—2007 中给出的文字符号也适用于机械、液压、气动等领域。

电气工程中的常用图形符号和文字符号，可详见第 3 章的 3.1.2。

7.2　常用控制电器

7.2.1　控制电器

开关设备主要用于发电、输电、配电和电能转换开关电器以及与其相关联的控制、测量、保护及调节设备的组合的通称，也指这些电器以及相关联的内连接线、附件、外壳和支持机构件的组合。

控制设备主要用于控制受电设备的开关电器以及与其相关联的控制、测量、保护及调节设备的组合的通称，也指由这些电器和设备以及相关联的内连接线、附件、外壳和支持机构件的组合体。

控制电路电器是在开关设备和控制设备中用于控制、信号指示、联锁等的电器装置。可包括涉及其他标准中的相关电器，例如，仪器、电位器，继电器等，以及作上述用途的辅助电器。

1.（机械）开关电器

（1）开关电器。

1）开关电器。用于接通或分断一个或几个电路中电流的电器。一个开关电器可以完成一个或两个操作。

2）隔离电器。具有隔离功能的开关电器的总称。包括隔离开关、隔离器、隔离开关熔断器组、隔离器熔断器组、熔断器式隔离开关、熔断器式隔离器及具有隔离功能的断路器等。

3）（机械）开关。在正常电路条件下（包括规定的过载工作条件），能够接通、承载和分断电流，并在规定的非正常电路条件下（如短路），能在规定时间内承载电流的一种机械开关电器。开关能够带负载操作，或俗称的负荷开关。

4）隔离器。在断开位置下能符合规定的隔离功能要求的机械开关电器。隔离器不允许带负荷操作。

5）隔离开关。在断开位置下能符合隔离器的隔离要求的开关。

6）专用型隔离电器。GB/T 14048.3《低压开关设备和控制设备　第 3 部分：开关、隔离器、隔离开关及熔断器组合电器》的要求专门设计的隔离电器。专用型隔离电器包括专用型隔离开关、专用型隔离器。一般 3F 验证其操动器机构的强度（指示主触头位置机构的有效性）。

3F 力矩验证主触头位置指示的机构有效性，假设隔离电器的触头熔焊，动触头被固定于闭合位置，此时作用于隔离电器操作手柄末端力不小于其操作力的 3 倍，不允许在触头闭合位置时手柄被挂锁。

7）派生型隔离电器。其主要性能满足其他标准要求的具有隔离功能的开关电器。派生型隔离电器包括派生型隔离开关、派生型隔离器。如ACB[万能式（框架）断路器]、MCCB（塑壳断路器）、CPS（控制与保护开关）等。

8）光伏隔离电器。符合GB/T 14048.3《低压开关设备和控制设备　第3部分：开关、隔离器、隔离开关及熔断器组合电器》附录D要求的隔离电器。它包括专用型隔离电器包括专用型隔离开关、专用型隔离器。一般3F验证其操动器机构的强度（指示主触头位置机构的有效性）。

隔离等级按照隔离的安全性可分为：

A级：动触头状态直接可视，并且动触头在断开位置时应可锁定，以确保触头不与电源的任何极接通。A级也包括具有动触头状态明显的刚性指示，功触头在断开位置时应可锁定的专用型隔离开关。

B级：在断开位置应有明显的位置指示标识，并且动触头在断开位置时应可锁定，以确保动触头不与电源的任何一极接通。

C级：在断开位置应有明显的隔离位置指示标识。例如，在开关本体上有明显的隔离位置指示标识，或手柄的ON/OFF指示。

专用型隔离电器一般能达到A级要求。派生型隔离电器一般可达到B级、C级要求。

（2）组合电器。

1）隔离开关熔断器组。隔离开关的一极或多极与熔断器串联构成的组合电器。

2）隔离器熔断器组。隔离器的一极或多极与熔断器串联构成的组合电器。

3）熔断器式隔离开关。用熔断体或带有熔断体的载熔件作为动触头的一种隔离开关。

4）熔断器式隔离器。用熔断体或带有熔断体的载熔体作为动触头的一种隔离器。

专用型隔离电器的符号见表7－1。

表7－1　　专用型隔离电器的符号

隔离	接通、分断和隔离
隔离器	隔离开关
隔离器 双断点	隔离开关 双断点
隔离器熔断器组 单断点	隔离开关熔断器组 单断点

续表

隔离	接通、分断和隔离
隔离器熔断器组 双断点	隔离开关熔断器组 双断点
熔断器式隔离器组 单断点	熔断器式隔离开关 单断点
熔断器式隔离器组 双断点	熔断器式隔离开关 双断点
带分励脱扣器的专用隔离开关符号	
隔离开关（分励脱扣） 单断点	隔离开关（分励脱扣） 双断点
隔离开关熔断器组（分励脱扣） 单断点	隔离开关熔断器组（分励脱扣） 双断点

（3）按钮。

按钮。具有用人体某一部分（通常为手指或手掌）施加力而操作的操动器，并具有储能（弹簧）复位的控制开关。

（4）转换开关。

1）转换开关电器。由一个或多个开关设备构成的电器，该电器用于从一路电源断开负载电路并连接至另外一路电源。

2）手动操作转换开关电器。由人力操作的转换开关电器。

3）远程操作转换开关电器。远程操作的转换开关电器。远程操作转换开关电器可以具有可选的本地操作特性。

4）自动转换开关电器。自行动作的转换开关电器。自动转换开关电器通常包括所有用于监测和转换操作所必需的设备，可以具有可选的手动操作特性。

5）专用型转换开关电器。其主体部分电器按照本部分的要求专门设计的、用于电源转换的整体式转换开关电器。

6）控制器。用于检测及监测供电电源的状态，当电源偏离设定的正常状态时，能自动地发出动作指令使主体部分转换到正常工作电源侧的控制电器。

（5）行程开关。它是根据运动器件的行程位置来发出信号的控制电器，因此行程开关常称为限位开关或位置开关。机械式行程开关的动作是依靠运动物体撞击其活动端而使触点通断动作，实现对所在电路的控制。

行程开关的符号如图 7－1 所示。

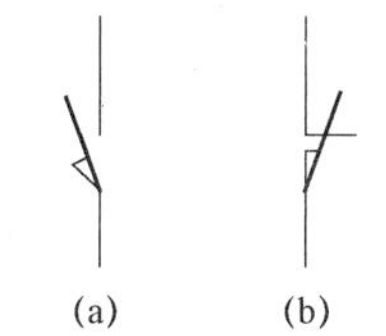

图 7－1　行程开关的符号

（a）常开触点；（b）常闭触点

行程开关有多种分类的方式：按运动形式可分为直线式和旋转式；按动作速度可分为瞬动式和蠕动（慢动）式；按复位方式可分为自动式和被动式（非自动复位）；按操作转轮可分为单轮式和双轮式；按外壳形态可分为开启式和防护式等。

由于触点的通断速度取决于撞击活动部件的速度，因此如击件移动速度太慢，则触点不能瞬时通断电路，会产生电弧烧蚀触点。为改善这类情况，旋转型行程开关利用盘形弹簧机构使触点快速动作，克服直线型行程开关的缺点。

为了提高行程控制的精度，采用微动开关改善动作灵敏度。

2. 接触器

接触器是一种电磁式控制电器，它将电磁能量转换成机械动能，从而带动触点的通断动作。电磁机构通常由静铁心、动铁心（衔铁）和吸引线圈等部件组成，电磁机构实质上是电磁铁，其静、动铁心大都是 E 形，有些为 U 形直动式结构，其结构造型虽然多种多样，但基本动作机理相似。接触器动作原理示意图如图 7－2 所示。

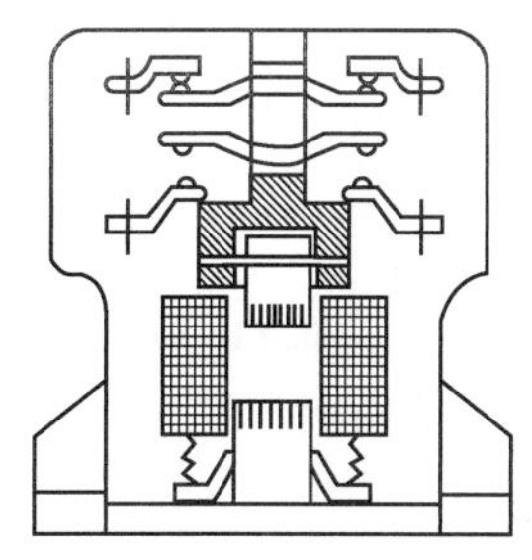

图 7－2　接触器动作原理示意图

接触器的电磁机构和复位弹簧等部件配合，使触点系统接通或断开所控电路。接触器可以实现远程自动控制，其通断能力大，瞬时过载能力强，并且有欠（零）电压自动保护功能。励磁线圈通电产生电磁吸力，使静铁心吸引动铁心，从而带动动触点动作：常闭触点断开，常开触点闭合。当励磁线圈断电，则电磁吸力消失，复位弹簧使动铁心释放复位，常开触点复原为断开，常闭触点复原为闭合。接触器在运行中如果励磁线圈电压低于额定电压到整定值，或励磁电压突然消失，则动铁心释放，所有触点复位，这就是欠电压或零电压保护的原理。

接触器的图形符号和文字符号如图 7－3 所示。

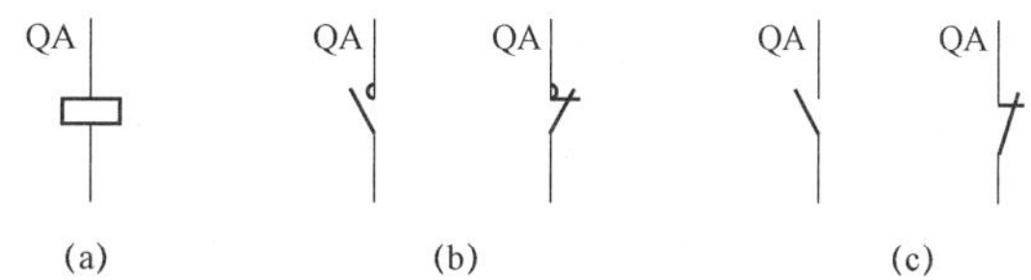

图 7－3　接触器的图形符号和文字符号

（a）线圈；（b）主触点；（c）辅助触点

接触器的主要技术参数见表 7－2。

表 7－2　接触器的主要技术参数

参数	意义	范　围
额定电压/V	主触点的额定电压	交流接触器额定电压等级有 127，220，30，500，660，直流接触器额定电压等级有 110，220，440，660
额定电流/A	主触点的额定电流	常用交直流接触器额定电流等级有 5，10，40，60，100，150，250，400，600
励磁线圈额定电压/V		交流接触器额定电压有 36，110，127，220，380，直流接触器额定电压有 24，48，220，440
额定操作频率	每小时允许操作的次数	接触器额定操作额率的等级有 300 次/h，600 次/h，1200 次/h 交流接触器额定操作频率最高为 600 次/h
电寿命/万次	主触点在额定负载下操作的极限次数	一般为 50～100
机械寿命/万次	不需维修所能承受的最大空载操作次数	一般为 500～1000

对接触器通断能力的要求因其使用类别不同而异，在铭牌或手册中标注有使用类别，表 7－3 列出了电力驱动控制系统中接触器常见的使用类别、典型用途及其允许通断的工作电流。

表 7-3 接触器使用类别、典型用途及其允许通断工作电流

电源	类别	用 途	允许通断的工作电流
交流	AC1	无感（或微感）负载，电阻	1 倍额定电流值
	AC2	绕线转子异步电动机的起动和中断	4 倍额定电流值
	AC3	笼型异步电动机的起动和中断	6 倍额定电流值
	AC4	笼型异步电动机的起动、反接制动、反转和点动	6 倍额定电流值
直流	DC1	无感（或微感）负载，电阻炉	1 倍额定电流值
	DC3	并励电动机的起动、反接制动、反转和点动	4 倍额定电流值
	DC5	串励电动机的起动、反接制动、反转和点动	4 倍额定电流值

接触器选用原则：接触器的类别应与被控对象（负载）性质相同；接触器主触点的额定电流大于或等于负载额定电流；接触器的额定电压大于或等于负载额定电压；接触器励磁线圈的额定电压原则上应与控制回路额定电压相同；接触器主、辅触点数应能满足被控电路的需要；励磁线圈电压实际值大于或等于额定电压 85%时，应能可靠吸合。

3. 继电器

应根据控制实现的功能不同，继电器可有各种类型。

（1）中间继电器。能将一个输入信号扩展（亦称中继）为多个输出信号，实际可视为一种电压继电器，用来传递和增扩信号，其结构和原理基本与接触器相同，但是其触点无主辅之分，各触点电流容量相等，额定值一般为 5～10A。中间继电器设有 8～20 对常开和常闭的触点，可以根据需要选用。有些中间继电器可安装在插座上或直接安装在导轨上，使用起来灵活多变。中间继电器的符号如图 7-4 所示。

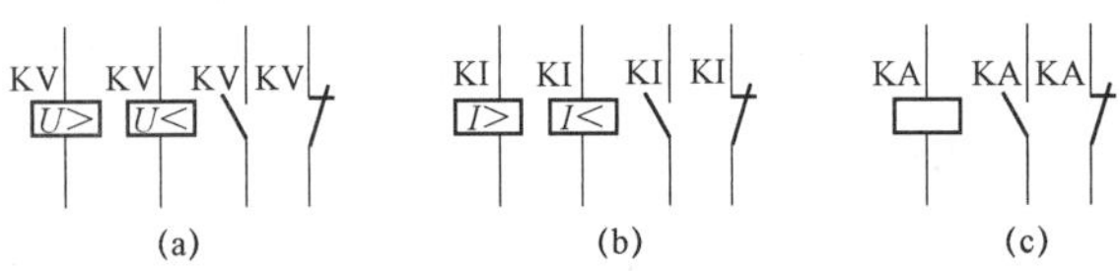

图 7-4 中间继电器的符号

（a）电压继电器；（b）电流继电器；（c）中间继电器

（2）时间继电器。它是一种既可瞬时输出信号又可延时输出信号的控制电器。当控制信号作用于时间继电器后，其部分触点可以立即动作（分断或闭合），部分触点可以延时动作（分断或闭合）；当控制信号撤销后，其部分触点可以立即动作（分断或闭合），部分触点也可以延时动作（分断或闭合），以此实现时序控制的功能。时间继电器的符号如图 7-5 所示。

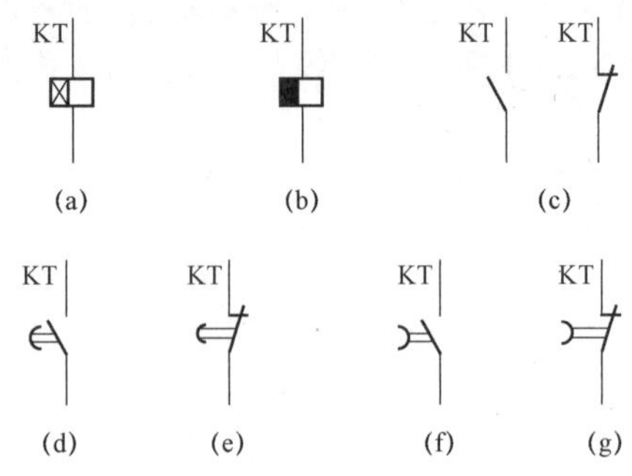

图 7-5 时间继电器的符号

（a）通电延时线圈；（b）断电延时线圈；（c）瞬动触点；（d）通电延时闭合常开触点；（e）通电延时断开常闭触点；（f）断电延时断开常开触点；（g）断电延时闭合常闭触点

时间继电器类型很多，有电磁式、空气式、电动式和电子式等类型，各种类型的工作原理和结构不同，延时动作的时长和精度也有很大的差异，在工程中可以按工艺要求来选用。目前工程使用的多为电子式。

（3）温度继电器。具有温度保护和温度控制作用，其传感器件的类型品种繁多，应用广泛。

温度继电器（亦称热继电器）是一种对温度变化敏感的过热保护元器件，可用于电气设备非正常情况下的过热保护以及介质温度控制。常用的温度继电器有双金属片式和热敏电阻式两种。

双金属片式温度继电器感受到温度升高，内部的双金属片元件感温后逐渐积蓄能量，当温度继电器感受到的温度到额定动作温度时，双金属片元件立即产生动作，断开常闭触点，切断控制电路，起到保护作用。当被控对象的温度冷却到继电器复位温度时，温度继电器又能自动复位，重新接通控制电路。双金属片式温度继电器的额定动作温度可有 50℃、60℃、70℃、80℃、90℃、100℃、105℃、115℃、125℃和 135℃等，误差在（±3～5）℃。

温度继电器的符号如图 7-6 所示。

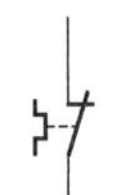

图 7-6 温度继电器的符号

（4）压力继电器。通过检测气体或液体压力的变化，发出信号，从而对电气回路进行控制。压力继电器将压力信号转换成电信号，实现液压、水泵、气动等系统的自动控制或信号显示。

压力继电器的符号如图 7-7 所示。

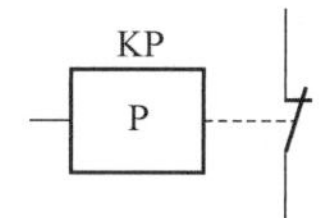

图 7－7　压力继电器的符号

（5）液位继电器。在建筑物中的应用十分广泛，常用于锅炉、水箱、集水井等的水位控制。液位继电器的类型很多，基本原理都是通过浮球感受液位的变化，带动浮球上的磁性构件，通过磁场感应，使固定的干簧管的触点连通或断开，实现对液位的显示与控制。

液位继电器的符号如图 7－8 所示。

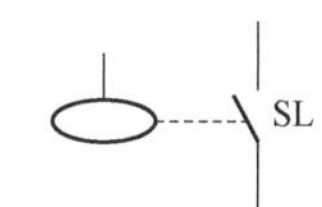

图 7－8　液位继电器的符号

7.2.2　可编程序控制器

可编程序控制器（Programmable Controller，PLC）是一种数字运算操作的电子系统，专为在工业环境应用而设计的。它采用一类可编程的存储器，用于其内部存储程序，执行逻辑运算、顺序控制、定时、计数与算术操作等面向用户的指令，并通过数字或模拟式输入/输出控制各种类型的机械或生产过程。可编程序控制器及其有关外部设备，都按易于与工业控制系统连成一个整体，易于扩充其功能的原则设计。在工程应用时，根据实际需要选用配置硬件，其软件则按控制工艺进行设计编制。

1. 可编程控制器功能

（1）逻辑运算和定时计数（开关量控制）。PLC 具有“与”“或”“非”等逻辑运算指令，能够描述继电器触点的串联、并联、复合串并联等各种连接关系，还设有若干个定时器和计数器，并提供定时和计数指令，定时值和计数值可由用户编程时设定。

（2）数据处理。PLC 设置数据传送、比较、运算、移位、位操作、数制转换等数据处理指令和打印输出指令，并可对存储器简介寻址。

（3）数字量与模拟量的转换和模拟量控制。PLC 配有 A/D 转换模块和 D/A 转换模块，以实现对模拟量的测量与控制。

（4）（通信）数据的发送和接收。PLC 可与计算机、其他 PLC 装置和外设之间建立链接，进行数据发送、接收指令以及通信联网。

（5）中断处理。PLC 设置中断指令，通过中断响应，获得输入状态的变化信息，可进行故障检测，提高运行速度。

（6）监控和自诊断。PLC 设置报警和运行信息的提示，系统发生异常时，自动停止运行并发送报警信号，并能保护和恢复现场，可通过软件进行故障检测和程序校验。

（7）扩展。PLC 主机上设有输入输出扩展接口，可按工程需要通过专用模块配置扩大信息处理范围和功能扩展。如配置扩展接口，增加输入/输出点数，配置智能模块可增加闭环过程控制、远程通信等功能。

2. 可编程序控制器系统结构

（1）硬件的结构。PLC 按照硬件的结构可以分为整体式和组合式。整体式 PLC 的 CPU、存储器、输入/输出接口都安装在一个箱体内，结构简单、体积小、价格低，输入/输出点数固定，实现的功能和控制规模固定，灵活性较低。组合式 PLC 采用总线式结构，总线板上的总线槽可安装多个 PLC 模块，不同的模块实现不同的功能，模块可以像拼积木块似的灵活组合，构成不同规模和功能的 PLC。CPU 和存储器、电源、I/O 模块等可根据 PLC 的控制规模与功能要求选择安装。

（2）控制规模。PLC 的控制规模是指开关量的输入/输出点数及模拟量的输入/输出路数，一般以开关量的点数计数，一路模拟量可折算成 8～16 点开关量。根据输入输出控制点数，PLC 可分为微型机、小型机、中型机、大型机及超大型机。微型机，控制点数在 100 点以下；小型机，控制点数在 250 点以下；中型机，控制点数在 1000 点以下；大型机，控制点数在 1000 点以上；超大型机，控制点数可达上万点，甚至几万点。

（3）PLC 的组成。PLC 是一种专用控制计算机，其硬件组成原理基本上与普通计算机相同，其组成如图 7－9 所示。

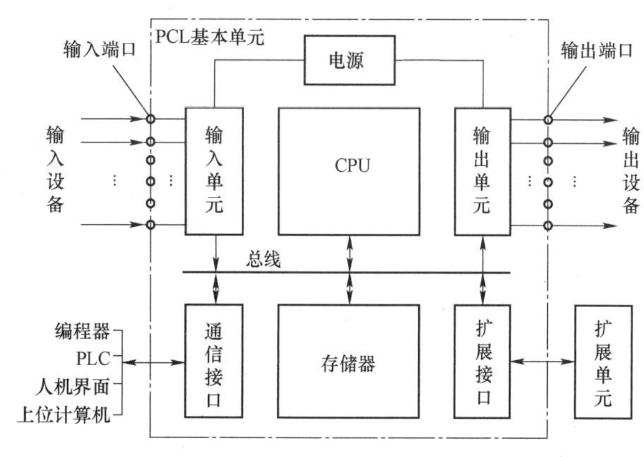

图 7－9　PLC 的组成框图

图 7-9 中的 CPU 是 PLC 的控制中枢，它按照 PLC 系统程序赋予的功能接收并存储从编程器键入的用户程序和数据；检查电源、存储器、I/O 以及监视定时器的状态，并诊断用户程序中的语法错误。PLC 投入运行时，它扫描接收现场各输入装置的状态和数据，并分别存入 I/O 映像区，然后从用户程序存储器中逐条读取用户程序，经过解释后按指令执行逻辑和算术运算并把运算结果存入 I/O 映像区或数据存储器内。所有的用户程序执行完毕后，将 I/O 映像区的各输出状态或输出寄存器内的数据传送到相应的输出装置，PLC 可循环运行，直到停止。

为保证在一个 CPU 出现故障时，整个系统仍能正常运行，大型 PLC 有采用双 CPU 构成冗余系统，甚至三 CPU 的表决式系统，以提高 PLC 系统的可靠性。

图 7-9 中存储器的系统程序存储器用于存放系统软件，用户程序存储器用于存放用户编制的用户应用程序软件。系统程序存储区中存放着类似操作系统的系统程序，其包括监控程序、管理程序、命令解释程序、功能子程序、系统诊断子程序等，是由制造厂商将其固化在 EPROM 中，用户不能直接存取。

系统 RAM 存储区包括 I/O 映像区以及各类软设备，如逻辑线圈、数据寄存器、计时器、计数器、变址寄存器、累加器等。I/O 映像区是在 PLC 运行的输入采样阶段读入各输入状态和数据，输出刷新阶段将输出的状态和数据送至相应的外设。一个开关量 I/O 占用存储单元中的一位（bit），一个模拟量 I/O 占用存储单元中的一个字（16bit）。系统软设备存储区包括 PLC 内部各类软设备（逻辑线圈、计时器、计数器、数据寄存器和累加器等）的状态存储。PLC 中的每个逻辑线圈占用系统 RAM 存储区中一位（1bit），不能直接驱动外设，只供用户在编程时使用，因类似于电器控制的继电器被称为软继电器。

(4)其他设施。编程器是用来开发 PLC 应用程序，监控 PLC 及所控系统的工作状况，检查维护的设备，一般不直接参与现场控制运行。编程器可以是手持型带显示的操作终端，也可由计算机运行编程软件来完成编程。

I/O 设备用于永久性存储用户数据，如 EPROM 或 EEPROM 写入器、条码阅读器、输入模拟量的电位器和打印机等。

通信设备使 PLC 具有通信联网的功能，可以实现 PLC 之间、PLC 与上位计算机以及其他智能设备之间交换信息，形成大型联合体进行集散控制。用于现场设备可有多种信息交换的协议，PLC 应具有支持各类通信协议的接口，如现场总线和工业以太网等。

3. 可编程序控制器的程序设计

PLC 的编程语言以简明直观的特点方便用户使用，最基础的有梯形图（LAD）、指令表（IL）、顺序功能流程图（SFC）、功能模块图（FBD）和结构化文本语言（ST）等。

（1）梯形图（LAD）。梯形图沿用了传统的继电器控制电路图的形式和概念，其控制思想与继电器控制电路图很相似，仅在使用符号和表达方式上有区别。用梯形图编程时只要按梯形图逻辑行顺序输入，就可将梯形图转换成 PLC 能接受的机器语言，存入并执行。

梯形图由两条母线（左右两条垂直的线）和两条母线之间的逻辑触点和线圈按一定结构形式连接（形似梯子的图形），通常梯形图被称为电路或程序，梯形图的设计则称为编程。

梯形图的某些编程元件沿用了继电器的电气术语，如输入继电器、输出继电器、内部辅助继电器等，但它们只是一些存储单元（软继电器），每个软继电器对应了 PLC 存储器中映像寄存器的一个存储单元。若存储单元为状态“1”，则表示对应梯形图里软继电器的线图“通电”，其动合触点接通，动断触点断开，该软继电器处于“1”或“ON”状态。如果该存储单元为状态“0”，则对应的软继电器线圈和触点的状态相反，这类“软继继电器”称为编程元件。在梯形图中，触点代表逻辑“输入”条件，如开关、按钮和内部条件等；线圈通常代表逻辑“输出”结果，如灯、电机接触器、中间继电器等。

梯形图设定了“能流”（Power Flow）概念，当触点接通时，“能流”从左向右流动，该方向与执行用户程序时的逻辑运算的顺序一致。

梯形图两侧的垂直公共线称为母线（Bus Bar）。在分析逻辑关系时，借用继电器电路的方法可以认为左侧母线为火线，右侧母线为零线，母线之间的“能流”从左向右流动。在梯形图中注意：左母线只能连接各类继电器的触点（即继电器线圈不能接在左母线）；右母线只能连接各类继电器的线圈（即继电器触点不能接到右母线）；同一线圈的编号只能出现一次（同一触点的编号可以重复出现）；触点可以任意串联或并联；线圈可以并联但不可以串联；梯形图应按从左到右、从上到下的顺序编制。

梯形图中各触点具有的状态和逻辑关系，外部输入触点的状态称为输入映像寄存器中的值，以此求解图中各编程元件的状态称为梯形图的逻辑运算。逻辑运算按从左至右、从上到下的顺序进行，运算的结果则被后面的逻辑运算所利用。

表 7-4 为 PLC 与继电器控制电路中的电气符号的对照。图 7-10 为梯形图的简单示例。

表 7－4　PLC 与继电器控制电路中的电气符号对照表

触点线圈	继电器符号	PLC 符号
常开触点		
常闭触点		
线圈		—(　)—

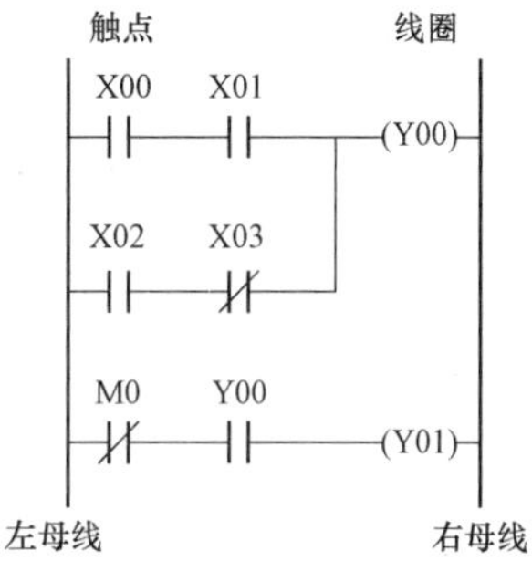

触点　线圈

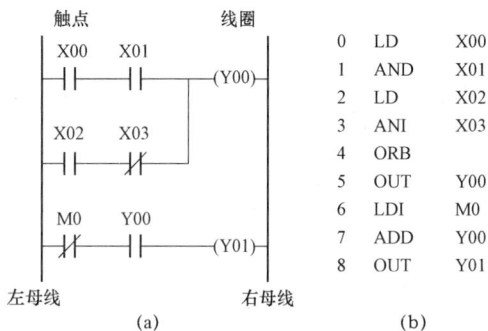

X00　X01　(Y00)

X02　X03

M0　Y00　(Y01)

左母线　右母线

(a)

```
0  LD    X00
1  AND   X01
2  LD    X02
3  ANI   X03
4  ORB
5  OUT   Y00
6  LDI   M0
7  ADD   Y00
8  OUT   Y01
```

(b)

图 7－10　梯形图的简单示例

（a）梯形图；（b）程序

（2）指令表（IL）。PLC 用指令的助记符来进行编程，汇聚所有指令的指令表与计算机汇编语言的形式类似。通过编程器按照梯形图将指令顺序逐条写入 PLC 后，系统可直接运行。指令表的助记符直观易懂，编程简单，便于工程人员掌握。

不同厂家的 PLC 的指令助记符是不同的。表 7－5 为 PLC 常用指令表，仅供了解具体的指令功能。

表 7－5　PLC 常用指令表

（a）原型指令

基本指令	功能	例（梯形图表示）	指令表达
LD（取）	接左母线的常开触点	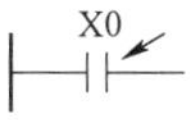 X0	LD X0
LDI（取反）	接左母线的常闭触点	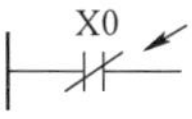 X0	LDI X0
AND（与）	串联触点（常开触点）	 X0　X1	LD X0 AND X1
ANI（与反）	串联触点（常闭触点）	 X0　X1	LD X0 ANI X1
OR（或）	并联触点（常开触点）	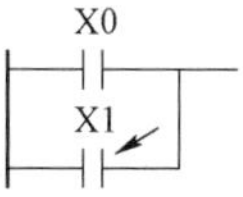 X0　X1	LD X0 OR X1
ORI（或反）	并联触点（常闭触点）	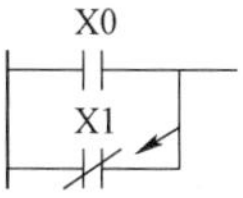 X0　X1	LD X0 ORI X1

续表

（b）脉冲型指令

基本指令	功能	梯形图表示	指令表达
LDP（取脉冲）	左母线开始，上升沿检测	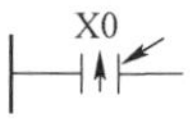 X0	LDP X0
ANDP（与脉冲）	串联触点，上升沿检测	 X0　X1	LD X0 ANDP X1
ORP（或脉冲）	并联触点，上升沿检测	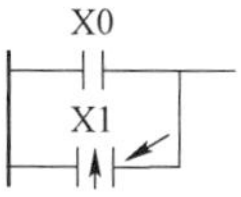 X0　X1	LD X0 ORP X1
LDF（取脉冲）	左母线开始，下降沿检测	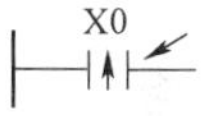 X0	LDF X0
ANDF（与脉冲）	串联触点，下降沿检测	 X0　X1	LD X0 ANDF X1
ORF（或脉冲）	并联触点，下降沿检测	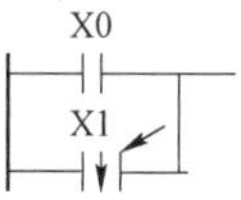 X0　X1	LD X0 ORF X1

（c）输出型指令

基本指令	功能	梯形图表示	指令表达
OUT（输出）	驱动执行元件	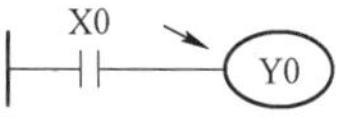 X0　Y0	LD X0 OUT Y0
INV（取反）	运算结果反转	 X0　Y0	LD X0 INV OUT Y0
SET（置位）	接通执行元件并保持	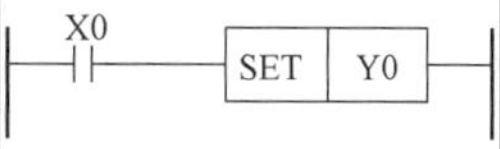 X0　SET　Y0	LD X0 SET Y0
RST（复位）	消除元件的置位	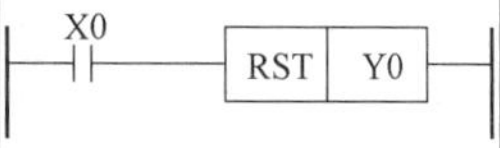 X0　RST　Y0	LD X0 RST Y0
PLS（输出脉冲）	上升沿输出（只接通一个扫描周期）	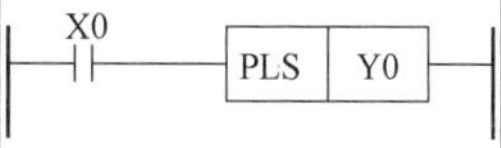 X0　PLS　Y0	LD X0 PLS Y0
PLF（输出脉冲）	下降沿输出（只接通一个扫描周期）	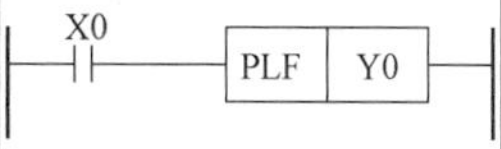 X0　PLF　Y0	LD X0 PLF Y0

续表

（d）块指令与堆栈指令

基本指令	功能	梯形图表示	指令表达
ANB（块与）	块串联		LD X0 OR X2 LD X1 OR X3 ANB
ORB（块或）	块并联		LD X0 AND X1 LD X2 AND X3 ORB
MRS（进栈）	将前面已运算的结果存储		LD X0 MPS AND X1 OUT Y0 MRD ANI X2 OUT Y1 MPP AND X3 OUT Y2
MRD（读栈）	将已存储的运算结果读出		
MPP（出栈）	将已存储的运算结果读出并退出栈运算		

（e）主控指令与结束指令

基本指令	功能	梯形图表示	指令表达
MC（主控）	设置母线主控开关		LD X0 MC N0 M100 LD X10
MCR（主控复位）	母线主控开关解除		MCR N0
END（结束）	程序结束并返回0步		0 LD X0 1 OUT Y0 2 END

（f）普通型定时器（FX2N）与计时单位

地址号	数量	计时单位	时间设定值范围
T0～T199	200个	100ms（0.1s）	0.1～3276.7s
T200～T245	46个	10ms（0.01s）	0.01～327.67s

注：NOP为空操作指令。空操作指令“NOP”是无元件的空指令，程序全部清除后，程序的全部指令就变成“NOP”。在程序的调试中，会用空操作指令“NOP”替换程序中某一指令，以方便程序的修改。

在FX2N中，产生时钟脉冲功能的特殊继电器有四个：

M8011：触点产生10ms的时钟脉冲。

M8012：触点产生100ms的时钟脉冲。

M8013：触点产生1s的时钟脉冲。

M8014：触点产生1min的时钟脉冲。

（3）功能模块图语言（FBD）。功能模块图语言与数字逻辑电路类似，它以功能模块为单位，不同的功能模块表示不同的功能，分析理解控制方案容易、直观。对规模大、逻辑关系复杂的控制系统使用功能模块图编程，能清楚地表达功能关系，减少编程调试时间。

（4）顺序功能流程图语言（SFC）。适用于顺序逻辑控制的设计，它以功能为主线，按照功能流程的顺序分配，条理清楚，改善了梯形图或其他语言不能用于顺序动作的缺陷，它将顺序控制流程动作的过程分成步和转换条件，并缩短了用户程序扫描时间。

（5）结构化文本语言（ST）。它是用结构化的描述文本来描述程序，采用高级语言进行编程，可以完成复杂的控制运算。

4. 可编程序控制器应用示例

在传统继电器－接触器控制系统中，尤其是复杂控制逻辑的场合，应用可编程序控制器可以简化控制屏的结构，提高系统的可靠性，因此应用日益广泛。下面给出一个简单的示例，以便了解实现的方法。这是一个行车的位置控制，手动按钮操作行车左右行走（电动机的正反转），走到尽头自动停车。继电器－接触器控制系统原理图如图7－11所示。

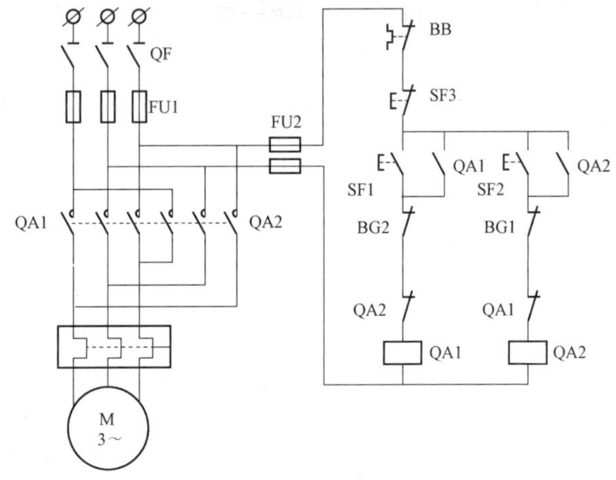

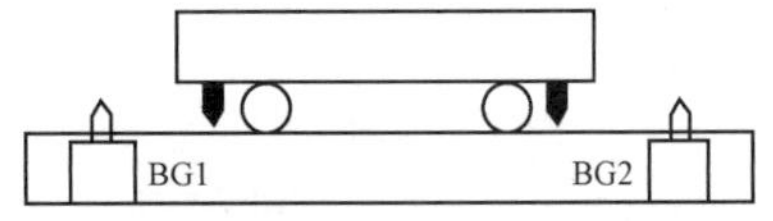

图7－11 行车的位置控制系统原理图

根据工艺要求列出 I/O 分配表，见表 7－6。

表 7－6　　I/O 分 配 表

输　入			输　出		
输入点	输入元件	作用	输出点	输出元件	作用
X00	SF1	右行启动	Y001	QA1	右行接触器
X01	SF2	左行启动	Y002	QA2	左行接触器
X02	SF3	停止			
X011	BG1	左行极限			
X012	BG2	右行极限			

PLC 的接线图如图 7－12 所示。

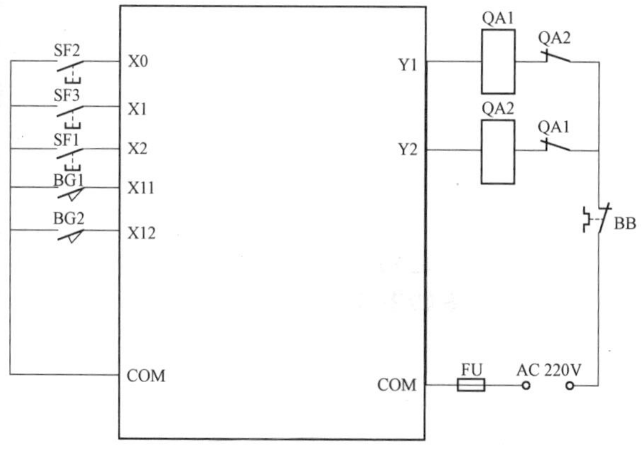

图 7－12　PLC 的接线图

行车位置控制系统的梯形图与指令，如图 7－13 所示。

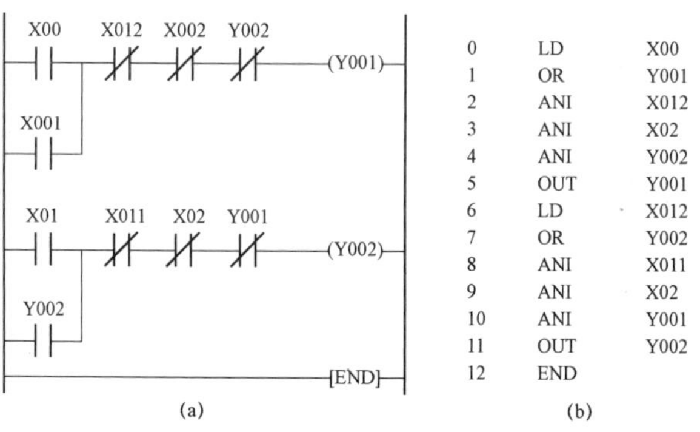

图 7－13　行车位置控制系统的梯形图与指令
（a）梯形图；（b）指令

7.3　电气设备控制系统

电气设备控制系统的技术按输入、输出信号的状态特征可以分为两大类，开关量控制技术和模拟量控制技术。以开关状态变化为特征的开关量控制系统称为开关量自动控制系统或断续控制系统，其理论基础是基于逻辑控制原理，核心是逻辑代数。以连续状态变化为特征的连续量控制系统称为连续控制系统或模拟量控制系统。两类系统可以是开环控制也可以是闭环控制。在建筑设备工程中，开关量控制和模拟量控制通常可以混合在一起。

开关量控制系统可以采用继电器与接触器组成继电逻辑控制系统，也采用可编程序控制器 PLC 或数字计算机控制器 DDC，实现顺序控制和逻辑控制。

模拟量控制系统可以采用自动化仪表、智能控制器或数字计算机控制器 DDC，实现各类模拟量的自动控制。

7.3.1　开关控制

图 7－14 为三相异步电动机单向运转手动操作控制电路。系统虽然简单，但具有起停控制、电动机过载保护、短路保护等基本功能，在建筑设备工程中运用最多一种控制方式。

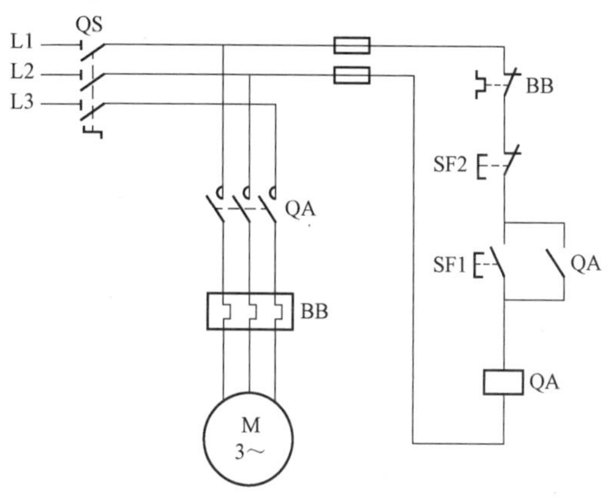

图 7－14　三相异步电动机单向运转手动操作控制电路

7.3.2　程序控制

图 7－15 为双电动机程序控制系统的电路。电动机 MA1 和 MA2 可以设定程序。如果要求在电动

机 MA1 起动后，电动机 MA2 才能起动，就采用图 7-15b 按动作顺序的控制电路；如果要求在电动机 MA1 起动后，延时一段时间后电动机 MA2 自动起动，就采用图 7-15c 按动作顺序的控制电路。

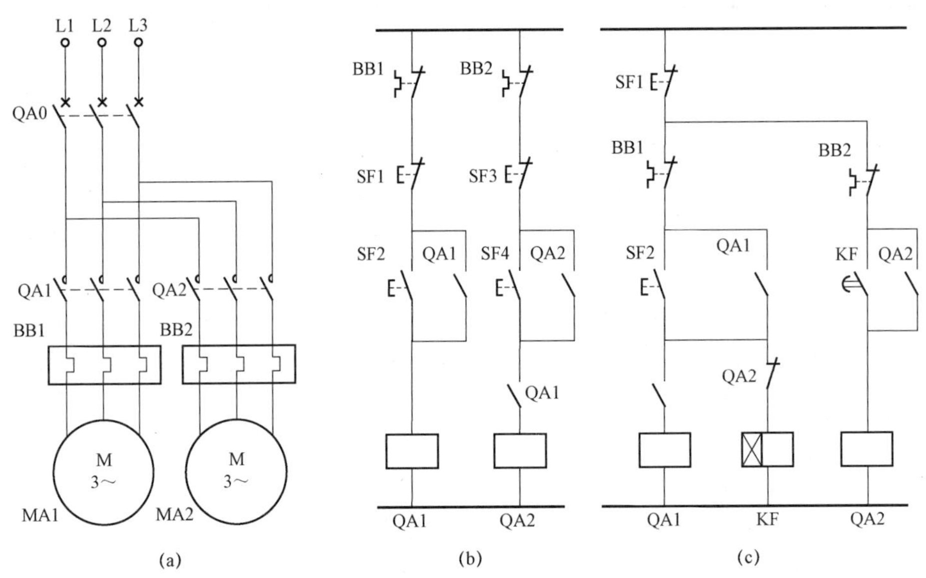

图 7-15 双电动机的程序控制系统

（a）控制系统的电路；（b）按动作顺序的控制电路；（c）按时间顺序的控制电路

7.3.3 调速控制

1. 冷冻水系统的变频调速控制

冷水机组是大型建筑物的冷源设施，为中央空调系统提供冷冻水，通过空调机组带走功能房间的热量。由于各房间的用户对室内温度的要求不一，在温度调节过程中，也改变了冷冻水的输送量，导致管道的压力波动，浪费电动机能耗。图 7-16 为冷冻水与电动机变频调速控制示意图。

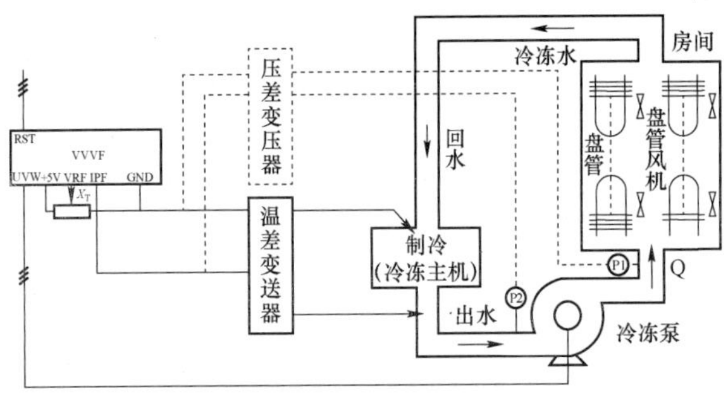

图 7-16 冷冻水与电动机变频调速控制示意图

在冷冻水系统的变频调速方案中，有压差控制和温差控制两种方式。

压差控制是以出水压力和回水压力之间的压差作为控制目标的，在保证为最远空调末端设备提供的冷冻水具有必要的压力前提下，调节冷冻水泵转速，以实现冷冻水系统的稳定工作。

冷冻主机的回水温度和出水温度之差体现了冷冻水从房间带走热量的大小，由于冷冻主机出水温度较为稳定，所以可对回水温度进行控制。如果回水温度偏低，可以通过减小水泵流量（即降低水泵电动机转速）来提高回水温度。

2. 变频器的选型

图 7-16 中的 VVVF 为交流变频器，需要根据工艺要求和电动机容量进行科学合理的选择。具体可见本书第 6 章的 6.6.1 变频器。

3. 水泵电动机的变频调速

图 7-17 为一恒压供水系统的电气调速控制方案，采用 MM440 系列变频器实现电动机变频调速，达到供水管道压力恒定。MM440 具有两路模拟量输入和内置 PID 的调节功能，整个系统由变频器、水压检测装置、流量检测装置和 PLC 构成。用 MM440 的模拟量信号输入 1 作为水的压力反馈信号（4～20mA），模拟量信号输入 2 作为主给定信号（0～20mA）。通过 I/O 端子来起停及观察变频器的运行状态，并启用变频器内部的 PID 控制功能。

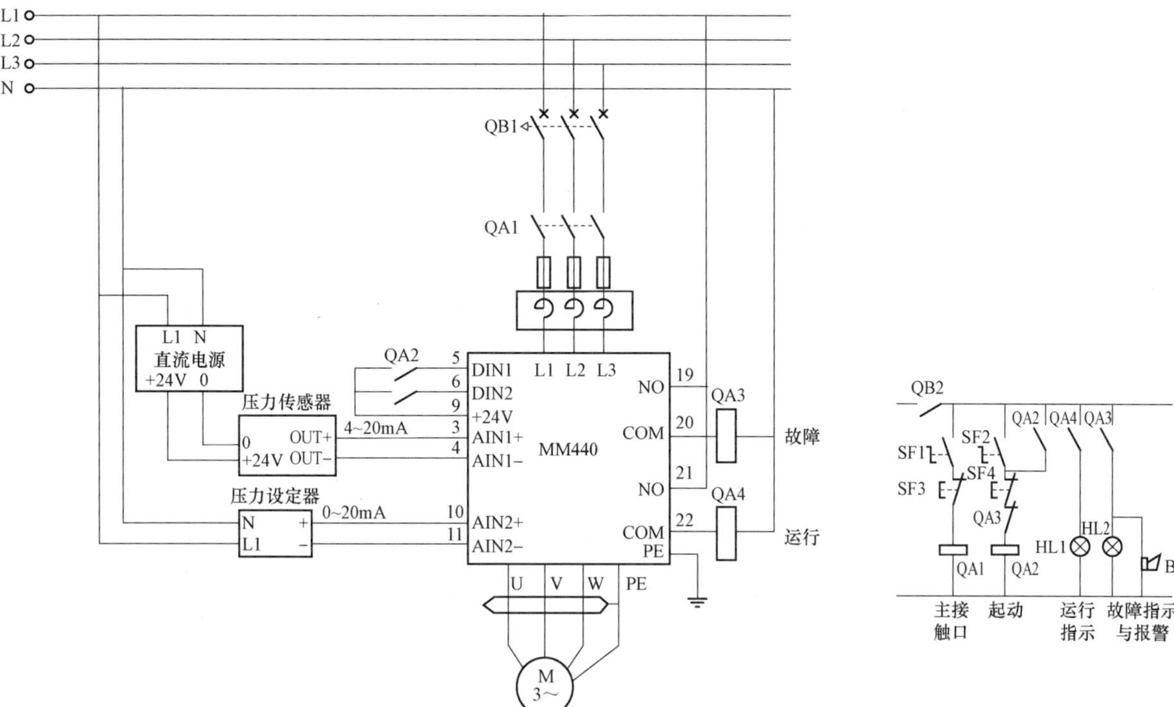

图 7-17　恒压供水系统的电气调速控制方案

7.3.4　建筑设备一体化控制

电气控制的建筑设备主要有送排风机、给排水泵、空调机组、照明灯具等，电气设备除供配电源外，还包括电动机驱动，电动阀和电磁阀控制，同时需要检测各种电量信号和众多非电量信号。

空调、风机类设备需要检测温度、湿度、空气质量、滤网两侧差压等参数，传感器信号大多为 0～10V（或 4～20mA）模拟量信号；风阀及调节阀的开度控制是模拟量信号；泵类设备主要检测液位、压力、流量等参数，液位、差压一般为开关量信号，流量是模拟量信号；控制启停信号都是开关量信号。建筑设备的控制一般采用现场手动控制或采用 DDC（Direct Digital Controller）实现远程集中自动控制。

1. DDC 控制器

DDC 控制器是控制系统的核心，它通过模拟量输入通道（AI）和数字量输入通道（DI）采集实时数据，并将模拟量信号转变成计算机可接受的数字信号（A/D 转换），然后按照一定的控制规律进行运算，最后发出控制信号，并将数字量信号转变成模拟量信号（D/A 转换），并通过模拟量输出通道（AO）和数字量输出通道（DO）直接控制设备的运行。DDC 系统实时对所有输入/出通道的参数进行检测和调整，实现自动运行。

DDC 控制器的软件通常包括基础软件、自检软件和应用软件三大块。其中基础软件作为固定程序固化在模块中，属于通用软件，由 DDC 控制器生产厂家直接写在微处理芯片上，其他人员不能修改。设置自检软件是保证 DDC 控制器的正常运行，检测其运行故障，同时也可便于管理人员维修。应用软件是针对各个设备的控制工艺要求编写的，这部分软件由工程管理人员进行编制。

DDC 控制器提供模拟 P、PI、PID 控制及自适应控制等功能，可对各个设备的控制参数以及运行状态进行自动调节，并具备显示和监测功能。发生报警后可按设置的程序联锁有关设备的启停，同时发出警报。DDC 控制器与集中管理计算机进行通信，可设定运行控制（设定设备的运行状态、编程设定设备在工作日和节假日的启停时间和运行台数）、能耗记录（记录瞬时和累积能耗以及可调设备的运行时间）、焓值控制（比较室内外空气焓值来控制新回风比和进行工况转换）。

DDC 控制器的容量是以其输入与输出点的数量来衡量的，即可接受的输入信号或可发出输出信号的数量。输入与输出点分为模拟量输入点 AI、开关量输入点 DI、模拟量输出点 AO 和开关量输出点 DO。

2. 一体化控制设备

一体化控制设备把控制主回路元器件（断路器、接触器、热继电器）、电力仪表、DDC 控制器以及二次控制回路元器件等多种配电、控制元器件和多系统的功能集成在一个装置内，通过预置程序实现风机或水泵等设备回路的保护、控制、测量、通信一体化。因此，在工程应用中设计、安装、使用简单，电机、阀门、检测器等可直接接入一体化控制设备中，无需增加 DDC 控制器等自动化装置，简化了复杂的二次接线和多系统操作控制的转换配合，维护十分简便。还可以利用通信控制器连接多台一体化控制设备构成建筑设备群控管理系统，在远程集中监控平台进行建筑电气设备的控制与管理。

建筑设备的一体化控制管理设备结构包括基本模块和多个扩展模块，基本模块与各个扩展模块之间通过 CAN 扩展方式链接。基本模块包含断路器组件、电动控制组件、电气参数测量组件、总线通信组件、内部总线组件以及综合保护 CPU。扩展模块包含输入/输出组件（模拟量和开关量）、内部总线组件、总线通信组件以及相应的 CPU。一体化控制管理设备将各种元器件和仪表集成到一体化控制设备中，无任何外部附加装置直接面向建筑物所有电气设备进行有效管理与控制。

某一体化控制设备外形如图 7－18 所示。主要功能包括：

（1）具有主回路的隔离开关、断路器、接触器、热继电器的功能，绝缘电压为 1000V，I_{cs} 短路运行分断能力达 AC 400V、50kA 以上。

（2）可测量风机或水泵等设备主回路的三相电流、三相电压、漏电电流、有功功率、有功电能、功率因数和频率等。

（3）具有风机或水泵等设备的过电流、过载、堵转、阻塞、电流不平衡、漏电、过电压、欠电压、相序等保护功能。

（4）具有多组辅助触点和故障报警接点输出，复位或权限位置信号输入。

（5）具有远程通信功能，支持 Modbus 通信协议，可选择 Profibus－DP、Device－Net 等多种通信协议。

（6）具有显示模块接口，通过显示模块可实时监测显示各种电参数、故障报警信号和事件记录查询，可进行各种给定值设置和调试操作。

（7）17 路 DI，其中 2 路独立外置 DC 24V 输入，15 路公共端的内置 DC 24V 输入。

（8）3 路 DO，输出触点容量为 AC 220V/3A。

（9）5 路 AI，输入模拟量信号 DC 4～20mA 或 DC 0～10V。

（10）3 路 AO，输出模拟量信号 DC 4～20mA 或 DC 0～10V。

（11）单台或多台一体化控制设备可集中编程，实现工艺关联的电气设备就地分散自动控制。

（12）支持梯形图逻辑编程功能，实现 DDC 的所有控制功能。

该装置主要用于风机或水泵等设备，以及周边设备执行设备为电磁风阀、电磁水阀、开关型电动水阀、开关型电动风阀、调节型电动水阀、调节型电动风阀以及需要测量温度、湿度、滤网差压、管道流量和 CO_2 浓度等场所，直接安装在现场的电气箱柜内，以实现相关电气设备的配电保护和运行控制。

3. 一体化控制设备应用方案

（1）空调机组的控制。图 7－19 是空调机组的控制原理图。图 7－20 示出空调机组的控制接线图。

（2）大楼建筑设备的控制与管理。图 7－21 是对一栋大楼电气设备的监控与管理。在每台建筑设备旁边都设置了一体化控制设备。其中的通信控制器具有 4 路、8 路、16 路或 32 路通信接口，可支持 TCP/IP、Modbus－RTU、Profibus－DP、AN、DL/T645、IEC－101、IEC－103 等多种现场总线和电力规约；同时面向上位控制管理站支持 Modbus Server（RTU 或 TCP/IP）、OPCServer、Profibus－DP Server、CDT Server 等，以实现双网互联与数据共享。通信控制器的布置原则是与最远端的设备走线距离不超过 400m，每个通信接口的设备数不超过 12 台。

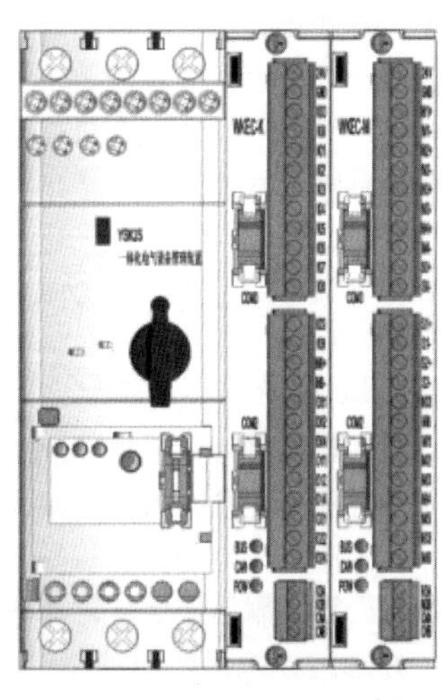

图 7－18　一体化控制设备外形图

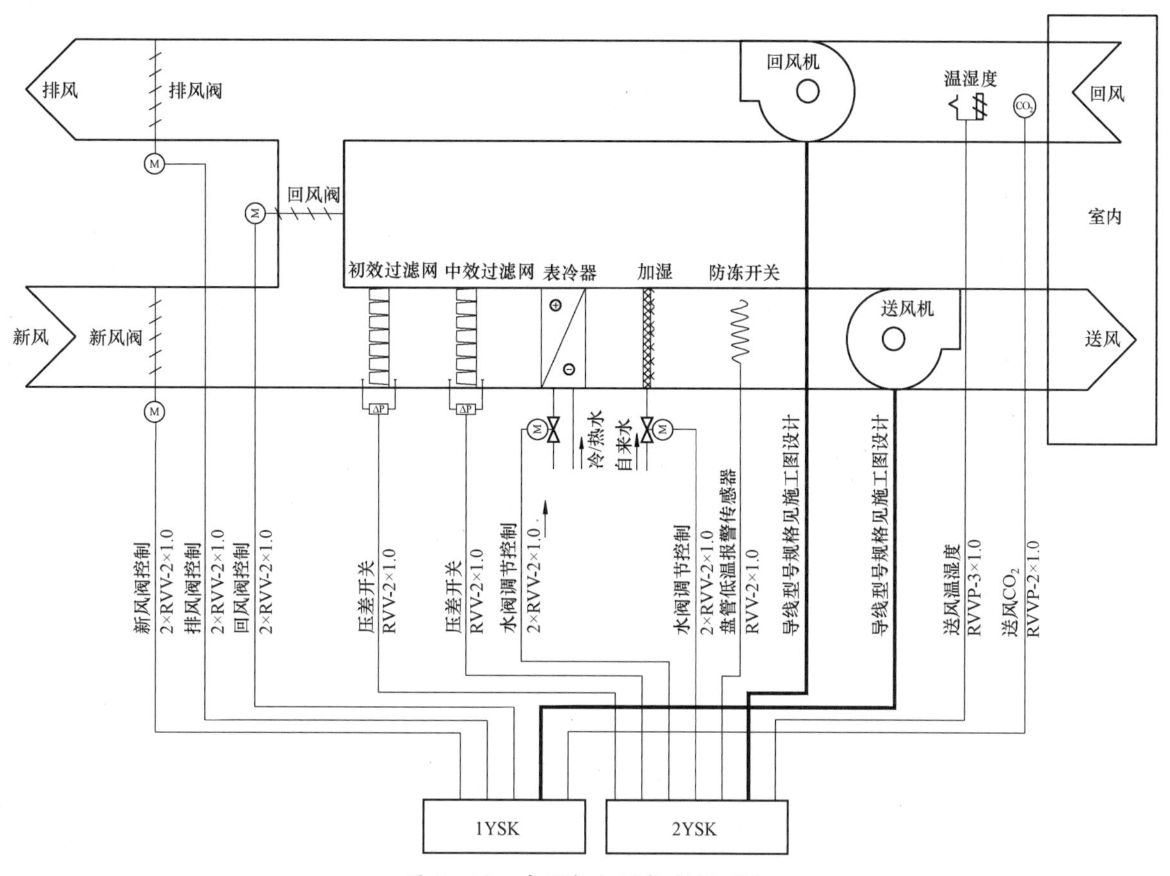

图7-19　空调机组的控制原理图

参考文献

[1] 王永华. 现代电气控制及PLC应用技术［M］. 北京：北京航空航天大学出版社，2016.

[2] 高明远. 建筑设备工程［M］. 4版.北京：中国建筑工业出版社，2016.

[3] 程大章. 智能建筑楼宇自控系统［M］. 北京：中国建筑工业出版社，2005.

[4]（美）哈立德卡梅尔. PLC工业控制［M］. 北京：中国机械工业出版社，2017.

[5] 周鹤良. 电气工程师手册［M］. 北京：中国电力出版社，2008.

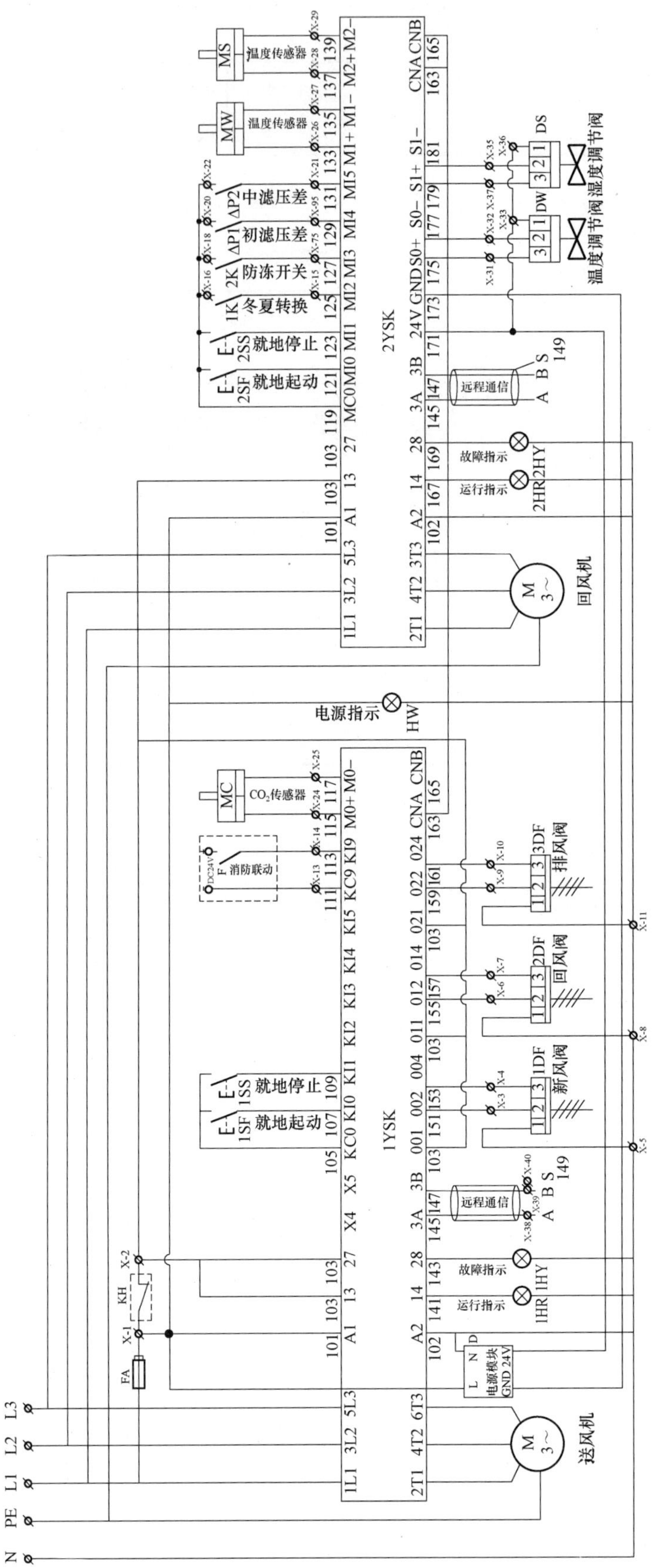

图7－20 空调机组的控制接线图

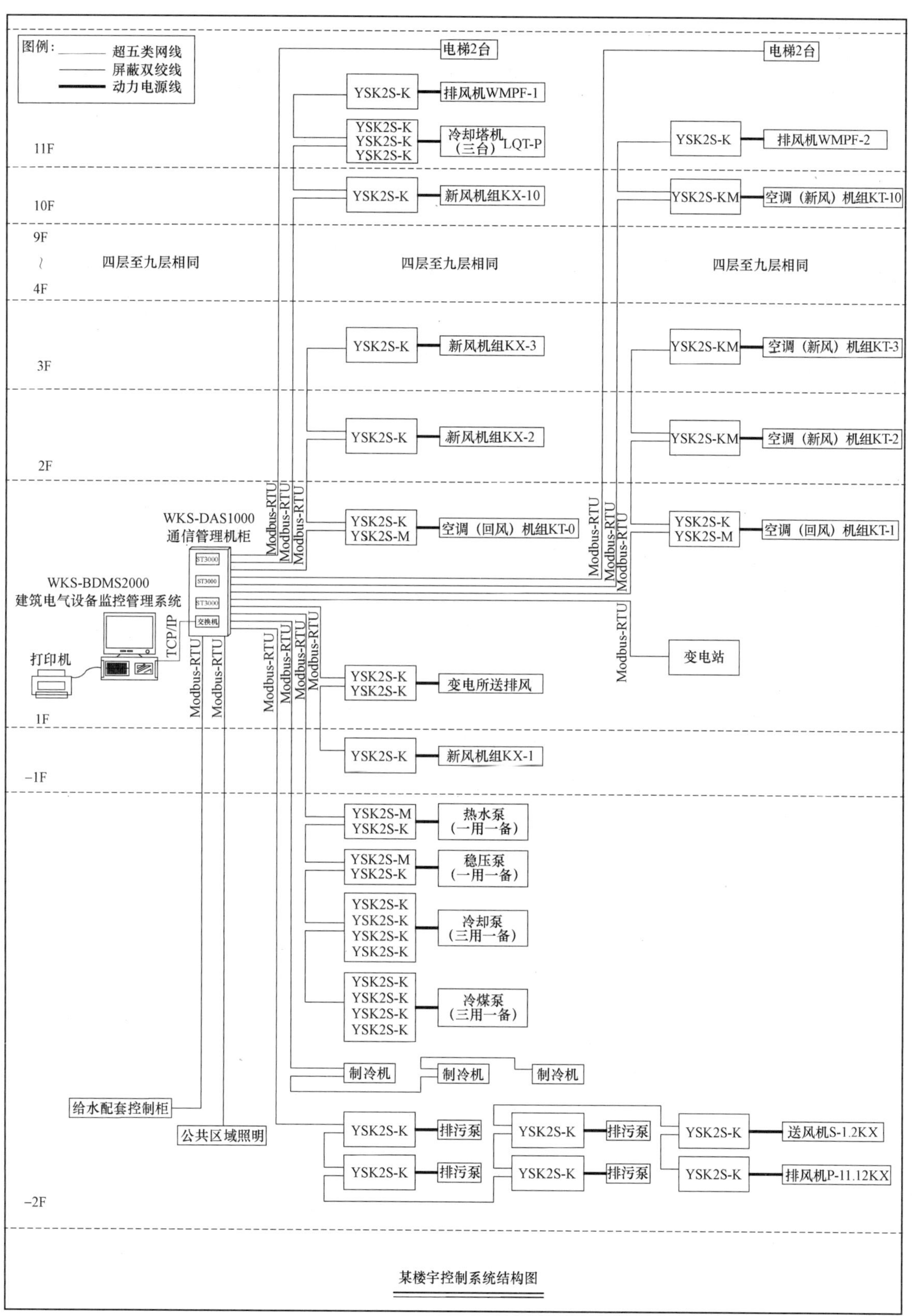

图 7−21　大楼电气设备的监控与管理方案

第8章 电 气 照 明

8.1 照明设计标准

照明设计标准包括内容较多，它对照明种类、照明方式、照明质量、照明标准、照明配电及控制、照明节能、光源和灯具的选用原则、照明管理与监督等做了详细的规定。

8.1.1 国内照明设计标准

我国现行的照明设计标准是《建筑照明设计标准》(GB 50034—2013)，它由住房和城乡建设部颁发，自 2014 年 6 月 1 日起开始实施，原《建筑照明设计标准》（GB 50034—2004）同时废止。该标准在原标准内容的基础上，随着经济发展和人民生活水平的提高，增加了如建筑照明节能和更详细的照明场景等重要内容。

1. 建筑照明设计标准（GB 50034—2013）

《建筑照明设计标准》(GB 50034—2013) 以作业面或参考平面上的维持平均照度值作为标准值。本标准与 CIE 新标准一致，只规定一种标准值。下面列出各类建筑的照度标准，供大家在照明设计时选用。

（1）居住建筑。住宅建筑照明标准值应符合表 8–1 的规定。其他居住建筑照明标准值应符合表 8–2 的规定。

表 8–1 住宅建筑照明标准值

房间或场所		参考平面及其高度/m	照度标准值/lx	显色指数 R_a
起居室	一般活动	水平面 0.75	100	80
	书写、阅读		300①	
卧室	一般活动	水平面 0.75	75	80
	床头、阅读		150①	
餐厅		餐桌面 0.75	150	80
厨房	一般活动	水平面 0.75	100	80
	操作台	台面	150①	
卫生间		水平面 0.75	100	80
电梯前厅		地面	75	60
走道、楼梯间		地面	30	60
公共车库	停车位	地面	20	60
	行车道	地面	30	60

① 宜用混合照明。

表 8–2 其他居住建筑照明标准值

房间或场所		参考平面及其高度/m	照度标准值/lx	显色指数 R_a
职工宿舍		地面	100	80
老年人卧室	一般活动	水平面 0.75	150	80
	床头、阅读		300①	80
老年人起居室	一般活动	水平面 0.75	200	80
	书写、阅读		500①	80
酒店式公寓		地面	150	80

① 指混合照明照度。

（2）公共建筑。公共建筑照明标准值应根据不同功能符合相应表格要求。

（3）文化建筑。文化建筑照明标准值应符合表 8–3 的规定。

表 8-3　　文化建筑照明标准值

房间或场所	参考平面及其高度/m	照度标准值/lx	统一眩光值 UGR	照度均匀度 U_0	显色指数 R_a
一般阅览室、开放式阅览室	水平面 0.75	300	19	0.60	80
多媒体阅览室	水平面 0.75	300	19	0.60	80
老年阅览室	水平面 0.75	500	19	0.70	80
珍善本、舆图阅览室	水平面 0.75	500	19	0.60	80
陈列室、目录厅（室）、出纳厅	水平面 0.75	300	19	0.60	80
档案室	水平面 0.75	300	19	0.60	80
书库、书架	水平面 0.75	50	—	0.40	80
工作间	水平面 0.75	300	19	0.60	80
采编、修复工作间	水平面 0.75	500	19	0.60	80

（4）办公建筑。办公建筑照明标准值应符合表 8-4 的规定。

表 8-4　　办公建筑照明标准值

房间或场所	参考平面及其高度/m	照度标准值/lx	统一眩光值 UGR	照度均匀度 U_0	显色指数 R_a
普通办公室	水平面 0.75	300	19	0.60	80
高档办公室	水平面 0.75	500	19	0.60	80
会议室	水平面 0.75	300	19	0.60	80
视频会议室①	水平面 0.75	750	19	0.60	80
接待室、前台	水平面 0.75	200	—	0.40	80
服务大厅、营业厅	水平面 0.75	300	22	0.40	80
设计室	实际工作面	500	19	0.60	80
文件整理、复印、发行室	水平面 0.75	300	—	0.40	80
资料、档案存放室	水平面 0.75	200	—	0.40	80

注：此表适用于所有类型建筑的办公室和类似用途场所的照明。

① 垂直照度不宜低于 300lx。

（5）商店建筑。商店建筑照明标准值应符合表 8-5 的规定。

表 8-5　　商店建筑照明标准值

房间或场所	参考平面及其高度/m	照度标准值/lx	统一眩光值 UGR	照度均匀度 U_0	显色指数 R_a
一般商店营业厅	水平面 0.75	300	22	0.60	80
一般室内商业街	地面	200	22	0.60	80
高档商店营业厅	水平面 0.75	500	22	0.60	80
高档室内商业街	地面	300	22	0.60	80
一般超市营业厅	水平面 0.75	300	22	0.60	80
高档超市营业厅	水平面 0.75	500	22	0.60	80
仓储式超市	水平面 0.75	300	22	0.60	80
专卖店营业厅	水平面 0.75	300①	22	0.60	80
农贸市场	水平面 0.75	200	25	0.40	80
收款台	台面	500②	—	0.60	80

① 宜加重点照明；

② 指混合照明照度。

（6）观演建筑。观演建筑照明标准值应符合表 8－6 的规定。

表 8－6　　观演建筑照度标准值

房间或场所		参考平面及其高度/m	照度标准值/lx	统一眩光值 UGR	照度均匀度 U_0	显色指数 R_a
门厅		地面	200	22	0.40	80
观众厅	影院	水平面 0.75	100	22	0.40	80
	剧场、音乐厅	地面	150	22	0.40	80
观众休息厅	影院	地面	150	22	0.40	80
	剧场、音乐厅	地面	200	22	0.40	80
排演厅		地面	300	22	0.60	80
化妆室	一般活动区	水平面 0.75	150	22	0.60	80
	化妆台	垂直面 1.1 高处	500①	—	—	90

① 指混合照明照度。

（7）旅馆建筑。旅馆建筑照明标准值应符合表 8－7 的规定。

表 8－7　　旅馆建筑照明标准值

房间或场所		参考平面及其高度/m	照度标准值/lx	统一眩光值 UGR	照度均匀度 U_0	显色指数 R_a
客房	一般活动区	水平面 0.75	75	—	—	80
	床头	水平面 0.75	150	—	—	80
	写字台	台面	300①	—	—	80
	卫生间	水平面 0.75	150	—	—	80
中餐厅		水平面 0.75	200	22	0.60	80
西餐厅		水平面 0.75	150	—	0.60	80
酒吧间、咖啡厅		水平面 0.75	75	—	0.40	80
多功能厅、宴会厅		水平面 0.75	300	22	0.60	80
会议室		水平面 0.75	300	19	0.60	80
大堂		地面	200	—	0.40	80
总服务台		地面	300①	—	—	80
休息厅		地面	200	22	0.40	80
客房走廊		地面	50	—	0.40	80
厨房		台面	300①	—	0.70	80
游泳池		水面	200	22	0.60	80
健身房		水平面 0.75	200	22	0.60	80
洗衣房		水平面 0.75	200	—	0.40	80

① 指混合照明照度。

（8）医疗建筑。医疗建筑照明标准值应符合表 8－8 规定。

表 8－8　　医疗建筑照明标准值

房间或场所	参考平面及其高度/m	照度标准值/lx	统一眩光值 UGR	照度均匀度 U_0	显色指数 R_a
治疗室、检查室	水平面 0.75	300	19	0.70	80
化验室	水平面 0.75	500	19	0.70	80
手术室	水平面 0.75	750	19	0.70	90
诊室	水平面 0.75	300	19	0.60	80
候诊室、挂号厅	水平面 0.75	200	22	0.40	80
病房、走道	地面	100	19	0.60	80
护士站	水平面 0.75	300	—	0.60	80
药房	水平面 0.75	500	19	0.60	80
重症监护室	水平面 0.75	300	19	0.60	90

（9）教育建筑。教育建筑照明标准值应符合表 8－9 规定。

表 8－9　　教育建筑照明标准值

房间或场所	参考平面及其高度/m	照度标准值/lx	统一眩光值 UGR	照度均匀度 U_0	显色指数 R_a
教室、阅览室	课桌面	300	19	0.60	80
实验室	实验桌面	300	19	0.60	80
美术教室	桌面	500	19	0.60	90
多媒体教室	水平面 0.75	300	19	0.60	80
电子信息机房	水平面 0.75	500	19	0.60	80
计算机教室、电子阅览室	水平面 0.75	500	19	0.60	80
楼梯间	地面	150	22	0.40	80
教室黑板	黑板面	500①	—	0.70	80
学生宿舍	地面	150	22	0.40	80

① 指混合照明照度。

（10）博览建筑。博览建筑照明标准值应符合下列规定：

1）美术馆建筑照明标准值应符合表 8－10 的规定。

2）科技馆建筑照明标准值应符合表 8－11 的规定。

3）博物馆建筑照明标准值应符合表 8－12 的规定。其中陈列室展品照明标准值及年曝光量限值应符合表 8－13 的规定。

表 8－10　　美术馆建筑照明标准值

房间或场所	参考平面及其高度/m	照度标准值/lx	统一眩光值 UGR	照度均匀度 U_0	显色指数 R_a
会议报告厅	水平面 0.75	300	22	0.60	80
休息厅	水平面 0.75	150	22	0.40	80
美术品售卖	水平面 0.75	300	19	0.60	80
公共大厅	地面	200	22	0.40	80
绘画展厅	地面	100	19	0.60	80
雕塑展厅	地面	150	19	0.60	80
藏画库	地面	150	22	0.60	80
藏画修理	水平面 0.75	500	19	0.70	90

注：1. 绘画、雕塑展厅的照明标准值中不含展品照明。
2. 展览对光敏感要求的展品时应满足表 8－13 的要求。

表 8－11　科技馆建筑照明标准值

房间或场所	参考平面及其高度/m	照度标准值/lx	统一眩光值 UGR	照度均匀度 U_0	显色指数 R_a
科普教室、实验区	水平面 0.75	300	19	0.60	80
会议报告厅	水平面 0.75	300	22	0.60	80
纪念品售卖区	水平面 0.75	300	22	0.60	80
儿童乐园	地面	300	22	0.60	80
公共大厅	地面	200	22	0.40	80
球幕、巨幕、3D、4D 影院	地面	100	19	0.40	80
常设展厅	地面	200	22	0.60	80
临时展厅	地面	200	22	0.60	80

注：常设展厅和临时展厅的照明标准值中不含展陈照明。

表 8－12　博物馆建筑照明标准值

房间或场所	参考平面及其高度/m	照度标准值/lx	统一眩光值 UGR	照度均匀度 U_0	显色指数 R_a
门厅	地面	200	22	0.40	80
序厅	地面	100	22	0.40	80
会议报告厅	水平面 0.75	300	22	0.60	80
美术制作室	水平面 0.75	500	22	0.60	80
编目室	水平面 0.75	300	22	0.60	80
摄影室	水平面 0.75	100	22	0.60	80
熏蒸室	实际工作面	150	22	0.60	80
实验室	实际工作面	300	22	0.60	80
保护修复室	实际工作面	750①	19	0.70	90
文物复制室	实际工作面	750①	19	0.70	90
标本制作室	实际工作面	750①	19	0.70	90
周转库房	地面	50	22	0.40	80
藏品库房	地面	75	22	0.40	80
藏品提看室	水平面 0.75	150	22	0.60	80

① 保护修复室、文物复制室、标本制作室的照度标准值是混合照明的照度标准值。其一般照明的照度值应按混合照明照度的 20%～30%选取。如果对象是对光敏感或特别敏感的材料，则应减少局部照明的时间，并应有防紫外线的措施。

表 8－13　博物馆建筑陈列室展品照明标准值

类　别	参考平面	照度标准值/lx	年曝光量/（lx·h/a）
对光特别敏感的展品：纺织品、织绣品、绘画、纸质物品、彩绘、陶（石）器、染色皮革、动物标本等	展品面	50	≤50 000
对光敏感的展品：油画、蛋清画、不染色皮革、角制品、骨制品、象牙制品、竹木制品和漆器等	展品面	150	≤360 000
对光不敏感的展品：金属制品、石质器物、陶瓷器、宝玉石器、岩矿标本、玻璃制品、搪瓷制品、珐琅器等	展品面	300	不限制

注：1. 陈列室一般照明应按展品照度值的 20%～30%选取。
2. 陈列室一般照明 UGR 不宜大于 19。
3. 辨色要求一般的场所 R_a 不应低于 80，辨色要求高的场所，R_a 不应低于 90。

（11）会展建筑。会展建筑照明标准值应符合表 8－14 的规定。

表 8－14　会展建筑照明标准值

房间或场所	参考平面及其高度/m	照度标准值/lx	统一眩光值 UGR	照度均匀度 U_0	显色指数 R_a
会议室、洽谈室	水平面 0.75	300	19	0.60	80
宴会厅	水平面 0.75	300	22	0.60	80
多功能厅	水平面 0.75	300	22	0.60	80
公共大厅	地面	200	22	0.40	80
一般展厅	地面	200	22	0.60	80
高档展厅	地面	300	22	0.60	80

（12）交通建筑。交通建筑照明标准值应符合表 8－15 的规定。

表 8－15　交通建筑照明标准值

房间或场所		参考平面及其高度/m	照度标准值/lx	统一眩光值 UGR	照度均匀度 U_0	显色指数 R_a
售票台		台面	500①	—	—	80
问讯处		水平面 0.75	200	—	0.60	80
候车（机、船）室	普通	地面	150	22	0.40	80
	高档	地面	200	22	0.60	80
贵宾休息室		水平面 0.75	300	22	0.60	80
中央大厅、售票大厅		地面	200	22	0.40	80
海关、护照检查		工作面	500	—	0.70	80
安全检查		地面	300	—	0.60	80
换票、行李托运		水平面 0.75	300	19	0.60	80
行李认领、到达大厅、出发大厅		地面	200	22	0.40	80
通道、连接区、扶梯、换乘厅		地面	150	—	0.40	80
有棚站台		地面	75	—	0.60	60
无棚站台		地面	50	—	0.40	20
走廊、流动区域、楼梯、平台	普通	地面	75	25	0.40	60
	高档	地面	150	25	0.60	80
地铁站厅	普通	地面	100	25	0.60	80
	高档	地面	200	22	0.60	80
地铁进出站门厅	普通	地面	150	25	0.60	80
	高档	地面	200	22	0.60	80

（13）金融建筑。金融建筑照明标准值应符合表 8－16 的规定。

表 8-16　　金融建筑主要照明标准参考值

房间或场所		参考平面及其高度/m	照度标准值/lx	统一眩光值 UGR	照度均匀度 U_0	显色指数 R_a
营业大厅		地面	200	22	0.60	80
营业柜台		台面	500	—	0.60	80
客户服务中心	普通	水平面 0.75	200	22	0.60	60
	高档	水平面 0.75	300	22	0.60	80
交易大厅		水平面 0.75	300	22	0.60	80
数据中心主机房		水平面 0.75	500	19	0.60	80
保管库		地面	200	22	0.40	80
信用卡作业区		水平面 0.75	300	19	0.60	80
自助银行		地面	200	19	0.60	80

注：本表适用于银行、证券、期货、保险、电信、邮政等行业，也适用于类似用途（如供电、供水、供气）的营业厅、柜台和客服中心。

（14）体育建筑。体育建筑照明标准值应符合下列规定：

1）无电视转播的体育建筑照度标准值应符合表 8-17 的规定。

2）有电视转播的体育建筑照度标准值应符合表 8-18 的规定。

3）体育建筑照明质量标准值应符合表 8-19 的规定。

表 8-17　　无电视转播的体育建筑照度标准值

<table>
<tr><th colspan="2" rowspan="2">运动项目</th><th rowspan="2">参考平面及其高度</th><th colspan="3">照度标准值/lx</th><th colspan="2">R_a</th><th colspan="2">眩光指数 GR</th></tr>
<tr><th>训练和娱乐</th><th>业余比赛</th><th>专业比赛</th><th>训练</th><th>比赛</th><th>训练</th><th>比赛</th></tr>
<tr><td colspan="2">篮球、排球、羽毛球、手球、室内足球</td><td>地面</td><td rowspan="3">300</td><td rowspan="3">500</td><td rowspan="3">750</td><td rowspan="3">65</td><td rowspan="3">65</td><td rowspan="3">35</td><td rowspan="3">30</td></tr>
<tr><td colspan="2">体操、艺术体操、技巧、蹦床、举重</td><td>台面</td></tr>
<tr><td colspan="2">速度滑冰</td><td>冰面</td></tr>
<tr><td colspan="2">羽毛球</td><td>地面</td><td>300</td><td>750/500</td><td>1000/500</td><td>65</td><td>65</td><td>35</td><td>30</td></tr>
<tr><td colspan="2">乒乓球、柔道、摔跤、跆拳道、武术</td><td>台面</td><td rowspan="2">300</td><td rowspan="2">500</td><td rowspan="2">1000</td><td rowspan="2">65</td><td rowspan="2">65</td><td rowspan="2">35</td><td rowspan="2">30</td></tr>
<tr><td colspan="2">冰球、花样滑冰、冰上舞蹈、短道速滑</td><td>冰面</td></tr>
<tr><td colspan="2">拳击</td><td>台面</td><td>500</td><td>1000</td><td>2000</td><td>65</td><td>65</td><td>35</td><td>30</td></tr>
<tr><td colspan="2">游泳、跳水、水球、花样游泳</td><td>水面</td><td rowspan="2">200</td><td rowspan="2">300</td><td rowspan="2">500</td><td rowspan="2">65</td><td rowspan="2">65</td><td rowspan="2">—</td><td rowspan="2">—</td></tr>
<tr><td colspan="2">马术</td><td>地面</td></tr>
<tr><td rowspan="2">射击、射箭</td><td>射击区、弹（箭）道区</td><td>地面</td><td>200</td><td>200</td><td>300</td><td rowspan="2">65</td><td rowspan="2">65</td><td rowspan="2">—</td><td rowspan="2">—</td></tr>
<tr><td>靶心</td><td>靶心垂直面</td><td>1000</td><td>1000</td><td>1000</td></tr>
<tr><td colspan="2" rowspan="2">击剑</td><td>地面</td><td>300</td><td>500</td><td>750</td><td rowspan="2">65</td><td rowspan="2">65</td><td rowspan="2">—</td><td rowspan="2">—</td></tr>
<tr><td>垂直面</td><td>200</td><td>300</td><td>500</td></tr>
<tr><td rowspan="2">网球</td><td>室外</td><td rowspan="2">地面</td><td rowspan="2">300</td><td rowspan="2">500/300</td><td rowspan="2">750/500</td><td rowspan="2">65</td><td rowspan="2">65</td><td>55</td><td>50</td></tr>
<tr><td>室内</td><td>35</td><td>30</td></tr>
</table>

续表

<table>
<tr><th colspan="2" rowspan="2">运动项目</th><th rowspan="2">参考平面及其高度</th><th colspan="3">照度标准值/lx</th><th colspan="2">R_a</th><th colspan="2">眩光指数 GR</th></tr>
<tr><th>训练和娱乐</th><th>业余比赛</th><th>专业比赛</th><th>训练</th><th>比赛</th><th>训练</th><th>比赛</th></tr>
<tr><td rowspan="2">场地自行车</td><td>室外</td><td rowspan="2">地面</td><td rowspan="2">200</td><td rowspan="2">500</td><td rowspan="2">750</td><td rowspan="2">65</td><td rowspan="2">65</td><td>55</td><td>50</td></tr>
<tr><td>室内</td><td>35</td><td>30</td></tr>
<tr><td colspan="2">足球、田径</td><td>地面</td><td>200</td><td>300</td><td>500</td><td>20</td><td>65</td><td>55</td><td>50</td></tr>
<tr><td colspan="2">曲棍球</td><td>地面</td><td>300</td><td>50</td><td>750</td><td>20</td><td>65</td><td>55</td><td>50</td></tr>
<tr><td colspan="2">棒球、垒球</td><td>地面</td><td>300/200</td><td>500/300</td><td>750/500</td><td>20</td><td>65</td><td>55</td><td>50</td></tr>
</table>

注：1. 当表中同一格有两个值时，“/” 前为内场的值，“/” 后为外场的值。

2. 表中规定的照度应为比赛场地参考平面上的使用照度。

表 8－18　　有电视转播的体育建筑照度标准值

<table>
<tr><th colspan="2" rowspan="2">运动项目</th><th rowspan="2">参考平面及其高度</th><th colspan="3">照度标准值/lx</th><th colspan="2">R_a</th><th colspan="2">T_{cp}/K</th><th rowspan="2">眩光指数 GR</th></tr>
<tr><th>国家、国际比赛</th><th>重大国际比赛</th><th>HDTV</th><th>国家、国际比赛，重大国际比赛</th><th>HDTV</th><th>国家、国际比赛，重大国际比赛</th><th>HDTV</th></tr>
<tr><td colspan="2">篮球、排球、手球、室内足球、乒乓球</td><td>地面 1.5m</td><td rowspan="5">1000</td><td rowspan="5">1400</td><td rowspan="5">2000</td><td rowspan="11">≥80</td><td rowspan="11">>80</td><td rowspan="11">≥4000</td><td rowspan="11">≥550</td><td rowspan="2">30</td></tr>
<tr><td colspan="2">体操、艺术体操、技巧、蹦床、柔道、摔跤、跆拳道、武术、举重</td><td>台面 1.5m</td></tr>
<tr><td colspan="2">击剑</td><td>台面 1.5m</td><td>—</td></tr>
<tr><td colspan="2">游泳、跳水、水球、花样游泳</td><td>水面 0.2m</td><td>—</td></tr>
<tr><td colspan="2">冰球、花样滑冰、冰上舞蹈、短道速滑、速度滑冰</td><td>冰面 1.5m</td><td>30</td></tr>
<tr><td colspan="2">羽毛球</td><td>地面 1.5m</td><td>1000/750</td><td>1400/1000</td><td>2000/1400</td><td>30</td></tr>
<tr><td colspan="2">拳击</td><td>台面 1.5m</td><td>1000</td><td>2000</td><td>2500</td><td>30</td></tr>
<tr><td rowspan="2">射箭</td><td>射击区、箭道区</td><td>地面 1.0m</td><td>500</td><td>500</td><td>500</td><td>—</td></tr>
<tr><td>靶心</td><td>靶心垂直面</td><td>1500</td><td>1500</td><td>2000</td><td>—</td></tr>
<tr><td rowspan="2">场地自行车</td><td>室内</td><td rowspan="2">地面 1.5m</td><td rowspan="4">1000</td><td rowspan="4">1400</td><td rowspan="4">2000</td><td>30</td></tr>
<tr><td>室外</td><td>50</td></tr>
<tr><td colspan="2">足球、田径、曲棍球</td><td>地面 1.5m</td><td>50</td></tr>
<tr><td colspan="2">马术</td><td>地面 1.5m</td><td>—</td></tr>
<tr><td rowspan="2">网球</td><td>室内</td><td rowspan="2">地面 1.5m</td><td rowspan="3">1000/750</td><td rowspan="3">1400/1000</td><td rowspan="3">2000/1400</td><td rowspan="3">≥80</td><td rowspan="3">>80</td><td rowspan="3">≥400</td><td rowspan="3">≥5500</td><td>30</td></tr>
<tr><td>室外</td><td>50</td></tr>
<tr><td colspan="2">棒球、垒球</td><td>地面 1.5m</td><td>50</td></tr>
<tr><td rowspan="2">射击</td><td>射击区、弹道区</td><td>地面 1.0m</td><td>500</td><td>500</td><td>500</td><td colspan="2" rowspan="2">≥80</td><td rowspan="2">≥3000</td><td rowspan="2">≥4000</td><td rowspan="2">—</td></tr>
<tr><td>靶心</td><td>靶心垂直面</td><td>1500</td><td>1500</td><td>2000</td></tr>
</table>

注：1. HDTV 指高清晰度电视；器特殊显色指数 R_a 应大于零。

2. 当表中同一格有两个值时，“/” 前为内场的值，“/” 后为外场的值。

3. 表中规定的照度除射击、射箭外，其他均应为比赛场地主摄像机方向的使用照度。

表 8-19　　体育建筑照明质量标准值

类别	GR	R_e
室外无彩电转播	50	65
室外有彩电转播	50	80
室内无彩电转播	30	65
室内有彩电转播	30	80

（15）通用房间和或场所。公共和工业通用房间或场所照明标准值应符合表 8-20 的规定。

2. 中国城市道路照明设计标准（GJJ 45—2015）

我国现行的城市道路照明设计标准（GJJ 45—2015）适用于城市新建、扩建和改建的道路及与道路相联系的特殊场所的照明设计，不适用于隧道照明的设计。

隧道照明的设计可参阅《公路隧道照明设计细则》（JTG/T D70/2-01—2014）相关规定。

根据道路使用功能，城市道路照明可分为主要供机动车使用的机动车道照明和交会区照明以及主要行人使用的人行道照明。机动车道照明应按快速路与主干路、次干路、支路分为三级。人行道照明应按交通流量分为四级。

设置连续照明的机动车道的照明标准值应符合表 8-20 的规定。

表 8-20　　机动车道照明标准值

级别	道路类型	路面亮度			路面照度		眩光限制阈值增量 TI（%）最大初始值	环境比 SR 最小值
		平均亮度 L_{av}/（cd/m²）维持值	总均匀度 U_o 最小值	纵向均匀度 U_L 最小值	平均照度 $E_{h,av}$/lx 维持值	均匀度 U_E 最小值		
Ⅰ	快速路、主干路	1.50/2.00	0.4	0.7	20/30	0.4	10	0.5
Ⅱ	次干路	1.00/1.50	0.4	0.5	15/20	0.4	10	0.5
Ⅲ	支路	0.50/0.75	0.4	—	8/10	0.3	15	—

注：1. 表中所列的平均照度仅适用于沥青路面。若系水泥混凝土路面，其平均照度值相应降低约 30%。
2. 表中各项数值仅适用于干燥路面。
3. 表中对每一级道路的平均亮度和平均照度给出了两档标准值，“/”的左侧为低档值，右侧为高档值。
4. 迎宾路、通向大型公共建筑的主要道路、位于市中心和商业中心的道路，执行Ⅰ级照明。

主要供行人和非机动车使用的道路照明标准值应符合表 8-21 的规定，眩光限值应符合表 8-22 的规定。

表 8-21　　人行及非机动车道照明标准值

级别	道路类型	路面平均照度 $E_{h,av}$/lx 维持值	路面最小照度 $E_{h,min}$/lx 维持值	最小垂直照度 $E_{v,min}$/lx 维持值	最小半柱面照度 $E_{sc,min}$/lx 维持值
1	商业步行街；市中心或商业区人行流量高的道路；机动车与行人混合使用、与城市机动车道路连接的居住区出入道路	15	3	5	3
2	流量较高的道路	10	2	3	2
3	流量中等的道路	7.5	1.5	2.5	1.5
4	流量较低的道路	5	1	1.5	1

注：最小垂直照度和半柱面照度的计算点或测量点均位于道路中心线上距路面 1.5m 高度处。最小垂直照度需计算或测量通过该点垂直于路轴的平面上两个方向上的最小照度。

表 8－22　人行及非机动车道照明眩光限值

级别	最大发光强度 I_{max}/（cd/1000lm）			
	≥70°	≥80°	≥90°	>95°
1	500	100	10	<1
2	—	100	20	—
3	—	150	30	—
4	—	200	50	—

注：表中给出的是灯具在安装就位后与其向下垂直轴形成的指定角度上任何方向上的发光强度（以下简称光强）。

3. 室外照明干扰光限制规范

《室外照明干扰光限制规范》（GB/T 35626—2017）规定了与室外照明干扰光相关的城市环境亮度分区、干扰光分类、干扰光的限制要求和措施，适用于城市道路、居住建筑、室外公共活动区、自然生态区等区域的干扰光的限制要求。

根据城市区位的功能性质，将其按照环境亮度进行划分，城市环境亮度的区域划分见表 8－23。

表 8－23　城市环境亮度的区域划分

环境亮度类型	严格控制照明区域	低亮度区域	中等亮度区域	高等亮度区域
区域代号	E1	E2	E3	E4
对应区域	森林公园，自然保护区	城郊居住区	城市居住区及一般公共区	城市中心区、商业区

居住区干扰光的限制应采用住宅建筑居室窗户外表面上的垂直照度限值和照明灯具朝向居室窗户的发光强度限值评价。

住宅建筑居室窗户外表面的垂直照度限值不应超过表 8－24 的规定。

表 8－24　住宅建筑居室窗户外表面的垂直照度限值

时段	环境区域			
	E1	E2	E3	E4
熄灯时段值	2	5	10	25
熄灯时段	0①	1	2	5

① 如果是道路照明灯具产生的影响，此值可提高至 1lx。

4. 建筑物夜景照明灯光的选择

光源光色的选择在建筑物里面照明中骑着十分重要的作用。应根据建筑物表面色彩，合理选择光的颜色以使与建筑物及周边环境相协调。在泛光照明中宜采用金属卤化物灯或高压钠灯，内透光照明宜采用三基色直管荧光灯、发光二极管（LED）或紧凑型荧光灯，轮廓照明宜采用紧凑型荧光灯、冷阴极荧光灯或发光二极管（LED）。在满足眩光限值和配光要求条件下，应选用效率高的灯具。其中泛光灯灯具的效率不应低于 65%。

8.1.2　国内照明节能标准

目前，我国采用照明功率密度值（LDP，单位 W/m^2）作为照明节能的指标，与国际上采用同样的能耗标准。上海市地方标准《照明设备合理用电导则》（DB31 T 178—2002）和北京市标准《绿色照明工程技术规程》（DBJ01-607—2001）作为上海地区和北京地区的地方照明节能标准得到应用，而现行的《建筑照明设计标准》（GB 50034—2013）则作为国家标准，规定了我国各类建筑的照明功率密度值，要求照明设计时，应采取最积极有效的措施，使用高效的光源和灯具，达到最佳的节能效果。

1. 民用建筑照明设计标准

下列 LDP 值按《建筑照明设计标准》（GB 50034—2013）中建筑分类加以区分，功率密度值在新的分类建筑中有调整，在实际项目中应与对应建筑设计规范逐项复核，采用更新或更加严格的标准。

（1）居住建筑。每户照明功率密度值应符合表 8–25 的规定。

表 8–25　住宅建筑每户照明功率密度限值

房间或场所	照度标准值/lx	照明功率密度限值/（W/m^2）	
		现行值	目标值
起居室	100	≤6.0	≤5.0
卧室	75		
餐厅	150		
厨房	100		
卫生间	100		
职工宿舍	100	≤4.0	≤3.5
车库	30	≤2.0	≤1.8

（2）图书馆建筑。图书馆建筑照明功率密度限值应符合表8–26的规定。

表8–26 图书馆建筑每户照明功率密度限值

房间或场所	照度标准值/lx	照明功率密度限值/（W/m²）	
		现行值	目标值
一般阅览室、开放式阅览室	300	≤9.0	≤8.0
目录厅（室）、出纳室	300	≤11.0	≤10.0
多媒体阅览室	300	≤9.0	≤8.0
老年阅览室	500	≤15.0	≤13.5

（3）办公建筑。办公建筑和其他类型建筑中具有办公用途场所的照明功率密度值应符合表8–27的规定。

表8–27 办公建筑照明功率密度限值

房间或场所	对应照度值/lx	照明功率密度限值/（W/m²）	
		现行值	目标值
普通办公室	300	≤9.0	≤8.0
高档办公室、设计室	500	≤15.0	≤13.5
会议室	300	≤9.0	≤8.0
服务大厅	300	≤11.0	≤10.0

（4）商业建筑。商业建筑照明功率密度值应符合表8–28的规定。当商店营业厅、高档商店营业厅、专卖店营业厅需装设重点照明时，改营业厅的照明功率密度限值应增加5W/m²。

表8–28 商店建筑照明功率密度限值

房间或场所	对应照度值/lx	照明功率密度限值/（W/m²）	
		现行值	目标值
一般商店营业厅	300	≤10.0	≤9.0
高档商店营业厅	500	≤16.0	≤14.5
一般超市营业厅	300	≤11.0	≤10.0
高档超市营业厅	500	≤17.0	≤15.5
专卖店营业厅	300	≤11.0	≤10.0
仓储超市	300	≤11.0	≤10.0

（5）旅馆建筑。旅馆建筑照明功率密度值应符合表8–29的规定。

表8–29 旅馆建筑照明功率密度限值

房间或场所	对应照度值/lx	照明功率密度限值/（W/m²）	
		现行值	目标值
客房	—	≤7.0	≤6.0
中餐厅	200	≤9.0	≤8.0
西餐厅	150	≤6.5	≤5.5
多功能厅	300	≤13.5	≤12.0
客房层走廊	50	≤4.0	≤3.5
大堂	200	≤9.0	≤8.0
会议室	300	≤9.0	≤8.0

（6）医疗建筑。医疗建筑照明功率密度值应符合表8–30的规定。

表8–30 医疗建筑照明功率密度限值

房间或场所	对应照度值/lx	照明功率密度限值/（W/m²）	
		现行值	目标值
治疗室、诊室	300	≤9.0	≤8.0
化验室	500	≤15.0	≤13.5
候诊室、挂号厅	200	≤6.5	≤5.5
病房	100	≤5.0	≤4.5
护士站	300	≤9.0	≤8.0
药房	500	≤15.0	≤13.5
走廊	100	≤4.5	≤4.0

（7）教育建筑。教育建筑照明功率密度值应符合表8–31的规定。

表8–31 教育建筑照明功率密度限值

房间或场所	对应照度值/lx	照明功率密度限值/（W/m²）	
		现行值	目标值
教室、阅览室	300	≤9.0	≤8.0
实验室	300	≤9.0	≤8.0
美术教室	500	≤15.0	≤13.5
多媒体教室	300	≤9.0	≤8.0
计算机教室、电子阅览室	500	≤15.0	≤13.5
学生宿舍	150	≤5.0	≤4.5

（8）博览建筑。美术馆建筑照明功率密度限值应符合表 8–32 的规定；科技馆建筑照明功率密度限值应符合表 8–33 的规定；博物馆建筑照明功率密度限值应符合表 8–34 的规定。

表 8–32　美术馆建筑照明功率密度限值

房间或场所	对应照度值/lx	照明功率密度限值/（W/m²）	
		现行值	目标值
会议报告厅	300	≤9.0	≤8.0
美术品售卖区	300	≤9.0	≤8.0
公共大厅	200	≤9.0	≤8.0
绘画展厅	100	≤5.0	≤4.5
雕塑展厅	150	≤6.5	≤5.5

表 8–33　科技馆建筑照明功率密度限值

房间或场所	对应照度值/lx	照明功率密度限值/（W/m²）	
		现行值	目标值
科普教室	300	≤9.0	≤8.0
会议报告厅	300	≤9.0	≤8.0
纪念品售卖区	300	≤9.0	≤8.0
儿童乐园	300	≤10.0	≤8.0
公共大厅	200	≤9.0	≤8.0
常设展厅	200	≤9.0	≤8.0

表 8–34　博物馆建筑照明功率密度限值

房间或场所	对应照度值/lx	照明功率密度限值/（W/m²）	
		现行值	目标值
会议报告厅	300	≤9.0	≤8.0
美术制作室	500	≤15.0	≤13.5
编目室	300	≤9.0	≤8.0
藏品库房	75	≤4.0	≤3.5
藏品提看室	150	≤5.0	≤4.5

（9）会展建筑。会展建筑照明功率密度限值应符合表 8–35 的规定。

表 8–35　会展建筑照明功率密度限值

房间或场所	对应照度值/lx	照明功率密度限值/（W/m²）	
		现行值	目标值
会议室、洽谈室	300	≤9.0	≤8.0
宴会厅	300	≤13.5	≤12.0
一般展厅	200	≤9.0	≤8.0
高档展厅	300	≤13.5	≤12.0

（10）交通建筑。交通建筑照明功率密度限值应符合表 8–36 的规定。

表 8–36　交通建筑照明功率密度限值

房间或场所		照度标准值/lx	照明功率密度限值/（W/m²）	
			现行值	目标值
候车（机、船）室	普通	150	≤7.0	≤6.0
	高档	200	≤9.0	≤8.0
中央大厅、售票大厅		200	≤9.0	≤8.0
行李认领、到达大厅、出发大厅		200	≤9.0	≤8.0
地铁站厅	普通	100	≤5.0	≤4.5
	高档	200	≤9.0	≤8.0
地铁进出站门厅	普通	150	≤6.5	≤5.5
	高档	200	≤9.0	≤8.0

（11）金融建筑。金融建筑照明功率密度限值应符合表 8–37 的规定。

表 8–37　金融建筑照明功率密度限值

房间或场所	对应照度值/lx	照明功率密度限值/（W/m²）	
		现行值	目标值
营业大厅	200	≤9.0	≤8.0
交易大厅	300	≤13.5	≤12.0

2. 车库建筑照明设计标准

《车库建筑设计规范》（JGJ 100—2015）对车库的 LDP 值做了相应的规范。车库内各部位照明功率密度限值宜符合表 8-38 的规定。

表 8–38　车库建筑照明功率密度限值

名称		功率密度/（W/m^2）	
		现行值	目标值
机动车停车区域	行车道（含坡道）	≤2.5	≤2
	停车位	≤2	≤1.8
非机动车停车区域	行车道（含坡道）	≤3.5	≤3
	停车位	≤2.5	≤2
保修间、洗手间		≤7.5	≤6.5
管理办公室、值班室		≤8	≤8
卫生间		≤3	≤3

8.1.3 国内建筑采光设计标准

在现行的《建筑照明设计标准》（GB 50034—2013）中，明确指出照明节能应充分利用天然采光。利用天然采光具有非常重要的意义和优越性。天然光是最好的光源，它取之不绝、用之不尽，是无污染的清洁能源，人们在天然光下工作、学习和生活，心情愉悦，同时合理充分利用天然光与影的变化，可以营造艺术效果，更能实现节能的目的。因此，我国制定了《建筑采光设计标准》（GB 50033—2013），要求建筑设计应符合该标准对采光的规定。

它由总则、术语和符号、基本规定、采光标准值、采光质量、采光计算、采光节能七章和五个附录组成，主要规定了利用天然光的居住、公共和工业建筑的采光系数、采光质量和计算方法及其所需的计算参数。

《建筑采光设计标准》以采光系数 C 作为采光设计的数量指标。

室内某一点的采光系数，可按下式计算

$$C=\frac{E_n}{E_w}\times 100\% \qquad (8\text{–}1)$$

式中：E_n 为在全阴天空漫射光照射下，室内给定平面上的某一点由天空漫射光所产生的照度，lx；E_w 为全阴天空漫射光照射下，与室内某一点照度同一时间、同一地点，在室外无遮挡水平面上由天空漫射光所产生的室外照度，lx。

采光系数标准值的选取应符合下列规定：

（1）侧面采光应取采光系数的最低值 C_{min}。

（2）顶部采光应取采光系数的平均值 C_{av}。

（3）对兼有侧面采光和顶部采光的房间，可将其简化为侧面采光区和顶部采光区，并分别取采光系数的最低值和采光系数的平均值。

各采光等级参考平面上的采光标准值应符合表 8–39 的规定。

表 8–39　各采光等级参考平面上的采光标准值

采光等级	侧面采光		顶部采光	
	采光系数标准值（%）	室内天然光照度标准值/lx	采光系数标准值（%）	室内天然光照度标准值/lx
Ⅰ	5	750	5	750
Ⅱ	4	600	3	450
Ⅲ	3	450	2	300
Ⅳ	2	300	1	150
Ⅴ	1	150	0.5	75

各类建筑的采光标准值：

（1）住宅建筑的采光标准值应按以下原则：住宅建筑的卧室、起居室（厅）、厨房应有直接采光；住宅建筑的卧室、起居室（厅）的采光不应低于采光等级Ⅳ级的采光标准值，侧面采光的采光系数不应低于2.0%，室内天然光照度不应低于300lx。

住宅建筑的采光标准值不应低于表 8–40 的规定。

表 8–40　住宅建筑的采光标准值

采光等级	场所名称	侧面采光	
		采光系数标准值（%）	室内天然光照度标准值/lx
Ⅳ	厨房	2.0	300
Ⅴ	卫生间、过道、餐厅、楼梯间	1.0	150

（2）教育建筑的采光标准值应按以下原则，教育建筑的普通教室的采光不应低于采光等级Ⅲ级的采光标准值，侧面采光的采光系数不应低于3.0%，室内天然光照度不应低于450lx。

教育建筑的采光标准值不应低于表8－41的规定。

表8－41　　教育建筑的采光标准值

采光等级	场所名称	侧面采光	
		采光系数标准值（%）	室内天然光照度标准值/lx
Ⅲ	专用教室、实验室、阶梯教室、教师办公室	3.0	450
Ⅴ	走道、楼梯间、卫生间	1.0	150

（3）医疗建筑的采光标准值应按以下原则，医疗建筑的一般病房的采光不应低于采光等级Ⅳ级的采光标准值，侧面采光的采光系数不应低于2.0%，室内天然光照度不应低于300lx。

医疗建筑的采光标准值不应低于表8－42的规定。

表8－42　　医疗建筑的采光标准值

采光等级	场所名称	侧面采光		顶部采光	
		采光系数标准值（%）	室内天然光照度标准值/lx	采光系数标准值（%）	室内天然光照度标准值/lx
Ⅲ	诊室、药房、治疗室、化验室	3.0	450	2.0	300
Ⅳ	医生办公室（护士室） 候诊室、挂号处、综合大厅	2.0	300	1.0	150
Ⅴ	走道、楼梯间、卫生间	1.0	150	0.5	75

（4）办公建筑的采光标准值应按以下原则，办公建筑的采光标准值不应低于表8－43的规定。

表8－43　　办公建筑的采光标准值

采光等级	场所名称	侧面采光	
		采光系数标准值（%）	室内天然光照度标准值/lx
Ⅱ	设计室、绘图室	4.0	600
Ⅲ	办公室、会议室	3.0	450
Ⅳ	复印室、档案室	2.0	300
Ⅴ	走道、楼梯间、卫生间	1.0	150

（5）图书馆建筑的采光标准值应按以下原则，图书馆建筑的采光标准值不应低于表8－44的规定。

表8－44　　图书馆建筑的采光标准值

采光等级	场所名称	侧面采光		顶部采光	
		采光系数标准值（%）	室内天然光照度标准值/lx	采光系数标准值（%）	室内天然光照度标准值/lx
Ⅲ	阅览室、开架书库	3.0	450	2.0	300
Ⅳ	目录时	2.0	300	1.0	150
Ⅴ	书库、走道、楼梯间、卫生间	1.0	150	0.5	75

（6）旅馆建筑的采光标准值应按以下原则，旅馆建筑的采光标准值不应低于表 8－45 的规定。

表 8－45　旅馆建筑的采光标准值

采光等级	场所名称	侧面采光		顶部采光	
		采光系数标准值（%）	室内天然光照度标准值/lx	采光系数标准值（%）	室内天然光照度标准值/lx
Ⅲ	会议室	3.0	450	2.0	300
Ⅳ	大堂、客房、餐厅、健身房	2.0	300	1.0	150
Ⅴ	走道、楼梯间、卫生间	1.0	150	0.5	75

（7）博物馆建筑的采光标准值应按以下原则，博物馆建筑的采光标准值不应低于表 8－46 的规定。

表 8－46　博物馆建筑的采光标准值

采光等级	场所名称	侧面采光		顶部采光	
		采光系数标准值（%）	室内天然光照度标准值/lx	采光系数标准值（%）	室内天然光照度标准值/lx
Ⅲ	文物修复室①、标本制作室①、书画装裱室	3.0	450	2.0	300
Ⅳ	陈列室、展厅、门厅	2.0	300	1.0	150
Ⅴ	库房、走道、楼梯间、卫生间	1.0	150	0.5	75

注：1. 表中的陈列室、展厅是指对光不敏感的陈列室、展厅，如有特殊要求，应根据展品的特征和使用要求优先采用天然采光。
2. 书画装裱室设置在建筑北侧，工作时一般仅用天然光照明。
① 表示采光不足部分应补充人工照明，照度标准值为 750lx。

（8）展览建筑的采光标准值应按以下原则，展览建筑的采光标准值不应低于表 8－47 的规定。

表 8－47　展览建筑的采光标准值

采光等级	场所名称	侧面采光		顶部采光	
		采光系数标准值（%）	室内天然光照度标准值/lx	采光系数标准值（%）	室内天然光照度标准值/lx
Ⅲ	展厅（单层及顶层）	3.0	450	2.0	300
Ⅳ	登录厅、连接通道	2.0	300	1.0	150
Ⅴ	库房、楼梯间、卫生间	1.0	150	0.5	75

（9）交通建筑的采光标准值应按以下原则，交通建筑的采光标准值不应低于表 8－48 的规定。

表 8－48　　交通建筑的采光标准值

采光等级	场所名称	侧面采光		顶部采光	
		采光系数标准值（%）	室内天然光照度标准值/lx	采光系数标准值（%）	室内天然光照度标准值/lx
Ⅲ	进站厅、候机（车）厅	3.0	450	2.0	300
Ⅳ	出站厅、连接通道、自动扶梯	2.0	300	1.0	150
Ⅴ	站台、楼梯间、卫生间	1.0	150	0.5	75

（10）体育建筑的采光标准值应按以下原则，体育建筑的采光标准值不应低于表 8－49 的规定。

表 8－49　　体育建筑的采光标准值

采光等级	场所名称	侧面采光		顶部采光	
		采光系数标准值（%）	室内天然光照度标准值/lx	采光系数标准值（%）	室内天然光照度标准值/lx
Ⅳ	体育馆场地、观众人口大厅、休息厅、运动员休息室、治疗室、贵宾室、裁判用房	2.0	300	1.0	150
Ⅴ	浴室、楼梯间、卫生间	1.0	150	0.5	75

注：采光主要用于训练或娱乐活动。

8.1.4　天然采光与人工照明

众所周知，人们习惯在天然光下面工作、休息和生活。建筑物天然采光比人工照明具有许多优点。因此，人们在长期的建筑实践中，一直把天然光作为建筑采光的主要来源，并积累了不少采光经验。在 20 世纪 50 年代，由于高光效、长寿命而且价廉的新光源不断出现，再加之电价低廉，空调设备的大量推广应用等因素，导致一些经济发达的国家一度只重视人工照明，而忽视天然光的利用，出现无窗建筑热。而有窗的建筑，在大玻璃窗后面拉上遮挡日光的窗帘，室内整天灯火通明，甚至靠窗部位也如此。到 70 年代，能源问题出现之后，为了节能，对建筑中如何充分利用天然光能，节约照明用电量，改善室内采光条件，创造良好的视觉工作环境问题，又普遍地引起了国内外建筑工作者的高度重视，并进行了大量的研究，取得了不少新成果，从而有力地促进了建筑采光技术的发展。

天然光具有一些物理特性，如波动性，微粒性，发出光辉，光色自然，能够显示出质感，而且富于动态变化。鉴于这些特性，天然光有其他光源不可比拟的独特的表现力。天然光通过窗玻璃入射到室内空间，由于光的质感和透明玻璃的质感相似，可赋予人们以天然光的纯净的感觉。天然光还具有透射、反射、折射、漫射等特性，将这些特性运用于光环境设计中，可使光在室内空间产生丰富的表现力。此外，天然光还具有方向性。这不仅在室内空间可增强人和物的可见度，改变室内空间的尺度和比例，还可产生光影效果，创造人和物的立体感。由此可见，在室内空间利用天然光创造环境艺术是有很大魅力的。可以说，这是现代建筑喜用天然光的主要原因。

天然采光就是将日光引入建筑内部，并且将其按一定的方式分配，以提供人比工光源更理想和质量更好的照明。天然采光能够改变光的强度、颜色和视觉，它不但可以减少照明用电，还可以营造一个动态的室内环境，形成比人工照明系统更为健康和兴奋的工作环境，开拓视野，放松神经，有益于室内人员身体和身心健康。但是如果设计不当，会影响视觉效果，并产生不舒适感，同时也会增加能耗。

从古至今，天然采光一直在建筑设计中得到广泛应用。随着空调、荧光灯照明、钢结构框架和电梯等相关技术的发展，以及电能价格的下降，建筑开始向高层化和大型化发展，天然采光有所减缓。对于新建大型建筑，楼层高，进深宽，大部分区域离窗和屋顶较远，这些区域的采光完全靠人工照明来完成。但是，最近的研究结果表明，在大型建筑的周边区域采用天然采光，还是非常有价值的。虽然，前期投资会高一些，但短期内就可收回。

20世纪70年代初期，能源危机导致能源价格上涨，这使得天然采光越发受到人们的欢迎，因为它不仅节省能源和降低建筑能耗，而且减少环境污染。科学研究表明，天然光不仅对人的视觉系统有很大影响，而且还影响人体的光生物学特性，可以改善人体身心健康，提高生产力。

过去，天然采光研究总是强调天空亮度分布和天然光计算模型。现在，人们更注重天然光对室内人员的影响，以及如何改进建筑天然采光设计技术，提高工作效率。这些新的研究使得建筑更加向人性化方向发展。例如，通过侧窗射进的天然光，由于它近乎水平的光能创造出一种特殊的造型效果和亮度分布，也可以通过天窗或其他开窗形式获得天然光。同时，窗子还能提供大多数人所喜欢的与外部世界的视觉联系。要避免由于工作区域内的直射阳光引起过度的对比和热觉不舒适，需提供合适的阳光控制，诸如百叶窗或遮阳板以避免直射阳光落在工作者身上或其视野范围内的表面上。在侧窗采光的室内，可供利用的天然光随着与窗的距离增加而迅速衰减。在这些室内工作面上离窗3m和离侧墙1m处的采光系数不得低于1%，并应当提供辅助光，以保证达到工作面要求的照度，平衡室内的亮度分布。自动或人工开关与调光器或单用调光器可用来保证电气照明与天然光的合理综合利用。

8.1.5 光与健康

光是电磁辐射的一种可见形式，波长范围在380～780nm之间。在光谱中，与之毗邻的是波长较小的紫外线，以及波长较大的红外线。

在健康照明领域，已经有很多学者在关注光与人体健康之间的关系。室内环境与人的身心健康具有一定的相关性，是一些慢性疾病的来源之一。

1. 光对生理的影响

光线进入眼睛并射入视网膜上的光感受器，如视杆细胞、视锥细胞及固有光敏性视网膜神经节细胞（ipRGC）。所有这些细胞都会吸收光，并将其作为信息以电化学信号的形式发送到大脑的不同部位。视杆细胞可促进周边视觉及光线较暗条件下的视觉，对绿蓝光（498nm）表现出峰值灵敏度。视锥细胞可促进白天视觉和色觉，此系统感知亮度的峰值灵敏度发生在绿黄光（555nm）处。

除了促进视觉以后，光还会以非视觉方式影响人体。人类和动物体内都有生物钟，能够按照大约24h的周期同步生理功能，称为昼夜节律。身体会对多种环境钟（使生理功能与此周期中的太阳日保持一致的外部信号）做出反应。光是这些环境钟中最重要的一种，它使身体的生物钟在称为昼夜节律光诱导的过程中保持同步。

ipRGC对昼夜节律系统至关重要，它可以将信息发送到大脑的不同部位来触发体内下游反应。这些细胞对凫蓝光（≈480nm）表现出峰值灵敏度。值得注意的是，ipRGC能够将信息投射到大脑的特定部位（称为视交叉上核），使之根据所接收到的光判断一天中的时间，这一主时钟随后会充当振荡器，以同样的方式同步外周组织和器官中的时钟。

多种生理过程（包括与警觉、消化和睡眠相关的生理过程）在某种程度上都是通过此周期中所涉及的激素变化和相互作用进行调节的。考虑到光线对睡眠所起的作用，也考虑到美国医学研究所报告说，有5000万～7000万美国成年人患有慢性睡眠或失眠障碍，因此考虑光照具有特别重要的意义。此外，这种障碍及慢性睡眠不足可能会导致罹患某些并发症（包括糖尿病、肥胖、抑郁、心脏病发作、高血压和中风）的风险增加。

所有的光（不只是日光）都会影响昼夜节律光诱导。由于人们一天中清醒的时间很多都是在室内度过的，照明不足或不当的照明设计可导致昼夜节律时相偏移，尤其是结合夜间光照不当的情况时。人类对光始终敏感，在正常情况下，深夜/清晨的光照会使人们的节律前移（时相提前），而黄昏/前半夜的光照会使人们的节律后移（时相延迟）。为了保持正确同步的最佳昼夜节律，人体既需要光周期也需要暗周期。

2. 光与心理

色彩是通过眼、脑和我们的生活经验所产生的一种对光的视觉效应，不同的色彩对人的生理刺激效果是不一样的。对于大多数人来说，橘红、黄色以及红色的色系总是和温暖、热烈等相联系，因而称之为暖色调；至于蓝色系则与平静、安逸、凉快相连，称之为冷色调；黑、白、绿、紫等色给人的感觉是不冷不暖，称为“中性色”。暖色调能使人瞳孔扩大加速脉搏跳动，尤其是黄红橙等刺激性强的色彩，能赋予人活力，使人产生激情，而色彩明度与彩度越大时效果尤甚。体弱多病的人处于这样的色彩环境中，可以使其心情愉快，乐于活动，增强机体内的代谢和抗病功能。另一方面，冷色调能使人安静，可减轻眼睛的疲劳，长期处于紧张状态的人，如果进入到幽静、明快、清新的冷色调的环境中，会感到精神放松、神情安宁。

光的色温与色彩有着密切的关系，光的色温越低，色调越暖（偏红）；光的色温越高，色调越冷（偏蓝）。不同色温的光对使用者的心理感受会产生不同的影响。实验表明，相比于 2700K 色温，4000K 色温下，空间的舒适性和感知的宽敞性都更好；而相比于 3500K 的色温，5000K 的色温下，人感知的空间亮度更高。同时，随着色温的提高，视觉舒适度和自我报告的工作效率下降。因此，室内光环境不宜长时间保持高色温的状态，通过调节光环境的色温，可以改善使用者的视觉舒适度，提高工作效率。

光环境中的照度对使用者的心理也会产生影响。高色温光源照射下，如照度不高，就会给人们一种阴冷的感觉；低色温光源照射下，照度过高则会给人们一种闷热的感觉。若在相同的色温（4000K）下，人眼处的照度分别为 200lx 和 1000lx，两者相比，照度越高，人的警觉性越高；而在不同的场景中，不同的使用对象对同一照度的满意度不同。针对心内科的光照实验表明，在 4000K 色温下，当照度在 100lx、200lx 和 400lx 时，照度和医护满意度呈正相关性，而病患的满意度在 200lx 时为最高。

8.2　电光源、灯具及选用

8.2.1　概述

将电能转换成光学辐射能的器件，称为电光源，而用作照明的称为照明电光源。目前，使用的电光源，按其工作原理可分为两大类：

（1）热辐射光源。利用电能使物体加热到白炽程度而发光的光源，如白炽灯、卤钨灯。

（2）气体放电发光光源。利用气体或蒸汽的放电而发光的光源，分为弧光放电灯和辉光放电灯。弧光放电灯有荧光灯、低压钠灯、荧光高压汞灯、高压钠灯、金属卤化物灯、高压氙灯等；辉光放电灯有霓虹灯、氖灯。

随着技术的发展，近年来出现了一些新型的电光源，如发光二极管（LED）、无极荧光灯，如图 8－1 所示。

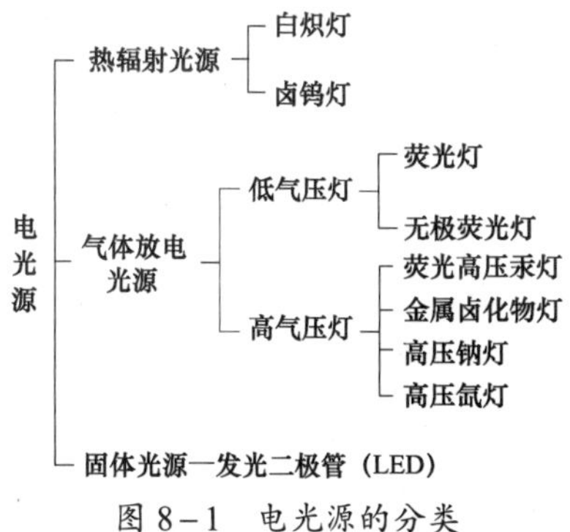

图 8－1　电光源的分类

8.2.2　热辐射光源

1. 白炽灯

白炽灯是根据热辐射原理制成的，灯丝在将电能转变成可见光的同时，还要产生大量的红外辐射和少量的紫外辐射。

（1）结构和材料。普通白炽灯的结构如图 8－2 所示，它由灯丝、支架、芯柱、引线、泡壳和灯头等部分组成。

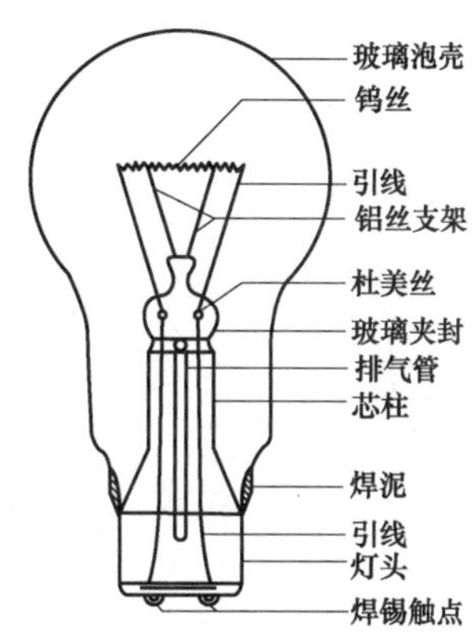

图 8－2　白炽灯的结构

白炽灯泡壳的形式很多，一般常采用与灯泡纵轴对称的形式，例如球形、圆柱形、梨形等，以求有较高的机械强度并便于加工，如图 8－3 所示。仅有很少的特殊灯泡是不对称的（如全反射灯泡的泡壳等）。

白炽灯常用的灯丝形状有单螺旋和双螺旋两种（由于双螺旋灯丝发光效率高，使其成为发展方向）。特殊用途的灯泡甚至还采用了三螺旋形状的灯丝，根据灯泡规格的不同，钨丝具有不同的直径和长度。为了提高光效率，灯丝应在尽可能高的温度下工作。

灯头是灯泡与外电路灯座连接的部位，其外形有多种（见图 8－4），并具有一定的标准，常用的灯头为螺口式（以字母 E 开头）和插口式（以字母 B 开头）两种。插口式有较好的耐振性，故常在飞机、汽车上使用。

灯头与泡壳的连接，采用特制的胶泥；引线与灯头的焊接通常用锡铅焊料或其他焊料。灯头通常采用铜皮、铝皮或铁皮镀锌制成。某些特种灯泡还可采用陶瓷灯头等。

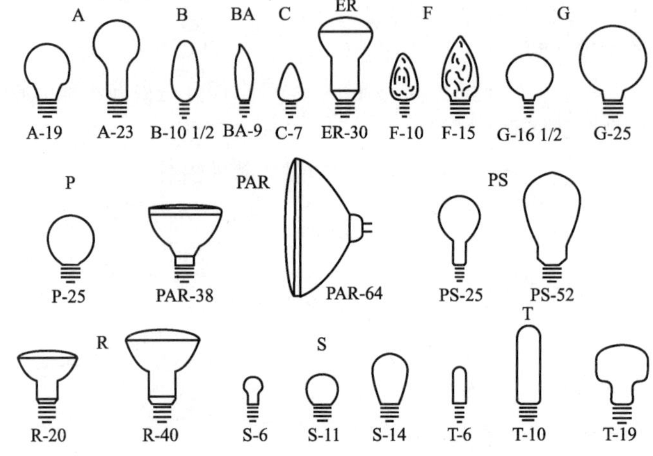

图 8-3 各种白炽灯的外形

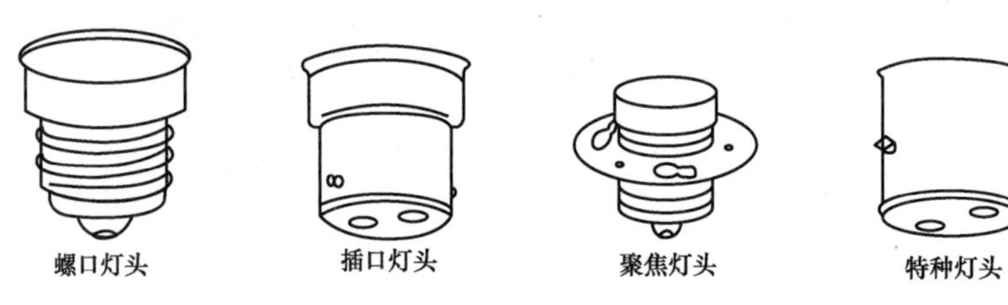

图 8-4 几种灯头外形

（2）类型。

1）规格。白炽灯的规格很多，分类方法不一，总的可分为真空灯泡和充气灯泡。但一般的分类基本上是根据用途和特性而定的，从大的类别来说可分为普通照明灯泡、电影舞台用灯泡、照相用灯泡、铁路用灯泡、船用灯泡、汽车用灯泡、仪器灯泡、指示灯泡、红外线灯泡和标准灯泡等。

2）型号意义。

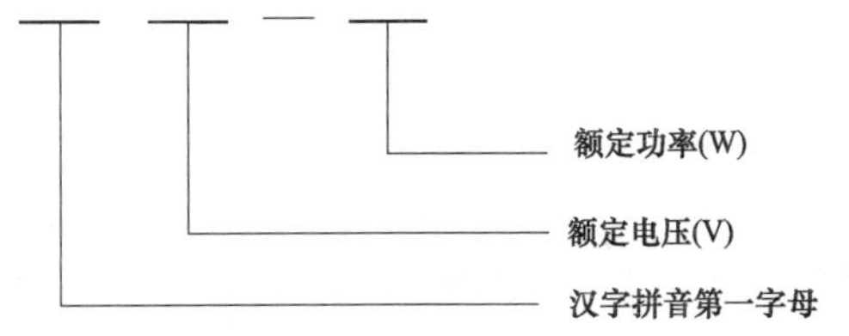

譬如，220V、100W 普通照明灯泡的型号为“PZ220-100”。其中，P—“普（Pu）”的第一个字母；Z—“照（Zhao）”的第一个字母；220—灯泡的额定电压（V）；100—灯泡额定功率（W）。白炽灯部分型号说明，见表 8-50。

表 8-50 白炽灯部分型号

型号	意义	说明
PZS220-40	双螺旋普通照明白炽灯泡	S—双（Shuang）
JZ36-60	普通低压照明白炽灯泡	J—降压（Jiang）
JZS36-40	双螺旋低压照明白炽灯泡	
PZF220-300	反射型普通照明白炽灯泡	F—反射（Fan）
ZSQ220-15	球型装饰照明白炽灯泡	ZS—装饰（Zhuang Shi）、Q—球（Qiu）
JG220-1000	聚光照明白炽灯泡	JG—聚光（Ju Guang）
JCF220-1000	反射型聚光照明白炽灯泡	
HW220-250	红外线白炽灯泡	HW—红外（Hong Wai）
ZX220-200	照相白炽灯泡	ZX—照相（Zhao Xiang）
ZF220-200	照相放大白炽灯泡	F—放大（Fang）

（3）光电参数。通常制造厂给出一些参数，以说明光源的特性，便于用户选用光源。光源特性的主要参数有以下几个方面：

1）额定电压 U_r。灯泡的设计电压称为“额定电压”。光源（灯泡）只能在额定电压下工作，才能获得各种规定的特性。使用时若低于额定电压，光源的寿命虽可延长，但发光强度不足，光效率降低；若在高于额定电压下工作，发光强度变强，但寿命缩短。因此，要求电源电压能达到规定值。

2）功率 P_r。灯泡（管）的设计功率称为“额定功率”，单位为 W（给定某种气体放电灯的额定功率与其镇流器损耗功率之和称为灯的“全功率”）。

3）额定光通量 Φ_r。在额定电压下工作，灯泡辐射出的是“额定光通量”，通常是指点燃 100h 以后，灯泡的初始光通量，以 1m 为单位。对于某些灯泡，例如反射型灯泡还应规定在一定方向的发光强度。

由于灯丝形状的变化、真空度（或充气纯度）的下降、钨丝蒸发黏附在灯泡内壁等因素，白炽灯在使用过程中光通量会衰减。充气白炽灯内的气体可以抑制钨丝的蒸发，因而光通量衰减情况较好。

通常还引入“光通量维持率”这一概念，它是指灯在给定点燃时间后的光通量与其初始光通量之比，用百分比表示。

4）发光效率 η。用灯泡发出的光通量和消耗的电功率的比值来表示灯的效率，称作发光效率（简称“光效”），单位为 lm/W。普通白炽灯泡的光效很低，约为 9～12lm/W。

5）寿命 τ。灯泡的寿命是评价灯的性能的一个重要指标，它有“全寿命”和“有效寿命”之分。

灯泡从开始点燃到不能工作的累计时间称为灯泡的“全寿命”（或者根据某种规定标准点燃到不能再使用的状态的累计时间）。

有效寿命是根据灯的发光性能来定义的。灯泡从开始点燃到灯泡所发出的光通量衰减至初始光通量的某一百分数（70%～85%）时的累计时间，称为灯的“有效寿命”。所谓“平均寿命”是指每批抽样试验产品有效寿命的平均值，产品样本上列出的光源寿命一般指平均寿命。白炽灯的有效寿命为 1000h。

白炽灯的寿命受电源电压的影响，如图 8-5 所示。从图中可知，随着电源电压升高，灯泡寿命将大大降低。随着灯丝温度的变化，灯泡的寿命和发光效率都将产生变化，同一个灯泡发光效率越高，寿命就越短。由图 8-5 可以看出，当电源电压变化时，白炽灯除了寿命有很大变化外，光通、光效、功率等也都有较大的变化。

6）光谱能量分布 E_λ。白炽灯是热辐射光源，具有连续的光谱能量（功率）分布。

7）色温 T_c、显色指数 R_a。白炽灯是低色温光源，一般为 2400～2900K；一般显色指数为 95～99。

（4）特点。白炽灯的特点是，具有高度的集光性，便于控光，适于频繁开关，点燃或熄灭对灯的性能、寿命影响较小，辐射光谱连续，显色性好，价格便宜，使用极其方便；缺点是光效较低。

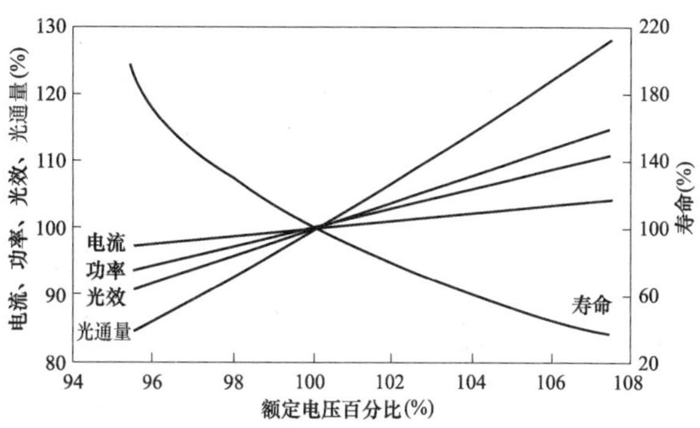

图 8-5 白炽灯光电参数与电源电压的关系

（5）白炽灯产品限制。2016 年 10 月 1 日起，我国禁止进口和销售 15W 及以上普通照明白炽灯。淘汰普通照明白炽灯：① 设计用于家庭和类似场合普通照明；② 电源电压：200～250V（含 200V、250V）。豁免产品为反射型白炽灯和特殊用途白炽灯。其中，特殊用途白炽灯是指专门用于科研医疗、火车船舶航空器、机动车辆、家用电器等的白炽灯。

2. 卤钨灯

填充气体内含有部分卤族元素或卤化物的充气白炽灯称为卤钨灯。卤钨灯也是一种热辐射光源，性能比普通钨丝白炽灯泡有了很大改进。

（1）卤钨循环的原理。卤钨灯是由白炽灯改进而来。在白炽灯内充气，只能减弱灯丝的损耗，仍然避免不了钨原子从中蒸发出来，向管壁方向扩散，并附着在泡壳上，而使管壁发黑。但当卤素加进填充气体后，如果灯内达到某种温度和设计条件，钨与卤素将发生可逆的化学反应。简单地讲，说是白炽灯灯丝蒸发出来的钨，其中部分朝着泡壳壁方向扩散。在灯丝与泡壳之间的一定范围内，其温度条件有利于钨和卤素结合，生成的卤化钨分子又会扩散到灯丝上重新分解，使钨又送回到了灯丝。至于分解后的卤素则又可参加下一轮的循环反应，这一过程称为卤钨循环或再生循环。

理论上氟、氯、溴、碘四种卤素都能在灯泡内产生再生循环，区别就在于循环时，产生各种反应所需的温度不同。目前，广泛采用的是溴、碘两种卤素，制成的灯分别称为溴钨灯和碘钨灯，并统称为卤钨灯。

（2）结构与技术参数。卤钨灯分为两端引出和单端引出两种，如图 8-6 所示。两端引出的灯管用于普通照明；单端引出的用于投光照明、电视、电影、摄影等场所。

卤钨灯的技术参数见表 8-51～表 8-55（OSRAM 系列产品）。

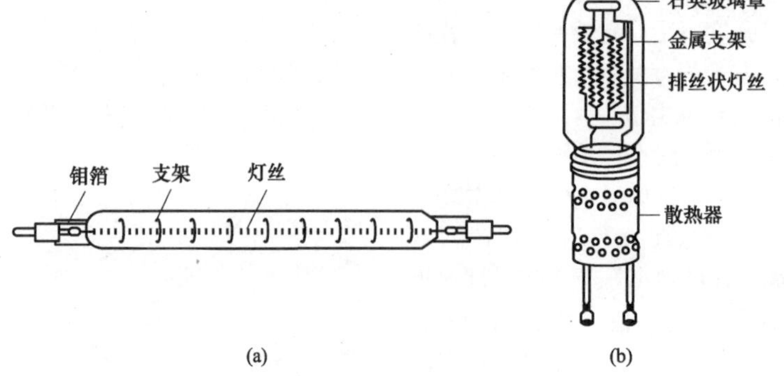

图 8-6 卤钨灯外形

（a）两端引出；（b）单端引出

表 8-51 照明直管形卤钨灯

型号	电压/V	功率/W	光通量/lm	显色指数	色温/K	寿命/h	尺寸（直径×长度）/mm×mm	灯头型号
LZG220-300	220	300	5000	95～99	2800±50	1000	ϕ12×140±2	Fa4

表 8-52 单端卤钨灯

型号	电压/V	功率/W	光通量/lm	色温/K	寿命/h	最大直径/mm	灯头高度/mm
64478BT	220	150	2550	2900	2000	ϕ48	117

表 8-53 卤钨反射灯

型号	功率/W	发光强度/cd	光束角（°）	色温/K	寿命/h	开口直径/mm	整灯长度/mm
64836FL	50	1100	30	3000	2000	ϕ64.5	91

表 8-54 低压卤钨反光杯灯

型号	电压/V	功率/W	光束角（°）	发光强度/cd	寿命/h	开口直径/mm	整灯长度/mm
44865WFL	12	35	38	1000	2000	ϕ51	45

表 8-55 冷光束卤钨灯

型 号	电压/V	功率/W	发光强度/cd	光束角（°）	色温/K	寿命/h	尺寸（直径×长度）/mm×mm	灯头型号
LDJ12-50N	12	50	9050	12	3000	3000	ϕ50×45	G×5.3
LDJ12-50M			3000	24				
LDJ12-50W			1500	38				

注：N—窄光束；M—中光束；W—宽光束。

（3）卤素的选择。

1）碘钨灯。碘钨灯是所有卤钨灯中最先取得商业价值的，其主要原因是由于维持碘再生循环的温度很适合许多实用灯泡的设计，特别适用于寿命超过1000h 以上和钨蒸发速率不大的灯。

碘在室温下是固体，熔点为 113℃，沸点为 183℃，25℃时的蒸气压为 49.3Pa。主要的化学反应是 $W+2I \Leftrightarrow WI_2$，反应温度约为 1000℃。要能成功地维持再生循环，则灯丝的最低温度应是 1700℃，泡壳壁温度至少达到 250℃。所需碘量要以多少钨需要再生而定，灯内呈紫红色的碘蒸气成分越多，那么被这种蒸气吸收而损失的光就越多，在实际设计中，光的损失可高达 5%。

2）溴钨灯。溴钨灯的寿命一般限制在 1000h 以内，钨丝的蒸发速率也比碘钨灯高，一般灯丝温度在2800℃以上。在室温下，溴呈液体状，熔点为 −7.3℃，沸点为 58.2℃，25℃时的蒸气压为 30 800Pa。溴钨循环和碘钨循环极为相似，在此循环中形成 WBr_2，所需温度约为 1500℃。

采用溴化物的优点是它们能在室温下以气体的形式填充入泡壳内，从而简化了生产过程。此外，灯内充入少量溴，实际上不会造成光吸收。因此光效的数值可比碘钨灯高 4%～5%，它形成再生循环的泡壳温度范围也比较宽，一般为 200～1100℃。主要缺点是溴比碘的化学性能要活泼得多，若充入量稍微过量，即使灯的温度低于 1500℃时也会对灯丝的冷端产生腐蚀。

由于碘在温度为 1700℃以上的灯丝和 250℃左右的泡壳壁间循环，对钨丝没有腐蚀作用，因此，需要灯管寿命长些就采用碘钨灯；需要光效高的灯管可用溴钨灯，但寿命就短些。

（4）特点。由于卤钨循环体蒸发的钨又不断地回到钨丝上，抑制了钨的蒸发，并且因灯管内被充入较高压力的惰性气体而进一步抑制了钨蒸发，使灯的寿命有所提高，最高可达 2000h，平均寿命为 1500h，为白炽灯的 1.5 倍；因灯管工作温度提高，辐射的可见光量增加，使得发光效率提高，光效可达 10～30lm/W；工作温度高，光色得到改善，显色性也好；卤钨灯与一般白炽灯比较，它的优点是体积小、效率较高、功率集中，因而可使照明灯具尺寸缩小，便于光的控制。因此灯具制作简单，价格便宜，运输方便。卤钨灯的显色性好，其色温特别适用于电视播放照明，并用于绘画、摄影和建筑物的投光照明等场合。

卤钨灯的另一个特点是它比一般白炽灯的紫外辐射多，造成这一现象的原因是因为卤钨灯的灯丝温度较高以及石英泡壳能透过紫外辐射。采用硬质玻璃的泡壳能有效地抑制卤钨灯的紫外辐射；而玻璃罩和玻璃外壳，可以使紫外辐射减少到无害的程度。

（5）应用。较之常用的白炽灯，卤钨灯具有许多显著的特性和设计上的优点。因此，它在各个照明领域中得到了广泛的应用。

1）一般照明用卤钨灯。主要是在市电下工作的两端引出的管状卤钨灯。寿命大于 2000h，灯功率100W～2kW，相应的灯管直径 8～10mm，灯管长 80～330mm，两端采用 RTS 的标准磁接头，需要时在磁管内还装有熔丝。一般照明也有单端引出的，还可将小型卤钨灯泡装在灯头为 E26/E27 的外泡壳内，做成二重管形的卤钨灯泡，在原有灯具中可直接代替普通白炽灯。

2）投光照明用卤钨灯。主要有带介质冷反光镜的定向照明卤钨灯（MR 型）、卤钨 PAR 灯以及放映卤钨灯。MR 型是将反光镜和灯泡一体化的卤钨灯，反射镜内表面涂镀多层介质膜，以反射可见光透过红外（滤掉），俗称冷光束卤钨灯，反射镜可以是抛物面也可以是多棱面，光束可做成宽、中、窄三种，电压有 6V/12V/24V，功率为 10～75W，色温为 3000K，寿命为 2000～3000h，灯泡可通过电子变压器接 220V 市电（也有可直接安装 220V 的灯泡），广泛用于橱窗、展厅、宾馆以及家庭，既节电又突出照明效果，还能美化环境。卤钨 PAR 灯比普通白炽灯效率高，可节电 40%左右，广泛用于舞台、影视、橱窗、展厅及室外照明。

3）其他。舞台、影视照明用卤钨灯，体积小，不会发黑，发光体集中，便于在各种灯具中应用，功率为 500～20kW。汽车前照灯中也大量采用卤钨灯泡。

8.2.3　气体放电光源

1. 荧光灯

为了把放电过程中产生的紫外线辐射转化为可见光，低气压汞蒸气弧光放电灯在它的玻璃管内壁上涂有荧光材料，俗称荧光灯。它与白炽灯的发光原理完全不同，是一种低压气体放电灯。

（1）结构与材料。荧光灯的结构如图 8−7 所示。它由内壁涂有荧光粉的钠钙玻璃管组成，其两端封接上涂覆三元氧化物电子粉的双螺旋形的钨电极，电极常常套上电极屏蔽罩。尤其在较高负载的荧光灯中，电极屏蔽罩一方面可以减轻由于电子粉蒸发而引起的荧光灯两端发黑，使蒸发物沉积在屏蔽罩上；另一方面可以减少灯的闪烁现象。灯管内还充有少量的汞，所产生的汞蒸气放电可使荧光灯发光。

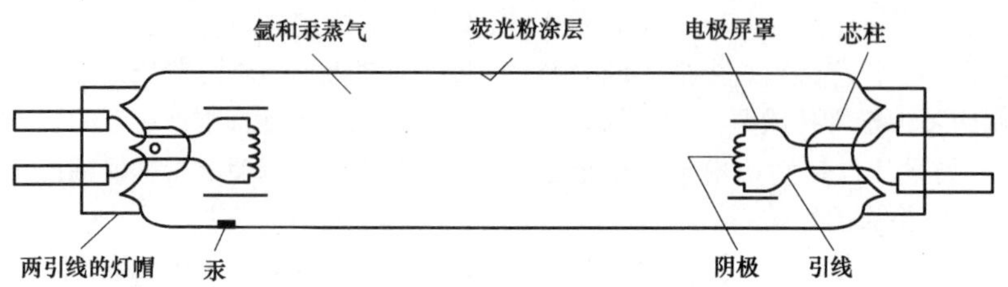

图 8－7　荧光灯的结构

在荧光灯工作时，汞电弧辐射出的绝大部分辐射能量是波长为 253.7nm 的紫外特征谱线，再加上少量的其他紫外线，也仅有 10%在可见光区域。为了提高光效，必须将 253.7nm 的紫外辐射转换成可见光，这就是玻璃管内要涂荧光粉的原因，荧光粉可使灯的发光效率提高到 80lm/W，差不多是白炽灯光效的 6 倍之多。

由于气体放电灯的负伏安特性，因此荧光灯必须与镇流器配合才能稳定地工作。此外，镇流器或诸如启动开关等附加设备也会加起到热电极、提供热电子发射使灯管开始放电的作用，故荧光灯的工作线路比热辐射光源复杂。

（2）荧光灯的种类。

1）按功率（灯的负荷或管壁单位面积所耗散的功率）分类：

① 标准型：在标准点灯条件（环境温度 20～25℃、湿度低于 65%）下，为获得应有的发光效率，将管壁温度设计在最佳温度值（约 40℃），管壁负荷 300W/m^2。

② 高功率型：为了提高单位长度的光通量输出，增加了灯的电流，管壁负荷设计约为 500W/m^2。

③ 超高功率型：为进一步提高光输出，管壁负荷设计约为 900W/m^2。高功率型的灯和超高功率型的灯，一般采用快速启动的方式工作。

2）按灯管工作电源的频率分类。荧光灯是非纯电阻性元件，工作在不同频率的电源电压情况下，管压降不同。

① 工频灯管是指工作在电源频率为 50Hz 或 60Hz 状态下的灯管，一般与电感镇流器配套使用。目前市场中生产的主要是此种灯管。

② 高频灯管是指工作在 20～100kHz 高频状态下的灯管，高频电流是与其配套的电子镇流器产生的。

③ 直流灯管是指工作在直流状态下的灯管，直流电压是由其配套的 AC/DC 整流器供给。

3）按灯管形状和结构分类：

① 直管型荧光灯的灯管长度 150～2400mm，直径 15～38mm，功率 4～124W。普通照明中使用广泛的灯管长度为 600mm、1200mm、1500mm、1800mm 及 2400mm，灯管直径有 38mm（T12）、25mm（T8）、15mm（T5）（“T”后面的数为 1/8inch 的倍数）。T12 灯管多数是涂卤磷酸盐荧光粉，填充氩气。其规格有 20W（长 600mm）、30W（长 900mm）、40W（长 1200mm）、65W（长 1500mm）、75W/85W（长 1800mm）、125W（长 2400mm），还有 100W（长 2400mm）填充氪－氩混合气，它可以安装在 125W 荧光灯具里以替代 125W 的灯管。T8 灯管内充氪－氩混合气体。它可直接取代以开关启动电路工作的充氩气的 T12 灯管（具有同样的灯管电压与电流），但取用的功率比 T12 灯管少（氪气使电极损耗减小）。T5 灯管比 T8 灯管节电 20%，使用三基色稀土荧光粉，R_a>85，寿命 7500h。

② 高光通量单端荧光灯灯管在一端有四个插脚。主要灯管有 18W（255mm）、24W（320mm）、36W（415mm）、40W（535mm）、55W（535mm）。它与直管型荧光灯相比具有结构紧凑，光通量输出高，光通量维持好，在灯具中的布线简单了许多，灯具尺寸与室内吊顶可以很好地配合等特点。

③ 紧凑型荧光灯（CFLs-Compact Fluorescent Lights）使用 10～16mm 的细管弯曲或拼接成一定形状（有 U 形、H 形、螺旋形等），以缩短放电管线形长度。它可以分为两大类：一类灯和镇流器是一体化的；另一类灯和镇流器是分离的。

因此紧凑型荧光灯的节能效果显而易见。

4）特殊荧光灯。

① 高频无极感应灯（又称无极荧光灯）可利用气体放电管内建立的高频（频率可达几兆赫）电磁场，使灯管内气体发生电离而产生紫外辐射，以激发泡壳内荧光粉层来发光的。因为它没有电极，故寿命可以很长，市场上已有的灯可达 60 000h。目前 Philips（飞利浦）、GE（通用）、OSRAM（欧司朗）等公司都推出了 55W、85W、100W 的无极感应灯产品，发光效

率为 60～80lm/W。大功率分为两种：一种是球形 165W、12 000lm，放电频率 2.65MHz；另一种是环状方形 150W、12 000lm，放电频率 250kHz。后一种放电频率较低，比较容易抑制电磁干扰。

② 平板（平面）荧光灯是两个互相平行的玻璃平板构成密闭容器，里面充入惰性气体和它的混合气体（如氙、氖－氙），内壁涂上荧光粉，容器外装上一对电极，就构成了平面荧光灯。这种灯光线柔和、悦目，可与室内的墙面、顶棚融为一体，同时它无需充汞，因而无污染。

（3）工作特性。

1）电源电压变化的影响。电源电压变化对荧光灯光电参数是有影响的，供电电压增高时灯管电流变大、电极过热促使灯管两端早期发黑，寿命缩短。电源电压低时，启动后由于电压偏低工作电流小，不足以维持电极的正常工作温度，因此加剧了阴极发射物质的溅射，使灯管寿命缩短。因此要求供电电压偏移范围为±10%。荧光灯光电参数随电压变化的情况，如图 8－8 所示。

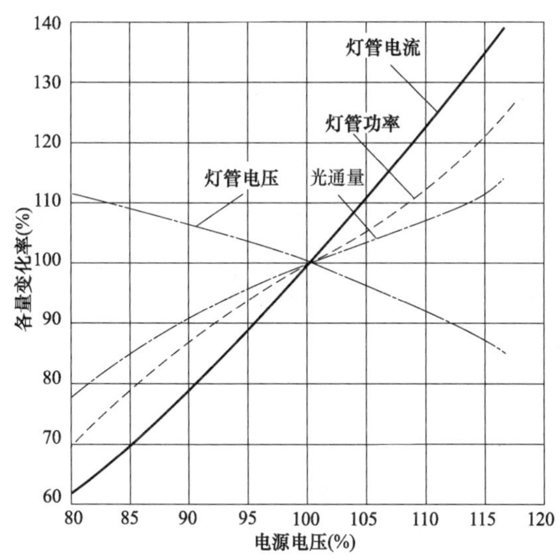

图 8－8　荧光灯光电参数随电压的变化

2）光色。荧光灯可利用改变荧光粉的成分来得到不同的光色、色温和显色指数。

常用的是价格较低的卤磷酸盐荧光粉，它的转换效率较低，一般显色指数 R_a 为 51～76，有较多的连续光谱。

另一种是窄带光谱的三基色稀土荧光粉，它转换效率高，耐紫外辐射能力强，用于细管径的灯管可得到较高的发光效率（紧凑型荧光灯内壁涂的是三基色稀土荧光粉），三基色荧光灯比普通荧光灯光效高 20%左右。不同配方的三基色稀土荧光粉可以得到不同的光色，灯管一般显色指数 R_a 为 80～85，线光谱较多。

多光谱带荧光粉，R_a＞90，但与卤磷酸盐粉、三基色粉相比，效率低。

无论灯管的内壁涂敷何种荧光粉，都可以调配出三种标准的白色，它们是暖白色（2900K）、冷白色（4300K）、日光色（6500K）。

3）环境温、湿度的影响。环境温度对荧光灯的发光效率是有很大影响的。荧光灯发出的光通量与汞蒸气放电激发出的 254mm 紫外辐射强度有关，紫外辐射强度又与汞蒸气压有关，汞蒸气压与灯管直径、冷端（管壁最冷部分）温度等因素有关（冷端温度与环境温度有关）。

对常用的水平点燃的直管型荧光灯来说，环境温度 20～30℃，冷端温度 38～40℃时的发光效率最高（相对光通输出最高）；对细管荧光灯，最佳工作温度偏高一点；对紧凑型细管荧光灯，工作的环境温度就更高些。一般来说，环境温度低于 10℃还会使灯管启动困难，灯管工作的最佳环境温度为 20～35℃。管壁温度及环境温度对荧光灯光输出的影响，如图 8－9 所示。

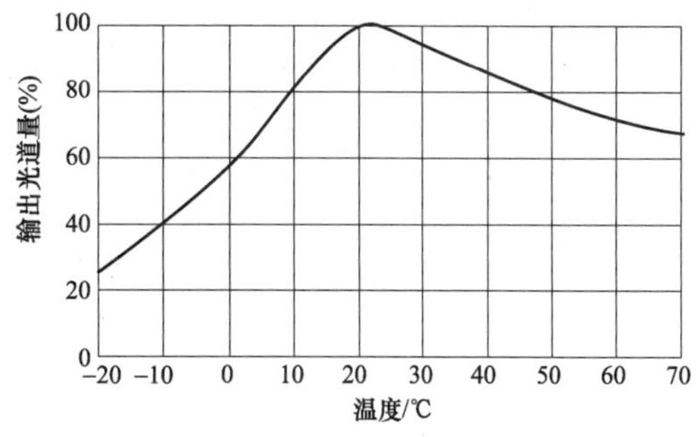

图 8－9　荧光灯的光输出随环境温度的变化

环境湿度过高（75%～80%），对荧光灯的启动和正常工作也是不利的。湿度高时，空气中的水分在灯管表面形成一层潮湿的薄膜，相当于一个电阻跨接在灯管两极之间，提高了荧光灯的启动电压，灯的启动困难。由于启动电压升高，使灯丝预热启动电流增大，阴极物理损耗加大，从而使灯管寿命缩短。一般相对湿度在 60%以下对荧光灯工作是有利的，75%～80%时是最不利的。

4）控制电路的影响。荧光灯所采用的控制电路类型对荧光灯的效率、寿命等都有影响。在启辉器预热电路中，灯的寿命主要取决于开关次数。优质设计的电子启动器，可以控制灯丝启动前的预热，并当阴极达到合适的发射温度时，发出触发脉冲电压，使灯能更为可靠地启动，从而减少了对电极的损伤，有效地延长了荧光灯的寿命。应用高频电子镇流器的点灯电路也同样对灯丝电极的损伤极小，不会因为频繁开关而影响灯管寿命。大多数的电路在灯点燃期间提供了一定的电压持续辅助加热，它帮助阴极灯丝维持所需的电子发射温度。电极损耗的减少必然能提高荧光灯的总效率。

5）寿命。当灯管的一个或两个电极上的发射物质耗尽时，电极再也不能产生足够的电子使灯管放电，灯的寿命即终止。当灯工作时，阴极上的发射物质不断消耗；当灯启动时，尤其在开关启动电路工作时，阴极上还会溅射出较多的发射物质，这种溅射会使灯管的寿命缩短。我们知道，发射物质蒸发的速度在一定程度上也是依赖于充气压力的，充气压力减少会使蒸发速度增大，从而降低灯的寿命。

影响荧光灯寿命的另一个因素是开关灯管的次数。目前，灯管寿命的认定是根据国际电工委员会的规定（IEC81.1984）进行测试——将灯管用一个特制的镇流器点燃，基于每天开关 8 次或每 3h 开关 1 次的工作条件下来获得。这个寿命认定提供了灯管的中期期望寿命，它是大量的荧光灯同时点燃，其中 50% 报废的时间。总之，灯管开关次数越多，寿命则越短。

6）流明维持（光通量衰减）。流明维持特性是指灯管在寿命期间光输出随点燃时间变化的情况，简称流明维持（或光通量衰减）。影响荧光灯流明维持的因素很多，包括玻璃的成分、灯的表面负载、充入惰性气体的种类和压力、涂层悬浮液的化学添加剂、荧光粉的粒度和表面处理以及灯的加工过程等。

光通量衰减的主要原因是由于荧光粉材料的损伤。譬如，对高负载的灯和充气压力较低的灯，由于气体放电产生的短波长的紫外辐射（185nm）的增加，灯内荧光粉受到的损伤较大，因而灯的流明维持性能变差。灯管玻璃中的钠含量也是一个不可忽视的因素。造成光通量衰减还有一个原因是在荧光灯启动和点燃时，灯丝上所散落的污染物质沉积在荧光粉的表面；此外，当荧光灯工作相当长一段时间后，金属汞微粒在表面的吸附和氧化亚汞在表面的沉积，这使得荧光粉涂层表面呈明显的灰色。为了防止荧光粉的恶化以及玻璃和汞反应引起的黑化，在现代制灯的技术中，采用先在玻璃上涂一层保护膜，然后再涂荧光粉的工艺，这极大地改善了荧光灯的流明维持特性。

7）闪烁与频闪效应。荧光灯工作在交流电源情况下，灯管两端不断改变电压极性，当电流过零时，光通量即为零，由此会产生闪烁感。这种闪烁感是由于荧光粉的余辉作用，人们在灯光下并没有明显的感觉，只有在灯管老化和近寿终前的情况下才能明显地感觉出来。当荧光灯这种变化的光线用来照明周期性运动的物体时，将会降低视觉分辨能力，这种现象称为“频闪效应”。

为了消除这种频闪效应，对于双管或三管灯具可采用分相供电，而在单相电路中则采用电容移相的方法：此外，采用电子镇流器的荧光灯可工作在高频状态下，能明显地消除频闪效应；当然，采用直流供电的荧光灯管可以做到几乎无频闪效应。

8）高频工作特性。当气体放电灯在交流供电情况下工作时，气体或金属蒸气放电的特性取决于交流电的频率和镇流器的类型。灯的等效阻抗近似为一个非线性电阻和一个电感的串联。在交流 50/60Hz 时，灯的阻抗在整个交流周期里一直不停地变化，从而导致了非正弦的电压和电流波形，并产生了谐波成分。荧光灯大约在工作频率超出 1kHz 时，灯内的电离状态不再随电流迅速地变化，从而在整个周期中形成几乎恒定的等离子体密度和有效阻抗。因此，灯的伏安特性曲趋于线性，波形失真也因之降低，如图 8－10 所示。荧光灯的高频工作特性曲线，如图 8－11 所示，从曲线中可看出，当其工作频率超过 20kHz 时，发光效率可提高 10%～20%，同时荧光灯工作在高频状态下，可以克服闪烁与频闪给人带平的视觉不舒适。基于此原理，电子镇流器应运而生。

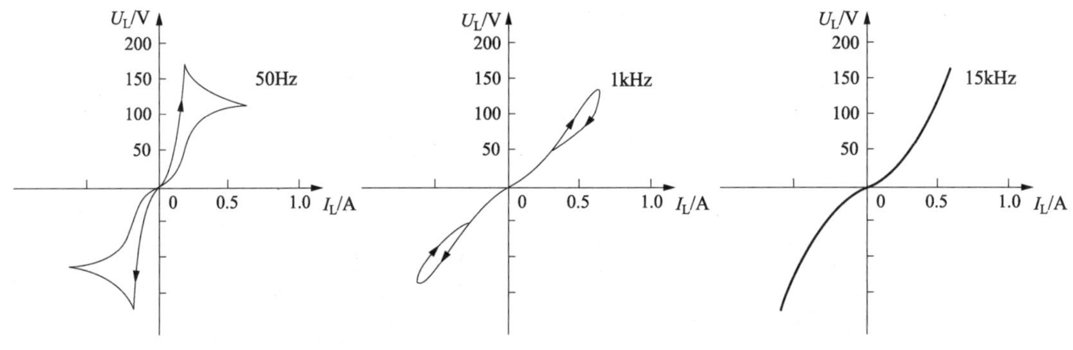

图 8－10　带镇流器的荧光灯工作在不同频率下的动态伏—安特性曲线

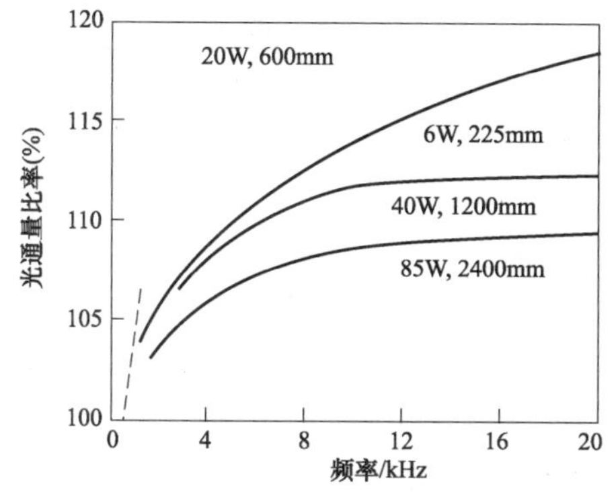

图 8－11　荧光灯的高频工作特性曲线

（4）电子镇流器。采用新型的半导体器件，可以构成采用主电源供电的许多荧光灯和放电灯的电子镇流器，通常，这些电子镇流器工作频率的范围为 20～100kHz。从本质上来说，电子镇流器是一个电源变换器，它将输入的电源进行频率和幅度的改变，给灯管提供符合要求的能源；同时还具有灯的启动和输入功率的控制等作用。照明所采用的电子镇流器是以开关电源技术为基础进行制造的，其组成结构如图 8－12 所示。

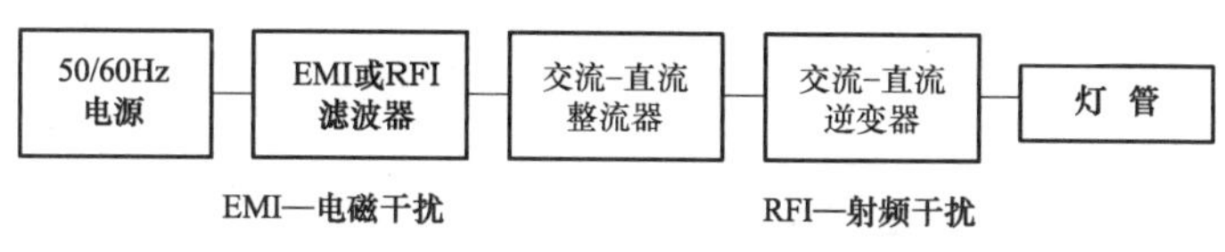

图 8－12　电子镇流器的组成框图

2. 高强度气体放电灯（HID 灯）

高强度气体放电灯（High Intensity Discharge，HID）是高压汞灯、金属卤化物灯和高压钠灯的统称，其放电管的管壁负载大于 $3W/cm^2$（即 $3\times10^4W/m^2$），工作期间蒸气压在 10 132.5～101 325Pa（0.1～1atm）之间。

（1）HID 的结构及光电参数。虽然 HID 灯的结构分别由放电管、外泡壳和电极等组成，但所用材料及内部充入的气体有所不同。

荧光高压汞灯的典型结构，如图 8－13a 所示。

放电管采用耐高温、高压的透明石英管，管内除充有一定量的汞外，同时还充有少量氩气以降低启动电压和保护电极。

主电极由钨杆及外面重叠绕成螺旋的钨丝组成，并在其中填充碱土氧化物作为电子发射材料。

外泡壳一般采用椭球形，泡壳除了起保温作用外，还可防止环境对灯的影响。泡壳内壁上还涂敷适当的荧光粉，其作用是将灯的紫外辐射或短波长的蓝紫光转变为长波的可见光，特别是红色光。此外，泡壳内通常还充入数十千帕的氖气或氖－氩混合气体作绝热用。

辅助电极（或启动电极）通过一个启动电阻和另一主电极相连，这有助于荧光高压汞灯在干线电压作用下顺利启动。

荧光高压汞灯的主要辐射来源于汞原子激发，以及通过泡壳内壁上的荧光粉将激发后产生的紫外线转换为可见光。

金属卤化物灯的典型结构，如图 8－13b 所示。

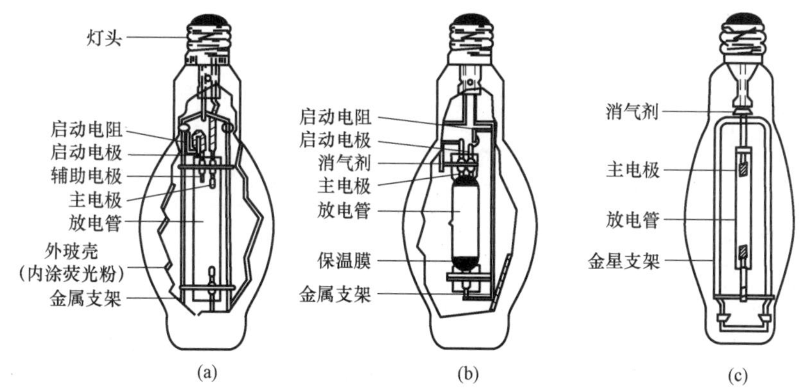

图 8－13　HID 灯的结构

（a）荧光高压汞灯；（b）金属卤化物灯；（c）高压钠灯

金属卤化物灯主要辐射来自于各种金属（如铟、镝、铊、钠等）的卤化物在高温下分解后产生的金属蒸气（和汞蒸气）混合物的激发。

其放电管采用透明石英管、半透明陶瓷管。管内除充汞和较易电离的氖－氩混合气体（改善灯的启动）外，还充有金属（如铊、铟、镝、钪、钠等）的卤化物（以碘化物为主）作为发光物质，值得指出的是在金属卤化物灯中，汞的辐射所占的比例很小，其作用与荧光高压汞灯有所不同，即充入汞提高了灯的发光效率，改善了电特性，而且还有利于灯的启动。

主电极常采用“钍－钨”或“氧化钍－钨”，并采用稀土金属的氧化物作为电子发射材料。

外泡壳通常采用椭球形（灯功率为 175W、250W、400W、1kW），大功率（2kW 和 3kW）等则采用管状形。有时椭球形泡壳的内壁上也涂有荧光粉，其作用主要是增加漫射，减少眩光。

辅助电极或启动电极通过一个启动电阻和另一主电极相连。

灯在长期工作中，支架等材料的放气，会使泡壳内真空度降低。在引线或支架之间可能会产生放电，为了防止放电，需采用氧化锆的消气剂以保护灯的性能。

同时，为了提高管壁温度，防止冷端（影响蒸气压力）的产生，需在灯管两端加保温涂层，称为保温膜，常用的涂料是二氧化锆、氧化铝。

高压钠灯的典型结构，如图 8－13c 所示。

高压钠灯主要辐射来源于分子压力为 10^4Pa 的金属钠蒸气的激发。

放电管是一种特殊制造的透明多晶氧化铝陶瓷管，多晶氧化铝管能耐管温、高压，对于高压下的钠蒸气具有稳定的化学性能（抗钠腐蚀能力强）。放电管内填充的钠和汞是以“钠汞齐”形式放入（一种钠与汞的固态物质），充入氩气可使“钠汞齐”一直处于干燥的惰性气体环境之中，另外填充氙气作为启动气体以改善启动性能。采用小内径的放电管可获得最高的光效。

主电极由钨棒和以此为轴重叠绕成螺旋的钨丝组成，在钨螺旋内灌注氧化钡和氧化钙的化合物作为电子发射材料。

外泡壳常采用椭球形、直管状和反射型。

在整个高压钠灯的寿命期间，泡壳内都需要维持高真空，以保护灯的性能以及保护灯的金属组件不受放出的杂质气体的腐蚀，常采用钡或锆－铝合金的消气剂来达到高真空的目的。

部分 HID 灯的光电参数见表 8－56。

表 8－56　　部分 HID 灯的光电参数

类别		型号	功率/W	管压/V	电流/A	光通量/1m	稳定时间/min	再启动时间/min	色温/K	显色指数	寿命/h
荧光高压汞灯		GGY－400	400	135	3.25	21 000	4～8	5～10	5500	30～40	6000
金属卤化物灯	铊铟	NTY－400	400	120	3.7	26 000	10	10～15	5500	60～70	1500
	钠	KNG－400/V	400	130	3.3	2800			5000	55	1500
高压钠灯	通型	NG－400	400	100	3.0	28 000	5		2000	15～30	2400
	显型	NGX－400	400	100	4.6	36 000	5～6	1	2250	60	12 000
	显型	NGG－400	400	100	4.6	35 000	5	1	3000	>70	12 000

（2）HID 灯的工作特性。高强度气体放电灯（HID 灯）的工作电路必须具备两项要求：镇流器；比电源电压更高的启动电压。

1）灯的启动与再启动。电源接通后，电源电压就全部施加在灯的两端，此时，主电极和辅助电极间（高压钠灯不用辅助电极）立即产生辉光放电，瞬间转至主电极间，形成弧光放电。数分钟后，放电产生的热量致使灯管内金属（汞、钠）或金属卤化物全部蒸发并达到稳定状态，达到稳定状态所需的时间称为“启动时间”或“稳定时间”。一般启动时间为 4～10min。各种 HID 灯的光、电参数在启动过程中变化情况，如图 8－14 所示。

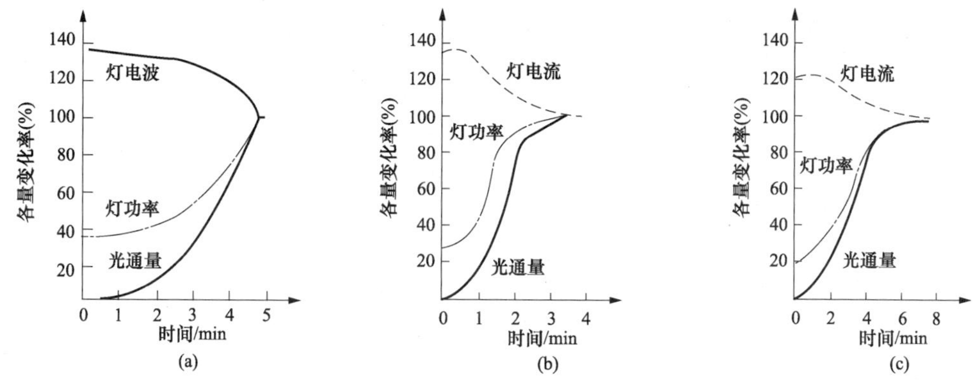

图 8－14　HID 灯启动后各参数的变化

（a）荧光高压汞灯；（b）金属卤化物灯；（c）高压钠灯

一般而言，HID 灯熄灭以后，不能立即启动，必须等到灯管冷却。因为灯熄灭后，灯管内部温度和蒸气压力仍然很高，在原来的电压下，电子不能积累足够的能量使原子电离，所以不能形成放电。如果此时再启动灯，就需几千伏的电压。然而，当放电管冷却至一定温度时，所需的启动电压就会降低很多，在电源电压下便可进行再启动。从 HID 灯熄灭到再点燃所需的时间称为“再启动时间”。一般再启动时间为 5～10min。

2）电源电压变化的影响。电源电压变化对各种 HID 灯的光电参数影响，如图 8－15 所示。灯在点燃过程中，电源电压允许有一定的变化范围。必须注意，电压过低时，可能会造成 HID 灯的自然熄灭或不能启动，光色也有所变化；电压过高也会使灯因功率过高而熄灭。

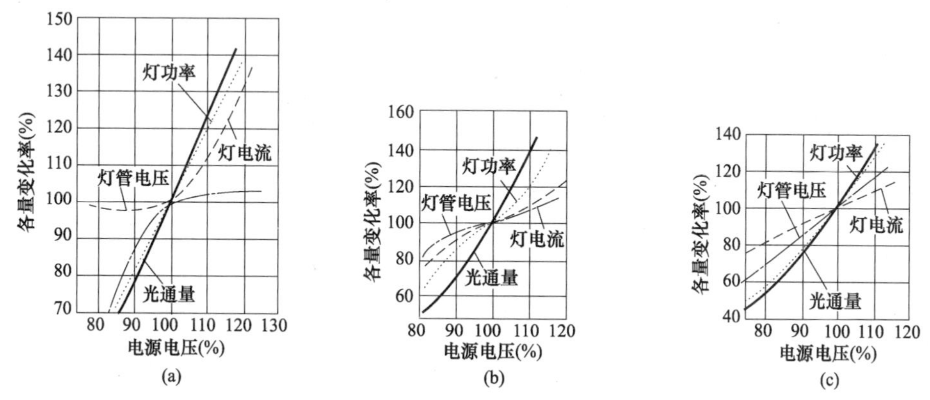

图 8－15　HID 灯各参数与电源电压的关系

（a）400W 荧光高压汞灯；（b）400W 金属卤化物灯；（c）400W 高压钠灯

从图 8－15a 可知，荧光高压汞灯在工作时，灯管内所有的汞都会蒸发，因此，灯管内汞蒸气压力随温度的变化不大，灯管电压也不会随电源电压的变化有大的变化。电感镇流器虽然有控制电流的作用，但电源电压变化时，灯的电流还是有较大的变化，相应地，灯的功率和光通量的变化也较大。

从图 8－15b 可知，在金属卤化物灯中，金属卤化物的蒸气气压很低，当充入汞以后，灯内的气压大为升高，电场强度和灯管电压也就相应升高。由于金属卤化物的蒸气压与汞蒸气压相比很小，因此一般来说它对灯管电压的影响不是很大，灯管电压主要由汞蒸气气压决定。当电源电压变化时，灯的电流、灯的功率和光通量的变化没有图 8－15a 那么大。

从图 8－15c 可知，由于高压钠灯内有汞齐的储存，灯在工作时，电源电压的变化不仅会引起灯的电流变化，而且还会引起灯管电压的变化，因而，灯功率和光通量就会有明显的变化。

为了延长灯的寿命，镇流器的设计应能将这些变化限制在合理的范围内。图 8-16 中给出了 400W 高压钠灯功率—灯管电压的限制四边形，即要求镇流器的特性限定在该四边形的范围内，才能保证高压钠灯稳定地工作。

在荧光高压汞灯中，所有的汞气化，灯的光电特性比较稳定，其中灯的功率增大时，灯管的电压却上升很少。但是，对于高压钠灯，灯的冷端温度和汞气的储存对灯的光电特性影响很大。其中，当灯的功率变化时，灯管电压随之线性变化，图 8-16 中的直线段 AC 所示，该直线表征了灯功率—灯管电压特性。

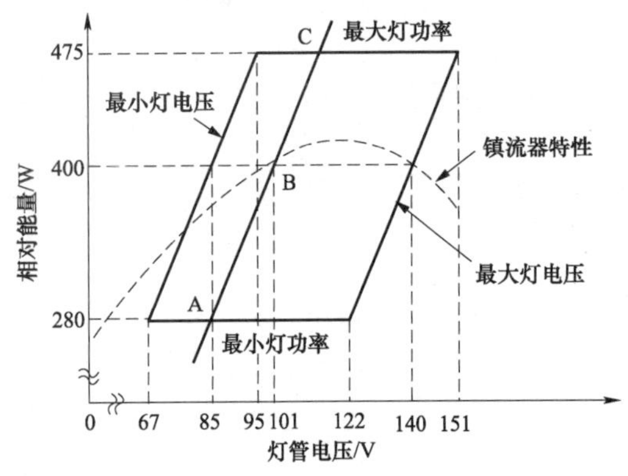

图 8-16　400W 高压钠灯功率—灯管电压四边形

图中的虚线属于典型的电感镇流器的特性曲线，它表示电源和镇流器的组合供给灯的功率和灯管电压之间的关系。显然，该曲线与高压钠灯特性曲线的交点 B 就是灯的工作点。由此可知，400W 高压钠灯的工作点位置为（101V，400W）。

值得指出，由于灯和镇流器生产中允许存在偏差，加上灯具光学特性和散热条件可能不同，以及灯在工作时冷端温度升高、钠的损失，高压钠灯的工作点经常会发生移动。

为了保证灯具有合适的工作特性，有必要对高压钠灯工作点变化的范围作出一个规定（图 8-16 中的四边形）。其中，四边形的上边规定了灯功率的上限，四边形的下边规定了功率下限；四边形的两条侧边是灯的两条功率即灯管电压特性曲线：左边的边界代表了灯管最小电压，右边的边界代表了灯管最高电压；镇流器的特性曲线应介于上下限之间，不能与上下限相交，它与灯的特性曲线的交点（灯的工作点）应处于镇流器特性曲线峰值的左边。

例如，对于 400W 高压钠灯，功率上限为 475W，超过此功率，灯的寿命就要缩短；灯功率下限为 280W，小于此功率，灯的光通量太低。此外，400W 高压钠灯的最小管压为 84V，当它工作于 475W 和 280W 时，灯管电压分别为 95V 和 67V，灯管电压不应比这种情况还低，否则灯的工作电流就会太大，可能导致镇流器（自身损耗过大）供给灯的功率不够；该灯的最高管压为 140V，当它工作于 475W 和 280W 时，灯管电压分别为 151V 和 122V，当灯管电压超出这一边界，灯的工作就不稳定、易自熄，缩短了灯的实际使用寿命。

3）寿命与光通量维持。HID 灯的寿命是很长的，甚至可达数万小时。

影响荧光高压汞灯寿命的最主要因素是电极上电子发射物质的损耗，致使启动电压升高而不能启动。另外，还取决于钨丝的寿命以及管壁的黑化而引起光通量的衰减。

金属卤化物灯的管壁温度高于荧光高压汞灯。工作时，石英玻璃中含有的水分等不纯气体很容易释放出来，金属卤化物分解出来的金属和石英玻璃缓慢的化学反应，以及游离的卤素分子等都能使启动电压升高。

高压钠灯由于氧化铝陶瓷管在灯的工作过程中具有很好的化学稳定性，因而寿命很长，国际上已做到 24 000h 左右。特别是高光效高压钠灯，已做到 30 000h 以上。高压钠灯寿命告终可能是由于放电管漏气、电极上电子发射物质的耗竭和钠的耗竭。

4）灯的点燃位置。金属卤化物灯和荧光高压汞灯、高压钠灯不同，当灯的点燃位置变化时，灯的光电特性会发生很大变化。因为点燃位置的变化，使放电管最冷点的温度跟着变化（残存的液态金属卤化物在此部位），金属卤化物的蒸气压力相应地发生变化，进而引起灯电压、光效和光色跟着变化。

灯在工作的过程中，即使金属卤化物完全蒸发，但由于点灯位置的不同，它们在管内的密度分布也不同，仍会引起特性的变化，所以在使用中要按产品指定的位置进行安装，以期获得最佳的特性。

HID 灯与所有气体放电灯一样，灯管一定要与镇流器串联才能稳定工作。灯的启动方式有辅助启动电极或双金属启动片的，统称内触发。也有用外触发的，即利用触发电路产生高压脉冲将气体击穿。灯管进入工作状态后触发器不再工作，灯依靠镇流器稳定工作。各种 HID 灯的工作线路，如图 8-17 所示。

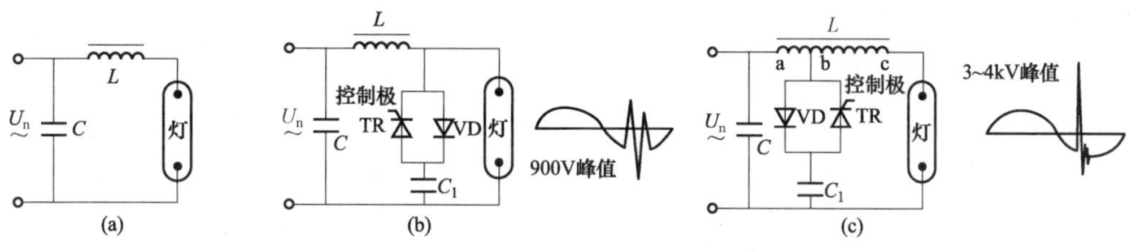

图 8－17　HID 灯的工作线路

（a）HID 灯通用线路；（b）金属卤化物灯的外触发电路；（c）高压钠灯的外触发电路

常见的荧光高压汞灯，其内部装有启动电极，一般采用扼流镇流器，要求能在 220V 或 240V 交流电源下启动和工作。图 8－17a 表示了一个简单、通用、有效、低成本的内触发 HIG 灯的工作线路。

各种形式的金属卤化物灯内填充有不同类型的金属卤化物的混合物。其启动电压比荧光高压汞灯高得多，通常采用外触发来启动。图 8－17b 表示了金属卤化物灯的触发电路，它是应用电力电子元件的触发，使电路在每一个周期内产生一个持续时间较长的启动高压。

由于高压钠灯的放电管细而长，又没有可以帮助启动的辅助电极，因此，高压钠灯启动时必须有一个约 3kV、10～100μs 的高压脉冲产生触发。图 8－17c 表示了一种使用电子触发元件的启动电路，它通过触发电力电子器件的导通，致使储存在电容 C_1 中的能量，经过扼流线圈进行放电，再由升压变压器的线圈比在灯管两端产生峰值为 3～4kV 的短时脉冲高压。这种电路，在每半周可得到连续的脉冲。

各种工作线路的工作原理较为简单，此处不再详述。

（3）HID 灯和常用产品及其应用。

1）荧光高压汞灯。除了具有较高的发光效率外，荧光高压汞灯还能发出很强的紫外线，因而它不仅可用于照明，还可用于晒图、保健日光浴治疗、化学合成、塑料及橡胶的老化试验、荧光分析和紫外线探伤等方面。

2）金属卤化物灯。金属卤化物灯从 20 世纪 60 年代推出以来，历经 40 多年的努力，已进入一个成熟的阶段，其发光效率可达 130 lm/W，显色指数 R_a 可达 90 以上，色温可由低色温（3000K）到高色温（6000K），寿命可达 10 000～20 000h，功率由几十瓦到上万瓦。目前，金属卤化物灯虽然品种繁多，但按其光谱特性大致可分为四类：

一类是钠－铊－铟金属卤化物灯。它利用钠、铊和铟三种卤化物的三根“强线（即黄、绿、蓝线）”光谱辐射加以合理组合而产生高效白光。三种成分的填充量将影响三条线的强度，进而影响灯的光效和颜色。铊的 535nm 绿线（503nm）对灯的可见辐射有很大贡献，535nm 谱线强，则灯光效高；铟的 451.1nm 蓝线（478nm）对提高发光效率的贡献极小，但可以改进灯的显色性；钠的 589～589.6nm 黄线（572nm）对提高灯的发光效率有作用［它位于光谱效率 $V(\lambda)$ 比较大的区域］，同时，该线对灯显色性的改善也起着关键的作用。三种碘化物的最佳填充量的范围是就通常用于街道或广场照明的灯而言的，这时 R_a 为 60 左右。它们分别是：

① 稀土金属卤化物灯。稀土类金属（如镝、钬、铥、铈、钕等）以及钪、钍等的光谱在整个可见光区域内具有十分密集的谱线。其谱线的间隙非常小，如果分光仪器的分辨率不高的话，看起来光谱似乎是连续的。因此，灯内要是充有这些金属的卤化物，就能产生显色性很好的光。

② 短弧金属卤化物灯。利用高气压的金属蒸气放电产生连续辐射，可获得日光色的光，超高压铟灯属于这一类。这种灯尺寸小、光效高、光色好，适合作为电影放映用光源和显微投影仪光源。但是，由于这种灯的泡壳表面负载极高（300～400W/cm²），因而寿命较短。

③ 单色性金属卤化物灯。利用具有很强的共振辐射的金属产生色纯度很高的光，目前用得较多的是碘化铟－汞灯、碘化铊－汞灯。

近年来金卤灯的放电管采用多晶氧化铝陶瓷管制造，俗称陶瓷金属卤化物灯。它是基于石英卤化物灯的发光原理和高压钠灯放电管的材料与工艺优点而开发成功的一种新型高强度气体放电灯，如

图 8－18 所示。

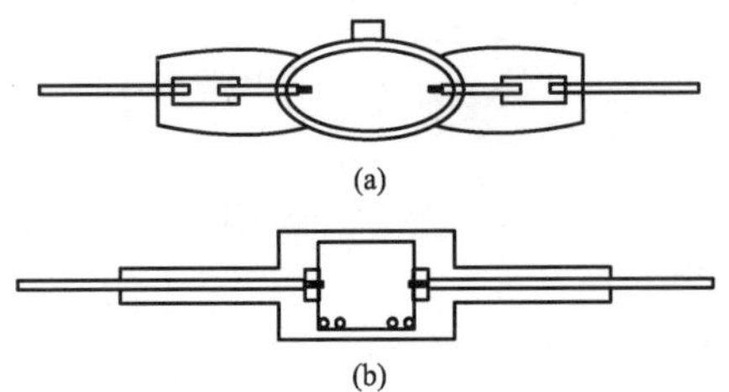

图 8－18 陶瓷金属卤化物灯放电管

（a）石英金卤放电管；（b）陶瓷金卤灯放电管

陶瓷管比石英管更耐高温，石英管的极限温度为 950℃，而陶瓷管的极限温度达到 1150℃，放电管的管壁的设计温度也可达到 1050℃。陶瓷管化学性能稳定，更耐腐蚀，高温时也不与钠产生化学反应。陶瓷放电管制作精度更高，几何偏差尺寸极小。其发光效率比石英金属卤比物灯提高 20%，而且光色更好，色温 3000K 陶瓷金属卤化物灯的显色指数 R_a 达到 80 以上，色温 4200K 灯泡的显色指数 R_a 达到 90 以上。同时，陶瓷金属卤化物灯的灯与灯之间光色一致性优于石英放电管金属卤化物灯，而且在灯的寿命期间，陶瓷金属卤化物灯的颜色漂移小，不必担心替换上去的新灯光色与旧灯不一致，给替换灯泡带来极大的方便。图 8－19 说明石英金属卤化物灯新灯泡的色温差异为±300K，而陶瓷金属卤化物灯新灯泡的色温差异仅为±150K，寿命终结时石英金属卤化物灯的色温差异为±600K，而陶瓷金属卤化物灯的色温差异仅在±200K。最新出品的高端陶瓷金属卤化物灯可以保证在全寿命过程中色温差异在±75K 之内。

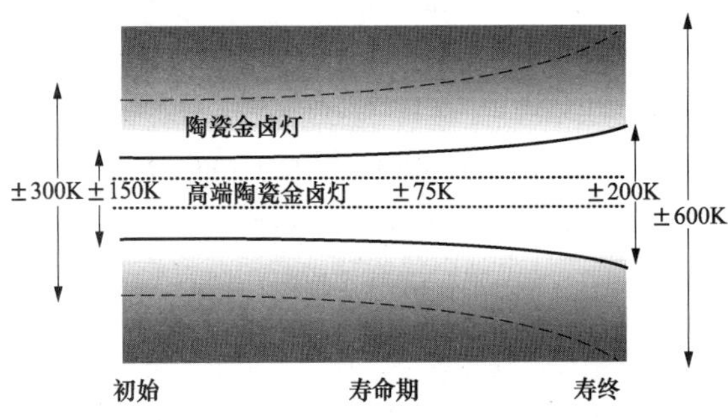

图 8－19 陶瓷金属卤化物灯色温漂移优于石英金属卤化物

单端陶瓷金属卤化物灯的寿命为 12 000h，双端陶瓷金属卤化物灯的寿命为 15 000h。优异的光电性能使得陶瓷金属卤化物灯不仅可以用于室外照明，而且可以用于室内照明。

3）高压钠灯。高光效、长寿命和较好的显色性使高压钠灯在室内照明、室内街道照明、郊区公路照明、区域照明和泛光照明中都有着广泛的用途。因为高压钠灯功率消耗低和寿命长（可达 24 000h），在许多场合，可以代替荧光高压汞灯、卤钨灯和白炽灯。

普通型高压钠灯的光效高、寿命长，但光色较差，一般显色指数 R_a 只有 15～30，相关色温约 2000K。因此，只能用于道路、厂区等处的照明。

直接替代荧光高压汞灯的高压钠灯是为了高压钠灯的推广而生产的，它可直接使用在相近规格的荧光高压汞灯镇流器及灯具装置上。

舒适型高压钠灯（SON Comfort 型）是为扩大高压钠灯在室内、外照明中的应用而生产的，对其色温与显色性进行了改进，使高压钠灯适用于居民区、工业区、零售商业区及公众场合的使用。

高光效型的高压钠灯（SON－Plus 型）是在灯管内充入较高气压的氙气，使灯得到了极高的发光效率（140lm/W），而且还提高了显色指数（R_a 为 50～60），可作为室内照明的节能光源。特别适合于工厂照明和运动场所的照明。

为了满足对显色性要求较高的需要，人们成功开发了高显色性高压钠灯（又称白光高压钠灯）。改进后的这种灯，一般显色指数 R_a 达到 80 以上，另一个重要特点是色温提高到 2500K 以上，十分接近于白炽灯。因而，它具有暖白色的色调，显色性高，对美化城市、美化环境有着很大的作用。这种灯可用于商业照明以及高档商品（如黄金首饰、珠宝、珍贵皮货等）的照明，而且节能效果十分显著。

综上所述，从 HID 灯的发展情况来看，荧光高压汞灯显色指数 R_a 低（30～40），但由于其寿命长，目前仍为人们广泛采用。后起的金属卤化物灯显色指数 R_a 高（60～85），目前国外生产的 50W、70W 等小容量灯泡已进入家庭住宅。随着制灯的技术发展，寿命逐渐提高，最终将取代荧光高压汞灯。高压钠灯光效之高，居光源之首（达 150lm/W），但普通型高压钠灯显色指数 R_a 很低（15～30），使它的使用范围受到了限制。目前，采用适当降低光效的办法来提高显色指数，即生产所谓“改进显色性型高压钠灯”和“高显色性型高压钠灯”，以扩大其使用范围，故高压钠灯也是有发展前途的光源。

3. 氙灯

（1）氙灯的性能与特点。氙灯为惰性气体放电弧光灯，其光色很好。氙灯按电弧的长短又可分为长弧氙灯和短弧氙灯，其功率都较大，光色接近日光。金属蒸气灯启动时间较长，而氙灯点燃瞬间就有 80%的光输出。长弧氙灯适用于广场、车站、港口、机场等大面积照明，光效高，被人们称作“人造小太阳”。短弧氙灯是超高压氙气放电灯，其光谱要比长弧氙灯更加连续，与太阳光谱很接近，称为标准白色高亮度光源，显色性好。

氙灯的光谱能量分布特性非常接近于日光，色温均为 5000～6000K，并且光谱能量分布不随电流的变化而改变，这也是氙灯的非常出色的特点之一。氙灯的平均寿命为 1000h，发光效率达 22～50lm/W。

氙灯的功率大、体积小，迄今为止它是世界上功率最大的光源，可制成几千、几万甚至几十万瓦，但相应的体积却比较小。一支 220V、20kW 的氙灯，相当于一支 40W 日光灯那么大。而它的总光通量却是 40W 日光灯的两百倍以上。不需镇流器，灯管可直接接在市电网络上，其功率因数近似等于 1，使用方便，节省材料。

氙灯紫外线辐射比较大，在使用时不要用眼睛直接注视灯管。用作一般照明时，要装设滤光玻璃，以防止紫外线对人们视力的伤害。氙灯的悬挂高度，视功率大小而定。一般为了达到均匀和大面积的照明目的，当 3kW 灯管时不低于 12m，当 10kW 灯管时不低于 20m，当为 20kW 灯管时不低于 25m。

氙灯在常温下气压很高，所以需要辅助装置触发器帮助启动。触发器是一个产生高压脉冲的装置，在足够高的脉冲电压下使灯击穿放电，因触发功率足够大使灯的电极局部发热形成热电子发射，从而过渡到主回路弧光放电，灯启动后触发器停止工作。

（2）氙灯的规格及其技术参数。根据氙灯的性能主要分为直管形氙灯、水冷式氙灯、管形汞氙灯和管形氙灯。

直管形氙灯功率大、体积小、光色好、光效高、功率因数高、启动方便，随开随亮，不需镇流及冷却装置。适用于广场、城市主要街道、机场、车站、码头、大型工地、厂房、体育场、体育馆以及其他需要大面积高亮度的照明场所。直管形长弧氙灯的技术参数见表 8－57。

表 8－57　　直管形长弧氙灯技术参数

型　号	电压/V	功率/kW	工作电流/A	启动电流/A	光通量/×10³lm	平均寿命/h
SZ1500	220	1.5	20	22	30	1000
SZ6000		6.0	24.5～30	30	144	
SZ10 000		10.0	41～50	65	270	
SZ20 000	380	20.0	47.5～58	75	580	
SZ50 000		50.0	118～145	189	1550	

启动时必须配用相应的触发器，按触发器使用说明书的接线图正确接入电路中，接线应当牢固，以防发热烧坏触发器。由于灯在高频高压下启动，因此高压端配线对地应有良好绝缘性能，其绝缘强度应不小于 30kV。灯在点燃时有大量的紫外线辐射，因此人不要长时间近距离接触，以免紫外线烧伤。

水冷式氙灯具有显色性好，光色近似日光，表面温度低，不需用镇流器等特点，适用于印刷业照相制版、化工部门人工老化和科研等方面的特殊用途。一般来说，这种灯触发时所需电压不低于 210V，点灯电压不超过 235V。灯在使用过程中，需注意冷却水的流量，出口水温度不超过 50℃。长期使用如发现套管有水锈，应即时除掉以免影响光输出。水冷式氙灯的技术参数见表 8－58。

表 8－58　　水冷式氙灯技术参数

型　号	电压/V	功率/kW	光通量/×10³lm	平均寿命/h
SZ4000	220	4.0	140	500
SSZ6000		6.0	220	
SSZ8000		8.0	296	
SSZ10 000		10.0	370	

管形汞氙灯是一种汞弧光灯，既具有汞灯的特点，又具有氙弧灯的特点，光效高；紫外线辐射强，光色较汞灯更佳。适用于船舶、机场、码头、车站等大面积照明。此外还可以用于照相制版、老化试验、印刷工业方面。安装时灯管必须与相应的镇流器配套使用。为防止紫外线照射，灯管安装时必须配有灯罩。管形汞氙灯的技术参数见表 8－59。

表 8－59　　管形汞氙灯技术参数

型　号	电压/V	功率/kW	工作电压/V	工作电流/A	启动电流/A	光通量/×10³lm
SGZ1000	220	1.0	145±15	7.5	13.7	34

管形氙灯是一种较为理想的光源，可见光部分接近太阳光谱，点燃方便，不需要镇流器，自然冷却能瞬时启动。适用于广场、港口、机场的照明，亦可用于老化试验的场所。管形氙登点燃时会产生一定的紫外线辐射。管形氙灯的技术参数见表 8－60。

表 8－60　　管 形 氙 灯 技 术 参 数

型　　号	电压/V	功率/kW	工作电压/V	工作电流/A	光通量/×10³lm	平均寿命/h
XG1500	220	1.5	60	20	30	1000
XG3000		3.0		14	60	
XG6000		6.0		27	120	
XG10 000		10.0		46	250	
XG20 000		20.0		91	580	
XSG6000（水冷）		6.0		27	120	500

8.2.4　新型固态光源

发光二极管（Light Emitting Diode，LED）场致发光（又称“电致发光”）是指由于某种适当物质与电场相互作用而发光的现象。

发光二极管是一种将电能直接转换为光能的固体元件，可作为有效的辐射光源。LED 具有体积小、寿命长、可靠性高等优点，能在低电压下工作，还能与集成电路等外部电路配合使用，便于实现控制。随着新型半导体材料的不断涌现，以及加工工艺和封装技术水平的进一步提高，人们不仅可以得到高亮度的红、黄、绿发光二极管，而且还能制造出极为重要的高亮度蓝色发光二极管，以及白光二极管。目前正积极将 LED 组合成点状、带状和平板型光源，以推广使用。

1. *LED 的原理及其结构*

（1）单色 LED。LED 是一种固态半导体器件，它能将电能直接转为可见光。由于 LED 的大部分能量均辐射在可见光谱内，因而 LED 具有很高的发光效率。图 8－20 为一只典型的 T－13/4 的 LED，采用塑料封装，其外壳占据了大部分空间。LED 是由发光片来产生光，其材料的分子结构决定了发光的波长（光的颜色）。

LED 的颜色和发光效率等光学特性与半导体材料及其加工工艺有着密切的关系。在 P 型和 N 型材料中掺入不同的杂质，就可以得到不同发光颜色的 LED。同时，不同外延材料也决定了 LED 的功耗、响应速度和工作寿命等光学特性和电气特性。

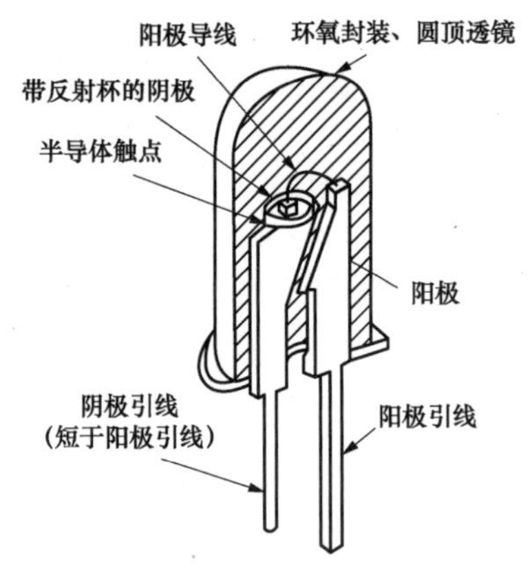

图 8－20　LED 的组成结构

（2）白色 LED。半导体 P－N 结的电致发光机理决定了单只 LED 既不可能产生两种或两种以上的高亮度单色光，也不可能产生具有连续谱线的白光。因而，LED光源要产生白光只能先产生蓝光，再借助于荧光物质间接产生宽带光谱来合成白光。

目前，产生蓝光的半导体材料多数采用氮铟镓（InGa：N）材料，因此，超精细、亚微米的晶体结构对于提高光效至关重要。高强度的蓝光在周围高效荧光物质内散射时，被强烈吸收，并转化为光能较低的宽带黄色荧光；其中少部分蓝光则能透过荧光物质层，并和宽带黄光一起形成色温可达6500K的白光。此时，蓝色LED通过荧光粉就变成了单片白色微型荧光灯。如图8－21所示，白色LED的光谱能量几乎不含红外与紫外成分，显色指数 R_a 达85。另外，其光输出随输入电压的变化基本上呈线性，故调光简单、可靠。若将多个单片白色LED组合在一起或采用光波导板，可制成超薄白色面光源，进而形成能用于普通照明的半导体光源。

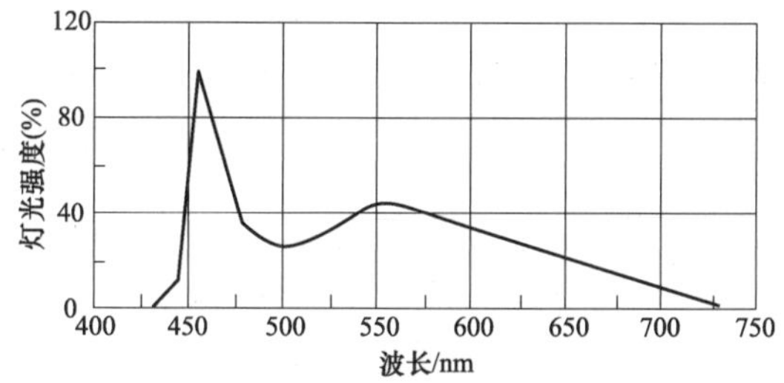

图8－21 白色LED光谱能量分布

白色LED自1996年诞生以来，其光效不断地提高，1999年达到15lm/W，2001年达到40～50lm/W，截至2016年，业界单颗LED量产封装已经达到160lm/W。白色的性能见表8－61。

表8－61 白色LED的性能

性能	发光二极管
色温/K	2700～20 000
光效/（lm/W）	＞200
冲击电流	无
寿命/h	＞100 000
耐冲击性	很强
可靠性	非常高

2. LED的性能

LED的电性能与一般检波二极管十分相似，在10mA工作电流时，典型的正向偏压为2V。在LED工作时，为了防止元件的温升过高，应对正向电流加以限制，通常串联限流电阻或采用电流源供电。

LED是一种高密度辐射的电光源，其亮度取决于电流密度。

3. LED的常用产品及其应用

（1）常用产品。单个LED本身就是一个光源。为了限制电流，便于安装和应用，需要配置一些附件（如平行光发射器、偏振片、透光罩、导线等），从而组成了一个新的单个LED发光器，如图8－22a所示。要改变单个LED出射光线的光束角，可以改变其封装外壳圆顶的几何形状。

按照明的使用要求，可将单个二极管发光器进行组合，以形成具有不同光学性能、电气特性的LED组合模块，如线性模块、背景照明模块、带有光学透镜模块以及带有光导板模块等。

近年来，Philips、NHK、松下、OSRAM等公司，一方面不断地研究LED的不同组合方式，另一方面相应地开发LED的配套附件，并向市场推出各种类型的LED灯具，如平面发光灯、交通信号灯、舞台型聚光灯、台灯、镜前灯等。图8－22b、c分别为超小型聚光灯、平行光的产生示意图。

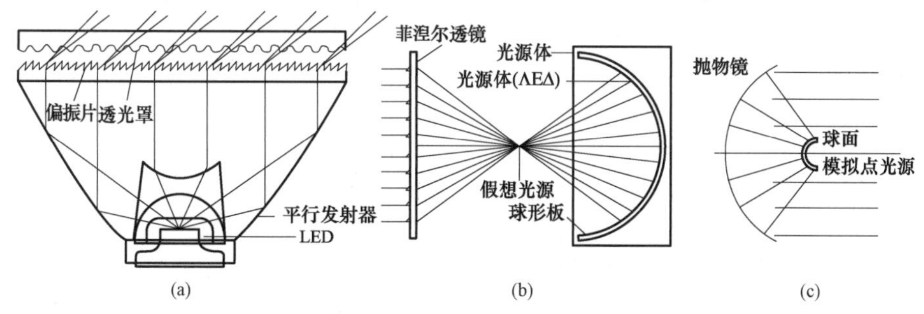

图8－22 LED灯具的光路示意图

（a）单个LED发光器；（b）超小型聚光灯；（c）平行光的产生

（2）应用。传统的 LED 主要应用于信号显示领域、建筑物航空障碍灯、航标灯、汽车信号灯、仪表背光照明，随着 LED 制作工艺的提高和突破，LED 的应用领域变得更广。

室内照明：LED 由于光效高，寿命长，显色性好等优点使 LED 快速进入普通照明技术领域。比如室内照明的球泡灯、荧光灯、射灯等。并且 LED 可以较好地控制发光光谱的组成，从而能够更适合用于博物馆以及展览馆的局部或重点照明，可满足特定物品对展示照明的特殊要求。

建筑物外观照明：由于 LED 光源小而薄，并且 LED 便于控制亮度和颜色，因为建筑物根本没有出挑的地方放置传统的投光灯的问题可以由 LED 解决。LED 安装便捷，可以水准也可以垂直方向安装，与建筑物表面更好地结合，为照明设计师带来了新的照明语汇，拓展了创作空间。并将对现代建筑和历史建筑的照明手法产生了影响。

景观照明：景观装饰照明对光源光通量的要求不是很高，但对色彩及其变化却比较苛求，目前 LED 已经能满足景观装饰照明的需求，与其他电光源比较，LED 因其光色特性及其体积小、隐蔽性好、组合变化多、安全、环保、寿命长、易维护、设计灵活性强等特点，在景观照明应用中具有很多优势。

视频屏幕：应用于显示屏的 LED 发光材料有以下几种形式：

① LED 发光灯（或称单灯）。一般由单个 LED 晶片、反光杯、金属阳极、金属阴极构成，外包具有透光聚光能力的环氧树脂外壳。可用一个或多个（不同颜色的）单灯构成一个基本像素，由于亮度高，多用于户外显示屏。

② LED 点阵模块。由若干晶片构成发光矩阵，用环氧树脂封装于塑料壳内。适合行列扫描驱动，容易构成高密度的显示屏，多用于户内显示屏。

③ 贴片式 LED 发光灯（或称 SMD LED）。就是 LED 发光灯的贴焊形式的封装，可用于户内全彩色显示屏，可实现单点维护，有效克服马赛克现象。

标识与指示类照明：需要进行空间限定和引导的场所，如道路路面的分隔显示、楼梯踏步的局部照明、紧急出口的知识照明，可以使用表面亮度适当的 LED 自发光原理地灯或嵌在垂直墙面的灯具。如影剧院观众厅内的地面引导灯或座椅侧面的指示灯，以及购物中心内楼层的引导灯等。

植物培育照明：LED 植物生长灯的光谱固定，可根据花卉栽培所需的特定波长，按不同比例方案设计生产产品，生产者可以根据不同花卉类别选择不同的灯珠配比，自主采用最适合的波长和颜色比例，最大限度地促进植物的生长发育。依照不同花卉种类光合作用的需要，市场上植物生长灯基本都是做成红蓝组合、全红、全蓝三种形式，覆盖了花卉光合作用所需的波长范围。

4. 有机发光二极管（Organic Light Emitting Diode，OLED）

OLED 是一种聚合物薄膜发光器件，同样是利用载流子复合发光。与 LED 不同的是其基底材料的生产十分简便、价廉，而对 LED 十分复杂的工艺流程则可通过喷涂或印刷工艺解决。此外还可以通过工艺改变 OLED 的阻挡层参数，从而改变载流子的能量和辐射波长。OLED 可以同时发射三基色或多色光辐射，完全不需荧光粉即可直接获得白光。而其光效、色温和显色性均可通过工艺流程加以控制和调整。由于完全取消了荧光粉，其光效可以大幅提高。目前 OLED 的光效已超过 50lm/W，70lm/W 的产品已在设计中，不久即可问市。

前 OLED 发射的光流密度为 1lm/cm^2，面积 20×100cm^2 的 OLED 平面光源的输入功率为 30W，发射光通 I 量约 2000lm，功率密度约 15mA/cm^2，相应的工作电流密度仅为 5mA/cm^2。由于 OLED 光源面积大、厚度薄、功率密度低、散热问题比 LED 容易解决得多，因此提高其输入功率密度和输出光流密度的难度较小。可以预期 0LED 平面光源的功率和光效的提高会比预期更快。

5. 半导体激光二极管（Lasesr Diode）

激光照明分红外激光照明和可见光激光照明。

半导体激光二极管，是利用半导体材料，在空穴和电子复合的过程中电子能级的降低而释放出光子来产生光能的，然后光子在谐振腔间产生谐振规范光子的传播方向而形成激光。

可见光激光照明，按原理分为蓝光激发荧光粉实现白光照明和红绿蓝激光合成白色激光，或真彩色光照明。

激光二极管的应用如下：

（1）投影。光通量超过 1000lm 的专业级投影仪是其主要应用领域。激光二极管波长为 450nm，输出功率达 1W 级以上，能精确产生投影应用所需的蓝光和高光输出。它的长寿命有助于实现低能耗投影仪的免维护运行。另外，它的封装较小，有利于打造外形小巧的投影仪。

（2）舞台照明。蓝光高功率激光器光束质量高，外形小巧，成为紧凑高效型激光系统的理想光源，十分适合用于舞台照明。

（3）汽车前照灯。激光独有的定向发光以及极高亮度是其余光源所不可比拟的，特别是激光的光束发散性极小，几乎接近平行。这也就意味着，只要有足够的能量，激光大灯照射的距离只取决于人类视力的极限。

（4）微型红外夜视照明笔。其可以发射出不可见近红外激光光束，主要是配合红外夜视仪、夜晚红外线摄影摄像、红外线照明、夜间目标隐蔽指示与观测、安保摄像监视器照明、警用交通识别、反向干扰目标监视器等使用。可以广泛应用在安全保卫、军事侦察、野外搜救、科研考察等领域。

6. LD 与 LED 的比较

半导体发光二极管（LED）与半导体激光二极管（LD）两者都是半导体放光，在结构上的根本区别就是 LED 没有光学谐振腔，不能形成激光，它的发光限于自身辐射，它发出的是荧光，而不是激光。

LD 的光谱较窄，LED 中没有选择波长的谐振腔，所以它的光谱是自发辐射的光谱。其谱宽度一般为 0.03～0.04μm。从视觉效果上看，激光单色性很好，LED 的光谱则要广一些，适合显示屏、照明等。

LED 的发光颜色非常丰富，可以通过 RGB 组合实现全色化，而激光作 RGB 视觉效果还不成熟，目前还只是停留在实验室阶段。

蓝色 LED 存在“光效下降问题，越是高亮度，就越难提高效率。而激光器不存在这一问题，与 LED 照明相比，激光照明可实现非常高的效率。

7. 微波硫灯

（1）发光原理极其构造。微波硫灯的基本原理是利用频率为（2450±50）MHz 微波电磁场激发硫分子而发光。磁控管产生 2450MHz 微波，通过波导管或同轴电缆输送给微波谐振腔，内含纯硫元素和惰性气体氩或氙的封闭石英球置于谐振腔中央，启动时微波电磁场首先激发惰性气体放电，放电能量加热石英玻壳，硫蒸发为蒸气并形成硫分子放电发光。微波硫灯是一种无电极放电灯，避免了电极引起的诸多缺点，因此启动迅速，寿命长，光通维持率高。

微波硫灯由微波发生器、谐振腔和放电管三部分构成。微波发生器核心是一只微波炉中使用的磁控管，磁控管产生的 2450MHz 微波能量通过波导管耦合至微波谐振腔。放电管是一个直径 25～40mm 透明石英泡，内充 3～5torr（1torr＝133.32Pa）氩气或氙气及定量纯硫元素，工作时硫蒸气压力达到 1MPa，对应石英玻壳温度为 640℃。放电管的硫蒸气压强和温度如此之高，因此工作时必须强制风冷，而且还需要一个传动机构让放电管不断旋转。此外灯前方设有金属丝屏蔽网，以防止微波外泄。图 8－23 是微波硫灯发光部分的结构图。

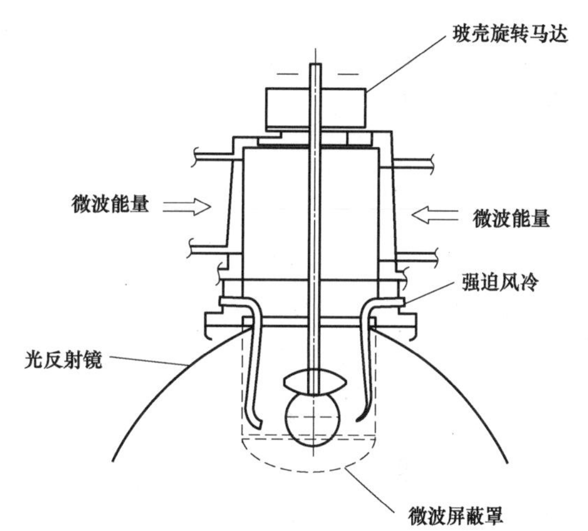

图 8－23 微波硫灯结构图

（2）微波硫灯的性能与应用。表 8－62 为近期商品微波硫灯的参数表。微波硫灯光谱能量分布十分接近于太阳光，所以又是人工气象模拟、植物生长试验的新型光源。其发光效率高、节约能源，而且不含汞金属，不会对环境造成污染，是很有希望的一种绿色照明产品。

表 8－62 商品微波硫灯的性能参数

光通量/lm	系统功率/W	系统光效（lm/W）	发光效率（lm/W）	发光泡尺寸/mm	相对色温/K	显色指数 R_a	启动时间/s	重复热启动时间/s	灯泡寿命/h	磁控管寿命/h	燃点方向
135 000	1378	98	160	40	5400	80	＜25	＜300	6000	15 000	任意

8.2.5 照明器特性

调整光源发出的光，以得到舒适照明环境的器具，称为照明器。它一般由光源、灯具、组件和线路附件共同组成，具有固定和保护光源，再分配光源产生的光通量，定向控制，防止光源产生眩光，美化环境的作用。俗称的灯具，一般不包含光源。

照明器的特性一般有光强分布（配光曲线）、遮光角（保护角）和灯具效率三项指标。

1. 光强分布（配光曲线）

电光源配以不同的照明器时，光源在空间各个方向产生的发光强度是不同的。描述照明器在空间各个方向光强的分布曲线称为配光曲线。

配光曲线是衡量照明器光学特性的重要指标，是进行照度计算和决定照明器布置方案的重要依据。

配光曲线可用极坐标法、直角坐标法、等光强曲线法为表示。

（1）极坐标配光曲线。在通过光源中心的测光平面上，测出照明器在不同角度的光强值。从某一给定的方向起，以角度为函数，将各个角度的光强用矢量标注出来，连接矢量顶端的连线就是照明器配光的极坐标曲线。

1）对称配光曲线。就一般照明器而言，照明器的形状基本上都是轴对称的旋转体，其光强在空间的分布也是关于轴对称的（如白炽灯）。通过照明器的轴线，任取一测光平面，则该平面内的配光曲线就可以表明照明器的光强在空间的对称分布状况。对称配光曲线如图 8-24 所示。

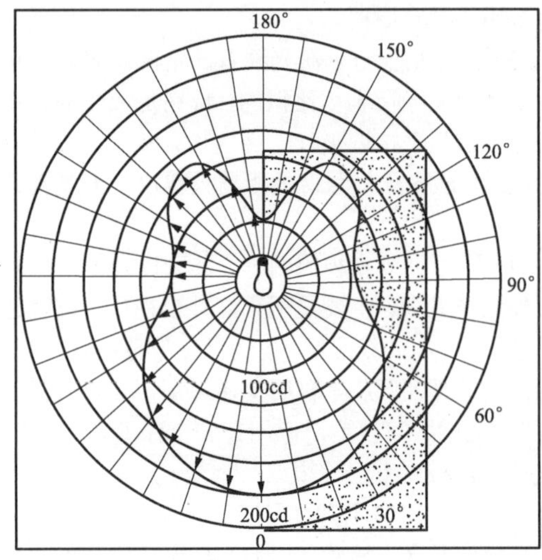

图 8-24 白炽灯配光曲线

2）非对称配光曲线。对于某些照明器，光源和灯具的形状是非对称的（如普通的长管荧光灯及其照明器）。对于此类照明器需要采用通过照明器或光源轴线的几个不同角度测光平面上的配光曲线，来表示该照明器在空间的光强分布状况，如图 8-25 所示。

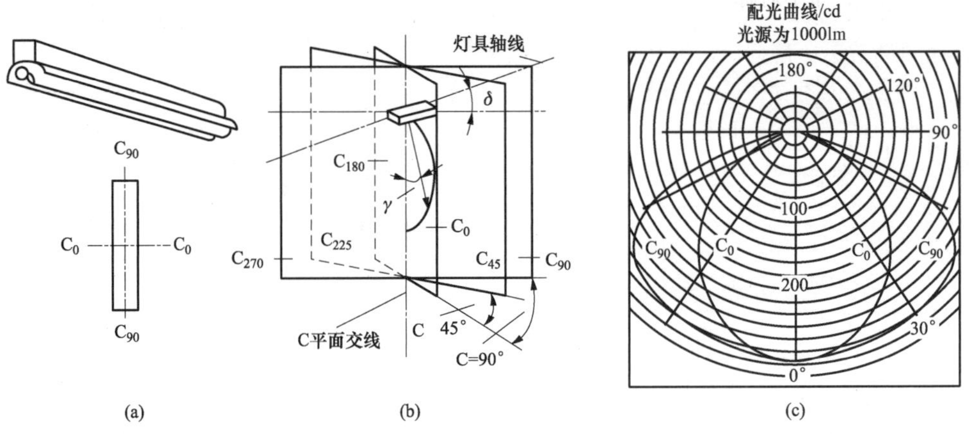

图 8-25 不对称灯具的配光曲线

（a）荧光灯；（b）测光平面；（c）配光曲线

如图 8-25a、b 所示，对于非对称配光的照明器，通常确定与照明器长轴相垂直的 C_0 平面为参考平面，与 C_0 平面成 45°，90°，270°，…，平面角 C 的面相应的称为 C_{45}，C_{90}，C_{270}，…，平面。δ 是灯具的安装倾斜角，水平安装时 $\delta=0°$。在 C 系列平面内，以 C 平面交线作为参考轴，其角度为 $\gamma=0°$，称夹角 γ 为投光角。

为了表明非对称配光照明器的光强在空间分布特性，一般选用 C_0、C_{45}、C_{90} 三个测光平面，至少用 C_0、C_{90} 两个平面的光强说明非对称照明器的空间配光情况，其对应 C_0、C_{90} 平面的配光曲线，如图 8-25c 所示。

配光曲线上的每一点表示照明器在该方向上的

光强。如果已知照明器计算点的投光角 γ，便可在配光曲线上查到照明器在该点上对应的发电强度 I_γ。

一般在设计手册和产品样本中给出照明器的配光曲线，统一规定以光通量为 1000lm 的假想光源来提供发电强度的分布特性。若实际光源的光通量不是 1000lm，可根据下式换算

$$I_\gamma = \Phi I'_\gamma/1000 \tag{8-2}$$

式中：Φ 为光源的实际光通量，lm；I'_γ 为光源的光通量为 1000lm 时，在 γ 方向上的光强，cd；I_γ 为光源在 γ 方向上的实际光强，cd。

（2）直角坐标配光曲线。对于聚光很强的投光灯，其光强集中分布在一个很小的立体空间角内，极坐标配光曲线难以表达其光强的分布特性，因而配光曲线一般绘制在直角坐标系上，如图 8－26 所示。

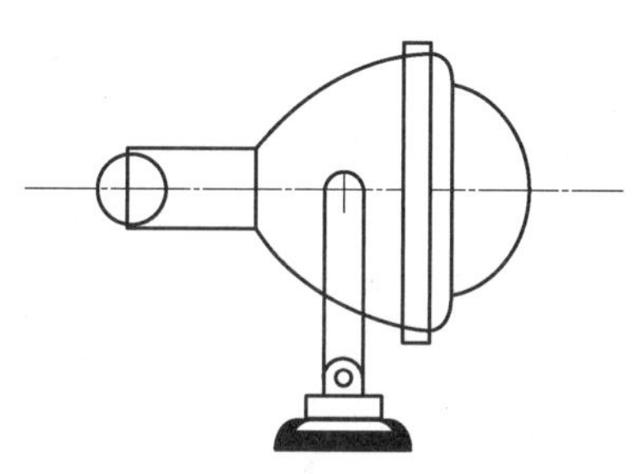

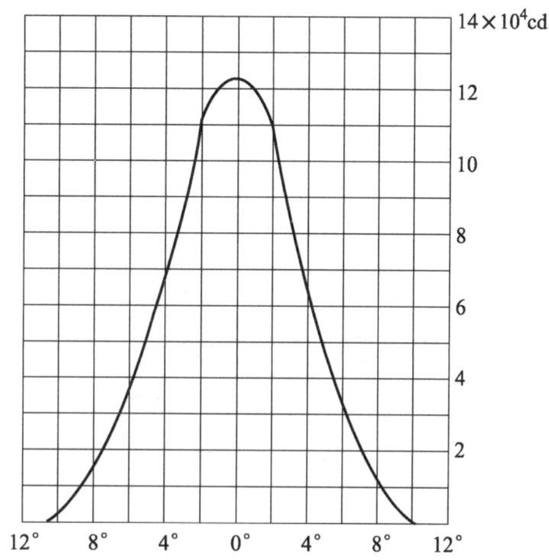

图 8－26 直角坐标配光曲线

（3）等发光强度（简称光强）配光曲线。对一般照明灯具来说，极坐标配光曲线是表示光强分布最常用的方法。而对于光强分布不对称的照明器，常采用等光强配光曲线表示光强。

1）圆形等光强图。图 8－27 所示的是等面积天顶投影等光强配光曲线，该曲线给出了灯具在半球上的全部光强分布。

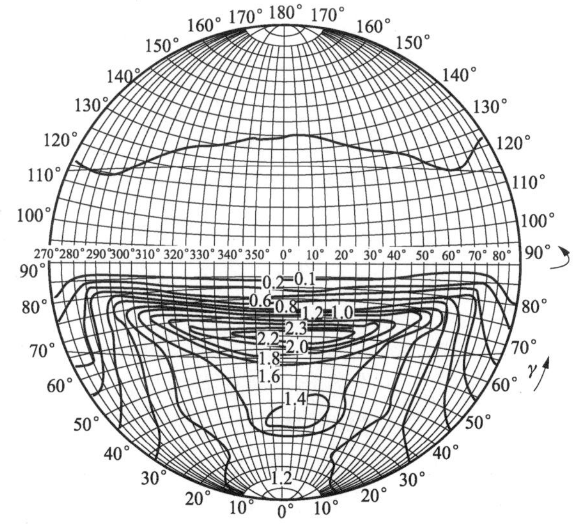

图 8－27 等面积天顶投影等光强曲线

围绕照明器的球表面上的一个平面内，将等光强的点连接可构成圆形等光强配光曲线，并以相等的投影面积来表示相等的包围照明器的球面面积。这种等光强图在街道照明中应用较多，沿着水平中心线（赤道）上的角度 C 定义为路轴方向的方位角，其中 $C=0°$ 表示与道路同方向；$C=90°$ 表示与道路垂直；$C=270°$ 是垂直离开道路的方向。沿着周围的角度 γ 表示偏离下垂线的角度，其中 $\gamma=0°$ 表示灯具垂直向下。

等面积天顶投影等光强配光曲线，可用于求解街道照明灯具投射到道路表面的光通量。

2）矩形等光强图。泛光灯的光分布通常是窄光束，常用矩形等光强图表示泛光灯的光强分布特性，如图 8－28 左半部所示。图中角度的选择范围应与光分布的范围相符，纵坐标和横坐标上的角度分别表示垂直和水平。在等光强图中，可以计算出垂直和水平网格线所包围的每一个矩形内的光通量。

图的右边是功率为 400W 管型高压钠灯作泛光灯时球带光通量曲线的一半；小方格由水平角、垂直角构成，在由小方格所确定的球带里，可以计算出每千流明的光通量。

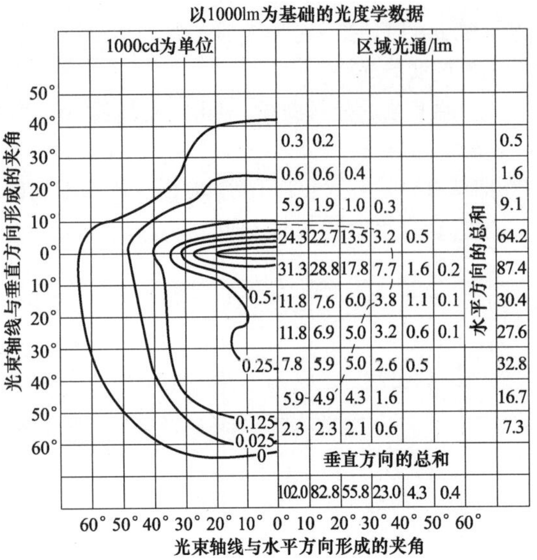

图 8－28 泛光照明等光强与区域光通

2. 保护角

照明器的遮光角又称为保护角，是指照明器出光沿口遮蔽光源发光体使之完全看不见的方位与水平线的夹角，以 α 表示。它是根据光源产生的眩光与人视线角度的关系而设计的。

对于一般照明器，指的是灯丝（发光体）最低（或最边缘点）与灯具沿口连线，与出光沿口水平线的夹角，如图 8－29a 所示。

直接型白炽灯照明器遮光角定义如下

$$\alpha = \arctan h/r \quad (8-3)$$

式中：h 为光源发光体中心至照明器出光沿口平面的垂直距离，mm；r 为灯具的出光沿口平面的半径或宽度的一半，mm；α 为灯具的遮光角，（°）。

对于荧光灯来说，由于它本身的表面亮度低，一般不宜采用半透明的扩散材料做成灯罩来限制眩光，而采用铝合金（或不锈钢）格栅来有效地限制眩光。

格栅的遮光角定义为一个格片底边看到下一格片顶部的连线与水平线之间的夹角，如图 8－29b 所示。不同形式的格栅遮光角是不同的；即使同一格栅，因观察方位不同，其值也会不同。图 8－29b 中，沿长方形格栅的长度、宽度、对角线三个方向上的遮光角分别为

$$\alpha = \arctan h/a \quad （沿长度方向） \quad (8-4)$$

$$\alpha = \arctan h/b \quad （沿宽度方向） \quad (8-5)$$

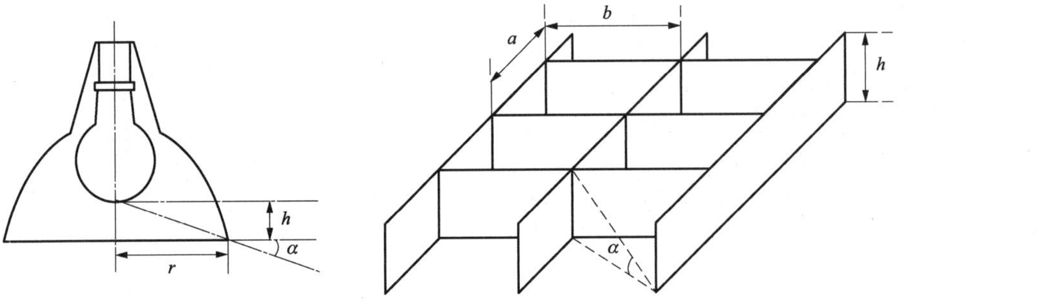

(a)　　(b)

图 8－29 照明器的遮光角

（a）一般型；（b）格栅型

$$\alpha = \arctan h/\sqrt{(a^2+b^2)} \quad （沿对角线方向） \quad (8-6)$$

式中：a 为格栅开口的长度，mm；b 为格栅开口的宽度，mm；h 为格栅的高度，mm。

格栅的遮光角越大，光强分布就越窄，效率也越低；反之，遮光角越小，光强分布就越宽，效率也越高，但防止眩光的作用也随之变弱。一般的办公室照明，格栅遮光角的横轴方向（垂直灯管）为 45°，纵轴方向（沿灯管长方向）为 30°；而商店照明的格栅遮光角横轴方向成 25°，纵轴方向成 15°。

3. 灯具效率

灯具所辐射出的光通量 Φ' 与光源发出的总光通量 Φ_s 之比，称为灯具效率，用 η 表示。

$$\eta = \Phi'/\Phi_s \quad (8-7)$$

经过灯具的反射和透射后，光源的光通量必然会有所损失，因此，灯具的发光效率小于 1。

如图 8－30 所示，照明器中光源 S 发出的光线可分成三个区域。区域 1 是光线能从光源经玻璃板 B 直接射出灯具的部分，这些光线称为直接出射光；区域 2 是光线射向灯亮内部壳体产生的杂散光，无法起到有效照明作用；区域 3 是光源光线射向反射器 R，经反射器反射后，通过前面玻璃板 B 再射出。

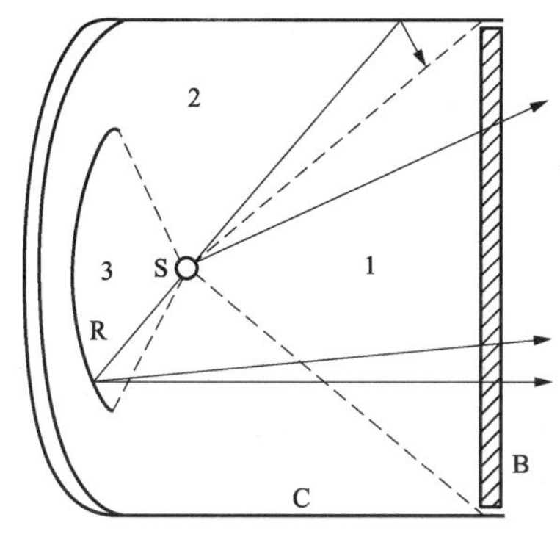

图 8－30 照明器发光效率示意图

要提高照明器效率，需要注意下列几点：

（1）尽量减少区域 2，不使光线白白浪费在壳体上。

（2）处理好玻璃板 B 与光线的相互位置，一般使光线对玻璃的入射角小于 45°，以增加光线的透过率。

（3）增加区域 1 减少区域 3，即增加直接出射光部分。

（4）减小区域 2 至零时，区域 3 内的光线全部反射向区域 1 中，当反射出来光线的角度与区域 1 的直接出射光线角度完全吻合时，即可获得高的效率。

照明器的光强分布是利用照明器的反射罩、透光棱镜、格栅或散光罩的控光来实现的。光源的发光面越小，越容易控制光，白炽灯、高压钠灯比荧光灯的效果好。

反射罩是灯具用来控光的主要部件，因此，其反射率越大，形成的规则反射就越强，控光能力也越好。采用抛光氧化铝板作反光材料的灯具，按照规则反射定律，对铝反射罩的几何形状、尺寸进行周密设计，安装时注意光源精确定位，便能获得各种需要的光强分布。然而，用金属表面喷白漆、光泽度差的搪瓷作为漫反射或用漫反射材料做成的灯具，其控光效果较差。

透光罩也能用来控制光，以断面几何形状经过光学设计的透明棱镜罩（或透镜）效果最好，总透光比高。格栅主要起到遮蔽光源、减小直接眩光的作用，透过格栅的光束分布一般都比较狭窄。倾斜角度的格栅，不仅可以导光，而且还能加强垂直面上的照明。半透明材料的散光罩，如乳白玻璃、磨砂玻璃，将减弱光源亮度，并使灯光四面八方散射，因此，不能在给定方向上达到较为集中的光强分布。

8.2.6 照明器分类

1. 按用途分类

照明器根据用途可分为功能性与装饰性两种。

（1）功能性照明器。首先应该考虑保护光源，提高光效，降低眩光的影响；其次再考虑装饰效果。如民用灯具、工矿灯具、舞台灯具、车船灯具、防爆灯具、标志灯具、水下灯具和路灯灯具等。

（2）装饰性灯具。一般由装饰部件围绕光源组合而成，其作用主要是美化环境、烘托气氛。因此，首先应该考虑灯具的造型和光线的色泽，其次再考虑灯具的效率和限制眩光。

2. 防触电保护方式分类

为了电气安全，照明器的所有带电部分必须采用绝缘材料等加以隔离，这种保护人身安全的措施称为防触电保护。

根据防触电保护方式，照明器可分为 0、Ⅰ、Ⅱ和Ⅲ四类，每一类主要性能及其应用情况，见表 8－63。

表 8－63　照明器的防触电保护分类

照明器等级	照明器主要性能	应 用 说 明
0 类	依赖基本绝缘防止触电，一旦绝缘失效，靠周围环境提供保护，否则，易触及部分和外壳会带电	安全程度不高，适用于安全程度好的场合，如空气干燥、尘埃少、木地板等条件下的吊灯、吸顶灯
Ⅰ类	除基本绝缘外，易触及的部分及外壳有接地装置，一旦基本绝缘失效时，不致有危险	用于金属外壳的灯具，如投光灯、路灯、庭院灯等
Ⅱ类	采用双重绝缘或加强绝缘作为安全防护，无保护导线（地线）	绝缘性好，安全程度高，适用于环境差、人经常触摸的灯具，如台灯、手提灯等
Ⅲ类	采用特低安全电压（交流有效值不超过 50V），灯内不会产生高于此值的电压	安全程度最高，可用于恶劣环境，如机床工作灯、儿童用灯等

从电气安全角度看，0 类照明器的安全程度最低，Ⅰ、Ⅱ类较高，Ⅲ类最高。有些国家已不允许生产 0 类照明器。在照明设计时，应综合考虑使用场所的环境、操作对象、安装和使用位置等因素，选用合适类别的照明器具。在使用条件或使用方法恶劣的场所应使用Ⅲ类灯具，一般情况下可采用Ⅰ类或Ⅱ类照明器。

3. 光通量在空间的分布分类

当采用不同的照明器，其光通量在空间的分布状况是不同的。CIE 将一般室内照明器的光通量在上、下半球空间分配比例来分有直接型、半直接型、漫射型、半间接型和间接型。其不同类型照明器光通量的分布，见表 8－64。

表 8－64　照明器光通量分类

类别	光通量分布特性（%）		特　点
	上半球	下半球	
直接型	0～10	100～90	光线集中，工作面上可获得充分照度
半直接型	10～40	90～60	光线集中在工作面上，空间环境有适当照度比直接型眩光小
漫射型	40～60	60～40	空间各方向光通量基本一致，无眩光
半间接型	60～90	40～10	增加反射光的作用，使光线比较均匀柔和
间接型	90～100	10～0	扩散性好，光线柔和均匀，避免眩光，但光的利用率低

4. 按配光曲线分类

按照配光曲线分类，实际上是按照明器光强分布特性进行分类，其各自的特点见表 8－65。

表 8－65　按照明器配光曲线分类及特点

类别	特　点
正弦分布型	光强是角度的函数，在 $\theta=90°$ 时，光强最大
广照型	最大的光强分布在较大的角度处，可在较为广阔的面积上形成均匀的照度
均匀配照型	各个角度的光强基本一致
配照型	光强是角度的余弦函数，在 $\theta=0°$ 时，光强最大
深照型	光通量和最大光强值集中在 $\theta=0°$～30°所对应的立体角内
特深照型	光通量和最大光强值集中在 $\theta=0°$～15°所对应的立体角内

5. 按照明器结构特点分类

按照明器结构特点分类，见表 8－66。

表 8－66　按照明器结构特点分类

结构	特　点
开启型	光源与外界空间直接接触（无罩）
闭合型	透明罩将光源包合起来，但内外空气仍能自由流通
密闭型	透明罩固定处加严密封闭，与外界隔绝相当可靠，内外空气不能流通
防爆型	符合《防爆电气设备制造检验规程》的要求，能安全地在有爆炸危险性介质的场所使用有安全型和隔爆型 安全型在正常运行时不产生火花电弧；或把正常运行时产生的火花电弧的部件放在独立的隔爆室内，隔爆型在灯具的内部产生爆炸时，火焰通过一定间隙的爆面后，不会引起灯具外部的爆炸
防震型	灯具采取防震措施，安装在有震动的设施上

6. 按安装方式分类

按照明器安装方式分类及特点，见表 8－67。

表 8－67　按照明器安装方式分类及特点

安装方式	特　点
壁灯	安装在墙壁上、庭柱上，用于局部照明、装饰照明或没有顶棚的场所
吸顶灯	将灯具吸附在顶棚面上，主要用于没有吊顶的房间。吸顶式的光带适用于计算机房、变电站等

续表

安装方式	特 点
嵌入式	适用于有吊顶的房间，灯具是嵌入在吊顶内安装的，可以有效消除眩光。与吊顶结合能形成美观的装饰艺术效果
半嵌入式	将灯具的一半或一部分嵌入顶棚，其余部分露在顶棚外，介于吸顶式和嵌入式之间。适用于顶棚吊顶深度不够的场所，在走廊处应用较多
吊 灯	最普通的一种灯具的安装形式，主要利用吊杆、吊链、吊管、吊灯线来吊装灯具
地脚灯	主要作用是照明走廊，便于人员行走。应用在医院病房、公共走廊、宾馆客房、卧室等
台 灯	主要放在写字台上、工作台上、阅览桌上，作为书写阅读使用
落地灯	主要用于高级客房、宾馆、带茶几沙发的房间以及家庭的床头或书架等
庭院灯	灯头或灯罩多数向上安装，灯管和灯架多数安装在庭、院地坪上，特别适用于公园、街心花园、宾馆以及机关学校的庭院内
道路广场灯	主要用于夜间的通行照明。广场灯用于车站前广场、机场前广场、港口、码头、公共汽车站广场、立交桥、停车场、集合广场、室外体育场等
移动式灯	用于室内、外移动性的工作场所以及室外电视、电影的摄影等场所
自动应急照明灯	适用于宾馆、饭店、医院、影剧院、商场、银行、邮电、地下室、会议室、动力站房、人防工程、隧道灯公共场所。可以作应急照明、紧急疏散照明、安全防灾照明等

7. 新型灯具

太阳能灯均由太阳能电池板、蓄电池、逆变器、控制器以及灯具、光源等组成。目前，太阳能灯具种类已较为齐全，按品种有路灯、庭院灯、草坪灯、地灯、水漂灯以及景观灯等，使用光源多为小功率节能灯、LED 灯，路灯则有部分采用无极感应灯和低压钠灯。

使用 160W 的太阳能电池组件，220V/45W 的稀土高效节能灯，12V/220AH 免维护铅酸蓄电池，可实现连续阴雨条件下 5 天的照明（每天工作 12h）。使用 160W 的太阳能电池组件，12V/30×2W 的稀土高效节能灯，12V/200AH 免维护铅酸蓄电池，可实现连续阴雨条件下 5 天的照明（每天工作 12h）。

（1）太阳能电池的外特性。从应用的角度论述，大家主要关心的是太阳能电池的外特性。首先，对于单片太阳能电池来说，它是一个 PN 结，除了当太阳光照射在上面时，它能够产生电能外，它还具有 PN 结的一切特性。在标准光照条件下，它的额定输出电压为 0.48V。在太阳能照明灯具使用中的太阳能电池组件都是由多片太阳能电池连接构成的。它具有负的温度系数，对于多片太阳能电池组成的太阳能电池组件，这是一个不可忽视的问题。在使用中，太阳能电池开路或者短路都不会造成损坏，实际上我们也正是利用它的这个特性对系统蓄电池充放电进行控制的。

（2）太阳能灯具的优点及特性。

节能：以太阳能光电转换提供电能，取之不尽、用之不竭。

环保：无污染、无噪声、无辐射。

安全：绝无触电、火灾等意外事故。

方便：安装简洁，不需要架线或“开膛破肚”挖地施工，也没有停电限电顾虑。

寿命长：产品科技含量高，控制系统、配件均是国际品牌、智能化设计，质量可靠。

投资少：一次性投资与交流电等价（交流电投资从变电、进电、控制箱、电缆、工程等合计），一次投资，长期受用。

适用广：太阳能源于自然，所以凡是有日照的地方都可能使用，特别适合于绿地景观灯光配备，高档次住宅及室外照明，旅游景点海岸景观照明及点缀，工业开发区、工矿企业路灯，各大院校室外灯光。

（3）展望——从 PN 结到 PN 结的绿色照明。太阳能电池正在以出乎人们预料的惊人速度发展。根据科学家的保守估计，在未来的 10 年里，太阳能电池的平均转换效率要达到 20%以上，而价格要下降一半，这就是说，10 年以后的今天，我们用于照明电力的一半可能来源于太阳能，达到从 PN 结到 PN 结真正的绿色照明。大家知道，太阳能电池是一个巨大的 PN 结，它把太阳能转换为电能。LED 是另一个可以将电能转换为光线的 PN 结，它的转换效率一天一天地在提高，据说不久的将来就可以达到节能灯的水平，而使用寿命可以达到 10 万 h 以上，这是真正意义上的绿色照明。

8.2.7 照明器的选用

1. 基本原则

（1）光学特性。首先要看配光是否合理，保护角是否符合要求，灯具各个角度的亮度应在限定范围之内。

（2）经济技术指标要符合要求。灯具应具有较高的效率和利用系数，其次在所应用的场所要达到节能指标，而单位用电量 W/m^2 要符合节能标准。电气安装费用、初投资及运行费用等，都要符合要求。

（3）灯具的光学性能要与使用房间室形相匹配，符合使用场所的环境条件。

（4）灯具的结构符合安全和防触电指标。

（5）灯具的外形与建筑物应该相协调，并能起到美化环境的作用。

（6）要考虑安装灯具的方法，易于清扫，换装灯泡方便，便于维护。

（7）要考虑到灯具光源的寿命和造价指标。

在选用灯具时，要综合考虑以上各条件指标，权衡利弊得失而后选用。

2. 选用方式

（1）按配光曲线选择灯具。在选择灯具时，应根据环境条件和使用特点，合理地选定灯具的光强分布、效率、遮光角、类型、造型尺寸等，同时还应考虑灯具的装饰效果和经济性。

1）在各种办公室和公共建筑物中，房间的顶棚和墙壁均要求有一定的亮度，要求房间各面有较高的反射比，并需有一部分光直接射到顶棚和墙上，此时可采用半直接型、漫射型灯具，从而获得舒适的视觉条件与良好的艺术效果。为了节能，在有空调的房间内还可选用空调灯具。

2）在高大的建筑物内，灯具安装高度在 0～6m 时，宜采用深照型或配照型灯具；安装高度在 6～15m 时，宜采用特深照型灯具；安装高度在 15～30m 时，宜采用高纯铝深照型或其他高光强灯具。

3）在要求垂直照度（教室黑板）时，可采用倾斜安装的灯具，或选用不对称配光的灯具。

4）室外照明，宜采用广照型灯具。大面积的室外场所，宜采用投光灯或其他高光强灯具。

（2）按使用环境条件选择灯具。

1）在正常环境中，宜选用开启型灯具。

2）在潮湿或特别潮湿的场所，宜选用密闭型防水防尘灯或带防水灯头的开启型灯具。

3）在有腐蚀性气体和蒸汽的场所，应当选用耐腐蚀性材料制成的密闭型灯具。

4）在有爆炸和火灾危险的场所，应按危险的等级选择相应的灯具；含有大量粉尘但非爆炸和火灾危险的场所，应采用防尘灯具。

5）有较大振动的场所，宜选用有防震措施的灯具。

6）安装易受机械损伤位置的灯具时，应加装保护网或采取其他的保护措施。

7）对有装饰要求（大厅、门厅处）的照明，除满足照度要求外，还应选择有艺术装饰效果的灯具。

8）特殊场所（舞厅、手术室、水下）的照明，可选用专用灯具。

（3）按经济效果选择灯具。与其他装置一样，灯具的经济性由初期投资和年运行费用（包括电费、更换光源费、维护管理费和折旧费等）两个因素决定。一般情况下，以选用光效高、寿命长的灯具为宜。

由于现代建筑的多样性、功能的复杂性和环境的差异性，很难确定出选择灯具的统一标准。总的来说，要选择恰当的灯具，首先要掌握各类灯具的各项光学特性和电气性能；熟悉各类建筑物的使用功能及其对照明的要求；密切与建筑专业设计人员配合，在此基础上，再综合考虑上述两项因素，才能获得良好的效果。

3. 各种常用电光源的性能比较与选用

（1）电光源性能比较。

光效较高的有高压钠灯、金属卤化物灯和荧光灯等；显色性较好的有白炽灯、卤钨灯、荧光灯、金属卤化物灯等；寿命较长的光源有荧光高压汞灯和高压钠灯；能瞬时启动与再启动的光源是白炽灯、卤钨灯等。输出光通量随电压波动变化最大的是高压钠灯，最小是荧光灯。维持气体放电灯正常工作不至于自熄尤为重要，从实验得知，荧光灯当电压降至 160V、HID 灯电压降至 190V 将会自熄。

采用电感镇流器且无补偿电容时，气体放电灯的功率因数及镇流器功率损耗占灯管功率的百分数（%）见表 8－68。

表 8－68　　气体放电灯的功率因数及镇流器功率损耗占灯管功率的百分数

光源种类（采用电感镇流器）	额定功率/W	功率因数	镇流器损耗占灯管功率的百分数（%）
荧光灯	36～40	0.50	19
荧光高压汞灯	≤125	0.45	25
	250	0.56	11
	400～1000	0.60	5
金属卤化物灯	1000	0.45	14
高压钠灯	70～100	0.65～0.70	16～14
	150～250	0.55	12
	400	0.50	10

（2）电光源的选用。电光源的选用首先要满足照明设施的使用要求（照度、显色性、色温、启动、再启动时间等），其次要按环境条件选用，最后综合考虑初期投资与年运行费用。

1）根据照明设施的目的与用途来选择光源。不同的场所，对照明设施的使用要求也不同。

① 对显色性要求较高的场所应选用平均显色指数 R_a≥80 的光源，如美术馆、商店、化学分析实验室、印染车间等。

② 色温的选用主要根据使用场所的需要：

a. 办公室、阅览室宜选用中间色温光源，使办公、阅读更有效率感。

b. 休息的场所宜选用低色温光源，给人以温馨、放松的感觉。

c. 转播彩色电视的体育运动场所除满足照度要求外，对光源的色温也有所要求。

d. 频繁开关的场所，宜采用白炽灯。

e. 需要调光的场所，宜采用 LED、卤钨灯；当配有调光镇流器时，也可以选用荧光灯。

f. 要求瞬时点亮的照明装置，如各种场所的事故照明，不能采用启动时间和再启动时间都较长的 HID 灯。

g. 美术馆展品照明，不宜采用紫外线辐射量多的光源。

h. 要求防射频干扰的场所，对气体放电灯的使用要特别谨慎。

2）按照环境的要求选择光源。环境条件常常限制了某些光源的使用。

① 低温场所，不宜选择配用电感镇流器的预热式荧光灯管，以免启动困难。

② 在空调的房间内，不宜选用发热量大的白炽灯、卤钨灯等。

③ 电源电压波急剧的场所，不宜采用容易自熄的 HID 灯。

④ 机床设备旁的局部照明，不宜选用气体放电灯，以免产生频闪效应。

⑤ 有振动的场所，不宜采用卤钨灯（灯丝细长而脆）等。

3）按投资与年运行费用选择光源。

① 光源对初期投资的影响。光源的发光效率对于照明设施的灯具数量、电气设备、材料及安装等费用均有直接影响。

② 光源对运行费用的影响。年运行费用包括年电力费、年耗用灯泡费、照明装置的维护费（如清扫及更换灯泡费用等）以及折旧费，其中电费和维护费占较大比重。通常照明的装置的运行费用往往超过初期投资。

综上所述，选用高光效的光源，可以减少初期投资和年运行费用；选用长寿命光源，可减少维护工作，使运行费用降低，特别对高大厂房、装有复杂的生产设备的厂房、照明维护工作困难的场所来说，这一点显得更加重要。

各种场所对灯性能的要求及推荐的灯（GB 50034—2013，CJJ 45—2015），见表 8－69，以供参考。

表 8-69　　场所对灯性能的要求及推荐的灯

使用场所		要求的灯性能		推荐的灯：　宜用 ☆　可用 ○			
		显色指数	色温[①]	荧光灯	金卤灯	高压钠灯	LED
商店	一般照明	＞80	1/2	☆	☆		
	重点照明	＞80	1/2		☆		☆
旅馆客房		＞80	1/2	☆			☆
快速路		＞60	1/2		○	☆	○
次干路与支路		＞60	1/2		○	○	○
居住区机动车和行人混合交通道路		＞60	1/2		☆		☆
商业区步行街、居住区人行道路、机动车交通道路两侧人行道或非机动车道		＞60	1/2	○	○		○

① 色温分类如下：1—＜3300K，2—3300～5300K，3—＞5300K。

8.3 照明计算及测量

照明计算是正确进行照明设计的重要环节，是对照明质量作定量评价的技术指标，它包括照度计算、亮度计算、眩光计算等。亮度计算和眩光计算比较复杂，在实际照明工程设计中，照明计算常常只进行照度计算。当对照明质量要求较高时，应该都进行计算。

照明计算的目的是根据照明需要及其他已知条件（照明器形式及布置、房间各个面的反射条件及污染情况等），来决定照明器的数量以及其中电光源的容量，并据此确定照明器的布置方案；或者在照明器型式、布置及光源的容量都已确定的情况下，通过进行照明计算来定量评价实际使用场合的照明质量。

照明计算主要向两个方面发展：其一是力求简单、迅速，经常是将事先计算好的，以及在各种可能条件下的结果编制成图表或曲线，供给设计人员查用；其二是力求计算准确，考虑各种因素，计算十分复杂，需要借助计算机来进行计算。目前，出现了许多通用的计算软件，供用户使用。

8.3.1 照度计算的基本方法

照度计算的基本方法有平均照度计算法（利用系数法）、逐点计算法（包括二次方反比法、等照度曲线法、方位系数法等）。其中，平均照度计算法用于计算平均照度以及所需灯的数量，它适用于一般照明的照度计算，逐点计算法用于计算某点的直射照度。其特点是准确度高，可以用来计算任何指定点的照度，一般适用于局部照明、采用直射光照明器的照明、特殊倾斜面的照明和其他需要准确计算照度的场合。根据光源的几何大小，逐点计算法又可分为点光源、线光源、面光源的点照度计算。

不论水平面、垂直面还是倾斜面上的某一点的照度，都是由直射光和反射光两部分组成的。在计算水平照度时，如无特殊要求，通常采用 0.75m 的工作面或地平面作为计算面。

8.3.2 平均照度计算

1. 平均照度计算

利用系数法是按照光通量进行照度计算的，故又称流明计算法（或流明法）。它是根据房间的几何形状、照明器的数量和类型来确定工作面平均照度的计算法。流明法既要考虑直射光通量，也要考虑反射光通量。

（1）基本计算公式。落到工作面上的光通量可分为两个部分，一是从灯具发出的光通量中直接落到工作面上的部分（称为直接部分），二是从灯具发出的光通量经室内表面反射后最后落到工作面上的部分（称为间接部分）。两者之和为灯具发出的光通量中最后落到工作面上的部分，该值与工作面的面积之比，则称为工作面上的平均照度。若每次都要计算落到工作面上的直接光通量与间接光通量，则计算变得相当复杂。为此，人们引入了利用系数的概念，即事先计算出各种条件下的利用系数，提供设计人员使用。

1）利用系数。对于每个灯具来说，由光源发出的额定光通量与最后落到工作面上的光通量之比值称为光源光通量利用系数（简称利用系数），即

$$U=\frac{\Phi_f}{\Phi_s} \tag{8-8}$$

式中：U 为利用系数；Φ_f 为由灯具发出的最后落到

工作面上的光通量，lm；Φ_s 为每个灯具中光源额定总光通量，lm。

为了求利用系数，许多国家都形成了一套自己的计算方法，譬如英国"球带法"、美国"带域－空间法"、法国"实用照明计算法"、国际照明委员会"CIE法"等。我国目前采用美国"带域－空间法"求得。

2）室内平均照度。有了利用系数的概念，室内平均照度可根据以下公式进行计算

$$E_{av}=\frac{\Phi_s NUK}{A} \tag{8-9}$$

式中：E_{av} 为工作面平均照度，lx；N 为灯具数；A 为工作面面积，m²；K 为维护系数，查表8－70。

3）维护系数。考虑到灯具在使用过程中，因光源光通量的衰减、灯具和房间的污染而引起照度下降。

表8－70　　维护系数 K

环境污染特征	工作房间或场所	维护系数	灯具擦洗次数/（次/年）
清洁	办公室，阅览室，仪器、仪表装配车间	0.8	2
一般	商店营业厅，影剧院观众厅，机加工车间	0.7	2
污染严重	铸工、锻工车间，厨房	0.6	2
室外	道路和广场	0.7	2

（2）利用系数法。室形指数、室空间比是计算利用系数的主要参数。

1）室形指数（Room Index，RI）。室形指数是用来表示照明房间的几何特征，是计算利用系数时的重要参数。

室形指数可通过下列方式求取

矩形房间
$$\mathrm{RI}=\frac{lw}{h(l+w)} \tag{8-10}$$

正方形房间
$$\mathrm{RI}=\frac{a}{2h} \tag{8-11}$$

圆形房间
$$\mathrm{RI}=\frac{r}{h} \tag{8-12}$$

式中：l 为房间的长度，m；w 为房间的长（宽）度，m；a 为房间的宽度，m；r 为圆形房间的半径，m；h 为灯具开口平面距工作面的高度，m。

为便于计算，一般将室形指数划分为0.6、0.8、1.0、1.25、1.5、2.0、2.5、3.0、4.0、5.0 10个级数。采用室形指数进行平均照度计算是国际上较为通用的方法。

2）室空间比。如图8－31所示，为了表示房间的空间特征，可以将房间分成三个部分：

① 顶棚空间——灯具开口平面到顶棚之间的空间。

② 地板空间——工作面到地面之间的空间。

③ 室空间——灯具开口平面到工作面之间的空间。

室空间比的计算：室空间比同样适用于利用系数的计算，它用来表示室内空间的比例关系。其计算方法如下：

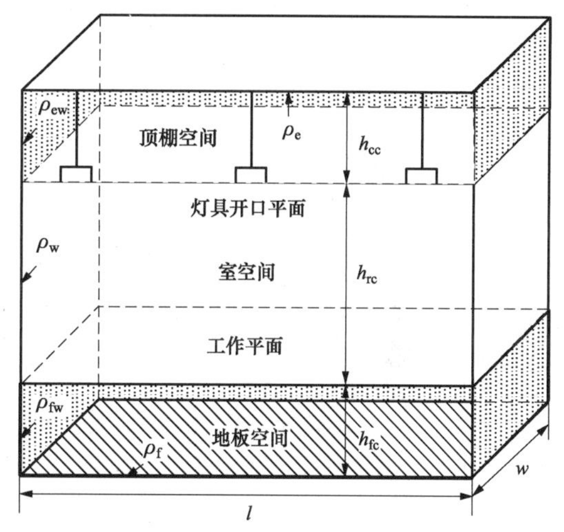

图8－31　房间的空间特征

室空间比（Room Coefficient Ratio）

$$\mathrm{RCR}=5h_{rc}\frac{1+w}{lw} \tag{8-13}$$

顶棚空间比（Ceiling Coefficient Ratio）

$$\mathrm{CCR}=5h_{cc}\frac{1+w}{lw}=\frac{h_{cc}}{h_{rc}}\mathrm{RCR} \tag{8-14}$$

地板空间比（Floor Coefficient Ratio）

$$\mathrm{FCR}=5h_{fc}\frac{1+w}{lw}=\frac{h_{fc}}{h_{rc}}\mathrm{RCR} \tag{8-15}$$

式中：h_{rc} 为室空间的高度，m；h_{cc} 为顶棚空间的高度，m；h_{fc} 为地板空间的高度，m。

从式（8－11）、式（8－14）可知

$$RI \times RCR = 5 \quad (8-16)$$

室空间比 RCR 亦分为 1、2、3、4、5、6、7、8、9、10 十个级数。

有效空间反射比：灯具开口平面上方空间中，一部分光被吸收，还有一部分光线经多次反射从灯具开口平面射出。

为了简化计算，把灯具开口平面看成一个具有有效反射比为 ρ_{cc} 的假想平面，光在这假想平面上的反射效果同在实际顶棚空间的效果等价。同理，地板空间的有效反射比可定义为 ρ_{fc}。

平均反射比：假如空间由若干表面组成，以 A_i、ρ_i 分别表示为第 i 表面的面积及其反射比，则平均反射比 ρ 可由下面公式求出

$$\rho = \frac{\sum \rho_i A_i}{\sum A_i} = \frac{\sum \rho_i A_i}{A_s} \quad (8-17)$$

式中：A_s 为顶棚（或地板）空间内所有表面的总面积，m^2。

有效（equivalence）空间反射比 ρ_e 可由下面公式求得

$$\rho_e = \frac{\rho \times A_0}{(1-\rho)A_s + \rho \times A_0} = \frac{\rho}{\rho + (1-\rho)\dfrac{A_s}{A_0}} \quad (8-18)$$

式中：A_0 为顶棚（或地板）平面面积，m^2；ρ 为顶棚（或地板）空间各表面的平均反射比。

3）室内平均照度的确定。确定房间的各特征量、计算室形指数 RI 或室空间比 RCR、顶棚空间比 CCR、地板空间比 FCR。

① 确定顶棚空间有效反射比。当顶棚空间各面反射比不等时，应该利用式（8-17），求出各面的平均反射比 ρ；然后代入式（8-18），求出顶棚空间有效反射比 ρ_{cc}。

$$\rho = \frac{\sum \rho_i A_i}{\sum A_i} = \frac{\rho_c(l \times w) + \rho_{cw}[2l \times h_{cc} + w \times h_{cc}]}{l \times w + 2(l \times h_{cc} + w \times h_{cc})} = \frac{\rho_c + 0.4\rho_{cw} \times CCR}{1 + 0.4 \times CCR}$$

$$\frac{A_s}{A_0} = \frac{l \times w + 2h_{cc}(l+w)}{l \times w} = 1 + 0.4 \times CCR$$

$$\rho_{cc} = \frac{\rho}{\rho + (1-\rho)\dfrac{A_s}{A_0}} = \frac{\rho}{\rho + (1-\rho)(1 + 0.4 \times CCR)}$$

② 确定墙面平均反射比。由于房间开窗或装饰物遮挡等所引起的墙面反射比的变化，在求利用系数时，墙面反射比 ρ_w 应该采用其加权平均值，即利用式（8-17）求得

$$\rho = \frac{\sum \rho_i A_i}{\sum A_i}$$

③ 确定利用系数。在求出室空间比 RCR、顶棚有效反射比 ρ_{cc}，墙面平均反射比 ρ_w 以后，按所选用的灯具从计算图表中，即可查得其利用系数 U。当 RCR、ρ_{cc}、ρ_w 不是图表中分级的整数时，可从利用系数（U）表中，查接近 ρ_{cc}（70%、50%、30%、10%）列表中接近 RCR 的两个数组（RCR_1，U_1）、（RCR_2，U_2）；然后采用内插法求出对应室空间比 RCR 的利用系数 U。

$$U = U_1 + \frac{U_2 - U_1}{RCR_2 - RCR_1}(RCR - RCR_1)$$

④ 确定地板空间有效反射比。地板空间与顶棚空间一样，可利用同样的方法求出有效反射比 ρ_{fc}。

$$\rho = \frac{\sum \rho_i A_i}{\sum A_i} = \frac{\rho_f(l \times w) + \rho_{fw}[2(l \times h_{fc} + w \times h_{fc})]}{l \times w + 2(l \times h_{fc} + w \times h_{fc})} = \frac{\rho_f + 0.4 \times \rho_{fw} \times FCR}{1 + 0.4 \times FCR}$$

$$\frac{A_s}{A_0} = \frac{l \times w + 2h_{fc}(l+w)}{l \times w} = 1 + 0.4 \times FCR$$

$$\rho_{fc} = \frac{\rho \times A_0}{(1-\rho)A_s + \rho \times A_0} = \frac{\rho}{\rho + (1-\rho)(1 + 0.4 \times FCR)}$$

⑤ 确定利用系数的修正值。利用系数表的数值是按 ρ_{fc}=20%情况下计算的。当 ρ_{fc} 不是该值时，若要获得较为精确的结果，利用系数需加以修正。当 RCR、ρ_{fc}、ρ_w 不是图表中分级的整数时，可从其修正系数表中，查接近 ρ_{fc}（30%、10%、0%）列表中接近 RCR 的两个数组（RCR_1，γ_1）、（RCR_2，γ_2）；然后采用内插法，求出对应室空间比 RCR 的利用系数的修正值 γ

$$\gamma = \gamma_1 + \frac{\gamma_2 - \gamma_1}{RCR_2 - RCR_1}(RCR - RCR_1)$$

⑥ 确定室内平均照度 E_{av}。

$$E_{av} = \frac{\Phi_s NK(\gamma \times U)}{l \times w}$$

2. 概率曲线与单位容量法

（1）概算曲线。为简化计算，把利用系数法计算

的结果制成曲线，并假设受照面上的平均照度为 100lx，求出房间面积与所用灯具数量的关系曲线，该曲线称为概算曲线。它适用于一般均匀照明的照度计算。

应用概算曲线进行平均照度计算时，应已知以下条件：

① 灯具类型及光源的种类和容量（不同的灯具有不同的概算曲线）。

② 计算高度（即灯具开口平面离工作面的高度）。

③ 房间的面积。

④ 房间的顶棚、墙壁、地面的反射比。

1）换算公式。根据以上条件（墙壁反射比应取墙和窗户的加权平均反射比），就可从概算曲线上查得所需灯具的数量 N。

概算曲线是在假设受照面上的平均照度为 100lx、维护系数为 K'的条件下绘制的。因此，如果实际需要的平均照度为 E、实际采用的维护系数为 K，那么实际采用的灯具数量 n 可按下列公式进行换算

$$n=\frac{EK'N}{100K} \quad 或 \quad E=\frac{100Kn}{K'N} \qquad (8-19)$$

式中：n 为实际采用的灯具数量；N 为根据概算曲线查得的灯具数量；K 实际采用的维护系数；K'为概算曲线上假设的维护系数（常取 0.7）；E 为设计所要求的平均照度，lx。

2）确定平均照度的步骤。各种灯具的概算曲线是由灯具生产厂商提供的，图 8－32 所示的是 YG1－1 型 1×40W 荧光灯具的概算曲线。根据概算曲线，对室内灯具数量的计算，就显得十分简便。其计算步骤如下：

① 确定灯具的计算高度 h。

② 室内的面积 A。

③ 根据室内面积 A、灯具计算高度 h，在灯具概算曲线上查出灯具的数量。如果计算高度 h 处于图 8－32 中 h_1 与 h_2 之间，则采用内插法进行计算。

④ 通过式（8－19），即可计算出所需灯具的数量 n（或所要求的平均照度 E）。

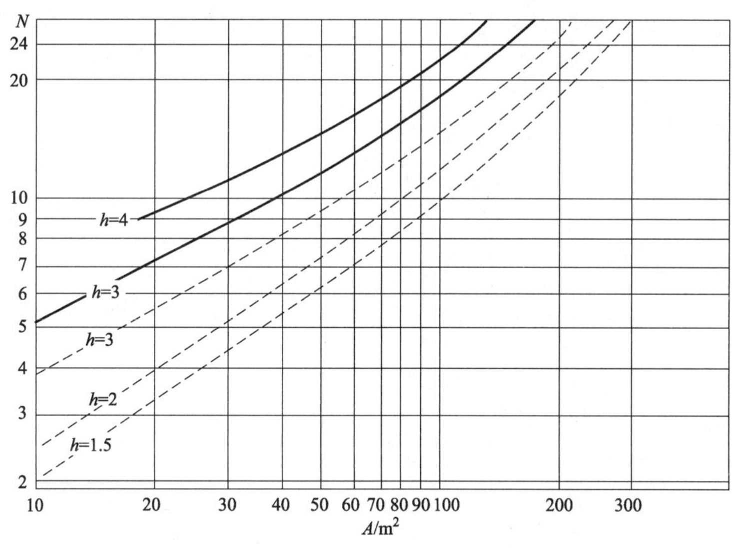

图 8－32　YG－1 型 40W 荧光灯具的概算曲线

（2）单位容量法。实际照明设计中，常采用“单位容量法”对照明用电量进行估算，即根据不同类型灯具、不同室空间条件，列出“单位面积光通量（lm/m²）”或“单位面积安装电功率（W/m²）”的表格，以便查用。单位容量法是一种简单的计算方法，只适用于方案设计时的近似估算。

1）光源比功率法。以（W/m²）来表示就是通常所说的“光源比功率法”，它是指单位面积上照明光源的安装电功率，即

$$w=\frac{nP}{A} \qquad (8-20)$$

式中：w 为光源的比功率，W/m²；n 为灯具数量；P 为每个灯具的额定功率，W；A 为房间面积，m²。

2）估算光源的安装功率。受照房间的光源总功率为 $\sum_i P=nP=wA$ 。其中，每盏灯的功率为 $P=\frac{\sum_i P}{n}=\frac{wA}{n}$ 或者灯具数量为 $n=\frac{wA}{P}$ 。

8.3.3　点光源直射照度计算

点光源是指圆形发光体的直径小于其至受照面垂直距离的 1/5，或线形发光体的长度小于照射距离

（斜距）的 1/4 时，可视为点光源。由于光源的尺寸与它至受照面的距离相比非常小，在计算和测量时，其大小可以忽略不计。

点光源直射照度计算的是受照面上任一点的照度值，计算点的照度应为照明场所内各灯具对该点所产生照度之和。点光源直射照度的计算方法有逐点计算法、等照度曲线计算法等。

1. 逐点计算法（二次方反比法）

点光源逐点计算法又称平方反比法，可用于水平面、垂直面和倾斜面上的照明计算。这种方法适用于一些重要场所的一般照明、局部照明和外部照明的照度计算，但不适用于周围反射性很高的场所照度计算。

（1）水平面照度计算。点光源在水平面上产生的照度符合二次方反比定律。如图 8-33 所示，光源 S 垂直投射到包括 P 点的指向平面 N（与入射光方向垂直的平面）上，则该面单元面积 dA_n 上的光通量为

$$d\Phi = I_\theta d\omega \qquad (8-21)$$

式中，$d\omega$ 为光源 S 投向面积元 dA_n 的立体角。

按立体角的定义

$$d\omega = \frac{dA_n}{l^2} \qquad (8-22)$$

光源在指向平面 N 上 P 点所产生的法线方向照度 E_n（简称法线照度）

$$E_n = \frac{d\Phi}{dA_n} = \frac{I_\theta}{l^2} \qquad (8-23)$$

光源在水平面 H 上 P 点所产生的照度 E_h 为

$$E_h = E_n\cos\theta = \frac{I_\theta}{l^2}\cos\theta \qquad (8-24)$$

或

$$E_h = \frac{I_\theta}{h^2}\cos^3\theta \qquad (8-25)$$

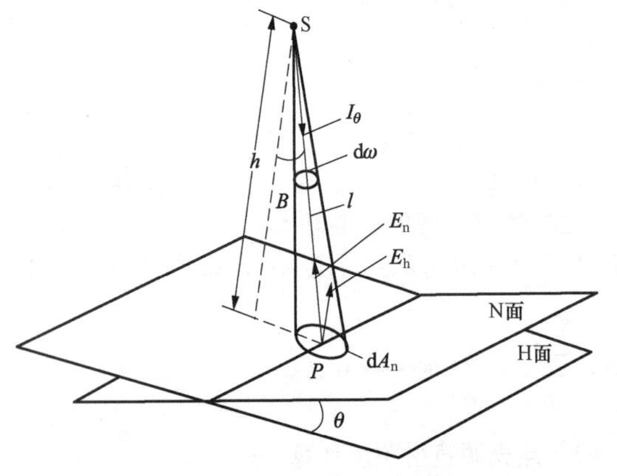

图 8-33 点光源在水平面上的照度

式中：E_h 为水平面照度，lx；I_θ 为光源（灯具）照射方向的光强，cd；l 为光源（灯具）与计算点之间的距离，m；h 为光源（灯具）离工作面的高度，m；$\cos\theta$ 为光线入射角 θ 的余弦，其值为 h/l。由于灯具的配光曲线是按光源光通量为 1000lm 给出的，同时考虑维护系数 K，水平面照度通常可按下式计算

$$E_h = \frac{\Phi I_\theta K}{1000h^2}\cos^3\theta \qquad (8-26)$$

式中，Φ 为实际所采用灯具的光源光通量，lm。

（2）垂直面照度计算。如图 8-34 所示，光源在垂直面 V 上 P 点所产生垂直面照度 E_v 的计算，与水平面照度计算方法相类似。结合式（8-24）、式（8-26），可得

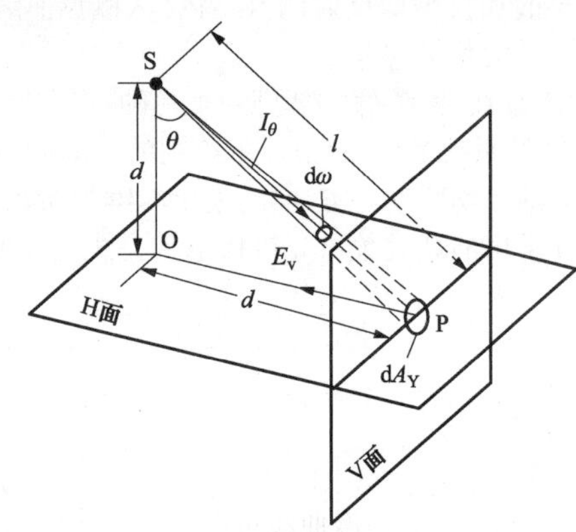

图 8-34 点光源在垂直面上的照度

$$E_v E_n\sin\theta = \frac{\Phi I_\theta K}{1000l^2}\sin\theta = \frac{\Phi I_\theta K}{1000h^2}\cos^2\theta\sin\theta \qquad (8-27)$$

式中，E_v 为垂直面照度，lx。

或者，在求出水平面照度后，再乘以系数 d/h，即

$$E_v = E_h\tan\theta = \frac{d}{h}E_h \qquad (8-28)$$

式中，d 为计算点至光源之间的水平距离，m。

在实际工程中，有时需要计算的是倾斜面上的照度。倾斜面的照度可以转换成水平面或垂直面的照度，在此就不作介绍了。

2. 等照度曲线计算法

（1）空间等照度曲线。在采用旋转对称配光的灯具的场所，茂已知计算高度 h 和计算点到灯具间的水平距离 d，就可直接从“空间等照度曲线”图上查得该点的水平面照度值。但由于曲线是按光源光通量为 1000lm 绘制的，因此所查得的照度值是“假设水平照度 e”，还必须按实际光通量进行换算。当灯具中光源总光通量为 Φ 且计算点是由多个灯具共同照射时，则计算点处的水平照度为

$$E_h = \frac{\Phi \sum eK}{1000} \quad (8-29)$$

式中：E_h 为水平面照度，lx；Φ 为实际所采用灯具的光源的总光通量，lm；K 为维护系数；$\sum e$ 为各灯具产生假设水平照度的总和，lx，可从对应灯具的空间等照度曲线中查得。图 8－35 所示的是 JXD5－2 型吸顶灯具 1×100W 的空间等照度曲线。

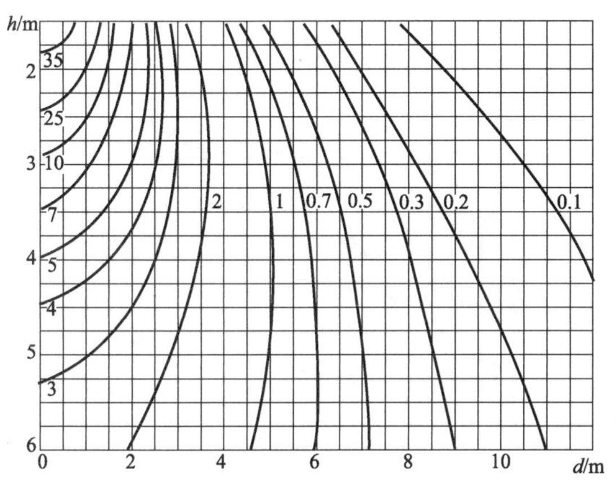

图 8－35　JXD5－2 型平圆吸顶灯具 1×100W 的空间等照度曲线

一般灯具的空间等照度曲线可查阅有关手册，再经过换算，即可求得所需工作面上的照度。其计算公式如下

水平面照度　$$E_h = \frac{\Phi \sum eK}{1000} \quad (8-30)$$

垂直面照度　$$E_v = \frac{d}{h} E_h \quad (8-31)$$

倾斜面照度　$$E_i = \psi E_h \quad (8-32)$$

（2）平面相对等照度曲线。对于非对称配光的灯具可利用“平面相对等照度曲线”进行计算。

如图 8－36 所示，根据计算点的 d/h 值及各灯具对计算点的平面位置角β（作为一个灯具的对称平面，或作为任意一个平面，将它定为起始平面，该平面与受照面的交线与光线投影线 d 之间的夹角即为β），就可从“平面相对等照度曲线”上查得“相对照度ε”。由于“平面相对等照度曲线”是假设计算高度 lm 而绘制的，因此求计算面上的实际照度时，就按下式计算

$$E_h = \frac{\Phi \sum \varepsilon K}{1000h^2}$$

式中：E_h 为水平面照度，lx；Φ 为每个灯具内光源的光通量，lm；h 为计算高度，m；$\sum \varepsilon$ 为各灯具产生相对照度的总和，lx。可从“平面相对等照度曲线”查得。

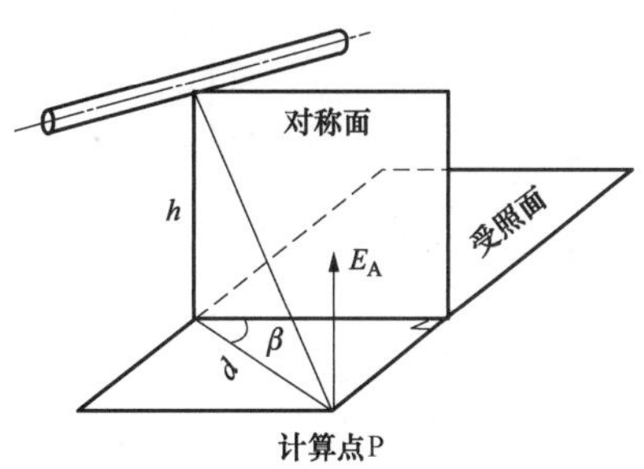

图 8－36　不对称灯具示例

对于具有对称配光特性的照明器，也可以采用平面等照度曲线法进行直射照度的计算。由于对称配光特性照明器的直射照度计算规律性较强，若借助计算机进行辅助计算，则可准确、快速地计算出所需的照度。因此，对于简单计算意义不大。但对于非对称配光特性的照明器，采用上述方法进行点照度的计算，是一种行之有效的方法。

8.3.4　线光源直线照度计算

线光源是指发光体的宽度小于计算高度的 1/4、长度大于计算高度的 1/2，发光体间隔较小（发光体间隔小于 $h/(4\cos\theta)$，h 为灯具在计算面上的垂直高度、θ 为受照面法线与入射光线的夹角并称之为入射角）且等距地成行排列时，可视为线光源。线光源直射照度计算法有多种，这里仅介绍方位系数法。

1. 直射照度计算（方位系数法）

（1）方位系数。线光源的直射照度计算通常采用方位系数法。所谓方位系数法是将线光源分作无数段发光元 dl，并计算出它在计算点处产生的照度。由于 dl 在计算点处产生的照度是随其位置而不同，因此，需采用角度坐标来表示 dl 的位置，然后积分求出整条线光源在计算点处产生的总照度。

方位系数就是以角坐标为基础编制的，应用这种方法，能够简单、迅速地计算出各种线状光源在水平、垂直、倾斜面上的照度。

（2）线光源的光强分布。线光源的光强分布常用两个平面上的光强分布曲线表示。一个平面通过线光源的纵轴（长轴），此平面上的光强分布曲线称为纵向（平行面或 C_{90} 面）光强分布曲线；另一个平面与线光源纵轴垂直，这个平面上的光强分布曲线称为横向（垂直面或 C_0 面）光强分布曲线，如图 8－37 所示。

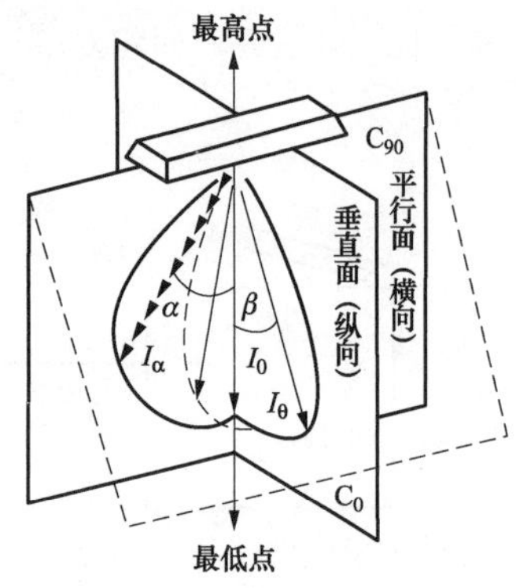

图 8－37 计算采用的光强分布

1）各种线光源的横向光强分布曲线可用下面公式表示

$$I_\theta = I_0 f(\theta) \qquad (8-33)$$

式中：I_θ为 θ 方向上的光强，cd；I_0 为在线光源发光面法线方向上的光强，cd。

2）各种线光源的纵向光强分布曲线可能是不同的，但任何一种线状灯具在通过灯纵轴的各个平面上的光强分布曲线具有相似的形状，可用下面一般形式表示

$$I_{\theta\alpha} = I_{\theta 0} f(\alpha) \qquad (8-34)$$

式中：$I_{\theta\alpha}$为与通过纵轴的对称平面成 θ 角，与垂直于纵轴的对称平面成α夹角方向上的光强，cd；$I_{\theta 0}$ 为在 θ 平面（θ 平面是通过灯的纵轴且与通过纵轴的垂直面成 θ 夹角的平面）上垂直于灯轴线且$\alpha=0°$ 方向的光强，cd。

实际应用的各种线光源的纵向（平行面）光强分布曲线，可利用下列五类理论光强分布曲线来表示

A 类：$I_{\theta\alpha} = I_{\theta 0}\cos\alpha$

B 类：$I_{\theta\alpha} = I_{\theta 0}(\cos\alpha + \cos^2\alpha)/2$

C 类：$I_{\theta\alpha} = I_{\theta 0}\cos^2\alpha$

D 类：$I_{\theta\alpha} = I_{\theta 0}\cos^3\alpha$

E 类：$I_{\theta\alpha} = I_{\theta 0}\cos^4\alpha$

上述五类纵向光强分布的 $I_{\theta\alpha}/I_{\theta 0}=f(\alpha)$曲线，如图 8－38 所示。它已大体包括线状光源在平行面上光强分布的特点：A—筒式或加磨砂玻璃的荧光灯，B、C—浅格删类型的荧光灯，D、E—深格栅类型荧光灯。

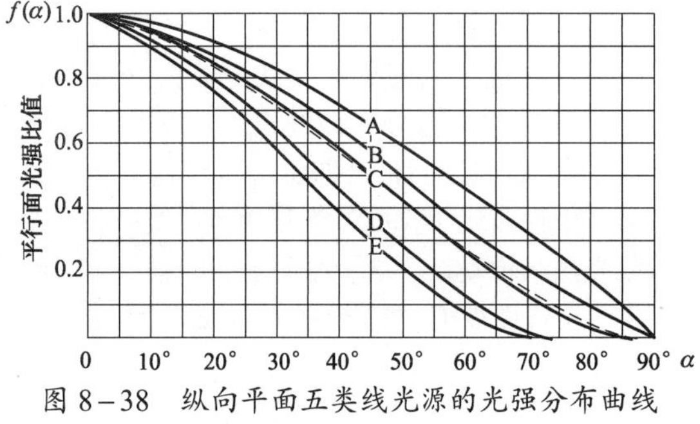

图 8－38 纵向平面五类线光源的光强分布曲线

理论光强分布实质上是使得线光源的照度计算标准化。一种实际的线状光源应用时，首先应确定其光强分布属于哪一类，然后再利用标准化的计算资料可使计算大为简化。图中虚线表示的是一个实际线光源光强分布曲线，可认为它属于 C 类。

2. 连续线光源的照度计算

如图 8－39 所示，计算点 P 为水平面上的一点，且与线光源的一段对齐。水平面的法线与入射光平面 APB（或称 θ 面）成 β。

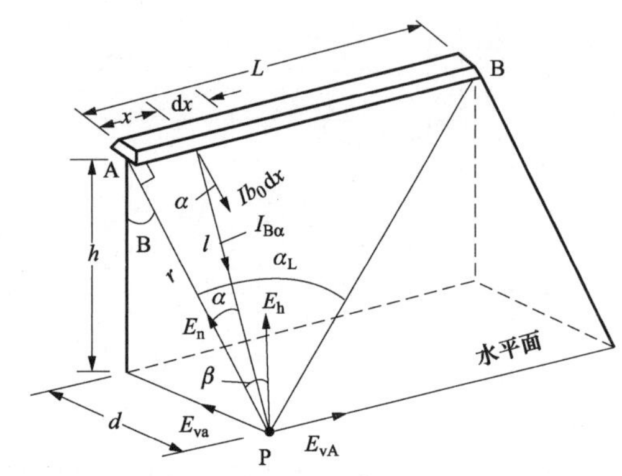

图 8－39 线光源计算点产生的照度

在长度为 L 的线状光源上取一个发光线元 dx，线状光源在 θ 平面上垂直于灯轴线 AB 方向的单位长度光强为 $I'_{\theta 0}=I_{\theta 0}/L$，线光源的纵向光强分布为 $I_{\theta\alpha} = I_{\theta 0}\cos''\alpha$，则自线元 dx 指向计算点 P 的光强为

$$dI_{\theta\alpha} = (I_{\theta 0}/L)dx\cos''\alpha = I'_{\theta 0}dx\cos''\alpha$$

线元 dx 在 P 点处的法线照度为

$$dE_n = (dI_{\theta\alpha}/l^2)\cos\alpha = I_{\theta 0}dx\cos''\alpha\cos\alpha/(L\times l^2)$$

（1）法线照度。整个线状光源在 P 点处产生的法线照度 E_n 为

$$E_n = \int_0^{\alpha 1}\frac{I_{\theta 0}\cos''\alpha\cos\alpha}{L\times l^2}dx \qquad (8-35)$$

从图 8－40 可知

$$\left.\begin{aligned} x &= r\tan\alpha \\ l &= r\sec\alpha \end{aligned}\right\} \qquad (8-36)$$

将式（8－36）代入式（8－35），可得

$$E_n = \int_0^{\alpha_1}\frac{I_{\theta 0}dx\cos^2\alpha}{L\times r^2} r\sec^2\alpha\cos''\alpha\cos\alpha d\alpha$$

$$= \frac{I_{\theta 0}}{L\times r}\int_0^{\alpha_1}\cos''\alpha\cos\alpha d\alpha \qquad (8-37)$$

令

$$AF = \int_0^{\alpha_1}\cos''\alpha\cos\alpha d\alpha \qquad (8-38)$$

称 AF 为线光源的平行面方位系数。

则，式（8－37）可简化为

$$E_n=\frac{I_{\theta 0}}{L\times r}\mathrm{AF}=\frac{I'_{\theta 0}}{r}\mathrm{AF}$$

式中：$I_{\theta 0}$为长度为 L 的线状灯具在 θ 平面上垂直于轴线 AB 的光强（cd）；$I'_{\theta 0}$为线状灯具在 θ 平面上垂直于轴线的单位长度光强（即 $I_{\theta 0}/L$）（cd）；L 为线状灯具的长度（m）；d 为光源在水平面上的投影至计算 P 点的距离（m）；h 为线状灯具在计算水平面上的悬挂高度（m）；r 为计算 P 点到线光源的 A 端的距离（m）；α_1 为计算 P 点对线光源所张的方位角（°）。

$$\left.\begin{aligned}r&=\sqrt{h^2+d^2}\\ \alpha_1&=\arctan(L/r)\end{aligned}\right\}\qquad(8-39)$$

（2）水平照度。如图 8－39 所示，由于 $\cos\beta=\cos\theta=h/r$，因此，P 点处的水平照度 E_h 为

$$E_h=E_n\cos\beta=\frac{I_{\theta 0}}{Lr}AF\cos\theta=\frac{I_{\theta 0}}{Lh}\cos\theta AF$$

或

$$E_h=\frac{I'_{\theta 0}}{h}\cos^2\theta AF\qquad(8-40)$$

将 n=1，2，3，4 分别代入式（8－40），可求出 A、B、C、D、E 五类纵向理论配光特性线光源的 AF 计算公式，见表 8－71。

表 8－71　线光源平行平面方位系数 AF 计算公式

类别	纵向配光特性	方位系数 AF
A	$I_{\theta 0}\cos\alpha$	$\frac{1}{2}(\alpha_1+\cos\alpha_1\sin\alpha_1)$
B	$\frac{1}{2}I_{\theta 0}(\cos\alpha+\cos^2\alpha)$	$\frac{1}{4}(\alpha_1+\cos\alpha_1\sin\alpha_1)+\frac{1}{6}(2\sin\alpha_1+\cos^2\alpha_1\sin\alpha_1)$
C	$I_{\theta 0}\cos^2\alpha$	$\frac{1}{3}(2\sin\alpha_1+\cos^2\alpha_1\sin\alpha_1)$
D	$I_{\theta 0}\cos^3\alpha$	$\frac{\cos^3\alpha_1\sin\alpha_1}{4}+\frac{3}{8}(\alpha_1+\cos\alpha_1\sin\alpha_1)$
E	$I_{\theta 0}\cos^4\alpha$	$\frac{\cos^4\alpha_1\sin\alpha}{5}+\frac{4}{15}(2\sin\alpha_1+\cos^2\alpha_1\sin\alpha_1)$

（3）垂直照度。

1）受照面与线光源垂直。如图 8－40 所示，如果受照面 A 与线状光源垂直时，从图 8－40 可知，P 点在 A 面上的垂直照度 E_{vA} 为

$$E_{vA}=\int_0^{\alpha}\frac{\mathrm{d}I_{\theta\alpha}}{l^2}\sin\alpha=\int_0^{\alpha_1}\frac{I_{\theta 0}\cos^n\alpha\sin\alpha}{Ll^2}\mathrm{d}x$$

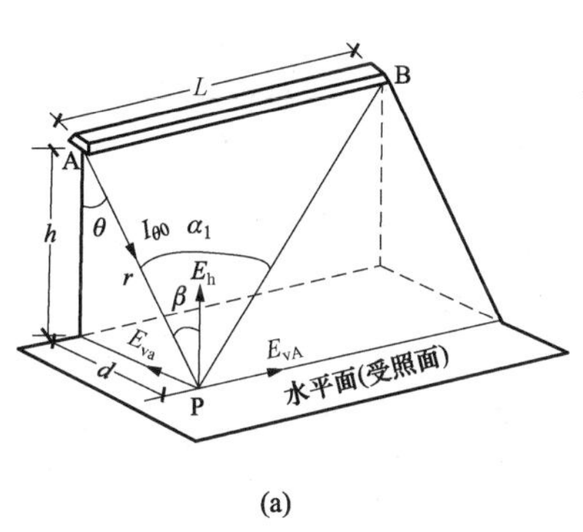

(a)

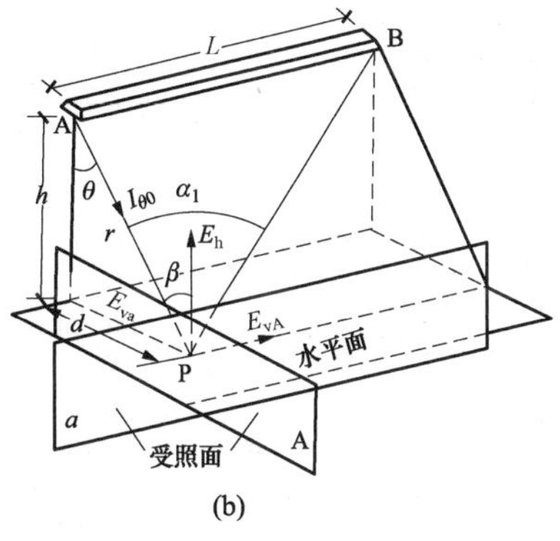

(b)

图 8－40　连续线光源的直射照度计算

（a）水平面；（b）受照面与光源平行

整理得

$$E_{vA}=\int_0^{\alpha_1}\frac{I_{\theta 0}\mathrm{d}\alpha\cos^n\alpha}{Ll^2}\sin\alpha=\frac{I_{\theta 0}}{Lr}\int_0^{\alpha_1}\cos^n\alpha\sin\alpha\mathrm{d}\alpha$$

$$=\frac{I_{\theta 0}}{Lr}\left(\frac{1-\cos^{n+1}\alpha_1}{n+1}\right)=\frac{I_{\theta 0}}{Lr}af\qquad(8-41)$$

式中　$af=\int_0^{\alpha_1}\cos^n\alpha\sin\alpha\mathrm{d}\alpha=\frac{1-\cos^{n+1}\alpha_1}{n+1}$

称 af 为线光源的垂直面方位系数。

将 n=1，2，3，4 分别代入式（8－41），可求出 A、B、C、D、E 五类纵向理论配光特性线光源的 af 计算公式，见表 8－72。

表 8-72 线光源垂直平面方位系数 *af* 计算公式

类别	纵向配光特性	方位系数 *af*
A	$I_{\theta0}\cos\alpha$	$\frac{1}{2}\sin^2\alpha_1$
B	$\frac{1}{2}I_{\theta0}(\cos\alpha+\cos^2\alpha)$	$\frac{1}{4}\sin^2\alpha_1+\frac{1}{6}(1-\cos^3\alpha_1)$
C	$I_{\theta0}\cos^2\alpha$	$\frac{1}{3}(1-\cos^3\alpha_1)$
D	$I_{\theta0}\cos^3\alpha$	$\frac{1}{4}(1-\cos^4\alpha_1)$
E	$I_{\theta0}\cos^4\alpha$	$\frac{1}{5}(1-\cos^5\alpha_1)$

2）受照面与线光源平行。如图 8-41b 所示，如果受照面 a 与线状光源平行时，由图 8-41 可知，P 点在 a 面上的垂直照度 E_{va} 为

$$E_{va}=E_n\sin\theta=\frac{I_{\theta0}}{Lh}\sin\theta AF \tag{8-42}$$

（4）实际计算公式。在实际计算中，考虑到光通量衰减、灯具污染等因素，以及灯具的配光曲线是按光源光通量为 1000lm 给出的。因此，实际照度可按下列公式计算

1）水平面照度。

$$E_h=\frac{\Phi I_{\theta0}K}{1000Lh}\cos^2\theta AF \tag{8-43}$$

2）垂直面照度。

受照面与光源平行（图 8-40a）

$$E_{vA}=\frac{\Phi I_{\theta0}K}{1000Lh}\cos\theta\sin\theta AF \tag{8-44}$$

受照面与光源垂直（图 8-40b）

$$E_{va}=\frac{\Phi I_{\theta0}K}{1000Lh}\cos\theta af \tag{8-45}$$

式中：Φ/L 为实际线光源单位长度的光通量，lm/m；AF 为水平面方位系数，根据灯具类别 A、B、C、D、E，查表 8-71 确定；*af* 垂直面方位系数，根据灯具类别 A、B、C、D、E，查表 8-72 确定。

在照明计算中，方位系数的确定，需要判断实际灯具属于哪种配光类型。首先画出灯具纵向光强分布曲线，并绘制成曲线 $I_{\theta0}/I_{\theta d}=f(d)$，再与理论灯具配光类型的典型曲线相比较，找出最接近的一种，即可得出类属 A、B、C、D、E 曲线中某种类型的理论配光。

（5）计算点位于线光源端部之外。式（8-46）～式（8-48）是按计算 P 点位于线光源一端的垂直平面内推导而得，但实际计算中点 P 位置应是任意的，不一定符合图 8-41 的条件，此时可采用将线光源分段或延长的方法，分别计算各段在该点处产生的照度，然后求其代数和。如图 8-41 所示，若以 E_A、E_B、E_C 分别表示线光源在 A、B、C 三点所产生的水平照度，则

$$\left.\begin{aligned}E_A&=E_1\\E_B&=E_2+E_3\\E_C&=E_4-E_5\end{aligned}\right\} \tag{8-46}$$

式中：E_1 为线光源 PM 在 A 点处产生的照度；E_2 为线光源 PN 在 B 点处产生的照度；E_3 为线光源 NM 在 B 点处产生的照度；E_4 为线光源 QM 在 C 点处产生的照度；E_5 为线光源 QP 在 C 点处产生的照度。

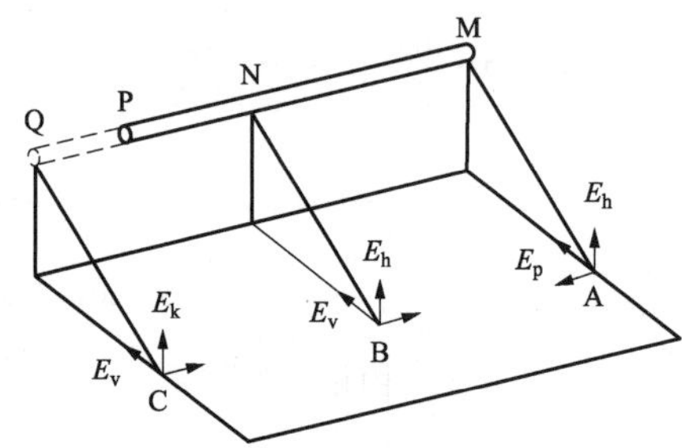

图 8-41 线光源的组合计算

必须注意，在求解受照面与光源垂直布置时的垂直照度，只有一段线光源（PN 或 MN）在计算点处产生照度，而另一段线光源（MN 或 PN）的光被挡住了，在该点处将不产生照度。

3. 断续线光源

实际的线光源可能由间断的各段构成，此时若各段放光体的特性相同，并按照共同的轴线布置，各段终端间的距离又不超过 $h/(4\cos\theta)$，则仍可看作连续线光源。在计算时，只需将连续线光源中相应的计算公式［式（8-44）～式（8-46）］乘以一个折算系数 *Z* 即可，其中

$$Z=\frac{\text{照明器长度}\times\text{照明器个数}}{\text{一行照明器的总长}} \tag{8-47}$$

8.3.5 面光源直射照度计算

面光源是指发光体的形状和尺寸在照明房间的顶棚上占有很大比例，并且已超出点光源、线光源所具有的形状概念。由灯具组成的整片发光面或发光顶棚等都可视为面光源。面光源直射照度计算可采用形

状因数法（或称立体角投影率法）。当面光源使用不同配光特性的材料，可分为等亮度和非等亮度两种。面光源直射照度可根据不同的情况，分别进行计算。

1. 形状因数法

形状因数法，又称立体角投影率法，它是根据面光源的配光类型、计算点以及面光源的相对位置 a/h、b/h 来确定的，如图 8－42 所示。

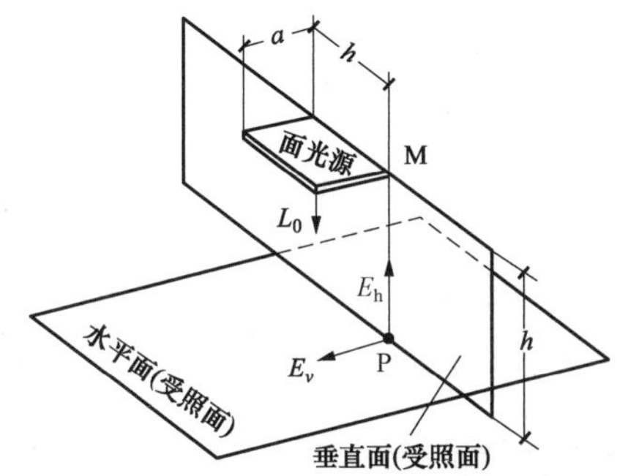

图 8－42　计算点与面光源的位置关系

面光源的配光曲线可分为下列两类：

$I_\theta = I_0\cos\theta$。譬如，具有乳白玻璃等漫射罩的扩散型配光较宽的发光顶棚。

$I_\theta = I_0\cos^4\theta$。譬如，由格栅组成的扩散型配光较窄的发光顶棚。

采用形状因数法，面光源直射照度的计算公式

$$E_h = L_0 f_h(a/h,\ b/h) \tag{8-48}$$

式中：E_h 为与面光源平行且距离为 h 的平面上 M 点的水平照度，lx；f_h 为受照面与面光源平行时的形状因数；L_0 为面光源亮度值，cd/m²；a 为面光源的宽度，m；b 为面光源的长度，m。

通常为了简化计算，一般将形状因数制成图表，供计算时查用。

2. 等亮度面光源的照度计算

（1）多边形光源。如图 8－43 所示，对于具有均匀亮度 L 的多边形光源，计算 P 点处的照度可近似表达为

$$E = \frac{1}{2}\sum_{k=1}^{n}\beta_k\cos\delta_k \tag{8-49}$$

式中：n 为多边形的边数；β_k 为第 k 条边对 P 点处所张的夹角，rad；δ_k 为第 k 条边和 P 点组成的三角形与受照面所形成的夹角，rad；L 面光源亮度值，cd/m²。

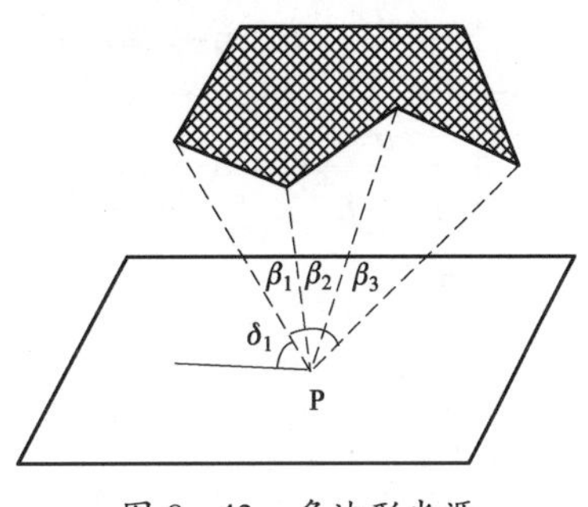

图 8－43　多边形光源

（2）矩形光源。在室内照明中，矩形面光源常被采用。

1）受照点在光源顶点向下所作的垂线上。如图 8－44 所示，计算 P 点处的照度计算公式推导如下：

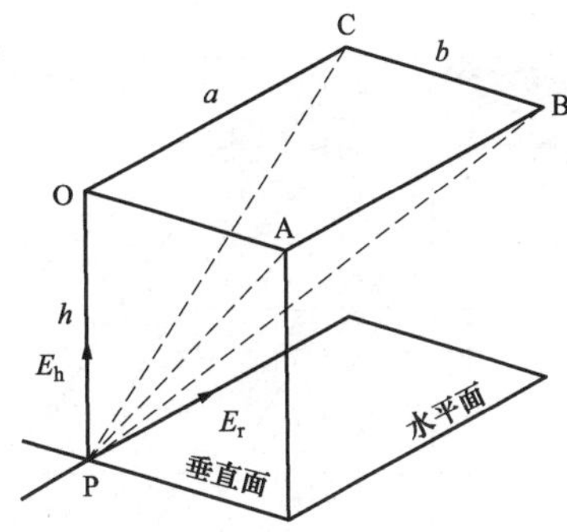

图 8－44　矩形等光亮面光源

水平面照度 E_h。由式（8－49）可知，E_h 应为 OA、AB、BC、CO 四条边相应的参数乘积叠加，即

OA 边：$\beta_1 = \arctan\dfrac{b}{h}$，$\delta = \dfrac{\pi}{2}$ 或 $\cos\delta_1 = 0$

AB 边：$\beta_2 = \arctan\dfrac{a}{\sqrt{b^2+h^2}}$，$\delta_2 = \arctan\dfrac{h}{b}$ 或

$$\cos\delta_2 = \frac{b}{\sqrt{b^2+h^2}}$$

BC 边：$\beta_2 = \arctan\dfrac{b}{\sqrt{b^2+h^2}}$，$\delta_3 = \arctan\dfrac{h}{a}$ 或

$$\cos\delta_3 = \frac{a}{\sqrt{b^2+h^2}}$$

CO 边：$\beta_4 = \arctan\dfrac{a}{h}$，$\delta_4 = \dfrac{\pi}{2}$ 或 $\cos\delta_4 = 0$

因此

$$E_h=\frac{L}{2}\left(\begin{array}{l}\frac{a}{\sqrt{b^2+h^2}}\arctan\frac{a}{\sqrt{b^2+h^2}}+\\ \frac{a}{\sqrt{b^2+h^2}}\arctan\frac{b}{\sqrt{b^2+h^2}}\end{array}\right) \quad (8-50)$$

令 $X=\frac{a}{h}$、$Y=\frac{b}{h}$

式（8－50）可简化为

$$E_h=\frac{L}{2}\left(\begin{array}{l}\frac{X}{\sqrt{1+X^2}}\arctan\frac{Y}{\sqrt{1+X^2}}+\\ \frac{Y}{\sqrt{1+Y^2}}\arctan\frac{X}{\sqrt{1+Y^2}}\end{array}\right)=Lf_h \quad (8-51)$$

式中：L 为面光源亮度（cd/m^2）；f_h 为形状因数，从图 8－45 中查得。

BC 边：$\delta_3=\pi-\arctan\frac{h}{a}$ 或 $\cos\delta_3=-\frac{a}{\sqrt{a^2+h^2}}$

CO 边：$\delta_4=\frac{\pi}{2}$ 或 $\cos\delta_4=0$

则 $$E_v=\frac{L}{2}\left(\arctan\frac{b}{h}-\frac{h}{\sqrt{a^2+b^2}}\arctan\frac{b}{\sqrt{a^2+h^2}}\right) \quad (8-52)$$

令 $X=\frac{a}{b}$、$Y=\frac{h}{b}$，式（8－52）可简化为

$$E_v=\frac{1}{2}\left(\arctan\frac{1}{Y}-\frac{Y}{\sqrt{1+X^2}}\arctan\frac{Y}{\sqrt{1+X^2}}\right)=Lf_v \quad (8-53)$$

式中，f_v 为形状因数，从图 8－46 中查得。

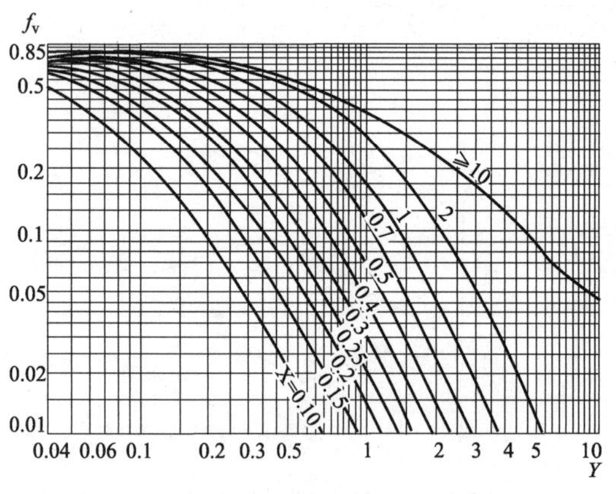

图 8－45 形状因数 f_h 与 X、Y 关系曲线

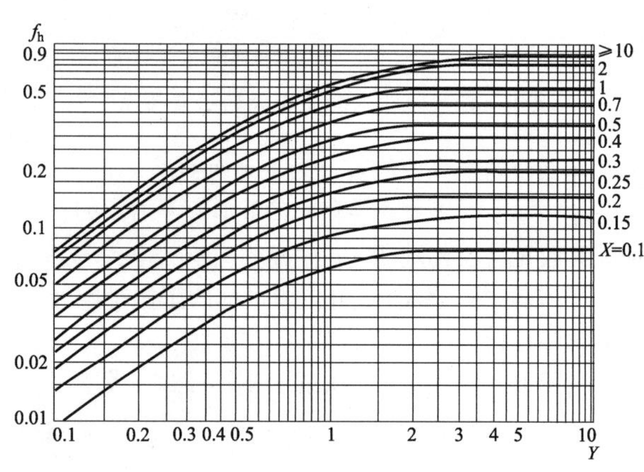

图 8－46 形状因数 f_v 与 X、Y 关系曲线

2）垂直面照度 E_v。同理，矩形面的四条边 OA、AB、BC、CO 对应 β_k 参数同上，而参数 δ_k（$k=1$，…，4）为

OA 边：$\delta_1=0$ 或 $\cos\delta_1=1$

AB 边：$\delta_2=\frac{\pi}{2}$ 或 $\cos\delta_2=0$

3）受照点在光源顶点向下所作的垂线以外根据叠加定理，求解以下几种情形中 P 点处的水平照度。

如图 8－47a 所示，$E_h=E_h$（EFBC）－E_h（EFAD）。

如图 8－47b 所示，$E_h=E_h$(GIBE)＋E_h(GHDF)－E_h(GHDF)－E_h(GIAF)。

如图 8－47c 所示，$E_h=E_h$(OEBF)＋E_h(OFCG)＋E_h(OGDH)＋E_h(OHAE)。

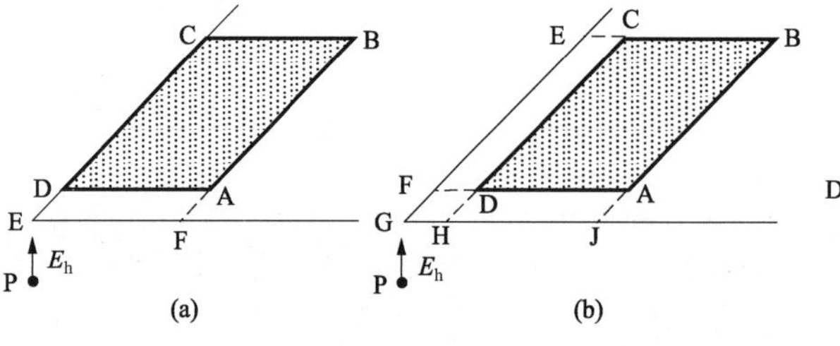

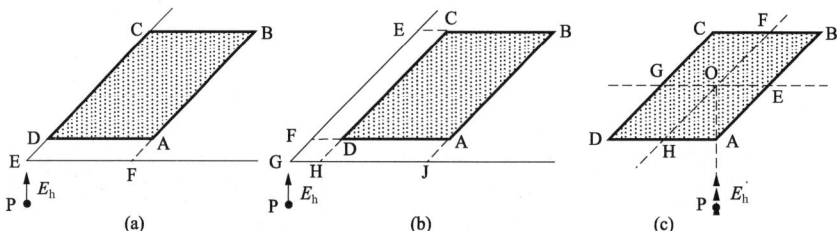

图 8－47 利用叠加定理求解示例

(3) 圆形等亮度面光源的直射照度计算。圆形面光源也是室内照明中常用的照明方式，如图 8-48 所示。

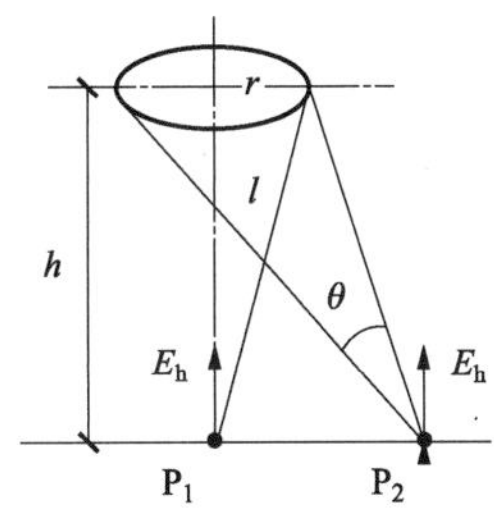

图 8-48　圆形等光亮面光源

1）当计算点 P_1 在面光源投影范围之内时，其水平面照度的计算公式为

$$E_h = \pi L\left(\frac{r^2}{r^2+h^2}\right)=\frac{\Phi}{\pi l^2} \tag{8-54}$$

式中：L 为圆形面光源的亮度，cd/m^2；r 为圆形面光源的半径，m；h 为计算高度，m；l 为计算点至圆形面光源边缘的距离，m；Φ 为圆形面光源的光通量，lm。

2）当计算点 P_2 在面光源投影范围以外时，其水平面照度的计算公式为

$$E_h = \frac{\pi L}{2}(1-\cos\theta) \tag{8-55}$$

式中：θ 为圆形面光源对计算点 P_2 所形成的夹角（图 8-49），(°)；

3. 矩形非等亮度面光源的照度计算

当发光顶棚的各方向亮度不同时，可视为非等亮度面光源，其水平面照度的计算公式为

$$E_h = L_0 f \tag{8-56}$$

式中：L_0 为面光源法线方向上的亮度，cd/m^2；f 为形状因数，从图 8-49 中查得。其中，$X=a/h$，$Y=b/h$。

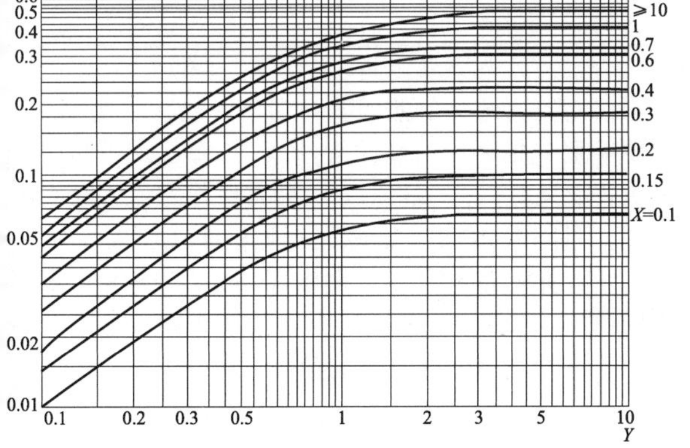

图 8-49　形状因数 f 与 X、Y 关系曲线

8.3.6　平均亮度计算

合理的亮度分布，为创造良好的视觉环境提供了重要条件，也直接影响到室内的照明质量。因此，在照明设计阶段有时需要计算房间各表面的亮度，以检验照明质量能否符合要求。顶棚和墙面的平均亮度计算方法可采用亮度系数法，这与平均照度计算方法相似，可根据漫反射表面亮度与其照度存在的简单关系，从平均照度计算法中推导出来。

1. 顶棚空间的平均亮度

顶棚空间的平均亮度的计算公式为

$$L_c = \frac{\sum \Phi L_{oc} K}{\pi A_c} \tag{8-57}$$

式中：L_c 为顶棚空间的平均亮度，cd/m^2；$\sum\Phi$ 为光源的总光通量，lm；L_{oc} 为顶棚空间的亮度系数；K 为维护系数；A_c 为顶棚空间面积，m^2。

在采用悬挂式灯具时，式（8-58）所求得的顶棚空间平均亮度与灯具出光口平面（假想顶棚面）的平均亮度（不包含灯具本身亮度）；如果采用嵌入式或吸顶式灯具时，式（8-58）所求得的顶棚空间平均亮度为灯具之间那部分顶棚的平均亮度。

2. 墙面平均亮度

墙面平均亮度可采用下面计算公式

$$L_w = \frac{\sum \Phi L_{ow} K}{\pi A_w} \tag{8-58}$$

式中：L_w 为墙面平均亮度，cd/m^2；L_{ow} 为墙面亮度系数；A_w 为室空间面积，m^2。

在使用亮度系数表时，墙面的反射比是根据墙壁各个表面反射比的加权平均考虑的，当墙壁各个表面的反射比不同时，如果需要计算墙面各部分的亮度值，应采用下面公式对相应的平均亮度做适当的修正，进而求得各表面的近似亮度。

$$L = L_w \frac{\rho}{\rho_w}$$

式中：L 墙的某表面亮度，cd/m^2；L_w 为墙的平均亮度，cd/m^2；ρ 为墙的某（所求亮度）表面的反射比；ρ_w 为墙的加权平均反射比。

如果需要求“维持平均亮度——运行一段时间后表面所具有的亮度”时，与所求平均照度一样，应该考虑“亮度维护系数”。

8.3.7　不舒适眩光计算

眩光是评价照明质量的重要指标，眩光可分为失能眩光和不舒适眩光两种。失能眩光是由于眼内光的

散射，引起视网膜像的对比下降、边缘出现模糊，从而妨碍了对附近物体的观察，不一定产生不舒适感觉；不舒适眩光则会产生不舒适感觉，短时间内对可见度并不影响，但会造成分散注意力的效果。不舒适眩光是评价照明质量的主要指标，但是不舒适眩光不能直接测量。目前对眩光进行评价常采用“统一眩光评价系统（UGR）”、欧洲“亮度限制曲线法（LC法）”、英国的“眩光指数法（GI法）”等，并建立一套完整的眩光评价体系，以此解决室内照明的眩光问题。

1. 统一眩光评价系统

统一眩光评价系统（UGR）于1987年最先由英国学者提出，它是对室内照明质量进行综合的评价指标。通过计算UGR并与各种工作场合的UGR标准相比较，从而可对眩光进行定量评价。各种工作场合的UGR标准见表8－73。

表8－73　各种工作场合的UGR标准

工作场合			UGR
医院	手术室		10
	病房		13
学校	教室		16
办公	绘图室		16
	一般办公室		19
工厂	装配车间	细装	19
		粗装	28
	仓库		29

UGR的基本公式为

$$UGR = 8\lg\left(\frac{0.25}{L_b}\sum\frac{L_s^2\omega}{P^2}\right) \tag{8-59}$$

式中：L_s为眩光源亮度，cd/m²；L_b为背景亮度，cd/m²；ω为眩光源的立体角，sr；P为位置系数（人眼视线与眩光源的位置关系$P=f(Y/W, H/W)$），如图8－50所示。

2. 亮度曲线法（LC法）

亮度曲线法也称为亮度限制曲线法，它首先由德国学者提出，在欧洲应用较为普遍，是一种不舒适眩光的评价方法，也是CIE推荐的不舒适眩光的主要评价方法之一。

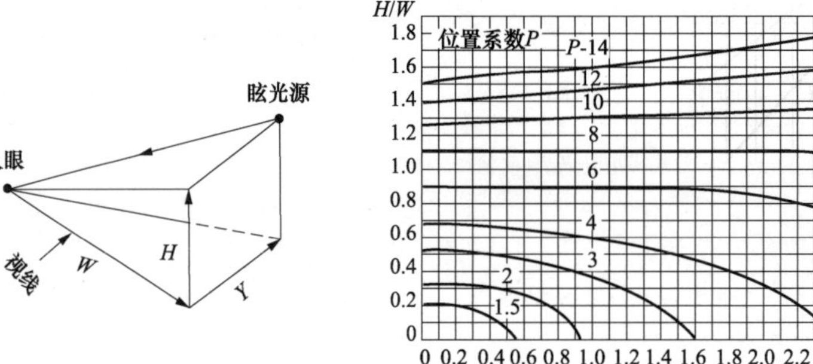

图8－50　人眼视线与眩光源的位置关系

亮度曲线法是建立在实验基础上的眩光评价方法。实验中由一组观察者对不舒适眩光进行评价，并用眩光评价值来描写眩光的感觉程度，见表8－74。

表8－74　亮度曲线法眩光评价值的分级

眩光评价值 G	眩光感觉程度
0	无眩光
1	无、稍有眩光之间
2	有轻微眩光
3	轻微和严重眩光之间
4	有严重的眩光
5	严重和不能忍受的眩光之间
6	有不能忍受的眩光

绝大多数的视觉工作是向下注视，在讨论眩光时规定工作视线是水平方向的。考虑到最不利的情况，在评价眩光时要求视察者坐在距离墙1m的座位上，并正视前方，观察者眼睛统一规定为离地1.2m高。如果离观察者最远的照明器与观察者眼睛的视线，与该照明器光轴所加的垂直角$\gamma<45°$，那么就不易感觉到眩光。只有在$\gamma\geqslant45°$时，才会有可能感觉到眩光的存在，且随着γ的增大而眩光感觉程度增加。

眩光限制的对象是照明器在$45°<\gamma\leqslant\gamma_{max}$范围内的程度。如图8－51所示，$\gamma_{max}$离观察者最远处的照明器在观察者眼睛方向的角度，即

$$\gamma_{max} = \frac{S_{max}}{h_s}$$

式中：S_{max} 为观察者到照明器的最大水平距离，m；h_s 为观察者眼睛的位置到照明器的高度，m；γ_{max} 为眩光角，(°)。

亮度限制曲线法最初是用极坐标形式表达的，后来，CIE 做了局部的修改，将亮度限制曲线由极坐标形式改成了直角坐标形式，如图 8－52 所示。图中的两组拆线是 CIE 推荐的亮度限制曲线，可以用公式计算。

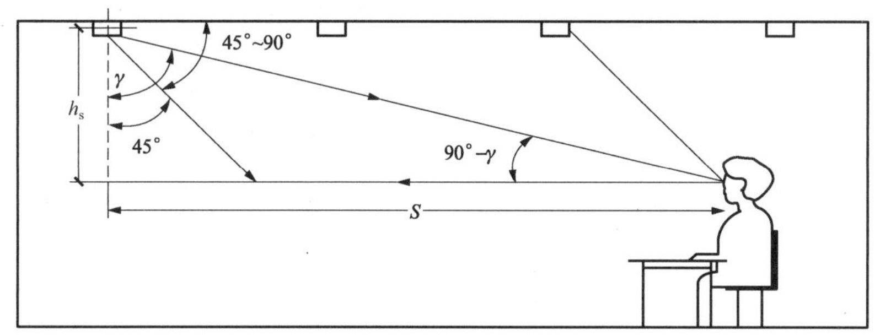

图 8－51　照明器眩光角与安装尺寸的关系

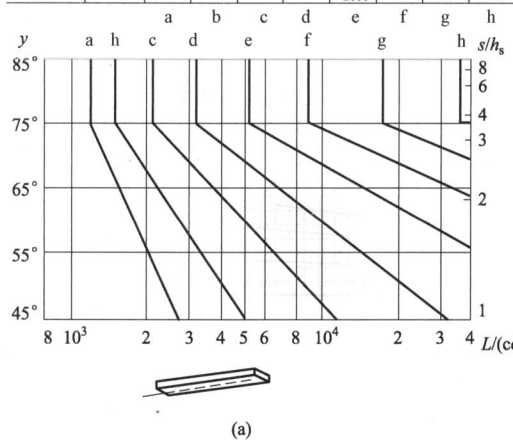

眩光评价值	质量等级	使用照度/lx							
1.15	A	2000	1000	500	≤100				
1.50	B		2000	1000	500	≤100			
1.85	C			2000	1000	500	≤100		
2.20	D				2000	1000	500	≤100	
2.55	E					2000	1000	500	≤100
		a	b	c	d	e	f	g	h

y　a h c d e f g h　s/h_s
85°　75°　65°　55°　45°
8 6 4 3 2 1
8 10^3 2 3 4 5 6 8 10^4 2 3 4 $L/(cd/m^2)$

(a)

眩光评价值	质量等级	使用照度/lx							
1.15	A	2000	1000	500	≤100				
1.50	B		2000	1000	500	≤100			
1.85	C			2000	1000	500	≤100		
2.20	D				2000	1000	500	≤100	
2.55	E					2000	1000	500	≤100
		a	b	c	d	e	f	g	h

y　a b c d e f g h　s/h_s
85°　75°　65°　55°　45°
8 6 4 3 2 1
8 10^3 2 3 4 5 6 8 10^4 2 3 4 $L/(cd/m^2)$

(b)

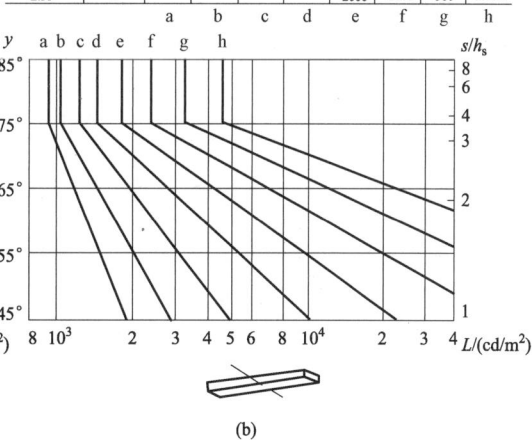

图 8－52　CIE 亮度限制曲线

（1）图 8－52a 用于观测侧面不发光的照明器，以及有光发侧面的长条形照明器纵向（C_{90} 面）观察的场合，其计算公式为

$$\lg L_{85°}=\lg L_{75°}=3+\lg 1.0+0.15\times[G-1.16\lg(E/1000)]^2 \quad (8-60)$$

$$\lg L_{45°}=3+\lg 1.5+0.40\times[G-1.16\lg(E/1000)]^2 \quad (8-61)$$

（2）图 8－52b 用于有发光侧面的非长条形照明器或有发光侧面的长条形照明器横向（C_0 面）观察的场合，其计算公式为

$$\lg L_{85°}=\lg L_{75°}=3+\lg 0.85+0.07\times[G-1.161\lg(E/1000)]^2 \quad (8-62)$$

$$\lg L_{45°}=3+\lg 1.275+0.26\times[G-1.161\lg(E/1000)]^2 \quad (8-63)$$

式中：L_γ 为照明器观察方向的亮度，cd/m²，其下标 γ 表示眩光角；E 为使用照度，cd/m²，如图 8－53 所示，当 $E\leqslant$300lx 时，以 E=250lx 代入；G 为眩光评价值，如图 8－52 所示。

1）LC 公式简化。若使用照度取 1000lx，式（8－60）～式（8－63）可简化为

① 图 8－52a 组曲线

$$\lg L_{85°}=\lg L_{75°}=3+0.15G^2 \quad (8-64)$$

$$\lg L_{45°}=3+\lg 1.5+0.40G^2 \quad (8-65)$$

② 图 8－52b 组曲线

$$\lg L_{85°}=\lg L_{75°}=3+\lg 0.85+0.07G^2 \quad (8-66)$$

这时眩光评价值 G 与曲线的对应关系，见表 8－75。进而求出的亮度限制值，见表 8－76。

表 8－75　使用照度 1000lx 时曲线与眩光评价值的对应关系

曲线编号	a	b	c	d	e	f	g	h
眩光评价值 G	0.8	1.15	1.50	1.85	2.20	2.55	2.90	3.25
质量等级	S	A	B	C	D	E		

表 8－76　LC 法的亮度限制值

组别		a 组（纵向）		b 组（横向）	
眩光角		45°	75°～85°	45°	75°～85°
曲线编号与亮度/（cd/m²）	a	2.70×10^3	1.25×10^3	1.87×10^3	9.42×10^2
	b	5.07×10^3	1.58×10^3	2.81×10^3	1.05×10^3
	c	1.19×10^4	2.18×10^3	4.90×10^3	1.22×10^3
	d	3.51×10^4	3.26×10^3	9.89×10^3	1.48×10^3
	e	1.29×10^5	5.32×10^3	2.31×10^4	1.85×10^3
	f	5.99×10^5	9.45×10^3	6.25×10^4	2.42×10^3
	g	3.47×10^6	1.83×10^4	1.96×10^5	3.30×10^3
	h	2.52×10^7	3.84×10^4	7.11×10^5	4.66×10^3

2）LC 法的应用。在使用图 8－52 亮度限制曲线或者表 8－76 的亮度限制值时，应注意以下几点：

① 发光侧面高度不大于 30mm 的照明器，按照无发光侧面考虑。

② 只有当面光源的长度比不小于 2∶1 时，才认为是长条形照明器。

③ 当满足以下条件时，可采用亮度曲线法。

a. 照明器规则排列的一般照明。

b. 室内顶棚发射比不小于 0.50，墙面反射比不小于 0.25。

c. 观察者的视线主要是水平和向下的方向。

在进行眩光评价时，应分别考虑照明器两个水平角方向，即横向观察和纵向观察时的质量等级。

将照明器的亮度分布曲线画在图 8－55 对应的亮度限制曲线中，根据房间的特点和照度值，选定眩光质量等级，从而在图中可以确定某一条标准亮度限制曲线。将上述两条亮度曲线进行比较，就可以确定照明器是否符合规定的眩光质量等级的要求。当照明器的亮度分布曲线位于标准限制曲线的左边，则符合眩光限制的要求，否则就不符合要求。如果两条曲线相交，使照明器亮度分布曲线一部分在标准限制曲线的左侧，一部分在右侧，则在左侧部分所对应的眩光角 γ 范围符合要求，在右侧部分所对应的眩光角 γ 范围不符合要求。在这种情况下就应根据房间的尺寸确定是否在符合要求的眩光角 γ 范围内。

3. 我国的 LC 法

我国《建筑照明设计标准》(GB 50034—2013）中的 LC 法与 CIE 推荐的方法相一致。CIE 标准将眩光程度分为五级，见表 8－77，其亮度限制曲线如图 8－52 所示。

表 8－77　直接眩光限制等级

眩光评价值	质量等级	眩光程度	作业或活动类型
1.15	A	无眩光	很严格的视觉作业
1.50	B	刚刚感到有眩光	视觉要求高的作业；视觉要求中等且集中注意力要求高的作业
1.85	C	轻度眩光	视觉要求和集中注意力要求中等的作业，并且工作人员有一定程度的流动性
2.20	D	不舒适眩光	视觉要求和集中注意力要求低的作业，工作人员在有限的区域内频繁走动
2.55	E	一定的眩光	工作人员不限于一个工作岗位而是来回走动，且视觉要求低的房间；不是由同一批人连续使用的房间

我国《建筑照明设计标准》(GB 50034—2013）将 CIE 推荐的 LC 法中的质量等级，由五级改为三级，同时采用其中的 B、D、E 级依次作为该标准的Ⅰ、Ⅱ、Ⅲ级，见表 8－78 所示，并且放宽了要求，所用的亮度限制曲线仍为 CIE 的亮度限制曲线，即与图 8－52 相一致。

表 8－78　直接眩光限制质量等级

眩光限制质量等级		眩光程度	适用场所举例
Ⅰ	高质量	无眩光感	有特殊要求的高质量照明房间，如手术室、计算机房、绘图室等
Ⅱ	中等质量	有轻微眩光感	照明质量要求一般的房间，如会议室、办公室、候车厅、普通教室、阅览室等
Ⅲ	低质量	有眩光感	照明质量要求不高的房间，如室内通道、仓库、厨房等

4. 眩光指数法（CI 法）

亮度曲线法是一种直观的眩光评价方法，仅根据两组亮度限制曲线是无法将照明实际中的各种因素考虑进去，尤其是周围环境亮度对产生眩光的作用和若干光源对产生眩光的影响，在亮度曲线法中考虑得较少。因此，亮度曲线法是一种简易的、精度较低的眩光评价方法。

眩光指数法是一种较为精确的评价眩光的方法，但它的计算也相应变得复杂和烦琐。CI 法是由英国照明学会提出的用于评价不舒适眩光程度的方法，CIE 吸收了这种方法，并加以适当改造，使之易于计算。

CIE 眩光指数法在评价不舒适眩光时，要求观察者坐在紧贴一面墙的中间位置，眼睛高度离地面 1.2cm，视线为水平方向直视前方。为了便于计算，以眼睛所在位置为原点，作三维空间坐标（左右方向为 Y 轴，视线方向为 W 轴，高度方向为 H 轴），如图 8－52 所示。

CIE 的眩光指数计算公式为

$$CGI = 8\lg\left(2\frac{1+E_d/500}{E_i+E_d}\sum\frac{L^2\omega}{P^2}\right) \quad (8-67)$$

式（8－67）中各项的物理意义如下：

（1）$L^2\omega$ 是光源在观察方向的亮度二次方与光源对观察者所张的立体角的乘积。这说明眩光源的亮度越高，眩光源的面积越大，则产生的不舒适眩光就越强。其中，眩光源的亮度对不舒适光源产生的影响最大。

（2）P 称为位置系数。位置系数取决于表示位置的三个坐标，即 $P=f(Y/W, H/W)$，Y、W、H 的值越小，产生的不舒适眩光就越强；反之，说明光源离开视线（正视前方）方向越远，引起的不舒适眩光就越弱。

（3）$\sum$表示计算时，应该包含所有的眩光源，而不能只考虑单个眩光源。

（4）E_d 称为直接照度，它表示所有照明器在眼睛位置上产生的垂直面直射照度；E_i 称为间接照度，是由顶棚、墙和地面的反射光在眼睛位置上产生的垂直面间接照度；$(1+E_d/500)/(E_i+E_d)$ 反映的是周围环境亮度对不舒适眩光的影响。

（5）系数 8 和 2 是为了使 CIE 眩光指数值基本上与英国眩光指数值相一致。

眩光指数与不舒适眩光感受程度的关系，见表 8－79。从表中可以看出，室内一般照明的眩光指数若超过 28，将会出现不能忍受的不舒适眩光；眩光指数 16 是一个临界状态，超过 16 时就会引起不快的感觉，而低于 16 时一般还能忍受。各类照明场所允许的眩光指数极限值见表 8－80。

眩光指数是评价照明质量的一个重要指标，而照度是评价照明数量的一个重要指标。两者相比，照度较易满足。如果照度不够，只要增加照明器的数量或增大光源的功率就可以了。如果眩光指数达不到要求，要解决这个问题就比较困难。只有精心设计，改用合理的照明器或改变安装高度，甚至采用间接照明才能解决。因此，在照明设计中照度标准可以根据使用单位的承受能力适当提高，一般来说在大部分工作场所适当提高照度标准有利于工作效率提高。但眩光的质量标准不能随意提高，否则将会大大地提高投资、运行和维护费用。

表 8－79　眩光指数与不舒适眩光感觉程度的关系

眩光指数	眩光感觉程度
	} 太强
28	刚好不能忍受　开始感到太强
	} 不舒适
22	刚好不舒适　开始感到不舒适
	} 注意
16	刚好可以接受　开始注意
	} 有感觉
10	刚好看得出　开始有感觉
	} 没有感觉

表 8－80　各类照明场所允许的眩光指数极限值

场所	分类	眩光指数极限值
办公室	一般办公室	19
	制图室	16
学校	教室	16
医院	病房	13
	手术室	10
工厂	粗装配车间	28
	普通加工车间	25
	精密加工车间	22
	超精密加工车间	19

8.3.8　照明测量

照明工程中，常常需要对光通量、照度、亮度、光强等光度量进行测量，它们的测量方法各有不同。本章仅介绍最常用的照度和亮度测量，其他光度量的测量方法可以参阅相关的书籍。

光的测量与纯物理的测量不同，它涉及使用眼睛产生可见光感觉的一段电磁波所引起的心理——物理反应。眼睛不能用于测量，仅能判断相等的程度，因此任何目测仪器都必须基于这个原则。这种目视光度学仍然用于视觉研究和国家实验室的标准化活动中，而在其他方面已有物理光度学替代。物理光度学中使用光电池加上人眼的相对光谱光视效率 $V(\lambda)$ 校准滤光片测量辐射。从本质上说，物理光度计是利用滤光片或计算方法将辐射测量转换为光度测量。目前实施的自动测量属第二阶段——数字技术较大程度上代替了早期的物理光度计的模拟读数。计算机不仅能接收光度计的输出并做处理，而且还可以控制形成计数的顺序，这使测量的精度、准确度都得到了很大的提高。目前，广泛采用的是基于光电效应的物理测光法。

1. 光检测器

（1）光电效应。光检测器是用光电元件组成，光电元件的理论基础是光电效应。光可以被视为一连串具有一定能量的粒子（光子），每个光子具有的能量为 $h\nu$，因此，用光照射某一物体，该物体将会受到一连串光子的轰击，那么光电效应就是这些材料吸收到光子能量的结果。通常，将光照射到物体表面后产生的光电效应分成以下三种：

1）在光的作用下，能使电子逸出物体表面的光电效应，称为外光电效应。基于外光电效应的光电元件有光电管、光电倍增管等。

2）在光的作用下，能使物体电阻率改变的光电效应，称内光电（或“光电导”）效应。基于内光电效应的光电元件有光敏电阻以及由光敏电阻制成的光导管等。

3）在光的作用下，能使物体产生一定方向电动势的光电效应，称阻挡层光电效应。基于阻挡层光电效应的光电元件主要有光电池、光电晶体管等。

利用阻挡层的光电效应原理制造的光电池，在光度测量方面具有重要的意义。这种光电池能够容易地制成各种形状，在使用时不需要辅助电源，直接与微安表连接起来便可使用，较为轻便、便于携带，灵敏度与光谱特性也比较理想。

光电池的种类很多，有硒、硅、锗、砷化镓光电池等。硒光电池灵敏度可达 600μA/lm，其相对灵敏度曲线与 $V(\lambda)$ 曲线比较接近，因此，很多分析仪器、测量仪器还使用它；除了硒光电池以外，近年来常用的还有单晶硅制成的光电池。硅光电池具有性能稳定、光谱范围宽、频率特性好、传递效率高、寿命长、抗疲劳、耐高温和辐射等诸多优点。然而，硅光电池的光谱灵敏度曲线与 $V(\lambda)$ 曲线不一致，若能将其相对灵敏度曲线校正到与 $V(\lambda)$ 曲线接近的话，硅电池是一种很有前途的元件。毋庸置疑，硒光电池必将被性能优良的硅光电池所替代。

（2）光电池的基本特性。

1）光谱特性。不同材料的光电池的光谱峰值位置不同。例如，硅光电池可在 450～1100nm 范围内使用，而硒光电池只能在 340～570nm 范围内应用。

2）光照特性。在很大范围内，短路电流与光照呈线性关系，而开路电压与光照的关系呈非线性，且在照度为 2000lx 时就趋于饱和。因此，把光电池作为检测元件时，应将它作为电流源的形式使用，即利用短路电流与光照的线性特点。

3）频率特性。硅光电池具有较高的频率响应，而硒光电池较差。因此，在高速记数、有声电影及其他方面常采用硅光电池。

4）温度特性。它是光电池的重要特性之一，因为温度特性将关系到应用光电池设备的温度漂移，影响到测量精确度或控制精确度等主要指标。

（3）照度计。照度计是用于照度测量的专用仪器，它是利用光电池所产生的光电流与落到光电池上的光通量成正比的工作原理进行测量的。

照度计包括接收器和记录仪表两个部分。测量时，将照度计与电流表连接起来，并把光电池放置需要测量的地方。当光电池的整个表面被入射光照射时，可根据以 lx 为单位进行分格的光度头，直接读出光照度的数值。由于照度计携带方便、使用简单，因而得到了广泛的应用。

近年来，无论是国内还是国外，照度计的研究和生产都有了很大发展，并且已经制成了采用硅光电池、带运算方大器的数字式照度计，测量准确度大大提高，读数也比指针式照度计方便得多。

1）基本结构。

① 接收器。通常由光电池、滤光器、余弦校正器所组成。

光电池。光电池是根据光电效应原理制成的，它是一种将入射的光能转换为电能的光电元件。

常用的光电池基本结构如图 8－53 所示。当入射光照射到光电池表面上，入射光透过金属薄膜到达半导体层与金属薄膜所形成的分界面（又称阻挡层），并在界面上在产生光电效应，从而在界面上下之间产生电位差。此时，若接上外电路将会形成光电流。光电流的大小取决于入射光的强弱和回路中的电阻。在

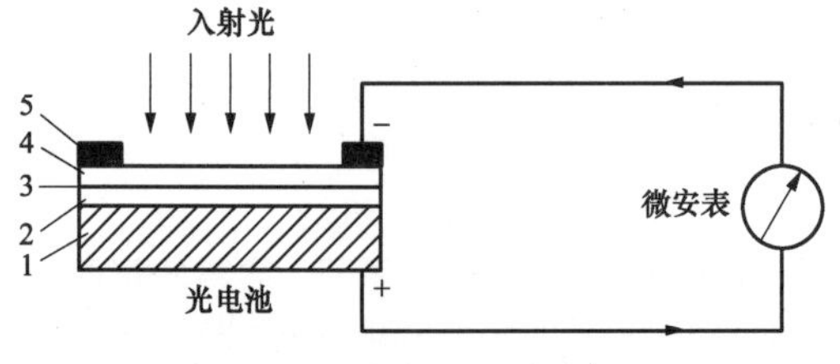

图 8－53 光电池的基本结构

1—金属底板；2—半导体层；3—分界面；4—金属薄膜；5—集电环

实际应用中，总是选择合理的外接电路，在较大范围内使光电流与入射光通量保持线性关系。

光谱灵敏度修正。光电池如同其他光电接收元件，其光谱灵敏度有很大差别。以硒光电池为例，图 8－54 中曲线 a 为未经校正的硒光电池的相对光谱灵敏度；曲线 b 为人眼标准光谱光视效率 $V(\lambda)$；曲线 c 为经校正后的硒光电池的相对光谱灵敏度。因此，为了能够直接测得照度的准确值，必须对光电池的相对光谱灵敏度进行修正，使其对 $V(\lambda)$ 曲线的偏离达到可以忽略的程度。这种修正在测量具有非连续光谱的气体放电灯的照度时，尤为重要。

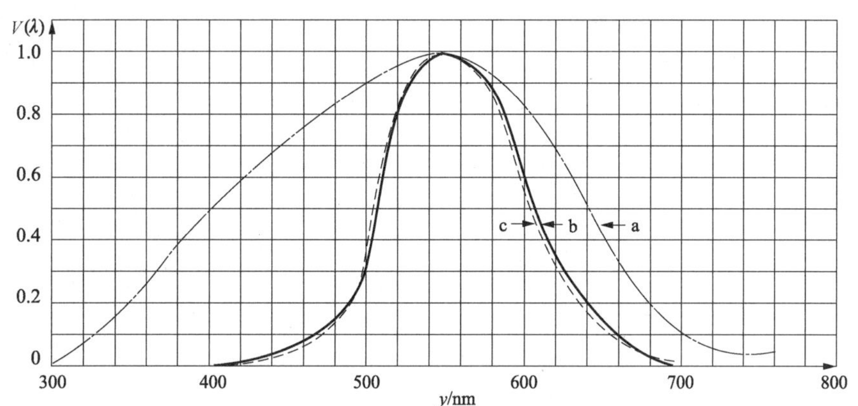

图 8－54　相对光谱灵敏度曲线

相对光谱灵敏度修正常用的方法是，在光电池前面配一个合适的玻璃或颜色溶液的滤光器。由于各种光电池的光谱灵敏度不完全相同，因此当要求作精确测量时，应对每种光电池分别找出合适的滤光器。

余弦校正器。光电池的一个重要特性是它所产生的光电流对光线入射角度的依赖性，即角特性。

在路面上进行照度测量时，往往会发现远近不同的光源发出光是以不同的角度入射到路面上。路面上各点的实际照度应当符合照度的余弦法则，这就要求光电池的输出必须满足余弦法则，才能使照度计测得的照度值恰好是该点的实际照度。然而，未经校正的光电池偏离余弦法则的程度相当大，若光电池不进行余弦修正，就无法应用于大部分光线倾斜入射在受照面上的照度计。因此在对 85° 以下入射角的照度测量时，都要求对光电池进行修正。

光电池之所以存在着这种角特性，是由于其表面的镜面反射作用。在入射角较大时，会从光电池表面反射掉一部分光线，致使产生的光电流小于正确数值；此外，安装光电池的盒子边框具有挡光作用，还会在光电池表面上造成阴影。

为了修正这一误差，通常在光电池上外加一个均匀漫透射材料制成的余弦校正器。这种光电池组合称之为余弦校正光电池。余弦修正的方法很多，譬如，外加球形乳白玻璃罩、中心带孔的盒子、平面乳白玻璃板、内壁涂成白色的扩散球、粘合一块薄透镜，以及采用两块光电池等。目前，常采用外加球形乳白玻璃罩或外加平面乳白玻璃板的修正方法。

② 记录仪表。通常选用低内阻微安表作为记录仪表。将它和光电池连接在一起即可构成简易照度计。

2）照度计的选用。通常，性能优良的照度计应符合以下要求：

① 附带 $V(\lambda)$ 滤光器。照度计的相对光谱灵敏度曲线与 $V(\lambda)$ 曲线符合程度越好，照度测量的精确度也就越高。

② 配有合适的余弦校正（修正）器。

③ 选择线性度好的光电池。

④ 硒光电池受强光（1000lx 以上）照射时会逐渐损坏。要测量较大的光强度，硒光电池前应带有几块中性减光片（倍率为已知）。

由于光电池受环境的影响，其特性会有所改变，因此，照度计在使用和保管过程中，为保证其测量精度，必须定期对照度计进行标定。

3）使用时注意事项。

① 光电池（特别是硅光电池）所产生的光电流极大地依赖于环境温度，而且光电池又是在一定的环境温度（一般为 20℃±5℃）下标定的。因此，实测照度时的环境温度与标定时的环境温度差别很大时，必须对温度影响进行修正。其修正系数一般由制造厂商提供。

② 由于照度计的接收器是作为一个整体（包括光电池、滤光器和余弦校正器）进行标定或标准的，因此，使用时不能拆下滤光器或余弦修正器而不用，否则会得到不正确的测试结果。

③ 由于光电池表面各点的灵敏度不尽相同，因

此，测量时尽可能使入射光均匀地布满整个光电池表面，否则也会引入测量上的误差。

④ 由于照度计的使用致使光电池逐渐老化，因此照度计要进行定期或不定期的标准，校准间隔要视照度计的质量以及使用频繁的程度而定。一般一年校准一次。

⑤ 光电池具有吸潮性。在潮湿空气中，有可能会使之损坏或完全失去光的灵敏度。因而，应当将光电池保存在干燥环境之中。

（4）亮度测量。在照明设计和实验室实验时，常常需要测量光源的亮度和表面的亮度。为了满足这个需要，人们根据光度量之间所存在的关系，运用照度计来测量其他光度量。

亮度测量的原理如图 8－55 所示。为了测量表面 S 的亮度，在它的前面距离 d 处设置一个光屏 Q。光屏上有一个透镜（透射比为 τ），其面积为 A。在光屏的右方设置照度计作检测器 m，m 与透镜的距离为 l，m 与透镜的法线垂直，在 l 的尺度比 A 大得多的情况下，照度计检测器 m 上的照度 E 为

$$E=\frac{I}{l^2}=\frac{\tau LA}{l^2} \tag{8-68}$$

式中：A 为透镜面积，m^2；τ 为透镜的透射率；L 为被测表面的亮度，cd/m^2。

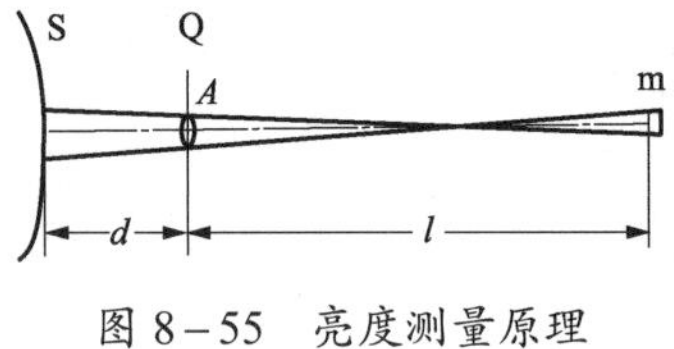

图 8－55　亮度测量原理

由式（8－68）推导出被测表面的亮度 L 为

$$L=\frac{El^2}{\tau A} \tag{8-69}$$

综上所述，亮度计具有的工作原理实质上就是测量被测表面的像在光电池表面（检测器 m）所产生的照度 E。这个像在光电池表面上产生的照度 E 正比于被测表面的亮度 L 和透镜的光栏孔径（或面积 A），与被测表面 S 的面积、表面到透镜的距离 d 无关。照度可由良好的 $V(\lambda)$ 修正过的光电池测量，根据这一原理便可制成亮度计。

实际所用的亮度计具有反射的目测系统，亮度计的视场角 θ 决定于带孔反射镜上小孔的直径，通常在 0.1°～2°之间。测量不同尺寸和不同亮度的目标物时，采用不同的视场角。

2. 照度的现场测量

照度的现场测量，其目的是为了检验实际照明效果是否达到预期的设计目标，现有的照明装置是否需要进行改造，或为将来某些研究与分析积累资料。

（1）注意事项。现场测量需注意以下几个方面：

1）选择符合测量精度要求的照度计。一般选用精度为 2 级以上的照度计，照度计需经过校准、定期进行标定。

2）选择标准的测量条件。测量时，要将新建的照明设施先点燃一段时间，使光源的光通量输出稳定，并达到稳定值。同时，由于灯的光通量也会随电压的变化而波动，因此，测量中需要监视并及时记录照明电源的电压值，必要时根据电压偏移给予光通量变化的修正。

3）实测报告。既要列出翔实的测量数据，也要将测量时的各项实际情况记录下来，详见后面的《实验指导书》。

4）防止测试者和其他因素对接收器的遮挡。

（2）测量方法。在进行工作的房间内，应该在每个工作地点（如书桌、工作台等处）测量照度，然后加以平均。对于没有确定工作地点的空房间，或非工作房间，如果单用一般照明，通常选 0.8m 高的水平面测量照度。将测量区域划分成大小相等的方格（或接近长方形），测量每个测量网格中心点的照度 E_i，平均照度等于各点照度的算术平均值。即

$$E_{av}=\frac{\sum E_i}{n} \tag{8-70}$$

式中：E_{av} 为测量区域的平均照度，lx；E_i 为各网格中心点照度，lx；n 为测量点。

一般室内或工作区为 2～4m 正方开网格；走廊、通道、楼梯等狭长的交通地段沿长度方向中心线布置测点，间距为 1～2m，网格边线一般距离房间各边 0.5～1m。当房间较小时，可取 1～2m 正方形网格，以增加测点数。无特殊规定时，测量平面一般为距离地面为 0.8m 的水平面，而对于走廊、楼梯，则规定为地面或距离地面为 0.15m 以内的水平面。

测点数目越多，得到的平均照度值就越精确，不过需花费更多的时间和精力。如果 E_{av} 的允许测量误差为±10%，则可采用室形指数 RI 选择最少测点数的办法来减少相应的工作量。室形指数与最少测点数的关系，见表 8－81。若灯具数与表 8－81 给出的测点数恰好相等时，必须增加测点数。

当以局部照明补充一般照明时，要按人的正常工作位置来测量工作点的照度，并将照度计的光电池置于工作面上或进行视觉作业的操作表面上。

测量数据可用表格记录，并运用“CAD”“MATLAB”等计算机的图形处理软件，将所测数据

绘制成等照度曲线，这样能够较为直观、形象地显示所测场所的照度分布情况。

表 8-81 室形指数与测点数的关系

室形指数	最少测点数
$K_r<1$	4
$1\leqslant K_r<2$	9
$2\leqslant K_r<3$	16
$K_r\geqslant 3$	25

3. 亮度的现场测量

（1）直接测量。环境的亮度测量应在实际工作条件下进行。先选定一个工作地点作为测量位置，从这个位置测量各表面的亮度。将得到的数据直接标注在同一位置、同一角度拍摄的室内照片上，或以测量位置为视点的透视图上，如图 8-56 所示。

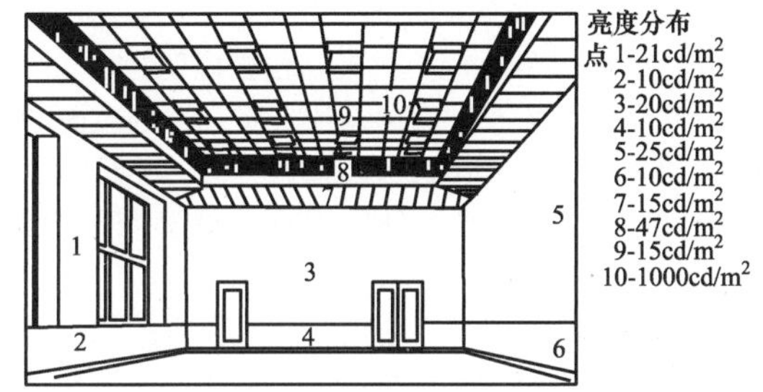

图 8-56 环境亮度测量数据的表示方法

亮度计的放置高度，以观察者的眼睛高度为准，通常站立时为 1.5m，坐下时为 1.2m。需要测量高度的表面是人眼睛经常注视，并且对室内亮度分布和人的视觉影响大的表面。它们分别是：

1）视觉作业对象。

2）贴邻作业的背景，如桌面。

3）视野内的环境：从不同角度看顶棚、墙面、地面。

4）观察者面对的垂直面，例如在眼睛高度的墙面。

5）从不同角度看灯具。

6）中午和夜间的窗子。

（2）间接测量。当没有亮度计时，可以采用下列方法进行间接测量：

1）当被测表面反射比已知时，可通过照度来确定表面的亮度，对于漫反射的表面，其亮度为

$$L=\frac{\rho E}{\pi} \tag{8-71}$$

式中：E 为表面的照度，lx；ρ为表面的反射比。

2）当被测表面反射比未知时，可按下述方法测量：

选择一块适当的测量表面（不受直射光影响的漫反射面），将光电池紧贴被测表面的一点上，受光面朝外，测量入射照度 E_i，然后将光电池翻转 180°，面向被测点，与被测面保持平行并渐渐移开，此时照度计读数逐渐上升。当光电池离开被测面有相当距离（约 400mm）时，照度趋于稳定（再远则照度开始下降），记下这时的照度 E_m，于是

$$\rho=\frac{E_m}{E_i} \tag{8-72}$$

此时被测表面的亮度近似为

$$L=\frac{\rho E_i}{\pi}=\frac{\frac{E_m}{E_i}E_i}{\pi}=\frac{E_m}{\pi} \tag{8-73}$$

8.4 照明控制与节能

随着现代高科技的迅猛发展，信息控制技术、计算机技术在照明领域得到广泛的应用，照明控制取得了长足的进展，成为“以人为本”“为人所用”最强有力的辅助手段。尤其是新颖、实用的照明控制系统孕育而生后，大大增强了照明设计的效果。因此，照明控制及照明控制系统已成为照明设计中不可缺少的重要环节。同时，照明控制对于绿色照明计划的实施、能源的节省，也具有特别的意义。

8.4.1 照明控制的作用

近年来，在照明领域，人们通过科学、合理的利用现代控制方法，真正实现了照明的技术美与艺术美。现代照明控制的作用主要表现在以下几个方面：

（1）照明控制营造良好的光环境。营造一个良好的光环境，对光线的要求非常高，采用先进的技术对照明进行控制，可使光线得到合理分配，对建筑空间中的色彩，明暗的分布统一协调，创造出不同的意境和效果。而且要实现照明功能的多样性，也注定仅仅通过手动开关灯是远远不够的，只有通过照明控制系统进行自动控制，创造不同的场景和视觉感受，实现了静态和动态效果的结合，可以获得最优的照明效果。

（2）延长照明系统寿命。无论是热辐射光源，还是气体放电灯，电网电压的波动是光源损坏的一个主要原因。有效抑制电网电压的波动可以延长光源的寿命。智能照明控制系统采用软启动和软关断技术，通过微处理器控制晶闸管，使输出改变有一段渐变，防止电压突变对光源的冲击，光源的寿命通常可以延长 2～4 倍，尤其对难安装区域的灯具及昂贵的灯具更具

有特殊的意义。

（3）照明控制可以节约能源。良好的照明设计应该采用高光效的光源和灯具，可以实现节能。而通过照明控制自动实现分时段开关灯数，可以实现昼夜控制、节假日控制等，方便灵活，实现了对能源的最合理利用。特别是在智能控制系统中，可采用红外线传感器、亮度传感器和人员动静探测器等优化模式运行，使整个系统按经济有效的最佳方案准确运作，大大降低了运行和管理费用，最大限度地节能。

（4）照明控制是防止光污染、保护环境的有效途径。随着人们对环境保护意识的提高，照明也应该倡导环保。一方面，照明控制节约了能源，照明节电就意味着减少 CO_2、SO_2、NO_2 等有害气体排放，保护环境。另一方面，照明控制避免了照明系统产生溢出光等光污染的影响。

因此，照明控制是实现环保节能的重要途径，是实施绿色照明工程的关键。

8.4.2 照明控制系统

1. 照明控制系统的分类

照明控制系统分为手动控制和自动控制两大类。

（1）手动控制系统。这种系统由开关或调光器或两者共同实现，按照使用者的个人意愿来控制所属区域的照度水平。在一个小的照明区域（如个人办公室），最普通的就是墙上安装一个控制面板；在包括多个人工作空间的大的区域（如开敞式办公区），遥控器最为方便。

（2）自动控制系统。该系统由时钟元件或光电元件或两者共同实现。当室内不被占用时，时钟可用来避免灯仍亮着的浪费现象；光电元件能监测昼光水平，并在自然光充足时关掉（或调节）靠近窗的那些灯具。自动控制系统一般都设有手动调光装置，用来适合某种特定情况。

2. 照明控制系统的控制层次

照明控制包含以下三种情况中的一种或多种：

（1）在一个光源（灯具）内。

（2）在一个空间或房间内。

（3）在整个大楼内，分别有光源的控制、房间的控制和楼宇的控制三个层次：

1）光源的控制。光源的控制属“智能光源”的理念，此光源完全独立于彼光源，它的开关和调节由“监视”办公室的传感器来控制。

2）房间的控制。一个房间的照明控制由一个单一的系统通过传感器或从开关、调光器来的控制信号实现。其光线输出可以减少或部分被关断（如靠窗的部分灯具），或剩下一部分光源提供区域的照明。

整个房间的控制系统比“智能光源”需要更多的安装工作，在建筑施工阶段就应提供安装设备，适用于新大楼。

3）楼宇的控制。楼宇照明控制系统是最复杂的照明控制系统，它包括大量的分布于大楼各个部分并与总线相连的照明控制元件、传感器和手动控制元件。系统可集中控制和分区控制，前者当中的各个控制单元可通过总线传递信息。

楼宇照明控制系统的作用几乎是无止境的，它能依靠按钮、遥控器、时钟和日历以及大量的传感器对照明进行集中、分区、手动、自动控制。这个系统还能用来搜集重要的数据，并检测现场情况，如实际灯具点燃的小时数和消耗的电能，甚至可以算出维护时间。楼宇照明控制系统可集成于整个大楼的集中管理系统之中。

3. 照明控制系统的设计

当照明设计方案确定之后，就应进行照明控制系统的设计，设计的步骤如下：

（1）确定照明营造的效果。根据照明设计方案，充分了解用户的需求，确定设计方案包含的主题和营造的效果，选择合理的光源和灯具，并考虑实际现场的情况，对其中需要特殊控制的区域按不同的回路设计。

（2）确定控制方案。通过计算机系统的预先编程控制，根据确定的照明主题，利用光和影，进行艺术的设计和艺术创新，营造出比白天更美的夜间光环境，吸引人们驻足观赏、休闲娱乐，成为一道亮丽的风景线。

照明控制方案应考虑节能、运行费用、避免眩光和光污染等多种因素，广泛采用高光效、低功耗、易维护的高新科技节能照明的最新产品，如一体化节能灯、国际专利的专用 T5 荧光灯具、发光二极管（LED）等。目前，常采用分布式智能照明控制系统实现控制方案。

（3）确定照明控制系统的组成。根据控制方案，确定照明控制系统的组成。对于已确定的照明回路的配置和数量，选择照明控制单元，相应的传感器、控制面板及其他监控设备。

（4）绘制相应的图表。对确定的照明控制系统，提供总配置表、回路表、照明控制系统图、平面布置图等，并结合供配电系统图、照明平面布置图，完成系统的供电，真正达到照明的效果。

8.4.3 国内外照明控制系统介绍

1. 自动调光控制系统——分布式照明控制系统

自动调光控制系统能够根据人们视觉活动所需

的照度，配合个人对光环境喜好，灵活地调节空间的照明状况。

在照明控制领域中引入现场总线技术，如 CAN9（Control Area Network）总线、LON Works（Local Operating Network）总线等，出现了分布式照明控制系统。这种控制系统通常由调光模块、控制面板、液晶显示触摸屏、智能传感器、编程插口、时钟管理器、手持编程器和 PC 监控机等部件组成。其工作原理是将专用的微处理器置入传统的测量控制设备，使它们各自具有数字计算和数字通信能力。采用带屏蔽层的双绞线将多个测量控制设备连接成网络系统，控制回路的通断，以达到开、关灯的目的。澳大利亚邦奇公司的 Dynalite 照明控制系统和荷兰 Philips 公司的 HELIO 照明控制系统都是具有代表性的分布式照明控制系统。

2. 集中—分布式照明控制系统

随着现代通信系统技术的发展，最近几年，又出现了基于总线技术，采用集中、分布式相结合的控制网络结构，它是智能化照明控制系统的新发展。如美国专业生产照明控制产品的 LUTRON 电子公司生产的大型系统 GRAFIK 5000、6000 都是采用集中、分布式相结合的智能化照明控制系统，它的功能更强大，使用更为便捷。

目前，智能照明控制系统通过 Modem 与公共交换电话网（PSTN）进行远程控制，使用异地计算机或者电话通过 Modem、PSTN 电话网实现了远程控制照明系统的工作；也可以通过快速以太网（Ethernet）与大楼自动控制系统（BAS）通信，实现整个大楼的智能控制，大大节约了能源。

3. DALI 系统

专为控制荧光灯的数字式可寻址照明控制接口标准 DALI 实现了电子整流器和控制模块之间进行数字化通信的接口标准。遵守 DALI 标准的系统称为 DALI 系统，作为产业标准，成为欧洲标准。随着它的不断发展，其先进性、方便灵活性和较高的性能价格比，会逐渐发展成为照明控制领域的国际标准。目前，已得到如飞利浦、GE 等照明大公司共同遵守的标准。

多达 64 个地址的镇流器系统可用一对双绞线作为控制线连接，能实现单独寻址。这些可寻址的电子镇流器可编成 16 组，同一镇流器可以编到一组或多组（图 8－57）。

DALI 协议是应用广泛，可适用于以下场合：

（1）在根据不同的活动采用不同的照明方式的多功能室内，如酒店、会议等。

（2）由于不同的要求需要减低或增加亮度的场合。

（3）根据不同的自然光（如白天、中午、下午、晴天或阴雨天等）适当的自动的调节室内照明度达到合适的照度的场合。

DALI 不是一种新的总线，但它支持开放式系统，与 BMS 或者 EIB，LON 总线系统不同，不是将它扩展成具有各种复杂控制功能的系统，而仅仅是作为一个灯光控制子系统。通过网关（gateway）接口集成于大楼管理系统 BMS 接口中，可接受 BMS 控制命令，或回收子系统的运行状态参数。

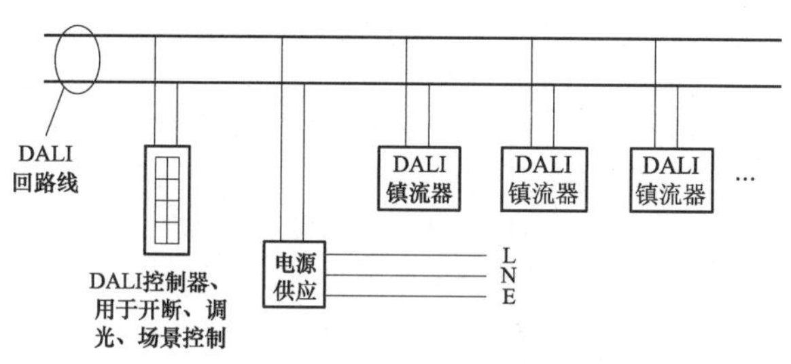

图 8－57 DALI 系统典型接线图

4. 应用 IPV6 技术的照明控制系统

IPV6 是“互联网协议第 6 版”的缩写。IPV6 是由 IETF 设计的下一代互联网协议，是下一代网络（NGN）的核心，目的是取代现有的互联网协议第四版（IPV4）。IPV6 中地址空间为 128 位，理论上可用地址数为 2^{128}，提供的可用地址数比 IPV4 要多得多。充足的地址空间，为分层管理地址提供了有力的支持，而分层的地址结构为提高路由效率奠定了基础；足够大的地址空间为 IP 协议的自动配置提供了充足的条件。

针对奥林匹克中心区的照明灯具数量多，控制复杂、精度要求高，时延敏感、同步要求高，维护难度大，功率大、节能要求高等特点，考虑到传统的基于总线型的照明管理和控制系统只适用于小范围照明，而基于 IPV4 的照明管理控制系统在地址容量、安全性、即插即用性等方面存在比较大的局限性，因此，首次采用基于 IPV6 技术的照明管理和控制系统。由于采用 IPV6 技术，该系统具有广泛的地址空间，可以做到一灯一个 IP 地址，将来还可以有更多的照明设备接入系统并接受管理。IPV6 技术本身的低延时，具有更好的服务质量。IPV6 支持地址的自动配置，实现方便快捷的照明管理，减少运营维护的费用。IPV6 改进了 IPV4 协议的缺点，提供有效的端到端的安全保证，从而实现安全的通信，控制的可靠。

相信随着 IPV6 技术在北京奥林中心区照明运营管理系统中的成功应用，必将极大提高我国在照明领域内的信息化水平。

8.4.4 绿色照明

照明控制系统的重要作用之一是实现了照明节能。目前，照明领域大力推广“绿色照明计划”正是实施照明节能的有效措施。

“绿色照明计划”是1991年由国际上有识之士提出，并在世界范围内得到了广泛响应和积极推广的系统工程，同时也引起了我国政府和全社会的高度重视。自1996年制订出“中国绿色照明工程”实施方案以来，取得了许多可喜的成绩。

1.“绿色照明”的含义

“绿色照明”工程是一项实现全国范围节约照明用电、保护生态环境的系统工程。实施“绿色照明”旨在通过科学的照明设计，大力发展和推广高效率、长寿命、安全和性能稳定的照明器具，并逐步替代传统的低效照明产品，节约照明用电，建立优质、高效、经济舒适、安全可靠、有益环境、改善生活质量、提高工作效率和保护人们身心健康的照明环境，以满足国民经济各部门和人民群众日益增长的对照明质量、照明环境和减少环境污染的迫切要求。

2.“绿色照明”的内容

绿色照明主要包含以下两个方面：

（1）照明节能。节约能源，合理控制照明用电，使用高效的光源和灯具，推广节能灯等。

（2）环境保护。推广新型的光源和照明器，尽量降低汞等有毒物质对环境的影响和破坏，大力回收废、旧灯管。

3. 实施绿色照明工程的重要性

我国照明用电量约占总发电量的10%左右，而且以低效照明为主。照明用电大都属于峰时用电，因此，照明节电具有节约电量和缓解高峰用电的双重作用。同时，我国用电浪费和电耗高的问题相当严重，是造成企业经济效益不高和污染环境的主要因素，如1995年全国电厂二氧化硫的排放量占全国总排放量的1/3，所以绿色照明工程对提高企业经济效益、保护环境具有重要意义。

4. 推进绿色照明，保护全球环境

推进绿色照明，要按照社会主义市场经济的规律，既要加强政府的宏观调控作用，完善有关标准、法规，注意政策和信息引导，又要充分发挥市场调节的基础作用，规范照明市场，注意经济分析，加强宣传培训，积极动员和引导全社会力量的参与。同时，要加强国际交流与合作，积极吸取国际上发达国家和发展中国家实施“绿色照明工程”的成功经验。通过法律的、经济的、技术的和行政的手段，逐步推进。其主要内容包括完善法规、规范市场、典型示范、重点扶持、宣传教育、国际合作等。

中国绿色照明工程实施10年来受到社会各界的广泛关注，成果喜人。高效照明产品市场占有率不断提高，取得显著的经济和社会效益；照明电器产业规模不断扩大，产品结构趋于优化；行业技术装备水平逐步提高，具备了制造不同类型电光源生产设备的能力，并逐步由原来的手工、半自动化操作转向机械化、自动化流水线生产；应用和示范了大宗采购、需求侧管理、合同能源管理、质量承诺等多种节能新机制。如此种种反映了绿色照明已经在我国深入人心。

5. 照明节能的途径

随着人们对生活质量要求的提高，尤其是城市夜景照明的发展，照明能耗在整个建筑能耗中所占比例日益增加，照明节能已日显重要，例如“绿色照明”计划的实施，已得到了世界各国的高度重视。

照明节能一般可以通过两条途径：

（1）使用最有效的照明装置（包括光源、灯具、镇流器等）。

1）采用高效节能的电光源。高效光源是照明节能的首要因素，必须重视推广应用高效光源。

2）优先选用直射光通量比例高、控光性能合理的高效灯具。

3）采用高效节能的灯用电器附件。用节能电感镇流器和电子镇流器取代传统的高能耗电感镇流器。

（2）合理选择照明控制系统

1）尽量减少不必要的开灯时间、开灯数量和过高照度，杜绝浪费。

2）充分利用天然光并根据天然光的照度变化，决定电气照明点亮的范围。

3）对于公共场所照明、室外照明，可采用集中遥控管理的方式或采用自动控光装置。

4）采用各种照明节能的控制设备或器件，常用的有：① 光传感器；② 热辐射传感器；③ 超声传感器；④ 时间程序控制；⑤ 直接或遥控调光。

5）采用传输效率高、使用寿命长、电能损耗低、安全的配线器材。总而言之，随着我国经济建设的不断腾飞，实施可持续发展战略，照明领域获得了前所未有的发展，各种照明节能途径的进步更是对“绿色照明”工程的推进具有越来越重要的意义。

8.4.5 道路照明智能控制

照明控制的最新发展方向之一是基于物联网通信技术的道路照明智能控制。

1. 道路照明智能控制的背景

随着科学技术的发展，为了解决城市交通堵塞、能源紧缺、环境污染等问题和构建可持续发展的未来城市，智慧城市的概念应运而生。智慧城市是采用物联网技术实现智能化感知、测量、定位、跟踪以及监管，借助云计算及智能分析技术实现海量信息的处理和决策支持，实现城市智慧式管理和运行，进而为城市中的人创造更美好的生活，促进城市的和谐、可持续发展。

在智慧城市的建设中，道路照明由于其遍布各个交通线路，涵盖了人们生活的大部分场所，是智慧城市建设的重要部分。

不同于室内照明控制主要采用总线技术，道路照明控制主要采用远程集中控制方式，由控制中心、集中控制器和终端控制器组成。从通信方式来说，控制中心到集中控制器采用 GPRS/CDMA 等无线通信网络实现远程通信；从集中控制器到终端控制器采用短程通信方式如电力线载波（PLC）、Zigbee 等实现对单灯的控制。而采用“两跳式”集中控制方式的传统道路照明控制存在如下不足：

（1）无法根据实际需要及时对路灯进行控制。目前道路照明的控制方式包括手动控制、光感控制和时钟控制。这些控制方式容易受季节、天气等自然环境和其他人为因素影响，出现该亮时不亮，该灭时不灭，造成能源的浪费和财政的负担。

（2）无法对路灯电力参数进行有效监控。故障依据主要来源于巡视人员上报和市民投诉，缺乏主动性、及时性和可靠性，不能实时、准确、全面地监控全城的路灯运行状况。

（3）普通人工巡检。管理部门缺乏统一调度的能力，只能以逐个配电柜为单元进行调整，不仅费时费力，而且增加了人为误操作的可能性。

（4）设备易丢失故障无法定位。无法准确发现电缆盗割、灯头被盗和断路，一旦出现以上情况将带来巨大的经济损失，同时影响市民的正常生活及出行安全。

随着 NB-IoT、Lora 等低功耗广域物联技术（LPWA）的成熟，由控制中心直接对单灯终端进行控制的“一跳式”控制方式应运而生，这也使得大范围大规模远程分布式控制成了可能。为了解决传统道路照明控制存在的不足，需要采用集中-分布式的方式，通过物联网结合其他领域的信息，采用智能控制算法对路灯进行控制，建立基于物联网通信技术的道路照明智能控制系统，进一步实现智慧照明。这也是智慧城市建设中的重要部分。

与此同时，为了避免系统孤岛，实现万物互联，建立道路照明智能控制也能为其他领域服务。具体来说，路灯作为城市中最密集的基础设施，城市道路照明控制有终端节点数量大、分布广等特点，所以在控制终端节点加载其他功能，如环境监测、交通诱导、信息发布等，可以使得照明控制变得规模化和效应化，带来照明控制在量和质上的飞跃；同时还能为智能交通，智能环保等服务。

2. 道路照明智能控制的含义

建立道路照明智能控制就是将路灯作为物联网终端的载体，采用物联网通信技术实现管理控制平台与单灯控制器间的端到端通信，同时利用物联网“万物互联”的特性，避免信息孤岛，结合其他领域的数据信息如环境数据、流量数据等，运用高效合理的规划方案与控制策略对每个路灯进行协同的管理与控制。其目的是实现更高层次的智慧照明，并推进平安城市、智慧生活、智慧交通等的建设，促进智慧城市的发展。

3. 道路照明智能控制系统的组成

道路照明智能控制系统主要由如下部分组成：

（1）监控管理平台。由计算机、数据库服务器、显示终端等硬件和包含智能控制算法、图像处理技术等软件组成，以统一人机交互界面来实现照明系统的实时监测、控制和管理等。

（2）通信模组。基于某一通信协议得通信模块，集成于单灯控制器中完成无线通信功能。

（3）单灯控制器。具有与监控管理平台进行通信，采集传感器数据，对路灯得运行状态进行反馈和控制等功能。

（4）通信网络。物联网通信网络，如 NB-IoT 网络等，支持单灯控制器和其他类型终端的接入，实现监控管理平台与物联网终端及物联网终端间的通信。

以 NB-IoT 通信方式为例，如图 8-58 所示为基于 NB-IoT 的道路照明智能控制系统架构。

4. 道路照明智能控制系统的控制内容

道路照明智能控制系统采用集中-分布式的控制方式，其控制内容主要包括以下两个方面：

（1）监控管理平台对各单灯控制器的控制方案。主要包括监控管理平台对单灯控制器优先级的确定，分级分类方式以及定点查询方法等。

（2）单灯控制器对其下各功能模块的控制方案。主要包括不同位置单灯控制器其下功能模块种类和数量的确定，响应监控管理平台的指令对功能模块的控制方案以及无指令时的自主控制方案。

5. 道路照明智能控制系统的作用

通过物联网技术实现“一跳式”控制的道路照明智能控制系统，与传统照明控制系统相比，组网建设成本低，信息响应更快，可扩展性更强，通过 GPS 可对每一个路灯进行实时定位；无需通过集中控制器对一组路灯进行控制，每个路灯均具有单灯控制器，可以精确控制每一盏灯，控制更灵活，故障检测更迅速主动；可在单灯控制终端上搭载其他功能模块如防盗监测等，准确发现与避免电缆盗割、灯头被盗等问题。

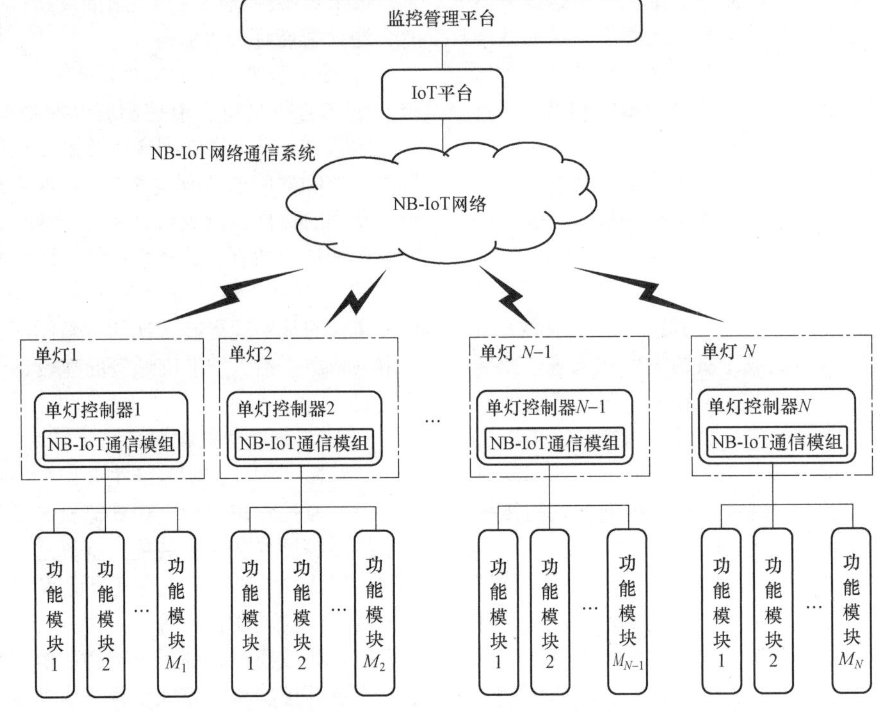

图 8－58 基于 NB－IoT 的道路照明智能控制系统架构

此外，由于道路照明智能控制系统的控制终端具备信息感知、信息传递、信息收集、智能处理等多种功能，可以为智能交通，智能安防等领域服务。如可提供 WiFi 热点，便于网络节点互联；搭载相应传感器，实现图像、红外、温湿度、风速、风向、雨量、噪声实时监测、低洼水位监测等多传感信息收集；合理利用灯杆，设置显示屏，便于信息发布；设置充电桩，促进电动汽车的普及等。

6. 道路照明智能控制系统的发展难点

就目前来说，道路照明智能控制系统主要有如下几个发展难点：

（1）各城市或地区的照明市场较分散，通信方式与控制方式没有得到统一，形成了一个个互不共通的照明子系统。目前道路照明系统使用的主要通信方式有电力线载波技术（PLC）、无线 Zigbee 技术、NB－IoT 技术、Lora 技术等。各种通信技术已经较成熟，存在的难点主要是如何在物联网中统一和推广一种合适的通信技术以及进一步降低能耗。就道路照明智能控制系统而言，只有统一采用一种通信方式，才能将各道路照明子系统整合，实现互联互通。

（2）由于信息发布屏，WiFi 热点，环境监测等功能模块成本较高，无法也无需在所有路灯上配备这些功能。而目前多功能路灯的建设标准与建设方案尚不完善，道路照明智能控制系统的建设基础有待进一步发展。

（3）与传统的照明系统相比，道路照明智能控制系统的控制终端由于具有各种功能，涉及市政、环保、公安、交通等不同政府部门职能，不仅需要在监控管理平台上进行高效的分级分类控制，还需要沟通协调各部门的管理范围和权限，这一难点目前还没有得到很好的解决。

8.5 照明设计

8.5.1 光照设计

1. 光照设计的内容

光照设计的内容主要包括照度的选择、光源的选用、灯具的选择和布置、照明计算、眩光评价、方案确定、照明控制策略和方式及其控制系统的组成，最终以文本、图纸的形式将照明方案提供给甲方。

2. 光照设计的目的

光照设计的目的在于正确地运用经济上的合理性、技术上的可能性，来创造满意的视觉条件。在量的方面，要解决合适的照度（或亮度）；在质的方面，要解决眩光、光的颜色、阴影等问题。无论是室内还是室外的建筑空间，需要营造各种不同的光环境，以满足不同使用功能的要求，具体表现为以下三个方面：

（1）便于进行视觉作业。正常的照明可保证生产和生活所需的能见度。适宜的照明效果能够提供人们舒适、高效的光环境，给人愉悦的心情，提高了工作效率。

（2）促进安全和防护。人们的活动从白天延伸到了夜晚，夜间照明使城市居民感到安全与温暖，从而降低了犯罪率。

（3）引人注目的展示环境。照明器是室内空间和环境有机融合的一部分，它具有装饰、美化环境的作用；另外，室外照明正方兴未艾，城市的夜景照明突出了城市的历史、景观和脉络，展示了独特的文化，并具有诱人的艺术魅力，同时还促进了城市旅游业的发展，带来了丰厚的经济效益。现在，上海的夜景照明将整个海派文化和建筑展示得淋漓尽致，譬如外滩、东方明珠、金贸大厦、科技馆、大剧院等标志性建筑，使城市熠熠生辉。

3. 光照设计的基本要求

光照设计需符合“安全、适用、经济、美观”等基本要求。

（1）安全。包括人身安全和设备的安全。

（2）适用。在提供一定数量与质量的照明的同时，适当考虑维护工作的方便、安全以及运行可靠。

（3）经济。一方面尽量采用新颖、高效型灯具，另一方面在符合各项规程、标准的前提下节省投资。

（4）在满足安全、适用、经济的条件下，适当注意美观。

4. 光照设计的步骤

照明光照设计一般按照下列步骤进行：

（1）收集原始资料。工作场所的设备布置、工作流程、环境条件及对光环境的要求。另外，对于已设计完成的建筑平剖面图、土建结构图，已进行室内设计的工程，应提供室内设计图。

（2）确定照明的方式和种类，并选择合理的照度。

（3）确定合适的光源。

（4）选择灯具的形式，并确定型号。

（5）合理布置灯具。

（6）进行照度计算，并确定光源的安装功率。

（7）根据需要，计算室内各面亮度与眩光评价。

（8）确定照明设计方案。

（9）根据照明设计方案，确定照明控制的策略、方式和系统，以期实现照明效果。

5. 光照设计的阶段和成果

光照设计可分为两个阶段：

第一阶段为方案设计阶段。该阶段主要采用效果图、文本等成果来体现，其中包括灯具种类和数量的确定、整体设计方案、灯位布置图和工程造价及其预算，最终提交设计文本给设计委托方。

第二阶段为方案深化阶段。主要是确定照明系统及控制方案。根据照明设计方案，制定相应的照明开关、灯的回路，确定控制方案和控制系统的软、硬件组成，并通过程序的编制，调试，最终获得预先设置的照明场景和效果。

经过光照设计确定照明设计的效果后，接下来是照明电气设计阶段，即施工图设计阶段。这一阶段主要完成照明电气施工图的绘制、图纸交底等，完成项目的设计、施工，最终竣工验收。

8.5.2 照明方式和种类

1. 照明方式

照明方式是指照明设备按照其安装部位或使用功能而构成的基本制式。一般可分为以下四类：

（1）一般照明。整个场所的照度基本上均匀的照明称为一般照明。对于工作位置密度很大而对光照方向无特殊要求的场所，或受生产技术条件限制不适合装设局部照明或采用混合照明不合理时，则可单独装设一般照明。优点是，在工作表面和整个视界范围中具有较佳的亮度对比，可采用较大功率的灯泡，因而功效较高，照明装置数量少，投资节省。

（2）分区一般照明。对场所的某部分或某一特定区域，如进行工作的地点，设计成不同的照度来照亮该区域的一般照明称为分区一般照明，可有效地节约能源。仅为了提高房间内某些特定工作区的照度时，宜采用分区一般照明。

（3）局部照明。特定视觉工作用的、为照亮某个局部而设置的照明称为局部照明。局部照明只能照射有限面积，对于局部地点需要高照度并对照射方向有要求时，可装设局部照明。对于因一般照明受到遮挡或需要克服工作区及其附近的光幕反射时，也宜采用局部照明。当有气体放电光源所产生的频闪效应的影响时，使用白炽灯光源的局部照明是有益的。但规定在一个工作场所内，不应只装设局部照明。下列情况，宜采用局部照明：

1）局部需要有较高的照度。

2）由于遮挡而使一般照明照射不到的某些范围。

3）视觉功能降低的人需要有较高的照度。

4）需要减少工作区的反射眩光。

5）为加强某一方向的光照，以增强质感。

（4）混合照明。由一般照明、分区一般照明与局部照明共同组成的照明称为混合照明。对于工作位置视觉要求较高，同时对照射方向又有特殊要求的场所，而一般照明或分区一般照明却不能满足要求时，往往采用混合照明方式。此时，一般照明的照度宜按不低于混合照明总照度的 5%～10%选取，且最低不低于 20lx。其优点是，可获得高照度，易于改善光色，减少装置功率和节约运行费用。

不同的照明方式各有优劣，在照明设计中，不能将它们简单地分开，而应该视具体的设计场所和对象，选择一种或同时选择几种合适的照明方式。

2. 照明种类

（1）按照照明的使用情况，大致可分为以下五类：

1）正常照明。在正常情况下使用的室内、外照明。它一般可单独使用，也可与应急照明、值班照明同时使用，但控制线路必须分开。

2）应急照明。因正常照明的电源失效而启用的照明。作为应急照明的一部分，用于确保正常活动继续进行的照明，称为备用照明；作为应急照明的一部分用于确保处于潜在危险之中的人员安全的照明，称为安全照明；作为应急照明的一部分，用于确保疏散通道被有效地辨认和使用的照明称为疏散照明。在由于工作中断或误操作容易引起爆炸、火灾和人身事故或将造成严重政治后果和经济损失的场所，应设置应急照明。应急照明宜布置在可能引起事故的工作场所以及主要通道和出入口。应急照明必须采用能瞬时点燃的可靠光源，一般采用白炽灯或卤钨灯。当应急照明作为正常照明的一部分经常点燃，而且发生故障不需要切换电源时，也可用气体放电灯。

暂时继续工作用的备用照明，照度不低于一般照明的 10%；安全照明的照度不低于一般照明的 5%；保证人员疏散用的照明，主要通道上的照度应不低于 0.5lx。

应急照明设计可查阅有关的建筑设计规范。

3）值班照明。在非工作时间内供值班人员用的照明。在非三班制生产的重要车间、仓库，或非营业时间的大型商店、银行等处，通常宜设置值班照明。值班照明可利用正常照明中能单独控制的一部分，或利用应急照明的一部分或全部。

4）警卫照明。在夜间为改善对人员、财产、建筑物、材料和设备的保卫，用于警戒而安装的照明。可根据警戒任务的需要，在厂区或仓库区等警卫范围内装设。

5）障碍照明。为保障航空飞行安全，在高大建筑物和构筑物上安装的障碍标志灯。应按民航和交通部门的有关规定装设。

（2）按照照明的目的与处理手法的不同，可分为以下两类：

1）明视照明。照明的目的主要是保证照明场所的视觉条件，这是绝大多数照明系统所追求的。其处理手法要求工作面上有充分的亮度，亮度应均匀，尽量减少眩光，阴影要适当，光源的光谱分布及显色性要好等。如教室、实验室、工厂车间、办公室等场所一般都属于明视照明。

2）气氛照明。气氛照明也称为环境照明。照明的目的是为了给照明场所造成一定的特殊气氛。它与明视照明不能截然分开，气氛照明场所的光源，同时也兼起明视照明的作用，但其侧重点和处理手法往往较为特殊。气氛照明场所的亮度按设计的需要，有时故意用暗光线造成气氛，亮度不一定要求均匀，甚至有意采用亮、暗的强烈对比与变化的照明以造成不同的感觉，或用金属、玻璃等光泽物体，以小面积眩光造成魅力感。有时故意将阴影夸大，起着强调、突出的作用，或采用特殊颜色做色彩照明等夸张的手法。目前最为典型的是，建筑物的泛光照明、城市夜景照明、灯光雕塑等，这些照明不仅满足了视觉功能的需要，更重要的是获得了很好的气氛效果。

（3）按照光线的投射方向，可分为两类：

1）定向照明。光线是从某一特定方向投射到工作面和目标上的照明。

2）漫射照明。光线无显著特定方向投射到工作面和目标上的照明。

（4）按灯具光通量分布，可分为五类：

1)直接照明。由灯具发射的光通量的 90%～100%部分，直接投射到假定工作面上的照明。

2）半直接照明。由灯具发射的光通量的 60%～90%部分，直接投射到假定工作面上的照明。

3)一般漫射照明。由灯具发射的光通量的 40%～60%部分，直接投射到假定工作面上的照明。

4）半间接照明。由灯具发射的光通量的 10%～40%部分，直接投射到假定工作面上的照明。

5）间接照明。由灯具发射的光通量的 10%以下部分，直接投射到假定工作面上的照明。

8.5.3 灯具布置

1. 室内灯具布置原则

灯具的布置应配合建筑、结构形式、工艺设备、其他管道布置情况以及满足安全维修等要求。

室内灯具作一般照明用时，大部分采用均匀布置的方式，只在需要局部照明或定向照明时，才根据具体情况采用选择性布置。

一般均匀照明常采用同类型灯具按等分面积来布置，排列形式应以眼睛看到灯具时产生的刺激最小为原则。线光源多为按房间长的方向成直线布置。对工业厂房，应按工作场所的工艺布置，排列灯具。

总之，室内灯具布置合理应遵循的原则是尽量满足以下六个方面：

（1）规定的照度。

（2）工作面上照度均匀。

（3）光线的射向适当，无眩光、无阴影。

（4）灯泡安装为最容易。

（5）维护方便。

（6）布置整齐美观，并与建筑空间相协调。

同时注意灯具布置的方法不同，给人的心理效果也不同。

2. 距高比 *L*/*h* 的确定

灯具布置是否合理，主要取决于灯具的间距 *L* 和计算高度 *h*（灯具至工作面的距离）的比值（称为距离比）。在 *h* 已定的情况下，*L*/*h* 值小，照度均匀性好，但经济性差；*L*/*h* 值大，则不能保证照度的均匀度。通常每个灯具都有一个“最大允许距高比”，只要实际采用的 *L*/*h* 值不大于此最大允许值，都可认为照度均匀度是符合要求的。

灯具安装高度首先取决于房间的层高，因为灯具都安装在屋架下弦或顶棚下方（嵌入式灯具嵌入吊平顶内）。其次要避免对工作人员产生眩光，此外，还要保证生产活动所需要的空间、人员的安全等。

为了使整个房间有较好的亮度分布、灯具的布置除选择合理的距高比外，还应注意灯具与天棚的距离（当采用上半球有光通分布的灯具时）。当采用均匀漫射配光的灯具时，灯具与天棚的距离和工作面与天棚的距离之比宜在 0.2～0.5 范围内。

对于厂房内灯具一般应安装在屋架下弦。若对高大厂房中，为了节能及提高垂直照度，也可采用顶灯和壁灯相结合的形式，但不能只装壁灯而不装顶灯，造成空间亮度分布明暗悬殊，不利于视觉的适应。

对于民用公共建筑中，特别是大厅、商店等场所，不能要求照度均匀，而主要考虑装饰美观而体现环境特点，以多种形式的光源和灯具做不对称布置，造成琳琅满目的繁华活跃气氛。

8.5.4 照明质量评价

光照设计的优劣主要是用照明质量来衡量，在进行光照设计时，应该全面考虑和适当处理照度、亮度分布、照度的均匀度、照度的稳定性、眩光、光的颜色、阴影等主要的照明质量指标。下面逐项一一进行说明。

1. 评价指标

（1）照度水平。照度是决定物体明亮程度的直接指标。在一定的范围内，照度增加可使视觉能力得以提高。合适的照度有利于保护人的视力，提高劳动生产率。各场所的照度标准参照 9.3 中相关的标准。

（2）亮度分布。作业环境中各表面上的亮度分布是照度设计的补充，是决定物体可见度的重要因素之一。视野内有合适的亮度分布是舒适视觉的必要条件。相近环境的亮度应当尽可能低于被观察物的亮度，CIE 推荐被观察物的亮度为它相近环境的 3 倍时，视觉清晰度较好，即相近环境与被观察物本身的反射比之比最好控制在 0.3～0.5 的范围内。

在工作房间，为了减弱灯具与周围及顶棚之间的亮度对比，特别是采用嵌入式暗装灯具时，因为顶棚上的亮度来自室内多次反射，顶棚的反射比尽量要高（不低于 0.6）；为避免顶棚显得太暗，顶棚照度不应低于作业照度的 1/10；工作房间内的墙壁或隔断的反射比最好在 50%～70%之间，地板的反射比在 20%～40%之间。因而在大多数情况下，要求采用浅色的家具和浅色的地面。

此外，适当地增加作业对象与作业背景的亮度之比，较之单纯提高工作面上的照度能更有效地提高视觉功能，而且比较经济。

（3）照度均匀度。照明均匀度的不良会导致视觉的疲劳。照明的均匀度包含两个方面：一是工作面上照明的均匀性；二是工作面与周围环境（墙、顶棚、地板等）的亮度差别。根据我国国标，照明均匀度常用给定工作面上的最低照度与平均照度之比来衡量，即 E_{min}/E_{av}。所谓最低照度是参考面上某一点最低照度，而平均照度是整个参考面上的平均照度。我国《建筑照明设计标准》（GB 50034—2013）规定：公共建筑的工作房间和工业建筑作业区域内的一般照明照度均匀度，应不小于 0.7，而作业面邻近周围的照度均匀度应不小于 0.5。

为了获得满意的照度均匀度，灯具布置间距应不大于所选灯具最大允许距离与高度比 *L*/*h*（其中，*L*、*h* 分别表示灯具的安装间距及安装高度）。

（4）照度的稳定性。为了提高照明的稳定性，从照明供电方面考虑，可采取以下措施：

1）照明供电线路与负荷经常变化大的电力供电线路分开，以减少负荷变化引起的电压波动，必要时可采用稳压措施。

2）灯具安装注意避开工业气流或自然气流引起的摆动，吊挂长度超过 1.5m 的灯具宜采用管吊式。

3）被照物体处于转动状态的场合，避免使用有闪烁效应（频闪效应）的交流气体放电灯（如荧光灯等）。可将单相供电的两根灯管采用移相接法，或以三相电源分相接三根灯管，来达到降低闪烁效应的目的。

（5）限制眩光。眩光是由光源和灯具等直接引起的，也可能是光源通过反射比高的表面，特别是抛光金属那样的镜面反射所引起的。由于亮度分布不适当、亮度的变化幅度太大或在时间上相继出现的亮度相差过大，在观看物体时，导致感觉上的不舒适或视力减低。眩光可分为失能眩光和不舒适眩光两种。一般来说，被视物与背景的亮度比超过 1:100 就容易产生眩光；当被视物亮度超过 16cd/m^{2}时，在任何条件下都会产生眩光。

为了抑制眩光，可采取如下措施：

1）限制光源的亮度，降低灯具的表面亮度，如采用磨砂玻璃、漫射玻璃或格栅。

2）局部照明的灯具应采用不透明的反射罩，且灯具的保护角（或遮光角）$\gamma \geq 30°$；若灯具的安装高度低于工作者的水平视线时，γ应限制在 10°～30°。

3）选择好灯具的悬挂高度。

4）采用各种玻璃水晶灯，可以大大减小眩光，而且使整个环境显得富丽豪华。

5）1000W 金属卤化物灯有紫外线保护措施时，悬挂高度可适当降低。灯具安装选用合理的距高比，见表 8－82 和表 8－83。其中表 8－83 为灯具间最有利的距高比 *L*/*h*，表 8－83 为荧光灯的最大允许距高比 *L*/*h*。

表 8－82　　灯具间最有利的距高比

灯具形式	距高比 *L*/*h*		宜采用单行布置的房间高度/m
	多行布置	单行布置	
防水防尘灯、天棚灯	2.3～3.2	1.9～2.5	1.3*h*
天漫射罩的配照型灯	1.8～2.5	1.8～2.0	1.2*h*
搪瓷深照型灯	1.6～1.8	1.5～1.8	1.0*h*
镜面深照型灯	1.2～1.4	1.2～1.4	0.75*h*
有反射罩的荧光灯	1.4～1.5	—	—
有反射罩的荧光灯（带格栅）	1.2～1.4	—	—

注：第一个数字是最有利值，第二个数字是允许值。

表 8－83　　荧光灯的最大允许距高比

名称		型号	效率（%）	最大允许距高比		光通/lm
				A—*A*	*B*—*B*	
简式荧光灯	1×40W	YG1－1	81	1.62	1.22	400
	1×40W	YG2－1	88	1.46	1.28	2400
	2×40W	YG2－2	97	1.33	1.28	2×2400
密闭型荧光灯 1×40W		YG4－1	84	1.52	1.27	2400
密闭型荧光灯 2×40W		YG4－2	80	1.41	1.26	2×2400
吸顶式荧光灯 2×40W		YG6－2	86	1.48	1.22	2×2400
吸顶式荧光灯 3×40W		YG6－3	86	1.50	1.26	3×2400
嵌入式格栅荧光灯（塑料格栅）3×40W		YG15－3	45	1.07	1.05	3×2400
嵌入式格栅荧光灯（铝格栅）2×40W		YG15－2	63	1.25	1.20	2×2400

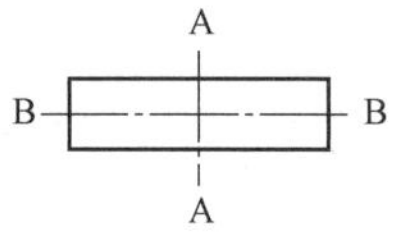

（6）光源的颜色和显色性。不同的场所对光源的颜色和显色性各自有其要求。

在需要正确辨色的场所（如某些实验室、生产车间和珠宝金饰商店）应采用显色指数较高的光源，如白炽灯、荧光色荧光灯、荧光色镝灯等，也可采用两种光源混合照明的办法。表 8－84 和表 8－85 分别列出了各种场所对光源的色温和显色指数的选择要求。

表 8－84　　不同色温光源的应用场所

光源颜色分类	相关色温/K	颜色特征	适用场所示例
Ⅰ	＜3300	暖	居室、餐厅、宴会厅、多功能厅、四季厅（室内花园）、酒吧、陈列厅
Ⅱ	3300～5300	中间	教室、办公室、会议室、阅览室、营业厅、休息厅、洗衣房
Ⅲ	＞5300	冷	设计室、计算机房

表 8－85　不同显色指数光源的应用场所

显色分组	一般显色指数	类属光源示例	适用场所示例
Ⅰ	$R_a \geqslant 80$	白炽灯、卤钨灯、稀土节能和三基色荧光灯、高显色高压钠灯	美术展厅、化妆室、客室、餐厅、宴会厅、多功能厅、酒吧、高级商店、营业厅、手术室
Ⅱ	$60 \leqslant R_a \leqslant 80$	荧光灯、金属卤化物灯	办公室、休息室、厨房、报告厅、教室、阅览室、自选商店、候车室、室外比赛场地
Ⅲ	$40 \leqslant R_a \leqslant 60$	荧光高压汞灯	行李房、库房、室外门廊
Ⅳ	$R_a < 40$	高压钠灯	辨色要求不高的库房、室外道路照明

2. 色彩和照度的调节

除了以上主要的评价指标以外，在照明设计中，还应该注意色彩和照度的调节。

在选用各种光源和灯具时，必须根据使用的场所，正确的调节色彩和照度，以营造合适的气氛。光源的照度、色温与感觉的关系见表 8－86。

表 8－86　照度和色温与感觉的关系

照度/lx	光源色的感觉		
	暖色的	中间的	冷色的
≤500	愉快的	中间的	冷的
＞500～1000	↑		↑
＞1000～2000	刺激的	愉快的	中间的
＞2000～3000	↓		↓
＞3000	不自然	刺激的	愉快的

8.5.5　照明电气设计

照明电气设计主要内容是依据光照设计确定的电气设计，与电气设计有相同的地方，也有照明电气设计需要特别注意的地方。照明电气设计的整个过程都必须严格贯彻国家有关建筑物工程设计的政策和法规，并且符合现行的国家标准和设计规范。对某些行业、部门和地区的设计任务，还应遵循该行业、部门及地区的有关规程的特殊规定。

1. 照明电气设计应注意事项

在设计中，应考虑以为以下几个方面：① 有利于对人的活动安全、舒适和正确识别周围环境，防止人与光环境之间失去协调性。② 重视空间的清晰度，消除不必要的阴影，控制光热和紫外线辐射对人和物产生的不利影响。③ 创造适宜的亮度分布和照度水平，限制眩光，减少烦躁和不安。④ 处理好光源色温与显色性的关系、一般显色指数与特殊显色指数的色差关系，避免产生心理上的不平衡和不和谐感。⑤ 有效利用自然光，合理地选择照明方式和控制照明区域，降低电能消耗指标。

2. 照明电气设计基础

（1）初始资料收集，应特别注意以下 3 点：① 建筑的平面、立面和剖面图。了解该建筑在该地区的方位，邻近建筑物的概况；建筑层高、楼板厚度、地面、楼面、墙体做法；主次梁、构造柱、过梁的结构布置及所在轴线的位置；有无屋顶女儿墙、挑檐；屋顶有无设备间、水箱间等。② 向建设单位及有关专业了解工艺设备布置图和室内布置图。办公室内办公桌的布置形式；商店里的栏柜、货架布设方向；橱柜中展出的内容及要求；宾馆内各房间里的设备布置、卫生间的要求等。③ 向建设单位了解建设标准。各房间照明器的标准要求；各房间使用功能要求；各工作场所对光源的要求、视觉功能要求、照明器的显色性要求；建筑物是否设置节日彩灯和建筑立面照明等。

（2）照明供电。

1）照明负荷应根据中断供电可能造成的影响以及损失，合理地确定负荷等级，并应正确地选择供电方案。

2）当电压出现偏差或波动不能保证照明质量或光源寿命时，在技术经济合理的条件下，可采用有载自动调压电力变压器、调压器或照明专用变压器供电。

3）备用照明应由两路电源或两回线路供电。当采用两路高压电源供电时，备用照明的供电干线应接自不同的变压器。

4）当设有自备发电机组时，备用照明的一路电源应接自发电机作为专用回路供电，另一路可接至正常照明电源（如为两台以上变压器供电时，应接至不同的母线干线上）。在重要场所应设置带有蓄电池的应急照明灯或用蓄电池组供电的备用照明，作为发电机组投运前的过渡期间使用。

5）当采用两路低压电源供电时，备用照明的供电应从两段低压配电干线分别接入。

6）当供电条件不具备两个电源或两回线路时，备用电源宜采用蓄电池组或带有蓄电池的应急照明灯。

7）备用照明作为正常照明的一部分同时使用时，其配电线路及控制开关应分开装设。备用照明仅在事故情况下使用，因此，当正常照明因故障电，备用照明应自动投入工作。

8）当疏散照明采用带有蓄电池的应急照明灯时，

正常供电电源可接至本楼屋（或本区域）的分配电盘的专用回路上，或接至本楼层（或本区域）的防灾专用配电盘。

（3）照明负荷计算。照明系统负荷计算通常采用需用系数法以及负荷密度法。

1）需要系数法。

① 照明器的设备容量 P_e。对于热辐射光源的白炽灯、卤钨灯，其设备容量 P_e 等于照明器的额定功率 P_N，即

$$P_e = P_N \tag{8-74}$$

对于气体放电光源，由于带有镇流器，需要考虑镇流器的功率损耗，则

$$P_e = (1+\alpha)\ P_N \tag{8-75}$$

式中：P_N、P_e 为量纲，kW；α为镇流器的功率损耗系数。部分照明器的功率损耗系数见表 8－87。

表 8－87　气体放电光源镇流器的功率损耗系数

光源种类	损耗系数α
荧光灯	0.2
高压荧光汞灯	0.07～0.03
自镇流高压荧光汞灯	—
金属卤化物灯	0.14～0.22
涂荧光质的金属卤化物灯	0.14
低压钠灯	0.2～0.8
高压钠灯	0.12～0.2

对于民用建筑内的插座，在无具体电气设备接入时，每个插座按 100W 计算。

② 分支回路的计算负荷 P_{jsl}。分支回路的计算负荷按以下公式计算

$$P_{jsl} = k_{xl}\sum_{i=1}^{n} P_{ei} \tag{8-76}$$

式中：P_{jsl} 为分支回路的计算负荷，kW；P_{ei} 各个照明器的设备容量，kW；n 为照明器的数量；k_{xl} 为插座回路的需要系数，见表 8－88。

表 8－88　插座回路的需要系数 k_{xl}

插座数量	4	5	6	7	8	9	10
k_{xl}	1	0.9	0.8	0.7	0.65	0.6	0.6

根据国家设计规范要求，一般照明分支回路应避免采用三相低压断路器对三个单相分支回路进行控制和保护。

照明系统中的每一单相回路的电流不宜超过 16A，单独回路的所接光源数不宜超过 25 个；对于大型建筑组合照明器，每一单相回路不宜超过 25A，光源数量不宜超过 60 个；对于建筑物轮廓灯，每一单相回路不宜超过 100 个；对于高压气体放电灯，供电回路电流量最多不超过 30A。

插座分路不宜超过 10 个（组），电热分路的每一分路装接插座数不宜超过 6 个，每一分路的最大负荷电流应不超过 30A。

住宅不受以上数量的限制。

③ 干线计算负荷 P_{jsL}。干线计算负荷的计算按以下公式

$$P_{jsL} = k_{xL}\sum_{i=1}^{n} P_{jsli} \tag{8-77}$$

式中：P_{jsL} 为干线回路的计算负荷，kW；P_{jsli} 为各个分支回路的计算负荷，kW；n 为分支回路的数量；k_{xL} 为照明干线回路的需用系数，见表 8－89。

表 8－89　照明干线回路的需用系数 k_{xL}

建筑物类别	k_{xL}
应急照明	1
生产建筑	0.95
图书馆	0.9
多跨厂房	0.85
大型仓库	0.6
锅炉房	0.9
汽机房	0.9
厂区照明	0.8
教学楼	0.8～0.9
实验室	0.7～0.8
生活区	0.6～0.8
道路照明	1

根据国家设计规范要求，变压器二次回路到用电设备之间的低压配电级数不宜超过三级（对非重要负荷供电时，可超过三级），故低压干线一般不超过两级。

④ 进户线、低压总干线的计算负荷 P_{js}

$$P_{js} = k_x\sum_{i=1}^{n} P_{jsLi} \tag{8-78}$$

式中：P_{js} 为进户线、低压总干线的计算负荷，kW；P_{jsLi} 为干线的计算负荷，kW；n 为干线的数量；k_x 为进户线、低压总干线的需用系数，见表 8－90。

表 8-90　民用建筑照明负荷需用系数 k_x

建筑种类	k_x	备　注
住宅楼	0.40～0.60	单元式住宅，每户两室 6～8 组插座，户装电表
单身宿舍楼	0.60～0.70	标准单间，1～2 盏灯，2～3 组插座
办公楼	0.70～0.80	标准单间，2～4 盏灯，2～3 组插座
科研楼	0.80～0.90	标准单间，2～4 盏灯，2～3 组插座
教学楼	0.80～0.90	标准教室，6～10 盏灯，1～2 组插座
商店	0.85～0.95	有举办展销会可能时
餐厅	0.80～0.90	
门诊楼	0.35～0.45	
旅游旅馆	0.70～0.80	标准单间客房，8～10 盏灯，5～6 组插座
病房楼	0.50～0.60	
影院	0.60～0.70	
体育馆	0.65～0.70	
博展馆	0.80～0.90	

注：1. 每组（一个标准 75 或 86 系列面板上有 2 孔和 3 孔插座各 1 个）插座按 100W 计。
2. 采用气体放电光源时，须计算镇流器的功率损耗。
3. 住宅楼的需用系数可根据各相电源上的户数选定。
（1）25 户以下取 0.45～0.5。
（2）25 户～100 户取 0.40～0.45。
（3）超过 100 户取 0.30～0.35。

2）负荷密度法。负荷密度法定义为单位面积上的负荷需求量与建筑面积的乘积，即

$$P_{js} = \frac{KA}{1000} \tag{8-79}$$

式中：P_{js} 为建筑物的总计算负荷，kW；K 为单位面积上的负荷需求量，W/m²；A 为建筑面积，m²。

8.5.6　控制系统设计

当照明设计和灯具平面布置图完成后，就可以进行智能照明控制系统的设计。控制系统的设计方案不仅涉及照明场景效果的实现，还涉及工程的造价。

1. 照明控制系统设计内容

（1）照明控制系统设计框架（图 8-59）。根据照明系统的规模，照明质量和照明效果的要求选择不同的照明控制系统框架。在照明回路较少，照明场景要求不高的情况下可以选择传统的灯光回路控制。在照明回路较多，照明场景要求较高，照明区域较大的情况下采用模块化分布式分级控制的方式。

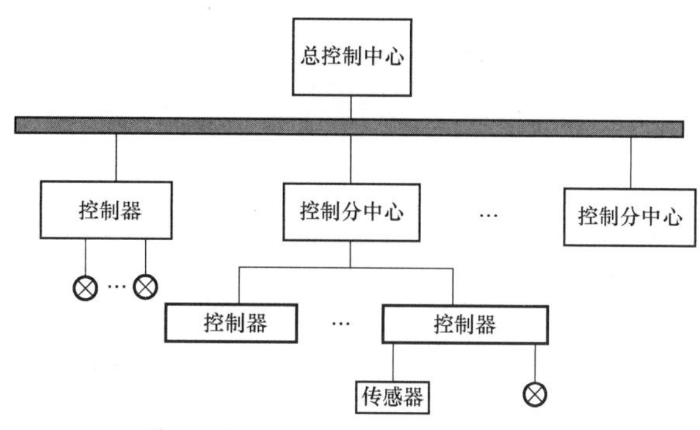

图 8-59　照明控制系统设计框架

（2）照明控制系统软硬件。

系统软件：

1）控制软件。多媒体联动控制软件是集灯光控制、音频控制、视频控制、表演控制等为一体的多媒体集中控制软件，提供第三方控制接口，方便照明控制系统的扩展。

2）编辑软件。编辑软件能根据用户的效果需求进行节目编程，对音频、视频、图像等媒体进行控制。同时，通过网络可对智能照明控制系统或专业舞台灯光控制系统及第三方提供的系统或设备进行联动控制。通过艺术与科技的结合，完成一系列用户需要或满意的效果，从而达到声光电同步表演的目的，给人们耳目一新的身心感受。

3）图形监控软件。智能照明控制系统图形监控软件是一种功能强大而方便的图形化软件，它以图形方式对照明回路状态进行监测与控制，具有运行数据统计、状态报警、定时控制、场景控制、调光控制、超级链接等先进功能。

4）系统辅助设计软件。一些厂商还配有专门的传感器规划工具软件，可完美地配合 AutoCAD 绘图软件使用，为灯光设计师提供快捷、方便的工程项目辅助设计和规划。

系统硬件包括三个单元，如图 8-60 所示。

1）输入单元。输入单元的功能是：将外界的控制信号转换为系统信号，并作为控制依据。输入单元包括控制面板、液晶显示触摸屏、智能传感器、时钟管理器、遥控器。

2）输出单元。输出单元的功能是：接收总线上的控制信号，控制相应的负载回路，实现照明控制。输出单元包括开关控制模块、调光控制模块、开关量控制模块及其他模拟输出单元。

3）系统单元。系统部分由供电单元、系统网络、调制解调器、编程插口和 PC 监控机等具有独立功能的部件组成，在系统控制软件的支持下，通过计算机对照明系统进行全面的实时控制。

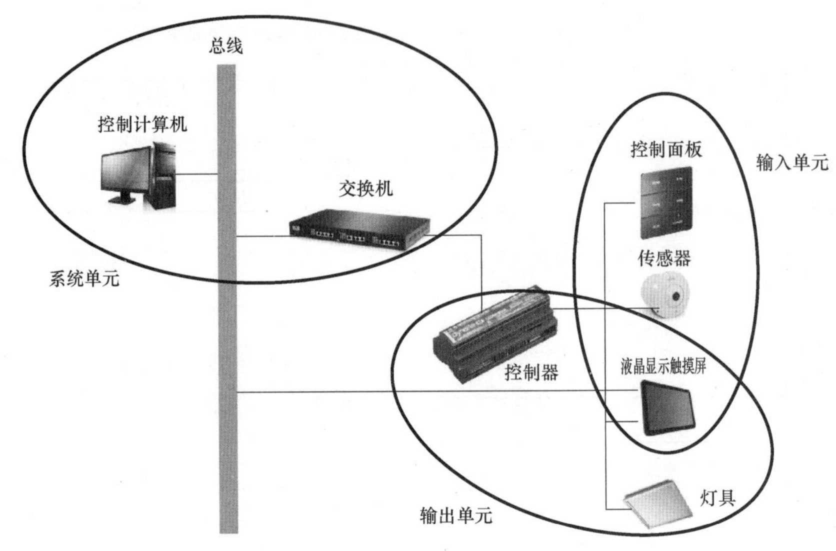

图 8-60　系统硬件结构示意图

4）辅助单元。对于比较大的系统，负载较多时，可增加电源模块。输入、输出分别有：过压/短路，过载/短路保护保护，电子限流。电源模块可直接并联。红外、无线遥控器便于人们对工作、生活的光环境进行自我控制，红外、无线遥控器有着更多的应用空间。

（3）照明控制系统通信协议。有了通信的硬件设备，如终端、信道和交换设备之后，两个用户之间要能正常通信还需要事先约定通信的方式。就好比两个人准备谈话要事先约定用哪种语言交流。交流什么、怎样交流及何时交流，都必须遵循某种互相都能接受的规则。这种事先约定的通信方式称为协议。协议的目的在于协调网络的运转，使不同的通信设备直接能够畅通交换信息，从而实现系统的控制和监测等功能。

照明控制系统的通信协议属于智能建筑领域。在智能建筑领域中，不同的通信协议其专注的功能并不一样，DALI 协议专注于调光控制，KNX 协议虽然也有照明控制的模块，但其更专注于楼宇各系统联合控制等。按连接方式分为有线传输协议和无线传输协议。目前 Zigbee 无线通信协议在智能家居中的应用有也越来越多。

下面简要介绍一些关于照明控制系统的通信协议。

1）DALI 协议。DALI（Digital Addressable Lighting Interface）协议是使用于照明控制的通信接口规范，定义实现电子整流器和控制模块之间进行数字化通信的接口标准。DALI 协议是基于主从式控制模型建立起来的，控制人员通过主控制器操作整个系统。通过 DALI 接口连接到 2 芯控制线上，通过荧光灯调光控制器［作为主控制器（master）］可对每个镇流器［作为从控制器（slave）］分别寻址，这意味调光控制器可对连接在同一条控制线上的每个荧光灯的亮度分别进行调光。

DALI 协议是为要求专业的室内照明管理而设计，它定义了以下的功能：开关：可以接通或断开系统中独立的 DALI 电子镇流器、镇流器组或所有镇流器；调光：可以容易地安装可调光的 DALI 电子镇流器，从而按对数调光曲线将灯的亮度从 100%调节到 0%，实现调光控制；灯光场景：DALI 协议也可以用于获取电子镇流器或灯的状态。

2）DMX 512 协议。DMX 512 协议适用于一点对多点的主从控制网络系统，其物理层的设计采用 RS-485 总线收发器。DMX 512 协议具有以下特点：信号是基于差分电压进行传输的，抗干扰能力强；采用 RS-485 总线收发器，信号可以进行长距离传输；数据刷新快，不论调光器的输出是否需要改变，主机都必须发送控制信号，数据帧与数据帧之间的时间小于 1s，如果调光器在 1s 内没有收到新的数据帧，便可知数据已经丢失；实现简单，不需要专门的硬件设备支持。

3）EIB 协议。欧洲安装总线（Europe Installation Bus，EIB），又称电气安装总线（Electrical Installation Bus），是欧洲占主导地位的楼宇自动化（BA）和家

居自动化（HA）的标准总线。EIB 是一种专门用于智能建筑领域的现场总线标准，可以满足现代化建筑对于越来越复杂的配套设施以及多功能的要求，是电气布线领域使用范围最广的行业规范和产品标准。网络化照明控制只是这一标准的重要内容之一。EIB 协议的功能：适用于任何类型、结构及规模建筑的要求；控制线路简单，安装空间小；系统灵活性强，便于增容及功能结构的改变；通过负荷控制节省能源，降低运行成本，简易的操作程序和多样化的控制手段。

4）ZigBee 协议。ZigBee 协议是一种基于 IEEE 802.15.4 标准的低功耗局域网协议，ZigBee 通信协议以其低功率、低速率、低复杂度、低成本、双向无线通信等特点已经成为某些工业设备通信领域的首选。其优点主要有以下几点：① 抗干扰力能力强，Zigbee 收发模块使用的是 2.4G 直序扩频技术，比起一般 FSK、ASK 和跳频技术来说，具有更强的抗干扰能力；② 保密性好，ZigBee 提供了数据完整性检查和鉴权功能，采用通用的 AES－128 加密算法，其长达 128 位的密码为 ZigBee 信号传输的保密性提供了安全保障；③ 传输速度快，ZigBee 传输数据多采用短帧传送，因此，传输速度快，实时性强；④ 可扩展性强，ZigBee 组网容易，自恢复能力强，因此，便于在智能家居中进行扩展，增加新设备。但是由于家庭环境与工业业用户的差别，ZigBee 技术在智能家居的应用中，也存在一些缺点。环境的不同目前国内 ZigBee 技术主要采用 ISM 频段中的 2.4GHz 频率，衍射能力较弱、穿墙能力弱是其最大的缺点，智能家居设备通常安置在不同的房间中，隔墙较多导致设备间信号传输质量得不到保障，所以可能产生信号较弱等问题。

2. 照明控制系统设计过程

（1）确定用户的需求、光源种类和现场情况。首先，要取得与客户的沟通，了解客户的需求，确定场所的功能和场景要求，对于其中需要特殊控制的区域应按不同的回路设计。其次，要了解灯具的平面布置和光源种类。灯具的布置是与建筑和室内设计相关联的，回路的设计应遵循同样的概念。对于不同的灯具，其光源种类不同，需要确定光源的类型和开关、调光等要求。现场的情况对于控制柜的选址、开关面板的设置、控制的距离等都有关系。

（2）确定照明回路的配置和数量。对于不同类型的照明控制系统，其控制模块的各回路性能和容量都是不同的，应根据产品来选择回路，必要时可以添加继电器、接触器等附件，以降低成本。

（3）选择照明控制单元。回路归纳完毕，就可选择相应的控制器和各种必需的传感器、控制面板及系统的监测运行设备等。

（4）绘制相应的图表。随控制系统的设计方案提供的图表包括：总配置表、回路表、照明控制系统图、照明控制系统平面图等。

（5）安装和调试照明控制系统。

3. 照明控制系统设计步骤

（1）要了解应用的目的、原因和特点，包括：

1）能源规范的要求。能源规范在全国范围内强制实施，往往是促使照明控制需求的主要原因。其中最常见的规范要求有单独空间控制、自动关闭、调光控制、室外照明控制、自然采光照明控制。

2）节省能源。许多建筑物业主和设施经理都想通过尽可能地减少能源支出以降低使用成本，同时又要保证住户使用的舒适度和安全性。

3）符合可持续发展。业主们有高效设计的标准，或者追求可持续发展等，比如 LEED 的认证。

4）保障住户方便和喜好。保障住户享有便捷和容易掌控的局部照明控制系统，以便提高住户的满意度和效率。

5）保障安全。确保设施的照明总是能照顾到住户或客人的安全。

6）维护和管理。为设施管理人员提供必要的控制和工具来有效地管理设施。

（2）选择适当的控制策略在这一阶段，设计师应该适当地选择最适合应用需要的控制策略。照明设计倡导“以人为本”的设计理念，营造人性化的效果，照明控制策略正是基于“人使用灯”行为的研究而发展的。

1）天然采光控制。若能从窗户或天空获得自然光，即所谓的利用天然光，则可以关闭电灯或降低电力消耗并节能。利用天然采光节能，与许多因素有关，如天气状况，建筑的造型、材料、朝向和设计，传感器和照明控制系统的设计和安装，以及建筑物内活动的种类、内容等。天然采光的控制策略通常用于办公建筑、机场、集市和大型廉价商场等。天然采光的空盒子一般采用光敏传感器实现。应当注意的是，由于天然采光会随时间发生变化，因此通常需要和人工照明相互补充。因为天然采光的照明效果通常会随与窗户的距离增大而降低，所以一般将造窗 4m 以内的灯具分为单独的回路，甚至将每一行平行于窗户的灯具都分为单独的回路，以便进行不同的亮度水平调节，保证整个工作空间内的照度。

2）时间表控制。时间表控制分为可预知时间表控制和不可预知时间表控制两种。由于大多数建筑物包含了大量的空间进行不同的活动，多种策略可以满足各种不同的空间类型的需求。一些应用可能只需要一个单一产品实施一个简单的策略，如时间开关提供定时开关控制。在另外一些方面的应用，以结合多项控制方法，例如在正常工作时间，办公空间可以使用定时控制的开关，在工作时间以外可以采用动静传感器控制模式。这些基本控制策略可以根据应用的场合，单独使用或结合在一起使用。

对于每天使用内容及使用时间变化不大的场所，采用可预知时间表控制策略。这种控制策略通过定时控制方式来满足活动要求，适用于普通的办公室、按时营业的百货商场、餐厅或者按时上下班的厂房。

对于每天的使用内容及使用时间经常变化的场所，可采用不可预知时间表控制策略。这种控制策略采用人体活动感应开关控制方式，以应付事先不可预知的使用要求，主要适用于会议室、复印中心、档案室等场所。

3）局部光环境控制。局部光环境控制是指按个人要求调整光照。即考虑到个人的视觉差异较为显著，照明标准的制定主要是符合多数人满意的照度水平，但是也可以根据工作人员自己的视觉作业要求、爱好等需要来调整照度。目前，通过遥控技术可实现局部光环境控制。

个人控制局部光环境的一大优点是，它能赋予工作人员控制自身周围环境的权力感，这有助于工作人员心情舒畅，使工作效率得以提高。

4）平衡照明日负荷曲线控制。电力公司为了充分利用电力系统中的装置容量，提出了“实时电价”的概念，即电价随一天中不同的时间而变化，鼓励人们在电能需求低谷的时段用电，以平衡日负荷曲线。我国部分城市和地区现已推出“峰谷分时电价”，将电价分为峰时段、平时段、谷时段，也就是说，电能需求高峰时电价贵，低谷时电价廉。

作为用户就可以在电能需求高峰时卸掉一部分电力负荷，以降低电费支出。另外，也可以在电能需求低谷时储蓄一部分电能，譬如，目前已经研制出的用电设备可在夜晚充电蓄能，白天自动放电。

5）亮度平衡控制。这一策略利用了明暗适应现象，即平衡相邻的不同区域的亮度水平，以减少眩光和阴影，减小人眼的光适应范围。例如，可以利用格栅或窗帘来减少日光在室内墙面形成的光斑；可以在室外亮度升高时，开启室内人工照明；在室外亮度降低时，关闭室内人工照明。亮度平衡的控制策略通常用于隧道照明的控制，室外亮度越高，隧道内照明的亮度也越高。通常，也采用光敏传感器来实现，但控制的逻辑恰好相反。

6）维持光通量控制。通常照明设计标准中规定的照度标准是指“维持照度”，即在维护周期末还要保持这个照度值，这样，新安装的照明系统提供的照度比这个数值高20%～35%，以保证经过光源的光通量衰减、灯具的积尘、室内表面的积尘等，在维护周期末达到照度标准。维持光通量策略就是指照度标准，对初装的照明系统减少电力供应，降低光源的初始流明，而在维护周期末达到最大的电力供应，这样就减少每个光源在整个寿命期间的电能消耗。

（3）合理的照明控制方式是实现舒适照明的有效手段，也是节能的有效措施，其控制方式主要有静态控制和动态控制两种。

1）静态控制即开关控制。开关控制是灯具最简单、最根本的控制方式。采用这种方式可以根据灯具的使用情况，以及不同的功能需求方便地开灯或关灯。这是目前最为常见、使用最普遍的照明控制方式。

开关控制可分为跷板开关控制、断路器控制、人员占用传感器控制等几类。其中，人员占用传感器与调光技术的并用，不仅可以控制灯的开关状态，而且还可以控制空间的照度水平，这将使一个人走入完全黑暗空间时的不舒适感大为减少。目前又发展了定时控制、光电感应开关控制、声控开关控制等。

2）动态控制即调光控制。为了实现不同类型的功能用房（如会议厅、演讲厅、宴会厅等）的多功能性，需要营造不同的光环境，调光控制是实现这一目的的有效方式。

调光即要改变光源的光通量输出。随着电力电子技术的发展，通过控制可控电力电子器件的导通角来调节负载的输入电压，改变光源的输入功率，从而使光源输出的光通量发生变化。

（4）布局、规范和记录当产品选择完成后，设计师就可以在工程的照明平面图纸上布局系统控制装置。不同的照明控制产品需要具体的设计细节。比如，当采用传感器感应开关时，方案中应包括放置各个传感器的位置以及每一个传感器覆盖的范围。对开关而言，方案中应该说明位置和控制任务。对自然采光控制来说，方案中还应包括照度传感器布局以及每个覆盖区域理想的光照度设置。当使用照明控制面板时，设计师应该准备接口的图表和控制计划的文档。该文档将协助设计师完成具体技术细节和规格并制定统一完整的设计书。当智能照明控制系统的工程项目较大时，系统设备装置的具体布局可利用厂商提供的辅助设计软件自动生成，包括分配回路、开关、接触器、继电器、管道列表的设备清单，并描述面板控件的负荷等。接线管道布置图也可由辅助设计软件自动生成，包括：每个面板的名称和相对于其他面板与设备的大致位置；电线的类型和面板与设备之间的导线数量，以及其他重要的系统信息。

（5）安装和调试在照明控制工程的安装和调试阶段，设计师应该提供安装指南和细节的图纸。必要时，可以参阅产品生产商提供的其他应用和设计的详细信息资料。任何项目的成功与否在很大程度上都要依赖于调试。最理想的情况是，整个过程应该是项目工程师、产品生产商、承包商和场馆业主/操作者之间的完美合作。为了促进这种合作，工程师应在一些工程实施细节中注明调试要求。

4. 照明控制系统设计案例

下面将就一个办公空间的照明控制系统设计进行简要的介绍。

照明空间基本信息：该办公室长 9m，宽 5m，主要工作面集中于办公室中间。

照明要求：工作面照度满足标准，实现多种模式的切换，如工作模式、晴天模式、阴天模式、夜晚模式、会议模式等。

照明框架设计：该照明空间比较小，灯具数量不大，根据照明需求选择能够进行模拟量的调光输出。照明框架主要为两级，分别控制器和现场灯具，采用 DALI 调光协议。

灯具数量少于 256，故采用一个模拟控制器。为实现场景切换，安装一个控制面板。为监测目前工作面照度，在四个工作区域上方安装照度传感器。系统框架如图 8－61 所示。

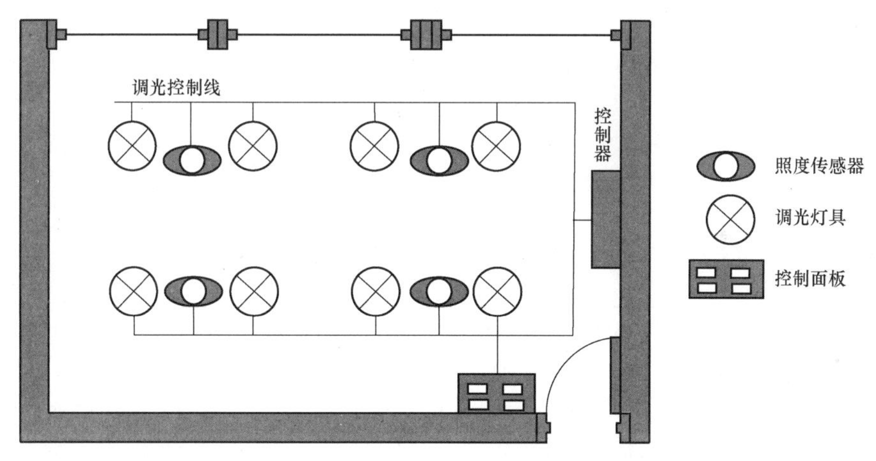

图 8－61　系统框架图

8.5.7　照明设计软件

随着设计专业分工的进一步细化，越来越多的人开始将照明设计视为一种独立的职业，相应对设计的要求也在不断提高。业主总希望在方案阶段就能预知目标空间的光环境指标，乃至视觉效果，以判断该空间照明效果的好坏。随着使用空间规模的增大和使用环境复杂程度的提高，依靠人工计算，是无法或很难满足这种要求的。

1. 照明设计软件的功能

目前有许多照明设计软件为照明设计师的设计提供了帮助。计算分析功能可能更好的帮助照明设计师进行照明设计。

（1）支持用途。支持室内照明、室外照明、道路照明、天然光照明。

（2）分析类型。支持点照度计算、平面照度计算、直接照度计算、多次相互反射计算、平均照度计算（流明法，利用系数法）、眩光计算、照明功率密度。

2. 照明设计软件的使用步骤

有许多照明设计软件，这些软件在各种功能上各有偏重，各有所长。一般照明设计软件的使用步骤如下。

（1）建立模型。在进行照明设计之前需要知道进行照明设计的空间是什么样的，所以建立模型是第一步。一般的照明设计软件可支持直接建立模型，也支持导入模型，一般支持导入 dwg，dxf，3ds 文件等。有些软件在导入模型时都有可能发生一些错误，或者导入的文件对后续的操作有限制。在建立模型时，对模型内物体的材质也可以进行设置，不同的照明设计软件支持的材质不同，有的比较详细，有的比较粗略。

（2）布置灯具。照明设计空间建成之后，按照设计思路布置灯具。不同的照明设计软件支持的灯具厂商和灯具数据不同，大部分的照明设计软件可支持导入 IES 格式的灯具数据。不同的照明设计软件支持不同的灯具排布方式，各有特色。

（3）照明计算。照明计算包含两个部分：一个是人工照明计算；另一个是日照分析和天然光计算。进行人工照明计算的目的包括获取某实际表面或虚拟表面的照度、亮度分布及统计数据；空间内表面指定点的照度、亮度值；空间内某观察点在某一观察方向上的眩光指数；计算机无然光模拟分为日照分析和天然光计算两类，前者只需定位太阳，后者还需要设定天空模型设计结果。由于除采光系数以外的天然光照明计算不会只考虑一种特例天气，因此需要建立并使用多种天空的数字模型。国际照明委员会（CIE）提出的天空模型被广泛接纳和采用。

（4）获得场景的渲染仿真效果，报表输出。

3. 照明设计软件简介

（1）DIAIux。DIALux 是由德国 DIAL 公司基于多年对照明技术与照明市场的观察，针对以往所使用的照明计算软件多局限于支持某单一厂牌的灯具，而绝大多数照明设计方案却是多家厂商的照明灯具的综合应用这一现实矛盾，联合了世界多家著名灯具厂商如 Phi1ip。s，BEGA，THORN，ERCO，OSRAM，BJB，Meyer 等，共同投资具有普遍应用性的新照明软件的开发成果，于 1992 年成功推出并首次公布在汉诺威展览会上。现已得到各界的认可，并逐渐成为欧洲照明软件的项级品牌。

DIALux 更新很快，其所支持的灯具厂商目录更新也很快。用户可以较方便地从其网站下载最新版本、使用手册。并有所支持厂商的灯具资料下载链接。DIALux 能够计算室内、室外、道路、应急照明，并支持天然光计算，能够根据计算提供报表。DIALux 整合了渲染软件 POV－Ray，能够提供光迹追踪和光能传递的照片级渲染。

（2）Ecotect。Ecotect 由原英国加迪夫大学马歇尔博士开发。其开发目的主要是进行建筑设计的早期阶段不同方案的建筑物理参数分析对比。在这个时期建筑方案还未确定，精确地进行建筑物理性能评估没有条件和必要，但是希望有软件能够提供不同方案建筑的物理性能的粗略对比；Ecotect 就是为此而开发。

Ecotect 是提供给建筑师而非工程师使用的软件，其使用过程注重形象化，结果注重可视化。它的操作界面友好，与建筑师常用的辅助设计软件 SketchUp、Archicad、3DMAX、AutoCAD 有很好的兼容性，3DS、DXF 格式的文件可以直接导入，而且软件自带了功能强大的建模工具，可以快速建立起直观、可视的三维模型。然后只需根据建筑的特定情况，输入经纬度、海拔，选择时区，确定建筑材料的技术参数，即可在该软件中完成对模型的太阳辐射、热、光学、声学、建筑投资等综合的技术分析。计算、分析过程简单快捷，结果直观。模型最后还可以输出到渲染器 Radiance 中进行逼真的效果图渲染，还可以导出成为 VRML 动画，为人们提供三维动态的观赏途径。

Ecotect 建筑光学方面的功能是我们所关注的。其同样可以计算人工照明和天然光照明，以后者为主，包括群体建筑的阴影分析。Ecotect 可以输出文件至 Radiance，利用其渲染器得到渲染图像，也可输出 VRML 动画。

（3）AGI32。AGI32 是由美国 Lighting Analysts Inc.公司开发的专业照明设计软件，目前在北美和澳洲使用较为广泛。该软件是可以独立使用的软件，可以不依赖其他软件完成完整的建模、计算、渲染等功能，也支持输入 Auto CAD 创建的三维模型。可计算的场景包括室内、室外、道路、隧道，并支持天然光的计算，支持英制和公制两种度量衡。AGI32 的计算分为两大模式：仅计算直接照明模式和完整计算模式。能够提供的计算结果包括照度灯具能耗密度、UGR 眩光（针对室内）、CIE 眩光等级（针对室夕）、亮度的伪彩色图像等。对于道路场景能够计算道路照度、亮度、光幕亮度及 STV（小目标能见度）。

AGI32 在软件中的专业程度最高。目前 AGI32 正在中国市场推广，少数的高校和照明设计企业已经应用该软件从事教学或设计。

照明设计软件的比较见表 8－91。

表 8－91　　照明设计软件的比较

软件名称	光源与灯具	天然光	材质	反射模型	优缺点
DIALux	只支持按协议提供插件厂商的成品灯具	支持产生特定时间特定地点的CIE标准天空	分为塑料与金属两种材料模式，可定义颜色、反射率、透明度、粗糙程度等参数。不同材料模式采用不同的反射模型	物理量计算不支持镜面反射与投射，场景渲染借助外挂光线追踪方式POVRay渲染器。天然光计算功能较弱	建模能力差，难以精确设定灯具瞄准目标；对硬件要求高，计算复杂场景时系统资源消耗比较大。计算精度高，但渲染效果与实际效果差距较大
AGI32	可支持按协议提供插件厂商的成品灯具，也可以直接引入 IES 格式定义的光度分析	支持产生特定时间特定地点的CIE标准天空	分为塑料与金属两种材料模式，可定义颜色、反射率、透明度、粗糙程度等参数。不同材料模式采用不同的反射模型	支持规则反射与漫反射	建模能力较强，渲染效果较好，物理指标计算精确，可精确设置灯具。操作比较烦琐
Radiance	定义灯具的唯一方法是自发光的面，不支持抽象的点光源，能将 IES 格式光源数据转化为 Radiance 描述格式	支持产生特定时间特定地点的CIE标准天空	有多种材料模式，不同材料模式采用不同的反射模型	使用基本反射模型，同时考虑了一个面的规则反射和漫反射。支持各向异性的反射比，使用椭圆形高光定向	仿真计算精度高，但建模能力差，对系统硬件要求高，计算复杂场景时，如想获得足够的精确度，需耗费大量计算时间
LVS	只支持点光源，线光源与面光源。可直接引入 IES 格式定义的光度分布	支持模拟天然光，要求输入方向、经纬度、时间	支持自发光物体和纹理，材料定义包括镜面反射颜色和漫反射颜色，材料特性决定于镜面反射与漫反射成分的组合，镜面反射在光纤跟踪中引起反射效果，漫反射颜色决定透明舞台阴影的颜色		

8.5.8　照明施工设计

1. 照明施工设计标准

照明施工设计主要执行的标准有《建筑照明设计标准》(GB 50034—2013)、《城市道路照明设计标准》《低压配电设计规范》《供配电系统设计规范》《电气装置安装工程电缆线路施工及验收规范》《电气装置安装工程接地装置施工及验收规范》《电气装置安装工程盘、柜及二次回路结线施工及验收规范》《建筑电气安装工程质量检验评定标准》等。

照明施工设计要严格按照以上的标准执行，严格遵守国家有关的技术规程和规范，并认真完成建设单位的设计任务书的要求。

2. 照明设计施工图

（1）绘制标准。

1）图幅。设计图纸的图幅尺寸有五种规格。

特殊情况下，允许加长 1～3 号图纸的长度和宽度，加长后的边长不得超过 1931mm；0 号图纸只能加长长边，不得加宽；4～5 号图纸不得加长或加宽。图纸增加的长、宽应以图纸幅面的 1/8 为一个单位。

2）图标。0～4 号图纸，无论采用横式或竖式图幅，工程设计图标均应设置在图纸的右下方，紧靠图框线。图标中的项目有“设计单位名称”“工程名称”“图纸名称”“设计人”“审核人”等，均应填写。

3）比例。电气设计图纸的图形比例均应遵守国家标准绘制。

普通照明平面图、电力平面图均采用 1:100 的比例，特殊情况下，可使用 1:50 或 1:200。大样图可以适当放大比例；电气接线图图例可不按比例绘制；复制图纸不得改变原样比例。

4）图线。图纸中的各种线条，标准实线宽度应在 0.4～1.6mm 范围内选择，其余各种图形的线宽按图形的大小比例和复杂程度来选择配线的规格，比例大的用线粗一些。一个工程项目或同一图纸、同一组视图内的各种同类线型应保持同一线宽。

5）字体。字体应采取直体长仿宋字。字母和数字可采用向右倾斜与水平成 75° 的斜体字。

（2）照明施工图组成。

1）照明施工图目录。目录主要说明电气照明施工图纸的名称、数量、图纸的编号顺序等，便于查找图纸。

2）照明施工图设计说明。施工图说明在解决施工过程中，难以用图纸说明的问题和共性问题。主要是由工程概况和要求的文字说明组成，用文字来补充图纸的不足。

照明施工设计说明主要由以下五项内容构成：

① 设计依据。包括设计的依据资料（国家标准、法规、规范等）和批准文件、与本专业设计有关的条款（当地供电部门的技术规定），以及其他专业提供的设计资料及建设部门提出的技术条件等。

② 设计范围。根据设计任务要求和有关设计资料，说明设计的内容和工程范围。

③ 照明系统设计说明。包含以下五个部分：a. 照明电源及进户线安装方式、负荷等级、工作制、供电电压和负荷容量；b. 配电系统供电方式、敷设方式、采用导线、敷设管材规格和型号；c. 照度标准、光源及照明器的选择、装饰照明器、应急照明、障碍照明及特殊照明装饰的安装方式和控制器类别、照明器的安装高度及控制方法；d. 配电设备中配电器、盘的选择及安装方式、安装高度及加工技术要求和注意事项；e. 照明设备的接地保护装置、保护范围、材料选择、接地电阻要求和措施、接地方式等。

④ 照明施工图例和符号。主要说明图纸中的图形符号所代表的内容和意义。图形符号及其标准符号，主要采用 IEC 的通用标准作为我国新的国家标准符号，采用英文字头表示。

⑤ 设备、材料统计表。指照明系统设计中注明的设备以及材料的名称、型号、规格、单位和数量。

3）照明施工总平面图。施工总平面图标明了建筑物的位置、面积和所需照明及动力设备的用电容量，标明架空线路或地下电缆的位置，电压等级及进户线的位置和高度。包括外线部分的图例及简要的做法说明。较小的工程，只有电源引入线的工程，无施工总平面图。有的工程设计无此项内容要求。

4）照明平面图。平面图表征了建筑物各层的照明配电箱、照明器、开关、插座、线路等平面布置位置和线路走向，它是安装电器和敷设支路管线的依据。

① 标注。照明平面图中，文字标注主要表达的是照明器具的种类、安装数量、灯泡的功率、安装方式、安装高度等。

具体表达式为

$$a-b\frac{cdL}{e}f \tag{8-80}$$

式中：a 为某场所同种类型照明器的套数，通常在一张平面图中，各类型照明器分别标注；b 为照明器类型符号，可以查阅施工的图册或产品样本；c 为每只照明器内安装的光源数，通常，一个可以不表示；d 为光源的功率（W）；e 为照明器的安装高度（m）；f 为安装方式代号，照明器安装方式主要有下面几种形式，见表 8－92；L 为光源种类。

表 8－92　照明器安装方式的标注符号

名　称	新代号
线吊式	CP
自在线吊式	CP1
固定线吊式	CP2
防水线吊式	CP3
吊线器或链吊式	Ch
管吊式	P
壁装式	W
吸顶式或直附式	S
嵌入式（嵌入不可进人的顶棚）	R
顶棚内安装（嵌入可进人的顶棚）	CR
墙壁内安装	WR
台上安装	T
支架上安装	SP
柱上安装	CL
座装	HM

② 导线数量。照明平面图中各段导线根数用短横线表示，两根线省略。如果管内穿 3 根线，则在直线上加三道小短线或采用数字标注法，即在直线上加一道小短线，且短线上标注数字 3；如果管内穿 3 根线以上，均采用数字标注法。管内穿线的数量一般控制在 6 根以内。

编制电气预算就是根据导线根数及其长度计算导线的工程量。

各照明器的开关必须接在相线（俗称火线）上，从开关出来的电线称为“控制线”（或称回火）。对于 n 联开关，送入开关 1 根相线以及 n 根“控制线”，因此，n 联开关共有（$n+1$）根导线。

插座支路应与照明支路分开。插座支路导线数由 n 联中极数最多的插座决定，例如，二、三孔双联插座是 3 根线；若是四联三极插座也是 3 根线。

5）照明系统图。系统图是电气施工图中最重要的部分，它表示整体供电系统的配电关系或方案。在三相系统中，通常用单线表示。从图中能够看到工程配电的规模、各级控制关系、控制设备和保护设备的规格容量、各路负荷用电容量和导线规格等。

系统图上需要表达的内容主要有以下四个部分：

① 电缆进线（或架空线路进线）回路数、电缆型号规格、导线或电缆的敷设方式以及穿管管径。常用导线敷设方式、管线敷设部位的标注符号见表 8－93 和表 8－94。

表 8－93 导线敷设方式的标注符号

名　　称	新代号
导线或电缆穿焊接钢管敷设	SC
穿电线管敷设	TC
穿硬聚氯乙烯管敷设	PC
穿阻燃半硬聚氯乙烯管敷设	FPC
用绝缘子（瓷瓶或瓷柱）敷设	K
用塑料线槽敷设	PR
用钢线槽敷设	SR
用电缆桥架敷设	CT
用瓷夹板敷设	PL
用塑料夹敷设	PCL
穿蛇皮管敷设	CP
穿阻燃塑料管敷设	PVC

表 8－94 管线敷设部位的标注符号

名　　称	新代号
沿钢索敷设	SR
沿屋架或跨层架敷设	BE
沿柱或跨柱敷设	CLE
沿墙面敷设	WE
沿天棚面或顶板面敷设	CE
在能进人的吊顶内敷设	ACE
暗敷设在横梁内	BC
暗敷设在柱内	CLC
暗敷设在墙内	WC
暗敷设在地面或地板内	FC
暗敷设在屋面或顶板内	CC
暗敷设在不能进人的吊顶内	ACC

如某照明系统图中标注有 BV（3×50+2×25）SC50–FC，表示该线路是采用铜芯塑料绝缘线，3 根相线的截面为 $50mm^2$，N 线和 PE 线的截面为 $25mm^2$，穿钢管敷设，管径为 50mm，沿地面暗设。

② 开关、熔断器的规格型号，出线回路数量、用途、用电负荷功率以及各照明支路的分相情况。

③ 用电参数。配电系统图上，还应表示出该工程总的设备容量、需要系数、计算容量、计算电流、配电方式等，也可以采用绘制一个小表格的方式来标出用电参数。

④ 配电回路参数。电气系统图中各条配电回路上，应标出该回路编号和照明设备的总容量，其中也包括电风扇、插座和其他用电设备等容量。

6）大样图。它表示照明安装工程中的局部作法明晰图。如舞台聚光灯安装大样图、灯头盒安装大样图等。

（3）施工图的技术交底。施工图完成后，设计方应到工地现场将设计施工图向承担该工程施工的人员进行详细的说明，并就实际现场的条件，解决施工中的有关问题，使施工按照要求和规范有条不紊地进行直至竣工。并确保施工图所要求的各项技术指标能够顺利完成，以获得满意的照明效果。

（4）竣工图和工程结算。

1）竣工图。竣工图是按照每个单项工程完成的实际情况、分项工程的质量评定、隐蔽工程的记载、分项工程的测量记录、系统通电试验和调试的情况，以及单位工程的综合评定在原施工图所作的各项规定，其内容如下：

① 竣工图。包括各项说明和附图，即安装示意图、接地系统图、配电柜安装图和电缆配管敷设等。

② 竣工资料。包括各项单项和分项的检查、记载、评定、试验、调试记录、变更通知书、综合质量评定、产品合格证书，材料试验证书。

2）工程结算。照明工程结算按实际发生的工程量和使用的未计价材料、工程类别，收费等级。按照定额的规定进行工程定额直接费用计算，按照工程类别和收费等级计算出最终的工程造价。

8.5.9 照明设计实例

以一个游泳馆的照明设计为例，介绍各照明设计环节中的内容。

1. 基本信息

该游泳馆为一体育馆内的一个场地，基于绿色低碳的要求，游泳馆设计有开闭顶，夏季屋顶开启可使泳池变为室外游泳池，加强了室内的通风采光，大大降低了建筑能耗。其建筑设计效果图如图 8－62 所示。

图 8－62 游泳馆示意图

2. 室内游泳池照明设计

（1）本工程室内游泳馆照明按使用功能Ⅲ级设计（即适合专业比赛）。

（2）照度标准见表 8－95（无彩电转播）。

表 8–95　　照　度　标　准

使用功能	照度/lx		照度均匀度						光源		眩光指数
	E_{vmai}	E_{vaux}	U_h		U_{vmai}		U_{vaux}		R_a	T_{cp}/K	GR
			U_1	U_2	U_1	U_2	U_1	U_2			
专业比赛	500	—	0.5	0.7	—	—	—	—	≥80	≥4000	≤30

（3）光源选择：选用金卤灯（显色指数 R_a≥65，色温 T≥4000K），发光效率大于或等于 90lm/W。

（4）灯具选择：选用Ⅰ类灯具（室内泳池防触电等级为Ⅲ类）。

（5）光输出比：气体放电灯具大于或等于 65%。

（6）高强度气体放电灯配用电感镇流器结合单灯电容就地补偿，补偿后功率因数达到 0.9 以上。

（7）照明布置：采用与泳道方向平行的两侧光带布置（灯带高度 14m，离泳池中心线 18m，光带两端投影点到场地底线中点的连线之间的夹角大于或等于 10°），灯具瞄准角 β 控制在 50°～55°，光源为双头 400W 中光束金卤灯。观众席照明采用 4 套 1kW 金卤灯在观众席上空均布。应急照明：为保证市电停电时不致产生混乱，比赛场地及观众席上空设 8 套瞬时启动特性好的 1kW 卤钨灯投光灯具沿马道支架均布。照明控制：室内、外游泳池以及观众席照明在首层管理室集中控制（图 8–63）。

图 8－63　照明设计效果图

在白天的时候，泳池上方利用天然光进行照明，在两侧利用筒灯进行补充照明。从而使得泳池的照度达到设计标准。

8.6　景观照明规划与设计

8.6.1　城市景观照明专项规划

做好城市景观照明设计，应该先有城市景观照明规划。

1. 编制规划指导思想

城市景观照明规划作为一个专项规划，根据城市规划理论，其应依据上位规划——城市总体规划进行编制，而且相互间存在结果的关联性和理论的延续性。

城市景观照明规划应通过逐级分类的方法，对城市景观照明规划元素进行分类控制，坚持以人为本、远近结合、主次分明、统筹兼顾、经济实用、节约能源的原则，达到提高城市品位、突出城市特色及美化城市景观的目标。

2. 城市景观照明总体规划

城市景观照明总体规划从宏观上解决城市夜间景点的分布，景点之间的联系，主次的确立，性质特征及照明技术上的和人文活动的宏观问题，以及节假日夜景观系统问题，即在宏观上对艺术、技术、经济等因素进行限定。

城市景观总体规划直接根据城市总体规划所确定的以下内容进行：

（1）城市人口、用地规模、规划区范围。

（2）城市用地发展方向、布局结构、市中心区位置。

（3）城市道路系统、道路等级和干道系统、广场及主要交叉路口形式。

（4）城市河湖水系和绿化系统的治理、发展目标、总体布局。

（5）需要保护的自然地带、传统街区等的有关保护措施。

（6）旧城改造、用地调整的原则、方法和步骤。

城市景观总体规划成果应纳入城市总体规划成果中，包括总体规划文本和图纸。在进行综合技术经济论证时，应对城市景观实现所带来的一系列技术、经济问题也有所涉及，并提出其实施步骤和方法建议。

当总体规划的某些基本原则与框架不能适应城市经济建设和社会发展的要求，需要调整或修改时，对有关的景观总体规划内容也要进行相应的调整与修改，因为城市经济建设与社会发展是城市景观规划实施与实践的直接影响因素。

城市景观总体规划还有一部分内容反映在城市分区规划中。当分区规划在总体规划的基础上确定了城市公共设施的分布；城市主、次干道形式；绿化系统、河湖水面、风景名胜的用地界限和文物古迹、传统街区的保护范围后，要对城市景观做出进一步的规划安排，为城市景观详细规划和规划管理提供依据，这一部分成果也应纳入分区规划文件和图纸中。

城市景观总体布局是城市景观总体规划的一项重要工作内容，它是在城市空间结构基本形成的情况下，在市民夜生活的基础上对城市夜间各景区、景点进行统一安排、合理布局，使其各得其所、有机联系。城市景观总体布局是城市一定历史时期、自然条件、一定的经济、生活要求下的产物，通过城市景观建设的实践得到检验，不断发现问题，修改完善。因此，随着经济的发展、科学技术的不断进步，规划布局所表现的形式是不断发展、变化的。

3. 城市景观照明详细规划

城市景观照明详细规划是在总体规划的指导下，对某一景区（商业街、校园、居住区）进行进一步的详细规划，应结合城市规划，充分考虑到景区的属性、特征、重点和元素（建筑、设施、环境及人文因素）的相互关系，根据属性确立要创造的气氛，根据特征创造特色，根据重点确定主景，根据元素之间的关系确定配景、底景等创造整体效果。在城市景观总体规划与详细规划的过程中，有一条贯穿始终的线，就是结合城市的经济状况、自然条件及历史背景，充分考虑到人对生活的生理及心理需求。在城市规划区内，城市景观详细规划成果相应纳入控制性详细规划文件和图纸中；在当前开发修建地区，则是修建性详细规划成果的一部分。

4. 城市景观照明节点设计

对景区的建筑物（如商业街、文化街、广场等）必须进行群体形象设计。该群体作为城市夜景的一个节点，群体的平均亮度（或照度）水平、色调、照明方法等应有所规划，使其与周围景区的照明在宏观上保持协调的比例关系，从而保障整个城市夜景照明的总体效果。

对景区群体照明水平和格调进行规划，以体现自身固有的特征和文化内涵。确定个单体建筑在景区中扮演的“角色”，使重点与一般相结合。各单体的照明方法和效果可根据具体情况多变有别，但整体上要统一协调，给人以既多姿多彩，又完整和谐的总体效果。

规划主要确定下列内容：

（1）景区照明的基本要求、原则和将要达到的总体效果。

（2）景观照明的总体格调、总的平均亮度水平。

（3）分析景区内各照明对象在群体中的地位，确定照明的主景、对景、配景和底景的部位和对象，并确定各自亮度水平和它们的比例关系，照明的基本要求与方法，色调的配置与颜色光的运用以及照明控制的手段和方法。

（4）确定出实施的步骤、方法和进度表。

5. 城市景观照明应控制光污染

照明工程中的光污染是指干扰光或过量光辐射（含可见光、紫外光和红外光辐射）对人和生态环境造成负面影响的总称。

城市照明工程中，道路照明造成的光污染已逐步得到控制，而针对景观照明带来的光污染，尚未得到系统的研究和控制。在城市规划中要立足于生态环境的协调统一，使光污染得到有效控制。还要注意科学合理地使用灯光，在设计方案上，应合理选择光源；合理确定照度、亮度等指标。光污染的限制应符合《城市夜景照明设计规范》（JGJ/T 163—2008）第7.0.2条的规定。光污染的限制应符合下列规定：

（1）夜景照明设施在居住建筑窗户外产生的垂直面照度不应大于表8-96的规定值。

表8-96　居住建筑窗户外表明产生的垂直面照度最大允许值

照明技术参数	应用条件	环境区域			
		E1区	E2区	E3区	E4区
垂直面照度 E_v/lx	熄灯时段前	2	5	10	25
	熄灯时段	0	1	2	5

注：1. 考虑对公共（道路）照明灯具会产生影响，E1区熄灯时段的垂直照度最大允许值可提高到1lx。
2. 环境区域（E1～E4）的划分可按照《城市夜景照明设计规范》（JGJ/T 163—2008）附录A进行。

（2）夜景照明灯具朝居室方向的发光强度不应大于表8-97的规定值。

（3）城市道路的非道路照明设施对汽车驾驶员产生的眩光的阈值增量不应大于15%。

表8-97　夜景照明灯具朝居室方向的发光轻度的最大允许值

照明技术参数	应用条件	环境区域			
		E1区	E2区	E3区	E4区
灯具发光强度/cd	熄灯时段前	2500	7500	10 000	25 000
	熄灯时段	0	500	1000	2500

注：1. 要限制每个能持续看到的灯具，但对于瞬时或短时间看到的灯具不在此例。
2. 如果看到光源是闪动的，其发光强度应降低一半。
3. 如果是公共（道路）照明灯具，E1区熄灯时段灯具发光强度最大允许值可提高到500cd。
4. 环境区域（E1～E4）的划分可按照《城市夜景照明设计规范》（JGJ/T 163—2008）附录A进行。

（4）居住区和步行区的夜景照明设施应避免对行

人和非机动车人造成眩光，夜景照明灯具的眩光限制值应满足表 8－98 的规定。

表 8－98　居住区和步行区夜景照明灯具的眩光限制值

安装高度/m	L 与 $A^{0.5}$ 的乘积
$H \ll 4.5$	$LA^{0.5} \ll 4000$
$4.5 < H \ll 6$	$LA^{0.5} \ll 5500$
$H > 6$	$LA^{0.5} \ll 7000$

注：1. L 为灯具在与向下垂至成 85° 和 90° 方向间的最大平均亮度（cd/m^2）。

2. A 为灯具在与向下垂直成 90° 方向的所有出光面积（m^2）。

（5）灯具的上射光通比的最大值不应大于表 8－99 的规定值。

表 8－99　灯具的上射光通比的最大允许值

照明技术参数	应用条件	环境区域			
		E1 区	E2 区	E3 区	E4 区
上射光通比	灯具所处位置水平面以上的光通量与灯具总光通量之比（%）	0	5	15	25

（6）夜景照明在建筑立面和标识面产生的平均亮度不应大于表 8－100 的规定值。

表 8－100　建筑立面和标识面产生的平均亮度最大允许值

照明技术参数	应用条件	环境区域			
		E1 区	E2 区	E3 区	E4 区
建筑立面亮度 L_b/（cd/m^2）	被照面平均亮度	0	5	10	25
标识亮度 L_b/（cd/m^2）	外投光标识被照面平均亮度；对自发光广告标识，指发光面的平均亮度	50	400	800	1000

注：1. 若被照面为漫反射面，建筑立面亮度可根据被照面的照度 E 和反射比 ρ，按 $L=E\rho/\pi$ 计算出亮度 L_b 或 L_s。

2. 标识亮度 L_s 值不适用于交通信号标识。

3. 闪烁、循环组合的发光标识，在 E1 区和 E2 区里不应采用，在所有环境区域这类标识均不应靠近住宅的窗户设置。

8.6.2　景观照明与表现

夜景照明的总体规划要充分考虑城市道路景观、节点景观、城市轮廓线、城市标志、河道景观和区域景观等主要元素，也应考虑局部的可观赏性的城市形象。同时，采用照明控制手段应该努力地创造出不同的氛围，动、静结合，通过不同的视觉感受，从生理、心理上给人积极的影响。一般而言，在整体效果上，城市夜景照明可分以下三个层次来表现：

（1）平时。仅突出夜间照明的主题效果，可开启部分灯具，例如仅勾画整个轮廓、局部透亮等。

（2）一般节假日。进一步强化照明对象的特点，使某些局部效果突出，再增开部分灯具。例如标志性建筑的泛光照明效果的营造，使之成为灯光的艺术品；另外再增加灯柱小品、灯光雕塑等。

（3）重大节假日。由计算机编程并预先设置多种方案，可以通过对全部灯光进行调光或不同的组合，营造出熠熠生辉、流光溢彩的光的世界与光的海洋。

当然，夜景照明也可以根据现场活动或氛围的需要，将各区域灯光设备按时、按照度、按预设场景等方式，灵活地组合运行。前期可通过模拟运行设计，以确定照明的顺序和效果，也可通过实景演示动画。

总之，城市夜景照明在满足功能的同时日趋景观化。良好的夜景照明是技术和艺术的完美结合，灯光效果的营造可以产生诱人、温暖、亲切、开阔、甚至兴奋的感觉，它将带着人们进入心旷神怡、流连忘返的神奇意境。

8.6.3　建筑泛光照明设计

改革开放以来城市建筑发展很快，一幢幢各具特色的建筑拔地而起，城市面貌焕然一新。建筑物是以实用为目的的产物，使用美学，造型等特性结构，成为一种技术和技能的表现作。建筑物应用夜景照明是城市照明的主体。在夜间用灯光将一幢幢重要建筑物照亮，能集中体现一个城市的文化风貌，让市民引以为豪，给观光客人留下深刻的印象。

1. 建筑物的夜景照明特征和要求

所谓建筑物的夜景照明就是利用灯光照明来塑造建筑物的夜间形象。在白天，建筑物是由方向性很强的日光和天空的漫射光组合照明。日光是暖色调；天空的慢射光是偏冷色调。日光自上而下照射建筑物，它产生的阴影被天空漫射光“淡化”了，所以阴影并不浓黑，而是稍微有点发亮，还带点蓝色。同时，日光的投射方向是固定的，通常只能平射或自下而上照射，灯光的强度和颜色是可以选择的。因此，良好的夜景照明可以揭开夜幕，显示出建筑物靓丽面孔和她固有的艺术风采。

建筑物的夜景的显著特点是有很大的灵活性和多样性，而不是单凭简单几个物理量所能描述。由于每个建筑物的自身功能、文化内涵、所处环境、建筑造型、外饰面材料的颜色等的不同，照明用光用色、照明方式、投射方向和照明器材的选用等也随之差别很大。

尽管不同建筑的夜景照明的特点不同，但仍然有以下几个基本要求是一致的：

（1）在认真分析被照建筑物的特征和形象内涵的机理上，用光和影重塑建筑物与白天明显不同的新形象。

（2）夜景照明的基本目的是显示照明对象。在深入研究其周围环境的基础上，恰当地突出被照主体在环境中重点位置，并和周围环境照明协调一致。

（3）建筑物的夜景照明，要充分体现照明技术和艺术的有机结合。建筑物在灯光下呈现出完美的造型立体感，还应反映出它的功能性质和艺术风格，也就是既要照得亮，还要照得好、照得美、照得有特色。

（4）建筑物的夜景照明，在符合城市建筑规划的要求和有关夜景照明技术文件及标准的情况下，应按国际照明委员会（CIE）有关技术文件的要求进行设计。

（5）慎用颜色光。鉴于颜色光的感情浓烈，要根据建筑物饰面材料的颜色选择某种色表合适的光源来加强照明效果，制造出特有的情调。但单一的颜色在增强某种颜色的同时也会改变建筑立面上其他颜色的色调，引起色彩失衡。向相邻不同方向表面上投射不同颜色的光线有活跃气氛的效果，但也有造成色差过强，损害造型立体感的风险，特别是些重要的大型公共建筑的夜景照明，更要特别慎重。

（6）要根据被照建筑物的特征和要求来合理选用最佳照明方式。夜景照明方式有泛光灯照明、轮廓灯照明、内投光照明和特种照明等照明方式。设计时可使用其中一两种，也可以综合使用多种照明方式，而不要千篇一律地使用单一的照明方式。

（7）节约能源，为了节约电力，除采用高效的灯和灯具外，要特别注意选用节能的照明手法。例如墙面反射比在 0.2 以下的深色表面，应考虑用投光灯外的其他照明方式。夜景照明要预设分级控制，使得在平日里或深夜仅开一部分或少量的灯，也能表现建筑物的特色和完善的艺术效果。

（8）夜景照明不能对建筑物内的人员和观光客人产生眩光或光干扰，照明设备备必要妥善隐蔽安装。

（9）夜景照明的电气设备，务必安全可靠，便于管理维修。

2. 建筑物的夜景照明方式

建筑物的夜景照明方式很多，最常用的照明方式有泛光（投光）照明、轮廓照明、内透光照明和特种夜景照明四种。

泛光照明是用投光灯直接照射建筑物立面，在夜间重塑建筑物形象的照明方法，其特点是被照对象比其背景环境要更加明亮，使被照物有立体感，更具特色。但是应注意将灯具遮蔽起来，避免破坏白天的景物形象。

轮廓照明是将灯光布置在建筑物表面的边缘上，以便在夜间显示出建筑物的造型，突出建筑物的主要特征。但是应注意单独使用这种照明方法时，建筑物墙面是暗的，因此，应同时使用投光照明和轮廓照明。

特种夜景照明是利用室内的灯光把窗子照亮，显得建筑物富有生气。这种照明方式最大的特点是照明效果独特，节省费用，维修简便。

其他照明方法，随着激光、光纤、全息摄影，特别是电脑技术等高新科技的发展及其在夜景照明中的推广应用，人们用特殊方法或手段营造特殊夜景照明效果的特种照明也就应运而生。

3. 建筑物夜景照明的用光技巧

建筑物的夜景照明必须针对建筑物的具体情况认真研究和分析用光方法，才能把建筑物照亮，而且照得美和富有艺术性，给予人以美的感受。夜景照明的用光方法多种多样，现就几种基本的用光技巧作一简单描述，以供参考。

（1）突出主光，兼顾辅助光。这就是用主光突出建筑物的重要部位，用辅光照明一般部位，使照明有层次感。主光和辅光的比例一般为 3:1，这样既能显现出建筑物的注视中心，又能把建筑物的整体形象表现出来。

（2）投射方向。投光灯的主要投射方向与主视线方向有一定的关系，主投方向与主视方向的夹角以大于 45°，小于 90° 为好，为获得良好的光影造型，对于不同体型的建筑物及形状各异的建筑部位应采取相应的最佳投射方向。

（3）对于长条形的建筑，如长廊和大桥的夜景照明，在水平或垂直方向上有规律地重复用光，使照明富有韵律和节奏感，营造出“入胜”或“通幽”的意境。

（4）在夜间照亮屋顶才能显示整幢建筑的形状和轮廓。坡顶、圆拱，建筑物的琉璃瓦屋顶、屋檐都是代表不同的建筑风格的精粹，用灯光照亮它们，在夜景照明中能起到画龙点睛的作用。当投光灯置于超过屋顶两倍以上的距离，光束可以照亮屋顶；距离较近时，用窄配光投光灯从底层平顶屋，或贴近建筑物的平屋顶上投照。面积较大，又较高的屋顶，宜用小功率的 PAR 灯等，分散布置在檐口边，屋顶凸窗的背后，将屋顶均匀照亮。

（5）巧妙地利用逆光和背景，例如柱廊和墙前绿树的夜景照明，在柱廊内侧装灯或绿树后面装灯将背景照亮，把柱廊的绿树背景分开，形成剪影，其夜景照明效果比一般投光照射更好，更富有特色。

（6）对于带纪念性的公共建筑，办公楼或风格独立的建筑物的夜景照明，以庄重、简明、朴实为主调，一般不宜采用色光。必要时也只能局部使用低色度的色光，作为陪衬。

（7）重点光的使用。如天安门城楼上的毛主席像，政府大楼上的国微，一般大楼的标志，楼名或特征极醒目部分。在最佳方向上使用局部重点光照明，如用远程追光灯重点照明，能收到显目、突出重点的照明效果。

4. 建筑物夜景照明灯光的选择

光源光色的选择在建筑物里面照明中起着十分重要的作用。应根据建筑物表面色彩，合理选择光的颜色以使与建筑物及周边环境相协调。在泛光照明中宜采用金属卤化物灯或高压钠灯，内透光照明宜采用三基色直管荧光灯、发光二极管（LED）或紧凑型荧光灯，轮廓照明宜采用紧凑型荧光灯、冷阴极荧光灯或发光二极管（LED）。在满足眩光限值和配光要求条件下，应选用效率高的灯具，其中泛光灯灯具的效率不应低于 65%。

8.6.4 商业街景观照明设计

商业街的构成，主要由商店、步行街面和车行空间、步行至车行的过渡空间，以及有关公共设施组成。

1. 商业街的道路照明

与一般道路照明相比，商业街道路照明不仅要求技术先进，安全可靠，经济合理，节能省电和维修方便，而且还要美观，与街区的其他照明设施和谐一样，在美学上具有更高的要求。

在照明质量上，应确立本道路的照明等级，按标准规定的路面平均亮度（照度）值、平均亮度（照度）的均匀度、照明维护系数及眩光限制等级等。

商业街道路照明方式，应从街景具体的情况出发，不能套用一般道路照明设计。在计算光源数量时，应考虑商店建筑立面照明和街上灯光广告牌的光线对路面照度的增量。在选用光源和灯具时，应该选用造型独特，美观大方，色彩鲜艳，并和街区格调一致的灯架，灯杆和灯的基座。

在街道的开阔地板或街区的标志性商店的街段应预留有节日或平时有重大活动时使用的电源。

2. 商业街的橱窗照明

橱窗照明的布光方式及光色选择主要与商品展示方式、色调、关联商品装饰有关，对保证光源的良好显色性尤为重要。橱窗形式基本为开敞式、封闭式和半封闭式的商业街，大面积的透射玻璃，将室内人潮涌动的景象展现给街上的行人，与建筑立面本身一起，构成整体的夜景外部形象。开敞式橱窗为了吸引顾客，营业厅的平均照度应不小于 500lx，封闭式的橱窗采取集中展示商品的形式，将顾客的视线集中于橱窗内的展品上，因此橱窗内应有良好的照明，基本照明的照度应在 1000lx，重点照明应达 2000～5000lx。

3. 商业街的户外广告

户外广告是王府井夜景照明的重要组成部分。对广告照明的规划我们主要从形式、形态、安装位置、投光方式、照明质量等方面考虑，根据广告效果的持续性、造型的多样化和安装场所的广阔性，商业街可分别采用霓虹灯、多面翻、旋转、显示屏、投影幻灯、灯箱等动态或静态广告，它的设置位置可以在建筑物的屋顶、墙面，也可以独立于街面上，如这次使用的地面广告和候车厅的灯箱广告。

需要指出的是，广告也应纳入夜景照明规划中加以控制，尤其是广告的投光方式和照明质量。但是，我们对动态广告重视不够或把关不严，比如对广告的内容、形态、色彩、位置亮度及眩光控制，还缺乏具体的指导意见。

8.6.5 广场照明设计

城市广场是现代化城市中不可缺少的重要元素。它担负着疏通道路、改善环境、美化市容，并为市民提供文化或休闲活动的场地。而某些城市广场还是城市历史文化特征的代表，是城市文化面貌的集中体现。所以，广场照明是整个城市照明的重要组成部分。

1. 集会广场

对于像国外一些城市议会大厦，或国内一些城市的政府首脑机关大楼（或大型标志性建筑物）前的市政广场，具有公众集会、举办纪念性活动，市民休闲、健身、娱乐的功能，如上海和重庆的人民广场、天津的海河广场等，这些广场的夜景照明有别于商业繁华的“购物广场”其夜景照明应恪守端庄、亮丽、大气、辉煌的手法和设计原则，要处理好视线的交汇核心，一般以大型的重要建筑（如重庆人民大礼堂）为主要背景，作为灯饰表现的重点载体，切忌像“商贸广场”五彩缤纷似的杂乱无章，或五光十色的争奇斗妍，但也不能因显得严肃而呆板，因为这类市政广场除有公众集会的情况外，在日常还兼有供市民休闲娱乐的功能。广场中的喷水池、雕塑、树荫、草坪等以适宜的灯光陪衬，起到调节、舒展的作用，给人以轻松愉悦的感觉。

2. 休闲商贸广场

对于商贸广场，其夜景的表现则非常自由，追求的是繁花似锦，光彩夺目体现繁荣昌盛的景象，为营造浓郁的商业气氛，表现方式和表现手法应多样性和无约束性，要有较强的刺激性，但是，无论如何还应遵循一些基本原则：节能、美学、环保、安全等。

对于许多地方主要为提供市民休闲或兼有交通功能的广场，虽不及商业广场那样异彩纷呈，但要相对减少光和色对视觉的强烈刺激，降低色觉疲劳，把光与色的动态变换形成一种色的旋律、光的乐章，让人们的观感视觉舒适地接受光的韵律，配合广场音乐，给人以情绪的感染，使人情不自禁地参与到广场文化娱乐活动中来。跳交谊舞、迪斯科、健身舞都是如此，场面非常热烈壮观，令人流连忘返。

3. 交通广场

交通广场（包括城市中的立交桥）的重要功能是组织道路的畅通，夜景照明不能违背这一原则。道路照明的中杆、高杆照明灯群为车辆快速通过创造了良好的照度条件，可以适当运用柔和的灯光展现立交桥的“曲线美姿”，草坪内可点缀一些低矮的草坪灯以调剂悬殊的明暗差，切忌用高亮度、高眩光的装饰灯具影响驾车人员的视觉灵敏度，太刺激让人感觉不适，还应避免采用闪变式的“追光灯”“流水灯”“扫描灯”等闪烁动态变换的照明装置，对驾驶人员造成视觉干扰，注意力分散，不要采用易与交通信号红绿灯相混淆的彩色灯，广告牌灯光的设置也不宜繁多，尤其不要影响对交通警示牌、道路标志牌的视觉注意力。

8.6.6 景观照明设计

（1）树木和花卉的照明。树木照明是根据树木形体的几何形状来布灯，必须与树的形体相适应。灯光照亮树木的顶部，可以获得虚无缥缈的感觉，分层次照明不同亮度的树和灌木丛，可以造成深度感。为了不影响观赏远处的目标，位于观看者面前的物体应该较暗或不设照明，同时要求被照明的目标不应出现眩光。

地面上的花坛都是从上往上看的，一般使用蘑菇状的照明器。此类照明器距离地面的高度约为 0.5～1m，光线只向下照射，可设置在花坛的中央或侧面，其高度取决于花的高度。由于花的颜色很多，所用的光源应有良好的显色性。

（2）雕塑的照明。对于 5～6m 高的中、小型雕塑，主要是照亮雕塑的全部，不要求均匀，依靠光、影及其亮度的差别，把它的形与体量显示出来，所需灯的数量和灯位，视对象的形状而定。

如果被照的雕塑位于地平高度，并独立于草坪的中央时，照明器最好装得与地面平，以减少眩光；如果雕塑下面有一底座，照明器应尽量得远一些，底座的边缘不要在雕塑的下侧形成阴影；如果雕塑料位于人们行走的地方，照明器可固定在路灯杆上或装在附近建筑物上，必须防止眩光。

（3）水景照明。城市中的喷泉、瀑布、水幕等水景是动态的，而湖泊、池塘是静态的。水幕或瀑布的照明器应装在水流下落处的底部。光源的光通量输出取决于瀑布落下的高度和水幕的厚度等因素，也与水流出口的形状造成的水幕散开程度有关，如图 8－64a 所示。踏步式水幕的水流慢且落差小，需在每个踏步处设置管状的灯，如图 8－64b 所示。照明器投射光的方向可以是水平的也可以垂直向上，如图 8－64c 所示。

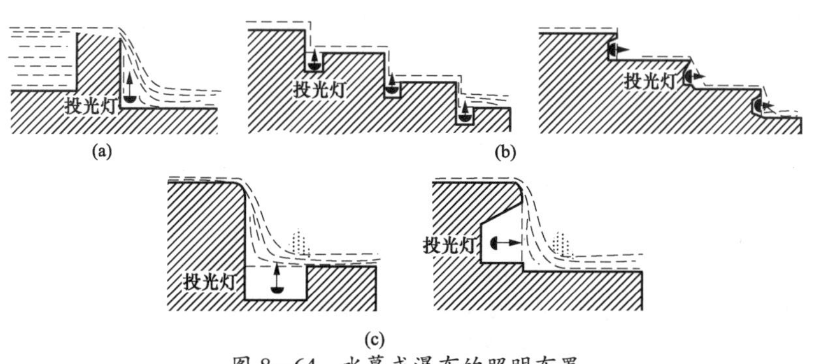

图 8－64 水幕或瀑布的照明布置

（a）水流下落处的底部；（b）踏步式水幕；（c）垂直成水平

静止的水面或缓慢的流水能反映出岸边的一边物体。如果水面不是完全静止而是略有些扰动，可采用掠射光照射水面，获得水波涟漪、闪闪发光的感觉。照明器可以安装在岸边固定的物体上，如果岸上无法照明时，可用浸在水下的投光照明器来照明。

（4）桥的照明。人在桥上看得见的是面向上游和下游的两个水面及桥底，照明器放在河岸旁，用扩散的光照亮桥底的拱面。如果桥的长度和高度较大时，可在桥墩上另加照明器来补充照明，用强光照明桥底的拱面，并用略微暗的光照射桥的两侧。桥面较平坦的桥梁，有时可能看不到桥底的拱面，可用线状光源藏在栏杆扶手下，照亮桥面，勾画出桥的轮廓。

（5）水下照明。水下照明分为以观赏照明和工作照明两种。水下照明的照明器通常安装在水上、水面和水中，如图 8－65 所示。

观赏照明一般采用 LED 或金属卤化物灯作为光源。照明器采用具有耐腐蚀作用和耐水结构，要求照明器具有一定的抗机械冲击的能力，照明器的表面便于清洗。

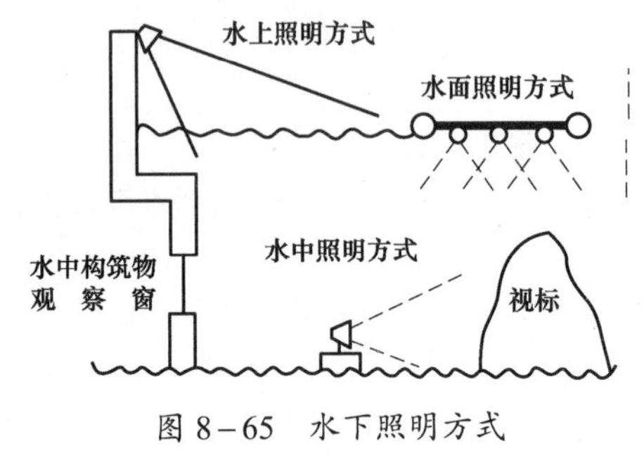

图 8－65 水下照明方式

（6）喷泉照明。在水流喷射情况下，将投光照明器装在水池内喷口后边，如图 8－66a 所示；或装在水流重新落到水池内的落点下面，如图 8－66b 所示；或在两个地方都装上投光照明器，如图 8－66c 所示。由于水和空气有不同的折射率，故光线进入水柱时，会产生闪闪发光的效果。

喷泉照明的照明器一般安装在水下 30～100mm，在水上安装时，应选不会产生眩光的位置。照明器选用简易型照明器和密闭型照明器。12V 照明器适用于游泳池，220V 照明器适用于喷水池。

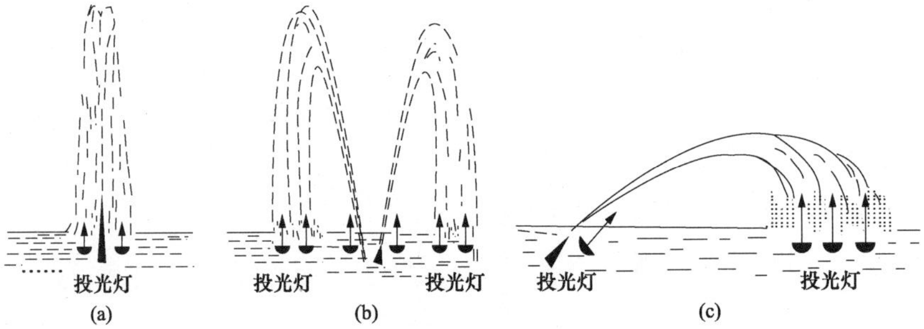

投光灯 投光灯 投光灯 投光灯 投光灯

(a) (b) (c)

图 8－66 喷泉照明的布置

（a）水池内喷口的后面；（b）水池落点的下面；（c）混合方式

8.6.7 城市夜景照明监控系统

通过城市夜景照明监控系统可以了解当前城市夜景照明系统的运行情况和总体的效果，确保城市夜景规划的实施效果满足夜景规划的要求，体现区域性视觉效果。并且夜景照明监控系统方便管理城市夜景照明的区域，生成报表了解照明设备运行状况和累计运行时间等，方便维护照明设备。

1. 城市夜景照明监控系统的组成

夜景照明监控系统根据需求分为数据采集系统、通信传输系统、数据管理平台、公共配置平台、信息监控系统和信息发布系统共六大部分（图 8－67）。

数据采集系统和通信传输系统配合采集不同数据集的数据，数据库可分为空间地理数据集、设施设备数据集、实时采集数据集、业务管理数据集、公共配置数据集和其他数据集。

在采集到的数据集上，通过对数据的整合和处理，可以为信息发布系统和信息监控系统提供基础数据。其中信息发布系统功能包括基本地图操作，查询显示，实时监测，专题图制作与输出，统计报表等。其中信息监控系统功能包括数据采集，历史数据管理，报警处理，统计报表，显示功能，权限管理。

2. 城市夜景照明监控系统的功能

（1）智能照明控制系统应具备的功能：

1）遥控。能够对路灯、光亮工程等按整体、分区、分组和单站实现年定时控制、定时控制、预案定时控制、强制控制等。系统可以根据不同类型的路灯与景观灯控制要求，把全市路灯、景观灯分成若干个组，分别采用时控方案或时控和光控相结合的控制方案，自动开启/关闭全市全夜灯、半夜灯、市政景观灯、楼宇景观灯；也可以手动对各种灯型进行控开/关操作。对路灯全年开关时间进行系统的等亮度设计和分析；对夜景照明（光亮工程）全年开关时间进行系统的等亮度、等时间（每天亮灯时间长短相同）设计和分析。

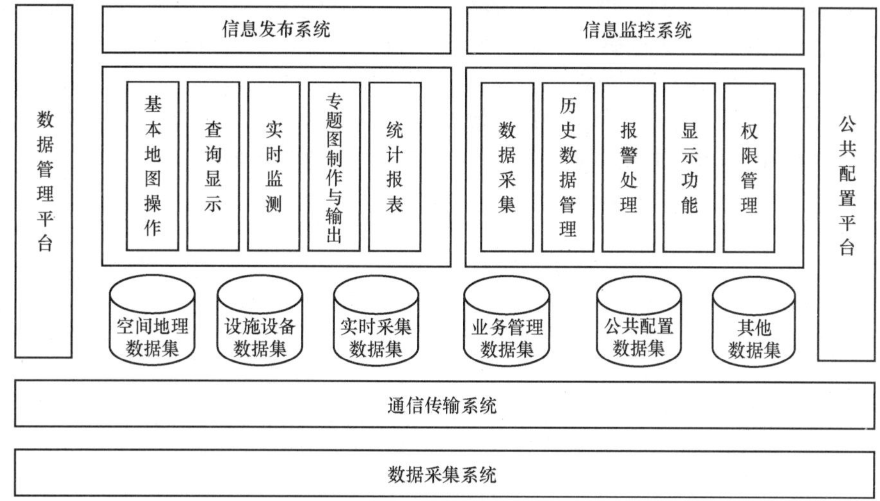

图 8－67　夜景照明监控系统结构

2）遥信。当出现过电压、欠电压、过电流、欠电流、箱门打开、供电停电、接触器应合未合、接触器应断未断、故障跳闸、白天亮灯、晚上熄灯等故障时，终端能够主动及时地将报警信息发送到监控中心，使故障能够得到及时处理。

当监控终端主动报警或监控中心在巡检时发现有报警时，系统自动发出声音告警（根据告警类型不同声音内容不同），并能够以短消息的方式将故障信息发送至值班人员的手机上。报警自动存盘并在 GIS 地图上显示相应的位置和故障类型。

3）遥测。在监控中心能够手动或者自动对全部、部分或者单台监控终端的电压、电流、有功功率、功率因数、开关灯时间表、通信状态等参数进行采集，以仿真面板形式直观显示出来。

4）遥调。在安装节能型控制箱时，可以实现远程调节，调节输出电压功能，并能根据不同时段、不同路段分别设置不同的输出值，实现最大限度的节能功能。

5）GIS 电子地图。采用 GIS 电子地图方式使得系统图文并茂、生动形象，能够方便直观地显示出各监控点的地理位置。以地理信息系统（GIS）为开发平台，实现照明监控、地理信息和生产管理有机组合。

6）自动生成各种报表和计算相应数据。可根据需要随时查询、分析和打印所有历史数据，自动生成各种日报表、月报表和年报表，能够形成各种曲线图、饼状图、柱形图，更加直观方便对系统运行状况进行分析。

能根据电压、电流、有功功率和功率因数的变化自动进行亮灯率、节能率等估算。为了保证亮灯率的统计，数据采集精度优于 1%。

7）控制方案。根据不同类型的路灯、光亮工程控制要求，可以把路灯、景观灯分别设置成不同的功能组，分别采用时控、遥控、亮度控制方案。

8）GPS 自动校时系统。运用全球卫星定位系统与计算机技术，实现对系统的准确校时，保证前置机和监控终端时钟的准确性与一致性。

9）远程实时查询。通过因特网，实现微机或便携式笔记本的远程实时查询，查询内容包括各终端的最新以及历史数据和故障情况，实现异地远程接入访问。

（2）闭路电视监控系统应具备的功能：

1）实时监看功能。监控指挥中心可实时监视所有监控点的视频信息，可以同屏显示多路图像信息，多台监控终端可同时监视某一点图像信息。

监控终端可以轮巡监视多路实时图像信息，在设定的间隔时间内对系统内的所有监控点进行图像巡检，参与轮巡的对象可以任意设定，包括不同监控点的图像、同一监控点的不同摄像机、同一摄像机的不同预置位等，轮巡间隔时间可设置。

2）录像功能。为增强录像的灵活性，软件同时提供了多种录像方式，有移动录像、自动录像、手动录像、单个录像、预置点录像和报警录像等。

3）报警功能。报警可分为外围设备报警和监控系统内部报警两类。外围报警包括事故报警、设备状态变化及故障报警、消防报警、防盗报警和防火报警。内部报警包括视频信号中断报警、磁盘空间报警、线路故障、网络故障、设备故障等。

4）多画面监视。1/4/9/16/25/36 画面分割模式，可以通过简单操作实现放大、还原、全屏、图像交换等操作，简单易用，并且可以拍照、设置图像循环播放等。

5）断电后自动连接功能。当软件处在播放或者录像状态时，如果此时视频服务器停止供电，那么软件将停止播放图像同时也停止录像，但是如果视频服务器正常供电后，软件将自动连接服务器，同时恢复原来的播放及录像，无须人工干预。

6）远程调整。一般情况下，摄像机采用定焦距、定方向的固定方式，但在光照度变化大的场所应选用自动光圈镜头，大范围监控区域宜选用带有转动云台和可变镜头的摄像机遥监控中心通过控制端软件，能够远程控制云台的上下左右转动，镜头光圈、焦距、变倍的调节遥监控软件支持常用的云台解码协议，并可根据需要添加。

7）多播功能。在 LAN 环境下，每一个摄像机允许无限多用户同时访问，并且只占用一个通道的带宽。

参考文献

[1] 北京照明学会照明设计专业委员会．照明设计手册．3 版．北京：中国电力出版社，2016．

[2] 郑时龄，陈易．世博会规划设计研究．上海：同济大学出版社，2006．

[3] 中建建筑承包公司．中国绿色建筑/可持续发展建筑国际研讨会论文集．上海：中国建筑工业出版社，2001．

[4] 陈大华，等．光源与照明．上海：复旦大学出版社，2000．

[5] 黄晨．建筑环境学．北京：机械工业出版社，2005．

[6] 中国气象局气象信息中心气象资料室等．中国建筑热环境分析专用气象数据集．北京：中国建筑工业出版社，2005．

[7] 祁今燕，田奇．建筑环境设计与表现．北京：机械工业出版社，2003．

[8] 国家经贸委/UNDP/GEF 中国绿色照明工程项目办公室．绿色照明工程实施手册．北京：中国建筑工业出版社，2003．

[9] 周太明．高效照明系统设计指南．上海：复旦大学出版社，2004．

[10] CIE 室内工作场所照明（CIE S 008/E—2001）CIE 公开出版物，2001．

[11] CIE 国际机动车道照明推荐 CIE 公开出版物，1995．

[12] 住房和城乡建设部．建筑照明设计标准（GB 50034—2013）．北京：中国建筑科学研究院中国建筑工业出版社，2013．

[13] 住房和城乡建设部．建筑采光设计标准（GB/T 50033—2013）．北京：中国建筑科学研究院中国建筑工业出版社，2013．

[14] 住房和城乡建设部．城市道路照明设计标准（CJJ 45—2015）．北京：中国建筑科学研究院建设部标准定额研究所，2015．

[15] 朱小清．照明技术手册．北京：机械工业出版社，1995．

[16] 周太明，皇甫，炳炎，周莉，姚梦明，朱克勤．电气照明设计．上海：复旦大学出版社，2001．

[17] 李恭慰．建筑照明设计手册．北京：中国建筑工业出版社，2004．

[18] 陈一才，译．现代建筑电气设计与禁忌手册．北京：机械工业出版社，2002．

[19] 俞丽华，朱桐城．电气照明．上海：同济大学出版社，2001．

[20] 王立雄．建筑节能．北京：中国建筑工业出版社，2015．

[21] 住房和城乡建设部．城市夜景照明设计标准（JGJT 163—2008）．北京：中国建筑科学研究院中国建筑工业出版社，2008．

[22] 张昕，徐华，詹庆旋．景观照明工程．北京：中国建筑工业出版社，2006．

[23] 中国国家标准化管理委员会．室外照明干扰光限制规范（GB/T 35626—2017）．北京：中国标准出版社，2017．

第 9 章　电磁兼容与电能质量

9.1　电磁兼容与电能质量概述

9.1.1　电磁兼容的概念

电磁兼容的概念是在共同的电磁环境中，电气及电子设备可以执行各自功能的共存状态，即在相同的电磁环境中，各种设备都能互不干扰的正常工作，达到兼容状态。

电磁兼容技术是一门涉及领域广泛，发展迅速的交叉学科，其理论基础涉及数学、电磁场理论、电路基础、信号分析等学科与技术，其应用则涉及所有用电领域。

9.1.2　电磁干扰

电磁干扰 EMI（Electromagnetic Interference）是指在电磁场中，伴随着电压、电流的作用而导致某个电气及电子设备或系统的性能降低，抑或可能对生物产生不良影响的电磁现象。

电磁干扰分为传导干扰和辐射干扰两种。传导干扰是指通过导电介质把一个电路上的信号耦合（干扰）到另一个电路。辐射干扰是指干扰源通过空间把其信号耦合（干扰）到另一个电网络。

9.1.3　电磁干扰源分类

干扰源的分类方法很多：

（1）一般说来，电磁干扰源分为两大类：自然干扰源与和人为干扰源。

自然干扰源主要来源于大气层的天电噪声、地球外层空间的宇宙噪声。它们既是地球电磁环境的基本要素组成部分，同时又是影响无线电通信和空间技术的干扰源。自然噪声会对人造卫星和宇宙飞船的运行产生干扰，也会对弹道导弹运载火箭的发射产生干扰。

人为干扰源是由机电或其他人工装置产生电磁能量干扰，其中一部分是专门用来发射电磁能量的装置，如广播、电视、通信、雷达和导航等无线电设备，称为有意发射干扰源。另一部分是在完成自身功能的同时附带产生电磁能量的发射，如交通车辆、架空输电线、照明器具、电动机械、家用电器以及工业、医用射频设备等。因此这部分又成为无意发射干扰源。

（2）按电磁干扰属性可以分为功能型干扰源和非功能型干扰源。功能型干扰源系指设备实现功能过程中造成对其他设备的直接干扰；非功能型干扰源是指用电装置在实现自身功能的同时伴随产生或附加产生的副作用，如开关闭合或切断产生的电弧放电干扰。

（3）从电磁干扰信号频谱宽度，可以分为宽带干扰源和窄带干扰源。这是相对于指定感受器的带宽大或小来区别的。干扰信号的带宽大于指定感受器带宽地成为宽带干扰，反之称为窄带干扰源。

（4）从干扰信号的频率范围来分，可以把干扰源分为工频与音频干扰源（50Hz 及其谐波）、甚低频干扰源（30Hz 以下）、载频干扰源（10～300kHz）、射频及视频干扰源（300kHz）、微波干扰源（300MHz～100GHz）。

9.1.4　电磁骚扰源分类

（1）向外发射电磁骚扰的源称为电磁骚扰源，大致可分为自然骚扰源和人为骚扰源。

1）自然骚扰源：

① 闪电。由闪电引起的冲击电流可高达 10 万 A，上升时间仅几个微秒。此冲击电流波会在系统中感应出高达 100～200kV 浪涌电压（骚扰）。与雷达伴生的雷电云，其电场强度高达几十千伏每米，在导体端部可引发静电放电，造成大气电磁噪声（骚扰）。

② 太阳磁暴与宇宙射线。因太阳磁暴造成电离层变动，引起电波传播衰落起伏，影响短波和超短波通信。宇宙射线的带电粒子流会在短波、超短波频段引起通信骚扰。

2）人为骚扰源：

① 静电放电。人为静电放电的放电脉冲电压高达数千伏，对人身和设备都会造成骚扰及损害，也引起油罐爆炸、集成电路失效。

② 核电磁脉冲。由核爆炸引起的电磁脉冲同时释放出 X 射线和 γ 射线。此核电磁脉冲上升时间约为 10ns，持续时间约为 600ns，其场强高达 50kV/m，足以对电子设备构成破坏。

（2）电气、电子系统电磁骚扰源：

1）汽车点火系统。点火系统火花放电的电磁骚扰，其频率主要集中于电视频段和超短波通信频段。

2）高压电力线。来自高压输电线路及绝缘子表面放电，其频率主要分布在中、短波频段，通常在30MHz以下频段为主。

3）工、科、医高频设备。包括感应加热、高频介质加热、微波加热、高频焊接设备、高频医疗器械等，是城市中泛在的干扰源。其频谱分布十分宽广，从低频（谐波）、高频直至超高频、微波频段都存在。

4）数字电路装置。包括计算机、程控交换机、工业程序控制器、电子仪器等，由于电子电路的开关过程，引起快速脉冲电流变化。其频谱从数十赫兹到数百赫兹内均存在。

5）高频振荡电路。包括发射机、接收机及时钟本振频率等基频及其谐波。其发射频率了从几十千赫兹到几百千赫兹。

6）电网开关操作过程及晶闸管导通过程。开关过程形成强烈的电流脉冲，在电网线路上形成严重干扰。其频谱主要在中波、短波、超短波频段。

7）家用电器骚扰（包括微电机、控制器、定时器）。由于电机换向器换向过程及定时器的开关动作均会对电网形成骚扰源。其骚扰频谱从几十千赫到数百兆赫均可获得。

8）电网电压波动。由供电电网电压的瞬时跌落以至中断，或者大容量负荷的突然投切，各相电压间的瞬变不平衡都将导致电压波形畸变，伴随高次谐波产生。传导骚扰频率虽然较低，从几百赫到几十千赫，但能量巨大，可对与电网相连的电子电气设备产生骚扰或引起误动作。

9.1.5 电磁干扰对电气电子设备的危害

电磁骚扰是一种客观存在的物理电磁现象，它可能引起降级或损害，但不一定形成后果。而电磁干扰则是电磁骚扰引起的后果。

强烈的电磁干扰可使灵敏的电子设备因过载而损坏。一般硅晶体管发射极与基极间的反向击穿电压为2～5V，而且其反向击穿电压随温度升高而下降。电磁干扰引起的尖峰电压能使发射结和集电结中某点杂质浓度增加，导致晶体管击穿或内部短路。在强射频电磁场下工作的晶体管会吸收足够的能量，使结温超过允许温升而导致损坏。

9.1.6 电磁兼容的含义

电磁兼容（Electro Magnetic Compatibility，EMC）是指设备或系统在其电磁环境中符合要求运行并不对其环境中的任何设备产生无法忍受的电磁干扰的能力。因此，EMC包括两个方面的要求：一方面是指设备在正常运行过程中对所在环境产生的电磁干扰不能超过一定的限值；另一方面是指设备对所在环境中存在的电磁干扰具有一定程度的抗扰度，即电磁敏感性。

9.1.7 电磁兼容的三要素

（1）电磁兼容通常需要指明某个特定的空间。例如，同一个房间和同一机柜。

（2）电磁兼容必须同时存在骚扰的发射体和感受体。

（3）电磁骚扰通过一定媒体（耦合途径）将发射体和感受体结合在一起。这个媒体可以是空间，也可以是公共电网或公共阻抗。

9.1.8 电磁兼容的限值间关联

在一个特定的空间内，如何使系统内和系统之间骚扰源的发射水平与感受体的抗扰性水平实现最佳配合，这就是系统电磁兼容性设计的关键所在。为将电磁兼容各种变量之间的关联有个明确的概念，用图示的方式表示。从图9-1中可以看出，系统设计任务就是选择合理的兼容性水平，并寻求足够的兼容性裕量。

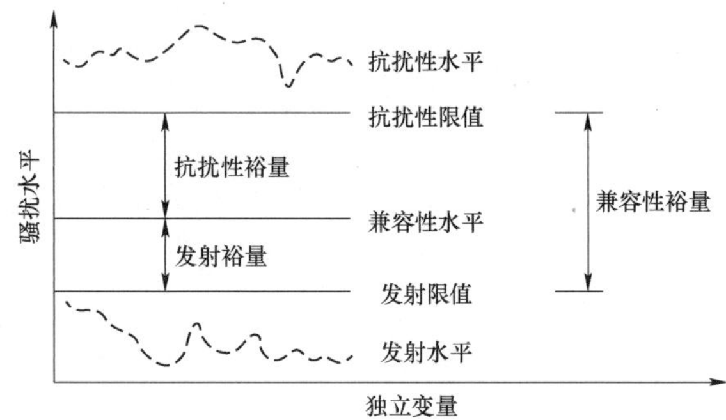

图9-1 电磁兼容各限值间的关联

9.1.9 电磁骚扰传播途径

电磁骚扰（electromagnetic disturbance）是指任何可能引起装置、设备或系统性能降低或者对生物或非生物产生不良影响的电磁现象。电磁骚扰可能是电磁噪声、无用信号或传播媒介自身的变化。电磁骚扰大致有三个传播途径：

1. 辐射途径

骚扰源如果不是处于一个全封闭的金属外壳内，就可以通过空间向外辐射电磁波，其辐射场强取决于装置的骚扰电流强度、等效辐射阻抗，以及骚扰源的发射频率。如果骚扰源的金属外壳带有缝隙与孔洞，则辐射的强度与骚扰波长有关。当孔洞的大小与波长可比拟时，则可形成骚扰子辐射源向四周辐射。另外，辐射场中的金属物体还可形成二次辐射。

2. 传导途径

骚扰源可通过与其相连的导线向外部发射，也可通过公共阻抗耦合，或接地回路耦合，将骚扰带入其他电路，此种传导发射是骚扰传播的主要途径。

3. 感应耦合途径

感应耦合途径是介于辐射途径与传导途径之间的第三条途径。当骚扰源的频率较低时，骚扰电磁波的辐射能力相当有限。同时骚扰源又不直接与其他导体连接，此时电磁骚扰能量可通过与其相邻的导体产生感应耦合，将电磁能转移到其他导体上去。在邻近导体内感应出骚扰电流或电压。感应耦合可以由导体间的电容耦合的形式出现，也可以由电感耦合的形式或电容、电感混合耦合的形式出现。

9.1.10　辐射骚扰

辐射骚扰（radiated disturbance）是指以电磁波的形式通过空间传播能量的电磁骚扰，有时也包括感应现象产生的骚扰。

从人体生理学来说，人体细胞在受到刺激兴奋时，会在细胞膜静息电位基础上发生快速电波动或可逆翻转，其频率如果与谐波频率相接近，电网谐波的电磁辐射就会直接影响人的脑磁场与心磁场。

9.1.11　传导骚扰

传导骚扰（conducted disturbance）是指通过一个或多个导体传递能量的电磁骚扰。在 EMC 的测量中，传导骚扰一般指在电源线与（参考）地之间，以及电源线之间存在的射频骚扰，即配电电网中的骚扰。其表现形式有谐波、间谐波、载波干扰，电压扰动，电压跌落和间断，电压不对称，工频偏差，感应低频电压，交流电网中的直流分量，单方向瞬变，振荡性瞬变。传导骚扰的几个物理计算模型：

（1）一对平行裸线的互感交连，如图 9－2 所示。

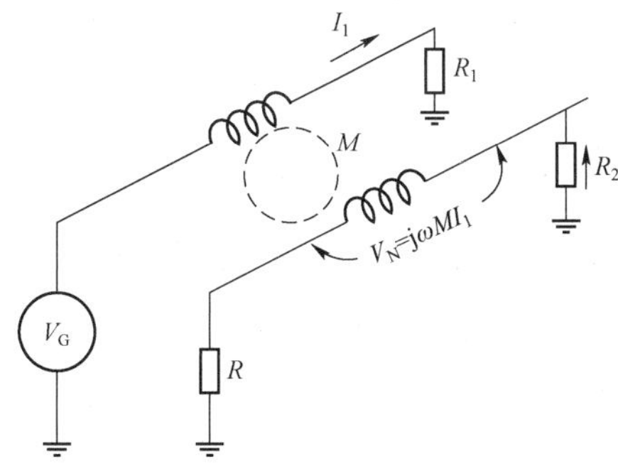

图 9－2　一对平行裸线之间的互感交连

（2）一根裸线与一根屏蔽线间的互感交连如图 9－3 所示。

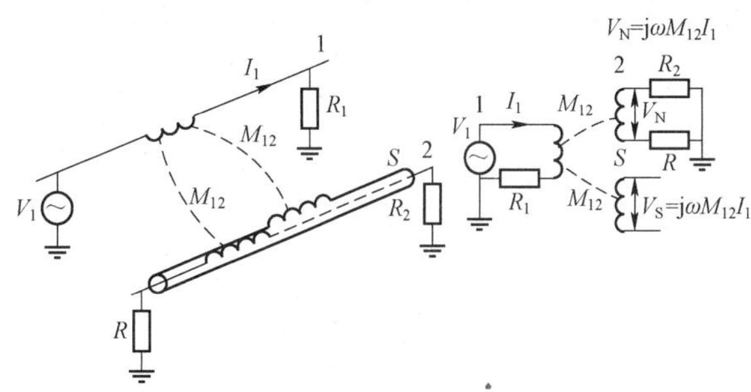

图 9－3　一根裸线与一根屏蔽线间的互感交连

（3）一对裸线间的寄生电容交连，如图 9－4 所示。

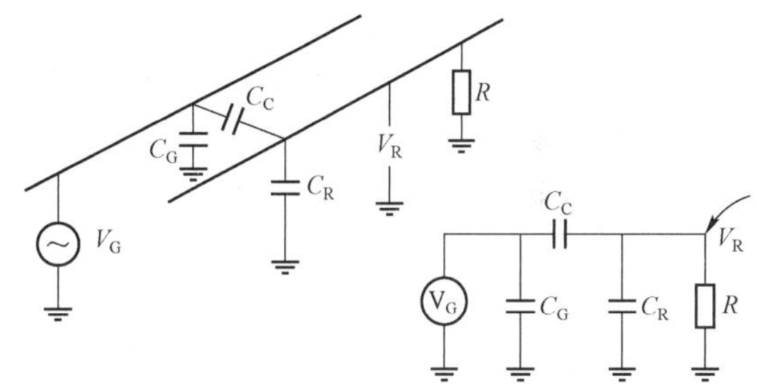

图 9－4　一对裸线间的寄生电容交连

（4）一根裸线与一根接地屏蔽线间的寄生电容交连，如图 9－5 所示。

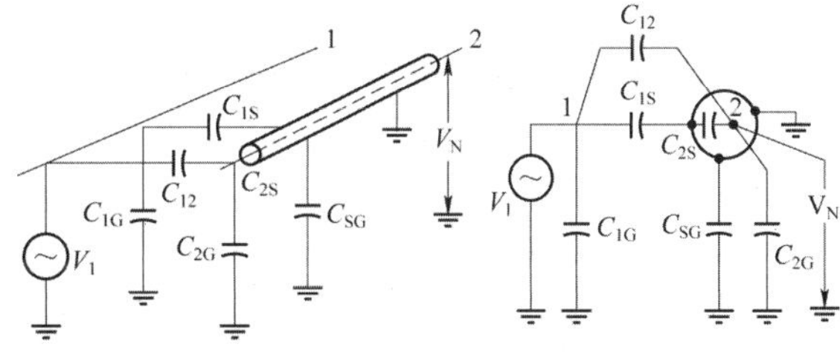

图 9－5　一根裸线与一根接地屏蔽线间的寄生电容交连

9.1.12　谐波

在建筑电气设计中，主要关注对象是谐波问题，谐波问题涉及以下基本概念：

基波分量（fundamental component）：指一个周期量的傅里叶级数的一次分量。

谐波分量（harmonic component）：指一个周期量的傅里叶级数中次数高于 1 的分量。

谐波次数（harmonic number）：指谐波频率与基波频率的整数比。

谐波含量（harmonic content）：指从一个交变量中减去其基波分量后得到的量。

基波系数（fundamental factor）：指基波分量与其所属交变量的方均根之比。

在供电系统中，通常总是希望交流电压和交流电流呈正弦波形。正弦电压可表示为

$$u(t)=\sqrt{2}U\sin(\omega t+\alpha) \tag{9-1}$$

式中：U 为电压有效值；α 为初相角；ω 为角频率，$\omega=2\pi f=2\pi/T$；f 为频率；T 为周期。

正弦电压施加在线性无源元件电阻、电感和电容上，其电流和电压分别为比例、积分和微分关系，仍为同频率的正弦波。但当正弦电压施加在非线性电路上时，电流就变成非正弦波，非正弦电流在电网阻抗上产生压降，会使电压波形也变为非正弦波。当然，非正弦电压施加在线性电路上时，电流也是非正弦波。对于周期 $T=2\pi/\omega$ 的非正弦电压 $u(\omega t)$，一般满足狄里赫利条件，可分解为如下形式的傅里叶级数

$$u(\omega t)=a_0+\sum_{n=1}^{\infty}(a_n\cos n\omega t+b_n\sin n\omega t) \tag{9-2}$$

式中

$$a_0=\frac{1}{2\pi}\int_0^{2\pi}u(\omega t)\,\mathrm{d}(\omega t) \tag{9-3}$$

$$a_n=\frac{1}{\pi}\int_0^{2\pi}u(\omega t)\cos n\omega t\,\mathrm{d}(\omega t) \tag{9-4}$$

$$b_n=\frac{1}{\pi}\int_0^{2\pi}u(\omega t)\sin n\omega t\,\mathrm{d}(\omega t)\quad(n=1,2,3,\cdots) \tag{9-5}$$

或

$$u(\omega t)=a_0+\sum_{n=1}^{\infty}c_n\sin(n\omega t+\varphi_n) \tag{9-6}$$

式中：c_n、φ_n 和 a_n、b_n 的关系为

$$c_n=\sqrt{a_n^2+b_n^2} \tag{9-7}$$

$$\varphi_n=\arctan(a_n/b_n) \tag{9-8}$$

$$a_n=c_n\sin\varphi_n \tag{9-9}$$

$$b_n=c_n\cos\varphi_n \tag{9-10}$$

在式（9-2）或式（9-6）的傅里叶级数中，频率为 1/T 的分量称为基波，频率为大于 1 整数倍基波频率的分量称为谐波，谐波次数为谐波频率和基波频率的整数比。以上公式及定义均以非正弦电压为例，对于非正弦电流的情况也完全适用，把式中 $u(\omega t)$ 转成 $i(\omega t)$ 即可。

n 次谐波电压含有率以 HRU_n（Harmonic Ratio U_n）表示。

$$\mathrm{HRU}_n=\frac{U_n}{U_1}\times100\% \tag{9-11}$$

式中：U_n 为第 n 次谐波电压电流有效值（方均根值）；U_1 为基波电压有效值。

n 次谐波电流含有率以 HRI_n 表示。

$$\mathrm{HRI}_n=\frac{I_n}{I_1}\times100\% \tag{9-12}$$

式中：I_n 为第 n 次谐波电压电流有效值（方均根值）；I_1 为基波电压有效值。

谐波电压含量 U_H 和谐波电流含量 I_H 分别定义为

$$U_\mathrm{H}=\sqrt{\sum_{n=2}^{\infty}U_n^2} \tag{9-13}$$

$$I_\mathrm{H}=\sqrt{\sum_{n=2}^{\infty}I_n^2} \tag{9-14}$$

电压谐波总畸变率 THD_u（total harmonic distortion）和电流谐波总畸变率 THD_i 分别定义为

$$\mathrm{THD}_u=\frac{U_\mathrm{H}}{U_1}\times100\% \tag{9-15}$$

$$\mathrm{THD}_i=\frac{I_\mathrm{H}}{I_1}\times100\% \tag{9-16}$$

可以看出，谐波是一个周期电气量中频率为大于 1 整数倍基波频率的正弦波分量。

9.1.13 静电及危害

静电放电是一种人为的骚扰源，它通过直接传导、电容耦合和电感耦合三种方式进入电子线路。由于屏蔽电磁场使用的导电性材料同样具有泄漏静电和吸收静电信号的效果，因此在防静电环境设计中应提高使用有屏蔽效能的材料比重，包括六面体装饰和窗帘、壁柜等的内装材料。由于屏蔽系统各部位之间的可靠连接对屏蔽效能有直接影响，因此在防静电工程施工中必须保证结合部位的可靠电气连接。总之，要阻止静电放电的传导和耦合来进行对于静电放电的有效防护。

由于静电场的电荷都集中在整个导体的外表面部分，导体内部电场强度均为零。因此当导体是个金属网，且这个金属网接地时，金属网外表的电荷被中和，而置于金属网内部的设备即可免遭外界电场的干扰而受到等电位保护，这就是静电屏蔽原理。在防静电环境设计中利用这个原理，可对环境中的电子设备和设施进行静电放电的屏蔽保护。由于金属屏蔽网同时具有对电磁波的吸收、反射作用，因此还具有电磁衰减的屏蔽效能，如钢筋屏蔽网的屏蔽效能一般为 20～25dB，但是静电屏蔽作用不能完全代替电磁屏蔽。

静电是无处不在物理现象，在普通的生产和工作环境中存在着广泛的静电发生源。用绝缘材料装饰的环境六面体，用绝缘材料制作的工作台和各类工、器

具，当相互摩擦、碰撞、剥离时，就会产生静电。环境中静电源的主要来源是人的活动，也就是指人是转移静电的载体。当环境中的风管、干燥空气和过滤介质相对运动时，空气调节系统和空气净化设施都会产生静电，都是静电发生源。此外，供电传输线路以及电工、电子设备发射的电磁骚扰，会引发电磁感应干扰等。

由于静电放电和静电电场感应的产生，导致电子器件、电子设备和设施损伤或性能下降，人体遭受电击伤害，易燃、易爆场所引燃引爆，尘埃的吸附而影响环境净化。因此对于电子器件、仪器设备的制造和应用场所，和易燃、易爆和环境洁净的生产场所都必须有一个防止静电危害的环境。

9.1.14 电能质量的概念

电能质量（power quality）问题可以定义为：导致用电设备故障或不能正常工作的电压、电流或频率的偏差，其内容包括频率偏差、电压偏差、电压波动与闪变、三相不平衡、瞬时或暂态过电压、波形畸变（谐波）、电压暂降、中断、暂升以及供电连续性等。

理想的电力系统应以恒定的频率（50Hz）和正弦波形，按规定的电压水平（标称电压）对用户供电。在三相交流电力系统中，各相的电压和电流应处于幅值大小相等，相位互差 120° 的对称状态。由于系统各元件（发电机、变压器、输电线路等）参数并不是理想线性或对称的，负荷性质各异且随机变化，加之调控手段的不完善以及运行操作、外来干扰和各种故障等原因，这种理想状态在实际当中并不存在，而由此产生了电网运行、电气设备和用电中的各种各样的问题，也就形成了电能质量的概念。

迄今为止，对电能质量的技术含义还存在着不同的认识，如电力企业可能把电能质量简单地看成是电压（偏差）与频率（偏差）的合格率，并且用统计数字来说明电力系统电能是符合质量要求的，电力用户则可能把电能质量笼统地看成是否向负荷正常供电，而设备制造厂家则认为合格的电能质量就是指电源特性完全满足电气设备正常设计工况的需要。

9.2 常用术语

1. 电磁环境　electromagnetic environment

存在于给定场所的电磁现象的总和。

2. 电磁功率密度　electromagnetic power density

穿过与电磁波能量传播方向垂直的面元功率与该面元面积之比，单位为瓦特每平方米（W/m^2）。

3. 等效辐射功率　equivalent radiation power

频率在 1000MHz 以下，等效辐射功率等于发射机标称功率与对半波天线而言的天线增益（倍数）的乘积；频率在 1000MHz 以上，等效辐射功率等于发射机标称功率与对全向天线而言的天线增益（倍数）的乘积。

4. 公众曝露　public exposure

公众所受的全部电场、磁场、电磁场照射，不包括职业照射和医疗照射。

5. 电磁骚扰　electro magnetic disturbance（EMD）

引起装置、设备或系统性能降低或对生物与非生物产生不良影响的电磁现象。

6. 电磁干扰　electro magnetic interference(EMI）

由电磁骚扰引起的设备、传输通道或系统性能下降的电磁现象。

7. 电磁敏感度　electro magnetic susceptibility（EMS）

电磁干扰电平的度量，反映对造成设备、系统性能劣化的程度。

8. 电磁兼容性　electro magnetic compatibility（EMC）

设备或系统在其电磁环境中能正常工作，且不对该环境中的其他物体构成不能承受的电磁骚扰的性能。

9. 电磁辐射　electromagnetic radiation

电场和磁场的交互变化生成电磁波，电磁波向空间发射或泄露的现象。

10. 电涌保护器　surge protective device（SPD）

用于限制瞬态过电压和分泄电涌电流的器件。它至少应包含一个非线性电压限制元件。

11. 骚扰限值　limit of disturbance

对应于规定测量方法的最大许可电磁骚扰电平。

12. 干扰限值　limit of interference

导致装置、设备或系统性能降低的电磁骚扰的最大允许值。

13.（骚扰源的）发射限值　emission limit(from a disturbing source）

规定的电磁骚扰源的最大发射电平。

14. 干扰抑制　interference suppression

削弱或消除电磁干扰的措施。

15. 电磁屏蔽　electromagnetic screen

用导电或导磁材料减少电磁场向指定区域穿透的屏蔽。

16. 传导骚扰　conducted disturbance

通过导体传递能量的电磁骚扰。

17. 基波（分量）　fundamental（component）

一个周期量的傅里叶级数的一次分量。

18. 谐波（分量） harmonic（component）

一个周期量的傅里叶级数中次数高于1的整数倍分量。

19. 间谐波 inter-harmonics

频率为基波频率的非整数倍的谐波。

20. 谐波次数 harmonic number

谐波频率与基波频率的整数比。

21. 谐波含有率 harmonic ratio

交变量中含有的第 n 次谐波分量的有效值与基波分量的有效值之比，用百分数表示。

22. 总谐波畸变率 total harmonic distortion ratio（THD）

指定谐波次数以下的各次谐波分量总有效值和基波有效值之比。

23. 高次谐波加权畸变率 partial weightingh-armonicdistortion factor（PWHD）

14 次及以上高次谐波有效值与基波有效值之比，用谐波次数 n 来加权。

24. 谐波源 harmonic source

向电网注入谐波电流或在电网中产生谐波电压的电气设备。

25. 短时谐波 short-timeharmonics

冲击持续的时间不超过 2s，且两次冲击之间的间隔时间不少于 30s 的电流所含有的谐波及其引起的谐波电压。

26. 波动谐波 fluctuatingharmonics

时大时小、较快变化的谐波。它是介于准稳态谐波（缓慢变化的谐波）和短时谐波之间的中间状态谐波。

27. 电源骚扰 mains-borne disturbance

经由供电电源线传输到装置上的电磁骚扰。

28. 供电系统阻抗 supply system impedance

从公共耦合点看进去的供电系统的阻抗。

29. 供电连接阻抗 service connection impedance

从公共耦合点到计量点用户侧之间的连接阻抗。

30. 公共连接点 point of common coupling（PCC）

电力系统中一个以上用户的连接处。

31. 电压波动 voltage fluctuation

电压方均根值一系列的变动或连续的改变。

32. 短路容量 short－circuit power

根据系统标称电压和公共连接点阻抗计算的三相短路功率值，即

$$S_{sc}=U_n^2/Z$$

33. 设备额定视在功率 rated apparent power

根据设备部分额定线电流有效值 I_{equ} 和额定相电压 U_p 或额定线电压 U_l 计算的功率值

$S_{equ}=U_pI_{equ}$ 对于单相设备

$S_{equ}=U_lI_{equ}$ 对于相间设备

$S_{equ}=\sqrt{3}\,U_lI_{equ}$ 对于三相平衡设备

$S_{equ}=3U_pI_{equ\,max}$ 对于三相不平衡设备，$I_{equ\,max}$ 指流经三相中任何一相最大电流有效值

34. 短路功率比 short－circuit ration

设备或用户装置的这一特性值用下述公式定义

$R_{sce}=S_{sc}/(3S_{equ})$ 对于单相设备

$R_{sce}=S_{sc}/(2S_{equ})$ 对于相间设备

$R_{sce}=S_{sc}/S_{equ}$ 对于三相设备

35. 电抗率 reactance ratio

电抗器的感抗与串联电容器的容抗之比，以百分数表示。

36. 对称控制 symmetrical control(single phase)

由设计成在交流电压或电流的正负半周按相同方式工作的装置所进行的控制。

37. 无源滤波器 passive filter

又称“LC 滤波器”，是利用电感、电容和电阻的组合设计构成的滤波电路。

38. 有源滤波器 active power filter（APF）

含有电压源或电流源等有源部件的滤波器。

39. 谐波滤除率 harmonic filtering ratio

装置接入后，已被滤除的第 n 次谐波电流的方均根值与装置接入前的第 n 次谐波电流的方均根值之比（用百分数表示）。

40. 总谐波滤除率 total harmonic filtering ratio

装置接入后，已被滤除的各次谐波电流的方均根值与装置接入前各次谐波电流的方均根值之比（用百分数表示）。

41.（有源滤波器）响应时间 response time

有源滤波器处于稳态工作情况下，在其规定工作范围内，从突然投入负载谐波（或无功）电流开始至总谐波滤除率达到技术指标要求的时间。

42. 电压暂降(电压骤降,电压凹陷) voltage dip

供电系统中某点的工频电压均方根值突然下降至额定值的 10%～90%，并在随后的 10ms～1min 的短暂持续期后恢复正常的现象。

9.3 电能质量标准体系

1. 通用标准

《电能质量 供电电压偏差》（GB/T 12325—2008）；

《电能质量 电压波动和闪变》（GB/T 12326—2008）；

《电能质量 公用电网谐波》（GB/T 14549—

1993)；

《电能质量 三相电压不平衡》(GB/T 15543—2008)；

《电能质量 电力系统频率偏差》(GB/T 15945—2008)；

《电能质量 暂时过电压和瞬态过电压》(GB/T 18481—2001)；

《电能质量 公用电网间谐波》(GB/T 24337—2009)；

《电能质量 电压暂降与短时中断》(GB/T 30137—2013)；

《电能质量 监测设备通用要求》(GB/T 19862—2016)。

2. 限值标准

《电磁兼容 限值 谐波电流发射限值（设备每相输入电流≤16A)》(GB 17625.1—2012)；

《电磁兼容 限值 对每相额定电流≤16A 且无条件接入的设备在公用低压供电系统中产生的电压变化、电压波动和闪烁的限制》(GB 17625.2—2007)；

《电磁兼容 限值 对额定电流大于 16A 的设备在低压供电系统中产生的电压波动和闪烁的限制》(GB/Z 17625.3—2000)；

《电磁兼容 限值 中、高压电力系统中畸变负荷发射限值的评估》(GB/Z 17625.4—2000)；

《电磁兼容 限值 中、高压电力系统中波动负荷发射限值的评估》(GB/Z 17625.5—2000)；

《电磁兼容 限值 对额定电流大于 16A 的设备在低压供电系统中产生的谐波电流的限值》(GB/Z 17625.6—2003)；

《公用低压供电系统低频传导干扰的信号的兼容性水平》(IEC61000－2)。

3. 试验与测量技术标准

《电磁兼容 试验和测量技术 抗扰度试验总论》(GB/T 17626.1—2006)；

《电磁兼容 试验和测量技术 静电放电抗扰度试验》(GB/T 17626.2—2018)；

《电磁兼容 试验和测量技术 射频电磁场辐射抗扰度试验》(GB/T 17626.3—2016)；

《电磁兼容 试验和测量技术 电快速瞬变脉冲群抗扰度试验》(GB/T 17626.4—2018)；

《电磁兼容 试验和测量技术 浪涌（冲击）抗扰度试验》(GB/T 17626.5—2008)；

《电磁兼容 试验和测量技术 射频场感应的传导骚扰抗扰度》(GB/T 17626.6—2017)；

《电磁兼容 试验和测量技术 供电系统及所连设备谐波、间谐波的测量和测量仪器导则》(GB/T 17626.7—2017)；

《电磁兼容 试验和测量技术 工频磁场抗扰度试验》(GB/T 17626.8—2006)；

《电磁兼容 试验和测量技术 脉冲磁场抗扰度试验》(GB/T 17626.9—2011)；

《电磁兼容 试验和测量技术 阻尼振铃磁场抗扰度试验》(GB/T 17626.10—2017)；

《电磁兼容 试验和测量技术 电压暂降、短时中断和电压变化的抗扰度试验》(GB/T 17626.11—2008)；

《电磁兼容 试验和测量技术 振铃波抗扰度试验》(GB/T 17626.12—2013)；

《电磁兼容 试验和测量技术 交流电源端口谐波、谐间波及电网信号的低频抗扰度试验》(GB/T 17626.13—2006)；

《电磁兼容 试验和测量技术 电压波动抗扰度试验》(GB/T 17626.14—2005)；

《电磁兼容 试验和测量技术 0～150kHz 共模传导骚扰抗扰度试验》(GB/T 17626.16—2007)；

《电磁兼容 试验和测量技术 直流电源输入端口纹波抗扰度试验》(GB/T 17626.17—2005)；

《电磁兼容 试验和测量技术 三相电压不平衡抗扰度试验》(GB/T 17626.27—2006)；

《电磁兼容 试验和测量技术 工频频率变化抗扰度试验》(GB/T 17626.28—2006)；

《电磁兼容 试验和测量技术 直流电源输入端口电压暂降、短时中断和电压变化的抗扰度试验》(GB/T 17626.29—2006)。

4. 建筑工程专项标准

《建筑电气工程电磁兼容技术规范》(GB 51204—2016)；

《民用建筑电气设计规范》(JGJ 16—2008)。

9.4　电能质量主要技术指标

9.4.1　电能质量指标体系

电能质量指标是电能质量各个方面的具体描述，不同的指标有不同的定义。参考国际电工委员会标准（表 9–1 和表 9–2)，从电磁现象及相互作用以及影响角度考虑给出的引起干扰的基本现象分类如下：

（1）电压中断、频率偏差、电压下跌、电压上升、瞬间脉冲、电压波动、电压闪变、电压暂降与短时断电、谐波、间谐波、过电压、欠电压。

（2）低频辐射现象：磁场、电场。

（3）高频传导现象：感应连续波（CW）电压与电流、单向瞬态、振荡瞬态。

（4）高频辐射现象：磁场、电场、电磁场（连续波、瞬态）。

（5）静电放电现象。

表 9－1　IEC 关于引起电磁扰动的基本现象分类

基本现象的英文原文	基本现象的译文
conducted low－frequency phenomena	传导型低频现象
harmonies，interharmonics	谐波，间谐波
signal systems（power line carrier）	信号系统（电力线谐波）
voltage fluctuations（Hicker）	电压波动（闪变）
voltage dips and intemJptions	电压暂降和中断
voJtage imbalance（unbalance）	电压不平衡
power frequency variations	工频变化
induced low－frequency voltages	感应低频电压
DC in ac networks	交流电网中的直流成分
radiated Iow－frequency phenomena	辐射型低频现象
magnetic fields	磁场
e1ecuic fields	电场
conducted high－frequency phenomena	传导型高频现象
induced continuous－wave（CW） voltages or currents	感应连续波（CW）电压或电流
unidirectional transients	单方向瞬变
oscillatory transients	振荡性瞬变
radiated high－frequency phenomena	辐射型高频现象
magnetic fields	磁场
electric Fields	电场
electromagnetic fields	电磁场
continuous waves	连续波
transients Eiectrostatic	瞬变
discharge phenomena（ESD）	静电放电现象（ESD）
nuclear electromagnetic pulse（NEMP）	核电磁脉冲（NEMP）

表 9－2　IEEE 的电力系统电磁扰动现象的特性及分类

类　别			典型频谱	典型持续时间	典型电源幅值
瞬变现象	冲击脉冲	纳秒级	5ns 上升	＜50ns	—
		微秒级	1μs 上升	50ns～1ms	—
		毫秒级	0.1ms 上升	＞1ms	—
	振荡	低频	＜5kHz	0.3～50ms	0～4p.u.
		中频	5～500kHz	20μs	0～8p.u.
		高频	0.5～5MHz	5μs	0～4p.u.
短期变化	瞬间	间断	—	0.5～30 周	＜0.1p.u.
		暂降（凹陷）	—	0.5～30 周	0.1～0.9p.u.
		凸起	—	0.5～30 周	1.1～1.8p.u.
	暂时	间断	—	30 周～3s	＜0.1p.u.
		暂降（凹陷）	—	30 周～3s	0.1～0.9p.u.
		凸起	—	30 周～3s	1.1～1.4p.u.
	短时	间断	—	3s～1min	＜0.1p.u.
		暂降（凹陷）	—	3s～1min	0.1～0.9p.u.
		凸起	—	3s～1min	1.1～1.2p.u.
长期变动	持续间断		—	＞1min	0.0p.u.
	欠电压		—	＞1min	0.8～0.9p.u.
	过电压		—	＞1min	1.1～1.2p.u.

续表

类　　别		典型频谱	典型持续时间	典型电源幅值
电压不平衡		—	稳态	0.5%～2%
波形畸变	直流偏移	—	稳态	0～0.1%
	谐波	0～100 倍的基波频率	稳态	0～20%
	间谐波	0～6kHz	稳态	0～2%
	电压缺口（陷波）	—	稳态	—
	噪声	宽带	稳态	0～1%
电压波动		＜25Hz	间歇	0.1%～7% 0.2～2Pst
工频变化		—	＜10s	—

9.4.2　公共电网电能质量指标

（1）公共电网电压波动、电压偏差、电压不平衡、电源频率变化和总谐波畸变率等参数的兼容水平宜满足表 9－3 的要求。

表 9－3　　电压波动、电压变化、电压不平衡和电源频率变化等参数的兼容水平限值

骚　　扰		兼容水平
电压波动，短期严酷度 P_{st}		1
电压波动，长期严酷度 P_{lt}		0.8
电压变化，对于额定电压 U_n 的偏差 $\Delta U/U_n$	35kV 供电电压	±10%
	20kV 及以下三相供电电压	±7%
	220V 单相供电电压	+7%，－10%
电压不平衡，U_{neg}/U_{pos}		2%
电源频率偏移，Δf		±0.2Hz
长期影响的电压总谐波畸变率，THD_U		8%
短期影响的电压总谐波畸变率，THD_U		11%

（2）公共电网谐波电压的兼容水平宜满足表 9－4 的要求。

表 9－4　　0.4kV 电网各次电压谐波分量的兼容水平限值

奇次谐波 非 3 的整数倍		奇次谐波 3 的整数倍		偶次谐波	
谐波次数 h	谐波电压（%）	谐波次数 h	谐波电压（%）	谐波次数 h	谐波电压（%）
5	6	3	5	2	2
7	5	9	1.5	4	1
11	3.5	15	0.4	6	0.5
13	3	21	0.3	8	0.5
$17\leqslant h\leqslant 49$	2.27×（17/h）－0.27	$21<h\leqslant 45$	0.2	$10\leqslant h\leqslant 50$	2.25×（10/h）+0.25

（3）220V 供电系统的基频附近间谐波引起闪烁（P_{st}=1）的兼容水平及相应的闪烁感受在图 9－6 中给出，对应的间谐波电压水平应符合表 9－5 的规定。

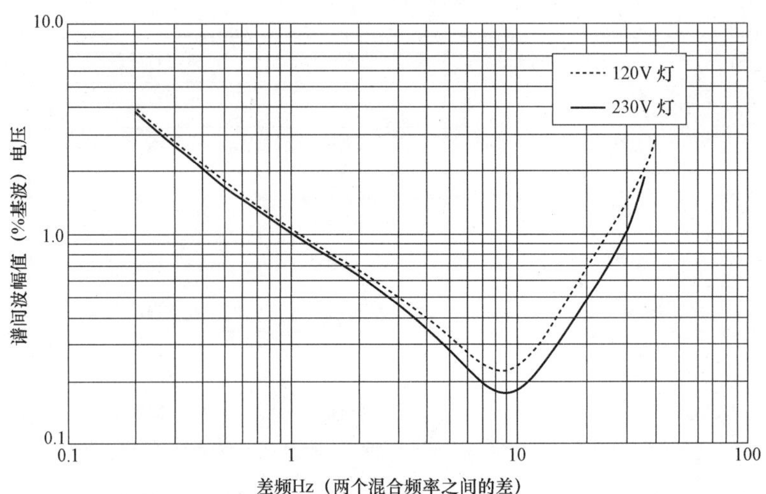

图 9-6 间谐波引起闪烁的兼容水平（差频效应）（闪烁计相应 $P_{st}=1$）

表 9-5 闪烁效应兼容水平所对应的间谐波电压水平

谐波次数 n	间谐波频率/Hz	间谐波电压水平（%）	谐波次数 n	间谐波频率/Hz	间谐波电压水平（%）
$0.2<n\leq0.6$	$10<f_n\leq30$	0.51	$1.04<n\leq1.08$	$52<f_n\leq54$	0.36
$0.60<n\leq0.64$	$30<f_n\leq32$	0.43	$1.08<n\leq1.12$	$54<f_n\leq56$	0.24
$0.64<n\leq0.68$	$32<f_n\leq34$	0.35	$1.12<n\leq1.16$	$56<f_n\leq58$	0.18
$0.68<n\leq0.72$	$34<f_n\leq36$	0.28	$1.16<n\leq1.24$	$58<f_n\leq62$	0.18
$0.72<n\leq0.76$	$36<f_n\leq38$	0.23	$1.24<n\leq1.28$	$62<f_n\leq64$	0.23
$0.76<n\leq0.84$	$38<f_n\leq42$	0.18	$1.28<n\leq1.32$	$64<f_n\leq66$	0.28
$0.84<n\leq0.88$	$42<f_n\leq44$	0.18	$1.32<n\leq1.36$	$66<f_n\leq68$	0.35
$0.88<n\leq0.92$	$44<f_n\leq46$	0.24	$1.36<n\leq1.40$	$68<f_n\leq70$	0.43
$0.92<n\leq0.96$	$46<f_n\leq48$	0.36	$1.4<n\leq1.8$	$70<f_n\leq90$	0.51
$0.96<n\leq1.04$	$48<f_n\leq52$	0.64			

（4）建筑物供电系统电源侧公共连接点上的频率偏差不应超过±0.2Hz。

（5）建筑物供电系统电源侧公共连接点或公共母线上的电压暂降和电压短时中断指标应符合《电能质量　电压暂降与短时中断》（GB/T 30137）的规定。

（6）35kV 系统供电电压正、负偏差的绝对值之和不应超过额定电压的 10%；20kV 及以下三相供电系统电压偏差不应超过额定电压的±7%；220V 单相供电系统电压偏差不应超过额定电压的+7%、-10%。

（7）建筑物供电系统电源侧公共连接点上的电压变动限值应符合表 9-6 的规定。

表 9-6　电力系统公共连接点的电压变动限值

r（n）	电压变动限值 d（%）	
	$U_n\leq35$kV	35kV$<U_n\leq220$kV
$r\leq1$	4	3
$1<r\leq10$	3	2.5
$10<r\leq100$	2	1.5
$100<r\leq1000$	1.25	1

（8）建筑物供电系统电源侧公共连接点上的正常电压不平衡度不应超过±2%，短时不得超过±4%；接于电力系统公共连接点的每个用户，引起该点正常电压不平衡度不宜超过±1.3%。

（9）建筑物供电系统电源侧公共连接点上的谐波相电压限值应符合表 9－7 的规定。

表 9－7　公共连接点电源侧或公共母线上的谐波相电压限值

电网标称电压/kV	电压总谐波畸变率（%）	各次谐波电压含有率（%）	
		奇次	偶次
0.38	5.0	4.0	2.0
6	4.0	3.2	1.6
10			
35	3.0	2.4	1.2

9.4.3　建筑物供电系统谐波分量允许值

建筑物供电系统电源侧公共连接点上的全部用户向该点注入的谐波电流分量方均根值不应大于表 9－8 的规定。

表 9－8　谐波次数及谐波电流允许值

标准电压/kV	基准短路容量/MVA	谐波次数及谐波电流允许值 A																						
		2	3	4	5	7	8	9	10	11	12	13	14	15	16	17	18	19	20	21	22	23	24	25
6	100	43	34	21	34	24	11	11	8.5	16	7.1	13	6.1	6.8	5.3	10	4.7	9	4.3	4.9	3.9	7.4	3.6	6.8
10	100	26	20	13	20	15	6.4	6.8	5.1	9.3	4.3	7.9	3.7	4.1	3.2	6	2.8	5.4	2.6	2.9	2.3	4.5	2.1	4.1
35	250	15	12	7.7	12	8.8	3.8	4.1	3.1	5.6	2.6	4.7	2.2	2.5	1.9	3.6	1.7	3.2	1.5	1.8	1.4	2.7	1.3	2.5

9.5　电磁环境

9.5.1　建筑电磁环境主要技术指标

（1）建筑物位于输变电工程电磁环境影响评价范围内时，应按《环境影响评价技术导则输变电工程》（HJ 24—2014）的要求做电磁环境的仿真分析与综合评价（表 9–9 和表 9–10）。

《环境影响评价技术导则输变电工程》（HJ 24—2014）中规定了 110kV 及以上电压等级的交流输变电工程、±100kV 及以上电压等级的直流输电工程建设项目环境影响评价的内容和方法。其中 4.6.1 条规定电磁环境影响评价工作等级划分为三级：一级评价要求对电磁环境影响进行全面、详细、深入评价；二级评价要求对电磁环境影响进行较为详细、深入评价；三级评价可只进行电磁环境影响分析。进行电磁环境影响评价工作等级划分时，如工程涉及多个电压等级或涉及交、直流的组合，应以其最高工作电压等级进行定级和评价。

表 9－9　输变电工程电磁环境影响评价范围

分类	电压等级	评价范围		
		变电站、换流站、开关站、串补站	线路	
			架空线路	地下电缆
交流	110kV	站界外 30m	边导线地面投影外两侧各 30m	电缆管廊两侧边缘各外延 5m（水平距离）
	220～330kV	站界外 40m	边导线地面投影外两侧各 40m	
	500kV 及以上	站界外 50m	边导线地面投影外两侧各 50m	
直流	±100kV 及以上	站界外 50m	极导线地面投影外两侧各 50m	

表 9－10　输变电工程电磁环境影响评价工作等级

分类	电压等级	工程	条　　件	评价工作等级
交流	110kV	变电站	户内式、地下式	三级
			户外式	二级

续表

分类	电压等级	工程	条　件	评价工作等级
交流		输电线路	（1）地下电缆 （2）边导线地面投影外两侧各 10m 范围内无电磁环境敏感目标的架空线	三级
			边导线地面投影外两侧各 10m 范围内有电磁环境敏感目标的架空线	二级
	220～330kV	变电站	户内式、地下式	三级
			户外式	二级
		输电线路	（1）地下电缆 （2）边导线地面投影外两侧各 10m 范围内无电磁环境敏感目标的架空线	三级
			边导线地面投影外两侧各 10m 范围内有电磁环境敏感目标的架空线	二级
	500kV 及以上	变电站	户内式、地下式	二级
			户外式	一级
		输电线路	（1）地下电缆 （2）边导线地面投影外两侧各 20m 范围内无电磁环境敏感目标的架空线	二级
			边导线地面投影外两侧各 20m 范围内有电磁环境敏感目标的架空线	一级
直流	±400kV 及以上	—	—	一级
	其他	—	—	一级

注：根据同电压等级的变电站确定开关站、串补站的电磁环境影响评价工作等级，根据直流侧电压等级确定换流站的电磁环境影响评价工作等级。

《环境影响评价技术导则输变电工程》（HJ 24—2014）规定了电磁环境影响评价的基本要求。

一级评价的基本要求：对于输电线路，其评价范围内具有代表性的敏感目标和典型线位的电磁环境现状应实测，对实测结果进行评价，并分析现有电磁源的构成及其对敏感目标的影响；电磁环境影响预测应采用类比监测和模式预测结合的方式。对于变电站、换流站、开关站和串补站，其评价范围内临近各侧站界的敏感目标和站界的电磁环境现状应实测，并对实测结果进行评价，分析现有电磁源的构成及其对敏感目标的影响，电磁环境影响预测应采用类比监测的方式。

二级评价的基本要求：对于输电线路，其评价范围内具有代表性的敏感目标的电磁环境现状应实测，非敏感目标处的典型线位电磁环境现状可实测，也可利用评价范围内已有的最近 3 年内的监测资料，并对电磁环境现状进行评价。电磁环境影响预测应采用类比监测和模式预测结合的方式。对于变电站、换流站、开关站和串补站，其评价范围内临近各侧站界的敏感目标的电磁环境现状应实测，站界电磁环境现状可实测，也可利用已有的最近 3 年内的电磁环境现状监测资料，并对电磁环境现状进行评价。电磁环境影响预测应采用类比监测的方式。

三级评价的基本要求：对于输电线路，重点调查评价范围内主要敏感目标和典型线位的电磁环境现状，可利用评价范围内已有的最近 3 年内的监测资料。若无现状监测资料时应进行实测，并对电磁环境现状进行评价。电磁环境影响预测一般采用模式预测的方式。输电线路为地下电缆时，可采用类比监测的方式。

对于变电站、换流站、开关站和串补站，重点调查评价范围内主要敏感目标和站界的电磁环境现状，可利用评价范围内已有的最近 3 年内的电磁环境现状监测资料。若无现状监测资料时应进行实测，并对电磁环境现状进行评价。电磁环境影响预测可采用定性分析的方式。

（2）当建筑物位于无线发射设备的电磁环境影响评价范围内时，应根据电磁辐射环境影响评价报告要求实施。当公众曝露在多个频率的电场、磁场、电磁场中时，电磁环境的评价应综合考虑多个频率的电场、磁场、电磁场所致暴露，且应满足《电磁环境控制限值》（GB 8702）的相关要求。

除变电站等设备机房外，建筑物室内空间和建筑物室外附属空间电磁环境公众曝露控制限值不应超过表 9-11 的规定。

表 9-11　电磁环境公众曝露控制限值

频率范围	电场强度 E /（V/m）	磁场强度 H /（A/m）	磁感应强度 B /μT	等效平面波功率密度 S_{eq}/（W/m²）
1～8Hz	8000	32 000/f^2	4000/f^2	
8～25Hz	8000	4000/f	5000/f	
0.025～1.2kHz	200/f	4/f	5/f	
1.2～2.9kHz	200/f	3.3	4.1	
2.9～57kHz	70	10/f	12/f	
57～100kHz	4000/f	10/f	12/f	
0.1～3MHz	40	0.1	0.12	4
3～30MHz	67/$f^{1/2}$	0.17/$f^{1/2}$	0.21/$f^{1/2}$	12/f
30～3000MHz	12	0.032	0.04	0.4
3000～15 000MHz	0.22/$f^{1/2}$	0.001/$f^{1/2}$	0.0012/$f^{1/2}$	f/7500
15～300GHz	27	0.073	0.092	2

注：1. 频率 f 的单位为所在行中第一栏的单位。

2. 0.1MHz～300GHz 频率，场量参数是任意连续 6min 内的方均根值。

3. 100kHz 以下频率，需同时限制电场强度和磁感应强度；100kHz 以上频率，在远区场，可以只限制电场强度或磁场强度，或等效平面波功率密度，在近区场，需同时限制电场强度和磁场强度。

4. 架空输电线路下的耕地、园地、牧草场、畜禽饲养地、养殖水面、道路等场所，其频率为 50Hz 的电场强度限值为 10kV/m，且应给出警示和防护指示标志。

5. 对于脉冲电磁波，除满足上述要求外，其功率密度的瞬时峰值不得超过本表所列限值的 1000 倍，或场强的瞬时峰值不得超过本表所列限值的 32 倍。

（3）如建筑物外部或内部存在大功率电磁辐射发射装置，导致建筑物内局部或全部区域电磁环境超过表 9-11 规定的控制限值时，应采取防护措施。

距高压交流架空送电线路边导线投影 20m 处对于 0.5MHz 无线电信号的干扰限值应符合表 9-12 的规定。

表 9-12　无线电干扰限值（距边导线投影 20m 处，考核频率为 0.5MHz）

线路电压/kV	110	220～330	500	750	1000
无线电干扰限值/dB（μV/m）	46	53	55	58	58

注：1. 750kV 和 1000kV 交流架空输电线路，好天气下的无线电干扰不应大于 55dB（μV/m）。

2. 0.15～30MHz 频段中其他频率、高压架空送电线无线电干扰限值应按《高压交流架空送电线无线电干扰限值》（GB 15707—2017）附录 A 中 A.1 修正。

3. 其他距离测量的无线电干扰值按照附录 A 中 A.3 修正。

（4）建筑工程中，由下列装置造成的电磁辐射可免于监测与评价：

1）100kV 以下电压等级的交流输变电设施。

2）向没有屏蔽空间发射 0.1MHz～300GHz 电磁场的，其等效辐射功率小于表 9-13 所列数值的设施（设备）。

表 9-13　豁免设施（设备）的等效辐射功率

频率范围/MHz	等效辐射功率/W
0.1～3	300
＞3～300 000	100

9.5.2　架空线路的电磁辐射

1. 架空输配电线路电磁辐射的计算

110～500kV 高压交流架空线路产生的无线电干扰场强可按下列方法计算：

$$E=3.5g_{max}+12r-30+33\lg\frac{20}{D} \qquad (9-17)$$

式中：E 为无线电干扰场强，dB（μV/m）；r 为导线半径，cm；D 为被干扰点距导线的距离，m；g_{max} 为导线表面最大电位梯度，kV/cm。

$$g_{max}=g\left[1+(n-1)\frac{d}{R}\right] \qquad (9-18)$$

式中：R 为通过次导线中心的圆周直径 cm；n 为次导线根数；d 为次导线直径 cm；g 为导线的平均表面电位梯度。

$$g=\frac{Q}{\pi\varepsilon_0 dn} \qquad (9-19)$$

式中：Q 为每极导线的等效总电荷。

2. 高压交流架空送电线无线电干扰场强

根据式（9－17）计算出高压交流架空送电线三相导线的每相在某一点产生的无线电干扰场强，如果有一相的无线电干扰场强值至少大于其余的每相值 3dB（μV/m），则高压交流架空送电线无线电干扰场强值即为该场强值，否则按照下式计算：

$$E=\frac{E_1+E_2}{2}+1.5 \qquad (9-20)$$

式中：E 为高压交流架空送电线无线电干扰场强，dB（μV/m）；E_1,E_2 为三相导线中的最大两个无线电干扰场强，dB（μV/m）。

3. 80%时间概率下，具有 80%置信度的无线电干扰场强值

由式（9－17）计算的是 50%时间概率下的无线电干扰场强值，对于 80%时间概率、具有 80%置信度的无线电干扰场强值可由该值增加 6～10dB（μV/m）得到。

4. 高压交流架空送电线无线电干扰限值的频率修正公式

高压交流架空送电线无线电干扰限值的频率修正公式可按下列公式计算：

$$\Delta E=5\left[1-2(\lg10f)^2\right] \qquad (9-21)$$

或

$$\Delta E=20\lg\frac{1.5}{0.5+f^{1.75}}-5 \qquad (9-22)$$

式中：ΔE 为相对于 0.5MHz 的干扰场强的增量，dB（μV/m）；f 为频率，MHz。

5. 无线电干扰场强的距离修正

高压交流架空送电线无线电干扰距离特性由下式表示：

$$E_x=E+k\times\lg\frac{400+(H-h)^2}{x^2+(H-h)^2} \qquad (9-23)$$

式中：E_x 为距边导线投影 X_m 处干扰场强，dB（μV/m）；E 为距边导线投影 20m 处干扰场强，dB（μV/m）；x 为距边导线投影距离，m；h 为测量仪天线的架设高度，m；k 为衰减系数。

对于 0.15～0.4MHz 频段，k 取 18;，对于大于 0.4～30MHz 频率，k 取 16.5。式（9－23）适用于距导线投影距离小于 100m 处。

根据式（9－23）可以把距边导线投影不为 20m 处测量的干扰场强修正到 20m 处，或计算出距离边导线投影不为 20m 处的无线电干扰限值。

6. 超高压送电线下空间的工频电场强度计算方法

根据“国际大电网会议第 36.01 工作组”推荐的方法，利用等效电荷法计算高压送电线（单相和三相高压送电线）下空间工频电场强度。

7. 单位长度导线上等效电荷的计算

高压送电线上的等效电荷是线电荷，由于高压送电线半径 r 远远小于架设高度 h，所以等效电荷的位置可以认为是在送电导线的几何中心。

设送电线路为无限长并且平行于地面，地面可视为良导体，利用镜像法计算送电线上的等效电荷。

为了计算多导线线路中导线上的等效电荷，可写出下列矩阵方程

$$\begin{bmatrix}U_1\\U_2\\\vdots\\U_n\end{bmatrix}=\begin{bmatrix}\lambda_{11}&\lambda_{12}&\cdots&\lambda_{1n}\\\lambda_{21}&\lambda_{22}&\cdots&\lambda_{2n}\\\vdots&\vdots&&\vdots\\\lambda_{n1}&\lambda_{n2}&\cdots&\lambda_{nn}\end{bmatrix}\begin{bmatrix}Q_1\\Q_2\\\vdots\\Q_3\end{bmatrix} \qquad (9-24)$$

式中：$\boldsymbol{U}$ 为各导线对地电压的单列矩阵；$\boldsymbol{Q}$ 为各导线上等效电荷的单列矩阵；$\boldsymbol{\lambda}$ 为各导线的电位系数组成的 n 阶方阵（n 为导线数目）。

$\boldsymbol{U}$ 矩阵可由送电线的电压和相位确定，从环境保护考虑以额定电压的 1.05 倍作为计算电压。由三相 550kV（线间电压）回路（图 9－7）各相的相位和分量，则可计算各导线对地电压为

$$|U_A|=|U_B|=|U_C|$$
$$=\frac{500\times1.05}{\sqrt{3}}\text{kV}$$
$$=303.1\text{kV}$$

各导线对地电压分量为

$$U_A=(303.1+j0)(\text{kV})$$
$$U_B=(-151.6+j262.5)(\text{kV})$$
$$U_C=(-151.6-j262.5)(\text{kV})$$

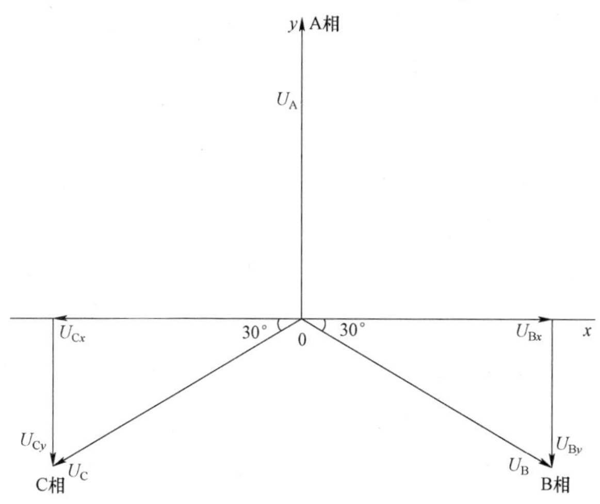

图 9－7　对地电压计算图

λ 矩阵由镜像原理求得。地面为电位等于零的平面，地面的感应电荷可由对应地面导线的镜像电荷代替，用 $i, j, \cdots$表示相互平行的实际导线，用 i'，j'，…表示它们的镜像，如图 9－8 所示，电位系数可为

$$\lambda_i = \frac{1}{2\pi\varepsilon_0} \ln \frac{2h_i}{R_i} \tag{9-25}$$

$$\lambda_{ij} = \frac{1}{2\pi\varepsilon_0} \ln \frac{L'_{ij}}{L_{ij}} \tag{9-26}$$

$$\lambda_{ij} = \lambda_{ji} \tag{9-27}$$

式中：ε_0 为空气介电常数，$\varepsilon_0 = \frac{1}{36\pi} \times 10^{-9}$ F/m；R_i 为送电导线半径，对于分裂导线可用等效单根导线半径代入，R_i 的计算式为

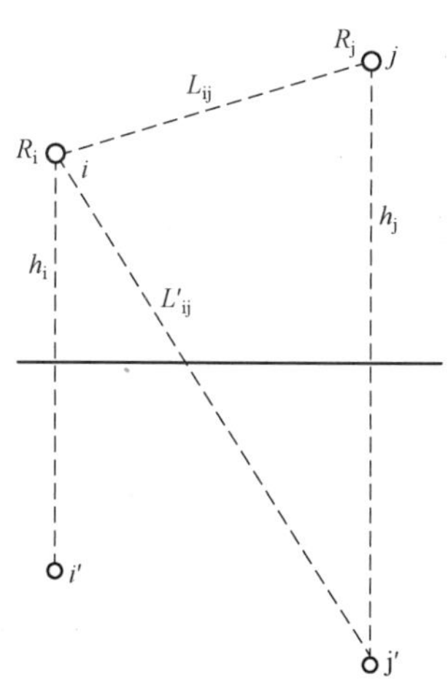

图 9－8　电位系数计算图

$$R_i = R \sqrt[n]{\frac{nr}{R}} \tag{9-28}$$

式中：R 为分裂导线半径（图 9－9）；n 为次导线根数；r 为次导线半径。

由 $\boldsymbol{U}$ 矩阵和 $\boldsymbol{\lambda}$ 矩阵，利用式（9－24）即可解出 $\boldsymbol{Q}$ 矩阵。

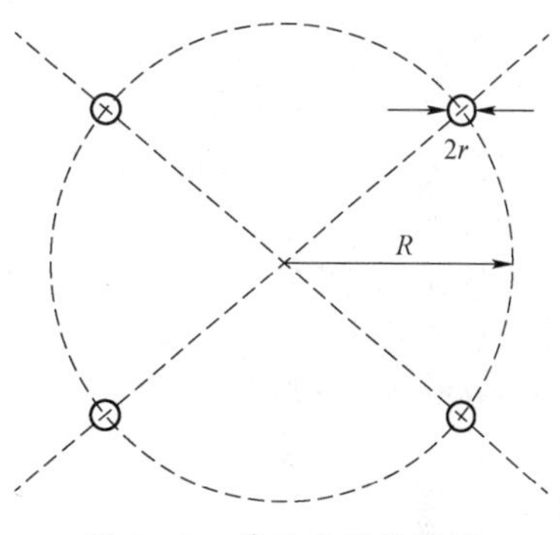

图 9－9　等效半径计算图

对于三相交流线路，由于电压为时间向量，计算各相导线的电压时要用复数表示

$$\overline{U_i} = U_{iR} + \mathrm{j}U_{iI} \tag{9-29}$$

相应地电荷也是复数量

$$\overline{Q_i} = Q_{iR} + \mathrm{j}Q_{iI} \tag{9-30}$$

式（9－24）矩阵关系即分别表示了复数量的实数和虚数两部分

$$U_R = \lambda Q_R \tag{9-31}$$

$$U_I = \lambda Q_I \tag{9-32}$$

8. 计算由等效电荷产生的电场

为计算地面电场强度的最大值，通常取夏天负荷有最大弧垂时导线的最小对地高度。因此，所计算的地面场强仅对档距中央一段（该处场强最大）是符合的。

当各导线单位长度的等效电荷量求出后，空间任意一点的电场强度可根据叠加原理计算得出，在（x，y）点的电场强度分量 E_x 和 E_y 可表示为

$$E_x = \frac{1}{2\pi\varepsilon_0} \sum_{i=1}^{m} Q_i \left(\frac{x - x_i}{L_i^2} - \frac{x - x_i}{(L'_i)^2} \right) \tag{9-33}$$

$$E_y = \frac{1}{2\pi\varepsilon_0} \sum_{i=1}^{m} Q_i \left(\frac{y - y_i}{L_i^2} - \frac{y + y_i}{(L'_i)^2} \right) \tag{9-34}$$

式中：x_i、y_i 为导线 i 的坐标（i =1, 2, …, m）；m 为导线数目；L_i、L'_i 为导线 i 及其镜像至计算点的距离。

对于三相交流线路，可根据式（9－33）和式（9－34）

求得的电荷计算空间任一点电场强度的水平和垂直分量为

$$\overline{E_x} = \sum_{i=1}^{m} E_{ixR} + j\sum_{i=1}^{m} E_{ixI} = E_{xR} + jE_{xI} \quad (9-35)$$

$$\overline{E_y} = \sum_{i=1}^{m} E_{iyR} + j\sum_{i=1}^{m} E_{iyI} = E_{yR} + jE_{yI} \quad (9-36)$$

式中：E_{xR} 为由各导线的实部电荷在该点产生电场强度的水平分量；E_{xI} 为由各导线的虚部电荷在该点产生电场强度的水平分量；E_{yR} 为由各导线的实部电荷在该点产生电场强度的垂直分量；E_{yI} 为由各导线的虚部电荷在该点产生电场强度的垂直分量。

该点的合成电场强度则为

$$\bar{E} = (E_{xR} + jE_{xI})\bar{x} + (E_{yR} + jE_{yI})\bar{y} = \overline{E_x} + \overline{E_y} \quad (9-37)$$

式中

$$E_x = \sqrt{E_{xR}^2 + E_{xI}^2} \quad (9-38)$$

$$E_y = \sqrt{E_{yR}^2 + E_{yI}^2} \quad (9-39)$$

在地面处（y=0）电场强度的水平分量为

$$E_x = 0$$

接地架空线对于地面附近电场强度的影响很小，对 500kV 单回路水平排列的几种情况计算表明，没有架空地线时较有架空地线时的电场强度增加约 1%～2%，所以常不计架空地线影响而使计算简化。

计算举例：如图 9－10 所示的单回路 500kV 三相架空送电线路，导线成水平状架设，采用 n=4 的分裂导线，求 P 点（x=15m，y=1m）处工频电场强度值。

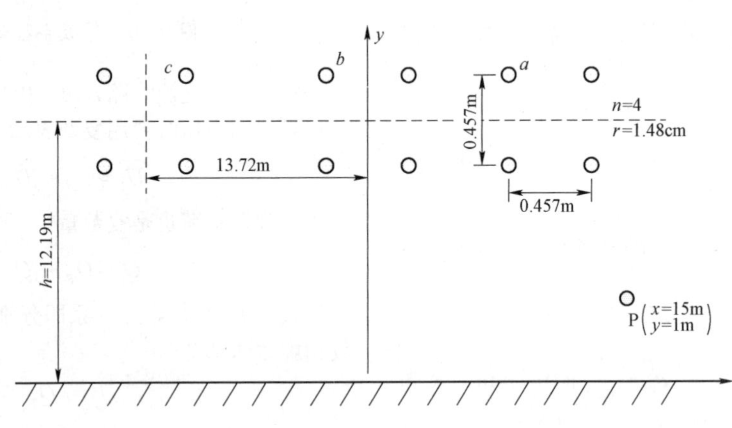

图 9－10　计算例图

9. 单位长度导线上等效电荷计算

分裂导线半径 $R = 0.457 \times \frac{\sqrt{2}}{2}\text{m} = 0.323\text{m}$

等效导线半径 $R_i = 0.323\sqrt[4]{\frac{4\times 0.0148}{0.323}}\text{m} = 0.211\text{m}$

导线对地电压 U_a=（303.1＋j0）kV

U_b=(－151.6＋j262.5)kV

U_c=(－151.6－j262.5)kV

依此可写成实部和虚部两个矩阵

$$\boldsymbol{U}_R = \begin{bmatrix} 303.1 \\ -151.6 \\ -151.6 \end{bmatrix} \qquad \boldsymbol{U}_I = \begin{bmatrix} 0 \\ 262.5 \\ -262.5 \end{bmatrix}$$

电位系数为 $\lambda_{11} = \frac{1}{2\pi\varepsilon_0}\ln\frac{2h}{R_i} = \frac{1}{2\pi\varepsilon_0}\times 4.75$

$$\lambda_{12} = \lambda_{21} = \frac{1}{2\pi\varepsilon_0}\ln\frac{L'_{12}}{L_{12}} = \frac{1}{2\pi\varepsilon_0}\times 0.71$$

$$\lambda_{13} = \lambda_{31} = \frac{1}{2\pi\varepsilon_0}\ln\frac{L'_{13}}{L_{13}} = \frac{1}{2\pi\varepsilon_0}\times 0.29$$

根据导线的对称关系，可知

$$\lambda_{22} = \lambda_{33} = \lambda_{11}$$
$$\lambda_{23} = \lambda_{32} = \lambda_{12}$$

依此写出电位系数矩阵

$$\boldsymbol{\lambda} = \frac{1}{2\pi\varepsilon_0}\begin{bmatrix} 4.75 & 0.71 & 0.29 \\ 0.71 & 4.75 & 0.71 \\ 0.29 & 0.71 & 4.75 \end{bmatrix}$$

则按式（9－24）可得

$$\boldsymbol{U}_R = \boldsymbol{\lambda}\boldsymbol{Q}_R$$

$$\boldsymbol{U}_I = \boldsymbol{\lambda Q}_I$$

即
$$\begin{bmatrix} 303.1 \\ -151.6 \\ -151.6 \end{bmatrix} = \frac{1}{2\pi\varepsilon_0}\begin{bmatrix} 4.75 & 0.71 & 0.29 \\ 0.71 & 4.75 & 0.71 \\ 0.29 & 0.71 & 4.75 \end{bmatrix}\begin{bmatrix} Q_{1R} \\ Q_{2R} \\ Q_{3R} \end{bmatrix}$$

$$\begin{bmatrix} 0 \\ 262.5 \\ -262.5 \end{bmatrix} = \frac{1}{2\pi\varepsilon_0}\begin{bmatrix} 4.75 & 0.71 & 0.29 \\ 0.71 & 4.75 & 0.71 \\ 0.29 & 0.71 & 4.75 \end{bmatrix}\begin{bmatrix} Q_{1I} \\ Q_{2I} \\ Q_{3I} \end{bmatrix}$$

对上述矩阵方程求解，可得等效电荷的矩阵值

$$\boldsymbol{Q}_R = 2\pi\varepsilon_0\begin{bmatrix} 71.359 \\ -38.008 \\ -30.590 \end{bmatrix}\times 10^3\,\mathrm{C/m}$$

$$\boldsymbol{Q}_I = 2\pi\varepsilon_0\begin{bmatrix} -5.886 \\ 65.819 \\ 64.742 \end{bmatrix}\times 10^3\,\mathrm{C/m}$$

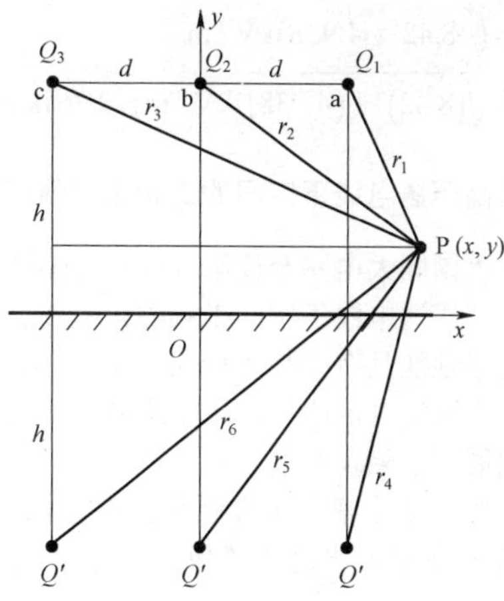

图 9－11　各导线坐标图

10. 计算 P 点处工频电场强度的水平分量和垂直分量

各导线的坐标如图 9－11 所示，则由 P 点（x=15m，y=1m）坐标可得

$$r_1^2 = (h-y)^2 + (x-d)^2 = 126.855\mathrm{m}^2$$

$$r_2^2 = (h-y)^2 + x^2 = 350.22\mathrm{m}^2$$

$$r_3^2 = (h-y)^2 + (x+d)^2 = 950.05\mathrm{m}^2$$

$$r_4^2 = (h+y)^2 + (x-d)^2 = 175.61\mathrm{m}^2$$

$$r_5^2 = (h+y)^2 + x^2 = 398.98\mathrm{m}^2$$

$$r_6^2 = (h+y)^2 + (x+d)^2 = 998.81\mathrm{m}^2$$

实部电荷 Q_R 在 P 点产生的电场强度水平分量

$$E_{xR} = \frac{1}{2\pi\varepsilon_0}\left\{\left[\frac{Q_{1R}(x-d)}{r_1^2} - \frac{Q_{1R}(x-d)}{r_4^2}\right] + \left(\frac{Q_{2R}x}{r_2^2} - \frac{Q_{2R}x}{r_5^2}\right) + \left[\frac{Q_{3R}(x+d)}{r_3^2} - \frac{Q_{3R}(x+d)}{r_6^2}\right]\right\}$$
$$= -0.044\times 10^3\,\mathrm{V/m}$$

虚部电荷 Q_I 在 P 点产生的电场强度水平分量

$$E_{xI} = \frac{1}{2\pi\varepsilon_0}\left\{\left[\frac{Q_{1I}(x-d)}{r_1^2} - \frac{Q_{1I}(x-d)}{r_4^2}\right] + \left(\frac{Q_{2I}x}{r_2^2} - \frac{Q_{2I}x}{r_5^2}\right) + \left[\frac{Q_{3I}(x+d)}{r_3^2} - \frac{Q_{3I}(x+d)}{r_6^2}\right]\right\}$$
$$= 0.423\times 10^3\,\mathrm{V/m}$$

所以，P 点的电场强度水平分量为

$$\overline{E_x} = (-0.044 + \mathrm{j}0.423)\,\mathrm{kV/m}$$

$$E_x = \sqrt{(0.044)^2 + (0.423)^2}\,\mathrm{kV/m} = 0.425\,\mathrm{kV/m}$$

实部电荷 Q_R 在 P 点产生的电场强度垂直分量

$$E_{yR} = \frac{1}{2\pi\varepsilon_0}\left\{\left[\frac{Q_{1R}(y-h)}{r_1^2} - \frac{Q_{1R}(y+h)}{r_4^2}\right] + \left[\frac{Q_{2R}(y-h)}{r_2^2} - \frac{Q_{2R}(y+h)}{r_5^2}\right] + \left[\frac{Q_{3R}(y-h)}{r_3^2} - \frac{Q_{3R}(y+h)}{r_6^2}\right]\right\}$$
$$= -8.420\times 10^3\,\mathrm{V/m}$$

虚部电荷 Q_I 在 P 点产生的电场强度垂直分量

$$E_{xI} = \frac{1}{2\pi\varepsilon_0}\left\{\left[\frac{Q_{1I}(y-h)}{r_1^2} - \frac{Q_{1I}(y+h)}{r_4^2}\right] + \left[\frac{Q_{2I}(y-h)}{r_2^2} - \frac{Q_{2I}(y+h)}{r_5^2}\right] + \left[\frac{Q_{3I}(y-h)}{r_3^2} - \frac{Q_{3I}(y+h)}{r_6^2}\right]\right\}$$
$$= -4.938\times 10^3\,\mathrm{V/m}$$

所以，P 点的电场强度垂直分量为

$$\overline{E_x} = (-8.42 - j4.938)\text{kV/m}$$

$$E_x = \sqrt{(8.42)^2 + (4.938)^2}\text{kV/m} = 9.761\text{kV/m}$$

9.5.3 超高压送电线下空间的工频磁场强度计算

根据“国际大电网会议第36.01工作组”的推荐方法计算高压送电线下空间工频磁场强度。由于工频情况下电磁性能具有准静态特性，线路的磁场仅由电流产生。应用安培定律，将计算结果按矢量叠加，可得出导线周围的磁场强度。

与电场强度计算不同的是关于镜像导线的考虑，与导线所处高度相比这些镜像导线位于地下很深的距离

$$d = 660\sqrt{\frac{\rho}{f}}\ \text{(m)} \tag{9-40}$$

式中：ρ 为大地电阻率，Ω•m；f 为频率，Hz。

在很多情况下，只考虑处于空间的实际导线，忽略它的镜像进行计算，其结果已足够符合实际。

如图 9-12 所示，不考虑导线 i 的镜像时，可计算在 A 点其产生的磁场强度

$$H = \frac{I}{2\pi\sqrt{h^2 + L^2}} \tag{9-41}$$

式中，I 为导线 i 中的电流值。

对于三相线路，由相位不同形成的磁场强度水平和垂直分量都必须分别考虑电流间的相角，按相位矢量来合成。一般来说合成矢量对时间的轨迹是一个椭圆。

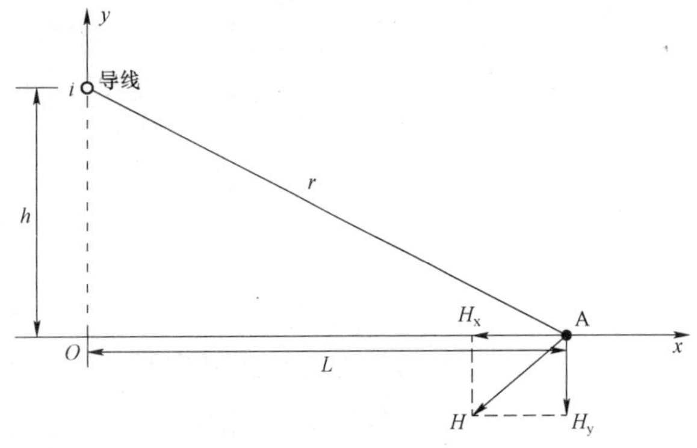

图 9-12 磁场矢量图

9.6 配电系统谐波防治技术

9.6.1 配电系统谐波危害

理想的供配电网所提供的电压应该是单一的固定频率以及规定的电压幅值。谐波电流和谐波电压的出现，对供配电网是一种污染，它使用电设备所处的环境恶化，也对周围的通信系统和公用电网以外的设备带来危害。谐波对供配电网和其他系统的危害大致有以下几个方面：

1. 谐波引起的谐振和谐波电流放大，危及电网安全

为了补偿负载的无功功率，提高功率因数和系统的电压水平，常在变电站安装并联电容器。此外，为了滤除谐波，也会装设由电容器和电抗器组成的滤波器。在工频频率下，这些电容器的容抗比系统的感抗大得多，不会产生谐振。但对谐波频率而言，系统感抗大大增加而容抗大大减小，就可能产生并联谐振或串联谐振。这种谐振会使谐波电流放大几倍甚至数十倍，对系统，特别对电容器和与之串联的电抗器形成很大的威胁，常使电容器和电抗器烧毁。在谐波引起的事故中，电容器和与之串联的电抗器的烧毁占了70%～75%。

2. 谐波导致额外的电能损耗，并构成设备安全隐患

电网中谐波电流的流动在线路上产生有功损耗，它是电网线路损耗的一部分。一般来说，谐波电流与基波电流相比所占比例不大，但谐波频率高，导线的集肤效应使谐波电阻比基波电阻增加大，因此谐波引起的附加线路损耗增大。

谐波源在一些谐波频率上吸收有功功率，在另一些频率上向外发送有功功率。这些谐波有功功率通常都是由从电网吸收的基波有功功率转化来的。谐波源吸收的谐波有功功率对产生谐波的装置是有害的，谐波源发出的谐波有功功率也给接在电网上的其他用电设备带来危害，并增加功率损耗。

谐波对于输电系统的电缆除了引起附加损耗外，还可使电压波形出现尖峰，从而加速电缆绝缘的老化，引起浸渍绝缘的局部放电使介质损耗增加和温升增高，缩短了电缆的使用寿命。通常电缆的额定电压越高，谐波对电缆的危害也越大。电缆的分布电容对谐波电流有放大作用，会使上述危害更为严重。

对于架空线路来说，电晕的产生与电压峰值有关，虽然电压基波未超过规定值，但由于谐波的存在，其电压峰值可能超过允许值而产生电晕，引起电晕损耗。

含有电力谐波的电压加在电容器两端时，由于电容器对电力谐波阻抗很小，谐波电流叠加在电容器的基波上，通过电容器的电流就会变大，使电容器损耗功率增加。如果谐波含量较高，超出电容器允许条件（膜纸复合介质电容器，允许有谐波时的损耗功率为

无谐波时损耗功率的 1.38 倍；全膜电容器允许有谐波时的损耗功率为无谐波时的 1.43 倍），就会使电容器过电流和过负荷，电容器异常发热，在电场和温度的作用下绝缘介质会加速老化。另外，谐波的存在往往使电压呈现尖顶波形，尖顶电压波易在介质中诱发局部放电，且由于电压变化率大，局部放电强度大，对绝缘介质更起到加速老化的作用，从而缩短电容器的使用寿命。一般来说，电压每升高 10%，电容器的寿命就要缩短 1/2 左右。

在民用建筑中，大量使用荧光灯和产生 3 次谐波的灯具及各种电器。这些 3 次谐波都从中性线流过，可使谐波电流超过相电流。正常情况下中性线电流比各相电流小得多，因而设计时中性线的导线较细。当大量 3 次谐波电流流过中性线时，会使导线过载过热、绝缘损坏，进而发生短路，引起火灾。我国已因此而引发多次重大火灾，必须引起足够的重视。

3. *谐波对旋转电机和变压器的危害*

谐波对旋转电机和变压器的影响主要是引起附加损耗和过热，其次是产生机械振动、噪声和谐波过电压。这些将缩短电机的寿命，情况严重时甚至会损坏电机。

对同步电机来说，定子绕组流过谐波电流后将产生与谐波频率相对应的旋转磁场，在转子绕组中感应出谐波电流；对隐极电机来说，谐波电流主要在转子的槽楔、齿和转子端部的套箍上流动；对凸极电机来说，谐波电流主要在极靴中流动。由于谐波频率高，趋肤效应显著，因此谐波电流只在上述转子各部件的表层流动，所以转子中的阻尼绕组、槽楔、齿和套箍最容易受到谐波电流的损害。谐波发热对隐极电机的影响要比对凸极电机的影响严重得多。集肤效应使得定子绕组中的谐波电流的分布也很不均匀。定子双层绕组中沿槽高度的上层线棒内的谐波损耗可能比下层线棒内的高几倍。但对电机而言，谐波损耗主要还是在转子中。

国际电工委员会和我国都对同步电机允许的负序电流最大值有明确的规定。谐波电流引起的电机附加损耗和发热可以折算成等效的基波负序电流来考虑。为了不降低同步电机的绝缘寿命，与承受负序电流的情况相似，承受谐波电流的同步电机应提高设计裕度，或者在使用时要降低出力。

异步电机的转子多用硅钢片叠成，由笼型绕组承载感应电流，只有定子是对谐波损耗发热较为敏感的薄弱环节。异步电机的谐波功率损耗主要是铜损耗，其损耗和谐波电压 U_n 的二次方成正比，和谐波电抗 X_n 的二次方成反比，和谐波电阻 R_n 成正比。谐波电压较大时，磁饱和将引起 R_n 和 X_n 的下降，使总的谐波损耗增大。因此，谐波所引起的异步电机的附加损耗和发热要比只按谐波电压计算的大得多。

一般馈电母线上都接有许多电机，因此按承受谐波电压的能力来考虑比按单台电机承受谐波电流能力来考虑更合理。考虑谐波引起的电机的发热效应时，通常也可以把谐波电压折算成负序电压来考虑。各国对电机允许的基波电压负序值通常规定为额定电压的 2%或 3%。

除谐波引起的功率损耗外，谐波引起的机械振动对电机也有很大的危害。同步电机的定子绕组中流过正序谐波电流 I_{n+}和负序谐波电流 I_{n-}时，它们所产生的旋转磁场将相对于转子分别以（$n-1$）倍同步转速正方向和（$n+1$）倍同步转速反方向旋转，同时也产生谐波转矩，引起电动机以（$n\pm1$）倍基波频率的机械振动。如果该频率接近电机的固有振动频率，甚至会引起电机的强烈振动。异步电机的定子绕组流入正序和负序谐波电流 I_n时，形成正向或反向以 n 倍同步转速旋转的磁场。正序分量谐波电流将产生正向转矩，和基波正序分量转矩方向相同。负序分量谐波电流将产生相反方向的转矩。由于谐波分量一般并不大，因此产生的转矩也很小，而且正和负序谐波电流产生的转矩相互抵消一部分，所以谐波电流产生的平均转矩可以忽略，但是它产生的脉动转矩却会引起电机的机械振动和噪声。

变压器励磁电流中的谐波电流通常不大于额定电流的 1%，且其作用是使磁通为正弦波，因此并不引起变压器铁损耗增大。变压器在刚通电过程中谐波电流可能很大，但历时很短，一般也不会形成危害，如发生谐振就有可能危及变压器的安全。当直流电流或低频电流流入变压器时使铁心严重饱和时，励磁电流中的谐波电流大大增加，使变压器受损。

谐波使变压器的铜耗增大，其中包括电阻损耗、导体中的涡流损耗与导体外部因漏磁通引起的杂散损耗都要增加。随着谐波频率的增高，集肤效应更加严重，铁损耗也更大。因此高次谐波分量比低次谐波分量更易引起变压器的发热。谐波电流还会引起变压器外壳、外层硅钢片和某些紧固件的发热，并引起变压器局部严重过热。由于以上两方面的损耗，因此要减少变压器的实际使用容量，或者说在选择变压器额定容量时需要考虑留出电网中的谐波含量。

此外，谐波还导致变压器绝缘的电场强度及噪声增大，变压器的振动噪声主要是由于铁心的磁致伸缩引起的，随着谐波次数的增加，振动频率在 1kHz 左右的成分使混杂噪声增加，有时还发出金属声。

4. 谐波对低压开关设备的危害

配电用的全电磁型断路器易受谐波电流的影响使铁耗增大而发热，同时谐波对电磁铁的影响与涡流影响使脱扣困难，且谐波次数越高影响越大；热磁型的断路器，由于导体的趋肤次应与铁耗增加而引起发热，使得额定电流降低与脱扣电流降低；对于电子型的断路器，谐波也要使其额定电流降低，尤其是检测峰值的电子断路器，额定电流降低得更多。由此可知，上述三种配电断路器都可能因谐波产生而误动作。

对于漏电断路器来说，由于谐波源漏电流的作用，可能使断路器异常发热，出现误动作或不动作。对于电磁接触器来说，谐波电流使磁体部件温升增大，线圈温度升高使额定电流降低。对于热继电器来说，因受谐波电流的影响使额定电流降低，并可能造成误动作。

5. 谐波对继电保护和电力测量的影响

电力系统中的谐波会改变保护继电器的性能，引起误动作或拒绝动作。不同类型继电器的工作原理和设计性能不同，因此谐波对其影响也有较大的差别。谐波对大多数继电器的影响并不太大，但对电子型继电器会有很大的影响。

电磁型继电器的动作是由其电流有效值的二次方决定的，对频率并不敏感，在谐波含量小于10%时，影响不大。对于铁心用软铁材料制成的电磁型继电器，谐波含量小于40%时，动作误差值不大于10%，但在动态情况下可能会有很大影响。如果投入空载变压器时会产生谐波含量很高的励磁涌流，会造成继电器误动作而使开关跳闸。

感应型继电器对谐波也不敏感。这种继电器中的圆盘或圆筒在磁场的作用下都将产生感应电流，该电流和空间中另一磁场相互作用产生转矩，推动圆盘或圆筒转动。无谐波时转动很平稳，有谐波时会抖动，因转动部分惯性较大，轻微的抖动并不会使其误动作。

整流型继电器中的反映瞬时值的电流继电器由全波整流后的脉动电压来控制继电器的动作，容易受谐波的影响；增量继电器中有 LC 并联谐振电路和电阻组成的四臂电桥，电桥平衡是按 50Hz 电流考虑的，容易受到谐波的影响；应用积分比相原理构成的高频差相保护和差动保护装置也很容易受到谐波的影响。

电力测量仪表通常是按工频正弦波形设计的，当有谐波时，将会产生测量误差。仪表的原理和结构不同，所产生的误差也不相同。在有谐波的情况下，如何测量功率和电能等与收费直接有关的电气量，这既是一个非常实际的问题，也是一个基础理论问题。

交流电流表和电压表分别测量电压和电流的方均根值，功率表测量电压、电流瞬时值乘积在一个周期内的平均值。电压表的线圈电感量大，其产生的测量误差也比电流表大一些。无论是电磁型仪表还是电动型仪表，采取合理的结构和必要的频率补偿措施，都可获得较好的频率特性，电压表、电流表和功率表均可用于 2000Hz 以下，甚至更高的频率范围。

整流式磁电型仪表测量的是平均值，再按正弦波的波形因数换算成有效值。当波形畸变时，会带来误差。

感应式电能表由电磁部分、转动部分和制动磁铁三部分组成。在测量非正弦电路的电能时，电路总功率一般由直流功率 P_{dc}、基波功率 P_1 和谐波功率 P_h 三部分构成。电能表可准确地测量基波功率 P_1，但是不能测量 P_{dc}。直流功率在电能表中不能产生正常的转矩，但当铝盘转动时，它将产生一定的制动转矩，造成误差。电能表不能准确测量出谐波功率 P_h，测量值多比实际值小，且所引起的误差还与谐波流动方向有关，可能为正或为负。直流功率引起的误差也和直流功率流向有关。

事实上，测量交流电流、电压值是要观察电机是否有足够的转矩和输出功率，观察电容器是否能提供所需基波无功功率，只要仪表指示出基波电压、电流即可，这时如指示出包含谐波在内的有效值，反而产生问题。在测量电能时，如果负载不是谐波源，而电网电压含有谐波，则会在负载上产生有害的谐波损耗，用户还要为此多付电费。如果用户是谐波源，向电网输出有害的谐波有功功率，付出的电费比它所消耗的基波有功功率应付的电费还少。这些结果显然是非常不合理的。因此，在有谐波的情况下如何科学地定义各种功率，如何合理地管理收费，还有许多工作要做。当谐波在管理标准规定的范围之内时，上述测量不会有很大的误差。

6. 谐波对通信系统的干扰

谐波对通信系统的干扰是一个在国际上被十分重视的问题，对此已进行了充分的研究并制定了相应的标准。谐波干扰会引起通信系统的噪声，降低通话的清晰度。干扰严重时会引起信号的丢失，在谐波和基波的共同作用下引起电话铃响，甚至还发生过危及设备和人身安全的事故。

电力系统传输的功率以兆瓦（MW）计，而通信系统的功率以毫瓦（mW）计，两者相差悬殊。因此，电力网中不大的不平衡音频谐波分量，如果耦合到通信线路上，就可产生很大的噪声。

电力网中的平衡电流一般对通信系统影响不大，而不平衡电流，特别是不平衡谐波电流对通信系统可能产生严重的干扰。在有多个中点接地的电网中，如有较大的零序分量谐波电流通过中点流入大地，就会严重干扰附近的通信系统。

电力网对通信系统干扰的大小是由以下三个因素综合决定的：电力线路谐波电压和谐波电流的大小；电力线路和通信线路之间的耦合强度；通信线路对谐波干扰的敏感程度。

电力线路和通信线路之间的耦合有电磁感应、静电感应和传导耦合三个途径。

（1）电磁感应耦合。电力线路中流过电流 I_R 时会产生交变磁场，该磁场会在附近的电话线路上感应出一个电动势 U_m，两者之间的耦合强度是和两个线路之间互阻抗 Z_M 的大小有关的。

对于以大地作为返回导线的单回路电话线路来说，电力线路电流 I_R 在电话回路上感应的电动势为

$$U_m=Z_mIR \tag{9-42}$$

式中：互阻抗 Z_m 随不平衡残余电流环路面积的增加、两线路走向的公共长度增大、谐波频率的增高、大地电阻率的增大而增大；Z_m 随两线路间的距离增大而减小。

对于双线电话回路，电力线路电流可通过电磁感应在双线围成的回路产生电压 U_m。当架空线路有规则换位，或采用绞线电缆时，这种电磁感应是很小的。只有在电力线和电话线很靠近，或两者交叉跨越且角度较小时，这种电磁感应才会产生一定影响。

（2）静电感应耦合。电力线路和通信线路之间有耦合电容，通信线路和大地之间也有耦合电容，通常还接入一定阻抗，电力线路的对地电压经过这些电容的耦合会在电话线上产生感应电动势 U。这种耦合是通过静电感应产生的，因此称静电感应耦合。一般来说，静电感应电动势 U，比电磁感应电动势要小得多，可以用电缆屏蔽予以消除。只有在电话线距高压输电线很近，且两者平行距离很长时，才需考虑静电耦合的影响。

（3）传导耦合。电力系统在不平衡状态下运行时，有残余电流经中点流入大地。如果电话线也经附近大地形成回路，电力线路和电话线路之间就会通过公共的大地部分产生传导耦合。在电力系统正常运行时，传导耦合所产生的干扰一般很小，可以不予考虑。但电力系统发生接地故障或严重不对称运行会使中点接地附近引起电压异常升高，干扰通信系统，甚至危及通信设备和人身安全。

电磁感应耦合的互阻抗和静电感应耦合的互导纳都和谐波频率成正比，因而谐波频率越高，耦合越强。人耳和话机对不同频率的电压和电流有不同的灵敏度，50Hz 的灵敏度是很低的，1000Hz 附近的灵敏度最高。一般话音频率范围为 300～3000Hz 之间，电力线路中的一部分谐波就在这一频率范围，因而易对电话回路形成干扰。目前有两种重要的灵敏度响应加权制来表征不同频率谐波所产生的干扰效应。欧洲普遍采用国际电报电话咨询委员会制定的 CCHT 制，在北美洲则采用贝尔电话系统（BTS）和爱迪生电气协会（EEl）制定的信息加权制。

9.6.2　谐波的产生

理想的清洁电力系统，电流和电压波形是标准的正弦波。当在负荷中流过的电流与施加的电压不呈线性关系时，就导致了非正弦波电流的产生。在只含有线性元件（电阻、电感和电容）的简单电路中，特定频率下流过的电流与施加的电压成正比，施加正弦电压，产生的电流也为正弦波形，图 9－13 所示的负荷曲线描述了施加的电压和在线性负荷中产生的电流之间的关系。电抗负荷的电压和电流波形之间将产生移相，功率因数降低了，但电路仍是线性。

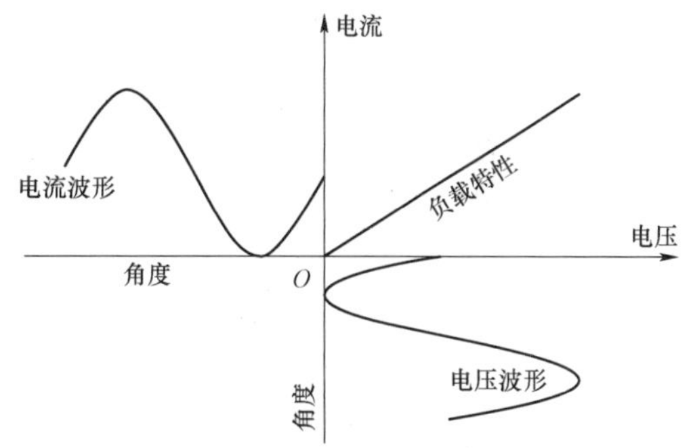

图 9－13　线性负荷的电流波形

图 9－14 描述了非线性负荷的电流波形。当供电电压超过了储存在储能电容器上的电压，即接近电压正弦波的尖峰时才产生电流。实际上，负荷曲线通常比本图所示的更为复杂，会有一些不对称和滞后，转折点和斜坡随着负荷的变动而改变。

任何周期性波形都可以分解成一个基波频率的正弦波加多个谐波频率的正弦波。因此图 9－14 中的畸变电流波形可以用基波，加上一定百分比的 2 次谐波，加上一定百分比的 3 次谐波等来表示，通常可考虑到 30 次谐波。对于对称波形，即正半周和负半周的形状和幅值都相等，所有的偶次谐波为零。

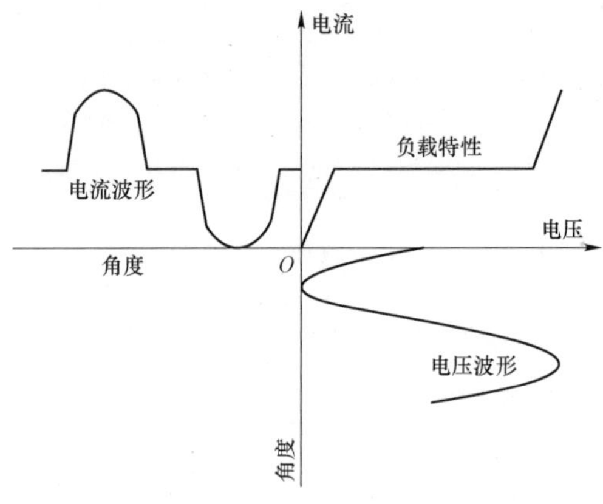

图 9-14 非线性负荷的电流波形

图 9-15 所示为一个非线性负荷的等效电路。它可以表示为一个线性负荷由许多并联电流源供电，一个电流源表示一种谐波频率。由负荷从基波电流转换成的谐波电流，经过电源阻抗和所有其他并联路径流过整个电路。是流过电源阻抗将产生谐波电压，且在整个装置中存在。谐波发生器有时看成为电压源，则电源阻抗对此电源上的谐波电压的幅值没有任何影响。实际上，这个电压的幅值与电源阻抗成比例（在一个有限范围内），表明发生器的作用像一个电流源。

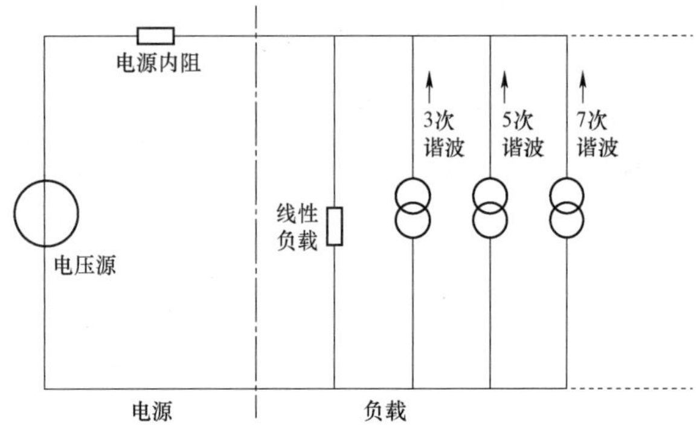

图 9-15 非线性负荷的等效电路

谐波频率是电源基波频率的整数倍，既基波为 50Hz，3 次谐波为 150Hz，5 次谐波为 250Hz，基波和谐波叠加后的波形不是正弦波。通常测量设备的平均读数、按有效值刻度的万用表不能给出正确的测量值。在每个周波内有多个过零点，而不是纯正弦波的两个，因此采用过零点作为基准的设备将不能正常使用。波形包含了非基波频率，应该进行相应地处理。

电力装置最关心的是电流谐波，因为大多数不良影响都是由这些电流引起的。同时测量电压和电流值且明确地表示给出值为电压和电流值是非常重要的。习惯上将电流畸变测量值加后缀“i”，例如 25%THDi；电压畸变值加后缀 “v”，例如 3%THDv。

9.6.3 电气设备的谐波电流发射限值

（1）每相输入电流不大于 16A 的设备，其谐波电流发射限值应符合下列规定：

1）A 类设备输入电流的各次谐波不应超过表 9-14 的限值。

表 9-14　　A 类设备限值

谐波次数 n	最大允许谐波电流/A
奇次谐波	
3	2.30
5	1.44
7	0.77
9	0.40
11	0.33
13	0.21
$15 \leqslant n \leqslant 39$	$0.15 \times 15/n$
偶次谐波	
2	1.08
4	0.43
6	0.30
$8 \leqslant n \leqslant 40$	$0.23 \times 8/n$

2）B 类设备输入电流的各次谐波不应超过表 9-14 限值的 1.5 倍。

3）C 类设备谐波电流不应超过表 9-15 的限值。

表 9-15　　C 类设备限值

谐波次数 n	基波频率下输入电流百分数表示的最大允许谐波电流（%）
2	2
3	$30 \times \lambda$
5	10
7	7
9	5
$11 \leqslant n \leqslant 39$ （仅为奇次谐波）	3

注：λ 是电路的功率因数。

4)D 类设备输入电流的各次谐波不应超过表 9-16 的限值。

表9-16 D类设备限值

谐波次数 n	每瓦允许的最大谐波电流/（mA/W）	最大允许谐波电流/A
3	3.4	2.30
5	1.9	1.44
7	1.0	0.77
9	0.5	0.40
11	0.35	0.33

续表

谐波次数 n	每瓦允许的最大谐波电流/（mA/W）	最大允许谐波电流/A
$13 \leqslant n \leqslant 39$（仅为奇次谐波）	$3.85/n$	见表9-14

（2）每相额定电流大于16A且不大于75A的设备，其谐波电流发射限值应符合下列要求：

1）三相不平衡设备的电流发射限值应符合表9-17的规定。

表9-17 三相不平衡设备的电流发射限值

最小短路功率比 R_{sce}	可接受的单次谐波电流 I_n/I_1（%）						可接受的谐波电流畸变率（%）	
	I_3	I_5	I_7	I_9	I_{11}	I_{13}	THD	PWHD
33	21.6	10.7	7.2	3.8	3.1	2	23	23
66	24	13	8	5	4	3	26	26
120	27	15	10	6	5	4	30	30
250	35	20	13	9	8	6	40	40
≥350	41	24	15	12	10	8	47	47

注：1. 12次及以下偶次谐波的电流值不超过16/n%。12次以上偶次谐波与奇次谐波同样用THD和PWHD考核。
2. 允许在两个连续 R_{sce} 间线性插值。
3. I_1 为基波参考电流值，I_n 为谐波电流分量。

2）三相平衡设备的电流发射限值应符合表9-18的规定。

表9-18 三相平衡设备的电流发射限值

最小短路功率比 R_{sce}	可接受的单次谐波电流 I_n/I_1（%）				可接受的谐波电流畸变率（%）	
	I_5	I_7	I_{11}	I_{13}	THD	PWHD
33	10.7	7.2	3.1	2	13	22
66	14	9	5	3	16	25
120	19	12	7	4	22	28
250	31	20	12	7	37	38
≥350	40	25	15	10	48	46

注：1. 12次及以下偶次谐波的电流值不超过16/n%。12次以上偶次谐波与奇次谐波同样用THD和PWHD考核。
2. 允许在两个连续 R_{sce} 间线性插值。
3. I_1 为基波参考电流值，I_n 为谐波电流分量。

3）特定条件下的三相平衡设备的电流发射限值应符合表9-19的规定。

表9-19 特定条件下的三相平衡设备的电流发射限值

最小短路功率比 R_{sce}	可接受的单次谐波电流 I_n/I_1（%）				可接受的谐波电流畸变率（%）	
	I_5	I_7	I_{11}	I_{13}	THD	PWHD
33	10.7	7.2	3.1	2	13	22
≥120	40	25	15	10	48	46

注：1. 12次及以下偶次谐波的电流值不超过16/n%。12次以上偶次谐波与奇次谐波同样用THD和PWHD考核。
2. 允许在两个连续 R_{sce} 间线性插值。
3. I_1 为基波参考电流值，I_n 为谐波电流分量。

总谐波畸变系数：$\mathrm{THD}=\sqrt{\sum_{n=2}^{40}\left(\frac{I_n}{I_1}\right)^2}$；高次谐波加权畸变系数：$\mathrm{PWHD}=\sqrt{\sum_{n=14}^{40}n\left(\frac{I_n}{I_1}\right)^2}$

（3）当设备的单相电流大于75A时，其THD_i宜低于35%，但短时工制作制的设备除外。

（4）不间断电源装置（UPS）的输出端谐波电压畸变率和谐波电流畸变率应符合表9－20的规定。

（5）电气设备的间谐波电压兼容水平的限值宜符合表9－21规定。

表9－20　不间断电源装置（UPS）的谐波限值

级　别	Ⅰ级	Ⅱ级	Ⅲ级
谐波电压畸变率（%）	3～5	5～8	8～10
输入谐波电流畸变率（规定3～39次THD_i）（%）	＜5	＜15	＜25

表9－21　谐波兼容水平－间谐波电压分量

谐波次数n	＜11	11～13	9～17	17～19	19～23	23～25	＞25
第一类U_n%	0.2	0.2	0.2	0.2	0.2	0.2	0.2
第二类U_n%	0.2	0.2	0.2	0.2	0.2	0.2	0.2
第三类U_n%	2.5	2.25	2	2	1.75	1.5	1

9.6.4 电气设备的谐波抗扰度

（1）电气设备对非3的倍数的奇次谐波抗扰度宜符合表9－22的规定。

表9－22　非3的倍数的奇次谐波试验等级

谐波次数n	等级1	等级2	等级3	等级X
	试验水平U_1%	试验水平U_1%	试验水平U_1%	试验水平U_1%
5	4.5	9	12	开放
7	4.5	7.5	10	开放
11	4.5	5	7	开放
13	4	4.5	7	开放
17	3	3	6	开放
19	2	2	6	开放
23	2	2	6	开放
25	2	2	6	开放
29	1.5	1.5	5	开放
31	1.5	1.5	3	开放
35	1.5	1.5	3	开放
37	1.5	1.5	3	开放

注：X级是开放的等级，该等级由相关专业标准化技术委员会确定，但是对于由低压公用供电系统供电的设备，不能低于等级2。

（2）电气设备对3的倍数的奇次谐波抗扰度宜符合表9－23的规定。

表 9－23 3 的倍数的奇次谐波试验等级

谐波次数 n	等级 1	等级 2	等级 3	等级 X
	试验水平 U_1%	试验水平 U_1%	试验水平 U_1%	试验水平 U_1%
3	4.5	8	9	开放
9	2	2.5	4	开放
15	不试验	不试验	3	开放
21	不试验	不试验	2	开放
27	不试验	不试验	2	开放
33	不试验	不试验	2	开放
39	不试验	不试验	2	开放

注：X 级是开放的等级，该等级由相关专业标准化技术委员会确定，但是对于由低压公用供电系统供电的设备，不能低于等级 2。

（3）电气设备对偶次谐波的抗扰度宜符合表 9－24 的规定。

表 9－24 偶次谐波的试验等级

谐波次数 n	等级 1	等级 2	等级 3	等级 X
	试验水平 U_1%	试验水平 U_1%	试验水平 U_1%	试验水平 U_1%
2	3	3	5	开放
4	1.5	1.5	2	开放
6	不试验	不试验	1.5	开放
8	不试验	不试验	1.5	开放
10	不试验	不试验	1.5	开放
12～40	不试验	不试验	1.5	开放

注：X 级是开放的等级，该等级由相关专业标准化技术委员会确定，但是对于由低压公用供电系统供电的设备，不能低于等级 2。

（4）电气设备对间谐波抗扰度的试验等级宜符合表 9－25 的规定。

表 9－25 谐波频率之间的频率的试验等级

频率范围 /Hz	等级 1	等级 2	等级 3	等级 X
	试验水平 U_1%	试验水平 U_1%	试验水平 U_1%	试验水平 U_1%
16～100	不试验	2.5	4	开放
100～500	不试验	5	9	开放
500～750	不试验	3.5	5	开放
750～1000	不试验	2	3	开放
1000～2000	不试验	1.5	2	开放

注：X 级是开放的等级，该等级由相关专业标准化技术委员会确定。

9.6.5 谐波预防措施

随着电力电子技术的发展，非线性用电设备在配电系统中所占比例越来越高，配电系统中的谐波需要得到重视。谐波治理的原则应从源头入手，电源侧的电能质量应满足国家标准；减少用电设备产生的谐波电流，增强用电设备的抗扰能力；配电系统采取应对措施，减少谐波对设备的影响。

1. 配电系统设计中可采取的减小谐波影响的预防性措施

（1）合理选择供电电压，并尽可能保持三相电压平衡。

（2）尽可能将非线性负荷放置于配电系统的上游，谐波较严重且功率较大的设备应采用专用变压器或从变压器出线侧采用专线供电。

（3）加大电缆截面积，特别是加大中性线截面积等措施，减小回路阻抗来减小谐波影响。

（4）配电变压器绕组应采用 DYn11 型联结，以抑制三次及三倍数次谐波对于 5 次谐波，特别严重的场所可采用绕组为 DZ5 型联结的专用变压器，对于 5 次和 7 次谐波都很严重的场所可采用绕组为 DyD 型联结的专用变压器。

（5）增加变压器容量，当变压器的负载中，谐波源设备较多时，变压器的负载率应按下式降容

$$D=\frac{1.15}{1+0.15K} \quad (9-43)$$

$$K=\frac{\sum\limits_{h=1} h(I_h)^2}{\sum\limits_{h=1}(I_h)^2}=\frac{\sum\limits_{h=1}(hI_h)^2}{I_{\rm rms}^2}=\frac{\sum\limits_{h=1}(hI_h/I_1)^2}{(I_{\rm rms}^2/I_1)^2}=\frac{\sum(hI_h/I_1)^2}{1+{\rm THD}_I^2} \quad (9-44)$$

也可根据谐波源负荷占变压器的负荷比例，按图 9－16 来粗略估计降容系数。

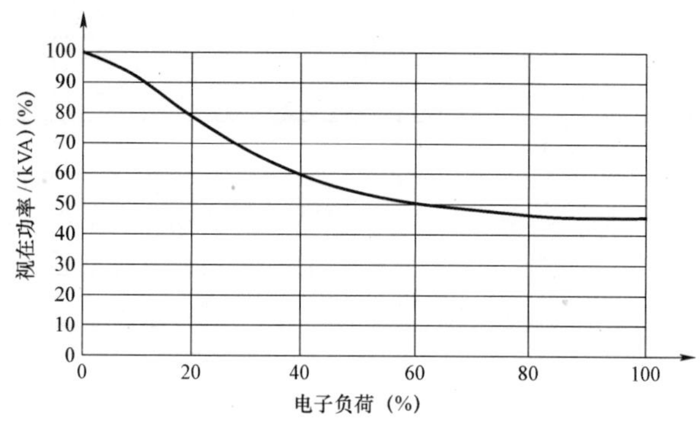

图 9－16 变压器降容估算

谐波骚扰较严重的建筑物供电配电变压器负载率不宜高于 75%；谐波骚扰很严重的建筑物供配电系统中，涉及主要非线性负载的配电变压器负载率不宜高于 70%。

2. 在并联电容器的回路中串联电抗器，消除并联电容器对谐波放大作用

串联电抗器的主要作用是抑制高次谐波和限制合闸涌流，防止谐波对电容器造成危害，避免电容器装置的接入对电网谐波的过度放大和谐振发生。但是串联电抗器绝不能与电容器组任意组合，更不能不考虑电容器组接入母线处的谐波背景。电抗配比见表 9－26。

表 9－26　　电 抗 配 比 表

理论调谐次数	理论调谐频率	实际调谐频率（举例）/Hz	实际调谐次数（举例）	实际电抗器配比（%）
3	150	135	2.7	13.7，可选 12.5～14
5	250	215	4.3	5.4，可选 4.5～5.5
7	350	315	6.3	2.52，可选 2～3

并联电容器的串联电抗器按照其作用分为阻尼电抗器和调谐电抗器。阻尼电抗器的作用是限制并联电容器组的合闸涌流，其电抗率可 k 选择得比较小，一般为 0.1%～1%；调谐电抗器的作用是抑制谐波。当电网中存在的谐波不可忽视时，则应考虑使用调谐电抗器，其电抗率可选择得比较大，用以调节并联电路的参数，使电容支路对于各次有威胁性谐波的最低次谐波阻抗呈感性，据下式可得 k 值

$$k=\frac{X_{\rm L}}{X_{\rm C}}>\frac{1}{n^2} \quad (9-45)$$

3. 限制连接于供电系统的整流器极限容量

高次谐波电流在电网中与其相对应的谐波阻抗的乘积是相应的谐波压降，设其对任意基准值的标幺值为 $\Delta U_{*{\rm nd}}$，可以有

$${\rm DFV}\approx\Delta U_{*{\rm nd}}=(n\times X_{*{\rm Id}})\frac{I_n}{I_{\rm d}} \quad (9-46)$$

式中：n 为谐波的谐次；$X_{*{\rm Id}}$ 为该电网基波阻抗对基准值的标幺值；I_n 为流过电网的谐波电流。

由于电压畸变系数是与 $\Delta U_{*{\rm nd}}$ 有关的，因此上式可写成

$${\rm DFV}\approx\Delta U_{*{\rm nd}}=(n\times X_{*{\rm Id}})\frac{I_1/n}{I_{\rm d}} \quad (9-47)$$

由于 $X_{*{\rm Id}}=\dfrac{1}{S_{*{\rm k}}^{(3)}}$，$I_{*{\rm Id}}=S_{*{\rm NU}}$

上式就可改写为　$$DFV \approx \frac{S_{*NU}}{S_{*k}^{(3)}} \quad (9-48)$$

式中：S_{*NU}为整流器额定容量（标幺值）；$S_{*k}^{(3)}$为短路容量（标幺值）。

以上只是定性地给出电压畸变系数与整流器的额定容量成正比、与短路容量成反比的概念，即给定 DFV，便可以根据 $S_{*k}^{(3)}$确定接于该系统上整流设备的容量。

GB/T 14549《电能质量公用电网谐波》，对任意谐波源用户注入电网的谐波电流允许值做了明确规定，并公布了计算该允许值时的电网最小短路容量，如果实际的短路容量与 S_k 不同，则须按式（9－48）对规定的允许谐波电流加以换算和修正。

$$I_n = \frac{S_{k*\min}}{S_k} I_n \times al \quad (9-49)$$

式中：$S_{k*\min}$ 为电网连接点实际可能出现的最小短路容量；$I_n \times al$ 为国标载列的 n 次谐波电流允许值。国标中还规定了 0.38～10kV 配电网接入的三相换流器和交流电压调整器的最大允许容量。

4. 增加换流装置的脉动数

换流装置的特征谐波次数为

$$h=kP \pm 1 \quad (9-50)$$

式中：k 为正整数；P 为整流装置脉动数。

理论上最大的谐波发生量为

$$I_h = I_1 \times \frac{1}{h} \quad (9-51)$$

增加换流数使特征谐波次数提高，相应的谐波电流减小。除了可对整流器本进行改造外，当有多台相同的 6 脉动换流器同时工作时，可以用取自同一电源的换流变压器二次绕组之间适当地移相，达到提高整流脉动数的目的。设换流器台数为 m，m 个二次绕组间的相互移相角为 a，则 m、a 和 P 之间关系见表 9－27。

表 9－27　m、a 和 P 之间关系

m	1	2	3	4	5	一般
a	—	30°	20°	15°	12°	a=60°/m
P	6	12	18	24	36	6m

a 由二次绕组的不同接法或曲折接线实现。例如：a=30°可由 Y 和 D 接法的两个二次绕组实现；a=20°可由一组 Y 接法加两组±20°移相的曲折绕组实现。整流变压器的一次绕组或共用一组或为相同的 m 组。

通常由于存在换流电抗，而换流控制角也有一定的分散性，特征谐波的发生量并不等于式（9－51）的计算结果，而非特征谐波也有一定值。对于不可控换流器，谐波含有率采用表 9－28 数值。对于半控（3 个晶闸管/3 个二极管）和全控的换流器，谐波含有率采用表 9－29 数值。

表 9－28　不可控换流器的谐波含有率　（%）

h	5	7	11	13	17	19	23	25
6 相	17.5	11.0	4.5	3.0	1.5	1.25	0.75	0.75
12 相	（2.0）	（1.5）	4.5	3.0	（0.2）	（0.15）	0.75	0.75
24 相	（2.0）	（1.5）	（1.0）	（0.75）	（0.2）	（0.15）	0.75	0.75

注：表中为相对于基波的百分率；括号中数值为非特征谐波。

表 9－29　半控和全控换流器的谐波含有率　（%）

h	2	4	5	6	7	8	10	11	12	13	17	19
6 相半控	35	22	20	—	14	10	3.0	7.0	—	5.0	5.8	5.4
6 相全控	—	—	20	—	14.3	—	—	8.7	—	7.6	4.9	4.3
24 相全控	—	—	（3.0）	（0.2）	（3.0）	—	—	9.1	（0.2）	7.6	（1.1）	（1.2）

注：表中为相对于基波的百分率；括号中数值为非特征谐波。

5. 配电系统的设计应遵循的原则

（1）配电变压器宜选用 Dyn11 型绕组接线形式。

（2）总功率大于 10%变压器容量的谐波源设备宜从变压器低压母线经专用回路供电。

（3）同一配电系统或同一配电回路中，非线性负载宜相对集中布置且宜靠近电源侧。

（4）对谐波敏感的重要负载与谐波源设备宜分别由不同变压器或不同供电回路供电。

（5）为 X 光机、CT 机、核磁共振机等大功率医疗设备供电的专用变压器及其馈线，宜按低阻抗方式设计。

（6）用户侧低压配电系统谐波骚扰强度分级及其限值宜符合表 9－30 的规定。

表 9－30　　低压电源系统中谐波骚扰强度分级及其限值（以基波电压的百分比表示）

骚扰强度	THD_u	非3次整数倍奇次谐波分量								3次整数倍谐波分量					偶次谐波分量			
		5	7	11	13	17	19	23～25	＞25	3	9	15	21	＞21	2	4	6～10	＞10
一级	5	3	3	3	3	2	1.5	1.5	①	3	1.5	0.3	0.2	10	2	1	0.5	0.2
二级	8	6	5	3.5	3	2	1.5	1.5	①	5	1.5	0.3	0.2	0.2	2	1	0.5	0.2
三级	10	8	7	5	4.5	4	4	3.5	②	6	2.5	2	1.7	1	3	1.5	1	1
四级	大于三级，具体视环境要求而定																	

注：上述数值代表的骚扰水平是：在95%的统计时间内，电网中最严重点的谐波干扰水平不会高于表列值。

① $=0.2+12.5/n$（n为谐波次数）。

② $=3.5\sim10$（随频率升高而降低）。

6. 当配电系统的谐波骚扰强度超过三级时，功率因数计算及电气元件的选择宜考虑畸变功率因数的影响

对于大型电网的下属用户，可按下式估算

$$PF=\frac{\cos\varphi}{\sqrt{1+THD_i^2}} \tag{9-52}$$

式中，PF为实际功率因数。

7. 建筑物低压配电系统的谐波骚扰强度要求

（1）音乐厅、大剧院、大型会议厅、省市级广播电视大楼等音频系统配电干线的谐波骚扰强度不宜劣于一级标准。

（2）医院胸脑外科手术室与重症监护室、法定检测计量单位的计量室等对谐波骚扰敏感的配电干线，其谐波骚扰强度不应劣于二级标准。

（3）A级和B级数据中心不间断电源装置交流输入电源的谐波骚扰强度不宜劣于二级标准。

（4）大型办公建筑及一般工业建筑中，动力配电干线的谐波骚扰强度不宜劣于三级标准。

8. 当配电系统的谐波骚扰强度不符合用电设备的使用要求时，需进行谐波治理，并符合下列规定

（1）当配电系统中具有相对集中、持续运行且具有稳定的特征频率的大功率非线性负载时，宜采用无源滤波设备。

（2）当配电系统中具有相对集中、运行状态多变且频率特征不稳定的大功率非线性负载，使用无源滤波器不能有效滤波时，宜采用有源滤波设备。

（3）配电系统中既具有相对集中且长期稳定运行的大功率非线性负载，又具有较大功率的时变非线性负载时，可采用无源有源复合滤波设备。

（4）当配电系统中无功功率变化较大且谐波严重时，可采用静止无功发生器（SVG）。

（5）有源滤波器宜靠近主要谐波源设备。

（6）冲击型、断续工作型、瞬变型非线性负载不宜采用无源滤波器进行谐波治理；其中，变化周期或间隔小于100ms的瞬变型非线性负载宜采用响应时间小于2ms的有源滤波装置进行谐波治理。

9. 当配电系统的谐波骚扰等级劣于三级且变压器实际负载率高于75%时，宜考虑变压器降容系数D，或选用按K系数设计并制造的电力变压器

10. 当变压器所接负载的谐波电流具有稳定的特征频率时，功率因数补偿电容器宜按其特征频率确定电抗率并配置相应的电抗器，且不应发生系统谐振

11. 当配电系统的谐波骚扰强度劣于三级标准时，功率因数补偿电容器宜考虑谐波对电容器耐压水平的影响

12. 当采用晶闸管控制负载或设备时，宜选用基于对称控制原理的控制设备

13. 有源滤波器的额定补偿电流应大于设备安装处的谐波功率，且宜具备10%～20%的裕度

14. 有源滤波器的电气性能

（1）输入电压允许偏差应大于滤波器额定电压的±15%。

（2）输入频率允许偏差应大于滤波器额定工作频率的±2%。

（3）当负载电流峰值系数（CF）不大于2.5，负载谐波电流在滤波器额定输出电流的20%～100%时，滤波器总谐波滤除率不应低于85%。

（4）当负载电流不小于装置3倍额定输出电流且负载电流峰值系数（CF）不大于2.5，负载谐波电流在装置额定输出电流补偿时，电流总谐波畸变率不应大于5%。

（5）装置输入额定电压、输出额定电流时，滤波器的有功功率损耗不应大于装置额定视在功率的5%。

（6） 滤波器的响应时间不宜大于 20ms。

（7） 滤波器应具备过电压、欠电压保护功能，当负载交流输入电压高于 115%U_r或电压低于 85%U_r时，滤波器应停止输出并输出报警信号；当电压恢复至允许偏差范围内时滤波器应自动投入运行。

（8） 滤波器应具备过载保护功能，当负载侧谐波源的谐波电流大于装置额定电流时，滤波器输出电流应限制在其额定值内。

（9）滤波器应具备短路保护功能。

（10）滤波器宜具备分相补偿功能。

9.6.6　谐波治理措施

1. *无源吸收谐波装置*

（1）电容器串接调谐电抗器（见表 9－31）。

表 9－31　变压器 $S_n \leqslant$ 2MVA 补偿电容器的配置

$G_h < \frac{S_{SC}}{120}$	$\frac{S_{sc}}{120} \leqslant G_h \leqslant \frac{S_{sc}}{70}$	$G_h > \frac{S_{sc}}{70}$
标准电容器	电容器额定电压增加 10%	电容器额定电压增加 10%＋谐波抑制电抗

$G_h < 0.15S_n$	$0.15S_n \leqslant G_h \leqslant 0.25S_n$	$0.25S_n < G_h \leqslant 0.60S_n$	$G_h > 0.60S_n$
标准电容器	电容器额定电压增加 10%	电容器额定电压增加 10%＋谐波抑制电抗	滤波器

注：G_h 为连接到有电容器组的母线上所有产生谐波额装置（静态变换器、变频器、速度控制器等）的视在功率额定值的总和；S_{SC} 为电容器组端的三相短路容量，kVA；S_n 为系统中变压器视在功率额定值的总和。

串联调谐电抗器配比计算为

调谐频率 f_h 处

$$X_L = \frac{X_C}{h^2}$$

式中：X_L 为电抗器基波感抗值；X_C 为电容器基波容抗值。

在确定电抗器容量时，应使实际调谐频率应小于理论调谐频率，以避免发生系统的局部谐振。还应考虑一定裕度，因为当电容器使用时间较长后，其介质材料退化，从而导致电容值下降，引起谐振频率的升高。串接电抗器配比见表 9－32。

表 9－32　串接电抗器配比

理论调谐次数	理论调谐频率	实际调谐频率（举例）	实际调谐次数（举例）	实际电抗器配比
3	150	135Hz	2.7	13.7%，可选 12.5%～14%
5	250	215Hz	4.3	5.4%，可选 4.5%～5.5%
7	350	315Hz	6.3	2.52%，可选 2%～3%

（2）无源滤波器常见类型如下：

1）串联调谐滤波器。由电容器和电抗器串联而成，被调谐于较低次的谐波频率处。滤波器阻抗对较低次的谐波频率呈容性、高阻抗，对较高次的谐波频率呈感性、低阻抗，即在低于调谐频率时呈高阻特性。

2）双带通滤波器。由一个主电容器、一个主电抗器和一个调谐装置串联而成，这种滤波器的阻抗在二个调谐频率处到达最低值。

3）阻尼滤波器。可以是 1 阶、2 阶和 3 阶，常用 2 阶。一个 2 阶阻尼滤波器由一个电容器、一个电抗器和一个电阻的并联组合串联而成，它在一个较宽的频率范围内呈现为低阻抗，因而而具有较宽的滤波频带。

（3）配电系统至少满足下列条件之一时，可设置无源滤波器：

1）配电系统中具有相对集中的大容量（如 200kVA 或以上）非线性负载。

2）配电系统的自然功率因数较低，需要做电容补偿。

3）必须降低电压畸变以避免灵敏负载被干扰。

4）必须降低电流畸变以避免馈线（如电缆的中性线等）与设备（如电容器等）过载。

2. *有源滤波器*

有源滤波器常见类型有并联有源滤波器（工程中较为常用）、串联有源滤波器和串并联复合型有源滤波器。

配电系统至少满足下列条件之一时，可设置有源滤波器：

（1）配电系统中具有大容量（如 200kVA 或以上）非线性负载，且变化较大（如断续工作的设备等），用无源滤波器不能有效工作。

（2）配电系统的自然功率因数较低，需要做电容补偿。

（3）必须降低电压畸变以避免灵敏负载被干扰。

（4）必须降低电流畸变以避免馈线（如电缆的中

性线等）与设备（如电容器等）过载。

3. 配电系统同时满足下列条件时，宜设置复合滤波器

（1）配电系统中既具有相对集中且长期稳定运行的大容量（如 200kVA 或以上）非线性负载，又具有较大容量的经常变化的非线性负载。

（2）配电系统的自然功率因数较低，需要做电容补偿。

（3）必须降低电压畸变以避免灵敏负载被干扰。

（4）必须降低电流畸变以避免馈线（如电缆的中性线等）与设备（如电容器等）过载。

4. 静止无功发生器（SVG）

无功功率变化较大且谐波严重的系统中宜采用静止无功发生器，在进行功率因数补偿的同时，也能实现对谐波的抑制。

5. 滤波技术

（1）无源滤波器。

1）串联调谐滤波器。串联调谐滤波器由电容器和电抗器串联而成，被调谐于较低的频率处。在调谐的谐波频率处，电容器和电抗器具有相等的电抗值，滤波器的阻抗是纯电阻性的。滤波器阻抗对较低的谐波频率呈容性，而对于较高的谐波频率是感性的，这使低于调谐频率时的阻抗特性变坏。

2）双带通滤波器。由一个主电容器、一个主电抗器和一个调谐装置串联组成，调谐装置由一个调谐电容器和一个调谐电抗器并联而成，这种滤波器的阻抗在两个调谐频率下达到低值。

3）阻尼滤波器。当用来消除高次谐波（17 次以上）时，阻尼滤波器被称为高通滤波器，即在高频率时呈现低阻抗，而在低频率时呈现为高阻抗，因而低频分量不能通过。

（2）有源滤波器。有源滤波器是一种用于动态抑制谐波、补偿无功的电力电子装置，能对大小和频率变化的谐波以及变化的无功功率进行补偿，可克服 LC 滤波器等传统的谐波抑制和无功补偿方法的缺点。基本的工作原理是：检测补偿对象的电压和电流，经指令电流运算电路计算得出补偿电流的指令信号，该信号经补偿电流发生电路放大，得出补偿电流，补偿电流和负载电流中要补偿的谐波和无功等电流抵消，最终得到期望的电源电流。

有源滤波器的特点是：实现动态补偿，可对频率和大小变化的谐波以及变化的无功功率进行补偿，对补偿对象的变化有极快的响应；可同时对谐波和无功功率进行补偿，且补偿无功功率的大小可做到连续调节；补偿无功功率时不需要储能元件，补偿谐波时所需储能元件容量也不大；补偿对象电流过大时不会发生过载，并能正常发挥补偿作用；受电网阻抗的影响不大，不容易和电网阻抗发生谐振；能跟踪电网频率变化，补偿性能不受电网频率变化的影响；既可对一个谐波和无功源单独补偿，也可对多个谐波和无功源集中补偿。

1）并联有源滤波器。有源滤波器是主电路与负载并联接入电网的补偿方式，目前应用最多。它实现的功能最为灵活，可以只补偿谐波、只补偿无功功率、补偿三相不对称电流、补偿供电电压波动、也可以是以上任意组合。但是由于交流电源的基波电压直接施加到变流器上，且补偿电流基本由变流提供，故要求变流器具有较大的容量。谐波补偿效果与稳定性之间的矛盾是检测电源谐波电流控制方式的主要缺点。

2）串联有源滤波器。有源滤波器作为电压源串接在电源和谐波源之间。串联型有源滤波器与并联有源滤波器不同，主要用于补偿可看作电压源的谐波源，串联型滤波器输出补偿电压，抵消负载产生的谐波电压，使供电电压波形成为正弦波。串联与并联可以看作是对偶的关系。串联型有源滤波器的一个主要特点就是作为受控电压源工作。

3）串并联复合型有源滤波器。并联型有源滤波器主要侧重于对负载侧电流所引起的谐波、无功和负序等补偿，而串联型有源滤波器则侧重于对电压谐波补偿，两种有源滤波器都具有一定的局限性。串并联复合型有源滤波器既能够补偿负载侧的谐波，也能补偿电网侧引起的谐波问题，既能补偿电流谐波，也能补偿电压谐波以及各种电压质量问题。

9.6.7 电压异常的预防与治理

（1）当供配电系统中存在对电压短时中断、电压暂降等电压异常现象敏感的重要负载时，宜在相关供电回路或设备端设置电压自动补偿装置。

（2）配电系统中，电压自动补偿装置的选择应符合下列规定：

1）当重要负载对电压暂降敏感，且总补偿功率大于 200kW 时，可采用机械储能型电压自动补偿装置。

2）当重要负载功率较小，且对电压暂降和电压突升敏感时，可采用动态电压调节器（DVR）等串接型电压自动补偿装置。

3）当重要负载对过电压和欠电压较为敏感时，可采用静止无功发生器（SVG）等并接型电压自动补偿装置。

（3）机械储能型电压自动补偿装置应符合下列规定：

1）装置的储能功率不应小于电压补偿所需的额

定功率。

2）装置的持续运行功耗不应大于该装置额定功率的 10%。

3）装置的能量转换效率不低于 95%。

4）装置的满载放电时间不小于 15s。

5）装置的运动部件应具备安全防护功能。

6）装置的运行噪声不应大于 55dB。

7）装置不得用于有过欠电压双向补偿要求的场所。

（4）动态电压调节器应符合下列规定：

1）应具有过欠电压双向补偿功能。

2）补偿功率不应小于电压补偿所需的额定功率，且宜具备 10%裕度。

3）动态响应时间不应大于 10ms。

4）对电压暂降的补偿率不应小于 90%。

5）运行功耗不应大于额定补偿功率的 5%。

6）应具备短路、过载保护及报警功能。

7）噪声不应大于 55dB。

（5）静止无功发生器应符合下列规定：

1）具有过欠电压双向补偿功能。

2）补偿功率不应小于电压补偿所需的额定功率，且宜具备 10%裕度。

3）动态响应时间不应大于 10ms。

4）对电压暂降的补偿率不应小于 90%。

5）运行功耗不应大于额定补偿功率的 5%。

6）具备短路、过载保护及报警功能。

7）噪声不应大于 55dB。

8）应配置电抗器，并具有防谐振功能。

（6）供配电系统中，仅为补偿电压暂降时不宜采用 UPS。当负载侧已配置 UPS 时，不应另设电压自动补偿装置。

（7）UPS 兼作动态电压补偿装置时，应符合下列要求：

1）储能装置的补偿功率不应小于电压补偿所需的额定功率。

2）动态响应时间不应大于 5ms。

3）对电压暂降的补偿率不应小于 95%。

4）运行功耗不应大于额定补偿功率的 3%。

5）具备短路、过载保护及报警功能。

6）噪声不应大于 55dB。

9.7　建筑智能化系统的电磁兼容性

9.7.1　电子与信息系统的抗扰度

电子与信息系统在产品设计和生产时均有明确的性能指标。通常这些产品在实验室里完全能达到其性能指标，但在实际的使用环境中，却常常出现这样那样的问题。电子与信息系统抗扰度能力差往往是其中的一个重要原因。所谓电子与信息系统的抗扰度是指其面临电磁骚扰不降低运行性能的能力。电磁骚扰是指任何可能引起电子与信息系统性能降低的电磁现象。电子与信息系统都有它自己的工作信号，当周围环境的电磁骚扰混入到它的工作信号中时，电子与信息系统的工作就要出现偏差，当电磁骚扰能量很大时会损坏元器件，或使某些部件失效。电磁骚扰可能以辐射形式出现，也可能以传导形式出现，还可能以静电形式出现。电子与信息系统的抗扰性能在某种程度上反映了其工作的可靠性。

电子与信息系统在设计和生产时一定要考虑到它的使用环境，不同的使用环境其电磁环境也是不同的，从使用上大致有 8 个典型的环境：① 农村居民区；② 城市居民区；③ 商业区；④ 轻工业区；⑤ 重工业区；⑥ 交通区；⑦ 通信中心；⑧ 医院。

标准制定时通常根据电磁骚扰的情况将环境分为若干个等级，以便进行测试和评定。针对可能面临的使用环境，要预先考虑和设计其抗扰度等级。产品的抗扰度限值的确定要考虑到相关的骚扰限值，抗扰度限值要比相关的发射限值高，抗扰度限值与发射限值之差被称之为电磁兼容裕量，即电磁兼容裕量=发射裕量+抗扰度裕量。

电磁兼容既是一项提高产品可靠性的技术，也是一项涉及技术和成本平衡的技术。没有电磁兼容裕量的系统是难以可靠工作的，但电磁兼容裕量太大则制造成本高。因此，良好的电磁兼容设计和措施一定要兼顾技术和成本。

9.7.2　电磁兼容的成本

电磁兼容方案，一定要兼顾技术和经济两方面的因素，经过设计和测试，力争使电磁兼容措施达到恰当的程度。

1. 减低产品电磁兼容成本的途径

减低产品的电磁兼容成本，最好的途径是在产品的设计阶段就考虑电磁兼容问题。产品从研发到最终用户使用可分为研制开发阶段、产品定型阶段、批量生产阶段以及售后服务阶段。越到后期，产品解决电磁兼容的成本越高。经统计，各个阶段解决电磁兼容问题的费用是这样的：产品研发阶段费用为 1、产品定型阶段为 10、产品批量生产阶段为 100、售后服务阶段为 1000。解决电磁兼容问题的费用几乎是以十倍的速度增长，图 9－17 是产品电磁兼容问题解决费用与产品生产过程的关系示意图。

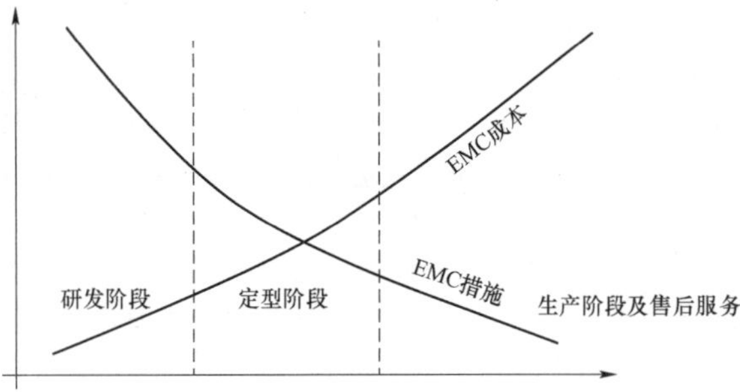

图 9－17　产品电磁兼容问题解决费用与产品生产过程的关系图

由此可见，降低产品的电磁兼容成本有两个要点：第一，技术措施要适当；第二，尽可能地早期考虑解决电磁兼容问题。

2. 辐射抗扰度分级

电磁辐射抗扰度试验将电磁环境分为五个等级。

等级 1：低电磁辐射环境，它是位于地方广播台/电视台和低功率发射机/接收机 1km 以外的环境，其发射电平为典型的低电平。

等级 2：中等电磁辐射环境，它是使用低功率便携式收发机（通常功率小于 1W）的电磁环境，它限定在设备附近使用，是一种典型的商业环境。

等级 3：严重电磁辐射环境，它位于便携式收发机（2W 或更大功率）附近，接近使用设备，但距离不大于 1m，附近有大功率广播和工业、科学和医疗设备的电磁环境，它是一种典型的工业环境。

等级 4：距离便携式收发设备小于 1m 的电磁环境，或者距离其他强干扰源小于 1m 的电磁环境。

等级×：待商定的电磁环境，它可以通过协商确定，或通过产品标准等加以规定。IEC 61000－4－3（2006－02）规定了五个磁场辐射测试等级见表 9－33。测试频率范围为 80～6GHz。

表 9－33　　电磁辐射抗扰度试验等级

等级	试验场强/（V/m）
1	1
2	3
3	10
4	30
×	特定

注：“×”表示开放等级。

9.7.3　电子信息系统的电磁兼容设计

（1）电子信息系统的设计应考虑建筑物内部的电磁环境、系统的电磁敏感度、系统的电磁骚扰与周边其他系统的电磁敏感度等因素，以达到较好的电磁兼容性。较敏感的电子信息系统设备（尤其是主机、数据库服务器等）应放置在电磁环境较好的建筑物中心部位。

（2）民用建筑物内不得设置可能产生足以危及人员健康的电磁辐射的电子信息系统设备，当必须设置这类设备时，应采取有效的隔离或屏蔽措施。例如，为确保信息安全而设置的专用无线电干扰仪，应设置在被保护建筑物的外围，并尽可能地通过较宽阔的绿化带等手段来隔离人群。

（3）电子信息系统所处的建筑物应采取有效的防雷措施。应当注意尽量使电子信息系统与建筑物防雷引下线保持足够距离，当不能靠空间来隔离时，则应采取必要的等电位措施。

（4）电子信息系统应按现行国家标准《建筑物电子信息系统防雷技术规范》（GB 50343）的规定，采取有效的防雷措施。电子信息系统的防雷（或防其他过电压）应从其电源线路、信号线路以及空间辐射等全方位考虑。

9.7.4　电源干扰的防护

（1）由用户变电站引出的配电系统应采用 TN－S 或 TN－C－S 系统。当采用 TN－C－S 系统时，从电子信息系统机房进户点起，中性导体（N）与保护导体（PE）应分开。这样设计可有效地避免由中性线电流引起的传导干扰。

（2）电子信息系统机房电源的进线处应设置限压型浪涌电压保护装置，保护装置的残压与电抗电压之和不应大于被保护设备耐压水平的 0.8 倍。保护装置的残压与电抗电压之和不应大于被保护设备耐压水平的 0.8 倍，这是为了保证被保护设备的耐压水平能拥有一定的裕度。

（3）谐波较严重的大容量设备宜采用专线供电，且按低阻抗的要求进行设计。主要指 X 光机、大功率 UPS 和整流设备等谐波源，最简单有效的低阻抗设计方法为将自变压器至大功率谐波骚扰源的馈线截面放大。当技术经济条件许可时，也可采用低阻抗变压器配电，具体可参照设备样本所供参数进行设计。

9.7.5　信号线路的过电压保护

（1）户外信号传输电缆的金属外护层和户外光缆的金属增强线应在进户处接地。这是为了防止过电压经由电缆的金属保护层和户外光缆的金属增强线窜入电子信息设备。

（2）户外信号传输电缆的信号线应在进户配线

架处设置适配的浪涌电压保护装置。此处指应将信号线本身（而非护套或机架等）经浪涌电压保护装置进行接地。

（3）用于信号线的浪涌电压保护装置应根据线路的工作频率、工作电压、线缆类型、接口形式等要素，选用电压驻波比和插入损耗小的适配的浪涌电压保护装置。应特别注意被保护信号线路的额定工作电压以及浪涌电压保护装置与被保护信号线路的连接方式。

（4）电缆电视系统、微波通信系统、卫星通信系统、移动通信室内信号覆盖系统等的室外天线馈线应在进户后首个接线装置处设置适配的浪涌电压保护装置。保护装置选型时应注意室外天线较易遭受直击雷。

9.7.6　管线设计

（1）电力线路与电子信息系统传输线路应分开敷设，当受建筑条件限制而必须平行贴近敷设时，应采取有效的屏蔽措施。不同电压等级的电力电缆，如10kV、6kV、0.4kV 的电力电缆应分别穿导管或在不同的电缆桥架内敷设；电力电缆不得与电子信息系统的传输线路合用保护导管和线槽；信号电压明显不同的电子信息系统的传输线路，例如，同为模拟信号的音响广播传输线路与有线电视广播传输线路等，也不得合用保护管和线槽；不同信号类型的传输线路，例如，模拟信号与数字信号，不宜合用保护导管和线槽，否则很可能造成信号干扰。

（2）电力线路与电子信息系统传输线路交叉时，应垂直相交；广播线路与其他电子信息系统传输线路交叉时，宜垂直相交。不同传输线路垂直交叉敷设时，由电磁感应造成的相互干扰最小。由于广播线路的工作电压通常为 100V 或 70V，明显高于其他电子信息系统传输线路的工作电压，且其工作电流也相对较大，容易对其他电子信息系统产生干扰，故也需作一定程度的限制。

（3）电子信息系统传输线路宜采用屏蔽效果良好的金属导管或金属线槽保护，但屏蔽线缆不受此限。当采用金属导管或金属线槽保护电子信息系统传输线路时，应注意保持金属导管或金属线槽的电气连续性，做好管槽连接处的跨接。

（4）用于电子信息系统传输线路保护的金属导管和金属线槽应接地，并做等电位联结。为确保保护金属导管或金属线槽的屏蔽效果，应将其两端作有效的接地，且相关设施之间应做等电位联结。当采用屏蔽线缆时，其外包屏蔽层的两端也应作有效的接地。

（5）作为移动通信室内中继系统天线的泄漏型电缆不得敷设在建筑物混凝土核心筒内，且不得与无保护措施的电子信息系统传输线路干线平行贴近敷设。前者是为了避免建筑物核心筒对天线发出的信号造成严重的屏蔽效应，后者则是为了避免泄露型天线对同路径的电子信息系统传输线路产生感应干扰。

（6）当建筑物内的电磁环境复杂且未采用屏蔽型保护管槽时，监视电视系统和有线电视系统宜采用具有外屏蔽层的同轴电缆。此时，同轴电缆的外屏蔽层应在两端进行有效接地，以确保屏蔽效果。

（7）涉及国家安全的计算机网络等电子信息系统应采用光缆或屏蔽型电缆。银行、证券交易所的省级总部及其结算中心的计算机网络系统宜采用光缆或屏蔽型电缆。根据上海某项目的现场检测结果，采用非屏蔽型传输电缆（UTP）的计算机网络的辐射信号（包括从网络设备和传输线路所辐射出的信号）在数百米范围内均可稳定地测到，因而存在较严重的泄密隐患。当采用 UTP 穿金属管保护时，末段线路（从信号口至计算机、交换机等设备的明线）有可能成为无线电信号发射天线，从而成为主要的泄露源。当采用屏蔽型电缆（STP、FTP）时，应注意末段明线两端的接地处理，避免成为无线电信号发射天线。相比之下，光缆传输的保密性能更佳。

当建筑物内的电磁环境复杂，且一旦计算机网络系统发生运行故障将造成较严重后果时，相关系统宜采用光缆或屏蔽型电缆。

9.8　电磁屏蔽技术

电磁屏蔽是用来减小场向指定区域穿透的措施。其方法是在两个空间区域之间加以金属的隔离，以控制从一个区域向另一个区域的电场、磁场或电磁场的传播。屏蔽有两个目的：第一，防止设备的电子电路或部分电子电路的辐射发射到产品外面，既要避免设备不符合辐射发射的限值，又要防止该设备对其他电子设备的干扰；第二，防止设备内部的辐射发射耦合到设备内部的电子电路中，导致设备内的干扰。

9.8.1　电磁屏蔽特点

（1）电场和平面波的反射损耗很大。

（2）低频磁场的反射损耗通常很小，主要损耗是吸收损耗。

（3）磁场比电场更难以屏蔽。

（4）屏蔽低频磁场要用磁性材料。

（5）屏蔽电场、平面波和高频磁场要用良导体（电导率高）。

（6）实际的屏蔽效果决定于缝隙和接头的漏泄，而不是材料本身的屏蔽效果。

（7）孔洞的最大尺寸（非面积）或不连续性决定了漏泄的量。

（8）大量小孔所产生的漏泄较之同样面积的大孔要小。

（9）屏蔽体的有效性用屏蔽效能（SE）来度量。

9.8.2 电磁屏蔽材料与性能

几种常用材料的屏蔽效能见表9－34～表9－38。

表9－34 铜薄膜按平面波计算的屏蔽效能

屏蔽层薄膜厚	1050Å		12 500Å		21 960Å		219 600Å	
频率	1MHz	1GHz	1MHz	1GHz	1MHz	1GHz	1MHz	1GHz
吸收损耗 A/dB	0.014	0.44	0.16	5.2	0.29	9.2	2.9	92
反射损耗 R/dB	109	79	109	79	109	79	109	79
多次反射校正项 B/dB	－47	－17	－26	－0.6	－21	0.6	－3.5	0
屏蔽效能 SE/dB	62	62	83	84	88	90	108	171

注：1Å=10^{-10}m。

表9－35 1mm厚各种金属材料在150kHz下的电气性能参数

金属	相对铜的电导率 g_r	相对磁导率 μ_r	1mm厚、150kHz吸收损耗/dB	备注
银	1.05	1	51.96	
铜（热轧）	1.00	1	50.91	
冷扎铜	0.97	1	49.61	
金	0.70	1	42.52	
铝	0.61	1	39.76	
镁	0.38	1	31.10	
锌	0.29	1	27.56	
黄铜	0.26	1	25.98	
镉	0.23	1	24.41	
镍	0.20	1	22.83	
磷青铜	0.18	1	21.65	
铁	0.17	1000	665.40	
锡	0.15	1	19.69	
钢	0.10	1000	509.10	
	0.10	1	14.14	
铝	0.08	1	14.17	
高磁导率镍钢	0.06	80 000	3484	假设未饱和
蒙乃尔	0.04	1	10.24	
	0.04	1	10.24	
μ合金	0.03	80 000	2488	假设未饱和
坡莫合金	0.03	80 000	2488	假设未饱和
不锈钢	0.02	1000	244.4	

表 9－36　　铁、钢、铝 1mm 厚板吸收损耗

频率	铁 g_r=0.17		铜 g_r=1.00		铝 g_r=0.61	
	μ_r	A/dB	μ_r	A/dB	μ_r	A/dB
60.0Hz	1000	13	1	1	1	0.9
1.0kHz	1000	54	1	4	1	3.0
10.0kHz	1000	171	1	13	1	10.0
150.0kHz	1000	663	1	56	1	40.0
1.0MHz	700	1430	1	131	1	103.0
3.0MHz	600	2300	1	228	1	178
10.0MHz	500	3830	1	416	1	325
15.0MHz	400	4200	1	509	1	397
100.0MHz	100	5420	1	1310	1	1030
1.0GHz	50	12 110	1	4160	1	3250
1.5GHz	10	6640	1	5090	1	3970
10.0GHz	1	5420	1	13 140	1	10 300

表 9－37　　金属网对磁场及平面波的屏蔽效能

<table>
<tr><td rowspan="2">电磁波型</td><td rowspan="2" colspan="2">屏蔽层材料网格技术参数</td><td rowspan="2">材料</td><td rowspan="2">厚度/mm</td><td colspan="6">标称屏蔽效果/dB</td></tr>
<tr><td>0.1kHz</td><td>1kHz</td><td>10kHz</td><td>85kHz</td><td>1MHz</td><td>10MHz</td></tr>
<tr><td rowspan="2">磁场</td><td rowspan="2">目数（网）</td><td>二层网每层间距 2.54cm</td><td>铜网（氧化）</td><td></td><td>2</td><td>6</td><td>18</td><td></td><td></td><td></td></tr>
<tr><td>22 号
16 号
4 号</td><td>铜网
青铜网
镀锌钢网</td><td></td><td></td><td></td><td></td><td>31
18
10</td><td>43

17</td><td>43

21</td></tr>
<tr><td rowspan="5">平面波</td><td rowspan="2">孔板</td><td rowspan="2">直径 1.143mm
面积 1451.61cm^2</td><td rowspan="2">铝</td><td rowspan="2">0.5</td><td colspan="3">3040MHz</td><td colspan="3">9380MHz</td></tr>
<tr><td colspan="3">60</td><td colspan="3">62</td></tr>
<tr><td rowspan="3">目数（网）</td><td>16 号</td><td>铝网</td><td>直径 0.33mm</td><td colspan="3">34</td><td colspan="3">36</td></tr>
<tr><td rowspan="2">22 号</td><td rowspan="2">铜网</td><td rowspan="2">直径 0.38mm</td><td>200kHz</td><td colspan="2">1MHz</td><td>5MHz</td><td colspan="2">100MHz</td></tr>
<tr><td>118</td><td colspan="2">106</td><td>100</td><td colspan="2">80</td></tr>
</table>

表 9－38　　网对电场的屏蔽效能

<table>
<tr><td colspan="2">屏蔽网型</td><td>材料</td><td>厚度或直径/mm</td><td>额定屏蔽效能/dB14kHz～1GHz</td><td>开孔面积</td></tr>
<tr><td rowspan="3">孔板</td><td>孔直径 3.2mm
孔间距 4.76mm</td><td>钢</td><td>厚度 1.5</td><td>58</td><td></td></tr>
<tr><td>孔直径 6.35mm
孔间距 7.94mm</td><td>钢</td><td>厚度 1.5</td><td>48</td><td>46</td></tr>
<tr><td>孔直径 11.1mm
孔间距 15.87mm</td><td>铝</td><td>厚度 0.94</td><td>35</td><td>45</td></tr>
<tr><td colspan="2" rowspan="6">目数（网）</td><td>16 号铝</td><td>直径 0.51</td><td>55</td><td>36</td></tr>
<tr><td>22 号铜</td><td>直径 0.51</td><td>50（14kHz～60MHz）、
65（60MHz～1GHz）</td><td>50</td></tr>
<tr><td>12 号铜</td><td>直径 0.51</td><td>50</td><td></td></tr>
<tr><td>16 号青铜</td><td>直径 0.51</td><td>45（14kHz～60MHz）</td><td>50</td></tr>
<tr><td>10 号蒙乃尔</td><td>直径 0.46</td><td>40</td><td>50</td></tr>
<tr><td>4 号镀锌钢</td><td>直径 0.76</td><td>35</td><td>76</td></tr>
</table>

9.8.3　电磁防护的屏蔽技术

屏蔽是用来减小电磁场向指定区域穿透的措施。其方法是在两个空间区域之间加以金属的隔离，以控制从一个区域向另一个区域的电场、磁场或电磁场的传播。

1. 屏蔽原理

屏蔽作用原理可以用电路理论与场论来分析。

（1）传输线理论。将屏蔽体设想为传输线，当电磁波入射到金属壳体时，将产生两种损耗。入射波的一部分从表面反射回来，产生反射损耗；另一部分电磁波在金属壳体内传播，并被衰减吸收，产生吸收损耗，并在另一表面内又产生反射损耗。这一理论分析与行波在传输线上传播的理论分析类似。这种分析方法便于计算，精度也高。被广泛采用。

（2）感应涡流效应。当高频磁场穿过金属板时，就在金属板中产生感应电动势，从而形成涡流。金属板中的涡流电流又产生反向磁场来抵销穿过金属板的原磁场，从而削弱原磁场而达到屏蔽的作用。

2. 屏蔽效能的定义与表达式

屏蔽效能的定义：屏蔽前某点的电场强度与屏蔽后该点电场强度之比。

工程上屏蔽效能的表达式为

$$\mathrm{SE}_{\mathrm{E(dB)}}=20\lg|E_{\mathrm{o}}/E_{\mathrm{s}}| \qquad (9-53)$$

$$\mathrm{SE}_{\mathrm{H(dB)}}=20\lg|H_{\mathrm{o}}/H_{\mathrm{s}}| \qquad (9-54)$$

式中：E_o、H_o为屏蔽前某点的电场强度与磁场强度；E_s、H_s为屏蔽后某点的电场强度与磁场强度。

3. 屏蔽效能计算公式

金属屏蔽效能分析可以用图 9－18 来表示。

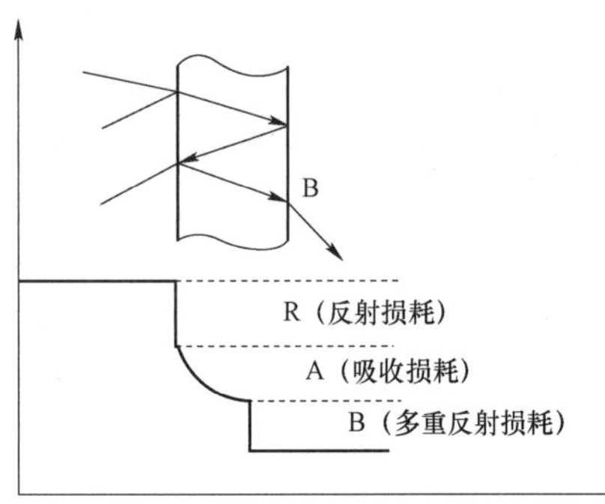

图 9－18　金属屏蔽效能分析图

根据前述传输线理论分析和图 9－18 可知：

屏蔽效能 S=反射损耗 R+吸收损耗 A+多重反射损耗 B

即　　$S=R+A+B$

下面讨论屏蔽效能 S 的计算公式：

（1）在远场（$r>\lambda/2\pi$）平面波垂直入射条件下：

1）反射损耗

$$R_{\mathrm{(dB)}}=168-10\lg(\mu_{\mathrm{r}}f/\sigma_{\mathrm{r}}) \qquad (9-55)$$

式中：σ_r为屏蔽材料相对于铜的电导率；μ_r为屏蔽材料相对于铜的磁导率；f 为入射电磁波的频率，单位为 Hz。

式（9－55）说明，导体的屏蔽阻抗越低，反射损耗越大；为减小屏蔽阻抗，可采用高电导率和低磁导率的材料。

2）吸收损耗

$$A_{\mathrm{(dB)}}=3.34t\sqrt{f\mu_{\mathrm{r}}\sigma_{\mathrm{r}}} \qquad (9-56)$$

式中：t 为屏蔽壳体厚度，1in=2.54cm；f、μ_r、σ_r含义同上。

式（9－56）说明，材料越厚（t 大），频率越高（f 高），吸收损耗越大。

3）多重反射损耗 $B\approx0$。

（2）在近场（$r\leqslant\lambda/2\pi$）条件下：

1）对电场的屏蔽：

① 反射损耗 R：计算公式同式（9－55）。

② 吸收损耗 A：计算公式同式（9－56）。

③ 多重反射损耗：$B\approx0$。

2）对磁场的屏蔽：

① 反射损耗 R：

当距离 r 未知时，可假定 $R\approx0$。

当距离 r 已知时，

$$R_{\mathrm{(dB)}}=14.6+10\lg\left(\frac{fr^2\sigma_1}{\mu_1}\right) \qquad (9-57)$$

式中，r 为从源到屏蔽体的距离，m。

② 吸收损耗 A：计算公式同式（9－57）

3）多重反射修正系数 B：

当吸收损耗 $A\geqslant10$dB 时，可认为 $B\approx0$；

当吸收损耗 $A<10$dB 时，有

多重反射损耗　　$$B_{\mathrm{(dB)}}=20\lg(1-\mathrm{e}^{-2t/8}) \qquad (9-58)$$

9.9 电磁兼容防护技术

9.9.1 电磁兼容防护技术的概念与原理

1. 形成电磁兼容问题的三个要素

根据“电磁兼容性”（EMC）的术语定义可知，达到电磁兼容要确保：设备或系统在其电磁环境中能正常工作，设备或系统有适当抗扰度（能力），将设备或系统视为“感受器”（或“敏感”装置），具有一定的避免性能降低的能力；设备或系统不对该电磁环境中的任何事物构成不能承受的电磁骚扰，显然此时将设备或系统看成“骚扰源”（或称“干扰源”），它们会对外界产生一定的电磁噪声。本文所指的骚扰源为“人为骚扰源”，即为“用电产品”。

任何电磁噪声（或无用信号）只有通过传播媒介（质）才能构成电磁骚扰，即可能引起设备或系统的性能降低或对生物或非生物产生不良的影响。

因此形成电磁兼容问题的三个要素是：骚扰（干扰）源→传播媒介→感受器，如图 9－19 所示。这里，骚扰源与感受器通常都是设备或系统等硬件，并作为独立产品出现。

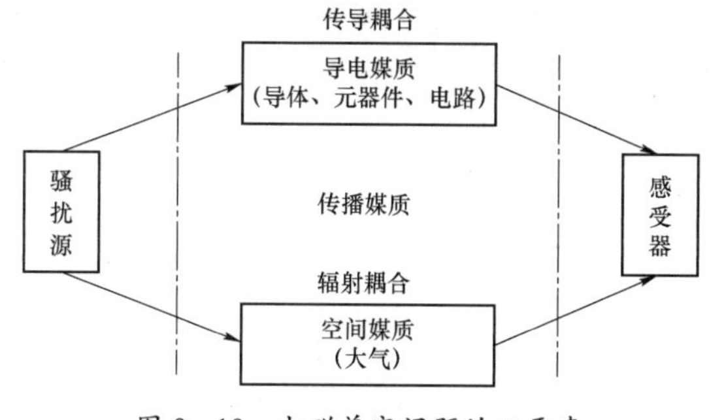

图 9－19　电磁兼容问题的三要素

2. 骚扰源

（1）骚扰源的分类。按国际无线电干扰特别委员会（CISPR）的划分，骚扰源（指产品）分为：

1）工业、科学和医疗（射频）设备。

2）车辆、机动船和内燃机驱动的装置。

3）声音和电视广播接收机及有关设备。

4）家用和类似用途电动、电热器具以及类似电器。

5）电气照明和类似设备。

6）架空电力线路和变电站。

7）信息技术设备。

8）居住、商业和轻工业环境应用的通用电器设备。

9）工业环境应用的通用电器设备。

（2）骚扰源的（电磁）发射频率范围。所谓（电磁）发射是（以下简称发射）是从（骚扰）源向外发出电磁能的现象。根据传播路径的不同，发射又可分为传导发射和辐射发射。频率范围如图 9－20 所示。

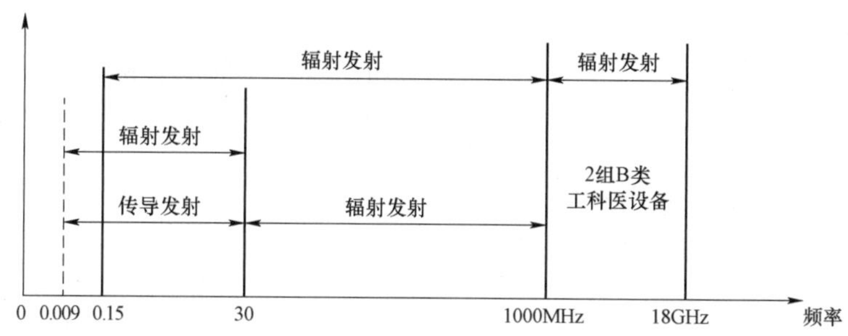

图 9－20　骚扰源的电磁发射频率范围

传导发射的频率范围通常为 0.15～30MHz，少数为 0.009～30MHz。

辐射发射的频率范围通常为 30～1000MHz，少数为 0.15～1000MHz 或 1～18GHz，视不同的骚扰源而定。

（3）骚扰源的发射限值/抗扰度限值、（电磁）兼容电平、发射器和感受器的电平与独立变量频率之间的相互关系。

图 9－21 表示发射限值和抗扰度限值以及这些限值之间的兼容电平，虚线表示在单台发射器和感受器中可能出现的发射电平和抗扰度电平。

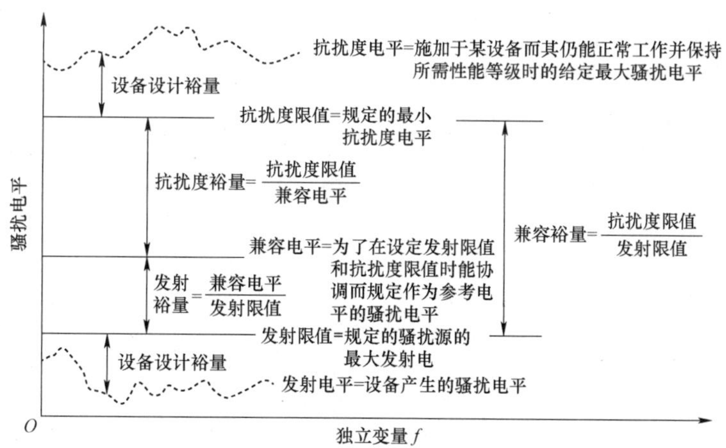

图 9－21　电磁兼容限值与相关变量关系图

设备设计裕量=抗扰度电平－抗扰度限值；或=发射限值－发射电平；它由制造商决定。

从图 9－21 中可看出：抗扰度电平＞抗扰度限值＞兼容电平＞发射限值＞发射电平

根据 GB/T 17624.1《电磁兼容　综述　电磁兼容基本术语和定义的应用与解释》中的叙述，系统的基本装置可分为两类：

1）发射器：指可能发射骚扰电压、电流和电磁场的装置、设备或系统（即骚扰源）。

2）感受器：指由于受到这些发射的影响而可能使运行性能降低的装置、设备或系统。某些装置可能同时属于以上两类。

（4）骚扰源、感受器与电磁环境的界面——端口。端口是指定设备与外部电磁环境的特定接口（见图 9－22）。设备可以是骚扰源或感受器，端口是电磁骚扰通过传播媒质进/出骚扰源或感受器的界面，骚扰通过端口对设备产生影响。

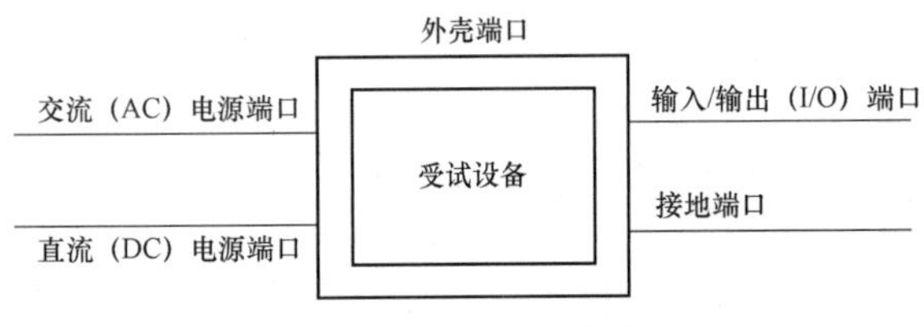

图 9－22　端口的分布

端口可进一步分为外壳端口和电缆端口。外壳端口是设备的物理边界，电磁场通过该边界辐射出去或照射到该边界上。电缆端口是设备上连接电缆或导线的端口，例如：电源线端口交/直流和输入/输出端口，或接地端口等。

外壳端口是辐射骚扰通过空间（大气）媒质进/出骚扰源或感受器的界面，而电缆端口是传导骚扰通过金属性导电媒质［导体（线）、电缆、元器件、电路等］进/出骚扰源或感受器的界面。

当电缆端口上的电缆尺寸与辐射骚扰的波长可比拟（如 $\lambda/2$ 或 $\lambda/4$）时，则电缆端口上的电缆（作为天线）也可辐射或接收骚扰。

无论是发射测量还是抗扰度试验都是通过受试设备的各个端口进行的。

（5）骚扰源的电磁场——近场（感应电磁场）和远场（辐射电磁场）。场的特性是由源的特性来决定的，如源周围的介质以及在源与观察点之间的距离等，都能影响场的特性。

在源附近的场，其特性主要决定于源的特性；在远离源的地方，场的性质主要决定于场传播时所通过的介质。因此，在辐射源周围的空间可划分为两个区域，如图 9－23 所示。

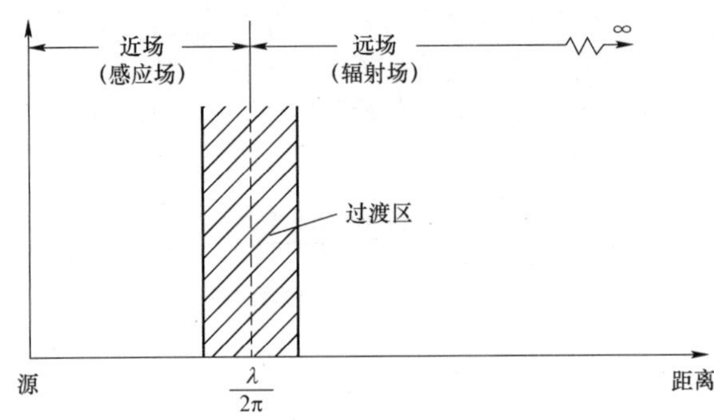

图 9－23　场性质与距源距离的关系

源附近的区域叫作近场或感应电磁场；距离大于 $\lambda/2\pi$ 的区域叫作远场或辐射电磁场。在离源 $\lambda/2\pi$ 附近的区域是近场和远场之间的过渡区。

电场（E）与磁场（H）的比定义为空中某点的波阻抗。近场时，其比值决定于源的特性和从源到观察点的距离；远场时，其比值等于介质的特性阻抗（即对于空气或自由空间 $E/H=Z_0=120\pi\Omega=377\Omega$），如图 9－24 所示。

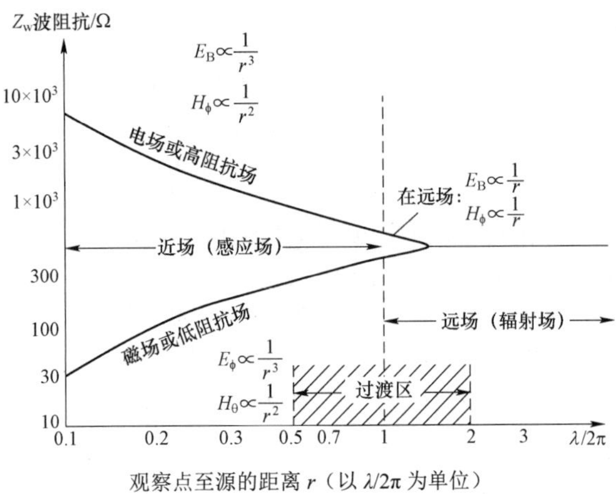

图 9－24　波阻抗与源距离的关系

若源为大电流低电压（$E/H<377\Omega$）则近场为磁场（为主）。反之，若源为小电流高电压（$E/H>377\Omega$）则近场为主要为电场。

对于垂直短天线来说，其源阻抗为高阻抗。天线附近（主要为电场）的波阻抗为高阻抗；当距离增加时，电场场强逐渐衰减，而产生一个互补的磁场。近场时，电场以（$1/r^3$）的速率衰减，而磁场则以（$1/r^2$）的速率衰减。因此，垂直天线的波阻抗随距离减小并趋于远场的自由空间的阻抗。

对于一个主要由环形天线产生的磁场，其天线附近的波阻抗为低阻抗。当与源的距离增加时，磁场以（$1/r^3$）的速率衰减，而电场则以（$1/r^2$）的速率衰减。其波阻抗随着距离的增加而增加，在距离为 $\lambda/2\pi$ 时渐近趋于自由空间的波阻抗。在远场时，电场和磁场都以 $1/r$ 的速率衰减。

频率低于 1MHz 时，电子设备内的耦合大多数是由近场造成的。在近场内，对电场和磁场应分开考虑，因为两者之比（波阻抗）不是常数。而在远场内，电场和磁场组成一个具有 377Ω 波阻抗的平面（电磁）波。因此，当讨论平面波时，均假定是在远区场；而当分开讨论电场和磁场时，则被假定是在近场内。

（6）骚扰源的频谱宽度——宽带骚扰与窄带骚扰。众所周知，骚扰产生的影响与时间（t）、频率（f）和空间（距离和方位）的分布以及能量（或幅度）大小有关。根据骚扰源的频率分布特性，可知骚扰的频谱宽度，它可分为宽带骚扰和窄带骚扰。

宽带骚扰定义为“带宽大于某一特定测量设备、接收机或敏感装置带宽的电磁骚扰”。窄带骚扰定义为“带宽小于或等于特定测量设备、接收机或敏感装置带宽的电磁骚扰或频谱分量”。显然，“窄”“宽”都是相对于被干扰对象的工作带宽而言的。通常，确定骚扰频带的宽窄都以接收机的通频带带宽 B_W 作为基准，与骚扰的任意两个谐波之间的频率间隔 Δf 加以比较。

1）任意两个谐波的频率间隔 $\Delta f<$ 接收机的通频带带宽 B_W，即 $\Delta f<B_W$，则该骚扰为宽带骚扰（图 9-25）。

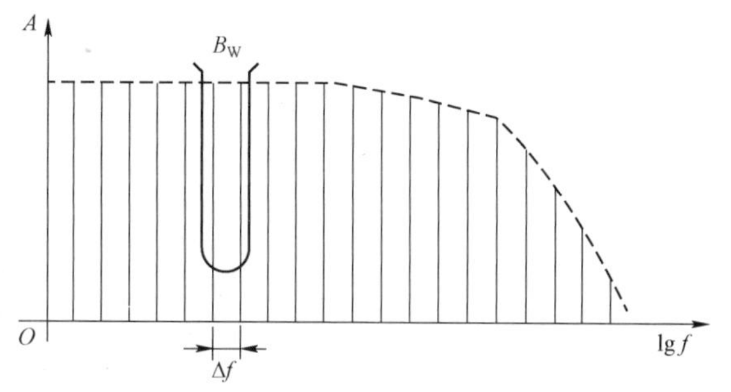

图 9-25　$\Delta f<B_W$ 时为宽带骚扰

2）任意两个谐波的频率间隔 $\Delta f>B_W$ 接收机的通频带带宽 B_W，即 $\Delta f>B_W$ 则该骚扰为窄带骚扰（图 9-26）。

另一种判别宽带骚扰与窄带骚扰的简易方法是：若接收机（或被骚扰电路的输入级）的通频带带宽为 B_W，而骚扰源的基频为 F_0。

当 $F_0<B_W$ 时，为宽带骚扰；当 $F_0>B_W$ 时，为窄带骚扰。

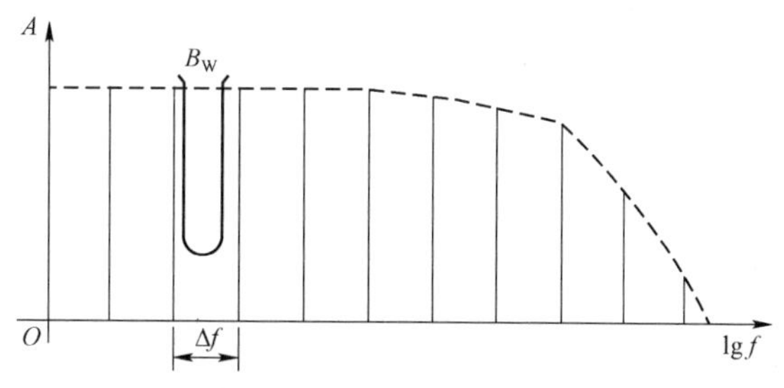

图 9-26　$\Delta f>B_W$ 时为窄带骚扰

（7）共模骚扰与差模骚扰。共模骚扰是指出现在每个导体与参考点（通常为地或机壳）之间的电压或电流，共模电压在线路上产生同相位电流。例如电源线中相线（L）与地（E）、中线（N）与地（E）之间存在的骚扰电压 U_{LE}、U_{NE} 称为共模骚扰电压（图 9-27）。

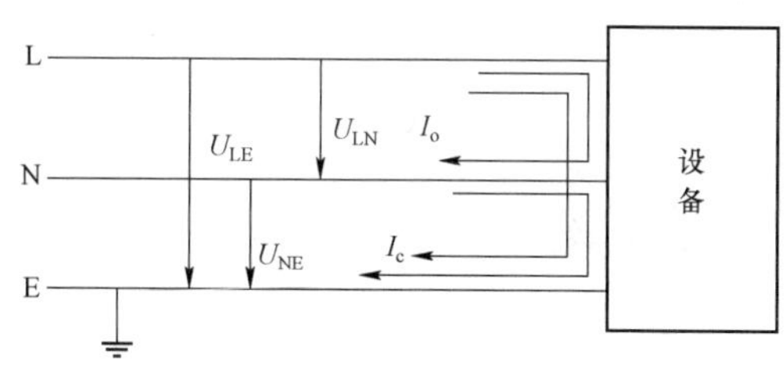

图 9-27　电源上的共模与差模骚扰电压

共模骚扰大多来自雷电、大功率辐射场，并通过空间电磁场的耦合。

差模骚扰是指出现在一组规定的带电导体中任意两根之间的电压或电流，差模电压在线路上产生反相位的电流。差模骚扰多数由同一装置中的电动机、晶闸管、开关电源等引起，一般频率较低。

共模骚扰与差模骚扰的频率分布如图 9-28 所示。

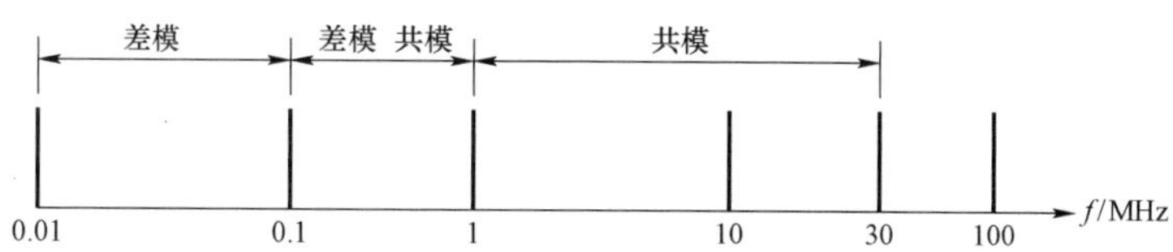

图 9-28　共模骚扰与差模骚扰的频率分布

从共模骚扰与差模骚扰的定义中可知：

共模骚扰电压是并联在电路上的任意一点与地之

间，它在电路的“来”“回”通路中产生同方向的电流。

差模骚扰电压是串联在回路中的，由它产生的电流是和电路的工作电流（如负载电流）叠加的，它在电路的“来”“回”通路中产生大小相同、方向相反的电流。

对于共模骚扰电压可采用适量的电容并联在接地点或机架上来分流共模骚扰电流。对于差模骚扰则应在回路中串联适当的电感以抑制差模骚扰电流。

共模骚扰与差模骚扰之间在下列情况下会发生转换：

1）在频率较高或线路来往阻抗不相等的情况下，不同路径的共模电流会在阻抗两端产生不相等的电压，这个电压就构成了在负载上的差模电流。

2）当电缆的屏蔽层在外界电磁场中感应了的电流后，通过电缆的转移阻抗转换到电缆的芯线上产生新的与工作电流叠加的差模骚扰电流。

9.9.2 电磁骚扰脉冲波形的快速时频域转换

产生电磁骚扰的脉冲信号在时域中可以表现为周期性的，如电快速瞬变脉冲群，也可以表现为瞬变单脉冲，如雷击浪涌（冲击）脉冲，可以用时域中的脉冲波形来表示信号的各种特性。

在电磁兼容性测量（如传导骚扰、辐射骚扰的测量）和电磁骚扰的抑制技术（如滤波、屏蔽等）中需要将这些时域脉冲波形转换到频域，成为幅度频谱分布。也有时需要将频域特性转换为时域特性来研究。

由于电磁干扰的频率范围是从赫（Hz）到千兆赫（GHz），若进行频域测量，就需要对每一个谐波的幅度进行扫描分析。为了快速、直观、方便地看出脉冲波形所含有的频率分量，应用最大包络线法作快速时域－频域转换可以很好地进行信号分析。下面举例说明这种方法的应用。

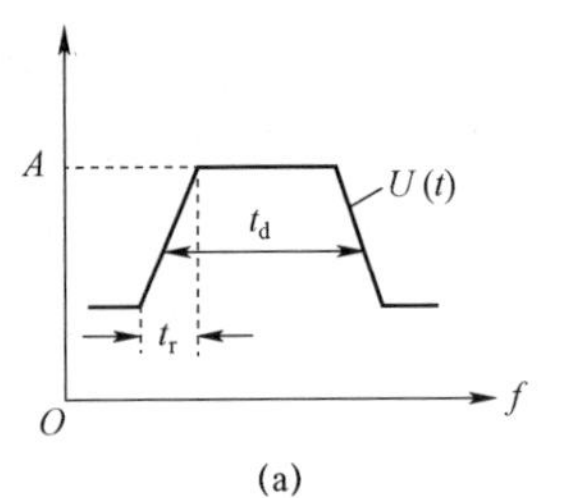

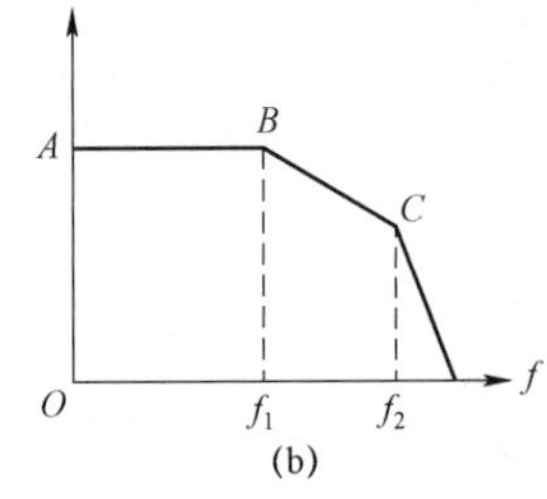

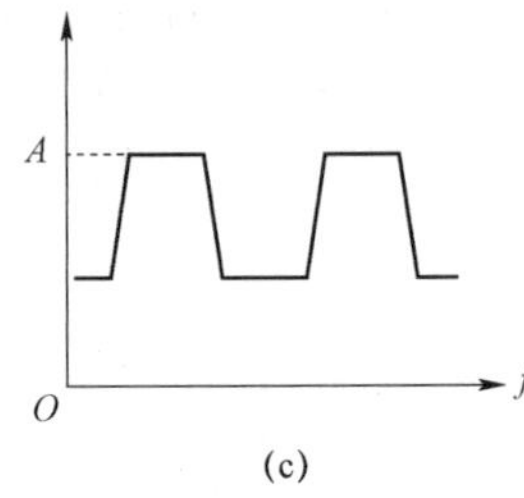

图 9－29 脉冲波频谱

图 9－29 a 为梯形脉冲波及其频谱，图 9－29 b 为孤立梯形脉冲 $u(t)$，其峰值为 A，根据其上升时间 t_x 及脉冲持续时间（半脉宽）t_d，按照下述方法，就可得到如图 9－29c 所示的频谱。

第一步，求出孤立梯形脉冲的基波频率（即基频）F_0

$$F_0 = 1/T \qquad (9-59)$$

第二步，求出孤立梯形脉冲频谱包络的第一个转折频率 f_1

$$f_1 = 1/\pi t_d \qquad (9-60)$$

第三步，求出孤立梯形脉冲频谱包络的第二个转折频率 f_2

$$f_2 = 1/\pi t_r \qquad (9-61)$$

第四步，求出孤立梯形脉冲频谱包络（顶端的参考线）的起始幅度为

$$20\lg\left(2A\frac{t_d}{T}\right) \qquad (9-62)$$

可以看出，脉冲波形的频谱包络的第一节转折点 f_1 决定于脉冲的持续时间 t_d，而第二个转折点 f_2 取决于脉冲的脉冲上升时间 t_r。

根据傅里叶分析，孤立梯形脉冲的频谱密度为

$$S_d(f) = 2At_d\frac{\sin\pi ft_d}{\pi ft_d}\frac{\sin\pi ft_r}{\pi ft_r} \qquad (9-63)$$

（1）当 $f<f_1$ 时，因 πft_d 和 πft_r 很小，所以可以近似认为 $\sin(x)\approx x$，于是，$\sin\pi ft_d\approx\pi ft_d$；$\sin\pi ft_r\approx\pi ft_r$，则有下式

$$S_d(f_1) = 2At_d \qquad (9-64)$$

若用分贝表示，则为

$$S_d(f_1)\mathrm{dB}\mu\mathrm{V} = 20\lg(2At_d) \qquad (9-65)$$

从式（9－61）可以得知，当 $f<f_1$ 时，频谱的包络线是常数，即平行于横轴（f），即图 9－29b 中的 AB 段。

（2）当 $\frac{1}{\pi t_d}\leqslant f\leqslant\frac{1}{\pi t_r}$ 时，极限情况有 $\sin\pi ft_d=1$ 且因 t_x 很小，

所以 $\sin(x)\approx x$，于是有 $\frac{\sin\pi ft_r}{\pi ft_r}=1$

故有下式

$$S_d(f_2) = 2At_d\frac{1}{\pi ft_d} = \frac{2A}{\pi f} \qquad (9-66)$$

若用分贝表示，则为：$S_{\rm d}(f_2){\rm dB}\mu{\rm V}=20\lg\left(\frac{2A}{\pi f}\right)$

从式（9－66）可以得知，当$1/(\pi t_{\rm d})\leqslant f\leqslant 1/(\pi t_{\rm r})$时，频谱幅密度反比于$f$，即图 9－60 b 中的 BC 段斜率为负，大小为$1/f$，表示频率为增加 10 倍，包络幅度下降 10 倍。或者说频率每增加 10 倍，包络幅度下降 20dB。

（3）当$f>\pi t_{\rm r}$时，极限情况有$\sin\pi f t_{\rm d}=1$；$\sin\pi f t_{\rm r}=1$

此时：

$$S_{\rm d}(f_3)=\frac{2A}{\pi^2 f^2 t_{\rm r}} \tag{9-67}$$

若有分贝表示，则为：

$$S_{\rm d}(f_3){\rm dB}\mu{\rm V}=20\lg\left(\frac{2A}{\pi^2 f^2 t_{\rm r}}\right) \tag{9-68}$$

用上述这样的近似变换方法可以很快地依据脉冲波形的上升时间$t_{\rm r}$和其脉冲持续时间（半脉宽）$t_{\rm d}$，预估出当各种脉冲波形的频谱分布特征。这种近似变换方法同样也适用于周期性脉冲，如图 9－29 c 所示。

9.9.3　电磁兼容性设计方法

1. 导线及电缆的敷设和布线

导线及电缆之间的耦合是电磁骚扰传播途径的一个重要方面。有的资料认为这种耦合对于导线之间来说可归为电容性耦合（即电场耦合）和电感性偶耦合（即磁场耦合）以及电缆间的转移阻抗耦合。转移阻抗可以定义为第一根电缆中的电流除以第二根电缆上出现的电压。

术语“布线”包含了分开、隔离、分类捆扎和电缆安置等一系列的工艺。

2. 导线及电缆之间的低频耦合

（1）低频的物理概念。低频的物理概论可以从以下两个方面来理解：

1）低频是指电缆或导线的全长比频率对应的波长的 1/16 还要短的那些频率。换句话说，如频率对应的波长比电缆或导线的全长长 16 倍以上，都可称为低频。

2）在低频情况下，沿电缆（或导线）流过的电流和电缆（或导线）上的电压都可以视为常量，即电缆（或导线）上处处电流、电压相等。

（2）低频耦合：

1）磁场耦合（电感性耦合）。当与电缆两端相接的电路工作于低阻抗时，由磁耦合引起的干扰是十分明显的。诸如变压器、螺线管和其他载流导线的（磁场）干扰源产生的磁通交链，要在闭合导线上感应起干扰电压。例如（无限）长载流导线在邻近回路（见图 9－30）上感应的电压e为

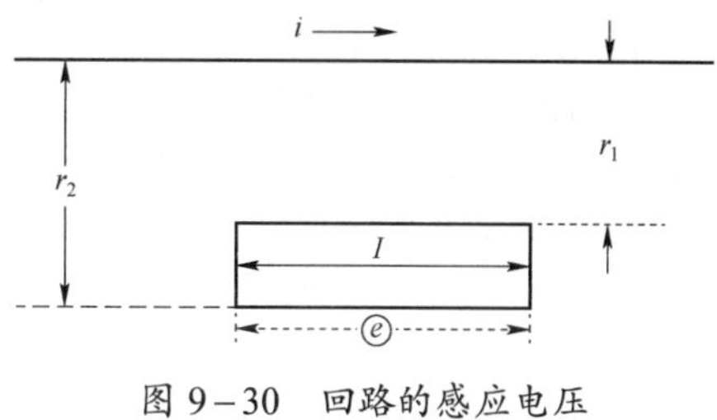

图 9－30　回路的感应电压

$$e=(3.19\times10^{-8})f\cdot l\cdot i\cdot\ln\frac{r_2}{r_1}\quad({\rm V}) \tag{9-69}$$

式中：e为感应电压，V；f为电流i的频率，Hz；l为邻近电路导线长度，in（1=2.54cm）；i为长载流导线中电流，A；r_1、r_2为邻近电路两边距长载流导线的距离，in。

由式（9－69）可以看出，要减小邻近闭合导线感应的电压就要加大骚扰源导线与邻近导线的距离r_1，还要减小邻近闭合导线的面积。

减小电感性耦合的措施：

① 滤波。滤波能抑制骚扰源电流的高频分量，从而减小在感应回路中产生的电压。由于骚扰源可能与多个敏感电路耦合，因此最好在骚扰源里加装滤波器。

② 减少源和感应回路的面积。减少源和感应回路的实际面积便能减小耦合。把信号线或载流线与其相对应的回线尽量靠近或平行布线，可以使回路面积大为减小。其次，把导线成对扭绞在一起，能够把回路面积控制到最小，显著地减小耦合。

③ 加装旁路电容。旁路电容直接安装在作为地回路的机壳或屏蔽体上面。用于滤波的旁路电容要承受相当大的电流，因而安装时要尽量设法减小电容器与地线所形成的回路面积。

④ 加大回路间的距离。减少骚扰源与感应回路之间耦合的最有效的方法是拉开两者间的距离，使回路中的感应电压成指数倍地降低。

⑤ 形成垂直指向的回路。当源回路和感应回路的导体平面相互垂直时，其感应电压会减少到最小。但不是任何场合都能实现电缆的正交走线的，还需采用其他办法来减小耦合。

⑥ 回路交叉。把导线与它的回线交叉，即采用扭绞线时，可把干扰问题控制到最小。

⑦ 电缆屏蔽。屏蔽是减小耦合的一种有效的手段，可用高导磁率材料把骚扰源散发的磁通与感应回路隔离开来；或用高电导率材料把通向感应回路的交链磁通反射掉。

2）电场耦合（电容性耦合）。敷设长电缆时，两根相邻导线间以及每根导线对地或屏蔽层都可能有

明显的电容存在。在连接器处有关的连接导线间也存有电容。由一根导线感应到邻近另一根导线上的电压就是这些电容的函数。图 9－31 所示为电缆容性耦合的模型，图 9－32 是其等效电路。

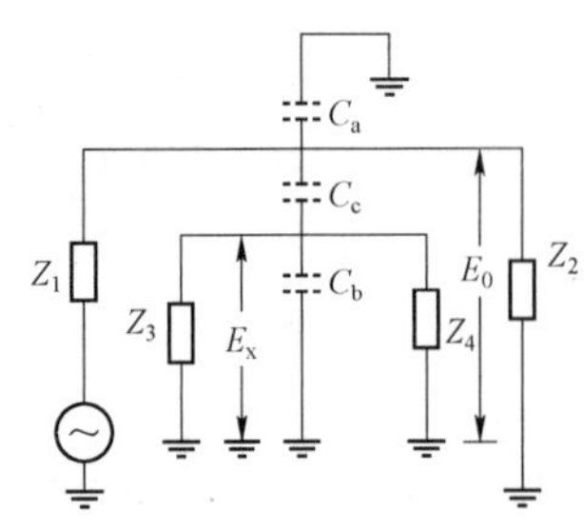

图 9－31　电缆容性耦合的模型

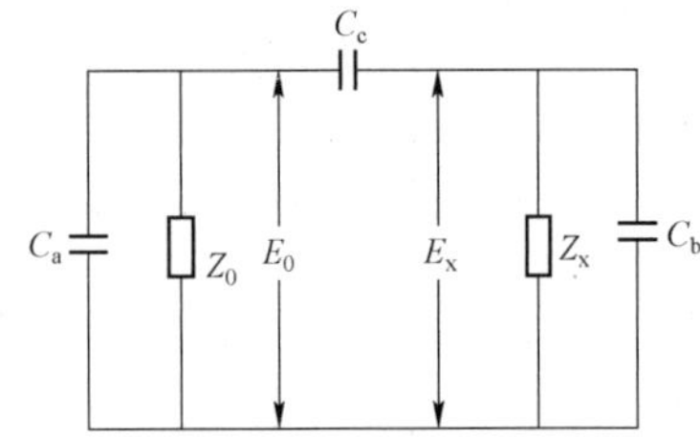

图 9－32　电缆容性耦合模型的等效电路

骚扰电压 E_0 经杂散电容 C_c 的耦合在相邻的另一根电缆中产生了电压 E_x，模型中的骚扰电缆和相邻电缆都有到地的杂散电容 C_a 和 C_b，它们还接有相应的负载阻抗 Z_1、Z_2、Z_3、Z_4，杂散电容与这些阻抗跨接。若电缆负载的阻抗高时，E_0 和 E_x 的频谱要受 C_a 和 C_b 的影响，其电压比 E_x/E_0 为

$$\frac{E_x}{E_0}=\frac{\dfrac{Z_xZ_b}{Z_x+Z_b}}{Z_c+\dfrac{Z_xZ_b}{Z_x+Z_b}} \tag{9-70}$$

减小电容性耦合的措施：

① 加装衰减高频骚扰的滤波器。在骚扰源和敏感接收器中同时或仅在其中之一加装滤波器都能衰减高频骚扰信号。

② 增大杂散电容 C_b。采用合适的布线方法和电路设计手段，可把敏感导线上的杂散电容 C_b 增加到电路性能允许的范围内，把走线安排到尽量靠近接地板也可加大 C_b。另外，把敏感导线屏蔽起来，既可使 C_b 增大，又可减小耦合电容 C_c。

③ 降低输入阻抗。降低敏感接收器的输入阻抗 Z_x，对减小电容耦合是十分有效的。但这对抑制电感性耦合不利，因而折中的 Z_x 值常选在 150～600Ω 之间。

④ 平衡线和平衡电路。抵消敏感导线内的骚扰电压和电流的另一方法是采用平衡线连接平衡电路，这时，信号在信号线和它的回线间流过，但对地电位而言却是平衡相等的。当有干扰电压耦合到这两根导线上时，其振幅是相同的，但相位相差 180°，因而相互抵消。当然，只有当保持理想平衡和骚扰源不致在电路内激起非线性响应时，干扰信号才会相互抵消。另外，可选用双线屏蔽电缆来降低这类骚扰耦合。

9.9.4　导线及电缆之间的高频耦合

高频电缆是用于传输高频信号的线缆，长度大于四分之一波长。这时除不能用集中电抗的方法来处理分布电抗外，还存在电流和电压驻波，从而使电路间的耦合加强。驻波和有关阻抗的变化，沿线交替出现对电场和磁场的敏感，这时再区分是磁场耦合还是电场耦合已没有意义。

当频率很高时，很短的走线就会产生明显有效的辐射效应。例如，在 100MHz 时，1in 导线所形成的回路便有一定的电感量，电磁场就会在这个回路内感应出可观的电压来。这就说明了缩短导线和屏蔽体接地回线长度、缩短旁路电容接地导线长度和尽量减小低阻抗电路走线长度是很重要的。此外，还必须精心布置滤波器的走线，防止其输入和输出间的电感性耦合。

（1）高频接地。由于高频工作时，单点接地的接地线上有驻波存在，因此必须采用整块多点接地方法。工作于甚高频的电路，地线长度应远小于 1in（2.54cm）。频率在 1MHz 以下时可以采用一点接地方式；当频率高于 10MHz 时，应采用多点接地方式。在 1～10MHz 之间，如用一点接地时其接地线长度不得超过波长的 1/20，否则应采用多点接地。另外，高频接地线还应要求一定的长宽比，长宽比应为 3:1。

（2）电容耦合。高频时，对每根开路导线是否是高频激励的拾取点要仔细作出判断。因为很小的杂散电容对高阻抗会形成明显的耦合。故当导线连到连接器的空插针上或开关的开路接点上，它们就常被激励。这时在其 1/4 波长处就出现最大电流，它所形成的场可能影响到其他走线和电路。杂散电磁场中，每根开路导线都是一根高效能天线，射频骚扰也很容易耦合到电源走线中去。

（3）传导耦合。高频时要求实现多点接地，但要避开传导耦合相当困难。这时候一段很短的导线对其所相连的电路可能就是相当可观的公共阻抗，例如旁路电容器的接线所表现的感抗比其容抗还要大，致使旁路失效或改变了滤波器的设计参数。

9.9.5　导线与电缆敷设、布线的要求

（1）把电源线和信号线分开，输入线和输出线分

开，既不把它们安排在同一束线内，也不接在同一个连接器内。

（2）把敏感电缆敷设到远离电源、变压器和其他大功率装置的地方。

（3）用扭绞线对来代替屏蔽功率电缆线。

（4）根据不同的电路分类进行导线与电缆的敷设、布线。例如电路可分为直流电路、交流电路、基准电路（直流基准电路、交流基准电路）、音频敏感电路、射频敏感电路、音频骚扰电路、射频骚扰电路等。

（5）除同轴电缆外，不要把屏蔽层用作信号回线。

（6）按电磁兼容手册所述来选择和搭配射频连接器和同轴电缆。

（7）保证电缆、导线同其他电磁兼容性措施（如屏蔽、滤波和搭接）有良好的接口。

9.9.6 电磁防护的滤波技术

滤波是抑制传导骚扰的一种主要手段，也是解决辐射骚扰的重要措施（例如在发射机输出端和接收机输入端加装相应的电磁干扰滤波器，滤除无用信号或骚扰）。

滤波器大多是按其频率特性来划分为高通、低通、带通、带阻滤波器，也可分为无源滤波器和有源滤波器，还可按照其对能量的损耗的特性分为反射滤波器和吸收滤波器。在电磁兼容技术领域应用最多的是无源滤波器。

1. 电磁干扰（EMI）滤波器

电磁干扰可以分为宽带电磁干扰和窄带电磁干扰，而设备所受的干扰往往是宽带干扰与窄带干扰兼而有之。因此 EMI 滤波器要工作在很宽的频率范围和电平幅度之间，与通信及信号处理中的信号滤波器相比，虽然基本原理相同，但有一些完全不同的特点，在设计和应用中需加以注意：

（1）EMI 滤波器中用的 L、C 元件，需要处理和承受相当大的无功电流和无功电压。

（2）由于干扰频率范围很宽，EMI 滤波器常工作在失配状态下，必须认真考虑它们的失配特性，以保证在 0.009～30MHz 范围内，有足够良好的滤波特性。

（3）鉴于 EMI 滤波器要抑制的噪声频率可高达 30MHz，因此其 L、C 元件的寄生参数要严格控制，制作与安装工艺均需注意。

（4）干扰电平变化的幅度可能很大，可能使滤波器发生饱和效应。

鉴于电路不仅存在共模干扰，也存在差模干扰，而滤波器必须能既减少共模干扰，也减少差模干扰。所以电磁干扰滤波器的基本结构应该是一个六端口网络，如图 9－33 所示。

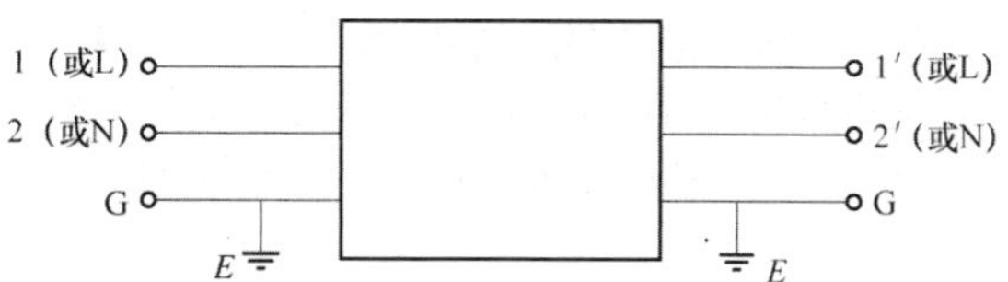

图 9－33 电磁干扰滤波器是一个六端口网络

对共模和差模干扰均有滤波功能的电磁干扰滤波器基本结构如图 9－34 所示。

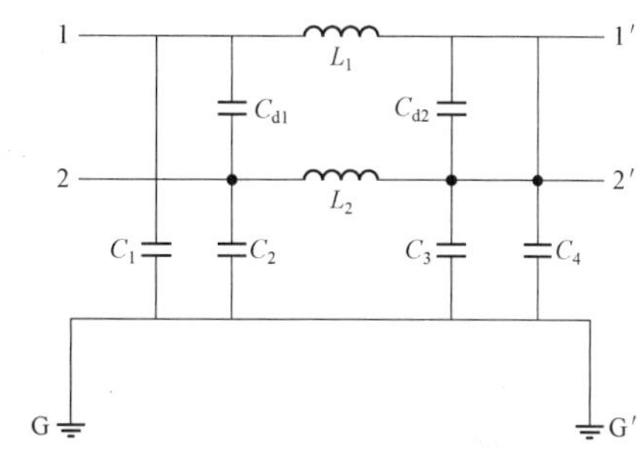

图 9－34 电磁干扰滤波器的基本结构

L_1、L_2—差模电感；C_{d1}、C_{d2}—差模电容；C_1～C_4—共模电容

2. 电源 EMI 滤波器与插入损耗

（1）电源 EMI 滤波器基本原理。电源 EMI 滤波器是一种由 L、C 网络组成的低通滤波器，它无衰减地把直流或 50/60Hz 工频电源功率传送到设备上去，但要大大衰减从电源传入设备的干扰，保护设备免受其害。同时，它还要抑制设备本身产生的干扰，防止干扰进入电源，危害其他设备。

电源 EMI 滤波器应包含着滤去共模干扰的分支结构及滤去差模干扰的分支结构。图 9－35 是电源 EMI 滤波器的基本原理图。

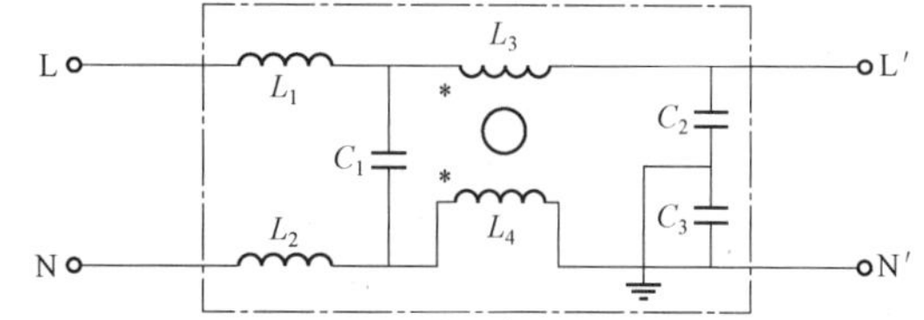

图 9－35 电源 EMI 滤波器的基本原理图

L_1、L_2—差模电感；C_1—差模电容；L_3、L_4—共模电感；C_2、C_3—共模电容

图中点画线方框表示滤波器的金属屏蔽外壳。差模干扰的抑制是由差模电感 L_1、L_2 和差模电容 C_1 来完成的。它们构成交流进线独立端口间的一个低通滤波器，从而抑制供电系统的差模信号。共模干扰的抑制是由共模扼流圈 L_3、L_4 和共模电容 C_2、C_3 来完成的。

图 9－36a 表明共模扼流圈的绕制方向相反，线圈中的负载电流 i_L 因方向相反，所形成的磁场要互相抵消，使磁环不会发生磁饱和。同样，当出现差模干扰

时，也会因极性相反而使磁通互相抵消，因而基本上不起电感作用，而图 9-36b 表明当出现共模干扰时，两个线圈所产生的磁通方向相同，使电感作用加倍，因而对线路与地线间的共模干扰起到很强的抑制作用。由于这种电感线圈只对共模干扰有抑制作用，而对差模干扰不起作用，因此称为共模扼流圈。

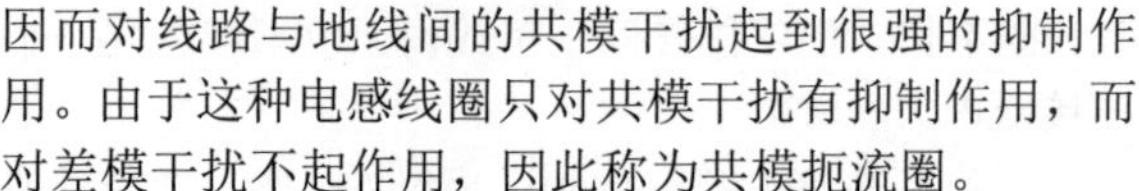

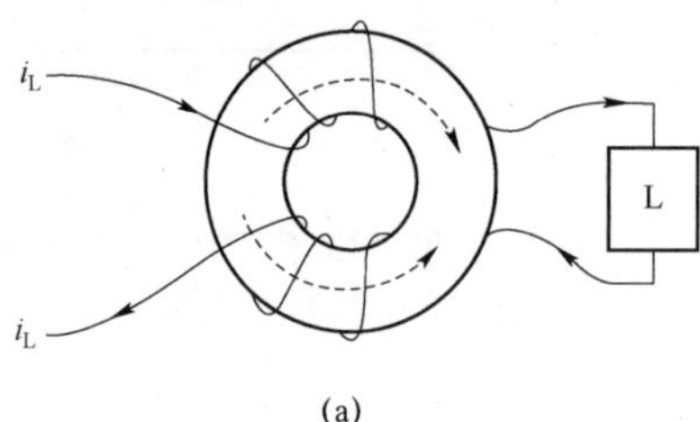

(a)

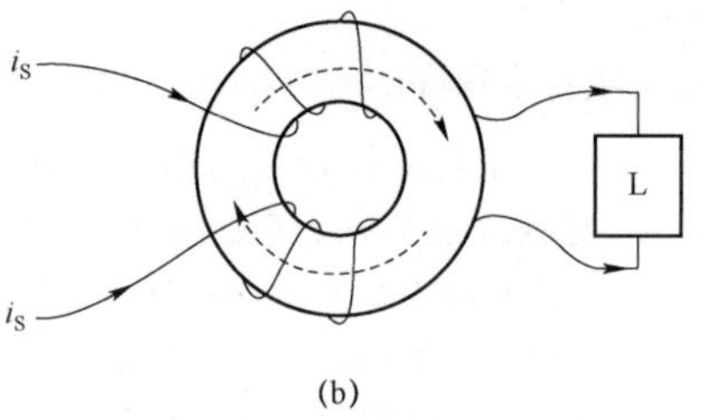

(b)

图 9-36　共模扼流圈的绕线图

电源 EMI 滤波器作为低通滤波器，其基本作用原理是使得滤波器的阻抗与干扰源的阻抗不匹配，从而使干扰信号沿其入射的方向反射回去，以降低干扰源的影响。

（2）滤波器的插入损耗。在考虑滤波器插入损耗时，可将电源 EMI 滤波器作为一个四端网络来对待。无源滤波器插入损耗如图 9-37 所示。

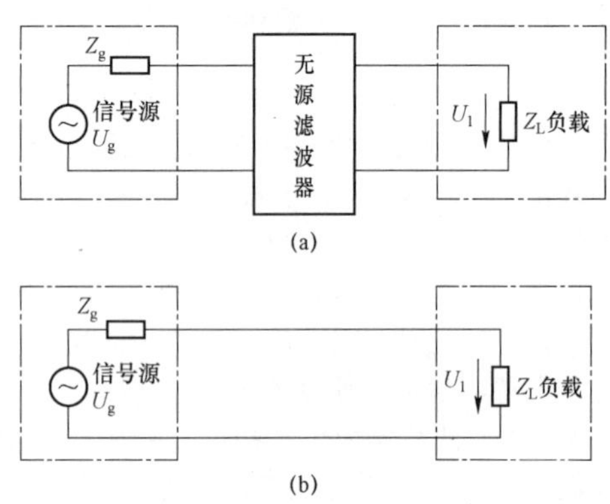

图 9-37　无源滤波器插入损耗示意图

（a）内插无源滤波器；（b）无滤波器时的传输系统

插入损耗 IL（insertion loss）定义：在给定的频率下，接入给定传输系统的滤波器（或抑制元件）在其插入前后紧接插入点的线路两端所呈现电压之比。

根据上述定义和图 9-37 可写出滤波器插入损耗表达式

$$IL = 20\lg\frac{u_1}{u_2} \qquad (9-71)$$

式中：IL 为滤波器的插入损耗，dB；u_1 为无滤波器时，信号源在负载上建立的信号电压；u_2 为加入滤波器时，信号源在负载上建立的信号电压。

（3）各种简单滤波器的插入损耗计算公式。根据滤波原理来分，可将滤波器分为反射式滤波器和吸收式滤波器。反射式滤波器通常由电抗元件，如电感器和电容器组成（理想情况，这些元件是无损耗的），使在滤波器的通带内提供低的串联阻抗和高的并联阻抗，而在阻带内提供大的串联阻抗和小的并联阻抗，即对干扰电流建立起一个高的串联阻抗和低的并联阻抗。反射滤波器是通过把不需要的频率分量的能量反射回干扰源而达到抑制干扰的目的。

下面介绍并联电容滤波器、串联电感滤波器及 L 型、π 型和 T 型滤波器的插入损耗计算公式：

1）并联电容滤波器。并联电容滤波器是最简单的低通 EMI 滤波器，如图 9-38 所示。它通常连接在携带干扰的导线与回路的地线之间。

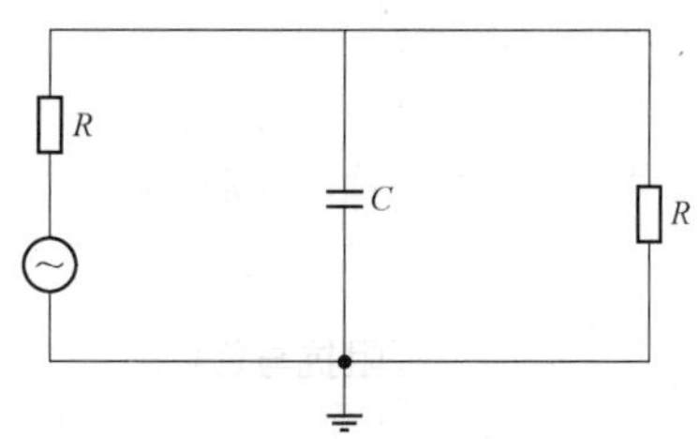

图 9-38　并联电容滤波器

并联电容滤波器的插入损耗 IL（dB）为

$$IL = 10\lg\left[1+\left(\frac{\pi f L}{R}\right)^2\right] \qquad (9-72)$$

式中：f 为频率，Hz；C 为电容，F；R 为电阻，Ω。

并联电容滤波器的插入损耗 IL 与频率的关系如图 9-39 所示。

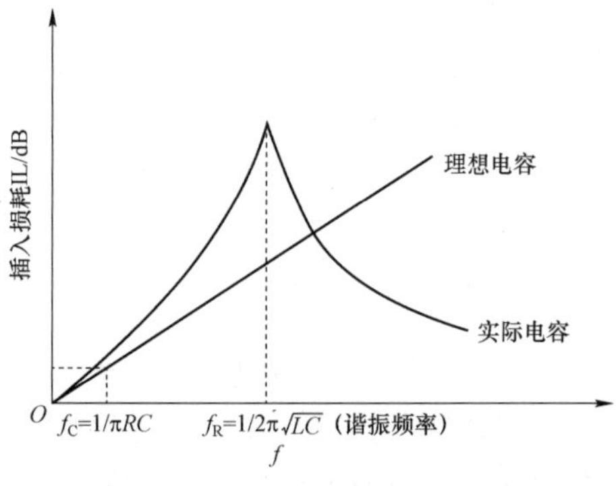

图 9-39　并联电容滤波器的插入损耗曲线

2）串联电感滤波器。串联电感滤波器也是一种简单的低通滤波器，如图 9－40 所示。电感器与携带干扰的导线串联连接。

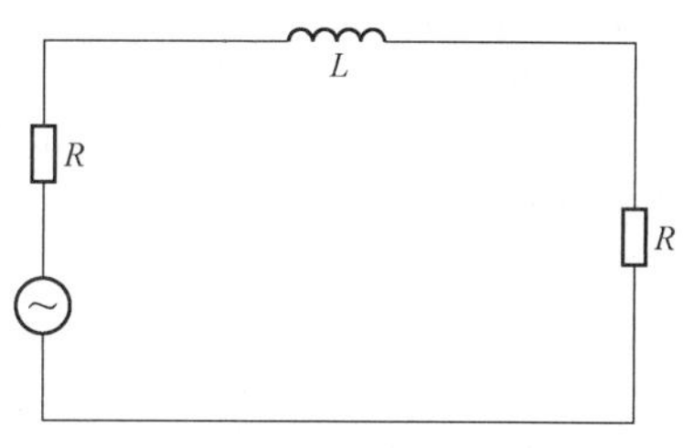

图 9－40　串联电感滤波器

串联电感滤波器的插入损耗 IL（dB）为

$$\mathrm{IL}=10\lg[1+(\pi fRC)^2] \tag{9-73}$$

式中：f 为频率，Hz；C 为电容，F；R 为电阻，Ω。

串联电感滤波器的插入损耗 IL 与频率的关系如图 9－41 所示。

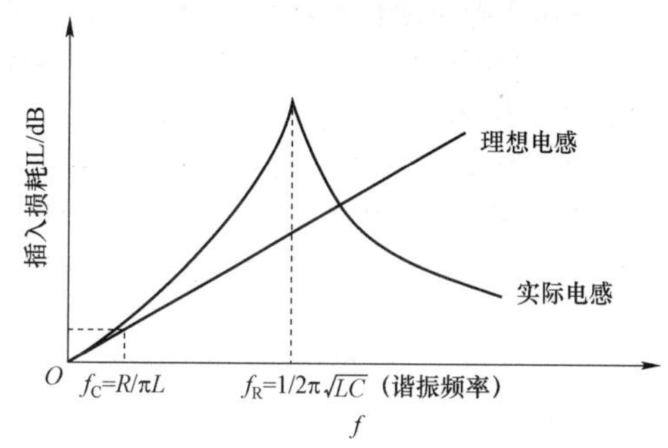

图 9－41　串联电感滤波器的插入损耗

3）L 型滤波器。L 型滤波器的电路如图 9－42 所示。若源阻抗与负载阻抗相等，L 型滤波器的插入损耗与电容器插入线路的方向无关。当源阻抗不等于负载阻抗时，通常将获得最大插入损耗，电容器并联，阻抗更高。

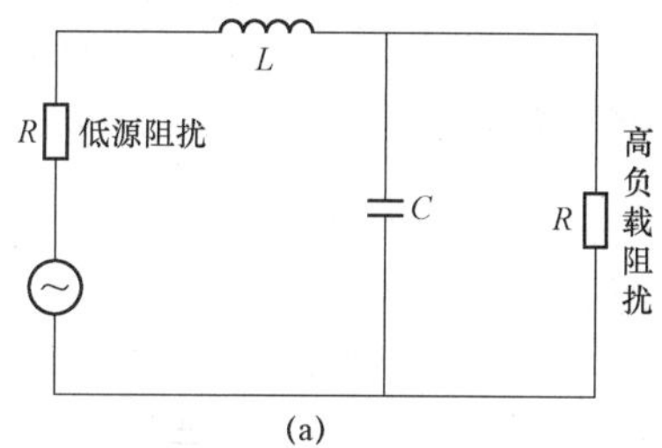

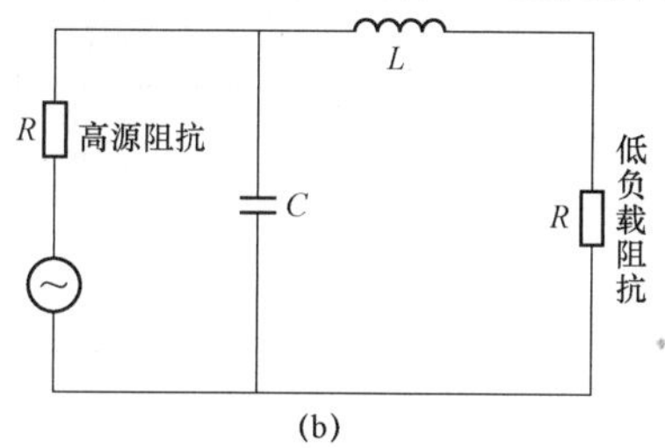

图 9－42　L 型滤波器

对于 L 型滤波器，源阻抗与负载阻抗相等时的插入损耗为

$$\mathrm{IL}=10\lg\left\{\frac{1}{4}\left[(2-\omega^2LC)^2+\left(\omega CR+\frac{\omega L}{r}\right)^2\right]\right\} \tag{9-74}$$

4）π 型滤波器。π 型滤波器的电路如图 9－43 所示，它是实际中使用最普通的形式。它有宽带高插入损耗、体积适中和易于制造的优点。

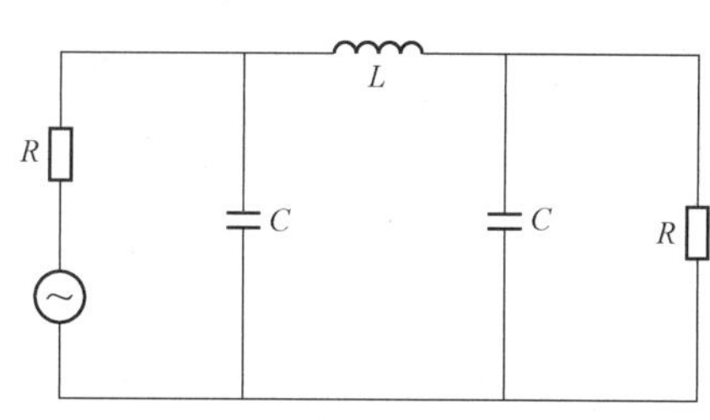

图 9－43　π 型滤波器

π 型滤波器对抑制瞬态干扰不是十分有效。若采用金属壳体屏蔽滤波器能够改善 π 型滤波器的高频性能。对于非常低的频率，使用 π 型滤波器可提供高的衰减，如屏蔽室的电源线滤波。

π 型滤波器的插入损耗为

$$\mathrm{IL}=10\lg\left[(1-\omega^2LC)^2+\left(\frac{\omega L}{2R}-\frac{\omega^2LC^2R}{2}+\omega CR\right)^2\right] \tag{9-75}$$

5）T 型滤波器。T 型滤波器的电路结构如图 9－44 所示。

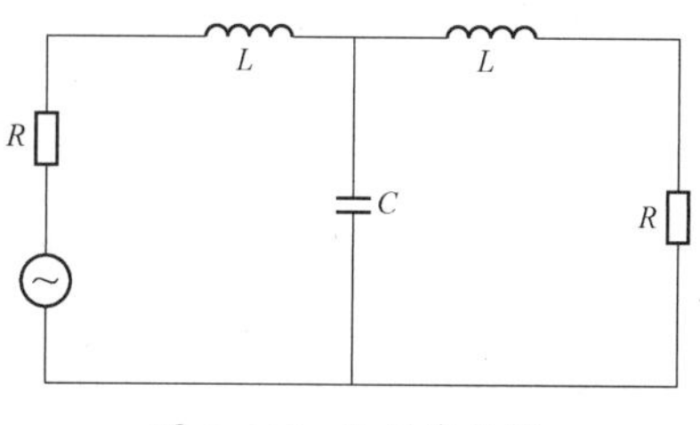

图 9－44　T 型滤波器

T 型滤波器能够有效地抑制瞬态干扰，其主要缺点是体积大。

T 型滤波器的插入损耗为

$$\mathrm{IL}=10\lg\left[(1-\omega^2LC)^2+\left(\frac{\omega L}{R}-\frac{\omega^2L^2C}{2R}+\frac{\omega CR}{2}\right)^2\right] \tag{9-76}$$

（4）电源反射式滤波器的选用原则。电源反射式滤波器的选用原则由滤波器形式、干扰源阻抗和干扰对象阻抗（负载阻抗）之间的组合关系情况来确定。当选用电源 EMI 滤波器时，应遵循的原则是输入端、输出端有最大限度的不匹配，以求获得最大的反射，达到最佳抑制效果，见表 9－39。当源阻抗和负载阻抗都比较小时，应选用 T 型或串联电感滤波器；当源阻抗和负载阻抗都比较大时，应选用 π 型滤波器或并联电容滤波器；当源阻抗和负载阻抗相差较大时，应选用 L 型滤波器。

表 9－39　电源反射式滤波器的应用选择

源阻抗	负载阻抗	滤波器类型
低	低	串联电感器 T 型
高	高	并联电容器 π 型
高	低	L 型
低	高	L 型

9.10　防静电工程

9.10.1　静电的基本概念

1. 电荷

在自然界中，只存在正电荷与负电荷（正、负是一种相对概念）。相同种类的带电负荷互相之间排斥，不同种类的带电负荷互相之间吸引。正负电荷互相完全抵消的状态叫做中和。所谓不带电的物体，是指其中具有等量异号的电荷，以致其整体处在中和状态，所以对外界不呈现电性。电荷既不能被创造，也不能被消灭，它们只能从一个物体转移到另一个物体，或者从物体的一部分转移到另一部分。在任何物理过程中，电荷的代数和是守恒的——电荷守恒定律。

2. 静电场、静电感应和静电放电（ESD）

处于稳定状态不产生流动的电荷称为静电，凡有电荷存在，其周围即存在着一种弥漫于空间的特殊形态的物质，这种物质称为电场。电场具有能量，能与其他形式的能量互相转化。若物体所带的电荷相对于观察者没有宏观的位移，则可以认为物体周围的电场是静电场。该物体称为带静电或简称带电体。简言之，静止的电荷在其周围空间产生的电场，即静电场。

所谓“静电感应”，就是导体在静电场中，在其表面不同的部位会感应出不同电荷，或导体上原有的电荷会重新分布的现象。由于静电感应，不带电的导体可以变成带电的导体，即不带电的导体可以感应起电。

静电放电具有不同静电电位的物体相互靠近或直接接触引起的电荷转移。

3. 静电放电的放电原理

一个带电导体接近另一个导体时，两个导体上的静电会在两个导体之间建立一个静电场，但两个导体之间的距离很近时，会产生电场引起的击穿。也就是说，两个导体之间的电压若超过它们之间空气和绝缘介质的击穿电压（阈值）时，就会产生电弧。在极短的时间（0.7～1ns），电弧电流可达几十安培，电弧将一直维持，直到两个导体接触短路或者电流低到不能维持电弧为止。

4. 静电放电的危害

不同电导率的绝缘材料相互摩擦就会在绝缘材料上积聚静电荷，从而使绝缘材料带静电。绝缘材料上带电量的大小，形成的静电电压的高低与所处的环境条件诸如空气相对湿度、材料绝缘特性及相对运动的（起电）方式等因素有关。其值最高可达 30kV/m，此时空气产生放电现象将限值静电电压的进一步升高。

静电放电会对放电的对象或周围的器件、设备造成危害，如使对静电放电的敏感电子器件损坏；存储器单元内容改变或丢失，严重的使集成电路损坏。

人体若自身带有很多的静电（荷），会造成电击，严重的静电放电会造成飞机机毁或纺织厂爆炸等灾害。

9.10.2　防静电工程分级标准

一级标准为控制室内静电电位绝对值不大于 100V；二级标准为控制室内静电电位绝对值不大于 200V；三级标准为控制室内静电电位绝对值不大于 1000V。具体分级标准适用场所见表 9－40。

表 9－40　防静电工程分级适用场所

防静电级别	适合场合
一级	1. 微电子电路和测试的场所 2. 电子产品生产工程中操作一级静电敏感器件的场所 3. 生物、医药工业中无菌洁净的工作实验室和生产场所 4. 航空、航天、国防军事、国家安全以及首脑部门的信息管理和指挥中心
二级	1. 以程控交换机为代表的各类通信机房 2. 电子计算机大、中型机房、以及金融、电信系统的结算中心 3. 重要经济部门如：电力调度、铁路、城市交通的自动化监控、调度系统 4. 重要工业部门如：石油化工、冶金、汽车、电厂的生产和管理自动化系统 5. 卫生系统的手术医疗设备的应用场所 6. 精密电子仪器的测试和维修场所 7. 大型电子演示厅和展播室

续表

防静电级别	适合场合
三级	1. 除上述范围以外的一般计算机处理系统，以及计算机终端室 2. 除了上述范围以外的电子器件和整机的组装调试场所 3. 智能化建筑中计算机操作的办公场所以及重要的公共活动场所 4. 存在外部电磁干扰，必须对环境中的电子设备和设施提供最基本防静电保护的场所

9.10.3 防静电工程设计

1. 防静电环境对电气设计的基本要求

（1）防静电工程用电负荷等级及供电要求应按《供配电系统设计规范》（GB 50052）的规定执行。

（2）防静电工程中供电电源质量分级应按《电子计算机机房设计规范》（GB 50174）的规定执行。

（3）防静电工程中电子设备和设施宜设置专用电力变压器，或采取专用低压馈电线路供电，其电源系统应和环境中的其他电力负荷分开，各种专用电源设备应尽量靠近电子设备。

（4）防静电工程中供配电系统设计应根据供电电网的电源质量以及系统内可能产生的瞬变干扰和尖脉冲，选择采取抑制电源干扰的措施。

（5）低压配电系统中的单相负荷应均匀分配在三相线路上，应使三相负荷不平衡度小于20%，并应根据负荷实际运行情况可能产生的谐波电流值，选择中线的导线截面，或谐波抑制措施。

（6）采用交流不间断电源系统供电时，应按《不间断电源设备》（GB 7260）规定，选择不间断电源设备和系统设计。当采用静态不间断电源设备时，应采取限制谐波分量措施。采用直流开关电源电路设计时，应采取抑制高频辐射和传导骚扰的措施。关于控制设备的发射限值，依据电源设备所在场所的环境按国际标准IEC61000－6－3《居住、商业和轻工业环境通用发射标准》，或IEC61000－6－4《工业环境通用发射标准》等同执行。

（7）防静电工程中电源进线宜采用电缆埋地敷设方式，电源进线应按照相应国标规范采取防雷保护措施。低压配电线路应采用屏蔽导线、电缆或穿钢管的绝缘导线，并应屏蔽接地。

（8）防静电工程中电子设备和设施的电源线、接地线、信号线和通信线应分别敷设。电源线应尽可能远离信号线和通信线，避免并排敷设，当不可避免时，应采取相应的屏蔽措施。电子设备和设施的工作电源插座和普通电器插座应分别设置，并应有明显区别标志。

（9）防静电工程中电气设备应符合相应国家标准中对电磁兼容性的要求，电气设备外壳必须可靠接地。

（10）须接近电子器件的手持式工具（如电烙铁等）须做防静电接地。

（11）保护接地导体与ESD接地导体须分别设置，两个不同类型接地导体之间应设置过电压保护装置，以防止过电压时的反击。

2. 防静电环境电气器具和设施的设计

（1）电子器件和组件的制造和装配场所。采用专用低压馈电线路供电，净化电源。对自动化生产流水线中可控硅控制设备的配电设计，必须采取谐波限制措施，限制中性导体电流进入电子电路。自动化生产流水线设备系统内大功率设备启动时的电场感应影响应采取控制措施，防止机器设备和器件在生产过程中感应带电。自动化生产流水线上电子监控设备等单相负荷设备的供电应均匀分配在三相线路上，尽量做到三相负载均衡。金属外壳应可靠接地，防止成为骚扰源。要求洁净环境的电子装配制造场合，洁净空调通风系统的运行须采取措施，降低其在环境中形成的静电场作用。

（2）电子器件和组件以及电子产品调试的场所（包括电子类科研实验室）。必须与其他电力负载的电气回路和接地系统实行隔离。调试系统电子仪器设备配置有变频设备、直流供电设备和可控硅控制设备等复杂设备时，应考虑采用隔离变压器或滤波器等设备，防止瞬变干扰、谐波的影响。同时须注意防止环境中静电放电骚扰源和电磁骚扰源之间的耦合干扰。电子仪器设备接地系统必须采用等电位联结，控制系统设备之间的内部静电放电。电子产品调试使用的高低温箱，须将高低温箱内壳外露可触及导体和外壳可触及导体实行可靠接地和等电位联结。对电子系统设备供电宜采用TN－S系统，单相电力负荷应均匀分配在三相线路上，并应限制接地干扰。电源输出端接地线和中性线之间的电位差不大于1V。

（3）在电子整机和通信设备的制造和设备系统联动调试的场所。为防止大功率设备启动对高精密电子仪器的使用产生干扰，宜酌情对部分设备采用隔离变压器，或采取局部屏蔽保护。联动调试需要共同接地平面时，不应将产品部件置于金属板上调试。此时必须严格控制环境中的电场感应干扰源。

（4）大中型电子计算机应用场所、自动化系统中央控制室及设备机房。此类场所宜采用不间断电源供电，设备电子电路板有金属屏蔽内壳时，应对屏蔽壳体有良好的接地，相同频率的设备之间应进行等电位联结。设备内部严禁使用塑料线槽，外露可触及导体之间应良好搭接接地，应有控制场感应模式放电的措施，并应限制人体带电操作导致设备系统内部的静电放电。

（5）IC 通信类机房。这一类场所是 48V 直流电源供电，应解决低压电气回路的保护问题。机房内应做等电位接地网，以防止设备外露可触及导体之间的电位差导致的场感应放电、设备间信息电缆连接导致的传输干扰，以及机房布线导致的电源线、信号线和接地线之间的电感耦合或电容耦合造成的电气噪声的传播。IC 通信类设备在扩容、维修时，应做好防静电放电接地。

（6）医疗器械的应用场所（如手术室、拍片室等）。医疗用金属器械的应用场所应有良好等电位接地网，以避免医疗金属器械因场感应造成的金属器械表面极化导致的相互间静电感应放电，避免对环境中尘埃的静电吸附和人体的电击伤害，影响医疗结果的正确诊断。医疗用电气设备的供配电设计，应根据器械的电气特性采取限制谐波以及瞬变干扰的措施。

（7）火工品易燃易爆场所。火工品易燃易爆场所的电气设计应遵守《爆炸和火灾危险环境电力装置设计规范》（GB 50058）的规定。火工品易燃易爆场所的各电气设备的金属外壳应做等电位联结，以限制电气设备间的场感应放电。

9.10.4 防静电环境课题和通风工程

防静电环境应选择有利于静电耗散的环境湿度，最好控制环境相对湿度在 50%～60%RH。当设计选择的空气调节系统配置不能满足上述湿度控制条件时，宜选择配设环境增湿和除湿的装置。

防静电环境空气调节系统应选择金属风管，风管系统及其相关装置应连接成连续整体并予以接地，设置 ESD 接大地连接点，接点之间距离不应大于 30m。当管道配有保温层时，金属接地连接板应伸出保温层外，最小有效长度为 60mm。管道保温层的表层材料应选择金属箔。

防静电环境空气调节系统的送风口、回风口和排烟风口，应选择金属材料或符合导静电材料性能标准的材料制作，并应接地。配设吸顶空调设备或靠近防静电安全工作台配设的柜式空调设备外壳应接地，当空调设备采用塑料外壳时应加装金属防护罩予以接地。

防静电环境空气调节系统设计选择下送上回气流组织，并选择利用高架防静电活动地板架空空间作静压箱，应根据空气流速和送风量确定防静电活动地板架空高度和均匀配设送风口，并应与防静电环境装饰装修工程设计协调，要求对架空层空间六面体采取防静电放电控制相关措施。

防静电空气调节系统设计选择上送侧回气流组织，应根据空气流速和风量确定回风口面积和配设位置，并应与防静电环境装饰装修工程设计协调，要求对回风口周边的电子器件、组件和仪器设备操作工位以及周边墙面采取防静电放电控制相关措施。此时配设在顶棚内的金属风管除了风管应接地外，金属顶棚骨架必须接地。

洁净环境净化空调系统设计应充分估计空气净化过程中伴随产生的静电场对尘埃的静电吸附作用，确定空气流速和送风量应考虑静电吸附作用因素，并对净化空调系统的管道及其相关装置采取接地连接措施。配置在净化空调系统末端的各级高效过滤器应配设专用接地线就近连接到相应的接地干线，接地线截面积应不小于 6mm^2。

洁净环境特别是封闭的空间环境空气净化设计必须与整体环境的建筑装饰装修和建筑电气工程设计协调，应相互兼容控制场感应模式静电放电。

防静电环境排烟系统配设在电子器件和组件装配工位的柔软风管和吸风罩必须选择金属材料或符合导静电材料性能标准的材料制作，不得选用表面电阻率大于 $1\times10^{12}\Omega/\square$的非金属材料制作。风罩和风管应配设专用接地线就近连接到相应的接地干线。

注：表面电阻率是平行于通过材料表面上电流方向的电位梯度与表面单位宽度上的电流之比，用欧姆表示。“Ω/□”是表面电阻率的单位，它同时还有另一个名称“方块电阻”。它的意思是：薄层材料上的一个正方形（边长任意），一个边到对边之间的电阻，所以其单位就有一个“□”。

9.10.5 防静电安全工作台

防静电环境中操作静电敏感器件和组件，包括筛选、检验、制造、电子装配、处理、维修、失效分析、包装等活动，静电敏感器件和组件以及各种电子类产品检测调试，操作电子精密仪器、设备实施信息化管理、自动化控制和远程监控。光电子和生物类制品制造过程中必须限制尘埃静电吸附的操作工位，火工品制造过程中必须控制引燃引爆能量的操作工位等，都必须配置防静电安全工作台。

防静电安全工作台台面构造应具有导静电迅速、安全、有效泄放到大地的功能。

防静电安全工作台必须设置 ESD 接大地连接点。供防静电台面接地的接地连接端子应压接在台面的导电构造层表面，接触面积应不小于 20cm^2，接地引线截面应不小于 2.5mm^2，并应在接入 ESD 接地配置系统之前串联 1MΩ 限流电阻。供人体佩戴防静电腕带接地的接地端子应设在工作台正面二侧，单独使用截面不小于 2.5mm^2 的接地引线进行接地连接。供电烙铁、金属测量探头以及电子工艺要求接地的工器具接地，其接地连接端子应根据工艺需求设置在工作台合适位置，可选择几个接地连接端子串联起来使用一根接地引线进行接地连接，同时串联的接地连接端子不应多于 4 个。当工作台的抽屉、斗橱用于存放静电敏感器件、组件和电子产品时，应在其各个组成部位之间进行可靠电气连接，并应单独设置 ESD 接大地连接点进行接地连接。

防静电安全工作台的结构制式、细部配置和外形构造应根据使用要求，特别应满足工艺需要进行设计，可选择全钢质结构，也可选择全木质结构，多数场合宜选择钢质构架和木质台面的钢木混合结构组成。钢质或木质构架外露表面应涂刷防静电树脂漆，其漆膜表面电阻值应符合耗散静电性能三级限值标准。防静电安全工作台置于防静电地面应衬垫导电橡皮支脚。

防静电台面选择钢质构造的，其台面板应选择防静电饰面预涂金属板，或选择钢板表面涂刷防静电树脂漆，台面的接地连接件必须接触到金属板表面。防静电台面选择木质构造的，其台面板的组成可选择木质人造板材或有机材质板材作基层，应在基层表面满批导电腻子，并铺设接地金属网格，台面的接地连接件应压接在接地金属网格表面，台面板的饰面应涂刷防静电树脂漆。

钢质防静电台面板严禁饰面防静电涂层透底，木质防静电台面板严禁用外露金属材料制作边框。防静电台面板选择用防静电双层复合胶板，或选择用三聚氰胺防静电饰面板制作，宜在短期使用的场所或在规定使用环境条件为相对湿度大于 65%RH 的情况下应用。

当工艺要求设计选择不锈钢金属台面时，此类防静电安全工作台设计应符合下列规定：

（1）不锈钢台面拼接部位之间必须有良好搭接，不锈钢台面应成为电子设备系统共同接地平面，必须有良好的功能接地，宜选择 PEF 接地方式。接大地连接点应配设在不锈钢台面位置，不得借助不锈钢管支柱接地。接地引线应选择屏蔽导线，导线截面不宜小于 $6mm^2$。

（2）不锈钢台面应选用防静电胶板包边，包边宽度宜为 150～200mm。防静电胶板性能应符合建筑室内防静电材料和制品一级质量等级性能标准。

（3）此类防静电安全工作台应用环境必须严格控制静电场作用，以及场感应静电放电。

9.10.6 防静电工程材料

（1）防静电环境装饰装修的饰面用料应选择具有一层表面电阻率大于或等于 $1\times10^5\Omega/\square$ 和小于或等于 $1\times10^{12}\Omega/\square$ 的耗散静电性能面层，且具有体积电阻率大于或等于 $1\times10^4\Omega\cdot cm$ 和小于或等于 $1\times10^{11}\Omega\cdot cm$ 的体积导电型内部结构的建筑室内防静电材料和制品。应严禁选择表面电阻率大于 $1\times10^{12}\Omega/\square$ 或体积电阻率大于 $1\times10^{11}\Omega\cdot cm$ 的绝缘装饰材料和制品。

防静电环境装饰装修工程中设置导电构造层必须选择表面电阻率小于 $1\times10^5\Omega/\square$，体积电阻率小于 $1\times10^4\Omega\cdot cm$ 的导静电材料和制品。

防静电环境装饰装修工程中设置绝缘隔离层或各种绝缘衬垫必须选择表面电阻率大于 $1\times10^{12}\Omega/\square$，体积电阻率大于 $1\times10^{11}\Omega\cdot cm$ 的绝缘装饰材料和制品。

（2）防静电环境建筑装饰装修材料和制品应根据不同的环境使用要求和环境构成进行选择，根据防静电环境质量分级标准选择建筑室内防静电材料和制品应符合下列规定：

一级质量标准建筑室内防静电材料和制品，其体积电阻率应大于或等于 $1\times10^5\Omega\cdot cm$，小于或等于 $1\times10^9\Omega\cdot cm$；表面电阻率应大于或等于 $1\times10^6\Omega/\square$，小于或等于 $1\times10^{10}\Omega/\square$。

二级质量标准建筑室内防静电材料和制品，其体积电阻率应大于或等于 $1\times10^4\Omega\cdot cm$，小于或等于 $1\times10^{10}\Omega\cdot cm$；表面电阻率应大于或等于 $1\times10^5\Omega/\square$，小于或等于 $1\times10^{11}\Omega/\square$。

三级质量标准建筑室内防静电材料和制品，其体积电阻率应大于或等于 $1\times10^4\Omega\cdot cm$，小于或等于 $1\times10^{11}\Omega\cdot cm$；表面电阻率应大于或等于 $1\times10^5\Omega/\square$，小于或等于 $1\times10^{12}\Omega/\square$。

（3）防静电环境建设工程设计选择建筑室内防静电材料和制品必须规定电阻率特性参数的上限和下限，同时应标明选择建筑室内防静电材料和制品的环境条件参数：温度和相对湿度。电阻率上限应与环境相对湿度控制的最高值相对应；电阻率下限应与环境相对湿度控制的最低值相对应。

（4）防静电地面工程应根据设计确定的防静电地面系统性能目标参数选择相应的建筑室内防静电材料和制品。必须做试样，在试样被接地（可能接地的点应距离测点 1m）的情况下，并应在实验室内充分绝缘的支承物上进行试样检测，根据试样检测结果确定。

（5）防静电环境建设工程应选择长效型建筑室内防静电材料和制品。长效型建筑室内防静电材料和制品应具有下述功能特性：必须持续 10 年以上能长时期保持防静电放电控制性能，其衰减值始终控制在限值标准以内；必须不受环境条件主要是指环境温度和湿度变化的影响，能稳定保持防静电放电控制性能，其变化值始终控制在限值标准以内。

9.10.7 防静电工程检测

（1）防静电地面应为防静电环境质量检测的主控性子项。防静电地面子项检测应有两项关键性目标参数，对地电阻算术平均值和摩擦起电电压最大值。一项有条件关键性目标参数，对地电阻值极差 ΔRG 和标准差 SRG；另一项非关键性目标参数，表面电阻算术平均值。

（2）防静电安全工作台台面应为防静电环境质量检测的主控性子项。防静电工作台台面子项检测应有三项关键性目标参数，对地电阻算术平均值、摩擦起电电压或感应起电电位最大值、ESD 接大地连接点低电阻通路电阻值。一项非关键性目标参数，表面电阻算术平均值。

（3）防静电墙柱面应为防静电环境质量检测的有条件主控性子项。当作为有条件主控性子项检测时，应有一项关键性目标参数，摩擦起电电压或感应起电电位最大值。当作为一般性子项检测时，应有一项关键性目标参数，摩擦起电电压最大值。当防静电环境六面体实施整体电气连接，防静电墙柱面应作为主控性子项检测时，应有一项关键性目标参数，对地电阻算术平均值；一项有条件关键性目标参数，对地电阻值极差；二项非关键性目标参数，摩擦起电电压最大值，表面电阻算术平均值。

（4）防静电柜、门窗和隔断饰面应为防静电环境质量检测的有条件主控性子项。当防静电环境六面体实施整体电气连接，防静电柜、门窗和隔断饰面应作为主控性子项检测时，应有三项关键性目标参数，对地电阻算术平均值、摩擦起电电压或感应起电电位最大值、ESD 接大地连接点低电阻通路电阻值。一项非关键性目标参数，表面电阻算术平均值。当作为有条件主控性子项检测时，应有两项关键性目标参数，摩擦起电电压或感应起电电位最大值、ESD 接大地连接点低电阻通路电阻值。当作为一般性子项检测时，应有一项关键性目标参数，摩擦起电电压最大值。

（5）静电放电（ESD）接地配置应为防静电环境质量检测的主控性子项。ESD 接地配置子项检测应有两项关键性目标参数，ESD 接大地连接系统通路电阻值。ESD 接地导体上存在感应电流最大值不应超过 30mA，ESD 接地连接系统任意二接点之间产生交流电压降不应超过 10mV。当单独配设 ESD 接地装置时，应加测一项关键性目标参数，ESD 接地装置接地电阻值。

（6）功能接地包括 PEF 接地配置应为防静电环境质量检测的有条件主控性子项。当设备系统配设 PEF 接地或专用功能接地导体，应作为主控性子项检测时，应有四项关键性目标参数：功能接地系统低阻抗通路电阻值；功能接地导体上的杂散电流值，或直流供电电流在 PEF 导体中产生的电压降；互联设备可触及导电部分之间的噪声电压，或功能接地系统相距较远的两点之间噪声电压；功能接地接线端子和设备外部可导电部分之间的电阻值。当单独配设专用功能接地装置时，应加测一项关键性目标参数，功能接地装置接地电阻值。

当设备系统没有配设功能接地装置时，应对设备系统的保护接地导体作为防静电环境质量检测中的环境条件检测，应有四项定量目标参数，保护接地导体上杂散电流值、保护接地接线端子和设备外部可导电部分之间的电阻值、互联设备的可触及导电部分之间噪声电压、设备外壳或机柜交流对地电压。

（7）防静电环境中电力、电子设备系统电源配置质量，应作为防静电环境质量检测中的环境条件检测，应有六项定量目标参数，即供电电源电压允许偏差、三相电源线上线电流之差的不平衡度、中性导体上流动的电流值、中性导体与接地导体之间的电连续性、设备电源配置系统接地干扰值（在电源输出座中性线和接地线之间电位差）、交流输入端和设备外壳或机柜之间的电阻值。

当防静电环境中电力、电子设备系统电源配置作为防静电环境建设工程专项设计的组成部分时，电力、电子设备系统内电源配置质量应作为防静电环境质量检测的主控性子项，必要时应对电源系统的谐波电流和电压值进行专项检测。

（8）防静电环境管道工程防静电放电控制性能应为防静电环境质量检测的一般性子项，在特种易燃、易爆环境应作为主控性子项检测。作为一般性子项检测应有一项关键性目标参数，管道外壁和管道系统危险部位的起电电位最大值。作为主控性子项检测还应有两项关键性目标参数，管道外壁的充电电流和接地线上放电电流值、管道接地接点之间的通路电阻值和管道连接部位的跨接电阻值。

（9）控制室内防静电电位应为防静电环境质量检测最关键的主控性子项。应根据对六种模式静电放电的分析，控制室内静电电位子项应通过以下多方面检测：

1）检测人体从事各种操作，包括人体在地面上行走到工位接触器件或启用设备时对地静电电位。每一检测单元随机抽检应不少于 3 人，每次抽检对象应处于不同工位和从事不同操作。应采用非接触式静电电位表测量，测量时静电电位表应靠近人体手指和袖口的部位。每次检测应读取对地静电电位值读数不少于 5 个，并应从中记取最大读数值。

2）检测人体手持金属物件，如金属镊子、金属插接片、金属螺丝批等工具进行操作，或在操作部位周边 300mm 以内有金属物体存在时，在金属物体表面感应起电的对地电位。每次抽检各类金属物体，应采用非接触式静电电位表分别测量和读取其表面感应起电的对地电位值，并应从中记取最大读数值。

3）检测存放电子产品的容器或在搬运途中的金属小推车，在机房或实验室内部易于移动的物体，如椅子、金属构架和机柜等移位，因摩擦或感应起电的对地电位。每一检测单元各类可移动物体应随机按常规的状态、动作和途径移动，模拟检测不少于 3 件。对饰面为绝缘材料的物体应测量其沿面摩擦；对饰面为金属材料的物体应测量其表面极化的对地电位值，应记取各类可移动物体的对地电位最大读数值。

4）检测各类电力、电子设备在开机工作状态，以及空调通风系统的送回风口周边和邻近的防静电工作面或外露金属物件表面或绝缘装饰装修材料沿面的场感应对地电位。每一检测单元中不同类别的电力、电子设备电场感应应全数检测，同一类别的电力、电子设备电场感应应随机抽检不少于 3 件。应采用非接触式静电电位表靠近被测部位测量，特别应测量断面异常变化的部位，每次测量应读取场感应对地电位值读数不少于 5 个，并从中记取最大读数值。

5）检测电子产品制造过程设备系统的金属构件带电，或电子器件装配过程使用的工具如电烙铁带电，或电子器件和组件调试过程使用的测试夹具带电的对地电位。每一检测单元中不同类别的设备和工器具应在通电后全数检测，同一类别的设备和工器具应随机抽检不少于 3 件。每次用非接触式静电电位表测量，应读取对地电位值读数不少于 3 个，并从中记取最大读数值。

6）检测自动化生产线上电子器件和组件在加工、处理和传输过程中器件带电的对地电位。每一检测单元中同一类别的自动化生产线应随机抽检不少于 3 件，不足 3 件的全数检测。每次用非接触式静电电位表测量，应在自动化生产线的不同部位读取器件带电的对地电位值不少于 3 个，并从中记取最大值读数。

（10）控制室内静电电位的各项检测必须在环境相对湿度小于或等于 60%RH 的条件下进行；反之，控制室内静电电位检测结果应判定无效。

控制室内静电电位的各项检测又必须在接近真实的环境使用条件下进行；反之，控制室内静电电位检测结果的有效性应待复测判定，或判定局部环境有效。

9.11　电磁兼容性接地与等电位联结

9.11.1　信息系统接地

（1）电子信息系统宜采用共用接地网，其接地电阻值应符合相关各系统中最低电阻值的要求。当无相关资料时，可取值不大于 1Ω。民用建筑中，如果电子信息系统要设置一个或几个专用的接地网络，将很难确保这些“地”与强电系统接地网络之间的独立性。

（2）当同一电子信息系统涉及几幢建筑物时，这些建筑物之间的接地网宜作等电位联结，但由于地理原因难以连接时除外。例如，当数栋相邻建筑物由一套 BA 系统监控时，BA 系统中的许多现场控制箱将分别接在各自所在建筑物的接地网络中，由于地理、雷击等原因，很可能造成这几栋建筑接地网络之间的电位不等，从而造成差模干扰。为此，相关建筑物的接地网络之间作等电位联结是可取的。但如果建筑物之间相距过远或被河流阻隔，则应采取其他措施来解决干扰问题。

（3）当几幢建筑物的接地网之间难以互相连通时，应将这些建筑物之间的电子信息系统进行有效隔离。彼此间采用无金属增强线的光缆连接，设置信号隔离变压器，采用微波传输网络等方法均可阻断高电位等干扰信号的传递途径。当采用有金属增强线的光缆时，应将金属增强线的两端作为有效接地。

（4）保护接地导体、功能接地导体宜分别接向总接地端子或接地极。保护接地导体的功能接地导体的用途不同，为避免功能接地被干扰，应将其经专线与总接地端子或接地极联结。

（5）建筑物每一层内的等电位联结网络宜呈封闭环形，其安装位置应便于接线。做成封闭环是为消除等电位网络中任意两点间的电位差，确保各点之间的电位相等，但在应用中必须注意避免让大电流电力线缆在接地环路中穿心而过，否则电力线缆将在接地环路上感应出电流，造成不必要的干扰。

（6）根据建筑物及电子信息系统的特点，可采用下列接地形式，即星形网络、多个网状连接的星形网络、公共网状连接的星形网络。

图 9－45 和图 9－46 为各种不同的等电位联结网络及其适用范围。

图 9－47 为多个网状连接的接地网络，适用于中小型电子信息系统机房群或设备较分散的大型电子信息系统机房。

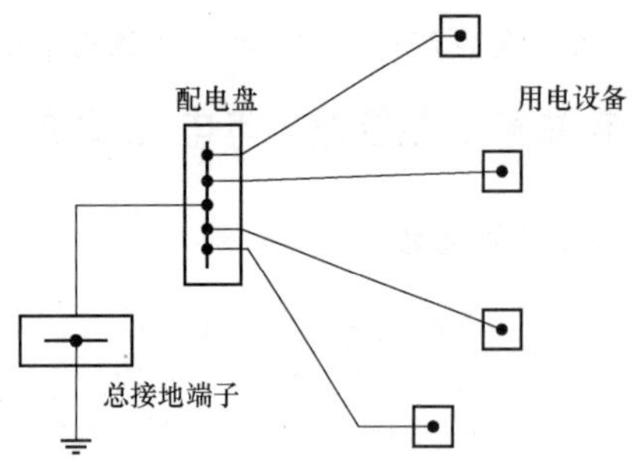

图 9－45　星形接地网络，适用于小型电子信息系统机房

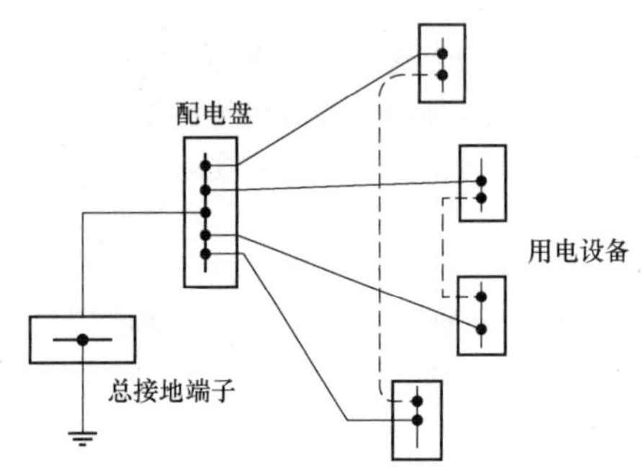

图 9－46　星形接地网络，适用于中小型电子信息系统机房

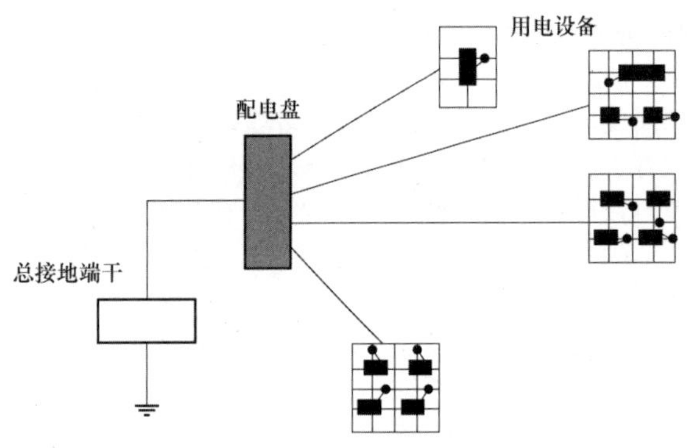

图 9－47　多个网状连接的接地网络

图 9－48 适用于大型电子信息系统机房，当主设备的工作频率很高时，可采用铜箱或铜质扁平编织带构建接地网格。

（7）功能性等电位联结线可采用金属带、扁平编织带和圆形截面电缆等。高频设备的功能性等电位联结线宜采用铜箔或铜质扁平编织带。为了确保连接导体在高频下仍具有较小的阻抗，而且由于趋肤效应，表面积大的接地连接导体形式更适合于高频系统，故铜箔和编织铜线常用于高频设备的接地网络。

（8）当电子信息系统接地母线用于功能性目的时，建筑物的总接地端子可用接地母线延伸，使信息技术装置可自建筑物内任一点以最短路径与其相连

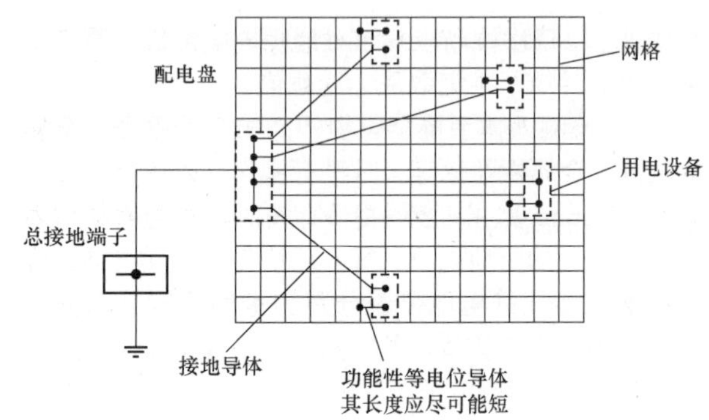

图 9－48　公共网状连接的接地网络

接；当此接地母线用于具有大量信息技术设备的建筑物内等电位联结网络时，宜做成一封闭环路。用于功能性目的的电子信息系统接地母线可与建筑物总接地端子合一（将总接地端子的某一段用作电子信息系统的功能性接地母线），以确保该接地母线的接地性能。而将该母线做成封闭环路是为了确保接地母线上任意两点间的电位基本相等，但此时须避免让大电流电力电缆在接地环路中穿心而过。

（9）UPS 不间断电源装置输出端的中性导体应重复接地。为了避免 UPS 输出端中性点悬浮，这一措施对于三相 UPS 下带多个单相负载时尤为重要。因为在此情形下一旦中性点悬浮，很容易发生中性点漂移，从而对造成某相过压，并引起过电压回路中设备的损坏。

（10）通信设备的专用接地引线与临近的防雷引下线之间宜设适配的浪涌电压保护装置。

9.11.2　屏蔽接地

电气等电位联结和接地对于建立等电位基准，防护电击危害及有效控制电磁干扰是十分重要的。用于雷电保护用的搭接和接地有专门的要求。

电气等电位联结是把一定的金属部件机械地连接在一起的工艺，以实现低电阻的电气接触。通过电气等电位联结能保证系统电气性能稳定，有效地防止由雷击、静电放电和电击造成的危害。此外还能辅助抑制射频干扰。通常要求电气等电位联结的电阻低于 0.002 5Ω。实现良好的直流连接是搭接的最基本的要求。

接地是为了在电路和某些基准点之间建立良好的电气通路。基准点可以是大地、设备机壳或结构本身等。接地的好坏决定于搭接好坏。所有的接地都必须遵循下述原则，即避免传导耦合，低阻抗的地回路和危险的工作条件。

1. 电气等电位联结的要求

电气等电位联结是在两个导电表面建立可能实现的最低电阻。要在两个导电表面间得到最低电阻，必须满足下述条件：

（1）除非用于等电位联结的镀膜材料的导电性能优于被搭接的材料，否则选用没有镀膜的材料进行搭接。

（2）对接表面必须平整，搭接后能得到最大接触面积。

（3）防止两种无保护的接触金属暴露在腐蚀性大气中。因表面氧化造成的搭接阻抗增加，导致完全破坏搭接效能。

（4）注意搭接表面的清洁工艺。

（5）适当的搭接表面的腐蚀。

（6）所有的搭接表面都要有保护涂层。

（7）注意搭接中的电化作用产生的腐蚀作用和噪声电压。在搭接工艺中要查考金属电化次序表。表中离开较远的金属相互搭接时产生的电压较大；而同一种金属搭接时没有接触电压产生。另外，两种不同的金属接触时会产生腐蚀作用，这也会形成噪声。腐蚀是由于正离子由一种金属跑到另一种金属中去，使电位较高的金属逐渐破坏。腐蚀的速度取决于环境湿度和这两种金属在电化次序表中相距的远近。相距得越远，腐蚀就越快。金属电化次序可分为五组，当两种金属搭接时，最好选用同一组内的金属。

2. 接地的要求

抑制噪声和防止干扰解决的主要方法是通过接地消除，以此消除各电路电流流经一个公共地线阻抗时所产生的噪声电压，并避免受磁场和地电位差的影响，即不使其形成地环路。

接地的意义在于形成一个等电位点或等电位面，成为电路或系统的基准电位，但不一定为大地电位。如该接地点经一低阻通路接至大地时，则该点电位即可认为是大地电位。保护地线必须在大地电位上。而信号地线根据设计要求，可以是大地电位，也可以不是大地电位。当保护地线的电位与信号地线配合不好时，就会引起噪声（干扰）。

电路接地一是为了安全，二是对信号电压有一个基准电位。

信号接地方式通常有一点接地和多点接地两种。一点接地又分为串联一点接地（或称共用接地）和并联一点接地（或称分别接地），如图 9-49 和图 9-50 所示。

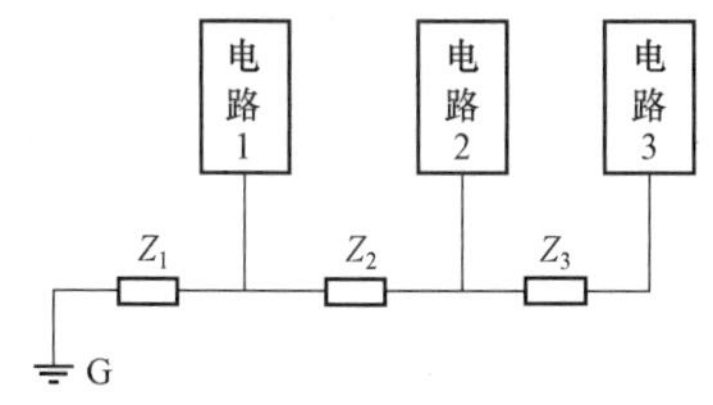

图 9-49　串联一点接

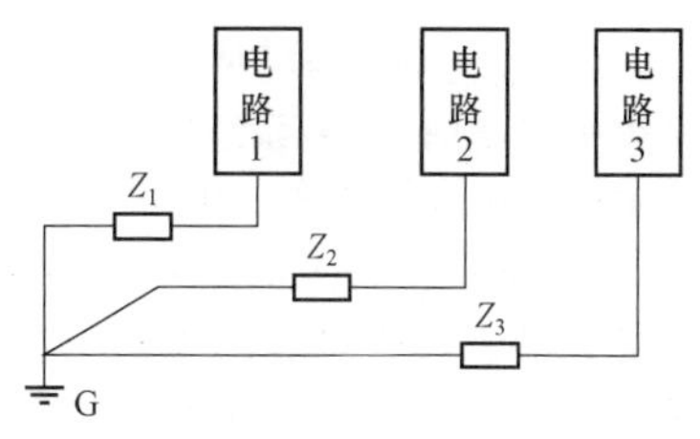

图 9-50　并联一点接地

串联一点接地多用于要求不高，各级电路电平差别不大的场合。

并联一点接地消除了公共地线阻抗耦合的问题，适用于电路地线较短，且工作频率较低的场合。缺点是由于各电路分别接地导致地线数增多，长度加长，地线阻抗增加，而且各地线之间、地线与电路之间的寄生电感、电容的耦合都会随着频率的增高而加强。在高频情况下，当地线长度达到 $\lambda/4$（波长）的奇数倍数，地线会变成有效辐射天线，向外界辐射骚扰。所以采用并联一点接地方式时，每根地线的长度都不允许超过 $\lambda/20$。要注意，交流电源地线不能用作信号地线，因在一段电源地线的两点间会有几百毫伏甚至几伏的电压。电源线一般也是一点接地。

一般来说，当频率在 1MHz 以下时，可以使用一点接地方式；而当频率高于 10MHz 时，应采用多点接地方式。频率在 1～10MHz 之间，若用一点接地时，其地线长度不得超过波长（λ）的 1/20，否则应采用多点接地。工作于甚高频的电路，地线长度应远小于 1in。

在有些设备中，至少要有三个分开的地线，如图 9-51 所示：一条是低电平电路信号地线；另一条是继电器、电动机的地线（可称为“噪声”地线或“骚扰源地线”）；再一条是设备机壳地线（称为“金属件”地线）。若设备使用交流电源时，则电源地线应和机壳地线相连。上述三条地线应连接在一起并通过一点接大地。

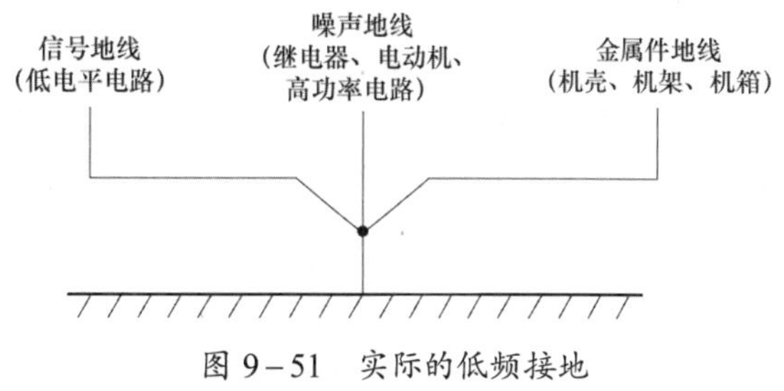

图 9-51　实际的低频接地

9.11.3　防静电接地

1. 防静电放电接地配置

防静电环境必须配置静电放电（ESD）接地系统。

ESD 接地连接点系统不应与任何其他供配电目的所用的连接系统相容。ESD 接地系统应设置供人体 ESD 接地、防静电地面和台面接地、特种工器具 ESD 接地以及控制场感应静电放电接地的 ESD 接地连接点。ESD 接地连接点应被连接到 ESD 接地装置，并应提供一个小于或等于 0.1W 的低电阻通路。ESD 接地连接点被连接到 ESD 接地装置，应按下列规定进行 ESD 接地系统配置：

（1）防静电地面的 ESD 接地连接点必须采用均匀设置的原则，以保证整个地面环境处于相同的接地防护条件。ESD 接地系统在每个防静电工作区必须配置等电位接地网络，或连接成闭合的接地回路。

（2）各防静电工作区内的 ESD 接地回路或接地网格应使用接地连接线连接到区域等电位接地端子，或局部增设的专用接地装置上。

（3）对于需要进行重点屏蔽的信息技术设备，其屏蔽壳体宜单独敷设接地连接线并连接到区域接地端子。

（4）防静电环境工程中，每一个房间的 ESD 接地网格和 ESD 大地连接点的设置以及各种接地电气连接，应根据设备布置和使用方式统一设计和施工。

（5）ESD 接地连接系统可采用联合接地方式，将 ESD 接地主干线连接到联合接地装置的总接地端子。当同时有功能接地或 PEF 接地主干线连接到总接地端子时，联合接地装置接地电阻值不应大于 0.5Ω。

（6）ESD 接地连接系统也可采用分散接地方式单独配置专用 ESD 接地装置，或因电子工艺的特种需要而配置局部原因使用的专用 ESD 接地装置。专项配置的 ESD 接地装置应远离建筑物的防雷接地装置，二者的间距宜大于 20m，不应小于 15m，此时 ESD 接地装置的接地电阻值应不大于 4Ω。当 ESD 接地装置与其他功能接地或 PEF 接地共用时，其接地电阻值应不大于 1Ω。

2. ESD 接地系统施工应符合下列规定

（1）连接建筑物防静电总接地端子的 ESD 接地主干线应选用单芯绝缘电线，其导体截面积应不小于 $95mm^2$，接地端子应采用铜排完成等电位联结功能。总接地端子处设置的铜排尺寸不宜小于 200mm×100mm×8mm，区域接地端子铜排的尺寸不宜小于 150mm×80mm×6mm。

（2）各个防静电工作区（设备机房）应设置 ESD 区域接地端子，分别通过接地支干线连接到本楼层的 ESD 等电位总接地端子，接地支干线的导体截面积不应小于 $35mm^2$。当建筑物不划分楼层时，区域接地端子应分别以接地支干线方式直接连接建筑物总接地端子。

（3）每个防静电工作区的接地回路或接地网格覆盖的面积不宜超过 $70m^2$，在各相邻的防静电工作区接地回路或接地网格之间，按照每隔 5～6m 的间隔，用 ESD 接地连接线进行连接，ESD 接地连接线的导体截面积不应小于 $10mm^2$。接地连接点必须位于网格的交点处。

（4）供人体、地面及操作装置（仪器）连接 ESD 接地系统的接地连接点应按照使用需求，每个防静电工作台表面及其操作者和工具仪表均应单独接地。接地引线的长度不宜超过 6m。接地连接点可使用各种易于脱扣的专用连接器件或螺栓连接等方法，应保证电气连接可靠。

（5）设置 ESD 接地连接点时，应在各种连接端口、接地导体及接地连接点之间实现有效的连接，在防静电系统内任意两点之间的通路电阻值不应大于 0.1Ω。

（6）ESD 接地连接点与闭合接地回路或接地网格之间应按照就近的原则以接地引线进行连接，接地引线应使用多股铜芯塑料绝缘导线，其导体截面积不应小于 $2.5mm^2$。

3. 接地功能配置

（1）一般接地装置：

1）防静电工作区应设置防静电接地系统。

2）防静电工作区中由 TN 交流配电系统供电时应采用 TN－S 或 TN－C－S 系统的接地方式。

3）信息技术设备根据其不同的性能及现场条件，功能性接地分为两种方式：一种是敷设专用的功能接地导体；另一种是敷设兼有功能接地和保护接地功能的 PEF 导体。

4）功能接地系统设计应以防雷接地系统为基础。接地装置的设计应按 GB 50057 和 GJB/Z 25 的有关规定执行。

5）功能接地宜采取联合接地方式，优先利用与大地有可靠连接的建筑物结构内金属导体。联合接地方式中，接地装置的接电阻值不得大于 0.5Ω。

6）信息技术设备和装置的专用功能接地应放射状连接，放射状连接的功能接地导体应汇总连接到功能接地总接地端子。

7）功能性等电位接地的基准电位应取自于建筑物等电位总接地端子铜排，接地导体与等电位总接地端子铜排作单点连接。功能接地的主干线应从建筑物总接地端子铜排或在靠近建筑物总接地端子铜排设置的功能接地端子板上接引。

8）功能接地主干线宜在专用弱电电缆通道内敷设。应避免与交流电源电缆长距离同径路敷设。功能接地干线引接到各信息技术设备所在楼层时，应设置功能接地楼层等电位汇流铜排，使设备的功能接地导体从楼层等电位铜排上连接。

9）布置面积较大的信息技术设备系统应划分区域，并分别设置区域等电位汇接铜排，区域等电位汇接铜排之间应实施等电位联结。区域等电位汇接铜排应采用接地支干线与楼层等电位汇流铜排可靠连接。

10）功能接地导线两端的连接应有良好的电气接触，宜采用焊接方式。当需要采用塔接机械固定连接方式时，其固定的螺母数量每处应不少于 2 个。

11）易燃、易爆特写环境中的防静电接地除应符合本规程的规定外，还应符合国家有关特殊环境防静电接地的标准和规范的要求，或相关行业标准的有关规定。

（2）专用功能接地配置：

1）专用功能接地为信息技术设备（装置）提供一个低电阻的基准电位平面，消除系统内部的基准电位差，抑制工频地电位差异引发的对信息技术设备和装置的干扰。

2）使用高精密电子仪器的设备调试场所、以中央处理器为中心的计算机系统应用场所，以及自动化控制的航空、航天等调度指挥系统，其系统设备应用场所均需配置专用功能接地。

3）在存在下列情况时，可局部增设专用于功能接地的接地装置：以建筑物基础作为接地极，但其接地电阻值无法达到不大于 0.5Ω 的条件；属既有建筑物或场地改造，且不具备设置联合接地条件；按信息技术设备自身性能规定，必须增设功能接地装置。

4）增设的功能接地系统接地体必须远离防雷接地系统的接地体，两者应保持 20m 以上的间距。各种功能接地系统的接地体之间应保持 5m 以上的距离。

5）限于现场环境条件，功能性接地的局部接地极无法按规定与建筑物保护足够距离时，可考虑采取其他措施减轻雷电的电磁干扰效应，如安装接地极保护器和电源保护器件等。

6）单独设置用于功能接地的局部接地极时，其接地电阻应不大于 2Ω。

7）功能接地主干线用于连接区域功能接地端子及建筑物总接地端子。功能接地主干线应使用单芯绝缘电线，其导体截面积应不小于 95mm^2。

8）当功能接地主干线连接到建筑物总接地端子或增设的局部功能接地极时，在总接地端子或功能接地极处应配置总等电位接地端子铜排，其尺寸不宜小于 200mm × 100mm × 8mm。

9）功能接地支干线用于区域等电位连接铜排之间进行连接，其导体截面积应不小于 35mm^2，区域等电位连接铜排应以单独的接地箱内绝缘固定设置，不得配设在电源总配电箱（柜）及分配电箱内，区域等电位连接铜排的尺寸不宜小宇 150mm × 80mm × 6mm。

10）从区域等电位联结铜排就近连接到信息技术设备的功能接地线应使用屏蔽导线，其截面积应满足提供低阻抗通的需要，使系统内任意两接点之间通路电阻值应小于 0.02Ω。

11）在防静电工程中高频通信设备的信号接地应采用多点接地方式，并应按 GJB/Z 25 多点接地和高频网络设计的规定执行。频率界限应按 GJB/Z 25 规定执行。

12）各种信息技术设备的接地线应从功能接地专用接地箱内引出，并应使用铜芯绝缘导线敷设。

（3）PEF 接地配置。PEF 接地是指将放射状连接的功能接地和保护导体的点状接地点（相关配电柜中 PE 母线）相连接，通过连接到建筑物总接地端子或增设的局部接地极的一个单独的专用绝缘导体（PEF 接地主干线）接地。

1）PEF 接地导体的截面积必须同时符合上述功能接地导体的相应要求以及保护导体的相应要求［《低压电气装置 第 5-54 部分：电气设备的选择和安装 接地配置和保护导体》（GB 16895.3—2017）］，以满足提供低电阻通路的需要。

2）当 PEF 导体回路万一开路，同时可触及的可导电部分之间的预期接触电压应不超过交流 50V 或直流 120V。

3）当直流供电电流和信号电流在 PEF 导体中产生电压降，导体的截面积应能使电压降最大值限制在 1V。

4）若以设备机架作为 PEF 导体的结构部件，当机架的排列长度达到 10m 或更长时，宜将其 PEF 导体从机架两端连接到 PEF 接地线上。

5）电缆的信号导线及相关屏蔽层在电缆从室外进入室内通过分界点处要加以保护或接地。

6）在采用 PEF 接地方式时，各种信息技术设备宜分区域设置区域接地铜排并连接到集中设置的弱电接地总接线端子铜排，弱电系统接地汇流铜排应通过接地主干线与综合接地网的弱电专用接地端子连接，宜采用焊接法实施可靠连接。

7）在由建筑基础钢筋网组成综合接地网，若因大地条件不良，单纯以基础钢筋网不能达到设计要求时，可采用辅以敷设人工接地极等措施。

4. 防静电环境管道工程

（1）防静电环境管道工程设计应区别输送粉体、液体、气体三种不同的管道，以及不同性质的被输送材料，分析测算管道输送过程中静电的产生，以及控制静电危害的必要条件，确定输送过程的允许参数及管径。

（2）防静电环境管道工程设计对管道和相关装置的材料选择应适应工艺上的要求，并应根据静电序列选择有利于消除静电的合适材料。气力输送粉体的管道宜选择与粉体材料相同或静电序列靠近的材料。多数管道和相关装置应选择位于静电序列中段的金属材料；或选择耗散静电性能较好，体积电阻率小于或等于 $1\times10^9\Omega\cdot cm$ 的材料；或选择在绝缘材料制成的管道内壁和外壁涂敷体积电阻率小于或等于 $1\times10^6\Omega\cdot cm$ 的导静电覆盖层，可涂敷完全覆盖层，也可涂敷螺旋状不完全覆盖层，涂敷厚度应为0.1～0.2mm。

（3）防静电环境管道工程设计应根据输送过程的允许参数合理选择管道的管径，多数管道的末端应设计配置大于管径的松弛容器，容器大小应足以消除材料在输送过程中积累的静电。管道设计中还应防止管道弯曲、管道收缩部位以及管道输送进入料斗、容器时产生的附加静电，必须采取消除附加静电的相应措施。这类措施应包括：管头应选择45°斜截面；管道输送进入料斗应使料斗具有斜面；管道输送进入容器应将管道延伸到容器底部，并沿底面水平方向注入；输送物料注入料斗或容器，料斗或容器内不得有任何不接地的孤立导体。

（4）防静电环境管道工程必须按下列规定进行接地配置设计：

1）金属材料管道以及其他所有能产生静电的相应配套设施和管道，如输送设备、通风和排风管道及其装置等，都必须连接成连续整体，并予以接地。管道两端均应接地；每隔30m距离应设置ESD接大地连接点；当管道之间采用法兰或沟槽连接，中间存在有非导体材料隔离时，应将隔离的间隙跨接起来接地。平行管道相距100mm以内时，每隔20m应采用连接线相互连接起来。管道与管道或管道与其他金属物件交叉或接近，且其间距离小于100mm时，相互间也必须用连接线连接起来。

2）管道选择非导体材料制成时，管道接地应在管外或管内绕以金属丝网，并将金属丝网予以接地。管道选择耗散静电性能较好的材料制成，或管道相关装置选择夹有导电纤维编织的材料制成时，管道及其装置的接地应选用金属接地连接件，应使金属接地连接件与管道及其相关装置之间保持足够的接触面积。防静电环境中体积电阻率大于 $1\times10^{11}\Omega\cdot cm$ 的高绝缘材料制成的管道及其相关装置不得采用导体直接接地。

3）防静电环境管道工程设计除了对产生静电的管道和相关装置以及相应的配套设施进行接地配置外，还必须对不相连接但相邻近的用于建筑装饰装修的金属部配件以及邻近范围内的各种金属物件进行接地配置。在管道及其相关装置连接成整体接地以后，其邻近部位不允许存在会导致静电感应放电与地相绝缘的金属导体。管道工程中用来喷射、灌注液流或气体的工具应在使用前与管道相关装置跨接起来，并予以接地。

（5）防静电环境管道工程接地不宜与ESD接地配置中的接地干线相连接。防静电环境管道工程的接地应利用建筑物电气装置的保护连接导体，或根据就近接地适用原则配设若干辅助保护连接导体。防静电环境管道工程及其相关装置接地应配设若干ESD接大地连接点，每个ESD接大地连接点必须有各自的接地线同保护连接导体或辅助保护连接导体的接地干线相连接。上述ESD接地线和接地干线必须有足够的机械强度和化学稳定性，接地线截面积不应小于 $6mm^2$，接地干线截面积不应小于 $35mm^2$。ESD接地线和接地干线之间应采用树枝状方式连接，接地接点之间的通路电阻值应小于 0.03Ω。

（6）防静电环境管道工程及其相关装置的ESD接大地连接点构造，应设计配置金属接地连接板和金属连接螺栓，并符合下列规定：

1）金属接地连接板应焊接在金属管道外壁上面。

2）金属接地连接板应选择与金属管道外壁相同材质。

3）金属接地连接板的截面不应小于 $50mm\times10mm$，接地螺栓规格不应小于M10。当管道配有保温层时，金属接地连接板应伸出保温层外，最小有效长度不应小于60mm。

4）非金属管道的金属连接板应使用导电胶粘剂紧密黏合在管道外壳上面。

参考文献

[1] 闻映红，周克生，崔勇．电磁场与电磁兼容．北京：科学出版社，2010．

[2]（意）莱塔儒勒．电力系统中的电磁兼容．北京：机械工业出版社，2008．

[3] 大卫A·韦斯顿．电磁兼容原理与应用．北京：机械工业出版社，2015．

[4] 中国标准出版社第四编辑室．电磁兼容标准汇编（基础卷）．2版．北京：中国标准出版社，2007．

[5] 程浩忠，周荔丹，王丰华．电能质量．2版．北京：清华大学出版社，2017．

[6]［美］Roger C. Dugen，［美］Mark F. McGranaghan，Surya Santoso等，著．电力系统电能质量．3版．欧阳森，译．北京：电子工业出版社，2009．

［7］李世林，刘军成. 电能质量国家标准应用手册. 北京：中国标准出版社，2007.
［8］（奥地利）乔治（George J. W.）著. 电力系统谐波：基本原理分析方法和滤波器设计. 徐政泽译. 北京：机械工业出版社，2003.
［9］周鹤良主编. 电气工程师手册. 北京：中国电力出版社，2008.
［10］上海现代建筑设计（集团）有限公司. 建筑节能设计统一技术措施（电气）. 北京：中国建筑工业出版社，2009.
［11］王兆安，杨君，刘进军. 谐波抑制和无功功率补偿. 北京：机械工业出版社，2005.
［12］刘顺华，刘军民，董星龙，等. 电磁波屏蔽及吸波材料. 北京：化学工业出版社，2014.
［13］（意）切洛齐，阿兰欧，洛瓦特，著. 电磁屏蔽原理与应用. 郎为民，姜斌，张云峰，等，译. 北京：机械工业出版社，2010.

第10章 清洁能源技术

清洁能源指的是环境友好的能源，也就是环保、排放少、污染少的能源。但这一概念不够准确，以致人们误以为是能源的分类。人们认为能源是清洁和不清洁的，所以清洁能源的含义被误解了。

清洁能源的较为准确定义是清洁、高效、系统的应用能源的技术体系。有三层含义：第一，清洁能源是一种能源利用的技术体系；第二，清洁能源不仅强调清洁，而且强调节约资源；第三，清洁能源的清洁是指达到一定的环保排放标准。

可再生能源是指以水能、风能、太阳能、生物能（沼气）、地热能（包括地、水源）为原料可再生的能源。可再生能源不存在能源枯竭的可能性。因此，可再生能源的开发利用越来越受到各国特别是能源短缺国家的重视。本章主要讨论建筑物中的可再生能源利用技术。

10.1 能源互联网

10.1.1 能源构成

能源互联网可理解是综合运用先进的电力电子技术、信息技术和智能管理技术，将大量由分布式能量采集装置，分布式能量储存装置和各种类型负载构成的新型电力网络、石油网络、天然气网络等能源节点互联起来，以实现能量双向流动的能量对等交换与共享网络。

能源互联网构成如图10－1所示。

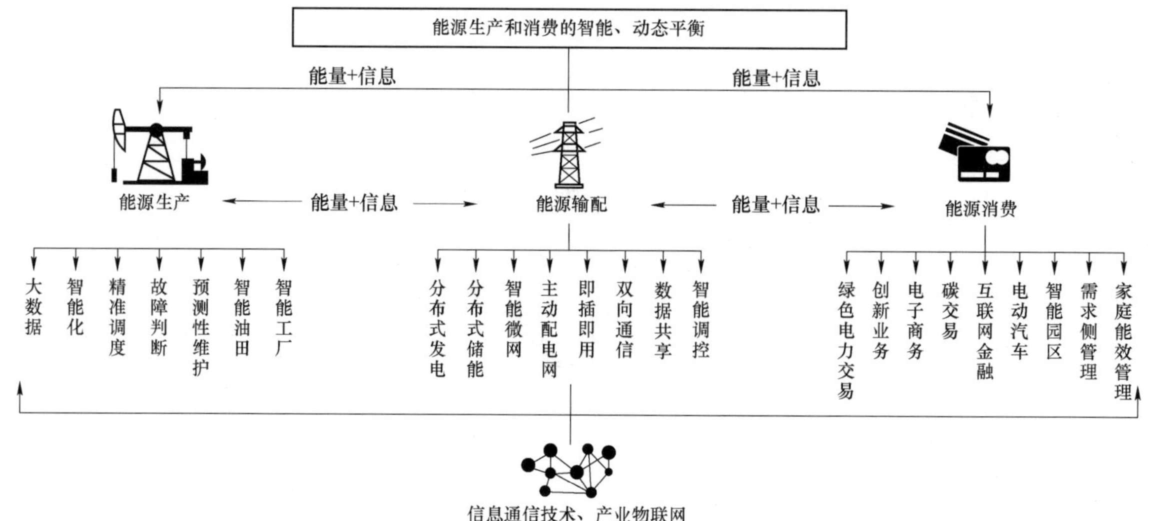

图10－1 能源互联网构成

能源互联网以电力系统为中心，智能电网为骨干，互联网、大数据、云计算及其他前沿信息通信技术为纽带，综合运用先进的电力电子技术和智能管理技术，能够实现横向多源互补、纵向源—网—荷—储协调的能源与信息高度融合的下一代能源体系，同时具有扁平化性，面向社会的平台性、商业性和用户服务性。

具体讲，是在骨干电网的基础上，以大量分布式能量采集和储存装置所构成的新型电力网络为链接枢纽，将电力、石油、天然气及交通运输网络等能源节点进行互联，形成多层耦合的网络架构，通过虚拟电厂和电网实现个性化、定制化的能量生产与应用，利用能源路由器将无序、低熵的能量流按照最佳路径向可控、高熵的负载流动，实现能量流的全面调控、优化、交互和共享。

10.1.2 广义能源互联网

广义能源互联网将一个广泛区域内分散的能源碎片集聚形成一个超级能源体（在这个超级能源体中，一次能源输入转换为二次能源消费使用，能源在网络中主要以电能或热能的形式流动），它将人类所使用的分散于不同地区的所有能源融入其中，统一进行分配、管理和调度，在全网通信的条件下，可实现能源的最优分配，将现今集中式的能源结构变为扁平化结构。

在这个既高度分散又高度集中的统一体中，最显著特点便是能源的互联、互享和用户互动。它包含现今社会中以能源为主体的所有网络（如交通、电力、石化等）和以先进信息技术为基础的信息网络。

广义能源互联网如图 10－2 所示。

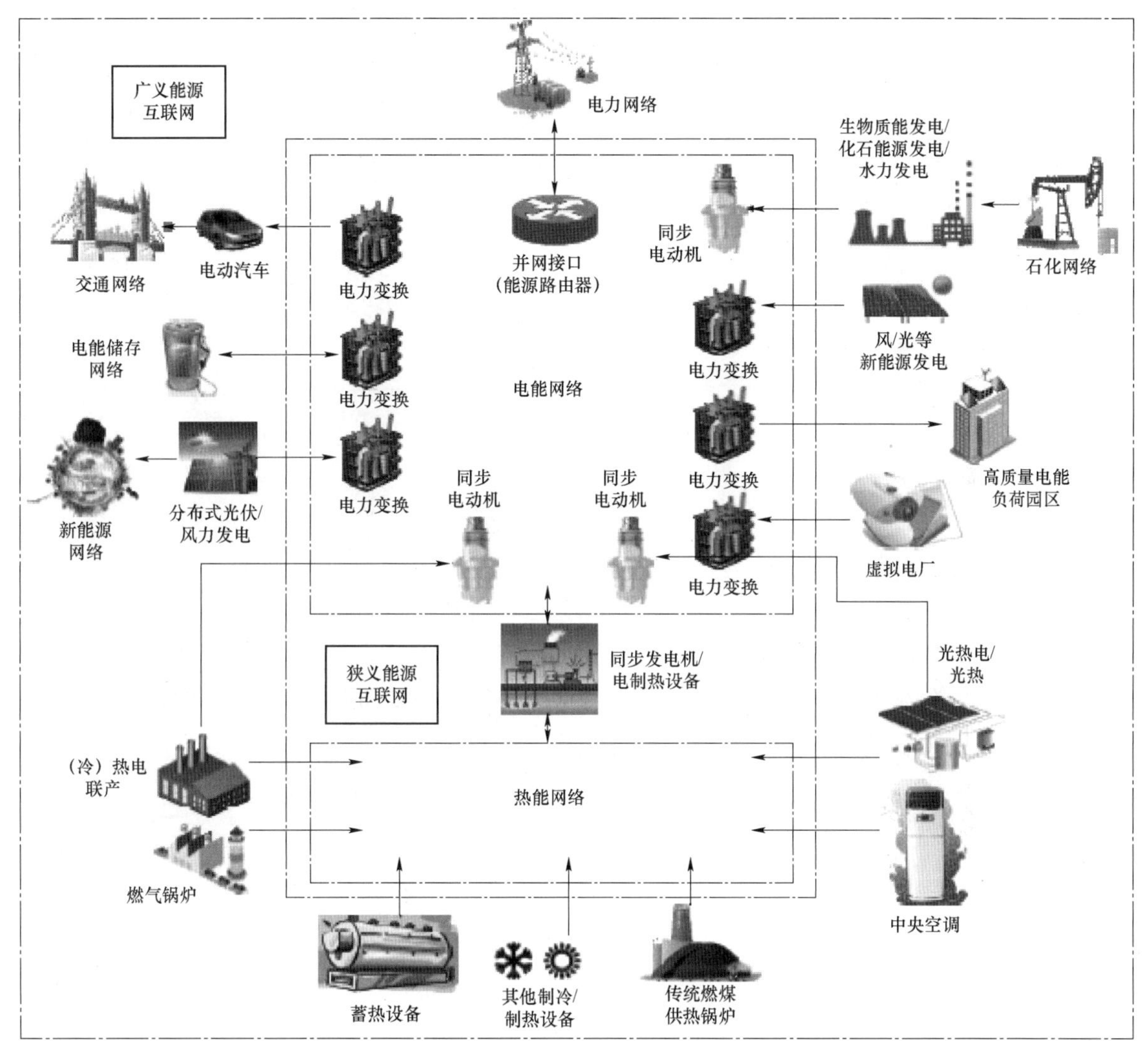

图 10－2　广义能源互联网

广义能源互联网通过各种发电用电和制冷制热设备将电力网络、交通网络、石化网络、热力网、新能源网络通过一定接口设备，与狭义能源互联网融合，形成一个广泛区域内的超级能源体。在这个超级能源体中，现今人类所使用的各个以能源为主体的网络通过电能或热能的传递与狭义能源互联网相连，将狭义能源互联网分为以电能网络与热能网络两类主要网络。电能作为最利于传输转化的能源，热能作为易于转化的能源同时成为狭义能源互联网的核心能源，这也是能源互联网与智能电网（以电能网络为核心）的重要区别之一。

10.1.3　狭义能源互联网

狭义能源互联网是相对广义能源互联网概念，它将一个区域内的能量消耗设备、能量生产设备和储能设备（具有能量存储作用的设备，不一定仅存储电能）按照一定的拓扑结构组成网络，并通过能源路由器关联至传统电网，实现狭义能源互联网与电网间功率的平稳交换。所有狭义能源互联网通过电能的传输关联至电网，将所有以能源为主体的网络联合成广义能源互联网。

狭义能源互联网为保证自身安全可靠，可运行在并网模式与离网模式下。

狭义的能源互联网概念则凸显了能源构成要素的主次关系，能源类型的不同导致生存空间也不一样，无法体现出在能源的选择与利用上的民主，在能源配置上只强调了二次能源，存在片面性。

10.1.4 能源互联网特征

1. 三层结构

在能源互联网（狭义能源互联网）内部结构中，融合了大量分布式可再生能源、发电发热装置和分布式储能装置，通过能源接口、能源交换机和能源路由器，实现能量（主要为电能和热能）的合理分配与管理、网络运行的安全可靠、能源使用的高效经济。

狭义能源互联网根据能源转化传输的特点和系统控制调度模式，可分为三层结构，分别是：能源路由器层；能源交换机层；能源接口层，如图 10-3 所示。

能源路由器为网络提供3个或以上不同电压等级的接口，至少应包括三相交流接口、单相交流接口和直流接口，连接至相应电压等级的母线，以方便用户的使用；各接口所连接不同电压等级母线可通过能源交换机（这里指电能/非电能能源交换机或电能/电能能源交换机）连接，实现能源互联网系统内的能量调度；各个能源子网通过能源交换机挂接到路由器接口所连接的母线上，每个能源子网由一个能源交换机控制；在能源子网中，用户可通过能源接口将负载、分布式储能、分布式发电设备或供暖供冷设备接入能源互联网中。图 10-3 中电能能源子网由电母线连接，热能能源子网由热母线连接。

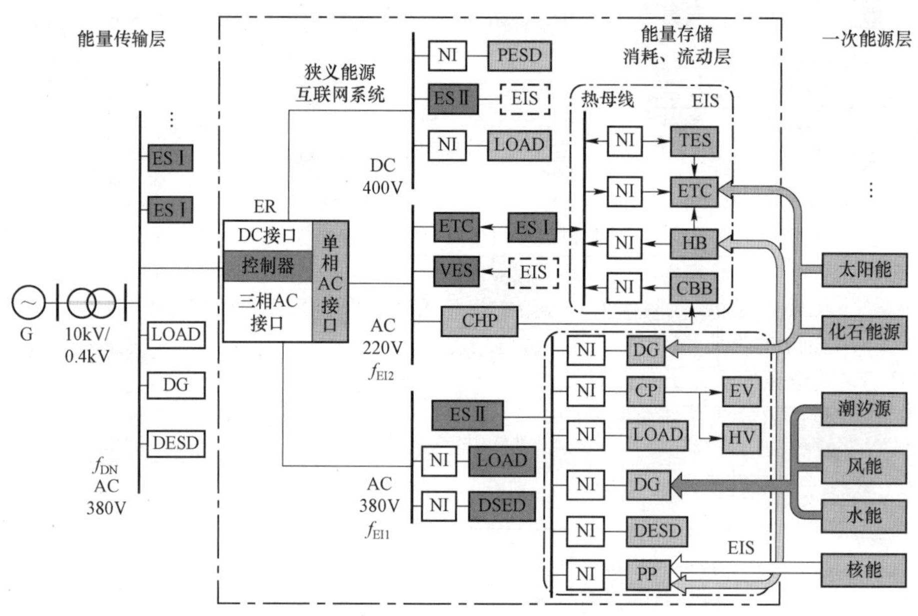

图 10-3 狭义能源互联网的三层结构

DESD—分布式储能；NI—能源接口；f_{DN}—主电网频率；PESD—功率型储能设备；EIS—能源子网；CBB—燃煤锅炉；ETC—电热转换；CHP—热电联产；TES—热能存储；CP—充电桩；EV—电动汽车；PP—电厂；ER—能源路由器；ES Ⅰ—Ⅰ型能源交换机；ES Ⅱ—Ⅱ型能源交换机；VES—虚拟交换机；DG—分布式电源；LOAD—负载；HB—供热锅炉；HV—油电混合车

2. 特征

（1）可再生：可再生能源是能源互联网的主要能量供应来源。可再生能源发电具有间歇性、波动性，其大规模接入对电网的稳定性产生冲击，从而促使传统的能源网络转型为能源互联网。

（2）分布式：由于可再生能源的分散特性，为了最大效率地收集和使用可再生能源，需要建立就地收集、存储和使用能源的网络，这些能源网络单个规模小，分布范围广，每个微型能源网络构成能源互联网的一个节点。

（3）互联性：大范围分布式的微型能源网络并不能全部保证自给自足，需要互联起来进行能量交换才能平衡能量的供给与需求。能源互联网关注将分布式发电装置、储能装置和负载组成的微型能源网络互联起来，而传统电网更关注如何将这些要素“接进来”。

（4）开放性：能源互联网应该是一个对等、扁平和能量双向流动的能源共享网络，发电装置、储能装置和负载能够“即插即用”，只要符合互操作标准，这种接入是自主的，从能量交换的角度看没有一个网络节点比其他节点更重要。

（5）智能化：能源互联网中能源的产生、传输、转换和使用都应该具备一定的智能。

3. 属性

能源互联网具有以下五种内在属性：

（1）包容性：可接纳各种分布式、多元能源的接入。

（2）开放性：能接纳多方用户参与、采用高新技术。

（3）系统性：为一个跨学科、全方位、统一协调的系统工程。

（4）广泛性：涉及能源领域各环节、电力用户数量巨大。

（5）互动性：横向各种能源，纵向源网荷紧密耦合，优化高效。

4. 能量平衡

能源互联网对能源的供给、输送、分配和利用实现全面管控，其能量平衡的规律为

$$\sum_{g=0}^{k} E_g(t) + \sum_{h=0}^{l} D_{\mathrm{E}h}(t) = \sum_{i=0}^{m} P_{\mathrm{Load}i}(t) + \sum_{j=0}^{n} A_{\mathrm{Load}j}(t) \bullet X_j(t) + L_{\mathrm{oss}}(t)$$

式中：E 为传统类型的能源供应；g 为具体的能源类型；$E_g(t)$ 为能源 g 在时刻 t 的供应量；D_{E} 为分布式发电的供应；h 为分布式电源的具体类型；$D_{\mathrm{E}h}(t)$ 为能源 h 在时刻 t 的供应量；P_{Load} 为传统负荷；i 为具体负荷类型；$P_{\mathrm{Load}i}(t)$ 为负荷 i 在时刻 t 的能源需求量；A 为具备供能与用能负荷；j 为双重身份的具体负荷的类型；$X_j(t)$ 为用能状态；$A_{\mathrm{Load}j}(t) \bullet X_j(t)$ 为相对于传统负荷而言，具备供能与用能双重身份的负荷，包括储能及电动汽车等柔性负荷，当负荷 j 处于供能状态时 $X_j(t)$ 取值 -1，当处于用能状态时 $X_j(t)$ 取值为 1；$L_{\mathrm{oss}}(t)$ 为 t 时刻能源损耗量。

上式表示能源的供应与利用保持实时、动态平衡。在能源供应侧，既包括传统一次能源，又包括太阳能、风能等具有波动性、间歇性和随机性的可再生能源；在负荷应用侧，诸如储能、电动汽车等主动式负荷的接入，使得负荷在时、空范围内具有随机性和不确定性。动态、实时平衡供需，是能源互联网的基本规律。

10.1.5 控制方式

能源互联网的实现主要依赖于信息网与能源网，特别是智能电网的有效支撑。具体而言，电网应实现多种能源形式的灵活、高效转换和传输，实现风、光、储、用的平滑协调和动态平衡信息网应协同电网，构建安全、简洁的标准协议和通信方式，实现能源的规模化开放互联。

在能源互联网体系中，实现可靠控制的一种有效方式是采用能源路由器，它具有融合信息流和能量流的特征，通过信息流获取能量流的运行状态，进而及时对能量流进行调度、控制，实现各类具体的管控功能。

（1）对能量流实现动态控制。传统发电单元、分布式发电单元以及储能等柔性负荷具有不同的静态、动态响应特征，能源路由器需要适应并统筹传统能源和这些多元、复杂、非线性的能量单元，确保能量流的动态平衡，保证电网在稳态运行时以及发生扰动时的安全稳定，并且维持一定的电能质量。

在扰动方面，特别当电网发生故障时，能源路由器应具备故障隔离、故障定位和故障恢复功能。若电网处于孤网运行状态，能源路由器应能够由并网控制模式转为离网控制模式。上述功能的实现，要求能源路由器融合储能、电力电子、保护与控制等相关技术和装置，具备调整电网运行方式、调控电能质量、操作开关及其他控制设备等功能。

（2）对信息流实时接收、处理和共享。为对能量流的调控提供支持，信息流必须快速、精准接收，并准确、及时处理。这就需要在通信协议、模式和传输通道上设置冗余，这一方面可借助物联网领域的先进成果，在数据处理方面应用云计算、大数据、机器学习等先进技术，实现智能化信息处理。

此外，还需要配置容错机制，防止信息传输失真甚至错误而造成决策的失误。

（3）提供高级能源服务，支持多种个性化、定制化的能源应用策略。如当用户设置的策略为能源使用价格最低时，能源路由器将结合各类发、输电资源的使用运行信息和实时电价信息，搜寻价格最低的供能方式，并安排相应的能源供应、输送、存储和消费方式。

（4）实现运维信息记录和人机交互。常规功能上，包括网络拓扑和元件的可视化、故障录波、异常事件记录、维护检修记录等日志文件管理，辅助技术改进和升级。互动方面，包括友好互动的人机界面、灵活方便的功能选项等。

10.2 多能互补集成优化

10.2.1 多能互补

多能互补，简单来说就是多种能源之间相互补充和梯级利用，实现多种能源配合稳定输出的效果，从而提升能源系统的综合利用效率，缓解能源供需矛

盾，构成丰富的清洁、低碳供能结构体系。

以多能互补综合能源供应为基础的智慧能源互联网就是以智能电网为核心，多种一、二次能源相互转化、互相补充、综合利用，借鉴互联网思维，通过能源系统与信息通信系统的深度融合，实现多能源的传输、分配、存储、交易、消费以及相互之间的转换和交互，构建高效、清洁、智慧的能源网络。

多能互补分布式能源有两种模式：一是面向终端用户电、热、冷、气等多种用能需求，因地制宜、统筹开发、互补利用传统能源和新能源，通过天然气热电冷三联供、分布式可再生能源和能源智能微网等方式，实现多能协同供应和能源综合梯级利用；二是利用大型综合能源基地风能、太阳能、水能、煤炭、天然气等资源组合优势，推进风光水火储多能互补系统建设运行，如图 10－4 所示。

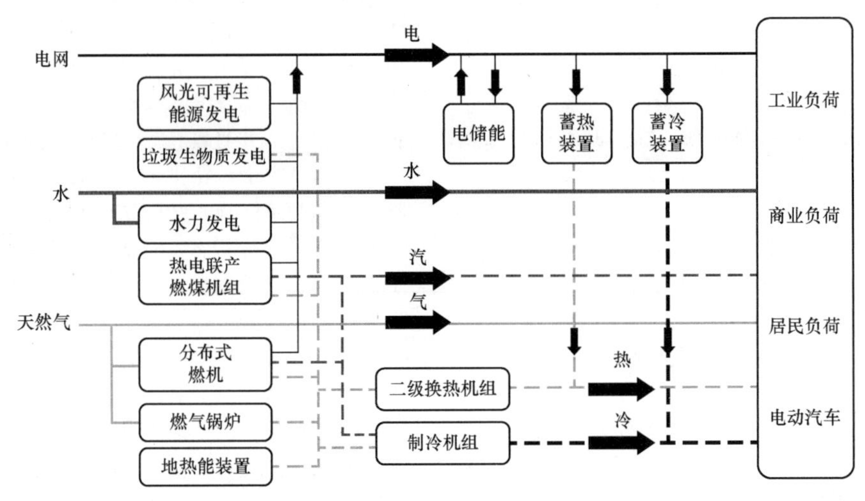

图 10－4 能源流构架图

10.2.2 集成优化

1. 多能互补组成

多能互补组成板块包括以下内容：

（1）分布式新能源：包括分布式光伏、风电、生物质发电和地热供暖等。

（2）燃气冷热电三联供。

（3）地源热泵：包括地表水源热泵、污水源热泵等。

（4）大容量储能电池和电动汽车。

（5）智慧用能设备。

（6）增量配电网和售电业务。

（7）多表集抄、多网融合以及城市综合管廊。

（8）综合能源控制系统与服务平台。

多能互补构成如图 10－5 所示。

2. 集成应用

（1）要整合多种新能源发电技术，如加大风、光、水、火、储多能互补关键技术和专用技术研发力度。

（2）创新用能的供需方式，提高经济性实现可再生能源的供能更加贴近用户、就地取能、就近消纳。从这个角度来看，发展多能互补，需要因地制宜，兼顾当地能源类型、储量和用电负荷。

总体来说，多能互补是新技术、新模式的发展，提高了新能源的利用效率，把发电和用电集中在一起，避免了投资浪费。随着多能互补技术的日益成熟，新一轮的能源革命即将来到，终端一体化集成功能系统如图 10－6 所示。

10.2.3 关键技术

多能互补、集成优化能源系统实践和理论研究的关键问题包含以下几个方面，如图 10－7 所示。

多能流混合建模作为不同能源系统的统一描述，是多能系统规划、调度、控制和互动的研究基础；在多能互补静态转化和潮流建模方面的研究较为成熟，部分研究考虑了多能流网络约束。但是，对多能流多时间尺度动态性研究较为薄弱，缺乏对传输和转化过程的动态描述，尚未形成成熟的建模方法。

在多能互补规划方面，现阶段多能互补规划已经形成一套较为成熟的规划方法。然而，相关研究的规划对象多集中于源网荷，较少涉及多种储能的配置方法；并且在不确定性分析、多时间常数系统建模、多能源系统可靠性分析以及能源市场的影响还有待进一步研究。多能源流综合评估依据多能流模型特性为规划和运行优化提供目标集。

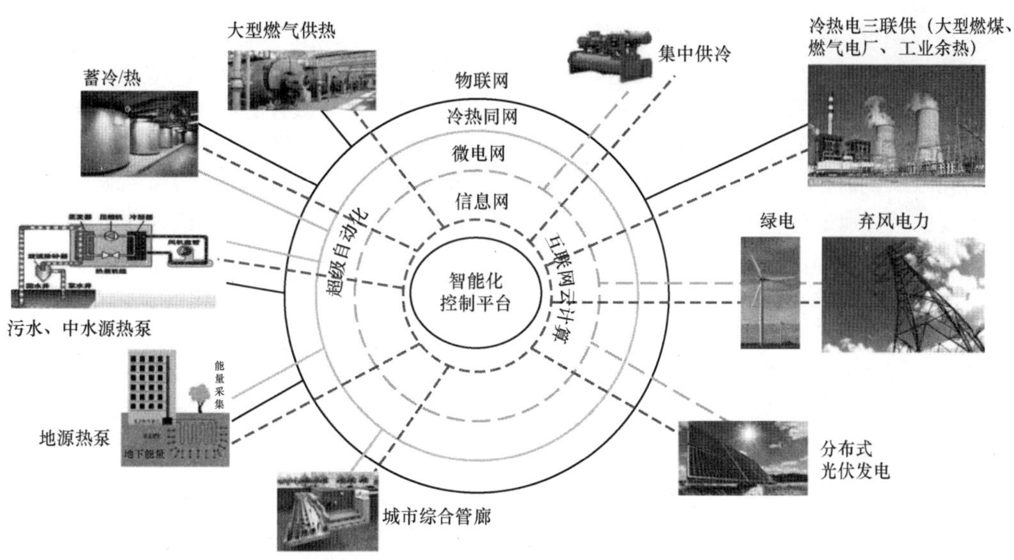

图 10-5 多能互补集成

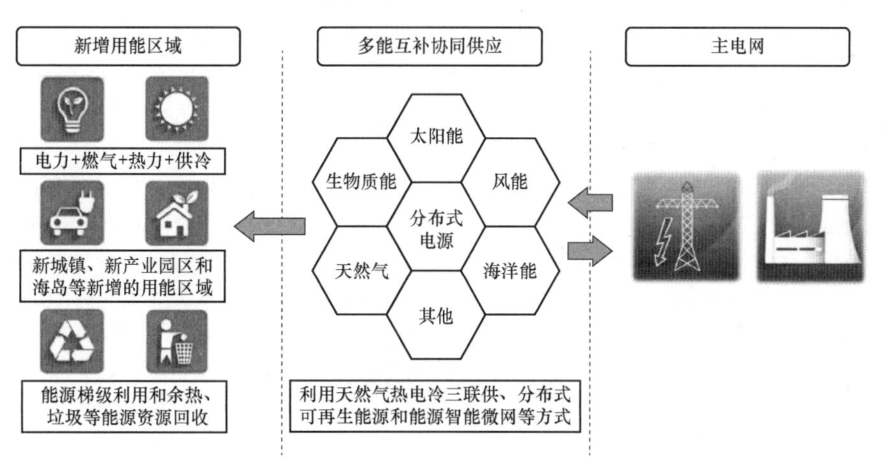

图 10-6 终端一体化集成功能系统

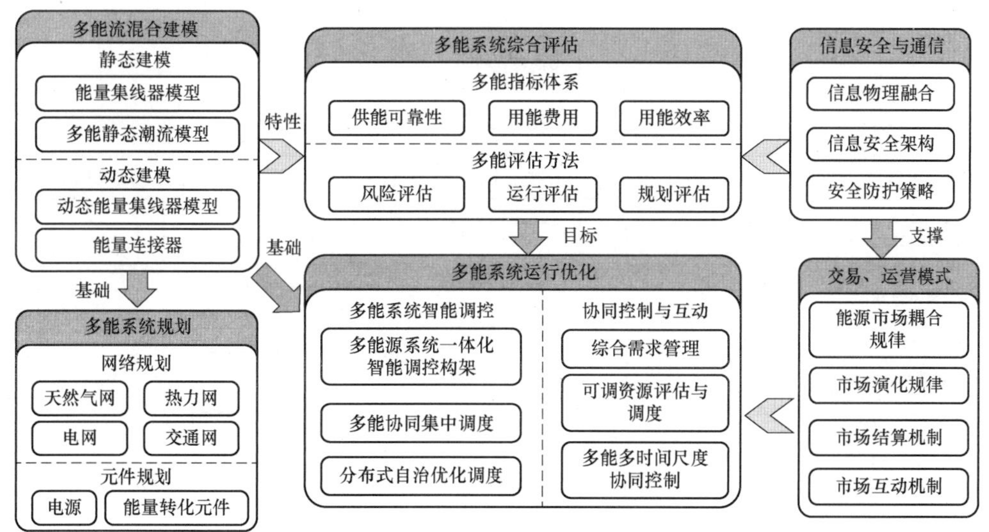

图 10-7 多能互补、集成优化研究关系图

在多能流智能调控方面，多能互补的协同优化调度是多能系统规划和市场互动博弈的基础。通过多个系统的协同合作，实现区域系统的经济和能效目标，并促进区域新能源的大规模消纳。相反的，系统的耦合在取得互补增益的同时，故障后发生的影响范围和影响程度也会扩大，特别是对于不同时间尺度的系统来说，很容易发生连锁故障，因而对系统安全调控提出了新要求，电力系统在线安全分析和控制比较成熟，而对供热/冷和天然气以及多能流故障交互影响的研究相对薄弱。而用户多能流智能调控研究多从自身的利益出发，未充分考虑与多能源系统的交互，且主要面向稳态问题。

在多能协调互动与控制方面，电力系统源网荷储纵向的协同控制的研究较为领先，但多能系统间的横向协同控制方法的研究还处于起步阶段，多种能源设备调节速度差异导致难以有机配合，需要根据多能流动态特性和相互作用，进而提出最佳时间尺度配合的智能调控方法。多能互补系统中能量转化设备运营商也可参与需求响应，能源转化设备运营商调整能源集线器的调度参数，可建立基于多能互补的广义需求响应互动优化模型。目前，基于能源服务运营商和能源转化设备的需求响应的研究还在起步阶段。

在多能流综合评估方面，多能系统可靠性和性能指标体系和算法研究相对成熟，但是缺乏对耦合系统连锁故障、需求响应和市场交易不确定性等风险的研究，随着系统集成程度和市场化水平的提高，更多更复杂的关系和不确定性势必会增强系统面临的风险。

多能流交易、商业运营模式作为系统的上层规则设计，为运行优化提供多元驱动力；在多能流市场交易方面，为真正实现能源的梯级利用，不可避免地需要推动能源交易服务的体制改革，赋予不同能源符合其能源品味的商品属性。整合能源交易市场，兼顾各方利益的收益分摊机制，可增强多能互补的经济驱动力，推动综合能源系统可持续发展。现阶段，电力市场研究较为成熟，而多能市场互补交易和收益分配研究较为薄弱。

多能融合信息系统为多元定制化能源交易提供支撑平台，信息系统的安全问题也是评估系统可靠性和安全性的重要依据。在多能流信息安全方面，对于电力系统物理信息系统安全评估和风险控制的研究较多，而对于其他能源信息系统特别是多种能源信息融合的研究较少，缺少多能信息互补的安全评估方法，尚没有形成成熟的多能流信息安全风险控制方法，对于互联网带来的信息安全风险，国内暂时缺乏相关工程实践，该部分研究尚停留在理论研究阶段。

10.2.4 指标体系

多能源系统是以电力系统为核心，打破供电、供气、供冷、供热等各种能源供应系统单独规划、单独设计和独立运行的既有模式，在规划、设计、建设和运行的过程中，对各类能源的分配、转化、存储、消费等环节进行有机协调与优化，充分利用可再生能源的新型区域能源供应系统。应从能源的可靠性、稳定性、可调度性、经济性及环保性五个方面进行构建能源互补指标体系，如图 10－8 所示。

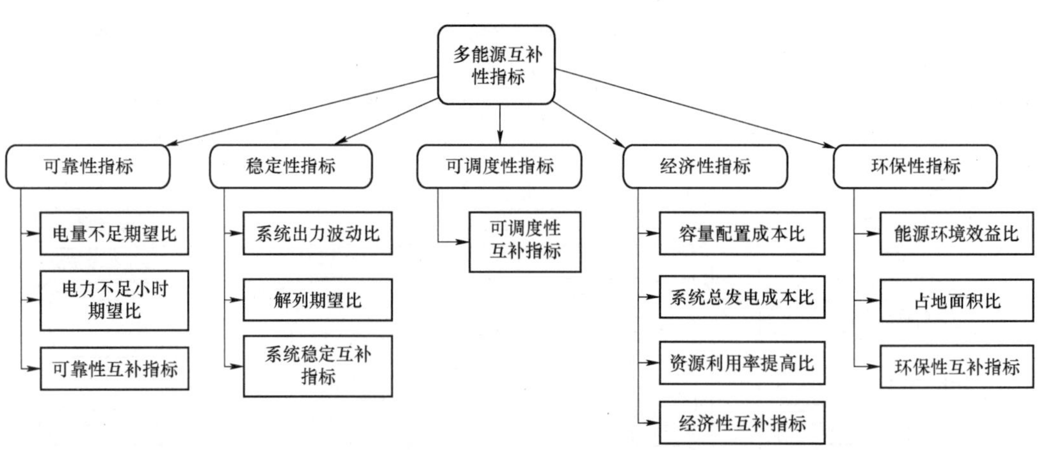

图 10－8　能源互补性指标体系

10.2.5 清洁能源供给及多能互补供能方式

根据分布式电源的环境友好性可以将其分为一级绿色分布式电源、二级绿色分布式电源和三级绿色分布式电源。

（1）一级绿色分布式电源在整个发电过程中对环境能够实现零污染，节能环保，但是波动性强、供电稳定性差。

（2）二级绿色分布式电源虽然有一定的碳排放，但相对于火力发电仍具有较强的环保性，并且具有较高的供电可靠性。

（3）三级绿色分布式电源中，火力发电会排放大量温室气体和污染物，对环境影响较大。

多能互补小型分布式电源分类见表 10－1。

不同的应用场合存在不同的能源供应能力，不同的用户类型对应不同的用户可靠性需求，如图 10－9 所示。

表 10－1 多能互补小型分布式电源分类

分布式电源类别	互补方式
一级绿色分布式电源互补	风光互补
	风、光、小水电互补
	风、光、潮汐发电互补
	风、光、地热发电互补
二级绿色的分布式电源互补	风、光、生物质发电互补
	风、光、燃气轮机发电互补
	风、光、储能互补
三级绿色的分布式电源互补	风、光、火发电互补

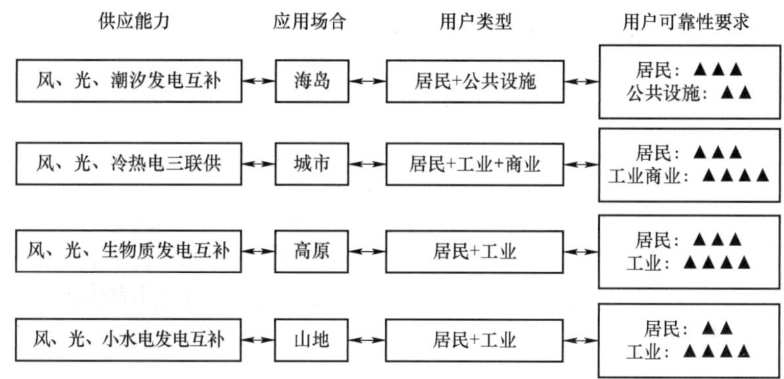

图 10－9 不同场合多能互补小型分布式电源匹配模式

10.3 微电网

10.3.1 结构

1. 定义

微电网（micro－grid 或 microgrid）指由分布式电源、储能装置、能量转换装置、相关负荷和监控、保护装置汇集而成的小型发配电系统，是一个能够实现自我控制、保护和管理的自治系统，既可以与外部电网并网运行，也可以孤立运行，如图 10－10 所示。

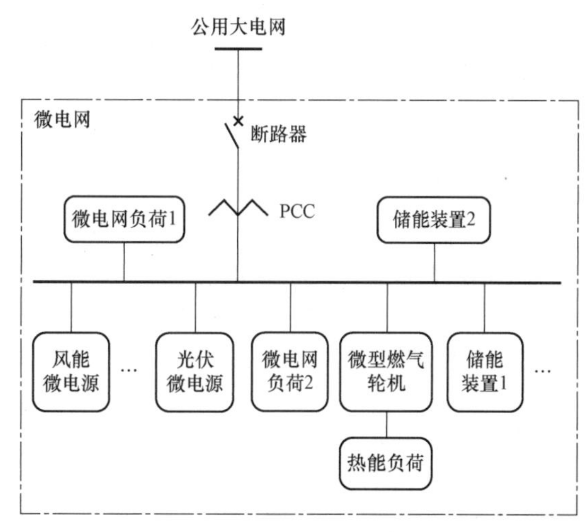

图 10－10 微电网

（1）城市片区微电网。一般按照居民小区、宾馆、医院、商场及办公楼等建设，正常情况下主要通过大电网供电。大电网故障时，将城市片区微电网断开，进入孤岛运行模式，用以保证所接重要负荷的供电可靠性和电能质量。一般接在 10kV 中压配网，容量为数百千瓦至 10MW 等级。

（2）偏远地区微电网。主要指农村微电网和企业微电网。目前，在农村、草原等偏远地区，供电困难，居民无法用电。解决的方案是不延伸电力系统，以较低的成本利用当地可再生能源供电。

（3）企业微电网。一般接在10kV及以上中压配网，容量在数百千瓦至10MW。企业微电网一般分布在城市郊区，如石化、钢铁等大型企业，利用传统电源满足企业内部的用电需求。

2. 结构

微电网的典型结构包括集控中心、分布式发电、智能化用户、储能设备和具有自愈（故障重构）能力的电力网络等几部分。图10－11是微电网的一种典型结构，通过隔离变压器、隔离装置和大电网相连。微电网中绝大部分的微电源都采用电力电子变换器与大电网和负荷相连。

图10－11中微电网内部的三条馈线，其中馈线A和馈线B接入重要或敏感负荷，馈线C接入普通负荷。每个微电源出口处都配有断路器和功率与电压控制器，当配电网出现故障时，隔离装置动作，使微电网转入孤岛运行模式，以保证微电网内重要敏感负荷的不间断供电。

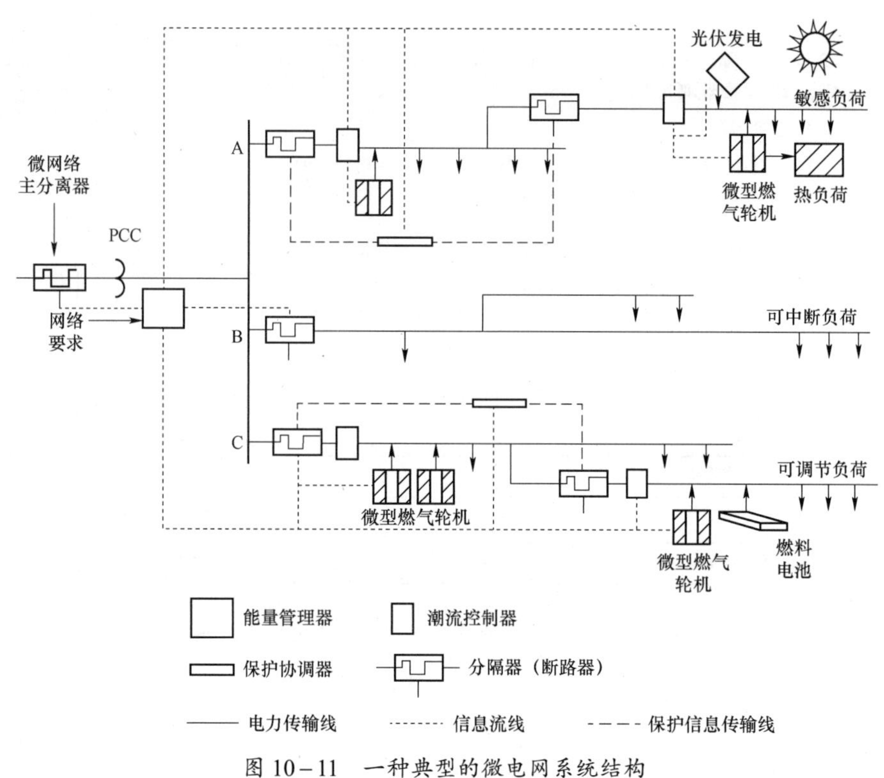

图10－11 一种典型的微电网系统结构

10.3.2 网络结构

1. 电压等级

微电网的构造理念是将分布式电源靠近用户侧进行配置供电，输电距离相对较短。根据微电网容量规模和电压等级可将微电网划分为4类，见表10－2。

2. 网络结构

微电网系统中负荷特性、分布式电源的布局以及电能质量要求等各种因素决定了微电网的结构模式，也在一定程度上影响了微电网采用何种供电方式（交流、直流或交直流混合）。微电网按供电制式可以划分为交流微电网、直流微电网和交直流混合微电网3种不同类型的微电网结构模式，见表10－3。

表10－2 微电网容量规模和电压等级

电压等级	系统容量	应用
低压	小于2MW的单设施级微电网	小型工业或商业建筑、大的居民楼或单幢建筑物等
	2～5MW范围的多设施级微电网	一般包含多种建筑物、多样负荷类型的网络，如小型工商区和居民区等
中低压	5～10MW范围的馈线级微电网	一般由多个小型微电网组合而成，主要适用于公共设施、政府机构等
	5～10MW范围的变电站级微电网	一般包含变电站和一些馈线级及用户级的微电网，适用于变电站供电的区域

表 10－3　　微电网结构模式

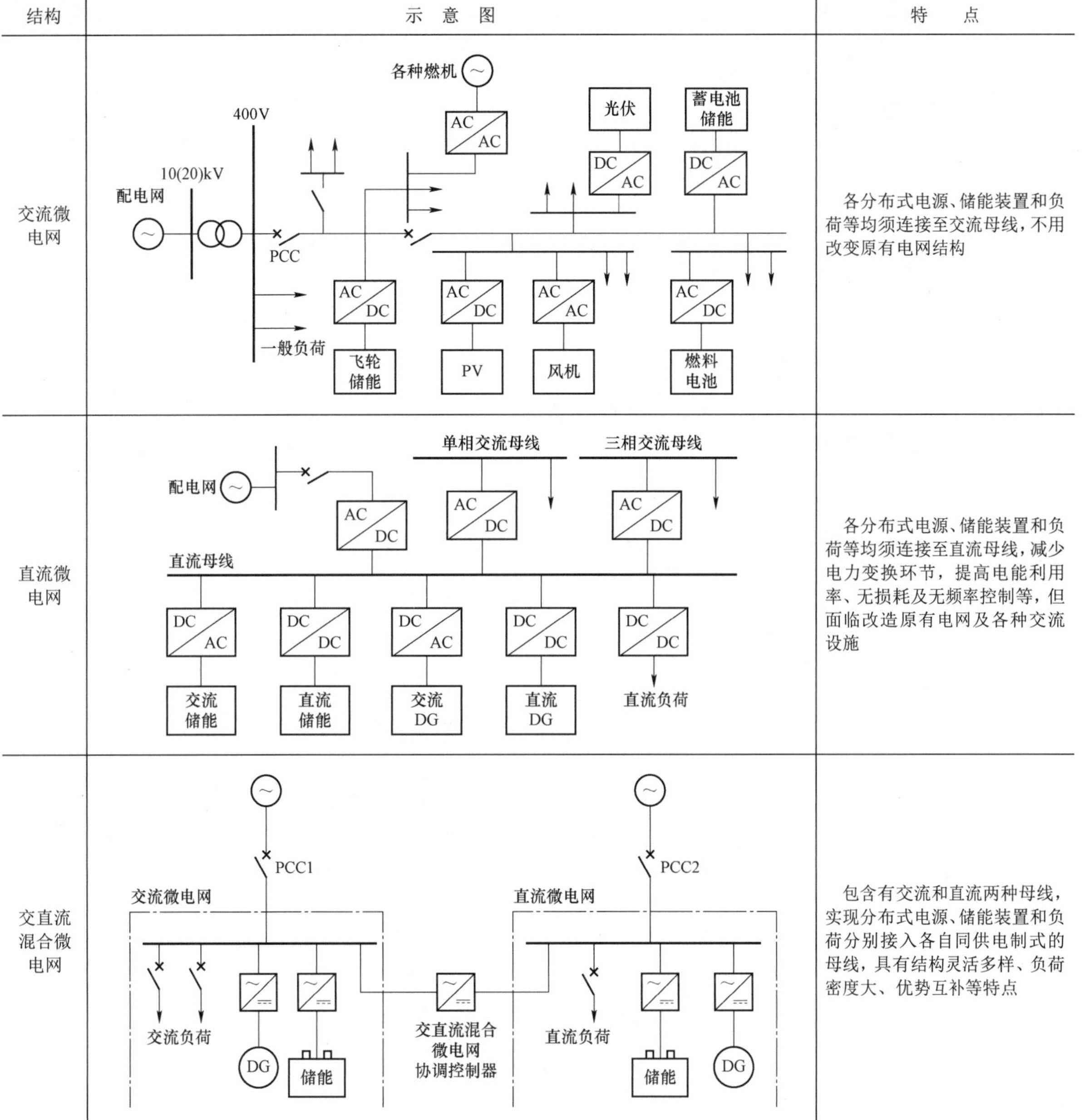

结构	示意图	特点
交流微电网		各分布式电源、储能装置和负荷等均须连接至交流母线，不用改变原有电网结构
直流微电网		各分布式电源、储能装置和负荷等均须连接至直流母线，减少电力变换环节，提高电能利用率、无损耗及无频率控制等，但面临改造原有电网及各种交流设施
交直流混合微电网		包含有交流和直流两种母线，实现分布式电源、储能装置和负荷分别接入各自同供电制式的母线，具有结构灵活多样、负荷密度大、优势互补等特点

3. *接入要求*

（1）微电网应具备一定电力电量自平衡能力，分布式发电年发电量不宜低于微电网总用电量的 30%，微电网模式切换过程中不应中断负荷供电，独立运行模式下向负荷持续供电时间不宜低于 2h。

（2）微电网的接入电压等级应根据其与外部电网之间的最大交换功率确定，经过技术经济比较，采用低一电压等级接入优于高一电压等级接入时，宜采用低一电压等级接入，但不应低于微电网内最高电压等级。

（3）微电网的并网运行模式根据微电网与大电网之间的能量交互关系又可以分为两种：微电网可从大电网吸收功率，但不能向大电网输出功率；微电网与大电网之间可以自由双向交换功率。

10.3.3　系统控制

1. *有功功率控制*

（1）通过 380V 电压等级并网的微电网，其最大交换功率、功率变化率可远程或就地手动完成设置。

（2）通过 10(6)～35kV 电压等级并网的微电网，

其与外部电网交换的有功功率应能根据电网频率值、电网调度机构指令等信号进行调节。

2. 无功功率与电压调节

（1）通过380V电压等级并网的微电网，并网点功率因数应在0.95（超前）～0.95（滞后）范围内可调。

（2）通过10(6)～35kV电压等级并网的微电网，并网点功率因数应能在0.98（超前）～0.98（滞后）范围内连续可调。在其无功输出范围内，应具备根据并网点电压水平调节无功输出，参与电网电压调节的能力，其调节方式和参考电压、电压调差率等参数可由电网调度机构设定。

3. 控制模式

微电网的控制模式和策略是关键，无论是系统级的主从、对等和综合性控制模式，还是逆变器级的P/Q、U/f、下垂控制，乃至和储能相结合的控制方式，都是微电网的核心部分。

（1）有功功率和无功功率控制（$P-Q$控制）。通过调节并网逆变器电压和网络电压的相角差控制有功功率，通过调节并网逆变器的电压幅值控制无功功率。

（2）基于调差的电压调节。在有大量微电源接入时用$P-Q$控制是不适宜的，若不进行就地电压控制，就可能产生电压或无功振荡。微电网中只要电压整定值有小的误差，就可能产生大的无功环流，使微电源的电压值超标。

（3）快速负荷跟踪和储能。微电网中发电机的惯量较小，电源的响应时间又很长，当微电网与主网解列成孤岛运行时，必须提供储能设备才能维持微电网的正常运行。

（4）频率调差控制。在微电网成孤岛运行时，要采取频率调差控制，改变各台机组承担负荷的比例，使各机组出力在调节中按一定的比例且都不超标。

10.3.4 运行方式

1. 运行模式

微电网具有孤岛运行（或独立运行）和并网运行两种不同的运行模式。

孤岛运行是指微电网与大电网断开连接，只依靠自身内部的分布式电源来提供稳定可靠的电力供应来满足负荷需求。并网运行是指微电网通过公共连接点（PCC）的静态开关接入大电网并列运行。

2. 独立运行模式

微电网独立运行时，应能满足其内部负荷的有功功率和无功功率需求，必要时可采取投入备用分布式电源、切负荷等措施，以保证内部重要负荷的供电可靠性。

内部分布式电源应能对电压和频率进行主动控制，维持内部电压和频率的稳定。

微电网独立运行时应具备黑启动能力，即微电网在全部停电后，只依靠内部分布式电源完成启动的过程。

（1）独立转并网运行模式切换。当并网点电网侧的频率和电压分别满足电能质量要求时，微电网才可启动并网模式切换。

微电网由独立转入并网模式前，应进行同期控制，在微电网与并网点的电压、频率和相角满足同期条件后才可进行并网模式切换。

通过10（6）～35kV电压等级并网的微电网并网时，应按照电网调度机构的指令进行并网模式切换。

微电网由独立运行转并网运行时，不应引起公共连接点电能质量超出规定范围。

微电网由独立转入并网模式时，宜采用不停电切换方式，且切换过渡过程时间不宜超过20ms。

（2）并网转独立运行模式切换。微电网由并网运行切换到独立运行分为计划性切换和外部扰动导致的非计划性切换。

通过10（6）～35kV电压等级接入的微电网，计划性切换应按照电网调度机构的指令进行。

当微电网并网点电压、频率或电能质量超过标准规定的范围时，微电网可切换至独立运行模式。

微电网由并网转独立模式时，宜采用不停电切换方式，且切换过渡过程时间不宜超过20ms。

3. 并网运行

当并网点电压偏差满足GB/T 12325《电能质量 供电电压偏差》的要求时，微电网应能正常并网运行。

通过380V电压等级并网的微电网，并网点频率在49.5～50.2Hz范围之内时，应能正常并网运行。

超过10（6）～35kV电压等级并网的微电网，应具备一定的耐受系统频率异常的能力，应能够在表10-4所示微电网频率范围内按规定运行。当微电网内负荷对频率质量有特殊要求时，经与电网企业协商后，微电网可设置为检测到电网频率超过微电网内负荷允许值后，快速切换至独立运行模式。

表10-4　微电网的频率响应时间要求

频率范围/Hz	要　求
$f<48$	微电网可立即由并网模式切换到独立模式
$48\leqslant f<49.5$	每次低于49.5Hz时要求至少能运行10min，微电网应停止从电网吸收有功功率并尽可能发出有功功率
$49.5\leqslant f<50.2$	连续运行
$50.2<f\leqslant 50.5$	频率高于50.2Hz时，微电网应停止向电网发送有功功率并尽可能吸收有功功率
$f>50.5$	微电网可立即由并网模式切换到独立模式

并网点的电压波动和闪变值满足 GB/T 12326《电能质量　电压波动和闪变》，谐波值满足 GB/T 14549《电能质量　公用电网谐波》，间谐波值满足 GB/T 24337《电能质量　公用电网间谐波》，三相电压不平衡度满足 GB/T 15543《电能质量　三相电压不平衡》的要求时，微电网应能正常并网运行。

10.4　分布式电源发电技术

10.4.1　分布式电源种类

分布式电源是指接入 35kV 及以下电压等级电网、位于用户附近，在 35kV 及以下电压等级就地消费为主的电源，包括同步发电机、异步发电机和变流器等类型电源。

分布式发电可利用的能源包括太阳能、天然气、生物质能、风能、水能、氢能、地热能、海洋能、资源综合利用发电（含煤矿瓦斯发电）和储能等类型，如图 10－12 所示。

根据所使用一次能源的不同，分布式发电技术可分为基于化石能源的分布式发电技术、基于可再生能源的分布式发电技术以及混合的分布式发电技术。

分布式电源的发电装置一般指将相对小型的发电装置（一般 50MW 以下）分散布置在用户（负荷）现场或用户附近的发电（供能）方式，包括分布式发电装置和分布式储能装置。

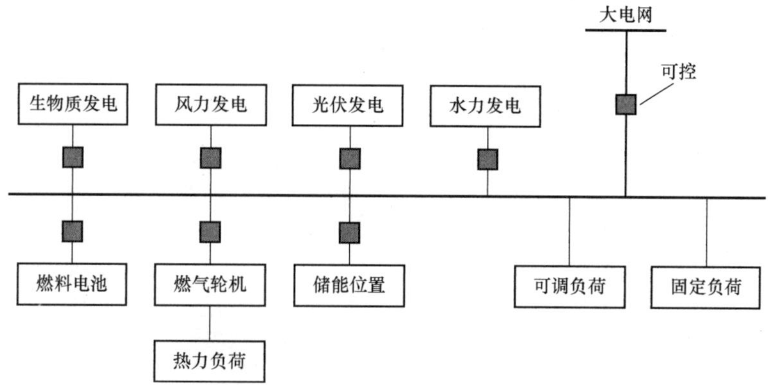

图 10－12　分布式电源种类

10.4.2　分布式发电装置

1. 化石能源分布式发电技术

基于化石能源的分布式发电技术构成见表 10－5。

表 10－5　化石能源分布式发电技术

发电设备	技　术
往复式发动机	采用四冲程的点火式或压燃式，以汽油或柴油为燃料，是目前应用最广的分布式发电方式
微型燃气轮机	功率为数百千瓦以下的以天然气、甲烷、汽油、柴油为燃料的超小型燃气轮机。与现有的其他发电技术相比，效率较低，满负荷运行效率为 30%，半负荷时效率为 10%～15%
燃料电池	在等温状态下直接将化学能转变为直流电能的电化学装置，电能通过电化学过程获得。其阳极上通过富氢燃料，阴极上通过空气，由电解液分离这两种物质。获得电能过程中，副产品为热、水和二氧化碳等。氢燃料可由各种碳氢源，在压力作用下通过蒸汽重整过程或由氧化反应生成

2. 可再生能源分布式发电技术

基于可再生能源的分布式发电技术构成见表 10－6。

表 10－6　可再生能源分布式发电技术

可再生能源	技　术
太阳能	光伏发电是指无须通过热过程直接将光能转变为电能的发电方式，包括光伏发电、光化学发电、光感应发电和光生物发电
	光热发电技术是先将太阳能转化为热能，再将热能转化成电能。一种是将太阳热能直接转化成电能；另一种方式是将太阳热能通过热机（如汽轮机）带动发电机发电，与常规热力发电类似
风力	将风的动能通过风轮机转换成机械能，再带动发电机发电转换成电能，可分为独立与并网运行两类
生物质能	利用农业、林业和工业废弃物、甚至城市垃圾为原料，采取直接燃烧或气化等方式发电，包括农林废弃物直接燃烧发电、农林废弃物气化发电、垃圾焚烧发电、垃圾填埋气发电、沼气发电
水力	利用水的位能转为水轮机的机械能，再以机械能推动发电机得到电力
	抽水蓄能电站是利用电网负荷低谷时多余的电力，将低处下水库的水抽到高处上存蓄，待电网负荷高峰时放水发电，尾水收集于下水库

续表

可再生能源	技　术
海洋能	利用海洋所蕴藏的能量发电。海洋的能量包括海水动能（包括海流能、波浪能等）、表层海水与深层海水之间的温差所含能量、潮汐的能量（潮汐电站、海洋能电站）等
地热能	利用地下热水和蒸汽为动力源的型发电技术，其基本原理与火力发电类似，也是根据能量转换原理，首先把地热能转换为机械能，再把机械能转换为电能

3. 混合分布式发电技术

混合分布式发电技术通常是指两种或多种分布式发电技术及储能装置组合起来，形成复合式发电系统。

已有多种形式的复合式发电系统被提出，其中一个重要的方向是热电冷三联产的多目标分布式供能系统，通常简称为分布式供能系统。其在生产电力的同时，也能提供热能或同时满足供热、制冷等方面的需求。与简单的供电系统相比，分布式供能系统可以大幅度提高能源利用率，降低环境污染，改善系统的热经济性。

10.4.3 分布式储能装置

1. 作用

储能在整个电力价值链上起到了至关重要的作用。它的作用涉及发电、输电、配电乃至终端电力用户，这里包括居民用电以及工业和商业用电，如图 10－13 所示。

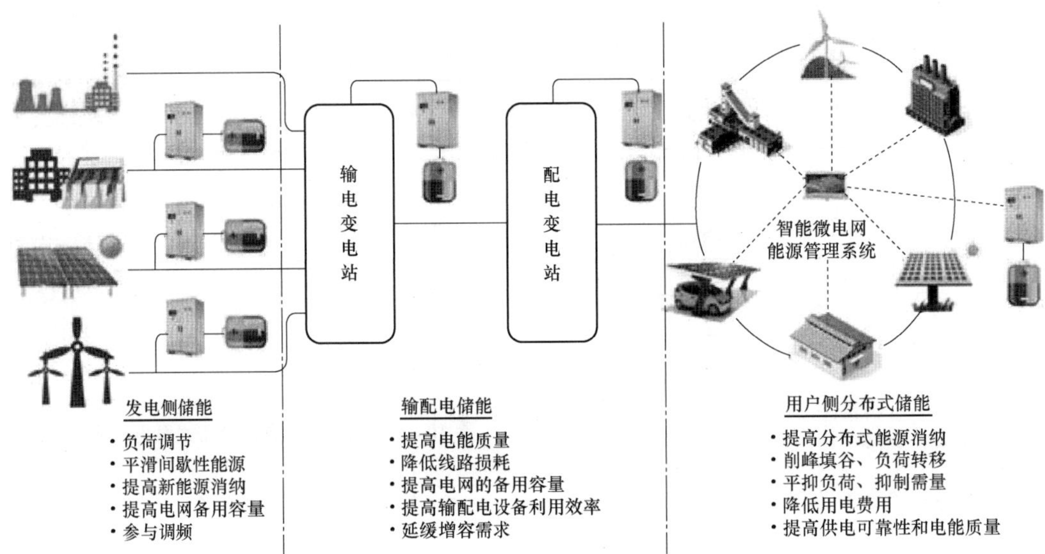

图 10－13　储能的应用

在发电侧，储能系统可以参与快速响应调频服务，提高电网备用容量，并且可将如风能、太阳能等可再生能源向终端用户提供持续供电，这样扬长避短地利用了可再生能源清洁发电的优点，也有效地克服了其波动性、间歇性等缺点。

在输电中，储能系统可以有效地提高输电系统的可靠性。

在配电侧，储能系统可以提高电能的质量。

在终端用户侧，分布式储能系统在智能微电网能源管理系统的协调控制下优化用电、降低用电费用，并且保持电能的高质量。

总体来说，储能是解决新能源消纳，增强电网稳定性，提高配电系统利用效率的最合理的解决方案。系统中引入储能环节后，可以有效地实现需求侧管理，消除昼夜间峰谷差，平抑负荷，不仅可以更有效地利用电力设备、降低用电成本，还可以促进可再生能源的应用，也可作为提高系统运行稳定性，参与调频调压，补偿负荷波动的一种有效手段。

2. 应用

储能技术主要的应用方向如下：

（1）风力发电与光伏发电互补系统组成的局域网，用于偏远地区、工厂及办公楼的供电。

（2）通信系统中作为不间断电源和应急电源系统。

（3）风力发电和光伏发电系统的并网电能质量调整。

（4）作为大规模电力存储和负荷调峰手段。

（5）电动汽车储能装置。

（6）作为国家重要部门的大型后备电源等。

储能技术在电力系统中的应用，主要集中在可再生能源发电移峰、分布式能源及微电网、电力辅助服务、电力质量调频、电动汽车充换电等方面，是解决新能源电力储存的关键技术。

3. 分类

按照能量储存方式，储能可分为物理储能、化学储能和电磁储能三类。

（1）物理储能。主要包括抽水储能、压缩空气储能和飞轮储能等，物理储能特点见表 10－7。

表 10－7　　物 理 储 能 特 点

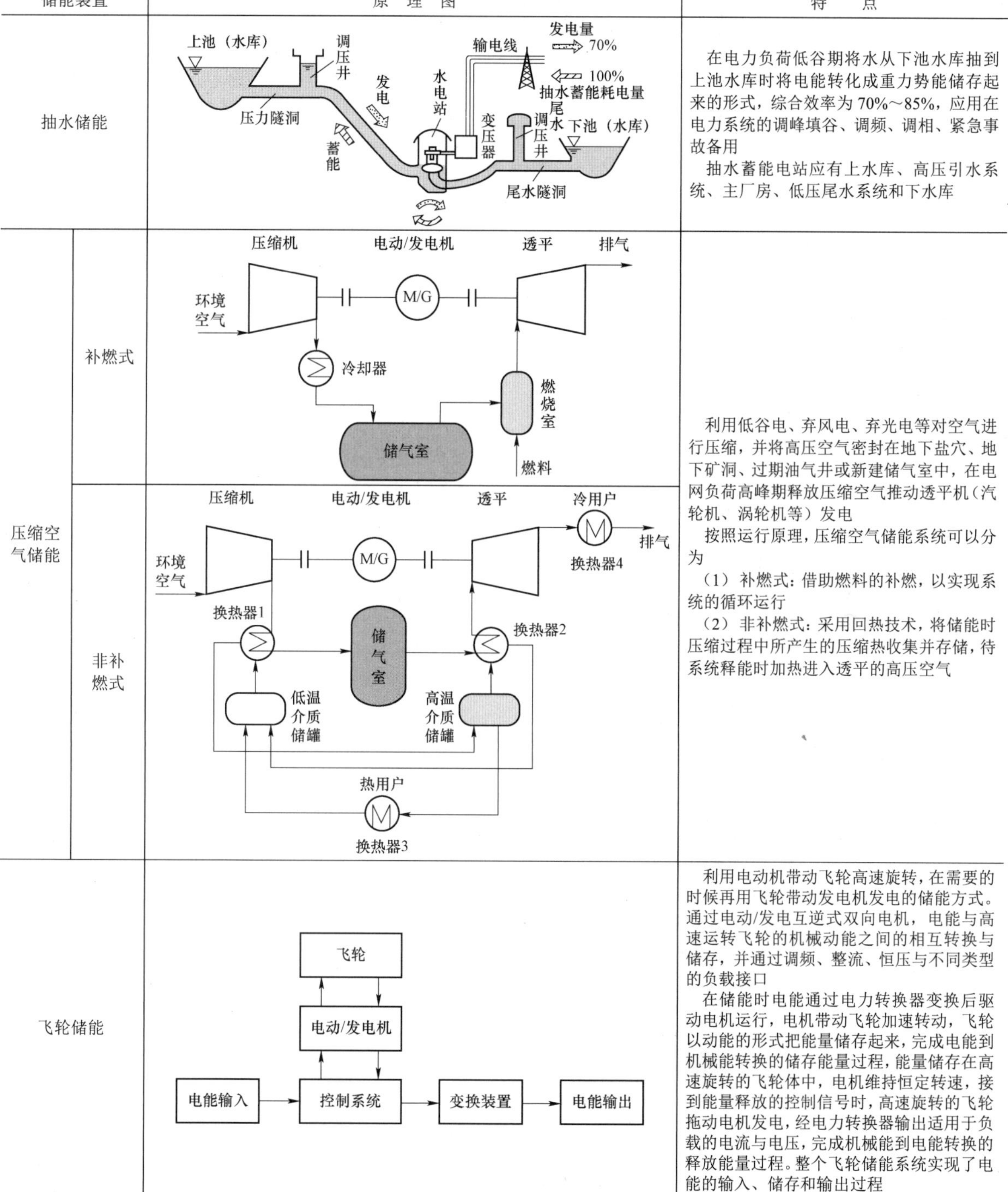

储能装置		原理图	特点
抽水储能			在电力负荷低谷期将水从下池水库抽到上池水库时将电能转化成重力势能储存起来的形式，综合效率为 70%～85%，应用在电力系统的调峰填谷、调频、调相、紧急事故备用 抽水蓄能电站应有上水库、高压引水系统、主厂房、低压尾水系统和下水库
压缩空气储能	补燃式		利用低谷电、弃风电、弃光电等对空气进行压缩，并将高压空气密封在地下盐穴、地下矿洞、过期油气井或新建储气室中，在电网负荷高峰期释放压缩空气推动透平机（汽轮机、涡轮机等）发电 按照运行原理，压缩空气储能系统可以分为 （1）补燃式：借助燃料的补燃，以实现系统的循环运行 （2）非补燃式：采用回热技术，将储能时压缩过程中所产生的压缩热收集并存储，待系统释能时加热进入透平的高压空气
	非补燃式		
飞轮储能			利用电动机带动飞轮高速旋转，在需要的时候再用飞轮带动发电机发电的储能方式。通过电动/发电互逆式双向电机，电能与高速运转飞轮的机械动能之间的相互转换与储存，并通过调频、整流、恒压与不同类型的负载接口 在储能时电能通过电力转换器变换后驱动电机运行，电机带动飞轮加速转动，飞轮以动能的形式把能量储存起来，完成电能到机械能转换的储存能量过程，能量储存在高速旋转的飞轮体中，电机维持恒定转速，接到能量释放的控制信号时，高速旋转的飞轮拖动电机发电，经电力转换器输出适用于负载的电流与电压，完成机械能到电能转换的释放能量过程。整个飞轮储能系统实现了电能的输入、储存和输出过程

（2）化学储能。主要包括铅酸电池、钠硫电池、液流电池、锂离子电池等，化学储能特点见表 10－8。

表 10－8　　化 学 储 能 特 点

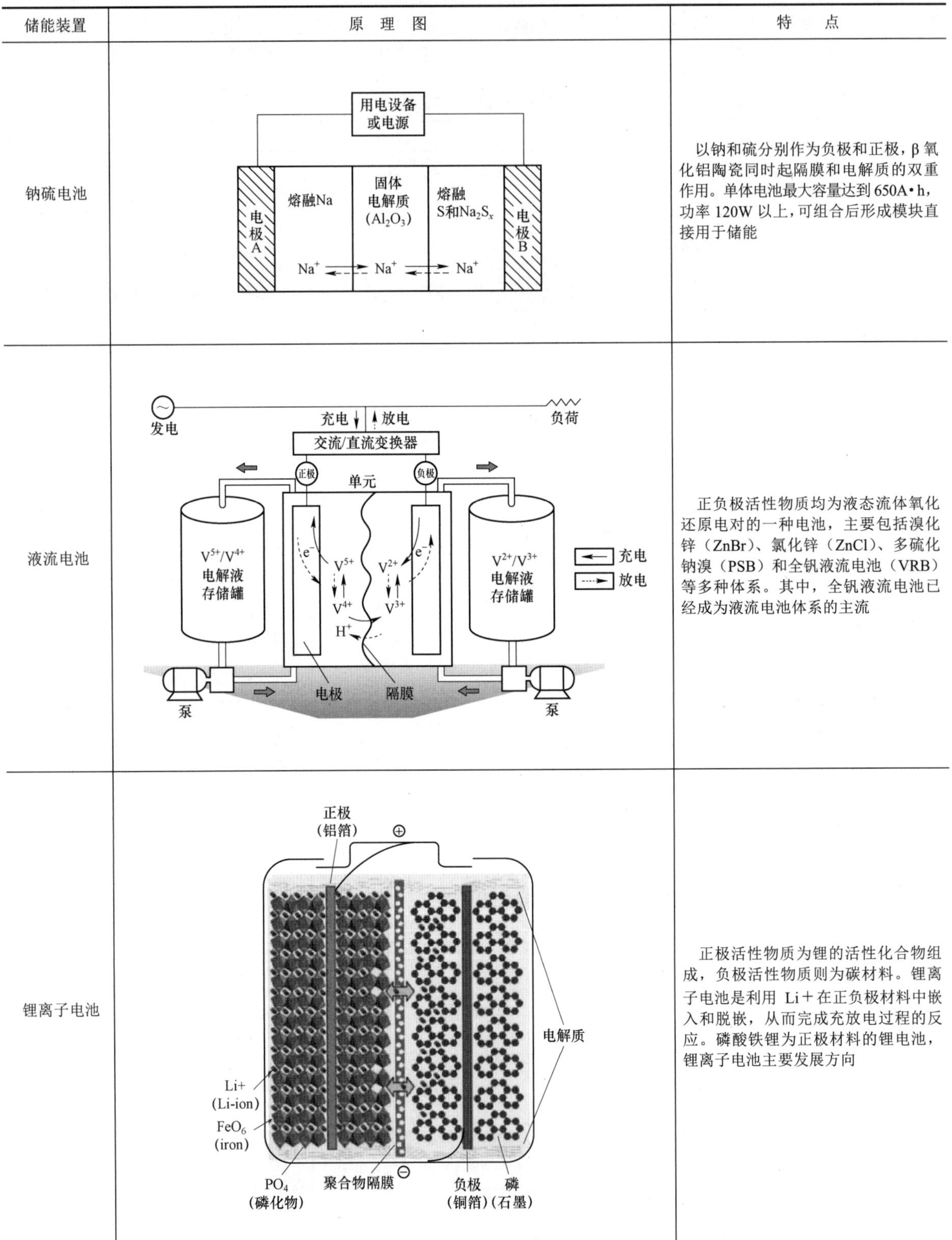

储能装置	原 理 图	特　　点
钠硫电池		以钠和硫分别作为负极和正极，β 氧化铝陶瓷同时起隔膜和电解质的双重作用。单体电池最大容量达到 650A•h，功率 120W 以上，可组合后形成模块直接用于储能
液流电池		正负极活性物质均为液态流体氧化还原电对的一种电池，主要包括溴化锌（ZnBr）、氯化锌（ZnCl）、多硫化钠溴（PSB）和全钒液流电池（VRB）等多种体系。其中，全钒液流电池已经成为液流电池体系的主流
锂离子电池		正极活性物质为锂的活性化合物组成，负极活性物质则为碳材料。锂离子电池是利用 Li＋在正负极材料中嵌入和脱嵌，从而完成充放电过程的反应。磷酸铁锂为正极材料的锂电池，锂离子电池主要发展方向

续表

储能装置	原 理 图	特 点
铅酸电池	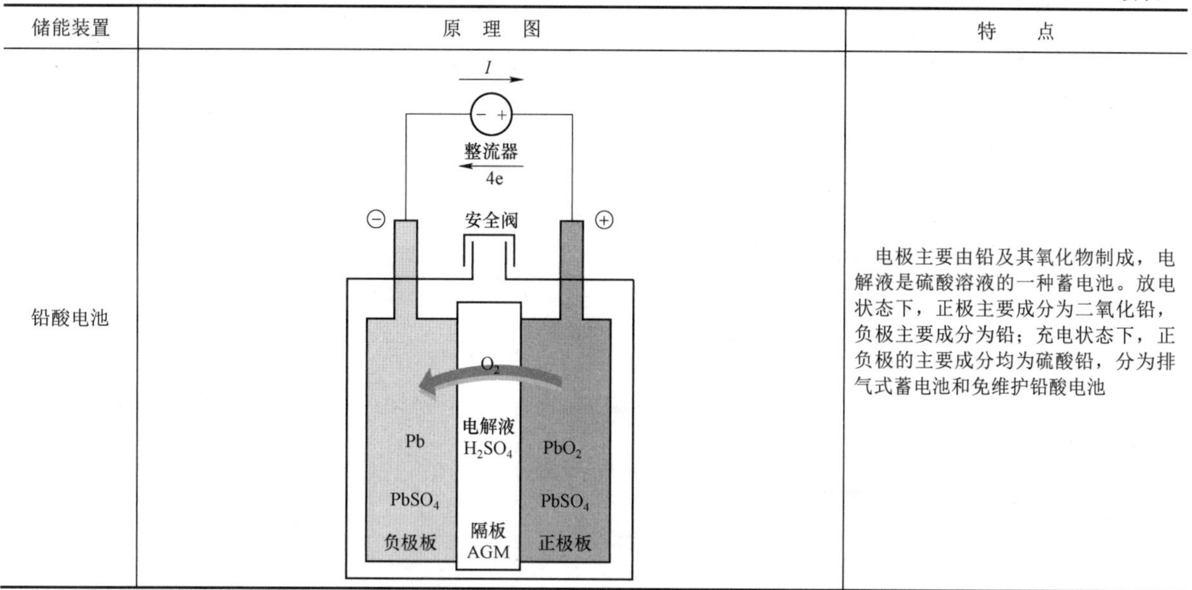	电极主要由铅及其氧化物制成，电解液是硫酸溶液的一种蓄电池。放电状态下，正极主要成分为二氧化铅，负极主要成分为铅；充电状态下，正负极的主要成分均为硫酸铅，分为排气式蓄电池和免维护铅酸电池

（3）电磁储能。主要包括超级电容器储能和超导储能，电磁储能特点见表 10－9。

表 10－9　　电 磁 储 能 特 点

储能装置	原 理 图	特 点
超导储能	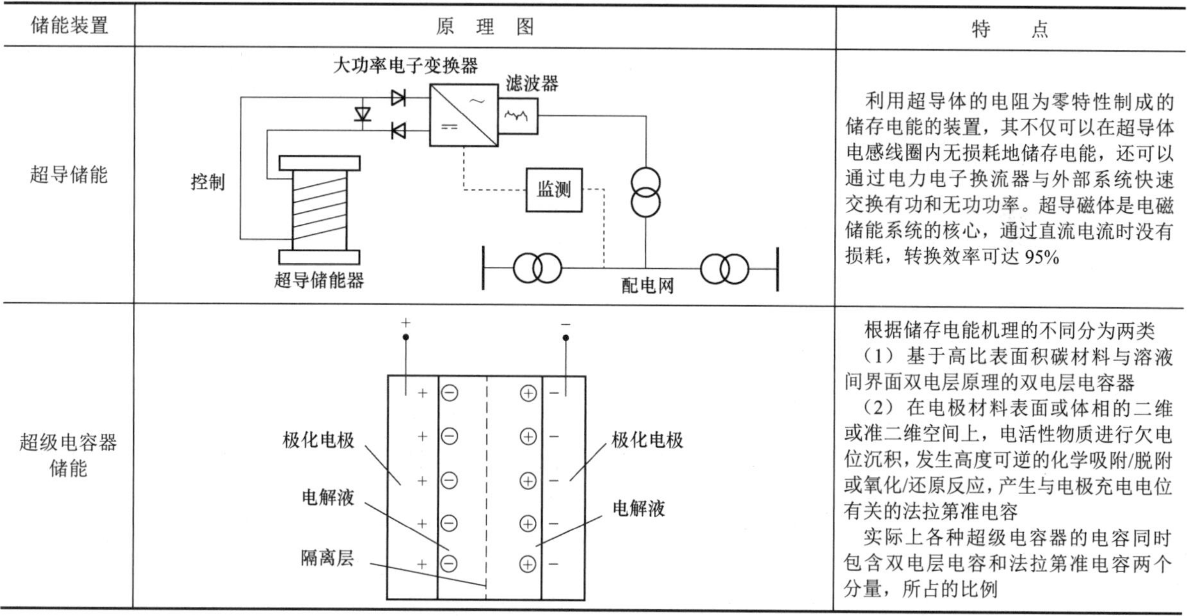	利用超导体的电阻为零特性制成的储存电能的装置，其不仅可以在超导体电感线圈内无损耗地储存电能，还可以通过电力电子换流器与外部系统快速交换有功和无功功率。超导磁体是电磁储能系统的核心，通过直流电流时没有损耗，转换效率可达 95%
超级电容器储能		根据储存电能机理的不同分为两类 （1）基于高比表面积碳材料与溶液间界面双电层原理的双电层电容器 （2）在电极材料表面或体相的二维或准二维空间上，电活性物质进行欠电位沉积，发生高度可逆的化学吸附/脱附或氧化/还原反应，产生与电极充电电位有关的法拉第准电容 实际上各种超级电容器的电容同时包含双电层电容和法拉第准电容两个分量，所占的比例

（4）相变储能。包括冰蓄冷和蓄热储能等。

1）冰蓄冷。动态冰蓄冷技术基本原理是利用夜间的低谷电力制冰、储冰，在白天用电高峰期停止运行空调机组，使用冰块释放冷量。

动态冰蓄冷系统采用板片型蒸发器，多片并联，安装在一个蓄冰池正上方。压缩冷凝机组一般由多台高温螺杆压缩机并联，如图 10－14 所示。

动态的制冰储冰：制冷系统正常运行后，内循环水泵将蓄冰池内的水输送至板冰机蒸发器顶部的洒水槽处，通过洒水槽将水均匀地洒在板冰机蒸发器的外表面，与板冰机蒸发器内部的制冷剂热交换，部分水在板冰机蒸发器上结冰，没有结冰的水落入蓄冰池内，再次循环。待蒸发器表面的冰层厚度达到 5～8mm 时，采用热氟将板冰机蒸发器上的冰脱落，掉进蓄冰池内，漂浮在水面上，通过快速的制冰脱冰循环，最终将蓄冰池内的水全部制成冰。

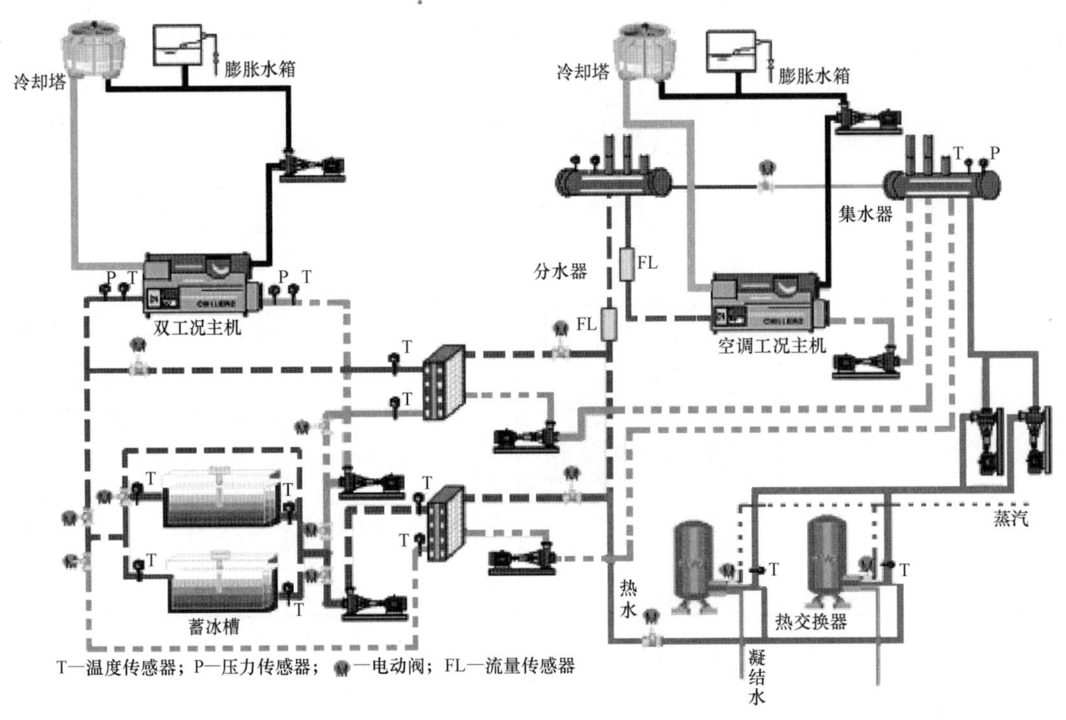

图 10–14 动态冰蓄冷系统

融冰吸热：通过温度比例调节阀，将部分空调回水通过板冰机蒸发器顶部的洒水槽均匀洒在板冰机蒸发器外表面，由于制冷机组停止运行，空调回水经过板冰机蒸发器，均匀地洒在蓄冰池上方的冰层上，通过热交换，温度降低至接近 0°，再由蓄冰池底部采用水泵输送至空调回水处混合，将空调回水温度降低至空调出水的标准，通过比例调节阀和空调出水温度配合控制空调的出水温度。在储冰量不足时，机组可运行在冷水制冷模式，即运行部分压缩机，作为中央空调机组使用。

2）蓄热储能。储热即热能储存，是能源科学技术中的重要分支，在能量转换和利用的过程中，常常存在供求之间在时间上和空间上不匹配的矛盾，由于储能技术可解决能量供求在时间上和空间上不匹配的矛盾，因而是提高能源利用率的有效手段。

智能移动供热车：智能移动供热设备简称移动供热车，是一种新型的余热利用与集约化供热模式，把工业余热储存到移动供热车上，为需要热能的地方输送热能。它主要由储热柜、控制部件及放热/储热管道、载车等部分组成。产品的使用领域为工业生产、采暖、洗浴、洗涤、酒店、宾馆等需用分布式能源的场所。

风能热能储：风能与其他能源相比，具有蕴藏量大，分布广泛，永不枯竭的优势，但受天气和季节的影响非常大，遇到阴雨天和无风天气，则会造成电力供应紧张甚至中断，给广大使用该类可再生能源的用户，造成生产和生活的严重影响。风能通过桨叶转变成机械能，机械能通过发电机转变成电能，电能通过电热器转变成热能储存于储热材料中，当需要时可及时供应生产及生活中的热水、热风、热蒸汽。主要用于住宅、别墅、小型办公区域、边防哨所、公路收费站等取暖、洗浴及生活热水，还可应用于石油输送加热、沥青加热、农牧业采暖等领域。

太阳能热储存：太阳能集热器把所收集到的太阳辐射能转化成热能并加热其中的传热介质，经过热交换器把热量传递给蓄热器内的蓄热介质，同时，蓄热介质在良好的条件下将热能储存起来。当需要时，即利用另一种传热介质通过热交换器把所储存的热量提取出来输送给热负荷；在运行过程中，当热源的温度高于热负荷的温度时，蓄热器吸热并储存，而当热源的温度低于热负荷的温度时，蓄热器即放热。

电力调峰热能储存：随着经济的发展，我国电力市场呈现出新的特点，电力系统中的电力负荷峰谷差不断增大，电力负荷低谷期发电量过剩，而电力负荷高峰期发电量不足，不利于解决电力负荷的峰谷差问题。以热定电的运行模式已不适应现阶段国内电力、供热市场的要求，同时面临着新的运行模式的挑战。

工业余热间歇式储存器：工业余热资源因为载体多样、分布分散、衰变快、不可储存、稳定性差等原因，一直未得到大量应用；工业生产过程排出的余热一般波动很大，而且与用热负荷的波动并不同步，所以实现工业余热的回收利用时，通过储热技术来平衡用热负荷是余热回收的重点，工业余热间歇式储存器主要用于蒸汽热能回收、烟气，热风热能回收。

4. 应用

各种储能技术的特点和应用场合见表 10－10。

表 10－10　各种储能技术的特点和应用场合

种类		典型额定功率	额定功率下的放电时间	特点	应用场合
机械储能	抽水蓄能	100～3000MW	4～10h	适于大规模储能，技术成熟。响应慢，受地理条件限制	调峰、日负荷调节，频率控制，系统备用
	压缩空气储能	10～300MW	1～20h	适于大规模储能，技术成熟。响应慢，受地理条件限制	调峰、调频，系统备用，平滑可再生能源功率波动
	飞轮储能	0.002～3MW	1～1800s	寿命长，比功率高，无污染	调峰、频率控制、不间断电源、电能质量控制
电磁储能	超导磁储能	0.1～100MW	1～300s	响应快，比功率高，低温条件，成本高	输配电稳定、抑制振荡
	超级电容器储能	0.01～5MW	1～30s	响应快，比功率高，成本高，比能量低	电能质量控制
电化学储能	铅酸电池	几千瓦至几万千瓦	几分钟至几小时	技术成熟，成本低，寿命短，存在环保问题	备用电源，黑启动
	液流电池	0.05～100MW	1～20h	寿命长，可深度放电，便于组合，环保性能好，储能密度稍低	备用电源，能量管理，平滑可再生能源功率波动
	钠硫电池	0.1～100MW	数小时	比能量与比功率高，高温条件，运行安全问题有待改进	电能质量控制，备用电源，平滑可再生能源功率波动
	锂离子电池	几千瓦至几万千瓦	几分钟至几小时	比能量高，循环特性好，成组寿命有待提高，安全问题有待改进	电能质量控制，备用电源，平滑可再生能源功率波动

10.4.4　冷热电三联供系统发电技术

1. 分类

冷热电三联供系统（Combined Cooling Heating and Power，CCHP）是天然气分布式能源的典型形式，即以小规模、小容量（设计产能吻合区域能量负荷）、模块化、分散式的方式布置在用户附近，独立的输出冷热、电能的系统。

冷热电三联供系统布置在用户附近，以燃气为一次能源用于发电，并利用发电后产生的余热进行制冷或供热，同时向用户输出电能、热（冷）的分布式能源供应系统，如图 10－15 所示。

2. 系统构成

三联供系统主要由动力系统、余热利用系统、供配电系统、燃气供应系统、监控系统、给排水系统、通风系统、消防系统等共同组成。动力系统和余热利用系统是三联供系统的核心部分。

目前国内较常用的三联供系统形式有两类：一种是以燃气内燃机为发电机组的三联供系统；另一种是以燃气轮机为发电机组的三联供系统。

（1）由内燃机构成动力系统的三联供系统如图 10－16 所示。

天然气进入燃气内燃机，在高压燃烧室内燃烧爆发产生动力，带动发电机转子产生感应电流，向用户输出电负荷，内燃机的单机发电效率可达 46%。

内燃机发电后的可利用的余热由两部分组成，做功后的高温烟气和缸套水。高温烟气通常温度可达 300℃以上，是一种品位较高的能，缸套水的温度通常也可达 80℃以上，也具有一定的利用价值，常规发电厂将发电后的高温烟气不加以利用的直接排放，造成了能源的大量浪费，三联供系统的另一个重要组成系统余热利用系统便是回收利用了此部分余热，通过一台吸收式制冷机组实现向用户供冷、热的功能，大大提高了一次能源的利用率。

余热系统主要设备为吸收式制冷机，可选择烟气热水型吸收式制冷机与内燃机对接，从而实现烟气、热水的回收利用。在夏季制冷、冬季供热，有需要时可同时输出热水负荷。

（2）由燃气轮机构成动力系统的三联供系统如图 10－17 所示。

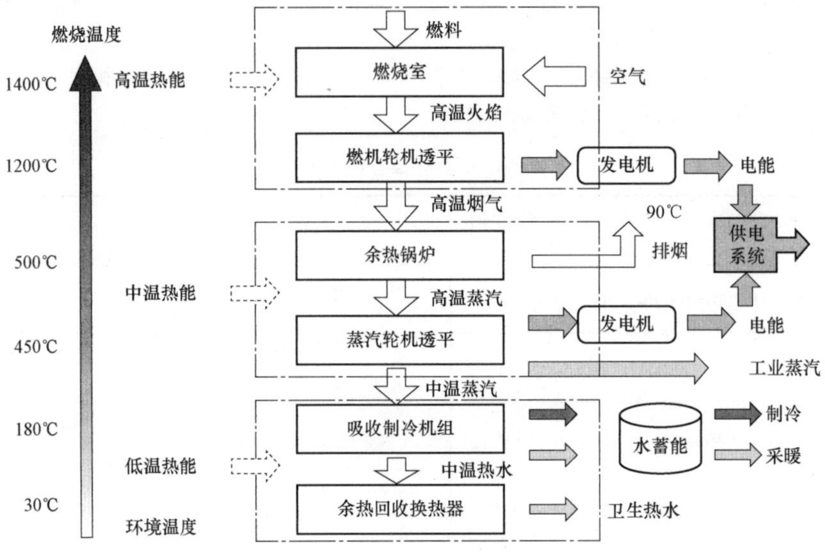

图 10－15 冷热电三联供系统

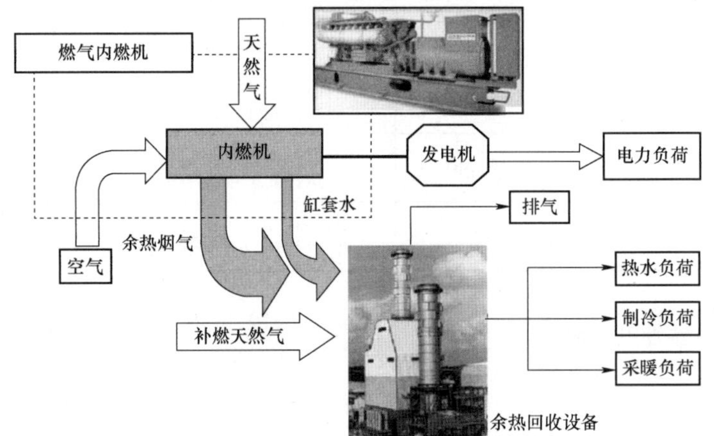

图 10－16 由内燃机构成动力系统的三联供系统

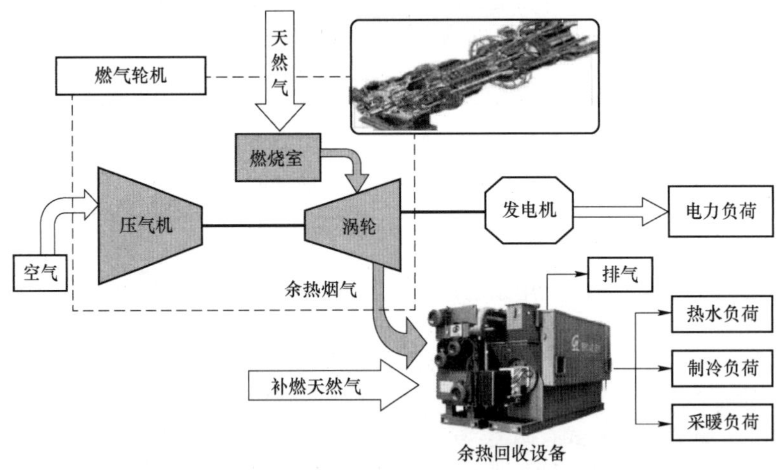

图 10－17 由燃气轮机构成动力系统的三联供系统

天然气在燃气轮机燃烧室中燃烧，在涡轮中做功输出电负荷，其可利用的余热只有一种形式，即高温烟气，通常可达 400℃以上。燃气轮机后可接余热锅炉，也可直接对接吸收式制冷机组。当用户对电量需求较大，而冷热需求相对较小时，可考虑在余热锅炉后设蒸汽轮机，利用余热进一步发电。燃气轮机的单机发电效率可达 38%，而与余热锅炉、蒸汽轮机组成的联合循环，发电效率可达 55%左右。

简单循环的燃气轮机三联供系统单机发电量小于内燃机系统，但因余热只有高温烟气一种形式，因此，余热利用系统更加简单，并且其烟气温度一般高于内燃机系统余热，因此适合于热需求相对较大的用户。

（3）发电机组对比。按照供能对象的不同，分可分为区域式和楼宇式两种；按照提供能源种类的不同，可分为冷热电联供、热电联供、冷电联供等；按照发电机组的不同，可分为燃气内燃机、燃气轮机、燃气微燃机发电机组。不同发电机组的发电效率如图 10－18 所示。

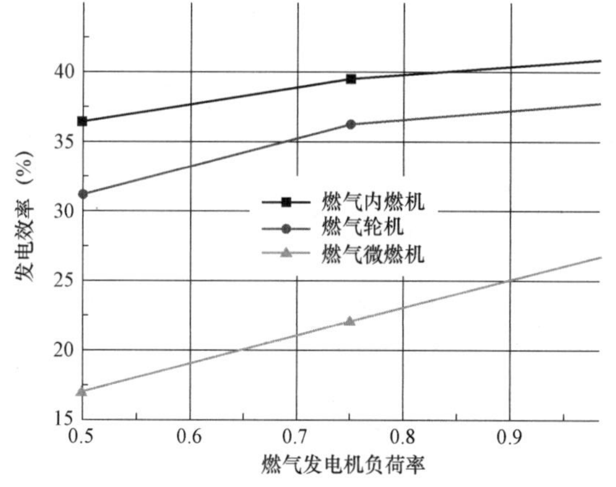

图 10－18　不同发电机组的发电效率

燃气内燃机、燃气轮机、燃气微燃机发电机组的性能比较见表 10－11。

表 10－11　燃气内燃机、燃气轮机、燃气微燃机发电机组的性能比较

项目	燃气轮机	燃气内燃机	燃气微燃机
发电机组功率/kW	一般＞1000	一般≤5000	≤300
发电机组电压/kV	0.4 或 10	0.4 或 10	0.4
发电效率（%）	20～33	25～43	28～29
排烟温度/℃	350～650	400～550	280
余热回收形式	烟气	烟气＋缸套水	烟气
余热回收系统	简单	复杂	简单
大修期/h	60 000	30 000～60 000	60 000
振动	小	大	小
噪声/dB	罩外 80	裸机 100～110	罩外＜80
减振措施	不需要	需要	不需要
所需燃气压力/MPa	＞1	＜0.2	＞0.5

3. 能源的梯级利用

冷热电三联供的方式实现能源的梯级利用：高品位的天然气（1000℃）首先通过动力设备发电，动力设备排放的烟气为中温余热（400℃），可通过余热锅炉产生蒸汽，也可直接驱动溴化锂机组制冷，中温余热利用完后成为低温余热，可直接通过换热或热泵吸收作为生活热水的热源；能源利用效率在 70%以上，一般可以超过 80%，如图 10－19 所示。

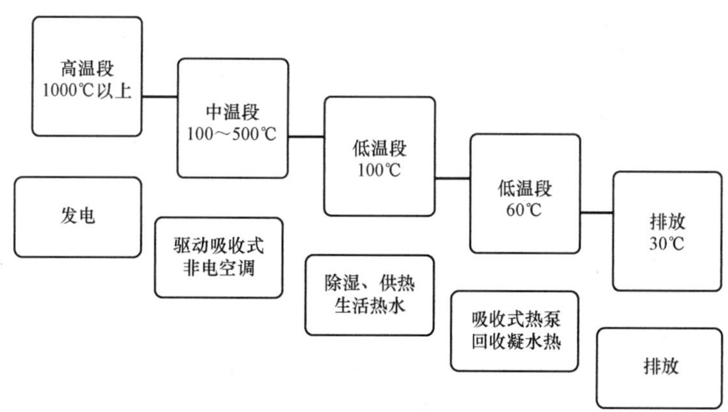

图 10－19　能源梯级利用

4. 系统配置

对于三联供系统，应按“以冷、热负荷定发电量”的原则确定设备及系统的配置，也就是“以冷（热）定电”。对于区域供冷系统，明确“应优先考虑利用分布式能源、热电厂余热作为制冷能源”。

（1）以热定电。即根据用户的热负荷大小选择发电机组的装机容量，多用于以供热为主的场合，以满足用户的热负荷为准。发电量不足以满足电负荷则依靠电网补充，发电量超出用户消化能力，则多余电力上网。本身以供热作为主要的经济收益，但又同时具备与大电网联网售电的资格，电力仅作为供热的附属产物，是经济收益中较为次要的部分。

图 10－20 为燃气轮机组循环发电的冷热电联产系统流程，系统集成原则为“以热定电”。

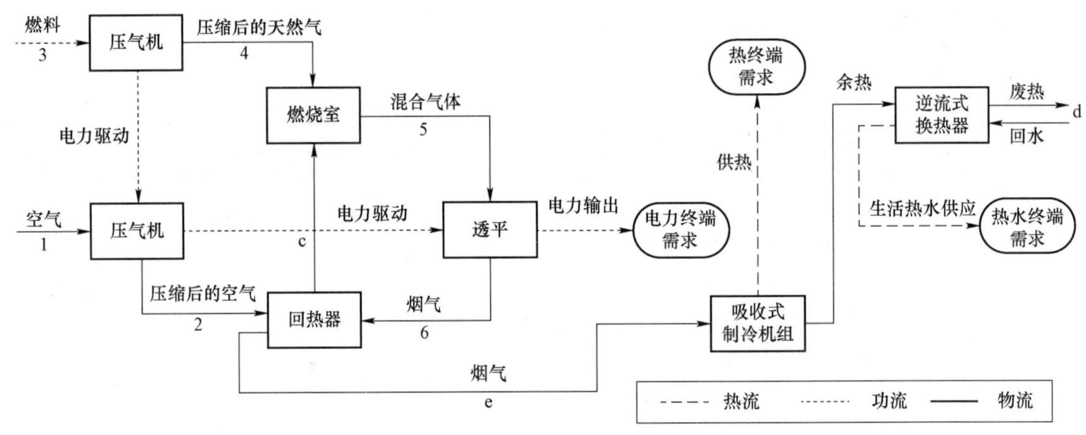

图 10－20 “以热定电”流程图

空气经压缩机压缩后进入回热器预热，预热后的气体进入燃烧室与压缩后的天然气混合、燃烧，产生的高温烟气被送到透平膨胀做功发电，产生的余热经回热器换热后进入吸收式制冷机组用于供热（制冷或采暖），出口的余热经逆流式换热器生产生活热水，以满足用户对热能的需求，剩余的废热经处理后排入大气。以满足用能热需求（制冷、采暖及生活热水）为原则，确定原动机，进而确定联产系统的电力输出，其中用能热需求由制冷、采暖及生活热水表现出来。

（2）以电定热。根据用户的电负荷需求大小选择发电机组装机容量。这种方式以保证电力供应为首，热能作为附属产物成为经济的增益部分而非主要部分，当所产生的热能不足以满足用户的热需求时，用户需要寻求其他途径补充欠缺的部分。对于北方集中供暖而言，热网与电网类似，可以多个热源联网供应，多个热源互为补充，用户的热需求不造成单独依赖。若满足用户的电负荷需求，热能产出大于热能消耗，则超出的热量将被空排，如图 10－21 所示。

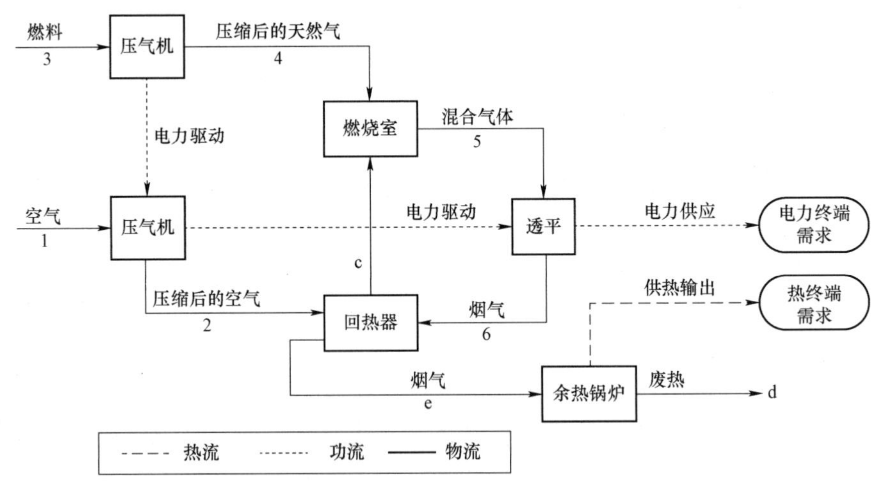

图 10－21 “以电定热”流程图

与用电负荷匹配也是分布式供能系统设计的一个重要原则，应按以冷（热）定电、冷（热）电相平衡的原则确定，冷（热）及电负荷的特性和大小应合理，机组的发电量宜自发、自用、自平衡。

5. 系统构成

三联供系统主要由动力系统、余热利用系统、供配电系统、燃气供应系统、监控系统、给排水系统、通风系统、消防系统等共同组成。动力系统和余热利用系统是三联供系统的核心部分。不同机组的组合见表 10－12。

表 10－12　天然气分布式燃气机组应用

原动机类型	余热利用形式	能源产出种类	目标用户
微燃机	微燃机＋换热器	电＋热	负荷需求相对较小或机房场地有限的楼宇用户
	微燃机＋热水型溴化锂机组	电＋热	
燃气内燃机	内燃机＋溴化锂机组	电＋空调冷/热	有较大且稳定电力、空调冷、热、生活热水需求的楼宇型用户及区域用户
	内燃机＋换热器	电＋热	
	微燃机＋溴化锂机组＋换热器	电＋冷＋热	
燃气轮机	燃气轮机＋余热锅炉	电＋蒸汽	有较大用热（蒸汽）需求的工业用户或工业园区
	燃气轮机＋余热锅炉＋溴化锂机组	电＋蒸汽＋冷	大型游艺园区或工业园区

目前天然气分布式能源能够使用的燃气机组分为微燃机、燃气内燃机、燃气轮机三种，单机功率不超过 10MW。

6. 系统效率

（1）余热利用设备应根据原动机余热参数确定。温度高于 120℃的烟气热量和温度高于 75℃的冷却水热量，应进行余热利用。

（2）联供系统年平均余热利用率应大于 80%，年平均余热利用率应按下式计算

$$v_1=\frac{Q_1+Q_2}{Q_3+Q_4}\times100\%$$

式中：v_1 为年平均余热利用率，%；Q_1 为年余热供热总量，MJ；Q_2 为年余热供冷总量，MJ；Q_3 为排烟温度降至 120℃时烟气可利用的热量，MJ；Q_4 为温度大于或等于 75℃冷却水可利用的热量，MJ。

（3）确定联供系统设备容量时，应计算年平均能源综合利用率，应大于 70%。

（4）联供系统的年能源综合利用率是指分布式能源系统生产的冷热电三种产品的总能量与其消耗的燃料能量之比。该参数是在利用效率法（即能平衡法）分析时的有效性系数。

$$v=\frac{3.6W+Q_1+Q_2}{B\times Q_L}\times100\%$$

式中：v 为年平均能源综合利用率，%；W 为年净输出电量，kW·h；Q_1 为年有效余热供热总量，MJ；Q_2 为年有效余热供冷总量，MJ；B 为年燃气总耗量，m^3（标准）；Q_L 为燃气低位发热量，MJ/m^3（标准）。

全年综合利用率也称为天然气分布式能源系统的燃料利用系数，是指分布式能源系统生产的冷热电三种产品的总能量与其消耗的燃料能量之比。该参数是在利用效率法（即能平衡法）分析时的有效性系数。

（5）发电设备最大利用小时数应大于 2000h，并应按下式计算

$$n=\frac{W_{year}}{CAP_e}$$

式中：n 为发电设备最大利用小时数，h；W_{year} 为发电设备全年发电总量，kW·h；CAP_e 为所有发电设备的总装机容量，kW。

（6）联供系统的节能率应大于 15%，并应按下列计算

$$r=1-\frac{BQ_L}{\dfrac{3.6W}{\eta_{co}}+\dfrac{Q_1}{\eta_0}+\dfrac{Q_2}{\eta_{co}\times COP_0}},\quad \eta_{co}=122.9\times\frac{1-\theta}{M}$$

式中：r 为节能率；B 为联供系统年燃气总耗量，m^3（标准）；Q_L 为燃气低位发热量，MJ/m^3（标准）；W 为联供系统年净输出电量，kW·h；Q_1 为联供系统年余热供热总量，MJ；Q_2 为联供系统年余热供冷总量，MJ；η_{co} 为常规供电方式的平均供电效率；η_0 为常规供热方式的燃气锅炉平均热效率，可按 90%取值；COP_0 为常规供冷方式的电制冷机平均性能系数，可按 5.0 取值；M 为电厂供电标准煤耗，g/（kW·h），可取上一年全国统计数据；θ 为供电线路损失率，可取上一年全国统计数据。

10.4.5　天然光的利用

充分利用自然光源是照明节能项目的重要组成部分。在照明设计中，建筑照明标准应根据工程所在地和日照条件制定。

除了自然照明和侧向照明的常用方法之外，自然

光源必须使用自然技术在室内引入自然光而成熟。

使用自然光或反光系统时，同时采用人工照明。人工照明的设计和安装应遵循现行国家、行业、团体的相关标准和规范。

当使用自然光引导或反射系统时，应同时采用人工照明措施。人造照明的设计和安装应遵循国家和行业的相关标准和规范。

自然光和反射系统只能用于一般照明，不能用于应急照明。

采用自然光或光反射系统时，人工照明部分采用照明控制系统，利用光敏元件（照度传感器）实现自动控制。智能照明控制系统在一定条件下控制人工照明的调光。根据实时气象条件，当自然光不能达到室内照明照度要求时，控制系统自动打开人工照明以满足照明要求。

自然光进口设计：

（1）自然光引导系统：由太阳能聚光器收集的光被传输到室内需要照明的地方。

自然光导系统由照明部分，导光部分，照明器及其附件和附件组成。

由于采用自然导光系统的成本较低，技术相对成熟，安装简单，照明效果较好，国外开发较为迅速，应用广泛。常用的导光管有两种：一种是狭缝空心中具有高反射率涂层的导光管；另一种是带全反射导光棱镜片的导光管。

（2）光纤方式：使用光纤将太阳光传输到需要照明的建筑物内部的方法。通常由光收集器、一个光纤和一个光纤末端灯具组成。

光纤照明的核心是光纤，也称为光学技术中的光波导。它是一种导光材料，光纤的主要用途是石英光纤、多组分玻璃光纤和塑料光纤。石英光纤的光传输效率最高，其次是多组分玻璃光纤，塑料光纤的传输效率最低。

（3）采用天然光导光系统时应注意：

1）导光管宜采用圆形，不宜采用矩形、梯形、多边形等断面的导光管。

2）应避免将采光部分布置于非阳光照射区。

3）导光系统反射材料的反射率不宜低于95%。

4）设计时要按照明场所特点（高度、照明要求等）来选择不同的导光系统。

5）导光系统的布置一般宜采用垂直布置方式，当照度要求均匀、层高较高时，可采用水平布置方式。

6）导光系统的照明宜均匀布置，其相邻照明器的间距应根据配光曲线布置。

表10－13列出了常用直接照明器布置表。

表10－13　常用直接照明器布置表

分类名称	距高比 L/H	1/2照明角度
特深照型	$L/H \leqslant 0.5$	$\theta \leqslant 14°$
深照型	$0.5 < L/H \leqslant 0.7$	$14° < \theta \leqslant 19°$
中照型	$0.7 < L/H \leqslant 1.0$	$19° < \theta \leqslant 27°$
广照型	$1.0 < L/H \leqslant 1.5$	$27° < \theta \leqslant 37°$
特广照型	$1.5 < L/H$	$37° < \theta$

10.4.6　太阳能光伏发电技术

1. 组成

光伏发电系统分为独立光伏发电系统、并网光伏发电系统，其组成如图10－22所示。

（1）独立光伏发电系统。也称为离网光伏发电系统，主要由太阳能电池组件、控制器、蓄电池组成，若要为交流负载供电，还需要配置交流逆变器。

独立型光伏发电系统分类见表10－14。

独立光伏系统的太阳能光伏发电不与电网连接的发电方式，典型特征为需要蓄电池来存储夜晚用电的能量。独立光伏发电系统一般应用于远离公共电网覆盖的区域，如山区、岛屿等边远地区，独立光伏发电系统的安装容量（包括储能设备）须满足用户最大电力负荷的需求。

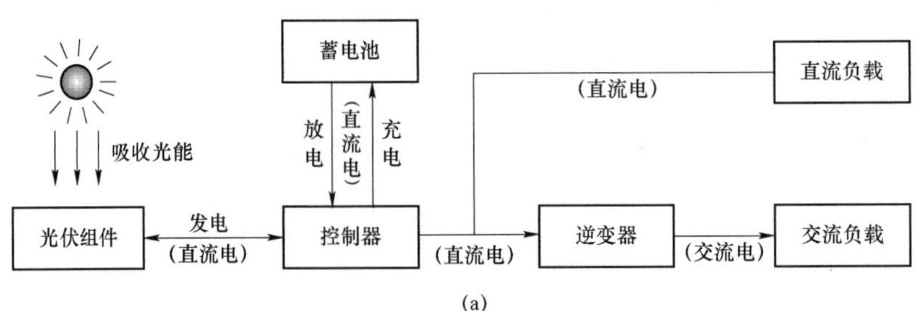

图10－22　光伏发电系统（一）

（a）独立光伏发电系统

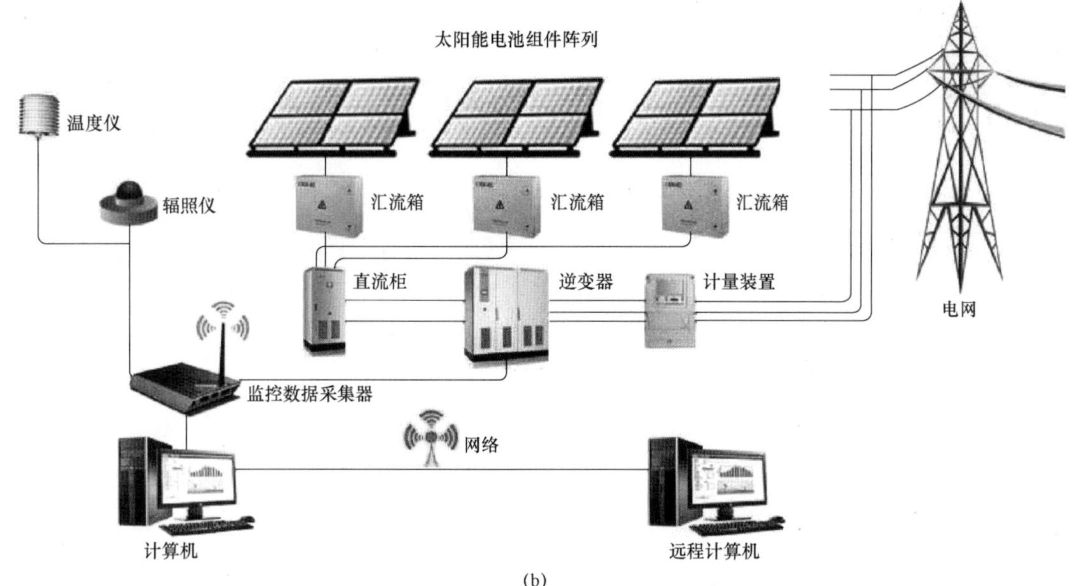

(b)

图 10－22　光伏发电系统（二）

（b）并网光伏发电系统

表 10－14　独立型光伏发电系统分类

原则	分类	特　　点
直流系统	无储能	用电负载是直流负载，太阳能方阵与用电负载直接连接，无储能装置，不需要使用控制器，最典型的应用是太阳能光伏水泵
	有储能	由太阳能方阵、充放电控制器、蓄电池以及直流负载等组成。应用到太阳能草坪灯、庭院灯、远离电网的移动通信基站、微波中转站，边远地区农村供电等
交流系统	交流	与直流光伏发电系统相比，增加了交流逆变器，用以把直流电转换成交流电。交、直流混合光伏发电系统既能为直流负载供电，也能为交流负载供电
	交、直流混合	
互补型	市电互补	市电互补型光伏发电系统，就是在独立光伏发电系统中以太阳能光伏发电为主，以普通 220V 交流电补充电能为辅
	风力发电互补	

（2）并网光伏发电系统。主要由太阳能电池方阵、控制器、逆变器、计量装置、高低压电气系统等单元组成。

并网型光伏发电系统的分类见表 10－15。

表 10－15　并网型光伏发电系统的分类

原则	分类		特　　点
并网点	用户侧	自发自用型＋逆功率控制	即纯粹的用户侧并网，并配置逆功率保护系统保证不向上一级电网供电区域逆流
	用户侧	自发自用＋剩余电力型	用户侧并网，有多余光伏电力
	电网侧	全部并网	需要升压接入配电网，由电力公司对其电力进行全收购
		自发自用＋并网型	整个电站系统中部分自发自用，部分升压并网卖电
装机容量	小型		≤1MW
	中型		1～30MW
	大型		＞30MW
电压等级	小型		0.4kV
	中型		10～35kV
	大型		＞66kV
逆功率	通过公共连接点向公用电网送电	可逆流	光伏系统总容量原则上不宜超过上一级变压器供电区域的最大负荷的 30%，有双向计量系统
		不可逆流	光伏系统发出的电能只给本地负荷供电，多余的电量需通过防逆流装置控制逆变器的发电功能，不允许通过配电变压器向公用电网馈电

2. 光伏建筑一体化

光伏组件以建筑构件的形式出现，使光伏方阵成为建筑不可分割的一部分。在建筑设计中，光伏发电系统与屋顶、天窗、幕墙等融合为一体，是太阳能光伏系统与现代建筑结合起来应用光伏发电的一种形式。

屋顶光伏电站即依托于平屋顶或坡屋顶安装的光伏发电系统，建筑屋顶仅作为光伏阵列的载体起支撑作用。

光伏建筑一体化应用见表 10-16。

表 10-16 光伏建筑一体化应用

序号	示意图	实物图	说明
1	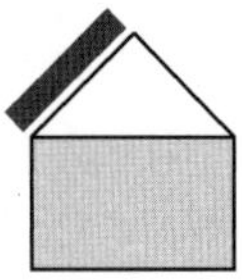		采用普通光伏组件，安装在倾斜屋顶的建筑材料之上
2	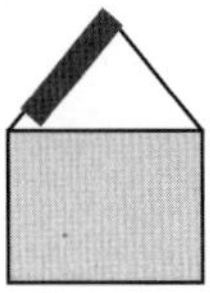		采用普通或特殊的光伏组件，作为建筑材料安装在斜屋顶上
3			采用普通光伏组件，安装在平屋顶原来的建筑材料之上
4	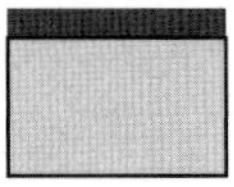		采用特殊的光伏组件，作为建筑材料安装在平屋顶上
5	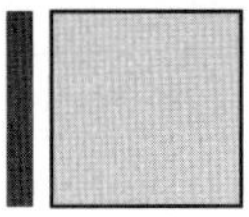		采用普通或特殊的光伏组件，作为幕墙安装在南立面上
6			采用普通或特殊的光伏组件，作为建筑幕墙镶嵌在南立面上
7			采用普通的光伏组件，作为安装在屋顶上
8			采用普通或特殊的光伏组件，作为遮阳板安装在建筑上

3. 光伏方阵设计

（1）方阵的连接。光伏方阵的连接有串联、并联和串并联混合几种方式，见表 10－17。

（2）方阵布置。方阵布置涉及的不同参数见表 10－18。

表 10－17　　光 伏 方 阵 的 连 接

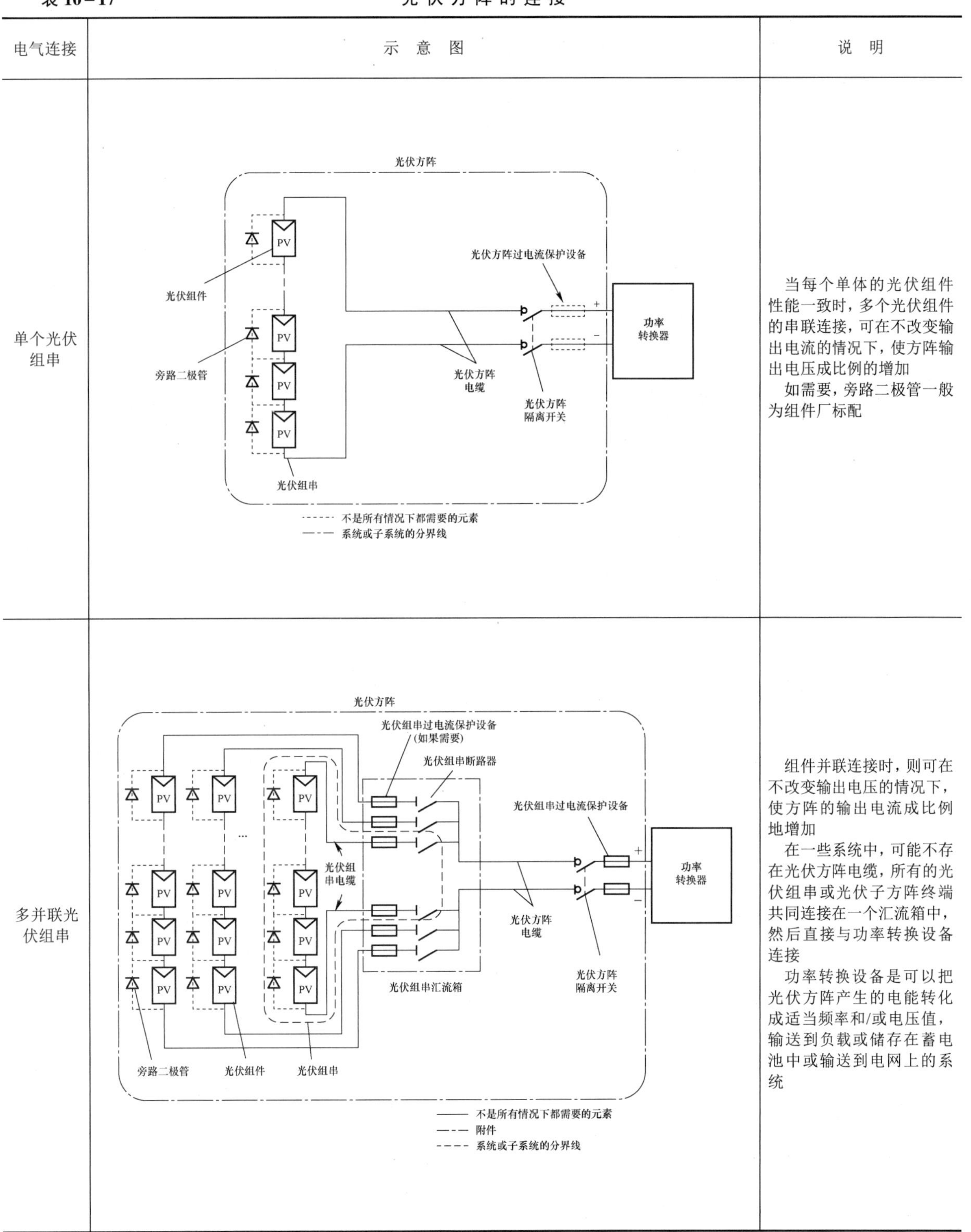

电气连接	示　意　图	说　明
单个光伏组串		当每个单体的光伏组件性能一致时，多个光伏组件的串联连接，可在不改变输出电流的情况下，使方阵输出电压成比例的增加 如需要，旁路二极管一般为组件厂标配
多并联光伏组串		组件并联连接时，则可在不改变输出电压的情况下，使方阵的输出电流成比例地增加 在一些系统中，可能不存在光伏方阵电缆，所有的光伏组串或光伏子方阵终端共同连接在一个汇流箱中，然后直接与功率转换设备连接 功率转换设备是可以把光伏方阵产生的电能转化成适当频率和/或电压值，输送到负载或储存在蓄电池中或输送到电网上的系统

续表

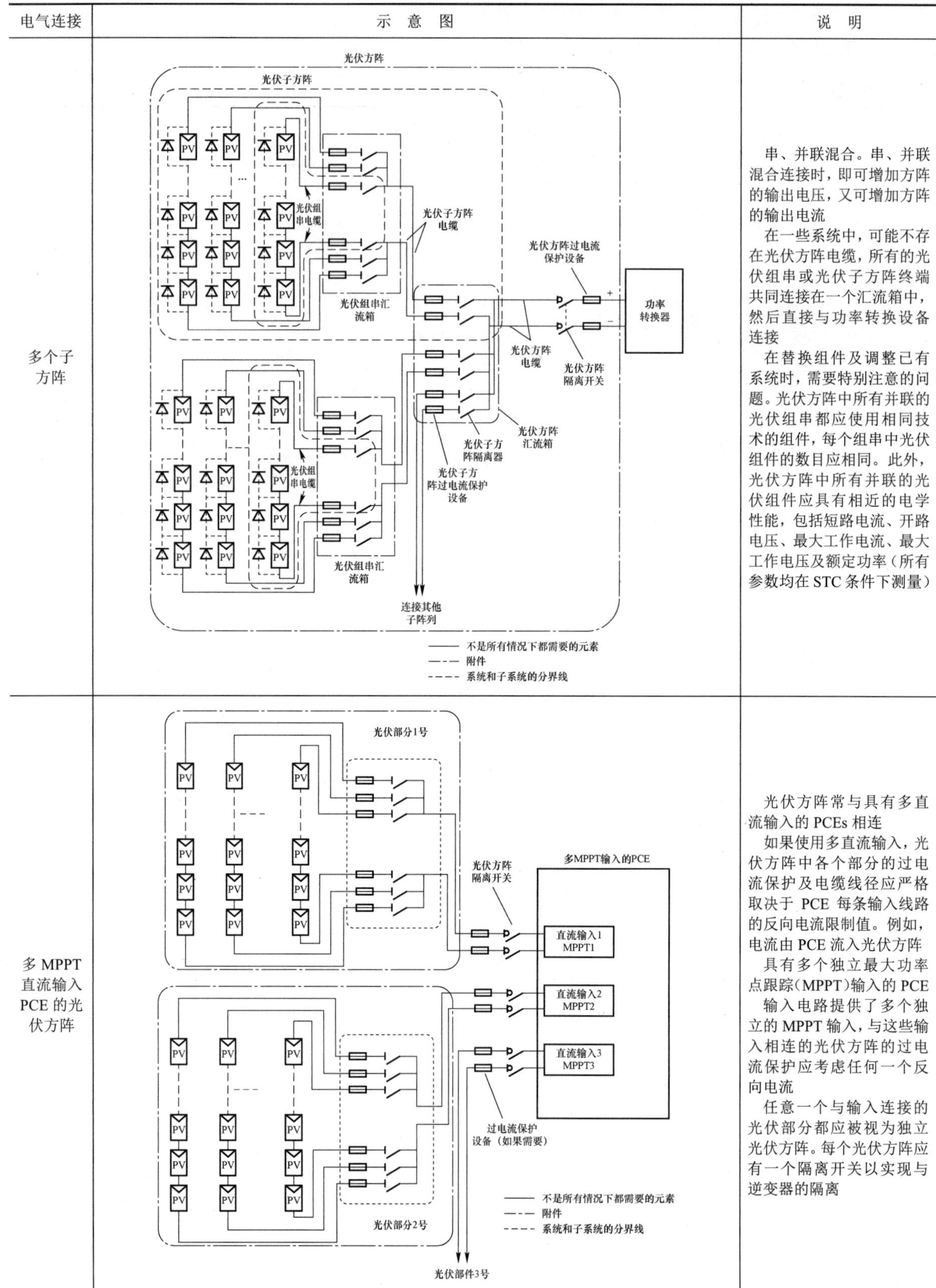

电气连接	示 意 图	说 明
多个子方阵		串、并联混合。串、并联混合连接时，即可增加方阵的输出电压，又可增加方阵的输出电流 在一些系统中，可能不存在光伏方阵电缆，所有的光伏组串或光伏子方阵终端共同连接在一个汇流箱中，然后直接与功率转换设备连接 在替换组件及调整已有系统时，需要特别注意的问题。光伏方阵中所有并联的光伏组串都应使用相同技术的组件，每个组串中光伏组件的数目应相同。此外，光伏方阵中所有并联的光伏组件应具有相近的电学性能，包括短路电流、开路电压、最大工作电流、最大工作电压及额定功率（所有参数均在STC条件下测量）
多MPPT直流输入PCE的光伏方阵		光伏方阵常与具有多直流输入的PCEs相连 如果使用多直流输入，光伏方阵中各个部分的过电流保护及电缆线径应严格取决于PCE每条输入线路的反向电流限制值。例如，电流由PCE流入光伏方阵 具有多个独立最大功率点跟踪（MPPT）输入的PCE输入电路提供了多个独立的MPPT输入，与这些输入相连的光伏方阵的过电流保护应考虑任何一个反向电流 任意一个与输入连接的光伏部分都应被视为独立光伏方阵。每个光伏方阵应有一个隔离开关以实现与逆变器的隔离

续表

电气连接	示意图	说明
多直流输入内部连接到直流公共母线PCE	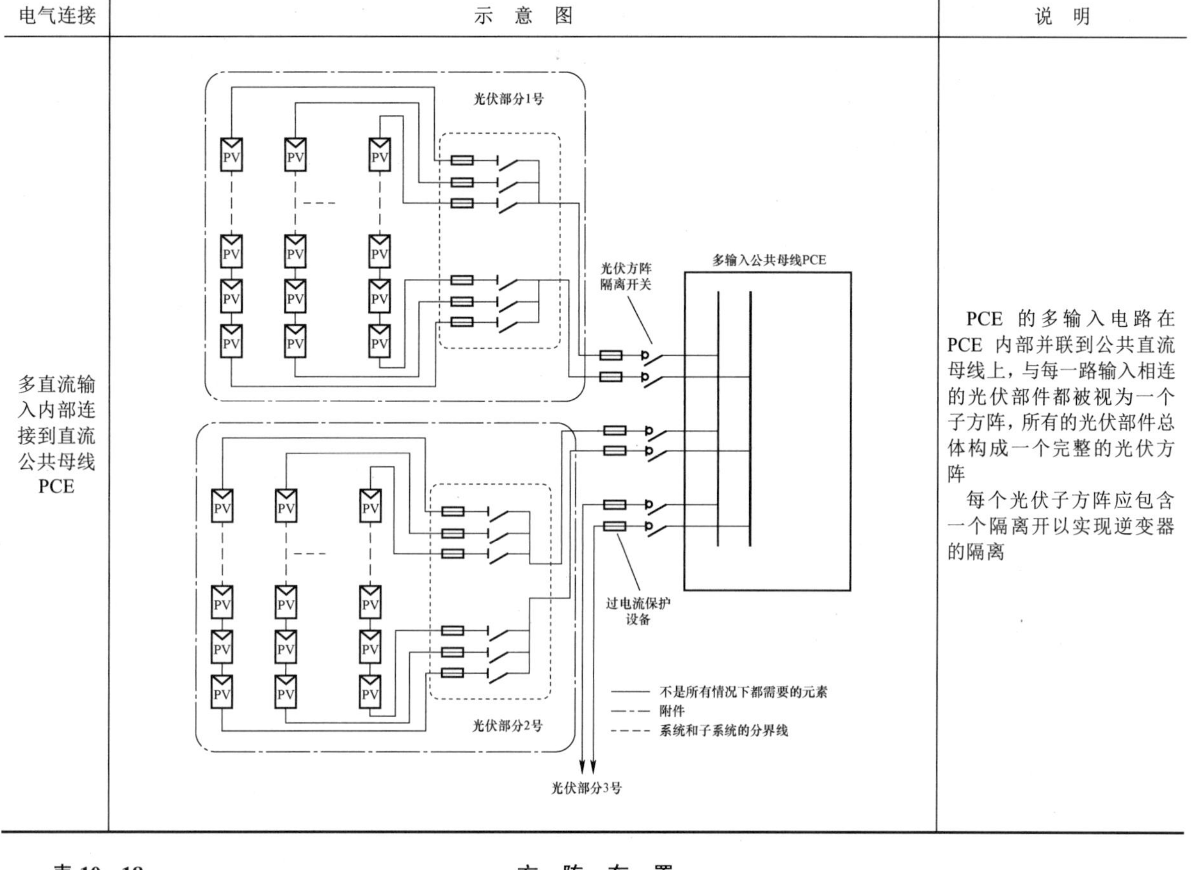	PCE 的多输入电路在 PCE 内部并联到公共直流母线上，与每一路输入相连的光伏部件都被视为一个子方阵，所有的光伏部件总体构成一个完整的光伏方阵 每个光伏子方阵应包含一个隔离开以实现逆变器的隔离

表 10-18　　方阵布置

参数	示意图	定义	计算
方位角	97.1%　100%　93.9%　98.2%　59% +120°　+105°　W　+75°　+60°　+45°　+30°　+15°　S　−15°　−30°　−45°　−60°　−75°　E　−105°　−120°　−135°　−150°　−175°	太阳光伏方阵的方位角是方阵的垂直面与正南方向的夹角。向东偏为负角度，向西偏为正角度	$\sin A=\dfrac{\cos\delta\sin\omega}{\sin h_z}=\dfrac{\cos\delta\sin\omega}{\cos h}$ A—太阳方位角 δ—太阳赤纬角（北纬为正，南纬为负） ω—时角 h_z—天顶角 h—太阳高度角
高度角	40°S　23°26′S　0°　23°26′N　40°N 冬至　春分 秋分　夏至	太阳以平行光束射向地面，太阳光线与地平面的交角就是太阳高度角	$\sin h=\sin\varphi\sin\delta+\cos\varphi\cos\delta\cos t$ h—太阳高度角 δ—太阳赤纬 φ—地理纬度

续表

参数	示意图	定义	计算
倾斜角	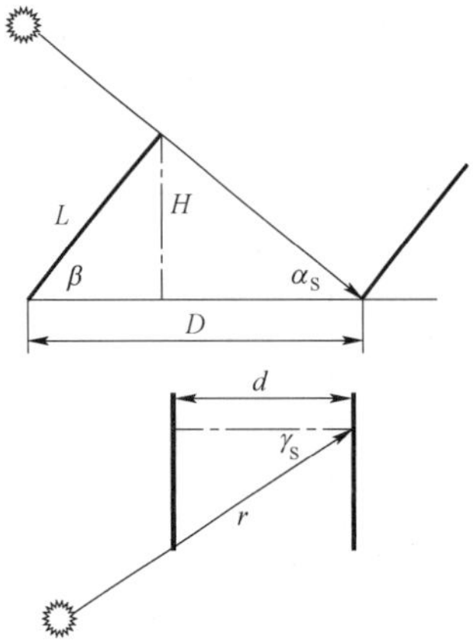	太阳电池方阵平面与水平地面的夹角，是方阵一年中发电量为最大时的最佳倾斜角度	
阴影		在冬至日上午9:00～下午 3:00之间，后排的太阳电池方阵不应被遮挡	$d=H\frac{0.707\tan\varphi+0.4338}{0.707-0.4338\tan\varphi}$ φ—当地纬度 d—阴影长度 H—组件安装高度
排最小间距		两排方阵之间的最小距离	$D=L\cos\beta+L\sin\beta\frac{0.707\tan\varphi+0.4338}{0.707+0.4338\tan\varphi}$ L—方阵高度 β—方阵倾角 φ—当地纬度
最低点距地距离		（1）高于当地最大积雪深度 （2）高于当地洪水水位 （3）防止动物破坏 （4）防止泥和沙溅上太阳能电池板	
组件排放	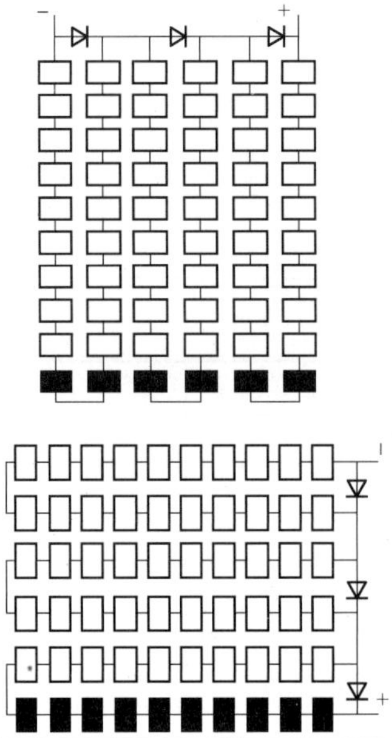	组件横向排布时，开始阴影只遮挡 1 个电池串。当遮挡面积增大，被遮挡电池产生压降，当大于未遮挡电池输出电压时，被遮挡电池串对应的旁路二极管正压导通，另外 2 个电池串可正常输出功率 组件纵向排布时，阴影会同时遮挡 3 个电池串，3 个二极管若全部正向导通，则组件没有功率输出，3 个二极管若没有全部正向导通，组件也没有功率输出	

4. 方阵计算

对于 $n\times p$ 的阵列，可以先 n 个单元串联，再 p 个单元并联，也可以先 p 个单元并联，n 个单元串联可以得到相同的结论。方阵计算见表 10－19。

表 10－19　　方　阵　计　算

对象	技术参数	计算	说明
组件	开路电压	$U_{\text{oc max}}=K_{\text{u}}U_{\text{ocSTC}}$ $K_{\text{u}}=1+\frac{\alpha U_{\text{oc}}}{100}(T_{\min}-25)$ $\alpha U_{\text{oc}}(\%/°\text{C})=0.1\frac{\alpha U_{\text{oc}}(\text{mV}/℃)}{U_{\text{ocSTC}}(\text{V})}$	K_{u}—温度校正系数 α—电压的温度变化系数，由光伏组件制造商提供 αU_{oc}—光伏组组件开路电压的电压温度系数，%/℃ $T_{\min}$—当光伏组件安装位置的最低环境温度，℃ U_{ocSTC}—标准状态下开路电压
	短路电流	$I_{\text{scmax}}=K_{1}I_{\text{scSTC}}$	K_{1}—短路电流系数，最小值为 1.25

续表

对象	技术参数	计　　算	说　　明
串联	串联电压	$U_{max} > U_{oc\Sigma} = nU_{oc}$ $U_{oc\Sigma} = nU_{ocSTC}[1 + K_{oc}(T_{min} - 25℃)]$	U_{ocSTC}—标准状态下组件的开路电压，V K_{oc}—组件的开路电压温度系数，%/℃ T_{min}—组件安装处的最低温度，℃ n—串联组件的数量 U_{max}—光伏组件的最高耐受电压，V $U_{oc\Sigma}$—光伏组件的串联电压，V
	与逆变器的匹配	$U_{DC.max} \geqslant nU_{oc}$ $U_{DC.max} \geqslant nU_{ocSTC}[1 + K_{oc}(T_{min} - 25℃)]$	$U_{DC.max}$—逆变器的最高直流输入电压，V
	MPPT 工作范围	$U_{DC.MPPT.min} \leqslant nU_{np} \leqslant U_{DC.MPPT.max}$ $U_{DC.MPPT.min} \leqslant$ $nU_{npSTC}[1 + K_{oc}(T_{min} - 25℃)]$ $\leqslant U_{DC.MPPT.max}$	$U_{DC.MPPT.max}$—逆变器 MPP 的最大直流输入电压，V $U_{DC.MPPT.min}$—逆变器 MPPT 最小直流输入电压，V U_{np}—光伏组件工作电压，V
	电流匹配	阵列输出电流≤逆变器最大输入电流	
	功率匹配	$95\% < \frac{逆变器最大直流功率}{光伏阵列的额定功率} < 115\%$	
并联	与逆变器匹配	$mI_{np} < I_{DC.max}$	I_{np}—光伏组件串联输出电流，A $I_{DC.max}$—并网逆变器最大输入直流电流，A m—光伏组件并联数量
	与安装容量的匹配	$mI_{np} = \frac{P_{PV}}{nU_{np}}$	P_{PV}—光伏组件的安装容量，W
	最大串联数	$N_{max} = \frac{U_{DC.max}}{U_{oc}[1 + K_{oc}(T - 25)]}$	$U_{DC.max}$—并网逆变器最大输入直流电压，V
方阵	电压	串联总电压（V）＝串联组件数量（n）×每块组件电压（V）	
	电流	并联总电流（A）＝并联支路数量（n）×串联支路电流（A）	
	功率	方阵总功率（W）＝串联总电压（V）×并联总电流（A）	
发电量	上网电量	$E_p = H_A \frac{P_{AZ}}{E_s} K$	H_A—水平面太阳能总辐照量，kW·h/m^2，峰值小时数 E_p—为上网发电量，kW·h E_s—标准条件下的辐照度，常数＝1kW·h/m^2 P_{AZ}—组件安装容量，kW K—综合效率系数，考虑了各种因素影响后的修正系数。其中包括光伏组件类型修正系数、光伏方阵的倾角、方位角修正系数、光伏发电系统可用率、光照利用率、逆变器效率、集电线路、升压变压器损耗、光伏组件表面污染修正系数、光伏组件转换效率修正系数

5. *直流设备*

光伏发电系统设计的直流设备特性见表 10－20。

表 10－20　　光伏发电系统直流设备

设备	名称	应用	特　　性	技术参数
光伏组件	单晶硅	黑色，颜色均匀	对光线要求高，受光影遮挡后发电效率下降 透光率通过调整晶硅片之间的间距来进行调整	输出电压、开路电压、峰值电压 短路电流、峰值电流，峰值功率，电流、电压温度系数，转换效率，填充因子，额定工作温度，衰减
	多晶硅	蓝色，有晶体纹		
	非晶硅	深棕色，颜色均匀	对光线要求低，受光影遮挡后发电效率下降少	
方阵	接线盒	用硅胶粘在组件背板	光伏组件与汇流箱之间的连接器，由盒体、线缆及连接器构成。分晶体硅接线盒、非晶硅接线盒、幕墙接线盒、防爆接线盒等	最大工作电流、最大耐压、使用温度、最大工作湿度、防水等级、连接线规格
	汇流箱	保证光伏组件有序连接和汇流功能的接线装置	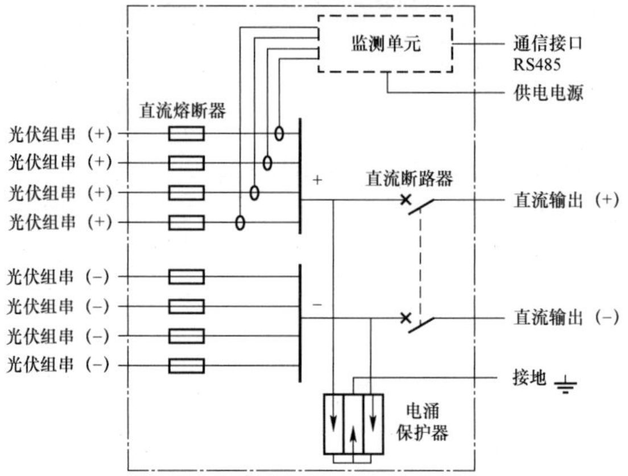	将光伏组串连接，实现光伏组串间并联的箱体，由监控系统、直流断路器、电涌保护器、防反二极管、熔断器等元件组成 输入支路路数、输入电压范围、反应时间、测量精度、通信、附加功率、温度/湿度、海拔、绝缘电阻、机壳防水等级、辅助电源、重量
	光伏电缆	光伏组件之间、组件与汇流箱之间直流专用电缆	具有高耐温、抗臭氧、抗紫外线、耐水蒸气、抗微生物、短时过载能力强、寿命长、耐磨、耐油、耐腐、高抗拉性等优点	型号、导体、绝缘护套、截面规格、额定电压、环境温度、使用寿命
	光伏连接器	光伏电池板并联串联组成方阵组时的专用接头	具有防水防尘特点，外壳有强烈的抗老化、耐紫外线能力 线缆的连接采用压紧与紧箍方式连接，公母头的固定带有稳定的自锁机构、开合自如	最大耐压、最大工作电流、环境温度、环境湿度、安全等级、防尘等级、防水等级、外壳材料性能、机械冲击性、连接电阻
	直流柜	将一定数量的汇流箱输出进行并联，输出到对应逆变器的直流输入端	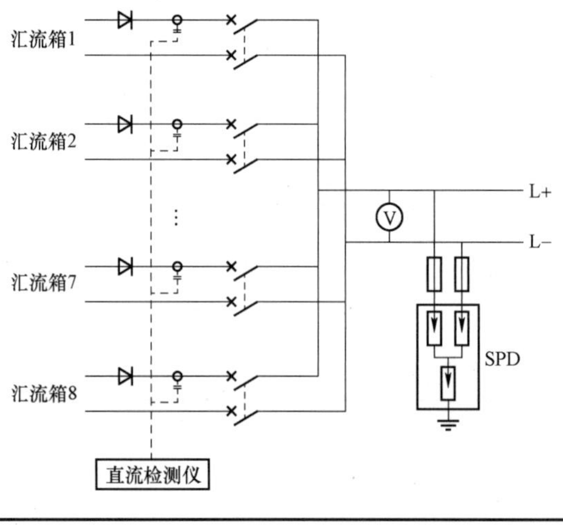	功率范围、直流输入电压、直流输出电压、直流输入电流回路数、直流输出电流、额定绝缘电压、最大海拔高度、周围空气温度、相对湿度

续表

设备	名称	应用	特　　性	技术参数
	逆变器	将光伏组件发出的直流电变换成交流电的设备	电力、电子、自动控制、计算机及半导体等多种技术相互渗透与有机结合的综合体现。 具有最大功率跟踪、DC/AC 转换、频率、相位追踪、相关保护 分单相、三相逆变器；户内型、户外型；可逆流型、不可逆流型；隔离型、非隔离型；低压型、中高压型；集中型、组串型、微型	逆变效率、并网电流谐波、功率因数、工作电压、工作频率、直流分量、电压不平衡度、噪声 防孤岛效应保护、暂态电压保护、低电压耐受能力、交流侧短路保护、防反放电保护、极性反接保护、直流过载保护、直流过电压保护 通信、自动开/关机、软启动、绝缘耐压性、外壳防护等级、最大功率跟踪（MPPT）控制功能、孤岛监测功能

10.4.7　风力发电技术

1. 组成

风力发电所需要的装置，称为作风力发电机组，一般包括风轮、发电机、调向器、塔架、限速安全机构和储能装置等部件，如图 10－23 所示。

（1）风轮是集风的装置，把流动空气的动能转变为风轮旋转的机械能。水平轴风电机组的风轮一般由两只螺旋桨形的叶片组成。

（2）发电机是将旋转的机械能转变成电能的装置。已采用的发电机主要有直流发电机、同步交流发电机和异步交流发电机。

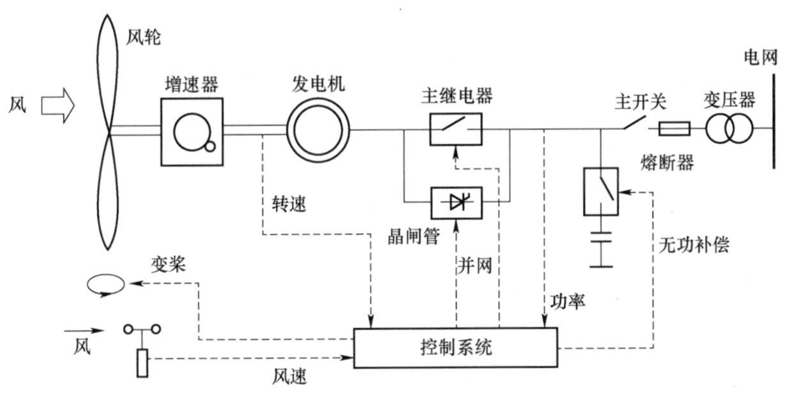

图 10－23　风力发电系统结构

（3）调向器主要用于使风轮随时都迎着风向，从而能最大限度地获取风能。

（4）限速安全机构是用来保证风力发电机的运行安全；限速安全机构可以使风力发电机风轮的转速在一定风速范围内保持基本不变。

（5）由于自然界的风速是极不稳定的，风力发电机的输出功率也极不稳定，所以其发出的电能一般不能直接用在电器上，先要用储能装置储存起来。

风力发电构成的能量传递系统如图 10－24 所示。

2. 发电机组分类

（1）按照额定功率的大小分为微型、小型、中型和大型风电机组。

1）微型风力发电机组：额定功率小于 1kW；

2）小型风力发电机组：额定功率 1～99kW；

3）中型风力发电机组：额定功率 100～600kW；

4）大型风力发电机组：额定功率大于 600kW。

（2）按照风电机组与电网的关系分为离网型和并网型风电机组。

1）离网型风力发电机组：一般是指独立运行的小型风力发电系统，主要解决偏远无电地区用电需要，通常与其他发电或储能装置联合运行，如图 10－25 所示。

离网型风力发电机组功率较小，均属小型发电机组。可按照发电功率的大小进行分类，其大小从几百瓦至几十千瓦不等。

小型风力发电机按照发电类型的不同进行分类，可分为直流发电机型和交流发电机型。

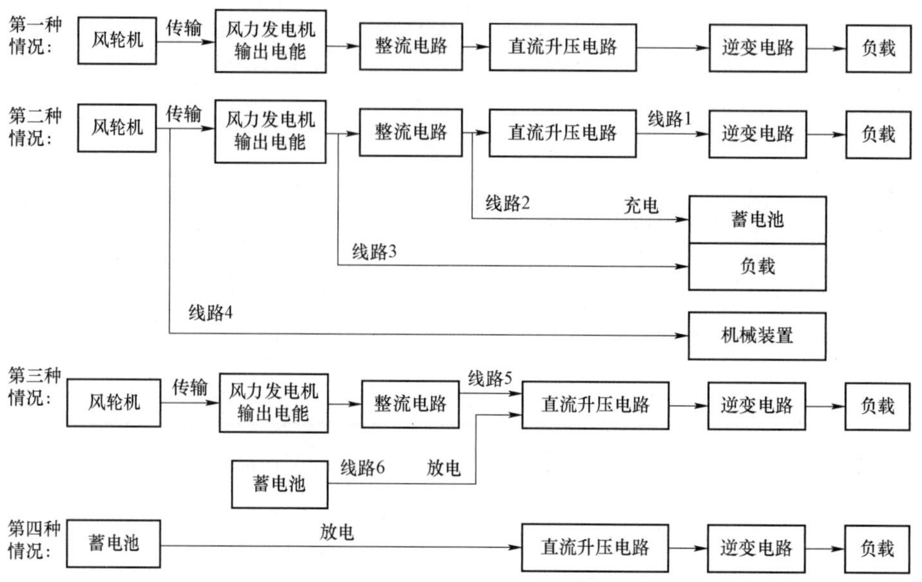

图 10-24 风力发电能量传递系统

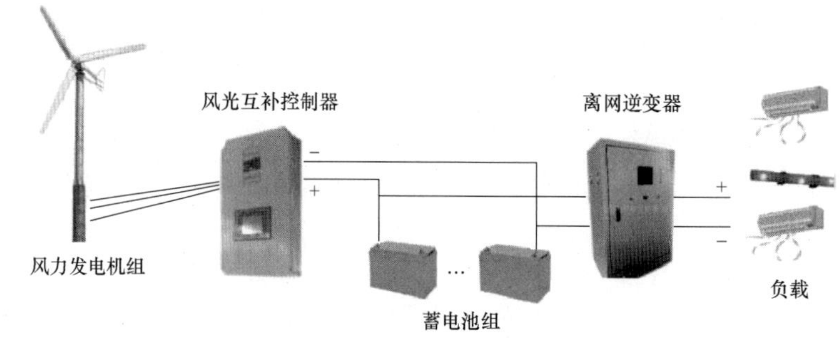

图 10-25 离网型小型风力发电系统

2）并网型风力发电机组：是指风电机组与电网相连，向电网输送有功功率，同时吸收或者发出有功功率的风力发电系统。并网型的风力发电是规模较大的风力发电场，容量大约为几兆瓦到几百兆瓦，由几十台甚至成百上千台风力发电机组构成，如图 10-26 所示。

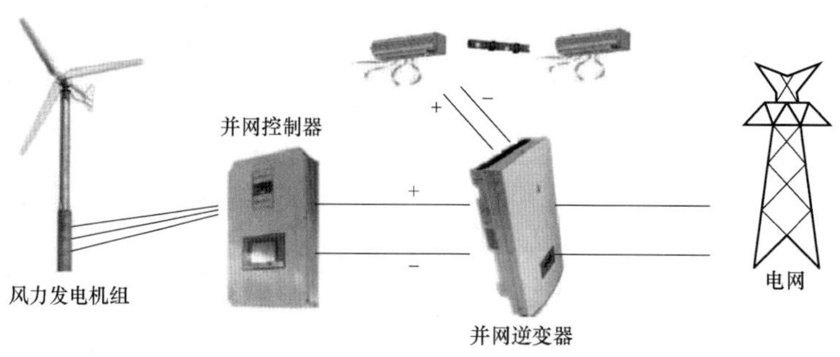

图 10-26 并网型风力发电机组系统

（3）按照风轮结构分为水平轴和垂直轴风力发电机组。水平轴风力发电机，风轮的旋转轴与风向平行；垂直轴风力发电机，风轮的旋转轴垂直于地面或者气流方向。

1）水平轴风力发电机。分为升力型和阻力型两类，结构如图 10-27 所示。

升力型风力发电机旋转速度快，阻力型旋转速度慢。对于风力发电，多采用升力型水平轴风力发电机。

大多数水平轴风力发电机具有对风装置，能随风向改变而转动。对于小型风力发电机，这种对风装置采用尾舵；而对于大型的风力发电机，则利用风向传感元件以及伺服电机组成的传动机构。

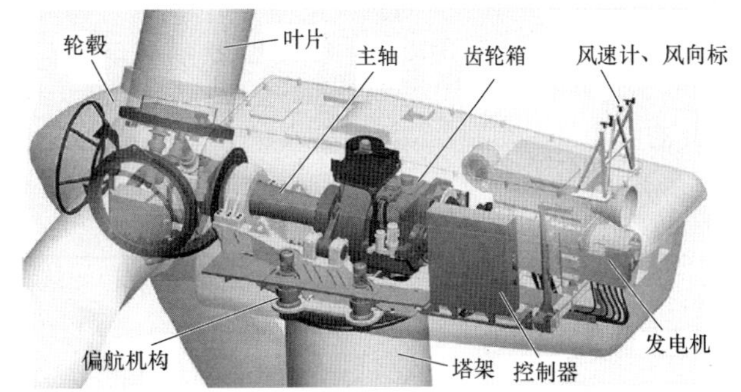

图 10－27　水平轴风力发电机

2）垂直轴风力发电机。在风向改变的时候无须对风，在这点上相对于水平轴风力发电机是一大优势，它不仅使结构设计简化，而且也减少了风轮对风时的陀螺力，如图 10－28 所示。

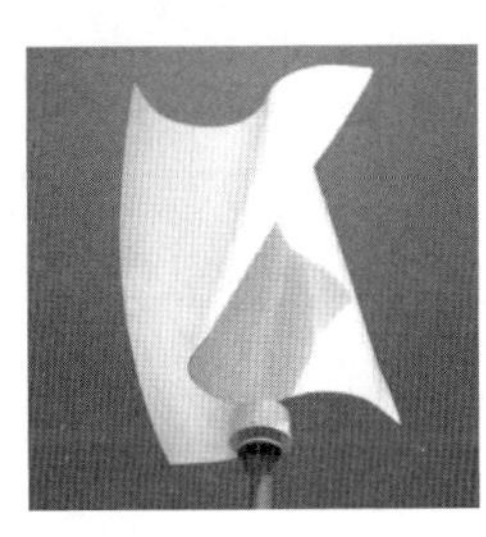

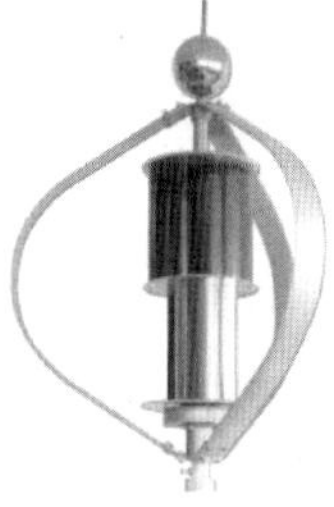

图 10－28　垂直轴风力发电机

利用阻力旋转的垂直轴风力发电机有几种类型。其中有利用平板和杯子做成的风轮，这是一种纯阻力装置；S 型风车，具有部分升力，但主要还是阻力装置。这些装置有较大的起动力矩，但尖速比低，在风轮尺寸、重量和成本一定的情况下，提供的功率输出低。

小型的垂直轴风力发电机的额定转速一般在 60～200r/min，转速低，产生的噪声很小（可以忽略不计），起动风速一般在 1.6～4m/s。

垂直轴风力发电机的结构特点是可以接受来自任何方向的风，因而当风向改变时，无需对风，由于不需要调向装置，使其结构设计简化；由于转速的降低，大大提高了风机的稳定性；振动小，噪声低；风轮直径小，占用面积小；齿轮箱和发电机可以安装在地面或楼板上，检修维护方便；起动风速低等优点，使其更适合在人们居住的地方安装，提高了风力发电机的使用范围。

3）参数对比。水平轴风力发电机与垂直轴风力发电机的参数对比见表 10－21。

表 10－21　水平轴风力发电机与垂直轴风力发电机的参数对比

序号	性　能	水平轴风力发电机	垂直轴风力发电机
1	发电效率（%）	50～60	70 以上
2	电磁干扰（电刷）	有	无
3	对风转向机构	有	无
4	变速齿轮箱	10kW 以上有	无
5	叶片旋转空间	较大	较小
6	抗风能力	弱	强（可抗 12～14 级台风）
7	噪声/dB	5～60	0～10
8	起动风速/（m/s）	高（2.5～5）	低（1.5～3）
9	地面投影对人影响	眩晕	无影响
10	故障率	高	低
11	维修保养	复杂	简单
12	转速	高	低
13	对鸟类影响	大	小
14	电缆绞线问题（或电刷损坏问题）	有	无
15	发电曲线	凹陷	饱满

3. 风力发电机

（1）类型。一般选用垂直轴风力发电机。

风力发电机的功率与风叶的受风面积成正比。功率系数一般为 0.4～0.5kW/m^2，即 1m^2 的风轮发电功率约为 400～500W，以 1 年 400 工作小时计算，全年可产生 160kW·h 的电量。

在满足结构安全、环境保护等要求的前提下，高层建筑应优先选择大尺寸的风力机以增加发电的功率。然而，城市的风力较小，可以选择低风速起动风机，这样可以延长发电机的工作时间，从而获得更多的发电量。

安装在建筑中的风力发电机机，只有当其转子的直径不大于建筑直径的 15%或者有垂直轴时，才能充分利用风能。

（2）等级。垂直轴风力发电机组设计应考虑其适用区域风况，主要依据轮毂高度的参考风速（v_{ref}）、年平均风速（v_{ave}）以及湍流强度（I_{15}），设计其适用等级，等级划分应依据 GB/T 17646《小型风力发电机组设计要求》的规定，见表 10－22。

表 10－22　垂直轴风力发电机组等级

小型风力发电机组等级	Ⅰ	Ⅱ	Ⅲ	Ⅳ	S
v_{ref} /（m/s）	50	42.5	37.5	30.0	由设计者规定各参数
v_{ave} /（m/s）	10	8.5	7.5	6.0	
I_{15}	0.18	0.18	0.18	0.18	
α	2	2	2	2	

注　1. 以上数值均适用于轮毂高度。

2. I_{15} 为 15m/s 时湍流强度无量纲特征值。

3. α 为 GB/T 17646《小型风力发电机组设计要求》中无量纲斜率参数。

$$\sigma_1 = I_{15}\frac{15 + av_{hub}}{a+1}$$

标准偏差 σ_1 和湍流强度 σ_1 / v_{hub} 的特征值如图 10－29 所示。

4. S 级是针对特殊要求（例如特殊风况、其他外部条件或特殊安全等级）所定义。设计者选择 S 级风力发电机组，应将设计值明载于设计报告中。有关此等特殊设计，设计条件中所选择的数值应至少要反映出小型风力发电机组使用环境中可预期的苛刻工况。

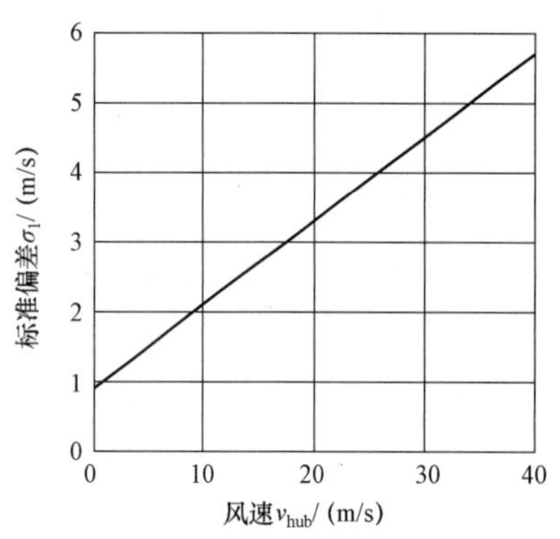

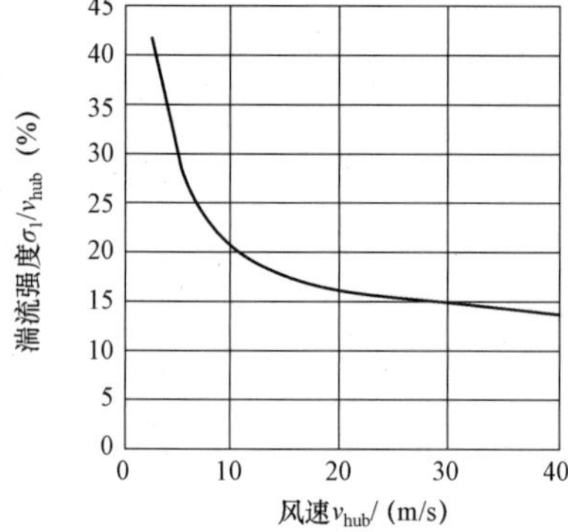

图 10－29　风湍流特性

（3）工作条件。

1）一般环境条件：垂直轴风为发电机组的设计应保证其整机系统在设计寿命期间，在一般环境工作条件下能维持正常运转。这些一般环境条件包括：

环境温度范围：－20℃～40℃。

太阳辐射强度：≤1000W/m^2。

环境相对湿度：≤95%。

标准空气密度：1.225kg/m^3。

2）极端环境条件：要求垂直轴风力发电机组可以在一般环境条件以外生存运转，包括温度、雷击、结冰、沙尘、盐害、台风及地震。极端环境条件下运转的垂直轴风力发电机组，应保证其与此等环境条件直接相关的重要组件在设计寿命期间维持正常功能；该风力发电机组应接受极端环境条件模拟试验，宜采用整机模拟实验。

4. 发电量计算

（1）风能要素计算。

1）应按 GB/T 18710《风电场风能资源评估方法》的有关规定，计算不同高度代表年的平均风速和风功率密度、风速和风能频率分布、风向频率及风能密度方向分布等参数，并应绘制风况图表。

2）风速频率分布宜用概率函数威布尔分布来描述。

（2）最大风速计算：

1）宜采用风速年最大值的耿贝尔极值Ⅰ型概率分布，推算气象站的 50 年一遇最大风速。

2）气象站和测风塔大风时段相关关系应基于测风塔实测年最大风速统计，宜直接相关到风力发电机组预装轮毂高度，推算预装轮毂高度 50 年一遇 10min 平均最大风速，并应按下式计算标准空气密度下的 50 年一遇 10min 平均最大风速

$$v_{std} = v_{mea} \times \sqrt{\frac{\rho_m}{\rho_0}}$$

式中：v_{std} 为标准空气密度下 50 年一遇 10min 平均最大风速，m/s；v_{mea} 为现场空气密度下 50 年一遇 10min 平均最大风速，m/s；ρ_m 为风场实测观测期最大空气密度，kg/m^3；ρ_0 为标准空气密度，1.225kg/m^3。

3）气象站和测风塔大风时段相关系数不宜小于 0.7，并应结合风力发电场所在地区 50 年一遇基本风压值，按下式计算离地 10m 高处 50 年一遇 10min 平均最大风速

$$v_0 = \sqrt{\frac{2000\omega_0}{\rho}}$$

式中：v_0 为 10m 高处 50 年一遇 10min 平均最大风速，m/s；ω_0 为风场所在地区 50 年一遇基本风压值，kN/m^2；ρ 为气象站观测计算的年平均空气密度，kg/m^3。

4）轮毂高度处 50 年一遇 10min 平均最大风速和湍流强度等级应按 GB/T 18451.1《风力发电机组　设计要求》的有关规定进行计算，并应结合轮毂高度处年平均风速，按表 10－23 风力发电机组安全等级基本参数确定风力发电机组的安全等级。

表 10－23　风力发电机组安全等级基本参数

风况类型	Ⅰ	Ⅱ	Ⅲ	S
v_{ref}/（m/s）	50	42.5	37.5	由设计者规定各参数
A　$I_{ref(-)}$	0.16			
B　$I_{ref(-)}$	0.14			
C　$I_{ref(-)}$	0.12			

注：v_{ref} 为 10min 平均参考风速；I_{ref} 为参考风速时的湍流强度值；A—较高湍流强度等级；B—中等湍流强度等级；C—较低湍流强度等级。

（3）年理论发电量。风力发电场不考虑尾流影响的年理论发电量可按下式计算

$$E_{th} = 8760\sum_{i=1}^{n}\int_{v_1}^{v_2} p_i(v) f_i(v)\,dv$$

式中：E_{th} 为年理论发电量，MW·h；n 为风力发电机组台数，台；v_1 为风力发电机组切入风速，m/s；v_2 为风力发电机组切出风速，m/s；$p_i(v)$为第 i 台风力发电机组在风速为 v 时的发电功率，MW；$f_i(v)$为第 i 台风力发电机组轮毂高度处风速概率分布，对风速时间序列进行拟合得到的威布尔分布。

应根据修正为代表平均风资源情况的测风资料和风力发电机组功率曲线，计算风力发电场年发电量，并应根据折减因素计算风力发电场年发电量综合折减率，估算风力发电场年上网电量、年等效满负荷小时数、容量系数等。

（4）发电量折减应符合下列规定：

1）应根据风力发电场场址或附近的观测站多年的温度、气压和湿度资料，计算平均空气密度，修正风力发电机组功率曲线，并应对风力发电场年理论发电量进行空气密度修正。

2）可利用风能资源评估软件评估风力发电机组尾流影响，计算尾流影响折减系数。

3）应计算风力发电机组可利用率、风力发电机组功率曲线保证率折减系数。

4）应根据风力发电场现场实测气温数据，计算发电量低温折减系数。

5）应计算风力发电场湍流强度的影响折减系数。

6）应计算电网故障率及电网影响折减系数。

7）应计算变压器损耗及线损、风力发电场自用电量损耗折减系数。

8）当风力发电场测风时段与代表性风况不同时，应计算风力发电场代表性订正对于发电量的影响以及风能资源评估中的不确定性的修正影响折减系数。

9）应计算大规模风力发电场群周围风力发电场的影响折减系数。

10）应计算叶片污垢、覆冰、台风等特殊影响折减系数。

5. 建筑中应用

（1）建筑物周围的风向。大气边界层中的自然风遇到地面建筑物时，一部分被建筑物阻挡而绕行，从而使建筑物周围的风场产生了很大的变化。对于建筑物的高度和密度比较大的城市，由于其下垫面具有较大的表面粗糙度，可引来高层建筑屋顶上的较大的风速区“屋顶小急流”的机械湍流，其局部风场的变化也将明显加强，如图 10－30 所示。

（2）高层建筑。依据高层建筑中风环境的特点，风力机通常安装在风阻较小的屋顶或风力被强化的洞口、夹缝等部位，如图 10－31 所示。

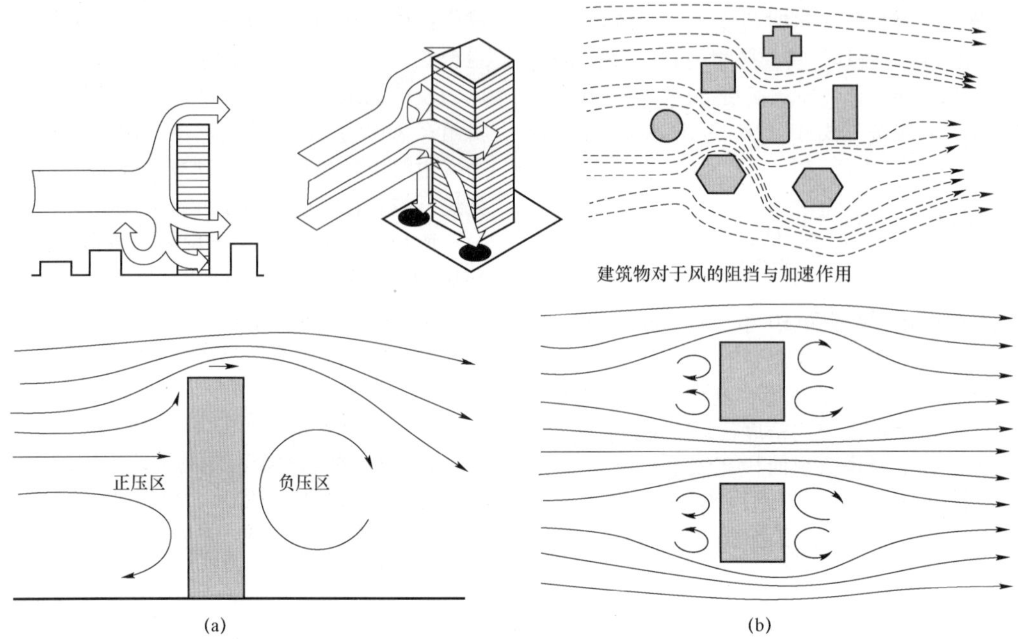

图 10－30 高层建筑风力与风向

（a）高层建筑垂直风向示意；（b）高层建筑水平风向示意

1）屋顶。建筑物的顶部风力大、环境干扰小，这是安装风力发电机的最佳位置。一般风力机应高出屋面一定距离，以避开檐口处的涡流区。

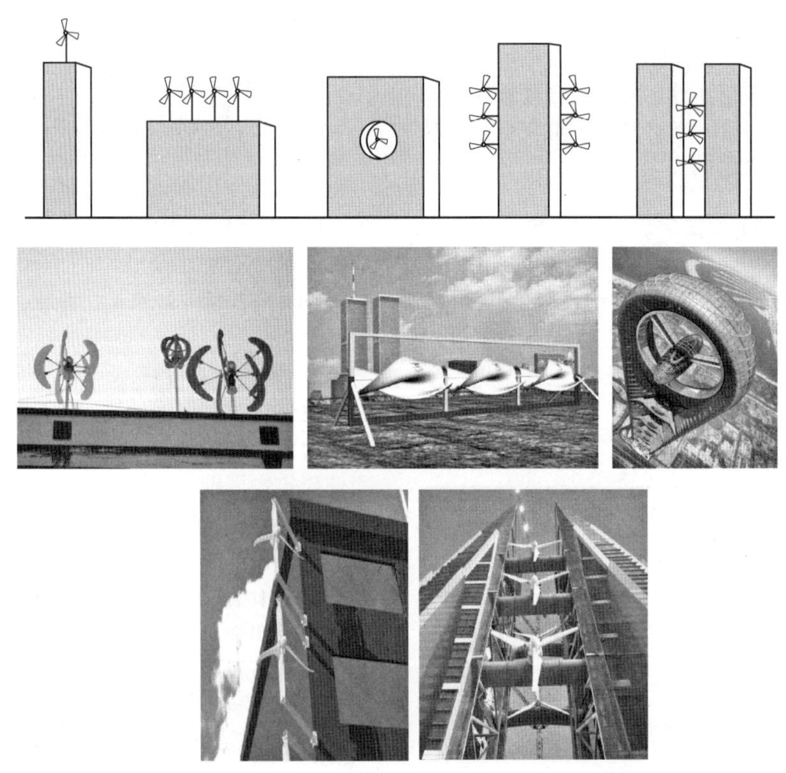

图 10－31 风力发电机在建筑上安装部位

2）楼身洞口。在建筑物的中部开口处，风力被汇聚和强化，会产生强劲的“穿堂风”，此处适宜安装定向式风力机。

3）建筑角边。在建筑角边有自由通过的风，还有被建筑形体引导过来的风，此处适宜安装小型风力机组，也可以将整个外墙作为发电机的受风体，使其成为旋转式建筑。

4）建筑夹缝。建筑物之间垂直缝隙会产生“峡谷风”，且风力会随着建筑体积量的增大而增大，因此，在此处适合安装垂直轴风力机或水平轴风力机组。

（3）城市公共建筑。风能还可以用于城市公共建筑如公园等的基础照明设施。

除了比较大型的建筑用风机，建筑使用风机更多的是需要小型或微型风力发电设备。对于城市的公共建筑如公园景区、广场等在夜间不需要大量的电力消耗，只需要维持基本的照明，所以可以在公园景区内安放小型的风机发电维持局部照明。而公园等公共建筑周围风速较小，且需要考虑噪声污染问题，需要设计在低风速启动并且具有静音效果的小型风机来实现城市风力发电，如图 10－32 所示。

图 10－32　风力发电机在公共建筑上安装部位

（4）民用住宅。小型风力发电机主要用于农村、牧区、海岛等电网不及地区（使用非并网风力发电）。我国也将风力发电机直接应用于了住宅建筑。在偏远山区或是不通电网的地方将风力机安装于屋顶之上，利用当地丰富的风能资源进行发电，如图 10－33 所示。

图 10－33　风力发电机在民用住宅上安装部位

10.4.8　分布式电源接入

1. 接入设备

分布式电源是指在用户所在地或附近建设安装，运行方式以用户侧自发自用为主，余量上网，在用户配电系统内实现平衡调节为特征的发电设施或有电力输出的能量综合梯级利用多联供设施。

分布式电源指接入 35kV 及以下电压等级的小型电源，包括同步电机、感应电机和变流器等类型。

变流器用于将电能变换成适合于电网使用的一种或多种形式电能的电气设备。具备控制、保护和滤波功能，用于电源和电网之间接口的静态功率变流器。有时被称为功率调节子系统、功率变换系统、静态变换器，或者功率调节单元。由于其整体化的属性，在维修或维护时才要求变流器与电网完全断开。在其他所有的时间里，无论变流器是否在向电网输送电力，控制电路应保持与电网的连接，以监测电网状态。

接入电压在 35kV 以下，各种类型发电技术与接入电网类型见表 10－24。

表 10－24　各种类型发电技术与接入电网设备

分类			接入电网设备		
能源类型		发电装置类型	逆变器	同步电机	异步电机
太阳能		逆变器	√		
风力		直驱式	√		
		感应式			√
		双馈式	√		√
综合利用	转炉煤气、高炉煤气	微燃机	√		
		内燃机		√	
		燃气轮机		√	
	工业余热、余压	汽轮机		√	
天然气	煤层气、常规天然气	微燃机	√		
		内燃机		√	
		燃气轮机		√	
生物质	农林废弃物直燃	汽轮机		√	
	垃圾焚烧	汽轮机		√	
	农林废弃物气化、垃圾填埋气、沼气	微燃机	√		
		内燃机		√	
		燃气轮机		√	
地热		汽轮机		√	
海洋		气压涡轮机		√	
		液压涡轮机		√	
		直线电机	√		
燃料电池		逆变器	√		
蓄电池		逆变器	√		

2. 接入要求

（1）接入电压等级。分布式电源的接入电压等级要求见表 10－25。

表 10－25　分布式电源的接入电压等级

功率/kW	＜8	8～400	400～6000	5000～30 000
电压/kV	0.22	0.38	10	35

（2）接入点。分布式电源的接入点要求见表 10－26。

表 10－26　分布式电源的接入点

接入点电压	10kV	380V
统购统销	公共电网变电站 10kV 母线	公共电网配电箱/线路
	公共电网开关站、配电室或箱变 10kV 母线	公共电网配电室或箱式变压器低压母线
	T 接公共电网 10kV 线路	—
自发自用（含自发自用，余量上网）	用户开关站、配电室或箱式变压器 10kV 母线	用户配电箱/线路
	当并网点与接入点之间距离很短时，可以在分布式电源与用户母线之间只装设一个开关设备，并将相关保护配置于该开关	用户配电室或箱式变压器低压母线

3. 接入工程

分布式电源的接入系统工程如图 10－34 所示。

分布式电源的接入涉及的关键节点见表 10－27。

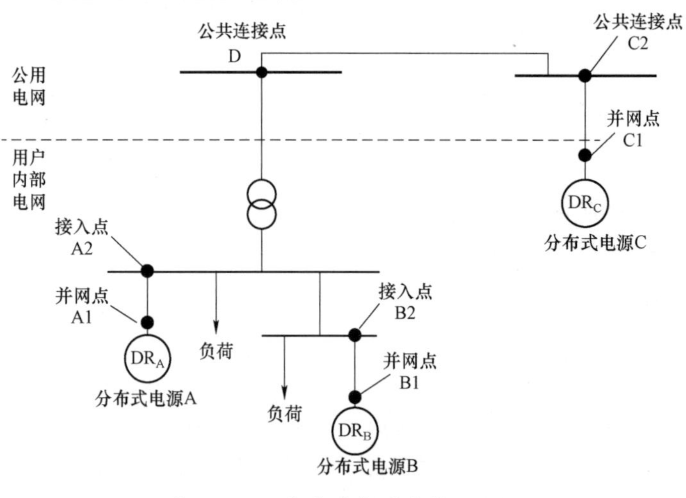

图 10－34　分布式电源的接入工程

表 10－27　分布式电源的接入

名称	定　义	图 10－34 说明
专线接入	指分布式电源接入点处设置分布式电源专用的开关设备（间隔），如分布式电源直接接入变电站、开闭站、配电室母线，或环网柜等方式	
T 接	指分布式电源接入点处未设置专用的开关设备（间隔），如分布式电源直接接入架空或电缆线路方式	
并网点	对于有升压站的分布式电源，并网点为分布式电源升压站高压侧母线或节点；对于无升压站的分布式电源，并网点为分布式电源的输出汇总点	A1、B1、C1 点分别为分布式电源 A、B、C 的并网点
接入点	指分布式电源接入电网的连接处，该电网既可能是公共电网，也可能是用户电网	A2、B2、C2 点分别为分布式电源 A、B、C 的接入点
公共连接点	指用户系统（发电或用电）接入公用电网的连接处	C2、D 点均为公共连接点；C2 点既是分布式电源接入点，又是公共连接点；A2、B2 点不是公共连接点
接入系统工程	A1－A2、B1－B2、C1－C2 输变电工程以及相应电网改造工程分别为分布式电源 A、B、C 接入系统工程，其中，A1－A2、B1－B2 输变电工程由用户投资，C1－C2 输变电工程由电网企业投资	

10.4.9　分布式电源的供电方式

1. 影响因素

分布式电源接入电网具体包括考虑光伏电源接入的负荷预测、网架结构、电源优化组合以及最终的规划评价等。

分布式电源的间歇式特点直接导致电网设备类型、容量、安装地点以及投入时间的不确定。一方面，小范围内的负荷变化和分布式电源的接入使得负荷预测变得困难，继而影响系统的后续规划；另一方面，伴随着分布式电源在电网中的高渗透率应用，网络结构最优布置方案和电源组合和容量配比合理性成为设计中的难点。

在确定电网供电模式时需要考虑外部和内部因素，如图 10－35 所示。

2. 层次级别

（1）用户电网。从电压等级角度可分为中压公共电网（含低压）和低压用户电网。根据入网容量大小，大容量的可构成变电站级别电网，中小容量的可构成馈线级和用户级电网。

（2） 层次级别。如果规划建设的入网容量较大，可以按照容量由大至小分层进行供电模式规划，分别设置主电网、一级子电网和二级子电网甚至更低级别电网，如图 10－36 所示。

在确定各级电网的公共连接点（PCC）和解列方式的基础上配置电源和储能，达到逐层控制运行的目的。

（3） 容量等级。从容量角度可以将电网分为 4 类，分别是变电站级、馈线级、多用户级和单用户级，见表 10－28。

表 10－28　容 量 等 级 分 类

电网分类	容量范围/MW	适　宜　条　件
单用户级	＜2	要应用于居民和商业建筑，一般仅含有一类分布式电源，如冷热电联供系统和屋顶光伏发电系统
多用户级	2～5	一般包含多种建筑物、多样负荷类型的网络，如小型工业、商业区及居民区等，可能含有不止一类分布式电源
馈线级	＞5～10	可能由多个包含单一或多样化单元的较小型的光伏电源组合而成，适用于公共设施、政府机构等场合，可能为中压级别
变电站级	＞10	可能包括一些变电站内的发电单元以及一些馈线级和设施级的电网，鉴于我国电网实际情况，一般情况下不宜采用

3. 渗透率

分布式电源提供的电能或功率的比例通常被称为渗透率，用百分比表示。

（1）渗透率计算。容量渗透率是指分布式电源全年最大小时发电量与系统负荷全年最大小时用电量的百分比。

能量渗透率是分布式电源全年提供的电量占系统负荷全年耗电总量的百分比。

当考虑燃料或者 CO_2 减排时，采用平均渗透率。

$$平均渗透率=\frac{光伏电源提供的能（kW\cdot h）}{传递给负载的总（kW\cdot h）}$$

系统控制时采用瞬时渗透率

$$瞬时渗透率=\frac{光伏电源提供的能量（kW）}{传递给负载的总能量（kW）}$$

（2）容量渗透率与能量渗透率。由于分布式电源出力的大小受配电网最小允许负荷的限制，在分布式能量渗透率较高的情况下，分布式电源发电量对系统的贡献不再与安装容量成正比，容量渗透率和能量渗透率呈非线性关系，如图 10－37 所示。

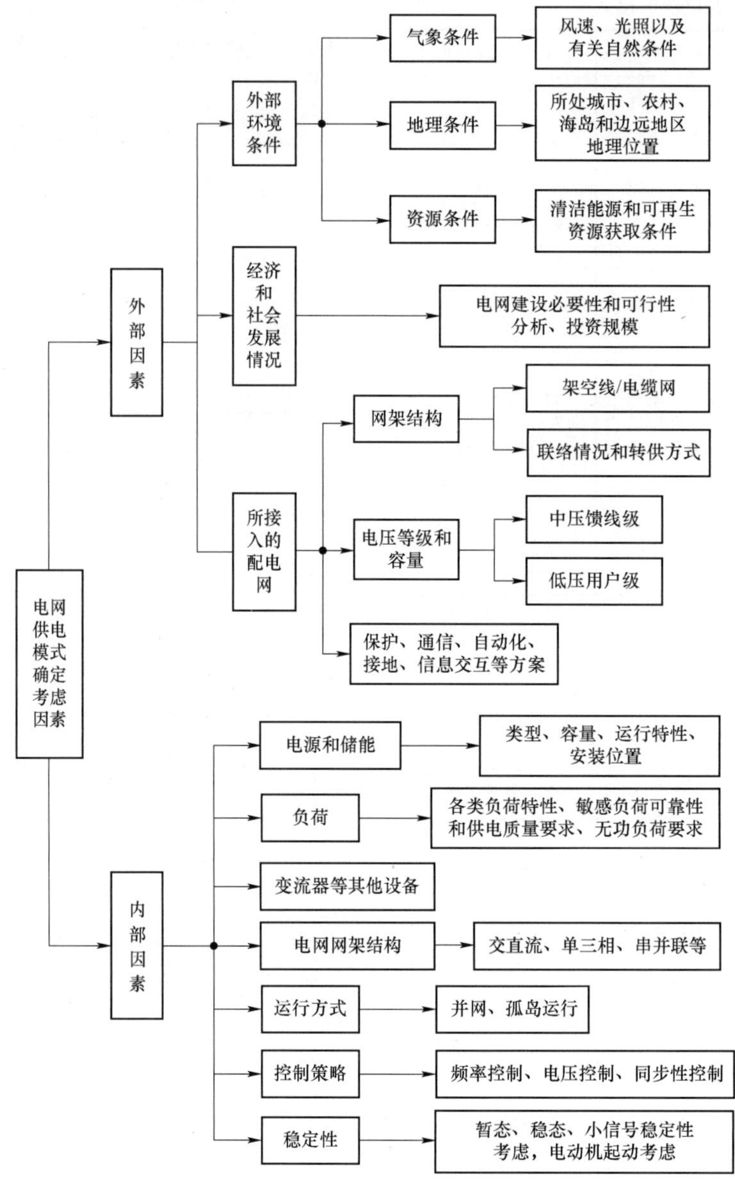

图 10-35　供电模式考虑因素

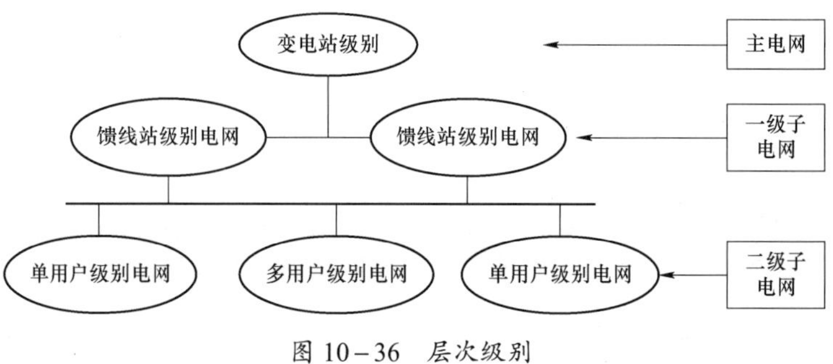

图 10-36　层次级别

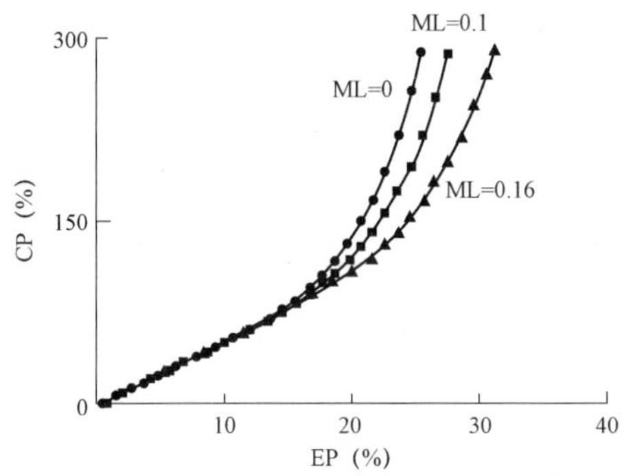

图 10－37　光伏容量渗透率与能量渗透率关系曲线
ML—配电网的最小允许负荷

（3）容量渗透率极限。为防止馈线出现反向潮流，各馈线最小负荷为 0，即接入馈线分布式电源发电功率不超过同时刻馈线负荷。从这个角度分析，整个配电网也存在一个最小允许（净）负荷，理想情况下该最小允许负荷就是各馈线最小负荷之和。

当系统中的分布式电源接入容量渗透率达到某一数值时，系统的最小净负荷降到全年负荷最小值以下；当系统中的分布式电源接入容量渗透率达到某一数值时，系统的最小净负荷小于 0，对应配电网中出现反向潮流。

10.4.10　电梯能量回收

房地产业、城市公共建设等产业的迅速发展，新装电梯日益增多，对能耗的需求也日益增大，电梯运行中产生的再生能量的回收也越来越受到国家和政府的重视。而如果全国 90 万台电梯全部开展节能降耗工作，按每台电梯节能 30%，那将是一个很大的数字，具有很大的经济效益和社会效益。

电梯的动力消耗主要来自驱动汽车的曳引机，电动机的电能占总能耗的 70%以上。因此，研发高效的电动机驱动系统是电梯节能的关键。在电机驱动系统中，主要有两种节约电能的方法：一是提高电机驱动系统的效率。例如，用变频器取代异步电动机的速度调节器，是目前提高电机的运行效率的节能措施应用最为广泛。此外，采用变频调速技术，与永磁同步无齿轮曳引机技术应用的发展，电梯的电机驱动系统更明显的节能运行效率。二是移动荷载的机械能通过能量反馈装置转化为电能（可再生能源是由放电电阻消耗）回到 AC 电源或储能装置，或其他电气设备附近使用的再生操作，电机驱动系统的功耗可以在一个单位时间减少，从而达到节能的目的。

国内电梯常用的结构如图 10－38 所示。电梯节能系统典型结构如图 10－39 所示。

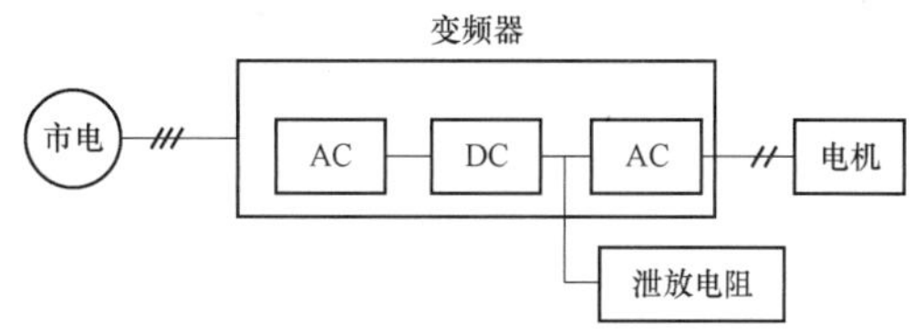

图 10－38　国内电梯常用的结构

对于采用交－直－交变频器的单个电梯而言，能量回馈系统主要分为以下几种结构：

1）使用逆变器将能量反馈到电网。

2）利用电池吸收和反馈能量。

3）与直流母线直接相连的超级电容器的吸收和反馈能量。

4）超级电容器通过直流母线的双向 DC/DC 连接来吸收和反馈能量。

液压电梯是以液压为动力的电梯。图 10－40 是普通阀控调速液压电梯系统结构简图。

在该系统中，电梯一般采用旁路节流调速，电梯上行过程：电动机驱动泵旋转，液压油输出速度，通过控制阀（流量控制）进入液压缸，液压缸直接或间接驱动小车和负载运行。电动机在下降过程中通常不工作，电梯轿厢和负载自降。阀组控制液压缸的液压油流量的节流（液压油的这一部分直接流向油箱），从而完成电梯下坡的速度控制。从控制的角度来看，这有利于电梯控制，而且简化了系统结构；但从能源的角度来看，当电梯向下的动能和势能转化为热能和几乎完全消退，不仅使电梯液压系统受到温度变化的影响，而且，也有巨大的能量损失。

液压电梯的能量回收方式（图 10–41 和图 10–42）如下：

（1）电动机能量回馈。将液压电梯轿厢及负载的势能在下降过程中经过液压油路转化为电能。

（2）电动机带飞轮存储动能。电梯下行的势能不是通过电动机回馈到电网，而将能量储存在飞轮中且利用飞轮可以稳定电动机启动性能。

（3）液压蓄能器储能。利用液压蓄能器将液压电梯下行过程的势能转化为压力能储存起来，在电梯上行过程将释放该压力能，不仅实现了能量回收，而且可以相对降低系统对电动机额定功率的要求。

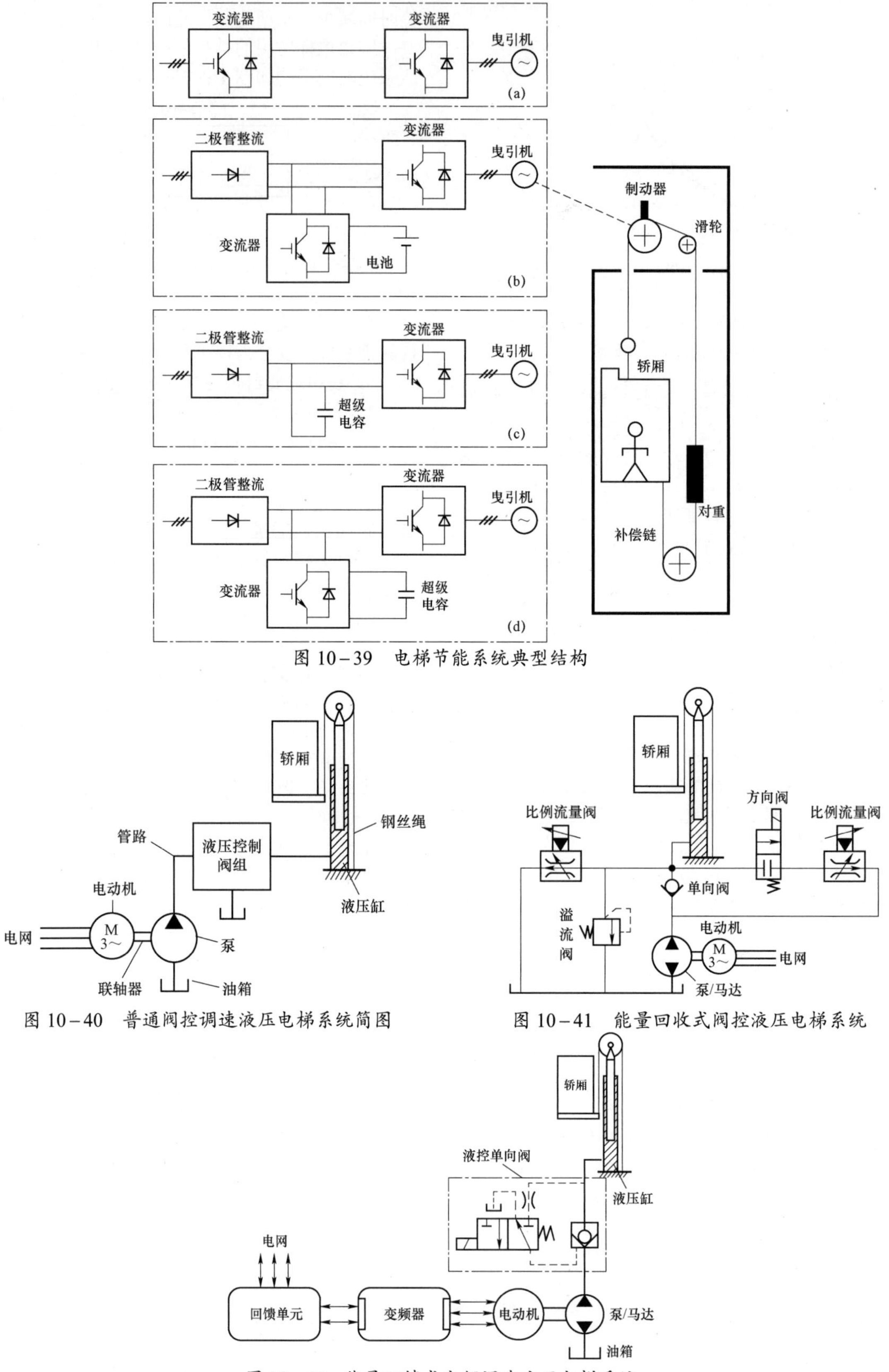

图 10-39 电梯节能系统典型结构

图 10-40 普通阀控调速液压电梯系统简图

图 10-41 能量回收式阀控液压电梯系统

图 10-42 能量回馈式变频调速液压电梯系统

第 11 章 建筑防雷保护

11.1 雷击建筑物过程

11.1.1 雷电的形成机理

雷电是指以下类型电荷之间的放电过程：云内的异性电荷之间；云间的异性电荷之间；云中电荷和大地之间。

雷电放电由带电的雷云引起。雷云带电原因有多种解释，目前未达成一致。一般认为，雷云是在特定的大气和地面条件下，强大的湿热气流不断上升，进入大气层冷凝的结果。强烈的上升气流穿过云层，水滴被碰撞分裂而带电荷。轻微的水气带负电，被吹向高空，形成大块带负电的雷云；大滴水珠带正电，凝聚成雨或悬浮在云中，形成局部的带正电的区域。雷云的底部通常带负电，它在地面处感应出大量的正电荷。雷云和大地之间可能形成强大的电场，电位差高达数兆伏至数十兆伏。当电场强度超过大气游离放电的临界值（大气中约为 30kV/cm，有水滴存在时约为 10kV/cm）时，形成云间或对地的火花放电，产生几十至几百千安的电流，发出强烈的光和热，空气急剧膨胀振动发生霹雳轰鸣，这就是雷电。

大多数雷电发生在云间。对地放电的雷云大多数带负电，形成的雷电流也为负极性。负极性雷电流占 90%左右。广东省电力试验研究所根据雷电定位系统得到的结论为：在云地闪击中，大多数为负极性闪击，在 1997～1999 的三年间，负极性闪击分别占总闪击次数的 95.6%、95.6%和 95.8%。

11.1.2 雷击过程

根据现在对雷电放电过程的认识，一次典型的雷击过程通常由以下几部分组成。

1. 预击穿过程

以典型负极性云地闪击为例（占总云地闪击数量的 90%左右），雷电发生的源头是积雨云，或者叫雷云。其电荷结构比较典型的可以分为三层，从上至下依次为正极性电荷区（P）、负极性电荷区（N）和下层正极性电荷区（LP）。在 N 和 LP 之间会因为某种原因产生放电形成预击穿，或者称为初始击穿。预击穿的产生依次包括了流注放电的产生、云内先导的形成和云内先导的发展这三个部分，它们都是雷云内的不同形态的水（水珠、冰晶、水汽等）在云内电场的作用下形成的，这三部分的产生条件依次是：

（1）在 $1m^3$ 范围内电场强度达到 300～400kV/m。

（2）电场强度在几米范围内超过 200kV/m。

（3）雷云内背景电场强度为 100kV/m。

预击穿过程大约持续几毫秒到几十毫秒。预击穿过程为下行梯级先导的形成创造条件。

2. 梯级先导

在预击穿过程的末期，电子与空气分子发生碰撞产生电离，从而形成了逐步向下发展的梯级先导。梯级先导是向下不连续发展的等离子体通道，因其不连续的逐级发展而得名。光谱分析认为，梯级先导的结构可以看作一个半径约为 0.1～0.5m 的热核，外面围绕着一层较冷的电晕层，电晕层是由先导头部的流注区和先导通道的热核部分电晕放电共同形成的。梯级先导的发展速度约为 2.0×10^5m/s［其变化范围为（1.0×10^5～2.6×10^6）m/s］，每步的长度为几十米，间隔大约 20～50μs。每步发展对应的通道电流峰值约为 1kA 以上。梯级先导的一个效果是将云中的负电荷转移并存储在先导形成的等离子体通道及其分支结构中。在梯级先导头部和地面之间通常会有几十兆伏的电势差，而在雷云和大地之间的电势差大约在 94～102MV 之间。

下行梯级会产生很强的大气电场，当先导发展到靠近地面时（5～50m 之间），会在地面上，特别是地面的凸起物上形成上行梯级先导。

3. 回击过程

上行梯级先导的产生到它和下行梯级先导接合的过程称为连接过程。连接过程的结束意味着在雷云和大地间形成了一条等离子体通道，这就是回击电流的运动通道，通常被称作回击通道。回击过程是指大地中的正电荷沿通道向上中和了存储在通道和分支中的负电荷的过程，而回击电流正是这种电荷中和运动的结果。回击过程比下行先导过程明亮许多，回击的传播速度也比梯级先导的传播速度快很多，平均为 5.0×10^7m/s。

从梯级先导的开始到首次回击这个完整的放电过程称为一次闪击。

在上面所述的发展过程中，对连接过程需要另外说明。连接过程中，下行先导和上行先导的头部都存在一定范围的、相对电离程度较低的流注区，两者的流注区相连接会引发末跃。由于接合过程是在近地面范围内发生的，而地面存在各种建筑物（群）、高大构架和不同的地形。它们对下行先导产生的感应是不同的。并且由于下行梯级先导往往存在分支，所以有时会感应出多个上行先导。但并非所有的上行先导都会与下行梯级先导连接上。这样就会形成多种不同类型的雷电放电情况。

4. 箭式先导和后续回击过程

在第一次闪击之后，经过几十毫秒的时间间隔，可能形成第二次闪击。这种闪击通常会有多次（3～5次），称为后续回击，它们是在箭式先导的触发下形成的。箭式先导也是一种下行先导，由于它是沿着第一次闪击形成的电离子的路径运动，所以它没有梯级结构的特点，而且它的传播速度大于梯级先导的传播速度，平均为 2.0×10^6m/s。当箭式先导接近地面时，同样会产生上行先导与其会合，继而形成回击。只是后续回击的电流幅值往往小于首次回击。

11.1.3 雷电流参数

1. 对地雷闪

（1）对地雷闪有两种基本类型：

1）下行雷闪：始于云对地的一个向下先导。

2）上行雷闪：始于地面建筑物对云的一个向上先导。

在平地或低矮建筑物上出现的大多是下行雷闪，而在暴露和/或高耸的建筑上出现的主要是上行雷闪。随着建筑物有效高度的增加，建筑物上遭受直接雷击的概率增加，且物理状态发生变化。

（2）雷电流通常由一个或多个不同的雷击组成：

1）持续时间小于或等于 2ms 的短时间雷击（图 11－1）。

2）持续时间大于 2ms 的长时间雷击（图 11－2）。

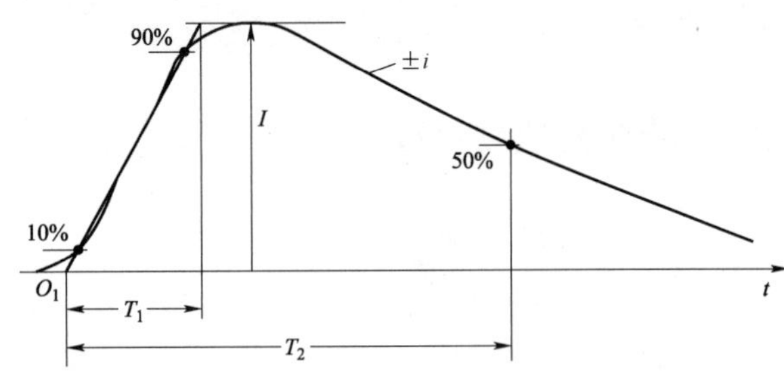

图 11－1 冲击电流参数的定义（典型值 $T_2\leqslant$ 2ms）

O_1 —视在原点；I —电流峰值；i —电流；t —时间；

T_1 —波头时间；T_2 —半值时间

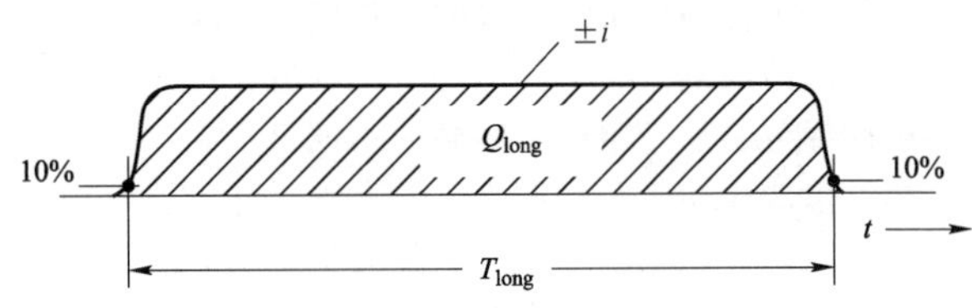

图 11－2 长时间雷击参数的定义

（典型值 2ms＜ T_{long} ＜1s）

T_{long} —持续时间；Q_{long} —长时间雷击电荷

雷击按其极性（正极性或负极性）和在雷闪中所处的位置（首次雷击、后续雷击、叠加雷击）进一步区分，图 11－3 和图 11－4 分别是下行雷闪和上行雷闪的可能组成成分。

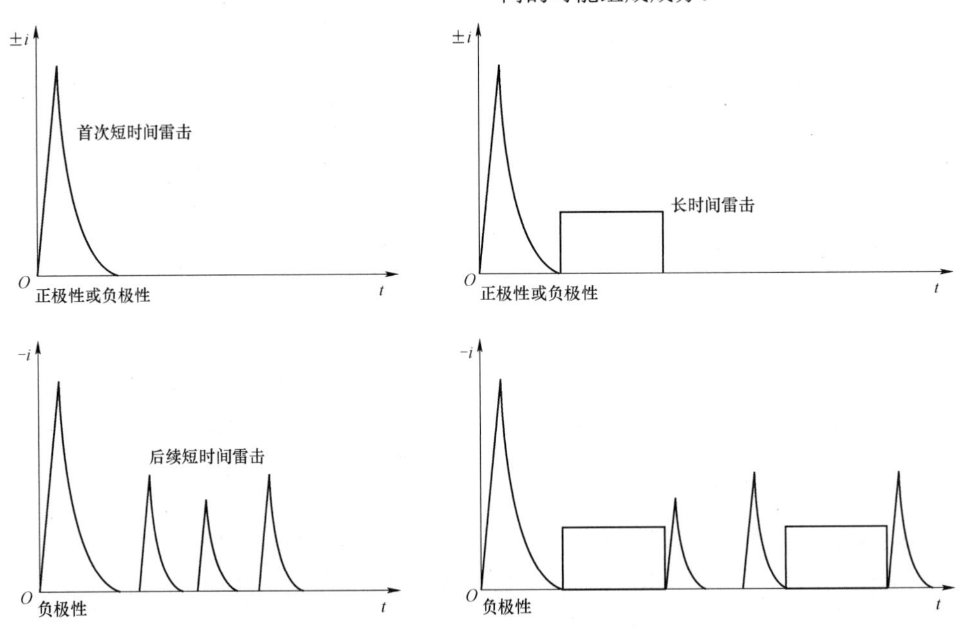

图 11－3 下行雷闪的可能组成成分

（通常对平地或低矮建筑物的雷击）

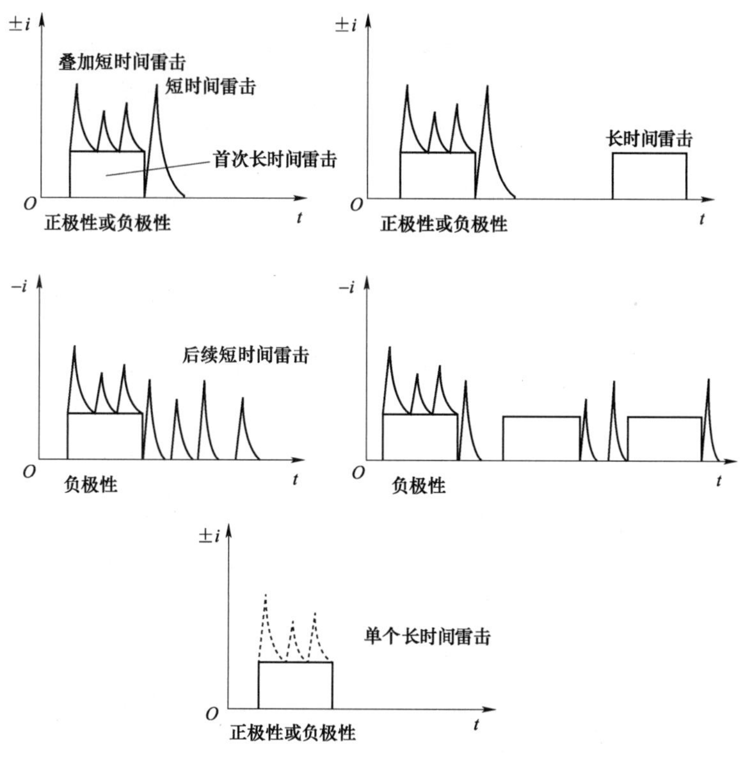

图 11－4　上行雷闪的可能组成成分
（通常对暴露或较高建筑物的雷击）

上行雷闪的附加成分是首次长时间雷击上可能叠加高达几十个短时间雷击。不过，上行雷闪的所有冲击电流参数都比下行雷闪的小。具有较大电荷量的长时间上行雷闪尚未获得证实。所以通常认为下行雷闪的冲击电流参数最大值涵盖了上行雷闪的冲击电流参数。

2. 雷电流参数

本部分雷电流参数依据国际大电网会议（CIGRE）报告获得，见表 11－1。其统计分布假定为对数正态分布，相应的均值μ和标准差σ_{lg}在表 11－2 中给出，图 11－5 表示其分布函数。据此可确定每一参数值出现的概率。

假设 10%的雷闪为正极性，90%的雷闪为负极性（极性比与地域有关）。如果没有当地的资料可资利用，宜采用这里给出的雷电极性比。雷电流峰值超出前述考虑范围的概率值在表 11－3 中给出。

表 11－1　　**雷电流参数值**（摘自 CIGRE Electra No.41 或 No.69）

参数	LPL Ⅰ的确定值	数值			雷击类型	图 11－5 中的曲线
		95%	50%	5%		
I / kA		4[①]	20[①]	90	首次负极性短时间雷击[②]	1A＋1B
	50	4.9	11.8	28.6	后续负极性短时间雷击[②]	2
	200	4.6	35	250	首次正极性短时间雷击（单个）	3
Q_{FLASH}/C		1.3	7.5	40	负极性雷击	4
	300	20	80	350	正极性雷击	5
Q_{SHORT}/C		1.1	4.5	20	首次负极性短时间雷击	6
		0.22	0.95	4	后续负极性短时间雷击	7
	100	2	16	150	首次正极性短时间雷击（单个）	8

续表

参数	LPL Ⅰ的确定值	数值			雷击类型	图 11－5 中的曲线
		95%	50%	5%		
W/R/（kJ/Ω）		6	55	550	首次负极性短时间雷击	9
		0.55	6	52	后续负极性短时间雷击	10
	10 000	25	650	15 000	首次正极性短时间雷击	11
di/dt_{max}/（kA/μs）		9.1	24.3	65	首次负极性短时间雷击[②]	12
		9.9	39.9	161.5	后续负极性短时间雷击[②]	13
	20	0.2	2.4	32	首次正极性短时间雷击[②]	14
di/d$t_{30/90\%}$/（kA/μs）	200	4.1	20.1	98.5	后续负极性短时间雷击[②]	15
Q_{LONG}/C	200				长时间雷击	
T_{LONG}/s	0.5				长时间雷击	
波头持续时间/μs		1.8	5.5	18	首次负极性短时间雷击	
		0.22	1.1	4.5	后续负极性短时间雷击	
		3.5	22	200	首次正极性短时间雷击（单个）	
雷击持续时间/μs		30	75	200	首次负极性短时间雷击	
		6.5	32	140	后续负极性短时间雷击	
		25	230	2000	首次正极性短时间雷击（单个）	
时间间隔/ms		7	33	150	多重负极性雷击	
总雷闪持续时间/ms		0.15	13	1100	负极性雷闪（全部）	
		31	180	900	负极性雷闪（无单个）	
		14	85	500	正极性雷闪	

① I=4kA 和 I=20kA 的概率分别等于 98%和 80%。

② 参数和相关值见 Electra No.69。

表 11－2 从概率 95%～5%的数值计算得出的雷电流参数的均值μ和标准差σ_{lg}（摘自 CIGRE Electra No.41 或 No.69）

参数	均值 μ	标准差[①] σ_{lg}	雷击类型	图 11－5 中的曲线
I /kA	（61.1）	0.576	首次负极性短时间雷击（80%）[②]	1A
	33.3	0.263	首次负极性短时间雷击（80%）[②]	1B
	11.8	0.233	后续负极性短时间雷击 b	2
	33.9	0.527	首次正极性短时间雷击（单个）	3
Q_{FLASH}/C	7.21	0.452	负极性雷闪	4
	83.7	0.378	正极性雷闪	5
Q_{SHORT}/C	4.69	0.383	首次负极性短时间雷击	6
	0.938	0.383	后续负极性短时间雷击	7
	17.3	0.570	首次正极性短时间雷击（单个）	8
W/R/（kA/μs）	57.4	0.596	首次负极性短时间雷击	9
	5.35	0.600	后续负极性短时间雷击	10
	612	0.844	首次正极性短时间雷击	11

续表

参数	均值 μ	标准差[①] σ_{lg}	雷击类型	图 11－5 中的曲线
di/dt_{max}/（kA/μs）	24.3	0.260	首次负极性短时间雷击	12
	40.4	0.369	后续负极性短时间雷击	13
	2.53	0.670	首次正极性短时间雷击	14
di/dt_{max}/（kA/μs）	20.1	0.420	后续负极性短时间雷击[②]	15
Q_{LONG}/C	200		长时间雷击	
T_{LONG}/C	0.5		长时间雷击	
波头持续时间/μs	5.69	0.304	首次负极性短时间雷击	
	0.995	0.398	后续负极性短时间雷击	
	26.5	0.534	首次正极性短时间雷击（单个）	
雷击持续时间/μs	77.5	0.250	首次负极性短时间雷击	
	30.2	0.405	后续负极性短时间雷击	
	22.4	0.578	首次正极性短时间雷击（单个）	
时间间隔	32.4	0.405	多个负极性雷击	
总雷闪持续时间	12.8	1.175	负极性雷闪（全部）	
	167	0.445	负极性雷闪（无单个）	
	83.7	0.472	正极性雷闪	

① $\sigma_{lg}=\lg(X_{16\%})-\lg(X_{50\%})$，式中，$X$ 是参数值。

② 参数和相关值见 Electra No.69。

表 11－3　概率 P 与雷电流 I 的关系

I/kA	P
0	1
3	0.99
5	0.95
10	0.9
20	0.8
30	0.6
35	0.5
40	0.4
50	0.3
60	0.2
80	0.1
100	0.05
150	0.02
200	0.01
300	0.005
400	0.002
600	0.001

11.2　建筑物外部防雷装置

11.2.1　科学防雷的起源与发展

1. 科学防雷的起源

1752 年 5 月 10 日，在法国国王路易十五的倡导下，托马斯•弗朗索瓦•狄阿里巴在巴黎附近的马利花园做了一次公开的科学实验。从一个干燥的岗亭内竖起一根长长的铁杆，铁杆与大地绝缘，当时正好有雷雨云经过，站在地面的人可以从铁杆上获得电火花（图 11－6）。实验证实了雷雨云被电气化的特性，表明闪电的本质是一种放电，这就是著名的岗亭实验。

岗亭实验是根据本杰明•富兰克林的论文《电的实验与观察》中的描述进行的实验，是人类历史上第一次对雷电的科学探索。这个结论在 18 世纪中期确实耸人听闻，然而很快就得到了其他的实验验证。

不久以后，1752 年 6 月，富兰克林利用在风筝上挂一串钥匙成功地进行了另一个实验，就是后来家喻户晓的风筝试验。富兰克林在注意到雷电放电和电火花之间的显著相似之后，发明了避雷针（即接闪杆），此后，利用避雷针保护建筑物开始应用起来。

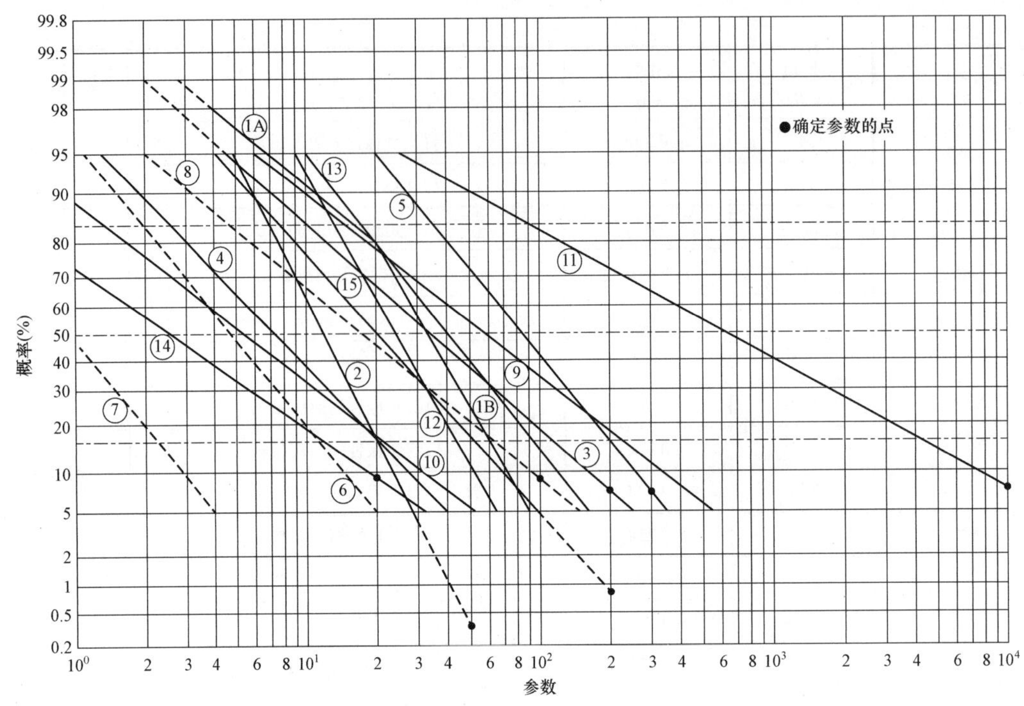

图 11－5　雷电流参数的累积频率分布（曲线通过概率 95%～5%的值）

注：曲线的编号见表 11－1 和表 11－2。

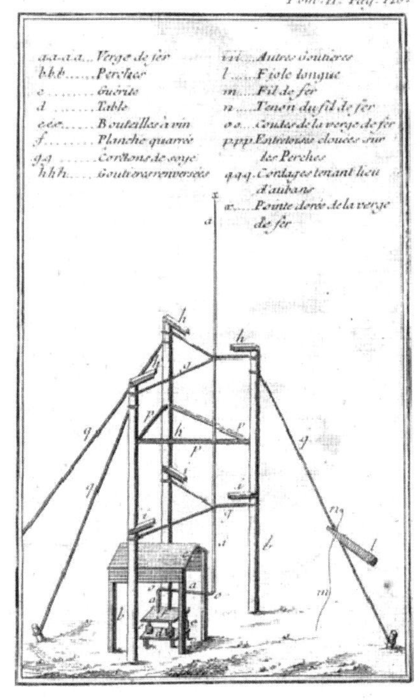

图 11－6　岗亭实验示意

注：图中的“岗亭实验”于 1752 年发生在法国的马利花园，实验是基于本杰明•富兰克林的建议，用于验证雷雨云是否带电。丝绳和瓶子以及 13m 长铁杆均与大地绝缘。一个人站在地上能够从铁棍上获得电火花，或者能为莱顿瓶充电。

2. 防雷的发展

富兰克林接闪杆应用以后，对于接闪杆应该是尖的还是炖的，产生过激烈的争论。由于误信接闪杆电阻越小越有利于接闪，人们花了很多精力研究各种金属的导电性。有的在接闪器上镀上黄金，有的甚至用上白金。然而，不少显著的雷害事故是由旁侧闪络引起的，使得人们意识到良好接地的重要性，因此，接地装置日益复杂，甚至出现了用盐或其他材料降低接地电阻的方法。

当时，对两个理论问题的探讨十分引人注目，接闪器能否有效地使雷雨云中的电荷中和，从而避免雷击的发生，即中和理论（消雷理论）；以及接闪器的保护范围问题。

（1）中和理论。18 世纪中期，有人认为使雷雨云中的电荷中和，可以防止雷击的发生。1754 年，捷克科学家迪维茨制造了一个 7.4m 高，装有 216 个尖端的木架子，所有尖端通过一根金属链接地，希望使雷雨云寂静无声地放电，从而避免雷击的发生。从那时开始，利用多个尖端放电，中和雷云中电荷的做法周期性地出现。

美国于 1976 年和 1989 年对消雷器进行过两次广泛的研究和讨论，一致认为：消雷器的技术有效性缺乏足够的科学论据，即消雷器不能消雷。1997 年，我国 22 名防雷科技工作者联名发表《关于立即停止使用“消雷器”的倡议书》，呼吁停止使用“消雷器”，提倡采用经过长期实践检验的有效的、经济的常规防雷方法。

（2）接闪器的保护范围。

1）观测法：1777 年 5 月，伦敦附近普夫里特镇的一座弹药库因雷击受损，而防雷装置（LPS）未受到雷击。该建筑物的接闪杆是由包括富兰克林在内的一个委员会所设计。图 11－7 标示了接闪器和被打坏的屋角的相对位置。这是首次观察到接闪器保护建筑物的局限性。

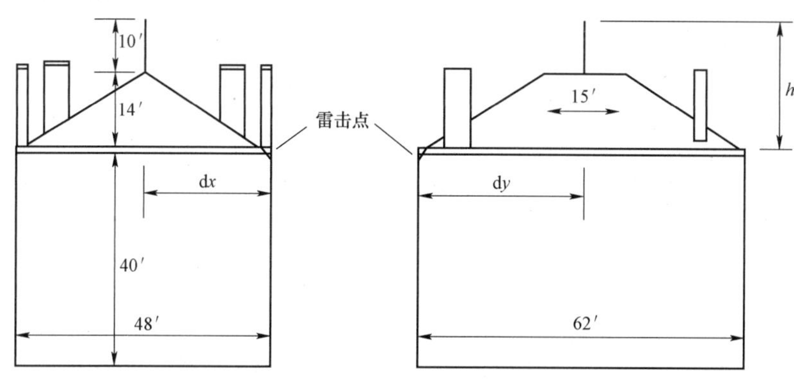

图 11－7　普夫里特镇遭雷击的建筑物草图

1779 年，法国一位科学家首先提出了接闪杆的保护范围问题，随后的 1823 年，盖吕萨克为首的法国科学院颁布一项接闪杆导则，认为垂直接闪杆可以有效保护围绕其底部的一个圆形空间，该圆的半径是接闪杆高度的两倍，即保护比为 2。此后各国的学者对此展开了调查和研究，得出各种各样的接闪杆保护区域。麦尔森斯根据洛奇（1892）收集的数据，把各种不同保护比的保护区域绘制成一张图上，如图 11－8 所示。大量研究得出的结论是，对于一根垂直的接闪杆，无法获得一个十分肯定的保护区域。

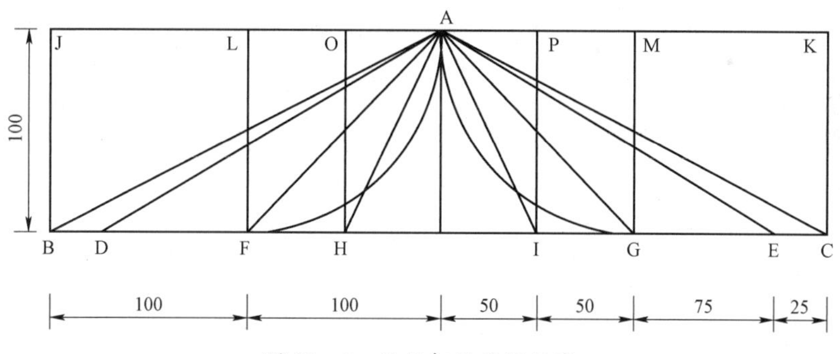

图 11－8　接闪杆的保护区域

JBCK，圆柱体，盖吕萨克 1823；BAC，圆锥体，德冯维尔 1874；DAE，圆锥体，巴黎委员会 1875；LFGM，圆柱体，查普曼 1875；FAG，圆锥体，阿达姆斯 1881；OHIP，圆柱体，假设；FAG，特殊圆锥体，普里 1881；HAI，圆锥体，麦尔森斯。

2）几何法：用几何方法解决保护区的问题基于这样一种概念：闪电进展到某一点时，如该处的接闪杆构成一个入地的最短通道，雷电将优先打在接闪杆上，而不会打到地面。富兰克林把这一临界高度称为“雷击距”。从此，把雷电流这个电气量和相应半径的球体这个几何量联系起来。

普利斯首先使用几何法研究一根接闪杆周围的电场分布情况。他的结论是：接闪杆可以保护一个圆锥形的空间，其高度等于接闪杆的高度，其地面为半径等于针高的圆，其边长等于以针高为半径的圆周的十分之一。

目前，我们使用的是以下电气—几何模型，其关系式为

$$h_r = 10 \times I^{0.65} \tag{11-1}$$

式中：h_r 为雷击距，即滚球半径，m；I 为 h_r 相对应的得到保护的最小雷电流幅值，kA，即比该电流小的

雷电流能击到被保护的空间。

实际工程中，广泛利用建筑物的自然部件作为防雷系统的一部分，既可以降低造价，又可以延长防雷装置的寿命。屋顶边缘用以装饰目的的金属条可以作为接闪带，利用建筑物钢筋混凝土内的钢筋可以替代引下线和接地体。

11.2.2 建筑物的防雷分类

1. 雷击大地的年平均密度

一天中一次雷声和一千次雷声同属于一个雷暴日，早期用雷暴日衡量雷电活动的频度，具有一定的局限性。采用雷击大地的年平均密度代替雷暴日具有更大的合理性。

雷击大地的年平均密度，首先应按当地气象台、站资料确定；若无此资料，在温带地区可按下式计算

$$N_g = 0.1 \times T_d \tag{11-2}$$

式中：T_d为年平均雷暴日，根据当地气象台、站资料确定，d/a。

注：年平均雷暴日宜采用当地近3年以上仪器测量的年平均值。

2. 建筑物年预计雷击次数

建筑物年预计雷击次数N按以下公式计算

$$N = kN_g A_e \tag{11-3}$$

式中：k为校正系数，一般取1；位于河边、湖边、山坡下或山地中土壤电阻率较小处、地下水露头处、土山顶部、山谷风口等处的建筑物，以及特别潮湿的建筑物取1.5，没有接地的金属屋面的砖木结构建筑物取1.7，位于山顶上和旷野的孤立建筑物取2；N_g为建筑物所处地区雷击大地的年平均密度，次/（$km^2 \cdot a$）；A_e为与建筑物截收相同雷击次数的等效面积，km^2，按照GB 50057—2010附录A计算确定。

3. 建筑物防雷分类

IEC标准和GB/T 21714.1—2015根据雷电防护水平和被保护建筑物的特性，将防雷装置（LPS）定义为Ⅰ、Ⅱ、Ⅲ和Ⅳ四类。GB 50057—2010则根据建筑物的重要性、使用性质、发生雷电事故的可能性和后果，将建筑物的防雷要求分为三类。

本部分防雷分类与GB 50057—2010内容保持一致，具体分类如下：

（1）下列情况之一应按第一类防雷建筑物：

1）凡制造、使用或贮存炸药、火药、起爆药、火工品等大量爆炸物质的建筑物，因电火花而引起爆炸，会造成巨大破坏和人身伤亡者。

2）具有0区或20区爆炸危险场所的建筑物。

3）具有1区或21区爆炸危险场所的建筑物，因电火花而引起爆炸，会造成巨大破坏和人身伤亡者。

（2）下列情况之一应按第二类防雷建筑物：

1）国家级重点文物保护的建筑物。

2）国家级的会堂、办公建筑物、大型展览和博览建筑物、大型火车站和飞机场、国宾馆、国家级档案馆、大型城市的重要给水水泵房等特别重要的建筑物。

3）国家级计算中心、国际通信枢纽等对国民经济有重要意义的建筑物。

4）特级和甲级体育馆。

5）制造、使用或贮存爆炸物质的建筑物，且电火花不易引起爆炸或不致造成巨大破坏和人身伤亡者。

6）具有1区或21区爆炸危险场所的建筑物，且电火花不易引起爆炸或不致造成巨大破坏和人身伤亡者。

7）具有2区或22区爆炸危险场所的建筑物。

8）有爆炸危险的露天钢质封闭气罐。

9）预计雷击次数大于0.05次/a的部、省级办公建筑物及其他重要或人员密集的公共建筑物。

10）预计雷击次数大于0.25次/a的住宅、办公楼等一般性民用建筑物。

（3）下列情况之一应按第三类防雷建筑物：

1）省级重点文物保护的建筑物及省级档案馆。

2）预计雷击次数大于或等于0.01次/a且小于或等于0.05次/a的部、省级办公建筑物及其他重要或人员密集的公共建筑物。

3）预计雷击次数大于或等于0.05次/a且小于或等于0.25次/a的住宅、办公楼等一般性民用建筑物。

4）预计雷击次数大于或等于0.05次/a的一般性工业建筑物。

5）在平均雷暴日大于15d/a的地区，高度在15m及以上的烟囱、水塔等孤立的高耸建筑物；在平均雷暴日小于或等于15d/a的地区，高度在20m及以上的烟囱、水塔等孤立的高耸建筑物。

11.2.3 建筑物内钢筋的连续性

1. 钢筋混凝土建筑物中钢筋的连续性

钢筋混凝土建筑物内，为实现“钢筋互连”，垂直或水平主钢筋应采用如下连接方式：

（1）焊接。

（2）夹接，或连接器连接。

（3）绑扎（重叠部分尺寸不应小于其直径的20倍），或其他可靠的连接。

对于新建建筑物，钢筋构件之间的连接应由设计师和施工工程师协调配合确定。钢筋混凝土（包括预制和预应力钢筋混凝土）建筑物，钢筋的电气连续性

可通过其最上部和地面之间的电气测量来确定，测试直流电阻值应不大于 0.2Ω。

按图 11－9 所示接线测量接闪器和接地极之间的电阻，测量设备与被测物之间采用四条导线连接（两条测量线、两条信号线），检测电流约 10A，要求最大电阻不超过 0.2Ω。

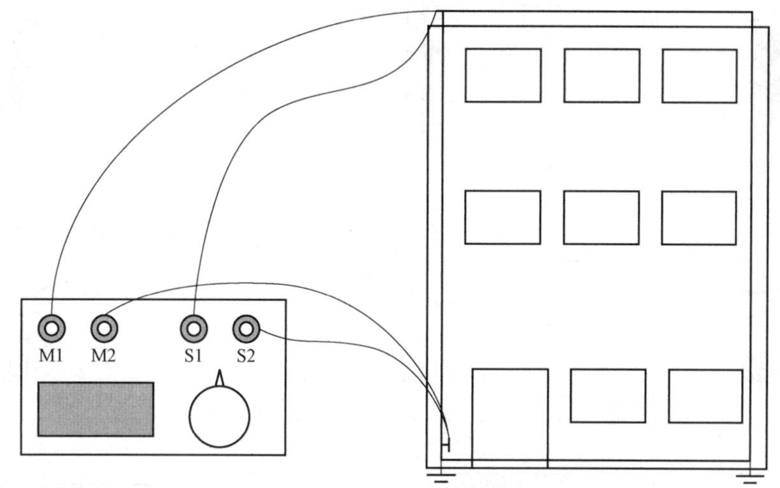

图 11－9　整体电阻的测量

当建筑物内垂直和水平主钢筋经过焊接或其他可靠的连接，就可以认为钢结构在电气上是连续的。混凝土内的钢筋互连以后，将形成笼型等电位连接；如果有足够多的钢筋，可视为一个电磁屏蔽体，有助于电气、电子设备避免雷击电磁脉冲产生的干扰。假设注入建筑物主钢筋中的电流有多条通道，那么对地泄流网络的阻抗将会降低，电流密度也相应较低。而且多条并行通道产生相反的磁场作用，降低了建筑物主钢筋网中部分雷电流产生的磁场。因此，对邻近内部电气设备的干扰也相应减弱。

利用建筑物内多条垂直互连钢筋作为引下线时，雷电流产生的磁场比常规引下线产生的磁场低，房间内部导体环路的感应电压也较低，有利于防止内部系统出现故障。

2. 利用混凝土中钢筋的等电位连接

在建筑物内钢筋互连的前提下，可以在建筑物内相应部位设置连接带或者接地连接板，从而实现等电位连接。例如，通过连接设备的基础底座或者支架来实现等电位连接。图 11－10 是一个工业建筑中主钢筋和连接带的连接示例。

建筑物内等电位连接板的预留位置，应在设计之初与工程承包方、土建施工方协商确定，垂直和水平主钢筋焊接或夹接均应在混凝土浇筑之前完成。

3. 主钢筋的可靠连接

钢筋混凝土建筑物内的钢筋互连主要通过焊接或夹接实现，其中，主钢筋的焊接应在设计人员同意后才可进行，且焊接长度不小于 50mm（图 11－11）。

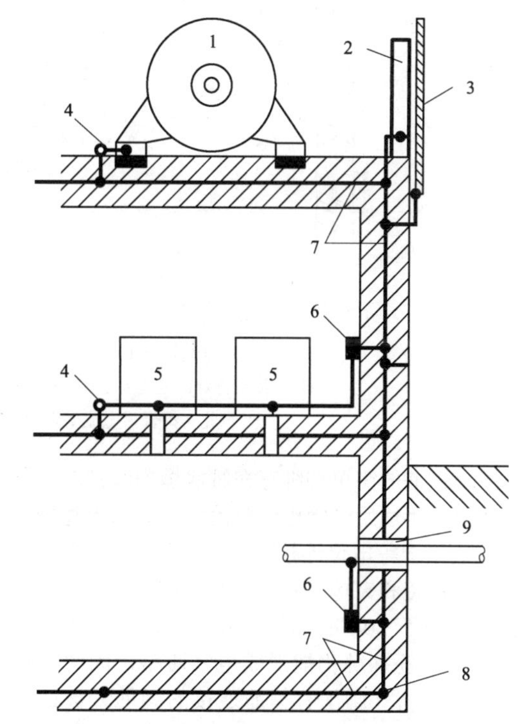

图 11－10　钢筋混凝土建筑物的等电位连接

1—电源设备；2—钢筋梁；3—立面的金属覆盖物；4—连接点；5—电气和电子设备；6—连接排；7—混凝土中的钢筋（含金属网格）；8—基础接地极；9—各种缆线的公共入口

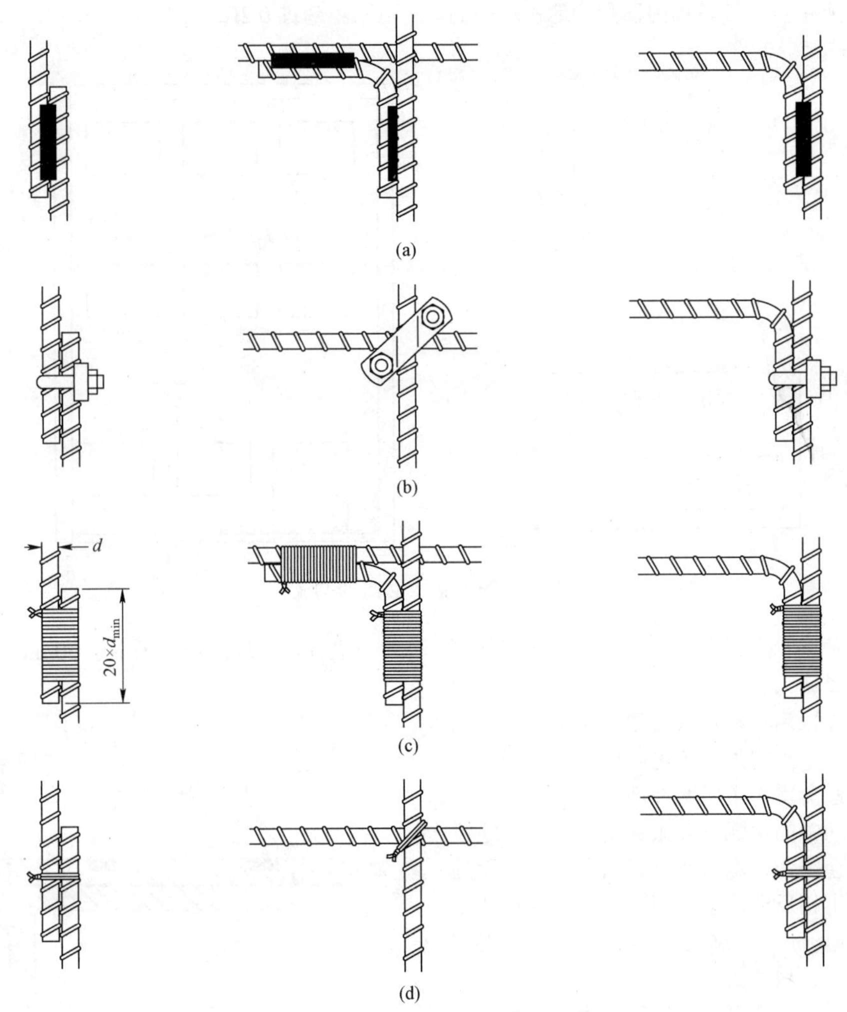

图 11－11　混凝土中主钢筋允许的典型连接方法

（a）焊接（符合雷电流要求和 EMC 要求）；（b）夹接（符合雷电流要求和 EMC 要求）；

（c）绑扎（符合雷电流要求和 EMC 要求）；（d）捆绑（只符合 EMC 要求）

单根钢筋的简单捆绑存在绑线爆裂和混凝土被损坏等风险，不适用于雷电流分流，因此，土建施工的捆绑仅适用于等电位连接和 EMC 目的，雷电流分流推荐采用焊接和夹接方式，或其他可靠的连接（如搭接长度不小于 $20d$ 的绑扎）方式。研究表明，不少于 3 根主钢筋捆绑仍能形成电气通路，因此，柱内或梁内主钢筋（属于有箍筋连接的钢筋）被认为是电气连续的，对钢筋混凝土建筑物的实际测量也证实了此结论。

主钢筋的连接尚应注意以下几点。

（1）外部导体与混凝土内互连钢筋之间的连接，优先采用焊接或夹接。混凝土内的钢筋焊接可采用常规焊接和热熔焊接，长度应不小于 50mm。在焊接前，交叉主钢筋应先行弯曲，平行距离至少为 70mm。

（2）当工程中不允许与主钢筋焊接时，应使用卡夹器或附加专用导体。附加导体的材料可以是钢、镀锌钢或铜。附加导体应夹接到建筑物主钢筋上，以充分利用混凝土钢筋的屏蔽作用。

（3）绑扎通常造成钢筋较大的浪费，尤其在大截面钢筋的连接中较少采用。

各类钢筋连接方式比较见表 11－4。

表 11-4　各类钢筋连接方式比较

分类	绑扎	机械连接		焊接
传力原理	粘接锚固	套筒咬合	卡夹器	熔融金属
可靠性	常用、较可靠	质量稳定、可靠	螺栓紧固	质量不易保证
缺点	钢筋浪费较多	增加套筒和套丝造价	增加卡夹器造价	施工较复杂
优点	施工方便	最有前途的连接		节约钢筋
原则	(1)大于ϕ28mm 的钢筋不宜采用绑扎连接 (2)绑扎接头宜相互错开，并有足够的连接长度	(1)大于ϕ28mm 的钢筋宜采用机械连接 (2)重要构件和关键部件首选机械连接		(1)不允许纵筋和其他钢筋的焊接 (2)电渣压力焊只能用于竖向构件

11.2.4　接闪器

1. 防直击的接闪器保护方式

(1) 概述。设置适当的接闪器能大大减少雷击建筑物的概率。接闪器可由以下任一部件组成：

1) 接闪杆。

2) 接闪带、线。

3) 接闪网。

位于屋顶的接闪杆应互相连接，以利于雷电流分流。不允许使用具有放射性物质的接闪器，其他非常规接闪器也应符合滚球法的保护范围。

(2) 位置。接闪器应按下列方法中一种或两种组合安装在建筑物的角上、暴露在外的点、边缘（特别是屋顶边缘）。接闪器的安装通常有滚球法或网格法两种方式。

滚球法适用于任何场合。网格法适用于对平屋面的保护。各种接闪器的滚球半径、网格尺寸及对应的雷电流峰值见表 11-5。

表 11-5　各种接闪器的滚球半径、网格尺寸及对应的雷电流峰值

建筑物防雷分类	防护方法		最小雷电流峰值/kA	最大雷电流峰值/kA
	滚球半径/m	网格尺寸/m		
第一类	30	5×5	5	200
第二类	45	10×10	10	150
第三类	60	20×20	16	100

2. 防侧击的接闪器保护方式

(1) 高度低于 60m 的建筑物，垂直面遭受低强度雷击的概率很低，通常可以忽略。屋顶和水平突起物应根据建筑物防雷分类做相应保护。

(2) 高度不低于 60m 的建筑物可能发生侧击，特别是表面的角、点及边缘等处。一般来说，高层建筑物遭受的雷击中，侧击仅占百分之几，且侧击的雷电参数值小得多，因此侧击的危险性比较小。但是，安装在建筑物外墙处的电气和电子设备可能会被电流峰值较低的雷电所损坏。

为保护高层建筑上部的20%且超过60m的部分及该处安装的设备，应按屋顶的防雷保护要求安装防侧击接闪器，接闪器应满足 20m×20m 的网格，且能够保护建筑物的拐角、边缘和突出部分（比如阳台、看台等）。

(3) 高层建筑物的防侧击接闪器可由以下方式实现：

1) 外部金属材料，例如，金属覆盖层或金属幕墙等。

2) 当建筑物没有外部金属导体时，可以利用建筑物垂直边缘设置的外部引下线。

3) 钢结构框架或者满足电气连续性的钢筋混凝土内的钢筋，可用于防侧击接闪器。

(4) 高度不低于 60m 金属窗防侧击。建筑物顶部和外墙上的接闪器必须与建筑物栏杆、旗杆、吊车梁、管道、设备、太阳能热水器、门窗、幕墙支架等外露的金属物进行电气连接。按照防侧击措施，建筑物侧面可能遭受侧击、非孤立的金属窗应与防雷装置（可利用引下线和防雷等电位连接环构成的接闪网格）可靠连接。考虑到和金属窗连接方便，可以每两层设置水平接闪带，分别在上下两层的金属窗侧预留连接板，以便后期连接使用。

另外，塑钢窗的外包塑料是绝缘层，其制造标准并不要求其内骨料有较好的连通导电性。由于塑钢窗连接不便，且人体不容易接触其金属部分，通常不要求做防雷等电位连接。

11.2.5　引下线

1. 基本要求

为了减少雷电通路的阻抗，更好地泄放雷电流，

降低防雷装置对设施损坏的概率，引下线可按以下要求设置：

（1）设置多个并联的雷电流引下通道。

（2）雷电流泄放通道应尽可能短。

（3）引下线的数量以避免雷电反击为原则，理论上应由计算隔离间距得到，实际可按屋顶外沿的周长计算（屋顶在地面上的投影）。当不能满足隔离间距要求时，建筑物导电部件应进行防雷等电位连接。

推荐在建筑物上部设置环形等电位连接，且与所有引下线可靠连接。应尽可能多的设置引下线，并用环形导体等间距连接，以避免产生危险火花，且有利于保护建筑物内部系统。在金属框架建筑物内，或互连钢筋具有电气连续性的钢筋混凝土建筑物中，可以不要求满足隔离间距。

2. 独立 LPS 的引下线

引下线应符合以下要求：

（1）当接闪器位于一个或多个独立的支撑杆上（支撑杆为非金属材料），则每个支撑杆至少应安装一根引下线。当支撑杆为金属材料或互连钢筋，则不需另设引下线。

（2）如果接闪器为悬链线（或一根导线），则每一悬链支点至少需要一根引下线。

（3）如果接闪器为网状导体，则每一支撑线的末端至少需要一根引下线。

3. 非独立 LPS 的引下线

（1）引下线的设置。引下线不应少于 2 根，且应分布在被保护建筑物的周围，尤其是暴露在外的墙角。引下线应尽可能围绕建筑物周边等间距设置，典型间距见表 11－6。

表 11－6　建筑物防雷分类对应的引下线之间的典型距离

建筑物防雷分类	典型间距/m
第一类	12
第二类	18
第三类	25

非独立 LPS 的引下线应按以下方式安装：

1）如果墙壁为非易燃材料，引下线可安装在墙体表面或墙内。

2）如果墙壁为易燃材料，雷电流通过时引起的温升不会对墙壁产生危险，引下线可安装在墙面上；如果雷电流通过时引起的温升会对墙壁产生危险，安装引下线时，应保证引下线与墙壁的间距大于 0.1m，其安装支架可与墙壁接触。

（2）引下线的测试板。

1）当利用混凝土内钢筋、钢柱作为自然引下线，并同时采用基础接地体时，可不设断接卡，但应在室内外的适当地点设若干连接板。这些连接板可供测量、接人工接地体和作等电位连接使用。

2）当仅利用钢筋作引下线并采用埋于土壤中的人工接地体时，应在每根引下线上，距地面不低于 0.3m 处设断接卡，其上端应与连接板或钢柱焊接。如果埋于土壤中的人工接地体与建筑物钢筋在地下土壤中直接连接，在没有挖开地面之前，无法判断埋于土壤中的人工接地体及其连接导体是否良好。所以应设断接卡，其上端应与连接板或钢柱焊接。

3）对于附加的引下线，应在各引下线上距地面 0.3～1.8m 之间装设断接卡，通过断开的断接卡可测试以下项目：① 两个测试板以上部分是否连通，以判断连接是否良好；② 每根接地线至接地体是否连通；③ 测试接地电阻。

4. 自然引下线

建筑物内下列构件可作为自然引下线：

（1）各部件间具有永久的电气连续性，且尺寸满足引下线要求的金属装置。

（2）电气连续的钢筋混凝土结构中的金属。对于预制钢筋混凝土，钢筋之间应建立多个互连的连接点，各连接点之间应用导体连接。对于预应力混凝土，应注意雷电流可能对钢筋造成不可承受的机械影响。

（3）建筑物内互连的钢结构金属框架。如果建筑物内的金属框架或互连钢筋被用作引下线，则不必设置环形等电位连接导体。

5. 施工要求

引下线应提供最短、最直接的入地路径，避免形成环路，在无法避免的地方，应使距离 s（导体上两点的间隔距离）及这些点之间的导体长度 l（图 11－12）满足 $l \leqslant 8s$。

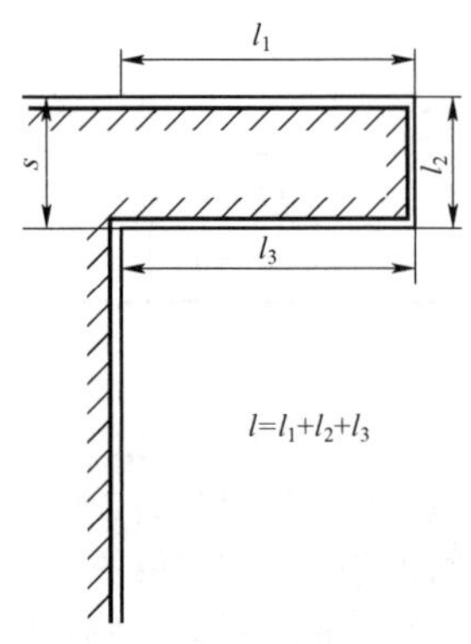

图 11－12　引下线内的环路

11.2.6 接地装置

1. 概述

雷电流可通过引下线泄散入地，为了使预期的雷击过电压降到最小，接地装置的形状和尺寸很重要。通常也建议采用较小的接地电阻（低频电阻小于10Ω）。

从防雷的角度，应采用共用接地装置，即防雷系统、电力系统和通信系统等连接到同一个接地装置。接地极的类型和埋深应尽可能使腐蚀、土壤干燥和冻土等的影响减到最小，使接地电阻值保持稳定。接地装置通常分为 A 型和 B 型两种基本类型。需要注意，不同材料的接地装置相连，可能会引起严重的腐蚀。

满足接地体规格要求的混凝土基础中的钢筋（或其他埋地金属结构）应优先作为接地极。当混凝土内钢筋作为接地极时，应避免混凝土出现机械裂纹；对预应力混凝土，应考虑雷电流通过时的影响，避免产生不可承受的机械应力。

2. A 型接地装置

A 型接地装置通常包括未形成环形的水平接地极或垂直接地极。A 型接地装置的接地极总数不应小于2，且每个接地极的最小长度为：水平接地极为 l_1；垂直接地极为 $0.5l_1$。其中，l_1 为水平接地极的最小长度，如图 11－13 所示。对组合（垂直或水平）接地极应考虑其总长度。如果接地装置的接地电阻小于 10Ω，则可不考虑其最小长度。

如果没有达到上述的要求，应使用 B 型的接地装置。当土壤电阻率高于 3000Ω·m 时，推荐使用 B 类接地装置或者增强的混合接地极。

A 型接地极顶部埋深至少为 0.5m，并尽可能均匀分布，使其在土壤中的电气耦合效应最小。

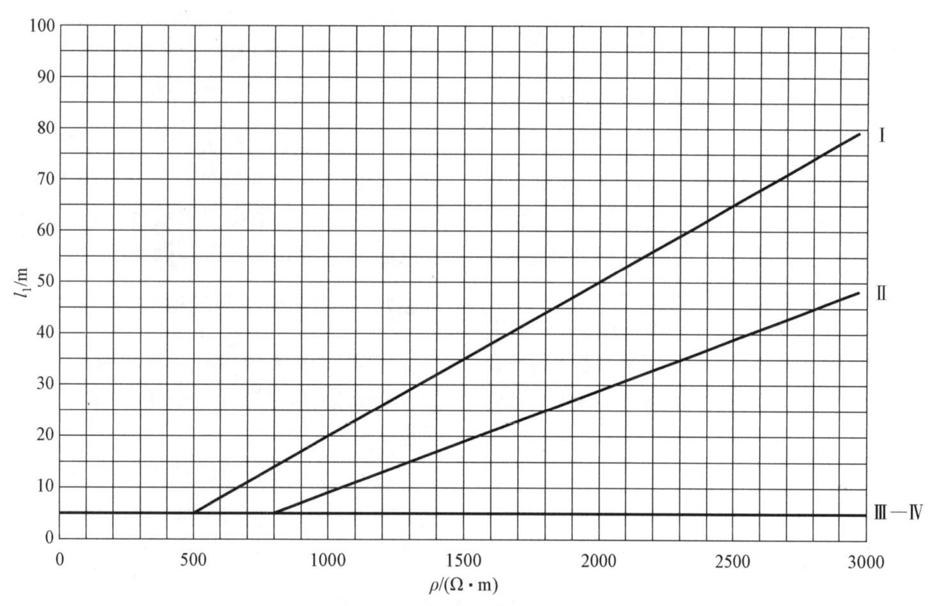

图 11－13 各类防雷装置（LPS）的水平接地极的最小长度 l_1

注：1. 雷电防护水平Ⅰ、Ⅱ、Ⅲ和Ⅳ分别对应我国防雷规范第一、二和三类防雷建筑物。

2. 类型Ⅲ和Ⅳ与土壤电阻率无关。

3. B 型接地装置

B 型接地装置包括总长度至少 80%与土壤接触的环形接地极或闭合基础接地极（包括网状接地极）。B 型接地装置虽然可以 20%不与土壤接触，但必须连接成环形。

环形接地极（或环形基础接地极）所在区域的等效半径 r_e 不应小于 l_1

$$r_e \geq l_1 \tag{11-4}$$

式中，l_1 按 LPS 分类（Ⅰ、Ⅱ、Ⅲ和Ⅳ，分别对应第一类、第二类和第三类防雷建筑物）分别表示在图 11－13 中。如果 $l_1 > r_e$，则应另外附加水平或垂直接地极。每个附加水平接地体的长度（l_r）和垂直接地极的长度（l_v）分别由下式给出

$$l_r = l_1 - r_e \tag{11-5}$$

$$l_v = (l_1 - r_e)/2 \tag{11-6}$$

附加接地极的数量不应小于引下线的数量，且不小于 2 个。附加接地极应在引下线的连接点处与环形

接地体相连，并宜多点等距离连接。

环形接地极（B 型装置）埋深至少为 0.5m，距离建筑物外墙约 1m。以下情形之一建议采用 B 型接地装置：

（1）裸露的坚硬岩石环境。

（2）安装有较多电子系统。

（3）存在高火灾危险的建筑物。

4. 接地电阻值测量

接地装置的工频接地电阻值测量常采用三极法和接地电阻表法。

（1）三极法。三极法的三极是被测接地装置 G、测量用的电压极 P 和电流极 C，如图 11－14 所示。三极（G、P、C）应布置在同一条直线上，且垂直于地网。电流极 C 和电压极 P 离被测接地装置 G 边缘的距离为 $d_{GC}=(4\sim5)D$ 和 $d_{GP}=(0.5\sim0.6)d_{GC}$，$D$ 为被测接地装置的最大对角线长度，点 P 可以认为是处在实际的零电位区内。为了较准确地找到实际零电位区，可以把电压极沿测量用电流极与被测接地装置之间连接线方向移动三次，每次移动的距离约为 d_{gc} 的 5%，测量电压极 P 与接地装置 G 之间的电压。如果电压表的三次指示值之间的相对误差不超过 5%，则可以把中间位置作为测量用电压极的位置。把电压表和电流表的指示值 U_G 和 I 代入公式 $R_G=U_G/I$ 中，得到被测接地装置的工频接地电阻 R_G。

当被测接地装置的面积较大、土壤电阻率不均匀时，为了得到较可信的测试结果，宜将电流极和被测接地装置之间的距离增大，同时电压极离被测接地装置的距离也相应地增大。

测量工频接地电阻时，如 d_{GC} 取（4～5）D 值有困难，当接地装置周围的土壤电阻率均匀时，d_{GC} 可以取 $2D$ 值，而 d_{GP} 取 D 值；当接地装置周围的土壤电阻率不均匀时，d_{GC} 可以取 $3D$ 值，而 d_{GP} 值取 $1.7D$ 值。

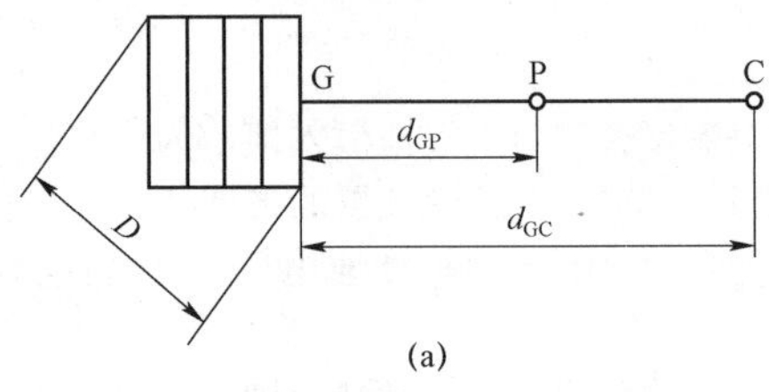

(a)

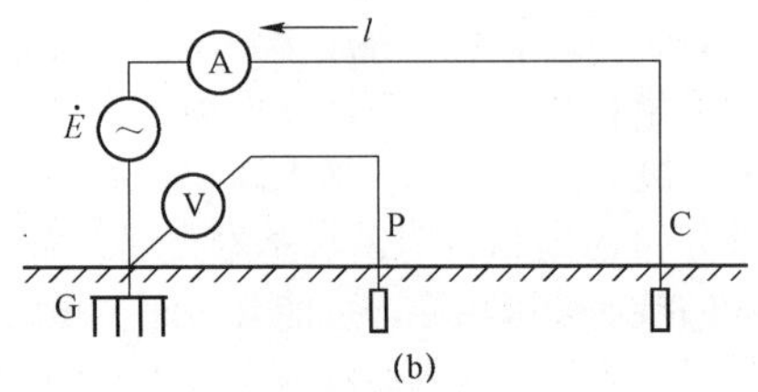

(b)

图 11－14 三极法的接线原理图

（a）电极布置图；（b）接线原理图

G—被测接地装置；P—测量用的电压极；C—测量用的电流极；E—测量用的工频电源；A—交流电流表；V—交流电压表；D—被测接地装置的最大对角线长度

（2）接地电阻表法。测量大型接地地网（如变电站、发电厂的接地地网）时，应选用大电流接地电阻测试仪。使用接地电阻表进行接地电阻值的测量时，宜按选用仪器的要求进行操作。

11.2.7 防雷装置使用的材料

1. 防雷装置的材料及使用条件

防雷装置的材料及使用条件宜符合表 11－7 的规定。

2. 接闪器的材料、结构和最小截面

接闪器的材料、结构和最小截面应符合表 11－8 的规定。

表 11－7 防雷装置的材料及使用条件

材料	使用条件			耐腐蚀情况		
	空气中	土壤中	混凝土中	在下列环境中能耐腐蚀	在下列环境中增加耐腐蚀	与下列材料接触形成直流电耦合可能受到严重腐蚀
铜	单根导体，绞线	单根导体，有镀层的绞线，铜管	单根导体，有镀层的绞线	在许多环境中良好	硫化物 有机物	—
热镀锌钢	单根导体，绞线	单根导体，钢管	单根导体，绞线	敷设于大气、混凝土和无腐蚀性的一般土壤中受到的腐蚀是可接受的	高氯化物含量	铜
镀铜钢	单根导体	单根导体	单根导体	在许多环境中良好	硫化物	—
不锈钢	单根导体，绞线	单根导体，绞线	单根导体，绞线	在许多环境中良好	高氯化物含量	—

续表

材料	使用条件			耐腐蚀情况		
	空气中	土壤中	混凝土中	在下列环境中能耐腐蚀	在下列环境中增加耐腐蚀	与下列材料接触形成直流电耦合可能受到严重腐蚀
铝	单根导体，绞线	不适合	不适合	在含有低浓度硫和氯化物的大气中良好	碱性溶液	铜
铅	有镀铅层的单根导体	禁止	不适合	在含有高浓度硫酸化合物的大气中良好	—	铜 不锈钢

注：1.敷设于黏土或潮湿土壤中，镀锌钢可能受到腐蚀。

2. 在沿海地区，敷设于混凝土中的镀锌钢不宜延伸进入土壤中。

3. 土壤中禁止使用铅材料。

表 11－8　　接闪器的材料、结构与最小截面

材料	结构	最小截面/mm²	备注⑩
铜，镀锡铜①	单根扁铜	50	厚度 2mm
	单根圆铜⑦	50	直径 8mm
	铜绞线	50	每股线直径 1.7mm
	单根圆铜③④	176	直径 15mm
铝	单根扁铝	70	厚度 3mm
	单根圆铝	50	直径 8mm
	铝绞线	50	每股线直径 1.7mm
铝合金	单根扁形导体	50	厚度 2.5mm
	单根圆形导体③	50	直径 8mm
	绞线	50	每股线直径 1.7mm
	单根圆形导体	176	直径 15mm
	外表面镀铜的单根圆形导体	50	直径 8mm，径向镀铜厚度至少 70μm，铜纯度 99.9%
热浸镀锌钢②	单根扁钢	50	厚度 2.5mm
	单根圆钢⑨	50	直径 8mm
	绞线	50	每股线直径 1.7mm
	单根圆钢③④	176	直径 15mm
不锈钢⑤	单根扁钢⑥	50⑧	厚度 2mm
	单根圆钢⑥	50⑧	直径 8mm
	绞线	70	每股线直径 1.7mm
	单根圆钢③④	176	直径 15mm

续表

材料	结构	最小截面/mm²	备注⑩
外表面镀铜的钢	单根圆钢（直径 8mm）	50	镀铜厚度至少 70μm，铜纯度 99.9%
	单根扁钢（厚 2.5mm）		

① 热浸或电镀锡的锡层最小厚度为 1μm。

② 镀锌层宜光滑连贯、无焊剂斑点，镀锌层圆钢至少 22.7g/m²、扁钢至少 32.4g/m²。

③ 仅应用于接闪杆。当应用于机械应力没达到临界值之处，可采用直径 10mm、最长 1m 的接闪杆，并增加固定。

④ 仅应用于入地之处。

⑤ 不锈钢中，铬的含量等于或大于 16 %，镍的含量等于或大于 8%，碳的含量等于或小于 0.08%。

⑥ 对埋于混凝土中以及与可燃材料直接接触的不锈钢，其最小尺寸宜增大至直径 10mm 的 78mm²（单根圆钢）和最小厚度 3mm 的 75mm²（单根扁钢）。

⑦ 在机械强度没有重要要求之处，50mm²（直径 8mm）可减为 28mm²（直径 6mm），并应减小固定支架间的间距。

⑧ 当温升和机械受力是重点考虑之处，50mm² 加大至 75mm²。

⑨ 避免在单位能量 10MJ/Ω 下熔化的最小截面是铜为 16mm²、铝为 25mm²、钢为 50mm²、不锈钢为 50mm²。

⑩ 截面积允许误差为 –3%。

11.2.8 防接触电压和防跨步电压措施

1. 防接触电压措施

LPS 引下线附近区域应防接触电压危害。采取下列任一措施，可将危害降低到允许的范围内：

（1）利用建筑物金属构架和建筑物互连的钢筋，电气上贯通且不少于 10 根柱子组成的自然引下线，作为自然引下线的柱子包括位于建筑物四周和建筑物内。

（2）引下线 3m 范围内地表层的电阻率不小于 50kΩ•m，或敷设 5cm 厚沥青层或 15cm 厚砾石层。

（3）外露引下线，其距地面 2.7m 以下的导体用耐 1.2/50μs 100kV 冲击电压的绝缘层隔离，或用至少 3mm 厚的交联聚乙烯层隔离。

（4）用护栏、警告牌使接触引下线的可能性降至最低限度。

2. 防跨步电压措施

LPS 引下线附近区域应采用防跨步电压危害。采取下列任一措施，可将危害降低到允许的范围内：

（1）利用建筑物金属构架和建筑物互连的钢筋，电气上贯通且不少于 10 根柱子组成的自然引下线，作为自然引下线的柱子包括位于建筑物四周和建筑物内。

（2）引下线 3m 范围内地表层的电阻率不小于 50kΩ•m，或敷设 5cm 厚沥青层或 15cm 厚砾石层。

（3）用网状接地装置对地面做均衡电位处理。

（4）用护栏、警告牌使进入距引下线 3m 范围内地面的可能性减小到最低限度。

11.2.9 外部防雷装置的检查和维护

1. 概述

LPS 的有效性取决于安装、维护以及所采取的测试方法。

由于腐蚀、气候影响、机械损害和雷击损害等原因，若干年后，LPS 部件可能功能减退。为了在 LPS 整个运行期内，保持机械特性和电气特性完好无损，LPS 维护很重要。

检查和维护计划必须由主管部门、LPS 设计人员和 LPS 安装人员共同制定，且要与建筑物业主或其指定的代表达成共识。维护和检查应相互协调，如果根据检查结果，有必要对 LPS 进行维护，则维护工作应立即实施，不能推迟到下个维护周期。

2. 检查

定期检查是 LPS 进行可靠性维护的基本条件。所有检查结果应通知业主，业主应立即组织维修。

（1）检查的内容：

1）LPS 设计符合要求。

2）LPS 的所有部件状态正常，能实现设计功能，且未被腐蚀。

3）所有新增加的服务设施或建筑已接入 LPS 系统。

（2）检查顺序：

LPS 的检查应接受防雷专业人员指导，按以下顺序进行检查：

1）在建筑物施工阶段，检查接地极。

2）安装完成后，检查 LPS 的情况。

3）周期性检查。检查周期应根据被保护建筑物的特性来决定，例如，腐蚀问题、LPS 分类等。

4）建筑物改造或维修后，或建筑物遭受雷击后。

（3）检查的周期。

LPS 检查周期由以下因素决定：

1）被保护建筑物的分类，特别要考虑损坏可能造成严重后果的情况。

2）LPS 的分类。

3）当地环境，例如：对腐蚀性大气环境，检查周期应相对较短。

4）单个 LPS 部件的材料。

5）固定 LPS 部件的表面类型。

6）土壤条件及相关的腐蚀率。

除上述因素外，每当被保护的建筑物有变动或进行了维修，以及 LPS 发生了雷电放电时，都应对 LPS 进行检查。LPS 检查的最长周期见表 11－9。

表 11－9　　LPS 检查的最长周期

防雷类别	外观检查/年	全面检查/年	关键情况的全面检查①②/年
第一类防雷建筑物	1	2	1
第二、三类防雷建筑物	2	4	1

注：如果国家管理或研究部门需要对建筑物的电气系统进行常规测试，建议测试防雷装置，包括内部防雷措施、电气设备的等电位连接等。先前的模拟设备需考虑防护水平，测试周期应根据本地情况或其他测试指标确定，例如：架设线路、技术规程、操作指南、国家相关安全法规等。

① 对具有爆炸危险的建筑物，应每 6 个月进行一次 LPS 外观检查，每年进行一次设备的电气测试。在通过每年多次测试，其接地电阻变化较小时，可每隔 14~15 个月测试周期执行一次，以了解不同季节接地电阻的变化情况。

② 关键情况包括含有内部敏感系统的建筑，办公大楼，商业大楼或其他有大量人群聚集的地方。

LPS 每年至少进行一次外观检查。在气候变化大和出现恶劣气候条件的地区，对系统的外观检查应比表 11－9 规定的更频繁些。如果客户有维护计划或建筑保险人提出要求时，LPS 可每年进行全面测试。

应每 2～4 年完成一次全面的检查与测试。在恶劣环境下，系统应每年进行一次全面检查。例如，暴露在严重机械外力环境下的 LPS 部件（例如，在风力很强地区的柔性连接带）、管线上的电涌保护设备、户外连接电缆等。

周期性检查时，应重点检查以下项目：接闪器部件、导体和接头的劣化或被腐蚀情况；接地极被腐蚀情况；接地装置的接地电阻值；连接情况、等电位情况和固定情况。

（4）测试。LPS 的检查与测试包括外观检查，且应通过以下步骤完成：连续性测试，特别对安装过程中隐蔽的 LPS 部件以及无法目测的 LPS；接地装置的传导接地电阻测试。应进行独立接地装置和联合接地装置测试，结果记录在 LPS 检查报告中。

1）每个接地极的接地电阻、整个接地装置的实际接地电阻。每个接地极的测试应在与测试接头隔离的情况下进行，测试接头处引下线和接地极间的连接应断开后再行测试。

注：对包含垂直接地极和部分或全部环形接地极的接地网络而言，断开和检测应在地面的检验井中进行，如果这种检查实现困难，例行的测试应通过高频或脉冲测试完成。

如果接地装置的接地电阻超过 10Ω，应查明接地极是否符合图 11－13 的要求。如果接地电阻明显增加，应分析变化的原因。

2）所有导体、连接器和接头的视觉检查及电气连续性测试结果。

如果接地装置不符合以上要求，或由于资料缺乏难以完成对以上要求的检查，应增加额外的接地极或安装新的接地装置。

3. 维护

LPS 应进行定期维护，以保证实现最初的设计要求，并执行表 11－9 所示明确的维护及维护周期，并不断进行 LPS 的更新。

应为 LPS 制定周期性维护计划，维护周期取决于以下因素：使性能劣化的气候和环境条件；在雷击活动区的暴露程度；建筑物的保护等级。

应该为每一特定的 LPS 制定 LPS 维护计划，维护计划应成为建筑物全面维护工程的一部分。为了与以前的结果相比较，维护工程应包含一份例行项目表，以确定维护程序和周期。维护包括以下几点：

（1）所有 LPS 导体和系统部件的检查。

（2）LPS 装置的电气连续性检查。

（3）接地装置的接地电阻测量。

（4）SPD 检查。

（5）重新对部件和导体进行加固。

（6）核实在建筑物及建筑物内设备增加或发生变化后，检查 LPS 的功能是否衰退。

11.3　建筑物内部防雷装置

11.3.1　一般要求

建筑物内部防雷装置可避免雷电流流经外部防雷装置时产生危险火花。可采用以下方法进行防雷等电位连接，或使各部件间保持间隔距离。

11.3.2 防雷等电位连接

1. 基本要求

防雷等电位连接要求防雷装置应与以下部件连接：

（1）金属装置：被保护建筑物内部可形成雷电流通道的金属构件。例如，金属管道、金属楼梯、电梯导轨、通风装置、加热或空调管道，以及建筑物的互连钢筋等金属部分。

（2）内部系统：建筑物内的电气、电子系统。

（3）与建筑物相连的外部引入的导电部件、导线。

防雷等电位连接的连接方法包括：

（1）对金属装置采用连接导体直接连接。

（2）在用导体连接不可行的地方，采用电涌保护器（SPD）连接，如建筑物电气、电子系统。

（3）在不允许导体连接的地方，采用隔离火花间隙（ISG）连接，如煤气管等处。

2. 金属装置的防雷等电位连接

（1）对独立的外部防雷装置，仅在地面处设置防雷等电位连接。

（2）对非独立的外部防雷装置，防雷等电位连接可设置在以下位置：

1）在建筑物基础或接近地平面处。连接导体、接地装置均应连接到等电位连接板上，连接板应方便维护人员接近并检查。对于大型建筑物，可以安装一个环形连接排或多个互连的连接板。

2）在建筑物地面以上，当达不到隔离间距时，也应设置防雷等电位连接，连接线应尽可能沿直线敷设。对于高度超过30m的建筑物，推荐在20m以上每隔20m设置等电位连接环，以避免雷电流造成旁侧闪络，发生不同部件之间的火花放电。

注：1. 建筑物内导电部件等电位连接后，应考虑到部分雷电流流入建筑物所产生的影响。

2. 短的、孤立的金属部分（如金属窗框等），等电位连接可以忽略。对于连续的金属窗等（如玻璃幕墙的金属构件），则需要和防雷装置作等电位连接。

3. 内部系统的防雷等电位连接

（1）如果内部系统的电缆有屏蔽层，或布放在金属管道内，则只需与屏蔽层或金属管道连接；当与线路相连的设备可能发生雷击过电压时，则电源线路应通过SPD连接。

（2）如果内部系统的电缆没有屏蔽层，也未放在金属管道内，则必须通过电涌保护器（SPD）连接。在TN系统中，PE和PEN导体应直接连接到LPS。SPD应具有以下特征：

Ⅰ级试验SPD的$I_{imp} \geqslant k_c I$，$k_c I$为流经外部LPS部件的雷电流；

电压保护水平U_p应低于设备的耐冲击电压额定值。

内部系统如果需要雷击电磁脉冲防护，则需要设置多个协调配合的SPD系统。

4. 防雷等电位连接线的选择

防雷等电位连接各连接部件的最小截面见表11-10。连接单台或多台Ⅰ级试验或D1类电涌保护器的单根导体的最小截面，尚应按下式计算

$$S_{min} \geqslant I_{imp}/8 \quad (11-7)$$

式中：S_{min}为单根导体的最小截面，mm²；I_{imp}为流入该导体的雷电流，kA。

表11-10 防雷等电位连接各连接部件的最小截面

防雷等电位连接部件	材料	截面/mm²
等电位连接带（铜、镀铜钢或热镀锌钢）	Cu（铜） Fe（铁）	50
从屋内金属装置至等电位连接带的连接导体	Cu（铜）	16
	Al（铝）	25
	Fe（铁）	50
从屋内金属装置至等电位连接带的连接导体	Cu（铜）	6
	Al（铝）	10
	Fe（铁）	16

续表

防雷等电位连接部件			材料	截面/mm²
连接 SPD 的导体	电气系统	Ⅰ级试验的 SPD	Cu（铜）	6
		Ⅱ级试验的 SPD		2.5
		Ⅲ级试验的 SPD		1.5
	电子系统	D1 类 SPD		1.2
		其他类的电涌保护器（连接导体的截面可小于 $1.2mm^2$）		根据具体情况确定

注：对于接线形式 2，N 和 PE 之间的接地线，以及接线形式 1，下端口合并接线时，电源引入处的Ⅰ级试验 SPD 下端口连接线为：$S_{min} \geqslant 4\times1.56mm^2=6.25mm^2$，应选 $10mm^2$。

11.3.3　与外部防雷装置的间隔距离

接闪器、引下线和建筑物的金属构件、金属装置，以及内部系统之间的电气绝缘可以通过设置间隔距离 s 来实现。s 可由下式计算

$$s=\frac{k_i}{k_m}k_c l \quad (m) \qquad (11-8)$$

式中：k_i 为取决于所选择的 LPS 分类（表 11－11）；k_m 为取决于电气绝缘材料（表 11－12）；k_c 为取决于流经接闪器和引下线的雷电流（表 11－13）；l 为从选定的间隔距离的点沿着接闪器或引下线到最近等电位连接点或接地点的长度（m）。

当连续的金属屋顶作为自然接闪器系统时，沿接闪器的长度 l 可忽略。

表 11－11　防雷分类对应的外部 LPS 的绝缘系数 k_i 的值

防雷分类	k_i
第一类	0.08
第二类	0.06
第三类	0.04

表 11－12　外部 LPS 的绝缘系数 k_m 的值

材料	k_m
空气	1
钢筋混凝土、砖瓦、木材	0.5

注：1. 当有多种绝缘材料串接时，k_m 值取各种材料中较低的值。
2. 使用其他绝缘材料时，k_m 值应由制造商提供。

表 11－13　外部 LPS 的绝缘系数 k_c 的值

引下线数量 n	k_c
1（只有独立 LPS 情况下）	1
2	0.66
3 根及以上	0.44

当线路或外部导电部件与建筑物连接时，必须保证在建筑物入口处进行防雷等电位连接（直接相连或通过 SPD 相连）。金属材料的建筑物或具有电气互连的钢筋混凝土建筑物不需要考虑间隔距离。外部 LPS 中的雷电流系数 k_c 值，取决于 LPS 分类、引下线数目、内部相连的环形导体，以及接地装置的类型。间隔距离取决于需考虑点到接地极或最近的等电位连接点的最短路径间的电感电压降。

11.3.4　存在爆炸危险场所的建筑物防雷

1. 基本要求

防雷装置应安装在易遭受直击雷的位置，并且除雷击点外，不应存在熔化或喷溅现象。存在爆炸危险场所的建筑物应优先采用 B 型接地装置，并应设置等电位连接。

建筑物本体也可提供等效的 B 型接地装置（例如金属储藏罐）。储存有固体爆炸性材料和爆炸性混合物的建筑物，接地电阻应尽可能小，且不应大于 10Ω。

2. 储存固体爆炸性材料的建筑物

对储存固体爆炸性材料的建筑物，应考虑建筑物内使用或储存材料的敏感性。例如，某些敏感爆炸性材料的结构可能会对快速变化的电场或雷电脉冲电磁场的辐射比较敏感，因此，有必要提出其他等电位连接或屏蔽要求。

对储存固体爆炸性材料的建筑物，可采用独立的外部 LPS。如果建筑物完全包含在 5mm 厚的钢结构或等效结构（例如，7mm 厚的铝结构）内，可认为已受到自然接闪器的保护。在可能发生发热和燃烧的地方，应当确保雷击点内表面的温升不会造成危险。

在存在爆炸性材料的地方，SPD 应作为 LPS 的一部分。条件许可时，SPD 应安装在固体爆炸性材料所在区域的外面；安装在爆炸性材料或爆炸性粉尘区域内部的 SPD，应采用防爆炸型 SPD。

3. *有爆炸危险区域的建筑物*

（1）一般要求。对于有爆炸性气体区域（0 区、1 区、2 区）或爆炸性粉尘区域（20 区、21 区、22 区）的建筑物，如果条件允许，外部 LPS 的所有部件（接闪器和引下线）至少应远离危险区域 1m；如果条件不允许，经过危险区的导体应进行可靠连接，避免出现连接松动。对可能会被雷电击穿的金属屋面下方的危险区域，应采用接闪器保护。

（2）等电位连接。除专设的连接导体外，具有电气连续性的自然金属管道也可用于连接。地面上生产用的装置外金属管道应最少每隔 30m 接地，与管道的连接应使得雷电流通过时不出现危险火花。管道的连接推荐在管道突出部分或法兰盘上的螺栓、螺孔处焊接；经测试和检查证明连接具有可靠性时，也可进行夹接。建筑物的金属部分、容器、圆筒、油罐车的接地点和连接点应提供焊接。

经技术人员同意后，LPS 和其他装置、结构或设备之间的等电位连接方可实施；未经技术人员批准不得使用火花间隙的等电位连接。

（3）有危险区域的建筑物。

1）包含 2 区、22 区的建筑物。对存在 2 区、22 区的建筑物，可以不需要附加防雷措施。对金属材料的生产设施（例如，2 区、22 区内的户外塔、反应器、容器），其厚度和材料符合接闪器的要求时，可不设置接闪器和引下线，但是生产设施应按要求接地。

2）包含 1 区、21 区的建筑物。对存在 1 区、21 区的建筑物，防雷可采用 2 区、22 区的要求。此外，如果管道使用了绝缘部件，技术人员应决定防护措施，例如，采用防爆的隔离火花间隙可避免击穿放电。隔离火花间隙和绝缘部件应置于爆炸危险区外。

3）包含 0 区、20 区的建筑物。对存在 0 区、20 区的建筑物，可采用 1 区、21 区的要求，并附加以下条款：

对 0 区、20 区的户外设施，可采用 1 区、2 区、21 区、22 区的要求，对于安装易燃液体容器内部的电气设备，应根据建筑物类型采取防雷措施。

0 区和 20 区内部封闭的钢质容器，如果雷击点内表面的温升不会造成危险，其壁厚应能防止雷击穿孔，否则，应安装接闪器。

4. *特殊应用*

1）加油站。位于车、船加油站等危险区域内的金属管线应按要求接地。考虑到铁轨电流、杂散电流、电气化铁路熔断器动作、阴极防腐蚀系统和其他类似的因素，所有有钢筋、钢轨的地方，管道应与钢筋、钢轨相连。

2）存储罐。储存可产生易燃气体、液体或存储易燃气体的构筑物已具有自身保护（包括厚度不小于 5mm 的钢容器或厚度不小于 7mm 的铝容器），不需要其他保护措施。同样地，被土壤覆盖的储油罐和输送管道也不需安装接闪器。在这些装置内使用仪器、设备时应得到批准，且应根据建筑物类型进行雷电防护。

对油罐厂（例如，炼油厂和油库）内的多个油罐，每个油罐仅进行单点接地已经足够，油罐之间应互相连接。

独立的存储罐或容器应按要求接地，如果存储罐或容器的最大水平尺寸（直径或长度）小于 20m，可一次接地；如果超过 20m，应两次接地。

对于浮顶罐，浮顶应与主罐体的外壳应可靠连接。设计时需仔细考虑基座、分流器和它们的相对位置，使得火花引燃爆炸性混合物的风险降至最低水平。如果安装滚梯，应使用宽度为 35mm、最小厚度为 3mm 的柔性连接导体将梯子和灌顶以及梯子和浮顶之间进行跨接。如果没有安装滚梯，罐体外壳和浮顶之间可用一根或多根（依据罐的尺寸而定）宽度为 35mm、最小厚度 3mm 的柔性连接导体或类似导体连接。连接导体不能形成环路。在浮顶罐上，围绕顶部外围每隔 1.5m 在浮顶和罐体外壳之间布放多根并联的连接导体，连接导体材料根据产品和/或环境要求选择。对雷电冲击放电电流的防护，可选用在罐壳和浮顶之间安装适当的导电连接，该连接应保证可靠并经测试合格才可采用。

11.4 建筑物内电气、电子系统防雷击电磁脉冲

11.4.1 雷击电磁脉冲

雷击电磁脉冲防护是指雷电流经电阻、电感和电容耦合产生的所有电磁效应，包括闪电电涌和辐射电磁场。

1. *损害源和传导途径*

（1）损害源。雷电流是损害源。按雷击点相对于被保护建筑物的位置，应考虑以下情况：

1）S1：雷击建筑物。

2）S2：雷击建筑物附近。

3）S3：雷击连接到建筑物的线路。

4）S4：雷击连接到建筑物的线路附近。

图 11－15 用于建筑物不同损害源和系统内雷电流分配的基本示例。

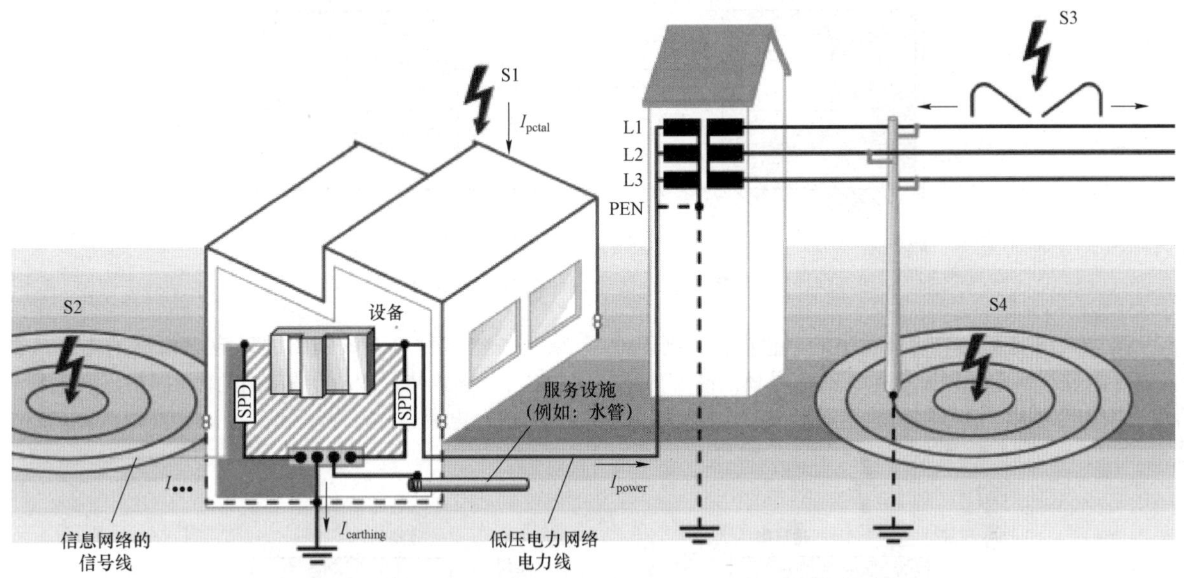

图 11－15　建筑物不同损害源和系统内雷电流分配的基本示例

S1—雷击建筑物；S2—雷击建筑物附近；S3—雷击与建筑物相连的服务设施；S4—雷击与建筑物相连的服务设施附近

（2）传导途径。损害源造成各种威胁的传导途径：传导和耦合。

1）电阻耦合（例如，建筑物接地装置的接地阻抗）。

2）电感耦合（例如，由电气、电子系统中线路构成的回路或等电位连接导体的电感所引起）。

3）电场耦合（例如，由鞭状天线接收所引起）。

通常，电场耦合作用比电感耦合作用小很多，可以忽略其影响。

2. 雷击电磁耦合的机理

（1）电阻耦合。在图 11－16 中，雷击建筑物 1，在其接地电阻 R_1 上产生约 100kV 的电位差，该幅值的电压足以闪络装置 1 和装置 2 的绝缘距离。于是，阻性耦合电涌电流从 MET1 通过装置 1，沿着信号线流到装置 2、MET2 和 R_2。该电涌电流的幅值取决于 R_1 和 R_2 的比值。

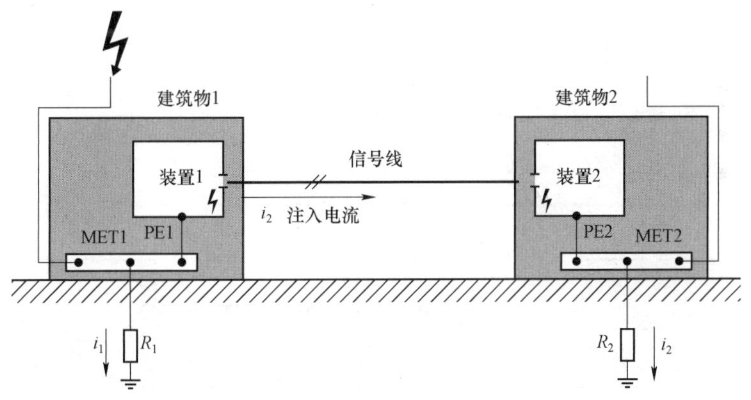

图 11－16　电阻耦合：阻性交叉耦合

（2）电感耦合。如图 11－17 所示，装置 1 和装置 2 之间的两芯线之间形成一个感应环。如果雷击建筑物 1，该环内将感应数千伏的横向电压，产生高达数千安的耦合电流。这些感应电压和电流施加在装置的输入端和输出端。

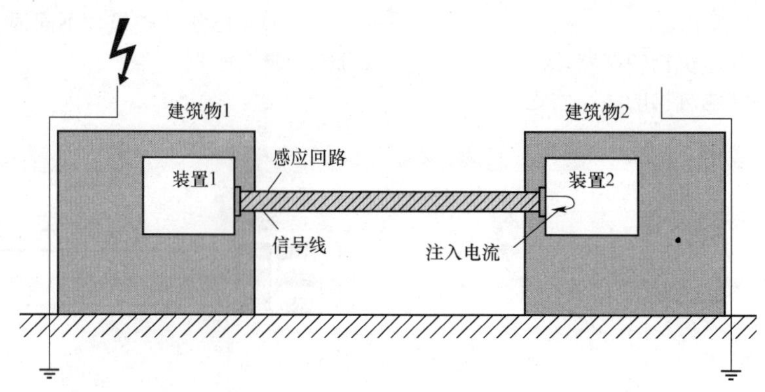

图 11－17 电感耦合：信号线的芯线之间形成感应回路

图 11－18 是另一种可能发生的电感耦合的例子。金属环内通过雷电通道或雷电流载流导体的感应磁场而产生感应电压，信号线和地之间形成感应回路。如果雷击建筑物 1，该回路内感应出很高的电压（约 10kV），导致装置 1 和装置 2 的绝缘闪络，产生数千安的耦合电流。

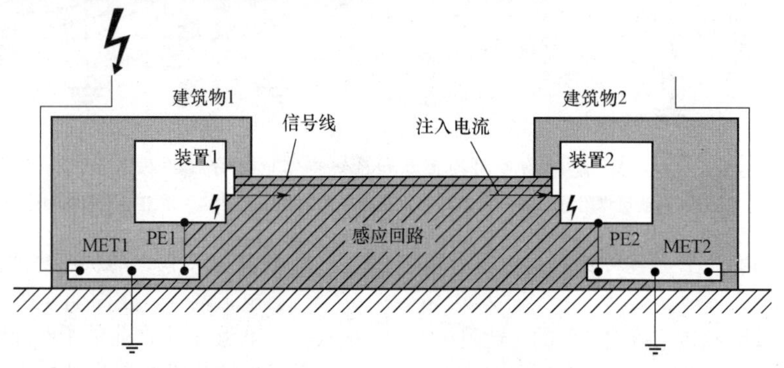

图 11－18 电感耦合：信号线和地之间形成感应回路

（3）电场耦合。在图 11－19 中，雷击大地或接闪器，将在接地极电阻 R_A 上的产生电位差，雷电通道或接闪器将升至很高的电压(约 100kA，与其周围相比)。图中，装置 1 和装置 2 之间的信号线与这种雷电通道或接闪器发生电场耦合，耦合电容被充电，引起“注入”电流（约 10A)，通过装置 1 和装置 2 流入大地。

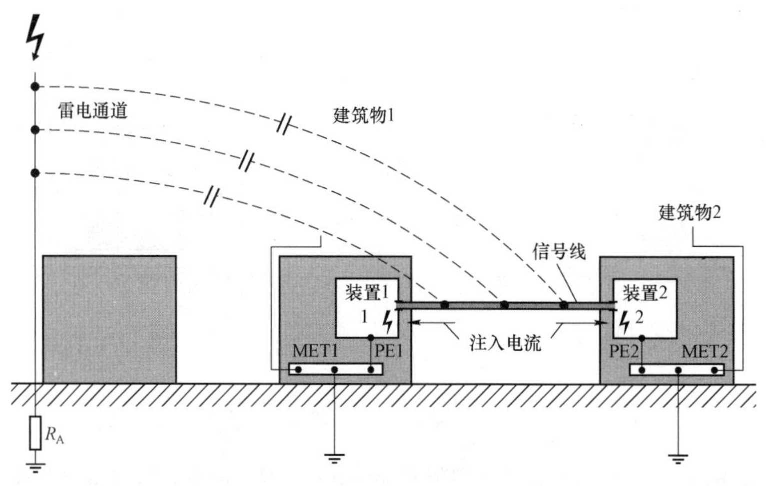

图 11－19 电场耦合：耦合电容被充电

11.4.2　建筑物的防雷区

1. 防雷区（LPZ）

雷击电磁脉冲（LEMP）会危及电气、电子系统，因此，应采取防雷击电磁脉冲措施（SPM），以避免建筑物内部系统失效。

SPM 基于防雷区（LPZ）的概念，它将被保护系统的空间划分成若干个 LPZ。防雷区概念由美国人 E.F.Vance 于 1977 年提出，Vance 的文章 “屏蔽与接地抗干扰控制的几何位置应用” 将相邻区域的边界进行屏蔽接地，实现对外部电涌侵入的控制。这些理论上划分的区域是指定空间（或内部系统）的一部分，根据 LEMP 强度的显著变化划分相应的区域，LEMP 的严重程度和该空间的内部系统的耐受水平相匹配。LPZ 的边界由采用的防护措施来定义，包括边界处做等电位连接和电源引入处设置 SPD。

图 11－20 是 LPZ 的划分示例，根据雷电威胁程度，定义了如下的 LPZ：

（1）外部区域。

LPZ0：该区域的威胁来自未衰减的雷击电磁场，内部系统可能遭遇全部或部分雷电流。LPZ0 又分为：$LPZ0_A$ 和 $LPZ0_B$。

$LPZ0_A$：该区域的威胁来自直击雷和全部雷击电磁场，内部系统可能流过全部雷电流。

$LPZ0_B$：该区域对直击雷进行了防护，但受到全部雷击电磁场威胁，内部系统可能流过部分雷电流。

（2）内部区域。

LPZ1：该区域电涌电流在边界处通过分流、隔离界面，和/或 SPD 得到限制。空间屏蔽可以衰减雷击电磁场。

LPZ2…n：该区域电涌电流在边界处通过分流、隔离界面和/或附加的 SPD 得到进一步限制。附加的空间屏蔽能进一步衰减雷击电磁场。

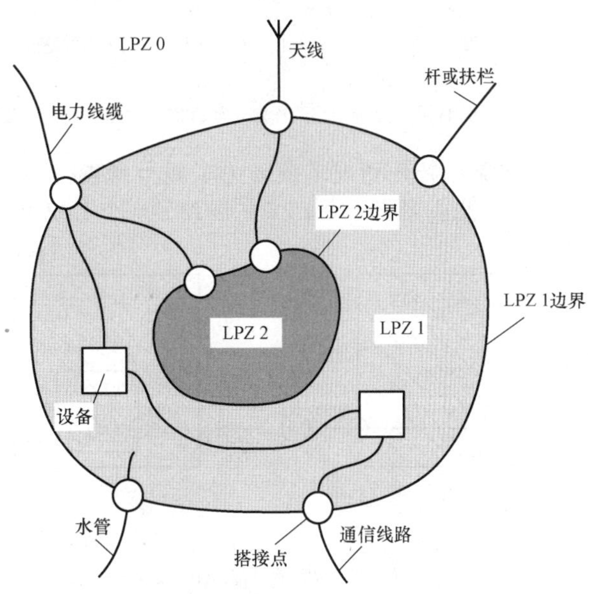

图 11－20　LPZ 的划分原则

○入户公共设施直接连接或通过 SPD 进行等电位连接

注：本图是一个建筑物划分内部 LPZ 的示例。入户公共设施分别在进入 LPZ1 和进入 LPZ2 的边界处进行等电位连接。

2. 防雷区的互连和扩展

如果两个分开的建筑物由电力线或信号线连接在一起，或者为了减少所需 SPD 的数目，有必要将相同序号的 LPZ 互连起来（图 11－21）。

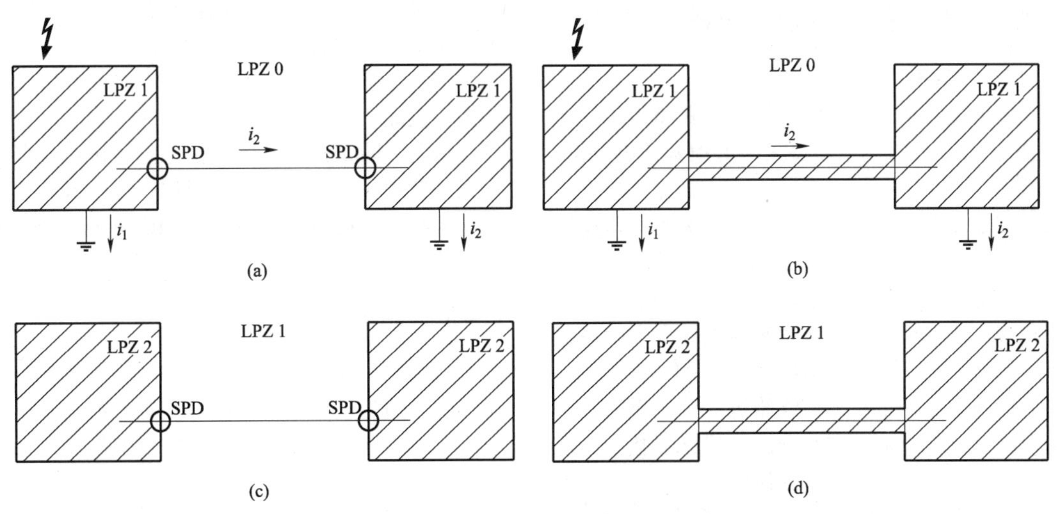

图 11－21　防雷区互连示例

（a）采用 SPD 互连两个 LPZ1；（b）采用屏蔽电缆或屏蔽电缆管道互连的两个 LPZ1；（c）采用 SPD 互连两个 LPZ2；（d）采用屏蔽电缆或屏蔽电缆管道互连两个 LPZ2

注：1. 图 11－21a 表示两栋划为 LPZ1 区的独立接地建筑物相距数十至数百米，用非屏蔽的电力线路或信号线路连接时，大部分雷电流会沿着连接线流动，此时设备未被保护。i_1，i_2 为部分雷电流。

2. 图 11－21b 表示两栋划为 LPZ1 区的独立接地建筑物用屏蔽线缆或穿钢管的电力线路或信号线路连接，当屏蔽层的截面满足通流能力时，沿屏蔽层流过的部分雷电流所产生的电压降不会对设备和线路造成绝缘击穿，此时可考虑不安装 SPD。i_1，i_2 为部分雷电流。

3. 图 11－21c 表示划分为 LPZ2 区的建筑物用电力线路或信号线路连接。由于线路暴露在 LPZ1 的威胁范围内，在进入每个 LPZ2 时需要安装 SPD。

4. 图 11－21d 表示若将两栋划分为 LPZ2 区的建筑物用屏蔽电缆或穿钢管的线路互连，可以避免干扰，不需安装 SPD。

在某些特殊情况下或者为了减少所需 SPD 的数目，也需要将一个 LPZ 扩展到另一个 LPZ 内（图 11－22）。

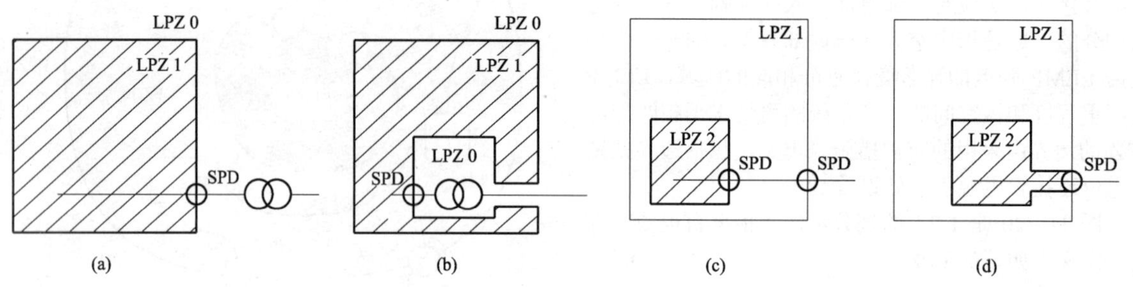

图 11－22　扩展防雷区示例

（a）变压器在建筑物外部；（b）变压器在建筑物内部；（c）需要协调配合的两个 SPD（0/1）和 SPD（1/2）；（d）仅需要一个 SPD（0/2）（LPZ2 扩展到 LPZ1）

注：1. 图 11－22a 表示用变压器供电的建筑物，若变压器安装在建筑物外部，只有进入建筑物的低压电路需要用 SPD 防护。

2. 图 11－22b 表示若变压器必须安装在建筑物内部，往往不允许房主在变压器高压侧采取防护措施。该问题可以通过将 LPZ0 扩展进 LPZ1 来解决，这时仍然需要仅在低压侧加装 SPD。

3. 图 11－22c 表示用电力线或信号线连接到 LPZ2，该线路上需要两个协调配合的 SPD：一个安装在 LPZ0/1 边界上，另一个安装在 LPZ1/2 边界上。

4. 图 11－22d 表示若用屏蔽电缆或屏蔽电缆管道将 LPZ2 扩展到 LPZ1，线路就能够直接进入 LPZ2，此时仅需要一个 SPD。此 SPD 能直接将威胁降低到 LPZ2 的水平。

11.4.3　防雷击电磁脉冲（SPM）的设计

SPM 基本防护措施包括：

（1）接地装置和连接网络。接地装置将雷电流传导并泄放到大地，连接网络能最大限度地降低电位差，减少磁场。

（2）屏蔽和合理布线。空间屏蔽衰减了雷击建筑物或其附近时，在 LPZ 内部产生的磁场，从而减少了内部电涌。线路屏蔽（屏蔽电缆或敷设于金属管道内）使内部感应电涌减至最低。合理布线能够最大限度地减小感应回路，从而降低内部电涌。

以上措施均能减少由外部线路进入建筑物内，并传导到内部系统的电涌。空间屏蔽、线路屏蔽和合理布线可以同时使用，也可以单独使用。

（3）协调配合的 SPD 系统。协调配合的 SPD 系统用来限制来自外部和内部产生的电涌。设置防雷等电位连接仅能对危险火花进行防护。内部系统电涌防护需要采取协调配合的 SPD 系统。

（4）隔离界面。隔离界面限制了进入 LPZ 线路中的传导电涌。

总之，防雷击电磁脉冲措施的关键是确保良好的接地，特别是在进入建筑物或构筑物的入口处，将每个导电装置直接或通过适当的 SPD 进行等电位连接。其他 SPM 措施可单独或配合使用。

11.4.4　共用接地系统

共用接地系统由接地装置和等电位连接网络组成，两者的功能分别为：接地装置将雷电流泄放到大地；等电位连接网络，建筑物金属部件和内部系统所有导体（带电导体除外）相互连接的网络，它能最大限度地降低电位差和减小磁场。

图 11－23 是接地装置与等电位连接网络互连的示例。

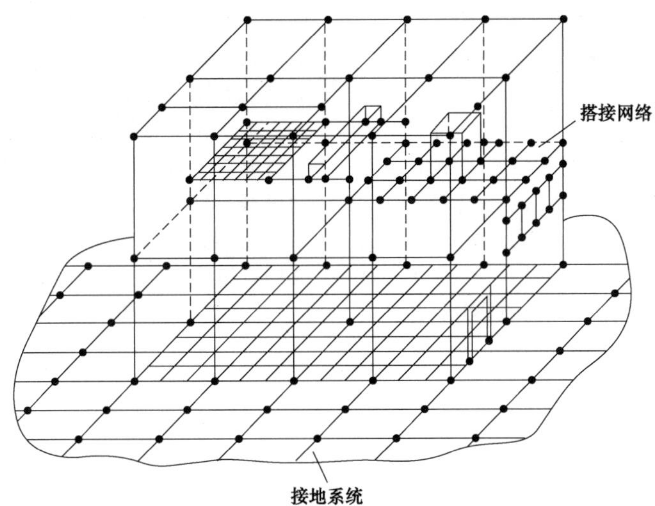

图 11－23　接地装置与等电位连接网络互连构成三维接地系统的示例

注：图示的导体，既有被连接的建筑物金属构件，又有等电位连接导体。其中部分也可用于拦截雷电，将雷电流传导并泄放到大地。

1. 接地装置

建筑物接地装置应该满足外部防雷要求，包括：

（1）A 类接地装置。只有电气系统的建筑物内可以采用 A 类接地装置，采用 B 类接地装置则更加理想。

（2）B 类接地装置。有电子系统的建筑物内，建议采用 B 类接地装置。B 类接地装置包括环形接地体和网格形接地体，分为人工接地体或自然基础接地体两种形式。

建筑物周围或者建筑物基础周围混凝土中的环形接地极应与建筑物下方和周围的网格型接地体相连接，网格的典型宽度为 5m，将大大改善接地装置的性能。图 11－24 是一个工厂的网格形接地装置。

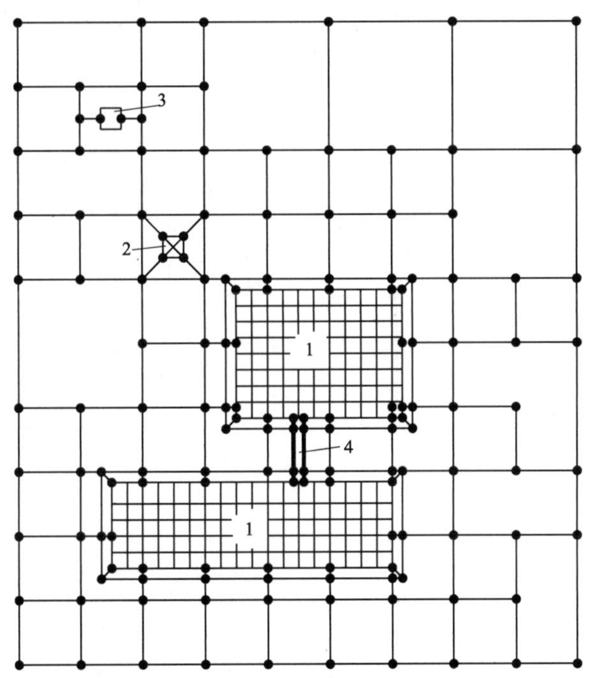

图 11－24　工厂的网格形接地装置

1—具有网格形基础钢筋的建筑物；2—工厂内部的塔；3—孤立的设备；4—电缆金属管道

将图 11－24 中独立的两个内部系统连接起来，可以减小两者之间的电位差。

电力电缆或信号电缆敷设在网格形钢筋混凝土管道（或金属管道）内时，在同一路径上用平行导体将两个接地装置连接起来。采用适当截面积的屏蔽电缆，电缆两端分别和两个独立接地系统连接。

2. 等电位连接网络

面对频率高达几 MHz 的雷电流，高阻抗的工频接地系统很难提供满意的均压面，只能依靠等电位连接网络。等电位连接网络可以避免 LPZ 区内设备之间出现危险的电位差，并且能减小磁场。通常，等电位连接网络不能用作电力线或信号线的回路，因此，PE 导体应接入等电位连接网络，而 PEN 线则不允许接入。

网格形的等电位连接网络可以由建筑物的导电部件或者内部系统的金属部件构成，要求在每个 LPZ 的边界处，将所有金属部件或导电装置直接联结或通过适当的 SPD 进行连接。

等电位连接网络可以布置成三维的网格状结构，网格的典型宽度为 5m。需要对建筑物内部及建筑物上的金属部件（如混凝土内的钢筋、电梯导轨、吊架、金属屋顶、门窗的金属框架、金属地板框架、管道和线槽）进行多重互连。

图 11－25 给出一个等电位连接网络的示例。

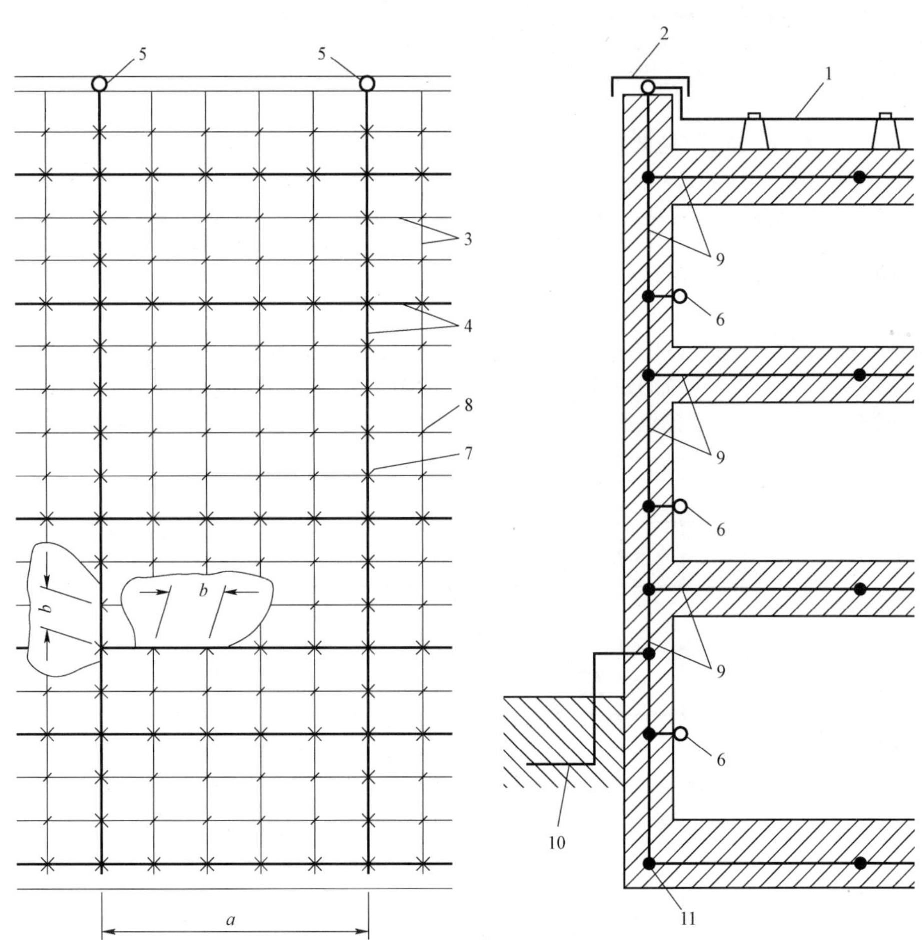

图 11－25 利用建筑物钢筋进行等电位连接

1—接闪器导体；2—女儿墙顶的金属层；3—钢筋；4—叠加在钢筋上的网格形导体；5—网格导体的接头；6—为内部搭接排准备的接头；7—焊接或卡接；8—任意连接；9—混凝土中的钢筋（有叠加的网格形导体）；10—环形接地电极（即使有也很少）；11—基础接地体；a—叠加的网格导体典型距离为 5m；b—钢筋网格的典型距离为 1m

（1）星形结构（S 型）。导电部件（如机柜、机箱和机架）和内部系统的保护地线（PE）必须按照图 11－26 的配置结构与连接网络进行连接。

当电子系统为 300kHz 以下的模拟线路时，可采用 S 型等电位连接，且内部系统所有的金属部件（如机柜、机箱和机架）仅通过唯一的接地参考点（ERP）

与接地系统连接，而与接地系统的其他部件绝缘，形成 S_S 型结构。星形结构应用于较小的区域，内部系统的所有线路宜仅在一点进入区域，设备的所有连线应与连接导体平行，避免形成感应回路。

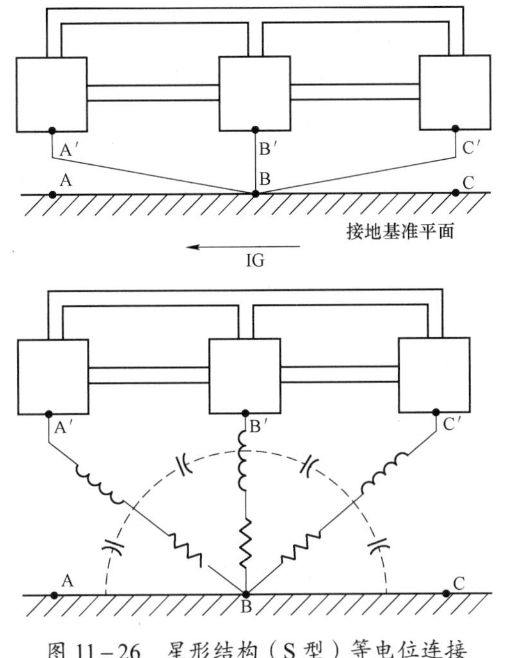

图 11－26　星形结构（S 型）等电位连接

（2）网格型结构（M 型）。当电子系统为 MHz 的数字线路时，应采用图 11－27 的 M 型等电位连接，内部系统的金属部件（如机柜、机箱和机架）应通过多个连接点与接地系统连接，不必与接地系统的其他部件绝缘，形成 M_M 型结构。M_M 型结构的内部系统分布于较大区域，设备之间有许多线路，并且通过多点进入建筑物。每台设备的等电位连接线的长度不宜大于 0.5m，并宜设两根，分别安装于设备的对角处，其长度相差宜为 20%。

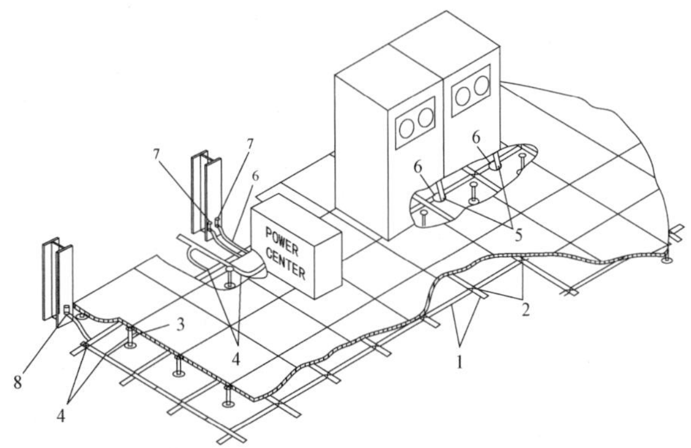

图 11－27　网格型结构（M 型）等电位连接

1—0.01in×4in 铜带；2—薄铜带和薄铜带之间的焊接连接；3—薄铜带和立柱之间的焊接连接；4—薄铜带和等电位连接带之间的焊接连接；5—设备的低阻抗等电位连接带；6—薄铜带和设备等电位连接带之间的焊接连接；7—电源配电中心的接地导体；8—与周围建筑物钢柱的焊接连接

（3）等电位连接网络的应用。导电部件和内部系统的保护地线（PE）应按照图 11－28 配置结构与连接网络进行连接。

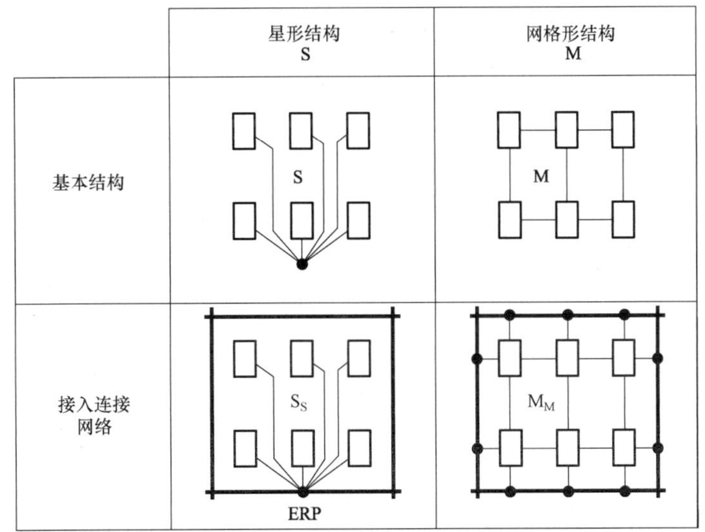

图 11－28　内部系统的导电部件接入等电位连接网络

—— 连接网络；—— 连接导体；□ 设备；●连接网络连接点；ERP—接地参考点；S_S—单点接入结构；M_M—网状接入的网格形结构

在一个复杂的系统中，可以结合两种结构（星形和网格形）的优点进行使用，如图 11－29 所示，构成组合 1 型（S_S 结合 M_M）和组合 2 型（M_S 结合 M_M）。

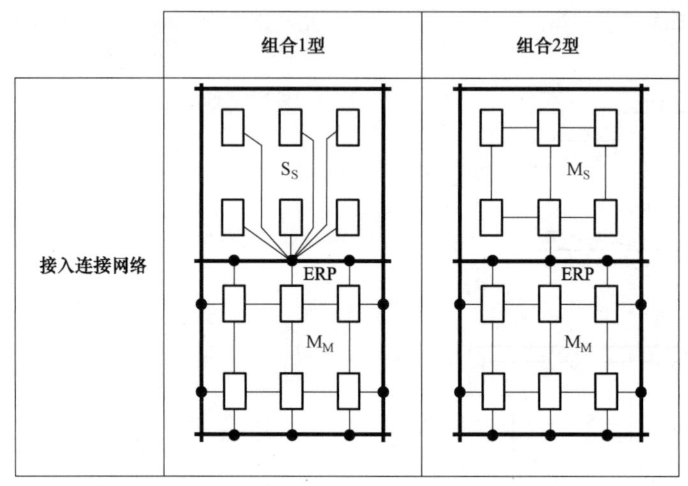

图 11－29　内部系统的导电部件接入等电位连接网络的组合方式

━连接网络；——连接导体；□ 设备；●连接网络的连接点；ERP—接地参考点；
S_S—单点接入的星形结构；M_M—网状接入的网格形结构；M_S—单点接入的网格形结构

11.4.5　屏蔽和合理布线

1. 概述

屏蔽能够减小电磁场和内部感应电涌的幅值，合理布线也可以减小内部感应电涌的幅值。这两种措施都可以有效地防止内部系统的永久失效。

雷击建筑物或建筑物附近在 LPZ 内部产生的磁场，仅采用 LPZ 的空间屏蔽措施便可减小。电子系统内的感应电涌则可以采用空间屏蔽或线路屏蔽，或者两者综合的方法来减小。如果 LPZ1 的空间屏蔽效果可以忽略，线路屏蔽和合理布线就显得尤为重要。可根据下列原则对保护方式加以改进：

（1）减小感应回路的面积。

（2）应将电力线和信号线靠近布放，以避免产生大的感应回路。

（3）采用屏蔽电缆，且至少在一端进行等电位连接。

（4）使用金属电缆管道或接地的金属平板作为附加屏蔽。

图 11－30 为被保护的电子系统安装在 LPZ2 内部时，雷击建筑物的 LEMP 示例。

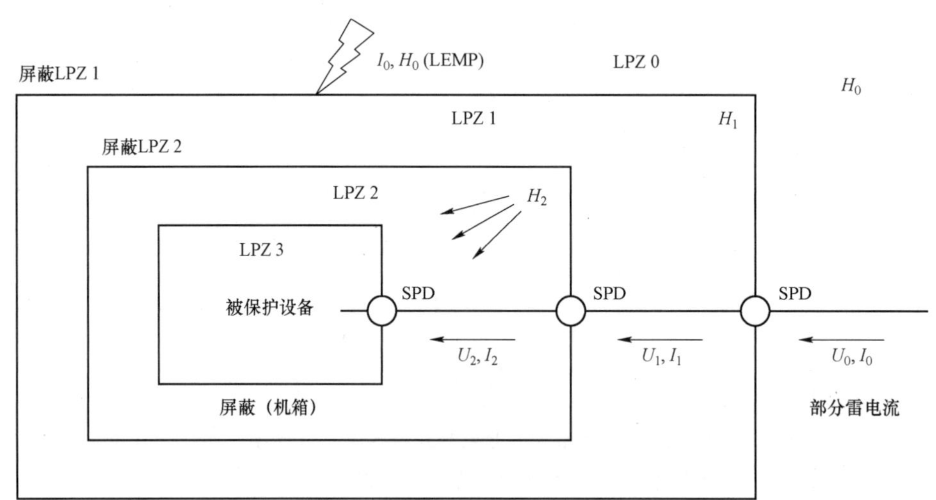

图 11－30　雷击产生的 LEMP 状况

2. 空间屏蔽

空间屏蔽规定的防护区，可以是整个建筑物以及建筑物的一部分、一个房间或者设备的机箱。这些区域可以由网状或者连续的金属屏蔽层构成，也可以由建筑物本身的“自然部件”构成。

实际工程中，LPZ 的大空间屏蔽通常是由建筑物的自然部件构成，例如，天花板、墙和地板的金属构架、金属框架、金属屋顶和金属墙面等，这些部件构成了格栅型的空间屏蔽。有效屏蔽的网格宽度典型值小于 5m，屏蔽系数（SF）可增加 6dB，防护区内的磁场强度可以较小一半。

假如一个 LPZ1 的外部 LPS 网格宽度和典型间距大于 5m，其屏蔽效果可以忽略；反之，许多结构性钢支柱的大型钢框架建筑可以提供显著的屏蔽效果。后续内部 LPZ 的屏蔽，既可以通过封闭的金属机架或机柜实现空间屏蔽，也可以对设备采用单个的金属机箱实现。

图 11－31 为实际工程中采用混凝土中的钢筋和金属框架（包括金属门和起屏蔽作用的窗户）构建大空间的屏蔽体。

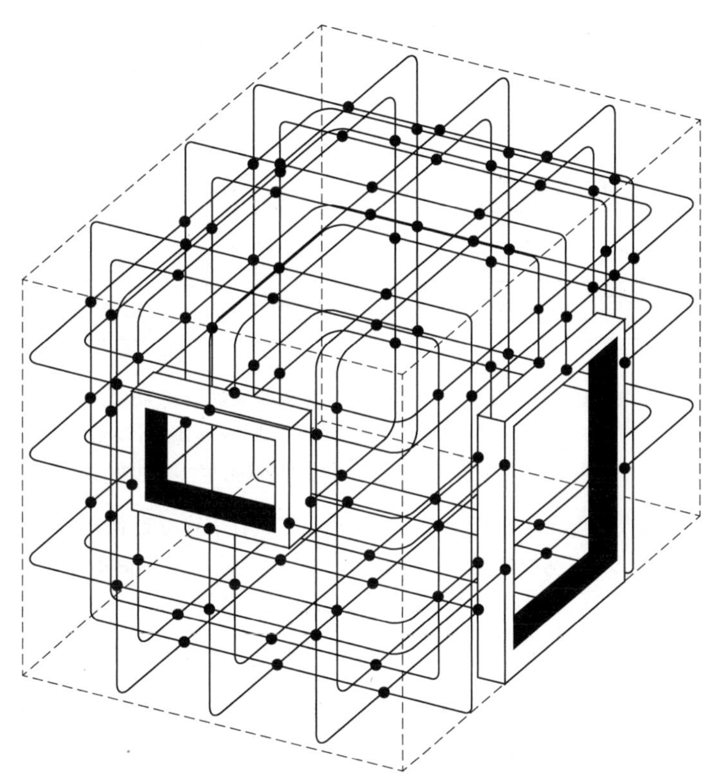

图 11－31　用钢筋和金属框架构成的大空间屏蔽

注：1. 每根钢筋的每个交叉点须焊接或夹紧。

2. 实际上，大型结构的每个点不可能都焊接或夹紧。但是，大多数交叉点通过直接或铁线每隔 1m 捆绑连接一次，可以达到良好的自然连接。

因为部分雷电流会流经屏蔽层（特别是 LPZ1），靠近屏蔽处的磁场具有相对高的数值，所以内部系统应设置在距 LPZ 屏蔽有一定安全距离的“安全空间”内部。

当对建筑物内规定区域进行保护比对多个设备分别保护更加有效时，建议采用空间屏蔽。由于对既有设备进行更新会提高成本或者增加技术难度，所以应当在新建筑物或者新设内部系统的规划阶段考虑空间屏蔽。

3. 线路屏蔽

线路屏蔽包括内部线路屏蔽和外部线路屏蔽。

内部线路屏蔽局限于被保护系统的线路和设备，可以采用金属屏蔽电缆，密闭的电缆金属管道，以及设备金属外壳。对进入建筑物的线路采取的屏蔽包括：电缆的屏蔽层，密闭的金属电缆管道以及混凝土与钢筋互连的电缆管道。对外部线路进行屏蔽是有效的，一般由外部线路的所有者提供。

4. 合理布线

合理的内部布线可以采用屏蔽电缆或穿金属管，或者两种措施同时使用，最大程度减小感应回路的面积，从而减少建筑物内部电涌的产生。将电缆放在靠近建筑物自然接地部件处，或将信号线与电力线相邻布线，可以将感应回路的面积减到最小，如图 11－32 所示。

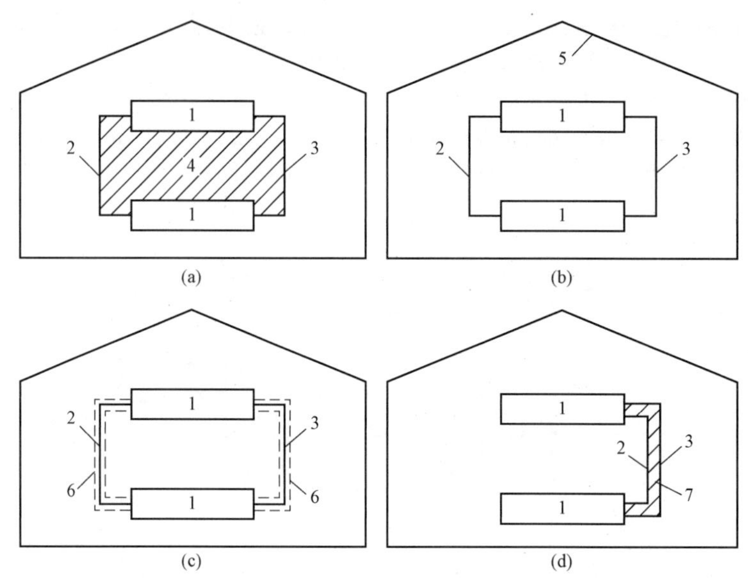

图 11－32 用线路布线和线路屏蔽措施减少感应效应

（a）未防护系统；（b）用空间屏蔽减小 LPZ 内部磁场；（c）用线路屏蔽减小磁场对线路影响；（d）用合理布线减少感应面积

1—设备；2—信号线；3—电力线；4—感应回路；5—空间屏蔽；6—线路屏蔽；7—减少回路面积

与内部系统连接的电缆应尽可能靠近连接网络的金属部件，可将电缆放入连接网络的金属槽或金属管道内。应特别注意，不要使线路贴近 LPZ 的屏蔽层（特别是 LPZ1），因为该处实际的磁场值很大。

如果线路处于两个需要保护的独立建筑物之间，应当将其铺设在金属电缆管道中。管道两端均应分别连接到两个独立建筑物各自的连接排上。如果电缆屏蔽层（两端均做连接）足以承受可以预计的部分雷电流，则不必采用额外的金属电缆管道。

11.4.6 屋顶设备的隔离防雷措施

1. 屋顶金属设备直击雷防护

无论是绝缘材料还是导电材料的屋顶固定装置，如果安装电气设备或信息处理设备，应处于接闪器保护范围内。直击雷不仅可能损坏屋顶设备，还可能损坏与之相连的屋顶装置内的电气、电子设备，甚至损坏建筑物内的电气、电子设备。

通常应尽可能将屋顶金属设备置于雷电防护区域（$LPZ0_B$）的保护范围内，例如，采用局部接闪器，防止其遭受直接雷击。

2. 引下线处的间隔距离

引下线上的不同电压降通常用间隔距离来体现。接闪器、引下线和建筑物的金属部件、金属装置及内部系统间的电气绝缘可以通过在每个部分之间的间隔距离 s 来实现。对于高层建筑物，建议每隔 20m 设置等电位连接环，间隔距离的具体值可举例分析。

（1）第二类防雷建筑物，$k_i=0.06$，空气绝缘系数 $k_m=1$。对于网状接闪器，引下线取 4 根，取 $n=4$，引下线间距 18m，环形导体间隔距离取 20m。

$$k_{c1}=(1/2n)+0.1+0.2\sqrt[3]{\frac{c}{h}}=\frac{1}{2\times 4}+0.1+0.2\sqrt[3]{\frac{18}{20}}\approx 0.418$$

$$s=\frac{k_i}{k_m}k_c l=0.06\times 0.418\times 20\text{m}\approx 0.50\text{m}$$

（2）第三类防雷建筑物，$k_i=0.04$，引下线间距 25m，环形导体间隔距离取 20m，其他条件不变。

$$k_{c1}=(1/2n)+0.1+0.2\sqrt[3]{\frac{c}{h}}=\frac{1}{2\times 4}+0.1+0.2\sqrt[3]{\frac{25}{20}}\approx 0.44$$

$$s=\frac{k_i}{k_m}k_c l=0.04\times 0.44\times 20\text{m}\approx 0.35\text{m}$$

可见，第二类和第三类防雷建筑物防雷引下线的间隔距离 s 典型值为 0.5m 和 0.35m（对于存在多个互连环形导体时，分流系数取 $k_{c2} \sim k_{cm}$ 时，s 值还会更小）。

（3）屋顶处的间隔距离示例。屋顶金属设备和防雷装置需要保持间隔间距时，不仅包括空气中的间距 s_a，还包括楼板混凝土中的间距 s_s，如图 11－33 所示。这就要求首先应确定屋顶金属设备的规模和位置；然后，对楼板中的金属线管和其他金属管的路由进行有效组织，对屋面板内钢筋的布置进行适当调整，设置砖或素混凝土支柱增大间隔距离等。以上相关措施需要各专业设计人员以及设备提供商协商解决。

对于第二类防雷建筑物，$k_i=0.06$，引下线共 20 根，平均间距不大于 18m，环形导体间隔距离取 20m，屋顶金属设备高度取 1.5m（包括非金属支座的高度），如图 11－34 所示。

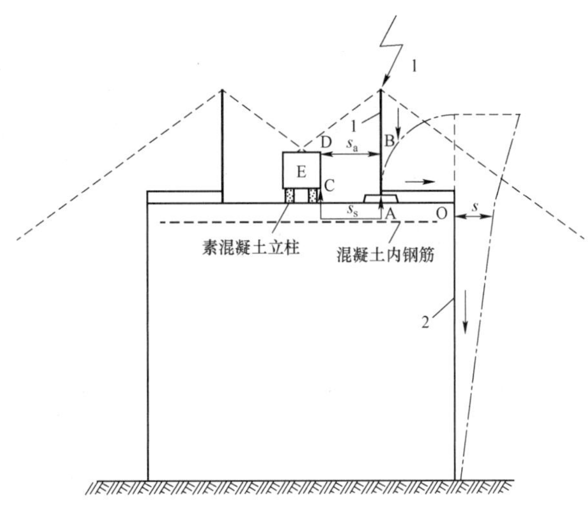

图 11－33　屋顶防雷装置与金属设备间隔距离示意图

1—接闪杆；2—引下线；E—金属设备；

s_s—固体中间隔距离；s_a—空气中间隔距离

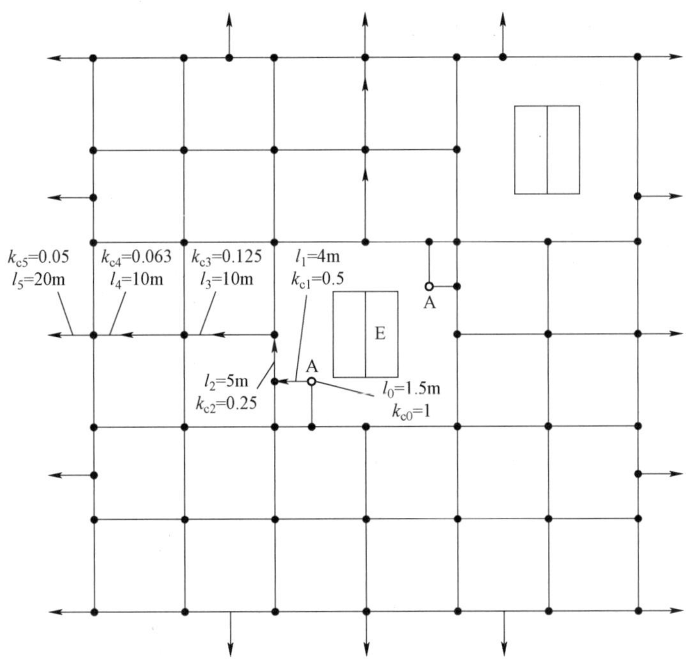

图 11－34　满足间隔距离的屋顶网格雷电流分流模型

A—雷击点；k_{c0}、l_0 仅在计算 s_a 时可用；E—屋顶金属设备

分流原则：

1. 雷击点，电流在雷击点分为若干可能的电流路径进入网状接闪器中。

2. 较远的节点，电流在网状接闪器中任意一个较远的节点处减少 50%。

3. 引下线，电流再次减小 50%，但 k_c 不可小于 $1/n$（n 为引下线的总数量）。

金属设备设于屋顶中部，接闪器设于图中 A－A 位置，尽可能多设置分流节点。计算间隔距离的引下线总长度 49m。空气中的间距 s_a 和混凝土中的间距 s_s 分别按下式计算：

$$s_s = \frac{k_i}{k_m}(k_{c1}l_1 + k_{c2}l_2 + \cdots + k_{cn}l_n)$$
$$= \frac{0.06}{0.5}(0.5\times4 + 0.25\times5 + 0.125\times10 + 0.063\times10 + 0.05\times20)\text{m} = 0.74\text{m}$$

$$s_a = \frac{k_i}{k_m}(k_{c0}l_0 + k_{c1}l_1 + \cdots + k_{cn}l_n)$$
$$= \frac{0.06}{1}(1\times1.5 + 0.5\times4 + 0.25\times5 + 0.125\times10 + 0.063\times10 + 0.05\times20)\text{m}$$
$$= 0.46\text{m}$$

通常，屋面分流节点越多，间隔距离越小；屋顶固体绝缘材料的计算间隔距离比空气中的较大，应综合考虑包括屋面金属设备基础和接闪器基座等固体绝缘材料在内的总长度，按较严酷的情况取值；屋面固体介质的间隔距离通过合理设置防雷网格和分流节点，可得到有效改善。

3. 分离式接闪器

实际工程中，保持间隔距离可能会有一定难度，比如，屋面有设备的金属线缆系统和其他设备金属管道等，这些现场条件可能严重影响间隔距离的确定。此时，可在建筑物上安装分离式接闪器。

国外某防雷公司开发了分离式接闪装置，包括分离式接闪杆、分离式接闪带等标准件和标准做法，使得施工更容易，措施更灵活，质量更有保证，屋顶分离式防雷装置示例如图 11－35 所示。图中的隔离棒由玻璃纤维增强塑料制成，用于将接闪带支撑起来，与屋面金属件保持间隔距离。隔离棒上端设置导线夹持器，用来固定接闪带；隔离棒下端插入附带垫盘的混凝土基座内，固定方便，防止滑动，且无须土建配合施工。分离式接闪杆下部的支撑管同样由玻璃纤维增强塑料制成，使得接闪杆和屋面分离。

玻璃纤维增强塑料产品的绝缘性能比混凝土等固体材料更好，绝缘系数为 0.7，高于混凝土材料，有利于在保证间隔距离的前提下，减小隔离棒的长度。

分离式接闪装置特别适合屋顶光伏系统等大面积安装的屋顶敏感设备，能有效避免雷电流不期望地进入金属设备和建筑物内。

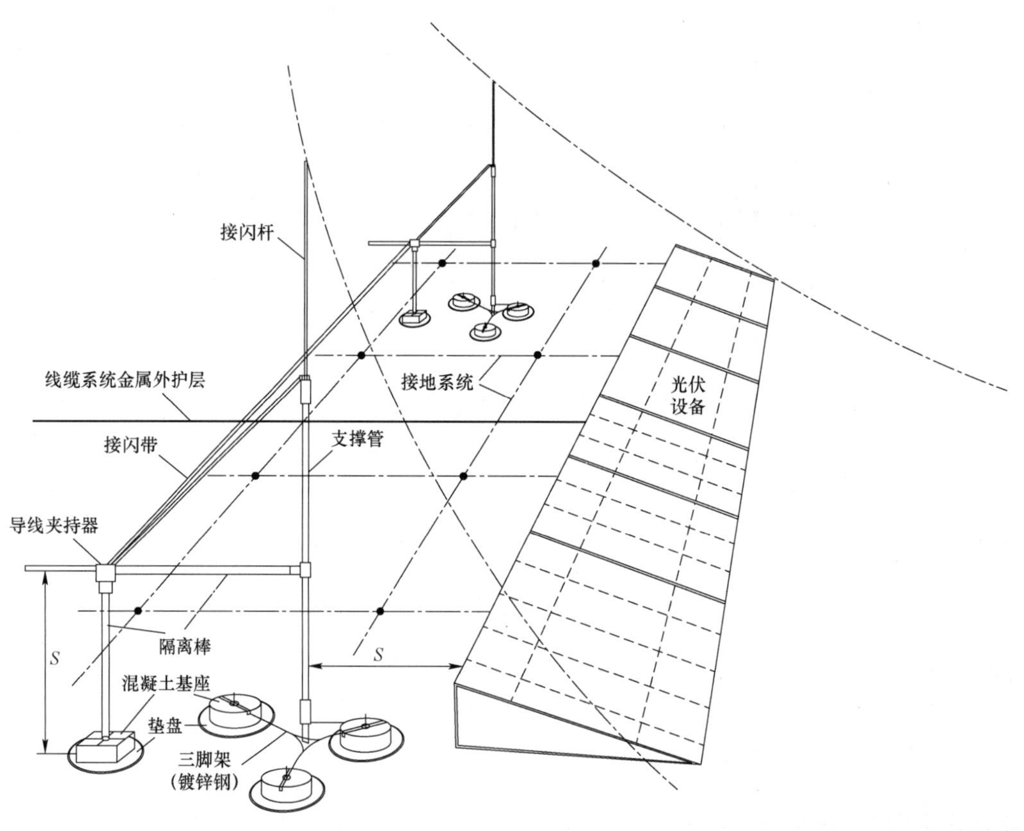

图 11－35　屋顶分离式防雷装置的示例

11.5　协调配合的 SPD

11.5.1　SPD 的设置要求

1. SPD 的功能

（1）SPD 应具有以下基本功能：

1）电力系统无电涌时，SPD 呈现高阻抗，且不应对其所应用的系统工作特性产生明显影响。

2）电力系统出现电涌时，SPD 呈现低阻抗，电涌电流主要通过 SPD 泄放，把电压限制到其保护水平；工频续流也可能通过 SPD，续流熄灭后，SPD 应恢复到高阻状态。

（2）根据 SPD 的应用情况，需要补充以下附加要求：

1）直接接触的防护。

2）SPD 失效时的安全性。当电涌大于 SPD 所设计的最大吸收能量和放电电流时，SPD 可能失效。SPD 的失效模式分为开路模式和短路模式：① 开路模式下，设备不再受保护，为保证下一个电涌到来前及时更换失效的 SPD，需要具有劣化指示功能。② 短路模式下，电源系统中的短路电流会通过失效的 SPD，SPD 需要配置一个适当的过电流保护器。

内部系统的电涌防护需要在电力线和信号线上安装协调配合的多个 SPD 以构成防护系统。

2. SPD 的设置原则

SPD 选择的重点是考察安装点处预期的电压限制能力和能量耐受能力。SPD 的设置需要遵循两个基本原则。

（1）经济得益：越靠近线缆进入建筑物的入口处，保护的设备越多。

（2）技术得益：越靠近保护设备，保护效果越好。

3. SPD 的设计要求

合理设计和应用 SPD 应基于防雷分区原理。在进入每个 LPZ 的线路入口处应该设置 SPD；在仅有一个 LPZ1 的 SPM 里，应至少在进入 LPZ1 线路入口处设置一级 SPD。如果 SPD 的安装位置与被保护设备之间的距离过长，需附加 SPD，如图 11－36 所示。

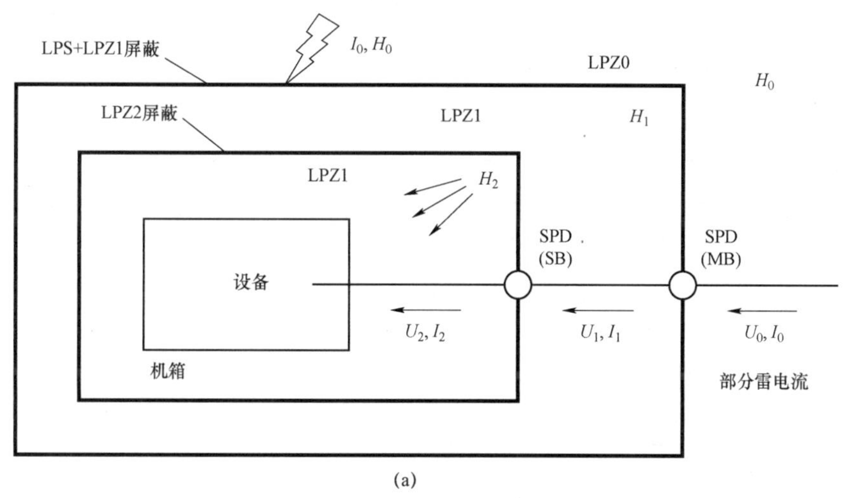

图 11－36　SPM 示例（一）

屏蔽边界

非屏蔽边界

（a）采用空间屏蔽和协调配合 SPD 防护的 SPM；

注：对于传导电涌（$U_2 << U_0$ 和 $I_2 << I_0$）和辐射磁场（$H_2 << H_0$），设备得到良好防护

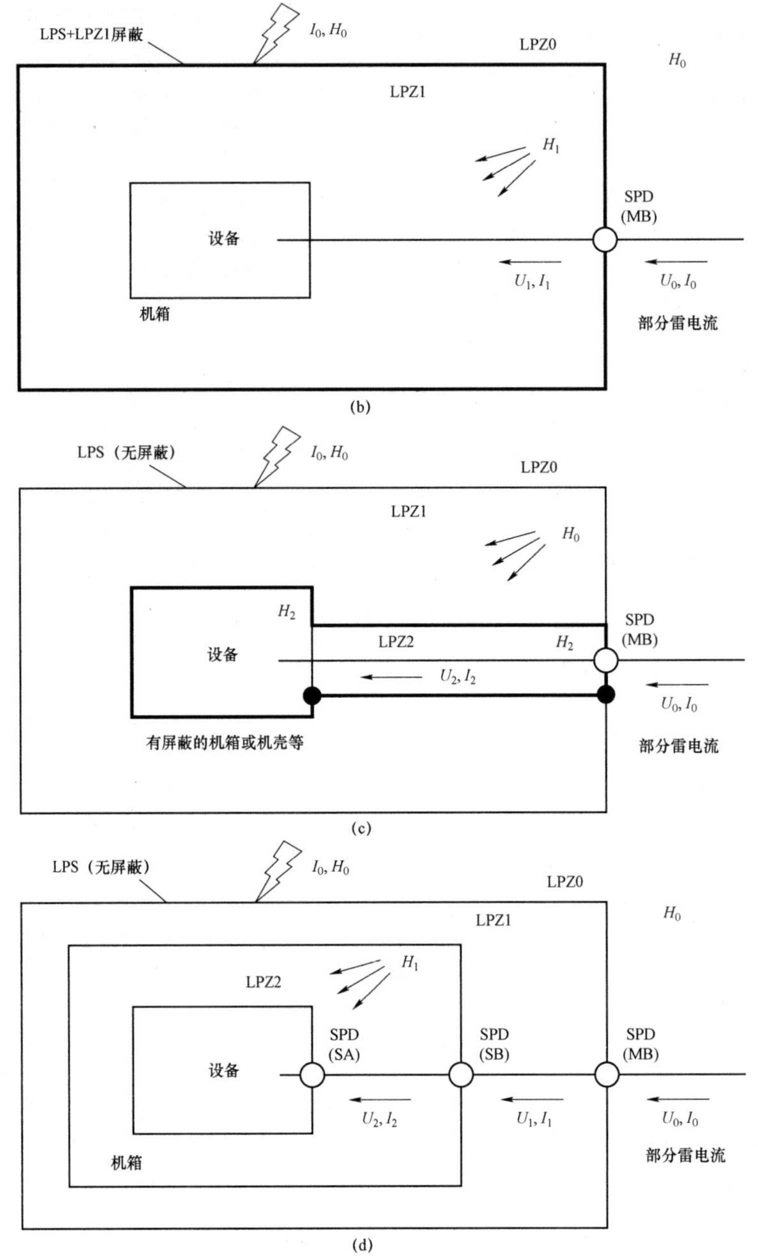

图 11－36　SPM 示例（二）

（b）采用 LPZ1 空间屏蔽和 LPZ1 入口处 SPD 防护的 SPM；

注：对于传导电涌（$U_1<U_0$ 和 $I_1<I_0$）和辐射磁场（$H_1<H_0$），设备得到防护

（c）采用内部线路屏蔽和 LPZ1 入口处 SPD 防护的 SPM；

注：对于传导电涌（$U_2<U_0$ 和 $I_2<I_0$）和辐射磁场（$H_2<H_0$），设备得到防护

（d）仅采用协调配合 SPD 系统的 SPM；

注：对于传导电涌（$U_2<<U_0$ 和 $I_2<<I_0$），设备得到防护；对于辐射磁场（H_0）却无防护作用

1. SPD 可以位于下列位置：LPZ0/1 的边界（例如，在主配电盘 MB）；LPZ1/2 的边界（例如，在分配电盘 SB）；或者靠近设备处（例如，在电源插座 SA）。
2. 如果 SPD 的安装位置与被保护设备之间的距离过长，需要附加 SPD。

11.5.2　SPD 的性能参数

1. SPD 的分类

SPD 的主要保护元件分为以下两类：

（1）限压型元件：Z_nO 压敏电阻、雪崩二极管或抑制二极管等。

（2）开关型元件：空气间隙、气体放电管、晶闸管、三端双向晶闸管开关等。

基于这些元件，典型的 SPD 设计分类如下：

仅电压限制型元件：限压型 SPD（图 11－37a）。

仅电压开关型元件：开关型 SPD（图 11－37b）。

限压型和电压开关型元件组合：复合型 SPD（图 11－37c、图 11－37d）。

并非所有的 SPD 都是基本元件的简单排列，实际上可以增加指示器、脱离器、熔断器、电感、电容和其他元件。

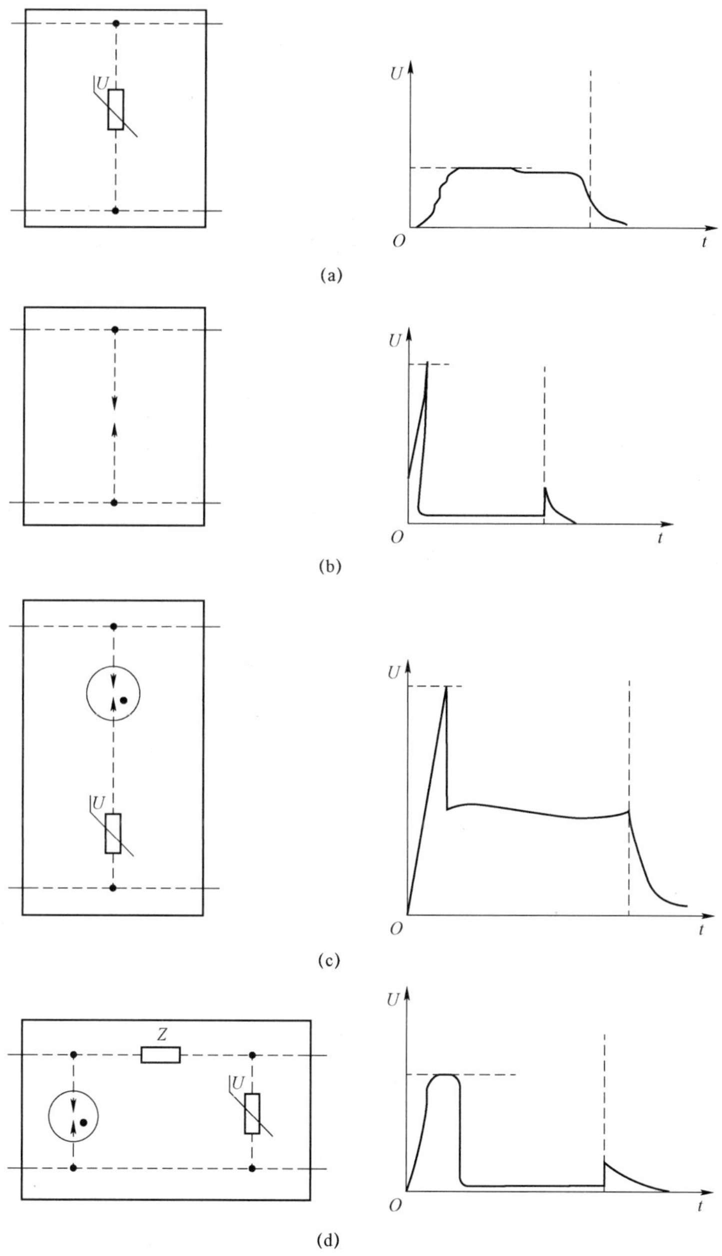

图 11－37　SPD 典型的响应特性

（a）电压限制型 SPD 的响应特性；（b）电压开关型 SPD 的响应特性；（c）复合型（一端口）SPD 的响应特性；（d）复合型（二端口）SPD 的响应特性

2. SPD 的最大持续工作电压

SPD 的最大持续工作电压值 U_c 应满足以下准则：U_c 应该比系统中可能产生的最大持续工作电压 U_{cs}（$=k \times U_0$）要高，即 $U_c > U_{cs}$，具体要求见表 11－14。

表 11－14 各类电气系统推荐的 U_c 最小值

SPD 的连接位置	配电网的系统结构				
	TT	TN－C	TN－S	IT 带中线	IT 不带中线
相和中线之间	$1.1 \times U_0$	NA	$1.1 \times U_0$	$1.1 \times U_0$	NA
相和 PE 之间	$1.1 \times U_0$	NA	$1.1 \times U_0$	$\sqrt{3} \times U_0$①	线对线电压①
中线和 PE 之间	$U_0$①	NA	$U_0$①	U_0	NA
相和 PEN 之间	NA	$1.1 \times U_0$	NA	NA	NA

注：1. NA 表示不适用。

2. U_0 是低压系统的额定相电压。

3. 在扩展的 IT 系统中，需要更高的 U_c 值。

① 这是最严重故障情况下的值，因此不考虑 10%公差。

3. SPD 电压保护水平

电压保护水平 U_P 表征 SPD 接线端子间限制电压的性能参数，该值应大于限制电压的最高值。U_P 与规定的标称放电电流 I_n 下的残压有关，当流过 SPD 的电流较大或较小时，SPD 端子间的电压值会有相应的变化。

（1）耐冲击电压限值。电压保护水平是选择 SPD 的准则之一，U_P 应与设备的耐压限值 U_W 相适应，在相关的电应力下，U_P 应低于设备的耐冲击电压值 U_w，从而实现绝缘配合。选择适当的电压保护水平取决于：

1）被保护设备的耐冲击电压额定值 U_w。

2）与 SPD 连接导体的长度。

3）SPD 和被保护设备之间的线路的布线和长度。

4）SPD 后备保护电器的选择。

220/380V 配电系统中线路和设备的耐冲击电压可按表 11－15 规定取值，其他线路和设备，包括电压和电流的抗扰度，宜按制造商提供的材料确定。

表 11－15 220/380V 配电系统中设备绝缘耐冲击电压额定值

设备位置	电源处的设备	配电线路和最后分支线路的设备	用电设备	特殊需要保护的设备
耐冲击电压类别	Ⅳ类	Ⅲ类	Ⅱ类	Ⅰ类
耐冲击电压额定值 U_W/kV	6	4	2.5	1.5

注：1. Ⅰ类：含有电子电路的设备，如计算机、有电子程序控制的设备。

2. Ⅱ类：如家用电器和类似负荷。

3. Ⅲ类：如配电盘、断路器，包括线路、母线、分线盒、开关、插座等固定装置的布线系统，以及应用于工业的设备和永久接至固定装置的固定安装的电动机等的一些其他设备。

4. Ⅳ类：用于电气装置电源进线端或其附近，例如，总配电盘电源侧：电气计量仪表、一次线过电流保护设备、滤波器等设备。Ⅳ类设备具有很高的耐冲击能力，具有较高的可靠性。

（2）有效电压保护水平。图 11－38 中，当 SPD 与被保护设备连接时，连接导线的感应电压降ΔU 应加上 SPD 的保护水平 U_P，定义为有效电压保护水平 $U_{p/f}$。有效电压保护水平 $U_{p/f}$ 可假设为

限压型 SPD $U_{p/f}=U_p+\Delta U$ （11－9）

电压开关型 SPD $U_{p/f}=\max(U_p, \Delta U)$ （11－10）

当 SPD 安装在线路入户处，ΔU 可按 1kV/m 估算。如果连接导线的长度不大于 0.5m，基本可以确认 $U_{p/f}=1.2U_P$；如果 SPD 仅通过感应电涌，ΔU 可以忽略。如果$\Delta U_{L1}+\Delta U_{L2}+\Delta U_{L3}$ 大于 0.5m，则推荐采用图 11－39 的接线。

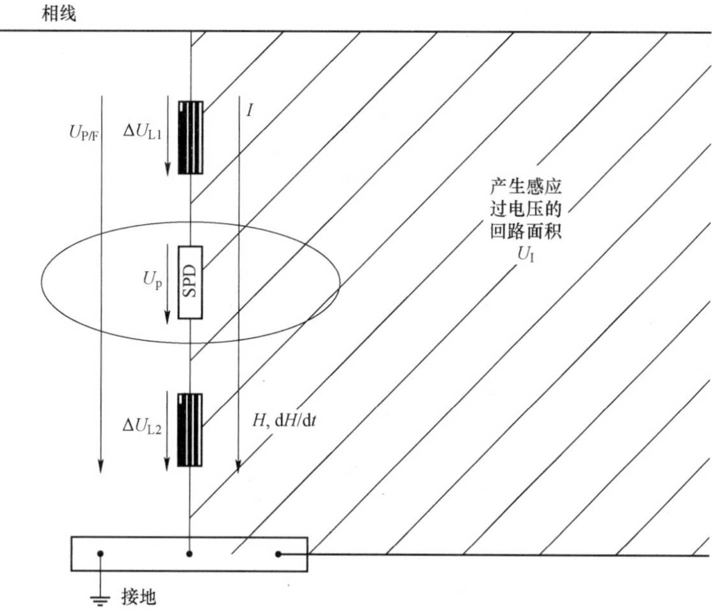

图 11－38　SPD 的接线

注：1. 由于在 SPD 线路上的电感电压降ΔU（通常 U_p和ΔU 的最大值不会同时出现）的影响，在带电导体及接地连接板之间的电涌电压 $U_{p/f}$比 SPD 的电压保护水平 U_p 高。因此，$U_{p/f}$是被保护设备上实际承受的最大电涌电压。

2. 如果 SPD 加有过电流保护器，必然增加线路导体的感应电压降ΔU_{L3}和在过电流保护器上的电压降。

I—部分雷电流；U_I—感应过电压；$U_{p/f}=U_p+\Delta U$—带电导体和接地连接板之间的电涌电压，即有效电压保护水平；U_p—SPD 的电压保护水平；$\Delta U=\Delta U_{L1}+\Delta U_{L2}$—线路导体上的电感电压降；$dH/dt$—磁场强度和时间的导数

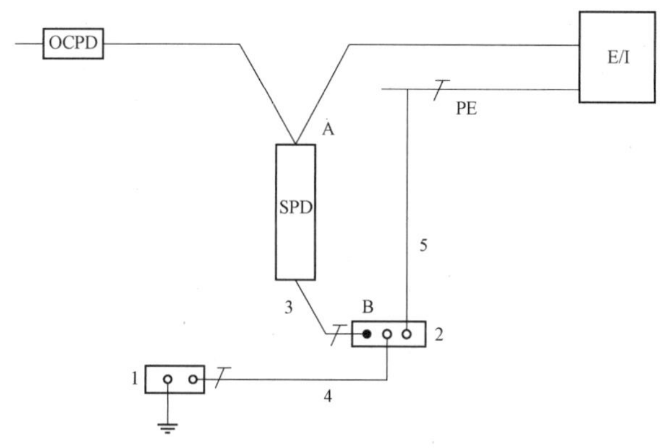

图 11－39　减小 SPD 接线长度的接线示例

OCPD—过电流保护电器；SPD—电涌保护器；
PE—保护接地线；E/I—设备或装置；A 和 B—SPD 的连接点；
1—主接地端子；2—中间接地端子；3—长度 c（应被考虑）；
4—不必考虑此线缆长度；5—不必考虑此线缆长度

一旦电涌侵入，在 SPD 安装处的电涌电压被限制为 $U_{p/f}$。如果 SPD 和设备之间的线路过长，电涌的传播可产生振荡现象。在设备端开路的情况下，振荡现象会使过电压增大到 2 倍 $U_{p/f}$，即使 $U_{p/f}\leqslant U_w$ 也可能导致设备失效。

当雷击建筑物或建筑物附近时，可以在 SPD 与被保护设备之间的电力线上产生感应过电压 U_I，这就增加 $U_{p/f}$的值，从而降低了 SPD 的防护效率。感应过电压随着回路尺寸（回路长度，PE 线和带电导体的间距，电力线和信号线的回路面积）增大而升高，随着磁场强度（空间屏蔽和/或线缆屏蔽）的衰减而降低。

为了内部系统受到可靠保护，多个 SPD 之间需要满足能量协调配合，且需要满足三个条件之一：

（1）SPD 与设备之间的线路长度不大于 5m（典型案例是 SPD 安装在设备终端处）

$$U_{p/f}\leqslant U_w \tag{11-11}$$

（2）当线路长度大于 5m，小于等于 10m 时的情况（典型案例是 SPD 安装在分配电盘 SB 处或在插座接口处）

$$U_{p/f}\leqslant 0.8U_w \tag{11-12}$$

在内部系统失效可能会导致生命损害或公共服务中断的情况下，应该考虑由于振荡引起的双倍电压，并要求 $U_{p/f}\leqslant U_w/2$。

（3）当线路长度大于 10m（典型案例是 SPD 安装

在线路入户处或在分配电盘处）

$$U_{p/f} \leqslant (U_w - U_i)/2 \qquad (11-13)$$

有效电压保护水平值的选取见表 11－16，据此可以评估是否需要设置附加 SPD，并针对特定耐压等级的敏感电子设备，选取相应电压保护水平的 SPD。

表 11－16　　有效电压保护水平值的选取

SPD 选择	SPD 至被保护设备的线路长度 L/m				
	$L \leqslant 5$	$5 < L \leqslant 10$		$L > 10$	
SPD 安装位置	安装于被保护设备处	安装于分配电箱处		安装于电源进户处或分配电箱处	
内部系统要求①	无要求	线路屏蔽（屏蔽层两端等电位连接）	无要求	空间屏蔽＋线路屏蔽（屏蔽层两端等电位连接）	无要求
线路感应过电压②	可不考虑	可不考虑	应考虑	可不考虑	应考虑
线路振荡过电压③	可不考虑	可不考虑	可不考虑	最大加倍	最大加倍
有效电压保护水平/kV	$U_{p/f} \leqslant U_w$		$U_{p/f} \leqslant 0.8U_w$	$U_{p/f} \leqslant U_w/2$	$U_{p/f} \leqslant (U_w - U_i)/2$

① 内部系统屏蔽包括空间屏蔽和线路屏蔽。

② 当线路长度小于或等于 5m，或建筑物（或房间）有空间屏蔽、有线路屏蔽（采用有屏蔽的线路或金属线槽，且两端等电位连接）时，感应电压 U_i 可略去不计。

③ 通常对小于或等于 10m 的距离，可不考虑振荡现象。

表中：$U_{p/f}$—SPD 有效电压保护水平，kV，$U_{p/f}=U_p+\Delta U$，U_p 为 SPD 电压保护水平，kV，ΔU 为 SPD 两端引线的感应电压降，即 $L\times(di/dt)$ 电源引入处可按 1kV/m，其后可按$\Delta U=0.2U_p$；U_w—被保护设备的设备绝缘耐冲击电压额定值，kV；U_i—雷击建筑物附近，SPD 与被保护设备之间电路环路的感应过电压，kV。

4. TOV 的特性

SPD 在其寿命期内可能受到暂时过电压 U_{TOV} 的影响，暂时过电压有两个要素：

（1）幅值。取决于低压接地系统、故障形式，以及 SPD 的安装位置。

（2）时间。取决于电力系统（包括高压接地系统和低压接地系统）的接地情况。

表 11－17 给出了低压预期的 U_{TOV} 的最大值。

表 11－17　　低压系统暂时过电压 U_{TOV} 最大值

暂时过电压成因	低压系统形式	U_{TOV} 发生处	U_{TOV} 最大值	备注
变电站高压接地故障	TT，IT	相－地	U_0+250V $t>5s$	高压系统中性点不接地，谐振接地或高电阻接地
			$U_0+1200V$ $t\leqslant 5s$	高压系统中性点直接接地或低电阻接地
	TT，IT	中性－地	U_0+250V $t>5s$	高压系统中性点不接地，谐振接地或高电阻接地
			$U_0+1200V$ $t\leqslant 5s$	高压系统中性点直接接地或低电阻接地

续表

暂时过电压成因	低压系统形式	U_{TOV} 发生处	U_{TOV} 最大值	备注
低压系统故障	TN，TT	相－中性	$\sqrt{3}\,U_0$	中性导体中断
	IT （TT 系统间注 1）	相－地	$\sqrt{3}\,U_0$	相导体意外接地
	TN、TT、IT	相－中性	$1.45U_0$	相－中性导体之间短路

注：1. 已证明更高的 U_{TOV} 也可在 TT 系统出现，持续时间 $t \leqslant 5s$。

2. 在变压器安装点，最大的 U_{TOV} 值可能与表内值不同（高或低）。

3. 选择 SPD 时不考虑中性导体中断。

SPD 应能在上述暂时过电压下正常工作（耐受）或安全地失效；SPD 对暂时过电压的吸收能力 U_T 应由制造商按 GB/T 18802.1 标准中所规定的试验程序予以保证，并在产品标识或说明书中标明。依据 GB/T 18802.1 标准，SPD 耐受 U_{TOV} 的特性实验值 U_T 见表 11－18。

表 11－18　SPD 暂时过电压典型试验值

使用模式		TOV 实验值 U_T		
SPD 接至		持续时间 $t=5s$ （LV 系统用户故障）	持续时间 $t=120min$ （LV 系统故障及中性导体中断）	持续时间 $t=200ms$ （LV 系统接地故障）
		耐受模式	耐受模式或安全故障模式	耐受模式或安全故障模式
TN 系统	L－（PE）N 或 L－N	$1.32\times U_{REF}$	$\sqrt{3}\times U_{REF}$	
	N－PE			
	L－L			
TT 系统	L－PE	$\sqrt{3}\times U_{REF}$	$1.32\times U_{REF}$	$1200+U_{REF}$
	L－N	$1.32\times U_{REF}$	$\sqrt{3}\times U_{REF}$	
	N－PE			1200
	L－L			
IT 系统	L－PE			$1200+U_{REF}$
	L－N	$1.32\times U_{REF}$	$\sqrt{3}\times U_{REF}$	
	N－PE			$1200+U_{REF}$
	L－L			

注：1. U_{REF} 用于 SPD 试验的参考试验电压，考虑到电力系统的最大电压波动（一般为 10%）。

2. 当电压波动不超过 10%时，$1.32\times U_{REF}=1.45U_0$（即 $U_{REF}=1.1U_0$），U_0 为相电压有效值。

3. SPD 的耐受模式要求试验后 SPD 的特性无明显变化，并且无损坏迹象；安全模式则允许试验后 SPD 损坏，但不能对人员、设备和仪器产生伤害。

11.5.3　后备过电流保护器的选择

型式试验是对一种新的 SPD 设计完成时所进行的试验，用来确定其典型性能，以证明符合有关标准。型式试验完成后一般不需要对每个 SPD 或其部件和材料进行重复试验，除非设计改变导致性能受影响，才需重新做相关项目试验。后备过电流保护器应和 SPD 一起进行型式试验。

1. *后备熔丝的简单估算*

SPD 后备保护熔丝可采用以下方法估算

10/350μs 波形：　$I^2t = 256.3\times(I_{crest})^2$　　（11－14）

8/20μs 波形： $I^2t=14.01\times(I_{crest})^2$ （11－15）

式中：I_{crest} 为电涌电流峰值，kA；I^2t 单位为 $A^2\cdot s$。

以上公式可计算出 10/350μs 和 8/20μs 波形电涌电流的 I^2t 值，与制造厂提供的熔丝 I^2t 值（即最小预燃弧值）相比较，得出熔丝承受单次电涌冲击的耐受能力，从而选出相应的后备熔丝。

但是，此方法仅用于后备熔丝的粗略估算，不宜用于后备熔丝的选择，更不可用于熔丝以外的其他保护电器（如塑壳、微断和 RCD 等）的选择。因为塑壳、微断和 RCD 等保护电器的耐受电涌实际能力依赖于设备类型，每个厂家的产品数据不一样，没有可供参考的统一资料。

在 GB/T 18802.1 中，熔丝不是承受单次电涌冲击，而是经受完整的冲击试验程序，例如 I 级试验产品的动作负载试验是在 I_{imp}（15 次 8/20μs 电流波形）下进行，而附加动作负载试验是在 I_{imp}（0.1，0.25，0.5，0.75 和 1.0 倍 I_{imp}，10/350μs 电流波形）的情况下进行。这些冲击将大大降低熔丝的耐受能力；试验表明，为了安全通过动作负载试验和附加动作负载试验，需要在单次冲击耐受能力的基础上引入 0.5～0.9 的降低因子。

2. 后备过电流保护器的型式试验

SPD 内置的脱离器一般具有热保护功能，采用低熔点合金材料制造；后备过电流保护器多数具有过电流保护功能，可以选用熔断器、断路器或剩余电流保护器（RCD）等。后备过电流保护器应和 SPD 一起进行两类型式试验：标准试验和附加试验，具体试验项目见表 11－19。

表 11－19 后备过电流保护器的型式试验

试验电流类型	标准试验	附加试验	
		二端口 SPD	短路型 SPD
电涌电流	动作负载试验 附加动作负载试验（I 级试验）	负载侧冲击耐受试验	—
工频电流	热稳定性试验	额定负载电流试验	—
工频短路电流	短路电流特性试验	负载侧短路电流特性试验	短路电流性能试验
工频故障电压	低压和高压故障引起的 TOV 试验	—	—

（1）动作负载试验。通常，对于制造厂声明的冲击电流 I_{imp} 或标称放电电流 I_n，SPD 本身及后备过电流保护器应有耐电涌电流能力，后备过电流保护器不应动作。当电涌电流大于 SPD 最大能量吸收和放电能力时，后备过电流保护器允许动作。

当电涌电流超过 SPD 的放电能力时，SPD 可能失效或损坏。SPD 的失效模式分为开路模式和短路模式。开路模式下，系统失去了保护，需要设置劣化指示，提醒更换；短路模式下可能产生间接接触风险，发生燃烧、爆炸等危害。SPD 的后备过电流保护器，可以规避以上风险，统一失效模式，及时分离电源。

（2）热稳定性试验。

根据焦耳定律 $Q=i^2Rt$ （11－16）

式中：Q 为发热量，J；i 为雷电流，A；R 为雷电流通道电阻，Ω；t 为雷电流持续时间，s。

SPD 导通时，雷电流虽然大，但雷电流通道电阻却很小，持续时间为微秒级，冲击电流 I_{imp} 或标称放电电流 I_n 及以下的电涌电流通过时，发热量不会导致 SPD 烧毁。然而随着 SPD 的劣化，通过持续的工频电流时，R 和 t 较大，很容易积累起足够的热量，导致热平衡被破坏，可能产生燃烧、爆炸或其他危害。

当 SPD 的发热和散热达到平衡时，如果泄漏电流进一步增大，后备过电流保护器必须及时动作，满足热稳定试验要求。

（3）短路电流特性试验。SPD 流过工频短路电流，如果出现脱离，必须由后备过电流保护器实现，并有清晰的指示。后备过电流保护器应选用制造厂规定的最大的过电流保护器。后备过电流保护器也不应切断本应由 SPD 本身熄灭的工频续流，只有当续流超过了 SPD 的熄灭能力时，才需要由后备过电流保护器切断。

后备过电流保护器与上级保护电器的选择性应按工频短路电流（或续流），而不按冲击电流来选择。后备过电流保护器所选用的熔丝和上级熔丝的额定电流比值应不小于 1:1.6；选用 C 特性微断时，和上级非选择性塑壳断路器的额定电流比值一般应不小于 1:2。

（4）TOV 试验。低压故障引起的 TOV 试验包括故障模式和耐受模式两种判定标准。

故障模式下，SPD 不应发生燃烧、爆炸或其他危害；后备过电流保护器如发生脱离，应有清晰的指示。后备过电流保护器切断短路电流时间不应大于 5s。

耐受模式进一步要求，SPD 必须达到热稳定状态，不应出现击穿和闪络，也不应出现过量的泄漏电流。后备过电流保护器不应动作。

总之，后备过电流保护器的特性参数应经过动作负载试验、热稳定性试验、短路电流特性试验和 TOV 试验确定，特殊类型的 SPD 后备过电流保护器还要进行附加试验。最终，后备过电流保护器应由制造厂选定，其参数信息应随 SPD 一起提供。

SPD 后备过电流保护器需要满足以下原则：

1）避免 SPD 失效时产生燃烧、爆炸或其他危害。

2）使 SPD 应满足间接接触防护。

3）统一 SPD 的失效模式，提供清晰的状态指示。

3. 后备过电流保护器的类型

实际应用中的后备过电流保护器主要包括熔断器、微型断路器和 RCD 等，其中熔断器、微型断路器应用相对普遍。熔断器的电涌耐受能力相对较低，例如，为了和 I_{imp}=15kA 的Ⅰ类 SPD 配合，需要额定电流不小于 200A 的熔断器；和 I_n=20kA 的Ⅱ类 SPD 配合，需要选择额定电流不小于 125A 的熔断器。针对 8/20μs 波形，微断比熔断器有更高的耐受能力。但是，针对 10/350μs 波形，微断的耐受能力可能高于熔断器，也可能低于熔断器。总之，微型断路器和熔断器存在和 SPD 配合困难的问题。另外，传统的内部脱离器和外部过电流保护器的动作特性之间存在盲区，在内部脱离器或外部过电流保护器动作保护之前，SPD 可能出现不期望的起火或爆炸等风险。

微型断路器还有以下两个固有缺陷：

（1）由于微型断路器内部脱扣线圈的电感电压降可能使 SPD 的有效电压保护水平 $U_{p/f}$ 增大 100～300V（具体厂家的产品会有差别），不利于实施有效防护。

（2）微型断路器的短路分断能力较低，应用于工频短路电流较高的线路时需要换用塑壳断路器，成本相对较高。

熔断器的缺点在于，发生保护跳闸后不利于快速恢复供电。

近年来，市场出现了 SPD 专用的后备过电流保护电器（Surge Protecter Device Circuit Breaker，SCB），该类产品具有以下优良特性：

1）较高的运行短路分断能力。运行短路分断能力高达 50～100kA，能安全切断金属性短路而不至于出现火灾或爆炸等危害。

2）较低的动作电流。泄漏电流不大于 3A 时，能够迅速切断 SPD 分支回路，避免 SPD 起火，也能避免暂态过电压或 SPD 劣化时热稳定失衡导致起火、爆炸等危害。

3）低限制电压。具有较低的限制电压，有利于对设备实施有效保护。

4）大电涌耐受能力。具有与 SPD 的标称放电电流 I_n 或冲击电流 I_{imp} 相配合的能力，使得电涌防护持续有效。

5）与上游过电流保护器协调配合。SPD 短路失效后，SCB 的特性曲线有利于和上游过电流保护器配合，保障供电持续性。

从应用的角度，符合 GB 18802.1《低压电涌保护器（SPD） 第 1 部分：低压配电系统的保护器性能要求和试验方法》的熔断器、微型断路器和 SCB 等相关后备过电流保护器均为合格产品。SCB 产品目前尚没有国际和国家试验标准，市场出现的产品质量良莠不齐，实际性能还需要测试标准和第三方测试机构检测确认。

11.5.4 SPD 的能量配合原则

某些场合需要安装两个（或多个）SPD，以便使被保护设备的电应力降低到可接受的值（较低的电压保护水平），并且降低电涌电流。为了获得可接受的电应力分配，有必要依据两个（或多个）SPD 的能量耐受值进行配合。

能量配合的基本原则是，最敏感的 SPD 首先响应，并且能够满足下一个 SPD 导通前的最大能量耐受。SPD 的最大能量耐受值最好由制造厂取得。

1. SPD 之间配合问题

SPD 之间配合问题可初步归纳为以下问题：以图 11－40 为例，当侵入电涌电流为 i 时，其中有多少流入 SPD1，有多少流入 SPD2。此外，两个 SPD 能否耐受这些电应力。

两个 SPD 之间的阻抗 Z 是一个物理阻抗（插在导线上的电感元件，可促进两个 SPD 之间能量的分配）或两个 SPD 之间一定长度的电缆（通常认为电感量为 1μH/m）。当 Z 代表一个物理阻抗，导线的电感可以忽略，因为和 Z 比较起来，导线的电感很低。

如果两个 SPD 之间的距离相对于电涌持续时间很短，那么电感的影响可忽略，则 SPD2 可能承担较多的电应力。选择合适的 SPD 应考虑两个 SPD 之间的阻抗，把 i_2 的值降低到可接受的水平，以达到良好的配合。当然，也能把 SPD2 的残压降低到期望的值，应避免以下配合：

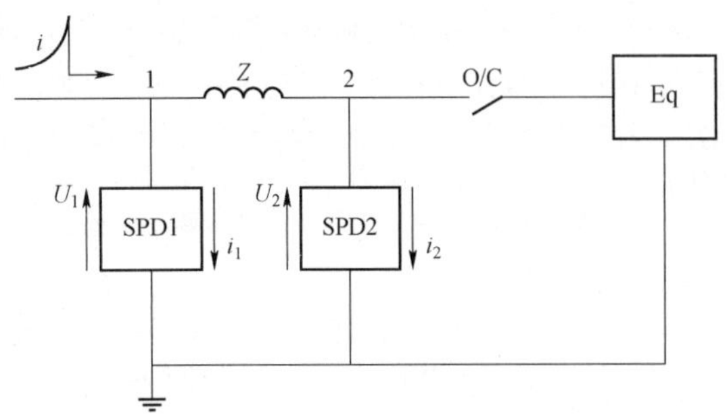

图 11－40　两个 SPD 的典型应用－电路图

注：1. 图 11－40 显示了设备没有连接的最严重的情况。没有任何的电流流过设备，两个 SPD 分配了所有的应力。

2. 本示例中连接导线被忽略，实际上，它们对两个 SPD 之间的电应力分配可能有影响。

3. 在导线进出比较紧密的地方，回路比较小，那么其电感比 1μH/m 小，可低至 0.5μH/m。

4. 1μH/m 的值已经包含了进出线导线电感。

Eq—正常工作时的被保护设备；O/C—开路（设备从供电系统断开）；i—侵入电涌

（1）SPD2 过于安全的设计。

（2）i_2 也不应过高，否则会在建筑物内产生不期望的干扰。

通常，依据电流处理它们之间的协调不够充分，需要通过能量来协调。为了确保两个 SPD 都很好地配合，有必要满足以下的能量判据。

如果电涌电流在 $0 \sim I_{max1}$（I_{peak1}）之间任意取值时，通过 SPD2 耗散的能量小于或等于其最大能量耐受值（E_{max2}），则能量配合就可实现。

以下仅简述典型 SPD 能量配合的基本原则。

2. 火花间隙型 SPD 和压敏电阻型 SPD 配合

火花间隙型 SPD 和压敏电阻型 SPD 配合时，通常 SPD2 标称导通电压低，SPD1 触发电压高，SPD2 先导通。SPD2 也必须能承载部分 10/350μs 波形雷电流；在 SPD2 过载前，SPD1 必须导通，相应承担主要能量的泄放，配合过程如图 11－41 所示。

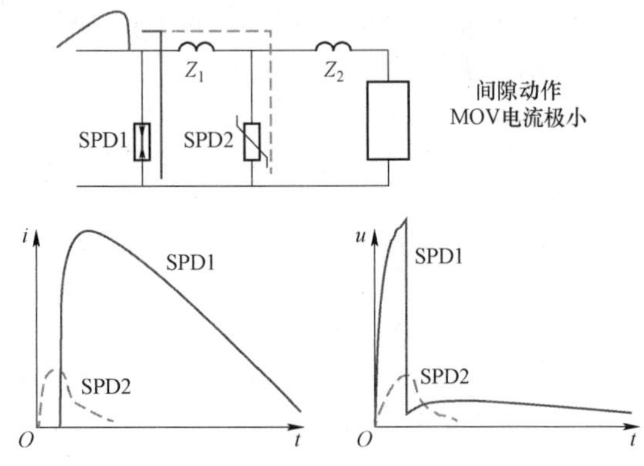

图 11－41　火花间隙和压敏电阻型之间的配合

3. 压敏电阻型 SPD 之间配合

当两个压敏电阻型 SPD 配合时，如果两个 SPD 标称导通电压相同时，则 SPD1 先导通；电涌电流继续增大，SPD1 残压上升，达到 SPD2 的启动电压时，SPD2 导通，配合过程如图 11－42 所示。

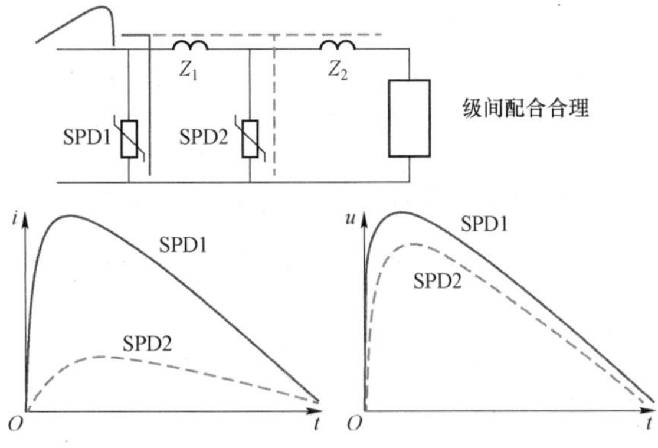

图 11－42　压敏电阻型之间的配合

实际的配合可能会很复杂，如果所有 SPD 由同一制造厂生产，最简单的办法是根据所选的 SPD 之间的距离或阻抗，向制造厂提出合理的配合要求。

11.5.5　SPD 的安装

1. 根据系统接地形式选择 SPD 的接线形式

SPD 的接线形式应符合表 11－20 的规定。

表 11－20　根据低压电源系统特征安装 SPD

SPD 接于	电涌保护器安装处的特征							
	TT 系统		TN－C 系统	TN－S 系统		引出中性线的 IT 系统		不引出中性线的 IT 系统
	按以下形式连接			按以下形式连接		按以下形式连接		
	接线形式 1	接线形式 2		接线形式 1	接线形式 2	接线形式 1	接线形式 2	
相和中性线之间	+	○	不适用	+	○	+	○	不适用
相和 PE 之间	○	不适用	不适用	○	不适用	○	不适用	○

续表

SPD 接于	电涌保护器安装处的特征							
	TT 系统		TN－C 系统	TN－S 系统		引出中性线的 IT 系统		不引出中性线的 IT 系统
	按以下形式连接			按以下形式连接		按以下形式连接		
	接线形式 1	接线形式 2		接线形式 1	接线形式 2	接线形式 1	接线形式 2	
中性线和 PE 线之间	○	○	不适用	○	○	○	○	不适用
相线和 PEN 线之间	不适用	不适用	○	不适用	不适用	不适用	不适用	不适用
相线之间	+	+	+	+	+	+	+	+

注：○表示必须；+表示非强制性，可附加选用。

2. SPD 的接线图

SPD 的接线包括在 TN、TT 和 IT 系统中的应用，具体接线如图 11－43～图 11－47 所示。

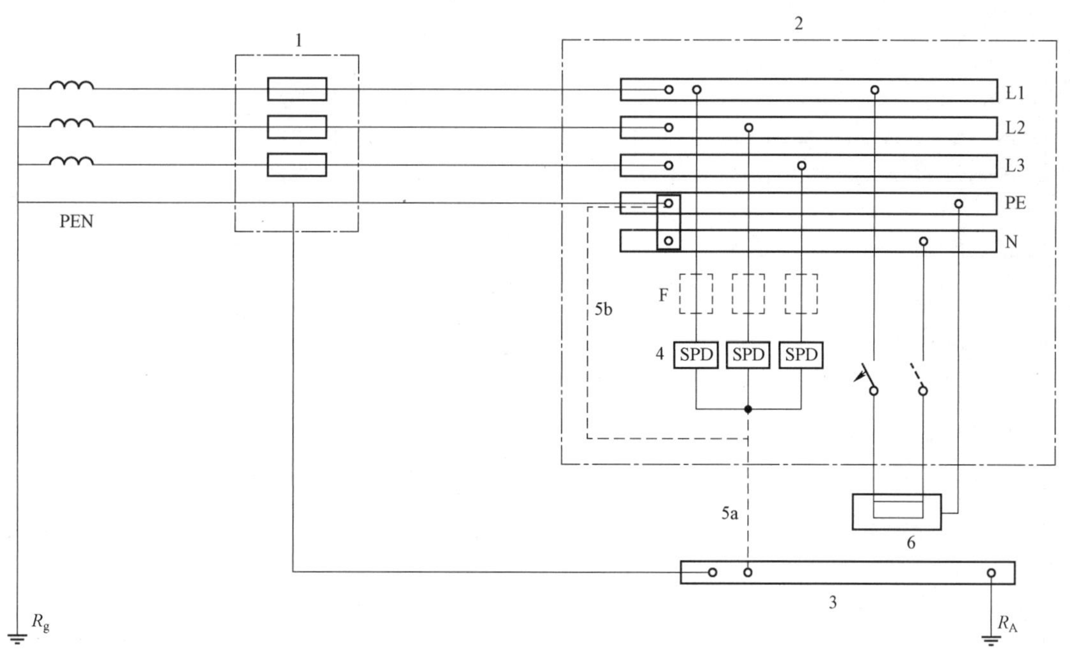

图 11－43　SPD 在 TN 系统中安装

1—装置的电源入口；2—配电盘；3—总接地端子；4—电涌保护器；5—SPD 的接地，5a 或 5b 处；6—被保护设备；

F—SPD 制造厂要求装设的保护器（例如，熔断器、断路器、RCD）；

R_A—装置的接地极（接地电阻）；R_g—供电系统的接地极（接地电阻）

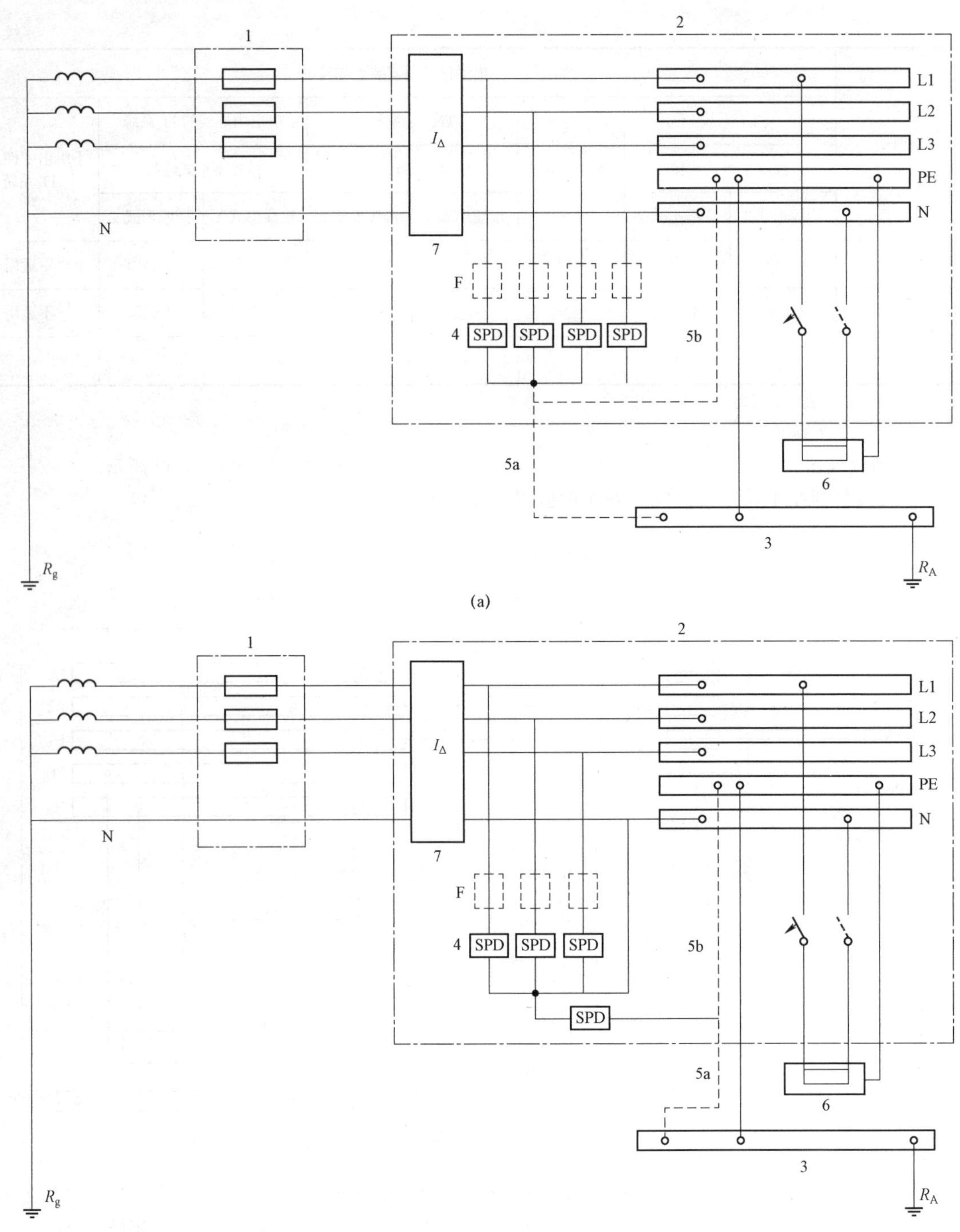

图 11-44　SPD 在 TT 系统中安装（SPD 在 RCD 的后方）

（a）接线形式 1；（b）接线形式 2

1—装置的电源入口；2—配电盘；3—总接地端子；4—电涌保护器；5—SPD 的接地，5a 或 5b 处；

6—被保护设备；7—剩余电流保护装置（RCD）；

F—SPD 制造厂要求装设的保护器（例如，熔断器、断路器、RCD）；

R_A—装置的接地极（接地电阻）；R_g—供电系统的接地极（接地电阻）

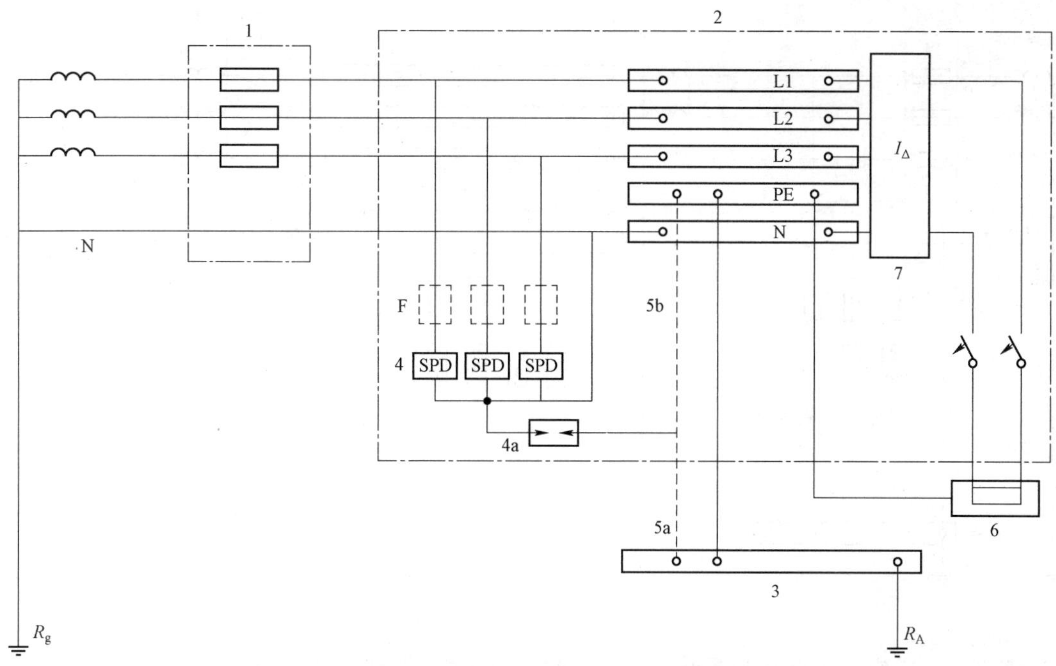

图 11-45　SPD 在 TT 系统中安装（SPD 装在 RCD 的前方）

1—装置的电源入口；2—配电盘；3—总接地端子；4—电涌保护器；4a—火花间隙 SPD；5—SPD 的接地，5a 或 5b 处；6—被保护设备；7—剩余电流保护装置（RCD）；F—SPD 制造厂要求装设的保护器（例如，熔断器、断路器、RCD）；R_A—装置的接地极（接地电阻）；R_g—供电系统的接地极（接地电阻）

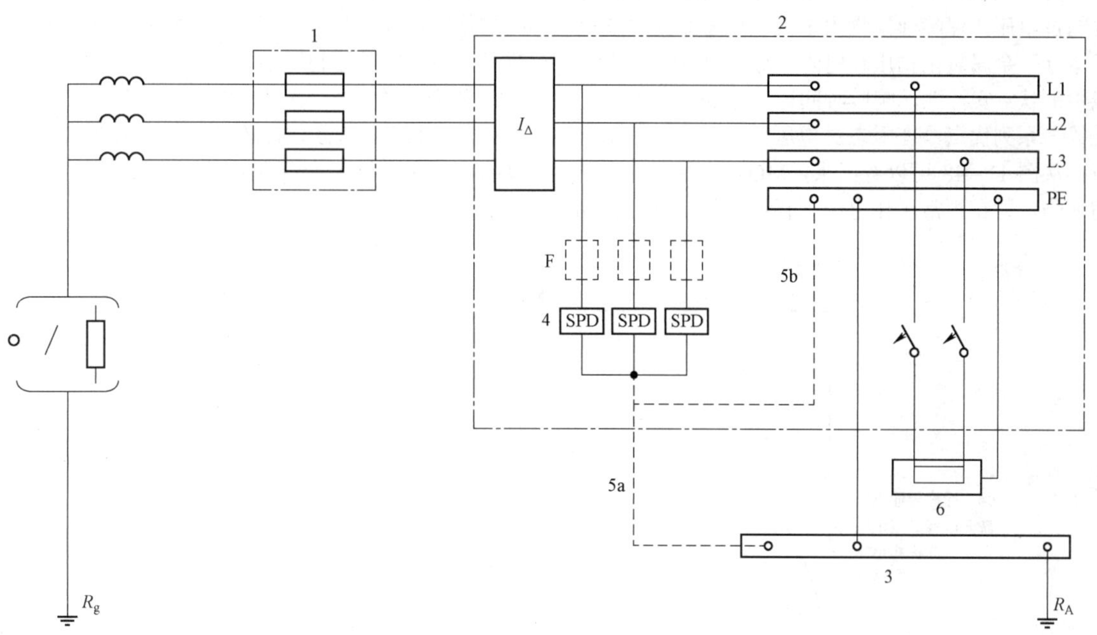

图 11-46　SPD 在 IT 系统中（不带中性线）安装

1—装置的电源入口；2—配电盘；3—总接地端子；4—电涌保护器；5—SPD 的接地，5a 或 5b 处；6—被保护设备；7—剩余电流保护装置（RCD）；F—SPD 制造厂要求装设的保护器（例如，熔断器、断路器、RCD）；R_A—装置的接地极（接地电阻）；R_g—供电系统的接地极（接地电阻）；O/—开路或阻抗

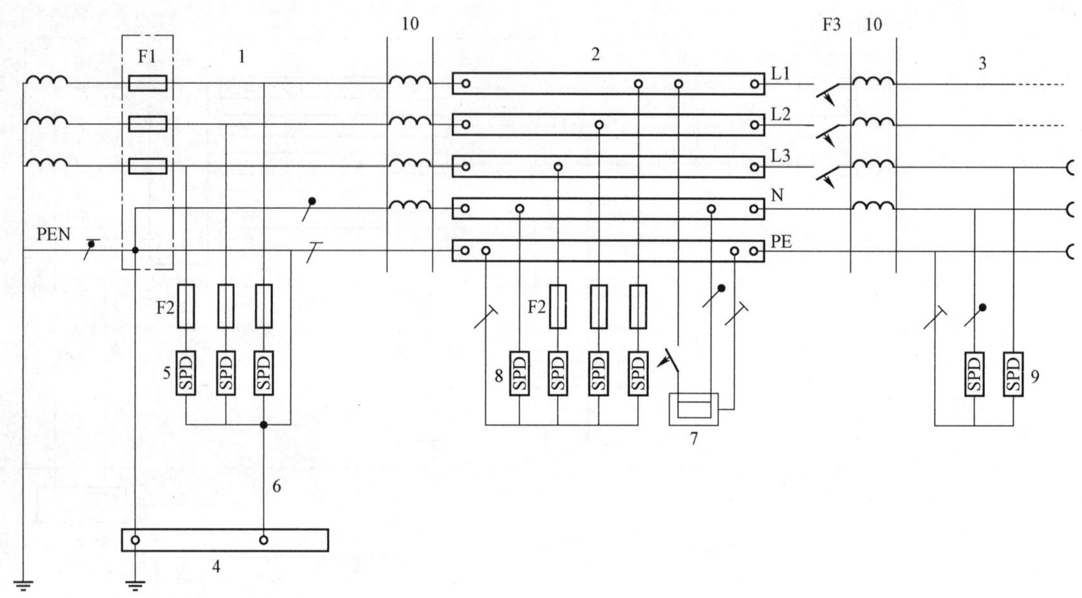

图 11－47 TN－C－S 系统中 SPD 安装

1—电气装置的电源进户处；2—配电盘；3—配电引出线；4—主接地端子或接地排；5—I 级试验或 II 级试验的 SPD；6—SPD 的接地连接（接地导体）；7—被保护设备；8—II 级试验的 SPD；9—II 级试验或 III 级试验的 SPD；10—退耦元件或线路阻抗；F1、F2、F3—过电流保护器

3. 智能 SPD 监控系统

设置协调配合的 SPD 有利于防范雷击电磁脉冲造成的过电压，保障建筑物内电气、电子系统的安全可靠运行。金属氧化物压敏电阻（MOV）具有连续、非线性的伏－安特性，响应时间短，导通电压低，无续流等一系列优点，在瞬态过电压防护中大量采用。然而，从图 11－48 可以看出来，MOV 本身有一个固有的缺陷，即在正常工作电压下存在泄漏电流，长期使用后，泄漏电流会逐渐变大，进而产生不应有的发热，导致电阻片损坏，甚至燃烧、爆炸等危害。MOV 的劣化过程通常是渐进的，不易被察觉。而且，遭受暂时过电压等外因也可能发生失效损坏，导致建筑物内部系统失去保护。设置 SPD 智能监测系统能很好地监测以上状况。因此，有必要监控 SPD 预期性能的偏离趋势，保证 SPD 处于健康的工作状态。

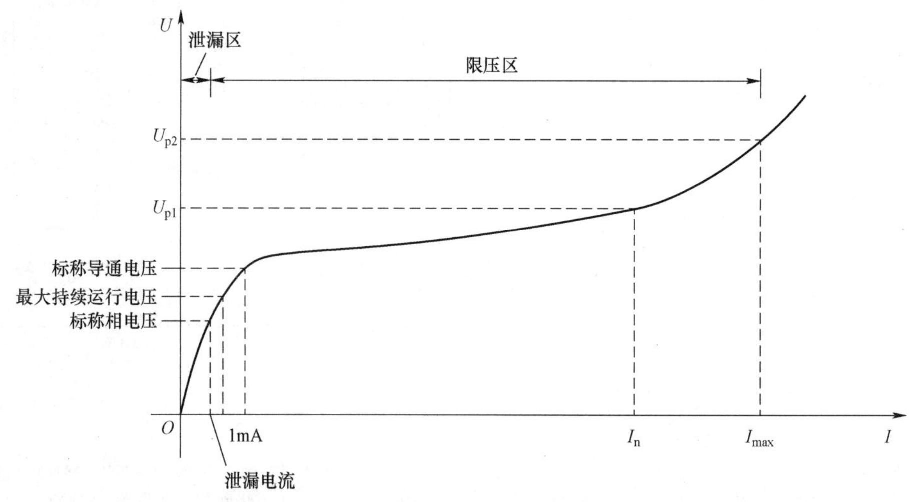

图 11－48 MOV 的伏－安特性图示

SPD 智能监测装置应具备对 SPD 基本工作状态及参数的监测功能，具备通信接口可实现数据的远程传输，并具备以下功能：

（1）实时监测 SPD 状态。

（2）实时监测外部脱离器的分、合闸状态。

（3）具备 SPD 性能劣化趋势监测，失效预警及告警。

（4）监测电涌电流冲击等数据的实时显示、查询、统计分析等。

4. 预期雷电流

对直接或部分雷电流（S1/S3）情况，模拟 10/350μs 雷电流波形，采用Ⅰ级试验的 SPD；对感应效应（S2/S4）情况，模拟 8/20μs 电涌电流波形，采用Ⅱ级或Ⅲ级试验的 SPD。

符合Ⅰ级试验方法的 SPD 通常推荐用于高暴露场所。例如：由防雷系统保护的建筑物的电缆入口。通常，IEC 选择很高能量的波形（10/350μs 的波形）以符合任何可能出现的雷击，而 ANSI C62.41 标准选择了概率很高的雷电流波形（8/20μs 的波形）。虽然极高幅度的雷击瞬态电流脉冲在数量上很少，但这些可能的事件必须被严肃对待，同时选择较高电流幅值的 SPD 有利于延长其使用寿命。

Ⅱ级或Ⅲ级试验方法的 SPD 承受持续时间较短的冲击，这些 SPD 通常推荐用于较少暴露的场所。下列情况下可选用Ⅱ级或Ⅲ级试验的 SPD：

（1）建筑物或其引入线路不需要考虑直击雷防护。

（2）建筑物有防雷装置，但仅有高压引入，没有低压引出线。

（3）雷电可能直击建筑物引入线路，但传导电涌已被限制住。

低压系统 I_{imp} 值的选择可以基于表 11－21 给出的值，通信系统 I_{imp} 值的选择可以基于表 11－22 给出的值，此处 I_{imp} 的优选值与防雷建筑物的雷电流峰值有关。

需要注意的是，表 11－21 和表 11－22 中损害源 S1 条件下的预期感应电涌电流数值，按 8/20μs 电流波形。对于损害源 S1 条件下的反击雷电流应按式（11－17）或式（11－18）估算，低压进线即使采用埋地电缆引入，其电源引入处的 SPD 也应选用Ⅰ级试验 10/350μs SPD。

表 11－21　　雷击导致的低压系统预期电涌电流

防雷类别	低压系统			
	雷击线路或线路附近		雷击建筑物附近[①]	雷击建筑物[①]
	损害源 S3（直接雷击）[②] 电流波形 10/350μs（kA）	损害源 S4（间接雷击）[③] 电流波形 8/20μs（kA）	损害源 S2（感应电流）[④] 电流波形 8/20μs（kA）	损害源 S1（感应电流）[④] 电流波形 8/20μs（kA）
第三类	5	2.5	0.1	5
第二类	7.5	3.75	0.15	7.5
第一类	10	5	0.2	10

注：所有数值均为每一导线上的电涌电流值。

① 环路导体敷设方式以及与感应电流的距离影响预期雷电流数值大小。表中的数值指以不同方式敷设在大型建筑物中的短路无屏蔽环路导体（环路面积数量级 50m²，宽度 5m），距离建筑物墙 1m，建筑物无屏蔽或装设有 LPS（k_c=0.5）。对其他类型的环路或建筑物特性，所取数值宜乘以系数 K_{s1}、K_{s2}、K_{s3}（见 GB/T 21714.2—2015）。

② 数值与雷击靠近用户的最后一根线杆的情况相关，考虑的线路为多导体（三相和中性）线路。

③ 数值适用于架空线，埋地线路数值可减半。

④ 环路电感和电阻影响感应电流波形。环路电阻可忽略时，宜假设为 10/350μs 波形。这就是感应环路中装设开关型 SPD 的情况。

表 11－22　　雷击导致的通信系统预期电涌电流

防雷类别	通信系统[①]			
	雷击线路或线路附近		雷击建筑物附近[②]	雷击建筑物[②]
	损害源 S3（直接雷击）[③] 电流波形 10/350μs（kA）	损害源 S4（间接雷击）[④] 电流波形 8/20μs（kA）	损害源 S2（感应电流）[④] 电流波形 8/20μs（kA）	损害源 S1（感应电流）[④] 电流波形 8/20μs（kA）
第三类	5	0.035	0.1	5

续表

防雷类别	通信系统[①]			
	雷击线路或线路附近		雷击建筑物附近[②]	雷击建筑物[②]
	损害源 S3（直接雷击）[③] 电流波形 10/350μs（kA）	损害源 S4（间接雷击）[④] 电流波形 8/20μs（kA）	损害源 S2（感应电流）[④] 电流波形 8/20μs（kA）	损害源 S1（感应电流）[④] 电流波形 8/20μs（kA）
第二类	1.5	0.085	0.15	7.5
第一类	2	0.16	0.2	10

注：所有数值均为每一导线上的电涌电流值。

① 详细资料见 ITU－T 建议 K.67。

② 环路导体敷设方式以及与感应电流的距离影响预期雷电流数值大小。表中的数值指以不同方式敷设在大型建筑物中的短路无屏蔽环路导体（环路面积数量级 50m²，宽度 5m），距离建筑物墙 1m，建筑物无屏蔽或装设有 LPS（k_c=0.5）。对其他类型的环路或建筑物特性，所取数值宜乘以系数 K_{s1}、K_{s2}、K_{s3}（见 GB/T 21714.2—2015B.4）。

③ 数值适用于多对线非屏蔽线缆。对非屏蔽终端连接线，数值可能大 5 倍以上。

④ 数值适用于架空非屏蔽线，埋地线路数值可减半。

5. 雷击建筑物的电涌电流

闪电直接击在建筑物防雷装置的情况下，雷电流是由两个主要参数组成：第一个是在波头时间内快速上升的陡度，它是用于确定由于感应效应而产生的电感电压；第二个是在波尾内的长持续时间，它最重要的是涉及雷击的能量。在这长持续时间内不出现高频效应，所以允许采用欧姆电阻计算电流分配，如图 11－49 所示。

当不可能用其他方法（例如计算）评估时，可以采用总雷电流（I）的 50%流入所考虑建筑物防雷的接地装置，其他 50%的电流在引入建筑物的各服务设施（如外来导电物体、电力线路、通信线路等）之间分配，流入每种服务设施的电流可按 $i=50\%I/n$ 估算，n 为服务设施的数量。闪电直接击在架空线路上可用类似方法处理。

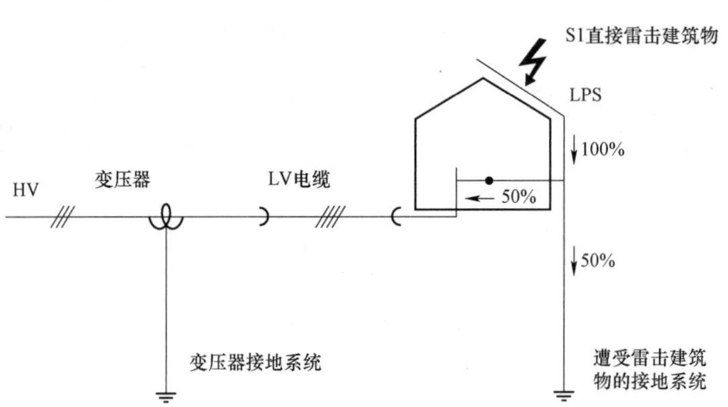

图 11－49 雷电流分配的示例

当电源线路无屏蔽层或金属管时，电源线路每一模式的冲击电流值根据式（11－17）计算；当电源线路有屏蔽层或金属管时，需要考虑屏蔽层参与雷电流分流的影响，电源线路每一模式的冲击电流值根据式（11－18）计算。当无法确定时，冲击电流值应取不小于 12.5kA。

$$I_f=\frac{0.5I}{nm} \tag{11-17}$$

$$I_f=\frac{0.5IR_s}{n(mR_s+R_c)} \tag{11-18}$$

式中：I 为雷电流，kA；n 为地下和架空引入的外来金属管道和线路的总数；m 为线路内导体芯线的总根数；R_s 为屏蔽层或钢管每千米的电阻，Ω/km；R_c 为芯线每千米的电阻，Ω/km。

6. 屋顶设备的电涌电流

（1）保持间隔距离。屋顶金属设备应处于接闪器的保护范围内。推荐屋顶金属设备与建筑物防雷装置保持间隔距离，有利于避免部分雷电流进入屋顶金属设备，并将引入建筑物内的雷电流减到最小。保持间隔距离后，屋顶金属设备仅承受感应电涌（8/20μs）影响，只需要设置Ⅱ级试验的 SPD，如图 11－50 所示。

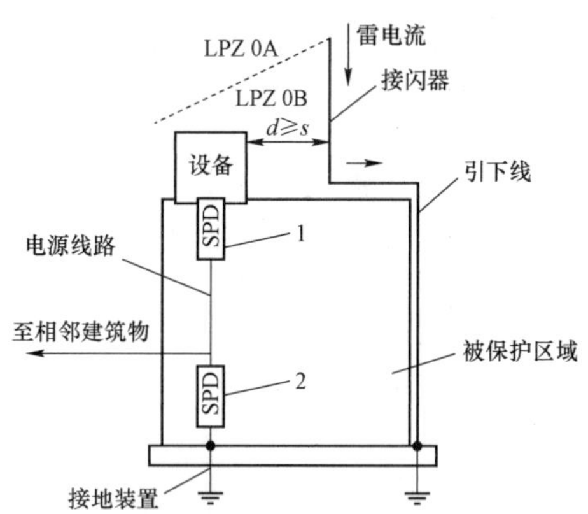

图 11－50 保持间隔距离的保护

$d \geq s$

（和 LPS 保持间隔距离）

1—Ⅱ级试验 SPD；2—Ⅰ级试验 SPD

（2）不能保持间隔距离。如果不能保证间隔距离，需要将屋顶金属设备和防雷装置直接连接，此时，电气设备将会遭受部分雷电流，因此，需要设置Ⅰ级试验的 SPD，如图 11－51 所示。

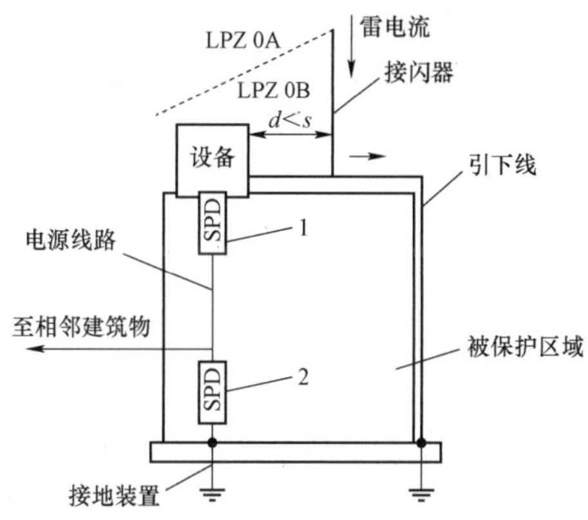

图 11－51 不能保持间隔距离的保护

$d < s$

（间隔距离不能满足）

1—Ⅰ级试验 SPD；2—Ⅰ级试验 SPD

流过每根导体的雷电流的峰值按下式计算

$$I_f = I_{LPL} \times k_c / 2 \times n' \tag{11-19}$$

式中：I_f为流经每根线路的部分雷电流；I_{LPL}为预期的雷电流峰值（对第一、二、三类防雷建筑物分别为 100kA、150kA、200kA）的雷电流；k_c为与引下线数量相关的分流系数：一根引下线，$k_c=1$，两根引下线，$k_c=0.66$，3 个或更多的引下线，$k_c=0.44$；n'为电源导体的数量。

例如，第三类防雷建筑物的 LPS（$I_{LPL}=100$kA）具有 4 个引下线（$k_c=0.44$）。一路有 5 根导体的电源电缆通过 SPDs 与 LPS 连接（即 $n'=5$）。当没有具体计算电流分配时，通过每个电源导体的部分雷电流为

$$I_f = I_{LPL} \times k_c / 2 \times n' = (100 \times 0.44/10)\ \text{kA} = 4.4\text{kA}$$

7. 高层建筑物的电涌电流

对于高度超过 30m 的建筑，要求在每 20m 高的位置建立一个附加的等电位连接。这意味着，至少在这些位置，外部和内部引下线，以及建筑物金属部件必须进行等电位连接；供电线路也应通过适当的 SPDs 进行等电位连接。这些 SPDs 必须能够承受安装处预期的部分雷电流。

（1）一般来说，在屋顶处雷电流的分布取决于许多因素，也包括实际的雷击点的位置。但是，通常屋顶平面处 SPD 要求具有泄放大部分雷电流的能力。

（2）对等电位连接的中间楼层，Ⅰ级试验或Ⅱ级试验的 SPD 是充分的。

（3）根据建筑物与电力系统接地电阻的比值，在地面上的 SPDs 中会出现相当能量的雷电流，通常选择Ⅰ级试验的 SPD。

8. PV 装置的电涌电流

屋顶 PV 装置也应处于接闪器的保护范围内，当 PV 装置和 LPS 不能保持间隔距离时，需要和 LPS 进行防雷等电位连接，雷电流则会流入直流导体，如图 11－52 所示。雷电流的分配取决于：

（1）根据预期的雷电流峰值对建筑物发生闪击。

（2）引下线的数量。

（3）直流电源导体和连接导体的数量。

当无条件对雷电流分配进行具体计算时，可通过以下简化公式计算出流过每根直流导体的雷电流的峰值

$$I_{dc} = I_{LPL} \times k_c / 2 \times n' \tag{11-20}$$

式中：I_{dc}为流经每根直流线路的部分雷电流；I_{LPL}为预期的雷电流峰值（对第一、二、三类防雷建筑物分别为 100kA、150kA、200kA）的雷电流；k_c为与引下线数量相关的分流系数：一根引下线，$k_c=1$，两根引下线，$k_c=0.66$，3 个或更多的引下线，$k_c=0.44$；n'为直流电源导体和连接导体的数量。

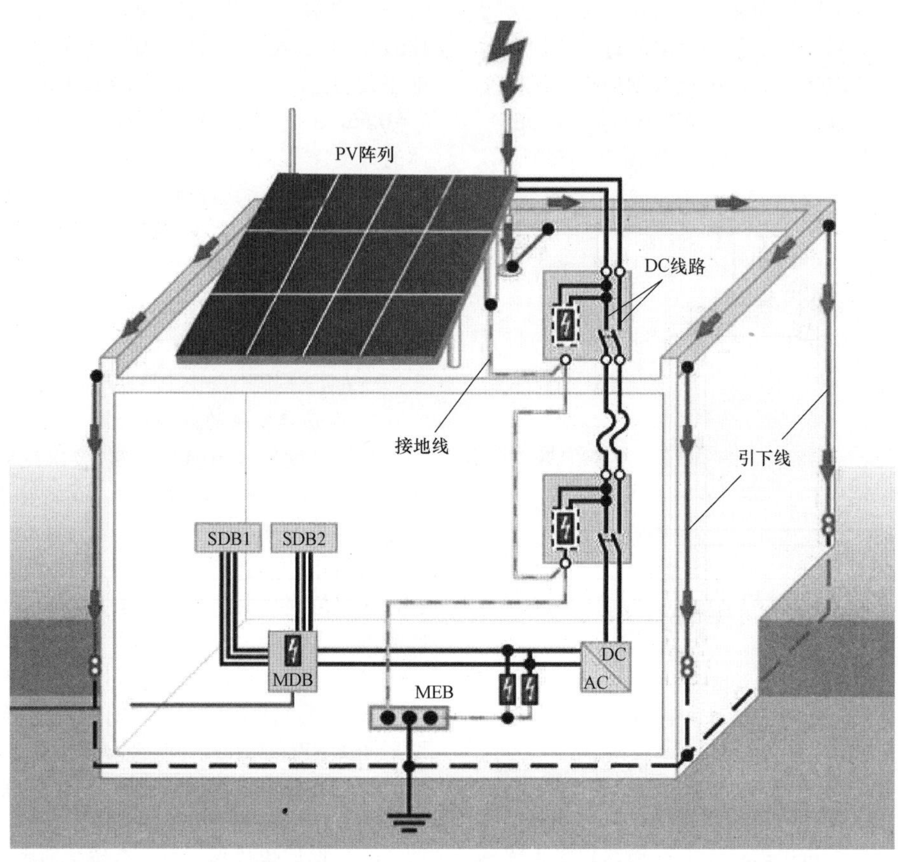

图 11－52　对屋顶 PV 装置的保护

例如，第三类防雷建筑物的 LPS（$I_{LPL}=100$kA）具有 4 个引下线（$k_c=0.44$），如图 11－53 所示。一路有 2 根直流导体的光伏电源电缆通过 SPDs 与 LPS 连接，同时，还有一根连接导体（即 $n'=3$）。当没有具体计算电流分配时，通过每个直流电源导体的部分雷电流为

$$I_{dc}=I_{LPL}\times k_c/2\times n'=(100\times 0.44/6)\text{ kA}=7.3\text{kA}$$

11.6　隔离界面

由于存在感应回路或者连接网络的阻抗等原因，可能在设备及其连接线上产生电涌电流。利用隔离界面可以被用来减少 LEMP 的效应，尤其是在既有的与新增的系统之间避免干扰，例如：

（1）Ⅱ级隔离设备（即无 PE 导体的双重绝缘设备）。

（2）隔离变压器。

（3）无金属的光缆。

（4）光电耦合器。

在既有建筑内增加新的电子系统时，现有设备所采用的防护措施可能会被限制。图 11－54 是一个现有设备与新增设备互连的示例，左侧为现有设备，右侧为新增设备，限制了现存设备所采用的防护措施，新增设备的设计和规划需考虑所有必要的防护措施。

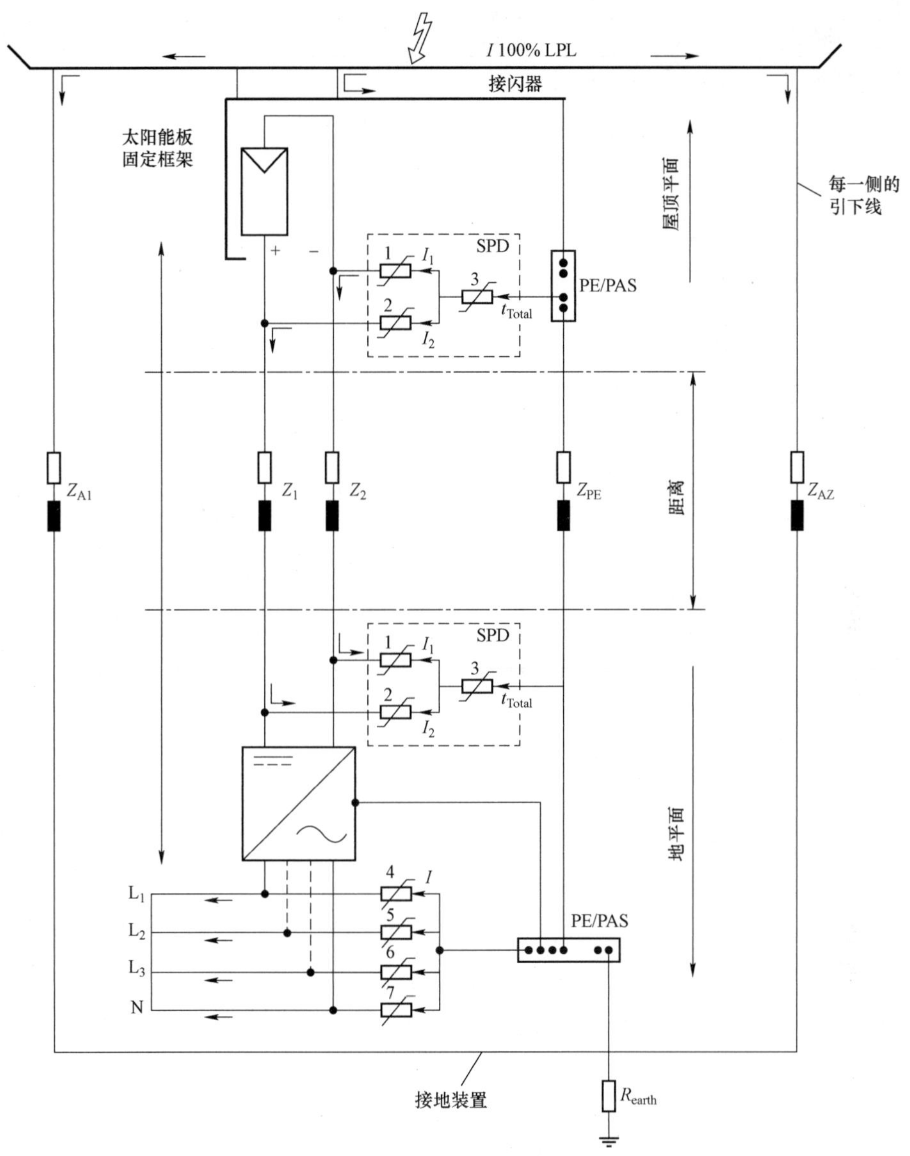

图 11－53　SPD 放电电流选择示例

Z_{A1}，…，Z_{AZ}—外部引下线的阻抗；Z_1，…，Z_Z—直流电源线路的阻抗；Z_{PE}—等电位连接线的阻抗；PE/PAS—等电位连接板；I_1，…，I_Z—流过电流 SPD（1，2）每极（或分支）的电流；I_{Total}—流过直流 SPD（3）总的电流；I_4，…，I_7—流过交流 SPD（4，…，7）每一极的电流

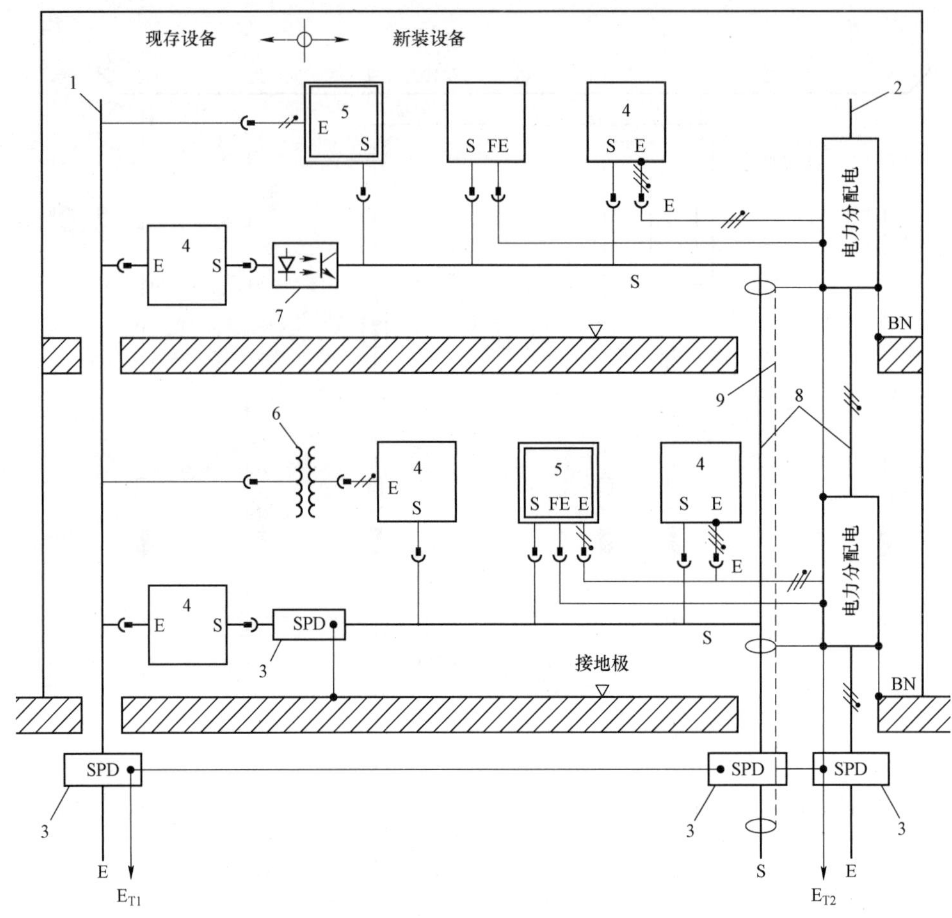

图 11－54 既有建筑的 SPM 的升级

1—原有供电系统（TN－C，TT，IT）；2—新设供电系统（TN－S，TN－C－S，TT，IT）；3—电涌保护器（SPD）；4—Ⅰ级隔离；5—无 PE 的Ⅱ级双重绝缘设备；6—隔离变压器；7—光电耦合器或光缆；8—电力线和信号线临近布线；9—屏蔽电缆管道

E—电力线；S—信号线（屏蔽或非屏蔽）；E_T—接地装置；BN—连接网络；PE—保护性接地导体；FE—功能性接地导体（若有）

参考文献

［1］张纬钹，何金良，高玉明. 过电压防护及绝缘配合.北京：清华大学出版社，2002.

［2］陈渭民. 雷电学原理. 北京：气象出版社，2003.

［3］芮静康. 建筑防雷与电气安全技术. 北京：中国建筑工业出版社，2003.

［4］梅卫群. 建筑防雷工程与设计. 北京：气象出版社，2003.

［5］中国中元国际工程公司. GB 50057—2010 建筑物防雷设计规范［S］. 北京：中国计划出版社，2011.

［6］四川中光防雷科技股份有限公司. GB/T 21714.1—2015/IEC 62305.1：2010 雷电防护 第 1 部分：总则. 北京：中国标准出版社，2015.

［7］工业和信息化部通信和计量中心. GB/T 21714.3—2015/IEC 62305.3：2010 雷电防护 第 3 部分：建筑物的物理损坏和生命危险. 北京：中国标准出版社，2015.

［8］南通五建建设工程有限公司. GB 50601—2010 建筑物防雷工程施工与质量验收规范. 北京：中国计划出版社，2010.

［9］British Standards Institution BS 6651—1999《建筑物防雷装置实施规范》［S］. London，1999.

［10］International Electrotechnical Commission.IEC 62305－3ED3 81/571e/CDV Protection against lightning－Part 3：Physical damage to structures and life hazard ［S］. Geneva，2016.

［11］天津市中力防雷技术有限公司. GB/T 21714.4—2015/IEC 62305.4：2010 雷电防护 第 4 部分：建筑物内电气和电子系统. 北京：中国标准出版社，2015.

［12］中国气象局. 建筑物防雷装置监测技术规范

GB/ T 21431—2015．北京：中国标准出版社，2015.

［13］Vernon Cooray Lightning Protection.London：The Institution of Engineering and Technology，2010.

［14］R.H.Golde 雷电（下）．北京：水利电力出版社，1983.

［15］IEEE Std 1100™—2005 IEEE Recommended Practice for Powering and Grounding Electronic Equipment. New York，2006.

［16］上海电器科学研究所（集团）有限公司. GB/T 18802.1—2011 低压电涌保护器（SPD） 第 1 部分:低压配电系统的保护器性能要求和试验方法. 北京：中国标准出版社，2012.

［17］西安高压电器研究院有限责任公司. GB/T 18802.12—2014 低压配电系统的电涌保护器（SPD）第 12 部分：选择和使用导则. 北京：中国标准出版社，2014.

［18］上海市防雷中心. GB/T 18802.21—2016 低压电涌保护器　第 21 部分：电信和信号网络的电涌保护器（SPD）性能要求和试验方法. 北京：中国标准出版社，2016.

［19］西安电瓷研究所. GB/T 18802.22—2008 低压电涌保护器　第 22 部分：电信和信号网络的电涌保护器（SPD）选择和使用导则. 北京：中国标准出版社，2008.

［20］中机中电设计研究院. GB/T 16895.22—2004 建筑物电气装置　第 5－53 部分：电气设备的选择和安装－隔离、开关和控制设备　第 534 节：过电压保护电器. 北京：中国标准出版社，2004.

［21］International Electrotechnical Commission.IEC 60364－5－53AMD2Ed.3.0 64/2031/FDIS Electrical installations of buildings－Part5－53：Selection and erection of electrical equipment－Isolation，switching and control［S］. Geneva，2015.

［22］International Electrotechnical Commission. IEC62305－4Ed.3 81/571e/CDV Protection against lightning—Part 4：Electrical and electronic systems within structures［S］. Geneva，2016.

［23］Dehn＋Sohne. Lightning protection guide Ed3［M］. Neumarkt Gemany，2014.

第12章 电 气 安 全

12.1 电流通过人体的效应

12.1.1 概述

当人体同时触及不同电位的带电导体时，电流会流经人体产生危害，危害程度取决于电流在人体内的通路、电流值的大小以及通电时间的长短。为了保证人身安全，有必要了解电流通过人体的各种效应，以便在流经人体的电流值还没有产生严重危害之前切断回路。

流经人体的电流值与电压值不是线性关系，这是由于人体阻抗并非固定值，它取决于多个因素。通过对人体的阻抗值进行测定，找到流经人体的电流、接触电压与电流持续时间之间的关系，这是电击防护设计的理论依据。

12.1.2 人体的阻抗

1. 人体阻抗的组成

人体阻抗取决于若干因素，尤其是电流路径、接触电压、电流的持续时间和频率、皮肤的潮湿程度以及接触表面积，施加的压力和温度也会对人体阻抗产生影响。人体总阻抗由内阻抗、皮肤阻抗组成，其示意图如图 12-1 所示。

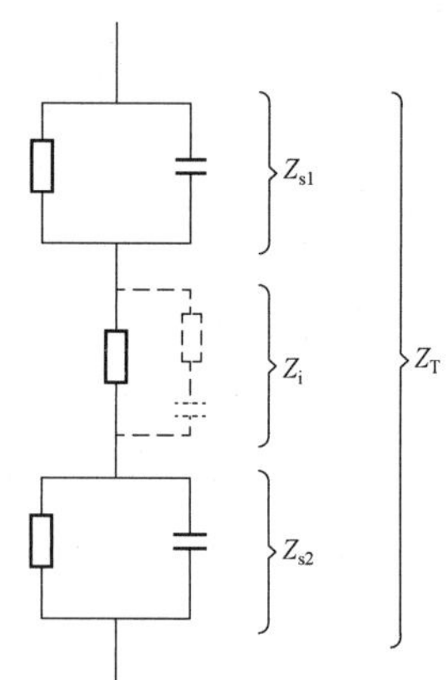

图 12-1 人体阻抗示意图

Z_i—内阻抗；Z_{s1}、Z_{s2}—皮肤阻抗；Z_T—总阻抗

2. 人体的内阻抗

人体的内阻抗 Z_i 大部分可认为是阻性的，其数值主要由电流路径决定，与接触表面积的关系较小。测量表明人体内阻抗存在很少的容性分量。

图 12-2 所示为人体不同部位的内阻抗，是以一手到一脚为路径的阻抗的百分数表示的。

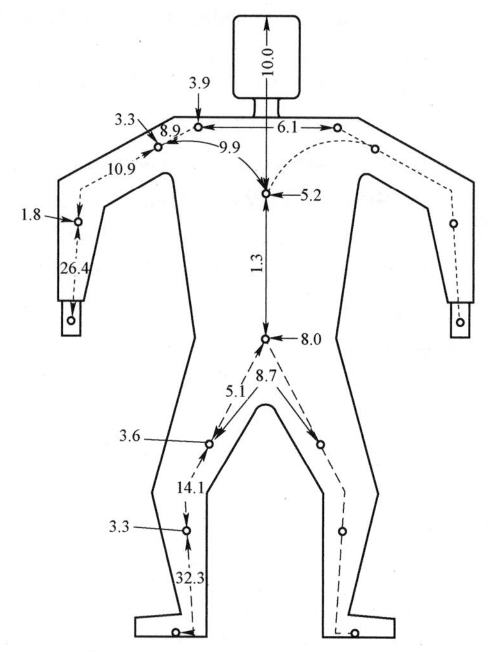

图 12-2 人体不同部位的内阻抗

注：为了计算所给出的电流路径的人体的总阻抗 Z_T，对电流流通的人体所有部分的内阻抗 Z_{ip} 以及接触面积的皮肤阻抗都必须相加。人体外面的数字表示当电流进入那点时才要加到总数中的部分内阻抗。

对于电流路径为手至手或手至脚时，阻抗主要位于四肢（手臂和腿）。若忽略人体躯干的阻抗，并假定手臂和腿的阻抗值相同，可得出如图 12-3 所示的简化电路图。

3. 皮肤阻抗

皮肤阻抗 Z_S 可视为由半绝缘层和许多小的导电体（毛孔）组成的电阻和电容的网络。当电流增加时，皮肤阻抗下降，有时可见到电流的痕迹。

对较低的接触电压，即使是同一个人，其皮肤的阻抗值也会随着条件的不同而具有较大变化，如接触表面积、所处环境是干燥还是潮湿以及出汗、温度、快速呼吸等因素，都会影响到皮肤阻抗。对于较高的接触电压，皮肤阻抗显著地下降，当皮肤击穿时，变得可以忽略了。至于频率的影响，则是频率增加时，皮肤阻抗会减少。

4. 人体总阻抗

人体总阻抗是由电阻性和电容性分量组成的。

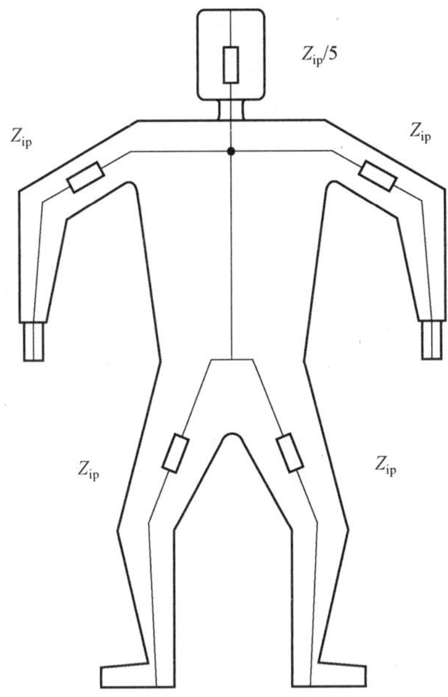

图 12－3　人体内阻抗简化示意图

Z_{ip}—一个肢体（手臂或腿）部分的内阻抗

注：从一手到双脚的内阻抗大约为手到手或一手到一脚的 75%，从双手到双脚为 50%，而从双手到人体躯干的阻抗为 25%。

对于较低的接触电压，皮肤阻抗 Z_S 会有显著变化，而人体总阻抗 Z_T 也随之有很大的类似变化。对于比较高的接触电压，皮肤阻抗对总阻抗的影响越来越小，Z_T 的值接近内阻抗 Z_i 的值。图 12－4 是某些条件下采用不同接触电压测得的人体总阻抗值。

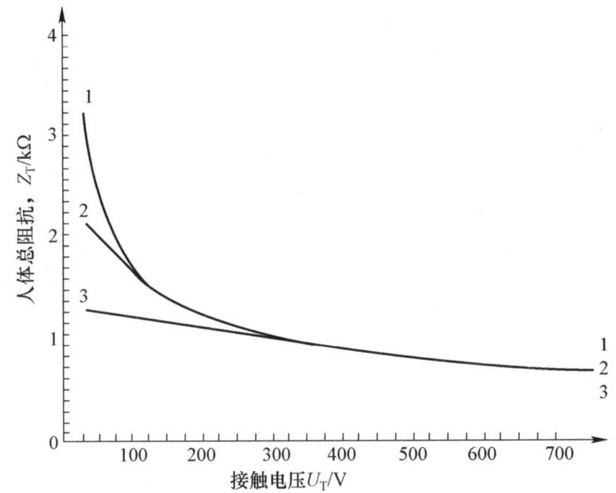

图 12－4　大的接触面积、电流路径为手到手、50Hz/60Hz 的交流接触电压 U_T 为 25～700V、50%被测对象的人体总阻抗 Z_T

1—干燥条件；2—水湿润条件；3—盐水湿润条件

表 12－1～表 12－3 是大的接触表面积下成人的人体总阻抗 Z_T，电流的路径为手到手，该接触面积的数量级为 100cm²，大致相当于成人的手掌面积。儿童的人体总阻抗 Z_T 稍高于成人，但数量级相同。当接触面积减小时，相同电流路径下的人体总阻抗 Z_T 随之增大。

表 12－1　干燥条件，大的接触表面积，50Hz/60Hz 交流电流路径为手到手的人体总阻抗 Z_T

接触电压/V	不超过下列三项的人体阻抗 Z_T 值/Ω		
	被测对象的 5%	被测对象的 50%	被测对象的 95%
25	1750	3250	6100
50	1375	2500	4600
75	1125	2000	3600
100	990	1725	3125
125	900	1550	2675
150	850	1400	2350
175	825	1325	2175
200	800	1275	2050
225	775	1225	1900
400	700	950	1275
500	625	850	1150
700	575	775	1050
1000	575	775	1050
渐近值＝内阻抗	575	775	1050

注：1. 有些测定表明，电流路径为一手到一脚的人体总阻抗，稍低于电流路径为手到手的人体总阻抗（10%～30%）。

2. 对于活人的 Z_T 值，相应于电流的持续时间约为 0.1s。对于更长的持续时间，Z_T 值可能减少（约 10%～20%），而当皮肤完全击穿后，则 Z_T 接近于内阻抗 Z_i。

3. 对于电压为 220V 基准值（网络—系统 3L＋N—220/380V、230/400V），可以假设人体的总阻抗值与接触电压为 225V 时相同。

4. Z_T 值被舍入到 25Ω。

表 12－2　水湿润条件，大的接触表面积，50Hz/60Hz 交流电流路径为手到手的人体总阻抗 Z_T

接触电压/V	不超过下列三项的人体阻抗 Z_T 值/Ω		
	被测对象的 5%	被测对象的 50%	被测对象的 95%
25	1175	2175	4100
50	1100	2000	3675
75	1025	1825	3275
100	975	1675	2950
125	900	1550	2675
150	850	1400	2350
175	825	1325	2175
200	800	1275	2050
225	775	1225	1900
400	700	950	1275
500	625	850	1150
700	575	775	1050
1000	575	775	1050
渐近值＝内阻抗	575	775	1050

表 12-3　盐水润湿条件，大的接触表面积，50Hz/60Hz 交流电流路径为手到手的人体总阻抗 Z_T

接触电压/V	不超过下列三项的人体阻抗 Z_T 值/Ω		
	被测对象的 5%	被测对象的 50%	被测对象的 95%
25	960	1300	1755
50	940	1275	1720
75	920	1250	1685
100	880	1225	1655
125	850	1200	1620
150	830	1180	1590
175	810	1155	1560
200	790	1135	1530
225	770	1115	1505
400	700	950	1275
500	625	850	1150
700	575	775	1050
1000	575	775	1050
渐近值＝内阻抗	575	775	1050

12.1.3　15～100Hz 范围内正弦交流电流的效应

交流电流对人体的效应以常用频率 50Hz 或 60Hz 研究结果为依据，这些数据被认为也适用于 15～100Hz 频率范围。在该频率范围起始端，各种阈值要高于 50Hz 或 60Hz 的阈值。对于几十伏的接触电压来说，人体皮肤阻抗大致与频率成反比，频率越高，皮肤阻抗越低，500Hz 时的皮肤阻抗大约为 50Hz 时的十分之一，在很多情下皮肤阻抗可以忽略不计，在更高的频率时，情况更是如此。以下讨论的电流值除非另有说明，均为方均根值。

1. 感知阈和反应阈

感知阈是人体能感觉到的接触电流的最小值。反应阈是能引起肌肉不自觉收缩的接触电流的最小值。这两个阈取决于若干参数，如人体与电极接触的面积（接触面积）、接触的状态（干燥、潮湿、压力、温度），也和个人的生理特点有关。

反应阈一般为 0.5mA，该值与电流通过的时间长短无关。

2. 摆脱阈

当人用手持握带电导体时，如果流过手掌的电流超过一定数值，手掌则无法摆脱该带电导体而会将其紧握，电流将持续通过人体并对其造成伤害。摆脱阈是人手握带电导体时能自行摆脱的接触电流的最大值。摆脱阈取决于若干参数，如接触面积、带电导体的形状和尺寸，也和个人的生理特点有关系。在技术规程中，成年男性的摆脱阈取值为 10mA，5mA 则适用于所有人。

3. 心室纤维性颤动阈

电流通过人体时引起的心室纤维性颤动是电击致死的最常见的原因。心室纤维性颤动阈是通过人体、能引起心室纤维性颤动的最小接触电流值，该值取决于生理参数，如人体结构、心脏功能状态等，还取决于电气参数，如电流持续时间和路径、电流的特性等。

通过 50Hz 或 60Hz 正弦交流电流时，如果电流持续时间超 1 个心搏周期，则纤维性颤动阈显著降低。这种效应是由于电流诱发心脏期外收缩，使心脏不协调的兴奋状态加剧而引起的。

当电击的持续时间小于 0.1s，电流大于 500mA 时，纤维性颤动就有可能发生，只要电击发生在易损期内，数安培的电流幅值就很可能引起纤维性颤动。这种强度的电击持续时间超过一个心搏周期，就可能导致可逆的心脏停搏。

4. 交流电流通过人体的效应

将动物实验结果应用于人体，电流路径为左手到双脚，15～100Hz 电流对人体的效应见电流与持续时间的关系曲线，如图 12-5。

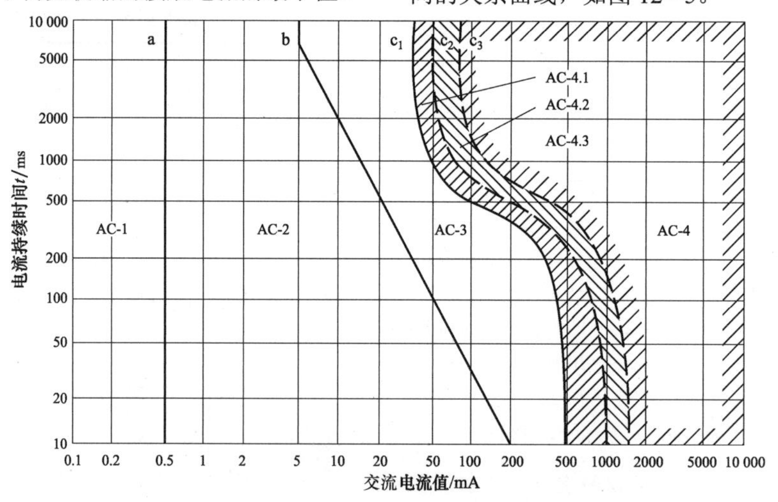

图 12-5　通过人体的交流电流值与持续时间的关系

电流路径：左手到双脚，交流电流：15～100Hz

图中分为 AC－1、AC－2、AC－3、AC－4 几个区域，各时间/电流区域的说明见表 12－4。

表 12－4　　各时间/电流区域的说明

区域	范围	生理效应
AC－1	0.5mA 的直线 a 左侧	有感知的可能性，但通常没有被"吓一跳"的反应
AC－2	直线 a 至折线 b	可能有感知和不自主的肌肉收缩，但通常没有有害的电生理学效应
AC－3	折线 b 至曲线 c	可强烈地不自主的肌肉收缩，呼吸困难，可逆性的心脏功能障碍，活动抑制可能出现，随着电流幅而加剧的效应，通常没有预期的器官破坏
AC－4①	曲线 c_1 右侧	可能发生病理－生理学效应，如心博停搏、呼吸停止以及烧伤或其他细胞的破坏，心室纤维性颤动的概率随着电流的幅度和时间增加
	c_1～c_2	AC－4.1　心室纤维性颤动的概率增到大约 5%
	c_2～c_3	AC－4.2　心室纤维性颤动的概率增到大约 50%
	曲线 c_3 右侧	AC－4.3　心室纤维性颤动的概率超过 50%

① 电流的持续时间在 200ms 以下，如果相关的阈被超过，心室纤维性颤动只有在易损期内才能被激发。关于心室纤维性颤动，本图与在从左手到双脚的路径中流通的电流效应相关。对其他电流路径，应考虑心脏电流系数。

c_1 曲线以下，心室纤维性颤动不大可能发生。曲线由 c_1 至 c_2、c_3，发生纤维性颤动概率逐步增加至 5%、50%。

5. 心脏电流系数（F）及其应用

图 12－5 是电流经过左手到双脚时对人体产生的效应。对于流经人体不同通路的电流，产生相同的心室纤维性颤动的危险所对应的电流值并不相同，两者之间的关系可用下式表示

$$F = \frac{I_{\text{ref}}}{I_{\text{h}}} \tag{12－1}$$

式中：I_{ref} 为图 12－5 中流经人体左手到双脚的电流；I_{h} 为表 12－5 中各电流通路的人体电流；F 为表 12－5 中的心脏电流系数。

对于不同的电流通路，心脏电流系数见表 12－5。

表 12－5　不同电流路径的心脏电流系数 *F*

电流通路	心脏电流系数 F	电流通路	心脏电流系数 F
左手到左脚、右脚或双脚	1.0	背脊到左手	0.7
双手到双脚	1.0	胸膛到右手	1.3
左手到右手	0.4	胸膛到左手	1.5
右手到左脚、右脚或双脚	0.8	臀部到左手、右手或双手	0.7
背脊到右手	0.3	左脚到右脚	0.04

心脏电流系数 F 可以用来估计电流通过各种电流路径时发生心室纤维颤动的危险程度。例如，对于流经人体左手到双脚的路径，30mA 以上的电流有可能发生心室纤维颤动的危险，但是当电流通过左手到右手时，心脏电流系数 F 为 0.4，根据式（12－1），I_{h}＝30mA/0.4＝75mA，即从左手到右手的 75mA 电流与左手到双脚的 30mA 电流产生心室纤维性颤动的可能性相同。

12.1.4　直流电流效应

"直流电流"本应指无纹波电流，但对纤维性颤动效应而言，含 10%以下的正弦波方均根值也是适用的。对于直流电流，人体的总电阻 R_{T} 为人体内电阻与皮肤电阻之和。R_{T} 在接触电压 200V 及以下时，由于人体皮肤电容对直流的阻碍作用，其值大于人体交流总阻抗 Z_{T}。

直流电流效应与电流经过人体的通路、电流方向有关，相关几个概念如下：

纵向电流：纵向流过人体躯干的电流，如从手到脚。

横向电流：横向流过人体躯干的电流，如从手到手。

向上电流：以脚为正极流过人体的直流电流。

向下电流：以脚为负极流过人体的直流电流。

1. 感知阈和反应阈

感知阈和反应阈取决于接触面积、接触状况（干、湿、压力、温度）、通电时间和个人的生理参数。与交流不同，在感知阈水平时，直流电流只有在接通和断开时才有感觉，而在电流流过期间不会有其他感觉。直流反应阈约为 2mA。

2. 活动抑制和摆脱阈

与交流不同，直流没有确切的摆脱阈，只有在电流接通和断开时，才会引起肌肉疼痛和痉挛状收缩。

3. 心室纤维性颤动阈

和交流效应一样，直流电流的心室纤维性颤动阈也取决于人的生理参数和电气参数。由电气事故资料得知，通常纵向电流才会有心室纤维性颤动的危险，横向电流不大可能发生心室纤维性颤动。动物试验和电气事故资料也表明，向下电流的心室纤维性颤动阈约为向上电流的两倍。

电击时间超过一个心搏周期时，直流的心室纤维

性颤动阈比交流要高好几倍；当电击时间少于 200ms 时，和交流的方均根值大致相同。

4. 直流电流通过人体的效应

比照图 12－5 交流电流与持续时间的关系，将动物实验的结果应用于人类，可建立一组直流纵向、向上电流与持续时间的关系曲线，如图 12－6 所示。

图 12－6 中，曲线 c_1 以下心室纤维性颤动不大可能性发生。曲线 c_2 和 c_3 的心室纤维性颤动概率分别为 5%与 50%。当电流为纵向、向下电流时，图中电流值应乘以系数 2。

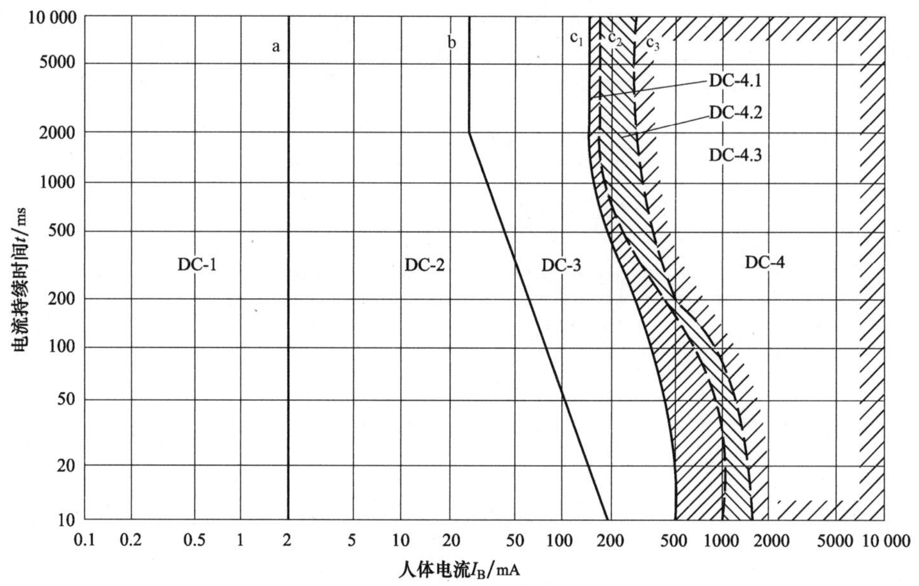

图 12－6 通过人体的直流电流值与持续时间的关系

电流路径：左手到双脚，纵向、向上电流

图中分为 DC－1、DC－2、DC－3、DC－4 几个区域，直流电的时间/电流区域说明见表 12－6。

表 12－6 直流电的时间/电流区域说明

区域	区域界限	生理效应
DC－1	2mA 的直线 a 左侧	通常无反应。在开关接通或断开时，有轻微针扎痛
DC－2	直线 a 至折线 b	通常无有害的生理效应
DC－3	折线 b 至曲线 c_1	通常不会发生器质性损伤，随着电流量和通电时间增加，心脏内可能发生剧烈的无意识的肌肉反应和可逆的脉冲传导的紊乱
DC－4	曲线 c_1 右侧	随电流量和通电时间的增加，除出现区域 3 效应外，还可能发生如心室纤维性颤动、严重烧伤等危险的病理生理效应
DC－4－1	c_1～c_2	心室纤维性颤动概率可增加到 5%
DC－4－2	c_2～c_3	心室纤维性颤动概率可增加到 50%
DC－4－3	曲线 c_3 右侧	心室纤维性颤动概率超过 50%

注：当通电时间小于 10ms 时，折线 b 的人体电流的限值仍保持为恒定值 200mA。

5. 心脏电流系数（F）及其应用

与交流电流一样，心脏电流系数也适用于直流电流，具体可参见 12.1.3 的第 5 部分。

12.1.5 接触电压限值

根据图 12－5 中交流电流与持续时间的关系，当电流值小于 30mA，即曲线 c_1 右侧区域，人体不会发生心室纤维性颤动而导致死亡。当人体接触带电导体时，要避免因接触电压过高，流过人体的电流超过 30mA 而电击致死，一方面应该对接触电压值做出限制，另一方面将用于电击防护的剩余电流动作保护电器的额定动作电流值规定为 30mA。

流经人体的接触电流取决于接触电压及人体阻抗，人体阻抗并非固定值，它随着接触电压的增大而减小，计算人体的接触电流比较困难，而计算预期接触电压则相对容易。预期接触电压是人体尚未接触到可导电部分时，那些可能同时触及的可导电部分之间的电压，接触电压限值是指特定条件下允许长时间存在的最大预期接触电压。根据相关测试，对于从手到双脚的电流通路，IEC 标准规定干燥环境条件下交流预期接触电压限值为 50V，直流预期接触电压限值为 120V；潮湿环境条件下，由于人体皮肤阻抗降低，交流预期接触电压限值为 25V，直流预期接触电压限值为 60V。对于水下环境，如浴盆内或游泳池内，人体与水大面积接触，接触电流通道更广泛，也更危险，这一限值为交流 12V、直流 30V。

无论干燥还是潮湿环境，引起心室纤维性颤动的电流阈值始终为 30mA，所以剩余电流动作保护电器的额定动作电流值与环境条件无关，30mA 完全可以满足电击防护的要求。

12.2　常见接地系统

12.2.1　概述

配电系统有不同的接地分类方式，其作用也各不相同。对于高压配电系统（如 10kV 及以上电压等级），按照电网中性点是否接地分有效接地系统（俗称大电流接地系统）和非有效接地系统（俗称小电流接地系统）两大类。这两种接地形式对于系统的绝缘水平、继电保护方式、供电可靠性等有着直接影响。对于低压配电系统，根据配电系统电源端、负荷端的接地情况分为 TN、TT、IT 系统，不同的接地类型适用于不同的场合，对安全防护的要求也有所不同。

TN、TT、IT 接地系统的文字符号具有如下含义：

第一个字母表示电源端与地的关系：

T——电源端某一点（一般是 PEN 或 N 线上的一点）与大地直接连接。

I——电源端所有带电导体与大地绝缘，或者某一点经高阻抗与大地连接。

第二个字母表示电气装置的外露可导电部分与地的关系：

T——电气装置的外露可导电部分与大地直接连接，与电源端任一点的接地无联系。

N——电气装置的外露可导电部分与电源端的接地点有直接的电气连接。

高、低压系统接地类型不同的划分方法不同，两者对于安全要求的侧重点也不同，高压系统的发输电设备、变配电设备投资高，供电可靠性要求高，高压系统更注重设备和线路的保护，其运行人员均为专业人士，具有完善的操作维修规程和专业的职业保护工具，安全防护水平很高。低压配电涉及工厂企业、千家万户，用电人员有经过培训的电工，更多的是缺乏电气专业知识的一般人员，所以低压配电更重视人身和财产的保护，既要保证电气装置、设备实现其功能，还要避免发生电击事故和电气火灾，造成生命、财产的重大损失。

以下将对低压各接地系统分别说明，只有了解各接地系统的特点，才能酌情采用合适的接地系统，采取相应的措施，实现电气装置与设备的功能性及安全性。

12.2.2　TN 系统及其特点

TN 系统的电源端中性点与大地直接连接，电气装置的外露可导电部分通过 PEN 线或 PE 线与电源端的大地连接。TN 系统可以分为 TN－S、TN－C－S、TN－C 几种，这几个后续的字母代表 N 线与 PE 线的配置情况。

1. TN－S 系统

该系统中，N 线与 PE 线从电源端的中性点开始是分开的，如图 12－7 所示。电气装置的外露可导电部分通过 PE 线与电源端的接地点相连接，PE 线可以多处接地。

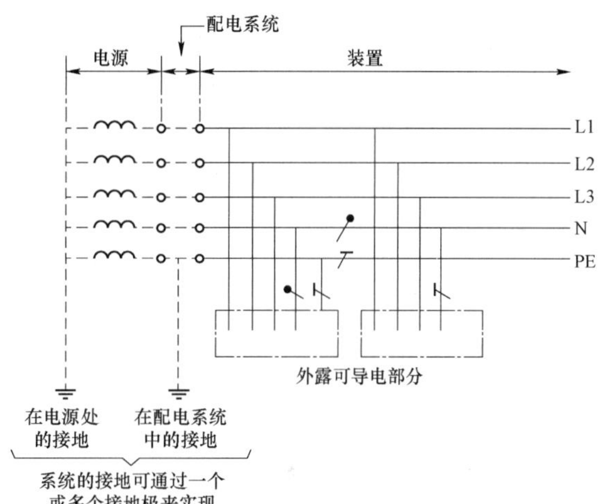

图 12－7　典型的 TN－S 系统示意图

2. TN－C－S 系统

该系统中，N 线与 PE 线先是合一，称为 PEN 线，从某一点分开为 N 线与 PE 线，之后再也不能合并，N 线也不能再次接地，如图 12－8 所示。

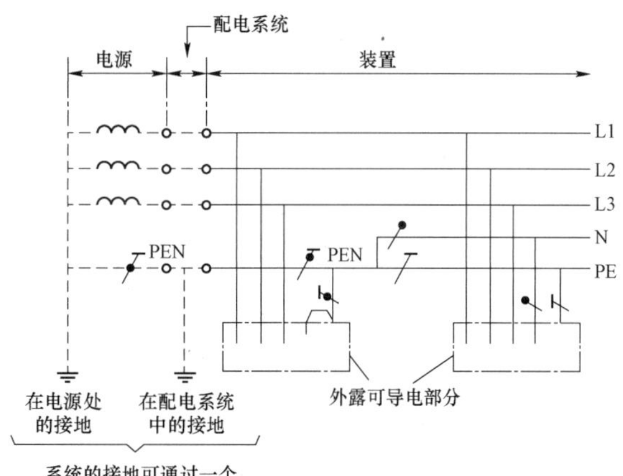

图 12－8　典型的 TN－C－S 系统示意图

3. TN-C 系统

该系统中，N 线与 PE 线始终合为 PEN 线，如图 12-9 所示，PEN 线允许多处接地。

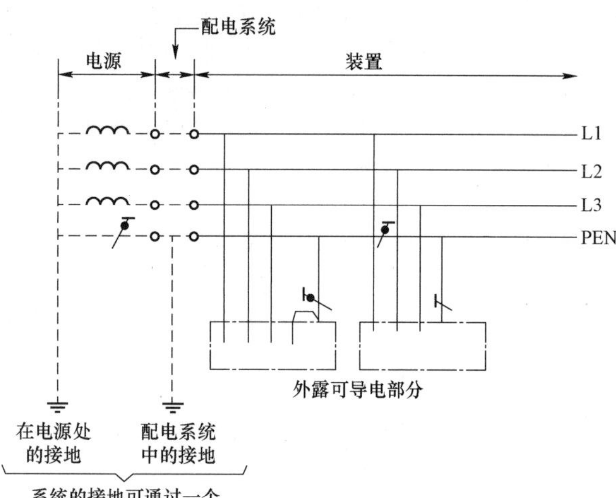

图 12-9 典型的 TN-C 系统示意图

4. TN 系统的特点

TN 系统是最常见的系统，该系统特点如下：

（1）接地故障电流大。如图 12-10 所示，电气装置的外露可导电部分与 PE 线或者 PEN 线连接，当相线与金属设备外壳之间绝缘发生故障时，即通常所说的“碰壳事故”，由于 PE 线或者 PEN 线为金属导体，故障回路的阻抗很小，故障电 I_d 足够大，使得保护电器迅速切断故障回路，避免人接触到设备外壳发生电击事故。

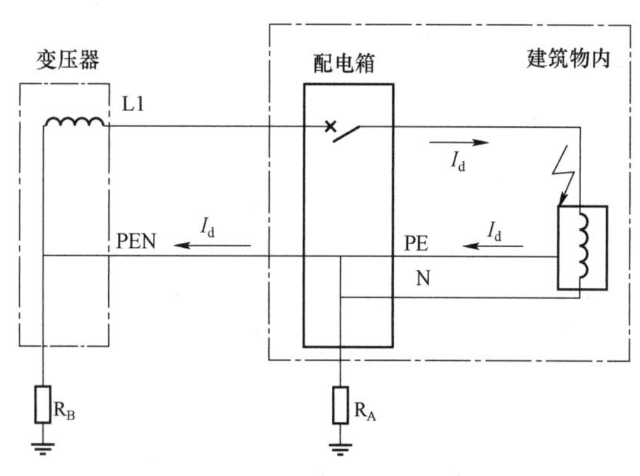

图 12-10 TN 系统接地故障电流

（2）PE 线、PEN 线要连接可靠，任何情况下严禁被切断。对于 TN-S 或 TN-C-S 系统，如果 PE、PEN 线断开或接触不良，如图 12-11 所示，当发生相线碰壳时，金属设备外壳对地故障电压 U_f 为 220V 相电压，会产生很大的电击风险，所以要求 PE 线或者 PEN 线一定要连接可靠。

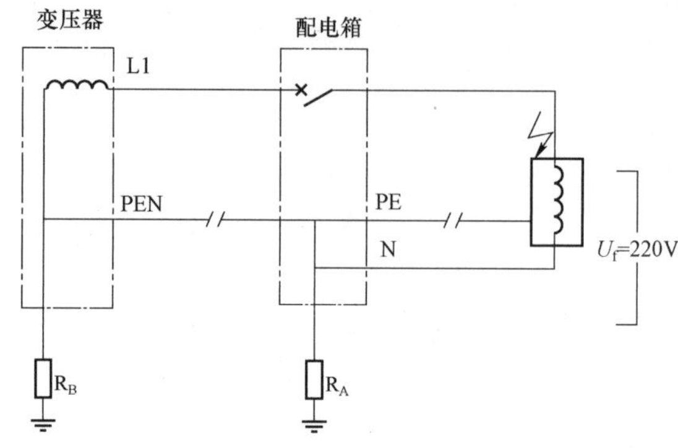

图 12-11 TN 系统接地故障电压

（3）PE 线将各电气装置、用电设备的金属外壳相连通，当因为某种原因 PE 线上带故障电压时，故障电压将沿着 PE 线传导。例如在图 12-12 中，变电站 10kV 高压侧发生单相接地故障，变压器中性点将带故障电压 U_f，U_f 经 PEN 线、PE 线传至与其连通的各用电设备的金属外壳。在有等电位联结的建筑物内，设备 1 金属外壳即使带故障电压，与地面之间的电位差为零，不会产生危害。对于没有等电位联结的场所，比如室外，设备 2 的金属外壳与大地之间的电位差为 U_f，有可能会产生电击危险。

（4）TN 系统中，正常情况下，PE 线除了很少量的线路或设备泄漏电流是不会流过工作电流的，N 线或 PEN 线会流过工作电流，因而产生电压降，与 PE 线之间形成电位差。N 线 PE 线上的电位差会引起共模电压干扰，对敏感设备，如电子信息设备等会产生干扰。PEN 线上的电压降使得设备金属外壳对地带电位，这既会对电子设备产生干扰，也可能在爆炸危险环境内对地打火引发爆炸事故。

12.2.3 TT 系统及其特点

1. TT 系统的接线

TT 系统的电源端中性点与大地直接连接，电气装置的外露可导电部分的接地独立于电源端的大地，如图 12-13 所示。

2. TT 系统的特点

（1）接地故障电流较小。如图 12-14 所示，用电设备金属外壳的接地与电源端的接地相互独立，当发生“碰壳事故”时，故障电流 I_d 的流经路径如图 12-14 所示，故障回路阻抗包括相线阻抗、设备外露可导电部分的接地电阻 R_A、变压器中性点的接地电阻 R_B 以及 R_A 与 R_B 之间的大地形成的接触电阻。由于故障回路阻抗大，而且还包括难以估计的接触电阻，所以 TT 系统的接地故障电流值较小，不太容易计算。

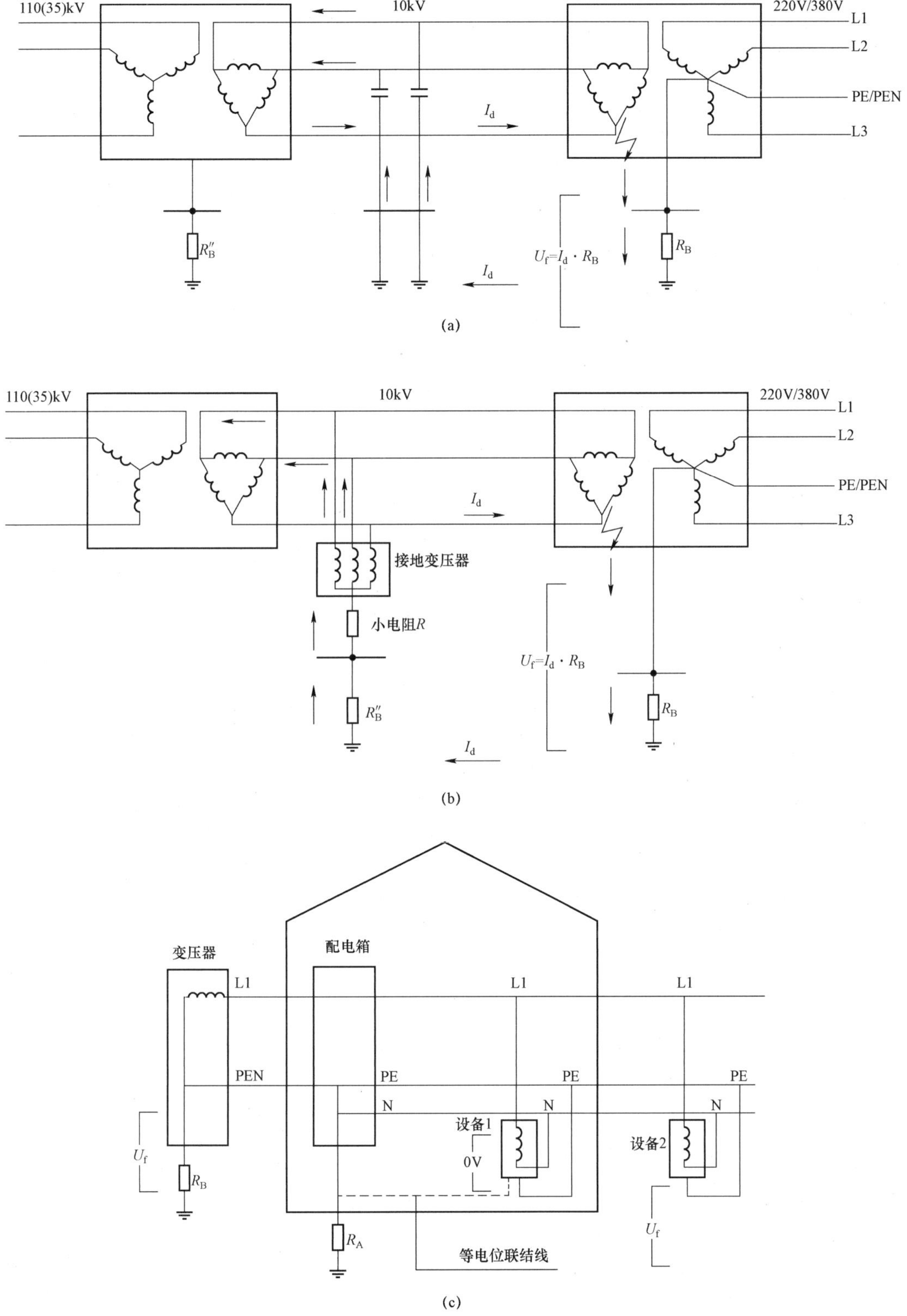

图 12－12 10kV 单相接地故障电流在低压侧产生的故障电压及其传导

(a) 10kV 小电流接地系统单相接地时，TN 系统变压器中性点处产生的故障电压 U_f;
(b) 10kV 大电流接地系统单相接地时，TN 系统变压器中性点处产生的故障电压 U_f; (c) 故障电压沿 PE 线传导至室外设备

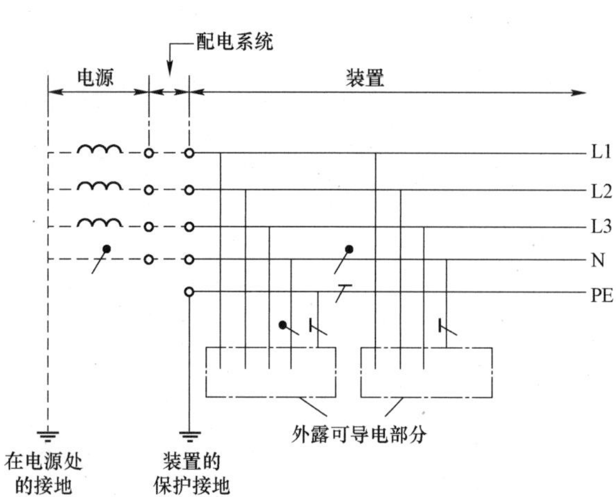

图 12-13　典型的 TT 系统示意图

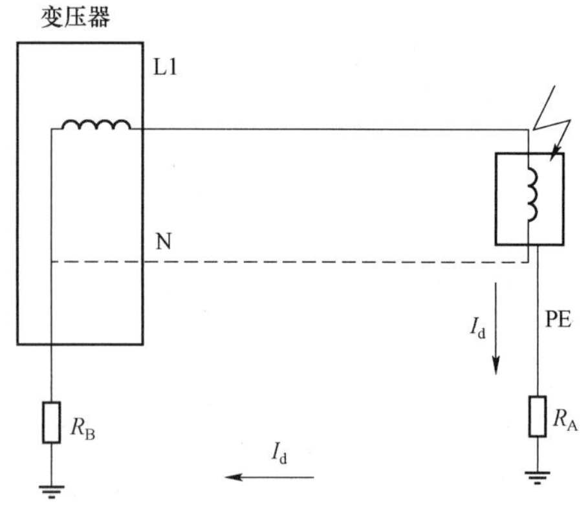

图 12-14　TT 系统的故障回路

（2）TT 系统的 N 线与 PE 线或与电位系统不连通，因此 N 线与其之间可能有电位差，为了保证电气安全，TT 系统的保护电器或隔离开关应将 N 线断开。

（3）TT 系统的用电设备其 PE 线可单独接地，也可连接到共用的接地极上。当其 PE 线单独接地时，用电设备之间的 PE 线互不连通，故障电压不会沿着 PE 线传至其他设备的金属外壳上。

（4）TT 系统一般采用 RCD 作为电击防护的保护电器。由于 TT 系统的接地故障电流较小，一般的保护电器难以动作，为了保证保护的灵敏度和可靠性，都会装设 RCD 作为电击防护的保护电器。

（5）TT 系统内电气装置承受的过电压往往比 TN 系统大。TT 系统中，N 线与 PE 线之间没有联系，PE 线直接接地，电气装置的过电压 $U_s=U_f+U_0$，其中 U_0 为电气装置相线对 N 线的电压，为 220V。U_f 为变压器高压侧接地故障时 N 线对地故障电压。如图 12-15 所示。

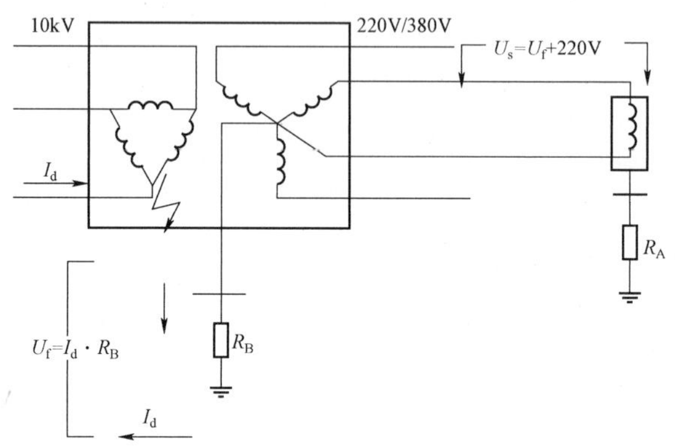

图 12-15　TT 系统内的设备过电压

12.2.4　IT 系统及其特点

1. IT 系统的接线

IT 系统的电源端不接地或者经高阻抗接地，电气装置的外露可导电部分既可以单独接地，也可以一组设备集中接至同一个接地极，如图 12-16 所示。

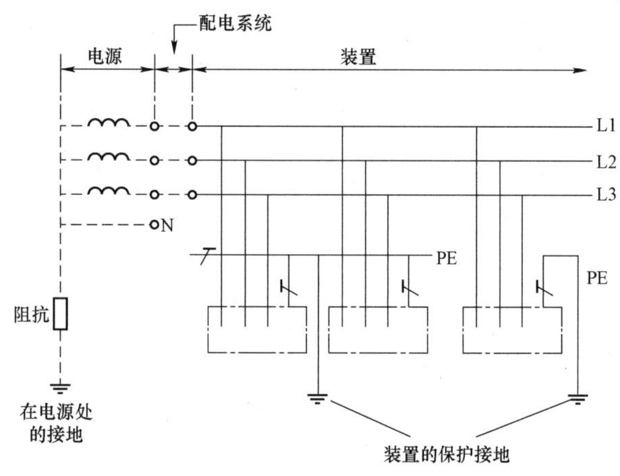

图 12-16　典型的 IT 系统示意图

2. IT 系统的特点

（1）IT 系统的供电可靠性高。由于电源端不接地，当相线发生接地故障时，故障回路电流非常小，为两个非故障相回路的电容电流之和。这种情况下，系统可以继续供电，很好地保证供电连续性。

（2）IT 系统故障电流小。如果故障电流产生的预期接触电压小于 50V，人触及设备的金属外壳不会产生电击危险，则不必切断电源。但这并不意味着采用 IT 系统就不必再采取电击防护措施，当 IT 系统出现第二次绝缘故障时，如果两次绝缘故障发生在不同相，保护电器仍要在规定时间内切断电源。

（3）IT 系统应设置绝缘监测装置。为了避免 IT 系统的不同相先后出现绝缘故障导致供电中断，IT 系统应设置绝缘监测装置，在第一次绝缘故障时发出声光报警信号，提醒运行维护人员及时排查故障。在一些供电可靠性要求很高的场所，如医院的手术室，采用 IT 系统供电必需配置绝缘监测系统。

12.2.5 各接地系统适用性选择

各接地系统具有不同的特点，适用的场所不一样，保证其功能性的措施、安全防护措施都是不一样的。TN 系统的适用范围比较广，可用于大部分场合。TN－C 系统由于安全方面的局限，现在已经很少采用。TN 系统的一个特点是 PE 线会传导故障电压，对于有等电位联结的场所，即使 PE 线带危险电位，地面也会因为等电位联结的作用具有相同的电位，PE 线与地面的电位差接近零，不会发生电击危险；对于没有等电位联结的场所，比如室外，PE 线上传导的故障电压与大地之间会产生电位差，会带来电击危险，这时采用 TT 系统可有效避免这一问题。对于供电可靠性要求很高的场所，可采用 IT 系统供电（表 12–7）。

表 12－7 TN、TT、IT 系统的适用场所

接地系统		特　点	适用场所	备注
TN 系统	TN－S	（1）N 线与 PE 线从电源侧即分开 （2）接地故障电流大 （3）故障电压会沿着 PE 线传导	适用于大部分场所，特别是可以做等电位联结的场所	如建筑物内
	TN－C－S	（1）N 线与 PE 线合在一起（为 PEN），在某一点处分开（如在进入建筑物的总配电箱处） （2）接地故障电流大 （3）故障电压会沿着 PE 线传导	适用于大部分场所，特别是可以做等电位联结的场所	如建筑物内
	TN－C	（1）N 线与 PE 线始终合在一起（为 PEN） （2）正常情况下设备金属外壳也可能带电位 （3）接地故障电流大	目前很少采用	爆炸危险场所、有敏感信息设备的场所严禁采用 TN－C
TT 系统		（1）电气装置外露可导电部分的接地独立于电源端的大地 （2）接地故障电流较小 （3）每个用电设备单独接地，故障电压不会沿着 PE 线传导 （4）N 线有可能带电位，保护电器或隔离开关应将 N 线断开	对于没有等电位联结的场所，故障电压沿 PE 线传导可能产生电击危险时，可采用 TT 系统	如室外场所
IT 系统		（1）第一次接地故障时故障电流小，可继续保持供电，供电可靠性高 （2）为了保证供电的连续性，应设置绝缘监测装置	适用于要求供电可靠性高的场所	（1）如医疗场所 （2）对于某些特殊地质条件，当电源侧接地电阻难以满足低电阻要求时，也可考虑采用 IT 系统供电

12.2.6 智能化系统的接地

接地种类非常多，电力系统中高压电气装置的接地、建筑物电气装置的接地、防雷接地、防静电接地、智能化系统接地等不一而足。智能化设备的额定电压较低，一般输入电压为交流 220V，设备内部电子器件的电压等级多为直流 24V 以下甚至更低，其接地的作用包括功能性和安全性两方面，有的两者兼而有之。

智能化系统的接地可以避免信号回路受到各种干扰，是实现电磁兼容的一个重要手段，具体做法包括信号回路接地（信号地）、屏蔽接地与防静电接地等。由于智能化系统的信号多为高频信号，为了减少不同回路之间的耦合，智能化系统信号回路，应根据电子设备的工作频率和接地导体长度，采用 S 型、M 型或 SM 混合型等不同形式的接地，并采用共用接地装置。

很多情况下，为了避免干扰，一些智能化系统的设备要求设置独立的、“干净的地”，并且要求接地电阻不应大于 1Ω，其实这是没有必要的。信号回路之间的干扰有多种原因，不同系统独立的“地”之间的因为线路耦合等原因形成的电位差是造成干扰的原因之一，因此电子信息设备内部不同的电子电路系统都利用设备的金属机架作为“接地”，以此作为参考电位点。对于一个建筑物而言，每个智能化系统相当于电子信息设备内部不同的电子电路系统，它们的接地没有必要相互独立，也做不到相互完全独立。所谓独立的“地”，不仅仅会带来干扰，也可能因为电位差带来设备损坏或人身电击风险。所谓“独立的地”“干净的地”，强调的是各系统之间不要有相互的的干扰，并非要求各系统采用独立的接地。

对于智能化系统，要求接地电阻不大于 1Ω 没有任何意义，因为接地阻抗包括电阻和电抗，信号回路流过的是高频电流，从智能化设备至建筑物接地装置的这段接地线路的电抗与信号频率成正比，其值非常大，已经远远超过 1Ω。所以国际标准对于智能化系统

的接地电阻值并没有特别严格的要求，更强调“等电位”的概念，要求所有信号系统采用同一个参考电位，这样才能从根本上避免干扰。智能化系统的接地是一个广义的概念，这里的“地”并非指“大地”，而是指作为参考电位的一个等电位联结系统，智能化系统与等电位联结系统之间的连接线的阻抗应该越小越好，而不是建筑物的接地电阻越小越好。

12.3 电击防护

12.3.1 电击防护的基本原则

1. 基本原则概述

电击防护的基本原则如下：无论在正常条件下还是故障条件下，电气装置的危险带电部分不应该被触及，能触及的可导电部分不应带危险电压。正常条件下的防护措施称为基本防护，故障条件下的防护措施称为故障防护。防护措施与外界影响和环境有关，人的行为能力、周围温度、气候条件、水的存在、潮湿程度、机械应力以及人或动物与地电位接触的身体部位等，都会对防护措施产生影响，例如对于一般人员与那些熟练的或者经过培训的人员，防止触及危险带电部分的措施就会不同；对于高压装置、系统和设备，进入危险区域就被认为是相当于触及了危险的带电部分。

一般情况下，故障均指单一故障，当某些特殊场所电击危险性增大时，应考虑双重甚至多重故障造成的后果。

2. 基本防护

基本防护是电气装置正常情况下防止与危险带电部分接触的措施，以前也称为直接接触防护，它包括基本绝缘、遮拦或外护物、阻挡物、置于伸臂范围之外等措施，其中阻挡物和置于伸臂范围之外这两种措施适用于专业人员，如电气技术人员或者操作维护人员，对于一些电击危险大的场所或非专业人员使用的用电场所，则不允许使用。

（1）基本绝缘。为了防止触及电气设备的危险带电部分，应采用固体绝缘将其覆盖，这一绝缘应足够牢固，只有通过破坏手段才能除去。电气设备的绝缘应符合该设备的产品制造标准，或者通过其他方式验证其绝缘性能。

（2）遮栏或外护物。用以防止与电气装置带电部分的接触。采用遮栏时，带电部分应置于遮栏之后；采用外护物时，带电部分应置于外护物之内。遮栏与外护物是有区别的，遮栏是从任一通常的接近方向来阻隔人体与带电部分接触，外护物是从所有方向阻隔人体与带电部分接触。遮栏或外护物的防护等级至少为 IPXXB 或 IP2X，可以防止大于 12.5mm 的固体物或人的手指进入。当带电部分的上方需要防护时，遮栏或外护物的防护等级至少为 IPXXD 或 IP4X，可以防止大于 1mm 的固体物或金属线进入。IPXXB（D）中的附加字母 B、D 的含义分别是防止手指和金属线接近危险部件。

遮栏或外护物应固定牢靠，固定措施要持久可靠，在正常条件及外界环境影响下能保证防护等级的有效性，并与带电部分保持适当的间隔距离。遮栏或外护物只有在下列任一情况下才能移动或打开：

1）使用钥匙或工具。

2）切断带电部分的电源，在遮栏或外护物恢复原位或重新关闭以后才能合闸通电。

3）设有防护等级至少为 IPXXB 或 IP2X 的中间遮拦，中间遮拦使用钥匙或工具才能挪动。

（3）阻挡物。只能提供基本防护，例如栏杆、网栅，它可以防止人体无意地触及带电部分，但不能防止故意绕过阻挡物有意地触及带电部分。电气装置由熟练的或受过培训的人员操作或管理的场所才允许使用该措施。对于一些电击危险大的特殊用电场所，如浴室、游泳池、喷水池等，不允许采用该措施作为基本防护。

阻挡物应能防止人体无意地接近带电部分，或者防止正常工作中操作通电设备时人体无意地接触带电部分。阻挡物不必用钥匙或工具就可挪动，但应能防止被人无意识地挪动。

（4）置于伸臂范围之外。该措施只能提供基本防护，防止人体无意地触及带电部分，可同时触及的不同电位的部分不应在伸手可及的范围之内。如果两个部分相距不大于 2.5m，则可认为它们是可同时触及的，如图 12－17 所示。

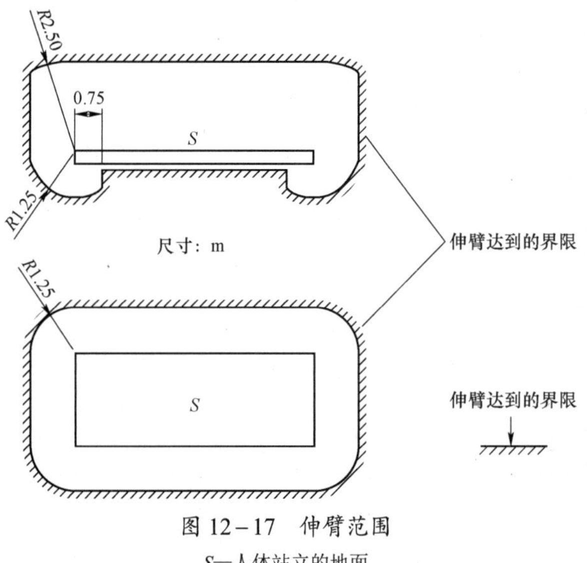

图 12－17　伸臂范围

S—人体站立的地面

如果水平方向有一个防护等级低于 IPXXB 或 IP2X 的阻挡物，伸臂范围应从阻挡物算起。垂直方向的伸臂范围应从地面算起为 2.5m，2.5m 范围内无论有无防护等级低于 IPXXB 的阻挡物，2.5m 的要求不变。伸臂范围的距离是从空手算起，手不应持握物件，如工具或梯子等。当人手持握大或长的物件时，应计及这些物件的尺寸，伸臂范围的距离应在上述要求的基础上加大。

3. 故障防护

故障条件下的电击防护叫作故障防护，以前也称为间接接触防护，包括自动切断电源、采用双重或加强绝缘、电气分隔以及特低电压供电等。具体要求见 12.3.3 节。

12.3.2　电气设备根据电击防护措施的分类

电气安全由电气设备和电气装置之间协调配合、共同实现。电击防护措施的一部分在电气设备的产品设计和制造中予以配置，另一部分在电气装置的设计、安装中予以配置，由基本防护措施和独立的故障防护措施适当组合而成。

不同的电气设备应采取不同的电击防护措施。根据对故障防护措施的不同要求，电气设备分为 0 类设备、Ⅰ类设备、Ⅱ类设备、Ⅲ类设备。

1. 0 类设备

0 类设备采用基本绝缘作为基本防护措施，它具有金属外壳，没有 PE 端子，当这一层绝缘破损后，电气设备外壳与相线触碰呈现故障电压，该接触电压的数值接近相电压 220V，一旦人体触及易发生电击事故，如图 12－18 所示。

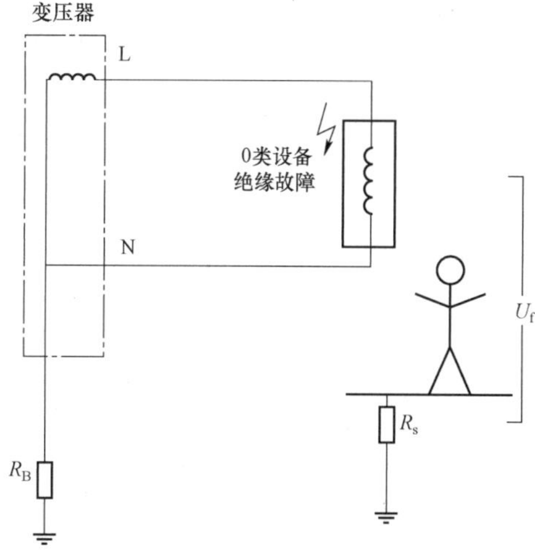

图 12－18　人体接触 0 类设备时的接触电压

R_B—变电所接地电阻；R_s—地板电阻；

U_f—故障电压（等于预期接触电压），其值为 220V

为了保障人身安全，一种办法是尽量加大人体与地板的接触电阻 R_s，例如，使地板和墙的绝缘电阻大于 50kΩ，即在非导电场所内使用 0 类设备；另一种办法是采用电气分隔，如图 12－19 所示。由于隔离变压器的二次侧不接地，电气设备发生绝缘故障后，故障电流非常小，U_f在安全限值以内。

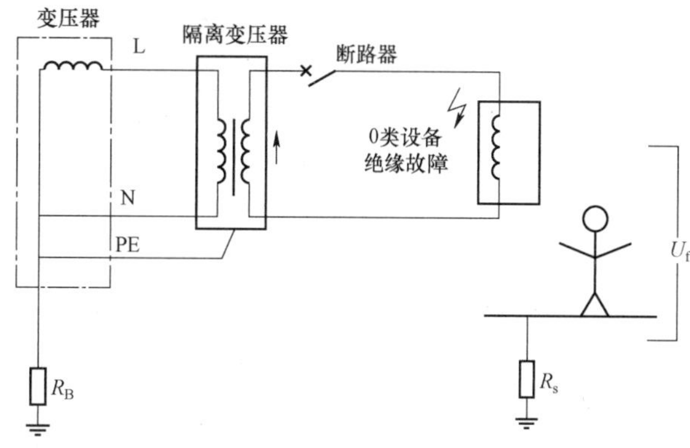

图 12－19　采用电气分隔

由于 0 类设备的电击危险大，电击防护措施实现起来相对困难，所以 0 类设备已经趋于淘汰，0 类灯具已经明确规定禁止制造和使用。

2. Ⅰ类设备

Ⅰ类设备采用基本绝缘作为基本防护措施，设备金属外壳设有 PE 端子，外露可导电部分通过 PE 线与地连接；当设备基本绝缘损坏、金属外壳带故障电压时，该接触电压较 0 类设备大大减小，并且通过 PE 线形成故障回路，故障电流使得保护电器在规定时间内切断电源。Ⅰ类设备应用广泛，通过自动切断电源的方式实现故障防护。

3. Ⅱ类设备

Ⅱ类设备除了基本绝缘以外，还采取附加绝缘作为双重绝缘，或者具备相当于双重绝缘的加强绝缘。如果设备虽然只有单层绝缘，但绝缘具有更高强度的电压耐受水平及更长的耐受时间，该绝缘便属于加强绝缘。双重绝缘或加强绝缘是基本防护与故障防护兼备的防护措施，杜绝了发生接地故障的可能性，不需要再采取其他的电击防护措施。Ⅱ类设备的外壳机械强度和耐热水平有局限性，一般为小功率设备，使用范围受到一定限制。

4. Ⅲ类设备

Ⅲ类设备采用特低电压供电。正常环境下，特低电压不超过 AC 50V 或 DC 120V；对于潮湿场所，特低电压不超过 AC 25V 或 DC 00V；水下场所，特低电压不超过 AC 12V 或 DC 30V。

采用特低电压供电，当直接接触及带电导体或者因电气设备绝缘损坏间接接触及带电导体时，人体接触电压处于安全电压限值内，不会出现电击事故。所以Ⅲ类设备采用特低电压供电既具备基本防护功能，也具备故障防护功能，不需要采取其他的电击防护措施，设备也不必通过保护导体接地。由于受到供电电压的限制，Ⅲ类设备的功率都很小，应用受到很大限制。

5. 低压电气装置中各类电气设备的应用

不同类别的电气设备，产品本身的设计、制造特点决定了电气装置应采取的基本防护和故障防护措施，电气设备与电气装置之间相互配合、相互补充，共同构成完善的电击防护措施，保障人身安全。表 12－8 列出了电气设备与电气装置在电击防护方面的配合关系，后面的小节会详细讲述各种故障防护措施及附加防护措施。

表 12－8　电气设备与电气装置的电击防护配合关系

电气设备防电击类别	电气设备特点	电气设备的电击防护措施	电气装置的电击防护措施	电气设备应用范围	电气设备的标志
0 类设备	（1）金属外壳 （2）只有一层基本绝缘 （3）没有 PE 端子	基本绝缘	（1）非导电场所 （2）电气分隔	趋于淘汰	无标志
Ⅰ类设备	（1）金属外壳 （2）只有一层基本绝缘 （3）有 PE 端子	基本绝缘	（1）自动切断电源 （2）等电位联结	应用范围最广	⏚
Ⅱ类设备	（1）双重绝缘或加强绝缘 （2）功率小	双重绝缘或加强绝缘	不依赖于装置的防护措施	应用范围受限	⧈
Ⅲ类设备	（1）特低电压供电 （2）不接地 （3）功率很小	特低电压	采用安全隔离变压器作为供电电源	应用范围很小	◇Ⅲ

12.3.3 电击防护措施

IEC 60364－4－41—2005 中，电击防护措施由基本防护和故障防护组合而成，或者兼具基本防护和故障防护。电气装置通常采取的电击防护措施包括自动切断电源、双重绝缘或加强绝缘、为单台设备供电的电气分隔、特低电压（SELV 和 PELV）。

1. 防护措施：自动切断电源

（1）基本要求。

自动切断电源这种防护措施要求电气设备应具有基本绝缘、遮拦或外护物作为基本防护；还应设置等电位联结，并根据不同接地型式采取不同的故障防护；在特定条件下，可采用额定剩余电流动作值不超过 30mA 的剩余电流保护器（RCD）作附加防护措施。

Ⅰ类设备应采取自动切断电源的故障防护措施，当设备绝缘损坏或者触碰到带电导体时，应尽量降低接触电压值，并限制此电压对人体的作用时间，以免发生电击致死事故。正常环境中当接触电压超过 50V 时，应在规定时间内切断电源。

（2）接地和保护等电位联结。接地和保护等电位联结的设置对于快速切断故障回路的电源、有效降低接触电压具有重要作用。TN 系统的电气装置外露可导电部分应通过 PE 线接地，当电气设备绝缘损坏时，故障电流可以通过由 PE、PEN 线组成的故障回路，使保护电器快速切断电源，如图 12－10 所示。

保护等电位联结也曾被称为总等电位联结，其作用在于使各导电部分与地之间的电位趋于接近，从而降低接触电压。保护等电位还具有另一重要作用，即它能够消除自外部窜入建筑物电气装置内的故障电压引起的危险电位差。如果建筑物或装置内未做保护等电位联结，或电气设备位于保护等电位联结作用区以外，则应采取其他保护措施。

每个建筑物不论采用何种接地系统，应将下列导电部分互相联结，以实现保护等电位联结：

总保护导体（PE、PEN 干线）；

电气装置总接地导体或总接地端子排；

建筑物内的水管、燃气管、采暖和空调管道等各种金属干管；

可利用的建筑物金属结构部分。

来自外部的上述可导电部分应在建筑物内距离引入点最近的地方做保护等电位联结。通信电缆的金属外护层在作等电位联结时，应征得相关部门的同意。燃气管和采暖管可进行保护等电位联结，但燃气管道在入户后插入一段绝缘部分，并跨接一个过电压保护器，而户外地下采暖管因包有隔热材料，与大地的接触并非良好，所以燃气管和采暖管不允许用作接地体。保护等电位联结示意如图 12－20 所示。

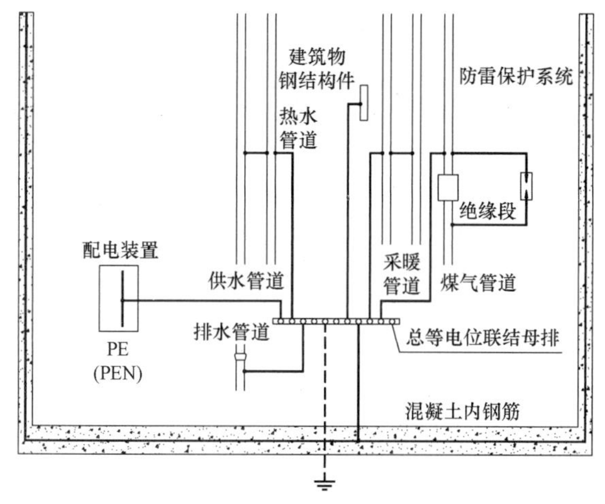

图 12－20　保护等电位联结示意图

（3）辅助等电位联结和局部等电位联结。总等电位联结可以在一定程度上降低接触电压，但不一定能降低至接触电压限值 U_L（50V、25V、12V）以下，而辅助等电位联结和局部等电位联结可以弥补其不足，将接触电压降至 U_L 以下，这对电击防护十分必要。

辅助等电位联结是在伸臂范围内可能同时触及的电气设备外露可导电部分和装置外可导电部分（如金属管道、金属结构件）之间用导体联结，如图 12－21 所示。辅助电位联结的实施范围可以是电气装置的全部或一部分，也可以是一台电气设备或一个场所。

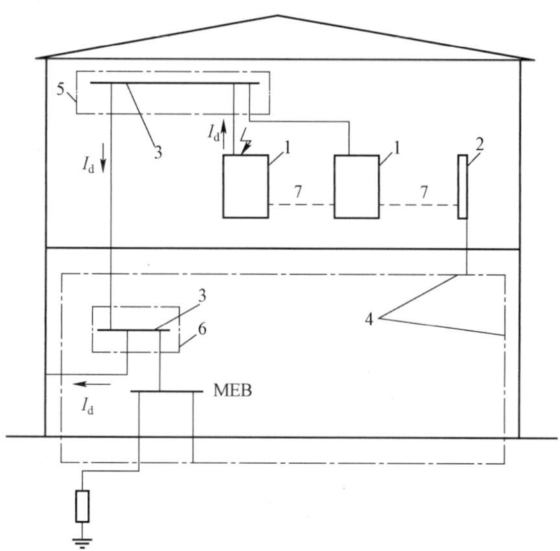

图 12－21　辅助等电位联结示意

1—电气设备；2—暖气片；3—PE 导体；4—结构钢筋；
5—末端配电箱；6—进线配电箱；7—辅助等电位联结
I_d—故障电流；MEB—总等电位联结端子板

局部等电位联结是在局部范围内按照总等电位联结的要求进行等电位联结。当作总等电位联结后，如果电气装置或其一部分发生接地故障，若故障防护不能满足切断故障电路时间要求，可在该局部范围内按总等电位联结的要求再做一次连接，以进一步减少电位差，如图 12－22 所示。

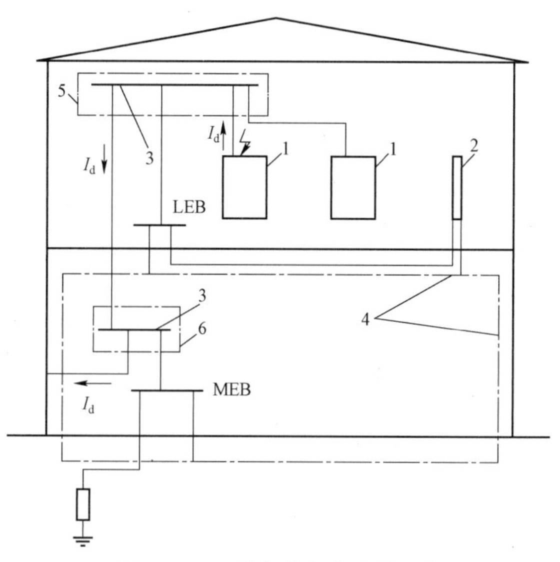

图 12－22　局部等电位联结示意

1—电气设备；2—暖气片；3—保护导体；4—结构钢筋；
5—末端配电箱；6—进线配电箱；
I_d—故障电流；
MEB—总等电位联结端子板；LEB—局部等电位联结端子板

辅助等电位联结和局部等电位联结可以减少电位差，为了校验其有效性，可以判定能同时触及的外露可导电部分和装置外可导电部分之间的电阻 R 是否满足下式要求：

在交流系统内：　　$R \leqslant 50\text{V}/I_a$　　（12－2）

在直流系统内：　　$R \leqslant 120\text{V}/I_a$　　（12－3）

式中，I_a 为保护电器的动作电流，A，对于 RCD 为 $I_{\Delta n}$，对于过电流保护电器为 5s 内动作的电流。

随着 IEC 标准的更新，总等电位联结被改称为保护等电位联结，总等电位联结母排、端子板（MEB）被称为总接地端子。一个建筑物可根据需要设置多个总接地端子，将附近的总保护导体（PE、PEN 干线）、各种金属干管、可利用的建筑物金属结构部分等进行连接。

（4）保护联结导体的截面选择。

1）总等电位联结导体的截面积应符合表 12－9 的规定。

表 12-9　保护等电位联结导体的截面积 单位：mm^2

导体材料	一般值	最小值	最大值
铜	不小于装置的最大保护导体截面积的一半	6	25
铝		16	载流量与 $25mm^2$ 铜导体的载流量相同的导体
钢		50	

2）辅助等电位联结用保护联结导体截面积的选择，应符合下列要求：

连接两个外露可导电部分的保护联结导体，其电导不应小于接到外露可导电部分的较小的保护导体的电导。

连接外露可导电部分和装置外可导电部分的保护联结导体，其电导不应小于相应保护导体二分之一截面积的导体所具有的电导。

单独敷设的保护联结导体，其截面积最小值与保护导体的截面积最小值规定相同。

3）局部等电位联结用保护联结导体截面积的选择，应符合下列要求：

其电导不应小于局部场所内最大保护导体二分之一截面积的导体所具有的电导。

保护联结导体采用铜导体时，其截面积最大值为 $25mm^2$，保护联结导体采用其他金属导体时，其截面积最大值的载流量应与 $25mm^2$ 铜导体的载流量相同。

单独敷设的保护联结导体，其截面积最小值与对保护接地导体的截面积最小值规定相同。

（5）故障情况下的自动切断电源的时间要求。当电气设备发生接地故障时，保护电器应在规定时间内自动切断电源。

对于不超过 32A 的终端回路，其最长的切断电源的时间见表 12-10。对于超过 32A 的终端回路，TN 系统切断电源的时间不允许超过 5s，TT 系统切断电源的时间不允许超过 1s。如果自动切断电源的时间不能满足要求时，应采取辅助保护等电位联结或局部等电位联结措施。

表 12-10　最长切断时间（适用于不超过 32A 的终端回路）

系统	$50<U_0<120V$ /s		$120V<U_0\leqslant 230V$ /s		$230V<U_0\leqslant 400V$ /s		$U_0>400V$ /s	
	a.c.	d.c.	a.c.	d.c.	a.c.	d.c.	a.c.	d.c.
TN	0.8	—	0.4	5	0.2	0.4	0.1	0.1
TT	0.3	—	0.2	0.4	0.07	0.2	0.04	0.1

注：1. 当 TT 系统内采用过电流保护电器切断电源，且电气装置内的所有装置外可导电部分进行保护等电位联结时，该 TT 系统可以采用表中 TN 系统最长的切断电源时间。
2. U_0 为交流或直流线对地的标称电压。
3. 采用 RCD 时，预期剩余故障电流一般都大于 $5I_{\Delta n}$，切断电源的时间都能满足本表要求。

（6）对附加防护的要求。如果自动切断电源的时间不满足表 12-10 的要求，应采取辅助等电位联结的附加防护措施。对于额定电流不超过 20A，供一般人使用的普通用途的插座以及额定电流不超过 32A 的户外移动式设备，应装设 $I_{\Delta n}\leqslant 30mA$ 的 RCD。TN、TT 系统的回路预期剩余故障电流通常大于 $5I_{\Delta n}$，按照 RCD 产品标准的要求，$5I_{\Delta n}$ 时 RCD 动作时间为 0.04s，远远低于表 12-10 中 0.4s 的要求。$I_{\Delta n}$ 不大于 30mA 的 RCD 可用作故障防护或用电不慎时的人身保护，但不能作为唯一的保护措施，还必须设置其他的保护措施。

（7）TN 系统的保护措施。

1）概述。TN 系统内回路绝缘损坏发生接地故障后有三种可能情况：一是故障点相接触的两金属部分因大幅值的故障电流通过而熔化成团并缩回，从而脱离接触，接地故障自然消失；二是两金属部分熔化成团脱离接触后引燃电弧，形成电弧性接地故障，相当大一部分的线路电压降落在电弧上，PE 线上的电压降形成的接触电压相对较小，它的电气危险常表现为电弧引燃起火而非人身电击；三是两金属部分熔化后互相焊牢，使故障继续存在，其故障点阻抗可忽略不计，如果故障电流足够大，过电流防护电器能迅速切断电源，则可以避免电击事故的发生。如果故障电流不足以使过电流防护电器动作或者防护电器动作不及时，而 PE 线上的接触电压又超过其限值，这时如果人体触及带电的设备外露可导电部分，就有可能发生电击事故。

还有一种情况是 TN 系统内本回路没有发生接地故障，而是该 TN 系统内其他回路发生接地故障，故障电压通过 PEN 线和 PE 线传导，使无故障回路的外露导电部分也呈现故障电压，但是该回路内并未通过故障电流，回路的防护电器不会动作，如果该故障电压值超过接触电压限值，就有可能发生电击事故，这就要采取辅助或局部等电位联结的附加防护措施来防止电击事故的发生。

2）TN 系统故障防护。当建筑物内发生接地故障时，TN 系统用以自动切断电源的保护电器以及回路的阻抗应能满足在规定时间内自动切断电源的要求，它可以用下式表示

$$Z_S \times I_a \leqslant U_0 \tag{12-4}$$

式中：Z_S 为故障回路的阻抗，它包括电源（变压器或发电机）、相线、PEN 线和 PE 线的阻抗，Ω；I_a 为能保证保护电器在规定时间内动作的电流，A；U_0 为相线对地电压的方均根值，V。

保护电器动作时间应满足表 12-10 的要求，接地

故障电流 I_d 必须不小于 I_a 才能使保护电器在规定时间内动作，I_a 应该考虑保护电器的动作可靠性。

TN 系统的故障防护可以采用过电流保护电器和剩余电流保护器（RCD）。如果 TN 系统内发生接地故障的回路故障电流较大，可利用原来作过负荷保护和短路保护的过电流保护电器（熔断器、低压断路器）兼做故障防护。但是在某些情况下，如线路长、导线截面小，过电流保护电器通常不能满足自动切断电源的时间要求，则采用 RCD 做故障防护最为有效。

3）TN 系统采用局部等电位联结作为附加防护。当配电线路较长，导线截面较小时，由于回路阻抗大，接地故障电流 I_d 小，过电流保护电器超过表 12-10 的规定时，除了加大导线截面或装设剩余电流保护器，还可以采用局部等电位联结或辅助等电位联结来降低接触电压，从而更可靠地防止电击事故的发生。如图 12-23 所示，未作局部等电位联结的接触电压 U_c 为电气设备 M 与暖气片 R_a 之间的电位差；其值为 a—b—c 段 PE 线上的故障电流 I_d 产生的电压降，如果此段线路较长，电压降超过 50V，但故障电流不能使过电流保护电器在规定时间内切断故障线路。为保障人身安全，应如图虚线所示作局部等电位联结。这时接触电压降低为 a—b 段的 PE 线的电压降，其有效性可以用式（12-2）进行校验。

如果按照图 12-24 进行辅助等电位联结，则接触电压接近 0。

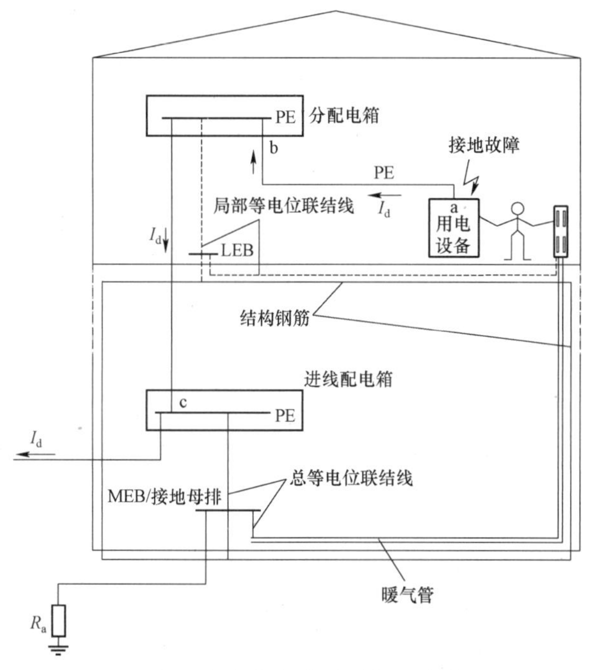

图 12-23　局部等电位联结降低接触电压

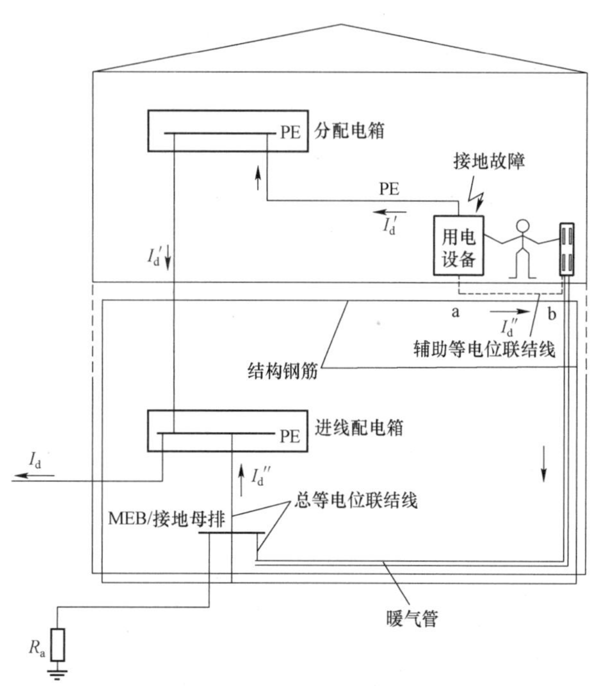

图 12-24　辅助等电位联结降低接触电压

如果同一配电盘既供给大于 32A 固定式设备，又供给手握式或移动式设备，如图 12-25 所示，当前者发生接地故障时，引起的危险故障电压将通过 PE 导体传到后者的外露可导电部分，若前者切断故障回路的时间较长（如 5s），则接触到后者的人员会产生电击危险，为此应作局部等电位联结或辅助等电位联结，将接触电压降到 50V 以下。

4)TN 系统内故障电压通过 PEN 或 PE 导体传导。相导体与大地间发生接地故障时，由于故障回路阻抗大，故障电流 I_d 较小，线路首端的过电流保护电器往往不能动作，使得 I_d 持续存在。I_d 在电源端的接地极上将产生电压降 $U_f=I_dR_B$，此电压即电源中性点对地的故障电压。

此故障电压将沿 PEN 或 PE 导体传至用电设备的外露可导电部分上，如图 12-26 所示。如果设备在无等电位联结的户外，而故障电压超过接触电压限值，将对人身构成危害，为此应尽量使工作接地极的电阻 R_B 与接地故障电阻 R_E 之比满足下式，将故障电压限制在 50V 以下，以减少电击危险

$$\frac{R_B}{R_E} \leqslant \frac{50}{U_0 - 50} \tag{12-5}$$

式中：R_B 为工作接地极的电阻，Ω；R_E 为接地故障电阻，Ω；U_0 为线导体对地电压，V。

为此应尽量降低 R_B，例如沿架空线路多做重复接地以满足此条件。或者将户外无等电位联结的电气设

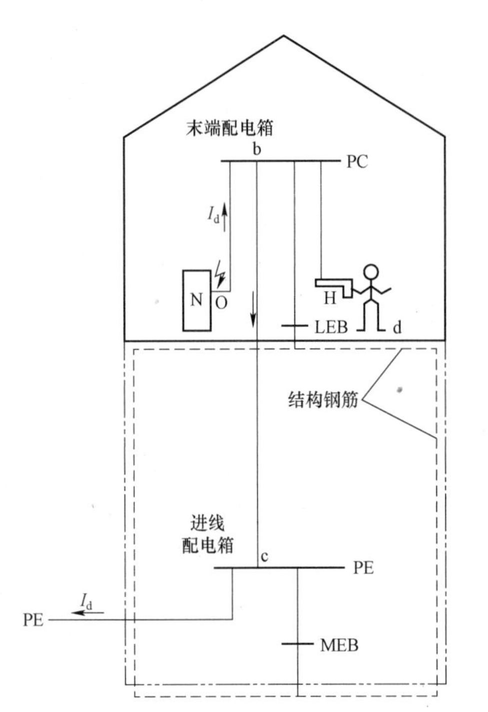

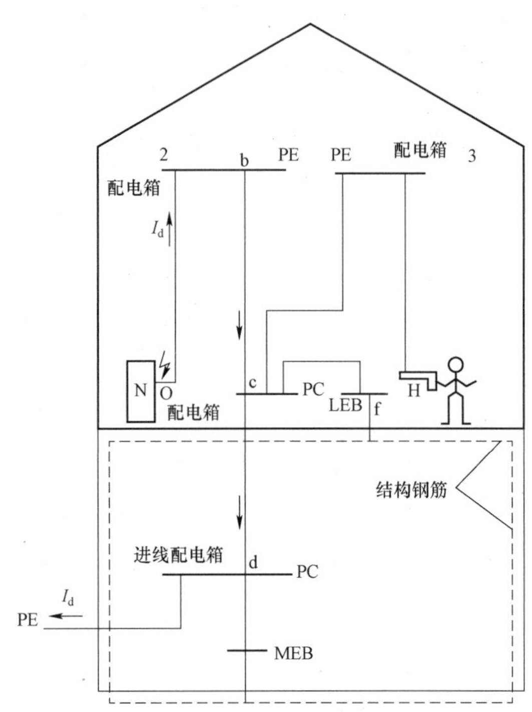

图 12-25 同一配电盘引出的回路对切断电源的时间要求不同

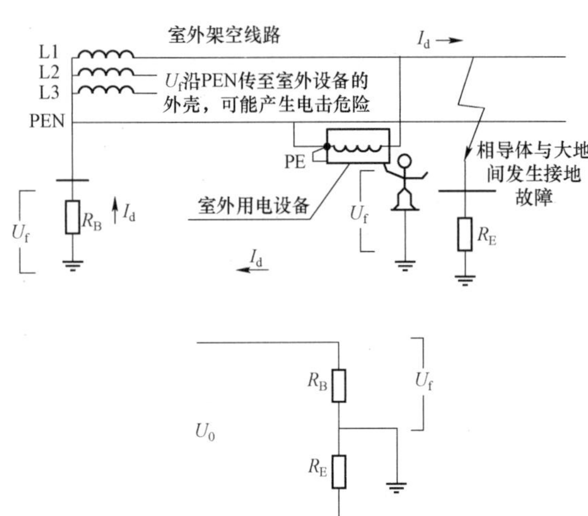

图 12-26 相导体对大地故障引起对地故障电压

备改为局部 TT 系统，以避免故障电压通过 PEN（或 PE）导体传导。但如果设备在建筑物内，并做了等电位联结，由于设备外露可导电部分和装置外可导电部分以及地面的电位同时升高而处于同一电位，这种自装置外进入的故障电压引起的电击危险将自然消除。

5）TN 系统重复接地的设置。TN 系统中的重复接地是指电源线进入建筑物时，在进线配电箱的 PE（PEN）排引出连接线至配电箱近旁的总接地端子，将 PE 线或 PEN 线再次与建筑物的自然接地体连接，实现接地电阻小且无须维护的重复接地。应注意在 TN-C 或 TN-C-S 系统建筑物内 PEN 线只能在一点做重复接地，PEN 线分为 PE、N 线后，N 线不能再接地。

（8）TT 系统的保护措施。

1）TT 系统故障防护。TT 系统发生接地故障时，故障回路包含电气装置外露导电部分保护接地的接地极和电源处系统接地的接地极的接地电阻。与 TN 系统相比，TT 系统故障回路阻抗大，故障电流小，故障点未被熔焊而呈现接地电阻，其阻值难以估算。因此用预期接触电压值来规定对保护电器动作特性的要求，如式（12-6），即当预期接触电压超过 50V 时，保护电器应在规定时间内切断故障回路。

$$I_a R_A \leqslant 50\text{V} \qquad (12-6)$$

式中：R_A 为电气装置外露可导电部分的接地极和保护导体 PE 线的电阻之和，Ω；I_a 为能保证保护电器在规定时间内动作的电流，A。

保护电器动作时间的要求见 12.3.3 节第 1 部分（5）的相关内容。

TT 系统中通常采用 RCD 作为接地故障防护，采用剩余电流保护器作为故障防护时，应满足下列条件

$$R_A \times I_{\Delta n} \leqslant 50\text{V} \qquad (12-7)$$

式中：R_A 为外露可导电部分的接地极和保护导体的电阻之和，Ω；$I_{\Delta n}$ 为 RCD 的额定剩余动作电流，A。

当故障回路的阻抗 Z_S 值足够小，且确保其值可靠又能保持稳定，也可选用过电流保护电器用于接地故障防护。采用过电流保护电器时，应满足下列条件

$$Z_S \cdot I_a \leqslant U_0 \quad (12-8)$$

式中：Z_S 为故障回路的阻抗，Ω，它包括电源、电源至故障点的线导体、外露可导电部分的保护导体、接地导体、电气装置的接地极、电源的接地极的阻抗之和；I_a 为能保证保护电器在规定时间内动作的电流，A，保护电器动作时间的要求见表 12－10；U_0 为交流或直流线对地电压，V。

2）TT 系统接地极的设置。同一个保护电器保护范围内的所有外露可导电部分都应通过 PE 导体连接至共用的接地极上。多个保护电器串联使用时，每个保护电器所保护的所有外露可导电部分都要分别符合这一要求。

TT 系统内，在总等电位作用范围内由同一保护电器保护的几个外露导电部分应通过 PE 导体连至共同的接地极；如果被同一保护电器保护的各外露可导电部分不在总等电位作用范围内，如在不同的建筑物内，或在室外相距较远的地方，则可采用各自的接地极。

（9）IT 系统的保护措施。

1）第一次故障时 IT 系统故障防护。在 IT 系统中，带电部分应对地绝缘或通过高阻抗接地。当系统内发生第一次接地故障时，故障电流没有直接返回电源的通路，只能通过另外两个非故障相导体对地的电容返回电源，其值为该电容电流的相量和，如图 12－27 所示，其值很小。外露可导电部分的故障电压限制在接触电压限值以下，对人体不构成危害，不需要切断电源，供电可靠性高，这是 IT 系统的主要优点。发生第一次接地故障后应有绝缘监测器发出信号，以便及时排除故障，避免另两相再发生接地故障形成相间短路时过电流保护动作，引起供电中断。

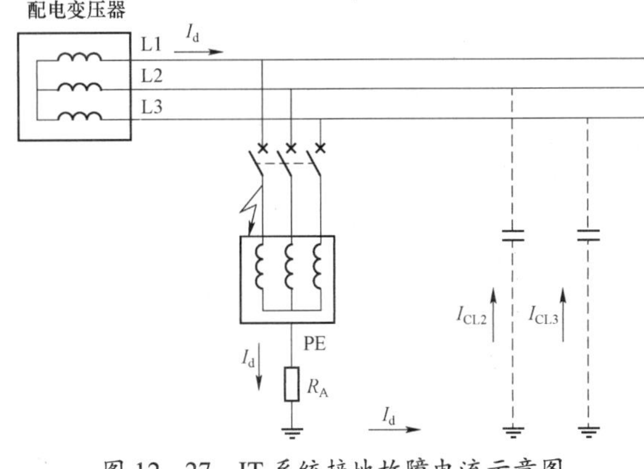

图 12－27　IT 系统接地故障电流示意图

IT 系统电气装置外露可导电部分应单独地、成组地或集中地接地，如图 12－28 和图 12–29 所示。

第一次接地故障时保护电器动作特性应符合下式（图 12–27）：

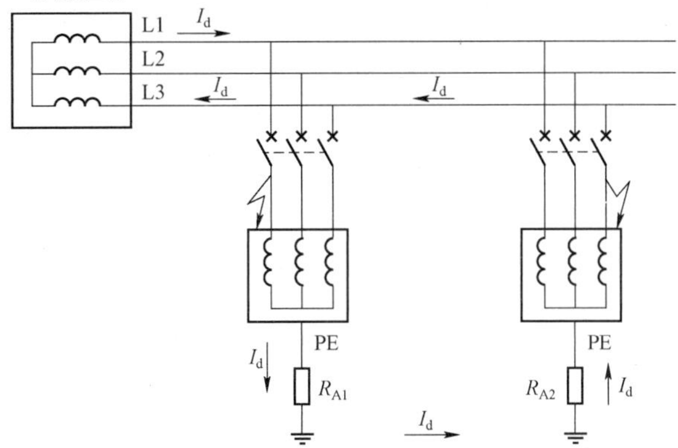

图 12－28　IT 系统第二次接地故障电流示意图（外露可导电部分单独接地）

$$\text{交流系统 } R_A \times I_d \leqslant 50\text{V} \quad (12-9)$$

式中：R_A 为接地极与外露可导电部分的 PE 导体电阻之和，Ω；I_d 为线导体和外露可导电部分之间的阻抗可忽略不计的情况下的故障电流，A。I_d 值考虑了泄漏电流和装置的总接地阻抗的影响。

2）第二次故障时 IT 系统故障防护。当 IT 系统的外露导电部分单独地或成组地用各自的接地极时，如发生第二次接地故障，故障电流流经两个接地电阻，如图 12－28 所示，其防电击要求和 TT 系统相同，应满足式（12－6）的要求。

当 IT 系统全部的外露导电部分用共同的接地极接地时，如果发生第二次接地故障，故障电流将流经 PE 线形成的金属通路返回电源端，如图 12－29 所示，其防电击要求和 TN 系统相同。

当 IT 系统不配出中性导体时，有

$$Z_c \cdot I_a \leqslant \frac{\sqrt{3}}{2} U_o \quad (12-10)$$

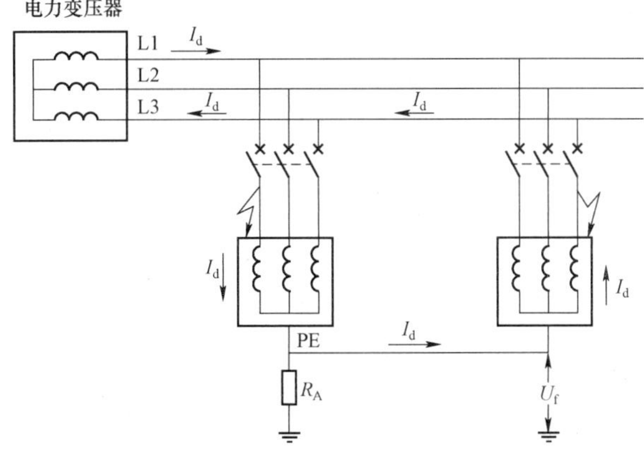

图 12－29　故障电流示意图（外露可导电部分共同接地）

当 IT 系统配出中性导体时，有

$$Z_{c'} \cdot I_a \leqslant \frac{1}{2}U_o \qquad (12-11)$$

式中：Z_c 为包括相导体和保护导体的故障回路的阻抗，Ω；$Z_{c'}$ 为包括相导体、中性导体和保护导体的故障回路的阻抗，Ω；I_a 为保证保护电器在满足表 12－10 规定的时间内切断故障回路的电流，A；U_o 为相线对地标称电压，V。

3）IT 系统内监视器和保护电器的选用。IT 系统可以采用下列监视器和保护电器：

绝缘监视器（IMD）：它用来监测第一次接地故障，也可在电气装置的绝缘水平降至某一规定值以下时即动作于发出信号。

过电流保护电器：它用来在发生第二次接地故障时按照 TN 系统的要求切断电源。

RCD：它用以发生第二次故障时按 TN 或 TT 系统切断电源。

为了保证 IT 系统的供电可靠性，应采用绝缘监视器（IMD）监测配电系统的绝缘状况。当发生第一次接地故障或系统绝缘电阻低于设定值时，绝缘监视器（IMD）应发出声光报警信号，光报警信号应一直持续到故障消除。

绝缘监视器的测试电压不大于 120V，绝缘电阻值的测量值为数千欧左右，一般整定值不低于该值即可。

（10）功能特低电压（FELV）。FELV 的标称电压不超过交流 50V 或直流 120V，这是根据用电设备功能上的原因采用了特低电压，例如电铃、信号灯、电焊机等用电设备等。FELV 的电路如图 12－30 所示，它的二次侧电压虽然不超过交流 50V 或直流 120V，但是它的用电设备外壳与 PE 线相连接，有可能引入危险的高电位，而且它的电源装置并无特殊要求，可以采用自耦变压器、控制变压器等，如果电源一次侧与二次侧之间的耐压不够、绝缘被击穿，一次侧的电压有可能会窜到二次侧造成电击事故。因此 FELV 与 SELV 或 PELV 有所不同，不能作为电击防护措施。FELV 的基本防护要求如下：电气装置的带电部分应有可靠的绝缘，或者电气装置装设有遮拦或外护物。对于电气设备，其绝缘应符合该设备的有关标准。

FELV 的故障防护要求如下：二次回路中的设备外露可导电部分与电源一次回路的保护导体连接，一次回路应采用自动切断电源的故障防护措施，用电设备应进行等电位联结。

FELV 系统的电源应该采用隔离变压器或者 SELV 和 PELV 系统使用的安全隔离变压器。如果为 FELV 系统供电的设备不具备简单分隔的条件，如采用自耦变压器、电位器、半导体器件等，在这种情况下，其二次回路只能视为一次回路的延伸，FELV 回路宜在一次回路采取保护措施。

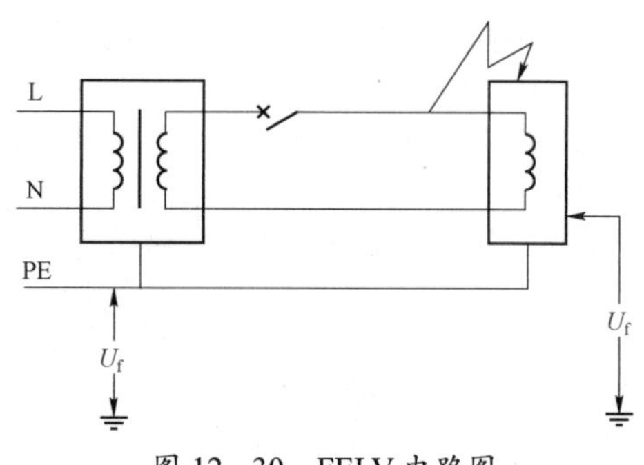

图 12－30 FELV 电路图

FELV 系统的插头和插座应该是专用的，其插头不能插入其他电压系统的插座，其插座也不能被其他电压系统的插头插入，插座应该有一个插孔与保护导体连接。

2. 防护措施：加强绝缘或双重绝缘

加强绝缘或双重绝缘既实现了基本防护，也兼具故障防护的作用，基本防护通过基本绝缘来实现，故障防护通过附加绝缘来实现。加强绝缘虽然只有一重绝缘，但是它的绝缘能力相当于双重绝缘，也兼具基本防护及故障防护的作用。

双重绝缘或加强绝缘可以用作独立的保护措施，需要注意的是整个装置或回路应全部由具有双重绝缘或加强绝缘的设备组成，并且确保整个电气装置或回路是处于有效的监管下，不会因为随意改动而降低保护措施的有效性，也不允许使用者未经监管人员许可随意更换电气设备。这一保护措施对使用场合、使用人员有较严格的要求。对于插座回路，因为可能会随意更换或接用电气设备，不允许采用加强绝缘或双重绝缘的防护措施。

（1）电气设备。采用双重绝缘或加强绝缘作为保护措施时，所使用的电气设备应符合下列要求之一：

1）电气设备应为Ⅱ类设备或等效于Ⅱ类设备，设备标识为回。

2）对于Ⅰ类设备，带电部分只有基本绝缘，在安装过程中应增设附加绝缘，将其置于防护等级不低于 IPXXB 或 IP2X 绝缘外护物内。

3）对于带电部分未加绝缘的电气设备，在安装过程中应增设加强绝缘，将其置于具有加强绝缘的外护物内。

上述 2）、3）种情况下，外护物的里外显著位置宜以符号（图形符号）标识，外护物内不应有可导电部分穿过，避免将电位传至外护物之外。外护物不能含有绝缘材料制作的螺栓或其他可拆卸的固定部件，因为这些物件在安装、维修时会被拆卸下来，一旦被金属螺栓或部件替代，会降低外护物的绝缘性能。如果螺栓或其他可拆卸的固定部件由金属材料制作，则一开始就会采取措施保证外护物的绝缘性能。当绝缘外护物的盖或门不用工具、钥匙就能打开时，外护物内的可导电部分应设置防护等级不低于 IPXXB 或 IP2X 的绝缘遮拦，该绝缘遮拦只能用工具才能挪动。满足以上要求的电气设备具有与Ⅱ类设备相同的安全等级，不会因为绝缘损坏而引起事故，设备不需接地，也不需要设置其他防护电器来切断电源。

（2）布线系统。如果同时符合以下条件，可以认为满足双重绝缘或加强绝缘的要求：

1）布线系统的额定电压不应小于系统的标称电压，并不低于 300/500V。

2）配电线路采用非金属护套、非金属线槽、槽盒或非金属导管等作为机械保护措施。

3. 防护措施：电气分隔

在这一保护措施中，基本防护措施如下：将用电设备的带电部分覆以基本绝缘；安装遮拦或外护物；采用双重绝缘或加强绝缘。故障防护是采用隔离变压器供电，通过隔离变压器实现被保护回路与其他回路或地之间的分隔。图 12－31 所示为采用隔离变压器供电的电气隔离回路。

在图 12－31 中，隔离变压器二次侧回路的带电导体不接地，设备与地自然接触，接触电阻为 R_E，当设备绝缘损坏发生碰壳事故时，故障电流 I_d 为线路的电容电流，其值甚小，设备外壳上的接触电压远远小于 50V，不会产生电击危险，不必另采取其他防护措施。由隔离变压器供电的用电设备不与 PE 线连接，可以避免其他地方的危险电位经过 PE 线传导，这也是其优点之一。

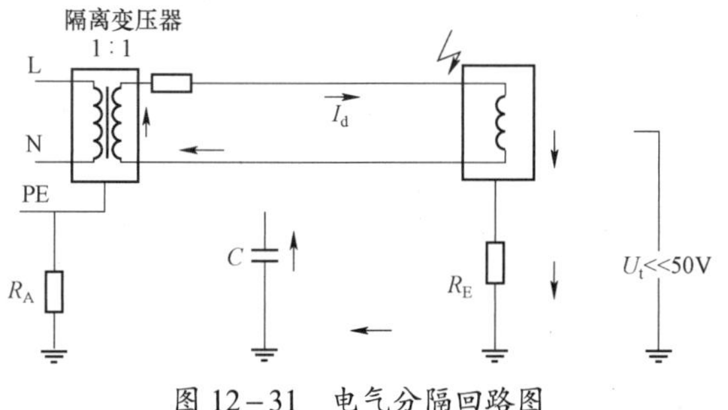

图 12－31　电气分隔回路图

（1）故障防护要求。电气分隔回路的电源应采用隔离变压器，其二次侧输出电压不得超过 500V，且二次回路的带电导体不能接地，如果因为某种原因一旦接地，如图 12－32 所示，当设备发生绝缘故障时，故障电流 I_d 不再是电容电流，其值会大大增加，接触电压将超过 50V，从而失去了故障防护作用。

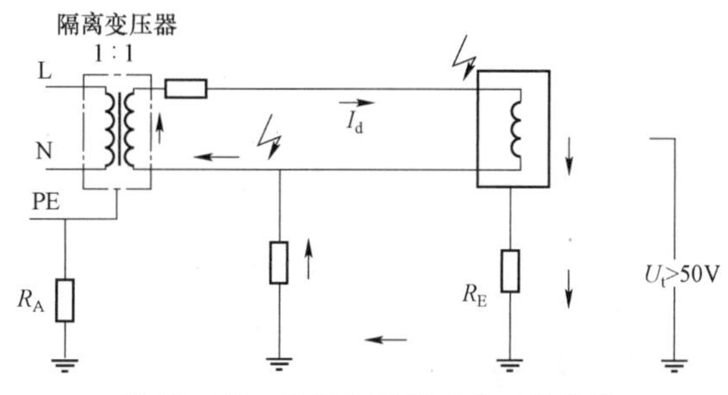

图 12－32　隔离变压器二次回路接地

电气分隔回路应具有基本绝缘，且宜与其他回路分开敷设，如果沿同一路由敷设，电气分隔回路应设置过流保护，线路的额定电压应不低于其他回路中最高的标称电压，并应穿绝缘套管、绝缘线槽或绝缘槽盒，这些都是为了保证其绝缘性。

电气分隔回路的设备外露可导电部分不允许接地或连接 PE 导体。

（2）隔离变压器。隔离变压器是指加强绝缘的双绕组或者多个绕组的变压器，根据产品标准 GB 13028，其二次侧输出电压不得超过 500V，相线对地电压不大于 250V，变压器需通过工频 3750V 电压持续 1min 的耐压试验，或在两绕组之间设置接地的屏蔽层，使得这种变压器不存在危险电压自一个绕组传导至另一个绕组的可能性，绕组回路导体之间也没有任何电的联系。如果没有特殊说明，这种变压器的变比通常为 1:1，单相隔离变压器的功率范围 0～25kVA，三相隔离变压器功率范围 0～40kVA。

一台隔离变压器只能给单台用电设备供电。当一台隔离变压器同时给多台用电设备供电时，其中一台用电设备一相导体碰外壳时，保护电器并不动作；当另一台设备的另一相导体也碰外壳时，如果两台设备在人体伸臂的范围内，人体同时触及这两台设备时将可能受到电击，如图 12－33 所示。如果这些用电设备之间应用绝缘线进行相互连接，则可以避免电击事故，这种方式称为不接地的等电位联结。

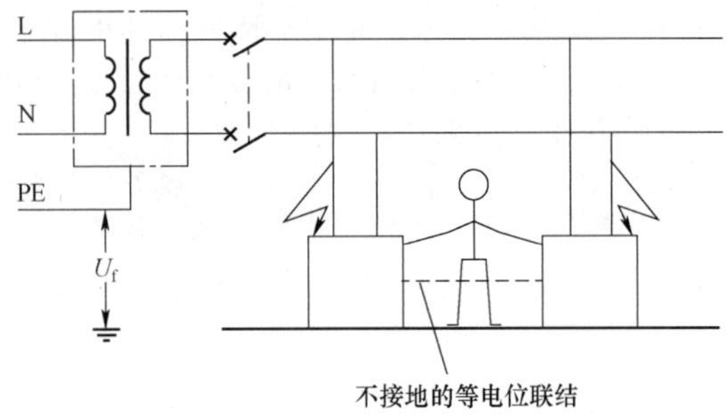

图 12-33 一台隔离变压器同时给多台用电设备供电

4. 防护措施：特低电压供电

用作电击防护措施的特低电压包括 SELV、PELV 两种。该保护措施一方面依赖于 SELV、PELV 电源提供不高于安全电压限值的电压，另一方面要防范超过安全电压限值的电压由外界传至特低电压供电系统，两者缺一不可。对于 SELV、PELV 电源、回路的要求都应符合这一原则。现将 SELV、PELV 的要求简述如下：

（1） 安全特低电压 SELV。SELV 回路的电压不超过 50V，回路带电部分与地应具有基本绝缘，用电设备与地自然接触，不允许连接 PE 线，如图 12-34 所示。当回路发生接地故障时，故障电流为线路的电容电流，其值非常小，用电设备外露可导电部分对地电压接近 0V。当 PE 线带有故障电压 U_f 时，该故障电压也不会传至 SELV 回路中。所以 SELV 在任何情况下都可作为防电击保护措施，不需要补充其他的保护措施。

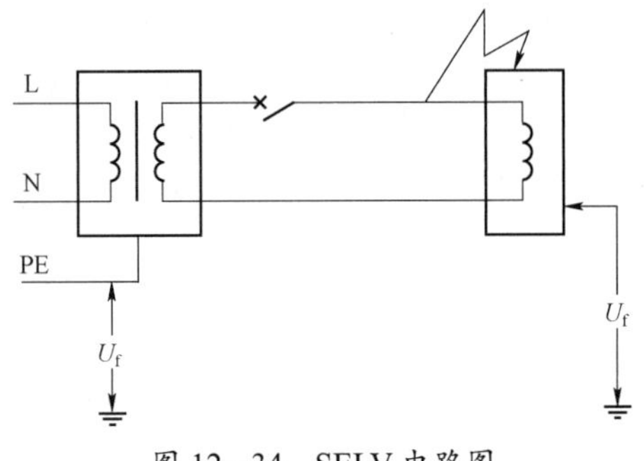

图 12-34 SELV 电路图

（2）保护特低电压 PELV。PELV 回路和由 PELV 回路供电的设备的外露可导电部分可以接地。如图 12-35 所示，如果 PELV 回路接地而用电设备外露可导电部分不接地，当 PE 线带有故障电压 U_f 时，用电设备外露可导电部分对地电压为 0V。当 PE 线带有故障电压 U_f 且 PELV 回路又发生用电设备接地故障时，用电设备外露可导电部分对地电压为 U_f 与 U_{ELV} 向量和。

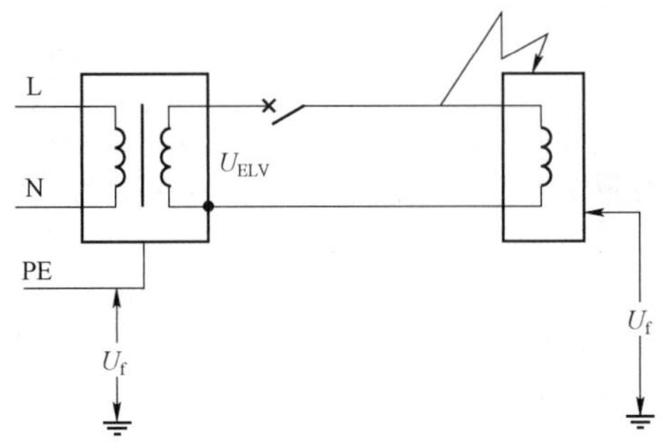

图 12-35 PELV 电路图（用电设备外露可导电部分不接地）

如果 PELV 电路用电设备外露可导电部分接地，如图 12-36 所示，PE 线带有故障电压 U_f 时，用电设备外露可导电部分对地电压为 U_f。如果 PE 线带有故障电压 U_f 且 PELV 回路发生用电设备接地故障，用电设备外露可导电部分对地电压为 U_f 与 $U_{ELV}/2$ 向量和。

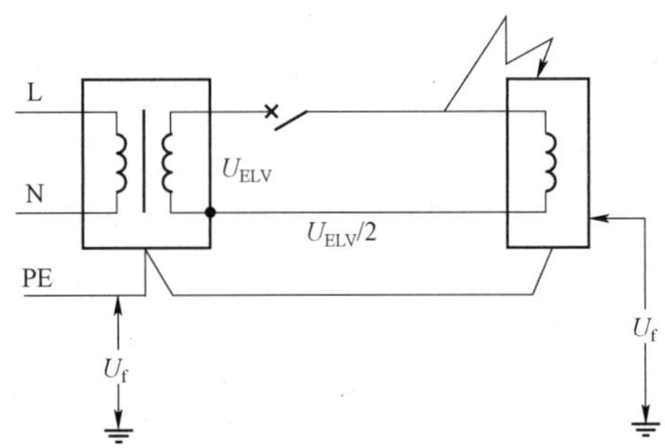

图 12-36 PELV 电路图（用电设备外露可导电部分接地）

上述两例可以看出，PELV 会因为 PE 线传导故障电压产生电击事故，与 SELV 相比，它并非完善、可靠的电击防护措施，还需补充附加防护措施，如采取辅助等电位或局部等电位联结。在设计中，应尽量采用 SELV 系统供电，以保证电气安全。

（3）SELV 或 PELV 的电压限值及电源。SELV、PELV 两种系统的电压限制在交流 50V 或直流 120V 及其以下。按照 IEC 标准，特低电压设备的额定电压在干燥场所为 48V，在潮湿场所为 24V，在水下时为 12V。这种特低电压回路应采用符合 IEC 61558-2-6 标准的安全隔离变压器降压供电，变压器需通过工频 3750V 电压持续 1min 的耐压试验，或在两绕组之间设置接地的屏蔽层，使得这种变压器不存在危险电压自一个绕组传导至另一个绕组的可能性，绕组回路导体之间也没有任何电的联系。其回路导体设置基本绝缘；如果采用移动式电源，如电动发电机组，电源的选择与安装应满足双重或加强绝缘的要求。

（4）SELV 和 PELV 回路的要求。

1）SELV、PELV 的回路导体与地的关系。SELV 回路导体与地应有基本绝缘，由 SELV 系统供电的设备金属外壳不能连接 PE 线，但是可与地自然接触。PELV 回路和由 PELV 回路供电的设备金属外壳可以接地，PELV 回路既可以与地连接，也可以通过与安全隔离变压器（或其他电源）本身接地的保护导体的连接来实现接地。

SELV 和 PELV 系统内的插头应不能插入其他电压系统的插座内，插座也不应被其他电压系统的插头插入。SELV 系统的插头和插座不能连接 PE 线。

2）SELV、PELV 的回路导体的要求。在正常干燥的环境中，标称电压不超过交流 25V 或直流 60V 的 SELV、PELV 回路无须设置基本防护。在潮湿的环境下，或者 SELV 和 PELV 回路的标称电压超过交流 25V、直流 60V，SELV、PELV 回路带电部分应有绝缘，或者设置遮拦或外护物。如果标称电压不超过交流 12V 或直流 30V，无须设置基本防护。

3）SELV、PELV 的回路与其他回路之间的布线要求。当 SELV、PELV 的回路与具有基本绝缘的其他回路一起布线时，为了防范高于特低电压限值的电压由其他回路窜入 SELV 或 PELV 回路，应采取以下任一种措施：

SELV 和 PELV 的回路导体应采用双重或加强绝缘，如果采用基本绝缘，还应具有绝缘护套，或将它置于绝缘的外护物内。

SELV 和 PELV 的回路应采用接地的金属护套或接地的金属屏蔽物与电压高于特低电压限值的回路隔开。

SELV 和 PELV 的回路导体可与高于特低电压限值的回路导体共处于同一多芯电缆或导体组内，但 SELV 或 PELV 导体应按其中最高的电压加以绝缘。

与 SELV、PELV 的回路作电气分隔的其他回路的布线要达到双重绝缘或加强绝缘的要求。

将 SELV 和 PELV 回路与其他回路拉开距离。

（5）SELV、PELV 与 FELV 的比较。SELV、PELV 与 FELV 有相近之处，又有所不同。FELV 被称为功能特低电压，是因为功能上的要求采用了特低电压，FELV 对电源装置并无严格要求，可以采用自耦变压器、电位器、半导体器件等，电源装置一次侧与二次侧之间的绝缘有可能被击穿，高电位窜至二次侧引起电击事故。FELV 的用电设备外露可导电部分可以通过 PE 导体接地，也有可能引入其他处的高电位。因此 FELV 并不具备完善的电击防护功能，不能用作防电击保护措施，接地故障时仍需采取自动切断电源的措施，详见 12.3.3 节第 1 部分的相关内容。PELV 由于回路和设备金属外壳可以接地，会因为 PE 线传导故障电压产生电击事故，所以也有安全局限性。应尽量采用 SELV 系统供电，以保证电气安全。

12.3.4　附加防护措施

附加防护是指在某些受外部影响条件下或者在某些特殊场所内，当基本防护和故障防护因故失效或因为某种原因（如切断时间不满足要求时）不能保证人身安全时而增加的补充保护措施。附加防护措施有两种，一种是采用额定剩余电流不大于 30mA 的 RCD，另一种是采用辅助等电位联结或局部等电位联结。

1. 剩余电流保护器（RCD）

当基本防护和故障防护失效时或用电不慎时，可以采用额定剩余电流不大于30mA的RCD来作为附加防护。例如，当线路绝缘损坏后，此时基本防护已经失效，若人体触及带危险电压的线芯，极易发生电击事故。作为故障防护电器的熔断器、断路器如果因为故障电流值太小而无法动作或者切断故障回路的动作时间不满足要求，此时就需要采用额定剩余电流不大于 30mA 的 RCD 作为附加防护，迅速切断故障回路的电源以保障人身安全。

当通过人体的电流小于 30mA 时，人体不会因为电击导致心室纤颤而死亡，所以国际上将用于电击防护的高灵敏度剩余电流动作保护器（RCD）的额定动作电流值定为 30mA，RCD 应同时切断相线及 N 线。

采用额定剩余电流不大于30mA的RCD并不能作为单独的保护措施，它不能替代基本防护和故障防护，只能作为一种附加防护措施，在基本防护和故障防护失效时起到附加防护作用。

（1）RCD 的选用和安装。在基本防护和故障防护失效时，额定剩余电流不大于 30mA 的 RCD 作为附加防护，正确选用及安装是非常重要的。

RCD 分为电磁式和电子式两类：电磁式 RCD 靠接地故障电流本身的能量使 RCD 动作；电子式 RCD 则借助 RCD 所在回路处的故障残压提供的能量使 RCD 动作，如果残压过低能量不足，RCD 就可能拒动。所以电子式 RCD 动作的可靠性比不上电磁式 RCD，它只能有条件地装用。

关于 RCD 的国际标准有规定，当电子式 RCD 的电源电压在 0.85 倍～1.1 倍的额定电压范围内，RCD 均应正确动作。我国 RCD 相关技术文件规定，对于 $I_{\Delta n} \leqslant 0.03A$ 的电子式剩余电流保护器，在电源电压降低到 50V 时，如果出现大于或等于额定剩余动作电流的情况时应能自动动作。但在某些情况下，当发生电击事故时电子式 RCD 仍会出现拒动的情况，以下例子说明了其作用的局限性。

（2）潮湿场所电子式 RCD 的作用局限性。如图 12－37 所示，这是常见的采用 TN－C－S 低压系统供电的电气设备。在进线配电箱处，PEN 线分成 PE、N 线，PE 线进行等电位联结。如果电气设备绝缘损坏、外壳带电，人体触碰到电气设备外壳时接触电压 U_t 为故障电流 I_d 在 PE 线上的压降。$I_d=U_0/Z_S=U_0/(Z_L+Z_{L'}+Z_{PE}+Z_{PEN})$，$U_t=I_d \cdot Z_{PE}$。

RCD 安装处的电源电压（即故障残压）$U_{RCD}=I_d(Z_{L'}+Z_{PE})$，$U_{RCD}>U_t$，按照我国 RCD 产品标准，$U_{RCD}=50V$ 时，还能可靠动作，此时人体接触电压 $U_t<50V$，正常环境下不会发生电击事故。但是在施工场地、浴室、游泳池等潮湿场所内，防电击接触电压限值 U_L 为 25V 或者 12V。当电子式 RCD 的电源电压 U_{RCD} 低至 50V 以下而拒动时，如果此时设备外壳的接触电压 $U_t>25V$ 或者 12V，则很有可能发生电击事故，所以潮湿场所内电子式 RCD 的作用具有局限性。

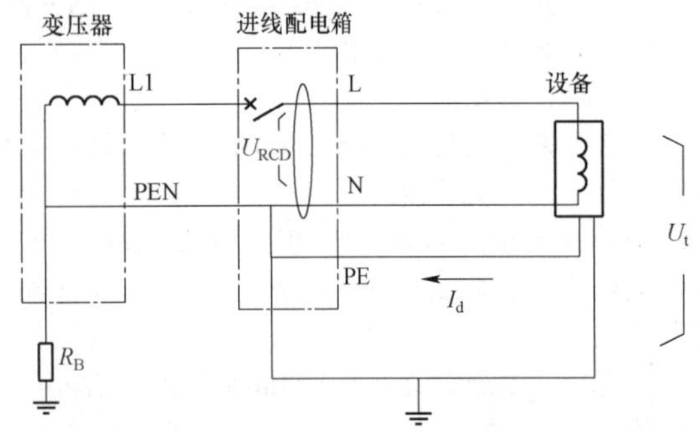

图 12－37 RCD 电源电压 U_{RCD} 过低导致拒动

（3）中性线不导通的情况下 RCD 的作用局限性。图 12－38 所示为一单相 TN－C－S 系统，当中性线因短线或连接不良而不导通时，如果电气设备发生绝缘损坏、外壳带电的接地故障，这时接触电压 U_t 将为故障电流 I_d 在 PE 线上的压降，如果 $U_t>50V$，很可能会发生电击事故。但由于中性线不导通，电子式 RCD 的电源电压 U_{RCD} 为 0V 而拒动。

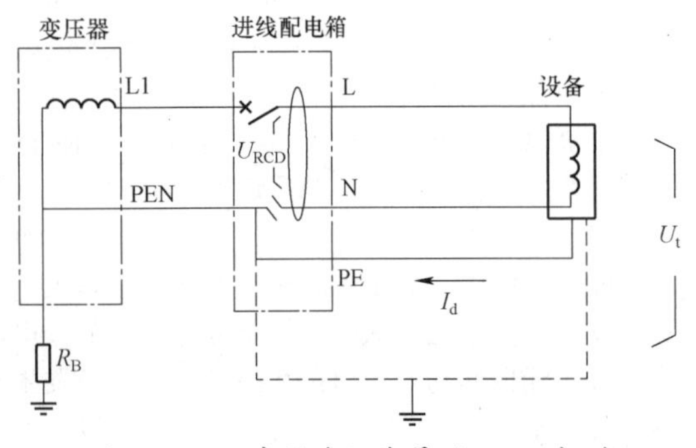

图 12－38 中性线短线导致 RCD 拒动

（4）电子式 RCD 的选用应满足适当的条件。为了保证电子式 RCD 在一定条件下能够起到有效的电击防护作用，只有满足下列两条之一时，才允许采用电子式 RCD：

即使在辅助电源失效的情况下，仍能采取其他附加防护措施满足故障防护的要求。

安装在电气中的保护电器由专职人员（BA4）或熟练人员（BA5）进行操作、试验和检查。

也就是说，当电子式 RCD 的电源故障残压低于产品标准规定的动作值时，它会拒动，但若有其他附加防护措施能防止电击事故的发生，则允许使用电子式 RCD。这种附加防护措施可以是局部等电位联结或者辅助等电位联结，通过这种措施将故障时的接触电压 U_t 限制在其限值 U_L（50V、25V 或 12V）以下，即使电子式 RCD 拒动，也不会发生电击事故。

对于有专业人员维护的场所，可以定期对中性线连通的有效性、局部等电位联结或者辅助等电位联结的有效性等与安全相关的措施进行检验、测试，从而确保在电子式 RCD 拒动的情况下也不会发生电击事故。所以在选用电子式 RCD 时应满足上述规定的条件，这一点必须引起足够的重视。

2. 辅助等电位联结和局部等电位联结

辅助等电位联结和局部等电位联结可以认为是故障防护的附加防护。它们的应用范围很广泛，在很多情况下，当故障防护措施无法对人身安全实施全面有效的保护时，可以采取辅助等电位联结或局部等电位联结作为附加防护，等电位联结通常不是为了传递电流，而是为了保证相同的电位，减少接触电压。实施辅助等电位联结后，发生故障时仍需切断电源。

辅助等电位联结和局部等电位联结作法相近，目的相同，12.3.3 节第 1 部分对两者的区别进行了说明。辅助等电位联结和局部等电位联结都源于 IEC 标准，随着 IEC 标准的修订，现在已较少提及局部等电位联结，辅助等电位联结的做法也有所变化，更接近局部等电位联结，两者的区别在逐渐淡化，做法也逐渐相互融合，辅助等电位将涵盖局部等电位联结的定义与做法。

实际应用中，更易于实施和更多采用的是 LEB 的做法而非 SEB，当一末端用电场所在伸臂范围内如出现电位差时，采用辅助等电位联结可以避免发生危险的电击事故，但是实际应用中一般是不会这么做的。因为在一个末端用电场所内，可能有多台用电设备，又有多种金属管道和其他大量的电气装置外导电部分，它们与电气装置外露可导电部分之间的距离常常小于伸臂范围 2.5m。如果都要做 SEB，将电气设备外露可导电部分和装置外可导电部分两两之间进行连接，施工工作量将不胜负担，留下电击事故隐患。所以实际应用中很少做大量的 SEB，而是只在一特定范围内简单地作一个 LEB。例如在末端用电设备的配电箱旁设置一个 LEB 端子板（图 12–22），将末端用电场所配电箱的 PE 排以及公用设施（如水管、风管、暖气管道等）金属管道、钢结构等装置外可导电部分在此端子板上互相连接，这样寥寥几根连接线即可使该末端用电场所成为一个不大的等电位的法拉第笼，笼内的故障接触电压很容易降到 U_L（如 50V）以下，实现有效的电击防护，其施工非常简便。

新的 IEC 标准中，从概念上，辅助等电位联结将替代局部等电位联结，从做法方面，辅助等电位联结采纳了原来局部等电位联结的做法。所以“局部等电位联结被取消”这一说法不够准确，它只是与辅助等电位联结融合为一个新的概念。辅助等电位联结这一术语虽然被保留，但概念上与原来也有了很多的不同。

12.4　部分特殊场所的电击防护措施

对于一些特殊场所或特殊电气装置，发生电气事故的危险性比较大，一般的电气安全措施不能完全适应这些情况，这些场所对电气安全提出了更高的要求。我国已将 IEC 建筑物电气装置标准等同或等效转化为 GB 16895 系列标准，其中包括特殊场所的电气标准。本节将介绍一些常见的特殊场所内电气安全的特殊要求和措施，更多的特殊场所电气设计要求可以参考《建筑物电气装置》（GB 16895）中的相关内容及国际标准 IEC 60364 第 7 部分的内容。

12.4.1　浴室

浴室内属于特别潮湿的场所，人体因皮肤浸湿而使得人体阻抗下降，导致心室纤颤致死的电压较低，电击致死的危险显著增加。

1. 浴室内的区域划分

根据电击危险程度，浴室内划分为三个区域。

0 区：浴盆、淋浴盆内部或淋浴间距离喷头 1.2m 的垂直面内，其高度止于离地面 0.1m 处（如果淋浴间有固定隔墙，应为隔墙内离地面 0.1m 以下）。

1 区：围绕浴盆、淋浴盆外边缘的垂直面内，或无盆淋浴区距离喷头 1.2m 的垂直面内，其高度止于离地面 2.25m 处。

2 区：1 区至离 1 区 0.6m 平行垂直面内，其高度止于离地面 2.25m 处。

上述区域划分如图 12–39 和图 12–40 所示。

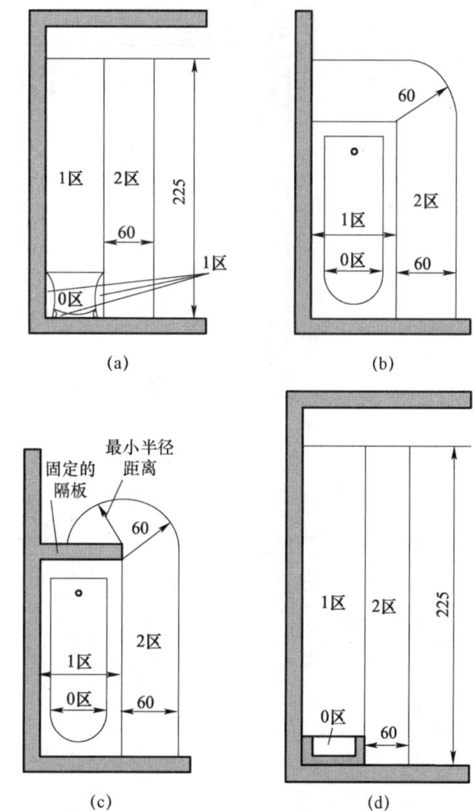

图 12–39　装有浴盆或淋浴盆的场所中各区域的范围（单位：cm）

（a）侧视图（浴盆）；（b）有固定隔墙的浴盆顶视图；（c）侧视图（有固定隔墙和围绕隔墙的最小半径距离）；（d）侧视图淋浴盆

2. 安全防护措施

浴室各区域的危险程度不同，允许设置的用电设备、开关设备、控制设备、附件等均不相同，采取的防电击措施也有所区别，见表 12–11。

浴室内尽量少设置用电设备、开关设备、控制设备及附件等。0 区、1 区的用电设备应符合相关的产品标准，生产厂家允许在 0 区、1 区内安装使用，且设备应固定安装，采用永久性连接。

0 区内不允许安装任何开关、控制器、附件。

1 区允许安装以下设施：为 0 区、1 区内用电设备供电的接线盒；由交流不超过 25V 的特低电压（SELV）供电的附件（包括插座），其电源设备应安装在 0 区、1 区以外。

2 区允许安装以下设施：除了插座以外的附件；由特低电压（SELV）供电的附件（包括插座），其电源设备应安装在 0 区、1 区以外；带安全隔离变压器的剃须插座；由特低电压供电的通信设施的附件，包括电话插座。

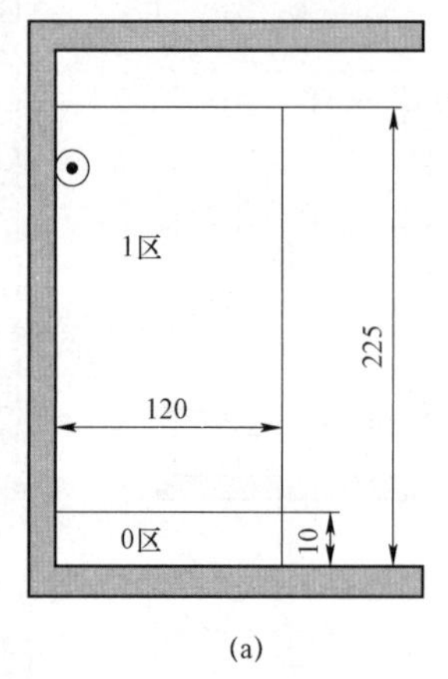

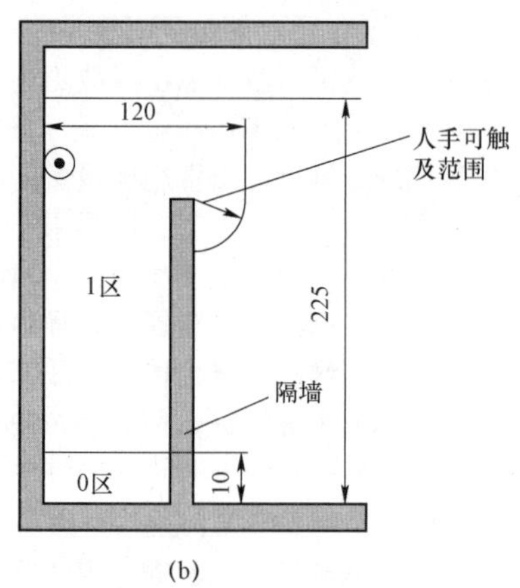

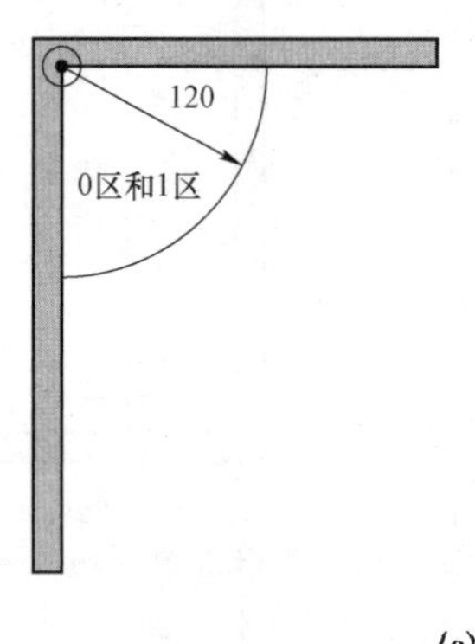

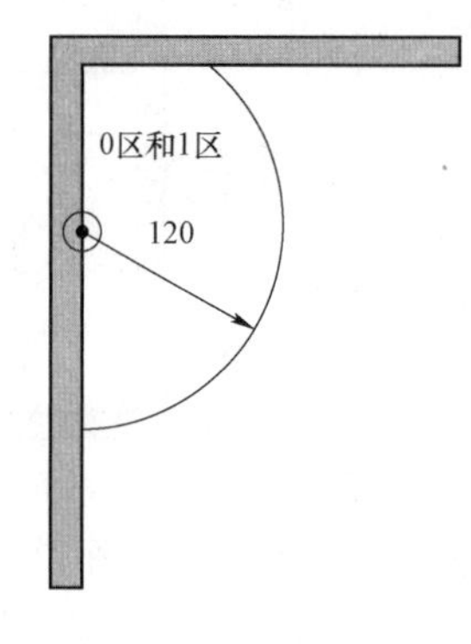

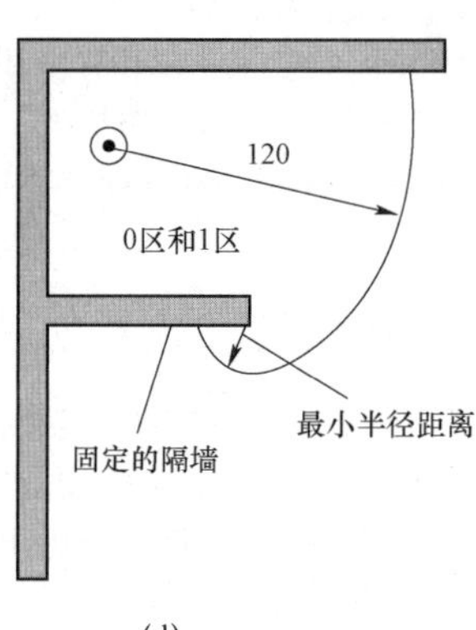

图 12-40 无淋浴盆或装有淋浴器的场所中区域 0 区和 1 区范围（单位：cm）

（a）侧视图；（b）侧视图（有固定隔墙和围绕隔墙的最小半径距离）；（c）出水器不同位置的顶视图；（d）有出水器的顶视图（有固定隔墙和围绕隔墙的最小半径距离）

表 12-11　各区域内允许布置的设备及防电击措施

分区	各区域内允许布置的设备			防电击措施
	用电设备	开关设备、控制设备、附件等	设备防护等级	
0 区	额定电压不超过交流 12V 或直流 30V 的设备	不允许使用	不应低于 IPX7	SELV（额定电压不超过交流 12V 或直流 30V）
1 区	（1）涡流设备（按摩浴缸） （2）淋浴泵 （3）通风设备 （4）电热水器 （5）灯具 （6）额定电压不超过交流 25V 或直流 60V 的设备	（1）0 区、1 区中允许使用的用电设备的电源回路接线盒 （2）交流 25V 或直流 60V 的 SELV 或 PELV 回路　附件、插座（供电电源应设在 0 区和 1 区之外）	不应低于 IPX4	（1）SELV 或 PELV（额定电压不超过交流 25V 或直流 60V） （2）RCD（剩余电流保护器） （3）电气分隔
2 区	—	（1）插座以外的附件（比如接线盒等） （2）SELV 或 PELV 回路附件、插座（供电电源在 0 区和 1 区之外） （3）符合 IEC 61558-2-5 的剃须刀电源器件 （4）采用 SELV 或 PELV 保护的用于信号和通信 （5）设备的附件（如电话插座、包含电源插座）	不应低于 IPX4	（1）SELV 或 PELV（额定电压不超过交流 50V 或直流 120V） （2）采用电气分隔（如专用剃须插座） （3）RCD（剩余电流保护器）

（1）采用特低电压供电。

0 区只能采用不超过交流 12V 或直流 30V 的特低电压（SELV）；1 区、2 区可以采用不超过交流 25V 或直流 60V 的 SELV 或 PELV 回路。特低电压的电源设备应安装在 0 区、1 区以外。由于 PELV 不如 SELV 可靠，有些国家不允许浴室采用 PELV。

当采用特低电压 SELV 供电时，基本防护应满足以下要求之一：① 设置防护等级不低于 IP2X 的遮拦或外护物；② 采用能耐受持续 1min 的 500V 电压的绝缘。

（2）采用 RCD 附加防护。浴室内的插座回路应设置 $I_{\Delta n}$ 不大于 30mA 的 RCD 保护。IEC 60364－7－701：2006《低压电气装置　第 7－701 部分：特殊装置或场所的要求　装有浴盆或淋浴的场所》较以前更为严格，规定浴室内的所有回路都应由 RCD 提供保护。如果回路采用电气分隔或特低电压（SELV），则不必设置 RCD 保护。

（3）设置局部等电位联结或辅助等电位联结。

浴室里由于人体阻抗显著降低，即使十几伏的电压也可能导致电击死亡事故，所以浴室里应避免出现电位差。浴室里的水管、暖气管等各种金属管道和金属构件可能会将外部环境的电位传导进来，应在浴室内部实施局部等电位联结或辅助等电位联结以消除电位差。

局部或辅助的等电位联结的范围包括浴室内的各种金属管道和金属构件，如果浴室内有 PE 线，也必须纳入局部等电位联结的范围。对于不传导电位的塑料管，则不必进行局部或辅助的等电位联结。

（4）采用电气分隔。浴室内如果采用电气分隔，每个电源（如隔离变压器）应只为单台设备或单独的插座供电。剃须插座就是采用电气分隔措施的一个实例。为了避免随意接用电器引起电击事故，2 区内不允许布插座。剃须插座内设置有隔离变压器及过负荷保护的器件，只供剃须刀使用，允许布置在 2 区。

3. 线路敷设的要求

为 0 区、1 区、2 区内的电气设备供电的电气线路可以明敷或者嵌墙敷设，嵌墙深度不小于 5cm。如果线路埋深不满足要求，其绝缘有可能受到机械损伤，引发电击危险，故应采取以下任一措施：

（1）可以采用特低电压（SELV）供电或者电气分隔。

（2）设置 $I_{\Delta n}$ 不大于 30mA 的 RCD 保护。

（3）电缆或导线采用接地的金属套管。

当采用不同的电击防护措施时，线路敷设有相应的要求。对于电气分隔，必须保证电气分隔回路的绝缘性，回路除了具有基本绝缘，还应穿绝缘套管、绝缘线槽或绝缘槽盒。对于特低电压 SELV，为了避免从外界引入危险电位，回路导体应采用双重或加强绝缘；如果采用基本绝缘，应套绝缘护套，或将它置于绝缘的外护物内，还可以采用接地的金属套管。

4. 电气设备防护等级

电气设备至少应具备以下的防水等级：0 区为 IPX7 级；1 区为 IPX4 级；2 区为 IPX4 级。

容易遭受水喷淋的电气设备，例如，公共浴室的清洁设备，应具有至少为 IPX5 的防护等级。

12.4.2　游泳池

1. 游泳池区域划分

游泳池的某些环境条件与浴室类似，人体全身皮肤浸湿，人体阻抗下降，心室纤颤致死的危险显著增加。按照电击危险程度，IEC 标准将游泳池及其周边场所划分为三个区：

0 区：水池内部。

1 区：距离水池边缘 2.0m 的垂直平面内，其高度止于距地面或距人能达到的水平面 2.5m 处。对于跳台或滑槽，其范围包括离边缘 1.5m 的垂直面内，高度止于距地面或人能达到的最高水平面的 2.5m 处。

2 区：1 区至离 1 区 1.5m 的平行的垂直面内，其高度止于距地面或人能达到的水平面的 2.5m 处。

上述区域划分如图 12－41～图 12－43 所示。

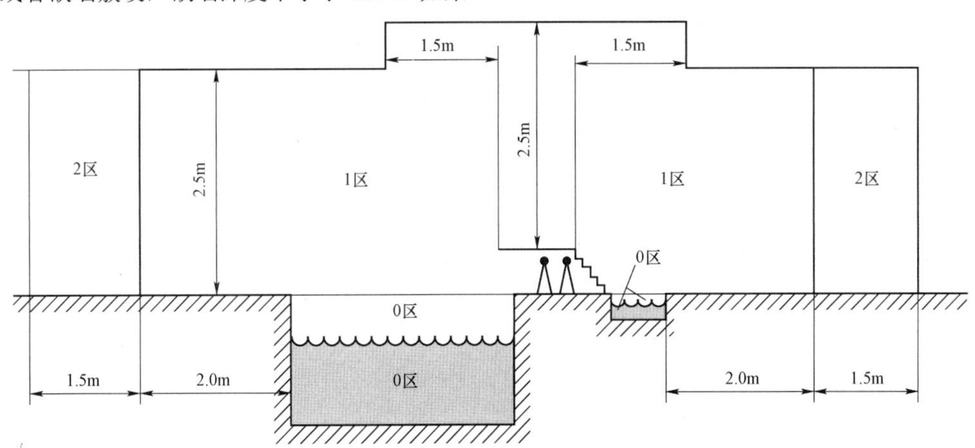

图 12－41　游泳池和戏水池的区域范围（侧视图）

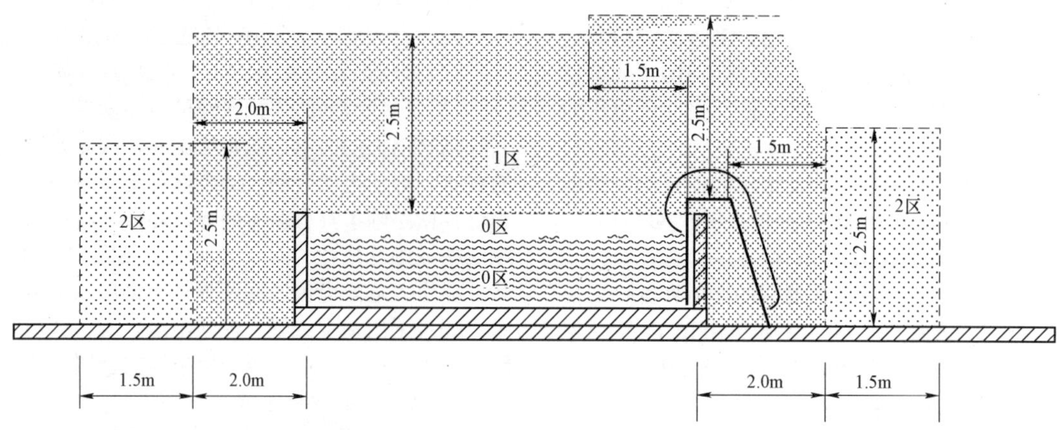

图 12－42　地上水池的区域尺寸（侧视图）

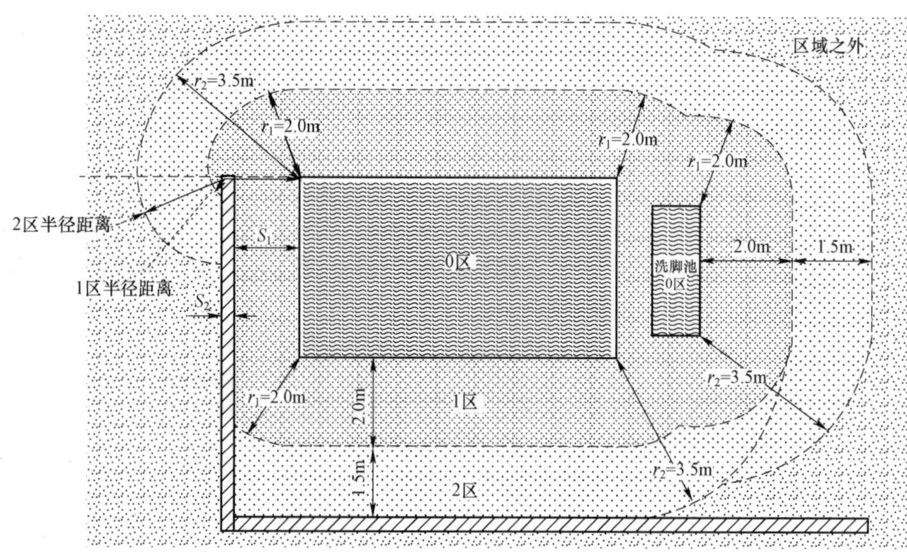

图 12－43　具有至少高 2.5m 固定隔板的区域范围示例（俯视图）

2. 安全防护措施

游泳池各区域采取的防电击措施见表 12－12。

表 12－12　游泳池各区域采取的防电击措施

分区	防电击措施	开关、控制器、插座的设置	电气设备的防护等级
0 区	采用标称电压不大于交流 12V 或直流 30V 的 SELV，不允许采用 PELV	不允许设置开关、控制器、插座、接线盒	IPX8(使用水喷头清洗时为IPX5/IPX8)
1 区		允许设置由 SELV 回路的开关、控制器、插座、接线盒	IPX5 级（如果不使用水喷头清洗时可降至 IPX4）
2 区	（1）采用 SELV （2）采用 $I_{\Delta n}$ 不大于 30mA 的 RCD （3）采用电气分隔，每个电源（如隔离变压器）只供给单台设备	允许设置开关、控制器、插座、接线盒，但应采取本表左列的防电击措施	（1）IPX2（室内游泳池） （2）IPX4（室外游泳池） （3）IPX5（使用水喷头清洗时）

0 区、1 区内只允许安装固定式的游泳池专用设备，并由标称电压不大于交流 12V 或直流 30V 的特低电压 SELV 供电。当采用 SELV 或电气分隔的防护措施时，安全隔离变压器或隔离变压器这类电源应安装在 0 区、1 区以外，如果安装在 2 区，电源的供电回路应设置 $I_{\Delta n}$ 不大于 30mA 的 RCD 保护。IPX8 不具有防喷水的功能，当电气设备有可能采用喷水进行清洗时应具有 IPX5 的防护等级。

（1）采用特低电压保护。游泳池不允许采用特低电压 PELV 供电。当采用特低电压 SELV 供电时，基本防护应满足以下要求之一：

1）设置防护等级不低于 IP2X 或 IPXXB 的遮拦或外护物。

2）采用能耐受持续 1min 的 500V 电压的绝缘。

（2）设置局部等电位联结或辅助等电位联结。0 区、1 区及 2 区内应采用等电位联结导体将所有外界可导电部分、PE 干线连接至等电位端子板。场所内电气设备的外露导电部分已和 PE 干线相连通，不需再做连接。

（3）线路敷设的要求。0 区、1 区内不应通过与该区内用电设备无关的线路。0 区、1 区及 2 区内的线路宜采用绝缘套管敷设，如果采用金属管，应确保人体不可触及，并将金属管进行局部或辅助的等电位联结。

当 2 区以外的用电设备线路经由 2 区时，线路应满足以下任一要求：

暗埋深度不小于 5cm。

回路应设置 RCD 保护，额定动作电流 $I_{\Delta n}$≤30mA。

由特低电压 SELV 供电。

采用电气分隔。

当采用不同的电击防护措施时，线路敷设有相应的要求，见 12.3.3 节 第 3、4 部分的相关内容。

（4）游泳池常见的用电设备。主要包括水处理设备、循环泵、照明设施、地板加热系统、游泳池清洗设备等。水处理设备（含过滤设备）、循环泵等一般安装在专用的设备用房内，该设备用房一般都在 1 区、2 区以外。一些小规模的游泳池没有专用机房，水处理设备一般为一体化过滤设备，形式多样，当满足特定的要求时，允许安装在游泳池 1 区内。游泳池照明灯具安装位置有多种，有的游泳池壁上设有观察窗，观察窗采用透光性能好且具有高强度的材料密封起来，符合水密要求，灯具通过观察窗为游泳池提供照明，并不与水接触；有的灯具直接安装游泳池内的池壁上，与水直接接触。

（5）设备用房内设备的电击防护措施。当水处理设备、循环泵等通过水管与游泳池连通的设备安装在设备用房内时，应采取如下保护措施之一：

1）由交流不应超过 12V 的特低电压 SELV 供电，SELV 电源应安装在 0 区、1 区以外。如果电源安装在 2 区，电源的供电回路应设置 RCD 保护，额定动作电流 $I_{\Delta n}$≤30mA。

2）采用电气分隔；水泵或其他设备与游泳池连通的水管应采用不导电的材质。

3）设备应设置 RCD 保护，额定动作电流 $I_{\Delta n}$≤30mA，出现绝缘故障时自动切断电源；水泵或其他设备与游泳池连通的水管采用电气绝缘的水管，也可以采用金属水管，但金属水管应纳入游泳池局部等电位联接范围内。设备用房也应设置局部等电位联结。

当采用电气分隔及 RCD 的保护措施时，要求设备用房的门须用钥匙或工具才能打开；安装在设备用房内的电气设备防水等级至少应为 IPX5 或者具有 IPX5 的外护物。

（6）水下照明设备。游泳池可安装 220V 的灯具用于水下照明，这种灯具应安装在观察窗后，不与水直接接触。观察窗采用透光性能好且具有高强度的材料密封起来，符合水密要求。220V 灯具的外露可导电部分不得与观察窗的任何可导电部分之间有电气连通，避免灯具因绝缘故障产生的故障电压经观察窗的可导电部分传导至游泳池内，使得游泳池水下出现危险的电位差。

当灯具安装在游泳池内时，与水直接接触，应按照 0 区的要求采取电击防护措施。

游泳池内的灯具应满足 GB 7000.218 的要求。

（7）游泳池的 1 区内低压电气设备的电击防护措施。一般情况下，1 区内只允许安装固定式的游泳池专用设备，并由标称电压不大于交流 12V 或直流 30V 的特低电压 SELV 供电。在满足特定条件的情况下，1 区内允许安装低压供电的设备，如一体化过滤设备、喷射泵等。这些设备应同时满足以下要求：

1）设备应设在绝缘外护物内，该外护物能耐受 AG2 级的机械冲击。

2）采用电气分隔或设置 $I_{\Delta n}$≤30mA 的 RCD 保护。

当采用电气分隔时，设备与游泳池连通水管应采用绝缘材质；外护物的人孔盖或外护物本体须用钥匙或工具才能打开；设备或者其外护物的防水等级至少应为 IPX5。

当采用 $I_{\Delta n}$≤30mA 的 RCD 保护时，设备出现绝缘故障时可自动切断电源；设备与游泳池连通的水管应采用绝缘材质，也可以采用金属水管，但应将金属水管纳入游泳池的局部等电位联结。

3）外护物的人孔盖或外护物本体须用钥匙或工具才能打开，打开时应联锁切断里面设备的所有带电导体。设备供电电缆及其主电源开关应具备Ⅱ类绝缘或等效于Ⅱ类绝缘。

4）设备或者其外护物的防水等级至少应为 IPX5。

（8）地板加热系统。有些游泳池地面下设有电加热系统，此时应采取如下保护措施之一：

1）由特低电压 SELV 供电，SELV 电源应安装在 0 区、1 区以外。如果电源安装在 2 区，电源的供电回路应设置 $I_{\Delta n}$≤30mA 的 RCD 保护。

2）电加热器回路应设置 $I_{\Delta n}$≤30mA 的 RCD 保护，出现绝缘故障时自动切断电源；电加热器应覆以金属网格或者其他金属覆盖物，金属网格和覆盖物应做局部等电位联结。

12.4.3 喷水池

喷水池和游泳池既有相似之处，也有不同之处。在游泳池内人体是浸入水中的，人体阻抗大幅度下降，因此游泳池内电气设备和线路的电压不得超过 12V。而作为景观的喷水池，池内的潜水泵和水下照明灯具由于功率较大，需用 220V 电压供电。如果这类设备或线路绝缘损坏，水下可能出现危险的电压差，从而引起人身电击危险。因此在电源未切断情况下不允许人体进入喷水池内，也不允许下池涉水，否则应按照游泳池的要求进行设计。虽然作为景观的喷水池不允许人员入水，但是有时也会有意外情况发生，例如，水下 220V 的设备和线路绝缘损坏时不懂电气安全知识的人误入池内或池边的人不慎坠入池内，都可能会引发电击事故。为此，应充分认识喷水池内装用 220V 电气设备导致的电击危险，在电气设计安装和维护管理中采取适当的措施，防止此类事故的发生。

1. 喷水池区域划分

喷水池没有 2 区，只有 0 区和 1 区。

0 区：水池内部。

1 区：距离水池边缘 2.0m 的垂直平面内，其高度止于距地面或距人能达到的水平面 2.5m 处。

上述区域划分如图 12－44 所示。

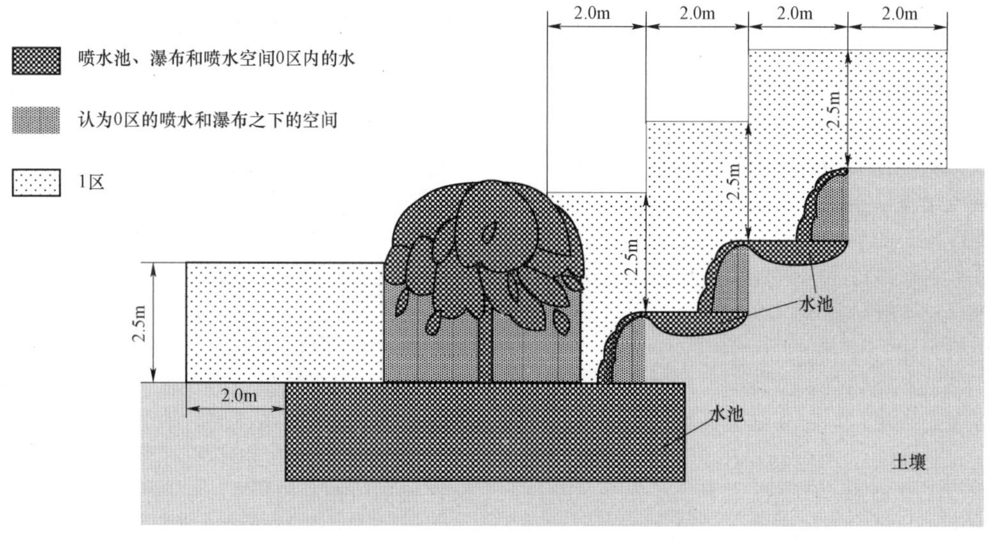

图 12－44 喷水池的区域划分示例（侧视图）

2. 安全防护措施

喷水池内因为功能上的需要会使用 220V 用电设备，所以不允许人员进入。喷水池规定的电击防护措施是用来保障维修人员的安全，例如，潜水泵发生故障需要检修时，维修人员将水排空，进入池内进行设备维修，由于池内潮湿，需要采取一定的电击防护措施，这些措施见表 12－13。

表 12－13 喷水池区域采取的防电击措施

分区	防电击措施	开关、控制器、插座接线盒的设置	电气设备的防护等级
0 区	（1）采用标称电压不大于交流 12V 或直流 30V 的 SELV，不允许采用 PELV （2）采用 $I_{\Delta n}$ 不大于 30mA 的 RCD （3）采用电气分隔，每个电源（如隔离变压器）只供给单台设备	不允许设置开关、控制器、插座、接线盒	IPX8（使用水喷头清洗时为 IPX5/IPX8）
1 区		允许设置 SELV 回路的开关、控制器、插座、接线盒	IPX5 级（如果不使用水喷头清洗时可降至 IPX4）

表 12－13　中的 SELV 电源、电气分隔电源应安装在 0 区、1 区以外。0 区、1 区内电气设备、灯具应固定安装，为了避免被人体触及，应装设只能用工具才能拆卸的铅丝玻璃或网栅加以隔开。

（1）采用特低电压保护。与游泳池一样，喷水池不允许采用特低电压 PELV 供电。当采用特低电压 SELV 供电时，基本防护应满足以下要求之一：

1）设置防护等级不低于 IP2X 或 IPXXB 的遮拦或外护物。

2）采用能耐受持续 1min 的 500V 电压的绝缘。

（2）为水泵设置泵坑。喷水池内设置 220V 的潜水泵，当水泵和线路绝缘损坏时，如果有人误入池内会发生电击致死事故。为了避免类似事故，在保证喷水池造景功能的同时保证人员安全，尽量不要在喷水池内设置潜水泵，可在距离喷水池一定距离之外设置泵坑，将 220V 离心泵设置在泵坑内，代替潜水泵的造景功能。离心泵通过水管与喷水池连接，泵坑内用电设备的电击防护措施可参考 12.4.2 节游泳池设备用房内用电设备的做法。泵坑与喷水池不宜太近，可将喷水池看作是游泳池，泵坑位置至少在游泳池 2 区以外为宜。

一般情况下，为了保证景观效果，泵坑都设在地下，泵坑内容易积水，环境潮湿，离心泵易于损坏。为了避免这一现象，应尽量改善泵坑的通风条件，如设置通风孔，或者在泵坑内设置集水坑及潜污泵，以提高离心泵的运行寿命。

（3）线路敷设要求。喷水池内线路的选用和敷设应满足下列要求：

1）0 区内电气设备的电缆应穿绝缘导管敷设，并尽量远离水池的边缘，在水池内应尽量以最短的路径接至设备。

2）0 区、1 区内敷设在绝缘导管的电缆应具备适当的机械防护。

3）应采用符合 IEC 60245 的 66 型电缆或至少具有与其等效性能的电缆，制造厂应保证电缆符合 IEC 60245－1 与 60245－4 的要求，并且与水长期接触时电缆绝缘性能不劣化。

4）敷设电缆的绝缘导管应达到 IEC 61386－1 中 X5XX 耐冲击强度。

（4）接线盒的应用。除 1 区内的 SELV 电源回路外，IEC 标准不允许在 0 区和 1 区内装用电缆接线盒。但是我国市售水下电气设备的电源电缆长度有限，常需用接线盒来延长线路。美国《国家电气法规》（NEC）允许在喷水池内装用接线盒，但要求和电缆套管作丝扣连接，并采取密封防水措施，如接线盒应为铜质或其他防锈蚀材质，盒内应填满化合物填料以防止水分渗入等。电缆端头和护套也应以填料填充，接线盒还应妥善连接 PE 线。

12.4.4　桑拿室

桑拿室是高温高湿场所，高温是降低电气设备和线路绝缘水平引起电气火灾的常见原因，而潮湿则是引起人身电击的环境因素，因此桑拿室被归为电气危险的特殊场所，在电气设计方面要增加耐高温的要求。

1. 桑拿室区域划分

根据高温对电气设备、线路的危害程度，桑拿室划分为 3 个区。

1 区：离加热器边缘 0.5m 的垂直面内，其高度止于顶板。

2 区：1 区以外、距离地面 1m 的水平面以下的区域。

3 区：1 区以外、距离地面 1m 的水平面与顶板之间的区域。

各区域如图 12－45 所示。

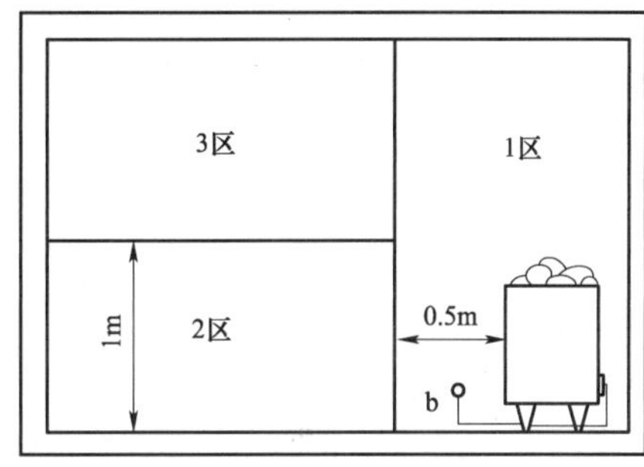

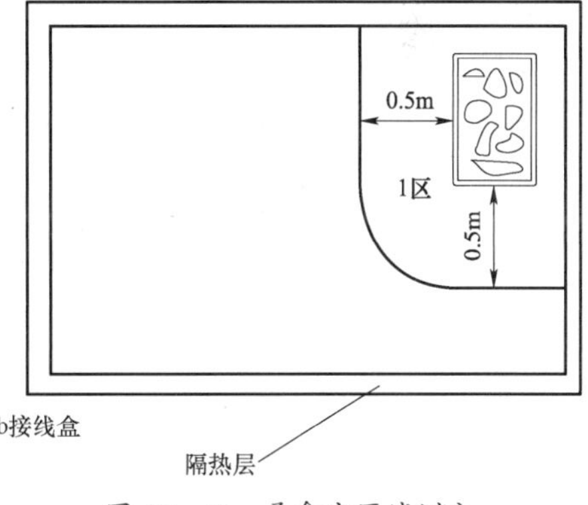

b接线盒

隔热层

图 12－45　桑拿室区域划分

2. 安全防护措施

（1）对特低电压供电的要求。当采用特低电压 SELV 供电时，基本防护应满足以下要求之一：

1）设置防护等级不低于 IP2X 的遮拦或外护物。

2）采用能耐受持续 1min 的 500V 电压的绝缘。

（2）对附加防护 RCD 的要求。除了桑拿加热器外，其余所有桑拿回路应设置 RCD 保护，额定动作电流 $I_{\Delta n}$≤30mA。

（3）电气设备的选择和安装。桑拿室1区、2区、3区内允许布置的设备及其要求见表12－14。

表12－14　桑拿室各区域的要求

桑拿室分区	1区	2区	3区
用电设备	只能安装桑拿加热器及其附件	可装设一般的电气设备，对其耐热性没有特殊要求	电气设备绝缘应至少能耐 125℃的高温
开关设备、控制器、附件等	（1）桑拿加热器的开关、控制器以及2区内固定安装的电气设备的开关和控制器可以按照制造商的安装说明安装在桑拿室内 （2）其他开关和控制器（如灯具开关）应安装在桑拿室外 （3）桑拿室内不允许安装插座		

桑拿室内电气设备至少应具备IP24的防护等级，如果需要使用水喷头清洗时，防护等级至少为IPX5。

（4）线路敷设的要求。电气线路应尽量敷设在桑拿浴室外。桑拿浴室内的电气线路应为双重绝缘，不能采用金属护套电缆或穿金属导管布线；电气线路至少应具备IP24的防护等级，如果需要使用水喷头清洗时，防护等级至少为IPX5。

1区、3区电气线路绝缘应至少能耐170℃的高温，可采用氟塑料绝缘电力电缆（聚全氟乙丙烯绝缘与护套电力电缆），适用的温度范围为（－60～200）℃。2区线路对耐热性没有特殊要求。

12.5　电气火灾的防范

12.5.1　电气火灾的成因

电气火灾是电气装置因故障、布置不合理、操作不当等种种原因引发的火灾。我国电气火灾居高不下，占火灾总数的30%左右。2008～2012年，全国公安消防部门共统计 67.5 万起火灾，在查明原因的约 62.3 万起火灾中，电气火灾约 20.8 万起，占 33.37%。电气火灾的原因复杂多样，主要可归结为短路、连接不良、电气设备布置不当等，如图12－46所示。

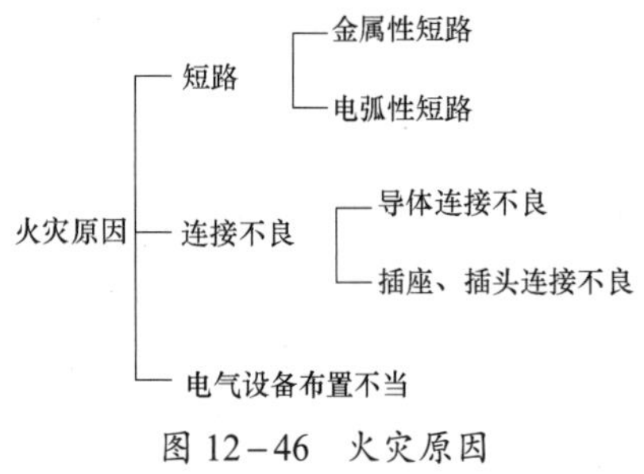

图12－46　火灾原因

1. 短路起火

（1）线路绝缘的重要性。线路绝缘损坏时，带电导体相互接触形成短路。根据短路形态的不同，分为金属性短路和电弧性短路。线路绝缘损坏是导致短路故障的根本原因，绝缘损坏有多种原因，机械损伤、环境恶劣、线路过载等因素都会导致绝缘性能下降，绝缘下降到一定程度，如果遭受过电压，如雷击过电压、操作过电压或线路故障过电压，绝缘就有可能被击穿、损坏，发生短路故障。

线路敷设时应采取适当的防护措施避免机械损伤。导线、电缆的敷设要求有所不同。绝缘导线只有一层绝缘，不允许直敷布线，应套保护管或者敷设在线槽内，保护管和线槽应具有一定的机械强度。护套绝缘导线、电缆除了导体外覆一层绝缘，还另有一层护套作为绝缘，所以允许直敷布线。为了避免机械损伤，对护套绝缘导线、电缆水平敷设的高度有要求，户内场所一般不应低于2.5m，垂直敷设时，距离地面1.8m以下的部分应采取机械防护措施。对于一些可能受到强烈机械冲击的场所，电缆或导线的保护管、线槽的机械强度必须满足一定的耐冲击要求。目前电缆、导线的保护管习惯采用低压流体输送焊接钢管，俗称“黑管”，这种导管的内壁毛刺较多，施工时虽然采取了措施，毛刺仍会有残留，穿导线或电缆的时候容易划伤电缆，造成绝缘性能下降。在条件允许时，可选用电气专用的保护套管。

恶劣的环境对电缆绝缘性能影响很大。高温、寒冷、潮湿、腐蚀、日晒等因素都会加速电缆绝缘的老化，只有选择合适的绝缘，电缆才有可能在正常的使用寿命年限内维持电缆的绝缘性能。电缆使用年限过长，绝缘自然老化，性能也会下降，应及时更换。

绝缘性能下降的另一个重要原因是线路过载。实际流过线路的电流超过其允许的载流量时，线路发生过载。电缆允许的载流量与电缆绝缘能承受的温度有关。当电缆绝缘能够承受的温度高，载流量就高，反之则低。不同绝缘的电缆导体允许的工作温度不同，如交联聚乙烯绝缘电力电缆（YJV）导体允许的工作温度为 90℃，交联聚氯乙烯绝缘电力电缆（VV）导体允许的工作温度为70℃，前者的载流量高于后者。电缆的载流量与环境温度、敷设方式密切相关，在设计阶段，设计人员应根据实际情况，综合考虑各种因素，合理确定电缆的载流量。在运行过程中，应避免随意增加用电设备，如果确需增加，应由专业人员核实线路的载流量是否满足增容要求。

配电线路应设置过载保护，当线路电流超过电缆允许的载流量时切断电源。线路过载并不会马上造成严重后果，如果过载持续时间过长，会加速绝缘老化，形成事故隐患。

（2）金属性短路起火。当线路绝缘因为种种原因损坏，两个带电导体之间形成的故障回路阻抗大大减小，产生巨大的故障电流，发出的热量使得导体之间熔焊在一起，形成金属性短路。金属性短路产生的热效应和机械效应具有巨大的破坏作用，短路点处的高温和电弧可以引燃附近的可燃物。如果故障不及时切除，短路电流热效应超过电气设备、线路的耐受值时，电气设备、线路会被烧毁，引发更大的火灾危险。因此电气装置应在适当的地方安装短路保护电器，发生短路故障时应迅速切除故障回路。电气装置、配电线路周围不应堆放可燃物。

（3）电弧性短路起火。线路绝缘性能的下降、损坏，导致几种可能，一种情况是两个带电导体之间熔焊形成金属性短路，还有一种情况是故障点处金属导体之间未形成熔焊，而是熔化成团状物后相互分离脱开，在分离过程中形成电弧，这就是电弧性短路。电弧性短路可能发生在相间，也可能发生在相对地之间。由于电弧的存在，故障回路的阻抗较大，故障电流较小，过电流保护电器往往不动作，电弧电流长期存在。由于电弧的温度非常高，可达 2000～3000℃，极易引燃周围的可燃物，所以电弧引发的火灾在电气火灾中所占的比例非常高，其中又以相对地产生的接地故障引起的电弧火灾为最多。超过 300mA 的电流产生的电弧的能量足以引燃可燃物。

为了避免电弧火灾，可以设置专用的保护电器，如电弧故障防护器（AFDD）、剩余电流保护器或监测器，也可以设置电气火灾监控系统，具体内容见 12.5.3 节内容。

（4）爬电起火。两个导电部分之间通过绝缘体表面的导电路径产生的放电现象称为“爬电”。电气设备因爬电产生的电弧同样会引燃附近的可燃物。爬电的产生与设备工作电压和环境污染等级密切相关。环境中的污染物积聚在固体绝缘表面，遇到空气中的潮气或者凝露，污染物可能由非导电性变为导电性，在两个导电部分之间形成导电路径，产生放电电弧，形成爬电。设备工作电压越高，环境污染越严重，越易产生爬电，相应对电气设备的爬电距离和电气间隙要求越高。

爬电距离和电气间隙是电器产品检测中重要的安全检测项目。电气间隙为两导电部件之间在空气中的最短距离；爬电距离为两导电部件之间沿固体绝缘材料表面的最短距离。合理的爬电距离应使得绝缘在给定的工作电压和污染等级下不会产生闪络或击穿。如果电气设备的爬电距离和电气间隙过小，会使导体与外壳或不同导体之间距离过小，容易形成爬电或击穿，不但危害人的生命与健康，而且影响电气产品的绝缘性能。IEC 绝缘配合标准规定 220/380V 设备两带电导体绝缘表面间允许最大持续电压相间为 400V，相地之间为 250V，电气设备按照该电压确定爬电距离、电气间隙。设计中应保证电气设备承受的过电压不应超过上述电压值，并结合运行环境的污染等级，合理选择电气设备，减少爬电起火的风险。

2. 连接不良导致的起火

当工作电流通过设备、导体时，在导体与导体、导体与电气设备之间的连接处因为连接不良、接触电阻过大会导致局部过热，产生的热量又促使接触电阻进一步增加，结果会导致接触点相邻处的线路绝缘损坏、元器件烧毁，形成短路故障，出现电弧、电火花，成为点火源，引燃附近的可燃物，形成火灾。

连接不良的原因有多种。常见情况如下：

（1）导体接触面积过小、连接不牢。如大电流回路采用多根电缆并联供电，接头处安装空间小，连接端子无法牢固压接。

（2）施工安装质量不高，导体接头处理不好，电缆头与电缆的接触面积不满足要求，导体连接处杂质未清除干净。

（3）铜铝导体混接时，因为电化学效应，会发生电解作用，使铝腐蚀，运行一段时间后，铜铝接头产生松动，造成接触不良，产生局部过热，导致电缆绝缘损坏，造成短路或引发火灾。

（4）插头与插座之间松动，接触电阻过大，产生过热，也会引燃附近的可燃物。

3. 电气设备布置不当导致起火

电气装置在运行过程中产生的电火花、电弧及高温有可能引燃附近的可燃物，电气装置的布置应将这些危险因素降至最低。

对于运行中可能产生电火花或电弧的设备，可采用防弧材料的外壳或箱体将设备封闭起来，或者与周围的可燃物保持足够的安全距离，防止电火花和电弧的溅落引发火灾。表面可能产生高温的电气设备，应与周围可燃物保持足够的安全距离。例如照明灯具及其镇流器，应安装在不燃材料上，并远离可燃装修物。电气设备应尽量安装在通风散热条件良好的环境中，并与可燃物保持一定距离，避免异常情况下产生热聚集，引发火灾。

电气设备的布置应与所在的建筑物、使用场所相适应，特别是对于火灾危险场所，电气设备的布置有着严格要求，12.5.2 节将对此做具体说明。

12.5.2 热效应防护

电气设备在运行过程中产生的电火花、电弧及高温等，有可能对人员、周围的设施、物料等产生威胁，这些统称为电气设备的热效应。热效应不仅会引发电气火灾，还有可能使人员灼伤等。

1. 防止热效应引发火灾危险

电气设备之所以会引发火灾，是因为在正常使用或故障条件下，产生的电火花、电弧、高温会成为点燃源，会引燃周围的可燃物。电气设备产生高温有多种原因，如散热条件差、电气设备安全性能下降、过电流、谐波等，都会产生高温。不同场所的火灾危险性不同，如果电气设备布置不能与建筑物的性质、使用场所相适应，不消除电火花、电弧、高温这些危险因素，就会存在火灾隐患。

（1）电气设备布置的一般原则。电气设备应结合使用环境以及使用条件，选取适当的安装方式，确保电气设备正常使用时的温度和故障情况下的预期温度不会引发火灾。

电气设备在正常运行时如果产生电弧或电火花，对周围的物料构成威胁，应该将电气设备用耐弧材料完全封闭起来，或者用耐弧材料将周围物料分隔开，也可以将物料置于远处，保持足够的安全距离。

电气设备的表面温度较高，会导致周围物料遭受火灾风险时，电气设备应安装在耐高温的隔热材料表面或者内部，或者采用耐高温的隔热材料与建筑物相隔离，与周围的物料保证足够的安全散热距离。电气设备的安装支持件应采用隔热材料。

有些电气设备正常工作时虽然表面温度不高，但由于周围环境相对封闭，散热条件差，一旦设备出现故障或其他异常，会产生热量聚集，如果设备周围存在可燃物就会引发火灾。

当设置在同一处的电气设备含有大量的可燃液体时，应防止可燃液体扩散流失、燃烧并产生火焰、烟气。当可燃液体总量小于 25L 时，可设置事故收集池，防止液体流散，或者将电气设备安装在防火隔间内，防火隔间设置门槛或采取其他措施防止液体扩散，并直接对室外独立通风。

对于居住建筑、火灾危险场所（BE2）、采用可燃建筑材料的场所（CA2）、火灾蔓延结构的建筑物（CB2）、设有贵重物品的场所的末端回路，可设置电弧故障防护器（AFDD），有效防范电气火灾。

不同的建筑物性质，不同的使用场所，火灾的危险以及造成人员伤亡、财产损失的风险有很大差异，火灾防范措施的侧重点也有所不同。下面将具体说明。

（2）根据疏散条件采取的火灾防范措施。建筑物的紧急疏散条件按照难易及拥挤程度分为 BD1、BD2、BD3、BD4。

BD1：为一般疏散条件，人员密度小且疏散容易，例如多层住宅。

BD2：人员密度小但疏散困难，如高层住宅。

BD3：人员密度大，疏散容易，如剧院、商场等公共场所。

BD4：人员密度大，疏散困难，如宾馆、医院等高层公共建筑。

对于 BD2、BD3、BD4 场所，疏散通道要求采取相应的防火措施，确保火灾时的安全疏散。疏散通道内应尽量不设置布线系统，如果有布线系统，线路也要尽可能地短，采用护套或外护物，并确保疏散过程中布线系统不会遭受机械损伤，具备一定的阻燃性和耐火性，不会导致火灾蔓延。布线应具有有限的排烟量，透光率建议值为 60%。

BD2、BD3、BD4 场所内，除了疏散设施外，开关、控制器等只能由授权的人才能接近。这些器件设在通道上时，应放在由不燃或不易燃材料构成的箱柜里。疏散通道上不应安装含有易燃液体的电气设备。

对于给消防等各种安全设施回路供电的布线系统，其耐火时间应符合该类型建筑物的规定，如果没有相关规定，应为 1h。

（3）火灾危险场所（BE2）的火灾防范措施。按照 IEC 60364－5－51 标准，根据加工、储存物质的性质可将场所分为 BE1、BE2、BE3、BE4 几类。

BE1：不具备引发火灾危险或火灾危险低的场所。

BE2：生产、加工、储存可燃物质、容易引发火灾危险的场所，如谷仓、木材加工车间、造纸厂等。

BE3：爆炸危险场所。

BE4：有污染危险的场所。

BE2 场所由于制造、加工或储存物质的特性具有高度火灾危险性，应采取如下火灾防范措施。

1）灯具应与可燃材料保持一定距离：

灯具功率≤100W：0.5m。

100W＜灯具功率＜300W：0.8m。

300W＜灯具功率＜500W：1.0m。

500W＜灯具功率：需适当增加距离。

2）电气设备外壳的温度，正常运行时不应超过 90℃，故障条件下不应超过 115℃；当积聚在电气设备外壳上的粉尘、纤维可能引起火灾危险时，应采取适当措施防止外壳超过该温度。

3）开关设备应设置于 BE2 场所以外，当设置在

BE2 场所内时，其外护物防护等级至少为 IP4X，有粉尘的 BE2 场所防护等级至少为 IP5X，有导电粉尘的 BE2 场所防护等级至少为 IP6X。

4）布线系统尽量不穿越无关区域。不允许使用裸导线；电缆及其布线应采用阻燃布线系统，或布置在不燃材料内；电缆不应有接头，如果有接头，应将接头设置在防火的外护物内；电缆应设置过电流保护。

5）带加热装置的机械通风入口处不应有可燃粉尘，加热装置应有限温措施。

6）自控、远控或无法连续监视的电机，应有限温措施。

7）灯具外壳防护等级至少为 IP4X，有粉尘的 BE2 场所防护等级至少为 IP5X，有导电粉尘的 BE2 场所防护等级至少为 IP6X，灯具的安装应能避免粉尘积累，灯具部件应有防止脱落的措施。

8）BE2 场所不应采用 TN－C 系统。对于 TN 和 TT 系统，末端回路应采取以下措施防止线路绝缘故障：

装设额定剩余动作电流 $I_{\Delta n}\leqslant$300mA 的 RCD。

电加热膜元件应装设额定剩余动作电流 $I_{\Delta n}\leqslant$30mA 的 RCD。

保护元件可动作于跳闸或者发出报警信号。

对于 IT 系统，末端回路应采取以下措施防止线路绝缘故障：

装设绝缘监测器或剩余电流监测器，可自动发出声光报警信号，保护动作整定值可参考 TN 和 TT 系统的要求。

矿物绝缘电缆和母线槽系统不大可能因为绝缘故障引起火灾，不必设置剩余电流保护。

9）为 BE2 场所供电的回路应将短路保护电器、过载保护电器设在该场所以外的电源侧，该场所内的配电回路应将过电流保护电器装设在回路始端。

10）由 SELV 和 PELV 供电的设备外护物防护等级至少为 IP2X 或 IPXXB，或者具有能承受 1min 500V（d.c.）的绝缘。

11）末端回路设置电弧故障防护器（AFDD）。

（4）采用可燃材料的建筑（CA2）。按照 IEC 60364－5－51 标准，根据建筑材料的可燃危险性，将建筑物分为 CA1、CA2 两类。

CA1：建筑材料为常规材料，不可燃。

CA2：建筑物采用可燃材料建造，如木制楼房等。

CA2 场所应采取预防措施避免电气设备引燃墙壁、地板、天花板等。

1）嵌入墙内的电气箱体、外护物防护等级至少为 IP3X。

2）灯具应与可燃材料保持足够的距离：

灯具功率≤100W：0.5m。

100W＜灯具功率＜300W：0.8m。

300W＜灯具功率＜500W：1.0m。

500W＜灯具功率：需适当增加距离。

3）末端回路设置电弧故障防护器（AFDD）。

（5）具有火灾蔓延结构的建筑。按照 IEC 60364－5－51 标准，当建筑物的形状、构造容易造成火灾蔓延时，该建筑物列为 CB2 建筑，如具有机械通风的建筑以及具有烟囱效应的高层建筑等。这类建筑一旦发生火灾，会造成火灾迅速蔓延，给人员疏散、火灾扑救带来难度，易造成重大事故。这类建筑要采取防止火灾蔓延的措施，要做好防火封堵。例如，当电气线路穿过墙壁、楼板以及防火分区的隔墙时，应按照上述建筑构件的耐火水平予以封堵，封堵措施既包括电气管线与建筑构件之间的封堵，也包括电气管线内部的封堵（如电缆槽盒、套管内部等）。

2. 防止人员灼伤的保护措施

人员伸臂范围内能接触到的电气设备不应该温度过高，以免对人体造成灼伤。表 12－15 规定了易于触及的设备表面温度限值。在正常工作中，即使设备表面温度短时间超过该限值，也应采取防护措施避免发生意外接触。如果设备已经符合国家相关标准，可不受限于表 12－15 的规定。

表 12－15　设备易于触及部分的温度限值

易触及部分	易触及表面的材料	最高温度/℃
操作时手握的部分	金属的 非金属的	55 65
易触及的，但非手握的部分	金属的 非金属的	70 80
正常操作时不必触及的部分	金属的 非金属的	80 90

3. 防止电气设备热量积聚引发的危害

对于机械通风系统中的电加热元件，应设置无风断电装置，送风机组运行后，电加热装置才能工作，机组停止运行后，电加热装置应同时停止工作。此外，还应有两个彼此独立的温度限制器，以防止通风管道中的温度超过允许值。电加热装置的安装基座、外护物应采用不燃材质。

12.5.3　电弧故障的防范措施

电气火灾的原因十分复杂，前面提到，电弧引发的火灾在电气火灾中所占的比例非常高，其中又以相对地产生的接地故障引起的电弧火灾为最多。因此，为了避免电弧火灾，可以设置专用的保护电器，也可以设置电气火灾监控系统。

1. 电弧故障防护器（AFDD）

电弧包括串联电弧和并联电弧，如图 12－47 所示。并联电弧包括相线与相线、相线与 N 线、相线与 PE 线之间的电弧。对于串联电弧、相线与相线之间的并联电弧，由于没有产生对地泄漏电流，RCD 无法检测到这类故障，而电弧故障防护器（AFDD）既可以检测危险的接地电弧、并联电弧和串联电弧，还可以区分正常操作产生的电弧以及相邻线路发生的电弧引起的串扰，当检测到故障电弧时，断开电路，降低燃弧影响。电弧故障防护器目前只有单极、二极两种，最大额定电流（I_n）交流不超过 63A，一般用于末端回路，可有效防范电弧故障引发的火灾事故。

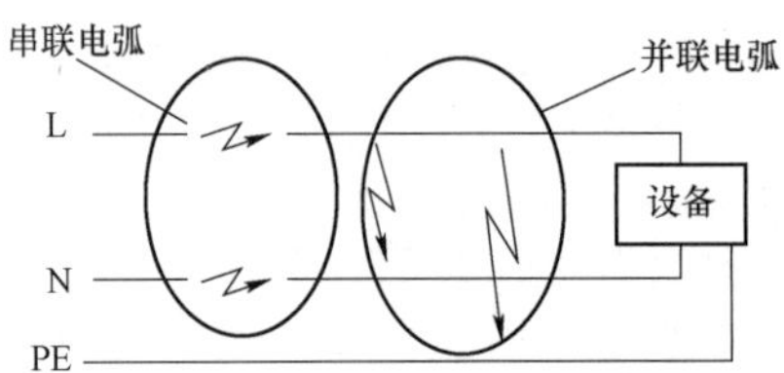

图 12－47　串联电弧及并联电弧

电弧故障防护器（AFDD）可以作为一个独立的装置，在规定条件下断开被保护电路；也可以与断路器组成一体化装置，如具有电弧故障防护功能的断路器；还可以作为一个附件，与断路器组装使用。

2. 剩余电流保护器（RCD）或监测器（RCM）

对于接地故障（相对地接地）产生的电弧电流，可装设剩余电流保护器（RCD）或监测器（RCM）。剩余电流保护器（RCD）检测到超过预定值的剩余电流时，可切断故障回路，由运行维护人员对线路绝缘进行检查，排查故障。为了减少停电影响，对供电连续性有要求的场所，可采用剩余电流监测器（RCM），当它检测到超过预定值的剩余电流时不会切断电源，可发出报警信号。

剩余电流保护器、监测器的动作值或报警值应根据装设场所的实际情况确定。对于火灾危险场所，动作值应为 300mA，小于该值的电弧能量不足以引燃可燃物。对于一般场所，该报警值或动作值没有限定，应躲开线路的正常泄漏电流。用于电气火灾防护的 RCD 应同时切断相线及 N 线。

设置剩余电流保护器、监测器时，应尽量设置在建筑物低压供电的电源首端，如变电所低压配电屏的出线回路或低压进线箱的出线回路处，这样可以全面监视建筑物的剩余电流情况，不会出现监测盲区。当建筑物规模大或线路正常泄漏电流较大时，可分级设置建筑物剩余电流保护器，上下级之间的保护器动作值、动作时间或者报警值应有足够的级差，以保证选择性。

3. 电气火灾监控系统

电弧故障防护器（AFDD）、剩余电流保护器（RCD）和剩余电流监测器（RCM）都是一个独立的保护电器，而电气火灾监控系统则是由一系列不同用途的设备组成的具有特定功能的系统，它们分别有各自的产品标准。

电气火灾监控系统包括前端电气火灾监控设备和末端电气火灾探测设备，末端电气火灾探测设备包括剩余电流式电气火灾监控探测器、测温式电气火灾监控探测器、电弧故障探测器（AFD）等。剩余电流探测器与前面提到的剩余电流保护器（RCD）、监测器（RCM）原理类似，电弧故障探测器（AFD）与电弧故障防护器（AFDD）原理类似。当末端探测设备检测到线路绝缘发生故障、线路或线路连接的接头出现异常高温、线路出现电弧这些情况时，会将这些信号上传给前端的电气火灾监控设备，由电气火灾监控设备发出声光报警信号，提示工作人员进行故障排查，及早发现火灾事故隐患。

RCP、RCM 与电气火灾监控系统都可用于电气火灾监控，但产品标准要求并不一样。例如，剩余电流保护器（RCD）能够提供任何值的额定剩余动作电流，国家及相关标准中推荐使用的标准值为 6mA、10mA、30mA、100mA、300mA、500mA，其中 30mA 是人身电击防护允许的最大值，300mA 是火灾危险场所（BE2）对火灾防护要求的极限值。电气火灾监控系统的产品标准中规定，剩余电流探测器的报警值不应小于 20mA，不应大于 1000mA。对于某些场所，如果系统正常泄漏电流值较大，超过 1000mA，那么电气火灾监控系统就会经常报警，而且剩余电流探测器的整定值无法继续调大，这时可选用剩余电流保护器（RCD）或剩余电流监测器（RCM），并选择适当的额定剩余动作电流值或报警值。

12.6　过电流保护

12.6.1　概述

超过回路额定载流量的电流称为过电流。过负荷保护、短路保护都属于过电流保护。过负荷属于小的过电流，长期过负荷会对线路绝缘造成损害，绝缘损坏后两根导体之间接触形成大的过电流称为短路。配电线路应装设过电流保护电器，在过电流对线路绝缘、接头、端子或导体周围的物料产生热效应或机械效应等危害之前将其分断。

过电流保护电器有多种形式，有的兼有过负荷和短路保护，如具有过负荷和短路两种脱扣功能的断路器、具有 gG 特性的熔断器；有的保护电器只有防止过负荷电流或防止短路电流的单一功能。无论保护电器具有哪种功能，都应该满足与该功能相适应的保护要求。

12.6.2 中性导体的保护

对于 TT 或 TN 系统，每个相导体应装设过流检测器，检测到过电流时分断该导体回路。中性导体的保护相对复杂一些。当中性导体的截面积不小于相导体，且中性导体的电流预期不会超过相导体时，只要相导体不出现过电流，中性导体也不会出现过电流，只需对相导体检测过电流，中性导体无须检测过电流，保护电器检测到相导体的过电流时只需分断相导体不必分断中性导体。

当中性导体的截面积小于相导体时，中性导体需检测过电流，保护电器检测到过电流时可分断相导体，不必分断中性导体。

当三相四线制回路中存在大量谐波电流时，中性导体的电流值应计入谐波电流的影响，特别是三次谐波影响最为显著，会使中性导体的电流超过其载流量。当中性导体电流大于相导体电流时，电缆截应按照中性导体电流选择，并对中性导体检测过电流，保护电器检测到过电流时可分断相导体，不必分断中性导体。表 12－16 是中性导体与相导体的材质与截面相等时计及谐波影响的电缆载流量的降低系数，根据该表可以选择适当的相导体或中性导体截面。

表 12－16 电缆载流量的降低系数

相电流中三次谐波分量（%）	降低系数	
	按相电流选择截面	按中性导体电流选择截面
0～15	1.0	—
15～33	0.86	—
33～45	—	0.86
＞45	—	1.0

例如三相平衡回路计算电流为 39A，回路中有 40%的三次谐波，电缆截面应按照中性导体的电流选择，中性导体电流为：（39×40%×3）A=46.8A。根据表 12－16，采用 0.86 的降低系数，中性导体的载流量不应低于：（46.8÷0.86）A=54.4A。根据以上结果，选择的电缆载流量不应小于 54.4A。

如果回路中有 50%的三次谐波，电缆截面应按照中性导体的电流选择，中性导体电流为：（39×50%×3）A＝58.5A。根据表 12－16，降低系数为1，中性导体的载流量不应低于：（58.5÷1）A＝58.5A，电缆载流量不应小于 58.5A。

为了避免中性线不导通引发电气事故，三相回路的中性线不应采用熔断器。在要求分断中性导体的场合，如采用四极断路器时，应先分断相导体再分断中性导体，接通时要求正好相反，应先接通中性导体再接通相导体。

12.6.3 过负荷保护

1. 过负荷保护电器的要求

过负荷保护电器宜采用反时限特性的保护电器，其分断能力可低于保护电器安装处的短路电流值，但应能承受通过的短路能量。

过负荷保护电器应满足如下要求

$$I_B \leqslant I_n \leqslant I_Z \qquad (12-12)$$

$$I_2 \leqslant 1.45 I_Z \qquad (12-13)$$

式中：I_B 为线路计算负载电流，A；I_n 为熔断器熔体额定电流或断路器额定电流或整定电流，A；I_Z 为导体允许持续载流量，A；I_2 为保证保护电器可靠动作的电流，A。当保护电器为断路器时，I_2 为约定时间内的约定动作电流；为熔断器时，I_2 为约定时间内的约定熔断电流。

I_B 是通过相导体的计算电流，当 3 次谐波含量大时，I_B 应为考虑表 12－16 电缆载流量降低系数后的中性导体的持续电流。

式（12－12）适用于线路工作于稳定负载的情况；式（12－13）考虑的是周期性负载短时间内超过电缆载流量的情况。按照式（12－13），电气设计中不必按短时间内引起导线过载的电流来选择导线截面，以免造成浪费。因为导线的线芯、绝缘、接头等都有一定的热容量，温度的上升需经历一定的时间，而周期性负载的过载电流往往并不持续很长时间，未等导线温度上升到危害导线的程度导线电流已回降到导线允许载流量值以下，并不构成对导线的伤害。按式（12－13）校验，既可保证导线安全又可减小导线截面和节约投资。式（12－13）中 1.45 这个数值是综合和归纳所作试验结果并经 IEC 协商通过的数据。

式（12－12）、式（12－13）的关系可以用图 12－48 来说明。

由图 12－48 看出，在某些情况下，例如，出现的持续过电流值在 I_Z 与 I_2 之间时，保护电器不会动作，这时导线长期过载，线路绝缘将受到损害，这时宜考虑选择较大截面积的电缆。

2. 过负荷保护电器的位置

过负荷保护电器应装设在回路首端或导体载流量减小处。如图 12－49 所示，若分支回路 B 上没有引出分支线路或插座回路，而且保护电器 P1 可以对分支回路 B 进行短路保护，则过负荷保护电器 P2 可以沿着分支回路 B 的任一处安装。

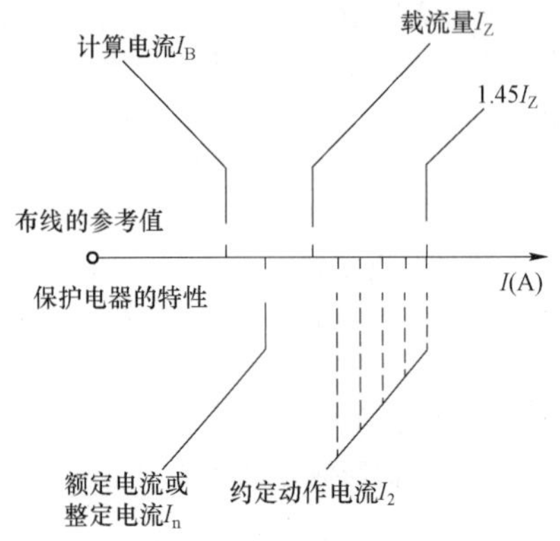

图 12-48 过负荷保护电器动作关系图

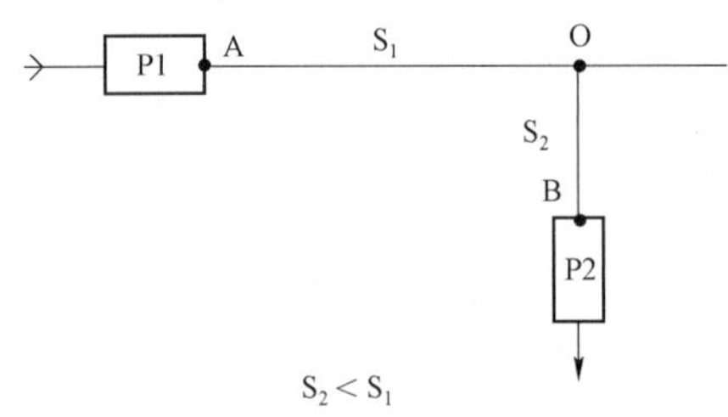

图 12-49 过负荷保护电器 P_2 未设在分支回路 B 的起点

如图 12-50 所示，若分支回路 B 采取了防止机械损伤的保护措施，且不靠近可燃物，过负荷保护电器 P2 可以装设在距离分支回路起点 O 不超过 3m 的地方。

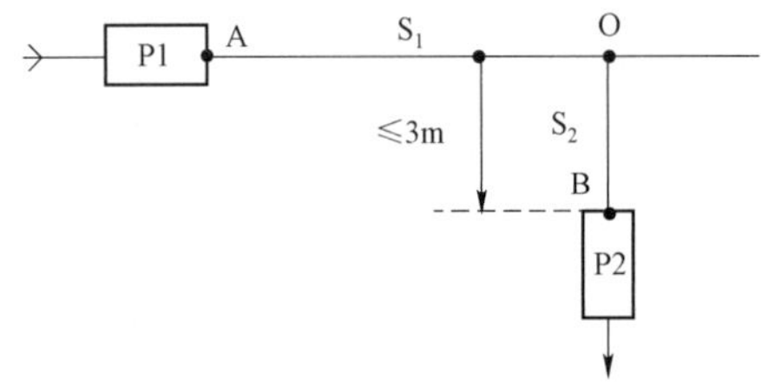

图 12-50 过负荷保护电器 P2 装设在距离分支回路起点不超过 3m 处

3. 过负荷保护电器的省略

除火灾危险、爆炸危险场所及其他有规定的特殊装置和场所外，符合下列条件的配电线路，可不装设过负荷保护电器：

（1）回路中载流量减小的导体，当其过负荷时，上一级过负荷保护电器能有效保护该段导体。

（2）不可能过负荷的线路，且该段线路具有完善的短路保护。

（3）用于通信、控制、信号及类似装置的线路。

（4）由上级过负荷保护电器有效保护的线路。如某配电装置的出线回路装设有过负荷保护电器，该配电装置的进线处不必装设过负荷保护电器，上级总配电装置至该配电装置进线端的这一段线路由总配电装置的过负荷保护电器进行保护，如图 12-51 所示。

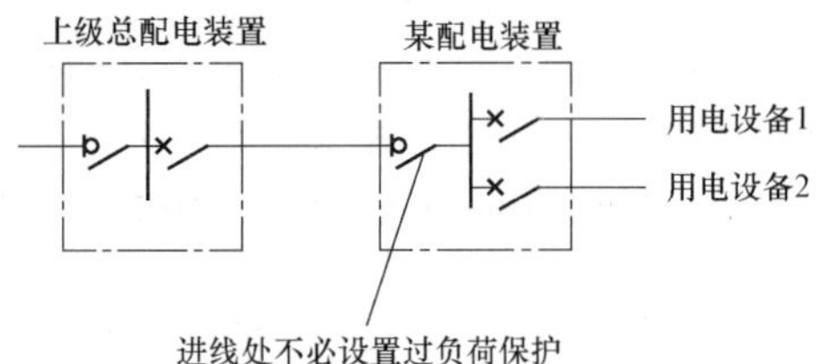

图 12-51 配电装置的进线处过负荷保护电器的省略

如果过负荷断电将引起严重后果的线路，应该省略过负荷保护，例如旋转电机的励磁回路、起重电磁铁的供电回路、电流互感器的二次回路、消防以及安全设施的供电回路等。如果设置过负荷保护，过负荷保护不应切断线路，可作用于信号。

4. 并联导体的过负荷保护

多根并联导体组成的线路采用单台过负荷保护电器时，其线路的允许持续载流量，可按照每根并联导体的允许持续载流量之和计，且应符合下列要求：导体的型号、截面、长度和敷设方式均相同；线路全长内无分支线路引出；线路的布置使各并联导体的负载电流基本相等。

12.6.4 短路保护

1. 短路保护电器的选择

（1）短路保护电器选择的一般原则。短路保护电器的分断能力应大于保护安装处的预期短路电流值。线路的预期短路电流一般通过计算或测量确定。当短路保护电器的分断能力不满足要求时，上级保护电器应具备分断能力并进行分断，上下两级的保护电器之间的保护动作特性应配合，使该段线路及其保护电器能承受通过的短路能量。

断路器的分断能力分为额定极限短路分断能力 I_{cu} 和额定运行短路分断能力 I_{cs}。根据断路器的产品标准，额定极限分断能力 I_{cu} 是断路器在相应的额定工作电压时根据断开和闭合操作顺序（O—t—CO）分断两次的最大短路电流值；执行该顺序后，不再要求断路器承载额定电流。额定运行分断能力 I_{cs} 是断路器在规定的额定工作电压（U_e）和规定的功率因数下，根据断开和闭合操作顺序（O—t—CO—t—CO）分断三次的最大短路电流值；执行该顺序后，要求断路器仍然能够承载额定电流。

对供电连续性要求较高的重要场合，一般要求断路器的额定运行分断能力 I_{cs} 不能小于安装处的预期短路电流值，这样断路器在经历了一次短路电流分断后，不需立即更换，还能够继续承载额定电流，保证供电的连续性，然后尽快更换新的断路器。对于供电连续性要求不高的场合，可选择断路器的额定极限分断能力 I_{cu} 不小于安装处的预期短路电流值，断路器经历了短路电流分断后，不再能够承载额定电流，需要马上更换，但不会因此带来太大的影响。

（2）上下级短路保护电器的选择性。保护电器的上下级选择性配合非常重要。对于低压配电系统，由于供电距离短，线路上不同短路故障点的短路电流值可能会比较接近，上下级短路保护器之间很难通过保护整定值实现完全选择性。

断路器根据使用类别分为 A 型和 B 型。A 型断路器为非选择型，只有长延时和瞬时保护。B 型断路器为选择型，有长延时、短延时和瞬时保护。从制造上来讲，框架断路器（ACB）有 A 型、B 型，塑壳断路器（MCCB）只有 A 型。B 型断路器都应具备对短路电流的短时耐受能力，该值为 I_{cw}，表征断路器在短延时其间能够承受足够大的短路电流。塑壳断路器（MCCB）由于产品构造上的原因，一般不具备短时耐受能力，即使有短延时功能，并不能称为 B 型断路器，应慎用其短延时功能。

如图 12－52 所示，上级断路器 QF1 采用 B 型断路器，下级断路器 QF2 采用 A 型。当 a 点发生短路故障时，如果短路电流 I_d 达到下级断路器 QF2 的瞬动整定值 I_3（QF2）且未超过上级断路器的瞬动整定值 I_3（QF1），这时短路保护具备选择性。如果短路电流值同时达到上下级断路器的瞬动整定值 I_3（QF2）、I_3（QF1），即使上级断路器 QF1 设有短延时保护，上下级断路器的瞬动保护也会同时动作，上下级保护之间失去选择性。只有上级断路器 QF1 关闭瞬动保护，且设定一个短延时，才能保证保护动作的选择性。

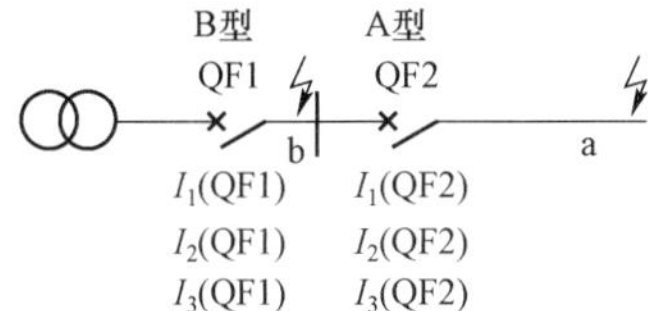

图 12－52　上下级短路保护电器选择性配合

上级断路器关闭瞬动保护，虽然在一定程度上保证了选择性，但是也有缺点。当 b 点发生短路故障时，上级断路器 QF1 要经过延时才能动作，这可能会造成两个后果，一种可能是变压器高压侧的速断保护动作，另一种可能是低压母线要承受非常大的动热稳定电流。当多级断路器之间要实现短路保护的选择性时，逐级采用 B 型断路器、延长延时设定是不现实的，这时可以采用级间选择性联锁技术（简称 ZSI），如图 12－53 所示。

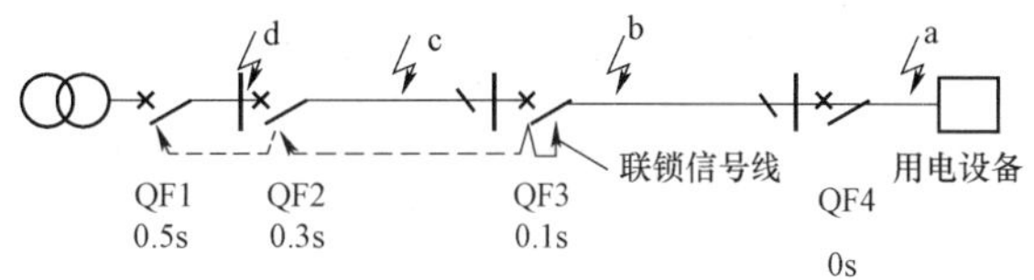

图 12－53　级间选择性联锁

在图 12－53 中，末端回路断路器 QF4 一般为微断，具有长延时和瞬时保护。断路器 QF3、QF2、QF1 为带有长延时、短延时、瞬时保护以及 ZSI 功能的智能断路器，各智能断路器之间设有联锁信号线路。当 a 点发生短路故障时，QF4 瞬时动作。QF3 同时也检测到短路电流，沿图中箭头方向向自身、QF2、QF1 发出信号，使 QF3、QF2、QF1 的瞬时保护闭锁，以保证和 QF4 之间的选择性。QF3 同时保留 0.1s 的短延时，作为 QF4 的后备保护。当 b 点发生短路故障时，情况类似，QF3 向自身、QF2、QF1 发出信号，使瞬时保护闭锁，自身延时 0.1s 后动作，该延时很短，且短路点靠近回路末端，对回路的热稳定影响不大。当 c 点短路时，QF2 检测到短路电流，向 QF1 发出信号，使 QF1 瞬时保护闭锁，只保留 0.5s 短延时保护，QF2 自身由于没有接收到来自 QF3 的闭锁信号，可瞬时动作，大大减少了短路电流的热效应。d 点短路时，QF1 没有接收到来自下级断路器的联锁信号，瞬时保护动作，有效地保护导体。

如果短路保护电器采用熔断器，在动作时间大于 0.1s 的条件下，当上下级熔断器的熔体额定电流比值大于等于 1.6:1 时，熔断器之间具有动作选择性，这是熔断器的优点之一。除此以外，熔断器在短路电流达到峰值前熔体就会熔断，具有出色的限流能力，小额定电流的熔断器很容易达到很高的分断能力，这一点与断路器相比，具有很高的性价比。因此在低压配电系统中，应该因地制宜，合理选择短路保护电器，充分利用断路器与熔断器各自的优势，做到经济、合理。

2. 短路保护电器的特性

当发生短路时，保护电器应在被保护回路的导体温升不超过允许的温度时切断回路，换言之，被保护导体的截面积应满足以下要求

$$S \geqslant \frac{I}{k}\sqrt{t} \tag{12-14}$$

式中：S 为导体截面积，mm^2；I 为通过保护电器的预期故障电流或者短路电流，交流方均根值，A；t 为保护电器自动切断电源的时间；k 为由导体、绝缘和其

他部分的材料以及初始和最终温度决定的系数，见表12－17～表12－22。

表 12－17　非电缆芯线且不与其他电缆成束敷设的绝缘保护导体的初始、最终温度和系数

导体绝缘	温度/℃		导体材料的系数		
	初始	最终	铜	铝	钢
70℃聚氯乙烯	30	160（140）	143（133）	95（88）	52（49）
90℃聚氯乙烯	30	160（140）	143（133）	95（88）	52（49）
90℃热固性材料	30	250	176	116	64
60℃橡胶	30	200	159	105	58
85℃橡胶	30	220	166	110	60
硅橡胶	30	350	201	133	73

表 12－18　与电缆护层接触但不与其他电缆成束敷设的裸保护导体的初始、最终温度和系数

电缆护层	温度/℃		导体材料的系数		
	初始	最终	铜	铝	钢
聚氯乙烯	30	200	159	105	58
聚乙烯	30	150	138	91	50
聚磺化聚乙烯	30	220	166	110	60

表 12－19　电缆芯线或与其他电缆或绝缘导体成束敷设的保护导体的初始、最终温度和系数

导体绝缘	温度/℃		导体材料的系数		
	初始	最终	铜	铝	钢
70℃聚氯乙烯	70	160（140）	115（103）	76（68）	42（37）
90℃聚氯乙烯	90	160（140）	100（86）	66（57）	36（31）
90℃热固性材料	90	250	143	94	52
60℃橡胶	60	200	141	93	51
85℃橡胶	85	220	134	89	48
硅橡胶	180	350	132	87	47

表 12－20　用电缆的金属护层作保护导体的初始、最终温度和系数

电缆绝缘	温度/℃		导体材料的系数			
	初始	最终	铜	铝	铅	钢
70℃聚氯乙烯	60	200	141	93	26	51
90℃聚氯乙烯	80	200	128	85	23	46
90℃热固性材料	80	200	128	85	23	46
60℃橡胶	55	200	144	95	26	52
85℃橡胶	75	220	140	93	26	51
硅橡胶	70	200	135	—	—	—
裸露的矿物护套	105	250	135	—	—	—

表 12－21　裸导体温度不损伤相邻材料时的初始、最终温度和系数

裸导体所在的环境	温度/℃				导体材料的系数		
	初始温度	最终温度			铜	铝	钢
		铜	铝	钢			
可见的和狭窄的区域内	30	500	300	500	228	125	82
正常环境	30	200	200	200	159	105	58
有火灾危险	30	150	150	150	138	91	50

表 12－22　相导体的初始、最终温度和系数

导体绝缘		温度/℃		相导体的系数		
		初始温度	最终温度	铜	铝	铜导体的锡焊接头
聚氯乙烯		70	160（140）	115（103）	76（68）	115
交联聚乙烯和乙丙橡胶		90	250	143	94	—
工作温度 60℃的橡胶		60	200	141	93	—
矿物质	聚氯乙烯护套	70	160	115	—	—
	裸护套	105	250	135	—	—

3. 短路保护电器的装设位置

一般情况下，每个回路都要装设短路保护电器。短路保护电器应装设在被保护线路的首端以及导体载流量减小的地方，对负荷侧线路的短路进行有效保护。

当不能设置在回路导体载流量减小的地方时，应同时采取下列措施：

（1）短路保护电器至回路导体载流量减小处的长度不超过 3m。

（2）应采取措施将该段线路的短路危险降至最低。

（3）该段线路不应靠近可燃物。

上述措施可用图 12－50 说明。

A 段线路的截面为 S_1，首端设有短路保护电器 P1。O 点引出分支回路 B，截面积为 S_2。B 段线路的短路保护电器 P2 距离 O 点的距离不应超过 3m，这样该段线路的短路保护可由 P1 提供。B 段线路不应靠近可燃物，并应采取措施，如加强机械防护，将短路危险降至最低。需要注意的是，这种做法不应用于火灾及爆炸危险场所。

如果短路保护电器 P2 距离 O 点的距离超过 3m，可以通过"三角形法则"确定 B 段线路是否能够受到 P1 的有效保护。

在图 12－54 中，ON 为短路保护电器 P1 可以保护的分支线路 B 的最大长度，P2 与 O 点的距离不应超出该长度，否则 B 段分支线路无法受到 P1 的有效保护。

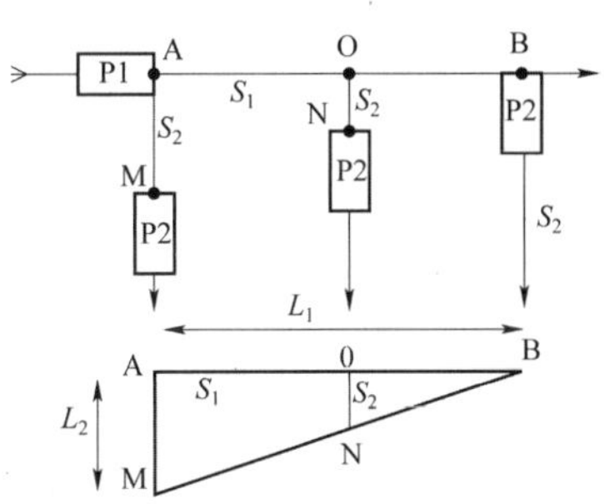

图 12－54　"三角形法则"应用示意

AB—短路保护电器 P1 能够保护的截面积为 S_1 的导体的最大长度 L_1；AM—短路保护电器 P1 能够保护的截面积为 S_2 的导体的最大长度 L_2

4. 短路保护电器可以省略的情况

以下情况，可以不装设短路保护电器，但布线系统采取措施，将短路危险降至最低，且线路不靠近可燃物。

（1）发电机、变压器、整流器、蓄电池这些设备的出口与配电控制屏之间的连接线不需要装设短路保护电器，短路保护电器装设在配电控制屏上。

（2）断电会导致比短路更严重的危险时，应不装设短路保护电器，如旋转电机的励磁回路，起重电磁铁的供电回路等。

（3）某些测量回路，如电流互感器的二次回路，不允许装设短路保护。

（4）由上级短路保护电器有效保护的线路，如某配电装置的出线回路装设一个或多个短路保护电器，该配电装置的进线处不必装设短路保护电器，上级总配电装置至该配电装置进线端的这一段线路由总配电装置的短路保护电器进行保护，如图 12－55 所示。

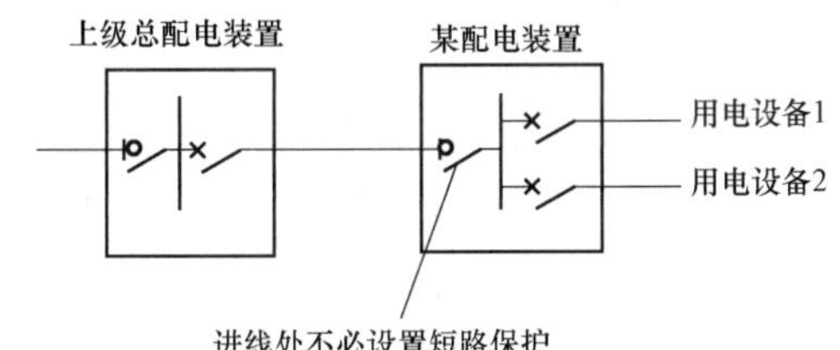

图 12－55　配电装置的进线处短路保护电器的省略

5. 并联导体的短路保护

当多根导体并联时，短路保护电器的设置应考虑并联部分短路电流分布的影响。如图 12－56 所示，假设短路故障点出现在导体 3 的 X 点，故障电流在导体 1、导体 2 和导体 3 中流通，故障电流和流过保护电器 cs、c1 的故障电流比例取决于故障点的位置。故障点越靠近保护电器 cs，流过保护电器 cs 的电流较之流过保护电器 c1 的电流越大。在图 12－57 中，保护电器 cs 一旦动作，故障电流仍然经过导体 1 和导体 2 流至故障点 X。由于导体 1、导体 2 是并联的，流过保护电器 as、bs 的短路电流被分流，可能不足以使其在规定时间内动作。这种情况下，应在线路负荷侧装设保护电器 c1，由 c1 切断短路电流。如果故障点靠近 c1，有可能 c1 将先于 cs 动作。同理，导体 1 和导体 2 也会出现同样的故障，应装设保护电器 a1、b1。

在并联线路的电源侧、负荷侧同时装设保护电器具有以下缺点。首先，如果在 X 点的故障由 cs、c1 排除后，导体 1 和导体 2 会承担原有负荷继续运行，有可能会出现过负荷。其次，X 点的故障有可能烧断回路导体形成开路，故障余下的一侧则会带电却未被检测出来，形成安全隐患。

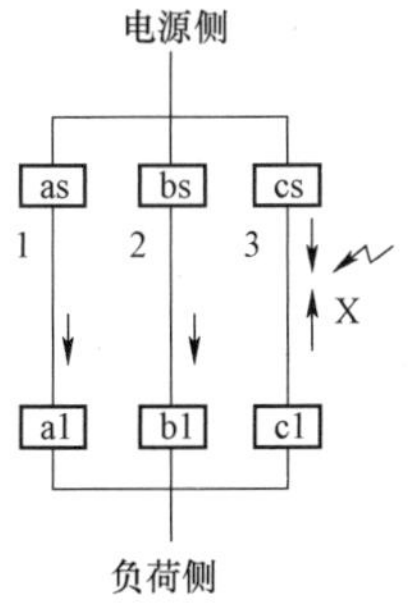

图 12－56　故障开始时短路电流流向

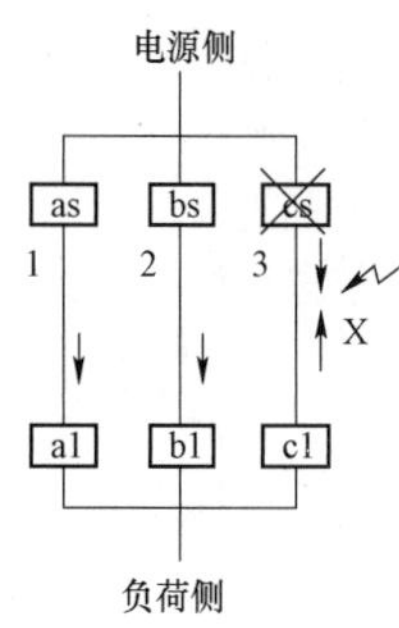

图 12－57　保护电器 CS 动作后短路电流流向

另一个可以替代 6 个保护电器的方案如图 12－58 所示，在电源侧装设一个可联动的保护电器，可以防止回路在故障状态下继续运行。

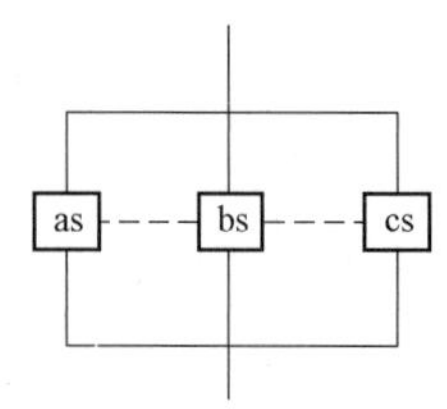

图 12－58　带联动的保护电器

参考文献

[1] 王厚余. 低压电气装置的设计安装和检验. 北京：中国电力出版社，2012.

[2] 中机中电设计研究院. GB/T 13870.1—2008/IEC/TS 60479－1：2005 电流对人和家畜的效应　第 1 部分：通用部分. 北京：中国标准出版社，2008.

[3] 中国航空规划设计研究总院有限公司. GB/T 13870.2—2016/IEC/TS 60479－2：2007 电流对人和家畜的效应　第 2 部分：特殊情况. 北京：中国标准出版社，2016.

[4] 中机中电设计研究院. GB/T13870.5—2016/IEC/TR 60479－5：2007 电流对人和家畜的效应　第 5 部分：生理效应的接触电压阈值. 北京：中国标准出版社，2016.

[5] 中机中电设计研究院. GB/T 16895.1—2008/IEC 60364－1：2005 低压电气装置　第 1 部分：基本原则、一般特性评估和定义. 北京：中国标准出版社，2008.

[6] 中机中电设计研究院. GB/T 16895.21—2011/IEC 60364－4－41：2005 低压电气装置　第 4－43 部分：安全防护　电击防护. 北京：中国标准出版社，2011.

[7] 中机中电设计研究院有限公司. GB/T 16895.2—2017/IEC 60364－4－42：2010 低压电气装置　第 4－43 部分：安全防护　热效应保护. 北京：中国标准出版社，2017.

[8] 中机中电设计研究院. GB/T 16895.5—2012/IEC 60364－4－43：2008 低压电气装置　第 4－43 部分：安全防护　过电流保护. 北京：中国标准出版社，2012.

[9] 中机中电设计研究院. GB/T 16895.10—2010/IEC 60364－4－44 2007 低压电气装置　第 4－44 部分：安全防护　电压骚扰和电磁骚扰防护. 北京：中国标准出版社，2011.

[10] 中机中电设计研究院. GB/T 17045—2008/IEC 61140—2001 电击防护　装置和设备的通用部分. 北京：中国标准出版社，2008.

[11] 中国航空规划设计研究总院有限公司. GB/T 16895.3—2017/IEC 60364－5－54：2011 低压电气装置　第 5－54 部分：电气设备的选择和安装　接地配置和保护导体. 北京：中国标准出版社，2017.

[12] 中机中电设计研究院. GB/T 16895.13 2012/IEC 60364－7－701：2006 建筑物电气装置　第 7－701 部分：特殊装置或场所的要求浴盆和装有淋浴的场所. 北京：中国标准出版社，2012.

[13] 中机中电设计研究院有限公司. GB/T 16895.19 2017/IEC 60364－7－702：2006 建筑物电气装置　第 7－702 部分：特殊装置或场所的要求　游泳池和喷泉.北京：中国标准出版社，2017.

[14] 中机中电设计研究院. GB/T 16895.14 2010/IEC 60364－7－703：2004 建筑物电气装置　第 7－703 部分：特殊装置或场所的要求　装有桑拿浴加热器的房间和小间. 北京：中国标准出版社，2010.

第 13 章　电梯与自动扶梯

13.1　电梯基本知识

13.1.1　电梯的定义

根据《电梯、自动扶梯、自动人行道术语》（GB/T 7024—2008），电梯的定义为：服务于建筑物内若干特定的楼层，其轿厢运行在至少两列垂直于水平面或铅垂线倾斜角小于 15°的刚性导轨运动的永久运输设备。广义地说，电梯是指用动力驱动，利用沿刚性导轨运行的箱体或者沿固定线路运行的梯级（踏板），进行升降或者平行运送人、货物的机电设备。包括载人（货）电梯、自动扶梯、自动人行道等。

13.1.2　电梯的基本规格

电梯的基本规格是对一台电梯的服务对象、运载能力、工作性能以及井道机房尺寸的综合描述，一般包括以下几个部分：

（1）电梯的用途。指住宅电梯、乘客电梯、观光电梯、杂物电梯等。

（2）额定载重量。是指设计规定的保证电梯正常运行的允许载重量，单位为 kg。

（3）额定速度。是指设计规定的保证电梯正常工作的运行速度，单位为 m/s。它是衡量电梯性能的主参数。

（1）（2）两项对制造厂商而言，是设计和制造电梯的主要依据，对用户而言则是选择和使用电梯的主要依据，因此它们是电梯的主参数。

按照我国《电梯主参数及轿厢、井道、机房的型式与尺寸》（GB/T 7025.1—2008）规定，所有安装在新建建筑物的乘客电梯的额定载重量（kg）有 320、400、450、600/630、750/800、900、1000/1050、1150/1275、1350、1600、1800、2000、2500 等。电梯的额定速度（m/s）有 0.4、0.5/0.63/0.75、1.00、1.5/1.6、1.75、2.0、2.5、3.0、3.5、4.0、5.0、6.0 等。

（4）拖动方式。指电梯采用的动力种类，可分为交流电力拖动、直流电力拖动和液力拖动等。

（5）控制方式。是指对电梯的运行实行操纵的方式，分为手柄控制、按钮控制、信号控制、集选控制、并联控制和梯群控制等。

（6）轿厢尺寸。指轿厢内部尺寸和外廓尺寸，以（深×宽）表示。内部尺寸由梯种和额定载重量决定，外廓尺寸与井道设计有关。

（7）门的形式：指电梯门的结构形式，可分为中分式、旁开式、直分式等形式。

以上七个部分的搭配方式，称为电梯系列型谱。它基本可以确定一台电梯的服务对象、运送能力、工作性能以及对井道、机房的要求。

13.1.3　电梯的构成

电梯的种类很多，在民用建筑中以曳引式电梯居多。曳引式电梯系统组成单元主要有 8 大子系统，分别为曳引系统、导向系统、门系统、轿厢系统、重量平衡系统、电力拖动系统、电梯控制系统和安全保护系统。

1. 曳引式电梯结构

曳引式电梯（图 13－1）主要由机房、轿厢、井道和层站 4 部分组成。

（1）机房。机房部分设有曳引机、限速器和控制屏。曳引机是电梯的起重机构，安装在专用承重钢梁上，主要由下列部件组成：驱动电动机、制动器、减速器、曳引轮和防振装置。减速器通过安全绳索与轿厢连接，把轿厢的运动传给减速器，使减速器轮转动，当轿厢运动速度超过允许的安全速度时，减速器首先通过超速限位开关，切断控制电路；然后把减速器钢丝绳夹住，带动安全钳动作。控制屏采用微电子技术及变频变压技术对电梯进行电气控制。在操纵装置的配合下，使电梯准确地实现起动或停止、上行或下行、改变梯速，以及预定的自动性能和安全性能。

（2）轿厢。由轿厢架和轿厢体组成，用以运送乘客或货物。轿厢架是轿厢体的承重构架，由横梁、立柱、底梁和斜拉杆等组成。轿厢体由轿厢底、轿厢壁、轿厢顶及照明、通风装置、轿厢装饰件和轿内操纵按钮板等组成。

（3）井道。井道部分包括导轨、对重、缓冲器、井道终端开关等。导轨分轿厢导轨和对重导轨，用压异板固定在导轨撑架面上。当电梯正常工作时，轿厢和对重沿导轨运动，以保持轿厢和对重相互之间以及与井道壁之间的位置要求；而当安全钳起作用时，导轨则起支持轿厢及其负载或对重的作用。缓冲器有弹簧式和液压式两种，且区分为轿厢缓冲器和对重缓冲器，分别安装在轿厢架、对重架下面的井道底坑内。当轿厢在超载 10%并以限速器允许的最大速度下降时，缓冲器能承受相应的冲击。

（4）层站。层站部分包括层门、召唤按钮和层门指层灯。层门设有轿厢在该层站位置时才允许层门开启的门锁。层门装有联锁触头，只有当门扇可靠关闭时，才能允许电梯启动，而门扇一旦开启，则在运行中的轿厢就立即停止。召唤按钮安装在层站层门旁，分为单钮和双钮两种，上下端站用单钮，中间层站用双钮，召唤按钮盒面板上还可设置钥匙锁。当按一下层站的上行按钮或下行按钮时，即把召唤信号输入电梯控制系统，使之接受召唤要求。层门指层灯装设在每一层站层门的上面或旁边，有时与召唤按钮结合在一起，面板上有表示电梯停站楼层的数字和运行方向的箭号。电梯到达前可通过到站钟进行提前预报。

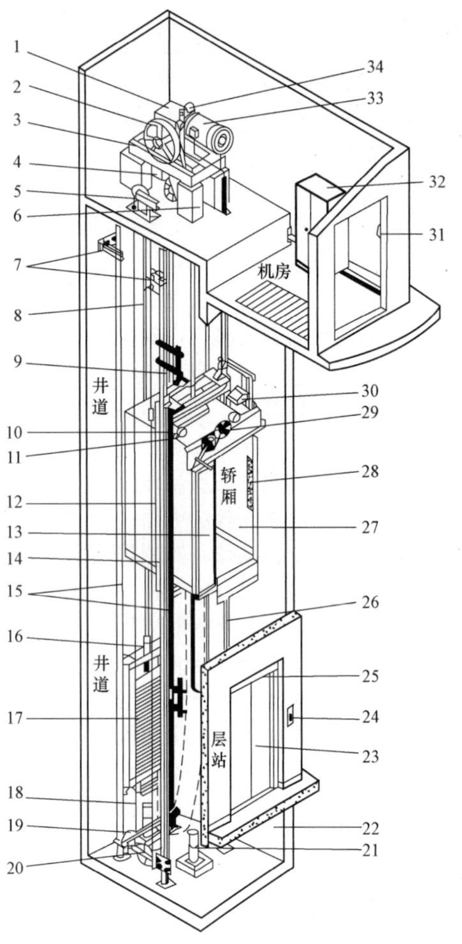

图 13-1 曳引式电梯系统结构示意图

1—减速箱；2—曳引轮；3—曳引机底座；4—导向轮；5—限速器；6—机座；7—导轨支架；8—曳引钢丝绳；9—开关碰铁；10—紧急终端开关；11—导靴；12—轿架；13—轿门；14—安全钳；15—导轨；16—绳头组合；17—对重；18—补偿链；19—补偿链导轮；20—张紧装置；21—缓冲器；22—底坑；23—层门；24—呼梯盒；25—层楼指示灯；26—随行电缆；27—轿壁；28—轿内操纵箱；29—开门机；30—井道传感器；31—电源开关；32—控制柜；33—曳引电机；34—制动器

2. 曳引系统

曳引系统是电梯的动力源，由曳引机、曳引钢丝绳、导向轮及反绳轮等组成。曳引机包括电动机、联轴器、制动器、减速箱、机座、曳引轮等部件。曳引钢丝绳的两端分别连接轿厢和对重，依靠钢丝绳与曳引轮绳槽之间的摩擦力来驱动轿厢升降。导向轮的作用是分开轿厢和对重的间距，采用复绕型时还可增加曳引能力。导向轮安装在曳引机架上或承重梁上。当钢丝绳的绕绳比大于 1 时，在轿厢顶和对重架上应增设反绳轮。反绳轮的个数可以是 1 个、2 个甚至 3 个，这与曳引比有关。

3. 导向系统

导向系统由导轨、导靴和导轨架等组成。它的作用是限制轿厢和对重的活动自由度，使轿厢和对重只能沿着导轨做升降运动。导轨固定在导轨架上，导轨架是承重导轨的组件，与井道壁连接。导靴安装在轿厢和对重架上，与导轨配合，强制轿厢和对重的运动服从于导轨的直立方向。

4. 门系统

门系统由轿厢门、层门、开门机、联动机构、门锁等组成。轿厢门设在轿厢入口，由门扇、门导轨架、门靴和门刀等组成。层门设在层站入口，由门扇、门导轨架、门靴、门锁装置及应急开锁装置组成。开门机设在轿厢上，是轿厢门和层门启闭的动力源。门系统是电梯重要的子系统，因为 90%的电梯故障都发生在门系统。

5. 轿厢系统

典型的轿厢系统有轿厢、安全钳、操纵箱、轿厢内指示灯、自动门机及平层感应式继电器装置。轿厢是电梯的容载装置，它由曳引钢丝绳通过钢丝绳锥套或轿顶轮加以悬挂，轿厢通过安装在轿厢架上下两旁的导靴沿着轿厢导轨进行滑移运行。在轿厢自动门的门沿上安装有可活动的安全触板或光电保护、超声波保护装置等，当在关门过程中如果安全触板或光电保护装置光束接触到乘客或障碍物时，则由安全触板联锁触头或光电开关的作用，能使轿厢门立即停止关闭并迅速反向开启。

安全钳在轿厢架下梁的两旁，当电梯轿厢超速下降时，减速器将安全绳索卡住，拉动拉杆臂通过杆系使两旁安全钳块动作，安全钳即起作用而夹住在导轨上，同时限速器开关也略超前起作用断开控制电路，使电梯停止运行。若在电梯井道底坑下设有地下室时，对重架也应设置安全钳。

操纵箱是安装在轿厢内轿厢门侧面操纵器轿壁上的按钮箱，主要是借按钮组来控制电梯的起动、停止、上升、下降等，在操纵箱上还安装安全开关、慢车检修开关和应急按钮等。

轿厢内指示灯一般安装在轿厢门的上面，面板上有表示停站楼层的数字和运行方向的指示灯，亮的数字表示轿厢在井道中的位置，亮的箭头表示电梯运行方向。

自动门机采用交流电动机进行驱动，利用晶闸管控制电机定子电压进行调速。其作用是根据控制信号实现自动开启或关闭轿厢门（并通过门刀带动层门）。

平层感应式继电器装置。该装置安装轿厢架顶旁，由装在井道内各层站的感应隔磁板触发，为控制系统提供门区平层信号，使电梯正确地实现开门和平层动作。

6. 重量平衡系统

重量平衡系统由对重和重量补偿装置组成。对重由对重架和对重块组成。对重将平衡轿厢自重和部分的额定载重。重量补偿装置是补偿高层电梯中轿厢与对重侧曳引钢丝绳因长度变化而对电梯平衡设计产生影响的装置。

7. 电力拖动系统

电力拖动系统由曳引电机、供电系统、速度反馈装置、调速装置等组成，对电梯实行速度控制。曳引电机是电梯的动力源，根据电梯配置可采用交流电机或直流电机。供电系统是为电机提供电源的装置。速度反馈装置是为调速系统提供电梯运行速度信号。一般采用测速发电机或速度脉冲发生器，与电机相连。调速装置对曳引电机实行调速控制。

8. 电梯控制系统

电气控制系统由操纵装置、位置显示装置、控制屏、选层器等组成。操纵装置包括轿厢内的按钮操作箱或手柄开关箱、层站召唤按钮、轿顶和机房中的检修或应急操纵箱。控制屏安装在机房中，是电梯实行电气控制的集中组件。平层装置位置显示是指轿内和层站的指层灯。层站上能显示电梯运行方向或轿厢所在的层站。选层器能起到指示和反馈轿厢位置，决定运行方向，发出加减速信号等作用。

电梯控制系统由计算机及其输入输出部件组成，对电梯的呼梯、指令信号进行实时处理；决定电梯的运行状态和方式，起动与制动等电梯运行的所有控制。

9. 电梯安全保护系统

电梯安全保护系统包括机械和电气的各类保护系统，可保护电梯安全使用。机械的有限速器和安全钳进行超速保护，缓冲器防止冲顶和撞底事故，还有切断总电源的极限保护等。电气的安全保护则存在于电梯的各个运行环节中。

13.1.4　电梯的性能指标

1. 快速性与舒适性（速度曲线）

电梯的快速性可以通过如下几种方式实现：

（1）可采用提高电梯的额定速度。

（2）集中布置电梯，增加电梯台数，以缩短乘客的候梯时间。

（3）减少电梯在起动、制停过程中的加速、减速时间等。

前两种方式需通过增加投资和设备才能实现，第三种方式是通过合理设计电梯运行时的加、减速度，减少起、制动时间而实现的，不需加大投资。但起、制动时间的缩短意味着加速度和减速度的增大，而加、减速度的过分增大和不合理的变化将造成乘梯人员的不舒适感。通常，用加速度变化率来表示电梯加速度的变化，在电梯行业中常称其为生理系数。

当电梯加速或减速上升或下降时，加速度引起的惯性力会加到乘梯人员的重量上，使人产生重压感和下沉感，各器官都承受变化的重力；当电梯加速下降或减速上升时，加速度产生的惯性力抵消了一部分重力，使人产生上浮感，同时伴有内脏不适、头晕目眩。这种上浮感、下沉感以及不平稳感等统称为不舒适感，其中上浮感是最强烈的不舒适感。

为保证电梯既快速又乘坐舒适安全，需合理设计并限制电梯的加速度及加速度变化率。一般来说，加速度小，舒适感就好，但电梯的额定速度等于电梯的加速度与加速过程所用时间的乘积，如果加速度过小，则加速过程延长，势必使快速性能降低，同时还会产生速度波动。因此，电梯运行时的速度变化就要兼顾快速性与舒适性这两个方面要求，从而提出了电梯运行的速度曲线 $v=f(t)$，如图 13－2 所示。

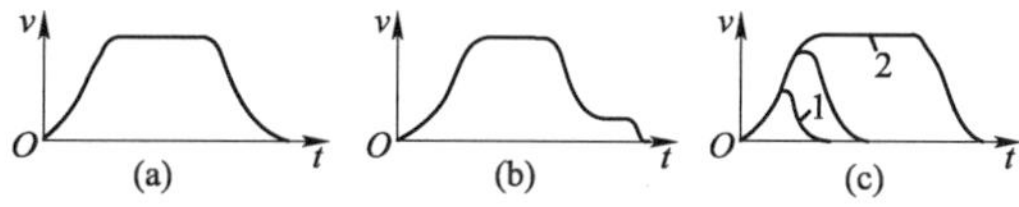

图 13－2　电梯的速度曲线

（a）调速电梯速度曲线；（b）双速交流电梯速度曲线；（c）快速电梯速度曲线

图 13－2a 是调速电梯的理想速度曲线，其加减速的起始与结束部分均呈现为曲线状，既保证了一定的加速度，又能获得乘坐舒适感；通常对于性能较好的调速电梯在运行期间都采用闭环控制。图 13－2b 为双速交流电梯的速度曲线，在停梯前的减速段，有一个快速变为慢速的低速运行阶段，以保证平层准确度，显然，停车过程比较长。图 13－2c 是梯速较高的调速电梯的速度曲线，由于额定速度较高，在单层或短距离运行时，梯速还未加速到额定速度就要减速停车了，因此速度曲线没有恒速运行段。对于高层和超高层建筑，速度曲线常分为单层、双层及多层等多种，其控

制规律也更复杂些。

2. 安全与可靠

电梯作为垂直运输的交通工具，其安全与可靠直接影响着人们的工作与生活的质量，因此，国家、地方及行业管理部门制定了一系列相关的标准和规定，使电梯的安全可靠与设计、制造、安装调试等环节紧密连接，防止并消除电梯在工作中的不安全因素的出现。

（1）安全性。设置在电梯中的安全设施主要有超速保护装置、超越行程保护装置、撞底缓冲装置、厅门、轿门电气联锁装置以及断电平层装置等。

（2）可靠性。不可靠是不安全的起因，也是事故的隐患。要想提高电梯的可靠性，首先应提高构成电梯的各个零、部件的可靠性，只有每个零、部件都是可靠的，整部电梯才可能是可靠的。

13.1.5 电梯的相关标准

电梯关系到人的生命安全，在中国属于特种设备，相应制定有大量的技术标准和安全标准，部分标准为国家强制性标准。电梯的国家标准和行业标准见表 13－1。

表 13－1　电梯的国家和行业标准（部分）

序号	标准号	中文标准名称	英文标准名称	批准日期/实施日期	主题内容及适用范围
1	GB 7588—2003	电梯制造与安装安全规范	Safety rules for the construction and installation of electric lifts	2003－06－16/2004－01－01 1 号修改单 2015－07－16/2016－07－01	规定了乘客电梯及载货电梯制造与安装应遵循的安全准则，以防电梯运行时发生伤害乘客和损坏货物的事故 适用于电力驱动的曳引式或强制式乘客电梯、病床电梯及载货电梯。本标准不适用于杂物电梯和液压电梯
2	GB/T 10058—2009	电梯技术条件	Specification for lifts	2009－9－30/2010－03－01	规定了乘客电梯及载货电梯的技术要求、检验规则、标志、包装、运输与贮存等 适用于额定速度不大于 6.0m/s 的电力驱动的曳引式和额定速度不大于 0.63m/s 的电力驱动强制式的乘客电梯和载货电梯。不适用于液压电梯、杂物电梯和家用电梯
3	GB/T 10059—2009	电梯试验方法	Lifts－Testing methods	2009－09－30/2010－03－01	规定了乘客电梯和载货电梯整机和部件的试验方法 适用于额定速度不大于 6.0m/s 的电力驱动曳引式和额定速度不大于 0.63m/s 的电力驱动强制式的乘客电梯和载货电梯。对于额定速度大于 6.0m/s 的电力驱动曳引式乘客电梯和载货电梯可参照本标准执行，不适用部分由制造商和客户协商确定。不适用于液压电梯、杂物电梯
4	GB 16899—2011	自动扶梯和自动人行道的制造与安装安全规范	Safety rules for the construction and installation of escalators and passenger conveyors	2011－07－29/2011－07－29	自动扶梯和自动人行道的安全规范，其目的是保证在运行、维修和检查工作期间人员和物体的安全，防止意外事故的发生
5	GB/T 7024—2008	电梯、自动扶梯、自动人行道术语	Terminology of lifts，escalators，passenger conveyors	2008－12－06/2009－06－01	规定了电梯、自动扶梯、自动人行道术语。适用于制定标准、编制技术文件、编写和翻译专业手册、教材及书刊
6	GB 50310—2002	电梯工程施工质量验收规范	Code for acceptance of installation quality of lifts，escalators and passenger conveyors	2002－04－01/2002－06－01	适用于电力驱动的曳引式或强制式电梯、液压电梯、自动扶梯和自动人行道安装工程质量的验收；不适用于杂物电梯安装工程质量的验收。本规范是对电梯安装工程质量的最低要求，所规定的项目都必须达到合格

电梯相关的安全标志见表 13－2。

表 13-2　　电梯类安全标志

种类	电梯类安全标志			
序号	40	41	42	43
显示内容	禁止叉车进入	禁止人员乘用	当心无防护轮及钢丝绳	当心自动门关闭
图形				
序号	44	45	46	47
显示内容	井道内当心上部挤压	底坑内当心挤压	当心坠落物	乘客电梯
图形				
序号	48	49	50	51
显示内容	货物电梯或杂物电梯	残疾人电梯	汽车电梯	消防电梯
图形				
序号	52	53	54	55
显示内容	病床电梯	双向通话系统	应由专业人员进行应急操作	在安全可靠处保持应急开锁
图形				

13.2　电梯的分类

13.2.1　按速度分类

设 v_e 为电梯额定速度，电梯按速度分类见表 13-3。电梯按照速度进行分类，不同的书刊和人员有不同的分法。日本电梯协会于 1985 年提出的意见可以参考，包括电梯速度和建筑物层数的对应关系。因为电梯技术在飞快进步，电梯速度在不断提高，现在乘客电梯的最大额定速度已达到 16.83m/s 甚至更高。在超高层建筑物中，额定速度为 8m/s 或 10m/s 或 12m/s 的电梯已经司空见惯了。因此，把超高速电梯的最低额定速度值往高点定是理所当然的。美国人 James W • Fortune 提出：高速电梯的额定速度是从 4～9m/s，这里的高速电梯已经部分包含超高速电梯了。

表 13-3　　电梯按速度分类

项目	低速电梯	中速电梯	高速电梯	超高速电梯
额定速度/(m/s)	$v_e \leqslant 1.00$	$1.00 < v_e \leqslant 2.50$	$2.50 < v_e \leqslant 6.00$	$6.00 < v_e$
建筑物层数	≤7	8～12	13～35	36≤

13.2.2　按用途分类

（1）乘客电梯。为运送乘客而设计的电梯，主要用于宾馆、饭店、办公大楼及高层住宅。在安全设施、运行舒适、轿厢通风及装饰等方面要求较高。通常分有司机、无司机操作两种。

（2）住宅电梯。供住宅楼使用，主要运送乘客，也可运送家用物件或其他生活物件。

（3）观光电梯。观光侧轿厢壁透明，装饰豪华、活泼，运行于大厅中央或高层大楼的外墙上，是供游客、乘客观光的电梯。

（4）载货电梯。为运送货物而设计的电梯，轿厢的有效面积和载重量较大，因装卸人员常常需要随梯上下，故要求安全性好，结构牢固。

（5）客货两用电梯。主要用于运送乘客，但也可运送货物。它与乘客电梯的区别主要在于轿厢内部的装饰结构有所不同。

（6）医用电梯。专为医院设计的用于运送病人、医疗器械和救护设备的电梯，轿厢窄而深，要求有较高的运行稳定性，有专职司机操纵。

（7）服务（杂物）电梯。供图书馆、办公楼、饭店等运送图书、文件、食品等。轿厢的有效面积和载重量均较小，不容许人员进入及乘坐，门外按钮操作。

（8）车辆电梯（不属于电梯类的）。用于多层、高层车库中的各种客、货、轿车的垂直运输。轿厢面积较大，构造牢固。

（9）自动扶梯。与地面成 30°～35° 的倾斜角，在一定方向上以较慢的速度连续运行，多用于机场、车站、商场、多功能大厦中。

（10）自动人行道。在一定的水平或倾斜方向上连续运行，常用于大型车站、商场、机场等处。

（11）其他电梯。除上述几种电梯外，还有一些特殊用途的电梯。如：

1）冷库电梯。在大型冷库和制冷车间完成运送货物的任务。

2）建筑施工电梯（不属于电梯类的）。在施工现场，随建筑物层数的加高，运送施工材料及施工人员。

3）消防电梯。在发生火灾时，用于运送乘客、消防人员及消防器材。

4）特殊电梯。供特殊工作环境下使用，如防爆、耐热、防腐等。

5）矿井电梯（不属于电梯类的）。用于运送矿井内的人员及货物。

6）运机电梯（不属于电梯类的）。能将地下机库中几十吨甚至上百吨的飞机，垂直提升到机场跑道上。

7）斜运电梯（不属于电梯类的）。为地下火车站和山坡站倾斜安装，轿厢运行为倾斜直线上下，即同时具有水平和垂直两个方向的输送能力，是一种集观光和运输为一体的运输设备。

不属于电梯类的载运设备还有：

8）随着高层建筑的发展变化所出现的用于维护高层楼宇的吊篮设备。

9）座椅电梯：人坐在有电动机驱动的椅子上控制椅子手柄上的按钮，使椅子下部的动力装置驱动人椅，沿楼梯扶栏的导轨上下运动。

13.2.3 按拖动方式分类

1. 交流电梯

用交流异步电动机作为驱动力的电梯。根据拖动方式又可分为交流单速、双速、三速电梯，交流调速电梯，交流调压调速电梯以及性能优越、安全可靠、速度可与直流电梯媲美的交流调频调压调速（VVVF）电梯。

2. 直流电梯

用直流电动机作为驱动力的电梯。根据有无减速箱，分为有齿与无齿直流电梯。此类电梯的速度较快，一般在 2m/s 以上。

3. 液压电梯

靠液压传动的原理，利用电动泵驱动液体流动，由柱塞使轿厢升降的电梯。梯速一般为 1m/s 以下。

4. 齿轮齿条电梯

采用电动机－齿轮传动机构，将导轨加工成齿条，轿厢装上与齿条啮合的齿轮，由电动机带动齿轮旋转完成轿厢的升降运动的电梯。

5. 直线电动机驱动的电梯

用直线电动机作为将电能直接转换成直线运动的机械动力装置，是最新驱动方式的电梯（图 13－3）。

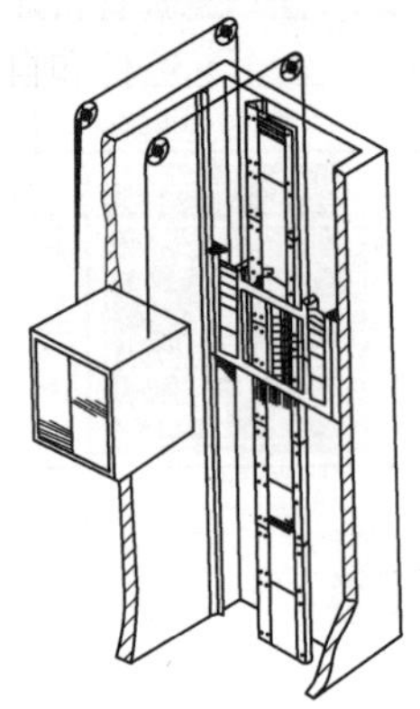

图 13－3　直线电动机驱动的电梯

13.2.4 按有无司机分类

1. 有司机电梯

由专职司机操作而完成电梯运行的电梯。

2. 无司机电梯

不需专门司机操作，由乘客自己按动需去楼层的按钮后，电梯自动运行到达目的层楼的电梯。此类电梯具有集选功能。

3. 有/无司机电梯

此类电梯可改变控制电路。平时由乘客自己操纵电梯运行，遇客流量大或必要时，改由司机操纵。

13.2.5　按控制方式分类

1. 手柄操纵控制电梯

由电梯司机在桥厢内控制操纵箱手柄开关，实现电梯的起动、上升、下降、平层、停止的运行状态。它要求轿厢门上安装透明玻璃窗口或使用栅栏轿门，井道壁上有层楼或平层标记，电梯司机根据这些标记判断层楼数及控制电梯平层。此类控制多用于货梯。

2. 按钮控制电梯

它是一种简单的自动控制电梯，具有自动平层功能，常用于服务电梯或载货电梯。因按钮箱所在位置的不同分为两种控制方式。

（1）轿外按钮控制。电梯由安装在各楼层厅门口的按钮箱进行操纵。操纵内容通常为召唤电梯、指令运行方向和停靠楼层。当电梯接受了某一层楼的操纵指令后，在未完成此指令前是不接受其他楼层的操纵指令的。

（2）轿厢内按钮控制。按钮箱在轿厢内，电梯只接受轿厢内的按钮指令，层站的召唤按钮只能点亮轿厢内指示灯（或起动电铃），不能截停和操纵轿厢。

3. 信号控制电梯

它是一种自动控制程度较高的电梯。除具有自动平层、自动开门功能外，还具有轿厢命令登记、层站召唤登记、自动停层、顺向截停和自动换向等功能。司机只要将需停站的层楼按钮逐一按下，再按下起动按钮，电梯就自动关门运行，直到预先登记的指令全部执行完毕。在运行中，电梯能被符合运行方向的层站召唤信号截停。采用这种控制方式的常为有司机客梯或客货两用梯。

4. 集选控制电梯

它是一种在信号控制基础上发展起来的全自动控制的电梯。与信号控制的区别在于能实现无司机操纵。其主要特点：将轿厢内选层信号和各层外呼信号集合起来，自动决定上、下运行方向，顺序应答。这类电梯在轿厢上设有称重装置，以免电梯超载。轿门上设有保护装置，以防乘客出入轿厢时被轧伤。

集选控制又分为双向集选和单向集选。双向集选控制的电梯，无论在上行或下行时，对层站的召唤按钮指令全部应答。而单向集选控制的电梯，只能应答层站单一方向（上或下）的召唤信号。一般下集选控制方式用得较多，如住宅楼内。

5. 并联控制电梯

2～3 台电梯的控制线路并联起来进行逻辑控制，共用层站外召唤按钮，电梯本身具有集选功能。

当两台电梯并联工作时，一台电梯停在基站称为基梯；另一台电梯完成任务后，就停在最后停靠的层楼作为自由梯。基梯可优先为进入大楼的乘客服务，而自由梯准备接受基站以上出现的任何指令而运行。当基梯离开基站向上运行时，自由梯便自动下降到基站替补。当各楼层（基站除外）有要梯信号时，自由梯前往，并应答顺向要梯信号；当要梯信号与自由梯行进方向相反时，则按优化程序由离要梯层最近的一台电梯去应答完成。基梯和自由梯不是固定不变的，而是根据运行的实际情况随之确定。

三台并联集选组成的电梯，有两台电梯作为基梯，一台为自由梯。运行原则类同于两台并联控制电梯。

6. 群控电梯

群控是用微机控制和统一调度多台集中并列的电梯。它可分为以下几种形式：

（1）梯群程序控制。控制系统按照客流状态编制程序，按程序集中调度和控制。比如，将一天中的客流量情况分为若干种状态，即上行高峰状态，下行高峰状态，层间交通状态，上行较下行大的状态，下行较上行大的状态，空闲状态等。电梯在工作中，根据当时的客流情况、轿厢的载重量、层站的召唤频繁程度以及运行一周的时间间隔等，自动选择或人工变换控制程序。如在上行高峰期，对电梯实行下行直驶控制等。

（2）梯群智能控制。智能控制电梯有数据的采集、交换、存储功能，还可进行分析、筛选和传输，并能显示出所有电梯的运行状态。计算机通过专用程序可分析电梯的工作效率、评价服务水平，并根据当前的客流情况，自动选择最佳的运行控制程序。

13.2.6　按曳引机结构分类

1. 有齿轮曳引机电梯

曳引机有减速器，用于交、直流电梯。

2. 无齿轮曳引机电梯

曳引机没有减速器，由曳引机直接带动曳引轮转动，用于直流电梯。

13.2.7　其他分类方式

按轿厢尺寸的大小分类时，经常使用“小型”“超大型”等词来描述电梯。

按机房位置不同可分为：机房位于井道顶部的上置式电梯；机房位于井道底部或底部旁侧的下置式电梯。近些年还出现了小机房电梯和无机房电梯。

13.3　电梯的电力拖动系统

13.3.1　电梯电力拖动系统的功能

电力拖动系统是电梯驱动执行部件完成相应运行的动力来源，电梯中的主要运行有轿厢的升降运行和轿门及厅门的开关动作。

轿厢的运行是由曳引电动机产生动力，经曳引传动系统进行减速、改变运行形式（将旋转运行改变为直线运行）来实现驱动，电动机功率在几千瓦到几十千瓦。曳引电动机有交流电力拖动和直流电力拖动两类方式。轿门及厅门的开与关则由开门电动机产生动力，经开门机构进行减速、改变运行形式来实现驱动，其驱动电动机功率通常在200W以下。

电梯的电力拖动系统应有足够的驱动力和制动力，能够驱动轿厢、轿门及厅门完成必要的运行和可靠的静止；在运动中有稳定的速度控制，以保证有良好的舒适性和平层准确度；动作灵活，反应迅速，在特殊情况下能够迅速制停；系统工作效率高，节省能量；运行平稳、安静，电机噪声符合国家标准要求；电磁兼容性能符合国家标准；工作可靠，维修量小，寿命长。

曳引电动机、轿门电动机以及液压电梯的主液压泵电动机均有交流拖动和直流拖动两类方式。

13.3.2 直流电梯拖动系统

直流电梯主要有直流快速电梯和直流高速电梯。直流快速电梯是用曳引电动机通过蜗轮减速箱使梯速小于2.0m/s运行的一种性能较为良好的中速电梯。直流高速电梯通常是指不经蜗轮减速箱减速，而直接用低转速电动机驱动的梯速高于2.5m/s的电梯。

直流电动机具有良好的起动性能，能在较宽的范围内平滑而迅速地调速，故从19世纪末世界上第一台电梯诞生，到20世纪90年代舒适感要求较高的高速电梯上多采用直流拖动。由于直流电动机结构复杂，造价高，寿命低，维护工作量大，并对电网有高次谐波干扰等缺点，因此应用的场合日益减少。

（1）单桥供电的SCR–M直流电梯。这种类型的电梯系统的电枢电路由单向整流桥供电，励磁电路由双向整流桥供电，构成如图13－4所示。

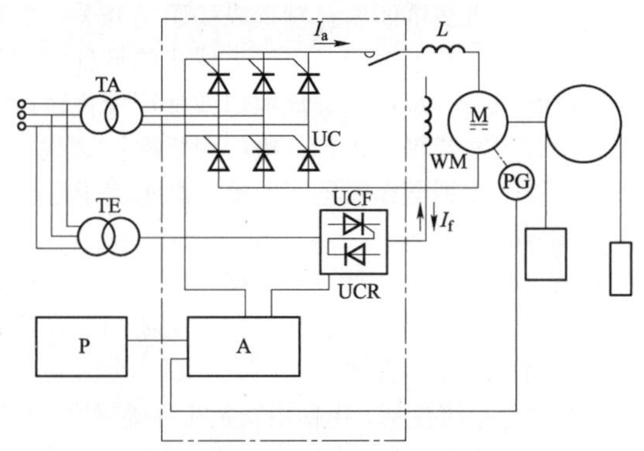

图13－4 单桥供电的SCR－M直流电梯

系统采用一组三相全波可控整流器UC替代G－M拖动方式中的发电机组为直流电动机M供电。由于这样只能产生单方向的电枢电流I_a，而要想适应电梯负载的要求，电动机M必须能灵活地改变电磁转矩的方向，为此电动机的励磁绕组WM须由两个反并联的整流桥供电。当正组励磁整流桥UCF工作时，给励磁绕组WM提供正向励磁，使电动机内产生正向磁通Φ，这样电动机M的电枢电流I_a在正向磁通Φ的作用下就将产生正向转矩。当反组励磁整流桥UCR工作时，则为励磁绕组WM提供反向励磁电流，使电动机产生反向磁通$-\Phi$，于是正向的电枢电流I_a在反向的磁通$-\Phi$作用下，产生反向转矩。

（2）双桥供电的SCR－M直流电梯。图13－5所示是这种拖动方式的系统结构图。

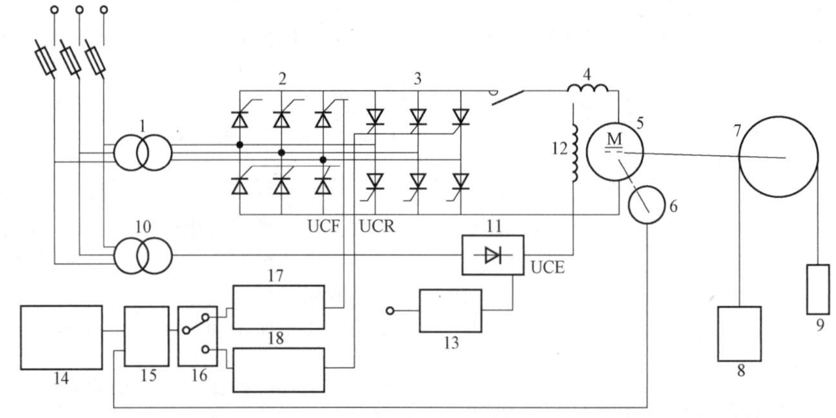

图13－5 双桥供电的SCR－M直流电梯

1—主变压器；2—正组晶闸管；3—反组晶闸管；4—平波电抗器；5—直流电动机；6—测速发电机；7—曳引机；8—轿厢；9—对重；10—励磁变压器；11—励磁晶闸管整流；12—励磁绕组；13—励磁指令及励磁控制器；14—速度指令；15—比较器；16—控制切换开关；17—正组晶闸管触发电路；18—反组晶闸管触发电路

在电动机电枢回路中设置了两组晶闸管整流器，它们彼此反向并联，为电枢提供正、反向电流。而励磁回路则只是一个恒定大小、恒定方向的恒流控制，即控制电动机的磁通保持额定值。这时电动机四个象限运行的控制就靠对正、反两个整流桥的控制来实现。

单桥方式电枢回路中只用一组晶闸管，相对于双桥方式节省一套大功率晶闸管整流器，减少设备投资。但单桥方式在控制时要根据是否处在小转矩区来协调控制主回路晶闸管 UC、励磁回路晶闸管 UCF 和 UCR，控制规律相对复杂些，有一个区域衔接点平滑衔接过渡的问题，如果解决不好，容易引起转矩的波动，造成乘客的不适。另外，双桥方式采用正反两组晶闸管来实现电枢电流及电动机转矩的正、负过渡，快速响应性较好。

13.3.3　交流电梯拖动系统

1. 交流双速电梯拖动方式

交流双速电梯的拖动系统结构简单，技术含量低，但运行舒适感较差，额定梯速一般在 1m/s 以下，主要用于货梯或客货两用梯中，采用变极调速电动机作为曳引电动机，其变极比通常为 6/24 极，也有 4/6/24 极和 4/6/18 极的。其电动机结构有采用单绕组改变接线方式实现变极的；也有采用两组绕组的，它们各自具有不同的极数，通过接通不同的绕组来实现不同的转速。

双速电梯运行时的速度曲线如图 13-6a 所示，其特点是在停车前有一个短时间的低速运行，这是为了提高平层精确度而设置的。

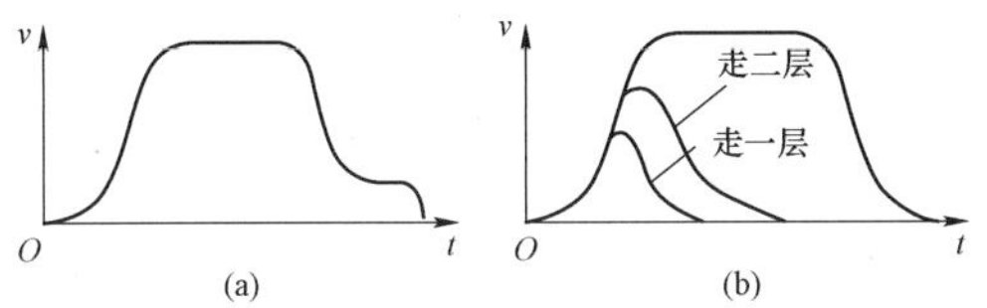

图 13-6　电梯的速度曲线

（a）双速电梯；（b）速度闭环控制电梯

图 13-7 给出了采用双绕组实现 6/24 极变极的双速电梯主电路。

2. 交流调压调速电梯拖动方式

（1）采用调压方法的目的。在交流调速电梯中采用调压方法的目的就是为了实现电梯运行的速度曲线，获得良好的运行舒适感，提高平层精确度。具体包含如下两个方面：

1）对电梯稳速运行时实行闭环控制，通过闭环调压，使电梯不论负载轻重，不论运行方向均在额定梯速下运行。这样做一方面可以克服摩擦阻力的波动造成的速度不均和振动，提高稳速运行阶段的舒适感；另一方面可以保证任何运行工况下减速停车前的初始速度都是同一个确定的值（即额定速度），从而提高减速阶段的控制精度，最终提高平层精确度。

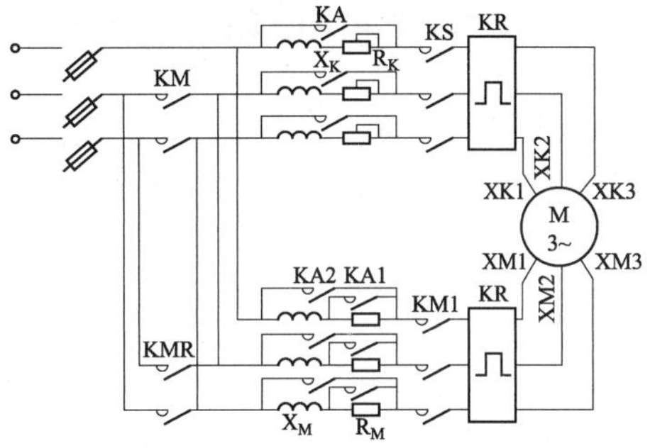

图 13-7　采用双绕组变极电动机的双速电梯主电路

2）对电梯加速、减速过程实行闭环控制，通过调压或辅以其他制动手段，使电梯按预定的速度曲线升速或减速，从而获取加减速阶段的良好舒适感，并提高轿厢平层精确度。

（2）调压调速电梯的主电路。图 13-8 中列出了几种实用电路。

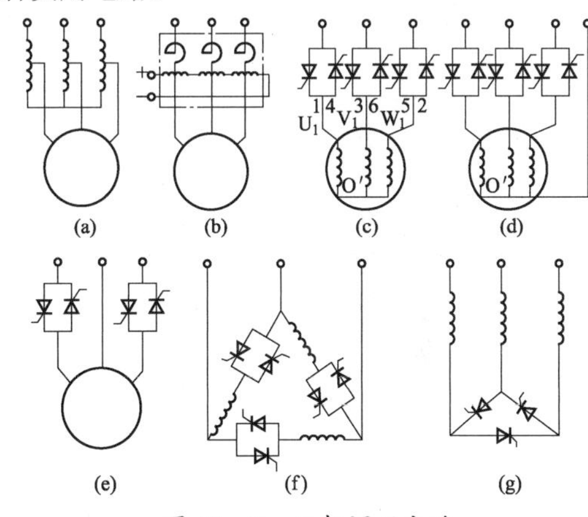

图 13-8　三相调压电路

（a）自耦调压器调压；（b）采用饱和电抗器的调压；（c）三相星形调压；（d）带中性点的三相星形调压；（e）不对称三相星形调压；（f）三角形接法分相控制调压；（g）星形点可控调压

其中图 13-8c 是目前调压调速电梯中普遍采用的调压电路。它采用三对彼此反并联的晶闸管为星形联结的电动机供电。由于电梯运行时，电动机要频繁地在起动-制动状态间切换，因此，需要在调压调速电路基础上增加制动电路才能满足电梯运行的需要。根据采用的制动方法不同，调压调速电梯可分为调压-能耗制动拖动方式、调压-涡流制动器拖动方式和调压-反接制动拖动方式三种类型。

13.3.4　变频调速电梯拖动系统

根据交流异步电动机转速公式

$$n=(1-s)\frac{60f_1}{p} \qquad (13-1)$$

可知，改变电动机交流电源的频率 f_1，就可以实现对异步电动机的调速。

1. 变频调速的分类

按有无直流环节分类。常用的变频器主电路结构如图 13－9a 所示，在这个电路中，首先由晶闸管 V1～V6 将工频交流电整流成直流电，然后再由晶闸管或大功率晶体管 V7～V12 将直流电压逆变成交流电，通过对 V7～V12 的开关控制，可以改变逆变交流电的频率，从而实现变频。在这个电路中，由于具有中间的直流环节，因此被称为交－直－交变频。

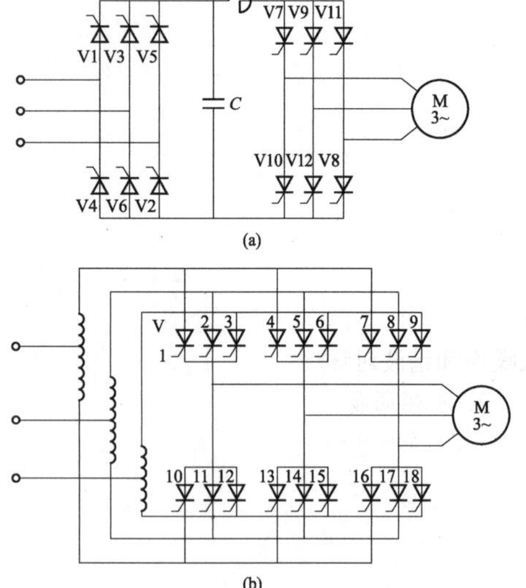

图 13－9 变频调速主电路原理图

（a）交－直－交变频；（b）交－交变频

另一种变频器如图 13－9b，它没有直流环节，通过对晶闸管 V1～V18 的控制，直接从工频电转变出可变频率的交流电。这种变频方式称为交－交变频。由于交－交变频器的输出频率只能在比输入频率低得多的范围内改变，因此多用于低转速、大转矩场合，在中小功率场合较少采用，在电梯中基本不用交－交变频方式。

2. 异步电动机变频调速的控制原则

VVVF 异步电动机变频调速时的控制原则如下：

（1）当频率低于额定频率时，即 $f_1<f_{1N}$ 时，应保持 $E_1/f_1=E_{1N}/f_{1N}=const$。

（2）当频率高于额定频率时，即 $f_1>f_{1N}$ 时，应保持 $E=E_{1N}$ 不变。

变频调速在基频（即电动机额定频率）以下调速时，必须与变频相协调地变压，通常称这种控制为变压变频（Vary Voltage Vary Frequency，VVVF）。

3. 变频调速电梯的主电路及控制系统

在变频调速中，对电动机回馈能量的处理基本上有两种方法：一是在直流侧设置能耗电路，当直流侧电压上升到某一数值以上时，接通能耗电路，将回馈的多余能量消耗掉；二是在电源与直流侧之间设置逆变电路，当电动机回馈能量时，起动该逆变电路，将回馈的能量送给电网。两种方法相比较，显然后者节能效果好，运行效率提高。

在梯速低于 2m/s 的变频调速电梯中，由于可回馈的能量相对较少，因此多采用上述第一种方法。其控制系统如图 13－10 所示。

对于梯速高于 2m/s 的电梯，在轿厢重载下降、轻载上升和减速停车过程中有大量的回馈能量，这时如仍采用直流侧能耗的方法，能量损失过大，很不经济。因此多采用上述第二种方法，其主电路及系统结构如图 13－11 所示。

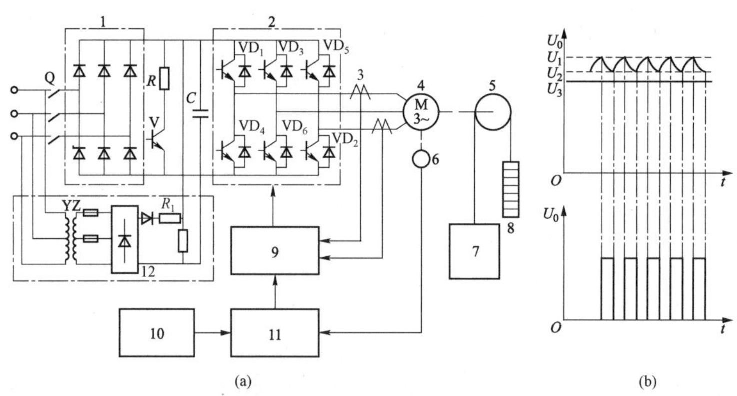

图 13－10 中、低速 VVVF 电梯拖动控制系统

（a）主电路及系统结构；（b）放电曲线

1—整流桥；2—逆变桥；3—电流检测；4—电动机；5—曳引轮；6—速度检测；7—轿厢；8—对重；9—PWM 控制电路；10—主控微机（运行控制）；11—辅助微机（矢量控制）；12—预充电电路

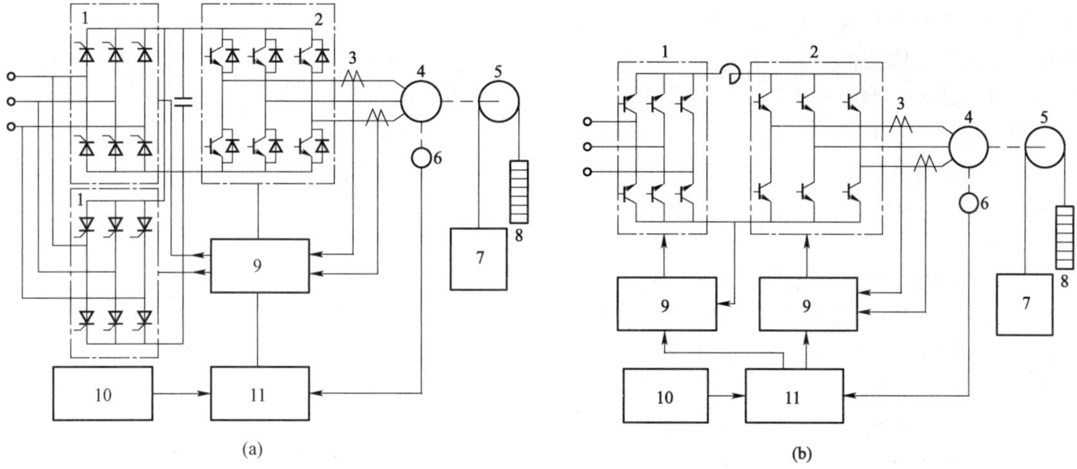

图 13－11　高速变频调速电梯的拖动控制系统

（a）电压型；（b）电流型

1—整流器；2—变频器；3—电流检测；4—电动机；5—曳引轮；6—速度检测；7—轿厢；8—对重；9—PWM 控制电路；10—主控微机（运行控制）；11—辅助微机（矢量控制）

13.3.5　永磁同步电动机拖动电梯

1. 永磁同步电动机

电梯用交流永磁同步电动机有内转子式、外转子式和盘式三种方法。内转子永磁同步电动机与异步感应电动机整体结构类似。外转子电动机则是定子在内，永磁转子在外。这两种电机都是利用径向的旋转磁场，外转子式转子铁心的直径和转动惯量较内转子大，因此其体积效率和输出功率也较内转子大。相同功率情况下，外转子式体积可以更小。但外转子电机因本身结构和安装的原因，所能承受的径向负荷有一定限制，主要适用于中小额定载重量的电梯。盘式永磁同步电动机是利用轴向磁场，转子和定子是两个相对的圆盘，其轴向尺寸可以很小，转矩输出平稳，效率高，负荷大，换向性能好。

因此，采用永磁同步电动机拖动具有结构简单紧凑、维护工作量小，易于实现低转速、大转矩，特别适合无齿轮曳引，可以提高电梯曳引系统的安全性和可靠性。同时，因提高传动效率而实现节能，并能降低噪声和谐波对环境的污染。

2. 永磁同步无齿轮电梯的性能

永磁同步电动机驱动的无齿轮曳引机，体积小，重量轻，特别适合于无机房电梯的结构。有企业对载重 1000kg，速度 1m/s 的液压电梯、双速电梯，传统的 VVVF 电梯和新型永磁同步无齿轮曳引电梯的性能进行了对比（见表 13－4），从中可见永磁同步无齿轮曳引电梯的优良性能。

表 13－4　　各类电梯性能对比

额定载重量 1000kg 电梯		液压	双速	传统 VVVF	永磁同步电动机
电动机功率/kW		27	10	10	5.7
额定电流/A		65	30	25	14
起动电流/A		80	100	35	20.1
年能耗/(kW·h/y)	年起动次数（200 000）	18 000	7500	6200	3500
	年起动次数（300 000）	26 000	10 000	7500	4400
热损失/ kW		6.0	4.2	3.5	1.0
耗油量/L		300	35	35	0
重量/kg		1200	650	650	330
噪声/dB（A）		65～70	65～70	65～70	50～55
机房面积/m^2		10	15	15	0

由于无机房电梯在机场、车站、展览场馆等建筑高度受限制或有一定要求的建筑，能去掉机房保持整体造型节省建筑成本，有着很大的优势，并符合建筑市场对电梯提出小机房和无机房的要求，对永磁无齿轮曳引机的需求量逐年增加。

3. 永磁同步电动机的主电路及永磁同步无齿曳引机驱动系统

（1）永磁同步电动机的主电路。永磁同步电动机没有励磁绕组，因此节省了励磁供电电路，省去了同步电动机的电刷–集电环装置，使电动机结构紧凑、体积减小、效率提高。其主电路就是对定子三相绕组供电的电路，其电路主要有两种形式，如图13–12所示。

（2）永磁同步无齿曳引机驱动系统。图13–13是国内开发的永磁同步无齿曳引机，其结构紧凑，功能齐全，集曳引电动机、曳引轮、电磁制动器、光电编码器于一身，易于安装，便于使用。

永磁同步无齿曳引机驱动控制系统原理如图13–14所示。其中转子位置的精确控制是永磁同步无齿轮曳引技术重要部分之一，它直接关系到电梯起动、制动的舒适性和平层准确度。

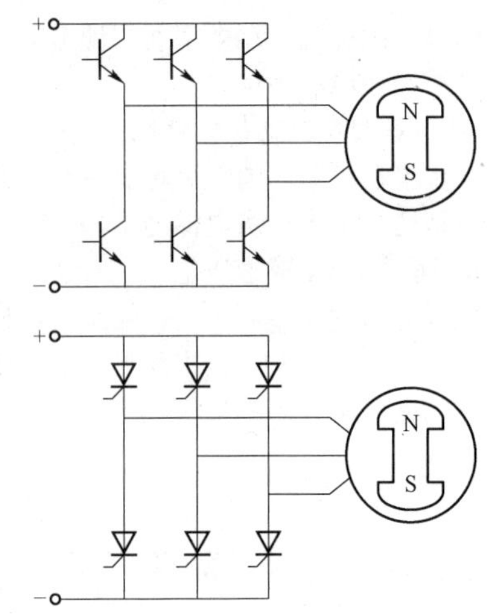

图13–12　永磁同步电动机的主电路图

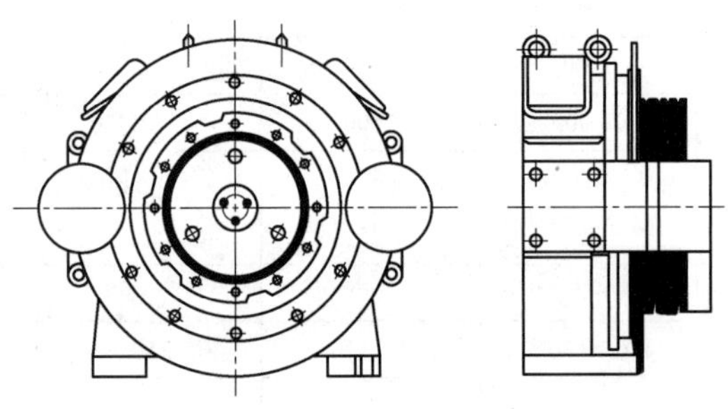

图13–13　永磁同步无齿曳引机

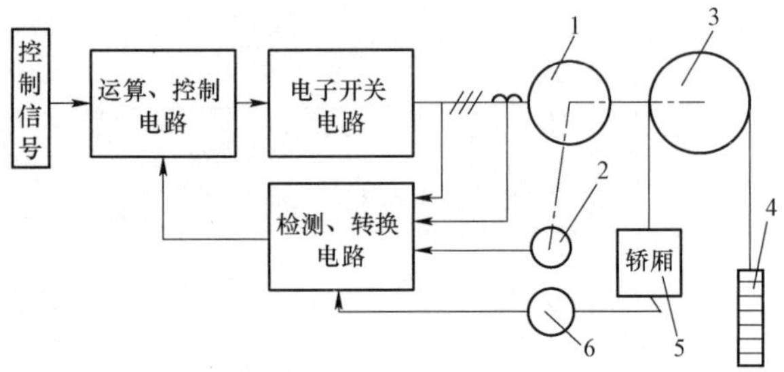

图13–14　永磁同步无齿曳引机驱动控制系统原理图

1—永磁同步电动机；2—转子位置传感器；3—曳引轮；4—对重；5—轿厢；6—轿厢负载检测传感器

13.4　电梯的电气控制系统

13.4.1　电梯的信号控制

电梯的控制主要包括拖动运动控制和交通调度控制（又称信号控制）两部分。其中交通调度控制又可分为单梯信号控制（以集选控制为主要控制方式）、并联信号控制和梯群信号控制等三种。

上述关系可表示如下：

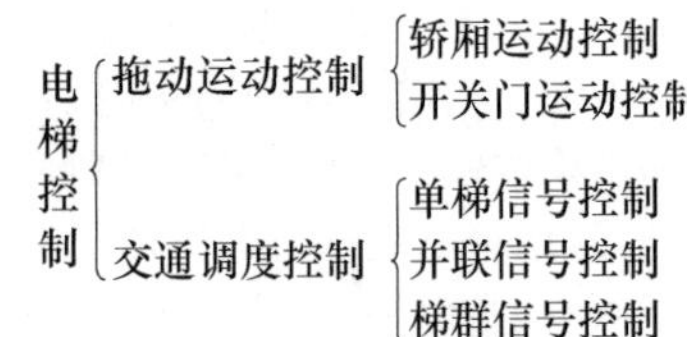

13.4.2　电梯控制中的主要电器部件

1. 操纵盘

操纵盘安装在电梯轿厢靠门的轿壁上，外面仅露出操纵盘面，盘面上安装根据本电梯设有的运行功能按钮和开关。其功能简要介绍如下（普通客梯）。

（1）运行方式开关。用于控制电梯运行与停止的开关（也称急停开关）、选择自动与检修运行的开关、选择有司机与无司机操纵方式的开关。

（2）选层按钮。操纵盘上安装与电梯停站层数相对应的选层按钮，按钮内装有指示灯。当按下欲去层楼的按钮后，该指令被登记，相应的指示灯亮，当电梯到达预选的层楼时，相应的指令被消除，指示灯也就熄灭，未到达的预选层楼选层按钮内的指示灯仍然亮，直到完成指令之后方熄灭。

（3）方向按钮。也称方向起动按钮，电梯在有司机状态下，该按钮的作用是确定运行方向及起动运行。当司机按下欲去楼层的选层按钮后，再按下所要去的方向（上或下）按钮，电梯轿厢就会关门并起动驶向欲去的楼层。

（4）开关门按钮。其作用是控制电梯轿门开闭（厅门随之开闭）。

（5）检修运行开关。也称慢速运行开关，是供电梯检修时使用的。

（6）警铃按钮。当电梯在运行中突然发生故障停车，而电梯司机或乘客又无法从轿厢中出来时可以按下该按钮，通知维修人员及时援救轿厢内的电梯司机及乘客。

（7）直驶按钮（或开关）。在司机状态下，按下这个按钮，电梯只按照轿内指令停层，而不响应外呼信号。当满载时，通过轿厢超载装置，可自动地将电梯转入直驶状态，也只响应轿厢内指令。

（8）风扇开关。控制轿厢通风设备的开关。

（9）召唤蜂鸣器。电梯在有司机状态下，当有人按下厅外召唤按钮，操纵盘上的蜂鸣器发出声音，提醒司机及时应答。

（10）召唤楼层和召唤方向指示灯。在选层按钮旁边或在操纵盘上方，安装召唤楼层和召唤方向指示灯。当有人按下厅外召唤按钮，控制系统使相应召唤楼层和召唤方向指示灯亮，提示轿内司机。当电梯轿厢应答到位时，指示灯熄灭。

（11）照明开关。用于控制轿厢内照明设施，其电源不受电梯电源控制，当电梯故障或检修停电时，轿厢内仍有正常照明。

2. 层楼指示器（指层灯）

电梯层楼指示器用于指示电梯目前所在的位置及运行方向。通常电梯层楼指示器有电梯上下运行方向指示灯和层楼指示灯以及到站钟等。

（1）层楼指示灯的种类。层数指示灯一般采用信号灯和数码管两种。

1）信号灯。在层楼指示器上安装和电梯运行层楼相对应的信号灯，每个信号灯外都有数字表示。当电梯轿厢运行进入某层，该层的层楼指示灯就亮；离开某层后，则该层的层楼灯就灭，指示轿厢目前所在的位置。同理，根据电梯选定方向，通常用“▲”表示上行，“▼”表示下行。

2）数码管。数码管层楼指示器，一般在微机控制的电梯上使用，层楼指示器上有译码器和驱动电路，显示轿厢位置。若电梯运行楼层超过 9 层时，则每层指示用的数码管需要两个，可显示 $-9\sim99$ 共 108 个不同的层楼数。同理，上下方向指示灯，一般为白炽灯和上、下行三角指示。有的为提醒乘客和厅外候梯人员电梯已到本层，电梯配有喇叭（俗称到站钟、语音报站），以声响来传达信息。

（2）指层信息获得方法。获得指层信息的常用方法：

1）通过机械选层器取得。在电梯带有机械选层器时，指层信息是通过选层器触点接通层楼指示灯来实现的。选层器中跟随电梯上下移动的动触点，在不同的位置接通不同的层楼灯，其信号是连续的，一个层灯熄灭，其相邻的层灯即亮。

2）通过安装在井道中的干簧管式感应器获得。其原理是电梯运行时，安装在轿厢上的隔磁板插入某层的感应器时，干簧管触点动作，发出一个开关信号，指示相应的楼层。其特点是电梯运行在两层楼之间时，没有指层信号。若想改成连续信号，可采用通过继电器等办法来解决。

3）通过微机选层器取得。微机与 PLC 控制的电梯，通过对旋转编码器或光电开关的脉冲计数，可以计算出电梯的运行距离，结合层楼数据，就可获得电梯所在的位置信号。

3. 呼梯按钮盒

呼梯按钮盒是给厅外乘用人员提供召唤电梯的装置。在下端站只安装一个上行呼梯按钮，上端站只安装一个下行呼梯按钮，其余的层站根据电梯功能，有安装上呼和下呼两个按钮（全集选），也有仅安装一个下呼梯按钮（下集选），各按钮内均装有指示灯。当按下向上或向下按钮时，相应的指示灯立即亮。当电梯到达某一层站时，该层顺向呼梯指示灯就灭。

另外，在下端站（基站）的呼梯按钮盒内，通常设有一个钥匙开关，是用来锁电梯的开关。

4. 检修开关盒

通常在电梯机房控制柜、轿厢内与轿厢顶，设有电梯检修开关盒，盒内一般有检修开关、急停按钮以及慢上、慢下按钮。轿顶检修开关盒还安装电源插座、照明灯及其开关等。

5. 平层装置

为保证电梯轿厢在各层停靠时准确平层，通常在轿顶设置平层装置。

（1）平层装置的种类与结构。

1）轿厢顶部安装两个或三个干簧管式感应器（两个的为上、下平层感应器，三个的中间为开门区感应器），遮磁板装在轿厢导轨支架上。

遮磁板由铁板按规定尺寸和形状制成。感应器是由 U 形永磁钢、干簧管、盒体组成。其工作原理是：由 U 形永磁钢产生磁场对干簧管感应器产生作用，使干簧管内的触点动作，即动合（常开）触点闭合，动断（常闭）触点断开。当遮磁板插入 U 形永磁钢与干簧管中间空隙时，永磁钢磁路被遮磁板短路，使干簧管失磁，其触点恢复原来的状态，即动合触点断开，动断触点闭合。当遮磁板离开感应器后，磁场又重新形成，干簧管内的触点又动作，达到控制继电器发出指令的目的。

2）圆形永久磁铁与双稳态开关平层装置。在轿顶安装双稳态磁性开关，在井道内对应于每个层站的适当位置上装有圆形永久磁铁。

双稳态磁性开关的工作原理：在干簧管上设置两个极性相反磁性较小的磁铁，它使干簧管中的触点维持现有状态，只有受到外界同极性的磁场作用时触点才能吸合，受到异极性磁场作用时触点才断开。例如：干簧管在未受外界磁场影响时，触点处于断开状态，当电梯轿厢运行时，双稳态磁性开关与固定在井道导轨上磁体架上的一个S极的圆形永久磁铁相遇，在通过双稳态磁性开关中N极小磁铁时，由于两个相遇磁场相反，磁力削减，这时干簧管触点仍为断开状态，当通过S极小磁铁时，由于磁场方向相同，干簧管触点受磁力影响而吸合（磁力增强所致）。当这个S极的圆形永久磁铁离开双稳态磁开关后，双稳态磁开关内的触点仍吸合；当外界的S极圆形永久磁铁由右向左与双稳态磁性开关相遇，通过S极小磁铁时，由于磁场方向相同，则保持干簧管吸合，通过N极小磁铁时，其磁场方向相反，磁力降低，使干簧管触点断开，达到双稳态功能的要求。

（2）平层装置动作原理。以遮磁板与干簧管感应器平层装置为例，其动作原理简述如下：

1）只具有平层功能的平层器。当电梯轿厢上行，接近预选的层站时，电梯运行速度由快速（额定梯速）变为慢速后继续运行，装在轿厢顶上的上平层感应器先进入遮磁板，此时电梯仍继续慢速上行。当下平层感应器进入遮磁板后，这时下平层感应器内干簧管触点位置转换，证明电梯已平层，使上行接触器线圈失电，制动器抱闸停车。

2）具有提前开门功能的平层器。它与只具有平层功能的平层器相比，多一个提前开门功能。当轿厢慢速向上运行，上平层感应器首先进入遮磁板，轿厢继续慢速向上运行；接着开门区感应器进入遮磁板，使干簧管触点位置转换，提前开门继电器吸合，轿门、厅门提前打开；这时轿厢仍然继续慢速上行，当遮磁板插入下平层感应器，使其干簧管触点位置转换，上行接触器线圈失电释放，轿厢停在预选层站。

3）具有自动再平层功能的平层器。当电梯轿厢上行，接近预选的层站时，电梯由快速变成慢速运行，当上平层感应器进入遮磁板后，使本已慢速运行的电梯进一步减速；当中间开门区感应器进入遮磁扳时，电路就准备延时断电，当下平层感应器进入遮磁板时，电梯停止，此时已完全平好层。若电梯因某种原因超过平层位置时，上平层感应器离开了遮磁板，将使相应的继电器动作，电梯反向平层，最后获得较好的平层精度。

6. *旋转编码器*

旋转编码器是一种旋转式测量装置，通常安装在被测轴上，随被测轴一起转动，用以测量转动量（主要是转角），并把它们转换成数字形式的输出信号。在电梯中用码盘来检测轿厢的运行速度及轿厢所处位置，用作速度反馈信号和位置指示信号。为了避免由于曳引钢丝绳与曳引轮之间打滑造成位置检测的误差，检测轿厢位置的码盘常装在限速器的旋转轴上。

旋转编码器有两种基本形式，即增量式编码器和绝对值式编码器（常被称为增量码盘和绝对值码盘）。根据工作原理和结构，编码器又分为接触式、光电式和电磁式等类型。其中接触式是一种最老的转角测量元件，目前已很少采用。光电式编码器是目前用得较多的一种，它没有触点磨损，允许转速高，精度高。缺点是结构复杂，价格贵。电磁式编码器同样是一种无接触式的码盘，具有寿命长、转速高、精度高等优点，是一种有发展前途的直接编码式测量元件。

7. *轿厢位置检测装置*

轿厢位置检测装置俗称选层器，它检测电梯轿厢的运行状态、所处位置，及时向控制系统发出所需要的信号。其主要功能是：根据登记的内选与外呼信号和轿厢的位置关系，确定运行方向；当电梯将要到达所需停站的楼层时，给曳引电动机减速信号，使其换速；当平层停车后，发出信号以消去已应答的选层、呼梯信号，并指示轿厢当前所在位置。

选层器的种类、结构及其工作原理。选层器的种类较多，通常分为三大类，即机械选层器、继电器选层器和微机选层器。其中机械选层器与继电器选层器将随着继电器逐步被淘汰。

1）机械选层器。以机械方式模拟轿厢运行状态，以一系列开关的通断来反映轿厢运行位置，并以电气触头的接触传送信号，达到对电梯的控制。该种选层器和钢带轮安装在电梯机房里，钢带和张紧轮零部件则在井道中。随着电梯技术的发展，机械选层器现已很少使用。

2）继电器选层器。是一种由电气动作完成的选层器，通常由双稳态磁性开关、圆形永久磁铁，选层器方向记忆继电器、选层器步进限位器、记忆继电器、选层继电器，以及选层器的端站校正装置等组成。

井道信息是由安装在轿厢导轨上各层支架上的圆形永磁铁和装在轿厢顶上一组双稳态磁开关来完成。各层选层信号是由机房内控制屏上的楼层继电器来执行。

其工作原理是：轿厢在井道内的位置信号，由双稳态开关与圆形永磁铁之间位置决定，用这信号控制继电器选层器。选层器在双稳态磁开关离开相应的楼层后，双稳态磁开关与圆形永久磁铁相遇，使双稳态磁开关中的接点动作，一个位置一个位置地递进，继电器选层器动作超前于轿厢，使控制系统有足够的时间，决定停车的距离。

3）微机选层器。它由专门的选层传送信息装置与接收装置组成，并经微机处理与运算，来完成选层任务。

当轿厢停止时，选层器直接提供当时轿厢位置；在轿厢运行时，提供即将要到达的楼层位置。

通过电梯位置、运行距离和速度的信号输入，配合登记的呼梯信号，微机就可对电梯进行定向、选层、指层、销号、减速等控制。

8. 电气控制柜

电梯电路中的绝大部分的电器、电子元器件，集中安装在电气控制柜中，其主要作用是完成对电梯电力拖动系统的控制和交通调度控制。

电气控制柜通常安装在电梯的机房里，对于近几年出现的无机房电梯，电气控制柜通常装在井道一侧方便检修的地方。电气控制柜的数量，因电梯型号而定。一部电梯有用一个电气控制柜的，也有用两个或三个电气控制柜的。

另外，在轿厢顶上，还有门电动机及其调速装置、其他线路配线专用的电气装置和接线板，这些元器件和线路，通常装在规定的配电盒内。

13.4.3　单台电梯的信号控制

单台电梯的控制方式有手柄操纵控制、按钮控制、信号控制和集选控制等。目前，在乘客电梯中几乎全部采用集选控制方式。

集选控制是一种全自动电梯控制方式。根据国家规范标准，集选控制方式定义为：“将层门外上下召唤信号、轿厢内选层信号和其他各种专用信号加以综合分析、判断后，自动决定轿厢运行的无司机控制。”乘坐这种电梯时，乘客只需做两件事：一是在候梯时按下欲向上（或向下）的呼梯按钮，二是在进入轿厢时按下欲前往顺向楼层的选层按钮。电梯就会到来并接送乘客到达目的地。

集选电梯的主要控制策略有：

（1）关门开车。为保证运行安全，必须在轿门和所有厅门全部可靠关闭的情况下才允许轿厢起动、运行。轿厢在运行中如轿门或任一厅门被打开，轿厢立即停止运行。

（2）顺向截车。在轿厢运行过程中，遇有前方楼层（前方楼层指经正常减速可以停靠的最近的楼层，它可能是前方第一站，也可能是前方第二、三站……这与电梯轿厢当时的运行速度有关）的同方向（或称顺向）呼梯信号时减速、停车接客，停车后将该呼梯信号消除；遇到前方楼层的反方向呼梯信号时不予理睬，该呼梯信号予以保留，以待返程时响应（返程时该呼梯信号成为顺向呼梯信号）。

（3）最远端反向截车。当轿厢的运行前方已无顺向呼梯和内选信号，但有反向呼梯信号，轿厢也应空厢继续向前运行，去接要求反向运行的乘客。如果前方的反向呼梯信号有多个，则轿厢驶向最远的反向呼梯楼层。

（4）端站强迫换速。当轿厢驶到上（下）端站减速点时，不论该端站有无呼梯、内选信号，都必须减速停车，因为前方已无路可走。通常该控制指令由端站强迫换速行程开关发出。

（5）轿内优先。当电梯已无任何呼梯、内选指令时，轿厢停在某层待命。在轿厢门关好之前，轿外的呼梯信号不参加定向，而由轿内第一个选层信号来确定电梯的运行方向，体现出轿内信号优先定向；如果在此期间轿内没有选层信号，那么在关好门后，由第一个到来的内选、外呼信号来定向，这时内选、外呼信号在首次定向上具有同等地位。

（6）本层顺向呼梯开门。轿厢正在关门时，轿厢停靠楼层有一顺向呼梯信号，则电梯停止关门，改为开门，让该呼梯的乘客进入轿厢。

当电梯已无任何呼梯、内选指令时，轿厢停在某层待命。这时轿厢停靠层有一呼梯信号（不论方向如何），则轿厢开门接客。

（7）满载直驶。当轿厢满载时，电梯不再响应顺向呼梯信号，而直接驶向最近的内选楼层停靠。通过而没有响应的顺向呼梯信号予以保留，这样可以避免无意义的停车，节省轿内乘客的旅行时间，提高服务质量。

（8）超载停驶。在轿厢关门前要称量轿厢载重量，如果超载，则不关门，并发出超载报警（声、光形式），轿内乘客应出去一、二人，直至停止报警，电梯自动关门开车。

（9）超时停驶。电梯发出起动运行指令后，超出预定运行时间仍未收到目标楼层的到达信号，说明电梯运行不正常，这时发出停车指令，避免发生意外。

（10）防捣乱（恶作剧）功能。控制系统发现轿内选层信号远大于轿内乘客人数，则自动将内选信号清除，由乘客重新选按，从而可以避免轿厢无意义的停靠。

（11）优先服务楼层。可以预先设定特殊楼层，轿厢优先响应该层的呼梯信号。在群控方式下，可以派一专梯响应该层的用梯要求。

（12）驻停。当电梯已无任何呼梯、内选指令时，轿厢停在某层待命，称为驻停。对于单台电梯而言，通常有如下 3 种驻停方式：① 就地驻停；② 返回基站驻停；③ 开往中间站驻停。采用哪种驻停方式，可由管理者设定。对于群控电梯，当有多台电梯先后进入驻停状态时，一般按均匀分布原则驻停，也可派梯到优先服务楼层驻停；驻停电梯数量增大到一定值时，可以安排一部分电梯退出服务。

（13）检修控制。电梯应具备检修控制功能，由设在轿厢内和轿厢顶以及控制柜上的检修/运行开关来选择。检修时梯速不超过 0.63m/s，且只能点动，上下运行控制互锁，轿顶操作优先于轿内操作。检修开关控制检修继电器，检修继电器可切断轿内指令、厅外上下召唤、平层回路、减速及高速运行回路，有的电梯还切断厅外指层回路。

（14）消防控制。电梯在消防状态下有两种运行状态：火灾返回基站和消防员专用。

火灾返回基站的功能有：① 消除内指令、外召唤登记；② 断开开门回路，将门关闭；③ 电梯如在上行中，就近层停靠不开门返基站；④ 如在下行中直接返基站；⑤ 如电梯正处于开门过程中，立即关门返回基站；⑥ 如电梯正在基站，立即开门进入消防员专用状态。

消防员专用状态的功能有：① 厅外召唤不起作用；② 实行开门待命；③ 轿内指令按钮有效，由消防人员使用；④ 开、关门按钮点动操作，电梯未起动前不能松手，否则门自动打开；⑤ 消除自动返基站功能；⑥ 轿内指令一次有效，包括选层、关门按钮指令。

一般，消防员专用电梯的额定载重量至少为 630kg，轿厢的有效面积应不小于 $1.4m^2$。电梯的速度应按整个行程运行时间不超过 60s 来选择，门入口的净宽度最少为 0.8m。

13.4.4 电梯的并联控制与群控

1. 概述

大楼内相邻安装两台电梯，如果它们在操作上是相互独立的，则使用效率很低，极易出现两台电梯同时应答同一召唤，造成重复的行驶与不必要的停站。因此须将这些电梯的控制机制连接起来合理调配。从信号控制角度可分为并联控制和梯群管理控制两大类，简称并联和群控。

并联控制是指“二或三台集中排列的电梯，共用层门外召唤信号，按规定顺序自动调度，确定其运行状态的控制。”

所谓群控（又称梯群程序控制或梯群管理控制）是指“对集中排列的多台电梯，共用层门外按钮，按规定程序运行的集中调度和控制”。与并联控制相比，除了共用厅外召唤信号外，还能根据厅外召唤信号数的多寡和电梯每次负载情况而自动合理地调配各台电梯处于最佳的服务状态。

无论是多台电梯的并联控制还是梯群管理控制，其最终目的是把对应于某一层楼召唤信号，自动地按其运行方向，把运输任务合理地分配给梯群中的某一台电梯。

2. 两台电梯并联控制的调度策略

（1）空闲情况下，一台电梯在基站待命，准备应答基站的召唤信号；另一台电梯停留在最后停靠的楼层，此梯常称自由梯或称忙梯。中间层站有召唤信号，则忙梯立即定向运行去接该层的客人。

（2）两台梯因轿内指令而到达基站后关门待命时，则应执行“先到先行”的原则。例如 A 梯先到基站，而 B 梯后到，则经一定延时，A 梯立即起动运行至事先指定的中间层楼待命，并成为自由梯。而 B 梯则成为基站梯。

（3）当 A 梯正在上行时，如其上方出现任何方向的召唤信号，或是其下方出现向下的召唤信号，则均由 A 梯的一周行程中去完成，而 B 梯留在基站不予应答运行。但如在 A 梯的下方出现向上召唤信号，则在基站的 B 梯发车上行应答该召唤信号，此时 B 梯也成为忙梯了。

（4）如果当 A 梯正在向下运行时，其上方出现任何向上或向下召唤信号，则在基站的 B 梯发车上行应答该召唤信号。但如果 A 梯下方出现任何方向的召唤信号，则 B 梯不予应答而由 A 梯去完成。

（5）如果当 A 梯正在运行，其他各层楼的厅外召唤信号又很多，但在基站的 B 梯又不具备上述发车条件，而在 30～60s 后，召唤信号仍存在，尚未消除，则通过延误时间继电器而令 B 梯发车运行。同样原理，如果本应 A 应答厅外召唤信号而运行的，但由于例如电梯门锁等故障而不能运行时，则也经 30～60s 的延误时间后而令 B 梯（基站梯）发车运行。

3. 多台电梯的群控状态及调度策略

为了提高电梯的输送效率和充分满足楼内客流量的需要，以及尽可能地缩短乘客的候梯时间，把多台电梯组合成群，来进行自动调度，梯群的自动程序控制系统常简称为群控。群控系统能提供各种工作程序或随机程序（或称无程序）来满足大型宾馆、办公楼等随机大幅度变化的各种客流状态。群控系统可有六程序和无程序（即随机程序）的工作状态。六程序调度策略介绍如下。

（1）自动程序控制系统提供相应于下列六种客流状态的工作程序：

1）上行客流量高峰状态。

2）客流量层间状态。

3）上行客流量较下行大的状态。

4）下行客流量较上行大的状态。

5）下行客流量高峰状态。

6）空闲时间的客流状态。

（2）六个工作程序的切换方法。群控系统中工作程序的切换可以是自动的或人为的。通常将群控系统的程序选择开关转向自动位置，则系统中的电梯就会按照实际的客流情况，自动选择最合适的工作程序，为乘客提供迅速而有规律的服务。

（3）六个工作状况及其自动切换条件。

1）上行客流量高峰工作程序。这个程序的客流交通特征是：从下端基站向上去的乘客特别拥挤，通过电梯将大量乘客运送至大楼内各层，这时楼层之间的相互交通很少，并且向下外出的乘客也很少。该情况通常出现在办公大楼早晨上班时段。

该工序的自动切换条件是：当电梯轿厢从下端站（基站）向上出发时，如果连续 2 台梯满载（超过额定载重量的 80%）时，则上行客流顶峰被自动选择。如果从下端基站向上出发的轿厢负载连续降低至小于额定载重量的 60%时，则在一定时间内，上行客流量高峰工作程序被解除。

2）客流量层间交通或组合交通工作程序。这个程序的客流交通特征是：客流强度为中等或较繁忙程度，一定数量的乘客从下端基站到大楼内各层，另一部分乘客从大楼中各层到下端基站外出，同时还有相当数量的乘客在楼层之间上、下往返，上、下客流几乎相等。

该工序的自动切换条件是：当上行客流量高峰或下行客流量高峰工序被解除后，如有召唤信号连续存在，则系统转入客流非高峰状态。在客流非高峰状态下，如果电梯向上行程的时间与向下行程的时间几乎相同，而且轿厢负荷也相接近，则客流平衡工序被自动选择。

若出现持续的不能满足向上行程的时间与向下行程的时间几乎相同的条件，则在相应的时间内客流平衡工序被自动解除。

3）上行客流量较下行大的工作程序。这个程序的客流交通特征是：客流强度是中等或较繁忙程度，但其中大部分是向上客流。

基本运转方式与客流平衡工序的情况完全相同，也是在客流非高峰状态下，轿厢在上、下端站之间往复行驶，并对轿厢指令及楼层召唤信号按顺方向予以停层。因为向上交通比较繁忙，所以向上运行时间较向下运行时间要长些。

该工序的自动切换条件是：在客流非顶峰状态下，如电梯向上行程的时间较向下行程的时间为长，则在相应的时间内，上行客流量大的工序被选择，若上行轿厢内的载荷超过额定载重量的 60%时，则该工序应在较短时间内被选择。

如若在该工序中出现持续的不能满足向上行程时间较向下行程时为长的条件时，则在相应的时间内，上行客流量大的工序被解除。

4）下行客流量较上行大的工作程序。这个程序的客流交通特征和其切换条件正好与上行客流量大的工作程序相反，只不过将前述的向上换成向下而言。该工序也属客流非高峰范畴内。

5）下行客流量高峰工作程序。这个程序的客流交通特征是：客流强度很大，由各楼层向下端基站的乘客很多，而楼层间相互往来以及向上的乘客很少。该情况通常出现在办公大楼午餐与下班时或楼内影剧院散场时。

在该工序中，常出现向下的轿厢在高区楼层已经满载的情况，使低区楼层的乘客等待电梯的时间增加。为了有效地应付这种现象，系统将机群投入“分区运行”状态，即把大楼分为高楼层区和低楼层区两个区域，同时也将电梯平分为两个组，如每组各两台电梯（A、C 台为高区梯；B、D 台为低区梯）分别运行于所属的区域内。高区梯优先应答高区内各层的向下召唤信号，同时也接受轿厢内乘客的指令信号。高区电梯从下端基站向上出发后，顺途应答所有的向上召唤信号。

低区电梯主要应答低区内各层的向下召唤信号，不应答所有的向上召唤信号。但也允许在轿厢指令的作用下上升至高区。

该工序的切换条件是：当出现轿厢连续两台满载（超过额定载重量的 80%）下行到达下端站时，或楼层间出现规定数以上的向下召唤信号数时，则下行客流顶峰被自动选择。

如下行轿厢的负载连续降低至小于额定载重量的 60%时，则经过一定的时间，而且这时楼层的向下召唤信号数在规定数以下，则下行客流顶峰工序被解除。

但在下行客流高峰工序中，当满载轿厢下行时，低楼层区内的向下召唤数达到规定数以上时，则分区运行起作用，系统将梯群中的电梯分为两组，每组分别运行在高区和低区楼层区内。在分区运行情况下，如低楼层区内的向下召唤信号数降低到规定数以下时，则分区运行被解除。

6）空闲时间客流工作程序。这个程序的客流交通特征是：客流量极少，而且是间歇性的（例如假日、深夜、黎明）。轿厢在下端基站顺着到达先后被选为“先行”。

该程序的自动切换条件是：当电梯群控系统工作在上行客流高峰以外的各个程序中如 90～120s 内没有出现召唤信号，而且这时轿厢内的载重小于额定载重量的 40%时，则空闲时间客流工作程序被选择。

在空闲时间客流工序中，如在 90s 的时间内连续存在 1 个召唤信号，或在一个较短时间（约 45s）内存在 2 个召唤信号，则空闲时间客流工序被解除。

如当出现上行客流高峰状态时，空闲时间客流工序立即被解除。

4. *群控调度*

电梯群控系统的调度策略可以分为两类：一类是用固定模式的“硬件”系统，即前面所述的六种客流工序状况；另一类是微机控制的无程序按需发车的自动调度系统。即按照“成本报价”——“人·秒综合成本”的调度策略，不仅考虑时间因素，还要考虑电梯系统的能量消耗最低及输送效率最大等因素，使得系统可提高输送效率，达到节能、缩短平均候梯时间的效果。

13.4.5 人工智能在电梯中的应用

人工智能（Artificial Intelligence）汇集了模拟人类思维过程和学习、推理、思考、规划等行为的研究成果，使得感知、自适应、模式识别、自然语言理解、知识处理等的实施成为可能。人工智能把技术作为手段来认知、探索、利用知识来解决现实世界的各类问题。现代电梯工程领域中广泛应用了包括智能算法在内的人工智能技术，目前主要用于电梯设备的健康管理和电梯的智能运行。

1. *电梯设备的最优管理*

电梯设备故障预测与最优管理（Prognostic and Health Management，PHM），是对复杂装备的全生命期进行故障预测、最优状态评估和健康管理的技术思路。

应用信息与智能化技术来获得电梯设备的静态和动态信息，实现电梯设备的最优管理、日常运行调度和突发事故时的应急对策。电梯设备的最优管理则基于其基础数据和实时数据，分析机械与电气部件等的最优态势，并及时提出诊断报告和对策。

最优评估－从电梯设备运行数据库里提取设备的特征参数，进行异常分析和推理，给出梯内各系统的最优现状报告。

故障预测－将最优评估模块获得的数据和最优现状报告进行加工处理，采用基于特征参数或基于数理模型的方法，预测系统状态发展趋势以及可能造成的后果。

推理决策－在故障预测的基础上进行数据融合及故障等级分类，对故障与渐变故障的现象提出调整相关系统运行状态的策略，得以最小的代价获得最有利的效果或最小的损失。

电梯设备的运行状态往往难以进行量化评估，故障预测困难，需要通过分析其 PHM 的基础活动数据与理论机制，构建复杂装备的 PHM 体系结构和系统，进行故障预测、最优状态评估和最优管理。电梯设备 PHM 系统能获得电梯全面的历史与实时、静态与动态信息，针对安全、服务质量、能源成本等运行目标，根据特定的数学模型进行故障预测和最优诊断，判断该专项为“最优”“次优”“病态”“严重病态”，按照诊断结果给出对策建议。当最优诊断专项具有自动控制功能时，则立即反馈调整，采取措施。

2. *电梯的智能运行*

在电梯运行中应用人工智能涉及仿真与建模、专家系统、人工神经网络、模糊控制、遗传算法、免疫算法、粒子群算法、蚁群算法等。而电梯群控算法是在特定的交通模式下电梯运行所遵循的控制策略。

由于大型建筑物的人员进出频繁，电梯客流呈现潮汐式分布，需要实行智能运载，提高运输效率，改善乘客乘坐体验。而对于建筑物管理者来说，大量非预期的运行与低效率运行增加了设备磨损，更增加了能源消耗。

电梯智能客流管理系统突破了传统的电梯群控技术。其最大的特点是从过去随机登录—分配的方式，改为由系统事先收集乘客想要到达的目的楼层，乘客可以在侯梯大厅通过集中式目的楼层选层器或智能卡输入目的楼层，再由智能客流管理系统将所有指令通过神经网络计算后，将目的楼层相同的呼叫需求进行统一派梯，指派等候时间最短的电梯优先服务，系统将目的楼层相同或相近的乘客智能分配于同一台电梯，因此大多数乘客可以无须停靠、直接到达目的楼层，避免了普通电梯每次运输需多次停靠的问题。在运行高峰期间，电梯运送乘客到达目的层的速度，要比传统电梯快 20%～40%，乘客平均等待时间缩短 20%以上。

智能管理系统同时采用了模糊逻辑处理与风险预测调度技术，在电梯外预先掌握乘客的目的楼层，感知峰值交通需求，合理计算和预测电梯的最佳服务路径，精确规划和优化任务分配，通过减少电梯停站次数，在不牺牲效率的情况下，控制电梯行车距离，同时使轿厢载重尽可能平衡，以带来更低的能源消耗，据专家测算其节能率可达 20%以上。由于这种系统能对乘客进行最合理的分流，有效缩短了乘客等候与乘坐时间，减轻轿厢和层站拥堵状况，显著地改善乘梯环境，为乘客带来全新、更愉悦的乘梯体验。

从电梯运行的控制智能化角度讲，要求电梯有优质的服务质量。控制程序中应采用先进的调度规则，使群控管理有最佳的派梯模式。现在的群控算法中已不是单一地依赖“乘客等候时间最短”为目标，而是采用模糊理论、神经网络、遗传算法、专家系统的方法，将要综合考虑的因素吸收到群控系统中去。在这些因素中既有影响乘客心理的因素，也有对即将要发生的情况做出评价决策，是专家系统和电梯当前运行状态组合在一起的多目标控制。电梯的语音通告和信息显示可最大限度地发挥轿厢的承载能力。利用遗传算法对客流交通模式及派梯规则进行优选，强化学习，实现电梯调度规则的最优化，以适应环境的变化。

梯群运行性能和服务质量主要取决于电梯群控系统的控制算法，而不同的控制形式和调度原则可以设计出不同的控制算法。从国内外主要电梯群控产品（表 13－5）来看，控制算法是个探索过程。

表 13－5　国内外主要电梯群控产品及控制算法特点

公司	群控产品	控制算法特点
三菱	Σ－AI 2200	模糊逻辑及神经网络技术
迅达	AITP	模糊控制、神经网络技术
迅达	Miconic10	目的层站控制、神经网络技术
富士达	Flex8820/8830	模糊推理、自适应技术
通力	TMS9000	模糊逻辑智能控制技术
东芝	EJ－1000	模糊逻辑、人工神经网络
Otis	Elevonic ® Class	采用奖惩算法
日立	FI－340G	遗传算法
日立	CIP/IC	即时预约等周期控制
日立	CIP－3800	缩短等待时间预测控制
日立	CIP－5200	自学习节能控制
日立	FI－320	楼层个性化专家系统

13.4.6　电梯远程监控系统

1. 电梯远程监控的必要性

随着城市化进程，建筑物的高度和体量不断增加，作为建筑物内的交通工具——电梯和自动扶梯的数量急剧上升。电梯和自动扶梯带给人们工作、生活带来便利，但是如果发生故障，也会造成秩序的混乱和人身的伤害。因此，如何保证数量庞大的电梯和自动扶梯的正常运行，如何在它们发生故障前进行预防性维护？如何在它们突发故障时第一时间获取信息，得以在最短时间内修复？电梯和自动扶梯的远程监控成为城市运行管理的重要内容，因而电梯远程监控系统已经被制造维护商和城市管理部门建立起来。

2. 电梯远程监控系统的功能

（1）故障监视，实时获得故障电梯的地理位置和故障情况，以便快速应对处理。

（2）监听受困乘客报警。

（3）故障分析，远程协助现场人员进行的故障分析及处置。

（4）运行数据和设备故障数据的记录与统计。

（5）故障预测，编制维护计划，进行预防性保养，减少事故停梯时间。

（6）远程调试，修改电梯的部分控制参数、功能和控制策略等。

（7）监控，对有人未经许可进入机房、轿厢顶部等区域，及时报警并记录。

（8）统计运行频率、停靠层站、呼梯楼层、客流情况等建筑物电梯的实际使用情况，以供优化群控策略。

（9）利用积累数据，分析下属所有电梯的运行状态和维护水平。

3. 电梯远程监控系统的实现

电梯远程监控系统下的每台电梯配备一套远程监控单元（Remote Monitor Unite，RMU）和通信控制器，RMU 通过 PSTN（Public Switched Telephone Network）和租用专线与远程控制中心以及设备服务终端相连接。远程监控单元拥有检测、监控和诊断功能，可以代替大部分现场的检查项目，并且可以内部记录数据。

中央监控主机设在全天有人值守的监控中心，操作终端向值班人员提供分布在各地的电梯运行数据。终端可以检查目前属下电梯的运行参数和复核详细的指令数据、生成报告，列出远程监控结果和对现场工程师提出的指令。

电梯远程监控系统下载用时（DOWN－TIME）极短，可以在不影响乘客的情况下调整电梯运行方式，系统不断收到数据，确认问题并及时记录。通信控制器与 RMU 相互交换数据，控制电梯轿厢与电梯远程监控中心的通信。监控中心可以调用 RMU 获得的数据，用来生成最优化的维保计划表，作为对用户咨询服务的依据。

电梯远程监控系统跟踪边界条件（在正常运行环境内下进行重试操作而导致失败的条件）和失效区域能采集更多的综合数据。例如，机械的磨损和污染能够影响继电器触点的准确性操作，从而导致偶然的可恢复的逻辑错误。这些症状的提早报警，有益于保证全部设备功能的正常运行。跟踪数据可用于分析典型的机械故障、故障预测以及产生成本效率维护计划，将规定的维护保养与即时的干预结合在一起。

电梯远程监控系统要检查电梯参数，包括刹车测试、门操作测试和其他可以区分即将发生于这些早期阶段的复杂过程处理。这些通常是在乘客较少的深夜由工程师在过程监控下进行。这些测试可显示控制器的状态以及曳引电动机和井道机械的运行时间与磨耗的诊断。

电梯的维护保养和器件的更换计划表是基于电梯的数量、待机时间、在每一层电梯开门的次数生成的。这些信息与机械磨损和故障率数据相关。而电梯操作统计数据对于建筑物的管理是非常重要的，因为它们反映人们是如何在建筑物中穿行以及有多少人到达过某一层，展现了电梯系统达到的服务目标。远程监控的功能在改进电梯系统性能的同时，也降低了维护成本。

电梯远程监控系统也是电梯企业进行技术服务及市场竞争的重要手段，电梯制造商的远程监控系统面向全国各地，组建具有多层架构电梯远程监控服务网络，如图 13－15 所示。电梯制造商总部的监控中心为网络的第 1 层，它有权去观察整个监控网络内的任何一部电梯，设各个城市的监控中心为区域监控中心，负责对本区域的电梯进行管理，是网络的第 2 层，它有权去观察本区域内的任何一部电梯，接收本区域内电梯的故障呼叫，对故障电梯进行处理。第 2 级监控中心有对其所管辖区域的电梯进行故障及维修记录的功能，如果第 1 层的服务中心想得到这些信息，可以很方便地借助 Internet 以远程登录的方式来实现。

设在建筑物或小区内的电梯监控中心是网络的第 3 层，第 3 层的监控中心只监控本建筑物或小区内的电梯。当其所管辖的电梯出现故障时，监控中心立即通知维修保养企业进行处理，同时将故障信息发送给区域电梯监控服务中心。

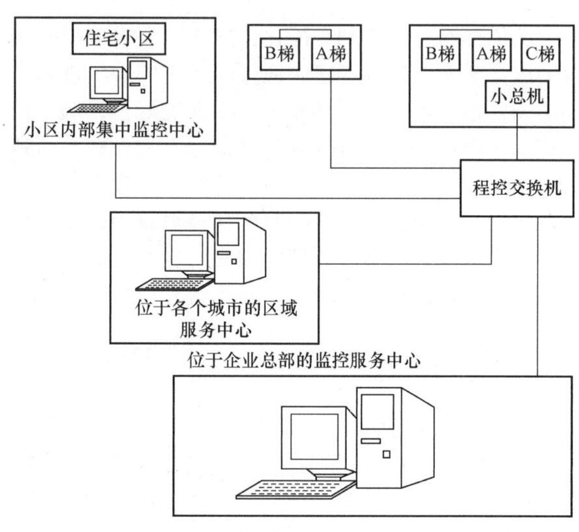

图 13－15 多层次管理的电梯远程监控系统示意图

13.5 电梯的安全保护

电梯是建筑物垂直的交通运输工具，日复一日地上下运送大量的乘客与货物，如有故障可能造成生命与财产的损失，因此必须具有足够的安全性与可靠性。

13.5.1 电梯安全概述

电梯安全保护系统是整个电梯系统中重要的子系统。电梯在运行中由于某种原因会出现危险或故障，如超速（轿厢超过极限速度运行）、冲顶（轿厢运行到顶层时不停车而继续运行，发生终端越位后，上终端限位装置失灵，轿厢冲向井道顶部）、蹾底（下终端限位装置失灵，造成轿厢跌落井道底坑）、未关闭轿厢门时轿厢运行、电磁制动器失灵、轿厢平层不准（平层控制故障）、限速器和安全钳不能正常动作、轿厢超载运行（超载开关失灵）、运行中的电梯突然停车（控制电路故障或停电）等。为此对电梯设计了多重安全装置，采用各种安全技术措施来消除不安全因素，并且建立严格的电梯管理制度，定期维护和检查，以保证电梯的安全运行。

13.5.2 电梯运行的安全保护

电梯安全保护系统中设置的安全保护装置，一般由机械安全装置和电气安全装置两大部分组成，一些机械安全装置需要电气监测和控制的配合以及联锁动作才能达到可靠的预期效果。

为能很好地处理任何意外情况，电梯的安全保护措施设计周密，并有多种安全保护的控制措施。各种安全装置相互之间的动作关系可如图 13－16 所示。

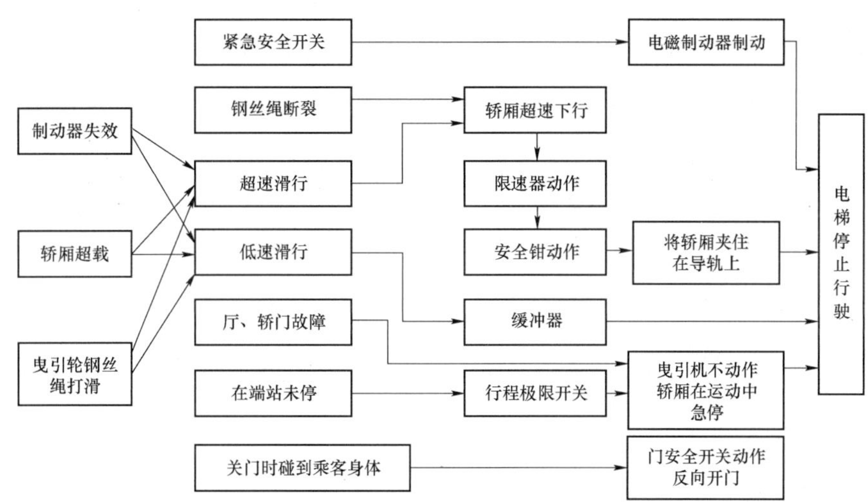

图 13－16　电梯安全保护装置系统的主要动作关系

1. 超速保护装置

限速器和安全钳。限速器的作用是当电梯轿厢的运行速度达到限定值时，能发出信号切断电源，并以机械动作操纵安全钳。安全钳是与限速器配套使用的制停机构，在限速器的作用下，将轿厢或对重强行制停在导轨上，是对超速失控故障的保护装置。

2. 终端超越保护装置

终端超越保护装置是为了防止因电气系统控制失灵，轿厢到达顶层或底层后，仍继续行驶而设置的。它由强迫减速开关、终端限位开关和极限开关组成，构成终端超越的三重保护方式来切断总电源。

3. 缓冲装置

如果轿厢意外超速垂直降落，因其具有极大的动能，必须设法吸收和消耗轿厢所具有的能量，尽可能地减少和避免损失。缓冲器就是一种能吸收并消耗轿厢能量的装置。同一井道一般安装 3 个同样规格的缓冲器，正对轿厢缓冲板有两个，称为轿厢缓冲器，对轿厢的蹾底起保护作用；正对重缓冲板有一个，称为对重缓冲器，而当轿厢冲顶时对重就会超速地向下运动，由于对重缓冲器的缓冲作用，使轿厢冲顶的速度减弱，同样起到了保护作用。

4. 轿厢超载安全保护装置

用压磁式或杠杆式称重装置监测轿厢的载荷，一旦超过预定值，报警并限制电梯运行。

5. 层门、轿门闭锁安全保护

用电气触头机械联锁，确保当轿门、厅门不关闭时电梯不能运行。

6. .轿门自动防夹安全保护

由门安全触板带动联锁开关或光电式传感器带动开门电动机，或采用电子感应式近门检测器，以防止关门夹人。光电式安全装置装在轿门两侧，进入电梯时，即使梯门正在关闭过程中，如果碰到了门口横扫光束，梯门会再次打开。超声波式安全装置装在轿门的顶部，超声波感应器可探测到厅门附近一定范围内是否有物体和人存在，可使电梯门一直打开到乘坐电梯的乘客上下完为止。

13.5.3　电梯的电气安全

对电梯的电气装置和线路必须采取安全保护措施，以防止发生人员触电和设备损毁事故。按《电梯制造与安装安全规范》(GB 7588) 的要求，电梯设备电气安全保护措施，见表 13–6。

表 13－6　电梯设备电气安全措施

序号	项目	内　容
1	防止触电的接地保护	电梯所有电器设备的金属外壳均应良好的接地，接地电阻值小于 4Ω，电梯的保护接地（接零）系统良好，电气设备的绝缘强度在安装时进行测试，绝缘电阻大于 1000Ω/V，动力电路和电气安全装置电路 0.5MΩ，其他电路（控制、照明、信号）0.25MΩ 零线与接地线必须分开
2	电气故障防护	在机房中，对应每台电梯都应装设 一只能切断该电梯除必要供电电路外的供电主开关，它具有切断电梯正常使用情况下最大电流的能力 交流电梯应有电源相序及断相安全保护，用机电式或半导体式相序继电器保护。直接与电源相连的电动机和照明电路应有短路保护，与电源直接相连的电动机应有过载保护

续表

序号	项目	内容
3	过载及短路安全保护	（1）对交流电梯主拖动电动机和直流发电机组的交流，原动机过载，用手动复位热继电器保护 （2）对交流电梯曳引电动机和直流发电机组的交流原动机的短路保护，采用熔断器保护 （3）直流曳引电动机的短路保护用瞬时动作过电流继电器；过载保护用反时限动作或延时动作继电器
4	电梯运行起作用的安全保护	厅门和轿门及超载试验等安全保护 超载试验：电梯竣工前的超载试验，即在轿厢内加入110%额定载荷断开超载保护电路，通电持续率40%情况下，到达全行程范围往复运行30次，电梯都能可靠地起动、运行、停止而且各部分都正常，以保证了电梯今后的可靠运行
5	电梯运行发生事故时起作用的安全保护	照明线路和动力线路分开。当电梯发生故障时，为了使电梯停止运行，必须切断电源。但必须保证轿厢内的照明、通风、报警装置供电，避免电梯失电后轿厢内一片黑暗及无法与外界联系，造成乘客恐惧和慌乱。另外，此时还必须保证轿顶插座、机房内照明插座、井道内照明均有电，使设在井道壁上的照明灯点亮，便于人们通过安全窗撤出轿厢 限速器与安全钳、轿顶安全窗及安全窗开关、上下终端超越层保证装置、缓冲器、通信设备及顶层高度与底坑深度的安全保护
6	轿顶及底坑检修时安全保护	在轿顶及井道底坑安装检修用的联锁保护装置 轿厢应设红色标志的非自动复位开关 轿顶必须设检修开关，并应符合：上下只能点动；轿厢运行速度应不超过0.63m/s；检修运行只能在轿厢正常运行的范围内，且安全装置应起作用；在检修开关上或其近旁应标出 “正常”及“检修”字样，并标出运行的方向

13.5.4 电梯的安全操作

操作电梯必须遵守一定的操作规程，以保证电梯行驶时的安全。

（1）轿厢内应设有应急灯，当断电时能保证轿厢内有一定的亮度。轿厢内还必须装有与外界联系的电话或对讲机等通信装置。

（2）电梯司机必须持有上岗操作合格证，无证或非司机绝不允许擅自操作电梯。在操作电梯时，必须按照安全操作规程要求去做，绝不允许违章操作，不准私自离岗，并要具备处理紧急情况的能力。

（3）在电梯基站厅门外和轿厢内，应贴有乘客乘梯须知。

（4）乘客应遵守候梯、乘梯的道德规范，在无司机操作时，应提倡文明乘梯，禁止用脚或其他物品损坏轿厢，更不允许私自拨开厅门。

（5）不允许乘客站在厅门与轿门之间等候或闲谈，在进、出轿门时应尽量迅速，不要在厅门与轿门之间停留。

（6）电梯载客前，要进行运行前的检查。经检查确无问题后，才能正式运行。

（7）轿厢内绝不准装带易燃、易爆、易破碎等危险品，也不准装载超过轿厢内高度或宽度的物品。

（8）电梯停驶时，应停在规定的层站，管理人员或司机应仔细检查轿厢内外有无异常现象，然后按停梯的操作程序将轿、厅门关好，锁梯后方可离梯。若交接班，应严格按照制度去办。

（9）当发现电梯有异常情况时，应立即停梯，并及时通知电梯维修人员进行检查，排除故障。绝不准电梯带病运行，故障排除后，经试运行正常后，才可正式投入使用。

13.5.5 电梯的安全管理

1. 安全运行基本条件

电梯设计、制造、安装必须符合国家有关标准，才能允许投入正式运行。要确保电梯安全运行，必须做好以下基本工作：

（1）根据电梯数量、分布情况、使用的频繁程度，合理配备电梯司机及管理、维修保养人员。

（2）根据具体情况设置相应的机构，对于电梯管理和技术人员、电梯维修人员及电梯司机，必须受过专业培训，并取得合格证书，才能上岗工作，并应保持人员相对稳定。

（3）建立电梯设备技术档案。

（4）电梯电气设备的一切金属外壳，必须采取保护接地措施，其技术要求和指标必须符合有关规范。

（5）机房内必须备有消防设备，机房内环境的管理及温度应符合规定，并保持清洁卫生。

（6）井道内应有永久照明灯，轿顶和底坑应有照明灯，灯具应安全可靠，照明电压应不超过36V。

2. 电梯的安全运行管理

为了预防电梯运行中发生人身事故或设备损坏，在电梯的日常管理上应采取必要措施，特别是一旦发生人身事故或设备损坏时，应做到及时正确处理。无论是电梯管理和技术人员还是电梯维修人员或电梯司机，都应掌握一定的基本知识，并积极配合。

预防电梯发生设备和人身事故的安全技术管理措施的主要内容有：

（1）电梯管理和安全技术等部门，应重视并加强电梯运行、维修保养及电梯安全技术。建立健全电梯的日常维修保养、运行和周期性检修制度，明确岗位责任制，健全安全操作规程，并建立监督保证体系，落实各种规章制度。对从事电梯工作的管理人员、司机及维修人员的身体健康状况应进行定期检查，并对这些人员定期进行电梯安全技术培训和考核，提高他们的安全操作技能和水平。

（2）电梯进行修理时，应对使用的工器具进行安全检查。主持修理工程的负责人，要将每项修理过程的安全措施及要求，对参加修理工作的全体工作人员详细地进行安全技术交底，参加修理工作的全体人员要在明白安全注意事项并签订安全责任书后，才可进行工作。

（3）定期检查电梯维修保养、运行情况，排除安全隐患；检查各种工器具及劳保用具的安全性。

（4）对电梯安全技术管理情况、贯彻各种规章制度的情况进行检查。

（5）接受当地主管部门对电梯安全装置的定期检查。

（6）若电梯停用时间超过一个星期，再投入运行前必须认真检查，试运行合格后，才可继续运行。

3. 电梯发生事故的一般处理原则与方法

当电梯发生设备和人身事故时，一般的处理原则与方法是：

（1）保护现场。发生事故后，尽一切可能抢救受伤人员，采取有效措施制止事故的蔓延扩大，并在认真保护现场的前提下，尽可能使设备少受损失。凡可能与事故有关的物体、痕迹等，均不得人为破坏。若为抢救受伤者需要移动现场某些物体时，必须做好标记、拍照并做详细记录。事故现场要封好，只有当保卫、安全、劳动等部门来人后，才可到事故现场查看。

（2）及时报告。在保护现场、及时抢救受伤人的同时，司机或最先发现事故的人，应立即逐级向上报告，事故严重时应立即向上级有关领导和主管部门直接报告，并真实及时地填写事故登记表。

（3）事故调查。发生事故后，根据事故的性质及严重程度，由有关部门组成事故调查组。调查事故时，应检查现场，搜集与事故有关的物证、事实资料、证人材料，进行现场摄影，绘制事故图；调查事故发生的起因；召开事故分析会，写出有关事故调查、分析材料、技术鉴定书和实验报告，并根据事故后果和责任者的情节轻重写出处理意见书，一并上报主管部门进行审核，最后提出处理决定。

4. 地震预案

地震对运行中和静止的电梯有很大的破坏力，需要根据当地的地震设防等级，对电梯设置防震技术措施，并制定震时应急预案和震后的处置方案。

13.6 电梯的选用与配置

13.6.1 概述

电梯的选用与配置直接影响大型建筑的运营效果。选用电梯时，需要根据建筑物的客流与物流运输的规模和服务标准，来考虑电梯的参数和配置。

电梯的选用是一项系统工程，首先是设计建筑物的交通模式。根据建筑的功能布局确定特定区域的客流量与特点，按照服务质量要求，制定交通模式。在此基础上，分析计算电梯的载重量、梯速、控制方法、台数，进行技术经济比较。电梯系统设计完成后，再按建筑与区域的规划，设计电梯的井道布局，确定电梯设备采购的技术规格书。

13.6.2 客流分析与输送能力

建筑物在设计电梯系统前，必须对其功能做深入的客流分析，以确定楼内电梯系统所需的台数与电梯参数。同时还要研究在各种工况下电梯系统以何种调度方式服务最为高效，并通过动态仿真来模拟梯群/组的服务质量，以评价所选用和配置电梯的服务质量。

1. 客流特点

电梯系统因建筑物功能的不同，服务质量的等级，可以呈现很大的差异。以某办公楼为例，工作日的上下班以及中午时刻会出现客流高峰，如图 13－17 所示。上班时属上行高峰，客流的主要流量是由大楼底层的主端站，流向各楼层；下班时则相反。中午是以餐厅位置决定客流的方向。除了这三个时间的客流高峰外，其余时间的客流量都比较少。如大楼内某几层属同一单位，则这几层间由于业务关系会出现较频繁的层间客流。

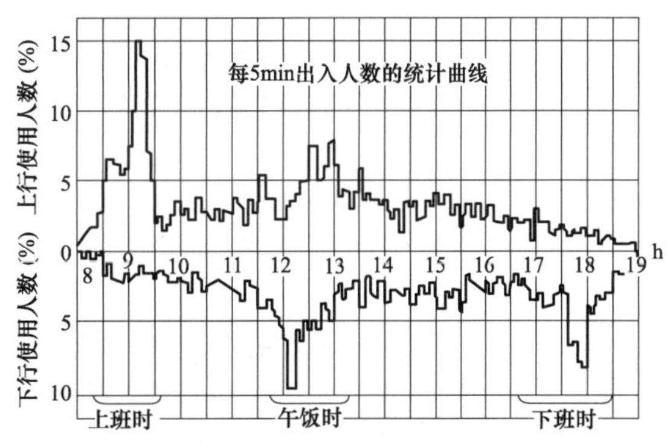

图 13－17　办公大楼电梯主端站客流随时间变化的情况

宾馆电梯的工作特点是在早晚进出的客流较多，如有会议区和宴会厅时，则需要考虑由此产生的客流量。在布置电梯时，电梯层厅不能离客房太近。

高层住宅楼，早晨的客流量以下行为主；傍晚以上行为主，如图 13－18 所示。

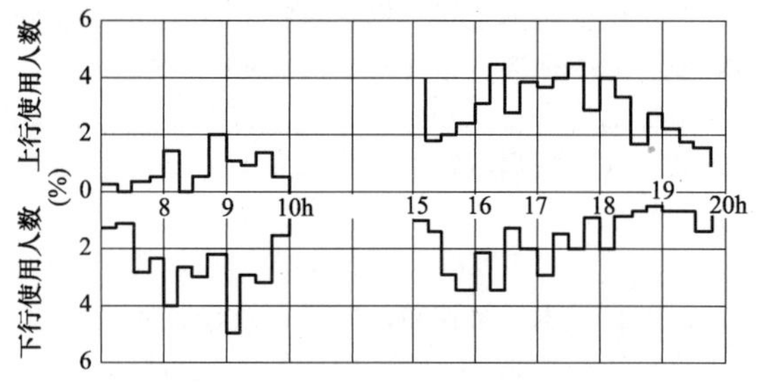

图 13－18　住宅楼电梯客流情况

购物中心、娱乐中心、机场、火车站、医院等的电梯，其客流情况也都各有特点。但是从电梯系统的客流来看，无非就是三种工况，即上行高峰、下行高峰和层间交通。

图 13－19 为典型的上行高峰客流分布图，是按瞬时乘客到达率，以单位时间（min/s）到达人数计。在接近上班的时间点达到最高峰，高峰后就快速下降。设计师通常用 5min 的高峰率表示，其数量用大楼人员总数计算，即 5min 内到达大楼总人数的百分率的最大值。上行高峰也可以用高峰时 30min 内到达大楼的总人数的百分率表示。下行高峰的客流率如图 13－20 所示，这种下行高峰模式通常出现在办公大楼傍晚下班时，在 10min 内其客流量通常比上班时的上行高峰还要高出 50%左右。

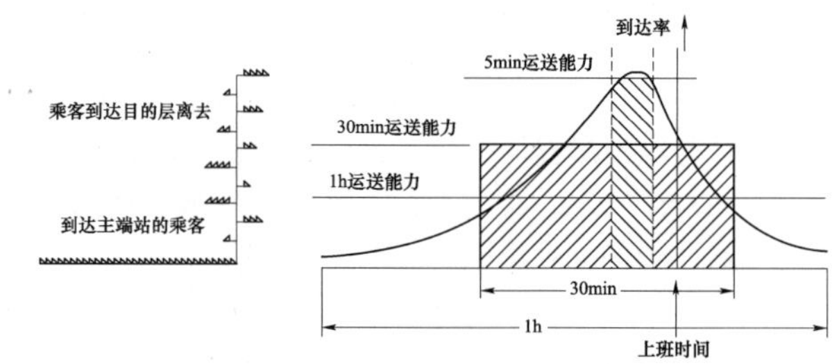

图 13－19　上行高峰到达率曲线

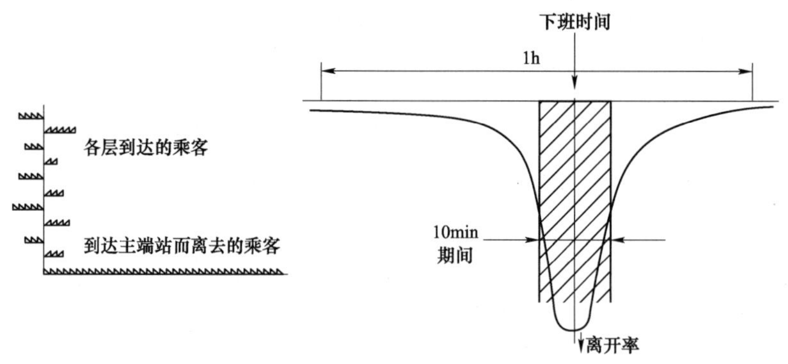

图 13－20　下行高峰时的客流曲线

2. 客流整体分析数学模型和变量关系图

包括电梯在内的电梯交通系统的特性由建筑物特性、电梯设备特性和电梯运行特性组成。要实施电梯交通配置，就要应用“电梯交通系统整体分析数学模型和变量关系图”。电梯交通系统的数学模型，即系统整体的输入——输出关系如图13－21所示。

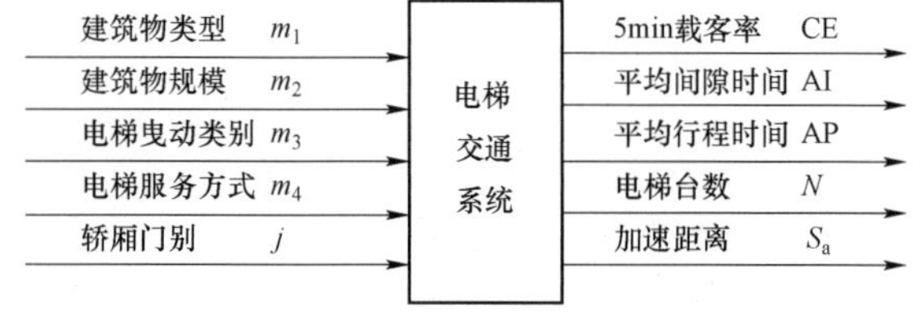

图 13－21　系统整体的输入——输出关系

电梯交通配置的实质是：用系统工程中有向图的概念研究其流程顺序；用计算机辅助设计完成和实施；用多目标最优化方法完成最优配置；用模糊规则和专家系统等研究电梯群控系统。利用“电梯交通系统整体分析数学模型和变量关系图”进行电梯交通配置，其配置和计算的过程就是使电梯交通系统整体的输出量实际值趋向于其期望值的过程。其具体过程是：把建筑物类型m_1、建筑物规模m_2、电梯曳动类别m_3、电梯服务方式m_4和轿厢门别j当作已知的输入量，按照图13－22指出的流程顺序计算出输出量：5min载客率CE，平均间隙时间AI，平均行程时间AP和轿厢台数N等的实际值，并和其对应的期望值CE*、AI*、AP*和N*等相比较，如果相差太大，需重新配置，直至满意为止。

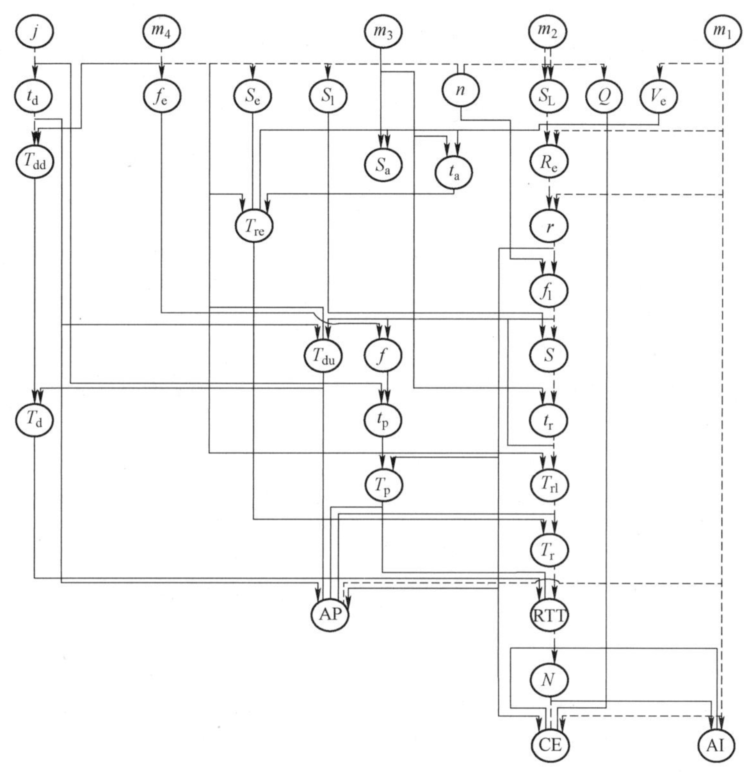

图 13－22　变量关系图

3. 电梯交通配置步骤和基础参数

电梯交通基本配置步骤用一句话来说就是：由电梯交通单元参数，求得乘客出入总时间等，再求得电梯运行周期 RTT，最后求电梯交通系统的输出量。电梯交通基本配置步骤是：

t_p、t_d、t_r→T_p、T_d、T_r→RTT→CE、AI、AP、N。

式中：t_p 为每个乘客出入时间；t_d 为电梯开关门单元时间；t_r 为电梯单站运行时间；T_p 为乘客出入总时间；T_d 为电梯开关门总时间；T_r 为电梯行车总时间。

再简化一点，用上述符号表示如图 13－23 所示。

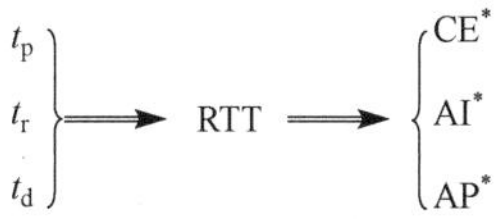

$$\left.\begin{matrix} t_p \\ t_r \\ t_d \end{matrix}\right\} \Longrightarrow \text{RTT} \Longrightarrow \left\{\begin{matrix} \text{CE}^* \\ \text{AI}^* \\ \text{AP}^* \end{matrix}\right.$$

图 13－23　电梯交通基本配置步骤

4. 电梯运行周期计算

电梯运行周期也叫电梯往返一次时间，是指电梯运行一周所用的时间。一般是指电梯轿厢从基站出发运行，把乘客运送到各个楼层，再返回到基站所需要的时间。精确地说，是指乘客从基站（始发站）进入轿厢算起，到乘客离开轿厢到达各个目的楼层后，轿厢又返回到基站所用的时间。电梯运行周期记作 RTT（round trip time）。在此处，包括乘客离开轿厢的时间，如图 13－24 所示。其中，$\Sigma t_{1,i}$ 为乘客进入轿厢总时间；$\Sigma t_{2,i}$ 为关门总时间；$\Sigma t_{3,i}$ 为行车总时间；$\Sigma t_{4,i}$ 为开门总时间；$\Sigma t_{5,i}$ 为乘客离开轿厢总时间，i=1，…，m。

电梯运行周期是电梯交通系统设计和配置的基础。计算电梯运行周期是进行电梯交通统计特性研究中一项比较复杂的和困难的工作。

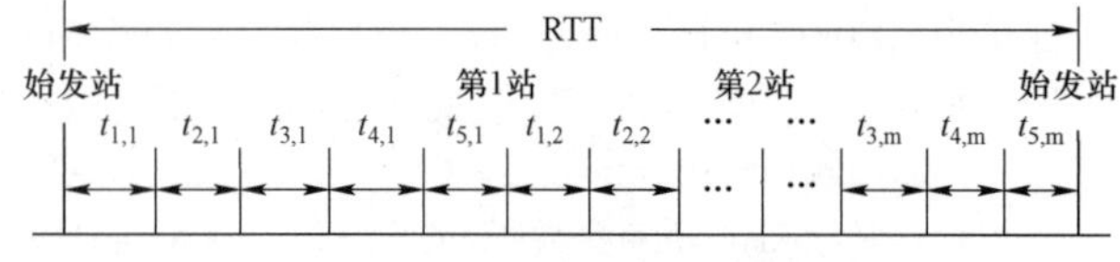

图 13－24 电梯运行周期

假设设置电梯的建筑物在早晨上班期间，乘客登梯呈现泊松（Poisson）分布规律；电梯运行没有层间交通，即假设各层之间的乘客没有乘电梯彼此来往的情形；电梯以单程快行服务方式或类似方式运行，即许多乘客他们彼此独立，都从基站登梯，并以均匀的方式到达各个目的楼层；在数值上，电梯乘客人数 r 按照电梯额定载重量的 0.8 倍计算，r 人中的任何 1 人要到某个楼层离开轿厢时，不受其他乘客的影响，而且到各个楼层下的可能性是相等的。在考虑了损耗时间的情况下，计算电梯运行周期的公式是

$$\mathrm{RTT}=\begin{cases}1.1rt_{\mathrm{p}}+1.1t_{\mathrm{d}}\cdot F+t_{\mathrm{a}}+t_{\mathrm{r}}f_{1}+S_{1}/V_{\mathrm{e}} & \text{当}S<2S_{\mathrm{a}}\text{时}\\1.1rt_{\mathrm{p}}+1.1t_{\mathrm{d}}\cdot F+2S_{1}/V_{\mathrm{e}}+t_{\mathrm{a}}(1+f_{1}) & \text{当}S\geqslant 2S_{\mathrm{a}}\text{时}\end{cases} \tag{13－2}$$

式中，F为在1个运行周期内，电梯总可能停站数。进一步，RTT还可表示成服务楼层数n的函数。

在满足上述技术条件下（不考虑损耗时间），G·C·Barney 于 1977 年也给出了电梯运行周期公式 $\mathrm{RTT_b}$

$$\mathrm{RTT_b}=2Ht_{\mathrm{v}}+(S+1)\ t_{\mathrm{s}}+2Pt_{\mathrm{p1}} \tag{13－3}$$

式中：H为平均最高到达楼层；t_{v}为层间运行时间—在两层站之间以额定速度运行的通过时间；S_{b}为期望的停靠次数；t_{s}为停靠时间，t_{s}=门动作时间t_{d}+单层层间行车时间［t_{f}（1）］–层间行车时间t_{v}；P为往返一次所载乘客的数目；t_{p1}为乘客转移时间—单个乘客进入或离开轿厢所需要的平均时间。

需要指出：Barney公式$\mathrm{RTT_b}$在电梯单程区间快行、各层服务、往返区间快行等服务方式下并不成立（需要修改）。在平均运行距离S小于加速距离S_{a}的2倍时，公式$\mathrm{RTT_b}$根本不适用。在对单层行车时间［t_{f}（1）］和多层行车时间［t_{f}（N）］的阐述上也有模糊之处。

13.6.3 电梯交通配置 CAD 及举例

1. 电梯交通配置 CAD

在20世纪70年代中期以前，进行电梯交通配置要用手工计算或是凭主观想象配置。1975年以后开始利用计算机建立电梯群控系统。1977年，以前国际电梯工程师协会（IEEE）主席G·C·Barney为首的一批知名的专家陆续进行电梯交通计算机辅助设计的研究。1999年，Peters技术有限公司（Peters Research Ltd）推出进行电梯交通分析的“ELEVATE™”软件。我国近30年来，也在注重电梯交通配置CAD的研究工作。以电梯服务方式m_4为主要输入分量的电梯交通配置主程序计算框图如图13－25所示。

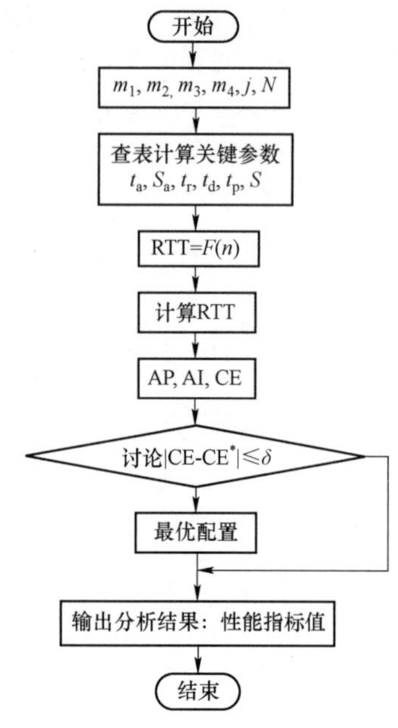

图 13－25 电梯交通计算框图

2. 电梯交通配置举例

以 Minqiao 大厦电梯设置的分组分区方法为例来说明。Minqiao 大厦是电梯服务楼层 n_1=29 层的联体高层建筑物，高度为 91m，底部联体共 6 层，其中第 1～5 层为商场，第 6 层为餐饮娱乐，第 6 层以上为分层出租办公写字楼。底部层距 h=4.3m，上部层距 h=2.9m，另有地下二层，层距 h=4.95m。双扇中分自动门，门宽 j=1000mm。应用电梯交通配置一般设计理论，安装额定速度 v_{e}=1.25m/s、额定载重量 R_{e}=1000kg/15 人的 Otis 客梯 N_1=4 部，VVVF 控制（图 13–26）。

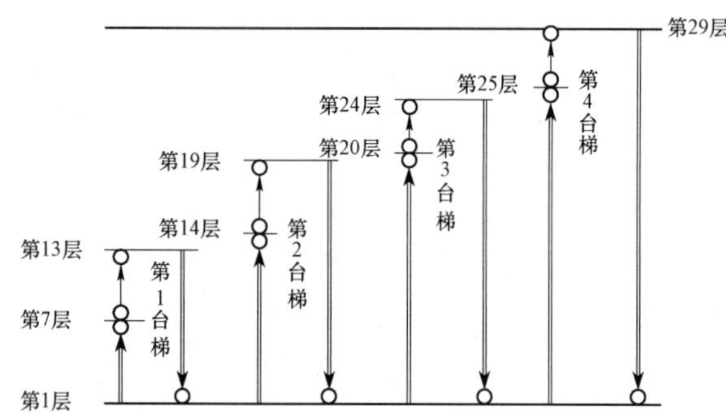

图 13－26 Minqiao 大厦 1 号楼电梯分区运行

在单程区间快行下，实际计算值与性能指标期望值相差较大。易知在单程快行下，与性能指标期望值相差就更大了。如采用分区设计，即每台梯各负责一段楼层：

这4台梯分别负责Minqiao大厦1号楼第7～13层，第14～19层，第20～24层，第25～29层，梯号分别用（1）、（2）、（3）和（4）表示，如图13－26所示。计算结果如下：

$$\begin{cases} RTT_{(1)}=139.1\text{s}, & RTT_{(2)}=162.8\text{s} \\ RTT_{(3)}=181.2\text{s}, & RTT_{(4)}=204.4\text{s} \\ CE_{(1)}=3.32\%, & CE_{(2)}=3.19\% \\ CE_{(3)}=3.24\%, & CE_{(4)}=3.89\% \\ AP_{(1)}=44.0\text{s} & AP_{(2)}=67.8\text{s} \\ AP_{(3)}=86.1\text{s} & AP_{(4)}=109.3\text{s} \end{cases}$$

按均值计，运行周期缩短 28.1%，5min 载客率提高 43.3%，平均行程时间减少 46.6%，平均间隙时间减少 28.0%。这是在建筑物特性和电梯设备特性基本不变的情况下取得的，输送效率显然有所提高。

3. 电梯的服务质量

衡量电梯的服务质量主要有两个指标：一是大楼的客流集中率 LJ；二是乘客期望的平均间隙时间 AI。

客流集中率可根据客流曲线找出客流最集中的时段，计算出 5min 内需要乘电梯的人数占全楼使用电梯人数的百分比，即为该楼的客流集中率。

乘客期望的平均间隙时间是根据乘客心理承受能力得到的统计数据，其数值与乘客所处环境有关。不同使用类型建筑物的客流集中率及乘客期望的是有差异的（表 13–7）。

表 13－7　办公楼的客流集中率及乘客期望的平均间隙时间

办公楼使用特征	客流集中率 LJ（%）	期望平均间隙时间 AI/s
一家公司专用	20～25	AI＜30s，良好 30s≤AI＜40s，良好 AI≥40s，不好
多家公司专用	16～20	
一般用	11～15	

表 13–7 中的客流集中率 LJ 为统计数据，当建筑物临近火车站、地铁站等大型交通枢纽时，客流会更集中，这时 LJ 取表中的上限值；反之，则 LJ 取下限值。

13.6.4　电梯的布置

1. 电梯布置原则

在建筑物内的电梯是出入人员关注的设备，它的布置和装饰是由建筑师来规划设计的。其布置原则主要源自建筑物业主和建筑师。

（1）电梯是大量出入建筑物的人群频繁使用的交通工具，应从运行效率、缩短候梯时间以及降低建筑费用等方面综合考虑，所以不仅要设置在最容易看到的地方，而且需把主要运力的电梯集中在一个地方。

（2）电梯对着正门或在大厅入口处并列设置，可以方便各类人员使用电梯。

（3）将电梯设置在正门或大厅通路的旁侧或两侧时，靠近正门或大厅入口的电梯利用率就高，较远的利用率低。为了防止这种情况，可以根据建筑物的功能将电梯指定服务层，使各电梯服务均等。

（4）在购物中心等大型公共建筑的电梯最好集中设置在功能区一端容易看到的地方。当电梯同扶梯并设时，应当通过分析来决定两者的位置。

（5）在超高层建筑中电梯的台数高达数十台，为提高运输效率，必须特别注意它们的布置形式，应采取分区运行的办法，将梯群分成高区、中区和低区的运行梯组。电梯设置都将集中在建筑物的中央。

总之，电梯的布置原则就是尽量从方便乘客使用、缩短平均等候时间、提高电梯运行效率的角度给予充分考虑。图 13－27 是常见的梯群布置方式。

2. 隔音措施

电梯的布置除了需要结合土建施工与安装施工外，还要考虑降低电梯在建筑物内的噪声，除了在电梯设计、制造及安装上采取措施外，也应从建筑设计的角度考虑，充分利用地形或建筑物的隔音屏障的效应，构建环境噪声影响最小的建筑布局，将噪声降低至最低限度。建筑隔音措施必须在设计时给予充分考虑，否则建筑物完工后很难补救。由于在建筑中对声音的传递起决定作用的墙壁和结构件，必须考虑其固有谐振频率的辐射，避免加强电梯在起制动过程中低频振动噪声的辐射。

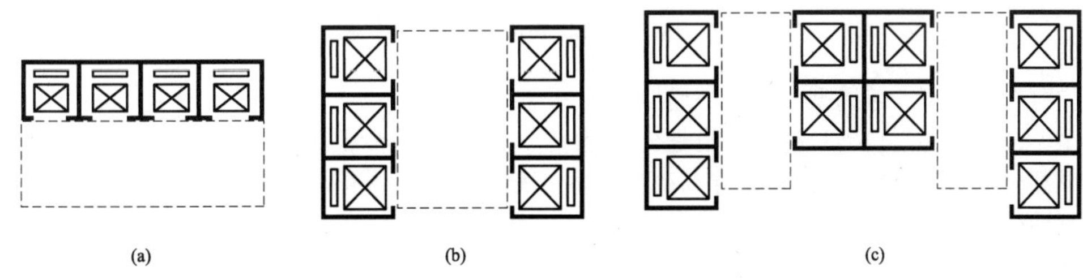

图 13－27　常见的梯群布置方式

（a）四台电梯的布置（旁侧布置）；（b）六台电梯的布置（对称布置）；（c）十台电梯的布置（凹形布置）

13.7 自动扶梯

自动扶梯是指带有循环运动梯路，倾斜输送乘客的固定交通输送设备，当输送角度为水平时，则称为自动人行道。

自动扶梯广泛地应用在购物中心、地铁、天桥、机场、车站、码头等大量人流集中的公共场所。

13.7.1 自动扶梯特点与安全措施

自动扶梯的输送能力是电梯的十几倍，它适于在短距离内输送大量乘客，采用分段形式，逐级将乘客送达多个目的区域；而电梯只是在垂直方向上输送有限数量的乘客。

自动扶梯的提升高度可分为3～10m、10～45m和45～65m三挡，以适应不同的功能要求。同时，自动扶梯的控制将更加智能化和信息化。

在购物中心等场合，由电梯和自动扶梯输送顾客人数的80%～90%是乘坐扶梯，可见是以自动扶梯为主，电梯为辅。而且，楼层之间是连续输送乘客，顾客可以随时登梯，无须候梯；由于不用专门司机，减少了人工费用；可以根据现场顾客的交通状况，灵活改变自动扶梯的升降方向，其设备占用面积小。

由于自动扶梯是用于大客流的场合，所以更加关注运行的安全，不仅采用各种完备的安全设施，还要控制稳定的输送速度，一般小于或等于0.5m/s。自动扶梯按承载情况和使用时间长短分为普通型和交通运输型，交通运输型自动扶梯每周运行时间约为140h，而且在任何3h的时间间隔内，持续重载时间不少于0.5h，其载荷应达到规定制动载荷的100%，因此，要求自动扶梯经久耐用。当停电时或其他意外事故停驶时，还可作为普通楼梯使用。图13－28为自动扶梯的安全装置分布示意图，在各个环节都设置了安全措施。

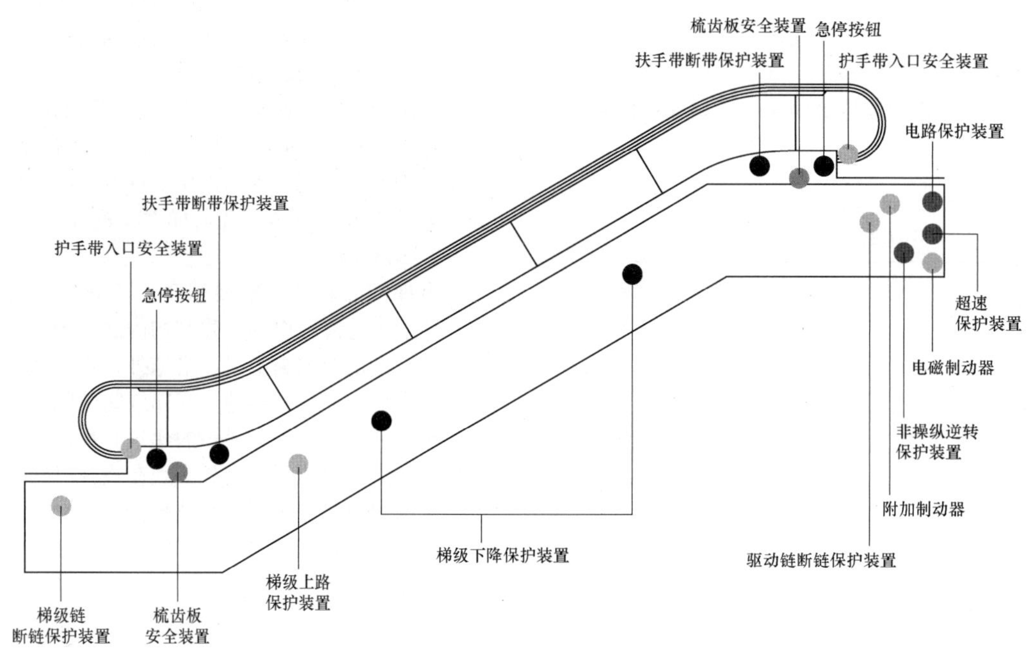

图 12－28 自动扶梯安全装置分布图

自动扶梯可有苗条型、普通型、公共交通型、多功能型等类型。公共交通型自动扶梯往往也是公共交通系统的组成部分，为了安全运行而要确保制动载荷。每个梯级的制动载荷由其名义宽度 z_1 确定：当

$z_1 \leqslant 0.6$m 时，为60kg；

0.6m $< z_1 \leqslant 0.8$m 时，为90kg；

0.8m $< z_1 \leqslant 1.1$m 时，为120kg。

受载的梯级数量“由提升高度除以最大可见梯级踏板高度”求得。在试验时允许将总制动载荷分布在所求得的2/3的梯级上。公共交通型自动扶梯的设计参数及具体要求，见表13－8。

表 13－8　　公共交通型自动扶梯的设计参数及具体要求

序号	结构单元	要　求	说　明
1	工作条件	（1）属于某个公共交通系统的组成部分，包括出口和入口 （2）适应每周运行时间约 140h，且在任何 3h 的间隔内，持续重载时间不少于 0.5h，其载荷应达 100%的制动载荷	对普通型自动扶梯没有规定
2	桁架挠度	公共交通型自动扶梯和自动人行道，根据乘客载荷计算或实测的最大挠度应不超过支承距离 l_1 的 1/1000	普通型自动扶梯挠度要求不超过支承距离 l_1 的 1/750
3	水平段长度	额定速度大于 0.65m/s 的公共交通型自动扶梯，建议在其出入口处自动扶梯梯级的导向行程段，即梯级的前缘离开梳齿和梯级的后缘进入梳齿，至少应有一段 1.6m 的水平移动距离	普通型自动扶梯水平移动段要求不少于 0.8m；如额定速度大于 0.50m/s 或提升高度大于 6m，水平移动段则为 1.2m
4	导轨转弯半径	额定速度大于 0.65m/s 的公共交通型自动扶梯，建议从倾斜区段到上水平区段过渡的最小曲率半径增至 2.6m，从倾斜段至下水平区段过渡的最小曲率半径增至 2.0m	对普通型自动扶梯当 $v \leqslant 0.5$m/s 时，不小于 1.0m；$v>0.5$m/s 时，不小于 1.5m
5	扶手带断带监控	如果制造厂商没有提供扶手带的破断载荷至少为 25kN 的证明，则应提供能使自动扶梯或自动人行道在扶手带断带时停止运行的装置	普通型自动扶梯没有要求

13.7.2　自动扶梯运输能力计算

自动扶梯的输送效率用理论输送能力（theoretical capacity）描述，是指自动扶梯每小时理论输送的人数。理论输送能力 c_t 的公式是

$$c_t=\frac{v}{0.4}\times3600\times k \tag{13-4}$$

式中：c_t 为理论输送能力，人/h；v 为额定速度，m/s；k 为系数，k 由名义宽度 z_1 决定。具体决定方法是：当 $z_1=0.6$m 时，$k=1.0$；当 $z_1=0.8$m 时，$k=1.5$；当 $z_1=1.0$m 时，$k=2.0$。这是意味着在一个平均深度为 0.4m 的梯级或每 0.4m 可见长度的踏板或胶带上能承载：在 $z_1=0.6$m 时，为 1 人；在 $z_1=0.8$m 时，为 1.5 人；在 $z_1=1.0$m 时，为 2 人。

根据式（13－4）得到的理论输送能力见表 13－9。

表 13－9　　理 论 输 送 能 力

z_1/m	v/（m/s）		
	0.50	0.65	0.75
	c_t/（人/h）		
0.6	4500	5850	6750
0.8	6750	8775	10 125
1.0	9000	11 700	13 500

13.7.3　自动人行道

自动人行道在输送乘客上和自动扶梯相同，自动扶梯是以梯级组成的梯式台阶输送乘客，而自动人行道则以由梯板组成的平坦路面输送乘客。

1. 自动人行道的输送能力

自动人行道的理论输送能力计算。设踏板长度为 0.4m，则自动人行道的理论输送能力为

$$C=(60v/0.4)n \tag{13-5}$$

式中：C 为输送能力，人/h；v 为速度，m/min；n 为 1 块踏板上的乘客人数。

这与自动扶梯的理论输送能力相同。在一般条件下，速度为 40m/min，踏板有效宽度为 1200mm，1 块踏板上站立 2 人，则理论输送能力为 $c_1=12\,000$ 人/h。

2. 自动人行道的设计特点

自动人行道有踏板式、胶带式、普通的水平型、倾斜型、公共交通型、苗条型的自动人行道，还有加速式、变速型自动人行道。短的自动人行道为 10m 左右，长的为 150m 左右。在机场和车站水平通道使用自动人行道的 60%长度为 50m 左右，商业中心中的自动人行道大多不超过 30m。

自动人行道将人体工程学的研究成果应用在端线部的设计上，使乘客在乘坐自动人行道时能更自然地握住扶手，特别是儿童更容易抓牢。为了明确乘坐位置，引导乘客进出扶梯，在层盖板上设置了乘降引导线。层盖板的斑型与自动人行道宽度相同，乘客进出时容易知道乘降的位置。踏板两侧涂有合成树脂制的黄色分界线，可以清楚地区分踏乘的区域。在踏板两端分别设置了 8mm 高的分界线，使人们的脚不容易触到内侧护板。自动人行道说明如图 12－29 所示。

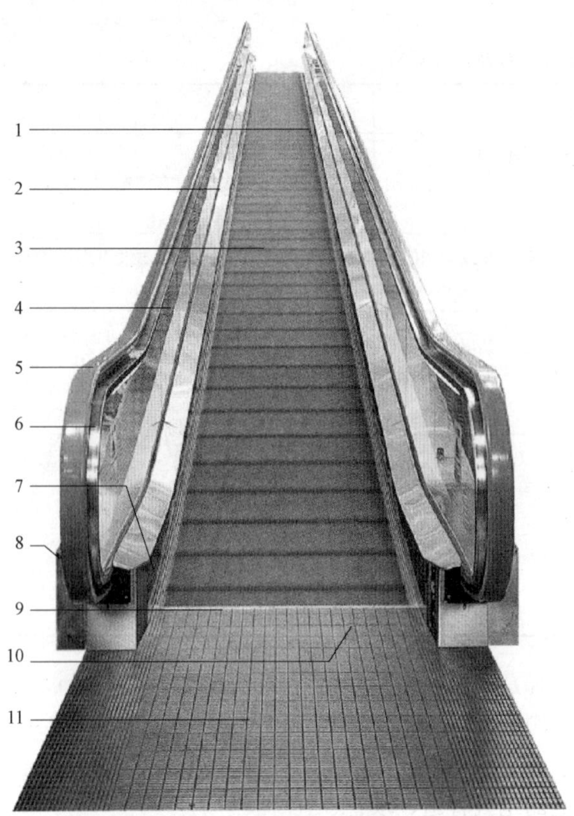

图 12－29 自动人行道部件说明

1—黄色分界线；2—内侧盖板；3—踏板；4—护壁板；5—扶手；6—扶手架；7—围裙板；8—外侧盖板；9—梳齿；10—梳齿板；11—层概板

13.8 消防电梯

13.8.1 建筑物火警状态下的电梯

消防电梯是在建筑物发生火灾时供消防人员进行灭火与救援使用的电梯。

1. 消防返回

消防返回功能是在建筑物发生火灾的情况下，电梯管理人员操作位于基站（疏散层）呼梯盒旁的消防开关盒内的"消防返回开关"，使所有正常运行的电梯投入消防返回运行状态。

消防应急返回，又称火警紧急返回或者火灾解困功能。这是普通电梯上的附加功能。因为普通电梯的机房、井道不具备火灾时确保 2h 的安全隔离，其电梯前室与电梯结构也不具备防火、防水、隔离烟雾的能力，所以如遇火灾，禁止人们搭乘电梯逃生。发生火灾时因普通电梯受高温影响，极易发生故障而将电梯卡阻在井道中，此时火灾烟雾会很快进入井道，轿厢内人员易被烟雾呛伤，甚至死亡。

在建筑物发生火灾时，配备"消防应急返回"功能的普通电梯接到消防应急返回指令，则所有候梯厅呼梯指令与轿内运行指令及已登记的运行指令均取消；电梯立即脱离群控或并联控制而单独执行应急返回运行；轿内开门和紧急报警系统保持有效，且反开门功能也应失效；电梯返回基站后立即开门，开门 15s 后随即关门，此时除接受轿内开门指令外，电梯不接受任何指令。

2. 消防电梯

消防电梯又称"消防员电梯"，在正常状况下它能垂直运输乘客或货物，在消防状态下，运送消防员和消防设备进行灭火，以及在消防员控制下的疏散作用。消防队员乘消防电梯登高灭火不但节省到达火灾层的时间，而且能减少消防队员的体力消耗，并在灭火过程中能够及时向火灾现场输送灭火器材。同时，还可避免消防人员与疏散逃生人员在疏散楼梯上形成"对撞"，既延误灭火时机，又影响人员疏散。因此，消防电梯在扑救建筑物火灾中占有重要的地位。

消防员操作位于基站呼梯盒旁或位于轿厢操纵盘上的消防员控制开关，使消防返回停止运行的电梯投入"消防员控制运行"状态，由消防员操作电梯运行至目的楼层，执行消防灭火和救援任务。

13.8.2 消防电梯的功能与援救操作

1. 消防电梯

消防电梯除具备普通电梯的基本功能外，还具备以下功能：

（1）紧急控制功能。发生火灾时，它可接受指令，及时返回首层，将门打开且保持开门状态，不再继续接纳乘客，只供消防人员使用。

（2）消防员操作的消防电梯功能。电梯仅能执行轿内选层指令，无论在停层或运行途中，当按下一个新指令后，原选定指令即被取消，电梯随即向新指令的层站运行，到达指令层站后电梯停层不开门；停层后，需持续按压"开门"按钮，门才能开启，直至门完全开启后保持开门状态等候下一指令，如在门完全开启前松开"开门"按钮，门立即自动关闭，同时安置在门上的反关门装置失效；在轿内与消防服务通道层应能显示电梯位置的层站，而原已登记的选层指令应显示在电梯操作盘上；当消防电梯运行发生冲顶、蹲底或安全钳动作等故障时，紧急电动操作仍能优先（即切断）消防员服务状态，可将电梯恢复至正常运行状态，此时机房与轿内警铃声持续鸣响，直至紧急电动操作终止；进入消防员操作阶段后，每台电梯均为独立运行状态，同一群组中其他任一台电梯的电气故障均不能影响消防电梯运行。

设在层站呼叫装置及井道机房外电梯相关控制系

统的电气故障也不能影响消防电梯运行功能。

2. 消防电梯的救援操作

因各类电梯的结构形式、消防功能和操作方法不尽相同，所以有必要让消防人员了解在紧急情况下能有效操作使用消防电梯的方法。

（1）消防电梯在非消防紧急状态下是作为客、货梯使用，遇火警进入消防服务状态时是仅做消防工作用，优先运载消防员及所带消防工具，通常能保障正常运行 2h。当火灾严重到侵入消防电梯前室，消防电梯的运行已不能保证消防灭火与救援时，故消防电梯不能自动操作。消防电梯在优先运送消防人员及工具做消防灭火工作之余，在消防人员组织下才可作为被困人员疏散用梯。对高层建筑被困人员的安全疏散，应首选防火区内的楼梯通道。

（2）由于进入消防服务状态时，电梯超载装置已失效，运行中难免发生礅底或安全钳动作卡梯现象，通常消防电梯救援轿内受困人员需通过报警与对话通信系统，通知机房值班人员（如还有值班人在）采取紧急电动操作将电梯恢复正常运行状态，然后迅速切断紧急电动操作进入消防服务运行，平层后开门解困轿内人员。也可从前室处救援，由救援人员打开轿顶上部层门，通过梯子或绳索下到轿顶，打开安全窗，使厢内被困人员从轿内上到轿顶，再从轿顶上到前室而迅速疏散。

此外，为保证消防电梯完好，便于随时救援，平时不应使用消防电梯运送大件物品及较大型推车。消防员电梯应有明显象形图标示，安全撤离通道应有指示牌。

13.8.3　消防电梯的设置规定

1. 消防电梯的设置

在《建筑设计防火规范》（GB 50016）和《高层民用建筑设计防火规范》（GB 50045）中对消防电梯的设置有明确规定。根据建筑物的重要性、高度、建筑面积及使用性质等情况设置消防电梯，通常建筑高度超过 32m 且设有电梯的高层厂房和建筑高度超过 32m 的高层库房，每个防火分区内应设 1 台消防电梯；高度超过 24m 的一类建筑、10 层及 10 层以上的塔式住宅建筑、12 层及 12 层以上的单元式住宅和通廊式住宅建筑，以及建筑高度超过 32m 的二类高层公共建筑等，均应设置消防电梯。

消防电梯的数量根据楼层建筑面积来确定，每个防火分区至少应设置 1 台消防电梯，每层建筑面积不大于 1500m^2 设 1 台，大于 1500m^2 而不大于 4500m^2 设 2 台，大于 4500m^2 设 3 台。

消防电梯分别设在不同的防火分区内，便于任何一个分区发生火灾时都能迅速展开扑救。其平面位置须与外界联系方便，在首层应有直通室外的出口，或由长 30m 以内的安全通道抵达室外。设计时，最好把消防电梯和疏散楼梯结合布置，使避难逃生者能向灭火救援者靠拢，形成一个可靠的安全区域。两梯间还要采取分隔措施，以免相互妨碍，对于消防工作不利。防火分区内每个房间到达消防电梯的安全距离不宜超过 30m，以保证消防人员抢救时的安全。

消防电梯的运行速度从首层至顶层一般应小于 60s。

2. 消防电梯的防火设计

消防电梯前室的位置宜靠外墙，可充分利用外墙窗户排烟。独立的消防电梯前室面积一般为：居住建筑的前室面积 $S>4.5m^2$；公共建筑和高层厂（库）房建筑的前室面积 $S>6m^2$。当消防电梯前室与防烟楼梯间合用前室时，其面积一般为：居住建筑合用前室面积 $S>6m^2$，公共建筑和高层厂（库）房建筑合用前室面积 $S>10m^2$。消防电梯前室安装乙级防火门或具有停滞功能的防火卷帘门。消防电梯前室内还应配备室内消火栓和机械式排烟装置，消防电梯前室门口有防水漫坡，以防消防用水流入电梯井道。

消防电梯的机房、井道应独立设置，不得有其他的电气管道、水管、气管或通风管道通过。消防电梯机房、井道壁必须有足够的耐火能力，其耐火极限一般不应低于 2.5～3h。电梯井道内布置的电梯数量不应超过 2 台，并可在井道顶部安装排烟、热设施。

消防电梯轿厢的载重量不宜小于 1000kg，轿厢面积不宜小于 1m × 1.5m，便于搬运较大型的消防器具和放置救生的担架等。消防电梯轿厢内部装修应采用不燃烧材料，操作面板和呼梯按钮等也要有防火设施，确保不会在救火使用时失效。消防电梯在轿厢顶部开有一个安全窗作为紧急疏散出口，当电梯的开门机构失灵时，可由此处疏散逃生。

消防电梯的井道底应设排水设施，排水井容量应不小于 2m^3，排水泵的排水量应不小于 10L/s。

13.8.4　消防电梯的电气措施

消防电梯在电气工程方面需考虑以下的技术措施：

（1）双路电源供电。即当建筑物内电梯工作电源中断时，消防电梯的备用电源能自动投合，使其在火灾期间可以继续运行。

（2）首层设置“消防专用起动按钮”作为消防功能转换开关。

（3）消防电梯轿厢内设有专用电话。

（4）消防电梯的动力与控制电缆、电线应采取防水措施。

（5）改进消防电梯电缆的敷设方式。现行方式敷设的电缆容易受到火灾威胁，可以将消防电梯电缆由其井道直接从下部配电间接入电梯机房，以减少火灾对电缆的威胁。

参考文献

［1］ The Chartered Institution of Building Services Engineers London.CIBSE Guide D_ Transportation Systems in Buildings［M］. Printed in Great Britain by Page Bros. 2015.

［2］ 叶安丽. 电梯控制技术［M］. 2 版. 北京：机械工业出版社，2008.

［3］ 朱德文，梁质林. 建筑设计电梯选型与配置实用指南［M］. 北京：机械工业出版社，2005.

［4］ 郗小森，等，译. 电梯（木村武雄等/日）［M］. 北京：中国建筑工业出版社，1979.

［5］ 吴国政. 电梯原理、使用、维修［M］. 北京：电子工业出版社，1999.

［6］ 朱昌明，等. 电梯与自动扶梯原理结构安装测试［M］. 上海：上海交通大学出版社，1995.

［7］ 朱德文，张崇庆. 升降机运行与控制［M］. 北京：中国电力出版社，2006.

［8］ 服部岑生. ェレベーター交通の計算法について（高層共同住宅のェレベーター交通計画——その 3）［C］日本建築学会論文報告集第 236 号.昭和 50 年 10 月. 61－67.

［9］ 朱德文，朱慧缈. 电梯安全和应用［M］. 北京：中国电力出版社，2013.

［10］ Gina Barney. Elevator traffic handbook［M］. Taylor & Francis Group. 2003.

［11］ 李秧耕. 电梯基本原理及安装维修全书［M］. 北京：机械工业出版社，2001.

［12］ 上海市电梯行业协会，上海市电梯培训中心. 电梯——原理•安装•维修. 北京：中国纺织出版社，2011.

［13］ 陈家盛. 电梯结构原理及安装维修［M］. 2 版. 北京：机械工业出版社，2001.

［14］ 李惠升. 电梯控制技术［M］. 北京：机械工业出版社，2003.

［15］ 张国桢，罗志群. 浅述消防员电梯［J］. 中国电梯，2004.

［16］ 李春福，付春平. 浅析自动扶梯的发展前景［J］. 中国电梯，2006（3）.

［17］ 全国电梯标准化技术委员会. 电梯及相关标准汇编［S］. 2 版. 北京：中国标准出版社，2006.

［18］ GB 50016—2014 建筑设计防火规范［S］. 北京：计划出版社.

信息与智能篇

第 14 章　智能建筑与信息管理

14.1　智能建筑概述

1984 年，由美国联合技术公司（United Technology Corp，UTC）的一家子公司——联合技术建筑系统公司（United Technology Building System Corp）在美国康涅狄格州的哈特福德市建造了一幢建筑——都市大厦（City Place），在楼内铺设了大量通信电缆，增加了程控交换机和计算机等办公自动化设备，并将楼内的机电设备（变配电、供水、空调和防火等）均用计算机控制和管理，实现了计算机与通信设施连接，向楼内住户提供文字处理、语音传输、信息检索、发送电子邮件和情报资料检索等服务，实现了办公自动化、设备自动控制和通信自动化，从而第一次出现了“智能建筑”（Intelligent Building，IB）这一名称。

1985 年 8 月在日本东京建成的青山大楼则进一步提高了建筑的综合服务功能，该建筑采用了门禁管理系统，办公自动化系统，安全防火、防灾系统，节能系统等。

这些最早的智能楼宇为日后兴起的智能建筑勾画了基本特征，计算机技术、控制技术、通信技术在建筑物中的应用，造就了新一代的建筑——“智能建筑”。

14.1.1　智能建筑概念及其发展背景

1. 智能建筑概念

什么样的建筑可以算得上“智能建筑”？或者说，“智能建筑”的定义是什么？

由于智能建筑发展与信息技术密切相关，所以其概念也随现代高新技术的发展而变化。因此，智能建筑发展至今，尚未形成统一权威的说法，各国、各行业和研究组织多从自己的角度提出了对智能建筑的认识。具有代表性的总结如下：

美国智能建筑学会（American Intelligent Building Institute，AIBI）的定义：智能建筑通过对建筑物的四个基本要素，即结构、系统、服务、管理的最优化组合，提供一个投资合理、高效便利、舒适温馨、安全可靠的环境。

日本智能大楼研究会（JAPAN Intelligent Building Institute，JIBI）的定义：智能建筑是指同时具有信息通信、办公自动化服务，以及楼宇自动化服务各项功能，便于智力活动需要的建筑物。

欧洲智能建筑集团（The European Intelligent Building Group）的观点：创造一个使用户发挥最佳效率，同时以最低保养成本，最有效地管理本身资源的建筑环境。智能建筑应提供反应快速、效率高和支持力较强的环境，以使用户能达到其业务目标。

我国早期是以建筑内自动化设备的配备作为智能建筑的定义。建筑内配备通信自动化设备（Communication Automation，CA）、办公室自动化设备（Office Automation，OA）、大楼自动化设备（Building Automation，BA）、消防自动化设备（Fire Automation，FA）、安保自动化设备(Security Automation，SA)，达到 5A 标准的智能建筑。为了体现对各智能化子系统进行综合管理，又形成了管理自动化系统（Management Automation－MA）。这类以建筑内自动化设备的功能与配置作定义的方法，虽具有直观、容易界定等特点，但因为技术的进步与设备功能的发展是无限的，如果以此作为智能建筑的定义，那么定义的描述必须随着技术与设备功能的进步同步更新。

我国《智能建筑设计标准》（GB 50314—2015）对智能建筑做了如下定义：以建筑物为平台，基于对各类智能化信息的综合应用，集架构、系统、应用、管理及优化组合为一体，具有感知、传输、记忆、推理、判断和决策的综合智慧能力，形成以人、建筑、环境互为协调的整合体，为人们提供安全、高效、便利和可持续发展功能环境的建筑。

2. 智能建筑发展背景

20 世纪 90 年代初，中国开始了“智能建筑热”，相应的报刊上不断出现有关智能建筑的报道，有文章这样描述：“即将到来的 21 世纪，建筑界所能提供的大厦将不再是冰冷无知的混凝土建筑物了，代之而起的是温暖、人性化的智慧型建筑，随着信息技术的发展，现代化的建筑已被赋予思想能力。”

在这段时间，我国开始派遣相关技术人员到国外进行技术上的深入学习，随后我国的智能建筑技术进入快速发展时期，早期兴建的北京京广中心、中国国际贸易中心、上海商城、上海花园饭店、上海市政府大厦等都在不同程度上达到或接近智能建筑的水平。厦门国际会展中心、上海的金茂大厦、期货大厦、证券大厦、久事复兴大厦、通贸大厦、上海博物馆、世界广场、世界金融大厦、深圳的赛格广场等数十幢建筑也都是按世界一流的智能化建筑要求设计的。由于智能建筑可以提高工作效率，有较高的经济效益与投资回报率，大量的医院、大企业的办公楼，以及原先设计未考虑智能化的商办楼宇和古建筑（如上海原汇丰银行现浦东发展银行外滩大楼）也补设智能化设备或重新改造。

近年来，随着“互联网+”产业发展与智慧城市建设，大数据、云计算基础设施不断完善，人工智能与物联网技术进步，带动智能建筑技术与应用的迅速发展，成为各类智能化信息应用的综合平台和智慧城市的重要组成部分。

建筑是人们生活、学习和工作等日常活动所使用的主要场地，它是人们在特定时期的科学与文化的特定表现，它吸收现代科学技术，并且反映出同时期的生产力发展水平。今日的建筑已经成为城市现代文明的重要标志、信息网络的节点，以及城市信息化和现代化的重要支撑点。人们对建筑物信息化服务的要求、建筑自身的展示和管理需求，以及“城市信息化”“互联网+”和智慧城市发展的外部环境，都使智能建筑的兴起和发展成为必然。

14.1.2 建筑智能化系统与技术

1. 建筑智能化系统

智能建筑的发展，是现代建筑技术与信息技术相结合的产物，并随着科学技术的进步而逐渐发展和充实，现代建筑技术（Architecture）、现代计算机技术（Computer）、现代控制技术（Control）、现代通信技术（Communication）构成了智能建筑发展的技术基础。以这些技术为核心，构成了建筑电气技术新的分支——“建筑智能化技术”。这些技术的应用形成了与传统弱电系统有本质区别的建筑智能化系统。

早期建筑智能化系统组成可简单归纳为3A+GCS+BMS，其系统组成如图14-1所示。

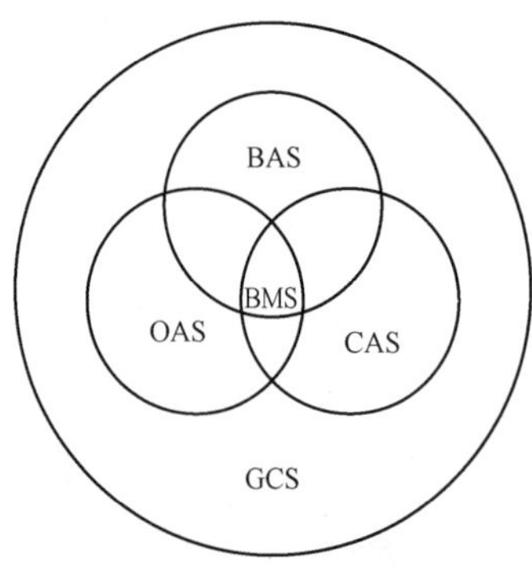

图14-1 建筑智能化系统组成

其中：BAS——建筑自动化系统（Building Automation System）；

OAS——办公自动化系统（Office Automation System）；

CAS——通信自动化系统（Communication Automation System）；

GCS——综合布线系统（Generic Cabling System）；

BMS——建筑物管理系统（Building Management System）。

《智能建筑设计标准》（GB 50314—2015）把建筑智能化系统分成以下系统：

（1）信息化应用系统。信息化应用系统（Information Application System，IAS）是以信息设施系统和建筑设备管理系统等智能化系统为基础，为满足建筑物的各类专业化业务、规范化运营及管理的需要，由多种信息设施、操作程序和相关应用设备等组合而成的系统。

（2）智能化集成系统。智能化集成系统（Intelligent Integration System，IIS）是为实现建筑物的运营及管理目标，基于统一的信息平台，以多种智能化信息集成方式形成的具有信息汇聚、资源共享、协同运行、优化管理等综合应用功能的系统。

（3）信息设施系统。信息设施系统（Information Facility System，IFS）是为满足建筑物的应用与管理对信息通信的需求，将各类具有接收、交换、传输、处理、存储和显示等功能的信息系统整合，形成建筑物公共通信服务综合基础条件的系统。

（4）建筑设备管理系统。建筑设备管理系统（Building Management System，BMS）是对建筑设备监控系统和公共安全系统等实施综合管理的系统。

（5）公共安全系统。公共安全系统（Public Security System，PSS）是为维护公共安全，运用现代科学技术，具有以应对危害社会安全的各类突发事件而构建的综合技术防范或安全保障体系综合功能的系统。

（6）应急响应系统。应急响应系统（Emergency Response System，ERS）是为应对各类突发公共安全事件，提高应急响应速度和决策指挥能力，有效预防、控制和消除突发公共安全事件的危害，具有应急技术体系和响应处置功能的应急响应保障机制或履行协调指挥职能的系统。

（7）机房工程。机房工程（Engineering of Electronic Equipment Plant，EEEP）是为提供机房内各智能化系统设备及装置的安置和运行条件，以确保各智能化系统安全、可靠和高效地运行与便于维护的建筑功能环境而实施的综合工程。

上述系统又由若干子系统构成（详见本章第14.1.3 中表 14－1 节），在新建、扩建和改建的住宅、办公、旅馆、文化、博物馆、观演、会展、教育、金融、交通、医疗、体育、商店等民用建筑和通用工业建筑的智能化系统工程设计，以及多功能组合的综合体建筑智能化系统工程设计中，需根据项目具体情况进行不同的系统配置。

2. *建筑智能化技术*

随着信息技术的发展，智能建筑正向绿色建筑、智慧建筑发展，建筑智能化技术逐渐形成了以下关键技术：

（1）BA 控制技术。BA 系统即楼宇自控系统（Building Automation System，BAS），又称为建筑设备监控系统，它是在综合运用自动控制、计算机、通信、传感器等技术的基础上，实现建筑设备的有效控制与管理，保证建筑设备的节能、高效、可靠、安全运行，满足用户的需求。BA 系统有广义与狭义之分：广义 BA 系统涵盖了建筑物中所有机电设备和设施的监控内容（包括安全技术防范、火灾自动报警等系统）；狭义 BA 系统指利用 DDC（直接数字控制器）或 PLC（可编程逻辑控制器）对采暖、通风、空调、电力、照明以及电梯等建筑设备进行监控的自动化控制系统。BA 系统主要实现设备运行监控、节能控制管理和设备信息分析管理三大功能。

BA 系统自产生以来，就一直与节能降耗密不可分，随着全球对于能源问题的关注，人们对 BA 系统的节能降耗效果越来越重视。

BA 系统节能设计首先需要了解建筑设备设计原理，在此基础上对一些直接影响控制效果和能源效率的参数进行校验，通过简单的措施（如加装平衡阀、变频器、占用传感器等）进行优化控制或直接要求建筑设备进行改造，避免不必要的能源浪费。然后需根据建筑设备的工作原理及参数特性优化节能控制策略，尤其对于比较复杂的节能型空调设备（如一次变流量水系统、VAV 变风量系统、地送风系统等），能够实现建筑设备的运行工艺功能和控制逻辑来实现节能降耗。

（2）通信技术。通信系统是智能建筑的“中枢神经”，它具备对来自建筑内外各种信息进行收集、处理、存储、显示、检索和提供决策支持的能力，实现信息共享、数据共享、程序共享，有效地扩大了建筑智能化的应用领域和管理领域。用现代通信方式装备起来的智能建筑，更有利于为人们创造出高效、便捷的工作条件和生活方式。智能建筑中的通信技术相关的应用系统很多，分别用来实现数据、语音、图像等的传输和通信。

智能建筑要实现将建筑物的结构、设备、服务和管理根据需求进行最优化的组合，使建筑内的各类系统和机电设备通过各种开放式结构、协议和接口进行集成，为各系统和设备提供高速、便捷的信息交互环境，为用户提供舒适、便利、人性化、智能化的使用环境，都需要借助现代通信技术，对来自建筑物内、外的各种不同类型的数据予以采集、处理、传输、存储、检索和提供决策支持。通信技术是智能建筑的技术基础和重要的实现手段，各类通信系统及设备在绿色建筑中所起到的作用主要体现在节能性、舒适性、便利性、社会性等方面。

（3）能源监测与运营管理技术。在我国目前能耗结构中，建筑能源消耗已占我国总商品能耗的20%～30%。在建筑的生命周期中，建筑材料和建造过程中所消耗的能源一般只占建筑能源消耗总量的20%左右，大部分能源消耗发生在建筑物的运行过程中。目前我国的建筑运行能耗控制水平，尤其是大型公共建筑的运行能耗控制水平远远低于同等气候条件的发达国家。因此，我国大型公共建筑的节能有着很大的空间，可通过建立大型公共建筑能效监管系统，采集实际能源消耗数据，逐步通过管理及技术改造实现建筑节能。

建筑能效监管主要是对建筑物或者建筑群内的用电、用水、燃气、集中供热、集中供冷等能源使用状况实行集中监视，是实现建筑能耗在线监测和动态分析功能的硬件系统和软件系统的统称。它由各计量装置、数据采集器和能耗数据管理软件系统组成。通过在线监测和分析管理实现以下效果：

1）对设备能耗情况进行监测。

2）分析发现低效率运转的设备。

3）分析异常用能情况。

4）降低峰值用电水平。

5）通过上述过程及方法能实现精细化能源管理，以降低能源消耗，节省费用。

智能建筑运营管理为了保障其建设目标在运行中的实现，通过实时运行的数据分析建筑物的节能及缺陷，及时改进措施与修正参数，最大程度发挥智能建筑的实际效益。

（4）信息系统集成技术。智能建筑信息系统集成，也称智能化集成系统（IIS，Intelligent Integration System）。

智能建筑信息系统集成是将建筑物内各智能化子系统的信息集成在一个计算机网络平台上，从而实现子系统间信息、资源和任务的共享，为管理者提供高效、便利、可靠的管理手段，给使用者提供全面、优质、安全、舒适的综合服务。

智能建筑信息系统集成包括技术集成、产品集成、功能集成、工程集成，是将智能化系统从功能到应用进行整合，从而实现对智能建筑进行全面和完善的综合管理，为管理和服务提供高效的技术手段。系统集成对象通常包括：建筑设备管理系统、公共安全系统、信息设施系统、信息化应用系统等及其子系统。

（5）物联网技术。物联网技术正在逐步应用到电力、医疗、交通、物流、城市管理和建筑等各个领域。智能建筑就是其重要的应用领域之一。

按物联网技术架构的感知层、网络层和应用层等三个技术层面来分析，可以看出物联网技术对智能建筑所产生的影响：

1）感知层。感知层是实现物联网全面感知的基础，应用的技术包括传感器、射频识别（RFID）、识别码和智能卡等，其主要功能是通过传感设备识别物体，采集信息。传感器、智能卡等技术在智能建筑中早有体现，已经融入了物物相连的理念。例如，面向设备的综合管理系统就采用了传感器技术，对建筑的供配电、空调、电梯、给排水、消防系统等设备实行全自动的综合监控管理，以实现各类设备的实时监视和控制；面向用户的综合管理系统中就应用了智能卡技术作为识别身份和重要信息的系统密钥。

2）网络层。网络层是服务于物联网信息汇聚、传输和初步处理的网络设备和平台，由互联网、有线和无线通信网、网络管理系统以及云计算平台等组成，负责传递和处理感知层获取的信息。

物联网是在互联网基础上延伸和扩展的网络，无处不在的无线网络是实现物联网必不可少的基础设施。在智能建筑中，采用无线网络覆盖技术，可使人员、设备、物资上的电子介质产生的数字信号，随时随地通过无线全覆盖网络传送出去，从而为智能化系统进行信息采集和数据通信提供有力的保障。同时，网络层的“云计算”技术的运用，可使建筑物内各类数据的实时动态管理成为可能，从而确保建立实用、可靠和高效的智能化信息集成共享平台，实现对各类设备设施监控信息资源的共享和优化管理。

3）应用层。应用层将物联网技术与行业专业技术相结合，主要解决信息处理和人机界面问题，构建智能化的行业应用。当前，很多建筑智能化子系统已经是物联网形态或已具备纳入物联网形态条件，例如智能家居、建筑设备监控、安防、一卡通、三表远传、电子配线管理、智能照明、公共广播、会议以及专业应用等系统。在智能建筑中，信息化应用系统和智能化集成系统可以提供快捷、有效的信息，具有集合各类信息的数据资源库，可以通过智能建筑门户网站向建筑物内的公众提供信息汇总、检索、查询、发布和导引等功能。

通过物联网可实现智能建筑信息系统的无缝集成，将提供快捷、有效的信息，从而使建筑物更加智能，为人们提供更为智慧的服务。

（6）BIM 技术。建筑信息模型（BIM，Building Information Modeling）自 2002 年引入建筑业，并在全球范围内得到了重视与应用。BIM 在我国的应用也在不断地推广，国家层面近些年也启动了 BIM 相关政策和标准的研究。

BIM 的理念是从建筑工程策划设计阶段，将建筑物电子化、信息化，形成建筑物及附属设施的三维模型，并将各类信息链接至模型中，用于建筑项目全过程管理，促进建筑物与设施的规划、设计、建设、监理和运维的信息全生命周期业务协同应用模式的发展。通过 BIM 技术把建筑虚拟化、数字化，模型的信息包含可视化的几何信息和其他相关信息，如设备的采购信息、材料的耐火等级、构件的造价等。

1）BIM 技术在智能建筑规划阶段的应用。随着我国城市的不断发展，城市中能源、环境、交通和安全等方面的问题日益突出，促使城市规划对各种建设用地及其服务的应用进行预测，因城市的交通和环境等多方面的信息杂乱无章，往往使得城市规划中的预测变得错综复杂。因此，城市的综合信息处理就显现的尤为重要，处理城市问题迫切需要一个信息模型数据中心。

利用 BIM 技术在建筑及管线优化协调的优越性，延展到地下管线和信息相通，通过与地上项目信息的两相结合，合成了一个地上地下全覆盖的组合式信息数据模型。这个信息数据模型不仅在模型上是一个全面的集合体，而且在各项综合数据信息上具有集成性，综合数据信息的城市信息模型及数据系统不仅可以运用到规划管理，从单个项目到小区联合项目，从单个公共建筑到整个商业街及其大型公共建筑，还可以利用大数据为城市建设、规划、管理带来极大便利，以达到对民生、环保、公共安全、城市服务、工商业活动等的各种需求做出智能响应。

2）BIM 技术在智能建筑设计阶段的应用。运用 BIM 技术对建筑工程建立虚拟建筑模型，有利于设计师确定设计思路、材料和建筑内部空间效果等。将传统二维抽象的建筑表达方式转换成三维直观的建筑模型，便利于建设单位对于项目形态的认知和决策。对设计方案进行三维演示的过程便于建设单位对于建筑区域、建筑性能和成本等进行分析和预测。利用 BIM 技术，将非图形的数据导入分析模拟软件中，便于对建筑物的面积、日照分析、能耗分析、结构验算、管道排布等多个方面进行评估，传统的建筑设计在图形编辑中由于设计师的疏忽容易造成图纸出现错误，利用BIM技术建立的虚拟模型，可以自动生成建筑图纸、材料统计、造价计算、工程清单等设计文件，提高了设计质量和效率，打破了传统的设计模式，将建筑、结构、暖通、给排水、电气、智能等各个专业集成在模型的基础上协同工作，来提高建筑设计效率。

3）BIM 技术在智能建筑施工中的应用。有效利用 BIM 技术的设计方案和图纸可减少设计失误等情况造成的图纸变更，避免工程进度的延缓。在项目施工过程中建立的信息化管理系统，使建设单位、监理单位和施工单位在统一的信息化系统中进行项目数据的收集、整理、汇总和分析，以及建筑工程的评估等，加大了各个单位的协调作业的程度，提高了项目数据信息传递的速度，加快了工程技术和造价等方面的问题处理速度，确保建筑工程的施工进度。在建筑工程造价的验算中，利用 BIM 技术建立的虚拟模型对建筑工程的工程量进行统计和验算，可加快工程量计算的效率和准确度。降低工程施工成本，提高了工程施工质量和效率。

4）BIM 技术在智能建筑运维中的应用。基于 BIM 技术的智慧建筑，所建立的设计模型、施工模型和项目竣工模型可对后期建筑工程的运营和设备的管理维护提供了完整准确的项目信息。项目竣工交付使用后，模型经轻量化进入项目运维阶段，项目的设计和施工信息传递到建筑运维平台，提供直观三维模型，建筑安装设备的运行状态、维护信息等都可以通过运维平台进行实时查询、统计和分析。通过 BIM 运维平台对建筑性能、可靠性、能耗和经济等多方面进行分析、评估，对设备运行和排放等实施监控管理，提高运维效率。其次通过 BIM 运维平台的数据处理，可模拟各种可预见的灾害和安全事故等，建立对应的应急处理预案，在事故发生时根据监控数据分析模拟出最佳的疏散路线，降低事故风险。

BIM 技术在智能建筑运维阶段作用主要集中在以下几个方面：

① 设施管理：建立设备台账，包括设备的基本参数、工况参数、位置参数和关联设备等相关信息，通过完整的记录数据，实现物业人员对设备的标准化管理。维修工单提供详细的故障处理流程，避免盲目寻找，提高工作效率，处理流程是可编辑的，方便新故障的增加、处理方式改进。自动生成预防性维护计划，降低设备故障率，延长设备使用寿命。

② 空间管理：采用三维视点，进行人、事、地、物、时多维度查询，路径规划，管线管理等。将 BIM 技术运用在空间实现可视化管理，对空间使用状态、收益、成本及租赁情况合理分析，促进空间投资回报率的有效提升，与此同时有效规避潜在风险。

③ 安全管理：智能建筑应能有效预防自然灾害、非法侵入、火灾等事故的发生，将 BIM 技术运用在安全管理中，可以更准确定位事件的位置，实现消防报警、安防等系统联动，建立建筑物立体防范保障体系。

④ 能耗管理：能耗管理通常是由数据采集、处理及分析等功能构成，数据采集能提供信息人工录入功能，可在线检测传输设备通信状况，发挥故障报警提示功能。将 BIM 技术应用在建筑能耗管理中，可依据设计形成的三维模型建立外墙、屋面、外窗等部位性能耗监控体系，以及水、电、燃气、冷热源等资源性消耗监控体系，通过模拟计算，设计出建筑物最佳能耗管理方案，实现能耗的动态监控及调整。

⑤ 资产管理：将 BIM 技术运用在资产管理中可有效增强资产监管力度，有效控制资产闲置浪费现象，避免资产流失，进一步提高资产管理规范性。在资产盘点中，相关人员应对数据库中的数据一一核对，并对异常数据进行处理。

14.1.3　建筑智能化系统工程架构

《智能建筑设计标准》增加了工程架构（engineering architecture）内容。工程架构是以建筑物的应用需求为依据，通过对智能化系统工程的设施、业务及管理等应用功能做层次化结构规划，从而构成由若干智能化设施组合而成的架构形式。在建筑智能化系统工程中，工程构架设计有如下规定：

1）智能化系统工程架构的设计包括设计等级、架构规划、系统配置等。

2）智能化系统工程的设计等级根据建筑的建设目标、功能类别、地域状况、运营及管理要求、投资规模等综合因素确立。

3）智能化系统工程的架构规划根据建筑的功能需求、基础条件和应用方式等做层次化结构的搭建设计，并构成由若干智能化设施组合的架构形式。

4）智能化系统工程的系统配置根据智能化系统工程的设计等级和架构规划，选择配置相关的智能化系统。

1. 工程架构规划

智能建筑建设已经进入了信息化体系的发展时期，建筑智能化系统工程正在形成网络化、服务化、配套化的发展形态，并逐步向泛在化、协同化的智能功效方向演进。由此，建筑智能化系统工程的架构规划逐渐成为建筑智能化系统工程整体技术行为的顶层设计，遵从信息化体系建设的基本规律，梳理建筑智能化系统工程信息化体系的理论与实践等问题。

建筑智能化系统工程的顶层设计，是以建筑的应用功能为起点，“由顶向下”并基于建筑物理形态和信息交互主线融合的整体设计，不仅是工程建设的系统化技术过程的依据，更清晰表达了基于工程建设目标的正向逻辑程序，而且是工程建设意图和项目实施之间的“基础蓝图”。因此，建筑智能化系统工程架构规划系统地提出了属于建筑智能化系统工程建设顶层设计范畴的系统工程架构原则、系统工程设施架构形式、系统工程优化配置组合等具体要求，对智能建筑设计设计具有指导意义。

建筑智能化系统工程构架规划是以建筑（单体或综合体）整体为对象，对智能化信息传递系统的全过程完整分析，适用于对建筑智能化系统工程信息链路和过程的描述，从而引出建筑具有整体性和物类化的智能概念，是对建筑进行信息化管理和对各类基础信息使用能力和利用状况的综合性体现，该过程涵盖了智能化信息的采集和汇聚、分析和处理、交换和共享。建筑智能化系统工程是信息传递神经网络，也是信息通信网络系统。因此，该构架须适应信息资源网络化集成的云计算方式需求趋向，有效地实现智能建筑的信息协同工作和信息资源共享，提升为建筑综合信息集成提供完善的数据信息资源共享的环境，从而实现建筑智能化信息一体化集成功能和提高建筑全局事件的监控和处理能力，以达到科学、综合、全面的智能化应用功效。

建筑智能化系统工程的架构规划分项应按设施架构整体层次化的结构形式，分别以基础设施、信息服务设施及信息化应用设施等设施分项展开。在基础设施层，主要涉及公共环境设施和机房设施设计内容；在信息服务层，主要涉及语音、数据、多媒体应用等支撑设施设计内容；在信息化应用设施层，涉及公共、管理、业务应用服务等设计内容。

建筑智能化系统工程架构如图 14－2 所示。

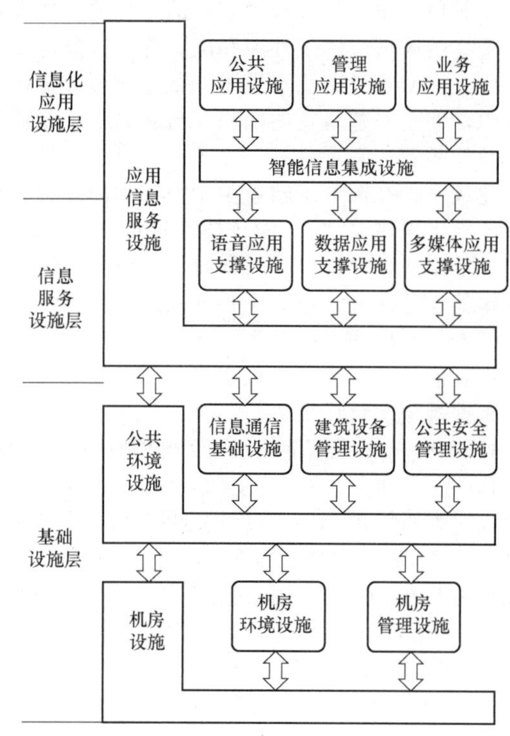

图 14－2　智能化系统工程架构

2. 智能化系统配置

在工程实施中，建筑智能化系统工程的系统配置是以设计等级和架构规划为依据，形成以建筑智能化系统工程应用为工程设计主导目标的各智能化系统的分项配置及整体构建的方式，并展现建筑智能化系统工程从基础条件系统开始，“由底向上”的信息服务及信息化应用功能系统，及由前至后的建设过程。

与建筑智能化工程信息设施架构相对应，建筑智能化系统工程系统配置分项分别以信息化应用系统、智能化集成系统、信息设施系统、建筑设备管理系统、公共安全系统、机房工程为系统技术专业划分方式和设施建设模式进行展开，并作为后续设计要素分别做出技术规定，建筑智能化系统工程系统配置分项为：

（1）信息化应用系统。系统配置分项一般包括公共服务系统、智能卡系统、物业管理系统、信息设施运行管理系统、信息安全管理系统、通用业务系统、专业业务系统、满足相关应用功能的其他信息化应用系统等。

（2）智能化集成系统。系统配置分项一般包括智能化信息集成（平台）系统、集成信息应用系统。

（3）信息设施系统。系统配置分项一般包括信息接入系统、布线系统、移动通信室内信号覆盖系统、卫星通信系统、用户电话交换系统、无线对讲系统、信息网络系统、有线电视系统、卫星电视接收系统、公共广播系统、会议系统、信息导引及发布系统、时钟系统、满足需要的其他信息设施系统等。

（4）建筑设备管理系统。系统配置分项一般包括建筑设备监控系统、建筑能效监管系统等。

（5）公共安全系统。系统配置分项一般包括火灾自动报警系统、入侵报警系统、视频安防监控系统、出入口控制系统、电子巡查系统、访客对讲系统、停车库（场）管理系统、安全防范综合管理（平台）、应急响应系统、其他特殊要求的技术防范系统等。

（6）机房工程。智能化系统机房工程配置分项一般包括信息接入机房、有线电视前端机房、信息设施系统总配线机房、智能化总控室、信息网络机房、用户电话交换机房、消防控制室、安防监控中心、应急响应中心和智能化设备间（弱电间）、其他所需的智能化设备机房等。

与智能化工程架构相对应，智能化系统工程的系统配置分项展开详见表 14－1。

表 14－1　　智能化系统工程配置分项展开表

<table>
<tr><td rowspan="9">信息化应用设施</td><td rowspan="18">应用信息服务设施</td><td rowspan="2">公共应用设施</td><td rowspan="7">信息化应用系统</td><td>公共服务系统</td></tr>
<tr><td>智能卡应用系统</td></tr>
<tr><td rowspan="3">管理应用设施</td><td>物业管理系统</td></tr>
<tr><td>信息设施运行管理系统</td></tr>
<tr><td>信息安全管理系统</td></tr>
<tr><td rowspan="2">业务应用设施</td><td>通用业务系统</td></tr>
<tr><td>专业业务系统</td></tr>
<tr><td rowspan="2">智能信息集成设施</td><td rowspan="2">智能化集成系统</td><td>智能化信息集成（平台）系统</td></tr>
<tr><td>集成信息应用系统</td></tr>
<tr><td rowspan="9">信息服务设施</td><td rowspan="2">语音应用支撑设施</td><td rowspan="13">信息设施系统</td><td>用户电话交换系统</td></tr>
<tr><td>无线对讲系统</td></tr>
<tr><td>数据应用支撑设施</td><td>信息网络系统</td></tr>
<tr><td rowspan="6">多媒体应用支撑设施</td><td>有线电视系统</td></tr>
<tr><td>卫星电视接收系统</td></tr>
<tr><td>公共广播系统</td></tr>
<tr><td>会议系统</td></tr>
<tr><td>信息导引及发布系统</td></tr>
<tr><td>时钟系统</td></tr>
<tr><td rowspan="6">基础设施</td><td rowspan="6">公共环境设施</td><td rowspan="4">信息通信基础设施</td><td>信息接入系统</td></tr>
<tr><td>布线系统</td></tr>
<tr><td>移动通信室内信号覆盖系统</td></tr>
<tr><td>卫星通信系统</td></tr>
<tr><td rowspan="2">建筑设备管理设施</td><td rowspan="2">建筑设备管理系统</td><td>建筑设备监控系统</td></tr>
<tr><td>建筑能效监管系统</td></tr>
</table>

续表

<table>
<tr><td rowspan="22">基础设施</td><td rowspan="9">公共环境设施</td><td rowspan="9">公共安全管理设施</td><td rowspan="9">公共安全系统</td><td colspan="2">火灾自动报警系统</td></tr>
<tr><td rowspan="6">安全技术防范系统</td><td>入侵报警系统</td></tr>
<tr><td>视频安防监控系统</td></tr>
<tr><td>出入口控制系统</td></tr>
<tr><td>电子巡查系统</td></tr>
<tr><td>访客对讲系统</td></tr>
<tr><td>停车库（场）管理系统</td></tr>
<tr><td colspan="2">安全防范综合管理（平台）系统</td></tr>
<tr><td colspan="2">应急响应系统</td></tr>
<tr><td rowspan="13">机房设施</td><td rowspan="11">机房环境设施</td><td rowspan="13">机房工程</td><td colspan="2">信息接入机房</td></tr>
<tr><td colspan="2">有线电视前端机房</td></tr>
<tr><td colspan="2">信息设施系统总配线机房</td></tr>
<tr><td colspan="2">智能化总控室</td></tr>
<tr><td colspan="2">信息网络机房</td></tr>
<tr><td colspan="2">用户电话交换机房</td></tr>
<tr><td colspan="2">消防监控室</td></tr>
<tr><td colspan="2">安防监控中心</td></tr>
<tr><td colspan="2">智能化设备间（弱电间）</td></tr>
<tr><td colspan="2">应急响应中心</td></tr>
<tr><td colspan="2">机房安全系统</td></tr>
<tr><td rowspan="2">机房管理设施</td><td colspan="2">机房综合管理系统</td></tr>
</table>

在具体智能化系统工程设计中，上述内容需按工程项目建筑类别和以智能化系统配置的综合技术功效对各类建筑系统配置的选项予以区分再细化，在《智能建筑设计标准》中，按建筑功能类别列出了智能化系统配置表，为智能化系统工程设计提供了系统配置的比照依据，其中业务应用各分项系统在现行各类专项建筑电气设计规范或相关行业及业务管理中已有规定，可作为工程设计的依据。

14.2 智能建筑系统集成

从 1984 年世界上第一座智能建筑诞生至今，短短的 30 多年时间，智能建筑行业在全球范围内呈现出一片欣欣向荣的局面。自 20 世纪 90 年代以来，国内相继建成了一批高水平的智能建筑。然而不可忽视的是，我国智能建筑系统集成存在着不少令人忧虑的问题。

过去的智能建筑系统普遍规模小，控制对象简单，各子系统之间相对独立，因此控制权限和信息的传递汇集依靠人工进行分散管理就已经是足够的。随着我国城市化步伐的加快，全国各地如同雨后春笋般推出了写字楼、酒店、服务式公寓、购物中心、美食中心、影视娱乐中心、休闲健身中心、会议展览中心等各类建筑项目，这些建筑具有多功能特性，其所应用的子系统更加繁杂，内部经营人员与服务对象也变得更加多样。

传统的分散管理模式当中，建筑的各子系统相互独立、强弱电截然分立，已不能满足当前运营管理需求；各个子系统相互脱节单独运转，无法实现信息的共享和联动性控制；软、硬件设备大量冗杂重复；管理人员需要熟悉和掌握不同厂家的技术和操作；这种模式的管理成本高昂、效率低下，不再适应社会发展的大趋势。

另外，人们对智能建筑除了结构稳定、布局合理和造型美观等基本性要求外，对其安全、便捷、交互、舒适和节能等其他方面也有了更高的期望和新的要求。

智慧城市概念的提出，更是进一步推动了建筑行业转型升级的高速变革。为了提升人们的使用体验和满足智慧城市在当今社会的建设发展需要，传统的建筑将逐步被智能建筑所替代，在这种背景形势下，伴随着通信技术特别是网络技术的发展以及建筑物内部控制功能的不断丰富和提升，系统集成成为实现智能建筑的关键之所在。

14.2.1　智能建筑系统集成概述

集成（Integration）是使一个整体的各部分之间能彼此有机地协调工作，以达到整体优化的目的。集成绝非是各种设备的简单拼接，而是要通过系统集成达到“1+1>2”的整体效果。

系统集成可以理解为根据客户的需求，优选各种技术和产品，将各个分离子系统（或部分）连接成一个完整、可靠、经济、有效的总系统过程。可概括定义为：系统集成是指为实现某种目标而使某一组子系统或全部子系统进行有机结合，生成一种能够涵盖信息的收集与综合、分析与处理、交换与共享的能力；其子系统可组合使用，亦可单独发挥功能作用，并不是对多种子系统产品设备的简单堆集。

只有实现了系统集成，才能在建筑的管理层面开发出多样的智能化应用；也只有实现了系统集成，才能最终建立起现代化的物业管理和信息服务系统。

早期系统集成的指导思想和目标原则是以系统集成、功能集成、网络集成和软件界面集成等多种集成技术为基础，运用标准化、模块化以及系列化的开放性设计，形成信息和任务共享、控制相对分散独立、硬件配置灵活、软件组态方便的并行处理分布式计算机系统结构模式。

系统集成当前较为通用的定义为：系统集成（System Integration，SI），指通过结构化的综合系统和计算机网络技术，将各个分离的设备、功能和信息等集成到相互关联的、统一的和协调的系统之中，使资源达到充分共享，从而实现集中、高效、便利的管理。

系统集成的主要目的是实现信息与资源共享、便于管理与决策、提高运行和服务质量。

14.2.2　智能建筑系统集成体系结构

1. 系统集成的组成

现代智能建筑的系统集成体系建立在传统智能建筑基础之上，由建筑自动化系统、办公自动化系统、通信自动化系统等部分构成。每个部分又涵盖了各自的子系统，使系统间的信息和软、硬件资源共享，建筑物内各种工作和任务共享，科学合理地运用建筑物内全部资源，实现智能建筑的一体化系统集成。

智能化信息集成（平台）系统将相对独立的各建筑智能化各子系统集成在统一的计算机网络平台和统一的人机界面环境上，从而实现各子系统之间信息资源的共享与管理、各子系统的操作、快速响应与联动控制，以达到自动化监视与控制的目的；避免出现因各子系统独立操作、各自为政的信息孤岛现象，把分离的设备、功能和信息有机地连接成一个整体，使资源达到高度的共享，让管理高度集中。

智能化信息集成（平台）系统是建筑智能化系统的核心，属于最高级的监控与管理层。它通过分布式网络将各子系统集成到同一个集成平台上，通过可视化的、统一的窗口界面，让管理者可以方便快捷地对整个建筑物的各功能子系统实施监视、控制和管理等功能。

智能建筑系统集成的对象包括综合布线系统、楼宇自控系统、消防报警系统、防盗报警系等，将这些系统集成为一个“有机”的统一整体，能够实现多方面的功能集成，如图 14-3 所示。

2. 智能建筑系统集成实施

智能建筑系统集成工程实施通常分为以下若干阶段：

（1）系统规划。系统规划的核心是系统目标的确定和分析，系统目标制定的正确与否，以及是否能达到目标，意味着建筑智能化系统工程的成败与效率高低，它是建设方、设计方、系统集成方共同关心的问题。在工程建设规划时应当明确系统集成的目标、平台架构和技术手段，为工程建设的各个阶段提供规划和设计指导。

（2）系统设计。智能建筑系统集成设计内容包括对建筑设备管理系统、公共安全系统、信息设施系统、信息化应用系统等及其子系统，其信息设施系统应当有一套便于管理、控制、运行、维护的通信设施，能以较低的费用及时与外界取得联系（例如消防队、医院、安全保卫机关、新闻单位以及各种信息库等）。

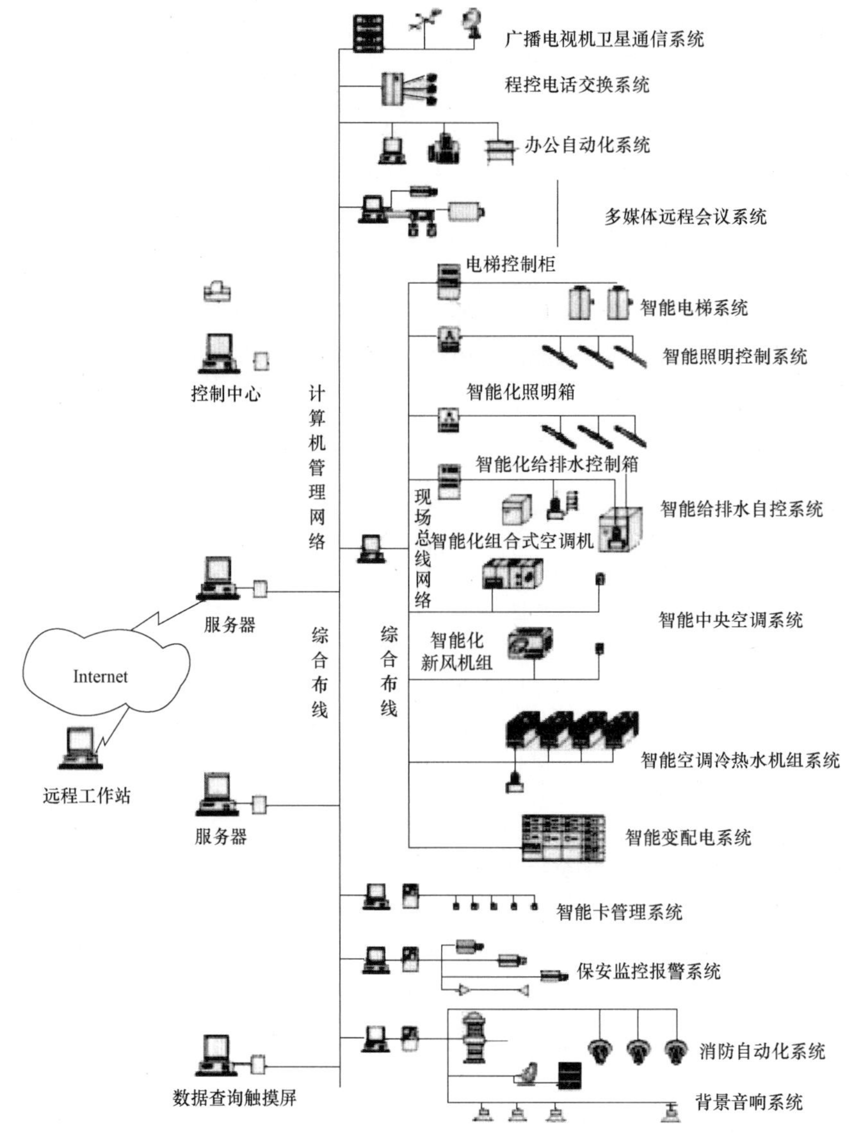

图 14－3　智能建筑集成系统结构图

（3）产品选型。适应管理的发展需要，具有可扩展性、可变性、能适应环境的变化和管理模式的多样化。

（4）工程实施。系统集成实施包括技术方案细化、施工组织设计、土建施工、技术安装、设备管理、数据通信接口开发、系统调试、文档记录等。

3. 系统集成服务性能

智能建筑系统集成可实现以下服务性能：

（1）安全性。涉及防盗报警系统、出入口控制系统、闭路监视系统、保安巡视管理系统、电梯安全与运行控制系统、智能卡系统、停车场管理系统、周边防卫系统、火灾报警系统、消防系统、应急照明系统、应急广播系统、应急呼叫系统等。

（2）舒适性。涉及空调通风系统、供热系统、给排水系统、电力供应系统、闭路电视系统、多媒体音响系统与娱乐管理系统等。

（3）便捷性。涉及办公自动化系统、通信自动化系统、计算机网络系统、综合布线系统、商业服务系统、饮食服务系统、酒店管理系统等。

（4）可用性。涉及共享设备系统、信息系统和方便用户使用的服务设施系统等。

14.2.3　系统集成功能与模式

从信息技术的整体发展而言，系统集成技术正在经历一场从低级到高级的演变，智能建筑的发展也正从传统以弱电为主的阶段进入到智能建筑电气优化集成阶段。各信息化系统相互渗透，子系统间的边界逐渐模糊；信息化、网络化的智能电气设备替代传统电气设施成为现阶段的主要特点。

1. 系统集成的功能

（1）综合性全局决策。

1）智能建筑集成系统可对各类设备的运行状况进行集中监控，确保建筑物环境宜居舒适。

2）提高建筑物及其内部人员与设备的整体安全水平与灾害防御能力。

3）根据总体任务的要求以及各子系统的运行状态分析，通过管理人员与计算机交互作用，系统能自动形成优化方案并给出决策指令，下达给各子系统执行。

（2）全局监控和管理。

1）智能建筑集成系统实时监测各子系统的运行状态。如：在冷、热源系统中对流量、温度、湿度、压力等进行监控记录；在供配电系统中对电流、电压、频率、有功、无功、电度量、功率因数等进行监控记录；在给排水系统中对流量、压力、液位等进行监控记录。

2）通过优化和控制提高设备工作效率，提供可靠、经济的最佳能源利用解决方案，并对重要设备享有优先访问权和操作权。

3）及时提供设备运行状态的有关资料和报表，实现能源设备的管理自动化，有效降低能耗并减轻人工的劳动强度。

（3）突发事件综合管理。

1）智能建筑集成系统通过对各子系统的集成管理，可有效提升建筑物对突发事件的应变能力。智能建筑集成系统对系统中出现的故障报警会快速做出分析判断，判定故障对系统的影响程度，并第一时间给出适宜的决策建议，再通过网络将决策指令发送到相关子系统服务器或直接进行紧急控制操作。

2）智能建筑集成系统支持自动报警、灭火、消防联动等各项功能。监控系统应与报警系统、出入口控制系统联动，能根据需要自动把现场图像切换到指定的监视器上显示并进行录像。如火灾告警后，智能建筑集成系统能定位并显示出各报警区域、报警点的信号、平面位置及所有消防装置的状态情况；对重要或要害部门、设施的特殊部位等进行长时间的录像，且支持实现现场声音与现场摄像机图像的同步；并担负总体灭火的联络与调度等职能。

3）根据各类建筑公共安全防范部位的具体要求，还需安装红外或微波等各种类型的报警探测器，并与计算机安全综合管理系统联网。

2. 系统集成的模式

智能建筑系统集成的模式大致可分为以下两类：

（1）横向集成。是同一逻辑层次上不同内容子系统之间的耦合，如 BAS、OAS、CAS 及其内部的各分系统之间的耦合，代表的是自下而上实现子系统各项功能的集成。

（2）纵向集成。是对建筑物综合管理层的中央集成，是各部件与其上下层环境条件、监控或管理对象之间的接口耦合。代表的是系统总体到局部自上而下的整体规划。

值得注意的是，全系统的横向集成是以提高效率为目标的集成、各子系统自身的纵向集成则是以功能的实现为目标的基础集成。

建筑设备自动化、办公自动化和通信自动化三个系统的集成，使建筑物从原来单纯注重智能化系统个体功能上升到了一个更高的层次，区别于建筑智能化系统的简单罗列累加。

14.2.4　系统集成平台基本特征与技术

系统集成的本质是最优化的综合统筹管理，系统集成平台通常包括计算机软件、硬件、操作系统技术、数据库技术、网络通信技术等集成，以及不同厂家产品选型、搭配的集成。

1. 系统集成平台基本特征

系统集成平台以满足建筑物的使用功能为前提，以建筑物的建设规模、业务性质和物业管理模式等为依据，建立实用、可靠和高效的信息化应用系统，确保对各类系统监控信息资源的共享和优化管理。系统集成平台具有以下基本特征：

（1）开放性。系统集成平台是一个极具开放性的系统，系统的设计完全遵循国际主流标准以及相关工业标准，各子系统的信息接口、协议等均应符合国家标准。让不同功能的建筑智能化系统在统一的信息平台上实现集成，并且不依赖于任何一个厂家的指定产品或技术。

（2）可扩展性。系统的应用软件严格遵循模块化结构方式进行开发，系统集成平台的软件功能模块应根据用户的实际需要和控制逻辑来进行编制，且支持扩展延伸。不同功能的建筑智能化系统集成在统一平台上，使多个系统形成一个整体，且各系统之间可进行信息的交换和资源的共享。

（3）安全性。网络系统是系统信息集成的基础，完善的网络管理和信息安全管理体系是系统集成平台高效、可靠、安全运行的前提条件。

（4）先进性。智能建筑将各行各业中的高新科技直接或间接地加以应用，确保前期所选型的系统架构及后期的系统性能在技术先进性方面可实现持续性发展。因此，在系统集成平台的建设过程当中应当预留足够的增长空间以适应后期相关技术的发展延伸，使现有系统的设备尽可能与可预见的未来变化相匹配。

（5）经济性。节省经济成本是系统集成的最重要出发点之一，系统集成平台从系统目标和客户实际需求出发，选择先进、成熟、经济的优质性产品，并从系统合理配置和兼容性等方面进行了充分论证，去除了不必要的设备冗余，全方位地节省投资费用。

（6）容错性。系统集成平台应具有容错性，确保系统突发故障时也能不间断正常运行，并预留足够延时来应对系统故障修复。

2. 系统集成平台的实现形式

智能建筑的设计应符合“强弱一体化”的设计思路。智能建筑系统集成方案中应满足节资、节能、舒适、环保和安全的需求。

如建筑物中的耗能大户中央空调系统、变配电系统和照明系统等，均应统一设计、集成优化，使其具备随外界的温度、湿度、光线而自动调温、调湿和采光的能力。

配电系统、发电机组也应采用智能化的设备和运行方式，可根据建筑负荷的变化自动投入和调节。当系统负荷达到一定阈值时，将自动起动发电机组，对系统补充供电容量；而当负荷小到一定程度时，则会自动退出运行发电机组，进入全自动运行模式。同时发电机组、配电设备应采用集成设计和高度智能化技术，并有充分可靠的联锁机构，保证系统的安全运行。

智能建筑信息集成应用模型的设计目标应完全基于建筑物内部网 Intranet（内联网）之上，通过 Web 服务器和浏览器技术来实现整个网络的信息交互、综合共享，实现统一的人机界面和跨平台的数据库访问，真正做到“局域+远程”信息的实时监控、数据资源综合共享，以及全局事件快速处理和一体化的科学管理。

由于 Intranet 就建立在标准 TCP/IP 上，集成的信息可以在高速局域网 Lan 上发布。这样无论是在智能建筑内安装千兆以太网还是 ATM 网，甚至语音、视频、数据合一的高速 ATM 网，均可实现监控系统集成和信息实时共享。

智能建筑中按需集成的子系统都将通过相应的串口设备、系统集成协议或者转换网关来提供以太网形式的接口，集成在统一的计算机网络平台，并实现全面的信息共享。

智能建筑包含的智能化子系统多、技术含量高，工程内容和种类均十分复杂，工程施工队伍来自不同的单位，各子系统和各个工种的工程进度互有先后和更迭，工作内容又互为条件和基础。这就要求合理规范地对智能建筑集成系统开发各个阶段的先后次序和进度进行安排。在智能建筑建设的过程当中要根据建筑物的最终用途和用户的实际需求来集成，避免不必要的投入和过多的浪费。

3. 系统集成平台的技术手段

作为一个面向多厂商、多协议和多种应用的体系结构，系统集成平台实现的关键技术难点在于如何解决各系统之间的互联和互操作性问题。这就意味着需要解决各类设备、子系统间的接口、协议、系统平台、应用软件等与子系统、建筑环境、施工配合、组织管理和人员配备相关的一切面向集成的问题。

智能建筑中包括许多子系统，且分别涉及实时控制和分时管理两个不同的信息处理维度，系统集成平台的着眼点就是提高整个建筑物的监控管理效果。从系统管理角度来看，集成平台通过物理集成、网络集成等技术将所有的子系统都统一到中央控制室的监控管理之中，进行一体化的运维管理。可以说智能建筑的平台集成化管理是自动控制向信息管理发展的产物。

集成普遍发生在有接口的地方。接口类型包括：机械接口、电力接口、电子接口、机电接口、其他非电物理量接口（天线、热敏、压敏、气敏、光敏等）、软件接口、环境接口（气候环境、电磁环境、化学环境、机械环境）、人机接口、人际接口。

通过以上这些不同的接口，集成系统主要采用了开放式标准协议转换器的方式，把楼控、安防、消防等不同系统通信协议进行了协议转换，把相关的联动信息送到现场控制器中，从而实现了整个集成平台的综合信息管理和联动系统控制。

4. 系统集成工程调研数据

据某系统集成公司对近百名用户的调查数据反馈，如图 14－4 所示。约 26%的客户认为项目资金是在做集成项目时最关心的问题，其次是工程质量和工程造价的控制，可见大部分人还是会从资金、成本上来考虑系统集成项目的取舍。但是我们也注意到在项目市场定位上也有不少人关注，不同的定位对应的是不同产品的选择。对于工程项目来说，市场定位做好了，相应的配套才算真正意义上的匹配。

对 40 多个项目工程建设负责人和运营管理负责人的调查数据，如图 14－5 所示。发现在对集成商的选择上，27%的用户主要考虑因素是系统集成商的信誉度，他们认为选择口碑好的集成商，不仅在工程质量上有所保证，在项目进度、人员管理、付款等方面也会相对省心。所以，集成商在市场上的信誉度是影响他们是否中标的关键性因素，系统工程的造价和系统集成商的资质分列主要考虑因素的二、三位，从硬实力方面影响用户的选择。

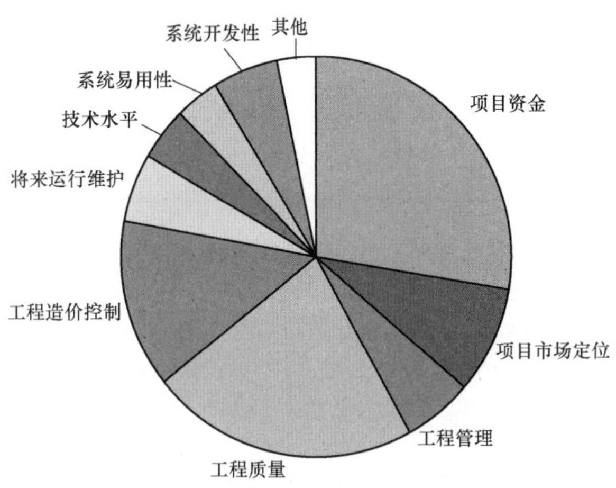

图 14－4　用户关心因素图

用户期待着系统集成产业能够早日实现专业化、品牌化。随着客户对系统集成需求广度和深度要求的大幅提高，系统集成市场开始逐渐走向成熟，系统集成服务商从硬件集成和网络集成的初级集成阶段，逐步向完善网络环境、应用开发和引导用户的较高层次集成服务方向发展，逐步有效积累竞争优势。

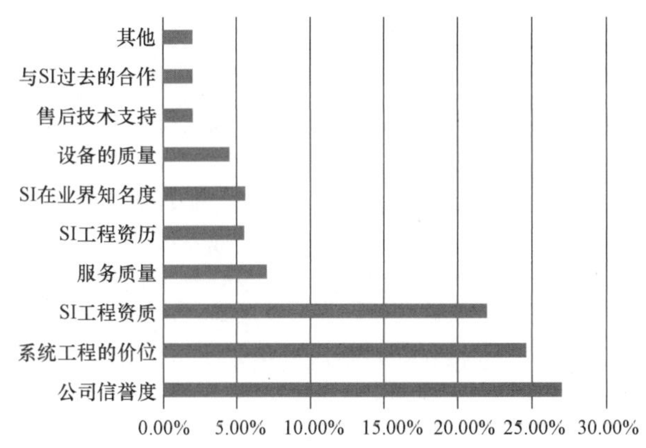

图 14－5　用户选择集成商的主要考虑因素图

14.2.5　系统集成工程设计

1. 硬件配置

（1）公有云部署（表 14－2）。

表 14－2　　公 有 云 布 置

云服务商	阿里云	
计费方式	包年包月	
网络	专有网络	
实例	ecs.g5.2xlarge（8 核 32GB，通用型 g5）	
公网带宽	2MB	
镜像	CentOs 7.4 64 位	
存储	系统盘	高效云盘：40GB
	数据盘	SSD 云盘：200GB

（2）私有云部署（见表 14－3）。

表 14－3　　私 有 云 布 置

名称	数量	技术要求	建议品牌
应用数据服务器 数据存储服务器 消息服务器 大数据服务器	1	2U 机架式服务器；处理器：2 颗 Intel Xeon E5－2600V4 系列 CPU；芯片组：Intel® C600 系列芯片组；内存大于或等于 24 个 DDR4 插槽，最高支持 2400MHz，支持高级 ECC，在线备用内存保护技术；RAID 卡：12G SAS RAID 卡，支持 RAID0，1，5，6，10，60 等 RAID 级别，配置大于或等于 2GB 非易失性闪存缓存，无须后备电池，数据保护时间不受时间限制；硬盘：8 块 2.5in 600G SAS 磁盘；网络适配器：2×1GB 千兆网卡或 2×10GB 万兆电口网卡，可选多种类型光纤存储适配器；电源：2 块热拔插铂金 80plus 冗余电源，电源功率大于或等于 450W；管理软件：远程管理卡企业版，具备独立千兆网口，支持远程安装操作系统；服务：三年 7×24 原厂硬件支持，原厂上架安装服务	Dell PowerEdge R730

注：1in=2.54cm。

2. 通信协议和接口

这里主要介绍智能化信息集成系统与被集成子系统的数据通信接口。

（1）物理界面接口。智能化信息集成系统与被集成子系统物理界面接口满足表 14－4 中的要求。

表 14－4　智能化信息集成系统与被集成子系统物理界面接口要求

功能集	子系统	接口标准
安防管理	视频监控	基于 TCP/IP 的网络接口
	停车管理	基于 TCP/IP 的网络接口

续表

功能集	子系统	接口标准
安防管理	门禁管理	基于 TCP/IP 的网络接口
	防盗报警	基于 TCP/IP 的网络接口或者 RS232、RS485 的串口
	电子巡更	基于 TCP/IP 的网络接口
设备管理	暖通空调	基于 TCP/IP 的网络接口
	给水排水	基于 TCP/IP 的网络接口
	变配电	基于 TCP/IP 的网络接口
	公共照明	基于 TCP/IP 的网络接口或者 RS232、RS485 的串口
	夜景照明	基于 TCP/IP 的网络接口或者 RS232、RS485 的串口
	电梯运行	基于 TCP/IP 的网络接口或者 RS232、RS485 的串口
	能源管理	基于 TCP/IP 的网络接口
	客流统计	基于 TCP/IP 的网络接口
	背景音乐	基于 TCP/IP 的网络接口
	信息发布	基于 TCP/IP 的网络接口
消防	消防管理	基于 TCP/IP 的网络接口或者 RS232、RS485 的串口

（2）通信协议。智能化信息集成系统与被集成子系统通信协议应满足表 14-5 中的要求。

表 14-5　智能化信息集成系统与被集成子系统通信协议要求

功能集	子系统	接口标准
安防管理	视频监控	SDK（录像系统）
	停车管理	ODBC、API、OPC 等
	门禁管理	SPI、ODBC、OPC、动态库等
	防盗报警	API、私有协议等
	电子巡更	OPC Server、ODBC、私有协议等
设备管理	暖通空调	OPC、BACnet
	给水排水	OPC、BACnet
	变配电	OPC、BACnet、ModBus
	公共照明	OPC、EIB
	夜景照明	OPC
	电梯运行	OPC、MODBUS、BACNET IP、私有协议等
	能源管理	OPC、MODBUS、BACNET IP 等
	客流统计	数据库、http、webservice
	背景音乐	ODBC、动态库、私有协议等
	信息发布	ODBC、动态库、私有协议等
消防管理	火灾自动报警	OPC Server、MODBUS、NETAPI、ActiveX 等

被集成子系统提供的 OPC 和 BACnet 标准协议接口应符合以下要求：

1）被集成子系统提供的 OPC 服务端接口，需符合 OPC DA2.0 及以上规范，子系统 OPC 服务器软件应取得 OPC 基金会认证，并保证稳定运行和沟通时效。

2）被集成子系统提供 BACnet 软硬件接口产品应通过 BTL 认证，并保证稳定运行和沟通时效。

（3）界面设计。界面设计从界面结构、主界面元素、主界面使用操作模式、用户管理几方面应符合要求，各个兼容子系统的界面设计包括“系统首页”“用户管理”“报警管理”“运行日志”“报表查询”“维修信息”“系统日历”等。

3. 数据传输设计

智能化信息集成系统与被集成子系统的数据采集子系统可以通过 MQ 提供的消息通道进行数据采集和命令下发的消息传递，消息本身可采用的格式为 UTF-8 编码的 JSON 格式等。所有消息通过 MQ 通道进行上传与下发，可保证实时性和完整性。系统设计考虑以下传输模块：

（1）实时消息上传/下发模块。其主要功能是项目的采集软件实时向智能化信息集成系统发送，平台获取到子系统数据，下发控制命令到采集软件。

（2）链路消息上传模块。其主要功能是定时（如每 3min）向智能化信息集成系统发送一条链路消息，以便集成系统监视链路的通畅情况。

14.3　智能建筑信息化管理

信息化管理对于智能建筑而言是非常有必要的。将所有的软、硬件设施优化组合成一个满足用户功能需求的完整体系，使之朝着高速度、简化结点、高集成度、高可靠性、提升性价比方向稳步发展。

建筑智能系统的集成在智能建筑的信息化管理

中占有重要地位。智能化集成系统实际上在现实中监管着建筑的全部机电设备；智能化集成系统为物业管理和信息服务系统提供了大量建筑物信息设备维护、管理决策和计量计费所需要的数据支撑。加之通信网络系统、办公自动化系统本身就属于信息系统范畴；系统立项、系统规划与组织、工程进度与质量的控制，以及前后期对方案的分析、比较、决策和评价等管理决策在系统集成中又完全取决于智能建筑整体的信息化管理，对目标系统的按期保质完成和后期的维护运营有着十分重要的意义。因此，信息化管理是智能建筑系统化工程的必然要求。

14.3.1　智能建筑综合管理系统 IBMS

IBMS 又称“智能建筑综合管理系统”，是目前国内大型建筑系统集成主要手段，那么如何实现 IBMS 集成，如何从基础的建筑管理系统（BMS）上升到 IBMS 集成就成了关键。目前业界对 BMS 和 IBMS 的概念和区别尚有异议。

1. IBMS 与 BMS

建筑物管理系统 BMS 是以实现事件响应的快速性、设备联动的可靠性和整个建筑的安全性为目的，是以 BAS（建筑设备监控系统）为核心的一种实时域系统集成，它最大的特点就是将原来独立的 SAS（安全防范系统）和 FAS（火灾自动报警系统）与 BAS 系统有机的结合集成起来，从而达到实现系统联动控制和整个建筑的全局响应能力。

现代建筑建成后，随之而来的人流、物流和资金流等信息综合称为信息流，那么如何有效地管理和利用这些信息流以实现业务管理的集成化、智能化和资源配置最优化就成了迫切需要解决的问题，于是 IBMS 系统应运而生。

IBMS 系统集成是将各种智能子系统集成于统一的管理平台上，形成具有信息汇集、资源共享及优化管理等综合功能的系统，实现各类设备、子系统之间的接口、协议、系统平台、应用软件、运行管理等的互联和互操作。系统拥有统一、开放的接口标准，降低用户的总体拥有成本。

IBMS 通过统一的软件平台对建筑物内的设备进行自动控制和管理，并对用户提供信息和通信服务；用户可以在该软件平台上取得通信、文字处理、电子邮件、情报资料检索、科学计算、行情查询等服务。另外对建筑物的空调通风、给水排水、供配电、消防、安防等设备进行综合监控和协调，使建筑物的用户获得经济舒适、高效安全的环境，使建筑功能产生质的飞跃。

智能化是智能建筑综合管理系统（IBMS）的目的，智能化的关键是通过科学的数据分析和处理，有效方便地给管理者提供可靠和翔实的综合业务状况，并提出相应的优化管理和运营方案。智能化管理的核心是通过对各种信息的高效率利用，并通过类似于专家系统管理软件的友好界面，使管理者掌握更深层次的数据分析结果。管理者可以充分利用上述信息做出决策，或查阅各种管理信息和实时信息快速调整运营计划。可以考虑采用的技术如数据挖掘、数据仓库、建立管理模型或 ERP 技术等。

由上述分析可见 IBMS 系统既不同于原有的实时域设备管理系统 BMS，也不同于纯粹的物业管理系统，而是将传统管理建筑综合管理上升到了企业资源计划系统（ERP）的层次。IBMS 不是简单的不同系统之间的网络连接，其目的是更深层次的信息共享和优化管理策略。IBMS 要求把三个系统（OAS、CAS、BMS）集成在同一个操作界面上来实现对建筑的全面监控和管理，以此来提高物业管理效率和综合服务功能，降低运营成本、提高安全性。

2. IBMS 最主要的目标任务

（1）集中监控，统一管理。全面掌握建筑物当中设备的实时状态、报警和故障情况；充分发挥机电设备的功能，增加了集成的信息量和系统功能，保证机电设备安全稳定的运行。

（2）数据联通，信息共享。由通过 IBMS 集成系统联通不同通信协议的智能化设备，通过信息的采集、处理、查询和建库管理，实现不同系统之间的信息共享和协同工作。例如消防报警时，可通过联动功能实现现场视频的自动显示、动力设备的断电检测、门禁的开启控制等。

（3）提供更多增值服务。

1）能耗分析：通过采集设备的现行、历史运行状态，记录各类设备的用电情况，超过计划用量时实时报警；统计分析各类设备的运行工况和用能情况。

2）设备维护：通过统计设备的累计运行工况，及时提醒对各类设备实施维护，避免设备突发故障。

3）管理自动化：实现以最优控制为中心的设备控制自动化、以运行状态监视和计算为中心的设备管理自动化、以安全监视为中心的防灾自动化、以运行节能为中心的能量管理自动化。

4）节省成本：节省运行管理人员，全面提高设备管理水平。节约机电设备的能源损耗，降低机电设备的运行成本。

3. IBMS 系统的特点

（1）IBMS 系统使用图形化操作界面，巨量数据使用图表形式展现，让使用者可以更加直观地获取信息和实施管控操作，一键协同办公。

（2）IBMS 系统支持公有云和私有云多服务器、多工作站部署，防灾措施十分完善。

（3）IBMS 系统管理的主要目的不是针对设备，而是针对整个建筑经营体系的物流、人流、资金流和信息流等进行统一管理。

（4）IBMS 系统针对不同的用户专业定制不同的配置和相对应的解决方案，具体问题具体分析。

（5）IBMS 系统不是技术的简单堆砌，而是技术服务于管理的具体应用。

IBMS 系统管理平台，应能方便管理和经营，同时还要能为管理者提升管理的效率和创造更高的效益。IBMS 系统并不取代其中任何一个子系统，而是在横向集成的基础之上，实现子系统之间的第二次集成和子系统之间的综合管理和联动控制。

14.3.2 基于 BIM 的智能建筑 FM 系统

将 BIM 数据融入智能建筑综合管理系统（IBMS）并应用于智能建筑运维阶段，能发挥信息化管理的显著优势，并给建筑的使用者和经营者带来极大的收益和回报。

1. BIM 与 IBMS 的关系

随着智能建筑技术的发展，IBMS 系统成为现代建筑运营管理的重要手段。IBMS 是通过统一的软件平台对建筑物内的设备进行自动控制和管理，主要包括楼宇自控系统（BAS）、消防系统、视频监控系统、停车库系统、门禁系统等子系统。针对 IBMS 中的子系统的运行方式，可以对建筑竣工的 BlM 模型进行进一步的挖掘应用。

（1）BlM 用于空间定位。楼宇自控系统包括了照明系统、空调系统等。相关设备设施在 BlM 模型中以三维模型的形式表现，从中可以直观地查看其分布的位置，使管理者对于这些设施设备的定位管理成为可能。消防系统的消火栓安放位置、视频监控摄像头的位置、停车库的出入口、门禁的位置等，都在 BlM 这一三维电子地图中以点位形式反映给这些信息的关注者。

（2）BIM 用于设备维护。BIM 模型的非几何信息在施工过程中不断得到补充，竣工后集成到 IBMS 系统的数据库当中，相关设备的信息如生产日期、生产厂商、可使用年限等都可以查询到，轻松为设备的定期维护和更换提供依据。设备的大小、体积及放置信息作为模型的关联信息也存储在模型数据库当中，在对建筑物进行 IBMS 相关子系统的改造中，不用进行多次的现场勘查，依据 BlM 当中显示的这些信息就可制定相应的实施方案。

（3）BlM 模型用于灾害疏散。现代建筑物的功能众多，结构也相应复杂。当建筑内部突发灾害时，及时采取有效的措施能减少人员伤亡，将经济损失降低到最小。BIM 模型汇集了建筑施工过程的各类信息，包括安全出入口的位置，建筑内各个部分的连通性，应对突发事件的应急设施设备所在等。因此当建筑内部突发灾害，BIM 模型协同 BMS 的其他子系统为人员疏散提供及时有效的信息。BlM 模型的三维可视化特点及 BIM 模型中的建筑结构和构件的关联信息可以为人员疏散路线的制定提供依据，用以保证在有限的时间内快速疏散相关人员。火灾时，BMS 的消防系统可以发挥作用，BIM 模型的“空间定位”特性可以提供消防设备的对应位置，建筑的自控系统可以根据 BIM 模型定位灾害地点的安全出口，以引导人员进行逃生。

（4）BlM 信息用于能耗管理。建筑内的现场设备是 IBMS 的各个子系统的信息源，包括各类传感器、探测器、仪表等。从这些设备获取的能耗数据（水、电、燃气等），依靠 BIM 模型可按照区域进行统计分析，能更直观地定位能耗数据异常的区域，管理人员也能更有针对性地对异常区域进行检查，发现可能的事故隐患或者调整能源设备的运行参数，以达到排除故障、降低能耗，维持建筑正常运行的目的。

2. BIM 应用于设施管理 FM 的意义

按照国际设施管理协会（IFMA）的定义，设施管理 FM（Facility Management，FM）是“以保持业务空间高质量的生活和提高投资效益为目的，以最新的技术对人类有效的生活环境进行规划、整备和维护管理的工作”。而现今的 FM 更逐步开始成为物业管理 PM（Property Management，PM）及资产管理 AM（Asset Management，AM）的专业技术服务统称。

FM 设施管理应用大致涵盖下列物业项目：房地产租赁管理、企业策略管理、空间管理、图文件设计数据管理、家具及设备/机电设施管理、通信/电信/电缆连接管理、建筑设施维修保养 CMMS 管理、灾害紧急预防管理、设施营运状态评估管理、生活环境状态影响评估管理，及其他物业相关联服务。

仿效企业资源规划 ERP（Enterprise Resource Planning，ERP）观念，FM 业界更进一步推动全包容式的企业信息模型 EIM（Enterprise Information Modeling，EIM），如图 14－6 所示。

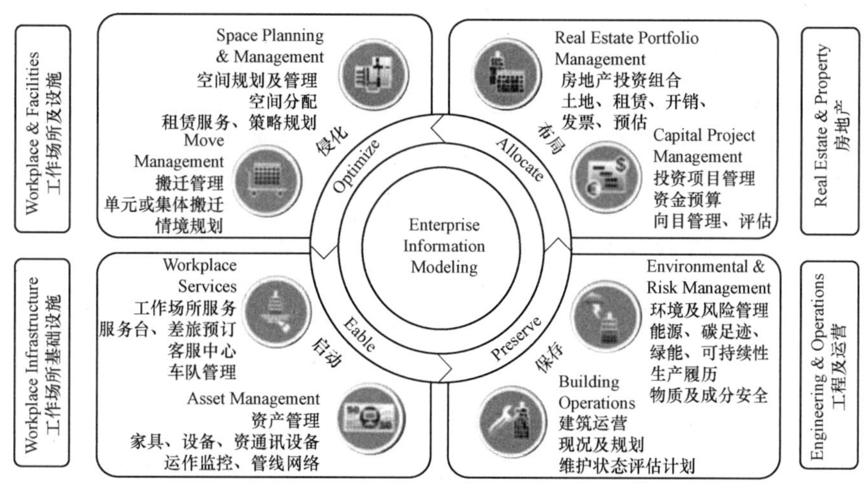

图 14－6 企业信息模型 EIM

作为整个建筑工程生命周期时间最长的阶段，物业运维阶段投入的维护管理成本随着建筑物使用时间的延长而增加，故 BIM 应用于此阶段所能发挥的效益与影响更显重要。

FM 与 BIM 系统的逐步衔接，也对原本各自为政、自成体系的物业设施或服务管理开启了一扇整合统一的大门。物业管理服务公司的业务范围包含行政事务、生活管理、机电维修、环境清洁及保全防灾五大项目。为提升公司的管理绩效，物业管理产业已发展出各种物业管理系统或作业平台以增进业务上经营管理之效能。

BIM 技术，将分散的租赁/物业管理、空间管理/追踪、设施设备变更管理、维护管理、建筑系统分析、建筑系统运营、生命周期管理、防灾规划/处理和资产管理以一套模型控管。提升完整的空间管理层级、为各式智能化建筑物进行使用分析，并进行清晰实时的变更管理记录，确保日后相关调整变动方案能得到明确评估、合理推演和准确执行，如图 14－7 所示。

在物业运维管理方面，BIM 通过 3D 视觉沟通接口功能，链接模型与相关设备数据，并辅助链接定期性与临时性保养维护信息，协助使用者进行设备位置辨识、3D 设备维护数据查询与管理，来提升设备维护之管理效率。让相关人员能更直观化地进行设施维修养护作业，显著提升了信息管理应用的效能。BIM 可与相关系统相互整合，实时提供各类信息查询及历史纪录。

在空间管理方面，使用者可透过 BIM 协助空间规划与模拟，以便有效管控空间资源的运用。

在能源管理方面，使用者可透过 BIM 分析能源使用、设备使用分析、以协助提升建筑物之能源管理。

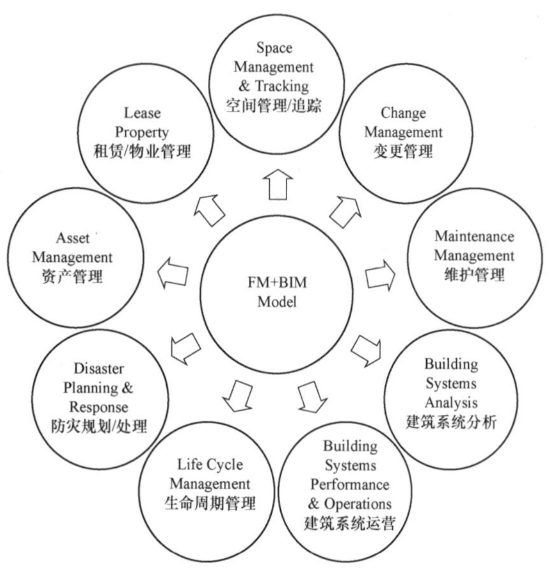

图 14－7 FM＋BIM 模式

在防灾避难规划方面，使用者可应用 BIM 进一步作防灾避难规划，通过相关空间数据仿真逃生路线规划，以 3D 可视化效果呈现，帮助救难人员有效地了解建筑物内抢救及避难的相关信息。

目前国内外已有一些 BIM 在物业运维管理领域的成功应用案例，其主要应用内容包含物业运维管理、空间管理、能源管理、防灾避难规划等多项应用，期待未来在国内出现更多有益的场景应用。

随着近年来 BIM 在建筑工程的应用，将 BIM 用于设备设施运行维护，必然是提升物业管理经营绩效的未来大趋势。

14.3.3 智能建筑互联网云运维平台应用

大数据时代下，各种虚拟化的数据技术层出不穷，IBMS 系统也逐步开始利用云计算成果，智能建筑云运维平台应用将成为趋势。

国内各大系统集成商各自提出了多种解决方案，但由于建筑工程中存在许多异构系统和不同的使用功能，导致同一智能建筑工程中经常存在着多种协议并存、多种产品组合的局面。接下来就选取市场上应用较为普遍的智能建筑互联网云运维平台进行具体讲解。

1. 智能建筑互联网云运维平台的特点

系统集成商们通常依托自有专利技术，打造可组态式的互联网云运维平台，为智能建筑提供系统集成服务。这些建筑智能化系统以系统一体化、功能一体化、网络一体化和软件界面一体化等多种集成技术为前提，运用标准化模块和系列化的开放性设计，开发出综合性的智能建筑互联网云运维平台。

智能建筑互联网云运维平台对智能建筑的整体集成管控通常采取统一的 UI 体系和标识，运行和操作均在统一的界面环境下完成，能实现集中监视、控制和管理等多重功能。智能建筑互联网云运维平台将信息资源汇集到统一的系统集成平台之上，通过对资源进行收集、分析、传递和处理，对整个智能建筑进行最优化的控制和决策，以达到高效、经济、节能、协调的运行状态。

通过分布式网络将各子系统集成到同一个计算机支撑平台上，建立起整个建筑物的中央监控与管理界面，达到信息的综合管理、子系统之间的信息共享、设备的维护和管理、设备能耗的管理、设备流程化管理。通过统一的、可视化的图形窗口界面，系统管理员们可以十分方便、快捷地对建筑内的各功能子系统模块实现监视、控制和管理等功能。其中比较常规的核心功能有：

（1）能源管理。处理海量能耗数据，进行大数据分析对比，并进一步提出能耗改善建议，帮助客户降低运营成本。

（2）设备监控。监控核心设备的运行状态，预警可能产生的问题，通知人员采取预防措施；报警已发生的问题，通知相关人员解决问题。

（3）终端报警。监控终端运行状态，预警可能产生的问题，通知相关人员采取预防措施；报警已发生的问题，通知相关人员解决问题。

（4）资产管理。管理资产的生命周期，提前通知相关人员维护或更换老化、易产生故障的设备，减少系统出现问题的概率。

图 14－8 为应用较为广泛的智能建筑互联网云运维平台在具体项目中所采用的总体架构系统图，其中第一层集成系统分站给出两个，代表两个功能模块或建筑体，如果多于两个则依次类推；图 14－9 为每个分站的详细架构。这种集成结构使建筑群中各个功能模块子集成系统相对独立运行，并有如下优势：

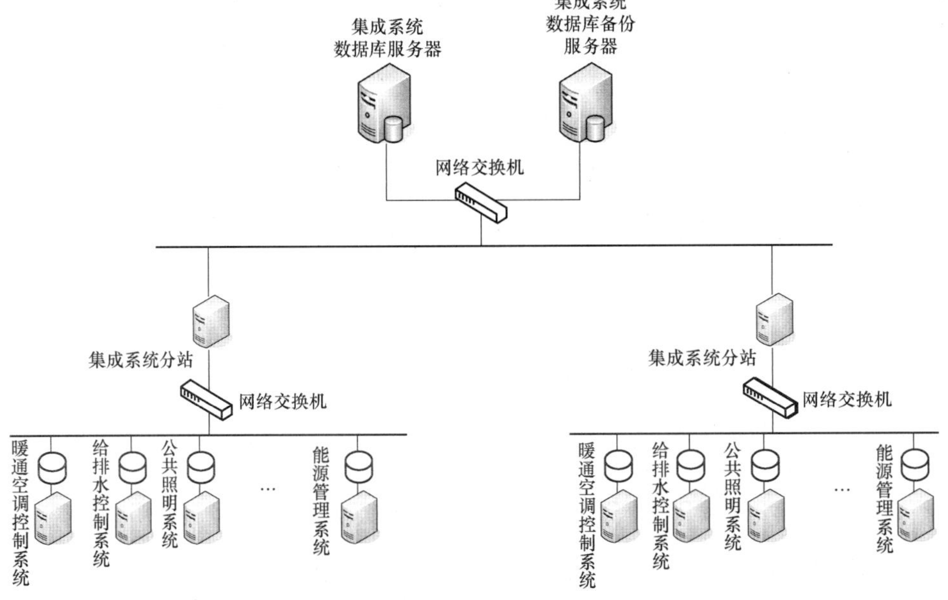

图 14－8 系统集成架构

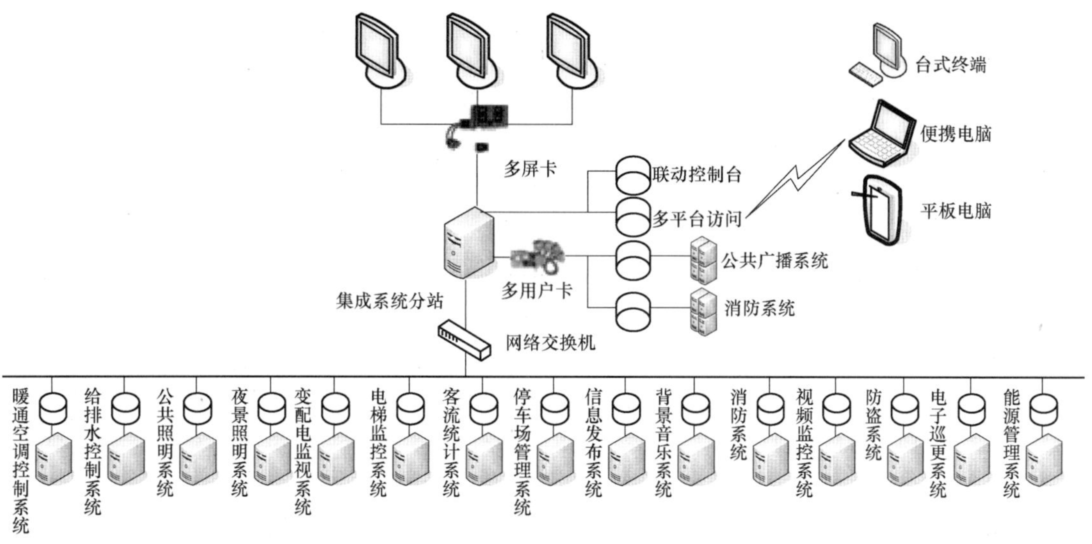

图 14－9　系统分站架构

1）子集成系统距离贴近实控硬件系统，可以支持就近调用操作数据，节省时间；保证了系统操控的可靠性、稳定性、实时性和快捷性。

2）中央综合集成平台数据库或某一个子集成系统出现运行故障，均不会影响其他子集成系统的正常运行，互不干扰。

3）中央集成平台与子集成系统之间只存在必要的数据与操控指令交流，而无须实时亲自监控各个硬件与管理子系统，从而达到降低中央集成平台负担的目的。

4）分布式数据存储，结构清晰。中央综合集成平台可以随时调用各个子集成系统的数据库数据，也能对子集成系统上传的数据类型、数量、数据采样间隔与采样时间区间等参数标准进行随时修改或调整，并且节省数据交流占用的网络带宽。

2. 智能建筑互联网云运维平台的功能特点

（1）统一登录界面。为了避免由于智能建筑系统集成的结构复杂性与功能多样性，给服务人员或客户造成操控的困难；同时也为了保证系统工作的稳定性和保密性，智能建筑互联网云运维平台网站入口通常将分散的、相互独立的建筑智能化系统采用相同的软件界面进行集成，辅以生动的图形方式和数据分析模型，所有内外用户均从这个统一的界面登录进入，并根据自己的授权范围进行信息浏览和设备与系统的操控。

平台会根据不同的授权分别开放给以下五类用户：物业集团管理团队、各功能模块员工、长期客户、注册客户、浏览客户。系统登录授权认证也是采用二级分层管理模式，具体实现形式如下：

1）最高级授权为中央综合集成管理中心的主要负责人员（简称 A），由他首先授权中心值班主任（简称 B）与各个功能模块主要负责人（简称 C）。

2）B 的职权：① 监视建筑群所有设备与系统的运行状况；② 监控公共系统运行状况；③ 分级授权中心值班人员与集团人事部门负责人（简称 D）；④ 确定每一级的监控处置权限范围。

3）C 的职权：① 监控各自功能模块中所有设备与系统的运行状况；② 监视公共系统运行状况；③ 授权本模块系统值班人员，如果人事独立，则授权本模块人事负责人（简称 E）；④ 确定每一级的监控处置权限范围。

4）D 与 E 职权基本相同，主要是确定每一个部门、每一级的权限，并授权给每个员工。

5）对于长期客户与注册客户的登录授权，中心与功能模块均有权设置。

（2）系统配置与运营操控相分离。为了最大化的降低误操作给整个系统带来的灾难性风险，采取设定日常运营与系统配置相分离的管理方式，来实践 B/S 结构与 C/S 结构相结合的架构体系。其中 B/S 结构主要通过上述统一界面门户网站登录进入，用以完成日常经营和管理。而 C/S 结构主要被应用于系统配置与中控室的值班监控台当中。这种架构体系将应用网络和自动化控制技术相结合，提高了操作和管理的效率，实现了功能集成、网络集成和软件界面的集成，并为综合分析后的决策作支持。

（3）通用预案与功能模块专业预案。集成系统的作用就是将各个零散的、具有专业功能的子系统与独立设备、设施借助统一的软件平台有机架构，共同组建成一个高效、协调的运行整体。那么要达到这种统一、协调、高效的目的，只提供子系统之间或子系统与监控中心的信息交流与共享平台是远远不够的，必须借助基于需求分析而做出的各类控制模型，并根据实际状况或需要处理的事件场景，通过各个子系统之间预定的交互联动方案来实现模型设置的控制动作，从而取得整体系统的高效配合与协调统一。这些所谓“子系统之间预制的交互联动方案”简称为“预案”。

在智能建筑互联网云运维平台中，针对物业整体与各个功能模块不同的管理需求，将预案分为通用预案与功能模块专业预案两类，并有通用预案库与专业预案库供用户进行选择。现场的调试工程师只需要将预案的因果的输入输出与现场感知设备/执行设备、信息来源/信息目标相关联，而无须知道预案内部的操作模型，且预案因果关系能够实现横跨多个子系统。

智能建筑互联网云运维平台能够操作所有通用预案库，实现建筑群范围内子集成系统、子系统、独立设备之间的联动；而各个功能模块只能操作通用预案与本功能模块相关的专业预案。这种跨系统的联动控制流程，显著提高了智能建筑的自动化水平，有效实现了提升管控效率和节能降耗的目的。

考虑到用户的特殊需求，可为客户人性化的设计操作极为简便的制作预案的方法，用户只要知道事件处理的因果关系或联动需求就能够轻松利用显示屏图形拖拉的操作方式生成自己独有的预案，并保存在预案库中。

（4）集中交叉调用管理。为了充分发挥建筑的整体优势与使用效率，子系统各个功能模块之间的相互关联服务必不可少。因此智能建筑互联网云运维平台在其集成管理系统软件中引入了各个功能模块之间的资源信息共享与服务预订模块。

集中交叉调用的管理模式既能保证建筑群内各个功能模块之间管理与子集成运行的相对独立性，不会产生相互干扰与制约，又能使功能模块之间实现无缝协作。

首先通过子集成系统将建筑群中各个功能模块当下资源的预订、使用与闲置信息上传至中央数据库，各个功能模块相对应的管理人员与客户都能根据授权与需求通过统一的登录界面来对这些信息进行查询或预定；中央集成软件先整理和分析客户与管理者的浏览与预定信息，再按优先顺序建立档案并传送给各个功能模块，以便功能模块的管理者能够实时掌握本功能模块各项服务资源的预定情况与客户信息，并对客户的服务预订予以确认通知，同时及时着手进行服务准备。

中央集成系统也能通过将建筑群各个功能模块的浏览、预订、使用等情况的分析报告提供给建筑群管理集团或物业管理者，以便让他们能够及时了解情况，并协助调整修改、优化建筑运营与服务决策。

上述所有功能都是在智能建筑互联网云运维平台的后台完成，而所有资源、预订确认等信息的获取和操作对于客户与功能模块的管理者来说都是集成在一个透明的界面。

（5）中央综合集成管控中心。智能建筑互联网云运维平台的中央综合集成管控中心是 24h×365 天全时空值守操控，配有大屏幕图形与文字信息显示屏，可以同时显示建筑整体的实时运营情况，配有各类通信手段，并可根据需要对显示内容与通信渠道进行信息的任意切换。

操控台分为值班主任与值班员两级，每个控制台配有一机多屏操控终端与多通道通信终端。两级管理便于值班主任合理分配每个值班员的监视、操控重点方向、区域与权限，并可随时调整与切换。一机多屏由表及里、由远及近、由浅入深、由面及点地显示各类信息与事件发生、处置的情况；值班员可在各个显示屏之间切换操作；如果配备触摸屏则可以直接点击触屏实现更加便捷的操控。多通道通信终端是一个综合通信控制台，通过这个控制台，值班员可以在授权范围内，一键操作随时与需要联系的人员进行通话，例如分区广播、群内无线通信设备、可视对讲、固话、手机等。

城市综合体等大型建筑，由于建筑规模大、承载功能复杂、人员密集，因此一旦发生了火警、恐怖袭击、抢劫盗窃、自然灾害等紧急状况，必须立即启动应急处理预案，将可能造成的人员与财产的损害降到最低限度。智能建筑互联网云运维平台能够在紧急状况出现时，分别通过远程联动、各个功能模块分管中心、中央综合集成管控中心三级启动应急处理预案，届时平台的中央综合集成管控中心将切换到应急指挥中心模式。

（6）应急指挥中心模式。目前在我国智能建筑的集成上，应急处理方面一直是一个短板；在此类大型集成管理系统中，应急指挥日益成为一个必不可少的功能，因此是一个亟待解决的问题。

智能建筑互联网云运维平台的应急指挥中心模式包括以下几个方面：

1）建立处理各类突发事件的应急管理预案、处置预案与设备联动预案。

2）突发事件发生时，智能建筑互联网云运维平台的中央综合集成管控中心将第一时间接手所有子系统、子集成、独立设备/设施的管理监控权，同时切断应急非授权的各种信息发布渠道与操控权。

3）根据事件类型自动或手动的通知相关应急事件的处理领导与团队成员，指挥相关人员立即就位。

4）自动或手动通报给消防、警察、武警、政府等相关处理突发事件部门，并建立无阻碍信息交换通道。

5）中央管控中心大屏幕及突发事件相关区域的控制台将立即切换到与事件相关的信息和图形显示及操控界面。

6）设备、设施等联动操作起动，并随突发事件的发展而自动或手动实现增、减、变、切等功能。

7）文字显示处理突发事件的管理与处置预案步骤，协助操作人员在紧急情况下能够按规定正确操控。

8）根据预案并结合现场情况给出适当的发展趋势预测与处置建议，协助处理突发事件的指挥领导并做出处置决策。

（7）能耗分析与绿色运营。所谓能耗一般是指建筑物在正常运营中对电、气、水、热等资源的消耗，大型建筑物更是能耗大户，节能减排在管理方面是必不可少的。智能建筑互联网云运维平台中不可或缺地集成了能耗管理的模块。

首先，在对建筑群各个功能模块进行特点分析的基础之上，科学地制定了一整套能耗管理模式、方法、制度、措施，并通过各个子集成自动贯彻到各个子系统的实际控制和运行当中，并确定重点能耗管控点。其次，收集各个子系统资源消耗数据，特别是资源消耗比例相对较大的系统，核查能耗管控效果。再次，将收集上来的资源消耗数据进行综合性专家分析，确定需采取进一步管控的决策，并根据决策切实可行地调整方法、制度、措施，并立即实施。最后，检验方法、制度、措施等实施的效果，进入下一个“措施–实施–检验循环”的决策流程。

（8）资产管理与全生命周期维护。

在大型建筑项目当中，各类设备的种类繁杂、数量繁多等本就给管理造成了很大的困难。

针对上述问题，智能建筑互联网云运维平台中增加了资产管理模块，并在全球范围内率先提出了全生命周期维护的系统管理与服务理念，具体措施如下：

1）按照国际标准，对建筑内的设备统一编码建档。

2）根据各类设备的技术规格确定其最佳的运行数据，并实时监测；一旦发生偏离将自动纠偏或自动报警。

3）根据设备实际使用的特点，确定其最佳运行方式，并进行实时监控。

4）建立各个设备耗材补充更换、设备定期进行维保校准调试的档案，定时发出通报、通知，如果设备没有受到应有的照料，将发出报警给相关负责人。

5）建立设备折旧与报废档案，一旦设备到期，发出通报、通知、报警。

6）管理集成系统的托管维护，全程负责整体系统的维护、升级、调整、修改等服务。

7）组建自己的专业售后服务团队，提供系统维护、诊断、培训等服务，以保证值班员与系统两方面均处于最佳工作状态。

3. 未来前景

智能建筑互联网云运维平台能够对不同区域智能建筑中的各种物联设备进行统一的监控管理，并通过对物联设备产生的大数据进行挖掘处理，进一步提供一系列的增值服务，如能耗改善方案等，是一个集物联网、云平台、移动互联网于一体的智能运维解决方案。

智能建筑互联网云运维平台具有两大核心特色：一是运营，是指在建筑的全生命周期之内提高建筑内所有资源的使用率，降低整体经营成本；二是维护，是指尽可能地延长建筑的使用周期。智能建筑互联网云运维平台这两大特色的最终目的，是为了提高机电设备功效，减少能源消耗，促进建筑生命周期健康有序开展。

作为一种新技术，智能建筑互联网云运维平台的开放性给智能建筑提供了很大的便利。通过市场检验，获得了用户肯定，并逐渐形成行业规范。

建筑物的运维管理服务于智慧城市，现阶段正由“人管”为主逐步向“机管”为主进行转变，运维发展的大方向是实现分布存储式处理、后台集中管理，从传统物业管理向 IT 化平台管理进行转变。建筑物的集成，从智能建筑集成到社区集成，再到城市集成，所有的集成都要求信息双向互动，信息可视化，集成解决集中管理的问题，解决互联互通问题，这是运营与维护管理的直接作用与要求。

云安防、云 BMS 集成平台与运维平台的对接与融合是发展趋势，随着高清化、网络化的推进，智能建筑互联网云运维平台规模越来越大，包含的子系统也越来越多，面临着大数据、交换和融合的需求，云计算技术与集成平台紧密融合，将为现代建筑业带来一次崭新的革命。云计算为智能建筑互联网云运维平台带来一种新的服务模式——软件即服务（SaaS），由于采用托管模式，用户也不再需要本地的 IT 人员对系统进行维护管理，大大降低了人员管理成本，运行与维护管理完美统一。各类传输网络、海量存储设备、分类服务的云端，智能建筑互联网云运维平台具备强大的网络计算能力、支持大流量视频流的转发和存储、负载均衡、数据备份，用户可利用云端系统获得智能分析和检索功能，用户端具有手机、PAD、PC 多种访问方式，实现本地高清回放，支持跨平台业务访问，以及系统的运维管理。

智能建筑互联网云运维平台中各类硬设备（摄像机、NVR、服务器、存储阵列等）构成了基础架构，基于 IaaS 层（基础设施即服务），视频监控系统提供平台服务 PaaS（平台即服务），各类智能化应用提供上层支撑 SaaS（软件即服务）。

科技的大趋势和智能建筑互联网云运维平台的标准化，让智能建筑互联网云运维平台的提供商们聚焦到服务竞争，即云服务、大数据服务、运维服务的竞争，云监控 MVaaS、视频托管 VSaaS、皆是目前受关注的业务模块。

综上所述，系统集成是实现建筑智能化的技术手段，能实现集中管理、测管控一体化等联动功能。整个平台，应在充分考虑技术和成本适用性的前提下，按明确的应用目标进行集成。具体的实施过程中，系统的集成应从集成目标出发，经过充分论证后再选择合适的技术和产品，从而发挥整体优势，服务客户、简化管理、实时应对、节能减排。未来网络化、信息化的建筑智能化系统集成必将会成为未来的主流模式，在实践中会取得更大的发展！

参考文献

[1] 沈晔. 楼宇自动化技术与工程 [M]. 3 版. 北京：机械工业出版社，2014.

[2] 顾永兴. 绿色建筑智能化技术指南 [M]. 北京：中国建筑工业出版社，2012.

[3] 鞠明明. 浅谈 BIM 融合入 IBMS 的建筑运维管理 [J]. 绿色建筑.2015，1.

[4] 李倩. 论 BIM 技术在智能建筑设计、施工与运维中的应用 [J]. 中国住宅设施. 2018－05－02 18：26：31 网络出版地址：http：//kns.cnki.net/ kcms/detail/11.5143.TU.20180502.1826.094.html.

[5] GB 50314—2015《智能建筑设计标准》.

第 15 章　通 信 与 网 络

15.1　概述

15.1.1　信息通信网络与建筑智能化

在建筑智能化系统的工程中，信息与通信网络主要包括计算机网络系统与通信系统，它们又分为硬件和软件两大部分。按《智能建筑设计标准》(GB 50314）规定，智能建筑的信息通信设备（硬件）属于信息设施系统的范畴，包括信息接入系统、布线系统、移动通信室内信号覆盖系统、卫星通信系统、用户电话交换系统、无线对讲系统、信息网络系统、有线电视及卫星电视接收系统、公共广播系统、会议系统、信息导引及发布系统、时钟系统等信息设施，软件部分则归属于信息化应用系统。在工程的建设中，信息通信系统由用户和电信业务经营者实施。其中，信息接入系统由用户和电信业务经营者按照国家标准有关工程界面的划分共同建设；布线系统、用户电话交换系统、信息网络系统、有线电视及卫星电视接收系统、公共广播系统、会议系统、信息导引及发布系统、时钟系统等信息设施由用户完成建设，并和公用网实现信息的互联互通；移动通信室内信号覆盖系统、卫星通信系统、无线对讲系统为通信专业设计的内容，建筑电气专业需要做工艺与土建上的配合，满足管线的敷设、机房的建设、电源的供给等要求。所以，智能建筑中的信息通信系统建设需要满足建筑电气和通信行业相关标准的技术要求。

15.1.2　信息与通信网络与公用电信网互联互通

（1）光纤到住宅用户、光纤到民用建筑用户单元，以用户接入点光纤配线设施作为互联互通的设备。

（2）综合布线系统以建筑物配线设备和建筑群配线设备与公用光纤配线网络实现互联互通。

（3）电话交换机系统根据进入公用电话网的中继方式，主要采用数字传输系统（SDH）的 2Mbit/s 中继接口与电话交换网互通。

（4）计算机以太网可以根据用户网络对信息量的带宽需求、电信运营商提供的传输手段和电信资费的高低决定互通互联的方式。

1）以太网交换机通过光纤接入系统的光网络终端设备（ONU）100M/1000M 以太网端口互联互通方式。

2）以太网交换机通过光纤同步传输系统（SDH）的 155Mbit/s、622Mbit/s 的光接口互联互通方式。

3）以太网交换机通过光纤同轴混合网络（HFC）接入系统的机顶盒 100M/1000M 以太网端口互联互通方式。

4）以太网交换机通过光纤直接与电信的网络交换机 100M/1000M 以太网端口互联互通方式。

以上为各信息通信系统几个具有代表性的接入互联互通方式，随着通信技术的发展，可以根据公用电信网络能够提供的通信手段、用户自主网络对信息量的带宽需求和电信资费的高低决定互通互联的实施方案。

15.1.3　公用通信网工程界面

以用户电话交换机为例，说明建筑中信息通信子系统的建设与电信业务经营者之间的配合需要考虑的各个方面及做法。

1. *用户电话交换机系统界面划分*

用户电话交换系统有用户自己投资建设和电信运营商投资建设两种方式。对于每种建设方式，用户与电信运营商界面划分不同。

（1）自主建设。用户自己采购用户电话交换机，租用电信运营商中继传输电路，电信运营商负责提供传输设备（SDH）、总配线架（MDF）、电路以及相关线缆和线缆的布放。对于 MDF 和建筑物 BD 之间的线缆，可以由用户或电信运营商负责。另外，在楼宇建设时，因已经统一考虑并建设了楼宇综合布线总配线架（CD/BD），所以电信运营商可以不用建设 MDF，只需将传输设备引出的中继线，直接布放到 BD 上即可。在楼宇建设时，土建已考虑了通信机房设置，并且提供了符合通信要求的环境与供电条件与接地装置等设施。用户自己委派技术人员进行日常维护与运行。

（2）用户电话交换机由电信运营商提供。这种方式下，电信运营商负责用户电话交换机、传输设备、MDF、传输电路以及提供相关线缆和线缆的布放。用户只需将楼宇综合布线电话业务的 BD 配线设备通过三类大对数电缆连接至电信运营商提供的用户总配线架（MDF）即可，并租用电信运营商的中继电路。土建已考虑了通信机房设置。用户提出交换机容量、开放的通信业务、设备的选型意见、通信机房平面图及设计文本，由电信运营商投资建设。

（3）与其他信息通信系统互通。用户电话交换系统还可与智能建筑内其他电话交换模块系统互通，根据系统支持的接口和协议，可通过环路中继接口、数字中继A接口、2B+D接口、30B+D接口、以太网接口与会议电话系统、呼叫中心、调度系统、无线集群系统、语音信箱、寻呼中心、PHS系统、WLAN等互通。

2. 建设流程

（1）按照设计要求，确定通信网络的中继方式，将程控交换机的基本配置要求提供给多家电信运营商，由电信运营商提供实施方案，配置要求见表15-1。

表15-1　　设备基本配置要求

序号	设备名称	技术要求
1	通信服务器	系统冗余
2	数字中继端口	E1
3	模拟用户端口	Z
4	话务台	根据用户容量
5	语音信箱	根据需要
6	中文计费系统	一套
7	维护组件	含维护终端
8	整流器及电池	8h
9	配线架	回线（机线比为1:1.5）
10	管理软件	汉化一套
11	安装附件	

（2）设备选型：

1）必须为电信运营商准许入网的交换机。用户电话交换系统应该具备接入不同电信运营商交换局，实现与公网话务互通的功能。

2）对于改、扩建工程，设备选择尽量与现有设备的品牌与型号保持一致，或在原有设备的基础上进行升级，这样既保护了现有投资，又便于设备维护。

3）根据建设方的需要，用户电话交换系统首先满足近期的容量需求，支持所需的业务和功能，同时考虑为远期的拓展留有空间。

基于电路交换原理的设备，如PBX和ISPBX，业务实时性好，交换时延小，但支持的业务种类少，业务扩展性不高，适用于仅与公用电话网连接，对业务的实时性、可靠性要求高的单点建设的交换系统。

基于分组交换设备，如IP PBX和软交换用户电话交换机，支持多种终端类型和业务种类，支持IP电话属性，业务扩展性好，但业务实时性依赖分组数据网负载情况。这类交换机适用于多种业务需求，特别是控制电话费用支出的企业用户。

用户电话交换机选型应符合《专用电话网进入公用电话网的进网条件》（GB/YD 433—1990）和信息产业部《电话交换设备总技术规范》的要求，必须提供入网许可证、国家电话交换机质量监督检验中心的质量检验报告和中国强制性产品CCC认证证书。

（3）选定电信运营商。需要针对不同电信运营商制定的方案和提供市场上主流程控交换机的价格及反馈的技术响应书，进行评选。

1）比较。业主未来的运营成本包括“不变成本”和“可变成本”，其中“不变成本”包括程控交换机采购、中继线月租费、号码占用费、电话月租费；“可变成本”为各种形式的通话费，包括市话、国内长话、国际长话等。

2）比较项目见表15-2的内容。

表15-2　　电信运营商选择比较项目

项目	单价	数量	备注
数字中继	×元/月/条	条	
号码资源	×元/号	个	
IP电话	×元/min	部	X分钟/月/部 按部计算
市内电话	×元/min	次	
国内长途电话	×元/s	次	
国际长途电话	×元/s	次	
设备的代维费用			按年计算
优惠项目			分项和系统
总计			按年计算

15.2 信息通信网络工程设计

15.2.1 光纤接入系统

POL（Passive Optical LAN）是一种基于PON技术的通信网络，通过一套光纤网络为用户提供融合的数据、语音、视频及其他弱电类业务接入。

1. 网络架构

PON系统通常由局侧的OLT、用户侧的ONU和ODN组成，采用点到多点的网络结构。ODN由单模光纤和光分路器、光连接器等无源光器件组成，为OLT和ONU之间的物理连接提供光传输介质。光纤接入网的应用目前主要采用无源光网络（PON）技术。PON接入网系统的组成如图15-1所示。

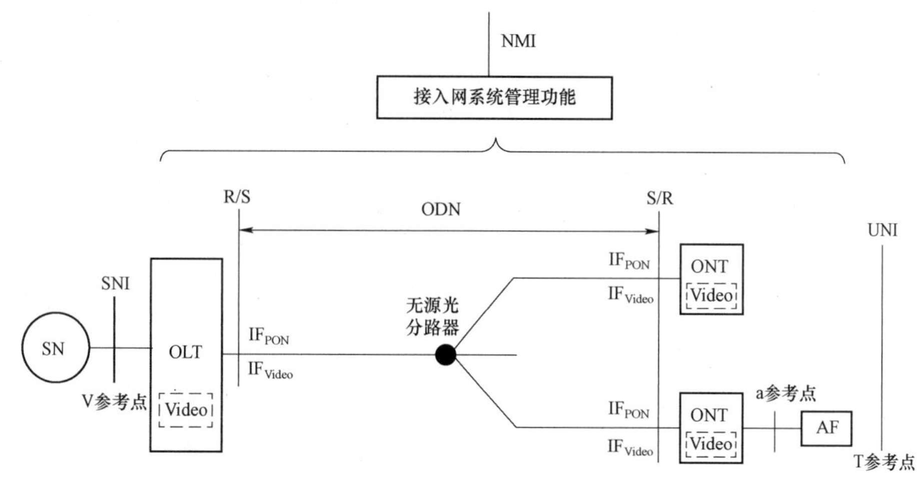

图 15－1 PON 接入网系统参考模型

NMI—网络管理接口；SN—业务节点功能；S—光发送参考点；R—光接收参考点；V—与业务节点间的参考点；T—与用户终端间的参考点；IF_{PON}—PON 专用接口；IF_{Video}—使用第三波的视频业务接口；AF—适配功能；Video—集成于 OLT 和 ONU/ONT 设备内使用第三波的 CATV 网络单元

注：1. ODN 中的无源光分路器可以是一个或多个光分路器的级联。

2. 如果不承载 CATV 业务，则不需要 Video 单元和 IF_{Video}。

3. 图中省略了 OLT、ONU/ONT 设备内的 WDM 合波/分波功能模块，如果承载 CATV 业务，需使用支持三波合波/分波的功能模块。

4. AF 功能模块可以集成在 ONU 中，此时不需要 a 参考点。

图 15－1 中：ONU 为光网络单元，OLT 为光线路终端，WDM 为波分复用，NE 为网元，AF 为接入设施，UNI 为用户网络接口，SNI 为业务节点接口，ODN 为光配线网，NMI 为网管系统，R/S 为收发参考点，IF 为表示参考点部位的光接口。

宽带光纤接入技术主要采用 PON、光纤直连和点对点光以太网等技术，目前以 PON 应用最为普遍。PON 系统采用单纤双向工作的方式。上行使用 1310nm 波长，下行使用 1550nm 波长。表 15－3 为系统使用波长。

表 15－3 EPON/GPON 系统工作波长

PON 技术		EPON	GPON
标称波长/nm	下行	1490	1490
	上行	1310	1310

注：PON 系统可通过第三波（标称波长 1550nm）承载 CATV 业务。

2. 无源光局域网（POL）

无源光局域网（POL）应用技术则是 PON 技术在企业、校园、商业综合体、政府等环境的自主宽带多业务局域网的应用。其网络结构、有源和无源组成部分都与 PON 网络类似，包含平台（网管及业务）、OLT、ODN、ONU/ONT 等，但是在系统与公用电信网络的互通，设备的设置位置和业务的开放等方面 POL 做了相应的组合。其网络结构示意图如图 15－2 所示。

（1）POL 技术特点：无源光局域网完全基于计算机网络的应用，传输距离可达 20km，光纤本身不会受到传输带宽的影响，只需要 ONU 提供相应带宽的以太网端口，网络就可以平滑地拓展到支持 10G、40G 直至 100G 以太网络的应用。

OLT 和 ONU 基于以太网/IP 的转发，整个 POL 系统的用户侧和网络侧均可提供标准的以太网接口，汇聚交换机和接入交换机之间的接口协议也是以太网，是一种点对点拓扑。在设备和网络性能方面，支持 POE/POE＋、接入 IP 语音、接入模拟语音（ONU 内置 VoIP 模块）、IP 视频承载、CATV 信号承载和数据承载等应用。

（2）系统运用。通过 POL 方案，企业可以将数据、语音、视频、各种弱电以及无线接入等不同的系统合并在一套光纤网络中。POL 系统承载以太网/IP 类业务时，定位于二层接入网络。OLT 直接上联 IP 城域网的业务接入控制层，不同以太网/IP 类业务上联以物理链路（基于 VLAN 隔离），上联至共同的 BRAS/SR；也可基于物理链路隔离，分别上联至不同的 BRAS/SR。OLT 可以通过以太网级联方式或增加汇聚交换机完成上联，但是级联的级数应符合 IP 城域网相关建设要求。对于重要的 OLT 节点，应对其上联中继链路实现双路由的物理层保护。

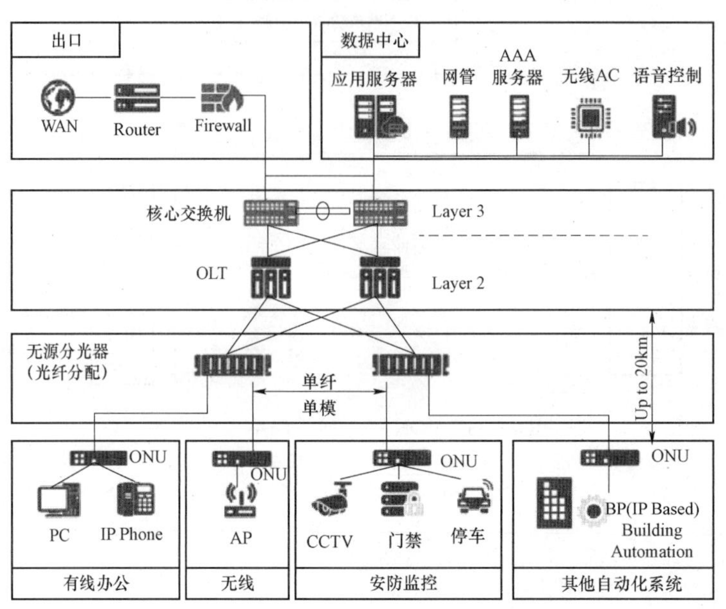

图 15－2 无源光局域网 POL 结构示意图

3. 用户数与带宽需求

光纤接入系统内带宽分配考虑“三网融合”“共建共享”等原则的承载需求。应根据不同业务和不同客户群的需求差异分配相应的带宽。除了保证系统内不同性质用户的基本可用带宽，还要考虑对专线接入用户和高优先级业务的带宽的优先保证。在带宽规划时应考虑一定的冗余，对用户的最大可用带宽需要进行限速。不同光分路比，单个 PON 树内各个 ONU 设备可容纳的用户数及 OLT 上联端口可用带宽（75～9000Mbit/s），设备供应厂商可进行计算，提供相关的数据。

4. 传输性能

（1）传输距离：ODN 的逻辑传输距离应不小于 10km（至少支持 16～32 分路比）～20km（至少支持 8～16 分路比）。

（2）PON 系统：

1）最大通道插入损耗参考值（dB）：对不同的 PON 网络（EPON/GPON）约在 20～30dB。

2）光分路器（2～128 分路）插入损耗典型值（均匀分光，不含连接器损耗）为 4～25dB。

3）线路维护余量，传输距离为 5～10km 或大于 10km 时，约取 3dB。

4）光纤线路衰减系数（含固定接头损耗）见表 15－4 的内容。

表 15－4　　光纤衰溅系数

波长窗口/nm	光纤线路衰减系数/（dB/km）
1270/1310	0.38（光纤带/光纤 0.4）
1490	0.26（光纤带/光纤 0.28）
1550/1577	0.25（光纤带/光纤 0.27）

5）光纤活动连接头损耗，一般取 0.5dB/个。

6）G.652D 光纤与模场直径不匹配的 G.657B 光纤连接时引入的附加损耗可取 0.2dB/连接点。

（3）POL 的 ODN 部分。ODN 的光功率衰减与分光器的分路比、熔接点/活动连接数量、光缆线路长度等有关，设计时必须控制 ODN 中最大的衰减值，使其符合系统设备 OLT 和 ONU PON 口的光功率预算要求。ODN 光通道衰减所允许的衰减定义为 S/R 和 R/S 参考点之间的光衰减，用 dB 表示。包括光纤、光分路器、光活动连接器、光纤熔接接头所引入的衰减总和。

在设计过程中应对无源光分配网络中最远用户终端进行光通道衰减核算，采用最坏值法进行 ODN 光通道衰减核算，图 15－3 为 ODN 光通道模型。

应保证 ODN 光链路衰减＋Mc 不大于系统允许的衰减。其中：ODN 光链路衰耗＝光通道全程各段光纤衰减总和＋所有光活动连接器插入衰减总和＋所有光纤熔接接头衰减总和＋所有光分路器插入衰减总和＋光纤衰耗冗余度。

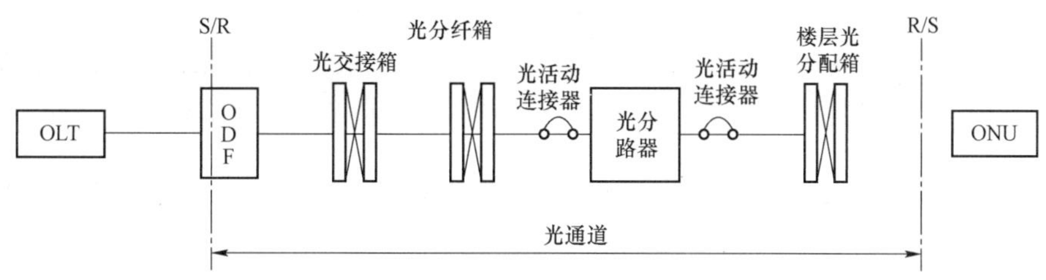

图 15－3　ODN 光通道模型

整个光链路上，宜采用光纤热熔接续，尽量减少活动连接器的应用，尽量避免冷接子、机械型快速连接器的使用。

1）计算时相关参数取定：

① 光纤衰减取定：1310nm 波长时取 0.36dB/km，1490nm 波长时取 0.22dB/km。

② 光活动连接器插入衰减取定：0.5dB/个。

③ 光纤熔接接头衰减取定：分立式光缆光纤接头衰减取双向平均值为 0.08dB/每个接头，带状光缆光纤接头衰减取双向平均值为 0.2dB/每个接头。

④ 冷接子双向平均值 0.15dB/每个接头。

⑤ 计算时光分路器插入衰减参数取定参见 YD/T 2000.1—2009 行业标准的内容。

2）回损。对光链路的回波损耗（ORL）值，ITU－T G.983/G.984 建议线路最小为 32dB，回波损耗愈大愈好，以减少反射光对光源和系统的影响。对于 CATV 业务，要求 ODN 所有节点必须使用 APC 类型接头，其回波损耗应大于 55dB。

5. 接口

（1）OLT 网络侧接口：

1）GE/10GE 口应采用光接口；FE 口可根据业务侧端口类型及传输方式来选择配置光口或电口。

2）可提供与 SDH/DDN/FR/ATM 网络互联的 E1、STM－1 等接口。

3）可提供 CATV 业务输入接口（1550nm 光口）。

（2）业务接口配置。ONT 类型及业务承载能力满足 FTTH、FTTO、FTTB、FTTC 的应用模式要求，可配置以太网接口、E1、POTS、RF、WLAN、USB 等接口。

6. 线缆与接插件配置

（1）光缆中光纤宜采用 G.652 单模光纤。当需要使用弯曲不敏感光纤时，宜选用模场直径与 G.652 光纤相匹配的 G.657 类单模光纤。

（2）中、小容量的业务接入点宜配置光缆终端和光纤分配一体化的光缆配线架（ODF）。大容量的综合业务接入局（站）可采用光缆终端和光纤分配分离的光纤总分配架（MODF）。

（3）承载模拟 CATV 信号的 ODN 系统段落的活动连接器应采用 APC 端面。

（4）选用的光缆交接箱/光缆分纤箱应具有放置光分路器的功能，光缆交接箱/光缆分纤箱宜选用无跳纤连接方式。在工程中一般为二级分光设计。

15.2.2　用户电话交换系统（包括调度系统、会议电话系统和呼叫中心）

1. 综述

（1）电话交换系统。用户电话交换设备不仅能完成建筑内部用户之间以及与公网用户之间的通信，同时还能够与建筑内其他的（如视频会议系统、VSAT 卫星通信系统、PHS 无线通信系统、计算机以太网络、呼叫中心）信息通信系统连接，实现通信业务互通。智能建筑物与建筑群内设置用户电话交换系统，是用户对外开放各类通信业务的重要窗口之一。但是随着宽带光纤网络 EPON 和 GPON 的技术应用逐步发展，利用一个通信网络将多类通信业务加以融合已经成为现实。因此，除了用户需要建设自主的专用电话交换网（办公与生产通信专用网络）以外，一般情况下，都会由电信业务经营者提供电话和其他的新业务服务。用户电话交换系统一般由用户电话交换机、话务台、终端及辅助设备组成。

用户电话交换机可分为 PBX、ISPBX、IP PBX、软交换用户电话交换机等。PBX 和 ISPBX 应分别符合现行行业标准《邮电部电话交换设备总技术规范书》（YDN 065）和《N－ISDN 第二类网络终端（NT2 型）设备 ISDN 用户交换机技术规范》（YD/T 928）的有关规定。

调度系统由调度交换机、调度台、调度终端及辅助设备组成。会议电话系统由会议电话汇接机、会议电话终端及辅助设备组成。呼叫中心应由电话交换机、CTI 服务器、IVR 服务器、数据库服务器、应用服务器、Web/E－mail 服务器、WAP 服务器、座席、局域网交换机、防火墙、路由器等设备组成；呼叫中心远端节点应由电话交换机远端设备、少量座席、局域网交换机、防火墙、路由器等设备组成。

（2）IP PBX 电话交换系统。随着 Internet 网络的发展，基于 IP 协议的 IP PBX 应运而生，以解决传统 PBX 以及 VOIP 的不足，而且大有取代传统的电话交换系统的趋势。

IP PBX 是一种基于 IP 的企业电话系统，可以将语音通信业务集成到企业的数据网络中。IP PBX 是一个集成通信系统，通过电信网和互联网，仅需要单一设备即可为用户提供语音、传真、数据和视频等多种通信方式。还可以建立中、小型的呼叫中心。并通过与网络软硬件的充分结合，提高工作效率，节约通信成本。

1）系统架构（图 15-4）。IP PBX 实现计算机网与电话交换机的功能合一，不仅能进行通话，还能实现文本、数据、图像的传输，实现局域网内的电子办公。IP PBX 局域网内的控制中心可对计算机网络、电话网络进行有效的管理，达到资源共享。不同地区的 IP PBX 网间借助 Internet 网，可实现远距离通信、电子办公和电子商务。

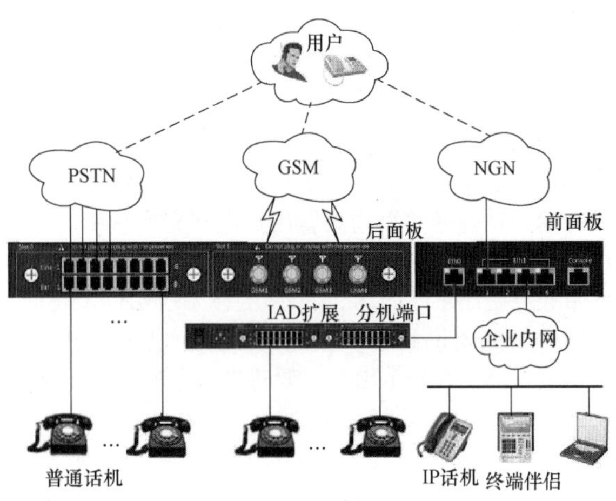

图 15-4　IPPBX 系统架构

2）IP PBX 电话交换机系统功能特点：

• 由于 IP PBX 建立在开放的 IP 标准上，所有的产品都遵循相同标准，互通性强，可以大大节省以往使用传统产品时维护专有设备的费用。

• IP PBX 的扩展性能好，可利用其 VoIP 功能用市话价格拨打长途电话，节省长途通信费用。

• IP PBX 是构建新一代呼叫中心的理想平台。它将电话网络作为服务对象接入的一个手段，能够提供多种功能，并使得呼叫中心的成本至少降低了 30%。

• 采用高速宽带 IP 交换路由技术构筑电信业务网络，IP PBX 并附加上 MCU 的功能将是构建这一网络有效交换节点的方式之一，特别适合于中、小网络系统的构建。

• IP PBX 可取代部分集团电话系统，适应企业运营方式。

• IP PBX 产品系统可以将现有的信息网络（LAN/WAN）和话音技术有效地融合。

• IP PBX 系统的对外接口既可以用于 PSTN 网络，也可以直接用于 IP 电话网络系统，一网多能，适合未来发展。

3）选择 IP PBX 系统要点：要充分考虑系统的多网融合、接口灵活、功能丰富、配套软件齐全、系统稳定可靠等多个因素。

• 分清产品工作的模式，是采用普通电话还是 LAN 接入。

• 关注系统是采用嵌入式操作系统还是通用的 NT 系统，对于不同操作系统的应用，它们适用的范围也各不相同。

• 关注系统对于 CTI 和 VoIP 的支持情况，如支持语音邮件、向传统的 PSTN 电话网络拨号，以及对工业标准的支持。

• 第三方开发的软件是否能可靠和正确地运行。

• 价格情况。

4）技术参数：

• 容量：模拟接口和 IP 注册分机。

• 通信协议：SIP RFC3261，SDP RFC2327，RTP/RTCP，MGCP，H.248、G.711/G.723/G.729。

• 存储容量：标配 1G 的存储容量。

• 配置管理 WEB 配置管理：网管，SNMP V2.0。

• 网络端口：LAN 口（10/100/1000/Mbit/s 自适应）。

• 语音端口：模块化设备支持的插槽和模拟端口容量。

• 电源、功率、工作环境、物理尺寸规格等。

5）IPPBX 功能介绍。具备免打扰、闹钟、一号通、振铃组、自动话务员、主叫号码限制、二次拨号、本机号码查询、业务帮助查询、同组代答、指定代答、队列、热线、缩位拨号、遇忙回呼、业务密码修改、呼出限制、截接服务、彩铃业务、VIP 特权、取消所有业务、秘书业务、无条件前转、遇忙前转、无应答前转、不可及前转、取消所有前转、呼叫转移、三方通话、呼叫等待、呼叫驻留等功能。

2. 交换系统架构与接口

随着通信技术和计算机技术的不断发展，用户电话交换系统的通信方式也不断趋于多样化。从最初的以电话业务为主的程控数字用户交换机（PBX），到具备窄带的综合业务数字网（ISDN）业务交换功能的用户电话交换机（ISPBX）；当 IP 技术以不可阻挡的势态冲击电信领域时，IP PBX 应运而生，并发展到目前以多种通信方式组成的软交换架构的用户电话交换机。不同类型的交换机与终端设备和公用电话网互通时，应该符合相应的接口要求，否则无法实现互联互通。

（1）PBX 交换机。PBX 是基于电路交换的交换机设备，它实现模拟终端间的语音、传真等基本业务以及缩位拨号、三方通话、免打扰等新业务服务。

1）用户侧接口：提供两线模拟 Z 接口接入模拟用户终端（如普通电话机、传真机、用户集中器等）和数字 V 接口（可以分 V1/V2/V3/V4/V55 接口），可接入数字电话机、可视电话机、三类；四类传真机、各种 ISDN 终端等）。

2）中继侧接口：提供数字 A 接口（基群速率：2Mbit/s）和 B（二次群速率：8Mbit/s）接口与公用电话网（PSTN）的电话端局连接，实现与公网用户间话务互通。

PBX 系统结构及接口示意图如图 15－5 所示。

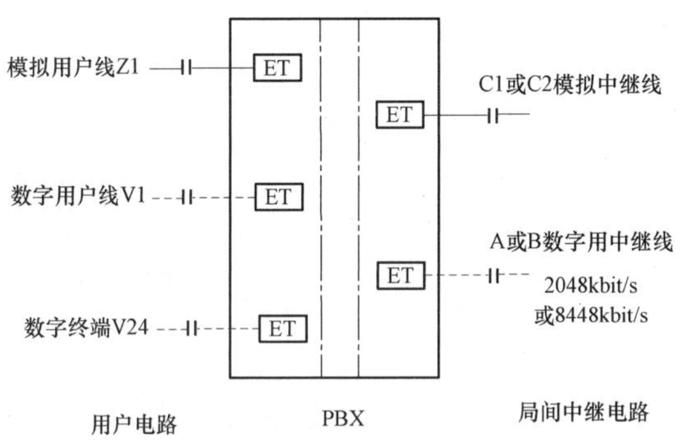

图 15－5　PBX 系统结构及接口示意图

注：——模拟
--ǀǀ--数字
—|ǀ—接口
ET 交换机终端

（2）ISPBX 用户交换机。ISPBX 是在 PBX 基础上增加了 ISDN 功能的交换机，ISPBX 除了具备 PBX 的功能和业务外，还包括 ISDN 功能和业务（如承载类业务）。

1）提供接口：

① 2B＋D（144kbit/s 基本速率）接口（BRI），提供两个 B 通路（每个 64kbit/s）和一个 D 通路（16kbit/s）。其中，B 通路传送信息流，D 通路则用于传送电路交换的信令信息。

② 30B＋D（2048kbit/s）基群速率接口（PRI），提供两个 B 通路（每个 64kbit/s）和一个 D 通路（64kbit/s）。其中，B 通路传送信息流，D 通路则可以用于传送电路交换的信令信息，也还可以用于传送分组交换的数据信息。

ISPBX 系统结构及接口示意图如图 15－6 所示。

（3）IP PBX 用户交换机。IP PBX 用户交换机与 PBX、ISPBX 采用电路交换的方式不同，它是以 IP 分组交换网络为传输平台，对模拟语音信号进行压缩、打包等一系列特殊处理，使之可以采用 IP 分组数据包进行传输。IP PBX 除具备 PBX 和 ISPBX 所有的业务和功能外，还提供 VOIP 业务。IP PBX 支持的用户接口和中继接口类型较 PBX、ISPBX 增加了以太网接口，用户侧支持 IP 终端接入，中继侧则可接入分组交换网。IP PBX 系统结构及接口示意图如图 15－7 所示。

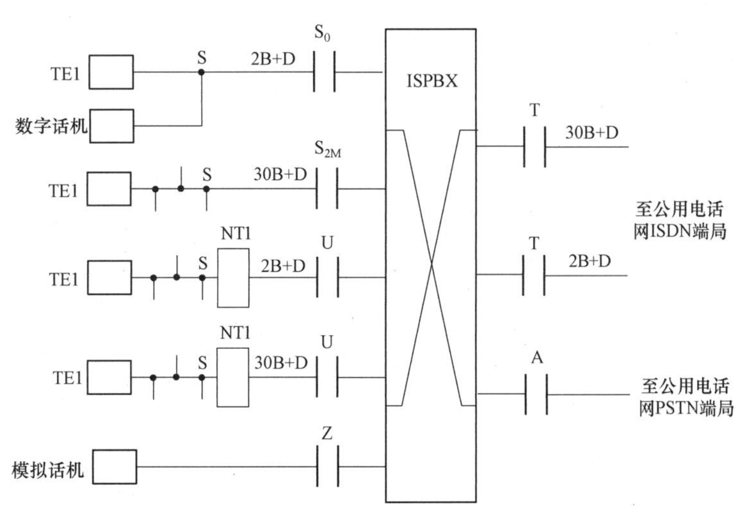

图 15－6　ISPBX 系统结构及接口示意图

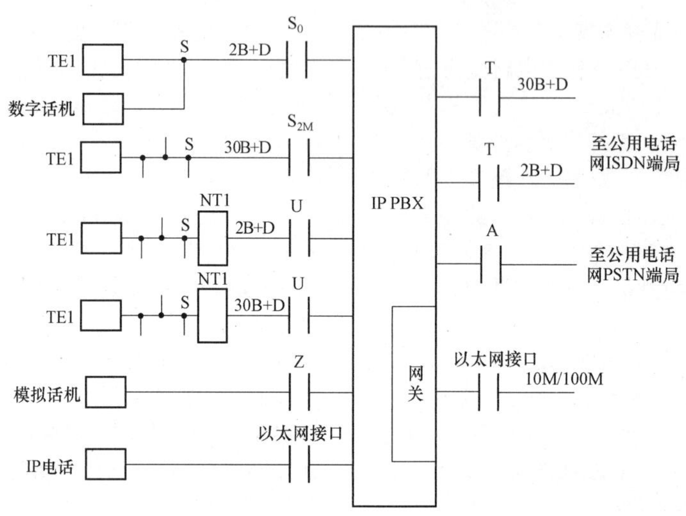

图 15-7 IP PBX 系统结构及接口示意图

（4）软交换用户电话交换机。软交换用户电话交换机包括软交换机和网关设备。其中，网关设备分为接入网关、中继网关、接入/中继网关、综合接入网关。接入网关可接 PSTN 终端、ISDN 终端；中继网关实现与公用电话网的中继器连接；接入/中继网关是接入网关和中继网关的混合网关类设备，可带 PSTN 终端、ISDN 终端，并与公用电话网的中继器连接；综合接入网关相对于其他网关来说容量较小，可带 PSTN 终端、ISDN 终端和 IP 终端，并可以实现与公用电话网的中继器连接。

一个软交换机可带一个或多个网关设备，多个网关设备可同址，也可异地。

IP 终端包括 IP 硬终端和 IP 软终端。IP 终端可接到网关上，并可以直接接入 IP 网内。

软交换用户电话交换机采用控制与承载分离的架构，包括核心控制设备软交换机和接入设备网关。软交换机之间互通信令消息，建立呼叫，网关设备在软交换机的控制下，搭建话路，传送媒体流。软交换机之间的信令信息、网关设备之间的媒体流，以及软交换机和网关之间的控制信息均以 IP 数据包传送。

软交换用户电话交换机继承了 IP PBX 所有功能和业务，同时，还具有消息类、广播类等增值业务。软交换用户电话交换机是基于服务器的体系结构，高度开放的接口，便于业务的扩展。软交换用户电话交换机系统结构及接口示意图如图 15-8 所示。

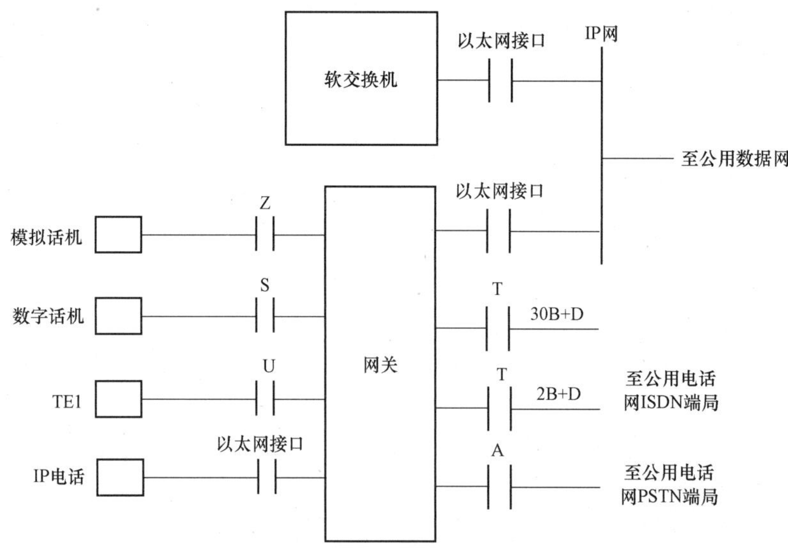

图 15-8 软交换用户电话交换机系统结构及接口示意图

3. 交换机组网与网络互通

根据不同的用户性质和需求，交换机在整个电话交换网中处于不同的地位。

（1）用户电话交换系统接入公用网。用户电话交换系统与公网间业务互通，就其在公用网中的地位而言，十分重要。地位的高低，采用何种方式接入公用网，主要由交换机接入的用户数量、开放的通信业务和中继方式需求情况、用户工程投资规模、运营费用的支出承受能力、公用网提供的资源、通信的服务水平等确定。

总的来讲，用户电话交换系统在公网中处于末端的位置与公用电话网和公用数据网进行业务互通，具体位置如图 15－9 所示。

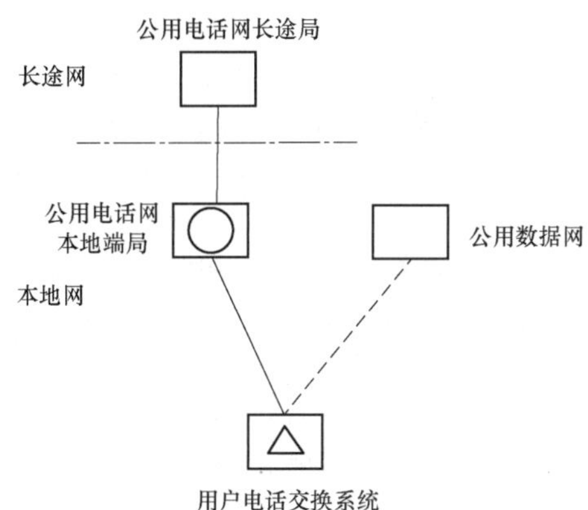

图 15－9 用户电话交换系统在公网中的位置

无论是 PBX、ISPBX、IP PBX 和软交换用户电话交换机，其接入公用电话网方式均包括三种方式。不同的接入方式，用户电话交换机的编号计划，以及与端局间信号方式会有所不同。

1）以端局接入公用电话网。采用端局方式接入公用电话网，即用户电话交换机通过中继电路连接到公用电话网本地端局的中继端口上，用户电话交换系统作为本地网中的一个末端局接入公网，其编号占用本地电话网的万号组，作为公用电话网本地网的一部分，用户电话交换机的信号方式、编号计划等必须符合公用电话网的相关技术规定。

2）以支局接入公用电话网。采用支局方式接入公用电话网，即用户电话交换机通过中继电路连接到公用电话网最近的一个端局中继端口上，用户电话交换机作为该端局的一个支局接入，其编号占用所接入端局的千群号，作为公用电话网的一部分，用户电话交换机的信号方式、编号计划等必须符合公用电话网的相关技术规定。

3）以用户方式接入公用电话网。采用用户方式接入公用电话网，即用户电话交换机通过中继电路连接到公用电话网本地端局的用户电路上，作为该局的用户接入公网，其编号将占用所接入端局的用户号码。

接入公网端局方式，用户电话交换机连接公网端局的中继，根据用户电话交换机和端局支持的接口类型，可采用数字中继和 SIP 中继。对于数字中继连接，现有的用户电话交换机和公用电话网端局均支持。对于 SIP 中继，需用户电话交换机和端局支持 SIP 协议。目前，虽然有的电信运营商大部分交换机已经是软交换架构的设备，但采用 SIP 中继连接应用基本没有，所以，智能建筑用户电话交换机与公网端局间中继还是以电路为主。

（2）与公用数据网互通。用户电话交换系统与公用数据网连接，可实现系统内的 IP 软终端由 Internet 接入用户电话交换机。

1）PBX 和 ISPBX 交换机。对于基于电路交换传输方式的 PBX 和 ISPBX 交换机来说，交换机不支持直接接入公用数据网，但可借助 VOIP 电话网关设备，接入公用数据网，实现 IP 电话业务。IP 电话网关主要完成模拟语音信号与 IP 数据信号之间的相互转换，使之适配到分组数据网上进行传送。IP 电话网关提供 FXO/FXS 接口与 PBX/ISPBX 中继连接，IP 电话网关接入公用数据网，实现方式（一）如图 15－10 所示。

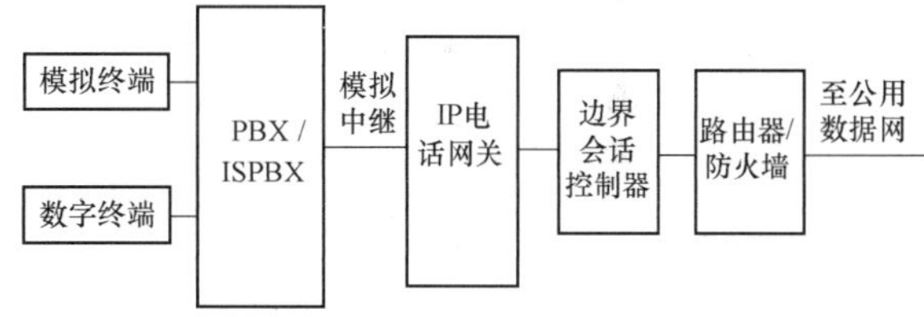

图 15－10 IP 电话业务实现方式（一）

2）IP PBX 交换机。对于 IP PBX 和软交换用户电话交换机，是基于 IP 分组传输的设备，其本身支持 IP 电话业务，只需交换设备通过以太网接口接入路由器和防火墙设备，从而接入公用数据网。IP PBX 实现 IP 电话业务实现方式（二）如图 15－11 所示。

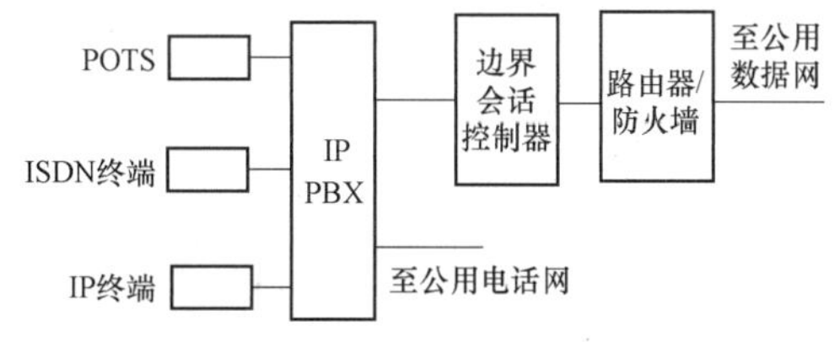

图 15－11 IP 电话业务实现方式（二）

3）软交换机。对于软交换用户电话交换机，由于软交换机和网关独立设置，所以根据智能建筑内设置的设备，与公用数据网连接有以下三种应用场景：

① 无软交换机和网关，可采用通过局域网交换机经路由器接入公用数据网［方式（一）］和直接经路由器接入公用数据网［方式（二）］两种方式，其连接方式如图 15－12 和图 15－13 所示。方式（一）中，软交换机和网关间控制信令通过局域网交换机互通；方式（二）中，软交换机和网关间控制信令通过路由器的局域网接口互通。实际应用一般采用方式（一），局域网交换机能够提供较多的局域网接口，方便局域网组织，便于其他应用的扩展。

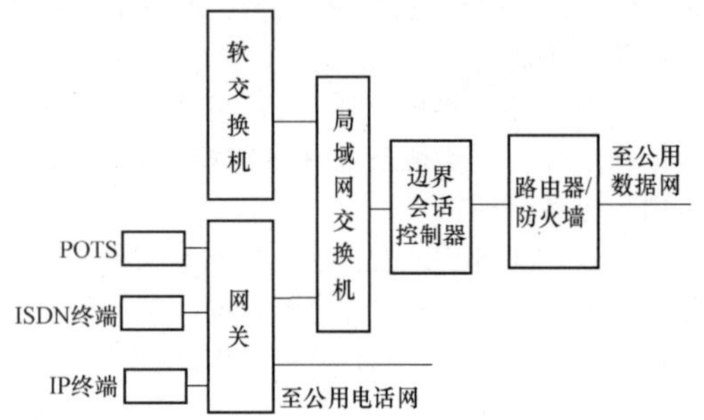

图 15－12 软交换用户电话交换机与公用数据网连接方式（一）

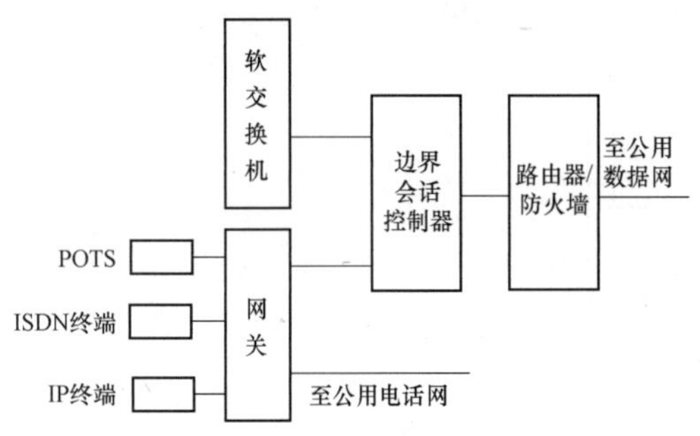

图 15－13 软交换用户电话交换机与公用数据网连接方式（二）

② 智能建筑仅设有软交换机，软交换机可采用通过局域网交换机经路由器接入公用数据网（方式一）和直接经路由器接入公用数据网（方式二）两种方式，其连接方式如图 15－14 和图 15－15 所示。

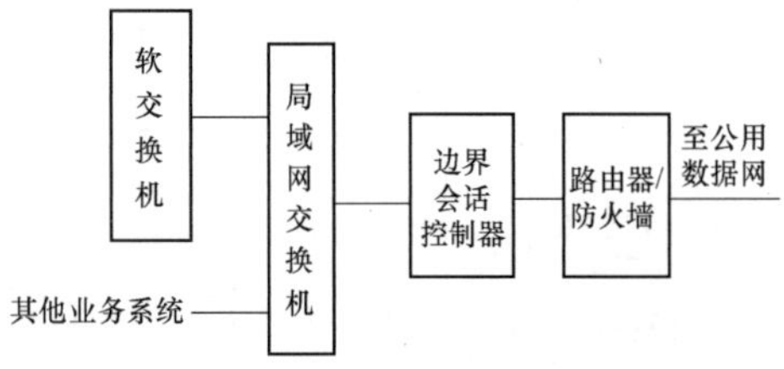

图 15－14 软交换机与公用数据网连接方式一

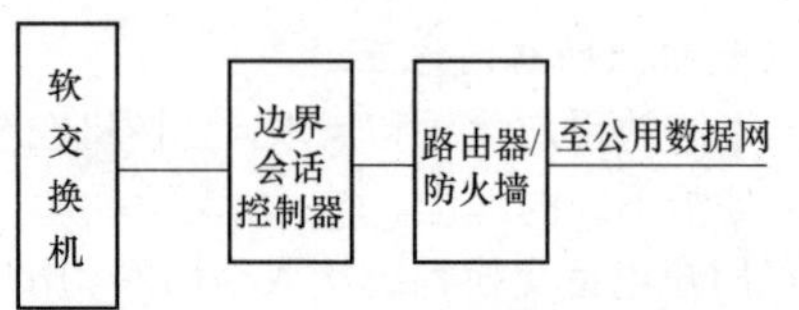

图 15－15 软交换机与公用数据网连接方式二

③ 仅设有网关时，网关可采用路由器接入公用数据网，其连接方式如图 15－16 所示。

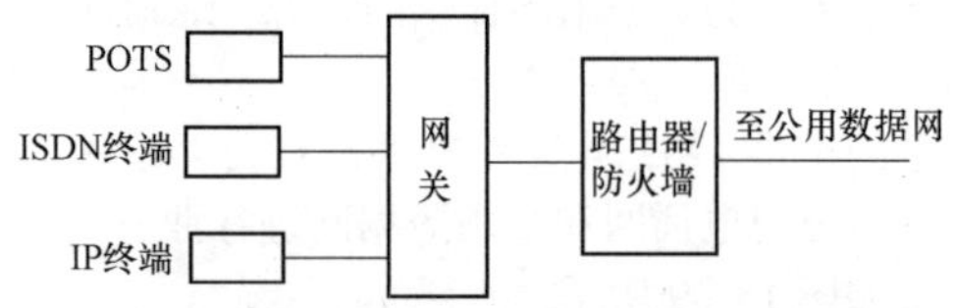

图 15－16 网关与公用数据网连接方式

（3）专网组网方式。用户电话交换系统组成专网，专网接入公用电话网应符合现行行业标准《固定电话交换设备安装工程设计规范》（YD/T 5076）的有关规定。

1）汇接组网方式。专网中用户电话交换系统相互之间距离较远或相互联系较少时，宜选择一个或两个用户电话交换系统作为专网汇接局，汇接局可为具有汇接功能的端局，也可为不接用户仅具有汇接功能的交换局。专网中各用户电话交换系统与汇接局之间宜采用同级局间连接方式。其余用户电话交换系统可采用端局、远端模块方式接入汇接局。专网汇接局与公网应设置中继电路。除汇接局外，当用户电话交换系统与公网话务量较大时，也可就近与公网设置中继电路，如图 15－17 所示。

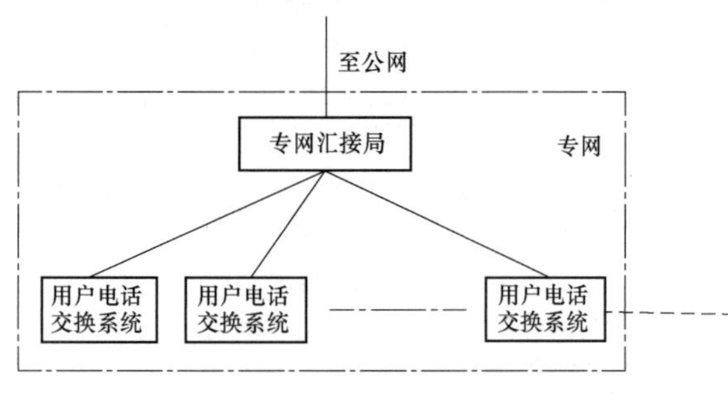

图 15－17 汇接组网方式

2）网状组网方式。专网中用户电话交换系统相互之间通信业务联系较为密切时，宜采用网状组网方式，并指定某一个或两个用户电话交换系统兼有汇接功能。各用户电话交换系统之间应设置中继电路，采用同级局间连接方式点与点相连。具有汇接功能的用户电话交换系统与公网应设置中继电路。除汇接局外，当用户电话交换系统与公网话务量较大时，也可就近与公网设置中继电路。同时该局也可作为专网的第二汇接局，如图 15－18 所示。

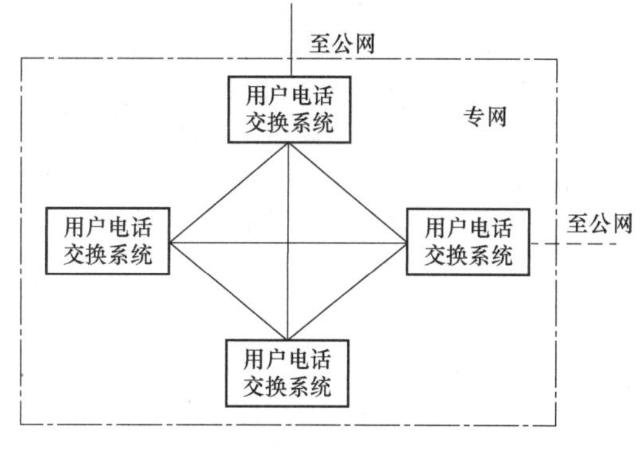

图 15－18　网状组网方式

3）混合组网方式。专网中可以选择一个或两个用户电话交换系统作为专网汇接局，各用户电话交换系统采用同级局间连接方式与汇接局连接，通信业务联系较密切的用户电话交换系统之间设置中继电路。专网汇接局与公网应设置中继电路，除汇接局外，当用户电话交换系统与公网话务量较大时，也可就近与公网设置中继电路。同时，该局也可作为专网的第二汇接局，如图 15－19 所示。专网中各局的设局位置可为本地或异地，各局间传输电路可租用或自建。

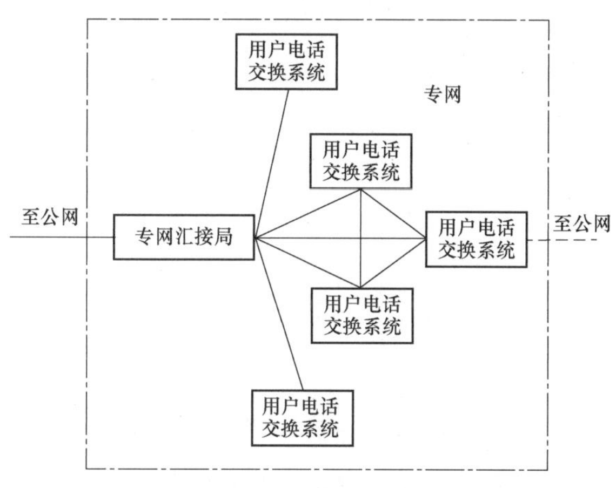

图 15－19　混合组网方式

（4）调度系统组网。可设置不同级别，分为上、下级调度系统，不宜超过 3 级，调度系统组网方式如图 15－20 所示。专网中调度系统之间采用星型或树形结构组网，下级调度交换机与上级调度交换机连接。各级调度系统可独立工作，也可协同工作。下级调度系统故障，不得影响上级调度系统正常工作。各级调度交换机宜与专网内用户电话交换机或公用电话网本地端局连接，可作为调度室和重要调度用户调度电话的业务备用路由。调度系统设局位置可为本地或异地，各级调度系统之间采用 PCM 数字中继或 IP 网络连接，其传输电路可采用租用或自建。

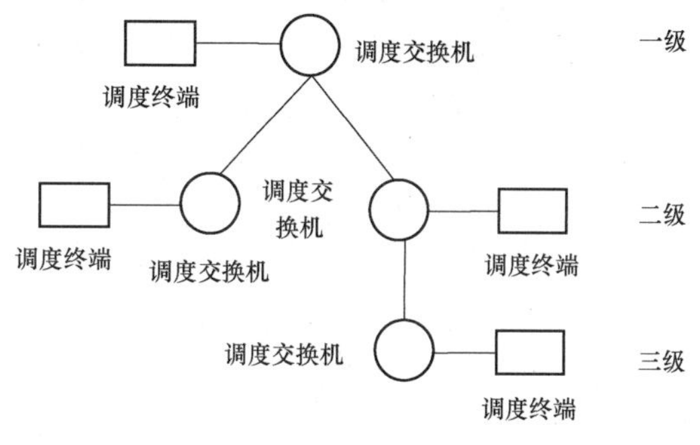

图 15－20　调度系统组网方式

（5）会议电话系统组网。可设置不同级别，可设置一级或二级汇接。采用一级汇接方式组网时，会议电话终端均连接到会议电话汇接机上；二级汇接方式组网时，第二级会议电话汇接机连接第一级会议电话汇接机，会议电话终端连接所属会议电话汇接机上。

会议电话系统组网方式中会议电话汇接机宜通过用户电话交换机或直接与公网连接。会议电话系统组网方式（一）如图 15－21 所示，会议电话系统组网方式（二）如图 15－22 所示。

图 15－21　会议电话系统组网方式（一）

图 15－22　会议电话系统组网方式（二）

各级会议电话系统可独立召开会议，下级会议电话系统故障，不得影响上级会议电话系统正常工作。

（6）呼叫中心组网。呼叫中心可分级设置，不宜超过 3 级，各级呼叫中心之间应采用 IP 网络连接，呼叫中心与下属区域的电话交换机远端节点设备之间采用直达中继电路或 IP 网络连接，以实现话务接续和转接。

设置一级呼叫中心时，呼叫均接入该呼叫中心；设置二级或三级呼叫中心时，按总部、分部、远端节点分级设置，呼叫分别接入所属区域的呼叫中心。

电话交换机具有呼叫中心设备时，就近接入公用电话网端局，呼叫经公用电话网端局接入呼叫中心。

呼叫中心数据网络，上下级呼叫中心可采用 DDN、FR、IP VPN、SDH 等方式连接，电路可租用或自建。

4. 中继方式

电话交换机的中继方式在工程设计中最为重要，它体现了交换系统的互通方式、接口方式、信令方式、电路数量、用户性质与容量等内容，是工程设备的配置和报价的依据，工程中尽量采用全自动的中继方式。

用户电话交换系统进入公用电话网端局，宜采用双向出、入中继线；当需要保证业务疏通时，可采用单向出、入中继线。用户电话交换机接入公用电话网的中继方式应符合现行行业标准《自动用户交换机进网要求》（YD 344）的有关规定。用户电话交换系统应按进入公用电话网的话务量确定中继方式。

（1）全自动中继方式。当用户电话交换系统的用户容量和话务量较大时，直接接入市话局交换机的选组级。

1）DOD1+DID 方式：呼入与呼出话务量不小于 40Erl 时，采用全自动直拨中继 DOD1+DID 方式，如图 15－23 所示。即分机用户呼出时，只听一次本交换机发出的拨号音，呼入直拨用户分机的方式，中继一般为数字中继。

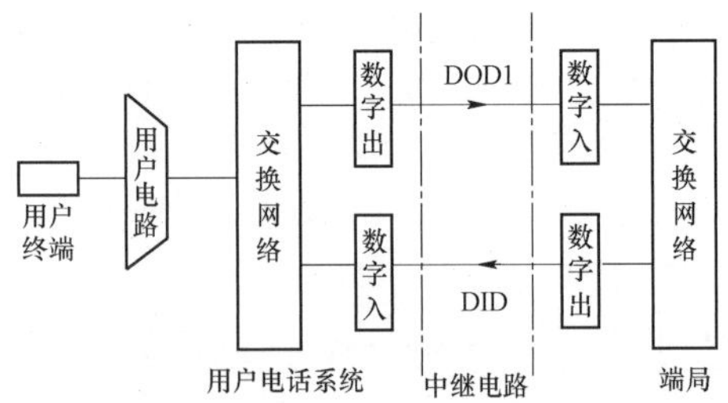

图 15－23　全自动直拨中继 DOD1+DID 方式

2）DOD2+DID 方式：呼入与呼出话务量小于 40Erl 时，采用全自动直拨中继 DOD2+DID 方式，如图 15－24 所示。即分机用户呼出时，需听二次交换机发出的拨号音（第一次为本交换机发出，第二次为占用的市话局交换机发出），呼入直拨用户分机的方式，中继一般为数字中继。

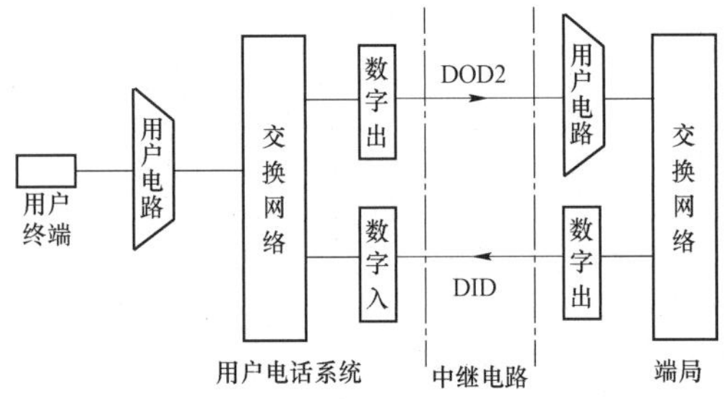

图 15－24　全自动直拨中继 DOD2+DID 方式

（2）半自动方式。用户电话交换系统接入市话局交换机的用户级，因此用户线话务量较大，而且呼入时需要经过话务员转接，使得接续的时间降低，一般用于容量较小的交换机设。

1）DOD1+BID 方式：当用户电话交换系统的呼入话务量小于 40(爱尔兰)、呼出话务量不大于 40(爱尔兰)时，宜采用半自动单向中继 DOD1+BID 方式，如图 15－25 所示。即分机用户呼出时，需听一次本交换机发出的拨号音，呼入时由话务员转接至用户分机的方式，中继一般为数字中继。

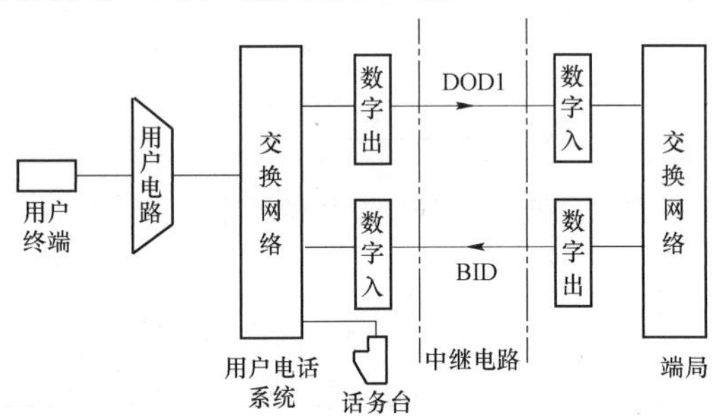

图 15－25　半自动单向中继 DOD1+BID 方式

2）DOD2+BID 方式：当用户电话交换系统的呼入、呼出话务量均小于 40Erl 时，宜采用半自动双向中继 DOD2+BID 方式和半自动单向中继 DOD2+BID 方式，如图 15－26 和图 15－27 所示。即分机用户呼出时，需听二次交换机发出的拨号音（第一次为本交换机发出，第二次为占用的市话局交换机发出）；呼入时由话务员转接至用户分机的方式。根据话务量的大小采用双向或单向中继。

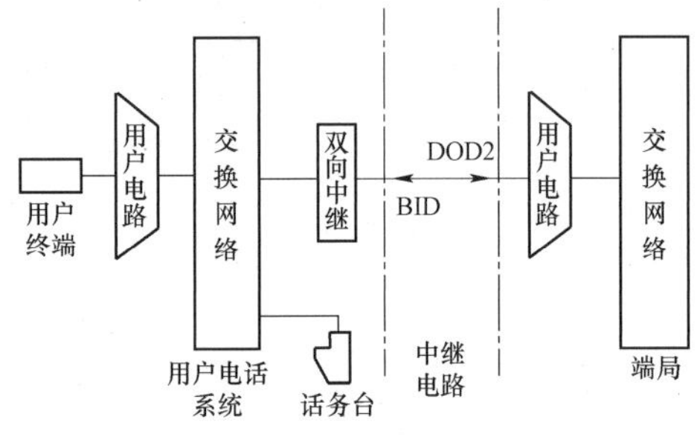

图 15－26　半自动双向中继 DOD2+BID 方式

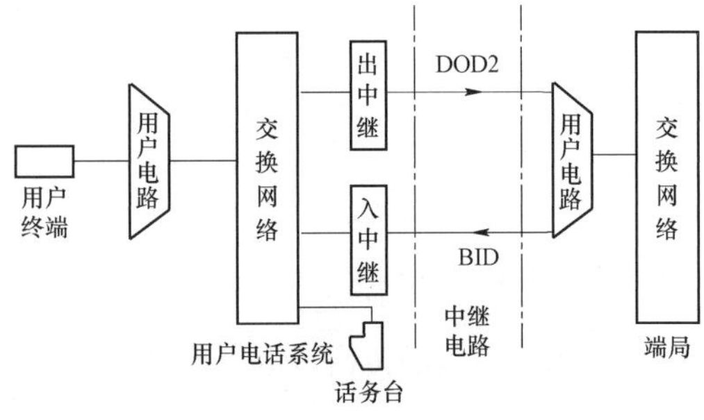

图 15－27　半自动单向中继 DOD2+BID 方式

（3）人工中继方式。当用户电话交换系统的呼入或呼出话务量小于 10Erl 时，或在特殊情况下，采用人工中继方式进入端局，如图 15－28 所示。

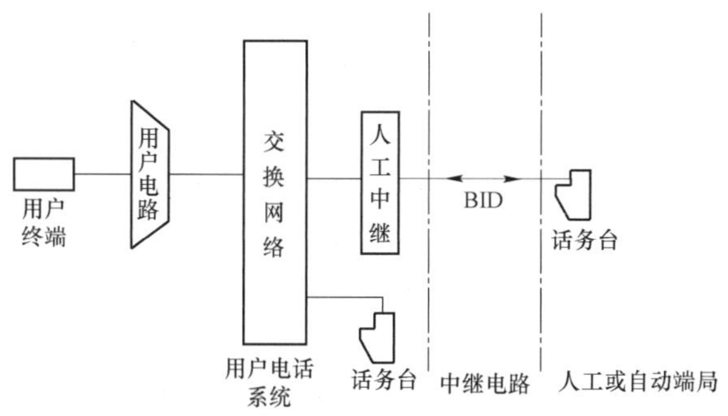

图 15－28　人工中继方式

（4）混合中继方式。当用户电话交换系统容量较大时，宜采用混合入网中继 DOD1、BID 和 DID 方式和混合入网中继 DOD2、BID 和 DID 方式，并应使任一方向的呼叫首选单向中继线，次选双向中继线，如图 15－29 和图 15－30 所示。

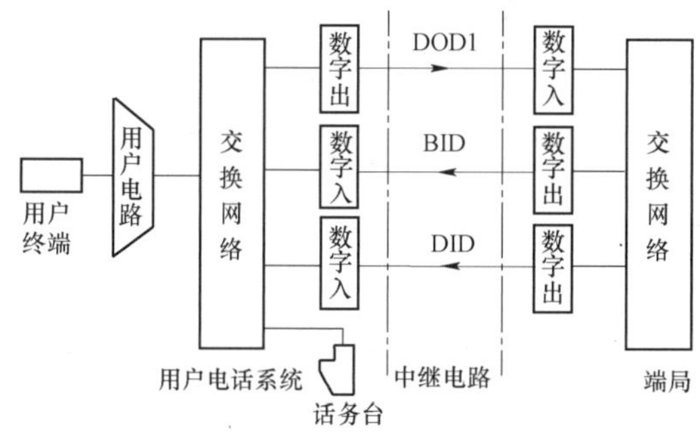

图 15－29　混合入网中继 DOD1、BID 和 DID 方式

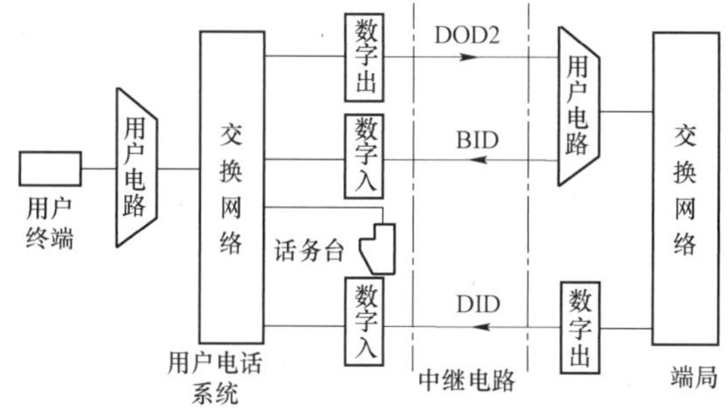

图 15－30　混合入网中继 DOD2、BID 和 DID 方式

（5）ISPBX 进入公用电话网应采用全自动直拨中继方式。

5. 交换机功能

用户交换机的支持业务、功能、信令方式、接口等要求见《用户电话交换系统工程设计规范》（GB/T 50622），本文不加描述。

6. 中继电路与带宽计算

（1）用户线确定。用户电话交换系统近期用户线容量宜按实际工位、人员数量或开放业务的信息点数量确定，远期可按信息点总数量或预测的人员数量确定；调度系统近期用户容量宜按实际岗位数确定，远期可按企业发展规划确定；会议电话系统容量近期宜按实际需求确定，远期可按企业发展规划确定；呼叫中心座席数宜按社会服务面、服务内容和服务质量等级确定。总之，对建筑物，交换机的用户容量可以根据综合布线语音信息点的 50%～80%考虑。

（2）业务基础数据取定。业务基础数据通过对历史数据调查、统计、计算和分析后确定，当历史数据无法获取时，业务基础数据可按表 15－5 和表 15－6 的规定确定。爱尔兰（Erl）表示为小时呼叫次数。

表 15－5　　业务基础数据

每线话务量（Erl）		取值
PSTN 终端/IP 终端双向话务量	大话务量	0.2
	中话务量	0.16
	小话务量	0.12
ISDN 终端双向话务量		0.3
调度终端话务量		0.2
中继线话务量/条		0.7

表 15－6　　话务流向流量分配比例

话务流向流量分配比例		取值
本局话务量比例		60%
出局话务量比（40%）	至公网话务量比例	40%
	至专网其他局话务量比例	60%

（3）中继电路计算。用户电话交换机与公用电话网之间的中继电路类型与数量，按中继方式、用户规模和取定的业务基础数据等进行设置与计算。

1）用户电话交换机配置的中继线数量按出局话务量和中继线话务量计算取整后得出。中继线（64kbit/s）数量按下式计算：

中继线（条）＝用户线×单机话务量×出局话务量比例/中继线话务量　　（15－1）

2）用户电话交换机与公用电话网端局间中继线数量，按至公网话务比例对出局话务量进行分配后，按式（15－1）计算得出。

3）当用户电话交换机容量小于 2000 门时，与公用电话网端局间中继线数量可按表 15－7 的规定确定。

表 15-7 2000 门以下中继线和中继电路数量

用户线/门	中继线（64kbit/s）/条	中继电（2048kbit/s）/条
100 以下	15	1
300	45	2
500	75	3
1000	150	5
1500	225	8
2000	300	10

4）专网内存在多个用户电话交换系统及其他通信系统时，专网汇接局对公用电话网的汇接话务量应包括用户电话交换系统、调度系统、会议电话系统和呼叫中心等与公用电话网之间发生呼叫的总话务量。与公用电话网端局间中继线数量，应以转接的总话务量按式（15-1）进行计算。

5）会议电话汇接机与公用电话网间中继线数量，按经公用电话网同时接入的会议方数量取定。当经公用电话网同时接入会议系统的会议方数量不易确定时，可按会议电话系统容量的 50%取定。

6）呼叫中心的电话交换机与公用电话网端局间的中继线数量，按呼叫中心座席数的 1.5 倍取定。

7）专网内各通信系统与公用电话网端局间采用数字中继连接时，中继电路数量按下式计算

中继电路（条）=中继线（条）/30 （15-2）

8）调度交换机中继线计算，与用户电话交换机间中继线宜按调度系统用户线数量的 10%～20%考虑；各级调度交换机间中继线宜按调度终端数量的 30%～40%取定后，进行分配。

9）会议电话汇接机间中继线按同时接入上级会议电话汇接机的会议方数量取定，并适当考虑冗余。

（4）信令线路计算。公用电话网端局间及各系统间的信令链路信采用随路信令，由中继电路 T16 时隙（64kbit/s）或 D 通道疏通。信令链路数量与公用电话网端局间设置 1 条 64kbit/s 信令链路，即可满足 2000 条话路同时通信。如考虑信令链路的备份，也可在不同的中继群中设置 2 条 64kbit/s 信令链路。

（5）IP 电话带宽计算。用户电话交换系统应支持 G.711、G.723.1 和 G.729 等多种 IP 电话编解码方式。IP 电话带宽按编码速率、采样周期、疏通的话务量等计算。

1）IP 电话带宽应按下式计算

IP 电话带宽（kbit/s）=需要疏通的话务量×（分组报文开销÷采样周期+编码速率）/传输电路利用率 （15-3）

注：1. 需要疏通的话务量应用场景不同计算方法不同。

2. 传输电路利用率可为 50%～80%。

2）专网与公用数据网间 IP 电话带宽计算：

① 专网与公用数据网间需要疏通的话务量按下式计算

需要疏通的话务量（Erl）=从公用数据网接入的 IP 终端数×IP 终端每线话务量 （15-4）

② 当经公用数据网接入用户电话交换机的 IP 终端数不易确定时，专网与公用数据网间的带宽可按表 15-8 的规定确定。

表 15-8 专网与公用数据网间带宽

IP 终端/门	G.711 编码速率所需带宽/（Mbit/s）	G.723.1 编码速率所需带宽/（Mbit/s）	G.729 编码速率所需带宽/（Mbit/s）
50	4	1	1
100	6	2	2
200	10	3	4
300	16	6	6
400	20	6	8
500	26	8	10

③ 当专网内用户电话交换系统之间采用 IP 传输时，IP 电话带宽按式（15-3）计算。需要疏通的话务量按下式计算

需要疏通的话务量（Erl）=用户线×单机话务量×出局话务量比例×至专网其他局话务量比例 （15-5）

用户线可接入 PSTN 终端、ISDN 终端、IP 终端。单机话务量和话务流向比例按工程实际数据取定，当实际数据无法获取时，可按表 15-5 和表 15-6 的规定确定。

3）会议电话系统采用二级汇接，且下级与上级会议电话汇接机间采用 IP 传输时，IP 电话带宽应按同时接入上级会议电话系统会议方数量并按式（15-3）计算。

4）呼叫中心与下属区域的电话交换机远端节点间采用 IP 传输时，IP 电话带宽宜按远端节点座席数量的 1.5 倍并按式（15-3）计算。

7. 设备配置

（1）用户电话交换机应按满足近期业务需求配置，预留一定冗余。设备容量按预测的用户线容量并考虑设备 90%的实装率，取整后确定。

（2）设备处理机忙时呼叫处理次数（BHCA）计算

BHCA（次/h）=用户线×每线话务量/

平均占用时长（s/次）×
3600（s/h） （15－6）

1）平均占用时长应按现网统计数据确定，当现网统计数据不易获取时，平均占用时长可按表 15－9 的规定确定。

表 15－9 平 均 占 用 时 长

呼叫类型	取值/（s/次）
本地电话呼叫平均占用时长	60
国内长途电话呼叫平均占用时长	70～90
特服呼叫平均占用时长	30

2）当话务量超负荷 20%，计算公用设备时，所依据的呼叫次数，应按额定负荷时的呼叫次数 1.5 倍计算。

（3）中继电路板配置按中继电路数量和中继电路板提供的端口数量确定，并考虑一定的备份端口。

（4）ISPBX 交换机的 ISDN 终端容量不宜超过 2000 门。

（5）调度系统容量应满足远期发展规划的需要。当远期发展规划不易确定时，可按近期用户线，结合同类企业发展特点，留有 10%～30%的冗余。

（6）会议电话系统容量应满足远期发展规划的需要。当远期发展规划不易确定时，可按近期用户线，结合同类企业发展特点，留有 10%～20%的冗余。

（7）呼叫中心应按接入用户数、电话交换机阵列和受理用户数确定座席数和中继线数。

8. 编号和 IP 地址计划

（1）用户电话交换系统编号。号码编制应近、远期结合，以远期预测用户数和网络规划为依据，尽量避免改号。

1）采用全自动直拨呼入中继（DID）进入公用电话网，用户编号纳入本地电话网统一编号。本地网编号位长为 8 位时，用户电话交换系统用户号码位长应与本地网号码位长相等。位长小于 8 位时，允许用户电话交换系统的直拨号码比本地网号码位长多 1 位。用户电话交换系统用户号码的位长不应超过本地网中较长的号码，且与所连接的公用电话网端局的号长相同。

2）采用半自动中继（BID）进入公用电话网，中继线引示号码应纳入本地接口端局统一编号。

3）专网内用户号码应采用统一的号码长度，每个用户应分配一个用户号码。

（2）首位编号计划。

1）“0”或“9”作为用户电话交换系统分机呼叫公网的代码。

2）“1”作为用户电话交换系统分机呼叫公网特种业务的首位号码。

3）专网内可在“2～8”指定一位号码作为专网网号。

4）“2～8”作为用户电话交换系统用户号码的首位，1 可以作为专网内特服号码。

5）分机号码可综合考虑实际需求和未来发展采用 2～6 位的等位号码。

6）接入公网后，“0”作为用户电话交换系统分机呼叫公网国内长途的代码。

7）接入公网后，“00”作为用户电话交换系统分机呼叫公网国际长途的代码。

8）接入公网后，“2～8”作为用户电话交换系统分机呼叫公网本地端局的代码。

（3）IP 地址。IP PBX 和软交换用户电话交换机应分配设备 IP 地址，IP 终端应分配用户 IP 地址，可采用 IPv4 地址。IP PBX、软交换用户电话交换机、局域网交换机、防火墙和 IP 终端宜采用私网 IP 地址。路由器设备可采用私网 IP 地址或公网 IP 地址，当仅用于专网内互联时，宜采用私网 IP 地址，当支持 IP 终端由公用数据网接入时，路由器设备、防火墙设备等应配置公网 IP 地址。

9. 传输指标

用户电话交换机在组网时应考虑全程的传输指标分配，并应符合现行行业标准《邮电部电话交换设备总技术规范书》（YDN 065）的有关规定。

公用电话网接口端局用户线传输损耗不应大于 7dB（含用户电话交换机）。

用户电话交换机的损耗在具有损耗自动可变性能时，对本地接续配置 3.5dB，对长途接续配置 7.0dB；在不具有损耗自动可变性能时，则配置 2.0～7.0dB 可调节衰减器，调节值为 0.5dB。

15.2.3 信息网络系统

随着建筑智能化的发展，网络平台会有越来越丰富的应用，网络的性能是至关重要的。因此，要求构建高带宽的网络，核心交换设备必须保证无阻塞的数据交换。另外，从网络结构设计上，需要考虑到一些高流量多媒体应用的分布式部署，以降低跨骨干网的流量，提高网络的性能。网络的硬件平台能够满足未来 3～5 年的应用需要。网络建设应充分考虑实用性和经济性、先进性和成熟性、可靠性和稳定性、安全性和保密性、可扩展性和可管理性。

1. 关键业务服务质量需求

由于自主网络的应用可以包括 Email、FTP、网页浏览、数据库查询、视频点播、视频会议等应用类型。当网络流量处于高峰期时，必定会影响影响关键业务数据流的响应时间，因此，高性能的网络，还需要 QOS 技术，保证任何时刻都能对关键业务提供优质的传输服务。

（1）网络安全需求。对智能建筑与建筑群来说，信息点分布很广，一个建筑物会并存多张网络（诸如办公网、涉密网、物业网等），为了能够在发生安全事件后有效、快捷地处理事故，采用上网审计手段是十分有必要的。为防止病毒肆虐，一个安全的网络应该提供必要的手段，禁止特定病毒的传播以及由于病毒造成的流量拥塞。

（2）可靠稳定性需求。可靠稳定的网络平台，是应用业务系统得以实施和推广的基石。随着智能化与信息化的进一步发展和深化，用户将越来越依赖于网络，因此，为了避免网络的瘫痪或频繁的故障而影响日常业务与工作的开展，网络平台的设计必须从设备、网络拓扑结构、网络技术等几个方面保证网络的可靠性与稳定性。系统设计必须开放灵活，采用开放的技术标准，避免出现系统互联障碍。

2. 总体网络设计

（1）组网。核心层解决方案总体设计以高性能、高可靠性、高安全性、良好的可扩展性、可管理性和统一的网管系统及可靠组播为原则，以及考虑技术的先进性、成熟性，并采用模块化的设计方法，组网的网络结构图如图 15－31 所示。

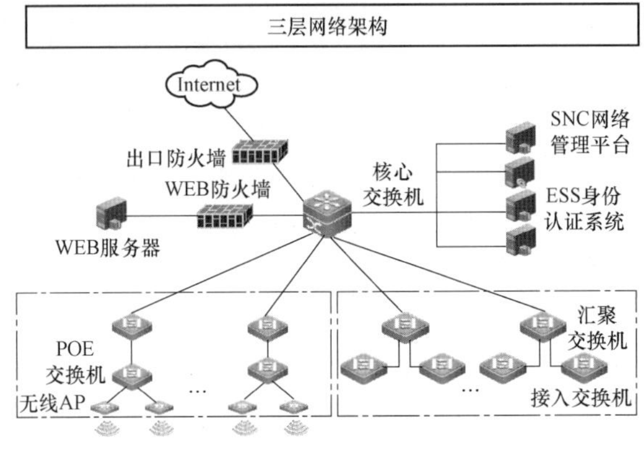

图 15－31　网络结构图

网络整体分为核心层、汇聚层和接入层三个层次。为实现高速互联，核心层采用一台万兆核心交换机作为核心节点，承担着核心节点下所接入的数据信息；汇聚层设在每栋建筑物或建筑群设备间，作为一个汇聚节点，根据各个楼的配线间的数量不同，可以分别采用一台汇聚层交换机进行汇聚；接入层就是每个楼层或建筑物的接入交换机，接入层交换机的选择对于终端用户接入的控制起着非常重要的作用，因此建议采用安全性、控制性较高的设备，交换机一般为 48/24 口，用户可以根据接入信息点的数量灵活选择不同的产品，满足实际信息点数量的需求。

为了保证网络的可靠性，汇聚层和核心层交换机也可以采用“双机备份”的方式，使得每一台接入层交换机和汇聚层交换机具备双路由的传输通道，以保障通信的畅通。

（2）网络层次：

1）核心层：可采用多个骨干节点，作为网络中心，服务器群核心交换机、功能区核心交换机、骨干网带宽为万兆，网络内部采用动态路由协议 OSPF。

2）汇聚层：由于存在密集度高的大量用户，为了保证数据传输和交换的效率，设置汇聚层。楼内汇聚层设备不但分担了核心设备的部分压力，同时提高了网络的安全性。采用千兆交换机能够实现用户网络的高度智能扩展。用户也可以将多台设备通过虚拟化技术连接起来组成一个联合设备，并将这些设备看作单一设备进行管理和使用，降低了管理成本，同时实现按需购买、平滑扩容，在网络升级时最大限度地保护已有投资。采取万兆上联，最大限度地提高了汇聚层与核心交换机之间的带宽扩展需求。

3）接入层：接入层是直接与用户相连的设备，因此，在实际的应用中采用千兆铜缆布线，并且具有 10/100M 自适应以太网接口。

（3）用户身份认证。内置认证功能和端点安全功能，每个网络的主管部门负责各自的身份信息的管理，建立身份信息库，赋予每个上网用户实名制身份，每个用户用自己的账号登录网络，没有账号的非授权人员不能接入网络。实现对用户身份、主机健康性以及网络通信安全性等方面的安全管理，隔绝了大部分接入安全问题。

（4）网管平台。为提高网络管理的效率，减轻网络维护的压力，组网采用网管系统进行全网设备的统一管理。对数据通信设备，如路由器、交换机等，进行统一管理和维护的网管产品，位于网络解决方案的管理层，能够实现网元管理和网络管理的功能。用户可以根据自己的管理需要和网络情况灵活选择自己需要的组件，真正实现“按需建构”。

3. 内网设计

内网分为核心区、服务区、局域区（接入区）、外联区等几个逻辑区域，内网结构图如图 15－32 所示。

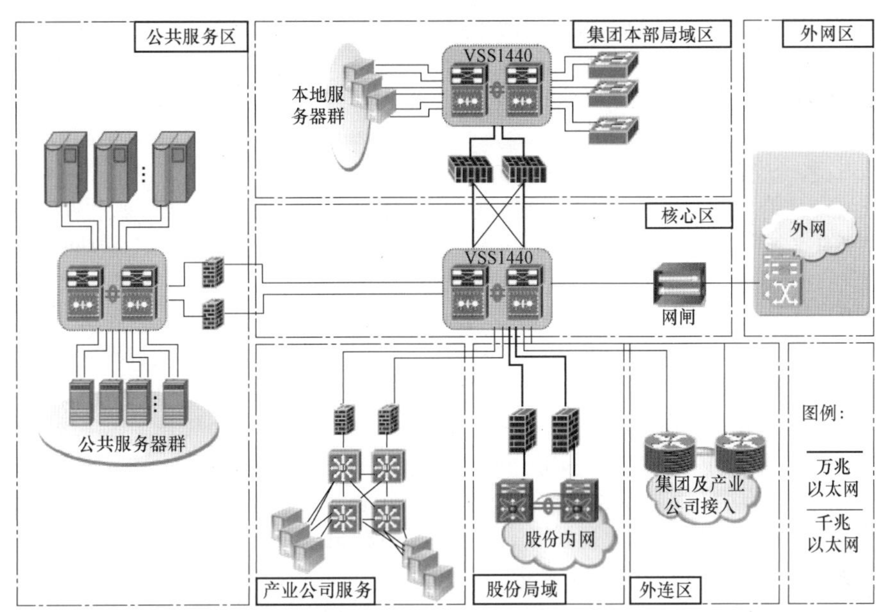

图 15-32　内网结构图

（1）核心区：负责各个区域的物理连接，数据交换，逻辑隔离，构成用户（企业公司）整体的网络核心区。

（2）服务区：面向用户（企业公司）全局或者各个下属部门提供服务的区域。服务区核心采用两台交换机构成，提供服务区的数据汇聚以及高级应用服务。未来的服务区将发展为面向用户的数据中心，服务区内部逻辑可分为多个子域。服务区可包括公共服务区，产业服务区，用户本部服务区，并配置相应的服务器和防火墙。

（3）局域区（接入区）：负责局域网用户接入，主要包括各企业的汇聚设备以及楼层接入设备。

（4）外联区：规划用于用户内部下属单位或部门以及相关单位的接入。可规划两个子域，局域区（内网的整体接入）和广域区（下属部门以及相关单位的接入），配置相应的服务器和防火墙，主要通过专线的方式实现外联单位接入。

在各个区域中按分层的网络设计原则设计。内部局域网的网络拓扑结构采用扩展（二级）星型结构，第一级星型为主交换机与分布层的汇聚交换机、接入交换机形成星型结构；第二级星型为接入交换机与各信息点形成星型结构。网络主干采用 10G 以太网技术，10/100/1000M 到桌面。

（5）区域边界防护设计。内网初步按照业务、安全规划分为核心区、服务区、局域区、外联区等几个逻辑分区。逻辑分区之间采用相关的安全隔离技术予以隔离，但不同边界的安全隔离需求相对不同。主要的隔离边界发生在核心区周边，也有部分区域内部的子域之间也会采用一定的边界防护手段。

1）服务区边界隔离。在服务区边界配置万兆防火墙进行边界安全防护；在服务区内部划分多个子域，子域之间采用千兆防火墙隔离。

2）外联区边界隔离。外联区包括两个子域，内网以及广域区。内网可以考虑取消边界防火墙，提升互连带宽；广域区于核心区的边界防护通过防火墙完成。

3）局域区边界隔离。局域区和核心区同属于数据交换区，安全级别相对接近，同时考虑两个区域间存在大量的数据交换，可以考虑在局域区核心配置虚拟防火墙，对于局域区各个逻辑下属部门接入实施边界防护。

（6）内网交换设计。交换域设计遵循典型的园区交换网络结构设计，选取典型、高效的星型拓扑结构。

1）VTP 设计。VTP 是一种交换机管理协议，可以在不同的 VTP 模式下工作，实现的功能各不相同。为了减少不同交换域之间相互影响，每个交换域都设置成独立的 VTP 域。

2）交换接口设计包括网络设备间接口通用设计和非网络设备间接口通用设计。

3）VLAN 设计：为了保障网络的高可用和高性

能，在进行具体 VLAN 规划时，同一个交换区域内 VLAN ID 唯一；同一个广播域内（同一个 VLAN）的通信主机控制在一定的数量以内，VLAN 之间的通信利用三层路由模块实现。VLAN ID 的分配原则为尽可能保证 VLAN ID 与网段第三位的 IP 地址一致，以便于记忆和管理。

4）STP 设计：各个交换域只在接入层和分布层之间存在二层连接，所有交换域都被限制在功能区内。在各个交换域的 L2 网络中，采用 802.1w 作为 STP 协议。

（7）内网路由设计。

1）路由协议选择：路由协议主要分为内部路由协议及外部路由协议。不同拓扑结构（扁平、星型、树型等），对于路由协议的选择有重要影响。

① 外部路由协议：以 BGP 为代表，早期主要用于 Internet 网及电信运营商，由于其灵活的路由策略和高扩展性，BGP 已经被许多大型企业用户所采用。

② 内部路由协议：主要包括 EIGRP、OSPF、RIPv2。这些路由协议在算法、适用性、灵活性、通用性以及扩展性上各有特点。

2）楼宇内路由协议选择：局域网是指内部网络，包括服务区，核心区，局域区之间的互联骨干等。OSPF 具有更高的通用性和层次性，更加便于日后的网络扩展与维护。楼宇内部局域网采用 OSPF 作为路由协议，部署防火墙的区域视防火墙支持情况，尽量使用 OSPF，如防火墙不支持可使用静态路由。

3）骨干网路由协议选择：骨干网是楼宇总部与各分部门互联的网络，由总部统一管理和维护。

（8）IP 地址分配方式。网络内部主机的 IP 地址的分配方式有以下几种：

对于服务器及网络设备，相对稳定时采手工静态配置用此方式；对于内网及外网的内部的 PC 机，采用 DHCP 动态分配方式，并且将 IP 与 MAC 地址绑定分配；对于移动上网的笔记本电脑，采用 DHCP 动态分配方式

1）对于内网及外网的 DHCP 服务器，有以下两种选择：

① 采用 PC 服务器，安装 Windows NT 或 Windows Server 操作系统，操作系统内置 DHCP 服务功能。

② 设置的 MSFC 路由模块，可以在 IOS 中启用 DHCP 服务器功能。

2）其他 IP 地址分配原则：

① 各功能区接入服务器时，按照不同类型进行相应的地址分配。

② 服务器的地址段中，服务器和终端地址从低到高分配，网关从高到低分配。

③ 网络设备互连和网络设备的 Loopback 管理地址采用单独的地址段。

④ 用户接入地址采用单独的地址段。

3）IP 地址规划原则：内网与外网分别考虑，并采用不同类别的 IP 地址段。

（9）DNS 规划与网络线路命名根据工程实际情况设计。

（10）时间同步。网络采用 NTP 协议是最佳选择方案，可以满足网上绝大多数网管中心和通信设备（工作站、服务器、维护终端、交换机）对告警、日志、计费、文件记录等业务的精度要求。可以通过网络管理服务器从外部接收标准时钟，同时作为骨干数据网的 NTP 服务器、网络设备与网管工作站同步。

（11）内网 QoS 设计。在广域网路由器上，可以根据不同源/目的 IP 地址、IP 协议或应用端口号，对不同应用的数据流进行分类，并采用 DSCP 对数据包进行标记。

（12）内网安全性设计。网络设备的基本安全设置可以采用网络设备登录验证、设备并发登录数限制、设备登录地点限制、单用户并发登录数限制、口令保护、防资源掠夺式攻击等方式。

4. 外网设计

在外网的基础设计中按照“网络结构模块化”、“网络设计标准化”“网络建设模型化”“网络发展虚拟化”等原则，建立一个“标准化”“合理化”网络体系，以达到面向生命周期的网络管理、整合的网络组织架构、合理化的资源利用、计划性的成本控制、经济型的扩展能力。

（1）总体架构。结合工程的目的分析，对于网络系统外网方案总体拓扑结构如图 15－33 所示。

按照逻辑分区设计，信息外网一般可分为外网核心区、运营管理服务区、外网用户接入区、外连区、DMZ 区等几个逻辑区域。各个区域的简要描述如下：

1）核心区。由两台核心交换机组成。提供双机的冗余备份，以及基于单机的逻辑管理，并负责各个区域的物理连接、数据交换、逻辑隔离。

2）运营管理服务区。负责外网基础运营服务器（如网管、无线控制器等）的接入，由两台服务器汇聚交换机组成，边界采用两台千兆防火墙防护。

3）外网用户接入区。负责外网楼层内的用户接入，外网用户接入区按照接入方式的不同分为外网有线用户接入区和外网无线用户接入区。外网有线用户接入区由多台接入交换机组成，多台接入交换机通过 802.1Q 封装链路双线上联至核心交换机。接入交换机选取 PoE 交换机，提供千兆到桌面的接入：外网无线用户的接入采用统一无线网络（AP）。

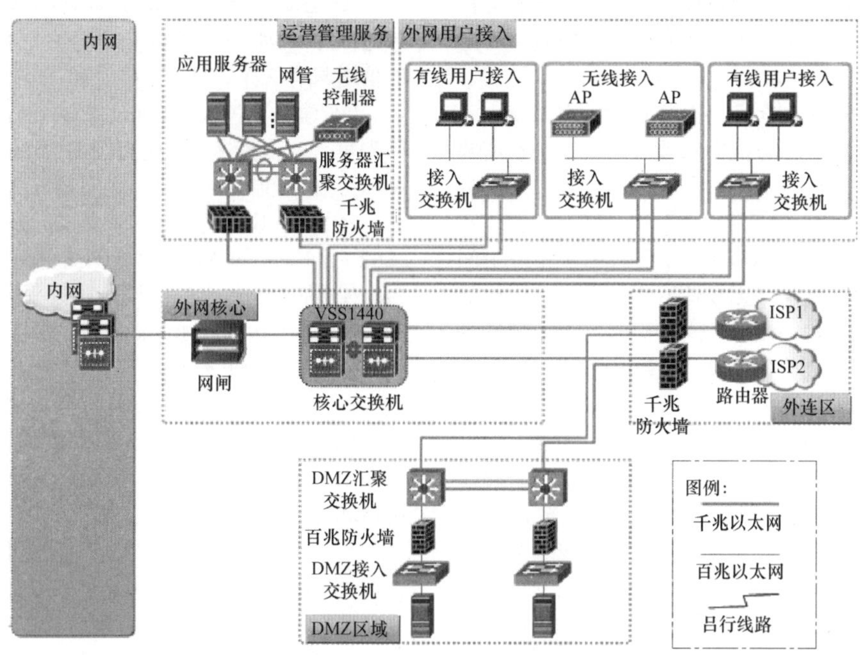

图 15－33　外网拓扑结构图

4）外联区。负责与 Internet 的互联，规划至少连接至两个运营商，配置两台外联路由器，与外网核心之间采用千兆防火墙隔离。考虑到网络外联对于系统设备的性能以及功能的需求，还可以设置安全网关。

5）DMZ 区。负责对外发布信息的服务器接入，主要由 DMZ 边界防火墙以及 DMZ 接入交换机组成，规划配置防火墙用于对外服务器的接入。

对信息点多、网络带宽需求大，同时又具有信息点地址位置集中时，可选择两层扁平化网络体系结构进行网络规划建设。扁平化体系结构具有多、快、好、省的优点，可以接入较多用户、提供多种业务；网络建设与业务部署更快速；网络层次简单明了，便于管理和维护，同时网络稳定性增强，单点故障减少；去掉汇聚层之后网络投资明显减少，并满足用户业务需求。

双核心网络架构的外网局域网配置两台核心交换机，以作为整个网络的核心交换节点，相互之间建立捆绑连接。两台核心交换机通过两条互为备份与分担业务负载的链路下联至楼层交换机，这样提高了网络的安全性。

如外网中存在不同的业务，包括 OA、语音视频系统等，在设计网络时为保证这些业务的安全和独立，则在外网划分 VLAN，以实现这些业务的相互隔离。首先，通过端口的分隔，使同一个交换机上，处于不同 VLAN 的端口不能通信，将一个物理的交换机当作多个逻辑的交换机使用。其次，限定不同的 VLAN 不能直接通信，杜绝了广播信息的不安全性。另外，VLAN 方式更改用户所属的网络不必换端口和联线，只更改软件配置，管理更加灵活。

（2）外网无线设计：

1）无线网络建设原则。无线网的建设目标是充分利用信息网络的资源，建设能够全方位覆盖、良好的稳定性、可扩展性和可管理性的无线网平台。总体设计应考虑移动性需求、计算吞吐量、防止干扰、关注覆盖区域及网管和安全。系统要求：

① 先进性：采用 802.11 系列标准，提供 802.11a、802.11b、802.11g、802.11n 标准的联网支持。

② 稳定性：注重应用效果，覆盖指定区域，提供良好的无线网络环境。

③ 可管理性：使用功能齐全的无线网络管理系统和充分满足用户需求的认证与计费系统。

④ 安全性：能够用户身份鉴别、访问控制、审计、防病毒、防攻击。

⑤ 可扩充性：在不改变主体架构的前提下，实现平滑升级和扩容。

⑥ 兼容性：满足各类新型移动终端的网络接入需求，满足无线宽带应用（如无线语音应用、无线视频会议应用、无线多媒体通信应用等）的未来发展需求。

2）无线覆盖类型及覆盖范围。在无线网络设计过程中要通过多方面的分析考虑，要求做到全方位立体式无线覆盖。对于无线网络访问主要关注有线网络和软件系统的协调性和兼容性、网络的易管理维护性、高带宽容量的保证、射频辐射干扰的规避与安全准入的保障。

① AP 室内无障碍覆盖：主要应用于空间较大及重点室内区域。主要信号能够对该空间覆盖，不需要考虑穿越墙壁、地板等障碍物。室内部分可以采用吸顶天线的方式。

② AP 室内穿越障碍覆盖：主要应用于楼宇中间走廊两侧房间室内区域。无线信号穿越墙壁、地板等障碍物会存在衰减，但在走廊式结构的室内区域具备一定的穿越障碍的能力。一般是穿越一道墙壁之后信号效果较好，因此适合在走廊中布置 AP，以覆盖两侧的房间区域。一般可以采用吸顶天线的方式。

③ 室外开阔空间覆盖：室外开阔区域，AP 的覆盖能力比室内半开阔空间要远，为了保证覆盖的效果，通常设置室外天线。考虑到 AP 的有线端需要接入到有线网络，在附近具备有线网络的建筑物可以考虑在楼顶或是侧壁上通过室外定向天线对室外开阔空间进行覆盖。

3）覆盖距离。各信号输出点信号强度 10～15dBm；将按照 2.4G 工作频段 2.412～2.462GHz（FCC）分为 channel1、channel6、channel11 三个完全不干扰频段设计；目标覆盖区域信号强度大于－80dBm。

① 一般来讲室内容许最大覆盖距离为 35～100m，室外容许最大距离 100～400m。

② 障碍物阻挡：要观测无线覆盖周围的障碍物来确定 AP 的数量和放置位置。2.4G 电磁波对于各种建筑材质的穿透损耗的经验值如下：

- 水泥墙（15～25cm）：衰减 10～12dB。
- 木板墙（5～10cm）：衰减 5～6dB。
- 玻璃窗（3～5cm）：衰减 5～7dB。

③ 各种建筑材料对无线信号的影响如下：

- 当 AP 与终端隔一座水泥墙时，AP 的可传送覆盖距离约小于 5m 有效距离。
- 当 AP 与终端中间隔一座木板墙时，AP 的传送距离约小于 15m 有效距离。
- 当 AP 与终端中间隔一座玻璃墙时，AP 的传送距离约小于 15m 有效距离。

在 802.11n 模式下，802.11n 可分别在 2.4GHz 或 5GHz 的频段分别向下兼容 802.11b/g 或 802.11a 协议。本地转发技术可以将延迟敏感、传输要求实时性高的数据分类通过有线网络转发，可以大大缓解无线控制器的流量压力，更好地适应 802.11n 网络高流量传输的要求。

4）部署室内无线 AP 覆盖时，需遵循的原则：

① 在同一无线蜂窝内，部署的 AP 数量最大不要超越 3 个，因为在 2.4GHz 频段中，相互之间不重叠的信道只有三个，即 1，6，11。

② 建议 AP 水平之间的距离在 16～20m 左右，因为每个室内型 AP 覆盖直径约为 20～25m，考虑到 AP 之间的漫游，所以 AP 之间要有 20%的重叠区域。

③ 建议采用同时能够提供双频三模（802.11a/b/g）的 AP 来进行网络部署。

④ 在人数较多的区域，建议采用 802.11a/g/n 的 AP 来提供高达 300Mbit/s 的无线覆盖，以减少在同一无线蜂窝内的 AP 数量。

⑤ 每个 AP 采用电源注入器方式供电。

5）无线网络构成。无线网络构成时应考虑移动性需求、计算吞吐量、防止干扰、关注覆盖区域、使用自动化工具。

在无线 AP（无线接入点）数量比较多时，采用无线“控制器＋AP”的模式，核心层部署无线控制器，其能够对所控制的 AP 进行配置管理，射频调整，规划管理等工作，AP 则根据实际地勘要求部署在走廊吊顶，廊柱等地点。在核心交换机下级联 POE 供电交换机，解决 AP 取电的问题。

① 对于建筑物墙体较厚时，信号穿墙效果会受到较大影响，选点应避开墙、柱等部位。针对这个情况，覆盖区域采用网络 802.11n 无线接入点，不仅能够提供 6 倍于 802.11a/g 设备的速率，并且可以在 AP 发射功率相同的情况下提供比 802.11ag 设备高出 30%～50%的覆盖范围。

② 在满足了大范围高速无线用户的接入需求后，对不同客户端的兼容性以及不同标准的客户端该如何并存的问题成了 802.11n 网络建设中需要解决的问题。

在 802.11n 模式下，也可以采用支持双路双频硬件架构的 AP，同时工作在 802.11a/n 和 802.11b/g/n 模式，通过两路射频提供用户接入，可将一路工作在 5GHz 的射频配置为 only 11n 模式，专门为 802.11n 网卡客户提供高速接入（实际速率可达到 160M）；另一路工作在 2.4GHz 的射频配置为混合兼容模式，以确保传统的 802.11g 客户的正常接入。

③ 传统的“无线交换机＋无线接入点”结构，是一种流量集中式转发的架构，即 AP 上行的所有流量均需通过无线控制器进行集中式转发。这种架构可以满足所有的无线接入点全部由无线交换机的统一控管，使得无线网络的整体管理能力、安全防御能力得到全面的改善。

④ 在组建大规模的无线网络时（500 台无线接入点以上），这种解决方案架构会导致无线交换机成为

大流量数据汇聚的中心。通常一台最大可 200 台 AP 的无线交换机的数据处理与吞吐能力不会超过 4Gbit/s，如果按照每台 802.11n 无线接入点的真实包吞吐能力在 100～120Mbit/s 计算，实际上每台无线交换机最大能够负载的 AP 数量不超过 40 台。

为解决无线控制器的流量瓶颈问题，本地转发架构即 AP 上行到无线控制器的数据无须经过控制器，而直接在接入交换机上进行转发。通过无线控制器的配合，可灵活预配置 AP 产品的数据转发模式，采用本地转发技术可以将延迟敏感、传输要求实时性高的数据分类通过有线网络转发，实现 802.11 环境下的低时延高速转发。

（3）外网 IP 规划。采用静态分配和动态分配相结合的方式分配 IP 地址：普通用户的 IP 地址和无线用户的 IP 地址由 DHCP 服务器动态分配；服务器地址、领导主机地址、设备管理地址、接口互联地址等采用固定 IP 地址。

（4）外网高可用性设计。外网的高可用性设计基于以下几个方面的考虑：

1）设备的可靠：双主控、双电源。

2）网络的可靠：关键设备双归属、重要链路手工聚合、服务器采用双网卡。

3）协议的可靠：VSS、防火墙 HRP。

4）架构的可靠：重要设备冗余部署、流量路径合理规划。

（5）外网安全性设计。外网按照逻辑功能区属、安全级别高低划分多个安全域，安全域之间采用防火墙或者访问控制隔离。

外网的基本安全域如下：① 运营管理服务区；② 外网用户接入区；③ 外网无线用户接入区；④ 外网 DMZ 区；⑤ 外网接入区。其中，各个安全域之间采用一定的隔离机制，外网有线/无线用户接入区采用访问控制隔离。

（6）网络分层安全考虑：网络架构安全技术、数据传送层面、控制信令层面和设备管理层面。

5. 网络管理规划

按照网络虚拟化和网络运维、网络安全可视化等几个原则，以达到面向生命周期的网络管理，并合理化的加以资源利用，计划性的成本控制和经济型的扩展能力。自建局域网的网络结构一般可划分为内网、专网和外网，应分别建立内网网管系统以及专网和外网的网管系统。

6. 网络建设规模预测

（1）业务流量分析（采用表格的方式）。根据对用户业务需求和宽带业务规划的分析，目前宽带业务的需求的特征为：

1）网络业务在原有的文字为主要形式的基础上转向交互和多媒体方式，音视频的要求越来越高，要求达到标清程度；企业逐渐更多地使用视频会议，以减少成本；IPTV 业务用户逐渐增多，图像逐步达到高清程度；部分行业开始使用 IPTV 的增值业务；VoIP 逐渐普及。

2）信息家电和家庭远程监控开始普及。智能化商业和住宅楼宇要求网络基础平台提供高带宽、高稳定和抗干扰的物理平台，普通用户家庭两台电视机时使用 IPTV 的需求，对节目定制和互动体验要求增长；普通用户家庭两部 VoIP 电话的需求。

从现行通信业务需求的演变，人们对于信息的需求带宽越来越高，可以确定智能化楼宇的传输流量需求已经从千兆以太网升级到万兆以太网，光纤网络则上升到了 4 万兆/10 万兆以太网。采用了光纤+以太网、无源光纤接入、ISPBX、HFC、MSTP 等通信技术。

（2）对于智能化楼宇用户，带宽需求参考表 15－10 的内容。

表 15－10　业务带宽需求

带宽需求	典型业务的带宽需求模型
各业务下行带宽需求	IPTV（2 路高清）：10～12Mbit/s
	视频通信：1～2Mbit/s
	网络游戏：256kbit/s～2Mbit/s
	VoIP 业务（2 路）：200kbit/s
	上网业务：2～4Mbit/s
总计下行带宽	4～20Mbit/s
各业务上行带宽需求	IPTV：50kbit/s
	视频通信：1～2Mbit/s
	网络游戏：256kbit/s～2Mbit/s
	VoIP 业务（2 路）：200kbit/s
	上网业务：512kbit/s～1Mbit/s
总计上行带宽	512kbit/s～6Mbit/s

（3）一次通话 IP 电话带宽（以太网层）见表 15－11。

表 15－11　一次通话 IP 电话带宽（以太网层）

编码方式	编码速率/（kbit/s）	采样周期/ms	一次通话语音 IP 带宽（以太网层）/（kbit/s）
G.711	64	20	95.2
G.729	8	20	39.2
G.723.1	5.3	30	26.1
	6.3	30	27.1

15.2.4 卫星通信系统

VSAT 为甚小口径卫星终端站。也称为卫星小数据站（小站）或个人地球站（PES）。VSAT 卫星通信系统中小站设备的天线口径小，通常为 1.2～2.4M。

VSAT 卫星通信系统由空间和地面两部分组成。VSAT 卫星通信系统的地面部分由中枢站、远端站和网络控制单元组成。其中，中枢站的作用是汇集来自卫星的数据，然后向各个远端站分发数据，远端站是卫星通信网络的主体，一般远端站直接安装于用户处。

VSAT 卫星通信系统用户数据终端可直接和计算机联网，完成数据传递、文件交换、图像传输及普通电话等通信任务。普通模拟电话机和用户电话交换机也可以通过电话线或模拟及数字中继与卫星端站连通，实现语音等多种业务的通信。使用 VSAT 作为专用远距离通信系统是一种很好的选择。

对金融、交通、电力等企业为了专用通信网建设的需要，一般会设置卫星通信的端站。卫星通信设备的建设由用户自行专项设计。VSAT 卫星通信系统建设时，需要考虑以下工作的配合：

（1）选址问题。避免卫星信号受到干扰和卫星通道的阻挡。

（2）卫星天线基座的加固与接地体的设置。

（3）卫星天线馈线及用户终端设备引入至卫星通信机房的线缆桥架与导管敷设。

（4）机房满足卫星通信工艺要求。

（5）小站工作环境要求：温度户内单元 10～40℃，户外单元（−30～50）℃；电源为 220V±10%，50Hz；功耗约为 400W。

15.2.5 无线覆盖系统

微蜂窝室内分布系统通过在室内（楼道、公共大厅、电梯井道等建筑内）均匀布置吸顶天线来增强室内手机信号，其广泛应用于宾馆、饭店、写字楼、娱乐场所、商场、机关、大学、高档公寓、医院及人员较为集中的办公、活动场所。

1. 安装目的

（1）消除地下车库、地下室、电梯内等信号盲区，改善这些区域的信号覆盖情况；增强钢筋水泥浇筑的建筑设施室内的弱区信号，进行信号加强；在人员密集区域，增加通话容量，避免多部电话通信时因信道占线导致的不通现象；减少“乒乓”效应。在同一地理区域同时有几个质量相当的载波（频道）信号时会导致“乒乓”效应，即手机通信时会有断续或咔咔的声音。安装微蜂窝室内分布系统后，室内手机信号将始终保持稳定的主导地位，从而避免“乒乓”效应。

（2）避免受到宏蜂窝调整的影响。

（3）减少手机电磁波对手机用户的辐射。

2. 安装规划原则

（1）室内分布系统微蜂窝满足多家（3 家）移动通信运营商。

（2）覆盖网号：130～139 号段，全面覆盖。

（3）覆盖区域：主要为地下室、电梯间等信号盲区及地上建筑内的信号弱区、信号杂乱区域，对所建楼宇全面覆盖。

（4）覆盖质量目标：使地下、地上建筑设施内的手机信号均匀分布、无盲区，达到各家移动通信运营公司的手机信号覆盖标准，同时满足整体美观要求。

3. 设计要点

信源（GSM 与 CDMA）采用微蜂窝。目前主要考虑 GSM900\CDMA800 信号的覆盖，以解决楼宇室内覆盖系统切换频繁以及信号质量差的问题。

（1）室内分布器件。采用天馈分布方式，无源器件主要使用宽频 5Db/6Db/10Db/15Db/20dB/30dB 耦合器，以及宽频二功分器、三功分器、四功分器和宽频室内吸顶天线、八木天线。

（2）信号分配。通过宽频耦合器和功分器将信号合理均匀地分配到所需要覆盖的各个楼层，并根据系统需要，结合实际竖井面积及竖井内其他设备的安装位置合理放置有源放大设备。

以图 15−34 为例说明天线安装位置及馈线敷设路由。

通过对每层现有电磁环境的具体测试和分析，来确定每层布放天线的数量以及天线口应馈入的功率，要充分地利用资源，降低工程成本。为了便于日后维护，所有功分器、耦合器（除电梯井道内外）均安装在竖井内或器件箱内。

（3）系统兼容性。分布系统所用的无源器件（包括天线、馈线、耦合器、功分器、接头等）均为宽频带器件，根据规范 YD/T 883 要求，参考灵敏度、解调器设备损耗、噪声系数、噪声电平，满足相关指标的要求。

（4）覆盖效果预测及模拟测试分析：

1）通过现场模拟测试，设计所有天线口输出电平。

2）在频率 900MHz/800MHz 时，预测距离天线一定范围的若干测试点，天线口输出信号电平和信号可视空间传播损耗以预测覆盖的效果。考虑室内吸顶天线增益、多路径衰落余量、隔墙损耗、天线口输出最低电平，计算距离天线最远点某点处的手机场强。如果其他地方的信号场强均高于此值，即可以满足覆盖要求。

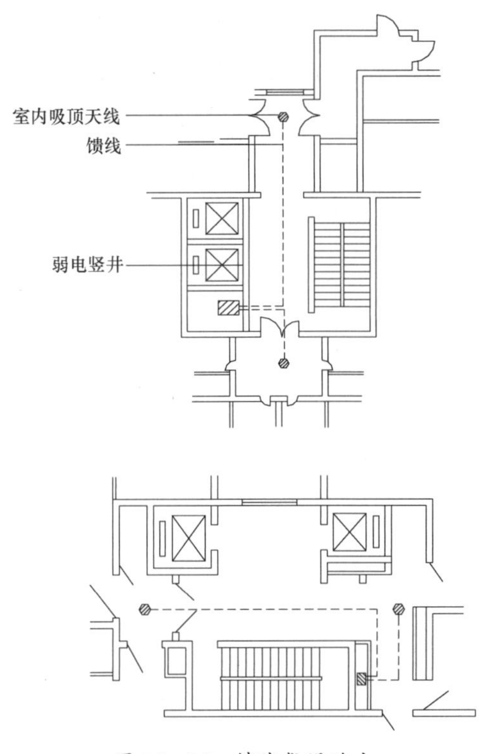

图 15－34　馈线敷设路由

3）天线口的功率分配算法：

P＝天线微蜂窝功率（干放功率）－合路单元的损耗－馈线总长度的损耗－馈线接头的损耗－器件的损耗

4. 技术指标（仅供参考）

室内覆盖系统配置容量必须满足设计方案中的预测要求及相关效果，移动用户忙时话务量为 0.03Erl，无线信道的呼损率确定为 2%。

（1）GSM 900m。考虑噪声电平（从基站接收端位置测试上行噪声电平）；天线发射功率；信号强度（室内覆盖系统边缘场强、电梯内信号场强）；可接通率（区域内 98%的位置、99%的时间移动台可接入网络）；室内覆盖系统的信号不能过度覆盖到室外，距室内覆盖系统 20m 外接收到来自室内覆盖系统的信号强度；通话质量（通话过程中话音清晰无噪声，无断续、无串音、无单通等现象，RxQual 测试拨打测试时话音质量在 3 级以上）；切换测试（室内覆盖区与周围各个小区之间应有良好的无间断切换，切换成功率应大于 95%）等。

（2）CDMA800。考虑信号覆盖电平（在室内覆盖的设计范围内，95%的地点——电梯、地下车库等封闭的区域的手机接收信号强度；85%的地点手机接收信号强度及最大电平）；信号泄漏电平（室内覆盖系统不得过度覆盖室外）；室内覆盖系统的 E_c/I_o（光纤和微蜂窝为信号源，要求 90%以上区域）；射频直放站为信号源（要求 90%以上区域）；移动台发射功率（室内 90%区域内达到移动台发射功率及在电梯、地下车库等封闭的区域要求移动台发射功率）；帧误码率（FER）（室内 90%区域内达到 FER＜1%）；软切换分支（光纤和微蜂窝为信号源，其室内 80%区域软切换分支控制在 1 个，90%区域内应不大于 3 个；射频直放站为信号源，室内 80%区域软切换分支应不大于 2 个，95%区域内应不大于 3 个）；上行噪声［若信号源为直放站和微蜂窝，则折算到基站接收端位置的上行噪声电平及外部无线环境较差时，分布系统对基站接收端引起的上行噪声抬高（ROT）值］等。

15.3　通信设施项目管理与设备安装

15.3.1　项目管理

项目管理是通信设施项目实施的核心，项目管理的方法是基于有效的组织结构、完善的项目实施计划和详实的项目文档。在系统建设工作开展之前，必须制订有效的项目实施计划书。计划书应对项目实施过程进行管理与控制，协调各方面的力量，对预见可能发生的问题做好处置预案。计划书应从项目组织结构、人员配置、项目进度、质量保证、文明安全保密要求、验收等方面对项目实施内容进行整体规划，并针对各部分内容提出了具体的实施方案。

1. 工程文档

通信工程的各个阶段，包括了技术实施方案确认阶段、设备交付及加电检测阶段、系统安装调试阶段、培训及系统试运行阶段、系统测试验收阶段及系统质保阶段，每一阶段必须编制各种文档。文档的完整性是保证设备运行的重要手段。技术文档应包括工程所涉及产品的说明文件、功能调试配置手册以及工程实施前期、设备交付阶段以及指标期内的所有相关文档。

（1）相关文件内容：

1）技术文件：所有设备的安装、运行、使用、测试和维修的技术文件。

2）安装计划：包括运输、交货、测试、设备安装调试、系统联调、系统试运行。

3）安装手册：提供所购软件、硬件设备的安装指南，包括参数设置说明。

4）测试、验收文档：提供针对项目的测试、验收方案及相应的测试和验收文档。

（2）项目实施阶段工作内容（配备相应级别的技术人员）见表 15－12。

表 15-12 项目设施阶段工作内容

编号	内容	具体工作	关键点
1	准备阶段		
1.1	设计联络会	为网络规划、实施方案收集必要的信息等	减少
1.2	现场勘察	选取部分代表性站点进行现场勘察	
1.3	客户准备	根据设计联络会的决定	
1.4	集成商准备	系统设计、实施方案设计、测试方案设计、质检方案项目化等，根据设计联络会的决定	
1.5	工程会议	定期会议（双方协商） 检查工程准备是否完成 安装调试工作细节安排	
2	实施阶段		
2.1	验货	测试部分“验货”	减少
2.2	模拟测试	依照工程实施方案进行模拟测试	
2.3	安装	依照工程实施方案进行设备硬件安装	
2.4	调试	依照工程实施方案进行设备调试和单机测试	
2.5	测试	系统测试	
3	验收阶段		
3.1	质量检查	硬件安装检查 软件配置检查 项目管理过程检查	
3.2	系统初验	提交项目文档，初验文件会签	减少
4	试运行	业务上线/割接，业务投运	
5	终验	确认试运行期间系统满足标准，终验文件确认	减少

2. 工程进度计划

工程项目进度安排见表 15-13。

表 15-13 项目进度计划表

序号	任 务 名 称	月份
		天
1	深化设计	
1.1	项目前期工作准备	
1.2	现状调研	
1.3	提交机房环境、电源、布线工程界面要求	
1.4	架构及配置优化	
2	召开机房、电源、布线多方联络会，确认各方的工作界面	

续表

序号	任 务 名 称	月份
		天
2.1	召开深化设计技术审核会	
2.2	深化设计首次修订	
2.3	召开深化设计专家论证会	
3	合同签署	
3.1	签署技术协议	
3.2	签署商务合同	
4	工程前期准备工作	
4.1	设备采购	
4.2	工程实施方案优化	
4.3	工程实施方案审核	
4.4	集中培训	

续表

序号	任务名称	月份
		天
4.5	安装场地准备及检查	
4.6	设备包装物流现场	
4.7	设备清点交付	
5	工程实施期间工作	
5.1	设备预配置	
5.2	设备上架及接线	
5.3	系统联调	
5.4	系统初验	
5.5	系统搬迁割接	
5.6	系统试运行	
5.7	提交并确定系统测试终验规范	
5.8	系统终验	

3. 割接

（1）方案设计。对有些信息通信工程，原有的设备处于正常的工作状态，新的建设项目建设需要考虑对原系统网络的保留、整合、升级、改造和利用。做好网络割接的设计，以保障信息通信网络系统的割接有序、高效、安全地实施。设计时需要做好以下工作：

1）现有设备配置收集、整理，给出详细的设备清单。

2）原系统设备利用方案。

3）网络主体架构建设方案设计，要考虑新建主体核心与原有网络核心互联关系。

4）原有网络设备向新机房迁移后的新老网络并行运行互通方案。

5）原有线路切换方案。

6）逐步割接系统业务方案。

7）割接过程中出现故障时间实现状态回退方案。

8）系统性测试方案。

（2）搬迁计划。机房搬迁过程，首要问题是如何保障数据安全及用户业务的连续性。一个完整的机房搬迁过程将包含以下内容：

1）搬迁设备确定。

2）搬迁步骤及计划制订。

3）搬迁设备信息采集汇总。

4）新机房场地检查及设备布局建议工作。

5）系统及应用数据备份以及备份数据检测。

6）系统设备标识及拆卸。

7）设备包装及运输。

8）系统设备的定位安装。

9）系统上电应用及数据恢复。

10）系统检测。

11）系统搬迁后运行状况跟踪。

15.3.2　机房要求

1. 场地

良好的设备运行环境对信息通信系统的可靠运行至关重要，在系统安装前，要严格按照国家有关标准对土建工程的设计和施工工艺进行检查和验收。

（1）场地检查。用户方按照要求完成场地准备，联合施工单位对安装场地条件作逐项检查，确认场地是否满足设备的安装要求，并填写安装场地环境结构审查表、机房供电审查表、设备连接线缆审查表等表格。

（2）信息通信场地选址：

1）机房位置。单体建筑机房宜设置在建筑物的首层至四层位置，当条件满足规范要求时，也可设置在地下一层（建筑物地下有多层时）。群体建筑的机房宜设置在建筑的中心位置，并满足以下条件。

① 机房不应设置在厕所、浴室或其他易积水、潮湿场所的正下方或贴邻，不应设置在变压器室、配电室等强电磁比邻区域。

② 机房应远离粉尘、油烟、有害气体、强振动源、强噪声源场所，生产、存储具有腐蚀性、易燃、易爆物品的场所。

③ 机房宜靠近本建筑物的进线室和弱电间，方便各种线路进出。

2）机房面积。机房应按系统容量、工作人员数量和工作运行特点设计。机房按功能划分，包括光纤接入设备室、交换机室、计算机室、控制室、话务台室、呼叫中心座席室、配线室、电力电池室、进线室、辅助用房（包括资料室、备品备件、值班室）等。

① 各功能机房可独立设置，也可合设。当机房合设时，机房之间可设置玻璃隔断做分隔，电力电池室应尽量靠近负荷中心。

② 机房总使用面积应按设备容量、设备的规格尺寸和维护的空间确定，同时考虑系统容量的远期扩容。

③ 进线室独立设置时，面积不应小于 $10m^2$。

④ 辅助用房可按 30～$50m^2$ 设置。

⑤ 话务员室、调度室、座席室可按每人 $5m^2$ 设置。

3）箱体应避免安装在潮湿、高温、强磁场干扰源的地方，并远离自来水阀门、燃气阀门、暖气阀门、消防喷淋设施，应根据建筑物实际的安装条件，选择合适的安装位置。

2. 机房安装工艺要求

（1）基本要求：

1）机房净高为2.5～3.2m。

2）架空地板承重力300～500kg/m^2，要求地板的绝缘电阻为150kΩ～20MΩ。

3）过道宽度不小于1.2m，以利于机器设备的搬运。

4）设置安全门。

5）有应急照明装置。

（2）机房设备安装工艺对土建要求见表15－14。

表15－14　机房设备安装工艺对土建要求

机房名称	机房净高/m[①]（梁下或风管下）	地面等效均布活荷载/（kN/m^2）		地面材料
设备（机柜）机室	≥2.5	≥4.5		防静电地面
控制室	≥2.5	≥3.0		防静电地面
配线室	≥2.5	≥4.5		防静电地面
电力电池室	≥2.5	<200A·h时，4.5	②	防尘、防滑地面
		200～400A·h时，6.0		
		≥500A·h时，10.0		
进线室	≥2.2	≥3.0		水泥地面
辅助用房	≥2.5	≥3.0		防静电地面
话务员室、调度室	≥2.5	≥3.0		防静电地面

① 机房净高不含活动地板高度，室内设备高度按2.0m考虑。

② 对300A·h及以上容量的免维护电池在楼上的地面安装时，不应将电池组叠放，如需叠放，应布置在梁的位置，并计算楼板的荷载要求。

（3）照明要求。

机房主要照明光源应采用高效节能荧光灯，机房较大时，灯具应采用分区、分组的控制措施。机房照明和应急照明要求见表15－15。

表15－15　机房照明和应急照明要求

机房名称	参考平面及高度	最低照度/lx	应急照明及供电时间
设备机室	水平面0.75m	300	设置，时间不少于2h
控制室	—	—	—
配线室	—	—	—
电力电池室	地面	200	设置，时间不少于2h
进线室	水平面0.75m	200	—
辅助用房	—	—	—
话务员室、调度室、座席室	—	—	—

（4）机房正常工作时温、湿度要求见表15－16。

表15－16　机房正常工作时温、湿度

机房名称	温度/℃	相对湿度（%）
设备机室、控制室、配线室	10～30	20～85（温度≤30℃，不得凝露）
计算机室	20～25，最佳22	相对湿度：45～60 最佳55
电力电池室	15～30	20～80
进线室	—	—
辅助用房	—	—
话务员室、调度室、座席室	—	—

（5）尘埃含量。机房应防止有腐蚀性气体、对人身有害气体、以及易燃易爆的气体流入。机房尘埃含量限值见表15－17。

表 15－17　　机房尘埃含量限值表

灰尘粒子直径≥（μm）	0.5	5
灰尘粒子浓度≤（粒/L）	18 000	300

注：灰尘粒子应是不导电的，非铁磁性和非腐蚀性的。

（6）其他要求：

1）机房内磁场干扰场强不应大于 800A/m。

2）有人值守的机房必须保证机房内有足够新风量，按同时工作的最多工作人员计算，每人新鲜空气量不小于 $30m^3/h$。

3）机房应配置符合相关规范或管理规定要求的灭火消防器材。

4）机房应设置入侵报警、视频监控、出入口控制、火灾报警、应急广播等防护安全设施。

15.3.3　设备安装

1. 安装基本要求

（1）抗震烈度为 6 度及 6 度以上设防的机房，铁架安装必须采取抗震加固措施。铁架和机架加固方式应符合《电信设备安装抗震设计规范》（YD 5059—2005）中的相关要求。

（2）必须在建筑物的公共部位安装综合配线箱/机柜，应远离门窗，确保综合配线箱/机柜不受日晒雨淋等安全可靠、便于施工维护的地方。

（3）楼板或墙上的预留孔洞施放线缆后必须用阻燃烧材料封堵。

2. 布线要求

（1）机房交流电源线、直流电源线、通信线应按不同路由分开布放，通信电缆与电力电缆相互之间距离应不小于 50mm。

（2）光纤连接线应沿专用的槽道布放，与其他通信线共槽道或走线架布放时，应采取保护措施。

（3）布放线缆应具有足够的机械强度和阻燃性能，应保持线缆完整、不应有中间接头。

（4）同轴电缆线对的外导体或高频对称电缆线对的屏蔽层宜在输出口接地。

（5）告警信号线宜选用音频塑料线；网管系统的通信电缆应根据传送信号速率选用相应型号、规格的线缆。

3. 机柜（架）安装

（1）机柜（架）高度的选择应根据机房的净高以及走线需求确定。

（2）新建机房宜采用上走线方式。

（3）壁挂式箱体/机柜的安装高度不低于 1.2m；特殊环境下不能满足上述要求时，需保证下沿距地面距离不小于 0.3m。

机房设备列之间以及走道的宽度应根据机房荷载、设备重量、架空地板板块尺寸以及维护空间要求决定，一般标准机房的机房设备排列间距可参照表 15－18 的要求。

表 15－18　　机房设备排列间距

序号	名称	距离/m	备注
1	主走道宽度	≥1.3	单面排列机列机房
		≥1.5	双面排列机列机房
2	次走道宽度	≥1.0	
3	相邻机列面与面之间	1.2～1.4	
4	相邻机列面与背之间	1.0～1.2	
5	相邻机列背与背之间	0.7～0.8	
6	机面与墙之间	0.8～1.0	
7	机背与墙之间	0.6～0.8	

15.4　信息通信设施的供电和接地

15.4.1　供电方式

信息通信设施应支持交流/直流（可选）供电方式，在下列条件下应能正常工作：

1. 直流电压

标称电压为－48V，允许变动范围为－57V～－40V。直流供电系统由整流配电设备和蓄电池组组成。直流供电系统的电压指标应符合现行行业标准《通信电源设备工程安装设计规范》（YD 5040）的有关规定。

2. 交流电压

单相为 220V±10%，频率为 50Hz±5%，线电压波形畸变率 5%，并考虑采用不间断电源（UPS）供电系统。

15.4.2　接地

信息通信机房应采用共用接地系统，应做等电位连接。机房接地电阻满足所安装设备的最高要求即可，接地导线应采用铜芯电缆。

（1）机房应采用共用接地系统，机房内应做等电位联结端子板，机房内接地系统应符合现行行业标准《通信局（站）防雷与接地工程设计规范》（YD 5098）的有关规定。

（2）设备接地电阻值不宜大于 4Ω，也可按设备要求确定。

（3）机柜等应可靠接地。当接入等电位联结网格时，等电位联结导体截面积不宜小于 6mm²，并应采用两根不同长度的等电位联结导体就近与等电位联结网格连接；当接入机房局部等电位联接端子时，导体截面积不宜小于 16mm²；当接入楼宇总等电位联接端子时，导体截面积不宜小于 25mm²。

对于工程测试与验收，本章不做详细的介绍，读者可以参照相应的标准规范执行。

参考标准

[1] GB/T 50622《用户电话交换机系统工程设计规范》.

[2] GB 51194《通信电源设备安装工程设计规范》.

[3] YD 5206《宽带光纤接入工程设计规范》.

[4] YD/T 5028《国内卫星通信小型地球站（VSAT）通信系统工程设计规范》.

[5] YD/T 5102《无线通信系统室内覆盖工程设计规范》.

[6] YD/T 5003《电信专用房屋设计规范》.

[7] GB/T 50623《用户电话交换机系统工程验收规范》.

[8] GB/T 21671《基于以太网技术的局域网系统验收测评规范》.

[9] YD 5207《宽带光纤接入工程验收规范》.

[10] YD/T 5160《无线通信室内覆盖系统工程验收规范》.

第 16 章 综 合 布 线 系 统

16.1 概述

16.1.1 综合布线系统工程特点

随着信息化与工业化的发展，人们的工作和生活已经与“信息”息息相关，布线系统作为信息网络的“神经”与“血脉”，无论是实现智能建筑、智能家居，智慧社区和智慧城市，还是国家倡导的物联网、大数据、云计算、互联网+战略目标等，都离不开作为基础设施的布线系统。

布线工程建设的质量直接与从事该领域工作的政府主管部门、工程建设方、设计单位、施工企业、监理单位和运维企业的工程技术人员密切相关，需要正确掌握和用好相关标准规范。本章的综合布线工程的设计、施工、安装调试、测试验收等全过程内容具有下特点：

（1）学习掌握系统、产品、标准方面的相关概念和知识，为了解与理解布线系统的技术应用打下良好的基础。

（2）布线设计部分的内容主要为楼宇空间（各功能配线区、独立机房、设备间、电信间、进线间）布局，网络结构与布线架构，用户需求与规划，系统缆线长度要求，系统配置，产品选用，电气防护接地与防火，布线系统智能管理，布线环境监控。通过学习使读者能够独立进行方案设计。

（3）施工技术部分介绍了设备安装设计，施工基本要求，施工技术准备，施工前检查，线槽安装，缆线敷设，缆线终接，标识与标记，改造工程实施方案。使读者能够全面掌握综合布线工程施工相关技能，利于独立操作。

（4）对工程测试与工程验收，工程实施中各种设计、招投标、概预算、监理文件格式，运维解决方案，工程热点问题分析等进行介绍。

16.1.2 布线系统简介

综合布线系统作为建筑物与建筑群宽带与安全的信息传输通道，它既能使语音、数据、图像、多媒体等信息终端设备和信息交换设备及信息管理系统彼此相连，也能使这些设备与外部及公用通信网络相连接，实现交互通信。综合布线是一种模块化的、具有较高的灵活性与“即插即用”的电缆系统，可随着建筑物的功能需求变化又带有结构化、模块化布线的特征，因此，也被行业内称为结构化综合布线系统。综合布线由不同种类和规格的部件组成，其中主要包括传输介质、连接器件（如光与电配线架、连接器、插座）以及电气保护设施等，并可延伸至机柜、配线箱、缆线桥架等相关的产品。

综合布线系统在国际标准体系中可以分为楼宇布线系统、家居布线系统、工业环境布线系统、分布式布线系统和数据中心布线系统。上述各个布线系统有自身的标准、架构、指标和应用技术特点，不能够将它们混为一谈。综合布线系统是以楼宇布线为基础而发展的，《智能建筑设计标准》（GB 50314）将民用建筑分成了 14 大类，其中办公楼宇布线系统体现了布线的共性内容，其他各类建筑除了需要满足布线共性的技术要求以外，在系统的等级选用、设备配置、产品选择等方面还需充分考虑个性化设计方案。建筑物中同时存在着电力布线系统、信息技术布线系统、弱电系统布线和敏感性布线系统，各配线技术的技术融合已经被业内认可。由于布线工程规模的不断扩大和升级，如何对布线系统进行实时的运行管理，已经成为行业和企业关注的重点，因此提出了“智慧传输”的理念。

1. 综合布线的特点

同传统的布线相比较，综合布线有着许多优越性，其特点主要表现在它具有兼容性、灵活性、可靠性、安全性、先进性和经济性，而且方便施工和维护以及可实现智能化的管理。

综合布线系统在智能建筑中归类为“信息设施系统”，充分体现了综合布线系统作为建筑与信息的基础设施的重要性。

2. 布线系统特性

（1）兼容性：综合布线的兼容性是指它自身是独立的，与业务的应用终端相对无关，可以适用于多种应用系统。以往为一幢建筑物或一个建筑群内构建语音或数据业务线路时，往往需要根据不同的业务网络而采用不同的布线架构，使用不同类型的缆线与连接器件、配线模块等。系统之间的配线设备彼此各不相同，互不相容。一旦因业务变更而改变终端设备或设备位置时，就必须另外建设新的配线系统。

现在，建筑物在设置综合配线管网时，则可经过统一的规划和设计，采用通用的配线设施将语音、数据、多媒体及建筑智能化弱电系统等信号综合到一套标准的布线系统中进行传送。因此比传统布线可节约大量的投资资金，减少工程实施的时间和对建筑空间的占用。

（2）灵活性：传统的布线方式是封闭的，其体系结构是固定的，若要迁移或增加设备，则相当困难而麻烦，甚至是不可能的。综合布线采用符合标准的传输缆线和相关连接器件，进行模块化设计，组成的传输信道是通用的，所有设备的开通及更改均不需要改变布线设施。

（3）可靠性：综合布线采用高品质的器件组合构成一套高标准的完整的信息传输通道。所选产品均通过 ISO 认证，每条链路都采用专用仪器测试以保证其电气性能。应用中，任何一条信道的故障均不影响其他信道的运行，这就为布线系统的运行维护及故障诊断检修提供了方便。加之各应用系统采用互为备用的传输路由设计，提高了系统的冗余度与可靠性。

（4）安全性：综合布线对绞电缆线对的对绞状态以及屏蔽布线与光纤的采用，产品高水平的制造工艺与全面的质量控制，可有效地提高布线系统防止信息泄漏和抵御外部电、磁场干扰源影响的能力，为网络的安全打下了基础物理条件。

（5）经济性：综合布线可适应相当长时间的用户业务需求，可以满足几代网络提升与发展的要求，避免了传统布线因为经常改造形成的资金投入与时间的浪费，而给网络正常运行带来的时间上的耽误。

3. 综合布线系统技术应用的关注点

（1）优化方案。针对各类建筑物的功能需求做出适合的优化方案，在系统的配置上，各类型的建筑物应充分体现出个性化特点，对数据中心、住宅、楼宇的布线系统都需要做优化设计。

（2）绿色节能。在建筑物，数据中心等的企业应用和运营中，能耗问题已经越来越受到服务商和用户的关注。企业如何降低建设成本、能耗成本、运行成本成为绿色建筑研究主题。建筑节能涉及电源系统、空调系统、机柜系统、布线系统、网络系统和运维系统，这是一个完整的系统工程建设。绿色建筑和绿色数据中心从布线领域也有很多的节能理念及产品的推出，尤其是从满足阻燃、低烟、无毒的性能出发，来选择相应等级的阻燃缆线，充分体现了环保的主题。

（3）光纤至用户。光纤宽带接入，采用光纤传输介质将通信业务从业务中心延伸至园区、路边、建筑物、用户，直至终端。城市地区利用光纤到户、光纤到楼等技术方式进行接入网建设和改造，公用建筑完成光纤到用户单元通信设施工程的建设要求。无论在我国的《民用建筑电气设计规范》，还是建筑智能化工程的相关规范中，都明确地指出，应将不少于 3 家电信业务经营者敷设的光缆引入到每一个建筑物的入口设施部位（进线间）和建筑物的其他相关部位。

（4）升级改造。在楼宇智能化系统中，万兆网络的应用已经十分普遍，数据中心中 10G/40G/100G 的网络设备已经得到应用的认可。以往的数据中心因为布线采用架空地板下敷设缆线的方式占了绝大多数，造成了 50%空调系统的故障。所以，无论从布线产品的传输质量还是支持的传输带宽以及满足新的需要，都需要进行升级改造。

（5）业务与技术的综合。

1）综合范围和其要求：智能建筑的综合布线系统尚不能与其他弱电子系统缆线完全地融合和综合使用，根据目前我国国情和管理体制，其综合范围和具体场合为：以综合通信系统和计算机系统为主，允许传送低电压或小电流的信号合用线路，根据具体情况采取分段或全程综合。

2）无法完全综合的原因：综合布线系统理论上可以综合各个弱电子系统，但受到以下方面的应用限制：综合布线系统的建设投资较高、是否有对安装的灵活性的需求、各个系统采用了不同的网络、政策法规的要求和管理与运维的差异。

特别指出，对于消防通信或安保系统的信息传输系统有较高的安全与防火要求，不允许与其他系统的传输媒介合用，以保证消防通信和安保等系统正常运行。《建筑设计防火规范》（GB 50016）、《火灾自动报警系统设计规范》（GB 50116）、《火灾自动报警系统施工验收规范》（GB 50166）、《汽车库、修车库、停车场设计防火规范》（GB 50067）和《民用建筑电气设计规范》（JGJ/T 16）等明确规定，要求火灾报警和消防专用的传输信号控制线路必须单独设置和自行组网，不得与建筑自动化各个系统的低压信号线路合用，也不允许与通信系统的线路混合组网。同样，安全保卫系统也有类似的要求。所以，在综合布线系统中不应纳入这些系统的通信传输线路，避免相互影响和彼此干扰，防止产生不应有的（如误报等）障碍或事故。

建筑内各个弱电系统的管理部门、管理流程、管理内容和运维方式等方面的不同，因此往往会有自己独立的网络和相应的布线系统。另外，有的弱电子系统不完全是星形网络拓扑结构，虽采用了综合布线的产品，但也不能完全按照该布线架构和技术要求做方案的设计。所以，综合布线综合不了所有的应用设备传输系统。

16.1.3 布线系统标准

1. 标准引用原则

国外的布线标准基本上为欧洲的 EN 标准系列、

北美的 TIA/EIA 标准系列及国际 ISO/IEC 标准系列。除了这些比较完整的系统标准外，还会不断地根据技术、产品、市场应用的发展与需要制定相关的技术草案。布线系统主要引用以下国际标准：

ISO/IEC 11801：信息技术 – 用户基础设施通用布缆（含办公楼宇通用布缆）。

ISO/IEC 15018：信息技术 – 家庭通用布缆。

ISO/IEC 24702：信息技术 – 工业基础通用布缆。

ISO/IEC 24764：信息技术 – 数据中心通用布缆。

ISO/IEC 14763：信息技术 – 用户基础布缆系统的安装与操作。

ISO/IEC 18010：信息技术 – 用户基础布缆系统路由及空间。

ISO/IEC 18598：自动化基础设施管理。

对待国外标准的应用，中国标准是对正式颁布的国际标准内容进行消化、吸收、判断后，加以等同采用与等同引用，具体根据相关国家标准的要求及工程建设的实际情况制定技术要求。

2. 布线国家标准（GB 50311—2016 与 GB/T 50312—2016）

该两项标准是目前国内针对布线系统工程建设最为重要的标准，其内容从 1992 年的协会标准延续完善至今，并在 2007 版的《综合布线系统工程设计规范》（GB 50311）、《综合布线系统工程验收规范》（GB 50312）的基础上加以修订完成，它对规范布线行业和保证布线工程的质量起到积极的作用。

（1）《综合布线系统工程设计规范》（GB 50311）和《综合布线系统工程验收规范》（GB 50312）的主要内容：按照国际标准体系，我国布线标准的缺失部分，参照 ISO/IEC11801.2008 版、2010 版 2012 版的相关内容，增加了工业环境布线章节，为了更好地执行国家“宽带中国”的战略目标，规范增加了第四章“光纤到用户单元”；为了保持和建筑电气等国家标准的一致性，对安装设计的内容增加了较大的篇幅，但数据中心布线系统和家居布线系统不含在本规范的范畴之内。

（2）规范强制性条文：有关综合布线系统工程建设类的标准中有 4 条强制性条文，其中 3 条强制性条文针对“光纤到用户单元”，并带有国家政策性的执行要求。根据《关于加强强制性标准管理的若干规定》，属于强制性标准管理规定中“国家需要控制的工程建设的其他要求”的范围，其目的在于符合国家发展战略要求、实现国家经济规划目标。规范强制性条文如下：

1）GB 50311 中“7.0.9 当对绞电缆从建筑物外面进入建筑物时，应选用适配的信号线路浪涌保护器。”

为防止雷击的瞬间产生的电流与电压通过对绞电缆引入配线入口设施，对配线设备和通信设施产生损害，甚至造成火灾或人员伤亡的事件发生，应采取相应的保护措施。入口设施应选用能够加装线路浪涌保护器的配线模块，指标性能要求应该符合设计文件的要求。但对于对绞电缆、光缆的金属护套或金属构件的接地导线接至等电位接地端子板的部位不需要设置浪涌保护器。

2）GB 50311 中“4.1.1　在公用电信网络已实现光纤传输的地区，建筑物内设置用户单元时，通信设施工程必须采用光纤到用户单元的方式建设。”

目前，公用建筑中商住办公楼以及一些自用办公楼将楼内部分楼层或区域出租给相关的公司或企业作为办公场所，而这些出租区域的使用面积、空间划分、区域功能等需求经常会随着租用者的变化而发生改变。同时，对信息通信的业务和带宽的要求比较高的公司或企业用户一般会建设自己的企业级计算机局域网和自用的布线系统，并直接连接至公用通信网的接入系统。本规范提出采用“光纤到用户单元”的方式能满足用户对高速率、大带宽的数据及多媒体业务的需要，适应现阶段及将来通信业务需求的快速增长；可以有效地避免对通信设施进行频繁的改建及扩建；可以为用户自由选择电信业务经营者创造便利条件。

3）GB 50311 中“4.1.2　光纤到用户单元通信设施工程的设计必须满足多家电信业务经营者平等接入、用户单元内的通信业务使用者可自由选择电信业务经营者的要求。”

国务院印发的《“宽带中国”战略及实施方案》中明确了宽带网络作为国家公共基础设施的法律地位；规范宽带市场竞争行为，保障公共服务区域的公平进入；将宽带网络建设纳入各地城乡规划、土地利用总体规划；加强宽带网络设施与城市其他通信管线、居住区、公共建筑等管线的协调等政策措施，加强战略引导和总体部署。本条文属于强制性标准管理规定中“保护消费者利益”的范围，其根本目的在于“满足用户自由选择电信业务经营者的要求”。根据原信息产业部和原建设部联合发布的《关于进一步规范住宅小区及商住楼通信管线及通信设施建设的通知》（信部联规〔2007〕24 号）的要求，“房地产开发企业、项目管理者不得就接入和使用住宅小区和商住楼内的通信管线等通信设施与电信运营企业签订垄断性协议，不得以任何方式限制其他电信运营企业的接入和使用，不得限制用户自由选择电信业务的权利”。原信息产业部 2005 年 7 月发布的《关于加强对电信管道和和驻地网建设管理等有关问题的通知》（信部规〔2005〕330 号）通知中也指出：“民用建筑的开发者和管理者应当为各电信业务经营者使用民用建筑内的通信管线等公共电信配套设施提供平等的接入和使用条件，保证电信业务在民用建筑区域内的接入、开通和使用”。但在目前民用建筑宽带建设中，仍存在进场难、用户选择难等问题，实际上最终损害了用户的选择权，也因此损害了用户的利益。因此，规范将本条文作为强制性条款，在工程建设中要求严格执行和审查。

4）GB 50311 中“4.1.3　新建光纤到用户单元通信设施工程的地下通信管道、配线管网、电信间、设备间等通信设施，必须与建筑工程同步建设。”

光纤到用户单元通信设施作为基础设施，工程建设由电信业务经营者与建筑建设方共同承建。为了保障通信设施工程质量，由建筑建设方承担的通信设施工程建设部分，在工程建设前期应与土建工程统一规划、设计，在施工、验收阶段同步实施，以避免多次施工对建筑和用户造成的影响。

此项条文属于强制性标准管理规定中“工程建设的质量、安全、卫生、环境保护要求”和“保护消费者利益”的范围，其目的在于“将通信设施作为民用建筑的基础设施，保障通信设施的工程质量，保护用户的合法权益”。

随着人们对信息与交流需求的日益增加，通信成为与水、电、气、暖、有线电视具有相同地位的民用建筑基本功能需求，宽带网络作为公共基础设施的属性已成共识，享受宽带服务正逐渐成为基本人权。

根据《物权法》及相关规定，“业主对建筑物内的住宅、经营性用房等专有部分享有所有权，对专有部分以外的共有部分享有共有和共同管理的权利”“建筑区划内的其他公共场所、公用设施和物业服务用房，属于业主共有”。2007 年原信息产业部和原建设部联合发布的《关于进一步规范住宅小区及商住楼通信管线及通信设施建设的通知》（信部联规〔2007〕24 号）明确规定：住宅小区及商住楼应同步建设建筑规划用地红线内的通信管道和楼内通信暗管、暗线，建设并预留用于安装通信线路配线设备的集中配线交接间，所需投资一并纳入相应住宅小区或商住楼的建设项目概算，并作为项目配套设施统一移交。因此，新建民用建筑通信设施应由建设方建设。业主购买房屋后，自然共同拥有了建筑物内通信设施的产权，建筑建设方、物业管理公司都不具备对该设施的支配权和处理权，并且应对租用房屋的使用业主提供符合使用条件的通信设施，用户同样可以自主选择由电信业务经营者为其提供服务。

为了保护用户的合法权益，规范建筑内光纤到用户单元工程中地下通信管道、配线管网、设备间等与土建工程密切相关的部分作为基础设施，要求与建筑物同步建设。由于光缆、配线设施等可以在土建工程完成后布放和安装，因此，暂不要求同步建设，可等建筑主体工程完工后再行建设。

3. 其他相关行业和国家标准

综合布线系统工程的建设标准内容应该和其他相关的国家及行业的布线标准内容不相矛盾。并在内容上互补与融合。相关标准如下：

《对绞电缆及光缆燃烧性能分级》（GB 31247）；

《建筑物防雷设计规范》（GB 50057）；

《数据中心设计规范》（GB 50174）；

《智能建筑设计标准》（GB/T 50314）；

《用户接入网工程设计暂行规定》（YD/T 5032）；

《民用建筑电气设计规范》（JGJ/T 16）；

《智能建筑弱电工程设计施工》［图集（上、下）97X700］；

《综合布线系统工程设计施工》（图集 08X101－3）。

16.2　布线系统工程设计

综合布线系统是开放式星型拓扑结构，能支持电话、数据、图像、多媒体等通信业务需要。随着建筑智能化系统朝数字化、网络化、宽带化的发展，综合布线系统的应用拓展至控制领域。标准规定了综合布线系统主要包括水平配线子系统、建筑物主干子系统、建筑群主干子系统三个部分，但是从一个完整的布线工程去考虑，这些子系统涵盖的内容是远远不够的。因此，作为布线工程应该按照工作区（信息插座、设备缆线）、配线子系统（电信间与配线设备、水平缆线、跳线、设备缆线）、干线子系统（配线设备与主干缆线、跳线、设备缆线）、建筑群子系统（入口设施、配线设备与主干缆线、跳线、设备缆线）、设备间（配线设备、跳线、设备缆线）、进线间（入口设施）、管理（标签与管理软件）这七个部分去进行设计。

16.2.1　布线系统主流应用技术和个性化设计要点

1. 国家布线标准以布线应用主流技术为主线

（1）铜缆布线系统 6 类、6_A类、7 类、7_A类布线的应用以支持万兆网络的传输需求为主，5e 类布线系统已被 5 类布线系统取代，标准中不再出现。现在 8 类布线系统已经面世，以支持 40G 网络为主，8 类布线系统的每一对对绞线对支持的传输带宽将达到 2000MHz，并且能够兼容 6_A和 7_A类布线系统。

（2）OM3、OM4 多模光纤、单模光纤在光纤到桌面、光纤到住户、光纤到民用建筑用户单元和数据中心的应用，充分体现光纤传输安全性好、速度快、抗干扰能力强、传输速度快、传输质量高等优点。目前 OM5 多模光纤标准的草案已经通过，OM5 多模光纤（WBMMF）为 4 通道 WDM 应用，波长在 850～953nm 范围内。与 OM4 单通道的传输相比，OM5 的整个的光纤带宽容量是 OM4 的至少 4 倍。另外，OS1 和 OS2 单模光纤随着智能社区、智能园区及用户与公用通信网互通的需要，会得到较大的应用。

（3）屏蔽布线系统应用于一些对信息安全要求比较高的政府、公安、金融等场所及机要部门。另外，对于布线路径环境满足不了管线的间距要求，以及在一些场合的应用利于散热需要（如视频监控摄像头的传输介质）时，采用屏蔽布线系统较为有利。

（4）智能配线系统电子配线架和管理软件。电子配线架主要是直接对端口进行实时地管理，通过硬件和软件随时记录使用情况。它可以保证网络的安全，同时节省了运营维护量，降低维护费用，提高工作效率。

（5）端到端的解决方案。从一个工作区的端口到另一个工作区的端口或与外部网络链接，以提供全面的解决方案，以便于用户在应用。现在很多布线厂商都在从建筑电气的角度做这方面的整体服务。

（6）高端产品的应用。机房布线工程强调机房的布线及环境，特别着重于区域配线，对产品选用的等级较高，高密度的器件使得光、电接插器件模块体积缩小，安装密度提升，占用的空间减少。

（7）电源供应。综合布线的线对，既可传输信号又能提供电源。综合布线供电有两种方式：一种是两对线供电，两对线传输信号；另一种是传输信号和供电在两个线对中同时完成。这对网络终端设备和智能终端设备的应用是非常有利的，并可以大量地减少强电的电源插座设置。

（8）工业级的布线。工业级的布线产品需要在恶劣的环境下，保证信息的正常传送。例如室外条件下和工矿企业的生产场地。工业级的布线对接插器件在防水、防灰等方面提出了更高要求，因此，为信息网络在工业生产中的应用提供了基础条件。

（9）高阻燃缆线的应用。高层建筑物的消防灭火手段更多的依赖建筑材料和线缆材料的防火性能，这类产品虽然成本高，但它可以将缆线敞开敷设，有利于维护和系统扩容。此类防火阻燃线缆在防火等级的选用时，要符合相应的防火测试标准。

（10）家居布线系统。有两种形式：一是只完成配线；二是完成配线和管理功能，对各种信息进行存储、处理、交换。家居布线可以将电力配线、信息配线、智能家居配线系统进行有效的组合，形成一套真正意义上的智能配线系统。

2. 各类民用建筑布线系统特点

《智能建筑设计标准》中 14 类建筑综合布线工程实施方案必须具有个性化的设计要素。

（1）办公建筑。办公建筑的智能化应适应办公业务信息化应用的需求，具备高效办公环境的基础保障，满足对各类现代办公建筑的信息化管理需要。办公建筑可分为商务办公建筑、行政办公建筑和金融办公建筑。

办公建筑可按出租型办公建筑和自用型办公建筑来考虑。布线系统可以包括办公内外配线网、生产配线网、涉密配线网、物管配线网、弱电系统配线网。

出租型办公建筑的综合布线一般是由开发商投资，物业机构管理。一般有多种做法：一种是常规的综合布线按 5～10m^2 设置一个工作区，配置相应信息点，再按这个量来考虑整个系统线缆和配线模块的配置。另一种是由于出租型办公楼的用户不确定，对于临时出租的场地，采用区域布线来完成。先敷设电信间至区域（为大客户所在的区域）的光（电）缆，每一个区域设置两个光纤插座（接入以太交换机）和两个语音插座（接入电话集线器或用户交换机）；区域内的配线由客户自行完成。在水平缆线的路由中设置 CP 点（集合点），首先布放从电信间到 CP 点之间的水平缆线，将来根据用户需要再完成 CP 至信息点之间的缆线。也可以只做主干部分的缆线，不做水平部分，提前预留出相应的管线，等用户确定后自己结合网络建设进行配线。随着国家宽带战略的实施，电信业务经营者和房屋建设方，直接将光纤布放至用户区域的信息配线箱，即“光纤到用户单元”的设计要求已在国家标准中提出。对于出租型办公楼，可使用 6 类＋光纤混合的综合布线形式。

对于自用型办公楼，尤其是国家政府机关的办公楼，因其网络有内网、外网、保密网之分，所以综合布线就不是一套系统了，信息点除了包括电话、数据的需求以外，还要考虑涉及内网、外网、保密网、以及备份等需要，这样就比一般的工程所用的信息点数量要多得多。自用型办公楼布线设备的安装场地、管槽、缆线要做到物理分开。对于有些保密项目，工程商往往只能实施水平配线部分。自用型办公楼工程涉及保密部分的配线网络应由具有安全资质或国家授权的机构实施。自用型办公楼一般选用的综合布线等级比较高（如全 6 类屏蔽＋光纤）。

（2）商店建筑。包括新建、扩建和改建的商场建筑。其智能化系统应符合商店建筑的经营性质、规模等级、管理方式及服务对象的需求；应构建集商业经营及面向宾客服务的综合管理平台；应满足对商店建筑的信息化管理的需要。

商场是大开间结构，由于商铺的大小、位置、密度不一定完全确定，所以一般采用 CP 点的方式，且信息点不要太密。还要考虑到在一些公共场所预留出信息点。另外，要注意商场信息点位置的不确定性，其水平对绞电缆的长度有可能超过 90m，所以要在商场内每一层设置多个电信间，而且电信局之间需要做路径上的互通。如果商铺位置较为明确，也可以采用地插，按每 20～100m^2 设置信息点。

（3）旅馆建筑。旅馆建筑的布线系统比较简单，信息点相对较少，可按套房等级如普通标准间、豪华套房、总统套房等来设定信息点的多少。另外，旅馆的布线有可能电话和数据是按照各自的配线网络分开的，电话不一定纳入综合布线系统。因旅馆一般都会建设自己的程控交换机，电话直接走电话线，而上网用的数据端口则按综合布线设计，形成两个分开独立的配线系统。旅馆饭店的套房有时会出租做办公使用，因此，光纤到用户客房应方便用户的宽带接入。旅馆饭店的公共区域应设置较多的无线 AP 信息点。

（4）文化建筑。包括新建、扩建和改建的图书馆、档案馆等建筑。其智能化系统应满足文化建筑对文献和文物的存储、展示、查阅、陈列、学术研究及信息传递等功能需求，可面向社会、公众信息的发布及传播，实现文化信息加工、增值和交流等文化窗口应用。

文化建筑的综合布线情况比较复杂，信息点的疏密不一。比如图书馆阅览室，就要求设置较多的信息点，方便读者上网查阅资料。而档案馆信息点会相对的少些。

（5）会展建筑。会展中心是大开间结构，综合布线可采用 CP 点方式，但要注意会展中心的复杂性，如会展中心的新闻中心里要求设置多信息点，而一般的展览大厅则无须太多的信息点，并且从整洁、美观的要求出发，会采用地插式预埋的信息插座。对于长年办展台的区域可以设置光纤到用户单元的设计方案。另外，会展建筑会有很多的论坛区域，尽量设置一些无线 AP 信息点。

（6）博物馆建筑。博物馆布线的信息点要考虑到安全性。博物馆因信息流量大，可选用高性能的和高等级的综合布线系统。在缆线与人员比较密集的地方，还要注意防火等级。这些建筑场所可采用有线＋无线（设置 AP 无线网卡）混合的综合布线方式，方便流动人员的信息交流及上网需要。

（7）媒体建筑。包括新建、扩建和改建的中型及以上剧（影）院和广播电视业务等建筑。其智能化系统应满足媒体业务信息化应用和媒体建筑信息化管理的需要，并具备媒体建筑业务设施的基础保障条件。

由于媒体建筑内音/视频传输信息流的频率与场强的要求较高，且存在较多的无线电干扰源，为了避免传输线路信号之间和电子设备的干扰，多采用屏蔽和光纤的综合布线系统。

对于媒体部分，因有很多图像信号需要传输，采用同轴＋对绞电缆较多，最好在管槽敷设时一并考虑，尤其注重不同信息业务信号之间的间距要求（重点为广播线路）。

对剧（影）院，人员基本上具有流动性，信息点可以按分散不均方式设置。

（8）体育建筑。指新建、扩建和改建的各类体育场、体育馆、游泳馆等建筑。其智能化系统应满足体育竞赛业务信息化应用和体育建筑的信息化管理的需要，并具备体育竞赛和其他多功能使用环境设施的基础保障，需统筹规划、综合利用，充分兼顾体育建筑赛后的多功能使用和运营发展。

体育建筑分成很多不同的功能区，主要有体育服务和公共服务两部分。无论是室内场馆还是室外场馆，除比赛场地外还有许多的观众席和公共建筑物。因此，除了新闻中心、信息中心、药物检查或者商场等设施区域外，还要考虑体育赛场内各种设备安装场地，比如时钟、记分、升旗、大屏幕显示等信息及体育服务场地信息的传递。

比赛场地要注意三个方面：第一，是室外场地要注意综合布线器件的防潮、防灰、防破坏及防雷电，要采取相应的防范措施；第二，因体育场馆面积比较大，应设置多个电信间，且各电信间之间最好采用光缆互通，这样更便于网络信息流量的调度；第三，体育场的管线与插座长期处于在室外环境下，容易产生器件的老化而使得技术参数及性能指标的下降。从安全的角度和延长器件的寿命上考虑，应采用密闭的金属管槽布放缆线，并且选用工业级的接插器件。

如果一些体育设施是基于网络通信协议，如大屏幕显示、体育场馆监控等，体育场馆的传输线也可纳入综合布线系统一并设计。

体育场馆也可以采用无线＋有线的混合布线方式。

（9）医院建筑。指新建、改建和扩建的二级及以上综合性医院等建筑。其智能化系统应满足医院内高效、规范与信息化管理的需要，能向医患者提供“有效地控制医院感染、节约能源、保护环境，构建以人为本的就医环境”的技术保障。

医院布线系统最重要的是考虑缆线对传输带宽的需求和医疗设备电磁的干扰问题。为了保证信息的安全性，采用屏蔽＋光纤的方式对一些医疗器械比较集中的场合更为适合。

另外，由于医院占地面积较大，建筑物较多，功能要求复杂，要把它考虑成一个多功能（如诊疗、住院、实验、药库、档案、教学、生活等）的建筑群，对建筑物之间缆线布放进行设计。计算机网络还要考虑到信息的远程传输及与公用配线网络的互通情况。

（10）教育建筑。指新建、扩建和改建的普通全日制高等院校、高级中学和高级职业中学、初级中学和小学、托儿所和幼儿园等建筑，其智能化系统应满足各类学校的教学性质、规模、管理方式和服务对象业务等需求，能适应各类学校教师对教学、科研、管理，学生对学习、科研和生活等信息化应用，为高效的教学、科研、办公和学习环境提供基础保障。

学校建筑的综合布线是建筑群的整体布线，更多的要考虑校园网主干光纤的建设。学校建筑的功能比较多，有教学楼、实验基地、公用的报告厅、图书馆、科学馆以及学生宿舍等，所以信息点布放位置、数量及布线系统的等级，要考虑不同的应用场景作不同设置，不能全都按建筑面积来考虑。学校的校园占地面积较大，且校园的配线网跟多媒体教学结合的较多，应引起注意。

学校建筑和医院建筑一样都还要考虑远程传输，考虑与外部的信息互通情况，因此，校园内应采用单模光纤的布线系统。

（11）交通建筑。指新建、扩建和改建的大型空港航站楼、铁路客运站、城市公共轨道交通站、社会停车场等建筑，其智能化系统应满足各类交通建筑运营业务的需求，为高效交通运营业务环境设施提供基础保障；满足各类现代交通建筑管理信息化的需求。

交通建筑的综合布线特点是这类建筑面积较大；涉及异地建筑物联通时，管路沿缆线递减，是一种延伸型的星形网络；主干部分缆线路由很长。宜采用光纤布线系统。

客运大厅、货运码头属于大开间结构的部分，也可采用 CP 点的设计形式，并且用无线做延伸。另外，对于涉及机电设备电磁干扰的问题时，缆线也应考虑其屏蔽性。

（12）金融建筑。金融建筑内的呼叫中心工作人员的座席比较密集，布线系统可能包括内外配线网、生产配线网、涉密配线网、物管配线网、弱电系统配线网。

座席区可按 3～5m^2 设置一个工作区，终端设备较多，需要设置较多的信息点，依此考虑整个系统的配置。金融机构对信息需求与信息安全要求较高，可以采用 6 类及以上等级的布线系统，屏蔽布线系统也可以在考虑之内。对于出租型的区域，可使用 6 类＋光纤混合的综合布线形式。

（13）住宅建筑。指住宅、别墅等建筑。其智能化系统应体现以人为本，做到安全、节能、舒适和便利，符合构建环保和健康的绿色建筑环境的要求。

住宅建筑的综合布线不同于一般的公共建筑布线。其特点是电气设计完成信息布线系统设计，采用家居综合布线箱，完成配线功能，并且布放基本信息点。根据光纤到住户的要求，电信业务经营者已经将光缆敷设到了每一个家庭。但是在住宅的装修阶段，用户会提出重新布放线缆的要求，并融入智能家居系统的线缆。实际上形成了“家庭信息配线系统”。另外，家居布线也要区分住户内配线、楼内配线、园区内配线三种情况，所以，家居布线涉及面广，且各自有不同的范围，需要满足不同的住宅需求。

（14）通用工业建筑。指新建、扩建和改建的工业建筑。其智能化系统应满足通用生产要求的能源供应和作业环境的控制及管理，能提供生产组织、办公管理所需的信息通信的基础条件，符合节能和降低生产成本的要求，并提供建筑物所需的信息化管理。

工业建筑主要是分两种场地，生产区域和一般办公区域，或生产区域和控制区。根据环境的恶劣程度采用相应工业级别的接插件，考虑防水、防灰尘、防振动、防腐蚀、防电磁污染等技术要求。但是对工业建筑里一些良好的环境，如生产部门的控制室、办公区等，可按一般的建筑类型设计。

如果上述各类建筑物的弱电系统设施对信号的传送是基于网络通信协议时，如大屏幕显示、监控系统、楼宇自控等，其传输线也可纳入综合布线系统设计。总之，综合布线系统作为建筑物的基础设施，在设计时要考虑到实际应用、发展余地、建筑功能诸方面的因素，合理地制订方案。

16.2.2　布线系统总体架构

1. 布线系统架构

从图 16－1 中可以了解，对一栋建筑物和多栋建筑物组成的建筑群来说，综合布线系统均为星形网络拓扑结构，基本与网络设备的三级设置架构相适应，分别由接入、汇聚、骨干 3 级组成。工作区、电信间（楼层）、设备间（楼宇的底层或中间层）分别安装信息插座和配线模块，入口设施则可以安装在设备间或进线间（楼宇的地下一层）。在入口设施安装的场地更多的要考虑多家电信业务经营者（至少 3 家）光缆的引入和配线模块的安装，并且在入口设施的安装场地做光缆的成端。如果是电缆，还需要采取防浪涌的保护措施。进线间是建筑物外部通信和信息管线的入口部位，主要作为多家电信业务经营者和建筑物布线系统安装入口设施共同使用的空间，并满足室外电、光缆引入楼内成端与分支及光缆的盘长空间的需要。由于光缆至大楼（FTTB）、至用户（FTTH）、至桌面（FTTO）的应用会使得光纤的容量日益增多，进线间就显得尤为重要。同时，进线间的环境条件应符合入口设施的安装工艺要求。在建筑物不具备设置单独进线间或引入建筑内的电、光缆数量容量较小时，也可以在缆线引入建筑物内的部位采用挖地沟或使用较小的空间完成缆线的成端与盘长，入口设施（配线设备）则可安装在设备间。多家电信业务经营者的入口设施（配线设备）宜设置单独的场地，以便功能分区。建筑物内如果包括数据中心时，需要设置独立使用的进线间。

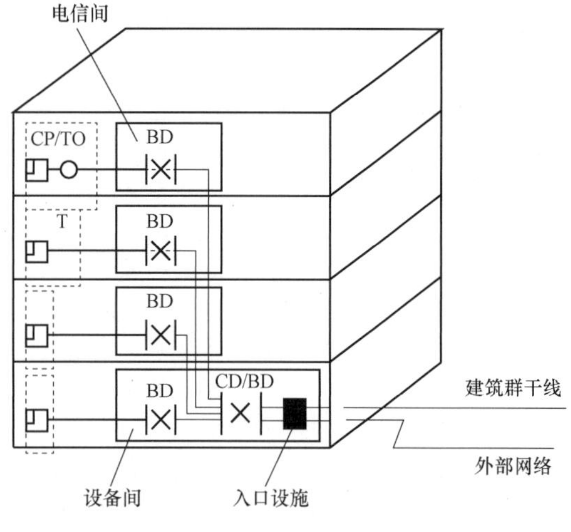

图 16-1　综合布线配线设备典型设置

2. 综合布线系统基本构成

图 16-2 为综合布线系统基本构成，该结构下的每个子系统都是相对独立的单元，对每个单元系统改动都不影响其他配线子系统。只要改变节点连接就可使网络在星型、总线、环形等各种类型的网络拓扑间进行转换。在图 16-2 中，配线子系统缆线的路由中可以设置集合点（CP），也可不设置集合点。

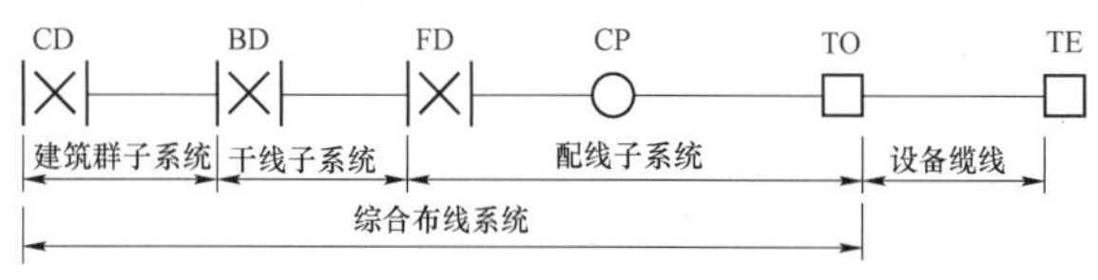

图 16-2　综合布线系统基本构成

（1）综合布线子系统之间构成。综合布线配线设备的典型设置与功能组合如图 16-3 所示。图中，实线部分体现了一个建筑群布线系统 3 级配线网络的构成。

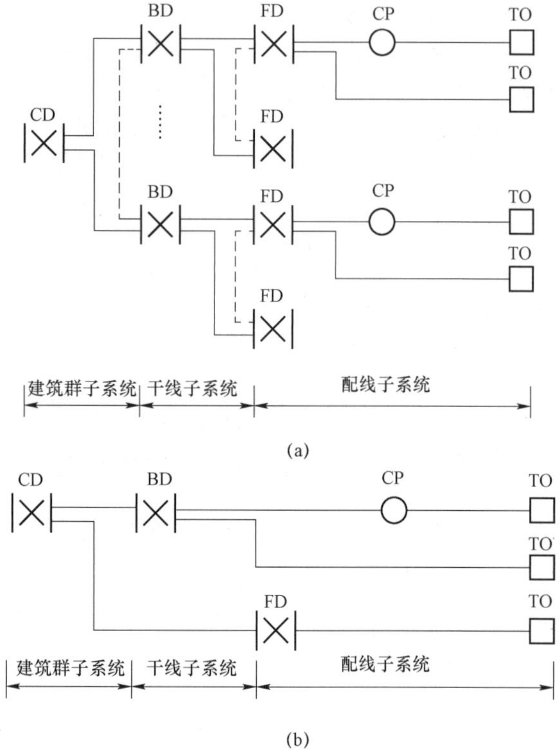

图 16-3　综合布线子系统路由构成

（a）同级配线设备间设置路由；（b）配线设备越级设置路由

第 1 级（配线子系统），由信息插座通过水平缆线连至楼层的配线设备 FD；第 2 级（干线子系统），由楼层的配线设备 FD 通过主干缆线连至楼宇设备间的配线设备 BD；第 3 级（建筑群子系统），由各楼宇设备间的 BD 的配线设备通过主干缆线连至建筑群中的某一栋楼宇设备间安装的配线设备 CD。当由多个建筑物构成的配线系统时，为了使布线系统安全和正常工作，需要对布线路由冗余设计。虚线表示同一级建筑物配线设备（BD）与建筑物配线设备（BD）之间，楼层配线设备（FD）与楼层配线设备（FD）之间可以设置备份的主干缆线路由。尤其是建筑物的楼层平面面积较大时，会设置多个电信间以安装 FD 设备。在 FD 与 FD 之间设置了直达的路由，有利于同级线路的调度和路由的备份。

建筑物楼层配线设备（FD）可以经过主干缆线直接连至建筑群配线设备（CD），信息插座（TO）也可以经过水平缆线直接连至建筑物配线设备（BD）。在这样的路由设置中，因为对绞电缆链路受到 90m 长度的限制，所以缆线跳过一级实现互联，更多的适用于光缆布线系统，为光纤到桌面提供了可行的方案。

布线系统各子系统之间则通过缆线建立冗余可靠的直达路由，直达路由可以更快地输送信息流；备份的路由可以使得网络实现物理上的安全，保障通信的畅通。

（2）入口设施。对设置了设备间的建筑物，设备间所在楼层配线设备（FD）可以和设备间中的建筑物配线设备/建筑群配线设备（BD/CD）及入口设施安装在同一场地，其构成如图 16－4 所示。

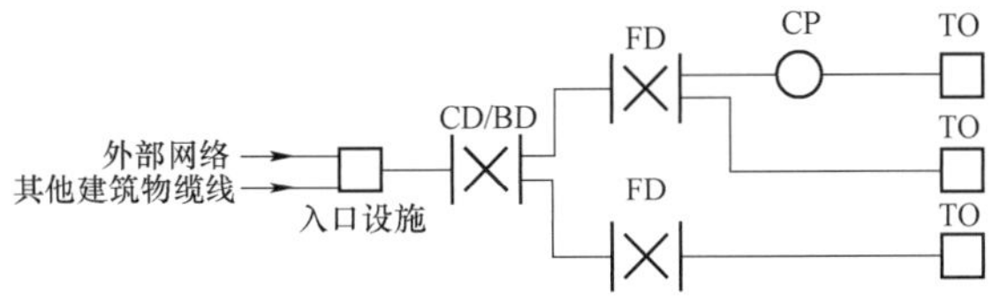

图 16－4 综合布线系统引入部分构成

3. 综合布线系统典型应用

在图 16－5 中，楼层配线设备（FD）与建筑群配线设备（CD）部位安装的网络设备与配线模块之间可以采用互连或交叉的连接方式，建筑物配线设备（BD）处的光纤配线设备可只起到对光纤端口进行互联的作用。可以看出，在实际工程应用时，配线子系统因为在楼层设置，一般情况下，采用对绞电缆可以满足链路传输距离 90m 的要求；对于干线子系统考虑到传输距离、传输带宽及与外部公用网光纤网络的互通需要，采用光纤信道能够满足工程需要。所以，对布线系统架构，需要从系统架构与应用架构两个方面加以理解。

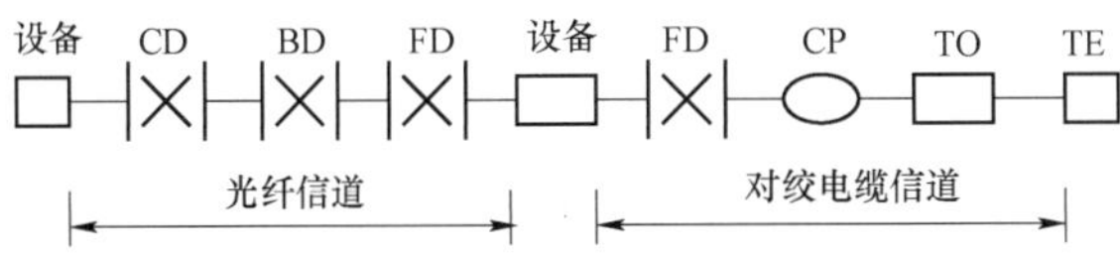

图 16－5 综合布线系统应用典型连接与组成

4. 综合布线电缆布线系统的分级与类别划分（表 16－1）

（1）电缆布线系统分级。

表 16－1 中，平衡电缆布线系统分为 8 个等级（A～F_A），布线等级表示布线系统对绞电缆的每一对线支持的传输带宽，用 Hz 表示。布线类别表示支持该布线等级的布线产品应达到的类别。例如，5 类布线产品应支持 D 级及 D 级以下布线系统的应用，体现了在应用中具有反向兼容的性能。

表 16－1 电缆布线系统的分级与类别

系统分级	系统产品类别	支持最高带宽/MHz	支持应用器件	
			电缆	连接硬件
A	—	0.1	—	—
B	—	1	—	—
C	3 类（大对数）	16	3 类	3 类
D	5 类（屏蔽和非屏蔽）	100	5 类	5 类
E	6 类（屏蔽和非屏蔽）	250	6 类	6 类
E_A	6_A 类（屏蔽和非屏蔽）	500	6_A 类	6_A 类
F	7 类（屏蔽）	600	7 类	7 类
F_A	7_A 类（屏蔽）	1000	7_A 类	7_A 类

（2）光纤系统分级：

1）楼宇光纤布系统分为 OF－300 级（300m）、OF－500 级（500m）、OF—2000 级（2000m）。

2）工业环境布线系统光纤信道等级可以分为塑料光纤信道 OF－25、OF－50、OF－100、OF－200 等级；石英多模光纤信道 OF－100、OF－300、OF－500 等级；单模光纤信道 OF—2000、OF－5000、OF－10000 的信道等级。

5. 光纤信道构成方式

应符合下列规定：

（1）水平光缆和主干光缆可在楼层电信间的光配线设备（FD）处经光纤跳线连接构成光纤信道（图 16－6）。

在图 16－6 中，主干光缆和水平光缆在 FD 部位经过光纤跳线互通，此时主干光缆和水平光缆都为单模光纤；或经过以太网交换机光端口做主干光缆的延伸，并完成对光纤类型的转换（单模/多模）。这两种方式可以同时并存，或只采用其中的一种方式。

（2）水平光缆和主干光缆可在楼层电信间处经接续（熔接或机械连接）互通构成光纤信道（图 16－7）。

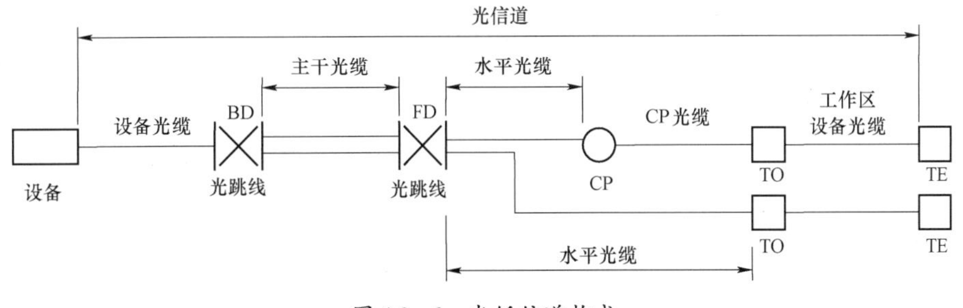

图 16－6 光纤信道构成

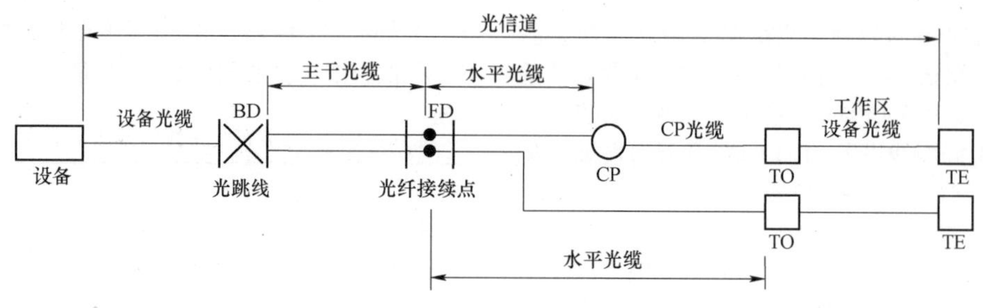

图 16－7　光纤信道构成

在图 16－7 中，主干光缆与水平光缆的光纤在 FD 部位只作光缆光纤的盘留与互通（熔接或采用机械冷接方式连接），而不具备管理的功能，此时，主干光缆和水平光缆均采用单模光纤。

（3）电信间可只作为主干光缆或水平光缆的路径场所。在图 16－8 中，主干光缆或水平光缆只是路径楼层电信间场地，但对光缆不作处理，此时可以采用多模或单模光缆。

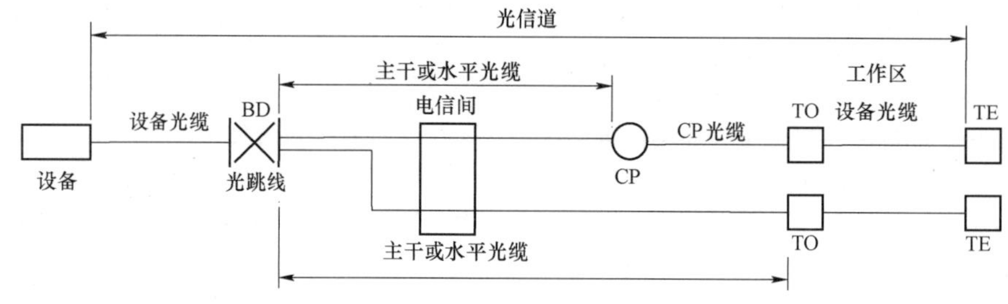

图 16－8　光纤信道构成

16.2.3 布线工程各部分设计要点

1. 工作区

一个独立的需要设置终端设备（TE）的区域宜划分为一个工作区。工作区应包括配线子系统的信息插座模块（TO）延伸到终端设备处的连接缆线（工作区设备缆线）及各类适配器（按功能可以包括如光电转换、阻抗转换、器件类型转换、通信协议转换等适配器）。如果终端设备本身带有转换功能的模块，那就不属于工作区应该考虑的内容。信息插座模块（TO）虽然安装在工作区，但它不属于工作区的范畴。

（1）工作区面积。一个工作区的服务面积对于一般的办公楼可按 5～10m² 估算，或按建筑物不同的应用场合及功能需求调整面积的大小。按照 GB 50311 中的规定，工作区面积大小的确定见表 16－2。

表 16－2　　工作区面积划分表

建筑物类型及功能	工作区面积/m²
网管中心、呼叫中心、信息中心等座席较为密集的场地	3～5
办公区	5～10
会议、会展	10～60
商场、生产机房、娱乐场所	20～60
体育场馆、候机室、公共设施区	20～100
工业生产区	60～200

注：1. 对于应用场合，如终端设备的安装位置和数量无法确定时，或使用场地为大客户租用并考虑自设置计算机网络时，工作区的面积可按区域（租用场地）面积确定。
2. 对于 IDC 机房（为数据通信托管业务机房或数据中心机房）可按生产机房每个机架的设置区域考虑工作区面积。对于此类项目，涉及数据通信设备安装工程设计，应单独考虑实施方案。

（2）工作区信息插座。每个工作区至少设置 2 个信息插座，每一个信息插座均应支持电话机、计算机、数据终端等终端设备的设置和安装。对于不同的工作区的业务应用，如涉及多业务网络时，可以设置 2～8 个信息插座。

2. 配线子系统

配线子系统应由工作区内的信息插座模块、信息插座模块至电信间配线设备（FD）的配线对绞电缆和光缆、电信间的配线设备及设备缆线和跳线等组成。在水平缆线的路由中可以设置一个集合点（CP）。这是一个任选的配线设施，不能存在跳线的连接场，并不具备管理配线的功能，主要起到区域配线的缆线汇集的作用。这是布线工程的重点设计部分。

（1）在配线子系统中，应采用 4 对对绞电缆，在需要时也可采用光缆。水平缆线应在电信间（FD）以交叉或互联的方进行连接，这对设备间 BD、CD 和进线间 CD 处的连接方式同样适用。

电话业务配线设备间连接方式如图 16－9 所示。在 FD（BD、CD）处可以通过电话跳线进行管理。这种连接方式，当信息插座处的终端设备由语音改变为数据业务时，水平侧配线设备、水平对绞电缆、信息插座模块不需要更换，只需对跳线和干线侧配线模块进行重新配置，并符合以太网交换机的连接方式即可。这种连接方式具有很大的灵活性。需要说明的是在电话业务中，FD 水平侧的配线模块为 RJ45 配线模块，一般干线侧的配线模块选用连接大对数对绞电缆的 110 型配线模块。

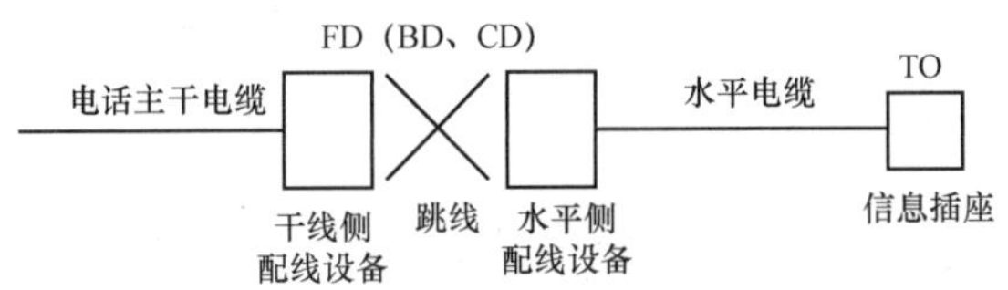

图 16－9　电话业务配线设备间连接方式

在计算机网络设备（以太网交换机）与配线模块的连接方式中，布线系统在 FD（BD、CD）处与以太网交换机的连接方式涉及配线设备的管理模式和设备的配置容量及工程的造价，国际标准建议在 FD/BD/CD/ID 处采用交叉的连接方式，以便对各类配线模块进行有效的管理。电子配线架的应用则体现配线模块单配和双配的问题。连接方式如图 16－10 和图 16－11 所示。

1）互连方式。在图 16－10 中，在配线架处配线模块和以太网交换机之间通过设备缆线直接互通，在 FD（BD、CD）处不具备交叉管理的功能。这种连接方式，使用设备缆线取代了跳线，是一种互连的方式。这种连接方式对较大容量的配线系统不易管理，但可以节省配线架模块的数量近 50%。

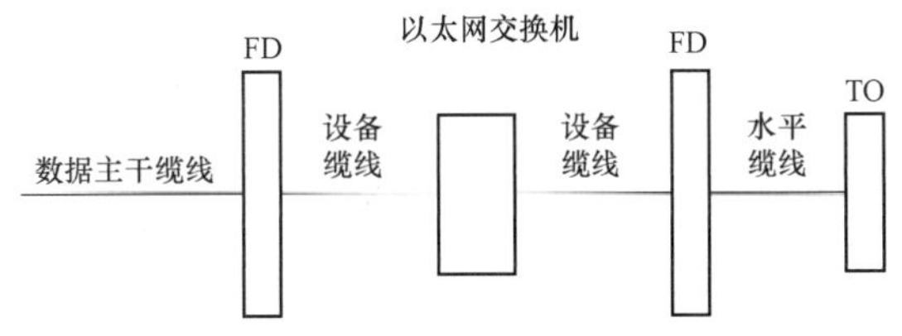

图 16－10　配线设备互连的方式

2）交叉连接方式。在图 16－11 中，在配线架处配线模块和以太网交换机之间通过设备缆线直接互通，但配线设备与主干缆线和水平缆线连接的模块之间经过跳线完成互通，在配线模块处具备了交叉管理的功能。在模块配置的数量上比互连的方式增加了一倍。

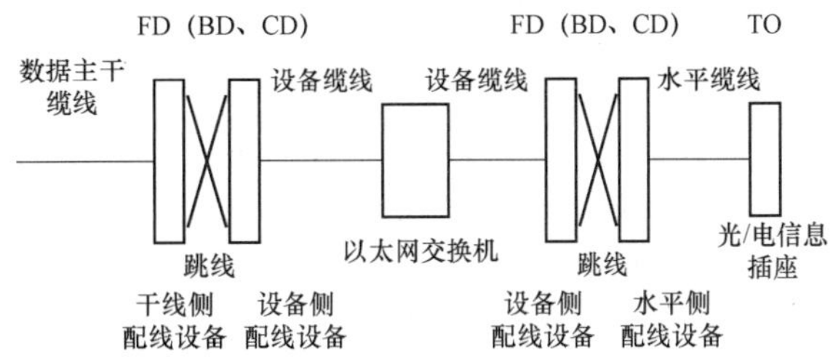

图 16－11　配线模块交叉连接方式

对以上的连接方式，FD、BD、CD 均采用 RJ45 型的配线模块。

（2）配线子系统规定了永久链路的水平对绞电缆或光缆长度不应超过 90m，信道的长度不大于 100m。在能保证链路传输性能时，为解决个别信息点水平电缆适度超长的问题，可以采用高等级的布线系统支持低等级的应用，并做好文档记录。如果水平缆线采用光缆时，可根据支持的网络应用要求，确定光缆的长度，并不受 100m 长度限制配线子系统在配置时，水平缆线主要为对绞电缆。在器件选用时应保持信息插座、水平缆线、配线模块、跳线、设备缆线等级的一致性，以保证整个链路或信道的传输特性。

3. 干线子系统

干线子系统应由设备间至电信间的主干线对绞电缆和光缆、安装在设备间的建筑物配线设备（BD）及设备缆线和跳线组成。主干缆线主要为光缆。

4. 建筑群子系统

建筑群子系统应由连接多个建筑物之间的主干对绞电缆和光缆、建筑群配线设备（CD）及设备缆线和跳线组成。主干缆线主要为光缆。

5. 设备间

设备间是在每幢建筑物的适当地点进行网络管理和信息交换的场地。综合布线系统设备间主要安装建筑物配线设备、建筑群配线设备、以太网交换机。电话交换机、计算机网络设备及入口设施也可安装在设备间。

对于综合布线工程设计，设备间主要安装建筑物配线设备（BD），电话、计算机等各种主机设备及引入设备可合装在一起。对有些规模较大的布线工程，数据和语音的配线设备可以分别安装在不同的设备间内。一般情况下，数据设备间可以设置在建筑物的中间部位，语音设备间则设置于建筑物的首层或负一层。

设备间内的所有总配线设备应用色标区别各类

用途的配线区。设备间位置及大小应根据设备的数量、规模、最佳网络中心等因素，综合考虑确定。

6. 进线间

进线间是建筑物外部通信和信息管线的入口部位，并可作为多家电信业务经营者和用户自主网络配线设备（入口设施）的安装场地。

7. 管理

管理是指工作区、电信间、设备间、进线间、布线路径环境中的配线设备、缆线、信息插座模块等设施按一定的模式进行标识、记录和管理。

16.2.4 缆线长度

长度在布线系统中可以分为系统缆线长度限值和缆线在不同网络中的应用长度。

综合布线系统电缆链路和信道的传输指标都是在 20℃时测试得到的，如果超过 20℃，屏蔽电缆长度按每摄氏度减少 0.2%计算，对非屏蔽电缆长度则按每摄氏度减少 0.4%（20～40℃）和每摄氏度减少 0.6%（>40～60℃）计算。

工业环境布线系统各缆线长度基本与楼宇布线系统对缆线的长度要求相同。

（1）配线子系统缆线长度：

1）配线子系统永久链路最多为 3 个连接点，缆线最大长度不应大于 90m；信道最多为 4 个连接点，最大长度不应大于 100m（图 16-12）；设备缆线加跳线的总长度不超过 10m。

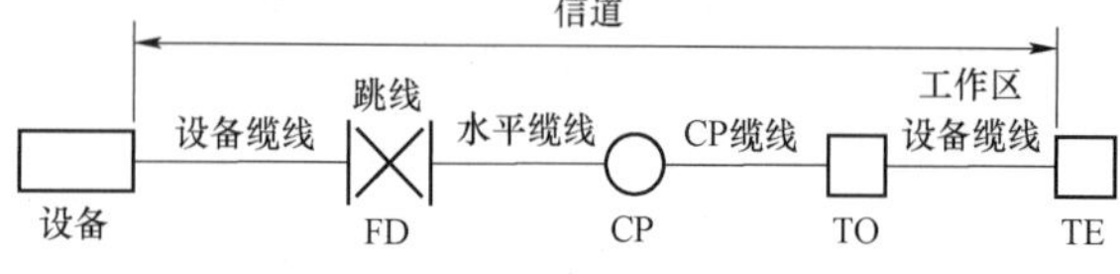

图 16-12 配线子系统缆线划分

2）配线子系统缆线长度见表 16-3。

表 16-3 配线子系统缆线长度

连接模型	最小长度/m	最大长度/m
FD-CP	15	85
CP-TO	5	—
FD-TO（无 CP）	15	90
工作区设备缆线①	2	5
跳线	2	—
FD 设备缆线②	2	5
设备缆线与跳线总长度	—	10

① 此处没有设置跳线时，设备缆线的长度不应小于 1m。

② 此处不采用交叉连接时，设备缆线的长度不应小于 1m。

（2）对主干缆线，当主干信道的连接点为 4 个时，主干缆线的长度不应小于 15m。

（3）缆线在数据中心的应用长度：

1）6_A/7/7_A 屏蔽 4 对对绞电缆应用，支持永久链路长度目标可达到 90m。

2）6_A 电缆在 40G 网络中支持 30m 长度应用。

（4）光缆的应用：

1）50μm（OM3/OM4）多模光纤，波长为 850nm 时，OM3 支持 10G 网络 300m/100G 网络 100m; OM4 支持 10G 550m/100G 网络 125m。OS1/OS2 单模光纤则可以达到 10～40km，并有利于与外部及电信运营商之间配线网络的互通。

2）OP1 塑料光纤，波长为 650nm，传输距离为 8.3m。

3）OP2 塑料光纤，波长为 650nm，传输距离为 15m；波长为 850nm，传输距离为 46m；波长为 1300nm，传输距离为 46m。

4）OH1 复合塑料光纤，波长为 850nm 和 1300nm，传输距离为 150m。

5）OM1、OM2、OM3、OM4 多模光纤，波长为 850nm 和 1300nm，传输距离为 86～500m。

6）OS1 单模光纤，波长为 1310nm 和 1550nm，传输距离 300～750m。

7）OS2 单模光纤，波长为 1310nm 和 1550nm，传输距离 1875m。

16.2.5 开放办公楼布线系统

（1）对于办公楼、综合楼公共区域大开间结构的场地可以采用多用户信息插座或 CP 点（集合点）的布线方案。原则上，每一个多用户插座和 CP 点支持 12 个工作区所需的信息插座安装，并包括适当的备用量；同一个水平电缆路由中不允许超过一个集合点（CP），从集合点引出的 CP 电缆或光缆应终接于工作区的 8 位模块通用插座或多用户信息插座或光纤适配器；多用户信息插座和集合点的配线箱体应安装于墙体或柱子等建筑物固定的永久位置。

（2）多用户信息插座应用时的各段电缆长度应符合表 16-4 规定。

表 16-4 各段电缆长度限值

电缆总长度 H/m	24 号线规（AWG）		26 号线规（AWG）	
	W/m	C/m	W/m	C/m
90	5	10	4	8
85	9	14	7	11
80	13	18	11	15

续表

电缆总长度 H/m	24 号线规（AWG）		26 号线规（AWG）	
	W/m	C/m	W/m	C/m
75	17	22	14	18
70	22	27	17	21

注：表中计算公式 $C=(102-H)/(1+D)$，$W=C-T$。

D 为调整系数，对 24 号线规，D/0.2；26 号线规 D/0.5。C 为工作区设备电缆、电信间跳线及设备电缆的总长度；H 为水平电缆的长度，$(H+C)\leqslant 100$m；T 为电信间内跳线和设备电缆长度；W 为工作区设备电缆的长度。

16.2.6　工业布线系统

在高温、潮湿、电磁干扰、撞击、振动、腐蚀气体、灰尘等恶劣环境中应采用工业环境布线系统，应支持语音、数据、图像、视频、控制等信息的传递。工业级连接器件用于工业环境中的生产区、办公区或控制室与生产区之间的交界场所，也可应用于室外环境。在工业设备较为集中的区域应设置现场配线设备。工业环境中的配线设备应根据环境条件确定防护等级。

工业环境布线系统应由建筑群子系统、干线子系统、配线子系统、中间配线子系统组成，如图 16－13 所示。

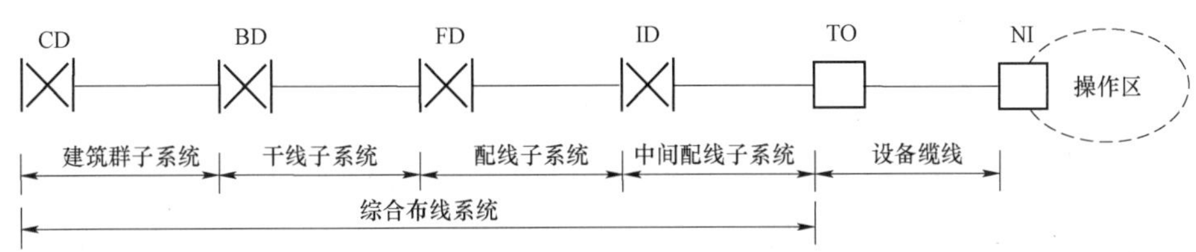

图 16－13　工业环境布线系统架构

在图 16－13 中可以看出，工业环境布线系统与楼宇布线系统的不同点是：在配线系统的架构中增加了中间配线设备 ID，在 ID 处的配线设备应采用交叉的连接方式。信息插座连接的终端设备有可能为一个生产作业区的局域网交换机设备。

（1）为了保障工业设备的正常不间断运行，布线系统的各级配线设备之间应该充分考虑设置备份或互通的路由，设置的备份路由如下：

① CD 与每一个建筑物 BD 之间应设置双路由，其中 1 条为备份路由。

② 不同的建筑物 BD 与 BD、本建筑 BD 与另外一建筑 FD 之间可以设置互通的路由。

③ 本建筑物不同楼层 FD 与 FD、本楼层 FD 与另一楼层 ID 之间可设置互通路由。

④ 楼层内 ID 与 ID、ID 与非本区域的 TO 之间可设置互通的路由。

（2）在工程典型应用中，工业环境的布线系统应由光纤信道和对绞电缆信道构成，如图 16－14 所示。

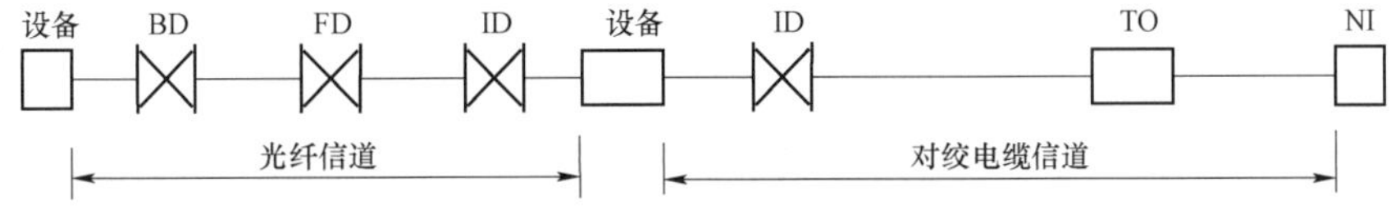

图 16－14　工业环境布线系统光纤信道与电缆信道构成

图 16－14 中，中间配线设备 ID 至工作区 TO 信息点之间对绞电缆信道应采用符合 D、E、E_A、F、F_A 等级的 5、6、6_A、7、7_A 布线产品。布线等级不应低于 D 级。光纤信道可分为塑料光纤信道 OF－25、OF－50、OF－100、OF－200，石英多模光纤信道 OF－100、OF－300、OF－500 和单模光纤信道 OF—2000、OF－5000、OF－10000 的信道等级。

（3）工业环境布线系统按三种环境（典型环境、轻工业环境、恶劣工业环境）和机械力、入侵强度、气候影响、电磁强度四个方面的影响程度，对工业环境布线系统分成 M/I/C/E 等级。在工程中对箱体、盒、柜等设备经常提到的 IP 等级仅仅以 IP 作为衡量单位（保护级别）。其中，第一位为灰尘颗粒入侵程度（6 级，1～6 数字），第二位为水入侵程度（8 级，1～8 数字）。一般达到 IP45 及以上。

16.2.7　布线 PoE 供电应用

1. 标准要求

PoE 主要应用于 IP 网络（10BASE－T、100BASE－TX、1000BASE－T、2.5GBASE－T、5GBASE－T、10GBASE－T 以太网）。供电方式有两种。

（1）1、2 和 3、6 线序线对传输信号，4、5 和 7、8 线序线对供电（端跨接法供电）。

（2）1、2 和 3、6 线序线对既传送数据信号，又加电（中间跨接法供电）。

其中，4、7 线序的线对为正极，7、8 线序的线对为负极，或可以允许为任一极性；而 1、2 和 3、6 线序的线对供电可为任一极性。

2. 标准内容对比（表 16－5）

表 16－5　　PoE 标 准 对 比

类别（符合标准）	802.3af	80 203at	802.3bt
类别/分级	0～3/元	1.2/0～4	1～4/0～8
最大电流/mA	350	600	960
PSE 输出电压/V（DC）	44～57	44～57	50～57
PSE 输出功率/W	≤15.4	≤30	45～99.9
PD 输入电压/V（DC）	36～57	42.5～57	39.9～57
PD 最大功率/W	12.95	25.5	74.9
线缆要求	非结构化的	5 类及以上类别	5 类及以上
供电线对数量	2	2	2/4 对

3. 应用场合

PoE 供电方式可以应用于 VoIP（互联网协议承载的语音）电话、无线局域网接入点、蓝牙接入点、网络摄像机、智能标牌/网上标牌、售货机、游戏机、影音自动点唱机、资讯信息零售点、EPOS 系统、楼宇门禁系统、考勤系统、手机和 PDA 充电器、电子音乐器械等方面。这种应用场合，需要关注线缆的传输距离、线对的功耗及芯线的发热情况，尤其在数字摄像机的应用中，建议采用屏蔽的布线系统。

16.2.8　屏蔽布线系统

1. 屏蔽布线系统的作用

综合布线系统的 4 对对绞电缆因为其对绞的状态，可以降低线对之间的串音影响，防止传送信号的泄漏和外界电场与磁场的干扰。加之网络设备的网卡采用复杂的编码方式，提高传输的信噪比和信号功率（提高输出电平、降低衰减），降低噪声功率（近端串扰，远端串扰，回波，外界噪声等），以提高传输带宽。但是当网络传输的带宽越来越高时，相邻电缆线对及所连接的器件之间的抗干扰作用满足不了网络的要求。环境中的电磁干扰和射频干扰，会透过非屏蔽对绞电缆的外皮及导体绝缘层着陆到金属导体上，并和正常的传输信号一起被网络设备所接受。如果外界电磁干扰过大，其能量超过了正常传输信号的能量，网络设备将无法区别，造成网络传输出现故障。而屏蔽布线系统由于有金属屏蔽层的保护，干扰的能量一部分会被屏蔽层反射出去，即使是累积在屏蔽层上干扰能量也会被接地系统导入地下。这也就是许多电厂、制造工厂、医院等较多使用屏蔽布线系统的原因。

另外，屏蔽布线系统的金属屏蔽层还可以阻挡内部信号传输向外辐射的能量。高频的信号传输使得对绞电缆会像天线一样向外辐射能量，如果在一定的范围内使用还原装置就可以窃取传输的信号数据，而屏蔽布线系统则可以通过金属屏蔽层阻挡内部的信号向外的辐射，提高系统的安全性。这也就是政府机关、军队、银行等部门较多使用屏蔽系统的原因。

由于屏蔽系统有更好的抵抗外界电磁干扰及传输的安全性，因此在欧洲布线市场，地方法规要求，当综合布线的线对每一对传输频率大于 30MHz 时，应该采用屏蔽的布线系统。

2. 衡量布线系统屏蔽的作用

主要以耦合衰减的指标作定义（体现电磁兼容性与对信号的隔离度）。

$$ac = 10\lg1(p_1)/\max[p_{2n}; p_{2f}] \qquad (16-1)$$

式中：$p_1(\lambda)$为内部电路输入功率；p_{2n}为外部近端最大峰值辐射功率；p_{2f}为外部远端最大峰值辐射功率。

计算结果：

UTP 电缆平衡作用：40～50dB。

FTP 电缆：平衡＋屏蔽效果（电缆铝箔屏蔽）；一层屏蔽层时为 55～75dB，两层屏蔽层为 75～90dB。

STP 电缆：平衡＋屏蔽效果（电缆编织网屏蔽）大于 90dB。

同轴电缆：屏蔽作用，为 60dB 左右。

从上可以看出屏蔽层的屏蔽效果是和屏蔽层采用的介质、形式、屏蔽层的数量相关。屏蔽层不接地同样能起到隔离的作用。

3. 屏蔽系统比较非屏蔽系统的优势

（1）屏蔽布线系统可以提供更好的抵抗外界电磁干扰及传输安全性。

（2）屏蔽缆线和模块可以防止外部串扰 ANEXT 的影响。

（3）屏蔽布线系统可以提供更好的香农容量性能。

（4）更小的缆线外径，减少空间占用。

（5）更加适应安装条件差的环境。

4. 屏蔽缆线和模块可以防止外部串扰 ANEXT 的影响

随着传输频率和速率的提升，确保系统传输性能的标准要求也越发严格。原有可以被忽略不计的对绞电缆之间或配线架端口之间的干扰也成为影响对绞电缆系统传输万兆速率的瓶颈。新的测试参数被定义为外部串扰（Alien NEXT）。即相邻的电缆的线对之间的串扰和相邻连接硬件之间的干扰。

在信道衰减一定的情况下，消除噪声源对于增加信道容量有起很关键的作用。实际上来自干扰源的单根 4 对对绞电缆线对之间的干扰可以通过信道末端网络电子设备利用数字信号处理技术（DSP）进行控制。对于干扰控制影响大的干扰源并没有被布线标准预先提及，而且这个干扰源无法用 DSP 技术来消除，这个干扰源就是线外串扰（ANEXT）。

针对 ANEXT 的标准极限值，屏蔽布线系统比非屏蔽布线系统提供了更多的余量值，而非屏蔽系统即使是通过增加缆线外皮厚度和信息模块在配线架上端口间距的方法，也无法保证所有的频率点都能够满足标准的要求。

5. 规范提出在以下情况时选用屏蔽布线系统

（1）当综合布线区域内存在的电磁干扰场强高于 3V/m 时。

（2）用户对电磁兼容性有电磁干扰和防信息泄漏等较高的要求时，或有网络安全保密的需要时。

（3）安装现场条件无法满足对绞电缆的间距要求时。

（4）当布线环境温度影响到非屏蔽布线系统的传输距离时。

16.2.9 数据中心布线系统

数据中心布线系统有自身的设计标准和技术要求，本节主要描述数据中心计算机网络架构与布线架构之间的对应关系及各类的组合方案。

1. 布线系统构成

参照综合布线标准包括国标 GB 50174、国际标准 ISO/IEC 24764、欧洲标准 EN 50173.5/1 和美国标准 TIA 942。所列标准对数据中心综合布线系统构成部分的命名和拓扑结构，在内容上略有差异，但在原则上是一致的。从工程设计应用出发，国内标准推荐使用国际标准的内容。

除了以上列出的标准以外，各相关的综合布线标准在数据中心非机房的区域设计过程中，也应严格执行 GB 50311、GB 50312、ISO/IEC11801 等的技术要求。

数据中心布线系统构成名称对应关系见表 16-6。

表 16-6 布线系统构成名称对应关系

TIA 北美标准	ISO/IEC 国际标准（EN 欧标）
水平布线系统	区域配线子系统
主干布线系统	主配线子系统
	网络接入配线子系统
设备配线区 EDA	设备插座 EO
主配线区 MDA	主配线架 MD
中间配线区 IDA	—
进线室	外部网络接口 ENI
区域配线架 ZDA	本地配线点 LDP
水平配线区 HDA	区域配线架 ZD

（1）数据中心布线系统拓扑结构。数据中心布线系统包括机房布线和支持空间布线，国际标准 IEC/ISO 定义的布线拓扑图如图 16-15 所示。

在 ISO/IEC 24764 中，建筑物标准的数据中心通用布缆架构如图 16-16 所示。

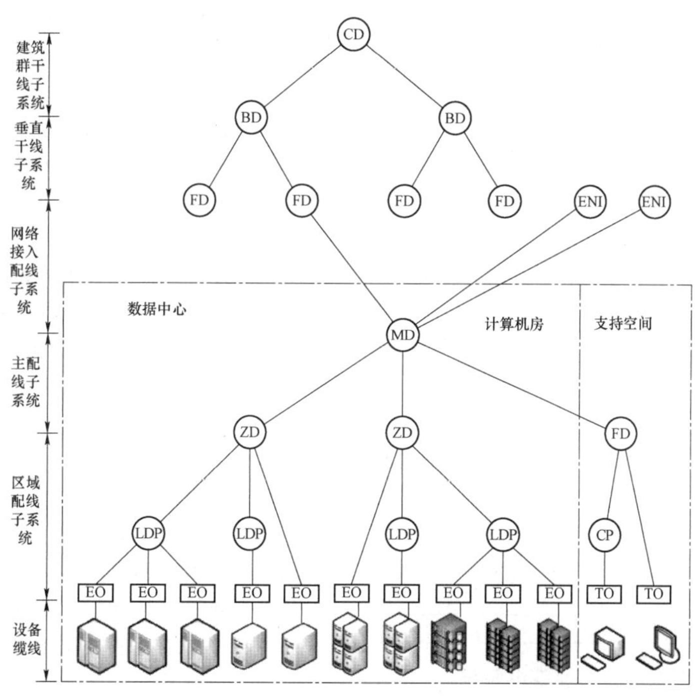

图 16-15 建筑群数据中心布线构成

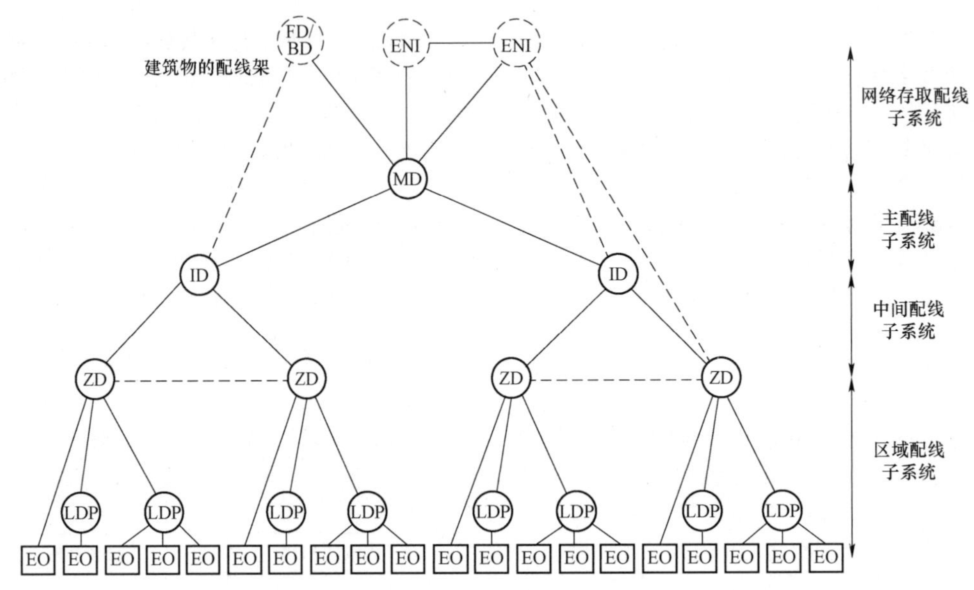

图 16－16 建筑群数据中心布线构成

冗余性的考量：根据数据中心业务关键性的不同，标准建议应在设计时考虑通用布缆系统的冗余性。通过增加额外的配线区和通道路由，冗余缆线可以有效减少因布线路由、火灾、外部网络中断所引起的单点故障。通用布缆系统的冗余路由架构如图 16－17 所示。

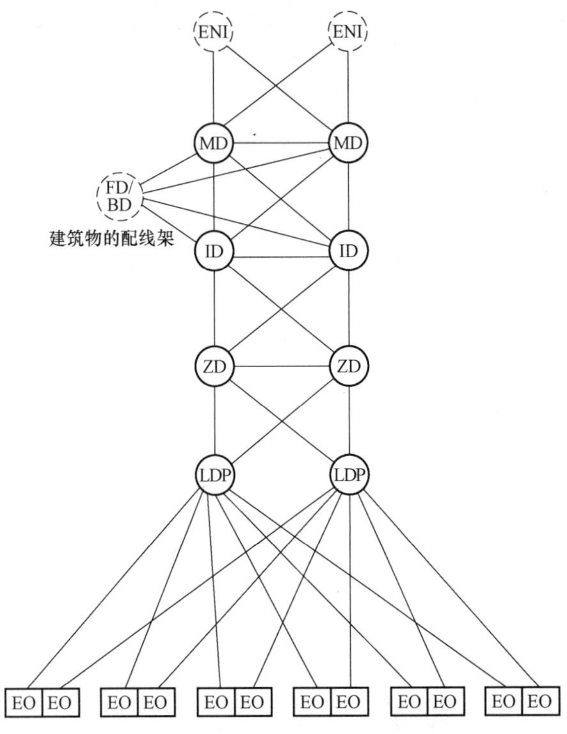

图 16－17 通用布线系统冗余路由架构

在图 16－17 中，从一个建筑群的角度出发，说明在一个多建筑物组成的数据中心，楼宇配线和机房布线系统之间的互通关系。对一个建筑物中的数据中心计算机房的主配线架可通过网络接入配线子系统与该建筑物的水平配线架（FD）及外部网络接口进行互通，从而完成数据中心布线系统与建筑物通用布线系统及外部电信业务经营者线路的互联互通。机房内部则形成主配线子系统、区域配线子系统、设备配线的布线结构。

（2）机房布线系统组成。TIA942 标准中所描述的布线系统结构，是目前机房布线工程中广为采用的实施方案架构。

建筑物中数据中心计算机房内部形成主配线、中间配线、水平配线、区域配线、设备配线的布线结构。主配线区的配线架通过可选的中间配线区设施连接水平配线区配线架或直接与设备配线区的配线架相连接，并与建筑物楼宇布线系统及电信业务经营者的通信设施进行互通，从而完成数据中心布线系统与建筑物楼宇布线系统及外部电信业务经营者线路的互联互通。

1）主配线区（MDA）。主配线区包括主交叉连接（MC）配线设备，它是数据中心布线系统的中心配线点。当设备直接连接到主配线区时，主配线区可以包括水平交叉连接（HC）的配线设备。主配线区可以在数据中心网络核心的路由器、交换机、存储区域网络交换设备和 PBX 设备的支持下，服务于一个或多个及不同地点的数据中心内部的中间配线区、水平配线区或设备配线区，以及各个数据中心外部的电信间，并为办公区域、操作中心和其他一些外部支持区域提供服务和支持。有时，接入电信业务经营者的通信设备（如通信的传输设施）也被放置在该区域，以避免因缆线超出规定传输距离或考虑数据中心布线系统及通信设备，可直接与安装于进线间电信业务经营者的通信业务接入设施实现互通。主配线区位于计算机房内部，为提高其安全性，主配线区也可以设置在计算机房内的一个专属空间内。每一个数据中心应该至少有一个主配线区。

2）中间配线区（IDA）。可选的中间配线区用于支持中间交叉连接（IC），常见于占据多个建筑物、多个楼层或多个机房的大型数据中心。每间房间、每个楼层，甚至每个建筑物，可以有一个或多个中间配线区，并服务一个或多个水平配线区和设备配线区，以及计算机房以外的一个或多个电信间。作为第二级主干，交叉的配线设备位于主配线区和水平配线区之间。中间配线区可包含有源设备。

3）水平配线区（HDA）。水平配线区服务于不直接连接到主配线区的 HC 设备。水平配线区主要包括水平配线设备，为终端设备服务的局域网交换机、存储区域网络交换机和 KVM 交换机。小型的数据中心可以不设水平配线区，而由主配线区来支持。一个数据中心可以有设置于各个楼层的计算机机房，每一层至少含有一个水平配线区，如果设备配线区的设备水平配线距离超过水平缆线长度限制的要求，可以设置多个水平配线区。在数据中心中，水平配线区为位于设备配线区的终端设备提供网络连接，连接数量取决于连接的设备端口数量和线槽通道的空间容量，为日后的发展预留空间。

4）区域配线区（ZDA）。在大型计算机房中，为了获得在水平配线区与终端设备之间更高的配置灵活性，水平布线系统中可以包含一个可选择的对接点，叫作区域配线区。区域配线区位于设备经常移动或变化的区域，可以采用通过集合点（CP）的配线设施完成缆线的连接，也可以设置区域插座连接多个相邻区域的设备。区域配线区不能存在交叉连接，在同一个水平缆线布放的路由中，不得超过一个区域配线区。区域配线区中不可使用有源设备。

5）设备配线区（EDA）。设备配线区是分配给终端设备安装的空间，这些终端设备包括各类服务器，存储设备，小、中、大型计算机及相关的外围设备等。设备配线区的水平缆线终接在固定于机柜或机架的连接硬件上。每个设备配线区的机柜需设置足够数量的电源插座和连接硬件，使设备缆线和电源线的长度减少至最短距离。

（3）支持空间布线。数据中心支持空间（计算机房外）的布线空间包括进线间、电信间、行政管理区、辅助区和支持区。进线间可设置与外部配线网络相连接的入口设施，电信间则配置满足水平缆线连接的 FD 配线模块，FD 处可采用交叉或互连的方式完成设备之间的互通。

1）进线间。进线间是数据中心布线系统和外部配线及公用网络之间接口与互通交接的场地，主要用于电信缆线的接入，电信业务经营者通信设备以及企事业数据中心自身所需的数据通信接入设备的放置。这些用于分界的连接硬件设施在进线间内经过通信缆线交叉转接，接入数据中心内。进线间可以设置在计算机房内部，也可以与主配线（MDA）区合并。进线间应满足多家接入电信业务经营者的需要。基于安全，进线间宜设置在机房之外。根据冗余级别或层次要求的不同，进线间可设置多个，在数据中心面积较大的情况下，次进线间就显得非常必要，这是为了让进线间尽量与机房设备靠近，以使设备之间的连接缆线不超过线路的最大传输距离要求。

2）电信间。电信间是数据中心内支持计算机房以外的布线空间，包括行政管理区、辅助区和支持区。电信间用于安置为数据中心的正常办公及操作维护支持提供本地数据、视频、弱电和语音通信服务的各种设备。电信间一般位于计算机房外部，但是如果有需要，它也可以和主配线区或水平配线区合并。数据中心电信间与建筑物电信间属于功能相同，但服务对象不同的空间。建筑物电信间主要服务于楼层的配线设施。

3）行政管理区。行政管理区是用于办公、卫生等目的的公用场所。包括工作人员办公室、门厅、值班室、盥洗室、更衣间等。行政管理区可根据服务人员工位数量，设置数据和语音信息点。

4）辅助区。辅助区是用于电子信息设备和软件的安装、调试、维护、运行监控和管理的场所。包括测试机房、监控中心、备件库、打印室、维修室、装卸室、用户工作室等区域。辅助区根据工位数量与设备的应用需要，设置数据和语音信息点，并且通过水平缆线连至电信间。

5）支持区。支持区是支持并保障完成信息处理过程和必要的技术作业的场所。包括变配电室、柴油发电机房、UPS 室、电池室、空调机房、动力站房、消防设施用房、消防和安防控制室等。支持区可以整个空间和安装场地的设备机柜（架）或单个设备（台）或控制模块为单位，设置相应的数据和语音信息点，并且通过水平缆线连至电信间。数据中心内设有计算机房、支持区、辅助区和行政办公区等几个相互关联的部分，其中，计算机房的综合布线系统是最为关键的，现在被称为“网络布线”。数据中心作为一个完整的整体，支持区、辅助区和行政办公区的综合布线系统也非常重要，它的设计是否合理，直接决定了数据中心运维工程师的工作难易程度。

2. 数据中心布线系统构成范例

不同规模的数据中心取决于开放的业务、网络的架构与设备的容量，以及计算机房的布局和面积大小，可以包括若干或全部数据中心布线系统的各个子系统。数据中心规模与构成模式没有固定的搭配方式，可以采用在其内部共存的混合模式。

（1）小型数据中心构成。小型数据中心构成往往省略了主干子系统，将水平交叉连接集中在一个或几个主配线区域的机架或机柜中，所有网络设备均位于主配线区域。连接机房外部支持空间和电信接入网络的交叉连接也可以集中至主配线区域，大大简化了布线拓扑结构，如图 16－18 所示。

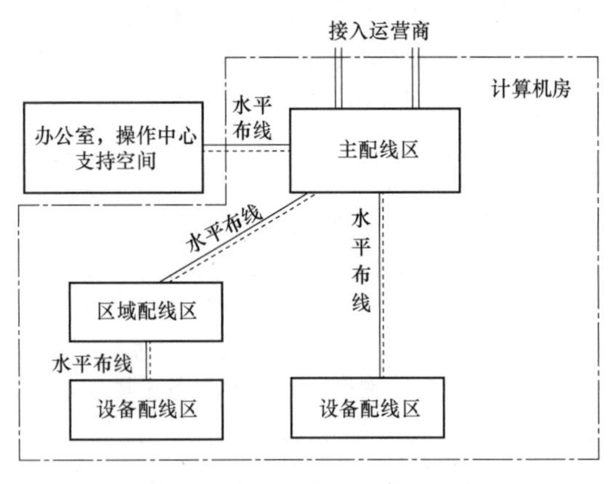

图 16－18　小型数据中心构成

（2）中型数据中心构成。中型数据中心一般由一个进线间、电信间、主配线区域和多个水平配线区域组成，占据一个房间或一层楼面。在水平配线区和设备配线区之间可以设置区域配线区，如图 16－19 所示。

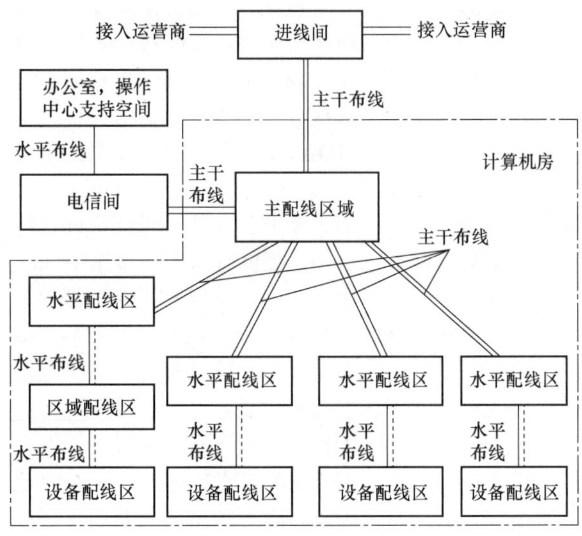

图 16－19　中型数据中心构成

（3）大型数据中心构成。大型数据中心占据多个楼层或多个房间，需要在每个楼层或每个房间设立中间配线区域作为网络的汇聚中心，有多个电信间用于连接独立的办公和支持空间。对超大型数据中心需要增设次进线间，缆线可直接连至中间配线区或水平配线区以解决线路的超长问题。

大型数据中心构成如图 16－20 所示。

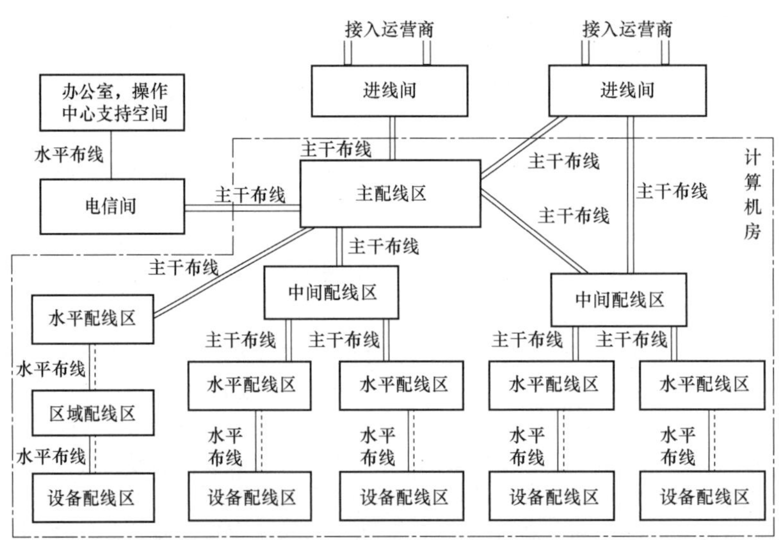

图 16－20　大型数据中心构成

数据中心系统的效率依赖于优化设计，设计涉及建筑、机械、电气和通信等各个领域，并直接影响初期的空间、设备、人员、供水和能耗的合理使用，特别是运营阶段的节能与增效。

3. 布线规划要点

数据中心的布线系统设计的目的是实现系统的模块化构架，做到简单灵活、可操作和实用，并使设施适应于公用通信网业务发展的需求。经验表明，具有足够的扩充空间对后期附加设备和服务设施的安装至关重要。当前技术应提供可通过简单的“即插即用”连接来添加或替代模块化的配线设备，并减少拓机时间和人工成本。

（1）规划与设计的步骤。在数据中心建设规划和设计时，要求对数据中心建设有一个整体的了解，需要提前和全面考虑与网络架构及建筑物之间的关联与互通的关系。综合考虑和解决场地规划布局中有关建筑、电气、机电、通信、安全等多方面协调的问题。

在新建和扩建一个数据中心时，机房布线系统需要和建筑规划、电气规划、楼宇布线结构、设备平面布置、供暖通风及空调、环境安全、消防措施、照明等方面协调设计，考虑与建筑相关专业的设计流程和要求，将布线工艺和土建做好技术配合。建议按以下过程进行：

1）确定机房的级别，明确不同级别的机房功能需求、设备配置原则及客户的特殊需求。

2）评估机房空间中，设备处于长期工作状态时的冷却方式要求，并考虑当前和预估将来的空调实施方案。

3）提供场地房屋净高、楼板荷载、环境温湿度、及有关建筑、结构、机电设备安装、安全、消防、电气（如电源、接地、漏电保护、照明、环境电磁干扰等方面的）要求。同时对操作中心、装卸区、储藏区、中转区和其他区域提出相关设备安装工艺的基本要求。

4）结合建筑土建工程建设，给出数据中心空间各功能区初步规划。

5）提供建筑平面布置图，包括进线间、电信间、主配线区、水平配线区、设备配线区及主要布线通道的所在位置与面积。

6）为相关专业的设计人员提供近、远期的供电方式，种类及功耗。

7）将配线与网络设备机柜、供电设备和缆线管槽的安装位置及要求，在数据中心的平面图中注明，并考虑冷热通道的设置。

8）在数据中心内结合网络交换机、服务器、存储设备、KVM 设备等之间的拓扑关系；传输带宽、端口容量及长度；机柜等设备的布置确定布线系统等级、冗余备份及防火阻燃等级，制定机房布线系统的整体方案。

（2）数据中心网络布线设计要素。包括连接各数据中心空间的水平布线、主干布线、设备布线、主配线区的交叉连接、水平配线区的交叉连接、区域配线区内的区域插座或集合点配线设备、设备配线区内的信息插座的各个基本元素。

1）水平布线系统。水平布线采用星型拓扑结构，每个设备配线区的连接端口应通过水平缆线连接到水平配线区，或主配线区的交叉连接配线模块。水平布线包括水平缆线，交叉配线模块，设备缆线、跳线，以及区域配线区的区域插座或集合点。在设备配线区的设备连接端口至水平配线区的水平交叉连接配线模块之间的水平布线系统中，不能含有多于一个的区域配线区的集合点，信道最多只能存在 4 个连接器件（包括设备配线区信息点、集合点及水平交叉连接的 2 个模块），其构成如图 16－21 所示。

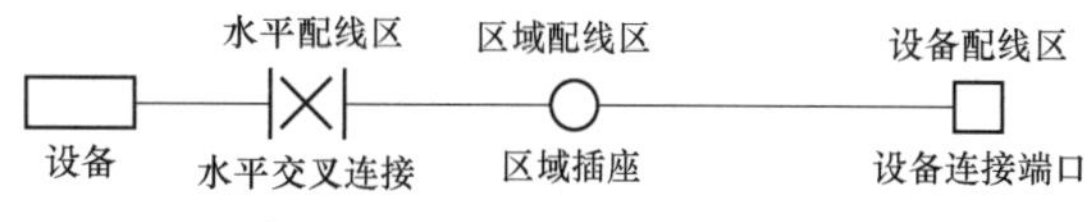

图 16－21　水平布线系统信道构成

2）主干布线系统。主干布线采用星型拓扑结构，为主配线区、中间配线区、水平配线区、进线间和电信间之间提供连接。主干布线包含主干缆线，主干交叉连接、中间交叉连接和水平交叉连接的配线模块、设备缆线以及跳线。主干布线系统设计要在每个使用期内，能适应业务要求的增长及系统设施的变更。主干布线系统的信道构成如图 16－22 所示。

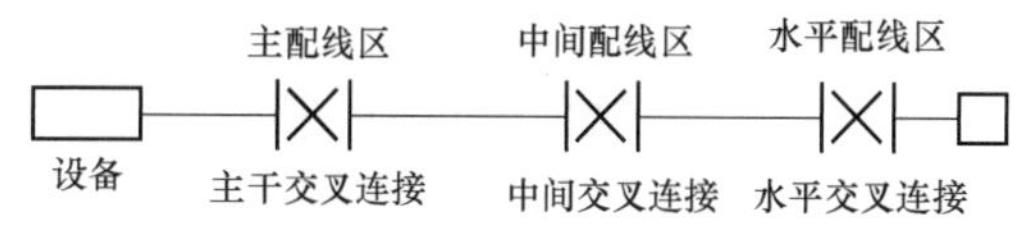

图 16－22　主干布线系统的信道构成

4. 数据中心布线架构

（1）网络架构。在数据中心的网络架构中，通常服务器上行端口采用 TCP/IP 的协议进行数据传输，上行的整体网络层会包括接入层交换机、汇聚层交换机、核心层交换机、路由器等，对于全部采用 TCP/IP 协议进行数据传输的网络层统称为 LAN 网络，传统数据中心的 LAN 网络架构如图 16－23 所示。

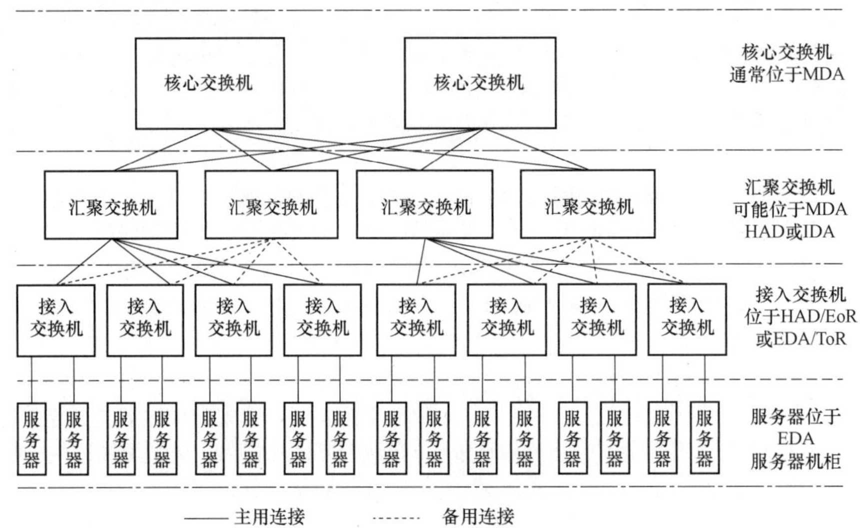

图 16-23　LAN 网络架构

随着云计算数据中心采用虚拟化技术后，LAN网络层架构出现了新的，虚拟化 I/O 技术发展，有助于较好的改善网络节点的延时。低延时的网络是云计算的数据中心发展的基本要求，对此数据中心采用 Fabric 类型的网络架构，使传统的三层网络架构变为二层网络架构，各网络设备之间的连接关系变得更加复杂，LAN 二层网络架构如图 16-24 所示。

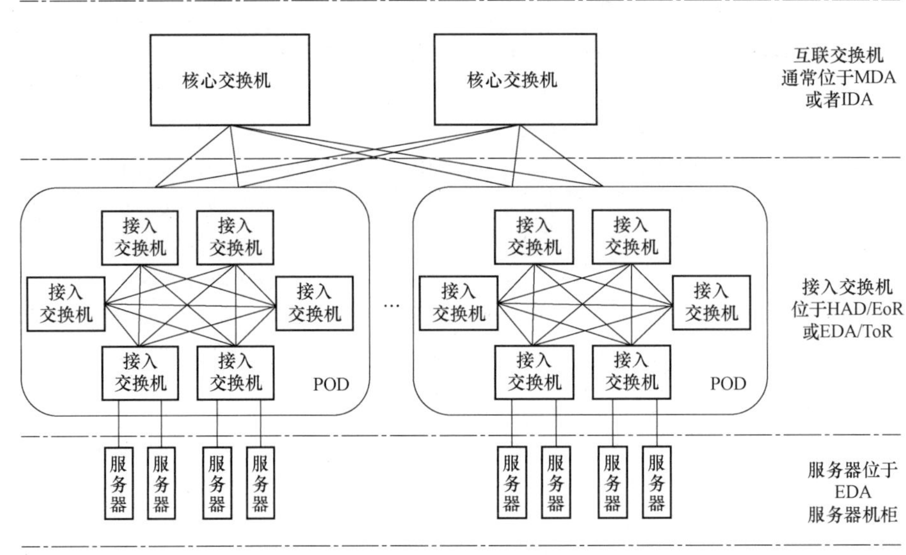

图 16-24　LAN 二层网络架构

（2）LAN/SAN/网络拓扑与布线系统构成对应关系。一个典型数据中心的网络架构通常由几个元素构成：设置一个或多个的进线间，采用冗余设计引入线路与通信业务连接至路由设备层，安全设备层（如防火墙等安全设备）；下联核心交换层，直至汇聚层和接入层交换机设备；交换机设备接入主机/服务器/小型机设备，构成数据中心的 LAN 网络。对于存储网络 SAN 来说，构成的元素较为简单，主要由主机/服务器/小型机设备、SAN 交换设备及存储设备构成。主机/服务器/小型机设备下联 SAN 交换机设备，之后进一步下联存储设备。

对于数据中心 LAN 和 SAN 共存的网络，布线的规划可以采用两种方案：方案一是为 LAN 与 SAN 组建各自的主配线区域，这种方式配线管理清晰，但是服务器的布线系统需要采用两个路由，布线数量需要事先规划。方案二是 SAN 与 LAN 网络共用一个主配线区域，主机/服务器/小型机设备所在的设备配线区合用一个主配线区布线，设备配线区的布线连接至 SAN 和 LAN 的数量可以相互调配，可以提高布线利用率，但布线的管理没有方案一那么清晰。工程中采用的组网方案要根据数据中心规模加以比较后选择。如果数据中心主机/服务器/小型机设备数量较大，如大于 25 台以上的规模时，建议为 SAN 建立单独的主配线区；在设备数量较少时，则可以采用 SAN 与 LAN 布线合并主配线区的方案。SAN 和 LAN 合用主配线区的方案构成，如图 16-25 所示。

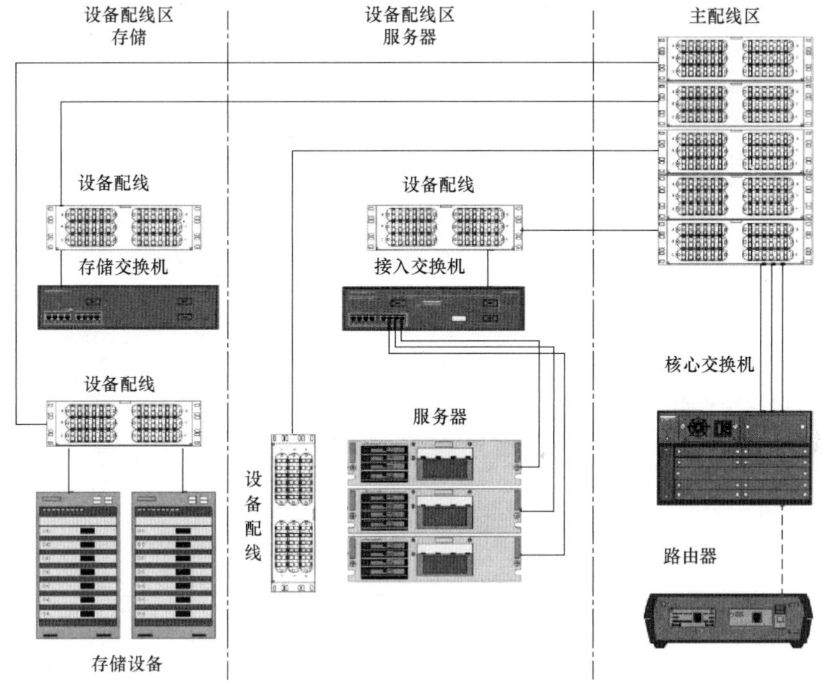

图 16-25　SAN 和 LAN 合用主配线区网络构成

（3）主配线区与水平配线区互通。在设计之初，主配线区需要留有足够的设备与缆线安装空间，一般建议至少保留 50%以上的空间作为将来升级的空间。避免将来升级空间不足。推荐光/电配线架分别安放在不同的机柜内。在主配线区推荐采用高密度的配线产品，尽可能地减少对空间的占用。在某些应用场合还需要考虑机柜的走线和理线空间能够满足容量的要求。

1）方案一：是把所有的主配线区、水平配线区和设备配线区的光、电端口通过光缆和对绞电缆连接到一个集中的交叉连接配线设备。集中配线设备也可以实施智能配线功能，通过自动监测和跟踪，添加和变更来提高系统安全性。此方案所有有源设备的端口都可以被利用，通过划分 VLAN，网络根据需要分割。集中设置方案如图 16-26 所示。

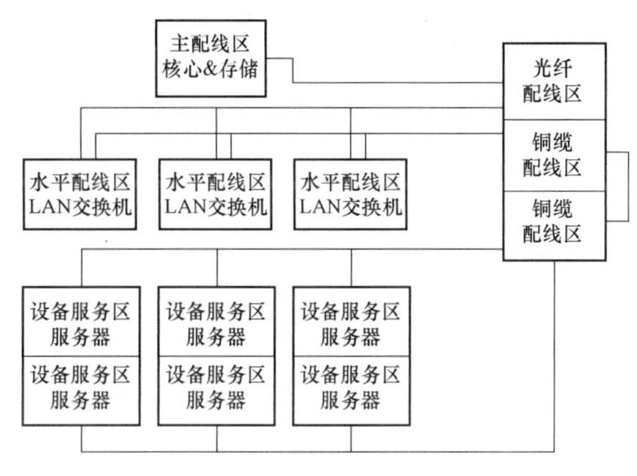

图 16-26　集中设置方案

2）方案二：在主配线区和水平配线区分别设置独立的配线机柜，配线设备采用交叉连接方式。水平配线区设置 LAN 交换机与配线机柜，通过水平缆线连至设备区服务器；主配线区设置核心网络交换、存储交换设备机柜和配线机柜，通过主干缆线连至水平配线区。配线设备按照交换设备的容量来确定端口数量。分布设置方案如图 16-27 所示。

与方案一相比，方案二减少了缆线的总量，虽然有一些闲置的设备端口存在，但在 ISP 或其他环境下为不断变化的环境提供了灵活性，适应扩大或缩减存储/网络的要求。

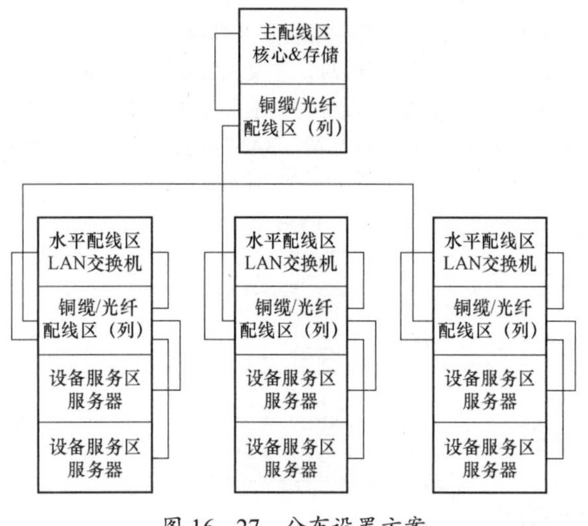

图 16－27 分布设置方案

（4）EoR/MoR 和 ToR。根据网络交换机与配线设备设置的位置不同，列头柜可以设置于列头（EoR）、列中（MoR），也可以设置在机柜顶部（ToR）等。这些方法主要取决于服务器的种类、数量及网络架构。

1）End－of－Row/EoR：EoR 是最传统的方法，接入交换机集中安装在一列机柜端部，通过水平缆线以永久链路方式连接设备柜内的主机/服务器/小型机设备。EoR 对设备机柜需要敷设大量的水平缆线连接到交换机。布线的成本会提高，布线通道中敷设大量的数据缆线也会降低冷却的通风量。其设置方案如图 16－28 所示。

2）Middle－of－Row/MoR：MoR 和 EoR 都采用交换机来集中支持多个机柜设备的接入。主要区别是在摆放列头机柜的位置，MoR 是将其放在每一列机柜的中间。MoR 的设置方式可以使得缆线从中间位置的列柜向两端布放，降低缆线在布线通道出入口的拥堵现象，并减少缆线的平均长度，也适合实施定制长度的预连接系统，而且对布线机柜内配线设备的交叉连接和管理较 EoR 要方便。其设置方案如图 16－29 所示。

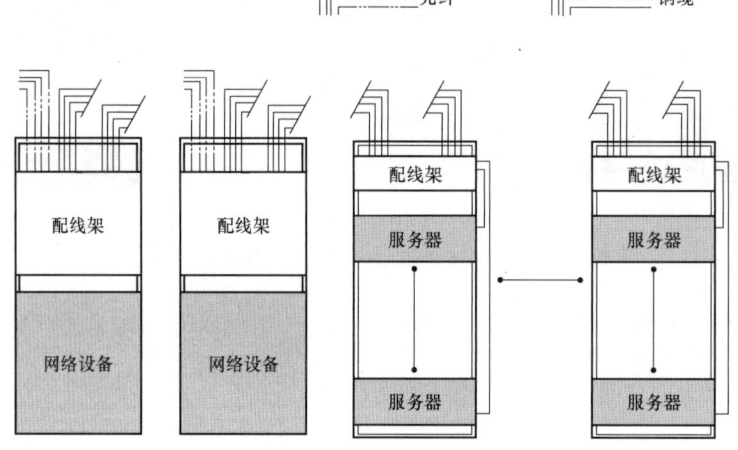

图 16－28 End－of－Row/EoR 设置方案

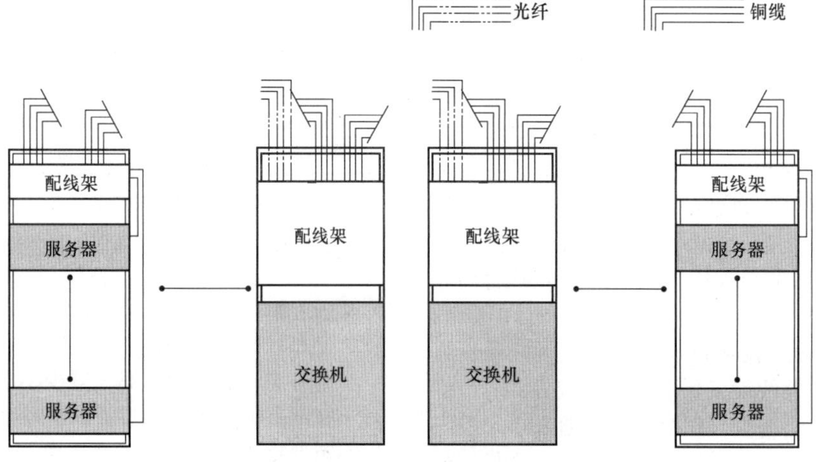

图 16－29 Middle－of－Row/MoR 设置方案

3）Top－of－Rack/ ToR：对于两层架构的网络，由于数据中心的密度的增加，传统的 HDA 与 EDA 有融合的发展趋势。采用 ToR 的架构模式下 HDA 与 EDA 将不再明确区分，两个区域已经融会在一起。典型的 ToR 配置是将 1U 高度的接入层交换机放在每一个设备区机柜顶部，通过对绞电缆或光缆以永久链路方式连接至水平配线区配线设备，而机柜内的所有服务器通过设备缆线直接连接到 ToR 交换机。这样做的好处是，每一个机柜可以通过交换机的上联端口以较少的光缆纤芯数量连接到水平配线区，对绞电缆主要用于机柜内设备之间的连接。针对 10G 端口的服务器，机柜内可采用专用高速光/电缆设备缆线在交换机和服务器之间建立互联。但可能服务器的数量不足以使交换机的端口完全得到利用，造成交换机网络资源的浪费。另外，也会使布线系统管理为分散方式，不像 EoR/MoR 那样较为集中。其设置方案如图 16－30 所示。

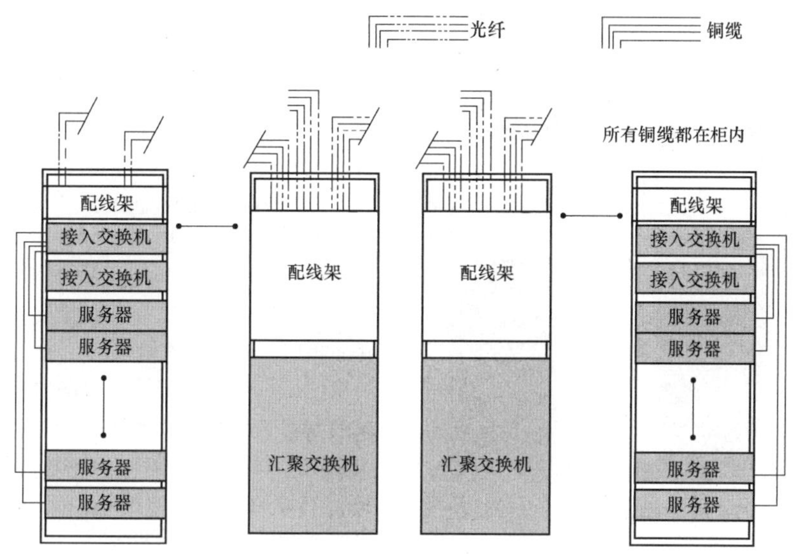

图 16－30　Top－of－Rack/ ToR 设置方案

（5）刀片式服务器。为了降低出线量，往往会在服务器内部设置交换机，以汇聚刀片服务器的缆线，主要是利用刀片服务器的整合能力，这样对绞电缆数量会大量减少。但目前能支持整合刀片服务器的交换机不是很多，设计的选择余地较少，如果以采用虚拟化的服务器作为取向，网络的复杂性会大大地提高，设计和管理都会提高成本。其整合方案如图 16－31 所示。

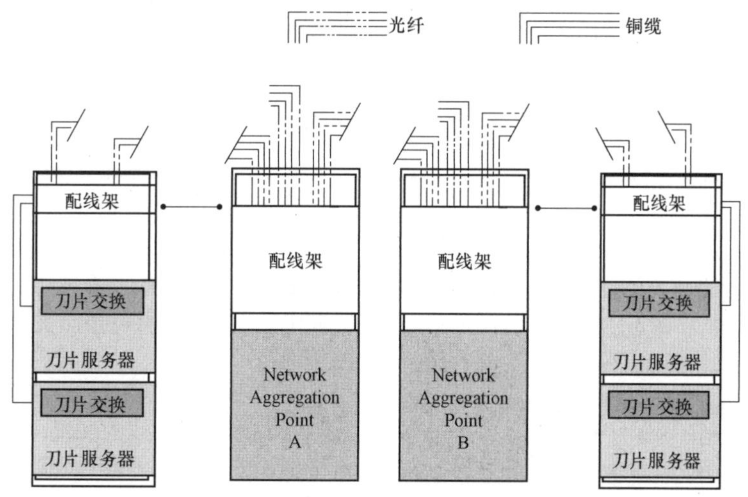

图 16－31　刀片式服务器整合方案

（6）模块化 POD 方案。模块化 POD 是一组多功能的机柜，可优化供电、冷却、环境管理、安全和布线技术效能。POD 设计可根据工程需要进行功能菜单选择。对于 POD 中的布线一般采用 ToR 结构，在服务器机柜顶部交换机之间，采用 10G Base－T 对绞电缆布线支持单元内的输入/输出连接。在机柜内或服务器机柜组内仅需要少量光纤连接来延伸到汇聚层。这种设计有助于减少交换机的数量，节省数据中心机架空间，同时降低基建成本和运营成本。模块化 POD 单元如图 16－32 所示。

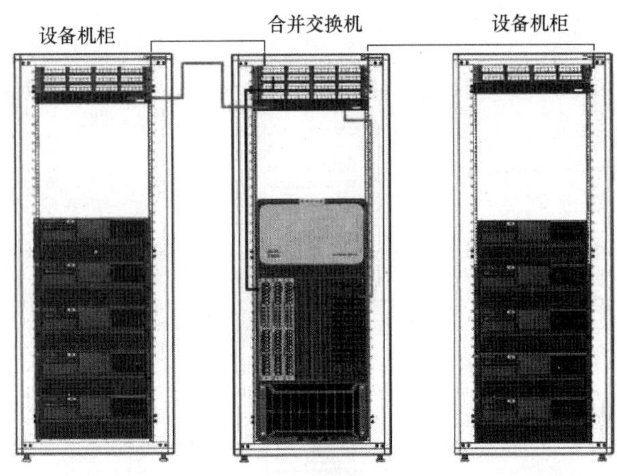

图 16－32　模块化 POD 单元

16.3　用户需求与规划（仅对楼宇布线）

16.3.1　布线系统用户需求分析

原则上根据用户设置的计算机网络数量、架构、及对业务的需求进行布线系统的规划。

1. 工作区信息点基本需求

每一个工作区设置 2 个 8 位模块式通用插座为最基本的配置，通常考虑 1 个插座支持语音的应用，另一个插座应用于计算机网络。但是对于某些工程在插座的配置时，应有较大的余地。比如，有的高档写字楼，在计算机应用时每个工作区同时设置了固定工作与笔记本电脑的连接插座，加上语音的应用，则每个工作区需要配置 3 个 8 位插座；目前较为普遍的政务工程应涉及计算机网络的内、外网设置和信息的安全保密问题，语音和计算机的信息插座往往高达每个工作区 8～10 个；对于会议中心、会展中心、体育场馆等工作区面积较大的情况，可采用综合布线与无线局域网络相结合的配置方案。另外，由于弱电系统摄像机、楼宇自控 DDC 模块、智能照明、物联网智能终端的应用越来越普遍，信息点的设置位置向空中延伸。所以，基本配置完全取决于工程的实际情况。

2. 信息点综合配置

规定为在综合配置的基础上，增加光纤至桌面（FTTO）的光插座。此种配置适用于工程等级较高或用户对于信息量、信息保密、网络安全与信息资源开放等有需求的场地。主要归纳成以下几种情况：

（1）布线的环境中存在着干扰源（电场与磁场），采用屏蔽的布线系统自然无法解决问题时。

（2）某些大客户（如企业与公司）自建企业网络需要对公用网直接互通时。

（3）对一些工作区的位置无法确定，需采用区域配线和多媒体综合设施加以解决时。

（4）布线的现场安装条件不能满足综合布线对绞电缆与电力电缆及弱电系统电缆的间距要求时。

（5）用户对信息安全有需求时。

3. 面板和 86 底盒配置

电和光的信息插座数计算出来后，根据 86 底盒面板的孔数得出插座底盒的数量。如采用单孔面板时，一个信息插座需要由一个底盒进行安装；选用双孔面板时，一个插座底盒可以支持两个信息插座的安装空间。以此可以统计出总的底盒数量。在信息插座数量确定，支持业务的应用和产品的选用时，要特别注意网络的传输与通信质量是否能得到保证，还要考虑用户终端和业务的变化对于线对数量的需求是否能适应网络的长期发展。

需要说明的是，在布线规范中明确规定，“1 条 4 对对绞电缆应全部固定终接在 1 个信息插座上，不允许将 1 条 4 对对绞电缆终接在 2 个或 2 个以上信息插座上”。因为在此种情况下，水平电缆在终接部位的对绞状态遭到破坏，整体链路的传输特性必然恶化而达不到设计的技术要求。另外，86 底盒也不宜作为过路盒使用，主要避免布线路径中的底盒因缆线占用空间过大，而影响到缆线的终接，尤其对于光纤终端的底盒对盘留光纤的空间需要。

16.3.2　系统配置

原则上综合布线系统对于永久链路的水平缆线和接插件的配置需要适应工程长远发展和当前用户的业务需要，避免缆线的频繁更换，应选用较高的布线等级产品；主干布线系统缆线的线量相对小，又在竖井中敷设，因此可以按照实际使用的情况选用布线的等级与产品。

1. 配线子系统缆线与接插件配置

（1）水平电缆线的配置。原则上每一条 4 对对绞水平电缆或 2 芯水平光缆（也有的工程中考虑到光纤的冗余而采用 4 芯光缆，其中备用 2 芯光纤）连接至 1 个信息插座（光或电端口）；在电信间一侧则连接至

FD 的相应配线端子。

1）语音水平电缆选用：

① 5 类电缆：可以支持语音和 1Gbit/s 以太网的应用。

② 6 类电缆：可以支持语音及 1G～n 个 Gbit/s 以大网络应用，能适应终端设备长远的变化，为推荐方案。

上述语音电缆选用时，不要将市话配线与综合布线系统的设计理念加以混淆。如果为综合布线系统设计则全部应采用综合布线的产品。

2）数据水平电缆选用。为全 6 类及以上产品，以支持计算机网络 1G～*n* 个 Gbit/s 的应用。

（2）电信间配线设备（FD）配置。电信间 FD 的配线模块可以分为水平侧、设备侧和干线侧模块，模块可以采用 IDC 连接模块（以卡接方式连接线对的模块）和快速插接模块（RJ45）。FD 在配置时应按业务种类分别加以考虑。如语音水平侧选用 6 类 RJ45 配线模块（24 口），干线侧选用 110 型 100 对卡接端子模块。

1）语音模块配置（以 100 个语音信息点为例）如图 16－33 所示。

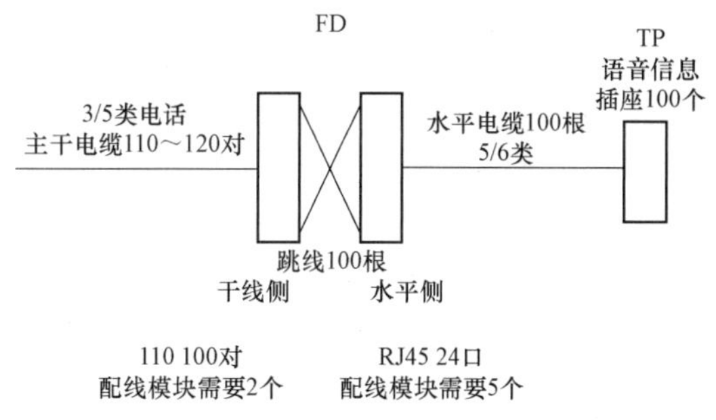

图 16－33　语音模块配置

① 100 个语音信息点连接 100 根水平电缆。

② 水平侧模块如采用 RJ45 型模块（24 端口），需要配置 5 个，占用 5U 机柜空间。

③ FD 语音跳线（110－RJ45，1 对或 2 对），一般模拟电话一对线就可以实现通信，但对于 ISDN 终端和 IP 电话机也有采用 2 对线应用的，现按 1 对 100 根跳线考虑。每根跳线的长度可按 2m 左右计算。本例中，100 个语音信息点需要的总跳线长度为 200m，可折合为 1 箱（305m）3 类或 5 类 1 对电缆。

④ 主干语音电缆配置。主干电缆的对数与水平电缆的配比原则上按 1:4 考虑，即每 1 条 4 对语音水平电缆对应语音主干电缆需要 1 对线支持。本例则需配置大对数主干电缆的总对数为 100 对。如果考虑增加 10%～20%的备用线对（取 10%），总线对数量为 110 对。

按照大对数主干电缆的规格与造价，建议采用 3 类大对数主干电缆（可以为 25 对、50 对和 100 对组成）。如本例中选用 25 对 3 类大对数电缆，则需配置 5 根 25 对 3 类大对数电缆。

⑤ 干线侧模块配置。干线侧模块的等级和容量应与语音大对数主干电缆保持一致。本例需配置 2 个 3 类 100 对 110 型模块，占 2U 机柜空间。

⑥ FD 语音配线模块加上理线架（与模块为 1:1 配置），共占用机柜空间位置为 14U。

2）数据模块配置（以 100 个数据信息点为例），如图 16－34 所示。数据模块的配置复杂和多样，数据网络的配线设计应与网络设计的规律相结合。网络设备的端口数一般按 24 口来进行布线设计，以交换机群为组合的方式目前在工程中使用的很少，本书不作介绍。重点讲解单台交换机的模块配置方法。

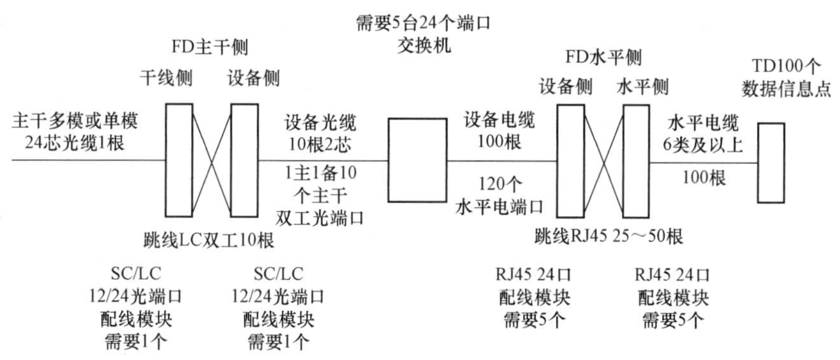

图 16－34　数据模块配置

① 100 个数据信息点连接 100 根水平电缆。

② FD 水平侧模块如采用 RJ45 型模块（24 端口），需要配置 5 个，占用 5U 机柜空间。

③ FD 水平设备侧模块如采用 RJ45 型模块（24 端口），需要配置 5 个，占用 5U 机柜空间。

④ FD 水平数据跳线（RJ45－RJ45，4 对），按照

规范要求，跳线按信息点数量的 25%～50%配置。本例中，按 100 个数据信息点的 50%配置，共需要 50 根数据跳线。

⑤ FD 水平数据设备电缆（RJ45－卡线端子，4 对），按照规范要求，设备电缆为信息点数量的 25%～50%配置。本例中，按 100 个数据信息点的 50%配置，共需要 50 根数据设备电缆。

⑥ FD 主干设备侧配线模块配置。对 100 个数据信息点共需要配置 5 台（每台 24 口）以太网交换机。每台以太网交换机（SW）设置 1 个主干端口，本例中共需设置 5 个主干电缆端口，如果考虑每一台交换机再备份 1 个主干端口，则需要 5 个备份主干端口，总计为 10 个主干端口。按照 24 端口 RJ45 配线架或 24 口光纤配线架考虑，需设置 1 台 RJ45 电或 ST/LC 光纤配线架，占用 1U 机柜空间。

⑦ FD 主干数据设备缆线（RJ45－卡接端子，4 对或 ST/LC－ST/LC 2 芯），本例子中，网络交换机按 10 个主干端口计，共需要 10 根数据设备缆线。

⑧ FD 主干数据跳线（RJ45－RJ45，4 对或 ST/LC－ST/LC 2 芯），本例子中，网络交换机按 10 个主干端口计，共需要 10 根数据设备缆线。

⑨ 当主干端口采用电端口时，每一个主干端口采用 1 根 4 对对绞电缆，则共需要 10 根 6 类及以上类别的 4 对对绞电缆；如主干端口采用光端口时，每一个主干端口采用 2 芯光纤（双工）则共需要 20 芯光纤，在从光缆的规格考虑，需配置一根 24 芯光缆。

⑩ FD 主干干线侧配线模块配置。按照 24 端口 RJ45 配线架或 24 口光纤配线架考虑，需设置 1 台 RJ45 电或 ST/LC 光纤配线架，占用 1U 机柜空间。

⑪ FD 数据配线模块加上理线架（与模块为 1 比 1 配置），共占用机柜空间位置为 24U。

2. 光纤至桌面（FTTO）配置

在办公区基本配置的基础上实现光纤至桌面的应用。光纤信息插座应可以支持单个终端设备的光端口直接接入，也可以满足某一工作区域组成的计算机网络（如企业网络）主干端口对外部网络的连接使用。如果光纤布放至工作区的信息配线箱（网络设备和配线设备的组合箱体）的接入，可为末端大客户的用户提供一种全程的网络解决方案，光纤至桌面的路由形成大致有以下几种方式。

水平光缆至办公区，如图 16－35 所示。

图 16－35 水平光缆至办公区

1）工作区光插座配置。工作区光信息插座可以在 SC 或 LC 中去选用，推荐使用 LC 连接器件。连接器选用应考虑网络设备光端口的类型、连接器的光损耗指标、支持应用网络的传输速率等要求及产品的造价等因素。光纤插座（适配器）与光纤的连接器应配套使用，并根据产品的构造及所连接光纤的芯数分成单工与双工，连接 2 芯光纤，完成光信号的收、发。如果考虑光口的备份与发展也可按 2 个双口光纤插座配置。

2）水平光缆与光跳线配置。水平光缆的芯数可以根据工作区光信息插座的容量确定为 2 芯或 4 芯光缆。在建筑物内水平光缆一般情况下采用多模光缆，如果工作区的终端设备或自建的局域网交换机跳过大楼的计算机网络而直接与外部互联网进行互通时，为避免多/单模光纤相连时转换，也可直接采用单模光缆，如图 16－36 所示。

图 16－36 中为工作区企业网络的网络设备直接通过单模光缆连至电信业务经营者光纤配线架（ODF）或相应通信设施完成宽带信息业务的接入。当然，也可采用多模光缆经过楼宇的计算机局域网及配线网络与外部网络连接，如图 16－37 所示。

由于光纤在网络中的应用传输距离远远大于对绞电缆，因此，水平光缆（多模）也可以直接连接至楼宇的 BD 光配线设备和网络设备与外部建立通信，如图 16－38 所示。

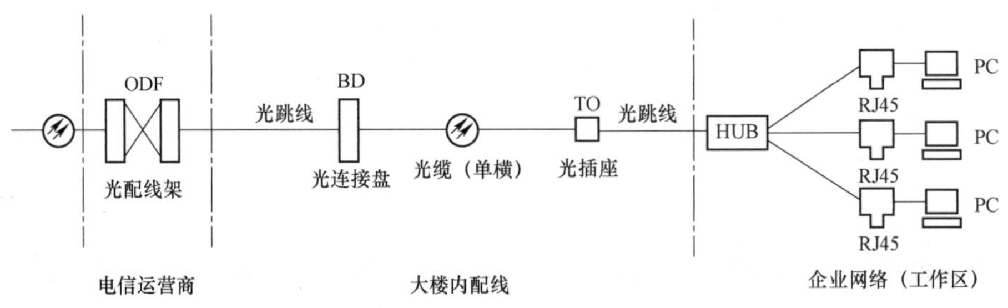

图 16－36 水平光缆至外部网络

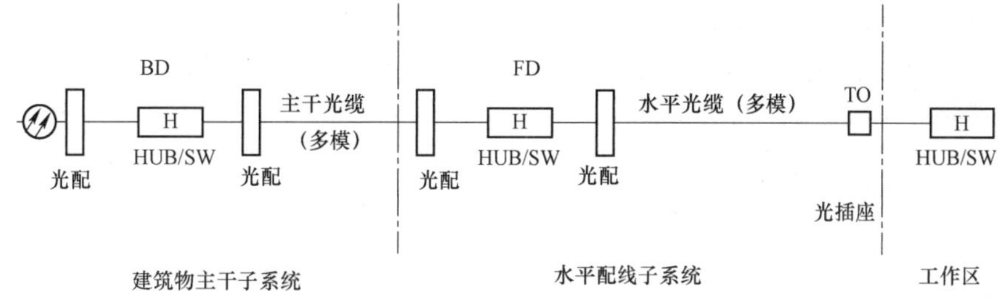

图 16－37　水平光缆经楼宇 FD/BD 网络至外部网络

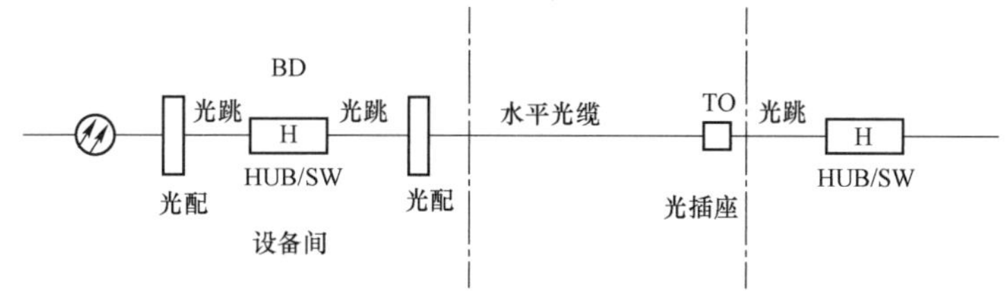

图 16－38　水平光缆经楼宇 BD 网络至外部网络

需要说明的是，设备光缆和光跳线主要起到将网络设备的光端口与光配线架（光配线设备）中的光适配器或光纤适配器之间进行连接的作用，以构成光的整个通路。光连接器（光插头）的产品类型应和光适配器及网络设备光端口的连接器件类型一致，否则无法连通。如果网络设备的端口为电端口时，设备光缆则需经过光/电转换设备完成连接。

3. 干线子系统配置

（1）设置原则。在确定干线子系统所需要的电缆总对数之前，必须考虑话音和数据业务资源的共享，结合配线子系统及网络的组成和应用情况完成配置。如果电话交换机与计算机机房安装在不同地点的设备间时，需要把主干话音电缆和数据电缆分别连入相应机房，宜在设计中选取不同的干线电缆分别满足不同路由，以支持话音和数据业务的需要。目前干线子系统数据业务主要采用光缆予以满足。干线子系统所需要的电缆总对数和光纤芯数，其容量可按配线子系统中 FD 主干侧的配线设备确定。对数据应用应采用光缆或 6 类及以上类别对绞电缆，对绞电缆的长度不应超过 90m，对电话应用可采用大对数 3 类对绞电缆。语言主干和数据主干在采用对绞电缆时，其线对同样不能合在一根主干电缆中，而应分别采用自身配置的主干电缆。

干线语音大对数电缆采用点对点终接或分支递减终接。点对点终接是最简单、最直接的接合方法。分支递减终接是指有 1 条大对数干线电缆，经过电缆接头保护箱分为若干条小电缆，分别延伸到每个电信间或每个楼层，并终接于目的地的连接硬件。分支递减终接的方式基本上已经不被采用。

设备间连线设备的跳线应选用综合布线专用的插接软跳线，在电话应用时也可选用双芯跳线或 3 类 1 对电缆。

（2）干线子系统配置。干线子系统缆线的配置容量已在配线子系统中加以描述。主干缆线属于建筑物干线子系统的范畴，包括了语音大对数对绞电缆、数据 4 对对绞电缆及光缆。缆线的两端分别连至 FD 与 BD 干线侧的模块，缆线与模块的配置等级与容量应该保持一致。

BD 模块在设备侧应与设备的端口容量相等，也可考虑少量冗余量，并可根据支持的业务种类选择相应连接方式的配线模块（可以为 IDC 或 RJ45 模块）。数据和语音模块应分别设计配置方案，配置时可参照配线子系统 FD 处的内容。

跳线和设备缆线应考虑设备端口的形式、缆线的类型及长度和配置数量。

BD 在与电信业务经营者之间互联互通时应注意相互间界面的划分，以避免造成漏项和重复配置的现象发生。从布线系统的架构可以看出，根据用户对电话业务的设施方案，楼宇内的语音信息点用户可以直接通过配线设备连至电信业务经营者设置的电话远端模块局（RSU）或电话交换网，也可以通过建筑物内设置的程控用户电话交换机（PBX），再经过数字 PCM 传输设备和光传输网络与电信业务经营者提供的电话交换机或远端模块局互通。数据业务则经过楼宇内以太网交换机或光缆直接连至公用电信网的计算机互联网或光配线设备，实现数据业务的互通互联。

（3）建筑群子系统配置。建筑群主干缆线连接楼宇间 BD 及 BD 与 CD 配线设备，建筑群配线设备 CD 引入楼外电缆的配线模块应具有加装线路浪涌保护器，即只能采用 8 回线、10 回线的断开型 IDC 连接模块。如果语音主干电缆采用电信业务经营者电话大对数室外电缆从端局引入大楼设备间时，需经过电信业务经营者所提供的总配线设备（MDF）转接，此时，线路浪涌保护器装置安装在 MDF 的直列模块中。所有引入楼内的电缆和光统的金属部件在入口处应就近接地。

16.4 产品选用

16.4.1 缆线的选用

1. 电缆选用的原则

（1）综合布线系统对绞电缆的特点是线对均采用对绞的形式。对绞电缆可以分为屏蔽与非屏蔽两大类，并包括 4 对对绞电缆与大对数对绞电缆（可以为 25 对、50 对和 100 对几种），一般用 305m 的配盘。

4 对对绞电缆包括 5 类、6 类、6_A 类、7 类、7_A 类，主要用于水平电缆。5 类布线的性能指标提高，已经涵盖了 5e 类布线的性能，但国内的布线厂家仍在生产 5e 类布线系统，因此，在工程选用时，要进行指标性能的比对。7 类及以上均为屏蔽布线产品。大对数对绞电缆（3 类、5 类）用于语音主干电缆。

（2）主要指标。

1）电气特性：对绞电缆的电气特性主要考虑线对支持的带宽（Hz）、衰减、近端串扰、ACR 值、近端串扰功率和、等效运端串扰、等效远端串扰功率和、时延、特性阻抗、面损、耦合衰减等。

2）物理特性：对绞电缆的物理特性主要作为施工安装设计的依据。包括以下内容：

① 护套材料：PVC、低烟无卤、低烟无卤阻燃、阻燃等，分为室内和室外型对绞电缆。

② 物理性能：重量、直径尺寸（导体、绝缘体、对绞电缆）、变曲半径、承受拉力、温度（安装和操作）。

（3）按照标准要求，对绞电缆的表示方法如下图 16－39 所示。布线系统对绞电缆统一命名推荐的方法，使用 XX/Y/ZZ 编号表示。

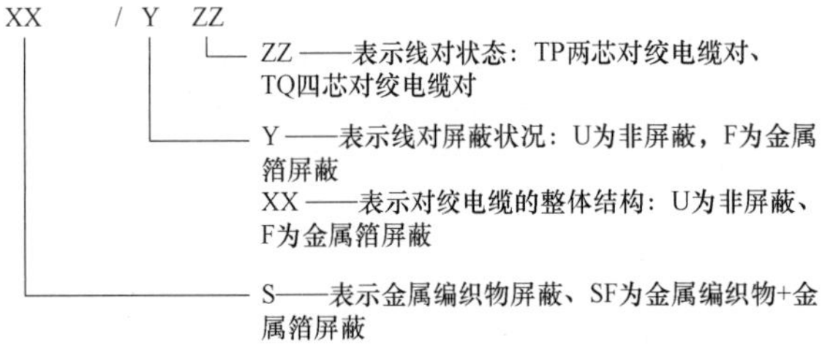

图 16－39 对绞电缆表示方法

XX 表示对绞电缆整体结构（U 为非屏蔽，F 为箔屏蔽，S 编织物屏蔽，SF 编织物＋箔屏蔽）；Y 为线对屏蔽状况（U 为非屏蔽，F 为箔屏蔽）；ZZ 为线对状态（TP 两芯对绞电缆对；TQ 四芯对绞电缆对）。

电缆分为 8 种类型：U/UTP、F/UTP、U/FTP、SF/UTP、S/FTP、U/UTQ、U/FTQ 及 S/FTQ。电缆与连接器件等级与阻抗应保持一致。

2. 光缆选用

可以根据敷设的方式（管道、直埋、架空及暗管、线槽）选用室内光缆、室外光缆、室外铠装光缆和室内/室外并用光缆。光缆的护套分为低烟无卤和阻燃性护套，一般以 305m 或 1000m 配盘。

光纤分类。将光纤按照传输模式分类，有多模光纤和单模光纤两种。多模光纤可以传输若干个模式，而单模光纤对给定的工作波长只能传输一个模式。目前常用的多模光纤主要有纤芯为（50±3.0）μm 或（62.5±3.0）μm 两种，包层外径（125±2.0）μm，通常表示为 50/125μm 或 62.5/125μm。ITU 建议中，单模光纤的纤芯直径为 8.6～9.6μm，不允许超过±10% 的误差，包层外径为（125±2）μm，通常表示为 9/125μm。多模光纤为 OM1、OM2、OM3、OM4，波长为 850nm 和 1300nm；单模光纤波长为 1310nm 和 1550nm（OS1）及 1310nm、1383nm 和 1550nm（OS2）。

单模和多模光缆根据网络的构成方式、业务的互联方式、以太网交换机端口类型、网络规定的光纤应用传输距离进行选择，一般在楼内采用多模光缆，超过多模光纤支持的应用长度或需直接与电信业务经营者通信设施相连时，采用单模光缆。塑料光纤大都应用于工业环境布线、设备间互连等短距离传输的场合。

1）多模光纤：多模光纤多用于传输速率相对较低，传输距离相对较短的网络中，如局域网等。这类网络中通常具有节点多、接头多、弯路多，而且连接器、适配器的数量多，使用多模光纤可以降低网络成本。

依照 ISO 组织标准多模光纤应用分类为 OM1、OM2、OM3、OM4 和 OM5 多模光纤。影响多模光纤传输距离的相关因素包括：① SEL 特性，中心波长、光谱宽度、传输功率、上升沿－下降沿时间。② 光纤/光缆特性，包括模带宽、色散斜率、衰减、连接器损耗。

2）单模光纤：单模光纤的纤芯较小（一般为 9μm 左右），只能传一种模式的光。因此，其模间色散很小，适用于远程通信，但存在着材料色散和波导色散。单模光纤对光源的谱宽和稳定性有较高的要求，即谱宽要窄，稳定性要好。单模光纤多用于传输距离长，传输速率相对较高的线路中，如长途干线传输，城域网建设等。目前的FTTx和HFC网络以单模光纤为主。

① 按照国际电信联盟（ITU－T）的定义，单模光纤分为：

G.652 光纤——非色散位移单模光纤，或简称标准单模光纤；

G.653 光纤——色散位移单模光纤；

G.654 光纤——截止波长单模光纤；

G.655 光纤——非零色散单模光纤；

G.656 光纤——宽带光传输用的非零色散位移单模光纤；

G.657 光纤——接入网用抗弯损耗单模光纤。

② 光缆还可以根据不同的分类方法加以区分，通常的分类方法：

按照应用场合分类：室内光缆、室外光缆、室内外通用光缆等。

按照敷设方式分类：架空光缆、直埋光缆、管道光缆、水底光缆等。

按照结构分类：紧套型光缆、松套型光缆、单一套管光缆等。

水平光缆主要应用在光纤至桌面的场合，采用标准的 62.5/μm 和 50μm 光纤，光缆可为 2 芯或 4 芯光纤。主干光缆主要应用在楼层电信间（FD）与设备间（BD）之间；楼与楼设备间 BD 与 BD、BD 与 CD 之间及楼内 FD 与 FD 之间，采用标准的 62. 5μm、50μm、多模光纤和 9μm 单模光纤，光缆可以为 6 芯、12 芯、24 芯、48 芯光纤不等。

3. 设备软线插接软线和跳线应用于配线架中的交叉连接

（1）对称插接软线应符合 YD/T 926.3—2009 中第 5 章要求。

（2）光跳线插头类型为 LC 型（单芯或双芯）与 MPO 型（多芯）。

（3）光跳线性能，对 LC 型光纤活动连接器应符合 YD/T 1272.1—2003 中 4.5 要求；对 MPO 型光纤活动连接器应符合 YD/T 1272.5—2009 中 4.5 要求。

（4）设备软线既可是非永久性的，也可以是设备专用的。一些设备的专用软线应符合其相应标准。设备软线的影响应在信道设计中加以考虑，其传输性能应保证信道性能符合要求。

（5）跳线是完成电、光配线模块之间的互通与连接，按照连接器的不同类型可以组成不同种类的跳线。应用于高速网络中，宜采用厂家制造的产品跳线，基本种类如下：

1）电跳线：可为 RJ45－RJ45、110－110、110－RJ45 类型，语音为 2 对或 1 对电缆双色 3 类跳线，数据使用 4 对对绞电缆。

2）光跳线：可为 SC－SC、ST－ST、ST－SFF、SC－SFF、SFF－SFF 类型。

（6）预连接系统是一套高密度且由工厂终接、测试的，符合标准的模块式连接解决方案。预连接系统包括配线架、模块插盒和经过预连接的对绞电缆和光缆组件。预连接缆线两端既可以是插座连接，也可以是插头连接，且两端可以是不同的接口。预端接光缆在数据中心被普遍采用。

工厂预端接方案是指光缆长度、连接器类型、芯数等由工厂进行定制化，将现场安装中诸如剥除光缆外护套、光缆分支、连接器安装和硬件组装等耗时的步骤在工厂内完成，工地现场只需要敷设和进行便捷的接插和连接。预端接系统解决方案提供了更高芯数的密度，降低了安装时间。

16.4.2　接插件选用

1. 选用原则

对绞电缆连接器采用 RJ458 位模块通用插座，性能应符合 YD/T 926.3 的要求。光纤连接器采用一根或两根光纤建立一个连接时，建议使用LC连接器（YD/T 1272.1—2003），当采用两根以上的光纤建立一个连接时，则使用 MPO 连接器（YD/T 1272.5—2009），连接器性能须符合上述标准要求；同轴连接器连接 75Ω（734 和 735 型）同轴电缆，同轴连接器须满足 ANSI/ATIS－0600404.2002 的要求，另外，还要满足 75Ω 的特性阻抗、最大插入损耗、最小回波损耗等要求，推荐使用 BNC 连接器。

2. RJ45 和非 RJ45 电连接器件

此种模块以 12 口、24 口、48 口为单元组合，通常以 24 口为一个单元。由于 RJ45 端口有利于跳线的位置变更，因此常使用在数据网络中。该模块分为 5 类、6 类、7 类产品。其性能如下：

（1）基本电气特性做出了规定：导线在线径小于 0.5mm 或大于 0.65mm 时，应考虑与连接器件的兼容。

（2）线对支持各种通信业务的应用：PBX、S0－Bus、S1/S2、令牌网、以太网、ATM 网、FC 等业务网络。

3. IDC 模块

（1）110 型：IDC 模块有 3 类、5 类和 6 类产品可以用来支持语音和数据通信网络的应用。各生产厂家所生产模块的容量会有所区别，在选用时应加以注意。

一般容量为 100 对至几百对卡接端子，模块卡接水平对绞电缆和插入跳线插头的位置均在正面。水平对绞电缆与跳线之间的 IDC 模块有 4 对与 5 对端子的区分。如采用 4 对 IDC 模块，在 6 类布线系统中，端子容量减少以拉开端子间的距离，减弱串音的影响。

模块通常使用在语音通信系统。

（2）25对卡接式模块：6类模块呈长条形，具有25对卡线端子。卡接水平对绞电缆与插接跳线的端子处于正、反两个部位，工程中应用较少。

（3）回线式（8回线与10回线）终接模块：模块的容量有8回线和10回线两种，每回线包括两对卡线端子，1对端子卡接进线，1对端子卡接出线（称为1回线）。模块按照两排卡线端子之间的连接方式分为断开型、连通型（在线测试）和可插入型（断线测试检修）三种。在综合布线系统中断开型的模块使用在CD配线设备中，当有室外的对绞电缆引入楼内时，可在模块内安装信号线浪涌保护器；连通型的模块因为两排卡接端子本身是常连通的状态，可用于开放型办公室的布线工程中，作为CP连接器件使用。

4. 面板、底盒与插座

（1）面板与底盒采用符合86尺寸的要求。

（2）插座：对称布线设备引出插座应符合YD/T 926.3—2009中4.2.3、4.2.4及4.2.5要求。光纤布线设备引出插座应符合YD/T 1272.1—2003中LC型单芯或双芯插座及YD/T 1272.5—2009中MPO型插座的要求。

5. FD、BD、CD配线设备选用归纳

（1）数据业务（FD/BD/CD）：

1）电端口采用8位模块通用插座。

2）光端口采用单工或双工的SC或LC光纤连接器件及适配器。

（2）语音业务：

1）FD水平侧选用RJ45配线模块。

2）FD干线侧选用多线对卡接式配线模块（100对200对、300对不等）或25对卡接式配线模块。

3）BD、CD选用多线对卡接式配线模块（为110型模块，100对200对、300对不等）；对室外大对数对绞电缆引入部位选用10回线型卡接模块（带有加装信号线路浪涌保护器功能）。

（3）CP集合点选用多线对卡接式配线模块或8位模块通用插座和SC或LC光纤连接器件及适配器。

（4）主干光缆的光纤容量较大时，可采用预端接光纤连接器件（MPO）互通。

6. 各类配线模块连接缆线容量

（1）多线对端子（110）：

1）采用4对IDC卡接模块时，可连接24根4对对绞电缆。

2）采用5对IDC卡接模块时，可连接20根4对对绞电缆。

（2）25对卡接式配线模块可连接1根25对对绞电缆或6根4对对绞电缆。

（3）回线端子（8回/10回）可连接2根4对对绞电缆。

（4）每一个RJ45端口连接1根4对对绞电缆。

（5）光纤插座，SC/LC单工端口连接1芯光纤，双工端口连接2芯光纤。预端接MPO光纤连接器可连接12芯、24芯等光缆。

16.4.3 机架与机柜

1. 高密度配线架

1U或2U的空间连接48个或72个标准的RJ45接口。角型配线架和凹型配线架便于理线的高密度光纤配线架，配合小型化光纤接口，1U空间内容纳至少48芯光纤。

2. 智慧型机柜

将供电、功耗检测、环境温湿度检测、PUE值、KVM、照明、接地等功能组合在一个机柜内，有较好的系统功能集成。

（1）数据中心机柜和机架系统应根据不同的功率密度设计，采用相应隔离系统以提高冷却效率。其中，包括隔离气源的机柜、隔离回风口的机柜、柜内冷却系统的机柜、热风通道密封系统或冷风通道密封系统及设备和机柜之间空气气流保持最短的机柜。

（2）构件功能：

1）机柜和机架的缆线和缆线通道的布放不应影响隔离系统的效率，进出机柜的缆线空隙应用刷子或垫圈以减小气流损失。

2）空白面板应置于设备机柜中未使用的单元处，以避免将热风和冷风混在一起。对环境有不同要求的设备应隔离到机柜内不同的空间。

3）考虑为高密度设备分配和设计专用的独立空间。

4）一些非标气流方向的设备可能需要特别设计隔离机构，以避免对正常的气流造成干扰。

5）带有监测功率水平的配电盘的备用机柜和机架应保证内部功率水平不超过设计的功率和冷却水平。

（3）机柜选用：

1）机房设备机柜采用19in（1in＝2.54cm）的机柜，电信业务提供商在进线间将设备安装在23in（1in=2.54cm）的机架中或专门的机柜中。

2）建议在每对机柜之间、每一排敞开式机柜两端安装一个垂直的缆线管理器。通过计算预计的缆线占用率，再加上至少50%的附加增长系数，来确定垂直缆线管理器的尺寸（见TIA－569－C）。没有预计缆线填充率数据时，考虑安装250mm（10in）宽的垂直缆线管理器。缆线管理器应从地板延伸到机架顶部。

3）水平缆线管理面板应安装在每一个接插面板之上或之下。水平缆线管理和接插面板的首选比例是

1:1。一些厂家设计好的高密度接插面板（如角型配线架）可以不设置水平缆线管理单元。

4）垂直缆线管理、水平缆线管理应有足够的空间以确保缆线能够整齐布置，而且能满足 GB 50311 规定的弯曲半径要求。

（4）机柜产品可按以下几种方式进行分类：

1）按机房空调送风冷却方式，可分为前进风机柜、下进风机柜和上进风机柜。

2）按机柜门有无和密封程度，可分为封闭式机柜、半封闭式机柜和敞开式机柜。

3）按所采用电源类型，可分为交流机柜和直流机柜。

4）按通信缆线和电源缆线进入机柜位置，可分为上走线机柜、下走线机柜和上下走线机柜。

（5）机柜外形尺寸：

1）机柜高度（H）一般分为 2000mm、2200mm、2600mm 三种。下进风机柜高度不宜大于 2200mm。

2）机柜宽度（W）一般分为 600mm、800mm。

3）机柜深度（D）一般分为 600mm、800mm、1000mm、1100mm、1200mm 几种。

特殊情况可根据用户需求尺寸定制机柜。

（6）开孔率计算。网孔门开孔率是衡量机柜散热与制造工艺水平的一项重要指标。开孔率是指在网孔门的开孔区，开孔的面积占整个开孔区的百分比。计算方法如下：在开孔区任意 200mm×200mm 面积的区域内，开孔率＝开孔面积（mm^2）/200×200（mm^2）×100%

（7）机柜外观高度和安装 U 数的对应关系，见表 16－7。

表 16－7　机柜外观高度和安装 U 数对应关系

机柜外观高度	机柜最小安装 U 数	机柜最小安装高度/mm
2.6	54	2403
2.4	50	2225
2.2	47	2092
2.0	42	1869
1.8	38	1691
1.75	36	1602
1.2	24	1068

注：表中高度不含底轮和水平调节角的高度。

3. 智能配线系统应用（硬件与软件）

可对配线端口与终端信息插座进行实时的管理，应与计算机网络管理进行平台的融合以增强网络安全，同时降低运行维护的工作量。

16.4.4　标识选用

布线标签标识系统的实施是为用户今后的维护和管理带来便利，减少网络配置时间，提高其管理水平和工作效率。符合环境安装要求的标识与标签使技术文档的管理标准化，降低日常运行维护成本，方便网络与布线系统的扩容。每一缆线、光缆、配线设备、终接点、接地装置、敷设管线等组成部分均应给定唯一的标识符。

1. 标识符

标识符应采用相同数量的字母和数字等标明，按照一定的模式和规则来进行。标签的寿命应能与布线系统的设计寿命相对应。建议标签材料符合 UL969（或对应标准）认证，达到环保 RoHS 指令要求。标签应保持清晰、完整，并满足环境的要求。标签应打印，不允许手工填写，应清晰可见、易读取。特别强调的是，标签应满足环境要求，比如潮湿、高温、紫外线等，并具有与所标识的设施相同或更长的使用寿命。聚酯、乙烯基或聚烯烃等材料通常是最佳的选择。

2. 标签类型

（1）覆膜标签：用于单根缆线与跳线。单根缆线/跳线也可以使用非覆膜标签，旗式标签，热缩套管式标签。

（2）标识牌：对成束的缆线进行标识。这种标牌可以通过尼龙扎带或毛毡带与缆线绑扎固定，可以水平或垂直放置。配线架标识主要以平面标识为主，要求材料能够不受恶劣环境的影响，在浸入各种溶剂时仍能保持良好的图像品质，并能粘贴至包括低表面能塑料的各种表面。配线架标识有直接粘贴型和塑料框架保护型。

（3）粘贴型和插入型：

1）粘贴型标签：建议标签材料符合 UL969（或对应标准）认证，保证达到永久标识。建议标签要达到环保 RoHS 指令要求。聚酯、乙烯基或聚烯烃是常用的粘贴型标识材料。

2）插入型标签：需要可以被打印机进行打印，标识本身应具有良好的防撕性能，不受恶劣环境的影响，并且符合 ROHS 对应的标准。聚酯、聚乙烯、聚亚安酯是常用的标签材料。

（4）缠绕型标签：缆线的直径决定缠绕式标签的长度或者套管的直径。大多数缠绕式标签适用于各种尺寸的缆线。贝迪缠绕式标签适用于各种不同直径的标签。对于较细的缆线标签（如光纤跳线标签），可以选用旗型标签。

（5）覆盖保护膜缆线标签：可以在端子连接之前

或者之后使用，标识的内容要清晰。标签完全缠绕在缆线，标签有透明薄膜保护。

（6）管套标识：只能在端子连接之前使用，通过电缆的开口端套在电缆上。有普通套管和热缩套管之分。热缩套管在热缩之前可以更换标识，经过热缩，套管能耐恶劣环境。

16.5 光纤到用户单元

光纤到用户单元布线系统是楼宇综合布线系统以外的一套独立的布线系统，其系统设计有它的特殊要求，偏重于通信光配线网络的设计，但在安装、施工、测试验收等方面的要求与综合布线系统相同。

16.5.1 光纤接入网

在现行通信行业标准《有线接入网设备安装工程设计规范》（YD/T 5139—2005）中对接入网的界定如图16－40所示。接入网（AN）是由业务节点接口（SNI）和相关用户网络接口（UNI）之间的一系列传送实体（诸如线路设施和传输设施）组成，为传送电信业务提供所需传送承载能力的实施系统。其中，业务节点接口（SNI）是接入网（AN）与业务节点（SN）之间的接口。用户网络接口（UNI）是用户终端设备或驻地网与接入网之间的接口。

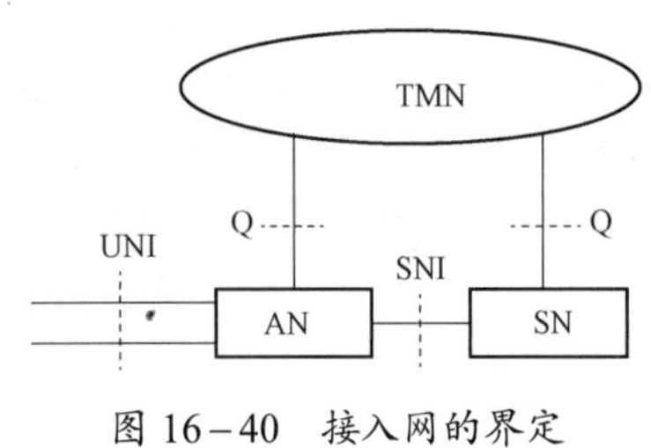

图16－40 接入网的界定

从图16－40中可知，接入网是由电信业务经营者提供的综合业务通信网络中的数字用户线，属于整个公用通信网络的组成部分。光纤到住宅用户［光纤到用户单元（区域）］的光纤接入网工程，由房屋建设方和电信业务经营者共同建设。

目前，对既有建筑进行“光纤到用户单元”改造工程中，存在较多的问题。主要是建筑物内的管线拥挤、信息配线箱缺失或空间不够、有源设备无法供电等，造成光缆只能采用明敷、配线箱体明装、ONU设备无处安装等情况，许多场合下光纤未能敷设至用户单元内。在改造、扩建工程中，还需要充分利用既有建筑物的通信设施资源，根据现场实际条件，减少对既有建筑物的损坏和影响。

16.5.2 配线系统构架

采用“光纤到用户单元”方式实现宽带接入的建筑物，光纤配线网架构应符合《综合布线系统工程设计规范》（GB 50311）的规定。

1. 光纤配线网

光纤接入网的应用目前主要采用无源光网络（PON）技术。PON 系统架构如图16－41所示。

PON（Passive Optical Network）系统基本组成包括光线路终端（OLT）、光分配网（ODN）和光网络单元（ONU/ONT）三大部分。

（1）OLT 的作用是将各种业务信号按一定的信号格式汇聚后向终端用户传输、将来自终端用户的信号按照业务类型分别进行汇聚后送入各业务网。OLT设于交换局，对一些较大规模的建筑群，也可设置在园区物业管理中心的设备间。

（2）FTTH/O 应用的 ONU 位于用户端，直接为用户提供话音、数据或视频接口。在光纤到用户工程中，多数情况下，在每一用户单元的信息配线箱内安装。

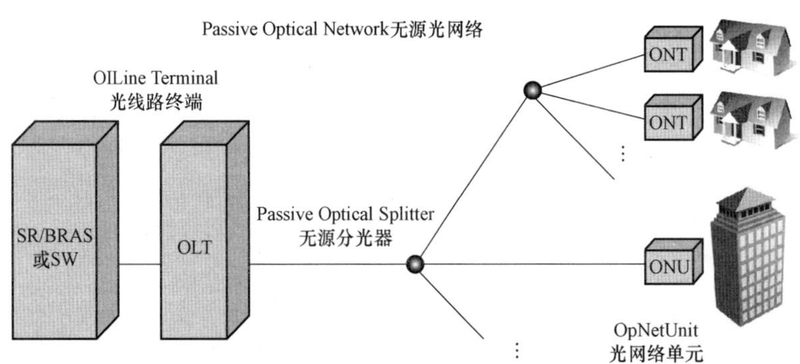

图16－41 PON 系统架构示意图

ONU—光网络单元；ONT—光网络终端；OLT—光线路终端

（3）ODN 的作用是提供 OLT 与 ONU 之间的光传输通道。包括 OLT 和 ONU 之间的所有光纤配线设备、光缆、光缆接头盒、光纤交接设备、光分路器、光纤连接器等无源光器件。ODN 宜采用星型结构或树型结构。

2. 工程范围

光纤接入网涉及的光纤配线部分为：光纤到户（FTTH）“端至端”整个光纤链路的建筑物或建筑群规划红线范围内的通信基础设施，即建筑规划用地红线内地下通信管道、光缆交接箱、建筑内配线管网（管槽及通信线缆、配线设备、分纤箱）、用户单元内信息配线箱、用户单元区域内管线及各类通信业务信息插座、预留的设备间等设备安装空间。其中，用户单元内管线及各类通信业务信息插座的设计内容不在本工程范围之内，它们由建筑电气专业设计，或者由用户单元的使用者根据局域网络的组成和开放的通信业务在装修时自行实施。

3. 光纤到户单元工程组成

园区光纤到用户单元工程通信设施构成如图 16－42 所示。

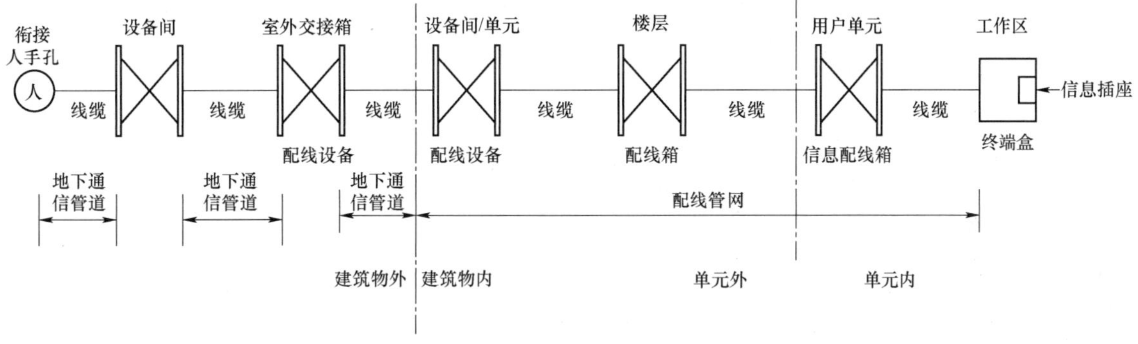

图 16－42 光纤到用户单元工程通信设施构成示意图

（1）衔接人（手）孔：是建筑群（园区）通信管道与公用通信管道互通的部位，为多家电信业务经营者管线的接入提供条件。一般情况下，一个建筑群应至少设置一个用于管线互通的 3 通或 4 通人（手）孔。人（手）孔容量应满足 3 家电信业务经营者光缆的接入需要，人（手）孔的位置与埋深应与城市通信管道的衔接人（手）孔统一规划。

（2）地下通信管道：是通信线缆（包括园区内敷设的光、电缆）的一种地下敷设通道，由管道、人（手）孔、室外引上管（引入交接箱）和建筑物引入管（地下或地上的墙体部位）等组成。采用智慧城市综合管廊时，通信管道也可以一并设计在内。

（3）配线管网：以建筑物为主体的楼内竖井、管槽等组成的管网。

（4）设备间：是安装“光纤到用户单元”用户接入点配线柜的场所。一般情况下，每一个光纤用户配线区设置一个设备间。

（5）室外光缆交接箱：是区域光缆的汇聚点，具有光缆进出、固定、端接、调线、盘留等功能。为了保证园区内的美观，应尽量减少室外交接箱的设置。

（6）在建筑内，楼层设置的光纤配线箱主要对光缆起到分纤与连接的作用。当每一层的住户数较少时，可在相邻几层的中间位置设置一个共用楼层光纤配线箱。

16.5.3 光、电缆混合配线网

在一些建筑智能化项目中，如果用户需要建设用户电话交换系统时，每一栋建筑物和建筑群仍然需要进行电话配线网的设计，同时考虑光纤到用户单元或桌面的应用。以电话配线网的“用户驻地的最后 1 公里”，来确定适用范围。此时建筑的整个配线系统包括光缆与电缆两个部分，是原有电话配线系统的延伸，主要满足电话、光纤到楼与用户桌面（FTTB/FTTH）的应用。

对于通信设施，园区内包括主干线缆与配线线缆、室外交接箱、管道、人（手）孔、室外配线箱；建筑内则包括引入线缆、户内线缆、配线导管与槽盒、配线箱、过路盒、信息配线箱、信息插座。通信设施的建设应根据通信业务接入点的设置地点确定工程建设的界面。

16.5.4 用户接入点设置原则

1. 用户接入点的设置

用户接入点是光纤到户工程特定的一个逻辑点，它的设定是为了解决工程实施的交叉与复杂性，使工程的建设界面划分更加具有可操作性。用户接入点为多家电信业务经营者共同接入及用户自由选择电信

业务经营者的部位，也是电信业务经营者与建筑物建设方的工程分界点。光纤到户工程中，一个用户接入点覆盖的区域即为一个配线区。

实际应用时，应根据建筑物建筑的类型、住户密度、光纤配线设备容量以及工程的实际状况等设计配线区，综合测算配线区覆盖范围的变化引起的通信管道和光缆的数量及相应工程投资的变化，以选择最优方案。

2. *用户接入点设置原则*

（1）利于用户光缆和配线光缆接入。在光纤到户工程设计中，用户接入点的设置位置非常重要，为了尽量减少配线光缆与管道的数量，一般会在用户接入点的配线设备柜、箱体内设置光分路器设备，将配线光缆与用户光缆（用户接入点配线设备至用户单元信息配线箱之间连接的光缆）互连。分光模式及光分路器设备的选择和设置，由电信业务经营者确定。

（2）一个光纤配线区设置一个用户接入点。

（3）根据目前光纤配线柜、配线箱、交接箱的容量及工程中的实际状况确定，建筑以70～300个用户单元的光纤容量设置为一个光纤配线区。

（4）根据建筑类型，光纤用户接入点的位置及不同类型的建筑形成的配线区和所辖的用户数确定。

16.5.5 系统配置

1. *用户光缆*

用户接入点至家居配线箱的光缆数量应根据地域的经济水平、用户对通信业务的需求及配置等级来确定。入户光纤的配置芯数将对光纤到户工程的建设规模产生很大的影响。在规范中高配置方案为每一用户单元2根2芯光缆，低配置方案为每一用户单元1根2芯光缆。主要考虑两个方面，一是光纤和光缆的备份，二是部分经济发达地区的用户要求其通信业务接入不同的电信业务经营者的网络。光缆配置见表16－8。

表16－8　　光缆配置表

配置	光纤/芯	光缆/条
高配置	2	2
低配置	2	1

2. *管道配置*

地下通信管道的总容量应根据管孔类型、线缆敷设方式以及线缆的终期容量确定。对于光缆的敷设，新建项目宜采用多孔塑料管。以一个光纤配线区（300户、高配置方案）为例：

（1）用户光缆与配线光缆。配线光缆、大芯数用户光缆的容量应预留不少于10%的维修光纤。

1）一个光配线区为300用户单元，需配置的用户光缆总容量为600芯（低配）或1200芯（高配），光缆引至用户接入点配线设备。

2）如采用1×64分路的光分路器，每一个电信业务经营者则需要5个或10个光分路器。

3）每一个电信业务经营者配置的5或10个光分路器引入的配线光缆需要5芯或10芯室外光缆可以满足需要，按照光缆的规格和光纤的备份考虑，可选用6芯或12芯室外配线光缆。

4）一根6芯或12芯光缆占用多孔管的一个管孔（以9孔管为例，管孔的内孔直径为30或50mm），可以满足光缆的敷设要求。

（2）管道。考虑管孔的实际需要与备份（预留1～2个备用管孔），目前实际使用较多的9孔塑料格栅管完全能够满足一个光纤配线区及3家电信业务经营企业敷设配线光缆的需要。

改造工程中经常出现使用原有单孔管布放子管的方式敷设光缆。对单孔管内穿放子管的应用，管孔的需求量也可以参照上述计算方法。

（3）场地面积与空间计算。设备间的使用面积以及配线箱的占用空间应根据配线设备的类型、数量、容量、尺寸进行计算。设备间安装通信接入网有源设备、传输设备、电源等设备所需面积不包括在下列计算中。以一个光纤配线区时，设备间面积计算。

1）以300个用户单元户作为一个光纤配线区，用户接入点设置在建筑物设备间。

2）用户光缆的总容量为600芯（每一用户单元按低配置2芯计）。

3）按照用户单元实际互通光纤300芯计，每家电信业务经营者需配置5个光分路器（如采用1芯入×64芯出光分路器）。

4）每家电信业务经营者配线光纤的总容量需求为5芯，按光缆规格需配置1根6芯光缆。

3. *机柜设置*

（1）每家电信业务经营者需要采用一个19in（1in＝2.54cm）机柜，机柜需满足300根光纤跳线的引入、1根6芯配线光缆的引入与盘留、1个配线光缆连接的光纤配线架（每一个为24光纤端口）、13个光纤跳线连接的光纤配线架（每一个为24光纤端口）及5个光分路器和约14个水平理线架的安装空间。

（2）建筑物建设方需要采用一个机柜，机柜需满足600芯光纤的引入、成端及盘留，并满足至少300

根光纤跳线引入及 13 个光纤配线架（每一个为 24 光纤端口）的安装。

（3）机柜有单面与双面，尺寸为宽 600mm×深 600mm 或宽 800mm×深 800mm。共计需要 4 个机柜（其中 3 个为电信业务经营者使用，1 个为建筑建设方使用）。

（4）机柜按列设置，安装尺寸为宽 600mm×深 600mm 机柜，需要房屋面积 10m^2（尺寸为 4m×2.5m）；安装尺寸为宽 800mm×深 800mm 机柜，需要房屋面积约 15m^2（尺寸为 5m×3m）。

16.5.6 光纤到用户单元的系统架构（不同类建筑物）与配置举例

1. 独栋建筑物为一个用户接入点

（1）基础条件。假设某一建筑物的大部分楼层或整体作为出租性质的办公楼，以建筑物楼层的 1 个柱跨度涵盖的面积作为 1 个用户单元占有的区域，如图 16－43 所示。

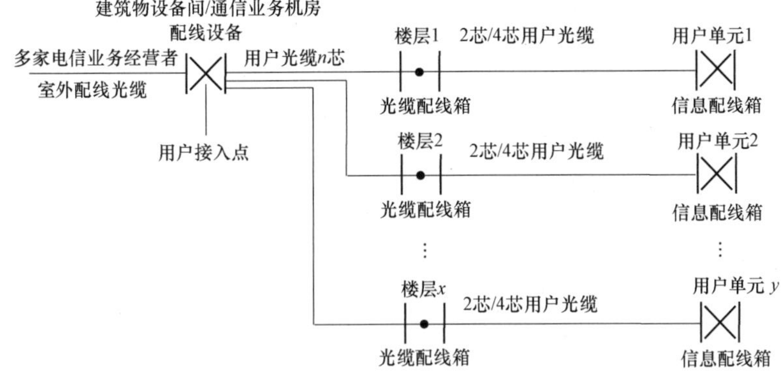

图 16－43 独栋建筑物光纤到用户单元布线架构

1）假设建筑物为 40 层，总面积为 40 000m^2，每一层的建筑面积约为 1000m^2。

2）自用 10 层，带有出租性质的楼层为 30 层，则需要设置用户单元的总建筑面积为 30 000m^2。

3）如楼层的柱跨度为 10m×10m，则每一个用户单元涵盖的范围大约可为 100m^2，如扣除建筑物的公共走道等面积，按照用户单元的实际使用面积计算约为 80m^2。

4）以 1 个用户接入点（光纤配线区）最大可以容纳 300 个用户单元测算，本建筑物可设置一个用户接入点。

（2）基本配置：

1）在图 16－43 中，建筑物设备间或通信业务机房是提供给多家电信业务经营者和建筑物建设方安装机柜使用的。电信业务经营者机柜内可以安装配线光缆连接的光纤配线模块、光分路器和光纤跳线，建筑物建设方机柜内可以安装用户光缆引入连接的配线模块。

2）按以上建筑每一层为案例，如果每一楼层用户单元占有的建筑面积为 1000m^2，每 100m^2 作为一个用户单元的区域，则每层共有 10 个用户单元。

3）用户单元信息配线箱：每一个用户单元配置 1 个，每层共需要 10 个。

4）用户光缆：

① 低配置每一个用户单元配置 1 根 2 芯光缆，或高配置 2 根 2 芯光缆。

② 用户单元信息配线箱至楼层光纤配线箱之间的水平用户光缆（G.657 光纤），为每层 10 根或 20 根 2 芯光缆。

③ 用户单元信息配线箱至建筑物用户接入点设备间配线设备之间的垂直用户光缆，按照水平用户光缆光纤的总容量 20 芯（10 根×2 芯）或 40 芯（20 根×2 芯），加上适量（如 10%）的光纤备份（取 2 芯或 4 芯），及光缆的规格配置，则每层需要 1 根 24 芯或 1 根 48 芯垂直用户光缆（G.652 光纤）。

5）楼层光缆配线箱：仅作为用户光缆光纤熔接与盘留的场所，不具备跳线管理的功能，可以嵌壁或墙挂的方式安装在楼层的综合布线系统使用的电信间或弱电间内。每一个楼层光缆配线箱空间需满足 10 根或 20 根 2 芯水平用户光缆的引入和 1 根 24 芯或 1 根 48 芯垂直用户光缆的引出、光纤的熔接与盘留的需要。

6）设备间配线机柜（建筑物建设方使用）：

① 一个建筑物需要满足 30 根 24 芯或 30 根 48 芯垂直用户光缆引入与盘留和 720 个或 1440 个光纤连接器尾纤的熔接安装的需要。

② 光纤配线架：考虑到每一个用户单元与电信业务经营者提供的 EPON 系统之间实际上只需要通

过1芯光纤完成双向通信的情况，光纤配线机柜一共需要安装15个24个SC端口或8个48个LC端口的光纤配线架。当20%的用户单元需要接入不同电信业务经营者提供的业务时，则需要通过2芯光纤实现对2个电信业务经营者的互通，则光纤配线机柜一共需要安装18个24个SC端口或10个48个LC端口的光纤配线架。

③ 建筑物建设方使用机柜：如果采用42U的19in机柜，本案例以光纤配线架（24或48端口）考虑，加上理线架的空间，占有的空间为30U或16U，共计使用1个机柜。

7）电信业务经营者（不少于3家）的配置：安装机柜、配线光缆的引入、光纤配线架、光分路器及光纤跳线。

2. *超高层或规模较大的建筑物组成一个用户接入点*

假设有一栋100层，高度为500m，建筑面积为150 000m^{2}的超高层建筑物。

（1）布线架构如图16－44所示。

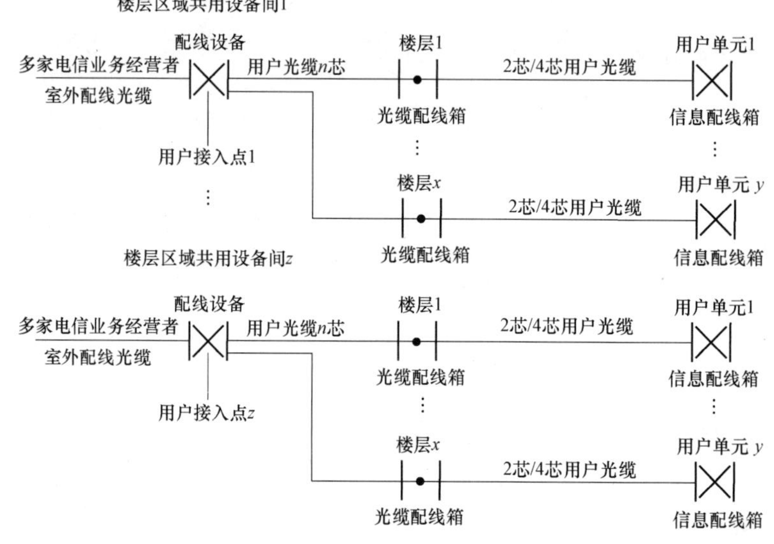

图16－44　*超高层或规模较大的建筑物光纤到用户单元布线架构*

（2）布线规模。第11～第40层（共30层）作为出租性质的房屋，需要提供“光纤到用户单元”的功能。因此，该楼宇每10层为一个光纤接入点（光纤配线区），如每一层的建筑面积为1500m^2，每一个用户单元为60m^2，则每一层有25个用户单元，该建筑物每一个光纤接入点共涵盖250个用户单元。整个建筑物为750个用户单元，3个用户接入点，每10个楼层设置1个共用楼层设备间（可在15层、25层、35层分别设置）。

（3）配置方案：

1）用户单元信息配线箱：每一个用户单元配置1个，每层需要25个。

2）用户光缆：① 高配置2根2芯光缆；② 用户单元信息配线箱至楼层光纤配线箱之间的水平用户光缆（G.657光纤）为每层（25个用户单元）50根2芯光缆；③ 用户单元信息配线箱至建筑物楼层用户接入点设备间配线设备之间的垂直用户光缆，按照水平用户光缆光纤的总容量100芯（50根×2芯），加上适量（如10%）的光纤，共为110芯；再按照光缆的规格（24芯光缆）配置，则每层需要5根24芯垂直用户光缆（G.652光纤）。

3）楼层光缆配线箱（共计30个）：仅作为用户光缆光纤熔接与盘留的场所，不具备跳线管理的功能，可以嵌壁或墙挂的方式安装在楼层的综合布线系统使用的电信间或弱电间内，如有设备间，则光缆配线箱安装在设备间。每一个楼层光缆配线箱空间需满足50根2芯水平用户光缆的引入、熔接与盘留及5根24芯垂直用户光缆的引出、光纤的熔接与盘留的需要。

4）每一个设备间配线设备（10层共用）的配置：

① 1个机柜共引入50根24芯垂直用户光缆。

② 光纤配线架（如每一个光纤配线架采用24个LC光纤适配器）：考虑到每一个用户单元与电信业务经营者提供的EPON系统之间实际上只需要通过1芯光纤完成双向通信的情况，每一层共需要安装2个24个LC端口的光纤配线架。其中，包括20%的用户单元需要接入不同电信业务经营者提供的业务时，通过2芯光纤实现对2个电信业务经营者的互通要求。本

设备间共安装 20 个 24LC 端口的光纤配线架。

③ 建筑物建设方使用机柜：如果采用 42U 的 19in 机柜，以光纤配线架（24 端口）考虑，加上理线架的空间，占有的空间为 40U，共计使用 1 个机柜。

5）电信业务经营者（不少于 3 家）的配置：安装机柜、配线光缆的引入、光纤配线架、光分路器及光纤跳线。

3. 多栋建筑组成一个用户接入点

当单栋建筑物规模不大或用户单元的容量达不到 1 个光纤配线区容纳的用户数量时，可由多个单栋建筑物的用户单元区域组成 1 个光纤配线区，如图 16－45 所示。对此，工程有以下要求：

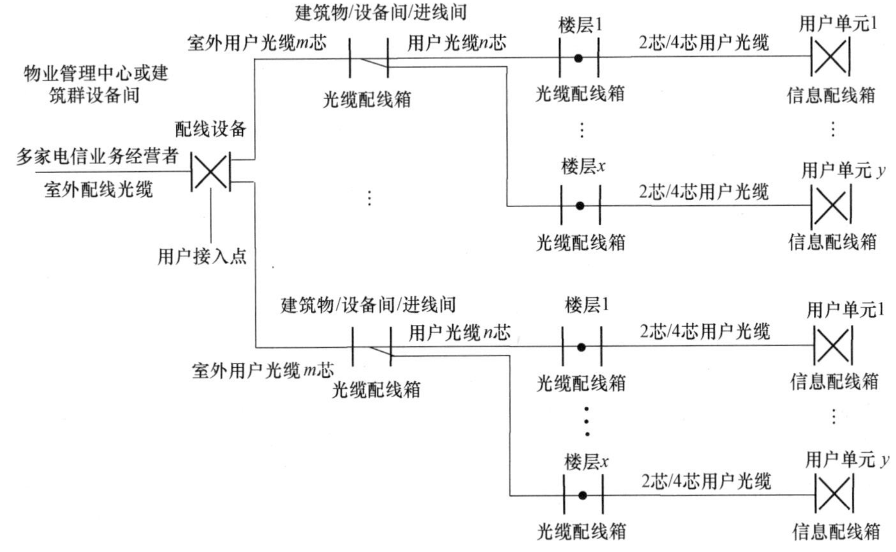

图 16－45　多栋建筑物形成一个用户接入点光纤到用户单元布线架构

（1）用户接入点可以设置在物业管理中心业务机房或建筑群中心位置的某一栋建筑物综合布线系统设备间，为了便于运维并保障通信的安全畅通，应分隔出一个独立的空间安装光纤配线设备，也可以安装在电信业务经营者通信业务机房内。

（2）此方案的用户光缆会有一部分敷设在园区的地下通信管道中，用户接入点引出的室外用户光缆（为室外多芯光缆）通过地下通信管道引入至每一栋建筑物的进线间或设备间的光缆配线箱，并对用户光缆做成端或接续。

（3）用户光缆的路由中，在入口设施光缆配线箱和楼层光缆配线箱会各出现一个光纤熔接点。

（4）当每一个用户接入点的用户单元数量小于 70 个时，也可以采用共用箱体的设置方案。

4. 小规模建筑的用户接入点

光纤到户工程中，用户接入点的位置应依据上述不同类型住宅建筑形成的光纤配线区以及所辖的用户数确定，如图 16－46 所示。

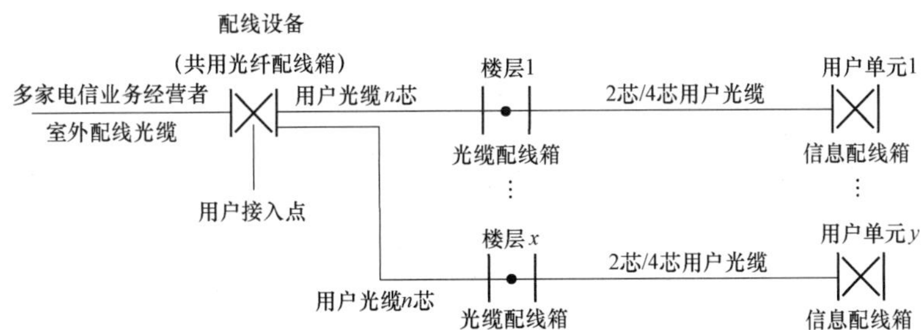

图 16－46　用户接入点采用共用光纤配线箱时的布线架构

一般，一栋建筑物的用户单元数量小于 70 个时，用户光缆为低配置的情况下，可以采用共用光缆配线箱设置用户接入点。箱体可以安装在单元楼道的公共区域。

因为建筑的类型繁多，用户单元数量也有很大的差异，现场条件也比较复杂，设计人员可以根据工程的实际情况做出优化方案。

16.5.7 工程建设分工

1. 工程界面

光纤到用户单元工程建设中，工程界面是建筑物建设与通信设施建设的分界点和衔接点。建筑物建设方与电信业务经营者的工程建设分工以“用户接入点”为界线的分工界面。工程建设分工涉及工程设计（含工程投资预算）与设计文件的会审；产品选用与采购；设备与器件的施工、安装；工程检测、验收与质量评判。

2. 工程量分工

（1）用配线设备建设分工：

1）电信业务经营者和建筑物建设方共用配线箱或光缆交接箱时，由建筑物建设方负责箱体的设计、采购与安装。共用配线箱或光缆交接箱的功能选用应当满足通信设计的要求。

2）箱体内，交换局侧的配线模块、光分路器由电信业务经营者负责配置安装；用户侧的配线模块由建筑物建设方负责配置安装；光纤模块之间由接入通信业务的电信业务经营者负责互通连接。

3）电信业务经营者和建筑物建设方分别设置独立的配线箱或配线柜时，各自负责箱体或机柜的设计、采购与安装。相互间光纤模块互通连接的光纤跳线由接入通信业务的电信业务经营者负责连接。

（2）用户接入点交换局侧以外的配线设备、光分路器及配线光缆，由电信业务经营者负责建设；用户接入点用户侧以内配线设备、用户光缆及用户单元内信息配线箱，由建筑物建设方负责建设；终端盒、信息插座、用户线缆（包括铜缆部分）由用户单元使用方负责建设。

（3）建筑群或园区内通信管道及建筑内配线管网，由建筑物建设方负责建设。智能园区、建筑群等除了光纤到用户单元工程，还会包括有线电视网、小区自建的计算机局域网及智能化弱电系统（如安全防范系统、家居智能化系统）等传输业务对地下通信管线的需求，因此，在土建设计时，如做出统一的规划与合理的管道布局，将有利于建筑群和整个园区的整体美观并降低工程造价。

（4）建筑群和园区及建筑内通信设施的安装空间由建筑物建设方负责提供。

设备间是在土建设计中需要预留的场地，关键是设置的位置、面积的大小以及满足配线设备安装的环境条件，如图 16－47 所示。

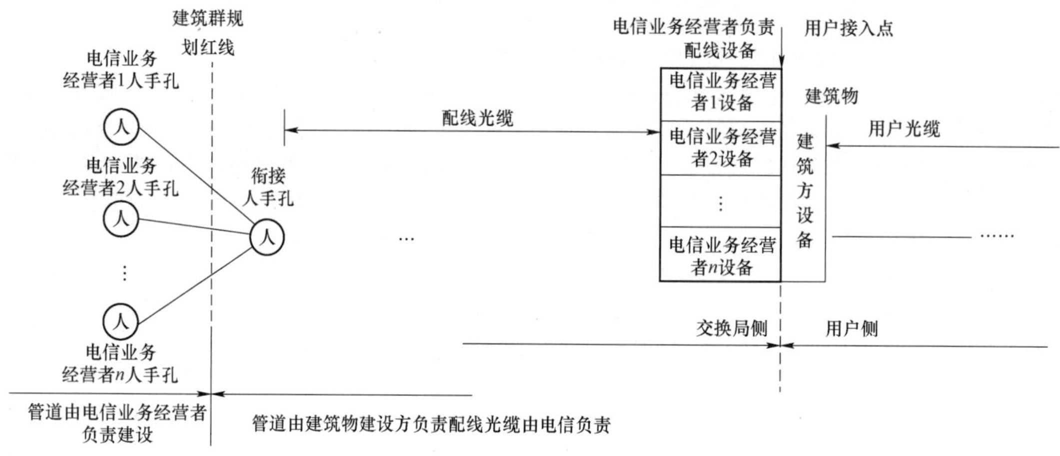

图 16－47 光纤到用户单元工程分工界面

16.5.8 用户接入点连接模型

光纤到户工程中用户接入点的连接方式主要有两种，如图 16－48 和图 16－49 所示。

16.5.9 产品选择

合理的设备配置充分体现设计方案的优化，既可以符合工程的实际要求，又可以满足信息通信业务的发展需要。

1. 光分路器（Optical Fiber Splitter）

是一种可以将一路或两路光信号分成多路光信号以及完成相反过程的无源器件。本规范中的光分路器指的是基于光功率分路的器件。由于一级光分路的衰耗值大约为 20dB，分路器在传输的路由中设置过多将会影响整个光纤通路（OLT 至 ONU）的传输质量。所以，光纤到用户单元的工程中，只能在用户接入点的部位设置光分路器，在用户光缆的路由中不能设置第二级分光。

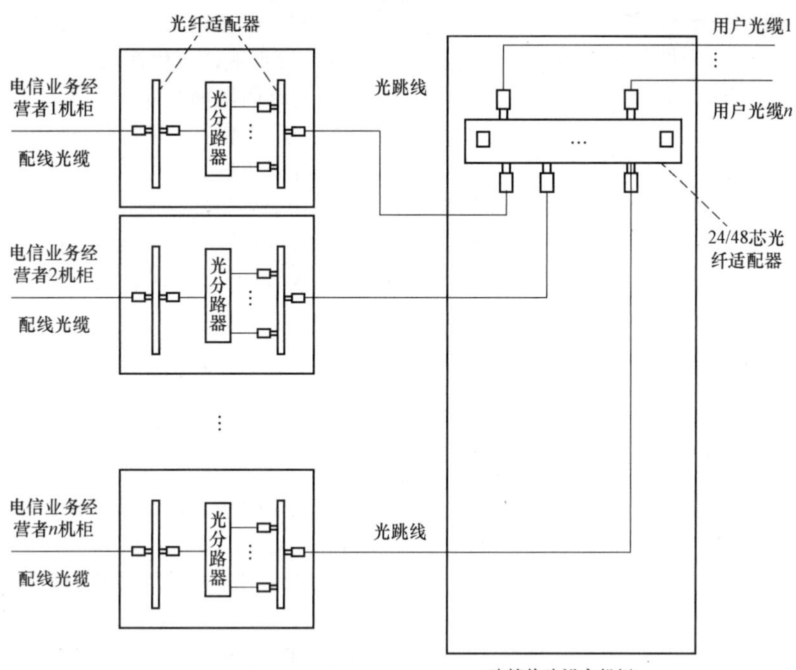

图 16-48　用户接入点设备连接方式 1（/机柜）

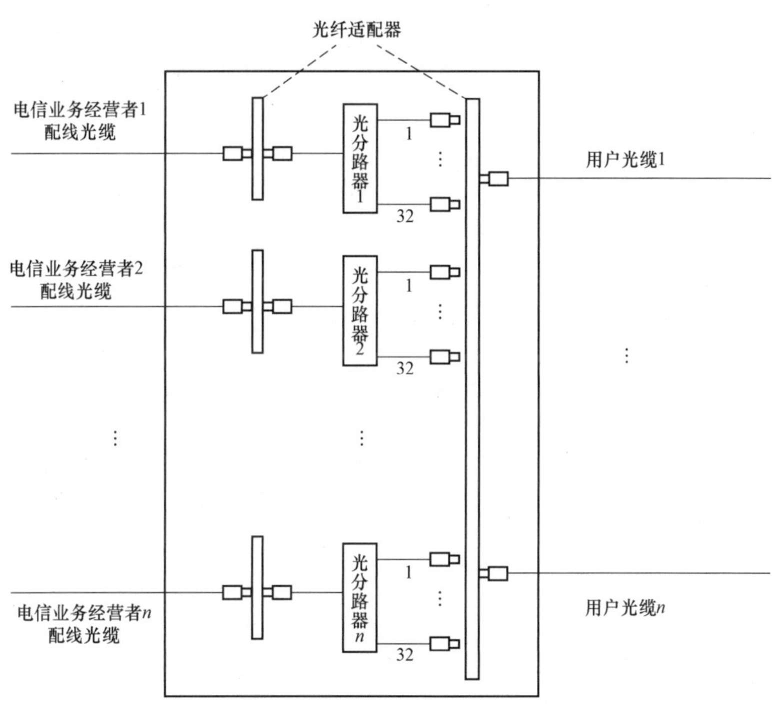

图 16-49　用户接入点设备连接方式 2（共用光缆配线箱）

光分路器由提供业务的电信业务经营者负责选择、配置和安装。可选用盒式分光器、盒式分光器插槽、盒式分光器插箱、通用托盘式分光器、出纤托盘式分光器和机架式光分配箱（PLC 插片式光分路器）。

光分路器应采用全带宽型（工作波长的范围为1260～1650nm）和均匀分光型的平面波导型光分路器。光分路器端口类型的选用既要考虑方便维护管理又要考虑减少活动连接点的数量。

（1）当光分路器安装点的光缆成端不配置适配器时，宜选用适配器型（含插头和适配器）光分路器。

（2）当光分路器安装点的光缆成端配置适配器时，宜选用尾纤型（含插头）光分路器。

（3）光分路器引出尾纤宜采用ϕ2.0mm 或ϕ0.9mm 外护套尾纤，引出长度不宜超过 1.5m。

（4）光分路器连接业务网络侧端口称为合路侧端口，连接用户侧的端口称为支路侧端口。常用光分路器的分路比有 $1\times N$ 和 $2\times N$（N 为 2、4、8、16、32、64 和 128 等）。

2. 连接器

建议选用 SC 和 LC 光纤逻辑器件。

（1）LC 接头。因采用传统的陶瓷面接触，而具有纤芯距离宽、对位精确、耦合准确、清洁简易及单、双工的配置等特性。LC 可以支持 10Mbit/s 到 10GMbit/s 以太网络的应用。

（2）SC/ST 连接器。由接头和适配器配套组成，分为单工和双工两类。因为连接器相连部位为陶瓷接触，因此，连接头采用传统的制作方式或利用光尾纤融接。

（3）FC 连接器。外部加强采用金属套，紧固用螺丝扣，金属接头的可插拔次数比塑料要多。一般在 ODF 侧采用（多用于配线架）。

3. 光缆选用

用户接入点至楼层配线箱之间的用户光缆应采用 G.652 光纤；楼层配线箱至家居配线箱之间的用户光缆应采用 G.657 光纤；当需要使用弯曲不敏感光纤时，宜选用模场直径与 G.652 光纤相匹配的 G.657 单模光纤。

（1）室外用光缆应根据线路路由的实际环境条件，新建、改扩建工程原则采用管道敷设方式；在现场条件不具备时，采用架空、路面微槽或架空微型自承式等敷设方式。

1）采用管道或硅芯管保护的光缆结构宜采用防潮层+PE 外护层，选用 GY（D）TA、GY（D）TS、GY（D）TY53、GYF（D）TY、GYDG（T）A、GYDG（T）S、GYDG（T）A53、GYDG（T）Y53、GYFDG（T）Y 等形式。

2）架空光缆结构宜采用防潮层+PE 外护层，选用 GY（D）TA、GY（D）TS、GY（D）TY53、GY（D）FTY、GYDG（T）A、GYDG（T）S、GYDG（T）A53、GYDG（T）Y53、GYFDG（T）Y、ADSS、OPGW 等形式，一般在新建工程中不采用。

3）路面微槽光缆结构宜采用金属管+PE 内护层或防潮层+PE 内护层，宜选用 GLTS、GLFXTS、GLMXTY 等形式。

4）架空微型自承式光缆结构宜采用 8 字形结构或扁平型结构，选用 GYWXTC8Y、GYWMXTC8Y、GYWFXTC8Y、GYWFTC8Y、GYWFXTCBY、GYWFCY 等形式。

（2）室内用光缆根据实际应用场景，主要分为垂直布线、水平布线敷设方式。

1）垂直布线光缆结构宜采用干式结构＋紧套光纤＋非延燃外护层，选用 GJJV、GJFJV、GJDV、GJFDV、GJBJV、GJBFJV、GJBFJH、GJPFV、GJPFJV、GJFJH、GJFJBH 等形式。

2）水平布线光缆结构宜采用干式结构＋非延燃外护层，选用 GJX（D）V、GJXF（D）V、GJX（D）H、GJXF（D）H、GJFJV、GJXJH、GJFJBV、GJFXBH、GJFJVV、GJJG02 等形式。

4. 跳纤选用

主要用于电信业务经营者与建筑物建设方配线柜（箱）之间、光纤模块之间跳接管理使用。

（1）跳纤一般情况下宜选用 G.652 光纤。在光纤盘留空间小、弯曲半径要求严格等情况下，选用 G.657 光纤。跳纤应采用外护套进行保护。跳纤直径可分为 0.9mm、2.0mm、3.0mm 三种，在同等条件下推荐使用直径为 2.0mm 的跳纤。

跳纤选用的接口类型应与适配器一致。

（2）跳纤长度。跳纤长度系列以 0.5m 为间隔，储纤长度不超过 1m。为最大限度地减少架内跳纤长度，2.6m 以下机柜，架内跳纤长度选定为 2m、2.5m、3m、3.5m 四种；2.6m 以上机柜，架内跳纤长度选定为 2m、3m、4m、5m 四种。架间跳纤每增加 1 架则增加跳纤长度 1m。

5. 配线设备

光缆配线系统中的配套设备箱体主要是光分纤箱/盒、光缆接续盒，室外或垂直多芯用户光缆必须经过这些设备才能通过水平用户光缆进入室内信息配线箱。配套设备应尽量靠近用户。对于楼宇用户，配套设备应首选安装在建筑物内。新建楼宇采用壁龛式，旧楼改造可采用壁挂式并设置在楼梯间、用户门口或原有配线线箱内；当不具备条件时，可选室外安装。在室外安装时可选择落地式、（引上至电杆或墙上）架空式、壁挂式等方式安装，但不应安装在人（手）孔内或其他环境条件差等不利于施工和维护的场所。

在旧楼内设置配套设备时应考虑配套设备的体积和安装位置。

（1）分纤箱：

1）光分纤箱/盒：主要用于室内外光缆的集中成端、连接调度。分为室外型和室内型，可采用落地、架空和壁挂等安装方式。

2）光缆接续盒：主要用于室内外配线光缆与引入光缆的接续。分为室外型和室内型，可采用架空和壁挂等安装方式。

3）MPO 光纤配线箱

可将 SC/LC 的光纤配线集成于 1U 空间内的光纤模块配线箱。单个模块结构是将 12 芯的 MPO 连接器分支成为 12 个单芯的光纤连接器，因此，模块的前端是 12（24）个单芯的光纤连接器插座，背部则是安装了一个或两个 MPO 连接器插座。模块内部则是经过工厂配接和测试合格后，使用光纤引线将模块的前面板插座与背部的 MPO 插座完成内部的接续。

（2）信息配线箱：

1）电气性能、机械物理特性和环境性能应满足相关标准规定。

2）光纤接续和配线模块的机械物理特性和光学性能应满足 YD/T 1272.1、YD/T 1272.3、YD/T 2341.1 和 YD/T 2341.2 中规定的光纤活动连接器的要求，其他光纤接续类产品应符合相应产品标准。

3）数据配线模块的电气性能至少应满足 YD/T 926.3 中超 5 类的要求。数据配线模块应明确标示产品性能等级。一进多出不得采用简单并联方式，无论采用何种方式都应符合相应标准要求。

4）有线电视分配器应满足 GY/T 137 中通用型分配器规定的要求。

5）智能控制系统、安保系统、音视频分配系统等的配线模块应保证支持各系统工作的可靠性，性能应符合相应产品标准要求。

6）当采取 FTTH 光纤到户时，可以将光网络单元 ONU 放置在配线箱中，配线箱应提供放置的空间。

7）路由器、交换机、电话交换机等也可以放置在信息配线箱中，便于集中管理、分配。各种有源设备应符合相应产品标准，通过国家认可的相关部门检测或认证。

8）安装无线设备时，对配线箱的特殊要求由用户与厂家协商。

9）配线箱中有源设备的供电可采用低压电源接入或 220V 电源插座的方式。当采用 220V 交流电接入箱体内电源插座的方式时，应注意强弱电安全隔开。

16.6 配线设施安装设计

16.6.1 缆线敷设

1. 管槽利用率和敷设管槽弯曲半径

（1）管槽利用率。穿放 4 芯以上光缆时，直线管的管径利用率应为 50%～60%，弯曲管的管径利用率应为 40%～50%。穿放 4 芯及 4 芯以下光缆或户内 4 对对绞电缆的导管截面利用率应为 25%～30%，槽盒内的截面利用率为 30%～50%。

管径利用率和截面利用率的计算公式如下

$$管径利用率 = d/D \tag{16-2}$$

式中：d 为缆线外径；D 为管道内径。

$$截面利用率 = A_1/A \tag{16-3}$$

式中：A_1 为穿在管内的缆线总截面积；A 为管径的内截面积。

（2）曲率半径。按缆线最小弯曲半径进行设计，如存在多种线缆（如手持摄像机线缆或专用、自承重线缆）时，考虑缆线敷设不会导致缆线护套变形，所受负荷不超过规定指标，并以最高要求为准。该指标包括安装、动态运行、静态运行三种情况。通常情况下，4 对及以下平衡电缆的最小弯曲半径应为 50mm，四芯及以下光缆的最小弯曲半径应为 50mm。光缆的最小弯曲半径应为缆径的 10 倍，且不小于 30mm；同轴电缆的最小弯曲半径应为缆径的 10 倍。

其他铠装通信电缆的最小弯曲半径应为缆径的 8 倍，特定的线缆结构可能需要更大的弯曲半径。

1）综合布线系统管线的弯曲半径见表 16－9 的内容。

表 16－9 管线敷设弯曲半径

缆线类型	弯曲半径
2 芯或 4 芯水平光缆	大于 25mm
其他芯数和主干光缆	不小于光缆外径的 10 倍
4 对屏蔽、非屏蔽电缆	不小于电缆外径的 4 倍
大对数主干电缆	不小于电缆外径的 10 倍
室外光缆、电缆	不小于缆线外径的 10 倍

注：当缆线采用电缆桥架布放时，桥架内侧的弯曲半径不小于 300mm。

2）光缆管槽的弯曲半径见表 16－10。

表 16－10　　光缆管槽弯曲半径

外护层形式/光缆类型		静态弯曲	动态弯曲
无外护层或 04 型外护层、路面微槽缆、水平布线、垂直布线光缆		10D	20D
53、54、33、34、63、64 型外护层		12.5D	25D
333、43 型外护层		15D	30D
接入网用室内外光缆		15D/15H 30D/30H	30D/30H
微型自承式通信用室外光缆		10D/10H（不小于 30mm）	20D/20H（不小于 60mm）
蝶形引入光缆、管道入户光缆、室内布线光缆	G.652 光纤	10D/10H（不小于 30mm）	20D/20H（不小于 60mm）
	G.657A 光纤	5D/5H（不小于 15mm）	10D/10H（不小于 30mm）

2. 光缆敷设预留长度

严格执行设计、施工、验收规范，严格控制成端和接续长度，为了降低线路衰减，延长接入距离，减少预留光缆的盘存空间，要合理利用人孔、通道、电杆等的维护空间资源。光缆在光纤配线架、光缆交接点、分纤盒、接头盒等处成端或接续后剩余的光缆应尽量短，除必要外，光缆布放不做预留。对绞电缆在终接的部位需要预留，以便电缆做二次施工。

（1）人（手）孔预留。人孔或手孔中光缆接续时，其预留长度应符合表 16－11 的规定。在设计中如有要求做特殊预留的长度，应按规定位置妥善放置（例如预留光缆是为将来引入新建的建筑）。

表 16－11　　光缆敷设的预留长度　　（单位：m）

敷设方式	人（手）孔内弯曲增加长度	接续每侧预留长度	设备每侧预留长度	备注
管道	0.5～1.0	10～20	10～20	管道或直埋光缆需引上架空时，其引上地面部分每处增加 6～8

（2）架空预留。为适应和减少环境变化引起的光缆线路特性改变，架空光缆应在每根电杆上做 U 型预留（20cm）。

（3）室内光缆预留长度：

1）光缆在配线柜处预留长度为 3～5m。

2）光缆在楼层配线箱处预留长度为 1～1.5m。

3）光缆在信息配线箱、家居配线箱成端时预留长度不小于 500mm。

4）光缆纤芯在光纤配线模块处不做终接时，应保留光缆施工预留长度。

3. 光纤接续与成端

（1）光纤接续。

1）光纤熔接。在光纤配线网中，为了降低光纤链路的衰减与保障光纤连接点的完好，在光纤网络中尽量减少光纤接头数量，光缆之间及光纤尾纤和光缆光纤之间的接续方式以热熔接方式为主。

2）机械连接的方式只是在光缆运行的过程中出现断纤时，作为一种可以选用的光纤连接方式。

3）光纤跳线在工程中尽量选用厂家定制的产品。在光纤到用户单元和光纤到住宅用户的工程中，多芯数的光缆为降低线路衰减，减少障碍点，在光缆分歧点处应采取掏接方式，只将需要的光纤引出，禁止将光缆全部切断后再接续。

需要说明的是，对于对绞电缆，在布放的路由中是不能够出现连接点的，即使市场上有电缆芯线的连接器件，在综合布线工程中也能不被采用。

（2）光纤连接衰耗指标。

1）热熔接衰减：① 单芯光纤接续的双向衰减平均值应小于 0.08dB；② 带状光纤接续的每带双向衰减平均值应小于 0.12dB，其中，单芯最大值应小于 0.15dB。

2）机械接续损耗：① 采用机械接续时，单芯光纤双向平均衰减值应不大于 0.1dB，最大损耗应不大于 0.2dB；② 现场制作的机械连接器，衰减值应不大于 0.5dB。

（3）光纤成端。在以下情况时，光缆需要做成端处理：① 室外光缆引入建筑物的部位，需要转换为室内光缆时；② 单根多芯光缆需要递减分支成为多根小容量光纤光缆时。

16.6.2 管槽安装

布线导管或桥架的材质、性能、规格以及安装方式的选择应考虑敷设场所的温度、湿度、腐蚀性、污染以及自身耐水性、耐火性、承重、抗挠、抗冲击等因素对布线的影响。地下管道敷设时，应考虑敷设深度、预防地下管线水淹，放置在管道内的电缆应具有对外部环境的适应能力。

1. 管槽的选用

综合布线系统管槽应该分为导管和桥架两大类，但是桥架又可以包括槽盒、托盘和梯架。从缆线信息安全和消防角度考虑，应选用金属材质的导管和槽盒。管槽分类见表 16－12。

表 16－12　　管　槽　分　类

路径系统	特　　征
槽盒	（1）封闭式，包括底座和顶盖 （2）为线缆或绝缘导体、电气或通信附件提供保护 （3）具有单个或多个分隔形式，具有金属或非金属两种样式
托盘	（1）开放式，包含一个底座和侧板构建 （2）用于水平路径中保护并承载线缆 （3）主要应用在地板、屋顶空间或限制进入的区域（如吊顶、地下室、设备间、电信间等） （4）具有金属或非金属两种样式
金属网格式托盘	（1）一种使用金属网格的线缆托盘系统 （2）主要为金属样式
梯架	（1）开放式梯式相隔安装 （2）水平路径中保护并承载线缆 （3）主要用在水平和垂直路径 （4）具有金属或非金属两种样式
导管	（1）截面为圆形的封闭式管 （2）为线缆或绝缘导体提供保护 （3）具有金属或非金属两种样式

2. 管槽安装要点

（1）布线导管或槽盒在穿越防火分区楼板、墙壁、天花板、隔墙等建筑构件时，其空隙或空闲的部位按建筑构件耐火等级的规定封堵。塑料导管或槽盒及附件的材质应符合相应阻燃等级的要求。

（2）布线导管或桥架在穿越建筑结构伸缩缝、沉降缝、抗震缝时，应采取补偿措施。

（3）布线导管或槽盒暗敷设于楼板时，不应穿越机电设备基础。

（4）暗敷设在钢筋混凝土现浇楼板内的布线导管或槽盒最大外径宜为楼板厚的 1/4～1/3。

（5）导管选用：建筑物内采用导管敷设缆线时，应采用金属管、可弯曲金属电气导管等保护，具体见表 16－13 和表 16－14。

表 16－13　　导　管　选　用

安装方式与材质	安装位置	管槽要求
热浸镀锌厚壁钢管	建筑物室外引入管	（1）外径 50～63.5mm 钢管，壁厚度不小于 3mm （2）外径 76～114mm 钢管的壁厚度不小于 4mm
热镀锌钢管、重型包塑可弯曲金属导管	建筑物内地下室各层楼板或潮湿场所	壁厚不小于 2.0mm
热镀锌钢导管或可弯曲金属导管	二层底板及以上各层钢筋混凝土楼板和墙体内	壁厚不小于 1.5mm
钢导管	多层建筑砖墙或混凝土墙内竖向暗敷	外径不大于 50mm
钢导管	金属槽盒引入信息配线箱或过路箱	外径 20～25mm
钢导管	竖井内钢筋混凝土楼板	外径不小于 89mm 的竖向金属套管群

表 16－14　　不同场景采用的管槽

敷设对象	使用管槽
水平缆线敷设	导管、桥架
槽盒、托盘引出至信息插座	导管
吊顶内	托盘、槽盒
吊顶或地板下缆线引入至办公家具桌面	垂直槽盒
地板下缆线引入至办公家具桌面	家具内管槽
墙体内	导管
大开间地面	架空地板下或网络地板内的托盘、槽盒

（6）导管与槽盒的直线连接、转角、分支及终端处采用专用附件连接。

（7）在明装槽盒的路由中，当直线段不大于 3m 及接头处、首尾端及进出接线盒 0.5m 处、转角处设置吊架或支架。

（8）路由中每根暗管的转弯角不应多于 2 个，且弯曲角度应大于 90°。

（9）导管或槽盒直线路由每 30m 处、有 1 个转弯的导管长度大于 20m 时、有 2 个转弯的导管长度不超过 15m 时、路由中有反向（U 型）弯曲的位置时，设置过线盒。

（10）导管管口伸出地面部分应为 25～50mm。

（11）在连续路径（如线缆托盘）中，线缆的堆积高度不应超过 150mm；在不连续路径（如网格式托盘、梯架）和间断支撑路径（如吊挂钩）中，线缆的最大堆叠高度应按照表 16－15 计算。

表 16－15　　堆　叠　高　度　计　算

支撑点之间的距离 l/mm	公式	最大堆积高度 h/mm
0	$h=150/(l\times0.0007+1)$	150
100		140
150		136
250		128
500		111
750		98
1000		88
1500		73

16.6.3 设备安装工艺要求

1. 工作区信息插座安装

（1）避开水或其他污染物浸入的位置。

（2）不应选用和配电柜通用的插座或插头来作为连接硬件。

（3）安装在安全工作区固定的位置，如承重墙和柱子上。

（4）无人区域的信息插座可安装在吊顶上方或架空地板下方。

（5）信息插座的安装位置应防止被移动的物体造成意外损坏，如移动的吸尘器、活动架和医院病床等。

（6）信息插座的安装位置需满足周围区域的日常维护与清扫。

（7）缆线终接连接图。综合布线系统5类、6类、6_A类可以根据网络端口的类型采用T568A和T568B的连接方式，对7类布线系统的插座采用非RJ45连接方式。光纤采用单工或双工或预端接的光纤适配器连接方式。

1）电缆连接图。对7类及以上的布线系统采用图16－50插座连接方式，并符合IEC 60603－7标准。插座使用插针1、2、3、4、5、6、7和8时，能够支持5/6/6_A类和7/7_A类布线应用。图16－51是符合IEC 61076－3－104标准的模块连接图要求，模块可以使用转换跳线兼容IEC 60603－7标准类型模块。

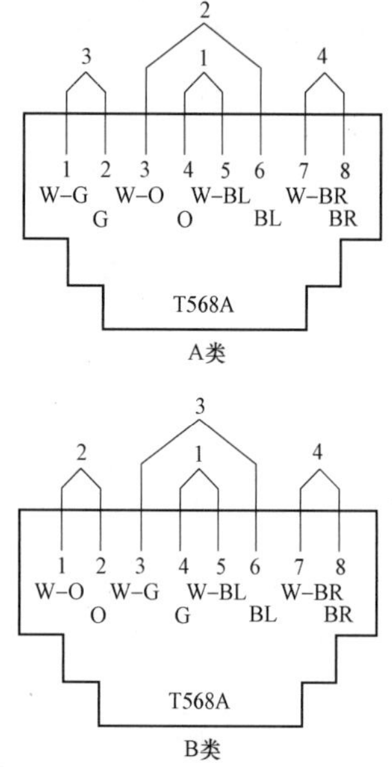

图16－50 8位模块式通用插座连接

G（Green）—绿；BL（Blue）—蓝；BR（Brown）—棕；W（White）—白；O（Orange）—橙

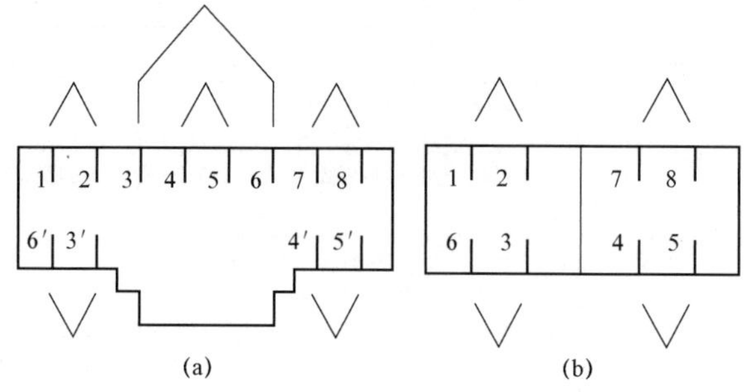

图16－51 7/7_A插座连接（正视）

（a）正视方式1；（b）正视方式2

注：在（a）中，7/7_A类中使用的插针3′、4′、5′和6′与5类和6/6_A类使用的插针3、4、5和6相对应。

在（b）中，该模块的插针与IEC 60603－7系列模块相对应。

2）光纤连接图：

① 双工光纤连接器，如图16－52所示。注意光纤连接的极性，做到A、B端面相连接。

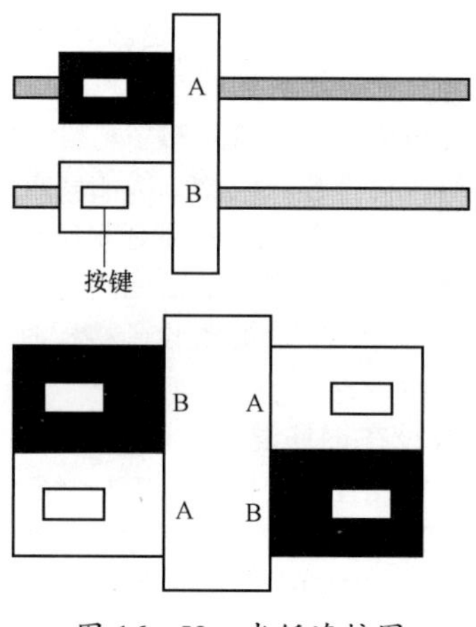

图16－52 光纤连接图

② 多芯光纤连接器，如图16－53所示。

图16－53中编号和颜色的对应关系：01蓝色、02黄色、03红色、04白色、05绿色、06紫色、07橙色、08深蓝灰/灰色、09水绿/青色、10黑色、11棕色、12玫瑰红。

2. 机柜、机架安装位置

（1）符合使用空间、满足地面荷载、设备的搬运和移动及其他要求。

（2）场地走道预留至少0.9m的宽度。

（3）机柜、机架的高度不应超过2.4m，采用吊装方式时，则不应超过空间总高度的75%。

（4）机柜、机架及其环境空间的设计和尺寸应确保：

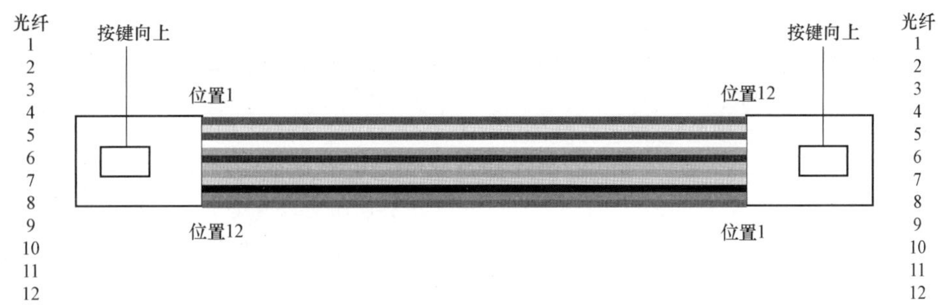

图 16－53　多芯光纤连接图

1）符合最小弯曲半径（静态和动态运行的）的设计要求。

2）能为缆线和跳线的管理提供空间（水平和垂直方向）。

3）提供合理的功能接地和保护接地配件。

4）提供足够的通风。

（5）机柜数量规划应计算配线设备、网络设备、电源设备及理线等设施的占用空间，并考虑设备安装空间的冗余和散热需要。

（6）机柜单排安装时，前面净空不应小于1000mm，后面及机列侧面净空不应小于 800mm，多排安装时，列间距不应小于 1200mm。

（7）在公共场所安装配线箱时，暗装箱体底边距地不宜小于 1.5m，明装式箱体底面距地不宜小于1.8m。

（8）机柜、机架、配线箱等设备的安装采用螺栓固定。在抗震设防地区，设备安装应采取减震措施，并按规定进行基础抗震加固。

16.6.4　场所设置要求

布线设施安装场所包括电信间、设备间和进线间。基本按照无人值守的机房要求进行设计，应满足消防、安防、空调、供电、防雷、接地及配线设备安装工艺等方面的技术要求。

1. 环境工艺要求

（1）门最宽不小于 1m，高不小于 2.13m，无门槛和配锁，门中间无门柱（固定或移动），以方便大型设备出入。

（2）提供 2.6m 的无障碍净高（如喷淋头、照明装置或摄像头场地）。

（3）因散热要求，吊顶内使用了桥架或设置高于2.13m 的机柜、机架时，需要增加无障碍高度。

（4）基础设施的荷载分布式地板，最低承载能力应为 7.2 千帕。

（5）地板、墙壁和天花板应进行处理，以避免产生粉尘。

（6）活动地板开口的面积应为机柜或机架满负载时所安装的所有线缆截面积和的两倍，如果地板开口使用孔圈或毛刷，则开口的大小可能需要增加。

（7）房屋的水泥地面高出本层地面不应小于100mm 或设置防水门槛。

（8）室内地面应具有防潮、防尘、防静电等措施。

（9）室内不应设置与安装的设备无关的水、风管及低压配电缆线管槽竖井及设施的其他管槽。

（10）室内温度应保持在 10～35℃，相对湿度宜保持在 20%～80%之间。当房间内安装有源设备时，应采取满足信息通信设备可靠运行的对应措施。

（11）室内应设置不少于 2 个单相交流 220V/10A 电源插座盒，每个电源插座的配电线路均装设保护电器。设备供电电源需另行配置。

（12）房屋应远离供电变压器、发动机、发电机、X 射线设备、无线射频或雷达发射机等设备，以及有电磁干扰源、粉尘、油烟、有害气体以及存有腐蚀性、易燃、易爆物品存在的场所。

（13）房屋不应设置在厕所、浴室或其他潮湿、易积水区域的正下方或毗邻场所。

（14）房屋设置在地下时应防止渗水，宜在室内设置排水地沟并与附近设有抽排水装置的集水坑相连。地下房屋宜采用轴流式通风机通风，排风量按每小时不小于 5 次换气次数计算。

（15）布线房屋之间及与电信运营经营者的通信机房、弱电竖井等之间设置互通的管槽。

2. 房屋对布线要求

（1）分隔机柜、机箱或机架的走道应与照明及防火规划相协调。

（2）照明应置于走道上方，不能置于机柜、机箱、机架和架空桥架上方。

（3）管槽不应置于影响灭火系统正常操作的地方，如消防栓附近。

（4）布线路由不应置于阻挡空调设备出风、回风空气流通的地方。

（5）布线路由不能妨碍那些需经常维护的基础设施（比如阀门、插座、烟感器等）。

（6）地板下路路由不能置于上述的这些设备上方，除非相邻的地板可以开启。

3. *安装场地要求*

（1）电信间：

1）数量的确定。电信间数量应按所服务楼层面积及工作区信息点密度与数量确定。同楼层信息点数量不大于400个时，宜设置1个电信间；大于400个信息点时，或水平缆线的距离超过90m时，宜设置2个及以上电信间；楼层信息点数量少且水平缆线长度在90m范围内时，可多个楼层合设一个电信间。

2）电信间面积的需求。根据工程中配线设备与以太网交换机设备的数量、机柜的尺寸及布置，电信间的使用面积不应小于5m²。当电信间内需设置其他通信设施和弱电系统设备箱柜或弱电竖井时，应增加使用面积。机柜的宽度和厚度及机柜的使用数量，同样会影响到电信间的面积，一般在工程中，电信间取8m²较为合适。

3）信息安全等有特殊要求时，所有涉密的信息通信网络设备和布线系统设备在电信间安装时，应对空间采取物理隔离或安放在专用的电信间内，并设置独立的涉密机柜及布线管槽。

4）如在电信间内安装楼宇弱电系统相关的设备时，各弱电子系统布线设备设在自用的机柜内。当各弱电设备容量较少时，也可在同一机柜内作空间物理隔离后安装。

（2）设备间：

1）应根据设备的数量、规模、网络构成等因素，综合考虑设备间设置的位置。每幢建筑物内应设置不少于1个设备间；当建筑物内设置光纤到用户单元系统时，单独设置设备间；当电话交换机与计算机网络设备分别安装在不同的场地时、有安全要求时或有不同业务应用需要时，可设置2个或2个以上配线专用的设备间。

2）当综合布线系统设备间与建筑内信息接入机房、信息网络机房、用户电话交换机房、智能化总控室等合设时，房屋使用空间应作分隔。

3）设备间内的空间应满足布线系统配线设备的安装需要，其使用面积不应小于10m²。当设备间内需安装其他信息通信系统设备机柜或光纤到用户单元通信设施机柜时，应增加使用面积。

4）设备间宜设于干线子系统的中间位置，并应考虑主干缆线的传输距离、敷设路由与数量，宜尽可能靠近建筑物布线主干缆线竖井位置，宜设置在建筑物的首层或楼上层。当地下室为多层时，也可设置在地下一层。

（3）进线间：

1）在单栋建筑物或由连体的多栋建筑物构成的建筑群体内应设置不少于1间进线间；如果该建筑具有数据中心时，应设置2间专用的进线间，以保障线路的安全运行。

2）进线间提供安装综合布线系统入口设施及不少于3～5家电信业务经营者入口设施的使用空间及面积。进线间面积不宜小于10m²。

3）进线间设置管道入口，入口的尺寸应满足不少于3家电信业务经营者通信业务接入，及建筑群布线系统和其他弱电子系统的引入管道管孔容量的需求，并且做好防水处理。

4）对大型公共综合体建筑，应考虑两个外部管道入口，以确保线路的安全。

5）进线间应满足室外引入缆线的敷设与成端位置及数量和缆线的盘长空间和缆线的弯曲半径等要求。

16.7 防护与接地

16.7.1 电气防护

布线系统的电气防护中，电力电缆及建筑物其他管线和综合布线之间的间距要求，在布线系统的安装设计时，考虑的技术要素：屏蔽或非屏蔽缆线和器件的选用，金属或非金属管槽的选用，金属桥架是否密闭，是否利用建筑的金属构件作空间分隔，线缆敷设路由平行距离及接地是否良好等。

布线工程中，首先需要考虑的是传输线路受到电场和磁场的干扰。布线规范明确规定了综合布线电缆与附近可能产生高电平电磁干扰的电动机、电力变压器、射频应用设备等电器设备之间的间距。我国《民用建筑电气设计规范》中对电力线、弱电线缆、接地线、建筑机电设备线缆、消防线缆等做了详尽的规定，读者可以在工程电气专业设计时参阅。

（1）与电力电缆的间距见表16-16。

表16-16 综合布线电缆与电力电缆的间距

类别	与综合布线接近状况	最小间距/mm
380V电力电缆＜2kVA	与缆线平行敷设	130
	有一方在接地的金属槽盒或钢管中	70
	双方都在接地的金属槽盒或钢管中	10①

续表

类别	与综合布线接近状况	最小间距/mm
380V 电力电缆 2～5kVA	与缆线平行敷设	300
	有一方在接地的金属槽盒或钢管中	150
	双方都在接地的金属槽盒或钢管中	80
380V 电力电缆大于 5kVA	与缆线平行敷设	600
	有一方在接地的金属槽盒或钢管中	300
	双方都在接地的金属槽盒或钢管中	150

① 双方都在接地的槽盒中（指两个不同的线槽），可在同一线槽中用金属板隔开，且平行长度不大于 10m。

（2）铠装电缆和电磁干扰源间距要求。包括各种类型的灯和用于弧焊、高频感应加热、医院、广播、电视和无线电传输系统等设备。表 16－17 为最小推荐分隔距离（不考虑屏蔽效率）。可能的干扰源，如频率范围、谐波、瞬变、脉冲，传输功率等，也可通过各种保护方式保护或分隔或远离干扰环境。

表 16－17　铠装电缆和电磁干扰源间距

干扰源	最小间隔/mm
荧光灯	130
霓虹灯	130
水银灯	130
高强度放电	130
电焊机	800
高频感应加热	1000

（3）综合布线系统管线和电力线及其他建筑电气设施之间应保持应有的间距。在数据中心机房中，综合布线系统的缆线主要考虑与电力线、空调设备、配电设备、照明灯具、摄像机安防缆线、广播缆线之间的间距。目前，不同的规范对间距不明确的规定，可以参考 GB/T 16895.10《低压电气装置　第 4－44 部分：安全防护　电压骚扰与电磁骚扰防护》、GB/T 16895.10 等标准。

1）GB/T 16895.10/IEC 60364－4－44 中规定，电力电缆和信息技术电缆平行敷设时：

① 平行长度不大于 35m，不需要做分隔。

② 屏蔽电缆平行长度大于 35m，不需要做分隔。

③ 非屏蔽电缆平行长度大于 35m 时，距缆线末端 15m 处开始均需做分隔（空间分隔间距为 30mm，或在电缆之间采用金属板作隔离）。

④ 信息技术电缆与荧光灯、氖灯、荧光高压汞灯（或高强气体放电灯）之间的最小间距为 130mm。

⑤ 电缆与信息技术电缆不宜一起成束敷设，各束相互之间应作电磁分隔。

2）GB/T 34961.2—2017《信息技术　用户建筑群布缆的实现和操作　第 2 部分：规划和安装》ISO/IEC 14763－2 中规定，满足以下条件时不要求信息技术布缆和电力布缆之间进行分隔。

① 电力线为单相回路。

② 最大总功率为 10kVA。

③ 当使用电压为 110V 或 120V 时，瞬时电流不大于 80A；当使用电压为 230V 时，瞬时电流不大于 32A 时。

④ 电力线在完整的护套内互绞在一起，或用胶带缠绕绑扎在一起。

3）在 GB 50303—2015《建筑电气工程施工质量验收规范》14.1.2 中提道：

① 除设计要求以外，不同回路、不同电压等级和交流与直流线路的绝缘导线不应穿于同一导管内。

② 采用以太网 PoE 供电方式时，信号传送和电源供给共用同一对绞芯线，对线承载电源电压应小于 48V，功耗为 13～60W。

③ 强弱电缆线共用同一底盒时，缆线的终端空间应采用金属板做分隔。

16.7.2　接地

1. 总技术要求

布线系统的接地设施由布线工艺提出技术要求，土建工程一并考虑。在土建设计时，布线工艺应提出端子板材质、尺寸、位置、接地电阻值等要求。

综合布线系统在屏蔽布线系统屏蔽层、金属管槽两端、金属箱盒体、机柜与机架、外线引入缆线金属构件、防雷电保护、工作区电源插座需接地。

等电位联结是为了保证人身安全及设备安全，防止设备漏电、静电放电等意外情况对设备和人身的伤害。屏蔽、非屏蔽布线系统接地将保证电磁兼容性能（EMC）及降低对周围设备的干扰，以保障设备的安全运行。

2. 等电位联结与接地电阻值

综合布线系统接地需要考虑等电位联结和接地电阻值这两个关键问题，缺一不可。

（1）等电位联结。综合布线系统一般不采用独立的接地体，如果采用此接地方案时，将会在一个建筑物的外部地面打入接地体，而且和其他系统的接地体之间需要保持 20m 的间距。因此，布线系统的接地是直接使用建筑物的联合接地系统，并在建筑物的电信间、设备间、进线间或各楼层信息通信竖井内均设置局部等电位联结端子板，实现等电位联结。

（2）接地电阻值。当布线系统必须单独设置系统接地体时，其接地电阻值应不大于 4Ω。当布线系统的接地系统中存在两个不同的接地体时，其接地电位差应不大于 1V。一般在布线工程的设计中，不会提出单独设置地体的要求，而是使用建筑物的联合接地体实现等电位联结。

3. 接地导体

（1）机柜与机架接地导体要求配线柜接地端子板特别强调，应采用两根不等长度且截面不小于 $6mm^2$ 的绝缘铜导线接至就近的等电位联结端子板。使用两根不等长的接地导线并联联结的原因是：当连接导体的长度为干扰频率波长的 1/4 或其奇数倍时，其阻抗为无穷大，相当于一根天线，可接收或辐射干扰信号，而采用两根不同长度的连接导体，可以避免其长度为干扰频率波长的 1/4 或其奇数倍，为高频干扰信号提供一个低阻抗的泄放通道。所以，2 根不同长度（哪怕仅相差 20mm）的接地导线联结，可以满足超高频传输的接地要求。这样的接地系统能够保证任何频点的感应电荷都能被转化为感应电流，泄放到大地，以免影响综合布线系统的信噪比。

（2）接地导体规格要求见表 16－18。

表 16－18　接地导体规格要求

接地对象	接地导体（采用绿色绝缘护套）
等电位联结导体	直径不小于 4mm
连接 TMGB 以及 TGB 的接地母干线（TBB）	截面积 $16mm^2$（小于 4m）～$95mm^2$（大于 20m）
共用等电位联结网格（上方或架空地板下）	2AWG（$35mm^2$）
PDU 或电气面板的连接导线	电气标准或按照制造厂商要求
HVAC 设备	6AWG（$16mm^2$）
线缆金属桥架	6AWG（$16mm^2$）

4. 屏蔽布线系统接地

屏蔽布线系统的屏蔽层应保持可靠连接、全程屏蔽，在屏蔽配线设备安装的位置应就近与机房等电位联结端子板可靠连接。实际的布线系统工程中，对于屏蔽布线系统的接地，一般在配线设备（FD、BD、CD）的安装机柜（架）内设有接地端子板，接地端子与屏蔽模块的屏蔽罩相连通，机柜（架）接地端子则经过接地导体连至楼宇等电位接地装置。为了保证全程屏蔽效果，工作区屏蔽信息插座的金属罩并不需要引出接地的导体做接地处理，屏蔽信息插座的金属罩可通过相应的方式与 TN－S 系统的 PE 线接地，但不属于综合布线系统接地的设计范围。

5. 金属管槽接地

综合布线的电缆采用金属导管、梯架、托盘、槽盒敷设时，管槽应保持连续的电气连接，并应有不少于两点（两端）良好的局部等电位联结。当管槽距离大于 50m 时，应增加等电位联结点。采用金属托盘敷设对绞电缆时，托盘金属盖板与托盘金属底座之间应选用小于 10cm 的金属编织或网状带作不少于两点的连接。

6. 引入线缆接地方式

当缆线从建筑物外引入建筑物时，电缆、光缆的金属护套或金属构件应在入口处就近与等电位联结端子板连接。

7. 机柜/架接地方式

柜/架内设置专用的接地排，采用垂直或水平安装方式。柜/架内的每个设备/配线架采用并行连接的方式，使用各自的接地导体连接至汇接排。

16.7.3　缆线安全特性

前信息技术电缆及光缆的安全特性等级的相关国家标准，都来源于国际标准或者是美国标准、欧洲标准。国外在缆线安全特性方面标准的侧重点各有差异。缆线的安全特性可以从阻燃特性、热能释放特性、烟气特性、滴漏特性和毒性五个方面来衡量。

1. 缆线阻燃性能分析

目前市场上销售的所有网络对绞电缆，经常可以看到印有 FR/PVC（阻燃 PVC 缆线），FR/LSOH（阻燃低烟无卤缆线）字样的缆线及通过美国 UL 认证的 CM、CMR、CMP 的缆线。我们选择时，会存在一个误区，觉得非低烟无卤不可。

从欧盟草案对缆线防火等级的划分可以看出，阻燃缆线为 B1、B2、D、E，北美标准则为（主要为 CMP、CMR 级电缆和 OFNP、OFCP 级光缆）。缆线阻燃等级的定义不取决于缆线的材质，而取决于缆线符合相应的测试标准。低烟无卤（LSOH）是指缆线的使用材料，但不能够看成为缆线的阻燃等级。

在线缆防火性能的测试上，燃烧的条件，在 30mm 长度的线槽中，将 50 根线缆成束，采用甲烷燃烧 20min。考核火势蔓延距离、燃烧时间、释放热量、峰值烟雾、一氧化碳及毒性等方面的性能指标。

2. 阻燃缆线的选用

根据建筑物的防火等级对缆线燃烧性能的要求，综合布线系统在缆线选用、布放方式及安装场地等方面应采取相应的措施。综合布线工程设计选用的电缆、光缆应从建筑物的高度、面积、功能、重要性等方面加以综合考虑。缆线在不同的场合（如办公空间，人员密集场所、机房）与采用的安装敷设方式（通风空间诸如吊顶内及高架地板下、竖井内、密封的金属管槽）等因素有关。对超高层及 250m 以上高度的建筑应特别考虑其高度的影响，选用符合相应阻燃等级的缆线。选用时，避免因采用的等级过高，而增加工程的投资与造价。

3. 缆线燃烧性能测试标准

对于通信缆线的燃烧性能分级，北美、欧洲及国际的相应标准中均通过测试环境模拟缆线燃烧的现场状况实测取得。

（1）欧洲标准见表 16－19。

表 16－19　欧洲电缆测试标准及分级表

欧盟标准（草案）（自高向低排列）	
测试标准	缆线分级
prEN50399－2－2 和 EN 50265－2－1	B1
prEN50399－2－1 和 EN 50265－2－1	B2
	C
	D
EN50265－2－1	E

注：参考欧盟 EU CPD 草案。

（2）北美标准见表 16－20。

表 16－20　北美通信缆线测试标准及分级表

测试标准	NEC 标准（自高向低排列）	
	电缆分级	光缆分级
UL910（NFPA262）	CMP（阻燃级）	OFNP 或 OFCP
UL1666	CMR（主干级）	OFNR 或 OFCR
UL1581	CM、CMG（通用级）	OFN（G）或 OFC（G）
VW－1	CMX（住宅级）	－

注：参考现行 NEC 2014 版。

（3）中国标准。我国国家标准《电缆及光缆燃烧性能分级》（GB 31247）中建议使用以“标准名＋级别名”，而不能以材料名称的方法来判断缆线的安全特性。标准将电缆及光缆燃烧性能等级划分为 A 级，不燃电缆（光缆），B1 级阻燃 1 级电缆（光缆），B2 级阻燃 2 级电缆（光缆），B3 级普通电缆（光缆），应符合相关的测试规范要求。规范还提出，工程中应根据具有资质的检测机构出具的缆线燃烧性能级别测试报告选用阻燃缆线。

16.8　系统指标

综合布线系统可以考虑产品的机械性能与电气性能，其机械性能指标主要用于指导布线系统的安装设计；电气性能指标用于布线系统等级与产品的选择，为布线系统工程的验收测试提供选型的依据。

16.8.1　机械性能

布线产品的机械性能包括电缆芯线的直径、电缆的直径、电缆与光缆施工承受的拉力。

（1）护套材料：

1）PVC。

2）低烟无卤。

3）低烟无卤阻燃。

4）阻燃。

5）室内和室外型对绞电缆。

（2）机械物理性能：

1）重量。

2）直径尺寸（导体、绝缘体、对绞电缆）。

3）变曲半径。

4）承受拉力。

5）温度（安装和操作）。

（3）缆线承受的拉力。对绞电缆承受的拉力过大使缆线变形，会引起缆线传输性能下降。对绞电缆承受最大允许拉力为：

1）对绞电缆承受拉力：① 1 根 4 对对绞电缆：拉力为 100N（10kg）。② 2 根 4 对对绞电缆：拉力为 150N（15kg）。③ 3 根 4 对对绞电缆：拉力为 200N（20kg）。④ n 根 4 对对绞电缆：拉力为 $n\times50+50$(N)。⑤ 对绞电缆的最大拉力不能超过 400kg，速度不宜超过 15m/min。

2）光缆承受拉力见表 16－21。

表 16－21　光缆的允许接伸力和压扁力

敷设方式		允许拉伸力（最小值）/N		允许压扁力(最小值）/（N/100mm）	
		短期	长期	短期	长期
管道、非自承架空		1500	600	1000	300
路面微槽	有压力填补	1000	300	2000	750
	无压力填补	1000	300	1000	300

续表

敷设方式			允许拉伸力（最小值）/N		允许压扁力（最小值）/（N/100mm）	
			短期	长期	短期	长期
蝶型引入光缆		金属加强芯	200	100	2200	1000
		非金属加强芯	80	40	1000	500
		自承式	600	300	2200	1000
室内布线光缆（单芯/双芯）		外径＞3.0mm	300	150	1000	300
		外径≦3.0mm～≥2.0mm	150	80	1000	300
		外径＜2.0mm	80	40	1000	300
室内外光缆	垂直布线	大于 12 芯	1320	400	1000	300
		不大于 12 芯	600	200	1000	300
	水平布线	大于 12 芯	660	200	1000	200
		不大于 12 芯	440	130	1000	200
	管道入户	单芯/双芯	440	130	1000	200

16.8.2 电气特性

国内布线标准参照的技术参数基本上来自 ISO11801 版本。

1. 对绞电缆电气特性

电缆信道器件的标称阻抗，对 D、E、F 级为 100Ω，A、B、C 级可为 100Ω 或 120Ω。平衡电缆信道基本电气特性：

（1）每个线对两个导体之间的 DC 环路电阻不平衡度对所有类别不应超过 3%。

（2）D、E、E_A、F、F_A 类每一导体最小载流量应为 0.175A（DC）。

（3）D、E、E_A、F、F_A 类应支持任意导体之间 72V（DC）的工作电压。

（4）D、E、E_A、F、F_A 类信道每个线对应支持承载 10W 的功率。

2. 连接器件

（1）工作环境的温度要求为－10℃～＋60℃。

（2）应该具有唯一的标记或颜色。

（3）连接器件支持导体为 0.4～0.8mm 线径的连接。

（4）连接器件的插拔率不小于 500 次。

（5）器件连接图。

3. 对绞电缆和连接器件电气特性

主要考虑线对支持的带宽（Hz）、衰减、近端串扰、ACR 值、近端串扰功率和等效远端串扰、等效远端串扰功率和、时延、特性阻抗、面损、耦合衰减等。屏蔽布线系统还应考虑非平衡衰减、传输阻抗、耦合衰减及屏蔽衰减。

16.8.3 系统性能指标参数

国家标准 GB 50311 和 GB 50312 中，综合布线链路、CP 链路的性能指标参照国际标准《用户建筑通用布线系统》ISO 11801 中列出的内容。

1. 链路与信道指标参数

（1）布线系统工程的永久链路和信道的性能指标参数分为建议性表格和执行表格。建议性表格列出的指标参数为布线系统在等级频段范围内的指标参数，主要作为工程验收测试使用。从工程验收检测的应用出发，标准仅以建议的表格列出布线信道和链路的各项指标参数要求。执行表格主要以某一个频率，通过公式计算出指标参数值。执行的表格针对永久链路和 CP 链路；建议的表格除非特别指出，一般只针对永久链路。执行的表格只作为设计人员参考使用。具体的指标参数值见国家标准的相关附件内容。工程中需要检测的具体性能指标项目，还应按照工程的设计要求和测试仪表能够提供的测试条件与功能确定。

各指标参数的计算公式与说明参考 ISO/IEC 11801 Edition 2.0。

（2）平衡电缆布线系统永久链路、CP 链路及信道的指标参数包括回波损耗、插入损耗、近端串音、近端串音功率和、衰减/远端串音比、衰减/远端串音比功率和、衰减/近端串音比、衰减/近端串音比功率和、直流环路电阻、不平衡环路电阻、时延、时延偏差、外部近端串音功率和、衰减/外部远端串音比功率和等。

（3）屏蔽布线系统还应考虑非平衡衰减、传输阻抗、耦合衰减及屏蔽衰减。

（4）光纤系统包括各等级（OF－300、OF－500、OF—2000）的光纤链路和信道包括光衰耗、模式带宽、传播时延、长度、连接极性。

2. 光纤到用户单元传输指标

光纤链路衰减指标。OLT 至单个 ONU 之间光纤链路衰减指标的设计应根据光纤链路的实际配置，结合设计中选定的各种无源器件的技术性能指标，计算出工程实施后预期应满足的指标。

1）计算公式

光纤链路衰减＝

$$\sum_{i=1}^{n} L_i \times A_f + X \times A_{熔} + Y \times A_c + \sum_{i=1}^{m} l_{分} + Z \times A_{冷} \quad (\text{dB}) \qquad (16-4)$$

式中：$\sum_{i=1}^{n} L_i$ 为光链路中各段光纤长度的总和，km；A_f 为设计中所选择使用的光纤，供应商给出的实际的光纤衰减系数，dB/km；X 为光链路中光纤熔接接头数（含尾纤熔接接头数）；$A_{熔}$ 为设计中规定的光纤熔接接头平均衰耗指标，dB/个；Y 为光链路中活动接头数量；A_c 为设计中规定的活动连接器的衰耗指标，dB/个；$\sum_{i=1}^{m} l_{分}$ 为光链路中 m 个光分路器插入衰减的总和，dB；$A_{冷}$ 为设计中规定的冷接子接头衰耗系数，dB/个；Z 为光链路中含有机械式光纤冷接子的数量。

2）光链路衰减 + M_c 不大于系统允许的衰减。光链路衰减 = 光通道全程 n 段光纤衰减总和 + m 个光活动连接器插入衰减总和 + p 个光纤熔接接头衰减总和 + h 个光分路器插入衰减总和。

对于相关参数取定，系统允许的衰减按最坏值法进行计算。

① 光纤衰减取定：1310nm 波长时，G.652D 取 0.36dB/km，G.657A 取 0.4dB/km。

② 光活动连接器插入衰减取定：0.5dB/个。

③ 光纤熔接接头衰减取定：分立式光缆光纤接头衰减取双向平均值 0.06dB/每个接头，带状光缆光纤接头衰减取双向平均值 0.12dB/每个接头。

④ 冷接子双向平均值 0.1dB/每个接头。

3）光纤损耗富余度 M_c 的全程损耗富余度要求：当传输距离小于或等于 5km 时，全程损耗富余度不少于 1dB；当传输距离大于 5km 且小于等于 10km 时，全程损耗富余度不少于 2dB；当传输距离大于 10km 时，ODN 全程损耗富余度不少于 3dB。

4）典型场景下，光缆长度在 5km 以内时，分光比应采用 1:64，最大全程衰减不大于 28dB；当光缆长度在 5km 以上时，应根据光模块类型、光缆长度、接续等具体情况进行衰减计算。偏远地区可根据衰减计算结果适当降低分光比以满足接入距离。可根据传输距离和分光比选择光模块。

5）光纤到用户单元和光纤到住宅用户的工程中，所指“光纤链路”只是 FTTH 的 OLT 至 ONU 全程光纤链路中的其中一段，即用户接入点的光纤连接器通过用户光缆至配线箱内的光纤连接器件。规定如下：

① 用户接入点用户侧配线设备至家居配线箱光纤链路长度不大于 300m 时，光纤链路全程衰减不应超过 0.4dB（不含适配器）。

② 用户接入点用户侧配线设备至配线箱的光纤链路长度大于 300m 时，光纤链路全程衰减限值可按下式（16－4）计算

$$\beta = \alpha_f \times L_{max} + (N+2) \times \alpha_j \qquad (16-5)$$

式中：β 为用户接入点用户侧配线设备至配线箱光纤链路衰减，dB；L_{max} 为用户接入点用户侧配线设备至配线箱光纤链路最大长度，km；α_f 为光纤衰减常数，dB/km；N 为用户接入点用户侧配线设备至配线箱光纤链路中熔接的接头数量；2 为光纤通道成端接头数，每端 1 个；α_j 为光纤接头损耗系数，取 0.1dB/个。

不同波长的光信号在同一条光纤中传输的衰耗是不一样的，这不仅与光纤的类型有关，还与光纤的敷设路由、弯曲情况等有关。因此，在目前技术条件下，用户接入点用户侧配线设备至配线箱光纤链路的全程衰减不大于 0.4dB 是指分别采用 1310nm 及 1550nm 波长进行测试的全程衰减值。

16.9　布线系统的运维和管理

综合布线系统管理是针对设备间、电信间、进线间和工作区的配线设备、缆线等设施，按一定的模式进行标识和记录。内容包括管理方式、标识、色标、连接等。特别是信息点数量较大和系统架构较为复杂的综合布线系统工程。综合布线系统标准化的运维管理对保障设施的正常安全运行十分重要。国际标准对于运维有具体的要求。比如：

（1）运维的等级。

（2）关于标签与标识内容的符号（设备位置）、颜色（表示支持的通信业务种类）、材质（安装在不同场地标签的材质）、运维管理对象等。

（3）电子配线架的应用：在工程设计中应考虑到系统设备的功能、容量与配置、管理范围与模式、组网方式、管理软件、安装方式、工程投资等诸方面的因素，合理地加以选用。

（4）文档的管理：应详细完整英文文档，并进行汉化，应包括每个标识符相关信息、记录、报告、图纸等内容。

16.9.1　工程管理等级

（1）布线系统的管理等级主要取决于管理的布线系统针对的建筑物的类型和信息点数量与规模，具体的管理分级见表 16－22。

表 16－22　管　理　分　级

管理端口的数目	2～100	101～5000	＞5000
办公	级别 1	级别 2	级别 3
工业	级别 1	级别 2	级别 3
住宅	级别 1	级别 1	级别 1
多用户住宅建筑群	级别 1	级别 2	级别 3
数据中心	级别 2	级别 3	级别 3

（2）布线管理系统分级管理的对象：

1）一级管理应针对单一电信间或设备间的系统。

2）二级管理应针对同一建筑物内多个电信间或设备间的系统。

3）三级管理应针对同一建筑群内多栋建筑物的系统，包括建筑物内部及外部系统。

4）四级管理应针对多个建筑群的系统。

16.9.2 标签标识的部位和特定要求

组件与标签要求见表16-23。

表16－23 组件与标签要求

组件	添加标签的要求	对标签的特定要求
场所和空间	入口的外部，包括门上或门旁	包括空间标识符
机架、机柜	（1）标识符位于前表面的上部 （2）后表面不直接接触墙面时，标识符位于机架、机柜后表面的上部	包括机架、机柜标识符
机柜、机架阵列	位于机柜列两端	包括阵列标识符
配线架和模块	位于外部表面上	包括配线架和模块标识符
线缆	（1）位于两端，在线缆接入到终端设备之前，明确显示 （2）在终接点和路由中的接头、集合点及配线点	包括线缆标识符
符合GB/T 18233—2008	位于TO机箱的外表面上	包括TO标识符
保护性接地连接	（1）符合我国相关标准和法规规定 （2）在连接导体的两端，在线缆接入到终端设备之前，明确显示	
功能性接地连接	在连接导体的两端，在线缆接入到终端设备之前，明确显示	

16.9.3 色标表示的业务种类

不同颜色的配线设备之间应采用相应的跳线进行连接，色标的应用场合应按照下列原则：

（1）橙色用于分界点，连接入口设施与外部网络的配线设备。

（2）绿色用于建筑物分界点，连接入口设施与建筑群的配线设备。

（3）紫色用于与信息通信设施（PBX、计算机网络、传输等设备）连接的配线备。

（4）白色用于连接建筑物内主干缆线的配线设备（一级主干）。

（5）灰色用于连接建筑物内主干缆线的配线设备（二级主干）。

（6）棕色用于连接建筑群主干缆线的配线设备。

（7）蓝色用于连接水平缆线的配线设备。

（8）黄色用于报警、安全等其他线路。

（9）红色预留备用。

16.10 布线工程测试

16.10.1 布线工程质量的保障

1. 工程设计

正确理解标准，根据用户的业务需要，在设计中提供布线系统优化的解决方案是工程建设的基本保证。设计内容涵盖项目规划、可行性研究报告、工程初步设计、工程施工图设计和深化设计。

2. 产品保证

工程招投标以后，对用户的布线产品签订了订货合同的，可以将中标厂商的布线系统各类产品的样品封存，以便批量产品到场以后与封存的样品进行比对，并由项目总包方出具产品的有关质量证明书。在施工前可以对布线产品抽测，有利于较早地发现产品的质量问题。

3. 施工质量保证

布线工程质量的保障和施工企业的资质等级密切相关。但需要特别重视工程被二次分包的问题。施工企业需要对施工人员进行专业培训，掌握布线相关技术要求和施工要点，应该持证上岗。在施工过程中强调工程监理。

4. 工程检测与验收

在施工前、施工过程中，施工竣工验收中，按照标准的技术要求对布线工程的产品、链路和信道进行严格的测试。在工程验收阶段的完善和提供完整的验收文档都是保证工程质量的有效手段。

16.10.2 质量计划的说明

1. 检验和测试设备

（1）现场测试仪要求。针对不同等级的布线系统，需要采用相应精度等级的测试仪表完成测试，并保证能够测试规范要求的相应等级的性能指标。

（2）测试仪的精度应定期检测与校验，在每一项布线工程测试前，应首先检查仪表精度的相关证明书。

（3）测试仪表应具有测试结果的保存功能并提供输出端口，将所有存贮的测试数据输出并打印，测试数据必须不得修改，要进行数据维护和文档管理。测试仪表应提供所有测试项目、概要和详细的报告。测试仪表宜提供汉化的通用人机界面。

2. 抽样计划

综合布线系统工程质量认证测试，需要对布线系统的每一个永久链路做 100%的测试。在工程验收时，工程验收组织部门或验收小组根据检测报告的情况（如工程测试的合格率达不到 100%时）提出抽测要求，可由验收小组确定的测试单位或第三方检测机构承担抽测工作。抽测比例约为 10%。

以下情况为抽测。测试不合格或指标作为临界点处理时，增加抽测数量。

外部串扰测试。按照 E_A、F、F_A 类永久链路要求对外部串扰进行验收测试，最低抽样数量符合表 16－24 要求。

表 16－24　外部串扰抽检数量要求

链路/信道总数 N	抽样数量
3～150	3 或 $0.1 \times N$（其中较大的一个）
151～3200	33
3201～35 000	126
35 001～150 000	201
150 001～500 000	315
验收质量限（AQL）为 0.4%，相当于 ISO 2859 系列标准中定义的在 500 000 以内，抽样批量的正常检验的一般检验水平 I	

注：1. 抽样数量应符合现行布缆测试规范的规定。
2. 测出的指标性能比限值有足够余量时，规范给出了一个减少测试数量的方法。

16.10.3　测试指标项目

布线工程检测指标见表 16－25。

表 16－25　布线工程检测指标

布线等级	检测指标	
A、C、D、E、E_A、F、F_A	连接图	
	长度/m	
	衰减（只对 A 类布线）	
	近端串音（NEXT）	
	传播时延	
	传播时延偏差	
	直流环路电阻	
C、D、E、E_A、F、F_A	插入损耗（IL）	
	回波损耗（RL）	
D、E、E_A、F、F_A	近端串音功率和（PSNEXT）	
	衰减/近端串音比（ACR－N）	
	衰减/远端串音比（ACR－F）	
	衰减/远端串音比功率和（PS ACR－F）	
E_A、F_A	外部近端串音功率和（PS ANEXT）	
	外部衰减/远端串音比功率和（PS AACR－F）	
屏蔽布线	屏蔽层导通	
D、E、E_A、F、F_A	横向转换损耗（TLC）	可选增项测试
	等效横向转换损耗（ELTCTL）	
	耦合衰减	
	不平衡电阻	
光纤	衰减	
	长度	
	OTDR 曲线	
	极性	

注：1. 应确认布缆器件的连通性。
2. 应考虑链路和信道长度，但它不是测试合格/不合格的准则。
3. 永久链路指标如有足够的余量，可以支持信道跳线对指标产生的影响。
4. 包含永久链路的合格的信道不能保证本永久链路与其他跳线、设备缆线构成的信道测试指标能够符合要求。

16.10.4　工程性能测试

1. 综合布线工程电缆布线系统测试

对绞电缆布线系统永久链路、CP 链路及信道测试的要求，应根据布线链路或信道的设计等级要求确定布线系统的电气性能测试项目。

（1）测试目的：

1）永久链路测试是布线系统工程质量验证的必要手段。对产品级的检验可以使用现有的电缆测试标准进行测试。在工程中不能以信道测试取代永久链路的测试。

2）信道测试适用于设备开通前测试、故障恢复后测试、升级扩容设备前再认证测试等。信道测试时，由于跳线更换导致每次测得的参数不一致，因此测试的结果不宜作为永久保存的验收文本。实际上永久链路测试和跳线测试合格并不代表信道测试一定会合格。另外，信道验收测试应在工程完工后及时进行，否则经常会因信道的组成缺失器件而无法完成测试工作。

3）元件级测试适用于入库测试、进场测试、选型测试等。

永久链路测试应作为首选的认证测试方式，其次选择信道方式。应注意，采用永久链路模型测试合格只能说明链路合格，但不能证明电缆一定合格，如高品质接插件与低品质电缆组合的情况。对产品的检验可以使用现有的电缆测试标准进行测试。

（2）电缆布线系统工程测试。对绞电缆水平线测试模型根据不同的测试需求，定义了三种测试模型供测试者选择。3类（C级）和5类（D级）布线系统采用大对数对绞电缆时，应按照基本链路和信道进行测试；D、E、E_A、F、F_A级别布线系统应按照永久链路和信道进行测试。

1）基本链路模型（Basic Link）（已不被采用）。符合TSB67标准、ISO11801、GB 50312标准，适合于3类、5类布线链路测试。该基本链路包括最长90m的端间固定连接水平电缆和两端的连接器件。一端为工作区信息插座，另一端为楼层配线模块及连接两条2m测试仪器自带的测试电缆。基本链路连接测试模型如图16－54所示。该测试方式，目前在国际标准和GB 50312标准中已经不被提及，现有的布线工程中此种测试的模型也将不被采用。本书中只做介绍，帮助读者了解测试技术在标准中的变化与演变。

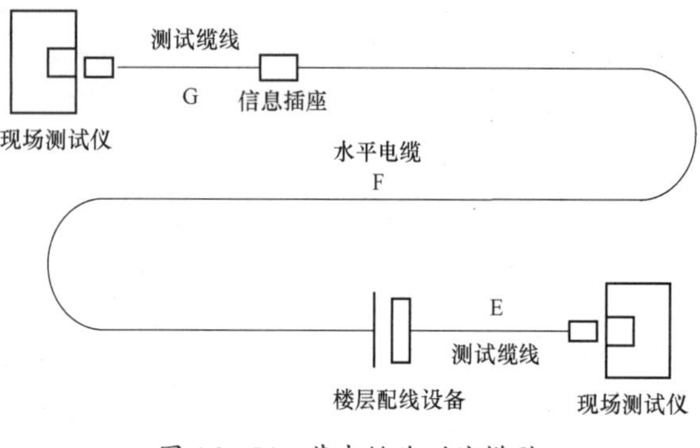

图16－54　基本链路测试模型

F—信息插座与楼层配线设备间水平电缆≤90m；
G、E—测试设备电缆（共4m）

2）永久链路模型（Permanent Link）。永久链路又称固定链路。符合ISO11801、GB 50312标准，适合5类以上D、E、E_A、F、F_A级别的布线系统测试，并由永久链路测试方式替代基本链路测试。永久链路测试方式供工程安装人员和用户，用以测试所安装的固定链路的性能。永久链路连接方式由90m水平对绞电缆和链路中的连接器件（必要时增加一个可选的CP集合点）组成。与基本链路测试方式不同的是，永久链路不包括现场测试仪的测试电缆和插头。对绞电缆总长度为90m。永久链路测试模型如图16－55所示。图中，H水平对绞电缆最大长度不大于90m。

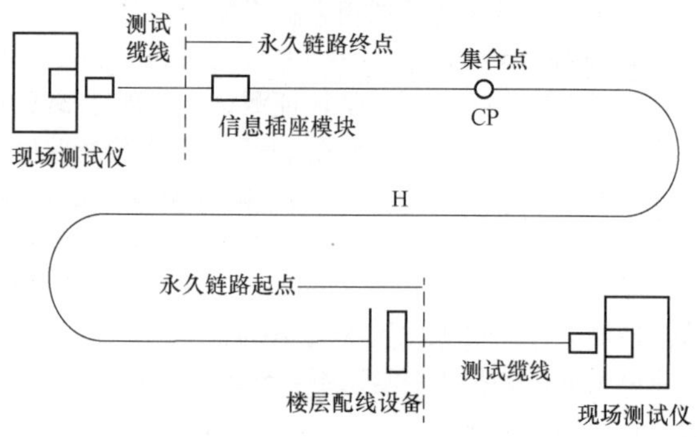

图16－55　永久链路测试模型

永久链路测试方式，排除了测试连线在测试过程本身带来的误差，使测试结果更准确、合理。当测试永久链路时，测试仪表应能自动扣除测试电缆的影响。

在实际测试应用中，选择哪一种测试连接方式应根据需求和实际情况决定。使用信道方式更符合实际使用的情况，但由于它包含了用户的设备电缆部分，测试较复杂。一般工程验收测试建议选择永久链路方式进行。

3）信道模型（Channel），符合ISO11801、GB 50312标准，适合用户用于验证包括用户终端连接的设备电缆与配线设备模块之间跳线在内的整体信道的性能。该信道包括不大于90m的水平缆线、一个信息插座、一个靠近工作区的可选的附属集合点连接器（CP）及楼层配线设备，信道总长不大于100m。信道链路方式如图16－56所示。

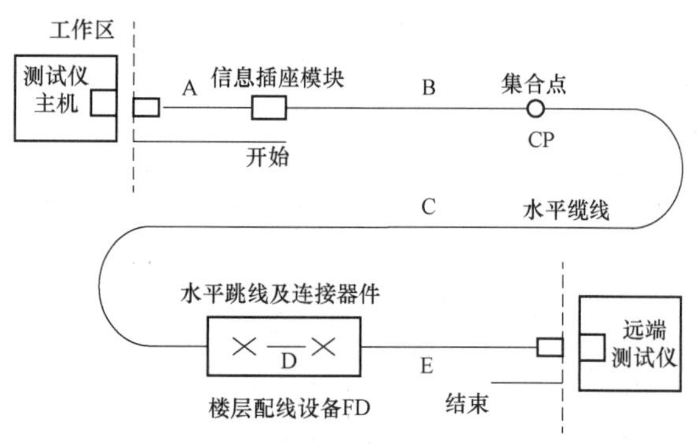

图16－56　信道链路测试模型

A—工作区用户终端设备连接电缆；B—用户转接线CP电缆；C—水平缆线；D—配线设备连接跳线；E—配线设备到通信设备连接电缆；B＋C≤90m，A＋D＋E≤10m

信道在永久链路模型的基础上，包括了工作区和电信间的设备缆线和跳线在内的整体通道的性能。信道总长度不得大于 100m。

4）屏蔽层导通测试。屏蔽层导通性能测试可避免未导通的屏蔽层通过机架地“虚连接”。虚连接是一种常见现象，是指屏蔽层并未真正接地，但屏蔽模块却经过机架地实现了端到端接地，这种现象将会增加外部串扰的影响。相应测试仪器应能识别“虚接地”的存在。

对布线系统的屏蔽特性的检测，布线系统仪表测试功能会直接影响测试的项目。为了保持公正，当现场的测试仪表不具备测试条件时，可将厂商产品资料列出的参数与相关规范及设计指标参数的要求进行对比，以验证布线系统对绞电缆信道屏蔽特性。

参考《商业建筑电信布线》（TIA－568－C.2）规定，屏蔽层直流电阻不应超过下式计算值：

$$R = 62.5/D \qquad (16-6)$$

式中：R 为屏蔽层直流电阻，Ω/km；D 为缆线屏蔽层外径，mm。

电缆布线系统的屏蔽特性指标主要包括横向转换损耗、两端等效横向转换损耗、耦合衰减、不平衡电阻等。

（3）光纤布线系统信道和链路测试：

1）测试等级。光纤布线应根据工程设计的应用情况，按等级 1 或等级 2 测试模型与方法完成测试。

① 等级 1 测试。测试内容应包括光纤信道或链路的衰减、长度与极性。使用光损耗测试仪 OLTS 测量每条光纤链路的衰减并计算光纤长度。

② 等级 2 测试。除包括等级 1 测试要求的内容外，还应包括利用 OTDR 曲线获得信道或链路中各点的衰减、回波损耗值。

2）测试要求。测试前应对综合布线系统工程所有的光连接器件进行清洁，将测试接收器校准至零位。在施工前进行光器材检验时，应检查光纤的连通性，必要时宜采用光纤测试仪对光纤信道或链路的衰减和光纤长度进行认证测试。对光纤信道或链路的衰减进行测试，可以将测试光跳线的衰减值作为设备光缆的衰减参考值，整个光纤信道或链路的衰减值应符合设计要求。

3）光纤测试方法。本规范参考了《光纤通信子系统基础测试程序　第 4－2 部分：光缆设备　单模光缆的衰减》（IEC 61280－4－2J）及《信息技术　用户建筑物布缆的执行与操作　第三部分：光纤布缆测试》（IEC 14763－3）规定的测试方法和要求。光纤信道和链路测试方法可采用“单跳线法”“双跳线法”和“三跳线法”。

①“单跳线”测试方法。采用测试仪表厂商提供的 1 根带有光连接器的测试跳纤进行仪表的校准。单跳线测试校准连接方式如图 16－57 所示。

图 16－57　单跳线测试校准连接方式

本方式使用 1 根测试仪表厂商提供的带有光连接器的测试跳纤，工程选用的光纤适配器、两端带有连接器的光纤和两端带有光纤连接器的通信设备光纤组成光纤信道，进行信道测试。单跳线信道测试校准连接方式如图 16－58 所示。

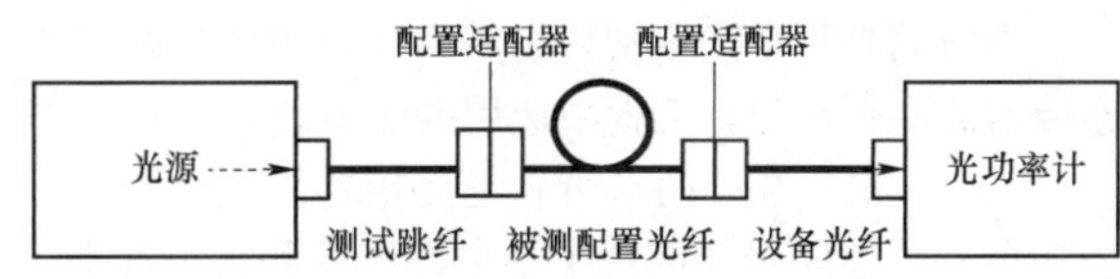

图 16－58　单跳线信道测试校准连接方式

②“双跳线”测试方法。采用测试仪表厂商提供的 2 根两端带光纤连接器的测试光纤和 1 个测试光纤适配器进行仪表的校准，双跳线测试校准连接方式如图 16－59 所示。

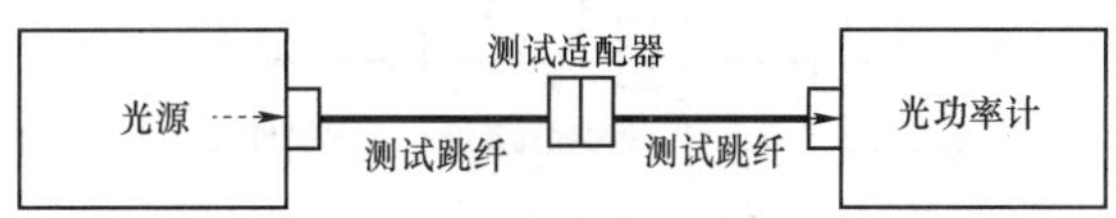

图 16－59　双跳线测试校准连接方式

本方式使用了 2 根测试仪表厂商提供的两端带有连接器的测试跳纤和 1 个测试光纤适配器，工程中选用的 1 个光纤适配器、两端带有光纤连接器的光纤组成的光纤信道，进行信道测试。双跳线信道测试连接方式如图 16－60 所示。

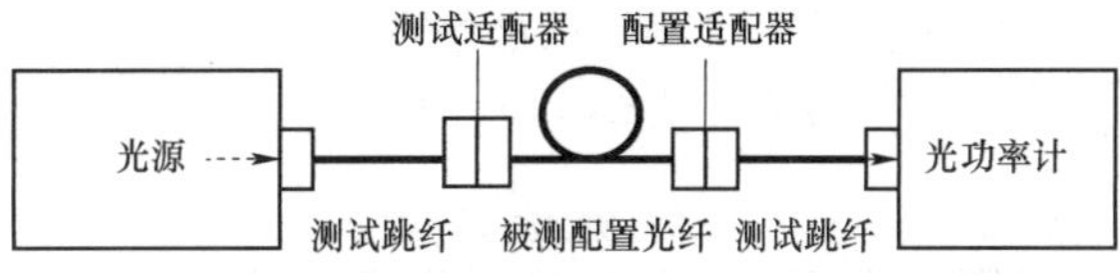

图 16－60　双跳线信道测试连接方式

③“三跳线” 测试方法。采用测试仪表厂商提供的 3 根两端带有光纤连接器的测试光纤和 2 个测试光纤适配器进行仪表的校准，三跳线测试校准连接方式如图 16－61 所示。

本方式使用 2 根测试仪表厂商提供的两端带有连接器的测试跳纤和 2 个测试光纤适配器，工程选用的两端带有连接器的光纤（取代了中间的 1 根校准的测试跳纤）组成的光纤信道，进行信道测试。三跳线信道测试连接方式如图 16-62 所示。

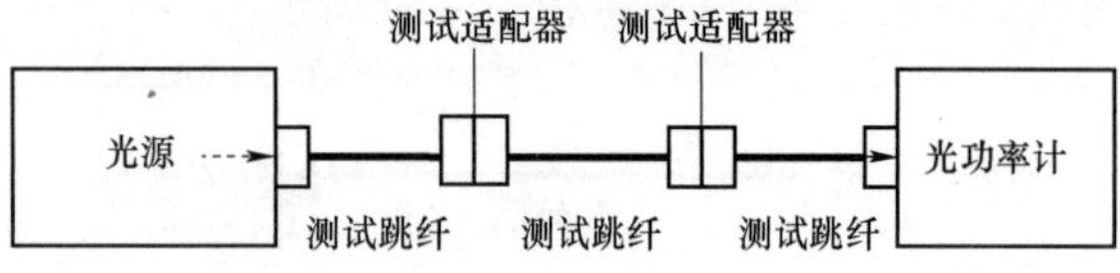

图 16-61 三跳线测试校准连接方式

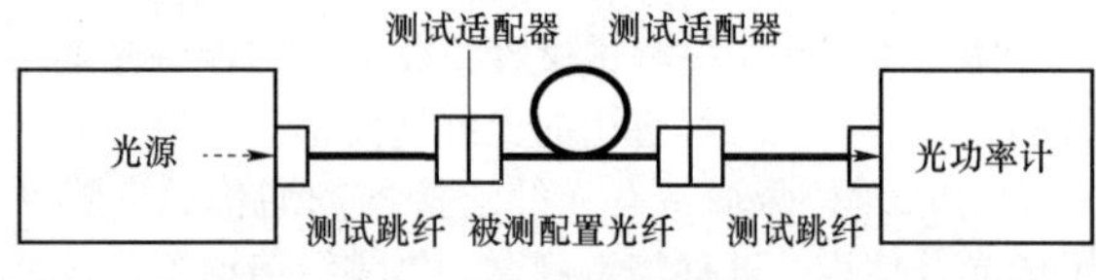

图 16-62 三跳线信道测试连接方式

本方式使用 2 根测试仪表厂商提供的两端带有光连接器的测试跳纤，工程中选用的带有连接器的光纤（取代了 1 根校准的两端带有光连接器的测试跳纤）和 2 个光纤适配器（取代了 2 个校准的测试适配器）组成的光纤链路，进行链路测试。三跳线链路测试连接方式如图 16-63 所示。从图中我们可以看出，“三跳线法”测试由工程中配置的光缆光纤及光纤适配器，更符合工程的实际情况。

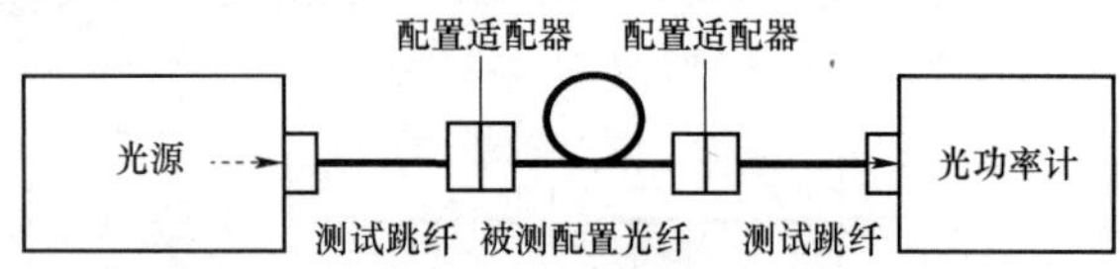

图 16-63 三跳线链路测试连接方式

在数据中心采用光纤等级 1 测试，也是传统的 OLTS 损耗测试方法。考虑到数据中心的链路长度普遍较短，链路的总衰减值中连接器损耗等占比较大。所以，要求测试模式选用“单跳线”（TIA-526-14A、IEC 61280-4-1 等定义，或者其他标准定义的对应模式）。“单跳线”是较接近链路的真实损耗值，作为数据中心光纤等级 1 测试的推荐的方法。

4）光纤测试流程见表 16-26。

表 16-26 光纤测试流程

步骤	内容
1	选择合适的测试光源，一般使用 850/1310 组合光源或单独使用 850nm VCSEL 光源
2	设置测试方法的基准值。假设光源和光功率计的端口都是 SC 类型的。在测试之前需先将光源和光功率计用一根 SC/SC 测试跳线短接，测得光源经过这根跳线后送到光功率计的功率值，将此值设置并保存为测试参考值（即归零值、基准值），此值是一个相对零值，便于仪器自动计算出链路的损耗值
3	选择测试标准，在中国则采用国家标准 GB/T 50312
4	将仪器转入自动测试状态（即归位到待测状态）
5	补偿跳线接入。从光功率计端口拔下“归零跳线”，与光源连接的另一端保持不动，补充接入一根起补偿作用的 SC/SC 测试跳线
6	接入被测光纤链路，准备实施测试
7	启动测试，一般数秒至十几秒内仪器完成测试，并依据选择的标准在仪器屏幕上显示损耗值及通过/失败判定结果，并加以保存

5）测试过程中特殊情况处理要求：

① 如果被测光纤链路的接口类型与测试跳线的接口类型不同（例如测试跳线是 SC/SC 跳线，而被测链路两端是 LC/LC 连接器），则上述测试跳线（SC/SC）无法与被测链路两端（LC/LC）实现对接，此时可以使用 SC/LC 转换耦合器来连接跳线和被测链路两端实施测试，测试跳线仍旧使用 SC/SC 跳线。

② 如果没有转换耦合器，或者被测链路两端是光纤适配器，则可以使用转接测试跳线（如 SC/LC 测试跳线）接入被测链路。此时由于测试跳线两端接头类型不同（SC/LC），无法在基准设置（归零）时将测试跳线用来短接光源（SC）和光功率计（SC），在这种情况下须事先将光功率计的接口更换为 LC 接口，进行短接归零操作，这就要求光功率计必须是端口可换型的。

③ 如果光功率计端口是不可换型的，或者手中仪器没有对应（如例中的）LC 可换端口，可将 2 根 SC/LC 测试跳线的一端分别连接到光源（SC）和光功率计测试端口（SC），另一端用 LC/LC 耦合器短接，执行归零操作；完毕后拆开短接耦合器，在一端先用 LC/LC 耦合器补充串联进一段（建议 0.3m 长的）LC/LC 补偿短跳线，然后接入被测光链路实施测试。这种方式使用 3 根测试跳线（其中一根 0.3m 为 LC/LC 补偿跳线），称为改进的“三跳线法”。

④ 等级 2 测试的方法。需要特别提醒的是，数据中心 OTDR 测试需要使用高分辨率的 OTDR，这不同于分辨率较低电信级长距离 OTDR，比如事件分辨率短至 0.9m 以内，才能识别链路中的 1m 跳线，否则不能得到预期的观察深度和更准确地判定结果。

另外，OTDR 存在“事件盲区”和“衰减盲区”，这意味着被测链路（紧挨着测试仪）的“始端”通常都处于这两种盲区中，损耗和反射值都不能被精确测试，甚至无法测得。在电信级长途光纤测试中，人们并不十分关注链路的始端能否被“看清”。但在数据中心的光纤链路中，“看清”始端的质量变得非常重要，因为许多由于端面污损引起的误码率上升问题都发生在始端的光纤插头端面上。为了准确测试被测光纤链路始端的质量，测试时需要使用发射补偿光纤（建议不短于 100m）接在被测链路和 OTDR 仪表之间，人为地将被测链路的始端后移，以避开事件盲区和衰减盲区，这样才能测得被测链路始端的精确反射及损耗值。类似接收补偿光纤（建议不短于 25m）被加到被测链路的末端，用于人为地“仿真”被测链路终端被端接后的实际效果。这样能够获得被测链路两端连接器的损耗及其回波损耗值最接近真实的结果，进而得到更准确的判断。为了不至于引起长度测试结果的混乱，测试前需要将发射补偿光纤和接收补偿光纤用耦合器短接后进行基准设置（类似光纤等级 1 测试中的跳线归零），这样测试结果中会将补偿光纤的长度扣除。

因此选用质量优良的补偿光纤的材质要和被测光纤完全一致（比如被测光纤链路使用 OM4 光纤，则补偿光纤也要使用 OM4 光纤），测试结果才会比较精确，并能以此为基准识别出异质光纤。如果补偿光纤的端面质量很差，将不能正确反映被测光纤链路始端的真实质量水平。

⑤ 异质光纤是指实际光纤类型和设计或档案中记载的光纤类型不一致。数据中心中最常见的两种情况是 OM1 和 OM2（串联）混用，OM2 和 OM3（串联）混用，少量出现 OS1 和 OM1 的混用。异质光纤混用会造成反射偏大和损耗异常。这种损耗异常，双向测试结果表现不一致：如果单向 OTDR 测试在混用连接点处表现为“增益”，则反向 OTDR 测试在此点常常表现为更大的“损耗事件”。

⑥ 由于光纤链路固有的极性问题（两个方向测试同一根光纤结果不相同），多个标准都要求 OTDR 测试需要在链路的两端分别进行一次，即同一根光纤包含 A→B 和 B→A 两个方向的测试结果。在误用了异质光纤的链路中，或者在光纤制造几何精度偏差较大的光纤链路中，这种双向的 OTDR 测试很有意义，它可以把原来单向测试误判为“优良”的劣质连接点真正暴露出来。

⑦ 防静电措施。湿度在 20%以下时，静电火花时有发生，不仅影响测试结果的准确性，甚至可能使测试无法进行或损坏仪表。这种情况下测试者和持有仪表者一定注意采取防静电措施，如对人身采用接地手链等方式。

⑧ 测试仪器使用注意事项。有关测试仪器的设置、测试的程序、仪器的校正等问题的具体内容参考所选用仪器的使用手册。

2. *光纤到用户单元工程测试*

光纤到用户单元工程测试为综合布线以外的专项测试。为了保障光纤接入的通信质量和规范对电信业务经营者和建筑物建设方工程界面的划分要求，在工程中只需要测试用户光缆组成的光纤链路。

（1）光纤到用户单元工程测试。光纤到户工程所指“光纤信道”只是体现 FTTH 的 OLT 至 ONU 全程光纤链路中的其中一段，即用户接入点用户侧光纤适配器至家居配线箱的这一段带有连接器的光纤链路。测试时应注意选择测试界面和仪表的校准方式。

1）测试界面。信息配线箱侧的入户用户光纤，通过“带有光纤连接器的尾纤”（1 根一端带有光纤连接器插头的光缆组件，并采用熔接方式成端）直接与 ONU（或 ONT）的光端口连接；用户接入点用户光缆一端为带有光纤适配器或不带光纤适配器两种情况，并应以此作为用户侧的测试界面。

2）测试方式：

① 方式 1：用户光缆的两端均带有光纤连接器的光纤链路。

② 方式 2：用户光缆一端为光纤连接器，另一端为光纤适配器的光纤信道。

方式 1 采用三跳线链路的测试方法，方式 2 采用双跳线的测试方法。光纤到用户采用方式 1 的测试方法更加符合工程的设计情况，测试也相对简单。根据 IEC 相关光纤测试标准，测试方法可采用三跳纤法。

3）注意事项：

① 上述测试方法为国标要求的光纤到户工程中光纤链路衰减指标的标准测试方法，在实际施工中，考虑施工的便利性和经济性，在保证测试结果准确性的前提下可将“三跳纤”测试法适当简化，取消两端的测试跳纤，在校准时将校准参考跳纤插头与仪表接口相连，测试时将被测光纤链路插头直接与仪表接口相连。

② 因设计规范中提出的插入损耗（衰减）指标是不包含链路两端光适配器的，所以采用上述标准测试方法，实际测试时应注意链路中不应包含适配器，否则将造成测试结果超标。如果测试时，用户光缆尾纤插头已与适配器连接，考虑工程的便利性，链路中可以包含这一适配器进行测试，但应在测试结果的基础上减去因这一适配器所带来的附加插入损耗值。

4）性能指标。用户接入点至信息配线箱之间的光纤链路应逐纤全部检测，衰减指标值应符合设计要求。即：用户接入点用户侧配线设备至信息配线箱光纤链路长度不大于 300m 时，光纤链路全程衰减不应超过 0.4dB；光纤链路长度大于 300m 时，光纤链路全程衰减限值可按公式计算。

不同波长的光信号在同一条光纤中传输的衰耗是不一样的，这不仅与光纤的类型有关，还与光纤的敷设路由、弯曲情况等有关。因此，在目前技术条件下，用户光缆光纤链路的全程衰减不大于 0.4dB 是指分别采用 1310nm 及 1550nm 波长进行测试的全程衰减值。为准确验证 PON 技术的单芯光纤、双向、波分复用的传输特性，工程检测中应对上述光纤链路的下行方向（用户接入点至信息配线箱方向）和上行方向（信息配线箱至用户接入点方向）分别采用 1550nm 和 1310nm 波长进行衰减测试。为了减少检测的工程量，建议只采用 1310 波长进行衰减测试。

当测试指标不合格时，应首先通过光纤长度实测值是否超过 300m，判断衰减评判指标（0.4dB）是否适当，再进行其他原因（如光接头污染、熔接质量、适配器质量等）分析。

5）工程测试注意问题：

① 一个优质的工程，不仅要求设计合理，选择器材优质，还要有一支素质高、经过专门培训、实践经验丰富的施工队伍来完成工程施工任务。但在实际工作中，建设方往往更多地注意工程规模、设计方案，而经常忽略了施工质量。由于工程领域的转包现象，不重视工程测试验收现象十分普遍，或者仅做一些通断性的测试，当开通业务时，才发现问题，因此必须重视工程测试工作。

② 通信设施工程的测试必须在现场进行，用以判断已经安装的通信设施是否能够满足当前和将来的通信业务的需求。现场测试能够检查设备、缆线、器件和跳线等产品质量，并考核施工的质量和产品形成系统以后的整体水平。不同的测试模型可应用于随工检验或竣工验收等不同的阶段，以便及早发现问题，随时采取措施以减少损失，避免造成人力和器材的浪费，是保证工程质量的有效手段。

6）测试环境要求。为保证系统测试数据准确可靠，对测试环境应有严格要求：

① 无环境干扰。测试现场应无产生严重电火花的电焊、电钻和产生强磁干扰的设备作业，被测通信设施必须是无源网络。测试时应断开与之相连的有源、无源通信设备，以避免测试受到干扰或损坏仪表。

② 测试温度。测试现场的温度宜在 20～30℃左右，湿度宜在 30%～80%，由于衰减指标的测试受测试环境温度影响较大，当测试环境温度超出上述范围时，需要按有关规定对测试标准和测试数据进行修正。

16.11 工程验收

16.11.1 光纤到用户单元工程质量评判标准

（1）地下通信管道的管孔试通应符合现行国家标准《通信管道工程施工及验收规范》（GB 50374）的有关规定，竣工验收需抽验时，抽样比例应由验收小组确定。

（2）光缆布线检测时，如果系统中有一条光纤链路无法修复，则判为不合格。

（3）工程安装质量应按 10%的比例抽查，符合设计要求时，被检项检查结果应为合格；被检项的合格率为 100%时，工程安装质量应判为合格。

（4）竣工验收需对光纤链路抽验时，抽样比例不应低于 10%。全部检测或抽样检测的结果为合格时，光纤链路质量应判为合格。

（5）光纤到用户单元通信设施工程验收与移交：

1）根据本规范内容要求，建筑物光纤到户通信设施作为建筑的基础设施之一，其重要地位及建设要求应与住宅建筑的水、电、气等基础设施一致。为了保障住宅工程的整体质量，在工程建设前期，通信设施工程应与土建工程统一规划、设计，在施工、验收阶段则应做到同步实施，通信设施未经验收合格建筑不得交付使用。

2）应由通信行业行政主管部门或通信工程质量监督机构参与验收工作，相应的通信设施工程竣工技术资料与其他基础设施资料一并移交给工程使用单位进行存档，以便今后开通通信业务时查阅。电信业务经营者接入建筑物或建筑群/园区开通电信业务前，应对其通信设施工程的验收合格情况进行查验，并按照前期工程技术资料实施建设，以确保满足用户的通信质量要求。

16.11.2 综合布线系统工程验收质量评判

（1）系统工程安装质量检查，各项指标符合设计要求，被检项检查结果应为合格；被检项的合格率为 100%，工程安装质量应为合格。

（2）竣工验收需要抽验系统性能时，抽样比例不应低于 10%，抽样点应包括最远布线点。

（3）系统性能检测单项合格判定应符合下列规定：

1）一个被测项目的技术参数测试结果不合格，则该项目应为不合格。当某一被测项目的检测结果与相应规定的差值在仪表准确度范围内，则该被测项目应为合格。

2）按本规范指标要求，采用 4 对对绞电缆作为水平电缆或主干电缆，所组成的链路或信道有一项指标测试结果不合格，则该水平链路、信道或主干链路、信道应为不合格。

3）主干布线大对数电缆中按 4 对对绞线对测试，有一项指标不合格，则该线对应为不合格。

4）当光纤链路、信道测试结果不满足本规范指标要求时，则该光纤链路、信道应为不合格。

5）未通过检测的链路、信道的电缆线对或光纤可在修复后复检。

（4）竣工检测综合合格判定应符合下列规定：

1）对绞电缆布线全部检测时，无法修复的链路、信道或不合格线对数量有一项超过被测总数的 1%，应为不合格。光缆布线系统检测时，当系统中有一条光纤链路、信道无法修复，则为不合格。

2）对绞电缆布线抽样检测时，被抽样检测点（线对）不合格比例不大于被测总数的 1%，应为抽样检测通过，不合格点（线对）应予以修复并复检。被抽样检测点（线对）不合格比例如果大于 1%，应为一次抽样检测未通过，应进行加倍抽样。加倍抽样不合格比例不大于 1%，应为抽样检测通过。当不合格比例仍大于 1%，应为抽样检测不通过，应进行全部检测，并按全部检测要求进行判定。

3）当全部检测或抽样检测的结论为合格时，则竣工检测的最后结论应为合格；当全部检测的结论为不合格时，则竣工检测的最后结论应为不合格。

第17章 建筑设备监控

17.1 建筑设备监控系统概述

建筑设备监控系统顾名思义就是对建筑设备或者说建筑电气的运行进行监视与控制。管理的对象是建筑设备。建筑设备根据建筑的功能定位，为建筑提供能源、动力、照明、交通与环境的需要，以满足建筑的功能需要。建筑设备监控系统的作用与建筑的使用功能及建筑设备的配置目标有着密切的关联。所以，在设计建筑设备监控系统时，首先需要对建筑的使用目标以及建筑设备的配置功能目标有清晰的认识。以此为前提，提出监视与控制的管理目标，使建筑设备能正常高效地满足建筑功能的实现及可靠运行。

建筑设备监控系统是自动化在建筑设备运行管理方面的一个具体应用，在不同的技术发展阶段，具有特定的管理方法和管理手段。20世纪80年代以后，随着中国改革开放的进程，国家经济的飞速发展，建筑设备监控系统作为建筑智能化系统中一个重要的子系统，在民用建筑领域得到了广泛的应用和发展，也形成了相关的标准与规范，以及一系列比较成熟的设计与施工模式。

目前使用的建筑设备监控系统在技术层面上，监控的内容以状态监测为主，如设备的起停状态、执行机构的位置状态、设备的故障及报警状态以及被调节参数的状态（如温、湿度等）。控制的内容也以状态控制为主，根据使用的需要进行程序（开关）控制。在参数调节方面，在建筑设备监控系统中最多的是对环境参数的调节。由于环境参数多为惯性参数，在对参数调节精度要求不是很高的情况下，开关式控制或连续控制是最常用的控制方式。而对于被控参数精度要求比较高的系统（如洁净空间）中，通常有采用比例（P）、积分（I）和微分（D）三种调节方式或组合而成的连续调节方式来进行参数的调节（控制）。通常使用比较多的是PI（比例积分）调节和PID（比例积分微分）调节。

17.1.1 建筑设备监控系统的监控对象

《智能建筑设计标准》（GB 50314—2015）规定，建筑设备监控系统（简称BA系统）监控的设备范围宜包括冷热源、供暖通风和空气调节、给排水、供配电、照明、电梯等，并且包括自成控制体系方式纳入管理的专项设备监控系统等；采集的信息宜包括温度、湿度、流量、压力、压差、液位、照度、气体浓度、电量、冷热量等建筑设备运行基础状态信息；监控模式应与建筑设备的运行工艺相适应，并满足对实时状况监控、管理方式及管理策略等进行优化的要求。

这些建筑设备的配置通常在建筑设计时，由相关专业根据建筑的使用功能需要进行设计和配置，建筑设备监控系统的设计则需要了解建筑的功能定位和工艺设计，并掌握这些建筑设备设计意图及其工作原理。

有时也会将消防（火灾自动报警、灭火及排烟的联动控制、紧急广播等）、安保（防盗报警、电视监控、出入口控制、电子巡更等）等系统纳入建筑设备监控系统进行管理。

17.1.2 建筑设备监控系统的技术手段

建筑设备监控系统的设计，需要解决：

1. 数据（信息、信号）的获取

建筑设备监控系统的数据获取的目标是通过一定的技术手段和方式获取所关注设备的相关运行状态与参数以及和过程相关的参数。在获取数据时必须制定数据获取的目标要求，即获取什么数据？用途是什么？在此基础上确定数据获取的范围与方向。再者就是要确定采取的技术手段、方式和方法，在获取数据时会受到数据描述的局限性、数据获取模型的局限性以及获取数据的成本太高而引起的不准确描述等因素的限制。因此，以较低的成本获取尽可能全面且准确的数据是在设计传感器和接口（建筑设备监控系统通常使用的数据获取方法）时一个需要认真考虑的因素。

在建筑设备监控系统中数据的获取装置常用各类的传感器，采集的数据是已被转换为电信号的各种物理量（如温度、湿度、压力、流量等）和开关量等。这些数据可以是模拟量，也可以是数字量；可以是一定时间（采样周期）对同一点数据重复采集（采集的数据大多是瞬时值）；也可以是在某段时间内的特征值。另一种常用的数据获取方式是通过数据接口将设备厂商已经集成的设备运行参数与状态值直接取出。

准确的数据量测量是数据采集的基础。数据采集的方法可分为接触式和非接触式，检测元件多种多样。但不论使用哪种方法和检测元件，均应以不影响被测对象状态和测量环境为前提，必须保证数据的准确性。

2. 数据（信息、信号）的传输

建筑设备监控系统中的数据传输包括传送与接收，是将检测到的参数与状态经信道从一端传送到另一端，并被对方所接收。传输的介质可分为有线和无线。传输信道可以是一条专用的通信信道，也可以由数据交换网或其他类型的交换网络来提供。

在进行数据传输时需要考虑到数据传输的有效性、可靠性和安全性。

数据的传输可分为：

（1）基带传输：指由数据终端设备输出的二进制电信号直接送到电路的传输方式。基带传输多用在短距离的数据传输中，如近程计算机间数据通信或局域网中用双绞线或同轴电缆为介质的数据传输。

（2）频带传输：大多数传输信道都为带通型特性。这种方式可实现远距离的数据传输。

（3）数字数据传输：利用数字传输数据的一种方式，不需要调制，效率高，传输质量好。

在数据传输的方式上还可分为：

1）并行传输：它是构成字符的二进制代码在并行信道上同时传输的方式，常用于计算机内部或在同一系统内设备间的数据传输。

2）串行传输：它是构成字符的二进制代码在一条信道上以位（码元）为单位，按时间顺序逐位传输的方式。是数据传输采用的主要传输方式。

3）异步传输：它是字符同步传输的方式，也称为起止式同步。常使用于低速数据传输中。

4）同步传输：它是位（码元）同步传输方式。该方式必须在收、发双方建立精确的位定时信号，以便正确区分每位数据信号。传输效率高，常使用于2400bit/s 以上数据传输，但技术比较复杂。

另外，还有单工传输（数据只能单一方向发送和接收）、半双工传输（数据可以在两个方向传输，但不能同时进行，只能交替收、发）和全双工传输（数据可以在两个方向同时传输，同时收与发）。

在建筑设备监控系统中，根据不同的传输特性，常见的数据传输现场总线技术见表 17－1。

表 17－1　常用的现场总线（传输）技术

现场总线（传输）技术	最大传输速率	最长传输距离
FF	31.25kbit/s～2.5Mbit/s	500m～1.9km
Bitbus	62.5kbit/s～2.4Mbit/s	30m～1.2km
Profibus	500kbit/s	1.2km

续表

现场总线（传输）技术	最大传输速率	最长传输距离
CAN	1Mbit/s	1～10km
L2	9.6～1500kbit/s	9.6km
HART	3Mbit/s	3km
ControlNet	5Mbit/s	3～30km
Modbus	9.9kbit/s～10Mbit/s	450m～1.5km
LonWorks	78.8kbit/s～1.25Mbit/s	130m～2.7km

现场总线的特点：

（1）开放性。只要符合同一总线标准的产品都可以方便地进行互联，不同标准的产品之间可以通过标准的协议转换设备实现互联，从而为用户提供了集成自主权。

（2）互操作性和互用性。通过现场总线、现场设备之间、系统之间方便地实现信息传送与沟通，进行点对点的互操作，不同厂商的类似产品可以相互替换。

（3）现场设备的功能自治性。现场总线技术的传感测量、补偿计算、工程量处理与控制等功能根据需要分散到现场设备，来完成自动控制的基本功能，并能随时判断设备的运行状态。

（4）系统结构的高度分散性。现场总线技术构成了全分布式的控制系统，降低了传统 DCS 上位机的作用，简化了系统结构。理想的现场总线系统要求每一个传感器、执行机构都具有自我控制能力，各传感器、执行机构通过总线网络协同工作，而不依赖于其他上位设备。但这样的成本过高，网络数据通信量太大，因此目前大多数还是将现场控制设备（DDC 或 PLC）作为现场总线的控制节点，只有极少数传感器、执行机构具有自己的现场总线处理系统。

（5）对现场环境的适应性。现场总线作为控制网络的底层，支持双绞线、同轴电缆、光缆、射频、红外线、电力线等介质，具有较强的抗干扰能力，并满足防爆要求。利用信道复用技术实现一对线缆上传输多路信号，节约了连接电缆的费用。

3. 数据（信息、信号）的存储与使用

数据以某种格式记录在计算机内部或外部存储介质上。数据存储的对象包括数据流在加工过程中产生的临时文件或加工过程中需要查找的信息。数据存储需要命名，这种命名要反映信息特征的组成含义。数据流反映了系统中流动的数据，表现出动态数据的特征；数据存储反映的是系统中静止的数据，表现出静态数据的特征。

从数据存储技术的发展来分析，数据存储技术分为：

（1）DAS（Direct Attached Storage）。它与普通的PC存储架构一样，外部存储设备都是直接挂接在服务器内部总线上，数据存储设备是整个服务器结构的一部分。DAS存储方式主要适用于小型网络，地理位置分散的网络和一些特殊应用的服务器。

（2）NAS（Network－attached Storage）。数据存储方式全面改进了低效的DAS存储方式。它采用独立的服务器，单独为网络数据存储而开发的文件服务器用来连接存储设备，自形成一个网络。于是，数据存储就不再是服务器的附属，而是作为独立网络节点而存在于网络之中，可与所有的网络用户共享。优点为即插即用，存储部署简单，存储设备的位置灵活和管理容易且成本较低。缺点为存储性能较低，可靠性不高。

（3）SAN（Network－attached Storage）。存储方式创造了存储的网络化。存储网络化顺应了计算机服务器体系结构网络化的趋势。支撑SAN的是光纤通道（Fiber Channel，FC）技术。它为网络和通道I/O接口建立的一个标准FC技术以支持HIPPI、IPI、SCSI、IP、ATM等多种高级协议，其最大特性是将网络和设备的通信协议与传输物理介质隔离开，多种协议可在同一个物理连接上同时传送。SAN的优点是网络部署容易，具有高速存储性能和具有良好的扩展性。

数据存储技术最大的特点是没有标准的体系结构，以上三种存储方式的共存与互相补充是具体应用中常见的形态。

在目前大数据时代，数据呈爆炸式增长。就数据存储服务的发展趋势来看：一方面，对数据的存储量的需求越来越大；另一方面，对数据的有效管理提出了更高的要求。大数据对存储设备的容量、读写性能、可靠性、扩展性等都提出了更高的要求，需要充分考虑功能集成度、数据安全性、数据稳定性等。并需要综合地考虑数据存储系统的可扩展性、性能及成本等各方面的因素。

目前建筑设备监控系统中的数据使用大致可归纳为设备的控制、报警管理、显示与报表管理以及建筑设备系统的运行管理等。

建筑设备监控系统中所获取的数据，很大一部分是所监控设备的运行状态数据。这些数据主要应用于判断所监测的设备和设备系统的运行是否正常，一旦数据偏离所设定的阈值，则说明系统的运行出现了不正常的状态，产生报警，以便及时采取相应的措施，保证被监测设备的安全、正常的运行。

数据的显示形式通常有矢量图显示、映射图显示、多窗口显示等。

数据的统计显示形式通常有条形图、扇形图、拆线图、茎叶统计图、直方图等。

显示的内容主要有模拟流程和系统总貌显示、状态过程显示、特殊数据记录显示、趋势显示、统计结果显示、历史数据的显示和控制状态显示等。

建筑设备的运行管理以实现各种被管理设备的优化控制为目标。

（1）变配电设备及应急发电设备。包括高低压柜主开关动作状态监测、变压器与配电柜运行状态及参数的自动检测、主要设备供电控制、停电复电自动控制；应急电源供电控制等。

（2）照明设备。包括：楼层、门厅与走道照明的定时开关控制；楼梯照明定时开关控制；泛光照明灯定时开关控制；停车场照明定时开关控制；航空障碍灯点灯状态显示；事故应急照明控制；照明设备的状态检测等。

（3）空调通风设备。包括：空调机组状态检测与运行参数测量；空调机组的最佳起/停时间控制；空调机组预定程序控制与温湿度控制；室内/室外气温、湿度、CO、CO_2等参数测量；新风机组起/停时间控制；新风机组预定程序控制与温湿度控制；新风机组状态检测与运行参数测量；送排风机组的状态检测和控制等。

（4）给排水设备。包括：给排水系统的状态检测；使用水量、排水量测量；污水池、集水井水位检测；地下、中间层屋顶水箱水位检测；公共饮水过滤、杀菌设备控制、给水水质监测；给排水泵的状态控制；卫生、污水处理设备运行监测与控制等。

（5）交通设备与停车场。包括：电梯、自动扶梯运行状态监测；停电及紧急状态时的应急处理；语音报告服务系统管理；出入口开/闭控制；出入口状态监视；停车库车位状态的监视；停车场的送排风设备控制等。

（6）冷热源设备。包括：冷冻机、热泵、锅炉、热交换器等设备的运行状态监视与参数检测；冷冻机、热泵、锅炉、热交换器等设备的起停与台数的控制；冷冻机房设备、锅炉房设备的自动联锁控制；冷冻水、热水的温度、压力控制；能量计量等。

（7）能源管理。在保证用户舒适性的原则下，对设备的运行状态进行调整与控制，以节省能源消耗。利用优化设备运行工艺，加强操作与管理来实现能源节省。进行能耗统计，契约用电控制，电力系统的功率因数改善，照度的自动调节，照明设备的自动控制，空调系统节能方式运行控制，自动冲洗设备的节水方式运行控制等，以达到节省的目的。

17.2 建筑设备监控系统的设计

《智能建筑设计标准》（GB 50314—2015）定义了BA系统的设备范围、采集信息和监控需求。BA系统是按照建筑设备运行的工艺与控制要求，通过自控控制、监视等手段来保证建筑设备服务功能得以可靠、稳定、精确地实现，同时满足相关管理需求。BA 系统与各建筑设备之间的设计界面至关重要，直接影响到系统的设计及实施质量。

17.2.1　建筑设备监控系统设计界面及基本监控内容

现代建筑中，BA 系统负责监控和管理重要能源供应及消耗设备。其中，能源供应设备以供配电系统为核心；能源消耗设备则主要包括冷热源设备、空调通风设备、给排水设备、照明设备和电梯设备等，这些设备的能耗通常占到建筑总能耗的 70%以上。尽管 BA 系统能够对以上设备进行统一管理，但由于安全性以及大型设备监控专业化的发展，并非所有设备都由 BA 系统直接进行数据采集和监控，部分大型设备自成系统后再通过通信网关接入 BA 系统进行统一管理。市场上各建筑设备系统的监控分工见表 17－2。

表 17－2　　各建筑设备系统监控分工

建筑设备系统	BA 系统直接监控	自成系统后集成
供配电系统	供配电系统既可自成系统后集成，也可由 BA 系统直接监控。随着供配电监控管理的专业化，目前大多数供配电监控系统均自成系统，仅部分简单监控功能由 BA 系统直接完成	
冷热源系统	冷热源系统既可自成系统后集成，也可由 BA 系统直接监控。冷热源自成监控系统多由冷热源设备厂商完成，优势在于对冷热源设备内部运行参数及周边设备配合工艺更加专业；BA 系统直接监控的优势在于能够对整个冷热量产生、传输及使用全过程负责，对冷热量供给及使用实现综合管理。目前冷热源系统自成系统后集成与 BA 系统直接监控各占一半	
空调通风设备	大型中央空调通风设备由 BA 系统直接监控	部分分体式商用空调（VRV、VRF 等）一般自成系统后考虑集成需求
给排水设备	多由 BA 系统直接监控	
照明设备	公共区域照明多由 BA 系统直接监控	部分对调光及场景控制要求较高的区域采用智能照明自成系统后进行集成
电梯设备		出于电梯运行安全性考虑，一般自成系统后通过通信网关或干接点方式集成入 BA 系统
其他专项设备		一些特殊行业的专项设备多自成系统后通过集成方式纳入 BA 系统进行统一管理

BA 系统设计涉及两个界面：一个是 BA 系统与监控对象的设备界面，因此 BA 系统设计需要首先了解建筑设备的设计原则、设计工艺、平面布置以及设备清单和工艺等，核心设计功能是完成对建筑设备的监视、控制和优化功能；另一个是 BA 系统的人机界面，根据使用者的管理需求对菜单结构、界面布局、数据组织以及界面效果图等进行设计，以提高管理效率。建筑设备监控系统设计界面如图 17－1 所示。

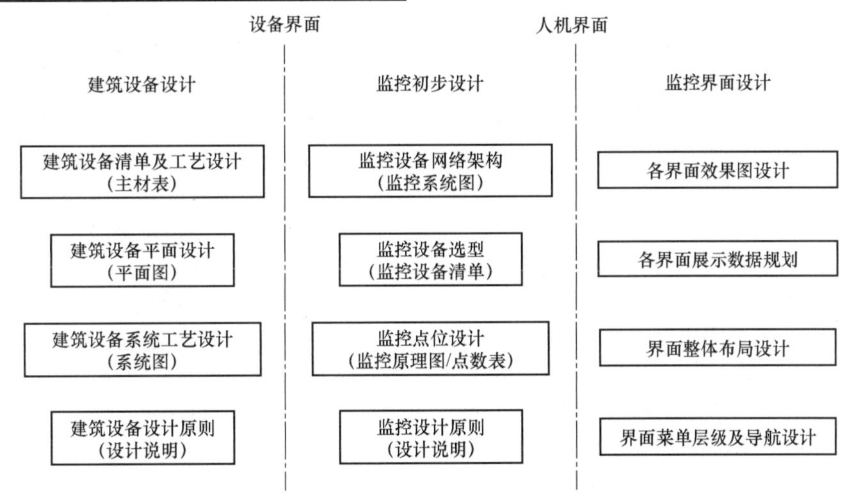

图 17－1　建筑设备监控系统设计界面

对于直接由 BA 系统监控的建筑设备，系统设计应同时包括监控初步设计和监控界面设计；而对于自成系统后集成（如 BA 系统）的建筑设备而言，系统设计主要根据监控界面及系统联动的数据需求对集成点位提出要求，并完成相关监控界面及联动需求设计。

17.2.1.1 供配电监控系统设计界面及基本监控内容

供配电系统是建筑物的主要能源供给系统，关系到所有用电设备能源供给的安全性和可靠性。随着各种节能设备等的使用，电力质量也受到不同程度的影响，而这些电力质量问题直接影响用电设备的运行稳定性及使用寿命。因此，近年来供配电系统的监控有专业化的趋势，大多数供配电监控系统均由专业厂商自成体系建设，然后通过通信网关将相关数据和信息集成入 BA 系统进行统一管理。

1. 建筑供配电系统基本组成

建筑供配电系统通常由高压进线、变压器、母联开关、主配电回路及直流屏、应急柴油发电机等组成，如图 17－2 所示。

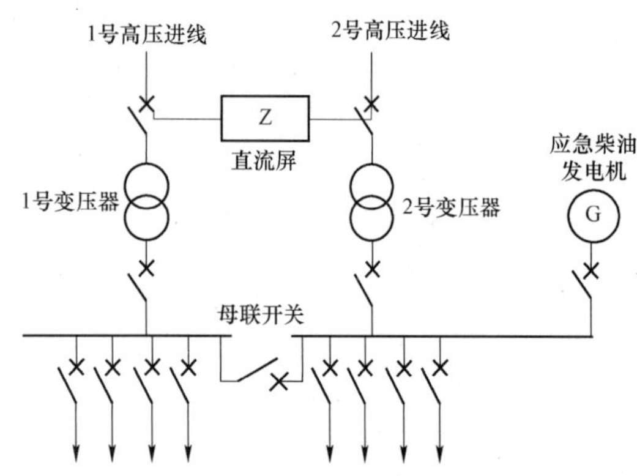

图 17－2 常规建筑供配电系统单线图

2. 建筑供配电系统基本监控内容

民用建筑中的供配电监控系统的功能主要是监视各类控制、保护及联动功能，一般在各开关柜、变压器、配电箱内部实现或由人工就地控制。系统监视包括高压侧监视、低压侧监视、变压器监视、应急发电机和直流屏监视等。

（1）高压侧监测：

1）高压进线主开关分合状态及故障状态监测。

2）高压进线三相电压、电流、频率、功率因素、有功功率、无功功率、视在功率监测。

3）高压进线电度计量：当采用专业供配电监控系统自成体系时，监测内容还可能包括各种保护信号（过电流、速断、零序、电压保护、温度保护等）以及电压/电流不平衡度等，甚至包括电压瞬降/骤升/闪变等高级电能质量监视功能和扰动方向判定等故障判定功能，以加强变配电系统管理，保障高效、可靠的系统运行。

（2）低压侧监测：

1）变压器二次侧的低压主进线开关分合状态及故障状态。

2）变压器二次侧的低压主进线电压、电流、功率因素、有功功率、无功功率、视在功率监测。

3）母联开关分和状态及故障状态。

4）母联开关三相电压、电流、功率因素、有功功率、无功功率、视在功率监测。

5）各低压主配电回路开关分和状态及故障状态。

6）各低压主配电回路三相电压、电流、功率因素、有功功率、无功功率、视在功率监测。

7）变压器二次侧低压主进线及各低压主配电回路的电能计量。

当采用专业供配电监控系统自成体系时，监测内容还可能包括过电流保护整定值、电力谐波率、三相不平衡率等，甚至包括电压瞬降/骤升/闪变等高级电能质量监视和扰动方向判定等故障判定等功能，以加强变配电系统管理，保障高效、可靠的系统运行。

（3）变压器监测：变压器的温度监视/报警。当采用专业供配电监控系统自成体系时，监控内容还可包括变压器负载率以及风冷变压器风机运行状态、油冷变压器油温及油位监视等。

（4）应急发电机监测：

1）发电机运行状况监测，如机组运行状态、故障状态、手/自动状态、紧急运行状态、测试状态等。

2）发电机电气参数监测，如输出电压、电流、频率、有功功率、无功功率、视在功率、起动电池电压（含起动过程电压变化）等。

当采用专业供配电监控系统自成体系时，并通过通信网关与发电机组自身控制系统进行通信时，监控内容还可能包括发电机转速、油温、油压、进出水温/水压、排气温度、日用油箱油位等。专业供配电监控系统还具有应急发电机自检测功能，可以定期自动对应急发电机进行测试，并记录测试过程中各组件等的电气参数及响应时间，发生异常时进行提示维修，以保证应急状态下发电机组的正常起动。

（5）直流屏监测：

1）交流电异常报警。

2）浮充充电装置故障报警。

3）蓄电池电压异常报警。

4）母线接地报警等。

3. 建筑供配电系统监控点位表及监控原理图

供配电监控设计一般根据供配电系统相关设计资料确定监控内容，然后制作点位表和绘制监控原理图。

表 17－3 为根据常规监控内容制作的典型供配电监控系统点位表（未包含专业供配电监控系统的部分电能质量、扰动方向判定等功能）。

表 17–3　　典型供配电监控系统点位表

	设备数量	开关量输入 DI				模拟量输入 AI								
		运行状态	故障状态	手自动状态	高温报警	三相电压	三相电流	频率	三相功率因素	三相有功功率	三相无功功率	三相视在功率	电度计量	蓄电池电压
高压主进线	2	4	2			6	6	2	2	2	2	2	2	
直流屏	2		6											2
变压器					2									
低压主进线	2	4	2			6	6		2	2	2	2	2	
母联开关	2	4	2			6	6		2	2	2	2	2	
配电主回路出线	N	2N	N			3N	3N		N	N	N	N	N	

图 17–3 为根据上述常规监控内容绘制的典型供配电监控系统低压配电监控原理图（限于图形尺寸，图中仅变压器二次侧低压主进线标注了详细电力参数监控内容，其他回路仅标注点位数）。

4. 建筑供配电设备监控系统分工界面

建筑在建设过程中，建筑供配电设备（各种开关柜、联络柜等）一般由供配电设备厂商成套配置，建筑供配电监控系统厂商通过干接点方式对运行状态、故障状态等进行监视，通过多功能电力表计对各供配电回路电气参数进行监测。设备成套厂商应提供各种必要的运行状态、故障干接点输出，由 BA 监控系统厂商通过设备的数字量输出点（DI）进行读取；BA 监控系统厂商提供相应多功能表计及互感器产品，由设备成套厂配合相关安装及成套，如图 17–4 所示。

工程中，当供配电监控系统自成系统时，BA 系统设计仅需提出集成点位及集成接口规范并提出需求即可，无须进行监控初步设计。

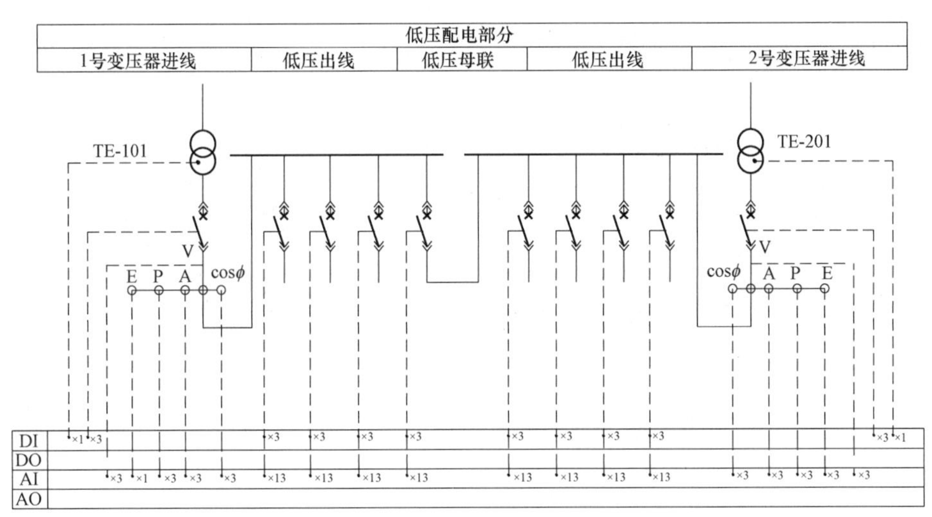

图 17–3　典型供配电监控系统低压配电监控原理图

5. 建筑供配电监控系统监控菜单及界面示例

建筑供配电监控系统监控菜单通常可根据业主需求进行定制，一般可分为高压监控（含直流屏）、低压监控（含变压器）、柴油发电机组监控及其他高级功能（如电能质量分析、扰动方向判定等）菜单，界面展现形式通常为系统图（单线图）、设备列表、电力参数看板等，如图 17–5 所示。

实际工程中建议在设计阶段对监控界面逻辑结构、界面数量以及典型界面数据量、展现风格等进行规划，以辅助监控点位规划、保证最后实施效果，如图 17–6 所示。

17.2.1.2　冷热源系统设计界面及基本监控内容

现代建筑物中，暖通空调设备的能耗占总能耗的一半以上，而冷热源设备又是暖通空调设备能耗的主要组成部分。冷热源设备的工艺复杂，节能技术措施非常丰富，设备的监控质量优劣直接影响日后的设备运行经济效益。

一般建筑物中，系统冷源可以是冷水机组、热泵机组等，主要为建筑物空调系统提供冷量；系统热源可以是锅炉系统或热泵机组等，除为建筑物空调系统提供热水外，还包括生活热水系统。热泵机组还可以进行冷热切换，既可以作为冷源，又可以作为热源。

界面

供配电设备

1. 低压进线柜、630A以上配出柜由监控系统提供多功能电力表计，通过多功能表计的RS485接口向监控系统传送电压、电流、有功功率、功率因数等电气参数。控制柜内引出设备运行状态、故障报警状态信号常开干接点，并引至端子排注明
2.低压联络柜、重要负载输出线柜用干接点形式向监控系统提供开关状态运行状态、故障报警信号，干接点引至柜接线端子排并注明
3.变压器提供超高温报警信号接线端子并注明

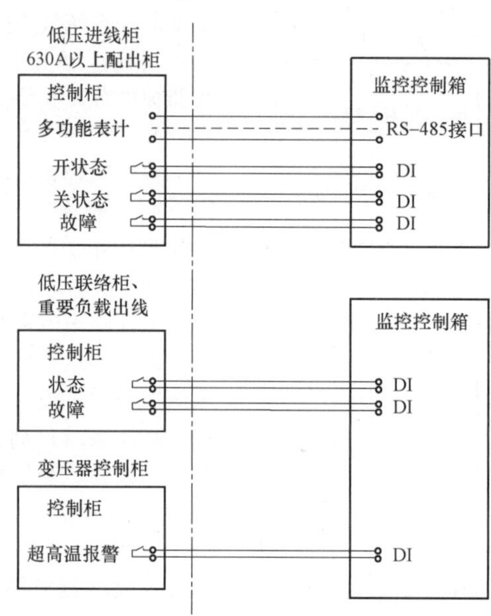

供配电监控系统

1. 监控系统负责提供各种多功能电力表计及相关互感设备
2. 监控系统与供配电柜的通信线、控制线和信号线由监控系统提供并接线

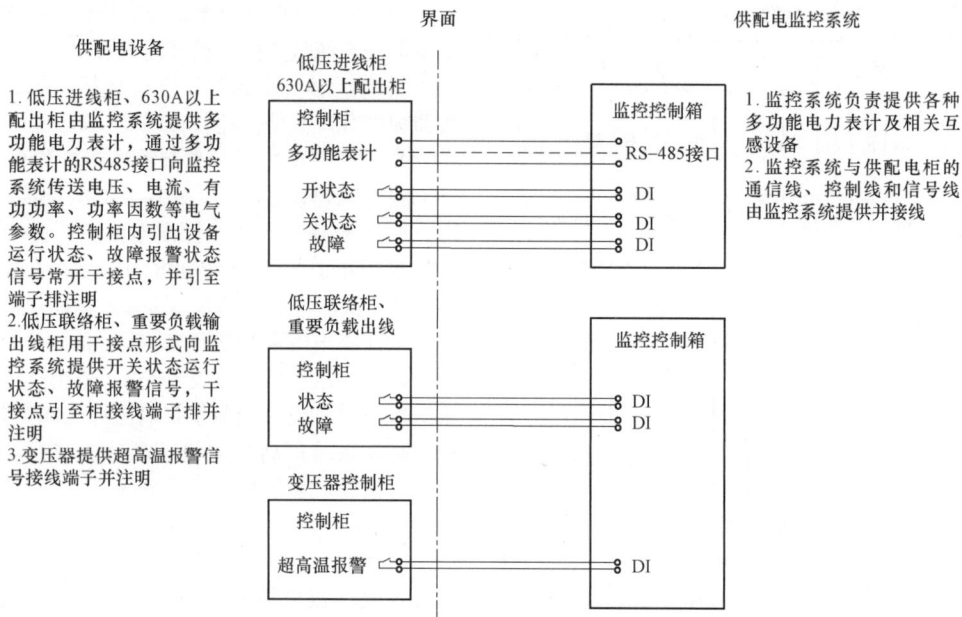

图 17-4　典型低压配电监控系统界面分工图

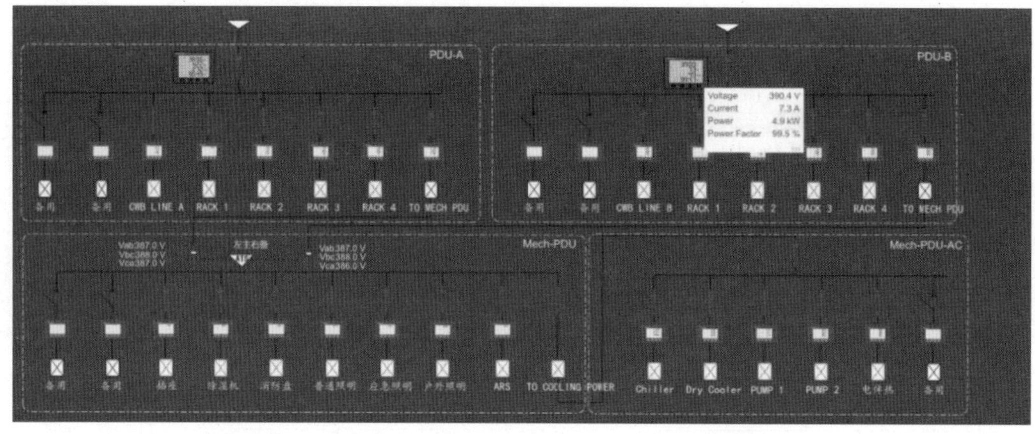

图 17-5　建筑供配电监控系统低压单线监控界面

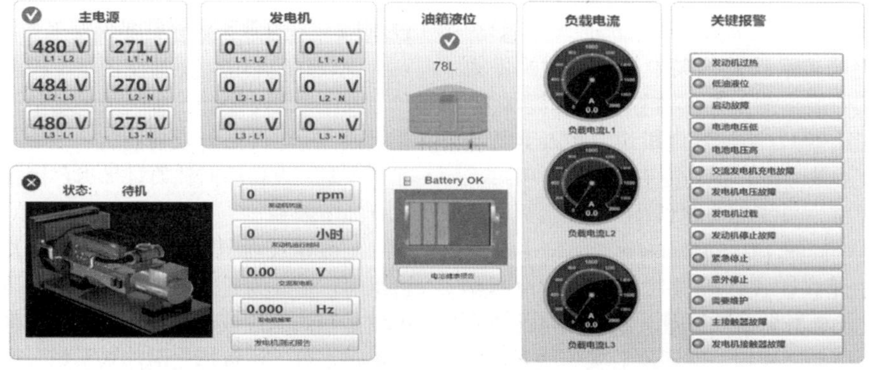

图 17-6　建筑供配电监控系统柴油发电机组监控界面

工程上冷热源设备与 BA 系统的分工界面如下：

锅炉机组本身多自成系统进行就地控制（BA 系统可通过通信接口读取部分内部数据，只监不控），BA 系统主要对锅炉机组周边的各种热水、蒸汽回路相关设备（水泵、热交换器、阀门等）进行监控，并监视相关运行参数（如蒸汽/热水温度、蒸汽/热水流量、蒸汽压力等）。

冷水机组和热泵机组自成系统后集成与 BA 系统直接监控各占一半，两种模式各有利弊。无论哪种模式，冷水机组和热泵机组的自身运行控制均自成系统，而不由 BA 系统直接控制。BA 系统通常是通过干接点方式控制这些设备的起停，接受各种故障报警和手自动状态信号，同时通过通信接口读取机组内部参数并调节部分可控参数。所谓 BA 系统直接监控主要监控的是这些设备的工作状态及相关水循环、蒸汽循环回路相关设备的工作状态和参数，并进行相应的群控和优化控制。

1. 冷水机组基本工作原理

建筑工程中常用冷水机组的制冷方式有压缩式和吸收式两种方式。图 17-7 所示为典型压缩式冷水机组的工作原理图。根据压缩机的不同机械结构形式，又可分为往复压缩式、螺杆压缩式、离心压缩式、滚动转子式等类型。基本工作原理如下：制冷剂从蒸发器出来是低温、低压的气体；经压缩机压缩后变为高温、高压的气体，进入冷凝器；高温、高压的制冷剂蒸汽在冷凝器中冷凝放热，变为常温、高压的液体；经节流减压阀减压后变为低温、低压的气液共存状态，进入蒸发器；低温、低压的制冷剂气液共存体在蒸发器中蒸发、吸热后重新变为低温、低压的气体，回到压缩机。通过不断循环，制冷剂就将不断地从冷冻水循环回路吸收热量，生成低温冷冻水；同时将吸收的热量释放到冷却水循环中，由冷却水循环系统将热量带走释放。

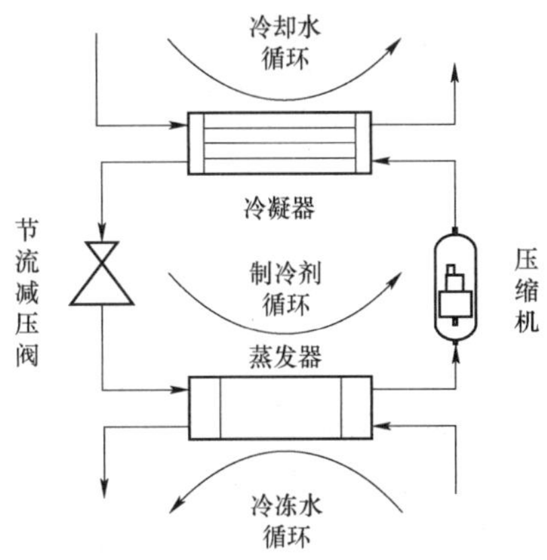

图 17-7 典型压缩式冷水机组工作原理图

2. 冷冻站基本监控内容及监控原理图

为更加直观地介绍冷冻站基本监控内容，本小节以典型简单冷冻站监控原理图为基础进行讨论。典型冷冻站如图 17-8 所示，主要由冷水机组、冷冻水循环系统（将冷水机组产生的冷冻水传输至空调末端）和冷却水循环系统（将冷水机组冷凝器释放的热量带走）三部分组成。

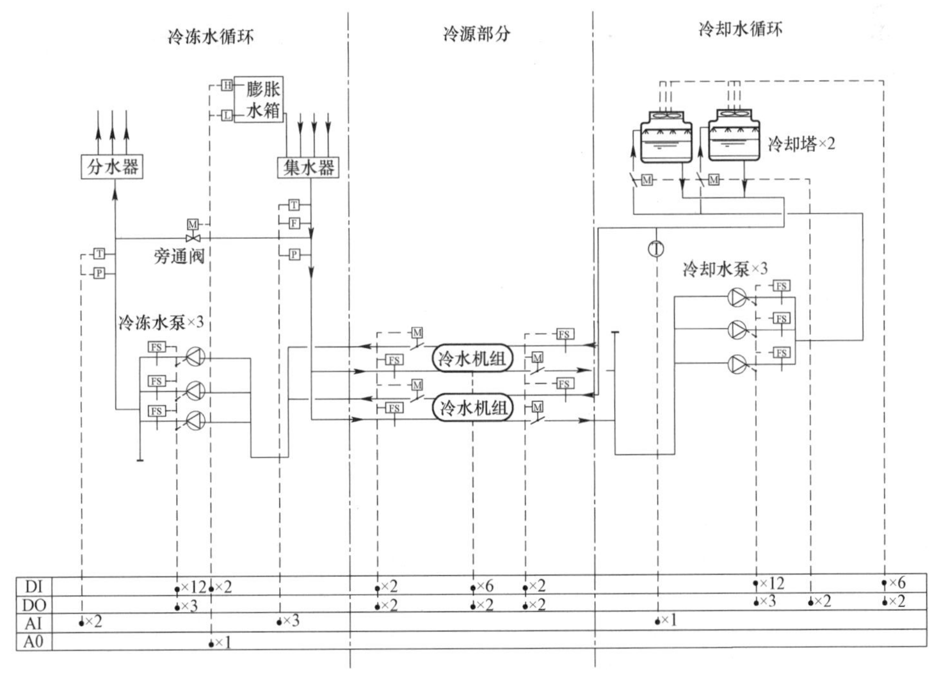

图 17-8 典型冷冻站监控原理图

（1）冷水机组监控内容：

1）冷水机组起停控制。

2）冷水机组运行状态。

3）冷水机组故障报警。

4）冷水机组手/自动状态。

此外冷水机组两侧冷冻水回路和冷却水回路还应对开关蝶阀进行控制，对开关蝶阀和水流开关进行监视，以便在某台冷水机组关闭时切断相应管路以及在某台冷水机组起动前确认各管路水流状态。具体监控内容包括：

1）蝶阀开关控制。

2）蝶阀开关状态反馈（可选）。

3）水流开关状态。

当通过通信接口读取冷水机组内部监控数据时，可以要求获取更多参数，以便进行故障预警或优化控制。不同类型冷水机组开放的具体参数可能有所不同。

（2）冷冻水循环监控内容及监控原理。冷冻站冷冻水循环如图 17-8 左半部分所示。冷冻水循环将从各楼层空气处理末端循环回来的高温冷冻水送至冷水机组制冷，然后再将低温冷冻水供给各空气处理设备。此回路的监控内容主要包括冷冻水泵监控、冷冻水供/回水各项参数监测、旁通水阀及膨胀水箱监控等。

冷冻水泵是冷冻水循环的主要动力设备，其监控内容一般包括：

1）冷冻水泵起/停控制。

2）冷冻水泵运行状态监视。

3）冷冻水泵故障报警监视。

4）冷冻水泵手/自动控制状态监视。

5）水流状态监视等。

冷冻水泵的这些监控点一般都直接取自其电气控制回路。如图 17-9 所示，该系统的电气控制回路分为主回路（一次回路）与控制回路（二次回路）两部分。主回路工作电压为三相 380V 交流，以断路器作为电源进线开关，起到故障检修断电以及过电流保护等作用，确保电力安全。主回路通过接触器对设备电源进行控制，采用热继电器对设备进行过载保护。

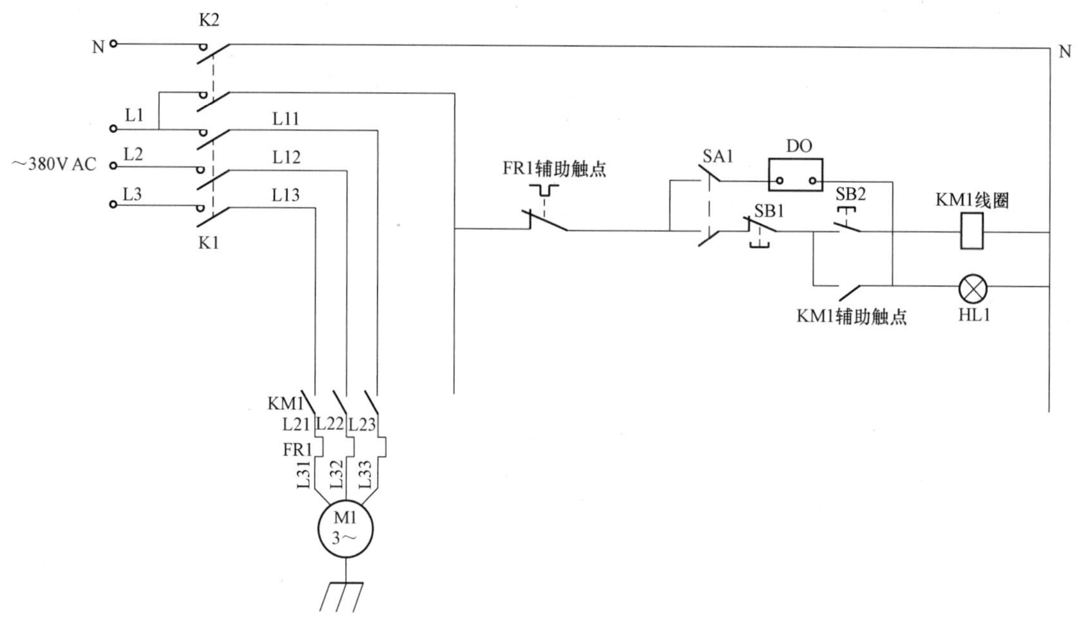

图 17-9　典型电气设备起/停监控电气原理图

控制回路一般为 220V 交流回路，主要实现对主回路接触器的通断控制。此回路一般要求实现手/自动两种方式对水泵起/停进行控制。具体设计方案是：利用一个手/自动转换开关，实现手动回路与自动回路之间的转换。当拨到手动挡时，操作人员可通过现场起动按钮、停止按钮、接触器线圈以及接触器辅助常开触点组成的自保持电路对设备进行就地控制；当拨到自动挡时，设备的起/停则受 DDC 等控制设备的自动控制。

设备监控内容中的起/停控制一般是通过对图 17-9 主回路中接触器通断电控制实现的，起/停状态信号取自接触器辅助触点，故障状态信号取自热继电器的辅助触点，手自动转换信号取自手自动转换开关。

除对冷冻水泵本身的电气状态监控外，还应通过监测水泵回路的水流状态进一步确认水泵的运行状态。

冷冻水供/回水的监测参数包括：

1）冷冻水供/回水总管温度监测。

2）冷冻水供/回水总管压力或压差监测。

3）冷冻水循环流量监测。

4）膨胀水箱高低液位报警等。

系统根据冷冻水供/回水总管的压力差可以控制旁通阀开度以使冷冻水供/回水总管压差保持恒定。

系统根据冷冻水供/回水温度差及流量计算空调冷源系统输出的总冷量（也可采用冷热量表等更加精准的冷热量输出计量设备）。冷冻水供/回水温度及流量测取点的确定是许多工程设计及施工中易犯的错误。如图 17－10 所示，分水器侧温度的测取位置既可位于旁通回路前端，也可位于旁通回路后端，测取位置的改变不会影响测量值。即图 17－10 中 a、b 所示的测量位置都是正确的，根据这三个值可以准确地计算出系统冷源的输出冷量。而集水器侧温度和流量的测取点理论上都应位于旁通回路的前端，图 17－10c、d 所示的测量位置是错误的。对于定流量冷冻水泵而言，当水泵起动台数不发生变化时，图 c 测出的流量值是几乎恒定，而图 d 中测出的是混合水的温度。

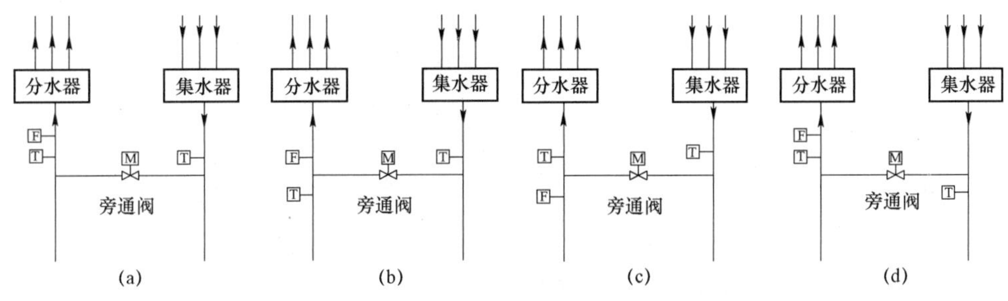

图 17－10 冷冻水供回水总管温度及流量测取位置

图 17－10a、b 所示的测量位置是最经济、最理想的，但有时暖通设计将旁通回路设计在分水器与集水器之间，如图 17－11 所示。这样，集水器侧温度和流量的测取点就无法位于旁通回路前端了。此时可以采用图 17－11a 所示的位置测量温度和流量。根据这三个参数同样可以准确地计算出系统冷源的输出冷量，但却无法获得负荷侧的流量及回水温度。为获得负荷侧的流量，可以在旁通回路上加装流量传感器，如图 17－11b 所示，利用总管流量减去旁通回路流量得到回水流量，同时通过利用热量平衡公式也可算得负荷侧的回水温度。另外，在实际工程中也有分别测各回路流量及回水温度的设计方案，如图 17－11c 所示，但造价会有所提升。

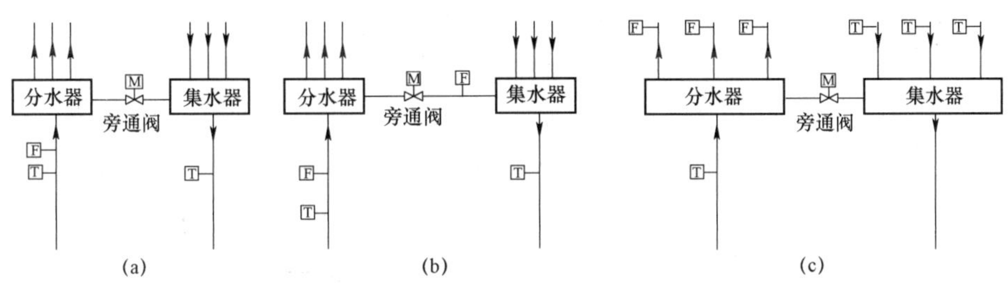

图 17－11 特殊情况下冷冻水供回水总管温度及流量的测取位置

BA 系统对于冷水机组的台数控制主要根据冷冻水供回水总管的温度、流量反馈以及旁通阀开度状态等进行。工程中存在多种冷水机组台数控制策略。

目标建筑的冷热负荷需求一般较难直接获得（近年来通过负荷预测技术可以获得对冷热负荷需求进行预估，但存在一定偏差），比较科学、简单的控制策略是就增加起动台数和减少起动台数分别设立判断条件，从而通过加/减机策略逐步调整冷水机组起动台数，以满足目标建筑的冷负荷需求。增加起动台数和减少起动台数的判断条件有很多，在此仅介绍比较实用的一种。假设当前时刻冷水机组已起动了 n 台，且水系统已进入稳定状态，则增加冷水机组起动台数的条件为：冷冻水供水温度高于设计温度的幅度大于某设定死区，且这一状态已维持时间超过 10～15min。减少冷水机组起动台数的条件为旁通回路的流量大于单台冷水机组设计流量的110%，且这一状态维持时间超过 10～15min。对于无法获取旁通回路流量的系统（图 17－10a、b），减机条件为由冷冻水供回水温差和流量计算获得的冷源系统实际冷量输出值与已起动冷水机组额定冷量输出和之间的差值大于单台冷水机组额定制冷能力的 110%，且这一状态维持时间超过 10～15min。

（3）冷却塔监控内容及监控原理。冷冻站冷冻水循环如图 17－8 左半部分所示。冷却水循环主要任务是将冷水机组从冷冻水循环中吸取的热量释放到室外。此回路的监控内容主要包括冷却塔监控、冷却水泵监控及冷却水进、回水各项参数监测。

冷却塔是冷却水循环回路的主要功能设备，其监控内容一般包括：① 冷却塔风机起/停控制；② 冷却塔风机运行状态监视；③ 冷却塔风机故障报警监视；④ 冷却塔风机手/自动控制状态监视；⑤ 冷却塔进水蝶阀控制。

如果监控管理要求较高，还可增设冷却塔出水蝶阀控制等其他监控内容。此外，部分项目也会对冷却塔风机进行变频或分组控制，此时一般需要增设冷却塔回水温度传感器，根据冷却塔回水温度对冷却塔风机运行频率或起动组数进行控制。

冷却水泵是冷却水循环的主要动力设备，其监控内容一般包括：① 冷却水泵起/停控制；② 冷却水泵运行状态监视；③ 冷却水泵故障报警监视；④ 冷却水泵的手/自动控制状态监视；⑤ 水流状态监视。

冷却水循环进、回水参数的监测主要包括冷却水回水温度监测，这是保证冷水机组正常工作的重要监测参数。将回水温度维持在正常范围内是冷却水循环的主要功能。此外，部分工程也会在冷却水进、回水总管之间设置温差旁通，以保证冷却水回水温度不低于某设定值。此时往往根据冷却水进、回水温度监测值对温度旁通阀开度进行控制。

（4）冷冻站设备联动及群控。冷水机组是整个建筑物空调冷源系统的核心设备，冷冻水循环、冷却水循环都是根据冷水机组的运行状态进行相应控制的。

起动冷水机组，一般先起动冷却塔，其次起动冷却水循环系统，然后是冷冻水循环系统的起动，当确定冷冻水、冷却水循环系统均已起动后方可起动冷水机组；停止冷水机组的顺序与起动顺序正好相反，一般先停止冷水机组，然后是冷冻水循环系统、冷却水循环系统，最后是冷却塔。

设有多台冷水机组时，以上过程将会变得相对复杂。图 17－12 为多台冷水机组起/停控制的流程图。

当需要增加起动一台冷水机组时，首先要确定起动哪台冷水机组，同样需要停止一台冷水机组时也是如此。BA 系统根据目前各台冷水机组的起/停状态、故障状态、累计运行时间及起动频率等因素进行优化选择。

当需要起动或停止某台冷水机组时，要确定应增开或停止几台及哪几台对应冷冻水泵、冷却水泵和冷却塔。一种方法是在冷水机组、冷冻水泵、冷却水泵和冷却塔之间建立一一对应的关系，即如决定增开 2 号冷水机组，则同时起动 2 号冷却塔、2 号冷却水泵及 2 号冷冻水泵，反之亦然。这种方案是考虑到在决定各台冷水机组起/停的过程中已融入了群控的概念，因此只要建立各设备之间的一一对应关系，就可实现冷冻水泵、冷却水泵和冷却塔等设备的优化控制。这种方案在正常工作状态下控制理想、方便，但当某台设备发生故障时，对应的关联设备全部退出运行，由替代机组按程序起动对应的设备。这种方案的最大缺点是由于锁定了一一对应关系，设备利用率较低。另一种方案是对冷冻水泵、冷却水泵和冷却塔各自分别实行群控。此方案控制策略比较复杂，可根据具体系统加以确定。

（5）冷冻水回路变频控制方案。在冷冻水回路采用定流量水泵的情况下，为平衡负荷侧变流和冷水机组侧定流之间的矛盾，防止低负荷工况下水泵对管路及泵本身的冲击，需在冷冻水供回水总管上加装旁通回路，通过旁通阀的开度控制来平衡水管压力。这种控制方式无论是低负荷还是高负荷，水泵消耗的能源是基本相同的，低负荷状态下浪费了大量能源。

近年来，随着节能减排要求的增高，很多冷冻水循环系统的水泵采用了变频调速。冷冻水变频系统一般区分为冷冻水一次变流量和冷冻水二次变流量两类：

1）冷冻水一次变流量系统。冷冻水一次变流量系统的系统结构如图 17－13a 所示，主要将原定流量系统的水泵由定频控制转变为变频控制。监控内容除水泵变频控制外与定流量系统基本相同。冷冻水一次变流量系统在末端冷量需求减少时，可以通过降低水泵运行频率起到节能增效的目的。一次变流量系统旁通阀通常关闭，仅当冷冻水变频泵已经达到最小运行频率，且冷冻水供回水压差仍然大于设定压差时，才通过旁通阀开度调节平衡供回水总管压差。

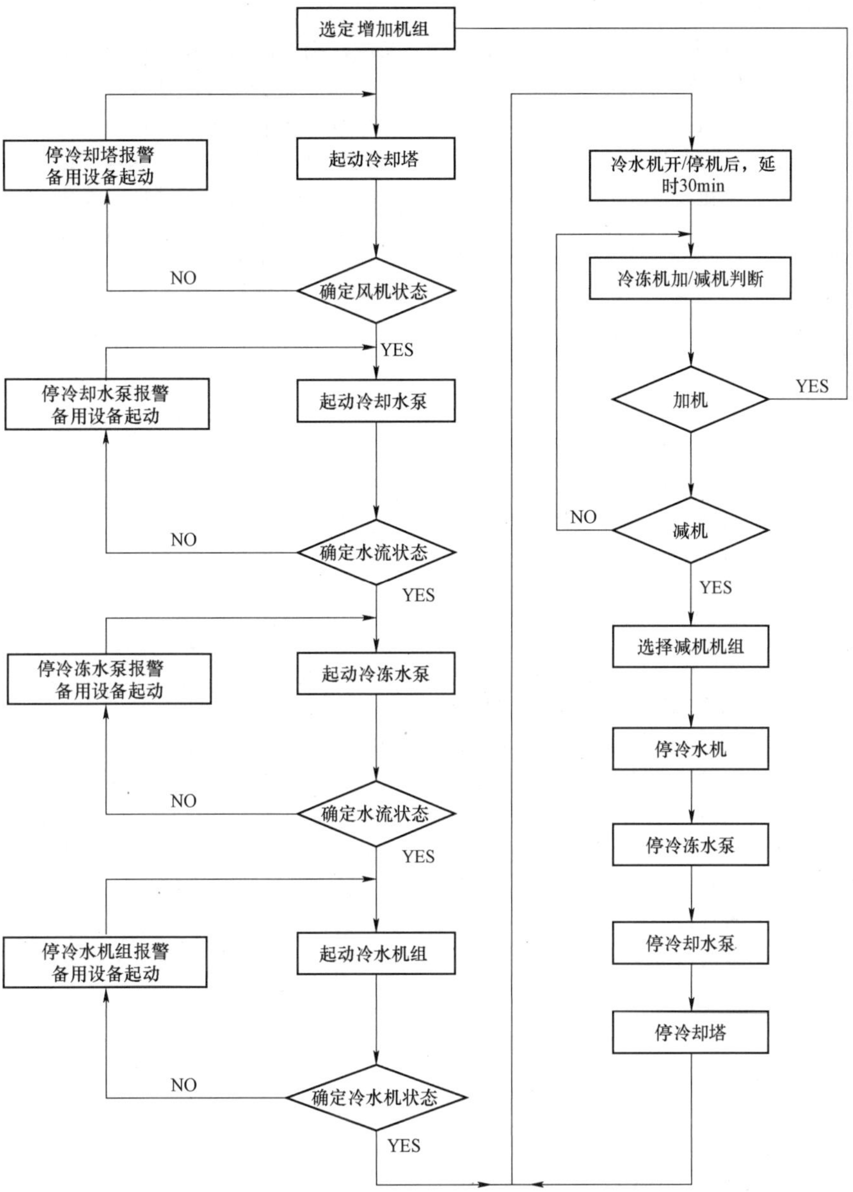

图 17－12　多台冷水机组起/停控制的流程图

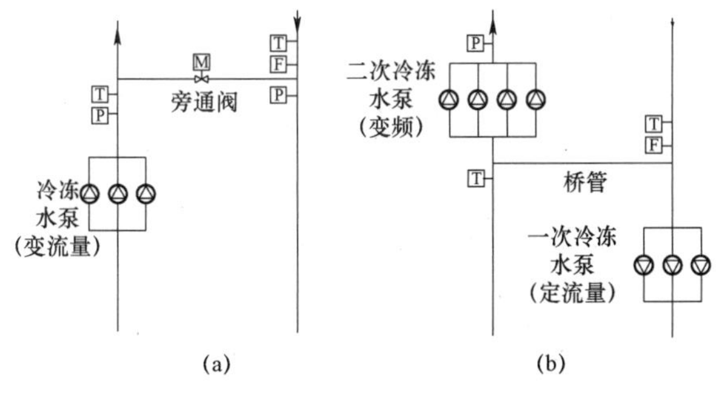

图 17－13　冷冻水回路水泵变频控制方式

采用冷冻水一次变流量系统时，冷冻水泵的输出流量等于流过冷水机组的冷冻水流量。在低负荷状态下，变频水泵的输出流量随之降低，而传统冷水机组在工作时不允许冷冻水量有过大的波动。近年来的全可变频冷水机组已经克服了这一挑战，只要在最小冷冻水流量以上，冷水机组能耗也会随着冷量输出及冷冻水流量的减少而减小，因此，冷冻水一次变流量系统应用也逐渐普及。

2）冷冻水二次变流量系统。冷冻水二次变流量系统的结构如图 17－13b 所示，采用定流量一次冷冻水泵保证流过冷水机组的冷冻水流量恒定，变频二次冷冻水泵根据负荷情况控制输出流量，桥管回路的流量为一次泵与二次泵的流量差。在这种回路中，一般一次泵的扬程较低，二次泵根据负荷决定输出流量，从而既实现节能控制，又保证传统冷水机组的稳定运行。

图 17－13b 中一次泵的监控方式与图 17－13a 中冷冻水泵相同，二次泵除监控起停、运行状态、故障状态、手/自动状态外，还需进行频率控制。二次水泵的运行台数及运行频率根据末端压力传感器的压力反馈值进行确定。

（6）风冷热泵及新型冷站简介。除上述常规以冷水机组作为核心冷源的形式外，其他冷源形式还包括风冷热泵机组，以及地源/水源热泵、冰/水蓄冷系统、冷热电三联供系统等。

1）以风冷热泵为核心的冷站系统。其制冷原理与冷水机组相似，主要区别在于利用对流空气对冷凝器进行散热，而非冷水机组的冷却水。因此，以风冷热泵为核心的冷站监控系统没有冷却水循环系统，其他监控内容及监控原理与以冷水机组为核心的冷站系统相同。

2）地源/水源热泵系统。由于风冷效率低于水冷效率，常规风冷热泵系统的制冷效率要低于冷水机组。地源/水源热泵机组仍然采用水冷方式冷却冷凝器，但利用周围江、湖等水源或地热资源，使得夏季冷站冷冻水回水温度低于常规冷水机组，从而提高冷站效率。地源/水源热泵多自成系统，然后通过通信接口接入 BA 系统。具体监控内容此处不做详述。

3）冰/水蓄冷系统。通过双工况冷水机组，利用夜间低谷电价蓄冷制冰或储存低温冷水，在白天高峰电价时段融冰通过低温冷水放冷，以达到削峰填谷、节省电费的目的。冰/水蓄冷系统本身并不节能，但对于电网平衡以及节约电费方面具有重要意义。冰/水蓄冷控制涉及大量管路切换、负荷预测以及合理的蓄冷/释冷策略，控制优劣对于经济效益影响明显，一般自成系统，然后通过通信接口接入 BA 系统。具体监控内容及控制策略此处不做详述。

4）冷热电三联供。以天然气为主要燃料带动燃气轮机、微燃机或内燃机发电机等燃气发电设备运行，产生的电力供应用户的电力需求，系统发电后排出的余热通过余热回收利用设备（余热锅炉或者余热直燃机等）向用户供热、供冷。对于大型建筑，这种能源联供可以大大提高整个系统的一次能源利用率，实现能源的梯级利用。还可以并网与城市电网互补，整个系统的经济收益及效率均相应增加。冷热电三联供多自成系统，然后通过通信接口接入 BA 系统。具体监控内容此处不做详述。

3. 热泵系统基本工作原理及监控内容

风冷热泵即可制冷又可制热，其制冷原理与冷水机组相似，主要区别在于利用对流空气对冷凝器进行散热，而非冷水机组使用的冷却水循环系统。

风冷热泵在冷热切换过程中，通过四通阀等装置互换制冷剂循环中冷凝器与蒸发器的位置。互换位置后典型风冷热泵的工作原理如图 17－14 所示，此时冷凝器就与空调末端循环水发生热交换，向空调末端水循环释放热量；蒸发器通过强风换热，从室外吸收热量，从而达到制热目的。

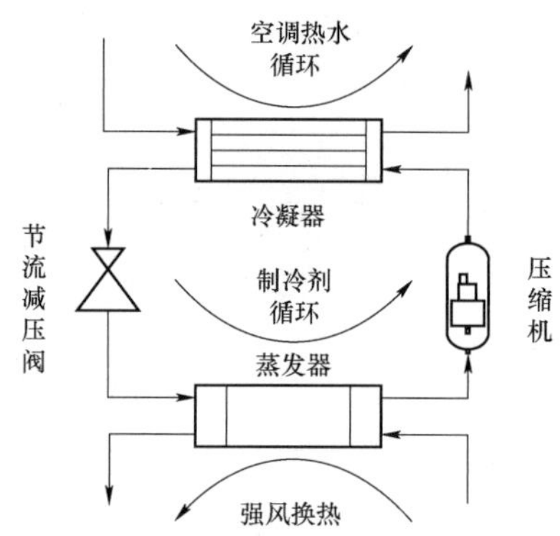

图 17－14 典型风冷热泵机组制热工作原理

以风冷热泵为核心的冷热源监控系统没有冷却水循环系统（散热风机由机组自身控制系统完成），其他监控内容及控制方式与以冷水机组为核心的冷站系统基本相同，在此不再复述。

4. 锅炉系统基本监控内容及监控原理图

锅炉系统是建筑物的常规热源系统，主要包括热源部分、热交换部分和热水循环三部分。典型建筑物热源系统监控原理如图 17－15 所示。

在民用建筑中，锅炉机组由于其专业性和安全性考虑，其内部设备的控制一般由自带控制器完成，不由 BA 系统直接控制；机组的起停一般也要求通过本地操作进行控制，而不能通过接口方式由 BA 系统进行远程自动控制。因此，锅炉系统无群控策略，自动控制仅需完成针对相应锅炉相关设备的联动控制。

BA 系统通过通信接口监视锅炉机组的一些重要运行参数。具体可控参数的多少需要 BA 系统承包商与锅炉机组生产厂商进行协调。一般 BA 系统可监控的锅炉机组状态参数包括：① 锅炉机组状态及故障报警监视；② 锅炉机组进、出口蒸汽/热水温度、压力及流量监视；③ 锅炉机组烟气含氧量、燃效消耗量、燃烧效率。

鉴于对锅炉机组的监视均为可选辅助项，许多工程不将锅炉系统的监控纳入 BA 系统，而仅对热交换器及热水循环部分进行监控。图 17－15 所示的就是这种情况。图 17－15 所示的监控原理也同样适用于没有锅炉系统，而由城市/区域热网供热的情况。

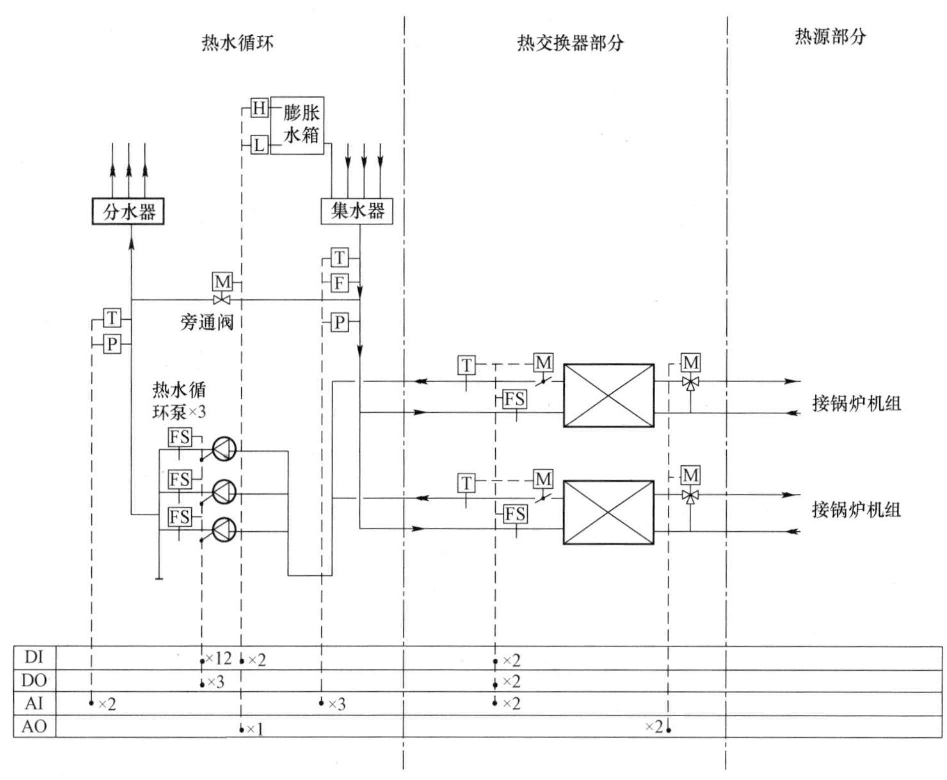

图 17－15　典型建筑物热源系统监控原理图

热交换器一端与锅炉机组的蒸汽/热水回路相连，另一端与热水循环回路相连。其主要监控内容包括：① 热水循环回路水流监测；② 热水循环回路出水温度监测；③ 蒸汽/热水或城市热网回路三通阀开度调节。

多台热交换器并联运行时，需在每台热交换器热水循环回路的进水口安装蝶阀并进行控制。当各台热交换器分区供热时，仅需对各回路分别进行控制。

根据热交换器热水循环回路出水温度的实测值及设定温度，对其蒸汽/热水回路三通阀的开度进行控制，以控制热水循环回路出水温度。热交换器起动时一般要求先打开二次侧蝶阀，待热水循环回路起动后再开始调节一次侧三通阀，否则容易造成热交换器过热、结垢。

由图 17－15 可见，热水循环系统的工作原理和监控内容与冷冻站冷冻水循环系统完全相同，所不同的只是冷冻站的冷冻水系统是与冷水机组/热泵机组的蒸发器发生热交换；而锅炉系统的热水循环是与热交换器的蒸汽/热水回路发生热交换。具体监控内容此处不再复述。

中央空调系统通常有两管制与四管制之分。四管制是指冷热源的冷冻水循环和热水循环回路为两条独立的水循环回路，空调负荷侧有两套盘管系统分别对空气进行表冷和制热处理。两管制系统中，冷冻水循环和热水循环共用一套水循环回路，此回路冬季与热交换器相连输送热水，夏季与冷水机组相连输送冷冻水。冬、夏季转换时通过安装在热交换器及冷水机组端的蝶阀进行工况转换，对应的空调负荷侧也仅有一套盘管，冬季送热、夏季送冷。关于两管制与四管制在空调工艺中的差别，将在空调末端设备子系统中予以详述。

5. 冷热源系统监控点位表

冷热源系统监控设计一般根据暖通相关设计资料确定监控内容，然后制作点位表和绘制监控原理图。对图 17－8 和图 17－16 的典型冷冻站和锅炉系统监控点位表见表 17－4。

6. 冷热源监控系统分工界面

冷热源设备控制柜一般由设备厂商成套，冷热源监控系统厂商通过干接点方式对运行状态、故障状态、手/自动状态等进行监视及起停控制。冷冻站系统监控中所使用的各种传感器、电动阀门及执行机构由监控厂商提供，并由暖通安装单位配合工程实施。通过通信网关读取冷水机组或锅炉机组内部控制参数的应用场合，设备控制箱至监控控制箱的接线及调试工作一般由监控厂商完成。

表 17－4　　　　典型冷热源系统监控点位表

	设备数量	开关量输出 DO				开关量输入 DI					模拟量输出 AO				模拟量输入 AI			
		起停控制	蝶阀开关			运行状态	故障状态	手自动状态	水流状态	高低液位报警	旁通阀控制	三通阀控制			水管温度	水管压力	水流量	
冷冻站系统																		
冷水机组	2	2	4			2	2	2	4									
冷冻水泵	3	3				3	3	3	3									
冷冻水供回水总管	1										1				2	2	1	
膨胀水箱	1									2								
冷却塔	2	2	2			2	2	2										
冷却水泵	3	3				3	3	3	3									
冷却水供回水总管															1			
锅炉系统																		
热交换器	2		2						2			2			2			
热水循环泵	3	3				3	3	3	3									
热水供回水总管	1										1				2	2	1	
膨胀水箱	1									2								

1. 冷水机组控制箱内留有起停控制接点（由中间继电器引出）和运行状态、故障报警、手自动状态信号常开接点。接点引至端子排并注明
2. 冷冻水泵、冷却水泵、冷却塔风机控制箱内留有起停控制接点（由中间继电器引出）和运行状态、故障报警、手自动状态常开接点。接点引至端子排并注明
3. 膨胀水箱应留有高低水位报警常开干接点
4. 对于弱电需在暖通管道上开孔安装温度、压力、流量传感器的地方，由弱电提供开孔位置、开孔大小和安装突台，由暖通管道安装单位负责开孔和突台焊接。弱电安装单位负责上述传感器的安装接线调试
5. 旁通调节阀和电动蝶阀由弱电提供，暖通管道单位负责阀体安装并试压。弱电安装单位负责驱动器的安装接线和调试
6. 在监控系统尚未安装调试结束前，冷水机组应能联动冷却水系统和冷冻水系统自动开机
7. 冷水机组需提供通信网关接口，设备控制柜供应商应引出CT、PT至接线端子并注明。由弱电安装单位负责由端子至弱电通信网关的接线调试工作

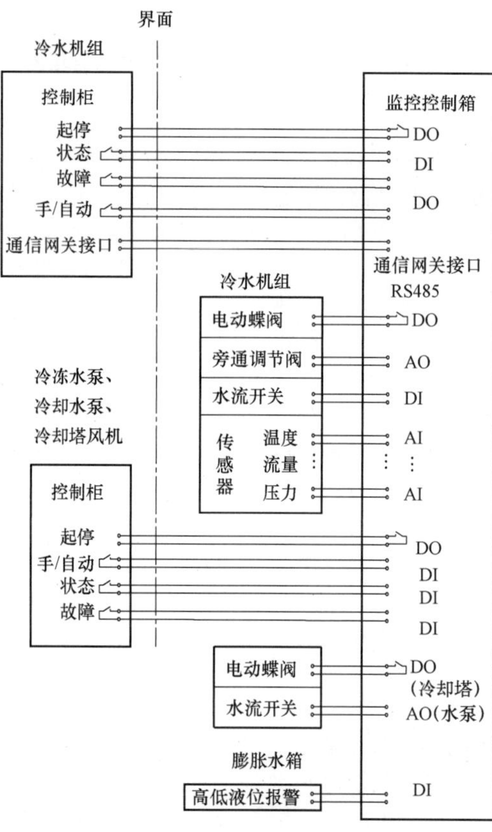

1. 监控系统通过常开接点形式对冷水机组进行起停控制和接收冷水机组和冷冻水泵、冷却水泵、冷却塔手/自动状态、运行状态和故障报警信号
2. 当需要起动冷水机组时，监控系统起动相应阀门，按顺序先后起动冷却塔、冷却水泵和冷冻水泵。确认所需的外围设备已起动后向冷水机组发出起动控制信号
3. 当需要停止冷水机组运行时，向冷水机组发出停止控制信号。确认冷水机组已停止运行后顺序先后停止冷冻水泵、冷却水泵和冷却塔风机并起闭相应阀门
4. 监控系统通过传感器检测冷水机组和冷源系统的运行。根据冷冻水温度、流量和压差调节旁通阀，并计算冷站输出冷量，实现冷站自动群控、节能优化运行
5. 监控系统所需的相关传感器、阀门及执行机构由监控系统提供

图 17－16　典型冷冻站监控系统界面分工图

实际工程中，当冷冻站监控系统自成系统时，BA 系统设计仅需提出集成点位及集成接口规范，无须进行监控初步设计。

7. *冷热源监控系统监控菜单及界面示例*

冷热源监控系统监控菜单可根据业主需求进行定制，界面展现形式通常为冷冻站及锅炉系统图、设备列表等，如图 17－17 和图 17－18 所示。

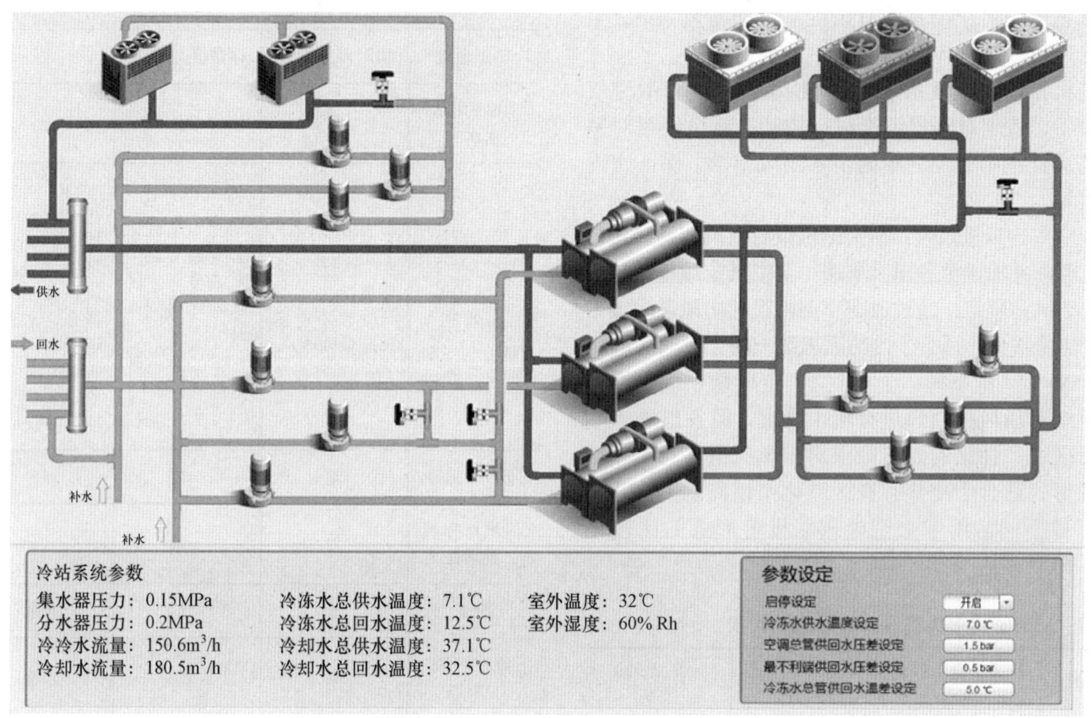

图 17－17　典型冷冻站监控界面

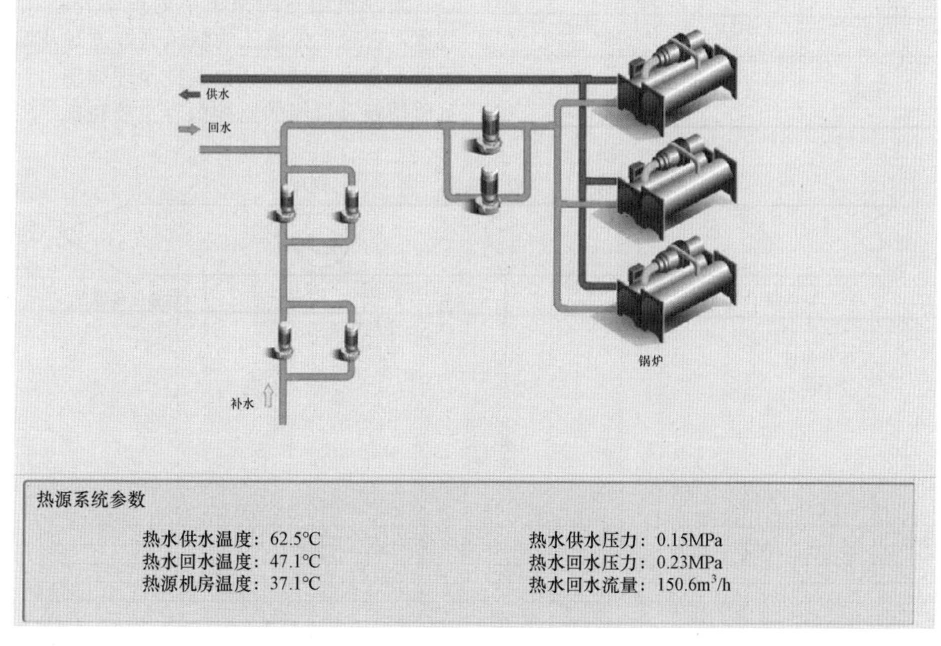

图 17－18　典型锅炉系统监控界面

17.2.1.3 空调通风监控系统设计界面及基本监控内容

空调通风系统包括空调机组、空调末端设备和送排风设备。其中空调末端设备是空调冷热量的需求端和消耗端，末端设备形式及控制逻辑相对复杂。本小节仅限于对中央空调监控系统进行讨论。

常见的中央空调系统有风机盘管加新风系统、全空气定风量系统和VAV变风量系统三种。

风机盘管加新风系统：以风机盘管作为分散空气处理设备，就地对环境温度进行控制；新风机组对室外新风进行集中处理并输送至各出风末端，保证室内空气质量。

全空气定风量系统：由空调机组对新风和回风进行集中处理，并输送至各出风末端。全空气定风量系统各出风末端风量恒定，通过改变空调机组的出风温度调节空调冷热量输出，适合于冷热需求统一的大空间区域。

VAV变风量系统：与全开空气定风量系统一样有空调机组对新风和回风进行集中处理，但各出风末端可根据区域个性化的温度需求对出风风量进行调节，此空调形式适合于冷热存在区域化个性需求的应用。

三种不同常用中央空调末端设备形式的比较见表17－5。

表17－5 常用中央空调末端形式比较表

性能	风机盘管加新风系统	全空气定风量系统	VAV变风量系统
空调内外分区	可以	可以	可以
全年空调新风保证	可以	可以	可以
区域温度个性化设置	可以	不可以	可以
空气品质	空气过滤差，有可能产生霉菌	好	好
热舒适性	相对湿度偏高	存在区域温差	好
末端的冷凝水水害	有	无	无
能源利用有效性	（1）无法全新风供冷 （2）不能实现能量回收	（1）风机无法变频节能，无法对部分区域进行调节或关闭 （2）能实现能量回收	（1）可实现行全新风空调控制，各区域可独立设置，风机按照实际符合需求变频运行，可有效实现节能 （2）能实现能量回收
噪声与振动	差	一般	好
区域再分割灵活性	差	一般	好
投资	低	低	较高
维护管理费用	高	低	较高

1. 新风机组基本监控内容及监控原理图

新风机组是用来集中处理室外新风的空气处理装置，它对室外进入的新风进行过滤及温、湿度控制后送入室内空调区域。监控原理如图17－19所示，对典型新风机组的监控内容主要包括：

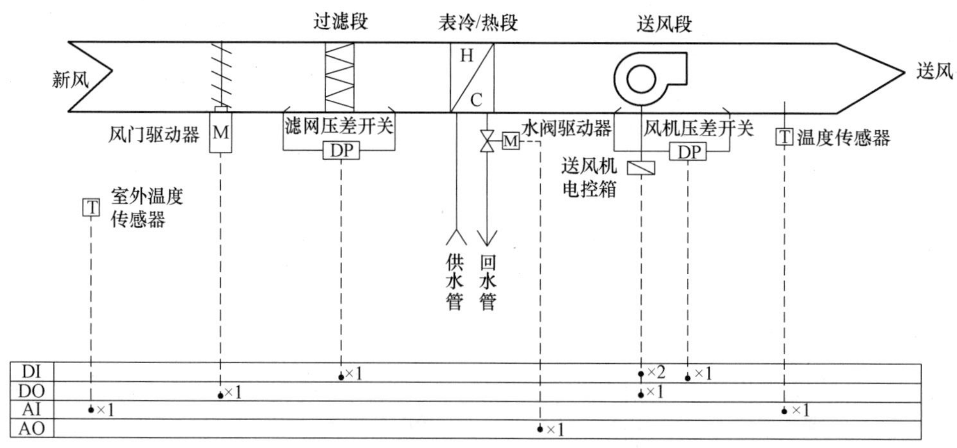

图17－19 典型新风机组监控原理图

（1）通过新风门可以控制新风机组与室外空气的通断。新风门应与送风机联动，进行开关控制。送风机起动时，新风门自动打开；送风机停止，新风门联锁关闭，以防止室内冷量或热量外逸，减少灰尘进入，保持新风机组内清洁，冬季还可起到盘管防冻作用。

（2）室外新风进入新风机组后由滤网进行过滤。为监视滤网的清洁畅通情况，在滤网两端装设压差开关，当滤网发生阻塞时滤网两端的压差就会增大，压差开关动作发出报警，提醒工作人员进行清洗。

（3）换热盘管对经过滤后的新风进行热交换处理，通过水阀开度控制可以调节热交换速度，从而控制热交换后新风的温度。工程中一般根据送风温度与设定温度的差值对水阀开度进行 PID（比例、积分、微分）控制。此外，热水盘管的水阀应与送风机联动，仅当送风机处于运行状态时，水阀进入自动调节状态；送风机停止后，水阀自动回到关闭位置，以免浪费冷冻水循环能源。

风机是新风机组的动力设备，对风机的监控内容包括：① 风机起/停控制；② 风机运行状态监视；③ 风机故障报警监视；④ 风机手/自动控制状态监视。

风机的状态监视一般有两种实现方式：一种是直接从风机电控箱接触器的辅助触点取信号；另一种在风机两端加设压差开关，根据压差反馈判别风机状态，如图 17－19 所示。第一种方法虽然简单经济，但实际只是监测风机电控箱的送电状态，而第二种方法可以准确地监视风机的实际运行状态。

此外，在新风机组的出风口设置温度传感器以监视新风机组的送风温度。室外温度传感器一般没有必要每台新风机组单独设置，只需整栋建筑典型位置统一设置即可。

图 17－20 所示带温、湿度控制的四管制变频新风机组监控原理图。

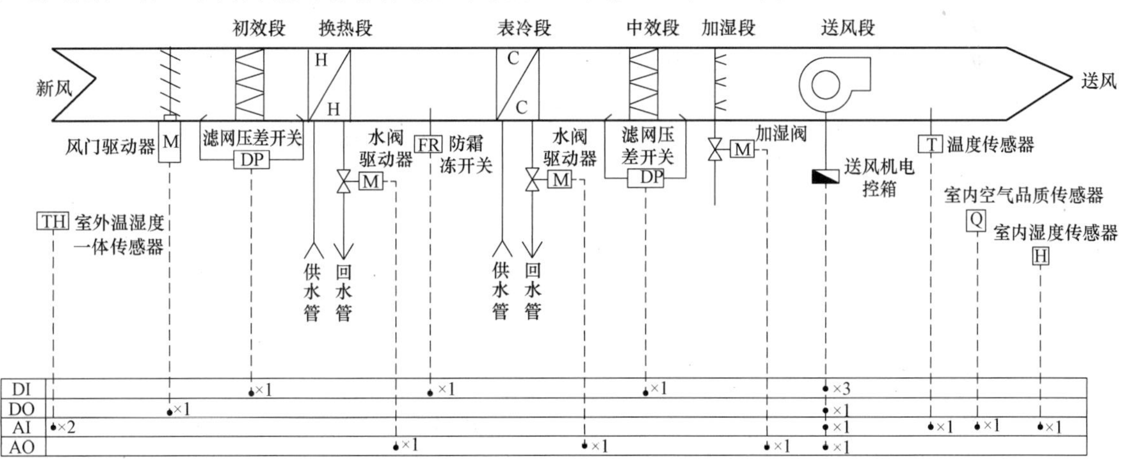

图 17－20　带温、湿度控制的四管制变频新风机组监控原理图

与图 17－19 相比，图 17－20 增加的监控内容包括：

（1）图 17－20 增加了防冻保护。这在寒冷区域是十分必要的。防冻保护主要是在冬季风机停止运行时，防止盘管冻结。防冻开关的动作温度一般设置在 3～5℃左右。当冬季防冻开关动作时，即使风机处于关闭状态，也应加大热水盘管的水阀开度，保证盘管后防冻开关温度高于设定动作温度，防止盘管冻结。

（2）图 17－20 所示为四管制新风机组。热盘管位于冷盘管上游，可以有效地对冷盘管进行防霜冻保护，比较适合北方寒冷地区。在南方夏季比较潮湿的地区，空调设计一般将冷盘管设计在热盘管上游，这样就可以通过冷盘管将空气温度冷却至其露点温度以下，冷凝除湿，然后在依靠热盘管将空气温度上升至送风温度设定值。

（3）图 17－20 中增加了中效滤网，对空气进行二次过滤。其监控原理同初级滤网。对于雾霾严重区域，中效过滤（也有其他 PM2.5 过滤手段，如静电吸附等）已经成为一种普遍的空气净化手段。

（4）图 17－20 包含加湿控制。当室内湿度低于室内湿度设定值时，可通过两者的差值对加湿阀进行 PID 控制，以保证室内湿度恒定。由于湿度控制的要求没有温度控制那么严格，在许多工程中对加湿器进行开关控制，而不进行自动调节。

（5）在变频控制的新风机组中，送风机的运行频率一般根据室内空气品质（主要是 CO_2 含量）进行控制。当室内空气品质满足设定值要求时，可以降低送风机频率以节约能源；当室内控制品质不满足设定值要求时，应加大送风机运行频率，增加新风量。

带湿度控制的新风机组一般在送风口设置温湿度传感器。带变频控制的新风机组需设置室内空气品质传感器。

单独由新风机组进行空气集中处理的空调方式称为全新风空调系统。这种空调方式的舒适度高，但能耗巨大，因此一般很少使用。新风机组往往和其他分散空气处理设备组成半集中式空调系统。在新风机与其他分散空气处理设备组成的半集中式空调系统中，新风机组一般只保证送入足够的新风量、控制送风湿度和温度，而不管控制区域内的温度。控制区域内的温度由分散的空气处理设备进行控制。

2. 风机盘管基本监控内容及监控原理图

新风机组是对室外新风进行集中处理后送入各空调区域，而风机盘管则是直接安装在各空调区域内，对空调区域内空气进行处理的空调设备。

风机盘管分散对回风进行处理，无论从监控内容还是设备功率上都比新风机组简单得多。因此风机盘管通常通过温度控制面板实现就地或联网控制。风机盘管的盘管系统也有两管制与四管制之分。图 17－21 所示为典型两管制风机盘管监控原理图。由于风机盘管监控简单，一般采用温控器一对一方式进行监控，因此工程设计通常无须像其他复杂建筑设备一样绘制监控原理图和制作点位统计表，只需根据工程风机盘管工艺设计选择合适的温控面板即可。

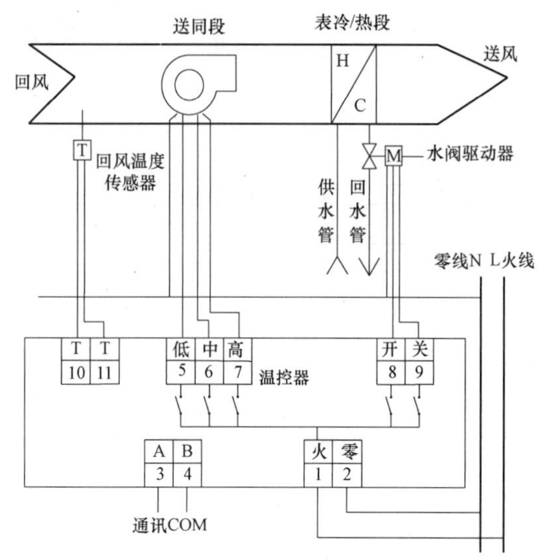

图 17－21　典型两管制风机盘管监控原理图

由于风机盘管水阀管径较小，盘管水阀通常仅进行开关量控制，其控制方式如图 17－22 所示。其中 $e(t)$为设定温度与室内实际温度的差值。夏季，当室内温度高于设定温度一定程度时打开水阀；当室内温度低于设定温度一定程度时关闭水阀。冬季工况正好相反。近年来开始推荐模拟量调节，此时控制逻辑与新风机组盘管水阀控制类似，一般通过室内温度与设定温度的比较进行 PID 控制。

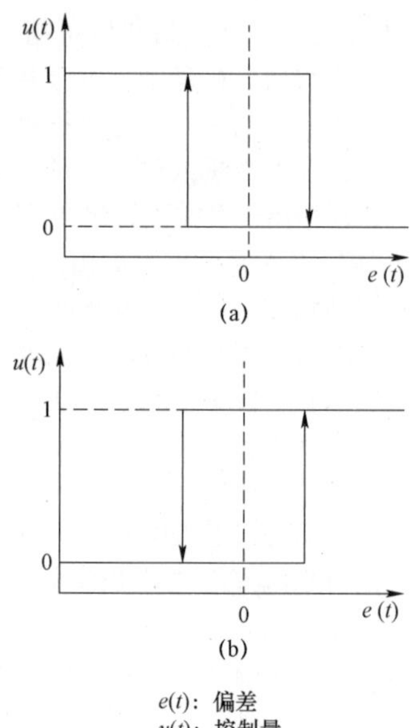

图 17－22　风机盘管水阀控制方式

（a）冬季工况；（b）夏季工况

风机盘管的风机功率较小，控制较为简单，一般仅包括有级风速调节，分为高、中、低速三挡。

另外，由于处理的是室内回风，风机盘管无须滤网设备。温度采样直接取室内实际温度或加配远程温度传感器。根据类型不同，风机盘管的温度控制器有起停控制、三挡风速控制、温度设定、室内温度显示、占用模式设定等功能可供选择。典型风机盘管温控面板操作界面如图 17－23 所示。

风机盘管的控制一般有联网和非联网两种实现方式。

（1）所谓非联网实现方式是指上述的盘管水阀控制、风机转速控制等功能均由温度控制面板就地实现。这种控制造价经济，但无法实现集中监控管理，仅适合于一些控制要求不高的应用场合。

（2）近年来，随着节能增效需求的增加以及通信芯片价格的降低，越来越多的风机盘管采用联网控制方式。联网型温控面板既可以就地实现对风机盘管的逻辑控制，又可以通过现场总线连入 BA 系统，由 BA 系统对所有风机盘管进行集中管理。

3. 空气处理机组基本监控内容及监控原理图

风机盘管加新风机组是一种对新风进行集中处理、对回风分散无处理的空调形式。而全空气定风量系统和 VAV 变风量系统都是基于空气处理机组对新风和回风进行集中处理的全空气系统。

空气处理机组对空调控制区域进行集中回风，与适量新风混合后集中处理，然后再配送至各空调区域。图 17－24 所示为只包括温度控制的简单空调机组控制原理。

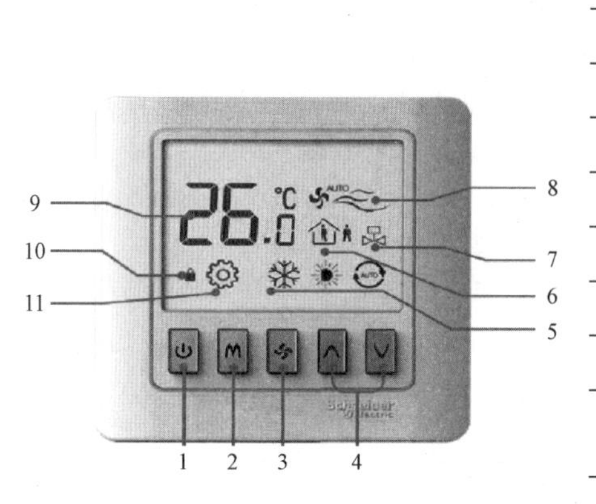

序号	描　　述
1	开关按键
2	模式切换按键
3	风速调节按键
4	温度调节按键
5	运行模式显示（雪花符号为制冷，太阳符号为制热，Auto 为自动运行）
6	工作模式显示。人在室内时为有人模式；人在室外时为节能模式
7	阀门开启显示，阀门关闭时，该标识消失
8	风速显示
9	温度显示，设置操作时，界面显示齿轮符号，显示温度为设置温度，设置完毕后，界面齿轮符号消失后，显示为实时室内温度
10	按键锁定显示。显示该标识时表示按键被锁定，不能进行设定操作
11	设置状态时显示标识，进行温度、模式或风速设置操作时显示该齿轮标识，设置完毕后，该标识消失

图 17－23　典型风机盘管温控面板操作界面

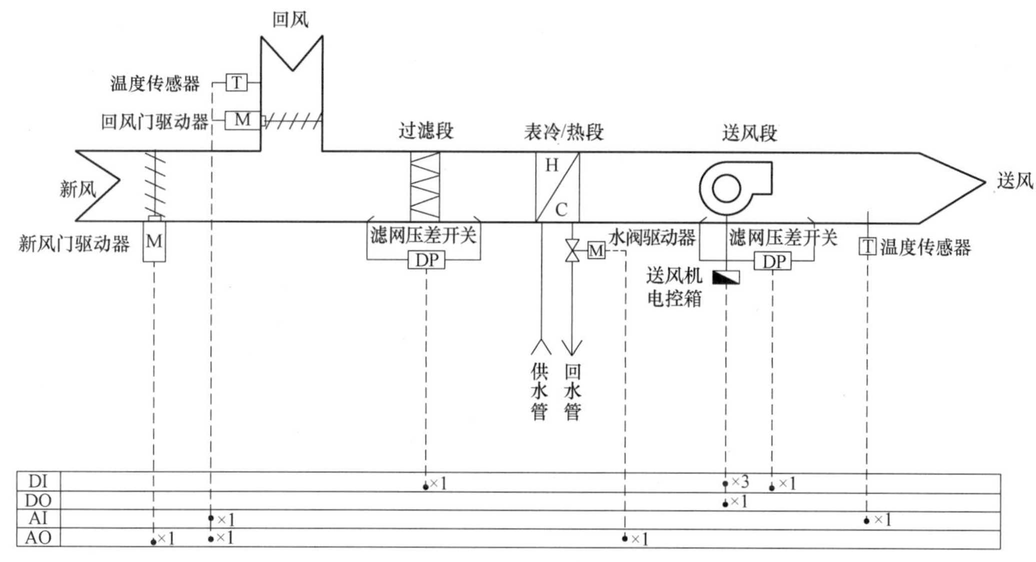

图 17－24　典型空调机组监控原理图

对典型空调机组的监控内容主要包括：

（1）新回风门控制。与新风机组单独对新风处理不同，空气处理机加入了新、回风的混合过程，然后对新、回风的混合空气进行处理。空气处理机有新风和回风两个风门，分别对两个风阀开度进行模拟调节以控制混合空气中新、回风的比例。控制时，新风门开度与回风门开度之和保持为 100%。增大新风比例可以提高室内空气的品质和舒适度，而提高回风比例可以起到节能效果，因此，在控制新、回风比例时，需要从舒适度与节能两个因素进行综合考虑。在空气处理机工作时，一般不允许新风门全关，需要设定最小新风门开度。最小新风门开度由暖通设计最小新风量确定，一般为 10%～15%左右。工程中常用的新、回风控制策略包括节能优先策略、PID 模拟控制、有级控制和焓值控制等。

（2）盘管水阀控制。空调机组控制的是相应空调区域的温、湿度环境。因此，空调机组的控制目标是回风温湿度或室内温湿度。然而从控制的角度，由于温湿度是一个较大的惯性环节，单纯以回风温度或室内温度作为盘管水阀的控制目标会导致室内温度的较大波动。为提高控制精度，空调机组的盘管水阀通常采用如图 17－25 所示的双闭环串级 PID 模型进行控制。

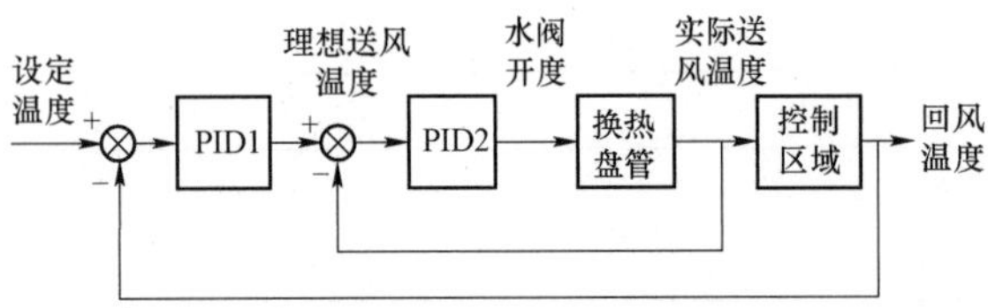

图 17-25　空调机组盘管水阀双闭环串级 PID 控制

如图 17-25 所示，BA 系统首先根据设定温度与回风温度的差值通过 PID 算法确定理想的送风温度；然后再由理想送风温度与实际送风温度的差值确定盘管水阀开度。当干扰使实际送风温度发生变化，将很快反馈至 PID2 使得盘管水阀做出相应调整，因此，这种双 PID 的串级控制方法在控制精度与响应速度上都要优于由设定温度与回风温度的差值直接确定盘管水阀开度的单 PID 闭环控制。

空调机组滤网、送风机等其他设备的监控方式与新风机组相同，在此不再详述。

图 17-26 所示为带温、湿度控制的四管制、变频双风机空调机组监控原理图。

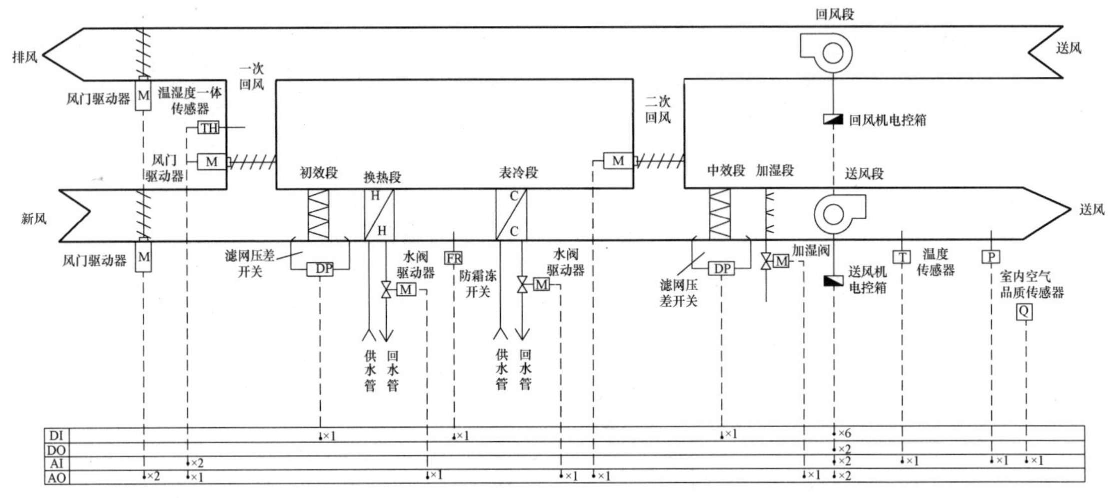

图 17-26　带温、湿度控制的四管制、变频双风机空调机组监控原理图

与图 17-24 相比，图 17-26 增加的监控内容包括：

（1）回风风机监控。回风风机的运行状态及频率应与送风风机联锁，以保证室内压力稳定。

（2）二次回风监控。除一次回风外，还在冷盘管后增加了二次回风。二次回风的加入可以起到除湿和节能的作用。在冷盘管后没有热盘管的情况下，一般夏季是无法实现除湿功能的。因为如果将盘管水阀开度加大进行除湿，则送风温度会太低，造成空调区域冷负荷过剩。在具有二次回风的系统中，利用冷水盘管进行除湿后，可以通过与二次回风混合使送风温度上升。与依靠热盘管提升除湿后送风空气温度相比，这种方式的控制具有明显的节能效果。二次回风风门一般根据送风温度进行 PID 控制。

（3）新风门、一次回风门、二次回风和排风门需进行联锁控制。新风门的开度等于排风门的开度，新风门与一次回风、二次回风的开度和为 100%。通过调节新风门、排风门以及一次回风门、二次回风门来控制新、回风以及排风比例。各风门开度的确定顺序为：通过送风温度 PID 调节二次回风门开度；通过典型空调机组新风门控制方式确定新风门开度；根据各风门之间的关系计算一次回风门和排风门开度。有些要求较高的工程中，还增设了室内空气品质传感器。当室内空气品质满足设定要求时，按常规控制逻辑控制；当室内空气品质过差时，优先加大新风门开度。

（4）换热盘管水阀的控制同典型空调机组，通常采用串级 PID 调节。湿度控制的精度要求较低，一般根据回风湿度与回风湿度设定之间的差值进行单 PID 调节或仅对加湿设备进行开关控制。

（5）变频空调机组的风机运行频率一般是根据风管静压或其他参数反馈进行控制的，而不是如新风机组根据室内空气品质进行控制。具体控制方式视整个空调系统的设计工艺而定，详见后述关于定风量及变风量系统的描述。

此外，在有些特殊的工程（如传染病医院等）中，往往不能直接利用回风，以免不同区域交叉感染。在这种情况下，可以在新风入口处采用全热交换器回收排风中的部分冷/热量，对新风进行预冷/热。全热交换器一般由专用控制器控制，BA 系统仅监控其起停、运行/故障状态即可。

4. 变风量系统基本监控内容及监控原理

空调机组与相应的风管配送网络及末端出风设备配合组成完整的中央空调系统。根据末端出风设备的形式，空调系统分为定风量（Constant Air Volume，CAV）和变风量（Variable Air Volume，VAV）空调系统两大类。

简单定风量系统出风末端一般不设任何调节装置，经空调机组处理后的空气直接由风管配送网络按比例送至各送风口。各送风口不具备调节能力，如果送风机为定频风机，则送至各送风口的风量基本不变。对于定风量空调系统而言，一般适合应用在室内环境个性化需求不大的大空间区域，这时各送风口控制范围内的使用情况及温、湿度相同，可以由一台或多台空调机组统一控制。

典型变风量空调系统如图 17－27 所示。在变风量系统中每个控制区域都没有一个末端风阀装置，称为“VAV Box”。通过改变 VAV 末端风阀的开度可以控制送入各区域的风量，从而满足不同区域的个性化负荷需求。由于变风量系统根据各控制区域的负荷需求决定总风量，在低负荷状态下送风能源、冷热量消耗都获得节省（与定风量系统相比），尤其在各控制区域负荷差别较大的情况下，节能效果尤为明显。与新风机组加风机盘管相比，变风量系统属于全空气系统，舒适性更高，同时避免了风机盘管的结露问题。相对于定风量空调系统，变风量空调系统适合于冷热存在区域化个性需求的应用。以下将着重对变风量空调系统进行介绍。

（1）变风量空调系统的控制特点。变风量空调系统在其舒适性和节能性方面具有定风量空调系统以及新风机组加风机盘管系统无法比拟的优势，但控制相对复杂。

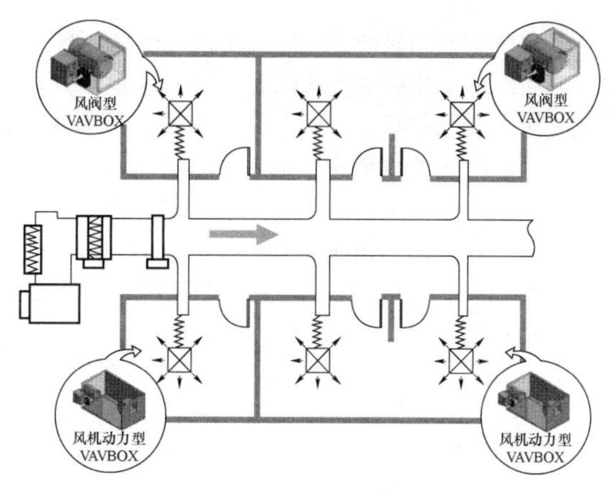

图 17－27　典型变风量空调系统示意图

由于变风量控制系统中任何一个末端风量的变化都会导致总风管压力的变化，如果不能及时调整送风机转速和其他各风口风阀开度，其他各末端的风量都将受到干扰，发生波动。以图 17－28 所示系统为例，在夏季工况下，若人为将空调区域 1 内的设定温度调高，则空调区域 1 的 VAV 末端风阀开度将减小；如果其他设备运行状态不变，则风管静压必将升高，从而导致其他各控制区域的送风量加大，温度降低。为维持各区域的温度，各区域会进行相应调整，这种调整反过来又影响风管静压。即控制区域 1 的变化影响了其他区域的控制，导致送风机运行频率及其他各末端的风阀进行相应调整，这些调整的结果又将反过来影响各控制区域。如何正确处理各控制区域之间的相互影响问题是变风量系统控制的最大难点。

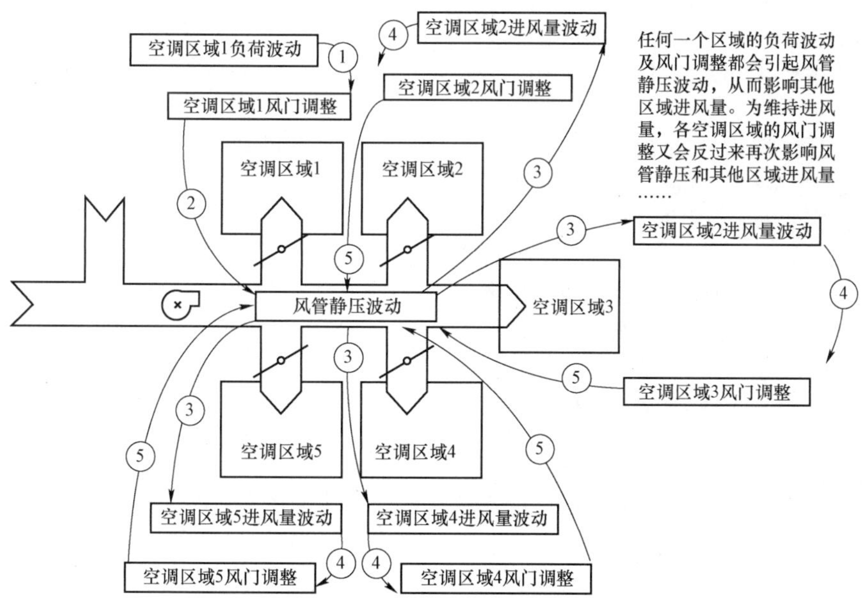

图 17－28　变风量系统各末端之间的相互影响

在定风量空调系统中，由于各末端的送风量基本保持恒定，因此只要保证送风量中的新风量百分比就可保证最小新风量送入。但是在变风量空调系统中，由于各末端的送风量是变化的，不能保证每个末端的最小新风量，因此在许多变风量工程中，用户往往反映低负荷状态下空气品质不好。在当空调机组总送风量变化时，如何保证足够的新风量也是变风量控制需要解决的问题。

由此可见，变风量控制非常复杂，以下我们分VAV末端控制、风管静压控制和新风量控制三部分进行讨论。VAV空调机组的其他控制策略与常规空调机组相同，此处不做复述。

（2）VAV末端控制：VAV末端是保证空调区域温度及气流组织的重要设备。尽管实际工程中VAV末端通常采用一体化专用控制器（集成了控制器、风阀驱动器和压差传感器等）进行一对一控制，工程设计中无须绘制监控原理图和制作点数统计表，只需根据VAV末端形式和空调设计工艺选择合适功能的VAV控制器，但需了解VAV末端的不同形式和控制原理对于变风量系统整体控制效果至关重要。

1）VAV末端的压力补偿。VAV末端根据控制原理不同可分为压力有关型和压力无关型两种，如图17－29所示。

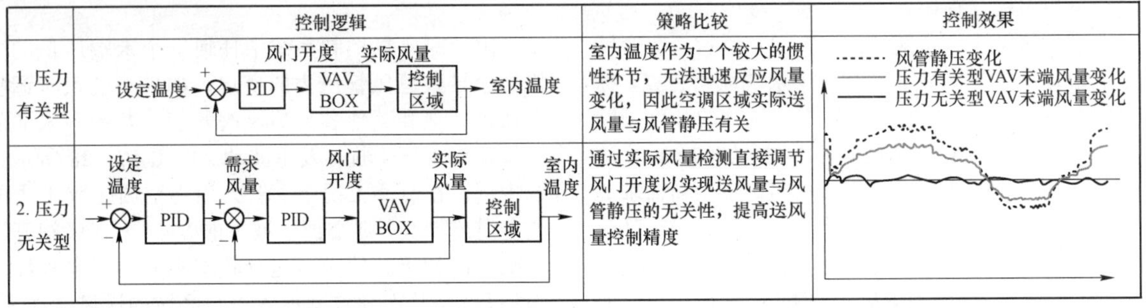

图17－29　VAV末端的两种控制方式

① 图17－29a所示的是压力有关型VAV末端的控制方式。它是直接根据室内温度与设定温度的差值确定末端风门开度。当风管静压发生变化时，由于室内温度惯性较大，不可能发生突变，因此，控制系统不会及时调整风门开度。风管静压变化了而风门开度不变，送风量必然发生改变。即送风量的大小与风管静压有关，故称为压力有关型VAV末端。这种末端由于受风管静压的波动影响过大，目前工程中已很少使用。

② 压力无关型VAV末端的控制方式如图17－29b所示。它采用串级PID调节方式，首先根据室内温度与设定温度的差值确定需求风量，然后根据需求风量与实际风量的差值确定风门开度。在此系统中，当风管静压变化时，立刻会导致送风量的变化，图17－29b中的PID2运算模块将改变风门开度，保持送风量恒定。即送风量不再受一定范围风管静压的影响，故称为压力无关型VAV末端，在目前工程中大量采用。

压力无关型VAV末端通常采用毕托管对风速进行检测。毕托管一般由VAV末端厂商提供，其工作原理是通过迎风面总压引压孔和背风面引压孔分别获得风管的总压与静压；VAV控制器通过检测总、静压差，然后根据伯努利公式换算获得风速及风量。毕托管结构如图17－30所示。

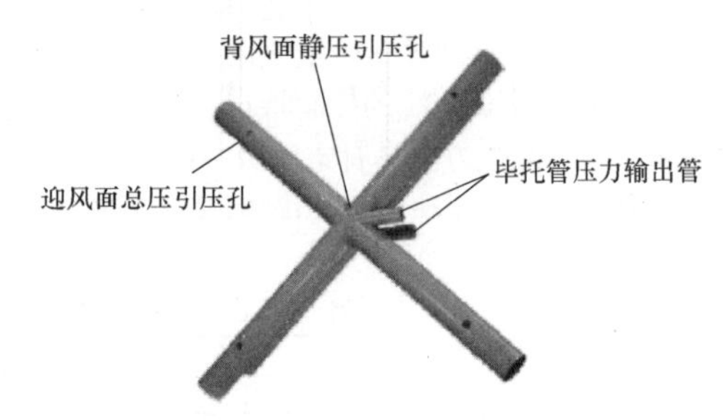

图17－30　毕托管结构示意图

2）VAV末端的基本类型及典型应用场合。在大型建筑中，为提高舒适度，VAV空调区域常分内区与外区。

空调外区是指靠近建筑外墙若干距离的区域。如图17－31所示，空调外区的室内空气状态不仅与室内人员、灯光、设备等因素有关，还与室外温度和太阳辐射有关，外区空调一般是夏季供冷，冬季供暖。

空调内区是指被外区隔离的建筑中心区域。只要空调外区温度控制稳定，空调内区的空气状态仅与室内负荷有关，与室外环境无关，因此建筑空调内区应该常年供冷（绝大多数室内负荷均为热负荷）。

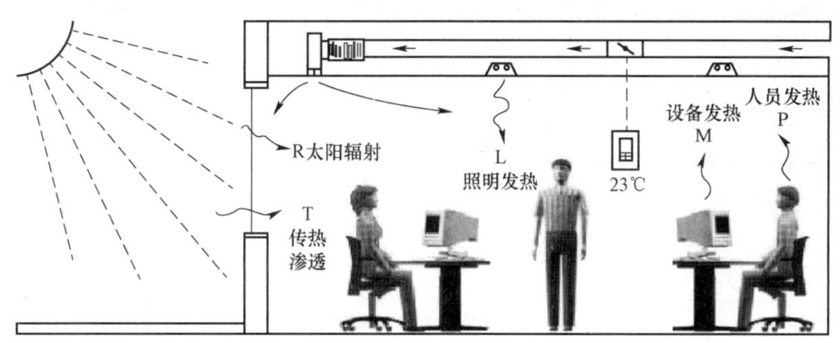

图 17－31　建筑物空调内外区热负荷示意图

对于区分空调内外区的 VAV 系统，如内外区共享同一台空调机组，往往内区采用单风道单冷 VAV 末端实现常年功能，外区采用再加热型 VAV 末端以便在冬季工况下在独立升高各外区 VAV 末端送风温度，增加系统灵活性和环境舒适度。典型单台空调机组同时服务空调内外区的平面布置示意图如图 17－32 所示。

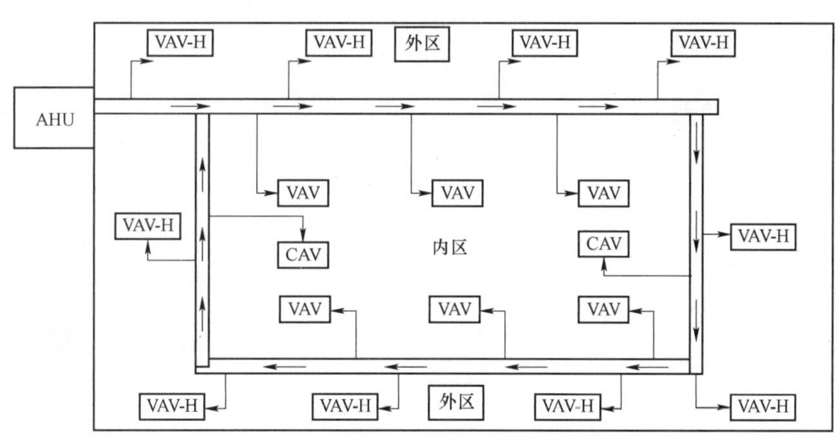

图 17－32　典型单台空调机组服务空调内外区平面示意图

① VAV 末端的基本类型。除内外区区分 VAV 末端单冷还是带再热装置外，配合空调区域的不同供冷/供热、气流组织、节能降噪以及控制策略等需求，VAV 末端还可分为单风道节流型、风机串联型、风机并联型、诱导型和双风道型等不同形式，见表 17－6。

工程中最常用的 VAV 末端类型的为单风道节流型、风机串联型和风机并联型三种。

② 单风道节流型 VAV 末端。它是最简单的 VAV 末端，通过设定温度与室内实测温度比较确定需求风量，从而控制末端风门对集中供给的一次风进行节流调节控制出风风量。单风道节流型 VAV 末端常应用于建筑进深不大且不区分空调内外区和负荷变化较小的空调内区。

③ 风机串联型与风机并联型 VAV 末端。风机串联型与风机并联型 VAV 末端均属于风机动力型 VAV 末端，又称为“Fan Powered VAV Box”。空调系统的控制对象不仅包括温、湿度及空气品质，还包括气流组织。单风道节流型 VAV 末端在风量较小时，无法保证良好的气流组织，往往造成控制区域冷热不均，甚至产生气流死角。风机动力型 VAV 末端在单风道 VAV 末端的基础上增设了风机设备，通过将集中一次送风与部分室内回风混合以改善这一状况。根据风机位置不同，可将风机动力型 VAV 末端分为风机串联型和风机并联型两种。风机位于出风的称为风机串联型，风机位于回风口的称为风机并联型。

表 17-6　　VAV 末端类型、典型应用及基本控制策略比较表

类型	结构示意	基本描述及典型应用	基本控制策略（典型应用）
单风道节流型	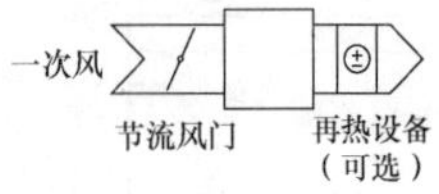 一次风；节流风门；再热设备（可选）	最简单、最常用的 VAV 末端形式。出风口风量将随负荷变化波动 常应用于负荷变化较小的空调内区，此时通常无须再热设备	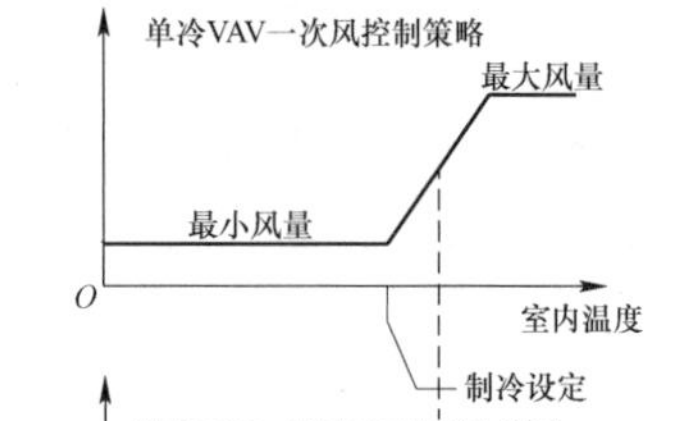 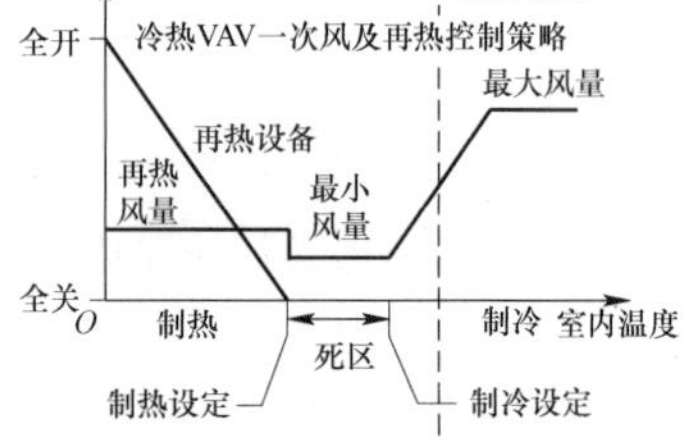 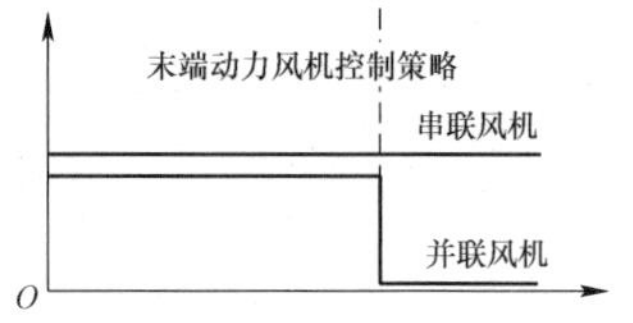 单冷VAV一次风控制策略：最大风量；最小风量；O；室内温度；制冷设定 冷热VAV一次风及再热控制策略：全开；全关；O；最大风量；再热设备；再热风量；最小风量；制热；死区；制冷；室内温度；制热设定；制冷设定 末端动力风机控制策略：串联风机；并联风机；O
风机串联型	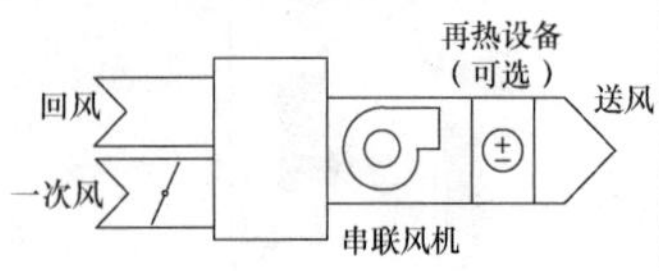 回风；一次风；串联风机；再热设备（可选）；送风	通过串联风机保证出风口风量恒定，风门仅改变一次风与回风混合比例 常应用于负荷变化较大的空调外区。当空调内外区使用同一 AHU 时，冬季依靠再热设备对送风温度进行提升	
风机并联型	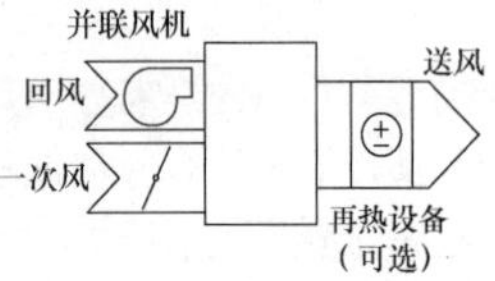 并联风机；回风；一次风；送风；再热设备（可选）	并联风机仅在一次风较小时起动，以保证出风口最小出风量 常应用于负荷变化较大的空调外区。当空调内外区使用同一 AHU 时，冬季依靠再热设备对送风温度进行提升	
诱导型	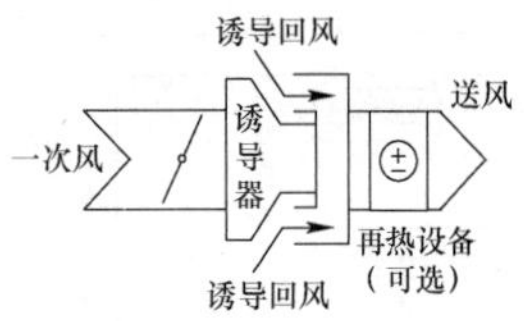 一次风；诱导回风；诱导器；送风；再热设备（可选）	通过诱导器内高速气流的引流作用产生负压吸入回风，由风门控制一次风与诱导回风混合比 常应用于负荷变化较大的空调外区。当空调内外区使用同一 AHU 时，冬季依靠再热设备对送风温度进行提升	
双风道型	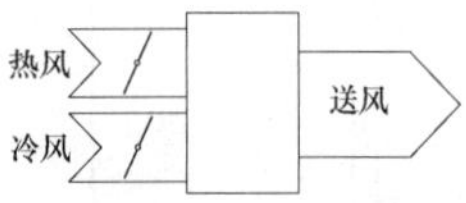 热风；冷风；送风	冷风和热风分别通过两套独立风道送入双风道型 VAV 末端。通过控制冷、热风道风门满足空调区域冷热负荷要求 此类 VAV 末端温度调节范围大、舒适度高，但初期投资及能耗较大，因此国内工程应用不多	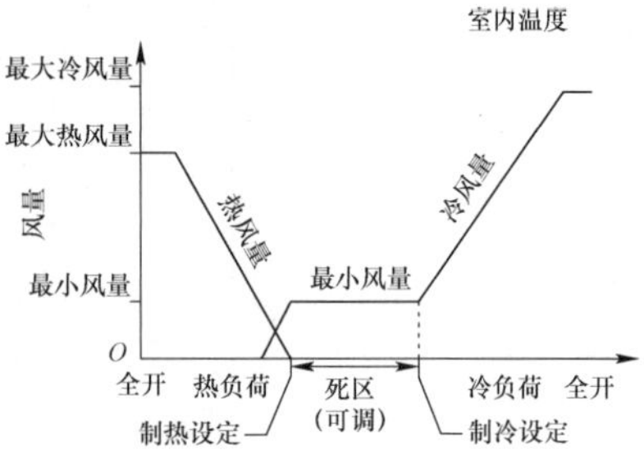 室内温度；风量；最大冷风量；最大热风量；最小风量；热风量；冷风量；O；全开；热负荷；死区（可调）；冷负荷；全开；制热设定；制冷设定

④ 风机串联型 VAV 末端与风机并联型。风机串联型 VAV 末端与风机并联型 VAV 末端的比较见表 17-7。在风机动力型 VAV 末端的控制中，BA 系统除需完成常规 VAV 末端控制任务外，还需对风机的起停及运行状态进行监控。对于风机串联型 VAV 末端，只要末端送风就需要开启响应风机；而风机并联型 VAV 末端则可以仅当一次风量小于一定值时再起动风机。

表 17-7　　风机动力型 VAV 末端比较表

类别	风机串联型	风机并联型
风机运行	连续运行，采暖和制冷时均运行	间歇运行，只有采暖、低冷负荷和夜间才运行
送入房间的风量	不变。包括末端装置风机和空气处理机组的风机	在中、高冷负荷时变风量；在低冷负荷，采暖时不变
送风温度	变化。有制冷时，一次冷风和回风混合；采暖时，再热器逐级加热	在中、高冷负荷时不变，所有的风量均来自空调机组；在低冷负荷和采暖时变，再热器逐级加热
末端装置风机尺寸	按制冷设计负荷设计，风机需克服风阀、风管和风口的阻力损失，静压较高	按采暖负荷设计（一般是制冷负荷的 60%），风机需克服风管和风口的阻力损失，因风量减少，末端装置风机静压相应减少
噪声	（1）房间有人时，末端装置风机连续运转，噪声连续发生 （2）末端装置风机静压较高 （3）入口静压较低（25～100Pa），只克服风阀阻力损失，噪声与入口静压成正比	（1）在设计冷负荷时，末端装置风机不运转，在采暖时，风机间歇运转，噪声间歇发生 （2）末端装置风机静压较低 （3）并联式需要较高的入口静压（100～180Pa），需克服风阀，风阀后风管和风口阻力损失

续表

类别	风机串联型	风机并联型
能耗	风机连续运转，耗能大	入口静压较低，节约了集中空气处理装置的能量 风机间歇运行，风机风量按采暖负荷确定，耗能低
风机控制	为防止压力过高，与中央空气处理机组联锁	由温控器信号控制，与中央空气处理机组无联锁
机组风机	只需克服末端装置风阀阻力损失	需要克服风阀、风管和风口阻力损失

风机动力型 VAV 末端通常应用于负荷变化较大的空调外区，当空调内外区使用同一空调机组时，往往还需要增加再热装置。这种空调设计在制热工况下，空调机组出风温度一般低于室内温度设定值，以保证内区供冷；外区风机动力型 VAV 末端一次风量保持在制热最小风量，同时通过再热装置提高送风温度，实现外区供暖。

3）VAV 末端控制器选型。工程中 VAV 末端多采用专用控制器一对一进行控制，因此，设计过程中无须绘制监控原理图和制作点位统计表。但在末端控制器选型过程中，仍需对控制器功能、I/O 点数、编程方式以及通信协议等进行选择，以保证满足控制和互联需求。表 17－8 列出了常用 VAV 末端的监控内容和响应控制点位类型。

表 17－8　VAV 末端监控内容及响应控制点位类型

监控内容	监控点类型	说　　明
风量检测①	已集成或 AI*1	建议使用集成压差变送器的 VAV 控制器，否则需另配压差变送器，增加成本及现场接线工作量，降低设备可靠性
风门控制②	已集成或 AO*1 或 DO*2	建议使用集成风门驱动器的一体化控制器，否则需另配风门驱动器，增加安装空间需求及现场接线工作量，降低设备可靠性
室内设定及温度监测③	通信连接	如仅检测室内温度而无须设定功能，也可用 AO*1 实现
末端风机	DO*1	也有少数工程需要风机变频控制，此时 AO*1
末端电加热④	DO*X	其中 X 为电加热段数
末端电加热保护	DI*1	电加热高温报警
末端盘管加热	AO*1 或 DO*2 或 DO*X	三种点数配置分别对应模拟调节、浮点控制以及分段控制；其中 X 为再热盘管段数
占用状态	DI*1	可根据区域占用状态自动调整 VAV 运行工况
空气品质	AI*1	当室内空气质量过差时，可强制加大风门

① 产品选择时注意最小测量压差，以保证低风速测量精度。

② 注意驱动器扭矩及全行程时间是否满足现场需求；此外，在变静压 VAV 应用中必须保证控制器能够获取阀位反馈。

③ 注意配合室内控制面板的功能是否满足需求。

④ 如需脉宽调制，请选用晶闸管输出。

除监控点位应满足末端控制需求外，VAV 末端控制器选型还应考虑编程和配置模式以及通信协议等方面。目前，市场上 VAV 控制器编程和配置模式包括完全固化、简单参数配置、模块化组态以及高级语言编程等四种。四种模式各有优缺点，其适用范围灵活度和编程配置工作量比较如图 17－33 所示，工程应用中应根据实际应用予以选择。

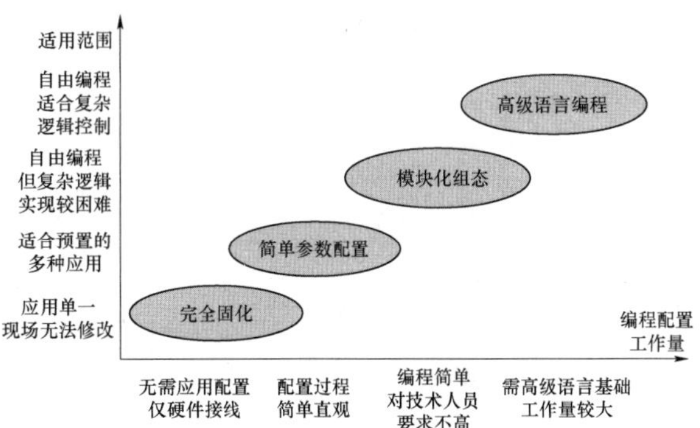

图 17－33　VAV 末端控制器编程和配置模式比较图

关于通信协议选择。建议在工程应用中尽可能选用与 BA 系统统一的协议标准（LON 或 BACnet 标准通信协议），以避免日后维护、升级依赖单一生产厂商。

（3）风管静压控制。当各 VAV 末端风门开度随控制区域负荷的变化而改变时，如送风机运行频率不做相应调整，风管静压就会产生波动。工程中必须根据各末端状态及时调整送风机频率以优化控制。目前，应用较多的风管静压控制策略主要有定静压、变静压和总风量三种。

1）定静压控制策略：是在送风道的适当位置处设置静压传感器，以保持该点静压固定不变为前提，通过不断调整变频送风机的控制频率来改变空调系统的送风量。该点一般设在风道风压最不利点（一般处于距离主风道末端约为全长三分之一处）。这种控制方式的不足之处在于风管较为复杂的情况下，静压传感器的设置位置及数量难以确定，且节能效果较差。

2）变静压控制策略：是通过 VAV 末端风阀的开度反馈控制变频风机的运行频率，使开度最大的末端风阀处于接近全开的状态。典型变静压控制策略见表 17－9。当最大阀门开度为 100%时，认为存在末端风量不足，即风管静压不足，应增加风机转速；当最大阀门开度介于 85%～100%之间时，认为风量满足需求，即风管静压适中，保持风机转速不变；当最大阀门开度小于 85%时，认为风量满足需求，但风管静压过高，应降低风机转速。在变静压控制中，应采用压力无关型变风量末端，从而保证风管静压的波动将不影响各末端送风量变化。

表 17－9　　经典变静压控制策略

末端装置阀门状态	风机转速	控制内容
最大阀门开度为 100%	转速增加	增大送风量，使最大阀门开度接近 100%
最大阀门开度介于 85% 与 100%之间	转速不变	控制内容不变
最大阀门开度小于 85%	转速降低	减小送风量，使最大阀门开度大于 85%

变静压控制的节能效果良好，但由于各风门末端之间的耦合关系复杂，因此，工程调试时较定静压控制方式困难。其次，由于变静压控制是通过尽可能降低风管静压和风机转速起到节能作用的，因此，对于风速传感器的精度要求较高。

3）总风量控制策略：变风量系统由于涉及多个末端的状态变量，采用反馈控制方式干扰多、反应慢，总风量控制则应用了前馈控制思想。在压力无关型 VAV 末端中，确定了各控制区域需求风量（原理如图 17－29 所示）后，将所有区域的需求风量累加即可获得送风机的总输出风量，并以此作为控制风机频率的依据。总风量控制中的关键是确定风机送风量与风机转速之间的函数关系。

典型总风量控制算法如下，当风道阻力不变时，总风量与风机转速保持正比关系

$$G_1/G_2 = a(N_1/N_2) \tag{17-1}$$

式中：N_x 为某工况的风机转速；G_x 为对应工况的总风量。

而当风道阻力改变时，可表示总风量与风机转速的关系为

$$G_1/G_2 = a(bN_1/N_2) \tag{17-2}$$

式中，b 为修正参数。

为确定修正参数 b，定义相对需求风量

$$R_i = G_{si}/G_{di} \tag{17-3}$$

式中：R_i 为第 i 各末端的相对需求风量；G_{si} 为需求风量；G_{di} 为设计风量。

则

$$b = 1 + Qk \tag{17-4}$$

式中：Q 为所有 R_i 的均方差；k 为自适应整定参数，默认为 1。

将式（17－3）及式（17－4）代入式（17－2），并整理得

$$N_s = \left(\sum_{i=1}^{n} G_{si} / \sum_{i=1}^{n} G_{di}\right) N_d (1 + QK) \tag{17-5}$$

式中：N_d 为送风机的设计转速。

式（17－5）就是总风量控制中送风机的转速计算公式。

理论上由于前馈控制带有一定的超前预测特性，因此响应速度比变静压和定静压都快，且节能效果可以接近变静压控制。但实际上风道的阻力特性要比理想状态下复杂得多，因此，总风量控制的效果并没有理论上这么好。为保证系统至少满足各控制区域的负荷需求，总风量控制往往与定静压控制结合使用，在风管静压最不利点（可以是多点）设置静压传感器。当各 VAV 末端风量均满足需求风量时，采用总风量控制；当存在 VAV 末端实际风量长期（如 15min）无法满足需求风量时，转为定静压控制，优先保证末端风量需求。

4）三种静压控制策略的工程实施及比较。每一种控制策略必须与相应的暖通工艺设计相配合，才能达到良好的控制效果。定静压由于各 VAV 末端直接的耦合关系不明显，一般一台空调机组可以带 20～30 个以上末端；变静压控制策略控制的空调机组一般只能带 5～8 个末端（末端太多对耦合关系复杂，采用变静压控制策略很难调试稳定）。因此，为定静压控制设计的 VAV 系统用变静压方式控制是无法调试稳定的。为变静压控制设计的 VAV 系统如果采用定静压方式，就控制而言是没有问题的，但变静压系统的末端通常采用低风速系统，如果换成定静压控制的话，控制区域的室内噪声将明显增大。

工程中 VAV 风管静压控制策略的确定应与暖通设计结合起来，在暖通设计早期就开始介入。表 17－10 对三种风管静压控制策略进行了比较。

表 17－10　变风量系统风管静压控制策略比较表

类别	定静压控制策略	变静压控制策略	总风量控制策略
产生年代	20 世纪 80 年代前期	20 世纪 90 年代后期	20 世纪 90 年代末期

续表

类别	定静压控制策略	变静压控制策略	总风量控制策略
控制原理	以风管静压为依据，控制送风机运行频率，保持风管静压恒定	以各变风量末端的风阀开度反馈为依据，控制送风机运行频率，使其中开度最大风阀保持接近全开位置	以各变风量末端的风量需求为依据，控制送风机运行频率，使送风机送风量等于各末端风量需求之和
控制形式	反馈控制	反馈控制	前馈控制
建设难点	定压点的确定，尤其在风管结构较复杂时。静压点设置不当会导致节能效果下降或部分风口风量不足	末端阀位以及风量的准确测量反馈，以及响应的风机频率调整策略，以减少各 VAV 末端相互影响，系统尽快进入稳态	如何在各末端风量需求不断变化的情况下，准确地确定风机转速，减少模型与实际误差
节能效果	节能效果较差	节能效果最好	节能效果介于定静压与变静压之间，接近变静压效果
建设难度	难度较低	难度最大	介于定静压与变静压之间
建设成本	介于变静压与总风量之间	成本最高	成本最低
响应速度	介于变静压与总风量之间	响应最慢	响应最快
各末端之间的影响	耦合度最小	介于定静压与总风量之间	耦合度最大
末端数量	支持最多末端数量，可达 20～30 个以上	支持的末端数量较小，一般 5～8 个，且最好所有末端在建筑同一朝向，负荷变化趋势接近	支持的末端数量介于定静压与变静压之间，且末端数量不能太少（不宜少于 10～15 个）

（4）新风量控制：在总送风量变化的情况下保证最小新风量，需要从 VAV 空调机组总新风量和各 VAV 末端新风量保证两个方面进行考虑。

1）由于总送风量的变化，VAV 空调机组必须在相关风道中安装风速传感器或 CAV 末端进行最小新风量控制。由于风速传感器和 CAV 末端，都需要一定长度的直管段并在最低风速以上才能够准确进行风量测量和控制，因此，需要与暖通专业进行沟通。

2）对于局部空调控制区域，即使 VAV 空调机组送出的总新风量达到最小新风量要求，也可能存在由于局部一次风需求较小而导致区域新风量不足的情况。解决方案是在室内安装 CO_2 等空气质量传感器，当室内空气质量满足要求时，通过室内温度对 VAV 末端风阀进行 PID 串级控制；当空气质量过差时，通过控制策略提高表 17－6 中的 VAV 末端最小一次风量，以加大新风量输入，直至空气品质得到改善。部分一体化 VAV 控制器已经内置了室内空气品质传感器信号输入接口，以保证局部空调区域新风量控制。

5. 地板送风系统基本监控内容及监控原理

地板送风系统是利用结构楼板与架空地板之间的敞开空间（地板静压箱），将处理后的空气送到房间空调区域内位于地板上或近地板处的送风口，以达到空气调节目的。

与常规吊顶送风方式相比，地板送风的优势主要体现在：① 热舒适性好，各区域的风量可以调节以满足不同个人需求；② 能耗低，由于地板送风系统低混合区以上热源产生的大部分对流热量将直接回到吊顶，计算总送风量时可不考虑这部分热量，因此与常规送风方式相比可减少总送风量以降低风机能耗。另外，地板送风方式静压箱只需维持很小静压，风管静压的减少也可以降低风机能耗。头部以上送风与地板送风能耗比较见表 17－11。

表 17－11 头部以上送风与地板送风能耗比较表

类别	常规头部以上送风	地板送风	地板送风获益点
回风温度	24℃左右	25～30℃	增加了经济器免费制冷时间
送风温度	13℃左右	16～18℃	提高冷水机组能效比
总送风量	送风量计算需考虑完全综合室内热源	低混合区以上热源产生的大部分对流热量将直接回到吊顶，故无须在送风量计算中考虑	总风量减少以节约风机能源
风管静压	风管静压需克服众多支风道阻力	静压箱只需维持很小静压（<25Pa），对静压要求减小	风管静压需求减少以节约风机能源

（1）地板送风系统的工作原理。地板送风系统主要由空调机组、送风管道、地板静压箱以及地板送风末端 4 部分组成，如图 17－34 所示。空调机组按一定比例混合新/回风，对混合风进行过滤及温/湿度处理，并以一定静压送出；各地板静压箱入口的 VAV 末端根据静压箱需求，对送风量进行控制，保证地板静压箱静压；地板送风末端通过手动或自动方式进行调节，将静压箱内一次风按需送入工作区域，并保证适当的气流组织。

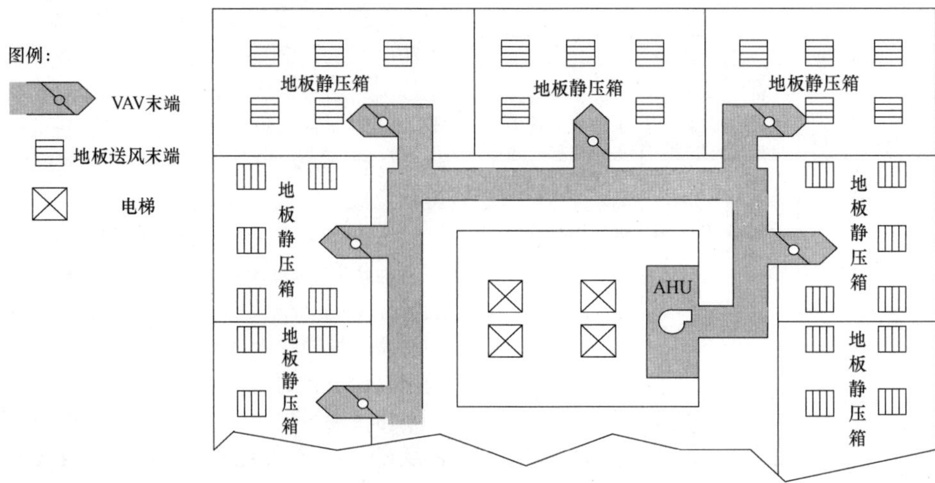

图 17-34 典型地板送风系统的楼层平面布置图

就控制而言，地板送风系统在空调机组和送风管道方面与常规 VAV 系统差别不大，主要区别在于地板静压箱与地板送风末端部分。

地板送风末端有主动型和被动型两种。被动式地板送风末端是无动力型末端，完全依靠保持一定压力的地板静压箱，将空气输送到建筑物空调区域内的送风散流器送入室内；主动式地板送风末端是依靠末端风机作为动力，将空气从零压或微压静压箱输送到建筑物空调区域内的散流器。

地板送风系统空调外区因负荷变化较大，通常需采用主动式地板送风末端；空调内区既可采用被动式地板送风末端，也可采用主动式地板送风末端，但这两种送风末端对暖通及控制的要求存在较大差异（见表 17-12）。

表 17-12 内区被动式/内区主动式地板送风系统比较表

项目	内区被动式地板送风末端	内区主动式地板送风末端
控制设备	对于手动调节末端，无须任何控制设备；自动调节末端一般仅进行风门开度控制，一个 DDC 控制器可控制多个末端	监控内容包括回风温度、设定温度、风机控制、风量监测、风门控制等，一般采用专用 DDC 控制器进行一对一控制
区域温度控制	各末端送风量需通过手动方式进行调节，或多个末端共用同一控制信号进行自动调节	通常每个末端采用单独温度控制回路，进行独立温度设定、自动控制
静压箱	必须为有压静压箱。送风末端通常为压力有关型，静压箱压力直接影响送风量及室内气流组织，因此静压箱压力需要精确控制	既可为有压静压箱，也可采用零压静压箱。送风末端通常为压力无关型，因此对静压箱压力精度要求不高

续表

项目	内区被动式地板送风末端	内区主动式地板送风末端
静压箱入口	为精确控制静压箱压力，通常需要安装 VAV 末端，对进风量进行控制	各送风末端形成独立控制回路，静压箱入口可不设 VAV 末端。但考虑风力平衡等因素，仍推荐安装
送风温度	被动式末端采用一次风直接送风，因此要求空调机组送风温度较高（16～18℃）。此外，为兼顾室内温度与气流组织，往往需要进行送风温度再设定	主动式末端采用一次风与回风混合送风，因此可采用低温送风（13～14℃）。低温送风可降低送风量，但同时也可能降低冷水机组能效比，具体能耗情况应视具体情况进行综合考虑
送风能耗	所有送风动力均由空调机组中央风机提供，因此被动式末端系统中央风机的能耗较主动式末端系统高	尽管中央风机能耗较低，但末端风机能效较中央风机低，因此综合考虑，在相同送风量情况下，主动式末端系统总送风能耗将略高
总结	系统造价及日常能耗较低，但无法实现各末端温度独立自动控制（当内区负荷相对稳定时被动式末端系统可以实现较好的控制效果），且对控制系统要求较高，调试难度大	可实现各末端温度独立自动控制，系统调试简单，但系统造价和日常能耗较高

（2）内区被动式地板送风系统控制要点。典型内区被动式地板送风系统如图 17-35 所示，内区采用被动式手动调节旋流地板散流器，外区采用串联式风机动力型地板送风装置（带风速传感器、再加热设备）。内/外区送风取自同一静压箱，静压箱入口处设 VAV 末端对静压箱的入口风量进行控制，以保证静压箱压力。两种不同地板送风末端产品示意如图 17-36 所示。

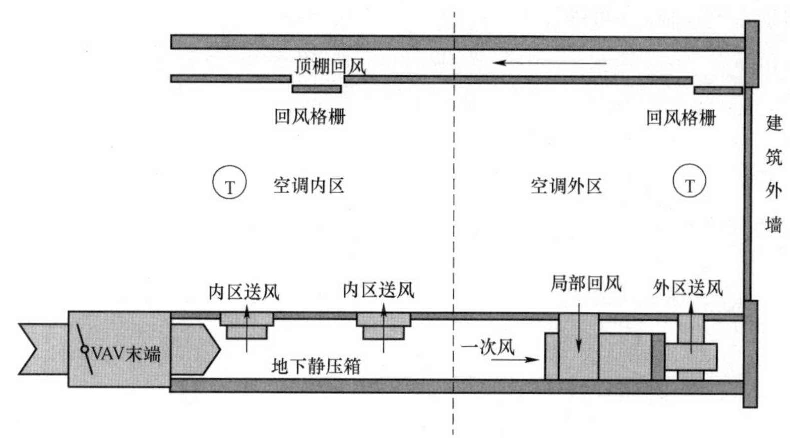

图 17－35　典型内区被动式地板送风系统

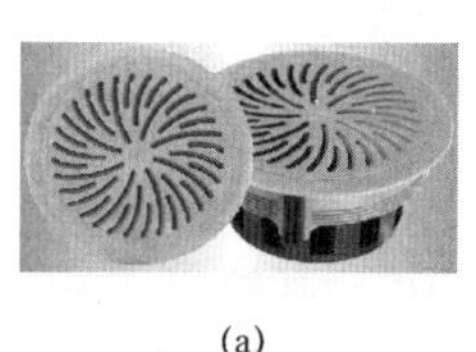
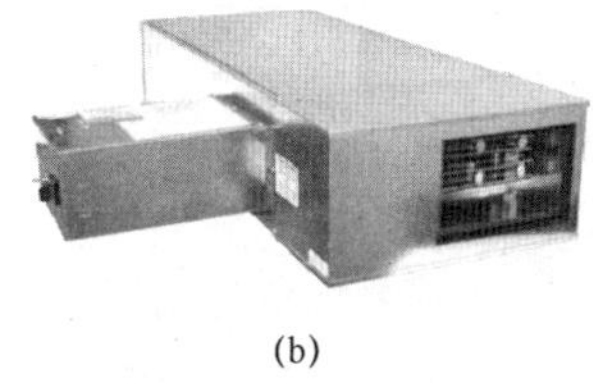

(a)　　(b)

图 17－36　被动型和主动性地板送风末端产品示意
（a）手动调节旋流地板散流器；
（b）串联式风机动力型地板送风装置

空调内区旋流地板散流器为压力有关型，静压箱压力变化将直接影响内区送风量，因此，静压箱压力控制至关重要。对于手动调节型散流器尤为如此。静压箱压力必须控制在一定范围内（一般为 20～25Pa），具体压力范围应根据现场情况予以确定。静压箱压力过大可能导致散流器出风速度过大，影响室内气流分层、破坏温度垂直梯度，导致人体不舒适；静压箱压力过小可能引起水平温度分布不均，甚至无法通过散流器。

静压箱压力应在允许范围内进行小范围调整以弥补由日照、人员增减等带来的负荷整体波动。具体控制逻辑如图 17－37 所示。

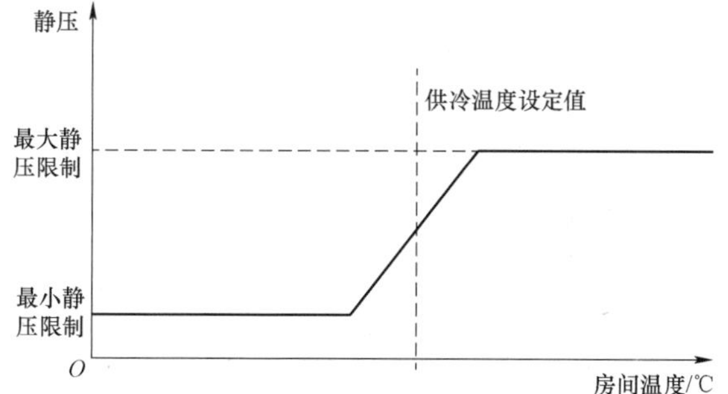

图 17－37　内区被动式地板送风系统静压箱压力控制逻辑

当静压箱已达到最大或最小静压限制且仍无法满足室内风量需求时，应向空调机组提出送风温度再设定请求。

（3）内区主动式地板送风系统控制要点。内区主动式地板送风系统的内/外区全部采用串联式风机动力型地板送风装置（带风速传感器），如图 17－38 所示。

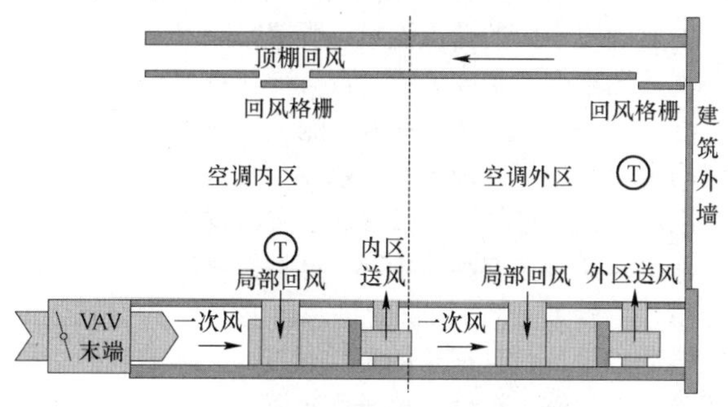

图 17－38　内区主动式地板送风系统

由于空调内/外区均采用压力无关型地板送风装置，因此对静压箱压力控制要求不高，可采用定静压或总风量结合定静压方法对静压箱入口 VAV 末端进行控制，控制原理与 VAV 的定静压及总风量控制方式类似，此处不再详述。

6. 冷吊顶系统基本监控内容及监控原理

冷吊顶系统是利用热辐射原理对室内的空气温度进行调节，具有制冷均匀，舒适度高等优点。冷吊顶系统在吊顶上安装盘管，通过盘管中冷水循环对室内空气进行制冷处理。由于低温空气较重向下沉，而高温空气较轻向上浮，因此，冷吊顶的制热效果不好。冷吊顶系统一般仅用于制冷，不用于制热，且只能控制室内的温度，无法对湿度进行控制。冷吊顶系统通常和地板送风系统配合使用，通过地板送风系统保证室内新风量供给，实现湿度控制，并可进行制热处理。

冷吊顶系统监控原理图如图 17－39 所示。

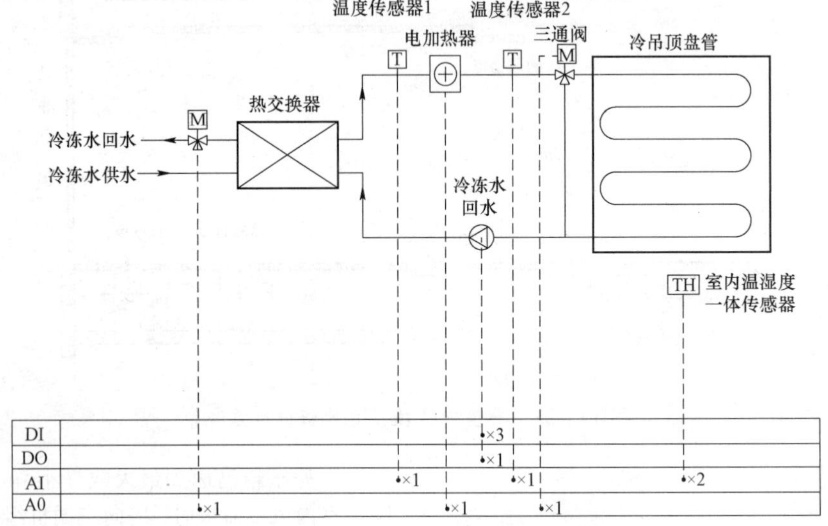

图 17－39 冷吊顶系统监控原理图

冷吊顶系统控制的关键在于冷吊顶盘管进水温度控制。冷吊顶盘管进水温度过高，往往无法迅速满足室内的制冷需求；温度过低，吊顶盘管容易结露，造成顶板滴水。为合理地控制冷吊顶盘管进水温度，首先要确定室内的露点温度。所谓露点温度是指室内空气开始结露的最高温度，它与当前室内空气的温度及湿度有关。然后根据室内实测温度与设定温度的差值确定冷吊顶盘管理想的进水温度（鉴于常规冷冻水供水温度在 7℃左右，通常低于室内露点温度，因此冷冻水需通过热交换器换热，再将换热后的冷水送入冷吊顶盘管）。冷吊顶盘管进水温度的控制值应尽可能接近冷吊顶盘管理想的进水温度，且高于当前室内环境空气的露点温度。由于露点温度随着室内温度、湿度的变化而实时变化，因此，冷吊顶盘管进水温度的控制值也应及时进行调整，对整个系统控制的实时性要求较高。

冷吊顶控制系统对盘管进水温度的控制一般包括两级控制：

（1）首先通过调节热交换器冷冻水水阀的开度改变热交换器的热交换速度，对盘管进水温度进行控制。温度传感器 1 和冷冻水水阀构成第一个闭环控制系统。

（2）热交换器的调节热惯性较大，往往无法满足冷吊顶盘管进水温度控制值迅速变化的需求。因此在热交换器之后，又增加了电加热设备以保证冷吊顶盘管进水温度严格高于当前室内露点温度。温度传感器 2 和电加热设备的功率输出控制构成第二个闭环控制系统。

三通阀与室内温度传感器构成闭环控制，控制通过冷吊顶盘管与旁通的冷水比例。三通阀的开度由室内设定温度与室内实测温度之间的差值进行 PID 控制。

水泵作为冷吊顶盘管水循环系统的动力设备，其监控内容包括：① 水泵起/停状态控制；② 水泵运行状态监视；③ 水泵故障报警监视；④ 水泵的手/自动控制状态监视等。

利用冷吊顶系统对室内温度进行控制虽然舒适度较高，但其应用受地域气候因素的限制。一般在欧洲、我国内陆等湿度较小的地区应用较广，而在沿海等湿度较高的地区，由于露点温度普遍较高，冷吊顶盘管进水温度也必须控得较高，制冷速度较慢，冷负荷输出能力受到限制，控制效果并不理想。

7. 送/排风系统基本监控内容及监控原理

送/排风系统由于不对空气进行任何温、湿度处理，因此控制较为简单，如图 17－40 所示。

其监控对象主要为送/排风风机，监控内容包括：① 风机起/停状态控制；② 风机运行状态监视；③ 风机故障报警监视；④ 风机的手/自动控制状态监视等。

如有需要还可以安装风管压差传感器，对送/排风机实际运行状态进行监测。另外，有些送风系统还会考虑安装滤网对室外空气进行过滤，此时还需安装滤网压差传感器，对滤网阻塞情况进行监视。

工程中，消防排烟风机一般也归入送排风系统，它的起停一般由消防系统联动控制，BA 系统只需对其运行及故障状态进行监视即可。

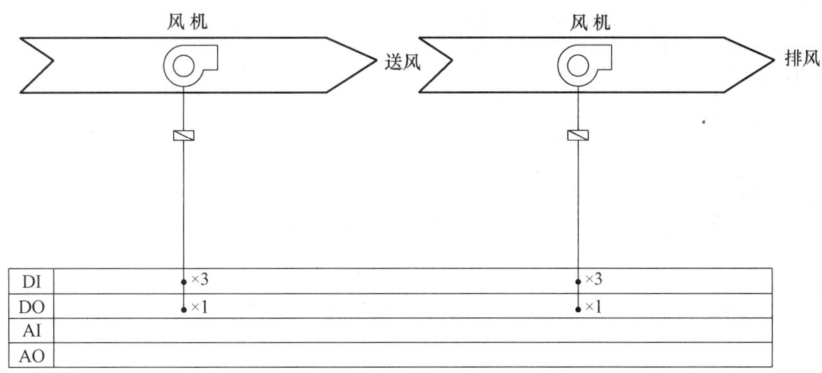

图 17－40　送/排风系统监控原理图

8. 空调通风系统监控点位表

空调通风系统监控设计一般根据暖通相关设计资料确定监控内容，然后绘制监控原理图并制作监控点位表。

按照前述各空调末端设备监控内容及监控原理图，表 17－13 为各监控原理图对应的监控点位表。其中，风机盘管、VAV 末端和地板送风末端因为多采用专用温控面板或一体化控制器进行一对一控制，因此，设计时只需根据监控要求选择合适的配套控制设备即可，无须绘制监控原理图和制作监控点位表。

表 17－13　　典型空调通风末端监控点位表

项目	设备数量	开关量输出 DO				开关量输入 DI						模拟量输出 AO					模拟量输入 AI									
		起停控制	风门控制			运行状态	故障状态	手自动状态	滤网压差	风机压差	防冻开关	风门调节	水阀调节	蒸汽阀调节	变频控制	电加热调节	室外温度	室外湿度	风管温度	风管湿度	室内温度	室内湿度	水管温度	室内二氧化碳	风管压力	频率反馈
新风机组 1	1	1	1			1	1	1	1	1			1				1		1							
新风机组 2	1	1	1			1	1	1	2		1		2		1		1	1	1		1			1		1
空调机组 1	1	1				1	1	1	1	1		2	1						2							
空调机组 2	1	2				2	2	2	2		1	4	2	1	2				1	2				1	1	2
冷吊顶系统	1	1				1	1	1					2				1				1	1	2			
送风机	1	1				1	1	1																		
排风机	1	1				1	1	1																		

9. 空调通风监控系统分工界面

在工程中，空调通风末端设备的配电控制柜一般由设备成套厂进行安装和调试；空调通风末端设备的弱电控制箱由监控厂商成套，并负责完成从弱电控制柜到配电控制柜的接线及调试工作；空调通风末端设备监控中所使用的各种传感器及电动执行机构由监控厂商提供，并负责安装、调试；空调通风末端设备的风阀一般直接由设备自带，电动阀门视不同工程而定，可以并入暖通采购，也可以由监控厂商提供。

典型空调通风设备的界面分工（仅以空调机组为例）如图 17－41 所示。

10. 空调通风监控系统监控菜单及界面示例

空调通风系统监控的菜单可根据业主需求进行定制，界面展现形式通常为空调通风设备工艺原理图、平面图、设备列表等。

典型空调机组工艺原理监控界面如图 17－42 所示，新风机组/风机盘管平面监控界面如图 17－43 所示。

1.空调机控制箱内留有起停控制接点（经由中间继电器引出）和运行状态、故障报警、手自动状态信号常开干接点。接点引至端子排并注明

2.电动调节水阀由监控厂商提供。暖通管道安装单位负责阀体的安装并试压。监控安装单位负责驱动器的安装接线调试

3.电动调节风门由暖通设备供应商提供并由暖通施工单位安装。风门驱动器由监控单位提供并安装接线调试

4.电极加湿器由暖通设备供应商提供并由暖通施工单位安装，控制箱内留有起停控制接点（经由中间继电器引出），接点引至端子排并注明

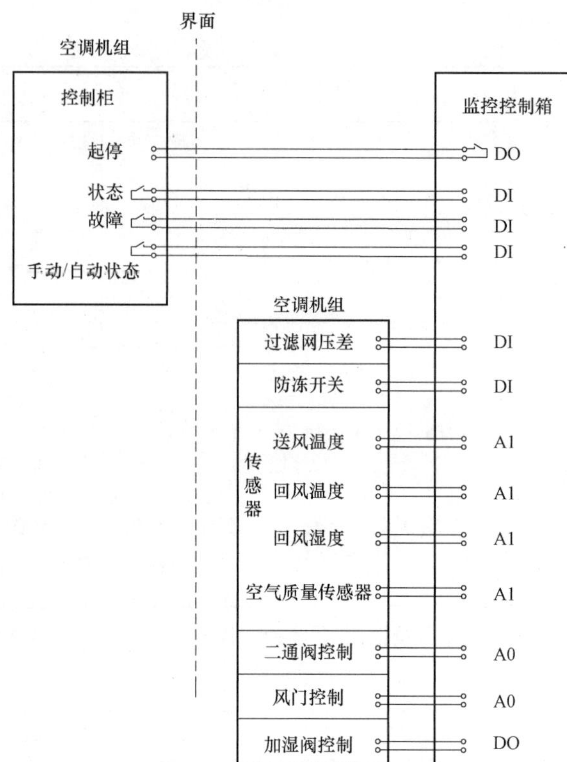

1. 监控系统通过常开接点形式对空调机组进行起停控制和接收空调机组的运行状态、故障报警和手自动信号

2. 监控系统通过传感器监测空调的送/回风的温度、回风湿度、防冻开关信号、空气质量以及过滤网压差信号。传感器均由监控系统厂商提供

3. 风管的防冻开关、空气质量传感器温、湿度和压差传感器的开孔安装接线调试由监控系统安装单位负责

图 17－41　典型空调机组监控系统界面分工图

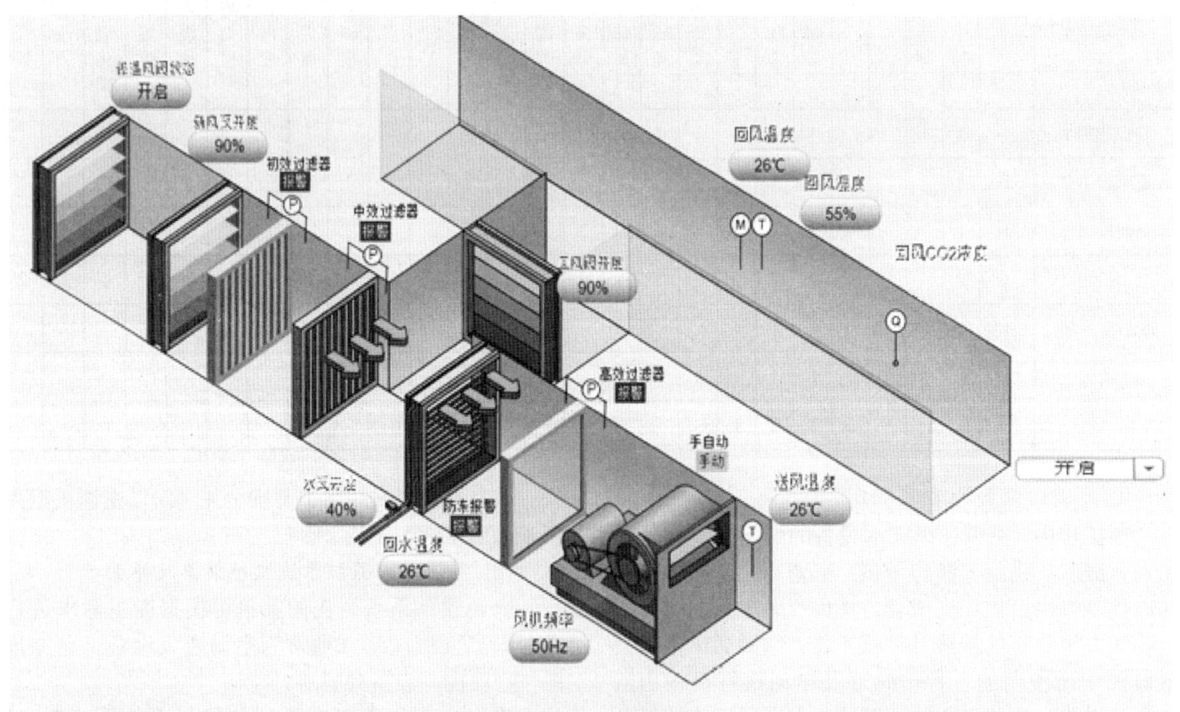

图 17－42　典型空调机组工艺原理监控界面

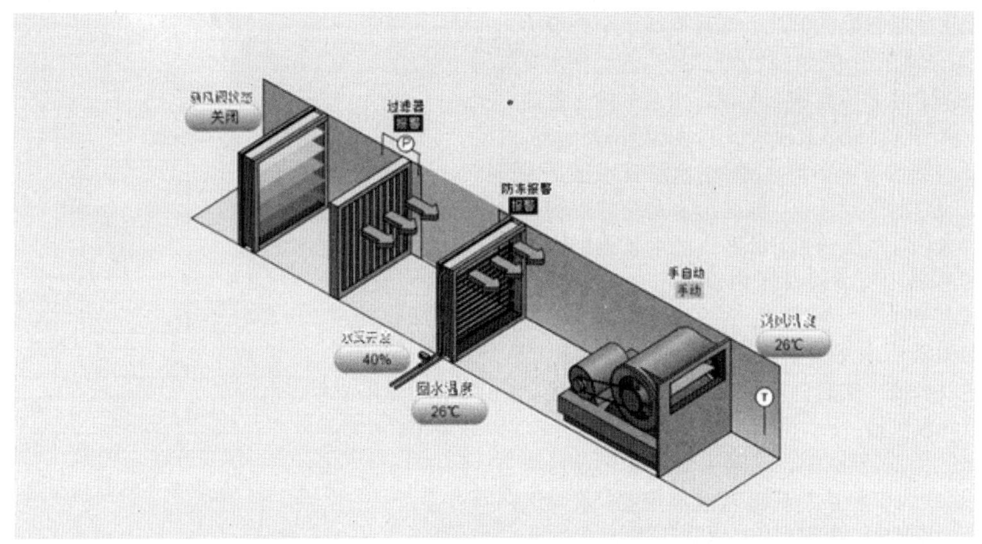

图 17－43　典型新风机组/风机盘管平面监控界面

17.2.1.4　给排水监控系统设计界面及基本监控内容

给排水系统包括生活给水设备、消防给水设备和污水排放设备等，对给排水设备的监控主要是对各种水位的监测以及各种泵类运行状态的监控。

1. 给水系统基本监控内容及监控原理图

给水设备包括生活给水设备和消防给水设备两部分，两部分的工作原理基本相同。

高层建筑的生活给水系统通常会分为高区、低区两部分对用户进行供水。有些超高层建筑甚至分为高、中、低三个区。整个给水系统有两个蓄水设备——地下蓄水池和屋顶水箱。

低区用户的生活用水由地下蓄水池直接供给，其设备监控内容包括：

（1）地下蓄水池的液位监视。如图 17－44 所示，地下蓄水池包括高、低两个液位开关。当液位低于低液位开关时，接通市政供水为地下蓄水池补水；当液位达到高液位开关位置时停止补水。有些系统还设有超低和超高液位开关，分别用于低液位报警和溢流报警。

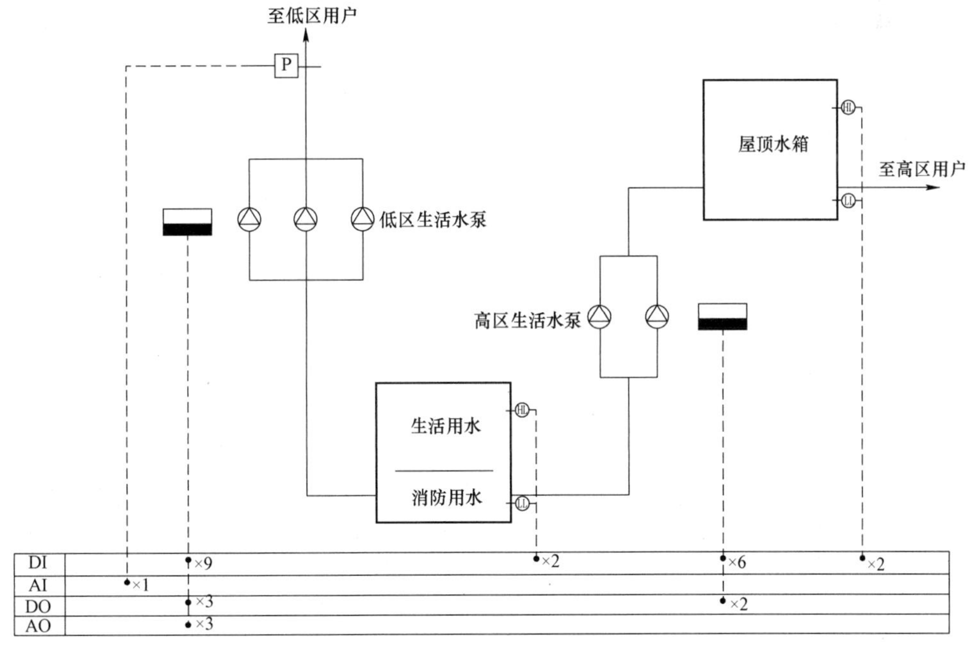

图 17－44　典型生活给水系统监控原理图

（2）低区生活水泵的监控。低区生活水泵一般为变频泵，根据末端压力进行控制。其监控内容包括水泵起/停状态控制、水泵运行状态监视、水泵故障报警监视、水泵手/自动控制状态监视和水泵运行频率控制等。

（3）低区给水总管参数监测。给水总管水压是低区给水系统的监测重要参数，低区给水系统的控制目标是保证给水总管水压恒定。低区生活水泵根据给水总管压力传感器的反馈值及压力设定值进行起动台数和运行频率控制。

高区的生活用水是将蓄水池的水通过高区生活水泵打至屋顶水箱，然后再由屋顶水箱进行供给的。其设备监控内容包括：

1）高区生活水泵监控。高区生活水泵一般为非变频泵，其监控内容包括水泵起/停状态控制、水泵运行状态监视、水泵故障报警监视、水泵手/自动控制状态监视等。

2）屋顶水箱的液位监视。如图 17－44 所示，屋顶水箱包括高、低两个液位开关：当液位低于低液位开关时，起动高区生活水泵为屋顶水箱补水；当液位达到高液位开关位置时停止高区生活水泵。屋顶水箱同样可以设置超高和超低液位进行报警。

消防给水设备的监控原理与低区用户的生活给水设备的监控原理基本相同，也是从地下蓄水池直接取水，以消防给水总管的水压为控制对象对消防水泵进行控制。消防水泵只有当消防喷淋系统的干/湿式报警阀动作后才起动进行控制。在民用建筑中，消火栓泵与消防喷淋泵由消防系统进行控制，BA 系统可通过与消防系统的数据接口对其运行及故障状态进行监视。

2. 排水系统基本监控内容及监控原理图

排水系统主要是当集水井或污水池的液位达到一定高度时对污水等进行排放，典型排水系统监控原理图如图 17－45 所示。

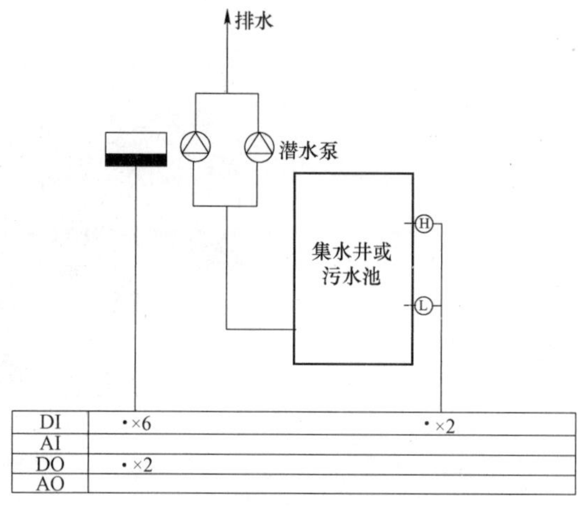

图 17－45　典型排水系统监控原理图

排水系统的监控内容包括：

（1）集水井或污水池的液位监视。如图 17－45 所示，集水井或污水池包括高、低两个液位传感器，当液位高于高液位传感器时，起动潜水泵进行排水；当液位达到低液位传感器位置时停止潜水泵。

（2）潜水泵的监控。潜水泵一般为非变频泵，其监控内容包括水泵起/停状态控制、水泵运行状态监视、水泵故障报警监视、水泵手/自动控制状态监视等。目前，许多工程中潜水泵的起停控制由水泵生产厂商通过与液位开关联动自行实现，在此情况下 BA 系统只需对其运行及故障状态进行监视即可。

3. 给排水系统监控点位表

给排水系统监控设计一般根据给排水相关设计资料确定监控内容，然后绘制监控原理图并制作监控点位表。表 17－14 为典型生活给水系统和典型排水系统监控原理图对应的监控点位表。

表 17－14　典型给排水系统监控点位表

项目	设备数量	开关量输出 DO				开关量输入 DI				模拟量输出 AO					模拟量输入 AI			
		起停控制	风门控制			运行状态	故障状态	手自动状态	高低液位	风门调节	水阀调节	蒸汽阀调节	变频控制	电加热调节	水管压力			
地下水池	1								2									
低区生活水泵	3	3				3	3	3					3		1			
高区生活水泵	2	2				2	2	2										
屋顶水箱	1								2									
集水井	1								2									
潜水泵	2	2				2	2	2										

4. 给排水系统监控系统分工界面

在工程中，给排水系统水泵控制柜一般由水泵厂商成套，监控系统厂商通过干接点方式对运行状态、故障状态、手/自动状态等进行监视及起停控制，并通过模拟信号或通信总线对变频设备进行频率控制。给排水系统中所使用的各种传感器由监控厂商提供，并负责安装、接线和调试。典型给排水监控系统界面分工图如图 17－46 所示。

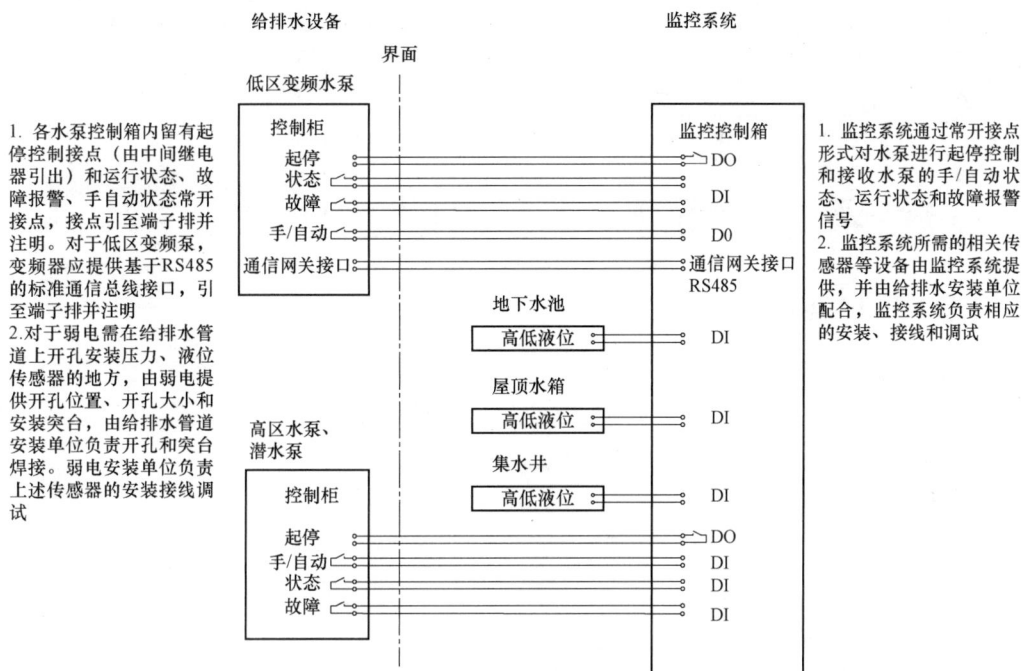

给排水设备

监控系统

界面

低区变频水泵

1. 各水泵控制箱内留有起停控制接点（由中间继电器引出）和运行状态、故障报警、手自动状态常开接点，接点引至端子排并注明。对于低区变频泵，变频器应提供基于RS485的标准通信总线接口，引至端子排并注明
2.对于弱电需在给排水管道上开孔安装压力、液位传感器的地方，由弱电提供开孔位置、开孔大小和安装突台，由给排水管道安装单位负责开孔和突台焊接。弱电安装单位负责上述传感器的安装接线调试

控制柜
起停
状态
故障
手/自动
通信网关接口

监控控制箱
DO
DI
D0
通信网关接口
RS485

1. 监控系统通过常开接点形式对水泵进行起停控制和接收水泵的手/自动状态、运行状态和故障报警信号
2. 监控系统所需的相关传感器等设备由监控系统提供，并由给排水安装单位配合，监控系统负责相应的安装、接线和调试

地下水池
高低液位　DI

屋顶水箱
高低液位　DI

集水井
高低液位　DI

高区水泵、潜水泵

控制柜
起停　DO
手/自动　DI
状态　DI
故障　DI

图 17－46　典型给排水监控系统界面分工图

5. 给排水监控系统监控菜单及界面示例

给排水系统监控的菜单可根据业主需求进行定制，界面展现形式通常为给排水设备系统结构图、工艺原理图、平面图和设备列表等。

典型给水系统结构监控界面如图 17－47 所示，排水系统工艺原理监控界面如图 17－48 所示。

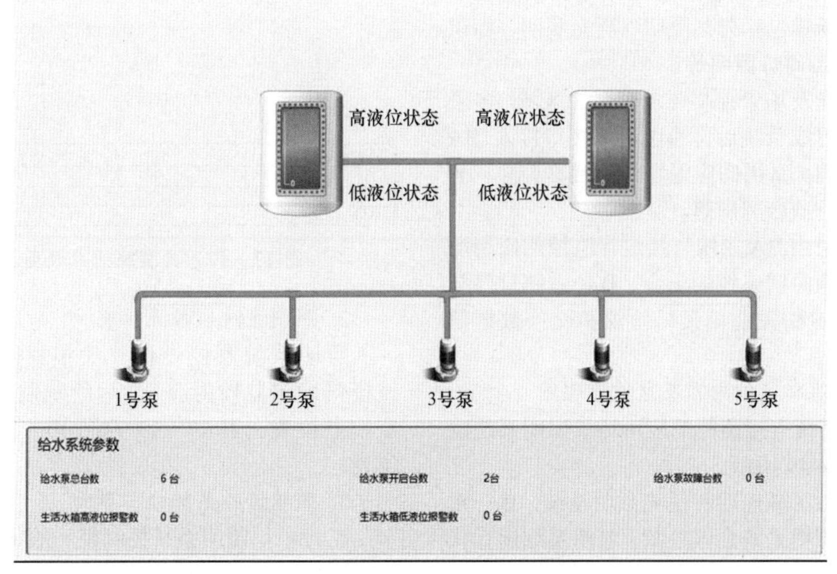

图 17－47　典型给水系统结构监控界面

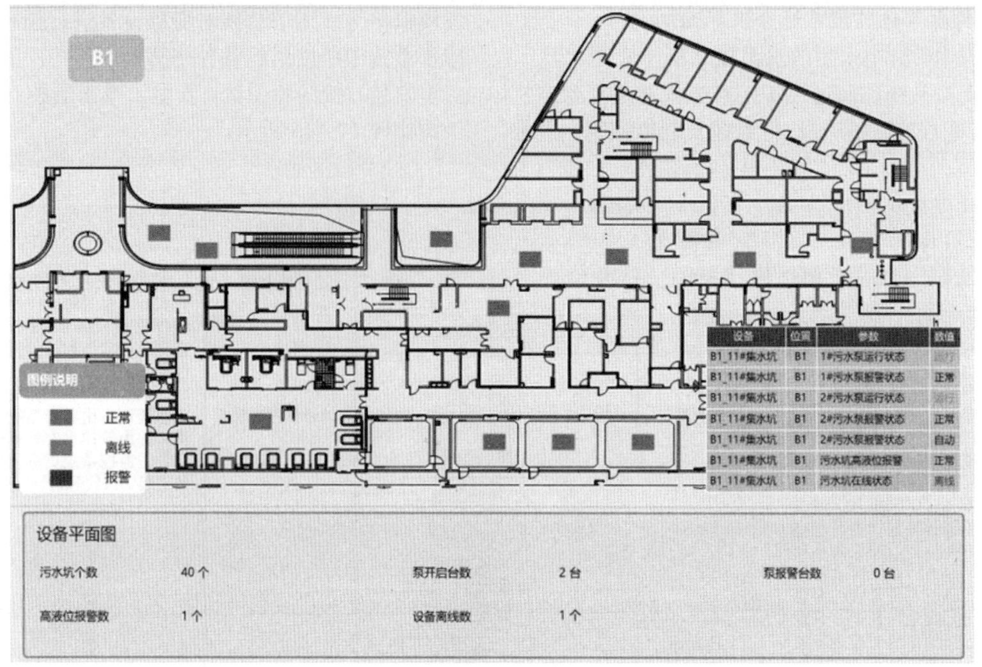

图 17-48　典型排水系统工艺原理监控界面

17.2.1.5 照明监控系统设计界面及基本监控内容

在现代建筑中，照明系统为使用者提供良好、舒适的光环境，同时也是能源消耗的重要组成部分。照明监控系统能保证建筑物的良好光环境或景观环境并起到节能效果，通过改善光环境提高工作效率和生活舒适度。照明系统监控可通过两种方式实现。

在国内，相对简单地按照时间表或照度等进行自动开关控制的照明系统多通过 BA 系统直接监控实现。常用的应用场景包括公共照明、泛光照明、标识/广告照明和航空障碍灯照明等。

对于一些调光及场景控制要求较高的区域，多采用智能照明系统自成系统后再通过通信接口接入 BA 系统进行统一管理。常用的应用场景包括宴会厅、酒店大堂、会议室、酒店客房等。

本小节仅考虑由 BA 系统直接进行监控的应用场景，对于采用智能照明系统的场合，BA 系统只要与智能照明预先约定相关通信接口协议和交换数据信息即可。

1. 照明系统基本监控内容及监控原理图

典型由 BA 系统直接监控的应用场景照明系统监控原理图如图 17-49 所示。

对于常规公共区域照明和泛光照明系统，BA 系统监控内容包括照明系统启停控制、照明系统运行状态监视、照明系统手/自动状态监视。

由于照明系统电气控制回路中一般没有热保护继电器（不会像动力设备那样产生短时间过电流），因此，照明监控系统一般不设置故障状态监视。对于应急照明和航空障碍照明，一般由系统自动联动完成起停控制，BA 系统仅对其运行状态进行监视。

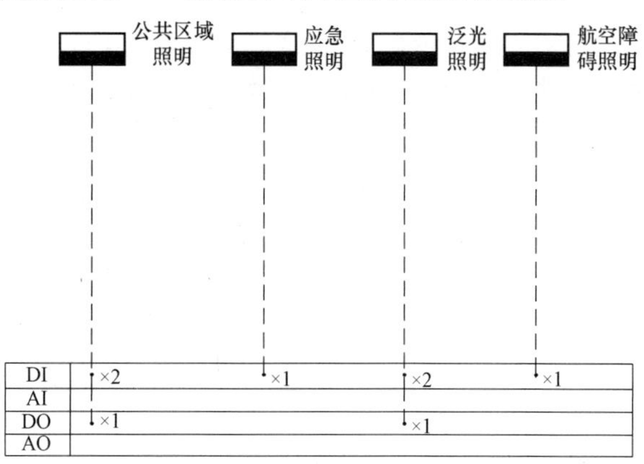

图 17-49　典型照明系统监控原理图

2. 照明系统监控点位表

照明系统监控设计一般根据照明回路相关设计资料确定监控内容，然后绘制监控原理图并制作监控点位表。表 17-15 为图 17-50 对应的监控点位表。

3. 照明监控系统分工界面

工程中，照明系统控制柜一般由强电盘柜成套，弱电监控系统厂商通过干接点方式对运行状态、故障状态等进行监视并进行起停控制。

表 17－15 典型照明系统监控点位表

项 目	设备数量	开关量输出 DO				开关量输入 DI				模拟量输出 AO				模拟量输入 AI			
		起停控制				运行状态	故障状态										
公共区域照明	1	1				1	1										
应急照明	1					1											
泛光照明	1	1				1	1										
航空障碍灯	1					1											

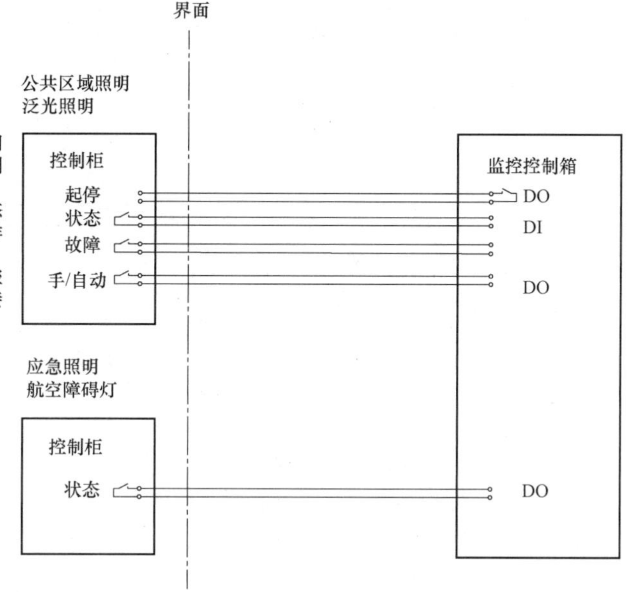

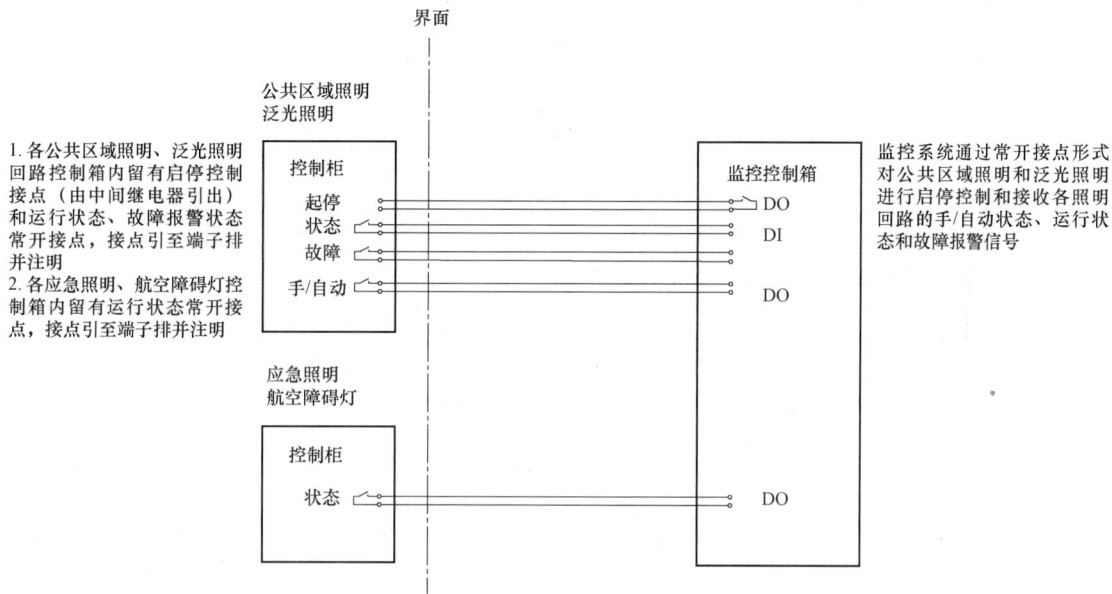

图 17－50 典型照明监控系统界面分工图

4. 照明监控系统监控菜单及界面示例

照明系统监控的菜单可根据业主需求进行定制，界面展现形式通常为照明监控系统结构图、平面图、设备列表等。

图 17－51 和图 17－52 为典型照明监控系统的结构图和平面图监控界面。

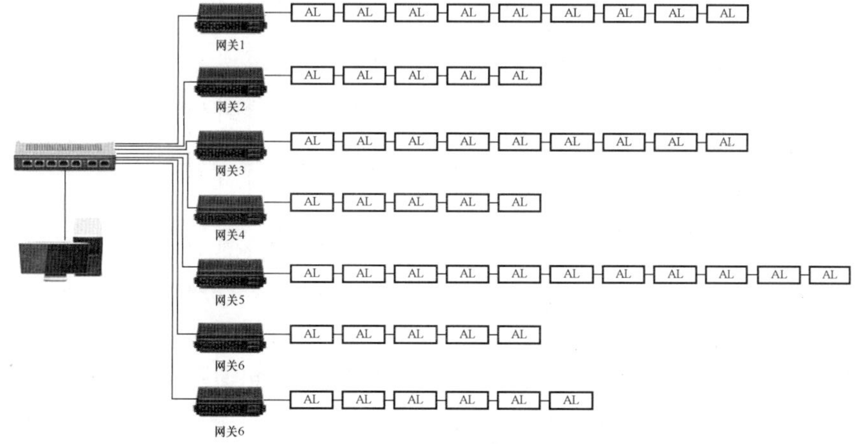

图 17－51 典型照明监控系统结构监控界面

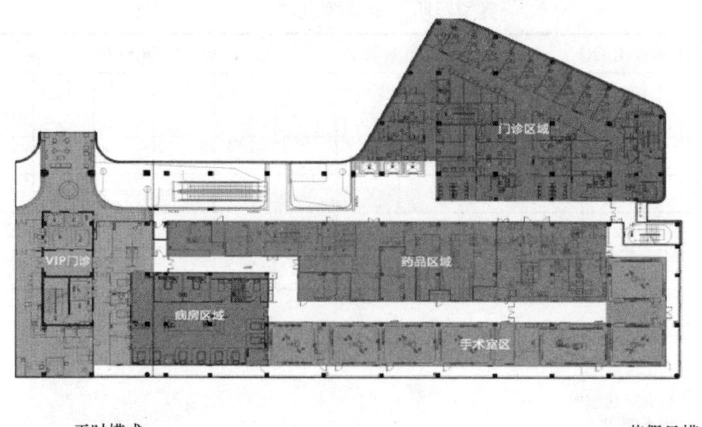

平时模式	节假日模式
T1：18:00至22:00	T1：18:00至22:00
T2：22:00至03:00	T2：22:00至03:00
T3：03:00至06:00	T3：03:00至06:00

图 17－52　典型照明系统平面图监控界面

17.2.1.6　电梯监控系统设计界面及基本监控内容

电梯是现代建筑物中的垂直交通工具，包括直升电梯和自动扶梯。直升电梯按用途可分为普通客梯、观光梯和货梯等。

电梯是关系到人身安全的重要设备系统，由电梯厂商的专业控制系统进行监控。为了解电梯设备的运行状态，BA 系统通常通过干接点或通信网关方式对其进行监视，但不涉及电梯控制。

1. 电梯系统基本监控内容及监控原理图（图 17－53）

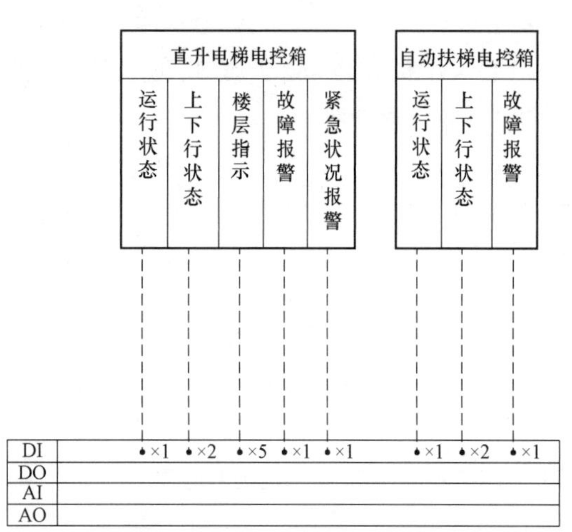

图 17－53　典型电梯系统监控原理图

电梯设备 BA 系统基本监控内容包括电梯设备运行状态、电梯设备上下行状态、电梯设备故障报警、电梯设备楼层指示、电梯设备紧急状态报警等。

2. 电梯系统监控点位表

电梯控制系统由专业设备自成体系，BA 系统仅通过干接点或通信网关方式对电梯系统进行集成监视管理，因此监控设计过程中需与电梯供应商进行充分沟通，确定监控内容及监控方式，并以此为依据形成监控点位表和监控原理图。表 17－16 为图 17－53 对应的监控点位表。

表 17－16　　典型电梯系统监控点位表

类别	设备数量	开关量输出 DO				开关量输入 DI					模拟量输出 AO				模拟量输入 AI			
						运行状态	故障状态	上下行状态	紧急状态报警	楼层指示								
直升电梯	1					1	1	2	1	5								
电动扶梯	1					1	1	2										

3. 电梯监控系统分工界面

工程中，电梯系统控制完全自成系统，弱电监控系统厂商通过干接点或通信网关对电梯设备的运行状态、故障状态等进行监视管理，电梯监控系统分工界面如图 17－54 所示。

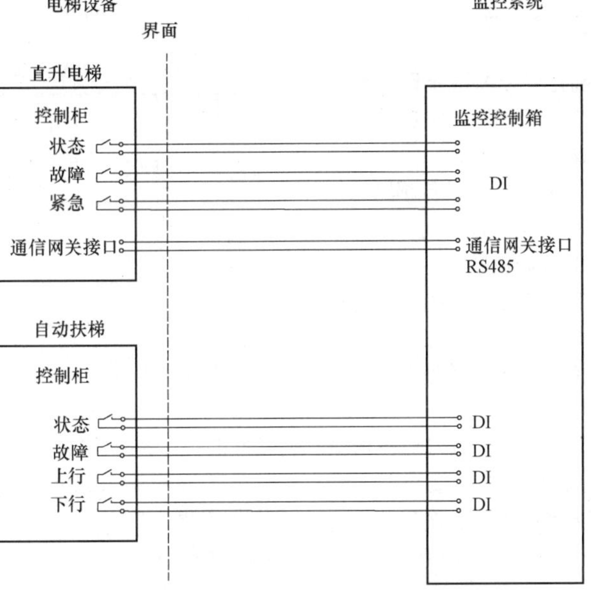

图 17－54　典型电梯监控系统界面分工图

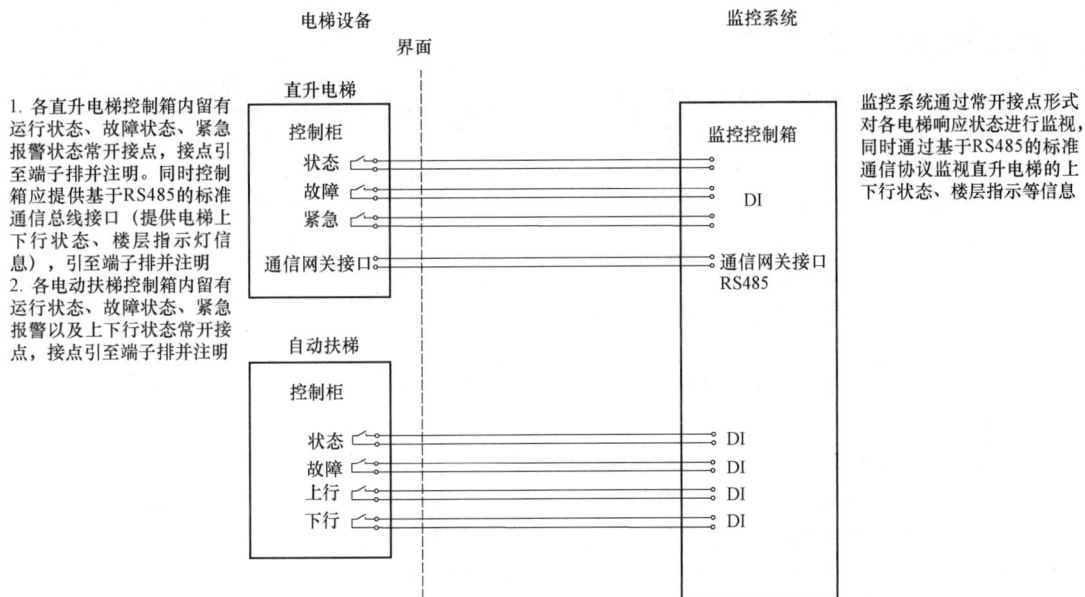

电梯监控系统监控菜单及界面示例：电梯系统监控的菜单可根据业主需求进行定制，界面展现形式通常为平面图、电梯井道立面图、设备列表等，如图 17－55 和图 17－56 所示。

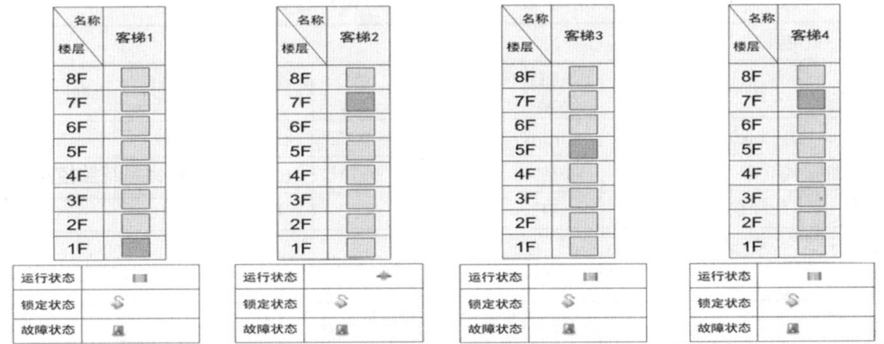

图 17－55　典型直升电梯井道立面图监控界面

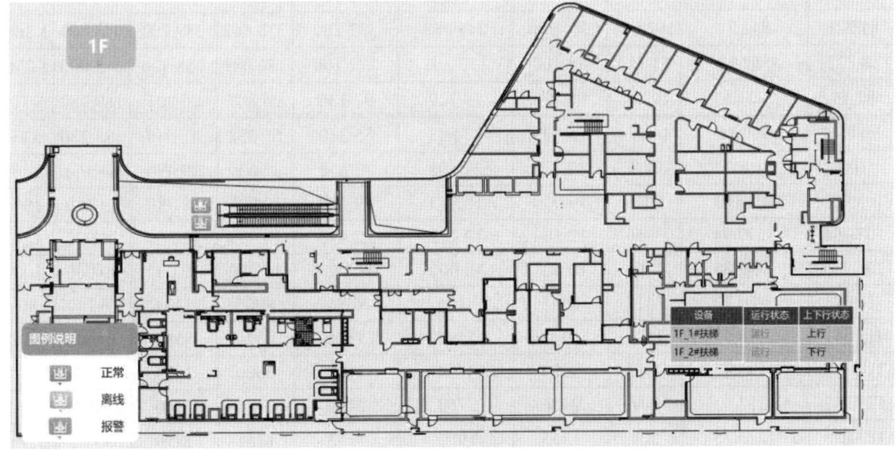

图 17－56　典型电动扶梯平面图监控界面

17.2.2 建筑设备监控系统的数据获取

建筑设备基本监控内容确定是BA系统设计的基础，在确定基本监控内容后的一个重要工作是根据监控管理的需求来规划数据获取方式。

BA 系统的数据获取方式主要包括通过传感器直接采集和通过通信接口读取其他系统相关数据两种。通常 BA 系统通过传感器直接采集的数据包括温度、湿度、压力、流量、照度、气体浓度、液位等；BA 系统通过通信接口接入的设备或子系统采集智能电能表、柴发机组、冷水机组、智能照明系统、电梯等设备数据。

17.2.2.1 传感器原理及选型

BA 系统设计传感器选型需要考虑的因素包括检测参数类型、应用场合、测量范围、精度要求、安装附件、与控制器的信号匹配以及外观、价格等。

根据检测参数和应用场合，BA 系统常用的传感器见表 17－17 和表 17－18。

1. 温度传感器的原理及选型

建筑设备监控系统所使用的温度传感器通常多直接采用热敏感元件作为测量元件，通过这些敏感元件在不同温度下阻值的变化，经过换算检测被测对象温度。

表 17－17　　BA 系统常用传感器

使用环境	温度	湿度	压力	压差	液位	流量	照度	空气质量
室内	*	*	*	*			*	*
室外	*	*					*	*
风管	*	*	*	*	*	*		*
水管	*		*	*		*		

由于不同热敏感元件在不同温度下的阻值各不相同，因此，DDC 控制器温度输入 AI 口都会说明所支持的热敏感元件类型。各厂商 BA 系统 DDC 控制器对支持的热敏感元件类型传感器都自带所适配的阻值/温度换算功能。因此，在传感器选型时应首先考虑选择与 DDC 温度输入端相匹配的温度传感器类型，并在编程配置时合理定义传感器类型。

通常传感器会以其热敏感材料和测量元件在 25℃下的阻值命名，如铂 100kΩ、10kΩ 热敏电阻类型等。

表 17－18　　BA 系统常用温度传感器阻值对应表

分类	铂电阻		热敏电阻								
类型	100Ω	1000Ω	3kΩ	10kΩ Type2	10kΩ Type3	10kΩ Dale	10kΩ 3A221	10kΩ "G"US	20kΩ	100kΩ	TAC 1.8kΩ
精确度	±0.3℃	±0.3℃	±0.2℃	±0.1℃	±0.2℃	±0.2℃	±1.1℃	±0.2℃	咨询厂方	咨询厂方	专利
	0.0385 曲线	0.0385 曲线	0/70℃	–50/150℃	0/50℃	–20/70℃	0/70℃	0/70℃	工厂整定	工厂整定	
温度敏感性	PTC	PTC	NTC	NTC	NTC	NTC	NTC	NTC	NTC	NTC	NTC
PTC—正温度系数											
NTC—负温度系数											

标准温度传感器和热敏电阻值

℃	℉	100Ω	1000Ω	3kΩ	10kΩ Type2	10kΩ Type3	10kΩ Dale	10kΩ 3A221	10kΩ "G"US	20kΩ	100kΩ	TAC 1.8kΩ
–50	–58	80.306	803.06	205 800	692 700	454 910	672 300	—	441 200	1E+06	—	63 880
–40	–40	84.271	842.71	102 690	344 700	245 089	337 200	333 562	239 700	643 800	3 366 000	35 680
–30	–22	88.222	882.22	53 730	18 100	137 307	177 200	176 081	135 300	342 000	1 770 000	20 720
–20	–4	92.16	921.6	29 346	98 320	79 729	97 130	96 807	78 901	189 080	971 200	12 460
–10	14	96.086	960.86	16 674	55 790	47 843	55 340	55 252	47 540	108 280	533 400	7733
0	32	100	1000	9822	32 770	29 588	32 660	32 639	29 490	64 160	326 600	4940
10	50	103.903	1039.03	5976	19 930	18 813	19 900	19 901	18 780	39 440	199 000	3240
20	68	107.794	1077.94	3750	12 500	12 272	12 490	12 493	12 260	24 920	124 900	2177
25	77	109.735	1097.35	3000	10 000	10 000	10 000	10 000	10 000	20 000	100 000	1800
30	86	111.673	1116.73	2417	8055	8195	8056	8055	8194	16 144	80 580	1496
40	104	115.541	1155.41	1598	5323	5593	5326	5324	5592	10 696	53 260	1049
50	122	119.397	1193.97	1081	3599	3894	3602	3600	3893	7234	36 020	750
60	140	123.242	1232.42	747	2486	2763	2489	2486	2760	4992	24 800	545
70	158	127.075	1270.75	527	1753	1994	1753	1751	1990	3512	17 510	403
80	176	130.897	1308.97	378	1258	1462	1258	1255	1458	2516	12 560	302

续表

℃	℉	100Ω	1000Ω	3kΩ	10kΩ Type2	10kΩ Type3	10kΩ Dale	10kΩ 3A221	10kΩ "G"US	20kΩ	100kΩ	TAC 1.8kΩ
90	194	134.707	1347.07	—	919	1088	917	915	1084	1833	9164	230
100	212	138.506	1385.06	—	682	821	679	678	816.8	1356	6792	177
110	230	142.293	1422.93	—	513	628	511	509	623.6	1016	5108	139
120	248	146.608	1460.68	—	392	486	389	388	481.8	770	3894	109
130	266	149.832	1498.32	—	303	380	301	299	376.4	591	3006	87

根据使用场合的不同，温度传感器分为室内温度传感器、室外温度传感器、风管温度传感器和水管温度传感器等。对于不同应用场合的温度传感器，选型步骤及考虑因素也不尽相同。

（1）室内温度传感器选型。室内温度传感器通常墙面安装，要求距地 1.2～1.5m。室内温度传感器选型应考虑的因素包括：

1）传感器功能及信号匹配。当选择多功能温度传感器时，传感器可能不是直接通过阻值信号与 DDC 控制器进行通信，可能集成变送器通过标准的电压（如 0～10V）或电流信号（如 4～20mA），或者也可能直接采用数字总线与 DDC 控制器进行通信。此时需要考虑传感器的供电电源要求，以及与 DDC 控制器信号接收或通信方式的兼容性。当选择单纯利用热敏感元件测量温度的室内温度传感器时，同样需要考虑热敏感元件类型与 DDC 控制器信号输入端之间的匹配。

2）传感器测量范围。对于舒适空调应用，传感器测量范围在人体舒适温度即可（如 5～40℃）；但对于特殊应用场景，测量范围应根据具体应用进行确定。

3）传感器精度要求。对于舒适性空调应用，温度传感器一般要求测量精度±0.5℃即可；对于特殊应用场景，测量精度应根据具体应用进行确定。

4）传感器安装方式。国内最常用的室内温度传感器安装方式是 86 盒墙面安装，当不符合 86 盒安装标准时，可能会对传感器安装成本和难度造成影响。

5）传感器外观。室内温度传感器选型应考虑其美观性，包括自身美观性、与整体装修以及其他面板的匹配等。典型室内温度传感器如图 17－57 所示。

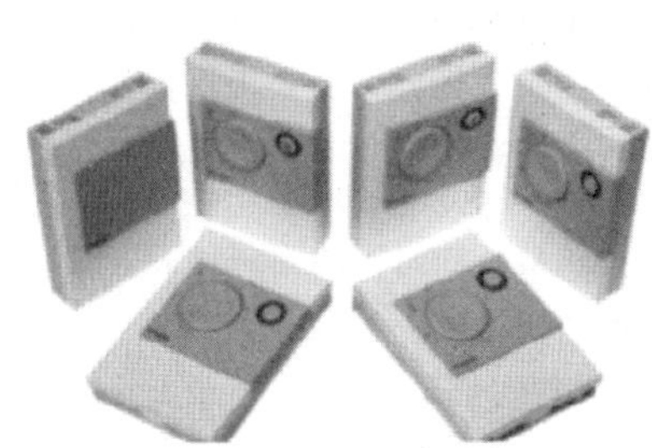

图 17－57 典型室内温度传感器

（2）室外温度传感器选型。室外温度传感器一般室外裸露安装，用于测量室外环境温度。室外温度传感器应考虑的因素包括：

1）传感器信号匹配。当选择单纯利用热敏感元件测量温度的室外温度传感器时，应考虑热敏感元件类型与 DDC 控制器信号输入端之间的匹配；当传感器距离 DDC 控制器距离较远时，为避免模拟信号连接线缆阻值对温度换算的影响，可选择集成变送装置的温度传感器，将热敏元件阻值变化转换为与温度呈线性关系的电压（如 0～10V）或电流（4～20mA）信号进行传输，此时同样需要考虑传感器输出信号与 DDC 数据端之间的信号匹配。

2）传感器测量范围。室外温度传感器测量范围一般较广，应根据当地气象条件予以确定。

3）传感器精度要求。热敏感元件在不同温度条件下的传感精度有所不同。室外温度传感器的环境温度变化范围较大，因此，需要考虑整个变化范围内不同温度区间的精度是否满足要求。典型热敏电阻型温度传感器测量精度对照表见表 17－19。

表 17－19 典型热敏电阻型温度传感器测量精度对照表

温度	精度
－25℃/－13℉	±0.7℃/±1.3℉
＋0℃/32℉	±0.5℃/±0.9℉
25℃/77℉	±0.3℃/±0.5℉
50℃/122℉	±0.6℃/±1.1℉
75℃/167℉	±0.9℃/±1.6℉
100℃/212℉	±1.3℃/±2.3℉

4）传感器安装位置及防护等级。在室外裸露安装的室外温度传感器，其防护等级至少达到 IP54，恶劣环境甚至需要达到 IP65。此外，室外温度传感器安装还需要考虑到相应的安装方式、线缆要求以及密封套规格等，以保证传感器整体防护等级。典型室外温度传感器如图 17－58 所示。

图 17-58　典型室外温度传感器

（3）风管温度传感器选型。风管温度传感器用于检测风管或其他开放空间温度。典型风管温度传感器如图 17-59 所示。风管温度传感器应考虑的因素包括：

1）传感器信号匹配。风管温度传感器区分为单点温度检测和平均温度检测两种。对于检测单点温度的风管温度传感器，多采用热敏感元件直接阻值输出传感器，此时，应考虑热敏感元件类型与 DDC 控制器信号输入端之间的匹配；对于检测平均温度的传感器，多由多个热敏感元件并联或串联组成，通过集成在传感器内的变送器将阻值变化转换成与温度呈线性关系的电压（如 0～10V）或电流（4～20mA）信号进行传输，此时，同样需要考虑传感器输出信号与 DDC 数据端之间的信号匹配。

2）传感器测量范围与测量精度。风管温度传感器的测量范围根据应用环境的工艺环境予以确定，测量精度需考虑在工艺环境变化范围内满足工艺要求。

3）传感器的安装位置及长度选择。风管温度传感器根据应用安装环境进行传感器长度选择。对于插入式单点检测的风管温度传感器，一般要求探针深入风管长度为风管直径的 1/3～1/2；对于检测平均温度的传感器，应根据应用环境确定需要监测电缆线长度及传感器元件个数。

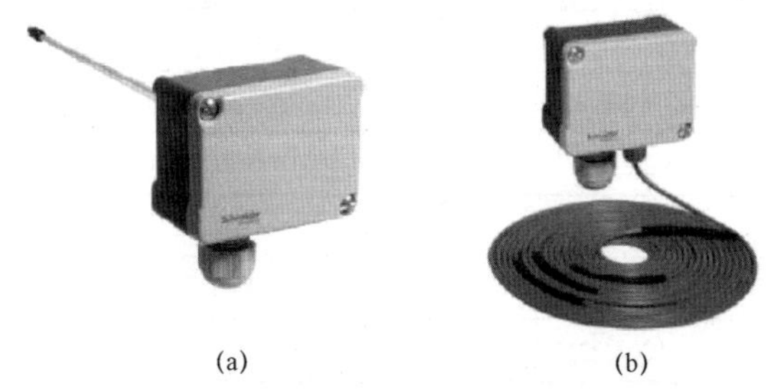

(a)　(b)

图 17-59　典型风管温度传感器

（a）单点温度传感器；（b）平均温度传感器

（4）防冻开关选型。防冻开关是一种特殊的温度传感设备，通常应用于寒冷区域风管入口、车库入口等区域，以便在空气温度接近 0℃时发出信号，保证防冻设备起动防冻功能。典型防冻开关如图 17-60 所示。防冻开关选型应考虑的因素包括：

1）传感器信号匹配。BA 系统使用的防冻开关多以干接点作为输出信号。匹配选择时需考虑干接点类型（常开常闭、单/双刀单/双掷等）以及干接点可承受的最大电压及电流等级等。

2）传感器测量范围及回差。防冻开关选型应考虑防冻动作温度可调范围（如 1～7℃）以及回差。

3）传感器安装方式及附件。防冻开关选型还应考虑测温毛细管的安装及长度需求等因素。

图 17-60　典型防冻开关

（5）水管温度传感器选型。水管温度传感器用于检测水管或其他液体环境温度。典型水管温度传感器如图 17-61 所示。水管温度传感器应考虑的因素包括：

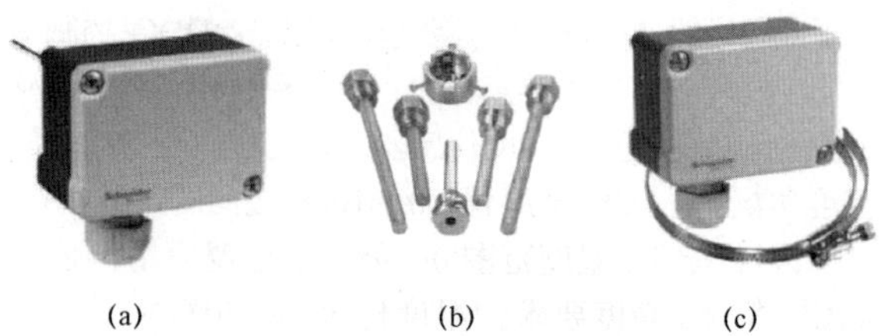

(a)　(b)　(c)

图 17-61　典型水管温度传感器

（a）插入式温度传感器；（b）安装套管；（c）绑扎式温度传感器

1）传感器信号匹配。水管温度传感器多采用热敏感元件直接阻值输出传感器，应考虑热敏感元件类型与 DDC 控制器信号输入端之间的匹配。

2）传感器测量范围与测量精度。水管温度传感器的测量范围根据应用环境的工艺环境予以确定，测量精度需考虑在工艺环境变化范围内满足工艺要求。

3）传感器的安装方式及长度选择。水管温度传感器根据应用安装环境进行传感器长度选择。对于插入式水管温度传感器，一般要求探针深入水管长度为水管直径的 1/3～1/2；对于不方便打孔进行插入式安装的应用场景，可以选择绑扎式温度传感器安装于水管表面进行测量，此时，应考虑绑扎式温度传感器适用的水管管径范围匹配。

4）传感器附件选择。对于插入式水管温度传感器，为实现传感元件在一定水压甚至特殊液体下的保护，往往需要选配相应套管。套管选择是主要考虑套管长度与传感器长度的匹配、套管的耐压等级，以及套管的适用液体环境等。

2. 湿度传感器原理及选型

BA 系统中使用的湿度传感器多为相对湿度传感器，采用湿敏元件作为测量元件，通过这些敏感元件在不同湿度下电阻值或电容值的变化，获得空气相对湿度。由于湿敏元件的线性度和抗污染性差，还要考虑其温度漂移影响进行修正。湿度传感器正从简单的湿敏元件向集成化、智能化、多参数监测的方向发展。目前，BA 系统中使用的湿度传感器有时集成了温度传感器功能。

湿度传感器分室内湿度传感器、室外湿度传感器、风管湿度传感器和冷凝传感器。对于不同应用场景的湿度传感器，选型步骤及考虑因素也不尽相同。

（1）室内湿度传感器选型。室内湿度传感器通常墙面安装，要求距地 1.2～1.5m。室内湿度传感器选型应考虑的因素包括：

1）传感器功能及信号匹配。传感器选型时首先应考虑传感器需具备的监测功能，其次是与 DDC 控制器的通信直接采用数字总线还是各种监测信号单独输出，输出信号（电压、电流或阻值）与 DDC 控制器输入端的匹配等。湿度传感器的输出大多为电压（0～10V）或电流（4～20mA）信号。

2）传感器测量范围。除气象和科研部门外，一般湿度传感器不需要全湿程（0～100%RH）测量，通常室内湿度传感器湿度范围 0～95%RH 即可。

3）传感器精度要求。湿度传感器精度要求对成本影响很大，通常如果没有要求精确控制温湿度，或者被测空间是非密闭的，±5%RH 的精度就足够了；对于要求精确控制、恒温恒湿的局部空间，或者需要随时跟踪记录湿度变化的场合，才根据需要选择±3%RH 或±2%RH 精度。

4）湿度传感器的标定。湿度传感器标称的传感精度一般是在某指定温度下的精度测量值，一般传感器在高湿度环境下测量精度会明显降低。此外湿度传感器具有时漂和温漂特性，对于要求严苛的高精度控制场合，一般生产厂商会标明一次标定的有效使用时间为 1～2 年，到期应进行重新标定。

5）传感器安装方式与外观。从安装方式和外观角度，室内湿度传感器与室内温度传感器选型考虑因素相同。

（2）室外湿度传感器选型。室外湿度传感器多室外裸露安装或使用在环境恶劣应用中，其选型过程中的功能选择、信号匹配、传感器测量范围及传感器精度要求与室内湿度传感器考虑因素相同（图 17－62）。

图 17－62　典型室外湿度传感器

（3）风管湿度传感器选型。风管湿度传感器多用于风管湿度检测，其选型过程中的功能选择、信号匹配、传感器测量范围及传感器精度要求与室内湿度传感器考虑因素相同。

风管湿度传感器选型需要考虑传感器探针长度，一般要求探针深入风管长度为风管直径的 1/3～1/2。典型风管湿度传感器如图 17－63 所示。

图 17－63　典型风管湿度传感器

（4）冷凝传感器选型。冷凝传感器是一种特殊的湿度传感器（图 17－64），通常在环境相对湿度达到一定阈值时动作（如干接点数据），以提示存在产生冷凝可能。冷凝传感器选型主要考虑冷凝动作阈值设定范围（如 90%～96%）和安装方式。

图 17－64　典型冷凝传感器

3. 压力/压差传感器原理及选型

压力/压差传感器多采用压敏效应作为测量手段，通过不同压力作用于传感器，由敏感效应对电阻值或电容值产生影响，检测相应压力或压差。目前，BA 系统中使用的压力/压差传感器多以标准电压（0～10V）或电流（4～20mA）信号进行输出。

BA 系统应用中压力/压差传感器分空气压差传感器、空气压差开关、水压力/压差传感器等。不同压力/压差传感器的选型步骤及考虑因素也不尽相同。

（1）空气压差传感器选型。BA 系统一般使用空气压差传感器（当需要大气压力时，将压差传感器一端置于大气压空气中即可）。空气压差传感器选型需考虑的因素包括：

1）传感器功能及信号匹配。空气压差传感器一般以标准电压（0～10V）或电流（4～20mA）信号输出，选型过程中应确保传感器输出信号与 DDC 控制器输入端的匹配。同时选择空气压差传感器时还应考虑是否需要传感器现场压差显示功能等。

2）传感器测量范围。空气压差测量范围根据应用不同，分布较广，小到几帕斯卡的微压差应用，大到几千帕斯卡的高压风机应用。典型的空气压差传感器量程范围包括 0～20Pa、0～100Pa、0～300Pa、0～500Pa、0～1000Pa、0～2500Pa、0～5000Pa 等，传感器选型时应尽可能选择覆盖工艺应用的最小量程范围，以保证测量精度。此外，在压差传感器选型时往往还应考虑传感器的耐压等级，以避免压差过大造成传感器损坏。

3）传感器精度要求。空气压差传感器一般以量程百分比表示精度，如 0.5%FS、1%FS、2%FS 等。选型过程中应根据量程选择及应用要求的测量精度来确定传感器的精度。此外，温度、振动以及时漂都会影响到空气压差传感器的测量精度，对于微压差传感器选型应注意对温度、振动以及时漂方面的说明。

4）传感器安装方式及附件。空气压差传感器的压力取样点位置及气密性对于测量精度至关重要，传感器选型时应考虑相应附件（取压软管、连接头、气密塞等）是否符合特定应用的要求。特殊安装环境下还可能需要考虑传感器的 IP 防护等级。典型空气压差传感器如图 17－65 所示。

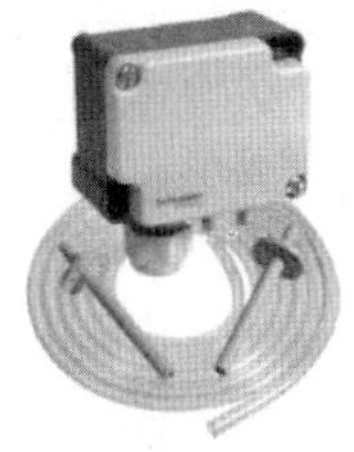

(a)

(b)

图 17－65 典型空气压差传感器

（a）无现场显示功能；（b）带现场显示功能

（2）空气压差开关选型。空气压差开关结构比较简单，一般以干接点作为输出，在监测点之间压差到达一定阈值时动作。空气压差开关选型需要考虑的因素包括：

1）传感器信号匹配。BA 系统使用的空气压差开关多以干接点作为输出信号，DDC 控制器基本都支持干接点信号输入。匹配选择时需考虑干接点类型（常开常闭、单/双刀单/双掷等）以及空气压差开关干接点的工作电压及电流承受等级等。

2）传感器测量范围及精度。压差测量范围及耐压等级是空气压差开关选择的重要考虑因素。空气压差开关一般不要求高的动作精度，最小动作压差也有较大的死区，因此很少用于微压差控制（微压差控制可直接采用微压差传感器代替）。典型的空气压差开关量程范围包括 30～300Pa、50～500Pa、100～1000Pa、500～2000Pa 等。压差开关选型时应保证动作压差范围覆盖工艺应用的动作压差，选择尽可能小的量程范围以保证动作精度。此外，选型时需要考虑传感器的耐压等级，避免压差过大造成压差开关损坏。

3）传感器安装方式及附件。空气压差开关的压力取样点位置及气密性对于测量精度至关重要，传感器选型时应考虑相应附件（取压软管、连接头、气密塞等）是否符合特定应用的要求。特殊安装环境下还可能需要考虑传感器的 IP 防护等级。典型空气压差开关如图 17－66 所示。

图 17－66 典型空气压差开关

（3）水压力/压差传感器选型。水压力传感器和水压差传感器选型原理基本相同，差别仅在于取压点是一个还是两个。水压力/压差传感器选型需考虑的因素包括：

1）传感器功能及信号匹配。与空气压差传感器选型考虑因素相同。

2）传感器测量范围。液体压力/压差传感器测量范围及精度选型原则与空气压差传感器相同，但测量范围差异较大。典型的液体压力/压差传感器量程范围包括 0～100kPa、0～250kPa、0～600kPa、0～1000kPa、

0～1600kPa、0～2500kPa、0～4000kPa 等。在选型时应考虑传感器的耐压等级，以避免压差过大造成水压力/压差传感器损坏。

3）传感器测量精度。液体压力/压差传感器的精度以满量程的百分比表示，如±0.5%FS 等。

4）传感器安装方式及附件。水压力/压差开关的压力取样点位置及安装密封性直接关系到测量精度及传感器是否能够正常工作。传感器选型时应考虑相应附件是否符合特定应用的要求。水压力/压差传感器一般至少要求 IP 防护等级达到 IP65 或以上（图 17－67）。

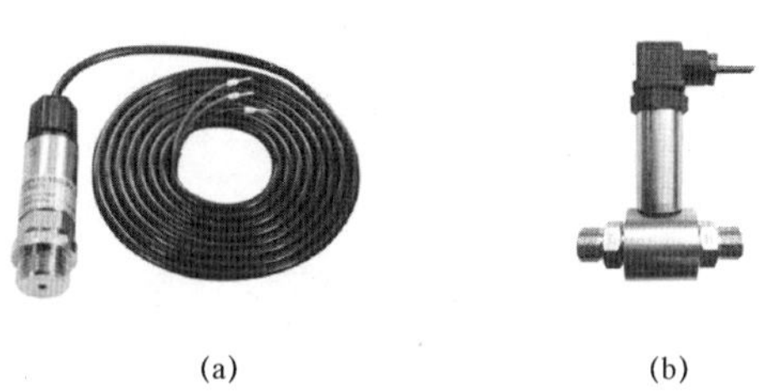

(a)　　(b)

图 17－67　典型水压力/压差传感器

（a）水压力传感器；（b）水压差传感器

4. 液位传感器原理及选型

BA 系统常用的液位传感设备有液位传感器和液位开关两种。其中液位开关多采用浮球式原理；液位传感器多采用静压式和电容式原理。

（1）液位开关选型。浮球式液位开关是利用浮球随着液位的变化，浮球联动杆或其他位移设备发生位移，从而控制输出干接点打开或闭合。浮球式液位开关因其安装简单、价格低廉、适用性强、使用寿命长而应用广泛。液位开关选型需要考虑的因素包括：

1）传感器信号匹配。浮球式液位开关（图 17－68）多以干接点作为输出信号，DDC 控制器基本都支持干接点信号输入。匹配选择时需考虑干接点类型（常开常闭、单/双刀单/双掷等）以及浮球式液位开关干接点的最大电压及电流承受等级等（部分浮球式液位开关节点容量较大，如 10A/250VAC，甚至可以直接起动电机设备）。

2）传感器测量范围及精度。浮球式液位开关一般对水位有最低要求，并且控制液位差有一个范围（从动作到恢复之间的液位差）。选型时应注意与应用环境的匹配。

3）传感器安装环境及防护等级。浮球开关选型时应考虑具体应用环境要求，如应用环境温度范围、抗液体腐蚀能力是否适用等。对于浸入液体浮球内含有电子设备的浮球开关，通常要求 IP 防护等级达到 IP68。

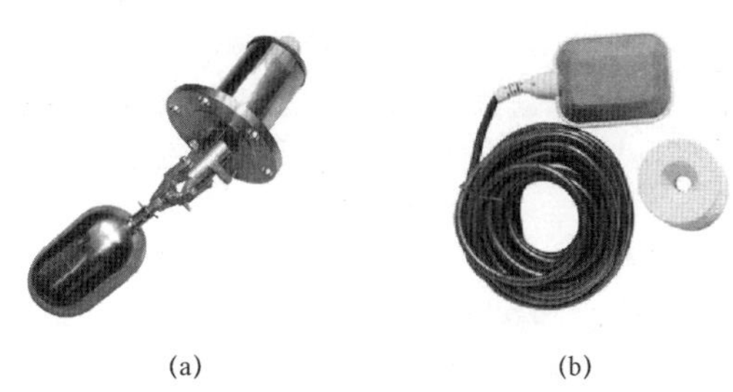

(a)　　(b)

图 17－68　典型浮球式液位开关

（a）连杆式浮球开关；（b）电缆式浮球开关

（2）液位传感器选型。液位传感器分为接触式（如静压投入式、电容式等）和非接触式（如超声波液位变送、雷达液位变送等）两种。其中静压投入式在 BA 系统中使用最广。静压投入式液位传感器选用压力传感器元件将水的静压转换成电信号，再以标准电压或电流输出。液位传感器选型需要考虑的因素包括：

1）传感器信号匹配。液位传感器一般以标准电压（0～10V）或电流（4～20mA）信号输出，选型过程中应确保传感器输出信号与 DDC 控制器输入端的匹配。

2）传感器测量范围。BA 系统应用中，液位传感器传感器的测量范围一般不大，常用液位传感器量程范围包括 0～1m、0～3m、0～5m、0～10m、0～20m 等。传感器选型时尽选择覆盖工艺应用的量程范围，并保证测量精度。此外，在接触式液位传感器选型时还应考虑传感器的耐压等级，以避免压差过大造成传感器损坏。

3）传感器精度要求。液位传感器（图 17－69）一般以量程百分比表示精度，如±0.25FS、±0.5%FS、±1%FS 等。选型过程中应根据量程选择及应用要求测量精度确定传感器的精度。此外，温度、振动以及时漂会影响到液位传感器的测量精度，对于需要精密传感应用场景选型应注意对温漂、振动以及时漂方面的说明。

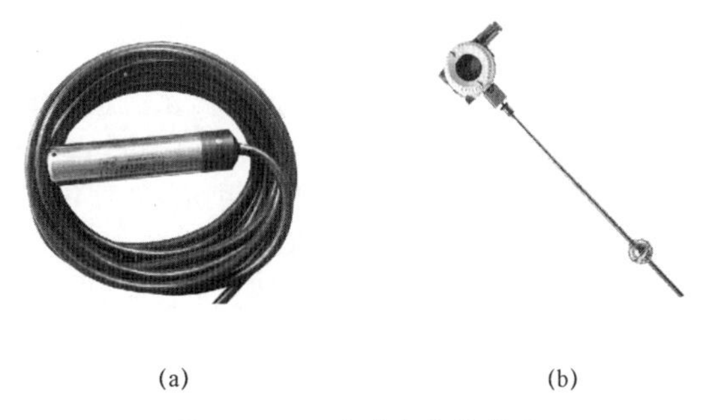

(a)　　(b)

图 17－69　典型液位传感器

（a）投入式液位传感器；（b）电容式液位传感器

4）传感器安装环境及防护等级。接触式液位传感器选型时应考虑具体应用环境要求，如应用环境温度范围、耐液体腐蚀能力是否适用等。对于浸入液体部分内含有电子设备的液位传感器，通常要求 IP 防护等级达到 IP68。

5. *流量传感器原理及选型*

BA 系统应用的流量检测有水流量和空气流量两种。水流量检测方式有涡轮式、电磁式、超声波式等；空气流量检测方式有涡轮式、毕托管式以及超声波式等。涡轮式流量传感器结构简单，价格较低，但由于水质、空气洁净度等对于测量精度影响较大，且需要定期进行维护，因此工程中使用不多。超声波式流量传感器测量精准、安装简单，但价格昂贵，多用于需要精确测量的场合；工程中使用最多的水流量传感器是电磁式测原理，空气流量传感器多采用毕托管形式。

（1）电磁式水流量传感器选型（图 17－70）。电磁式水流量计工作原理是基于法拉第电磁感应定律。流量计的测量管是一段内衬绝缘材料的非导磁合金短管，测量管内的导电介质相当于法拉第试验中的导电金属棒，上下两端的两个电磁线圈产生恒定磁场。当有导电介质流过时就会产生感应效应。管道内部的两个电极测量产生的感应电压计算流体流量。

图 17－70　*典型电磁式水流量传感器*

电磁式水流量传感器选型需要考虑的因素包括：

1）传感器功能选择及信号匹配。水流量传感器一般以标准电压（0～10V）或电流（4～20mA）信号输出，也有数字式水流量传感器采用通信总线进行输出，选型过程中应确保传感器输出信号与 DDC 控制器输入端的匹配。同时应考虑传感器是否需要具备现场显示功能等。

2）传感器管径、尺寸、耐压等级及连接方式。由于电磁式水流量传感器需要切断水管嵌入安装，因此传感器测量管应与测量位置管径一致，且测量管尺寸符合现场安装条件。同时需要考虑测量管的耐压等级以及与管道连接方式。

3）传感器测量范围及精度要求。水流量传感器测量范围一般以 m^3/h 或 L/min 等为单位，传感器选型时应保证其量程范围满足相应测量点设计流量，且不宜过大，以保证足够测量精度。水流量传感器的测量精度通常以满量程百分比表示（如 2%FS 等），精度应满足检测要求。

4）传感器安装环境及防护等级。水流量传感器选型时应考虑具体应用环境要求，如应用介质温度范围、耐液体腐蚀能力是否适用等。

（2）毕托管式空气流量传感器选型。

毕托管式风速传感器选型需要考虑的因素包括：

1）传感器功能选择及信号匹配。毕托管式风速传感器有自带变送装置与不带变送装置两种。自带变送装置的毕托管式风速传感器一般以标准电压（0～10V）或电流（4～20mA）信号输出，选型过程中应确保传感器输出信号与 DDC 控制器输入端的匹配，同时应考虑传感器是否需要具备现场显示功能等；不带变送装置的毕托管式风速传感器只是采集风管全压和动压，有两个软管输出两个压力信号，此时需要 DDC 控制器自带压差传感器（采用 VAV 专用 DDC 控制器）或另外选配空气压差传感器检测风管动压，此外，最好 DDC 控制器内部具备风速及风量计算函数，以简化相关换算及计算编程。

2）传感器测量范围及精度要求。风速传感器测量范围一般以 m/s 等为单位，传感器选型时应保证其量程范围满足相应测量点设计风速，且不宜过大，以保证足够测量精度。风速传感器的测量精度通常以满量程百分比表示（如 5%FS 等），且风速越低精度越差，为保证测量精度应考虑传感器在最低设计风速下的精度。当采用压差输出形式的毕托管式风速传感器时还应该考虑毕托管在最低设计风速下压差输出、压差检测精度，以及压差传感器在此压差下的传感精度等的匹配（这一点至关重要），综合以上因素才能得出整个风速传感精度。

3）传感器长度及安装环境。由于毕托管式风速传感器多采用插入式安装，选择传感器探针长度时应充分考虑风管直径，同时对于压差输出形式的毕托管式风速传感器，应保证压差输出点到压差传感器之间的软管距离不超过一定范围，以免压降过大影响检测精度。

典型毕托管式风速传感器如图 17－71 所示。

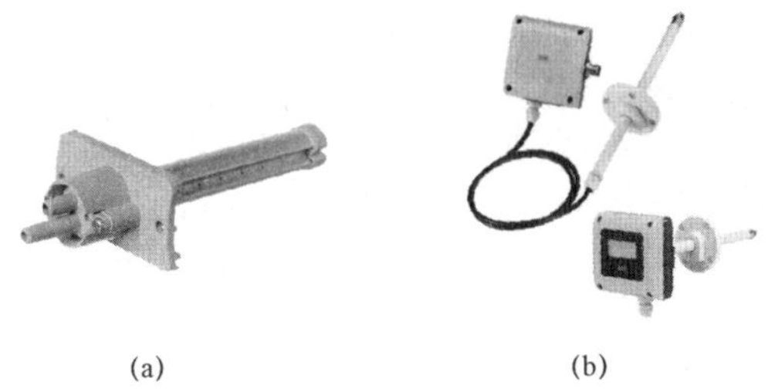

(a)　　(b)

图 17－71　典型毕托管式风速传感器

(a) 不带变送器压差输出式；(b) 带变送器电气输出式

6. 照度传感器的原理及选型

照度传感器多采用感光元件，经放大电路转换成标准电压或电流信号输出，用于测量室内或室外照度，对照明、遮阳等设备进行控制。照度传感器选型需要考虑的因素包括：

(1) 传感器信号匹配。照度传感器一般以标准电压（0～10V）或电流（4～20mA）信号输出，选型过程中应确保传感器输出信号与 DDC 控制器输入端的匹配。

(2) 传感器测量范围。BA 系统应用中，照度传感器主要应用包括室内照度测量（用于室内照明、局部遮阳等控制）和室外照度测量（用于室外照明、整体遮阳等）两种。对于室内照度测量及室外照明控制应用，一般要求测量范围 0～400/500lx；对于室外照度测量及整体遮阳应用，一般要求测量范围 0～2000lx。

(3) 传感器精度要求。照度传感器一般以量程百分比表示精度，如±2.5%FS、±5%FS 等。选型过程中应根据量程选择、应用要求和测量精度共同确定传感器的精度。此外，入射光线角度以及识别光谱也会对于传感器精度有很大影响，选型时应注意相关说明及具体应用环境。

(4) 传感器安装环境及防护等级。室外照度传感器选型时应考虑具体应用环境要求，如应用环境温度范围、IP 防护等级等是否适用。对于室外无防护安装一般要求 IP 防护等级达到 IP65 等级。

典型照度传感器如图 17－72 所示。

(a)　　(b)

图 17－72　典型照度传感器

(a) 室内照度传感器；(b) 室外照度传感器

7. 空气质量传感器原理及选型

BA 系统中常用 CO_2 传感器和 CO 传感器，其中 CO 传感器一般应用于车库等有汽车尾气排放区域，用以控制送排风机对这些区域的通风；CO_2 传感器常应用于人员密集且变化频繁的区域，用以控制新风量。随着人们对室内外环境健康度的关注，近年来一些新型空气质量传感器（如 VOC、PM2.5 等）也被广泛使用。

各种空气质量传感器在选型时具有共性，且随着对监测参数类型的增多，空气质量传感器有综合集成化的趋势。

各种空气质量传感器可有多种不同原理，包括电化学气体敏感元件、光离子化、红外式、激光式等。

空气质量传感器选型需要考虑的因素包括：

(1) 监测的空气质量参数类型。确定监测参数的类型，即希望检测哪几种空气质量参数，是单一空气质量传感器还是综合集成式空气质量传感器。

(2) 传感器的应用场合。其次需要确定传感器的应用场合，室内、室外还是风管或其他空间使用。当应用于室内时需要考虑其外观美观性以及现场显示功能；当应用于室外时对于传感器 IP 防护等级要求较高；应用于风管或其他空间时需要考虑其安装方式及探针长度。

(3) 传感器测量范围。不同空气质量对于测量范围的要求差异很大，应根据实际情况予以确定。例如对于常规应用，CO_2 的量程范围可能需要到达 2000×10^{-6}；而 CO 一般（100～200）$\times10^{-6}$ 就足够了；PM2.5 传感器一般量程范围不会超过 500μg/m^3。

(4) 传感器精度要求及稳定性。不同传感原理的空气质量传感器精度和价格相差大，同时传感器稳定性（温漂、时漂、使用寿命等）也有很大差别。传感器选型过程中根据需要的精度、稳定性，以及可以接受的价格选择合适的传感器原理非常重要。

(5) 传感器功能及信号匹配。空气质量传感器（图 17－73）一般以标准电压（0～10V）或电流（4～20mA）信号输出，对于综合集成式多功能空气质量传感器也有采用通信总线进行输出，选型过程中应确保传感器输出信号与 DDC 控制器输入端的匹配。同时应考虑传感器是否需要具备现场显示功能、现场报警功能等。

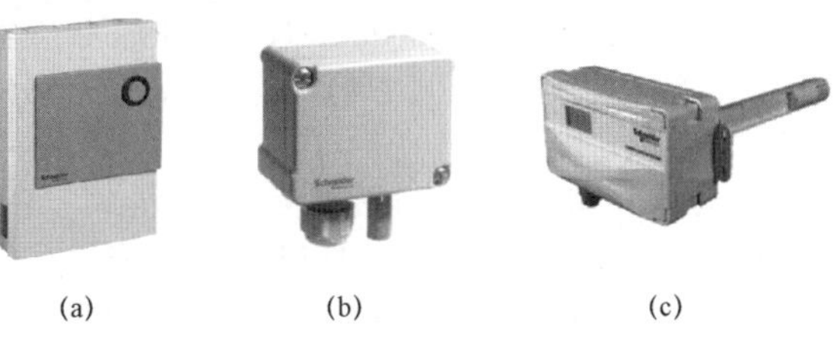

(a)　　(b)　　(c)

图 17－73　典型空气质量传感器

(a) 室内空气质量；(b) 室外空气质量；(c) 风管空气质量

17.2.2.2 数据通信接口

BA 系统除通过传感器直接采集数据外，还可通过通信接口读取其他系统相关数据，如智能电能表、柴发机组、冷水机组、智能照明系统、电梯等。

BA 系统与其他系统之间的数据通信接口应尽可能采用标准现场总线技术（常用 LON 总线、Modbus 总线和 KNX 总线等）和通信协议标准（常用 BACnet、OPC 和 Web Service 等），以保证系统开放性，减少数据通信接口的开发、集成工作量。

以下简要介绍各种标准现场总线技术及通信协议标准（不包含具体协议及技术细节），以指导工程通信接口选择及对接。

1. LON 总线

LON（Local Operating Networks）是美国 Echelon 公司推出的一种现场总线。Echelon 公司为支持 LON 总线的开发和应用提供了整套技术平台，称为 LonWorks。LonWorks 技术以神经元芯片 neuron chip 为核心，以 LonTalk 作为标准通信协议，并通过 LonMark 互操作协议对标准 LON 总线产品进行认证，以保证 LON 产品之间良好的互操作性。

LON 总线主要应用于楼宇自控设备以及一些智能互联末端设备。在考虑以 LON 总线作为通信接口时，除通信速率、通信介质以及通信协议版本匹配外，最主要的是数据被接入设备（标准 LON 节点）的 xif 文件（External Interface File）。被集成设备的 xif 文件定义了标准 LON 节点的输入、输出点位，通过点位绑定即可实现 BA 系统与其他设备/系统直接的数据交换和互操作。

2. Modbus 总线

Modbus 最早是 Modicon 公司为其 PLC 与主机之间的通信而开发的串行通信协议。Modbus 通信方式采用主从方式的查询–响应机制，只有主站发出查询时，从站才能给出响应。

Modbus 由于其开放性和定义、使用便捷性而被大量的 PLC 及 RTU 厂家采用。至今，楼宇中许多电力系统、大型控制对象（如冷冻机组、锅炉机组等）的专业控制器及各种变频器都具有 Modbus 通信接口，可以在 Modbus 网络上进行联网。

目前使用的 Modbus 有三个版本，即 Modbus ASCII、Modbus RTU 和 Modbus TCP。Modbus 网络上的从设备不能发起通信，它们只能在主设备对它说话的时候回答。

当采用 Modbus 总线作为通信接口标准时，BA 系统需要获得数据被接入设备的 Modbus 设备地址和寄存器地址表。Modbus 主设备正是通过从设备地址和从设备寄存器地址表向从设备发送各种信息进行数据读写，从而实现 BA 系统与其他设备/系统直接的数据交换和互操作。

3. KNX 总线

1999 年，欧洲三大总线协议 EIB、BatiBus 和 EHSA 合并并成立里 Konnex 协议，提出 KNX 协议。该协议以 EIB 为基础，兼顾了 BatiBus 和 EHSA 的物理层规范，并吸收了 BatiBus 和 EHSA 中配置模式等优点，提供了家庭、楼宇自动化的完整解决方案。BA 系统工程应用中，KNX 总线主要作为对智能照明、遮阳以及会议室控制等系统的通信接口 QQQ 协议。

4. BACnet 数据通信协议

BACnet 全称为 A Data Communication Protocol for Building Automation and Control Networks，即楼宇自动控制网络数据通信协议。它是由美国供热、制冷和空调工程师协会（简称 ASHRAE）进行研发制定，提供了在不同厂商产品之间实现数据通信的标准。BACnet 协议是为采暖、通风、空调、制冷控制设备所设计的，同时也为其他楼宇控制系统（如照明、安保、消防系统等）的集成提供一个基本原则。

BACnet 协议以“对象”作为楼宇设备的表示方式。对象是楼宇设备的模型化和抽象化描述，是楼宇设备互操作过程中所表现的外部特性。BACnet 对象是描述这些外部特性不同属性组成的集合。实际应用中，具体的楼宇设备可以映射为不同 BACnet 对象实例的组合。BACnet 协议通过定义标准对象实现不同厂商设备之间的属性描述标准化。

BACnet 协议建立在包含四个层次的简化分层体系结构上，这四层相当于 OSI 模型中的物理层、数据链路层、网络层和应用层。BACnet 标准定义了自己的应用层和简单的网络层，对于其数据链路层和物理层，提供了以下五种选择方案。BACnet 协议通过网络层（设备包括各种路由器、半路由器等）屏蔽不同数据链路层和物理层之间的差异，为应用层提供统一的“视图”。

BACnet 简化的体系结构层次如图 17–74 所示。

在楼宇设备网络环境中，“对象”作为一个抽象的互操作接口，楼宇设备间的互操作可以看成是 BACnet 对象之间的信息交换。

5. OPC 数据通信协议

OPC（OLE for Process Control）意为过程控制中的对象链接与嵌入技术，是一项工业技术规范与标准。开发者在 Windows 的对象链接嵌入（Object Linking and Embedding，OLE）、部件对象模块（Component Object Model，COM）、分布部件对象模块（Distributed Component Object Model，DCOM）技术的基础上进行开发，让 OPC 成为自动化系统、现场设备与工厂办公管理应用程序之间有效的联络工具。使现场信号与系统监控软件之间的数据交换间接化、标准化。

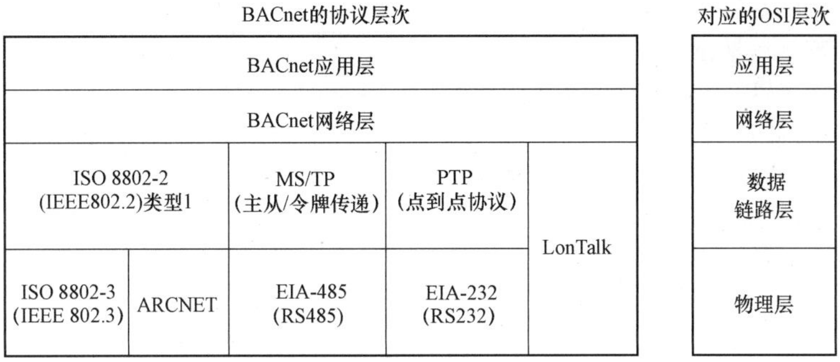

<table>
<tr><th colspan="5">BACnet的协议层次</th><th>对应的OSI层次</th></tr>
<tr><td colspan="5">BACnet应用层</td><td>应用层</td></tr>
<tr><td colspan="5">BACnet网络层</td><td>网络层</td></tr>
<tr><td colspan="2">ISO 8802-2
(IEEE802.2)类型1</td><td>MS/TP
(主从/令牌传递)</td><td>PTP
(点到点协议)</td><td rowspan="2">LonTalk</td><td>数据
链路层</td></tr>
<tr><td>ISO 8802-3
(IEEE 802.3)</td><td>ARCNET</td><td>EIA-485
(RS485)</td><td>EIA-232
(RS232)</td><td>物理层</td></tr>
</table>

图 17－74 BACnet 简化的体系结构层次

2008 年，OPC 基金会发布了 OPC 统一架构（OPC UA），这是一个独立于平台的面向服务的架构，集成了现有 OPC Classic 规范的所有功能，并且兼容 OPC Classic。几个因素影响了创建 OPC UA 的决策：

（1）Microsoft 已经不再强化 COM（组件对象模型）和 DCOM（分布式 COM）用以支持跨平台 SOA（面向服务的体系结构）。

（2）OPC 供应商想要一组服务器来公开 OPC 数据模型，例如数据访问、报警和事件、历史数据访问等。

（3）为了保持竞争力，OPC 供应商需要在非 Microsoft 系统上实施 OPC，包括嵌入式设备。

（4）其他合作组织需要一种可靠、高效的方式来传输高级结构化数据。

（5）用户需要能够通过防火墙以安全的方式访问 OPC 服务器。

6. Web Service

Internet 的迅猛发展使其成为全球信息传递与共享的巨大的资源库。越来越多的网络环境下的 Web 应用系统被建立起来，利用 HTML、CGI 等 Web 技术可以轻松地在 Internet 环境下实现电子商务、电子政务等多种应用。然而这些应用可能分布在不同的地理位置，使用不同的数据组织形式和操作系统平台，加上应用不同所造成的数据不一致性，使得如何将这些高度分布的数据集中起来并得以充分利用成为急需解决的问题。

随着网络技术、网络运行理念的发展，人们提出一种新的利用网络进行应用集成的解决方案——Web Service。Web Service 是一种新的 Web 应用程序分支，其可以执行从简单的请求到复杂商务处理的任何功能。一旦部署以后，其他 Web Service 应用程序可以发现并调用它部署的服务。因此，Web Service 是构造分布式、模块化应用程序和面向服务应用集成的最新技术和发展趋势。

具体来说，Web Service 是一个平台独立的，低耦合的，自包含的、基于可编程的 Web 应用程序，可使用开放的 XML（标准通用标记语言下的一个子集）标准来描述、发布、发现、协调和配置这些应用程序，用于开发分布式的互操作应用程序。

由于工程中对建筑设备监控系统的集成方式提出了更高的、更偏向 IT 领域的要求，Web Service 作为 IT 行业的趋势，也越来越多地为建筑设备监控系统的厂家所重视。

17.2.3 建筑设备监控系统的数据传输

建筑设备监控系统的数据传输分为模拟信号数据传输和数字信号数据传输。模拟信号数据传输多用于传感器、执行机构与控制器之间的数据传输；数字信号数据传输应用与控制器与控制器之间、通信网关接口之间以及上位机与网关/控制器之间的数据传输。工程应用中，BA 系统的数据传输以有线电信号为主，在一些要求灵活布置的应用场合可以使用无线数据传输技术，另外在强电磁干扰应用场合可以使用气动或光纤进行数据传输。

17.2.3.1 有线数据传输

有线电信号是 BA 系统中最常用的数据传输方式，分为模拟信号传输和数字信号传输两大类。在工程应用中，根据具体信号传输方式进行线缆选择，并考虑最大信号传输距离及信号衰减、最大通信速率等因素。

1. 模拟电信号传输

BA 系统中模拟电信号传输主要解决控制器 I/O 端口与传感器、执行机构之间的数据通信。根据 I/O 数据通信类型又可以区分为开关量信号（DI、DO）和模拟量信号（AI、AO）。开关量通信多以回路通断作为信号传输手段；标准模拟量通信信号包括电压信号（0～10V、0～5V 等）和电流信号（4～20mA、0～20mA 等）。

由于模拟信号在传输过程中的电信号衰减会影响数据传输精度，因此工程应用中应尽可能使控制器靠近被控设备，以缩短控制器与传感器、执行机构之间的模拟信号传输距离（尽量在 150m 以内，最远不超过 230m）。当传输距离较远时，应尽可能采用电流信号，以减少传输过程中的损耗，提高信号传输精度。

工程中模拟电信号传输多采用两芯铜芯聚氯乙烯绝缘护套软线缆（简称 RVV 线缆），其中开关量信号可采用 RVV 2x1.0/1.5 线缆 ；模拟量信号为保证传输精度，建议采用带屏蔽层的 RVV 线缆（简称 RVVP 线缆），可采用 RVVP 2x1.0 线缆。

2. 数字电信号传输

数字电信号传输的线缆选择、传输距离以及最大传输速率视具体通信总线及协议而定。BA 系统中常用的通信总线和协议包括 LON 总线、基于 RS485 的通信总线（如 Modbus RTU、BACnet MS/TP 等）以及基于以太网的通信总线（如 Modbus TCP、BACnet IP、OPC 等）。

其中基于以太网的通信总线线缆、传输距离及传输速率遵从常规以太网通信网络设计及施工原则。LON 总线及基于 RS 485 的通信总线多采用美国线规线缆（AWG）表示。AWG 前面的数值（如 24AWG、26AWG）表示导线形成最后直径前所要经过的孔的数量，数值越大，导线经过的孔就越多，导线的直径也就越小。表 17－20 为 AWG 线规与其他线规之间的对照，供工程时参考。

表 17－20 中国、国际电工委员会、德国、英国和美国线规对照表

中国线规 GB	国际电工线规 IEC	德国标准线规 DIE	英国标准		美国标准	
标称直径/mm	标称直径/mm	标称直径/mm	SWG	直径/mm	AWG	直径/mm
0.020	0.020			0.020	52	0.020
0.022	0.022					
0.025	0.025	0.025	50	0.025	50	0.025
0.028	0.028					
0.032	0.032	0.032	49	0.031	48	0.032
0.036	0.036				47	0.035
0.040	0.040	0.040	48	0.041	46	0.041
0.045	0.045				45	0.045
0.050	0.050	0.050	47	0.051	44	0.050
0.056	0.056		46	0.061	43	0.056
0.063	0.063	0.063	45	0.071	42	0.063
0.071	0.071	0.071	44	0.081	41	0.071
0.080	0.080	0.080	43	0.071	40	0.079

续表

中国线规 GB	国际电工线规 IEC	德国标准线规 DIE	英国标准		美国标准	
标称直径/mm	标称直径/mm	标称直径/mm	SWG	直径/mm	AWG	直径/mm
0.090	0.090	0.090	42	0.102	39	0.089
0.100	0.100	0.100	41	0.112	38	0.101
0.112	0.112	0.112	40	0.122	37	0.113
0.125	0.125	0.125	39	0.132	36	0.127
0.140	0.140	0.140	38	0.152	35	0.143
0.160	0.160	0.160	37	0.173	34	0.160
0.180	0.180	0.180	36	0.193		0.180
35.000	0.213	33.000				
0.200	0.200	0.200	34	0.234	32	0.202
0.224	0.224	0.224	33	0.245	31	0.227
0.250	0.250	0.250	31	0.295	30	0.255
0.280	0.280	0.280	30	0.315	29	0.286
0.315	0.315	0.315	29	0.345	28	0.321
0.355	0.355	0.355	28	0.376	27	0.361
0.400	0.400	0.400	27	0.417	26	0.405
0.450	0.450	0.450	26	0.457	25	0.455
0.500	0.500	0.500	25	0.508		
0.560	0.560		24	0.559		
0.600	0.600		23	0.610	24	0.511
0.630	0.630	0.630			23	0.574
0.710	0.710	0.710			22	0.642
0.750	0.750	0.750			21	0.724
0.800	0.800	0.800	22	0.711		0.812
0.850	0.850	0.850	21	0.813	20	
0.900	0.900	0.900	20	0.914	19	0.911
0.950	0.950	0.950				
1.000	1.000	1.000			18	1.024
1.060	1.060	1.060	19	1.016		
1.120	1.120	1.120			17	1.151
1.180	1.180	1.180				
1.250	1.250	1.250	18		16	1.290
1.320	1.320	1.320		1.219		
1.400	1.400	1.400	17		15	1.450
1.500	1.500	1.500		1.422		
1.600	1.600	1.600			14	1.628
1.700	1.700	1.700	16	1.626		
1.800	1.800	1.800			13	1.829
1.900	1.900	1.900	15	1.829		
2.000	2.000	2.000			12	2.052

续表

中国线规 GB	国际电工线规 IEC	德国标准线规 DIE	英国标准		美国标准	
标称直径/mm	标称直径/mm	标称直径/mm	SWG	直径/mm	AWG	直径/mm
2.120	2.120	2.120	14	2.032		
2.240	2.240	2.240			11	2.300
2.360	2.360	2.360	13	2.337		
2.500	2.500	2.500	12	2.642	10	2.590

LON 总线以及基于 RS485 的通信总线在不同线缆下的最大传输距离及最大传输速率表现不一。选择线缆时应充分阅读各厂家的线缆选择及性能说明书。表 17-21 为典型 RS485 通信总线在工程中最常用的 18AWG、20AWG 和 24AWG 下的表现对照表。表 17-22 为以 Honeywell LON 产品为例在两端增加终端电阻菊链组网模式下的不同线缆表现性能。

表 17-21　基于 RS485 通信总线在不同线缆下的对照

通信速率	4800bit/s	最大传输距离	9600bit/s	最大传输距离	19.2～57.6kbit/s	最大传输距离	>57.6kbit/s	最大传输距离
BLN Trunk	18AWG	3.05km（10.000ft）	18AWG	1.22km（4.000ft）	N/A	N/A	N/A	N/A
BLN Trunk	20AWG	1.22km（4.000ft）	20AWG	1.22km（4.000ft）	N/A	N/A	N/A	N/A
BLN Trunk	24AWG	1.22km（4.000ft）	24AWG	1.22km（4.000ft）	24AWG（Low Cap）	4000ft 1.22km	24AWG（Low Cap）	3.280ft（1km）

表 17-22　霍尼韦尔菊链型 LONFTT 网络线缆选择指导（两端终端电阻）

线缆类型（非屏蔽）	线缆参数				最大 FTT 网络总线长度
	电容/（nF/km）	传输速率光速（%）	美式线规/直径	环路电阻/（Ω/km）	
霍尼韦尔线缆（标准非阻燃）	79	67	16/1.5m	17.9	1400m
百通（标准非阻燃）	56	62	16/1.5mm	28	2700m
百通（标准非阻燃）	72	55			
四类线（实芯/标准双绞线）	49	67	22/34mm	106	1400m
TIA 568A 5 类（双绞线，实芯或标准，阻燃或非阻燃）	46	58	24/27mm	168	900m

17.2.3.2　无线数据传输

在一些要求灵活布置设备的应用场合，无线数据传输技术拥有强大的优势。无线数据传输技术不仅布置灵活，而且可以节省大量布线时间及成本。工程中常用的近距离无线数据传输技术包括 ZigBee、EnOcean 等，长距离无线数据传输技术主要应用移动通信技术（4G 等）。

1. ZigBee 数据传输技术

ZigBee 是基于 IEEE802.15.4 标准的低功耗局域网协议，ZigBee 技术是一种短距离、低功耗、低速的无线组网通信技术。其特点是近距离、低复杂度、自组织、低功耗、低数据速率，适用于自动控制和远程控制领域，可以嵌入各种设备。ZigBee 是一种低速短距离传输的无线网络协议。ZigBee 协议从下到上分别为物理层（PHY）、媒体访问控制层（MAC）、传输层（TL）、网络层（NWK）、应用层（APL）等。其中物理层和媒体访问控制层遵循 IEEE 802.15.4 标准的规定。

2. EnOcean 无线数据传输技术

2012 年 3 月，国际电工技术委员会 IEC 将 EnOcean 无线通信标准采纳为国际标准“ISO/IEC 14543-3-10”，这也是世界上唯一使用能量采集技术的无线国际标准。该标准规范了协议栈中最底 3 层-物理层、数据链路层和网络层-的通信协议。基于这个平台，原始设备生产商可以轻松且快速实现定制化的基于无线能量采集技术的无线开关传感解决方案。

3. 移动通信技术（4G 等）

4G 等移动通信技术多应用于矿区、码头、机场等设备分布较广，不易布线的应用场合，工程应用中直接具备 4G 通信的传感器、执行机构或控制器不多，多通过 4G 等路由网关设备将 BA 系统中常用的现场总线或通信协议通过 4G 等移动通信网络进行传输和转换。通常在数据收发两端配置 4G 路由网关；对于 BA 系统服务器端直接具备互联网连接并与 4G 路由网关端具备互联网消息通信机制的应用，可以仅在远端传感器、执行机构或控制器端配置 4G 路由网关。

17.2.3.3 特殊场合数据传输

在有强电磁干扰等场合，由于电信号较难稳定传输，模拟信号传输可采用气动传输方式，数字信号传输则采用光纤。

气动传输采用压缩空气作为传输信号或执行机构的动力，气压与传递的信号成正比，以达到模拟信号传输的目的。气动设备一般会标明信号起动气压阈值、正常操作气压范围、满量程信号范围以及最大压力等级等参数。气动信号传输在工业应用中较多，在 BA 工程应用中并不常见。

BA 系统直接支持光纤数据传输的设备较少，大多是在信号收发两端加装光电转换设备。

17.2.4 建筑设备监控系统的数据使用

建筑设备监控系统中数据的获取与传输，最终的目的是要将数据用起来，为建筑设备的管理、运行与维护服务。在 BA 系统需要根据对建筑设备的管理、运行、维护和资产运营管理目标对获取的数据进行计算、分析和处理，并将结果反馈给相应的人机界面或执行机构。

BA 系统一般分为现场级设备应用、区域级边缘控制和远程级专家服务三个层级。

1. 现场级设备应用

通过现场 DDC 控制器对传感器信息进行处理，动态调整设备运行状态及参数，达到设计目标的处理和控制效果，实现建筑设备自动或远程监控。通过该层来保证建筑设备达到设计目标的运行效果，节省人力，提高设备监控效率。

2. 区域级边缘控制

重点解决 BA 系统中以及跨系统之间的数据交换、分析和处理，通过不同系统的数据尤其是建筑设备监控系统数据和建筑能效监管数据之间的交叉比对，形成建筑设备能效的监测、衡量和优化闭环管理，实现对建筑设备的优化控制和管理。

3. 远程级专家服务

在建筑设备运行过程中，通过持续对 BA 系统运行数据进行统计和收集，乃至多栋建筑横向比较，运用专业知识与积累的经验（专家或人工智能），对整个设备监控系统进行管理，并提出进一步的优化和管理建议。

17.2.4.1 现场级设备应用的数据使用

现场级设备应用层面主要基于单一的被控对象（可以是单台设备，也可以是若干相关设备组），通过数据采集，在 DDC 控制器内部或 DDC 控制器之间与设定参数进行对比、逻辑运算，并将输出结果送至执行机构，以调节被控对象的状态。

1. 建立数据的相关性

这一层级的数据相关性相对简单，往往只是被控对象输入、输出之间一对一或一对多的关系。如“通过监测室内照度，控制照明设备运行方式，满足照度要求”；“通过监测回风温度，控制水阀开度，实现室内温度的恒定”；“通过监测室内 CO_2 浓度，控制新风阀开度，实现室内空气品质与能耗的平衡”；“通过监测冷冻水供回水压差，控制水泵运行频率，实现恒压供水”；“通过监测冷却塔出水温度，控制冷却塔风机运行频率，实现对冷却水回水温的控制”等。

2. 现场设备应用的数据可视化

这一层级的数据可视化主要用于日常监控使用，通常根据系统不同，有系统架构图、设备平面图、监控工艺图、监控看板等不同数据可视化方式。

3. 现场设备应用的数据运算处理及控制策略

现场设备应用数据关联性及可视化只是实现 BA 系统的基本监控功能，要真正实现优化控制，还需要在数据运算及优化控制策略上进行持续改进。对于每一种建筑设备/系统，都有很多种不同的优化算法和现场持续改进、调适算法（尤其以冷机群控和 VAV 控制最为复杂）。在此以几种典型冷冻机运行加减机策略为例说明数据运算处理和控制策略的重要性及复杂性。

冷水机组加减机及冷水机群控制策略，其目的是根据系统实时负荷准确计算出冷水机组的需求数量，并对相应机组自动执行加减载控制，并联锁起停相应水泵、冷却塔等设备，达到高效节能、减少运行成本，保证设备安全高效率运行、延长机组使用寿命的目的。

（1）冷水机组群控的主要目标：

1）精确控制。合理群控，使系统更舒适，避免过冷，更容易达到设计要求。

2）节能。根据系统负荷的大小，准确控制制冷机组的运行数量和每台制冷机组的运行工况，从而达到节能并降低运行费用的目的。

3）延长机组使用寿命。通过机组轮换、故障保护、负荷调节等控制程序，确保冷水机组的安全，延长机组的使用寿命，提高设备利用效率。

（2）冷水机组的基本控制内容。根据建筑物的需要制定冷水机组的起停时间、建筑物的冷负荷需要控制冷水机组的加卸载、自动计算并调整冷水机组的运行时间以便使整个冷水机组系统处于最佳工作状态。

（3）工程中典型的冷水机组加减机控制策略。

1）回水温度控制法。回水温度可以反映空调冷负荷，从而控制冷水机组的加卸载，实现节能控制。测量冷冻水的回水温度，如果其值大于等于设定值并超过一定时间就加载一台冷水机组；如果其值小于最低设定值并维持一定时间，则卸载一台冷水机组。

在控制过程中，为了使冷水机组保持一定的冷冻水流量，当空调负荷变小时，旁通阀开启，回水温度与出水温度汇合，总回水温度下降。混合后的总回水温度并不是回水温度的真实反映，不能以混合后的总回水温度作为控制依据。

此种方法的缺点是当运行冷水机组供冷能力超出建筑实际冷量需求回水温度低于设计值程度时，两者之间的关系难以确定，导致减机策略难以准确判断和实现。

2）负荷控制法。通过测量冷冻水总管供回水温度和供（回）水流量获得温差和流量信号，然后依据热力学公式计算实际的冷负荷，冷负荷的计算公式如下：

$$Q = c \cdot F \cdot (T_2 - T_1) \qquad (17-6)$$

式中：Q 为冷负荷，kJ/s；c 为水的比热容，4.186 kJ/（kg·℃）；F 为负荷回水流量，kg/s；T_1、T_2 为冷冻水的供、回水温度，℃。

把此冷负荷与运行冷水机组的设计额定制冷量相比较，进行冷水机组台数的控制。每隔一定时间把计算所得的实际冷负荷与运行冷水机组设计额定制冷量进行比较：当实际负荷小于运行冷水机组总设计额定制冷量，且差值大于一台在运行冷水机额定制冷量时，减少一台冷水机的运行；当实际负荷大于运行冷水机组总设计额定制冷量时，增加一台冷水机的运行。

3）负荷/回水温度控制法。目前应用比较成熟的是负荷/回水温度控制法，这是第一种方法和第二种方法的结合，克服了前两种方法的缺点。即通过冷冻水回水温度与设计温度的比较作为加减机策略，当回水温度高于设定温度一定量，且维持一定时间后，判断当前运行冷水机组无法满足建筑实际冷量需求，进行加机；当计算获得的实际负荷输出小于运行冷水机组总设计额定制冷量，且差值在一定之间内大于一台在运行冷水机额定制冷量时，减少一台冷水机的运行。

4）其他基于负荷的控制策略。在大多数的实际应用中，还是以负荷作为加减机策略的主要控制依据。这些控制法的出发点是：在多台冷水机组并联运行时，尽量使机组处于满负荷状态是节能的重要措施，是群控的关键；建筑物总冷负荷必须接近或超过在线运行的冷水机组的最大制冷量才能加载冷水机组。否则多加载一台冷水机组将多消耗能量。但实际上，冷水机组并非在满负荷时运行效率最高，因此工程中可以将加机阈值设定在 95%额定负荷，而非 100%。

其冷水机组的台数控制规则为：

若 $Q \leqslant q_{max}(N-1)$，则关闭一台冷水机组及其相应冷冻水泵；

若 $Q \geqslant 0.95 q_{max} N$，且冷水机出水温度在一定时间内高于设定值，则开启一台冷水机组及其相应冷冻水泵；

若 $q_{max}(N-1) < Q < 0.95 q_{max} N$，则保持现有状态。

式中，Q 为当前冷负荷；q_{max} 为单台主机的最大制冷量；N 为在线运行的冷机台数。

5）基于冷机最优效率 COP 的控制策略。冷水机组的最佳 COP 一般不出现在满负荷，而是出现在部分负荷。多开一台冷水机组要消耗能量，但是如果多开了一台冷水机组能使在线运行的冷水机组都处于最佳或者比较佳的 COP，也可能会节省能量。

要实现基于最优 COP 的冷水机组节能起/停控制，需要根据具体项目情况而定。

根据实际项目采用的冷水机组数据，算出它们在不同台数运行时的加载负荷切换点。因不同类型的制冷主机，其出现最佳 COP 值时的负荷比例不同、冷水机组的组合和型号不一样时，切换点也都是不同；随着冷水机组运行年限的增加，电机输入功率和 COP 比值也在变化，则加卸载切换点也要相应变化。为了减少工作量，可以建立一个自适应数据库，根据冷水机组功率及其 COP 值，自动算出不同冷机台数的加卸载切换点，更新当前使用的负荷点；准确的负荷测量十分重要，如果负荷测量不准确，以负荷作为控制依据就会出现偏差，因此流量检测的精度很重要。建议采用超声波流量计或者电磁流量计，并且应注意现场流量计的正确安装。

17.2.4.2　区域级边缘控制的数据使用

区域级边缘控制的数据使用主要是对 BA 系统内不同设备或设备组之间，甚至 BA 系统与其他智能系统/信息系统之间进行数据交换、分析和处理，并将优化策略下达至各子系统执行，从而利用不同系统的数据相关性进一步提高系统自动控制和优化管理水平。

1. 建立数据的相关性

区域级边缘控制的数据相关性应在智能化系统规划阶段予以确定，以保证各系统之间数据关系的一致性和可分析/比对。数据相关性建立原则取决于希望区域级边缘控制实现主要目的。不同规划目的可能产生不同的数据相关性。完整的建筑设备管理系统应包括建筑设备监控和建筑能效监管两部分功能。这两者的数据交互和相关联动、优化，是区域级边缘控制数据使用的最好示例。

表 17－23 列举了各建筑智能化技术对于能源效用、能源效果和能源效率三个层次的具体关联内容和贡献，可作为区域级边缘控制数据相关性规划阶段参考。

表 17－23　　各智能化系统能效贡献程度关联表

<table>
<tr><th colspan="2">建筑智能化技术</th><th>能源效用</th><th>能源效果</th><th>能源效率</th></tr>
<tr><td rowspan="7">信息化应用系统</td><td>公共服务管理
（1）访客接待管理
（2）服务信息发布</td><td>不适用</td><td>（1）访客管理：人员密度统计
（2）信息发布：区域环境参数信息发布（如 PM2.5 等）</td><td>（1）访客管理：访客碳足迹
（2）访客管理：人均碳排放
（3）信息发布：能效宣传</td></tr>
<tr><td>智能卡应用</td><td>不适用</td><td>（1）人员密度统计及控制策略调整
（2）联动环境控制</td><td>（1）人员轨迹追踪及碳足迹
（2）人员数量及能耗相关性分析</td></tr>
<tr><td>物业管理</td><td>电力等资产运行维修管理</td><td>物业经营状态与环境参数动态调整</td><td>物业经营状况及能耗对比</td></tr>
<tr><td>信息设备运行管理</td><td rowspan="3" colspan="3">不适用</td></tr>
<tr><td>信息安全管理</td></tr>
<tr><td>通用业务信息管理</td></tr>
<tr><td>专业业务信息管理</td><td>不适用</td><td>根据状态调整控制策略调整，如酒店根据前台系统客房出租状态调整房间设定温度；医院根据 HIS 系统手术室排班及状态调整设定温度及换气率等</td><td>根据业务量对能源效率进行管理，如机场根据航班信息系统航班流量管理能源使用效率；商业综合体根据人流系统人流量管理能源效率等</td></tr>
<tr><td rowspan="2">智能化集成系统</td><td>智能化信息集成（平台）系统</td><td rowspan="2" colspan="3">根据《智能建筑设计标准》（GB/T 50314—2015）智能化集成系统应以实现绿色建筑为目标，应满足建筑的业务功能、物业运营级管理模式的应用需求。因此，智能化集成系统对能效的贡献在于将能源供给侧管理（以电力供应管理为主）和能源需求侧控制（如照明控制、建筑设备监控系统等）集成在一起，实现能源供需双向管理。同时集成化的能源供、需管理平台与行业业务运行信息系统（最终服务需求）和物业管理信息系统（管理方）打通，是的能源真正服务于业务、方便管理，全面提高能源的效用、效果和效率</td></tr>
<tr><td>集成信息应用系统（针对各行业，信息化应用的配置应满足相关行业建筑业务运行和物业管理的信息化应用需求）</td></tr>
<tr><td rowspan="9">信息设施系统</td><td>信息接入系统</td><td colspan="3">SaaS（Software as a Service）是未来物业资产管理及能效管理的发展方向，基于“云”的专业应用和服务将越来越普及，信息接入系统将成为大量智能化设备接入不同“云”资产运维或能效平台的主要出入口</td></tr>
<tr><td>布线系统</td><td colspan="3">建筑智能化节能技术将从单一的技术应用（如变频器、调光节能灯）向基于区域功能的物联系统节能发展（如酒店客房节能解决方案、开放办公区域节能解决方案、手术室节能解决方案等）。有线为主结合无线补充的网络连接技术仍然是当今的主流网络基础。同时随着大量节能技术（变频器等）以及高端精密设备（如医疗影像设备等）的使用也会对数据传输产生干扰，必须考虑布线系统的抗干扰能力</td></tr>
<tr><td>移动通信室内信号覆盖系统</td><td colspan="3">移动通信室内信号覆盖系统已不限于移动通信业务，除大量的移动终端的网络通信外，通过移动通信网络的互联网连接也成为大量智能化物联设备（当通过建筑布线系统和信息接入系统难以解决互联网连接时）连接互联网，对接各类“云”平台的重要手段</td></tr>
<tr><td>卫星通信系统</td><td rowspan="3" colspan="3">不适用</td></tr>
<tr><td>用户电话交换系统</td></tr>
<tr><td>无线对讲系统</td></tr>
<tr><td>信息网络系统</td><td colspan="3">信息网络系统是建筑物内各类用户、应用的公用或专用信息通信链路基础，支撑了建筑物内多种类信息化及智能化信息端到端传输。信息网络拓扑架构设计的整体一致性、功能分区、信息承载负载量、分区间以及对外安全保障等均对建筑智能化节能技术/系统直接互联互通以及与相关信息系统的数据交换产生影响</td></tr>
<tr><td>有线电视及卫星电视接收系统</td><td rowspan="2" colspan="3">不适用</td></tr>
<tr><td>公共广播系统</td></tr>
</table>

续表

建筑智能化技术		能源效用	能源效果	能源效率
信息设施系统	会议系统	不适用	通过会议室智能化系统与会议系统（预订信息）以及门禁系统的集成，按照会议室状态动态调整各种温度、照明、遮阳、投影灯设备运行策略，同时联动会议室清扫等服务，提高会议室体验与服务的同时降低能耗	（1）会议室移动端 App 寻找、预订及超时取消、到时提醒。提高会议室利用效率及会议效率 （2）通过会议室使用时间以及参会人数统计，分析会议室利用率及能源效率。必要时重新安排会议室分割空间及控制分区和策略，提高空间使用和设备使用效率
	信息引导及发布系统	不适用	不适用	（1）合理的信息引导系统可以减少建筑物公共区域内访客的无效走动（如医院、交通枢纽、会展等）或引导人员流向（如商业综合体、大型游乐场所等），增加空间利用率 （2）同时通过发布系统，可以对绿色及能效水平等进行宣传，增强民众意识
	时钟系统	随着建筑智能化节能技术从单一的技术应用向基于区域功能的物联系统节能，乃至系统与系统直接互动的复杂系统节能发展，时钟同步在不同设备、系统之间准确、精准联动、配合起着不可忽略的作用		
建筑设备管理系统	建筑设备监控系统	对主要能源供应系统直接或通过数据接口进行集成管理	有效地监控包括冷热源、供暖通风和空气调节、给水排水、照明、电梯等系统，监视并保证温度、湿度、流量、压力、压差、液位、照度、气体浓度等环境以及建筑设备运行基础状态信息	（1）集成能耗监控及计量系统数据，对建筑设备的能源效率进行 KPI 管理 （2）集成空间使用信息、人流信息以及其他业务信息系统，对空间能效、单位人数能效以及单位业务产出能效等进行 KPI 管理
	建筑能效监管系统	对供配电系统、关键电源系统以及其他能源供应系统进行监视、能源质量管理和能源网络资产管理，保障能源安全性、可靠性和高品质	不适用	（1）能耗监控范围包括冷热源、供暖通风和空气调节、给水排水、照明、电梯等建筑设备 （2）能耗计量的分享及类别宜包括电量、水量、燃气量、集中供热耗热量、集中供冷耗冷量等 （3）能耗管理功能包括账单验证、成本分摊、意识推广、能耗分析、使用优化、成本优化以及标准合规等
	其他业务设施系统	特殊能源系统（如纯水、特殊气体等）的安全性、可靠性及能源质量进行管理。具体视行业而定	对特殊区域的能源使用效果（如气压、洁净度等）进行合理控制和优化。具体视行业而定	根据行业特点对能源效率进行管理和优化（如数据中心 PUE 值等）。具体能源效率衡量参数视行业而定
安全技术防范系统	火灾自动报警系统	电气防火及对电力系统的影响	不适用	不适用
	安全防范综合管理（平台）	对于重要能源站的出入控制及安全防范，保证能源站及传输线路安全运行	不适用	（1）利用安防监控视频分析、出入口控制人数统计的功能识别区域人数，并有针对性地调整环境控制参数，兼顾舒适度与节能 （2）根据出入口控制或停车库（场）管理系统等识别人员位置，并根据人员位置动态调整工位或其他区域的控制状态和参数（如供电状态、环境温度、工位照明等）
	入侵报警			
	视频安防监控			
	出入口控制			
	电子巡查			
	访客对讲			
	停车库（场）管理			
	应急响应系统	不适用		

续表

建筑智能化技术		能源效用	能源效果	能源效率
机房工程	信息接入机房	（1）应满足具体机房设计等级及设备用电负荷等级的要求 （2）电源质量应符合国家现行有关标准的规定和所配置设备的要求 （3）设备的电源输入端应设防雷击电磁脉冲（LEMP）的保护装置 （4）机房重要系统、设备应配备不间断电源（UPS），在主电源故障情况下的连续供电时间应达到相应标准	（1）机房内的温度、湿度等应满足设备的使用要求 （2）部分机房（如智能化总控室、消防控制室、安防监控中心、应急响应中心、数据机房等）应采用恒温恒湿空调进行环境控制 （3）对于数据机房，行级制冷、免费制冷等方式即可以有效地控制机房温度，又可以起到节能增效的目的	（1）机房重要能耗设备（如恒温恒湿空调机组、主要服务器等）的能源效率 KPI 管理 （2）对于数据机房，可以使用 PUE 值对机房综合能效进行评估和管理

2. 区域级边缘控制的数据可视化

数据相关性的规划应结合实际工程情况及具体应用进行。以医院手术室为例，对区域级边缘控制的数据使用进行描述。医院手术室的建设具有一定特殊性，从管理角度来看，手术室作为最体现医院运营管理水平的关键区域，应纳入 BA 系统进行统一管理。在国外，手术室洁净空调多作为 BA 系统的一部分进行集中监控，并集成相应区域内的视频监控、门禁管理、公共照明、洁净环境、手术室独立配电盘、能源消耗、UPS、医疗气体等数据和信息。BA 系统与 HIS 系统打通，结合 HIS 中的临床和管理系统（CAS）的手术排班及 ICU 病房管理信息对手术室等单元及区域进行管理。

3. 区域级边缘控制的数据运算处理及控制策略

区域级边缘控制的数据运算处理及控制策略是利用跨系统数据来实现区域控制自动化及优化。区域级边缘控制逻辑应根据具体应用场景进行定制。

由于手术室的环境洁净和可靠性要求极其严苛，这类空间通常由专用机电系统提供服务，7×24 全天候运行，以保持一系列环境参数稳定，包括温度、湿度、压差和洁净度等，因此能耗非常巨大。手术室区域级边缘控制可以对集成的一系列基础设施元素（横跨 HIS、暖通、电力、安防等不同系统）进行整合，用于优化手术室日常运维表现。手术室区域级边缘控制平台从 HIS 系统中获取手术排班计划，手术室未被占用期间，每小时换气次数和空间温度会自动降至规范允许的较低水平以节约手术室能源消耗；手术室压力监测器用于查看手术室是否与其周边空间保持正压关系；送风、回风、废气和室外气流的风量监测设备用于查看每小时换气次数和通风率是否同样处于规范范围内；当时间计划表显示手术室切换至准备或占用状态时，应及时自动调整洁净设备运行模式和参数，使环境参数将回升至特定手术所需要的设定值。同时作为失效保护，未占用状态也可在手术室触控屏或通过单元监控界面人工强制切换，以满足紧急备用要求。手术室区域及边缘控制平台应可监测、记录和归档每个手术室的所有相关监控信息，并可提供生成医院相关认证组织所需要的信息报告等。

17.2.4.3 远程专家服务的数据使用

区域级边缘控制平台提供的各种 KPI 看板、趋势、图标、报告等工具起到了辅助分析和决策的功能，但大量数据仍然需要人为介入进行分析，对运维优化人员的技术要求较高。如发现能效问题后，要解决或进行相应优化，需要相关专业人员对建筑设备或者建筑设备监控系统进行故障排除、再调试或策略优化等工作。现场人员往往难以胜任这些复杂工作，需要通过数据远传，由远程专家或人工智能分析平台进行处理，并指导现场实施改进。

1. 远程专家的数据使用

在建筑设备监控系统的第三个层级的数据应用中：一方面，需要第三层的软件平台具备更丰富的控件，建立更为丰富的数据模型，实现大数据的交叉分析对比；另一方面，需要借助专家团队，不断进行分析和优化。

2. 人工智能分析平台

随着计算机、网络技术以及人工智能算法的发展，建筑物能效管理智能化水平将进一步得到提高。借助基于云端的大数据分析以及人工智能，结合相关专家服务，建筑能效优化水平从可视化及辅助分析发展到智能化分析（故障自动诊断、节能空间智能识别、基于投资回报优先级排序及改造建议、任务自动分派及追踪等），未来将进一步提升为自动能效优化管理，通过动态自适应、自学习系统和网格计算等实现问题自动识别、策略动态调整甚至自动进化控制策略。

建筑能效优化与智能化水平的进化如图 17－75 所示。

17.2.4.4 建筑设备监控系统的执行机构

数据的使用还有一个重要的内容就是经处理后，将处理后的结果反馈到执行机构以对建筑设备进行控制。执行机构的选择是一个重要环节，因为精准的测量和优化的逻辑最后都要落实到控制精度上。

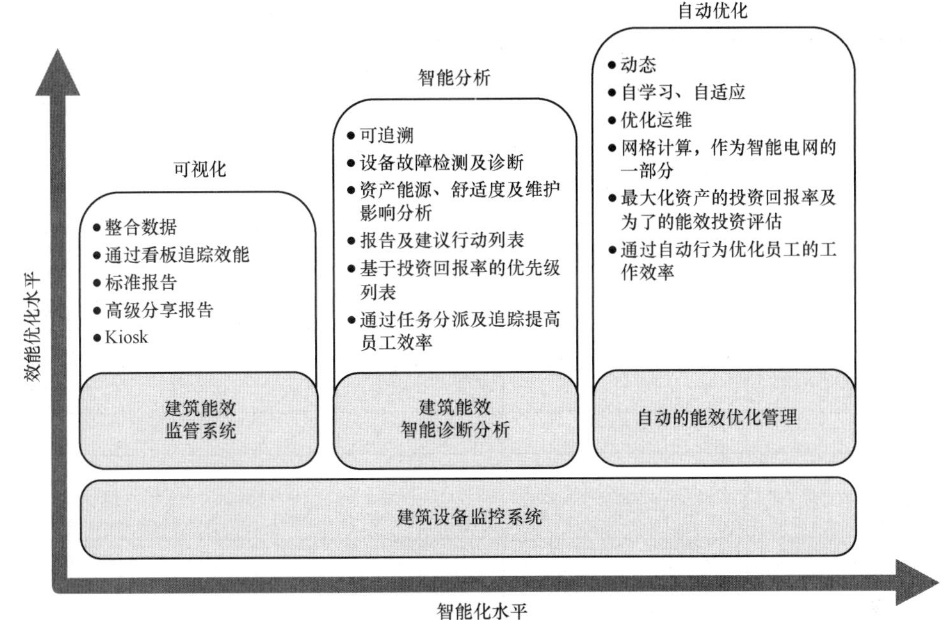

图 17－75　建筑能效优化与智能化水平的进化

1. 风门驱动器的选择

风门驱动器多为角行程，通过一定扭矩转动风门轴实现风门的开关控制与开度调节。图 17－76 为风门驱动器外形示意图，表 17－24 为某风门驱动器选型表。

从表 17－24 可见，风门驱动器选型需要考虑以下因素：

（1）扭矩。表 17－24 可选的扭矩包括 5N·m、10N·m、20N·m 和 40N·m。除扭矩外，选型表还提供了建议的最大风门尺寸以帮助用户更加直观的进行选型。

(a)　　(b)

图 17－76　风门驱动器

（a）非弹簧复位风门驱动器；（b）弹簧复位风门驱动器

表 17－24　某风门驱动器选型表

型号	控制方式	AC 24V	AC 230V	弹簧复位功能	内置辅助开关	阀位反馈（2～10V）	手动控制	可增配辅助开关	旋转方向转换开关	最大风门尺寸/m^2	参考型号
LM50N·m	开/关，三态	●					●	●	●	1	LM24A/LM24A-F/LM24A-TP
		●			●		●	●	●	1	LM24A-S
			●				●	●	●	1	LM230A/LM230A-F
			●		●		●	●	●	1	LM230A-S
	调节型	●				●	●	●	●	1	LM24A-SR
			●			●	●	●	●	1	LM230A-SR
NM10N·m	开/关，三态	●					●	●	●	2	NM24A/NM24A-TP
		●			●		●	●	●	2	NM24A-S
			●				●	●	●	2	NM230A
			●		●		●	●	●	2	NM23A-S
	调节型	●				●	●	●	●	2	NM24A-SR
			●			●	●	●	●	2	NM230ASR

续表

型号	控制方式	AC 24V	AC 230V	弹簧复位功能	内置辅助开关	阀位反馈（2～10V）	手动控制	可增配辅助开关	旋转方向转换开关	最大风门尺寸/m²	参考型号
SM20N•m	开/关，三态	●					●	●	●	4	SM24A
		●			●		●	●	●	4	SM24A-S
			●				●	●	●	4	SM230A
			●		●		●	●	●	4	SM230A-S
	调节型	●				●	●	●	●	4	SM24A-SR
			●			●	●	●	●	4	SM230ASR
GM40N•m	开/关	●					●	●	●	8	GM24A
			●				●	●	●	8	GM230A
	调节型	●				●	●	●	●	8	GM24A-SR
LF4N•m	开/关	●		●						0.8	LF24/LF24-3
		●		●	●					0.8	LF24-S
			●	●						0.8	LF230
			●	●	●					0.8	LF230-S
	调节型	●		●		●			●	0.8	LF24-SR
NF10N•m	开/关	●		●			●			2	NFA
		●		●	●		●			2	NFA-S2
	调节型	●		●		●	●		●	2	NF24A-SR
SF20N•m	开/关	●		●			●			4	SFA
		●		●	●		●			4	SFA-S2
	调节型	●		●		●	●		●	4	SF24A-SR
EF30N•m	开/关	●		●	●		●			6	EF24A-S2
			●	●	●		●			6	EF230A-S2
	调节型	●		●		●	●		●	6	EF24A-SR

（2）控制方式。这取决于设计时风门是希望开关二态控制还是模拟调节，其中模拟调节输入有 0(2)～10V、4～20mA 和三态浮点控制。

（3）复位功能，即断电状态下风门驱动器会通过弹簧自动回到关闭或打开位置。

（4）需要考虑的其他因素：

1）风门驱动器供电电源，24V AC 还是 230V AC。

2）是否内置辅助开关以在风门全开或全关位置给出干接点信号。

3）是否需要模拟阀位反馈（通过 2～10V 或 4～20mA 信号）。

4）是否需要现场手动控制功能，以便在特殊情况下可以现场手动调整风门开度。

5）是否增配辅助开关。

6）是否具备旋转方向转换开关（更改驱动器开/关方向）。

2. 水阀及驱动器的选择

BA 系统中，水作为主要的热交换载体，对于水流的控制精度要求明显高于风系统。水阀通过改变自身阻力对水流量进行控制，在 BA 系统中，水阀及驱动器选择至关重要，其流量特性、尺寸大小、控制精度、响应速度以及其他相关参数都直接影响 HVAC 系统的舒适度、能耗及使用寿命。

（1）水阀尺寸过小将导致流体无法达到设计流量，使空调系统在极端气候下供冷或供热不足。同时由于阀体两端压降过大，气蚀和噪声现象严重。

（2）水阀尺寸过大使阀体仅在接近全关的位置

才对流体具有控制力，浪费了大量阀杆行程，控制精度下降，甚至出现介质流量持续波动。此外，水阀尺寸过大还会增加建设成本和运行噪声。

（3）水阀驱动器的驱动力不足将导致阀体打不开或关不死。

（4）水阀流量特性及驱动器控制精度或响应速度影响设备控制品质。

以工程中最常用的两通阀为例，介绍水阀及驱动器选型过程中的耐压等级、流量特性、流通系数、阀权度以及闭合压差等基本概念；介绍几种常用阀门类型及应用场合以及水阀和驱动器的选型流程。

（1）水阀的耐压等级。水阀首先需要保证能够承受系统最大水压。水阀的耐压等级用公称压力 PN 表示。阀体公称压力由阀体及密封装置共同决定。所选阀门的公称压力必须大于系统静压（每 10m 高度约增加 0.1MPa）、加压设备施于的压力、水泵全速扬程之和，以保证阀门不会漏水或爆裂。

工程中阀体所需要的公称压力主要由楼层高度决定。根据工程经验，如果楼层在 25 层以下一般阀体的公称压力为 PN16（最大耐压约为 1.6MPa）；如果在 30 层以上一泵到顶，公称压力需要 PN25；超过 45 层一泵到顶则应达到 PN40；而对于 10 层以下的多层建筑，PN10 即可满足需求。

随着 PN 等级升高，阀体及相应管路的价格将急剧上升，水锤等现象也将十分严重。因此很多高层建筑采用中间水箱或热交换器对水路系统进行接力，从而降低 PN 等级需求。因此实际工程中 PN16 的水阀最为常用。

（2）水阀的流量特性。水阀的流量特性是指在恒定压差下，流过阀门的介质流量 Q 与阀杆相对行程 L（即阀的相对开度）之间的关系。其数学表达式为

$$\frac{Q}{Q_{max}} = f\left(\frac{L}{L_{max}}\right) + C \tag{17-7}$$

$$\frac{Q}{Q_{max}} = k\frac{L}{L_{max}} + C \tag{17-8}$$

如果 k 为常数，C 为相对泄漏量，则称之为线性流量特性。

$$\frac{Q}{Q_{max}} = R^{(L/L_{max}-1)} \tag{17-9}$$

如果 R 为水阀所能控制的最大流量 Q_{max} 与最小流量 Q_{min} 之比（可调范围），则称之为对数（或等百分比）流量特性。

若水阀在小开度时有较大流量，随着流量增大，到达大开度时调节开度仅能使流量小幅增加，称之为快开特性。水阀三种流量特性如图 17－77 所示。

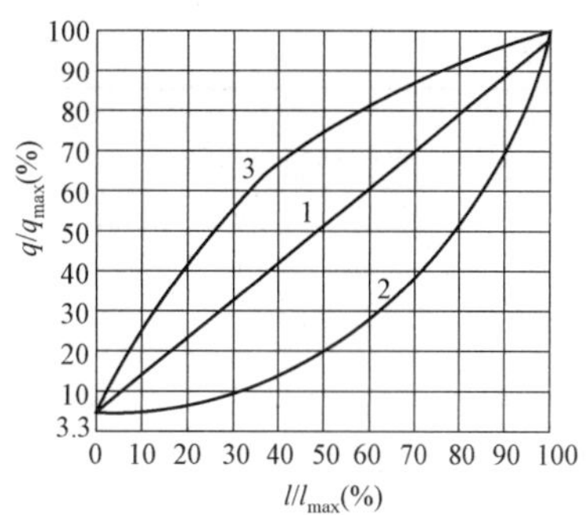

图 17－77　水阀的三种流量特性

1—线性；2—对数（等百分比）；3—快开

水阀的基本流量特性是在阀体两端压差恒定前提下获得的，但实际应用中更关心的是广义流量特性。即当整个变流回路两端压差恒定时，介质流量与阀杆相对行程之间的关系。广义线性计算简单，并可保证阀杆在任何位置获得均匀的控制精度，因此在调节型水阀流量特性选择过程中往往希望它能够综合除阀门以外其余变流部分的非线性，以实现近似广义线性。鉴于工程中大多数盘管系统均呈快开特性，因此调节型水阀多选用等百分比流量特性，部分场合也可选用线性水阀；而快开特性一般仅适用于开关控制应用。

（3）阀门的流通系数。阀门流通能力 K_v 是指在 100kPa 压差下，流经全开阀门的常温水流量。它是水阀尺寸选择过程中主要需要确定的参数对象，由以下公式进行计算

$$K_v = \frac{Q_d}{\sqrt{\frac{\Delta p_{100\%}}{100}}} \tag{17-10}$$

式中：Q_d 为设计流量，即当阀门全开时希望阀体流过的最大流量；$\Delta p_{100\%}$ 为阀门全开且流过设计流量时，阀门两端的压差。

注：许多工程中也用 C_v 值表示阀门流通能力。C_v 与 K_v 主要是测量条件不同，其换算关系为 $C_v=1.17K_v$s。

式（17－10）中 Q_d 一般比较容易获得，可由暖通设计人员直接提供，或根据暖通设备（如冷水机组或换热盘管等）的最冷/热量以及供回水温差计算获得。计算 K_v 的难点在于确定 $\Delta p_{100\%}$。

理论上 $\Delta p_{100\%}$ 需要根据众多暖通设计或设备运行参数进行计算，如变流量回路工作压差范围、暖通设备及相关管路在设计流量下的压降等。然而这些参数在实际工程选型中往往难以获得，因此推荐采用工程计算法确定 $\Delta p_{100\%}$。表 17－25 描述了实际项目中常见的阀门应用场合及工程计算方法。

表 17－25　　水阀$\Delta p_{100\%}$工程计算方法

控制阀类型	两通控制阀		三通控制阀		
控制类型	开关型	调节型	开关型	调节型	
管路示意	M 盘管 … M 盘管	M 盘管 … M 盘管	冷冻水供水 M 换热末端 空调热水供水；冷冻水回水 M 空调热水回水 末端回水	出水 回水 冷热源设备或换热盘管	M 盘管 分流应用 … 盘管 M 合流应用
典型应用	区域冷热控制，如风机盘管、VAV末端再热等	最常见的应用形式，如空调机组、新风机组、热交换器等	管路切换，如冬夏转换等	总进出水恒定，采用三通阀控制旁通比例，如带独立水泵的换热装置	通过分流或合流三通阀改变控制区域流量，如盘管、冷却塔、二级水系统等
工程计算	按管径选取或取$\Delta p_{100\%}=10\%\Delta p_{VC}$。实际工程中为节约安装成本，一般直接按管径选取	取$\Delta p_{100\%}=50\%\Delta p_{VC}$，且不小于30～35kPa。实际工程中如具体参数未知，可直接取30～35kPa	阀门口径一般按照管径直接选取	取$\Delta p_{100\%}=20\%\Delta p_{VC}$，或者取换热设备在设计流量下压降的25％	此类应用采用与调节型二通控制阀相同的方法对$\Delta p_{100\%}$进行计算

注：1. 表中管路示意部分表示每个水阀影响的变流管路。
2. Δp_{VC}表示变流管路的系统压差。

（4）阀权度。阀权度是阀体在全开状态下，流体达到设计流量时在水阀上压降占整个变流管路系统压差的百分比。它描述了阀体在接近全开状态下对变流管路的流量控制能力，阀权度越高则阀体控制能力越强（一般要求两通阀的阀权度大于40%）。阀权度由以下公式确定

$$\mathrm{Auth}_{v100}=\frac{\Delta p'_{v100}}{\Delta p_{v0}} \tag{17-11}$$

式中，Δp_{v0}为阀门全关时，阀体两端的压差，即变流管路系统压差$\Delta p'_{v100}$表示所选阀门在全开状态下流过设计流量时的压降。

可由下式确定

$$\Delta p'_{v100}=\left(\frac{Q_d}{K'_v}\right)^2\times 100 \tag{17-12}$$

式中，K'_v值为所选阀门的K_v值。

具体产品的流通系数K_v是呈级数增加的。即对于按照阀门流通系数工时计算获得的K_v值，多数情况下无法找到完全对应的阀体，而是落在两个尺寸相邻的阀体之间。此时一般首先选择较大的阀体口径，然后对阀权度进行校验。如果阀权度能够满足需求，直接选择此口径阀体；否则转而选择口径较小的阀体。

工程中，如Δp_{v0}未知，也可采用以下工时进行近似计算

$$\mathrm{Auth}_{v100}\approx\frac{\Delta p'_{v100}}{\Delta p'_{v100}+\Delta p_{v100}} \tag{17-13}$$

式中，Δp_{v100}为最初计算K_v值时通过表17－25确定的阀门全开时的理想压降。

（5）闭合压差。为特定阀体选择配套驱动器，除驱动方式、机械连接、行程等匹配外，还需考虑一个重要参数——闭合压差。图17－78以座阀为例对闭合压差进行了描述。

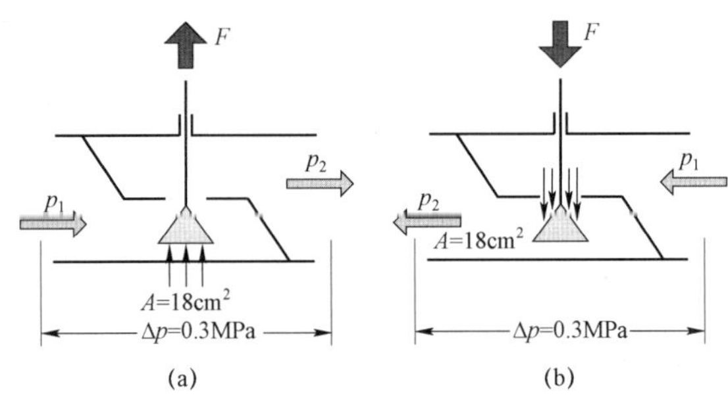

图 17－78　座阀阀芯受力分析

如图17－78所示，在水流控制中，入口压力p_1与出口压力p_2分别作用于阀芯上下两端。由于p_1与p_2之间存在压差Δp，形成对阀芯的作用力F。驱动器要控制水阀体开度就必须能够提供大于F的驱动力。如

果驱动力不够，则对于图 17－78a 所示的阀芯结构，阀门将打不开；图 17－78b 所示阀芯接口，阀门无法关死。

驱动力需求。图中Δp随阀门开度的变化而变化，在阀门完全关断时最大，水泵出口处的压力近似于水泵扬程；A 为阀芯受力面积，对于同样的阀芯结构，口径越大，受力面积就越大。

阀体配合驱动器后，保证正常工作所能承受的阀前后最大压差Δp_c称为闭合压差。闭合压差由阀芯结构、阀芯受力面积、驱动器驱动力以及阀芯材料共同决定。工程中的水泵扬程越高，对关断压力的要求就越高；为满足关断压力需求，对于相同阀芯结构，阀门口径越大，对驱动器的驱动力要求也就越高。值得注意的是，在大口径应用中，如采用常规单座阀阀芯结构，为保证闭合压差，阀体对驱动器的驱动力需求会急剧上升，甚至达到数千牛顿，以致驱动器价格昂贵、安装空间要求高、运行噪声大。因此在使用大口径阀门时，推荐采用平衡阀芯等优化结构，以降低驱动力需求。

（6）BA 系统常用阀门类型及应用场合。BA 系统最常用的电动控制阀包括电动蝶阀、电动座阀和电动球阀三种，其中：

1）电动蝶阀适用于大口径，大流量，低压差等工作场合，在管道上主要起切断和节流作用，常应用于开关控制应用。开关控制阀选择，一般阀门口径与管径保持一致，承压等级、流通系数、闭合压差等应满足水系统设计，水阀及驱动器选型相对简单；蝶阀驱动器还具有调节及自复位功能，自复位功能在紧急状态下提供安全保护作用。

2）电动球阀构造简单，体积小，重量轻，关闭压差大，易于操作，只需旋转 90° 即可实现开关或良好地等百分比调节，近年来被广泛应用于建筑的空调机组、新风机组等场合，可接受 BA 系统发出的控制信号并提供反馈。座阀流通特性良好，往往作为高端的调节阀使用。但价格较高，适用于精准应用场合。

3）电动座阀具备良好的流通性，具有截止、调节等功能，阀芯结构通常分为单座式和双座式（平衡式阀芯）。单座阀的阀前后允许（或关闭）的压差较小，适用于低压差场合；双座阀可承受的阀前后压差大，适用于较高压差场合。但座阀价格较高。球阀经过不断的改进，目前已经具备近等百分比流通特性，但仍存在开启死区、水质要求以及长时间关闭后起动扭矩要求较高等确定。因此球阀多作为中、低端调节阀使用。

蝶阀、座阀以及球阀的流通特性及阀门剖面结构如图 17－79 和图 17－80 所示。

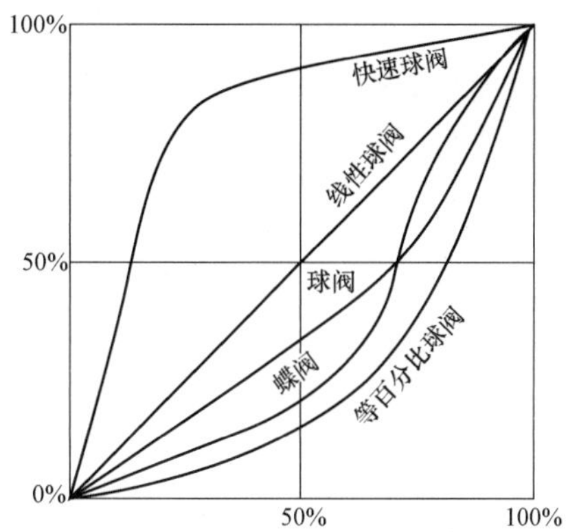

图 17－79　蝶阀、座阀和球阀的典型流通特性曲线

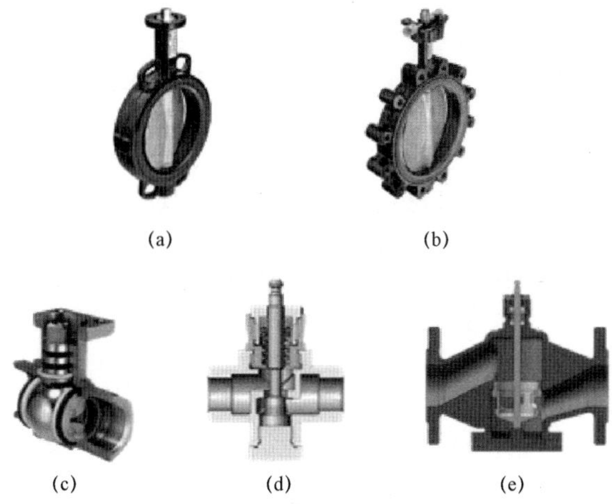

图 17－80　蝶阀、球阀和座阀的典型阀芯剖面结构

（a）对夹式蝶阀结构；（b）单夹式蝶阀结构；（c）球阀剖面结构；（d）单座座阀剖面结构；（e）双座座阀剖面结构

（7）水阀及驱动器选型流程及应用示例。典型水阀及驱动器选型流程如图 17－81 所示。

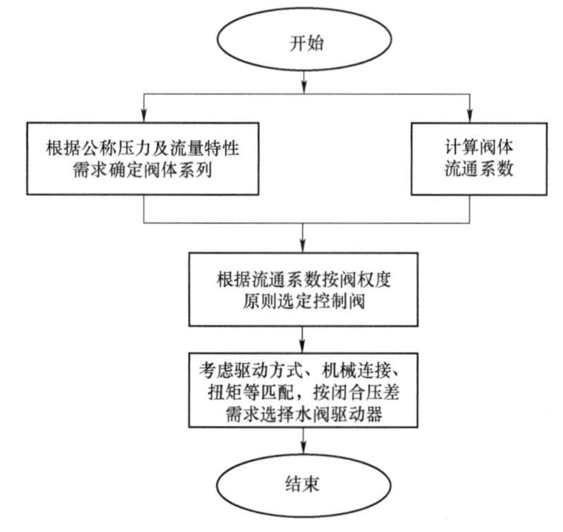

图 17－81　典型水阀及驱动器选型流程

3. 能量阀－电子式压力无关型控制阀

随着暖通空调末端对控制稳定性、准确性及节能运行的要求在不断提高，普通阀门在BA系统工程中越来越难以满足控制性能的需求。随着电子信息技术迅速发展，出现了电子式的智能化控制阀门。在压力无关型流量控制的系统，对暖通末端设备，如表冷器的控制，提出了新的解决方案，电子式的智能化控制阀门将暖通末端变为数字化末端。

BA系统以条件参数控制阀门的开度，但开度改变之后，流量跟随响应程度、表冷器热交换量跟随响应程度、阀门两端压差、表冷器进出口水温度等对控制都有影响。

电子式的压力无关型控制阀，采取“在流量测量的基础上控制流量”方式，这与机械式“维持控制阀两端压力恒定，以阀门开度决定流量”方式有根本的不同，更为直接及简单。

欧洲厂家采用的是直接测量方式，瑞士某执行器公司的电子式压力无关型控制阀 ePIV 系列在DN15～DN150 的所有口径产品上，均采用了稳定性好、精度较高的标准流量计来测量过阀流量，对现场适应性好，对环境条件几乎没有要求，根据实测流量精确地调整阀门的开度以保证最合适的流量。并且在ePIV系列的基础上，加入了最新智慧型能量管理器技术及云端技术，开发出了能量阀 Energy ValveTM 系列。

数字化表冷器（能量调节阀＋表冷器），是完全的智能化末端，受控程度高，亦具有物联网功能。能量调节阀的通信功能具有多种主流通信协议，可以方便地连入BA系统，这些协议包括 BACnet MS/TP（或Modbus RTU）、BACnet IP、TCP IP 等。能量调节阀如图17－82所示。

图17－82 能量调节阀

能量调节阀可通过网线连接至计算机对参数进行设定并显示实时运行状态，并记录运行参数。能量调节阀亦可以直接连接到网络，无须通过BA系统即可在远端查看及控制能量调节阀的各项参数，也可以无须通过BA系统直接地、十分方便的配合当前的Iot、云计算概念。

能量调节阀调试与连接如图17－83所示。能量调节阀可视化参数界面如图17－84所示。

能量调节阀可通过无线局域网或移动端路由器等方式直接连接至互联网，通过互联网将能量阀接入企业的云端服务器。全世界任何地点都可以打开Web连接云端服务器，查阅能量阀的实时运行情况和记录，并可对阀门参数进行在线更改，并可通过数据分析优化运行参数。

能量调节阀云端连接方式如图17－85所示。

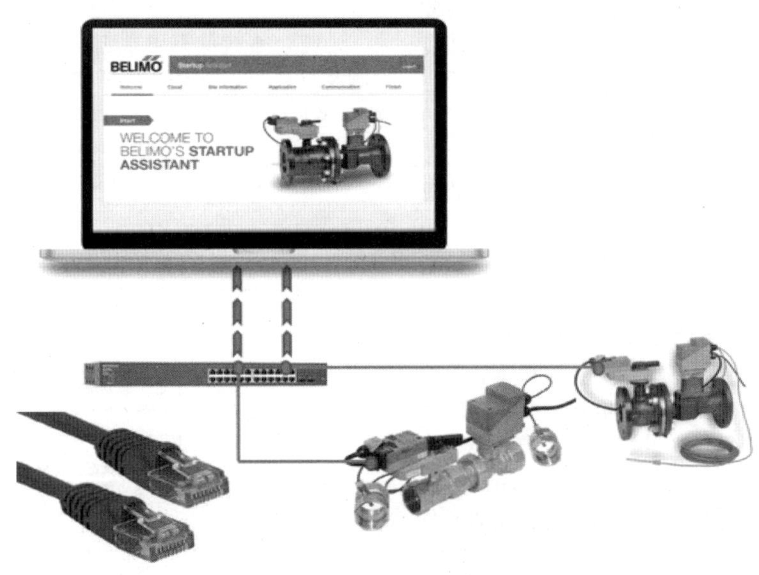

图17－83 能量调节阀调试与连接

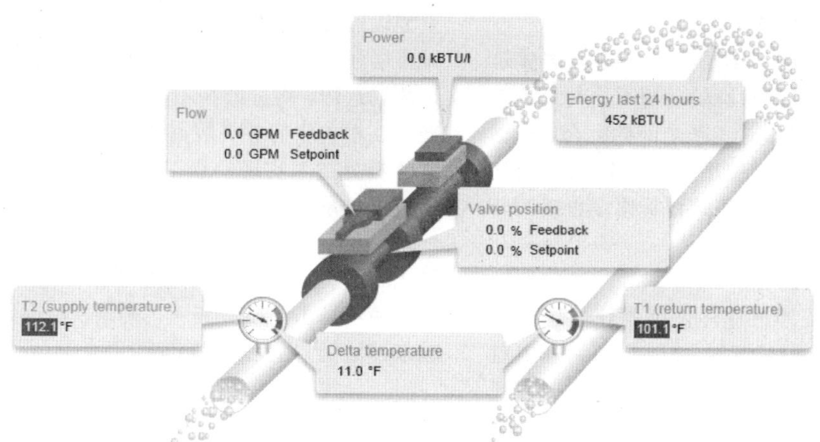

图 17－84　能量调节阀可视化参数界面

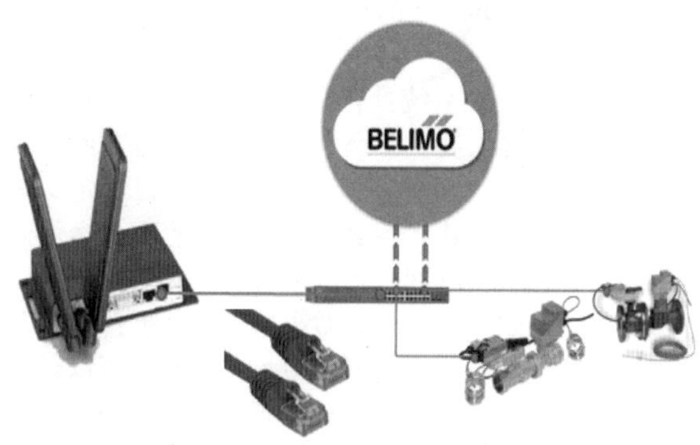

图 17－85　能量调节阀云端连接方式

17.2.5　建筑设备监控系统与物联网

建筑设备监控系统是为实现建筑设备、建筑电器安全、高效运行进行监控和管理而诞生的。伴随着传感器、自动化、信息化和网络通信技术的进步和发展，以及社会对于建筑运营的效率、能源效率和控制精度、响应速度的目标需求的不断发展、变化而发展得越来越强大。多种技术的融合以及与众多建筑设备、工艺逻辑的交叉，决定了建筑设备监控系统设计、施工和运行管理的复杂性。

17.2.5.1　建筑设备监控系统设计总结

建筑设备监控系统逻辑结构汇总如图 17－86 所示。

图 17－86　建筑设备监控系统逻辑结构汇总

1. 建筑设备层及设备界面

建筑设备监控系统的主要监控对象是各类建筑设备，因此系统在确定监控目标的前提下，其设计首先需要考虑与各建筑设备设计工艺之间的配合，根据建筑设备设计工艺确定所需要的基本监控点位及基本监控逻辑，并合理确定与各建筑设备建设直接的分工界面。

2. 传感设备及执行设备

建筑设备监控系统通过各种传感器获取建筑设备或建筑环境参数（数据获取），并以此作为基本监控和建筑设备运行管理的依据；建筑设备监控系统同时通过执行设备作用于建筑设备，实现最终控制效果。传感设备和执行设备相当于建筑设备监控系统的感知体系以及手与脚的延伸，是实现有效监控的基础。

3. 模拟信号的传输

今天传感设备与执行设备通常还是通过模拟信号传输与控制器进行通信。模拟信号传输以电信号为主，在特殊场合也会使用气动等其他信号传输方式。随着通信技术的发展以及数字通信成本的下降，也有越来越多的传感设备和执行设备直接采用数字通信进行信号传输，同时，随着技术的不断发展，以及各种不断涌现的应用需求的提出，传感设备与执行机构也逐渐具备了逻辑处理能力，使其看起来更像是一“物”，这就是物联网发展的一个趋势。

4. 网关及控制器

各种网关及控制器是建筑设备监控系统现场通信及控制逻辑的主要承载者。合理的控制点位、逻辑分配及通信设计对于系统稳定性及实时响应性至关重要。

5. 数字通信传输

网关、控制器以及服务器、客户端之间均采用数字通信传输。数字通信传输可以采用以太网、RS485网络、LON以及无线等方式作为载体，并通过不同通信协议进行数据交换。

6. 服务器及客户端

最简单的建筑设备监控系统可能只有一台服务器，同时完成数据存储、通信管理、报告生成、客户端显示等功能。但随着监控点数的增加、各类数据的获取与使用的数量和要求的不断提出，对于数据存储要求也在不断地提高。大型系统的集成通信复杂性，复杂的建筑设备监控系统都可能会包括主服务器、数据库服务器、通信集成服务器，以及各种不同的区域功能和应用功能客户端等。

7. 远程/云端应用

建筑设备监控系统在单一建筑或单一园区级别主要以监控功能为主，但上升到多园区、集团、甚至城市层面，则更看重数据的融合使用和管理功能。通过数据远传，将分散在不同建筑中的建筑设备监控数据以及相关联的各类数据汇集至云端，基于AI、大数据分析等技术实现的众多远程/云端应用是提高建筑设备建筑系统价值、实现建筑设备运行持续改进的大势所趋。

17.2.5.2 建筑设备监控系统与物联网

随着技术的发展和应用需求，对物体的识别变得越来越迫切。也就是说如何给每个物体一个独有的ID“身份”，并能够将其在众多的物体中识别出来。这个问题解决了，则“物体”所带的各种信息数据就可以在一个很大的范围里进行融合和使用了。应用射频识别技术RFID，可解决物联的身份识别问题。“物体”的身份确定了，其所带的相关信息与数据才有应用的意义。

建筑设备监控系统具有明确的层次结构，系统中的各类建筑设备（物）就是系统的管理目标（监控对象），其“身份”是确定的，在系统中是已经定义。建筑设备监控系统中，各类建筑设备不存在“身份识别”的问题，从物联网的角度来看，感知层的识别问题就不需要解决了。同时其数据获取、数据传输以及数据使用的逻辑也完全符合物联网的理念。可以说建筑设备监控系统具备了实现建筑设备物联的特征。随着物联网的发展，建筑设备监控系统也在不断发生改变，在数据利用上有着新的突破。

物联网的应用让似乎毫不相关的二个“物”的数据关联起来，并展现出惊人的价值。随着智能、互联设备成本的下降，越来越多的建筑设备成为智能、互联的设备，此时BA系统不一定需要单独设置传感器、执行机构去感知和控制建筑设备，而可以直接通过通信协议与这些智能、互联建筑设备进行互联，实现数据获取及响应优化控制。此外，越来越多的传感器、执行设备也具备了自己的智能逻辑和数字通信能力，因此DA系统的各类控制器与这些传感器、执行机构不再遵从原来的主从关系，而成为数字通信网络中的对等节点，相互配合实现互操作。由此可见，越来越多的智能、互联设备使得传统BA系统网关及控制器以下的物理层次变得更加扁平，使之完全成为基于物联网络的智能、互联设备之间的交互过程成为可能。

人们不再满足与设备的简单互联及自动化需求，更多地强调以人为本、以业务流程为中心。以医院病房温度控制为例，物联网环境下，不再是简单的温度远程监控，而是通过智能、互联的温度控制面板来实现“以人为本”。

BA 系统中的温度控制面板不仅和各种建筑设备

（空调末端等）发生关系，还和护理呼叫、病房娱乐等医疗辅助智能化系统发生互联和互操作。显然，BA 系统在实现建筑设备互联的基础上，还需要与医疗设备实现互联。

此外，BA 系统可以进一步与信息系统进行交互，如通过病房管理系统获取病患的入院、转院和出院信息，自动控制病房的设备自动起停或调整监控参数；通过与手术排班系统的交互，实现手术中及手术间歇时间的温度及换气次数调节。这些控制策略不仅可以减轻护理及后勤人员日常工作，也可以节约大量能源。

以 BA 系统为基础的建筑设备物联将进一步实现与特殊专业系统的物联（在医院中即医疗物联网），以及与 IT 业务管理系统的集成（在医院中医院信息系统 HIS/检验信息系统 LIS/影像系统 PACS 等），实现基于运维需求的互联管理。

建筑设备监控系统在物联环境中的位置如图 17－87 所示。

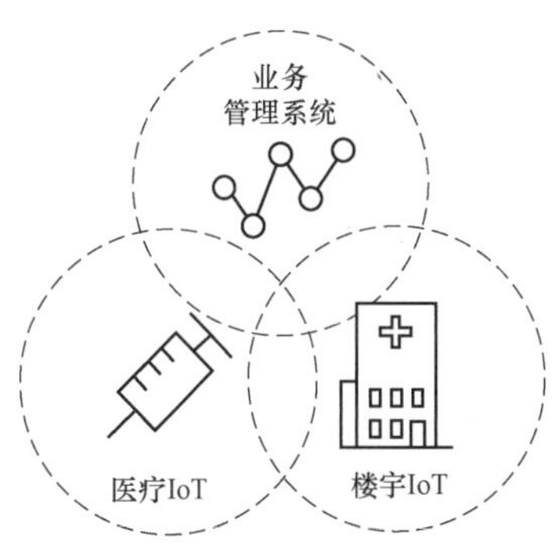

IoT：Internet of Things即物联网

图 17－87 建筑设备监控系统在物联环境中的位置（医疗建筑为例）

17.3 建筑设备监控平台的建设

传感技术领域的发展强调传感、处理与识别的协调发展，突破了传感器同信息处理和识别技术与系统分离的体制，按照信息论与系统论以及应用工程的方法，利用新的理论、新的材料研究开发工程和科技发展迫切需要的多种新型传感器和传感技术系统。在传感器与传感技术硬件系统与元器件的微小型化方面，进一步提高其可靠性、质量、处理速度和生产率，降低成本，节约资源和能源，减少对环境的污染。通过传感器阵列的集成和多功能、多传感参数的复合传感器、数据集成与融合等传感技术的发展，为 BA 系统实现更多、更高效的运行、管理的应用所需要的数据提供了方法和可能。

传输技术的发展，使互联网速在不断地提升；5G 将迎来千兆移动通信的时代；现场总线技术、物联网技术、传感网技术、无线传输技术等为各类数据的可靠、有效、实时和快速地进行传输和交换提供了可靠的保障。

数据存储技术不断发展，使建筑设备运行过程中所产生的各类数据进行长期保存变成了可能。为各类数据的深入分析和挖掘，提升建筑设备监控系统的使用效率和管理效率奠定了基础。

17.3.1 建筑设备监控平台

建筑设备是保证建筑设计功能得以完整实现的设备，BA 系统则是为实现建筑功能、建筑设备安全运行提供保障的系统。

运用大数据技术，更有效地、系统地解决建筑设备运行管理中的更多的问题，是建筑设备监控系统领域关注的问题。数据产生价值，数据提供机会。数据价值的体现在于对数据的挖掘，数据的挖掘是数据库知识发现中的一个步骤。数据的挖掘通常是指从大量数据中通过算法搜索隐藏于其中信息的过程。数据的挖掘是应用计算机科学，通过统计、在线分析处理、情报检索、机器学习、专家系统和模式识别等诸多学科和方法的应用而得以实现。大数据是基础，经对数据的深度挖掘就可能产生更有效的应用，使各种应用变得更加的智慧。数据的挖掘需要对数据进行诸如分类、估计、预测、相关性分组或关联规则以及复杂数据类型（如图像、视频、音频等）分析。

BA 系统在不断地发展与进步过程中，始终存在着一个严重影响系统充分发挥其效率的问题：设计、施工使用与维护管理、资产管理之间的有机的联系。在每个环节中，都有不断地创新和发展，但整个 BA 系统所涉及的管理内容，是一个完整的管理体系，需要从建筑设备管理需求的层面做好顶层设计，把各种的相关性数据和关联充分地综合起来，才达到高效的管理目标。

17.3.2 基于数据挖掘的 BA 系统与建筑设备全生命周期管理

BA 系统最理想的功能实现是对建筑设备的全生命周期进行设备故障的预测、设备健康状态的评估、对设备的健康状态进行管理以及对设备资产和备品备件进行管理，保障设备在较低的维护与更新成本下处于良好的运行状态并延长设备的使用时间。建筑设备全生命周期如图 17－88 所示。

建筑设备全生命周期管理的重要意义还在于：在系统的规划与设计阶段，就能结合系统的运行、维护、保养、数据的分析与挖掘和系统的管理和资产管理进行系统的规划，所有的数据的获取都是有目的的，使系统设计、施工、运行维护管理和资产管理高度一致。

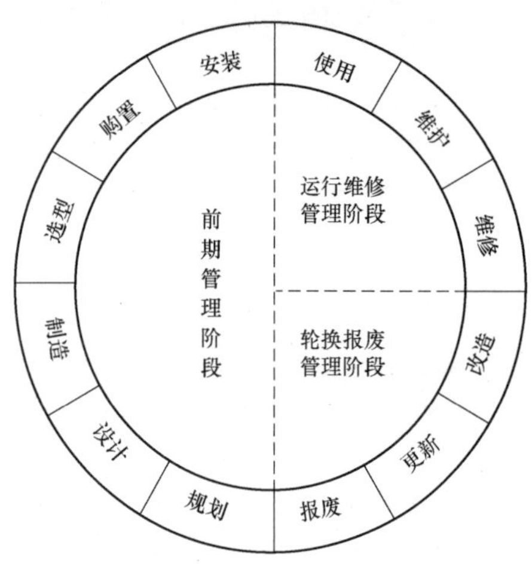

图 17-88 建筑设备全生命周期

1. 安全生产（广义）的保障

任何建筑都有其“生产”的目的。工厂最直接，建筑提供生产所需要的场所，建筑设备则提供生产所必需的能源和环境。医院、学校、办公楼等建筑都有其“生产”的目标。建筑设备就是安全生产的保障。所以建筑设备监控系统就应该把生产的安全作为第一要务。设备的运行与维护就是为了保障生产的安全。

目前大多数 BA 控系统对设备维护的重要“触发点”是设备的报警状态。所以系统中都有一个重要的报警管理环节。把设备维护的触发点前移，由“报警”变成为“预警”，那么将大大提高设备运行的完好率，使因设备的突然故障而引起的停机事件下降，提升生产的安全保障水平。在目前对数据的获取、传输和存储的技术条件下，结合跨媒体（触觉、视觉、听觉、文字及长期积累的经验等）运用数据挖掘和人工智能的算法对建筑设备的运行态势进行认知、学习和推理，建立理论机制，形成建筑设备的故障预测、健康状态的评估体系并进行有效的健康管理已经是完全可实现的了。

建筑设备故障维护方式通常有几种：

（1）故障后维护。故障发生后，维护人员赶往现场检修维护，它会带来比较严重的影响，属于计划外的停机。这会严重影响“生产”的安全，降低生产线的成品率，可能造成巨大的停机损失，并且还附带高额的紧急维护成本。

（2）预防性维护。周期性安排人员保养维护，但是突发风险故障仍然无法杜绝，维护的周期难以把控，大量的资源被浪费。

（3）预测性维护。对设备状态的实时监控，用大数据技术分析并给出维护建议，在故障发生之前就完成维护工作，大幅度的降低维护成本和故障率，优化生成，改进产品质量，计划性的停机维修保养，做到一切可控。

建筑设备引起事故的直接原因一般可分为两大类，即物的不安全状态和人的不安全行为。建筑设备是建筑正常运营的基础，通过设备全生命周期管理这个手段抓好安全“生产”。从设计、招标、安装、调试、验收、运行、监控和检修维护的全过程，加强安全质量管理，保证设备的健康水平，确保安全“生产”。首先，要了解选用设备在什么工况下是最安全稳定的，故障率也较少。其次，在设备的正常使用过程中，通过预警模型，全面提升设备的保障能力，避免不必要的“停工”，保障“生产”的安全进行。最后，积累运行数据并分析和处理，改进现有的设施设备，挖掘设备潜力，提高其安全、可靠、环保、节能等性能指标。

人是安全生产保障中的主体，设备需要人来精心维护。但如何保持设备的安全健康水平，如何发现、掌握设备的危险点和隐患，做到预控、可控、在控，做好预案措施，这些都要通过标准化知识库，不断的积累，根据物联网设备的实时数据采集，完善标准化操作流程，来保障现场人员的人身安全和环境和生产的安全。同时也能减少维护人员的数量，节省运行与维护的成本。

基于建筑设备全生命周期管理的平台如图 17-89 所示。

2. 效率的提升

建筑设备的效率首先考虑的就是节能。

（1）节能管理。在 BA 系统的众多功能中，节能永远是一个话题。因为这是一个极具挖掘潜力的领域。同时也是对 BA 系统投资后最能直接看到回报的指标。

通过能源精细化管理，能源预警预测等手段，可及时发现并减少能源损耗。对冷热量、温度、流量进行监测，结合环境温度、湿度、负载等各相关性数据的综合分析，根据节能数据模型，改善并促进空调系统优化运行。

数据处理分析层完成数据的预处理工作。从物理网层提取出来的能耗数据，按标准和策略进行过滤，能耗数据在处理中要进行聚合、融合、清洗、压缩、汇聚，校验等重要工作，为上层应用系统的有效分析和使用提供重要条件。同时，在应用大数据建立用能场所的能耗模型时，需要按业务需求建立相关性模型，模型优化方案，提炼模型并验证模型。数据挖掘必须与具体的业务相结合进行应用，并进行跟踪评估效果，持续不断地完善模型，总结和反馈。通过耗能点分析、耗能量聚类与预测，发现耗能异常的原因及影响能耗的相关因子，从而找到改善能耗的节能要素。设备的故障，往往带来能耗的异常，对故障设备进行故障原因分析，查找设备异常的原因，及时进行调整以达到节约能耗，以达到提高设备运行效率的目的。

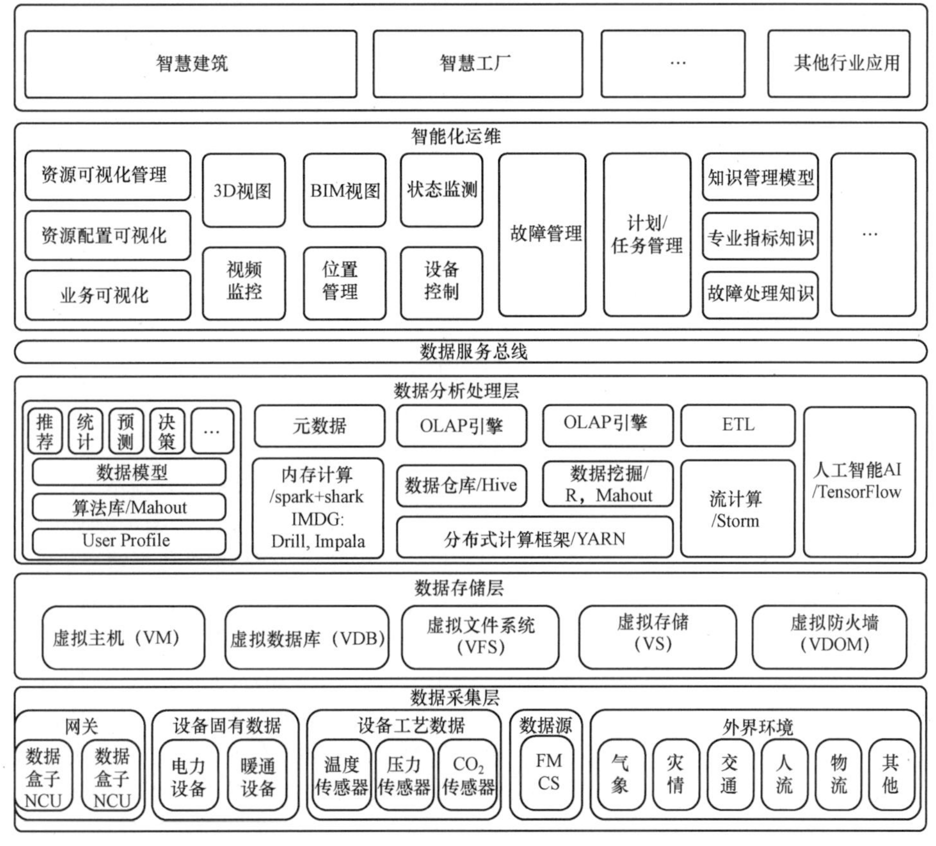

图 17－89 基于建筑设备全生命周期管理的平台

（2）运维人员管理。基于预测性故障维护的建筑设备运营管理，可以降低维护人员的数量和提升维护人员的工作效率。

从被动等待到主动上报，从人员现场排除到在线提前分析，故障排除更及时。前瞻性维护提升安全性，降低故障率。建筑设备全生命周期管理平台及所提供的应用服务，提前对建筑设备的健康度评估并形成设备的维修保养计划，将设备的故障与安全隐患消除于萌芽，延长设备寿命和保障安全。

（3）备品备件管理。建筑设备的运行、维护与保养，必然要涉及备件、备件的管理模式。通过预测性的维护，从故障的“报警”到“预警”之后，对于设备的备品备件可以做到计划性的采购。按实购买，按需购买，并且由于各个场地的备件需求可预测，也可以集中购买，降低采购成本。在打通了供应链和物流等相关环节之后，甚至可以做到零库存的模式。

建筑设备的统一资产管理平台如图 17－90 所示。

3. 系统性

建筑设备的全生命周期管理系统的建设离不开数据，如何保证数据在整个产品生命周期中始终是可用的，可持续升级的，同时支持对大数据的存储、清洗、分析、展示，就需要在数据的建设时期提出标准。

大数据的成功运用深度依赖于有效的元数据管理，通常被称作“关于数据的数据”。元数据为所有大数据系统的数据充当路标，从而能够对数据进行管理、控制变更和分发。全面的元数据管理保证了大数据系统具有高质量的信息，并提供充分的扩展性，能满足新的信息需求和数据源增加。元数据实施也是信息集成中的一部分，最重要的工作是将存储在各种工具中的元数据进行整合。

通过元数据的管理，能集成不同数据库、数据模型、OLAP 和 ETL 工具所包含的各式各样的元数据。元数据包括业务规则、数据源、汇总级别、数据别名、数据转换规则、技术配置、数据访问权限、数据用途等。设计良好的元数据模型能够提高管理、变更控制和分发元数据的效率，实现无缝的、端到端的跟踪回溯能力。

图 17－90 建筑设备的统一资产管理平台

除了元数据的标准和规范，企业总线的接口规范，数据采集的接口规范，各个模型层次的分离规范，以及服务调用规范等，都将为保证数据、应用的解耦，规范化的设计、研发、测试等工作提供有效的依据和坚实的基础。

大数据的特性来说，可以概括为四个“V”，即规模（volume）、多样（variety）、快速（velocity）和价值（value）。

（1）规模（volume）。大数据首先是必须具有海量数据，一般在 10TB 规模左右。但在实际应用中，很多用户把多个数据集放在一起，已经形成了 PB 级的数据量。

（2）多样（variety）。传统的数据管理主要是针对结构化数据分析利用，而大数据则更加强调对于半结构化和非结构化数据的分析和应用。

（3）快速（velocity）。BA 系统进行实时监测，而“实时”就意味快速。在当前带宽越来越大、系统越来越复杂采集的数据越来越多的同时，安全检测对于事件响应的及时性要求日益增强。

（4）价值（value）。数据是物理世界的数字反映，价值上数据不同于数字，数据背后是有对象的，而这些对象是有立场的、有价值归属的、主观的。大数据的体量很大，所蕴含的价值总量也会是客观的，但是平均到单条信息的价值却很低，即价值密度很低。

传统的数据采集来源单一，且存储、管理和分析数据量也相对较小，大多采用关系型数据库和并行数据仓库即可处理。而大数据环境下，数据来源非常丰富且数据类型多样，存储和分析挖掘的数据量庞大，对数据展现的要求较高，并且很看重数据处理的高效性和可用性，需要依靠并行计算提升数据处理速度。

参考文献

程大章．智能建筑理论与工程实践［M］．北京：机械工业出版社，2009.

第 18 章　安 全 防 范 系 统

18.1　安全防范概述

18.1.1　安全防范的含义

安全防范定义为：做好准备和防护，以应付攻击或避免受害，从而使主体处于没有危险、不受侵害、不出事故的安全状态。安全是目的，防范是手段，通过防范的手段达到或实现安全的目的，就是安全防范的基本内涵。

本章述及的安全防范隶属社会安全防范的范畴，是从社会安全的角度出发，通过事先采用防备、防守、防护、防御等措施、手段，消除危害社会治安的不安全因素产生的原因和条件，或限制减弱这些原因和条件的作用，从而保证及时发现、制止危害的发生、蔓延和发展，以达到安全的目的。

18.1.2　安全防范的手段

为了保证及时发现、制止、减少各种社会治安危害的发生、蔓延和发展，安全防范所采用的基本手段通常有三种，即人力防范、实体防范和技术防范。

（1）人力防范即人防，指执行安全防范任务的具有相应素质的人员或人员群体的一种有组织的防范行为，包括人的组织和管理等。

（2）实体防范即物防，指用于防范目的的、能延迟安全风险事件发生的各种实体防护手段，包括建（构）筑物、屏障、器具等。

（3）技术防范即技防，指利用各种电子信息设备组成系统以提高探测、延迟、反应能力和防护功能的安全防范手段。

人防和物防是古已有之的防范手段。人防系人的天然属性，无须细述。就物防而言，应用最普遍的就是使用锁具，随着技术的进步，已发展到今天的含有人体生物特征识别技术的锁。同样，人防的方式方法也发生了巨大的变化，如由人身本能的自我设防，到组织性、素质要求不高的人，再到如今具有相应素质的、有组织的群体的防范行为，这些既是安全防范进步的表现，也是人类文明进步的表现。技防是科学技术综合应用于安全防范的产物。由于安全需求增强以及微电子技术的迅速发展，能够自动获取、传递、处理和控制安全信息，以可靠性、成本、效率方面的突出优势，开始综合应用于安全防范中，代替人防和物防扮演安全卫士的角色。

人防、物防、技防这三种不同的防范手段有各自的特点和适应性，同时也都有各自的局限性。在安全防范工程中采取哪种手段，应具体问题具体分析，合理地组合人防、物防、技防，优势互补，可以更好地发挥它们的作用。

18.1.3　安全防范技术

技防手段所凭借的科学技术称为安全防范技术。它是旨在实现预防、制止违法犯罪和重大治安事件为目的，多学科交叉和融合的综合性应用科学技术。

安全防范技术主要包括入侵报警技术、视频安防监控技术、出入口控制技术、防爆安全检查技术、实体防范技术等，适用于对非法入侵、盗窃、抢劫、破坏、爆炸等涉及生命财产安全的违法犯罪活动和群体性重大治安事件的防范。

18.1.4　风险防范规划

（1）安全防范工程建设应明确保护对象及其安全需求，并应符合以下规定：

1）保护对象的确定应考虑保护单位、保护部位和（或）区域、保护目标三个层次；保护目标分为需要保护的物品目标、人员目标以及系统和（或）设备和（或）部件等。

2）保护对象的安全需求应根据治安防范和反恐防范的需求进行分析和确定。

（2）安全防范工程建设应根据保护对象的安全需求，通过风险评估确定需要防范的具体风险，至少应包括下列内容：

1）应结合当前的内外部环境条件和安全防范能力，针对可能对保护对象安全构成威胁的各类风险进行识别。

2）应对识别出的各种风险发生的可能性和造成后果（包括损失和不良影响）的严重性进行分析。

3）应将风险分析结果与预先设定的风险准则相比较，进行风险评价，确定各种风险的等级。

4）应根据风险评价结果，结合安全防范工程建设（使用）单位对风险的承受度和容忍度，对需要通过安全防范工程进行防范的风险进行确认。

（3）安全防范工程建设应针对需要防范的风险，按照纵深防护和均衡防护的原则，统筹考虑人力防范能力，协调配置实体防护和（或）电子防护设备、设施，对保护对象从单位、部位和（或）区域、目标三个层面进行防护，且应符合下列规定：

1）周界的防护应符合下列规定：

① 应根据现场环境和安全防范管理要求，合理选择实体防护和（或）入侵探测和（或）视频监控等防护措施。

② 应考虑不同的实体防护措施对不同风险的防御能力。

③ 应考虑不同的入侵探测设备对翻越、穿越、挖洞等不同入侵行为的探测能力以及入侵探测报警后的人防响应能力。

④ 应考虑视频监控设备对周界环境的监视效果，至少应能看清周界环境中人员的活动情况。

2）出入口的防护应符合下列规定：

① 应根据现场环境和安全防范管理要求，合理选择实体防护和（或）出入口控制和（或）入侵探测和（或）视频监控等防护措施。

② 应考虑不同的实体防护措施对不同风险的防御能力。

③ 应考虑出入口控制的不同识读技术类型及其防御非法入侵（强行闯入、尾随进入、技术开启等）的能力。

④ 应考虑不同的入侵探测设备对翻越、穿越等不同入侵行为的探测能力，以及入侵探测报警后的人防响应能力。

⑤ 应考虑视频监控设备对出入口的监视效果，通常应能清晰辨别出入人员的面部特征和出入车辆的号牌。

3）通道和公共区域的防护应符合下列规定：

① 应选择视频监控，监视效果应能看清监控区域内人员、物品、车辆的通行状况，重要点位宜清晰辨别人员的面部特征和车辆的号牌。

② 高风险保护对象周边的通道和公共区域，可选择入侵探测和（或）实体防护措施。

4）监控中心、财务室、水电气热设备机房等重要区域、部位的防护应符合下列规定：

① 应根据现场环境和安全防范管理要求，合理选择实体防护和（或）出入口控制和（或）入侵探测和（或）视频监控等防护措施。

② 实体防护应选择防盗门和（或）防盗窗，其他防护措施应考虑选择的设备类型及其防御非法入侵的能力、报警后的响应时间以及视频监控的监视效果。

5）保护目标的防护应符合下列规定：

① 应根据现场环境和安全防范管理要求，合理选择实体防护和（或）区域入侵探测和（或）位移探测和（或）视频监控等防护措施。

② 应根据不同保护目标的具体情况和对抗的风险，采取相应的实体防护措施。

③ 可采用区域入侵探测、位移探测等手段对固定目标被接近或被移动的情况实时探测报警，应考虑报警后的人防响应能力。

④ 采用视频监控进行防护时，应确保保护目标持续处于监控范围内，应考虑对保护目标及其所在区域的监视效果，且至少应能看清保护目标及其所在区域中人员的活动情况，当保护目标涉密或有隐私保护需求时，视频监控应满足保密和隐私保护的相关规定。

6）针对人员密集、大流量的出入口、通道等场所，除应考虑安全防护措施外，还应考虑人员疏导和快速通行等措施。

（4）当保护对象被确定为防范恐怖袭击重点目标时，应根据防范恐怖袭击的具体需求，强化防护措施，并应符合下列规定：

1）周界的防护应考虑实体防护装置和电子防护装置的联合设置。

2）出入口和通道的防护应考虑防爆安全检查设备、人行通道闸和车辆阻挡装置的设置以及设置安全缓冲或隔离区等。

3）人员密集的公共区域防护应考虑视频监控的全覆盖、排爆设施和防御设施的配置。

4）监控中心、水电气热设备机房等重要区域、部位防护应考虑实体防护装置和电子保护装置的联合设置。

5）应考虑视频图像智能分析技术的应用和信息存储时间的特殊要求。

6）应考虑对无人飞行器的防御和反制措施。

7）应考虑对安全防范系统及其关键设备安全措施和冗余措施的加强。

18.1.5 系统架构规划

（1）安全防范系统架构规划应按照安全可控、开放共享的原则，统筹考虑子系统组成、信息资源、集成/联网方式、传输网络、安全防范管理平台、信息共享应用模式、存储管理模式、系统供电、接口协议、智能应用、系统运行维护、系统安全等要素。

（2）安全防范系统的各子系统应根据现场勘察和风险防范规划以及前端布防情况确定，并应符合下列规定：

1）应综合设计和选择配置实体防护系统、电子防护系统、安全防范管理平台。

2）应根据现场自然条件、物理空间等情况，合理利用天然屏障，综合设计和选择配置人工屏障、防护器具（设备）等实体防护系统。

3）应综合设计和选择配置入侵和紧急报警系统、视频监控系统、出入口控制系统、停车库（场）安全管理系统、防爆安全检查系统、电子巡查系统、楼寓对讲系统等电子防护子系统，以及各子系统的前端、传输、信息处理/控制/管理、显示/记录等单元。

(3) 应根据对安全防施各子系统集成管理的需要确定。

(4) 应根据各类信息资源共享、交换的实际需要以及系统复杂程度的不同，合理选择下列系统集成联网方式：

1）通过不同子系统设备之间的信号驱动实现的简单联动方式。

2）通过不同子系统管理软件之间的通信实现的子系统联动方式。

3）通过安全防范管理平台实现对安全防范各子系统以及其他子系统集中控制与管理的集成方式。

4）通过对多级安全防范管理平台的互联，实现大范围、跨区域安全防范系统的级联方式。

5）根据安全防范管理的需要，安全防程系统还可与其他业务系统进行集成、联网的综合应用方式。

(5) 安全防范系统宜采用专用传输网络，可采用专线方式或公共传输网络基础上的虚拟专网小于 VPN 方式。传输网络宜采用以监控中心为汇接/核心点（根节点）的星形/树形传输网络拓扑结构。系统传输的通信链路应满足系统的信息传输、交换和共享应用的需要。当有线传输不具备条件时，可采用具有相应安全措施的无线传输方式。

(6) 应根据安全防范系统集成、联网与管理的实际需要，合理规划设计安全防范管理平台的具体功能，且应符合相关规定。

(7) 应根据安全防范系统信息共享应用的实际需要，设置客户端和（或）分平台。客户端和（或）分平台宜基于系统专用传输网络进行规划设计。安全防范管理平台也可通过边界安全隔离措施与基于其他网络环境建设的安全防范系统和（或）其他业务系统实现信息的交换与共享。

(8) 应根据安全防程系统信息存储与管理的实际需要，合理规划数据存储管理模式。

(9) 应根据安全防范系统及其设备的空间分布特点、供电条件和安全保障需求，合理选择主电源、备用电源及其供电模式和保障措施。

(10) 应根据安全防范系统、设备互联互通以及信息共享应用的具体要求，统筹规划设计系统的各类接口以及信息传输、交换、控制协议。

(11) 应根据用户对安全防范系统信息、数据深化应用的实际需求，进行安全防范管理平台的智能化模块设计，或在安全防范管理平台之外单独规划设计智能化应用系统，包括视频智能分析系统、大数据分析系统等。

(12) 应根据安全防范系统接入设备的规模及复杂程度，进行安全防范管理平台的运行维护模块设计，或在安全防范管理平台之外单独规划设计运行维护管理平台（运行维护管理系统），保障安全防范系统、设备以及网络的正常运行。

(13) 应按照信息安全相关要求，整体规划安全防范系统的安全策略，选择适宜的接入设备安全措施、数据安全措施、传输网络安全措施以及不同网络的边界安全隔离措施等。

18.1.6 人力防范规划

(1) 安全防范工程建设（使用）单位应根据人防、物防、技防相结合，探测、延迟、反应相协调的原则，综合考虑系统正常运行、应急处置的需要，进行人力防范规划。

(2) 安全防范工程建设（使用）单位应合理配备保卫人员、系统值机操作和维护人员等人力资源以及必要的防护、防御和对抗性设备、设施和装备。

(3) 人员、设备、设施和装备的数量及部署位置应满足安全防范系统运行、应急反应、现场处置和预期风险对抗能力的要求。

(4) 应建立健全安全防范管理制度，并结合安全防范系统运行要求，优化业务流程。

(5) 应针对各类突发事件分别制定应急处置预案，并定期演练。应急处置预案至少包括针对的事件、人员及分工、处置的流程及措施、设备（设施或装备）的使用、目标保护和人员疏散方案等内容。

(6) 应建立技术、技能培训机制，确保人员胜任工作岗位。

18.2 安全防范系统简介

18.2.1 相关技术规范

安防工程应符合以下相关标准与规范：

《安全防范工程技术标准》（GB 50348）；

《安全防范系统验收规则》（GA 308）；

《安全防范系统雷电浪涌防护技术要求》（GA/T 670）；

《安全防范报警设备安全要求和试验方法》（GB

16796)；

《视频安防监控系统技术要求》(GA/T 367)；

《公共安全视频图像信息联网共享应用标准体系(2017 版)》；

《入侵报警系统技术要求》(GA/T 368)；

《入侵和紧急报警系统技术要求》(GA/T 32581)；

《防盗报警控制器通用技术条件》(GB 12663)；

《出入口控制系统技术要求》(GA/T 394)；

《停车库(场)安全管理系统技术要求》(GA/T761)；

《脉冲电子围栏及其安装和安全运行》(GB/T 7946)；

《文物系统博物馆风险等级和安全防护级别的规定》(GA27)；

《博物馆和文物保护单位安全防范系统要求》(GB/T 16571)；

《银行营业场所安全防范要求》(GA 38)；

《银行安全防范报警监控联网系统技术要求》(GB/T 16676)。

以及项目当地公安及技防部门的设计及验收标准。

18.2.2 安全防范系统的功能

安全防范系统主要用于预防、制止非法入侵、盗窃、抢劫、破坏、爆炸等违法犯罪行为和群体性事件等重大社会治安事件，维护社会安全的活动。每个安全防范系统的特定功能是由系统的组成要素和内部结构所确定的，系统的特定功能是区别不同系统的标志。

18.2.3 安全防范系统的环境

安全防范系统以外的所有事物称为其环境。安全防范系统与环境是两个相对的概念，取决于所研究的具体对象及其范围。任意安全防范系统是它所从属的一个更大的系统（环境）的组成部分，并与其相互作用，保持较为密切的输入输出关系，可以连同其环境或超系统一起形成更大的系统总体。

18.2.4 安全系统组成要素及要素间的联系

安全防范系统由探测、延迟、反应三个要素构成，每个要素又都包含有若干组成部分。通过安全技术防范系统和值机、守卫、巡逻人员的感官（如眼、耳等）等共同作用实现探测功能；通过具有一定强度的各类实体屏障共同作用实现延迟功能；通过人、必要的交通、通信工具和武器装备共同作用实现反应功能。当三个要素间的关系相互协调、均衡时，系统整体功能最优。

通过安全防范技术的应用，以及人防、物防与技防的有机结合，使人防功能延伸，物防阻滞力增强，进而提高整体防范能力。

18.2.5 安全技术防范系统的构成

常用安全技术防范系统有：

（1）入侵报警系统（IAS）：利用传感技术探测并指示非法进入或试图非法进入设防区域的行为、处理报警信息、发出报警信息。

（2）视频安防监控系统（VSCS）：利用视频技术探测、监视设防区域并实时显示、记录现场图像。

（3）出入口控制系统（ACS）：利用自定义符识别或/和模式识别技术对出入目标进行识别并控制出入口执行机构启闭。

（4）防爆安全检查系统：检查有关人员、行李、货物是否携带爆炸物、武器和/或其他违禁品。

（5）电子巡查系统：对保安巡查人员的巡查路线、方式及过程进行管理和控制。

（6）停车库(场)管理系统：对进、出停车库(场)的车辆进行自动登录、监控和管理。

（7）建立智能建筑管理系统（IBMS）或安防综合管理平台对入侵报警、视频安防监控、出入口控制等子系统进行组合或集成，实现对各子系统的有效联动、管理和/或监控。IBMS 具有对风险事件信息进行自动采集、传输、处理和控制的功能。系统集成时，需注意通过对集成系统的成本和性能进行权衡分析，找到平衡点。

18.2.6 安全防范系统的管理

一个有效的安全防范系统，除了系统设计要科学合理之外，还需要科学的管理。安全防范系统由于落后的管理方式而失效、瘫痪、造成巨大浪费的例子已经屡见不鲜。因此，建立健全探测、延迟、反应子系统的各项规章制度并严格实施，对于调控制约各子系统，保证整个系统有条不紊、长期有效工作是非常必要和重要的。

为了保障安全而制定的各种规则、章程和制度与系统运行配套，主要包括值机人员管理制度、巡逻守卫人员管理制度、设备维护保养制度、设防部位管理制度、实体设施管理制度、反应人员装备管理制度等。制度尽可能健全，但关键是落实。程序是指事情进行的先后次序。与系统运行配套的程序主要包括接警程序、报警复核程序、处警程序等。通过程序的制定与实施，可以规范操作，提高效率，减少失误，明确责任。

预案是指为应付某种情况的发生而先制定的处置方案，是以危害来临为前提的挽救性安排。与系统运行配套的预案主要有处警预案及突发案件的应急预案等。预案通过对安全防范活动中各种复杂的情况如违法犯罪、重大治安事件的历史、现状、未来的发展趋势的研究分析，总结处置上述事件过程中的具体措施和处置的经验、教训，不断地修订、充实、完善而形成。预案的制定过程，是对各种风险因素进行预测的过程。制定预案是争取防范主动权的重要一环，它可以使人们从容地应付各种复杂的情况和局面，做到处变不惊，临危不乱。

在规章制度、程序、预案制定与落实中应注意处理好必要性和可行性的问题；要突出重点；要合理合法，可操作；要狠抓落实；不断补充调整，适应形势变化。

18.2.7　安全防范系统的预警功能

预警是危害发生以前的主动行为，加强预警可以在难以完全预知未来的情况下，最大限度地延伸触觉。在实际应用中，人们越来越关注安全防范系统的预警能力。目前提升安全防范系统的预警能力的基本途径，就是通过安全防范技术手段，如智能视频安防报警技术等，将安全防范系统的防线前移，为及时反应留下空间。

18.2.8　安全防范系统的目标确定

1. 系统规划过程

安全防范系统的实现通常分为三个步骤。首先，通过对被保护对象的风险评估确定系统目标；其次，设计一个系统以满足系统目标要求；最后，评估系统满足系统目标的程度，即对系统的效能进行评估。如果达不到要求，将需要重新设计或改进该系统。上述程序在保证所设计的安全防范系统能够有效防范风险事件发生的同时，还应能保证其具有合理的性价比。

2. 确定安全防范系统目标

确定安全防范系统目标，必须重点弄清两个问题，一是要保护什么，二是保护至何等程度。

对被保护对象进行风险评估是明确系统目标的有效途径。要知道哪些被保护对象最敏感，被保护对象的那些弱点最易受到何种威胁的侵害，设计者必须全面收集相关信息并进行综合分析。通过风险评估使设计者详细掌握以下三方面的重要信息：被保护对象的价值、可能的威胁和弱点。在此基础上综合评估被保护对象风险程度，从而明确需要保护的对象、需要防范的威胁和需要对弱点提供的防护水平，最终确定系统的目标。

如果系统要达到多个目标时，则要从整体出发，优先考虑主要目标，全面协调。

3. 设计安全防范系统满足系统目标要求

系统设计过程，实质上是决定如何将人、物、技资源最优化整合，以实现系统目标的过程。设计良好的安全防范系统应具备以下基本特征：

（1）系统的防护级别与被保护对象的风险等级相适应。系统的防护级别是指为保障被保护对象的安全所采取的防护措施的水平；被保护对象的风险等级取决于被保护对象由于不良事件的发生遭受损失的可能及损失/影响程度。

（2）技防、物防、人防相结合，探测、延迟、反应相协调。

（3）满足防护的纵深性、均衡性、抗易损性要求。

纵深防护即根据保护对象所处的环境和安全管理的要求，对整个防范区域实施由外到里或由里到外层层设防的防范措施。纵深防护分为整体纵深防护和局部纵深防护两种类型。均衡保护即系统对被保护对象提供的安全防护各部分水平基本一致，无明显薄弱环节或瓶颈。抗易损防护即采用保证系统安全、可靠、持久运行并便于维修和维护的技术措施。这样才能满足系统的科学性、适用性、经济性要求。

18.3　视频监控系统

18.3.1　系统概述

在安全技术防范工程中，视频监控系统应用最为广泛，它应用光纤、同轴电缆、计算机网络在闭合的环路内传输视频监控信号，从摄像到图像显示构成独立完整的视频安防监控系统。它能实时、形象、真实地反映被监控对象，不但极大地延长了人眼的观察距离，而且增强了人眼的机能，它可以在恶劣的环境下代替人工进行长时间监控，并录像记录。

1. 系统构成

中心管理平台、前端设备、支撑系统、传输网络以及客户端共同组成了网络视频监控系统。中心管理平台发出控制信号和命令，实现媒体的交换、用户管理、业务管理、网络管理、计费管理以及统计分析等功能。中心管理单元、媒体分发单元、媒体存储单元、业务管理单元等是监控中心的重要组成部分。中心管理单元、媒体分发单元以及媒体存储单元共同完成控制信令、转换协议、媒体调度、信号分发以及存储等功能。

（1）前端设备的主要作用是信号的采集。

（2）监控客户端负责将所采集到的音频流、视频流以及报警信息等传输给监控用户，并能根据监控用户的指令对前端设备等进行操作。

（3）中心管理平台由数据库服务器、互联网管理服务器、视频接入服务器、视频转发服务器以及视频存储服务器等设备共同组成，是网络视频监控系统的核心，实现系统的权限分配、用户管理、业务管理、网络管理以及计费管理等功能。

（4）传输网络实现视频、音频传输、指令控制以及其他数据信息传输以及将报警信息及时进行传达等功能。

2. 系统特点

（1）网络化。传统的远程图像监控系统是在监控点和监控中心之间敷设光缆作为传输通道，光缆两端接光端机作为视频信号转换设备，监控中心再通过编码将模拟信号编译成数字信号进行处理。

高清网络数字摄像机采用的是数字信号传输，它将光信号转化为数字信号由 DSP 进行图像压缩与处理，通过网络输出。

（2）数字化。高清网络数字摄像机从整个视频的采集、编码、传输全部采用数字化，能利用原有网络传输，避免了重复建设。数字摄像机的抗电磁干扰性强、图像清晰，稳定可靠；图像的存储、检索安全方便。

（3）广域化。利用互联网，图像监控已经没有距离限制，可以实现全行业大范围的监控联网。

（4）智能化。检测数据等进行智能化的分类处理，可按用户要求确定自动操作流程。

（5）高分辨率。分辨率是视频监控系统性能的重要指标。在监控行业中主要使用 Qcif（176×144）、CIF（352×288）、HALF D1（704×288）、D1（704×576）720P（1280×720）1080P（1920×1080）等几种分辨率。高清监控系统分辨率必须为 720P（1280×720）以上。实际应用中主要有 720P（1280×720）/1080P（1920×1080）两种分辨率。同时根据使用需求，也可选择 1520P（2688×1520）。

常规高清摄像机分辨率与画幅比例见表 18－1。

表 18－1　常规高清摄像机分辨率与画幅比例表

分辨率简称	实际分辨率	画幅比例
100 万	1280×720	16:9
130 万	1280×960	4:3
200 万	1920×1080	16:9
300 万	2048×1536	4:3
400 万	2560×1440	16:9
500 万	2560×1920	4:3

（6）高画质。数字高清摄像机的色彩比模拟摄像机更加逼真，模拟视频信号中的亮度信号与色度信号由于占用了相同的频带，在由视频采集芯片做梳状滤波（亮色分离）时，很难将色度与亮度信号彻底分离，导致画面出现杂色斑点与色渗透现象，而数字高清摄像机则没有这个烦恼，色彩更加的逼真，更加富有层次感，画面饱和度更佳。

3. 数字视频监控系统的技术优势

（1）数字视频通过 IP 网络传输，距离更远，可供多人同时监看，不受时间、地点限制。

（2）可逐行扫描，画质清晰且压缩比高。

（3）前端具有智能分析功能，可降低对后端设备性能要求，便于辨识、搜索、追踪等。

（4）数字化可选用开放标准的服务器，成本低，而且录像文件管理及储存容易，可同时异地备份。

（5）可无线网络传输，支持 PoE 供电，节约供电成本。

（6）可与 4G 手机结合，简单建构移动远程监控系统。

（7）可通过网络控制 PTZ，实现双向音频交流及控制报警输入输出。

（8）数字视频可加密传输比模拟视频更安全。

18.3.2　摄像机

1. 摄像机类型

（1）模拟摄像机。模拟摄像头将视频采集设备产生的图像转换成模拟视频信号，必须采用视频捕捉卡将模拟信号转换成数字模式，并加以压缩后才在计算机上运用。

前端模拟摄像机到主控制室的距离通常均在 1km 以内，它与其他设备的连接大都采用射频同轴电缆直接连接。当使用的射频同轴电缆长度超过 0.5km 时，为了补偿视频信号长距离传输的损耗，需要在系统网络中增设视频放大器。

（2）数字（IP）摄像机。数字（IP）摄像机是结合传统摄像机与网络技术所形成的新一代摄像机，它可以将图像通过网络传至地球另一端，浏览者在标准的网络浏览器（如 Microsoft IE 或 Netscape）上即可监视其图像。网络摄像机内置一个嵌入式芯片，采用嵌入式实时操作系统。摄像机传送来的视频信号数字化后由高效压缩芯片压缩，通过网络总线传送到 Web 服务器。网络上用户可以直接用浏览器观看 Web 服务器上的摄像机图像，授权用户还可以控制摄像机云台镜头的动作或对系统配置进行操作。

数字摄像机可以构成单机硬盘录像系统、局域网传输硬盘录像系统、广域网传输硬盘录像系统，能实现 1～16 路（每路 25 帧/s）实时图像的监控和同步录像（同步附有音频），所有通道的音视频均可以在网络上传输，还能跨网段传输，其图像的清晰度达到或超越 CIF（325×288）格式，还可外接烟感探头、紧急按钮等诸多类别的传感器，并能控制云台和可变镜头工作，具有自动备份功能。

（3）智能球形摄像机。智能球形摄像机集彩色一体化摄像机、云台、解码器、防护罩等多功能于一体，使用简单但功能强大，广泛应用于不同的场合的监控。

智能球形摄像机分为球心部分、外壳部分及配件部分。球心部分用机架整合了一体机机芯、控制解码主板和电机云台系统，外壳一般都是采用铝合金，分为铸造和冲压的两种，下外壳是光学透明罩，保证通光率和图像无变形，同时还要考虑防老化、防破坏、防尘、防雨渍等问题。配件部分一般包括支架部分、加热器部分、散热部分。支架包括壁装支架、吊杆支架。加热装置只有在严寒地区才选装，室内球原则上没有散热和加热部分。配件还包括电源，一般用 24V 2～3A 电流的变压器供电。云台系统采用“精密微分步进电机”实现智能球形摄像机的快速、准确的定位、旋转。

智能球形摄像机集成了云台系统、通信系统和摄像机系统。云台系统是指电机带动的旋转部分，通信系统是指对电机的控制以及对图像和信号的处理部分，摄像机系统是指采用的一体机机芯。系统之间的连接是主控核心 CPU，由 CPU 控制云台与传输图像，实现白平衡、快门、光圈、变焦、对焦等控制功能。

（4）一体化摄像机。一体机分为高清和标清。高清一体机主要有 130 万机芯、200 万机芯、400 万机芯；标清一体机主要有 22 倍、23 倍、30 倍、36 倍等系列的机芯。

（5）全景摄像机。可以独立实现大范围无死角监控，目前的主流产品采用吊装与壁装方式，可分别达到 360° 与 180° 的监控效果，亦被称为广角全景摄像机。

全景摄像机配有一个鱼眼镜头、或者一个反射镜面（如抛物线，双曲线镜面等）、或者多个朝向不同方向的普通镜头拼接而成，拥有 360° 视场 FOV（Field of View）。一台全景摄像机可以取代多台普通的监控摄像机，做到无缝监控，应用于监狱、政府机关、银行、社会安全、公共场所、文化场所等领域。

（6）瞭望云台摄像机。高空瞭望是指在距离地面 50～100m，乃至 100m 以上的位置布设云台摄像机以实现方圆一公里到十几乃至几十公里范围的图像监控。

高空瞭望在较高的位置实现大范围的图像精确监控，是一种既兼顾大场面，又实现具体目标特写拍摄的视频监控手段。高空瞭望技术可以弥补普通图像监控手段无法避免环境物体阻挡、视野范围较小的缺点，从而实现基本无阻挡的大范围监控，多用于城市消防监控、城市重点目标监控、城市治安监控、森林消防监控、机场周界保安监控、城市环保监控、防空安全监控、边境防卫监控、厂区监控等。

在 50m 以上的高空，风速以及基础自身的晃动较为严重，所以瞭望云台摄像机需具有抗风力能力。另外，高空瞭望所覆盖的范围较大，普通的照明灯已不可能实现远距离的照射，因此设备必须在低照度下工作，高空瞭望云台摄像机还具备远程激光的补光功能。

（7）热成像摄像机。热成像摄像机是一种通过接受物体发出的红外线来显示的摄像机。

任何有温度的物体都会发出红外线，热像仪就是接收物体发出的红外线，通过有颜色的图片来显示被测量物表面的温度分布，根据温度的微小差异来找出温度的异常点，从而起到辅助维护的作用。热成像摄像机的工作原理就是热红外成像技术，它是一种能够探测极微小温差的传感器，将温差转换成实时视频图像显示出来。但是只能看到人和物体的热轮廓，看不清物体的细部面目。

红外热成像技术可用在安全防范的夜间监视、禁区人员藏匿监测、森林防火监控系统中。

（8）防爆摄像机。防爆摄像机属于防爆监控类产品，是防爆行业跟监控行业的交叉产物，因为在具有高危可燃性、爆炸性现场不能使用常规的摄像产品。防爆摄像机必须符合国家标准 GB 3836.1－2、GB 12476.1－2 爆炸性气体环境用电气设备标准。该标准参照了国际电工委员会对爆炸性气体环境用电气产品的标准，并且在某些方面高于该标准。同时还需要具有：国家电工委员会下属防爆检测中心颁发的《防爆合格证》、国家质量监督总局颁发的《生产许可证（防爆电器）》、国家矿用产品安全许可办公室颁发的《矿用产品安全标志书》（煤矿井下使用产品）。国外产品在国内应用需要具备欧盟标准对于特殊行业的认证《ATEX》，该认证的获得过程及监督类似于上述 1、2 项标准，IEC 认证类似于 GB 3836.1－2 和 GB 12476.1－2。

（9）防暴摄像机。防暴摄像机又称高安全性摄像机、抗冲击摄像机、抗打击摄像机、防破坏型摄像机。顾名思义，防暴摄像机就是在外来暴力打击下仍然可以保证部件正常工作的摄像机，特点就是其外壳具有很强的抗冲击能力。

防暴摄像机其内置的摄像机和普通的摄像机基本相同，为了达到防暴力（防敲、防砸、防震荡）要求，产品的透明防护罩大都采用聚碳酸酯（PC）工程塑料来制作，也有部分厂家的产品采用聚甲基丙烯酸甲酯（PMMA）工程塑料（亚克力、亚加力）球罩。

（10）针孔摄像机。针孔摄像机即超微型摄像机。它的拍摄孔径只有针孔一般的大小，而摄像头的大小则大概有一元硬币那么大。针孔摄像机被应用在保护人们的生命、财产和隐私上，主要用于记者的暗访调查，公安的暗访取证，银行 ATM 机等。

（11）高速摄像机。高速摄像机就是能够以很高的频率记录一个动态的图像，因为一个动态的图像是需要数个静止的连贯的图片按一定时间速度播放出来的，高速摄像机一般可以 1000～10 000 帧/s 的速度记录。

高速摄像机可以在很短的时间内完成对高速目标的快速、多次采样，当以常规速度放映时，所记录目标的变化过程就能清晰、缓慢地呈现在我们眼前。高速摄像机技术具有实时目标捕获、图像快速记录、即时回放、图像直观清晰等突出优点。

高速摄像机多年来被使用在道路抓拍，卡口抓拍及研究上，例如车祸模拟测试的记录。

2. 摄像机的主要参数

摄像机选择，主要参数是摄像机种类、摄像机线数、镜头大小（焦距）、最低照度、功能（背光补偿、宽动态、强光抑制、数字降噪等）、供电方式、彩转黑方式、安装方式等参数。

（1）色彩。摄像机分为彩色摄像机和黑白摄像机。通常黑白监控摄像机的水平清晰度比彩色监控摄像机高，且黑白监控摄像机比彩色监控摄像机灵敏，更适用于光线不足的地方和夜间灯光较暗的场所。黑白监控摄像机的价格较低，但彩色的图像容易分辨衣物与场景的颜色，便于及时获取、区分现场的实时信息。除一些工业场所外，主要采用彩色摄像机。

（2）清晰度。模拟摄像机垂直方向的清晰度受到电视制式的限制，有一个最高的限度，由于我国电视信号均为 PAL 制式，PAL 制垂直清晰度为 400 行。所以模拟摄像机的清晰度一般是用水平清晰度表示，水平清晰度表示人眼对电视图像水平细节清晰度的量度，用电视 TVL 表示，线数越高越好，通常要求大于 500TVL。

（3）像素。是指摄像机提供的单帧画面的点数（表示图像是由多少点构成的），高清监控摄像机用 200 万、300 万、400 万等来描述可提供的图像清晰度。此值越高，对于相同指标的镜头，摄像机可以提供更为清晰细腻的画质；对于相同分辨率的采集器件，摄像机可提供的图像可视区更大。但随着像素的提升，设备成本也逐步增大。在工程设计中，应根据现场状况、监控的目标物、监控所需要的效果合理选择性价比最优的摄像机类别。

（4）最低照度。单位被照面积上接收到的光通量称为照度。监控摄像机的灵敏度以最低照度来表示，这是监控摄像机以特定的测试卡为摄取标准，在镜头光圈为 0.4 时，调节光源照度，用示波器测其输出端的视频信号 10%，此时测得的测试卡照度为该摄像机的最低照度。所以实际上被摄体的 10 倍以上才能获得较清晰的图像。这个指标综合反映了摄像机能清晰成像所需要的环境光亮程度。通常，普通型通常正常工作所需照度为 1～3lx、月光型通常正常工作所需照度为 0.1lx 左右、星光型通常正常工作所需照度为 0.01lx 以上、黑光型通常正常工作所需照度为 0.000 5lx 以上。最低照度值反映了摄像机在黑暗环境下的灵敏度，此值越低越好，则造价也越高。红外照明型摄像机是采用附加红外光源来让摄像机有合适的成像照度环境，通常标称为零照度，附加的红外光源增加了设备供电量，在某些场合不利于摄像机的隐蔽，但造价远低于星光和黑光摄像机。可参照项目的特殊性综合性价比，合理选择设备的最低照度值。

（5）背光补偿。摄像机在逆光环境成像会造成被监视物的黯淡模糊，当背景光补偿为开启时，摄像机内 DSP 将单幅画面分隔为多个小格图像，逐一进行增益调节。这种功能摄像机一般用于逆光的环境下工作。

（6）宽动态。如果摄像机视场中可能包含一个很亮的区域（如汽车车灯的照射），而被监视的目标则处于亮场的包围之中，将使得画面一片昏暗，无法看清。而宽动态这一技术是同一时间曝光两次，一次短（高快门），一次长曝光（低快门），这样图像中每一点都有两个数据，经 DSP 运算再加总合成，最终使得图像能同时看清画面上亮与暗的物体。它是背光补偿技术的优化，多用于车道入口、车库等有剧烈光照度差异的场所。

3. 主要摄像机

（1）枪式摄像机（图 18－1）。

(a)　(b)

(c)　(d)

图 18－1　枪式摄像机

（a）带菜单和 ICR 的枪式系列；（b）100m 红外防水枪式系列；（c）30～50m 红外防水枪式系列；（d）5～30m 红外防水枪式系列

（2）半球摄像机（图 18－2）。

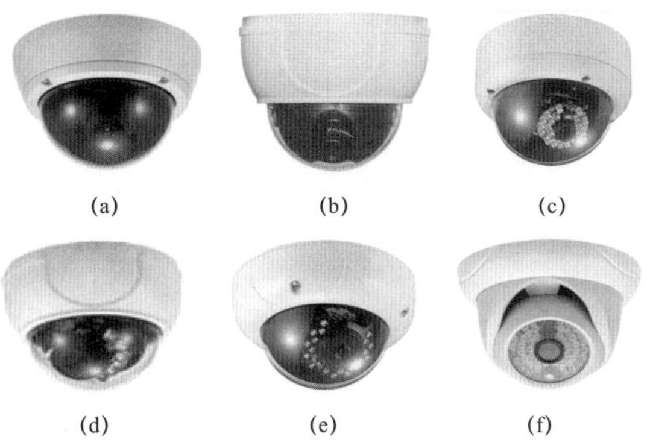

(a)　(b)　(c)

(d)　(e)　(f)

图 18－2　半球摄像机

（a）防爆半球系列；（b）日夜型半球系列；（c）防暴半球系列；（d）红外半球系列；（e）红外防爆半球系列；（f）海螺型红外半球系列

（3）专用摄像机（图 18－3）。

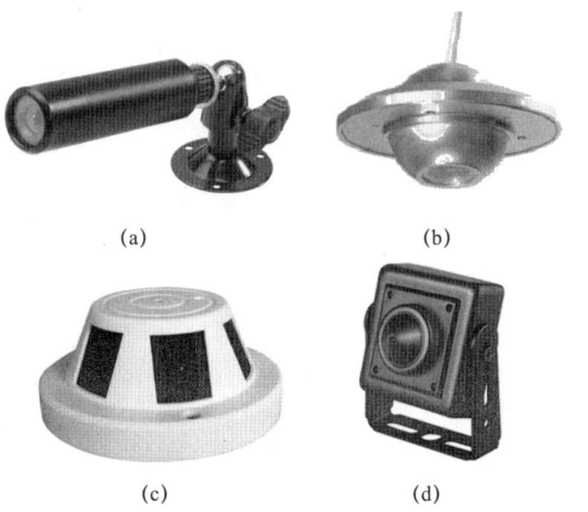

(a)　(b)

(c)　(d)

图 18－3　专用摄像机

（a）笔筒式系列；（b）飞碟式系列；（c）烟感隐蔽型系列；（d）针孔式系列

（4）球摄像机（图 18－4）。

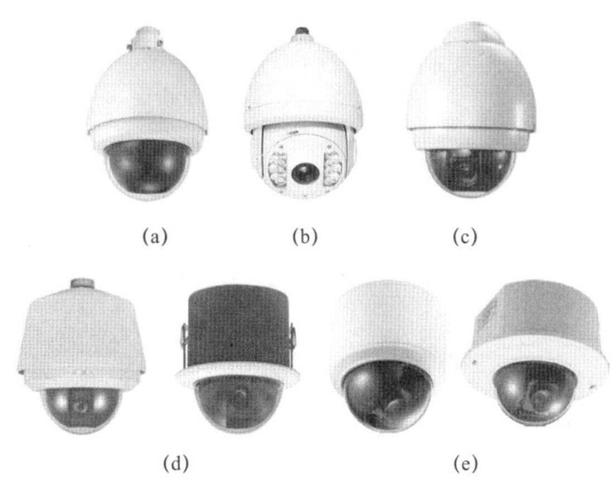

(a)　(b)　(c)

(d)　(e)

图 18－4　球摄像机

（a）6in 模拟高速智能球；（b）6in 红外模拟高速智能球；（c）6in 第三代模拟智能球；（d）6in 光纤模拟高速球；（e）4in 迷你高速智能球

（5）高空瞭望摄像机（图 18－5）。

图 18－5　高空瞭望摄像机

（6）一体化摄像机（图 18－6）。

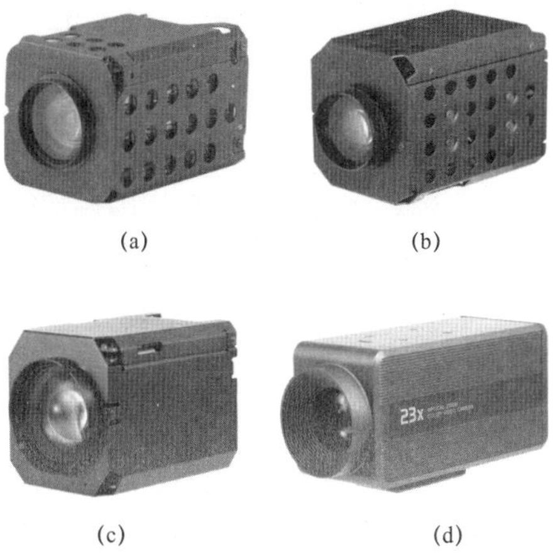

(a)　(b)

(c)　(d)

图 18－6　一体化摄像机

（a）22 倍一体化机芯系列；（b）23 倍、30 倍、36 倍一体化机芯系列；（c）、（d）130 万、200 万、700 万线低照高解系列机芯

4. 摄像机应用（表 18-2）

表 18-2　　摄像机适用说明表

序号	设备类型	应 用 说 明
1	模拟摄像机	（1）用于不便于重新布线的老项目改造 （2）用于长度超越网线布线长度的电梯监控 （3）其他必须采用同轴电缆的场所
2	数字（IP）摄像机	用于所有场所
3	智能球机	（1）用于交通路口、室外广场、小区出入口、银行办事大厅、医院候诊室、大型会议室、学校图书馆、操场、工业园区等开阔区域 （2）根据应用场所的需求可选择补光类型：红外补光或星光型 （3）根据应用场所环境可选择护照功能如：加热、防尘、排风等
4	一体化摄像机	用于图像质量要求一般，监视范围较小，项目投资较小的场合，室内/室外均可使用
5	全景摄像机	（1）用于监狱牢房、政府机要办公室、银行金库、公共场所、文化场所等 （2）用于架设多台监控摄像机不便，简单而空旷的场景
6	瞭望云台摄像机	（1）用于森林防盗、城市应急指挥、特殊禁区监控、航道监控等特殊场所 （2）用于需要高空监控的场所
7	热成像摄像机	用于特殊区域防火监测、禁区人员藏匿监测、夜间禁区监测等
8	防爆摄像机	（1）用于化工厂、煤矿、核电站、加油站等危险场所 （2）用于具有可燃性气体、粉尘以及混合物并构成一定浓度的场所 （3）现场有充分的氧气跟可燃物发生燃烧反应的场所 （4）现场有足够的温度可以导致混合物于氧气发生燃烧反应的场所 （5）现场空间狭小足以使得燃烧后的热量短时间内聚集一定浓度甚至爆破的场所
9	防暴摄像机	（1）用于公安局、监狱、看守所等公检法场所 （2）用于银行金库、ATM 间等高危场所 （3）用于地铁公交、机场、车站等人员复杂场所 （4）用于矿山、森林等野外环境恶劣场所
10	针孔摄像机	用于暗访调查，公安的暗访取证，银行 ATM 机等特殊情况
11	高速摄像机	（1）交通卡口、交通测速等场所 （2）用于工业测试、科学实验等

18.3.3 后端设备

视频监控系统后端设备布设在监控中心机房或数据中心内，它是监控系统的核心，主要由系统的控制管理软件、图像音频的存储设备、手动控制设备、图像音频的解码设备、监控屏幕显示设备等组成。

1. 视频管理平台

中大型视频监控系统必须建立视频管理平台，对系统的资源和图像数据进行控制与管理。目前已有厂商对安全防范系统进行整合，建立了安全防范综合管理平台。

2. 视频解码设备

视频解码器是对数字视频进行压缩或者解压缩的程序或者设备。在视频监控系统中视频解码设备用于对前端传输回监控中心的压缩视频数字信号进行解压缩，以在屏幕上显示图像。

（1）硬盘录像机。小规模民用视频监控系统（50个监控点以下）可以使用硬盘录像机自带的解码视频出入口进行解码，一般一台硬盘录像机拥有一个视频输出口，可接一台监视器，并且具有画面分割功能，但只能完成一对一的控制，硬盘录像机和监视器是绑定的，无法跨设备控制和统一界面管理，并且解码清晰度有限。

（2）多路解码器。在中大规模的视频监控系统中，采用单台多路解码器进行视频解码显示，解码器可分为 1 路、4 路、12 路、16 路等，根据实际监视器数量进行配置，当监视器数量大于单台解码输出时，可配置多台联机使用，通过统一平台管理。

主要功能支持视频及音频解码输出、多种输出接口（HDMI、VGA 等）、多种标准网络视频流解码；支持几路至几十路 720P 或 1080P 的解码输出，部分解码能力较强的设备也可以进行 300 万、500 万～800 万像素的解码；支持轮休预案设置、规定时间设置、通道任意开窗和漫游、解码轮巡；采用标准网络协议和标准压缩算法，实现各种平台的互联互通。

（3）视频解码平台。大型视频监控系统（城市交通管理中心、应急指挥中心、银行区域总行等）一般采用视频解码平台，该设备集所有控制解码设备于一体，支持模拟及数字视频的矩阵切换、视频图像行为分析、视音频编解码、集中存储管理、网络实时预览、视频拼接上墙等功能，是集图像处理、网络功能、日志管理、用户和权限管理、设备维护于一体的电信级视频综合处理交换平台。

设备采用一体化设计，可插入各类输出接口类型的增强型解码板进行大规模扩展，进行图像上墙显示，并可进行拼接、开窗、漫游等各类功能。也可插入各类信号输入板，将计算机信号、模拟、数字（HD－SDI）或光信号的信源接入。显示效果如下：

1）单屏显示。组合大屏的每个单元单独显示一路视频画面，每个单元的视频信号可以任意切换（图 18－7）。

图 18－7　单屏显示效果

2）整屏显示。整个大屏显示一路完整的视频图像，显示的图像可以是复合视频（PAL 或 NTSC）、VGA、S－Video、Ypbpr/YCbCr、DVI（图 18－8）。

图 18－8　整屏显示效果

3）任意分割组合显示。以一个屏为单元可任意 1、4、9、16 路画面分割显示，可以任意几个大屏组合显示一路画面（图 18－9）。

图 18－9　分割显示效果

4）图像叠加漫游。可以将任意一个或者多个信号叠加到其他信号之上显示，并且可以随意移动，进行漫游（图 18－10）。

图 18－10　叠加显示效果

5）图像拉伸。可将一个信号在整个屏幕墙上随意缩放（图 18－11）。

图 18－11　图像拉伸显示效果

6）LOGO/OSD 显示。在不占用视频输入的情况下，可通过网络在任意单元上以任意大小显示任意多幅静止图像，也可以是LOGO信息或地图。可在任意单元任意位置显示适量字库文本信息，文字透明度可调。

7）网络抓屏。通过网络将远端电脑的操作界面投射到电视墙上，网络抓屏显示效果如图18－12所示。

图18－12　网络抓屏显示效果

8）多种花式视频显示。如开窗、漫游、组合等任意形式的显示模式，花式显示效果如图18－13所示。

图18－13　花式显示效果

9）全高清电脑信号实时上墙。视频综合平台输入板支持1080P、1600×1200、1920×1200等多种全高清分辨率输入，上墙时采用非压缩的方式，解决高清电脑视频上墙功能，并且满足实时性的要求。视频综合平台具备网络抓屏上墙的模式，可满足客户多数量、多类型的电脑图像上墙需求。PC信号全高清实时上墙效果图如图18－14所示。

图18－14　PC信号全高清实时上墙效果图

18.3.4　屏幕显示设备

视频监控系统的屏幕显示设备主要有监视器、拼接屏、小间距LED屏。

1. 监视器

中小型或不需要进行画面组合、漫游的项目，通常根据需求选择22in、32in、42in、50in、55in、65in（1in＝2.54cm）的液晶监视器。

2. 拼接屏

常用的液晶拼接单元的尺寸有46in、47in、55in、60in等，根据需要任意拼接，拼缝常规有2.5mm、3.5mm、5.3mm，小间距有1.4mm、1.7mm等。拼接单元采用背光源发光，物理分辨率可达到高清标准，发热量低，运行稳定，维护成本低。拼接单元组成的拼接墙具有低功耗、重量轻、寿命长、无辐射、安装方便快捷、占用空间较小等优点。

监控中心采用M（行）×N（列）的拼接显示大屏作为显示幕墙，可以显示前端设备采集的画面、GIS系统图形、报警信息。显示大屏支持BNC、VGA、DVI、HDMI等多种接口，通过控制软件对需要上墙显示的信号进行显示，通过视频综合平台可实现信号的实时预览、视频拼接显示、任意分割、开窗漫游、图像叠加、图像拉伸缩放等一系列功能。

3. 小间距LED屏

城市指挥中心、交通管理中心等项目对拼缝、亮度、色彩饱和度、分辨率、应用灵活性等方面有较高要求，可采用小间距LED屏作为视频监控系统的显示设备。

常规小间距LED屏有包括P2.5、P2.0、P1.9、P1.8、P1.6、P1.5、P1.2、P1.0等。

4. 显示方式对比（表 18－3）

表 18－3　显示方式对比表

对比项目 / 产品类别	小间距 LED 屏	DLP 拼接墙	液晶拼接墙	投影融合系统	超大尺寸液晶显示屏
显示原理	自发光	光源投影	背光源投射	光源投影	背光源投射
物理拼缝	整屏无拼缝	小于或等于 0.5mm	3.5mm	无拼缝，有融合带	单屏显示，无拼缝
亮度	P1.2～P2.0 级别的小间距LED显示屏亮度基本在 800～1000cd/m^2 之间	LED 光源，一般中间≤500cd/m^2 四角≤250～300cd/m^2 激光光源产品亮度较高	一般为250～2000cd/m^2	一般在 5000 流明以上	一般为500～2000cd/m^2
均匀性与一致性	亮度，色度逐点可调，整屏均匀一致	长期使用，单元间亮度与色彩衰减不一致，需专业人员重新调试	长期使用，单元间亮度与色彩衰减不一致，不可恢复	长期使用，单元间亮度与色彩衰减不一致，需专业人员重新调试	单一屏幕显示，均匀性与一致性良好
色彩饱和度	一般大于或等于 97%	通常较低	大致为92%左右（DID 屏）	通常较低	大致为 92% 左右（DID 屏）
可视角（H/V）	主流为 140°/140°	主流为 120°/180°	主流为 178°/178°	依屏幕而不同	主流为 178°/178°
分辨率	最高可达 4K	大致有三种 1024×768，1400×1050，1920×1080	主流为 1080p 最高可达 4K	主流 WXGA 最高达 4K	主流为 1080p 最高可达 4K
功耗	节能环保	主流的 LED 光流产品及新兴的激光光源产品均较为节能	节能环保	主流的 LED 光源及新兴的激光光源均比较节能	继承了液晶屏的节能特点不过尺寸越大功耗越高
使用寿命	平均 10 万 h	一般为 6000～6 万 h	平均 6 万 h	传统灯泡：3000h。激光：2 万～5 万 h	平均 6 万 h
使用成本	目前 1.9mm 的产品和 DLP 产品的售价相近，65in 2.0 以下产品成本在 10 万元～30 万元之间	成本远高于液晶拼接墙，不过，同等英寸下略低于小间距 LED 产品，例如，65in 产品成本大约在 7 万元～20 万元之间	价格经济，例如，65in 成本低于 1 万元	具有一定的价格优势，但是，灯泡需要定期更换，日常维护成本较高，大画面显示，需要各种辅助性设备，从而提高整体应用成本	受限于生产线调整，超大尺寸生产规模有限，价格昂贵。目前 110in 以上的产品价格在百万元以上
适用环境	亮度可调，对光环境门槛要求低，不仅用于室内，还可应用于半户外、户外等环境	LED 光源产品仅能满足室内应用需求，新兴的激光光源产品有望突破半户外市场	主要用于室内大屏幕显示领域中低端市场，在高端市场也有少量应用	潮湿与环境光线强度直接影响显示效果，局限于低亮度环境	亮度有限，主要应用于室内环境，虽然有高亮产品面市，但是成本较高
应用灵活性	屏体体积相对较小，可与触摸、4K、裸眼 3D 等技术结合；具有弧形变形能力，可定制，可更好地发挥创意设计	箱体体积大，较难实现与触摸、4K、裸眼 3D 等技术的结合	拼接单元轻薄，可与触摸、4K、裸眼 3D 等技术结合；能够实现异形拼接	体积小巧，安装方式灵活，具有动态画面显示优势，只需通过投影机身自身的旋转就可以投射出形态各异的画面效果，在创意应用领域优势突出	尺寸多元化，在实际应用中，外形单一，虽然有异形拼接技术，但是大尺寸拼接技术难度大。不能实现完全无缝显示，以及与触摸、4K、裸眼 3D 技术结合

注：1in=2.54cm。

18.3.5　存储技术

视频监控系统的数据存储有着各种网络存储解决方案，例如：SAN，NAS，DAS 存储网络，它们各有特点，运用场景的也有所不同。

1. SAN

存储区域网络（Storage Area Network，SAN）是一种专门用于存储操作的高速网络，通常独立于计算机局域网。SAN 将主机和存储设备连接在一起，能够为其中任意一台主机和存储设备提供专用的通信通道。SAN 将存储设备从服务器中独立出来，实现服务器层次上的存储资源共享。SAN 将通道技术和网络技术引入存储环境中，能够同时满足吞吐率、可用性、可靠性、可扩展性和可管理性等方面的要求。

通常 SAN 由磁盘阵列（RAID）连接光纤通道（Fibre Channel）组成（为了区别于 IP SAN，SAN 也称为 FC－SAN）。SAN 和服务器和客户机的数据通信通过 SCSI 命令而非 TCP/IP，数据处理是“块级”(block level)。SAN 以数据存储为中心，提供 SAN 内部任意节点之间的多路可选择的数据交换，并且将数据存储管理集中在相对独立的存储区域网内。SAN 实现在多种操作系统下，最大限度的数据共享和数据优化管理，以及系统的无缝扩充。SAN 网络又被分为 FC－SAN 网络和 IP－SAN 网络。

（1）FC－SAN。直接通过 FC 通道连接磁盘阵列，数据通过发送 SCSI 命令来直接与硬件进行通信，从而提高了整体的速率。

FC－SAN 专用的硬件包括 FC 卡、FC HUB、FC 交换机、存储系统等，专用的软件有 FC 控制卡针对各种操作系统的驱动程序和存储管理软件。

（2）IP－SAN。IP－SAN（IP 存储）的通信通道是使用 IP 通道，而不是光纤通道，除了已获通过的 iSCSI，还有 FCIP、iFCP 等正在制定的标准。而 iSCSI 发展最快，已经成了 IP 存储一个有力的代表。

IP－SAN 是可交换的，不存在互操作性问题，已经被 IT 业界广泛认可，有成熟的网络管理软件和服务产品可供使用。

2. NAS

在网络附加存储（Network Attached Storage，NAS）的结构中，存储系统不再通过 I/O 总线附属于某个服务器或客户机，而直接通过网络接口与网络直接相连，由用户通过网络访问。

NAS 本质上是一个带有瘦服务器的存储设备，类似于一个专用的文件服务器，它去掉了通用服务器原有不适用的大多数计算功能，而仅仅提供文件系统功能，数据不再通过服务器内存转发，直接在客户机和存储设备间传送，服务器仅起控制管理的作用。

3. DAS

直接附加存储（Direct Attached Storage，DAS）将存储设备通过总线（SCSI、PCI、IDE 等）接口直接连接到一台服务器上使用。DAS 购置成本低，配置简单。这些存储方式的特点见表 18－4。

表 18－4　DAS、NAS 与 FC－SAN、IP－SAN 的区别

存储形式	DAS	NAS	SAN	
			FC－SAN	IP－SAN
数据传输速度	快	慢	极快	较快
扩 3 展性	无扩展性	较低	易于扩展	最易扩展
服务器访问存储方式	直接访问存储数据块	以文件方式访问	直接访问存储数据块	直接访问存储数据块
服务器系统性能开销	低	较低	低	较高
安全性	高	低	高	低
是否集中管理存储	否	是	是	是
备份效率	低	较低	高	较高
网络传输协议	无	TCP/IP	Fibre Channel	TCP/IP
成本	低	较低	高	较高
应用	适用于数据量不大，对磁盘访问速度要求较高的中小企业	适用于文件服务器，用来存储非结构化数据，速度要求不高场所。部署灵活，成本低	适用于大型应用或数据库系统，缺点是成本高、较复杂	

4. *视频云存储*

近年来，由于计算机网络系统和视频编解码技术地高速发展，视频监控系统的存储技术已结合了集群化技术、虚拟化技术、离散存储技术，通过流式文件系统对系统内所有存储资源进行虚拟化和应用化整合，逐步发展出云存储技术，它为用户提供更加高性能、高稳定、高扩展性的数据存储服务，云存储由管理服务器、云存储节点、云存储软件组成。

IPSAN 与云存储技术比较见表 18－5。

表 18－5　IPSAN 与云存储技术比较

项目	IP SAN 存储	视频监控云存储
服务器 IP 数量	N	唯一
服务器类型	流媒体服务器、应用服务器	元数据服务器
服务器数量	$N+N$	2
容量上限	有	无
多点故障录像不中断	不支持	支持
容量虚拟化整合	不支持	支持
容量按需分配	不支持	支持
容量动态调整	部分支持	支持

续表

项目	IP SAN 存储	视频监控云存储
录像负载均衡	不支持	支持
录像动态调整	不支持	支持
前端直写	不支持	支持
高速下载	不支持	支持
录像写入速度	较低	高
视频应用扩展	不支持	支持

5. 磁盘阵列技术

RAID（Redundant Arrays of Independent Disks）为廉价冗余磁盘阵列。磁盘阵列也分为软阵列和硬阵列。软阵列即通过软件程序并由计算机 CPU 提供运行能力所成，软件程序不是一个完整系统，只能提供最基本的 RAID 容错功能。硬阵列是由独立操作的硬件提供整个磁盘阵列的控制和计算功能，不依靠系统的 CPU 资源。硬阵列是一个完整的系统，所有需要的功能均可以做进去，所以硬阵列所提供的功能和性能均比软阵列好。视频监控系统常用的 IPSAN 和云存储，也是采用硬阵列技术。

视频存储从 RAID 概念的提出到现在，已经发展了六个级别，分别是 0、1、2、3、4、5。最常用的是 0、1、5 三个级别。

RAID 0：它将多个磁盘并列起来成为一个大硬盘（如配置 10 块 4TB 硬盘，总存储容量为 40TB），不具有冗余。RAID 0 也称带区集。在存放数据时，其将数据按磁盘的个数来进行分段，然后同时将这些数据写进这些盘中。所以，在所有的级别中，RAID 0 的速度最快。但因没有冗余功能，如果一个磁盘（物理）损坏，则所有的数据都无法使用。

RAID 1：两组相同的磁盘系统互作镜像，速度没有提高，但是允许单个磁盘出错，可靠性最高。其原理为在主硬盘上存放数据的同时也在镜像硬盘上写一样的数据。当主硬盘（物理）损坏时，镜像硬盘则代替主硬盘的工作，所以 RAID 1 的数据安全性在所有的 RAID 级别上是最好的。但是其磁盘的利用率却只有 50%，磁盘利用率最低。

RAID 5：向阵列中的磁盘写数据，奇偶校验数据存放在阵列中的各个盘上，允许单个磁盘出错。RAID 5 以数据的校验位来保证数据的安全，但不是以单独硬盘来存放校验位，而是将数据段的校验位交互存放于各个硬盘上。任何一个硬盘损坏，都可以根据其他硬盘上的校验位来重建损坏的数据。

常用磁盘阵列方式的对比见表 18－6。

表 18－6　　常用磁盘阵列方式的对比表

类型	读写性能	安全性	磁盘利用率	成本	应用
RAID0	最好（因并行性而提高）	最差（无安全保障）	最高（100%）	最低	个人用户或视频存储安全性要求极低的场所
RAID1	读和单个磁盘无分别，写则要写两边	最高（百分之百备份）	差（50%）	最高	适用于存放重要数据，或对视频图像存储要求极高的场所
RAID5	读：接近 RAID 0 的数据读取速度。写：对单个磁盘进行写入操作（多了一个奇偶校验信息写入）	介于 RAID 0 和 RAID 1 之间，损坏的数据可以重构恢复	较高（损失阵列组中的 1 块盘容量）	较低	是一种存储性能、数据安全和存储成本兼顾的存储解决方案

6. 硬盘

硬盘有固态硬盘（SSD）、机械硬盘（HDD）、混合硬盘（HHD）；SSD 采用闪存颗粒来存储，HDD 采用磁性碟片来存储，混合硬盘是把磁性硬盘和闪存集成到一起的一种硬盘。综合性价比等因素，监控图像存储用的还是机械硬盘，性能可分为桌面级普通硬盘、监控专用硬盘和企业级数据硬盘。

（1）监控专用硬盘。满足数字图像存入及回放，并针对数字硬盘录像机录入和回放的特点对硬盘进行了优化设计以保障对流媒体的支持，具备连续读取性能，能同时提供十几条音视频流，对系统数据的支持是稳定的。

（2）企业级数据硬盘。通常用 SCSI 硬盘，转速高，支持热插拔，长时间工作稳定。针对磁盘阵列设计的硬盘，增加了振动补偿机制，有效消除多块磁盘产生的共振（共振对硬盘的损害相当大，4 片盘以上的 RAID 应用建议采用企业级数据硬盘）；具有数据校验能力，以数据“写后读”验证数据的正确性和完整性，提供动态节能技术。

（3）桌面级普通硬盘。具有较快的存储响应时间，在一个硬盘（包括阵列）系统下，硬盘系统可以保障多系统数据的可靠安全存储。支持多种应用环境如 PC 桌面应用，多媒体应用和游戏等。

硬盘性能比较见表 18－7。

表 18－7　　硬盘性能比较表

序号	硬盘类型	连续工作时间	平均无故障时间/（万 h）	转速/（r/min）	应用
1	普通硬盘	5 天 × 8h	100	5400	家用
2	监控级硬盘	7 天 × 24h	120	5400～7200	DVR、NVR、小规模 SAN
3	企业级硬盘	7 天 × 24h	150	7200～15 000	大规模 SAN、云存储

7. 存储容量计算

根据 H.264 压缩方式计算如下：

公式：码流 × 时间 × 视频路数 ÷ 8 ÷ 0.9（硬盘格式化损失）＝N（Byte）

码流：每路视频传输码流，通常以 kbit/s、Mbit/s 为单位，表示每秒比特流：如（720P）码流设为 2048kbit/s，即 2Mbit/s。

时间：每小时（多少秒）、多少天、几个月等视频路数：整个存储需要完成多少路视频数据的存储。

单位转换：8bit＝1byte，1024KB＝1MB，1024MB＝1GB，1024G＝1TB。（H.264 压缩方式：D1 清晰度，实时 25 帧，500M/h/路；H.264 压缩方式：HAFL D1 清晰度，实时 25 帧，300M/h/路；H.264 压缩方式：CIF 清晰度，实时 25 帧，200M/h/路）

例：计算单路 720P 在码流为 2M 情况下，1080P 在码流 4M 情况下每 24h 需要存储容量：

公式：码流 × 时间 ÷ 8 ÷ 0.9（硬盘格式化损失 10%）＝N（Byte）

720p＝2Mb/s × 3600 × 24 ÷ 0.9＝24 000MB/天
＝23.43GB/天

1080p＝4Mb/s × 3600 × 24 ÷ 0.9＝48 000MB/天
＝46.87GB/天

注：目前最新 H.265 压缩技术可根据实际录像像素点数量在保持同清晰度的情况下减少存储容量 30%～50%；需要采用 RAID 进行冗余备份时，保持同清晰度的情况下增加存储容量 20%～40%。

8. 监控系统常用存储设备介绍

（1）数字视频录像机。数字视频录像机或 DVR（Digital Video Recorder）也称为硬盘录像机，是进行图像存储处理的计算机系统，具有对图像/语音进行长时间录像、录音、远程监视和控制的功能，DVR 集合了录像机、画面分割器、云台镜头控制、报警控制、网络传输等五种功能于一身，用一台设备就能取代模拟监控系统一堆设备的功能。

DVR 采用数字记录技术，在图像处理、图像储存、检索、备份，以及网络传递、远程控制等功能，是电视监控系统的首选产品，可分为硬盘录像机、PC 式硬盘录像机、嵌入式硬盘录像机等。DVR 系统的软件是由产品公司进行开发完成。

（2）网络硬盘录像机。网络化监控的核心产品（Network Video Recorder，NVR）通过网络接收网络摄像机（IPC）、DVS 等设备传输的数字视频码流，并进行存储、管理，其核心价值在于视频中间件，通过视频中间件的方式广泛兼容各厂家不同数字设备的编码格式，从而实现网络化带来的分布式架构、组件化接入的优势。

（3）磁盘阵列存储。见 18.3.5 存储技术的“5 磁盘阵列技术”。

（4）云存储。通过集群应用、网格技术或分布式文件系统等功能，网络中大量各种不同类型的存储设备通过应用软件集合起来协同工作，共同对外提供数据存储和业务访问功能的一个系统，保证数据的安全性，并节约存储空间。使用者使用云存储时不是使用某一个存储设备，而是使用整个云存储系统带来的一种数据访问服务。

云存储系统主要由管理节点和存储节点两部分组成，监控数据在管理节点的调控下流向存储节点。云存储系统的数据是安全的，用户将数据和校验数据分别存放在不同的存储服务器上，云存储系统同时使用多条高速数据通道，可消除网络层的单点故障，提高系统的高可用性，即使出现存储服务器宕机、网络中断、磁盘损坏时，仍然能够保障数据完整性和数据服务的持续运行。云存储系统分布式文件系统在全局实现数据均衡分布和并发响应，支持动态的扩展存储容量，而无须中断应用的运行。用户可以通过云存储的配置工具动态添加存储服务器以扩大系统的容量和规模，而且随着存储服务器数据的增多，整套系统的聚合带宽也会线性的增长，满足业务不断发展所产生的容量和性能需求。

（5）存储设备应用说明（表 18－8）。

表 18－8　　存储设备应用说明

序号	设备类型	应用说明
1	数字视频录像机（DVR）	用于小规模场所的模拟监控系统，如住宅、工厂、办公用房等
2	网络硬盘录像机（NVR）	用于中、小规模场所的数字监控系统，如住宅、工厂、办公用房等
3	磁盘阵列存储	用于较大规模，存储时间较长的数字监控系统，如办公楼、医院、银行营业厅等
4	云存储	用大规模，存储时间长及扩容容量大的数字监控系统，如道路交通、银行大楼、城市天网工程、视频指挥中心等

18.3.6　监控中心工程

1. 基本要求

监控中心应有保证自身安全的防护措施和配备内外联络的有线、无线通信联络设备，入侵报警系统、视频安防监控系统、出入口监控系统的终端接口及通信协议应符合国家现行有关标准规定，可与上一级管理系统进行更高一级的集成。

监控中心的面积应与安防系统的规模相适应，不宜小于 20m^2，建议大于 30m^2，应有保证值班人员正常工作的相应辅助设施，监控中心设在门卫值班室内的，应设有防盗安全门与门卫值班室相隔离。

监控中心室内应具有良好的通风环境，工作区域温度宜为 16～30℃，相对湿度宜为 30%～75%。室内地面应防静电、光滑、平整、不起尘。门的宽度不应小于 0.9m，高度不应小于 2.1m。

各设备在机房内的布置应符合“强弱电分布排放、系统设备各自集中、同类型机架集中”的原则。机柜（架）设备排列与安放应便于维护和操作，各系统的设计装机容量应留有适当的扩展冗余，机柜（架）排列和间距应符合 GB 50348 的相关规定，且安装的设备具有良好的通风散热措施。控制台应根据工程需要留有扩展余地，操作部分应方便、灵活、可靠。控制台正面与墙的净距离不应小于 1.2m，侧面与墙或其他设备的净距离，在主要走道不应小于 1.5m，在次要走道不应小于 0.8m。机架背面和侧面与墙的净距离不应小于 0.8m。

2. 屏幕墙的配置

《视频安防监控系统工程设计规范》（GB 50395）要求，具有 16 路（含）以上的视频图像，在单屏多画面显示的同时，系统应按不少于摄像机总数 1/16（含）的比例另配图像显示设备，对其中重点图像进行固定监视或切换监视。操作员与屏幕之间的距离宜为监视设备屏幕对角线尺寸的 3～6 倍。

通常设计时，1～128 路监控图像配置不小于 1:8 的显示设备；129～256 路监控图像配置不小于 1:10 的显示设备；257～384 路监控图像配置不小于 1:12 的显示设备；385 路以上监控图像配置不小于 32 台的显示设备。

3. 管线工程要求

室内的电缆、控制线的敷设宜设置地槽；当不设置地槽时，也可敷设在电缆架槽、电缆走廊、墙上槽板内，或采用活动地板。管线宜敷设在吊顶内、地板下或墙内，应采用金属管、槽防护。金属护套电缆引入监控中心前，应先做接地处理后引入。监控中心的线缆应系统配线整齐，线端应压接线号标识。

根据机架、机柜、控制台等设备的相应位置，应设置电缆槽和进线孔，槽的高度和宽度应满足敷设电缆的容量和电缆弯曲半径的要求。

机房内宜设置接地汇流环或汇集排，接地汇流或汇集排应采用铜质线，其截面积应不小于 35mm^2。

监控中心设置在地下室时，管线引入时应做防水处理。

有安防中继箱/中继间至安防控制箱的管线，多层建筑宜采用暗管敷设，高层建筑宜采用竖向缆线明装在弱电井内、水平缆线暗管敷设的方式。中继箱/中继间应便于维修操作并有防撬的实体防护装置。

4. 机房电气设计要求

安防监控中心应设置专用配电箱，由专用线路直接供电，并宜采用双路电源末端自投方式，主电源容量应按系统额定功率的 1.5 倍计取。建筑的安防系统应采用在线式不间断电源供电，应能保证系统正常工作 60～120min 或按实际供电状况确定。不间断电源系统的基本容量应不小于电子信息设备的计算负荷的 1.2 倍。

安全技术防范系统的电源质量应符合：稳态电压偏移不大于±10%；稳态频率偏移不大于±0.2%Hz；电压波形畸变率不大于 8%。

机房配电系统应采用 TN－S 系统。

监控机房一般照明的照度标准值应按照 300lx 设计，如果与消防控制室合用，照度标准值应按照 500lx 设计；光源的一般显色指数不宜小于 80。照明灯具不宜布置在设备的正上方，工作区域内一般照明的照明均匀度不应小于 0.7。监控机房应设置备用照明，其照度值不应低于一般照明照度值的 50%。

安防监控中心如与消防控制中心合用，还应遵循《供配电系统设计规范》（GB 50052）和《建筑设计防火规范》（GB 50016）的相关要求。

5. 防雷与接地

安装于建筑物外的技防设施应按 GB 50057 的要求设置避雷保护装置。安装于建筑物内的技防设施，其防雷应采用等电位联结与接地的原则，并符合 GB 50343 的规定。

安防系统的电源线、信号线经过不同防雷区的界面处时，宜安装电涌保护器，电涌保护器接地端和防雷接地装置应做等电位连接，等电位联结应采用截面积不小于 16mm^2 的铜质线。

监控中心的接地应采用联合接地方式，其接地电阻应不大于 1Ω；采用单独接地时，其室外接地极应远离本建筑的防雷和电气接地网，其接地电阻应不大于 4Ω。

6. 消防要求

安防监控中心作为 24h 有人值守机房，应设置火灾自动报警系统，并配置手提式二氧化碳灭火器、水基喷雾灭火器或新型哈龙替代物灭火器。如系统应用服务器和存储设备置于数据中心机房，应按《数据中心设计规范》(GB 50174)第 13 章“消防与安全”的要求设置火灾报警和灭火装置。

18.3.7 视频监控系统功能设计

18.3.7.1 系统架构

视频监控系统的由前端、传输网络、监控中心组成，系统架构如图 18－15 所示。

1. 前端部分

前端支持多种类型的摄像机接入，可配置高清网络枪机、球机等，按照标准的音视频编码格式及标准的通信协议，可直接接入网络并进行视频图像的传输。配有移动车载系统时，车载硬盘录像机将接入的模拟图像信号转化为数字信号，通过无线向系统网络传输。

2. 传输网络部分

前端与接入交换机之间可通过三种方式连接：光纤收发器的点对点光纤接入方式，直接接入交换机方式（距离 100m 以内），点对多点光纤 PON 接入方式，将前端信号汇聚至中心的核心交换机。

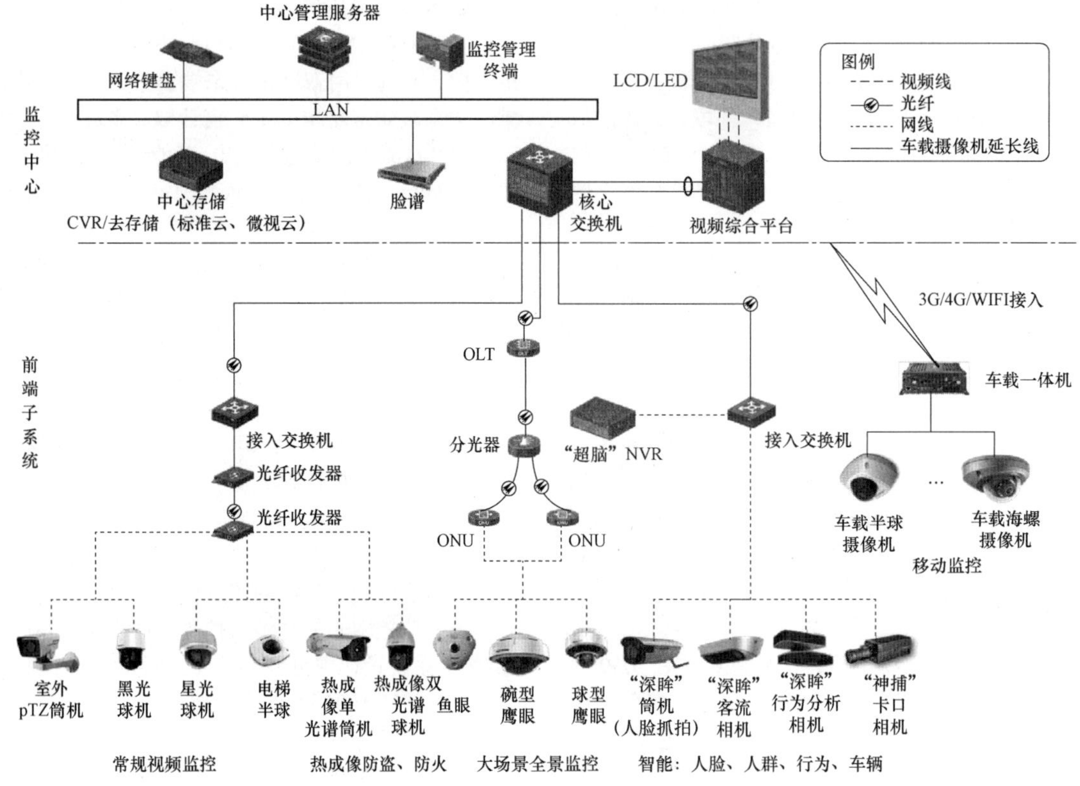

图 18－15 视频监控系统架构示意图

3. 监控中心部分

监控中心的设计主要包括视频存储、视频显示及实现统一管理的平台软件。监控中心视频存储可根据实际需要采用 CVR 或视频云存储等模式对高清视频图像进行存储，小型项目或需要前端分布式存储的场景也可以采用 NVR 方式。

监控中心采用视频综合平台完成视频的解码、拼接，上墙等应用。通过部署 LCD、LED 大屏用来将视频进行上墙显示。中心平台采用综合安防管理平台对视频监控设备和用户进行统一管理，实现视频的预览、回放、权限控制等应用。

18.3.7.2 基础系统功能

1. 设备管理

组织机构的管理，包括组织机构的添加、删除、修改，为本组织的通道分组，根据本组织的所有通道的不同监控职能，进行分组管理。在对设备进行管理中，为用户提供组织树排序、设备关键字搜索和监控点信息导出功能。用户可根据某个特征将设备组织树进行排序，来查找或查看某个设备。支持用户自定义设备的重连次数和重连事件间隔定义，避免设备失去连接或反复重连。

2. 资源管理

可以在程序中查看服务器的运行状态，以确保设备的正常运行。

3. 用户权限管理

用户管理：管理所有用户的添加删除，权限分配等操作，具体分为用户、部门、角色管理。支持 A/D 域功能，通过鉴权方便用户无须逐一注册即可登录系统。

权限管理：用户权限配置分用户、部门和角色，不同用户可以设置所属部门和隶属角色，相关操作时按优先级高的用户优先使用权利，用户权限可以授权、转移和取消。

4. 报警接收与管理

报警管理分为设备掉线报警、服务器异常报警、监控点报警。监控点报警为监控点的视频类报警，包括移动侦测、视频丢失、遮挡报警等。

5. 录像配置与管理

录像管理用来管理图像的存储，包括对前端设备的录像计划配置，集中存储的录像计划配置，并支持多种录像类型并存应用、自动获取设备录像计划。设报警录像的预录和延录功能，使用户能查看报警事件的前后录像，了解事件发生的前因后果。

系统录像计划配置界面显示各个中心存储服务器关联监控点的数量，以及各个监控点中心存储位置、码流类型、磁盘分组等信息，让用户根据实际存储情况来合理分配监控点存储位置。

6. 地图管理与应用

电子地图用于快速定位到监控点的具体物理地置。当监控点发生报警，电子地图即出现报警图标。允许地图分层、分级管理，一张电子地图下可嵌套多张子地图。支持地图元素的添加、修改、删除与组织机构关联，包括监控点、报警输出、报警输入点、地图链接、标记。

电子地图上点击 GPS 定位的设备，进行预览、回放，获取设备速度、位置等信息。报警联动地图时除声光提醒外，还显示报警的详细信息，使管理人员及时找到现场以确认或处理警情。

7. 设备校时

支持设备自动校时与手动校时功能，提高视频录像时间记录的正确性。

8. 客户端管理

用户可在平台登录界面下载中心直接下载“客户端”。在客户端首页直接显示预览画面，便于用户打开客户端后直接看到预览画面，系统更直观、更贴近用户使用场景。系统支持自定义键盘快捷键进行抓图功能，支持 PC 键盘进行云台控制，满足用户对抓图和云台控制的快捷操作需求。

9. 授权管理

管理平台提供多种授权管理方式，包括加密狗、软授权和临时授权方式，且三种授权方式优先次序依次为加密狗、软授权和临时授权。软授权包括在线和离线两种方式。

10. 数据库备份与恢复

管理平台支持数据库的备份和恢复。

11. 系统安全

系统支持用户和 MAC 地址的绑定功能。

12. 图像实时预览

通过 C/S 客户端和 Web 浏览器，可以单画面或多画面显示实时视频图像；支持不同画面的显示方式：1、4、6、9、16 画面等方式；支持 1×2、1×4 和 1+2 三种走廊模式预览窗口的布局。

为限制某些用于的预览时长而节省资源，造成资源浪费，系统支持限时预览。

13. 多通道轮巡预览

系统提供自动轮巡功能，用事先设定的触发序列和时间间隔对监控图像进行轮流显示等。

14. 云台控制

对前端云台镜头的全功能远程控制，能发挥云台的功能，减少人工现场调试成本。将当前控制云台的用户信息叠加到视频画面上，向其他用户提示当前云台控制者的身份，也可锁定云台。

15. 录像下载与回放

支持跨零点的录像回放、下载、批量下载；支持多种备份方式。

16. 抓图计划

当监控画面没有变化，可通过制定计划进行定时抓图，满足静止场景的监控需要，并节省存储资源和系统资源。

17. 解码拼控显示

支持网络取流方式的解码输出、解码 200 万/130 万/标清的网络视频和 DVI/HDMI/VGA 高清接口输出，通过大屏客户端将指定的视频通道投放到指定监视器/大屏，实现各种信息上墙、常规轮巡、计划轮巡、预案轮巡等功能。

18. 报警接收

接收到报警后可以自动联动预先定义的关联监控点视频在客户端与大屏上显示，按照警情级别优先显示，同级别报警排队显示。值班人员输入处警信息、警情确认人信息并保存；所有报警信息自动保存到数据库，供统计、查询和打印，以及通过报警事件来检索录像资料。

19. 级联/互联功能

平台之间级联/互联依据 GB/T 28181 设计，提供注册发现、心跳检测、云台控制、实时监控、时钟同步等联网基本功能。

20. 前端目录推送

可由下级平台主动将前端设备目录推送至上级平台；也可由上级平台向下级平台发起前端设备目录查询。

21. 组织结构展现

上级平台将各个下级平台目录解析编码，按照所属部门、单位和区域分别挂载，统一展现。

22. 设备信息共享

下级平台可向上级平台开放共享本地设备状态、

参数等信息，实现联网系统的统一运维管理。

23. 权限控制管理

支持上下级平台联网的共享权限管理、联网状态管理、网关性能消耗查询等功能。

24. 媒体保活机制

平台之间视频媒体流的接收和发送基于 RTCP 协议实现，支持保活机制，防止跨平台调用视频流的中断。

18.3.7.3 扩展应用功能

1. 移动车载业务

电子地图和车载终端的定位相结合，可以实现移动终端的功能扩展。

（1）实时定位在电子地图上显示移动车辆位置、行驶方向和行驶轨迹等。

（2）轨迹回放。查看某个时间段内移动终端的历史运行轨迹。

（3）电子围栏。对移动终端进行电子围栏越界的监控与告警设置。

（4）行驶路线管理。车辆行驶轨迹偏离规定路线并超出允许偏移量后自动发出告警。

（5）超速驾驶管理。可进行区域超速报警和行驶路线超速报警。

这些功能主要用于交通管制、公安巡查、智能城管等相关业务。

2. 可疑人员徘徊识别

对经过的可疑人员进行人脸抓拍，经过智能比对分析，智能识别在特定区域反复出现的可疑人员，提醒监控中心人员复核确认，以事前防范提升安全保卫能力。主要用于银行、车站、机场、军事禁区等安全要求较高的场所，也可根据需求用于住宅和办公建筑。

3. 人脸识别

对经过的人员进行人脸抓拍，并把人脸照片、抓拍地点、抓拍时间等信息上传到人脸管理平台进行统一存储，建立重点场所的人员信息数据库。通过智能比对分析，识别出现在区域的特定人员。人脸识别流程示意图如图 18－16 所示。

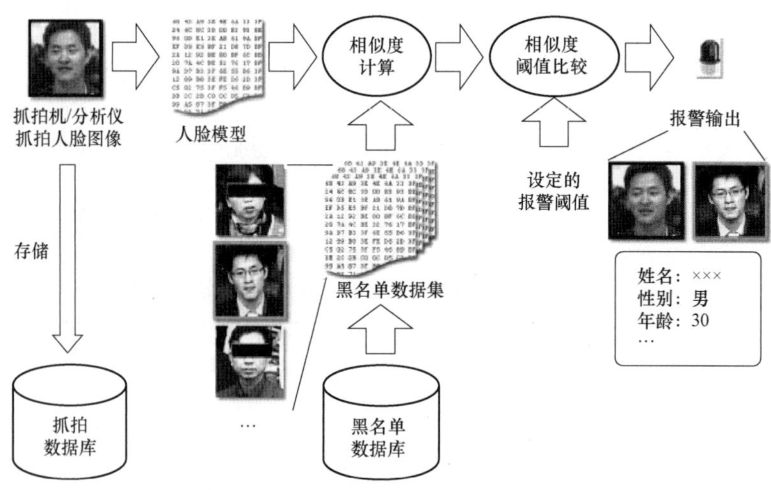

图 18－16 人脸识别流程示意图

人脸识别用于银行、车站、机场、景区、大型聚会、交通要口、军事禁区等安全要求较高的场所，也可根据需求用于住宅和办公建筑。与公安系统数据库对接，可进行嫌疑人员追逃。

4. 周界智能防范

（1）可见光视频周界防范。平台通过接入具有侦测事件的摄像机和行为分析服务器，实现周界防范的报警功能，并可在平台上对其进行配置、接收报警等操作，在事件中心模块对该报警配置联动动作。

（2）热成像视频周界防范。平台通过接入具有侦测事件的热成像摄像机，实现对重要区域的热成像周界防范报警，可在事件中心模块对该报警配置联动动作。

主要用于工业园区、森林禁区、文化遗迹、军事禁区等有禁区边界的场所。

5. 人员轨迹跟踪

利用已有的人脸照片和视频图像，系统结合电子地图刻画出人员时空轨迹和停留时间。主要用于工业园区、森林禁区、文化遗迹、军事禁区等室外区域较大的场所。

6. 行为分析

通过对人体行为的监控和分析，提供人数异常、人员站立/倒地、人员间距异常等智能应用，满足用户在特定场景的智能监控需求。主要用于银行、监狱、看守所、养老院等场所。

7. 人流量密度检测

对开放区域进行人员数量实时统计和密度预警，有助于防止拥挤、踩踏等恶性安防事件的发生，支持安排警力进行疏散和引导。

在监控画面中可通过画线设置监控范围，对出入该范围内的人数进行监控和预警。可设置区域的密度阈值，当达到设定阈值时产生告警，同时定时上报监控区域的人数密度和密度档位功能。主要用于景区、车站、机场、大型广场等人流量较大的场所。

8. 客流统计

对经过入口的人员数量进行实时统计和阈值报警，显示当前客流状态和变化趋势可有以下应用：

（1）预防拥挤、踩踏等恶性安全事件产生。

（2）为商业建筑运营的服务调整、营业统计提供基础数据。

（3）为地铁站、车站和机场等交通枢纽的安全运行和规划设计提供基础数据。

（4）为展览馆、博物馆、大型剧院等文化设施的安全运行和规划设计提供基础数据。

但是，由于视频图像识别能力的限制，对于推车、小孩、雨伞以及工作人员的徘徊会出现误报，降低客流统计的精确度。图 18－17 为客流统计报表，可生成包括即时报表、日报表、月报表、年报表、自定义报表，以满足各类客流分析的需要。主要用于景区、交通枢纽、商场、大型广场等人流量较大的场所。

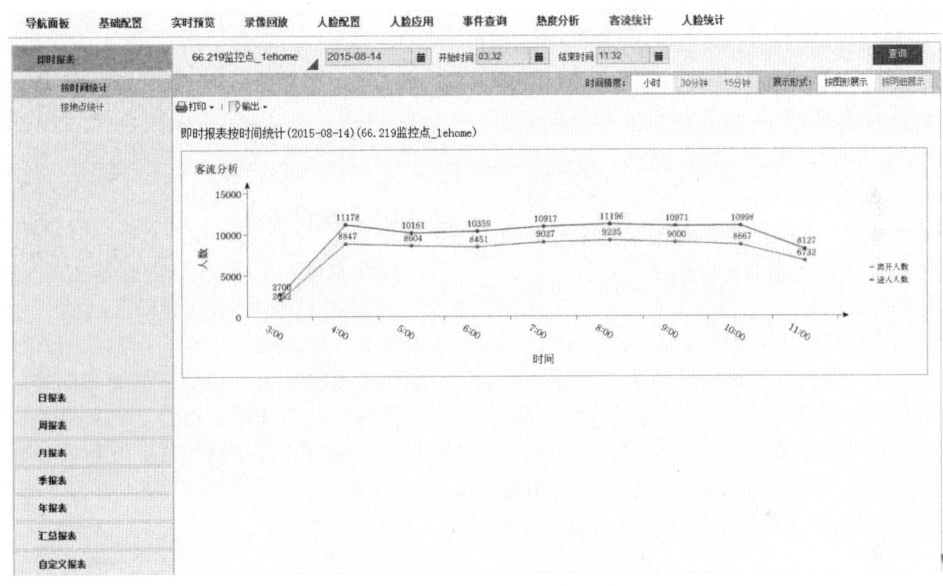

图 18－17　客流统计报表示意图

9. 人数智能统计

在有特殊安全防范要求场合，可安装智能人数统计摄像机进行统计，在平台上判断是否合规并报警联动，对出入人员进行智能监管。主要用于银行、监狱、看守所、法院等安全等级较高的场所。

10. 人员属性分析

在某些区域为了提高管理效率，分析人员类型，在出入口位置安装专用摄像机，用以对进入区域的男女性别比例、年龄段分布进行分析统计。主要用于景区、交通枢纽等场所。

11. AR 实景系统

增强现实技术（Augmented Reality，AR），是一种实时计算摄影机影像的位置及角度并加上相应图像、视频、3D 模型的技术，在屏幕上把虚拟世界套在现实世界并进行互动。

AR 实景系统利用 AR 高空云台、AR 球机等设备，将各监控前端采集的信息汇集，建立综合联网联控图像资源库和图像监控综合应用系统，形成以云图 AR 为神经中枢的一体化的综合信息应用体系，为交通管理、人员布控、巡逻防范、反恐处突等各项工作提供服务保障。

通过 AR 对场景自定义描述、数据可视化展示、业务可视化应用、AI 精确化分析、地图精准定位和大数据分析决策，能有效提升交通的服务水平和运行效率，实现管理机制的创新。主要用于交通卡口、机场、车站、航道等有应急指挥需求的区域。AR 实景系统效果如图 18－18 所示。

12. 电子警察

电子警察安装在信号控制的交叉路口和路段上，并对指定车道内机动车闯红灯、不按导向车道行驶、逆行、压线违法行为进行不间断自动检测和记录。

13. 卡口监测

卡口系统即公路车辆智能监测记录系统，对受监控路面的车辆信息进行自动采集和处理。

图 18－18　AR 实景系统效果

14. 高速测速

机动车测速仪系统用于测定在道路上行驶机动车速度的装置，包括利用雷达、激光测速原理由人工操作仪测定机动车速度的单一功能测速仪和利用雷达、激光、线圈感应、视频分析等测速原理测定机动车速度，同时采集处理图像的复合测速仪。

15. 热成像火点检测

红外线热度识别算法对监控区域内温度进行实时的监控管理，可以在其红外热成像画面上显示各区域的温度，自行设置温度阈值，如监控区域内温度超过温度阈值则会自动报警。软件平台则会将该报警信息通过联动声音、图像、短信、邮件等方式在第一时间发送给监管人员，以便监管人员尽早处理火情隐患。主要用于加油站、化工厂、炼油厂等易燃易爆场所。

18.4　报警系统

18.4.1　系统概述

报警系统，利用各种传感器技术和电子信息技术，探测并指示非法进入设防区域的行为和接收紧急报警信息，将之统一传输到指定部门接处警中心，以达到快速准确接警、核警、处警和出警。

报警系统由前端、报警主机及辅助设备、传输网络和综合安防管理平台组成。报警系统架构示意图如图 18－19 所示。

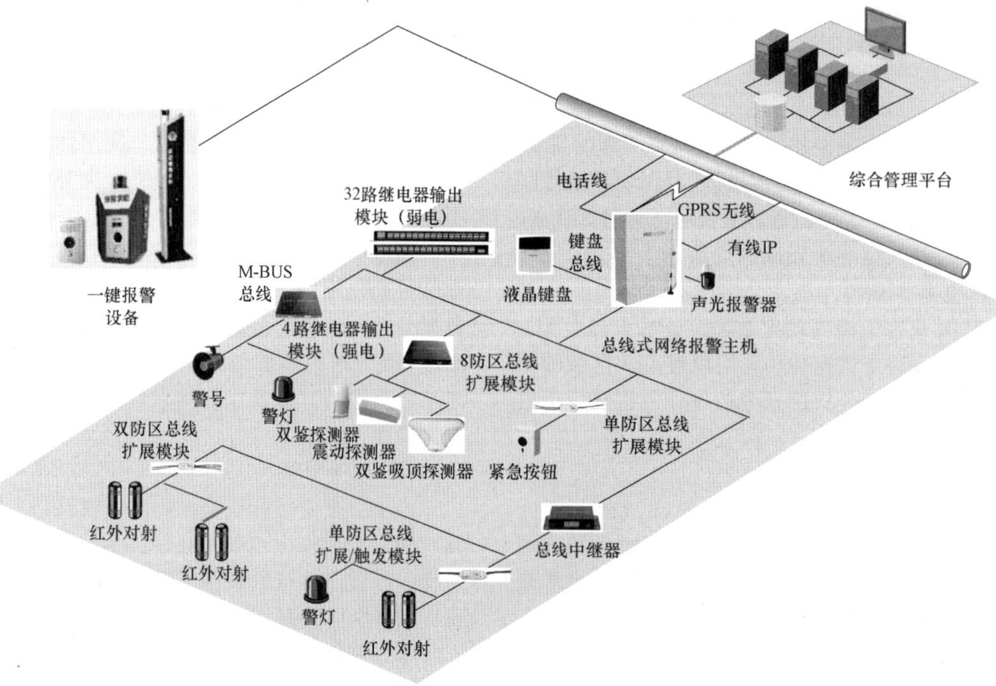

图 18－19　报警系统架构示意图

报警可分为入侵报警和紧急报警两类。

报警前端设备主要包括各类探测传感器、报警主机及附件、紧急报警设备等。

探测传感器分为入侵防盗类探测器（有双鉴探测器、振动探测器、红外对射探测器、被动红外探测器、玻璃破碎探测器、紧急按钮、烟感应探测器、燃气探测器和其他探测器等）和周界防范类探测器（有红外对射、电子围栏、振动光纤等）。

报警主机一般包括总线制网络报警主机、网络报警主机和视频报警主机。报警主机接收防区的状态和报警信号，传输至中心管理平台。报警主机辅助设备主要包括报警键盘、继电器、防区扩展模块、遥控器、打印机等，用于本地的布撤防管理，防区拓展等。

紧急报警设备主要有紧急报警柱、紧急报警箱、紧急报警盒等设备，通过按下紧急按钮实现警情上报。高清摄像头进行警情的视频复核和报警录像联动，语音对讲设备可实现中心接警人员与前端的实时通话。

传输网络可有无线网络（GPRS/3G/4G）和 Internet 网络。

综合安防管理平台对区域内的报警主机、紧急报警设备的联网管理，实现接警处理、报警设备配置管理、报警信息查询管理等功能，并能与视频监控、可视对讲以及一卡通等系统集成，进行全面的安防联动。

18.4.2　入侵报警系统

1. 前端

入侵报警系统通过对监控区域部署探测器，形成防区，以被动响应的形式实现警情的上报。报警事件上传至监控中心，由中心管理人员做出反应及时处警。

报警探测器是整个系统的原始信号源和报警信号采集器，应根据所需监视场所的区域情况，选择场景结合性强、误报率低和具有良好的性能价格比的前端探测器。

周界防范探测器产品选用说明见表 18－9。

表 18－9　　周界防范探测器产品选用说明

类型	应用场景	误报率	遮挡影响	气候影响	报警定位	成本（相对）
红外对射	无茂密植被的围墙	高	有	高	一般 30m 设一个对射防区	低
激光对射	无茂密植被的围墙	中	有	低	一般 30m 设一个对射防区	较高
脉冲电子围栏	围墙类周界	低	有	低	一般 60m 设一个防区	适中
振动光纤	全地形适应，主要用于长距离禁区	极低	无	低	一般 200m 设一个防区	适中
泄漏电缆	全地形适应	低	无	高	一般 60m 设一个防区	高
张力围栏（拉力围栏）	全地形适应	低	有	低	一般 60m 设一个防区	高

入侵防盗类探测器产品选用说明见表 18－10。

表 18－10　　入侵防盗类探测器产品选用说明

序号	产品类别	适配场景及应用	探测示意图	安装备注
1	幕帘探测器	适用于门、窗、过道等 面防护入侵探测		自带 86 盒支架
2	双鉴探测器（壁挂）	适用于大厅等区域防护入侵探测		自带壁挂/吸顶支架

续表

<table>
<tr><th>序号</th><th>产品类别</th><th>适配场景及应用</th><th>探测示意图</th><th>安装备注</th></tr>
<tr><td>3</td><td>方位/微波探测器（吸顶）</td><td>适用于财务室等区域防护入侵探测</td><td></td><td>无须另外配置支架</td></tr>
<tr><td>4</td><td>振动探测器</td><td>用于保险箱等区域防护敲击、爆破、切割等探测</td><td>
探测直径　（单位：m）
<table>
<tr><th>传输介质</th><th>灵敏度1级</th><th>灵敏度2级</th><th>灵敏度3级</th><th>灵敏度4级</th><th>灵敏度5级</th></tr>
<tr><td>钢板</td><td>1.5</td><td>2.2</td><td>3.5</td><td>4.5</td><td>5.5</td></tr>
<tr><td>混凝土</td><td></td><td>1.5</td><td>2.5</td><td>3.5</td><td>4.5</td></tr>
<tr><td>砖墙</td><td></td><td></td><td>1</td><td>1.5</td><td>2</td></tr>
<tr><td>气割（仅适合钢铁材料）</td><td></td><td></td><td>0.5</td><td>0.8</td><td>1</td></tr>
<tr><td>爆炸</td><td colspan="5">报警</td></tr>
<tr><td>低电压（小于8V）</td><td colspan="5">报警</td></tr>
</table>
</td><td>自带安装底板</td></tr>
<tr><td>5</td><td>紧急按钮</td><td>主动求助</td><td></td><td>玻璃胶或螺钉固定</td></tr>
<tr><td>6</td><td>门磁</td><td>适用于门窗防护，门窗打开、闭合探测</td><td>≥40mm</td><td>玻璃胶</td></tr>
<tr><td>7</td><td>玻璃破碎探测器</td><td>适用于区域防护，玻璃破碎次声波、高频声音探测</td><td></td><td>玻璃胶或螺栓固定</td></tr>
</table>

2. 报警主机

按照探测器、紧急报警设备和报警主机之间的连接方式，可以将报警主机分为总线制报警主机和分线制报警主机。目前报警应用的大部分场景都选用总线制报警主机。

3. 传输网络

报警系统的传输网络利用有线 IP 方式，支持双向通信。当 IP 网络不能覆盖时，采用 GPRS 作为冗余备份上报方式。

18.4.3 紧急报警系统

紧急报警系统是一种主动防御式的报警系统。采用的紧急报警设备，在紧急情况下实现第一时间报警求助，并联动案发现场周边监控点录像。人为触发紧急报警按钮后，报警信号上传至中心管理平台，管理人员用对讲设备与前方报警人员进行对话，通过高清摄像头进行视频复核。

1. 前端

各个前端报警点部署紧急报警设备，紧急情况下一键报警求助。紧急报警设备分为 3 种类型，报警柱、报警箱和报警盒。在学校、广场、景区、医院、商场门口、车站、商场、菜市场、停车场等场所，从室内到室外，覆盖所有有紧急报警需求的区域。一般在室外露天区域安装报警柱；在建筑物内外部（门口、楼道、室内）安装报警盒或报警箱。

2. 传输网络

有条件部署专线网络的区域，通过专线网络将一键式报警设备直接接入监控中心；部分无法部署专线的区域，可通过无线网络将一键式报警设备接入监控中心。紧急报警设备通过有线网络或者 3G/4G 等通信方式，将警情传输到本地监控中心和外部接警中心。

3. 报警监控中心

前端设备具有双网口设计，可同时接入多个监控中心。设备多中心接入的组网图如图 18－20 所示。

空间冗余设计：报警柱设备空间做了冗余设计，可以在柱体里面放置、警棍、医疗箱、手电筒等设备，满足突发事件应急的需求。

18.4.4　报警系统工程设计要点

1. 前端设备选用

科学合理选用报警前端设备是设计的重点。表 18－11 对各类探测器的使用环境和设计安装要点给予了具体的介绍。

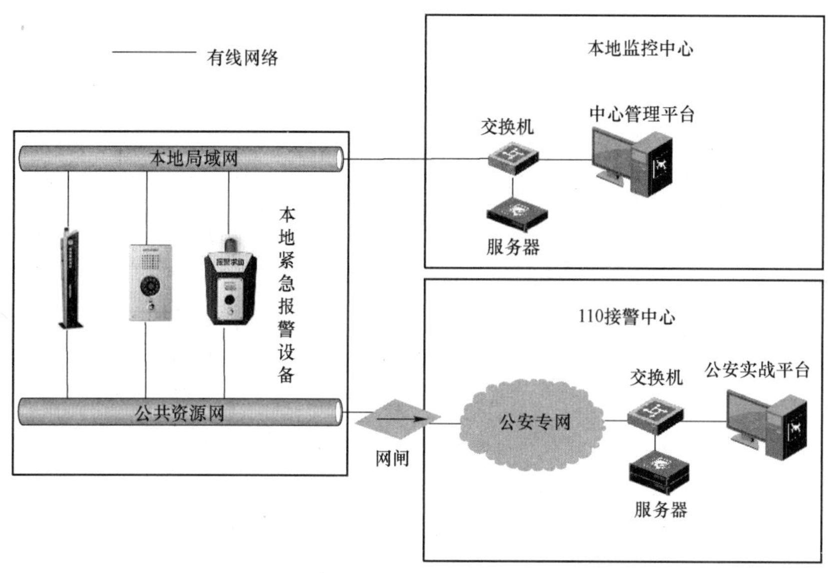

图 18－20　紧急报警设备多中心接入组网图

表 18－11　报警前端设备的技术性能要点

名称	适应场所与安装方式		主要特点	安装设计要点	适宜工作环境和条件	不适宜工作环境和条件	附加功能
超声波多普勒探测器	室内空间型	吸顶	没有死角且成本低	水平安装，距地宜小于 3.6m	警戒空间要有较好密封性	简易或密封不好的室内；有活动物和可能活动物；环境嘈杂，附近有金属打击声、汽笛声、电铃等高频声响	智能鉴别技术
		壁挂		距地 2.2m 左右，透镜的法线方向宜与可能入侵方向成 180°			
微波多普勒探测器	室内空间型：壁挂式		不受声、光、热的影响	距地 1.5～2.2m 左右，严禁对着房间的外墙、外窗。透镜的法线方向宜与可能入侵方向成 180°	可在环境噪声较强、光变化、热变化较大的条件下工作	有活动物和可能活动物；微波段高频电磁场环境；防护区域内有过大、过厚的物体	平面天线技术；智能鉴别技术
被动红外入侵探测器	室内空间型	吸顶	被动式（多台交叉使用互不干扰），功耗低，可靠性较好	水平安装，距地宜小于 3.6m	日常环境噪声，温度在 15～25℃ 时探测效果最佳	背景有热冷变化，如冷热气流，强光间歇照射等；背景温度接近人体温度；强电磁场干扰；小动物频繁出没场合等	自动温度补偿技术；抗小动物干扰技术；防遮挡技术；抗强光干扰技术；智能鉴别技术
		壁挂		距地 2.2m 左右，透镜的法线方向宜与可能入侵方向成 90°			
		楼道		距地 2.2m 左右，视场面对楼道			

续表

名称	适应场所与安装方式		主要特点	安装设计要点	适宜工作环境和条件	不适宜工作环境和条件	附加功能
被动红外入侵探测器	室内空间型	幕帘	被动式(多台交叉使用互不干扰),功耗低,可靠性较好	在顶棚与立墙拐角处,透镜的法线方向宜与窗户平行	窗户内窗台较大或与窗户平行的墙面无遮挡;其他与上同	窗户内窗台较小或与窗户平行的墙面有遮挡或紧贴窗帘安装;其他与上同	
微波和被动红外复合入侵探测器	室内空间型	吸顶	误报警少(与被动红外探测器相比);可靠性较好	水平安装,距地宜小于4.5m	日常环境噪声,温度在15~25℃时探测效果最佳	背景温度接近人体温度;小动物频繁出没场合等	双一单转换型;自动温度补偿技术;抗小动物干扰技术;防遮挡技术,智能鉴别技术
		壁挂		距地2.2m左右,透镜的法线方向宜与可能入侵方向成135°			
		楼道		距地2.2m左右,视场面对楼道			
被动式玻璃破碎探测器	室内空间型:有吸顶、壁挂等		被动式;仅对玻璃破碎等高频声响敏感	所要保护的玻璃应在探测器保护范围之内,并应尽量靠近所要保护玻璃附近的墙壁或天花板上,具体按说明书的安装要求进行	日常环境噪声	环境嘈杂,附近有金属打击声、汽笛声、电铃等高频声响	智能鉴别技术
振动入侵探测器	室内、室外		被动式	墙壁、天花板、玻璃;室外地面表层物下面、保护栏网或桩柱,最好与防护对象实现刚性连接	远离振源	地质板结的冻土或土质松软的泥土地,时常引起振动或环境过于嘈杂的场合	智能鉴别技术
主动红外入侵探测器	室内、室外(一般室内机不能用于室外)		红外脉冲、便于隐蔽	红外光路不能有阻挡物;严禁阳光直射接收机透镜内;防止入侵者从光路下方或上方侵入	室内周界控制;室外"静态"干燥气候	室外恶劣气候,特别是经常有浓雾、毛毛雨的地域或动物出没的场所、树木丛、杂草、树叶树枝多的地方	
遮挡式微波入侵探测器	室内、室外周界控制		受气候影响小	高度应一致,一般为设备垂直作用高度的一半	无高频电磁场存在场所;收发机间无遮挡物	高频电磁场存在的场所;收发机间有可能有遮挡物	智能鉴别技术
振动电缆入侵探测器	室内、室外均可		可与室内外各种实体周界配合使用	在围栏、房屋墙体、围墙内侧或外侧高度的2/3处。网状围栏上安装应满足产品安装要求	非嘈杂振动环境	嘈杂振动环境	智能鉴别技术
泄漏电缆入侵探测器	室内、室外均可		可随地形埋设、可埋入墙体	埋入地域应尽量避开金属堆积物	两探测电缆间无活动物体;无高频电磁场存在场所	高频电磁场存在场所;两探测电缆间有易活动物体	智能鉴别技术
磁开关入侵探测器	各种门、窗、抽屉等		体积小、可靠性好	舌簧管宜置于固定框上,磁铁置于门窗等的活动部位上,两者宜安装在产生位移最大的位置,其间距应满足产品安装要求	非强磁场存在情况	强磁场存在情况	在特制门窗使用时宜选用特制门窗专用门磁开关
紧急报警装置	用于可能发生直接威胁生命的场所(如金融营业场所、值班室、收银台等)		利用人工启动(手动报警开关、脚踢报警开关等)发出报警信号	要隐蔽安装,一般安装在紧急情况下人员易可靠触发的部位	日常工作环境		防误触发措施,触发报警后能自锁,复位需采用人工再操作方式

2. 报警点位设置（表 18－12）

表 18－12　　报警点位设置

报警点位	报警需求
周界	主要防范外来人员的翻墙入侵、越界出逃，可用红外/激光对射或电子围栏防范，红外/激光对射光束数量和距离根据实际情况来定
建筑大门口	主要应对突发情况（人员聚集、公众纠纷等）的报警，可配置一键报警柱
大厅出入口	主要防范进出大厅的人员，玻璃材质的幕墙、大门，可配置门磁开关和玻璃破碎探测器
对外出入口	主要防范进出建筑（如大楼）的人员，可配置红外幕帘探测器和门磁开关，如有玻璃门窗，可配置玻璃破碎探测器
智能建筑顶部	主要防范来自建筑顶部（如单元楼层）入侵的人员，按功能强弱可选择激光探测器或者双鉴探测器来防范
电梯	主要用于被困人员的紧急求救，一般配置紧急按钮
建筑低层	主要防范建筑低层（如一二层门窗、阳台）的室外人员入侵，一般配置幕帘探测器和玻璃破碎探测器
室内通道	主要防范室内通道等固定环境的人员入侵，可配置吸顶式三鉴探测器或双鉴探测器。同时，可以在通道两侧配置一键报警盒
监控中心	主要防范监控中心的外来人员入侵，一般配置吸顶式三鉴探测器或双鉴探测器，并配有紧急按钮，用以紧急情况下的手动报警，同时辅以声光警号等发出警示
地下停车库	主要应对突发情况一键报警盒/箱
室内区域	主要监控办公室、库房等室内重点区域，一般采用吸顶探测器和幕帘探测器，并辅以烟感和紧急按钮等作为紧急报警

3. 系统性能要求

入侵报警系统不得有漏报警。紧急报警装置应设置为不可撤防状态，有防误触发措施，被触发后应自锁。报警发生后，报警控制设备应发出声、光报警信息，报警信息应能保持到手动复位，不应自动复位，报警信号应无丢失。

在设防状态下，当探测器探测到有入侵发生或触动紧急报警装置时，报警控制设备应显示报警发生的区域或地址；当多路探测器同时报警（含紧急报警装置报警）时，报警控制设备应依次显示出报警发生的区域或地址。在撤防状态下，系统不应对探测器的报警状态做出响应。

当下列任何情况发生时，报警控制设备上应发出声、光报警信息，报警信号应无丢失：在设防或撤防状态下，入侵探测器机壳被打开；在设防或撤防状态下，报警控制器机盖被打开；有线传输系统的报警信号传输线被断路、短路；有线传输系统的探测器电源线被切断；报警控制器主电源/备用电源发生故障；利用公共网络传输报警信号的系统，当网络传输发生故障或信息连续阻塞超过 30s。

记录显示功能设计应符合下列规定：系统应具有报警、故障、被破坏、操作（包括开机、关机、设防、撤防、更改等）等信息的显示记录功能；系统记录信息应包括事件发生时间、地点、性质等，记录的信息应不能更改。

系统应具有自检功能。

系统应能手动/自动设防/撤防，应能按时间在全部及部分区域任意设防和撤防；设防、撤防状态应有明显不同的显示。

系统报警响应时间应符合下列规定：分线制、总线制和无线制的入侵报警系统，不大于 2s；基于局域网、电力网和广电网的入侵报警系统，不大于 2s；基于市话网电话线入侵报警系统，不大于 20s。

系统报警复核功能应符合下列规定：当报警发生时，系统能对报警现场进行声音复核；重要区域和重要部位应有报警声音复核。

无线入侵报警系统的功能设计，尚应符合下列规定：当探测器进入报警状态时，发射机应立即发出报警信号，并应具有重复发射报警信号的功能；控制器的无线收发设备宜具有同时接收处理多路报警信号的功能；当出现信道连续阻塞或干扰信号超过 30s 时，监控中心应有故障信号显示；探测器的无线报警发射机，应有电源欠电压本地指示，监控中心应有欠压报警信息。

4. 报警监控中心功能

（1）接处警管理。通过对报警系统硬件设备和报警防区进行设置，自动接收并处理报警事件。当报警主机接入平台后，系统可对其进行远程控制，对报警主机的子系统和防区的状态进行集中的回控操作，包括子系统的布撤防，报警防区的旁路、旁路恢复、消警等。

（2）音视频复核。报警信息上报到平台时，按照预先定义的报警联动视频关系设置，自动弹出报警发生区域的现场图像用于进行视频确认，打开声音监听现场环境，通过现场人员通话，帮助值班人员进行报警核实，迅速地判断出警及处警。

（3）声音报警联动。报警发生时，触发监控中心本地输出多种设定的报警声音或警铃。

（4）录像及抓图联动。前端触发报警后，系统联动监控点对警情现场进行录像及抓图，以供还原报警时现场的情况。

（5）电视墙联动。前端触发报警后，把关联的监控点现场的视频投放到电视墙显示。

（6）短信、邮件联动。前端触发报警后，平台的联动配置用短信或邮件将报警信息迅速发送的相关人员。

（7）门禁联动。报警发生时与门禁进行开门联动，以便人员在特殊情况下进行疏散。

（8）预案联动。当平台接收到报警信号，监控中心管理人员可根据报警关联的预案进行操作处理。

（9）事件查询。系统可根据事件类型、事件源以及时间段等条件对报警事件的详细信息进行查询。

（10）电子地图。展示报警防区和紧急报警设备的地理位置，显示防区实时状态和关联的历史报警事件。

18.5 出入口控制系统

18.5.1 系统概述

出入口控制系统实现重要场所出入口的安全管理。出入口控制系统还可覆盖人员身份识别、员工考勤、电子门禁、出入口控制、电梯控制、车辆进出管理、员工内部消费管理、人事档案、图书资料卡和保健卡管理、电话收费管理、会议电子签到与表决和保安巡更管理等应用。

1. 系统构成

出入口控制系统由认证介质、认证设备和管理平台所构成。利用特定的物理媒介，实现从业务数据的生成、采集、传输到汇总分析的信息管理的规范化和自动化，满足不同场景的应用需求（图 18－21）。

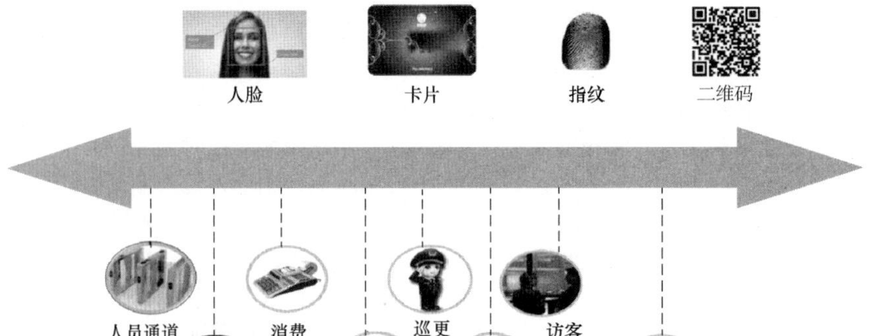

图 18－21　出入口控制应用示意图

2. 认证介质

认证介质已不仅仅是传统的 Mifare 卡、CPU 卡等射频卡，“卡”还可以是人脸、指纹、指静脉、二维码等其他介质，“卡”是用户在门禁一卡通各子系统中完成身份认证的唯一凭证，为用户使用门禁一卡通提供全程的安全保障。

3. 认证设备

根据现场认证介质的不同选用不同的认证的设备实现一“卡”通，如现场选用人脸为认证介质，而门禁可选用人脸门禁一体机、人员通道选用人员通道＋人证比对组件，可视对讲选用人脸门口主机。通过认证设备与认证介质的校验实现身份识别、权限判断和综合管理等多种功能。

4. 管理平台

以“信息共享、集中控制”为核心目标，按照“一卡通用”“一网共用”和“一库共享”的理念，建设以“卡”为载体，以平台软件为中心，以统一的数据库及身份认证体系为基础的智能卡管理系统，实现门禁、访客、考勤、消费、巡查、梯控、人员通道、可视对讲等多个业务应用。

5. 管理方式

通过不同场景对门禁、访客、考勤、消费、巡查、梯控、人员通道、可视对讲等多个子系统进行组合，实现不同功能的出入口控制系统。

18.5.2　系统验证方式

根据认证介质可分为不同的形式系统，如一卡通、一脸通、一指通、一码通等，也可融合应用的形式，根据需要实现卡、脸、指、码任意组合的认证应用，应用于企业园区、政府、住宅小区、医院、学校、工厂等场景，对内部人员的身份和权限进行验证。

1. 一脸通

将人脸特征作为身份识别的依据，借助视频技术、深度学习技术等，实现日常管理的信息化和身份识别统一化。一脸通系统根据应用场景的不同分为 1:1 比对应用和 1:N 比对应用。

2. 一卡通

将卡片（ID/IC/CPU）作为身份识别的依据，借助射频技术实现日常管理的信息化和身份识别统一化。

3. 一指通

将手指特征作为身份识别的依据，借助生物识别技术实现日常管理的信息化和身份识别统一化。

4. 一码通

将二维码作为身份识别的依据，借助扫描识别技术实现日常管理的信息化和身份识别统一化。常用于设备管理、梯控系统等。

18.5.3　应用系统架构

出入口控制系统由内部人员注册端、外部访客登记端、认证比对端、传输网络端、管理中心端组成，如图 18－22 所示。

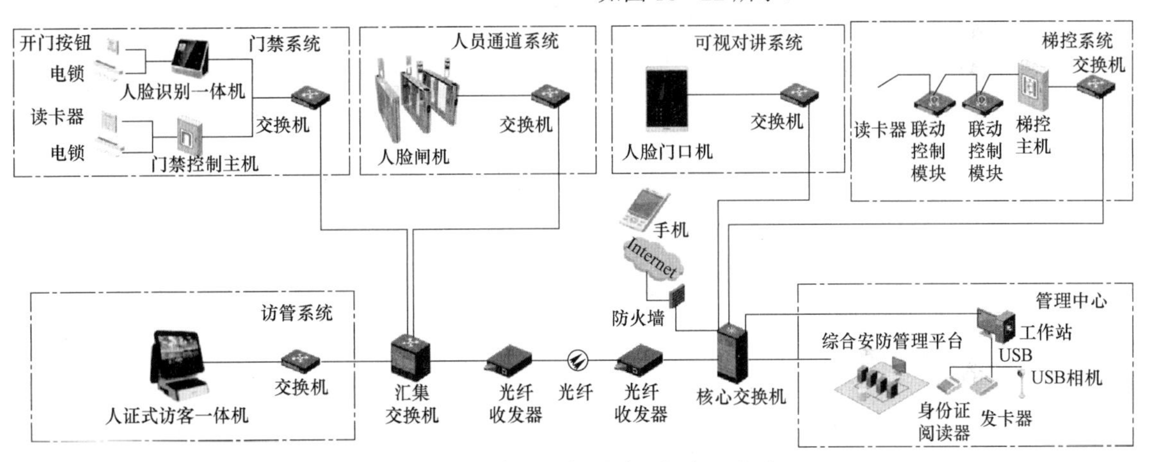

图 18－22　出入口控制系统组成示意图

1. 内部人员注册端

在管理中心等处放置工作站，通过 USB 相机、发卡器、指纹录入仪等设备录入人脸、身份证信息，进行内部人员注册授权、卡片格式化等操作。

2. 外部访客登记端

在由外部访客登记需求的现场放置台式/立式访客机，用于外部访客信息登记和权限下发等。授权的认证方式支持人脸、二维码、M1 卡、CPU 卡、身份证多种方式授权。

3. 认证比对端

认证比对由门禁、访客、考勤、消费、巡查、梯控、人员通道、可视对讲等子系统的相关设备组成，支持人脸、二维码、M1 卡、CPU 卡、身份证多种方式身份认证。

4. 传输网络

系统的网络用于前端与监控中心之间的通信，其要求因用户而异，根据行业规定建设。平台将人员身份权限信息、系统配置信息下发至系统前端；系统前端采集的信息可上传至平台，分别供安防管理部门、其他相关部门调用查看。

5. 管理中心

中心管理应用系统的所有设备，接收由各区域上报的信息，满足各级用户对系统信息配置和查看的需求。系统服务软件包括中心管理、存储管理、网管、告警、设备接入、移动接入、图片服务、电视墙服务等。管理中心可与第三方进行数据对接，实现进出记录实时上传，黑名单实时比对等功能。

（1）管理中心配置。管理中心设置工作站和管理服务器，管理服务器安装综合安防管理平台，工作站安装 C/S 控制客户端，对整个平台进行控制操作，对各子系统的设备及事件进行监控和管理。

中心管理服务器提供统一的认证、授权、管

理服务，对系统内的用户、角色、权限、门禁设备、报警设备、各种服务器进行集中配置管理；提供各类安防监控业务、日志管理、网络校时等。中心管理服务器采用 JAVA 面向对象设计方法和 J2EE 技术架构，通过 SOAP 和 JMS 协议开发接口服务。

Web 应用服务器基于 J2EE 体系和 Web SERVICE 标准，为系统管理、流媒体、报警转发、集中存储检索等所有应用服务器和前端监控设备提供统一远程监视查询 Web 访问界面。

Web 应用服务器提供统一界面展示，统一用户管理，集中管理和配置系统资源，统一提供系统登录服务、资源获取和通信服务等功能以及资源、报警、电子地图、一卡通、视频等应用服务。

数据库服务器支持各种数据库，承担数据库用户的管理、数据备份、数据恢复、数据冗余处理等。

（2）平台功能。

组织管理：支持组织机构和监控区域的多层级管理；支持切换查看其他子系统的组织树。

人员管理：支持部门、人员的批量导入导出；支持对人员的卡片进行管理（开卡、换卡、挂失、解挂、补卡、退卡等）；人员身份证信息可通过身份证阅读器获取；支持人员的卡片进行批量开卡；支持人员身份管理，支持批量配置人员身份；支持录入人员的指纹、指静脉、人脸（摄像头采集、USB 摄像头和可见光图片）：支持批量导入人员照片，导入 zip 压缩文件，人员照片以人员编号进行命名，支持图片格式，人员照片支持抓图上传。

卡片管理：支持 Mifare 卡和 CPU 卡；支持卡片状态管理（空白卡、正常卡、挂失卡、访客卡）；支持开卡时自定义选择应用子系统，设定卡片生效日期和截止日期；支持一张卡片可关联多个指纹，可关联多个指静脉；支持多种卡片批量操作，包括批量导入导出、批量退卡、批量挂失、批量解挂等功能。

用户管理：支持多角色管理和权限管理（功能、中心配置、资源、部门等）；支持角色批量关联多个用户；支持批量导入用户；支持角色克隆；支持任意功能模块的授权配置（基础应用、门禁、停车场、视频、入侵报警、考勤、可视对讲、访客、巡查、消费、梯控、动环等子系统）、电子地图、事件中心、运维子系统的功能授权；支持任意资源权限授权与控制权限配置（编码设备、监控点、防区、I/O、门禁点、巡查点），监控点的授权可细化到视频预览、参数调节、云镜控制、录像回放、接收报警等权限；支持部门权限授权管理，控制用户对该部门一卡通的配置和操作；支持用户组批量授权管理；支持用户等级管理，实现对预览权限或云镜控制等操作优先级进行管理。支持用户与 MAC 地址绑定配置，支持用户与 IP 区间绑定。

日志管理：支持按多条件组合日志查询，包括子系统类型、配置类型、用户、查询范围、开始结束时间、日志内容；支持日志导出功能。

资源管理：支持多系统统一资源入口管理，实现一个页面配置各个业务子系统的设备与服务器资源；支持服务器管理，包括图片服务器，移动接入服务器；支持资源关联配置，实现门禁点关联监控点、动环管理监控点。资源管理界面如图 18－23 所示。

图 18－23 资源管理界面

系统配置：支持设备、服务器的手动校时与自动校时；支持日志保存时间配置；支持多种类型发卡器（读取身份证序列号、远距离卡、身份证发卡器、光学式指纹录入仪、光学式指纹录入仪、身份证阅读器等发卡器）；支持多网域管理，实现跨网域的预览、回放等操作；支持数据库的备份操作，可实现自动备份和手动备份；支持数据库备份计划管理，可按照天计划、周计划、月计划、间隔计划自定义，并设置备份文件的数量和大小，及保存路径；支持 Logo 自定义；支持 Windows A/D 域功能；支持子系统多网域配置；支持用户安全设置；支持过流媒体取流鉴权配置；支持 API 第三方接入配置；支持接入第三方 CAS（单点登录）配置。

证卡打印：证卡打印机软件独立完成对人员照片信息的统一采集、存储、待综合安防平台管理软件完成卡片登记注册后，卡片可放置于证卡打印机完成制作。

18.5.4　访客系统

用于访客的信息登记、操作记录与通行权限管理。接待人员在访客信息登记时授予访客的门禁/人员通道/电梯的通行权限、对访客的操作进行记录，并提供访客预约、访客自助服务等功能，实现对访客信息的统一管理。

1. 系统构成

访客系统由访客一体机、管理终端、综合管理平台组成，并与门禁系统、人员通道系统、梯控系统进行整合，对访客身份进行有效确认，并管控访客的进出区域（图 18－24）。

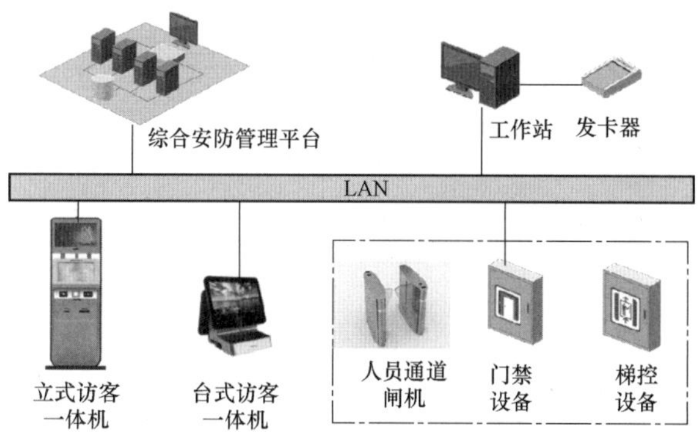

图 18－24　访客系统示意图

2. 系统功能

（1）访客预约：被访者通过公司 OA 网站/微信公众号/APP 登记来访人信息，由工作人员检出预约记录，经被访人确认后完成身份鉴定，通过系统发送一串访客 ID 或二维码图片给访客。

（2）访客登记：已预约来访人员到立式访客一体机输入访客 ID 或扫描二维码，扫描或者读取证件，系统登记来访信息，将分配好的“权限组”授予访客，授权给二维码后打印访客单、访客卡、身份证序列号等。未预约的访客要到前台等处登记，由工作人员联系被访人确认后，使用访客一体机通过扫描或者读取来访人员证件进行登记记录来访信息，并将分配好的“权限组”授予访客。为核实来访人员的身份有效性，需要采用人证版访客一体机进行人证比对。

（3）访客服务：访客预约时可以登记车牌信息，车辆牌识系统将识别得到的车牌与登记的访客车牌进行比对并放行。访客二维码/访客卡片写入的访客权限，可以控制特定区域的门禁、人员通道、梯控、可视对讲等设备，使访客只能到达指定区域，而无法到达没有权限的区域。

（4）访客离开：由工作人员完成签离或访客自行签离，即时收回访客权限。未签离的，在权限有效时间后回收权限。

（5）访客管理：进行入门登记记录、存储来访人的相关信息，做到人员、证件二者统一，便于异常情况发生后查询。建立访客黑名单。

发放授权访客卡、访客二维码，设定访问权限有效时间和最长失效时间；为访客分配权限，权限信息包括：预约权限、发卡权限、回收卡权限、修改访客资料权限、访客信息查询权限等。

访客单与停车场联动，定义访客预约、来访、离开短信格式，将相关信息以短信的方式知会访客者或接待人。记录报警事件信息（访客卡到期未回收、卡片过期、访客黑名单等）。

18.5.5　门禁系统

门禁系统对重要场所出入口实行安全管理，对门禁资源、卡片、人员、权限、报警等进行统一管理。控制端对门禁资源进行统一的操作管理，对报警、事件实现中心化管理，在满足出入口安全控制的同时，为人们建立安全、便捷的工作、生活、学习环境。

1. 系统架构

门禁系统由前端设备、传输网络与管理中心设备组成，有二级架构和三级架构，不同的架构对应的设备、设备拓扑结构的相对位置都不同，如图 18－25 和图 18－26 所示。

前端设备包括门禁控制主机、门禁一体机、读卡器、开门按钮等。前端设备主要负责采集与判断人员身份信息与通道进出权限。电锁接收开门信号，控制人员放行。

传输网络负责门边设备与门禁控制主机、门禁就地控制器、门禁一体机之间，门禁就地控制器与门禁主控制器之间，以及门禁控制主机、门禁主控制器、门禁一体机与管理中心之间的数据通信。

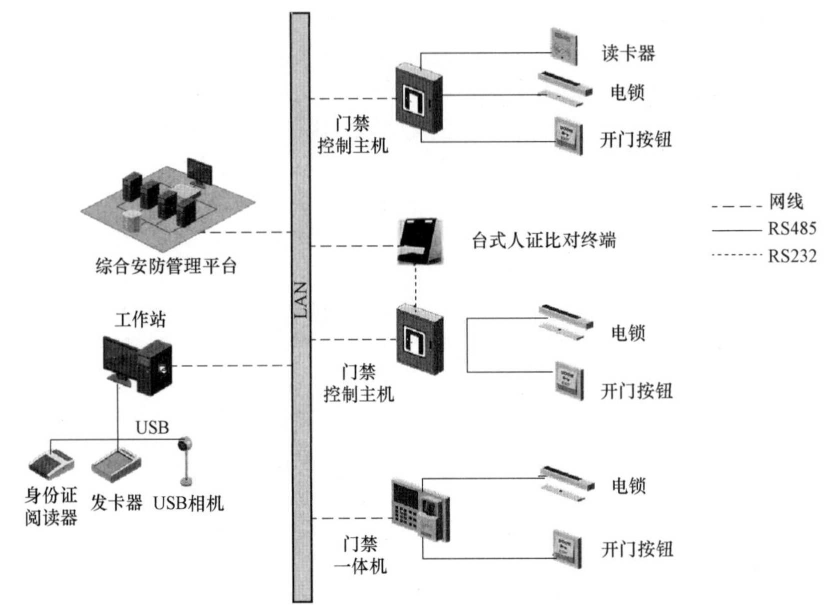

图 18-25 二层门禁系统拓扑图

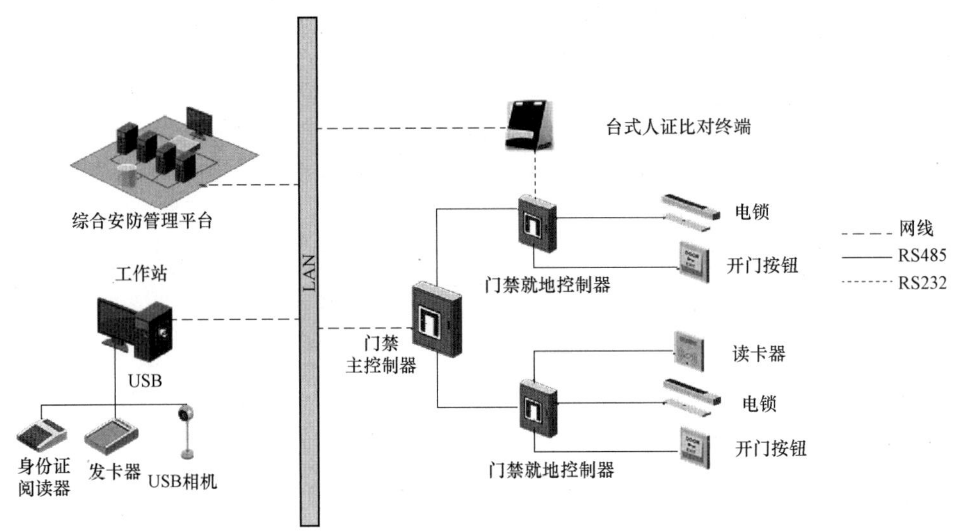

图 18-26 三层门禁系统拓扑图

管理中心负责系统配置与信息管理，实时显示系统状态等，主要由综合安防管理平台和中心发卡授权设备组成。采用刷卡、人脸、指纹、指静脉等不同的认证方式时，在中心需要配置相应的发卡设备。

用户在读卡器上进行刷卡、输密码等操作，与门禁控制主机中存储的合法卡信息比对，通过后予以放行。根据不同的应用场景和安保等级要求，可选择各类读卡器，其类型见表 18-13。

表 18-13 读卡器类型

读卡的类型	认证介质	发卡设备
CPU 读卡器	CPU 卡	发卡器

续表

读卡的类型	认证介质	发卡设备
Mifare 读卡器	Mifare 卡	发卡器
ID 卡读卡器	ID 卡	发卡器
双频读卡器（ID 卡+Mifare 卡）	ID 卡、Mifare 卡	发卡器
身份证读卡器	身份证	发卡器
人证比对终端	人脸、人脸+IC 卡、人脸+身份证	USB 摄像机、发卡器、身份证阅读器
指纹读卡器	指纹、刷卡、指纹+刷卡	指纹录入仪、发卡器
指静脉读卡器	指静脉+Mifare 卡	指静脉录入仪、发卡器

门禁一体机将身份信息采集判断和门禁控制功能进行融合，根据认证方式不同可有不同类型，其类型见表 18–14。

表 18–14　　门禁一体机类型

门禁一体机类型	认证方式	发卡设备
刷卡门禁一体机	刷卡、刷卡+密码、开门按钮等	发卡器
人脸门禁一体机	人脸、指纹、刷卡、密码、人脸+指纹、指纹+密码、指纹+刷卡、人脸+刷卡、人脸+密码、刷卡+密码、指纹+人脸+刷卡、指纹+刷卡+密码、人脸+刷卡+密码、人脸+指纹+刷卡+密码等	人脸门禁一体机、发卡器
视频门禁一体机	刷卡、指纹、刷卡+指纹	指纹录入仪、发卡器
指纹门禁一体机	刷卡、指纹、刷卡+指纹、刷卡+密码、指纹+密码、刷卡+指纹+密码、开门按钮等	指纹录入仪、发卡器
指静脉门禁一体机	指静脉、刷卡+指静脉等	指静脉录入仪、发卡器

2. 工程设计要点

（1）受控区域。门禁点设计应首先确定受控区域与控制要求，限制外来人员的进入，在主要出入口设置门禁点；对于需要进行通行权限控制的区域，应全面考虑该区域的进出通道，对所有可能进入该受控区域的出入口设置门禁点。系统对受控区域内关键出入口、控制室、地下停车库、人行出入口等关键区域进行人员进出权限控制及监视。为避免无关人员进入，分别确定不同的权限分配与认证方式。

（2）门禁控制逻辑。门禁点配置需要与系统控制逻辑相对应，单向控制只需在进门或出门处设置门禁点，双向门禁控制则需要在进出两边均设置门禁点。门禁点设计的过程应同时考虑门禁与其他系统的联动，确定各门禁点的联动属性，如某门禁点与消防信号联动的分区对应关系等。

（3）识别方式。门禁点通过门禁读卡器或生物识别仪对进出人员的身份进行识别，门禁点设置时应根据区域特点与受控区域的安全级别，选择不同的识别方式，如刷卡、人脸、密码、指纹、指静脉或多种认证方式相结合等。只有经过授权的人才能通过受控门进入相关区域。读卡器或生物识别仪能读出卡上的信息并传送到门禁控制器，如果允许出入，将操作电子锁开门。

门禁点识别方式的选择取决于管理者对受控区域的安全等级要求和识别过程的便捷性。

（4）门禁点的汇聚。门禁点需要与管理中心进行数据通信，因此各门禁点与管理中心之间需要建设通信线路。基于节省线材与施工的考虑，门禁点较多的情况下需要将多个点位进行汇聚。在门禁点位设计过程中，应考虑门禁控制器的上下行通信方式以及单台控制器接入门禁点数量等。

（5）传输网络。

1） 二层架构：门禁控制器下行 RS485 总线或 Wiegand（韦根）通信方式，接入射频读卡器、指纹读卡器、指静脉读卡器、人脸门禁一体机等。门禁控制器下行通过多芯信号线接入门状态信息、开门按钮信号、报警输入信号，输出门锁开关控制信号与报警联动信号等。

多个控制器通过 RS485 总线连接，至管理中心通过 RS232 通信转换器接入管理计算机，或通过 TCP/IP 通信转换器接入管理中心以太网，门禁控制主机可以通过 EHOME 协议接入管理中心。

管理机房主控服务器通过标准网络线接入以太网；工作站通过 USB 接口接入发卡器、指纹录入仪；通过标准网线接入人脸一体机；如果用人证设备实现门禁控制，人证设备通过 RS232 通信接入门禁控制器，通过 TCP/IP 通信接入管理中心。

2） 三层架构：门禁主控制器通过 TCP/IP 有线网络或 RS485 接入管理中心，门禁主控制器可以通过 EHOME 协议接入管理中心。门禁就地控制器通过 TCP/IP 有线网络或 RS485 接入门禁主控制器，两种通信方式互为冗余备份。

门禁就地控制器下行具有 RS485 和 Wiegand（韦根）通信接口与读卡器通信，与读卡器通信。RS485 接口具有双总线设计，当一条总线断掉时，就地控制器可通过另一总线恢复与读卡器通信。

门禁就地控制器下行通过多芯信号线接入门锁、开门按钮、报警装置等信号。人证设备通过 RS232 通信接入门禁就地控制器，通过 TCP/IP 通信接入管理中心。

3） 一体机：门禁一体机通过 TCP/IP 或 WIFI（可定制 4G/3G/GPRS）接入管理中心；门禁一体机通过 RS485 或 Wiegand（韦根）通信方式外接副读卡器；门禁一体机下行通过多芯信号线接入门锁开关控制信号与报警联动信号等。

（6）管理中心功能。管理中心主要由发卡设备、门禁管理软件、工作站等组成，可对卡片以及门禁系统整体运行状态进行有效的监控管理。门禁管理软件除对卡片数据的记录配置外，还能实现参数设置、设备监控、报警处理、故障定位、电子地图等系统应用和管理功能，系统以动态电子地图的图形形式显示门禁的状态，管理人员可以实时查看每个门区人员的进出情况、每个门区的状态，对各门点进行直接地开/闭控制。系统实时显示、记录所有事件数据（持卡人、事件时间、门点地址、进门刷卡记录、出门刷卡记录、按钮开门、无效卡读卡、开门超时、强行开门等），如实记录且记录不可更改。报警事件发生时，计算机屏幕弹出报警提示框。系统可储存所有的进出记录、状态记录，并生成相应的报表。可根据不同的授权按不同的查询条件，进行系统信息查询。

系统针对不同的受控人员，设置不同的区域活动权限，将人员的活动范围限制在与权限相对应的区域内；对人员出入情况进行实时记录管理。系统可实现对指定区域分级、分时段的通行权限管理，限制外来人员随意进入受控区域，并根据管理人员的职位或工作性质确定其通行级别和允许通行的时段，有效防止内盗外盗。系统的操作员设置不同的密码，根据各受控区域的不同分配操作员的权限。

系统可以采用多重门禁方式（单向门禁、双向门禁、刷卡+门锁双重、生物识别+门锁双重），对使用者进行多级控制，并具有联网实时监控功能。系统能够实现远程管理，实施数据修改、安全密钥验证等功能。

系统建立防尾随（持卡人必须关上刚进入的门才能打开下一个门）、反潜回（持卡人必须按预先设定好的路线进出，否则下一通道刷卡无效）、多门互锁（有双门互锁、三门互锁、四门互锁等，互锁的多门可相互制约，当其中一门开启其他对应的门必须关闭）、强制关门（发现入侵者在某个区域活动，强行关闭该区域的所有门）、异常报警、视频监控联动（实时展示并记录刷卡人员信息，联动门禁自带监控点或外部视频监控点进行图像抓拍或录像）等功能，提高安全管理水平。

门禁系统具有开放型结构，可提供 SDK、HTTP 接口，以实现与其他系统的信息集成。

3. 设计示例

（1）严进宽出场景，包括住宅、办公楼等。进门身份识别，选用人脸识别一体机、读卡器或其他设备。

访客一体机或管理中心完成权限下发，用户到达前端识别设备进行身份识别。前端识别设备将获取的身份信息并传送到一体机或控制器内部进行数据分析和对比，同时一体机或控制器内部自动判断当前时间该用户是否允许出入，若允许进入操作电子锁开门。同时比对成功后输出界面文字显示，并将人员身份信息及现场抓拍图片上传至后台进行完整记录。

出门：用户通过出门按钮接入到一体机或控制器即可实现出门。

（2）严进严出场景，包括银行、封闭式办公大楼、园区等。进门身份识别，选用人脸识别一体机、读卡器或其他设备

访客一体机或管理中心功能同严进宽出场景。

出门身份识别，选用人脸识别一体机、读卡器或其他设备，一般不允许出门操作电子锁开门。

（3）严进严出+高级应用场景，包括金库、监狱、看守所、法院等。进出门身份识别，选用人脸识别一体机、读卡器或其他设备，多种类型的前端识别设备结合同时进行身份识别。在重要房间（如金库、数据中心等）的读卡器可设置为刷卡加密码方式，以提高整个受控区域的安全水平。也可采用逻辑开门功能（多重卡），同一个门需要多人同时刷卡才能打开电控门锁。根据需要还可支持防胁迫密码输入功能和胁迫指纹输入功能。当内部人员被劫持入门时，可读卡后输入约定胁迫码，或者刷胁迫指纹进门，在入侵者不知情的情况下，中心将能及时接收此胁迫信息并启动应急处理机制，确实保障该人员及受控区域的安全。

4. 系统运行模式

门禁系统对应于正常工作、通信网络故障和灾害三种情况有在线、离线和灾害三种模式。

在线模式：此模式下系统管理工作站将门禁控制参数和授权信息下发给门禁控制主机（或门禁主控制器和门禁就地控制器，或门禁一体机）。门禁控制主机（或门禁就地控制器，或门禁一体机）根据工作站要求控制门锁开启或关闭。相关操作信息将全部实时上传至管理工作站。

离线模式：当通信网络中断时，系统转为离线工作模式。在脱机情况下，门禁控制主机或门禁一体机可根据本地存储的门禁参数及权限信息独立工作，并存储脱机时的信息记录。一旦通信恢复，将立即将中断时记录的信息上传至工作站。

灾害模式：在火警等紧急情况下，工作站根据消防信号或管理员命令自动进入灾害模式。此模式下，工作站向指定区域或所有门禁设备发出开门指令，便于消防疏散和紧急救灾。也可通过紧急联动按钮，对指定区域或所有门禁进行断电释放。门禁主控制器具备防剪防短的消防输入端子，检测到消防输入信号时可根据预先设置的预案，自动广播告知下挂的就地控制器打开门锁。

18.5.6 人员通道系统

人员通道系统能有效控制人员通行秩序，所有进出受控区域的人员均需经过认证才方可通行，可防止未授权人员进入受控区域。

1. 系统架构

人员通道系统由前端设备、传输网络、管理中心

组成。前端设备有人员通道闸机、门禁控制器、前端识别设备等，管理中心包括管理工作站及综合安防管理平台等。对于安全要求高的场所，还配置使用人证比对的闸机。人员通道系统选用网络型门禁控制主机，通过 TCP/IP 通信方式进行与上层管理层通信方式，支持联机或脱机独立运行，门禁控制主机接入综合管理平台可实现设备资源、人员权限与配置的统一管理。

其系统架构示意如图 18－27 所示。

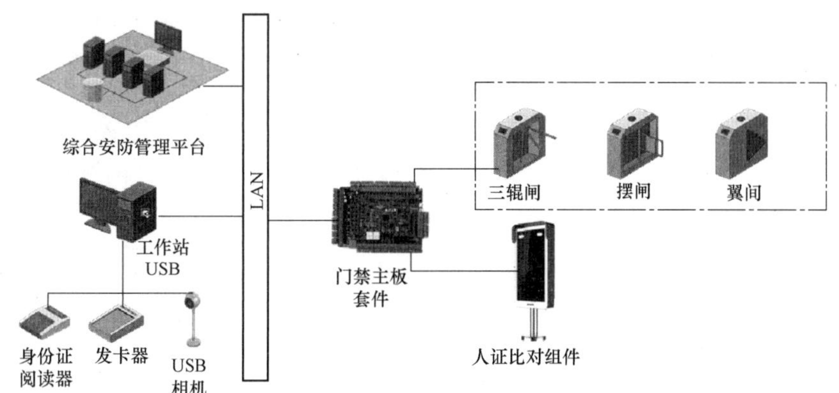

图 18－27　人员通道系统架构示意图

2. 前端设备

人行通道闸机阻拦体受控制系统驱动，人员身份验证通过后，阻拦体自动打开，延时后闭合。闸机可辅以摄像头、身份证读卡器、CPU 卡读卡器、二维码读卡器、指纹识别仪、显示屏、自动收卡器、恒温箱（严寒地区使用）等配件，认证方式和逻辑灵活多样。闸机采用多对红外对射技术，可以防尾随、防夹。还设有紧急刹车功能，以防有人急闯，避免人员受到伤害。

门禁控制主机可内置在闸机内，也可以外置，负责人员通道闸机输入、输出信息的处理和储存，用于闸机开关的控制。

高清网络摄像机用于人员出入时的视频监控和图像抓拍，当持卡者刷卡经过通道时，系统自动抓拍该人员的进/出图像，并自动存档，便于日后检查核对。同时还可对其他外部人员产生威慑，使其不敢随意闯入。

在需要实时进行人证比对场所的人员通道闸机上配置人证比对设备抓拍人脸照片，能及时比对验证通过。人员通道闸机配置人证比对闸机如图 18－28 所示。

3. 传输网络

人员通道控制器下行采用 RS－485 总线或 Wiegand（韦根）通信方式，接入射频读卡器、指纹读卡器、指静脉读卡器。人脸通道组件通过 RS–232 的方式与人员通道控制器连接。

人脸通道控制器下行采用多芯信号线输出开闸开关控制信号与报警联动信号。管理机房主控服务器通过标准网络线接入机房以太网，人员通道控制器通过 TCP/IP 通信转换器接入管理中心的以太网。

图 18－28　人证比对闸机

4. 管理中心

管理中心工作站用于对出入口控制操作进行记录，供管理人员进行数据查询和管理。发卡器用作读卡、写卡、授权、格式化等操作。采用人证闸机时，需配置 USB 相机录入人脸照片。

管理中心应实行 7×24h 连续运行，管理软件和数据库均作双机热备份，提高系统的可靠性。

5. 系统功能

系统支持刷卡、人脸、身份证、二维码、指纹等多种识别方式，对权限合格人员放行通过。配置人证比对设备时，可读取身份证照片信息，并与抓拍人脸进行实时人证比对，符合进出权限的情况下予以放行。设置摄像机联动功能，对每个进出人员进行人员图像抓拍，并在抓拍画面上叠加卡号和人员等信息。

安全级别要求较高的场所，可采用人脸识别、身份证识别、指纹识别、指静脉识别等方式。

人员通道系统和访客、梯控及报警系统的业务融合，实现无纸化访客、一键呼梯、黑名单报警等业务应用，并支持将人员通道闸机身份认证记录关联为考勤记录，自动完成考勤。访客结束后可以直接将临时卡塞入人员通道闸机，完成访客流程，而无须人员回收。

为了保证上下班高峰期的人员快速通过，届时人员通道可保持常开，避免发生拥挤、滞留事故。在发生紧急情况时，人员通道能自动打开放行，便于人员的紧急疏散。

18.5.7 梯控系统

梯控系统用于电梯楼层权限控制，主要功能有特定楼层访问权限控制、楼层常开时段设定、公共楼层设定、假日配置、报警上传与展示、刷卡记录查询等。

梯控系统既可避免外来人员通过电梯进入内部区域，保障这些区域的秩序和人员财产安全。同时采用梯控系统可减少误操作，有效减少损耗，并延长电梯使用寿命，节省维修费用，提升综合安防智能化管理水平。

1. 系统架构

梯控系统由前端设备、传输网络、管理中心组成，前端设备有前端识别设备、梯控联动模块、梯控主机等，管理中心包括管理工作站及综合安防管理平台等。用户通过身份认证介质在前端设备完成身份认证，前端设备将认证的信息传送至梯控主机进行楼层控制，授予楼层权限的人才可使用该楼层的电梯按钮并只能到达被授权层。梯控系统架构示意如图 18－29 所示。

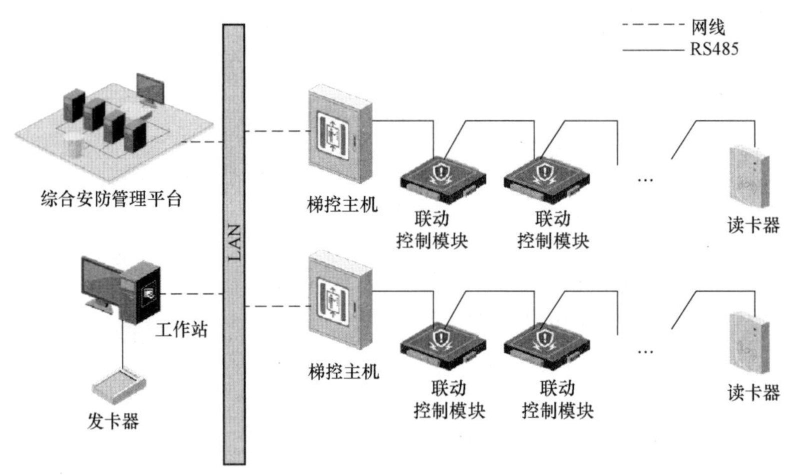

图 18－29 梯控系统架构示意图

2. 前端设备

（1）读卡器：轿厢内通过安装门禁读卡器或生物识别仪对进出人员的身份进行识别，用户完成身份认证后的信息传送至梯控主机。考虑便携性需求，识别方式可有刷卡、人脸、指纹或多种认证方式相结合等。

（2）梯控主机：梯控主机集成了楼层权限控制、时间周期计划等控制功能，通过梯控主机实现人脸控梯、火警自动释放等等功能。通过 RS485 总线方式与梯控联动模块通信。

（3）梯控联动模块：梯控联动模块接收梯控主板的权限信息，并通过继电器输出对应的楼层信息至按钮。

3. 传输网络

梯控主机通过 TCP/IP 接入管理中心，设备前端通过 RS485 通信方式接入到梯控主机，联动模块通过 RS485 接入梯控主机，联动模块下行通过多芯信号线输出电梯按钮控制信号等。

4. 管理中心

管理中心主要由 USB 相机、梯控管理软件、工作站等组成，可对梯控系统整体运行状态进行有效的监控管理。

梯控管理软件除了具备对人脸照片、卡片等身份介质的记录配置之外，也能实现参数设置、设备监控、报警处理等系统应用和管理功能。

5. 应用模式

根据使用电梯人员采用不同的管理流程，具体可分为内部工作人员、管理及保安人员、访客、电梯自运行四种模式。

（1）内部人员。内部工作人员在已授权的电梯完成身份认证，到达经授权之楼层。所有工作人员均需通过身份认证才能使用电梯。身份信息授权等由管理中心统一管理。

工作人员进入电梯后，可在前端设备进行身份识别，如果判断为合法人员，则电梯的层控键盘才可启动，并且只有经过授权的楼层键可供认证成功的人员使用（未经授权的则按钮无效），认证人员按钮选择将到达楼层即可。如果无效身份，则电梯的层控按钮不可启用。

离开时，工作人员进入电梯后选择公共楼层（1层或地下层）按钮启动电梯下楼，或刷门禁卡开放已授权的楼层按钮。

（2）管理及保安人员。管理及保安人员进入电梯后，可在前端设备进行身份识别，在授权权限内按任意一层按钮即可乘梯到达目的楼层。超级管理员可根据需要为管理人员设置二层或多层的选择权限。

离开时，管理人员进入电梯后自行选择公共楼层（1 层或地下层）按钮启动电梯下楼，或刷卡开放已授权的楼层按钮。

（3）访客。访客在访客接待前台与被访者建立联系，经确认由管理人员为其登记并发放访客身份权限，人脸通行权限仅为被访者所在楼层及相关通道的可入权限。访客进入电梯后通过的前端设备进行身份识别，该访客通过按钮选择到往被访者楼层。

离开时，访客进入电梯后自行选择公共层按钮启动电梯到达公共楼层，其他按钮无效。

（4）电梯自运行。系统管理员可通过手动方式将梯控状态切换到电梯自动运行状态。系统可实现与消防信号的联动，启动消防信号后电梯将不受人脸和层控系统控制，以确保电梯在紧急情况下的使用。

6. 系统功能说明

梯控系统进行弹性、灵活的楼层管制，可指定进、出各个楼层的人员及有效时间，结合智能卡功能、无进出人数的限制。对楼层进出时段及假日进出权限管制，提供楼层持续开放不管制时段设置，且楼层可分组设置。

系统记录每次成功刷卡使用电梯的相关信息（包括使用者卡号、使用时间、所使用的电梯代号、所到达的楼层等信息），可统计、打印、存档、查询。设有黑名单管理及报警功能，防止非法人员乘梯。在下发电梯权限信息的时候同时下发关联门的权限信息，如开通人员楼层权限的时候同时开通该楼层的门禁权限。

支持电梯维护开关与消防警报信号连动，当电梯维护开关开启或消防警报信号触发，系统自动取消楼层管制功能。

梯控系统与电梯采用无源干节点连接，两者完全隔离。可根据用户需要，断开控制器对电梯的控制，由电梯设备自行控制。控制器与读卡机采用分离式设计，确保不法人员破坏读卡机时，电梯管制不会被强行侵入。

梯控系统的通信传输断线时，可单机独立运作，维持正常的楼层管制。

可与对讲系统联动实现，为业主和访客提供呼梯服务，自动开放相应楼层权限。

支持梯控报警和联动控制，可在电子地图上添加、修改、删除配置梯控读卡器，产生报警时在地图元素上实时展示报警。

18.5.8　可视对讲系统

可视对讲系统是一种以管理中心为核心的安防系统，可以整合可视对讲、报警、门禁管理、物业管理等系统，来满足住宅小区对人员进出的管控需求。

1. 系统架构

可视对讲系统由前端设备、传输网络、管理中心组成，前端设备有对讲前端设备（室内机、门口机），中间设备（数字解码器或解码分配器），中心设备。可视对讲系统架构示意图如图 18－30 所示。

2. 前端设备

门口机：门口机除呼叫住户的基本功能，还具备人脸识别开门、对讲呼梯等功能。内部人员在门口机实现身份认证后输出电锁开门信号，完成开门放行。外部访客通过对讲呼叫实现开门。

室内机：内机有可视对讲通话、开锁等基本功能。而室内机可与不同的门口机进行适配安装。当选用云对讲方案时，室内机将不是必选的，此时主要由手机 APP 替换室内机实现所有功能。

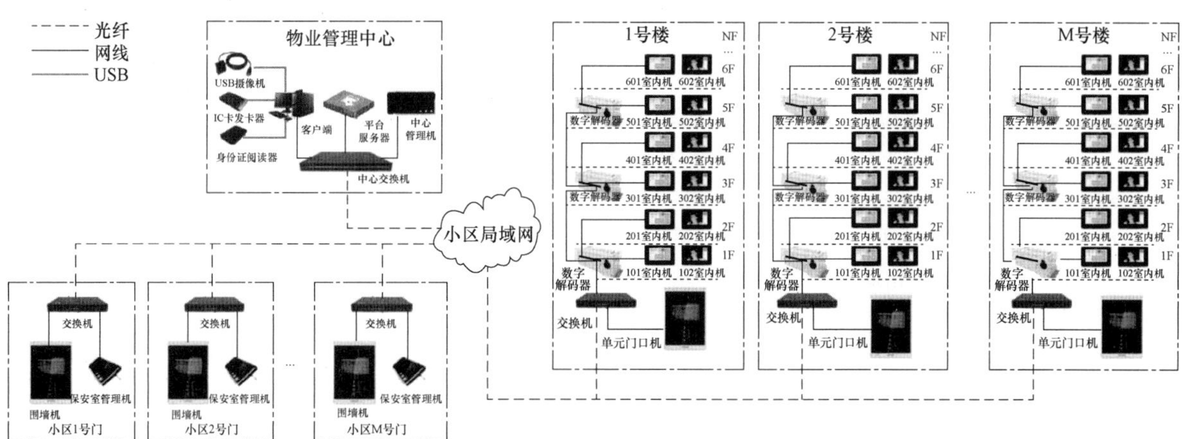

图 18－30　可视对讲系统架构示意图

3. 传输网络

数字解码器/半数字解码器拥有端口数量不同的型号。若选用自带稳压电源的数字解码器联网，室内机只需接入数字解码器即可实现通信。半数字解码器用于解析地址和转换输出通道，实现音视频信号不同通道的输出。门口机通过 TCP/IP 接入交换机，并与管理中心处于同一网络。

4. 管理中心

管理中心由 USB 相机、可视对讲管理软件、工作站、管理中心机等组成，对可视对讲系统运行状态进行有效的监控管理。管理中心机通常安装在物业管理中心、保安室等，用于接收住户家庭的报警、中心与业主间的相互通话及远程开单元门。

可视对讲管理软件除了具备对人脸照片的记录配置之外，也能实现参数设置、设备监控、报警处理、故障定位等系统应用和管理功能。

5. 系统功能

（1）人脸注册流程如图 18－31 所示。

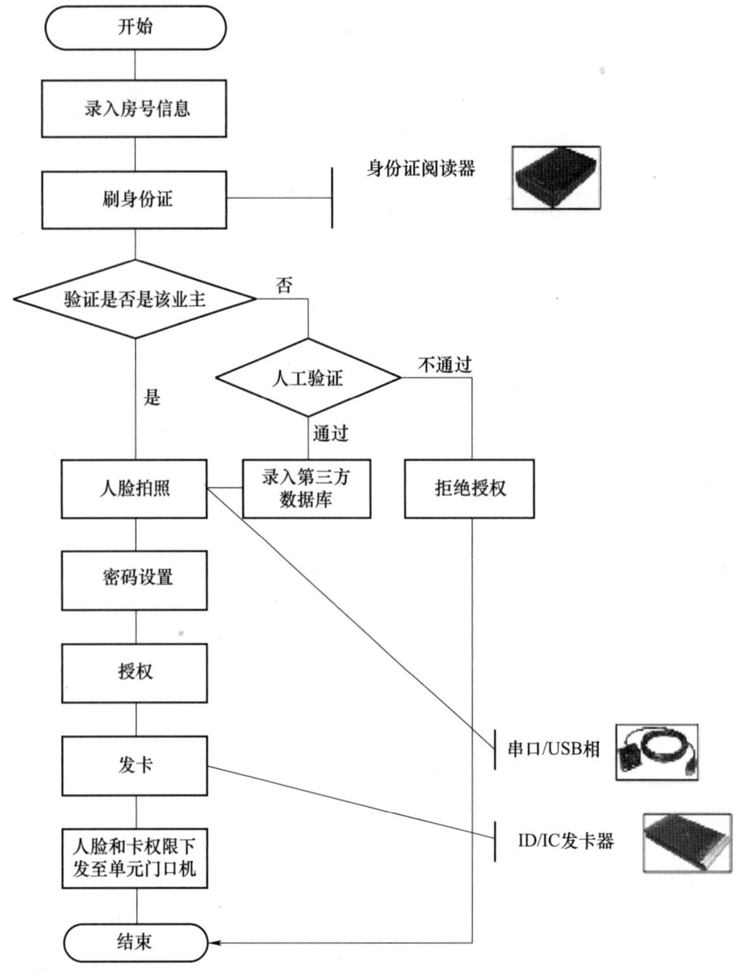

图 18－31 人脸注册流程图

（2）人脸开门流程如图 18－32 所示。

（3）访问对讲。访客呼叫可采取两次确认模式，即在小区每个出入口设立围墙机，通过围墙机可与住户进行对讲通话，经过住户确认后开启小区电控门，访客进入小区，此为一次确认。访客来到相应的单元楼时，通过单元门口机与住户再次通话，由住户确认后开启单元电控门，此为二次确认。单元门口机有图像抓拍功能，室内机可存储单元门口机抓拍的图像，两次确认的方式可对小区的访客进行严格有效的出入控制。

来访客人在单元门口机或围墙机上拨号呼叫住户室内分机，住户室内分机振铃，屏幕上同时显示来访者的图像，住户提起话机即可与来访者通话，室内机可随时调阅单元门口机摄像机。

（4）户户对讲。对讲系统室内机具有小区户户对讲功能，此功能基于小区对讲局域网，无须任何费用。

（5）三方通话。来访者通过门口机，可呼叫住户与管理中心，实现双向对讲；管理中心可通过管理机拨通住户室内机，与住户实现双向对讲；住户可通过室内机直

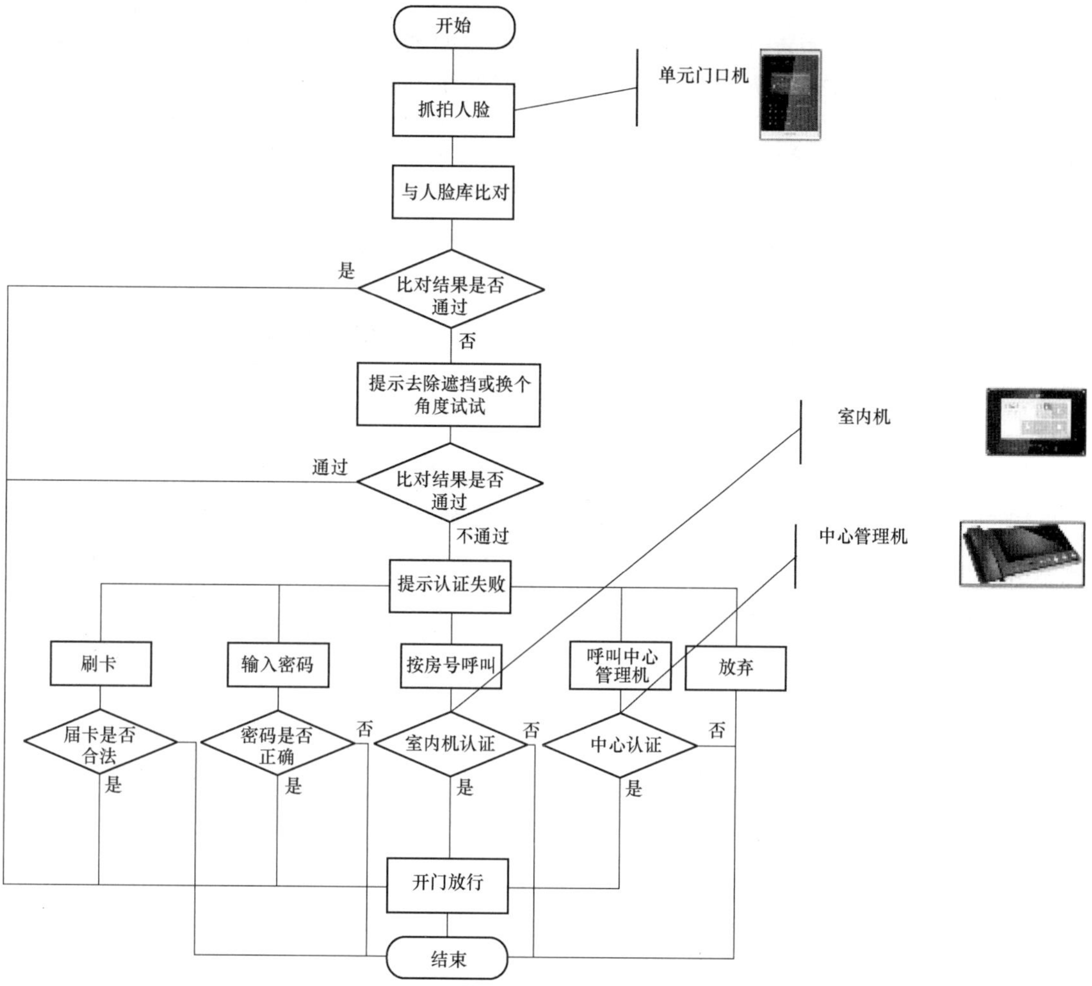

开始
抓拍人脸
单元门口机
与人脸库比对
比对结果是否通过
是
否
提示去除遮挡或换个角度试试
室内机
通过
比对结果是否通过
不通过
中心管理机
提示认证失败
刷卡
输入密码
按房号呼叫
呼叫中心管理机
放弃
届卡是否合法
密码是否正确
室内机认证
中心认证
否
否
否
是
是
是
是
开门放行
结束

图 18－32　人脸开门流程图

接呼叫管理中心，同时管理中心会显示出该住户的信息。

（6）安防报警功能。室内机具有安防接口，可实现住户安防报警及紧急求助；室内机可自带一个 SOS 紧急求助键，实现远程紧急求助。室内机防区设置界面如图 18－33 所示。整合传统家庭报警应用，将家庭入侵防盗、家庭火灾报警、室内有毒气体报警信号等接入可视对讲系统，消除了空间与时间上的障碍，报警都能够第一时间推送到用户的手机上。室内机防区设置界面如图 18－33 所示。

（7）视频调阅。住户可通过室内机随时调阅单元门口机摄像机或者具有权限的公共区域摄像机画面，观察周围环境情况。

（8）电梯联动。访客通过单元门口机呼叫住户，住户确认后远程打开单元门并自动呼梯至一楼，并开放住户所在楼层权限。访客进入电梯按下住户楼层按键，抵达住户楼层。

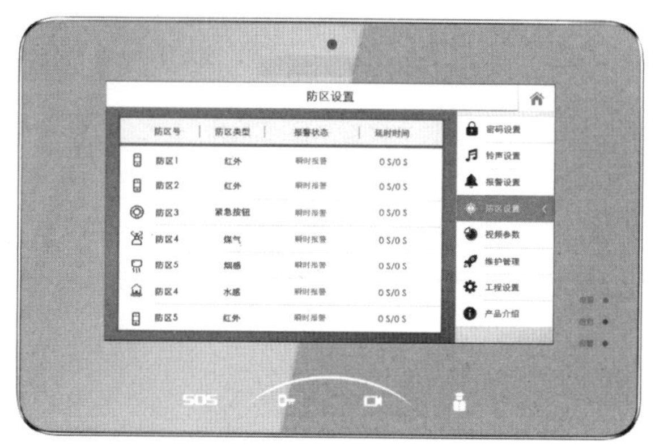

图 18－33　室内机防区设置界面

住户刷卡或密码开启单元门后，门口机呼叫电梯至一楼，住户进入电梯后刷卡开启权限，按下住户楼层按键，抵达住户楼层。住户下楼之前，在室内机上按呼梯按钮将电梯呼到住户所在楼层，住户出门后直接乘电梯下楼。

（9）信息发布。物业能够在智能平台上推送大量的业务公告、便民信息、周边商铺打折信息或者水电煤等公用事业费缴费信息，用户也能通过智能平台上报物业维修，来及时地获取物业服务。

信息群呼：管理中心编辑特定的文字信息（如天气预报、小区活动、收费通知等），向所有住户或某一单元（片区）发送，所有住户收到相同的信息。

信息指定发送：管理中心编辑特定的文字信息（如催交物业费等），按房号等信息向指定住户发送。

信息查询：所有发送的信息可进行查询并打印。

（10）门禁管理。遥控开锁：访客呼叫住户后，主人如需接见访客，只要按下室内机开门键，大门打开。访客进入后，大门关闭；管理员可通过管理机遥控开启各楼栋门口电锁。

密码开锁：住户通过密码开启单元门，住户能随时更改自己的密码。

感应卡开锁：住户使用感应卡开启本楼栋大门。

（11）手机远程控制。手机客户端通过无线局域网与可视对讲设备连接，也可以通过云平台与可视对讲设备连接，在公网上可实现接听对讲并开锁、呼叫、监视等操作。用户可用手机查看到来访的客人通话，在手机上输入门口机的号码即可监视门口画面。

（12）图像存储。门口机开门后自动抓拍画面并存储至FTP，方便查看人员进出记录。

6. 系统说明

人脸识别可方便通行，但是需要深度学习算法。人脸门口机实时自动检测最大人脸，提升人脸抓拍效果，提高识别率。

系统采用全数字网络结构，实现全系统网络化管理，可以精确的定位到每户设备节点，减少人工设备巡检等日常维护支出。

室内机可以选用标准网络交换机加室内机电源的方式连接；也可以采用数字解码器进行连接，并通过 POE 协议供电，无须额外部署电源，实现“一根线到户”，减少 50%重复布线。具体连接方式可以根据项目实际情况和成本选择。

家庭局域网、小区局域网、互联网、移动互联网“四网无缝衔接”，用户可以在任何网络节点以及任何网络设备实现系统接入，在自己的手机、平板电脑上来实现远程开门、可视对讲等系统功能。

18.6 停车库（场）管理系统

随着城市的发展，中国的汽车保有量高速增长，需要大量的停车场。作为城市静态交通基础设施的停车库/场对停车管理不断提出高效管理与安全运营的要求。停车管理系统因能规范车辆出入的行为，支持快速通行和安全管理，提高管理服务水平，得以广泛的使用。

停车场管理系统用 IC 卡/打印票作为停车场出入凭据的管理系统，及车牌自动识别无介质凭据的管理系统两类方案，目前逐步以车牌自动识别的停车场管理系统为主。

1. 系统架构

车牌自动识别的停车场管理系统架构如图 18－34 所示。

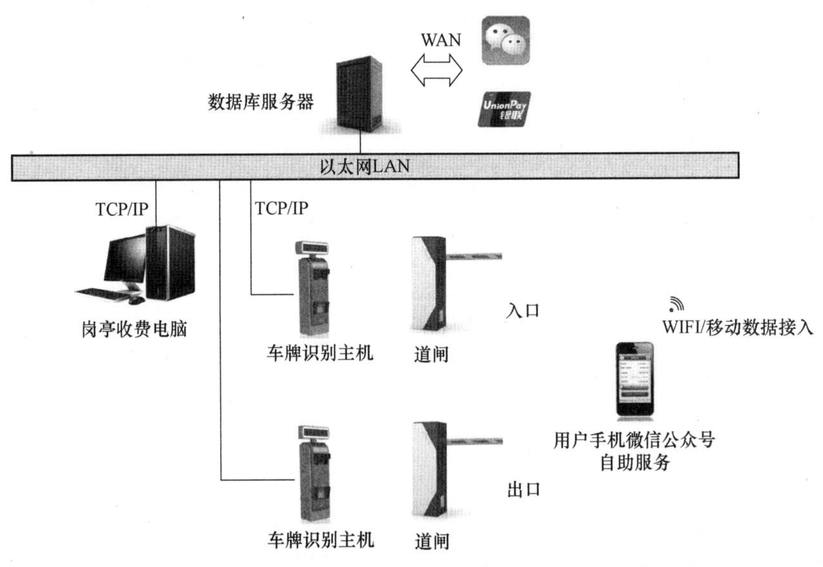

图 18－34　车牌自动识别停车场管理系统架构示意图

（1）后台数据服务。停车场管理平台设有数据库服务器及软件，以及与微信、银联支付等管理平台对接的网络。

（2）现场管理设备有车牌识别主机（包含车牌识

别摄像机、显示屏、补光灯、出入控制器等）、出入口道闸、收费电脑等。

（3）智能手机客户端由用户使用自带的智能手机安装上软件，在出入口操作。

2. 系统功能

停车管理系统需要提供完整的停车服务，确保车辆快速通过和停放车辆的安全；对出入的车辆进行有效监管，为管理提供免责依据；能方便停车和取车，快速缴费，提高车库运行效率，降低管理成本。

（1）车牌自动识别及监控功能。采用摄像监控、实时记录车型和车牌、驾驶员图像，进行车辆出入图像和车牌号码的自动对比，若比对有误立即报警。

由于实际车牌的污损、安装位置、监视环境的差别，可造成车牌自动识别的失败，因此需要应用各种识别技术，如车牌焦点曝光识别、立体车牌识别、车牌畸变校准、先进的识别算法、闪光透视技术等，以提高识别的有效率。

（2）电动道闸的自动控制。停车管理系统设置为入口无人值守自动管理，出口收费、固定用户车确认放行方式。入口的车牌自动识别器、控制设备、自动道闸、感应线圈、摄像机等设备自动采集数据并发送到出口管理电脑软件系统进行数据处理，且能自动完成相应处理结果，执行相关动作。

道闸也可由管理员临时开启，通过管理监控软件实现人工放行，但系统自动记录开启时间、管理员等信息，并自动抓拍放行照片。

（3）系统安全性。系统具备自诊功能，当设备某部件发生故障或异常情况时，系统自动显示故障情况，引导维修人员跟踪维修，从而提高维护效率。采用多级数据备份，系统所有数据都由各收费计算机实时上传主服务器上，同时各收费计算机上做镜像备份。管理软件对数据库进行完善的数据备份、即使系统故障也能及时恢复数据。

（4）操作员管理。系统运行采用分级管理，本机岗位、操作员及系统初始化等均进行分级别授权更改、设定。各级人员按各自的权限操作，无法越级操作。

系统具备交接班功能，可按日、按月或按通道口查询操作员上下班记录，并可打印，有效地杜绝了财务漏洞。

遇到因车牌本身原因无法识别的车辆，系统提供人工干预手段，可由管理人员人工录入。

（5）报表查询。系统对在场车辆进行实时统计，可随时查询充值记录、中央收费、临时收费、进出车辆对比、刷卡记录、异常出场、卡片有效期、登录日志、操作日志、开闸记录等，并能导出 Excel 报表，自动按各种组合条件过滤形成报表。

（6）服务功能。

剩余车位查询：对本停车场的车位进行实时记录和更新，满足用户查询的需要。管理者则可远程随时掌握停车场的运营状态。

停车预约：停车用户可关注微信公众号并使用车牌号，直接进入停车预约，预计入场日期及时间进行停车预约。预约成功后，可在规定时间内进行停车，超时停车无效。

停车状况查询：停车用户可以随时查询本车的停车状况，入场照片等信息。

停车缴费：系统兼容多种缴费信息输入模式可实现扫码、卡号、车牌，计算费用后可直接实现微信支付或银联支付。

（7）反向寻车。停车管理系统多有设置反向寻车功能。通过车库视频监控系统，将停车位与其上所停车辆的车牌对应关联。车主可以在寻车问询屏上键入自己的车牌号，即可获得车辆所停位置和寻车路径。

18.7 巡更系统

1. 系统概述

巡更系统是管理者考察巡更者在指定时间按巡更路线到达指定地点的技术手段。管理人员可通过软件随时更改巡逻路线，以配合不同场合的需要。

巡更系统可分为离线及在线两类：离线巡更有接触式巡更和感应式巡更；在线巡更有需布线式巡更、GPS 巡更、GPRS 巡更。

巡更系统除了用于安全管理外，也可以用作设备巡查，其硬件配置和原理与巡更系统完全相同，只是管理软件要符合设备管理的业务流程。

2. 离线式巡更

系统设备包括巡更棒、巡更点、人员卡、通信座、事件本、管理软件等。巡更棒由巡检人员随身携带，用于巡检。巡更点布置于巡检线路中，无须电源、无须布线。人员卡用于更换巡更人员。通信座用于连接巡检器和电脑。事件本事先输入可能发生的事件，巡更时可读取事件。管理中心可配管理软件、多个巡检器/巡更棒、多个地点卡。人员卡可根据用户要求选配，用于区分巡检人员。管理软件用于查询、统计，供管理人员使用。充电器用于给巡更机的充电。

巡检人员手持巡检器（巡更棒），沿着规定的路线在规定的时间内到达巡检地点，用巡检器读取巡检点，读取时伴有振动和灯光双重提示。巡检器自动记录到达该地点的时间和巡检人。巡检人员回到管理中心，将巡检器插入通信座通过数据通信线连接计算机，把巡检器数据上传到管理数据库，管理软件自动分析和智能处理巡检数据，对巡检工作实行管理。

3. 在线式巡更

在线式巡更系统根据布防各区域的布局情况设置在线巡查点和巡查路线，巡查人员通过读卡或无线WIFI/3G/4G 终端，将到该达巡检点的记录上传到管理中心。巡查管理系统的主机实时记录巡查人员编号、巡查点号、到达时间等，管理人员可对每一个巡查的任务记录进行查询和统计。

发生紧急事件的现场可实现特殊情况报警上传，后台结合电子地图，系统可对各个区位的巡查人员进行实时定位并进行轨迹分析。

系统具有电子地图显示功能，实时显示、记录、查询巡查情况及巡查员所到地区的情况，自动生成分类报表并打印，可对失盗、失职进行分析。在电脑关机状态下，各检测点仍然可正常工作，所有记录均自动存储于控制器内，便于管理人员查询阅读。

GPS 巡更无须巡更点，通过卫星进行定位，有一定误差，但适用于 GRPS 信号较弱、地点偏僻荒凉区域的军事禁区等。GPRS 巡更用手机安装配套软件代替巡更棒，实时在线反馈巡更状态（挟持、遇险、正常等），定位精确，利用 GPRS 实时上传数据。常用于信号良好的办公大楼、银行、酒店、监狱等对巡检要求较高的区域。

18.8 安防综合管理系统

18.8.1 系统概述

安防综合管理系统是一个系统集成软件平台，通过网络技术、通信技术、软件技术和管理技术使多个个独立的安防子系统有效地集成，实现子系统优势互补，协同作用的整合。

安防综合管理系统是智能建筑的核心之一，它建立建筑物/群的中央监控与管理界面，通过可视化的图形方式和方便的人机界面，方便、快捷地对被集成的各安防子系统以及更下层的功能系统实施监视、控制和管理等功能。

安防综合管理系统能实现跨子系统的联动，各安防智能化系统实现集成后，原本各自独立的子系统在集成平台的角度来看就如同一个系统，无论信息点和受控点是否在一个子系统内都可以建立联动关系。

安防综合管理系统提供开放的数据结构，共享信息资源，建立工作平台采集、转译各子系统的数据，建立对应系统的服务程序，接受网络上所有授权用户的服务请求，即实现了数据共享。这种网络环境下的分布式客户机/服务器结构使集成系统发挥强大的功能。系统可以使管理人员在工作站上，以相同的界面操作、管理多个智能化子系统，可方便管理，减少管理人员人数，降低了对管理者技能的要求。

18.8.2 集成功能

1. 视频监控

工作站能自动以树形结构将浏览的前端设备和摄影头编排列出来，可以根据多级区域进行分组。同时结合人工自由点播，可以非常直观、方便地查看权限许可的实时或非实时画面。

支持画面切换监控、对音频的实时接收、图像实时抓拍与浏览、本地实时录像等功能；工作站能对云台控制（包括自动巡航、预制位、灯光/雨刷功能）、可变镜头远近、聚焦调节、摄像机色度、亮度、饱和度、对比度的实时控制。支持视频双码流传输、视频流媒体服务器。

2. 入侵报警系统

工作站能显示虚拟报警键盘，通过虚拟报警键盘实现报警键盘的布、撤防、旁路、接警等操作。多个虚拟报警键盘可以自由分组排列。虚拟报警键盘可以取代部分报警键盘。

工作站支持地图放大、缩小，用户可根据需要浏览不同倍数的地图，查看地图上的用户资料，当有报警发生时将地点在地图上自动弹出。集成系统可共享报警信息，生成报表并打印。

3. 出入口管理

安防综合管理系统以 ODBC、OPC 通信协议实现与出入口管理数据的通信，对其集成的停车场系统及门禁系统进行监控。物理通信方式为由子系统接入交换机，再由交换机与集成平台服务器相连。授予不同的权限的客户端均可实现对智能卡集成管理服务器的控制和查询，根据不同的管理需要定期输出各种管理数据表，为物业管理人员以及各主管领导提供管理依据。

4. 停车场管理

停车场管理系统采用 OPC 或数据库方式建立与安防综合管理系统的通信，在工作站上实时查看车闸状态，对车场进出进行远程操作与控制。停车管理的数据通过网络，按不同用户及用途建立相应的数据库。用户可根据授权查询各自数据，通过集成平台对停车场进出记录进行实时及历史记录的查询。

5. 电梯控制

在工作站上实时查询电梯运行状态的信息，显示系统的运行时间和曲线等数据分析报表，维修检修时间提示等。

6. 安防综合管理平台的运维及数据分析报表

在安防综合管理平台上显示的运维及数据分析页面如图 18－35 所示。

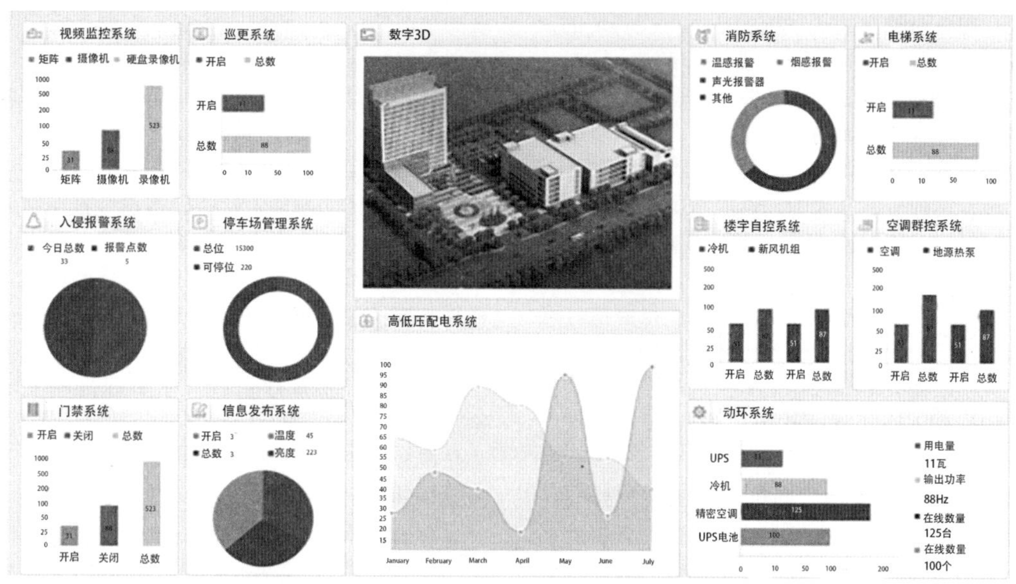

图 18－35　安防综合管理平台上显示的运维及数据分析页面

安防综合管理平台根据子系统与设备营运的情况进行评分，从条形图可查看子系统与设备正常运营时间、超负荷、离线或者故障时间。通过条形图代表各子系统设备评分汇总换算至饼图总分。

统计报表有运行天报表、运行月报表、运行年报表，报表时间段可选、年报表统一记录工作量综合统计体现与往年对比值，达到总数值的百分比，月报表体现每天运行状态、以不同色条形图显示，运营、故障、异常时间段。运行天报表按小时体现设备峰值、谷值的系统参数及故障时间、恢复时间。可以提供运行状态报表、趋势分析报表、比较分析报表、综合分析报表等。生成的报表、历史文档等可以邮件发送。

18.8.3　系统联动功能

安防综合管理系统的任意终端可监视、控制和设置系统内的主要设备，但各个子系统必须保留各自独立的控制和监测功能。能灵活设置并实现跨子系统的互操作和联动控制，无论信息点和受控点是否在一个子系统内都可以建立联动关系。

1. *视频安防系统*

视频安防系统提供 TCP/IP 接口、ASCII 协议编码以及 SDK 工具，实现画面切换（包括摄像头及预置位）、PTZ 控制、录像回放等。

2. *综合管理的功能*

安防综合管理系统对各集成子系统进行综合考虑和优化设计，突出跨子系统的全局化事件管理，通过工作站能灵活方便地设置、安排全局事件及工作流程，提高系统管理性能和对全局事件的处理能力。能方便、快捷地按照用户环境形成应用的各子系统组态画面，综合各个控制系统的状态信息，操作管理界面生动、形象、逼真。

该系统具备多层次管理的权限设置功能，保证安全运行管理；具有功能强大的数据库系统，充分共享信息资源，将各子系统传送来的信息进行分析、处理、综合，并按规则进行记录，创建相应的数据库，并能产生各种丰富的管理报告、报表。

3. *应急联动指挥功能*

（1）应急预案功能。安防综合管理系统的预案编制软件是为编制各种紧急事件时的处理预案而设置，可大大减轻值班人员在发生紧急突发事件时的心理压力，提高对突发事件的处理能力。安防综合管理系统通过对各智能化子系统的整合来实现跨多个子系统的联动，因此，“紧急预案编制管理系统”植入大量的预案信息，如各种逃生路线图、人员名单、应急预案以及各种应急信息，可在发生的紧急事故时生成相应的预案，能给出各种指挥以及处理策略和指令。

（2）应急联动功能。安防综合管理系统通过接口网关，进行各子系统之间的“对话”、联动和协调，实现全局事件之间的响应。例如：上班时楼宇自控系统将办公室的灯光、空调自动打开，保安系统立刻对工作区撤防，门禁、考勤系统能够记录上下班人员和时间，同时视频监控系统记录人员出入的情况。当大厦发生火灾报警时，楼宇自控系统关闭相关区域的照明、电源及空调，门禁系统打开房门的电磁锁，视频监控系统将火警画面切换给主管人员和相关领导，同时停车场系统打开闸机，尽快疏散车辆。这些事件的综合处理，在各自独立的子系统中是不可能实现的，而在集成系统中却可以按实际需要得以实现。

跨系统的联动、实现全局事件的管理和工作流程自动化是系统集成的重要特点。安防综合管理通过对各子系统的集成，更有效对大厦内的各类事件进行全局联动管理，这样节省了人力，也提高了大厦对突发事件的响应能力，使主管人员迅速做出决策，以减少事故带来的危害和损失。

（3）安保一体化系统内部联动。防盗报警信号可以联动报警区域的摄像机，将图像切换到控制室的监视上，并进行录像。多个报警信号出现时，报警信号可以顺序切换到不同的监视器上，报警解除后图像自动取消，防止漏报。

有人在防盗系统设防期间进入安装监控器的区域时或有人进门读卡时，视频监控系统自动切换到相应区域图像信号，并进行录像。当非法侵入发生（如非法的持卡人被检出）时，视频安防监控系统的摄像机转到预设位置进行监视。在特殊场合，进入房门需经保安人员认可时，视频监控系统将图像切换到指定的监视器上，由保安人员认可后才可以进入房门。

入侵报警系统出现报警时，出入口控制系统可以按照程序关闭指定的出入口，只能由保安人员打开，同时联动报警区域的摄像机，将图像切换到控制室的监视器上并进行录像。如照明条件不佳的，则联动智能照明系统，开启相应位置照明装置，配合管理人员对现场进行确认。

当防盗报警系统出现报警时，联动门禁系统关闭相应位置门禁锁，对相应路线封锁门禁，也可以按照程序关闭指定的出入口，只能由保安人员打开。

（4）安防一体化系统与消防报警系统联动。火灾报警系统出现火警信号时，报警信息提示管理员注意，同时将该区域摄像机信号切换到控制室监视器上，观察是否误报或火情大小。消防报警信号经过确认后，安防系统开启所有门锁，进行人员疏散。

（5）消防报警系统与楼宇自控系统的联动。出现火警时楼宇自控系统关断相应层面的新风机组、风机盘管和配电照明，防止火情进一步扩展。同时监视消防水池、水箱、水泵的供水情况。

（6）消防报警系统与停车管理系统联动。通过安防综合管理系统联动视频监控系统对停车场进出实时的进行记录，当停车场系统发生故障时把摄像机画面切换到相应位置；当消防报警信息确认后，根据预设联动，停车场系统锁定进口，打开出口进行车辆的疏散。

（7）消防报警系统与其他系统联动。消防报警系统本身具有规定的联动功能，但并不能够实现安防系统的全面的联动，通过安防综合管理系统能够实现当出现火警后联动智慧卡读卡机的电磁锁，打开出现火情层面的所有通道的门锁，以确保人员的迅速疏散。

18.9 安防技术发展的愿景

随着科技的发展，安防技术也一直在演进。网络化、高清化、智能化成为行业主要的发展方向。2015年5月国家发改委等部门提出“2020年实现公共安全视频监控的全域覆盖和全网共享”，这表明安全防范系统将由视频监控系统为主导进行扩展。

随着科技的加速发展，安防行业正在接受大数据、云计算、物联网以及AI等新技术的“洗礼”。尤其是在智慧城市、智能交通等大型项目中，云计算和大数据处理平台都已经成为安防系统标配。

1. AI+安防

在云计算、大数据、芯片、AI算法等技术的助推下，“AI+安防”的概念开始形成。如今在公共安全领域“AI+安防”应用已经落地。基于GPU运算的方案、人脸识别、大数据应用等已经成为业内的共识，加速驱动着智能监控技术升级，向更高层级进化。

未来的视频监控摄像头除了要“看清”之外，安防人正努力让它们能够“看懂”世界，这也意味着，视频监控不再是简单的摄像头，而是一个能看懂、会思考的智能助手。通过对图像智能的理解，摄像头可以看懂视频里面的每个人、每辆车，然后对人跟车进行特征识别，采集数据。得到数据之后，然后再做下一步的数据预测。

基于人的视频图像的情报预警系统，对布控范围内的人进行行为分析、出行规律分析，对人的体态、动作做基于人体的视频智能分析，来识别业务场景，从而改变警务应用的作业模式。总之，视频图像将成为物联网中的视觉智能分析设备，识别监控画面，对其进行语义描述和最佳图片抓拍，通过云端计算平台进行分析，自动做出思考和判断。

2. 机器视觉与数字视网膜

随着人工智能的高速发展，机器视觉以独有的非接触、高速、高精度、高抗干扰能力强等突出优点吸引了安防行业的目光。机器视觉用机器代替人眼来做测量和判断，对图像进行识别，因此在人脸识别、车牌识别等方面得到大量运用。

现有的监控摄像头功能简单，在面临海量信息和突发事件时，难以迅速做出反应，于是数字视网膜应运而出。数字视网膜与人的眼睛既具有影像重构（精细编码视觉内容），又具备特征提取（面向识别理解）的功能。把监控视频编码（视频特征的紧凑表达）和特征集合起来给予表达，在现场应用并传输到云端，从而拥有数字视网膜功能。

3. 大数据与深度学习

据最新数据统计，中国的公共和私人领域共安装 1.76 亿个监控摄像头，每年产生数千万 PB 的数据量。视频监控业务是一个依靠数据说话的典型数据依赖型业务，大数据与视频监控业务有着天然的结合。在大数据技术支撑下，网络视频监控数据存储模型可转向分布式的数据存储体系，提供高效、安全、廉价的存储方式。通过大数据技术实现视频图像模糊查询、快速检索、精准定位，提高视频监控数据的使用效率。

深度学习是人工智能的新领域，关键要素是数据，而安防行业中视频监控数据占了数据总量 70%以上。安防行业的深度学习研究主要在语音识别和视觉分析，可以在不同的领域形成技术创新。深度学习算法能解决海量数据与人力短缺之间的矛盾，有效提高识别准确率，自动建立从数据到目标模型的映射，不再需要人工选择或创建特征集来描述目标。

4. 云边结合

边缘计算是在靠近物或数据源头的网络边缘侧，融合网络、计算、存储、应用核心能力的开放平台。当前的云计算是基于数据中心的集中式中心化的云。随着大视频、物联网、云化接入等应用发展，集中式中心化云已不适应低延迟、大带宽等业务的要求，需要向分布式去中心化云发展，这就是赋能边缘智能和云边融合产生的背景。赋能边缘智能的技术基础是边缘计算。边缘计算在靠近物或数据源头的网络边缘侧，融合网络、计算、存储、应用核心能力的开放平台，其功能是就近提供边缘智能服务，满足行业数字化在敏捷连接、实时业务、数据优化、应用智能、安全与隐私保护等方面的需求。边缘计算可以缓解负载瓶颈、延迟、容错等方面的困难，未来的智能应用系统应该是“大智能”放在云端，“小智能”放在边缘。

5. 语音识别

声纹识别主要用于身份确认和物体识别，人与物都有声纹，系统可以通过声纹确认身份与权限，不同的人可以下达不同的命令，不再需要密码。摄像机内置拾音器，支持音视频采集，通过不同物体的声纹可以开发出更多的应用。

6. 5G 时代

（1）智能家居。相比 4G、5G 传输速率提升 10～100 倍，峰值传输速率达到 10Gbit/s，这意味着下载一部 1G 的电影仅需要 10s 就可以完成。5G 将大幅度改善智能家居服务，它将解决一些消费者投诉的主要问题，如响应迟缓、信号延迟、设备不互联等。届时，智能家居设备之间的“交流”将更为准确迅速，智能家居系统真正实现整体联动效果。此外，5G 标准的提出，有利于解决当下智能家居设备标准不统一的问题。

（2）智慧交通。5G 的超高速传输将有利于车联网加速落地，基于 5G 的智慧交通系统也将更为联动。未来，5G 技术能根据路段运载能力安排车辆行驶路线，在提高城市交通效率的同时减少拥堵情况的发生。在公共交通方面，5G 可以有效优化公交线路，提供实时更新的乘客信息、车辆信息，甚至支持动态公交路线查询。此外，低延时高可靠的 5G 技术将是自动驾驶的“千里眼”和“顺风耳”。借助 5G 网络，自动驾驶能实时获取位置信息、环境信息以及乘客信息，进行路面冰滑预警、路障预警以及车辆限速，并在司机大意时可强制停车。

（3）智能监控。对于监控设备来说，5G 技术可以更快地传输更多的超高清监控视频资源，视频监控将不再局限于固定网络，后端智能数据处理能力加快，减少网络传输和多级转发带来的延迟损耗。摄像头采集的视频可以进行本地分流，大幅度降低网络传输宽带资源占用，缓解移动核心网拥堵的问题。5G 网络正式商用后，监控设备将进一步走进 8K 分辨率时代，这意味着更高清的画面，更丰富的视频细节，视频监控分析价值更高。

第 19 章　火灾自动报警与消防联动控制系统

19.1　基本概念与原理

随着经济建设的快速发展，城市规模的不断扩大，各种高层的综合性建筑群以及大空间建筑（住宅建筑、商业建筑、办公建筑、宾馆、文化与体育建筑、飞机场、车站、油库大型仓库等）的数量不断增加。由于这些建筑内部功能复杂、空间跨度大，因此火灾的隐患随之增多，早期火灾隐患的发现及报警也就变得尤其重要。

火灾自动报警与消防联动控制系统由触发装置、火灾报警装置、联动输出装置以及具有其他辅助功能装置组成。它具有在火灾初期，将燃烧产生的烟雾、热量、火焰等物理量，通过火灾探测器变成电信号，传输到火灾报警控制器，从而能够发出声、光报警信号；联动控制灭火系统、应急广播、应急疏散照明、消防给水、火灾区域隔离（防火门、防火卷帘门）、排烟系统和切断非消防设备的电源，实现火灾监测、报警和灭火的自动化。同时，以声或光的形式通知整个大楼或相关楼层人员疏散，控制器记录火灾发生的部位、时间等，使人们能够及时发现火灾，并及时采取有效措施，扑灭初期火灾，最大限度地减少因火灾造成的生命和财产的损失。

火灾自动报警与联动控制技术随着控制技术、计算机技术、通信技术的广泛应用和进步正在飞速发展，产品更新换代很快。本章仅从火灾自动报警与消防联动控制系统的基本概念和设计方法等方面进行阐述，在工程实践中，应严格执行现行的国家及建筑物所在地区颁发的相关法规、规范、标准执行。

19.1.1　火灾探测与报警技术的发展

火灾自动报警系统是通过各类探测设备自动捕捉火灾监测区域内发生火灾初期的烟雾、热量和光，从而发出声光报警信号、联动其他设备的触发信号、记录报警位置和时间，实现初期火灾报警与灭火。随着与火灾探测相关的传感技术及信号处理技术的发展，火灾探测的主流技术已经发生了很大的改变。早期的离子探测技术、机械式感温探测技术的应用面已逐渐缩小，光电感烟探测技术、激光感烟探测技术、半导体感温探测技术、分布式光纤测温技术以及多元复合探测技术得到了很大的发展，其应用产品也日渐成熟。

火灾的发生和发展过程是一个复杂的物理化学过程，而且与环境的相关性很强。一个火灾过程一般都伴随着烟、气、温、光等信号的产生。基于不同环境及不同燃烧物成分的火灾的生成气成分、烟雾的粒径构成、温场分布及光谱均有不同，因此，火灾过程涉及多个物理和化学参数，而且特征性比较明显，与一般的扰动有着本质的区别。基于这种特性，多元复合探测技术在火灾探测领域得到广泛采用，如采用物理参数复合的烟温复合探测器，采用不同波段光传感器复合的双波段火焰探测器等。

众所周知 CO 是几乎所有燃烧过程的生成物，CO 传感器的引入对提高火灾探测器的可靠性具有深远的意义。近年来，CO 传感技术有了一定的突破，功耗显著降低，灵敏度有了一定的提高，寿命也有所增加。目前，许多厂家及科研机构都在进行包含 CO 传感器的复合型探测器的研制工作，并取得了一定的进展。随着传感技术及火灾特征性研究的发展，复合探测技术将逐渐成熟，从而从根本上解决由于特征分析无法辨识火灾与非火灾参数而引起的误报问题。

光电感烟探测方面，由于其良好的抗湿热性能及可维护性，在许多应用场合已逐渐替代了传统的离子感烟探测器。随着弱信号处理技术的发展，后向散射技术已得到成功应用。后向散射技术的采用从原理上克服了光电探测器对黑烟不敏感的缺陷，拓展了光电感烟探测器的应用领域。

随着激光技术的发展，又推出了一些新型火灾探测设备，如吸气式探测器，分布式光纤测温感温探测器等，这些设备与传统的火灾探测器有着本质的区别。吸气式探测器的工作原理是：抽取环境中的空气样本并对样本中的粒子浓度进行分析，根据粒子浓度判定环境中是否有火灾发生。此类探测器主要应用于机房、电站、航空测试中心等特殊应用场合，提供火灾的早期报警功能，配合气体灭火系统完成灭火功能，将火灾的损失降低到最小。分布式光纤测温感温探测器则采用光纤作为信号传感和传输媒体，利用 Raman 散射及光时域反射原理通过高速 AD 采集拾取信号并分析，测定沿光纤分布的线形温度场的温度参数，并可据此设定报警阈值报警。

未来火灾探测器的发展趋势是实现超早期火灾预警。超早期火灾报警的主要指导思想：一是提高探测系统的灵敏度，在火灾早期阶段生成物较少的时候即可探测报警；二是探测火灾过程中尚未形成火灾时的生成物即超早期火灾探测报警。研究非洁净环境的超早期火灾探测技术、移动危险品及化学灾害事故的预测与探测技术、地下及大空间建筑等复杂场所的火灾超早期探测技术和特殊危险环境下的火灾探测技术也是今后的发展方向。

19.1.2　火灾蔓延与类型

1. 火灾蔓延的物理现象

在大型建筑火灾扑救过程中，消防员到达现场时，常常看到的是火光四射、浓烟滚滚的景象，需要冒险深入建筑内部才能掌握火灾发展蔓延的状况，确定灭火方案和人员部署。如果火场环境恶劣，不能全面了解火灾发展蔓延的状况，可能导致选错灭火点和错误的部署灭火救援力量，进而导致火场失控、损失或者人员伤亡数扩大。因此，对火灾蔓延的认识和预测，对灭火救援工作的开展有着重要的现实意义。

在建筑火灾中，建筑物内可燃物在燃烧过程中，经历了初起、发展、减弱和熄灭的燃烧发展全过程。随着燃烧燃料的燃尽（或持续燃烧）和新燃料的不断卷入，火焰不断扩展，火场边界不断扩大，燃烧区域也不断增加至最大，然后火场边界又不断收缩，直至可燃物全部烧尽。这个过程反映了火场燃烧蔓延的显著特征：一是着火点的位置决定火场边界的形状；二是方向明确，蔓延总是向新燃料存在的方向发展；三是存在不同的蔓延速度；四是火场不断发展变化，从局部区域蔓延到整个建筑空间，既有平面的，也有立体的，是一个动态发展的过程，是时间和空间的函数。火场面积变化与时间、火灾蔓延速率与热量释放基本成正比关系，火灾时间越长，火场面积越大；火灾蔓延速率越快，火场热量释放越大。

在实际建筑火灾中，可燃物通常以燃料组团形式出现，分布并不均匀。燃料非均匀分布的火场，火焰向各方向蔓延的速率不一致。火灾会首先在着火的燃料组团内蔓延，然后引燃相邻燃料组团，并不断重复这个过程。火场边界为线形，火场边界蔓延速率主要取决于燃料组团自身燃烧速率和引燃相邻组团的速率。火场面积决定于着火点位置、燃料组团分布和蔓延速率。

2. 火灾类型

（1）火灾分类。《火灾分类》(GB/T 4968—2008)，火灾根据可燃物的类型和燃烧特性，分为 A、B、C、D、E、F 六大类。

A 类火灾：指固体物质火灾。这种物质通常具有有机物质性质，一般在燃烧时能产生灼热的余烬。如木材、干草、煤炭、棉、毛、麻、纸张等火灾。

B 类火灾：指液体或可熔化的固体物质火灾。如煤油、柴油、原油、甲醇、乙醇、沥青、石蜡、塑料等火灾。

C 类火灾：指气体火灾。如煤气、天然气、甲烷、乙烷、丙烷、氢气等火灾。

D 类火灾：指金属火灾。如钾、钠、镁、钛、锆、锂、铝镁合金等火灾。

E 类火灾：指带电火灾。物体带电燃烧的火灾。

F 类火灾：指烹饪器具内的烹饪物（如动植物油脂）火灾。

（2）等级划分。根据公安部下发的《关于调整火灾等级标准的通知》，新的火灾等级标准由原来的特大火灾、重大火灾、一般火灾三个等级调整为特别重大火灾、重大火灾、较大火灾和一般火灾四个等级。

特别重大火灾：造成 30 人及以上死亡，或者 100 人及以上重伤，或者1亿元及以上直接财产损失的火灾。

重大火灾：造成 10 人及以上 30 人以下死亡，或者 50 人及以上 100 人以下重伤，或者 5000 万元及以上 1 亿元以下直接财产损失的火灾。

较大火灾：造成 3 人及以上 10 人以下死亡，或者 10 人及以上 50 人以下重伤，或者 1000 万元及以上 5000 万元以下直接财产损失的火灾。

一般火灾：造成 3 人以下死亡，或者 10 人以下重伤，或者 1000 万元以下直接财产损失的火灾。

19.1.3　火灾探测器

1. 火灾探测器的分类与原理

感烟探测器：离子、光电、激光。

感温探测器：线型（差温、定温）管型、电缆型、半导体型；点型（差温、定温、差定温）双金属型、膜盒型、易熔金属型、半导体型。

感光探测器：紫外感光型、红外感光型。

可燃气体探测器：催化剂、半导体。

（1）感烟式火灾探测器。烟雾是火灾的早期现象，利用感烟式火灾探测器可以最早感受火灾信号即火灾参数，所以，感烟式火灾探测器是目前世界上应用最为普及、数量较多的火灾探测器。目前，常用的感烟式火灾探测器是离子感烟式火灾探测器和光电感烟式火灾探测器。

1）离子感烟式火灾探测器。它是采用空气离化火灾探测方法构成和工作的，它是利用放射形同位素释放的高能量 α 射线将局部空间的空气电离产生正、负离子，在外加电压的作用下形成离子电流。当火灾产生的烟雾及燃烧产物即烟雾气溶胶进入电力空间（一般称为电离室）时，比表面积较大的烟雾粒子将吸附其中的带电离子，产生离子电流变化，经电子线路加以检测，从而获得与烟浓度有直接关系的电信号，用于火灾确认和报警。

采用空气离化火灾探测法实现的感烟探测，对于火灾初起和阴燃阶段的烟雾溶胶检测非常灵敏有效，可测烟雾粒径范围在 0.03～10μm 左右。这类火灾探测器只适用于构成点型结构。

根据这种火灾探测器内电离室的结构形式，离子感烟式火灾探测器可以分为双源感烟式和单源感烟式火灾探测器。

2）光电感烟式火灾探测器。根据烟雾离子对光的吸收和散射作用，光电感烟式火灾探测器可分为减光式和散射光式两种类型。

减光式光电感烟式火灾探测器的原理：进入光电检测暗室内的烟雾粒子对光源发出的光产生吸收和散射作用，使得通过光路上的光通量减少，从而在受光元件上产生的光电流降低。光电流相对于初始标定值的变化量大小，反映了烟雾的浓度大小，据此可通过电子线路对火灾信息进行阈值放大比较、类比判断处理或火灾参数运算，最后通过传输电路产生相应的火灾信号，构成开关量火灾探测器、类比式模拟量火灾探测器或分布智能式智能化探测器。减光式光电感烟式火灾探测原理可用于构成点型结构的火灾探测器，但是，更适用于构成线型结构的火灾探测器，实现大面积火灾探测。

散射式光电感烟式火灾探测器原理：进入遮光暗室的烟雾粒子对发光元件（光源）发出的一定波长的光产生散射作用（按照光散射定律，烟粒子需轻度着色，且当其粒径大于光的波长时将产生散射作用），使得处于一定夹角位置的受光元件（光敏元件）的阻抗发生变化，产生光电流。此光电流的大小与散射光强弱有关，并且由烟粒子的浓度和粒径大小及着色与否来决定。根据受光元件的光电流大小（无烟雾粒子时光电流大小约为暗电流），既当烟粒子浓度达到一定值时，散射光的能量就足以产生一定大小的激励用光电流，可以用于激励遮光暗室外部的信号处理电路发出火灾信号。显然，遮光暗室外部的信号处理电路采用的结构和数据处理方式不同，可以构成不同类型的火灾探测器，如阈值报警开关量火灾探测器、类比判断模拟量火灾探测器和参数运算智能化火灾探测器。散射式光电感烟式探测方式一般只适用于点型探测器结构。一般的，散射式光电感烟式火灾探测器中光源的发光波长约在 0.9μm 左右，光脉冲宽度在 0.01～10ms，发光间歇时间在 3～5s，对燃烧产物中颗粒粒径在 0.9～10μm 的烟雾粒子能够灵敏探测，而对于 0.01～0.9μm 的烟雾粒子浓度变化无灵敏反应。

3）感烟式火灾探测器的灵敏度指标。点型感烟式火灾探测器是对保护区域中某一点周围烟雾参数响应的探测，探测器本身处于长期监视的连续工作状态，因此，他的灵敏度、稳定性、可保养性及长期工作的可靠性是衡量火灾探测器质量优劣、火灾探测报警系统是否处于最佳工作状态的主要技术指标。

感烟式火灾探测器的灵敏度级别是指在特定的实验条件下，对规定的四种实验火（即木材热解阴燃火、棉绳灼热阴然火、聚氨酯塑料明火和正庚烷液体火）的火灾参数（减光系数 m 值、烟浓度 Y 值、温度增量ΔT 值）不同的响应范围。利用 m 值、Y 值和ΔT 值可将感烟式火灾探测器的灵敏度定义为以下三级。

Ⅰ级：$m_{\mathrm{I}} \leqslant 0.5\mathrm{dB/m}$，$Y_{\mathrm{I}} \leqslant 1.5$，$\Delta T_{\mathrm{I}} \leqslant 15$℃。

Ⅱ级：$m_{\mathrm{II}} \leqslant 1.0\mathrm{dB/m}$，$Y_{\mathrm{II}} \leqslant 3.0$，$\Delta T_{\mathrm{II}} \leqslant 30$℃。

Ⅲ级：$m_{\mathrm{III}} \leqslant 2.0\mathrm{dB/m}$，$Y_{\mathrm{III}} \leqslant 6.0$，$\Delta T_{\mathrm{III}} \leqslant 60$℃。

在实际应用中，常采用减光率来表示感烟式火灾探测器的三级灵敏度，如下所示：

Ⅰ级：减光率 5%/m，用于禁烟场所。

Ⅱ级：减光率为（10～15）%/m，用于一般场所、允许吸烟的客房和居室。

Ⅲ级：减光率为 20%/m，用于吸烟室、楼道、走廊等场所。

（2）感温式火灾探测器。可以根据其作用原理分为定温式火灾探测器、差温式火灾探测器和差定温式火灾探测器三大类。

1）定温式火灾探测器。在规定时间内，火灾引起的温度上升超过某个定值时启动报警的火灾探测器。它有点型和线型两种结构形式。目前常用的定温式火灾探测器有双金属、易熔合金和热敏电阻等几种形式。

2）差温式火灾探测器。在规定时间内，火灾引起的温度上升速率超过某个规定值时启动报警的火灾探测器。它有点型和线型两种结构。消防工程中常用的差温式火灾探测器多是点型结构，差温元件多采用空气膜盒和热敏电阻。

3）差定温式火灾探测器。差定温式火灾探测器结合了定温式和差温式两种感温作用原理并将两种探测器结构结合在一起。在消防工程中，常见的差定温式火灾探测器是将定温式、差温式两种感温火灾探测器组装结合在一起，兼有两者的功能，若其中某一功能失效，则另一种功能仍然起作用。因此，大大提高了火灾监测的可靠性。根据其工作原理，可以分为机械式和电子式两种。电子式差定温火灾探测器在当前火灾探测报警及消防联动控制系统中用的比较普遍，它的定温探测和差温探测两部分都是由半导体电子电路来实现的。

4）感温式火灾探测器的主要性能指标：

① 灵敏度：灵敏度表示感温式火灾探测器对标定的温度值（定温式火灾探测器）或对标定的温升速率（差温式火灾探测器）的敏感程度（敏感程度以动作时间值表示）。一般将感温式火灾探测器的灵敏度定为三个等级，即一级、二级、三级，并且分别用绿色、黄色和红色三种色点标记表示。

② 标定值：标定值是指规定感温式火灾探测器的动作温度值（定温式火灾探测器）或动作温升速率值（差温式火灾探测器）。

定温式火灾探测器其动作标定动作温度值一般有：60℃、65℃、70℃、75℃、80℃、90℃、100℃、110℃、120℃、130℃、140℃、150℃等，其误差均限定为±5%之内。

差温式火灾探测器标定动作温升速率值一般有：1℃/min、3℃/min、5℃/min、10℃/min、20℃/min、30℃/min 等。

差定温式火灾探测器中差温部分与差温式火灾探测器标定动作值相同，定温部分与定温式火灾探测器基本相同，而唯一不同之处是定温部分在温升速率小于 1℃/min 时，其标定动作温度值以上、下限值给出。

一级灵敏度：54℃＜标定动作温度值＜62℃。

二级灵敏度：54℃＜标定动作温度值＜70℃。

三级灵敏度：54℃＜标定动作温度值＜78℃。

③ 动作时间：感温式火灾探测器在某一设定的环境条件下，对标定的温度（定温）或标定的温升速率（差温），由不动作到动作所需时间的上限值被定为动作时间值。显然，对于相同标定值而言，探测器灵敏度越高则动作时间值就越小。

表 19－1　给出了各个灵敏度的差温式火灾探测器的动作时间值，其设定的环境条件是起始温度为 25℃，风速为（0.8±0.1）m/s。

表 19－1　　差温火灾探测器的动作时间值

标定温升速率/（℃/in）	动作时间下限		动作时间上限					
	各级灵敏度		一级灵敏度		二级灵敏度		三级灵敏度	
	min	s	min	s	min	s	min	s
1	29		37	20	45	40	54	0
3	7	13	12	40	25	40	18	40
5	4	9	7	44	9	40	11	36
10		30	4	2	5	10	6	18
20		22.5	2	11	2	55	3	37
30		15	1	34	2	8	2	42

注：1in＝2.54cm。

表 19－2 给出了各个灵敏度的定温火灾探测器的动作时间值，其设定的环境条件是起始温度为 25℃，垂直风流速度为 1m/s，动作温度值为标定值的 1.25 倍。

表 19－2　　定温火灾探测器的动作时间值

灵敏度级别	动作时间下限/s	动作时间上限/s
一级	30	40
二级	90	110
三级	20	280

④ 保护面积：是指一只火灾探测器能够有效地探测到被监测区域中的火灾信息的最大地面面积。

⑤ 工作电压及工作电流：国标规定火灾探测器的工作电压为 DC 24V±10%，火灾探测器的最大报警电流一般不超过 DC100mA。

⑥ 工作环境：是指从温度和湿度两方面提出限定范围值，一般火灾探测器的工作温度：（－10～50）℃（普通型）或（－40～40）℃（耐低温型）。环境湿度：不大于（90%±3%）（35℃时），或不大于（95%±3%）（40℃时）。

（3）感光式火灾探测器。主要是指火焰光探测器，目前广泛使用紫外式和红外式两种类型。

1）紫外感光火灾探测器。当有机化合物燃烧时，其氢氧根在氧化反应中会辐射出强烈的波长为 250nm 的紫外光。因此，紫外感光火灾探测器就是利用火焰产生的强烈紫外辐射光来探测火灾的。紫外感光火灾探测器的敏感元件是紫外光敏管。它是在玻璃外壳内装着两根高纯度的钨或银丝制成的电极。当电极接收到紫外光辐射时立刻发射出电子，并在两极的电场作用下被加速。由于管内充有一定量的氢气和氦气，所以当这些被加速而具有较大动能的电子同气体分子碰撞时，将使气体分子电离，电离后产生的正、负离子又被加速，他们又会使更多的气体分子分离。于是在极短的时间内，造成“雪崩”式的放电过程，从而使紫外光敏管由截止状态变成导通状态，驱动电路发出报警信号。

紫外光敏管只对 190～290nm 的紫外光起感应。由于紫外光敏管具有输出功率大、耐高温、寿命长、反应快速等特点，可在交直流电压下工作，因此被广泛用于探测火灾引起的波长在 200～300nm 以下的紫外辐射和作为大型锅炉火焰状态的监视元件。它特别适用于火灾初期不产生烟雾的场所（如生产、储存酒精、石油等场所），也适用于电力装置火灾监控和快速探测火焰及易爆的场所。目前消防工程中所使用的紫外感光火灾探测器都是由紫外光敏管与驱动电路组合而成的。

紫外感光火灾探测器在使用中应当注意如下事项：

① 应避免阳光直接照射，以防止阳光中的微弱紫外光辐射造成误报警。

② 在安装有紫外感光火灾探测器的保护区域及其临近区域内，不能进行电焊操作，若必须进行电焊操作时，应采取相应措施，以防误报警。

③ 在安装有紫外感光探测器的区域及其周围区域，不允许安装发射大量紫外线的碘钨灯等照明设备，以误报警。

④ 紫外光敏管受外界环境影响，长期使用可能会造成管子特性发生变化，形成自激现象，从而导致紫外感光火灾探测器频繁误报警，这时需更换紫外光敏管。

⑤ 对紫外光敏管应经常清洁，定期维修，以确保透光性良好。

2）红外感光火灾探测器。是利用红外光元件的光电导或光伏效应探测低温产生的红外辐射。红外辐射光波波长一般应大于760nm。由于自然界中只要物体高于绝对零度都会产生红外辐射，所以，利用红外辐射探测火灾时，一般还要考虑物质燃烧时火焰的间歇性闪烁现象，以区别于背景红外辐射。物质燃烧时火焰的闪烁频率在3～30Hz。

红外感光火灾探测器在使用时应当注意以下事项：

① 红外感光火灾探测器的探头在安装时，应避开阳光的直射及反射，也应避开强烈灯光的照射，以防止由此引起的误报警。

② 对探头光学部分应定期清洁，当红玻璃片有灰尘回水汽时，可用擦镜纸或绒布擦拭。

③ 红外感光火灾探测器的报警灵敏度切不可调得太高，以免因过于灵敏而出现误报警。

（4）可燃气体探测器。可燃气体的探测原理，按照使用的气敏元件或传感器的不同，主要分为热催化原理、热导原理、气敏原理和三端电化学原理四种。

1）热催化原理是指利用可燃气体在有足够氧气和一定高温条件下，发生在铂丝催化元件表面的无焰燃烧，放出热量并引起铂丝元件电阻的变化，从而达到可燃气体浓度探测的目的。

2）热导原理是利用被测气体与纯净空气导热性的差异和在金属氧化物表面燃烧的特性，将被测气体浓度转换成热丝温度或电阻的变化，达到测定气体浓度的目的。

3）气敏原理是利用灵敏度较高的气敏半导体元件吸附可燃气体后电阻变化的特性来达到测量和探测目的。

4）三端电化学原理是利用恒电位电解法，在电解池内安装三个电极并施加一定的极化电压，以透气薄膜将电解池同外部隔开，被测气体透过此薄膜达到工作电极，发生氧化还原反应，从而使得传感器产生与气体浓度成正比的输出电流，达到探测目的。

采用热催化原理和热导原理测量气体时，不具有气体选择性，即具有可燃气体探测的广谱性，通常以体积百分比表示气体浓度。催化燃烧式气体探测器的优点是对可燃气体探测线性好，受湿度、温度影响小，响应快。缺点是对低浓度可燃气体灵敏度低，敏感元件受到催化剂侵害后其特性锐减，金属丝易断。热导式气体传感器的特点是不用催化剂，不存在催化剂影响而使特性变坏问题，既可用于可燃性气体测量，也可用于无机气体及其浓度测量。

采用气敏原理和三端电化学测量可燃气体时，具有气体选择性，适用于气体成分检测和低浓度测量，通常以ppm（$1ppm=10^{-6}$）表示气体浓度。一般的气敏半导体传感器廉价，灵敏度高，但可靠性、对气体的选择性、稳定性较差；电化学传感器灵敏度、可靠性、气体选择性、稳定性较好，响应速度良好，测定范围宽，但价格较高。

对可燃气体进行有效测量的方法随气体的种类、浓度、成分、用途而异，当前主要使用的气敏元件种类如图19-1所示。

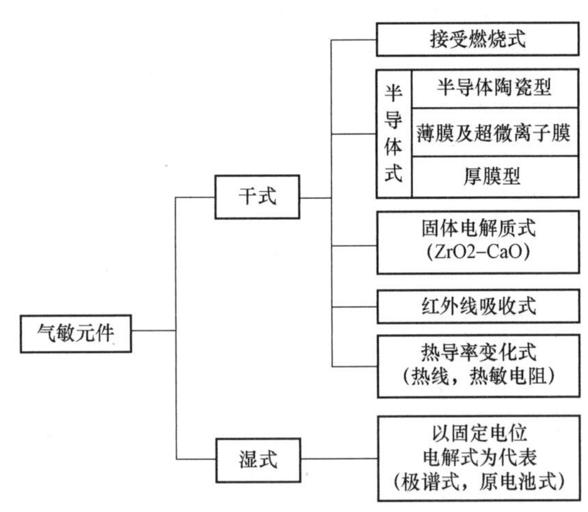

图19-1 气敏元件种类图

当前主要的气体检测方法见表19-3。

表 19－3　　当前主要的气体检测方法

分析方法		气体											
		NO_x	CO CO_2	SO_x	H_2S	臭氧	H_2	CS_2	Cl_2	C_2H_g C_2H_{14}	C_mH_{2m} C_mH_{2m2}	NH_3	HCN
电化学法	溶液导电方式		○	○				○	○			○	
	恒电位电解方式	○	○	○	○				○			○	
	隔膜一次电解方式					○							
	电量法			○	○				○			○	
	隔膜电极法												
光学法	红外吸收法	○	○	○	○			○		○	○	○	○
	可见光吸收光度法	○			○	○			○				
	光干涉法	○	○	○	○			○	○	○	○	○	○
	化学发光法	○				○							
	试纸光电光度法				○								
电气方法	氢焰离解法									○	○		○
	导热法		○							○	○		
	接触燃烧法		○							○	○		○
	半导体法		○				○	○	○	○	○		
其他	气体色谱法	○	○	○	○			○	○	○	○	○	○
气体存在环境		大气污染气体				工业、家庭用（丙烷等）气体							

注：○表示可测量。

一般用于实际工程中的可燃气体探测器多为点型结构形式。在工程应用中，多采用微功耗热催化元件实现可燃气体浓度检测，采用气敏半导体元件或三端电化学元件实现可燃气体成分和有害气体成分检测。

可燃气体探测器在使用过程中应当注意以下事项：

① 安装位置应当根据待探测的可燃气体性质来确定。若被检测气体为天然气、煤气等，较空气轻，极易漂浮上升，应将可燃气体探测器安装在设备上方或天花板附近；若被探测气体为液化石油气等，较空气重，则应安装在距地面不超过 50cm 的地方。

② 可燃气体探测器属长期通电状态，应当每月检查一次，现场检查方法是用棉球蘸上一点酒精靠近气敏元件，如给出报警，表示工作正常。

③ 催化元件对多种可燃气体几乎有相同的敏感性，所以在有混合气体存在的场所，不能作为分辨混合气体组分的敏感元件来使用。

④ 可燃气体敏感元件的理化特性研究表明，硫化物可使元件特性发生变化，且又不能恢复，出现所谓“中毒”现象。所以，可燃气体敏感元件需防“中毒”，并且避免直接油浸或油垢污染，也不能在有酸、碱腐蚀性气体中长期使用。

2. 火灾探测器的灵敏度及其选用

（1）火灾探测器的灵敏度。火灾探测器的灵敏度通常用以下几个概念来表示。

1）灵敏度：指火灾探测器响应火灾参数的敏感程度，有时也指火灾灵敏度。根据《火灾分类》（GB 4968）的规定，A 类火灾是指固体物质火灾，B 类火灾是指液体火灾或可熔化固体物质火灾，C 类火灾是指气体火灾。各种不同的火灾探测器对各种类型火灾的灵敏度见表 19－4。

表 19－4　　各种火灾探测器的灵敏度

火灾探测器类型	A 类火灾	B 类火灾	C 类火灾
定温	低	高	低
差温	中等	高	低
差定温	中等	高	低
离子感烟	高	高	中等
光电感烟	高	低	中等
紫外火焰	低	高	高
红外火焰	低	高	低

2）灵敏度级别：是指火灾探测器响应几种不同的标准实验火时，火灾参数的不同响应范围。火灾探

测器的火灾灵敏度级别按照火灾参数的不同响应范围一般分为三级。

3）可靠性：是指在适当的环境条件下，火灾探测器长期不间断运行期间随时能够执行其预定功能的能力。

4）稳定性：是指在一个预定的周期时间内，以不变的灵敏度重复感受火灾的能力。

5）维修性：是指对可以维修的探测器产品进行修复的难易程度或性质。

火灾探测器的主要技术指标一般不能精确定义，只能给出一般性估计，表 19－5 给出了常用火灾探测器的灵敏度、可靠性、稳定性和维修性指标评价。

表 19－5 各种火灾探测器的主要技术指标

火灾探测器类型	灵敏度	可靠性	稳定性	维修性
定温	低	高	高	高
差温	中等	中等	高	高
差定温	中等	高	高	高
离子感烟	高	中等	中等	中等
光电感烟	中等	中等	中等	中等
紫外火焰	高	中等	中等	中等
红外火焰	中等	中等	低	中等

6）火灾探测器性能指标：

① 工作电压和允差，火灾探测器工作电压统一规定为 24V，按照国家标准规定，允差为额定工作电压的－15%～10%。

② 响应阈值和灵敏度，响应阈值是指火灾探测器动作的最小参数值，不同类型火灾探测器的响应阈值也不相同。火灾探测器的灵敏度一般分为三级，供探测器在不同条件下使用。

③ 监视电流，是指火灾探测器处于监视状态下的工作电流。表示了火灾探测器在监视状态下的功耗，因此要求火灾探视器的监视电流越小越好。

④ 允许的最大报警电流，是指火灾探测器处于报警状态时允许的最大工作电流。允许最大报警电流越大，表明火灾探测器的负载能力越强。

⑤ 报警电流，是指处于报警状态时的工作电流。报警电流及允差值决定了火灾探测报警系统中火灾探测器的最远安装距离，以及在一个地址码允许并接的火灾探测器数量。

⑥ 工作环境条件，是指环境温度、相对湿度、气流速度和清洁程度等，通常要求火灾探测器对工作环境的适应性越强越好。

（2）火灾探测器的选用（基于探测特性说明）。

火灾探测器的选择应符合下列规定：

1）对火灾初期有阴燃阶段，产生大量的烟和少量的热，很少或没有火焰辐射的场所，应选择感烟火灾探测器。

2）对火灾发展迅速，可产生大量热、烟和火焰辐射的场所，可选择感温火灾探测器、感烟火灾探测器、火焰探测器或其组合。

3）对火灾发展迅速，有强烈的火焰辐射和少量烟、热的场所，应选择火焰探测器。

4）对火灾初期有阴燃阶段，且需要早期探测的场所，宜增设一氧化碳火灾探测器。

5）对使用、生产可燃气体或可燃蒸气的场所，应选择可燃气体探测器。

6）应根据保护场所可能发生火灾的部位和燃烧材料的分析，以及火灾探测器的类型、灵敏度和响应时间等选择相应的火灾探测器，对火灾形成特征不可预料的场所，可根据模拟试验的结果选择火灾探测器。

7）同一探测区域内设置多个火灾探测器时，可选择具有复合判断火灾功能的火灾探测器和火灾报警控制器。

19.1.4 火灾自动报警系统

1. 系统的构成与火灾报警信号

火灾探测报警系统是实现火灾早期探测并发出火灾报警信号的系统，一般由火灾触发器件（火灾探测器、手动火灾报警按钮）、声/光警报器、火灾报警控制器等组成。火灾自动报警系统是探测火灾早期特征、发出火灾报警信号，为人员疏散、防止火灾蔓延和启动自动灭火设备提供控制与指示的消防系统。

火灾自动报警系统常用于人员居住和经常有人滞留的场所、存放重要物资或燃烧后产生严重污染需要及时报警的场所。火灾自动报警系统应设有自动和手动两种触发装置，即火灾报警信号由自动或手动两种触发装置发出的信号。自动触发装置包括各种火灾探测器、水流指示器、压力开关等。在防火分区疏散通道、楼梯口等处设置的手动火灾报警按钮是手动触发装置，它具有在应急情况下，人工手动通报火警的功能。火灾自动报警系统的基本架构如图 19－2 所示。

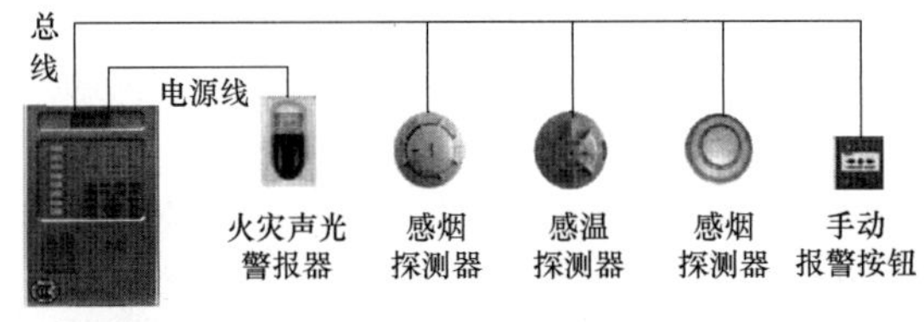

图 19－2 火灾自动报警系统的基本架构

火灾自动报警系统的形式包括区域报警系统、集中报警系统和控制中心报警系统三种。需要报警而不需要联动自动消防设备的保护场所一般采用区域报警系统；需要报警且同时需要联动自动消防设备，并只设置一台具有集中控制功能的火灾报警控制器和消防联动控制器的保护的场所，应采用集中报警系统，并应设置一个消防控制室；设置两个及以上消防控制室的保护场所（如园区），或设置两个及以上集中报警系统的保护场所，应采用控制中心报警系统。

（1）区域报警系统由火灾探测器、手动火灾报警按钮、火灾声光警报器及区域火灾报警控制器等组成。这是系统的最小组成要求。可以根据需要增加消防图形显示装置和指示楼层的区域显示器。区域报警系统的火灾报警控制器应设置在有人值班的场所。

（2）集中报警系统由火灾探测器、手动火灾报警按钮、火灾声光警报器、消防应急广播、消防专用电话、消防图形显示装置、火灾报警控制器、消防联动控制器等组成。集中报警系统应设置一个消防控制室，系统中主要控制器、消防图形显示装置等均应设置在消防控制室内。

（3）控制中心报警系统由两个及以上集中报警系统或两个及以上消防控制室组成。设置了两个及以上消防控制室时，应确定一个主消防控制室；主消防控制室应能显示所有火灾报警信号和联动控制状态信号，并应能控制重要的消防设备；各分消防控制室内消防设备之间可互相传输、显示状态信息，但不应互相控制；系统共用的消防水泵等消防设备，宜由最高级别的消防控制室统一控制，建筑群可由就近的分消防控制室控制，主消防控制室通过跨区联动的方式控制；防排烟风机等消防设备，可根据建筑消防控制室的管控范围划分情况，由相应的消防控制室控制。

2. 报警控制器的主要功能与工作原理

火灾报警控制器是火灾自动报警系统的心脏，接受火灾探测器及其他火灾报警触发器发出火灾信号的同时发出火灾报警信号，运作其他的报警设备，主要功能如下：

（1）火灾报警功能。

1）火灾报警控制器应能直接或间接地接收来自火灾探测器及其他火灾报警触发器件的火灾报警信号，发出火灾报警声、光信号，指示火灾发生部位，记录火灾报警时间，并予以保持，直至手动复位。

2）当有火灾探测器火灾报警信号输入时，火灾报警控制器应在 10s 内发出火灾报警声、光信号。对来自火灾探测器的火灾报警信号可设置报警延时，其最大延时不应超过 1min，延时期间应有延时光指示，延时设置信息应能通过本机操作查询。

3）当有手动火灾报警按钮报警信号输入时，火灾报警控制器应在 10s 内发出火灾报警声、光信号，并明确指示该报警是手动火灾报警按钮报警。

4）火灾报警控制器应有专用火警总指示灯（器），控制器处于火灾报警状态时，火警总指示灯（器）应点亮。

5）火灾报警声信号应能手动消除，当再有火灾报警信号输入时，应能重新启动。

6）火灾报警控制器需要接收来自同一探测器（区）两个或两个以上火灾报警信号才能确定发出火灾报警信号时，还应满足下述要求：火灾报警控制器接收到第一个火灾报警信号时，应发出火灾报警声信号或故障声信号，并指示相应部位，但不能进入火灾报警状态；接收到第一个火灾报警信号后，控制器在 60s 内接收到要求的后续火灾报警信号时，应发出火灾报警声、光信号，并进入火灾报警状态；接收到第一个火灾报警信号后，控制器在 30min 内仍未接收到要求的后续火灾报警信号时，应对第一个火灾报警信号自动复位。

7）控制器需要接收到不同部位两只火灾探测器的火灾报警信号才能确定发出火灾报警信号时，还应满足下述要求：控制器接收到第一只火灾探测器的火灾报警信号时，应发出火灾报警声信号或故障声信号，并指示相应部位，但不能进入火灾报警状态；控制器接收到第一只火灾探测器火灾报警信号后。在规定的时间间隔（不小于 5min）内未接收到要求的后续火灾报警信号时，可对第一个火灾报警信号自动复位。

（2）控制功能。

1）控制器在火灾报警状态下应有火灾声/光警报器控制输出。

2）控制器可设置其他控制输出，用于火灾报警传输设备和消防联动设备等设备的控制，每一控制输出应有对应的手动直接控制按钮（键）。

3）控制器在发出火灾报警信号后 3s 内应启动相关的控制输出（有延时要求时除外）。

4）控制器应能手动消除和启动火灾声/光警报器的声警报信号，消声后，有新的火灾报警信号时，声警报信号应能重新启动。

5）具有传输火灾报警信息功能的控制器，在火灾报警信息传输期间应有光指示，并保持至复位，如有反馈信号输入，应有接收显示对于采用独立指示灯（器）作为传输火灾报警信息显示的控制器，可用该指示灯（器）转为接收显示，并保持至复位。

6）控制器发出消防联动设备控制信号时，应发出相应的声光信号指示，该声光信号指示不能被覆盖且应保持至手动恢复；在接收到消防联动控制设备反馈信号 10s 内应发出相应的声光信号，并保持至消防联动设备恢复。

7）如需要设置控制输出延时，延时应按下述方式设置：

① 对火灾声/光警报器及对消防联动设备控制输出的延时，应通过火灾探测器/手动火灾报警按钮/特定部位的信号实现。

② 控制火灾报警信息传输的延时应通过火灾探测器/特定部位的信号实现。

③ 延时应不超过 10min，延时时间变化步长不应超过 1min。

④ 在延时期间，应能手动插入或通过手动火灾报警按钮而直接启动输出功能。

⑤ 任一输出延时均不应影响其他输出功能的正常工作，延时期间应有延时光指示。

8）当控制器要求接收来自火灾探测器/手动火灾报警按钮的 1 个以上火灾报警信号才能发出控制输出时，当收到第一个火灾报警信号后，在收到要求的后续火灾报警信号前，控制器应进入火灾报警状态；但可设有分别或全部禁止对火灾声/光警报器、火灾报警传输设备和消防联动设备输出操作的手段。禁止对某一设备输出操作不应影响对其他设备的输出操作。

9）控制器在机箱内设有消防联动控制设备时，即火灾报警控制器（联动型），还应满足国家标准 GB 16806《消防联动控制系统》相关要求，消防联动控制设备故障应不影响控制器的火灾报警功能

（3）故障报警功能。

1）控制器应设专用故障总指示灯（器），无论控制器处于何种状态，只要有故障信号存在，该故障总指示灯（器）应点亮。

2）当控制器内部、控制器与其连接的部件间发生故障时，控制器应在 100s 内发出与火灾报警信号有明显区别的故障声、光信号，故障声信号应能手动消除，再有故障信号输入时，应能重新启动；故障光信号应保持至故障排除。

3）控制器应能显示下述故障的部位。控制器与火灾探测器、手动火灾报警按钮及完成传输火灾报警信号功能部件间连接线的断路、短路（短路时发出火灾报警信号除外）和影响火灾报警功能的接地，探头与底座间连接断路；控制器与火灾显示盘间连接线的断路、短路和影响功能的接地；控制器与其控制的火灾声/光警报器、火灾报警传输设备和消防联动设备间连接线的断路、短路和影响功能的接地。

4）控制器应能显示下述故障的类型。给备用电源充电的充电器与备用电源间连接线的断路、短路；备用电源与其负载间连接线的断路、短路；主电源欠压。

5）控制器应能显示所有故障信息。在不能同时显示所有故障信息时，未显示的故障信息应手动可查。

6）当主电源断电，备用电源不能保证控制器正常工作时，控制器应发出故障声信号并能保持 1h 以上。

7）对于软件控制实现各项功能的控制器，当程序不能正常运行或存储器内容出错时，控制器应有单独的故障指示灯显示系统故障。

8）控制器的故障信号在故障排除后，可以自动或手动复位。复位后，控制器应在 100s 内重新显示尚存在的故障。

9）任一故障均不应影响非故障部分的正常工作。

10）当控制器采用总线工作方式时，应设有总线短路隔离器；短路隔离器动作时，控制器应能指示出被隔离部件的部位号；当某一总线发生一处短路故障导致短路隔离器动作时，受短路隔离器影响的部件数量不应超过 32 个。

（4）自检功能。控制器应能检查本机的火灾报警功能（以下称自检），控制器在执行自检功能期间，受其控制的外接设备和输出接点均不应动作。控制器自检时间超过 1min 或其不能自动停止自检功能时，控制器的自检功能应不影响非自检部位、探测区和控制器本身的火灾报警功能。控制器应能手动检查其面板所有指示灯（器）、显示器的功能。

（5）信息显示与查询功能。控制器信息显示按火灾报警、监管报警及其他状态顺序由高至低排列信息显示等级，高等级的状态信息应优先显示，低等级状态信息显示不应影响高等级状态信息显示，显示的信息应与对应的状态一致且易于辨识。当控制器处于某一高等级状态显示时，应能通过手动操作查询其他低等级状态信息，各状态信息不应交替显示。

火灾报警控制器的工作原理是火灾探测器通过对火灾发出燃烧气体、烟雾粒子等将探测到的火情信号转化为火警信号。现场的人员若发现火情后，应立即按动手动报警按钮，发出火警信号；火灾报警控制器接收到信号，经确认后，发出预警、声光报警信号，同时显示并记录火警的具体地址和时间。另外，火灾报警控制器根据火灾报警信号发生位置，按预先编程设置好的控制逻辑向相应的控制点发出联动控制信号，并发出提示声光信号，经过执行器去控制相应的外控消防设备。

19.1.5 消防联动控制系统

1. 火灾报警信号与消防联动控制

火灾报警信号由自动和手动两种触发装置发出信号。自动触发装置包括各种火灾探测器、水流指示

器、压力开关等。在防火分区疏散通道、楼梯口等处设置的手动火灾报警按钮是手动触发装置，它应具有在应急情况下，人工手动通报火警的功能。

消防联动控制系统是火灾自动报警系统中，接收火灾报警控制器发出的火灾报警信号，按预设逻辑程序完成各项消防功能的控制系统。

2. *消防联动控制对象*

消防联动控制对象应包括下列设施：各类自动灭火设施、通风及防排烟设施、防火卷帘、防火门、水幕、电梯、非消防电源切除、火灾应急广播、火灾警报、火灾应急照明、疏散指示标志等。

3. *联动控制器的主要功能与工作原理*

联动控制器的主要功能：控制及监视专用灭火设备，如消火栓系统、自动水喷淋系统以及防排烟系统等；控制及监视各类公共设备，如空调系统、电梯及照明电力等；指挥疏散系统，如火警电话及消防广播控制等。

联动控制器是消防联动控制设备的核心组件。它通过接收火灾报警控制器发出的火灾报警信息，按预设逻辑对自动消防设备实现联动控制和状态监视。联动控制器可直接发出控制信号，通过驱动装置控制现场的受控设备。对于控制逻辑复杂，在联动控制器上不便实现直接控制的情况，通过消防电气控制装置（如防火卷帘控制器、气体灭火控制器等）间接控制受控设备。

19.1.6　可燃气体探测报警系统

（1）可燃气体探测报警系统是火灾自动报警系统的独立子系统，属于火灾预警系统。可燃气体探测报警系统由可燃气体报警控制器、可燃气体探测器组成。可燃气体报警控制器是用于为所连接的可燃气体探测器供电，接收来自可燃气体探测器的报警信号，发出声、光报警信号和控制信号，指示报警部位，记录并保存报警信息的装置。可燃气体探测器是能对泄漏可燃气体响应，自动产生报警信号并向可燃气体控制器传输报警信号及泄漏可燃气体浓度信息的器件。

（2）可燃气体探测报警系统工作原理。发生可燃气体泄漏时，安装在保护区域现场的可燃气体探测器将泄漏可燃气体的浓度参数转变为电信号，经数据处理后，将可燃气体浓度参数信息传输至可燃气体报警控制器；或直接由可燃探测器做出泄漏可燃气体浓度超限报警判断，将报警信息传输到可燃气体报警控制器。可燃气体报警控制器在接收到探测器的可燃气体浓度参数信息或报警信息后，经报警确认判断，显示泄漏报警可燃气体浓度信息，记录探测器报警的时间，同时驱动安装在保护区域现场的声光警报装置，发出声光警报，警示人员采取相应的处置措施，必要时可以控制并关断燃气阀门，防止燃气进一步泄漏。

（3）可燃气体探测器分类。现有可燃气体探测器主要有以下几种：测量范围为 0～100%LEL 的点型可燃气体探测器、测量范围为 0～100%LEL 的独立式可燃气体探测器、测量范围为 0～100%LEL 的便携式可燃气体探测器、测量人工煤气的点型可燃气体探测器、测量人工煤气的独立式可燃气体探测器、测量人工煤气的便携式可燃气体探测器、线型可燃气体探测器。

（4）可燃气体报警控制器分类。分为多线制可燃气体报警控制器与总线制可燃气体报警控制器。多线制可燃气体报警控制器是采用多线制方式与可燃气体报警控制器连接。总线制可燃气体报警控制器是采用总线（2～4 根）方式与可燃气体探测器连接。

（5）系统适用场所。可燃气体探测报警系统适用于使用、生产或聚集可燃气体或可燃液体蒸气的可燃气体浓度探测，在泄漏或聚集可燃气体浓度达到爆炸下限前发出报警信号，提醒专业人员排除火灾、爆炸隐患，实现火灾的早期预防，避免火灾、爆炸事故的发生。

19.1.7　电气火灾监控系统

电气火灾是指因线路漏电、短路、过载、接触电阻过大等因素导致电气火灾。

（1）漏电火灾。是线路的某一个地方因为某种原因（自然原因或人为原因，如风吹雨打、潮湿、高温、碰压、划破、摩擦、腐蚀等）使电线的绝缘或支架材料的绝缘能力下降，导致导线与导线之间（通过损坏的绝缘、支架等）、导线与大地之间（电线通过水泥墙壁的钢筋、马口铁皮等）有一部分电流通过，这种现象就是漏电。当漏电发生时，漏泄的电流在流入大地途中，如遇电阻较大的部位时，会产生局部高温，致使附近的可燃物着火，从而引起火灾。此外，在漏电点产生的漏电火花，同样也会引起火灾。

（2）短路火灾。电气线路中的裸导线或绝缘导线的绝缘体破损后，相线与零线，或相线与相线在某一点碰在一起，形成短路，引起电流突然大量增加。由于短路时电阻突然减少，电流突然增大，其瞬间的发热量也很大，大大超过了线路正常工作时的发热量，并在短路点易产生强烈的火花和电弧，不仅能使绝缘层迅速燃烧，而且能使金属熔化，引起附近的易燃可燃物燃烧，造成火灾。

（3）过载火灾。过载也称过负荷，是指当导线中通过电流量超过了安全载流量时，导线的温度不断升高，这种现象就叫导线过负荷。当导线过负荷时，加快了导线绝缘层老化变质。当严重过负荷时，导线的温度会不断升高，甚至会引起导线的绝缘发生燃烧，并能引燃导线附近的可燃物，从而造成火灾。

（4）接触电阻过大火灾。凡是导线与导线、导线与开关、熔断器、仪表、电气设备等连接的地方都有接头，在接头的接触面上形成的电阻称为接触电阻。当有电流通过接头时会发热，这是接触电阻产生的发热现象。如果接头处理良好，接触电阻不大，则接头点的发热就很小，可以保持正常温度。如果接头中有杂质，连接不牢靠（有缝隙）或其他原因使接头接触不良，造成接触部位的接触电阻过大，当电流通过接头时，就会在此处产生大量的热，形成高温，这种现象就是接触电阻过大。在有较大电流通过的电气线路上，如果在某处出现接触电阻过大这种现象时，就会在接触的局部范围内产生极大的热量，引起导线的绝缘层发生燃烧，并引燃附近的可燃物或导线上积落的粉尘、纤维等，从而造成火灾。

电气火灾监控系统的基本原理就是当电气设备中的电流、温度等参数发生异常或突变时，终端探测器（如剩余电流互感器、温度传感器等）利用电磁场感应原理、温度效应的变化对该信息进行采集，并输送到监控探测器里，经放大、A/D 转换、CPU 对变化的幅值进行分析、判断，并与报警设定值进行比较，一旦超出设定值则发出报警信号。同时，将报警信号输送到监控设备中，再经监控设备进一步识别、判定，当确认可能会发生火灾时，监控主机发出火灾报警信号，点亮报警指示灯，发出报警音响，并在液晶显示屏上显示火灾报警等信息。值班人员则根据以上显示的信息，迅速到事故现场进行检查处理，并将报警信息发送到集中控制台。

电气火灾监控系统的特点在于漏电监控方面属于先期预报警系统。与传统火灾自动报警系统不同的是电气火灾监控系统早期报警是为了避免损失，而传统火灾自动报警系统是为了减少损失。所以，这就是说为什么不管是新建或是改建工程项目，尤其是已经安装了火灾自动报警系统的单位，仍需要安装电气火灾监控系统的根本原因。

电气火灾监控系统的基本组成应包括电气火灾监控设备、剩余电流式电气火灾监控探测器以及测温式电气火灾监控探测器等。其中，剩余电流式电气火灾监控探测器由监控探测器和剩余电流互感器（分对插式、闭合式两种）所组成；测温式电气火灾监控探测器由监控探测器和测温传感器所组成。

剩余电流式电气火灾监控系统采用分层分布式结构，由站控管理层、网络通信层和现场设备层组成。各电气火灾监控探测器通过屏蔽双绞线 RS485 接口，采用 MODBUS 通信协议总线型连接接入通信服务器，然后通过五类线 TCP/TP 协议进入工业交换机，再通过光缆到达监控主机。现场设备层主要是连接网络中用于电参量采集测量的各类型的仪表和保护装置等，也是构建该监控系统必要的基本组成元素。不仅肩负着采集数据的重任，同时也是执行后台控制命令的终端元件。

通信控制层主要是由通信服务器、接口转换器件及总线网络等组成。该层是数据信息交换的桥梁，不同的接口转换器件提供了 RS232、RS422、RS485、SPABUS 等及以太网等各种接口，组网方式灵活，支持点对点的通信、现场总线网络、以太网等类型的组态网络。通信服务器主要用于直接对现场仪器仪表转达上位机的各种控制命令，并负责对现场仪器仪表回送的数据信息进行采集、分类和存储等工作，如电压/电流等电参量、输入开关量状态、修改仪表内部参数或各种控制继电器断开/闭合的操作命令等；微机保护装置主要是为保证上位机的正常工作，避免网络中不稳定信号对其造成的干扰或破坏；接口转换器件则是由于现场仪表或其他系列的装置与上位机的通信接口存在差异，需要进行转换方可进行数据交换。管理测控层是针对监控网络的管理人员，该层直接面向用户。该层也是系统的最上层部分，主要是由电气火灾监控系统软件和必要的硬件设备如计算机、打印机、UPS 等。其中，软件部分通过数据传输协议读取前置机采集的现场各类数据信息，经过自动计算处理，以图形、数显、声音等方式反映现场的运行状况，并可接受管理人员的操作命令，实时发送并检测操作的执行状况，以保证供用电单位的正常工作。

19.1.8 火灾自动报警系统其他设备

1. 手动火灾报警按钮

当在火灾探测器没有探测到火灾，火灾事故现场的人员发现了火灾时，人员手动按下手动火灾报警按钮，报告火灾信号。正常情况下当手动火灾报警按钮报警时，火灾发生的概率比火灾探测器要大得多，几乎没有误报的可能。因为手动火灾报警按钮的报警出发条件是必须人工按下按钮启动。按下手动报警按钮 3～5s 手动报警按钮上的火警确认灯会点亮，这个状态灯表示火灾报警控制器已经收到火警信号，并且确认了现场位置。

手动火灾报警按钮安装在公共场所，当人工确认火灾发生后按下按钮，向火灾报警控制器发出信号，火灾报警控制器接收到报警信号后，显示出报警按钮的编号或位置并发出报警音响。手动火灾报警按钮和各类编码探测器一样，可直接接到控制器总线上。

2. 区域显示器

区域显示器也俗称火灾显示盘，是一种安装在楼层或独立防火区内的火灾报警显示装置。区域显示器也可用于楼层或独立防火区内的火灾报警装置，当消防控制室的主机控制器产生报警，把报警信号传输到失火区域的区域显示器上，区域显示器显示报警的探测器编号（位置）等相关信息并发出报警声响。区域显示器可分为数字式、汉字/英文式、图形式三种。

火灾报警区域显示器是一种用单片机设计开发的可以安装在楼层或独立防火区内的数字式火灾报警显示装置。它通过总线与火灾报警控制器相连，处理并显示控制器传送的数据。当建筑物内发生火灾后，消防控制室的火灾报警控制器产生报警，同时把报警信号传输到失火区域的火灾报警区域显示器上，火灾报警区域显示器将产生报警的探测器编号及相关信息显示出来，同时发出声光报警信号，以通知失火区域的人员。当用一台报警控制器同时监控数个楼层或防火分区时，可在每个楼层或防火分区设置火灾报警显示盘以取代区域报警控制器。

3. 火灾警报警器

火灾警报警器也叫火灾声光警报器，是一种安装在现场的声光报警设备，当现场发生火灾并确认后，安装在现场的火灾声光警报器可由消防控制中心的火灾报警控制器启动，发出强烈的声光报警信号，以达到提醒现场人员注意的目的。

未设置消防联动控制器的火灾自动报警系统，火灾声光警报器由火灾报警控制器控制；设置消防联动控制器的火灾自动报警系统，火灾声光警报器由火灾报警控制器或消防联动控制器控制。公共场所宜设置具有同一种火灾变调声的火灾声警报器；具有多个报警区域的保护对象，宜选用带有语音提示的火灾声警报器；学校、工厂等各类日常使用电铃的场所，不应使用警铃作为火灾声警报器。

火灾声警报器设置带有语音提示功能时，应同时设置语音同步器。火灾声警报器单次发出火灾警报时间宜为 8～20s，同时设有消防应急广播时，火灾声警报应与消防应急广播交替循环播放。同一建筑内设置多个火灾声警报器时，火灾自动报警系统应能同时启动和停止所有火灾声警报器工作。

4. 消防应急广播系统

消防应急广播系统是引导火灾场所人员逃生疏散和灭火指挥的重要设备。系统由控制主机、音源设备、广播功率放大器、火灾报警控制器（联动型）、传输线路、火灾联动控制模块、扬声器等构成。《火灾自动报警系统设计规范》（GB 50116）以强制性条文要求，集中报警系统和控制中心报警系统应设置消防应急广播。

消防应急广播系统的联动控制信号应由消防联动控制器发出，当确认火灾后，应同时向全楼进行广播。消防应急广播的单次语音播放时间宜为 10～30s，应与火灾声警报器分时交替工作，可采取 1 次火灾声警报器播放、1 次或 2 次消防应急广播播放的交替工作方式循环播放。

在消防控制室应能手动或按预设控制逻辑联动控制选择广播分区、启动或停止应急广播系统，并应能监听消防应急广播。在通过传声器进行应急广播时，应自动对广播内容进行录音。消防控制室内应能显示消防应急广播的广播分区的工作状态。

民用建筑内，消防应急广播系统的扬声器应设置在走道和大厅等公共场所。每个扬声器的额定功率不应小于 3W，其数量应能保证从一个防火分区内的任何部位到最近一个扬声器的直线距离不大于 25m，走道末端距最近的扬声器距离不应大于 12.5m。在环境噪声大于 60dB 的场所设置的扬声器，在其播放范围内最远点的播放声压级应高于背景噪声 15dB。客房设置专用扬声器时，其功率不宜小于 1W。消防应急广播与普通广播或背景音乐广播合用时，应具有强制切入消防应急广播的功能。

5. 信号模块与控制模块

信号模块也叫输入模块，可将现场各种主动型设备，例如，水流指示器、压力开关、报警按钮等，接入到火灾报警控制器的信号总线上。这些设备动作后，输出的开关信号通过信号模块送入火灾报警控制器，产生报警，并通过控制器来联动其他设备动作。

消防控制模块也叫输入输出模块，用在火灾自动报警系统中连接排烟阀、送风阀、防火阀等外部设备。模块多有常开、常闭触点，通过模块上面的触点连接外接电路来实现外部设备的联动控制。

每个报警区域内的模块宜相对集中设置在本报警区域内的金属模块箱中。模块严禁设置在配电（控制）柜（箱）内。本报警区域内的模块不应控制其他报警区域的设备。未集中设置的模块附近应有尺寸不小于 100mm×100mm 的标识。

6. 消防控制室图形显示装置

消防控制室图形显示装置是新一代消防控制室火警监控、管理重要设备，它用于火灾报警及消防联动设备的管理与控制以及设备的图形化显示，可与火灾报警控制器（联动型）组成功能完备的图形化消防监控系统。图形显示装置与消防远程监控中心可以通过局域网进行联网，接收、发送、显示设备的异常信息及主机信息，从而实现火灾报警系统的远程中央监控。消防控制室图形显示装置与火灾报警控制器、消防联动控制器、电气火灾监控器、可燃气体报警控制器等消防设备之间，应采用专用线路连接。消防控制室图形显示装置应具有以下基本功能：

（1）能接收火灾报警控制器和消防联动控制器发出的火灾报警信号和联动控制信号，接到报警信号后监控软件迅速进入火灾报警和联动状态监视界面，显示相关信息。

（2）能查询并显示监视区域中监控对象系统内各个消防设备的物理位置及其实时状态，并能在发出查询信号后5s内显示相应信息。

（3）能显示建筑总平面图、故障部件位置、故障部件地址等信息，并自动保存记录故障及火警等信息。

7. 防火门监控器

防火门监控器是显示并控制防火门打开、关闭状态的控制装置，同时也是消防控制室或火灾自动报警系统连接防火门电动闭门器、电磁门吸、电磁释放器、逃生门锁等装置的桥梁和纽带。防火门监控器应设置在消防控制室内，未设置消防控制室时，应设置在有人值班的场所。电动开门器的手动控制按钮应设置在防火门内侧墙面上，距门边水平距离不宜超过0.5m。

防火门是各类建筑中常用的可启闭防火分隔构件，用于在发生火灾时起到阻止火势蔓延和烟气扩散的作用。防火门控制器能够对防火门的开关状态进行监控，对处于非正常状态的防火门给出报警提示，使其恢复正常的工作状态，确保其功能完好。防火门由消防控制管理。

8. 消防专用电话

消防电话系统是消防通信的专用设备，当发生火灾报警时，它可以提供方便快捷的通信手段，是消防控制及其报警系统中不可缺少的通信设备。消防电话系统有专用的通信线路，在现场人员可以通过现场设置的固定电话和消防控制室进行通话，也可以用便携式电话插入设置的电话插孔上面与控制室直接进行通话。

现行的《火灾自动报警系统设计规范》（GB 50116）规定，消防控制室应设置消防专用电话总机，消防专用电话网络应为独立的消防通信系统，消防水泵房、发电机房、配变电室、计算机网络机房、主要通风和空调机房、防排烟机房、灭火控制系统操作装置处或控制室、企业消防站、消防值班室、总调度室、消防电梯机房及其他与消防联动控制有关的且经常有人值班的机房应设置消防专用电话分机或电话插孔，各避难层应每隔20m设置一个消防专用电话分机或电话插孔。消防专用电话分机或电话插孔应固定安装在明显且便于使用的部位，并应有区别于普通电话的标识。

消防控制室、消防值班室或企业消防站等处，应设置可直接报警的外线电话。

19.2 火灾自动报警系统设计

19.2.1 火灾自动报警系统设计的一般规定

（1）火灾自动报警系统适用于人员居住和经常有人滞留的场所、存放重要物资或燃烧后产生严重污染需要及时报警的场所。

（2）火灾自动报警系统应设有自动和手动两种触发装置。

（3）火灾自动报警系统设备应选择符合国家有关标准和有关市场准入制度的产品。

（4）系统中各类设备之间的接口和通信协议的兼容性应符合现行国家标准《火灾自动报警系统组件兼容性要求》（GB 22134）的有关规定。

（5）任一台火灾报警控制器所连接的火灾探测器、手动火灾报警按钮和模块等设备总数和地址总数，均不应超过3200点，其中，每一总线回路连接设备的总数不宜超过200点，且应留有不少于额定容量10%的余量；任一台消防联动控制器地址总数或火灾报警控制器（联动型）所控制的各类模块总数不应超过1600点，每一联动总线回路连接设备的总数不宜超过100点，且应留有不少于额定容量10%的余量。

（6）系统总线上应设置总线短路隔离器，每只总线短路隔离器保护的火灾探测器、手动火灾报警按钮和模块等消防设备的总数不应超过32点；总线穿越防火分区时，应在穿越处设置总线短路隔离器。

（7）高度超过100m的建筑中，除消防控制室内设置的控制器外，每台控制器直接控制的火灾探测器、手动报警按钮和模块等设备不应跨越避难层。

（8）水泵控制柜、风机控制柜等消防电气控制装置不应采用变频启动方式。

（9）地铁列车上设置的火灾自动报警系统，应能通过无线网络等方式将列车上发生火灾的部位信息传输给消防控制室。

19.2.2 报警区域与探测区域的划分

（1）将火灾自动报警系统的警戒范围按防火分区或楼层等划分的单元，称为报警区域。报警区域的划分应符合下列规定：

1）报警区域应根据防火分区或楼层划分，可将一个防火分区或一个楼层划分为一个报警区域，也可将发生火灾时需要同时联动消防设备的相邻几个防火分区或楼层划分为一个报警区域。

2）电缆隧道的一个报警区域宜由一个封闭长度区间组成，一个报警区域不应超过相连的 3 个封闭长度区间；道路隧道的报警区域应根据排烟系统或灭火系统的联动需要确定，且不宜超过 150m。

3）甲、乙、丙类液体储罐区的报警区域应由一个储罐区组成，每个 50 000m^3 及以上的外浮顶储罐应单独划分为一个报警区域。

4）列车的报警区域应按车厢划分，每节车厢应划分为一个报警区域。

（2）将报警区域按探测火灾的部位划分的单元，称为探测区域。探测区域的划分应符合下列规定：

1）探测区域应按独立房（套）间划分。一个探测区域的面积不宜超过 500m^2。从主要出入口能看清其内部，且面积不超过 1000m^2 的房间，也可划为一个探测区域。

2）红外光束感烟火灾探测器和缆式线型感温火灾探测器的探测区域的长度，不宜超过 100m；空气管差温火灾探测器的探测区域长度宜为 20～100m。

3）下列场所应单独划分探测区域：

① 敞开或封闭楼梯间、防烟楼梯间。

② 防烟楼梯间前室、消防电梯前室、消防电梯与防烟楼梯间合用的前室、走道、坡道。

③ 电气管道井、通信管道井、电缆隧道。

④ 建筑物闷顶、夹层。

19.2.3　系统形式的选择和设计要求

（1）火灾自动报警系统形式的选择，应符合下列规定：

1）仅需要报警，不需要联动自动消防设备的保护对象宜采用区域报警系统。

2）需要报警的同时需要联动自动消防设备，且只设置一台具有集中控制功能的火灾报警控制器和消防联动控制器的保护对象，应采用集中报警系统，并应设置一个消防控制室。

3）设置两个及以上消防控制室的保护对象，或已设置两个及以上集中报警系统的保护对象，应采用控制中心报警系统。

（2）区域报警系统的设计，应符合下列规定：

1）系统应由火灾探测器、手动火灾报警按钮、火灾声光警报器及火灾报警控制器等组成。系统中可包括消防控制室图形显示装置和指示楼层的区域显示器。

2）火灾报警控制器应设置在有人值班的场所。

3）系统设置消防控制室图形显示装置时，该装置应具有传输火灾报警、建筑消防设施运行状态信息和消防安全管理信息规定的有关信息的功能（见 19.12.3）；系统未设置消防控制室图形显示装置时，应设置火警传输设备。

（3）集中报警系统的设计，应符合下列规定：

1）系统应由火灾探测器、手动火灾报警按钮、火灾声光警报器、消防应急广播、消防专用电话、消防控制室图形显示装置、火灾报警控制器、消防联动控制器等组成。

2）系统中的火灾报警控制器、消防联动控制器和消防控制室图形显示装置、消防应急广播控制装置、消防专用电话总机等用于集中控制的消防设备，应设置在消防控制室内。

3）系统设置的消防控制室图形显示装置应具有传输火灾报警、建筑消防设施运行状态信息和消防安全管理信息规定的有关信息的功能。

（4）控制中心报警系统的设计，应符合下列规定：

1）有两个及以上消防控制室时，应确定一个主消防控制室。

2）主消防控制室应能显示所有火灾报警信号和联动控制状态信号，并应能控制重要的消防设备；各分消防控制室内消防设备之间可互相传输、显示状态信息，但不应互相控制。

3）系统设置的消防控制室图形显示装置应具有传输火灾报警、建筑消防设施运行状态信息和消防安全管理信息规定的有关信息的功能。

19.2.4　火灾探测器的选择与设置

1. 火灾探测器选择的一般规定（基于空间环境特性说明）

对不同高度的房间，按表 19－6 选择点型火灾探测器。

表 19－6　火灾探测器选择的一般规定

房间高度 h/m	点型感烟火灾探测器	点型感温火灾探测器			火焰探测器
		A1、A2	B	C、D、E、F、G	
$12<h\leq 20$	不适合	不适合	不适合	不适合	适合
$8<h\leq 12$	适合	不适合	不适合	不适合	适合
$6<h\leq 8$	适合	适合	不适合	不适合	适合
$4<h\leq 6$	适合	适合	适合	不适合	适合
$h\leq 4$	适合	适合	适合	适合	适合

注：表中 A1、A2、B、C、D、E、F、G 为点型感温探测器的不同类别，其具体参数见表 19－7。

表 19－7　点型感温火灾探测器分类

探测器类别	典型应用温度/℃	最高应用温度/℃	动作温度下限值/℃	动作温度上限值/℃
A1	25	50	54	65
A2	25	50	54	70
B	40	65	69	85
C	55	80	84	100
D	70	95	99	115
E	85	110	114	130
F	100	125	129	145
G	115	140	144	160

2. 点型火灾探测器的选择

（1）下列场所宜选择点型感烟火灾探测器：

1）饭店、旅馆、教学楼、办公楼的厅堂、卧室、办公室、商场、列车载客车厢等。

2）计算机房、通信机房、电影或电视放映室等。

3）楼梯、走道、电梯机房、车库等。

4）书库、档案（表）库等。

（2）符合下列条件之一的场所，不宜选择点型离子感烟火灾探测器：

1）相对湿度经常大于 95%场所。

2）气流速度大于 5m/s 场所。

3）有大量粉尘、水雾滞留场所。

4）可能产生腐蚀性性气体场所。

5）在正常情况下有烟滞留场所。

6）产生醇类、醚类、酮类等有机物质场所。

（3）符合下列条件之一的场所，不宜选择点型光电感烟火灾探测器：

1）有大量粉尘、水雾滞留。

2）可能产生蒸气和油雾。

3）高海拔地区。

4）在正常情况下有烟滞留。

（4）符合下列条件之一的场所，宜选择点型感温火灾探测器。且应根据使用场所的典型应用温度和最高应用温度选择适当类别的感温火灾探测器：

1）相对湿度经常大于 95%场所。

2）可能发生无烟火灾场所。

3）有大量粉尘场所。

4）吸烟室等在正常情况下有烟或蒸气滞留的场所。

5）厨房、锅炉房、发电机房、烘干车间等不宜安装感烟火灾探测器的场所。

6）需要联动熄灭“安全出口”标志灯的安全出口内侧。

7）其他无人滞留且不适合安装感烟火灾探测器，但发生火灾时需要及时报警的场所。

（5）可能产生阴燃火或发生火灾不及时报警将造成重大损失的场所，不宜选择点型感温火灾探测器；温度在 0℃以下的场所，不宜选择定温探测器；温度变化较大的场所，不宜选择具有差温特性的探测器。

（6）符合下列条件之一的场所，宜选择点型火焰探测器或图像型火焰探测器：

1）火灾时有强烈的火焰辐射场所。

2）可能发生液体燃烧等无阴燃阶段的火灾场所。

3）需要对火焰做出快速反应场所。

（7）符合下列条件之一的场所，不宜选择点型火焰探测器和图像型火焰探测器：

1）在火焰出现前有浓烟扩散场所。

2）探测器的镜头易被污染场所。

3）探测器的“视线”易被油雾、烟雾，水雾和冰雪遮挡场所。

4）探测区域内的可燃物是金属和无机物场所。

5）探测器易受阳光、白炽灯等光源直接或间接照射场所。

（8）探测区域内正常情况下有高温物体的场所，不宜选择单波段红外火焰探测器。

（9）探测区域内正常情况下有明火作业，探测器易受 X 射线、弧光和闪电等影响的场所，不宜选择紫外火焰探测器。

（10）下列场所宜选择可燃气体探测器：

1）使用可燃气体的场所。

2）燃气站和燃气表房以及存储液化石油气罐的场所。

3）其他散发可燃气体和可燃蒸气的场所。

（11）在火灾初期产生一氧化碳的下列场所可选择点型一氧化碳火灾探测器：

1）烟不容易对流或顶棚下方有热屏障的场所。

2）在棚顶上无法安装其他点型火灾探测器的场所。

3）需要多信号复合报警的场所。

（12）污物较多且必须安装感烟火灾探测器的场所，应选择间断吸气的点型采样吸气式感烟火灾探测器或具有过滤网和管路自清洗功能的管路采样吸气式感烟火灾探测器。

3. 线型火灾探测器的选择

（1）无遮挡的大空间或有特殊要求的房间，宜选择线型光束感烟火灾探测器。

（2）符合下列条件之一的场所，不宜选择线型光束感烟火灾探测器：

1）有大量粉尘、水雾滞留场所。

2）可能产生蒸气和油雾场所。

3）在正常情况下有烟滞留场所。

4）固定探测器的建筑结构由于振动等原因会产生较大位移的场所。

（3）下列场所或部位，宜选择缆式线型感温火灾探测器：

1）电缆隧道、电缆竖井、电缆夹层、电缆桥架。

2）不易安装点型探测器的夹层、闷顶。

3）各种皮带输送装置。

4）其他环境恶劣不适合点型探测器安装的场所。

（4）下列场所或部位，宜选择线型光纤感温火灾探测器：

1）除液化石油气外的石油储罐。

2）需要设置线型感温火灾探测器的易燃易爆场所。

3）需要监测环境温度的地下空间等场所宜设置具有实时温度监测功能的线型光纤感温火灾探测器。

4）公路隧道、敷设动力电缆的铁路隧道和城市地铁隧道等。

（5）线型定温火灾探测器的选择，应保证其不动作温度符合设置场所的最高环境温度的要求。

4. 吸气式感烟火灾探测器

（1）下列场所宜选择吸气式感烟火灾探测器：

1）具有高速气流的场所。

2）点型感烟、感温火灾探测器不适宜的大空间、舞台上方、建筑高度超过 12m 或有特殊要求的场所。

3）低温场所。

4）需要进行隐蔽探测的场所。

5）需要进行火灾早期探测的重要场所。

6）人员不宜进入的场所。

（2）灰尘比较大的场所，不应选择没有过滤网和管路自清洗功能的管路采样式吸气感烟火灾探测器。

19.2.5　手动火灾报警按钮的设置

（1）每个防火分区应至少设置一只手动火灾报警按钮。手动火灾报警按钮宜设置在疏散通道或出入口处。从一个防火分区内的任何位置到最邻近的手动火灾报警按钮的步行距离不应大于 30m。列车上设置的手动火灾报警按钮，应设置在每节车厢的出入口和中间部位。

（2）手动火灾报警按钮应设置在明显和便于操作的部位。当采用壁挂方式安装时，其底边距地高度宜为 1.3～1.5m，且应有明显的标志。

19.2.6　区域显示器的设置

（1）每个报警区域宜设置一台区域显示器（火灾显示盘）；宾馆、饭店等场所应在每个报警区域设置一台区域显示器。当一个报警区域包括多个楼层时，宜在每个楼层设置一台仅显示本楼层的区域显示器。

（2）区域显示器应设置在出入口等明显便于操作的部位。当采用壁挂方式安装时，其底边距地高度宜为 1.3～1.5m。

19.2.7　火灾警报器的设置

（1）火灾光警报器应设置在每个楼层的楼梯口、消防电梯前室、建筑内部拐角等处的明显部位，且不宜与安全出口指示标志灯具设置在同一面墙上。

（2）每个报警区域内应均匀设置火灾警报器，其声压级不应小子 60dB；在环境噪声大于 60dB 的场所，其声压级应高于背景噪声 15dB。

（3）当火灾警报器采用壁挂方式安装时，其底边距地面高度应大于 2.2m。

19.2.8　消防应急广播的设置

集中报警系统和控制中心报警系统应设置消防应急广播。

（1）消防应急广播扬声器的设置，应符合下列规定：

1）民用建筑内扬声器应设置在走道和大厅等公共场所。每个扬声器的额定功率不应小于 3W，其数量应能保证从一个防火分区内的任何部位到最近一个扬声器的直线距离不大于 25m，走道末端距最近的扬声器距离不应大于 12.5m。

2）在环境噪声大于 60dB 的场所设置的扬声器，在其播放范围内最远点的播放声压级应高于背景噪声 15dB。

3）客房设置专用扬声器时，其功率不应小于 1W。

（2）壁挂扬声器的底边距地面高度应大于 2.2m。

19.2.9　消防专用电话的设置

（1）消防专用电话网络应为独立的消防通信系统。

（2）消防控制室应设置消防专用电话总机。

（3）多线制消防专用电话系统中的每个电话分机应与总机单独连接。

（4）电话分机或电话插孔的设置，应符合下列规定：

1）消防水泵房、发电机房、配变电室、计算机网络机房、主要通风和空调机房、防排烟机房、灭火控制系统操作装置处或控制室、企业消防站、消防值班室、总调度室、消防电梯机房及其他与消防联动控制有关的且经常有人值班的机房应设置消防专用电话分机。消防专用电话分机，应固定安装在明显且便于使用的部位，并应有区别于普通电话的标识。

2）设有手动火灾报警按钮或消火栓按钮等处，宜设置电话插孔，并宜选择带有电话插孔的手动火灾报警按钮。

3）各避难层应每隔 20m 设置一个消防专用电话分机或电话插孔。

4）电话插孔在墙上安装时，其底边距地面高度宜为 1.3～1.5m。

5）消防控制室、消防值班室或企业消防站等处，应设置可直接报警的外线电话。

19.2.10 模块的设置

（1）每个报警区域内的模块宜相对集中设置在本报警区域内的金属模块箱中。

（2）模块严禁设置在配电（控制）柜（箱）内。

（3）本报警区域内的模块不应控制其他报警区域的设备。

（4）未集中设置的模块附近应有尺寸不小于 100mm×100mm 的标识。

19.3 消防联动控制系统设计

19.3.1 系统的组成形式与一般规定

1. 系统的组成形式

消防联动控制系统是火灾自动报警系统中的一个重要组成部分，通常由消防联动控制器、模块（包括输入模块、输出模块、输入输出模块和中继模块）、气体灭火控制器、消防电气控制装置（包括各类消防泵、防排烟风机、双电源等控制设备）、消防设备应急电源、消防应急广播设备、消防电话、传输设备、消防控制室图形显示装置、消防电动装置、消火栓按钮等全部或部分设备组成。

2. 一般规定

（1）消防联动控制器应能按设定的控制逻辑向各相关的受控设备发出联动控制信号，并接受相关设备的联动反馈信号。

通常在火灾报警后经逻辑确认（或人工确认），联动控制器应在 3s 内按设定的控制逻辑准确发出联动控制信号给相应的消防设备，消防设备动作后将动作信号反馈给消防控制室并显示。

消防联动控制器是消防联动控制系统的核心设备，消防联动控制器按设定的控制逻辑向各相关受控设备发出准确的联动控制信号，控制现场受控设备按预定的要求动作，是完成消防联动控制的基本功能要求；同时为了保证消防管理人员及时了解现场受控设备的动作情况，受控设备的动作反馈信号应反馈给消防联动控制器。

（2）消防联动控制器的电压控制输出采用直流 24V。考虑到设备和人员安全问题，直流 24V 是火灾自动报警系统中应用最普遍的电压。除容量满足受控消防设备同时启动所需的容量外，还要满足传输线径与线路长度要求，线路压降不应超过 5%。

（3）各受控设备接口的特性参数应与消防联动控制器发出的联动控制信号相匹配，保证系统兼容性和可靠性。

一般情况下，消防联动控制系统设备和现场受控设备的生产厂家不同，各自设备对外接口的特性参数不同，在工程的设计、设备选型等环节应要求消防联动控制系统设备和现场受控设备接口的特性参数互相匹配，以保证建筑消防设施的协同、有效动作的基本技术要求。

（4）消防水泵、防烟和排烟风机的控制设备，除应采用联动控制方式外，还应在消防控制室设置手动直接控制装置。

消防水泵、防烟和排烟风机等消防设备的手动直接控制应通过火灾报警控制器（联动型）或消防联动控制器的手动控制盘实现，盘上的启停按钮应与消防水泵、防烟和排烟风机的控制箱（柜）直接用控制线或控制电缆连接。根据国家标准《消防联动控制系统》（GB 16806）要求，每台消防联动控制器应至少设有 6 组直接手动控制开关，每个控制开关对应于一个直接控制输出。控制输出主要用于在消防控制室内对消防水泵、防烟和排烟风机控制设备进行直接手动控制。直接手动控制单元的数量可以根据实际工程需要进行增减，但应在企业获得的 CCCF 认证证书涵盖范围之内。

消防水泵、防烟和排烟风机，是在应急情况下实施初起火灾扑救、保障人员疏散的重要消防设备。消防联动控制器在联动控制时序失效等极端情况下，可能出现不能按预定要求有效启动上述消防设备的情况，采用直接手动控制方式对此类设备进行直接控制，保障重要消防设备有效动作。

（5）启动电流较大的消防设备宜分时启动。消防设备启动的过电流将导致消防供电线路和消防电源的过负荷，不能保证消防设备的正常工作。因此，应根据消防设备的启动电流参数，结合设计的消防供电线路负荷或消防电源的额定容量，分时启动电流较大的消防设备。

（6）需要火灾自动报警系统联动控制的消防设备，其联动触发信号应采用两个独立的报警触发装置报警信号的“与”逻辑组合。湿式和干式系统中压力开关直接启泵、消火栓系统中压力开关和流量开关直接启泵等联动控制，是这些消防系统自身完成的，不需要火灾自动报警系统控制。

为了保证自动消防设备的可靠启动，其联动触发信号应采用两个独立的报警触发装置报警信号的“与”逻辑组合。任何一种探测器对火灾的探测都有局限性，对于可靠性要求较高的气体、泡沫等自动灭火设备、设施，仅采用单一探测形式探测器的报警信号作为该类设备、设施启动的联动触发信号，不能保证这类设备、设施的可靠启动，因此，要求该类设备的联动触发信号必须是两个及以上不同探测形式的报警触发装置报警信号的“与”逻辑组合。

设置在建筑中的火灾探测器和手动火灾报警按钮等报警触发装置，可能受产品质量、使用环境及人为损坏等原因而产生误动作，单一的探测器或手动报警按钮的报警信号作为自动消防设备（设施）动作的联动触发信号，有可能会由于个别现场设备的误报警而导致自动消防设备（设施）误动作。在工程实践过程中，上述情况时有发生，因此，为防止气体、泡沫灭火系统出现误喷，要求采用两个报警触发装置报警信号的“与”逻辑组合作为自动消防设备、设施的联动触发信号。

19.3.2　自动喷水灭火系统的联动控制设计

（1）湿式系统的联动控制设计，应符合下列规定：

1）联动控制方式，应由湿式报警阀压力开关的动作信号作为触发信号，直接控制启动喷淋消防泵，联动控制不应受消防联动控制器处于自动或手动状态影响。

2）手动控制方式，应将喷淋消防泵控制箱（柜）的启动、停止按钮用专用线路直接连接至设置在消防控制室内的消防联动控制器的手动控制盘，直接手动控制喷淋消防泵的启动、停止。

3）水流指示器、信号阀、压力开关、喷淋消防泵的启动和停止的动作信号应反馈至消防联动控制器。

当发生火灾时，湿式系统的喷头的闭锁装置溶化脱落，水自动喷出，安装在管道上的水流指示器报警，报警阀组的压力开关动作报警，并由压力开关直接连锁启动供水泵向管网持续供水。压力开关应有两副触点，一副用于直接连锁启泵，一副用于通过输入模块向消防联动控制器反馈动作信号。反馈信号取自干管水流指示器，能真实地反映喷淋消防泵的工作状态。湿式自喷系统启泵流程如图 19－3 所示。

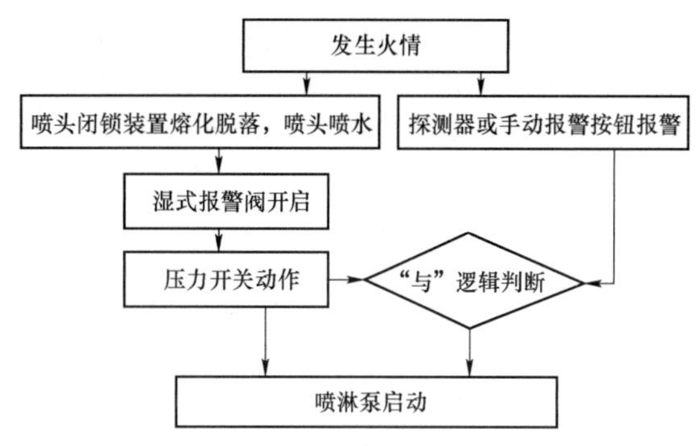

图 19－3　湿式自喷系统启泵流程图

（2）预作用系统的联动控制设计，应符合下列规定：

1） 联动控制方式，应由同一报警区域内两只及以上独立的感烟火灾探测器或一只感烟火灾探测器与一只手动火灾报警按钮的报警信号，作为预作用阀组开启的联动触发信号，从而保障系统动作的可靠性。由消防联动控制器控制预作用阀组的开启，使系统转变为湿式系统；当系统设有快速排气装置时，应联动控制排气阀前的电动阀的开启。

2）手动控制方式，应将喷淋消防泵控制箱（柜）的启动和停止按钮、预作用阀组和快速排气阀入口前的电动阀的启动和停止按钮，用专用线路直接连接至设置在消防控制室内的消防联动控制器的手动控制盘，直接手动控制喷淋消防泵的启动、停止及预作用阀组和电动阀的开启。

3）水流指示器、信号阀、压力开关、喷淋消防泵的启动和停止的动作信号，有压气体管道气压状态信号和快速排气阀入口前电动阀的动作信号应反馈至消防联动控制器。

预作用系统在正常状态时，配水管道中没有水。火灾自动报警系统自动开启预作用阀组后，预作用系统转为湿式灭火系统。当火灾温度继续升高时，闭式喷头的闭锁装置溶化脱落，喷头自动喷水灭火。

（3）雨淋系统的联动控制设计，应符合下列规定：

1）联动控制方式，应由同一报警区域内两只及以上独立的感温火灾探测器或一只感温火灾探测器与一只手动火灾报警按钮的报警信号，作为雨淋阀组开启的联动触发信号。应由消防联动控制器控制雨淋阀组的开启。

2）手动控制方式，应将雨淋消防泵控制箱（柜）的启动和停止按钮、雨淋阀组的启动和停止按钮，用专用线路直接连接至设置在消防控制室内的消防联动控制器的手动控制盘，直接手动控制雨淋消防泵的启动、停止及雨淋阀组的开启。

3）水流指示器，压力开关，雨淋阀组、雨淋消防泵的启动和停止的动作信号应反馈至消防联动控制器。

（4）自动控制的水幕系统的联动控制改计，应符合下列规定：

1）联动控制方式，当自动控制的水幕系统用于防火卷帘的保护时，应由防火卷帘下落到楼板面的动作信号与本报警区域内任一火灾探测器或手动火灾报警按钮的报警信号作为水幕阀组启动的联动触发信号，并应由消防联动控制器联动控制水幕系统相关控制阀组的启动；仅用水幕系统作为防火分隔时，应由该报警区域内两只独立的感温火灾探测器的火灾报警信号作为水幕阀组启动的联动触发信号，并应由消防联动控制器联动控制水幕系统相关控制阀组的启动。

2）手动控制方式，应将水幕系统相关控制阀组和消防泵控制箱（柜）的启动、停止按钮用专用线路直接连接至设置在消防控制室内的消防联动控制器的手动控制盘，并应直接手动控制消防泵的启动、停止及水幕系统相关控制阀组的开启。

3）压力开关、水幕系统相关控制阀组和消防泵的启动、停止的动作信号，应反馈至消防联动控制器。

水幕系统由开式洒水喷头或水幕喷头、雨淋报警阀组或感温雨淋阀、水流报警装置（水流指示器或压力开关），以及管道、供水设施等组成。系统在自动控制方式下，作为防火卷帘的保护时，水幕降落到楼板面，其限拉开关动作，限位开关的动作信号用模块接入火灾自动报警系统与本探测区域内的火灾报警信号组成“与”逻辑控制雨淋报警阀开启，雨淋报警阀泄压，压力开关动作，联锁启动水幕消防泵。

19.3.3 消火栓系统的联动控制设计

（1）联动控制方式，应由消火栓系统出水干管上设置的低压压力开关、高位消防水箱出水管上设置的流量开关或报警阀压力开关等信号作为触发信号，直接控制启动消火栓泵，联动控制不应受消防联动控制器处于自动或手动状态影响。当设置消火栓按钮时，消火栓按钮的动作信号应作为报警信号及启动消火栓泵的联动触发信号，由消防联动控制器联动控制消火栓泵的启动。

（2）手动控制方式，应将消火栓泵控制箱（柜）的启动、停止按钮用专用线路直接连接至设置在消防控制室内的消防联动控制器的手动控制盘，并应直接手动控制消火栓泵的启动、停止。

（3）消火栓泵的动作信号应反馈至消防联动控制器。

消火栓使用时，系统内出水干管上的低压压力开关、高位消防水箱出水管上设置的流量开关或报警阀压力开关等均有相同的反应，这些信号可以作为触发信号，直接控制启动消火栓泵，可以不受消防联动控制器处于自动或手动状态影响。低压压力开关和流量开关应有两副触点，一副用于直接连锁启泵，一副用于通过输入模块向消防联动控制器反馈动作信号。当建筑物内设有火灾自动报警系统时，消火栓按钮的动作信号作为火灾报警系统和消火栓系统的联动触发信号，由消防联动拉制器联动控制消防泵启动，消防泵的动作信号作为系统的联动反馈信号应反馈至消防控制室，并在消防联动控制器上显示。消火栓按钮经联动控制器启动消防泵的优点是减少布线量和线缆使用量，提高整个消火栓系统的可靠性。消火栓按钮与手动火灾报警按钮的使用目的不同，不能互相替代。稳高压系统中，虽然不需要消火栓按钮启动消防泵，但消火栓按钮给出的使用消火栓位置的报警信息是十分必要的，因此稳高压系统中，消火栓按钮也是不宜省略的。当建筑物内无火灾自动报警系统时，消火栓按钮用导线直接引至消防泵控制箱（柜），启动消防泵。湿式消火栓系统启泵流程如图 19－4 所示。

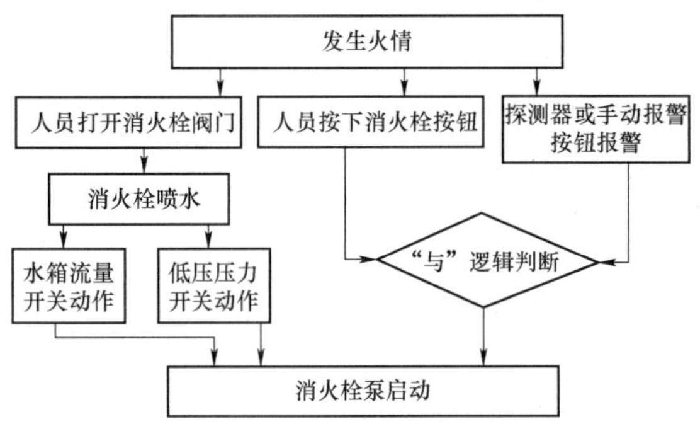

图 19－4 湿式消火栓系统启泵流程图

19.3.4 气体灭火系统、泡沫灭火系统的联动控制设计

（1）气体灭火系统、泡沫灭火系统应分别由专用的气体灭火控制器、泡沫灭火控制器控制。

气体灭火系统、泡沫灭火系统主要由灭火剂储瓶和瓶头阀、驱动钢瓶和瓶头阀、选择阀（组合分配系统）、自锁压力开关、喷嘴以及气体灭火控制器或泡沫灭火控制器、感烟火灾探测器、感温火灾探测器、指示发生火灾的火灾声光报警器、指示灭火剂喷放的火灾声光报警器（带有声警报的气体释放灯）、紧急启停按钮、电动装置等组成。通常气体灭火系统、泡沫灭火系统的上述设备自成系统。

（2）气体灭火控制器、泡沫灭火控制器直接连接火灾探测器时，气体灭火系统、泡沫灭火系统的自动控制方式应符合下列规定：

1）应由同一防护区域内两只独立的火灾探测器的报警信号、一只火灾探测器与一只手动火灾报警按钮的报警信号或防护区外的紧急启动信号，作为系统的联动触发信号，探测器的组合宜采用感烟火灾探测器和感温火灾探测器。这样设置的目的是提高系统动作的可靠性，将误触发率降低至最小。感烟火灾探测器报警，表示有火灾发生；感温火灾探测器报警，表示火灾已经发展到一定程度，应该启动气体灭火装置、泡沫灭火装置实施灭火。对于有人确认火灾的场所，也可采用同一区域内的一只火灾探测器及一只手动报警按钮的报警信号组成“与”逻辑作为联动触发信号。

2）气体灭火控制器、泡沫灭火控制器在接收到满足联动逻辑关系的首个联动触发信号后，应启动设置在该防护区内的火灾声光警报器，且联动触发信号应成为任一防护区域内设置的感烟火灾探测器、其他类型火灾探测器或手动火灾报警按钮的首次报警信号；在接收到第二个联动触发信号后，应发出联动控制信号，且联动触发信号应成为同一防护区域内与首次报警的火灾探测器或手动火灾报警按钮相邻的感温火灾探测器、火焰探测器或手动火灾报警按钮的报警信号。

3）联动控制信号应包括下列内容：

① 关闭防护区域的送（排）风机及送（排）风阀门。

② 停止通风和空气调节系统及关闭设置在该防护区域的电动防火阀。

③ 联动控制防护区域开口封闭装置的启动，包括关闭防护区域的门、窗。

④ 启动气体灭火装置、泡沫灭火装置，气体灭火控制器、泡沫灭火控制器，可设定不大于 30s 的延迟喷射时间。

发生火灾时，气体灭火控制器、泡沫灭火控制器接收到第一个火灾报警信号后，启动防护区内的火灾声光警报器，警示处于防护区域内的人员撤离；接收到第二个火灾报警信号后，联动关闭排风机、防火阀、空气调节系统、启动防护区域开口封闭装置，并根据人员安全撤离防护区的需要，延时不大于 30s 后开启选择阀（组合分配系统）和启动阀，驱动瓶内的气体开启灭火剂储罐瓶头阀，灭火剂喷出实施灭火，同时启动安装在防护区门外的指示灭火剂喷射的火灾声光报警器（带有声警报的气体释放灯）；管道上的自锁压力开关动作，动作信号反馈给气体灭火控制器、泡沫灭火控制器。

设定不大于 30s 的延时，主要是为了防止火灾发展迅速，防护区内的人员尚未疏散，感温火灾探测器已经动作，气体灭火控制器、泡沫灭火控制器按控制逻辑启动了气体灭火装置，影响人员疏散、危及人员生命安全，同时也为人工确认提供一定时间。

平时无人工作的防护区，可设置为无延迟的喷射，应在接收到满足联动逻辑关系的首个联动触发信号后执行除启动气体灭火装置、泡沫灭火装置外的联动控制；在接收到第二个联动触发信号后，应启动气体灭火装置、泡沫灭火装置。

气体灭火防护区出口外上方应设置表示气体喷洒的火灾声光警报器，指示气体释放的声信号应与该保护对象中设置的火灾声警报器的声信号有明显区别。启动气体灭火装置、泡沫灭火装置的同时，应启动设置在防护区入口处表示气体喷洒的火灾声光警报器；组合分配系统应首先开启相应防护区域的选择阀，然后启动气体灭火装置、泡沫灭火装置。

启动安装在防护区门外指示灭火剂喷射的火灾声光报警器（带有声警报的气体释放灯）是防止气体灭火防护区在气体释放后出现人员误入现象。防护区内应设火灾声报警器（一级报警时动作），防护区的入口处应设火灾声、光报警器（防护区内气体释放后动作）。防护区内声报警器动作提醒防护区内人员迅速撤离，防护区入口处火灾声、光报警器提醒人员不要误入。气体释放的声信号应与同建筑中设置的火灾声警报器的声信号有明显区别，以便有关人员明确现场情况。

（3）气体灭火控制器、泡沫灭火控制器不直接连接火灾探测器时，气体灭火系统、泡沫灭火系统的联动触发信号应由火灾报警控制器或消防联动控制器发出，其联动触发信号和联动控制要求与气体灭火控制器、泡沫灭火控制器直接连接火灾探测器时一致。

（4）气体灭火系统、泡沫灭火系统的手动控制方式应符合下列规定：

1）在防护区疏散出口的门外应设置气体灭火装置、泡沫灭火装置的手动启动和停止按钮，手动启动按钮按下时气体灭火控制器、泡沫灭火控制器应执行联动操作；手动停止按钮按下时，气体灭火控制器、泡沫灭火控制器应停止正在执行的联动操作。

2）气体灭火控制器、泡沫灭火控制器上应设置对应于不同防护区的手动启动和停止按钮，手动启动按钮按下时，气体灭火控制器、泡沫灭火控制器应执行联动操作；手动停止按钮按下时，气体灭火控制器、泡沫灭火控制器应停止正在执行的联动操作。

当火灾探测器报警后，现场工作人员应进行火灾确认，在确认火灾后，可通过手动控制按钮（具有电气启动和紧急停止功能）发出手动控制信号，经气体灭火控制器、泡沫灭火控制器（延时不大于 30s）联动开启选择阀（组合分配系统）和启动阀，驱动瓶内的气体开启灭火剂储罐瓶头阀，灭火剂喷出实施灭火，同时启动安装在防护区门外的指示气体喷洒的火灾声光警报器。

另外，现场工作人员确认火灾探测器报警信号后，也可通过机械应急操作开关开启选择阀和瓶头阀喷射灭火剂实施灭火。

（5）气体灭火装置、泡沫灭火装置启动及喷放各阶段的联动控制及系统的反馈信号，应反馈至消防联动控制器及系统的联动反馈信号应包括下列内容：

1）气体灭火控制器、泡沫灭火控制器直接连接的火灾探测器的报警信号。

2）选择阀的动作信号。

3）压力开关的动作信号。

（6）在防护区域内设有手动与自动控制转换装置的系统，其手动或自动控制方式的工作状态应在防护区内、外的手动和自动控制状态显示装置上显示，该状态信号应反馈至消防联动控制器。

气体灭火系统流程如图19－5所示。

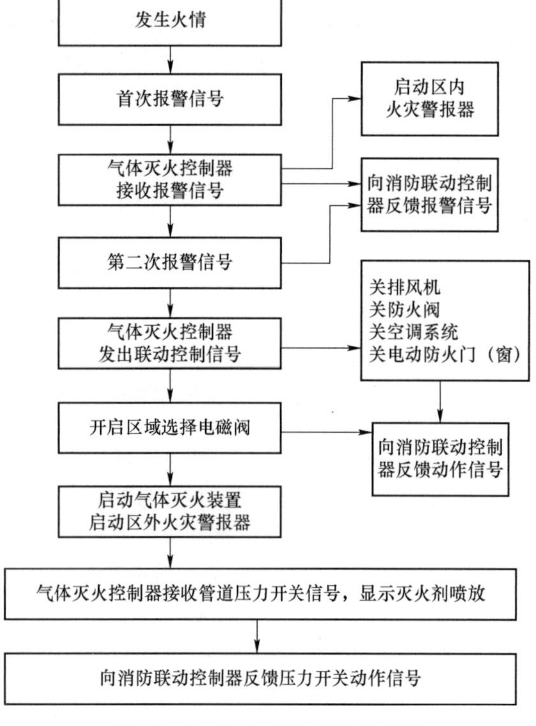

图19－5　气体灭火系统流程图

19.3.5　防排烟系统的联动控制设计

（1）防烟系统的联动控制方式应符合下列规定：

1）应由加压送风口所在防火分区内的两只独立的火灾探测器或一只火灾探测器与一只手动火灾报警按钮的报警信号，作为送风门开启和加压送风机启动的联动触发信号，并应由消防联动控制器联动控制相关层前室等需要加压送风场所的加压送风口开启和加压送风机启动。通常加压风机的吸气口设有电动风阀，此阀与加压风机联动，加压风机启动，电动风阀开启；加压风机停止，电动风阀关闭。

2）应由同一防烟分区内且位于电动挡烟垂壁附近的两只独立的感烟火灾探测器的报警信号，作为电动挡烟垂壁降落的联动触发信号，并应由消防联动控制器联动控制电动挡烟垂壁的降落。

（2）排烟系统的联动控制方式应符合下列规定：

1）应由同一防烟分区内的两只独立的火灾探测器的报警信号，作为排烟口、排烟窗或排烟阀开启的联动触发信号，并应由消防联动控制器联动控制排烟口、排烟窗或排烟阀的开启，同时停止该防烟分区的空气调节系统。

2）应由排烟口、排烟窗或排烟阀开启的动作信号，作为排烟风机启动的联动触发信号，并应由消防联动控制器联动控制排烟风机的启动。串接排烟口的反馈信号应并接，作为启动排烟机的联动触发信号。通常联动排烟口或排烟阀的电源为直流24V，此电源可由消防控制室的直流电源箱提供，也可由现场设置的消防设备直流电源提供，为了降低线路传输损耗，建议尽量采用现场设置的消防设备直流电源的方式供电。

（3）防烟系统、排烟系统的手动控制方式，应能在消防控制室内的消防联动控制器上手动控制送风口、电动挡烟垂壁、排烟口、排烟窗、排烟阀的开启或关闭及防烟风机、排烟风机等设备的启动或停止。防烟、排烟风机的启动、停止按钮应采用专用线路直接连接至设置在消防控制室内的消防联动控制器的手动控制盘，并应直接手动控制防烟、排烟风机的启动、停止。

（4）送风口、排烟口、排烟窗或排烟阀开启和关闭的动作信号，防烟、排烟风机启动和停止及电动防火阀关闭的动作信号，均应反馈至消防联动控制器。

（5）排烟风机入口处的总管上设置的280℃排烟防火阀在关闭后应直接联动控制风机停止，排烟防火阀及风机的动作信号应反馈至消防联动控制器。

19.3.6　防火门及防火卷帘系统的联动控制设计

（1）防火门系统的联动控制设计，应符合下列规定：

1）应由常开防火门所在防火分区内的两只独立的火灾探测器或一只火灾探测器与一只于动火灾报警按钮的报警信号，作为常开防火门关闭的联动触发信号，联动触发信号应由火灾报警控制器或消防联动控制器发出，并应由消防联动控制器或防火门监控器联动控制防火门关闭。

2）疏散通道上各防火门的开启、关闭及故障状态信号应反馈至防火门监控器。

疏散通道上的防火门有常闭型和常开型。常闭型防火门有人通过后，闭门器将门关闭，不需要联动。常开型防火门平时开启，防火门任一侧所在防火分区内两只独立的火灾探测器或一只火灾探测器与一只手动报警按钮报警信号的“与”逻辑联动防火门关闭。防火门的故障状态可以包括闭门器故障、门被卡后未完全关闭等。

（2）防火卷帘的升降应由防火卷帘控制器控制：疏散通道上设置的防火卷帘的联动控制设计，应符合下列规定：

1）联动控制方式，防火分区内任两只独立的感烟火灾探测器或任一只专门用于联动防火卷帘的感烟火灾探测器的报警信号应联动控制防火卷帘下降至距楼板面 1.8m 处；任一只专门用于联动防火卷帘的感温火灾探测器的报警信号应联动控制防火卷帘下降到楼板面；在卷帘的任一侧距卷帘纵深 0.5～5m 内应设置不少于 2 只专门用于联动防火卷帘的感温火灾探测器。

2）手动控制方式，防火卷帘两侧设置的手动控制按钮控制防火卷帘的升降。

设置在疏散通道上的防火卷帘，主要用于防烟、人员疏散和防火分隔，因此需要两步降落方式。防火分区内的任两只感烟探测器或任一只专门用于联动防火卷帘的感烟火灾探测器的报警信号，联动控制防火卷帘下降至距楼板面 1.8m 处，是为了保障防火卷帘能及时动作，以起到防烟作用，避免烟雾经此扩散，既起到防烟作用又可保证人员疏散。感温火灾探测器动作表示火已蔓延到该处，此时人员已不可能从此逃生，因此，防火卷帘下降到底，起到防火分隔作用。地下车库车辆通道上设置的防火卷帘也应按疏散通道上设置的防火卷帘的设置要求设置。在卷帘的任一侧离卷帘纵深 0.5～5m 内设置不少于 2 只专门用于联动防火卷帘的感温火灾探测器，是为了保障防火卷帘在火势蔓延到防护卷帘前及时动作，也是为了防止单只探测器由于偶发故障而不能动作。

联动触发信号可以由火灾报警控制器连接的火灾探测器的报警信号组成，也可以由防火卷帘控制器直接连接的火灾探测器的报警信号组成。防火卷帘控制器直接连接火灾探测器时，防火卷帘可由防火卷帘控制器按规定的控制逻辑和时序联动控制防火卷帘的下降。防火卷帘控制器不直接连接火灾探测器时，应由消防联动控制器按规定的控制逻辑和时序向防火卷帘控制器发出联动控制信号，由防火卷帘控制器控制防火卷帘的下降。

（3）非疏散通道上设置的防火卷帘的联动控制设计，应符合下列规定：

1）联动控制方式，应由防火卷帘所在防火分区内任两只独立的火灾探测器的报警信号，作为防火卷帘下降的联动触发信号，并应联动控制防火卷帘直接下降到楼板面。

2）手动控制方式，应由防火卷帘两侧设置的手动控制按钮控制防火卷帘的升降，并应能在消防控制室内的消防联动控制器上手动控制防火卷帘的降落。

非疏散通道上设置的防火卷帘大多仅用于建筑的防火分隔作用，建筑共享大厅等处设置的防火卷帘不具有疏散功能，仅用作防火分隔。因此，设置在防火卷来所在防火分区内的两只独立的火灾探测器的报警信号即可联动控制防火卷帘一步降到楼板面。

（4）防火卷帘下降至距楼板面 1.8m 处、下降到楼板面的动作信号和防火卷帘控制器直接连接的感烟、感温火灾探测器的报警信号，应反馈至消防联动控制器。

19.3.7　电梯的联动控制设计

（1）消防联动控制器应具有发出联动控制信号强制所有电梯停于首层或电梯转换层的功能。

高层建筑的非消防电梯不能一发生火灾就立即切断电源，如果电梯无自动平层功能，会将电梯里的人关在电梯轿厢内，因此要求电梯应具备降至首层或电梯转换层的功能，以便有关人员全部撤出电梯。

在大型及以上建筑物中，消防联动控制器并不是一发生火灾就使所有的电梯均回到首层或转换层，设计人员应根据建筑特点，先使发生火灾及相关危险部位的电梯回到首层或转换层，在没有危险部位的电梯，先保持使用。为防止电梯供电电源被火烧断，电梯宜加 EPS 应急电源。

（2）电梯运行状态信息和停于首层或转换层的反馈信号，应传送给消防控制室显示，轿厢内应设置能直接与消防控制室通话的专用电话。

19.3.8　火灾警报和消防应急广播系统的联动控制设计

（1）火灾自动报警系统应设置火灾声光警报器，并应在确认火灾后启动建筑内的所有火灾声光警报器。发生火灾时，火灾自动报警系统能够及时准确地发出警报，对保障人员的安全具有至关重要的作用。火灾自动报警系统均应设置火灾声光警报器，并在发生火灾时发出警报，其主要目的是在发生火灾时对人员发出警报，警示人员及时疏散。

（2）未设置消防联动控制器的火灾自动报警系统，火灾声光警报器应由火灾报警控制器控制；设置消防联动控制器的火灾自动报警系统，火灾声光警报器应由火灾报警控制器或消防联动控制器控制。

（3）公共场所宜设置具有同一种火灾变调声的火灾声警报器；具有多个报警区域的保护对象，宜选用带有语音提示的火灾声警报器，可直观地提醒人们发生了火灾；学校、工厂等各类日常使用电铃的场所，不应使用警铃作为火灾声警报器。

（4）火灾声警报器设置带有语音提示功能时，应同时设置语音同步器。为避免临近区域出现火灾语音提示声音不一致的现象，带有语音提示的火灾声警报器应同时设置语音同步器。在火灾发生时，及时、清楚地对建筑内的人员传递火灾信息是火灾自动报警系统的重要功能。当火灾声警报器设置语音提示功能时，设置语音同步器是保证火灾警报信息准确传递的基本技术要求。

（5）同一建筑内设置多个火灾声警报器时，火灾自动报警系统应能同时启动和停止所有火灾声警报器工作。

为保证建筑内人员对火灾报警响应的一致性，有利于人员疏散，建筑内设置的所有火灾声警报器应能同时启动和停止。建筑内设置多个火灾声警报器时，同时启动同时停止，可以保证火灾警报信息传递的一致性以及人员响应的一致性，同时也便于消防应急广播等指导人员疏散信息向人员传递的有效性。要求对建筑内设置的多个火灾声警报器同时启动和停止，是保证火灾警报信息有效传递的基本技术要求。

（6）火灾声警报器单次发出火灾警报时间宜为8～20s，同时设有消防应急广播时，火灾声警报应与消防应急广播交替循环播放。实践证明，火灾时，先鸣警报装置，高分贝的啸叫会刺激人的神经使人立刻警觉，然后再播放广播通知疏散，如此循环进行效果更好。

（7）集中报警系统和控制中心报警系统应设置消防应急广播。采用集中报警系统和控制中心报警系统的保护对象多为高层建筑或大型民用建筑，这些建筑内人员集中又较多，火灾时影响面大，为了便于火灾时统一指挥人员有效疏散，要求在集中报警系统和控制中心报警系统中设置消防应急广播。

对于高层建筑或大型民用建筑这些人员密集场所，多年的灭火救援实践表明，在应急情况下，消防应急广播播放的疏散导引的信息可以有效地指导建筑内的人员有序疏散，减少人员伤害。

（8）消防应急广播系统的联动控制信号应由消防联动控制器发出。当确认火灾后，应同时向全楼进行广播。

对于建筑群里的单体建筑，每个单体建筑为独立的“全楼”。对“全楼”的解释如图 19－6 所示。

1）如形式 1 如图 19－6 a 所示，地上公共部分和 A 座、B 座、C 座合计为“全楼”。

2）如形式 2 如图 19－6 b 所示，A 座、B 座、C 座地下部分之间有防火分隔，并且有各自的疏散系统，则 A 座的地下部分和地上部分为 A 座“全楼”，B 座的地下部分和地上部分为 B 座“全楼”，C 座的地下部分和地上部分为 C 座“全楼”；

3）如形式 3 如图 19－6 c 所示，地下公共部分未做完全防火分割，则地下公共部分和 A 座、B 座、C 座合计为“全楼”。

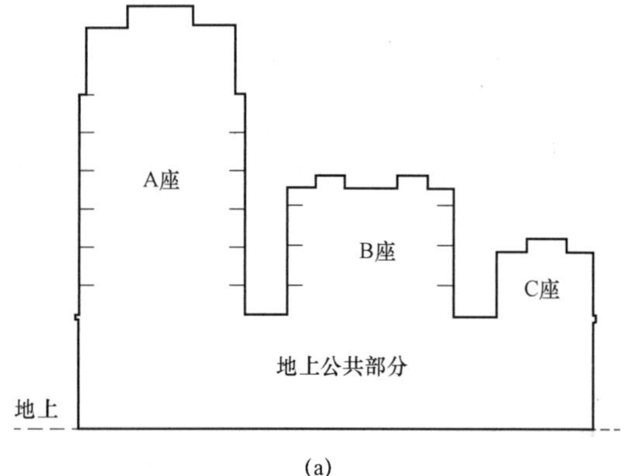

(a)

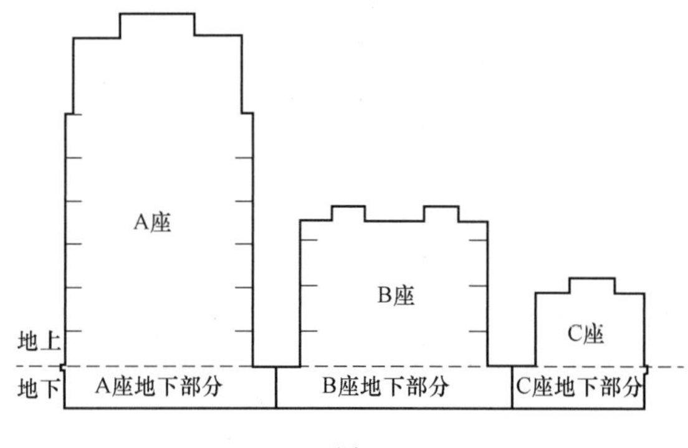

(b)

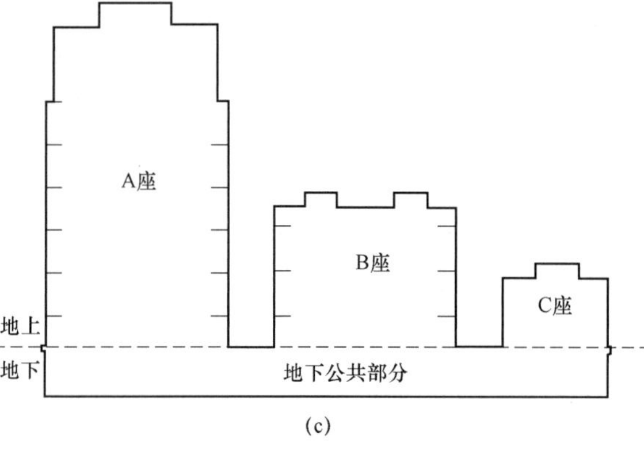

(c)

图 19－6 对“全楼”的解释

（a）形式 1；（b）形式 2；（c）形式 3

（9）消防应急广播的单次语音播放时间宜为10～30s，应与火灾声警报器分时交替工作，可采取 1 次火灾声警报器播放、1 次或 2 次消防应急广播播放的交替工作方式循环播放。

（10）在消防控制室应能手动或按预设控制逻辑联动控制选择广播分区、启动或停止应急广播系统，并应能监听消防应急广播。在通过传声器进行应急广播时，应自动对广播内容进行录音。

为了有效地指导建筑内各部位的人员疏散，在消防控制室内应能手动或自动对各广播分区进行应急广播。与日常广播或背景音乐系统合用的消防应急广播系统，如果广播扩音装置未设置在消防控制室内，不论采用哪种遥控播音方式，在消防控制室都应能用话筒直接播音和遥控扩音机的开关，自动或手动控制相应分区，播送应急广播。在消防控制室应能监控扩音机的工作状态，监听消防应急广播的内容，同时为了记录现场应急指挥的情况，应对通过传声器广播的内容进行录音。

（11）消防控制室内应能显示消防应急广播的广播分区的工作状态。

（12）消防应急广播与普通广播或背景音乐广播合用时，应具有强制切入消防应急广播的功能。

火灾时，将日常广播或背景音乐系统扩音机强制转入火灾事故广播状态的控制切换方式一般有两种：

1）消防应急广播系统仅利用日常广播或背景音乐系统的扬声器和馈电线路，而消防应急广播系统的扩音机等装置是专用的，当火灾发生时，在消防控制室切换输出线路，使消防应急广播系统按照规定播放应急广播。

2）消防应急广播系统全部利用日常广播或背景音乐系统的扩音机、馈电线路和扬声器等装置，在消防控制室只设紧急播送装置，当发生火灾时可遥控日常广播或背景音乐系统紧急开启，强制转入消防应急广播。

以上两种控制方式，都应该注意使扬声器不管处于关闭还是播放状态时，都应能紧急开启消防应急广播。特别应注意在扬声器设有开关或音量调节器的日常广播或背景音乐系统中的应急广播方式，应将扬声器用继电器强制切换到消防应急广播线路上，且合用广播的各设备应符合消防产品 CCCF 认证的要求。

由于日常工作需要，很多建筑设置了普通广播或背景音乐广播，为了节约建筑成本，可以在设置消防应急广播时共享相关资源，但是在应急状态时，广播系统必须能够无条件的切换至消防应急广播状态，这是保证消防应急广播信息有效传递的基本技术要求。

19.3.9　消防应急照明和疏散指示系统的联动控制设计

（1）消防应急照明和疏散指示系统的联动控制设计，应符合下列规定：

1）集中控制型消防应急照明和疏散指示系统，应由火灾报警控制器或消防联动控制器启动应急照明控制器实现。

集中控制型系统主要由应急照明集中控制器、双电源应急照明配电箱、消防应急灯具和配电线路等组成。其特点是所有消防应急灯具的工作状态都受应急照明集中控制器控制。发生火灾时，火灾报警控制器或消防联动控制器向应急照明集中控制器发出相关信号，应急照明集中控制器按照预设程序控制各消防应急灯具的工作状态。集中控制型消防应急照明和疏散指示系统联动控制图如图 19－7 和图 19－8 所示。

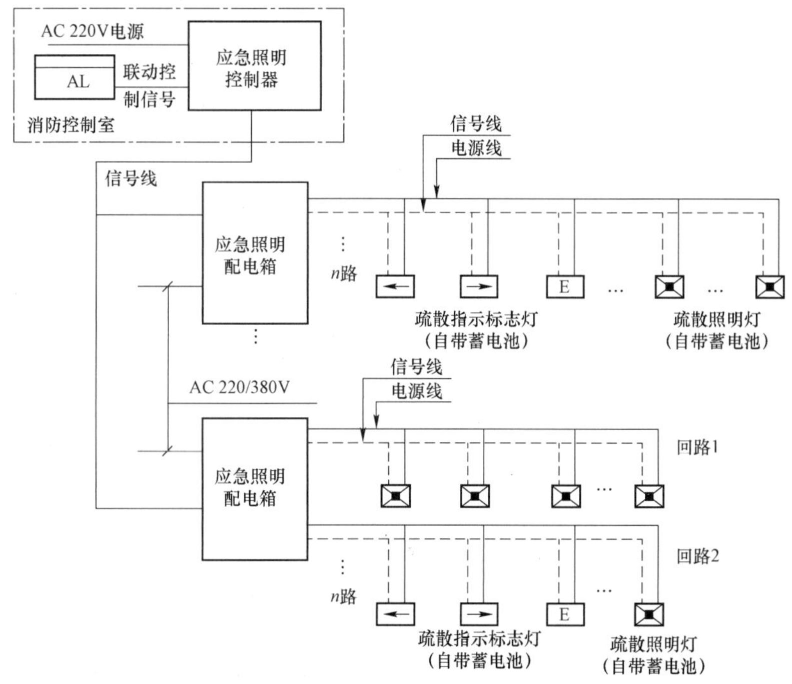

图 19－7　集中电源集中控制型消防应急照明和疏散指示系统联动控制图

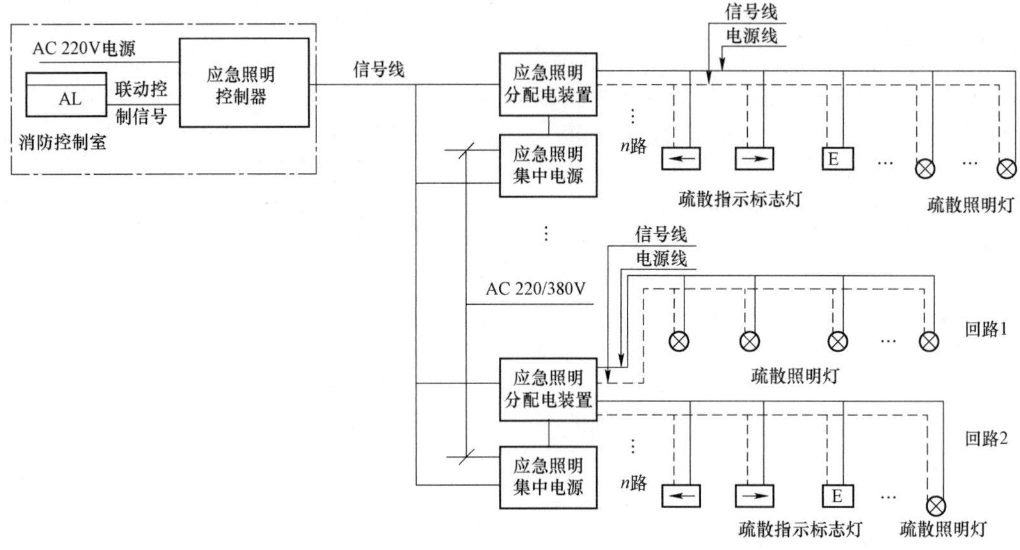

图 19－8　自带电源集中控制型消防应急照明和疏散指示系统联动控制图

2）集中电源非集中控制型消防应急照明和疏散指示系统，应由消防联动控制器联动应急照明集中电源和应急照明分配电装置实现。

集中电源非集中控制型系统主要由应急照明集中电源、应急照明分配电装置、消防应急灯具和配电线路等组成。发生火灾时，消防联动控制器联动控制集中电源和应急照明分配电装置的工作状态，进而控制各路消防应急灯具的工作状态。集中电源非集中控制型消防应急照明和疏散指示系统联动控制图如图 19－9 所示。

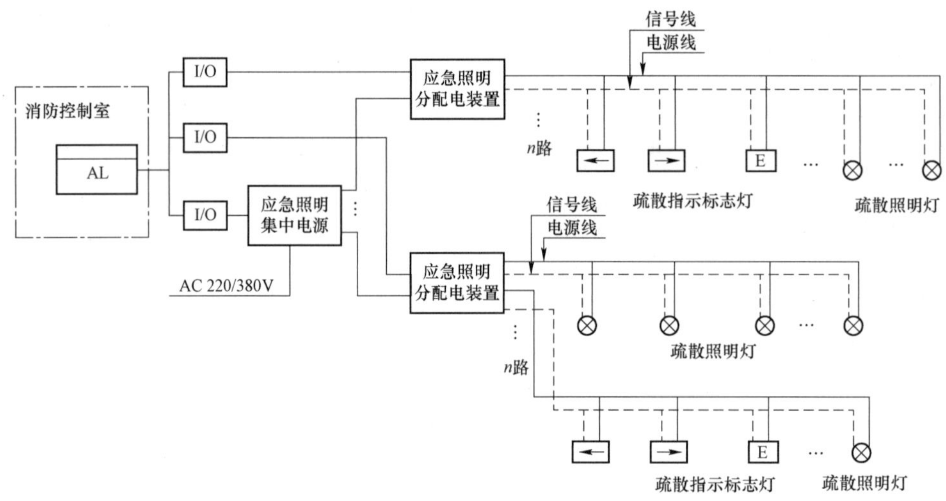

图 19－9　集中电源非集中控制型消防应急照明和疏散指示系统联动控制图

3）自带电源非集中控制型消防应急照明和疏散指示系统，应由消防联动控制器联动消防应急照明配电箱实现。

自带电源非集中拉制型系统主要由应急照明配电箱、消防应急灯具和配电线路等组成。发生火灾时，消防联动控制器联动控制应急照明配电箱的工作状态，进而控制各路消防应急灯具的工作状态。自带电源非集中控制型消防应急照明和疏散指示系统联动控制图如图 19－10 所示。

（2）消防应急照明和疏散指示系统的控制。当确认火灾后，由发生火灾的报警区域开始，顺序启动全楼疏散通道的消防应急照明和疏散指示系统，系统全部投入应急状态的启动时间不应大于 5s。

19.3.10　供配电系统等相关的联动控制设计

（1）消防联动控制器应具有切断火灾区域及相关区域的非消防电源的功能，当需要切断正常照明时，宜在自动喷淋系统、消火栓系统动作前切断。

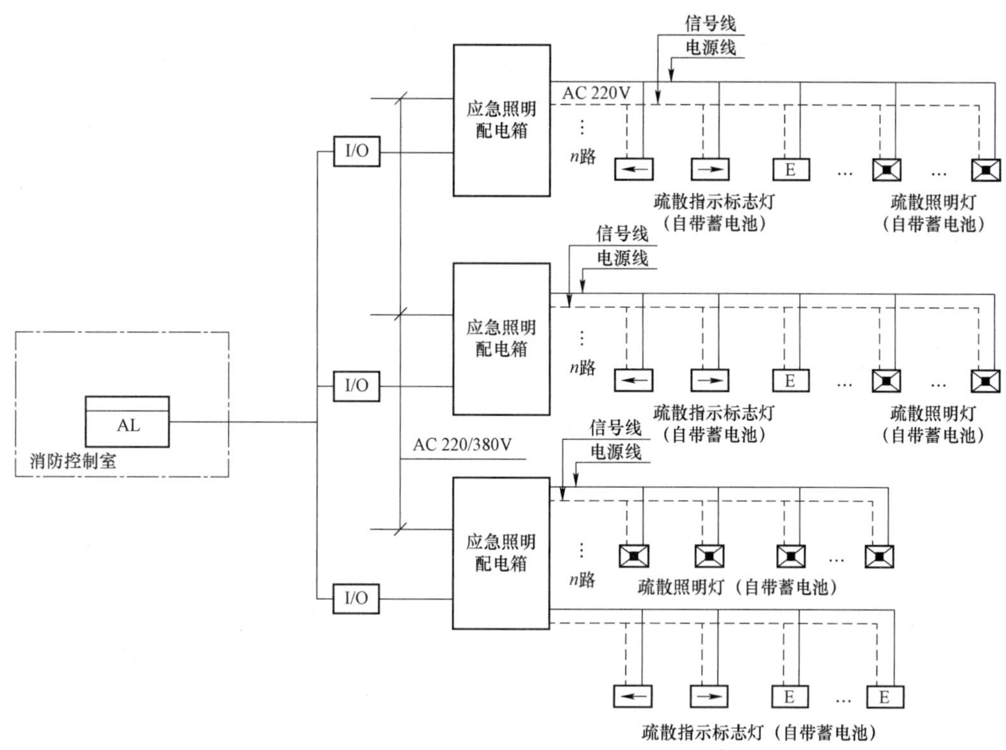

图 19－10　自带电源非集中控制型消防应急照明和疏散指示系统联动控制图

正常照明、生活水泵供电等非消防电源只要在水系统动作前切断，就不会引起触电事故及二次灾害；其他在发生火灾时没必要继续工作的电源，或切断后也不会带来损失的非消防电源，可以在确认火灾后立即切断。火灾时可立即切断的非消防电源有：普通动力负荷、自动扶梯、排污泵、空调用电、康乐设施、厨房设施等。火灾时不应立即切断的非消防电源有：正常照明、生活给水泵、安全防范系统设施、地下室排水泵、客梯和Ⅰ～Ⅲ类汽车库作为车辆疏散口的提升机。

关于切断点的位置，原则上应在变电所切断比较安全。当用电设备采用封闭母线供电时，可在楼层配电小间切断。

（2）消防联动控制器应具有自动打开涉及疏散的电动栅杆等的功能，宜开启相关区域安全技术防范系统的摄像机监视火灾现场。

（3）消防联动控制器应具有打开疏散通道上由门禁系统控制的门和庭院电动大门的功能，并应具有打开停车场出入口挡杆的功能，以便于人员的疏散、火灾救援人员和装备进出火灾现场。

19.4　消防控制室

19.4.1　消防控制室的功能

建筑消防系统的显示、控制等日常管理及火灾状态下应急指挥，以及建筑与城市远程控制中心的对接等均需要在消防控制室完成。消防控制室是建筑消防系统的信息中心、控制中心、日常远程管理中心和各自动消防系统运行状态监视中心，也是建筑发生火灾和日常火灾演练时的应急指挥中心。在有城市远程监控系统的地区，消防控制室也是建筑与监控中心的接口。具有消防联动功能的火灾自动报警系统的保护对象中应设置消防控制室。

19.4.2　消防控制室的设备配置

（1）消防控制室内设置的消防设备应包括火灾报警控制器、消防联动控制器、消防控制室图形显示装置、消防专用电话总机、消防应急广播控制装置、消防应急照明和疏散指示系统控制装置、消防电源监控器等设备或具有相应功能的组合设备。消防控制室内设置的消防控制室图形显示装置应能显示表 19–10（详见 19.12.3 节）规定的建筑物内设置的全部消防系统及相关设备的动态信息和表 19–11（详见 19.12.3 节）规定的消防安全管理信息。应为远程监控系统预留接口，同时应具有向远程监控系统传输建筑消防设施运行状态信息和消防安全管理信息的功能。

每个建筑使用形式和功能各不相同，其包括的消防控制设备也不尽相同。作为消防控制室，应将建筑内的所有消防设施包括火灾报警和其他联动控制装置的状态信息能够集中控制、显示和管理，并能将状态信息通过网络或电话传输到城市建筑消防设施远程监控中心。

（2）消防控制室设有用于火灾报警的外线电话，以便于确认火灾后及时向消防队报警。

（3）消防控制室应有相应的竣工图纸、各分系统控制逻辑关系说明、设备使用说明书、系统操作规程、应急预案、值班制度、维护保养制度及值班记录等文件资料，以便于在日常巡查和管理过程中或在火灾条件下采取应急措施提供相应的参考资料。

19.4.3 消防控制室的选址与室内设备布置

（1）消防控制室应远离强电磁场干扰场所，不设置在变压器室、配电室的楼上、楼下或隔壁场所；不设置在厕所、浴室或其他潮湿、易积水场所的正下方或贴邻。

消防控制室应设在地震力或变位较小的场所；设置在建筑物的首层时，应有直通室外的安全出口，设置在地下一层时，距通往室外安全出入口不应大于20m，且均应有明显标志；应设在交通方便和消防人员容易找到并可以接近的部位；应设在发生火灾时不易延燃的部位；宜与防灾监控、广播、通信设施等用房相邻近。

（2）消防控制室内设备的布置应符合下列规定：

1）设备面盘前的操作距离，单列布置时不应小于1.5m；双列布置时不应小于2m。

2）在值班人员经常工作的一面，设备面盘至墙的距离不应小于3m。

3）设备面盘后的维修距离不宜小于1m。

4）设备面盘的排列长度大于4m时，其两端应设置宽度不小于lm的通道。

5）与建筑其他弱电系统合用的消防控制室内，消防设备应集中设置，并应与其他设备间有明显间隔。

19.4.4 其他规定

（1）具有两个及以上消防控制室时，应确定主消防控制室和分消防控制室。

（2）消防控制室内设置的消防设备应为符合国家市场准入制度的产品。

（3）消防设备组成系统时，各设备之间应满足系统兼容性要求。

19.5 火灾自动报警系统的供电

19.5.1 系统供电的一般规定

（1）火灾自动报警系统应设置交流电源和蓄电池备用电源，蓄电池备用电源主要用于停电情况下保证火灾自动报警系统的正常工作。

（2）火灾自动报警系统的交流电源应采用消防电源，备用电源可采用火灾报警控制器和消防联动控制器自带的蓄电池电源或消防设备应急电源。当备用电源采用消防设备应急电源时，火灾报警控制器和消防联动控制器应采用单独的供电回路，并应保证在系统处于最大负载状态下不影响火灾报警控制器和消防联动控制器的正常工作。

火灾自动报警系统的交流电源应接入消防电源，因为普通民用电源可能在火灾条件下被切断；备用电源如采用集中设置的消防设备应急电源时，应进行独立回路供电，防止由于接入其他设备的故障而导致回路供电故障；消防设备应急电源的容量应能保证在系统处于最大负载状态下不影响火灾报警控制器和消防联动控制器的正常工作。

（3）消防控制室图形显示装置、消防通信设备等设备的电源切换不能影响其正常工作，因此，电源装置的切换时间应该非常短，宜由UPS电源装置或消防设备应急电源供电。

（4）剩余电流动作保护和过负荷保护装置一旦报警会自动切断电源，因此，火灾自动报警系统主电源不应设置剩余电流动作保护和过负荷保护装置。

（5）消防设备应急电源输出功率应大于火灾自动报警及联动控制系统全负荷功率的120%，蓄电池组的容量应保证火灾自动报警及联动控制系统在火灾状态同时工作负荷条件下连续工作3h以上。

（6）消防用电设备应采用专用的供电回路，其配电设备应设有明显标志。其配电线路和控制回路宜按防火分区划分，以提高消防线路的可靠性。

火灾自动报警系统供电系统框图如图19－11所示。

19.5.2 系统接地

（1）火灾自动报警系统接地装置的接地电阻值应符合下列规定：采用共用接地装置时，接地电阻值不应大于1Ω；采用专用接地装置时，接地电阻值不应大于4Ω。

（2）消防控制室内的电气和电子设备的金属外壳、机柜、机架和金属管、槽等，应采用等电位连接。

（3）由消防控制室接地板引至各消防电子设备的专用接地线应选用铜芯绝缘导线，其线芯截面面积不应小于$4mm^2$。

（4）消防控制室接地板与建筑接地体之间，应采用线芯截面面积不小于$25mm^2$的铜芯绝缘导线连接。

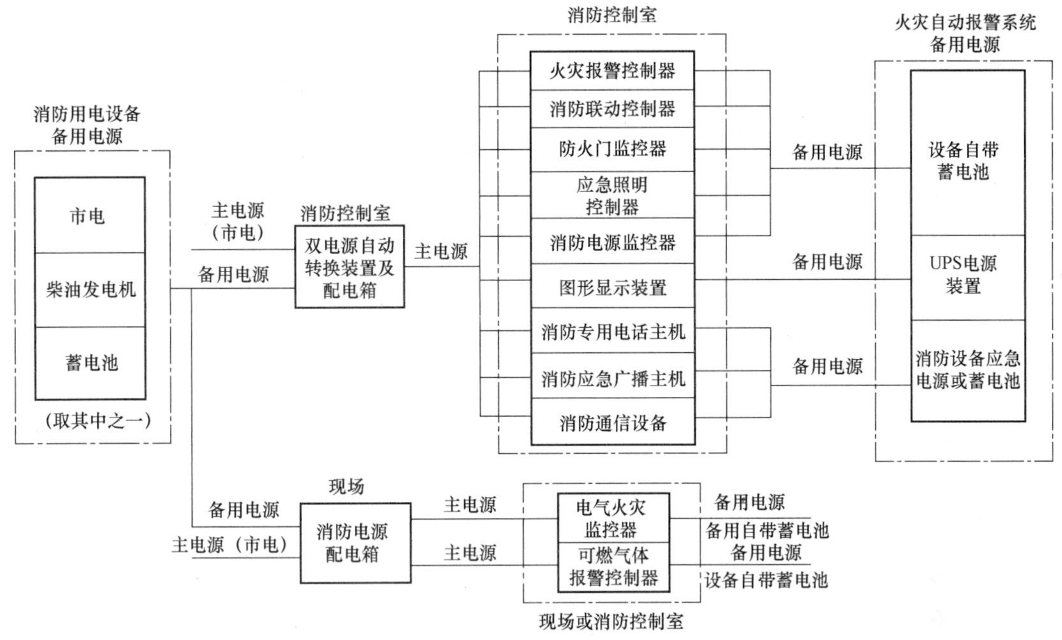

图 19－11　火灾自动报警系统供电系统框图

19.6　火灾自动报警系统的布线

19.6.1　布线的一般规定

（1）火灾自动报警系统的传输线路和 50V 以下供电的控制线路，应采用电压等级不低于交流 300V/500V 的铜芯绝缘导线或铜芯电缆。采用交流 220V/380V 的供电和控制线路，应采用电压等级不低于交流 450V/750V 的铜芯绝缘导线或铜芯电缆。

（2）火灾自动报警系统传输线路的线芯截面选择，除应满足自动报警装置技术条件的要求外，还应满足机械强度的要求。铜芯绝缘导线和铜芯电缆线芯的最小截面面积见表 19－8。

表 19－8　铜芯绝缘导线和铜芯电缆线芯的最小截面面积

序号	类别	线芯的最小截面面积/mm^2
1	穿管敷设的绝缘导线	1.00
2	线槽内敷设的绝缘导线	0.75
3	多芯电缆	0.50

（3）火灾自动报警系统的供电线路和传输线路设置在室外时，应埋地敷设。

（4）火灾自动报警系统的供电线路和传输线路设置在地（水）下隧道或湿度大于 90%的场所时，线路及接线处应做防水处理。

（5）采用无线通信方式的系统设计，无线通信模块的设置间距不应大于额定通信距离的 75%，无线通信模块应设置在明显部位，且应有明显标识。

19.6.2　室内布线

（1）火灾自动报警系统的传输线路应采用金属管、可挠（金属）电气导管、B1 级以上的钢型塑料管或封闭式线槽保护。

（2）由于火灾自动报警系统的供电线路、消防联动控制线路需要在火灾时继续工作，应具有相应的耐火性能。火灾自动报警系统的供电线路、消防联动控制线路应采用耐火铜芯电线电缆；报警总线、消防应急广播和消防专用电话等传输线路应采用阻燃或阻燃耐火电线电缆。

（3）线路暗敷设在混凝土内时，应采用金属管、可挠（金属）电气导管或 B1 级以上的钢型塑料管保护，并应敷设在不燃烧体的结构层内，且保护层厚度不宜小于 30mm；线路明敷设时，应采用金属管、可挠（金属）电气导管或金属封闭线槽保护；矿物绝缘类不燃性电缆可直接明敷。

（4）为防止强电系统对属火灾自动报警设备的干扰，火灾自动报警系统用的电缆竖井，宜与电力、照明用的低压配电线路电缆竖井分别设置。受条件限制必须合用时，应将火灾自动报警系统用的电缆和电力、照明用的低压配电线路电缆分别布置在竖井的两侧。

（5）不同电压等级的线缆不应穿入同一根保护管内，当合用同一线槽时，线槽内应用隔板分隔。

（6）为便于维护和管理，采用穿管水平敷设时，除报警总线外，不同防火分区的线路不应穿入同一根管内。

（7）考虑到线路敷设的安全性，不穿管的线路易遭损坏，从接线盒、线槽等处引到探测器底座盒、控制设备盒、扬声器箱的线路，均应加金属保护管保护。

（8）火灾探测器的传输线路，宜选择不同颜色的绝缘导线或电缆。正极“+”线应为红色，负极“−”线应为蓝色或黑色。同一工程中相同用途导线的颜色应一致，接线端子应有标号。

19.7 可燃气体探测报警系统

19.7.1 可燃气体探测报警系统的一般规定

（1）可燃气体探测报警系统应由可燃气体报警控制器、可燃气体探测器和火灾声光警报器等组成，能够在保护区域内泄漏可燃气体的浓度低于爆炸下限的条件下提前报警，从而预防由于可燃气体泄漏引发的火灾和爆炸事故的发生。

（2）可燃气体探测报警系统应独立组成。可燃气体探测器不应接入火灾报警控制器的探测器回路，当可燃气体的报警信号需接入火灾自动报警系统时，应由可燃气体报警控制器接入。该系统需要有自己的独立电源供电，电源可由系统独立供给，也可根据工程的实际情况就地获取，但就地获取的电源，其供电的可靠性应与该系统一致。

（3）石化行业涉及过程控制的可燃气体探测器，可按现行国家标准《石油化工可燃气体和有毒气体检测报警设计规范》（GB 50493）的有关规定设置，但其报警信号应接入消防控制室，以保证消防救援时能及时获得相关信息。

（4）可燃气体报警控制器的报警信息和故障信息，应在消防控制室图形显示装置或起集中控制功能的火灾报警控制器上显示，但该类信息与火灾报警信息的显示应有区别。

（5）可燃气体报警控制器发出报警信号时，应能启动保护区域的火灾声光警报器，警示相关人员进行必要的处置。

（6）可燃气体探测报警系统保护区域内有联动和警报要求时，应由可燃气体报警控制器或消防联动控制器联动实现。

（7）可燃气体探测报警系统设置在有防爆要求的场所时，应符合有关防爆要求。

19.7.2 可燃气体探测器的设置

（1）探测气体密度小于空气密度的可燃气体探测器应设置在被保护空间的顶部，探测气体密度大于空气密度的可燃气体探测器应设置在被保护空间的下部，探测气体密度与空气密度相当时，可燃气体探测器可设置在被保护空间的中间部位或顶部。

（2）可燃气体探测器是探测可燃气体的泄漏，越靠近可能产生可燃气体泄漏的部位，则探测器的灵敏度越高。因此可燃气体探测器宜设置在可能产生可燃气体部位附近。

（3）由于泄漏可燃气体扩散的不规律性，因此点型可燃气体探测器的保护半径，应符合现行国家标准《石油化工可燃气体和有毒气体检测报警设计规范》（GB 50493）的有关规定。

（4）线性可燃气体探测器主要用于大空间开放环境泄漏可燃气体的探测，为保证探测器的探测灵敏度，其保护区域长度不宜大于60m。

19.7.3 可燃气体报警控制器的设置

（1）当有消防控制室时，可燃气体报警控制器可设置在保护区域附近；当无消防控制室时，可燃气体报警控制器应设置在有人值班的场所。

（2）可燃气体报警控制器的设置应符合火灾报警控制器的安装设置要求。

19.8 电气火灾监控系统

19.8.1 电气火灾监控系统的一般规定

（1）电气火灾监控系统可用于具有电气火灾危险的场所。根据我国近几年的火灾统计，电气火灾年均发生次数占火灾年均总发生次数的27%，占重特大火灾总发生次数的80%，居各火灾原因之首位，且损失占火灾总损失的53%，而发达国家每年电气火灾发生次数占总火灾发生次数的 8%～13%。电气火灾一般初起于电气柜、电缆隧道等内部，当火蔓延到设备及电缆表面时，已形成较大火势，此时火势往往不容易被控制，扑灭电气火灾的最好时机已经错过。电气火灾监控系统能在发生电气故障、产生一定电气火灾隐患的条件下发出报警，提醒专业人员排除电气火灾隐患，实现电气火灾的早期预防，避免电气火灾的发生，因此具有很强的电气防火预警功能，尤其适用于变电站、石油石化、冶金等不能中断供电的重要供电场所。

（2）电气火灾监控系统应由下列部分或全部设备组成：

1）电气火灾监控器。

2）剩余电流式电气火灾监控探测器。

3）测温式电气火灾监控探测器。

（3）电气火灾监控系统应根据建筑物的性质及电气火灾危险性设置，并应根据电气线路敷设和用电设备的具体情况，确定电气火灾监控探测器的形式与安装位置。在无消防控制室且电气火灾监控探测器设置数量不超过 8 只时，可采用独立式电气火灾监控探测器。

（4）非独立式电气火灾监控探测器不应接入火灾报警控制器的探测器回路。

（5）在设置消防控制室的场所，电气火灾监控器的报警信息和故障信息应在消防控制室图形显示装置或起集中控制功能的火灾报警控制器上显示。但该类信息与火灾报警信息的显示应有区别。

（6）电气火灾监控系统的设置不应影响供电系统的正常工作，不宜自动切断供电电源。

（7）当线型感温火灾探测器用于电气火灾监控时，可接入电气火灾监控器。

19.8.2　剩余电流式电气火灾监控探测器的设置

（1）剩余电流式电气火灾监控探测器应以设置在低压配电系统首端为基本原则，宜设置在第一级配电柜（箱）的出线端。在供电线路泄漏电流大于 500mA 时，宜在其下一级配电柜（箱）设置。

（2）剩余电流式电气火灾监控探测器不宜设置在 IT 系统的配电线路和消防配电线路中。

（3）选择剩余电流式电气火灾监控探测器时，应考虑供电系统自然漏流的影响，并应选择参数合适的探测器。探测器报警值宜为 300～500mA。

（4）具有探测线路故障电弧功能的电气火灾监控探测器，其保护线路的长度不大于 100m。

19.8.3　测温式电气火灾监控探测器的设置

（1）测温式电气火灾监控探测器应设置在电缆接头、端子、重点发热部件等部位。

（2）保护对象为 1000V 及以下的配电线路，测温式电气火灾监控探测器应采用接触式布置。

（3）保护对象为 1000V 以上的供电线路，测温式电气火灾监控探测器宜选择光栅光纤测温式或红外测温式电气火灾监控探测器。光栅光纤测温式电气火灾监控探测器应直接设置在保护对象的表面。

（4）若采用线型感温火灾探测器，为便于统一管理，宜将其报警信号接入电气火灾监控器。

（5）根据对供电线路发生的火灾统计，在供电线路本身发生过载时，接头部位反应最强烈，因此保护供电线路过载时，应重点监控其接头部位的温度变化。

19.8.4　独立式电气火灾监控探测器的设置

（1）独立式电气火灾监控探测器的设置应符合本章第 19.8.2、19.8.3 节的规定。

（2）设有火灾自动报警系统时，独立式电气火灾监控探测器的报警信息和故障信息应在消防控制室图形显示装置或集中火灾报警控制器上显示，但该类信息与火灾报警信息的显示应有区别。

（3）未设火灾自动报警系统时，独立式电气火灾监控探测器应将报警信号传至有人值班的场所。

19.8.5　电气火灾监控器的设置

（1）设有消防控制室时，电气火灾监控器应设置在消防控制室内或保护区域附近；设置在保护区域附近时，应将报警信息和故障信息传入消防控制室，但应与火灾报警信息和可燃气体报警信息有明显区别，这样有利于整个消防系统的管理和应急预案的实施。

（2）未设消防控制室时，电气火灾监控器应设置在有人值班的场所。

19.9　典型场所的火灾自动报警系统

19.9.1　道路隧道的火灾自动报警系统

（1）城市道路隧道、特长双向公路隧道和道路中的水底隧道，应同时采用线型光纤感温火灾探测器和点型红外火焰探测器（或图像型火灾探测器）；其他公路隧道应采用线型光纤感温火灾探测器或点型红外火焰探测器。

城市道路隧道、特长双向公路隧道和道路中的水底隧道等车流量较大，疏散与救援比较困难，这些场所一旦发生火灾没有及时报警并采取措施，容易造成大量车辆涌进隧道、无法疏散的局面。因此，采用探测两种及以上火灾参数的探测器，有助于尽早发现火灾。其他类型的道路隧道内由于车流量不大，只要在发生火灾时有相应措施警告其他车辆不再继续进入隧道，并能及时通知消防队即可，这样既能达到使用效果，也能节约资金。

（2）线型光纤感温火灾探测器应设置在车道顶部距顶棚 100～200mm，线型光栅光纤感温火灾探测器的光栅间距不应大于 10m；每根分布式线型光纤感温火灾探测器和线型光栅光纤感温火灾探测保护车道的数量不应超过 2 条；点型红外火焰探测器或图像型火灾探测器应设置在行车道侧面墙上距行车道地面高度 2.7～3.5m，并应保证无探测盲区；在行车道两侧设置时，探测器应交错设置。

（3）火灾自动报警系统需联动消防设施时，其报警区域长度不宜大于 150m，该长度与隧道内设置的消火栓、自动灭火等设施设置的规定一致，有利于自动灭火系统确定其防护范围。

（4）隧道出入口以及隧道内每隔 200m 处应设置报警电话，每隔 50m 处应设置手动火灾报警按钮和闪烁红光的火灾声光警报器，闪烁红光的火灾声光警报器用于警告进入隧道的其他车辆。隧道入口前方 50～250m 内应设置指示隧道内发生火灾的闪烁红光的声光警报装置，用于提前警告准备进入隧道的车辆不要进入隧道。

（5）隧道用电缆通道宜设置线型感温火灾探测器，有利于电缆火灾的及时发现。主要设备用房内的配电线路应设置电气火灾监控探测器，电气火灾监控探测器中的泄漏电流探测器用于电缆线路老化或破损探测，测温式探测器用于过载而导致电缆接头过热的温度探测。

（6）隧道中设置的火灾自动报警系统宜联动隧道中设置的视频监视系统，当火灾自动报警系统报警后可联动切换视频监视系统的监视画面至报警区域，从而确认现场情况。

（7）火灾自动报警系统应将火灾报警信号传输给隧道中央控制管理设备。

（8）消防应急广播可与隧道内设置的有线广播合用，并应满足消防应急广播的设置要求。

（9）消防专用电话可与隧道内设置的紧急电话合用，并应满足消防专用电话的设置要求。

（10）消防联动控制器应能手动控制与正常通风合用的排烟风机。

（11）隧道内设置的消防设备的防护等级不应低于 IP65。隧道内的工作环境比较复杂，如温度、湿度、粉尘、汽车尾气、射流风机产生的高速气流、照明、四季天气变换等因素均会影响隧道内设置的消防设备的稳定运行。为避免湿度、粉尘及汽车尾气等因素对消防设备运行稳定性的影响，对消防设备的保护等级提出此要求。

19.9.2 油罐区的火灾自动报警系统

（1）外浮顶油罐宜采用线型光纤感温火灾探测器，且每只线型光纤感温火灾探测器应只能保护一个油罐并应设置在浮盘的堰板上。

（2）除浮顶和卧式油罐外的其他油罐宜采用火焰探测器。这些罐内基本属于封闭空间，火焰探测器可以及时、准确地探测火灾。

（3）采用光栅光纤感温火灾探测器保护外浮顶油罐时，两个相邻光栅间距离不应大于 3m。

（4）油罐区可在高架杆等高位处设置点型红外火焰探测器或图像型火灾探测器做辅助探测。

（5）火灾报警信号宜联动报警区域内的工业视频装置确认火灾。

19.9.3 综合管廊的火灾自动报警系统

综合管廊是建于城市地下用于容纳两类及以上城市工程管线的构筑物及附属设施。用于容纳城市主干工程管线，采用独立分舱方式建设的综合管廊为干线综合管廊；用于容纳城市配给工程管线，采用单舱或双舱方式建设的综合管廊为支线综合管廊。按照“统一规划、统一建设、统一管理”的建设模式，综合管廊可集中敷设给水、雨水、污水、再生水、天然气、热力、电力、通信等城市工程管线。

含有下列管线的综合管廊舱室火灾危险性分类应符合表 19－9 的规定。

表 19－9　综合管廊舱室火灾危险性分类

<table>
<tr><th colspan="2">舱室内容纳管线种类</th><th>舱室火灾危险性类别</th></tr>
<tr><td colspan="2">天然气管道</td><td>甲</td></tr>
<tr><td colspan="2">阻燃电力电缆</td><td>丙</td></tr>
<tr><td colspan="2">通信线缆</td><td>丙</td></tr>
<tr><td colspan="2">热力管道</td><td>丙</td></tr>
<tr><td colspan="2">污水管道</td><td>丁</td></tr>
<tr><td rowspan="2">雨水管道、给水管道、再生水管道</td><td>塑料管等难燃管材</td><td>丁</td></tr>
<tr><td>钢管、球墨铸铁管等不燃管材</td><td>戊</td></tr>
</table>

电气火灾是综合管廊内主要危险源之一，综合管廊内的电力电缆应设置电气火灾监控系统，含电力电缆的舱室应设置火灾自动报警系统，并应符合下列规定：应在电力电缆表层设置线型感温火灾探测器，并应在舱室顶部设置线型光纤感温火灾探测器或感烟探测器；应设置防火门监控系统；设置火灾探测器的场所应设置手动火灾报警按钮和火灾警报器，手动火灾报警按钮处宜设置电话插孔；确认火灾后，防火门监控器应联动关闭常开防火门，消防联动控制器应能联动关闭着火分区及相邻分区通风设备、启动自动灭火系统。

天然气管道舱应设置可燃气体探测报警系统，并应符合下列规定：天然气报警浓度设定值（上限值）不应大于其爆炸下限值（体积分数）的 20%；天然气探测器应接入可燃气体报警控制器；当天然气管道舱天然气浓度超过报警浓度设定值（上限值）时，应由可燃气体报警控制器或消防联动控制器联动启动天然气舱事故段分区及其相邻分区的事故通风设备；紧急切断浓度设定值（上限值）不应大于其爆炸下限值（体积分数）的 25%。

19.9.4　高度大于 12m 的空间场所的火灾自动报警系统

（1）高度大于 12m 的空间场所，在发生火灾时火源位置、类型等因素不确定，宜同时选择两种及以上火灾参数的火灾探测器。

（2）火灾初期产生大量烟的场所，应选择线型光束感烟火灾探测器、管路吸气式感烟火灾探测器或图像型感烟火灾探测器。

（3）线型光束感烟火灾探测器的设置应符合下列要求：

1）探测器应设置在建筑顶部。

2）探测器宜采用分层组网的探测方式。

3）建筑高度不超过 16m 时，烟气在 6～7m 处开始出现分层现象，宜在 6～7m 增设一层探测器以对火灾做出快速响应。

4）建筑高度超过 16m 但不超过 26m 时，烟气在 6～7m 处开始出现第一次分层现象，上升至 11～12m 处开始出现第二次分层现象，宜在 6～7m 和 11～12m 处各增设一层探测器。

5）由开窗或通风空调形成的对流层为 7～13m 时，可将增设的一层探测器设置在对流层下面 1m 处。

6）分层设置的探测器保护面积可按常规计算，并宜与下层探测器交错布置。

（4）管路吸气式感烟火灾探测器的设置应符合下列要求：

1）建筑高度大于 16m 的场所，一些阴燃火很难快速上升到屋顶位置，探测器的采样管宜采用水平和垂直结合的布管方式，并应保证至少有两个采样孔在 16m 以下，下垂管在 16m 以下的采样孔会比水平管更快地探测到火灾。因开窗或通风空调对流层影响烟雾的向上运动，使其不能上升到屋顶位置，宜有 2 个采样孔设置在开窗或通风空调对流层下面 1m 处。

2）可在回风口处设置起辅助报警作用的采样孔，有利于火灾的早期探测。

（5）火灾初期产生少量烟并产生明显火焰的场所，应选择 1 级灵敏度的点型红外火焰探测器或图像型火焰探测器，并应降低探测器设置高度。

（6）高度大于 12m 的空间场所最大的火灾隐患就是电气火灾，因此电气线路应设置电气火灾监控探测器。照明线路故障引起的火灾占电气火灾的 10%左右，照明线路上设置具有探测故障电弧功能的电气火灾监控探测器，能保证对照明线路故障引起的火灾的有效探测。

19.10　火灾自动报警与联动控制系统施工与调试

火灾自动报警系统施工前，应具备系统图、设备布置平面图、接线图、安装图以及消防设备联动逻辑说明等必要的技术文件。火灾自动报警系统施工过程中，施工单位应做好施工（包括隐蔽工程验收）、检验（包括绝缘电阻、接地电阻）、调试、设计变更等相关记录。火灾自动报警系统施工过程结束后，施工方应对系统的安装质量进行全数检查。火灾自动报警系统施工工艺流程如下：钢管和金属线槽安装→钢管内导线敷设线槽配线→火灾自动报警设备安装→调试→检测验收交付使用。

19.10.1　设备安装

1. 控制器类设备安装

火灾报警控制器、可燃气体报警控制器、区域显示器、消防联动控制器等控制器类设备在墙上安装时，其底边距地（楼）面高度宜为 1.3～1.5m，其靠近门轴的侧面距墙不应小于 0.5m，正面操作距离不应小于 1.2m；落地安装时，其底边宜高出地（楼）面 0.1～0.2m。控制器应安装牢固，不应倾斜；安装在轻质墙上时，应采取加固措施。引入控制器的电缆或导线，应符合下列要求：配线应整齐，不宜交叉，并应固定牢靠；电缆芯线和所配导线的端部，均应标明编号，并与图纸一致，字迹应清晰且不易褪色；端子板的每个接线端，接线不得超过 2 根；电缆芯和导线，应留有不小于 200mm 的余量；导线应绑扎成束；导线穿管、线槽后，应将管口、槽口封堵。控制器的主电源应有明显的永久性标志，并应直接与消防电源连接，严禁使用电源插头。控制器与其外接备用电源之间应直接连接。控制器的接地应牢固，并有明显的永久性标志。

2. 火灾探测器安装

火灾探测器安装应在土建装饰完成后进行，导线应搪瓷并压接线鼻子后与探测器连接。要按照施工图并参照装修吊顶布置图、精装修图的位置，现场定位画线。面积较大的场所，探测器安装时，探测器确认灯应安装在使人能够比较方便看到的位置，要注意纵横成排对称。

当梁突出顶棚高度小于 200mm 的顶棚上设置感烟、感温探测器时，可不考虑对探测器保护面积的影响。当梁突出顶棚的高度在 200～600mm 时，应确定梁对探测器保护面积的影响和一只探测器能够保护的梁间区域的个数，不同高度的房间对探测器设计影响如图 19－12 所示。当梁突出顶棚的高度超过600mm，被梁隔断的每个梁间区域应至少设置一只探测器。当梁间距小于 1m 时，可不计梁对探测器保护面积的影响。

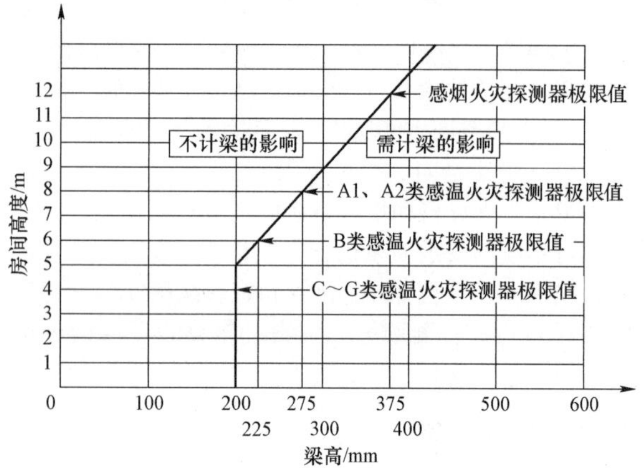

图 19－12　不同高度的房间对探测器设计影响

点型感烟、感温火灾探测器的安装，应符合下列要求：探测器至墙壁、梁边的水平距离不应小于 0.5m；探测器周围水平距离 0.5m 内，不应有遮挡物；探测器至空调送风口最近边的水平距离不应小于 1.5m，至多孔送风顶棚口的水平距离不应小于 0.5m；在宽度小于 3m 的内走道顶棚上设置探测器时，宜居中安装，点型感温火灾探测器的安装间距不应超过 10m，点型感烟火灾探测器的安装间距不应超过 15m，探测器至端墙的距离不应大于探测器安装间距的一半；探测器宜水平安装，当确需倾斜安装时，倾斜角不应大于 45°。

线型红外光束感烟火灾探测器的安装，应符合下列要求：当探测区域的高度不大于 20m 时，光束轴线至顶棚的垂直距离宜为 0.3～1.0m，当探测区域的高度大于 20m 时，光束轴线距探测区域的地（楼）面高度不宜超过 20m；发射器和接收器之间的探测区域长度不宜超过 100m；相邻两组探测器光束轴线的水平距离不应大于 14m，探测器光束轴线至侧墙水平距离不应大于 7m，且不应小于 0.5m；发射器和接收器之间的光路上应无遮挡物或干扰源；发射器和接收器应安装牢固，并不应产生位移。

缆式线型感温火灾探测器在电缆桥架、变压器等设备上安装时，宜采用接触式布置；在各种皮带输送装置上敷设时，宜敷设在装置的过热点附近。

敷设在顶棚下方的线型差温火灾探测器，至顶棚距离宜为 0.1m，相邻探测器之间水平距离不宜大于5m；探测器至墙壁距离宜为 1～1.5m。

可燃气体探测器的安装应符合下列要求：安装位置应根据探测气体密度确定，若其密度小于空气密度，探测器应位于可能出现泄漏点的上方或探测气体的最高可能聚集点上方，若其密度大于或等于空气密度，探测器应位于可能出现泄漏点的下方；在探测器周围应适当留出更改和标定的空间；在有防爆要求的场所，应按防爆要求施工；线型可燃气体探测器在安装时，应使发射器和接收器的窗口避免日光直射，且在发射器与接收器之间不应有遮挡物，两组探测器之间的距离不应大于 14m。

通过管路采样的吸气式感烟火灾探测器的安装应符合下列要求：采样管应固定牢固；采样管（含支管）的长度和采样孔应符合产品说明书的要求；非高灵敏度的吸气式感烟火灾探测器不宜安装在天棚高度大于 16m 的场所；高灵敏度吸气式感烟火灾探测器在设为高灵敏度时可安装在天棚高度大于 16m 的场所，并保证至少有 2 个采样孔低于 16m；安装在大空间时，每个采样孔的保护面积应符合点型感烟火灾探测器的保护面积要求。

点型火焰探测器和图像型火灾探测器的安装应符合下列要求：安装位置应保证其视场角覆盖探测区域；与保护目标之间不应有遮挡物；安装在室外时应有防尘、防雨措施。

探测器的底座应固定可靠，在吊顶上安装时应先把盒子固定在主龙骨上或在顶棚上生根作支架，其连接导线必须可靠压接或焊接，当采用焊接时不得使用带腐蚀性的助焊剂，外接导线应有 150mm 的余量，且在其端部应有明显标志。探测器底座的穿线孔宜封堵，安装时应采取保护措施（如装上防护罩）。

探测器报警确认灯应面向便于人员观察的主要入口方向。在电梯井、升降机井设置探测器时，其位置宜在井道上方的机房顶棚上。

探测器安装完毕要将防尘罩带上，以免现场灰尘将探测器污染影响调试。吊顶下安装探测器时，其金属软管长度一般不得超过 1m，且在金属软管与探头底座间要加设固定接线盒。

3. 手动火灾报警按钮安装

手动火灾报警按钮应安装在明显和便于操作的部位。当安装在墙上时，其底边距地（楼）面高度宜为 1.3～1.5m，安装牢固并不应倾斜，连接导线应留有不小于 150mm 的余量，且在其端部应有明显标志。

4. 消防电气控制装置安装

消防电气控制装置在安装前，应进行功能检查，检查结果不合格的装置严禁安装。消防电气控制装置外接导线的端部应有明显的永久性标志。消防电气控制装置箱体内不同电压等级、不同电流类别的端子应分开布置，并应有明显的永久性标志。消防电气控制装置应安装牢固，不应倾斜；安装在轻质墙上，应采取加固措施。

5. 模块安装

同一报警区域内的模块宜集中安装在金属箱内。模块（或金属箱）应独立支撑或固定，安装牢固，并应采取防潮、耐腐蚀等措施。模块的连接导线应留有不小于 150mm 的余量，其端部应有明显标志。隐蔽安装时，在安装处应有明显的部位显示和检修孔。

6. 火灾应急广播扬声器和火灾警报装置安装

火灾应急广播扬声器和火灾警报装置安装应牢固可靠，表面不应有破损。火灾光警报装置应安装在安全出口附近明显处，距地面 1.8m 以上。光警报器与消防应急疏散指示标志不宜在同一面墙上，安装在同一面墙上时，距离应大于 1m。扬声器和火灾声警报装置宜在报警区域内均匀安装。

7. 消防电话安装

消防电话、电话插孔、带电话插孔的手动火灾报警按钮宜安装在明显、便于操作的位置；当在墙面上安装时，其底边距地（楼）面高度宜为 1.3～1.5m。消防电话和电话插孔应有明显的永久性标志。

8. 消防设备应急电源安装

消防设备应急电源的电池应安装在通风良好地方，当安装在密封环境中时应有通风措施。酸性电池不得安装在带有碱性介质的场所，碱性电池不得安装在带酸性介质的场所。消防设备应急电源不应安装在靠近带有可燃物的其他的管道、仓库、操作间等场所。单相供电额定功率大于 30kW、三相供电额定功率大于 120kW 的消防设备应安装独立的消防应急电源。

19.10.2　系统调试

火灾自动报警系统调试，应在系统施工结束后进行。调试前施工人员应向调试人员提交竣工图、设计变更记录、施工记录（包括隐蔽工程验收记录），检验记录（包括绝缘电阻、接地电阻测试记录）、竣工报告。调试负责人必须由有资格的专业技术人员担任。一般由生产厂工程师或生产厂委托的经过训练的人员担任。其资格审查由公安消防监督机构负责。调试前应按下列要求进行检查：

（1）按设计要求查验，设备规格、型号、备品、备件等。

（2）按火灾自动报警系统施工及验收规范的要求检查系统的施工质量。对属于施工中出现的问题，应会同有关单位协商解决，并有文字记录。

（3）检查检验系统线路的配线、接线、线路电阻、绝缘电阻，接地电阻、终端电阻、线号、接地、线的颜色等是否符合设计和规范要求，发现错线、开路、短路等达不到要求的应及时处理，排除故障。

火灾报警系统应先分别对探测器、消防控制设备等逐个进行单机通电检查试验。单机检查试验合格，进行系统调试。报警控制器通电接入系统做火灾报警自检功能、消音、复位功能、故障报警功能、火灾优先功能、报警记忆功能、电源自动转换和备用电源的自动充电功能、备用电源的欠电压和过电压报警功能等功能检查。在通电检查中，上述所有功能都必须符合现行国家标准《火灾报警控制器》（GB 4717）的要求。

按设计要求分别用主电源和备用电源供电，逐个逐项检查试验火灾报警系统的各种控制功能和联动功能，其控制功能和联动功能应正常。检查主电源内容包括火灾自动报警系统的主电源和备用电源，其容量应符合有关国家标准要求，备用电源连续充放电三次应正常，主电源、备用电源转换应正常。

系统控制功能调试后应用专用的加烟加温等试验器，应分别对各类探测器逐个试验，动作无误后可投入运行。对于其他报警设备也要逐个试验无误后投入运行。系统调试程序进行系统功能自检。系统调试完全正常后，应连续无故障运行 120h，写出调试开通报告，进行验收工作。

19.10.3　竣工验收

系统竣工验收内容如下：

（1）消防用电设备电源的自动切换装置，应进行 3 次切换试验，每次试验均应正常。

（2）火灾报警控制器应按下列要求进行功能抽验：实际安装数量在 5 台以下者，全部抽验；实际安装数量在 6～10 台者，抽验 5 台；实际安装数量超过 10 台者，按实际安装数量 30%～50%的比例、但不少于 5 台抽验。抽验时每个功能应重复 1～2 次，被抽验控制器的基本功能应符合现行国家标准《火灾报警控制器》（GB 4717）中的功能要求。

（3）火灾探测器（包括手动报警按钮）应按下列要求进行模拟火灾响应试验和故障报警抽验：实际安装数量在 100 只以下者，抽验 10 只；实际安装数量超过 100 只，按实际安装数量 5%～10%的比例，但不少于 10 只抽验。被抽验探测器的试验均应正常。

（4）室内消火栓的功能验收应在出水压力符合现行国家有关建筑设计防火规范的条件下进行，并应符合下列要求：工作泵、备用泵转换运行 1～3 次；消防控制室内操作启、停泵 1～3 次；消火栓处操作启泵按钮按 5%～10%的比例抽验。以上控制功能、信号均应正确。

（5）自动喷水灭火系统的抽验，应在符合现行国家标准《自动喷水灭火系统设计规范》（GB 50084）

的条件下，抽验下列控制功能：工作泵与备用泵转换运行 1～3 次；消防控制室内操作启、停泵 1～3 次；水流指示器、闸阀关闭器及电动阀等按实际安装数量的 10%～30%的比例进行末端放水试验。上述控制功能、信号均应正常。

（6）卤代烷、泡沫、二氧化碳、干粉等灭火系统的抽验，应在符合现行各有关系统设计规范的条件下按实际安装数量的 20%～30%抽验下列控制功能：人工启动和紧急切断试验 1～3 次；与固定灭火设备联动控制的其他设备（包括关闭防火门窗、停止空调风机、关闭防火阀、落下防火幕等）试验 1～3 次；抽一个防护区进行喷放试验（卤代烷系统应采用氮气等介质代替）。上述试验控制功能、信号均应正常。

（7）电动防火门、防火卷帘的抽验，应按实际安装数量的 10%～20%抽验联动控制功能，其控制功能、信号均应正常。

（8）通风空调和防排烟设备（包括风机和阀门）的抽验，应按实际安装数量的 10%～20%抽验联动控制功能，其控制功能、信号均应正常。

（9）消防电梯的检验应进行 1～2 次人工控制和自动控制功能检验，其控制功能、信号均应正常。

（10）消防应急广播设备的检验，应按实际安装数量的 10%～20%进行下列功能检验：在消防控制室选层广播，共用的扬声器强行切换试验，备用扩音机控制功能试验。上述控制功能应正常，语音应清楚。

（11）消防通信设备的检验，应符合下列要求：消防控制室与设备间所设的对讲电话进行 1～3 次通话试，电话插孔按实际安装数量的 5%～10%进行通话试验，消防控制室的外线电话与“119 台”进行 1～3 次通话试验。上述功能均应正常，语音应清晰。

本节各项检验项目中，当有不合格者时，应限期修复或更换，并进行复验。复验时，对有抽验比例要求的，应进行加倍试验。复验不合格者，不能通过验收。

19.11 火灾自动报警与联动控制系统运行管理

19.11.1 安全管理与维护

设置在建筑内部的火灾自动报警系统的日常维护管理由建筑产权单位负责，当建筑使用权转让时，建筑产权单位应当与该建筑使用单位明确其日常管理责任。有两个以上产权单位和使用单位的建筑物，各产权单位、使用单位应当签订《消防安全责任状》，明确系统的管理责任，统一制定系统的维护管理制度，并委托物业管理机构或共同设立机构统一管理。

设有火灾自动报警系统的管理单位应当明确归口管理职能部门和相关人员的责任，建立和完善维护管理制度，定期组织对系统进行维护保养。设有火灾自动报警系统的单位每年应委托具有维护保养资格的企业对系统进行检测、维护，确保火灾自动报警系统正常运行。

19.11.2 信息存储与管理

火灾自动报警系统的使用单位应由经过专门培训的人员负责系统的管理操作和维护。

火灾自动报警系统正式启用时，应具有下列文件资料：系统竣工图及设备的技术资料，公安消防机构出具的有关法律文书，系统的操作规程及维护保养管理制度，系统操作人员名册及相应的工作职责，值班记录和使用图表。

火灾自动报警系统的使用单位应建立技术档案，并应有电子备份档案，系统的原始技术资料应长期保存。技术档案应包含基本情况和动态管理情况。基本情况包括火灾自动报警系统的验收文件和产品、系统使用说明书、系统调试记录等原始技术资料。动态管理情况应包括火灾自动报警系统的值班记录、巡查记录、单项检查记录、联动检查记录、故障处理记录等。

《消防控制室值班记录》和《火灾自动报警系统巡查记录》的存档时间不应少于 1 年；《火灾自动报警系统检验报告》和《火灾自动报警系统联动检查记录》的存档时间不应少于 3 年。

19.11.3 火灾事故应急处理

消防控制室工作人员在接到火警显示后，应保持镇定、不得慌乱，并按照相应的处理程序进行工作；应熟悉火灾事故紧急事故处理程序，并应定期进行演练，达到熟练掌握的程度。

（1）消防控制室火灾事故紧急处理程序如下：

1）接到控制设备报警显示后，应首先在系统报警点位置平面图中核实报警点所对应的部位。

2）消防控制室领班派一名值班人员或通知保卫人员迅速赶到报警部位核实情况，领班留在控制室内随时准备实施系统操作。

3）值班人员或保卫人员现场核实报警部位确实起火后，应立即通知消防控制室，留在消防控制室的领班应将系统联动控制装置调整到自动状态，并立即拨打电话“119”，向公安消防机构报警，说明发生火灾的单位名称、坐落地点、起火部位、联系电话等基本情况。

4）报警后，消防控制室领班应利用火灾应急广播系统通知有关部门和有关人员组织疏散和自救工作。

5）消防控制室的领班要监视系统的运行状态，保证火灾情况下自动消防设施的正常运行。

（2）消防控制室火警误报处理程序如下：

1）接到控制设备报警显示后，应首先在系统报警点位置平面图中核实报警点所对应的部位。

2）消防控制室领班派一名值班人员或通知现场保卫人员持通信工具和灭火器，迅速赶到报警部位核实情况，领班留在控制室内随时准备实施系统操作。

3）值班人员或保卫人员在现场核实为火警误报时，应及时通知消防控制室，留在消防控制室的领班应将系统恢复到正常工作状态，并在值班记录中对误报的时间、部位、原因及处理情况进行详细的记录。

4）消防控制室领班应及时将系统误报的原因及处理情况向上级领导汇报。

消防控制室火灾事故应急处理程序流程如图 19－13 所示。

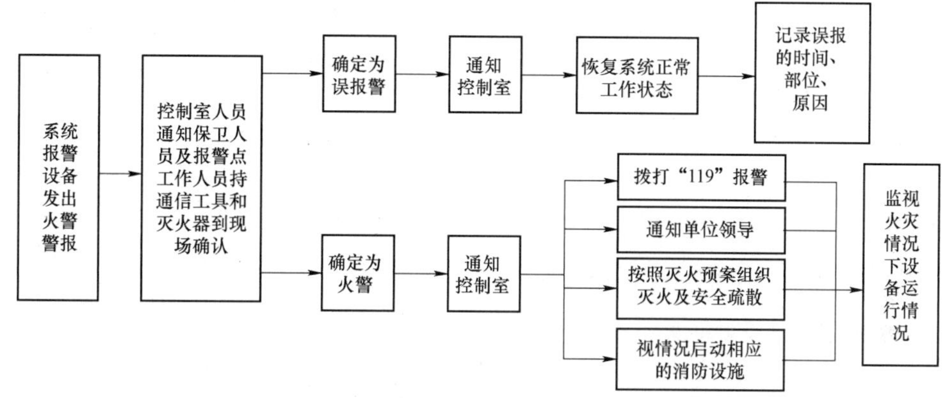

图 19－13　消防控制室火灾事故应急处理程序流程图

19.12　案例

19.12.1　典型火灾自动报警与联动控制系统平面图设计案例

1. 可燃气体探测器的设置（图 19－14）

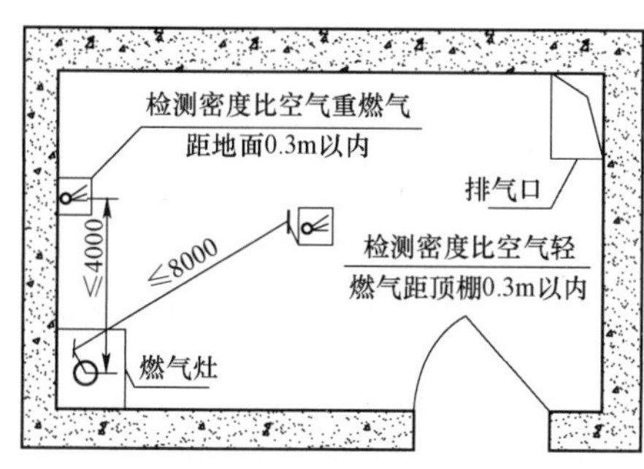

图 19－14　可燃气体探测器设置示意图

如果可燃气体的密度小于空气密度，则该气体泄漏后会漂浮在保护空间上方，所以探测器应安装在保护空间上方；如果可燃气体密度大于空气密度，则该气体泄漏后会下沉到保护空间下方，因此探测器应安装在保护空间下部；如果密度相当，探测器可设置在保护空间的中部或顶部。

2. 管路采样式吸气感烟火灾探测器的设置（图 19－15 和图 19－16）

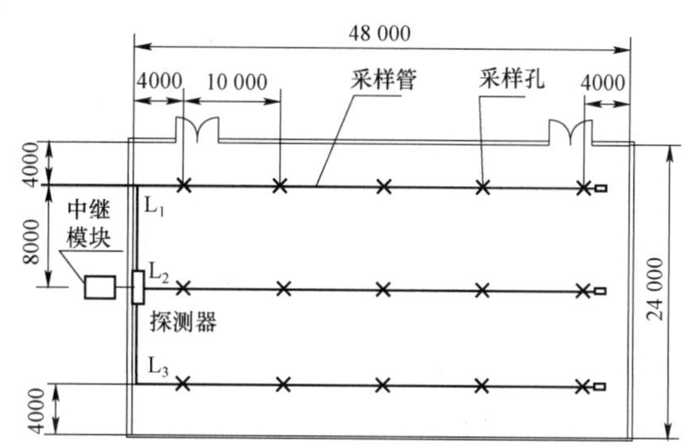

图 19－15　管路采样吸气式感烟探测器设置示意图（一）

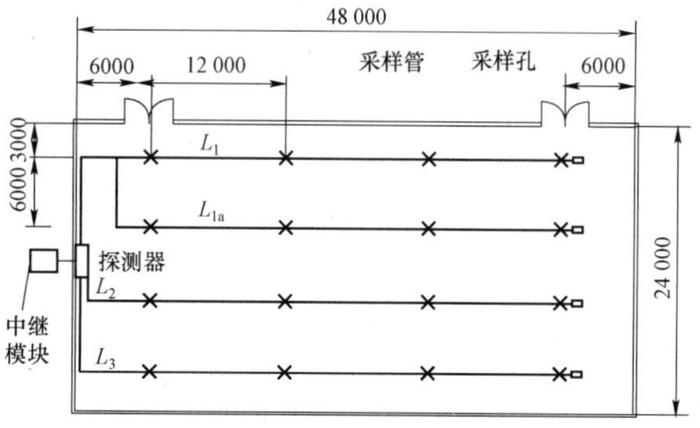

图 19－16　管路采样吸气式感烟探测器设置示意图（二）

图中，$L=L_1+L_2+L_3\leqslant 200m$，$L_1$、$L_2$、$L_3\leqslant 100m$（$L$：采样管总长，$L_1$、$L_2$、$L_3$：采样管主管的单管长度，$L_{1a}$：采样管支管的单管长度）。采样管（$L$）上采样孔总数不超过 100 个，单管（$L_1$、$L_2$、$L_3$）上的采样孔数量不超过 25 个。

3. 线型光束感烟火灾探测器的设置（图 19－17）

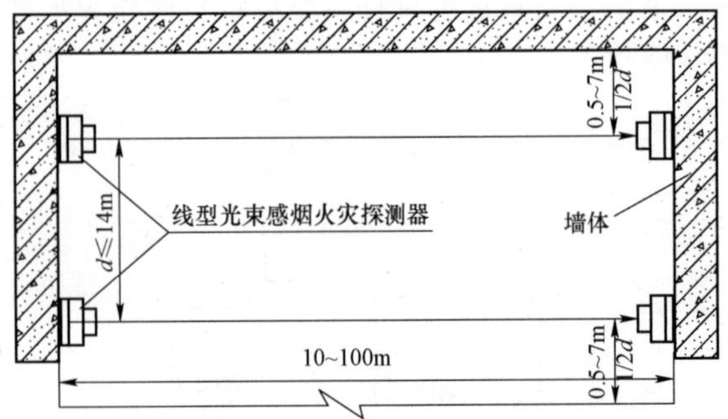

图 19－17 线型光束感烟火灾探测器设置示意图

探测器的设置要保证其反射端避开日光和人工光源直接照射。

4. 火焰探测器、图像型火灾探测器的设置（图 19－18）

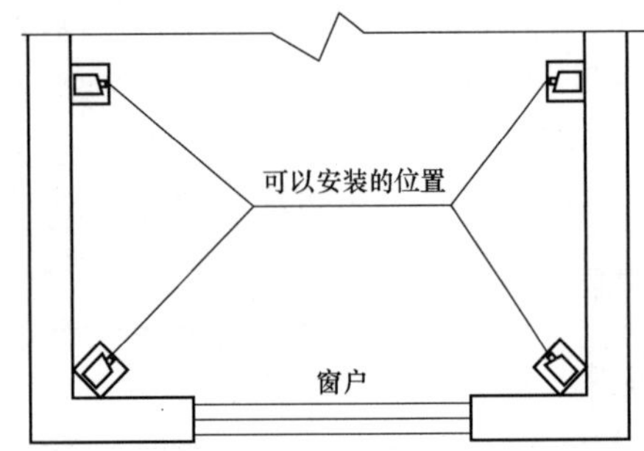

图 19－18 火焰探测器、图像型火灾探测器设置示意图

火焰探测器和图像型火灾探测器应按照企业设计手册合理确定探测器的探测角度、探测距离和安装高度，以保证探测区域得到有效保护。

5. 房间被分隔时点型探测器设置（图 19－19）

房间被书架、设备或隔断等分隔，其顶部至顶棚或梁的距离小于房间净高的 5%时，每个被隔开的部分应至少安装一只点型探测器。

6. 电梯机房内感烟探测器的设置（图 19－20）

在电梯井、升降机井设置点型探测器时，其位置宜在井道上方的机房顶棚上。

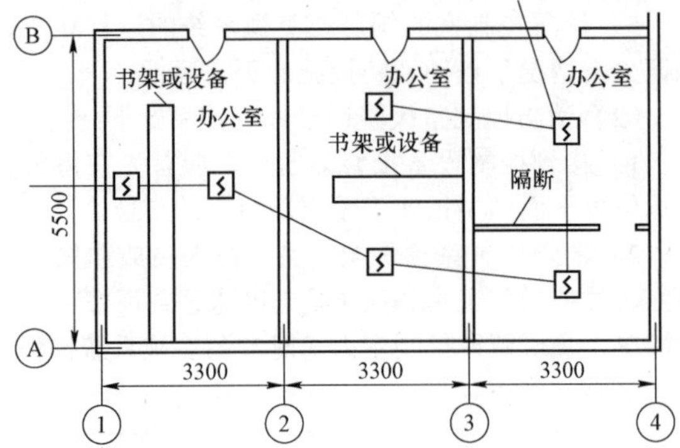

图 19－19 房间被分隔时点型探测器设置示意图

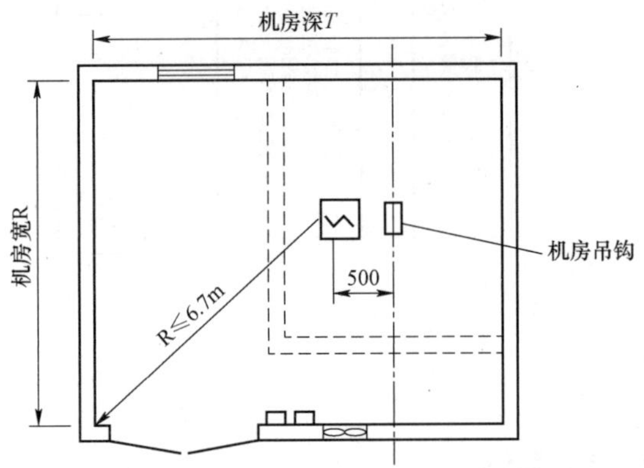

图 19－20 电梯机房感烟探测器设置示意图

7. 气体灭火区域探测器的设置（图 19－21）

在设置气体灭火区域内设置感烟和感温两种探测器。

8. 火灾警报器的设置（图 19－22 和图 19－23）

火灾警报器设置在每个楼层的楼梯口、消防电梯前室、建筑内部拐角等处的明显部位，且不宜与安全出口指示标志灯具设置在同一面墙上。楼梯间内可不设，消防电梯前室和楼梯口可合用。

每个报警区域内应均匀设置火灾警报器，其声压级不应小子 60dB；在环境噪声大于 60dB 的场所，其声压级应高于背景噪声 15dB。

9. 消防应急广播、消防专用电话和防火门监控的设置（图 19－24）

建筑内扬声器应设置在走道和大厅等公共场所，数量应能保证从一个防火分区内的任何部位到最近一个扬声器的直线距离不大于 25m，走道末端距最近的扬声器距离不应大于 12.5m。

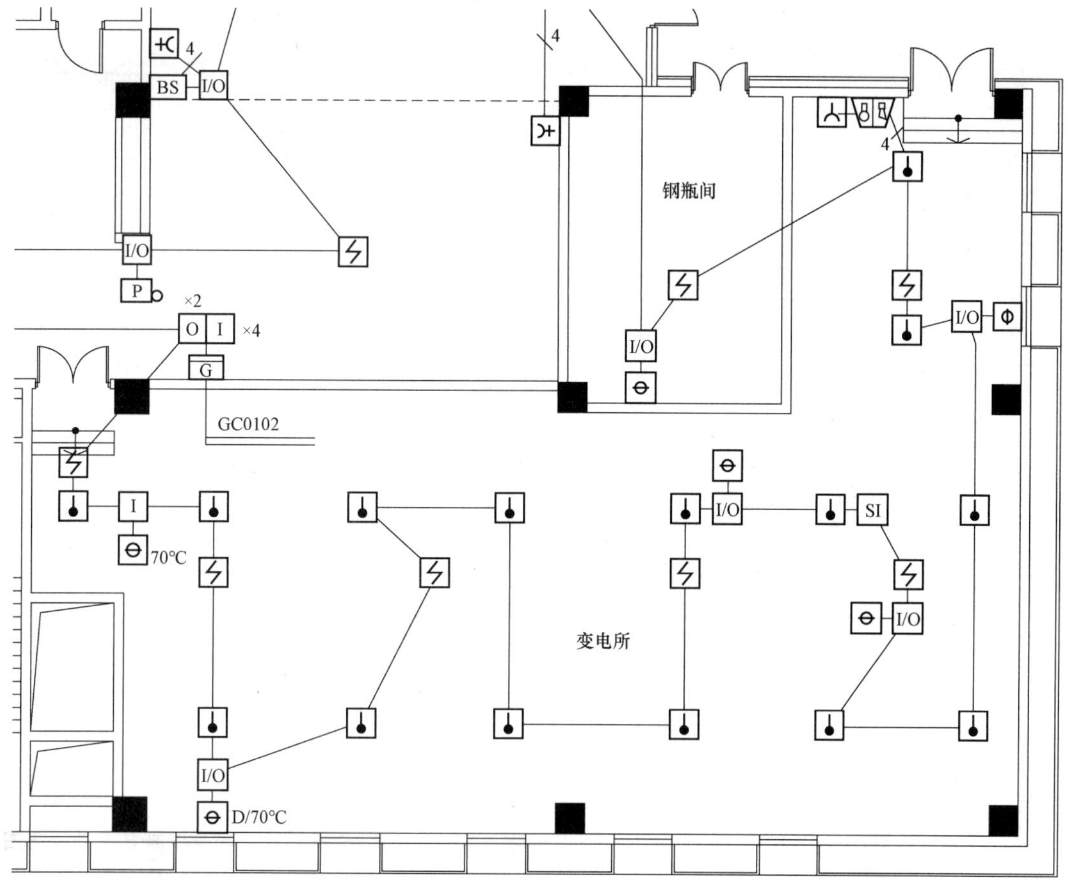

BS I/O
钢瓶间
P
O I ×4
×2
G
GC0102
I
70°C
SI
变电所
D/70°C

图 19－21　气体灭火区域探测器设置示意图

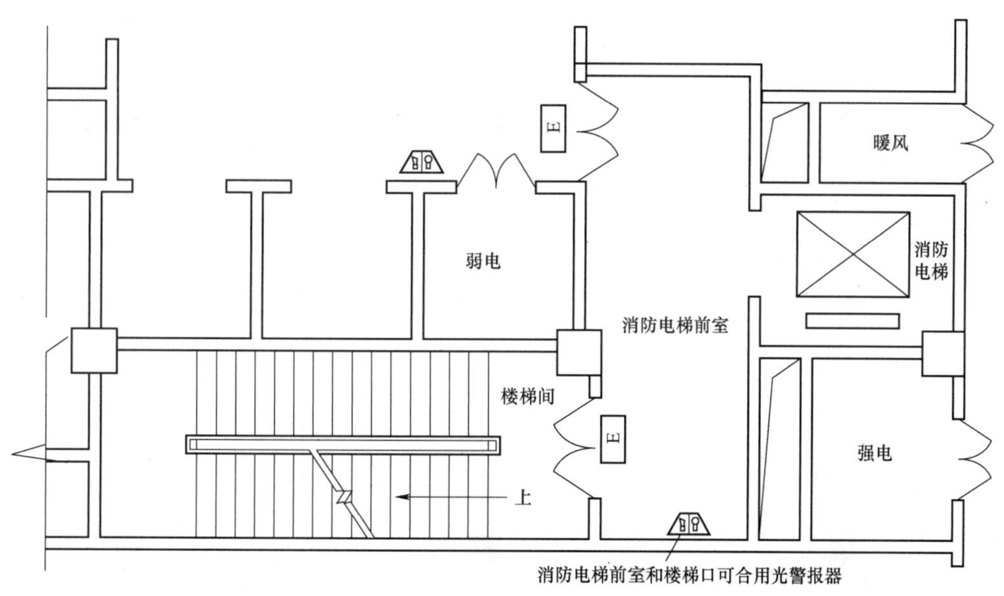

图 19－22　火灾警报器设置示意图（一）

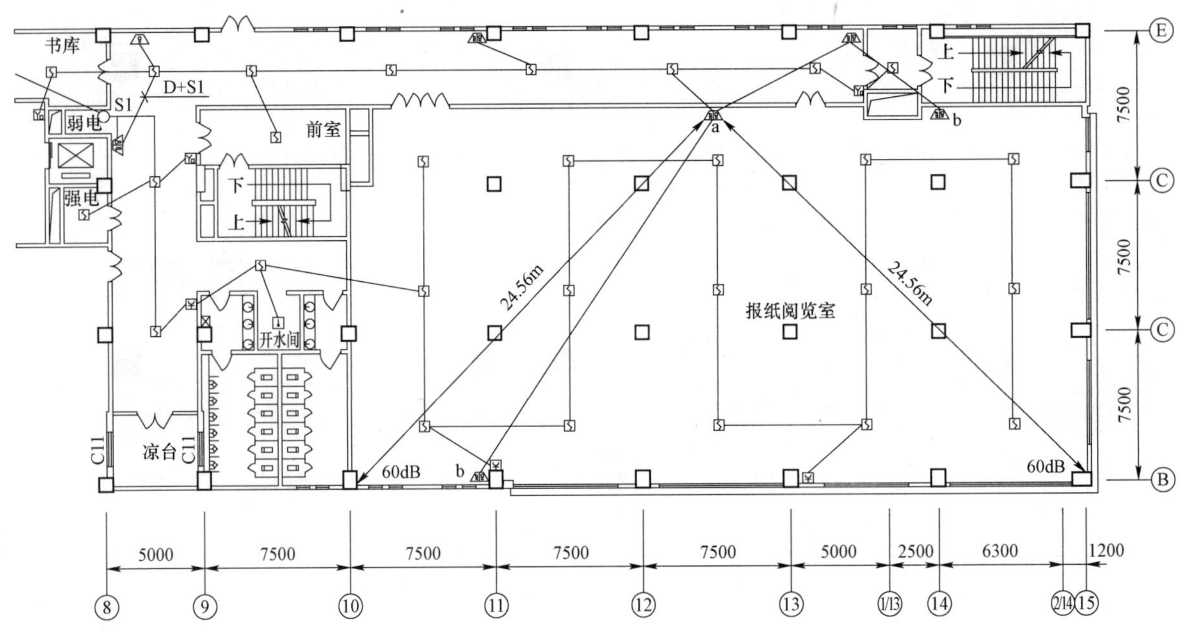

图 19-23 火灾警报器设置示意图（二）

注：阅览室内 a、b 火灾警报器二者选其一

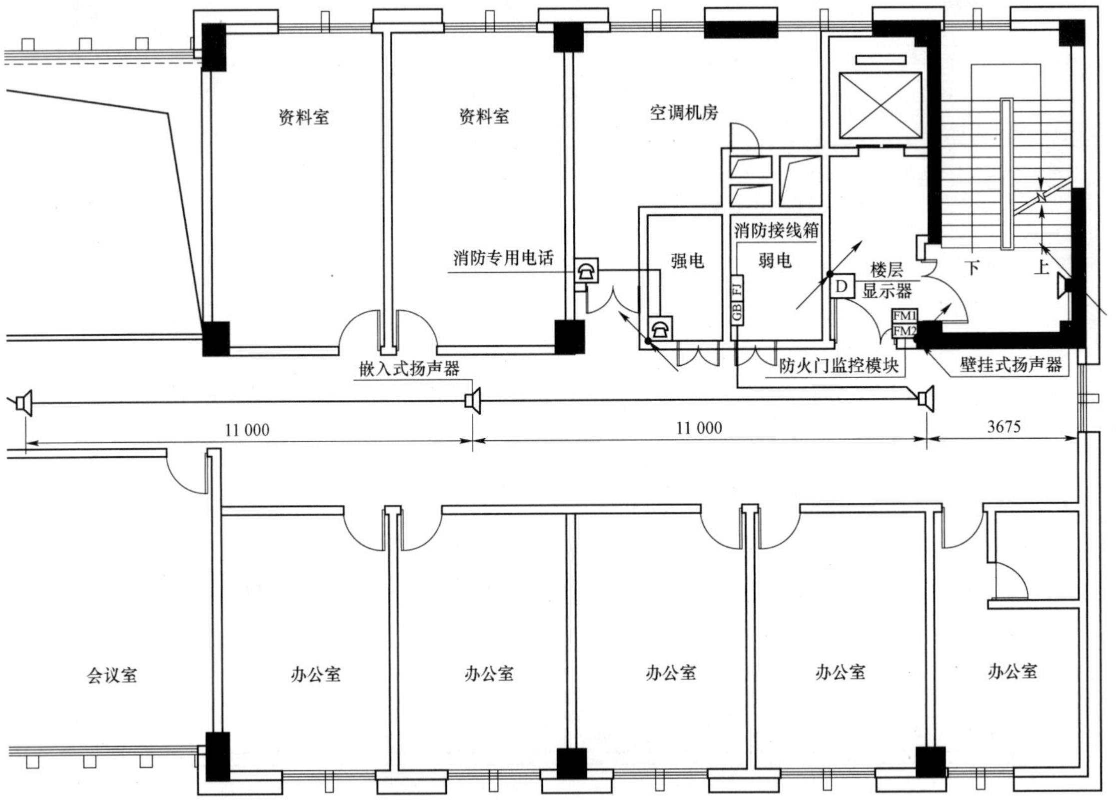

图 19-24 消防广播、消防专用电话和防火门设置示意图

19.12.2　三种火灾自动报警系统形式的系统图案例

1. 区域报警系统

区域报警系统应由火灾探测器、手动火灾报警按钮、火灾声光警报器及火灾报警控制器等组成，系统中可包括消防控制室图形显示装置和指示楼层的区域显示器。火灾报警控制器应设置在有人值班的场所。系统设置消防控制室图形显示装置时，该装置应具有传输火灾报警、建筑消防设施运行状态信息和消防安全管理信息的功能；系统未设置消防控制室图形显示装置时，应设置火警传输设备，将相关信息传输到城市消防远程监控中心。

区域报警系统框图如图 19－25 所示。

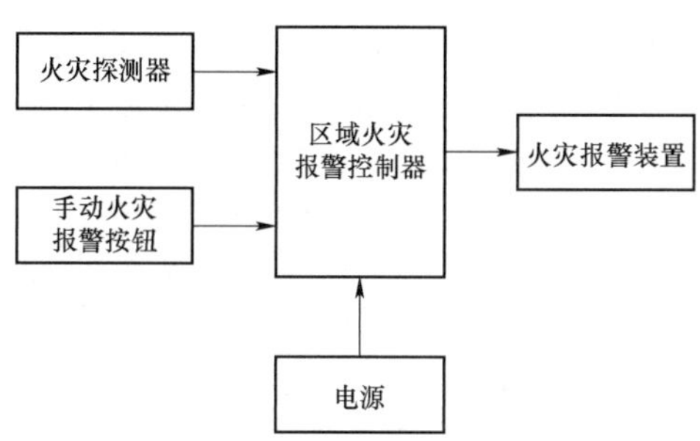

图 19－25　区域报警系统框图

区域报警系统如图 19－26 所示。

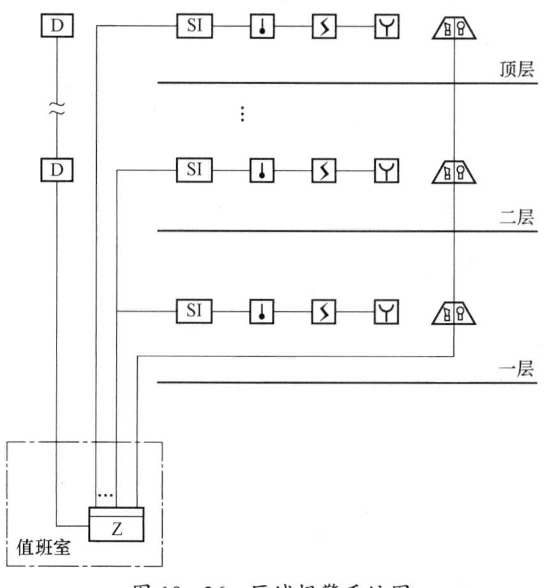

图 19－26　区域报警系统图

本图适用于仅需要报警，不需要联动控制消防设备的保护对象。图形显示装置及区域显示器为可选设备，可根据实际情况决定是否安装。

2. 集中报警系统

集中报警系统应由火灾探测器、手动火灾报警按钮、火灾声光警报器、消防应急广播、消防专用电话、消防控制室图形显示装置、火灾报警控制器、消防联动控制器等组成。系统中的火灾报警控制器、消防联动控制器和消防控制室图形显示装置、消防应急广播的控制装置、消防专用电话总机等具有集中控制作用的消防设备，应设置在消防控制室内。系统设置的消防控制室图形显示装置应具有传输火灾报警、建筑消防设施运行状态信息和消防安全管理信息的功能。

集中报警系统中可能含有多台区域报警控制器。这种情况下，联动设计可能有以下 2 种方式：① 具有联动控制功能的区域控制器完成自己监管范围内的自动联动功能，并把相关信息传输给消防控制室内的集中控制器。而该区域需要直接手动启动的功能，则统一由设置在消防控制室内的集中控制器实现。② 区域控制器仅做火灾报警，不做联动，所有联动控制和手动控制均由设置在消防控制室内的集中控制器实现。当然也可能有以上 2 种交叉的方式，即部分区域控制器有联动控制，部分区域控制器仅有报警没有联动控制，应根据现场实际情况确定采用哪种方式更合理、更科学。一般情况下，建议采用方式①；仅在区域现场需要联动的消防设备非常少时考虑采用方式②。在集中报警系统中每台区域报警控制器均可以具有联动控制功能，但不可以具有直接手动控制功能，因为直接手动控制功能必须在长期有人值班的消防控制室内实施。

集中报警系统由于火灾报警控制和消防联动控制器的不同组合，可产生多种设计方案。以下 5 种参考方案中，S1 表示报警信号总线，S2 表示联动信号总线（图示中报警总线和联动总线分回路设置，报警总线和联动总线亦可合用总线），C 表示直接控制线路，S3 表示报警控制之间的通信线。

集中报警系统框图方案如图 19－27～图 19－31 所示。

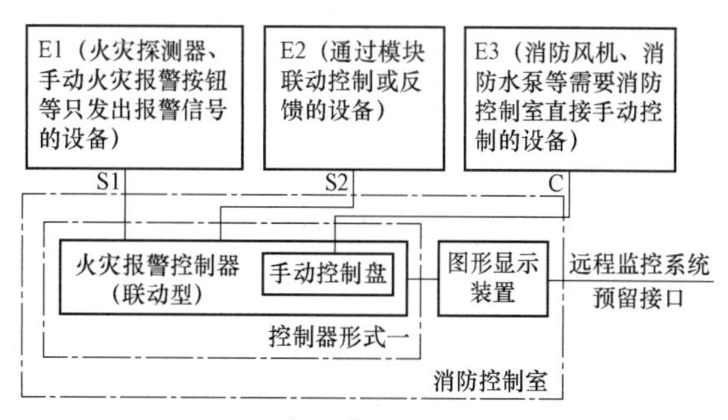

图 19－27　集中报警系统框图方案（一）

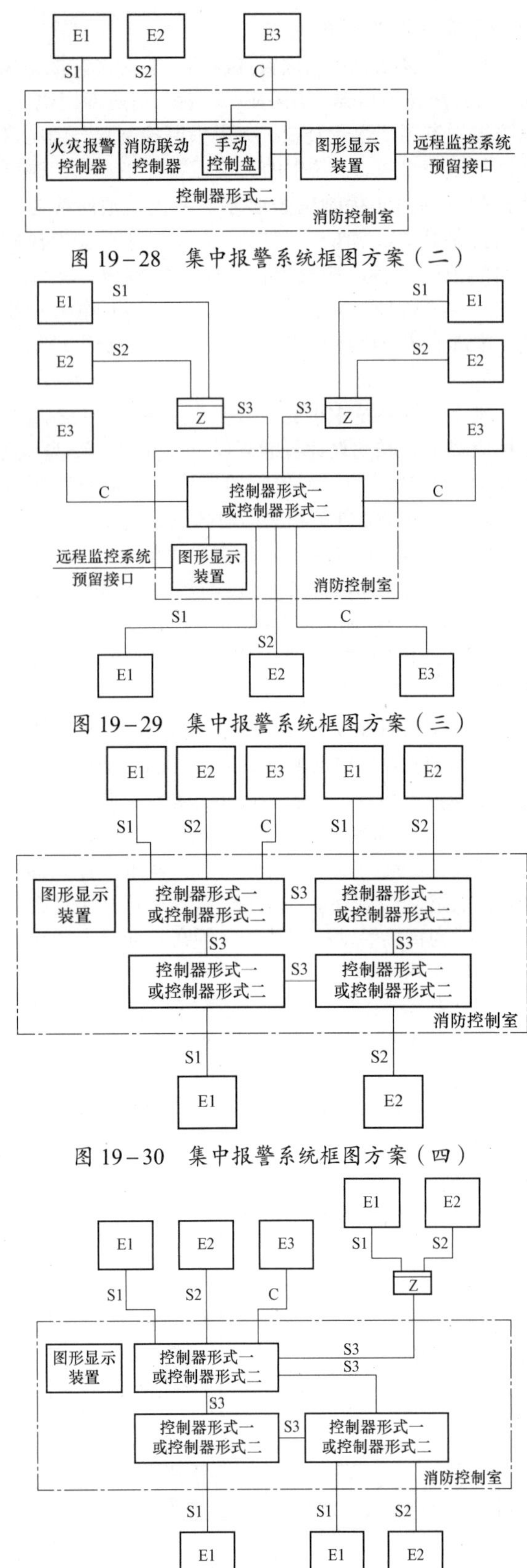

图 19-28 集中报警系统框图方案（二）

图 19-29 集中报警系统框图方案（三）

图 19-30 集中报警系统框图方案（四）

图 19-31 集中报警系统框图方案（五）

方案一、方案二在消防控制室设置一台起集中功能的控制器；方案三除在消防控制室设置一台起集中功能的控制器，还可设置若干台区域火灾报警控制器；方案四为对等模式，所有控制器集中放置在消防控制室中，但只有一台集中功能的控制器，其他控制器不直接手动控制消防设备，该模式适用于大型建筑群，控制器的形式可以根据实际工程灵活选择；方案五在方案四的基础上，在消防控制室外增设区域火灾报警控制器。

集中报警系统如图 19-32 所示，其中，S1 表示报警信号总线，S2 表示联动信号总线，C 表示直接控制线路，D 表示 50V 以下的电源线路，F 表示消防电话线路，BC 表示广播线路。

3. 控制中心报警系统

有两个及以上集中报警系统或设置两个及以上消防控制室的保护对象应采用控制中心报警系统。在多个消防控制室组成的控制中心报警系统中，根据建筑的实际使用情况应至少确定一个是主消防控制室。主消防控制室应能显示所有火灾报警信号和联动控制状态信号，并应能控制重要的消防设备；各分消防控制室内消防设备之间可互相传输、显示状态信息，但不应互相控制。一般情况下，整个系统中共同使用的水泵等重要的消防设备可根据消防安全的管理需求及实际情况，由最高级别的消防控制室统一控制。系统设置的消防控制室图形显示装置应具有传输火灾报警、建筑消防设施运行状态信息和消防安全管理信息的功能。控制中心报警系统方案如图 19-33～图 19-35 所示。

方案一为一个消防控制室内设置两个集中报警系统的情况，也可根据实际工程情况在消防控制室内设置多个集中报警系统；方案二为设置两个消防控制室的情况，此时，应明确一个消防控制室为主消防控制室；方案三为设置多个消防控制室的情况，此时，主消防控制室与分消防控制室之间可组成环网系统。

下面以某超高层公共建筑为例，介绍控制中心报警系统。本工程总建筑面积 282 000 万 m^2，地上塔楼 65 层，附楼 5 层，地下 4 层，火灾自动报警系统采用控制中心报警系统。设置一个主消防控制室（位于附楼一层）、两个分消防控室（分别位于塔楼首层和四十层）。系统由火灾探测器、手动火灾报警按钮、火灾声光警报器、消防应急广播、消防专用电话、消防控制中心图形显示装置、集中火灾报警控制器（联动型）和区域火灾报警控制器（联动型）组成。

由于系统容量限制，在消防控制中心设置了多台集中火灾报警控制器，负责裙楼及地下室的火灾报警及联动控制；在塔楼各避难层设置区域火灾报警控制器，负责塔楼的火灾报警及联动控制，区域火灾报警

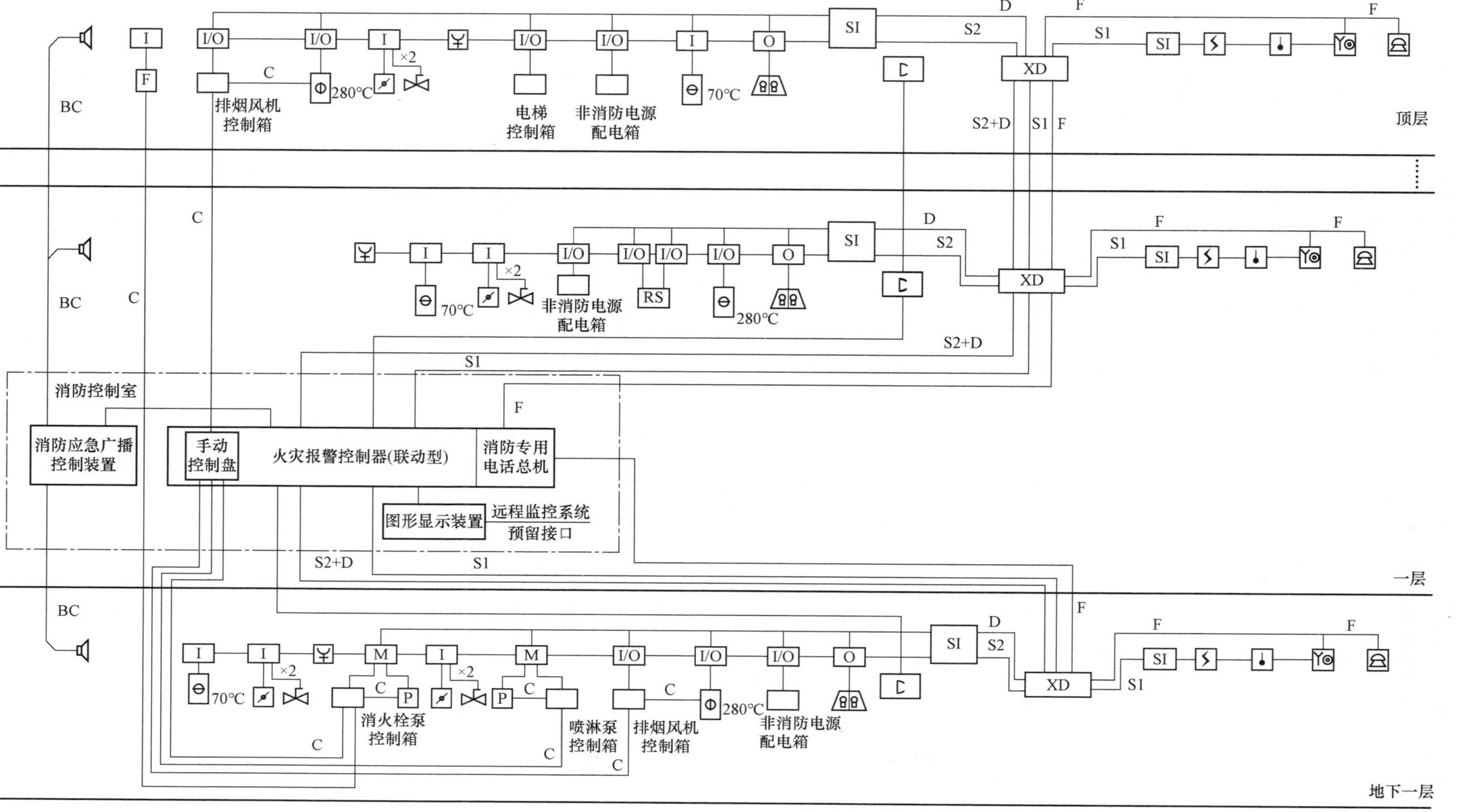

图 19－32　集中报警系统图

控制器的所有信息在集中火灾报警控制器上均有显示，且能接收集中火灾报警控制器的联动控制信号，并自动启动相应的消防设备；集中火灾报警控制器与区域火灾报警控制器通过环形通信总线连接，构成消防报警与联动控制对等网络，其中一台集中火灾报警控制器起集中控制功能，直接手动控制本项目内所有的消防风机、消防水泵等设备。控制中心报警系统拓扑如图 19－36 所示。

19.12.3 运行与管理手册

火灾自动报警系统应保持连续正常运行，不得随意中断。正常工作状态下，报警联动控制设备应处于自动控制状态，严禁将自动灭火系统和联动控制的防火卷帘等防火分隔措施设置在手动控制状态。其他联动控制设备需要设置在手动状态时，应有火灾时能迅速将手动控制转换为自动控制的可靠措施。

消防控制室应制定消防控制室日常管理制度、值班员职责、接处警操作规程等工作制度。消防控制室必须 24h 设专人值班，值班人员应坚守岗位、严禁脱岗，未经专业培训的无证人员不得上岗。消防控制室工作人员应严格遵守各项安全操作规程和各项消防安全管理制度，认真记录控制器日运行情况，每日检查火灾报警控制器的自检、消音、复位功能以及主备电源切换功能等；处理报警信号并在需要时启动有关消防设备，并认真填写各项纪录。值班人员应严密监视设备运行状况，遇有报警要按规定程序迅速、准确处理，做好各种记录，遇有重大情况应及时报告。未经公安消防机构同意不得擅自关闭火灾自动报警、自动灭火系统。

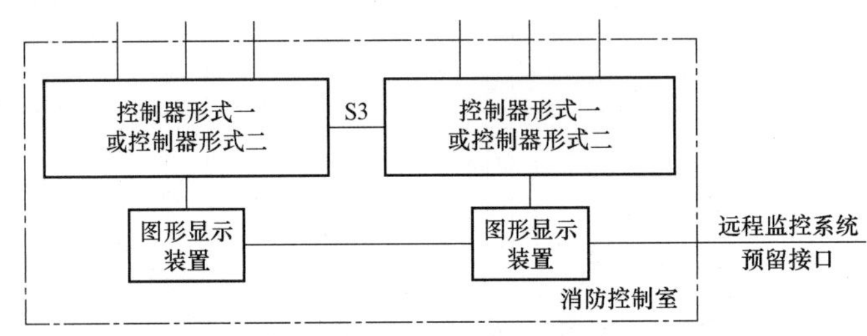

图 19－33 控制中心报警系统方案框图（一）

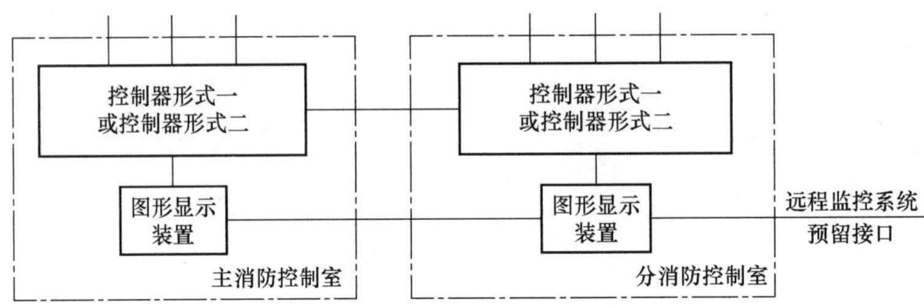

图 19－34 控制中心报警系统方案框图（二）

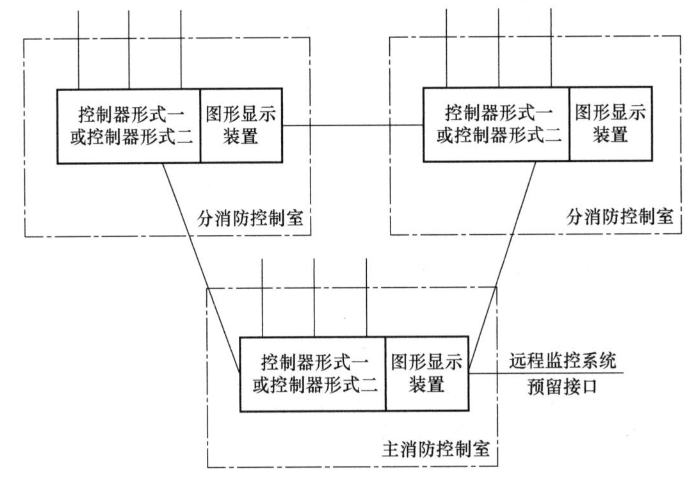

图 19－35 控制中心报警系统方案框图（三）

区域报警控制器
(F59避难层)
设区域报警控制器，负责F59～屋顶机房层区段的火灾报警及消防联动
区域报警控制器
(F49避难层)
设区域报警控制器，负责F49～F58区段的火灾报警及消防联动
区域报警控制器
分消防控制室
(设在塔楼40F)
设区域报警控制器，辅助监视F40～F65公寓区域的火灾报警信号
区域报警控制器
(F39避难层)
设区域报警控制器，负责F39～F48区段的火灾报警及消防联动
区域报警控制器
(F29避难层)
设区域报警控制器，负责F29～F38区段的火灾报警及消防联动
区域报警控制器
(F18避难层)
设区域报警控制器，负责F18～F28区段的火灾报警及消防联动
区域报警控制器
(F7避难层)
设区域报警控制器，负责F7～F17区段的火灾报警及消防联动
设集中报警控制器，负责附楼和地下室区域的火灾报警和联动控制，同时多线手动控制本项目所有的消防风机、消防水泵等设备
集中报警控制器
图形显示装置
分消防控制室
(设在附楼1F)
火灾报警联网总线
WDZBN-RYS-2×1.5
(余同)
区域报警控制器
分消防控制室
(设在塔楼40F)
设区域报警控制器，辅助监视F1～F38办公区域的火灾报警信号

图 19－36　控制中心报警系统拓扑图

19.12.4 消防控制室设备布置案例（图 19－37～图 19－39）

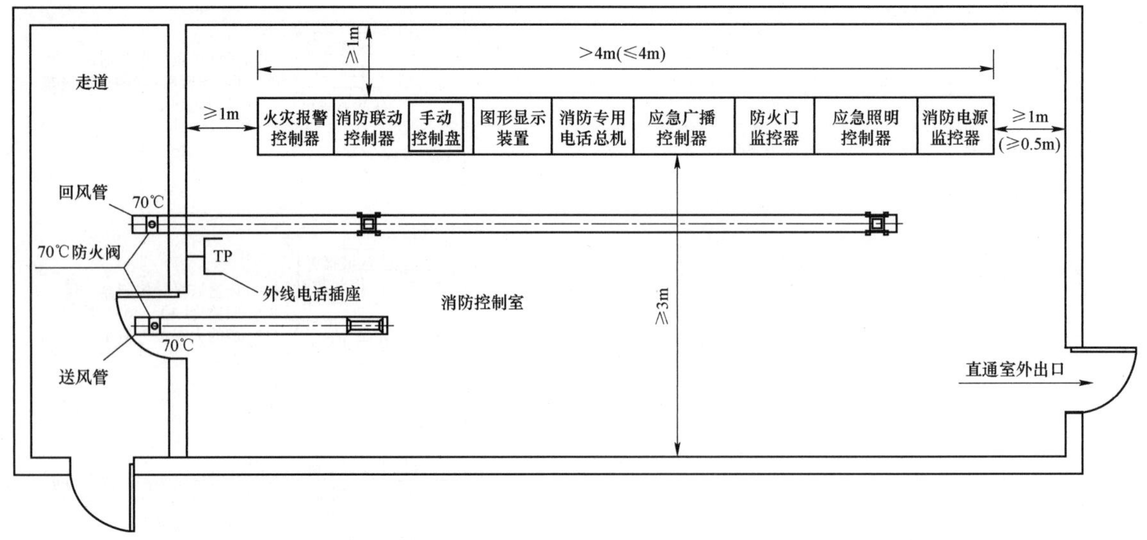

图 19－37 设备面盘排列长度大于 4m（不小于 4m）单列布置的消防控制室布置图

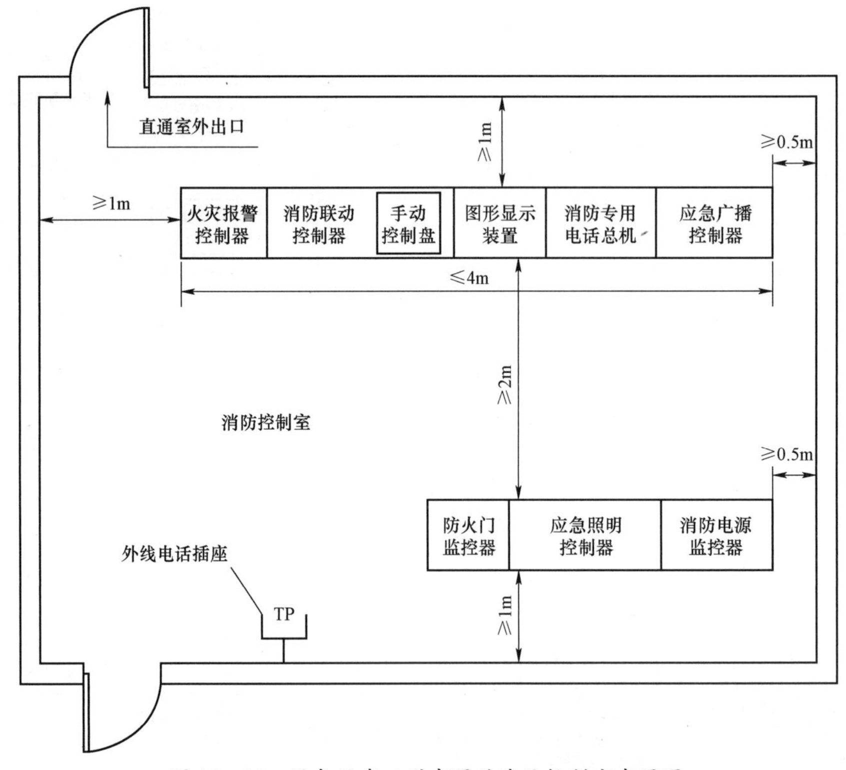

图 19－38 设备面盘双列布置的消防控制室布置图

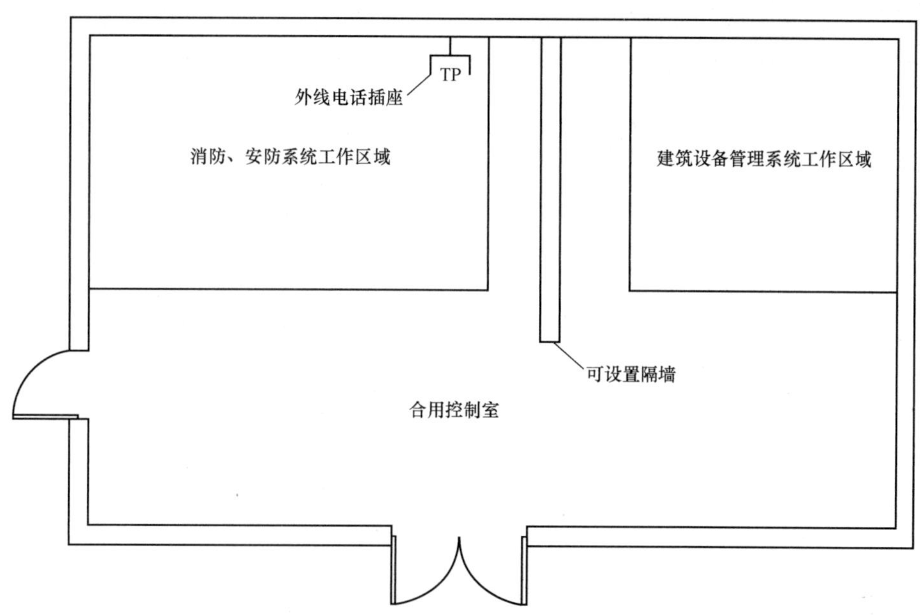

图 19－39　消防控制室与安防监控室合用布置图

1. 火灾报警与联动控制系统设施运行状态信息（表 19－10）

表 19－10　火灾报警与联动控制系统设施运行状态信息

设施名称		内　容
火灾探测报警系统		火灾报警信息、可燃气体探测报警信息、电气火灾监控报警信息、屏蔽信息、故障信息
消防联动控制系统	消防联动控制器	动作状态、屏蔽信息、故障信息
	消火栓系统	消防水泵电源的工作状态，消防水泵的启、停状态和故障状态，消防水箱（池）水位、管网压力报警信息及消火栓按钮的报警信息
	自动喷水灭火系统、水喷雾（细水雾）灭火系统（泵供水方式）	喷淋泵电源工作状态，喷淋泵的启、停状态和故障状态，水流指示器、信号阀、报警阀、压力开关的正常工作状态和动作状态
	气体灭火系统、细水雾灭火系统（压力容器供水方式）	系统的手动、自动工作状态及故障状态，阀驱动装置的正常工作状态和动作状态，防护区域中的防火门（窗）、防火阀、通风空调等设备的正常工作状态和动作状态，系统的启、停信息，紧急停止信号和管网压力信号
	泡沫灭火系统	消防水泵、泡沫液泵电源的工作状态，系统的手动、自动工作状态及故障状态，消防水泵、泡沫液泵的正常工作状态和动作状态
	干粉灭火系统	系统的手动、自动工作状态及故障状态，阀驱动装置的正常工作状态和动作状态，系统的启、停信息，紧急停止信号和管网压力信号
	防烟排烟系统	系统的手动、自动工作状态，防烟排烟风机电源的工作状态，风机、电动防火阀、电动排烟防火阀、常闭送风口、排烟阀（口）、电动排烟窗、电动挡烟垂壁的正常工作状态和动作状态
	防火门及卷帘系统	防火卷帘控制器、防火门控制器的工作状态和故障状态。卷帘门的工作状态，具有反馈信号的各类防火门、疏散门的工作状态和故障状态等动态信息
	消防电梯	消防电梯的停用和故障状态
	消防应急广播	消防应急广播的启动、停止和故障状态
	消防应急照明和疏散指示系统	消防应急照明和疏散指示系统的故障状态和应急工作状态信息
	消防电源	系统内各消防用电设备的供电电源和备用电源工作状态和欠电压报警信息

2. 消防安全管理信息（表 19－11）

表 19－11　　消防安全管理信息

序号	名称		内容
1	基本情况		单位名称、编号、类别、地址、联系电话、邮政编码、消防控制室电话；单位职工人数、成立时间、上级主管（或管辖）单位名称、占地面积、总建筑面积、单位总平面图（含消防车道、毗邻建筑等）；单位法人代表、消防安全责任人、消防安全管理人及专兼职消防管理人的姓名、身份证号码、电话
2	主要建、构筑物等信息	建（构）筑	建筑物名称、编号、使用性质、耐火等级、结构类型、建筑高度、地上层数及建筑面积、地下层数及建筑面积、隧道高度及长度等、建造日期、主要储存物名称及数量、建筑物内最大容纳人数、建筑立面图及消防设施平面布置图；消防控制室位置、安全出口的数量、位置及形式（指疏散楼梯）；毗邻建筑的使用性质、结构类型、建筑高度、与本建筑的间距
		堆场	堆场名称、主要堆放物品名称、总储量、最大堆高、堆场平面图（含消防车道、防火间距）
		储罐	储罐区名称、储罐类型（指地上、地下、立式、卧式、浮顶、固定顶等）、总容积、最大单罐容积及高度、储存物名称、性质和形态、储罐区平面图（含消防车道、防火间距）
		装置	装置区名称、占地面积、最大高度、设计日产量、主要原料、主要产品、装置区平面图（含消防车道、防火间距）
3	单位（场所）内消防安全重点部位信息		重点部位名称、所在位置、使用性质、建筑面积、耐火等级、有无消防设施、责任人姓名、身份证号码及电话
4	室内外消防设施信息	火灾自动报警系统	设置部位、系统形式、维保单位名称、联系电话；控制器（含火灾报警、消防联动、可燃气体报警、电气火灾监控等）、探测器（含火灾探测、可燃气体探测、电气火灾探测等）、手动火灾报警按钮、消防电气控制装置等的类型、型号、数量、制造商；火灾自动报警系统图
		消防水源	市政给水管网形式（指环状、支状）及管径、市政管网向建（构）筑物供水的进水管数量及管径、消防水池位置及容量、屋顶水箱位置及容量、其他水源形式及供水量、消防泵房设置位置及水泵数量、消防给水系统平面布置图
		室外消火栓	室外消火栓管网形式（指环状、支状）及管径、消火栓数量、室外消火栓平面布置图
		室内消火栓系统	室内消火栓管网形式（指环状、支状）及管径、消火栓数量、水泵接合器位置及数量、有无与本系统相连的屋顶消防水箱
		自动喷水灭火系统（含雨淋、水幕）	设置部位、系统形式（指湿式、干式、预作用，开式、闭式等）、报警阀位置及数量、水泵接合器位置及数量、有无与本系统相连的屋顶消防水箱、自动喷水灭火系统图
		水喷雾（细水雾）灭火系统	设置部位、报警阀位置及数量、水喷雾（细水雾）灭火系统图
		气体灭火系统	系统形式（指有管网、无管网，组合分配、独立式，高压、低压等）、系统保护的防护区数量及位置、手动控制装置的位置、钢瓶间位置、灭火剂类型、气体灭火系统图
		泡沫灭火系统	设置部位、泡沫种类、系统形式（指液上、液下，固定、半固定等）、泡沫灭火系统图
		干粉灭火系统	设置部位、干粉储罐位置、干粉灭火系统图
		防烟排烟系统	设置部位、风机安装位置、风机数量、风机类型、防烟排烟系统图
		防火门及卷帘	设置部位、数量
		消防应急广播	设置部位、数量、消防应急广播系统图
		应急照明及疏散指示系统	设置部位、数量、应急照明及疏散指示系统图
		消防电源	设置部位、消防主电源在配电室是否有独立配电柜供电、备用电源形式（市电、发电机、EPS 等）
		灭火器	设置部位、配置类型（指手提式、推车式等）、数量、生产日期、更换药剂日期
5	消防设施定期检查及维护保养信息		检查人姓名、检查日期、检查类别（指日检、月检、季检、年检等）、检查内容（指各类消防设施相关技术规范规定的内容）及处理结果，维护保养日期、内容

续表

序号	名　　称		内　　容
6	日常防火巡查记录	基本信息	值班人员姓名、每日巡查次数、巡查时间、巡查部位
		用火用电	用火、用电、用气有无违章情况
		疏散通道	安全出口、疏散通道、疏散楼梯是否畅通，是否堆放可燃物；疏散走道、疏散楼梯、顶棚装修材料是否合格
		防火门、防火卷帘	常闭防火门是否处于正常工作状态，是否被锁闭；防火卷帘是否处于正常工作状态，防火卷帘下方是否堆放物品影响使用
		消防设施	疏散指示标志、应急照明是否处于正常完好状态；火灾自动报警系统探测器是否处于正常完好状态；自动喷水灭火系统喷头、末端放（试）水装置、报警阀是否处于正常完好状态；室内、室外消火栓系统是否处于正常完好状态；灭火器是否处于正常完好状态
7	火灾信息		起火时间、起火部位、起火原因、报警方式（指自动、人工等）、灭火方式（指气体、喷水、水喷雾、泡沫、干粉灭火系统，灭火器，消防队等）

参考标准

[1] GB 50116—2013《火灾自动报警系统设计规范》宣贯课件，丁宏军，2014.

[2]《建筑工程设计文件编制深度规定》(2016 版).

[3] GB 50116—2013 火灾自动报警系统设计规范.

[4] GB 50166—2007《火灾自动报警系统施工及验收规范》.

[5] 14X505－1 火灾自动报警系统设计规范图示.

[6] GB 50016—2014 建筑设计防火规范.

[7] JGJ 16—2008 民用建筑电气设计规范.

第20章　视音频系统

视音频系统帮助人的视觉和听觉更好地获取多种信息，推进了人际的沟通交流和信息的采集与传达，已经成为人们工作和生活中不可缺少的设备。

视音频系统通常由视频系统、音频系统、集中控制系统和智能化管理服务及配套辅助设施等组成。可根据不同的需求及场景，按系统规模、形式、功能及使用场所等进行分类。

随着智能化、信息化的技术发展，IP 技术、IT 技术和 AR 技术相结合，应用于视音频系统。

20.1　视音频系统基础

20.1.1　视频系统基本概念和名词术语

视频系统由三个部分组成：

人：人的视觉系统。

设备（系统）：由信号源、信号传输、信号处理、显示终端等设备组成。

环境：各类应用场所环境，如会议室、剧院、体育场馆等。

1. 视觉、图像和视频基础

（1）可见光、视觉和颜色。可见光是波长 380～780nm 的电磁波，通常看到的光是由众多不同波长的光组合成的。由单波长组成的光源，称为单色光源。光源具有能量，也称强度。在现实生活中，只有极少数光源是单色的，绝大多数光源由不同波长的光组成，每个波长的光具有自身的强度。

光作用于视觉器官，使其感受细胞兴奋，信息经视觉神经系统加工后便产生视觉。通过视觉，人和动物感知外界物体的大小、明暗、颜色、动静，获得对机体生存具有重要意义的各种信息。视觉是人和动物最重要的感觉，至少 80%以上的外界信息是经视觉获得。

颜色是视觉系统对可见光的感知结果，是创建图像的基础。物体受光线照射后，一部分光线被吸收，另一部分光线被反射。被人的眼睛接受并被大脑感知，称为我们所见的颜色。

（2）颜色的度量。图像的数字化首选要考虑到如何用数字来描述和度量颜色。国际照明委员会 CIE（International Commission on illumination，法语：Commission Internationale De L´Eclairage，采用法语简称）对颜色做了一个通用的定义，用颜色的三个特性来区分颜色。这些特性是色调、饱和度和明度，它们是颜色所固有的并且是截然不同的特性。

1）色调。又称为色相，指颜色的外观，用于区别颜色的名称或颜色的种类。色调用红、橙、黄、绿、青、蓝、靛、紫等术语来描述，用于描述感知色调的术语是色彩。

2）明度。是视觉系统对可见物体辐射或者发光多少的感知属性。它和人的感知有关。由于明度很难度量，因此 CIE 定义了一个比较容易度量的物理量，称为亮度（luminance）来度量明度，亮度即辐射的能量。明度的一个极端是黑色（无光），另一个极端是白色，在这两个极端之间是灰色。光亮度是人的视觉系统对亮度的感知响应值，光亮度可用作颜色空间的一个维，而明度（brightness）则仅限用于发光体，该术语用来描述反射表面或者透射表面。

3）饱和度。是相对于明度的一个区域的色彩，是指颜色的纯洁性，它可用来区别颜色明暗的程度。完全饱和的颜色是指没有渗入白光所呈现的颜色。

（3）颜色空间（模型）。颜色空间（模型）是表示颜色的一种数学方法，人们用它来指定和产生颜色，使颜色形象化。颜色空间中的颜色通常使用代表三个参数的三维坐标来指定，这些参数描述的是颜色在颜色空间中的位置，但并没有告诉我们是什么颜色，其颜色要取决于使用的坐标。

使用色调、饱和度和明度构造的一种颜色空间，叫作 HSB（Hue Saturation and Brightness）颜色空间。RGB（Red，Green and Blue）和 CMY（Cyan，Magenta And Yellow）是最流行的颜色空间，它们都是与设备相关的颜色空间，前者用在显示器上，后者用在打印设备上。

颜色空间模型分为如下三类：

1）RGB 型颜色空间/计算机图形颜色空间。这类颜色空间是工业界的一种颜色标准，是通过对红 R、绿 G、蓝 B 三个颜色通道的变化及它们相互之间的叠加来得到各式各样的颜色的，这类模型主要用于电视机和计算机的颜色显示系统。例如，RGB、HIS、HSL 和 HSV 等颜色空间。

2）XYZ 型颜色空间/CIE 颜色空间。这类颜色空间是由 CIE 定义的颜色空间，通常作为国际性的颜色空间标准，用作颜色的基本度量方法。

3）YUV 型颜色空间/电视系统颜色空间。由广播电视需求的推动而开发的颜色空间，主要目的是通过压缩色度信息以有效地播送彩色电视图像。通常首选采用三管彩色摄像机或彩色CCD摄像机进行取像；然后取得的彩色图像信号经分色、分别放大矫正后得到 RGB，再经过矩阵变换得到亮度信号 Y 和两个色差信号 B－Y（即 U）、R－Y（即 V）；最后发送端将亮度和色差三个信号分别进行编码，用同一个信道发送出去。这种色彩的表示方法就是 YUV 色彩空间表示，其重要性是它的亮度信号 Y 和色度信号 U、V 是分离的。

（4）图像及其他。

图像。用像素点描述的图，一般是摄像机和扫描仪等输入设备捕捉的实际场景。其属性一般包含分辨率、像素深度、图像表示法及其种类等。

像素。它是组成一幅图像的全部可能亮度和色度的最小成像单元。由一个数字序列表示的图像中的一个最小单位，称为像素。像素是由图像的小方格即所谓的像素组成的，这些小方格都有一个明确的位置和被分配的色彩数值，而这些一小方格的颜色和位置就决定该图像所呈现出来的样子。每一个点阵图像包含了一定量的像素，这些像素决定图像在屏幕上所呈现的大小。

像素深度。它是指存储每个像素所用的二进制位数。如一幅图像的图像深度是 a 位，则该图像的最多颜色数或灰度级为 2^a 次幂。

分辨率。分为显示分辨率和图像分辨率。显示分辨率（屏幕分辨率）是屏幕图像的精密度，指显示器所能显示的像素有多少；显示器显示的像素越多，画面就越精细，同样的屏幕区域内能显示的信息也就越多。图像分辨率是单位英寸中所包含的像素点数，其定义更趋近于分辨率本身的定义。

（5）图像的获取。将现实中的景物通过物理设备输入到计算机的过程称为图像的获取；图像的获取包括采样、量化和编码的数字化过程。

（6）视频。数字视频信息是指活动、连续的图像序列。一幅图像称为一帧，帧是构成视频信息的基本单元。数字视频使用的彩色模型是 YCbCr，此模型接近 YUV 模型，Cb 代表蓝色差，Cr 代表红色差信号。由于人眼对色度信号的敏感程度远不如对亮度信号敏感，所以色度信号的采样频率可以比亮度信号的取样频率低一些，以减少数字视频的数据量，这种方式称为色度子采样。

视频压缩编码：数字视频信息的数据量很大，如每帧 1280×720 像素点，图像深度为 16 位，每 30 帧/s，则每秒的数量量高达 1280×720×16×30/（8×1024×1024）MB＝52.7MB。为解决此问题，必须对数字视频信息进行压缩编码，帧内压缩和帧间压缩。

帧内压缩：也称为空间压缩，即把单独的图像帧当作一个静态图像进行压缩，如 M－JPEG 编码。

帧间压缩：视频具有时间上的连续特征，可以利用帧内信息冗余，即视频数据的连续前后两帧具有很大的相关性，或者说前后两帧信息变化很小的特点实现高效的数据压缩，通常采用基于运动补偿的帧间预测编码技术。

2. 视频系统常用名词术语

视音频系统重要的组成部分之一是视频系统，其中涉及视频采集（高、标清摄像系统）、视频信号处理、视频呈现（各种显示终端）等。视频系统常用技术和应用术语如下：

（1）屏幕亮度。投影系统、平板显示器、LED 等显示设备的亮度指标。在显示屏法线方向观测的任一表面单位投射面积上的发光强度。即单位显示面积上的发光强度。亮度的单位是坎德拉/平方米（cd/m^2）。

（2）亮度均匀性。显示屏各区域相互之间亮度一致性的程度。

（3）对比度。明暗之间的亮度差称为对比度，随着对比度的提高，显示器还原的色彩也就越鲜艳，画面色彩的层次感更加分明，色阶过渡更细腻。

（4）图像对比度。同一图像画面中亮区与暗区平均亮度（或平均照度）之比。对于背投影方式，是同一图像画面中亮区与暗区平均亮度之比。对于正投影方式，是同一图像画面中亮区与暗区平均照度之比。

（5）图像清晰度。人眼能察觉到的图像细节清晰程度，用电视线表示。

（6）视角。包括水平视角、垂直视角和舒适视角。

1）水平视角。当显示屏水平方向的亮度为其水平方向法线处亮度的一半时，该观察方向与其法线的夹角为水平左视角或水平右视角，水平左视角和水平右视角夹角之和表示水平视角。

2）垂直视角。当显示屏垂直方向的亮度为其垂直方向法线处亮度的一半时，该观察方向与其法线的夹角，为垂直上视角或垂直下视角，垂直上视角和垂直下视角夹角之和表示垂直视角。

3）舒适视角。肉眼的移动就可以看清主要区域及本显示区域，头部的移动只能用于看次要的显示信息。

通过图 20－1 和图 20－2 以及表 20－1 分析，在此距离内人员均可直视并舒适地观看到大屏幕上显示的图像内容。

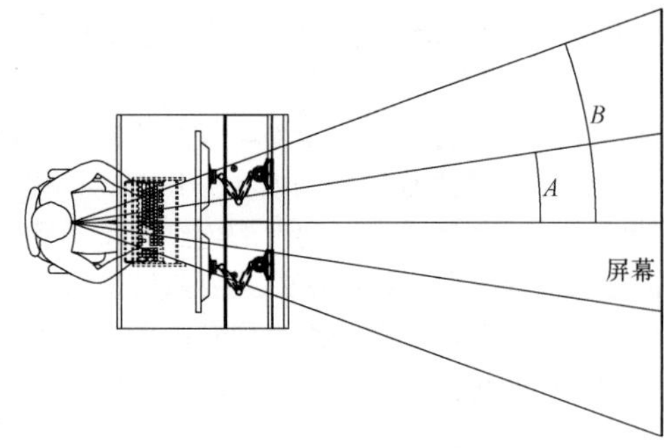

图 20－1　屏幕水平舒适视角

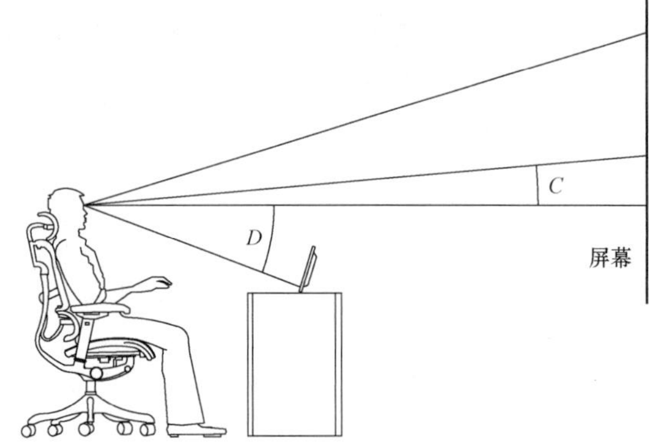

图 20－2　屏幕垂直舒适视角

表 20－1　　舒 适 视 角 对 照

移动部位	水平移动		垂直移动	
	最佳值（A）	最大值（B）	最佳值（C）	最大值（D）
肉眼移动	+/－15°	+/－35°	+0°/－30°	+25°/－35°
头部移动	NONE	+/－60°	NONE	+/－50°
整体移动	+/－15°	+/－95°	+0°/－30°	+/－75°

（7）视距。在正常使用条件下，可以清楚地看到显示屏显示内容的观看距离。

（8）响应时间。响应时间是液晶显示器对于输入信号的反应速度，也就是液晶由暗转亮或者是由亮转暗的反应时间，通常以毫秒（ms）计算。响应时间分为上升时间和下降时间，是两者之和。响应时间数值越小，响应时间速度越快，对动态画面的延时影响越小。

（9）灰度等级。显示屏同一级亮度中从最暗到最亮之间能区别的亮度级数。

（10）换帧频率。视频显示屏画面更新的频率。

（11）刷新频率。视频显示屏显示数据每秒钟被重复的次数。

（12）照度。入射于表面上的光通量密度。当表面积上的照射均匀时，照度等于光通量除以表面积所得的商。

（13）全高清。显示设备（投影机或显示器）从输入接口和板卡到显示单元全部支持高清信号（720P及以上）的处理和显示。

（14）高清。显示设备（投影机或显示器）只有输入接口支持高清信号（720P 及以上）的处理，而显示单元不支持物理分辨率显示，也就是说这台显示设备能正常显示高清，却不能完美还原高清信号。

（15）超高清。国际电信联盟（International Telecommunication Union）将“4K 分辨率（3840×2160像素）”正式名称定为“超高清 Ultra HD（Ultra High-Definition）”。同时，也适用于“8K 分辨率（7680×4320 像素）”。

（16）主会场、分会场。

主会场：会议主持召开和信息（信号）发布的会场。

分会场：远程或异地接受会议信息的会场。

（17）主显示、辅助显示。

主显示：厅堂会场多数人或核心区域观看并能看到的显示。

辅助显示：主显示不能兼顾到功能或特定的人群。

（18）主摄像、辅助摄像。

主摄像：能拍摄到厅堂会场多数人或核心区域的摄像设备。

辅助摄像：拍摄主摄像设备不能兼顾到功能或特定人群的摄像设备。

3. 常用视频信号接口

（1）AV 接口。AV 接口全称为标准视频输入（RCA）接口，它由红、白、黄三种颜色的线组成，其中黄色为视频传输线，红色和白色则是负责左右声道的音频传输。通常都是成对的白色的音频接口和黄色的视频接口，采用 RCA（俗称莲花头）进行连接，使用时，将 AV 标准线缆的莲花头端与相应接口连接起来即可。

AV 接口实现音频和视频的分离传输，避免了因为音/视频混合干扰而导致的图像质量下降，但由于AV 接口传输的仍然是一种亮度/色度（Y/C）混合的视频信号，仍然需要显示设备对其进行亮/色分离和色度解码才能成像。这种先混合再分离的过程必然会造成色彩信号的损失，色度信号和亮度信号相互干扰从而影响最终输出的图像质量。AV 接口由于本身 Y/C混合这一不可克服的缺点，因此无法在一些追求视觉极限的场合中使用。

（2）S－Video（Separate Video）接口。S－Video

（也称二分量视频接口），它将 Video 信号分开传送，在 AV 接口的基础上将色度信号 C 和亮度信号 Y 进行分离，再分别以不同的通道进行传输，S－Video 出现于 20 世纪 90 年代后期，通常采用标准的 4 芯（不含音效）或者扩展的 7 芯（含音效）。

（3）VGA 接口。VGA（Video Graphics Array）接口，也称为 D－Sub 接口。VGA 接口共有 15 针，分成 3 排，每排 5 个孔，是传统显卡上应用最为广泛的接口类型。它传输红、绿、蓝模拟信号以及同步信号（水平和垂直信号）。

传统计算机与外部显示设备之间都是通过模拟 VGA 接口连接，对于模拟显示设备，如模拟 CRT 显示器，信号被直接送到相应的处理电路，驱动控制显像管生成图像。而对于 LCD、DLP 等数字显示设备，显示设备中需配置相应的 A/D（模拟/数字）转换器，将模拟信号转变为数字信号。由于经过 D/A 和 A/D 二次转换后，会造成一些图像细节的损失，所以模拟 VGA 接口已逐渐被 DVI、HDMI、DP 等数字接口所代替。

（4）RGB HV 接口。RGB HV 接口是在分离的导线上传送红、绿、蓝、水平同步、垂直同步信号。在模拟视频信号中，RGB HV 能提供最好的视频质量。

RGB HV 和 VGA 从信号性质和结构是一模一样的信号，两者可以互通。两者的区别只是传输和处理的要求不一样（技术标准不一样）。VGA 方式用来传输和处理几十兆到 100M 带宽的 RGB HV 信号，而 RGB HV 方式用来传输和处理 100～200M 及以上带宽的 RGB HV 信号。

模拟 RGB HV 接口已逐渐被 DVI、HDMI、DP 等数字接口所代替。

（5）YPbPr 接口。YPbPr 接口是模拟系统的标识，常用于摄像机、DVD 播放器等设备。Y 即是亮度信号，而 YPbPr 接口不是数字接口，仍然定义为是模拟接口。YPbPr 的接口使用同轴电缆，可以用 BNC 头也可以使用普通莲花头作为接口。

（6）DVI 接口。DVI（Digital Visual Interface）即数字视频接口。DVI 是基于 TMDS（Transition Minimized Differential Signaling 转换最小差分信号）技术来传输数字信号，DVI 接口利用 T.M.D.S.链路将像素数据进行最小变换直流平衡编码，实现高速实时数字显示数据传输。DVI 是一种国际开放的接口标准，在 PC、DVD、高清晰电视（HDTV）、高清晰投影仪等设备上有广泛的应用。

DVI 数字端子比标准 VGA 端子信号要好，数字接口保证了全部内容采用数字格式传输，保证了各类信号源到显示设备的传输过程中数据的完整性（无干扰信号引入），可以得到更清晰的图像。

DVI 一共分为 5 种标准。DVI－A（A＝ Analog）是模拟信号接口，只能去接 DVI－A 或者 VGA 接口的信号。DVI－A 是一种模拟传输标准，由于性能不高，目前基本被废弃。DVI－D（D＝ Digital）是数字信号接口，只能去接 DVI－D 接口的信号。DVI－I（I＝A＋D＝Integrated）含 DVI－A 和 DVI－D 两个接口，在管脚定义上有明显的区分。（注：DVI－D 和 DVI－I 分为“双通道”和“单通道”两种类型。）

DVI 信号特性见表 20－2。

表 20－2 DVI 信号特性

规格	信号	备注
DVI－I 双通道	数字/模拟	可转换 VGA
DVI－I 单通道	数字/模拟	可转换 VGA
DVI－D 双通道	数字	不可转换 VGA
DVI－D 单通道	数字	不可转换 VGA
DVI－A	模拟	

采用 DVI 线缆传输 1080P 信号时一般不大于 15m，长距离传输建议采用双绞线或光纤传输。

（7）HDMI 接口。高清晰度多媒体接口 HDMI（High Definition Multimedia Interface）支持声音与图像的同步传输，即声音图像都是用一条 HDMI 线来传输；HDMI 线支持 1080P 信号传输，但是传输距离是有限制的，传输 1080P 信号建议不超过 15m。长距离传输需要使用双绞线传输或光纤传输设备。

（8）HD－SDI 接口。SDI 接口是一种“数字分量串行接口”，HD－SDI 接口是一种广播级的高清数字输入和输出端口，其中 HD 表示高清信号。HD－SDI 接口采用同轴电缆，以 BNC 接口作为线缆标准，有效传输距离可达 100m。

（9）DisplayPort 接口。DisplayPort 接口即 DP 接口，采用高清数字显示接口标准，DisplayPort 是由视频电子标准协会（VESA）发布的显示接口。作为 DVI 的继任者，DisplayPort 在传输视频信号的同时加入对高清音频信号传输的支持，支持更高的分辨率和刷新率。

20.1.2 音频系统基本概念和名词术语

音频系统由三个部分组成：

人：人的听觉系统。

设备（系统）：由传声器、调音台、功率放大器、音箱等设备组成。

环境：各类应用场所环境，如会议室、剧院、体育场馆等。

1. 音频基础

声音是通过空气传播的一种连续的波，即声波，是连续的模拟信号，称为模拟声音信号。音频信号是人可以听到的频率范围的信号，一般为20～20kHz。

（1）声音、听觉和音频基础。

1）声音的产生。声音是由振动产生，是由物体振动引起周围弹性物质发生波动的现象，物体的振动激振空气而发生空气压力的声波运动，声波进入人耳，振动耳膜所引起的听觉感知叫作“声音”。人耳能感知声音是因为声压的作用，这个声压一般是指有效声压，其单位为帕斯卡（Pa）。

人能听到的声音，包括语音、音乐和其他声音（环境声、音效声、自然声等），分为乐音和噪声。乐音由规则的振动产生，只包含有限的某些特定频率，具有确定的波形。噪声由不规则的振动产生，包含各种音频的声振动，没有确定的波形。

有关声音的主要物理量有音速、波长、频率和声压。

2）声音的感知和人听觉特性。人耳对声波频率的主观感觉范围为20Hz～20kHz，通常称此范围为音频声或可闻声，低于300Hz为低音部分，300～4000Hz为中音部分，高于4000Hz为高音部分。低于20Hz为次声波，高于20kHz为超声波。

人耳对能够感受到不同强度、不同频率声音的听觉范围称为声域。在人耳的声域范围内，声音听觉心理的主观感受主要有响度、音高、音色、时间差和回声、方位感和噪声等，其中响度、音高与音色称为声音的三要素。

响度。又称声强或音量，即人耳对音量大小、声音强弱的主观感受；声音的响度一般用声压或声强来计量，声压的单位为帕斯卡（Pa），声强的单位为W/m²，声压与基准声压比值的对数值称为声压级，单位为分贝（dB）。

音高。也称音调，即人耳对声音频率的主观感受，声波振动频率越高，音高则高；反之音高则低。单位为赫兹（Hz）表示。

音色。又称音品，是人耳在主观感觉上区别具有相同响度和音调的两个声音有所不同的特性，即两个声音即使响度与音高一样，但人耳仍能感觉出不同。这是因为这两个声音的基频（音高）虽然一样，但所包含的谐波（也指泛音）不同，因此就具有了不同的音色。

时间差和回声。一般人耳可以区别大于50ms时间差而先后到达的两个声音。直射声和回声的时间差可达近百毫秒乃至数秒。当时间差小于50ms时，人耳一般难以区分，仅能感觉到音色和响度的差异。

方位感。人通过双耳定位，可以判断声音的方向和声源的方位，也就是具有方位感。

噪声。人愿意接受的声音称为“信号”，信号以外的各种杂乱声音统称为“噪声”。噪声对信号的妨碍程度称为“掩蔽效应”。它不仅取决于噪声的总声压级大小，还取决于噪声的频谱分布。信号和噪声的频率越接近，噪声的掩蔽作用也就越大。

等响度曲线。人耳对声音响度和声音的声压、频率三者的关系，如图20－3所示。

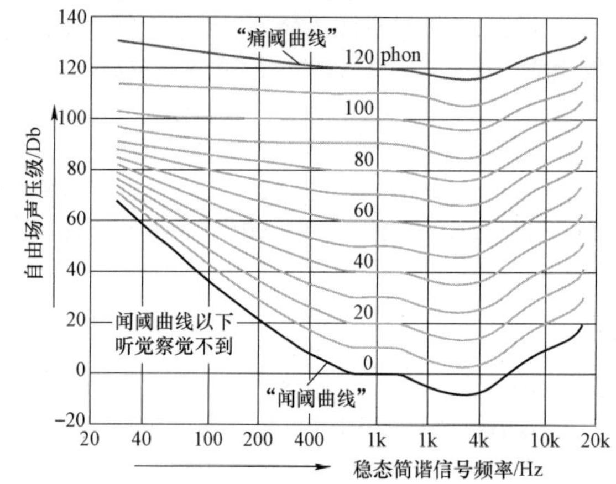

图20－3　等响度曲线

3）人耳听觉的掩蔽效应。一个较弱的声音（被掩蔽音）的听觉感受被另一个较强的声音（掩蔽音）影响的现象称为人耳的“掩蔽效应”。被掩蔽音单独存在时的听阈分贝值，或者说在安静环境中能被人耳听到的纯音的最小值称为绝对闻阈。

纯音对纯音、噪声对纯音的掩蔽效应：

① 处于中等强度时的纯音最有效的掩蔽是出现在它的频率附近。

② 低频的纯音可以有效地掩蔽高频的纯音，而反过来则作用很小。

③ 噪声对纯音的掩蔽噪声是由多种纯音组成的，具有无限宽的频谱。

除了同时发出的声音之间有掩蔽现象之外，在时间上相邻的声音之间也有掩蔽现象，称为时域掩蔽。

时域掩蔽又分为超前掩蔽和滞后掩蔽。产生时域掩蔽的主要原因是人的大脑处理信息需要花费一定的时间，也就是说，一个强音发生时，除了提高同一时刻的听觉阈值外，还会提高强音发生前和发生后一段时期的听觉阈值。一般来说，超前掩蔽很短，只有大约 5～20ms，而滞后掩蔽可以持续 50～200ms。

由于人耳对声音的感知存在这些掩蔽效应，可以利用人耳心理模型对声音进行分析，将被掩蔽的信号去除，或用少量比特进行量化，只要保证量化噪声低于听觉阈值，则人耳听不出还原后的声音与原始声音的差别。

（2）声波的特性。

1）声波的镜像反射。声波在前进过程中，如果遇到尺寸大于波长的界面，则声波将被反射，入射角等于反射角。反射的声能与界面的吸声系数有关。

2）声波的扩散反射。声波在传播的过程中，如果遇到一些凸形的界面，就会被分解成许多较小的反射声波，并且使传播的立体角扩大，这种现象称之为扩散反射。适当的声波扩散反射，可以促进声音分布均匀，并可防止一些声学缺陷的出现。

3）声波的衍射。当声波波长大于等于障碍物的尺寸时，会绕过障碍物，称为衍射。

4）声波的干涉频率。相同的声波相遇后会产生干涉现象，相位相同的声波叠加后，幅度倍增，相位相反则抵消，声波干涉会造成频率响应特性出现峰和谷的波动。直达声和反射声来自同一声源，因而频率相同，由于经过的路径长短不同，就会产生相位差，产生干涉现象。

5）声波的吸收与透射。当声波从一种介质传递到另一种介质时，声能的一部分被反射，一部分透过物体继续传播（称为透射）；还有一部分由于物体的振动或声音在物体内部传播时介质的摩擦或热传导而被损耗（称为材料的吸收）。透射声能与入射声能之比称为透射系数τ，反射声能与入射声能之比称为反射系数γ。通常将τ值小的材料用作隔声材料，将γ值小的材料用作吸声材料。定义吸声系数$\alpha=1-\gamma$，$\alpha=0$，入射声能全部被反射；$\alpha=1$ 时，入射声能全部被吸收。吸声系数的大小与频率相关，通常我们所说的吸声系数是平均吸声系数。

2. 音频系统常用名词术语

（1）电声学。研究声电相互转换的原理和技术，以及声信号的存储、加工、传递、测量和应用的科学。它研究的内容覆盖所有的声频范围，从次声到特超声，通常仅局限于可闻声范围。

（2）声场。声场是指媒质中存在声压的空间，即传播声波的空间。

1）自由声场与室外声场。

自由声场，即在声波传播的空间中无反射面，声源在该声场中发声，在声场中的任一点只有直达声，无反射声。

室外声场，当点声源向没有反射面的自由空间辐射声能时，声波以球面波的形式辐射，随着声波与声源距离的增加，声能迅速衰减。这时，任何一点上的声强遵循与距离二次方成反比的定律。如果用声压级表示，则距离增加一倍，声压级衰减 6dB。

2）室内声场。室内声波在封闭空间中的传播及其特性比在室外要复杂。声波将受到封闭空间各个界面，如顶棚、地面、墙壁等的反射、吸收与透射。室内声场存在着许多与自由声场不同的声学问题，房间的共振可能引起某些频率声音的加强。因此，研究室内声场，对室内音质设计和噪声控制具有重要的意义。

（3）可闻声。引起听觉的声振动或由声振动引起的听觉。

（4）噪声。紊乱不定的或统计上随机的振荡、不希望的或不需要的声音，或其他干扰的声音。

（5）声影区。由于建筑物或折射的原因，造成声音不能辐射到的区域。

（6）声聚焦。由于室内存在的凹面，使部分区域的声音汇集在某一个焦点上，从而造成室内声场分布不均匀的现象。

（7）声染色。由于房间频率响应的问题，原始声音在传播过程中被赋予了额外的声音特征。

（8）声死点。由于声音的聚焦或干涉形成某点（或某区域）声音严重不足的情况。

（9）声反馈。声系统中的扬声器系统放出的部分声能反馈到传声器的效应。

（10）分贝（decibel）dB。分贝是自然学科中常用的对数单位，其定义是将某些数据与参考值进行比值，在声学中有声压级、声强级、声功率级等。

（11）声功率。声源在单位时间内向外辐射的声能量称为声功率，单位为瓦（W）。

声功率级计算公式 $L_w=10\lg(W/W_0)$

式中，L_w 为声功率级，dB；W 为声功率，W；W_0 为基准声功率，$W_0=10^{-12}$W，即 1pW。

（12）声强。单位面积单位时间内通过声音的能量称为声强（能量密度），单位 W/m²。声强与声功率的关系：声强（I）＝声功率（W）/单位面积（S）。

（13）声压级。一种按对数方式分级表示声音大小的常用单位，这就是声压级。所谓某点的声压级 L_p 是指该点的声压 P 与参考声声压 P_0 的比值取常用对数再乘以 20，单位为分贝（dB）。

即
$$L_p=20\lg(P/P_0)$$
$$(P_0=2\times10^{-5}\text{Pa})$$

（14）本底噪声。也称为背景噪声。在厅堂声学设计中，本底噪声是指房间内部自身振动或外来干扰而形成固有的噪声，大小以声压级 dB 的方式表示。厅堂的本底噪声是建筑声学设计以及专业视音频项目需要涉及和控制的一个基本物理量，它的大小、处理方式对厅堂的声学环境有着重要意义。由于本底噪声主要来自外界环境噪声和振动、设备噪声和振动，在视音频项目中的处理方法是在建筑上进行隔声，同时降低设备噪声。

（15）混响时间。混响时间（Reverberation Time）是表示声音混响程度的参量，以声源停止发声后，声压级减少 60dB 所需要的时间用 T_{60} 或 RT 表示，单位为秒。房间的混响时间与房间的容积，表面积及房间平均吸声系数有关。混响时间对音质有着很大的影响。混响时间短，有利于听音的清晰度，但过短则会感觉到声音干涩和响度变弱；混响时间长，有利于声音的丰满感，但过长则会感到前后声音分辨不清，降低了听音的清晰度。

（16）倍频程。是指使用频率 f 与基准频率 f_0 之比等于 2 的 n 次方，即 $f/f_0=2^n$ 次方时，则 f 称 f_0 的 n 次倍频程。人耳听音的频率范围为 20Hz～20kHz，在声音信号频谱分析时一般不需要对每个频率成分进行具体分析。为了方便起见，人们把 20Hz～20kHz 的声频范围分为几个段落，每个频带成为一个频程。频程的划分采用恒定带宽比，即保持频带的上、下限之比为一常数。如果将一个倍频程划分为 3 个频程，称这种频程为 1/3 倍频程。

（17）频响特性。频率响应是指将一个以恒电压输出的音频信号与音响系统相连接，能够输出的信号最低有效频率与最高有效频率之间的范围。这种声压和相位与频率的相关联的变化关系（变化量）称为频率响应，单位分贝（dB）。频响特性通常用通频带范围内的灵敏度相差的分贝数来表示。通频带范围越宽，相差的分贝数越少，表示系统的频响特性越好，频率失真小。

（18）数字音频网络传输协议。通过数字音频网络协议可灵活控制并组建大型音频网络，目前主要协议有：

1）CobraNet。CobraNet 是在以太网上传输专业非压缩音频信号的技术，工作在数据链路层（OSI 二层）的低层传输协议，但无法穿过路由器，只能在局域网中传递，音频流不能大于 8 个数据包（Bundle）。它可以在 100M 以太网下单向传输 64 个 48kHz、24bit 的音频信号（48kHz、24bit 信号为 56 路）；除音频信号外，还可以传输 RS485 串口通信数据及其他非同步 IP 数据；开放的 MIB 文件，支持 SNMP 协议。一般使用星型网络结构。

2）Ethernet AVB。Ethernet AVB 以太网音视频桥接技术是一项新的 IEEE 802 标准，其在传统以太网络的基础上，通过保障带宽、限制延迟和精确时钟同步，提供完美的服务质量，以支持各种基于音频、视频的网络多媒体应用。Ethernet AVB 关注于增强传统以太网的实时音视频性能，同时又保持了 100%向后兼容传统以太网，是极具发展潜力的下一代网络音视频实时传输技术。

3）Dante。Dante 协议是在标准的 IP 网络上运行的现代化高性能数字媒体传输系统，是一个集硬件、软件和通信协议为一体的产品。Dante 数字音频传输技术是基于三层的 IP 网络技术，采用 Zeroconf 协议，简化了网络的运行模式。它可以通过一根普通的网线同时发送和接收多个信号的音频通道，完全替代了多芯线缆，而且音频可以发送到所有带 Dante 的音频设备，并且更改路由只需要通过简单易用的软件即可完成。另外，Dante 能提供 1－1024 个通道的音频传输，以及在其网络路由可以有无限数量的通道。

3. 常用音频信号接口

（1）Audio 接头。传输 Audio 信号通常采用 RCA 接口，又称非平衡式接口或莲花接口。RCA 端子采用同轴传输信号（BNC）的方式，中轴用来传输信号，外层的接触层用来接地，也可用来传输数字音频信号和模拟视频信号。RCA 音频端子一般成对地用不同颜色标注：右声道用红色（R），左声道用黑色或白色（L）。

（2）TRS（6.35mm）接头。俗称“大三芯”，音频设备连接插头，用于非平衡立体声信号的传输，此时功能与 RCA 插头相同。也可用于平衡信号的传输，同 XLR 接头。

（3）XLR 卡侬接头。XLR 称为卡侬接头、平衡端子、麦克风插头，用于平衡立体声信号的传输，是一种三线的连接端子，三根导线分别是正极（高端）、负极（低端）和屏蔽（接地）。一般应用在专业或广播电视领域。XLR 端子的优势在于平衡线性传输信号，可以在长距离传送音频信号时大大减少电子系统因电磁、射频干扰而产生的噪声和哼声，但在消费类家用电器中，XLR 传输的优势并不非常明显。

（4）微型（3.5mm）音频接头。CD 播放机、MP3 播放机、计算机电脑声卡均使用微型音频插孔用于音频立体声信号的输入/输出。在音频系统应用中，经常会需要将微型接口的音频输出（例如计算机声卡音频输出）转换成 RCA 左右两路音频信号，用于后级设备的输入端（例如功率放大器或调音台）。

20.1.3　视音频系统分类和组成

1. 视音频应用分类

视音频系统应用分类有以下三类：

民用级应用：家庭影音娱乐、背景音乐等。

商业级应用：公共广播，电子会议、数字媒体展示、文娱类应用（影剧院、影音娱乐 KTV、酒吧等）、体育场馆、行业特殊业务应用（监控中心、指挥中心、医疗、酒店、教育等）。

广电级应用：广电各类应用：演播室、广播电视等。

本章节重点阐述商业级视音频系统在各类场所应用。

2. 视音频系统组成

（1）视频系统。包括视频显示系统、信号处理系统、摄像系统、录播系统和远程视频会议系统。

（2）音频系统。包括扩声系统、会议发言讨论系统和同声传译系统。

（3）集中控制系统。

（4）信息化服务管理系统。包括智能管理服务系统、电子签到系统、电子表决系统和无纸化会议系统。

20.1.4　现代视音频系统发展

视音频系统近年来追求更加完美的视觉呈现、标准化、智能化、多功能化、网络化、数字信息化、无纸化、平台化，以适应各类应用的需求。具体产品表现在以下各方面：

（1）小间距（微间距）LED 显示屏。具有尺寸任意拼装、画面无缝、亮度高、不受环境光影响，节能环保、安装简单、运维方便等特点。

（2）大尺寸平板显示屏。高品质画质（4K、8K 分辨率），图像色彩更细腻、丰富。

（3）激光投影机。光源寿命可达 2 万 h，并具有节能、电光转换率高等特点。

（4）全高清 DLP 拼接显示屏。物理分辨率 1920×1080，色彩均匀一致性更优秀，拼缝更窄为 0.1～0.2mm。LED 光源寿命可达 6 万 h，激光光源寿命可达 2 万 h。

（5）激光荧光体显示屏。高对比度，无摩尔纹现象，颜色/亮度一致性优秀，功耗极低。

（6）极窄边 LCD 液晶拼接。拼缝为 1.8mm，亮度为 700 尼特，分辨率为 1920×1080。

（7）CLEDIS 黑彩晶。CLEDIS 是一种使用超精细 LED 元件作为光源的高画质显示技术，超高对比度、无缝模块化、广视角－水平和垂直视角为 180°，超宽色域高亮度。

（8）高清会议摄像机。通过 IP 传输，实现全高清视频输出无须独立编码器的 IP 视频传输，降低了成本并简化了安装，支持 POE，实现更低的安装成本。

（9）高清混合矩阵支持 HDMI/DVI/VGA/SDI/CAT/CVBS/YPbPr/Fiber 等接口，支持无缝切换，支持输入输出图像分辨率任意可调，自带倍频、降频功能。

（10）光纤矩阵（产品线更丰富）。基于光纤无压缩传输，保证信号长距离传输，质量无损。

（11）分布式处理系统。信号源的可视化预览、拖拽式操作易扩展、稳定性高，极易实现厅堂会场内信号源的共享，摆脱了传统距离的限制。可给予用户所见即所得，自由分发，场景模式定制。

（12）视音频同一平台统一管理，可视化平台一目了然，操作简便。

（13）无线数字会议系统。多频段（2.4G＋5.2G＋5.8G）、稳定又可靠的音频传输连接、智能的电池管理、安全可靠（保密）、音质佳、抗射频干扰的麦克风。

（14）基于以太网的数字音频传输技术。

（15）无纸化会议办公系统。具有同步浏览、自主浏览、电子投票、电子评分、屏幕共享、自动签到、会商标注等功能，可以跨平台、多平台同时应用（安卓、苹果、Windows），支持有线、无线等方式。

（16）互联网直播平台。支持将会议、活动现场的视音频同步的发布至云端，用户可通过微信或电脑进行直播观看，微信直播还可分享至朋友圈。

随着 H.265 技术的更加成熟，产品的更加稳定，基于 SVC 架构的云视频技术的更加稳定和完善，4K、8K 信号的传输处理及呈现愈加完美。随着人工智能 AI、虚拟现实 VR 及 AR 的应用，视音频系统将有越来越多的新功能。

20.1.5　视音频系统常用技术规范和标准

本章除 2.1.2 常用电气设计规范和标准外，还参考以下国家相关规范标准并部分引用：

《电子会议系统工程设计规范》（GB 50799）；

《会议电视会场系统工程设计规范》（GB 50635）；

《公共广播系统工程技术规范》（GB 50526）；

《会议电视系统工程设计规范》（YD/T 5032）；

《厅堂扩声特性测量方法》（GB/T 4959）；

《剧场、电影院和多用途厅堂建筑声学设计规范》（GB/T 50356）；

《厅堂扩声系统设计规范》（GB 50371）；

《厅堂、体育场馆扩声系统设计规范》（GB/T 28049）；

《声级计电、声性能及测量方法》(GB/T 3785.1)；

《扩声、会议系统安装工程施工及验收规范》(GY 5055)；

《音频、视频及类似电子设备 安全要求》(GB 8898)；

《视频显示系统工程技术规范》(GB 50464)。

20.2 视频系统

20.2.1 视频显示系统

视频显示系统是通过调用、处理各种信号，向现场提供全面、准确、适时的数据画面呈现的系统。

专业厅堂及会议场所用显示设备的种类很多，显示设备规格和类型选择，通常根据场地环境的使用面积、空间格局、使用功能、造价等需求合理化设计选择。如正投、背投、平板显示器、各类大屏幕设备的选择，应从尺寸的大小、安装位置是否合适、亮度分辨率等指标要求是否满足、信号处理是否满足不同信号显示需求等专业的角度进行设计。

1. 视频显示系统的分类与组成

视频显示系统由信号源、信号传输路由、信号处理设备和显示终端及配套辅助设施等组成，可实现一路或多路视频信号源同时、部分或全屏在显示终端显示，如图 20－4 所示。

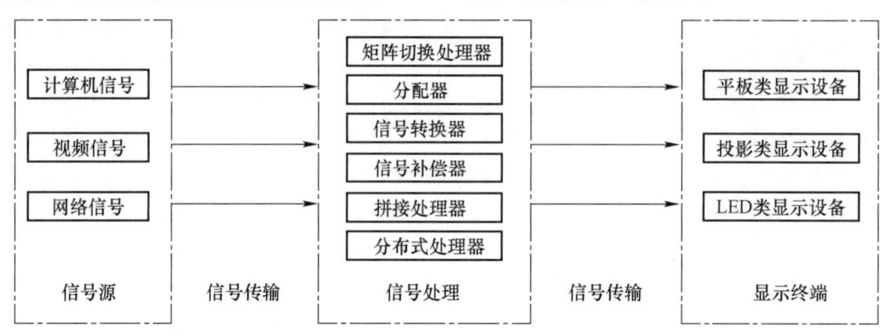

图 20－4 视频显示系统组成

(1) 显示终端。在视频显示系统中可独立完成画面显示功能的基本单位，包括图 20－4 中平板类显示设备、投影类显示设备、LED 显示类显示设备。

(2) 信号传输。信号传输是在视频显示系统中，将需显示的各类信号传输至各显示屏单元的信号传输部分。传输方式与布线应根据信号分辨率与传输距离确定，见表 20–3。

表 20－3 传输方式与布线要求

信号分辨率	传输距离	传输方式	传输线缆
XGA 及以下	≤15m	模拟或数字传输方式	RGB 同轴屏蔽电缆或 DVI 屏蔽电缆
	>15m	数字传输方式	DVI 屏蔽电缆或光缆＋均衡器
SXGA 及以上	≤10m	模拟或数字传输方式	RGB 同轴屏蔽电缆或 DVI 屏蔽电缆
	>10m	数字传输方式	DVI 屏蔽电缆或光缆＋均衡器
HDTV	≤5m	模拟或数字传输方式	RGB 同轴屏蔽电缆或 DVI 屏蔽电缆
HDTV	>5m	数字传输方式	HDMI、Display Port 屏蔽电缆或 DVI 屏蔽电缆或光缆＋均衡器
IP 视频	≤100m	网络传输方式	超 5 类及以上等级双绞电缆或光缆
	>100m	网络传输方式	超 5 类及以上等级双绞电缆＋均衡器或光缆

(3) 信号处理系统。信号处理系统用于视频信号的调度管理，包括图像分割和拼接、图像显示参数（如位置、色彩、亮度、均匀性、对比度等）的设置和调整、视频信号的分配和切换等。通常信号处理系统设备的选型根据应用的空间距离、信号源的类型、数量、传输、显示等合理规划配置和选型。

(4) 信号源。信号源类型包括计算机信号、各类视频信号和网络信号等。

(5) 配套辅助。用于支持视频显系统工作的配套工程，包括控制室、设备间、供配电和防雷接地系统等。

2. 显示终端的分类与组成（表 20－4）

表 20－4　视频显示终端设备分类

设备类别	设备名称	分类
平板、电视类显示设备	液晶显示设备（LCD）	液晶显示屏
		液晶拼接屏
	等离子显示设备（PDP）	等离子显示屏
		等离子拼接屏
	有机发光二极管（OLED）	OLED 显示屏
		OLED 拼接屏
	CRT 显示设备	CRT 显示设备
投影类显示设备	LCD 投影机	按投影机工作方式分为背投影和正投影显示系统 按投影机数量分为大屏幕拼接投影显示系统和非拼接（单台）显示系统 按技术类别分为 DLP 显示技术、LCD 显示技术、LDT 激光显示技术 按应用市场分为民用类、商用类、教育类、工程类、电影类、仿真类、演出类
	DLP 投影机	
	LDT 激光投影机	
LED 类显示设备	单色	
	双基色	
	全彩	

3. 视频信号处理系统

信号处理系统对各类信号源输入输出及格式转换进行处理，实现各类信号资源输出后的显示、存储、调用、分配等应用，如切换、分配、切换、倍频、分割、多屏拼接融合等。

信号处理系统设计应充分考虑到各种信号源，包括所有视频、网络、计算机信号的接入。同时，根据各类输入输出设备信号类型、接口、数量的不同，准确规划信号处理设备选型及架构，并且在输入输出核心接口路数上保留一定的冗余。通常在实际应用中矩阵类设备输入信号数量大于输出信号数量。

信号处理系统设备受控于集中控制系统，具有面板控制、RS232 远程控制、网络等控制方式，信号处理无须人工操作，可任意切换，操作方便。

（1）常用信号处理设备分类组成。

常用信号处理设备分类见表 20－5。

表 20－5　常用信号处理设备分类

设备类型	设备名称	说　明
切换类	DVI 信号切换器	多路单一接口类型信号输入、单路同类型单一信号输出设备
	HDMI 信号切换器	
	VGA 信号切换器	
	SDI 信号切换器	
	BNC 信号切换器	
矩阵类	DVI 矩阵信号切换器	多路单一接口类型信号输入、多路同类型单一信号输出设备
	HDMI 矩阵信号切换器	
	VGA 矩阵信号切换器（BNC 或 RGB HV 接口）	
	SDI 矩阵信号切换器	
	BNC 矩阵信号切换器	
	DVI 矩阵信号切换器	
	AV 矩阵切换器	多路 BNC 接口类型信号输入、多路 BNC 信号输出，音频非平衡立体声 RCA 接口，多路输入输出
	音频矩阵切换器	音频非平衡立体声 RCA 接口，多路输入输出
	VGA 矩阵（带音频）切换器	多路 BNC 或 RGB HV 接口类型信号输入、多路 BNC 或 RGB HV 接口信号输出，音频非平衡立体声 RCA 接口，多路输入输出
	混合信号矩阵切换器	上述多路各类接口类型信号输入、多路各类接口信号输出
分配类	DVI 信号切换器	单路单一接口类型信号输入、多路同类型单一信号输出设备
	HDMI 信号切换器	
	VGA 信号切换器	
	SDI 信号切换器	
	BNC 信号切换器	
传输类	网线传输器	信号通过长距离网线传输，两端网线传输接受设备
	光纤传输器	信号通过长距离光纤传输，两端光纤传输接受设备
	长线驱动器	信号传输长度超过标准范围，信号驱动补偿延长设备
转换类	信号转换器	各类信号之间的接口转换设备
信号切换处理类	画面分割、分屏等设备	多路信号输入，经过信号处理，实现多路信号画面分割同时显示或分屏显示

续表

设备类型	设备名称	说　明
信号切换处理类	信号拼接处理器	拼接显示类输出，实现多路信号的整屏、跨屏漫游输出显示
	信号融合处理器	高端信号图形处理设备实现输出信号的多种复杂的几何变形调整显示
分布式系统	分布式处理系统	标准IP信息传输、高清视频、控制信号基于 IP 编码，基于 IP 全系统控管
接口类	隐藏式桌面接口、地面接口、墙面接口	信号进入信号处理系统的第一环节，主要作用是负责信号源与信号处理系统的衔接

（2）信号处理系统发展方向——分布式技术。传统信号处理系统设备由表20-5中多种设备组成，同时需要单独配置录播、集中控制等系统。分布式信号处理系统，基于服务器和网络，集信号处理、录制、点播、可视化集中控制等功能，实现信号源信号、设备的集中通信控制和集中视频控制管理。

1）分布式处理系统组成。分布式信号处理系统主要由输入节点编码器、中心管理服务器、输出节点编码器、综合平台控制软件组成。对前端信号源经过编码后解码，通过中心管理服务器及控制软件，实现任意图像切换管理应用。

传输路径为：信号源→专业线缆→输入节点编码器→网线→网络交换机→网线 →输出节点编码器→DVI线→显示设备。

分布式矩阵系统架构，如图20-5所示。

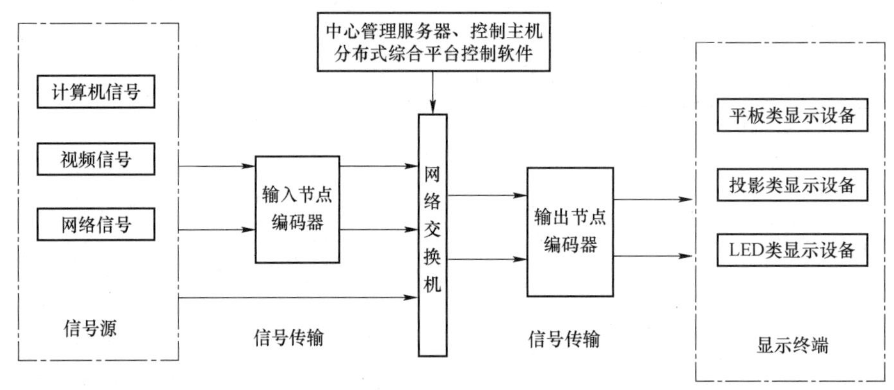

图20-5　分布式矩阵系统架构

输入节点编码器：输入节点编码支持对前端输入的计算机信号的统一接入，通过输入节点编码成相应的网络信号，将全部接入信号源转换成网络信号。

中心管理服务器：中心管理服务器负责整个显示系统资源的管理，是系统运行的基础。系统部署可扩展，包括解码服务、媒体分发、接入管理、视频存储、认证管理、注册管理、设备管理、用户管理等多个模块，可以集中安装，也可以分别部署在不同服务器上协同工作。

输出节点编码器：输出节点编码支持对前端网络信号源的解码实时切换输出及点播输出。

分布式综合平台控制软件：提供对显示系统各类视频窗口的控制和管理，对编解码设备的控制以及对矩阵、集中控制等相关外围设备的接入与管理。

2）应用功能。

信号处理：实现前端不同类型信号源的接入，前端信号源的完整采集和到后端的稳定显示。支持对多类型、远距离、多应用信号源的稳定无损采集，实现对视频信号的管理控制。

集中控制：对厅堂场所的环境设备进行相应的控制，常见的灯光、音响、窗帘、投影仪等设备，实现设备的集中管控应用。

坐席协同：对各应用系统服务器的信息接入，实现坐席协作跨多平台操作、坐席协作协同信息共享、坐席协作人机分离、坐席一人多机、一机多屏机制、坐席队列调控管理、坐席协作分组管理、坐席协作权限管理、坐席数据轮巡监控、调度数据运行管理的等应用进行调试及部署。支持对不同操作人员进行不同权限分配和管理。

可视管理：主要对信号处理、集中控制和坐席协同等功能在软件界面上进行可视化控制，对信号源进行相应的软件界面的可视化控制，实现对信号源的准确管理，满足实际项目应用需求的可视化管控。

（3）视频信号处理设备的功能和性能。信号处理系统应将各种信号源（数据信号、音视频信号等）进行集中化、快捷化处理，达到信号资源优化和共享的目的，以满足不同的需求。

视频信号格式转化：将不同制式输入的视频信号转换成统一格式的视频信号输出。

信号频率变换：将自动扫描并适应视频输入信号的频率，转换成所需要的信号频率输出。

对视频信号进行放大和噪声过滤，提高输出图像的质量。

多组视音频信号源的正确路由、切换和多路分配。

同步信号的处理：信号处理系统应能够在输入的视频信息中抽取同步信息并保持与视频输出的相关性。

信号的长距离传输：以硬件方式实现信号的长距离无损传输。

4. 大屏幕显示系统

大屏幕显示墙由显示屏单元物理拼接而成，是图像显示区域的总称，是由多个显示单元以及图像处理器构成的大屏幕显示系统。显示屏单元间通过电气连接（包括信号传输路径），由控制系统进行控制，可单独显示视频画面，或显示画面的某一部分，还可以与系统中的其他单元配合组成完整的画面。一般用于一个画面的超大屏幕显示以及多个画面的多窗口漫游显示。

（1）大屏幕显示系统分类。显示单元的显示品质和技术性能直接影响着整个大屏幕显示墙的效果，采用不同类型的显示单元显示墙效果差别很大。

根据显示单元的工作原理分为四种常用类型：

1）DLP 背投显示单元（箱体）拼接。

2）多台投影机拼接融合显示。

3）平板 PDP/LCD/OLED 显示单元拼接。

4）LED 显示单元拼接。

根据图像处理技术分为两种常用类型：

1）图像拼接控制器架构。

2）分布式处理系统架构。

（2）大屏幕拼接显示系统组成。大屏幕拼接显示系统由管理计算机及软件、信号源、信号传输路由、信号拼接处理设备和显示终端组成。

图像拼接控制器架构大屏幕拼接显示系统组成如图 20－6 所示。

分布式处理系统架构图像拼接控制器大屏幕拼接显示系统组成如图 20－7 所示。

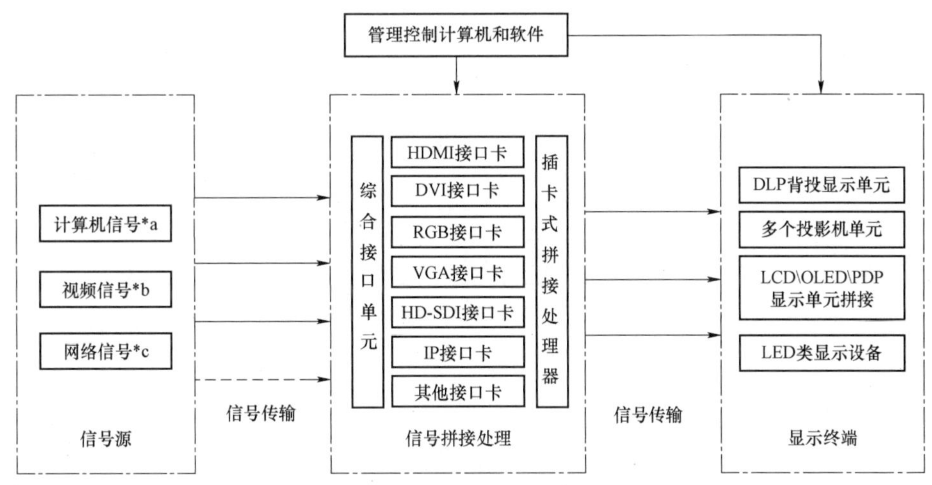

图 20－6　图像拼接控制器架构大屏幕拼接显示系统组成

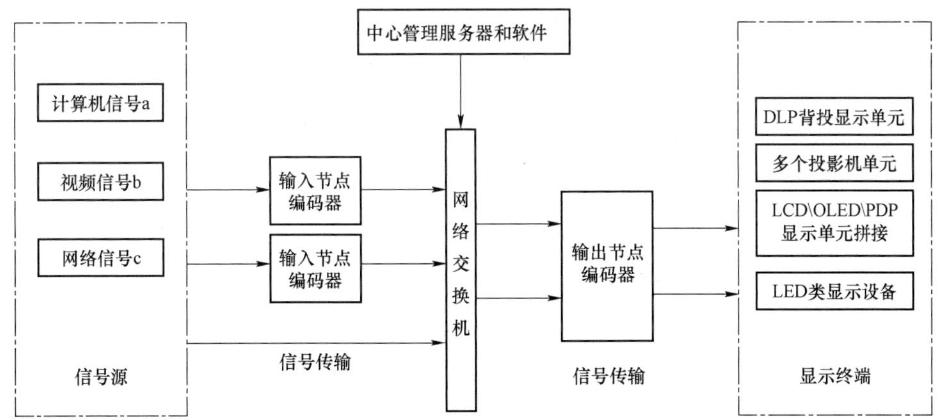

图 20－7　分布式处理系统架构大屏幕拼接显示系统组成

1）拼接墙显示单元。即显示终端设备，一般有 *m*（行）×*n*（列）拼接形式。

2）图像拼接处理设备（拼接处理器、分布式处理器）。处理器是拼接墙的核心，是将一个完整的图像信号划分后分配给视频显示单元，完成用多个普通视频单元组成一个超大屏幕动态图像显示屏的设备。拼接墙处理器可以实现多个物理输出组合成一个分辨率叠加后的显示输出，使拼接墙构成一个超高分辨率、超高亮度、超大显示尺寸的逻辑显示屏，完成多个信号源在屏幕墙上的开窗、移动、缩放等方式的显示功能。

3）拼接墙接口设备部分。包括 HDMI、DVI、VGA、RGB、网络、控制接口等主要连接各类输入及输出设备（各类接口卡或输入输出节点编解码器），对拼接墙的显示内容进行控制和编辑。

4）拼接墙软件部分：管理控制软件来实现拼接墙的画面显示设定及各种功能，以及显示内容的编辑处理。

（3）常用视频大屏幕系统显示技术设备应用对比见表 20－6。

表 20－6　常用视音频大屏幕系统显示技术设备应用对比

性能	小间距 LED	DLP 拼接墙	液晶拼接墙	投影融合系统
显示原理	自发光	光源投影	背光源投射	光源投影
物理拼缝	整屏基本无拼缝	小于等于 0.5mm	目前最小为 1.8mm	无拼缝、有融合带
亮度	P0.9～P2.0 级别的小间距 LED 显示屏亮度基本在 1000～1600lm 之间	LED 光源，一般中间≤500cd/m^2，四角≤250～300cd/m^2，激光光源产品亮度较高	一般为 500～2000cd/m^2	一般在 5000lm 以上
均匀性与一致性	亮度、色度逐点可调，整屏均匀一致；长期使用产生坏点	长期使用，单元间亮度与色彩衰减不一致，需专业人员重新调试	长期使用，单元间亮度与色彩衰减不一致，不可恢复	长期使用，单元间亮度与色彩衰减不一致，需专业人员重新调试
可视角（H/V）	主流为 140°/140°	主流为 120°/80°	主流为 178°/178°	依屏幕而不同
分辨率	最高可达 4K 或更高（特殊尺寸下）	主流为，1920×1080	主流为 1080p 最高可达 4K	主流 WXGA 最高可达 4K
功耗	功耗相对较高	主流的 LED 光源产品及新兴的激光光源产品均较为节能	节能环保	主流的 LED 光源及新兴的激光光源均比较节能
使用寿命	平均 10 万 h	平均 6 万 h	平均 6 万 h	传统灯泡：3000h，激光：2 万～5 万 h
使用成本	成本高	成本偏高	价格经济	价格经济
适用环境	亮度可调，对光环境门槛要求低，不仅可以用于室内，还可应用于半户外、户外等环境，室内应用对散热要求高	LED 光源产品满足室内应用需求	主要用于室内大屏幕显示领域中低端市场，在高端市场也有少量应用	对光环境要求高，周围环境光线强度直接影响显示效果，局限于低亮度环境
应用灵活性	高端市场应用 长时间观看受限，可与触摸、4K、裸眼 3D 等技术结合；具有弧形变形能力，可定制，可更好地发挥创意设计	中高端市场应用 箱体体积较大，可与触摸、4K、裸眼 3D 等技术的结合	高中低端市场均有应用 拼接单元轻薄，可与触摸、4K、裸眼 3D 等技术结合；能够实现异形拼接	特殊行业应用较多 体积小巧，安装方式灵活，具有动态画面显示优势，只需通过投影机身自身的旋转就可以投射出形态各异的画面效果，在创意应用领域优势突出

（4）大屏幕显示系统后侧维护间的配套要求。

1）装饰装修要求。大屏幕显示墙后侧维护间地面采用用静电地板或涂刷地面防尘漆，防止地面灰尘积聚对显示设备的影响。维护间如有玻璃墙及玻璃窗体，应使用加厚型遮光布做窗帘或装饰处理，用于遮光、隔热，避免阳光的直射。

2）安装结构及承重要求。主大屏幕安装通常采用钢架支撑框架结构安装，主体框架安装应依托所在建筑区域主体柱子和横梁，通常建议空间宽度不小于 1.2m。要求地面不平整度小于±3mm，现场设备安装

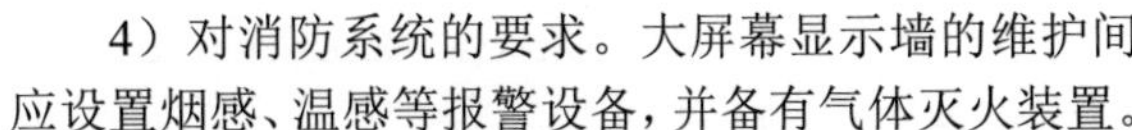

区域地面（楼层地面）的承重需要根据大屏幕显示墙规模来具体设计，必须满足大屏幕显示系统设备的承重安全（大屏幕安装区）。

3）环境温度要求。大屏幕显示墙前方大厅和后面维护间均要求设有良好的空调环境，以保证室内环境达到显示墙的理想工作温度，并使投影墙前后温度保持基本一致。

大屏幕显示系统维修通道内有良好的空调环境和空气对流，同时保证多屏幕系统前后温度不会因温差过大产生结露现象，理想的环境温差不大于 3℃。设备一般理想工作环境温度为 22℃±4℃，理想相对湿度 40%～60%无冷凝，不可产生较大温差、湿差突变，要保证温度、湿度的变化有缓慢过程。

空调出风口位置应尽量远离大屏幕显示墙，所有出风口距离拼接墙及屏幕不应少于 2m（后侧维护间尽可能远离），并且出风口不能直接对着显示墙及屏幕，以避免大屏幕显示墙受冷热不均匀而损坏或结露。

大屏幕前面和后面的空调开关要集中安装在一个区域，使用空调时应同时打开或同时关闭送风，防止造成严重的温差。

维修空间具有良好通风，保证大屏幕墙后部的空气循环。必要时配置除湿机以保证相对湿度达到要求。

通常，在现场大屏幕设备安装前要求先对安装点的空调系统和风机先进行运行 1 周时间，以保证清除空调管道内的粉尘。

4）对消防系统的要求。大屏幕显示墙的维护间应设置烟感、温感等报警设备，并备有气体灭火装置。

消防喷头要远离屏幕 1m 左右，并且不得使用自动喷水喷淋头，要求采用喷雾灭火剂等。

5）给水排水。给排水管道不得穿过穿越大屏幕显示墙上方。

20.2.2　摄像系统

摄像系统应满足厅堂会场现场进程记录要求和现场监控要求。

1. 摄像系统的分类与组成

（1）摄像系统分类。摄像系统从功能应用可分为全景摄像和自动跟踪摄像。

1）全景摄像系统：采集厅堂会场全景和局部特写画面，信号通过图像控制系统实时切换传输至控制室预监显示屏和录播系统。

2）自动跟踪摄像：自动跟踪摄像系统与数字会议系统、集中控制系统及配套的自动跟踪软件配合使用，实现与发言系统联动，对发言人进行追踪和定位，提供高质量的现场视频图像信号资源。自动摄像跟踪系统通过数字发言系统激活，在无人操作的情况下准确、快速地对发言人进行特写。同时将采集到的信号输出到显示系统及远程视频会议系统。

（2）摄像系统组成。摄像系统由图像采集、传输路由、图像控制处理和显示终端等部分组成，如图 20－8 所示。

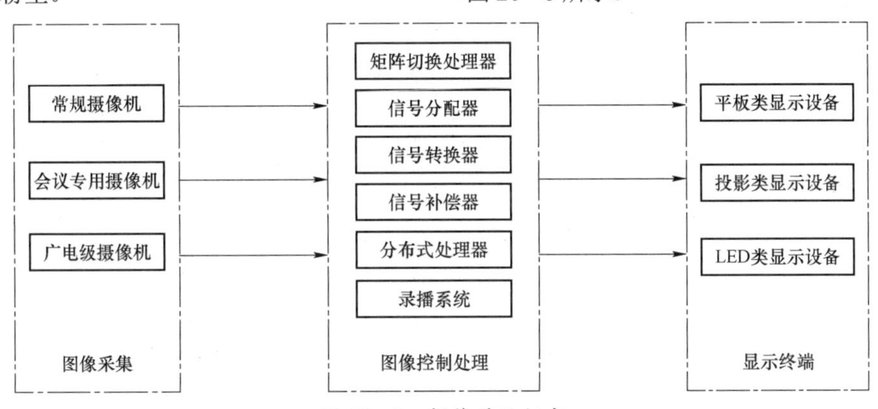

图 20－8　摄像系统组成

在有摄像功能的厅堂会场，通常设置至少 2 台摄像机，分别用于摄取发言者图和全景。摄像机应选用清晰度高的产品。

摄像机在厅堂场所中应用分为：① 主摄像机，能拍摄到会议主发言区（人）或会场核心区域的摄像设备，摄像目标为会议主发言人。② 辅助摄像机，主摄像设备不能兼顾到功能或特定的人群，摄像目标为厅堂全景。

2. 功能和性能

（1）主摄像机的安装高度，如图 20－9 所示。

$$H=H_1+H_2+H_3,\quad H_1=D\tan\theta$$

式中，H 为摄像机安装高度，m；D 为摄像机镜头与被摄像对象之间的水平距离，m；H_1 为摄像机镜头与被摄像对象坐姿水平视线之间的垂直距离，m；H_2 为

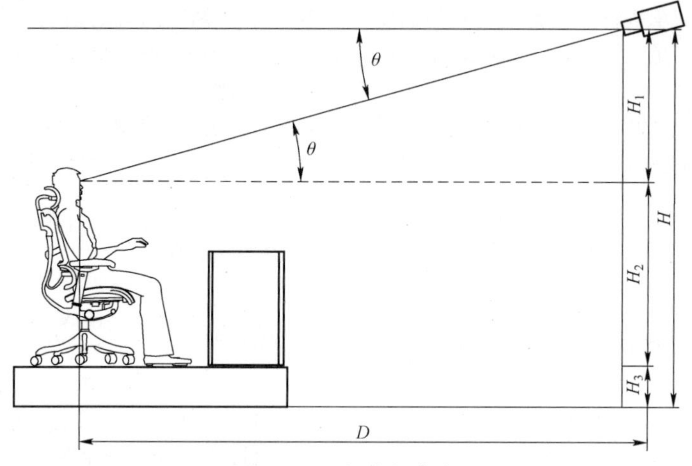

图 20-9 摄像机高度

被摄像对象坐姿平均高度（m），通常取值 1.4m；H_3 为主席台高度（m），按 0.2～0.4m（按实际取值），无主席台时取 0；θ为摄像机的垂直摄像角度，(°)。

摄取发言者图像的主摄像机垂直摄像角宜小于或等于 10°，水平左摄角或水平右摄角宜小于或等于 45°，通常采用固定安装或移动安装方式。

摄取会场全景或局部场景的辅助摄像机根据厅堂的规模布局、预监要求设置。

（2）性能。摄像系统可实现各台摄像机视频信号之间的快速切换，具有断电自动记忆、画面冻结、屏幕字符显示、功能和画面的无缝切换功能。

在实际应用中，通常摄像机分辨率应不低于显示分辨率。摄像机具有预置位、变焦、云台功能，预置位数量应大于发言者数量。

视音频系统摄像机通常采用会议专业摄像机或广电级摄像机，摄像机图像质量、分辨率、图像传感器类型、传输接口、集成性及后端应用软件支持等指标性能是选择的主要指标。

20.2.3 录播系统

传统的视音频会议等录制解决方案通常采用的磁带录像机、硬盘录像机、DV 摄像机、DVD 刻录机等设备，存在记录信号单一、网络发布及共享困难、无法记录 720p/1080i/1080p 的高清信号、管理使用麻烦等问题。

随着视音频系统高清应用的普及、复杂程度、环境多样性、信号传输距离、IT 融合需求等要求越来越高，传统会议记录与传播设备已远远不能满足现代视音频系统对可视化信息记录与传播的需求。

现代录播系统基于 IP 网络，可以将厅堂场所中的视频、音频信号和计算机动态屏幕信号进行一体化的同步录制、直播和点播。

1. 录播系统的分类与组成

录播系统是记录和播放会议多媒体信息的系统。

（1）录播系统分类。可分为一体机录播系统和分布式录播系统。

（2）录播系统组成。系统由信号采集、录制、编辑、直播、转播等处理设备等组成。

1）录播一体机。集信号采集、录制、编辑、直播、转播于一体，适用于小型视音频场所或录制信号源数量较少环境下应用。通过录播一体机实现会议过程中主讲、参会人员、电脑信号的同步录制，现场视频录制过程接入集中控制系统使用移动平板电脑、计算机等进行控制，录播一体机组成如图 20-10 所示。

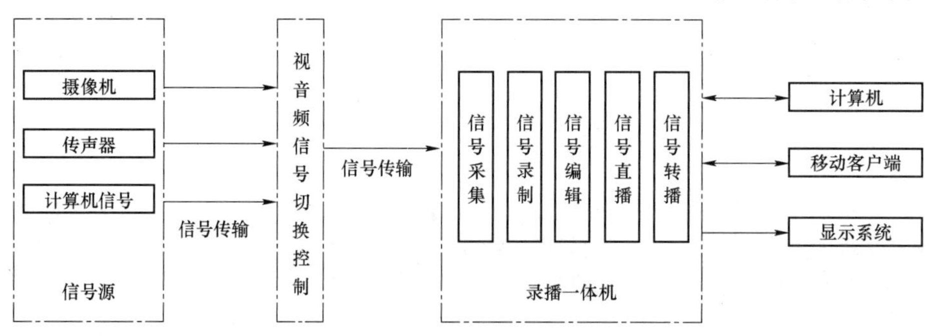

图 20-10 录播一体机组成

2）分布式录播（多会议室录播方案）。分布式录播系统适用于多间厅堂会议室场所、录制信号源较多或传输距离超长的会议环境进行录制。在每个应用场所根据信号的类型和数量，配置不同类型的编码器，多媒体录播服务器。编码器对视频信号进行编码，通过网络把数据码流发送录播服务器上。录播服务器完成对数据的录制保存。整个系统分工明确，维护简单。分布式网络录播系统组成如图 20－11 所示。

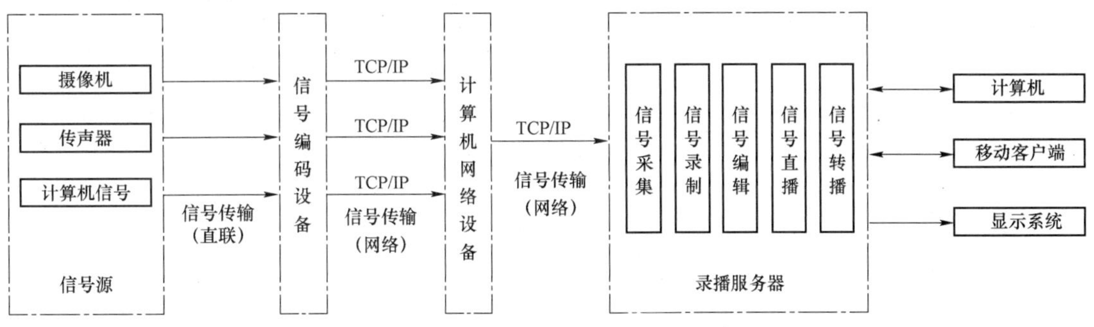

图 20－11　分布式网络录播系统组成

多媒体录播系统综合管理平台为用户管理和访问分散设备及资源提供统一的入口，方便了管理人员对多台录播服务器的集中管理以及大容量直播、点播业务的开展。

2. 功能和性能

录播系统层级包括设备层、管理层和应用层，支持集中对系统设备进行管理和操作。整套系统以录播主机为中心，基于 IP 网络与各功能模块建立连接通信，实现控制信号和数据的传输控制，系统实现会议预约、会议录制、会议媒体发布，是一个操作简便的会议录播系统。

（1）设备层。录播系统的核心，通过提供多种架构满足在各种场景下可视化信息记录与传播的核心需求，即录制、直播、点播。采用基于 IP 网络分布式架构。在不具备网络通信条件的场所或小规模的应用场所，采用一体机架构。录制采用通用标准格式，支持双机热备份方式和存储空间的扩展能力。

（2）管理层。录播系统的扩展层，通过提供多种管理平台及软件组成录播产品的外围支撑体系，满足围绕核心需求的更高层面的用户需求（扩展、融合、统一），还可配合远程视频功能使用。

（3）应用层。录播系统的基础，提供灵活多样、简单易用的资源访问及获取方式。基于 IE 浏览器的系统管理和使用界面的 B/S 架构，具有多种控制方式及人机访问界面，方便管理者及用户的管理和使用。具有可视、交互、协同功能。

20.2.4　远程视频系统

远程视频系统利用网络将分布在各地的会议室、培训室及各类应用场所、办公室连接起来，实现实时交互的视音频通信及数据共享，从而完成跨地域的可视化远程会议、远程协作、远程培训、远程医疗等应用。

远程视频系统采用多种多媒体通信及处理技术，包括通信协议、视频编解码、音频编解码、产品设计、远程协作、多画面、混音、电视墙、会议录播、字幕、多级级联以及网络适应性等。

目前远程视频系统已进入 1080P 高清主流，并在一些领域（如医疗等领域）逐步向 4K 超清应用过渡。与传统标清视频会议相比，远程高清视频系统提供更高的视频分辨率，图像更清晰，体验更好。

1. 远程视频系统的分类与组成

（1）远程视频系统分类。

1）点对点应用。点对点会议即两个会场进行一对一的视讯会议，无须 MCU 支持，仅需在会场使用遥控器直接呼叫对方的号码（或从电话本选择呼叫）即可，无须技术人员协助。终端点对点远程视频应用组成如图 20－12 所示。

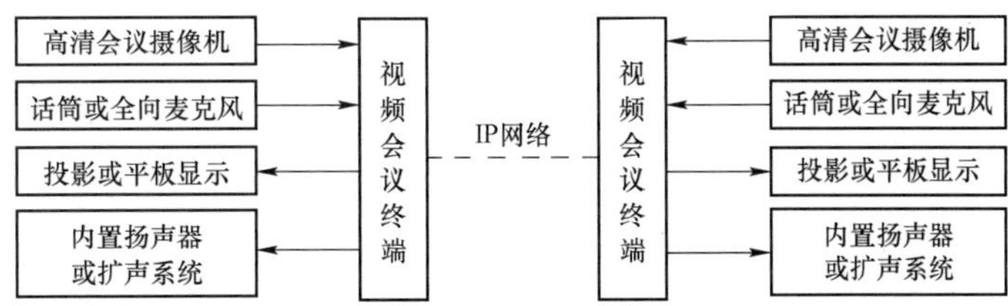

图 20－12　终端点对点远程视频应用组成

2）全网多点应用。系统可以召开主会场和所有分会场参加的全网视频会议或远程培训，全网多点远程视频应用组成如图20-13所示。

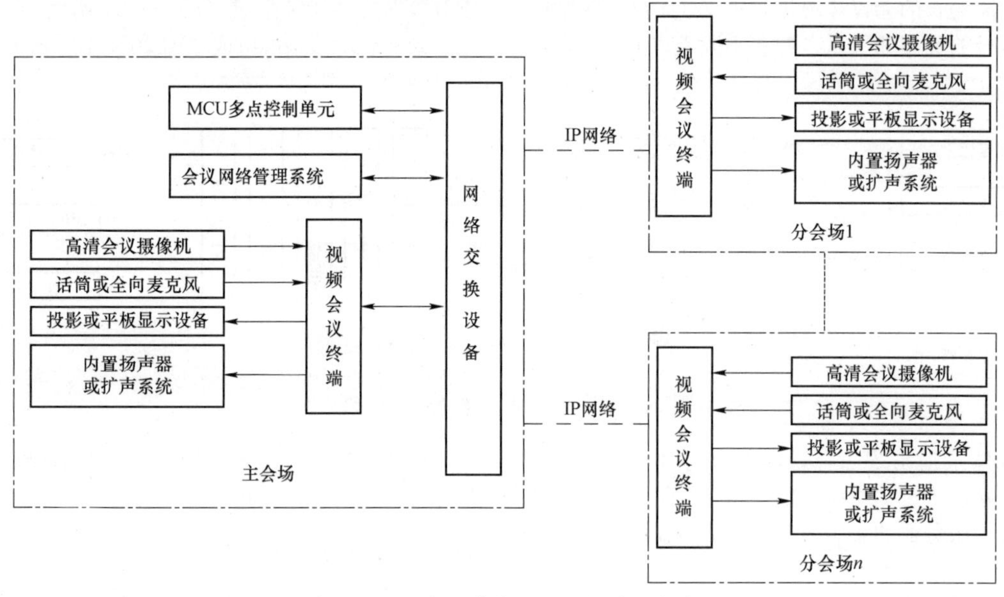

图20-13 全网多点远程视频应用组成

3）分组应用。支持多组会议同时召开，会议组织形式可根据需要进行设置，各会议间互不干扰。例如，召开全单位大型行政视频会议同时，还可以召开部门与部门之间的小型会议或领导之间的桌面会议等。分组远程视频应用组成如图20-14所示。

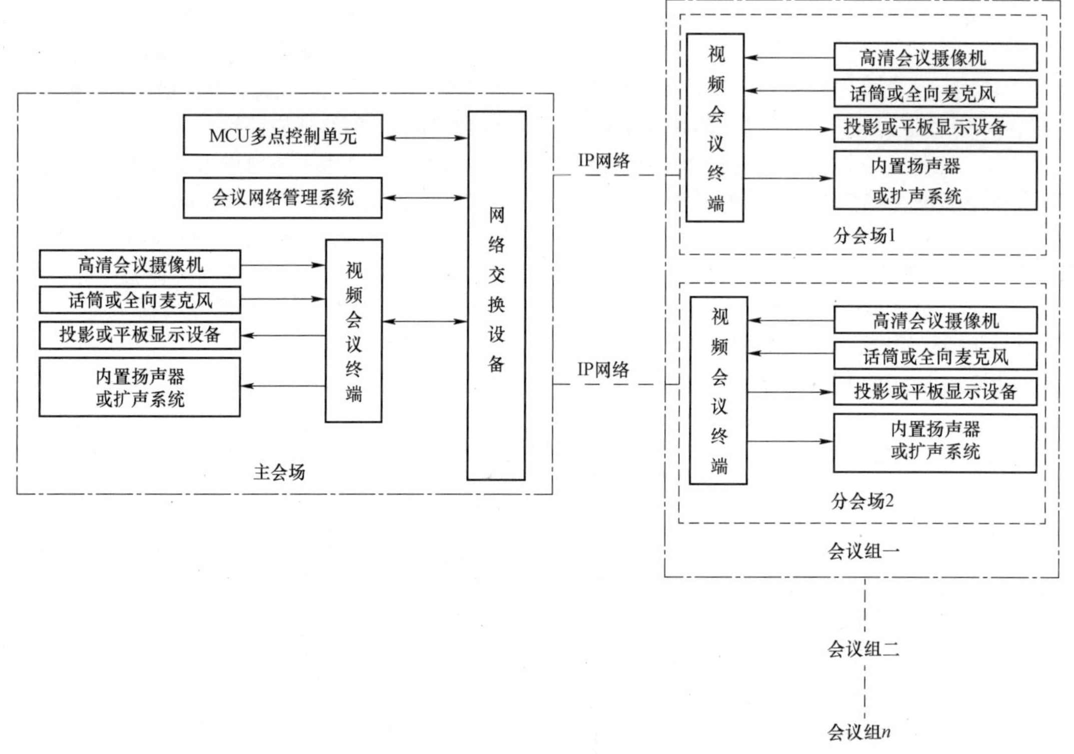

图20-14 分组远程视频应用组成

（2）远程视频系统组成。由视频会议服务器（MCU）、视频会议终端、网络管理系统和传输网络四部分组成。

1）视频会议服务器（MCU）。即多点控制单元，也叫多点会议控制器 MCU（Multi Control Unit），是多点视频会议系统的关键设备，它相当于一个交换机，将来自各会议场点的信息流，经过同步分离后，抽取出音频、视频、数据等信息和信令。MCU 主要用于为两点或多点会议的各个终端提供数据交换、视频音频处理、会议控制和管理等服务，是视频会议的核心。三点及以上会议室终端都将使用视频会议终端。视频会议 MCU 的规模决定了视频会议的规模。

2）视频会议终端。位于每个会议地点的终端，将本地的视频、音频、数据和控制信息进行编码打包并发送，对收到的数据包解码还原为视频、音频、数据和控制信息。视频会议终端有视频会议终端与会议高清摄像机组合一体型（适用于点对点或小型视频会议）和视频会议终端与会议高清摄像机分离（适用于大中型系统）两种类型。

3）网络管理系统。它是会议管理员与视频会议 MCU 之间交互的管理平台。在网络管理系统上可以对视频会议服务器 MCU 进行管理和配置、召开会议、控制会议等操作。

4）网络传输。会议数据包通过网络在各终端与服务器之间传送，安全、可靠、稳定、高带宽的网络是保证视频会议顺利进行的必要条件。

2. 功能和性能

（1）技术功能。

1）控制方式。在远程视频应用中，控制方式包括主席控制、导演控制、自动轮询以及语音激励等，根据应用的不同需要可选择不同的控制方式。

2）双流功能。简称双流，是将两路本地图像同时传至远端会场。

3）台标、横幅、短消息。使用于字幕功能，如会场名称显示、会议通知等。

4）多画面显示。它作为视频会议系统中的辅助功能，可增强系统应用的灵活性，便于在单一显示设备上以分屏形式同时显示多个远端会场的图像，更加真实再现会议的临场效果。

5）智能抗丢包。通过检测网络丢包率，重发丢失的数据包来保证网络拥塞时的会议效果。

6）断线自动恢复。在远程视频应用过程中，对所有的终端进行定时跟踪检测，有终端掉线时，MCU 能快速自动将掉线的会议终端重邀加入会议。

7）会场预览监视。可选择任意一路或多路会场进行远程视、音频监控，可用于会议中实时监看远端会场的情况或切换发言会场前预览该会场准备情况。

8）多级数字级联。可针对客户行政架构多级分布部署，召开全网会议时可实现各级会议之间数字级联，节省骨干网带宽。

9）远程控制与管理。

（2）远程视频会议系统应满足质量要求见表 20－7。

表 20－7　远程视频会议系统应满足质量要求

质量分类	效果描述	延时/ms	抖动/ms	丢包（%）
A	画面流畅、较清晰，声音清晰	≤100	≤30	≤3
B	运动幅度较小时画面流畅、较清晰，运动幅度较大时，出现轻微马赛克，并能够觉察到延迟；声音清晰。可满足会议电视的“一般”要求	≤100	≤50	≤5
C	运动幅度较小时画面基本流畅、较清晰，运动幅度较大时，会出现部分马赛克或停顿现象，并能够觉察到一定的延迟；声音较清晰，基本不影响交流。仅满足视频会议的基本要求，达到“基本可用”	≤150	≤50	>5

20.3　音频系统

20.3.1　扩声系统

扩声系统是应用建筑声学和电声学的手段对原始声进行处理，从而使听音效果达到预期的系统。

扩声系统设计包括“建声和扩声”两方面的内容。前者主要是控制混响时间和音质缺陷，后者则要确保厅堂内有足够的声级、均匀的声场分布，以及在不同的使用功能时所要求的声学效果。当两者相辅相成密切配合时，才能用最低的投资而获得良好的艺术和音质效果。

按国家标准要求，装有扩声设备的厅堂必须进行建筑声学及电声设计，最终的音质效果是电声与建声综合设计的体现。

1. 扩声系统的分类与组成

（1）扩声系统分类。

1）按应用空间划分。分为室内扩声系统和室外扩声系统，室内扩声受房间声学条件影响较大，室外扩声则受自然环境影响更多。

室外扩声系统主要用于体育场、广场、公园、艺术广场等。它的特点是服务区域面积大，空间宽旷，声音传播以直达声为主。音质受环境和气候及室外遮挡物等影响。

室内扩声系统应用于各类厅堂会议、剧场、礼堂、体育馆、歌舞厅等，不仅要考虑电声技术问题，还涉及建筑声学问题，不仅要做语言扩声，还要能供各种文艺演出使用，对音质的要求很高，受空间建筑声学条件的影响较大。

2）按用途扩声系统划分。分为可划分语言扩声系统、音乐扩声系统、舞台扩声系统、背景音乐广播系统等。

（2）扩声系统设备（电声系统）组成。由传声器和音源设备、调音台、信号处理设备、功率放大器和扬声器等组成，如图 20－15 所示。

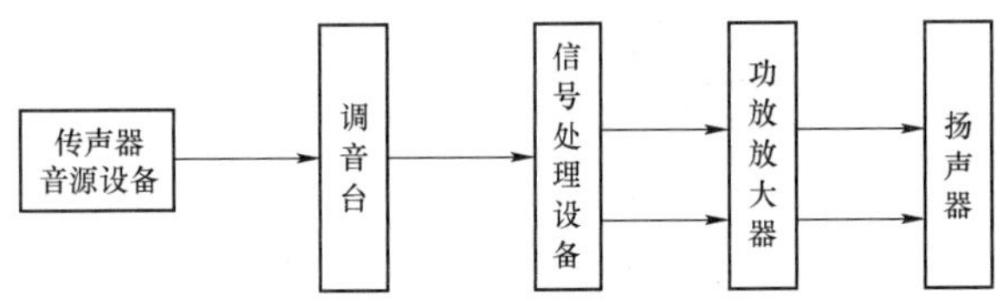

图 20－15　扩声系统组成

1）扬声器。它是将电信号转化为相应的声音的器件。扬声器的选择配置必须根据厅堂场所的空间特征和使用环境及要求达到的声学特性指标等因素综合考虑。在音频系统设计设备选型中，通常首先考虑的是扬声器的选用，扩声系统设计通常都从声场开始，然后再向后推进到扬声器、功率放大器、声处理系统、调音台，直至话筒和其他声源等。

① 按功能应用类别分为：

全音域音箱：覆盖频率范围大，可以发出各个频段的声音。

低音音箱：只能发出低频段的声音。

返送音箱：用来使舞台上的表演者能够听到自己的声音。

建筑类音箱：例如体育场内的号角、天花上的吸顶扬声器。

② 扬声器常用技术参数如下：

最大声压级（SPLmax）：实际使用时，扬声器有其功率承受能力的范围，常态可输入的功率为标称功率。当扬声器输入这个标称功率时，在其前方轴线上 1m 处测得的声压级，称为最大声压级，用 SPLmax 表示。SPLmax 是实际中可使用的最大声压级。

阻抗：音箱的阻抗通常是指音箱在有效的频率范围内获得最大输入电功率的输入阻抗模值，即扬声器阻抗频率特性曲线上的最小阻抗值。在扩声系统设备中，很多重要的参数和配置都与阻抗有关，如功放的输出功率、输入输出形式等。如果相连的两个设备阻抗不匹配，就有可能产生电气指标下降、音质变劣甚至设备受损。

灵敏度：在送扩声设备中，器材的电－声或声－电转换能力的大小称为器材的灵敏度。一般以 dB/W/m 作为音箱灵敏度的单位，即在扬声器系统中输入 1W 的功率，在其正前方 1m 处测试声压的大小，从而得出音箱的灵敏度数值。

频率范围：频率范围是指音响系统能够回放的最低有效回放频率与最高有效回放频率之间的范围。

频率响应：是指将一个以恒电压输出的音频信号与系统相连接时，音箱产生的声压随频率的变化而发生增大或衰减、相位随频率而发生变化的现象，这种声压和相位与频率的相关联的变化关系（变化量）称为频率响应，单位为分贝（dB）。

扬声器箱指向特性：扬声器箱发出的声音在低频段是无方向性的，即在各方向均匀传播。在中、高音频段时，声音的传播呈现较强的方向性，这个指向特性（各类音箱均不相同）在系统设计中可加以利用。优良的指向特性可在扩声现场把声波集中到听众区，避开声波强烈的反射面和多声源引起的声波相互干扰，有利于提高声音的清晰度。

2）功率放大器设备。

① 按应用类别分为：

定阻式：额定电阻（2Ω、4Ω、8Ω）输出形式的功放。优点是输出频带宽，动态范围大，音质极佳。缺点是无法长距离传输。对于负载阻抗要求严格。

定压式：额定电压（70V、100V）输出形式的功放。优点是可以进行长距离的传输。一个输出回路中只需要考虑功率匹配无须考虑阻抗匹配问题。缺点是经过升压降压后输出音频带宽变窄，动态范围变小，对音质有一定的影响。

② 按技术类别分为：

模拟功放：放大过程中全部信号为正弦波模拟信号。模拟功放常用的放大电路类型为 A 类、B 类、AB 类、G 类、H 类、TD 类。

数字功放：放大过程中全部信号为调制脉宽或者调制频率的方波数字信号。数字功放常用的放大电路类型为 D 类、T 类、I 类。

③ 功率放大器常规参数如下：

功率：在不同负载条件下的驱动能力。

输出阻抗：负载能力，阻值越小，通过电流能力越强。

信噪比：音频信号与本底噪声的比值。

阻尼系数：信号消失后控制单元运动的能力。

转换速率：高频质量与性能。

总谐波失真：谐波失真、互调失真，交叉失真，削波失真，瞬态失真，相位失真等。

放大电路类型为 A、B、AB、D、H、T、TD 等。

3）音频信号处理设备：

① 均衡器。作为送扩声系统的总均衡，改善厅堂的频率传输特性，即保证声场的频率均衡。

改变音质：通过均衡器将所需的频率成分的信号电平增加，将不需要的频率的信号电平减小或切除。

抑制扩声中的声反馈：由建筑声学的缺陷和扩声设备的性能带来某些频率上出现自激振荡，可以用 1/3 倍频程均衡器来抑制而又不影响音质。

② 效果器。利用数字技术对声音信号进行处理，为现场演出创造出各种音色效果的设备。

③ 分频器。功率分频器，位于功率放大器后，在音箱中设置 L_c 滤波网络，将功率放大器输出的功率音频信号分为低音、中音和高音，分别送至各自扬声器，这种方法被称为被动分频。其特点是连接简单，使用方便，但信号损失较大。

电子分频器，将音频弱信号进行分频的设备，位于功率放大器前，分频后将低音、中音、高音信号送至各自功率放大器，然后由功放分别送给低音、中音、高音扬声器，这种方法被称为主动分频。电子分频器音质较好，信号损失小，但需要一台分频器。

④ 扬声器处理器。作为扬声器系统的一部分，将均衡器、限幅器、分频器等功能集中设置，综合调整获得扬声器系统的最佳工作状态。

⑤ 混响器/延时器。人声混响常用来模拟音乐厅、厅堂或山谷等的声学效果，或用于处理因近距离拾音而带来声音不自然的感觉。延时器常用作分区扩声系统的延时处理或对声源制造群感等艺术上的加工。通过延时声音从而提高清晰度。

⑥ 压缩器/限幅器。它是音频信号的一种处理设备，可以将音频电信号的动态进行压缩或进行限制。

⑦ 激励器。它实质上是一台失真发生器，通常是激励出 3～5kHz 的频率，人耳听觉对这段频率特别敏感，而产生一种临场感。

⑧ 数字音频处理器。现代音频技术现已进入全面数字化的时代，传统的模拟音频信号处理设备已经越来越多地被数字式设备取代。数字音频处理器集调音台（标准、自动、矩阵）、均衡器（图形、参量）、滤波器（高通、低通、高渐变、低渐变）、分频器、动态处理器、路径、延时、电平控制器、电平表（讯号监测、峰值、额定值）、反馈抑制器、信号产生器（正弦波、粉红噪声、白噪声）等众多功能于一体，将音频系统中所有的音频信号处理及控制全部在一台主机上完成，大大地简化了传统的音频系统控制和调试，少了大量的中间设备的连接电缆、焊接点、连接器和连接头（座），降低了系统的故障率，减少了信号的传输损失和接点损失，不仅简化了系统的工艺设计，有效避免了由线路连接所产生的各种干扰噪声，还避免了各离散设备的噪声叠加，提高了系统的信噪比。

开放式软件架构的数字音频处理器通常具有上百种处理模块，采用 PC 控制界面，人性化定制操作界面，界面直观、操作简便，可预设多重应用模式，方便应用管理。

4）调音台。调音台是扩声系统的控制中心设备之一，负责连接各种音源，连接各种音频周边处理设备，信号的分配与路由，按声音质量和艺术要求进行调节。

① 调音台的基本功能：放大、匹配、均衡各节目源的电平和阻抗；对各通道的信号和混合信号进行处理；对各通道的输入信号进行混合、编组和分配切换；提供幻象供电、选择监听、通道哑音、舞台返听、现场录音输出、与舞台对讲、高通/低通和参数均衡以及声控制等功能。

② 调音台的分类。

按用途分为扩声用调音台、返听调音台、电台/电视台的播出调音台、录音调音台等。

按输入通道路数分为 6 路、8 路、10 路、12 路、16 路、24 路、32 路、48 路、96 路等，厅堂扩声常用 6～32 路。

按输出方式分为双声道主输出、双声道+4 编组输出、双声道+8 编组输出、双声道+4 编组+矩阵输出等。

按信号处理方式分为调音台分为模拟调音台和数字调音台。输入信号为模拟信号的调音台称为模拟调音台，使用最为广泛，高质量的模拟调音台声音保真度好、音色自然柔和。数字调音台与模拟调音台的基本功能相似，只是其信号是由二进制数据构成，质量好坏取决于采样频率和量化比特率，因含 DSP 处理功能，可预存模式和场景、网络拓展、具有电动推子，可灵活操作远程控制。

5）拾音话筒和音源设备。不同的音源设备满足不同的应用需求，在实际设计过程中，通常应根据需求，合理规划设备选型和数量。音源设备通常包括拾音话筒和播放设备。拾音话筒包括无线麦克风、有线麦克风、人声拾音麦克风、乐器拾音麦克风、环境拾音麦克风、会议发言讨论话筒等。播放设备包括 DVD 播放机、CD 播放机、MD 播放机、VOD 点歌系统、PC 电脑、声卡、硬盘播放机等。

① 话筒的指向特性。在电声设备中，指向特性是指话筒的灵敏度或音箱的声压分布随声波的入射或发射方向而变化的特征，一般用指向特性曲线表示。一般的类型有单方向性“心形”、双方向形“8 字形”和无方向形“圆形”以及单指向性“超心形”等，如图 20－16 所示。

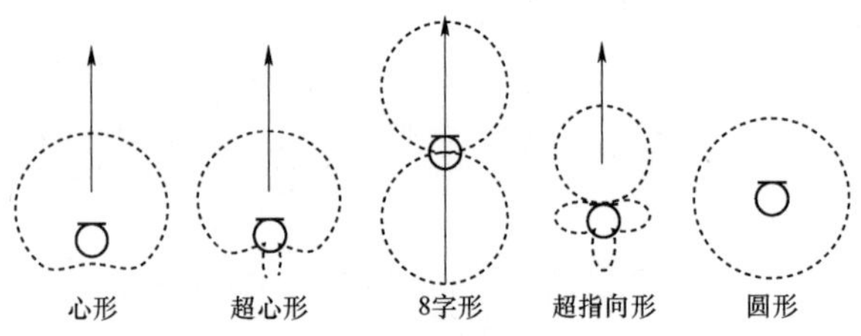

图 20－16 各类话筒的指向特性

② 话筒灵敏度。在 1kHz 的频率下，0.1Pa 规定声压从话筒正面 0° 主轴上输入时，话筒的输出端开路输出电压称为话筒灵敏度，单位为 10mV/Pa。灵敏度与输出阻抗有关。有时以分贝表示，并规定 10V/Pa 为 0dB，因话筒输出一般为毫伏级，所以其灵敏度的分贝值始终为负值。

2. 扩声系统音质的主观评价与客观指标

厅堂音响效果的评价通常称为音质评价，判断音质通常用主观评价标准与技术（客观）评价标准。音响系统的音质评价，应采用主观评价与客观评价相结合的方法。

（1）音质的主观评价标准。对于声音的明晰度、丰满度、空间感、临场感、清晰度、响度感等目前还无法用仪器来测定，因此只能用主观评价的方法进行。

1）语言声音质主观评价。

① 具有高的语言可懂度和清晰度：指语言用房间中，声音是否听得清楚。清晰度与混响时间有直接关系，还与声音的空间的反射情况及衰减的频率特性等综合因素有关。

② 具有合适的响度：指听到声音的大小。足够响度是室内具有良好音质的基本条件，与响度相对应的物理指标是声压级。

③ 频谱不失真。

2）音乐声音质的主观评价。

① 具有适当的音乐明晰度（色感度）：指声源音色保持和美化，保持音色不失真，美化声源，如“温暖”“明亮”（相对应的物理指标主要是混响时间频率特性及早期衰减的频率特性）。

② 具有适当的音乐丰满度：指人对声音发出后“余音”的感觉。在室外，声音感觉“干瘪”，不丰满（与丰满度相对应的物理指标是混响时间）。

③ 具有适当的音乐亲切度。

④ 临场感：也称现场感，指声音使人有身临其境的感觉。合适的近次反射声、混响声和必要的效果声，是产生临场感的必要条件。

⑤ 具有适当的音乐平衡感，音色不失真。

⑥ 具有适当的音质空间感；指室内声场给听者提供的一种声音在室内的空间传播感觉。包括方向感，听者对声源方向的判断；距离感，距声源远近的判断；环绕感，对属于室内声场的空间感觉。

⑦ 具有适当的响度感：指听到声音的大小。足够响度是室内具有良好音质的基本条件（与响度相对应的物理指标是声压级）。

⑧ 没有声音缺陷和噪声干扰：声缺陷是指一些干扰正常听闻使原声音失真的现象，如回声、颤动回声、声聚焦、声影区、声染色等音质缺陷。

（2）音质的客观评价标准。客观测量标准可用仪器来测定系统的声学特性，是音质评价的基础。

1）声压级。房间中某处声压级反映——响度。

2）混响时间。对清晰度、丰满度、明亮度有影响，混响时间适当，可保证各声部间平衡。

3）反射声音的时间分布。对响度的影响，50ms 以内的反射声起到加强直达声的作用，其强度越大响度增大越明显。对清晰度的影响，50ms 内声能比重越大，越清晰。对丰满度的影响，缺乏早期反射声，使直达声与混响声脱节，感觉声音断续、飘浮，干涩。

当低频 RT 较中高频 RT 时可增加声音的丰满度和温暖感，反之则增加明亮感。对亲切感的影响，20ms 左右的早期反射声的多少决定了亲切感。

4）反射声音的空间分布。对亲切感的影响，来自前方的近次反射声有加强作用；对环绕感的影响，来自侧面的近次反射声有加强作用。

3. 建声系统设计

建声系统设计是研究建筑中声学环境问题的科学，主要包括音质设计和噪声控制设计。首先对指定厅堂空间的声场有深入的了解，进行建声设计、处理和电声系统设计，并使二者完美结合，以准确的设计来获得最佳的音响效果。

噪声控制：一般建筑处理的噪声控制手段是对设备机房、管道等进行隔声、隔振处理，这些声学设计将对声环境的营造产生非常重要的影响。

声学音质设计：根据各类厅堂场所的听音要求和

各类声学参数指标，结合厅堂的空间体型、材料、结构等进行设计。

（1）建声系统基础概念。在建筑内，声音传播形成的声场比建筑外要复杂。建筑内厅堂场所对声音的主要影响为：由声源引起的一系列的反射声、房间的共振或声聚焦引起室内声音在一定的频率上会加强或减弱、使室内空间声场的分布发生变化。

厅堂中某一点声源发声时，声波以球面波方式向四周传播扩散，声音的声强按声源距离的二次平方成反比例衰减。

当声波传播到周围墙面时会被反射，先后到达听众耳朵的声音便有三部分：直达声、晚些到达的近次反射声（又称早期反射声）和更晚到达的多次反射声（又称混响声）。

1）直达声。它是由声源直接传播到达的声音，它是声音最主要的信息。直达声的声强按离声源距离的二次方成反比衰减。

2）近次反射声。它是指在直达声之后 50ms 内到达的反射声，这些短延迟的一次、二次和少数三次反射后到达的声波对直达声起到加强的作用，使人感觉到空间的大小和声音的洪亮效果。近次反射声与直达声之间的时间间隔代表房间容积的大小。人耳对于近次反射声和直达声是难以分开的。

3）混响声。它是在近次反射声后陆续到达的、经过多次反射的声音。声波每反射一次，其能量就衰减一次，混响声的衰减率与周围界面对声音吸收的能力有关（吸声系统）。通常用混响时间 R_{60} 来表示，即声源停止发声后，室内声压级衰减 60dB 所需的时间，单位为秒，与声波的频率有关。混响时间对音质有着重要的影响，R_{60} 太大时会使声音混浊不清，太小时会使声音感到干涩。

4）临界距离 D_c。它是指声场中平均直达声能密度与平均混响声能密度相等的点到声源中心的距离。

直达声场的距离衰减按平方反比定律，混响声场的衰减与房间的表面的吸声系统数有关。接近声源时，直达声场占优势，但随着传播距离的增大，直达声场越来越小，由直达声场为主转化为以混响声场为主时，这个转折点离声源中心的距离 r 称为临界距离 D_c。当收听点在临界距离之内时，即 $r<D_c$，直达声起主要作用，声音清晰。当收听点在临界距离之外时，即 $r>D_c$，混响声起主要作用，清晰度降低。直达声场和混响声场在空间分布的关系如图 20－17 所示。

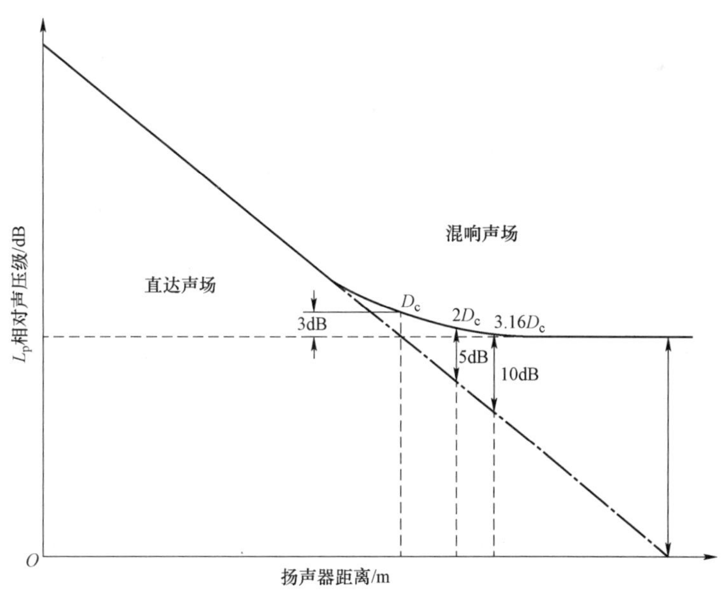

图 20－17 临界距离 D_c 与直达声场、混响声场关系图

临界距离直接受声源的指向特性和房间界面的吸收系统影响，计算公式如下：

$$D_c=0.14(QR)^{1/2} \quad \text{(m)}$$

式中：Q 为扬声器的指向特性，$Q=180°/\arcsin(\sin H/2\times\sin V/2)$；$H$ 为扬声器的水平指向角，(°)；V 为扬声器的垂直指向角，(°)；R 为房间常数，与房间界面的平均吸声系统 a 有关，$R=Sa/(1-a)$；S 为房间界面的总面积。

5）混响时间 T_{60}。它对音质有很大的影响，混响时间短，有利于清晰度，但过短时则会感到声音的干涩和响度变弱；混响时间长，有利于声音的丰满度，但过长时则会感到声音浑浊，清晰度低并且无声音的方向性。

房间的混响时间与房的空间、表面积和房间的平均吸收系数 a 有关，混响时间 T_{60} 的计算公式及适用场所见表 20－8。

表 20－8　混响时间 T_{60} 的计算公式及适用场所

公式名称	混响时间 T_{60} 的计算公式	适用场所
赛宾（Sabine）公式	$T_{60}=\frac{KV}{A}=\frac{0.161V}{S\bar{\alpha}}(\mathrm{s})$	适用于吸声量的不大房间，用于一般近似计算
依林（Eyring）公式	$T_{60}=\frac{60}{D}=\frac{0.161V}{-S\ln(1-\bar{\alpha})}(\mathrm{s})$	用于小空间房间（如试听室、AV 试听室、演播室等）
依林－努特生（Eyring－Knudsen）公式	$T_{60}=\frac{0.161V}{-S\ln(1-\bar{\alpha})+4mV}(\mathrm{s})$	用于大空间厅堂（如音乐厅、礼堂、体育馆、影剧院等）

表 20－8 中的混响时间计算公式，将复杂的室内声场处理得十分简单。其前提条件是：声场是一个完整的空间，声场是完全扩散的。

混响时间的计算与实际测量结果有一定的误差，但这是分析声场最为简便可靠的方法，同时引用参数的不准确性可以使计算产生一定误差，需在施工过程中进行调整，最终以设计目标值和听众是否满意为标准。因此，混响时间计算对“控制性”地指导材料的选择和布置，预测将来的效果和分析建筑的音质缺陷等，均有实际意义。

① 混响时间计算——赛宾（Sabine）公式。赛宾公式室内的混响时间是房间容积和室内吸声量的函数，即

$$T_{60}=\frac{KV}{A}=\frac{0.161V}{S\bar{\alpha}}\qquad(\mathrm{s})$$

式中：T_{60} 为混响时间，s；K 为系数，一般取 0.161；V 为房间容积，m^3；A 为室内总吸声量，m^2。

室内表面通常是由多种不同材料构成的，如每种材料的吸声系数为 α_i，面积为 S_i，总吸声量 $A=\sum S_i\cdot\alpha_i$。如果室内还有家具（如桌、椅）或人等难以确定表面积的物体，每个物体的吸声量为 A_j，则室内的总吸声量为

$$A=\sum S_i\alpha_i+\sum A_j$$

上式也可写成 $A=S\bar{\alpha}+A_j$
式中，S 为室内总表面积，m^2。

$$S=S_1+S_2+\cdots+S_n=\sum S_i$$

$\bar{\alpha}$ 为室内表面的平均吸声系数为

$$\bar{\alpha}=\frac{\alpha_1+\alpha_2+\cdots+\alpha_n}{S_1+S_2+\cdots+S_n}=\frac{\sum\alpha_i}{\sum S_i}=\frac{\sum\alpha_i}{S}$$

② 混响时间计算——依林（Eyring）公式。在室内总吸声量较小、混响时间较长的情况下，根据赛宾的混响时间计算公式计算出的数值与实测值比较一致。而在室内总吸声量较大、混响时间较短的情况下，计算值比实测值要长。在声能几乎被全部吸收的情况下，混响时间应当趋近于 0，而根据赛宾的计算公式，此时 T_{60} 并不趋近于 0，显然与实际不符。据此，依林提出自己的混响理论

$$T_{60}=\frac{60}{D}=\frac{0.161V}{-S\ln(1-\bar{\alpha})}\qquad(\mathrm{s})$$

式中：T_{60} 为混响时间，s；D 为声音衰减率，dB/s。

依林的理论认为，反射声能并不像赛宾公式所假定的那样，是连续衰减的，而是声波与界面每碰撞一次就衰减一次，衰减曲线呈台阶形。假定经过第 n 次反射后的反射声声强为 I，根据统计，对于规则几何体的房间，声波在室内被反射的次数决定于反射表面之间的平均距离为 $4V/S$，因此在单位时间内声波被反射的次数为

$$n=\frac{C}{4V/S}$$

因此，经过 1s，室内声强将降至

$$I=I_0(1-\bar{\alpha})^{\left(\frac{C}{4V/S}\right)}$$

若以分贝表示，可得声音衰减率 D 为

$$D=10\lg\frac{I_0}{I}=-10\lg(1-\bar{\alpha})^{\left(\frac{C}{4V/S}\right)}$$
$$=-\frac{10C}{4V/S}\lg(1-\bar{\alpha})$$

按声速 $c=340\mathrm{m/s}$，则

$$D=-850\frac{S}{V}\lg(1-\bar{\alpha})\qquad(\mathrm{dB/s})$$

则
$$T_{60}=\frac{60}{D}=\frac{0.161V}{-S\ln(1-\bar{\alpha})}\qquad(\mathrm{s})$$

上述为依林的混响时间计算公式，该公式建立在以下两个假设的基础之上：假定室内是扩散声场（扩散场是指能量密度均匀，即各处声强相同，在各传播方向上做无规则分布的声场），室内各表面吸收是均匀的。

③ 混响时间计算——依林－努特生（Eyring-Knudsen）公式。

赛宾公式和依林公式只考虑了室内表面的吸收作用，对于频率较高的声音（一般为 2000Hz 以上），当房间较大时，在传播过程中，空气也将对声音产生很大的吸收。这种吸收主要决定于空气的相对湿度，其次是温度的影响。

当计算中考虑空气对声音吸收时，应将相应的吸收系数（4m）乘以房间容积 V，得到空气吸收量，加到依林公式的分母中，最后得到

$$T_{60}=\frac{0.161V}{-S\ln(1-\bar{\alpha})+4mV} \qquad \text{(s)}$$

式中：V 为房间容积，m^3；S 为室内总表面积，m^2；$\bar{\alpha}$ 为室内平均吸声系数；$4m$ 为空气吸收系数。

（2）建声系统与电声系统的关系。扩声系统涉及电声技术和建声技术，厅堂场所的最终音质效果不仅与系统的综合性能（音响器材、系统设计和设备配置的合理性和系统调试的正确性等）有关，还与声音传播的环境——建筑声学特性密切相关。

扩声系统设计通常包括扩声设备系统（电声）和声场设计，两者相辅相成。其中，声场设计是前提，声场设计是扩声系统使用功能和目标的基础。通常系统设计从声场设计开始，逐步向后推进到音箱、功放、声信号处理、调音台和声源。

建声设计主要控制厅堂场所混响时间和音质缺陷等环境声学参数，而电声系统的设计必须具有完善的厅堂场所环境声学参数，如体积内表面积、座席数、每座体积、空满场设计混响时间及空满场房间常数等。这些声学参数都是从建筑声学设计中取得，为电声设计提供可靠的依据。缺少这些依据，则不可能预计电声设计的效果。

电声设计要确保厅堂内有足够的声级、均匀的声场分布，以及在不同的使用功能时所要求的声学效果，如对一些厅堂场所，人声的能量无法达到良好听音，即使能够达到但由于环境噪声过高，也无法听闻。电声设计不仅提高了声场声压级（即大大提高了可闻度），还可以利用其周边设备对原声进行渲染，更重要的是利用扬声器系统的指向性、能量服务角度等声学指标集中能量，从而提高了清晰度。

因此，装有扩声设备的厅堂场所必须进行建筑声学及电声设计，建筑声学是电声的前提，最终的音质效果是电声与建声综合设计效果的体现。

（3）建声设计。建筑声学设计主要包括直达声、近次反射声、混响时间、反射板、扩散体和吸声体在场内的布置，噪声干扰的抑制措施等。

建筑声学的周密考虑及正确设计，将为扩声系统设计提供极为有利的条件。扩声系统的高保真音质在很大程度上受室内空间结构的影响。

建声系统主要是控制扩声现场合理声环境指标的现。根据厅堂场所的用途和使用要求，确定音质设计标准，包括确定声音响度、混响时间及室内允许的噪声级等。系统设计应满足语言清晰和声场均匀的要求，并应避免出现声聚焦、共振、回声、多重回声和颤动回声等缺陷。

1）噪声控制。通常会议室、音乐厅、剧场等厅堂都要求很低的室内背景噪声，防止外部噪声及振动传入室内，使室内的背景噪声足够低。这是厅堂音质设计的一个前提条件，同时，厅堂内的噪声对扩声系统的使用效果也有较大影响，一般情况下噪声来自外部噪声、内部噪声、背景噪声等几个方面。

因此，厅堂的选址很重要，应尽可能远离户外的噪声与振动源，防止外界噪声和振动传人室内，使室内保持足够低的背景噪声级，避免噪声干扰。另外，还要进行场地环境噪声与振动调查、测量与仿真预测，目的是为进行厅堂建筑围护结构的隔声设计提供依据，保证厅堂建成后能达到预定的室内噪声标准。

噪声控制设计需要从厅堂总体设计、平面布置以及建筑物的隔声、吸声、消声、隔振等方面采取措施，应选用低噪声辐射的通风、空调、照明等设备系统。在整体设计前期应根据所在厅堂场所应用类型、预定音质指标，按设计程序组织各专业协调工作，并将声学指标要求与厅堂空间结构、内装修、陈设、机电等密切地配合起来。一般建筑处理的噪声控制手段对设备机房、基础、管道进行隔声、隔振处理，这些声学设计将对声环境的营造产生非常重要的影响。

选址确定后，应制定相应的噪声控制措施，通常包含以下几个方面：

① 吸声降噪。建筑声学设计中选择合适的吸声材料和吸声结构来消除回声、颤动回声、声聚焦等声学缺陷及室内吸声降噪的管道消声等。

② 隔声降噪。厅堂噪声传播途径主要是通过墙体和顶棚、门窗等，采取合理的隔声材料和措施，达到足够的隔音要求。

③ 声源治理。对于厅堂内部环境背景噪声主要来源于如空调通风系统、灯光系统等，必须进行此类噪声声源的处理，降低声源发出的噪声可以从根源上降噪。选用低噪声的声源设备，尽可能使声源设备运行处于低噪声状态，或进行合理的措施降低噪声。

2）音质设计。应保证厅堂无回声、多重回声、声聚焦、声影等音质缺陷，并根据厅堂的使用要求，在混响感和清晰度之间保持适当的平衡，使观众席具有合适的响度和一定的空间感，同时保证良好的音色。

① 厅堂容积。建声设计的首要任务是根据用途和音质要求，从声学设计角度，确定厅堂的有效容积，并确保有足够响度与合适混响时间。不同用途的厅堂的混响时间与每座容积关系较大。

足够的响度：人所能发出的自然声能有限，声功率较弱。不用扩声系统时如果厅堂容积很大而又不注意充分利用，则随着与声源距离增加，直达声将有较大衰减，而早期反射声补强作用有限。以电声为主（保证响度），体积不受限制；若以自然声为主（音乐厅），则体积受限制。

合适的混响时间：人的吸声量占房间吸声量很大一部分。因此建筑方案设计过程中，通过控制容积 V 与观众数 n 比值，一定程度上能控制混响时间。混响时间与容积成正比，与室内吸声系数成反比。

厅堂中，观众吸声量占所需总吸声量的 1/2～2/3，控制好厅堂的容积 V 与观众人数 n 的比例，就在相当程度上保证或控制了混响时间。

可通过厅堂每座容积来控制厅堂容积，如果控制适当，就可在不用或少用额外吸声处理的情况下得到适宜混响时间。

各类厅堂每座容积的建议值见表 20－9。

表 20－9　各类厅堂每座容积的建议值

厅堂类别和用途	表现方式	每座容积/（m^3/座）
音乐厅	交响乐	7.0～10.0
	室内乐	6.0
	合唱音乐	5.0
剧院	话剧（伸出式舞台剧院）	4.0～5.0（6.0～7.5）
	歌剧	5.0～6.0
	地方戏剧	4.0
电影院	普通银幕	3～3.5
	立体声宽银幕	5.5～7.0
会议		4.0
多功能大厅		根据其主要用途而定，或采用可调容积

② 厅堂体型。厅堂的体形设计包括厅堂平面形状、剖面形状和充分的扩散处理各部分表面等。厅堂内部造型长、宽、高的比例不当就容易在室内声场产生驻波现象，使有些位置声音很弱，而有些位置声音又很强；如果顶面为球面或某一墙面为弧面则容易造成声聚焦现象。

因此在确定厅堂的有效容积后，进行厅堂体型设计，是决定厅堂音质设计的重要方面，对确保厅堂音质具有决定性的作用。厅堂的体形设计优劣直接关系到直达声的分布、反射声的空间和时间构成以及是否有声缺陷。

遵循原则是保证直达声可达到每个听众，前次反射声的时空分布在要求范围内，并防止回声（一次反射回声、二次反射回声）、声聚焦、声影等声学缺陷。

③ 混响时间计算。建声设计通常根据厅堂的席位数、容积和体型，利用混响计算公式计算厅堂的混响时间，并选择最佳的混响时间数值来配置吸声材料。由于计算的混响时间的计算结果往往与实测值相差较大，因此，在厅堂竣工后还要通过测试并对吸声材料的布置做必要的调整，以达到设计的要求。

混响时间计算流程如下：

根据设计完成的体型，求出厅堂的容积 V 和内表面积 S。

根据厅堂的使用要求，确定混响时间及其频率特性设计值。

根据公式计算出厅堂的平均吸声系数。

计算厅堂内总吸声量及各部分的吸声量。

查阅资料及构造的吸声系数数据，从中选择适当的材料及构造，确定各自的面积，使厅堂内各界面的总吸声量符合要求。

各类用途厅堂最佳混响时间见表 20－10。

由于混响时间的计算与实际测量结果有一定的误差，同时引用参数的不准确性也可使计算产生一定误差，所以在施工过程中需进行调整，最终以设计目标值和听众是否满意为标准。因此，混响时间计算对“控制性”地指导材料的选择和布置，预测将来的效果和分析建筑的音质缺陷等，均有实际意义。

④ 材料的选择与布置。根据混响公式计算出厅堂的平均吸声系数，计算厅堂内总吸声量及各部分的吸声量，查阅材料及结构的厅堂内各界面的总吸声量，合理布置材料。同时结合建筑艺术处理的要求，充分了解各种材料和构造的吸声特性，对低频、中频、高频的各种吸声材料和结构应搭配使用，以取得比较理想的频率特性。

通常把材料和结构分为吸声、隔声和反射三种。一方面按材料有较大吸收，或较小透射，较大反射；另一方面按照要求考虑吸声、隔声和反射功能。三种材料和结构没有严格的界限和定义。

吸声材料指材料本身具有吸声特性，如玻璃棉、岩棉等纤维或多孔材料等。

表 20－10 各类用途厅堂最佳混响时间表

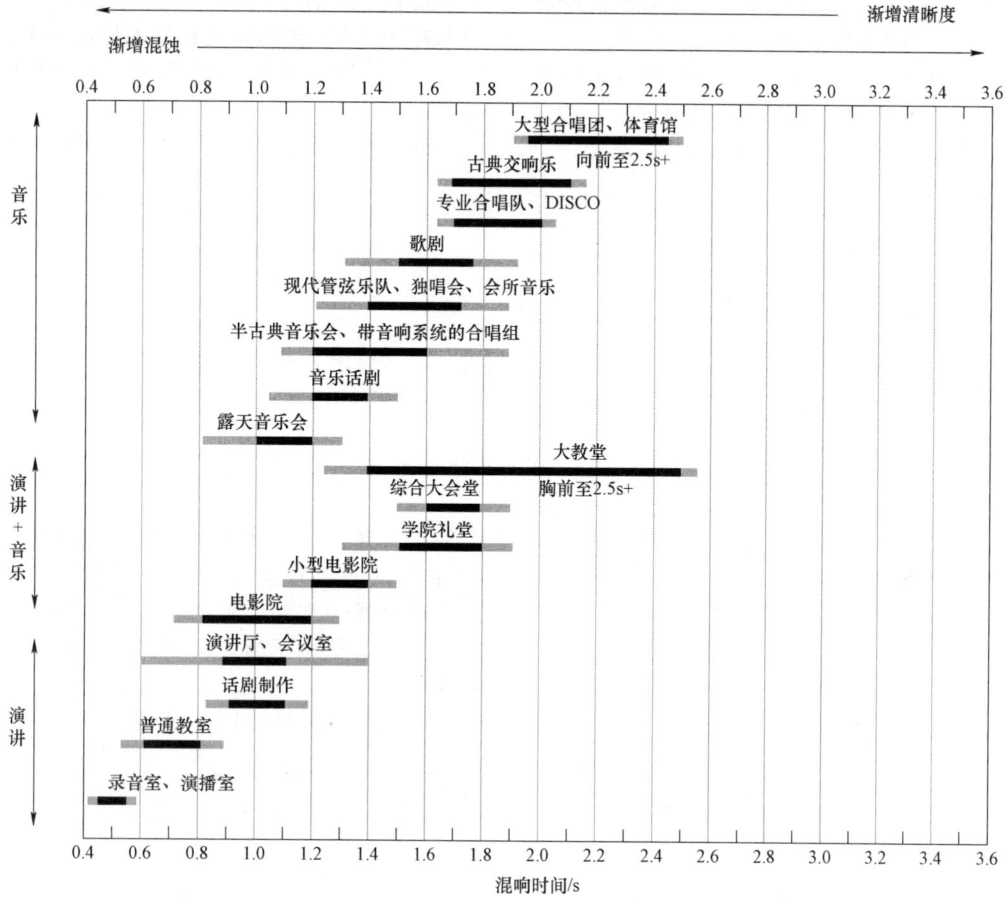

渐增清晰度

渐增混蚀

0.4 0.6 0.8 1.0 1.2 1.4 1.6 1.8 2.0 2.2 2.4 2.6 2.8 3.0 3.2 3.4 3.6

音乐

大型合唱团、体育馆 向前至2.5s+

古典交响乐

专业合唱队、DISCO

歌剧

现代管弦乐队、独唱会、会所音乐

半古典音乐会、带音响系统的合唱组

音乐话剧

露天音乐会

演讲＋音乐

大教堂 胸前至2.5s+

综合大会堂

学院礼堂

小型电影院

电影院

演讲

演讲厅、会议室

话剧制作

普通教室

录音室、演播室

0.4 0.6 0.8 1.0 1.2 1.4 1.6 1.8 2.0 2.2 2.4 2.6 2.8 3.0 3.2 3.4 3.6

混响时间/s

吸声结构指材料本身可以不具有吸声特性，但材料经打孔、开缝等简单的机械加工和表面处理，制成某种结构而产生吸声。如穿孔石膏板、穿孔铝板吊顶等。

4. 扩声系统设计

（1）扩声系统声学特性指标。厅堂的扩声特性指标符合《厅堂、体育场馆扩声系统设计规范》（GB/T 28049）的特性指标要求。声学特性指标应包括最大声压级、传输频率特性、传声增益和稳态声场不均匀度，并宜进行早后期声能比的测量。

1）最大声压级：扩声系统在厅堂内各测量点产生的最大稳态有效值声压级的平均值 $\overline{L}_M$。以峰值因数（1.8～2.2）限制的额定通带粉红噪声为信号源，其最大峰值声压级为RMS声压级的长期平均值 $\overline{L}_{RMS}$ 加上峰值因数的以10为底的对数再乘以20，单位：dB。

$$\overline{L}_M = \overline{L}_{RMS} + 20\lg(1.8\sim2.2)$$

最大声压级的测量框图方法如图 20－18 所示。

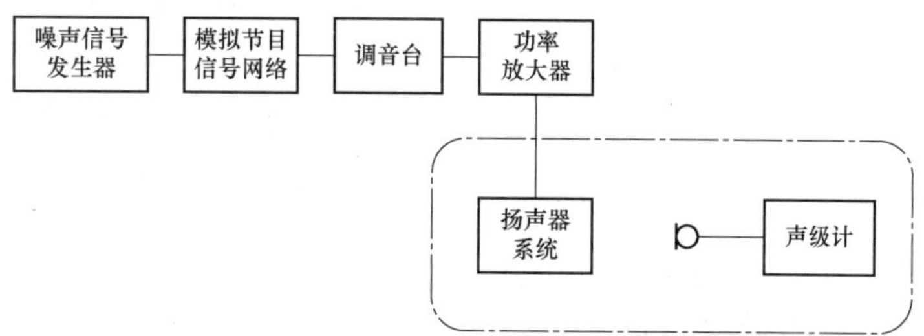

图 20－18 宽带噪声法测最大声压级测量框图

2）传输频率特性：扩声系统在稳定工作状态下，厅堂内各测量点稳态声压级的平均值相对于扩声设备输入端的电平的幅频响应。

扩声系统的频率响应特性是指房间和音响设备共同的频响特性。考察系统是否能够将各频率声音音量比例真实再现，即对各个频率的信号放大量是否一致，优秀的扩声系统，不应该出现某些频率声音过强、某些频率声音不足的现象。获得良好的传输频率特性的主要方法有合理的建声设计、粉红噪声频谱分析仪法调整均衡器以及采用频率响应特性好的音箱放音等。

传输频率特性测量框图如图 20－19 所示。

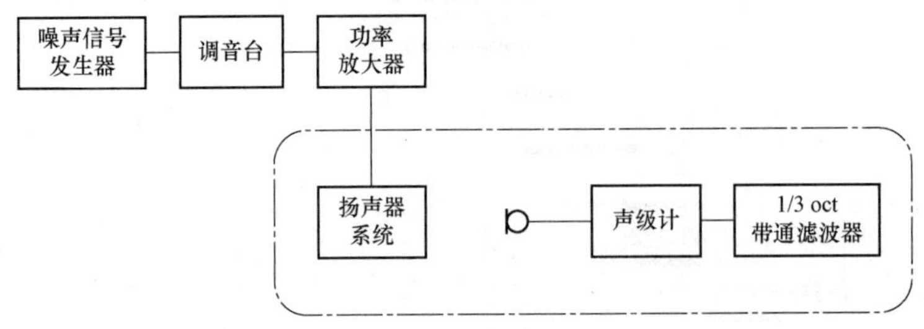

图 20－19　传输频率特性测量框图

3）传声增益：扩声系统在最大可用增益状态时，厅堂内各测量点稳态声压级平均值与扩声系统传声器处稳态声压级的差值，单位为 dB。

扩声系统在使用话筒时，对话筒拾取声音的放大量，是考察扩声反馈啸叫程度的重要指标，传声增益越高，声反馈啸叫越小（少），话筒声音的放大量越大。计算方法是将话筒音量开到最大（不能有声反馈现象），在话筒前放一个声源，同时测量声场中和话筒前的声压级，用声场中声压级减去话筒前声压级，即得到了该扩声系统的传声增益。

传声增益测量框图如图 20－20 所示。

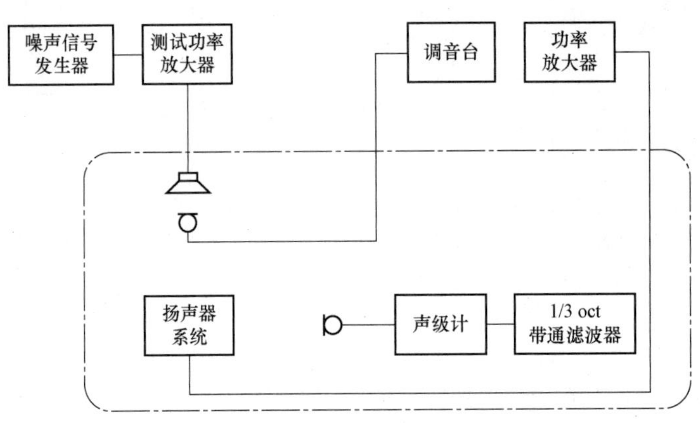

图 20－20　传声增益测量框图

4）声场不均匀度：场所内各测量点的稳态声压级的最大差值，单位为 dB。

5）总噪声级：扩声系统在最大可用增益工作状态下，无有用信号输入时，厅堂内各测量点测得的各频带的噪声声压级的平均值，用 NR 曲线评价，如图 20－21 所示。

6）语言传输指数：是语言经过传输，受到各种失真（处理）和干扰后，能够听清或听懂的程度。目前，经常使用的清晰度的评价方法叫作 STI。这种测量方法的特征是计算自声源连续发出声音的直达声，经过各种各样的反射，以及噪声的干扰程度，用 0～1 的数值表示听取的难易程度。

$$\mathrm{STI}=0.9482-0.1845\times \mathrm{AL}\%$$

$$\mathrm{AL}\%=\frac{200D^2T_{60}2N}{QVM} \qquad (D\geqslant D_c)$$

$$\mathrm{AL}\%=9RT_{60} \qquad (D\geqslant D_c)$$

式中：AL%为辅音清晰度损失率；D 为听音处距声源的距离，m；T_{60} 为混响时间，s；V 为房间的体积，m^3；N 为声源个数；Q 为指向性因子；D_c 为临界距离（m）；M 为临界距离的修正值，一般取 $M=1$。

由以上公式可以推导出：当 AL%≤6.6，对应 STI≥0.6；AL%≤11.4，对应 STI≥0.5。

以上公式是指在同类扬声器作用下时语言传输指数的计算公式，如果作用在该位置的扬声器类型不同，则需要分别计算各类扬声器作用下的语言传输指数，取低值。

7）最大可用增益：厅堂扩声系统在声反馈临界状态时的增益减去 6dB 的值。

（2）各类厅堂声学特性指标。

1）文艺演出类扩声系统声学特性指标见表 20－11。

文艺演出类一级传输频率特性范围，如图 20－22 所示。

文艺演出类二级传输频率特性范围，如图 20－23 所示。

2）多用途类扩声系统声学特性指标见表 20－12。

多用途类一级传输频率特性范围如图 20－24 所示。

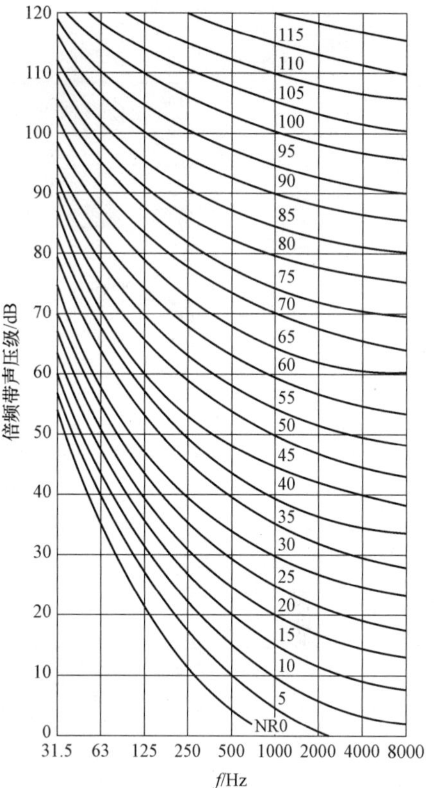

图 20－21　NR 曲线评价

表 20－11　　文艺演出类扩声系统声学特性指标

等级	最大声压级（峰值）	传输频率特性	传声增益	稳态声场不均匀度	语言传输指数（STIPA）	系统总噪声级	总噪声级	早后期声能比（可选项）
一级	额定通带内：大于或等于 106dB	以 80～8000Hz 的平均声压级为 0dB，在此频带内允许范围：－4dB～+4dB；40～80Hz 和 8000～16 000Hz 的允许范围见图 20－22 中斜线部分	100～8000Hz 的平均值大于或等于－8dB	100Hz 时小于或等于 10dB；1000Hz 时小于或等于 6dB；8000Hz 时小于或等于 8dB	＞0.5	NR－20	NR－30	500～2000Hz 内 1/1 倍频带分析的平均值大于或等于 3dB
二级	额定通带内：大于或等于 103dB	以 100～6300Hz 的平均声压级为 0dB，在此频带内允许范围：－4dB～+4dB；50～100Hz 和 6300～12 500Hz 的允许范围图 20－23 中斜线部分	125～6300Hz 的平均值大于或等于－8dB	1000Hz、4000Hz 小于或等于 8dB；	≥0.5	NR－20	NR－30	500～2000Hz 内 1/1 倍频带分析的平均值大于或等于 3dB

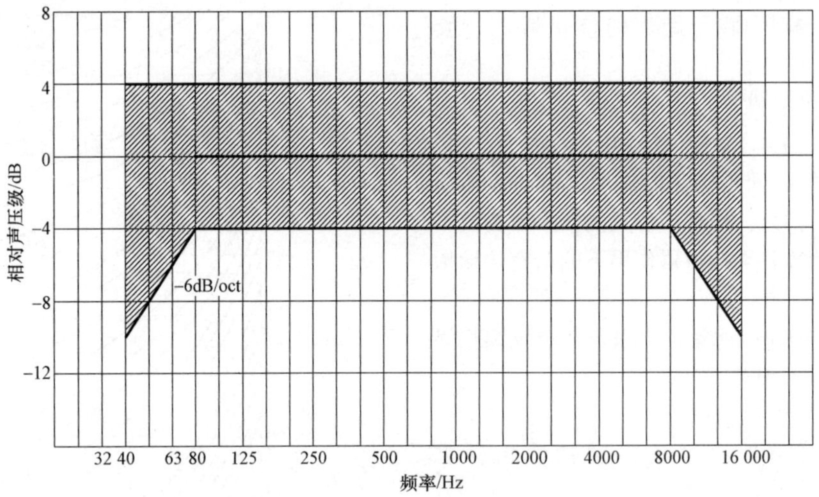

图 20-22　文艺演出类一级传输频率特性范围

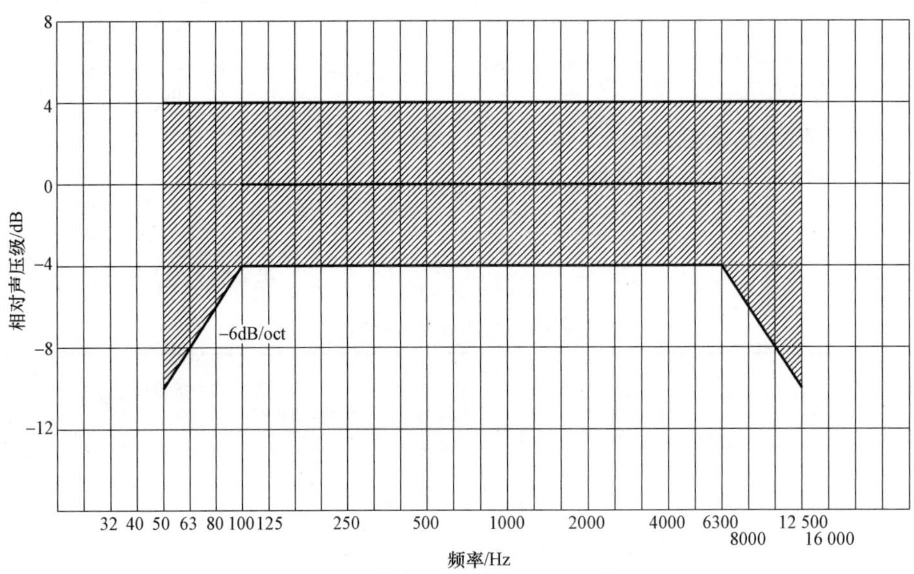

图 20-23　文艺演出类二级传输频率特性范围

表 20-12　　　　多用途类扩声系统声学特性指标

等级	最大声压级（峰值）	传输频率特性	传声增益	稳态声场不均匀度	语言传输指数（STIPA）	系统总噪声级	总噪声级	早后期声能比（可选项）
一级	额定通带内：大于或等于 103dB	以 100～6300Hz 的平均声级为 0dB，在此频带内允许范围：-4dB～+4dB；50～100Hz 和 6300～12 500Hz 的允许范围见图 20-24 中斜线部分	125～6300Hz 的平均值大于或等于 -8dB	1000Hz 时小于或等于 6dB；4000Hz 时小于或等于 8dB	＞0.5	NR-20	NR-30	500～2000Hz 内 1/1 倍频带分析的平均值大于或等于 3dB
二级	额定通带内：大于或等于 98dB	以 125～4000Hz 的平均声压级为 0dB，在此频带内允许范围：-6dB～+4dB；63～125Hz 和 4000～8000Hz 的允许范围图 20-25 中斜线部分	125～4000Hz 的平均值大于或等于 -10dB	1000Hz、4000Hz 时小于或等于 8dB	≥0.5	NR-20	NR-30	500～2000Hz 内 1/1 倍频带分析的平均值大于或等于 3dB

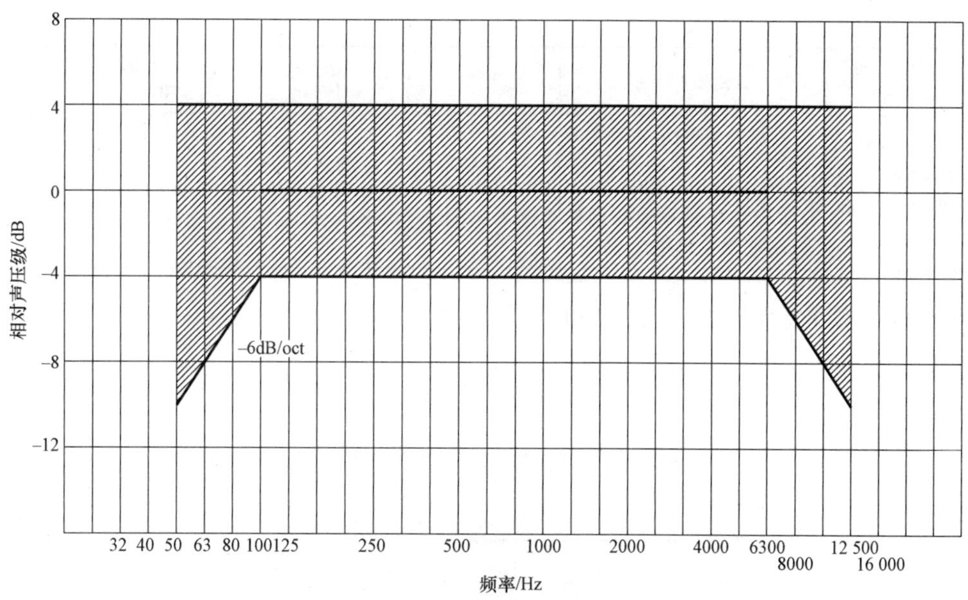

图 20－24　多用途类一级传输频率特性范围

多用途类二级传输频率特性范围如图 20－25 所示。

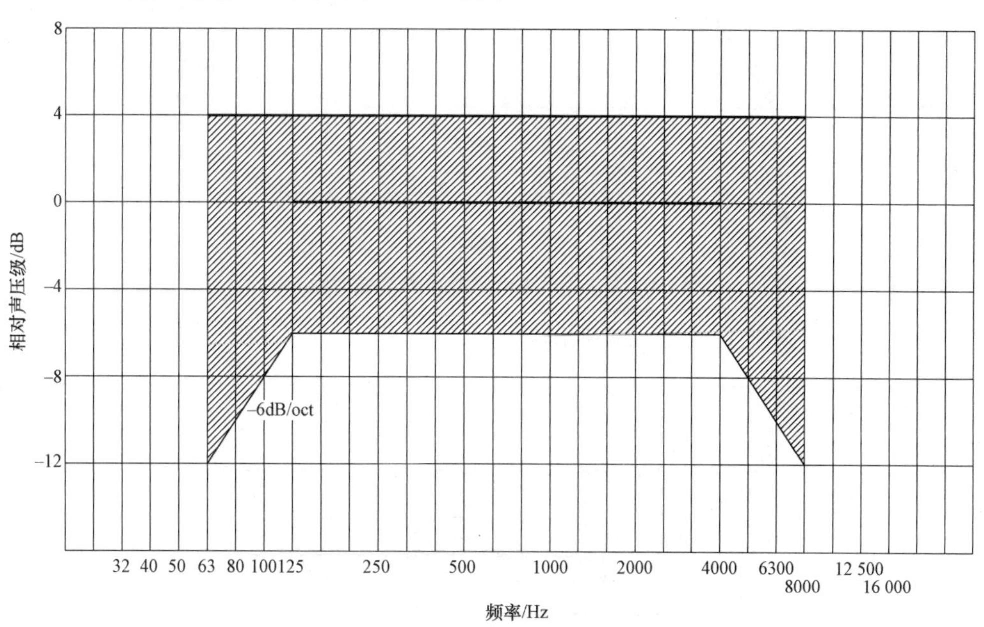

图 20－25　多用途类二级传输频率特性范围

3）会议类扩声系统声学特性指标见表 20－13。

表 20－13　　会议类扩声系统声学特性指标

等级	最大声压级（峰值）	传输频率特性	传声增益	稳态声场不均匀度	语言传输指数（STIPA）	系统总噪声级	总噪声级
一级	额定通带内：大于或等于 98dB	以 125～4000Hz 的平均声压级为 0dB，在此频带内允许范围：－6dB～＋4dB；63～125Hz 和 4000～8000Hz 的允许范围图 20－26 中斜线部分	125～4000Hz 的平均值大于或等于－10dB	1000Hz、4000Hz 时小于或等于 8dB	＞0.5	NR－20	NR－30

续表

等级	最大声压级（峰值）	传输频率特性	传声增益	稳态声场不均匀度	语言传输指数（STIPA）	系统总噪声级	总噪声级
二级	额定通带内：大于或等于 95dB	以 125～4000Hz 的平均声压级为 0dB，在此频带内允许范围：－6dB～＋4dB；63～125Hz 和 4000～8000Hz 的允许范围图 20－27 中斜线部分	125～4000Hz 的平均值大于或等于－12dB	1000Hz、4000Hz 时小于或等于 10dB	≥0.5	NR－25	NR－35

会议类一级传输频率特性范围如图 20－26 所示。

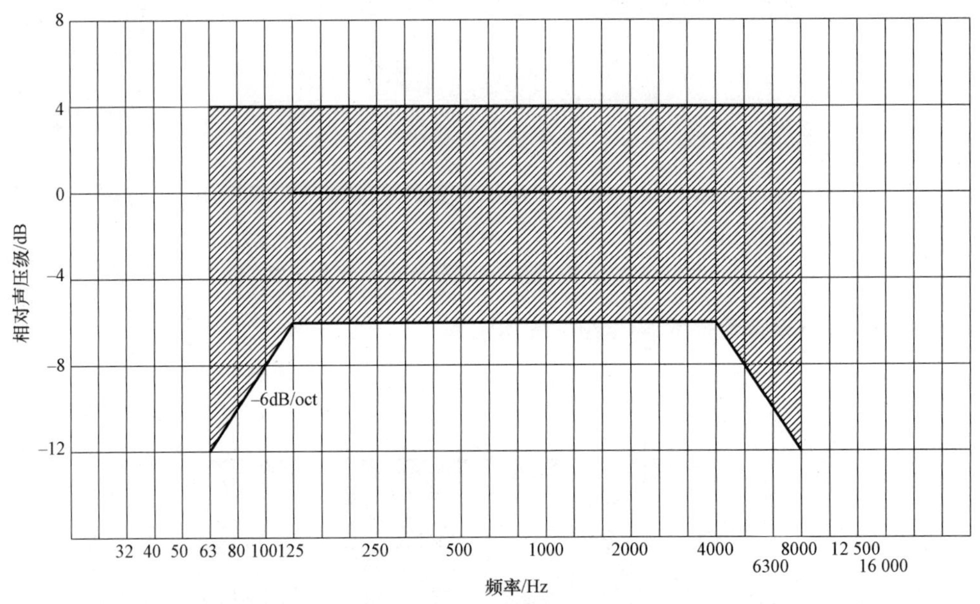

图 20－26 会议类一级传输频率特性范围

会议类二级传输频率特性范围图 20－27 所示。

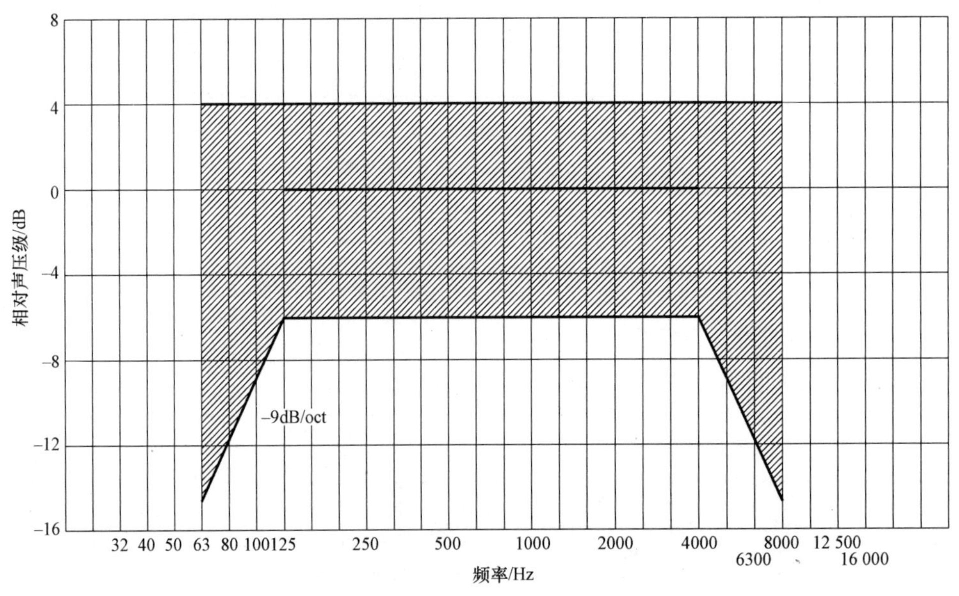

图 20－27 会议类二级传输频率特性范围

4）体育馆扩声系统声学特性指标见表 20－14。

表 20－14　　体育馆扩声系统声学特性指标

等级	最大声压级（峰值）	传输频率特性	传声增益	稳态声场不均匀度	语言传输指数（STIPA）	系统总噪声级	总噪声级
一级	额定通带内：大于或等于 105dB	以 125～4000Hz 的平均声压级为 0dB，在此频带内允许范围：－4dB～＋4dB；63～125Hz 和 4000～8000Hz 的允许范围图 20－28 中斜线部分	125～4000Hz 的平均值大于或等于－10dB	1000Hz，4000Hz 时小于或等于 8dB	＞0.5	NR－25	NR－30
二级	额定通带内：大于或等于 100dB	以 125～4000Hz 的平均声压级为 0dB，在此频带内允许范围：－6dB～＋4dB；100～125Hz 和 4000～8000Hz 的允许范围图 20－29 中斜线部分	125～4000Hz 的平均值大于或等于－12dB	1000Hz，4000Hz 时小于或等于 10dB	≥0.5	NR－25	NR－35
三级	额定通带内：大于或等于 95dB	以 250～4000Hz 的平均声压级为 0dB，在此频带内允许范围：－10dB～＋4dB；125～250Hz 和 4000～8000Hz 的允许范围图 20－30 中斜线部分	250～4000Hz 的平均值大于或等于－12dB	1000Hz，4000Hz 时小于或等于 10dB	≥0.45	NR－30	NR－35

体育馆类一级传输频率特性范围如图 20－28 所示。

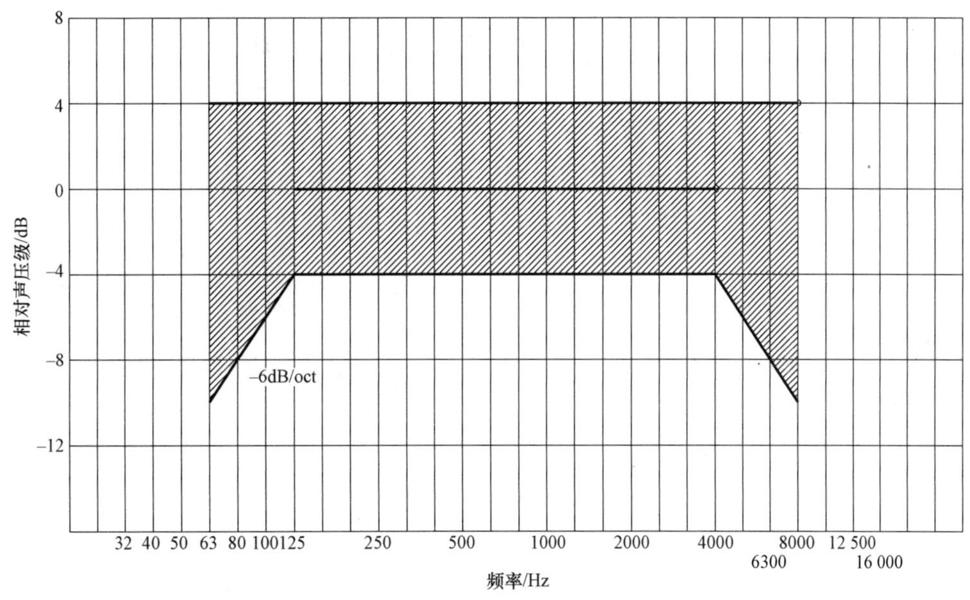

图 20－28　体育馆类一级传输频率特性范围

体育馆类二级传输频率特性范围如图 20－29 所示。

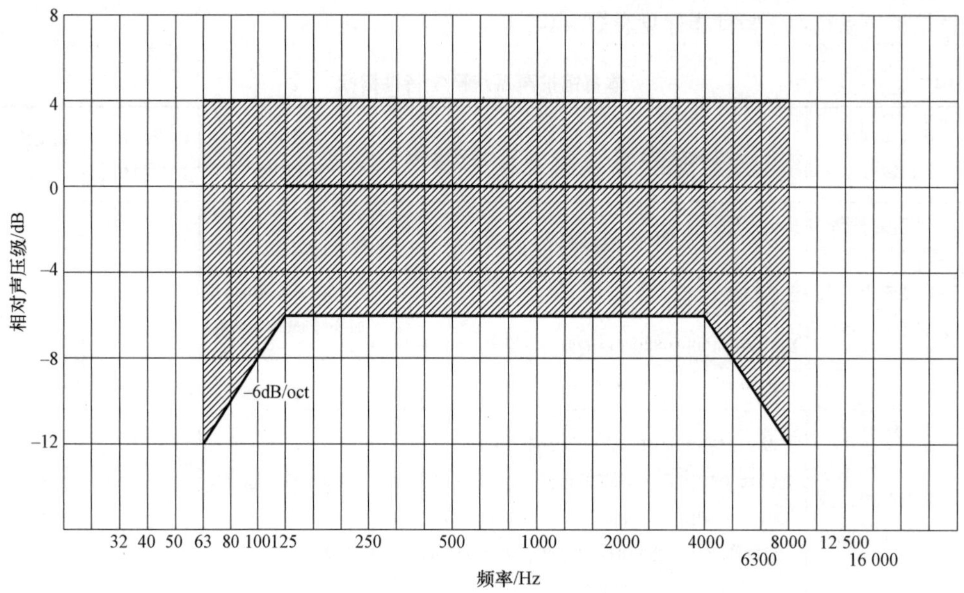

图 20－29　体育馆类二级传输频率特性范围

体育馆类三级传输频率特性范围如图 20－30 所示。

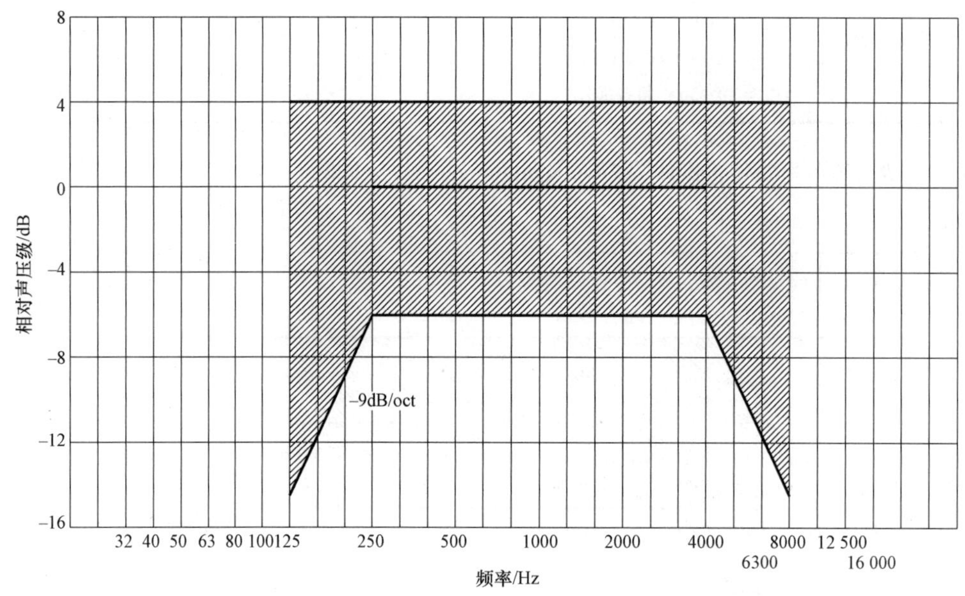

图 20－30　体育馆类三级传输频率特性范围

5）体育场扩声系统声学特性指标见表 20－15。

表 20－15　体育场扩声系统声学特性指标

等级	最大声压级（峰值）	传输频率特性	传声增益	稳态声场不均匀度	语言传输指数（STIPA）	系统总噪声级	总噪声级
一级	额定通带内：大于或等于 105dB	以 125～4000Hz 的平均声压级为 0dB，在此频带内允许范围：－4dB～＋4dB；63～125Hz 和 4000～8000Hz 的允许范围图 20－31 中斜线部分	125～4000Hz 的平均值大于或等于－10dB	1000Hz，4000Hz 时小于或等于 8dB	＞0.5	NR－25	NR－35

续表

等级	最大声压级（峰值）	传输频率特性	传声增益	稳态声场不均匀度	语言传输指数（STIPA）	系统总噪声级	总噪声级
二级	额定通带内：大于或等于 100dB	以 125～4000Hz 的平均声压级为 0dB，在此频带内允许范围：-6dB～+4dB；63～125Hz 和 4000～8000Hz 的允许范围图 20-32 中斜线部分	125～4000Hz 的平均值大于或等于-12dB	1000Hz，4000Hz 时小于或等于 10dB	≥0.5	NR-25	NR-35
三级	额定通带内：大于或等于 95dB	以 250～4000Hz 的平均声压级为 0dB，在此频带内允许范围：-6dB～+4dB；125～250Hz 和 4000～8000Hz 的允许范围图 20-33 中斜线部分	250～4000Hz 的平均值大于或等于-12dB	1000Hz，4000Hz 时小于或等于 14dB	≥0.45	NR-30	NR-40

体育场类一级传输频率特性范围如图 20-31 所示。

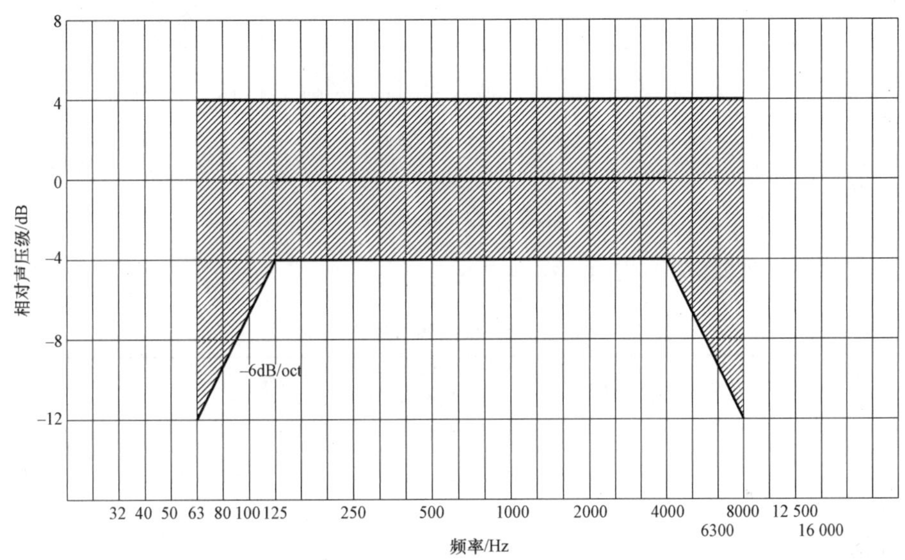

图 20-31　体育场类一级传输频率特性范围

体育场类二级传输频率特性范围如 20-32 所示。

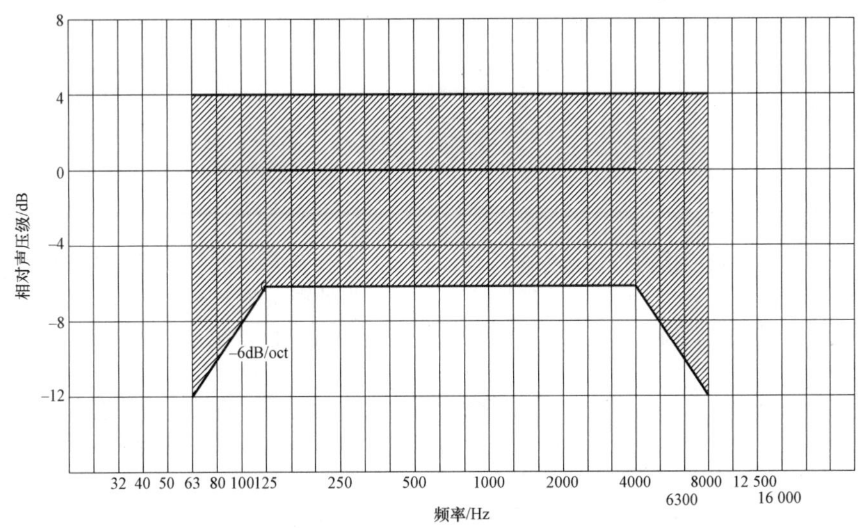

图 20-32　体育场类二级传输频率特性范围

体育场类三级传输频率特性范围图 20－33 所示。

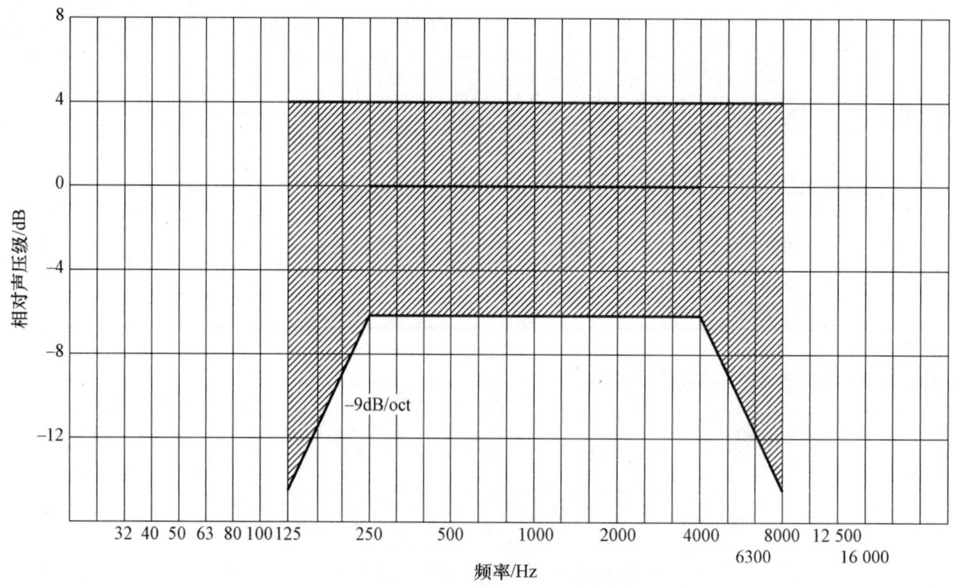

图 20－33 体育场类三级传输频率特性范围

6）公共广播系统电声性能指标见表 20－16。

表 20－16 **公共广播系统电声性能指标**

分类	应备声压级	声场不均匀度（室内）	漏出声衰减	系统设备信噪比	扩声系统语言传输指数	传输频率特性（室内）
一级业务广播系统	≥83dB	≤10dB	≥15dB	≥70dB	≥0.55	图 20－34
二级业务广播系统		≤12dB	≥12dB	≥65dB	≥0.45	图 20－35
三级业务广播系统		—	—	—	≥0.40	图 20－36
一级背景广播系统	≥80dB	≤10dB	≥15dB	≥70dB	—	图 20－34
二级背景广播系统		≤12dB	≥12dB	≥65dB	—	图 20－35
三级背景广播系统		—	—	—	—	—
一级紧急广播系统	≥86dB	—	≥15dB	≥70dB	≥0.55	—
二级紧急广播系统		—	≥12dB	≥65dB	≥0.45	—
三级紧急广播系统		—	—	—	≥0.40	—

一级业务广播、一级背景广播室内传输频率特性范围如图 20－34 所示。

二级业务广播、二级背景广播室内传输频率特性范围如图 20－35 所示。

三级业务广播、三级背景广播室内传输频率特性范围如图 20－36 所示。

（3）扩声设计。厅堂扩声系统设计主要侧重于厅堂的音质控制、语言清晰度、合适的响度、声场声压分布均匀性、声像定位准确和声音自然等方面。

设计从声场开始，然后再向后推进到功率放大器、声处理系统、调音台，直至话筒和其他声源。只有确定扬声器系统才能进行功率放大器驱动功率的计算和驱动信号途径的确定，然后再根据驱动功率的分配方案进一步确定信号处理方案和调音台的选型。

1）厅堂类型和功能特性指标的确定。影响室内音质的因素大致有建筑物内部体型、背景噪声和混响时间三种。当厅堂的容积、体型、材料、噪声等满足基本建声规范时，开始扩声系统的设计。

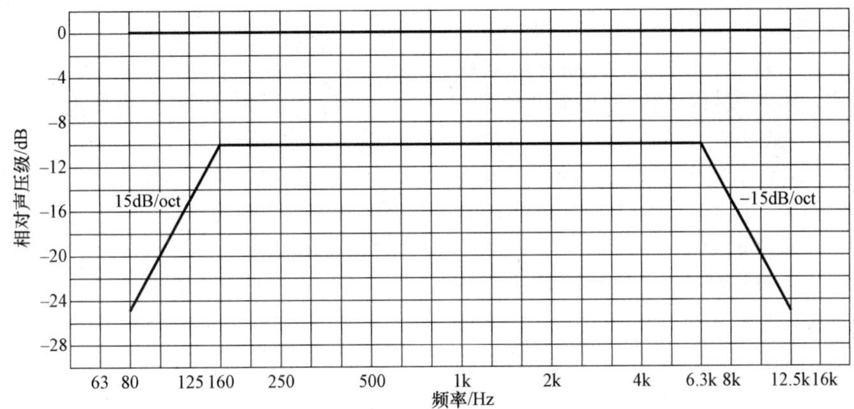

图 20-34　一级业务广播、一级背景广播室内传输频率特性范围
（以实测传输频率特性曲线的最大值为 0dB）

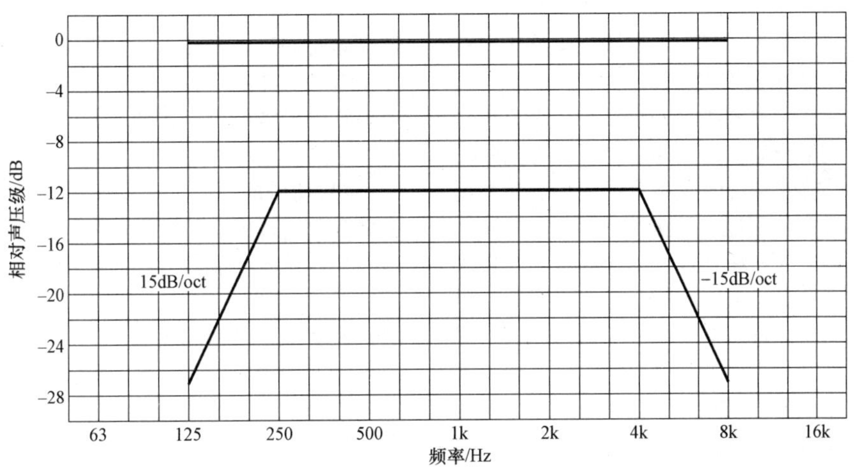

图 20-35　二级业务广播、二级背景广播室内传输频率特性范围
（以实测传输频率特性曲线的最大值为 0dB）

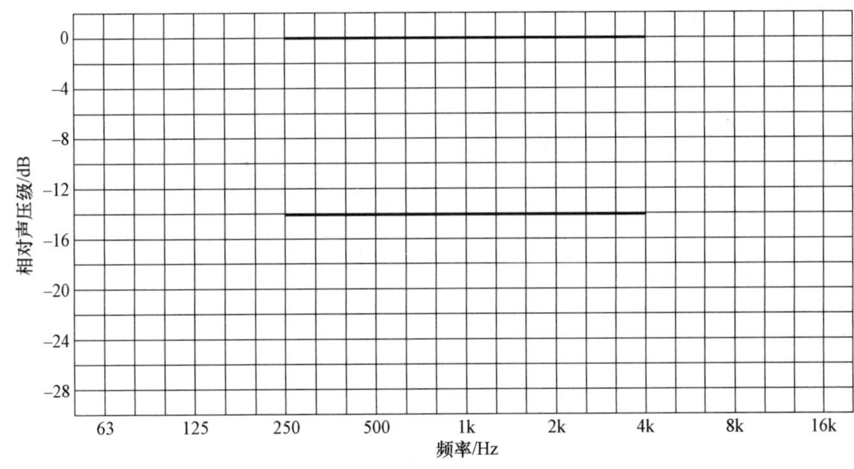

图 20-36　三级业务广播室内传输频率特性范围

混响时间的确定：混响时间短可提高语言的清晰度，混响时间长可提高音乐的丰满度。扩声系统设计之前须确定混响时间，只有在特定的混响时间条件下按《扩声系统声学特性指标》进行的设计才是科学准确的。

2）扬声器的布置选型是整个扩声系统设计的重

要一环，扬声器布置方式应保证达到良好的声学特性，具有声场均匀、空间方向感强、观众的听觉与视觉一致、直达声强，清晰度好、语言的可懂度高等。

① 扬声器布置方式：

集中布置：如在舞台台口上方或左右两侧设置指向性较强的扬声器组合，使扬声器组合中的各扬声器的主轴线分别指向观众区的中部和后部。如果有楼厅或眺台，则需在楼厅下面和被眺台挡住的区域进行补声。优点是声能集中，直达声强、清晰度高、观众的方向感好、声像较一致。

分散布置：如在面积很大、顶棚又较低的厅堂会场，集中方式无法使声场分布均匀时，可采用小功率高密度的分散布置在天花板上。这种方式可使声场分布非常均匀，观众听到的是距离自己最近扬声器发出的声音，因此方向感差，在多个声源波束重叠区域有声音干扰，影响这个区域的声音清晰度。

混合布置：如在集中式供声的厅堂中，靠近舞台或主席台前几排的观众感到声音来自头顶，方向感较差，为此须在台口前或舞台两侧布置若干只小功率扬声器，以改善声像定位问题。较大型的厅堂场所中，由于场地大，特别是有较深眺台遮挡的观众区及楼厅下面较深的后排观众区，收听不到直达声，影响音质效果，此时在适当的位置应装一些补声扬声器。这些辅助扬声器需要适当延迟时间，以便与主扬声器传播来的声音同时到达这部分观众区。如在影院中，为了增加环绕声效果，影厅后边和两侧面后部的位置增加若干数量的环绕声扬声器。这些以主扬声器供声为主，结合辅助扬声器的布置称为混合布置方式。

② 扬声器选型：不同性质的厅堂级别有高低，声压级也不尽相同。选型时根据《扩声系统声学特性指标》的要求选择音箱功率、灵敏度、指向性等指标。

计算音箱的驱动功率：根据各类场所需要的平均声压级，选定音箱灵敏度和听音距离。按照公式可以计算出系统所需的声场电功率，也就是音箱所需的驱动功率。

音箱的功率（W）和声压级（dB）之间的换算

$$L_p=10\lg W$$

式中：L_p为声压级；W为声功率。

由上式可推出，当功率为2W时，$L_p=10\lg 2=3$dB，4W 时 $L_p=10\lg 4=6$dB，施加给音箱的功率每增加一倍，声压级增加 3dB。

声音在室内，温度为20℃时，距音源一定距离时衰减量为

$$L=20\lg D$$

式中：L为衰减量，dB；D为离音源正面距离，m。

距音源 1m 处衰减量为 $L=20\lg 1=20\times 0=0$dB，2m 上衰减量，$L=20\lg 2=20\times 0.3$dB$=6$dB，4m 衰减量为 $L=20\lg 4=20\times 0.6$dB$=12$dB。

由上式可推出，在室内环境温度为 20℃时，距离每增加 1 倍，声压级衰减 6 个 dB。

音箱发出的声音到达某点的声压级数值：某点声压级数值＝音箱灵敏度＋10lg（此位置音箱的输入功率）－20lg（听音位置到音箱的距离）。

3）扩声指标声场计算机仿真：

① 建立模拟厅堂内部建筑形体的模型图。

② 模拟建筑声学条件。

③ 由模拟出的效果，得出最终报告。

计算机模拟仿真软件能在厅堂设计施工阶段提供建声和电声条件设计仿真效果，完善系统设计，通过模拟仿真软件预期模拟可以给装饰装修、扩声系统扬声器布局选型等提出指导性意见和建议反馈。指导并应用于后期的实际设备安装、调试过程。但计算机模拟结果只能作为借鉴使用，还应根据现场实际情况及以往经验进行声场设计。

4）功放的匹配。音箱所需电功率计算完成后，根据音箱的选型、数量和功率，便可以确定放大器的功率和数量。功放与音箱匹配主要有以下几个方面：

① 功率匹配。功放的额定输出功率与音箱的额定输入功率应当相互适应。在一定阻抗条件下，功放功率应大于音箱功率，在一般应用场所功放的不失真率应是音箱额定功率的 1.2～1.5 倍；在大动态场合则应该是 1.5～2 倍左右。

② 阻抗匹配。功放的额定输出阻抗应与音箱的额定阻抗相一致。功放处于最佳设计负载线状态，可以给出最大不失真功率，如果音箱的额定阻抗大于功放的额定输出阻抗，功放的实际输出功率将会小于额定输出功率。如果音箱的额定阻抗小于功放的额定输出阻抗，音响系统能工作，但功放有过载的危险。

③ 阻尼系数。阻尼系数 K_D 定义为：K_D 等于功放额定输出阻抗（等于音箱额定阻抗）除以功放输出内阻。由于功放输出内阻实际上已成为音箱的电阻尼器件，K_D 值便决定了音箱所受的电阻尼量。K_D 值越大，电阻尼越重。功放的 K_D 值并不是越大越好，K_D 值过大使音箱电阻尼过重，以致使脉冲前沿建立时间增长，降低瞬态响应指标。

④ 灵敏度。功放的输出功率大并不等于音箱的推动力强。强大的推动力不仅与功放的输出功率有关，还与其他多种因素有关，尤其与音箱的灵敏度有密切关系。音箱灵敏度是决定功放输出功率值的一个重要因素。音箱灵敏度定义是指向音箱送入 1W 的电功率，在音箱前轴线上 1m 处，可以获得的声压，单位为是 dB/W/m。

⑤ 音色。音色适配是指功放与音箱的音色要恰当地相互匹配，以取得听众所喜爱的重放音色。

5）调音台和音频信号处理系统。音频系统需要接入很多外部信号，为保证整个系统的安全性，可操作性，针对大型厅堂场所，在音频信号接入端，通常配置大量的音频跳线盘设备，所有音源、话筒及墙面信号接口箱均连接到跳线盘上，可快速地将所需信号跳接至后级控制系统，大大增加了系统的灵活性。

音频信号处理有模拟、模拟数字结合及数字处理三种形式。目前，模拟系统已很少采用，基本以数字处理或模拟数字相结合的方式为主。数字音频处理器的系统集成化程度高，从而使非专业人员都可实现对系统的一键式操作。

信号进入调音台后，在调音台内部进行信号的混合、分配，而经过调音台混音后的音频信号，最后再进入到数字音频处理器的输入端口进行进一步的信号处理。应根据整个系统的功能要求去选择不同的数量的输入通道和输出编组的调音台。

6）传声器和音源重放系统。

传声器的选型必须与厅堂的声学环境、拾音对象相对应，需根据扩声系统的总体要求、应用场合、拾音声源、传声器本身的技术特性及厅堂的特点去权衡选择进行配置，如会议发言讨论系统、各类有线话筒、无线手持、领夹、头戴传声器等，用来拾取语音信号。

音源重放产品通常包括 CD、MD、DVD、蓝光 DVD、PC 音频等各类音频信号设备。

20.3.2　会议发言讨论系统

会议发言讨论系统是指可供会议与会代表和主席分散或集中控制传声器的单通路声系统。

会议发言讨论系统通常与同声传译系统、电子表决系统、会议摄像跟踪系统以及配套的系统应用软件组成数字会议系统，如图 20－37 所示。

1. 会议发言讨论系统的分类与组成

传统会议发言讨论系统通过控制主机同时输出几路单线，每一路单线中连接多只的话筒，简称“手拉手会议系统”，如图 20－38 所示。

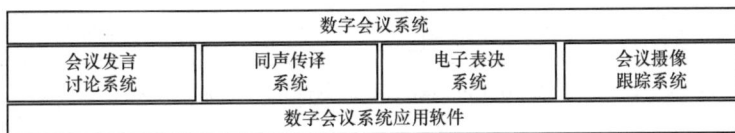

数字会议系统			
会议发言讨论系统	同声传译系统	电子表决系统	会议摄像跟踪系统
数字会议系统应用软件			

图 20－37　数字会议系统组成

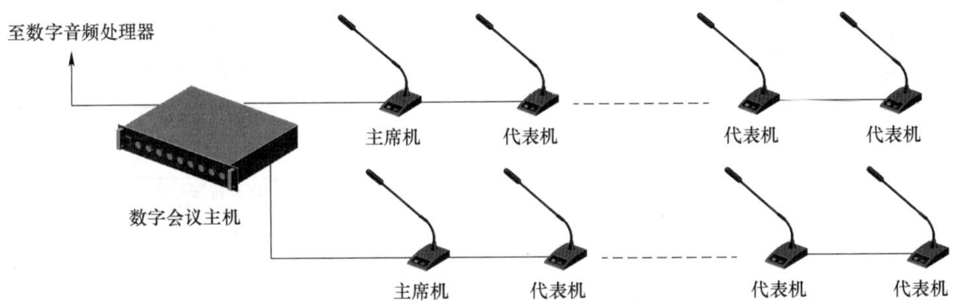

图 20－38　有线会议发言讨论系统架构图

手拉手会议系统优点在于：减少布线的数量，尤其是在人数众多的会议场所，便于快速部署应用，同时根据会议应用需要通过编程实现特定会议发言模式。

近年来，无线数字会议发言讨论产品陆续面市，部分无线数字会议发言系统产品具有多频段、可靠的音频传输连接，智能的电池管理，安全可靠（保密）、音质佳、抗射频干扰等技术特点，系统安装便利，技术完善。

（1）会议发言讨论系统分类见表 20－17。

表 20－17　会议发言讨论系统的分类

设备连接方式		有线（菊花链式/星形式）	无线（红外线式/射频式）
音频传输方式	模拟	模拟有线会议讨论系统	模拟无线会议讨论系统
	数字	数字有线会议讨论系统	数字无线会议讨论系统

（2）会议发言讨论系统的组成。由会议系统控制主机、会议单元（主席机、代表机）、专用线缆、会

议管理软件等组成。结合会议室与会发言人员的数量，通常按每个座位配置一套话筒设计。

1）菊花链式会议讨论系统。由会议系统控制主机、有线会议单元、连接线缆和会议管理软件系统组成，如图 20-39 所示。

2）星型式会议讨论系统。由传声器控制处理装置、传声器和连接线缆等组成，如图 20-40 所示。

3）无线会议讨论系统。由会议系统控制主机、无线会议单元和会议管理软件等组成，如图 20-41 所示。

2. 功能和性能

自由发言：与会者可申请发言权，如果有多人申请则控制器按顺序记录下申请者的讨论机号，按谁先申请，谁先发言的原则分配发言权。

讨论发言：由会议主席（或事先用控制器设置）确定讨论组人选，讨论者可用竞争方式获得发言权。如果需要，会议主席可允许数人同时具有发言权。

申请发言：与会者需要发言可向会议主席申请，会议主席同意，则可进行发言；否则，取消发言申请。

顺序发言：在会议开始之前，根据议程确定发言人、发言顺序及发言时间。发言人只需根据话筒上的指示灯就可知道什么时候发言，什么时候发言结束。

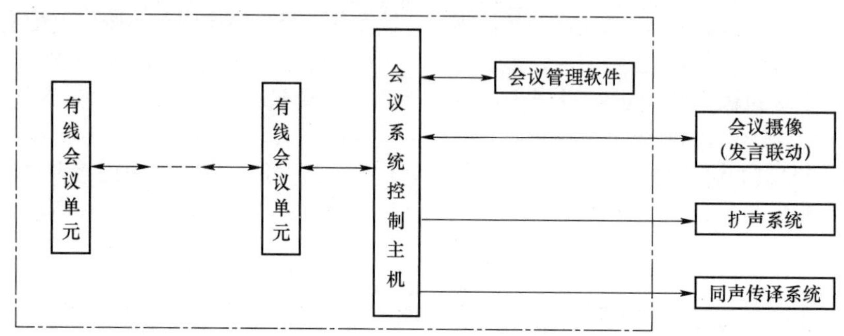

图 20-39 菊花链式会议讨论系统

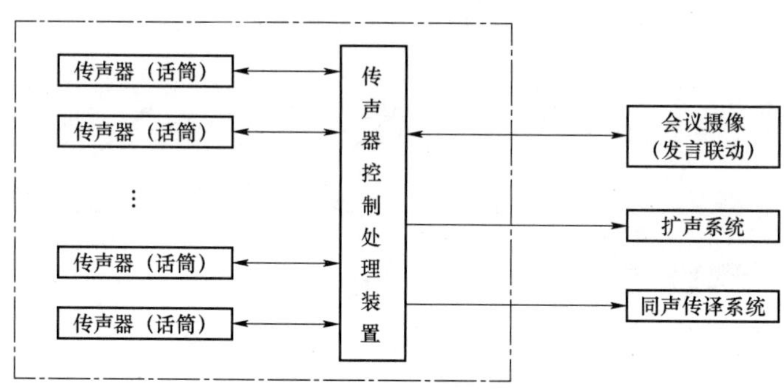

图 20-40 星型式会议讨论系统

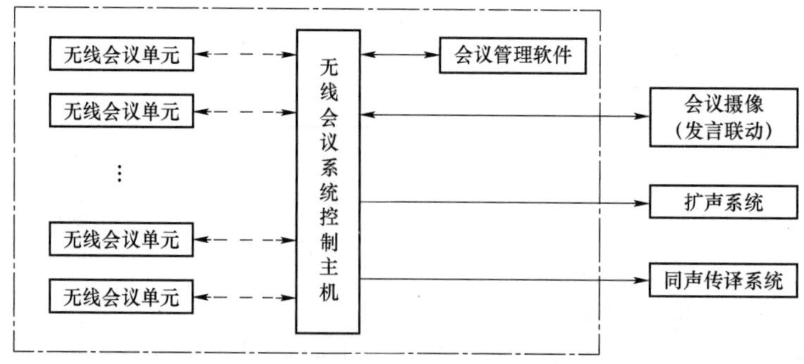

图 20-41 无线会议讨论系统

会议讨论系统传输特性要求见表 20－18。

表 20－18 会议讨论系统传输特性要求

特性	模拟有线会议讨论系统	数字有线会议讨论系统	模拟无线会议讨论系统	数字无线会议讨论系统
频率响应	125Hz～12.5kHz（±3dB）	80Hz～15.0kHz（±3dB）	125Hz～12.5kHz（±3dB）	80Hz～15.0kHz（±3dB）
总谐波失真（正常工作状态下）	≤1.0%（200Hz～8.0kHz）	≤0.5%（200Hz～8.0kHz）	≤1.0%（200Hz～8.0kHz）	≤0.5%（200Hz～8.0kHz）
串音衰减	≥60dB（250Hz～4.0kHz）	≥75dB（250Hz～4.0kHz）	≥60dB（250Hz～4.0kHz）	≥75dB（250Hz～4.0kHz）
A 计权信号噪声比	≥60dB	≥75dB	≥60dB	≥75dB

20.3.3 同声传译系统

1. 同声传译系统的分类与组成

（1） 同声传译系统分类。

1）按同声传译语言分配系统音频信号处理方式可分为模拟语言分配系统和数字语言分配系统。

2）按固定座席的场所可采用有线同声传译系统或无线同声传译系统，不设固定座席的场所，通常采用无线同声传译系统，也可有线和无线系统混合使用。

3）按同声传译语言分配系统信号传输方式分为有线语言分配系统和无线语言分配系统。无线语言分配系统可分为红外线语言分配系统和射频语言分配系统。

（2） 同声传译系统组成。由同声传译室、有线语言分配系统及耳机组成。

1）有线同声传译系统组成如图 20－42 所示。

2）无线同声传译系统由发射主机、辐射单元和接收单元组成，如图 20－43 所示。

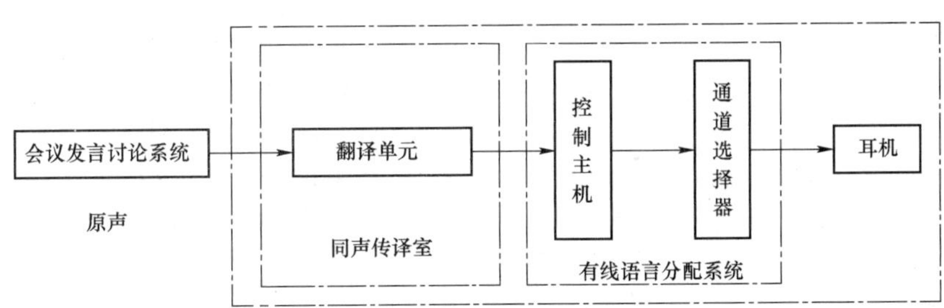

图 20－42 有线同声传译系统组成

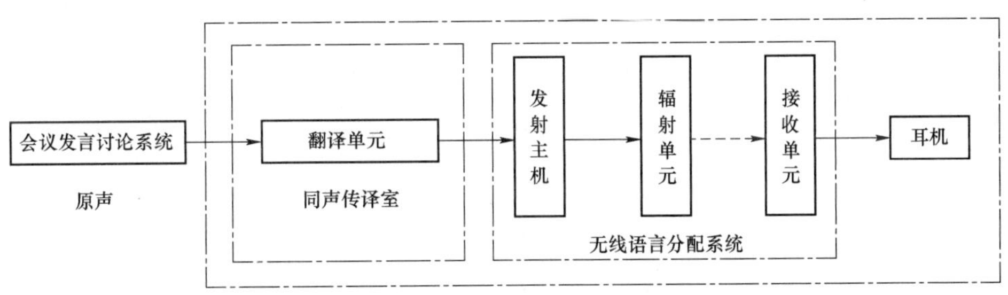

图 20－43 无线同声传译系统组成

2. 功能和性能

（1）有线会议同声传译系统传输电特性要求，见表 20－19。

表 20－19 有线会议同声传译系统传输特性

特性	模拟有线会议同声传译系统	数字有线会议同声传译系统
频率响应	250Hz～6.3kHz（±3dB）	125Hz～12.5kHz（±3dB）

续表

特性	模拟有线会议同声传译系统	数字有线会议同声传译系统
总谐波失真（正常工作状态下）	≤4.0%（250Hz～6.3kHz）	≤0.5%（200Hz～8.0kHz）
串音衰减	≥50dB（250Hz～4.0kHz）	≥75dB（250Hz～4.0kHz）
A 计权信号噪声比	≥50dB	≥75dB

（2）红外线同声传译系统传输特性指标如表20-20所示。

表 20-20 红外线同声传译系统传输特性指标

特性	模拟红外线同声传译系统	数字红外线同声传译系统
调制方式	FM	DQPSK
副载波频率范围（-3dB）	2～6MHz	
频率响应	250Hz～4kHz	标准品质：125Hz～10kHz 高品质：125Hz～20kHz
总谐波失真（正常工作状态下）	≤4.0%（250Hz～4.0kHz）	≤1%（200Hz～8.0kHz）
串音衰减	≥40dB（250Hz～4.0kHz）	≥75dB（250Hz～8.0kHz）
A 计权信号噪声比	≥40dB（A）	≥75db（A）

20.4 集中控制系统

集中控制系统是指视音频系统应用时对声、光、电等各种设备进行集中控制的设备。采用按键式控制面板、计算机显示器、触摸屏和无线遥控等设备，通过集中控制系统软件控制音频、视频、计算机、电视会议、灯光、监控、机电环境控制等系统设备。

系统可以将各种操控复杂的专业设备及相关的周边环境设备等通过合理的配置及编程控制达到简约化人性化的控制，各项单体设备均由控制器操控。可降低人为的误操作，提高效率，使非专业人员也能控制会议进程及会场模式的转换。

把几个独立的集中控制系统相互连接可构成网络化的集中控制系统，实现资源共享、影音互传和相互监控。

近年来，随着视音频系统采用分布式技术架构，基于网络的分布式集中控制系统开始逐步应用。

20.4.1 集中控制系统分类与组成

1. 集中控制系统分类

（1）按应用架构分类。

1）基于中控主机的集中控制方式。

2）基于分布式服务器的集中控制方式。

（2）按控制和传输方式分类。

1）无线单向控制。

2）无线双向控制。

3）有线控制等。

2. 集中控制系统组成

（1）传统集中控制方式。由集中控制主机、操作终端（计算机、触摸屏、墙面控制开关）、接口单元（红外发射棒、调光模块、继电器模块、调音模块、无线路由器等）和控制软件等组成，如图20-44所示。

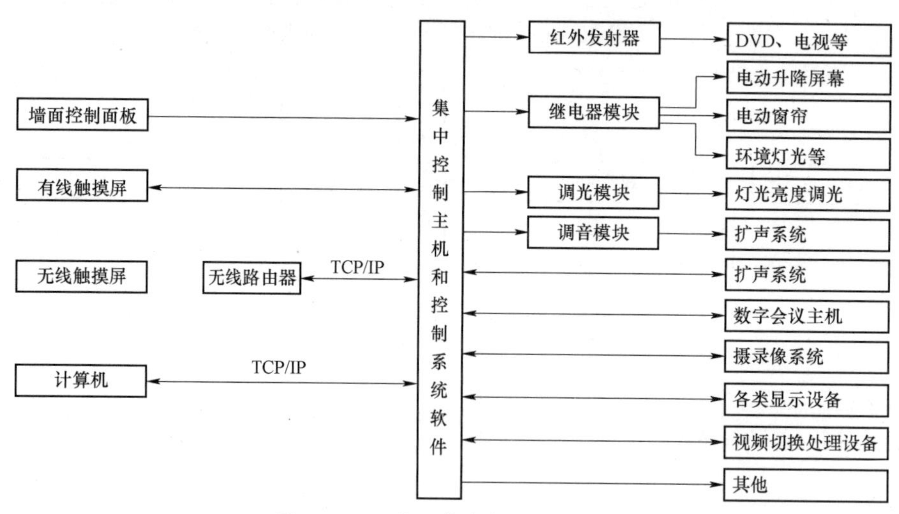

图 20-44 传统集中控制方式组成

1）集中控制主机。主机具有操作系统及开放式的可编程软件，可实现各类场景存储、场景调用功能。支持串口、红外、网络等多种控制方式，设有以太网接口、外围设备扩展端口、多路红外发射口、多路数字 I/O 控制口、多路继电器控制口、多路 RS-232、RS-422、RS-485 控制端口等。

2）操作终端。包括计算机、有线触摸屏、无线触摸屏、墙面控制屏或按键面板等多种终端，终端具有开放式的可编程控制界面，可准确监控所有被控设备的实时状态。通常根据被控设备的复杂程度和视音频系统，选择设备类型、屏幕尺寸。

3）接口单元。包括电源控制器、灯光调光器等。

4）控制系统软件。采用图形化控制界面和登录界面，针对视音频各类设备的实际使用状况进行编程，对于各种可控设备力求达到一键式的场景和设备状态控制。系统通过软件模式控制及执行，整个系统可接入设备管理网络，通过设置不同级别的管理权限提供不同的控制功能。

（2）分布式服务器集中控制方式。分布式集中控制系统基于分布式服务器和网络，通过编码设备采集前端的系统可控制视频信号设备、音频设备、显示设备、灯光、窗帘等所有支持设备受控信号，实现统一管理。分布式服务器集中控制系统组成如图 20－45 所示。

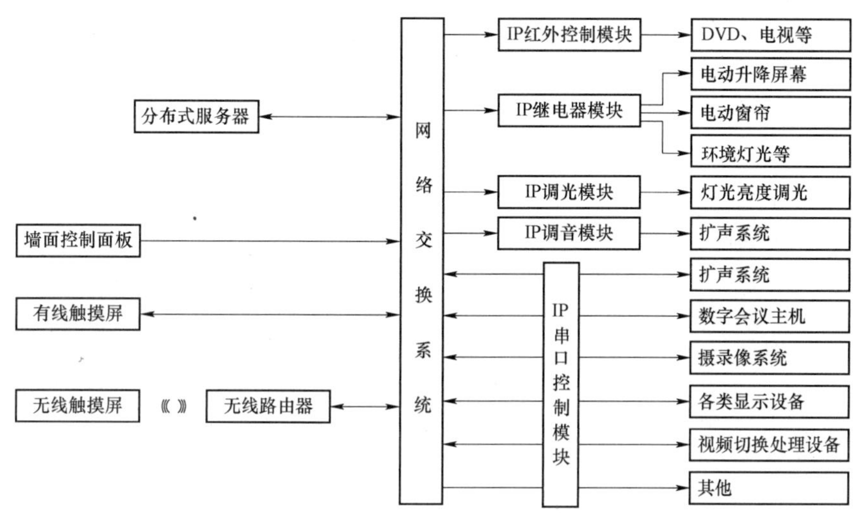

图 20－45　分布式服务器集中控制系统组成

与传统中控相比，基于分布式中控系统实现对视音频系统可视化管控，支持平板电脑直观地对信号源进行多点触控，友好的人机交互界面。用手指拖拽的方式可将信号源从列表中拖到大屏区域进行开窗操作，窗口大小任意操作。例如，单指拖拽可在大屏上漫游窗口，两指捏合可对窗口进行缩放等。

20.4.2　功能和性能

集中控制系统控制具有备份功能，可以通过系统设备自身的控制功能进行独立的使用，也可通过中控的控制界面实时控制。

（1）环境效果控制：

1）对房间内灯光通过中控系统控制，操作动作由集中控制系统统一管理。

2）对房间内的开关控制及温度调节控制等。

3）对房间电动窗帘进行自由调节、开放大小。

（2）视频显示系统和信号处理系统的控制：

1）通过触摸屏对显示设备的开关、视频信号、计算机信号、网络信号的切换进行控制。

2）通过触摸屏控制录播系统、DVD 的菜单控制。

（3）音频系统及数字音频处理设备的控制：

1）通过触摸屏对音频扩声系统任意调节音量大小。

2）实现对扩声音响效果进行场景化，通过编程实现单键达到特定场景模式的音响效果，根据不同的应用状态模式灵活转换音频设备的状态。

3）对信号处理系统进行控制，即可实现各类信号源的音视频输出至显示及扩音系统。

（4）视频摄像系统控制：

1）通过预先编辑摄像机的预设方位，实现摄像联动跟踪。

2）通过触摸屏对摄像机进行云台方向、变焦、聚焦及光圈控制。

20.5　信息化服务管理系统

20.5.1　智能管理服务系统

智能管理服务系统实现多个厅堂会议场所的智能化管理、人性化操控。将各种操控复杂的管理达到简约化、人性化的控制。系统提供实时会议、演出、赛事等公众信息和公告信息，集设备远程控制和环境智能管理、预约预定、信息发布等功能的管理、第三方接入等。

1. 系统组成

智能管理服务系统由管理服务器及其软件、智能管理工作站、移动客户端、网络交换机、环境控制模块、设备控制模块及预约发布模块等组成，如图 20－46 所示。

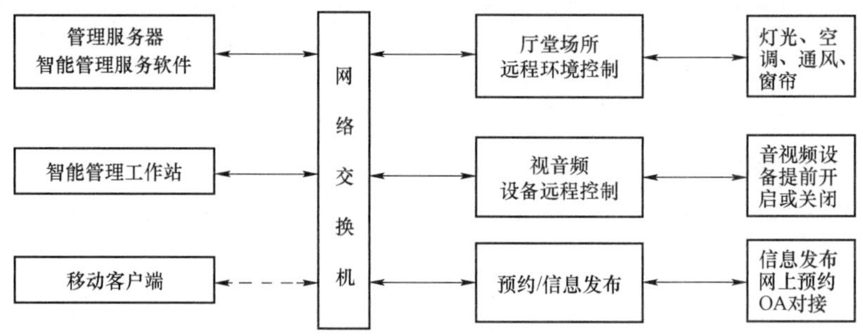

图 20－46 智能管理服务系统组成

2. 功能

（1）环境设备远程控制。

1）会议正式开始前，随时或定时提前将远程开启会议灯光、空调、电动窗帘等调整至会议模式。

2）会议结束后，系统将自动关闭会议灯光、空调等环境设备。

（2）视音频设备远程控制。

1）设备运行状态监测。通过服务器管理软件，远程查看会议室的在线连接情况和设备的开机、关机、运行工作状态，投影机光源使用寿命，设备故障远程协助等。

2）远程开启或关闭。会议正式开始前，随时或定时提前远程开启会议室设备，将其进入工作状态。

（3）预约/信息发布。

1）会议室预订功能。预订人通过客户端（计算机、手机）登录查看会议室的使用状态。预定成功后可自动发送通知、会议议题及相关文档发送至相关参会人。当会议变更或取消时，系统还能自动发送变更或取消通知（邮件、短信、微信等推送）。

2）会场导引。把会议室的预订信息推送到会议室门口及沿线信息发布屏，引导参会人员进入会场。

（4）与 OA 系统对接。

1）对于会议场所的使用信息做出具体的记录，包括会议室使用次数、设备使用次数、使用时间及次数生成相应统计图。

2）与办公 OA 对接，可在办公 OA 系统上实现会议信息的邮件、短信、微信通知应用、会议计时提醒服务、会务管理后勤服务、会议设备资产及人员管理等功能。

20.5.2 电子签到系统

会场出入口签到管理系统为会议应用提供可靠、高效、便捷的会议签到解决方案，会议的组织者能方便地实时统计包括会议应到人数、实到人数及与会代表的座位位置等出席大会的人员情况。

1. 电子签到系统的分类与组成

（1）电子签到系统分类。分为 IC 卡身份模式和二维码或人脸识别模式。

（2）电子签到系统的组成。

1）IC 卡电子签到系统由签到主机、门禁天线、IC 卡发卡器、IC 卡、会议签到客户端及其管理软件及网络交换机等组成，如图 20－47 所示。

2）二维码或人脸识别电子签到系统由二维码或人脸识别设备、会议签到客户端及其管理软件及网络交换机等组成，如图 20－48 所示。

2. 电子签到系统的功能和性能

电子签到系统具有对与会人员的进出授权、记录、查询及统计等多种功能，并应在与会人员进入会场的同时完成签到工作。采用智能技术、密钥算法及授权发行，由会务管理中心统一进行身份识别认证、取消、挂失、授权等操作。会场出入口签到管理系统配置信息显示屏，用于显示签到人员的头像、姓名、职务、座位等信息。会场出入口签到管理软件可生成实时签到状态显示图，并可由显示系统显示。电子签到机采用以太网连接方式，应保证安全可靠，当签到机发生故障时，不应影响系统内其他会议签到机和设备的正常使用。当网络出现故障时，应保证数据能即时备份，网络故障恢复后应能自动上传数据。

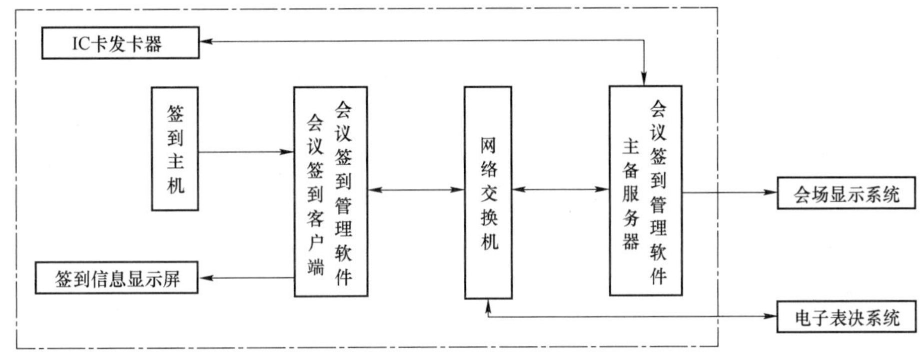

图 20-47　IC 卡电子签到系统组成

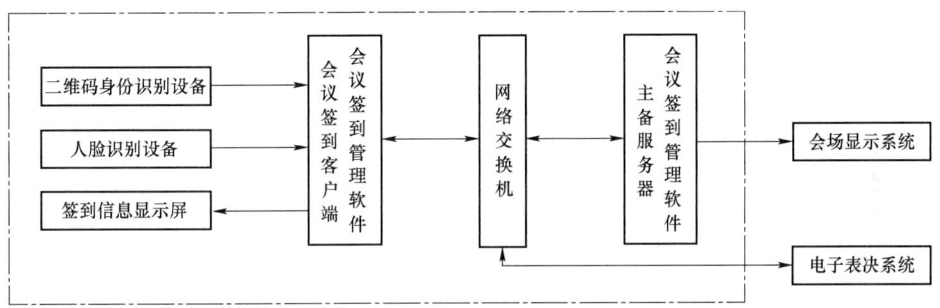

图 20-48　二维码或脸识别电子签到系统组成

20.5.3　电子表决系统

电子表决系统是针对会议投票选举、决议、评议需求而设计的无记名专业表决系统。参会投票人员通过表决器按键，即可迅速完成各类投票工作，会场电子显示屏即时显示表决结果。

相对于传统表决（举手、投票等）方式，采用电子表决系统具有操作简单、效率高等特点。从技术环节上能够确保表决人的意愿真实、快捷、自由地表达，大大提高了会议效率和表决工作的透明度。

1. 电子表决系统的分类与组成

（1）电子表决系统分类。有线表决和无线表决两种类型。无线表决系统又分为射频式无线会议表决系统和红外线式无线会议表决系统。

（2）电子表决系统组成。由电子表决主控机、表决器、电子表决计算机及其软件、打印机以及厅堂会场相关显示设备等构成，如图 20-49 所示。

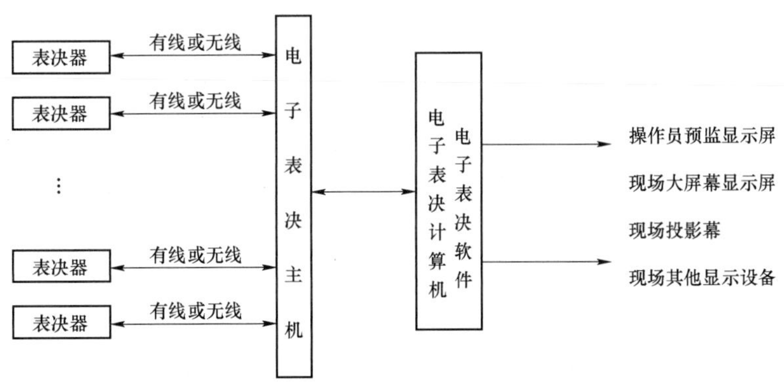

图 20-49　电子表决系统组成

1）电子表决系统主机。其容量支持现场参与表决人员所使用的表决器的数量，可支持多种形式的投票表决。

2）电子表决系统软件。具有议案管理、投票表决管理功能，支持在会议进行期间对议案、议程和其他与会议相关的内容进行现场修改。会议表决的议案、出席人数、表决结果、表决时间等信息，能够立即存入本地数据库和会议管理中心核心数据库中，并可导出备份或输出打印。

3）表决器。有按键式或坐席IC卡等形式，通常具有签到功能。

4）切换和显示。显示系统显示电子表决总的表决结果，并可显示表决过程。

2. 电子表决系统的功能和性能

固定座席的厅堂会议场所，一般采用有线会议表决系统或无线会议表决系统。不设固定座席的厅堂会议场所，临时需要增加表决功能，通常采用无线会议表决系统，或有线会议表决系统和无线会议表决系统混合使用。

电子表决系统通常具有以下功能：

（1）选择不记名表决或记名表决方式。

（2）选择第一次按键有效或最后一次按键有效的表决方式。

（3）选择由主席或操作人员启动表决程序。

（4）预先选定表决的持续时间或由主席决定表决的终止。

（5）表决结果的显示可直接显示或延时显示。

（6）在表决结束时，最后的统计结果以直方图、饼状图、数字文本显示等方式显示给主席、操作人员和代表。

（7）通过信号切换系统，会场显示系统和主席台显示屏能够灵活显示不同或相同的内容。

进行电子表决前，通常先进行与会人员的电子签到，表决系统实时显示表决人员签到情况。会议表决系统的表决速度性能指标要求见表20－21。

表20－21 会议表决系统的表决速度性能指标要求

会议表决系统	普通有线会议表决系统	高速有线会议表决系统	红外线式无线会议表决系统	射频式无线会议表决系统
表决速度	＜10ms/单元	＜1ms/单元	＜100ms/单元	＜50ms/单元

20.5.4 无纸化会议系统

无纸化会议系统也称为智能多媒体交互协作系统，系统兼顾传统的会议系统功能，实现会议过程中与会人员和主讲人之间的信息沟通、文件共享、电子白板、投票评分、会议信息管理等功能应用。同时具有会议信息标注、协同浏览、议题传输等功能。在应用模式上，支持升降屏和PC，同时支持移动平板电脑、智能手机等多种设备的应用，实现会议过程的移动智能化协同办公需求。

无纸化会议系统可在广域网、局域网下运行，为参会者和主讲人提供一个完整、统一的网络数据交互协作解决方案。

1. 系统的分类与组成

（1）无纸化会议系统分类。按应用客户端类型通常分为以下三种架构类型：

1）客户端为固定计算机主机＋显示器模式。

2）客户端为各类移动终端模式。

3）客户端为固定计算机主机和显示器及各类移动终端混合模式。

（2）无纸化会议系统组成。由服务器、管理工作站和客户端组成。

1）服务器：用于处理文档、存储数据、分发会议资料等。

2）管理工作站：用于会议安排、资料管理、会议议程管理、设备管理、系统配置和信息维护等。

3）客户端：用于与会人员参加会议使用。

① 客户端为计算机主机及显示器模式如图20－50所示。

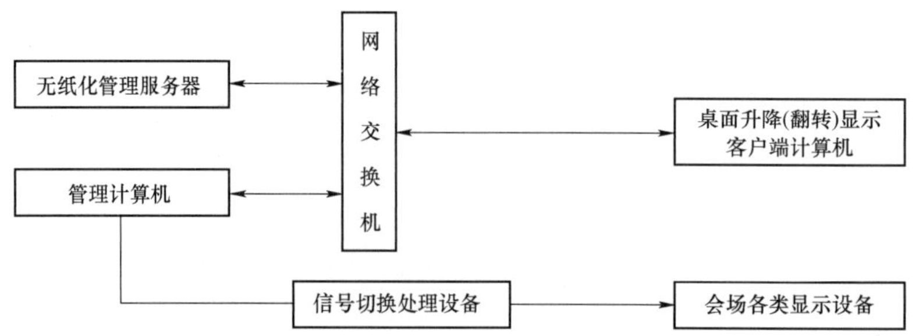

图20－50 无纸化会议系统组成（计算机主机及显示器）

② 客户端为各类移动终端模式如图 20－51 所示。

③ 客户端为固定计算机主机及显示器和各类移动终端混合模式，如图 20－52 所示。

2. 功能和性能

无纸化会议系统采用开放性框架体系结构，支持各类移动终端、PC 终端等模式。

主要功能包括会议管理、会后资料整理、会议签到管理、文件浏览管理、屏幕共享、电子标注管理、电子桌签管理、投票评分管理、文字交互管理、会议公告管理。

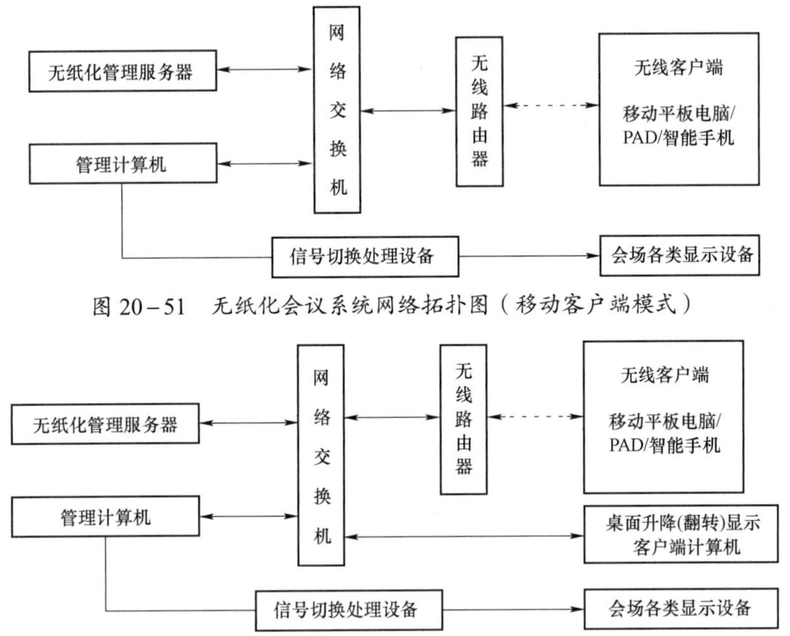

图 20－51　无纸化会议系统网络拓扑图（移动客户端模式）

图 20－52　无纸化会议系统网络拓扑图（计算机主机及显示器和移动客户端模式）

20.6　视音频系统应用

视音频系统在设计时，首先要建立“系统和平台”的概念，形成一个功能完善、使用简单、性能先进、稳定可靠的集成系统，通过集中控制系统和管理平台为用户提供服务。

20.6.1　视音频系统应用集成要点

视音频系统设计总体目标是：实现图像清晰，声像一致，声场均匀，语言清晰，控制灵活，提供一个完善的信息交互平台。

（1）主题鲜明。装饰色调设计符合主流基本色调，功能分区主题清晰，构造长远，确保各视音频会议系统功能的灵活性、使用便利性、技术可持续性、投资的可控性和高性价比。

（2）高临场感。专业的内容呈现交互，与高质量的视频、音频和信号切换；确保会议基本功能配置设备的高可靠性。

（3）融合互通。多种业务融合，前沿新技术应用，冗余设计。完善视音频辅助功能的外围配置的合理性及有效性，同时要配置满足各种信号传输与转换的控制设备。

（4）提升效果的优化配置的可扩展性。

（5）简单易用。一键触控、人性化设计、安全可靠。

20.6.2　视音频系统应用设备选型

视音频设备按功能表现形式分类如图 20－53 所示。

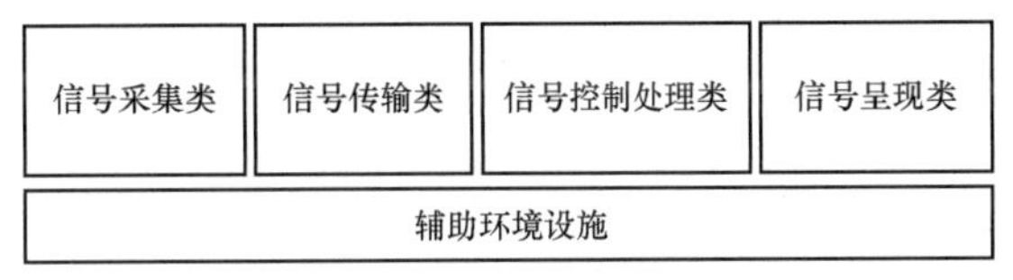

图 20－53　视音频设备按功能表现形式分类

专业视音频系统的设备种类多，用途不尽相同，在具体的性能上也有差别，由于最终的功能和效果都是需要靠设备来实现，因此在总体设计时需对设备进行定位。要达到语言扩声和视频呈现的标准、灯光照度效果以及整体功能效果，应考虑到系统设备的成熟性、兼容性、整体性、可扩展性、安全性、可操纵性、通用性以及系统的稳定可靠性等进行选型。

同时还应考虑系统的结构和组成情况，设备的技术架构、档次、类型、各类设备投资的比例以及各设备形成系统，尽量使设备性能优良、操作简便，系统内各设备充分发挥它们的性能。

设备的选型要点如图 20－54 所示。

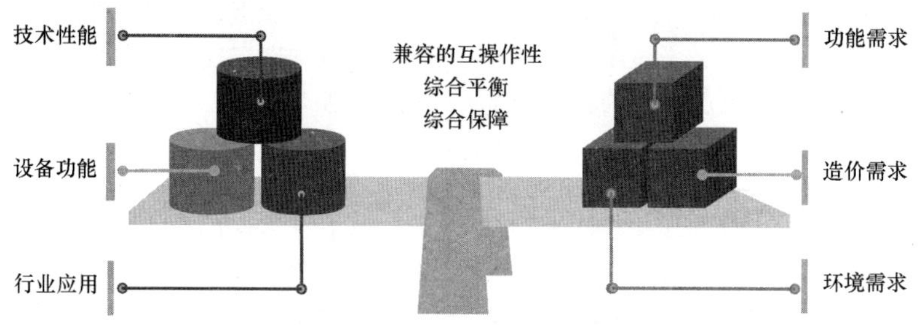

图 20－54 设备的选型要点

1. 设备选型的原则

（1）遵循实用和适用的原则。

（2）保持设备档次性能一致性的原则。

（3）保证系统和主要设备的技术先进性。

（4）符合总体设计要求。

2. 视频系统设备选型

（1）显示设备的技术类型的选择，需要呈现的信号对显示设备的要求。

（2）显示设备的应用行业，如家庭用投影机一般不适合应用在工程应用中。

（3）显示设备类型的选择（投影、背投、正投、拼接、融合）、分辨率的选择（标清、高清、特殊应用）、尺寸的规划、亮度对比度的要求等。

（4）主显示设备的规划、辅助显示设备的规划。

（5）设备与装饰的配合，颜色、安装工艺、安装位置要求。

（6）设备与其他系统的匹配，系统设备受控方式等。

3. 音频系统设备选型

（1）音箱和功放的选型。在选择音箱时要考虑它的品牌、价格、功率、阻抗、音色、体积等因素。

（2）数字音频处理器的选型。采用更为先进的数字媒体处理器设备，系统的核心数字音频矩阵系统可完全替代传统的周边设备。数字音频处理器还有拟设备无法达到的功能，如视频会议的回声消除、自动增益控制、环境噪声补偿等功能，而且数字设备的增益、本底噪声、动态范围、失真的效果都要好于模拟周边。

4. 信号处理设备选型

信号处理系统是整个视音频系统的信号处理核心。首先，应确定信号处理矩阵的技术架构，是采用混合矩阵还是采用分布式系统。通常，在中小型项目中，选用混合矩阵应用比较多，大型视音频系统因信号源和输出信号比较多或涉及远距离传输的问题选用分布式系统比较多。其次，技术架构确定后，结合系统总体架构、备的信号处理能力评测、规划信号源等，并做适当冗余设计。

5. 集中控制系统选型

集中控制系统在整个系统中处于一个核心的地位，所以一定要选择性能稳定可靠的产品。

6. 数字会议系统选型

目前市场上有很多优秀的会议发言系统，它们各有特点。应结合总体设计，围绕产品功能、外部颜色、设备外形（长杆、短杆，嵌入式还是桌面式等）等进行选型。

20.6.3 视音频系统工程实施流程

（1）需求分析与现场调研。在视音频系统项目的前期设计中。首先，必须详细了解项目的需求造价、功能、应用、客户的行业类型等；其次，详细了解视音频系统项目实施现场的相关基础设施及环境（厅堂场地环境、空调通风、装饰装修、办公家具、供电接地、网络基础条件等）。

（2）方案规划设计。根据前期需求分析及调研情况，进行项目的总体规划，确定系统总体架构、设备选型规划、软硬件集成规划。同时，对装饰装修、办公家具等专业提出相应的施工和配置要求，对房间布局隔断（设备间）层高、设备安装条件、装饰风格、装饰材料的选择、灯光回路、色温照度、空调通风、墙面承重等提出必要的要求。

（3）管线预埋。视音频项目实施与装饰装修配合十分紧密，管线预埋等前期工作应与装饰装修进度有序展开。

（4）设备安装。视音频系统设备的安装方案应落实在设计施工图纸上，结合施工工艺涉及整个系统实施的各个方面，如设备的安装和吊挂位置、承重载荷、开孔尺寸、设备接线、标签标识、供电设备、接地设施等。

（5）系统调试。系统调试总体分为：单系统调试、多系统联调、试运行。调试过程是系统优化的过程，及时发现问题，便于及时解决。

（6）系统培训。视音频系统是否能正常运行，与系统操作维护人员的技术水平和管理水平紧密相关。通过系统性的培训，使系统操作人员和维护人员能够正确地使用设备，有效地管理和维护整个系统，可提高系统的使用效率，保证系统可靠运行。

（7）系统验收。项目经过整体调试后，需试运行一段时间，待所有的设备工作正常，功能稳定后准备验收文档，向用户提交详细工程文档和验收文件。用户组织验收后，项目进入售后维护阶段。

20.6.4　视音频系统与相关专业配合

视音频系统与建筑、信息化、电气（强电）、弱电、空调、装修等各专业的配合贯穿于项目建设的全过程，体现在方案设计、实施等阶段的专业配合。常规的项目建设通常以土建、装饰、机电等专业为核心，但涉及视音频应用的环境场所，应以视音频专业设计需求为核心，相关专业予以配合。

1. 建筑专业

视音频系统声学设计包括建声和电声设计。科学设计合理的建筑声学结构会打下良好声音扩散、传播效果基础。没有经过声学设计的房间，无论它拥有多么高档的设备，声学效果绝对不会太好。因此，在视音频系统总体设计时应尽早与建筑设计施工单位接洽，取得他们在声学效果设计方面的协助。

2. 装修专业

专业视音频系统项目涉及的建筑装饰内容比较多，在设计开始就需要建筑装饰单位的密切配合。

建筑装饰首要考虑的是装饰的美观问题，但是视音频系统项目的总体设计则要对影响显示、音响和灯光效果的装饰方案进行限制。首先要求装饰材料的选取尽量按照声学传播要求来考虑；其次要考虑装饰的整体色调上与视音频系统厅堂的用途一致，在视觉上能达到衬托灯光的造型、图案和颜色。

与家具配合时要根据实际需求桌面预留话筒出线孔，并预留过线槽联通所有出线孔；会议桌为多媒体桌面插座提供安装开孔，根据实际会议桌的样式，可以提供 86 面板安装孔或根据桌面插座具体尺寸开孔；桌面为嵌入式会议话筒或液晶升降屏等嵌入式安装设备安装预留开孔；在小会议室设备较少未配置设备间时，房间茶水柜可定制设计提供设备安装空间；操作间、同传室为操作人员配置操作台及座椅。

3. 电气专业

（1）供配电。在视音频系统中，由于视频、音频设备工作的特殊性，加上系统之间互相的影响，必须对电源的供应形式提出一定的要求。为保证厅堂供电系统的安全可靠，减少经电源途径带来的电气串扰，通常在重要的视音频系统中应采用多套供电系统。厅堂照明用电、整个视音频设备供电、控制室设备的供电，分别采用净化电源系统。常规的供电系统用于照明与空调设备的供电。

布线时要将视音频系统的电源线路和信号线路分别敷设，并使用金属管材。同时，设置相应的保护地线，以确保用电安全。各视音频系统控制室和机房所需的地线，宜在控制室或机房设置的接地汇流排上引接。如果是单独设置接地体，接地电阻不应大于 4Ω。设置单独接地体有困难时，也可以与其他接地系统合用接地体，接地电阻不应大于 1Ω。

视音频系统系统的电源功率计算的结果是确定施工管线、开关器件的规格，以及向配合专业申请电源容量的依据，不同类型的厅堂设备功率相差较大。

系统设备总用电功率为音视音频系统设备的总消耗功率。灯光系统的电源功率，取决于灯光设备的型号和它们的工作特点，在厅堂的类型确定后，要反复核算灯光设备的消耗功率。

在设计中同样要充分考虑电气的安全。

（2）灯光照明。现代视音频厅堂场所照明系统设计不仅要解决好照明电气系统的可靠性、安全性、节能性和便于维护等技术问题，更加注重光的效果及光与人的情绪、情感、健康等多种复杂需求之间的关系。

照明设计应根据具体场合的要求，正确选择光源和照明器；确定合理的照明方式和布置方案；在节约能源和资金的条件下，创造一个满意的视觉效果。

1）适宜的照度和显色指数。各类建筑选用的照度值应符合国家规定的照度标准。《建筑照明设计》（GB 50034）办公建筑照明标准值规定的视音频场所应符合表（摘录）见表 20－22。

表 20－22　视音频场所照明标准值

房间或场所	参考平面及其高度/m	照度标准值/lx	UGR	U_0	R_a
普通办公室	水平面 0.75m	300	19	0.60	80
高档办公室	水平面 0.75m	500	19	0.60	80
会议室	水平面 0.75m	300	19	0.60	80
视频会议室	水平面 0.75m	750	19	0.60	80
会议报告厅	水平面 0.75m	300	22	0.60	80
多功能厅	水平面 0.75m	300	22	0.60	80
一般展厅	地面	200	22	0.60	80

续表

房间或场所	参考平面及其高度/h	照度标准值/lx	UGR	U_0	R_a
高档展厅	地面	300	22	0.60	80
宴会厅	水平面 0.75m	300	22	0.60	80
观众厅（影院、剧场、音乐厅）	水平面 0.75m	100	22	0.40	80
	水平面 0.75m	150	22	0.40	80

注：UGR—统一眩光值；U_0—照度均匀度；R_a—显色指数。

2）恰当的色温。通常不同场合色温可参照《建筑照明设计》标准，光源色表分组见表 20-23。

表 20-23　　光源色表分组

色表分组	色表特征	相关色温/K	使用场所举例
I	暖	<3300	客房、卧室、病房、酒吧、餐厅
II	中间	3300～5300	办公室、教室、阅览室、商场、诊室、检验室、实验室、控制室、机加工车间、仪表装配
III	冷	>5300	热加工车间、高照度场所

4. 空调通风

新风量是衡量厅堂空气质量的重要指标，新风量直接影响到空气的流通以及室内空气品质，对此必须充分重视，以营造良好健康的室内环境。

5. 弱电专业

弱电基础设施系统如综合布线系统、安防系统等，通常在土建阶段就开始管线的预埋，而视音频系统通常与装饰装修实施进度交错配合，弱电基础设施系统和视音频系统实施在施工面也有交集。需要前期沟通，以避免在实施阶段界面不清，管线预留不到位等问题。

6. 信息化专业

视音频技术与信息化系统结合越来越紧密，厅堂应用的视频会议网络规划与 OA 系统融合的会议预约管理系统规划等均需和 IT 专业配合。

20.7 电子会议应用

电子会议系统亦称“多媒体会议系统”，是指在计算机软件、硬件的支持下，将各类视频音频扩声系统有机地集成形成的系统，以实现自动化集成控制，通过计算机网络进行信息的传输和共享，给与会者以声图并茂的视觉和听觉效果，更好地营造会议氛围，提高会议效率。

20.7.1 电子会议场所的应用分类和组成

电子会议系统根据会议室面积、应用功能、应用级别等有所区分，在规划设计上通常根据使用方的行业类型、造价投资、应用需求等进行针对性设计和实施。视音频系统在实际应用中，根据重要等级、功能需求，配置有所不同。

1. 电子会议应用分类

（1）按用途分类。可分为视频会议、大型会议、远程（多媒体）教学、演讲、新闻发布、技术交流、商务谈判、讨论、产品展示、文艺娱乐、多媒体欣赏、调度指挥和多功能应用等。

（2）按形式分类。可分为多功能厅、会议室（大中小）、培训室（中心）、调度指挥中心、监控中心和控制室等。

（3）按层级分类。可分为主会场、分会场、主教室和分教室等。

2. 电子会议组成

（1）会场区。电子会议系统核心应用区域，根据会议室的应用类型和适用需求等，应合理规划设计建筑面积和结构、装饰装修、会议桌椅布局等。

（2）设备间、背投间、灯控室、音控室。在实际应用中各功能区通常根据场所的类型、规模和功能，单独或混合使用。设备间在中型以上会议室均有设置，是视音频系统设备机柜放置场所，同时也是系统会务保障、信号预监的场所。大型厅堂会场通常设置有灯控室和音控室，分别是灯光系统、音响系统控制场所。背投间通常设在有大屏幕拼接或背投影显示需求的场所，作为大屏幕系统的后维护空间，有时作为拼接显示设备机柜放置场所。设备间、背投间、灯控室通常按普通机房标准设计。

（3）茶水间。茶水间是提供会议服务的区域。

（4）会商区。在应急指挥中心、大型监控中心通常设有会商室或决策室，用于领导现场指挥、调度和决策会商。

（5）同声传译间。用于会议翻译人员同声传译的场所。

20.7.2 小型会议室

小型会议室作为内部小型会议交流空间，通常面积比较小（50m² 以下），是办公日常业务沟通、业务演示、多媒体播放等应用的场所，一般不做复杂的配置。

1. 应用组成

小型会议室视音频系统配置选择见表 20-24。

表 20-24　　小型会议室视音频系统配置选择

配置类型参考	视频显示设备				信号接入处理设备		音频扩声	视频会议	会议录播	会议预约及发布
	投影机和投影幕	液晶屏		电子白板	桌面接口	无线接入	有源音箱			
		单屏	双屏							
一	▲			△	▲	△	△	△	△	△
二		▲		△	▲	△		△	△	△
三			▲	△	▲	△	△	▲	△	△

注：▲为常规配置，△为可选，显示设备根据应用需求可选触摸交互型。

2. 应用系统框图

（1）设备有线直连。计算机信号与可选显示设备直接连接方式，如图 20-55 所示。

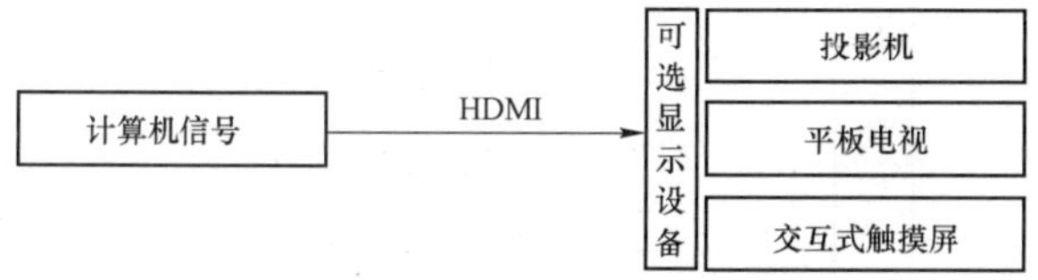

图 20-55　设备有线直连

（2）设备通过桌面接口有线直连。计算机信号通过桌面信号接口与可选显示设备直接连接方式，如图 20-56 所示。

（3）设备与显示设备有线、无线连接方式，如图 20-57 所示。

20.7.3　大中型会议室

大中会议室常规面积在 50m² 以上，通常形式为圆桌、长桌形式或主席观众形式，用于举办日常型会议、商务接待、培训等功能。大中型会议室通常与会人员较多的会议活动，配置功能相对复杂。

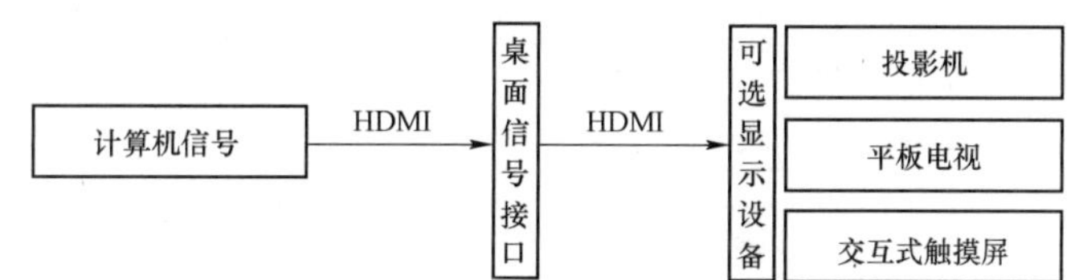

图 20-56　设备通过桌面接口有线直连

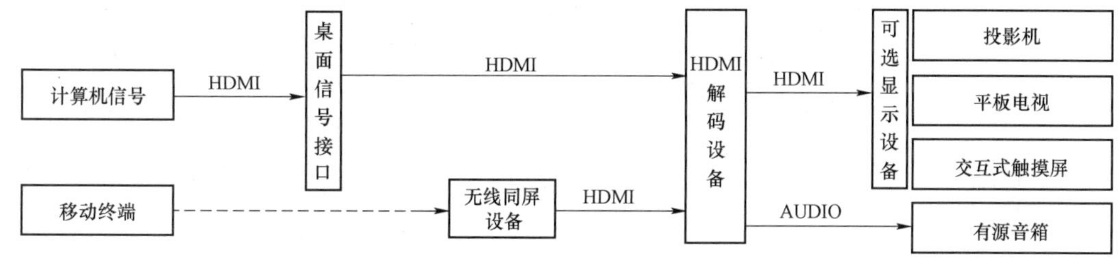

图 20-57　有线、无线连接方式

1. 应用组成

常规大中型会议室视音频系统配置选择系统见表 20-25。

2. 应用系统框图

（1）面积较小的厅堂场所视音频系统组成原理如图 20-58 所示。

（2）面积较大的厅堂场所视音频系统组成原理如图 20-59 所示。

20.7.4　远程视频会议应用

视频会议室是各类远程视频会议场所，非视频会议模式下，通常作为常规会议室应用。

1. 应用组成

常规视频会议室视音频系统配置选择系统见表 20-26。

表 20-25　　大中型会议室视音频系统配置选择

配置类型参考	视频显示设备					信号接入处理		送扩音			会议发言讨论	视频会议	会议摄像	专业灯光	会议录播	集中控制	会议预约及发布
	投影机和投影幕	大屏幕设备	液晶屏		无纸化设备	桌面接口	矩阵或分布式	扩声设备	蓝光DVD	无线话筒							
			辅助显示	预监显示													
一	▲		△	△	△	▲	▲	▲	▲	▲	▲	△	△	△	△	▲	△
二		▲	△	△	△	▲	▲	▲	▲	▲	▲	△			△	▲	△
三	▲		▲	△	△	▲	▲	▲	▲	▲	▲	▲	▲	▲	▲	▲	△

注：其中▲为常规配置，△为可选，显示设备根据应用需求可选触摸交互型。

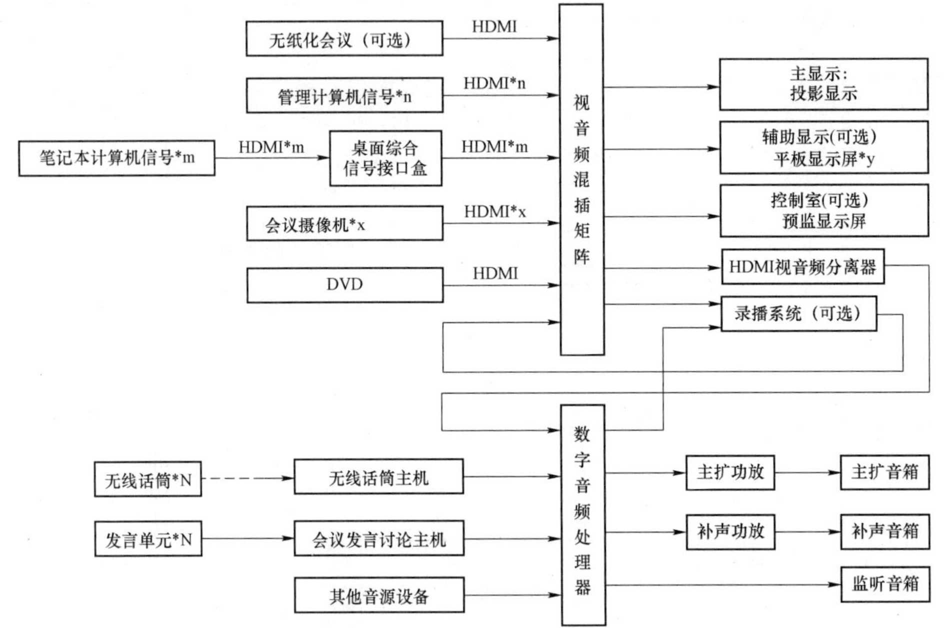

图 20-58　视音频系统组成原理（适合小的会议场所）

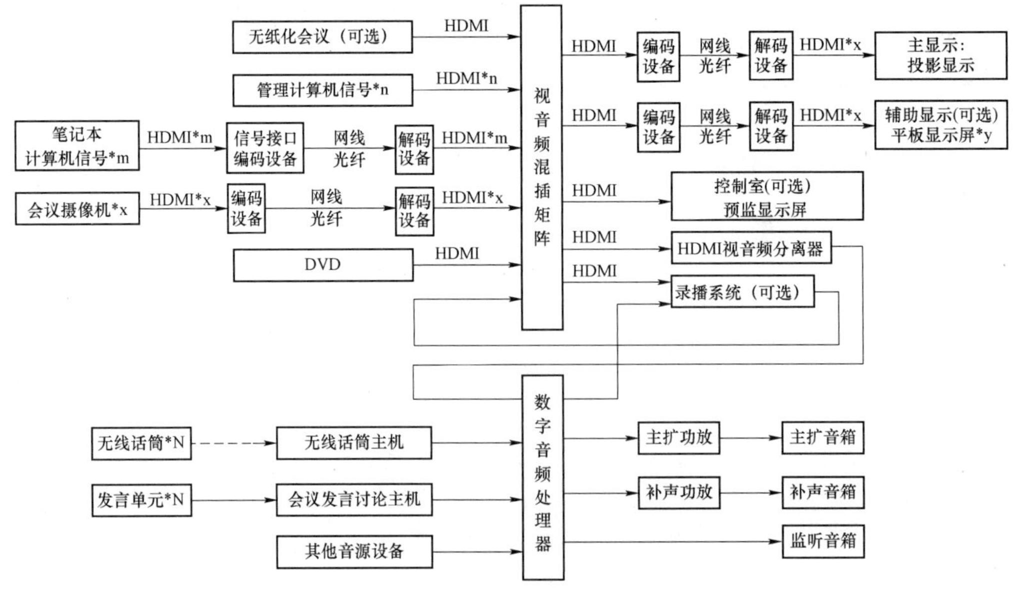

图 20-59　视音频系统组成原理（适合大的会议场所）

表 20－26　　常规视频会议室视音频系统配置选择

配置类型参考	视频显示设备						信号接入处理		送扩音			会议发言讨论	视频会议	会议摄像	专业灯光	会议录播	集中控制	会议预约及发布
	投影机和投影幕	平板显示器	大屏幕设备	液晶屏		无纸化设备	桌面接口	矩阵或分布式	扩声设备	蓝光DVD	无线话筒							
				辅助显示	预监显示													
一		▲				△	▲	△	△	△	△		▲	▲	▲	△	△	△
二	▲			△	△	△	▲	▲	▲	▲	▲	▲	▲	▲	▲	△	▲	△
三			▲	△	△	△	▲	▲	▲	▲	▲	▲	▲	▲	▲	△	▲	△
四	▲			▲	△	△	▲	▲	▲	▲	▲	▲	▲	▲	▲	▲	▲	▲

注：其中▲为常规配置，△为可选，显示设备根据应用需求可选触摸交互型。

2. 应用系统框图

（1）中小型视频会议场所视音频系统组成原理如图 20－60 所示。

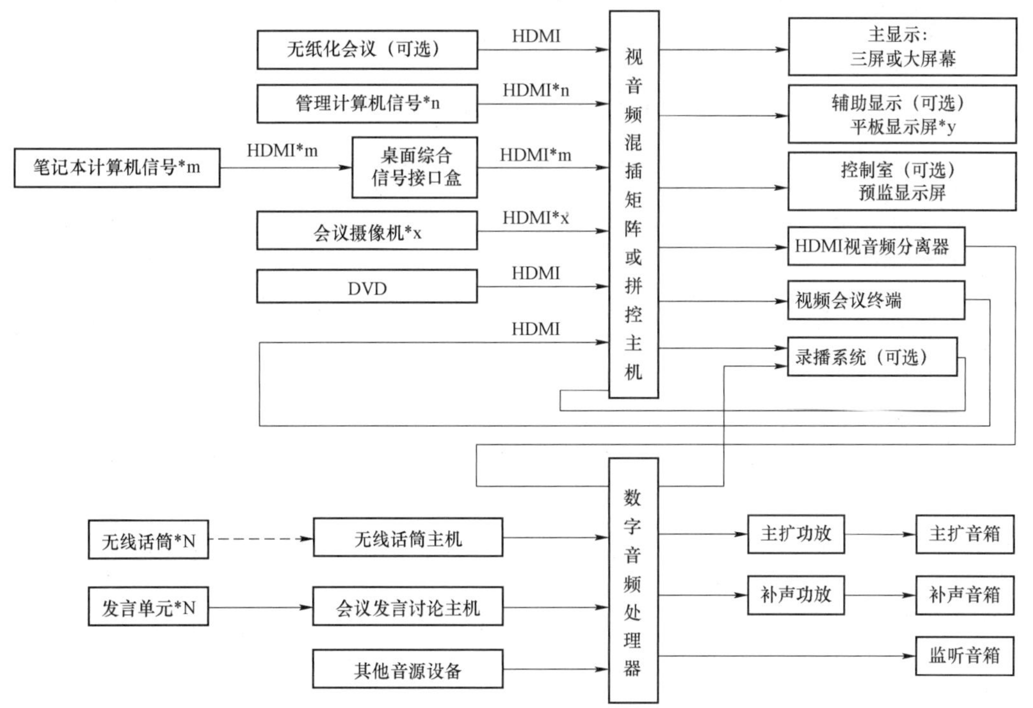

图 20－60　中小型视频会议场所视音频系统组成原理

（2）大型视频会议场所视音频系统组成原理如图 20－61 所示。

20.7.5　报告厅、多功能厅

报告厅、多功能厅通常是相对较大的会议环境，应满足召开大型会议、报告、讲座、中小型演出、新闻发布、娱乐等功能要求。

1. 应用组成

报告厅、多功能厅通常配置设备间，若如有同声传译需求，需单独配置译员间或译员区。报告厅、多功能厅系统配置选择见表 20－27。

2. 应用系统框图

报告厅、多功能厅场所视音频系统组成原理如图 20－62 所示。

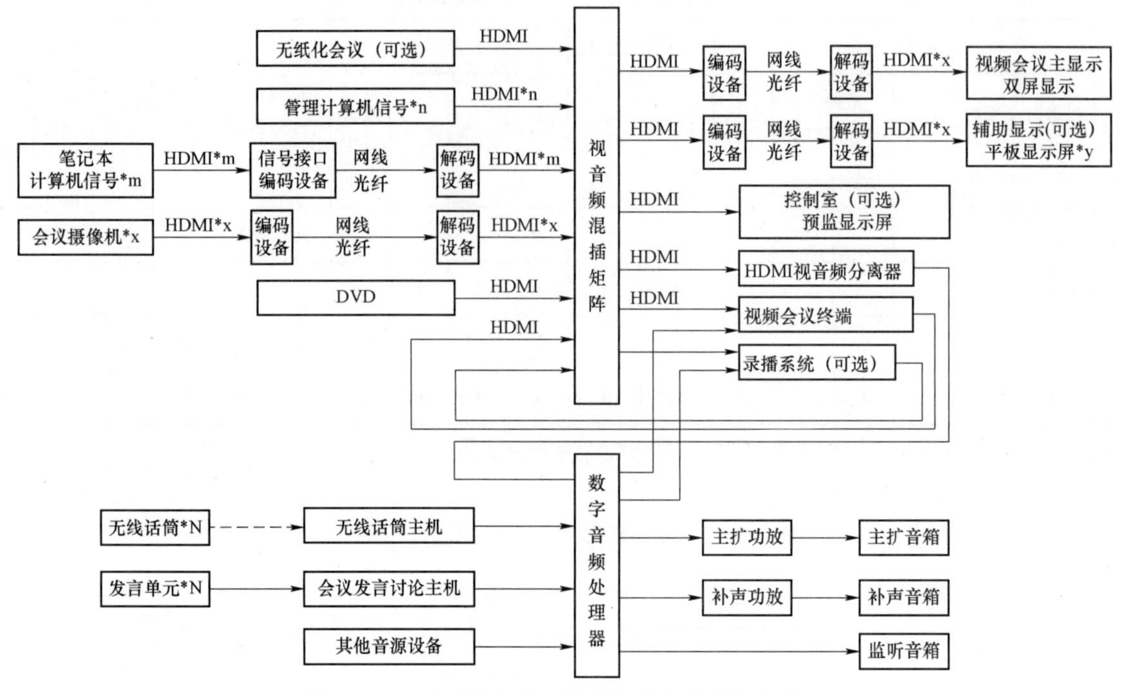

图 20－61　大型视频会议场所视音频系统组成原理

表 20－27　　报告厅、多功能厅系统配置选择表

配置类型参考	视频显示设备			信号接口处理设备			送扩音			会议发言讨论	视频会议	同声传译	表决系统	会议摄像	专业灯光	舞台灯光	会议录播	集中控制	智能管理服务系统
	投影机和投影幕	辅助显示	LED大屏幕	地面接口	桌面接口	矩阵或分布式	扩声设备	蓝光DVD	无线话筒										
一	▲	▲	▲	▲	▲	▲	▲	▲	▲	▲	▲	△	△	▲	▲	△	△	▲	△
二	▲	▲		▲	▲	▲	▲	▲	▲	▲	▲	△	△	▲	▲	△	△	▲	△

注：▲为常规配置，△为可选。

20.7.6　视音频总控室

视音频总控室通常用于对需要统一管理多个会议室或视音频场所的大型企业总部、园区或会议中心等。总控制室内设置多屏显示系统、录播服务器系统、集中控制系统等。系统依托内部局域网络通信将总控室与各会议室连接起来，总控室可实时预监任意会议室视频图像、音频等内容。能够实现对各会议室设备远程开启关闭。

1. 应用组成

（1）视音频信号远程传输、预监、录播。视频信号通过高清编解码设备可切换预监显示各场所视频预监实时信息。音频信号通过数字音频处理设备传输协议联网，可切换监听各场所的实时音频。

（2）多媒体录播平台。包括控制计算机、录播服务器（录播服务器或分布式服务器）、高清解码器，实现对各会议室等场所视音频设备的集中录制、存储、编辑、直播、转播管理。

（3）集中控制系统。包括移动触摸屏、计算机等设备，视音频设备的远程控制管理与信号切换控制，实现对各会议室/视音频场所灯光、窗帘、空调等环境设备的远程控制管理。

2. 应用系统框图

视音频总控室系统组成如图 20－63 所示。

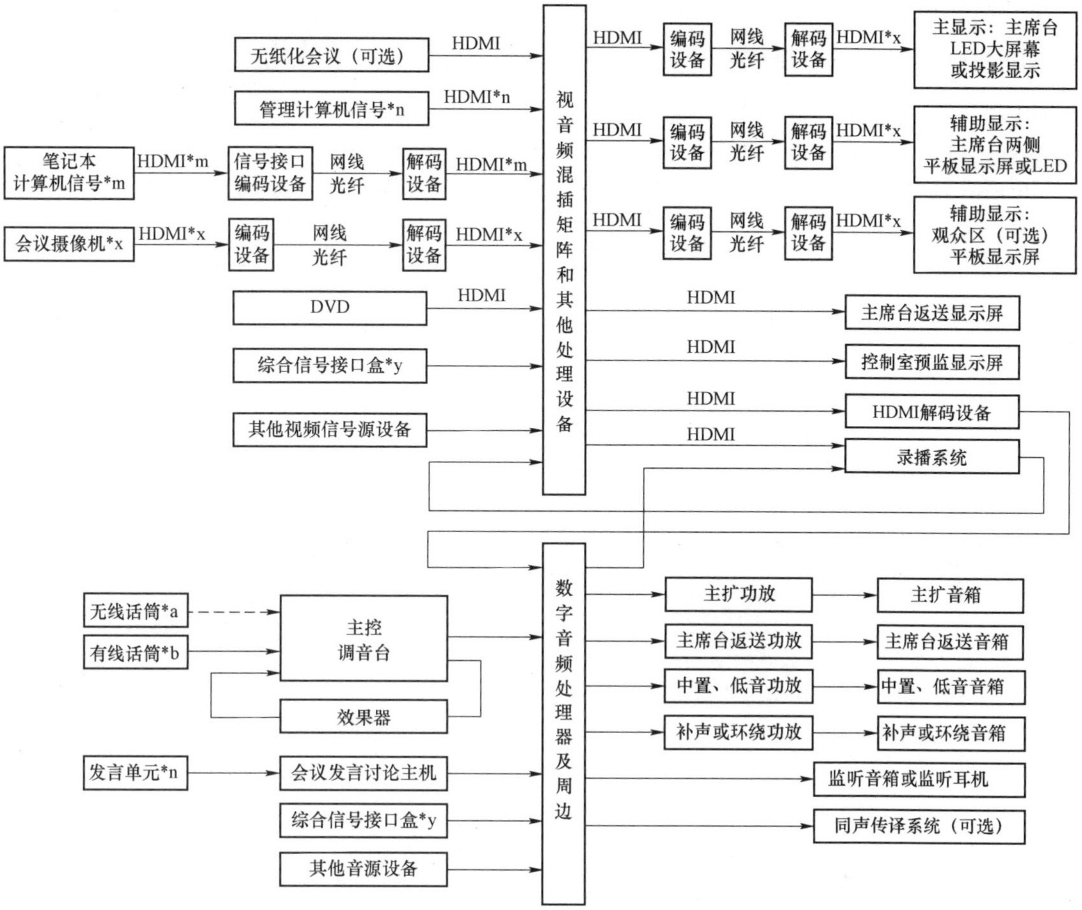

无纸化会议（可选） HDMI
管理计算机信号*n HDMI*n
笔记本计算机信号*m HDMI*m 信号接口编码设备 网线光纤 解码设备 HDMI*m
会议摄像机*x HDMI*x 编码设备 网线光纤 解码设备 HDMI*x
DVD HDMI
综合信号接口盒*y
其他视频信号源设备
视音频混插矩阵和其他处理设备
HDMI 编码设备 网线光纤 解码设备 HDMI*x 主显示：主席台LED大屏幕或投影显示
HDMI 编码设备 网线光纤 解码设备 HDMI*x 辅助显示：主席台两侧平板显示屏或LED
HDMI 编码设备 网线光纤 解码设备 HDMI*x 辅助显示：观众区（可选）平板显示屏
HDMI 主席台返送显示屏
HDMI 控制室预监显示屏
HDMI HDMI解码设备
HDMI 录播系统
无线话筒*a
有线话筒*b
主控调音台
效果器
发言单元*n 会议发言讨论主机
综合信号接口盒*y
其他音源设备
数字音频处理器及周边
主扩功放 主扩音箱
主席台返送功放 主席台返送音箱
中置、低音功放 中置、低音音箱
补声或环绕功放 补声或环绕音箱
监听音箱或监听耳机
同声传译系统（可选）

图 20-62 报告厅、多功能厅场所视音频系统组成原理

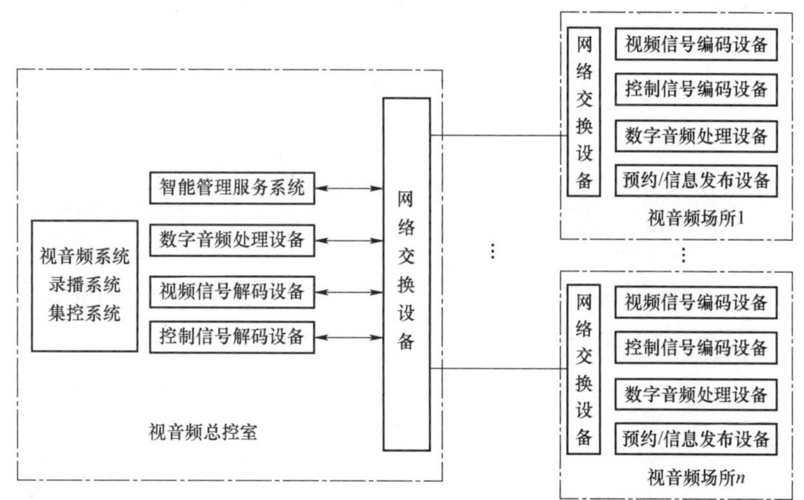

图 20-63 视音频总控室系统组成

20.8 特殊行业应用

20.8.1 指挥中心、集控中心、控制室

指挥中心、集控中心、控制室通常作为运维、监管、决策、指挥调度决策等应用办公场所；根据行业类型、应用需求等在布局、建筑结构上会有所不同，通常划分若干个应用功能区。

（1）指挥调度区（大厅）：各类值班人员、运维人员、指挥调度人员核心应用场所。

（2）指挥中心会议区：日常生产会议、观摩、会议协调处置场所，通常在大厅相邻后侧跃层或平层。

（3）会商区（室）：指挥中心会议区内配套功能用房，通常作为领导小范围会商、决策、沟通的场所。

（4）交接班室（区）：用于日常人员值班交接班工作办理区域。

（5）展示区：通常位于指挥中心入口区域，采用视音频、灯光等技术手段，结合数字媒体内容进行综合展示。

（6）大屏幕设备间：大屏幕维护空间。

（7）机房或设备间：用于安装各类软硬件系统机柜、视音频系统机柜场所。

（8）辅助区：辅助办公、休息区域。

从各类应用功能区布局上，通常有以下两种类型：

（1）平层布局：指挥调度区大厅和会商室在一层，位置相邻。

（2）上下错层布局：指挥调度区大厅后侧和会商区上下错层，指挥大厅中前侧采用挑空结构，上一层会商室单独隔断独立空间，隔断通常采用电控玻璃，通电状态下，完全透明，通过会商室可直接观看指挥大厅大屏幕，非通电状态下，玻璃不透光，适用封闭空间会商决策。

1. 应用组成

常规指挥中心、集控中心、控制室的功能架构如图 20－64 所示。

2. 应用系统框图

指挥中心、集控中心、控制室所视音频系统的组成原理如图 20－65 所示。

20.8.2 医疗行业

随着医疗事业的发展，各类基于新技术的医疗诊疗、手术示教及远程医疗会诊等得以大规模的应用，本节重点阐述视音频系统在医疗手术示教及远程医疗应用。

1. 常用医疗视音频信号

（1）场景信号：高清全景摄像机与专用术野摄像机的视频信号、现场音频信号。

（2）监护仪器信号：病人监护仪、麻醉机等。

（3）医疗影像设备信号。按照成像原理，可分为六类：

1）超声成像：A 型、B 型（B 超）、C 型、D 型（彩超）、M 型等。

2）X 线成像：X 线机、CT、数字 X 线摄影（CR、DR、DSA）等。

图 20－64 常规指挥中心、集控中心、控制室的功能架构图

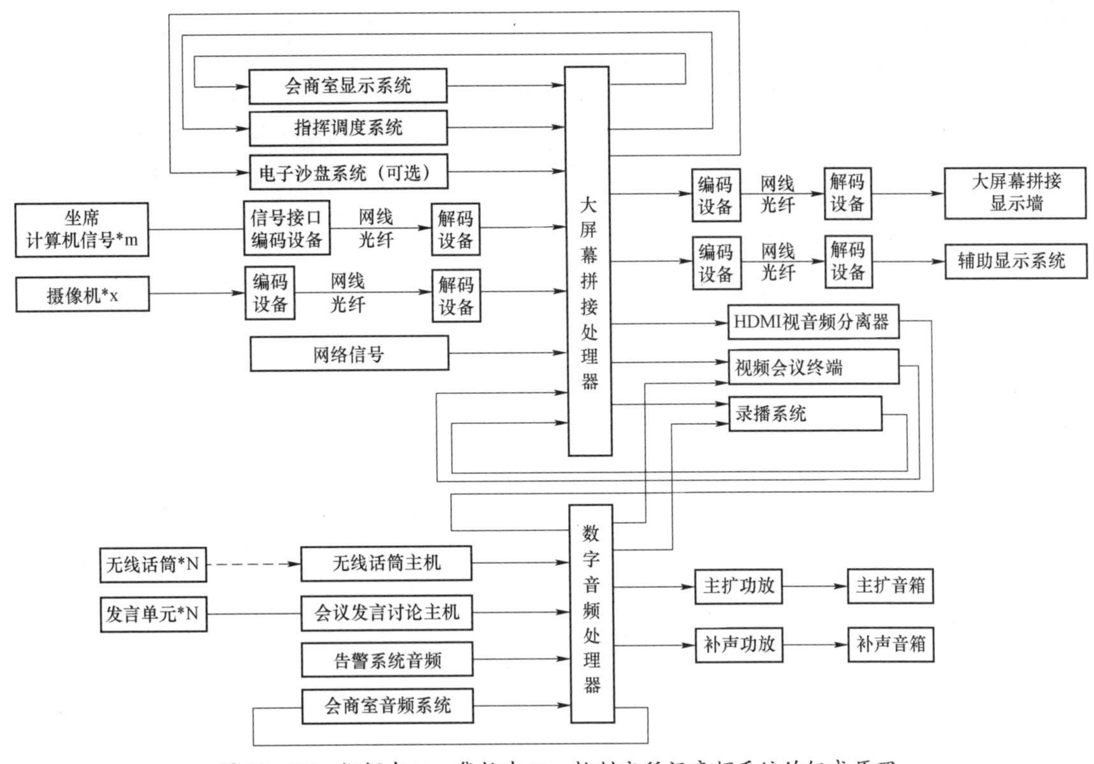

图 20－65　指挥中心、集控中心、控制室所视音频系统的组成原理

3）光学成像：内窥镜——腹腔镜、胸腔镜、胆道镜、胃镜、支气管镜、鼻窦镜等，手术显微镜——眼科手术显微镜、骨科手术显微镜、脑外科手术显微镜等。

4）核共振成像：MRI 等。

5）核医学成像：PET、PET－CT、SPECT、R 相机等。

6）红外成像：医用红外热像仪等。

2. 常用医疗视音频系统功能框架

医疗手术示教及远程医疗应用功能：

（1）医院远程会诊、远程医疗应用。

（2）医院本地或远程培训、教学、学术交流。

（3）医疗教学资料采集、存储、记录、课件制作。

（4）手术直播、转播、教学、医疗观摩应用。

（5）远程视频会议应用。

医院手术示教及远程医疗的应用框架如图 20－66 所示。

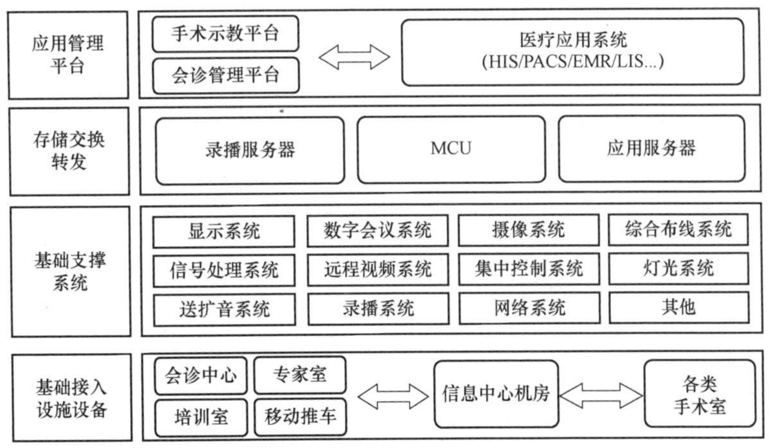

图 20－66　医院手术示教及远程医疗的应用框架

3. 典型应用配置组成

医院手术示教及远程医疗（会诊）组成如图 20－67 所示。

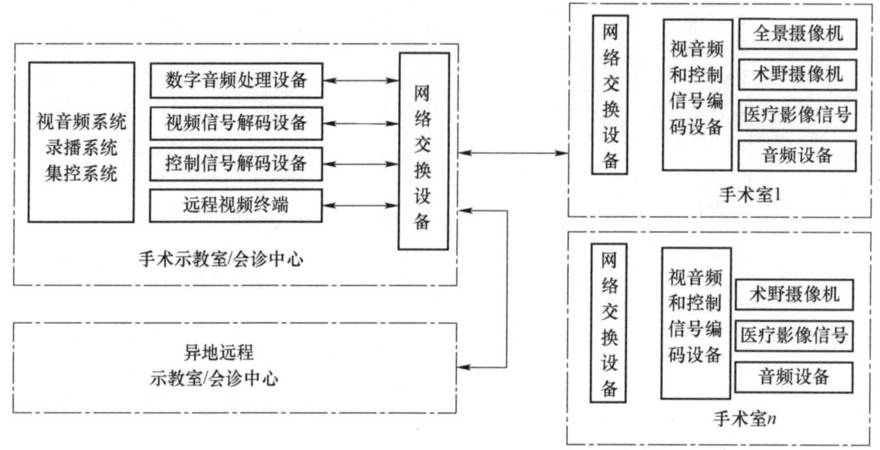

图 20－67 医院手术示教及远程医疗（会诊）组成

20.8.3 酒店行业

酒店行业视音频系统主要满足酒店不同区域运营的功能需求，为客人提供多功能服务等，比如召开培训、会议、举行中小型演出、品牌发布会、餐饮娱乐、生日婚宴等各类活动，在设备的选择和功能定位方面都有较高的标准要求。如背景音乐通常为高标准设计，有别于消防公共广播背景音乐。酒店行业视音频系统常用规划区域范围：

（1）大堂区域背景音乐系统。

（2）中西餐厅背景音乐系统。

（3）多功能厅扩声、流动扩声、视频、同声传译、灯光、会议宴会签到、集控系统。

（4）会议室、贵宾室扩声、视频及集控系统。

（5）客房部分 AV 系统。

（6）电梯区域背景音乐系统。

（7）餐饮包房区域背景音乐系统。

（8）餐饮包房区域影音播放及卡拉 OK 系统。

酒店各功能区音乐声学指标要求及控制方式见表 20－28。

表 20－28 各功能区音乐声学指标要求及控制方式

区域	平均声压/dB	最大声压/dB	频率响应	中央BGM	扬声器驱动
宴会厅多功能厅展览厅	80～90	105	50Hz～20kHz	可选	定阻
会议室	80～85	105	50Hz～20kHz	无	定阻
会议室	70～80	105	50Hz～20kHz	无	定阻

续表

区域	平均声压/dB	最大声压/dB	频率响应	中央BGM	扬声器驱动
中餐厅&包厢	70～80	90	70Hz～20kHz	有	定压
其他餐厅等	70～80	90	70Hz～20kHz	有	定压
行政酒廊	70～80	90	70Hz～20kHz	有	定压
酒吧	70～80	105	40Hz～20kHz	有	定阻
大堂	70～80	90	70Hz～20kHz	有	定压
大堂吧	70～80	100	50Hz～20kHz	有	定阻
健身房	80～90	100	70Hz～20kHz	有	定压
瑜珈/有氧室	90～100	105	70Hz～20kHz	有	定阻
室内泳池	80～90	100	70Hz～20kHz	有	定压
商务中心	70～80	90	70Hz～20kHz	有	定压
会见厅	70～80	90	70Hz～20kHz	有	定阻
员工餐厅	70～80	90	70Hz～20kHz	有	定压
功能区走廊	70～80	90	70Hz～20kHz	有	定压

注：表中为常规区域，特殊区域根据功能确定声学指标及其他功能。

第 21 章 智 慧 城 市

21.1 智慧城市的发展

21.1.1 城市发展的智慧

城市是把建筑、人力、土地、运输等各种资源按经济市场模式集聚在有限空间地区内的社会组织形式。但是据进化理论的描述，城市最终可能走向弱化，所以它是人类文明发展过程的形态。尽管对城市可有经济学、社会学、地理学、人类学、城市规划学等的不同视角的定义，其实只有“人”才是一切的核心。如果一座城市人烟稀少，它还有存在的价值吗？

人为什么会留在城市或者走进城市？是因为在这里，他要寻求自己的生存和发展空间，希望得到良好的起居条件，获得优异的社会服务，拥有优美的生活环境；通过自己的努力能够有较高的收入及社会地位、良好的事业前程和持续稳定的经济环境。

人类社会的城市化进程与工业化进程紧密相关，城市化是农业人口转化为非农业人口、农村地域转化为城市地域、农业产业转化为非农产业，以及社区结构和空间形态转化的过程。

长期以来，我国城市快速扩张和空间的无序开发、资源高消耗、污染高排放的粗放式发展，使得城市资源和能源紧缺状况日趋明显。城市建设方式粗放，交通拥堵，生活垃圾无害化处理率低，落后的产业布局使得废物排放量剧增，造成二次污染和城市病愈演愈烈。

城市的发展需要智慧，要以全局观来规划其空间、规模和产业结构，并且系统地考虑规划、建设和管理，从城市全生命期的每个环节明确工作要求。城市必须是宜居的，才能得到发展，所以需要在生产、生活和生态三方面进行平衡；改革、科技和文化作为动力，推动着城市的持续发展；政府、社会和市民对于城市发展的积极性，更为重要。

生态环境部发布的《“十三五”环境影响评价改革实施方案》（环环评〔2016〕95 号）提出了“三线一单”，即强化生态保护红线，环境质量底线，资源开发利用上线和环境准入负面清单，通过这些硬性约束确保国家战略和规划环评落地。国家发展和改革委员会等九部委发布的《关于加强资源环境生态红线管控的指导意见》（发改环资〔2016〕1162 号）明确指出：“统筹考虑资源禀赋、环境容量、生态状况等基本国情，根据我国发展的阶段性特征及全面建成小康社会目标的需要，合理设置红线管控指标，构建红线管控体系，健全红线管控制度，保障国家能源资源和生态环境安全，倒逼发展质量和效益提升，构建人与自然和谐发展的现代化建设新格局。”

资源环境生态红线管控是指划定并严守资源利用上线、环境质量底线、生态保护红线，强化资源环境生态红线指标约束，将各类经济社会活动限定在管控范围以内。

1. 资源消耗上线

合理设定全国及各地区资源消耗“天花板”，对能源、水、土地等战略性资源消耗总量实施管控，强化资源消耗总量管控与消耗强度管理的协同。

能源消耗：依据经济社会发展水平、产业结构和布局、资源禀赋、环境容量、总量减排和环境质量改善要求等因素，确定能源消费总量控制目标。尤其是大气污染治理重点地区及城市，要明确煤炭占能源消费比重、煤炭消费减量控制等指标要求。

水资源消耗：依据水资源禀赋、生态用水需求、经济社会发展合理需要等因素，确定用水总量控制目标。对于严重缺水以及地下水超采地区，要严格设定地下水开采总量指标。

土地资源消耗：依据粮食和生态安全、主体功能定位、开发强度、城乡人口规模、人均建设用地标准等因素，划定永久基本农田，严格实施永久保护，对新增建设用地占用耕地规模实行总量控制，落实耕地占补平衡，确保耕地数量不下降、质量不降低。对于用地供需矛盾特别突出地区，要严格设定城乡建设用地总量控制目标。

2. 环境质量底线

以改善环境质量为核心，保障人民群众身体健康为根本，综合考虑环境质量现状、经济社会发展需要、污染预防和治理技术等因素，与地方限期达标规划充分衔接，分阶段、分区域设置大气、水和土壤环境质量目标，强化区域、行业污染物排放总量控制，严防突发环境事件。环境质量达标地区，要努力实现环境质量向更高水平迈进；不达标地区，要尽快制定达标规划，实现环境质量达标。

大气环境质量：以达到《环境空气质量标准》（GB 3095—2012）为主要目标，与《大气污染防治行动计划》相衔接，地区和区域大气环境质量不低于现状，向更好转变。

水环境质量：以水环境质量持续改善为目标，与《水污染防治行动计划》《国务院关于实行最严格水资源管理制度的意见》相衔接，各地区、各流域水质优良比例不低于现状，向更好转变。

土壤环境质量：以农用地土壤镉（Cd）、汞（Hg）、砷（As）、铅（Pb）、铬（Cr）等重金属和多环芳烃、石油烃等有机污染物含量为主要指标，设置农用地土壤环境质量底线指标，与国家有关土壤污染防治计划规划相衔接，各地区农用地土壤环境质量达标率不低于现状，向更好转变。对于条件成熟地区，应将城市、工矿等污染地块环境质量纳入底线管理。

3. 生态保护红线

根据涵养水源、保持水土、防风固沙、调蓄洪水、保护生物多样性，以及保持自然本底、保障生态系统完整和稳定性等要求，兼顾经济社会发展需要，划定并严守生态保护红线。依法在重点生态功能区、生态环境敏感区和脆弱区等区域划定生态保护红线，实行严格保护，确保生态功能不降低、面积不减少、性质不改变；科学划定森林、草原、湿地、海洋等领域生态红线，严格自然生态空间征（占）用管理，有效遏制生态系统退化的趋势。

因此，城市的建设与发展，除了必须严守资源消耗上线、环境质量底线、生态保护红线，将各类经济社会活动限定在红线管控范围以内外，还应提高资源效率与环境效率，减少工业能耗、民用商业能耗和交通运输能耗，产城融合，均衡发展。

2014 年国务院发布的《国家新型城镇化规划（2014—2020 年）》提出推动新型城市建设的国家战略，“顺应现代城市发展新理念、新趋势，推动城市绿色发展，提高智能化水平，增强历史文化魅力，全面提升城市内在品质”，具体就是以绿色城市、智慧城市和人文城市为目标，全面建设现代城市。党的十八大以后，明确把生态文明建设放在突出地位，融入经济建设、政治建设、文化建设、社会建设各方面和全过程，努力建设美丽中国，实现中华民族永续发展。绿色生态城区是城市发展的新形态，也是力图解决当今城市诸多困境的有效途径。

21.1.2 智慧城市概念

我国的直辖市、省会城市、地级市、县级市正在大力推进智慧城市的规划和建设，获得国家试点工程称号和正在争取称号的不下 400 个城市。同时，还有大量的智慧城区/社区/开发区也在规划建设中。各类相关的城市项目，如信息消费城市、宽带中国、物联网应用示范工程、信息惠民工程等，更是层出不穷。这是全球最大规模的智慧城市建设行动，反映了迅速发展的中国急迫需要通过信息化与城市经济社会发展深度融合，来统筹城市发展的物质资源、信息资源和智力资源的利用，促进政务信息共享和业务协同，使城市规划管理信息化、基础设施智能化、公共服务便捷化、产业发展现代化、社会治理精细化。智慧城市得到了各级政府和企业的高度关注，正在积极推进。

但是，要使智慧城市健康发展，必须在规划阶段做好顶层设计。

由于“智慧”二字的内涵极为宽泛，从不同的视角来描述“智慧城市”特征可以有经济、管理、服务、技术、人文等的不同定义，而对于智慧城市建设的内容更是见仁见智。

智慧城市运用信息与通信技术，将政务、城市管理、医疗、商业、运输、环境、通信、教育、安全、水和能源等城市运行的各个核心系统加以整合，形成基于海量信息和智能处理的生活、产业发展、社会管理等模式，构建面向未来的城市形态，使整个城市以一种智慧的方式运行。这里的“智慧”是能运用既有规则（如法律、制度、政策、方法等）来调整、改变现存的事物，以获得符合特定目标的结果的“执行智慧”。智慧城市是在广泛的空间里综合各类人员智慧与人工智能系统能力，追求人类对生存环境完善的管理与发展的形态。

智慧城市由五大部分构成，即智能建筑、信息通信基础设施、信息应用基础系统、智慧产业和智慧城市建设运营保障体系，如图 21－1 所示。

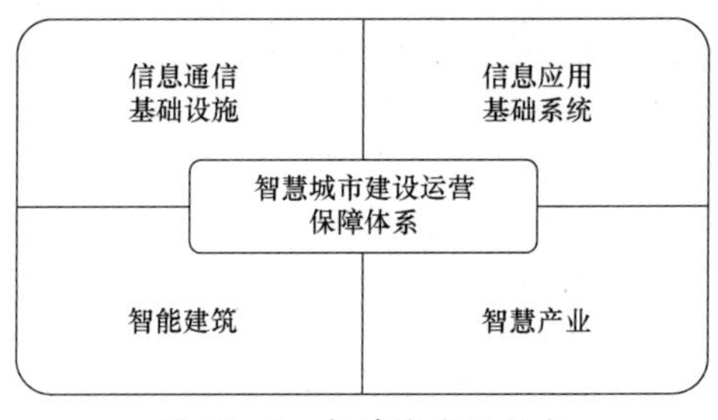

图 21－1 智慧城市的构成

城市在空间上是由建筑物组成的，如果脱离市民生活工作的建筑环境去奢谈“智慧城市”是可笑的，因此智能的公建和住宅是智慧城市的基础，也是所有智慧系统信息交互与应用的节点。信息通信基础设施包括了信息通信管道、线路、机房、基站、有线网络系统和无线网络系统等，是智慧城市的物理基础。

信息应用基础系统内容广泛，其中有生态城市运行管理类，如道路监控与交通管理、停车管理、公共区域安全监控、能源管理、水务管理、环境监测、消防监管、市容卫生管理等系统；有电子政务类，如延伸电子政务系统为企业与居民提供一门式服务、城市医疗服务信息网络、数字城管平台、城市管理指挥中心（常态管理调度，应急态指挥调度）等；有公共信息服务类，如城市公众信息发布系统、城市网站等；有产业发展支撑类，如企业信用评估平台、城市现代农业服务信息平台、城市物流服务信息平台等。

当然，作为智慧城市的技术支持，需要在信息通信领域有大批的专业企业，在硬件和软件上承担起建设和运营的责任，同时也为城市的产业与经济的发展提供空间。

智慧城市建设运营必须建立保障体系。智慧城市需要构建新型的城市运营模式，建立相应的建设与运行的体制和机制，使信息化与智能化系统成为城市的未来投资，支撑城区的有序运行、各类经济形态的持续增长与居民的舒适生活，创建政府、居民与企业共同和谐生存的理想家园。

体制机制的重要性，往往高于技术。因为智慧城市不是人类的目标，它只是一个基于网络的世界，是现实物理城市的重要技术支撑，我们不能以智慧城市的技术可能性作为目标，技术的智慧城市只是现代城市、生态城市运行的技术支撑。

21.1.3 中国智慧城市的建设目标

2016年4月19日，习总书记提出的“新型智慧城市”，是对我国经济社会发展规律的新认识，也是当前和今后一个时期我国城市发展的总要求和大趋势。新型智慧城市以为民服务全程全时、城市治理高效有序、数据开放共融共享、经济发展绿色开源、网络空间安全清朗为主要目标，通过体系规划、信息主导、改革创新，推进新一代信息技术与城市现代化深度融合、迭代演进，实现国家与城市的协调发展。

新型智慧城市以城乡一体、人与自然一体的“绿色协调”发展为长远目标；以“创新一体化机制”为推进建设的基本思路；以人民为中心作为建设的基本内涵；以信息数据等社会资源“开放共享”为基本原则；以“分级分类”推进建设为基本方法；“安全可控”是新型智慧城市建设的新要求。

新型智慧城市建设有六个“一”：一个开放的体系架构，“强化共用、整合通用、开放应用”；共性基础“一张网”，天地一体化的城市信息服务栅格网，构筑新型智慧城市建设基础；一个通用功能平台，实施各类信息资源的调度管理和服务化，支撑城市管理与公共服务的智慧化；一个数据体系，开放共享的数据体系，对数据规范整编和融合共用，有效提高决策支持数据的生产与运用；一个高效的运行中心，城市资源的汇聚共享和跨部门的协调联动，支撑高效精准管理和安全可靠运行（市政设施、公共安全、生态环境、宏观经济、民生民意等）；一套统一的标准体系，“建设、改革、评价”的标准体系。

新型智慧城市的建设重点：采用物联网开放体系架构，掌握网络发展和网络空间安全的主导、主动和主控权；建立城市开放信息平台，城市资源大数据通用服务平台，实现数据共融共享，消除信息孤岛，提高大数据应用水平；设立城市运行指挥中心，全面感知城市运行态势，实现跨部门的协调联动，提升对突发事件的应急处置效率；构建网络空间安全体系，涵盖“城市基础设施安全、城市数据中心安全、城市虚拟社会安全”的安全体系。

在很多场合，人们把智慧城市作为工作目标，并认为按智慧城市构想的方式就能促进城市发展。一些IT企业与咨询机构堆砌云计算、物联网、大数据等概念构建了智慧城市平台，来覆盖城市管理、民生服务，产业发展。这些方案技术应用先进，架构完整严密，投资巨大，智慧目标明确，但是这种思路是错误的。

一个城市的发展受到历史、文化、气候、资源、环境、人口、地域、传统定位、经济、产业等要素和条件的约束。要发展城市的经济、社会和文化，首先必须根据本地的资源和条件，通过大量的地缘、经济、技术、人文等的分析，确定城市发展的理念、空间、方向和策略。这是个智慧的过程，最终形成科学的最适合城市发展的功能定位。我们称此为城市发展之“道”（图21－2）。

图21－2 智慧城市的定位

在城市发展功能的定位基础上形成的“城市规划”“国民经济与社会发展规划”“生态规划”“产业发展规划”“文化事业发展规划”等，都是为践行城市发展之“道”而做的具体工作。我们谓之“术”，“术”中亦有智慧，但终不离“道”。

智慧城市是支撑城市发展和运行的信息技术应用，以提升发展的速度、管理效率和服务水平，为城市发展之“术”提供高性能的“技”。我们常说信息化是附在业务皮上的毛，“皮之不存，毛将焉附”，若无智慧的城市发展之“道”和“术”，何来智慧城市？近年来，我国城市化中出现的空城、鬼城、睡城、烂尾城，究其原因还是城市主政者的智慧过低，城市发展走入邪“道”，如果在此建智慧城市，并不能解决这些城市的困境。

当然，智慧城市的“技”也能对城市发展之“术”与“道”起到推进作用，利用信息通信技术实现扁平化的事务管理改变业务的流程，以互联网的体验改变业务的服务形式。这些互动可促进业务流程的优化，增强市民的民主意识，推动行政机构的改革，进一步完善城市发展的智慧，还是值得肯定的。

信息化、智能化工程建设完成后，要运营这些系统，因为“智慧”需要通过城市的运行效果得到体现。有不少应用物联网、云计算、大数据等技术，包罗城市管理、民生服务和产业发展的“智慧城市规划”，却未能解答“巨额的投入和持续的运营费用由谁承担？”“日常的运营责任如何界定？”“谁是智慧城市信息化工程的建设与运营主体？”等问题，在启动智慧城市时仅从技术角度出发按工程方式推进，没有认识到智慧城市是一项复杂的社会系统工程，缺乏顶层设计，结果导致大量的技术和非技术问题不断阻碍工作进展，降低实施效果。

总之，当我们把视角放到城市发展的范围，才能避免以夸大的技术导向来发展“智慧城市”的狭隘且功利的思维。

21.2 智慧城市的构成

21.2.1 智慧城市的顶层设计

智慧城市大多由政府机构牵头组织，从宏观上进行顶层设计。智慧城市的规划是一项基于城市现状、城市规划、城市经济与社会发展规划的创新性活动，也是城市发展的基础工作，但不是解决当前城市困境的万灵妙丹。要避免将 IT 的新概念填入城市各个领域，去构建一个个同质化的“智慧城市”，以达到某些产品与业务销售的目的，或构成不负责任的虚幻的政绩。以技术的可能性来建设智慧城市不是科学的，缺少规划以及建设和运营的体制与机制去奢谈全面感知、智慧决策，那都是不可持续的。

智慧城市的顶层设计需要针对城市的历史形态、地理特点、现状及经济与社会发展方向进行深入的研究和科学定位。尽管在网络时代已经可以零时差、零距离地进行信息交流，但是地域的差异、经济水平的不平衡和资源的盈缺仍然是城市发展的重要约束条件。信息与智能化技术并不具备改变社会体制与物质产出的能力，尽管信息通信技术（Information Communications Technology，ICT）也可形成新兴产业，但其价值的体现大多还需在实物功能的作用基础上。所以不能盲目跟风，以“云”“物联”“大数据”等技术潮流为导向来编制智慧城市规划。

1. 顶层设计概要

智慧城市的顶层设计工作主要为：明确建设目标，确定建设任务与技术方案，设计保障体系。顶层设计内容中要对建设项目逐一加以阐述，说明为什么要立该项目？如何实施？建成后如何保持长期有效地运行？对信息通信基础设施、智能公共建筑和住宅建筑、城市信息应用系统和信息产业进行规划设计时，都要根据城市的具体情况与实施条件，再做详细的分类规划。

城市信息应用系统涉及整个城市与社会，需要政府的引导和带动，社会各方参与，通过设计城市的信息感知、业务协同、系统集成的智能应用系统，以信息共享和数据挖掘来提升服务水平，在城市管理、城市运行、社会公共服务、电子政务、信息资源应用开发和产业等领域，实现城市有序安全运行、绿色经济和高效协调的发展，使企业与市民获得便捷完善的公共服务。

智慧城市顶层设计的另一重要工作内容是保障体系设计，建设与运行需要在体制、机制、法规、安全与社会伦理等诸方面有全面完善的措施。

在智慧城市规划、建设和运行的过程中，体制与机制是关键，要能以信息化领先发展的战略带动城市的创新驱动、转型发展，必须明确政府、非政府组织（NGO）和企业的地位与作用，以及运作的规则。智慧城市的规划、建设和运行，需要发挥市场机制和企业主体作用，政府承担着引导与市场监管的责任。

智慧城市的建设与运行需要资金投入，资金的来源有政府、企业与金融机构。作为政府仅能针对公益性、示范性、创新型项目加大财政预算投入力度，促使相关专项资金向智慧城市项目汇聚，落实重点项目建设和部分运维资金。总之，智慧城市需要多元投融资机制如 BT、BOT、PPP 等模式，拓宽融资渠道来保证建设的进度。

NGO 在智慧城市的建设与运行中起着重要的作用。因为智慧城市的实施，是按照行业业务运作的，每个行业都有自己的业务链，在利用感知信息网络融合、高宽带网络、智能分析决策等共性技术，往往需要在业务流程、应用技术、技术标准、利益分配等方面进行研究与协调，由 NGO 接受政府的委托对业内企业进行监督管理，是市场化的有效途径。

智慧城市的建设与运行需要完善政策法规，所涉及的新技术、新应用、新业态发展，在国家层面上虽然已有一些政策法规，也出台过一些标准规范，但是尚不完备。由于各类城市在法规制定与标准编制的权

时机提前介入，做好工程竣工后物业智能化管理的准备工作。工程交付使用前必须确保智能化系统可靠运行，有效进行区域内安全、节能等综合管理。智能化系统应通过科学的管理和维护，保持正常运行。

建设三星级示范工程宜将物业智能化管理系统和建筑信息模型BIM相结合，纳入智慧园区和城市综合体建设的统一规划、设计、施工和管理的总体目标。

2. 系统技术要求

（1）信息通信基础设施。在规划引导、规范管理、集约建设、资源共享的原则下，建设信息基础设施，增强信息网络综合承载能力和信息通信集聚辐射能力，提升信息基础设施的服务水平和能力，满足用户对网络信息服务质量和容量的要求。

智慧园区和城市综合体应在区域内规划、设计与建设智能化系统专用的通信网络铺设的管槽和各种管线，支撑区域内的信息布线，光纤应进入基本功能单元。智能化系统线路敷设需具有扩展冗余；区域内建设可实现语音、数据传输以及广播和电视等的有线通信网络，满足智能化系统信息传输需要，数据网络主干不低于万兆；区域内应建设无线通信全覆盖、WLAN等无线通信网络，根据用户需求和从提高服务品质要求出发，在必要的公共区域和楼宇建立无线网络热点全覆盖区，无通信盲区，移动通信覆盖系统应满足在室外、办公区域和室内公共区域等移动通信信号全覆盖的要求。

智慧园区和城市综合体应在区域内建设智能化系统的机房，进行通信机房布局规划，满足用户接入、汇聚和转接服务的需求。适当预留通信机房面积，满足多家运营商对设备安装和运维的要求，并具有可靠的供电、环境、安全等保障。通信机房、数据机房、运营管理机房、有线电视前端设备机房、楼层电信间、楼层设备间等的建设及布局应满足机柜数量和维护需要，并预留可扩展的面积。区域内智能化系统专用的机房应符合《数据中心设计规范》（GB 50174）的规定。根据项目属性及产业特点和规模，可构建数据机房或者在运营商租用IDC机房，提供主机托管、整机租赁、虚拟主机、网络存储、软件租用等IT云服务，为综合信息管理和信息化服务提供支撑环境。

建筑群的应急响应中心、智能化系统设备总控制室、安防监控中心等重要负荷，应由两路电源供电，末端进行自动切换，并应根据系统设备对电源切换时间、持续工作时间和容量的要求配置UPS。区域及楼栋设备控制室和设备机房的供电电源可靠性要求，应与该区域楼栋中最高等级的用电负荷相同，并根据需要配置UPS。楼层电信间、弱电设备间内应留有供电电源，供电可靠性及容量应满足相应系统设备的要求，并宜采用专用线路供电。智能化系统设备采用TN－S系统供电。

智慧园区和城市综合体的区域内应建设智能化工程的防雷接地系统。智能化系统应按照《建筑物防雷设计规范》（GB 50057）和《建筑物电子信息系统防雷技术规范》（GB 50343），采用防护直击雷及减小和防止雷电流所产生的电磁效应的综合防护措施。智能化系统应根据建筑物的雷电防护等级及设备所在的防护区域，设计、安装电源线路浪涌保护器、信号线路浪涌保护器、天馈线路浪涌保护器。

智能化系统宜采用共用接地网，其接地电阻值应符合相关各系统中最低电阻值的要求，当无相关资料时，可取值为不大于1Ω。当智能化系统涉及数栋建筑物时，相关建筑物之间的接地网宜做等电位联结。如难以互相连通时，应将这些建筑物之间的电子信息系统做有效隔离。智能化系统宜设引自建筑物总等电位联结端子板、并与各层钢筋和均压带连接的专用垂直接地干线，通过连接导体引入设备机房和控制中心，与局部等电位联结端子连接。音频、视频等专用设备的工艺接地干线应独立引至建筑物总等电位联结端子板。

（2）智能化应用系统。智能化应用系统是面向智慧园区和城市综合体的运营管理，以区域内的信息设施系统和设备管理系统等为基础，为满足各类智能化应用业务和管理功能的多种类信息设备与应用软件而组合的系统。

1）安全防范系统：包括联网报警系统、视频监控系统、交通监控系统、视频应用整合与集成、应急响应系统等。视频监控系统将公安、交通、市政和社会视频监控资源集成，建成统一的视频图像信息管理平台，为打击罪犯、维护社会稳定、保证人身安全提供有效的技术手段。安全防范系统布局形成网络化，局部区域闭合化，重点路口图像全采集、重点部位全覆盖，编解码、联网协议及控制协议等采用统一的技术标准，便于扩充和升级。视频图像信息与区域GIS电子地图信息系统融合，充分利用建成的各种社会视频图像资源，实现与城市视频管理系统的全面互联互通和信息共享。

联网报警系统包括区域内商铺、办公及住宅的报警系统。当客户端发生报警时，迅速将警讯或现场视频图像通过多种方式传输到联网报警系统中心，在操作终端的电子地图上自动弹出警情信息，由接警中心派出人员或联动联网报警指挥中心出警。中心建立区域统一接警、指挥、调度的报警中心平台，应有相关的接口与110指挥系统、视频监控系统等联动，系统之间的信息通信传输和联动必须具有完整的反馈信息，以及相关通信事件记录功能，以确保所有传输的报警信息都能得到及时、有效的处理。中心能提供定制报警等信息流的发送和处理，以及定制专门用户服务、计费管理等功能，构成为多种数据信息收集和发布的综合管理指挥平台。

视频监控系统对街区、道路卡口、人员聚集的场所、建筑物出入口、大厅、公共走廊、金融与财务场所、重要机房、物品库房等案件多发和易发区等进行监控。在区域的重要地段和重点部位安装的监控探测器由专人统一监管，便于收集犯罪证据，同时起到警示防范作用。街区监控系统应具有智能化功能，人的异常行为的检测、识别、跟踪与预/报警。通过检测图像序列人的异常行为，如人翻越院墙、栏杆，实施打架、斗殴、抢劫与绑架等犯罪行为时，即锁定跟踪与预/报警。对于非法滞留物的识别、跟踪与预/报警。通过检测图像序列物的异常行为，如箱子、包裹、车辆等物体在敏感区域停留的时间过长（如放置爆炸物等），或超过了预定义的时间长度就产生报警，以能事先预警爆炸恐袭等犯罪行为。

视频监控系统中的运行管理平台具有以下功能：网络视频监控设备的实时拓扑状态、设备在线状态、网络流量状态、存储系统的数据状态、视频画面的正常或异常状态，并提供相关的统计信息。视频监控中的管理平台，应具备自动发现视频监控系统中前端设备的功能，提高视频监控系统的建设效率。

网络视频监控系统应采用标准的网络进行组网。视频监控系统的前端网络摄像机，应满足《安全防范视频监控联网系统信息传输、交换、控制技术要求》（GB/T 28181）。前端设备故障时，不影响历史图像的回放业务；管理平台故障时，不影响实时录像业务；视频存储系统故障时，应不影响实时画面显示业务。在不良网络环境下，当网络发生严重数据丢包（小于 5%）时，应不影响视频监控系统的实况录像和显示业务；视频监控存储系统中硬盘的视频数据，不能被其他系统直接读取，以确保视频监控系统数据保密的功能。

交通视频监控需具有车辆检测、识别、跟踪与预/报警等功能，识别车辆的形状、车标、颜色、类型、车速、车流量、道路占有率等，并反馈给监控管理中心。并识别是否有非法停靠、是否有故障车辆等。车辆异常行为的检测、识别、跟踪与预/报警，检测识别车辆的异常行为，如车辆驶入绿化草地、人行道、逆行、超速、行驶过程突然停下横挡后面车辆等，立即进行预/报警。

交通拥堵检测及自动疏导，统计通过的车辆数，检测交通拥堵，并在交叉路口自适应控制红绿灯的转换时间等，并通过交通信息屏和无线台对交通进行自动疏导。电子警察检测识别车辆的违规，如闯红灯、超速、逆行与非法停靠等，与城市治安卡口系统集成，可以实时或定时向各卡口系统发送嫌疑车辆信息，保证各卡口系统拥有最新的嫌疑车辆表。

视频图像信息应用。通过视频图像信息分析可统计人们的各种行为，协助物业、服务、零售等行业的管理者分析营业情况和运营情况，提高服务质量。

2）交通综合管理系统：建立交通综合管理系统实现交通管理和停车场管理等应用，提高区域内道路和交通设施的运营效率；通过车内、车外信息系统，向驾驶员提供交通状况、驾驶所需有关信息、行驶路线导行信息以及到达区域的停车位信息，提高交通服务水平，降低交通对环境的污染。交通综合管理系统主要包括出行信息系统、交通管理系统、公共交通系统和停车场管理系统，系统功能的设置应与智慧园区和城市综合体管理者的权限相符。

出行信息系统为出行者提供区域内及时的信息服务。通过车载设施、可变标志、交通信息广播和移动电话等，向驾驶员提供互动信息，让他们快速进出区域，减少区域车辆行驶时间。提供的信息有出行前信息、途中信息和目的地信息。通过有线通信系统、视频监控系统、道路交通信号控制系统、计算机网络系统等信息集成，建立交通信息公共广播发布系统，信息屏发布引导系统及与区域内交通网站等。在早晚高峰期间报告区域内主要路段当前的交通状况，提供交通与地图智能查询、公共交通出行指南、交通实时动态信息，引导司机及早改道，避免堵车。

信息显示终端有道路信息显示设施、车载显示设施、家庭与办公室显示设施、交通信息管理中心等的室内显示设施、广场、重要交叉口、公交站点显示设施。

交通管理系统有机集成区域内的交通工程规划、交通信号控制、交通检测、交通视频监控、停车位管理、交通事故的救援等信息，实现对交通实时控制与指挥管理。该系统具有向区域内管理部门和驾驶员提供对道路交通进行实时疏导、控制和对突发事件做出应急反应的功能。交通管理系统包括以下功能，即交通控制、交通事故管理、电子收费管理、电子警察、交通环境监测、停车引导与管理、动态警告/交通执法、自行车/行人安全控制、不同交通模式交叉处理，负责对区内道路、公路交通的信号控制，对自行车、行人、不同交通模式交叉口的信号控制，响应各类交通需求，并能对交通事故、交通环境，以及所属设施进行管理。同时通过其所属各系统将采集和处理后的交通信息实时地传输到交通信息中心。

公共交通系统提高交通参与者（乘客、司机和管理者）、交通设施（道路等）和交通工具（车辆等）之间的有机联系，最佳地利用交通系统的时空资源，降低运输成本，提高运输效率，主要包括公共车辆行驶信息服务系统、自动调度系统、电子车票系统、区间服务车辆调度系统，响应需求型公共交通系统等。通过向公众提供出行时间和方式、路径及车次选择等咨询，在公交车辆上和公交车站通过电子站牌向候车者提供车辆的实时运行信息，提供电话预约公共汽车的门到门服务等，以提高公共交通吸引力。系统需与城市交通控制与管理系统结合，负责对区域内的公共交通运营、公交出行信息与规划、公共交通需求、公交运营安全及出租车运营进行综合协调管理。

停车场管理系统具有智能停车管理、自助缴费、车位引导、智能寻车、地下车库灯光节能控制及电动汽车充电桩监管等功能，采用射频识别（RFID）、图像自动识别、计算机通信和网络、传感等高新技术，提高停车场车辆进出效率，避免出入口拥堵，为车主提供舒适的通行体验，方便的车位引导服务、智能寻车服务，同时为管理单位精确、全面地掌握停车场的运行状况及辅助决策提供支持。

3）数字标牌及信息发布系统：系统应能向区域内的公众或来访者提供信息发布、音视频演示以及查询等功能。系统与区域内的建筑室内外装饰设计、区域环境设计和其他有关工程设计专业密切配合，以区域内的有线通信网络和无线通信网络为基础，构建信息采编、播控及发布的通信平台。系统由信息采编、信息播控、信息显示和信息导览部分组成。系统的技术指标应符合《民用建筑电气设计规范》（JGJ 16）和《视频显示系统工程技术规范》（GB 50464）的相关要求。

信息采编配置信号采集和制作设备及配套软件，采用交互式可视化编辑器用于节目的编排，并对设计好的节目预览观察。通过网页、文本文件、应用程序调用等形式，可以接入第三方应用软件。信息源包括定制的各种图像、音视频、文本数据信息，以及园区实时的公共服务信息。

信息播控应配置服务器和控制器，为播放终端提供实时信息、在线流媒体、数据库查询等服务；对各个播放终端进行远程监控和权限管理，监视播放终端当前的工作状态和播放画面，实现自动开关播放终端；支持多通道显示、多画面显示、多列表播放，支持所有格式的图像、音视频、文本显示，支持同时控制多台显示屏显示相同或不同的内容。

系统提供开放式的接口，能与其他智能化系统集成。系统宜具有满足客户个性化需求进行二次开发功能。

信息显示屏根据使用要求，在衡量各类显示器件及显示方案的光电技术指标、空间位置和环境条件等因素的基础上确定。各类显示屏应具有多种输入接口方式。

信息导览系统宜采用触摸屏查询、视频点播和手持多媒体导览器的方式浏览信息。

4）广播系统：统一调度管理区域所属的语音通信设施，实现业务广播、背景广播和紧急广播，紧急广播具有最高级别的优先权。

系统能实现一键多区域广播、终端发起广播、自定义广播组、既定预案广播等多种广播方式。系统的工程设计应与智慧园区和城市综合体的服务管理功能相匹配，系统形式安全可靠、节能环保、经济合理，并可以融合智慧园区和城市综合体内部的多种通信资源，实现区域内的业务广播和背景广播。在面临突发事件时，系统作为应急指挥系统的通信手段，应能够通过应急指挥系统实现多种终端对广播系统的语音互通，可通过音频平台（专用麦克风、调音台等）、集群对讲终端、办公电话、智能手机、PSTN 线路话机等设备通过广播系统进行语音广播，以满足应急广播、动员指挥、协调救援、人员撤离、现场指挥等通信服务的需要。

广播系统由信号源设备、功率放大器、系统主机、扬声器和传输线路等组成。信号源设备应根据系统用途、等级和实际需要进行配置。功率放大器采用单声道输出，其容量应符合相关标准要求。系统主机应具有广播系统的应备功能，宜提供开放式的接口，可以和其他智能化系统集成。扬声器的灵敏性、额定功率、频率响应、指向性等性能指标应符合声场设计的要求。室外广播扬声器应具有防潮和耐腐的特性，其设置应考虑气候条件、风向和环境干扰等影响；声辐射范围应避开障碍物；控制反射声或因不同扬声器的声程差引起的双重声。系统可采用有线或无线传输。室外广播、扩声线路的敷设路由及方式应根据区域总体规划及专业要求确定，可采用电缆直接埋地、地下排管及室外架空敷设方式。

系统包括播控室、供配电和防雷接地系统等配套工程。广播系统的技术指标和施工方法应符合《民用建筑电气设计规范》（JGJ 16）、《公共广播系统工程技术规范》（GB 50526）和《应急声系统》（GB/T 16851）的相关要求。

5）能源管理系统：系统对区域内的用能进行监测，并具有实时、全局的能耗综合管理功能。主要功能包括：能源规划（对电力、天然气、新能源等多种形式能源的规划）；能耗采集（对能耗进行分类、分层、分区域等形式的精细化计量）；能耗分析（对来自楼宇自控系统、能源监控系统、智能抄表系统等采集的能耗信息进行计量和分析）；能源调度（对电力、天然气、新能源等多种形式能源的综合调度）；能源优化（对能源使用策略进行优化管理）和能源审计（进行能源消费分析）等。系统宜与区域综合信息集成系统和建筑设备监控系统集成，共享数据信息，通过对各用能设备和系统的测控和能源最优组合，实现能耗成本的经济性。系统应能与上级能源综合管理系统联网，共享系统数据信息。

能源管理系统由数据采集系统、数据通信处理系统和能耗管理平台组成，对各能耗设备布置智能传感设备，通过智能化的仪表对用电、供暖、供冷、用水、燃气等能源使用情况的信息进行采集和监控。对各能耗设备布置节能控制设备，综合采用绿色、低碳、安全、智能化的能源技术，通过能源管理平台等进行统一的能耗管理和优化。在入驻用户电能表、水表、燃气表等旁安置采集器，针对各入驻用户的能源数据进行集中远程抄表；宜在分散的每块能耗表旁安置一个采集器，较集中的能耗表可共用一个采集器。

系统设计应与电气、暖通空调、给水排水等系统的先行专业设计相匹配，满足相关专业对计量、检测节点设置的要求，合理设置能源管理系统的表计、表箱和数据采集器。

用能计量装置应具有国家许可证标志、编号和产品合格证；精度等级应满足相关标准和规范的要求；应具有数据远传功能，使用符合行业标准的物理接口和通信协议。电能表宜采用智能型数字式，并具备数据远传功能。电能计量表计的精确度等级不低于1.0级，配用电流互感器的精确度等级不低于0.5级。电能计量宜根据负荷类别，即照明、动力和空调进行分项计量，并按照独立管理区域、独立产权或经营区域、公共区域等分区计量。给排水计量宜根据不同用水性质、不同的产权单位、不同的用水单价和单位内部经济核算单元的情况，分别进行计量。室外景观补充水、喷灌系统、雨水回收回用系统、中水回用系统和集中式太阳能热水系统应独立计量。暖通空调系统宜按照经济核算单元分别进行计量，公共区域宜独立计量。

信息传输根据实际情况采用有线为主、无线及其他方式为辅的方式。数据传输的性能技术指标应保证用能计量装置、数据采集器和数据管理服务器之间可靠通信。选用开放式系统平台，具有与综合信息集成系统建筑设备监控系统集成的通信接口。

能耗数据采集、数据通信处理和能耗管理平台的建设应满足《国家机关办公建筑和大型公共建筑能耗监测系统分项能耗数据采集技术导则》的要求。能耗综合管理平台应能满足分类、分项和分区计量系统数据信息的采集、存储和传输的要求；宜包括能源计划管理、能源实绩管理、能源质量管理和建筑设备系统运行分析等基本功能。

区域能源站应设置冷量计量装置，空调冷却水及冷水系统宜设置补水计量装置。锅炉应设置燃料（燃煤、燃油、燃气）计量装置；蒸汽锅炉应设置蒸汽流量和原水总耗量计量装置，宜设置蒸汽凝结水回收量及回收热量计量装置；热水锅炉应设置供热量和补水量计量装置；热交换站应分别设置空调热水用热计量装置及生活热水用热计量装置。太阳能热水系统、太阳能光伏发电系统、风力发电系统、分布式能源系统等均应独立计量。

6）环境管理系统：对整个区域进行环境检测，依据检测数据信息，通过建筑设备监控系统实现环境管理，环境参数的测量数据信息，宜与城市公共环境治理系统共享。

环境管理系统设计应与智慧园区和城市综合体的景观设计、建筑设计、建筑设备设计、照明设计等有关工程设计专业密切配合。系统应成熟、稳定、经济合理。环境管理的传感器选择应符合量程及精度要求，应与建筑设备监控系统及智能照明系统等的要求相匹配。环境管理系统的设计和施工方法应符合《智能建筑设计标准》（GB 50314）及《民用建筑电气设计规范》（JGJ 16）的相关要求。

环境管理系统监测室内外空气质量，依据室内温度、湿度及CO、CO_2等气体的浓度参数信息，通过建筑设备监控系统对暖通空调系统实现优化控制。监测室内外照度，通过照明控制实现室内外环境的照度调节。监测室外风速、PM值等气象参数信息，通过建筑设备监控系统对建筑通风设备实现优化控制。监测生活用水水质和废气、污水等排放物，并对其实现优化管理。

7）建筑设备监控系统：对建筑机电设备的运行状态进行实时检测、监视和控制，应用各类建筑设备关联的运行信息，实施对建筑设备综合优化管理，实现建筑设备安全、可靠与稳定运行，创建节能、环保、舒适的建筑环境，提高物业管理效率。

系统的工程设计应符合建筑设备系统的运行工艺要求，并与采暖通风、给排水、供配电及其他相关工程设计专业密切配合。系统监控的对象及控制功能应符合《智能建筑设计标准》（GB/T 50314）及《民用建筑电气设计规范》（JGJ 16）的相关要求。

系统应采用开放式，以区域内的有线通信网络和无线通信网络为基础，建立分布式控制网络，满足集中监视管理和分散采集控制的要求。应根据建筑规模和功能要求选择网络结构形式，系统设置的管理层、控制层及现场设备层应保证监控管理的全面性、准确性和实时性，并结合系统网络结构形式和管理模式的特点，设置对应的中心监控工作站、区域监控工作站及远程监控工作站。

系统的数据应具有可靠性、安全性、开放性、可集成性，为建筑环境控制策略、综合信息集成管理、绿色建筑运行和智慧城市运营提供基础信息支撑。

自成体系的专项设备监控系统（如地/水源热泵机组控制、供配电系统数字综合继电保护、智能照明控制等系统），应通过标准通信接口与建筑设备监控系统集成。

系统应与环境管理系统集成，共享室内外环境数据，联动控制相关建筑机电设备，优化室内外环境；应与能源管理系统集成，共享数据，对用能设备的控制策略进行优化，对可再生能源的利用进行监控。

（3）综合信息集成管理系统。将城市综合体和开发园区内不同功能的信息通信系统、智能化应用系统、信息应用系统，通过统一的信息平台实现集成，以形成具有信息汇集、资源共享及优化管理等综合功能的系统。

1）综合信息集成管理系统的功能结构：其功能结构如图 21－6 所示。

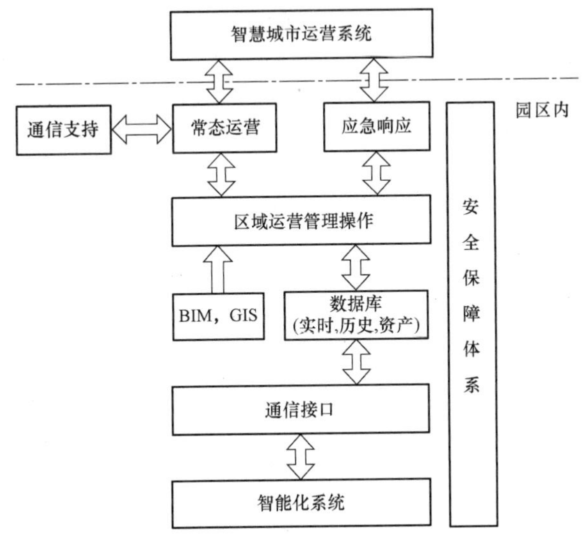

图 21－6　综合信息集成管理系统的功能结构

2）资源共享：综合信息集成管理系统应汇聚智慧园区和城市综合体所有的智能化应用系统的基础信息和运行信息，以满足运营管理和协同应用的需求。

智能化系统、建筑物信息模型 BIM 及地理信息系统 GIS 应通过有效的数据交换接口，为综合信息集成管理系统提供常态管理和应急响应所需的地理位置、建筑空间、视频图像、实时运行、设备资产等数据信息。系统的数据库信息应按业务需要和权限供智能化应用系统调用，并能按业务需要和权限与上级城市智能化系统交换。

3）运行管理：智慧园区和城市综合体建立统一的运行管理系统，在常态时全面监测、协调所辖区域的安全防范、设备监控、能源管理、交通管理、信息发布、环境管理等系统的运行，统计相关数据，显示全局态势。

综合信息集成管理系统在数据汇聚与分析的基础上，对智慧园区和城市综合体的交通、安全、信息服务、环境、能源、设施等实行统一的监测和管理。系统支持智慧园区和城市综合体常态运行中各智能化应用系统的协同联动，提高工作质量与效率，在对交通、安全、信息服务、能源、设施、环境等的管理过程中，与智慧城市运营系统交换信息。

4）应急响应系统：对突发事件和灾害进行检测、识别、跟踪与预/报警。在应急态时辅佐决策、指挥调度、信息反馈，提高对综合型灾害事故的应急处置效率。

综合信息集成管理系统应对智慧园区和城市综合体内可能发生的重大事故和突发灾害制定应急预案；对区域内的气象参数、火灾征候、交通状况、安全态势等进行实时探测、识别、跟踪与预警。当监测值超限报警或重大事件发生，综合信息集成管理系统自动转入应急响应状态，执行应急预案或人工指挥。系统应对突发重大案件、重大交通事故、火灾、风灾、雨雪灾害、重大设备事故等进行应急响应，及时处置扑灭灾害，疏散人流和车流，最大限度地减少损失，避免次生灾害，快速恢复区域内的秩序。

5）公共服务平台：建立公共服务平台包括公共信息服务、电子政务服务、生活信息服务。结合项目属性及产业特性可建立电子商务、智慧物流、会议、产业云、培训与外包等服务支撑平台。

平台发布产业政策动向、各项财税政策、法规、服务及发展趋势、公共事业办理、公用设施业务办理等信息。建立生活服务平台，在用户商务出行、用户来访、消费等生活服务领域，提供基于地理信息、位置服务、移动支付等信息技术的创新应用。为用户提供餐饮、休闲等生活消费服务，推动服务设施的对接共享。建立园区/城区行政审批、电子税务等政务平台，与上级管理部门对接。积极发展区域电子商务服务，推进交易管理、支付管理。建立区内产业云，整合园区用户资源，为用户提供信息设备、软件应用、数据应用、视频会议等安全便捷的软硬件租用服务支持。

6）BIM 应用：智慧园区和城市综合体是高密度城区的重要组成部分，为达到高效管理，可运用 BIM 与 GIS 技术，把建设完成的 BIM 模型结合区域的 GIS 配合运营管理，实现多维的显示和管理。

智慧园区和城市综合体的智能化系统工程应通过监测、控制与管理，有效节省建筑物的能源、水资源和材料的消耗，提高服务质量、工作效率和建筑及环境的利用率，改善室内外环境。智慧园区和城市综合体智能化系统是智慧城市的建设基础，应有效实现区域内的安全、信息通信、媒体显示、能源、环境、交通等的综合管理。

智慧园区和城市综合体的综合信息集成管理系统与 BIM 平台相结合，实现区域内的建筑空间管理、安全管理、设备管理、资产管理等，提高管理质量和效率。

21.3.3 智能建筑与智慧城市的对接

大型公共建筑和地下空间是高密度城区发展的趋势，人为地形成了局域大客流、大车流、大物流和大能耗，对城市的运营如交通、安全、运输、能源、环境造成很大的压力。因此，建筑的智能化系统必须与智慧城市系统对接，使建筑的运营获得周边城区的相关信息，而智慧城市系统也可以掌握主要建筑物的运营信息，控制全局的态势。

大型公共建筑发生事故必然引发城市秩序的混乱，在封闭、巨大、超高空间内发生的安全事故、卫生事件时，都将导致灾难性后果。数万台设备及终端，各类设备系统相互关联，每台设备的失效都会影响建筑功能的运行，空调通风、照明、给排水、交通等设备系统中关键设备的故障，必然造成建筑物内的秩序混乱，甚至严重的人身事故。大型公共建筑的运行中还存在各种严峻的风险，例如，易燃易爆物品、电气和人为的火灾；燃气泄漏、水管爆裂事故；恐怖袭击；地震、暴雨、强风造成的维护结构和主体结构的破坏；大客流的拥堵踩踏事故等。

大型公共建筑必须实行精细化管理，以科学运营来保证其安全使用、高效运行和优秀服务。应用信息与智能化系统来获得大型公共建筑的静态和动态信息，实现建筑物的健康管理、日常运行调度和突发事态时的应急指挥。建筑物故障预测与健康管理（Building Prognostic and Health Management，B－PHM）是对大型公建的全生命期进行故障预测、健康状态评估和健康管理的技术思路。B－PHM 是基于大型公共建筑的基础数据和实时数据，分析建筑物的空间、环境、设施等的健康态势，并及时提出诊断报告和对策，是运营管理的日常运行调度和应急指挥的基础。

大型公共建筑的智慧运营是通过 IBMS 共享数十个信息、控制系统采集的实时和历史信息资源，建立统一的数据库破解信息孤岛，为 B－PHM 提供基础数据，其信息构成如图 21－7 所示。

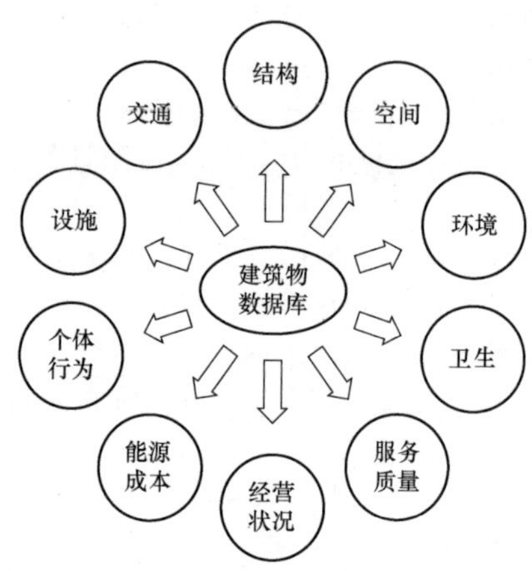

图 21－7 公共建筑运营数据库的信息构成

建立 IBMS 的大型公共建筑是智慧城市的重要节点，通过建筑运营中心和智慧城市运营中心对接进行信息交互，如图 21－8 所示。大型公共建筑在运营过程中与城区安全联防，实施大客流对策、火灾疏散、突发事件对应等；与城区的实时交通联动，进行停车资源协调、车辆出入口畅通导引、公共交通利用导向、地下空间交通疏导等；向城区发布信息，如节日活动、商业活动信息、商家产品宣传、公益广告、绿色生态信息等；增强为入驻企业、商家和顾客服务的水平；引入政府服务资源（如一门式等）、社会服务（如通信、物流、保洁等）资源、区域社交平台等。

大型公共建筑的智能化系统综合应用大数据、人工智能和系统工程方法，充分利用运营的海量数据，提升安全管理、运营效率和服务质量的水平，保护环境与节约资源，实行智慧运营。而大型公共建筑的运营中心与智慧城市运营中心对接，可以提升两者的运营水平与工作效率，使智慧城市获得智慧基础，促进城市的社会与经济发展。

21.3.4 以能源管理为中心的智慧城市

与中国的智慧城市不同，欧洲、美国和日本的智慧城市多有以能源管理为中心的模式，可供建筑电气工程师在参与智慧城市规划建设时参考。

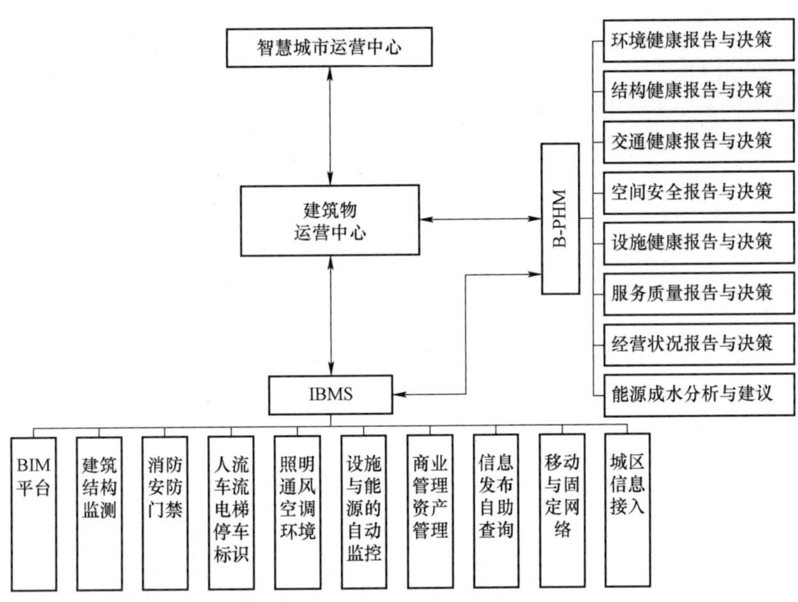

图 21-8 建筑物运营中心与智慧城市运营中心的对接

2012 年日本横滨市启动横滨智慧城市项目（Yokohama Smart City Project，YSCP），目标是为在环境及能源领域建成“舒适低碳城市”全新的社会体系。

横滨的智慧城市项目是通过市民、民间企业和市政府的密切协作，构建智慧城市模型，在综合功能的大型城市实施大规模实际运行实验。将能源管理系统（Energy Management System，EMS）按层次进行组合，在各级 EMS 的能源管理功能基础上，进行需求方的能源管理，并实现能源的可视化管理。

日本横滨市的面积 435km^2，人口 369.7 万。内陆部分为住宅区，横滨站附近为商业区，海滨部分工厂云集。通过对原造船厂的港湾地区进行开发，形成了以港湾未来 21 地区为中心的商业区。

在 EMS 族中，有独立住宅/集合住宅用住宅能源管理系统 HEMS、公寓用公寓能源管理系统 MEMS、对办公楼宇用以及商业设施进行集群管理综合 BEMS 以及对工厂运转进行优化控制的 FEMS。区域能源管理系统（City Energy Management System，CEMS）集成了作为新一代交通系统核心的智能充放电型电动汽车（EV）和充电站，帮助维持系统稳定的蓄电池数据采集与监视控制系统（SCADA），从整体上实现区域能源管理的最优化。

通过以 CEMS 为中心的 EMS 群的优化联动，克服太阳能发电不稳定的缺点，形成适应大规模利用可再生能源的基础设施。同时，进行大范围的需求响应（Demand Response，DR）的实际运行试验，通过向需求方发送带有激励措施的电力使用限制请求，抑制电力需求，以较低的社会成本实现二氧化碳减排。此外，还对在太阳能光伏发电大量导入时所产生的剩余电力进行 DR 验证，进一步实现能源管理的整体优化。

参与这一项目的有横滨市政府、东京工业大学、UR 都市机构、埃森哲、NTT 设施、欧力士汽车株式会社、夏普、吉坤能源、住友电气、大成建设、东京 GAS、东京电力、东芝、日产自动车、日挥信息系统、NEC、野村不动产、Panasonic 株式会社、日立制作所、三泽住宅、三井不动产、三菱地所、明电舍等数十家企业与机构。参与项目的有公寓、独立住宅和集中住宅，办公楼宇 4 栋，商业楼宇 2 栋，大型工厂 1 家。其中有 DR 对应的电动汽车 50 台（包括智能充放电型电动汽车 10 台），设置太阳能发电、蓄电池的充电站 3 处，太阳能发电装机容量 27MW。最终应用 HEMS 居民 4000 户，电动汽车 2000 台。

1. 智慧城市系统架构

YSCP 以住宅、电动汽车、太阳能发电系统、公共建筑群和工厂为对象，致力于对区域能源使用进行优化控制的能源管理系统的实现。CEMS 是其进行监控、运行的中枢系统。其架构如图 21-9 所示。

CEMS 对家庭、公寓、楼宇等进行分级集成，实现对区域整体的能源管理。具体是由 HEMS 服务器对以家庭为对象的 HEMS 进行集成，并与 CEMS 相连。由综合楼宇能源管理系统 BEMS 对办公楼宇和商业设施的 BEMS 进行集成，进而与 CEMS 相连。

综合 BEMS 将横滨地标大厦、港湾未来豪华中心大厦、横滨三井大厦等大型办公楼宇和横滨 WORLD PORTERS、伊藤洋华堂等商业设施以及大成建设技术中心等研究机构的 BEMS 连接起来。各 BEMS 通过人体感应器进行节能照明控制，对实现削峰/需求响应最大化的蓄电池、蓄热设备进行优化控制。

部分公寓等住宅由 MEMS 服务器进行管理。公寓/集合住宅中，既有用于个人和家庭生活的私用部分，也有大厅和电梯等公用部分。前者的能源管理具有普通家庭的特性，而后者的能源管理则具有楼宇的特性。

参与 YSCP 方案进行实际运行实验的建筑与设施示意图，如图 21－10 所示。

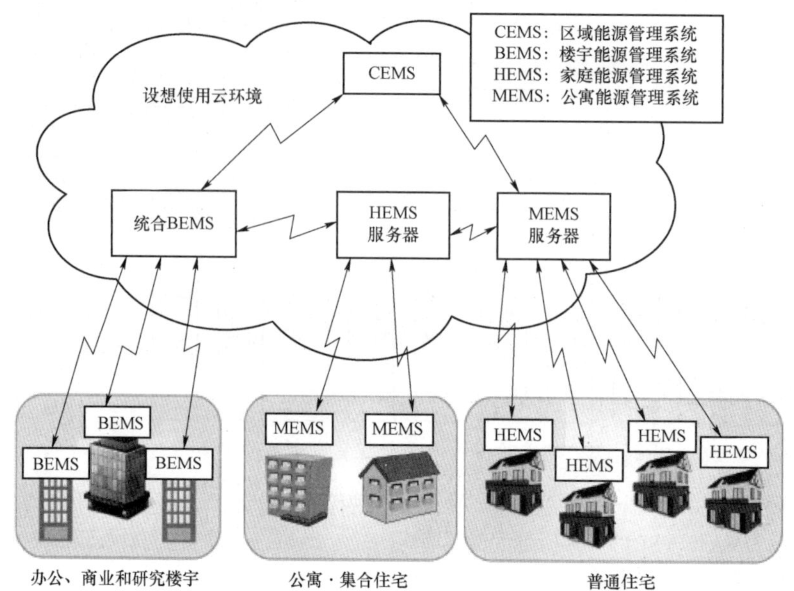

图 21－9 CEMS 的架构示意图

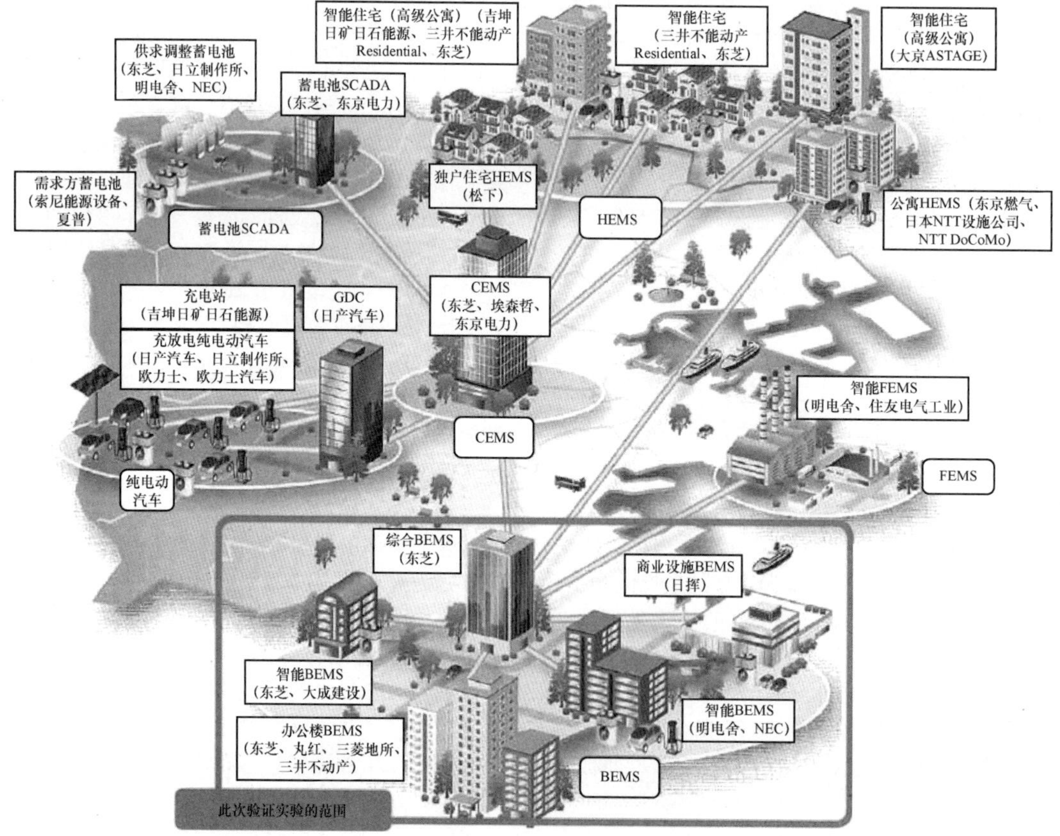

图 21－10 参与 YSCP 方案进行实际运行实验的建筑与设施示意图

2. 智能住宅的 HEMS 实现

YSCP 探索以家庭能源管理系统（HEMS）为核心的家庭能源使用的未来形态。为此，采取 HEMS、太阳能发电系统、家庭用燃料电池、家庭用蓄电池的导入辅助措施。

在 2010 年已使用 HEMS 的住宅中，通过以户为单位的节能效果显著。2011 年 4～7 月的用电量，与前年同月相比平均约减少 20%。应用 HEMS 的家庭反映，知道保持待机状态的家电的耗电量，可以帮助节能，用电量一目了然，可以轻松节电。

对住宅、楼宇、工厂等各种 EMS 进行联动管理的 CEMS，当预测到电力供需矛盾紧张时发出指令，通过蓄电池补充供电，对楼宇和住宅提示比平时更高的电价，以促进抑制电力需求。相反，当大量安装的太阳能发电系统满负荷运转时，有可能产生电力剩余的时候，由 CEMS 指令蓄电池进行充电，以较低电价使用能源，达到移峰填谷效果。

根据 CEMS 的指令对住宅内的家电进行自动控制，电价变动后的消费实际上还是由各家庭自行决定是否采取节电行为，但也可根据从 CEMS 接收到的模拟电价，对空调和电热水器的运转实行自动控制。在多个家庭共居的集合住宅中，对每个家庭的能源使用进行优化管理，将会提高集合住宅的整体能源使用效率。在 YSCP 中，启动了智能住宅 HEMS，并应用面向独立住宅量化生产的家庭用燃料电池热电联供系统“ENE－FARM”，由多个家庭共用。

横滨市“矶子智能住宅”是东京煤气公司的职工宿舍，采用了被动式节能设计，充分利用自然风与自然光，实现了节能性和舒适性的并举。矶子智能住宅的能源构成为 10 台输出功率为 750W 的 ENE－FARM，安装于楼顶的 140 片太阳能电池板，总输出功率为 25kW。太阳能燃气热水系统，其中平板式太阳能集热器（10m^2）安装于楼顶，壁挂式太阳能集热器安装于 2 楼角部单元的阳台。此外，还有安装于地下的 40kW·h 镍氢蓄电池和电动汽车（EV）用快速充电器 1 台。

作为核心能源的 ENE－FARM，以热水的形式利用发电产生的废热，提高了燃料的使用效率。发电效率加上废热利用效率，其综合效率达到了 80%以上。由于热电联供同时产生定量的电力和热能（热水），应保持电力需求和热能需求的平衡。通过多个家庭共用 ENE－FARM，实现电力需求和热能需求的均衡化，从而提高其综合效率。通过蓄电池高效利用 ENE－FARM 和太阳能发电系统所产生的能源，以达到移峰效果。住宅中导入的各种能源如图 21－11 所示。

安装于楼顶的太阳能集热板（左上）和 25kW 的太阳能电池板（右上）右下为 ENE－FARM，图中左侧是燃料电池发电单元，右侧是储存热水的储水单元

图 21－11　住宅中导入的各种能源

各户的 HEMS 由综合控制系统进行总体管理。各家庭中的 HEMS 显示装置，除了可以确认自家的能源使用量，还可以显示整栋楼的发电状况和能源使用状况，以不同的颜色显示整个宿舍楼所使用的能源是来自燃料电池和太阳能发电，还是来自电力公司的购入电力。

综合控制系统根据各户的电力和热水使用的历史数据以及天气预报，预测次日电力及热水的需求量和供应量，并且通过 HEMS 将电力和热水使用时间通知到各家庭，如图 21－12 所示。

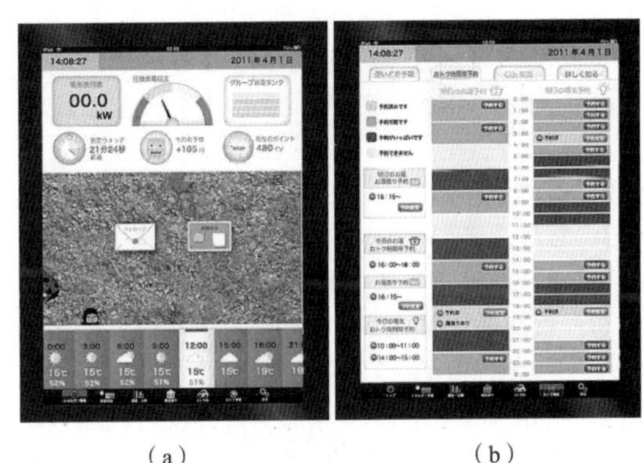

（a）　（b）

图 21－12　HEMS 的能源“自产自销”状况显示画面

（a）宿舍楼全楼能源供需状况显示；（b）保持电力和热水使用均衡化的使用预约画面

在电力和热水可能发生供应不足的时段，如果各家庭改变能源使用的方法，就可以减少对外部电力的依赖。通过奖励积分，引导居民改变生活习惯，在电力和热水供应量充裕的时段进行使用。对能源使用状况的分析表明，晴天时太阳能电池和燃料电池可以满足 60%的电力需求，热电联供产生的热水可以满足

90%的热水需求。随着冬季的到来，自来水温度下降，提供热水所需要的热能将会增加，热电联供所产生的热水有可能不能完全满足热水需求。

公用部分的 MEMS 和各家庭中的 HEMS 与 CEMS 进行联动。当 CEMS 发出节电请求时，由公寓内的 MEMS 自动对空调的设定温度和热泵热水器的运转时间进行调整，既不损害居住舒适性，又可实现节能。横滨市实施新一代能源及社会体系中的住宅，除了应用 MEMS 和 HEMS 外，同时也引入了电动汽车（EV）的共享。在根据 CEMS 节电请求，促使消费者抑制电力需求和改变用电时间进行需求响应，通过 MEMS/HEMS 自动调节部分家电的运转状态。在众多的 DR 实际运行实验中，主流模式是通过电价变动，促使消费者自发采取节电行动。CEMS 通过各 EMS 实时把握用电量，对区域的电力供需进行预测。当预见到供需紧张时，即向各 EMS 发出 DR 请求。

当接到 CEMS 发出的 DR 请求后，MEMS/HEMS 以电子邮件等通知住户。MEMS 则将公用部分的空调的用电量下调 25%，根据时段将采取 4 级照明亮度切换的公用部分的照明下调 1 级亮度。HEMS 在夏季则自动将空调的冷气温度上调 2～3℃，减少用电量。一般在 DR 请求期间，会提高电价，期望住户能够自发地减少空调的使用，或者提高设定温度。即使住户忘记了是在 DR 请求期间，或未留意到电价提高的情况，也会自动调整设定温度，减少电力需求。然而，有老人、小孩的家庭，也许并不希望改变设定温度，此时，只要将温度的设定恢复为手动，即可解除 DR 请求的自动控制功能。根据 CEMS 发出的 DR 请求，还对热泵热水器进行自动控制，使其在晴天太阳能发电量增加的时段运转烧水。

3. 电动汽车与 EMS 群的联动

（1）“汽车共享”和“租车上门”服务。YSCP 中引入了新一代交通工具 EV，电动汽车“聆风”提供“汽车共享”和“租车上门”服务。“聆风”的标准配置带有数据通信功能，EV 汽车共享服务，不仅可以通过电脑和手机进行使用预约，还可以使车主在家了解 EV 蓄电池的充电量，以及汽车所在位置，从而可以更安心、便捷地使用汽车共享服务。在预约租车后，汽车出租公司将出租汽车送到公寓，用户在公寓即可拿到所租汽车。新一代交通工具的趋势是从拥有变为使用，使用者根据情况分别使用不同的服务，购物或接送等市内出行使用汽车共享服务，远行驾驶则使用租车上门服务。

（2）区域能源管理充分利用 EV 和快速充电器。智能社区中大量使用太阳能发电，在努力实现电力自产自销的同时，还需要进行区域电力供需的优化。在此，EV 和快速充电器的蓄电池发挥着重要作用。在 YSCP 中，利用 EV 的驱动用蓄电池向家庭供电的 V2H（Vehicle to Home）和由数个快速充电器和大容量蓄电池组成的 EV 充电系统进入实际运行实验。

图 21－13 所示住宅实施的 V2H 与 CEMS 联动关系。通过快速充电端口、充放电系统（Power Conditioning System，PCS），从分电盘向 EV 充电，或者由 EV 向住宅提供电力。平时与电力系统协调实现节电，停电时与电力系统断开作为紧急电源。

图 21－13　住宅实施的 V2H 与 CEMS 联动

HEMS 负责 EV 充放电管理，根据 EV 的信息和住宅内的用电量，通过 PCS 对 EV 的充电/供电进行控制，同时与负责区域整体能源管理的 CEMS 进行联动。当区域内电力供需紧张时，根据 CEMS 传来的电力供需信息，改变 EV 的充电时间，或者由车载蓄电池进行供电。反之，当太阳能发电等产生区域内剩余电力时，对 EV 进行充分充电。EV 是交通工具，不可能一直停泊用作家庭及区域的蓄电池，必须避免用车需要与充放电时间产生冲突，要根据 EV 的使用计划来制定充放电计划。HEMS 根据聆风发送给日产数据中心的行驶历史数据等预测 EV 使用者的用车时间，同时根据天气预报预测太阳能发电量以及家庭的用电量，进行综合后制定出 EV 的充放电计划。

制定充放电计划可以更多地充分利用太阳能，从图 21－14 的充放电计划可以看出，在夜间使用电力系统进行充电。但是，当预测第二天能够进行太阳能发电时，将不实行完全充电，而是由第二天的太阳能发电来充至满电，从而最大限度地充分利用太阳能。这样可以减少对电力系统的依赖，在实现削峰的同时，通过促进家庭内太阳能发电的自产自用，以期降低回流对电力系统的影响。图 21－12 也显示使用者实际充放电和太阳能发电使用状况的画面，通过该画面可以确认系统的用电量减少程度。

虽然 EV 有助于保持区域能源供需的稳定，但是随着将来 EV 的大规模普及，反过来也可能给区域电力供需带来问题。当数台 EV 同时进行快速充电时，将会发生急剧电力负荷高峰，影响电网的稳定。为了

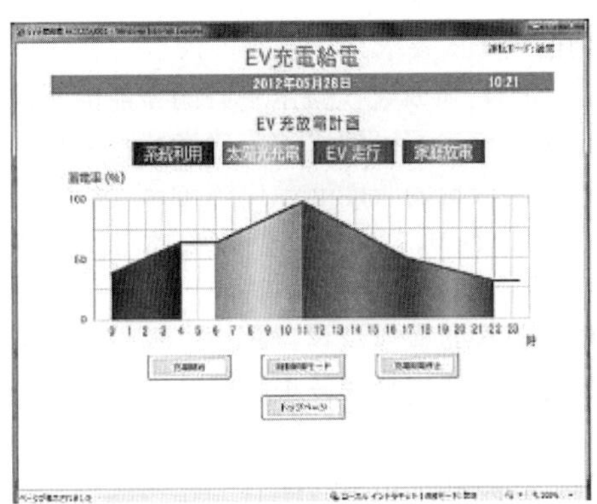

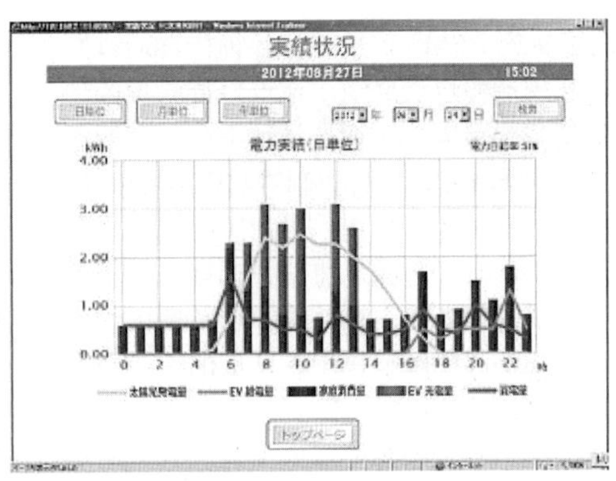

图 21－14　根据行驶历史数据和发电预测制定的 EV 充放电计划

解决这个问题，蓄电－充电集成系统（Battery & Charger Integration System，BCIS）可以实现在电力供需紧张时，不使用电网电力，而是由蓄电池向 EV 充电，从而降低电力负荷的高峰。以快速充电器和蓄电池的组合及优化的电力控制器的控制算法，能提高多台快速充电器同时向多台 EV 进行充电的效率，同时保持电力供需的平稳。

（3）CEMS 向汽车导航仪和智能手机发送信息。YSCP 以 EV 为对象，由 CEMS 向汽车导航仪画面以及 EV 使用者的智能手机发送电力供需紧张及剩余信息，使用者根据收到的信息，自我调整充电时间的需求响应。

蓄电－充电集成系统 BCIS 与 CEMS 进行联动，对区域电力供需进行调节。当从 CEMS 接收到“几小时后因电力供需紧张将上调电价”的信息后，在价格上调之前，利用电网系统的电力对蓄电池进行充电；在电价升高的时段，从蓄电池向 EV 充电。反之，收到“几小时后将下调电价”的信息后，优先使用蓄电池向 EV 充电；在低电价时段，利用系统电力向蓄电池充电。通过如此的运行，不仅可以给使用者带来经济利益，还可以在区域电力供需调节中发挥作用。

4. BEMS 把既有的大型商业设施“智能”化

横滨世界港购物中心竣工于 1999 年，总使用面积约达 10 万 m^2，是一座大型商业综合体。2012 年 1 月引进了 BEMS，开始对设施内能源相关设备进行最优化控制以应对需求响应的实际运行实验。BEMS 以 30min 为单位，把电力与热力的需求预测和电力单价与煤气单价相对照，以能源、环境成本最低为目标，调整电力购进与自身热电联产系统运转的平衡。

图 21－15 为每 30min 预测能源需求与供给曲线。下午 5 点起至下午 8 点为止，预测到电力的供给余力出现不足，需要对电力需求做出控制，根据最优运用计划，至下午 5 点为止，通过购进电力与启动 1 套热电联产系统，满足建筑物内的能源。从下午 5 点起又追加启动第 2 套热电联产系统，抑制了电力购进量。这一连串的程序，全部由 BEMS 通过预测需求和调整余力的管理实现自动控制。

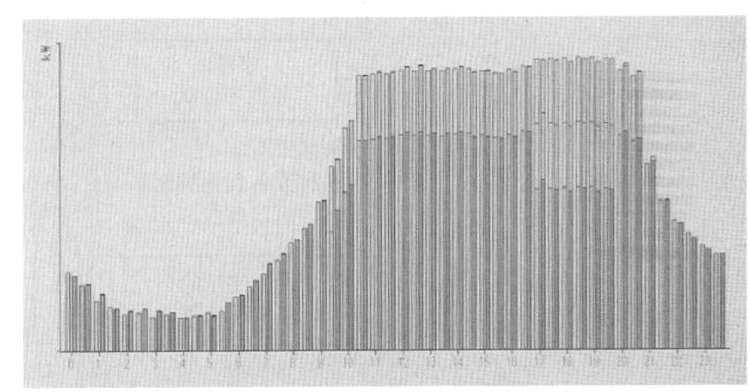

图 21－15　每 30min 预测能源需求与供给曲线

BEMS 针对多个电力使用设施和多个发电设备以及蓄电设备等，寻找出满足各类约束条件的最优答案，并实施自动控制。BEMS 以气象信息等为基础，以 30min 的间隔对次日的电力需求和热需求进行预测，并由此确立设备的运用计划。然后以该运用计划为基础，调度热电联产系统与蓄电池系统等，综合考虑能源需求、能源成本和排放限额的市场价格等因素，使环境成本降到最低。BEMS 的中央控制装置在控制中心确认详细的能源供给与利用的状态，对各区域的能源运用数据进行统筹，并从整体上进行管理与控制。

5. 大型楼宇群的实际运行需求响应

2013 年 1 月起以横滨市内 6 座大型楼宇正式运行需求响应。各楼宇根据来自 CEMS 的 DR 指令，进行蓄电池放电以及实施节电对策的效果进行实证、评价。通过 DR 引导，采取了“高峰时段奖（PTR）”和“削减目标奖（CCP）”两种根据时间段不同设定不同电价的激励方法。

（1）对多个楼宇的能源进行集群管理、各楼宇间进行节电量调节。楼群管理中心将已经实施 BEMS 的楼宇，以及尚未实施 BEMS 的楼宇等各种楼群通过网络连接起来，实现能源协调联动。通过楼群管理实现需求响应 DR 的效果最大化。楼群管理中心具有能源可视化、DR 优化分配或 DR 代替控制等功能，以 30min 的周期对地区、对象楼宇、楼层、租户的能源使用量进行管理，并使 DR 的实际效果更易于把握。楼宇的管理者通过“楼宇监控系统”确认楼宇以及地区平均能耗等数据，每 30min 了解楼宇中各楼层的能源消耗量，对每个租户进行管理。

智能 BEMS 的主要目的是通过大型楼宇设备的运用实现舒适性和节能、各种能源的充分利用以及强化 BCP。根据天气预报和历史数据预测所需电量，制定蓄电池、蓄热槽的运行计划并进行控制。在接收到来自综合 BEMS 的 DR 信号后，通过自备发电机的发电、蓄电池的放电、蓄热装置的放热、电气设备和燃气设备的负荷分配调整，减少外部商业电力的使用量，从而回应 DR 要求。

（2）大成建设技术中心的智能能源控制思路。位于横滨市户冢区的“大成建设技术中心”内的 5 栋楼组成的楼群为智能能源控制对象。

在 5 栋大楼中有办公楼（主要负荷为空调和照明）、实验楼（全年用电量一定）、使用动力电源较多的结构实验楼以及设置超级计算机的数据中心，每栋楼的电力使用状况各不相同。

通过 BEMS 的智能能源控制功能，实现 5 栋楼组成的楼群的舒适性与能源的优化使用。具体的思路如图 21－16 所示，是通过智能 BEMS 的“思考”实现生产（发电、发热）、储存（蓄电、蓄热）、使用（设备运用）三要素的优化控制。技术中心内，根据电气的生产（发电、发热）、储存（蓄电、蓄热）、使用（设备运用）等目的设置了各种设备。

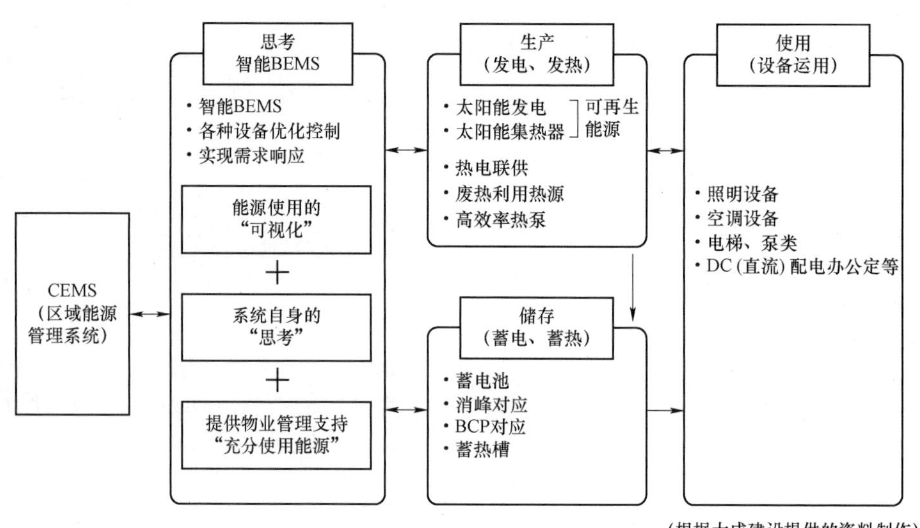

（根据大成建设提供的资料制作）

图 21－16 实证系统概念图

电能的生产设备有设置于 A 栋楼顶的 3 种类型的太阳能发电板，分别为发电效率较高的单晶硅型，即使低日照也能保持发电效率的 CIS 化合物型及热回收百叶窗型，发电能力总计约为 40kW。百叶窗型太阳能发电板的一部分采用水循环，回收的热水供楼内使用。

电能的储存设备有设置于 A 栋楼顶的两种类型的蓄电池系统：一种是削峰对应型蓄电池系统，容量为 72kW·h。可以进行高速充放电，通过在 DR 时间段前充电并在 DR 时间段中放电以实现 DR。

节能·BCP 对应型蓄电池系统，容量为 33kW·h，对太阳能发电板产生的电力进行储存，当外部电力停电时，向防灾中心进行供电，以实现 BCP 对应。

热能的生产设备为设置于 L 栋楼顶的真空管式太阳能集热板。集热面积为 109m²，集热量达到 50kW。太阳能可将流经集热板的水加热到 70℃以上。装有内部发电用燃气发电机（3 台 25kW）的微型热电联供系统是能同时生产电力和热能的设备，从其可以获得余热。利用太阳能和燃气发电机排热所产生的热水，被送往太阳能吸收式制冷机，生产冷水以减少煤气使用量。

热能的储存设备为潜热蓄热槽，储存从太阳能吸收式冷温水机送来的冷水。通过在槽内设置潜热蓄热材料，以提高蓄热效率。储存的冷水在 DR 时间段内可供空调制冷使用。冬季则将热水直接用于暖气，降低热能负荷。

使用设备有设置于A栋办公区域内转换损耗小的直流供电系统，对办公室的LED照明等进行供电。通过新一代节电－节能自动环境控制系统，准确把握室内人数和优化控制，降低空调、照明负荷。

设置在技术中心中央监控室的智能BEMS，以过去的能源使用历史数据和天气预报为基础，通过“思考”每天对电源设备和热源设备的负荷，以及太阳能发电板的发电量和太阳能集热板的热水生产量进行预测。同时考虑DR实施前夜20时左右从CEMS传来的DR请求，以电热费削减和二氧化碳减排为目标，制定当日热源设备的运转顺序、蓄热槽的蓄放热、蓄电池的蓄放电等优化运转计划。在DR实施当日，智能BEMS根据气象参数等对各设备的运转进行控制。将实际运转的结果，作为实绩数据保存并用于分析，以提高预测、优化运转计划的精度。改造后的A栋等在节能方面取得了相当大的进展，夏季高峰电力削减了20%。

6. 以CEMS和蓄电池SCADA优化区域电力供需

YSCP的CEMS从2012年12月起开始正式运转。与家庭以及楼宇中设置的各种EMS进行联动，优化区域整体的能源使用状况。同时，对区域内的蓄电池进行一体化管理的“蓄电池SCADA”也开始运行。YSCP的CEMS除了各种EMS的控制，还具有对包括分散型电源（太阳能发电、风力发电）和新交通系统（电动汽车等）在内的能源流通进行综合监视和控制。

（1）五种DR方案力图实现用能优化。将YSCP实施的五种DR方案分配到各用电方，对各种方案的效果差别进行检验。DR方案可以划分为价格方案和激励方案两类。

1）价格方案。有时段别价格（TOU）和紧急高峰价格（CPP）。TOU根据时段不同，实行不同价格，从而引导消费行为；CPP则只是在电力需求高峰时，提高电价以抑制电力需求。

2）激励方案。有高峰时段奖（PTR）、有限高峰时段奖（L－PTR）和承诺型高峰时段奖（CCP）三种方式。PTR根据在用电高峰时段所减少的用电量支付奖金，在太阳能发电剩余电力较多时，也用作促进电力使用的方法；L－PTR首先设定用电量/节电量的目标值，对于超过目标值的部分不支付奖金；CCP则只向达到用电量/节电量目标值的用电方支付奖金。

在YSCP的DR中，以BEMS、HEMS、EV以及EV充电柱为对象，对以上方案实施。从2012年12月4日的DR实施结果来看，横滨世界港购物中心通过实施DR使电力需求比前日同时段减少了400kW·h。

（2）对多个蓄电池设备进行集成，促进系统的稳定运行。在YSCP中，从2012年10月起蓄电池监视控制系统SCADA和与其联动的多个固定型蓄电池系统开始运行。当需要进行供需调节时，蓄电池SCADA根据从电力公司的中央供电调度所和CEMS等上位EMS传来的指令，把区域内不同品牌、不同规格的蓄电池当作一个大型蓄电池，对各个蓄电池进行充放电控制。供需调节用蓄电池由数家企业开发，接入6.6kV的电网系统。这种架构下的电力系统运营商无须关注每个蓄电池的状况，只要向蓄电池SCADA发出充放电指令，就可以实现大量蓄电池的协同削峰（图21－17）。

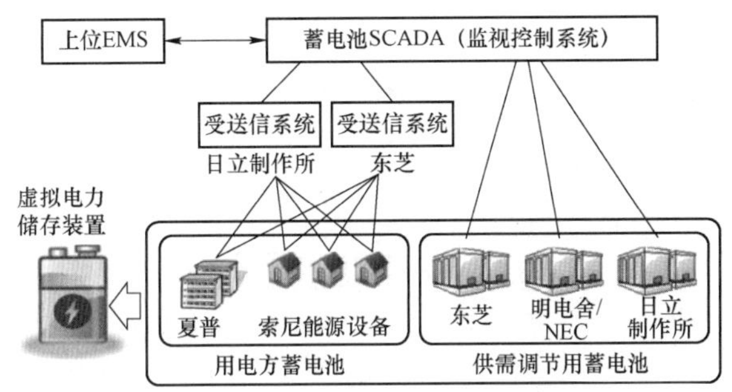

图21－17　对多个蓄电池进行统一控制的蓄电池SCADA

接入电网的蓄电池的输出功率与容量分别是，东芝产蓄电池为300kW，100kW·h，NEC与明电舍共同开发的蓄电池为250kW，250kW·h（标称容量），日立制作所产蓄电池为100kW，100kW·h。全部为锂离子电池，以共计650kW的蓄电池向系统进行充放电。

蓄电池SCADA主要有“日间运行”“短周期供需调节”“预备电力运用”三个功能。日间运行可以在不影响用电方的情况下进行充放电控制，实现“平稳DR”，即用电方将不用的蓄电池空余容量出借给系统运营商，在电力供需紧张时进行放电，在发生电力剩余时进行充电，充分利用于电力供需调节。蓄电池SCADA根据系统运营方的指令，兼顾用电方蓄电池的空余容量，发出翌日的充放电指令。

短周期供需调节，是指随着输出变化较大的自然能源的导入，由火力发电和水力发电所承担的短周期调节容量的不足部分由供需调节用蓄电池进行补充。

预备电力运用，则是指当在系统发生事故等紧急情况时，由供需调节用蓄电池进行放电，将事故所造成的影响降至最低。

7. 工厂能源管理系统（FEMS）的应用

大型工厂在能源使用形态与一般办公楼宇和商业

设施迥然不同，通过各种蓄电池和可再生能源的组合运用，来实现能源管理，应对 CEMS 发出的需求响应，努力实现各设施的移峰效果。

住友电气工业实施的是 FEMS，在横滨制作所内设置了 5000kW·h 的大容量蓄电池，来实现大型工厂的移峰。通过蓄电池、太阳能发电系统、燃气热电联供 CGS（共 6 台，每一台 648kW）以及从电力公司购入的电力这 4 种电源的组合和优化利用，努力实现削减横滨制作所峰值电力 25%。

能源管理的思路与以办公楼和商业设施为对象的 BEMS 相同。预测太阳能发电系统的发电量，以及与工厂生产计划相应的需求量，同时考虑 CGS 和蓄电池所提供的电力，通过对工厂能源流通的控制，实现工厂的“完全自立”型运营。但是需要提高发电量和需求量预测精度、对蓄电池和发电设备等进行优化控制。

21.4 小结

横滨智慧城市项目是以建成“舒适低碳城市”为目标，在环境及能源领域构建全新的社会体系的工程实践。这里的信息控制系统，围绕着能源而展现着智慧，并通过大规模的实际运行实验，取得了节能、技术和运行机制的成果。这一方案既具有前瞻的创新性，又能获得实在的效果，值得我们借鉴。

“智慧城市”运用信息与通信技术，整合城市运行的各个核心系统，形成基于海量信息和智能处理的生活、产业发展、社会管理等模式，构建面向未来的城市形态。智慧城市规划是在广泛的空间里综合各类人员智慧与人工智能系统能力，来追求人类对生存环境进行完善的管理与发展的形态。

中国的智慧城市正在依靠发挥政绩与功利的正能量，不断加速推进。智慧城市的顶层设计促进了城市机构和运行模式的改革。我们要以城市发展的智慧，重视底层对接的事务工作，积极推进共享公共服务信息的大数据应用，使智慧城市获得持续发展的动力。

参考文献

［1］ 程大章. 智慧城市顶层设计导论［M］. 北京：科学出版社，2012.

［2］ 郭理桥. 中国智慧城市标准体系研究［M］. 北京：中国建筑工业出版社，2013.

［3］ 李霞. 面向智慧城市的信息资源整合与共享运行机制. 北京：中国信息化，2014，Z3.

［4］ 程大章. 智能建筑理论与工程实践［M］. 北京：中国机械工业出版社，2009.